DAS GROSSE ILLUSTRIERTE
LEXIKON

DAS GROSSE ILLUSTRIERTE
LEXIKON

70 000 Stichwörter · 3000 Abbildungen
170 Übersichtstabellen · 100 Schwerpunktthemen
1000 Seiten kompaktes Wissen von A-Z

BAND 2

GEWÖ-PARA

ORBIS VERLAG

*Warenzeichen, Gebrauchs- und Geschmacksmuster sowie Patente sind in
diesem Werk, wie in allgemeinen Nachschlagewerken üblich,
nicht als solche gekennzeichnet.
Es wird empfohlen, vor Benutzung von bestimmten Zeichen für Waren oder
von besonders gestalteten Arbeitsgerätschaften bzw. Gebrauchsgegenständen
sowie von Erfindungen beim Deutschen Patentamt in München anzufragen, ob ein Schutz besteht.*

Genehmigte Sonderausgabe
Orbis Verlag für Publizistik GmbH, München
Alle Rechte vorbehalten
Gesamtherstellung: westermann druck GmbH, Braunschweig
ISBN 3-572-00766-6

Gewölbe, eine bogenförmig ausgebildete, auf Widerlagern ruhende Steindecke, die einem architekton. Raum den oberen Abschluß gibt; fr. aus Bruch- oder Ziegelstein, heute Beton. Formen: Tonnen-G., Kreuz-G., Kloster-G.
Gewölle, die von Greifvögeln hervorgewürgten unverdaul. Reste der Beutetiere (Haare, Knochen, Federn).
Gewürzinseln →Molukken.
Gewürznelkenbaum, auf den Molukken heim. *Myrtengewächs,* heute vorw. auf Sansibar u. Pemba angebaut. Die getrockneten Blütenknospen sind als *Gewürznelken* im Handel.
Gewürzpflanzen, *Küchenkräuter,* Pflanzen, deren Blätter, Blüten, Früchte, Samen, Wurzeln sich wegen ihres aromat. Geschmacks frisch oder getrocknet zum Würzen von Speisen eignen. Durch ihren Gehalt an äther. Ölen u. Bitterstoffen erhöhen sie den Geschmack u. wirken appetitanregend, verdauungs- u. gesundheitsfördernd. Einheim. G.: Anis, Basilikum, Beifuß, Bohnenkraut, Borretsch, Dill, Estragon, Fenchel, Kerbel, Knoblauch, Koriander, Kresse, Kümmel, Liebstöckel, Majoran, Meerrettich, Petersilie, Pfefferminze, Pimpinelle, Rosmarin, Safran, Salbei, Schnittlauch, Sellerie, Senf, Thymian, Wacholder, Waldmeister, Zwiebel. Ausländ. G.: Ingwer, Kapern, Kardamom, Lorbeer, Muskat, Paprika, Pfeffer, Piment, Vanille, Zimt.
Geyer, Florian, * um 1490, † 1525, fränk. Reichsritter; als Anhänger Luthers Anführer der Bauern

Gezeiten: Die Gezeitenkarte der Nordsee mit Nebenmeeren zeigt den mittleren Springtidenhub (m), der hohe Werte besonders an der französischen Küste und im Bristolkanal aufweist, sowie die mittlere Eintrittszeit des Hochwassers nach dem Meridiandurchgang des Mondes in Greenwich (in Stunden)

von Sonne u. Mond *(Springflut),* bei Halbmond heben sie sich z. T. auf *(Nippflut).* – **G.kraftwerk,** *Flutkraftwerk,* eine Wasserkraftanlage, die den Unterschied des Wasserstands bei Ebbe u. Flut zur Energiegewinnung ausnützt. Das erste europ. G. arbeitet seit 1966 bei St.-Malo an der Rance-Mündung (Bretagne).
Gezelle [xəˈzɛlə], Guido, * 1830, † 1899, fläm. Lyriker, von Heimatliebe u. tiefer Religiosität bestimmt.
GG, Abk. für *Grundgesetz für die BR Dtld.* vom 23.5.1945, →Grundgesetz.
ggT, Abk. für *größter gemeinsamer Teiler;* z.B. ist 24 der ggT von 48 u. 360, d. h. es gibt keine größere Zahl als 24, durch die sich sowohl 48 als auch 360 ohne Rest teilen lassen.
Ghadafi, *Gaddafi, Khadafi,* Muammar Al, * 1942, libyscher Offizier u. Politiker; stürzte 1969 die Monarchie; war bis 1979 unter wechselnden Bez. Staatschef; trat dann zurück, blieb aber tatsächl. Machthaber; Verfechter einer radikal panarab. Politik; gilt als Förderer des internat. Terrorismus.
Ghadames, libysche Oase u. wichtiger Schnittpunkt des Karawanenverkehrs in der nördl. Sahara, 8000 Ew. (Berber).
Ghana, Staat in W-Afrika, 238 537 km²,

Ghana

14,5 Mio. Ew. (Sudanneger; Moslems), Hptst. *Accra.*
Landesnatur. Hinter der feuchttrop. Küste erhebt sich das dichtbewaldete, regenreiche Bergland von *Ashanti,* dem sich nach N Feucht- u. Trockensavannen anschließen.
Wirtschaft. Hauptanbauprodukt ist Kakao (über 30% der Welternte). Bergbauprodukte stehen an zweiter Stelle des Exports: Bauxit, Gold, Mangan, Diamanten. Die Ind. ist relativ gut entwickelt. Sie umfaßt Nahrungsmittel-, Textil-, chem. Ind. u. Holzverarbeitung. Am Unterlauf des Volta wurde ein großer Stausee mit bed. Kraftwerk angelegt. – Das gut ausgebaute Verkehrsnetz konzentriert sich auf den S. Haupthäfen sind Takoradi u. Tema. Internat. Flughafen: Accra.
Geschichte. 1850 wurde die brit. Kolonie Goldküste proklamiert. 1957 wurde die Goldküste als G. unabh. 1960 wurde das Land Rep. Erster Staats-Präs. war K. *Nkrumah,* der 1966 von den Militärs gestürzt wurde. Seither hatte G. fast nur Militärregierungen. Seit 1981 ist J. *Rawlings* Staatschef. 1993 trat eine neue Verfassung in Kraft.

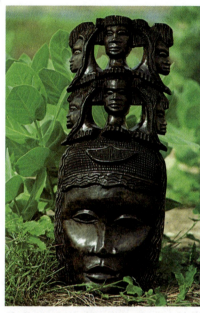

Ghana: Maske der Ashanti

Ghana, mittelalterl. Reich im westl. Sudan, zw. Senegal u. Niger; Ruinen der Hptst. beim heutigen Koumbi Saleh in Mauretanien; seit dem 8. Jh. unter einer Dynastie aus dem Negervolk der *Soninke,* Höhepunkt der Macht um 1000, Eroberung der Hptst. durch die Almoraviden 1077, endgültige Vernichtung durch Mali im 13. Jh.
Ghardaïa, alger. Oase in der nördl. Sahara, 137 000 Ew.
Ghasel, *Gasel,* eine lyrische Gedichtform arab. Herkunft. Das G. beginnt mit einem Reimpaar u. wiederholt diesen Reim in allen geraden Versen, die ungeraden bleiben ungereimt.
Ghasnawiden, islam. Dynastie in Ghasni (Afghanistan) u. Khorasan (Iran) 999–1186; begr. von dem Türken *Sübük Tigin* († 997) in Ghasni (bed. Kunstdenkmäler). Die Dynastie wurde 1150 aus Ghasni vertrieben.
Ghasni, SO-afghan. Prov.-Hptst., 2220 m ü. M., 30 000 Ew.; im MA ein Kultur- u. Herrschaftszentrum.
Ghats [engl. gɔːts], der gebirgige West- u. Ostrand des Dekan-Hochlands (Indien), mit steilem Abfall zum Arab. Meer bzw. zum Golf von Bengalen; *Westghats* (höchste Erhebung *Anai Mudi,* 2695 m) u. *Ostghats (Devodi* 1640 m).
Ghaza [ˈgaːza] →Gaza.
Gheorghiu [gɛɔrˈgiu], Constantin Virgil, * 1916, † 1992, rumän. Schriftst.; schreibt in frz. Sprache; Roman »25 Uhr«.
Gheorghiu-Dej [gɛɔrˈgiu deʒ], Gheorghe, * 1901, † 1965, rumän. Politiker (KP); 1952–55 Min.-Präs.; 1945–54 u. erneut seit 1955 Generalsekretär der KP; 1961–65 zugleich Vors. des Staatsrats (Staatsoberhaupt).
Ghetto →Getto.

Geysir bei Rotorua in Neuseeland

im Bauernkrieg; konnte sich bei den Bauern nicht durchsetzen u. wurde erschlagen.
Geysir, *Geiser,* heiße Springquelle in vulkan. Gebieten, die meist in bestimmten Abständen Wasser- u. Dampffontänen ausstößt, benannt nach einer Quelle in Island. Vorkommen: bes. in Island, Yellowstone-Park (USA), Neuseeland, Japan.
Gezähe, Handwerkszeug des Bergmanns.
Gezeiten, *Tiden,* das period. Steigen *(Flut)* u. Fallen *(Ebbe)* des Meeresspiegels, zweimal innerhalb von 24 Std. u. 50 Min. Der Wasserstand schwankt zw. *Hochwasser* u. *Niedrigwasser;* die Differenz wird als *Tidenhub* bezeichnet Hauptursache der G. ist die Anziehungskraft des Mondes (u. der Sonne). Bei Voll- u. Neumond addieren sich die Wirkungen

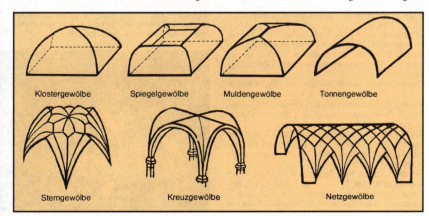

Gewölbeformen

Ghiaurov [gjˈaurɔf], Nicolai, * 13.9.1929, bulgar. Sänger (Baß).

Ghibellinen [gi-], *Gibellinen,* im mittelalterl. Italien die kaiserl. Partei; päpstl. gesinnte Gegenpartei: *Guelfen* (dt. *Welfen*).

Ghiberti [gi-], Lorenzo, eigtl. L. *di Cione,* * 1378, † 1455, ital. Bildhauer u. Kunsttheoretiker, einer der Hauptmeister der ital. Plastik; Bronzetüren am Baptisterium in Florenz.

Ghostwriter [ˈgoustraitə], Schriftst., die für andere (meist bekannte) Leute schreiben (z.B. Erinnerungen, Reden) u. selbst unbekannt bleiben.

G.I. [dʒi:-], Abk. für *Government Issue* [»Regierungsausgabe«], Aufdruck auf den staatl. gelieferten militär. Ausrüstungsgegenständen; volkstüml. übertragen für den Soldaten der USA.

Giacometti [dʒakoˈmɛti], **1.** Alberto, * 1901, † 1966, schweiz. Bildhauer, Maler u. Graphiker; schloß sich den Surrealisten an. – **2.** Augusto, Onkel von 1), * 1877, † 1947, schweiz. Maler (Figurenbilder in flächig abstrahiertem Stil).

Giauque [dʒiˈouk], William Francis, * 1895, † 1982, US-amerik. Chemiker; arbeitete auf dem Gebiet der tiefsten Temperaturen, entdeckte die Sauerstoffisotopen 17 u. 18; Nobelpreis 1949.

Giaur, türk. Schimpfname für Nichtmoslems.

Gibbons, *Hylobatidae,* Fam. der *Herrentiere;* von Hinterindien bis zum Malai. Archipel verbreitet; hierzu *Lar, Hulok* u. *Siamang.*

Gibbons [ˈgibənz], Orlando, * 1583, † 1625, engl. Komponist (Virginalstücke, Madrigale); Organist an der Westminster-Abtei in London.

Gibbs [gibz], Josiah Willard, * 1839, † 1903, US-amerik. Physiker; arbeitete auf dem Gebiet der Thermodynamik u. der statist. Mechanik.

Gibraltar, brit. Kronkolonie (seit 1830) an der S-Spitze Spaniens, 5,8 km², 31 000 Ew.; ein 1250 m breiter Kalkfelsen (»The Rock«, 425 m hoch; eine der *Säulen des Herkules*), der nach N u. O steil abfällt; durch einen z. T. nur 900 m breiten Schwemmlandstreifen mit dem Festland verbunden. – An der flacheren Westseite liegt der stark befestigte brit. Kriegs- u. Handelshafen G. – G. wird durch die *Straße von G.* vom afrikan. Kontinent getrennt. Sie verbindet den Atlantik mit dem Mittelmeer u. ist eine der verkehrsgeographisch u. strategisch wichtigsten Meeresstraßen, 60 km lang, 15–44 km breit, der Meeresboden reicht hier bis 286 m u. M.

Gibson [ˈgibsən], Mel, * 5.1.1956, austral. Schauspieler US-amerik. Herkunft; erfolgreich u. a. in »Mad Max«, »Bird on a Wire«.

Gicht, 1. die obere Öffnung des Hochofens. Die G. ist durch die *G.glocke* verschlossen, die das wertvolle *G.gas,* das 28–33% Kohlenmonoxid enthält, am Entweichen hindert. – **2.** eine Stoffwechselstörung mit verminderter Harnsäureausscheidung. Die Harnsäure lagert sich bes. in Gelenken ab u. führt dort zur Bildung von *G.knoten.* Es kommt zur anfallsweisen Entzündung der befallenen Gelenke. Ist das Grundgelenk der großen Zehe befallen, so spricht man von *Zipperlein (Podagra).*

Gide [ʒiːd], André, * 1869, † 1951, frz. Schriftst.; wandlungsreicher, unabh. Individualist. Ⓦ »Die Verliese des Vatikan«, »Die Falschmünzer«; Tagebücher u. a. Nobelpr. für Literatur 1947.

Gideon, einer der im Richterbuch beschriebenen charismat. Führer in der Notzeit Israels nach der Landnahme, um 1100 v. Chr.

Giebel, senkrechte Außenwand des Satteldachs, meist dreieckig; oft baukünstler. behandelt.

Giebel, Agnes, * 10.8.1921, dt. Sängerin (Sopran); Liedinterpretin.

Giehse, Therese, * 1898, † 1975, dt. Schauspielerin; große Erfolge in Stücken B. Brechts, G. Hauptmanns u. M. Frischs.

Gielen, 1. Josef, * 1890, † 1968, dt. Regisseur; vor allem Opernregisseur. – **2.** Michael, * 20.7.1927, dt. Komponist u. Dirigent; als Komponist von A. *Webern* beeinflußt.

Gielgud [ˈgilgud], Sir Arthur John, * 14.4.1904, brit. Schauspieler (bes. in Shakespeare-Stücken).

Gjellerup [ˈgɛlərob], Karl, * 1857, † 1919, dän. Schriftst.; Verehrer R. Wagners u. der dt. Klassik, zuletzt Buddhist; Nobelpreis 1917.

Giengen an der Brenz, Stadt in Ba.-Wü., auf der Schwäb. Alb, 19 000 Ew.; Spielwaren-Ind.

gieren, allg. von Fahrzeugen: durch Drehung um die Hochachse vom Kurs abweichen; bei Schiffen infolge von Seegang oder Wind.

Gierke, Otto von, * 1841, † 1921, dt. Rechtswiss.; arbeitete bes. auf dem Gebiet der Rechtsgeschichte u. der Theorie der soz. Verbände.

Giersch, *Geißfuß,* ein *Doldengewächs;* häufiges Unkraut.

Gies, Gerd, * 24.5.1943, dt. Politiker (CDU); 1990/91 Min.-Präs. von Sachsen-Anhalt.

Giese, Hans, * 1920, † 1970, dt. Psychiater u. Sexualwissenschaftler.

Gieseking, Walter, * 1895, † 1956, dt. Pianist (bes. Debussy u. Ravel).

Gießen, Krst. in Hessen, an der Lahn, 77 000 Ew.; Univ., Masch.-, opt. u. pharmazeut. Ind.

Gießerei, Werkstätte zur Herstellung von Gegenständen durch Gießen schmelzbarer Stoffe in Hohlformen; wichtige Gießstoffe: Eisen-, Kupfer-, Aluminiumlegierungen u. Edelkunstharze. Die G. besteht aus 3 Abteilungen: *Formerei* (mit Kernmacherei u. Sandaufbereitung), *Schmelzbetrieb* u. *Putzerei.*

Gießharze → Epoxidharze.

Gifhorn, Krst. in Nds., an der Aller, 33 000 Ew.: Schloß; Maschinenfabrik.

Gift, *Toxicum,* jeder feste, gasförmige oder flüssige Stoff, der im Körper Schädigungen der Gewebe u. Organe bewirkt, die zu Krankheit u. Tod führen können. *Ätz-G.* zerstören das Gewebe; *betäubende G.* wirken auf das Gehirn u. seine Zentren; *reizende u. erregende G.* steigern die Tätigkeit der Nerven, des Kreislaufs u. des Stoffwechsels sowie die Verdauung. *Blut-G.* zersetzen das Blut u. führen zu Blockierung der Atemtätigkeit.

Giftgase, Gase u. Dämpfe, die den menschl. Organismus schädigen: *Ätz-* u. *Reizgifte:* Phosgen, Nitrogase, schweflige Säure, Chlorwasserstoff, Ammoniak; *Blut-* u. *Zellgifte:* Arsenwasserstoff, Blausäure, Phosphorwasserstoff, Schwefelwasserstoff, Kohlenmonoxid; *Narkosegifte* (Lähmung des Atmungszentrums): organ.-chem. Lösungsmittel (u. a. Schwefelkohlenstoff), Benzol, Benzin, Chloroform, Tetrachlorkohlenstoff, Ether, Aceton.

Giftnattern, *Elapidae,* außereurop. Fam. der *Schlangen,* mit Giftzähnen im Oberkiefer; hierzu: *Kobras, Mamba, Korallenottern, Taipan* u. a.

Giftpflanzen, für Menschen u. Tiere aufgrund des Gehalts an Giftstoffen (Alkaloide, Glykoside, äther. Öle) schädl. Pflanzen. Die ganze Pflanze ist bei *Eiber, Fingerhut, Goldregen, Herbstzeitlose, Maiglöckchen, Schierling* stark, *bei Rittersporn* u. *Primeln* schwächer giftig. Beim *Weißen Germer* sind die Wurzeln, beim *Eisenhut* die Knollen, bei der *Tollkirsche* die Blätter u. Früchte, beim *Schlafmohn* die Fruchtkapseln bes. giftig. Bei geringerer Dosierung finden die G. als *Heilpflanzen* Verwendung.

Giftreizker, nach Abkochen u. Abgießen eßbarer, dem echten Reizker ähnl. *Blätterpilz.*

Gifttiere, mit Giftorganen versehene Tiere. *Skorpione* haben Giftdrüsen im Körperanhang, die in einen Giftstachel ausmünden. Die Giftdrüsen der *Spinnen* befinden sich im Bereich der Vorderextremitäten. Von den Insekten sind z.B. *Bienen, Wespen* u. *Ameisen* mit Giftstacheln am Hinterleib ausgerüstet. *Schlangen* haben Giftzähne. Zu den G. werden auch die beim Genuß giftiger Tiere gezählt (manche Fische, Muscheln).

Gifu, jap. Präfektur-Hpst. auf Honshu, 412 000 Ew.; Univ., Stahl-, Seiden- u. Papier-Ind.

Gig, 1. zweirädriger, leichter Wagen mit Gabeldeichsel. – **2.** Ruderboot für Wander- u. Übungsfahrten.

Giga…, Zeichen G, Vorsilbe bei Maßeinheiten: = 10^9 = 1 Mrd.

Giganten, in der grch. Myth. Söhne der *Gaia;* ein Riesengeschlecht, das den Olymp zu stürmen versuchte. Mit Hilfe des Herakles wurden sie im *G.kampf (Gigantomachie)* von den Göttern besiegt.

Gigantismus, durch Störung der Hypophysenfunktion bedingter *Riesenwuchs.*

Gigli [ˈdʒiʎi], Beniamino, * 1890, † 1957, ital. Sänger (Tenor); seit *Caruso* der gefeiertste Opernsänger seiner Zeit.

Gigolo [ˈdʒi-], *Eintänzer,* ein junger Mann, der in Tanzlokalen als Tanzpartner u. Gesellschafter für weibl. Besucher angestellt ist; übertragen: eitler Frauenheld.

Gigue [ʒiːg], **1.** altfrz. Bez. für *Geige* (Violine); später Spottname für den *Rebec.* – **2.** Tanzform von lebhafter Bewegung im Tripeltakt (3/8, 3/4, 6/8 usw.), schott. u. irischer Volkstanz; Schlußsatz in barocken Suiten.

Gijón [xiˈxɔn], N-span. Hafen- u. Industriestadt am Golf von Biscaya, 260 000 Ew.; Hauptumschlaghafen der astur. Montanind., Schiff- u. Maschinenbau, Stahlwerk.

Gilbert, 1. [ʒilˈbɛːr], Jean, eigtl. Max *Winterfeld,* * 1879, † 1942, dt. Operettenkomponist (»Die keusche Susanne«, »Püppchen«). – **2.** [ˈgilbət], Walter, * 21.3.1932, US-amerik. Molekularbiologe; Arbeiten über Nucleinsäuren; Nobelpreis für Chemie 1980 zus. mit F. *Sanger* u. P. *Berg.* – **3.** [ˈgilbət], William, * 1544, † 1603, engl. Naturforscher; Leibarzt Elisabeths I. u. Jakobs I.; führte den Begriff »Elektrizität« ein; begründete die Lehre vom Erdmagnetismus.

Gilbertinseln, Inselgruppe im westl. Pazifik, 259 km²; palmenbestandene Koralleninseln; bis 1975 Teil der brit. Kolonie *Gilbert and Ellice Islands Colony;* seit 1979 → Kiribati.

Gilde, Zusammenschluß von Personen zur Wahrung gemeinsamer Interessen; bes. im MA als Vereinigung von Handwerkern *(Zunft).*

Gilead, Bergland östl. des Jordan im N Jordaniens.

Gilels, Emil, * 1916, † 1985, russ. Pianist u. Pädagoge; Interpret der Klavierwerke Mozarts, Schuberts u. Schumanns.

Gilet [ʒiˈle], Weste ohne Ärmel.

Gilgamesch-Epos, babyl.-assyr. Heldenepos über *Gilgamesch,* einen frühgeschichtl. sumer. König von Uruk; früheste Teile aus dem 3. Jt. v. Chr. Die Gesamtdarstellung (um 1200 v. Chr.) schildert die vergebl. Suche nach dem ewigen Leben.

Gilles, Werner, * 1894, † 1961, dt. Maler u. Graphiker; Schüler L. *Feiningers* am Bauhaus; Landschaften u. mytholog. Szenen.

Gillespie [giˈlɛspi], Dizzy, eigtl. John *Birks,* * 1917, † 1993, afroamerik. Jazztrompeter.

Gillette [ʒiˈlɛt], King Camp, * 1855, † 1932, US-amerik. Industrieller; Erfinder des G.-Rasierapparats.

Gillingham [ˈdʒiliŋəm], engl. Stadt östl. von London, 94 000 Ew.; Docks.

Gilly, Friedrich, * 1772, † 1800, dt. Architekt; Meister des mit einfachen stereometr. Bauformen arbeitenden Frühklassizismus. Seine Hptw. blieben unausgeführt.

Gilson [ʒilˈsõ], **1.** Étienne, * 1884, † 1978, frz. Historiker der Philosophie des MA. – **2.** Paul, * 1865, † 1942, belg. Komponist. Am bekanntesten wurde seine 10 Jahre vor C. *Debussys* sinfon. Skizze entstandene Sinfonie »La Mer« 1890.

Gimpel, *Dompfaff,* einheim., kräftiger, schwarzgrauer, im männl. Geschlecht rotbäuchiger Finkenvogel.

Gin [dʒin], Wacholderbranntwein; 38 Vol.-%; *Dry Gin,* »trockener Gin«, 43 Vol.-%.

Ginastera [xinaˈstera], Alberto, * 1916, † 1983, argent. Komponist; suchte eine Verbindung von neoklassizist., zwölftontechn. u. folklorist. Elementen; Opern, Klaviermusik, Instrumentalkonzerte.

Ginger-Ale [ˈdʒindʒər eil], Ingwerbier, alkoholfreies Getränk.

Ginkgo [ˈgiŋko], *Japanischer Nußbaum, Fächerblattbaum,* ein bis 40 m hoher Baum des gemäßigten Ostasien; Blätter manchmal in der Mitte tief eingeschnitten; zweihäusig.

Ginsberg [ˈginzbəːg], Allen, * 3.6.1926, US-amerik. Schriftst.; führender Lyriker der *Beat Generation;* Kritiker der Massengesellschaft.

Ginseng, ein *Efeugewächs,* dessen Wurzel in China als Universalheilmittel geschätzt wird. Sie enthält u. a. Vitamin B_1 u. B_2, Glykoside, äther. Öle, Alkaloide u. östrogene Substanzen.

Ginster, Gatt. der *Schmetterlingsblütler;* Sträucher mit gelben Blüten. Stengel u. Äste sind dornig beim *Deutschen G.* u. beim *Engl. G.*

Ginseng-Wurzel

Giorgione: Schlummernde Venus; 1510. Dresden, Gemäldegalerie

Ginsterkatzen, *Genetten,* zu den *Zibetkatzen* gehörige Gatt. der *Schleichkatzen.*
Ginzberg, Ascher, *1856, †1927, neuhebr. Schriftst.; Mitbegr. des Zionismus, Erneuerer des hebr. Sprache.
Ginzburg, Natalia, geb. *Levi,* *1916, †1991, ital. Schriftst. (Romane, Theaterstücke, Erzählungen).
Ginzkey, Franz Karl, *1871, †1963, östr. Schriftst.; Vertreter einer liebenswürdigen Romantik.
Giono [ʒjɔ'no], Jean, *1895, †1970, frz. Schriftst.; feierte in seinem barocken farbigen Werk das naturnahe Leben des frz. Südens. Ⓦ »Der Husar auf dem Dach«, »Das unbändige Glück«; auch Dramen u. Filme.
Giordani [dʒor-], Pietro, *1774, †1848, ital. Schriftst. (Prosa).
Giordano, 1. Luca, *1634, †1705, ital. Maler; Hauptmeister des neapolitan. Barocks. – **2.** Umberto, *1867, †1948, ital. Komponist; Vertreter des Verismus (Oper »Andrea Chénier«).
Giordano Bruno [dʒor-] → Bruno.
Giorgione [dʒor'dʒo:nə], eigtl. Giorgio *Barbarelli,* *um 1478, †1510, ital. Maler; bildete den Stil der venezian. Hochrenaissance aus; Ⓦ »Schlummernde Venus«.
Giornico [dʒor-], dt. *Irnis,* schweiz. Ort im Kt. Tessin, 1100 Ew. Hier siegten 1478 die Eidgenossen über die Mailänder unter Herzog *Sforza.*
Giotto [ˈdʒɔtto], *Giotto di Bondone,* *vermutl. 1266, †1337, ital. Maler u. Architekt; Schüler von *Cimabue;* überwand die Formelhaftigkeit u. Erstarrung der flächenhaften byzantin. Malweise, zeigte die Menschen in neuer, voller Ausdrucksintensität. Hptw.: Fresken der Arenakapelle in Padua, in Sta. Croce in Florenz, in San Francesco in Assisi.
Giovanni da Bologna [dʒo'vanni da bɔ'lɔnja] → Bologna.
Gipfelkonferenz, Treffen der Staats- oder Regierungschefs mehrerer Länder.
Gips, wasserhaltiger schwefelsaurer Kalk, meist farblos. G. kommt u. a. vor in Form von durchscheinenden Kristallen *(G.spat),* als perlmutterglänzende Tafeln *(Marienglas)* oder körnig-kristallinisch *(Alabaster).* G.stein verliert erhitzt ganz oder teilweise seinen Wassergehalt (Kristallwasser) u. ergibt *gebrannten G.,* der in der Hauptsache als *Bau-G.* verwendet wird.
Gipsbett, der Körperform angepaßte Unterlage aus Gips zur Ruhigstellung bei bestimmten Krankheiten (Wirbelsäulenerkrankungen).
Gipskraut, *Gypsophila,* Gatt. der *Nelkengewächse.*
Gipsverband, fester, durch Erhärten angefeuchteter Gipsbinden starr werdender Verband zur Ruhigstellung von Gliedmaßen, bes. bei Knochenbrüchen u. Gelenkerkrankungen.
Giraffe, Fam. der *Wiederkäuer,* mit bis zu 3 m langem Hals, insges. bis zu 6 m hoch; Fell braungefleckt. Die 2–5 Hörner sind meist mit Fell überzogen. Die G. bewohnt in Herden die Buschsteppen Afrikas. Zum Abweiden der Bäume sind die 7 Halswirbel stark vergrößert.
Giraffengazelle, *Gerenuk,* eine *Gazelle* mit leierförmigem Gehörn u. stark verlängertem Hals; Widerristhöhe 1 m.
Giraldi [dʒi-], Giambattista, *1504, †1573, ital. Dichter; schrieb Schauerdramen u. moralisierende Novellen.
Giralgeld [ʒi-], *Buchgeld,* die tägl. fälligen Bankguthaben, die zum *bargeldlosen Zahlungsverkehr* verwendet werden.
Girant [ʒi-], im Bankwesen der *Indossant* eines Orderpapiers, z.B. eines Wechsels oder Schecks; →Indossament.
Girard [ʒi'ra:r], Jean-Baptiste, *1765, †1850, schweiz. Pädagoge; Franziskanermönch *(Père Gregoire);* lehrte in Freiburg (Schweiz) nach dem System von J. *Lancaster* (Monitorensystem: bessere Schüler unterrichten leistungsschwache).
Girardi [ʒi-], Alexander, *1850, †1918, östr. Schauspieler; Charakterkomiker.
Girardot [ʒirar'do], Annie, *25.10.1931, frz. Schauspielerin; »Rocco u. seine Brüder«, »Stau«.
Giraud [ʒi'ro], **1.** Albert, *1860, †1929, belg. Schriftst.; führend in der Bewegung »La Jeune Belgique«. – **2.** Giovanni Graf, *1767, †1834, ital. Schriftst.; verfaßte in der Nachfolge C. *Goldonis* röm. Volksstücke.
Giraudoux [ʒiro'du], Jean, *1882, †1944, frz. Schriftst.; verband in seinen Dramen u. Romanen mit frz. Esprit einen Sinn für Romantik. Dramen: »Amphitryon 38«, »Der Trojan. Krieg findet nicht statt«, »Undine«, »Die Irre von Chaillot«.
Giresun, Hptst. der gleichn. türk. Prov., am Schwarzen Meer, 56 000 Ew.; Hafen.
Girl [gə:l], Mädchen; Mitgl. einer Tanzgruppe in Revue u. Kabarett.
Girlande, Blumen- oder Blättergewinde.
Girlitz, einheim. gelbgrüner Finkenvogel.
Girl Scouts [gə:l skauts], die weibl. *Pfadfinder* (gegr. 1912).
Giro [ˈʒi:ro], Übertragungsvermerk auf Wechseln u. ähnl. Wertpapieren; →Giroverkehr.
Giro d'Italia [ˈdʒi:ro-], schweres ital. Etappen-Radrennen für Berufsfahrer, seit 1909.
Gironde [ʒi:rɔ̃d], der gemeinsame, seichte Mündungstrichter von *Garonne* u. *Dordogne* in SW-Frankreich, 75 km lang, 5–10 km breit.
Girondisten [ʒi'rɔ̃-], die gemäßigte Partei der Frz. Revolution, gen. nach dem Dép. *Gironde.* Ein großer Teil der G. wurde 1793/94 von den *Jakobinern* guillotiniert.
Gironella [xiro'nɛlja], José María, *31.12.1917, span. Schriftst. (Romane über den Span. Bürgerkrieg).
Giroverkehr [ˈʒi:-], die wichtigste Art des bargeldlosen Zahlungsverkehrs: das Begleichen von Zahlungsverpflichtungen durch Umschreiben des geschuldeten Betrags bei der Bank vom Konto des Schuldners auf das des Gläubigers *(Girokonten).* Durch das *Gironetz (Giroverbände* mit *Girozentralen)* ist es mögl., Zahlungen im G. zwischen versch. Banken, auch mit der Post, zu leisten.
Giscard d'Estaing [ʒiska:rdɛ:'stɛ̃], Valéry, *2.2.1926, frz. Politiker (Unabhängiger Republikaner); 1962–66 u. 1969–74 Fin.- u. Wirtschafts-Min., 1974–81 Staats-Präs.

Giseh [ˈgi:ze] → Gizeh.
Gisela, *um 990, †1043, röm.-dt. Kaiserin; seit 1015/17 verh. mit Kaiser *Konrad II.;* hatte großen Einfluß auf Konrad u. vermittelte zw. ihm u. ihrem Oheim, König *Rudolf III.* von Burgund, dessen Nachfolger Konrad 1033 wurde. So kam Burgund an das Hl. Röm. Reich.
Giselbert, *um 890, †939, Herzog von Lothringen 915–939; versuchte, die Lehnshoheit des westfränk. Königs *Karl III.* abzuschütteln u. mußte sich 925 dem dt. (ostfränk.) König *Heinrich I.* unterwerfen; beteiligte sich an dem Aufstand gegen *Otto d. Gr.,* wurde aber 939 geschlagen u. ertrank im Rhein.
Giselher, im Nibelungenlied jüngster Bruder König *Gunthers.*
Gisevius, Hans Bernd, *1904, †1974, dt. polit. Schriftst.; arbeitete für die Widerstandsbewegung. Ⓦ »Bis zum bitteren Ende«, »Adolf Hitler«.
Gissing, George Robert, *1857, †1903, engl. Schriftst.; schilderte realist. die Londoner Elendswelt.
Gitarre, Zupfinstrument mit 6 Saiten, flacher Decke u. rundem Schalloch; im MA unter Verwendung von Formelelementen der Laute u. Fidel entwickelt. Abweichende Formen: 1. *Baß-G.;* sie hat rechts vom normalen Bezug noch 3–9 Baßsaiten, die aber nicht verkürzt werden können. – 2. *Hawaii-G.* – 3. *Schlag-G.,* bes. in Jazz- u. Tanzkapellen. – 4. *Elektro-G.,* mit Stahlsaiten, unter denen Tonabnahme-Aggregate (Magnete, Kondensatoren) angebracht sind.
Gitter, 1. eine bes. Elektrode der Elektronenröhre; steuert den Elektronenstrom. – **2.** *optisches G.,* oder *Beugungs-G.,* →Beugung; *Raum-G.,* die regelmäßige Anordnung der Atome in einem Kristall.
Gittermast, ein aus Flach- oder Profilstahl zusammengesetzter Mast, z.B. für Hochspannungsleitungen.
Gitternetz, quadrat. Liniennetz zur Ortsbestimmung in amtl. Karten.
Gitterschlange →Netzpython.
Gitterstruktur, die math. gesetzmäßige Anordnung der Moleküle (Atome) in einem Kristall. Aus der G. ergeben sich verschiedene physik. Eigenschaften von Kristallen, wie Spaltbarkeit, Anisotropie u. a.
Giulio Romano [ˈdʒu:-], *um 1499, †1546, ital. Maler u. Architekt; Schüler u. Mitarbeiter *Raffaels;* Hptw.: Plan u. Ausmalung des Palazzo del Té in Mantua.
Giurgiu [ˈdʒurdʒu], rumän. Hafenstadt an der Donau, südl. von Bukarest, 68 000 Ew.
Giusti [ˈdʒu-], Giuseppe, *1809, †1850, ital. Schriftst. (polit. Satiren).
Gizeh [ˈgi:ze], *Giseh,* ägypt. Prov.-Hptst. am Nil, gegenüber von Kairo, 1,67 Mio. Ew.; 8 km westl. die *Pyramiden von G.,* die zur Zeit der 4. Dynastie (um 2590–2470 v. Chr.) von den Königen *Cheops, Chephren* u. *Mykerinos* errichtet wurden, sowie die *Sphinx.*
Glacé [gla'se], glänzendes Gewebe aus verschiedenfarbigen Garnen.
Glacier National Park [ˈglæsjə ˈnæʃənəl pɑ:k], Naturschutzgebiet in den Rocky Mountains, in

Massaigiraffe

316 Glacis

Gladiator: Kampf eines Schwertfechters gegen einen mit Lanze und Krummdolch Bewaffneten; römisches Fußbodenmosaik, 250 n. Chr.

Montana (USA), an der amerik.-kanad. Grenze u. in Alberta (Kanada).
Glacis [-'si], fr. bei Festungen die durch das Ausheben des Festungsgrabens entstandene, feindwärts gelegene Erdanschüttung, die dem Gegner keinerlei Deckung bietet.
Gladbeck, Industriestadt in NRW, 77 000 Ew.
Gladiator, Schwertfechter im alten Rom. Die *G.enkämpfe* wurden in der Kaiserzeit regelmäßig abgehalten, zunächst auf dem Forum, später im Kolosseum. Die G. waren Kriegsgefangene, verurteilte Verbrecher (in den Christenverfolgungen auch Christen), Sklaven oder Berufskämpfer.
Gladiole, *Siegwurz,* Gatt. der *Schwertliliengewächse;* Zwiebelpflanzen. In Dtld. heim. sind: *Sumpfsiegwurz* u. *Wiesensiegwurz* (unter Naturschutz). Häufig werden farbenprächtige S-afrik. Arten angepflanzt.
Gladstone ['glædstən], William Ewart, *1809, †1898, brit. Politiker (Liberaler); wandte sich einem Liberalismus mit pazifist.-humanitärer Ausrichtung zu; seit 1865 Parteiführer; 1868–94 mehrf. Prem.-Min.; Gegner B. *Disraelis* u. der imperialist. Außen- u. Flottenpolitik.
Glaeser, Ernst, *1902, †1963, dt. Schriftst. u. Journalist (zeitkrit. Romane u. Hörspiele).
glagolitische Schrift, *Glagoliza,* das älteste slaw. Alphabet, entstanden aus einer Verbindung von grch. mit semit. oder kopt. Schriftzeichen; wahrsch. vom Slawenapostel *Kyrillos* eingeführt; heute durch die *kyrill. Schrift* ersetzt.
Glaise von Horstenau [glɛ:z-], Edmund, *1882, †1946 (Selbstmord), östr. Politiker u. Historiker; 1938 Vizekanzler der Reg. Seyß-Inquart, 1943 General der dt. Wehrmacht.
Glamour ['glæmə], betörende Aufmachung, Blendwerk. – **G.girl** [-gə:l], bes. aufgemachtes Mädchen, Reklame- oder Filmschönheit.
Glanzgras, Gatt. der *Süßgräser;* hierzu das bis 3 m hohe, schilfartige *Rohr-G.*
Glanzkäfer, weltweit verbreitete Fam. der *Käfer* (über 2000 Arten) mit metall. glänzendem Körper.
Glanzmann, Eduard, *1887, †1959, schweiz. Kinderarzt; nach ihm ben. die *G.sche Krankheit,* ein auf erbl. funktioneller Minderwertigkeit der Blutplättchen (Thrombozyten) beruhendes Blutungsübel.

Glas: Herstellung von Versuchsschmelzen

Glareanus, *Glarean,* Henricus, *1488, †1563, schweiz. Humanist u. Musiktheoretiker; Freund des *Erasmus von Rotterdam.*
Glarner Alpen, Teil der schweiz. Nordalpen zw. Reuß u. Rhein.
Glarus, Kt.-Hptst. der Schweiz, an der Linth, zu Füßen des *Vorderglärnisch,* 6300 Ew.
Glas, Sammelbegriff für eine kaum überschaubare Zahl von Stoffen verschiedenster Zusammensetzungen, die erschmolzen werden u. beim Abkühlen ohne Kristallisation erstarren. Die Struktur des G.es ähnelt der von Flüssigkeiten, es liegt jedoch ein Festkörper vor. Die Fähigkeit zur G.bildung besitzen v. a. Oxide von Silicium, Bor, Germanium, Phosphor, Arsen. Herstellung: Das Gemenge aus den fein zerkleinerten u. homogen gemischten Rohstoffen (Quarzsand, Soda, Pottasche, Kalkstein, Marmor, Kreide) wird in Schmelzwannen oder G.häfen (*G.schmelzöfen*) erschmolzen, wobei die Schmelze durch Zusätze geläutert u. entfärbt wird. Die G.schmelze wird durch Blasen mit dem Mund, Pressen, Ziehen, Schleudern von Hand oder maschinell verarbeitet.
Gesch.: Die Kunst der G.herstellung war schon

Glasbläser

in Ägypten um 3000 v. Chr. bekannt. Die ältesten G.hütten auf dt. Boden sind von Römern bei Trier u. Köln gebaut worden. Venezian. G.macher gründeten im MA in dt. Waldgebieten wie Spessart, Bayerischer Wald u. a. G.hütten. G. wurde lange Zeit fast ausschließl. zu Schmuckzwecken u. für Gefäße verwendet. Erst gegen Ende des MA ging man zur Verglasung von Fenstern über.
Glasaal →Aale.
Glasauge, *Augenprothese,* ein künstl., aus Glas geblasener Augapfel zum Ersatz eines verlorenen Auges u. zum Schutz der leeren Augenhöhle gegen Entzündungen u. Schrumpfung.
Glasbau, *Glasarchitektur,* eine Bauweise, bei der Glas durch Verwendung für Wände, Dächer u. a. äußere u. innere Erscheinungsbild der Gebäude bestimmt; entwickelte sich zu Beginn des 20. Jh., als die *Skelettbauweise* aus Stahl u. Stahlbeton die tragende u. stützende Funktion massiver Wände aufhob.
Glasbausteine, durchscheinende Glaskörper, die in Wände eingebaut werden; ermöglichen Lichteinfall ohne Durchblick.
Glasbläserei, Herstellung von Glasgegenständen durch Blasen, Drehen, Wälzen der Glasflüssigkeit mittels Glasbläserpfeife.
Glasdruck, das Bedrucken von Glas mit nachgiebigen Formen, z.B. Kautschuk; Druck auf Papier mit Glasplatten, in die Bilder, die entsprechend eingefärbt werden, eingeätzt sind.
Glasen, das Anschlagen der Schiffsglocke während der Seewachen als Zeitmaß. Jeder Einzelschlag zählt eine halbe Stunde; aus der Zeit der Sanduhr (*Glas* genannt), die eine halbe Stunde lief.
Glasenapp, Helmuth von, *1891, †1963, dt. Indologe; erforschte die mittel- u. neuind. Religionen u. Literaturen.
Glaser ['gla:zə], Donald Arthur, *21.9.1926, US-

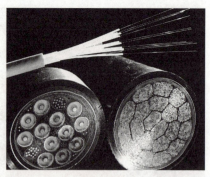

Glasfasern: Glasfaserkabel (oben) im Vergleich zu einem koaxialen Fernkabel (links) und einem Ortskabel

amerik. Physiker; entwickelte 1952 die erste *Blasenkammer;* Nobelpreis 1960.
Glasfasern, Sammelbegriff für zu Fasern verarbeitetes Glas mit Durchmessern zw. 0,1 mm u. wenigen Tausendstel mm. Man unterscheidet Isolier-G. (Glaswolle), Textil-G. u. Lichtwellenleiter.
Glasfaseroptik →Lichtwellenleiter.
glasfaserverstärkte Kunststoffe, GFK, Kunststoffe in einer Verbindung mit Glasfasergeweben oder -matten, mit bes. Zugfestigkeit; u. a. für Boote, Segelflugzeuge, Rohre, Dächer.
Glasgow ['gla:sgoʊ], größte u. wirtsch. wichtigste Stadt Schottlands, drittgrößte Stadt in Großbrit., 725 000 Ew.; Univ. (1451); Sitz eines kath. Erzbischofs u. eines anglikan. Bischofs; Schiffbau; Flugplatz.
Glasharfe, Instrument aus abgestimmten Kelchgläsern, die durch Streichen am oberen Rand mit angefeuchteten Fingern zum Klingen gebracht werden.
Glasharmonika, von Benjamin *Franklin* 1762 entwickeltes Streichglockenspiel mit Glasglocken, die auf einer waagerechten Achse befestigt sind, die durch Fußantrieb in Umdrehung versetzt wird. Die G. wird mit angefeuchteten Fingern gespielt.
Glashow ['glæʃoʊ], Sheldon Lee, *5.12.1932, US-amerik. Physiker; Arbeiten in der Elementarteilchenphysik; Nobelpreis 1979.
Glashütte, Erzeugungsstätte für Glas, bestehend aus Glasschmelzöfen, Glasbearbeitungswerkstätten u. Kühlöfen.
Glaskeramik, Werkstoffe, die durch gesteuerte Kristallisation aus Glasschmelzen hergestellt werden; u. a. für Koch- u. Backgeschirr.
Glaskopf, ein Erz, das in Absonderungsformen mit glatter, kugeliger Oberfläche auftritt, z.B. *Roter G.* (Roteisenerz).
Glaskörper, der durchsichtige Inhalt des Augapfels.
Glasmalerei, Herstellung bildl. Darst. aus farbigem Fensterglas. Nach dem ältesten Verfahren (älteste Stücke aus dem 11. Jh.), der *musivischen G.,* wurde der in Originalgröße angefertigte Entwurf (Visierung, Scheibenriß) mit farbigen Glasstücken ausgelegt u. die Binnenzeichnung mit Schwarzlot aufgemalt u. eingebrannt. Die Scherben wurden mit Bleiruten, die zugleich Konturen bezeichneten, aneinandergesetzt. Die Wirkung dieser G. ist dem Mosaik verwandt. Im 15. Jh. wurde die Technik der *Kabinettmalerei* entwickelt. Das meist kleinformatige Bild wurde nicht mehr aus mehreren Teilen zusammengesetzt, sondern auf eine monolithe Scheibe rein linear oder farbig aufgemalt. Damit wurde das Prinzip der Malerei aus Glas verwandelt in eine Malerei auf Glas.
Glasnost, urspr. die Öffentlichkeit von Gerichts- u. Verwaltungsverfahren; seit 1985 von dem sowjet. Parteichef M. *Gorbatschow* verbreitetes Schlagwort für eine Politik größerer Transparenz (z.B. bessere Information der Bev. über staatl. Maßnahmen, öffentl. Erörterung von Mißständen).
Glasnudel, durchscheinende Nudel aus Reismehl.
Glaspapier, *Schmirgelpapier, Sandpapier,* ein mit Leim bestrichenes u. mit Glaspulver oder Schmirgelpulver bestreutes starkes Papier; zum Putzen u. Glätten, bes. von Holz.
Glass, Philip, *31.1.1937, US-amerik. Komponist, Vertreter der Minimal Music; Opern »Einstein on the beach«, »Satyagraha«, »Echnaton«, »The Voyage«, »Orphée«.
Glaßbrenner, Adolf, Pseud.: A. *Brennglas,* *1810, †1876, Berliner Volksschriftst.

Glasschmelzöfen, Öfen zur Glasherstellung. Im Altertum wurde Glas in tönernen Pfannen über offenem Holzfeuer erschmolzen. Heute wird Tafel- u. Flaschenglas in Wannenöfen hergestellt, die wegen zunehmenden Glasbedarfs bis zu 30 m lang sind (Inhalt bis zu 700 t). Die Glasschmelze wird auf 1300–1600 °C erhitzt; eine Glasschmelzung dauert 12–30 Std.

Glasschneider, ein Werkzeug mit einem sehr harten Wolframstahlrädchen zum Schneiden von Glasplatten.

Glasunow [-'nɔf], Alexander Konstantinowitsch, * 1865, † 1936, russ. Komponist; Schüler von N. *Rimskij-Korsakow*; Sinfonien, Orchesterwerke, Violinkonzert.

Glasur, dünner, glasartiger, meist durchsichtiger, farbloser, aber auch farbiger, dichter Überzug auf keram. Erzeugnissen. Der glasierte keram. Gegenstand erhält dadurch nicht nur ein glänzendes Aussehen, sondern wird auch für Flüssigkeiten u. Gase undurchlässig. G.en sind leichtflüssige, silikat. Glasarten von wechselnder Zusammensetzung. Die G. für gewöhnl. Hartporzellan z.B. ist ein kieselsäurereiches, tonerdehaltiges, bleifreies Glas.

Glaswolle, *Glaswatte,* zu feinen Fäden ausgezogenes oder durch Düsen geblasenes Glas; dient zur Schall- u. Wärmedämmung.

Glatteis, ein glatter Eisüberzug am Erdboden, bes. auf Straßen, der aus unterkühltem flüssigem Niederschlag entsteht oder dadurch, daß flüssiger Niederschlag auf gefrorenen Boden fällt u. gefriert.

Glatthafer, *Raygras, Wiesenhafer,* zu den *Süßgräsern* gehörendes Futtergras.

Glattwale, *Balaenidae,* Fam. der *Bartenwale.* Die 4–5 m langen Barten werden beim Schließen des Mauls nach hinten umgebogen. Zu den G. gehören *Grönlandwal, Nordkaper, Südkaper.*

Glatz, poln. *Kłodzko,* Stadt in Schlesien (poln. Wojewodschaft Wałbrzych), im *G.er Kessel* an der *G.er Neiße,* 30 000 Ew.

Glatze, fast ausschl. bei Männern auftretende Sonderform des Haarausfalls *(androgenet. Alopezie).*

Glatzer Bergland, Teil der mittleren Sudeten; ein von Heuscheuergebirge, Habelschwerdter Gebirge, Glatzer Gebirge, Reichensteiner Gebirge u. Eulengebirge umschlossener Kessel; Erz- u. Kohlenlagerstätten; Mineralquellen.

Glaube, 1. ein Grundbegriff der jüd.-christl. Religionswelt: das »Sich-Verlassen« des Menschen auf Gott. Im Christentum ist G. der in urspr. Bezug zu seinem Grund Jesus Christus verstandene Mut zum Sein, die Hoffnung, die auch am Tod nicht scheitert, u. die Motivationskraft der Liebe. Wichtig ist die Abgrenzung des G. von einem bloßen Fürwahr-Halten religiöser Lehren, da der religiöse G. nicht Sache allein des Intellekts ist, sondern Bestimmung der Person als ganzer. – **2.** *Recht:* → guter Glaube.

Glaubensbekenntnis, *Konfession* → Apostolisches Glaubensbekenntnis.

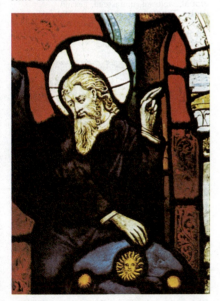

Glasmalerei: Gott Vater; um 1423. Ulmer Münster, Besserer-Kapelle

Glaubenseid, in der kath. Kirche die Ablegung eines Glaubensbekenntnisses unter eidl. Versicherung der inneren Zustimmung u. des Willens, an ihm festzuhalten; vorgeschrieben bei Aufnahme in die Kirche u. vor Übernahme kirchl. Ämter u. Dienste.

Glaubensfreiheit, ein in vielen Verfassungen, mitunter auch durch völkerrechtl. Verträge gesichertes Menschen- u. Grundrecht, sich für ein religiöses Bekenntnis entscheiden u. einer selbstgewählten Religionsgemeinschaft angehören zu können *(Religionsfreiheit).* Damit ist das Recht auf ungestörte Religionsausübung verbunden *(Kultusfreiheit).*

Glauber, Johann Rudolf, * 1604, † 1668, dt. Apotheker u. Chemiker; entwickelte Verfahren zur Herstellung von Mineralsäuren u. Salzen.

Glaubersalz, chem. Bez. *Natriumsulfathydrat,* $Na_2SO_4 \cdot 10H_2O$, ein Abführmittel; Bestandteil vieler natürl. Mineralwässer.

Gläubiger, derjenige, der kraft eines Schuldverhältnisses eine Leistung des *Schuldners* fordern kann.

Gläubigerausschuß, ein Ausschuß von Konkursgläubigern. Er wird bestellt von der **Gläubigerversammlung,** der Versammlung aller Konkursgläubiger, die vom Konkursgericht berufen u. geleitet wird.

Gläubigerverzug, *Annahmeverzug,* die Nichtannahme der vom Schuldner ordnungsgemäß angebotenen Leistung durch den Gläubiger. Durch den G. mindert sich die Haftung.

Glauchau, Krst. in Sachsen, an der Zwickauer Mulde, 30 000 Ew.; Textilind.

Glaukom, *grüner Star,* durch Erhöhung des Innendrucks im Augapfel bedingte Augenerkrankung, die zur allmählichen Erblindung führen kann. Das G. entsteht entweder durch Abflußbehinderung des Kammerwassers infolge Narbenbildung bei Regenbogenhautentzündungen, Linsenverlagerungen oder Geschwülsten im Auge *(sekundäres G.),* oder es kommt ohne erkennbare Ursachen als selbst. Krankheit vor *(primäres G.).*

Glaukonit, ein Mineral.

glazial, das Eis, die Eiszeit betr. – **g.e Abtragung,** die ausschürfende Tätigkeit des Eises. Sie läßt trogförmige Täler u. Seebecken entstehen; anstehendes Gestein wird durch mitgeführtes Geschiebe abgeschliffen; vom Eis überwanderte Berge werden abgerundet. – **G.sedimente,** Ablagerungen der von Eis transportierten Lockermaterialien im Gletschervorfeld; → Moräne.

Glaziologie, die Gletscherkunde; → Gletscher.

Gleditschien, akazienähnl. Bäume mit oft verzweigten Dornen; hierzu die nordamerik. *Christusakazie.*

Gleichberechtigung, G. von Mann u. Frau, eine aus dem Gleichheitssatz des Art. 3 Abs. 1 GG als Grundrecht garantierte Gewährleistung des Staats; weitgehend verwirklicht durch das am 1.7.1958 in Kraft getretene »Gesetz über die G. von Mann u. Frau auf dem Gebiete des bürgerl. Rechts« *(G.sgesetz).*

Gleichen, thüring. Grafengeschlecht, urspr. im Eichsfeld begütert, im 17. Jh. ausgestorben. Die Sage von der Doppelehe des Kreuzfahrers Ernst II. von G. († 1170) wurde vielfach in der Kunst behandelt (Grabstein im Erfurter Dom).

Gleichen-Rußwurm, Emilie von, * 1804, † 1872, Schillers jüngstes Kind; mit ihrem Mann, Adalbert Frhr. von G., Herausgeberin des Briefwechsels ihrer Eltern.

Gleichgewicht, 1. *Physik:* der Zustand, in dem sich zwei oder mehr einander entgegengesetzte Wirkungen (Kräfte) aufheben *(mechan. G.).* Im einzelnen unterscheidet man *stabiles, labiles* u. *indifferentes G.,* je nachdem der Körper bei einer kleinen Verschiebung aus seiner momentanen Lage in diese zurückzukehren sucht, sich von ihr zu entfernen strebt oder in der neuen Lage verharrt. – Beim *therm.* oder *thermodynam. G.* verlaufen zwei Vorgänge einander entgegen, z.B. wenn die Zahl der Teilchen in einem chem. Gemisch, die pro Sek. erzeugt werden, gleich der ist, die pro Sek. wieder zerfallen; dabei bleibt die Mischung immer dieselbe. Beim *radioaktiven G.* liefert das erste von zwei in der Umwandlungsreihe aufeinander folgenden Elementen in der Zeiteinheit dem 2. Element so viele Teilchen nach, wie von diesem selbst zerfallen. Das ist der Fall, wenn die Zahlen der vorhandenen Atome sich wie Halbwertszeiten verhalten. – **2.** → ökologisches Gleichgewicht.

Gleichgewichtssinnesorgane, Schweresinnes-

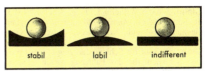

Gleichgewicht

organe, auf die Gravitationskraft als Reiz ansprechende tier. Sinnesorgane, die meist in paariger Anordnung das Gleichgewicht aufrechterhalten; bei vielen wirbellosen Tieren flüssigkeitsgefüllte Blasen *(Statocysten),* in denen Schwerekörper *(Statolithen,* z.B. Sandkörnchen, Kristalle) den Haaren von Sinneszellen aufliegen, die jede Lageveränderung der Statolithen registrieren. Die G. der Wirbeltiere liegen in den Bogengängen im Ohrlabyrinth (→ Ohr). Störungen, kenntl. u. a. am Schwindelgefühl, treten auf bei Erkrankung der G., Vergiftungen u. hochgradiger Erschöpfung.

Gleichheit, ein Grundprinzip moderner, demokrat. verfaßter Gesellschaften, das im Ggs. zu den real feststellbaren soz. u. natürl. Unterschieden von Gruppen u. Individuen die Gleichrangigkeit aller Menschen unter übergeordneten sittl. Maßstäben postuliert. Die G. vor dem Gesetz ist in Art. 3 GG als Grundrecht normiert. Es enthält das Gebot der Gleichbehandlung u. das Verbot der Benachteiligung oder Bevorzugung »wegen seines Geschlechtes, seiner Abstammung, seiner Rasse, seiner Sprache, seiner Heimat u. Herkunft, seines Glaubens, seiner religiösen oder polit. Anschauungen«.

Gleichnis, der poet. ausgestaltete Vergleich des gemeinten Sachverhalts mit einem prägnanten Bild, das aus einem ganz anderen Lebensbereich stammt u. nur in einem Punkt *(Tertium comparationis)* sich mit dem Sachverhalt berührt. Große Bed. haben die G.se des NT, die oft zu Parabeln erweitert sind.

Gleichrichter, ein elektr. Gerät, das Wechselstrom in Gleichstrom umwandelt. – *Mechan. G.* sind nur noch für wenige Anwendungsfälle im Gebrauch, z.B. als *Quecksilberstrahl-G.* Im übrigen haben sich die wartungs- u. verschleißfreien *Trocken-* oder *elektron. G.* durchgesetzt. Man verwendet hierzu Halbleiter-Schaltelemente, die den elektr. Strom (weitgehend) nur in einer Richtung durchlassen (Ventilwirkung).

Gleichschaltung, die erzwungene Unterordnung u. einheitl. Ausrichtung von polit. Gruppen, Einrichtungen u. Ämtern nach den Richtlinien einer polit. Zentralgewalt; meist verbunden mit der Anwendung von Gewalt u. Terror. Die G. ist ein Mittel zur Machtkonzentration in Diktaturen. Der Name kommt von dem nat.-soz. »Gesetz zur G. der Länder mit dem Reich« vom 31.1.1933, dem mehrere ähnl. Gesetze folgten.

Gleichspannung, eine elektr. Spannung von zeitl. konstanter Größe; wird z. B. von galvan. Elementen geliefert.

Gleichstrom, elektr. Strom gleichbleibender Richtung (im Gegensatz zum *Wechselstrom,* dessen Richtung sich period. ändert). Reiner G. entsteht auf chem. Wege in galvan. Elementen oder Akkumulatoren; der durch Gleichrichter oder Generatoren gewonnene G. enthält einen überlagerten Wechselstromanteil. G. wird in der Nachrichtentechnik zum Betrieb von Relais, Wählern, Elektronenröhren u. Transistoren gebraucht, in der Starkstromtechnik für regelbare Motorantriebe u. für galvan. Anlagen.

Gleichstromwiderstand, *Ohmscher Widerstand,* der → Widerstand, den ein elektr. Bauelement reinem Gleichstrom entgegensetzt.

Gleichungen, die durch das Gleichheitszeichen (=) symbolisierte Gleichheitsbeziehung zw. mathemat. Größen. *Identische G.* gelten für alle Werte der vorkommenden Größen, z.B. $(a+b)^2 = a^2 + 2ab + b^2$. *Bestimmungs-G.,* z.B. $x^2 - 9 = 0$, gelten für einen oder mehrere Werte der unbekannten Größe, die bestimmt werden soll. *Algebraische G.* entstehen durch Nullsetzen einer ganzen rationalen Funktion; sie haben die Form $x^n + a_1 x^{n-1} + \ldots + a_{n-1} x + a_n = 0$, wobei n eine natürl. Zahl ist. *Transzendente G.* sind G., die nicht algebraisch sind: Zu ihnen gehören die *Exponential-G.* (z.B. $2^x = 3$), die *logarithmischen G.,* in denen die Unbekannte als Argument einer Winkelfunktion auftritt (z.B. $\cos(2 \cdot x) = 1/2$).

Gleim, Johann Wilhelm Ludwig, *1719, †1803, dt. Schriftst.; ein *Anakreontiker,* von friderizian. Gesinnung (»Preuß. Kriegslieder von einem Grenadier«).

Gleis, die Spur für Schienenfahrzeuge; meist paarige Schienen, die das Fahrzeug tragen u. seine Fahrtrichtung bestimmen u. die auf Stahl- oder Spannbetonschwellen im richtigen Abstand *(Spurweite)* befestigt sind.

Gleisdreieck, Gleisverbindung in Dreiecksform zum Wenden von Zügen.

Gleiskettenfahrzeug, *Kettenfahrzeug, Raupenfahrzeug,* ein Geländefahrzeug für Bauarbeiten, Land- u. Forstwirtsch. oder militär. Zwecke, dessen Last ganz oder teilw. auf Gleisketten (»Raupen«) ruht. Die Ketten verteilen die Last auf eine große Auflagefläche, so daß in weichen Böden die Eindringtiefe verringert wird.

Gleissperre, eine Vorrichtung bei Eisenbahnen, die das Überfahren von Haltesignalen verhindert; sie besteht aus einem eisernen Sperrklotz u. steht meist mit einer Weiche in Verbindung.

Gleitboot, ein flachbodiges, schnelles Wasserfahrzeug; bei hoher Geschwindigkeit teilweise aus dem Wasser gehoben.

gleitende Arbeitszeit, *flexible Arbeitszeit:,* die Arbeitnehmer müssen tägl. in einer bestimmten *Kernzeit* stets anwesend sein; im übrigen können sie ihre Büro-Arbeitszeiten selbst einteilen, jedoch mit der Maßgabe, daß sie die wöchentl. Arbeitszeit erreichen.

Gleitflug, der (unbeschleunigte) Flug eines nicht angetriebenen Flugzeugs unter Wirkung der Schwerkraft u. der an den Tragflächen angreifenden Auftriebskräfte.

Gleiwitz, poln. *Gliwice,* Ind.-Stadt in Schlesien (poln. Wojewodschaft Katowice), 211 000 Ew.; TH; Mittelpunkt des westoberschles. Gruben- u. Hüttengebiets.

Gleizes [glɛːz], Albert, *1881, †1953, frz. Maler; ging vom Impressionismus zum Kubismus über u. wurde dessen Theoretiker.

Glemp, Józef, *28.12.1929, poln. kath. Theologe; seit 1981 Erzbischof von Gnesen u. Warschau, Primas Polens, 1983 Kardinal.

Glendale [-dɛil], Stadt im südl. California (USA), bei Los Angeles, 140 000 Ew.; Bau von elektron. Geräten, Flugzeugen u. Raketenzubehör.

Glenn, John, *18.7.1921, erster US-amerik. Astronaut; umkreiste am 20.2.1962 in einer Raumkapsel vom Typ »Mercury« dreimal die Erde.

Glencheck [-tʃɔk], Gewebe aus Wolle oder Chemiefasern mit ungleichmäßigen Karos.

Gletscher, Eisströme, die sich langsam in Tälern abwärts bewegen. Sie entstehen oberhalb der Schneegrenze im *Nährgebiet* von Hochgebirgen u. polaren Gebieten durch Umschmelzung von Druck aus schneeartigen Niederschlägen *(Firn)* u. reichen je nach Temperaturverhältnissen mit einer oder mehreren Zungen in schneefreie Gebiete, wo sie allmähl. abschmelzen *(Zehrgebiet).* Reichen G.zungen bis ins Meer, so entstehen durch Loslösen (»Kalbung«) von Eismassen *Eisberge.* – Die Dicke der G.eismassen beträgt in den Alpen bis 800 m, in Grönland bis 3000 m, Strömungsgeschwindigkeit 40–200 m jährl. Auftretende Spannungen beim Überfließen von Bodenstufen, bei Strömungsunterschieden oder beim Auseinanderfließen bewirken ein Zerreißen in Zugrichtung oder quer dazu: *G.spalten.* Das Schmelzwasser sammelt sich am Grund des G. u. verläßt ihn durch ein *G.tor.* Der Gesteinsschutt, den die G. transportieren, wird als *Moräne* abgelagert. So wird der durch *G.erosion* losgeschürfte Untergrund als *Grundmoräne* mitgeführt u. das gesamte Material an der G.zunge zur *Endmoräne* zusammengeschoben (die häufig einen G.see aufstaut). Der felsige Untergrund wird abgerundet *(Rundhöcker)* u. zeigt oft Schleifspuren *(G.schliffe)* u. durch herabstürzende Schmelzwässer u. Sand ausgekolkte Löcher *(G.töpfe, G.mühlen);* die Täler sind U-förmig umgestaltet u. übertieft. – Umfang der vergletscherten Gebiete: zur Eiszeit über 40 Mio. km², heute etwa 15 Mio. km² (12,65 Mio. km² Antarktika, 1,8 Mio. km² Grönland, 300 000 km² arkt. u. antarkt. Randgebiete, 100 000 km² amerik. Festland, 120 000 km² Asien, 14 000 km² Europa).

Gletscherfloh, in den Gletscherspalten der Hochgebirge lebender *Gliederspringschwanz.*

Gletscherwind, Fallwind am Rande von Gletschern; eine kalte, also schwere Luftströmung, die gletscherabwärts strömt.

Glia, *Neuroglia,* Stütz- u. Nährzellen im Nervengewebe, bes. von Gehirn u. Rückenmark.

Glied, ein Teil, insbes. ein bewegl. Teil des tier. u. menschl. Körpers (→Gliedertiere, →Gliedmaßen). – *Männl. G. (Penis),* das der Samenübertragung dienende äußere Geschlechtsorgan.

Gliederblattkaktus, *Weihnachtskaktus,* ein Kaktusgewächs aus O-Brasilien; beliebte Zimmerpflanze.

Gliederfüßer, *Arthropoda,* Stamm der *Gliedertiere,* der artenreichste Tierstamm (rd. 750 000 Arten). Der Körper besteht aus einer größeren Zahl gleichartiger Segmente. Jedes Rumpfsegment hat in der Grundanlage je ein Paar Extremitäten, Exkretionsorgane u. Ganglien. Die Körperdecke besteht aus *Chitin.* Die G. haben ein Strickleiter-Nervensystem. Zu ihnen gehören die Unterstämme *Spinnentiere, Krebse* u. *Tracheentiere.*

Gliederkoralle, eine Hornkoralle, deren Achse nicht einheitl. von Horn gebildet wird: Schwarze Hornsubstanz wird abgelöst durch Kalkeinlagen, so daß das Skelett wie eine Perlenschnur wirkt.

Gliederspringschwänze, Insekten aus der Ordnung der *Springschwänze;* hierzu *Gletscherfloh, Schneefloh* u. *Wasserspringschwanz.*

Gliedertiere, *Artikulaten,* Bez. für entwicklungsgeschichtl. verwandte Bauchmarktiere, deren Körper in Segmente gegliedert ist. Zu den G. gehören u. a. die *Ringelwürmer* u. *Gliederfüßer.*

Gliedmaßen, *Extremitäten,* vom Körperstamm abgesetzte u. gegen diesen bewegl. Körperfortsätze von Tieren, die zumeist der Fortbewegung, aber auch der Nahrungsaufnahme (Mundwerkzeuge) u. der Fortpflanzung dienen. Wirbeltiere haben 2 Paare von G., die vorderen (oberen) u. die hinteren (unteren); in der menschl. Anatomie: Arme u. Beine.

Gliedstaaten, Teilstaaten eines *Staatenbunds* oder eines *Bundesstaats.* Im Staatenbund bleiben die G. selbst. Staaten.

Glière [gli'ɛːr], Reinhold, *1875, †1956, russ. Komponist; folklorist. geprägte Opern, Ballette, Sinfonien.

Glima, isländ. Gürtelringkampf.

Glimmer, gesteinsbildende Minerale von glitzerndem Aussehen, in Blattschüppchen leicht spaltbar; kalium- u. aluminiumreiche G. *(helle G., Muskowit),* magnesium- u. eisenreiche G. *(dunkle G., Biotit);* Isolierstoff. – *G.schiefer,* ein metamorphes Gestein, ausgeprägt schiefrig, aus Glimmer u. Quarz.

Glimmlampe, eine Gasentladungslampe, die meist mit Neon oder einem Helium-Neon-Gemisch gefüllt ist; nutzt nur das negative Glimmlicht aus (geringer Elektrodenabstand).

Glinde, Stadt in Schl.-Ho., östl. von Hamburg, 14 500 Ew.; metallverarbeitende Ind.

Glinka, Michail, *1804, †1857, russ. Komponist; Opern »Ein Leben für den Zaren«, »Ruslan u. Ludmilla«.

Gliom, vom Nervenstützgewebe, der *Glia,* ausgehende Geschwulst.

glissando, *Musik:* über eine Saite oder die Tastatur schnell hinweggleitend.

Glissant [gli'sã], Édouard, *21.9.1928, afrokarib. Schriftst.; beschreibt in frz. Sprache die Welt der Antillen.

Glisson ['glisən], Francis, *1597, †1677, engl. Anatom u. Chirurg. Nach ihm ben. die *G.sche Schlinge* zur Streckung der oberen Wirbelsäule.

Glittertind ['glitərtin], höchster norw. Berg, in Jotunheimen, 2470 m.

Gliwice [-tsɛ] →Gleiwitz.

global, weltweit, umfassend, gesamt.

Globe Theatre [gloub 'θiətə], 1599 in London gegr. Theater, an dem viele Stücke *Shakespeares* uraufgeführt wurden. Es wurde 1644 abgerissen.

Globetrotter, Weltbummler.

Bekannte Gletscher

Name	Gebirge/Gebiet	Länge (in km)	Fläche (in km²)
Aletsch-Gletscher	Berner Alpen	24,7	86,8
Batura-Gletscher	Karakorum	57	277
Chogo-Lungma-Gletscher	Karakorum	44,8	345
Fedtschenko-Gletscher	Pamir	77	922
Gepatsch-Ferner	Ötztaler Alpen	8,7	18,2
Gorner-Gletscher	Walliser Alpen	14,1	68,9
Hintereisferner	Ötztaler Alpen	7,7	9,7
Hispar-Gletscher	Karakorum	64	720
Jostedalsbre	Norwegen	100	1000
Malaspina-Gletscher	Alaska	113	4295
Mer de Glace	Mont-Blanc-Massiv	12	33
Morteratsch-Gletscher	Bernina-Gruppe	7,5	17,2
Muir-Gletscher	Fairweather Range	20	1200
Pasterze	Großglockner-Gruppe	9,2	19,8
Rhône-Gletscher	Berner Alpen	10,2	17,4
Rimo-Gletscher	Karakorum	45	496
Siachen-Gletscher	Karakorum	72	1216
Tasman-Gletscher	Neuseeland	29	101
Unteraar-Gletscher	Berner Alpen	13,5	28,4
Vatnajökull	Island	142	8300

Gletscher am Monte-Rosa-Massiv; deutlich zu erkennen ist die Mittelmoräne

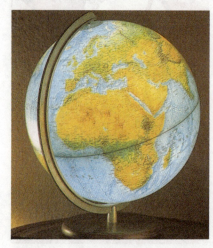

Globus: Im beleuchteten Zustand zeigt der Duo-Globus das physische Bild der Erde

Globigerinen, Gatt. der *Foraminiferen;* mit Gehäusen aus Kalk; Hauptbildner des Bodenschlicks (*G.schlamm*).
Globin, die farblose Eiweißkomponente des roten Blutfarbstoffs *Hämoglobin.*
Globule, kleiner rundl. Dunkelnebel aus Staub u. Gas. Die Dichte der Materie ist in den G. 100–10000mal größer als in normalen Dunkelnebeln; vermutl. Vorstufen in der Sternentwicklung.
Globuline, weitverbreitete Gruppe von *Proteinen;* z.B. im Blutplasma, in der Milch u. in Eiern.
Globus, verkleinerte Nachbildung der Erd-, Mond- oder Himmelskugel.
Glocke, ein metall. Schlaggerät von becherförmiger Gestalt, das mit der Öffnung nach unten am Boden des Bechers aufgehängt ist. Durch Anschlagen mit einem Hammer oder durch den in der Mitte des Bodens befestigten *Klöppel,* der durch Schwingen der G. wechselweise an der Wandung anschlägt (»Läuten« der G.), wird ein kräftiges harmon. Tongemisch erzeugt. Als Werkstoff für G. dient überwiegend eine Legierung aus 77–80% Kupfer u. 20–23% Zinn nebst geringen anderen Zusätzen (*Glockenspeise*); heute auch *Stahlguß.*
Glockenbecher-Kultur, im westl. Mittelmeergebiet entstandene u. über N-Afrika, S- u. Mitteleuropa (einschl. England) verbreitete Kultur der ausgehenden Jungsteinzeit. Charakterist. sind die *Glockenbecher* (glockenförmige Tongefäße).
Glockenblumen, *Campanula,* Gatt. der *G.gewächse* mit meist blauen bis blauvioletten Blüten, mit rd. 300 Arten auf der Nordhalbkugel; Zierpflanzen.
Glockenheide →Heidekraut.
Glockenreben, Klettersträucher des trop. Amerika aus der Fam. der *Sperrkrautgewächse;* Zierpflanze.
Glockenspiel, 1. Zusammenstellung von kleineren Glocken, die so gestimmt sind, daß sie ein Melodiespiel ermöglichen; in der Regel auf Türmen im Glockenstuhl angebracht. – **2.** im Orchester in Stahlstabspiel in klaviaturartiger Anordnung, das mit Holzschlegeln gespielt wird; eine einfache kleine Form ist Kinderinstrument.
Glockentierchen, *Vorticella,* Gatt. der *Wimpertierchen* des Süßwassers, mit glockenförmigem Körper.
Glockenturm, Turm einer Kirche oder eines öffentl. Gebäudes, in dem die Glocken aufgehängt sind. In der hohen Baukunst des MA ist der freistehende *Campanile* (Pisa, Florenz) üblich. Nördl. der Alpen wurde der G. fest mit dem Baukörper der Kirche verbunden u. bestimmte – v. a. bei den got. Kathedralen – das Erscheinungsbild des Gesamtbaus wesentl.
Glogau, poln. *Głogów,* Stadt in Schlesien an der Oder, 56000 Ew.; Metallind.; 1945 fast völlig zerstört.
Gloggnitz, niederöstr. Stadt u. Sommerfrische am NO-Fuß des Semmering, 6000 Ew.; ehem. Benediktinerabtei (1094–1803).
Glomma, längster norw. Fluß, 587 km.
Gloria in excelsis Deo, »Ehre sei Gott in der Höhe«, lat. Anfangsworte des Lobgesangs der Engel bei der Geburt Christi (Luk. 2,14); als »Engl. Lobgesang« Teil der kath. Messe u. des luth. Hauptgottesdienstes.
Glorie, *Gloriole, Glorienschein,* Sinnbild des Hl. Geistes als Strahlenkranz um das Haupt von göttl. u. heiligen Personen.
glorifizieren, verherrlichen.
Glorreiche Revolution, engl. *Glorious Revolution,* die engl. Revolution von 1688/89, so genannt wegen ihres unblutigen Verlaufs.
Glossar, Glossensammlung; Wörterverzeichnis mit Erklärungen.
Glossatoren, ital. Rechtslehrer des 12./13. Jh., vornehml. in Bologna, die das röm. Recht mit Erläuterungen (*Glossen*) versahen.
Glosse, 1. in mittelalterl. lat. Handschriften die Erklärung eines Übers. schwieriger u. unverständl. Wörter. – **2.** kurzer, scharf pointierter Meinungsbeitrag in Zeitungen u. Zeitschriften.
Glossolalie, unverständl. Reden im Zustand religiöser Ekstase; bes. in Pfingstsekten.
Glottertal, Gemeinde in Ba.-Wü., bei Freiburg, 2500 Ew.; Weinbau (»Glottertaler«).
Glottis, Stimmritze.
Glotz, Peter, *6.3.1939, Politiker (SPD); 1981–87 Bundesgeschäftsführer der SPD.
Glotzauge, *Exophthalmus,* auffallendes Hervortreten des Augapfels aus der Augenhöhle; ein Zeichen u. a. der →Basedowschen Krankheit.

Glockenbecher-Kultur: Grab vom Adlerberg. Worms, Museum der Stadt

Gloucester [ˈglɔstə], Verw.-Sitz der engl. Gft. G.shire, am Severn, 92000 Ew.; anglik. Bischofssitz; Flugzeug- u. Maschinenbau.
Gloucester [ˈglɔstə], Titel eines Earl u. Herzogs für nachgeborene Prinzen u. Adoptivkinder des engl. Königshauses.
Gloxinie, Echte G., aus Mexiko u. Brasilien stammendes *Gesneriengewächs* mit glockenförmigen Blüten.
Glubb [glʌb], Sir John Bagot, gen. *G. Pascha,* *1897, †1986, engl. Offizier; 1939–56 Kommandeur der »Arab. Legion«; militär. Berater der Araber u. Treuhänder der brit. Interessen im Nahen Osten.
Gluck, Christoph Willibald Ritter von, *1714, †1787, dt. Komponist; 1754–64 Kapellmeister am Burgtheater in Wien; der erste große Reformer der Oper. W »Orpheus u. Eurydike«, »Alceste«, »Iphigenie in Aulis«, »Iphigenie auf Tauris«.
Glucke, brütende Henne oder eine Henne, die die geschlüpften Küken in den ersten Wochen führt.
Glucken, Fam. der *Spinner;* große plumpe Falter; hierzu *Ringelspinner, Wollafter, Eichenspinner.*
Glücksburg (Ostsee), Stadt in Schl.-Ho., Seebad an der Flensburger Förde, 7500 Ew.; Wasserschloß, 1622–1779 Residenz der Herzöge von Holstein-Sonderburg-G.
Glückshaube, die infolge ausgebliebenen *Blasensprungs* unversehrte Eihauthülle, in der zuweilen ein Kind geboren wird; lebensgefährl. wegen drohender Erstickung.
Glücksklee, *Eßbarer Sauerklee,* Sauerklee mit 4teiligen Blättern; wird als Glücksbringer verschenkt.
Glücksspiel, frz. *Hasard,* ein Spiel, dessen Ausgang weitgehend vom Zufall abhängt (z.B. Bakkarat, Poker, Roulette). Die öffentl. Veranstaltung oder Teilnahme am G. ist ohne behördl. Erlaubnis strafbar.
Glückstadt, Stadt in Schl.-Ho. an der Unterelbe, 11000 Ew.; Hafen, Fischerei.
Glucose, *Glykose, Dextrose, Traubenzucker,* ein Monosaccharid, das in süßen Früchten, z.B. Trauben, u. im Honig vorkommt; in kleinen Mengen im Blut u. im Harn. Als Süßstoff in der Nahrungsmittelind. verwendet; häufigste Zuckerart, Baustein der Stärke u. der Cellulose, in gebundener Form auch im Rohr- u. Milchzucker.
Glucoside →Glykoside.
Glühbirne →Glühlampe.
glühen, *leuchten,* Licht aussenden (von genügend hoch erhitzten Körpern). Das Spektralgebiet reicht etwa von *Rotglut* (bei Eisen rd. 500 °C) bis *Weißglut* (bei Eisen rd. 1600 °C).
Glühkerze, Hilfsmittel zum Anlassen eines Dieselmotors: An einer durch Batteriestrom erhitzten Glühspirale entflammen Kraftstoffteilchen u. leiten die Verbrennung ein.
Glühkopfmotor, ein Verbrennungsmotor, bei dem sich der Brennstoff (Rohöl) an einer heißen Prallfläche (Glühkopf) unter geringerem Verdichtungsdruck als beim Dieselmotor entzündet; startet durch Glühkerze.
Glühlampe, *Glühbirne,* eine Lichtquelle mit einem durch elektr. Strom zur Weißglut erhitzten Glühfaden. Eine G. besteht aus einem luftleeren oder mit neutralem Gas (Argon, Krypton) gefüllten Glaskolben. Der Glühfaden ist meist aus Wolfram (Durchmesser bis herab zu 0,0012 mm.) – Die Entwicklung der G. setzte 1879 mit der Kohlefadenlampe von T.A. *Edison* ein. In Patentprozessen stellte sich aber heraus, daß H. *Goebel* schon 25 Jahre früher solche Lampen gebaut hatte.
Glühstrumpf →Gasglühlicht.
Glühwein, *Negus,* alkohol. Heißgetränk aus Wein mit Zucker u. Gewürzen.
Glühwürmchen →Leuchtkäfer.
Glukose →Glucose.
Glurns, ital. *Glorenza,* ital. Luftkurort in Trentino-Südtirol, im Vintschgau, 920 m ü. M., 780 Ew.
Glutamin, wasserlösl. Amid der *Glutaminsäure;* in den keimenden Samen vieler Pflanzen.
Glutaminsäure, Aminosäure; als wichtiger Eiweißbestandteil bes. in den Muskeln u. in Getreidekörnern; Bestandteil der G.präparate zur Steigerung der geistigen Leistungsfähigkeit u. zur Behebung nervöser Störungen u. Erschöpfungszustände.
Gluten, *Kleberprotein,* ein in Weizen- u. Roggenmehl vorkommendes Protein, das aus Gliadin u. Glutenin besteht; Voraussetzung für die Backfähigkeit.
Glutin, ein Protein, Hauptbestandteil des aus Knochen u. Häuten gewonnenen Leims.
Glycerin, *Glyzerin,* ein dreiwertiger aliphat. Alkohol; farblose, süßl. Flüssigkeit; Verwendung: zur Herstellung von *Nitro-G.* bzw. Dynamit, in der Druckereitechnik, als Frostschutzmittel, als Weichmacher für Kautschukartikel sowie für kosmet. u. med. Zwecke.
Glycin →Glykokoll.
Glykogen, *tier. Stärke,* ein Polysaccharid, in dem oft Tausende von Molekülen Traubenzucker (Glucose) zu einem Makromolekül verbunden sind. Es findet sich als Reservekohlenhydrat in den Muskeln u. in der Leber.
Glykokoll, *Leimzucker, Glycin,* die einfachste Aminosäure, als Baustein in fast allen Eiweißstoffen enthalten; wirksam bei Wundbehandlung.
Glykol, zweiwertiger aliphat. Alkohol; dickflüssig u. süßschmeckend; Lösungsmittel für Harze, Frostschutzmittel (*Glysantin*) u. Kühlmittel für Flugzeugmotoren; = Diethylenglykol.
Glykolyse, eine Form der Dissimilation von Kohlenhydraten: der Abbau der Glucose zu Brenztraubensäure unter Wirkung von Fermenten.
Glykose →Glucose.
Glykoside, Verbindungen von Zuckerarten mit zuckerfremden Bestandteilen (Aglykonen).
Glykosurie, die Ausscheidung von Zucker im Harn; z.B. bei *Zuckerkrankheit.*
Glyoxalsäure, die einfachste Aldehydcarbonsäure; in Früchten.
Glyptothek, i.e.S. eine Sammlung von Werken der Steinschneidekunst (bes. Gemmen); i.w.S. auch eine Sammlung antiker Plastiken (G. in München).
Glyzerin →Glycerin.
GmbH, *G.m.b.H.,* Abk. für *Gesellschaft mit beschränkter Haftung.*
Gmeiner, Hermann, *1919, †1986, östr. Sozialpädagoge; Gründer der *SOS-Kinderdörfer.*
Gmelin, Leopold, *1788, †1853, dt. Chemiker u. Mediziner; Verfasser zahlr. chem. u. physik. Arbeiten u. versch. Lehrbücher, Entdecker des roten Blutlaugensalzes.
GMT, Abk. für engl. *Greenwich Mean Time,* →Westeuropäische Zeit.
Gmünd →Schwäbisch Gmünd.
Gmunden, oberöstr. Bez.-Hptst. u. Luftkurort am Traunsee, 13000 Ew.; Wasserschloß *Orth;* Fremdenverkehr.
Gmundener See →Traunsee.
Gnade, im Christentum die sich im Leben, Sterben u. Auferstehen Jesu Christi erweisende Huld Gottes gegenüber dem Menschen. Keinem durch vorangehendes Verdienst geschuldet, ist die G. ganz in der Freiheit Gottes u. in freier Gnadenwahl begründet. Die k a t h. Lehre kennt die *heiligmachende* G., durch die Gott den Menschen zu seinem Kind macht, u. die *helfende* G., in der Gott den Menschen zum Heil bewegt. Die p r o t. Lehre betont die G. als stets unverdientes Geschenk, das bis zur Todesstunde angeboten bleibt.
Gnadenbild, ein Bildwerk mit der Darst. heiliger Personen, an Wallfahrtsorten verehrt.

Gnadenhochzeit, der 70. Jahrestag der Hochzeit.
Gnadenkraut, ein *Rachenblütler* auf sumpfigen Wiesen, rötl.-weiße Blüten.
Gnadenpfennig, kostbare, häufig mit Edelsteinen verzierte Porträtmedaille des 16./17. Jh., von Fürsten an Diplomaten u. Heerführer als Orden verliehen.
Gnadenreligionen, Religionen, in denen der Glaube an den verdienstlos waltende Gnade der Gottheit u. an die durch sie verliehene Erlösung im Mittelpunkt steht; Christentum, Amida-Buddhismus, Wischnu- u. Schiwa-Glaube.
Gnägi, Rudolf, *1917, †1985, schweiz. Politiker (Bauern-, Gewerbe- u. Bürgerpartei); 1971 u. 1976 Bundes-Präs.
Gneis, ein metamorphes Gestein aus Feldspat, Glimmer u. Quarz. Man unterscheidet *Ortho-G.* (entstanden aus Eruptivgesteinen) u. *Para-G.* (aus Sedimentgesteinen).
Gneisenau, August Graf Neidhardt von, *1760, †1831, preuß. Offizier; verteidigte 1807 mit J. *Nettelbeck* Kolberg bis zum Friedensschluß von Tilsit; war mit *Scharnhorst* an der Heeresreform beteiligt; hatte 1813–15 als Stabschef G. L. von *Blüchers* großen Anteil an den Erfolgen der Befreiungskriege.
Gnesen, poln. *Gniezno,* poln. Stadt östl. von Posen, 63 000 Ew.; Erzbischofssitz; im 10./11. Jh. poln. Hptst.
Gnetum, Gatt. der *Gnetopsida;* meist Lianen, seltener Bäume der trop. Regenwälder.
Gnitzen, blutsaugende *Mücken.*
Gnom, in Sagen u. Märchen grotesk gestaltete, zwergenhafte Wesen.
Gnome, Lebensweisheit, Sinnspruch.
Gnomon, Schattenstab, die einfachste Form der Sonnenuhr: ein senkrechter, schattenwerfender Stab.
Gnoseologie, die Lehre vom Erkennen; →Erkenntnis.
Gnosis, in den neutestamentl. u. altkirchl. Schriften die vertiefte Glaubenseinsicht in die geoffenbarten Wahrheiten; ein »Geheimwissen« höherer Art über Gott u. Welt. – **Gnostizismus** *(Gnostik),* Sammelbez. für versch. um G. bemühte religiöse Richtungen hellenist., jüd. u. christl.-häret. Prägung, die im 2. u. 3. Jh. im Mittelmeerraum entstanden.
Gnus, *Connochaetes,* Gatt. der echten *Antilopen* in den Steppen Afrikas, rinder- bis pferdeähnl.; hierzu das seltene *Weißschwanzgnu (Wildebeest).*
Go, altes jap. Brettspiel für 2 Personen auf einem in 19 x 19 Felder geteilten Brett.
Goa, ehem. port. Niederlassung an der mittleren W-Küste Indiens (1510–1951 Kolonie, 1951–61 Überseeprov.), 1962–87 zus. mit *Diu* u. *Daman* ein ind. Unionsterritorium, jetzt Bundesstaat.
Goal [goul; engl.], beim Fußballspiel: das Tor.
Goar, Missionar u. Einsiedler am Rhein um 500; aus seiner Zelle entstand *Sankt Goar.* Heiliger (Fest: 9.7.).
Gobbi, Tito, *1913, †1984, ital. Sänger (Bariton).
Gobelin [gobə'lɛ̃], frz. Färberfam. (Jean Gilles G., †1476), tätig im 15. Jh. in Paris; seitdem Bez. für den →Bildteppich.
Gobert, Boy, *1925, †1986, dt. Schauspieler, Regisseur u. Theaterleiter; wirkte in Wien, Hamburg, Berlin.
Gobi, chin. *Shamo,* riesige wüsten- bis steppenhafte innerasiat. Beckenlandschaft, rd. 2 Mio. km²; extrem kontinentales Klima, etwa 1000 m ü. M.; polit. zur Mongolei u. zu China gehörig.
Gobineau [gɔbi'no], Joseph Arthur Graf de, *1816, †1882, frz. Schriftst.; Diplomat; entwickelte die Rassentheorie, in der er die weiße Rasse für allein kulturfähig u. die Arier für deren wertvollste Ausprägung erklärte; Wirkung auf R. Wagner, F. Nietzsche, H. S. Chamberlain u. indirekt auf den Nat.-Soz.
Goch, Stadt in NRW, an der Niers, 24 000 Ew.; Fahrzeug- u. Textil-Ind.
Godard [gɔ'daːr], Jean-Luc, *3.12.1930, frz. Filmregisseur der »Neuen Welle« (»Außer Atem«, »Week-End«, »Nouvelle Vague«).
Godavari [goːdaːvaːri], ind. Strom, 1450 km; entspringt in den Westghats, mündet in den Golf von Bengalen.
Goddard, 1. Paulette, *1911, †1990, US-amerik. Filmschauspielerin; Partnerin (u. 1936–42 Ehefrau) von C. *Chaplin.* – **2.** Robert Hutchings, *1882, †1945, US-amerik. Physiker; Pionier der Raketenforschung.
Gödel, Kurt, *1906, †1978, östr.-amerik. Mathematiker (math. Grundlagenforschung u. Logistik).
Godesberg, Bad G., Heilbad u. südl. Stadtteil von Bonn, bevorzugte Wohngegend des Diplomat. Korps.
Godesberger Programm, das 1959 angenommene Grundsatzprogramm der SPD; →Sozialdemokratische Partei Deutschlands.
Godhavn [goð'haun], wichtigster Hafen Grönlands, an der W-Küste der Insel Disko, 750 Ew.
Godthåb [gɔt'hɔːb], Hauptort von Grönland, auf der Halbinsel *Nook,* 10 000 Ew.; Fischerei-Ind.
Godunow [-'nɔf] →Boris Godunow.
Godwin ['gɔdwin], William, *1756, †1836, engl. Schriftst.; vertrat Ideen der Gleichheit u. Anarchie u. beeinflußte damit die engl. Romantiker.
Godwin Austen, Mount G. A. [maunt 'gɔdwin 'ɔːstin] →K 2.
Goebbels, Joseph, *1897, †1945 (Selbstmord), dt. Politiker (NSDAP); seit 1930 Reichspropagandaleiter der NSDAP. 1933 wurde er Reichs-Min. für Volksaufklärung u. Propaganda u. Präs. der Reichskulturkammer. Er lenkte seitdem die öffentl. Meinung. Nach dem Attentat auf Hitler wurde er im August 1944 »Generalbevollmächtigter für den totalen Kriegseinsatz«. Die virtuose Beherrschung propagandist. Effekte machte ihn neben Hitler zum erfolgreichsten Redner u. zu einem der Hauptverantwortl. für die Verbrechen der nat.-soz. Zeit.
Goebel, Heinrich, *1818, †1893, dt. Uhrmacher u. Optiker; erfand 1854 (25 Jahre vor T. A. *Edison*) die erste elektr. Glühlampe.
Goedeke, Karl, *1814, †1887, dt. Literarhistoriker; W Bibliogr. der dt. Lit.: »Grundriß zur Gesch. der dt. Dichtung«.
Goehr, Alexander, *10.8.1932, engl. Komponist dt. Herkunft; Schüler von O. *Messiaen.*
Goeppert-Mayer, Maria, *1906, †1972, dt.-amerik. Physikerin; arbeitete über die Schalenstruktur des Atomkerns; Nobelpreis 1963.
Goerdeler, Carl Friedrich, *1884, †1945, dt. Politiker; 1930–37 Oberbürgermeister von Leipzig; wurde nach Ausbruch des 2. Weltkriegs der führende Kopf der *Widerstandsbewegung.* Nach dem Fehlschlagen des Attentats am 20.7.1944 wurde er verhaftet u. hingerichtet.
Goering, Reinhard, *1887, †1936 (Selbstmord), dt. Schriftst. (expressionist. Dramen).
Goes, 1. [gøːs], Albrecht, *22.3.1908, dt. Schriftst. (Lyrik, Erzählungen: »Unruhige Nacht«; Essays). – **2.** [xuːs], Hugo van der, *um 1440, †1482, ndl. Maler; ergänzte durch neuartige Anwendung von Licht- u. Farbwerten das Raumbild der Brüder van *Eyck.*
Goeschl, Roland, *25.11.1932, östr. Bildhauer u. Objektkünstler.
Goethe, 1. August von, Sohn von 3) u. von Christiane (Vulpius), *1789, †1830, Kammerherr, verh. mit 5). – **2.** Johann Kaspar, Vater von 3), *1710, †1783, Jurist, 1742 Kaiserl. Rat. – **3.** Johann Wolfgang von, *1749, †1832, dt. Dichter; studierte Jura in Leipzig u. legte in Straßburg die Lizentiatenprüfung ab. In Straßburg begeisterte er sich unter dem Einfluß J. G. *Herders* für Homer, Pindar, Shakespeare, für die got. Baukunst u. für das Volkslied; er schrieb die Urfassungen des »Faust« u. des »Götz von Berlichingen« sowie seine erste große Erlebnislyrik, die Sesenheimer Lieder an Friederike *Brion* (»Willkommen u. Abschied«, »Mailied«). In dieser Zeit wurde er zum führenden Dichter des »Sturm u. Drang«. – Nach Frankfurt zurückgekehrt, war er als Rechtsanwalt tätig; nach einer Praktikantenzeit in Wetzlar (1772), wo er von der Liebe zu Charlotte *Buff* (»Lotte«) erfaßt wurde, entstand der Briefroman »Die Leiden des jungen Werthers«, der ihm Weltruhm eintrug. 1775 berief *Karl August,* der Herzog von Sachsen-Weimar, G. nach Weimar. Hier gewann G. von Jahr zu Jahr an Einfluß auf den Fürsten, wurde 1776 Geheimer Rat, 1782 Präs. der Finanzkammer u. vom Kaiser geadelt. – Die amtl. Verpflichtungen beengten bald den Dichter in ihm; so floh er 1786–88 nach Italien. Hier wurden der »Egmont« beendet, die Prosafassung der »Iphigenie« in Blankverse umgearbeitet u. »Tasso« u. die »Römischen Elegien« entworfen. Wieder in Weimar, lernte er 1788 Christiane *Vulpius,* seine spätere Frau, kennen (Zusammenleben seit 1788, Heirat 1806). Es entstanden die »Metamorphose der Pflanzen« u. die ersten Arbeiten zur »Farbenlehre«. Weitere Reisen sowie das Erlebnis der Frz. Revolu-

Johann Wolfgang von Goethe im 79. Lebensjahr; Gemälde von Joseph Kasper Stieler

tion brachten derart viel Unruhe, daß G. die Einsamkeit suchte. Erst die Freundschaft (seit 1794) mit *Schiller,* der an der Univ. Jena lehrte, gab neuen Auftrieb. Während Schiller an seinen späten Dramen arbeitete, gab G. seinem Erziehungsroman »Wilhelm Meister« die Endfassung; 1797 ließ er »Hermann u. Dorothea« erscheinen. Das »Hauptgeschäft« aber war der »Faust«, dessen erster Teil 1806 beendet u. in der ersten Gesamtausgabe der Werke bei Cotta (12 Bde. 1806–10) veröffentlicht wurde. Aus der eigenen Lebensrückschau gingen »Dichtung und Wahrheit«, die »Italienische Reise« u. a. hervor. Das dichter. Spätwerk ist »Faust II«. Auch der »Meister«-Roman wurde in »Wilhelm Meisters Wanderjahre« fortgeführt. Als G. starb, war die Zeit der dt. Klassik, die »Goethe-Zeit«, vorüber; immer mehr bestimmte die industrielle Revolution das Gesicht der Welt. Aber Werk u. Gestalt G.s haben jede Generation aufs neue angesprochen u. zur Auseinandersetzung aufgefordert. G.s sprachgewaltige Erlebnislyrik, seine organ. Naturanschauung u. seine leidende, rastlos strebende u. kämpfende Menschlichkeit überstanden polit. wie konfessionelle Anfeindungen u. selbst übertriebenen Kult. – **4.** Katharina Elisabeth, »Frau Aja«, »Frau Rat«, Mutter von 3), *1731, †1808; Tochter des Frankfurter Stadtschultheißen Textor. – **5.** Ottilie von, geb. Freiin von *Pogwisch,* Schwiegertochter von 3), *1796, †1872; seit 1817 verh. mit 1).
Goethe-Gesellschaft in Weimar, gegr. 1885 zur Förderung des Goethe-Studiums.
Goethe-Institut, zur Pflege dt. Sprache u. Kultur im Ausland, 1952 in München gegr.; unterhält Unterrichtsstätten im Inland sowie zahlr. Kulturinstitute im Ausland.
Goethe-Preis der Stadt Frankfurt a.M., 1926 von der Geburtsstadt Goethes gestifteter literar. Auszeichnung.
Goethe- und Schiller-Archiv, 1889 in Weimar durch die Vereinigung des 1885 gegr. Goethe-Archivs mit Schillers Nachlaß entstanden; wurde zu einem Gesamtarchiv neuerer dt. Literatur.
Goetz, Curt, *1888, †1960, dt. Schauspieler u. Bühnenautor; Komödien (»Dr. med. Hiob Prätorius«).
Gog, im AT ein myth. König aus dem Norden, dessen Reich *Magog* heißt u. dessen Heer am Weltende gegen das Volk Gottes kämpfen u. zugrunde gehen wird.
Gogarten, Friedrich, *1887, †1967, dt. ev. Theologe; einer der Begr. der *dialekt. Theologie.*
Gogh [gɔx oder xɔx], Vincent van, *1853, †1890 (Selbstmord), ndl. Maler u. Graphiker; malte zunächst Bauern- u. Arbeiterbilder (»Kartoffelesser«) u. Landschaften von herb-realist. Zeichnung u. ein-

töniger, dunkler Farbigkeit. 1886 ging er nach Paris. Beeinflußt von den Werken der frz. Impressionisten u. Pointillisten u. bes. von P. *Gauguin* u. P. *Cézanne,* wurde seine Malweise lockerer u. heller. 1888 siedelte er nach Arles über. Hier fand er zu einem ausdrucksstarken, farbenglühenden Stil, der ihn als Vorläufer des Expressionismus erscheinen läßt. 1888 erlitt er aufgrund einer, wie man heute weiß, Erkrankung des Gleichgewichtsorgans im Ohr einen ersten schweren Anfall, der bislang als »geistige Verwirrung« gedeutet wurde. 1890 kam er in die Pflege von Dr. Gachet in Auvers. Hier entstanden seine in der Erlebnis- u. Ausdrucksintensität nochmals gesteigerten Werke.

Go-go-girl [gəu'gəu gə:l], Vortänzerin bei Discoveranstaltungen u. in Nachtlokalen.

Gogol, Nikolaj Wasiljewitsch, *1809, †1852, russ. Schriftst. Seine humorist. Erzählweise ist bestrebt, das Böse zu bannen. W »Die toten Seelen« (gesellschaftskrit. Roman); »Der Revisor« (Komödie); phantast. Erzählungen.

Goi, jüd. Bez. für Nichtjuden.

Goiânia, Hptst. des brasilian. Bundesstaats Goiás, 738 000 Ew.; zwei Univ.; Flughafen.

Goiás, *Goyaz,* Bundesstaat in →Brasilien.

Go-in [gəu 'in], das demonstrative, oft rechtswidrige Eindringen in Veranstaltungen u. das Besetzen von Räumlichkeiten; →Sit-in.

Go-Kart, *Go-cart* ['gəuka:t], Kleinstrennwagen, eine rechteckige Stahlrohrkonstruktion mit vier kleinen Rädern u. Motoren von 100 oder 250 cm³ Hubraum; Spitzengeschwindigkeit: ca. 200 km/h.

Golan, die antike *Gaulanitis,* Hochland im südwestl. Syrien, östl. des Sees Genezareth, Hauptort *Qunaitra.* – Der G., fast 20 Jahre lang Ausgangspunkt syr. Anschläge auf isr. Grenzdörfer, kam nach dem »Sechstagekrieg« 1967 unter isr. Verwaltung; 1981 wurde er auch der isr. Gesetzgebung u. Rechtsprechung unterstellt.

Gold, lat. *Aurum,* ein →chem. Element; ein weiches, dehnbares, gelbrotes Edelmetall; lösl. in Königswasser u. Cyanidlösungen. G. kommt in der Natur fast ausschl. gediegen vor: als *Berg-G.* (in urspr. Lagerstätten) u. als *Seifen-* oder *Wasch-G.* (in Form von Staub u. Körnern in Flußsand); Hauptfundstätten: Südafrika, Rußland, Kanada, USA, Australien, Brasilien, Simbabwe. Verwendung: zur Herstellung von Schmuck u. Münzen; wegen seiner Weichheit nicht rein, sondern meist in Legierungen mit Kupfer, Silber u. Nickel. Der G.gehalt wird dann in Tausendsteln oder in Karat angegeben ($^{1000}/_{1000}$ = 24 Karat). Wegen seiner Seltenheit u. hohen Wertes wurde früher versucht, G. aus unedleren Metallen zu gewinnen (→Alchemie).

Gold, Käthe, *11.2.1907, östr. Schauspielerin; seit 1947 am Wiener Burgtheater; auch im Film.

Goldafter, weißer Nachtschmetterling.

Goldamalgam, natürl. vorkommende Legierung von Gold, Silber u. Quecksilber; für Zahnfüllungen.

Goldammer →Ammern.

Goldbarren, Stange, Block aus massivem Gold.

Goldbarsch →Rotbarsch.

Goldberg, 1. Berg im Ostalbkreis, Ba.-Wü., 515 m, prähistor. Fundstätte. – **2.** poln. *Złotoryja,* Stadt in Schlesien, 13 000 Ew.; Uran- u. Kupferbergbau.

Goldberg, Johann Gottlieb, *1727, †1756, dt. Cembalist; Schüler von W. F. *Bach* u. J. S. *Bach,* der für ihn die sog. »Goldberg-Variationen« schrieb.

Goldbrasse, *Seekarpfen,* ein Speisefisch des Mittelmeers u. der europ. W-Küste, zu den *Brassen* gehörig.

Vincent van Gogh: Selbstbildnis mit Strohhut. Amsterdam, Rijksmuseum Vincent van Gogh

Goldener Schnitt 321

Goldbrokat, schwerer Seidenstoff mit eingewebten Goldfäden.

Goldbronze, Messing mit 77–85% Kupfer; von goldähnl. Aussehen.

Gold Coast [gəuld kəust], Agglomeration in Queensland (Australien), 219 000 Ew.; Erholungsgebiet auf über 35 km längs der Küste.

Golddistel, distelähnl. Pflanze im Mittelmeergebiet, mit goldgelben Blüten.

Goldene Aue, fruchtbare N-thüring. Ldsch. an der Helme, zw. Harz u. Kyffhäuser.

Goldene Bulle, Königs- oder Kaiserurkunde mit goldenem Siegel; bes. die G. B. *Karls IV.* von 1356, eine der wichtigsten Verfassungsurkunden des Röm.-Dt. Reichs, in der u. a. das Königswahlrecht des Kurfürstenkollegs bestätigt wurde.

goldene Hochzeit, der 50. Jahrestag der Hochzeit.

Goldene Horde, das Reich *Tschutschis,* des älteren Sohns *Tschingis Khans;* zw. Kaukasus, mittlerer Wolga, Kama, Ural, Kasp. Meer u. Aralsee; das westl. Eroberungsgebiet der Mongolen, gen. Khanat *Kiptschak.* Im 15. Jh. bildeten sich die selbst. Khanate Astrachan, Krim u. Kasan.

Goldener Schnitt, die Teilung einer Strecke in zwei Abschnitte in der Weise, daß sich die ganze Strecke zu ihrem größeren Abschnitt wie dieser zu

Karat und Feingehalt des Goldes			
Karat	Feingehalt in ‰	Karat	Feingehalt in ‰
24	1000,00	12	500,00
23	958,33	11	458,33
22	916,67	10	416,67
21	875,00	9	375,00
20	833,33	8	333,33
19	791,67	7	291,67
18	750,00	6	250,00
17	708,33	5	208,33
16	666,67	4	166,67
15	625,00	3	125,00
14	583,33	2	83,33
13	541,67	1	41,67

Goldwaren werden mit einem Stempel versehen, der den Feingehalt angibt, z. B. Stempel 585 = 14 Karat

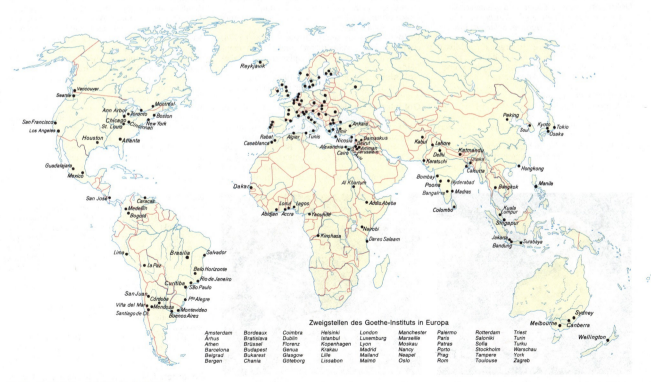

Goethe-Institut: Zweigstellen im Ausland

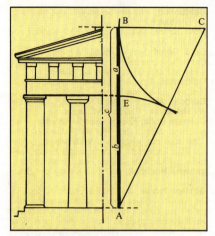
Goldener Schnitt: Konstruktion und Anwendung beim Verhältnis der Säulen zur Gesamthöhe eines dorischen Tempels; es gilt: $BC = {}^1\!/_2\,AB$

ihrem kleineren Abschnitt verhält; von Bedeutung in Ästhetik u. Kunst.

Goldenes Horn, die Hafenbucht von Istanbul.

Goldenes Kalb, Götzenbild im AT; in der Wüste von den Israeliten, die damit vom bildlosen Jahwe-Kult abwichen, angefertigt, von *Moses* vernichtet (2. Mose 32).

Goldenes Vlies, 1. in der grch. Sage ein goldenes Widderfell, das die *Argonauten* aus Kolchis holten. – **2.** *Orden vom G. V.*, geistl.-ritterl. Orden, 1429 von Herzog *Philipp dem Guten* gestiftet. Die Souveränität des Ordens ging von Burgund auf Spanien u. Östr. über.

Goldenes Zeitalter, bei *Hesiod* u. anderen grch. Schriftst. das älteste Weltalter, in dem die Menschen ohne Mühen u. Sorgen, ohne Krankheit u. Alter friedl. lebten.

Golden Gate [ˈɡəʊldən geit], *Goldenes Tor,* die Schiffahrtsstraße zw. der San Francisco Bay (California) u. dem Pazifik, 1,6 km breit; überbrückt durch die 2,8 km lange Hängebrücke *(Golden Gate Bridge,* 1937 fertiggestellt).

Goldfasan, äußerst farbenprächtiger *Fasan* aus Innerchina.

Goldfisch, in vielen Zuchtrassen gehaltener *Karpfenfisch,* zuerst in China aus der *Karausche* gezüchtet; bis 15 cm lang; Zierformen: *Schleierschwänze, Teleskopfische.*

Goldgrund, der goldene Hintergrund auf Mosaiken, Ikonen, Miniaturen u. Tafelbildern in der frühchristl. u. mittelalterl. Kunst; Ausdruck überird. Herrlichkeit u. der Allgegenwart Gottes.

Goldhähnchen, sehr kleine einheim. *Singvögel.*

Goldhamster → Hamster.

Golding [ˈɡəʊldɪŋ], William, * 1911, † 1993, engl. Schriftst.; gab in seinen Romanen eindringl. Darstellungen psycholog. Vorgänge. Hptw.: »Der Herr der Fliegen«. Nobelpreis 1983.

Goldklausel, die Vereinbarung, eine Geldschuld in Goldmünzen oder aber in gesetzl. Zahlungsmitteln in jener Menge zu zahlen, die wert(kurs-)mäßig dem Schuldbetrag in Gold entspricht.

Goldküste, engl. *Gold Coast,* ehem. brit. Kolonie, ben. nach dem Küstengebiet im westafrik. Ghana u. den dortigen Goldvorkommen; seit 1957 Teil der Rep. Ghana.

Goldlack, in S-Europa heim. Gartenpflanze der *Kreuzblütler;* blüht gelb bis braun.

Goldlaufkäfer, ein *Laufkäfer* mit gold-grün glänzenden Flügeldecken.

Goldmacherkunst → Alchemie.

Goldmann, Nahum, * 1895, † 1982, zionist. Politiker; 1949–77 Präs. des Jüd. Weltkongresses, 1956–68 Präs. der Zionist. Weltorganisation.

Goldmark, Rechnungseinheit in Dtld. während der Inflation (kein Zahlungsmittel); entsprach der *Mark* vor dem 1. Weltkrieg; 1 G. = $^1\!/_{2790}$ kg Feingold; 1924 von der *Reichsmark* abgelöst.

Goldmark, Karl, * 1830, † 1915, östr. Komponist; verband in seinen Opern den Stil der großen frz. Oper mit Wagnerscher Tonsprache. W »Die Königin von Saba«.

Goldoni, Carlo, * 1707, † 1793, ital. Bühnendichter; wirkte in Venedig u. Paris; entwickelte die ital. Stegreifkomödie nach dem Vorbild *Molières* zur Rokoko-Komödie. Hptw.: »Der Diener zweier Herren«.

Goldparität, Verhältnis der Währungen untereinander, an ihrem Goldwert gemessen.

Goldregen, *Laburnum,* Gatt. der *Schmetterlingsblütler;* Sträucher mit gelben Blütentrauben; giftig.

Goldrute, *Solidago,* Gatt. der *Korbblütler;* goldgelb blühende Rispen.

Goldschakal → Schakal.

Goldschlägerei, die Herstellung von *Blattgold.* Dazu wird Gold zw. Pergamentpapier oder *Goldschlägerhaut* (Haut des Rinderblinddarms, die ein Reißen verhindert) zur gewünschten Dicke ausgeschlagen.

Goldschmidt, 1. Adolph, * 1863, † 1944, dt. Kunsthistoriker; Arbeiten über die bildende Kunst des MA. – **2.** Richard, * 1878, † 1958, dt. Zoologe; seit 1936 in den USA; arbeitete über Zellenlehre u. Vererbung des Geschlechts, entdeckte 1912 das X-Chromosom.

Goldschmiedekunst, die künstler. Gestaltung von Kult- u. Gebrauchsgegenständen aus Gold, Silber u. Platin. Neben der selteneren Gußtechnik wird das Edelmetall durch Treib- oder Hammerarbeit geformt. Die Feinarbeiten werden durch *Ziselierung* oder *Gravierung,* bes. Schmuckmotive durch *Filigran* oder *Granulation* ausgeführt. – Schmuckstücke u. Gefäße aus Gold als Grabbeigaben zeugen von einer G. seit der Jungsteinzeit u. Bronzezeit.

Goldschnitt, zur Verschönerung der Schnittflächen eines Buchs aufgetragenes Blattgold.

Goldseifen, goldhaltiges Verwitterungsmaterial, z.B. im Sand von Flüssen.

Goldsmith [ˈɡəʊldsmɪθ], Oliver, * 1728, † 1774, engl. Schriftst.; weltberühmt durch seinen empfindsamen Roman »Der Landpfarrer von Wakefield«.

Goldstein, Joseph L., * 18.4.1940, US-amerik. Mediziner; 1985 Nobelpreis für Forschungen über Arteriosklerose u. Cholesterin.

Goldstern, Gatt. der *Liliengewächse* mit gelben in Scheindolden stehenden Blüten.

Goldwährung, ein Währungssystem, bei dem die Währungseinheit einer gesetzl. bestimmten Gewichtsmenge Gold entspricht. Bei der *Goldumlaufswährung (reine G.)* laufen überwiegend Goldmünzen um; bei der *Goldkernwährung* sind keine Goldmünzen im Umlauf, sondern das Gold liegt zur Deckung der umlaufenden Banknoten bei der Notenbank u. wird als Zahlungsreserve im internat. Handelsverkehr benutzt. Bei der *Golddevisenwährung* ist die Notendeckung durch in Gold eintauschbare Devisen gewährleistet.

Goldwespen, metall. glänzende Hautflügler, die ihre Eier bei Bienen u. Grabwespen ablegen *(Brutparasiten).*

Goldwyn [ˈɡəʊldwɪn], Samuel (Sam), * 1882, † 1974, US-amerik. Filmproduzent; gründete 1913 mit J. L. *Lasky* in den USA die erste Filmgesellschaft; 1924 die *Metro-Goldwyn-Mayer Inc.;* seit 1925 unabh. Produzent.

Golem, in der jüd. Mystik ein künstl. Mensch aus Lehm, der durch Magie beseelt wird u. gewaltige Kräfte entwickeln kann.

Golf, ein aus Schottland stammendes Rasenspiel, das auf 20–50 ha großen *G.plätzen* mit 18 Spielbahnen gespielt wird. Ziel ist es, den *G.ball* (aus Hartgummi, 46 g schwer) mit Hilfe von 5–14 verschieden geformten *G.schlägern* mit möglichst wenig Schlägen vom Abschlagplatz in alle 18 Löcher zu spielen.

Golfkrieg, 1. polit. u. militär. Auseinandersetzung seit 1980 zwischen Irak u. Iran um das Mündungsgebiet von Euphrat u. Tigris *(Shatt Al Arab)* am Persischen Golf. Die umstrittene Grenze führte seit dem 19. Jh. mehrfach zu Konflikten zwischen Iran u. der Türkei, später zwischen Großbritannien u. der Türkei. 1975 wurde die Flußmitte als Grenze festgelegt. 1980 nutzte der irak. Präs. S. *Hussein* die Schwäche Irans nach dem Sturz des Schahs zur Kündigung des Abkommens von 1975; er beanspruchte nicht nur den gesamten Flußlauf, sondern auch iran. Gebiet auf dem östl. Ufer. Mit zunächst erfolgreichen irak. Angriffen, denen bald iran. Gegenoffensiven folgten, begann ein Abnützungskrieg, in dem keine Seite eine dauernde Überlegenheit gewann. Am 20.8.1988 wurde mit UN-Vermittlung ein Waffenstillstand geschlossen. Im Zusammenhang mit dem G. (2) erkannte Irak das Grenzabkommen von 1975 an, räumte die besetzten iran. Gebiete u. ließ alle Kriegsgefangenen frei. – **2.** um die Befreiung des vom Irak annektierten Kuwaits 1991 geführter Krieg zw. Irak u. einem multinationalen Streitkräfteverband unter Führung der USA. Der Konflikt wurde eingeleitet durch den Vorwurf Iraks, Kuwait halte irak. Gebiet im N des Ölfeldes von Rumaila besetzt u. entziehe dem Irak dadurch Erdöleinnahmen. Nach vergebl. Vermittlungsbemühungen anderer arab. Staaten marschierten am 2.8.1990 irak. Truppen in Kuwait ein. Das Emirat wurde zur 19. irak. Prov. erklärt. Als Reaktion verhängte der UN-Sicherheitsrat ein Handelsembargo gegen Irak. Gleichzeitig leiteten die USA die »Operation Wüstenschild« ein u. verlegten Truppenverbände nach Saudi-Arabien u. in den Pers. Golf. Andere Staaten schlossen sich an. Am 29.11.1990 verabschiedete der UN-Sicherheitsrat eine Resolution, die die multinationalen Truppen für den Fall, daß der Irak Kuwait nicht bis zum 15.1.1991 räumen würde, zur Anwendung von Gewalt ermächtigte.
Die alliierten Truppen begannen am 17.1.1991 mit dem Luftkrieg gegen Irak (»Operation Wüstensturm«). Die am 24.2.1991 eingeleitete Bodenoffensive führte zur völligen Niederlage der irak. Truppen sowie zur Befreiung Kuwaits. Am 28.2.1991 endete die militär. Auseinandersetzung mit einer Waffenruhe. Im Irak selbst erhoben sich ohne Erfolg schiit. u. kurd. Widerstandsgruppen gegen das Regime Husseins. Am 11.4.1991 trat ein Waffenstillstandsabkommen in Kraft.

Golfstrom, warme Meeresströmung im nördl. Atlantik. Der G. entsteht aus der Vereinigung von Florida- u. Antillenstrom nördl. der Bahamainseln u. erstreckt sich bis südl. der Neufundlandbank. Dort fließt ein großer Teil des G.s nach SO u. später nach SW, bleibt im Nordamerik. Becken. Der verbleibende Teil umströmt die Neufundlandbank u. beginnt als Nordatlantischer Strom in Richtung Europa zu fließen. Das von ihm mitgeführte Wasser erhöht die Wasser- u. Lufttemperaturen vor NW-Europa.

Golgatha, Hügel vor dem bibl. Jerusalem; Kreuzigungsstätte Jesu; heute in die Grabeskirche einbezogen.

Golgi [-dʒi], Camillo, * 1843, † 1926, ital. Anatom. Nach ihm benannt sind bestimmte Ganglienzellen mit feinmaschig endendem Nervenfortsatz *(G.-Zellen).* Nobelpreis 1906.

Goliarden, fahrende frz. Scholaren u. Kleriker des 13. Jh.

Goldfisch: Zuchtform mit Schleierschwanz

Goldlaufkäfer

Goliath, im AT ein schwerbewaffneter Einzelkämpfer der Philister, den *David* mit einem Schleuderstein tötete.

Goliathkäfer, bis 11 cm langer afrik. *Rosenkäfer;* das massigste lebende Insekt.

Goll, 1. Claire, * 1891, † 1977, dt. Lyrikerin u. Erzählerin; verh. mit 2), mit der sie gemeinsame Gedichtwerke (»Zehntausend Morgenröten«) schrieb. – **2.** Ivan, eigtl. Isaac *Lang,* verh. mit 1), * 1891, † 1950, dt.-frz. Dramatiker; Expressionist u. Surrealist. Ⓦ »Requiem. Für die Gefallenen von Europa«.

Gollancz [gəˈlænts], Victor, * 1893, † 1967, engl. Verleger u. Schriftst.; trat als Jude nach 1945 für Verständigung mit Dtld. ein. 1960 Friedenspreis des Dt. Buchhandels.

Gollwitzer, Helmut, * 1908, † 1993, dt. ev. Theologe; bemühte sich, das Verhältnis des Christentums zu Staat u. Gesellschaft u. bes. zum Marxismus neu zu bestimmen. Ⓦ »... und führen, wohin du nicht willst«, »Krummes Holz – aufrechter Gang«, »Befreiung zur Solidarität«.

Golon [gɔˈlõ], Anne, eigtl. Simone *Golonbinoff,* * 19.12.1927, frz. Schriftst. (Romanserie mit der Titelheldin Angélique).

Goltz, märk. Adelsgeschlecht: **1.** Colmar Frhr. von der G. *(G.-Pascha),* * 1843, † 1916, preuß. u. türk. Offizier; reorganisierte 1883–96 die türk. Armee u. war danach in hohen Kommandostellen des preuß. Heeres tätig; 1911 Generalfeldmarschall; 1915 Führer einer türk. Armee. – **2.** Joachim Frhr. von der G., * 1892, † 1972, dt. Schriftst. – **3.** Rüdiger Graf von der G., * 1865, † 1946, dt. Offizier; 1918/19 Kommandeur der dt. Truppen in Finnland u. im Baltikum; 1924–33 in der Führung der »Vereinigten Vaterländ. Verbände«.

Goma, Paul, * 2.10.1935, rumän. Schriftst.; wegen oppositioneller Äußerungen mehrmals in Haft; seit 1977 im westl. Ausland; Roman »Ostinato«.

Gombrowicz [-vitʃ], Witold, * 1904, † 1969, poln. Erzähler u. Dramatiker; emigrierte 1939 nach Argentinien; stellte mit satir.-grotesken Stilmitteln die Abhängigkeit des Menschen dar.

Gomel, Hptst. der gleichn. Oblast im O Weißrußlands, 488 000 Ew.; Werkzeug- u. Landmaschinenbau.

Gomera → La Gomera.

Gomes [ˈgomiʃ], Francisco da *Costa G.,* * 30.6.1914, port. Politiker u. Offizier; 1974–76 Präs. der Rep.

Gomorrha → Sodom u. Gomorrha.

Gompers [ˈgɔmpəz], Samuel, * 1850, † 1924, US-amerik. Gewerkschaftsführer; Mitgr. des *American Federation of Labor (AFL)* 1881.

Gomułka, Władysław, * 1905, † 1982, poln. Politiker; 1943–48 Generalsekretär der Poln. Arbeiterpartei (PPR), 1948 auf Betreiben J. *Stalins* als »Nationalkommunist« aller Ämter enthoben, 1951–55 in Haft; 1956 im Zuge der Entstalinisierung rehabilitiert u. 1965–70 Erster Sekretär der Vereinigten Poln. Arbeiterpartei.

Gon, fr. *Neugrad,* Zeichen: gon, SI-fremde Einheit für ebene Winkel im Vermessungswesen, 1 gon = 0,9° (der 100. Teil eines rechten Winkels).

Gonaden, die → Keimdrüsen.

gonadotrope Hormone, auf die Keimdrüsen wirkende Hormone des Hypophysenvorderlappens, im männl. u. weibl. Geschlecht gleich: *Follikelreifungshormon* (FSH), *luteinisierendes Hormon* (LH) u. *Prolactin* (LTH).

Goncourt [gõˈkuːr], frz. Schriftst., Brüder: Edmond de (* 1822, † 1896) u. Jules de (* 1830, † 1870). Sie schrieben zus. als erste in der frz. Literatur naturalist. Sozialromane, die auf Milieustudien beruhen. Nach ihnen ist der frz. Literaturpreis *Prix G.* benannt.

Göncz [gœnts], Árpád, * 10.2.1922, ungar. Politiker (Bund Freier Demokraten) u. Schriftst.; 1990 Parlaments-Präs. u. seit 1990 Staats-Präs; Ⓦ »Sandalenträger«.

Gond, Stämmegruppe mit Drawida-Sprache in Zentralindien.

Gondel, 1. venezian. Boot mit hochgezogenem Bug u. Heck; vom Bootsführer, dem **Gondoliere,** durch ein einzelnes Ruder bewegt. – **2.** Korb am Freiballon; Kabine von Seilbahnen.

Gonder, äthiop. Prov.-Hptst., 2220 m ü. M., 69 000 Ew. – Im 17.–19. Jh. Sitz des Negus u. des Patriarchen.

Gondwanaland, der große Urkontinent des Paläozoikums auf der Südhalbkugel, soll große Teile von Vorderindien u. Antarktika umfaßt haben; durch tekton. Prozesse auseinandergedriftet.

Gong, runde, schalen- bis topfförmige Instrumente aus dünnem Metall (meist Bronze), die in der Mitte mit einem Schlaginstrument (Klöppel) angeschlagen werden. Hauptverbreitungsgebiet Indonesien u. Ostasien.

Góngora y Argote, Luis de, * 1561, † 1627, span. Dichter; schrieb Romanzen u. Sonette; bed. Vertreter des barocken *Culteranismo,* nach ihm auch **Gongorismus** gen.: charakterisiert durch gekünstelte Redeweise, Fremdwörter, gelehrte Anspielungen u. ä.; verwandt mit dem *Marinismus.*

Goniometer, *Winkelmesser,* Gerät zum Messen des von 2 Flächen gebildeten Winkels, z.B. bei Kristallen.

Goniometrie, Teilgebiet der Geometrie: die Berechnung der Winkelfunktionen.

Gonokokken, die Erreger der Geschlechtskrankheit *Gonorrhoe* (→ Tripper); 1879 von A. *Neisser* entdeckt.

Gontard, 1. Karl von, * 1731, † 1791, dt. Architekt u. Ingenieur; Vertreter eines gemäßigten Barocks mit Tendenz zum Klassizismus, in Potsdam u. Berlin tätig. – **2.** Susette, geb. *Borkenstein,* * 1769, † 1802, verh. mit dem Frankfurter Bankier J. F. G., in dessen Haus F. *Hölderlin* als Hauslehrer lebte; die *Diotima* seines Romans »Hyperion«.

Gontscharow [-ˈrɔf], Iwan Alexandrowitsch, * 1812, † 1891, russ. Schriftst. u. Literaturkritiker; Roman »Oblomow«, mit dessen Helden er den sprichwörtl. gewordenen Typ des tatenlos dahinvegetierenden, an Langeweile erstickenden Menschen schuf.

Gonzaga, ital. Fürstengeschlecht aus dem Burgdorf G., vom 12. bis 17. Jh. in Mantua.

Gonzales [gɔnˈθaleθ], Julio, * 1876, † 1942, span. Bildhauer u. Maler; von den Kubisten beeinflußt, Vorkämpfer der modernen Eisenplastik.

González Márquez [gɔnˈθaleθ ˈmarkeθ], Felipe, * 5.3.1942, span. Politiker; seit 1977 Generalsekretär der Sozialist. Arbeiterpartei (PSOE), seit 1982 Min.-Präs.; erhielt 1993 den Karlspreis.

Gonzalo de Berceo [gɔnˈθalo de berˈθeo], * um 1195, † nach 1264; ältester bekannter span. Dichter, Marien- u. Heiligendichtungen, liturg. Hymnen.

Gonzen, schweiz. Berg nördl. von Sargans (Kt. St. Gallen), 1829 m.

Gooch [guːtʃ], George Peabody, * 1873, † 1968, brit. Historiker; einer der besten Kenner dt. Geschichte.

Goodman [ˈgudmən], Benny, * 1909, † 1986, US-amerik. Klarinettist u. Bandleader; galt als »King of Swing«, trat aber auch mit klass. Musik hervor.

Goodpaster [ˈgudpaːstə], Andrew Jackson, * 12.2.1915, US-amerik. General; 1969–74 Oberbefehlshaber der NATO- u. der US-Streitkräfte in Europa.

Goodwill [ˈgudwil], Wohlwollen, guter Ruf, Firmenwert.

Goodyear [ˈgudjəː], Charles, * 1800, † 1860, US-amerik. Chemiker; führte die Vulkanisierung des Kautschuks ein u. schuf die Grundlagen der Kautschukindustrie.

Goossens [ˈguːsənz], Eugene, * 1893, † 1962, engl. Komponist u. Dirigent; Opern, Orchester- u. Kammermusik.

Göpel, mit Zugtier bewegte Vorrichtung zum Antrieb von Arbeitsmaschinen (Dreschmaschine, Pumpe); durch Motorantrieb ersetzt.

Goppel, Alfons, * 1905, † 1991, dt. Politiker (CSU); 1962–78 Min.-Präs. von Bayern.

Göppingen, Krst. in Ba.-Wü., 51 000 Ew.; Spielwarenherstellung, Masch.-Ind.

Gorakhpur, ind. Distrikt-Hptst. im östl. Uttar Pradesh, 291 000 Ew.; Univ.; Textil-, Nahrungsmittel- u. chem. Ind.

Goralen, die slaw. Bergbewohner der Karpaten, meist Hirten; vorw. Polen.

Gorbach, Alfons, * 1898, † 1972, östr. Politiker (ÖVP); 1961–64 Bundeskanzler.

Gorbatschow, Michail S., * 2.3.1931, sowj. Politiker; 1978 Sekretär des ZK, 1980 Mitgl. des Politbüros, seit 1985 Generalsekretär des ZK der KPdSU, 1988 Vors. des Präsidiums des Obersten Sowjets und seit 1990 Präs. der Sowj. Unter den Schlagworten *Glasnost* (Offenheit) u. »Perestrojka« (Umgestaltung) nahm er eine Reform des sowj. Staats- u. Wirtschaftssystems in Angriff. Aufgrund der steigenden innenpolit. Instabilität betrieb G. seit Mitte 1990 eine zunehmende konservative Politik. Außenpolit. tolerierte er die Demokratisierung des Ostblocks sowie die dt. Wiedervereinigung. G. suchte den Ausgleich mit den USA

Michail Sergejewitsch Gorbatschow

u. betrieb die Beendigung des Ost-West-Konflikts. 1991 scheiterte ein Putsch gegen G. Er legte das Amt des Generalsekretärs der KPdSU nieder. Nach Gründung der GUS trat er auch als sowj. Präs. zurück. Friedensnobelpr. 1990.

Gordimer [ˈgɔːdimə], Nadine, * 20.11.1923, südafrik. Schriftst.; beschreibt die Lebenswirklichkeit der schwarzen u. weißen Afrikaner; Nobelpreis 1991. Ⓦ »Der Besitzer«, »Burgers Tochter«.

Gordon [ˈgɔːdn], **1.** Charles George, *G. Pascha,* * 1833, † 1885, brit. Offizier; schlug 1863 in China die Taiping-Revolution nieder; 1877–80 Generalgouverneur des Sudan. – **2.** Noah, * 11. 11. 1926, US-amerik. Schriftst.; schreibt lebensnahe u. spannende Erfolgsromane: »Der Medicus«; »Der Schamane«; »Der Rabbi«; »Die Klinik«.

Gore [gɔr], Albert, *31.3.1948, US-amerik. Politiker (Demokrat); seit 1993 Vize-Präs. der USA.

Górecki [guˈrɛtski], Henryk Mikołaj, * 6.12.1933, poln. Komponist; Vertreter der poln. Avantgarde, von A. *Webern* beeinflußt.

Göreme, türk. Dorf westl. von Kayseri, im Tuffablagerungsgebiet; Höhlenkirchen aus Zeiten der Christenverfolgung.

Goretta, Claude, * 23.6.1929, schweiz. Filmregisseur; Ⓦ »Die Spitzenklöpplerin«, »Der Tod des Mario Ricci«.

Görgey [ˈgœrgɛi], Artúr von, * 1818, † 1916, ung. Offizier; militär. Führer in der ung. Revolution 1848/49.

Gorgias, *von Leontinoi,* * um 485 v. Chr., † um 380 v. Chr., grch. Sophist; berühmt für seine Redegabe.

Gorgonen, in der grch. Sage drei weibl. geflügelte Schreckgestalten *(Stheno, Euryale, Medusa)* mit Schlangenhaaren, bei deren Anblick der Mensch vor Entsetzen versteinerte.

Gorgonzola, Rahmkäse mit grünen Streifen von Edelschimmel aus der gleichn. ital. Stadt in der Nähe von Mailand.

Gorilla, 1 bis 2 m großer u. bis 300 kg schwerer *Menschenaffe,* der in Familien oder Horden von 15–17 Individuen in den Wäldern Zentralafrikas lebt; friedl. Pflanzenfresser.

Göring, Hermann, * 1893, † 1946, dt. Politiker (NSDAP); 1932 Präs. des Reichstags, 1933 preuß. Min.-Präs. u. Innen-Min. u. Reichs-Min. der Luftfahrt. Unter ihm entstanden die ersten Konzentrationslager u. das Geheime Staatspolizeiamt *(Gestapo).* 1935 wurde er Oberbefehlshaber der Luftwaffe, 1939 von Hitler für den Fall seines Todes zum Nachfolger bestimmt, 1940 Reichsmarschall. Vom Internat. Militärgerichtshof in Nürnberg zum Tod verurteilt, entzog G. sich der Hinrichtung durch Gift.

Gorizia, dt. *Görz,* ital. Stadt in Friaul-Julisch-Venetien, 40 000 Ew.; got. Dom; Weinanbau.

Gorkij, 1932–90 Name von →Nischnij Nowgorod.

Gorkij, Maxim, eigtl. Alexej Maximowitsch *Peschkow,* * 1868, † 1936, russ. Schriftst.; begann 1892 mit Landstreichergeschichten u. wurde zum Begr. des sozialist. Realismus in Rußland; Ⓦ Schauspiel »Nachtasyl«, Roman »Die Mutter«, Autobiographien.

Gorky [ˈgɔrki], Arshile, * 1905, † 1948 (Selbstmord), US-amerik. Maler (surrealist. Schreckbilder); begr. den amerik. abstrakten Expressionismus.

Gorleben, Gem. in Nds., 660 Ew.; Lagerstätte (Salzstock) für Atommüll geplant.

Görlitz, Krst. in Sachsen, an der G.er Neiße, 79 000 Ew.; histor. Altstadt mit wertvollen Renaissance- u. Barockbauten; ev. u. kath. Bischofssitz; opt., Textil- u. Holzind. Seit 1945 gehört der am r. Ufer der Neiße gelegene Stadtteil als *Zgorzelec* zu Polen.

Gorlowka, Ind.-Stadt in der Ukraine, im Donez-Becken, 345 000 Ew.

Gorm der Alte, Dänenkönig, † um 940; erreichte den ersten staatl. Zusammenschluß Dänemarks.

Gornergletscher, zweitgrößter Alpengletscher, am NW-Fuß des *Monte Rosa* (Schweiz), 69 km², 14 km lang.

Gorno-Altai, Republik innerhalb Rußlands, im SO Süd-Sibiriens, 92 600 km², 192 000 Ew. (Russen, *Oiroten*), Hptst. *Gorno-Altajsk.*

Görres, Joseph von, * 1776, † 1848, dt. Publizist u. Gelehrter; mit seinem »Rhein. Merkur« ein Schöpfer der modernen polit. Ztg.; kehrte zur kath. Kirche u.wurde führend in der kath. Spätromantik. – **G.-Gesellschaft,** 1876 gegr. zur »Pflege der Wiss. im kath. Dtld.«.

Gortschakow [-'kɔf], Alexander Michajlowitsch Fürst, * 1798, † 1883, russ. Min.; 1856 Außen-Min., 1867 Staatskanzler.

Gortyn, antike Stadt im S Kretas; Funde aus myken. Zeit.

Görz → Gorizia.

Gorze, ehem. Benediktinerabtei sw. von Metz; im 10./11. Jh. Ausgangspunkt einer von Cluny unabh. Klosterreformbewegung.

Gosau, Sommerfrische im südl. Salzkammergut (Östr.), im Tal des *G.bachs,* 1800 Ew.; Seen.

Gösch, kleine Flagge in den Landesfarben.

Göschen, Georg Joachim, * 1752, † 1828, dt. Buchhändler; gab in seinem Verlag Werke von Goethe, Klopstock u. Wieland heraus.

Göschenen, schweiz. Ferienort im Kt. Uri, am N-Eingang des St.-Gotthard-Tunnels, 1106 m ü. M., 1300 Ew.

Gose, ein in Halle u. Leipzig gebrautes obergäriges Bier.

Goslar, Krst. in Nds., am N-Harz, 49 000 Ew.; roman. Kirchen, Gildehäuser in Fachwerkstil, Rathaus; Bergbau (seit 968), Maschinenbau, opt. u. Textil-Ind. – Im 11. Jh. Pfalz der salischen Kaiser Heinrich III. u. Heinrich IV.

Gospel Song [-sɔŋ], Evangelienlied der nordamerik. Neger, mit Jazz-Elementen durchsetzt.

Gossaert [-a:rt], Jan, gen. *Mabuse,* * um 1478, † zw. 1533 u. 1536, Hofmaler der burgund. Herzöge; begr. den ndl. Romanismus.

Gossau, schweiz. Bez.-Hauptort im Kt. St. Gallen, 636 m ü. M., 15 000 Ew.

Gossec [gɔ'sɛk], François Joseph, * 1734, † 1829, frz. Komponist belg. Herkunft; schrieb als Anhänger der Rep. sog. Revolutionsmusik.

Gossen, Hermann Heinrich, * 1810, † 1858, dt. Nationalökonom; Vorläufer der *Grenznutzenschule.*

Goßner, Johannes Evangelista, * 1773, † 1858, dt. Missionar; gründete die (ev.) *G.sche Missionsgesellschaft* in Berlin, deren Hauptarbeitsgebiet Indien ist.

Goten: Grabmal des Ostgoten-Königs Theoderich d. Gr. bei Ravenna; um 520

Gößweinstein, Markt u. Luftkurort in Bayern, in der Fränk. Schweiz, 4000 Ew.; Wallfahrtskirche.

Göta Älv ['jø:ta ɛlv], schwed. Fluß, 93 km; Abfluß des Vänern über die 32 m hohen, in einem Kanal umgangenen *Trollhätta-Fälle;* mündet in das Kattegat.

Göta-Kanal ['jø:ta-], 1810 erbauter, wichtigster schwed. Kanal; verbindet Vänern u. Vättern mit der Ostsee.

Göteborg ['jø:təbɔrj], zweitgrößte Stadt Schwedens, wichtigster Handels- u. Militärhafen, Prov.-Hptst. am Hauptmündungsarm des Göta Älv ins Kattegat, 430 000 Ew.; Univ., TH; Schiffbau, Raffinerie, Kugellager- u. Autoind.

Goten, ein ostgerman. Volk, urspr. in S-Schweden, danach auf *Gotland* ansässig, von dort weitere Vorstöße nach S. Um 230 fielen die G. ins Röm. Reich ein. Im 3. Jh. spalteten sich die G. in die Ost-G. u. die West-G. – Die Ost-G. bildeten ein Großreich, kamen aber seit 375 unter die Oberherrschaft der Hunnen. *Theoderich d. Gr.* (473–526) führte sie nach Italien, das sie gegen *Odoaker* eroberten. Das ostgot. Reich in Italien wurde seit 552 von den Byzantinern endgültig zerstört. Die West-G. erzwangen von Kaiser Theodosius die Aufnahme ins Röm. Reich als Bundesgenossen (380). *Alarich I.* († 410) wurde oström. Statthalter von Illyrien u. eroberte Italien (410 Einnahme Roms). Nach seinem Tod zogen die West-G. unter *Athaulf* nach S-Frankreich u. Spanien. *Eurich* (466–484) löste sich von den Römern u. führte das Westgotenreich zur größten Ausdehnung. Danach begann der Niedergang des Reiches. Letzter König war *Roderich* 710/11, der sein Reich bis auf kleine Reste im N an die Araber verlor.

Gotha, Krst. in Thüringen, nordöstl. des Thüringer Walds, 57 000 Ew.; Schlösser Friedenstein u. Friedrichsthal, Rathaus; Maschinen- u. Fahrzeugbau. – Seit 1639 Residenz der Herzöge von *Sachsen-G.*, 1826–1918 Hptst. des Herzogtums *Sachsen-Coburg-G.*

Gothaer Programm, das 1875 auf dem Parteitag in Gotha angenommene Gründungsprogramm der Sozialist. Arbeiterpartei Dtld.s (der späteren SPD).

Gothaische Genealogische Taschenbücher, kurz »der Gotha«, → genealogische Taschenbücher.

Gotik, Stilepoche der europ. Kunst im Hoch- u. Spät-MA (rd. 1150–1450).
Architektur. An die Stelle der massiven Wände der Romanik traten dünne Wandflächen, die fast völlig in große vielfarbige Glasfenster aufgelöst wurden. Der Entlastung der Mauer dienen der *Spitzbogen* u. das komplizierte System von Wandvorlagen, Diensten u. Kreuzrippen. Die Anfänge der got. Baukunst lagen in N Frankreich (Chor von St.-Denis); erste Höhepunkte waren die Kathedralen von Noyon, Senlis, Paris, Laon u. Nantes. Kennzeichnend für die hochgot. Kathedralen von Chartres, Reims u. Amiens sind das dreischiffige Langhaus, der Chor mit Umgang u. Kapellenkranz, der Verzicht auf die Emporenzone, die Aufteilung in Arkaden, die Triforium-Bogenreihe vor schmalem Laufgang, die Maßwerkfenster u. die große Maßwerkrose sowie die Doppelturmigkeit der Westfassade. Überaus verfeinerte Formensprache zeigen der Chor der Kathedrale von Le Mans, Ste.-Chapelle u. Notre-Dame in Paris. In der Spätphase kam es in Frankr. zwar zu reger Bautätigkeit, jedoch entstanden keine neuen Baugedanken mehr. – England: Chor von Canterbury (noch unter frz. Einfluß). Charakt. Merkmale der engl. Hochgotik sind die betonte Längenausdehnung der Anlage, die gedoppelten Querschiffe von ungleicher Breite, der geschlossene Chor u. ein locker gefügter Aufbau. Für die Spätphase ist ein entschiedener Vertikalzug typ., bes. in der Fenster- u. Wandgliederung (Chor von Gloucester). – Die Baukunst in Deutschland im 13. Jh. ist durch die stufenweise Einführung des frz. Kathedralsystems gekennzeichnet. Genaue Studien der frz. G. gingen dem Bau der Hallenkirche St. Elisabeth in Marburg u. der Liebfrauenkirche in Trier voraus. Beim Langhaus des Straßburger Münsters u. beim Chor des Kölner Doms wurde die frz. Lösung übernommen. Für das dt. Bestreben, die Wand mit einem einfacheren Aufriß wieder stärker zu schließen, war die Baukunst der *Zisterzienser* vorbildl. Zu einer durch das Baumaterial bedingten Vereinfachung der got. Zierformen sowie zu größerer Flächigkeit der Wand neigte auch die →Backsteingotik. Der stark gegliederte Hallenraum des 13. Jh. mit dem Nebeneinander der Schiffe (Paderborn, Minden, Rostock, Greifswald) wurde abgelöst durch den einheitl. Hallenkirchen des 14. u. 15. Jh. (Wiesenkirche in Soest).
Die got. Plastik des 13. Jh. steht als Bauplastik in engem Zusammenhang mit der Architektur. Ansatzpunkte für die Steinskulptur bot, wie schon in der Romanik, das Portal, dessen Bildwerke jeweils einem beherrschenden Thema gewidmet sind (Weltgericht, Maria, Christus). Die Holzbildhauerei fand im Andachtsbild, später im Schnitzaltar ein weites Betätigungsfeld (V. *Stoß,* M. *Pacher,* T. *Riemenschneider*).
Malerei. Neu war die Bemalung der *Glasfenster* (Chartres u. Bourges; Köln, Altenberg, Straßburg, Marburg, Freiburg i. Br., Regensburg, Straubing, Erfurt, Stendal u. Ulm). – Unter frz. Einfluß stand die *Miniaturmalerei (Manessische Handschrift* in Heidelberg). Seit der Mitte des 14. Jh. fand die Malerei im *Tafelbild* eine Form, die zum eigentl. Träger der maler. Entwicklung wurde. Der Goldgrund wies in der spätgot. Malerei, soweit er nicht vom Landschafts- oder Architekturhintergrund verdrängt wurde, oft reiche Punzierung auf. Im 15. Jh. vollzog sich die äußere Loslösung zum bewegl. Tafelbild, später erschienen Porträts u. Darstellungen weltl. Charakters.

gotische Schrift, 1. die durch den Gotenbischof *Wulfila* für seine Bibelübersetzung in got. Sprache aus der grch. Schrift unter Beifügung einiger lat. Buchstaben abgeleitete Schrift. – **2.** die aus der karoling. Minuskel seit dem 11./12. Jh. umgebildete Minuskel-Schreibschrift.

gotische Sprache, eine ostgerman. Sprache, überliefert bes. in der Bibelübersetzung des *Wulfila* (4. Jh.). Die g. S. starb noch während der Herrschaft der *Goten* im 5. Jh. aus.

Gotland, schwed. Ostseeinsel, 3140 km², 56 000 Ew., Hptst. *Visby;* Ackerbau, Viehzucht; Kalksteinbrüche

Gott, grch. *Theos,* lat. *Deus.* Der Glaube an G.(heiten) ist zu unterscheiden von dem Glauben an eine numinose Macht, die nicht als Person vorgestellt wird, u. von dem Glauben an Dämonen. Die Götter der Religionsgeschichte werden als Personen vorgestellt; sie sind damit der Gefahr der Vermenschlichung, z. T. unter Verlust ihrer Heiligkeit, ausgesetzt (z. B. in den grch. Göttersagen). – In den sog. Hochreligionen bleibt der personale Charakter der G.esbeziehung erhalten. Der Islam vertritt konsequent den Ein-G.-Glauben. Das Christentum ist ohne seine Grundlage im Monotheismus des AT nicht zu denken; G. (israelit. *Jahwe*) ist Schöpfer u. Herr der Welt. Das Christentum gründet sich auf die geschichtl. Offenbarung G.es in der Person *Jesu von Nazareth,* in dem der Name G.es seinen konkreten Inhalt bekommt: Vater u. Versöhner der Welt.

Götterbaum, in Ostasien heim., schnellwachsender Baum der *Bitterholzgewächse.*

Götterdämmerung, falsche Übers. von altnord. →Ragnarök, »Endschicksal der Götter« (u. der ganzen Welt).

Gottesanbeterin, die einzige mitteleurop. *Fangheuschrecke,* in Dtld. äußerst selten.

Gottesbeweis, der Versuch, das Dasein Gottes, ohne Hinzunahme der Offenbarung, philosoph. zu beweisen. Man unterscheidet: den *ontolog.* G. aus der Vollkommenheit des Seins; den *kosmolog.* G. aus der Bewegung, die einen ersten Beweger fordert; den *teleolog.* G. aus der Zweckmäßigkeit der Welt; den *moral.* G. aus der Unbedingtheit der sittl. Anforderung; den *histor.* G. aus der Einstimmigkeit der Völker, daß ein Gott sei.

Gottesdienst, dt. Bez. für *Liturgie* oder *Kultus,* im christl. Verständnis die nach bestimmten Ordnungen (Agenden, Meßbücher) vollzogene Anbetung Gottes in der Gemeinde, durch Gebet u. Lied, Sakramente u. Predigt.

Gottesfriede, lat. *Pax Dei,* im MA das Verbot der *Fehde* für bestimmte Tage u. Zeiten.

Gottesgnadentum, die aus theokrat. Vorstellungen erwachsene Begründung für die Herrschaftsansprüche vornehml. der absolutist. Herrscher (*Dei gratia,* »von Gottes Gnaden«, d. h. als weltl. Stellvertreter Gottes).

Gotteslästerung, *Blasphemie,* Beschimpfung oder Verhöhnung Gottes. Strafbar ist, wer den Inhalt des religiösen oder weltanschaul. Bekenntnisses anderer in einer Weise beschimpft, die geeignet ist, den öffentl. Frieden zu stören.

Gottesleugnung →Atheismus.

Gottestracht, rhein. Bez. für feierl. Prozessionen, bei denen das Allerheiligste mitgeführt wird.

GOTIK

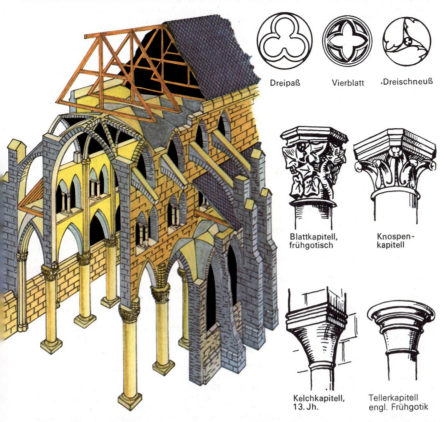

Perspektivischer Querschnitt durch ein frühgotisches Gewölbe. Die Strebebogen leiten den Gewölbeschub auf die Außenmauern (links). – Bauelemente der Gotik (rechts)

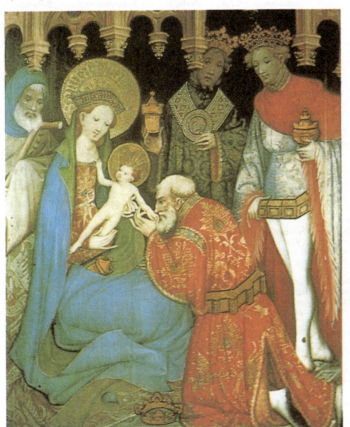

Konrad von Soest, Die Anbetung des Kindes; Ausschnitt aus dem Altar in der Stadtpfarrkirche Bad Wildungen (links). – Tilman Riemenschneider, Marienaltar; um 1505–1510. Creglingen, Herrgottskirche (rechts)

Gottesurteil, bis zum hohen MA Schuldspruch nach äußeren, auf göttl. Einwirkung zurückgeführten Zeichen; z.B. Zweikampf, Feuer- oder Wasserprobe.

Gottfried von Bouillon, *um 1060, †1100, Herzog von Niederlothringen; Führer des 1. *Kreuzzugs* (1096–99); erstürmte 1099 Jerusalem, wurde zum ersten *König von Jerusalem* gewählt (Titel »Vogt des Heiligen Grabes«).

Gottfried von Straßburg, mhd. Epiker; schrieb um 1210 nach einer Vorlage des *Thomas von Britanje* das höf. Versepos »Tristan«. Anstelle der ritterl. Bewährung im Abenteuer erhob er die schicksalhafte Liebesleidenschaft zum höchsten Lebenswert.

Gotthard → St. Gotthard.

Gotthelf, Jeremias, eigtl. Albert *Bitzius,* *1797, †1854, schweiz. Schriftst.; ev. Geistlicher; Bauernromane »Der Bauernspiegel«, »Wie Uli der Knecht glückl. wird«.

Göttingen, Krst. in Nds., an der Leine, 134 000 Ew.; Univ. (1737), Sitz der Max-Planck-Gesellschaft mit mehreren Instituten; feinmechan., pharmazeut. u. Elektro-Ind.

Göttinger Hain, 1772 von L. Ch. H. *Hölty,* J. M. *Miller,* J. H. *Voß* u. a. gegr. Dichterbund, der im Sinn F. G. *Klopstocks* gegen Aufklärung u. Nachahmung der Franzosen u. für Natur, Empfindung, Herz u. Gefühl eintrat. Die Dichtungen wurden im »Göttinger Musenalmanach« veröffentlicht. Hrsg. waren H. Ch. *Boie* u. F. W. *Gotter.* Der G. H. löste sich 1774 auf.

Göttinger Sieben, 7 Professoren der Univ. Göttingen (W. *Albrecht,* F. C. *Dahlmann,* H. *Ewald,* G. *Gervinus,* J. u. W. *Grimm,* W. *Weber*), die 1837 gegen die Aufhebung der hannoverschen Verfassung durch König *Ernst August II.* Einspruch erhoben u. deshalb abgesetzt wurden.

Gottkönigtum, als gottgesetzt angesehenes Königtum; in altorient. Reichen entwickelt.

göttliche Tugenden, in der kath. Theologie Bez. für *Glaube, Hoffnung* u. *Liebe,* die der Mensch im Unterschied zu den natürl. sittl. Tugenden nicht aus eigener Kraft erlangen kann.

326 Gottlosenbewegung

Goya: Die Marquesa von Villafranco

Gottlosenbewegung, die kommunist. Freidenkerbewegung, bes. in der Sowj., bestand 1925–42.
Gottorf, *Gottorp,* Schloß (12. Jh.) in der Stadt *Schleswig,* 1268–1711 Residenz der Herzöge von Schleswig bzw. Schleswig-Holstein.
Göttrik, † 810, dän. König; baute die ersten Anlagen des *Danewerks.*
Gottschalk, 1. *Godescalc,* * um 803, † 868/69, sächs. Wanderprediger; Benediktiner, zeitweilig Mönch in Fulda. Seine Prädestinationslehre wurde mehrf. verworfen. Seit 849 wurde er in Haft gehalten. – **2.** † 1066 (ermordet), Obodritenfürst; gewann die Gunst des Erzbischofs *Adalbert* von Hamburg-Bremen, mit der zus. er die Bistümer Mecklenburg u. Ratzeburg gründete, dessen Sturz 1066 jedoch eine heidn.-nationale Reaktion auslöste. – Heiliger (Fest: 7.6.). – **3.** Thomas, * 18.5.1950, Hörfunk- u. Fernsehmoderator; bekannt als Showmaster in »Na sowas«, »Wetten, daß …«, »Gottschalk«; auch Filmschauspieler.
Gottsched, Johann Christoph, * 1700, † 1766, dt. Schriftst. u. Literaturtheoretiker der Aufklärung; wollte die dt. Bühnendichtung nach dem Muster der frz. Klassiker formen; Kampf gegen J. J. *Bodmer,* J. J. *Breitinger,* F. G. *Klopstock;* Bemühungen um die Festlegung der dt. Schriftsprache.
Gottwald, Klement, * 1896, † 1953, tschechosl. Politiker (Kommunist), 1946–48 Min.-Präs.; vollzog 1948 den Übergang zur Volksdemokratie; 1948–53 Staats-Präs.
Gottwaldov, fr. Name von →Zlin.
Göttweig, um 1072 gegr. Benediktinerabtei in Niederöstr., heutiger Bau im Barockstil aus dem 18. Jh.
Götz, 1. Hermann, * 1840, † 1876, dt. Komponist; Oper »Der widerspenstigen Zähmung«. – **2.** Johann Nikolaus, * 1721, † 1781, dt. Schriftst. (anakreont. Lyrik). – **3.** Karl Otto, * 22.2.1914, dt. Maler; Hauptvertreter des Tachismus.
Götze, Abgott, ein als Gott verehrter Gegenstand (meist Bilder oder Statuen in Menschen- oder Tiergestalt).
Götz von Berlichingen →Berlichingen.
Gouache-Malerei [gu'aʃ-], Malerei mit deckenden Wasserfarben, mit Bindemitteln versetzt; der *Aquarelltechnik* verwandt.
Gouda ['xɔuda:], ndl. Stadt in der Prov. Südholland, 61 000 Ew.; Herstellung von Steingut u. bes. *G.käse* (fester Schnittkäse).
Goudimel [gudi'mɛl], Claude, * um 1514, † 1572, frz. Komponist; als Hugenotte ermordet.
Goudron [gu'drɔ̃], Mischung aus echtem *Asphalt* mit Destillationsrückständen des Erdöls; im Straßenbau u. zu Dachisolierungen verwendet.

Goughinsel, unbewohnte brit. Vulkaninsel im Atlantik, meteorolog. Station; rd. 410 km sö. von *Tristan da Cunha,* 55 km², bis 889 m hoch; Dependenz von St. Helena.
Gouin [gu'ɛ], Félix, * 1884, † 1977, frz. Politiker; 1942 Verbindungsmann der Sozialist. Partei bei Ch. de *Gaulle* in London; Jan. bis Juni 1946 Min.-Präs. u. provisor. Staats-Präs.
Goujon [gu'ʒɔ̃], Jean, * um 1510, † vor 1568, frz. Bildhauer u. Architekt; neben G. *Pilon* Hauptmeister der frz. Renaissanceplastik.
Gould [gu:ld], **1.** Glenn, * 1932, † 1982, kanad. Pianist; bes. Bach-Interpret. – **2.** Morton, * 10.12.1913, US-amerik. Komponist, Pianist u. Dirigent; verwendet Elemente der Folklore u. des Jazz.
Gounod [gu'no], Charles, * 1818, † 1893, frz. Komponist der Spätromantik; Ⓦ Oper »Margarethe« (auch »Faust« gen.).
Gourmand [gur'mã], Vielfraß, Schlemmer.
Gourmet [gur'mɛ], Feinschmecker, Weinkenner.
Gouvernante [gu-], Erzieherin.
Gouvernement [guvɛrnə'mã], unter fremder Oberherrschaft stehendes Herrschaftsgebiet.
Gouverneur, 1. [guvɛr'nø:r], Statthalter einer Kolonie oder Provinz. – **2.** [gʌvənə], Staatsoberhaupt eines Gliedstaats der USA.
Gower ['gauə], John, * um 1330, † 1408, engl. Dichter; schrieb in frz. u. engl. Sprache allegor., lehrhafte u. erzählende Werke.
Goya, G. y Lucientes ['goja i luθi'entes], Francisco José de, * 1746, † 1828, span. Maler u. Graphiker; schuf Porträts, die sich durch schonungslose Offenheit u. psycholog. Spannung auszeichnen, u. malte die Schrecken des Krieges. Am stärksten tritt seine revolutionäre Eigenart im graph. Werk zutage: Radierfolgen »Caprichos« (Gesellschaftssatiren), »Desastres de la Guerra«, »Tauromaquia« u. »Disparates«.
Goyen ['xo:jə], Jan van, * 1596, † 1656, ndl. Maler; stimmungsvolle Landschaften.
Gozo ['goutsou], zur Rep. Malta gehörige Mittelmeerinsel, 67 km², 25 000 Ew.
Gozzi, Carlo Graf, * 1720, † 1806, ital. Schriftst.; Vertreter des alten ital. Stegreifspiels; Fabel »Turandot« (von Schiller bearbeitet).
Gozzoli, Benozzo, * 1420, † 1497, ital. Maler; Schüler des Fra *Angelico;* Wandmalereien mit bibl. Szenen u. Darst. der florentin. Gesellschaft.
GPU, Abk. für russ. *Gosudarstwennoje polititscheskoje uprawlenije,* »Staatl. Polit. Verw.«, 1922–34 Name der sowj. geheimen Staatspolizei.
Graaf [xra:f], Reignier de, * 1641, † 1673, ndl. Anatom; entdeckte im Eierstock den **G.schen Follikel** (→Follikel).
Grab, die Anlage, die bei der Bestattung den Toten aufnimmt; meist durch einen Gedenkstein bzw. Grabmal gekennzeichnet. Gräber werden in Friedhöfen oder Nekropolen zusammengefaßt. Häufige Grabformen des Altertums waren das *Megalith-* (Hünen-) u. das *Fels-G.*
Grabbe, Christian Dietrich, * 1801, † 1836, dt. Schriftst.; verfiel der Trunksucht. Seine histor. Dramen führten zu einem neuen Realismus (»Napoleon oder Die 100 Tage«, »Die Hermannschlacht«); sarkast. Literaturkomödie »Scherz, Satire, Ironie u. tiefere Bedeutung«.
Graben, *G.bruch,* von Verwerfungen begrenzte, langgestreckte Senke; z.B. die Oberrhein. Tiefebene.
Grabeskirche, die über der vermuteten Grabstätte Jesu in Jerusalem errichtete Kirche; umfaßt auch die Stelle von Golgatha; Baubeginn 326 unter Kaiser Konstantin d. Gr., mehrmals zerstört u. wieder erneuert.
Grabfeld, fruchtbare Ldsch. zw. der Rhön u. Haßbergen in Unterfranken, Hauptort *Bad Neustadt.*
Grabmal, das einem Toten an seiner Beisetzungsstätte errichtete Erinnerungszeichen. Histor. Formen: Menhire, Hünengräber, Pyramiden, Felsgräber, Schachtgräber, Kuppelgräber, Stelen, Mausoleen, Sarkophage.
Grabmann, Martin, * 1875, † 1949, dt. Philosoph u. kath. Theologe; Neuthomist.
Grabner, Hermann, * 1886, † 1969, östr. Komponist u. Musiktheoretiker; Schüler M. *Regers;* Oper »Die Richterin«.
Grabschändung, das unbefugte Zerstören oder Beschädigen eines Grabs oder das Verüben beschimpfenden Unfugs an ihm; in der BR Dtld. strafbar mit Freiheitsstrafe bis zu 3 Jahren.
Grabstichel, Werkzeug zum Gravieren u. Ziselieren.

Grabstock, das älteste Ackerbaugerät: ein zugespitztes Stück Holz von etwa 1 m Länge, mit dem Knollen u. Wurzeln ausgegraben wurden; später auch zum Umbrechen der Erde vor der Aussaat.
Grabturm, ein Grabbautypus des islam. MA für Einzelpersonen u. Familien in Iran u. Kleinasien: unterird. Grabsetzung u. oberird. Raum mit Scheinsarkophag *(Kenotaph);* türk. Kuppelbau heißt *Türbe.*
Grabwespen, *Sphecidea,* Fam. der *Stechimmen,* die in Sand oder Lehm Höhlen anlegen, in die sie durch einen Stich gelähmte Insekten tragen u. ihr Ei daran ablegen.
Gracchus ['graxus], Zweig des plebejischen Adelsgeschlechts der *Sempronier* im alten Rom. Die Gracchen erlangten bes. polit. Bed. durch die Brüder *Tiberius Sempronius G.* (* 162 v. Chr., † 133 v. Chr.) u. *Gaius Sempronius G.* (* 153 v. Chr., † 121 v. Chr.). Als Volkstribun des Jahres 133 v. Chr. wollte Tiberius G. gegen den Willen des Senats durch Neuverteilung des großenteils in den Händen der adligen Großgrundbesitzer befindl. Staatslands die Lage der röm. Bauern verbessern. Es kam zum Kampf, u. er wurde erschlagen. 123 v. Chr. nahm Gaius G. das Reformprogramm seines Bruders wieder auf. Für die Agrarreform sah er außerital. Land vor. Als er einen Antrag auf Verleihung des vollen Bürgerrechts an die ital. Bundesgenossen stellte, kam es zu Kämpfen in Rom, u. Gaius G. ließ sich auf der Flucht von einem Sklaven töten.
Gracht, Kanal, bes. in alten holländ. Städten.
Gracián [-'θja:n], Baltasar, * 1601, † 1658, span. Schriftst. u. Moralist; Jesuit; Vertreter des *Conceptismo.* Ⓦ »El Criticón«.
Gracia Patricia, * 1929, † 1982, Fürstin von Monaco; fr. Grace *Kelly,* US-amerik. Filmschauspielerin (»High Noon«, »High Society«); heiratete 1956 Fürst *Rainier III.* von Monaco.
Gracioso [graθi'oso], komische Person im span. Lustspiel.
Grad, 1. Abstufung, Stärke. – **2.** *akademischer G.* →Doktor, →Magister. – **3.** *Mathematik:* 1. der höchste Exponent der Veränderl. in einer ganzen rationalen Funktion (*G. der Funktion*). 2. Maßeinheit des Winkels: der 360. Teil des Vollwinkels (des Kreises). – **4.** Teilabschnitt einer Skala, bes. der Temperaturskala. – **5.** →Schriftgrad.
Gradation, 1. *Fernsehtechnik:* Wiedergabe der Helligkeitsstufen eines Fernsehbildes, die vom Krümmungsmaß der Bildröhrenkennlinie abhängig ist. – **2.** *Zoologie:* Massenvermehrung, plötzl. Bevölkerungszunahme einer Tierart in einem bestimmten Gebiet.
Grade, Hans, * 1879, † 1946, dt. Flugpionier u. Flugzeugkonstrukteur.

Grabmal: griechische Grabstele mit dem Abschied eines Mannes von Frau und Kind; 4. Jahrhundert v. Chr. Athen, Nationalmuseum

Steffi Graf, Gewinnerin des Grand Slam 1988

Gradient, Gefälle einer Größe auf einer bestimmten Strecke, z.B. Temperatur-, Druckgefälle; in der Mathematik die Abnahme einer physik.-math. Größe (Vektor) pro Längeneinheit.

Gradierwerk, mit Reisig bedecktes Gerüst, über das Salzsole rieselt, die durch Verdunsten konzentriert wird (auch zu Heilzwecken bei Erkrankung der Atemwege).

Gradmessung, die Bestimmung des Erdumfangs durch geodät. u. astronom. Messen des Abstands zweier auf dem gleichen Längengrad liegender Orte mit bekanntem Breitenunterschied. Um 230 v. Chr. führte *Eratosthenes* die erste G. durch.

Gradnetz, ein gedachtes, der Bestimmung der geograph. Lage u. der Orientierung dienendes, über die Erdkugel gezogenes Liniennetz. Die sich rechtwinklig schneidenden Linien (geograph. Koordinaten) sind 360 Längenkreise *(Meridiane),* die durch den geograph. Nordpol u. Südpol laufen u. gleich lang sind (Großkreise), u. vom Äquator aus nach N u. S je 89 polwärts enger werdende Breitenkreise *(Parallelkreise);* der 90. Breitenkreis ist der geograph. Pol.

Grado, ital. Stadt in der Region Friaul-Julisch-Venetien, 10 000 Ew.; Fischereihafen u. Seebad.

Graduale, im kath. u. luth. Gottesdienst der Gesang des Chors oder der Gemeinde nach der Verlesung der Epistel.

Graduierter, Inhaber eines akadem. Grads.

Graecum, Prüfung in (Alt-)Griechisch.

Graefe, Albrecht von, *1828, †1870, dt. Augenarzt; entwickelte das Verfahren der Linearextraktion der Linse beim grauen Star.

Graf, Stellvertreter des Königs an der Spitze einer bestimmten Verwaltungseinheit im Merowinger- u. Frankenreich *(Grafschaft, Gau);* zunächst mit Wehrhoheit, im Frankenreich auch mit Gerichtsbarkeit, Finanz- u. Verwaltungshoheit ausgestattet; anfangs Beamter, seit dem 9. Jh. erblich. Seit 1919 ist der G.titel nur noch Bestandteil eines Familiennamens.

Graf, 1. Oskar Maria, *1894, †1967, dt. Schriftst.; seit 1938 in New York; schilderte die bay. Dorf- u. Stadtwelt (»Das bay. Dekameron«). – **2.** Stefanie Maria (»Steffi«), *14.6.1969, dt. Tennisspielerin; 1987-91 u. seit 1993 Erste der Weltrangliste, 1988 Gewinnerin des *Grand Slam* u. Olympiasiegerin im Einzel, 1992 Silbermedaille, 1989, 91, 92 u. 93 Wimbledon-Siegerin. – **3.** Urs, *um 1484, †1527, schweiz. Maler, Graphiker u. Goldschmied; schilderte hpts. das Leben der Landsknechte.

Graff, Anton, *1736, †1813, schweiz. Maler; ausschl. Bildnismaler (G. Herder, G. E. Lessing, F. von Schiller).

Graffiti, Malerei oder Parole, die mittels Sprühdose auf eine Wand gesprüht wird.

Graham [grɛiəm], **1.** Billy, *7.11.1918, US-amerik. Baptistenprediger. – **2.** Martha, *1893, †1991, US-amerik. Tänzerin u. Choreographin; gab den versch. Stilen des Modern Dance eine gemeinsame u. lehrbare techn. Grundlage. – **3.** Thomas, *1805, †1869, brit. Chemiker; Begr. der Kolloidchemie; führte Untersuchungen zur Osmose, Dialyse u. zur Löslichkeit von Gasen u. Salzen in Flüssigkeiten durch.

Grahambrot [nach dem US-amerik. Arzt Sylvester Graham], leichtverdaul. Vollkornbrot aus Weizenschrotmehl.

Grahamland [grɛiəmlænd] → Antarktische Halbinsel.

Grammophon, alte Bez. (etwa 1920–40) für → Plattenspieler.

gramnegativ → Gramfärbung.

Grampian Mountains [græmpjən 'mauntinz], *Grampians,* der höchste Teil der schott. Gebirge, im *Ben Nevis* 1343 m.

grampositiv → Gramfärbung.

Gran, altes Apothekergewicht unterschiedl. Größe (60–70 mg je nach Land); Goldgewicht.

Gran, 1. → Esztergom. – **2.** slowak. *Hron,* l. Nbfl. der Donau, 289 km.

Gran, Daniel, *1694 ?, †1757, östr. Maler; einer der Hauptmeister der Freskomalerei des Rokokos in Östr.

Granada, südspan. Prov.-Hptst. im Andalus. Bergland, am O-Rand der fruchtbaren *Vega de G.,* 260 000 Ew.; maler. Altstadt Albaicín, zahlr. Kunstdenkmäler der maur. Zeit, Gotik u. Renaissance, überragt von der →*Alhambra* u. der maur. Sommerresidenz Palacio del Generalife. Univ. (1526); Zucker-, chem. u. keram. Ind.; Fremdenverkehr.

Gesch.: G. wurde 711 von den Arabern erobert u. wurde 1238 maur. Kgr. unter den Nasriden. Mit dem Feldzug Ferdinands II. u. Isabellas I. gegen G. (1481–92) fiel G. als letztes Maurenreich in die Hände der christl. Herrscher.

Granados y Campiña [gra'naðos i kam'pinja], Enrique, *1867, †1916, span. Komponist u. Pianist; Vertreter der nationalspan. Schule.

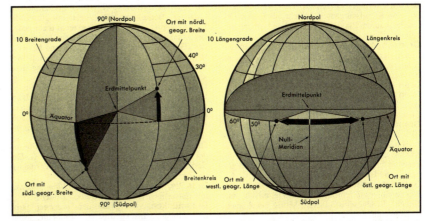

Gradnetz: Breitengrade und Breitenkreise (links), Längengrade und Längenkreise (rechts)

Grahamstown ['grɛiəmztaun], *Grahamstad,* Stadt im S der Prov. Ost-Kap (Rep. Südafrika), 53 000 Ew.; Univ.

Grainger ['greindʒə], Percy, *1882, †1961, US-amerik. Pianist u. Komponist austral. Herkunft.

Grajische Alpen, Teil der frz.-ital. Westalpen, zw. Kleinem St. Bernhard u. Col de Fréjus; im *Gran Paradiso* 4061 m.

Gral, in der Legende des MA geheimnisvolles Heiligtum (Schale, Stein), dessen Besitz irdisches u. himml. Glück verleihen konnte; von *Chrétien de Troyes* mit der Artusdichtung verknüpft; in Wolfram von Eschenbachs »Parzival« von *G.rittern* gehütet.

Gramfärbung, von dem dän. Bakteriologen Hans Christoph Joachim *Gram* (*1853, †1938) entwickelte Färbemethode zur Unterscheidung von sehr ähnl. aussehenden Bakterien in *grampositive* u. *gramnegative.*

Gramm, Kurzzeichen g, Einheit der *Masse* (u. des Handelsgewichts); seit 1889 definiert als der tausendste Teil des in Paris aufbewahrten Urkilogramms.

Grammar School ['græmə skuːl], weiterführende Schule in Großbritannien, vergleichbar unserem *Gymnasium.*

Grammatik, *Sprachlehre,* i.e.S. die Lehre von der Wortbildung u. -flexion (Morphologie) sowie von der Verwendung der Wörter im Satz (Syntax); i.w.S. ergänzt durch die Lautlehre (Phonetik u. Phonologie).

Grammatom, die Menge eines chem. Elements, die so viel Gramm wiegt, wie seine Atommasse angibt.

Grammolekül → Mol.

Granat, eine Gruppe regulärer Mineralien (Tonerdesilicate) versch. chem. Zusammensetzung. Viele G. dienen als Schmucksteine (meist dunkelrot), bes. Kristalle.

Granatapfelbaum, in Vorderasien, Ägypten u. auf dem Balkan vorkommender Strauch oder Baum. Die wohlschmeckende Frucht (**Granatapfel**) ist apfelgroß.

Granate, urspr. ein Hohlkugelgeschoß mit Zünder (auch als Brandgeschoß); heute ein Wurfkörper, der mit Sprengstoff oder chem. Kampfmitteln gefüllt ist.

Granatwerfer, eine Steilfeuerwaffe der Infanterie (seit dem 1. Weltkrieg); in der Bundeswehr werden die G. als *Mörser* bezeichnet.

Gran Canaria, die drittgrößte der span. *Kanar. Inseln,* 1533 km², 673 000 Ew.; Hptst. u. Hafen *Las Palmas;* bed. Fremdenverkehr (v. a. *Playa del Ingles, Maspalomas*); internat. Flughafen *Gando*.

Gran Chaco [-'tʃako], südamerik. Ldsch. zw. dem oberen Paraguay u. den Anden, 800 000 km² mit 1,5 Mio. Ew. (davon 60–70 000 Indianer); wenig erschlossenes Flachland mit Gras-, Trockenwald- u. Dornbuschvegetation; Viehzucht, Erdölförderung. Das Gebiet ist größtenteils argentinisch; das nördl. Grenzgebiet fiel im *Chacokrieg* (1932–35 zw. Bolivien u. Paraguay) an Paraguay.

Grand [grã], *Großspiel,* eine Spielart beim *Skat,* bei der nur die Buben Trumpf sind.

Grand Canyon ['grænd 'kænjən] → Colorado River.

Grande Comore [grãdko'mɔːr] → Ngazidia.

Granden, die höchsten span. Adeligen im MA.

Grandezza, Würde, elegant-hoheitsvolles Benehmen.

Grammatik: Turm der Grammatik; Holzschnitt, 1548. Die Grammatik öffnet die Tür zur Kenntnis der Rede, Orthographie u. a.

Grandma Moses ['grænma 'mouziz] → Robertson-Moses, Anna Mary.

Grand Marnier [grã mar'nje:], frz. Apfelsinenbranntwein.

Grand National Steeplechase [grænd 'næʃənəl 'sti:pltʃeis], das schwerste Hindernisrennen der Welt für Pferde, seit 1839 auf der in der Nähe von Liverpool gelegenen Bahn von *Aintree* ausgetragen.

Grand Prix [grã'pri], frz. Bez. für große internat. Sportveranstaltungen, v. a. im Automobil- u. Pferdesport.

Grand Rapids [grænd 'ræpidz], Stadt in Michigan (USA), 182 000 Ew.; Holz- u. Möbel-Ind.

Grandseigneur [grãsen'jø:r], großer, vornehmer Herr.

Grand Slam ['grænd 'slæm], im Tennis der Sieg eines Spielers bei den Meisterschaften von Australien, Frankr., England u. den USA innerhalb eines Jahres.

Grandville [grã'vil], Künstlername von Ignace Isidore *Gérard*, *1803, †1847, frz. Karikaturist u. Graphiker; Satiren mit typ. Tier-Mensch-Karikaturen.

Granger ['greindʒə], Stewart, eigtl. James Lablache *Stewart*, *1913, †1993, US-amerik. Schauspieler; Helden- u. Abenteuerrollen.

Granikos, heute *Biga*, kleiner Fluß im nw. Kleinasien, mündet ins Marmarameer; in der *Schlacht am G.* 334 v. Chr. besiegte *Alexander d. Gr.* die Perser.

Granit, körniges magmat. Tiefengestein mit 60–80% Kieselsäureanteil, besteht aus Quarz, Orthoklas, saurem Plagioklas u. dunklem Gemengteil; beliebter Bau- u. Werkstein.

Grannen, 1. steife, widerhaarige Borsten an der Spitze der Deckspelzen der Gräserblüten. – **2.** *G.haare*, Haare, die die äußere Schicht des Säugetierpelzes bilden.

Gran Paradiso → Grajische Alpen.

Gran Sasso d'Italia, Gebirgsstock in den Abruzzen, höchste Erhebung der ital. Halbinsel; im *Corno Grande* 2914 m.

Grant [grae:nt], **1.** Cary, *1904, †1986, US-amerik. Schauspieler; bes. erfolgreich in Filmen A. Hitchcocks. – **2.** Ulysses Simpson, *1822, †1885, US-amerik. Offizier u. Politiker (Republikaner); kämpfte im Sezessionskrieg erfolgreich gegen die Südstaaten; 1869–77 (18.) Präs. der USA.

Granulat, rieselfähiges, in Form u. Größe sehr gleichmäßiges u. feines Korngemenge; erlaubt eine einheitl. Lösegeschwindigkeit; häufig bei Arznei- u. Düngemitteln.

Granulation, 1. die körnige Struktur der Sonnenoberfläche; auf kräftige vertikale Strömungen (1 km/s Geschwindigkeit) zurückzuführen. – **2.** eine Verzierungstechnik, bei der winzige Kügelchen aus Gold oder Silber auf einen Untergrund des gleichen Materials aufgeschmolzen werden. – **3.** die Bildung neuen Bindegewebes bei Gewebsdefekten; → Granulom.

Granulom, ein Granulationsgewebe geschwulstartigen Aussehens, zu dessen Entstehung es meist durch Krankheitserreger oder Fremdkörper kommt; häufig *Zahn-G.*

Granulozyten → Leukozyten.

Granville-Barker ['grænvil 'ba:kə], Harley, *1877, †1946, engl. Regisseur u. Schriftst. (realist. Problemstücke u. Schriften zum Theater).

Grapefruit ['greipfru:t], ein *Rautengewächs* der Subtropen; bis 20 m hohe Bäume mit traubigen Blütenständen. Die gelben Früchte haben bitter-süßes Fruchtfleisch u. sind kleiner als die der *Pampelmuse*.

Graph → graphische Darstellung.

Graphik, Sammelbez. für alle ein- u. mehrfarbige Flächenkunst auf Papier, umfaßt neben der Kunst der Zeichnung die *Druck-G.*, die sich unter Verwendung von Druckplatten oder -stöcken aus Holz, Metall, Linoleum, Stein u. a. bestimmter Vervielfältigungstechniken bedient. Die wichtigsten graph. Techniken sind Holzschnitt, Kupferstich, Radierung, Lithographie.

graphische Darstellung, *Math.: Graph*, eine Figur, die den Zusammenhang zw. zwei oder mehreren Veränderlichen darstellt; z.B. die Kurve einer Funktion im Koordinatensystem.

Graphit, *Reißblei*, grauschwarzes, metall. glänzendes, weiches Mineral aus reinem Kohlenstoff; zur Bleistiftherstellung, als Schmiermittel, in der Galvanoplastik, als Bremssubstanz in Kernreaktoren benutzt.

Grasfrosch

Graphologie, die Handschriftendeutung u. -beurteilung; von Bedeutung für die ärztl. Diagnostik, Charakteranalyse, Eignungsbegutachtung u. Kriminologie.

Grappa, ein hochprozentiger Tresterbranntwein.

Graptolithen, ausgestorbene, marine Tiere mit chitinartigem Außenskelett; Hauptverbreitung im Ordovicium u. Silur.

Grasbäume, austral. baumartige *Liliengewächse*.

Grasei, Hühnerei mit grauschwarzem Dotter.

Gräser, Bez. für schlanke, krautige einkeimblättrige Blütenpflanzen mit unscheinbaren Blüten; z.B. die *Sauer-G.* u. die *Süß-G.* Die G. bilden die verbreitetste Bedeckung der Vegetationsgürtel der Erde an allen Stellen, wo Bäume nicht mehr gedeihen können. Im Kulturland bedecken G. Ackerböden (Getreide, Zuckerrohr) u. Weideland als wertvolle Wirtschaftspflanzen. Sie sind einjährige Pflanzen mit faserigen u. sehr kurzen, manchmal knollenartig verdickten Wurzeln oder staudenartige Dauerpflanzen. Oft sind sie kriechend oder niederliegend u. vermehren sich auch vegetativ durch unter- oder oberird. Wurzelausläufer. → Pflanzen.

Grasfrosch, der häufigste u. verbreitetste Landfrosch Mittel- u. N-Europas; braun, meist mit gefleckter Bauchseite.

Grashof, Franz, *1826, †1893, dt. Ing.; Mitgründer des »Vereins Dt. Ingenieure« (VDI). – *G.-Gedenkmünze* vom VDI jährl. für bes. Verdienste um die Technik verliehen.

Graslilie, *Anthericum*, Gatt. der *Liliengewächse*, mit grasartigen Blättern u. weißen Blüten.

Grasmücken, *Sylvia*, Gatt. der *Singvögel*; farbl. unscheinbare Insektenfresser. Einheim. sind: *Mönchs-G., Dorn-G., Garten-G.* (mit motivreichem Gesang).

Grasnelkengewächse, meist Salzpflanzen der Steppen, Halbwüsten u. des Meeresstrands. Zu den G. gehören u. a. *Grasnelken* u. *Strandnelken*.

Grass, Günter, *16.10.1927, dt. Schriftst. u. Graphiker; barock überquellende, vitale, oft auch schockierende zeitkrit. Romane (»Die Blechtrommel«, »Hundejahre«, »Örtl. betäubt«, »Der Butt«, »Die Rättin«), Erzählungen u. Theaterstücke.

Grasse [gras], SO-frz. Krst. u. Winterkurort im Dép. Alpes-Maritimes, 37 000 Ew.; Zentrum der Parfümfabrikation.

Grasser, Erasmus, *um 1450, †1518, dt. Bildhauer der Spätgotik. Moriskentänzer.

Grassi, 1. Anton, *1755, †1807, öst. Bildhauer; seit 1784 Hauptmodelleur der Wiener Porzellanmanufaktur. – **2.** Ernesto, *1902, †1991, ital.-dt. Philosoph; Arbeiten über Renaissance u. Humanismus. – **3.** Giovanni Battista, *1854, †1925, ital. Zoologe; entdeckte den Überträger der Malaria.

grassieren, sich ausbreiten (von Seuchen).

Grastopf, *Frauenhaar*, zu den *Riedgräsern* gehörende Topfpflanze aus O-Indien.

Grat, 1. Schnittlinie zweier Dach- oder Gewölbeflächen. – **2.** schmale, scharfe Kante eines Bergrückens. – **3.** beim Gießen, Stanzen, Feilen entstehender scharfer Rand des Werkstücks.

Gräten, verknöcherte Skelettelemente zw. den Muskeln der Fische.

Gratian, 1. Flavius *Gratianus*, *359, †383, röm. Kaiser 367–83; Sohn *Valentinians I.*, 367 zum Mitkaiser neben seinem Oheim *Valens* erhoben. G. wollte 383 dem Usurpator *Maximus* in Gallien entgegentreten; seine Truppen liefen jedoch über, u. G. wurde auf der Flucht ermordet. – **2.** † um 1160

Grasmücken: Dorngrasmücke

oder 1179; Rechtslehrer in Bologna; Kamaldulenser, »Vater der Kanonistik«.

Gratifikation, eine meist vertragl. oder durch Betriebsvereinbarung festgesetzte Zuwendung zum regelmäßigen Lohn oder Gehalt, meist zu bes. Anlässen (Weihnachten, Jubiläum).

gratinieren, Gerichte bei starker Oberhitze überbacken oder überkrusten.

Gratisaktie, Aktie, die aufgrund einer Kapitalerhöhung aus Gesellschaftsmitteln an die Aktionäre ausgegeben wird.

Grätsche, Sprung mit gespreizten Beinen über Bock, Pferd, Kasten.

Grau [gro:], Shirly Ann, *8.7.1929, US-amerik. Schriftst.; Romane (meist im Süden der USA) mit psycholog. Einfühlungsvermögen.

Graubünden, Kt. im SO der → Schweiz; das Siedlungsgebiet der schweiz. *Rätoromanen*.

Graudenz, poln. *Grudziądz*, poln. Stadt an der unteren Weichsel, 95 000 Ew.; Masch.-Ind.; ehem. Festung.

Graue Eminenz, ein hinter den Kulissen der Politik wirkender einflußreicher Mann (z.B. Friedrich von *Holstein*).

Graue Panther, nach dem Vorbild der amerik. Selbsthilfeorganisation »Grey Panthers« 1975 gegr. Vereinigung alter Menschen in der BR Dtld., Bundeszentrale Wuppertal.

grauer Star, *Katarakt*, Trübung der Linse des Auges. Es kommt zu fortschreitender Verminderung des Sehvermögens (häufig durch Stoffwechselstörungen: Zuckerstar, Altersstar). Ist der graue Star »reif«, d. h. ist die Linse vollständig getrübt u. erweicht, so kann der Augenarzt sie operativ entfernen (Staroperation). Die Linse wird durch Kontaktlinsen oder Linsenimplatation ersetzt.

Graugans, einzige in Dtld. brütende Wildgans, Stammform der Hausgansrassen.

Grauguß, Gußeisen mit grauer Bruchfläche.

Graun, 1. Carl Heinrich, *1703/04, †1759, dt. Komponist; Kapellmeister am Hof Friedrichs d. Gr.; Opern u. Kirchenmusik. – **2.** Johann Gottlieb, Bruder von 1), *1702/03, †1771, dt. Geiger u. Komponist; Konzertmeister am Hof Friedrichs d. Gr.; Sinfonien u. Kammermusik.

Graupapagei, hellgrauer Papagei mit rotem Schwanz, in den Urwäldern des trop. Afrika beheimatet; beliebter Käfigvogel.

Graupeln, Niederschlag in Form von schnee- oder eisartigen Bällchen bis 5 mm Durchmesser; entstehen durch Auffrieren unterkühlter Tröpfchen auf Eiskristallen.

Graupen, geschälte Gersten- oder Weizenkörner; zu Suppeneinlagen u. steifem Brei.

Graureiher, ungenaue Bez. *Fischreiher*, mitteleurop. *Reiher*.

Grauwacke, graue, harte Sandsteine aus Quarz, Feldspat, Glimmer u. a. Mineralien. Hauptgestein des Erdaltertums (Paläozoikum).

Grauwal, Fam. der Bartenwale, 13–15 m lang; dank umfangreicher Schutzmaßnahmen erhalten.

Grauzone, Zone zw. Schwarz u. Weiß; gesetzl. nicht eindeutig definierter u. geregelter Bereich.

Grave, musikal. Vortragsbez.: schwer.

Gravenhage, *s'G.* [sxra:vən'ha:xə] → Den Haag.

Gravenstein, dän. Handelsort am Felsborg Fjord, 3000 Ew.; Zucht des *G.-Apfels*.

Graves [greivz], **1.** Morris, *28.8.1910, US-amerik. Maler; vom Zen-Buddhismus angeregte Bilder, in denen Vogelmotive vorherrschen. – **2.** Robert von *Ranke-G.*, *1895, †1985, engl. Schriftst.; histor. Romane (»Ich, Claudius, Kaiser u. Gott«) u. Schriften zur grch. Mythologie.

Gravesend ['greivzend], S-engl. Hafenstadt u. Seebad am Themse-Trichter, 53 000 Ew.

Gravidität →Schwangerschaft.

gravieren, erhabene oder vertiefte Muster, Zeichnungen u. Schrift *(Gravierung, Gravur, Gravüre)* auf Metall, Holz, Elfenbein u. Stein, mit Hilfe von Gravierwerkzeugen *(Graviernadel, Grabstichel, Meißel)* oder mit Graviermaschinen herstellen.

Gravimetrie, 1. *Chemie:* →Gewichtsanalyse. – **2.** *Geophysik: Schwerkraftmessung,* die Messung der Fallbeschleunigung auf der Erdoberfläche (mit Pendel, freiem Fall u. stat. Gravimetern).

Gravis, ein →Akzent.

Gravitation, *Massenanziehung,* eine Eigenschaft der Materie; sie äußert sich als Kraft (Schwerkraft), mit der sich schwere Massen gegenseitig anziehen, u. errechnet sich nach dem 1682 von I. *Newton* aufgestellten *G.sgesetz,* wonach die Kraft (K), mit der sich zwei Massen m_1 u. m_2 anziehen, dem Produkt dieser Massen direkt u. dem Quadrat ihrer Entfernung voneinander(r) umgekehrt proportional ist:

$$K = \gamma \cdot \frac{m_1 \cdot m_2}{r^2}$$

Dabei ist γ die *G.skonstante* (eine universelle Naturkonstante) mit dem Wert:

$$\gamma = (6{,}6726 \pm 0{,}0005) \cdot 10^{-11} \, \frac{\mathrm{m}^3}{\mathrm{kg \, s}^2}$$

In der Umgebung einer Masse wirkt die G. durch ein Kraft- oder *G.sfeld (Schwerefeld).* Die Erde zieht als schwerer Körper jeden anderen Körper an; wegen ihrer beinahe kugelförmigen Gestalt ist die G. auf der ganzen Oberfläche fast konstant u. zum Erdmittelpunkt hin gerichtet.

Mit dem Newtonschen G.sgesetz wurde zum ersten Mal ein umfassendes Weltgesetz aufgestellt. Das Wesen der G. ist bis heute noch nicht endgültig geklärt, auch wenn die von A. *Einstein* entwickelte Allgemeine →Relativitätstheorie einen Fortschritt brachte u. in seiner »Vereinheitlichten Feldtheorie« versucht wurde, G. u. Elektrodynamik zusammenzufassen. Neuerdings wird die G.skonstante in Zusammenhang mit dem Alter des Universums gebracht u. so ihre Unveränderlichkeit in Frage gestellt. – **G.swellen,** Störungen im Schwerefeld, die sich nach der Einsteinschen G.stheorie im Vakuum mit Lichtgeschwindigkeit fortpflanzen sollen; exakter Nachweis umstritten.

gravitätisch, würdevoll, gemessen.

Gravur, Radierung, Kupfer- oder Stahlstich.

Gray [grei], Abk. Gy, SI-Einheit für die Energiedosis, 1 Gy = 1 J/kg.

Gray [grei], Thomas, *1716, †1771, engl. Schriftst.; seine »Elegie auf einem Dorfkirchhof« beeinflußte die empfindsame Dichtung.

Graz, Hptst. der Steiermark, zweitgrößte Stadt in Östr., an der Mur, 243 000 Ew.; Handels- u. Wirtschaftszentrum; Univ. (1586); vielseitige Ind.

Grazie, Anmut.

Grazien [lat.], grch. *Chariten,* die grch. Göttinnen *Aglaia, Euphrosyne* u. *Thalia,* im Gefolge der Artemis. Sie verkörpern Anmut, Liebreiz u. Frohsinn.

grazil, schlank, zierlich.

graziös, anmutig.

Gräzist, Kenner der altgrch. Sprache u. Kultur.

Great Basin [greit beisn], *Großes Becken,* intramontanes Becken im SW der USA, zw. Sierra Nevada u. Rocky Mountains; halbwüstenhafte Salbeisteppe, ab etwa 1500 m Höhe Nadelwald; bed. Bodenschätze.

Great Dividing Range [greit di'vaidin reindʒ], *(Ost-)Austral. Kordillere(n),* Kettengebirge im O von Australien, rd. 3000 km lang; im S über 2000 m Höhe (Austral. Alpen).

Greater London ['greitə 'lʌndən], die Agglomeration (Standard Conurbation) *Großlondon.* Die 1964 geschaffene Gebietskörperschaft (1596 km², 6,8 Mio. Ew.) gehört zum Londoner Ballungsgebiet.

Great Salt Lake [greit sɔːlt leik], *Großer Salzsee,* abflußloser See am O-Rand des *Great Basin* in Utah (USA), durchschnittl. 110 km lang, 1–2 m tief, mittlere Fläche 2600 km²; 25–27% Kochsalzgehalt.

Great Valley [greit 'væli], **1.** Längstal der Appalachen zw. Appalachen-Plateau u. Blue Ridge (USA), 1500 km lang; Kohlen- u. Eisenerzvorkommen. – **2.** *Kaliforn. Längstal,* zw. Küstengebirge u. Sierra Nevada (USA); 1100 km lang; durch künstl. Bewässerung größtes Obst- u. Gemüseanbaugebiet der USA.

Great Yarmouth [greit 'jaːməθ], O-engl. Fischereihafen u. Nordseebad in der Gft. Norfolk, 48 000 Ew.

Greco, 1. *El Greco* [span., »Der Grieche«], eigtl. Dominico *Theotocopuli,* *1541, †1614, span. Maler u. Bildhauer grch. Herkunft; wirkte in Venedig u. seit 1577 in Toledo, wo er aus der ital. Malerei entfernte u. einen ekstat.-visionären Manierismus entwickelte, für den lange, schmale Proportionen, irrationale Lichteffekte u. intensive, flackernde Farben charakterist. sind. – **2.** Emilio, *11.10.1913, ital. Bildhauer; verbindet archaische Elemente mit Formen des ital. Manierismus.

Gréco [gre'ko], Juliette, *7.2.1927, frz. Chansonsängerin u. Filmschauspielerin.

Green [griːn], **1.** Julien, *6.9.1900, frz. Schriftst. kanad. Herkunft. Aus kath. Grundhaltung heraus schildert er die Verlorenheit menschl. Seelen in einer Welt der Angst u. des Verbrechens. W »Leviathan«, »Mitternacht«, »Der Andere«, Tagebücher. – **2.** Paul Eliot, *1894, †1981, US-amerik. Schriftst.; behandelt in seinen Theaterstücken das Leben der amerik. Schwarzen. – **3.** Thomas Hill, *1836, †1882, engl. Philosoph; entwickelte die philos. Grundlegung des engl. *Neuliberalismus.*

Greene [griːn], Graham, *1904, †1991, engl. Schriftst.; schrieb Romane, die das Menschenschicksal zw. Schuld u. Gnade gestalten; oft Elemente des Kriminalromans. W »Orientexpress«, »Die Kraft u. die Herrlichkeit«, »Der dritte Mann«, »Der menschl. Faktor«.

Greenhorn ['griːnhɔːn], Grünschnabel, unerfahrener Neuling.

Greenock ['griːnɒk], Hafenstadt in W-Schottland, am Firth of Clyde, Vorhafen Glasgows, 57 000 Ew.; Schiff- u. Maschinenbau.

Greenpeace ['griːnpiːs], internat. Umweltschutzorganisation, die in direkten u. gewaltfreien Aktionen Umweltverstöße öffentl. macht; 1971 gegr.; seit 1981 auch in der BR Dtld.

Green River [griːn 'rivə], wichtigster Quellfluß des Colorado in den Rocky Mountains, 1200 km.

Greensboro ['griːnzbərə], Stadt in North Carolina (USA), 156 000 Ew.; Univ.; Textilind.

Greenwich ['griːnidʒ], östl. Stadtbezirk von Greater London, an der Themse, 218 000 Ew.; berühmte Sternwarte (gegr. 1675, seit 1948 in *Herstmonceux,* Sussex), deren Meridian seit etwa 1883 allg. als *Nullmeridian* anerkannt wird.

Greenwicher Zeit ['griːnidʒər-] →Westeuropäische Zeit.

Greenwich Village ['griːnidʒ 'vilidʒ], Künstlerviertel von New York, im südl. Manhattan.

Grège [grɛːg], Rohseidenfaden; enthält noch den Seidenbast (Serizin).

Gregor, Päpste.

1. G. I., G. d. Gr., *um 540, †604, Papst 590–604; bereitete die päpstl. Herrschaft im Kirchenstaat vor. Er betrieb die Mission der Angelsachsen u. erreichte eine engere Bindung der Westgoten an Rom u. einen friedl. Ausgleich mit den Langobarden; moraltheolog. Schriften. – Heiliger u. Kirchenleh-

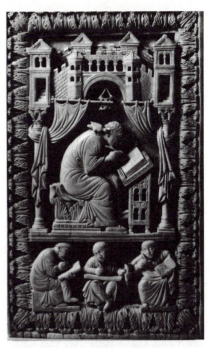

Gregor I.: Inspiration des Papstes durch den Hl. Geist in Gestalt der Taube; Elfenbeinbuchdeckel, 10. Jahrhundert. Wien, Kunsthistorisches Museum

rer (Fest: 3.9.). – **2. G. II.,** 669, †731, Papst 715–31; verband sich mit den Langobarden gegen die Machtansprüche des oström. Kaisers. 719 erhielt *Bonifatius* von ihm den Missionsauftrag für das Gebiet des späteren Dtld. – Heiliger (Fest: 13.2.). – **3. G. III.,** †741, Papst 731–41; verurteilte die bilderfeindl. Maßnahmen des oström. Kaisers *Leo III.* u. geriet dadurch in schärfsten Gegensatz zu Byzanz. – Heiliger (Fest: 28.11.). – **4. G. V.,** eigtl. *Bruno von Kärnten,* *972, †999, Papst 996–99; erster Papst dt. Herkunft, Urenkel Ottos I., von Otto III. zum Papst nominiert. – **5. G. VII.,** eigtl. *Hildebrand,* *um 1021, †1085, Papst 1073–85; setzte die unter seinen Vorgängern begonnene Reform (gegen Simonie u. Priesterehe) u. die kirchl. Zentralisation energisch fort. Er geriet über die Investiturfrage mit dem dt. König *Heinrich IV.* in Auseinandersetzungen *(Investiturstreit).* – **6. G. IX.,** eigtl. *Ugolino von Segni,* *um 1170, †1241, Papst 1227–41; geriet in Konflikt mit Kaiser *Friedrich II.;* begr. den kirchl. Inquisitionsprozeß, unterstützte die Bettelorden. – **7. G. X.,** eigtl. Tedaldo *Visconti,* *1210, †1276, Papst 1271–76; um die Wiedereroberung der hl. Stätten bemüht; führte für die Papstwahl das Konklave ein. – **8. G. XI.,** eigtl. Pierre-Roger de *Beaufort,* *1329, †1378, Papst 1370–78; letzter Papst im Exil von Avignon, zugleich letzter Papst frz. Herkunft. – **9. G. XIII.,** eigtl. Ugo *Boncompagni,* *1502, †1585, Papst 1572–85; einer der großen Päpste der *Gegenreformation;* wurde bekannt durch die nach ihm ben. Kalenderreform (→Kalender). Der Aufwand für Wiss. u. große Bauten in Rom zerrüttete die Finanzen des Kirchenstaats. – **10. G. XVI.,** eigtl. Bartolomeo Alberto *Cappellari,* *1765, †1846, Papst 1831–46; vertrat in Theologie u. Politik sehr konservative Prinzipien, in denen ihn sein reaktionärer Kardinalstaatssekretär Luigi *Lambruschini* bestärkte.

Gregor, Joseph, *1888, †1960, östr. Theater- u. Kulturhistoriker; Librettist, Mitarbeiter von Richard *Strauss.*

Gregor-Dellin, Martin, *1926, †1988, dt. Schriftst.; Zeitromane: »Der Kandelaber«, »Das Riesenrad«.

Gregoriana, *Gregorianische Univ.,* päpstl. Univ. in Rom, ben. nach Papst *Gregor XIII.,* gegr. durch *Ignatius von Loyola* 1551.

Gregorianischer Choral, der einstimmige liturg. Gesang der kath. Kirche in lat. Sprache; ben. nach Papst *Gregor I.,* der aber wahrsch. nicht direkt an der Sammlung der Gesänge beteiligt war.

El Greco: Die hl. Familie mit der hl. Anna; um 1594–1604. Toledo, Hospital de S. Juan Bautista

Gregorianischer Kalender → Kalender.
Gregorios Palamas, * 1296/97, † 1359, byzantin. Theologe u. myst. Schriftst.; Erzbischof von Saloniki; Hauptvertreter des *Hesychasmus*. – Heiliger u. Kirchenlehrer.
»Gregorius vom Steine«, mittelalterl. Legende vom Sohn eines Geschwisterpaars, der, ähnlich wie *Ödipus*, unwissentlich die eigene Mutter ehelicht, dann nach siebzehnjähriger Buße auf einem Felsen im Meer durch Gott zum Papst berufen wird; gestaltet nach altfrz. Vorlage in einer Verslegende des *Hartmann von Aue* (entstanden um 1190) u. im Roman »Der Erwählte« 1951 von T. *Mann.*
Gregorovius, Ferdinand, * 1821, † 1891, dt. Kulturhistoriker u. Schriftst. W Geschichte der Städte Rom u. Athen.
Gregor von Nazianz, * um 329, † 390, grch. Kirchenlehrer; von großer Bedeutung für die Entwicklung der Trinitätslehre u. Christologie; einer der »3 großen Kappadokier«. Heiliger (Fest: 2.1.).
Gregor von Nyssa, * um 334, † um 395, grch. Kirchenvater; Bischof von Nyssa (Kappadokien). – Heiliger (Fest: 9.3.).
Gregor von Tours [-tu:r], * 538/39, † 594, fränk. Geschichtsschreiber; seit 573 Bischof von Tours, schrieb eine fränk. Geschichte.
Greif, altoriental. Fabelwesen mit Adlerkopf, Flügeln, Krallen u. Löwenleib; Wappentier.
Greif, Martin, * 1839, † 1911, dt. Schriftst. (histor. Schauspiele u. Naturlyrik).
Greiffuß, in Extremitätenende, bei dem die große Zehe gegenübergestellt werden kann (bei Menschen u. Affen).
Greifswald, Krst. in Mecklenburg-Vorpommern, am *G.er Bodden*, 67 000 Ew.; Univ. (1456); ehem. Hansestadt; berühmtes Zisterzienserkloster Eldena (heute Ruine).
Greifswalder Oie [-'ɔiə], Ostseeinsel vor dem Greifswalder Bodden, Steilküste, Leuchtturm.
Greifvögel, *Falconiformes*, umfangreiche Ordnung der Vögel mit etwa 270 Arten, in vier Familien *Sekretäre, Falken* u. *Habichtartige* unterteilt werden. Früher wurden die G. mit der Bez. »Raubvögel« als Schädlinge angesehen; heute sind alle Arten in Dtld. geschützt.
Greindl, Josef, * 1912, † 1993, dt. Sänger (Baß).
Greisenhaupt, ein mexik. u. brasil. *Kaktusgewächs*, dessen bis 10 m hohe Stämme oben dicht von weißen Haaren bedeckt sind.
Greiz, Krst. in Thüringen, an der Weißen Elster, 34 000 Ew.; Oberes u. Unteres Schloß; Textilind.
Gremium, Ausschuß, Körperschaft.
Grenada [grəˈneidə], Staat in der Karibik, Kleine Antillen, 344 km², 110 000 Ew. (50% Schwarze), Hptst. *Saint George's*; umfaßt die Hauptinsel G. u. die südl. *Grenadinen* (Carriacou, Rhonde, Petit

Grenada

Martinique); trop. Regenwald; Anbau von Bananen, Kakao, Muskatnüssen, Zitrusfrüchten, Zucker u. a.; internat. Flughafen *Pearls Airport*. Geschichte. G. wurde 1498 von Kolumbus entdeckt; im 17. u. 18. Jh. war die Insel abwechselnd in frz. u. engl. Besitz, bis sie 1783 endgültig an England fiel. 1877 erhielt G. den Status einer Kronkolonie. 1958–62 war die Insel Mitgl. der »Westindischen Föderation«. Die völlige innere Autonomie erhielt G. 1967 als »assoziierter Staat«; 1974 wurde es völkerrechtl. unabh. 1979 übernahm eine »Revolutionäre Volksregierung« die Staatsgewalt. 1983 besetzten US-amerik. Truppen vorübergehend G. Die Wahlen von 1990 gewann N. *Brathwaite.*
Grenadier, urspr. im Werfen von *Handgranaten* ausgebildeter Infanterist; heute unterster Mannschaftsdienstgrad bei der Infanterie.
Grenadilla, wohlschmeckende Frucht der →*Passionsblume.*
Grenadillholz, *Afrikan. Ebenholz*; u. a. für Holzblasinstrumente.
Grenadine, Sirup aus Granatäpfeln für alkoholfreie Getränke.
Grenadinen, 128 kleinere Inseln der südl. Windward Islands (Kleine Antillen), 83 km², 14 000 Ew. Der Nordteil gehört polit. zu Saint Vincent, der Südteil zu Grenada.
Grenchen, frz. *Granges*, schweiz. Stadt im Kt. Solothurn, 15 000 Ew.; Uhrenind.; nördl. der *G.berg* mit dem 8578 m langen *G.tunnel.*
Grenoble [grəˈnɔbl], Verw.-Sitz des Dép. Isère, an der Isère, 159 000 Ew.; geistiger, kultureller u. wirtsch. Mittelpunkt der Alpen (Univ. (1339), Kathedrale; Wintersportort (Olymp. Winterspiele 1968).
Grenze, (gedachte) Linie, die zwei Grundstücke, Staaten, Länder oder Bereiche (z.B. Klimazonen) voneinander trennt.
Grenzgänger, im Grenzgebiet wohnender Arbeitnehmer, der seine Arbeitsstätte im Nachbarland hat.
Grenzkosten, die bei der Erhöhung der Produktmenge eines Betriebes um eine Erzeugungseinheit zusätzl. entstehenden Kosten.
Grenzlehre, ein Meßinstrument, mit dem man prüft, ob die Abmessungen eines Werkstücks in den vorgeschriebenen Grenzen (Toleranz) liegen.
Grenzmark Posen-Westpreußen, 1922–38 aus Resten der (aufgrund des Versailler Vertrags) an Polen abgetretenen preuß. Provinzen Posen u. Westpreußen gebildete preuß. Provinz (Hptst. *Schneidemühl*).
Grenznutzenschule, eine subjektive Wert- u. Preislehre der Volkswirtschaftslehre, die davon ausgeht, daß der Wert eines Gutes durch die Nutzenschätzung der Verbraucher bestimmt wird. Je größer die verfügbare Menge, desto niedriger sei die Werteinschätzung. Der Nutzen der letzten Einheit eines Gutes bestimme den Wert aller Einheiten (**Grenznutzen**).
Grenzschutz, **1.** die *Freikorps*, die bei Kriegsende 1918 mit dem Schutz der dt. Ostgrenze beauftragt waren. – **2.** →*Bundesgrenzschutz.*
Grenzsituationen, nach K. *Jaspers* die Situationen, in denen der Mensch seine absolute Grenze u. damit seine Bedingtheit erfährt; G. sind z.B. Tod, Schuld u. Leid.
Grenzverkehr, der wechselseitige grenzüberschreitende Verkehr, der im Zollgrenzbezirk Erleichterungen auf dem Gebiet des Zollwesens, evtl. auch des Ausweis- u. Visumzwangs aufweist.
Grenzwert, **1.** *Math.: Limes,* Abk. *lim,* 1. bei einer unendl. *Folge:* Der G. einer Folge g ist eine Zahl, in deren beliebig kleiner Umgebung (offenes Intervall, das g enthält) von einer bestimmten, hinreichend großen Nummer ab alle Zahlen der Folge liegen. Schreibweise:

$$\lim_{n \to \infty} a_n = g$$

2. bei einer *Funktion:* Eine Funktion $x \to f(x)$ hat in x_0 einen G., wenn $f(x)$ in einer *beliebig* kleinen Umgebung von g liegt, falls nur x in einer *hinreichend* kleinen Umgebung von x_0 liegt, die x_0 nicht zu enthalten braucht. – **2.** *Umweltschutz:* festgelegte Höchstkonzentration eines Stoffes oder eine höchstzulässige Energiemenge im Zusammenhang mit der Emission oder Immission, die Mensch, Tier, Pflanze nicht schädigen soll.
Gretchenfrage [nach der Frage *Gretchens* an Faust: »Wie hast du's mit der Religion?« aus Goethes »Faust I«], Frage nach dem Verhältnis zur Religion, übertragen nach der polit. Überzeugung; Gewissensfrage.
Gretna Green [ˈgrɛtnə griːn], schott. Dorf an der engl. Grenze, 2800 Ew.; bekannt durch Eheschließungen Minderjähriger. Bis 1856 waren hier Trauungen ohne Aufgebot mögl. durch den Friedensrichter, einen Schmied.
Grétry [greˈtri], André Ernest Modeste, * 1741, † 1813, belg. Komponist; Hauptvertreter der frz. Opéra comique.
Gretschaninow, *Gretchaninoff,* Alexander Tichonowitsch, * 1864, † 1956, russ. Komponist; geistl. Musiken u. Kindermusik.
Gretschko, Andrej Antonowitsch, * 1903, † 1976, sowj. Offizier u. Politiker; seit 1955 Marschall der Sowj.; 1967–76 Verteidigungs-Min.
Greuze [grøːz], Jean Baptiste, * 1725, † 1805, frz. Maler; Meister des bürgerl. Genrebilds.
Greven, Stadt in NRW, an der Ems, 28 000 Ew.; Textilind., Flughafen.
Grevenbroich [-ˈbroːx], Stadt in NRW, 57 000 Ew.; Aluminiumhütte.
Grevesmühlen, Krst. in Mecklenburg, 12 000 Ew.; Holz- u. Baustoffind.
Grey [grei], Sir Edward Viscount G. *of Fallodon,* * 1862, † 1933, brit. Politiker (Liberaler); vollendete als Außen-Min. (1905–16) unter H. *Campbell-Bannerman* u. H. *Asquith* die Isolierung Dtld.s.
Greyerz →*Gruyères.*
Greyhound [ˈgreihaund], großer (55–65 cm Schulterhöhe), kurzhaariger *Englischer Windhund;* seit dem 5. Jh. v. Chr. auf den Brit. Inseln.
Grieben, Rückstände bei der Schmalzgewinnung.
Griechen, **1.** im Altertum die Gesamtheit der grch. Stämme, die von den Römern G. (*Graeci*) genannt. Sie nannten sich selbst seit dem 7. Jh. v. Chr. *Hellenen*. – **2.** *Neugriechen,* die Bewohner des heutigen Griechenland, ferner der Hauptteil der Bev. Zyperns u. rd. 2 Mio. Auslands-G.; Nachkommen der alten *Hellenen,* aber stark beeinflußt durch die Einwanderung von Slawen im 6. Jh. u. Albanern im 13./14. Jh.
Griechenland, Staat im S der Balkanhalbinsel, 131 944 km², 10 Mio. Ew. (grch.-orth.), Hptst. *Athen.*

Griechenland

Landesnatur. Im W küstenparallele Gebirgsketten des *Pindhos-Systems* (Smolikas 2637 m), im O ein durch Quergebirge u. Bruchschollen gekammertes Land (im *Olymp* 2911 m) mit zahlr. Becken (abflußlose Seen). Die Küsten sind stark gegliedert; im Ägäischen Meer befinden sich zahlr. Inseln. – Im Inneren der meist entwaldeten Gebirge (40% der Landesfläche) herrscht mitteleurop. Klima, sonst Mittelmeerklima mit heißen Sommern u. regenreichen Wintern.
Wirtschaft. Für den Export werden angebaut: Zitrusfrüchte, Wein, Korinthen, Tabak, Baumwolle u. Oliven. An Bodenschätzen gibt es Eisenerze, Bauxit, Mangan, Marmor, Erdöl. Die Industrie besteht in erster Linie aus Textil-, Nahrungsmittel- u. Tabakfabriken (Kleinbetriebe). – Fremdenverkehr ist bedeutend. Eisenbahn- u. Straßennetz werden weiter ausgebaut. Bedeutung hat die Küstenschiffahrt u. v. a. die gut entwickelte Seeschiffahrt.
Geschichte. Altertum: G. ist seit der Altsteinzeit besiedelt. Eine einheitl. ägäische, nichtindogerman. Bevölkerung (*ägäische Kultur*) wurde um 1900 v. Chr. durch von N einwandernde indogerman. Stämme (*Achäer, Ionier*) unterworfen. Diese wurden die Träger der *mykenischen Kultur.* Gegen Ende des 2. Jt. v. Chr. ging diese Kultur durch die Verschiebungen der *Ägäischen Wanderung* in langen Kämpfen zugrunde. Kenntnis von dieser Epoche geben in erster Linie die im 8. Jh. v. Chr. entstandenen Epen Homers. – Die Zeit von etwa 1000 bis 550 v. Chr. war die der großen Kolonisation. Gleichzeitig übernahm in G. fast überall der Adel anstelle des Königtums die Macht. Im 6. Jh. v. Chr. lösten demokrat. Staatsformen die Adelsherrschaft ab. Dabei kam es in den großen Städten im späten 7. u. im 6. Jh. v. Chr. zur Ausbildung der *Tyrannis.*
Die führenden Stadtstaaten (*Polis*) in Mittel-G. waren Athen u. Korinth. Auf den Peloponnes wurde Sparta (militärisch-aristokrat.) Staatsform) der mächtigste Staat u. im 6. Jh. v. Chr. als Hptst. des *Peloponnesischen Bundes* auch Vormacht G. In den Perserkriegen 490–79 v. Chr. wurde das Vordringen der pers. Weltmacht nach Europa verhindert. Athen als Führungsmacht schloß mit den grch. Städten im *Attischen Seebund* 478/77 v. Chr. zusammen. Das *Perikleische Zeitalter* brachte Athen eine hohe Kulturblüte. Im *Peloponnesischen Krieg* (431–404) verlor Athen seine Vormachtstellung an Sparta. 395–86 v. Chr. kam es zum *Korinthischen Krieg,* den Theben, Korinth, Athen u. Argos mit pers. Hilfe gegen Sparta führten. Der Thebaner *Epaminondas* machte der spartan. Vormachtstellung 371 v. Chr. (Schlacht bei Leuktra) ein Ende; aber auch die theban. Hegemonie endete mit seinem Tod 362 v. Chr. Der Streit zw. Theben u. Phokis machte *Philipp II.* von Makedonien nach der Schlacht von *Chaironeia* 338 v. Chr. zum Herrn über G. Sein Sohn *Alexander d. Gr.* eroberte das Persische Reich u. gründete ein Weltreich auf dem Balkan, Nil u. Indus ein Weltreich, geprägt von der grch. Kultur (*Hellenismus*). Kriege der hellenist. Reiche untereinander führten schließl. zum Eingreifen der Rö-

mer: 148 v. Chr. wurde Makedonien röm. Prov. Durch *Augustus* wurde G. zur röm. Prov. *Achaia*.
Mittelalter: Bei der Teilung des Römischen Reichs 395 n. Chr. kam G. an das Oströmische Reich. Nach der Errichtung des *Lateinischen Kaiserreichs* 1204 gründeten Franzosen u. Venezianer kurzlebige Herrschaften. Nach der Eroberung durch die Türken (ab 1356) wurde G. Bestandteil des Osmanischen Reichs.
Neuzeit: 1821 brach der Aufstand gegen die Herrschaft der Osmanen gleichzeitig in der Moldau u. auf dem Peloponnes aus. 1832 gewann G. seine Souveränität als Kgr. *(Friede von Adrianopel, Londoner Protokolle)*. In den *Balkankriegen*

1912/13 erhielt G. bed. Gebietszuwachs. Das Land trat in den 1. Weltkrieg auf seiten der Entente ein u. mußte im *Frieden von Lausanne* (1923) Gebietsverluste hinnehmen. 1924 wurde G. Republik (bis 1935). 1936 übernahm General J. *Metaxas* (bis 1941) die Regierung. Im 2. Weltkrieg (Oktober 1940) griff Italien G. an; erst als dt. Truppen in G. einmarschierten, gab G. seinen Widerstand auf. Der nach dem Rückzug der dt. Truppen (Oktober 1944) sich entwickelnde Bürgerkrieg der Widerstandsgruppen (Nationalisten, Kommunisten, »Volksbefreiungsarmee«) endete 1949 mit dem Sieg der Regierungstruppen. 1952 wurde G. Mitgl. der NATO. 1964 folgte Konstantin II. seinem Va-

ter Paul I. auf den Thron. Nach einem Militärputsch regierte ab 1964 Oberst G. *Papadopoulos* diktator. u. schaffte 1973 die Monarchie ab, ehe er im gleichen Jahr gestürzt wurde. In der Folge einer Krise um Zypern gab die Militärreg. 1974 die Macht in zivile Hände zurück. G. wurde demokrat. Rep. Seit 1981 ist G. Mitgl. der EU. Staats-Präs. ist seit 1990 K. *Karamanlis*, Min.-Präs. seit 1993 A. *Papandreou*.

griechische Dichtung, beginnt mit Götter- u. Heldensagen u. findet ihren 1. Höhepunkt in den

GRIECHENLAND Geschichte und Kultur

Olympia: Rekonstruktion des Ostgiebels des Zeustempels (um 460 v. Chr.) in der Anordnung von Marie-Louise Säflund (A Alpheios, L Seher, C Myrtilos, D Gespann des Oinomaos, B Diener, F Sterope, Frau des Oinomaos, J Oinomaos, H Zeus, G Pelops, K Hippodameia, O Dienerin der Hippodameia, M Gespann des Pelops, N Seher, E Diener, P Seher oder Diener). Dargestellt ist die Vorbereitung zur Wettfahrt zwischen Pelops und Oinomaos, dem mythischen Ursprung des olympischen Wagenrennens. Oinomaos, König von Pisa in Elis, wollte seine Tochter Hippodameia nur dem zur Frau geben, der ihn im Wagenrennen besiegte. Die Unterlegenen tötete er. Da er über unbesiegbare göttliche Rosse verfügte, waren schon 13 Freier ums Leben gekommen, als Pelops erschien. Hippodameia bestach Myrtilos, den Wagenlenker ihres Vaters, wächserne Achsstifte einzusetzen, so daß der Rennwagen des Königs in voller Fahrt auseinanderbrach und Oinomaos zu Tode geschleift wurde. So gewann Pelops Hippodameia und die Herrschaft über Pisa, auf dessen Gebiet Olympia lag

»Die Schule von Athen« (im Torbogen: Platon und Aristoteles); Fresko von Raffael; 1509–1511. Vatikan, Stanza della Segnatura (links). – Musikanten mit Harfe, Kithara und Lyra; Detail von einem rotfigurigen Krater, 5. Jahrhundert v. Chr. München, Staatliche Antikensammlung (rechts)

Ruinen des Heratempels (Heraion) in Olympia   Kykladeninsel Santorin im Ägäischen Meer

griechische Kunst

homer. Epen (Ilias, Odyssee). Das Epos wurde von *Hesiod* in bürgerl.-frommem Stil weiterentwickelt, die aus Ionien stammende Lyrik fand im dorischen Chorlied intensive Pflege. Aus seiner Verbindung mit der ionischen Jambendichtung erwuchs in Athen im 6. Jh. die Tragödie, von Aschylos, Sophokles u. Euripides zur höchsten Blüte geführt, u. die von Aristophanes zur Meisterform gesteigerte Komödie. Gleichzeitig erreichte die von Herodot begründet, von Thukydides u. Xenophon fortgeführte Geschichtsschreibung u. die von Platon u. Aristoteles geförderte Philosophie einen Höhepunkt, ebenso wie die Redekunst (Lysias, Isokrates, Demosthenes). In der hellenistischen Zeit artet die Überbetonung der Form weitgehend in Schwulst aus (Menandros, Kallimachos, Theokritos). Die hellenist. Zeit mündet in die attizistische ein (1. Jh. v. Chr.), die, ohne eigene schöpferische Kräfte zu entfalten, die Nachahmung der Klassiker betrieb (bed. Leistungen in der Satire: Lukian; Geschichtsschreibung, Geographie: Ptolemaios). Am wichtigsten wurde diese Epoche durch populärwiss. Schriften (Plutarch) u. Sammlungen, die die römische Literatur nachhaltig beeinflußten.

griechische Kunst. Abgesehen von der neugrch. Kunst, werden zur g. K. gehörig jene Werke bezeichnet, die im 1. Jt. v. Chr. u. in den ersten drei Jahrhunderten n. Chr. entstanden.

Form- u. wesensbestimmend war für die g. K. der Götterglaube; Kunst war sichtbarer Teil der Religion u. trat erst im Hellenismus in den Dienst der z. T. gottähnl. verehrten Herrscher.

Die *protogeometr. u. geometr. Kunst* erhielt ihre Bez. nach der Art der Schmuckmuster der Vasenmalerei im 11. bis 8. Jh. v. Chr. Die Keramik war der wichtigste künstler. Ausdrucksträger dieser Zeit. Mit abstrakten Zierformen (Schachbrett- u. Mäandermuster) wurden die Gefäßkörper teppichartig überzogen. Figürl. Darstellungen fanden erst im 8. Jh. v. Chr. Eingang.

In der *archaischen Kunst* wurden Statue, Relief u. Tempel ausgebildet u. die Grundlagen zur späteren Klassik geschaffen. Mit dem Beginn der Großplastik ging der monumentale Tempelbau einher (Samos, Olympia, Athen, Selinunt), der im O dem *ionischen*, im Mutterland u. im W vorwiegend dem *dorischen* Stil verpflichtet war. Leitformen der Archaik waren der *Kuros* als nackte schreitende Jünglingsstatue u. die *Kore* als reich gekleidete Mädchenfigur.

In der Klassik (480 – 325) erhalten die Götterbilder ihre Form (Poseidon vom Kap Artemision, Bronzeoriginal; Athene des *Myron*, Apollon vom Westgiebel in Olympia. Den Höhepunkt der Frühklassik, aus der eine Reihe von Meistern bekannt ist, darunter *Polygnot* u. *Kritios*, markieren die Skulpturen des Zeustempels von Olympia. *Phidias* war der Hauptmeister des Parthenon zu Athen, berühmt als der große Götterbildner (Athene, Zeus, Apollon) seiner Zeit, in der auch das Menschenbild in funktionellem Verständnis durch den Argiver *Polyklet* u. die Athletenstatuen des *Myron* für die gesamte Antike vorbildhaft gestaltet wurde. Im Tempelbau wurde die völlige Harmonisierung der Proportionen erreicht (Parthenon 448 – 432; Poseidontempel von Paestum, um 450 v. Chr.); daneben entstanden neue Architekturformen (*korinth. Stil*). Während des *Hellenismus* (330 – 350 v. Chr. vermischte die Baukunst (Stadtanlage von Alexandria, Pergamonaltar) bisher strenger geschiedene Stilelemente zugunsten eines größeren Formenreichtums. Zu reicher Entfaltung gelangte die Profanarchitektur (Theater, Bäder, Markthallen u. a.). In der Bildnerei trat neben die Figur in lebhafter Handlung das künstler. Porträt (Skulpturen der Nike von Samothrake u. der Aphrodite von Melos; Laokoon-Gruppe). Seit dem 1. Jh. v. Chr. siedelten grch.

HAP Grieshaber: Schwarzer Odysseus; Farbholzschnitt

Künstler nach Rom über u. schufen dort einen eklekt. Historizismus, der den Verfall der g. K. anzeigt.

Griechische Landschildkröte, *Testudo hermanni*, bis 30 cm lange, auffällig gelb u. schwarz gezeichnete Landschildkröte S-Italiens u. des Balkan.

griechische Musik. Die altgrch. Musik kannte nur Einstimmigkeit. Sie ist uns lediglich in wenigen Bruchstücken überliefert. Ihr Tonsystem beruhte urspr. auf der Pentatonik. Wichtig wurde sie für die abendländ. Musik durch ihre Musiktheorie (Platon) u. physikal. Grundlegung (Pythagoras). So wurde sie auch die Keimzelle für die Kirchentonarten des MA.

griechische Philosophie. Sie beeinflußte das gesamte abendländ. Denken entscheidend u. wirkt noch bis in unsere Zeit hinein fort. Die alten Kulturen Ägyptens u. Mesopotamiens vermittelten reiches Material an mathemat. u. astronom. Beobachtungen. Die Leistung der Griechen jedoch ist die theoret. Verarbeitung dieses Materials, wodurch sie zu den Begr. wissenschaftl. Denkens wurden.

Die *vorsokratische Philosophie* wandte sich zunächst den Problemen des Werdens u. Vergehens zu u. suchte sie durch Annahme eines oder mehrerer Elementarstoffe zu erklären (*Thales, Anaximander, Anaxagoras, Empedokles*). Bald entdeckte sie in der Veränderung das bleibende Gesetz (*Heraklit, Pythagoras*) oder stellte dem Schein der Wahrnehmungswelt das im Denken erfaßte Sein gegenüber (*Xenophanes, Parmenides, Zenon*). Die *Sophistik* des 5. Jh. mit ihrer radikalen Infragestellung der Möglichkeit rationalen Erkennens brachte eine Wende der Erkenntniskritik, Ethik, Staats - u. Religionsphilosophie.

In Auseinandersetzung mit der Sophistik begr. *Sokrates* die Ethik neu. Außer ihm waren *Platon* u. *Aristoteles* die Hauptvertreter der g. P. Die von ihnen in Athen gegr. Schulen (*Akademie, Peripatos*) bestanden bis zum Ende der Antike. Neben sie traten am Ende des 4. Jh. die hellenist. Schulen der *Stoa* u. *Epikurs*. Die Philosophie verlor ihr auf das Ganze des Seins gerichtete theoret. Interesse u. wurde praktische Lebenslehre. Wo die Stoa einen Pflichtbegriff ausbildete, der staatsbürgerl. Verantwortung u. Wissen um die Gemeinschaft aller Menschen einschließt, verkündete Epikur eine Ethik als bescheidenen Lebensgenusses.

Während sich das Christentum von Anfang an mit der g. P. auseinanderzusetzen hatte u. dabei seine systemat. Theologie entwickelte, erstand der g. P. im *Neuplatonismus* nochmals eine umfassende Weltdeutung, die sich im grch. Osten zum Zentrum des Widerstands gegen das Christentum entwickelte (*Iamblichos*), während sie zugleich das christl. Denken befruchtete (*Augustinus*). Die Schließung der Akademie (529 n. Chr.) bedeutete das Ende der g. P. Sie wirkte jedoch sowohl im Christentum als auch im jüd. u. islam. Denken weiter.

griechische Religion, Religion der Griechen der Antike; durch die Dichtungen Homers u. Hesiods bezeugt u. geprägt. An der Spitze der Götter stehen die auf dem Olymp wohnenden zwölf Götter mit dem Hauptgott Zeus. Die homer. Götter sind wesensmäßig den Menschen nachgezeichnet, erweisen sich aber als die Stärkeren u. sind unsterblich. Über den Göttern steht das Schicksal (*Moira*). Nach seinem Tod erwartet den Menschen ein Da-

Götter der Griechen und Römer

Griechische Namen	Römische Namen	Bedeutung
Aphrodite	Venus	Göttin der Liebe; Gemahlin des Hephaistos
Apollon	Apollo	Gott der Jugend, der Musik, der Weissagung, des Bogenschießens, der Heilkunst; Sohn des Zeus
Ares	Mars	Gott des Krieges; Sohn des Zeus und der Hera
Artemis	Diana	jungfräuliche Göttin der Jagd und der Geburt; Tochter des Zeus, Schwester des Apollon
Asklepios	Aesculapius	Gott der Heilkunst; Sohn des Apollon
Ate		Unheilsgöttin
Athene	Minerva	Göttin der Weisheit, der Künste, des Handwerks, Kriegs- und Friedensgöttin; Tochter des Zeus
Demeter	Ceres	Göttin der Erdfruchtbarkeit; Tochter des Kronos und der Rhea
Dionysos (Bakchos)	Bacchus	Gott der Vegetation, des Weines und des Rausches
Eos	Aurora	Göttin der Morgenröte
Erinnyen	Furiae	Rachegöttinnen
Eris		Göttin der Zwietracht
Eros	Amor, Cupido	Gott der Liebe
Gaia	Tellus	Göttin der Erde; Mutter und Gemahlin des Uranos
Hades	Pluto	Gott der Unterwelt
Hebe	Juventas	Göttin der Jugend, Mundschenk der Götter; Tochter des Zeus und der Hera
Helios	Sol	Sonnengott
Hephaistos	Vulcanus	Gott des Feuers und der Schmiedearbeit; Sohn des Zeus und der Hera
Hera	Juno	Göttin der Ehe und der Geburt; Gattin (und Schwester) des Zeus
Hermes	Mercurius	Götterbote, Führer der Toten in die Unterwelt, Gott der Herden, Gott der Reisenden und der Diebe; Sohn des Zeus
Hestia	Vesta	Göttin des Herdes und des Herdfeuers; Tochter des Kronos und der Rhea
Horen		Göttinnen der Jahreszeiten; bei Hesiod: Eunomia, Dike, Eirene
Hypnos	Somnus	Gott des Schlafes
Kronos	Saturn	Herrscher der Titanen, Sohn des Uranos und der Gaia; folgte seinem Vater in der Weltherrschaft
Moiren: Klotho, Lachesis, Atropos	Parzen	Schicksalsgöttinnen
Musen		Schutzgöttinnen der Künste; Töchter des Zeus und der Mnemosyne
Nemesis		Göttin der Vergeltung für Übeltaten oder unverdientes Glück
Nike	Victoria	Göttin des Sieges
Nyx	Nox	Göttin der Nacht
Pan	Faunus	Wald- und Weidegott
Persephone	Proserpina	Vegetationsgöttin; Tochter der Demeter, Gemahlin des Hades
Poseidon	Neptun	Gott des Meeres, der Erdbeben, der Pferde; Sohn des Kronos und der Rhea
Rhea	Ops	Göttermutter; Gemahlin des Kronos, Titanin
Selene	Luna	Mondgöttin; Schwester des Helios und der Eos
Tethys		Tochter des Uranos und der Gaia, Gemahlin des Okeanos, Titanin

sein in der Unterwelt. Zum Kult, der im Freien oder in Tempeln stattfand, gehören Bittgebete, Opfer, rituelle Reinigungsakte, ferner zahllose Feste (überregional die panhellen. Feste, die Olymp. Spiele). Wichtig war das Orakelwesen (bes. das delphische Spruchorakel des Apoll). Oriental. Einflüsse u. die Kritik der Philosophie führten in hellenist. Zeit zum Untergang der g. R.

griechische Schrift, die älteste (seit 800 v. Chr.) der noch lebenden europ. Schriftarten; semit. (phöniz.) Ursprungs; neu an ihr sind die Vokalzeichen. Die g. S. enthält 24 Buchstabenzeichen.

griechisches Feuer, eine Mischung aus Erdöl, Schwefel, Harz, Salz u. gebranntem Kalk. Mit Wasser in Berührung gebracht, entsteht ein brennendes u. explosives Gemisch: im Seekampf u. Festungskrieg des Altertums u. des MA verwendet.

griechisches Kreuz, ein Kreuz mit vier gleichlangen Armen.

griechische Sprache, im Raum des heutigen Griechenland in der Antike verbreitete indogerman. Sprache. Die ersten Zeugnisse (das *mykenische Griechisch*) stammen von 1400–1200 v. Chr. Die hpts. Dialekte der Altgriechischen waren das *Achäische*, *Äolische*, *Dorische*, *Ionische* u. *Attische*. Sie bildeten zus. seit dem 4. Jh. eine Gemeinsprache, die *Koine*, aus der das *neuere Griechisch*, die Sprache des NT, hervorging. Seit dem 18. Jh., mit der Entwicklung einer modernen Literatur, hat sich die neugriechische Sprache gebildet.

griechisch-katholische Kirche, die *Unierten Kirchen* des byzantin. Ritus, i.e.S. für die *Ukrainisch-kath. Kirche;* auch nicht exakte Bez. für orth. Kirchen.

griechisch-orthodoxe Kirche, die zu den → orthodoxen Kirchen gehörende Kirche Griechenlands.

griechisch-römisches Ringen, Disziplin beim →Ringen. Griffe sind nur oberhalb der Gürtellinie erlaubt.

Grieg, Edvard Hagerup, *1843, †1907, norw. Komponist; Spätromantiker; griff auf Elemente der Volksmusik zurück; Orchester-Suiten (»Peer Gynt«), Klavierwerke, Lieder.

Griesel, schneeähnlicher, weißer Niederschlag, aus vergraupelten Eisnadeln.

Grieshaber, Helmut Andreas Paul (HAP), *1909, †1981, dt. Graphiker; Farbholzschnitte mit stark stilisierten Figuren.

Griesheim, Stadt in Hessen, in der nördl. Oberrhein. Tiefebene, 20 000 Ew.; Obst- u. Gemüsehandel, Fahrzeugbau.

Griesinger, Wilhelm, *1817, †1868, dt. Psychiater u. Neurologe; einer der Begr. der neueren Psychiatrie.

Grieß, ein Mühlenprodukt aus geschältem Weizen, Mais oder Gerste.

Griffbrett, bei Streich- u. Zupfinstrumenten ein Brett, über das die Saiten gespannt sind u. auf dem sie mit den Fingern verkürzt u. damit in ihrer Tonhöhe bestimmt werden.

Griffel, 1. Schreibstift; aus Tonschiefer zum Schreiben auf Schiefertafeln. – **2.** *Botanik:* →Fruchtblatt.

Griffith, 1. Arthur, *1872, †1922, irischer Politiker; Führer der radikalen Sinn-Féin-Partei, 1919/20 Präs. der irischen Rebellenregierung, dann Präs. des Irischen Freistaats. – **2.** David Wark, *1880, †1948, US-amerik. Filmregisseur; mit M. *Pickford,* Ch. *Chaplin* u. D. *Fairbanks* Gründer der United Artists 1919.

Griffon [-'fõ], bis 60 cm großer, drahthaariger Vorstehhund.

Grigioni [-'dʒo:ni], ital. Name für Graubünden.

Grignard [gri'nja:r], Victor, *1871, †1935, frz. Chemiker; entdeckte die *G.-Verbindungen* (organ. Magnesiumverbindungen); Nobelpreis 1912.

Grignion de Montfort [griˈnjõdəmõˈfoːr], Louis-Marie, *1673, †1716, frz. Ordensgründer (*Montfortaner);* Heiliger (Fest: 28.4.).

Grigorescu, Nicolae Jon, *1838, †1907, rumän. Maler (Landschafts- u. Genrebilder).

Grigorowitsch, Jurij, *1.1.1927, russ. Tänzer u. Choreograph; künstler. Direktor des Moskauer Bolschoj-Balletts.

Grill, Vorrichtung zum Braten von Fleisch am drehbaren Spieß über dem offenen Feuer; heute Bestandteil moderner Elektroherde.

Grillen, Gruppe der *Heuschrecken;* hierzu Feld-G., Heimchen u. Maulwurfs-G. Die Männchen können mit Hilfe eines Schrillapparates durch Übereinanderreiben der Vorderflügel zirpen.

Jacob und Wilhelm Grimm

Grillparzer, Franz, *1791, †1872, östr. Schriftst.; seine Dramen verbinden das Erbe des span.-östr. Barocks u. des Wiener Volkstheaters mit der Klassik u. Romantik, mit Realismus u. Daseinsschwermut. W Dramen: »Die Ahnfrau«, »Sappho«, »Das Goldene Vlies«, »König Ottokars Glück u. Ende«, »Des Meeres u. der Liebe Wellen«, »Ein Bruderzwist im Hause Habsburg«.

Grimaldi, genues. Adelsgeschlecht, seit 1467 Herren von Monaco.

Grimaldi, Joseph, *1778, †1837, engl. Clown; Urbild aller Zirkusclowns.

Grimm, 1. Hans, *1875, †1959, dt. Schriftst.; schrieb u. a. den Roman »Volk ohne Raum« 1926 (der Titel wurde zum Losungswort der nat.-soz. Expansionspolitik). – **2.** Jacob, (Bruder von 3) u. 4), *1785, †1863, Germanist; 1830–37 Prof. in Göttingen, dann als Mitverfasser des Protestes der »*Göttinger Sieben*« amtsenthoben, seit 1841 in Berlin. Mit seinen auf eingehen der Quellenforschung beruhenden Werken legte er die Grundlage der Germanistik. W in Zusammenarbeit mit 4): »Kinder- u. Hausmärchen«, »Dt. Sagen«, »Dt. Wörterbuch« (16 Bde. 1854–1961). – **3.** Ludwig Emil, Bruder von 2) u. 4), *1790, †1863, dt. Maler u. Graphiker. – **4.** Wilhelm, Bruder von 2) u. 3), *1786, †1859, dt. Germanist; mit dem Bruder Jacob eng verbunden; begr. mit ihm das »Dt. Wörterbuch«.

Grimma, Krst. in Sachsen, 17 000 Ew.; ehem. Fürstenschule; Elektrotechnik u. a. Ind.

Grimme, Adolf, *1889, †1963, dt. Politiker (SPD) u. Schulreformer; 1946–48 Kultus-Min. in Nds., bis 1956 Generaldirektor des NWDR.

Grimmelshausen, Hans Jakob Christoffel von, * um 1622, †1676, dt. Schriftst.; sein Hptw. der barocke Entwicklungsroman »Der abenteuerl. Simplicissimus« ist vom span. u. frz. Schelmenroman beeinflußt u. trägt ungewöhnl. realist. u. autobiograph. Züge.

Grimmen, Krst. in Mecklenburg, 14 400 Ew.; Baustoff- u. Nahrungsmittel-Ind.

Grimsby ['grimzbi], O-engl. Hafenstadt an der Humber-Mündung, 92 000 Ew.; Fischereihafen.

Grimselpaß, die *Grimsel,* schweiz. Alpenpaß in den Berner Alpen, 2165 m; unterhalb der künstl. gestauten **Grimselsee** (2,7 km²) mit Kraftwerk.

Grind, volkstüml. Bez. für Hautausschläge mit Schuppen-, Schorf- u. Borkenbildung.

Grindel [grɛ̃'dɛl], Eugène →Éluard.

Grindelwald, schweiz. Luftkurort u. Wintersportplatz, am N-Rand der Berner Alpen, 1034 m ü. M., 3300 Ew.

Grindwal, *Globicephala,* Gatt. der Delphine, darunter der *Schwarzwal,* 3,6–8,5 m langer Wal; in seichten Gewässern häufig Massenstrandungen.

Gringo, herabsetzende Bez. für Nichtromanen in Südamerika.

Grinzing, Stadtteil von Wien, altes Weinbauerndorf.

Gripenberg ['gri:pənbærj], Bertel, *1878, †1947, finn. Schriftst. (Lyrik in schwed. Sprache).

Grippe, *Influenza,* akute Viruskrankheit, die sich im Frühjahr u. Herbst epidemieartig verbreitet; durch Tröpfcheninfektion (Anhusten u. Anniesen) übertragen, verbunden mit Fieber, Erkältungserscheinungen, Katarrhen der oberen Luftwege, Glieder- u. Kreuzschmerzen.

Gripsholm, schwed. Schloß im Mälaren, 1537 von Gustav Wasa erbaut.

Gris, Juan, eigtl. José Victoriano *González,* *1887, †1927, span. Maler; einer der Hauptvertreter des synthet. Kubismus (Stilleben).

Grisaille [-'zaj], monochrome, in feinen Tonabstufungen meist grau in grau ausgeführte Malerei.

Grischun, rätoroman. Name für Graubünden.

Griseldis, Typ der durch ihren herrischen Gatten unschuldig leidenden, dennoch unwandelbar treuen Frau; zuerst bei G. *Boccaccio*.

Grisette [gri'zɛt], junge Putzmacherin; leichtlebiges Mädchen.

Grisham ['grɪʃm], John, *1955, US-amerik. Schriftst.; schreibt Justiz-Thriller: »Die Jury«; »Die Firma«; »Die Akte«.

Gris-Nez [gri'ne], »graue Nase«, N-frz. Kap an der engsten Stelle (34 km breit) des Kanals.

Grivas, Georgios, *1898, †1974, zypr. Politiker u. Offizier; 1955–59 Führer der zypr. Untergrundbewegung EOKA gegen die brit. Kolonialherrschaft, später gegen Erzbischof Makarios; erstrebte den Anschluß Zyperns an Griechenland (*Enosis*).

Grizzlybär, *Grislybär* ['grisli-], Unterart des *Braunbären* in N-Amerika.

grober Unfug, bis 1975 strafbare Übertretung, heute als Belästigung oder Gefährdung der Allgemeinheit mit Geldbuße bedroht.

Grobian, grober, unflätiger Mensch.

Grock, eigtl. Adrian *Wettach,* *1880, †1959, schweiz. Musikclown.

Grödner Tal, Seitental des Eisack in Südtirol, Hauptort *Sankt Ulrich;* Holzschnitzerei, Fremdenverkehr.

Grodno, Hptst. der Oblast G. im W Weißrußlands, 263 000 Ew.; Nahrungsmittel- u. Textil-Ind.

Groer, Hans, *13.10.1919, östr. kath. Theologe; seit 1986 Erzbischof von Wien, 1988 Kardinal.

Grog, Heißgetränk aus Rum, Wasser u. Zucker.

Grohmann, Will, *1887, †1968, dt. Kunsthistoriker u. -kritiker; Förderer der modernen Kunst; Werkmonographien u. Künstlerbiographien.

Grömitz, Ostseebad in Schl.-Ho., an der Lübecker Bucht, 7000 Ew.

Gromyko, Andrej Andrejewitsch, *1909, †1989, sowj. Politiker; 1957–85 Außen-Min., 1973–88 Mitgl. des Politbüros der KPdSU, 1985–88 Vors. des Präsidiums des Obersten Sowjets (Staatsoberhaupt).

Gronau, G. *(Westf.),* Stadt in NRW, 39 000 Ew.; Textil- u. Elektronik-Ind.

Gronchi ['groŋki], Giovanni, *1887, †1978, ital. Politiker; 1955–62 Staats-Präs.; Mitgl. der *Democrazia Cristiana*.

Grönemeyer, Herbert Arthur, *12. 4. 1956, dt. Rocksänger, Liedertexter u. Schauspieler („Das Boot").

Groningen ['xro:niŋə], ndl. Prov.-Hptst., 168 000 Ew.; Mittelpunkt eines dichten Kanalnetzes; Handelszentrum; Univ. (1614); mittelalterl.

Grindelwald mit Wetterhorn

334 Grönland

Altstadt; Zucker-, Tabak-, chem. Ind., Erdgasvorkommen.

Grönland, die größte Insel der Erde, in der Arktis, dem amerik. Kontinentalblock zugehörig, 2 175 600 km², 60 000 Ew., Hauptort *Godthåb*.
Landesnatur. Ein an den Rändern bis über 3000 m aufgewölbtes Massiv *(Gunnbjörnfjeld* 3700 m), im Innern von Inlandeis (1 834 000 km², bis 3000 m mächtig) bedeckt. Die Küste ist durch tief eingeschnittene Fjorde stark gegliedert. Im W befindet sich ein 150–300 km breiter, eisfreier Küstensaum, Hauptsiedlungsraum der *Grönländer* (Eskimomischlinge).
Wirtschaft. Abbau von Zink- u. Bleierzen, Eisenerzlager im Godthåbsfjord, Uranerze im S; Schafzucht, Fischfang.
Geschichte. 986 veranlaßte der Norweger *Erich der Rote* von Island aus die Besiedlung. Seit 1721 besiedelten u. christianisierten die Dänen das Land. 1953 erhielt G. Teilautonomie u. 1979 Selbstverwaltung mit eigenem Parlament. 1984 vollzog G. den Austritt aus der EU. – Dänemark bleibt für Außen- u. Sicherheitspolitik zuständig.

Grönlandwal, bis 20 m langer *Glattwal;* fast ausgerottet.

Gropius, Walter, *1883, †1969, dt. Architekt; gründete 1919 in Weimar das *Staatl. Bauhaus* u. war dessen erster Direktor; Emigration nach England u. in die USA; Bauten u. a. in Berlin, Boston, Chicago, brach mit allen historisierenden Stilen u. wurde beispielgebend für die Ausbildung der Glas-Beton-Bauweise.

Groppen, Bodenfische aus der Ordnung der *Panzerwangen;* ohne Schuppen, mit starken Stacheln besetzter großer Kopf.

Gros, 1. [gro:; das], die Hauptmasse. – **2.** [grɔs; das], histor. Zählmaß: 12 Dutzend (= 144 Stück).

Groschen, 1. fr. dt. Silbermünze, heute in der Umgangssprache das 10-Pfennig-Stück. – **2.** östr. Münzeinheit: 100 G. = 1 *Schilling.*

Groschenhefte, billige Schriften oder Bilderhefte für den schnellen Konsum, meist Trivialliteratur.

Grosnyj ['grɔznij], Hptst. von Tschetschenien (Rußland), am Nordrand des Kaukasus, fr. 404 000 Ew.; infolge des Tschetschenien-Kriegs stark zerstört; Erdölförderung, Nahrungsmittel-Ind.

Groß, 1. Hans, *1847, †1915, östr. Kriminalist; Begr. der modernen Kriminalistik. – **2.** Michael, *17.6.1964, dt. Schwimmer; Olympiasieger 1984 u. 1988; Weltmeister 1982, 1986 u. 1991; erzielte mehrere Weltrekorde.

Großadmiral, ehem. militär. Rang bei der dt. Kriegsmarine, entsprach dem *Generalfeldmarschall.*

Großbritannien und Nordirland, amtl. *Vereinigtes Königreich von G. u. N.,* Staat in W-Europa, 244 046 km², 57,2 Mio. Ew., Hptst. *London.* – G. u.

Michael Groß

(Steinkohle; Erdöl- u. Erdgasförderung aus der Nordsee) u. die Schwerind. (bes. Schiff-, Fahrzeug-, Flugzeug- u. Maschinenbau, Hüttenwerke, Rüstungsind.). Bed. ist die Textilind. in Mittelengland u. Schottland. G. u. N. zählt zu den größten Fischereistaaten der Erde. In der Landw. überwiegt die Viehzucht (Schafe, Rinder, Schweine, Pferde).

Großbritannien und Nordirland

N. besteht aus der Hauptinsel mit *England, Wales* u. *Schottland,* aus den *Hebriden, Orkney-* u. *Shetlandinseln* u. aus dem Nordteil von *Irland.*
Landesnatur. Die Küsten sind bes. im W stark gegliedert u. meist steil, mit tiefeingeschnittenen Buchten. In Cornwall u. Devon, in Wales, Mittelengland u. Schottland überwiegen Mittelgebirge, die im *Ben Nevis* der schott. Grampian Mountains gipfeln (1343 m). Östl. der Linie Severn-Tyne-Mündung liegt ein fruchtbares Stufenland, unterbrochen vom Londoner Becken u. den Kreidehügeln in Südengland. – Das Klima ist ozean. mit milden Wintern u. kühlen Sommern. Häufig treten dichte Nebel auf, bes. in einem Streifen zw. London u. Leeds.
Bevölkerung. Aus mediterraner u. alpiner Urbevölkerung, aus zugewanderten *Kelten, Angeln, Sachsen* u. *Normannen* bildete sich ein Volkscharakter bes. Eigenart. Die Religion ist vorw. prot. *(Anglikan. Kirche),* in Nordirland zu 35% kath.; rd. 80% leben in Städten.
Wirtschaft. An erster Stelle stehen Bergbau

Haupthandelspartner sind die EU-Länder, die USA, Schweden u. Kanada. – G. u. N. hat das dichteste Straßennetz der Welt (348 300 km) u. ein dichtes Eisenbahnnetz (16 800 km Streckenlänge). Wichtige internationale Flughäfen sind London u. Glasgow.
Geschichte. *Vor- und Frühgeschichte:* Die brit. Inseln wurden in mehreren Wellen vom Festland aus besiedelt. Etwa seit der Mitte des 1. Jt. v. Chr. dominierten kelt. Stämme. Seit 43 n. Chr. eroberten die Römer das Gebiet des heutigen England, das 85 n. Chr. röm. Prov. wurde. Ständige Kämpfe zw. Aufständischen u. Römern leiteten im 5. Jh. den Rückzug der röm. Truppen ein.
Mittelalter: Nach dem Abzug der Römer eroberten die germ. *Angeln* u. *Sachsen* den Hauptteil Großbrit. Harald II. unterlag als letzter angelsächs. König 1066 in der Schlacht bei Hastings *Wilhelm dem Eroberer,* Herzog der Normandie. Die normann. Herrschaft organisierte sich als Lehnshierarchie, die in einem Grundkataster, dem *Domesday Book* (1086), festgehalten wurde. *Heinrich II. Plantagenet (Anjou-Plantagenet)* zwang Wales, Schottland u. Irland, seine Oberlehnshoheit anzuerkennen u. setzte seine Ansprüche auf sein

GROSSBRITANNIEN UND NORDIRLAND

Cromwell löst das »Lange Parlament« auf; zeitgenössischer niederländischer Stich

In der Schlacht von Trafalgar behauptete die englische Flotte unter Nelson die Seeherrschaft der Briten; Gemälde von J. M. W. Turner. London, Tate Gallery

Erbe in Frankreich durch. Unter seinen Söhnen *Richard I. Löwenherz* u. *Johann ohne Land* ging der Festlandbesitz an den frz. König Philipp II. August verloren. Diese Schwächung benutzte der Adel, dem König 1215 die *Magna Charta* aufzuzwingen (ständ. Rechte). Im 13. Jh. entwickelte sich das engl. Parlament. *Eduard III.* erhob 1328 Ansprüche auf den frz. Thron. Dies führte zum *Hundertjährigen Krieg* (mit Unterbrechungen 1338–1453) gegen Frankreich. Die zunehmende Schwäche des Königtums begünstigte den Ausbruch der *Rosenkriege* (1455–85) zw. dem Haus Lancaster (Wappen: rote Rose) u. dem Haus York (Wappen: weiße Rose). Sie führten 1485 zur Thronbesteigung Heinrichs VII. aus dem Hause *Tudor*.

Neuzeit: Heinrich VIII. geriet wegen seiner Ehescheidung in Ggs. zum Papst, trennte sich von Rom u. machte sich zum Haupt der engl. Staatskirche. *Elisabeth I.* machte England zur prot. Vormacht. Die Auseinandersetzung mit Spanien endete 1588 mit dem Untergang der span. Armada. Als Elisabeth I. starb, wurde Schottland unter *Jakob I.* aus dem Hause *Stuart* in Personalunion mit England vereinigt. Im Bürgerkrieg 1642–49 siegten die Puritaner unter Oliver *Cromwell*. England nahm die republikan. Staatsform an. Cromwell warf die aufständ. Schotten nieder u. eroberte Irland. 1660 stellte Karl II. das Königtum wieder her. Durch die »Glorreiche Revolution« (1688) wurde Wilhelm III. von Oranien König. Dabei wurde die Macht des Königs 1689 durch die *Bill of Rights* begrenzt. Im *Span. Erbfolgekrieg* gelang eine Schwächung Frankreichs. Unter Königin *Anna* (Stuart) wurden England u. Schottland 1707 zu G r o ß b r i t a n n i e n vereinigt. – Die Dynastie H a n n o v e r begann mit *Georg I.* (1714–27). *Georg II.* (1727–60) konnte den See- u. Kolonialwettstreit mit Frankreich zu seinen Gunsten entscheiden (Gewinn Kanadas u. Vorderindiens). *Georg III.* (1760–1820), mit schuld am Verlust der nordamerik. Kolonien, stärkte die Macht des Parlaments weiter. Frankreich u. der Machtanspruch der Frz. Revolution wurden in den Koalitions- u. Befreiungskriegen niedergerungen. Nunmehr stieg Großbritannien ungehindert zur vorherrschenden Welt-, See- u. K o l o n i a l m a c h t empor. Mit der Thronbesteigung der Königin *Viktoria* (1837) begann das »goldene Zeitalter« für G. (Viktorian. Ära). Die Konservativen, von 1885–1905 mit kurzen Unterbrechungen an der Reg., verfolgten einen *Imperia-*

Großbritannien und Nordirland

Premierminister des 20. Jahrhunderts

(Kons. = Konservative Partei;
Lab. = Labour Party;
Lib. = Liberale Partei)

Arthur James Balfour (Kons.)	1902–1905
Sir Henry Campbell-Bannermann (Lib.)	1905–1908
Herbert Henry Asquith (Lib.)	1908–1916
David Lloyd George (Lib.)	1916–1922
Andrew Bonar Law (Kons.)	1922–1923
Stanley Baldwin (Kons.)	1923–1924
James Ramsay MacDonald (Lab.)	1924
Baldwin (erneut)	1924–1929
MacDonald (erneut)	1929–1935
Baldwin (erneut)	1935–1937
Arthur Neville Chamberlain (Kons.)	1937–1940
Winston Churchill (Kons.)	1940–1945
Clement Attlee (Lab.)	1945–1951
Churchill (erneut)	1951–1955
Sir Anthony Eden (Kons.)	1955–1957
Harold Macmillan (Kons.)	1957–1963
Sir Alec Douglas-Home (Kons.)	1963–1964
Harold Wilson (Lab.)	1964–1970
Edward Heath (Kons.)	1970–1974
Wilson (erneut)	1974–1976
James Callaghan (Lab.)	1976–1979
Margaret Thatcher (Kons.)	1979–1990
John Major (Kons.)	1990–

lismus, der zu wachsenden Spannungen mit den Kontinentalmächten führte. *Eduard VII.* legte die Gegensätze mit Frankreich bei u. schloß 1904 ein Bündnis, die *Entente cordiale.* Der dt. Angriff auf Frankreich war für die Engländer der Anlaß zum Eintritt in den 1. Weltkrieg. Das Ende des Krieges brachte den Gewinn dt. Kolonien u. vorderasiat. Gebiete der Türkei. Das Empire begann sich zu lockern; an seine Stelle trat das B r i t. C o m m o n w e a l t h. – Auf die Machtansprüche Hitlers reagierte die engl. Politik unter N. *Chamberlain* zuerst zurückweichend *(Appeasement-Politik).* Als die dt. Truppen 1939 in Polen einmarschierten, erklärte G. den Krieg an Dtld., der unter der Führung W. *Churchills* siegreich beendet wurde. Nach dem Ende des 2. Weltkriegs wurde der Neuaufbau des Landes der Labour Party übertragen, deren Führer C. *Attlee* 1945 Prem.-Min. wurde. In den Nachkriegsjahren gingen Birma, Palästina u. endgültig Irland (Freistaat) verloren. Das Gefüge des *Commonwealth* lockerte sich beträchtl. Indien, Pakistan u. Ceylon wurden unabh. 1952 folgte Königin *Elisabeth II.* ihrem Vater Georg VI. 1951 kamen die Konservativen an die Reg. (bis 1955 W. *Churchill,* bis 1957 A. *Eden,* bis 1963 H. *Macmillan,* bis 1964 A. *Douglas-Home*). Seit 1964 stellte die Labour Party die Reg. unter H. *Wilson* als Prem.-Min., die 1970 von den Konservativen unter E. *Heath* abgelöst wurde. 1973 vollzog das Land den Beitritt zur EU. 1974 übernahm die Labour Party unter Wilson die Reg.-Geschäfte; 1976 wurde J. *Callaghan* Prem.-Min., der 1979 von der Konservativen M. *Thatcher* abgelöst wurde. Sie betrieb eine strikt monetäre Wirtsch.-Politik u. war 1982 in der krieger. Auseinandersetzung mit Argentinien um die Falklandinseln erfolgreich. In den Unterhauswahlen von 1983 u. 1987 konnten die Konservativen unter M. Thatcher ihre absolute Mehrheit der Mandate behaupten. Nachdem sie das Vertrauen ihrer Partei verloren hatte, trat M. Thatcher 1990 zurück. Neuer Premier-Min. wurde J. *Major.* Im →Golfkrieg (2) stellte Großbrit. nach den USA die größte westl. Militärstreitmacht. – Seit 1969 wird das innenpolit. Klima durch die bürgerkriegsähnl. Zustände in Nordirland belastet.

Staat u. Gesellschaft. G. u. N. besitzt keine einheitl. geschriebene Verf. (Verf.-Urkunde), aber mehrere maßgebende Verf.-Gesetze: u. a. *Magna Charta Libertatum* (1215), *Petition of Rights* (1627), *Habeas Corpus Act* (1679). Das Land ist eine parlamentar. Demokratie mit monarch. Staatsoberhaupt. Träger der Souveränität ist »*the King (Queen) in Parliament*«, d. h. miteinander verbunden Krone, Oberhaus u. Unterhaus. Die polit. Macht liegt beim Unterhaus bzw. bei der Reg.-Mehrheit im Unterhaus. Das *Unterhaus (House of Commons)* wird nach allg., gleichem, direktem u. geheimem Wahlrecht gewählt. Die Wahlperiode beträgt höchstens 5 Jahre; der *Premier-Min.* (formell: der Monarch) kann das Unterhaus jedoch vorzeitig auflösen u. Neuwahlen herbeiführen. Das

John Constable, The Grove at Hampstead. London, Tate Gallery

Das Kreuz von Ruthwell. Dumfriesshire, Südengland; vor 685 (links). – Unruhen in Nordirland; jugendliche IRA-Sympathisanten werfen Steine gegen britische Soldaten (rechts)

Oberhaus (House of Lords), die ehem. Erste Kammer des Adels u. der Geistlichkeit, setzt sich aus rd. 1200 teils erbl., teils auf Lebenszeit ernannten weltl. u. geistl. Lords zus.

Großdeutsche, seit der *Frankfurter Nationalversammlung* Bez. für die Anhänger einer Vereinigung des gesamten geschlossenen dt. Siedlungsgebiets einschl. Dt-Österreichs in einem Nationalstaat.

Großdeutsches Reich, nach dem Anschluß von Östr. (1938) Bez. für das Dt. Reich.

Grosse, Julius, *1828, †1902, dt. Schriftst.; Mitgl. des Münchner Dichterkreises; Lyrik, Versepen, Erzählungen.

Große Ebene, *Nordchin. Tiefebene,* an Unterlauf u. Mündung der Flüsse Huang He u. Chang Jiang; fruchtbar; dicht bevölkert.

Große Koalition, ein Parteienbündnis zum Zweck der gemeinsamen Bildung u. Unterstützung der Reg., dem eine zahlenmäßig schwache Opposition gegenübersteht.

Große Mauer → Chinesische Mauer.

Großenhain, Krst. in Sachsen, 19 000 Ew.; Textil- u. Landmaschinenbau.

Größenklasse, das Maß für die Helligkeit eines Sterns. Seine *scheinbare Größe* ergibt sich aus direkten Messungen (→ Photometrie). Die schwächsten, mit modernen Instrumenten gerade noch erreichbaren Sterne haben 24. Größe, bei den hellsten wurde die Einteilung über den Nullpunkt hinaus nach negativen Werten festgesetzt, z.B. Sirius −1,6, Sonne −26,7. Der Intensitätsunterschied zw. zwei aufeinanderfolgenden G.n beträgt 1 : 2,512. Ein Stern 1. Größe ist also rd. 2,5mal heller als ein Stern 2. Größe. Die *absolute Größe* erhält man, wenn man den Stern in die Einheitsentfernung von 10 Parsec (308,6 Billionen km) versetzt. Danach ist die absolute Größe der Sonne 4,6.

Größenwahn, wahnhafte Selbstüberschätzung; bes. bei Manie u. Paralyse.

Grosser [grɔ'sɛːr], Alfred, *1.2.1925, frz. Politologe u. Historiker dt. Herkunft. W »Deutschlandbilanz«, »Versuchte Beeinflussung«, »Das Dtld. im Westen«.

Großer Bär, Sternbild → Bär.

Großer Beerberg, der höchste Gipfel des Thüringer Walds, 982 m.

Großer Kanal, *Kaiserkanal,* 1700 km lange künstl. Wasserstraße in China zw. Peking u. Hangzhou.

Großer Osser, Berg im Böhmerwald, 1293 m.

Großer Ozean → Pazifischer Ozean.

Großer Rat, das Gesetzgebungsorgan der schweiz. Kt. ohne Landsgemeinden.

Großer Salzsee → Great Salt Lake.

Großer Sankt Bernhard → St. Bernhard.

Große Sandwüste, *Great Sandy Desert,* wüstenhaftes Trockengebiet im NW Australiens; mit den höchsten Hitzegraden Australiens.

Großes Barriereriff, der Küste von NO-Australien vorgelagertes Korallenriff, mit rd. 2000 km Länge, bis zu 300 km Breite u. etwa 600 Inseln das größte Korallenriff der Erde.

Große Seen, engl. *Great Lakes,* die 5 miteinander in Verbindung stehenden nordamerik. Seen zw. USA u. Kanada: *Oberer, Michigan-, Huron-, Erie- u. Ontario-See,* zus. 245 212 km² (größte Süßwasserfläche der Erde); durch den St.-Lorenz-Strom mit dem Atlantik verbunden.

Großes Walsertal, *Großwalsertal,* rechtes Nebental des Illtals in Vorarlberg (Östr.), Hauptort *Sonntag.*

Grosseto, ital. Prov.-Hpst. in der Toskana, 70 000 Ew.; Kathedrale; etrusk. Museum.

Großfamilie, ein Familienverband, der außer den Eheleuten u. ihren Kindern auch die verheirateten Kinder u. Kindeskinder einschließt u. eine wirtschaftl. u. Wohneinheit bildet.

Großfürst, in Rußland urspr. Titel des Herrschers im Kiewer Reich, seit 1797 Titel der kaiserl. Prinzen; fr. in Litauen Titel des Herrschers.

Großfußhühner, *Hühnervögel,* im austral. Gebiet; Arten: *Hammerhuhn, Talegallahuhn.*

Groß-Gerau, Krst. in Hessen, 21 000 Ew.; versch. Ind.

Großglockner, der höchste Berg in Östr., in den *Hohen Tauern,* 3798 m. Die *G.-Hochalpenstraße* verbindet Salzburg u. Kärnten.

Großgrundbesitz, Grundbesitz, dessen flächenmäßige Ausdehnung über die Größe eines normalen Bauernhofs hinausgeht; als untere Grenze des G. werden in Dtld. 100 oder 150 ha angenommen.

Großhandel, *Engroshandel,* derjenige Teil des

GROSSBRITANNIEN Könige

Maria Stuart; Zeichnung aus dem 16. Jahrhundert, vermutlich von J. Decourt (links). – Die aus dem 17. Jahrhundert stammende St.-Edwards-Krone wird noch heute bei der Krönungszeremonie benutzt (Mitte). – Viktoria I., Königin von England, mit dem Prinzgemahl Albert (rechts)

Heinrich VIII.; Gemälde von Hans Holbein d.J. Castagnola, Sammlung Thyssen-Bornemisza (links). – Am Ende ihrer Afrikareise 1979 empfängt Königin Elisabeth II. Spitzenpolitiker der Commonwealth-Länder in Lusaka (rechts)

Das Britische Weltreich 1927

Handels, der Waren zur Weiterverarbeitung (Roh- u. Hilfsstoffe, Halb- u. Fertigfabrikate) oder an den Einzelhandel weiterverkauft.
Großherzog, Titel eines Fürsten im Rang zw. König u. Herzog bzw. Kurfürst; heute nur noch in Luxemburg.
Großhirn →Gehirn.
Großinquisitor, Vorsteher der (span.) Inquisition.
Grossist, Großhändler.
Großkreis, der größte Kreis auf einer Kugelfläche; z.B. bei der Erde der Äquator u. die Längenkreise. Der Mittelpunkt eines G. liegt im Mittelpunkt der Kugel.
Großkreuz, die höchste Klasse eines Ordens.
Großmacht, ein Staat, der maßgebl. Einfluß auf die internat. Politik ausübt, im 19. Jh. die europ. »Pentarchie«: England, Frankr., Östr.-Ungarn, Rußland, Preußen. Nach dem 2. Weltkrieg gab es eigtl. nur noch zwei Großmächte (»Weltmächte«): die USA u. die Sowj. Nach dem Ende der UdSSR 1991 blieben die USA alleinige G.
Großmast, der Hauptmast eines Schiffs.
Großmeister, der Oberste des *Johanniter-* u. des *Templerordens;* bei den *Freimaurern* der Vors. einer Großloge.
Großmogul, Titel der Herrscher des mongol.-islam. Reichs in Indien (1526–1858).
Großobuchhandel, eine Form des *Zwischenbuchhandels,* die kleinere Firmen beliefert u. ihnen damit den direkten Verkehr mit den Verlagen abnimmt.
Großraum, *Büro-G.,* die Zusammenfassung mehrerer Arbeitsplätze in einem Raum. Der G. ist vollklimatisiert, so daß die Fenster ständig geschlossen bleiben. Die Arbeitsplätze werden in der Regel künstl. beleuchtet.
Großraumflugzeug, *Großraumtransporter,* ein Flugzeug mit großer Nutzlastkapazität; es kann rd. 300–500 Passagiere oder entsprechende Frachtmengen befördern.
Großraumwagen, Eisenbahnwagen, der keine Einzelabteile, sondern Großräume hat, z. T. in IC-Zügen.
Großrussen, das ostslaw. Kernvolk Rußlands (rd. 140 Mio., →Russen); entstanden aus den altslaw. Stämmen der *Slowjenen, Kriwitschen, Polotschanen* u. *Wjätitschen.*
Großstadt, eine Stadt mit mehr als 100 000 Ew. (nach neuester statist. Festlegung mindestens 200 000 Ew.). Merkmale: Citybildung, überregio-

naler Funktionsbereich u. starker Bevölkerungsaustausch mit dem Umland.
Großsteingräber →Megalithbauten.
Großunternehmen, ein nach Zahl der Beschäftigten (mindestens 5000), Höhe des Kapitals (125 Mio. DM) oder des Umsatzes (250 Mio. DM) überdurchschnittl. großes Unternehmen.
Großvenediger, vergletscherter Gipfel der westl. Hohen Tauern (Östr.), in der *Venediger-Gruppe,* 3674 m.
Großvieh, Rinder u. Pferde.
Großwardein →Oradea.
Grosz [grɔs], George, *1893, †1959, dt. Maler u. Graphiker; Mitbegr. der Berliner »Dada«-Bewegung, lebte seit 1932 in den USA; benutzt seine Kunst als sozialkrit. Kampfmittel u. geißelte bes. Militarismus u. Kapitalismus.
Grósz [gro:s], Károly, *1.8.1930, ung. Politiker (Kommunist); 1987/88 Min.-Präs., 1988/89 Generalsekretär der Ung.-Sozialist. Arbeiterpartei (USAP).
grotesk, wunderl., phantast., überspannt.
Grotesk, eine Schriftart: *Antiqua* aus gleich starken Linien.
Groteske, 1. aus der röm. Antike übernommenes Rankenornament der Renaissance u. des Barocks mit menschl., tier. u. pflanzl. Darstellungen. – **2.** eine (meist kleine) *groteske* Darstellung in Literatur, Musik u. bildender Kunst (bes. Graphik).
Grotewohl, Otto, *1894, †1964, dt. Politiker; Mitgr. u. Mit-Vors. der SED, 1949–64 Min.-Präs. der DDR.
Groth, Klaus, *1819, †1899, dt. Schriftst.; machte die ndt. Mundart wieder literaturfähig.
Grotius, Hugo, eigtl. Huig de *Groot,* *1583, †1645, ndl. Rechtsgelehrter, Theologe u. Politiker; gilt als »Vater des modernen Völkerrechts«, weil er naturrechtl. Vorstellungen mit positivem Recht zu einem System verband (elektrische Schule). Bekannt ist seine Forderung nach Handels- u. Meeresfreiheit.
Grotrian, Friedrich, *1803, †1860, dt. Klavierbauer; seit 1858 Teilhaber von Theodor *Steinweg* (Wolfenbüttel, seit 1859 Braunschweig).
Grotte, natürl. oder künstl. *Höhle* von geringer Tiefe.
Grottenolm, in Karsthöhlengewässern SO-Europas lebender *Schwanzlurch;* die Augen sind rückgebildet.
Groupie ['gru:pi], junge Bewunderin einer Beat-

gruppe oder eines Rockstars, die mit der bewunderten Person in Kontakt zu kommen versucht.
Groussard [gru'sa:r], Serge, *18.1.1921, frz. Romanschriftst. u. Journalist.
Grubber ['grʌbə], dreizinkige Hacke zum Auflockern der Erde.
Grube, 1. allg. Vertiefung, Höhlung. – **2.** →Bergbau.
Grubengas, *Sumpfgas* →Methan.
Grubenlampe, die tragbare Bergmannslampe; in der Regel eine elektr. Kopflampe, die am Schutzhelm befestigt wird.
Grubenottern, Fam. von *Giftschlangen* mit einer grubenartigen Vertiefung zw. Augen u. Nasenöffnung (als Temperatursinnesorgan); hierzu gehören *Klapperschlangen.*

Großglockner: im Hintergrund Großvenediger

Grubenwurm →Hakenwurm.
Grüber, Heinrich, * 1891, † 1975, dt. ev. Geistlicher; gründete u. leitete 1936 das »Büro Pfarrer G.«, eine staatl. geduldete Hilfsstelle für Christen jüd. Herkunft; 1940–43 im KZ; 1949–58 Bevollmächtigter des Rats der EKD bei der Reg. der DDR.
Gruber, 1. Franz Xaver, * 1787, † 1863, östr. Lehrer; komponierte das Weihnachtslied »Stille Nacht, heilige Nacht«. – **2.** Karl, * 1909, † 1995, östr. Politiker (ÖVP); 1945–53 Außen-Min., mehrfach Botschafter.
Grude, *G.koks,* durch Verschwelen von Braunkohle gewonnener Koks.
Gruft, Grabgewölbe, Familiengrabstätte.
Gruga, Abk. für *Große Ruhrländische Gartenbauausstellung,* eine ständige Ausstellung in Essen, öffentl. Gartenanlage.
Grumiaux [gry'mjo], Arthur, * 1921, † 1986, belg. Geiger u. Musikpädagoge.
Grümmer, Elisabeth, * 1911, † 1986, dt. Sängerin (Sopran).
Grummet, der zweite oder dritte Schnitt von der Wiese, im Spätsommer; nährstoffreich.
Grün, 1. Anastasius, eigtl. Anton Alexander Graf von *Auersperg,* * 1806, † 1876, östr. polit. Lyriker. – **2.** Max von der, * 25.5.1926, dt. Schriftst.; Mitgr. der »Gruppe 61« in Dortmund, die sich mit der industriellen Arbeitswelt auseinandersetzt.
Grünalgen, *Chlorophyceae,* formenreiche Algengruppe (ca. 7000 Arten), durch Chlorophyll a u. b rein grün gefärbt; die urtüml. G. sind Einzeller. Die eigtl. G. werden mit den *Armleuchteralgen* u. *Jochalgen* zu den *Chlorophyta* zusammengefaßt.
Grünberg, 1. Stadt in Hessen, nw. des Vogelsbergs, 11 500 Ew.; Luftkurort; Textil- u. a. Ind. – **2.** poln. *Zielona Góra,* Stadt in Schlesien. Hptst. der poln. Wojewodschaft Zielona Góra, 110 000 Ew.; der nördl. Weinbau Europas; Textil-, Metall-, Elektro-Ind.
Grund, *Bad G. (Harz),* Bergstadt u. Kurort in Nds., 3000 Ew.; Heilquelle; in der Nähe *Iberger Tropfsteinhöhle.*
Grundbesitz →Grundeigentum.
Grundbuch, mit öffentl. Glauben ausgestattetes Verzeichnis für alle Beurkundungen über Grundstücksrechte (z.B. Eigentum, Hypothek, Grundschuld), deren Änderung regelmäßig von ihrer Eintragung ins G. abhängt. Das G. wird vom **G.amt,** einer Abt. des Amtsgerichts, geführt.
Grunddienstbarkeit, die Belastung eines Grundstücks zugunsten des Eigentümers eines anderen Grundstücks in der Weise, daß dieser das dienende Grundstück benutzen darf (z.B. Wege- oder Weiderecht) oder daß z.B. bestimmte Bebauungs- u. Gewerbebeschränkungen auferlegt werden.
Grundeigentum, *Grundbesitz,* die rechtl. u. wirtsch. Verfügungsmacht über den Boden u. seine Nutzung. Der rechtsgeschäftl. Erwerb oder Verlust von G. erfordert neben der Einigung *(Auflassung)* der Vertragspartner die Eintragung in das *Grundbuch.*
Grundeln, in der Flachsee der gemäßigten u. warmen Zone lebende Knochenfische, 1–40 cm lang. Die Bauchflossen sind als Haftorgan ausgebildet; dazu gehören *Schwarz-G., Sand-G., Zwerg-G.*
Gründelwale, *Monodontidae,* Fam. der *Zahnwale;* hierzu u. a. der *Narwal* u. der *Beluga.*
Gründerjahre, *Gründerzeit,* die Jahre 1871–73, in denen in Dtld. infolge der nach dem Dt.-Frz. Krieg ins Land strömenden Kriegsentschädigung zahlreiche, vielfach unsolide Unternehmungen, bes. Aktiengesellschaften, gegr. wurden. Die G. endeten mit der inernat. Börsenkrise 1873.
Grunderwerbsteuer, die Steuer auf den Eigentumswechsel von Grundstücken, eine Gliedsteuer zur Umsatzsteuer; Steuersatz 2%.
Gründgens, Gustaf, * 1899, † 1963, dt. Schauspieler, Regisseur u. Theaterleiter; 1934–37 Intendant des Staatl. Schauspielhauses Berlin, 1937–45 Generalintendant der Preuß. Staatstheater, 1947–55 in Düsseldorf, dann in Hamburg (»Faust«-Inszenierung).
Grundgesetz, *GG,* die Verfassung der BR Dtld., in Kraft getreten am 23.5.1949. Obwohl zunächst nur als Provisorium bis zur Schaffung einer gesamtdt. Verfassung gedacht, hat sich das G. als Verfassung bewährt. Es kann nur unter ausdrücklicher Anpassung des Wortlauts mit Zweidrittelmehrheit von Bundestag u. Bundesrat geändert werden.
Grundherrschaft, mittelalterl. Form des Großgrundbesitzes, bei der der *Grundherr* oder sein Verwalter *(Meier)* einen kleinen Teil des Grundbesitzes selbst bewirtschaftete; der größere Teil war an abhängige Bauern *(Großholden)* zu einer eigentumsähnl. Nutzung vergeben, die dafür Abgaben (Naturalien, später Geld) u. *Frondienste* zu leisten hatten. Dem Grundherrn stand gegenüber seinen Bauern z.B. Gerichtsbarkeit zu.
Grundierung, die bei der Tempera- u. Ölmalerei als Unterlage für die Farbe auf den Bildträger aufgetragene Gips- oder Kreideschicht, die zum Glätten der Malfläche dient u. den Farben Leuchtkraft verleiht.
Grundkapital, das in Aktien zerlegte Nennkapital einer *Aktiengesellschaft;* Mindestbetrag 100 000 DM.
Grundlagenforschung, Forschung, die sich mit den systemat. u. method. Grundlagen einer Wiss. befaßt.
Grundlasten, auf einem Grundstück ruhende rechtl. öffentl. u. private Lasten.
Gründling, fälschl. *Grundel,* bis 15 cm langer *Karpfenfisch;* wohlschmeckend.
Grundlohn, der auf den einzelnen Kalendertag entfallende Teil des Arbeitsentgelts, der in der gesetzl. *Krankenversicherung* für die *Beitragsberechnung* u. die Leistungen der Kassen von Bedeutung ist.
Grundlsee, See in der nördl. Steiermark (Östr.), östl. von Bad Aussee, 4,14 km².
Grundmann, Herbert, * 1902, † 1970, dt. Historiker; 1959–70 Präs. der *Monumenta Germaniae Historica.*
Grundmoränen, unter einem *Gletscher* abgelagerte, ungeschichtete Sedimente (Gesteinsbrocken, Sand u. a.).
Gründonnerstag, der Tag vor *Karfreitag.* Die Gottesdienste des G. gedenken der Einsetzung des Abendmahls.
Grundpfandrechte, *Grundstückspfandrechte,* Sicherungsrechte an Grundstücken, z.B. Hypothek, Grundschuld u. Rentenschuld.
Grundrechenarten →Addition, →Subtraktion, →Multiplikation, →Division.
Grundrechte, die Rechte des einzelnen gegenüber der Staatsgewalt, wie sie meist durch die Verfassung verbürgt sind; häufig als allg., überpositive, naturrechtl., existentielle Rechte (→Menschenrechte) aufgefaßt. G. sind bes. Freiheitsrechte, polit. Rechte, Rechte auf Gleichheit u. soz. G. auf Leistungen des Staates (z.B. auf Arbeit, Bildung, Wohnung, Erholung u. soz. Fürsorge).
Grundrente, 1. in der Kriegsbeschädigtenfürsorge u. der Kriegshinterbliebenenfürsorge eine Rente, die ohne Rücksicht auf die Bedürftigkeit gewährt wird. – **2.** *Bodenrente,* das Einkommen aus Bodenbesitz unter Abzug der bei der Bebauung anfallenden Löhne u. des Zinses für das investierte Kapital.
Grundriß, die senkrechte Projektion eines Gegenstands auf eine waagerechte Ebene.
Grundschuld, das Recht an einem Grundstück,

Gustaf Gründgens als Mephisto in Goethes Faust

kraft dessen an den Berechtigten eine bestimmte Geldsumme aus dem Grundstück zu entrichten ist. Im Ggs. zur Hypothek ist eine Forderung nicht Voraussetzung.
Grundschule, staatl. Schule für die ersten 4 (in Westberlin 6) Schuljahre.
Grundsteuer, Steuer auf bebauten u. unbebauten Grundbesitz. Das Aufkommen der G. fließt den Gemeinden zu. Besteuerungsgrundlage ist der *Einheitswert* des land- u. forstwirtsch. Vermögens, u. der Wohnzwecken dienenden u. gewerbl. Grundstücke.
Grundstoffe, die →chem. Elemente.
Grundstoffindustrie, die Gesamtheit der rohstoffgewinnenden u. -umwandelnden Betriebe; z.B. Bergbau u. eisenschaffende Ind.
Grundstück, abgegrenzter Teil der Erdoberfläche, der im *Grundbuch* als selbst. G. eingetragen wird.
Grundstudium, erster, grundlegender Teil eines Studiums (mit anschließender Zwischenprüfung).
Grundton, *Tonika,* die erste Stufe jeder *Tonleiter* u. der tiefste Ton jedes *Akkords* in der Grundlage.
Grundtvig ['grondvi], Nikolai Frederik Severin, * 1783, † 1872, dän. Volkserzieher, ev. Geistlicher u. Schriftst.; Begr. der *Volkshochschulbewegung* (1844 Volkshochschule in Rödding).
Grundumsatz, Abk. GU, diejenige Wärmemenge in Kilojoule, die von einem Körper in völlig nüchternem Zustand bei absoluter Ruhe innerhalb von 24 Stunden erzeugt wird; beträgt bei gesunden, normalgewichtigen Erwachsenen ca. 4 kJ pro kg Körpergewicht u. Stunde. Reguliert wird er durch Hormone.
Gründung, 1. die Verbindung eines Bauwerks mit dem tragfähigen Untergrund. – **2.** die Errichtung eines Wirtschaftsunternehmens. Die G. einer Aktiengesellschaft ist strengen Vorschriften unterworfen.
Gründüngung, das Unterpflügen von Pflanzen, um den Boden mit Humus (Nährhumus) u. Pflanzennährstoffen (bes. Stickstoff) anzureichern. Verwendung finden hierzu Kleearten u. Schmetterlingsblütler, die Stickstoffsammler sind.
Grundwasser, das in den lockeren Boden bis zu undurchlässigen Schichten (Ton, Lehm) eingedrungene u. ihn je nach Jahreszeit in wechselnder Höhe *(Grundwasserspiegel)* erfüllende Regen-, Schnee- u. Flußwasser.
Grundwehrdienst, der erste Wehrdienst, den ein Wehrpflichtiger zu leisten hat; er dient der militär. Ausbildung u. dauert bei der Bundeswehr z. Z. 12 Monate.
Grundzahlen, 1. *Grammatik:* →Numerale. – **2.** *Math.:* 1. die natürl. Zahlen; eins, zwei, drei… (→Zahlen); 2. →Basis.
Grüne, 1980 gegr. linksökolog. Partei; zog 1983 erstmals in den Bundestag ein. Unterschiedl. Auffassungen über die Zulässigkeit von Kompromissen u. polit. Bündnissen führten zur Herausbildung eines »fundamentalist.« u. eines »realpolit.« Flügels. 1991 verließen zahlr. Angehörige der fundamentalist. Flügels die Partei u. gründeten die *Ökolog. Linke.* – 1989 wurde in der DDR eine *Grüne Partei* gegr. Zur Bundestagswahl 1990 bildete sie mit dem *Bündnis 90* die Listenverbindung *Bündnis 90/Grüne.* Nach der Wahl vereinigte sie sich mit den westdt. G.n. 1993 verschmolzen die G.n u. das Bündnis 90 zur Partei *Bündnis 90/Die Grünen.*
Grüner Punkt, auf wiederverwertbaren Verpackungen angebrachtes Kennzeichen, das jeder von der *Verpackungs-VO* Betroffene bei der DSD beantragen kann.
grüner Star →Glaukom.
Grünes Kreuz, *Dt. Grünes Kreuz,* ein 1950 gegr. gemeinnütziger Verein, der sich mit der Herstellung u. Verbreitung von Material über Gesundheitsaufklärung befaßt.
grüne Versicherungskarte, Versicherungsnachweis für den internat. Kraftverkehr; in einigen Ländern notwendige Voraussetzung für die Einreise mit einem Kraftfahrzeug.
Grunewald, Forst aus Kiefern u. Mischwald im SW von Berlin, im *Havelberg* 97 m; beliebtes Ausflugsziel.
Grünewald, Matthias, eigtl. Mathis *Gothart Nithart,* auch *Neidhardt,* * um 1470/80, † 1528, dt. Maler; neben A. *Dürer* der bed. Maler seiner Zeit; führte das spätgot. Malerei in Dtld. zu ihrem Höhepunkt. Ⓦ Isenheimer Altar (Colmar); Maria mit dem Kind (Stuppach, Pfarrkirche); Erasmus u. Mauritius (München, Alte Pinakothek).
grüne Welle, eine Maßnahme, die den Verkehr

Matthias Grünewald: Maria mit dem Kinde vom Isenheimer Altar; um 1513–1515. Colmar, Unterlinden-Museum

zentral so regelt, daß Autofahrer bei einer bestimmten Geschwindigkeit auf Durchgangsstraßen an jeder Straßenkreuzung grünes Licht vorfinden u. durchfahren können.

Grünfäule, durch den Pilz *Penicillium glaucum* hervorgerufene Fruchtfäule bei Äpfeln u. Trauben.

Grünfutter, alle Pflanzen des Grünlandes, deren grüne Teile frisch oder in Silos vergoren an das Vieh verfüttert werden.

Grünkern, *Grünkorn,* halbreife Körner des Spelzoder *Dinkelweizens;* im Handel als Graupen, Grütze u. Mehl; hoher Vitamingehalt u. bekömmlich.

Grünkohl →Kohl.

Grünkreuz, Gaskampfstoffe, die im 1. Weltkrieg in mit grünem Kreuz gekennzeichneten Granaten eingesetzt wurden; sie wirken lungenschädigend.

Grünland, eine landw. Kulturart: Wiese u. Weide, manchmal unter Einschluß von Feldfutterflächen (Klee, Luzerne); mit Viehhaltung verknüpft.

Grünlilie, Hängepflanze aus der Fam. der *Liliengewächse.*

Grünling, 1. *Grünreizker,* ein schmackhafter, olivbrauner *Blätterpilz.* – **2.** *Grünfink,* einheim. olivgrüner Finkenvogel.

Grünschiefer, metamorphe Schiefer aus Chloriten, Quarz u. etwas Feldspat.

Grünspan, ein giftiges Gemisch basischer Kupferacetate, das sich auf Kupfer u. Messing, z.B. bei Einwirkung von sauren Fruchtsäften, bildet. Künstl. hergestellter G. dient als Malerfarbe u. zur Schädlingsbekämpfung.

Grünspecht, 32 cm langer Specht mit grünem Gefieder u. rotem Oberkopf.

Grünstadt, Stadt in Rhld.-Pf., 11 000 Ew.; Weinanbau, keram. u. Nahrungsmittel-Ind.

Grunzochse →Yak.

Gruppe, 1. begrenzte Mehrzahl von Dingen oder Personen, die eine bestimmte Ordnung bzw. einen inneren Zusammenhang besitzen. – **2.** ein math. Strukturbegriff: Ein System von »Elementen« (z.B. Zahlen) wird durch gleichartige Verknüpfungen (z.B. Addition) wieder in ein Element (G.) des Systems übergeführt. – **3.** beim Militär Teileinheit unter Führung eines *G.nführers* (Unteroffizier). Mehrere G. bilden einen *Zug.* – **4.** zentraler Begriff der Soziologie: das Strukturelement soz. Gebilde, (zumeist) abgegrenzt gegen *Paar* einerseits u. *Masse* andererseits.

»Gruppe 47«, ein Kreis von Schriftst., der seit 1947 unter H. W. *Richter* zu wechselseitiger Kritik u. Förderung zusammenkam; zugehörige Autoren:
I. *Aichinger,* A. *Andersch,* I. *Bachmann,* H. *Böll,* G. *Eich,* H. M. *Enzensberger,* G. *Grass,* W. *Hildesheimer,* W. *Höllerer,* W. *Jens,* U. *Johnson,* K. *Krolow,* W. *Weyrauch* u. a.; 1977 aufgelöst.

Gruppendynamik, das Verhalten u. die wechselseitige Verhaltenssteuerung von Mitgl. einer Gruppe. Die Erforschung gruppendynam. Gesetze bedient sich folgender Kriterien: Kontakt u. Sympathie, Homogenität, Zusammenschluß von Gruppen, Rollendifferenzierungen (z.B. Führer, Mitläufer).

Gruppensex, sexuelle Betätigungen zw. mehr als zwei Personen in einer Gruppe.

Gruppentherapie, die psychoanalyt. Therapie innerhalb einer Gruppe von Patienten. Grundlage der G. ist die *persönl. Interaktion,* d. h. die in einer Gruppe von Patienten auftretende Aktivierung der Gefühle, Komplexe, Konflikte u. Verhaltensweisen u. ihre aktive Bewußtmachung u. Durcharbeitung im mehrseitigen persönl. Kontakt *(Gruppendynamik).*

Gruppenunterricht, eine Arbeitsform des Unterrichts: Eine Aufgabe wird in Schülergruppen aufgeteilt, die die Lösung dann zusammen erarbeiten.

Grus, in kleine Stücke verwittertes Gestein, bes. aus Granit; auch feinkörnige Abfälle bei der Kohlenaufbereitung.

Grusinien, russ. Name für →Georgien.

Grüssau, poln. *Krzeszów,* Dorf in Schlesien, sö. von Landeshut; Kloster (1292–1810 Zisterzienser-, heute poln. Benediktinerinnenabtei) mit berühmter Barockkirche.

Grützbeutel →Atherom.

Grütze, grob gemahlene Getreidekörner, bes. Gerste, Hafer, Buchweizen.

Gruyères [gry'jɛːr], dt. *Greyerz,* Bez.-Hptst. in der Ldsch. *Gruyère (Greyerzer Land),* in der W-Schweiz, 1500 Ew.; berühmte Käsereien (Gruyère-Käse.

Gryphius, Andreas, eigtl. A. *Greif,* *1616, †1664, dt. Dramatiker u. Lyriker; entwickelte das Trauerspiel des Hochbarocks. Seine Lustspiele parodieren Handwerker- u. Soldatentypen.

Grzimek [ˈgʒi-], **1.** Bernhard, *1909, †1987, dt. Tierarzt; 1945–74 Direktor des Zoolog. Gartens in Frankfurt a.M.; nahm sich bes. der Erhaltung gefährdeter Tierarten an; bek. durch Bücher, Filme, Fernsehen. – **2.** Waldemar, *1918, †1984, dt. Bildhauer; Tierplastiken u. Figurengruppen, meist in archaisch-monumentalen Formen.

Gscheidle, Kurt, *16.12.1924, dt. Politiker (SPD); 1961–69 u. 1976–80 MdB, 1974–80 Bundes-Min. für Verkehr u. Post, 1980–82 für das Post- u. Fernmeldewesen.

Gsovsky, Tatjana, *1901, †1993, russ. Tänzerin, Choreographin u. Tanzpädagogin; war zeitw. verh. mit dem Tanzpädagogen Victor G. (*1902, †1974); Ballettdirektorin in Berlin.

Gstaad, internat. Sommer- u. Winterkurort im Berner Oberland (Schweiz), 1080 m ü. M., 1700 Ew.

Guadagnini [guada'nji:ni], ital. Geigenbauerfam.; Giambattista, *um 1711, †1786; nannte sich Schüler A. *Stradivaris.*

Guadalajara [guaðala'xara], **1.** Hptst. des W-mexik. Bundesstaats Jalisco, 3,2 Mio. Ew.; zwei Univ.; vielseitige Ind. – **2.** span. Prov.-Hptst. in Neukastilien, 58 000 Ew.; viele Klöster u. Paläste; Zuckerraffinerie.

Guadalcanal [guaðalka'nal, span.; gwɔdlkə'næl, engl.], die zweitgrößte Insel der Salomonen, 6470 km², 71 000 Ew., Hptst. *Honiara.*

Guadalquivir [guðalki'vir], der Hauptfluß Andalusiens (Spanien), 680 km; mündet in den Golf von Cádiz; ab Córdoba schiffbar.

Guadalupe [guaða'lupɛ], W-span. Kleinstadt, am

Bernhard Grzimek

Tatjana Gsovsky

Guajave aus dem tropischen Amerika

SO-Rand der *Sierra de G.,* 2900 Ew.; Wallfahrtsort.

Guadeloupe [gwad'lup], Insel der *Leeward Islands,* mit 1509 km² die größte der Kleinen Antillen, 390 000 Ew.; seit 1674 mit Unterbrechungen frz. Kolonie, seit 1946 Übersee-Dép., Hptst. *Basse-Terre.*

Guadiana [gua'ðjana], Fluß der Iber. Halbinsel, 820 km, entspringt im Andalus. Bergland u. mündet in den Golf von Cádiz.

Guajakbaum, im trop. Zentralamerika heim. Gatt. der *Jochblattgewächse.* Die Bäume liefern *Pockholz (G.holz).*

Guajave, trop. Frucht mit Birnen-Feigengeschmack.

Guam [engl. gwɔm], *Agaña,* die südlichste u. größte Insel der *Marianen,* im westl. Pazifik, von den USA verwaltet; Flottenstützpunkt u. Flugplatz; 549 km², 120 000 Ew. (davon 25% Militär), Hptst. *(San Ignacio de) Agaña.*

Guanajuato [guanaxu'ato], Hptst. des gleichn. mittelmex. Bundesstaats, an der *Sierra de G.,* 2045 m ü. M.; 48 000 Ew.; Univ.; Fremdenverkehr; altes Zentrum des Silberbergbaus.

Guanako →Lama.

Guanare, Hptst. des W-venezol. Bundesstaats Portuguesa, 47 000 Ew.; Agrarmarkt; Wallfahrtsort.

Guanchen [-tʃən], *Guantschen,* die von den span. Einwanderern absorbierte Urbevölkerung der Kanar. Inseln.

Guangdong [gwaŋduŋ], *Kwangtung,* Küstenprovinz in →China.

Guangxi-Zhuang [gwaŋci dʃuaŋ], *Kuangsi-Tschuang,* Autonome Region in →China.

Guangxu [gwaŋcy], *Kuang-hsü,* der vorletzte Kaiser der Qing-Dynastie, *1871, †1908; wegen Modernisierungsreformen entmachtet u. gefangengehalten.

Guano, ein stickstoff- u. phosphorsäurehaltiger Dünger, entstanden hpts. aus Exkrementen u. Leichen von Seevögeln. G.-Fundstätten bes. ergiebig an der Trockenküste des westl. Südamerika (Peru, Chile) u. in SW-Afrika.

Guantánamo, Stadt im sö. Kuba, 174 000 Ew.; Flottenstützpunkt der USA.

Guantschen →Guanchen.

Guaporé [-'rɛ], **1.** ehem. brasil. Territorium in SW-Amazonien, seit 1956 *Rondônia.* – **2.** *Rio G.,* W-brasil. Fluß, rd. 1200 km; bildet die Grenze zw. Bolivien u. Brasilien, vereinigt sich mit dem Mamoré zum *Madeira.*

Guaraní →Währungen.

Guaraní, südamerik. Sprach- u. Stämmegruppe der Tupi-Indianer in Paraguay.

Guardi, Francesco, *1712, †1793, ital. Maler; malte vor allem Darstellungen von Venedig u. vom venezian. Leben.

Guardian, Titel des auf 3 Jahre gewählten Vorstehers eines Klosters der *Franziskaner* u. *Kapuziner.*

Guardini, Romano, *1885, †1968, dt. kath. Religionsphilosoph u. Theologe ital. Herkunft; führend in der liturg. Bewegung.

Guareschi [-'rɛski], Giovannino, *1908, †1968, ital. Schriftst. u. Karikaturist; weltbek. durch seine Schelmenromane um »Don Camillo u. Peppone« (verfilmt).

Guarini, Guarino, *1624, †1683, ital. Architekt (maler.-dekorative Barockbauten).

Guarneri, *Guarnerius,* ital. Geigenbauerfam. aus Cremona: **1.** *Andrea,* * vor 1626, † 1698; Schüler N. *Amatis.* – **2.** *Giuseppe,* gen. *G. del Gesù,* * 1698, † 1744; gilt neben A. *Stradivari* als der bedeutendste Geigenbauer überhaupt.

Guatemala

Guatemala, 1. Staat in Zentralamerika, 108 889 km², 9,2 Mio. Ew., Hptst. *G.*
Landesnatur. Zwei Hauptketten der Zentralamerik. Kordilleren schließen ein zentrales Hochland ein. Die Hochgebirgszüge sind mit zahlr. jungen Vulkanen *(Tajumulco* 4211 m) besetzt. Im N schließt sich das Tiefland von *Petén* an. Das Klima ist tropisch. Im Tiefland gedeihen Regenwälder, die in höheren Lagen in Berg- u. Nebelwälder übergehen.
Die Bevölkerung besteht aus 45% Indianern, 30% Mestizen (Ladinos), ferner Weiße, Schwarze, Mulatten, Zambos.
Wirtschaft. Anbau von Kaffee, Baumwolle u. Bananen für den Export; Gewinnung von Kupfer-, Antimon- u. Nickelerzen; Haupthäfen *Puerto Barrios* am Atlantik u. *San José* am Pazifik.
Geschichte. 1524 von Spanien erobert, seit 1821 unabh., 1823–39 Mitgl. der *Zentralamerik. Konföderation,* seitdem selbständige Republik mit starker Stellung des Militärs. Seit den 1960er Jahren entwickelte sich ein Bürgerkrieg zw. linker Guerilla u. dem Militär. Staats-Präs. J. *Serrano Elias* wurde 1993 von der Armee abgesetzt. Sein Nachfolger wurde R. *de León Carpio.* – **2.** *Ciudad de G., G. City, Santiago de G.,* Hptst. von *G.,* im zentralen Hochland, 1480 m ü. M., 1,5 Mio. Ew.; 2 Univ.; vielseitige Ind.
Guatimozin [-'θin], *Cuautémoc,* * um 1500, † 1525, letzter Herrscher der Azteken 1520/21; Neffe u. Schwiegersohn *Motecuzomas* u. dessen Nachfolger; verteidigte die Hptst. Tenochtitlan (México) 1521 gegen H. *Cortez;* 1525 wegen einer angebl. Verschwörung gehängt.
Guayana →Guyana.
Guayaquil [-'kil], Haupthafen von Ecuador u. Hptst. der Prov. Guayas, am *Golf von G.,* 1,5 Mio. Ew.; zwei Univ.; vielseitige Ind. (Erdölraffinerien); Flughafen.
Gùbbio, ital. Stadt im nördl. Umbrien, 32 000 Ew.; Kirchen u. Paläste; Majolika-Ind.
Guben, Stadt in Brandenburg, an der Görlitzer Neiße, 34 000 Ew.; Textil-Ind. – Der Teil rechts der Neiße mit der Altstadt gehört als *Gubin* seit 1945 zu Polen.
Guckkastenbühne, die seit dem Barock ausgebildete Form der Bühne im Theater: zum Zuschauerraum offene, durch Vorhang schließbare Kulissenbühne.
Gudbrandsdal, 230 km langes, fruchtbares S-norw. Tal, vom Lågen durchflossen.
Gudden, Bernhard Aloys von, * 1824, † 1886, dt. Psychiater; Arzt König *Ludwigs II.* von Bayern, mit dem er im Starnberger See den Tod fand.
Gude, Hans, * 1825, † 1903, norw. Maler (spätromantisch empfundene norw. Fjord- u. Hochgebirgslandschaften).
Gudea, sumer. König von *Lagasch,* etwa 2143–24 v. Chr.; beherrschte Ur u. Uruk; wirtsch. Wohlstand äußerte sich in reger Bautätigkeit, u. a. in Girsu.
Güden, Hilde, * 1917, † 1988, östr. Sängerin (Koloratursopran); bes. Mozart-Sängerin.
Gudenå ['guːðənɔ], dän. Fluß auf Jütland, 158 km.
Guelfen, *Welfen,* im MA in Italien die Gegner der →Ghibellinen; Anhänger des Papstes.
Guericke ['geː-], Otto von, * 1602, † 1686, dt. Naturforscher; Bürgermeister von Magdeburg; erfand die Luftpumpe u. eine Elektrisiermasch., erkannte die stoffl. Natur der Luft u. bestimmte ihr Gewicht. Bekannt ist sein Nachweis des atmosphär. Luftdrucks mit den »Magdeburger Halbkugeln«.
Guerilla [geˈrilja], der Kampf irregulärer Verbände gegen eine feindl. Armee oder gegen die eigene Reg.; auch die Verbände selbst. Urspr. der span. Widerstand gegen die frz. Invasoren 1808–14; im 20. Jh. vor allem Kampf afrik. u. asiat. Völker gegen europ. Kolonialmächte für nat. Unabhängigkeit (Vietnam, Algerien), aber auch für sozialrevolutionäre Ziele (China, Kuba, Nicaragua). – **Guerillero,** Kämpfer im G.-Krieg.
Guérin [geˈrɛ̃], Charles, * 1875, † 1929, frz. Maler; beeinflußt von den Impressionisten; Stilleben, Akte, Porträts.
Guernica [gerˈnika], N-span. Ort bei Bilbao; im Span. Bürgerkrieg 1937 durch die auf Francos Seite kämpfende dt. »Legion Condor« total vernichtet; Gemälde von Picasso.
Guernsey ['gəːnzi], die westl. der brit. Kanalinseln, 78 km², 57 000 Ew., Hptst. *Saint Peter Port.*
Guevara [geˈvara], Ernesto (»Che«), * 1928, † 1967, lateinamerik. Sozialrevolutionär; Arzt; kämpfte als Guerillaführer seit 1956 mit Fidel Castro gegen den kuban. Diktator F. *Batista* u. hatte nach dem Sieg der Revolution wichtige Staatsämter in Kuba inne. Er verließ 1965 Kuba, um andere revolutionäre Bewegungen in Lateinamerika zu organisieren; wurde von boliv. Regierungstruppen erschossen. Nach seinem Tod wurde er zum Idol der revolutionär gesinnten Jugend in der westl. Welt.
Gugel, Kapuze mit Schulterkragen; im 15. Jh. mod. Kopfbekleidung des Mannes.
Guggenbichler, Johann Meinrad, * 1649, † 1723, östr. Bildhauer (Barock-Altäre).
Guggenheim, 1. *Kurt,* * 1896, † 1983, schweiz. Schriftst. (Romane). – **2.** *Peggy,* * 1898, † 1979, US-amerik. Kunstsammlerin; gründete Galerien, in denen sie sich bes. für den Surrealismus einsetzte. – *G.-Museum,* Museum für moderne Kunst in New York, 1937 von dem amerik. Industriellen S.R. *G.* gestiftet.
Guide [engl. gaid; frz. giːd], Führer; Reiseführer.
Guido von Arezzo ['giːdo-], * 992(?), † 1050, ital. Benediktiner u. Musiktheoretiker; begr. die noch heute übl. Intervall-Notenschrift.
Guido von Lusignan ['giːdo-lyziˈnjã], † 1194, König von Jerusalem 1186–90; 1187 von Sultan *Saladin* gefangen; von *Richard Löwenherz* mit dem Königreich Zypern abgefunden.
Guildford ['gildfəd], Hptst. der S-engl. Gft. Surrey, 57 000 Ew.; Univ.; Brauereien.
Guillaume [giˈjoːm], **1.** Charles Édouard, * 1861, † 1938, schweiz.-frz. Physiker; verbesserte die Zeit- u. Temperaturmessung; entdeckte das *Invar,* eine Eisen-Nickel-Legierung. Nobelpreis 1920. – **2.** *Günter,* * 1927, † 1995, Offizier des Staatssicherheitsdienstes der DDR; seit 1970 Referent im Bundeskanzleramt; seine Verhaftung wegen Spionageverdacht 1974 führte zum Rücktritt von Bundeskanzler W. *Brandt.*
Guilloche [giˈjɔʃ], Muster aus gewundenen Linien; auf Wertpapieren (Banknoten, Wechseln u. ä.) u. Briefmarken als Schutz gegen Fälschungen.
Guillotine [gijoˈtiːnə], auf Vorschlag des frz. Arztes Joseph-Ignace *Guillotin* (* 1738, † 1814) während der Frz. Revolution eingeführtes mechan. Fallbeil zur Enthauptung.

Guinea

Guinea [giˈneːa], Staat in W-Afrika, 245 857 km², 6,9 Mio. Ew., Hptst. *Conakry.*
Landesnatur. Hinter der regenwaldbestandenen Küste steigt das trop.-feuchtheiße Land nach NO zum Bergland *Fouta Djalon* (1515 m) an. Das Innere nehmen Feucht- u. Trockensavanne ein. – Die überwiegend islam. Bevölkerung gehört versch. Völkern u. Stämmen an.
Wirtschaft. Die Landw. liefert für den Export etwas Kaffee, Tee u. Kakao. Die Viehzucht (Rinder, Ziegen, Schafe) hat in den Bergländern Bedeutung, an der Küste die Fischerei (Thunfische). Die Bodenschätze (bes. Bauxit, Eisenerz, Diamanten) werden ausgeführt. Die Ind. verarbeitet u. a. Bauxit, Agrarprodukte u. Baumwolle. Conakry ist der wichtigste Seehafen.
Geschichte: Vor der Kolonisation bestand in G. ein islam. Staat der *Fulbe.* 1904 wurde G. Territorium von Frz.-Westafrika. 1957 erhielt G. Teil-Autonomie, 1958 die Unabhängigkeit. Seit 1984 bestand eine Militär-Reg. unter Führung von General L. *Conté,* der 1993 Präsidentschaftswahlen auf Basis einer neuen Verf. gewann.
Guinea [giˈneːa], W-afrik. Küstenlandschaft am *Golf von G.;* reicht von Kap Palmas in Liberia bis Kap Lopez in Gabun.

Guinea-Bissau

Guinea-Bissau [giˈneːa-], Staat in W-Afrika, an der nördl. Guineaküste, 36 125 km², 987 000 Ew. (versch. Völker u. Stämme), Hptst. *Bissau.*
Landesnatur. Das flache Tiefland geht von ausgedehnten Mangrovebeständen an der Küste in eine Regenwaldzone, dann in einen Trockenwaldgürtel u. dann in Feucht- u. Trockensavanne über.
Wirtschaft. Die Landw. erzeugt Erdnüsse (Hauptexportprodukt), Kokosnüsse, Palmöl, Reis, Mais u. Kautschuk; ferner werden Hölzer u. Häute ausgeführt.
Geschichte. Seit 1879 war G. port. Kolonie mit Selbstverwaltung, seit 1951 port. Übersee-Prov. 1974 wurde G. unabh. Rep. Seit 1984 ist General J.B. *Vieira* Staatsoberhaupt. Seit Beginn der 1990er Jahre leitete das Regime vorsichtig demokrat. Reformen ein.
Guinness ['ginis], Sir (seit 1959) Alec, * 2.4.1914, brit. Schauspieler; berühmt geworden durch die Filme »Adel verpflichtet«, »Ladykillers«, »Die Brücke am Kwai«.
Guise [giːz], lothring. Herzogsfam., erstrebte zeitw. den frz. Thron u. bekämpfte die Hugenotten; 1675 ausgestorben.
Guitry [giˈtri], Sacha, * 1885, † 1957, frz. Schauspieler, Regisseur u. Bühnenschriftst. (Boulevard-Komödien).
Guiyang [gwiˈjaŋ], *Kweiyang,* südchin. Prov.-Hptst., 1,3 Mio. Ew.; Textil-, Gummi- u. a. Ind.
Guizhou [gwidʒou], Prov. in →China.
Guizot [giˈzo], François Pierre Guillaume, * 1787, † 1874, frz. Politiker u. Historiker; 1840–48 Außen-Min. Seine ablehnende Haltung gegenüber der Wahlreform führte 1848 zur Revolution.
Gujarat [gudʒəˈraːt], Bundesstaat von →Indien.
Gujranwala [gudʒran-], pakistan. Distrikt-Hptst. im Pandschab, 600 000 Ew.; Erdgasgewinnung, vielseitige Ind.
Gulag, *GULag,* im Westen eingebürgerte Bez. für das System der Straf- u. Arbeitslager in der UdSSR (nach A. Solschenizyns Buch »Der Archipel G.«).
Gulasch, aus Ungarn stammendes Gericht aus Rindfleisch-, später auch Kalbfleischwürfeln mit scharf gewürzter Soße.
Gulbinowicz [-witʃ], Henryk, * 17.10.1928, poln. kath. Geistlicher; 1976 Erzbischof von Breslau, 1985 Kardinal.

Guatemala: Das Bild der Hauptstadt wird geprägt von alten Gebäuden im spanischen Kolonialstil und von moderner Hochhausarchitektur

Gulbranssen, Trygve, *1894, †1962, norw. Schriftst.; W Roman-Trilogie »Und ewig singen die Wälder« u. »Das Erbe von Björndal« 2 Bde.
Gulbransson, Olaf, *1873, †1958, norw. Zeichner; Karikaturist, Mitarbeiter des »Simplicissimus« in München.
Gulda, Friedrich, *16.5.1930, östr. Pianist, auch Jazzmusiker.
Gulden, die 1252 von Florenz als Goldgulden ein-

Hamburger Gulden mit Karl V. aus dem Jahre 1553. Hamburg, Museum für Hamburgische Geschichte

geführte wichtigste Goldmünze des MA; später Silbermünze, seit 1816 Währungseinheit in den Ndl.
Guldin, Paul, *1577, †1643, schweiz. Mathematiker; stellte die *G.schen Regeln* auf, zur Berechnung von Oberflächen u. Rauminhalten von Drehkörpern.
Gülle, vergorenes Kot-Harn-Gemisch. Es entsteht dort, wo Vieh ohne Einstreu aufgestallt wird.
Gullstrand, Allvar, *1862, †1930, schwed. Augenarzt; konstruierte die *G.-Spaltlampe,* die die mikroskop. Untersuchung des Augeninnern erlaubt. Nobelpreis 1911.
Gullvaag [ˈgulvoːg], Olav, *1885, †1961, norw. Schriftst.; Bauerndichtung; Roman »Es begann in einer Mittsommernacht«.
Gully, Sammelkasten für das Straßenabwasser.
Gumbinnen, russ. *Gusew,* Stadt in Ostpreußen (Oblast Kaliningrad), an der Mündung der Rominte in die Pissa, 25 000 Ew.
Gummersbach, Krst. in NRW, im Bergischen Land, 48 000 Ew.; Masch.-, Textil-, Elektro-Ind.
Gummi, 1. [das], lufttrockene Säfte versch. Pflanzen; →Harze. – **2.** [der], unrichtige Bez. für →Kautschuk.
Gummiarabikum, aus Akazien- u. Mimosenarten gewonnenes, wasserlösl., in Alkohol unlösl. *Gummiharz;* als Klebstoff, Binde- u. Verdickungsmittel verwendet.
Gummibaum, *Ficus elastica,* ein *Maulbeergewächs* aus O-Indien; diente fr. auch zur Kautschukgewinnung; auch Zimmerpflanze.
Gummidruck, 1. *Flexodruck* →Hochdruck. – **2.** fälschl. für →Offsetdruck. – **3.** fr. für künstler. Photographie angewendetes Verfahren.
Gummifaden, *Latexfaden,* aus Kautschuk bestehender Faden.
Gummifluß, *Gummosis,* eine Pflanzenkrankheit, die unter Auflösung von Zellwänden zur Ausscheidung von einer Gummimasse führt; häufig bei Steinobstbäumen.
Gummilinse →Zoomobjektiv.
Gumplowicz [-vitʃ], Ludwig, *1838, †1909, östr. Soziologe u. Jurist poln. Herkunft.
Gumpoldskirchen, niederöstr. Weinbauort im Wienerwald, 3000 Ew.
Gundelfingen an der Donau, Stadt in Bayern, 6000 Ew.; Schloß (16. Jh.); Brauerei.

Guppy (Männchen)

Gundermann, ein hellviolett blühender *Lippenblütler.*
Günderode, Karoline von, *1780, †1806 (Selbstmord), dt. Schriftst. der Romantik.
Gundikar, *Gundahar,* König der Burgunder, der *Gunther* des Nibelungenlieds; unterlag 436 den Hunnen.
Gundolf, Friedrich, eigtl. F. *Gundelfinger,* *1880, †1931, dt. Literarhistoriker; Mitgl. des *George-Kreises;* Arbeiten über Shakespeare, Goethe u. a.
Güney [gʌn], Neil Miller; *1891, †1973, schott. Schriftst.; stellt in seinen Romanen Menschen u. Landschaften seiner Heimat dar.
Gunnarsson, Gunnar, *1889, †1975, isl. Schriftst.; schrieb über heimatl. Themen (»Die Leute auf Borg«, »Die Eindalssaga«).
Gunnera, Gatt. der *Tausendblattgewächse;* mit großen, rhabarberähnl. Blättern.
Günsel, *Ajuga,* Gatt. der *Lippenblütler;* hierzu: *kriechender G.,* blau blühend.
Gunther →Gundikar.
Günther, 1. Agnes, *1863, †1911, dt. Schriftst.; W Roman »Die Heilige u. ihr Narr«. – **2.** Dorothee, *1896, †1975, dt. Tanzpädagogin; gründete in München die *G.-Schule* für Gymnastik u. künstler. Tanz. – **3.** Egon, *30.3.1927, dt. Regisseur u. Schriftst.; Filme »Lotte in Weimar«, »Die Leiden des jungen Werthers«. – **4.** Herbert, *1906, †1978, dt. Schriftst.; Präs. der Gesellschaft der Bibliophilen. – **5.** Ignaz, *1725, †1775, dt. Bildhauer; Meister der dt. Rokoko-Plastik. – **6.** Matthäus, *1705, †1788, dt. Maler; Freskomaler des dt. Rokokos.
Günz, r. Nbfl. der Donau, 75 km; die *G.-Eiszeit* danach benannt.
Günzburg, Krst. in Bayern, 18 000 Ew.
Guomindang, *Kuomintang,* 1912 von *Sun Yatsen* gegr. national-republikan. Partei Chinas, Zentrum S-Chinas; 1923 nach bolschewist. Vorbild reorganisiert.
Guo Xi [gwo çi], tätig 1060–90, chin. Maler u. Maltheoretiker; berühmt für seine monochromen Landschaften.
Guppy [ˈgʌpi], ein lebendgebärender *Zahnkarpfen* des nördl. Südamerika u. der Antillen; beliebter Aquarienfisch.
Gupta-Kunst, die klass. Periode der ind. Kunst (Architektur, Skulptur u. Malerei), die unter den Gupta-Herrschern von Magadha im 4./5. Jh. n. Chr. zur Blüte gelangte.
Gurami, versch. *Labyrinthfische;* z.B. der 60 cm lange *Große G.*
Gurgel, der vordere Halsteil mit Schlund u. Kehlkopf.
Gurjew, seit 1992 *Atyrau,* Gebiets-Hptst. in Kasachstan, 147 000 Ew.; Erdölverarbeitungszentrum.
Gurk, Markt u. Wallfahrtsort im *G.tal,* in Kärnten (Östr.), 662 m ü. M., 1000 Ew.; roman. Dom; 1072–1787 Bischofssitz.
Gurke, *Kukum(b)er,* Salat- u. Gemüsepflanze der *Kürbisgewächse.*
Gurkenbäume, *Averrhoa,* Gatt. der *Sauerkleegewächse;* urspr. in Amerika heimisch. Der *Stammfrüchtige G.* trägt an Stamm u. Ästen gurkenähnl. Früchte.
Gurkenkraut →Borretsch.
Gurkha, *i.e.S.* ein hinduist. Stamm Nepals; ein indo-tibet. Mischvolk, das Ende des 18. Jh. die *Newar* unterwarf; *i.w.S.* die nepales. Soldaten in indischen u. brit. Diensten.
Gurlitt, Cornelius, *1850, †1938, dt. Denkmalspfleger, Kunsthistoriker u. Architekt.
Gurt, *G.band,* Tragband aus groben, reißfesten Garnen.
Gürtelreifen, *Radialreifen,* Kfz-Luftreifen, mit gürtelartiger Zwischenlage zw. Karkasse u. Lauffläche.
Gürtelrose, *Gürtelflechte, Zoster,* eine Viruserkrankung mit Nervenentzündung u. starken Schmerzen; in der Haut treten Bläschen auf.
Gürteltiere, *Dasypodidae,* Fam. der *Nebengelenker;* an der Rückenseite mit hornigen u. verknöcherten, gürtelartig angeordneten Hautschilden versehen u. mit Grabkrallen ausgerüstet; in Süd- u. Mittelamerika sowie in den südl. USA; hierzu das bis 1,75 m lange *Riesengürteltier.*
Guru, ind. religiöser Lehrer u. Führer.
Gürzenich, im 15. Jh. erbautes Festhaus in Köln; nach dem 2. Weltkrieg 1955 wiedererbaut.
GUS, Abk. für *Gemeinschaft Unabhängiger Staaten,* im Dez. 1991 von den fr. Sowjetrepubliken Armenien, Aserbaidschan, Kasachstan, Kirgisien, Moldova, Rußland, Tadschikistan, Turkmenistan,

Gürteltiere: Braunes Borstengürteltier

Ukraine, Usbekistan u. Weißrußland gebildete Staatengemeinschaft. Die Gründung der GUS bedeutete das Ende der UdSSR. Aserbaidschan erklärte im Okt. 1992 seinen Austritt aus der GUS, wurde im Sept. 1993 aber erneut Mitgl. Im selben Jahr erklärte Georgien seinen Beitritt zur GUS. Moldova ratifizierte den GUS-Vertrag erst 1994.
Gusla, südslaw. Streichinstrument mit einer Roßhaarsaite; oft reich mit Schnitzerei verziert.
Gusli, altes russ., der Zither ähnelndes Saiteninstrument.
Gußasphalt, in heißem Zustand gießfähige Asphaltmasse aus Mineralgemisch, für Straßendeckschichten, Fahrbahn- u. Bodenbeläge.
Gußeisen, eine Eisenlegierung mit mehr als 2% Kohlenstoff, Silicium u. Mangan, geschmolzen u. durch Gießen in Formen zu Gebrauchsgegenständen verarbeitet; Haupterzeugnis der *Gießerei.*
Gustav, Könige von Schweden.
1. G. I. Wasa, *1496/97, †1560, König 1523–60; aus dem Haus *Wasa,* befreite Schweden von der dän. Herrschaft, führte die Reformation ein, machte die Monarchie für das Haus Wasa in Schweden erbl. – **2. G. II. Adolf,** Enkel von 1), *1594, †1632, König 1611–32; eroberte Ingermanland, Karelien, Livland u. z. T. die preuß. Ostseeküste; rettete im Dreißigjährigen Krieg den schwer bedrängten dt. Protestantismus. Er besiegte Tilly bei Breitenfeld 1631 u. am Lech 1632 sowie *Wallenstein* bei Lützen 6.11.1632, fiel aber in dieser Schlacht. – **3. G. III.,** *1746, †1792, König 1771–92; errichtete eine absolutist. Herrschaft; setzte mit Hilfe der Geistlichkeit, Bürger u. Bauern eine neue Verfassung gegen den Hochadel durch, der ihn ermorden ließ. – **4. G. IV. Adolf,** Sohn von 3), *1778, †1837, König 1792–1809; verlor Finnland u. wurde 1809 von einer Offiziersver-

Gustav II. Adolf; Stich von M. Lasne, 1632

342 Gusto

Johannes Gutenberg

schwörung entthront. – **5. G. V. Adolf,** * 1858, † 1950, König 1907–50; hielt Schweden aus dem 1. u. 2. Weltkrieg heraus; wegen seiner Einfachheit u. Sportbegeisterung (als »Mr. G.« im Tennissport bekannt) beliebt. – **6. G. VI. Adolf,** Sohn von 5), * 1882, † 1973, König 1950–73; widmete sich der Kunstgeschichte u. Archäologie.
Gusto, Geschmack, Neigung.
Güstrow [-stro], Krst. in Mecklenburg, 39 000 Ew.; Dom (1226, mit »Schwebendem Engel« von E. Barlach), Schloß (16. Jh., bed. norddt. Renaissancebau); Masch.-Ind. – Ehem. Residenz der Herzöge von Mecklenburg-G.
Gut, 1. ein größerer landw. Besitz. – **2.** in der Philosophie ein Gegenstand des Begehrens u. Strebens; in der Antike wird der Glückseligkeit zum höchsten G. erklärt.
Gutäer, Bergvolk im westl. Iran. Die G. zerstörten um 2150 v. Chr. das erste semit. Großreich von *Akkad* u. beherrschten etwa 100 Jahre Babylonien.
Güteklassen →Handelsklassen.
Gutenberg, Johannes, * um 1397, † 1468, Erfinder der Buchdruckerkunst (mit bewegl. auswechselbaren Lettern, die er mittels des von ihm konstruierten Handgießinstruments goß); G. lieh sich von dem Mainzer Johann *Fust* Geld u. führte damit den Druck der berühmten 42zeiligen *G.-Bibel* durch (1455 vollendet). Kurz darauf mußte er wegen finanzieller Schwierigkeiten seine Druckeinrichtungen an Fust abtreten. – Nach ihm ist die 1901 gegr. **G.-Gesellschaft** benannt, »Internationale Vereinigung für Geschichte u. Gegenwart der Druckkunst«.
Güter, bewegl. u. unbewegl. materielle sowie immaterielle Mittel, die direkt (*Konsum-G.*) oder indirekt (*Produktiv-G.*) der Befriedigung der menschl. Bedürfnisse dienen.
Güterfernverkehr, die Beförderung von Gütern mit Lastkraftwagen über einen Radius von 50 km hinaus (bis dahin *Nahverkehr*).
Gütergemeinschaft, im *ehelichen Güterrecht* in der BR Dtld. die Gesamthand-Vermögensgemeinschaft der Ehegatten hinsichtl. eines Teils ihres Vermögens, des *Gesamtguts*. Nach dem *Gleichberechtigungsgesetz* von 1958 kann *allg. G.* vereinbart werden, bei der es außer dem Gesamtgut noch *Sondergut* u. *Vorbehaltsgut* beider Ehegatten gibt u. die nur bei Vereinbarung durch Ehevertrag eintritt.
guter Glaube, schuldloses Nichtkennen eines rechtl. Mangels im Bestand oder beim Erwerb eines Rechts. Der gute Glaube verhilft z.B. demjenigen zu gültigem Eigentumserwerb, der die betreffende Sache (außer Geld oder vertretbaren Sachen) von einem Nichteigentümer erworben hat, sofern sie nicht dem wirkl. Eigentümer ohne dessen Willen abhanden gekommen war.
Gütersloh, Krst. in NRW, an der Dalke, 86 800 Ew.; Masch.-, Draht-, Textil-, Holz-, Nahrungsmittel-, Haushaltsgeräte-Ind., Verlage u. Großdruckerei; brit. NATO-Flughafen.
Gütersloh, Albert Paris, eigtl. Albert Conrad Kiehtreiber, * 1887, † 1973, östr. Maler u. Schriftst. (expressive u. barock verschlungene Romane).
Gütertrennung, ein vertragl. Güterstand des *ehel. Güterrechts* in Dtld., in dem das Vermögen der Ehegatten auch hinsichtl. seiner Verwaltung u. Nutznießung getrennt ist.
gute Sitten, das, was dem Rechtsgefühl aller billig u. gerecht Denkenden entspricht. Rechtsgeschäfte gegen die g.S. sind nichtig.
Güteverfahren, Verfahren zur gütl. Beilegung bürgerl. Rechtsstreitigkeiten; bis 1950 vor Beginn des Verfahrens vor den Amtsgerichten vorgeschrieben.
Gütezeichen, von *Gütegemeinschaften* (Erzeugern gleichartiger Waren) vereinbarte Zeichen, die die gleichbleibende Qualität einer Ware garantieren.
Gutfreund, Oto, * 1889, † 1927, tschech. Bildhauer; fand zu einem eigenwilligen Realismus.
Guthaben, der Überschuß der Gutschriften über die Lastschriften auf einem *Konto*.
Guthrie [ˈgʌθri], Woodrow Wilson (»Woody«), * 1912, † 1967, US-amerik. Wandersänger; schilderte in seinen Liedern das Leben der verarmten Farmer in Oklahoma.
Gutschrift, Buchung im Haben eines *Kontos*.
Gutsherrschaft, seit dem 16. Jh. bes. in O-Dtld. entstandene Form des Großgrundbesitzes: Der *Gutsherr* bewirtschaftete den Grundbesitz selbst u. war in Preußen bis ins 19. Jh. Gerichtsherr innerhalb seines *Gutsbezirks*.
Guttapercha, der eingetrocknete, kautschukähnl. Milchsaft von SO-asiat. *G.bäumen;* guter elektr. Isolator; Verwendung für Zahnfüllungen, Verbandmaterial u. in der Galvanoplastik.
Guttemplerorden, 1852 in den USA gegr. internat. Orden zur Bekämpfung des Alkoholmißbrauchs.
Guttiferales →Pflanzen.
Guttural, Gaumenlaut (k, g vor a, o, u; ch in ach).
Gutzkow [-ko], Karl, * 1811, † 1878, dt. Schriftst. u. Journalist; freisinniger Kritiker, führend im *Jungen Deutschland;* aufklärer. Zeitromane.
Guwahati, *Gauhati,* Binnenhafenstadt am Brahmaputra, im westl. Assam (Indien), 186 000 Ew.; Univ.; hinduist. Pilgerzentrum; Flugplatz.
Guyana, Staat an der NO-Küste Südamerikas, 214 969 km², 1 Mio. Ew., Hptst. *Georgetown.*
Landesnatur. Hinter der feuchttrop. Küsten-

Guyana

ebene erhebt sich das Land zum durchschnittl. 1000 m hohen *Bergland von G.* (im *Roraima* 2810 m), das von dichten Urwäldern, im Innern z. T. auch von Savannen bestanden ist. Am Bergland von G. haben auch G. auch Venezuela, Brasilien, Frz.-G. u. Suriname Anteil.
Bevölkerung. Inder (50%), Schwarze u. Mulatten, daneben einige Europäer u. Indianer.
Wirtschaft. Die trop. Plantagenwirtschaft liefert v. a. Zuckerrohr u. Reis. Aus den Wäldern werden Edelhölzer ausgeführt. Bed. ist der Bergbau: v. a. Bauxit, daneben Gold, Diamanten, Mangan. – Das Verkehrsnetz beschränkt sich auf das Küstengebiet, die Plantagen- u. Bergbaugebiete. Das Innere ist auf Wasserstraßen erreichbar.
Geschichte. Ende des 16. Jh. wurde G. von den Ndl. in Besitz genommen. 1796 gelangte ein Teil in brit. Besitz (*Brit.-Guayana*). 1966 wurde G. unabh. Erster Min.-Präs. war Forbes *Burnham,* der später auch Staats-Präs. wurde. 1970 löste sich G. von der brit. Krone u. nahm den Namen *Cooperative Republic of G.* an; es blieb im Commonwealth. 1980 wurde das Präsidialsystem eingeführt. 1992 gewann C. *Jagan* die Präsidentschaftswahlen.
Guyau [gy'jo], Jean Marie, * 1854, † 1888, frz. Philosoph, Ästhetiker u. Soziologe; Vertreter einer evolutionist. Lebensmetaphysik.
Guyenne [gy'jɛn], frz. Name für *Aquitanien.*
Guzmán [gus'man], Martin Luis, * 1887, † 1976, mex. Schriftst. (Themen der mex. Revolution).
Gwalior, ind. Distrikt-Hptst. in Madhya Pradesh, 539 000 Ew.; berühmte Festung (5./6. Jh.).
Gweru, *Gwelo,* Bergbau- u. Ind.-Stadt im zentralen Simbabwe, 79 000 Ew.; Flugplatz.
Gyges, König von Lydien um 680–652 v. Chr. Um seinen Regierungsantritt rankt eine Reihe sagenhafter Erzählungen. *Platon* erzählt z.B., G. sei ein Hirte gewesen, der einen unsichtbar machenden Ring gefunden habe.
Gyllensten [ˈjylənstɛːn], Lars Johan Wictor, * 12.11.1921, schwed. Schriftst.; Romane (scho-nungslose Analyse der menschl. Unzulänglichkeit u. Heuchelei).
Gymnasium, im alten Griechenland urspr. die Stätte, wo junge Männer, meist nackt, Leibesübungen trieben. Später wurde das G. auch Pflegestätte geistiger Bildung. – Der *Humanismus* übernahm die Bez. G. für eine Form der höheren Schule, an der vor allem Latein u. Griechisch gelehrt wurden. Das moderne G. entwickelte sich seit Ende des 18. Jh. aus diesen Schulen; Gestalt gab ihm W. von *Humboldt.* In der BR Dtld. ist G. heute allg. Bez. für höhere Schulen, die zur Hochschulreife oder Fachhochschulreife führen.
Gymnastik, i.w.S. die Gesamtheit aller *Leibesübungen;* i.e.S. ein System formender Leibesübungen, die (im Gegensatz zum *Sport*) die körperl. Leistungsfähigkeit heben, körperl. Mängel beseitigen oder verhüten (*Heil-G.*) oder der Vorbereitung der nach Höchstleistung strebenden Sportler dienen soll (*Zweck-G.*); aus der *rhythmischen G.* wurde 1958 die Hochleistungssportart Rhythmische Sport-G.
Gymnospermen →Nacktsamer.
Gynäkologe, Frauenarzt, Facharzt für Frauenkrankheiten u. Geburtshilfe.
Gynäkologie →Frauenheilkunde.
Gynandrie, 1. das Nebeneinander von männl. u. weibl. Merkmalen bei einem Individuum. Ein **Gynander** (*Halbseitenzwitter*) ist, im Ggs. zum *Intersex,* in seinen phänotyp. männl. Teilen auch genotyp. männl. u. in seinen phänotyp. weibl. Teilen auch genotyp. weiblich. G. entsteht durch eine Unregelmäßigkeit bei der Befruchtung oder Furchung der Zellen. – **2.** *Effemination,* weibl. Geschlechtsempfinden beim Mann: →Androgynie.
Győr [djø:r], dt. *Raab,* Stadt in NW-Ungarn, an der Raab, 129 000 Ew.; Barock-Kathedrale; Maschinenbau, Textil- u. chem. Ind.
gyromagnetische Effekte, kreiselmagnet. Effekte, physikal. Erscheinungen, die zeigen, daß das magnet. Moment eines Atoms mit einem Drehimpuls, dem →Spin der Elektronen, verknüpft ist.
Gyros, grch. Nationalgericht aus scharf gewürztem, geschnetzeltem Fleisch.
Gyroskop, allg. ein Gerät, das die Wirkung von äußeren Kräften auf einen Kreisel anzeigt u. dadurch geeignet ist, Drehbewegungen eines Körpers nachzuweisen oder zu messen. Als G. bezeichnet man auch Kreiselgeräte in der Luftfahrttechnik (z.B. *Meßfühler*).
Gysi, 1. Gregor, Sohn von 2), * 16.1.1948, dt. Politiker (SED/PDS); nach Rücktritt der alten Parteiführung 1989-93 Vors. der SEP/PDS, leitete eine umfassende Reform der ehem. Staatspartei der DDR ein; seit 1990 MdB. – **2.** Klaus, * 3.3.1912, dt. Politiker (SED); 1966–73 Min. für Kultur der DDR, 1973–78 Botschafter in Rom, 1979–88 Staatssekretär für Kirchenfragen.
Gyttja →Faulschlamm.

Gymnastik: Einzelwettbewerb mit dem Band, eine Disziplin der rhythmischen Sportgymnastik

H

h, H, 8. Buchstabe des dt. Alphabets, grch. *Eta* (η, H).

Haag →Den Haag.

Haager Abkommen, in Den Haag abgeschlossenes intern. Abkommen auf dem Gebiet des Kriegsrechts u. des internat. Zivilprozeßrechts. Die größte Bedeutung kommt den 1899 u. 1907 auf Antrag des russ. Zaren abgehaltenen **Haager Friedenskonferenzen** zu, die sich um Grundsätze für die friedl. Regelung von zwischenstaatl. Konflikten bemühten. Das Ergebnis der Konferenzen war die **Haager Landkriegsordnung,** welche die wichtigsten Bestimmungen des Kriegsrechts enthält. Die Regelungen erwiesen sich jedoch in den beiden Weltkriegen als unzulänglich. Sie wurden z. T. ergänzt u. abgeändert durch die *Genfer Konventionen* vom 12.8.1949 u. durch die nicht allg. anerkannten Zusatzprotokolle zu diesen Konventionen vom 12.12.1977. Die H. A. bilden ansonsten den Kern des heutigen Kriegsrechts. So geht z. B. der heute noch als internat. Schiedsinstanz amtierende *Ständige Schiedshof (Haager Schiedshof)* auf die Haager Friedenskonferenzen zurück.

Haager Schiedshof →Ständiger Schiedshof.

Haakon, norweg. Könige: *Håkon* ['hoːkɔn]. **1. H. IV. Haakonsson,** *H. der Alte,* *1204, †1263, König 1217–63; einigte Norwegen u. erwarb Grönland u. Island. – **2. H. VI. Magnusson,** *1340, †1380, König 1355–80; 1362–64 auch Regent in Schweden, bereitete durch seine Heirat mit der dän. Prinzessin Margarete die Vereinigung der drei nord. Königreiche vor.

Haar [die], der Höhenzug →Haarstrang.

Haarausfall →Haarkrankheiten.

Haarbalgmilben, bis 0,4 mm lange Milben, die in den Haarbälgen der Säuger leben. Bei starker Vermehrung kann es bei Tieren zur Räude kommen.

Haardt, *Hardt,* urspr. das bewaldete Bergland westl. der Oberrhein. Tiefebene in der Pfalz (jetzt *Pfälzer Wald*), heute nur noch der östl. Gebirgsrand u. dessen Vorhügelzone; in der Kalmit 683 m; Wein- u. Obstanbau, Fremdenverkehr.

Haare, 1. latein. *Pili,* fadenförmige Gebilde der Außenhaut von Tieren; bes. charakterist. für Säugetiere, wo sie aus Hornsubstanz bestehen (bei Insekten Bildung der Kutikula).
Beim Menschen (Säugetierhaar) sitzt die zwiebelförmige *Haarwurzel* im *Haarbalg* über einer kleinen, blutgefäßreichen Verdickung (*Haarpapille*). Diese ist eine Bildung der Oberhaut, die in die Unterhaut eingesenkt ist. Von hier aus wird das Haar ernährt u. wächst als *Haarschaft* nach. In den Haarbalg münden kleine Talgdrüsen. Die H. bestehen aus Hornzellen, die in einer Mark- u. einer Rindenschicht angeordnet u. von einem Oberhäutchen überzogen sind. Farbeinlagerungen (Pigmente) in der Rindenschicht bestimmen die Haarfarbe. Beim Fehlen der Pigmente sind die H. bleich (*Albino*); die *Altersgrauheit* der H. entsteht durch eingesprengte Luftbläschen u. Pigmentverfall. Die H. des Menschen wachsen tägl. um rd. ¼ mm u. haben eine zw. 6 Monaten u. 6 Jahren liegende Lebensdauer. H. entwickeln sich bereits an der Frucht im Mutterleib, die gegen Ende der Schwangerschaft mit zarten *Flaumhaaren* bedeckt ist. Danach entsteht die Dauerbehaarung am Kopf: die *Kopfhaare* u. die *Borstenhaare* der Augenbrauen u. Wimpern. Mit der Geschlechtsreife bilden sich *Achselhaare, Schamhaare, Barthaare,* die Behaarung an den Gliedmaßen u. H. in den äußeren Gehörgängen u. im Naseneingang. →Haarkrankheiten. – **2.** *Botanik: Trichome,* Anhangsorgane der pflanzl. Oberhaut, z. B. Borsten oder Brennhaare.

Haargarn, aus groben Stichel- oder Grannenhaaren von Kühen, Kälbern, Ziegen oder Pferden hergestelltes Garn.

Haargefäße, *Kapillaren,* feinste, dünnwandige Ausläufer von Blut- u. Lymphgefäßen, durch deren Wände der Gas- u. Stoffaustausch stattfindet; →Blutkreislauf.

Haarkrankheiten, Erkrankungen, die sich entweder durch zu starke Haarentwicklungen an Stellen, wo sonst kein oder nur geringer Haarwuchs normal ist, oder durch zu geringe Behaarung u. *Haarausfall* bemerkbar machen. Die Ursachen des Haarausfalls sind noch ungeklärt. Er kann den ganzen Kopf befallen (*Kahlköpfigkeit*), auf einzelne, meist runde Herde beschränkt sein oder sich fleckenförmig über den ganzen Kopf verstreut entwickeln. Haarausfall bei Männern (Glatze) ist oft erblich bedingt, sonst aber auch die Folge von Allgemeinerkrankungen wie z. B. Stoffwechselstörungen. Andere Formen z. B. die abnorme Brüchigkeit des Haars, Entzündungen des Haarbodens (z. B. der Haarbälge durch Bakterien, Pilze).

Haarlem, Hptst. der ndl. Prov. Nordholland, nahe dem inneren Dünenwall, 149000 Ew.; im W das Seebad *Zandvoort;* Frans-Hals-Museum; Zentrum der Blumenzwiebelzucht.

Haarlemmermeer, ehem. Teil des IJsselmeers, südl. von Haarlem, 1848–52 trockengelegt zum H.-Polder (185 km², im Mittel 4 m u. M.); Gemeinde H. (89000 Ew.). Im NO liegt der Flughafen von Amsterdam (*Schiphol*).

Haarlinge, *Federlinge,* Unterordnung der Tierläuse (3000 Arten), die ständig im Fell oder Gefieder von Vögeln u. Säugetieren leben u. mit beißenden Mundwerkzeugen Haare, Federn u. Hautschuppen der Wirte fressen; beim Menschen kommen sie nicht vor.

Haarstern →Komet.

Haarsterne, *Seelilien, Liliensterne,* schon aus dem Kambrium bekannte Ordnung der Stachelhäuter; Meeresbewohner mit meist blumenkelchartigem Körper, der 5 einzelne oder aus diesen hervorgegangene 10 Arme aufweist. Der Mund befindet sich im Gegensatz zu Seeigeln u. Seesternen oben. Es gibt festsitzende u. freibewegliche H. Die H. leben häufig in beträchtl. Meerestiefe (4000–5000 m).

Haarstrang, die *Haar,* nördlichster Höhenzug des Sauerlands, 75 km lang; bis 321 m.

Haarwild, die jagdbaren Säugetiere; Ggs.: *Federwild.*

Haas, 1. Joseph, *1879, †1960, dt. Komponist; Schüler M. Regers (Chorwerke, Opern-, Kammer- u. Klaviermusik). – **2.** Wander Johannes de, *1878, †1960, ndl. Mathematiker u. Physiker; untersuchte die magnet. Erscheinungen bei Metallen u. Flüssigkeiten (*Einstein-de-H.-Effekt*).

Haase, Hugo, *1863, †1919 (Opfer eines Attentats), dt. Politiker (Sozialdemokrat); Mitgr. der USPD.

Haavelmo, Trygve, *13.12.1911, norw. Wirtschaftswissenschaftler; vertritt die Theorie, daß auch von einem ausgeglichenen Staatshaushalt eine expansive Wirkung auf das Volkseinkommen ausgehen kann (*H.-Theorien*); erhielt 1989 den Nobelpreis für Wirtschaftswissenschaften.

Habakuk, einer der Kleinen Propheten des AT.

Habana, *La H.* →Havanna.

Habanera [die], span.-kuban. Tanz im 2/4-Takt. Der Rhythmus wird auch im *Tango* verwendet.

Habasch, Georges, *1925, palästinens. Guerillaführer; Generalsekretär der »Volksfront zur Befreiung Palästinas« (PFLP).

Habe, Hans, eigtl. H. Békessy, *1911, †1977, dt. Publizist u. Schriftst. (Unterhaltungsromane u. Berichte).

Habeas-Corpus-Akte, engl. Gesetz von 1679, nach dem kein Gefangener ohne richterl. Untersuchung länger in Haft bleiben kann.

Habeck, Fritz, *8.9.1916, östr. Schriftst. (zeitkrit. Romane u. Dramen).

Haben, die rechte Seite eines Kontos; Ggs. *Soll.*

Haber, 1. Fritz, *1868, †1934, dt. Chemiker; schuf die wissenschaftl. Grundlage für die Synthese von Ammoniak aus den Elementen Wasserstoff u. Stickstoff, die in techn. Maßstab von C. Bosch durchgeführt wurde (*H.-Bosch-Verfahren*); Nobelpreis 1918. – **2.** Heinz, *1913, †1990, dt. Physiker u. Astronom; Hrsg. von »Bild der Wissenschaft« (seit 1964); Autor populärwiss. Bücher u. Fernsehsendungen.

Häberlin, Paul, *1878, †1960, schweizer. Philosoph, Pädagoge u. Psychologe (Werke über Ethik u. Anthropologie).

Habermas, Jürgen, *18.6.1929, dt. Philosoph u. Soziologe; neben *Adorno* u. *Horkheimer* führender Vertreter der *Kritischen Theorie* der →Frankfurter Schule. Seine Theorien nahmen in den 1960er Jahren starken Einfluß auf die student. Protestbewegung u. die Bildungsreform; W »Erkenntnis u. Interesse«, »Strukturwandel der Öffentlichkeit«, »Theorie des kommunikativen Handelns«.

Habicht, *Hühnerhabicht,* einheim. kräftiger *Raubvogel,* mit quergestreifter Brust.

Habichtskraut, *Mauseöhrchen, Hieracium,* artenreiche (800 Arten) Gatt. der *Korbblütler,* mit meist gelben Strahlenblüten.

Habichtspilz, *Habichtsschwamm, Rehpilz,* ein eßbarer *Stachelpilz.*

Habichtswald, Gebirgszug des Hess. Berglands westl. von Kassel, im *Hohegras* 615 m.

Haarsterne: Gattung Heterometra

Habilitation, der Nachweis der wiss. Befähigung für eine Dozentur an einer Hochschule. Bedingungen: H.sschrift, Vortrag u. Kolloquium, Probevorlesung. Heute ist die H. nicht mehr unbedingt Voraussetzung für die Hochschullehrertätigkeit.

Habit [der], Ordenskleid, Kutte.

Habitat [das], die engste Umwelt eines Tieres; der Ort, an dem eine Tierart oder ein bestimmtes Entwicklungsstadium regelmäßig anzutreffen ist.

habituell, 1. gewohnheitsgemäß, ständig, oft wiederkehrend. – **2.** die äußere Gestalt (den *Habitus*) betreffend. – **Habitus** [der], das allg. Erscheinungsbild, die jeweiligen Besonderheiten in der äußeren Gestalt.

Habsburger, ein nach der *Habsburg* im schweiz. Kt. Aargau ben. europ. Herrschergeschlecht, das wahrsch. aus dem Elsaß stammt. Das Geschlecht erwarb im oberelsäss. u. schweiz. Gebiet ausgedehnte Besitzungen. Als der H. *Rudolf I.* 1273 zum dt. König gewählt wurde, befand sich außerdem fast das ganze linke Rheinufer vom Bodensee bis zu den Vogesen in seiner Hand. 1278 erwarb er die Herzogtümer Österreich u. Steiermark. Damit begann die allmähl. Verlagerung der habsburg. Macht vom SW des Reiches nach dem SO. Mit Ausnahme der Jahre 1292–98, 1308–1437 u. 1742–45 saßen bis 1806 stets H. als Könige oder Kaiser auf dem dt. Thron. Durch Heirat mit den Erbinnen von Burgund u. Spanien gewannen die H. Burgund u. die Niederlande (1482) sowie den span. Kolonialbesitz; 1526 kamen noch Ungarn u. Böhmen hinzu. Unter der Regentschaft Kaiser Karls V. hatten die H. den Höhepunkt ihrer Macht erreicht. Nach sei-

Habsburg-Lothringen

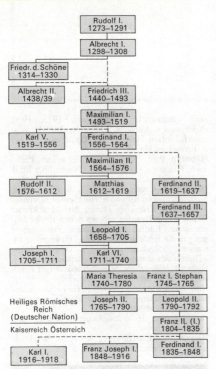

Stammtafel der regierenden deutschen und österreichischen Habsburger

ner Abdankung wurde das Reich endgültig in eine östr. u. eine span. Linie – letztere starb 1700 aus – geteilt. Mit dem Tod *Karls VI.* († 1740) erlosch die östr. Linie der H. im Mannesstamm. Seine Tochter *Maria Theresia* heiratete Franz Stephan von Lothringen, der 1745 als *Franz I.* den Kaiserthron bestieg u. zum Begr. des Hauses *Habsburg-Lothringen* wurde. Seine Nachfolger waren noch bis 1806 im Besitz der röm.-dt. Kaiserwürde; der letzte röm.-dt. Kaiser, *Franz II.,* verzichtete, nachdem er sich 1804 zum östr. Kaiser (Franz I.) hatte ausrufen lassen, auf die röm.-dt. Kaiserkrone. Der letzte östr. Kaiser, *Karl I.,* verzichtete 1918 auf den Thron.

Habsburg-Lothringen, Otto, * 20.11.1912, östr.-ung. Kronprinz 1916–18; Sohn des letzten östr. Kaisers, *Karls I.;* z. Z. Haupt des Hauses H.-L.; erwarb 1978 die dt. Staatsbürgerschaft (neben der östr.) u. ist seit 1979 Mitgl. des Europ. Parlaments (CSU).

Hácha ['ha:xa], Emil, * 1872, † 1945, tschechosl. Politiker; 1938 Staats.-Präs., im März 1939 von Hitler zur Annahme des Protektoratsabkommens gezwungen.

Hachenburg, Stadt in Rhld.-Pf., im Hohen Westerwald, 4400 Ew.; Luftkurort u. Kneippbad; Schloß (13. Jh., 16.–18. Jh. zur Residenz umgebaut), nw. liegt die Zisterzienserabtei Marienstatt (13. Jh.).

Hachioji, *Hatschiodschi,* jap. Stadt westl. von Tokio, 220 000 Ew.; Seidenindustrie.

Hachse, südd. *Haxe,* das untere Bein von Kalb oder Schwein.

Hacienda [aθi'ɛnda], *Hazienda, Facenda,* mittleres bis größeres Landgut in Iberoamerika, häufig als Viehzuchtbetrieb, aber auch als Ackerbau- u. Intensivbetrieb.

Hackbau, eine der ältesten Formen des Ackerbaus, bei der zur Bearbeitung des Bodens eine *Hacke* benutzt wird; Vorstufe zur Pflugkultur.

Hackbrett, trapezförmiges Musikinstrument, über das zahlreiche Saiten gespannt sind; schon bei den Assyrern, heute noch in vervollkommneter Form als *Cimbalom* bei den Ungarn u. Zigeuner; Vorläufer des *Hammerklaviers.*

Hacker, Computerbenutzer, der sich unbefugt in fremde Computersysteme u. Datenbanken einschaltet.

Hackethal, Julius, * 6.11.1921, Chirurg; Schriftst. u. Kritiker der Schulmedizin.

Hackfrüchte, in Reihen u. mit weiteren Zwischenräumen angebaute Feldfrüchte, die das Behacken zum Zweck der Bodenlockerung u. Unkrautvernichtung als Pflegemaßnahme erfordern, z. B. Kartoffeln, Rüben aller Art, Gemüse.

Hackordnung → Rangordnung.

Hacks, Peter, * 21.3.1928, Schriftst.; ging 1955 mit dem Bekenntnis zu einem progressiven Theater aus »plebejischer Geisteshaltung« zum *Brecht-Ensemble* nach O-Berlin; v. a. Dramen.

Häcksel, *Hecksel, Häckerling, Heckerling, Siede,* in Längen von 2–10 cm geschnittenes Rauhfutter (Heu, Stroh).

Hacksilber, silberne, zerhackte Münzen u. Schmuckgegenstände, die in weiten Teilen N- u. O-Europas aufgefunden wurden. H. diente in der Wikingerzeit des 9.–12. Jh. als Zahlungsmittel.

Hadamar, Stadt in Hessen, am S-Rand des Westerwalds, 10 700 Ew.; im Schloß (17. Jh.) staatl. Fachschule für Glasindustrie.

Haddsch, *Hadsch,* die dem Moslem wenigstens einmal im Leben gebotene Pilgerfahrt nach Mekka; nach Vollzug der Fahrt darf der Pilger den Ehrentitel *Haddschi (Hadschi)* führen.

Hadern, Leinen- oder Baumwoll-Lumpen, die als Rohstoff zur Herstellung hochwertiger Papiere *(H.papier)* verwendet werden.

Hadersleben, dän. *Haderslev,* Hafenstadt in Südjütland (Dänemark), an der 11,5 km langen *H.er Förde* der Ostsee (Kleiner Belt), 29 700 Ew.

Hades, der grch. Gott der Unterwelt, später auch die Unterwelt selbst.

Hadith, islam. Glaubens- u. Rechtsquelle des 7.–10. Jh., die Aussprüche u. angebl. Taten des Propheten Mohammed beinhaltet.

Hadramaut, Küstenlandschaft in S-Jemen, am Golf von Aden, 162 000 km², Hauptort u. Hafenstadt Al Mukalla.

Hadrian, 1. H. I., * 795; Papst 772–795; ersuchte *Karl d. Gr.* um Hilfe gegen die Langobarden. – **2. H. IV.,** eigtl. Nikolaus *Breakspear,* * zw. 1110 u. 1120, † 1159; Papst 1154–59; der einzige engl. Papst; geriet in Gegensatz zu Friedrich I. Barbarossa. – **3. H. VI.,** eigtl. Adrian *Florisz,* * 1459, † 1523; Papst 1522/23; bemühte sich um die Eindämmung der Reformation durch eine innere Reform der Kirche.

Hadrian, Publius Aelius *Hadrianus,* * 76, † 138, röm. Kaiser 117–138; ließ 122 den Limes verstärken u. 122–28 den *H.swall* (118 km) im nördl. England errichten; erreichte 132–35 die Rückeroberung Jerusalems. Bauten in u. bei Rom: Engelsburg, H.svilla bei Tivoli.

Hadsch → Haddsch.

Hadschar, der von den Moslems verehrte »schwarze Stein« in der Kaaba (in Mekka).

Hadubrand, Sohn des *Hildebrand* im Hildebrandslied.

Häduer → Haeduer.

Hadur Shu'ayb, der höchste Berg Arabiens, 3760 m, südwestl. von San'a (Jemen).

Hadwig, * um 938, † 994, Tochter Herzog Heinrichs I. von Bayern; heiratete 955 Herzog *Burkhard II.* von Schwaben († 973); trieb in ihrer Witwenzeit gelehrte Studien mit dem St. Galler Mönch *Ekkehard II.*

Haeckel, Ernst, * 1834, † 1919, dt. Naturforscher; erweiterte C. *Darwins* Lehre von der Umwandlung der Arten durch Einbeziehung des Menschen u. Aufstellung der *biogenet. Grundregel.*

Haecker, Theodor, * 1879, † 1945, dt. kath. Kulturkritiker, Philosoph u. Essayist.

Haeduer, *Häduer, Aeduer,* ein kelt. Stamm, zwischen Loire u. Saône ansässig; Hauptort *Bibracte,* später *Augustodunum* (Autun); im Gallischen Krieg von Cäsar unterworfen (58 - 50 v. Chr.).

Kaiser Hadrian; Porträt auf einem Sesterz

Hafen: Abfertigung eines Roll-on-Roll-off-Schiffes

Haefliger, Ernst, * 6.7.1919, schweizer. Sänger (lyr. Tenor).

Haeju ['hædʒu], *Hädschu, Haichu,* N-korean. Hafenstadt am Gelben Meer, an der Kanhoa-Bucht, 200 000 Ew.

Haensel, Carl, * 1889, † 1968, dt. Schriftst. u. Jurist (Tatsachenromane).

Hafen, natürl. u./oder künstl. Schutz- u. Anlegeplatz für Schiffe. Zu unterscheiden sind u. a. *See-, Fluß-, Binnen-* u. *Kanalhäfen* je nach Betriebsart der abgefertigten Schiffe. Es gibt *Handels-* (Einfuhr-, Ausfuhr-, Umschlag-), *Fischerei-, Fähr-, Seezeichen-, Boots-* u. *Nothäfen,* ferner *Bauhäfen* bei Werften sowie *Kriegshäfen.*

Hafenzeit, *Flutstunde,* die Zeitspanne zw. Mondkulmination u. Gezeitenhöchstwasserstand. Die H. wird heute meist durch das *Hochwasserintervall* ersetzt.

Hafer, 1. *Avena,* artenreiche Gatt. der *Süßgräser* der gemäßigten Zone. Kulturpflanze ist vor allem der *Gewöhnliche H. (Haber, Rispenhafer),* dessen Heimat in Asien zu suchen ist. Er hat abstehende Rispen mit gleichseitig angeordneten Ährchen u. von Spelzen umgebenen Früchten (Körnern). Der H. wird vor allem als Pferdefutter genutzt, ferner für die Herstellung von *H.mehl, H.grütze* u. *H.flocken.* Hauptanbaugebiete: N-Amerika, Mittel- u. N-Europa, England u. Rußland. – **2.** Bez. für mehrere Gräserarten, z. B. *Strand-H., Glatt-H. (Franz. Raygras)* u. *Gold-H.*

Haff, *Lagune,* durch Nehrungen oder Inseln fast völlig vom offenen Meer abgeschlossene flache Meeresbucht (meist mit Brackwasser), in die häufig ein Fluß mündet, z. B. Frisches, Kurisches u. Stettiner H.

Haffner, Sebastian, eigtl. Raimund *Pretzel,* * 16.12.1907, dt. Publizist; polit. Bücher (»Anmerkungen zu Hitler«).

Hafis, *Hafes,* eigtl. Schems ed-Din Mohammed,

Die wichtigsten Seehäfen der Welt	
Hafen	Umschlag in Mio. t
Rotterdam (Niederlande)	287,7
Singapur	187,8
Kobe (Japan)	171,5
Chiba (Japan)	164,2
Shanghai (VR China)	133,0
Nagoya (Japan)	128,9
Yokohama (Japan)	123,9
Antwerpen (Belgien)	102,0
Osaka (Japan)	97,4
Kitakyushu (Japan)	95,2
Kawasaki (Japan)	90,4
Marseille (Frankreich)	90,3
Hongkong	89,0
Tokio (Japan)	79,3
Kaohsiung (Taiwan)	77,9
Long Beach (USA)	74,8
Philadelphia (USA)	68,6
Los Angeles (USA)	67,9
Vancouver (Kanada)	66,4
Hamburg (Dtld.)	53,9

*um 1326, †1390, pers. Dichter; schrieb myst., später auch Natur- u. Liebeslyrik.

Haflinger, kleiner, ausdauernder, warmblütiger, fuchsfarbener Pferdeschlag des Alpenlands.

Hafner, *Häfner,* süddt. Bez. für *Töpfer,* Hersteller von *Häfen* (flache Brat- oder Kochschüsseln). – **H.keramik,** *H.ware,* Erzeugnisse der keram. Volkskunst mit transparenten Blei- u. farbigen Zinnglasuren, die den bei 700–900 °C gebrannten Scherben wasserundurchlässig machen.

Hafnium → chem. Elemente.

Haft. In der *BR Dtld.* kennt man zwei Formen der H., die *Untersuchungs- H.,* die zur Sicherung der Durchführung eines Strafverfahrens dient, u. die *Straf- H.* zur Vollstreckung eines auf Freiheitsstrafe laufenden gerichtl. Urteils. Bis zur Strafrechtsreform 1969 war H. auch die Bez. für die leichteste Freiheitsstrafe, die zugunsten der *Einheitsstrafe* abgeschafft wurde. In der *Schweiz* bezeichnet H. die leichteste Form der Freiheitsstrafe; in *Östr.* ähnelte der (einfache) Arrest der H.strafe, seit Inkrafttreten der Strafrechtsreform gibt es nur noch die einheitl. Freiheitsstrafe.

Haftbefehl, schriftl. Befehl eines Richters zur Verhaftung einer wegen einer strafbaren Handlung beschuldigten Person zur Durchführung der Untersuchungshaft.

Haftorgane, Körperteile, die dem Anheften von Tieren u. Pflanzen an die Unterlage dienen.

Haftpflicht, Pflicht zum Ersatz fremden Schadens aus *unerlaubter Handlung* (z. B. die schuldhafte Verletzung von Körper, Freiheit u. Eigentum) sowie aus *Gefährdungshaftung.* →Haftung.

Haftpflichtversicherung, Versicherungsschutz für den Fall, daß der Versicherungsnehmer wegen eines schuldhaften Verhaltens (mit Ausnahme von Vorsatz), das Personen-, Sach- oder Vermögensschäden zur Folge hat, von einem Dritten auf Schadensersatz in Anspruch genommen wird. *Regeldeckungssummen:* 1 Mio. für Personenschäden, 300 000 für Sachschäden. Der bed. Zweig der H. ist die seit 1939 gesetzl. vorgeschriebene *Kraftfahrzeug- H.*

Haftschalen →Kontaktlinsen.

Haftung, rechtl. Verpflichtung, für eigene oder fremde Schuld einzustehen, u. U. auch *Gefährdungs-H.* (ohne Rücksicht auf nachweisbares Verschulden wegen allg. Gefährdung anderer, z. B. als Kfz-Halter). Die *Haftpflichtversicherung* kommt für Sach- u. Personenschäden auf. Die H. ist ferner bei Personenvereinigungen (auf das Gesellschaftsvermögen) u. bei Erben (auf den Nachlaß) *beschränkte* oder *unbeschränkte (persönliche)* H.

Haftzeher →Geckos.

Haganā, 1920 gegr. zionist. militär. Untergrundorganisation in Palästina, die Juden vor arab. Überfällen schützen sollte; Vorläufer der isr. Armee.

Hagebutte, *Hahnebutte, Hiefe, Hifte,* rote Scheinfrucht versch. Rosenarten; gern zu Tee verarbeitet.

Hagedorn, Friedrich von, *1708, †1754, dt. Schriftst. (bürgerl. Rokoko: Fabeln, Oden u. Lieder).

Hagel, Niederschlag von harten, meist gerundeten Eisgebilden; Durchmesser zwischen 5 u. 50 mm; entsteht durch Festfrieren unterkühlter Wassertröpfchen an Eis- oder Schneekristallen.

Hagelkorn, ein knötchenförmige, meist nicht entzündl. Geschwulst; im Oberlid des Auges.

Hagelstange, Rudolf, *1912, †1984, dt. Schriftst. (Lyrik, Romane).

Hagen, *H. von Tronje,* Lehnsmann des Burgunderkönigs *Gunther;* er ermordet aus Gefolgschaftstreue *Siegfried* als Rächer *Brunhilds,* wird dann im Hunnenland durch *Dietrich von Bern* bezwungen u. von *Kriemhild* mit Siegfrieds Schwert erschlagen.

Hagen, Stadt in NRW, am Rand des Sauerlands, 225 000 Ew.; Fernuniversität; Schloß Hohenlimburg; Stahl-, Eisen-, Textil- u. Papierind.

Hagenau, frz. *Haguenau,* Krst. im Dép. Bas-Rhin (Unterelsaß), 24 000 Ew.; bed. Hopfenanbau, vielseitige Ind.; ehem. Kaiserpfalz.

Hagenbeck, Carl, *1844, †1913, dt. Tierhändler; gründete 1907 den Tierpark Stellingen bei Hamburg, in dem erstmalig wilde Tiere in natürl. Umgebung gehalten wurden; leitete einen Zirkus.

Hagestolz, urspr. ein jüngerer, nicht erbberechtigter Bauernsohn, der nur ein kleines Nebengut besaß u. daher nicht eine Familie ernähren konnte; heute älterer Junggeselle.

Haggada, *Agada,* Bez. für den nichtgesetzl., erzählenden Teil des *Talmud.*

Haggai, *Aggäus,* einer der 12 Kleinen Propheten im AT.

Hagia Sophia, die Sophienkirche in Istanbul, ein Hptw. der byzantin. Baukunst, unter Kaiser Justinian 532- 537 von *Anthemios von Tralles* u. *Isidor von Milet* als Kuppelbau errichtet; seit 1453 Moschee, seit 1934 Museum.

Hagia Triada ['ajia tri'aða], Ort an der S-Küste der Insel Kreta; Stadt, kleiner Palast (16. Jh. v. Chr.) u. Nekropole der minoischen Kultur, damals am Meer gelegen.

Hagiographie, die Lebensbeschreibung der Heiligen, einschl. der Geschichte ihrer Verehrung.

Hague, *Kap H.* [a:g], *Cap de la H.,* nw. Landspitze der Halbinsel Cotentin, Frankreich; Wiederaufbereitungsanlage von Kernbrennstoffen.

Häher, Bez. für bunte Rabenvögel, z. B. *Eichel-* u. *Tannen-H.*

Hahn, 1. Absperr- oder Umschaltvorrichtung in Leitungen für Flüssigkeiten oder Gase, bestehend aus Gehäuse u. einem durchbohrten Drehstück. – **2.** früher ein Teil des *Schlosses* der Handfeuerwaffen; bei den Jagdgewehren noch bis Anfang des 20. Jh. erhalten. – **3.** das männl. Tier vieler Vogelgruppen.

Hahn, 1. Otto, *1879, †1968, dt. Chemiker; entdeckte radioaktive Elemente u. 1938 zus. mit F.

Otto Hahn

Straßmann den Zerfall des Urans in mittelschwere Elemente, wodurch die wiss. Grundlagen für die Ausnutzung der Atomenergie gegeben waren. Nobelpreis 1944. – **2.** Ulla, *30. 4. 1946, dt. Lyrikerin u. Publizistin; hpts. Liebeslyrik der klass.-romant. Tradition.

Hahnemann, Samuel Friedrich Christian, *1755, †1843, Arzt; Begr. der *Homöopathie.*

Hahnenfuß, *Ranunculus,* Gatt. der H.gewächse; Kräuter oder kleinere Stauden mit gelben oder weißen Blüten; hierzu u. a.: *Feigwurz (Scharbockskraut), Wasser-H., Acker-H., Kriechender H., Scharfer H.* – **H.gewächse** →Pflanzen.

Hahnenkamm, 1. *Celosia,* Gatt. der *Fuchsschwanzgewächse;* hierzu der *Echte H.* – **2.** breit gebänderter Wuchsform bei Kakteen.

Hahnenkamm, 1. Ausläufer der sw. Schwäb. Alb, im Dürrenberg 647 m. – **2.** Berg südwestl. von Kitzbühel (Tirol), 1655 m; internat. Wintersportveranstaltungen.

Hahnenkampf, eine Volksbelustigung, bei der Hähne gegeneinander kämpfen; oft mit Wetten, bes. in SO-Asien u. Mittelamerika.

Hahnenklee-Bockswiese, Kurort u. Wintersportplatz im Oberharz, Ortsteil von Goslar.

Hahnentritt, 1. volkstüml. Bez. für die Keimscheibe im Dotter des Hühnereis. – **2.** eine zuckende Bewegung der Hinterglidmaßen beim Pferd, bes. im Schritt; Nervenerkrankung.

Hai, *Haifisch* →Haie.

Haider, Jörg, *26.1.1950, östr. Politiker; seit 1986 Obmann (Partei-Vors.) der FPÖ; 1989–91 Landeshauptmann von Kärnten.

Haiderabad →Hyderabad.

Haiduken, *Hajduken, Heiducken,* urspr. Söldner, die gegen die Türken eingesetzt wurden; dann Sammelname für Aufständische, die sich gegen nat. u. soz. Unterdrückung wandten. In Ungarn wurden ihnen seit dem 16. Jh. eigene Wohnsitze im heutigen Komitat *Hajdú* zugeteilt; bis 1740 hießen die ung. Fußtruppen *H.-Regimenter.* – **2.** im 19. Jh. Lakaien, Gerichtsdiener, Läufer u. Trabanten der ung. Adeligen.

Haie, zur Ordnung der *Knorpelfische* gehörige Raubfische, mit rd. 250 Arten in allen Weltmeeren

Grauhai

vertreten; stromlinienförmiger Körper, in mehreren Reihen hintereinanderstehende scharfe Zähne; Fleischfresser. Manche Arten legen Eier, während andere lebende Junge zur Welt bringen. U. a. *Grau-H., Ammen-H., Katzen-H., Blau-H., Dorn-H.*

Haieff, Alexej, *25.8.1914, US-amerik. Komponist russ. Herkunft; aus der neoklassizist. Schule N. *Boulangers.*

Haifa, wichtigste Hafenstadt Israels am Mittelmeer, zwischen dem Karmel u. der *H- Bucht,* 220 000 Ew.; Univ., TH; Ölraffinerie mit Pipeline von Elat; Schwerind.

Haifische →Haie.

Haig [heig], Alexander, *2.12.1924, US-amerik. General u. Politiker; 1974–79 NATO-Oberbefehlshaber, 1981–82 Außen-Min.

Haigerloch, Stadt in Ba.- Wü., an der Eyach, 4000 Ew.; Schloß H. (16. Jh., heute Kongreßzentrum), Herstellung von Mineralwasser.

Haiku, 17 silbiges jap. Kurzgedicht.

Haile Selassie I., eigtl. Ras (Fürst) *Tafari Makonnen,* *1892, †1975, Kaiser *(Negus)* von Äthiopien 1930–74; 1916–30 Regent unter Kaiserin *Zauditu;* ging nach der Eroberung Äthiopiens durch Italien 1936 nach London ins Exil u. kehrte 1941 in das befreite Land zurück. Er spielte eine führende Rolle in der Bewegung der Blockfreien u. bei der Gründung der OAU. Sein autokrat. System verhinderte die Modernisierung des Landes. 1974 wurde er vom Militär entmachtet. Er kam unter bisher nicht geklärten Umständen um.

Hailey ['heili], Arthur, *5.4.1920, brit. Schriftst. spannender Tatsachenromane, die fast alle verfilmt wurden. Ⓦ »Hotel«, »Airport«, »Reporter«.

Haimonskinder, die sagenhaften vier Söhne des Grafen *Haimon* (Aymon) aus Dordogne, die gegen ihren Lehnsherrn Karl d. Gr. kämpften; Volksbuch.

Hainan, die zweitgrößte chin. Insel, vor dem Golf von Tonkin, durch die *H.-Straße* von der Halbinsel Leizhou getrennt; seit 1988 Prov., 34 000 km², 6,6 Mio. Ew.; Hauptort *Haikou.*

Hainbuche, Weißbuche, zu den *Birkengewächsen* gehörender, bis zu 25 m hoher Baum der Laubwälder u. Gebüsche Mittel- u. Südeuropas sowie Kleinasiens.

Hainbund →Göttinger Hain.

Hainfeld, Industriestadt in Nieder-Östr., im SW des Wienerwalds, 4000 Ew. - 1889/90 *H.er Parteitag:* Gründung der Sozialdemokrat. Partei Österreichs.

Hainich, Höhenzug zw. Eisenach u. Mühlhausen in Thüringen, im *Alten Berg* 494 m.

Hainleite, Höhenzug im nördl. Thüringer Becken, bis 463 m.

Haiphong [ai'fɔ̃], wichtigste Hafenstadt Nordvietnams, am nördl. Mündungsarm des Roten Flusses, 1,3 Mio. Ew.; Werften u. versch. Ind.

Haithabu, *Hedeby,* frühmittelalterl. Wikingersiedlung nahe dem heutigen Schleswig; 9.–12. Jh.

Haiti, Staat im W der Antilleninsel *Hispaniola,* 27 750 km², 6,5 Mio. Ew., Hptst. *Port-au-Prince.* – H. liegt in den Randtropen u. hat eine gebirgige Landesnatur (im *Pic de la Selle* bis 2680 m). Die überwiegend Kreolisch sprechende Bevölkerung

Haiti

besteht zu 75% aus Schwarzen u. zu 25% aus Mulatten. Die Ind. erzeugt Textilien, Elektro-, Spiel-, Sportwaren u. a. Sie liefert rd. 60% der Gesamtausfuhr. Die restl. Exportgüter sind Agrarprodukte (Kaffee, Kakao, Soja, Zucker, Sisal). H. hat ein gutes Straßennetz. Die Hptst. ist zugleich der wichtigste Hafen.

Geschichte. *Kolumbus* entdeckte die Insel 1492. Sie erhielt den Namen *Española*. Der westl. Teil wurde 1697 frz., der östl. Teil folgte 1795. 1804 wurde das Kaiserreich H. gegr., das 1820 Rep. wurde, der sich der zeitweise wieder span. O-Teil von 1822–44 anschloß. Nachdem sich der O als selbst. Rep. abgetrennt hatte (→ Dominikanische Republik), war H. von 1849–59 wieder Kaiserreich. Danach herrschten Bürgerkriegswirren. 1915–34 war das Land von den USA besetzt. 1957–86 herrschte die Familie *Duvalier* diktator. Anschließende Demokratisierungsversuche schlugen fehl. 1988–90 regierte das Militär unter General P. *Avril*. Der 1990 zum Staats-Präs. gewählte oppositionelle Priester J. B. *Aristide* bemühte sich um polit. u. soz. Reformen. Er wurde 1991 durch Militärputsch gestürzt.

Hajek, Otto Herbert, *27.6.1927, Bildhauer; plast. Ausgestaltung von Fassaden öffentl. Bauten u. von Plätzen.

Haken, Hermann, *12.7.1927, dt. Physiker; begr. die wiss. *Synergetik.*

Hakenkreuz, sanskr. *Swastika, Svastika,* ein uraltes Symbol in Kreuzform, dessen Enden rechtwinklig umgebogen sind; im 20. Jh. als Kennzeichen versch. Unabhängigkeitsbewegungen sowie antisemit. Organisationen im 20. Jh.; von den Nationalsozialisten als Partei-Emblem übernommen.

Hakenpflug, einfaches Pflugwerkzeug; schon bei Ägyptern, Griechen, Römern u. Germanen.

Hakenwurm, *Grubenwurm,* ein etwa 8–18 mm langer *Fadenwurm,* der als Darmparasit den Dünndarm des Menschen bewohnt. Er erzeugt Wunden in der Darmwand, die zu Blutarmut führen können. Die Eier des H. entwickeln sich bei einer Temperatur von ständig über 20 °C, die in Mitteleuropa nur in größeren Tiefen, z. B. in Bergwerkschächten, zu finden ist.

Hakim, arab. u. türk. Ehrentitel: Arzt, auch Gelehrter u. Richter.

Hakka, im SO Chinas Bevölkerungsgruppe mit eigener Mundart (Hakwa).

Hakodate, Hafenstadt in Japan, im S der Insel Hokkaido, 245 000 Ew.

Håkon [ˈhɔːkɔn, dän.;ˈhoːkɔn, norw.] → Haakon.

Halacha, der gesetzl. Teil des *Talmud.*

Halali, Jagdhornsignal für gestelltes Wild u. das Ende der Jagd.

Halbaffen, Unterordnung der *Herrentiere;* meist nächtl. lebende Säugetiere mit dichtem Pelz, eichartigen Gliedmaßen, fuchsähnl. Kopf u. großen Augen; in den Tropen, bes. Madagaskar; hierzu: *Lemuren, Loris* u. *Galagos* sowie *Koboldmakis.*

Halbblut, aus der Kreuzung zw. Warmblut u. Vollblut hervorgegangenes Pferd.

Halbe, Max, *1865, †1944, Schriftst. (heimatverbundene naturalist. Dramen).

Halbedelsteine → Edelsteine.

Halberstadt, Krst. in Sachsen-Anhalt, an den nördl. Ausläufern des Harzes, 48 000 Ew.; mittelalterl. Stadtbild, got. Dom (13.–15. Jh.).

Halbesel, wildlebende asiat. *Pferde,* die eine Mittelstellung zwischen *Esel* u. *Wildpferd* einnehmen.

Halbaffen: Zwerggalago

Halbleiter, verschiedene Bauelemente: Dioden, Transistoren, integrierte Schaltkreise (IC), Widerstände und Kondensatoren

Halbfabrikat, ein Erzeugnis, das im Produktionsprozeß zw. Rohstoff u. Fertigware steht, z. B. Rohzucker.

Halbfranzband, *Halblederband,* ein urspr. frz. Bucheinband mit Lederrücken u. -ecken.

Halbgott, *Heros,* in der Myth. ein Mensch, der einen göttl. Vorfahren hat u. infolgedessen bes. Kräfte besitzt.

Halbinseln, Landvorsprünge ins Meer oder in Seen; von der Landzunge bis zu Kontinentteilen (z. B. Pyrenäen-H., Skandinavien, Arabien).

Halbkantone, die sechs schweiz. Kt. Appenzell-Innerrhoden u. Appenzell-Außerrhoden, Basel-Stadt u. Basel-Land, Nidwalden u. Obwalden. Die H. haben jeweils nur einen Sitz im *Ständerat* u. bei Revisionen der Bundesverfassung nur eine halbe Stimme. Sonst sind die H. den Kantonen gleichgestellt.

Halbkristall, *Bleiglas,* ein Glas mit mittlerem Bleigehalt; billiger Ersatz für Bleikristall.

Halbleinen, ein Gewebe, dessen Kette aus Baumwoll- u. dessen Schuß aus Leinengarn besteht.

Halbleiter, feste Stoffe, die bei sehr tiefen Temperaturen den elektr. Strom nicht leiten, bei Erwärmung jedoch eine (oft schnell) mit der Temperatur anwachsende Leitfähigkeit zeigen. Zu den für die techn. Anwendung wichtigsten H. gehören die chem. Elemente Germanium u. Silicium. I. w. S. werden auch ganze Bauelemente aus halbleitenden Materialien (wie Transistoren u. Dioden) als H. bezeichnet.

halbmast, Bez. für eine Flagge, die auf halber Höhe des Mastes weht; meist bei Staatstrauer.

Halbmesser → Radius.

Halbmetalle, chem. Elemente, die hinsichtl. ihrer chem. u. physikal. Eigenschaften zwischen den Metallen u. den Nichtmetallen stehen. H. sind z. B. Antimon, Arsen, Bor, Germanium, Selen, Silicium u. Tellur.

Halbmond, 1. der Mond im ersten oder letzten Viertel. – 2. → Schellenbaum. – 3. das weltl. Symbol des Islams, auf den Flaggen der Türkei, Algeriens, der Komoren, Singapurs, Malaysias, der Malediven, Mauretaniens, Pakistans u. Tunesiens, Aserbaidschans u. Turkmenistans.

Halbschwergewicht → Gewichtsklassen.

Halbseide, Gewebe, bei denen das eine Fadensystem aus Seide, das andere aus feinem Woll- oder Baumwollgarn besteht.

Halbseitenlähmung, *Hemiplegie,* die Lähmung einer ganzen Körperhälfte; meist durch Herderkrankungen im Gehirn, bes. durch Blutung im Gehirn beim Schlaganfall.

Halbstarke, in den 1950er Jahren Bez. für aggressive, meist männl. Jugendliche, die bes. in Gruppen oder Banden auftraten.

Halbsträucher, buschartige, meist kleine Holzpflanzen, deren Zweige nach einer oder zwei Vegetationsperioden absterben u. durch neue ersetzt werden.

Halbton, 1. *Musik:* der kleinste Intervallschritt im zwölfstufigen Tonsystem, z. B. c-cis, b-h, h-c, e-f. – 2. *Photographie:* Bez. für die versch. Helligkeitsstufen zw. Schwarz u. Weiß.

Halbwertzeit, bei radioaktiven Stoffen u. instabilen Elementarteilchen die Zeit, in der die Hälfte der Atome des Elements bzw. der Teilchen zerfallen ist; → Radioaktivität.

Halbzeit, bei den Torspielen (Fußball, Handball u. a.) die Hälfte der Spielzeit; auch die Pause zwischen den beiden Spielhälften.

Halbzeug, in der Stahlindustrie rohe u. vorgewalzte Blöcke, aus denen Träger, Eisenbahnschienen, Bleche u. a. hergestellt werden.

Haldane [ˈhɔːldeɪn], 1. John Scott, Bruder von 2), *1860, †1936, brit. Physiologe u. philosoph. Schriftst.; Vertreter des *Neovitalismus.* – 2. Richard Burdon, Viscount *H. of Cloan,* *1856, †1928, brit. Politiker (Liberaler); 1905–12 Kriegs.-Min., reorganisierte das engl. Heer nach dt. Vorbild.

Halde, Anschüttung von wertlosem Material (*Abraum-, Berge-H.*) oder zur Bevorratung oder vorübergehenden Ablagerung (*Kohlen-, Erz-H.*).

Haldensleben, Krst. in Sachsen-Anhalt, nw. von Magdeburg, an der Ohre u. am Mittellandkanal, 21 000 Ew.; keram. u. Zuckerind.

Hale [heɪl], George Ellery, *1868, †1938, US-amerik. Astrophysiker; Sonnenforscher, der den Bau großer Teleskope (z. B. *H*-Spiegel auf dem Mount Palomar) förderte.

Haleakala, großer Lavavulkan auf der Hawaii-Insel Maui, 3055 m hoch.

Haleb → Aleppo.

Halévy [aleˈvi], 1. Jacques Fromental, eigtl. Elias *Lévy,* *1799, †1862, frz. Komponist; führender Vertreter der *grande opéra.* – 2. Ludovic, *1834, †1908, frz. Schriftst. (Romane, Opern- u. Operettenlibretti, u. a. »Carmen«).

Haley [ˈheɪli], 1. Alex, *1921, †1992, amerik. Schriftst. (afro-amerik. Familienchronik »Roots«). – 2. Bill, *1927, †1981, amerik. Rocksänger; begr. um 1954 den Rock 'n' Roll.

Halfagras → Esparto.

Halfcast [ˈhaːfkaːst], Mischling zwischen Weißen u. Indern.

Halfter, Gurt zum Anbinden des Pferdes im Stall u. zur Befestigung des Zaumzeugs.

Halifax [ˈhælifæks], 1. Hptst. der kanad. Prov. Neuschottland am Atlantik, 87 000 Ew.; der bed. eisfreie Hafen Kanadas. – 2. Ind.-Stadt in N-England, Gft. West Yorkshire, 94 000 Ew.; Woll- u. Maschinenind.

Halifax [ˈhælifæks], Edward Frederick Lindley Wood, Earl of *H.,* *1881, †1959, brit. Politiker (Konservativer); 1925–31 Vizekönig in Indien; 1935 Kriegs.-Min., 1938–40 Außen-Min.; identifizierte sich mit der von N. *Chamberlain* vertretenen Politik des *Appeasement* gegenüber Hitler-Dtld.

Halikarnassos, antike Stadt (dorische Kolonie) an der SW-Küste Kleinasiens, an der Stelle des heutigen *Bodrum;* berühmt durch das Grabmal des karischen Fürsten Mausolos *(Mausoleum).*

Hall, 1. *Bad H.,* Solbad in Ober-Östr. am Alpenrand, 388 m ü. M., 4000 Ew.; jod- u. bromhaltige Quellen. – 2. *H. in Tirol,* östr., Stadt am Inn, östl. von Innsbruck, 13 000 Ew.; histor. Altstadt (zahlr. got. Bauwerke).

Hall [hɔːl], 1. Asaph, *1829, †1907, US-amerikan. Astronom; entdeckte 1877 die Marsmonde. – 2. Charles Francis, *1821, †1871, US-amerik. Nordpolarfahrer; versuchte 1871 vergebl. von Nordgrönland aus den Nordpol zu erreichen. – 3. Edwin Herbert, *1855, †1938, US-amerik. Physiker; entdeckte den *H.-Effekt:* in stromdurchflossenen elektr. Leitern, die sich in einem senkrecht vom Strom stehenden Magnetfeld befinden, entsteht

(senkrecht zu Strom u. Magnetfeld) eine elektr. Spannung.
Halle, 1. *Halle (Saale),* Ind.-Stadt in Sachsen-Anhalt, im breiten Saale-Tal am Ausgang der Leipziger Bucht, 230000 Ew.; Wirtschaftszentrum, Verkehrsknotenpunkt, Altstadt mit zahlr. spätgot. Bauten; Maschinenbau, Metall- u. chem. Ind.; Braunkohlenbergbau, Salzwerk. – 14.- 16. Jh. wirtschaftl. Blüte; 1694 Gründung der Univ., Zentrum der Aufklärung u. des Pietismus. – **2.** *H. (Westf.),* Stadt in NRW, am Rand des Teutoburger Walds, 18 000 Ew.; Textil-, Leder- u. Süßwarenind. – **3.** frz. *Hal,* Stadt in Belgien, sw. von Brüssel, 20000 Ew.; Wallfahrtsort.
Hallein, Salinenkurort in Östr., an der Salzach, südl. von Salzburg, 14 000 Ew.; Salzbergwerk; Gräberfeld der Latène-Zeit.
Halleluja, *Alleluja,* meist gesungene Lobpreisung im israelit. Kult; in Verbindung mit Psalmen in die christl. Liturgie übernommen.
Hallenhandball →Handball.
Hallenhockey →Hockey.
Hallenkirche, eine mehrschiffige Kirche, in der alle Schiffe gleiche Höhe haben. In der Mitte des 12. Jh. entstanden frühe H. in Niederbayern, um 1200 in Westfalen.
Hallensport, zusammenfassende Bez. für Hallenveranstaltungen u. -meisterschaften der Sportarten Fußball, Handball, Hockey, Leichtathletik, Radsport, Reiten, Schwimmen u. Tennis.
Haller, 1. Albrecht von, * 1708, † 1777, schweiz. Dichter u. Gelehrter; Vertreter der Aufklärung; philos. Lyrik, Romane, kulturgeschichtl. Schriften. – **2.** Hermann, * 1880, † 1950, schweiz. Bildhauer; Plastiken u. Porträtbüsten im Stil des Neuklassizismus.
Hallertau, *Holle(r)dau,* fruchtbare bay. Hügellandschaft südl. der Donau, zw. der Paar u. der oberen Laaber; das größte geschlossene dt. Hopfenanbaugebiet.
Halley ['hæli], Edmond, * 1656, † 1742, engl. Astronom; wies die 76jährige Umlaufzeit des *H.schen Kometen* nach.
Halligen, die nicht durch Winterdeiche geschützten Marschinseln an der W-Küste von Schl.-Ho.: *Langeneß, Oland, Gröde, Habel, Hooge, Norderoog, Nordstrandischmoor, Süderoog u. Südfall,* insges. 33 km², 400 Ew.; bei Hochwasser Überflutungsgefahr; Gehöfte auf künstl. Erdhügeln (*Werften,* Warften oder Wurten).
Hallimasch, *Honigpilz,* gekocht eßbarer gelbbrauner *Blätterpilz;* Baumschädling.
Hallstadt, bay. Stadt in Oberfranken, nördl. von Bamberg, 6900 Ew.
Hallstatt, oberöstr. Sommerfrische im Salzkammergut, am steilen SW-Ufer des **Hallstätter Sees** (125 m tief, 8,4 km²), 1300 Ew.; Salzbergwerke seit vorgeschichtl. Zeit; Gräberfunde aus der frühen Eisenzeit (800–400 v. Chr.), der sog. **H.-Zeit.**
Hallstein, 1. Ingeborg, * 23.5.1939, Sängerin (So-

Halle (Saale): der Markt mit der Marienkirche, dem Roten Turm mit wiederhergestelltem gotischen Glockenturm und Händel-Denkmal

Hallenkirche: Maria zur Höhe in Soest; um 1225

pran). – **2.** Walter, * 1901, † 1982, Politiker (CDU); 1958–67 Präs. der Kommission der *EWG.* – **H.-Doktrin,** 1955 nach *W. H.* benanntes polit. Programm der BR Dtld., das den Abbau diplomat. Beziehungen zu Staaten, welche die DDR völkerrechtl. anerkannten, forderte; seit 1967 wurde die H.-Doktrin allmähl. abgebaut.
Hallström, 1. Gunnar, * 1875, † 1943, schwed. Maler u. Graphiker (Landschaften, Porträts u. Historienbilder, oft mit altnord. Motiven). – **2.** Per August Leonard, * 1866, † 1960, schwed. Schriftst. (Romane, Novellen, Lyrik).
Halluzination, eine Trugwahrnehmung, die ohne reale Ursachen u. Mitwirkung der Sinnesorgane zustande kommt (im Unterschied zur *Illusion,* bei der echte Sinneseindrücke mißdeutet werden); bei Vergiftungen, z.B. durch Alkohol im *Delirium tremens,* bei Psychosen wie *Schizophrenie.*
Halluzinogene, *Rauschmittel,* deren Wirkung in

Hallstatt: kerbschnittgemusterte und bemalte Tonurne der württembergischen Hallstattkultur. Stuttgart, Württembergisches Landesmuseum

erster Linie darin besteht, daß sie die Sinneswahrnehmung erhöhen u. echte *Halluzinationen* auslösen, z.B. LSD u. Mescalin.
Hallwachs, Wilhelm, * 1859, † 1922, dt. Physiker; Entdecker des nach ihm benannten lichtelektr. Effekts (→Photoeffekt).
Halma, ein Brettspiel.
Halmahera, die größte Insel der indones. Molukken, 17 998 km², 150000 Ew. (meist Malaien), Hptst. *Ternate.*
Halmfliegen, *Grünaugen, Chloropidae,* Familie der *Fliegen,* deren Larven oft in großer Zahl an Gräsern u. Getreide saugen; hierzu die *Fritfliege* u. die *Gelbe Weizen-H.*
Halo, *Hof,* durch Brechung u. Spiegelung an atmosphär. Eiskristallen entstandene Lichterscheinung mit mannigfaltigen Formen, z. T. in (Regenbogen-)Farben. Am häufigsten sind: Ring um Sonne u. Mond, Nebensonne u. -monde, senkrechte Lichtsäule.
Halogene, *Salzbildner,* chem. Elemente *Fluor, Chlor, Brom, Iod* u. *Asat;* benannt nach ihrer Fähigkeit, mit Metallen unmittelbar Salze **(Halogenide)** zu bilden.
Halogenlampe, *Jod-Quarz-Lampe,* eine elektr. Glühlampe mit Quarz- oder Hartglaskolben, bei der dem Füllgas eine kleine Menge eines Halogens (Iod oder Brom) zugesetzt ist. Der durch einen Zusatz ausgelöste Kreisprozeß führt zu einer laufenden Regeneration des Glühfadens. H. haben eine hohe Leuchtkraft u. eine lange Lebensdauer.
Hals, *Cervix,* Verbindungsglied zw. Kopf u. Rumpf. Das Knochengerüst des H. bildet bei den Wirbeltieren die **H.wirbelsäule,** die bei fast allen Säugetieren (z.B. beim Menschen, auch bei Giraffe u. Maus) aus 7 **H.wirbeln** besteht. Die ersten beiden Wirbel (Atlas u. Wender) dienen der Beweglichkeit des Kopfes u. sind dazu bes. geformt.
Hals, Frans, * um 1581/85, † 1666, niederl. Maler; Begr. der niederl. Barockmalerei, v. a. Genrebilder, Einzel- u. Gruppenporträts. B →S. 348
Halsband-Affäre, Skandal am frz. Hof 1785/86, durch den die bei den Franzosen verhaßte Königin Marie Antoinette zu Unrecht in Verruf kam.
halsen, ein segelndes Schiff auf den anderen Bug vor den Wind legen; Ggs.: *wenden.*
Halsentzündung, *Mandelentzündung* →Angina.
Halsgericht, im späten MA Strafgericht zur Aburteilung schwerer Straftaten.

Halma: Sechseck-Stern für drei Personen mit je 15 Figuren

Hälsingborg →Helsingborg.
Hälsingland, *Helsingland,* Ldsch. in Mittelschweden, am südl. Bottn. Meerbusen; fluß- u. seenreiches Waldgebiet.
Hals-Nasen-Ohren-Heilkunde, Abk. *HNO,* Lehre von der Erkennung u. Behandlung der Hals-Nasen-Ohren-Krankheiten; ein medizin. Fachgebiet, das sich im 18./19. Jh. als selbständige Disziplin aus der Chirurgie entwickelte.
Halsschlagader, *(Arteria) Carotis,* paarige Schlagader zur Blutversorgung des Kopfs bei lungenatmenden Wirbeltieren. Sie zieht sich seitl. von Luftröhre u. Kehlkopf am Hals entlang.
Halteren, 1. im antiken Griechenland Metall- oder Steingewichte, die beim Weitsprung zur Schwungverstärkung in den Händen gehalten wurden. – **2.** *Schwingkölbchen,* die rückgebildeten Hinterflügel der Zweiflügler (z.B. Fliegen u. Mücken); Stimulationsorgane für die Flugbewegung, z. T. auch Gleichgewichtsorgane.
Haltern, Stadt in NRW nördl. von Recklinghausen, 33 000 Ew.; Stausee; versch. Ind.; am *St. Annaberg* archäolog. Funde aus der Römerzeit.
Ham, *Cham,* einer der Söhne *Noahs;* Stammvater der *Hamiten.*

Halo mit Nebensonnen; für bessere Lichtverhältnisse wurde die Sonne ausgeblendet

Häm

Frans Hals: Willem van Heythuysen; 1625/26. München, Alte Pinakothek

Häm →Hämoglobin.

Hamada, *Hammada,* fast vegetationslose Steinwüste in der Sahara.

Hamadan, *Hämadan,* das antike *Ekbatana,* Stadt in Iran, sw. von Teheran, 130 000 Ew.; Hptst. des antiken *Medien.*

Hamadhani, Badi az-Zaman al-H., * 969, † 1007, arab. Dichter; Schöpfer der Makamen-Dichtung, einer Gattung der gereimten Kunstprosa.

Hamah, das bibl. *Emath* oder *Hamath,* später *Epiphania,* Handelsstadt in Syrien am Orontes u. an der Bahnlinie Damaskus–Aleppo, 130 000 Ew.; 1982 durch innenpolit. Auseinandersetzungen großenteils zerstört.

Hamamatsu, Hafenstadt in Japan, an der SO-Küste von Honshu, 475 000 Ew.; Tabak- u. Teeanbau, versch. Ind.

Hamamelis, *Zaubernuß, Zauberhasel, Hexenhasel,* Gattung der *Zaubernußgewächse;* beliebte Ziersträucher mit feinen gelben Blüten im Januar/ Februar vor dem Blattansatz. – **H.gewächse** →Pflanzen.

Ham and eggs [hæm ənd εgz], brit. Frühstücksgericht: gebratener Speck mit Spiegeleiern.

Hämangiom, *Blutschwamm, Blutgefäßmal, Gefäßgeschwulst,* gutartige, von Blutgefäßen ausgehende Geschwulst mit Neubildung u. Erweiterung von Gefäßen.

Hamann, Johann Georg, * 1730, † 1788, dt. Philosoph u. Schriftst.; Gegner der Aufklärung, übte starken Einfluß auf die Bewegung des *Sturm u. Drang* aus.

Hamar, Stadt in Norwegen am Mjösa (Mjösen-See), Hptst. der Prov. Hedmark, 16 000 Ew.; Holz- u. Textilind.

Hamasa [die], Titel altarab. Gedichtsammlungen versch. Inhalts; bekannteste von *Abu Tammam.*

Hämatit, *Eisenglanz, Eisenglimmer, Roteisenerz, Roteisenstein,* ein graues bis schwarzes, auf Kristallflächen metallglänzendes Mineral.

Hämatologie, die Wissenschaft vom Blut u. seinen Krankheiten.

Hämatom →Bluterguß

Hämatopese, *Blutbildung,* bes. die Bildung roter Blutkörperchen.

Hämaturie, Ausscheidung von Blut im Harn.

Hambacher Fest, Massenkundgebung von 30 000 Liberalen u. Demokraten auf der Maxburg bei Hambach vom 27. bis 30.5.1832. Redner wie Ph. J. *Siebenpfeiffer,* J. G. A. *Wirth* u. L. *Börne* forderten Volkssouveränität, die dt. Einheit u. eine Föderation der europ. Demokratien. Der Bundestag hob daraufhin die Presse- u. Versammlungsfreiheit auf.

Hamborn, Stadtteil von Duisburg (seit 1929); fr. bed. Kohlebergbau.

Hamburg, *Freie u. Hansestadt H.,* Bundesland u. Hafenstadt im N der BR Dtld., 747,5 km², 1,7 Mio. Ew. Die Landesregierung besteht aus dem von der *Bürgerschaft* (120 Sitze) gewählten *Senat;* Regierungschef ist der vom Senat gewählte *Erste Bürgermeister.* Die Stadt liegt 120 km vor der Mündung der Elbe in die Nordsee u. an der zu einem See (Außen- u. Binnenalster) aufgestauten Alster. H. ist die zweitgrößte Stadt u. der größte Seehafen (rd. 91 km² einschl. Freihafen) der BR Dtld. Um den Hafen als wirtschaftl. Mittelpunkt haben sich umfangreiche Industrieanlagen entwickelt, u. a. einige der bedeutendsten dt. Werften; außerdem Kaffeeröstereien, Holz-, Textil- u. Nahrungsmittelfabriken, Ölraffinerien, chem. u. pharmazeut. Werke. Der starke Verkehr wird durch 2 Elbtunnel, 3 große Elbbrücken, eine Hoch- u. Untergrundbahn u. eine Schnellbahn erleichtert. Der am Nordufer der Elbe gelegene alte Stadtkern mit Rathaus u. Jungfernstieg (Alsterpromenade), Michaelskirche (»Michel«, das Wahrzeichen der Stadt) u. den alten Kontorhäusern in der engen, von vielen Fleeten durchzogenen Altstadt ist das Zentrum der Millionenstadt; bek. Vergnügungsviertel St. Pauli mit der Reeperbahn. Kultur- u. Bildungseinrichtungen: Univ., Inst. für Tropenkrankheiten, Welt-Wirtschafts-Archiv, Dt. Elektronensynchrotron DESY, Dt. Überseeinst.; Hagenbecks Tierpark; Norddt. Rundfunk; Staatsoper, Dt. Schauspielhaus, Thalia-, Ohnsorg- u. a. Theater; versch. Museen; Verlage; Ausstellungen u. Messen.
Gesch.: H. wurde als Burganlage *(Hammaburg)* mit christl. Kirche im 9. Jh. gegr. Als Mitgl. der *Hanse* war die Stadt von großer Bedeutung. Im 16. Jh. wanderten Glaubensflüchtlinge aus den span. Niederlanden u. port. Juden ein, u. engl. Kaufleute gründeten Niederlassungen, so daß H. zum internat. Stapelplatz wurde. 1815 trat H. als *Freie u. Hansestadt* dem Dt. Bund u. 1871 dem Dt. Reich bei. Unter starkem Druck Bismarcks schloß es sich auch dem Dt. Zollverein an, behielt jedoch einen Freihafen.

Hamburger [ˈhæmbəːgə], US-amerik. Ausdruck für gewürztes u. gebratenes Rinderhackfleisch in einem Milchbrötchen.

Hameln, Krst. in Nds., an der Mündung der Hamel in die Weser, 60 000 Ew.; Bauten der *Weser-Renaissance;* metallverarbeitende, Elektro-, Textil- u. Genußmittelind. – **Rattenfänger von H.:** Gestalt einer seit Ende des 14. Jh. in H. erzählten Sage. Danach soll 1284 ein Spielmann 130 Kinder aus H. entführt haben. Da der Spielmann H. angebl. von einer Rattenplage befreit habe u. um seinen Lohn betrogen worden sei, soll es sich um einen Racheakt handeln.

Hamen, v. a. in der Fischerei eingesetztes Netz.

Hamilkar, Name mehrerer Feldherren Karthagos. Der bedeutendste war *H. Barkas* [»Blitz«], † 229 v. Chr. (gefallen), Vater *Hannibals.*

Hamilton [ˈhæmiltən], **1.** Ind.-Stadt in Mittelschottland, am Clyde, 46 000 Ew.; Eisen- u. Textilind. – **2.** Hafenstadt in Kanada, am W-Ende des Ontariosees, 300 000 Ew.; Univ.; Eisen- u. Stahlind. – **3.** Stadt auf der Nordinsel von Neuseeland, 90 000 Ew.; Agrarhandel, Nahrungsmittel- u. a. Ind. – **4.** Hptst. u. Haupthafen von Bermuda, 3500 Ew., Fremdenverkehr.

Hamilton [ˈhæmiltən], **1.** Alexander, * 1755, † 1804, US-amerik. Politiker u. Offizier; erstrebte eine starke Zentralgewalt der Bundesstaaten, trat aber vorbehaltlos für die Ratifizierung der Verfassung ein. Zu seiner für die Zukunft grundlegenden Finanz-, Zoll- u. Währungspolitik (*H.ian System*) gehörte auch die Gründung der (ersten) US-Bank 1791. – **2.** David, * 15.4.1933, engl. Photograph u. Filmemacher; poet. Farbbilder von Wesen zw. Kind u. Frau. – **3.** Lady Emma, geb. *Lyon,* * 1765, † 1815, eine berühmte Schönheit; seit 1798 die Geliebte H. *Nelsons.* – **4.** Richard, * 24.2.1922, engl. Maler; Vertreter der engl. *Pop Art* (»the Pope of Pop«). – **5.** Sir William, * 1788, † 1856, schott. Philosoph; Vertreter der *Schott. Schule* (Commonsense-Philosophie). – **6.** Sir William Rowan, * 1805, † 1865, ir. Mathematiker u. Physiker; einer der Begr. der Vektorrechnung; bekannt durch die in der gesamten Physik wichtige *H.-Funktion.*

Hämin, ein chem. Stoff, der entsteht, wenn der Blutfarbstoff *Hämoglobin* mit Salzsäure u. Natriumchlorid gespalten wird.

Hamiten, Bez. für die *Berber* (West-H.) im NW u. die *Kuschiten* (Ost-H.) im NO Afrikas; v. a. Viehzüchter.

hamitische Sprachen, (Alt-)Ägyptisch, Libysch-Berberisch u. Kuschitisch sowie – nach neueren Forschungen – Baskisch; ein Zweig der **hamitisch-semitischen Sprachfamilie,** die auf der Arab. Halbinsel einschl. Irak, Syrien u. Libanon u. in N-Afrika von Somalia bis Mauretanien verbreitet ist.

Hamlet, nach der von Saxo *Grammaticus* um 1200 überlieferten Sage ein Dänenprinz, Titelheld des berühmtesten Trauerspiels von *Shakespeare.*

Hamm, Industriestadt in NRW, an der Lippe, 180 000 Ew.; Hafen am Lippe-Seitenkanal; chem., Eisen- u. Maschinenind.; Kernkraftwerk H.-Uentrop (stillgelegt).

Hammal, Lastträger im Vorderen Orient.

Hammam, oriental. Warmbad.

Hammamat, *Hammamet,* Hafenstadt u. Fremdenverkehrszentrum in N-Tunesien, am Golf von H., 17 000 Ew.; befestigte Medina.

Hammarskjöld [ˈhamarʃœld], Dag, * 1905, † 1961, schwed. Politiker u. Diplomat; 1953–61 UN-Generalsekretär; Friedensnobelpreis 1961 (posthum).

Hamm-Brücher, Hildegard, * 11.5.1921, dt. Politikerin (FDP); 1976–90 MdB; 1976–82 Staats-Min. im Auswärtigen Amt.

Hammel, kastrierter Schafbock.

Hammelburg, Stadt an der Fränk. Saale, nw. von Schweinfurt, 12 000 Ew.; maler. Altstadt; Weinbau.

Hammelsprung, ein Abstimmungsverfahren zur Feststellung der Mehrheitsverhältnisse in Parlamenten: Die Abgeordneten verlassen den Sitzungssaal u. betreten ihn dann wieder durch eine der drei Abstimmungstüren (»Ja«, »Nein«, »Enthaltung«).

Hamburg: Blick über die Binnenalster zum Alsterpavillon und Jungfernstieg; im Hintergrund der Fernsehturm

Hammerklavier: Klaviermechanik einschließlich Klaviatur und senkrechter Hammeranordnung

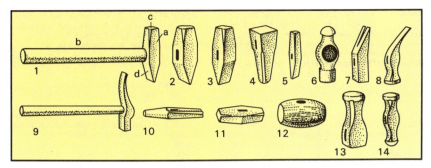

Hammer: 1 Schlosserhammer (a Hammerauge, b Stiel, c Hammerkopf, d Finne), 2 Vorschlaghammer, 3 Kreuzschlaghammer, 4 Setzhammer, 5 Ballhammer, 6 Amerikanischer Schlosserhammer (mit Kugelfinne), 7 Tischlerhammer, 8 Schusterhammer, 9 Geologenhammer, 10 Lochhammer, 11 Kupferhammer, 12 Holzhammer, 13 Spannhammer, 14 Planierhammer

Hammer, 1. Schlagwerkzeug, bestehend aus Kopf u. Stiel. – **2.** das äußere, am Trommelfell angreifende Gehörknöchelchen der Säuger.
Hammerfest, Hafenstadt in Norwegen, auf der Insel *Kvalöy,* nördlichste Stadt Europas, 6500 Ew.; Fischfang u. -verarbeitung.
Hammerhaie, *Hammerfische,* in allen wärmeren Meeren verbreitete Familie der *Haie,* mit hammerförmig verbreitertem Kopf.
Hammerklavier, ein Saiteninstrument mit Klaviatur u. einer Mechanik, die einen Hammer gegen die Saiten schlagen u. sofort zurückfallen läßt. Erfinder ist Bartolomeo *Cristofori* (Florenz 1709).
Hammer-Purgstall, Joseph Frhr. von, *1774, †1856, östr. Orientalist; schrieb eine Geschichte des Osman. Reichs u. seiner Dichtkunst.
Hammerschlag, die beim Schmieden von Eisen in harte Metallblättchen zerspringende Eisenoxidschicht.
Hammer und Sichel, Symbol der Verbindung von Arbeiter- u. Bauernstand, Emblem des Kommunismus; zus. mit dem 5strahligen Stern das Staatssymbol der UdSSR.
Hammerwerfen, *Hammerwurf,* leichtathlet. Übung sowie Disziplin des Rasenkraftsports. Eine ca. 7 kg schwere Eisenkugel *(Hammer)* wird an einem Drahtseil aus einem Wurfkreis von ca. 2,14 m geschleudert.
Hammerzehe, *Digitus malleus,* eine Zehenfehlstellung, bei der (meist) die 2. Zehe hammerartig nach unten gebeugt ist.
Hammond-Orgel ['hæmənd-], eine elektroakust. Orgel in Klavierform; von L. *Hammond* 1934 in Chicago entwickelt.
Hammurapi, *Hammurabi,* babyl. König u. Reichsgründer 1728–1686 v. Chr.; eroberte ganz Babylonien, Mari u. Eschnunna; Gesetzgeber *(Codex H.).*
Hämocyanin, Farbstoff der Blutflüssigkeit vieler Weich- u. *Gliedertiere;* farblos, in oxidiertem Zustand blau.
Hämoglobin, Kurzzeichen *Hb,* Farbstoff der roten Blutkörperchen, besteht aus dem eisenhaltigen Farbstoff *Häm* u. einem Eiweißanteil, dem *Globin;* dient Bindung, Transport u. Abgabe von Sauerstoff. Das menschl. Blut enthält ca. 16% Hb. – **H.ometer,** Gerät zur Messung des H.gehalts im Blut. – **H.urie,** eine Krankheit, bei der die roten Blutkörperchen zerfallen u. der Blutfarbstoff H. im Harn ausgeschieden wird.
Hämolymphe, die Körperflüssigkeit von Tieren mit offenem Blutgefäßsystem (Gliederfüßer u. Weichtiere).
Hämolyse, Auflösung der roten Blutkörperchen durch Austritt des roten Farbstoffs.
Hämophilie, →Bluterkrankheit.
Hämorrhagie, Blutung, Blutaustritt aus den Gefäßen.
Hämorrhoiden, *goldene Adern,* knotenförmige Erweiterungen der unteren Mastdarmvenen; außerhalb *(äußere H.)* oder innerhalb *(innere H.)* des Afters (verursachen Schmerzen u. Blutungen).
Hämosporidien, Zellschmarotzer im Blutgefäßsystem von Säugern u. Vögeln.
Hämostatika, *Hämostyptika,* blutstillende Mittel.
Hampshire ['hæmpʃiə], Gft. in S-England, am Kanal, 3772 km², 1,5 Mio. Ew., Hptst. *Winchester.*
Hampton ['hæmptən], **1.** Hafen- u. Industriestadt in Virginia (USA), rd. 120 000 Ew. – **2.** sw. Stadtteil von London; in der Nähe Schloß *H.Court* (1515 erbaut), der größte brit. Königspalast, heute Gemäldegalerie.

Hampton ['hæmptən], Lionel, *12.4.1912, afroamerik. Jazz-Schlagzeuger, Vibraphonist u. Bandleader.
Hamster, etwa 25 cm große, oben gelbbraune, unten schwarz-weiß gefärbte Nagetiere Mitteleuropas u. Asiens, mit großen Backentaschen zum Transport der Nahrungsvorräte, die in unterird. Bauten gesammelt werden. Der dem urspr. *Feld-H.* verwandte *Gold-H.* wird gern als Haustier gehalten bzw. als Versuchstier verwendet.
Hamsun, 1. Knut, eigtl. K. *Pedersen,* *1859, †1952, norw. Schriftst.; in seinen Romanen detaillierte Schilderung von Einzelcharakteren, Zivilisationskritik; W »Hunger«, »Victoria«, »Segen der Erde«; Nobelpreis 1920. – **2.** Marie, geb. *Andersen,* Frau von 1), *1881, †1969, norw. Schriftst. (v. a. Jugendbücher).
Han, versch. chin. Herrscherdynastien; die bedeutendste (206 v. Chr. – 220 n. Chr.) gliedert sich in die *Frühere* (w.) u. *Spätere* (ö.) *H.-Dynastie.*
Han, Hahn, Ulrich, latinisiert: *Gallus,* †um 1478, dt. Drucker; frühester Meister des Musiknotendrucks.
Hanau, Krst. in Hessen, an der Mündung der Kinzig in den Main (Hafen), 87 000 Ew.; Dt. Goldschmiedehaus, Schloß Philippsruhe; Edelmetall-, Schmuckwaren-, Holz-, Gummi- u. kerntechn. Ind.
Hanauer Land, fruchtbare Landschaft in der Oberrhein. Tiefebene; ehem. Besitz der Grafen von Hanau.
Hand, *Manus,* das mit dem Vorderarm durch das *H.gelenk* verbundene Greif- u. Tastglied beim Menschen u. Menschenaffen. Teile: *H.wurzel* mit 8 *H.wurzelknochen* u. 5 *Mittelhandknochen,* 5 *Fingern, H.rücken* u. *H.teller.*
Handball, heute nur noch *Hallen-H.,* Ballspiel, bei dem zwei Mannschaften mit je 12 Spielern, von denen immer nur 6 Feldspieler u. 1 Torwart auf dem Feld sind, versuchen, einen Lederball in das gegner. Tor zu werfen. Der Ball darf nur mit den Händen (u. Armen) gespielt werden. Spielfeld: 38–44 mal 18–22 m; Spielzeit: 2 x 30 min., Frauen 2 x 25 min.
Handel, die gewerbsmäßig betriebene Anschaffung u. Weiterveräußerung von Gütern, die in ihrer Substanz dabei keine Veränderung erfahren. Der H. orientiert sich an Angebot u. Nachfrage u. lenkt somit die Produktion. Nach der räuml. Ausdehnung unterscheidet man *Außen-H.* u. *Binnen-H.* (H. innerhalb der Grenzen eines Landes), nach der Art des Geschäfts *Groß-H.* u. *Einzel-H.,* nach der Organisationsform *Eigen-* oder *Propre-H.* (H. auf fremde Rechnung).
Händel, Georg Friedrich, *1685, †1759, dt. Komponist; seit 1702 als Hofkomponist in England; schrieb zunächst Opern im ital. Stil, später große Oratorien in engl. Sprache (u. a. »Israel in

Georg Friedrich Händel; Gemälde von T. Hudson. Paris, Nationalbibliothek

Ägypten«, »Messias«, »Samson«) sowie Instrumentalmusik (Klaviersuiten, Orgelwerke, Sonaten, »Wassermusik«, »Feuerwerksmusik«, Concerti grossi).
Handel-Mazzetti, Enrica Freiin von, *1871, †1955, östr. Schriftst.; histor., von kath. Geist geprägte Romane.
Handelsbilanz, Gegenüberstellung der gesamten Wareneinfuhr u. -ausfuhr eines Landes. Die H. ist *aktiv,* wenn die Ausfuhr wertmäßig größer als die Einfuhr ist; sie ist *passiv,* wenn die Einfuhr größer als die Ausfuhr ist.
Handelsbräuche, *Geschäfts(ge)bräuche, Usancen,* die im Geschäftsverkehr unter Kaufleuten geltenden Gepflogenheiten.
Handelsbücher, *Geschäftsbücher,* in denen nach den Regeln der Buchführung alle Geschäftsvorfälle eingetragen werden.
Handelsflotte, die Gesamtheit aller Schiffe einer nat. Flagge, die in das Seeschiffsregister des betr. Staates eingetragen ist. Die Größe der H. wird in Bruttoregistertonnen (BRT) gemessen.
Handelsgesellschaften, Zusammenschlüsse von natürl. u./oder jurist. Personen, die entweder den Betrieb eines *Handelsgewerbes* zum Ziel haben (OHG, KG) oder als jurist. Personen von Gesetzes wegen *Kaufleute* sind (AG, GmbH, KGaA).
Handelsgesetzbuch, Abk. *HGB,* Gesetzbuch von 1897 (in Kraft seit 1900), das wesentl. Teile des *Handelsrechts* regelt. – In Österreich gilt das 1938 eingeführte dt. *HGB.* – In der Schweiz ist das Handelsrecht im schweizer. Obligationen-Recht mitenthalten.
Handelshochschule, ehem. Bez. für *Wirtschaftshochschule.*
Handelskammer, →Industrie- u. Handelskammer.
Handelsklassen, *Güteklassen,* die gesetzl. oder behördl. vorgeschriebene Einteilung u. Kennzeichnung bestimmter Erzeugnisse der Landwirtschaft u. Fischerei in Qualitätsgruppen.
Handelskompanien, seit dem 16. Jh. errichtete Gesellschaften für den (überseeischen) Handelsbetrieb, nicht selten mit Monopolen u. Privilegien für

Hammurapi (oberer Teil der Gesetzesstele): der König betet eine Gottheit an

350 Handelskrieg

den Kolonialhandel ausgestattet. Bes. die 1600 gegr. engl. u. die 1602 gegr. niederl. *Ostindische Kompanie* wurden wegen ihrer Bedeutung für das Kolonialreich dieser Länder bekannt.

Handelskrieg → *Wirtschaftskrieg.*

Handelsmarke, Warenzeichen eines Händlers; Gegensatz: Fabrikmarke.

Handelsorganisation, Abk. *HO,* staatl. H. der DDR, die Warenhäuser, Einzelhandelsgeschäfte u. Gaststätten betrieb. Eine Privatisierung wurde 1990 eingeleitet.

Handelspolitik, der Teil der *Wirtschaftspolitik,* durch den der Staat den Handel in einer für die Volkswirtschaft des Landes günstigen Weise zu beeinflussen sucht, z.B. durch Zoll- u. Tarifpolitik, Wirtschaftsabkommen, Clearingverträge.

Handelsrecht, das Sonderprivatrecht für Kaufleute einschl. der Handelsgesellschaften; hpts. geregelt im *Handelsgesetzbuch.*

Handelsregister, *Firmenregister,* öffentl. Register zur Beurkundung der Rechtsverhältnisse von Einzelkaufleuten u. Handelsgesellschaften. Das H. wird vom *Registergericht* (Amtsgericht) geführt.

Handelsrichter, (ehrenamtliche) Laienbeisitzer an Kammern für Handelssachen bei Landgerichten.

Handelssachen, Klagen, für die bes. Kammern des Landgerichts, die *Kammern für H.,* zuständig sind. Die Klagen betreffen u. a. Ansprüche aus einem Wechsel, Scheck oder aus kaufmänn. Orderpapieren, den Schutz von Warenzeichen, Ansprüche wegen unlauteren Wettbewerbs.

Handelsschule, private oder öffentl. 2–3 jährige *Berufsfachschule,* die auf einen meist kaufmänn. Beruf vorbereitet; zusätzl. Unterricht in Volkswirtschaft, Finanzmathematik u. einer 2. Fremdsprache; nach Abschluß Fachhochschulreife.

Handelsspanne, Unterschiedsbetrag zw. Einkaufs- u. Verkaufspreis.

Handelsvertrag, ein *Wirtschaftsabkommen* zw. zwei oder mehreren Staaten.

Handelsvertreter, selbständiger Gewerbetreibender, der gegen Provision für seine Auftraggeber Geschäfte vermittelt oder abschließt.

Handfeste, urspr. eine Urkunde, die vom Aussteller durch Handauflegen bekräftigt wurde; später allg. ein *Privileg* (v. a. Stadtrechtsverleihung).

Handfeuerwaffen, Feuerwaffen, die von einem einzelnen getragen u. eingesetzt werden können, z.B. Büchse, Gewehr, Karabiner, Muskete, Panzerfaust, Pistole.

Handgranate, ein mit der Hand zu werfender Sprengkörper, Nahkampfmittel; Arten: *Eier-H., Kugel-H.* u. *Stiel-H.*

Handikap ['hændikap], **1.** (ungerechte) Vorbelastung, Benachteiligung. – **2.** Zeit- u. Punktvorgaben an schwächere Teilnehmer bei einem Reit- oder Laufwettbewerb.

Hängebahn: Die erste vollautomatische Kabinenbahnanlage Deutschlands verbindet über eine 1,1 km lange Strecke zwei Institutsbereiche der Dortmunder Universität

Handke, Peter, *6.12.1942, östr. Schriftst., der v. a. durch Theaterstücke (Sprechstücke) bekannt wurde. W »Publikumsbeschimpfung«, »Kaspar«; Prosa: »Die Angst des Tormanns beim Elfmeter«, »Die linkshändige Frau«, »Das Gewicht der Welt«.

Handlungsfähigkeit, Fähigkeit, rechtl. erhebl. Handlungen vorzunehmen; umfaßt in der BR Dtld. die *Geschäfts-* u. die *Deliktsfähigkeit,* in Östr. u. der Schweiz nur die Geschäftsfähigkeit.

Handlungsgehilfe, *Handelsgehilfe,* kaufmänn. Angestellter in einem Betrieb.

Handlungsreisender, *Geschäftsreisender, Commis voyageur,* zur Vornahme von Geschäften an auswärtigen Orten von einem Kaufmann bevollmächtigter Angestellter.

Handlungsvollmacht, Vollmacht zum Betrieb eines Handelsgewerbes oder zur Vornahme einer bestimmten zu einem Handelsgewerbe gehörigen Art von Geschäften; weniger weitreichend als *Prokura.* Zur Veräußerung oder Belastung von Grundstücken, zur Eingehung von Wechselverbindlichkeiten, zur Aufnahme von Darlehen u. zur Prozeßführung ist der *Handlungsbevollmächtigte* nur ermächtigt, wenn ihm eine solche Befugnis bes. erteilt ist.

Handpferd, im Zweigespann das rechts neben dem *Sattelpferd* gehende Pferd.

Handschar, *Chandschar, Kandschar,* bis 1 m langes, gebogenes türk. Sichelschwert ohne Parierstange.

Handschrift, 1. die für jeden Schreibenden charakterist. Schriftzüge. – **2.** Abk. *Hs.,* die handschriftl. Originalfassung eines Textes *(Autograph)* oder eine handschriftl. Abschrift *(Manuskript);* vor der Erfindung des Buchdrucks handgeschriebenes Buch. Bekannte H. sind der *Codex aureus,* der *Codex argenteus* u. die *Manessische H.*

Handwerk, ein Berufsstand u. eine Organisationsform der gewerbl. Wirtschaft. Rechtl. Grundlage des H. ist in der BR Dtld. die *H.sordnung* von 1953. Die wichtigsten Merkmale des H.: 1. der *H.smeister* ist Unternehmer, Kapitalgeber u. erster Arbeiter zugleich, ihm können *Gesellen* (ausgebildete H.er) u. *Lehrlinge* (Auszubildende) unterstehen; 2. geringer Kapitalbedarf, weil arbeitsintensiv (Maschinenverwendung relativ unbedeutend); 3. keine Massen-, sondern in der Regel Einzelproduktion auf Bestellung; 4. auf den Ort beschränkter Kundenkreis (meist Kleinbetrieb); 5. direkter Verkauf der Leistung an den Kunden. – Das H. ist die älteste Form der gewerbl. Tätigkeit. Im MA war es, in *Gilden, Zünften* u. *Innungen* straff organisiert, die tragende Kraft der Stadtwirtschaft. Mit dem Aufkommen von Fabrikbetrieben in der 2. Hälfte des 18. Jh. vollzog sich ein Wandel. Alle besser serienmäßig herzustellenden Produkte fielen der Industrie zu, während alle Güter, die eine individuelle Handarbeit verlangen, dem H. verblieben. – **H.skammer,** Interessenvertretung u. Selbstverwaltungsorganisation der H.er; öffentl.-rechtl. Körperschaft. Aufgaben: Regelung des Ausbildungs- u. Prüfungswesens, Abnahme der Meisterprüfung, Aufsicht über die Innungen, Ausstellen der H.skarte u. Führung der **H.srolle,** einem Verzeichnis aller selbständigen H.sbetriebe. – **H.stag,** der organisator. Zusammenschluß der H.skammern auf Landesebene.

Handzeichen, ein Kurzzeichen als Ersatz für die Namensunterschrift bei Unterzeichnung einer Urkunde; bei Analphabeten meist 3 Kreuze; wird durch notarielle Beglaubigung rechtswirksam.

Hanefiten, Anhänger der ältesten islam. Rechtsschule, nach ihrem Gründer *Abu Hanifa* (*699, †767) benannt.

Hanf, aus Mittelasien stammende krautige Pflanze aus der Fam. der *H.gewächse;* gerader Stengel mit fingerförmig gefiederten Blättern u. unscheinbaren Blüten, 2–3 m hoch; liefert Fasern für Seilerwaren u. gröberes Geflecht. Der Samen (beliebtes Vogelfutter) ist ölhaltig u. enthält im Keimling narkot. Stoffe, die reizmildernd wirken. Das Samenöl *(H.öl)* dient zur Seifenherstellung. Der aus dem amerik. Tropen stammende *Amerik. H.* liefert das Rauschgift Marihuana, aus dem *Ind. H.* wird Haschisch gewonnen.

Hänfling, bräunl. Finkenvogel, beim Männchen roter Fleck auf Brust u. Stirn.

Hangar, Flugzeughalle.

Hängebahn, eine Bahn, bei der das Fahrzeug an einer Schiene oder an einem Seil *(Seilbahn)* hängt.

Hängebank, eine Ladebühne am Eingang eines Bergwerksschachtes. Hier werden die Förderkörbe be- u. entladen.

Hängebrücke, eine Brücke, bei der die Fahrbahn mit *Hängestangen* an Kabeln *(Kabelbrücke)* oder Ketten *(Kettenbrücke)* aufgehängt ist.

Hängende Gärten der Semiramis, die terrassenförmigen Gartenanlagen auf dem Gelände des Königspalasts von Babylon; eines der sieben *Weltwunder* des Altertums.

Hangendes, die unmittelbar über einer Erdschicht oder einer Lagerstätte liegende Erdschicht; Ggs.: *Liegendes.*

Hängetal, ein eiszeitl. geformtes Nebental, das mit einer deutl. Stufe in das vom Hauptgletscher tiefer ausgeschürfte Haupttal einmündet.

Hängewerk, ein Dachstuhl oder eine Brückenkonstruktion aus Holz oder Stahl, die das Überspannen weiterer Öffnungen durch nicht unterstützte Balken *(Hängebalken)* ermöglicht. Die gesamte Last wird über *Hängesäulen* u. *Hängestreben* auf die Balkenauflage übertragen.

Hangö, Hafenstadt in S-Finnland, 12 100 Ew.; Seebad, Fischind.

Hangtäter, ein Straftäter, der (z.B. aufgrund von Veranlagung) zur Begehung erheblicher Straftaten neigt. Der H. kann, wenn die öffentl. Sicherheit dies erfordert, in *Sicherungsverwahrung* genommen werden.

Hannover: Neues Rathaus (1901–1913 erbaut) am Maschsee

Hangwind, an Berghängen auftretende Luftströmung, die tagsüber aufwärts gerichtet *(Hangaufwind),* nachts nach unten gerichtet *(Hangabwind)* ist.

Hangzhou [haŋdʒou], *Hangtschou, Hangchow, Hang-chou,* Hafenstadt in O-China, Hptst. der Prov. Zhejiang, 1,2 Mio. Ew.; Univ.; Teeverarbeitung, Textil-, Chemie- u. Maschinenind.

Hankou [haŋkau], Stadtteil der chin. Stadt Wuhan. Bed. Binnenhafen.

Hanna, tschech. *Haná,* fruchtbare Landschaft in Mähren; Bewohner: *Hannaken* (Tschechen).

Hannas, von den Römern eingesetzter Hoherpriester in Jerusalem (6–15 n. Chr.), entscheidend am Prozeß gegen Jesus, Petrus u. Johannes beteiligt.

Hannibal, *247/246 v. Chr., †183 v. Chr.; Feldherr Karthagos; Sohn des *Hamilkar Barkas;* überquerte im 2. Pun. Krieg (218–201 v. Chr.) in einem verlustreichen Zug die Pyrenäen u. Alpen u. stand im Herbst 218 v. Chr. überraschend in Italien; besiegte die Römer 218 v. Chr. am Fluß Trebia, 217 v. Chr. am Trasimen. See u. 216 v. Chr. in der Umfassungsschlacht bei *Cannae;* zog 211 v. Chr. gegen Rom *(Hannibal ad Portas,* »H. vor den Toren«), mußte aber angesichts der Verteidigungsmaßnahmen der Stadt die Belagerung abbrechen; wurde 203 v. Chr. nach Karthago zurückgerufen, das von *Scipio* bedroht wurde, 202 v. Chr. Niederlage bei *Zama;* wurde später von polit. Gegnern aus seiner Heimat vertrieben u. nahm sich im Exil das Leben.

Hanno, König von Karthago, Seefahrer; versuchte zw. 520 u. 450 v. Chr. von Gades aus Afrika zu umschiffen, mußte jedoch auf der Höhe von Sierra Leone aus Proviantmangel umkehren.

Hannover [-fər], **1.** ehem. dt. Land, vom Weserbergland bis zur Nordseeküste u. zur unteren Elbe. Im NW gehörte auch das Emsland dazu. – Aus dem welf.-braunschweig. Fürstentum Calenberg-Göttingen-Grubenhagen wurde 1692 das *Kurfürstentum H.,* mit dem 1705 auch das Fürstentum Lüneburg vereinigt wurde. 1714–1837 war H. in Personalunion mit Großbritannien verbunden; 1814 wurde es als Königreich neu gebildet. Nach einer Niederlage im Dt. Krieg wurde H. 1866 preuß. Provinz; seit 1946 ist es Teil des Landes Nds. – **2.**

Hptst. des Landes Nds. u. des Reg.-Bez. H. an der Leine u. am Mittellandkanal, 526 000 Ew.; Kultur-, Handels- u. Ind.-Zentrum; got. Marktkirche u. spätgot. Altes Rathaus, Leibnizhaus, barocke Gartenanlage *Herrenhausen* u. *Leineschloß* (17. Jh.); Univ. u. a. HS; versch. Museen u. Theater; Zoo; seit 1947 Dt. Industriemesse *(Hannover Messe)*.

Hannoversch-Münden →Münden.

Hanoi, Hptst. von Vietnam, am Eintritt des Roten Flusses in sein fruchtbares Delta, 2,7 Mio. Ew.; Univ.; wachsende Ind., wichtiger Handelshafen; 1887–1946 Hptst. Frz.-Indochinas.

Hans-Adam, *H.-A. II.,* *14.2.1945, Fürst von Liechtenstein; Wirtschafts- u. Sozialwiss.; wurde 1989 Staatsoberhaupt.

Hanse, *Hansa,* seit dem 12./13. Jh. übl. Bez. für die genossenschaftl. Vereinigung dt., bes. norddt. Kaufleute, veranlaßt durch gemeinsame Handelsinteressen u. die Notwendigkeit gegenseitiger Unterstützung im Ausland. Später traten an die Stelle der einzelnen Kaufleute als Mitgl. die Heimatstädte. Gegen Ende des 13. Jh. kam es zu einem losen Gesamtverband unter der Führung der Reichsstadt Lübeck. Mitgl. der H. waren Städte vom Niederrhein bis Livland, von Stockholm bis Krakau u. Breslau; sie hatte Kontore u. Faktoreien in London, Bergen, Oslo, Kopenhagen, Nowgorod u. a. außerdt. Städten. In ihrer Blütezeit im 14. Jh. hatte die H. über 160 Mitgl. War der Handel gefährdet, so stellte die H. eine ansehnl. Streitmacht. Die Erschließung des großen einheitl. Wirtschaftsraumes der H. führte zum Aufblühen der Städte, vor allem in N- u. O-Europa. Mit dem Erstarken Englands u. der Niederlande, dem Entstehen der Territorialstaaten durch zunehmende Macht der Landesfürsten kam es im 15./16. Jh. zum Niedergang der H., im 17. Jh. zu ihrer Auflösung. Bremen, Lübeck u. Hamburg nennen sich noch heute »Freie Hansestadt«. – **Hanseaten,** die Bürger der H.städte.

Hansen, 1. Christian Fredrik, * 1756, † 1845, dän. Architekt (Klassizismus). – **2.** Hans Christian, Bruder von 4), * 1803, † 1883, dän. Architekt des Historismus; Wiederaufbau des Niketempels auf der Akropolis von Athen. – **3.** Martin Alfred, *1909, †1955, dän. Schriftst.; Entwicklung vom soz. zum religiösen Realismus. – **4.** Theophil Edvard, Bruder von 2), * 1813, † 1891, dän. Architekt des Historismus; tätig in Athen u. Wien.

Hanslick, Eduard, * 1825, † 1904, östr. Musikkritiker u. -schriftst.

Hansom, *Hansomcab* ['hænsəm(kæb)], zweirädrige Mietkutsche mit hohem Kutschersitz an der Rückseite.

Hanson ['hænsn], Duane, *17.1.1925, US-amerik. Bildhauer; Skulpturen von frappierender Ähnlichkeit mit lebenden Personen.

Han Suyin ['ha:n su:'jin], *12.9.1917, engl. Schriftst. chin. Herkunft (u. a. autobiograph. Romane).

Hanswurst, ein gutmütiger, Spaß treibender Mensch, den man nicht ernst nimmt. Als Bühnengestalt die komische Person des älteren dt. Schauspiels, lebte in der Wiener Volkskomödie des 18./19. Jh. in vielen Wandlungen weiter, im *Kasperle* fast unverändert erhalten.

Hantel, ein Sportgerät, bestehend entweder aus einer Stange u. Scheiben oder aus zwei Eisenkugeln mit Verbindungsstab; verwendet beim Krafttraining, Body-Building, Gewichtheben.

Han Yu [xan y], *768, †824, chin. Dichter; wortgewandter Verfechter des reinen Konfuzianismus; erneuerte den einfachen Prosastil *(Guwen)*.

haploid, Bez. für Zellen oder Organismen, die nur einen einfachen Chromosomensatz haben (Haplonten); Ggs.: *diploid, polyploid*.

Happening ['hæpəniŋ], eine im Gefolge der *Popart* entstandene Aktionsform der Kunst der 1960er Jahre, bei der ein mitunter improvisiertes »Geschehen« von oft sozialkrit. oder absurdem Charakter vorgetragen wurde, wobei das Publikum die Distanz zum Kunstereignis verlieren sollte. Hauptvertreter: in den USA Jim *Dine* u. Allan *Kaprow*, in Dtld. Joseph *Beuys* u. Wolf *Vostell*.

Happy-End ['hæpi ɛnd], glücklicher Schluß in Romanen u. Filmen.

Harakiri, jap. *Seppuku,* eine alte jap. Selbstmordart durch Bauchaufschlitzen.

Harald, Fürsten.

England:
1. H. II., Harold II., *1022, †1066; der letzte angelsächs. König; wurde 1066 von *Wilhelm dem Eroberer* bei Hastings geschlagen u. fiel.

Hanse: Zollstelle am Hamburger Hafen; Miniatur zum »Schiffsgericht«, 1497 (Hamb. Stadtrecht)

Norwegen:
2. H. Haarfagri [»Schönhaar«], König um 860–933; besiegte die Stammeskönige u. einigte Norwegen für kurze Zeit unter seiner Herrschaft. – **3.** König seit 1991, *21.2.1937, Sohn Olavs V.

Harappa-Kultur, vorgeschichtl. ind. Kultur (3. –2. Jt. v. Chr.), ben. nach der Stadt *Harappa* im Pandschab (Pakistan), auch *Indus-Kultur* gen.

Harare, ehem. *Salisbury,* Hptst. von Simbabwe, 700 000 Ew.; versch. Ind.; Flughafen.

Harbig, Rudolf, * 1913, † 1944, dt. Leichtathlet; hielt Weltrekorde über 400, 800 u. 1000 m.

Die Hanse und ihre Handelswege

Harfe: Doppelpedalharfe. Berlin, Musikinstrumentenmuseum

Harbin, *Charbin,* chin. Stadt in der Mandschurei, Hptst. der Prov. Heilongjiang, 2,7 Mio. Ew.; Univ., zahlr. HS; Ind.- u. Kulturzentrum; Flughafen.

Hardangerfjord, 170 km langer Fjord in SW-Norwegen. Die ihn umgebende fruchtbare Landschaft heißt *Hardanger.*

Hardcover [haːrdkʌvə], Buch mit festem Einband.

Harden [haːdn], **1.** Arthur, *1865, †1940, brit. Chemiker; untersuchte die Vorgänge bei der alkohol. Gärung; Nobelpreis 1929. – **2.** Maximilian, eigtl. M. Felix Ernst *Witkowski,* *1861, †1927, dt. Publizist; Hrsg. der demokrat. Wochenschrift »Die Zukunft« (1892–1923).

Hardenberg, 1. Friedrich Frhr. von →Novalis. – **2.** Karl August Reichsfreiherr, seit 1814 Fürst von, *1750, †1822, preuß. Politiker; 1804–06 Außen-Min., seit 1810 Staatskanzler; setzte die Reformen des Frhr. vom Stein fort *(Stein/H.sche Reformen),* z.B. Gewerbe- u. Religionsfreiheit.

Harding [ˈhaːdiŋ], Warren Gamaliel, *1865, †1923, US-amerik. Politiker (Republikaner); 29. Präs. der USA (1921–23).

Hard Rock [haːd-], sehr laute, stark rhythmisierte Rockmusik.

Hardt →Haardt.

Hardt, Ernst, *1876, †1947, dt. Schriftst.; Vertreter der Neuromantik.

Hardtop, fester Dachaufsatz für Sportwagen.

Hardy [ˈhaːdi], Thomas, *1840, †1928, engl. Schriftst. (Romane u. Lyrik).

Hare-Krishna-Bewegung, *Internationale Gesellschaft für Krishna-Bewußtsein,* 1966 durch den Inder Swami *Prabhupada* gegr. Jugendreligion auf hinduist. Grundlage.

Harem, der Frauenbereich des islam. Hauses, den außer dem Hausherrn kein Mann betreten darf. In der Türkei 1926 abgeschafft.

Häresie, *Ketzerei,* eine von der offiziellen kirchl. Lehre abweichende Auffassung (Irrlehre). – **Häretiker,** Ketzer, vertritt eine von der kirchl. Lehre abweichende Auffassung.

Harfe, ein altes Saiteninstrument, das mit den Fingern gezupft wird. Bei der Konzert-H. läßt sich die Saitenstimmung durch Pedale mehrmals verändern.

Hargeysa, Stadt im NW von Somalia (O-Afrika), 80 000 Ew.; Handelszentrum; Flughafen.

Harig, Ludwig, *18.7.1927, dt. Schriftst.; experimentelle Texte, gesellschaftskrit. Stücke, Hörspiele u. Erzählungen.

Haring [ˈhæriŋ], Keith, *1958, †1990, US-amerik. Maler; Hauptvertreter der Graffiti-Kunst.

Häring, 1. Bernhard, *10.11.1912, dt. kath. Theologe; bemüht sich um eine Erneuerung der Moraltheologie aus bibl. Sicht. – **2.** Hugo, *1882, †1958, dt. Architekt; trat für das *organ. Bauen* ein; Gründer der Architektenvereinigung »Der Ring«. – **3.** Wilhelm →Alexis, Willibald.

Haringer, Jakob, *1898, †1948, dt. Schriftst.; schrieb weltschmerzl. u. volksliednahe Lyrik.

Haringvliet, der nördlichste, breite Mündungstrichter des Rhein-Maas-Schelde-Deltas, zwischen den Inseln Voorne-Putten u. Goree-Overflakkee; 1970 im Rahmen des Deltaplans durch einen 4,5 km langen Damm mit 1 km breitem Schleusenkomplex abgeschlossen.

Hariri, Abu Muhammad Al-Kasim Al-H., *1054, †1122, arab. Dichter u. Gelehrter.

Harkort, Friedrich, *1793, †1880, dt. Industrieller u. Politiker; Mitgl. der *Frankfurter Nationalversammlung;* führte in seinen Kupfer- u. Eisenwerken Wohlfahrtseinrichtungen u. Arbeiterkrankenkassen ein.

Harlekin, dt. Name für die Bühnenfigur des ital. Arlecchino. – **H.ade,** Possenspiel mit dem H. als Hauptperson.

Harlem, Stadtteil von New York, auf Manhattan, rd. 1,2 Mio. Ew. (hpts. Farbige).

Harlingen [ˈharliŋə], Hafenstadt in den Niederlanden, Prov. Friesland, im N des Absperrdeichs des IJsselmeers, 15 000 Ew.

Harlinger Land, *Hegelinger Land,* Marsch- u. Geestlandschaft nördl. von Aurich (Ostfriesland), Hauptort *Esens.*

Harlow [ˈhaːloʊ], neue Stadt nordöstl. von London, 1947 gegr. 70 000 Ew.

Harmattan, trocken-heißer, staubreicher Wind aus der Sahara in den südl. angrenzenden Gebieten der Guinea-Küste.

Harmonie, 1. Einklang, Übereinstimmung. – **2.** der Zusammenklang versch. Töne als Akkord. Man unterscheidet spannungslose *(konsonante)* u. spannungsgeladene *(dissonante)* Akkorde. – **H.lehre,** Lehre von den Gesetzen der Funktionen u. Verbindungen der Akkorde, zum einen ausgehend von den Tongeschlechtern *Dur* u. *Moll,* zum anderen von dem Phänomen der Spannung zw. *Konsonanz* u. *Dissonanz.*

Harmonika, im 18./19. Jh. Beiname für verschiedenartige neukonstruierte Musikinstrumente, z.B. Mund-H., Zieh-H.

harmonisches Mittel →Mittelwert, →harmonische Teilung.

harmonische Teilung, die innere u. äußere Teilung einer Strecke $\overline{AB}$ durch die Punkte C u. D im Verhältnis

$$\frac{\overline{AC}}{\overline{CB}} = \frac{\overline{AD}}{\overline{BD}}.$$

Die Strecke $\overline{CD}$ ist das *harmonische Mittel* zu den Strecken $\overline{AD}$ u. $\overline{BD}$; die Punkte A, B, C, D bilden die *harmon. Punktgruppe* (ABCD).

Harmonium, Tasteninstrument in Form eines Klaviers mit orgelähnl. Klang; Tonerzeugung durch Metallzungen, die durch Luftströme zum Schwingen gebracht werden. Der Spieler bewirkt die Luftströme über Blasebälge, die er mit den Füßen (Pedale) betätigt.

Harn, Urin, flüssiges Ausscheidungsprodukt der Nieren, bestehend aus Wasser, Salzen u. Abfallprodukten des Körpers sowie H.stoff u. H.säure, beim Menschen etwa 1,5 l; Diagnose von Krankheiten (z.B. Diabetes) durch H.untersuchungen. Der H. sammelt sich in der **H.blase** *(Blase),* die in der Mitte des kleinen Beckens liegt (Normalinhalt 300–400 cm³). Die Entleerung durch die *H.wege* wird durch den inneren u. äußeren Schließmuskel geregelt.

Harnack, Adolf von, *1851, †1930, dt. ev. Theologe u. Kirchenhistoriker; führender Vertreter der liberalen Theologie.

Harngrieß, *Harnsand,* feine u. feinste Nierenstein-Bestandteile, die von diesen stammen oder ihre Vorstufe sind.

Harnisch, 1. durch Reibung entstandene glatte oder geschrammte Gesteinsoberfläche an einer Felswand. – **2.** der zum Schutz des Oberkörpers bestimmte Teil der *Rüstung;* im frühen MA in der Art des *Hauberts,* später ganz aus Eisen, dann aus Stahl.

Harnkolik, *Harnblasenkolik,* krampfhafte Schmerzen der Harnblase bei Blasensteinen oder Blasenkatarrh.

Harnleiter, muskulöser Verbindungsgang zw. Nierenbecken u. Blase.

Harnoncourt [arnɔ̃ˈkuːr], Nicolaus, *6.2.1929, östr. Dirigent u. Cellist; richtungweisender Interpret alter Musik.

Härnösand, Hafen u. Prov.-Hptst. in N-Schweden, 27 000 Ew.; Holzverarbeitung.

Harnröhre, *Urethra,* Ausleitungsgang der Harnblase; beim Menschen etwa bleistiftdick u. mit Schleimhaut ausgekleidet, bei der Frau etwa 3, beim Mann etwa 18 cm lang.

Harnsäure, Endprodukt des Eiweißstoffwechsels bei Reptilien u. Vögeln, beim Menschen des Nucleinsäurestoffwechsels (neben *Harnstoff*). H. findet sich beim Menschen im Harn. Ablagerung von H. in den Gelenken führt zur *Gicht,* in der Harnblase zu *Blasensteinen.*

Harnsteine →Blasensteine, →Nierensteine, →Uretersteine.

Harnstoff, *Urea, Carbamid,* $H_2N-CO-NH_2$, Endprodukt des Eiweißabbaus im Säugetierorganismus; synthet. hergestellt zur Verwendung als Düngemittel u. zur Herstellung von Kunstharzen (H.-Formaldehyd), Schlafmitteln (Barbiturate), Arzneimitteln u. Sprengstoffen.

Harnvergiftung, 1. *Urämie, echte, stille Urämie,* eine Erkrankung, die durch mangelhafte Harnausscheidung bedingt ist. Es kommt zu einer Überschwemmung des Körpers mit harnpflichtigen Substanzen u. damit zu einer Selbstvergiftung. – **2.** *falsche, Pseudo-, Krampf-Urämie,* eine auf Gehirnstörungen beruhende Erkrankung mit ähnl. Symptomen wie bei der echten H. Auch bei hochgradiger Kochsalzverarmung des Körpers kann es zu einem uräm. Krankheitsbild kommen *(hypochlorämische Urämie).*

Harnverhaltung, das Aufhören der Harnausscheidung. *Ischurie* ist die unvollständige, *Anurie* (»Harnsperre«) die vollkommene H. Anurie führt immer, Ischurie sehr oft zur *Harnvergiftung.*

Harnwege, die Ausleitungsgänge der Ausscheidungsorgane, bes. der Nieren *(Nierenbecken, Harnleiter, Harnblase, Harnröhre).*

Harnzwang, *Harnstrenge, Strangurie,* Zwang zu häufigem Wasserlassen, das nur tropfenweise möglich u. außerordentl. schmerzhaft ist; v.a. bei Harnblasenentzündungen.

Harold II. →Harald (1).

Harpune, zum Fischfang benutzter Speer, meist mit Widerhaken u. Leine versehen.

Harpyien, 1. in der grch. Myth. weibl. Windgeister mit Flügeln, auch als Vögel mit Frauenköpfen dargestellt. – **2.** *Affenadler,* massiger *Greifvogel* mit Federschopf am Hinterkopf, in den Waldgebieten Süd- u. Mittelamerikas.

Harrisburg [ˈhærisbəːg], Hptst. von Pennsylvania (USA), 76 000 Ew. versch. Ind.; Kernkraftwerk, in dem sich 1979 einer der größten Reaktorunfälle ereignete.

Harrison [ˈhærisən], Rex, *1908, †1990, brit. Schauspieler; bes. Erfolg als Prof. Higgins in »My fair Lady«.

Harrogate [ˈhærəgit], Badeort in N-England, 63 000 Ew.

Harrow [ˈhæroʊ], Stadtteil von Greater London, 208 000 Ew. – *H. School* (gegr. 1571), eine der berühmtesten engl. Internatsschulen.

Harsányi [ˈhɔrʃɑnji], Zsolt, *1887, †1943, ung. Schriftst. (histor. biograph. Romane).

Harmonium (um 1900). Berlin, Musikinstrumentenmuseum

Weißer Hartriegel

Harsch, aufgetauter u. wieder hartgefrorener Schnee.
Harsdörffer, *Harsdörfer,* Georg Philipp, *1607, †1658, dt. Barock-Dichter; W »Poetischer Trichter, die teutsche Dicht- u. Reimkunst... in 6 Stunden einzugießen« (sog. *Nürnberger Trichter*).
Hart, Brüder, dt. Schriftst. u. Kritiker: Heinrich (*1855, †1906) u. Julius (*1859, †1930); wirkten in Berlin als Wegbereiter des Naturalismus.
Hartblei, Blei-Antimon-Zinn-Legierung, verwendet als Letternmetall.
Hardware [ˈhɑːdwɛə] →Computer.
Härte, der durch Molekularkräfte bedingte Widerstand, den ein Körper dem Eindringen eines anderen entgegensetzt; in der Technik meist mit Hilfe von *Härteprüfgeräten* bestimmt, bei denen aus der Eindringtiefe, den ein genormter Prüfkörper (Kegel, Kugel, Pyramide) hinterläßt, oder aus den Abmessungen des Eindrucks auf die H. des Werkstoffs geschlossen wird. Bes. bekannt ist die *Brinellsche Kugeldruckprobe (Brinellhärte)*. – **H. des Wassers,** der Gehalt an gelösten Calcium- u. Magnesiumverbindungen. Nach den *Deutschen Härtegraden* gilt: 0 – 4 °d sehr weich; 4 – 8 °d weich; 8 – 18 °d mittelhart; 18 – 30 °d hart; < 30 °d sehr hart. Hartes Wasser ist unerwünscht, weil Seifen mit den Calciumverbindungen unlösl. Salze bilden u. weil sich in Dampfkesseln Kesselstein absetzt.
härten, die Festigkeit erhöhen, bes. bei Metallen, Glas u. Kunstharzen, meist durch Wärmebehandlung oder chem. Reaktionen.
Härteskala, *Mohssche H.,* von Friedrich Mohs aufgestellte Tabelle zur Bestimmung der Ritzhärte von Mineralien.
harte Strahlen, Strahlen energiereicher Teilchen mit großem Durchdringungsvermögen, z.B. harte *Röntgenstrahlen*.
harte Währung, eine freikonvertierbare Währung mit relativ stabilem Wert.
Hartford, Hptst. von Connecticut (USA), am Connecticut River, 162 000 Ew.; Elektro-, Maschinen-, Waffenind.
Hartgummi, *Ebonit,* vulkanisierter Kautschuk mit 30–35% Schwefelgehalt; bes. als Isolierstoff verwendet.
Hartguß, Eisen-Kohlenstoff-Legierung mit geringem Graphitanteil, bes. hart u. verschleißfest.
Hartlaub, 1. Felix, *1913, verschollen seit 1945, dt. Schriftst.; als histor. Sachbearbeiter im Führerhauptquartier bei der Abteilung »Kriegstagebuch«. – **2.** Geno (Genoveva), Schwester von 1), *7.6.1915, dt. Schriftst. (Romane, Novellen, Hörspiele).
Hartlaubvegetation, an warme, sommertrockene u. winterfeuchte Klimate der gemäßigten Breiten angepaßte Gehölze; meist immergrüne Pflanzen mit harten Blättern.
Hartleben, Otto Erich, Pseud.: Henrik *Ipse* u. Otto *Erich,* *1864, †1905, dt. satir. Schriftst.
Hartlepool [ˈhɑːtliːpuːl], Hafenstadt in NO-England, vereinigt mit dem Kohlenexporthafen *West H.,* 99 000 Ew.; Schwerind.
Hartline [ˈhɑːtlaɪn], Haldan Keffer, *1903, †1983, US-amerik. Physiologe; begründete die Elektroretinographie; Nobelpreis für Medizin 1967.
Härtling, Peter, *13.11.1933, dt. Schriftst. (Gedichte, Romane, Essays, Kinderbücher).
Härtlinge, Berge oder Hügel aus bes. widerstandsfähigem Material, die nicht so schnell abgetragen wurden wie ihre Umgebung.
Hartmann, 1. Eduard von, *1842, †1906, dt. Philosoph; prägte den Begriff des »Unbewußten«, der bei ihm nicht psycholog., sondern kosmolog. (als unbewußter Weltwille) zu verstehen ist. – **2.** Karl Amadeus, *1905, †1963, dt. Komponist; einer der wichtigsten Sinfoniker der neuen Musik. – **3.** Max, *1876, †1962, dt. Zoologe u. Naturphilosoph; grundlegende Arbeiten über die Geschlechtsbestimmung bei Einzellern sowie eine allg. *Sexualitätstheorie*. – **4.** Moritz, *1821, †1872, östr. Politiker u. Publizist; Abg. der radikalen Linken in der Frankfurter Nationalversammlung; Teilnahme am Wiener u. am Badischen Aufstand. – **5.** Nicolai, *1882, †1950, dt. Philosoph; Vertreter einer realist. Ontologie, deren Grundgedanke der Aufbau der Welt aus 4 Schichten ist.
Hartmannbund, Verband *der Ärzte Deutschlands e.V.,* freiwillige Vereinigung der Ärzte zur Wahrnehmung ihrer wirtsch. Interessen in der BR Dtld., gegr. 1900 von dem dt. Arzt Hermann *Hartmann* (*1863, †1923).
Hartmann von Aue, *um 1165, †1210, mhd. Dichter (Minne- u. Kreuzzugslieder, Epik); W »Erec«, »Iwein«, »Der arme Heinrich«.
Hartmetalle, metall. Werkstoffe von bes. großer Härte u. guter Temperaturbeständigkeit, bestehend aus Carbiden, die mit Kobalt- oder Nickelpulver gemischt u. im Elektroofen gesintert werden, bekannte H.: *Duria, Titanit* u. *Widia.*
Hartog [-tɔx], Jan de, *22.4.1914, niederl. Schriftst. (gesellschaftskrit. Romane u. Dramen).
Hartporzellan, ein Porzellan, das im Unterschied zum *Weichporzellan* einen hohen Anteil an Tonsubstanz (Kaolin) enthält u. bei höherer Temperatur gebrannt werden muß.
Hartriegel, *Cornus,* Gatt. der H.gewächse; beliebte Gartenpflanzen; hierzu u. a. die *Kornelkirsche (Dirlitze),* der *Rote H.* u. der *Schwedische H.*
Hartschier, *Hatschier,* urspr. ein Armbrustschütze; seit dem 15. Jh. Bez. für die Leibgarde des bay. Herrscherhauses.
Hartung, 1. Hans, *1904, †1989, frz. Maler u. Graphiker dt. Herkunft; ungegenständl. Malerei, an asiat. Tuschmalerei erinnernd. – **2.** Hugo, *1902, †1972, dt. Schriftst.; W »Ich denke oft an Piroschka«, »Wir Wunderkinder«. – **3.** Karl, *1908, †1967, dt. Bildhauer (ungegenständl. Plastiken).
Harun Ar Raschid, *763 oder 766, †809, Abbasiden-Kalif 786–809 in Bagdad. Er ist in den Erzählungen »1001 Nacht« volkstüml. idealisiert.
Harunobu, Suzuki, *um 1725, †1770, jap. Maler u. Holzschnittzeichner (Genreszenen).
Haruspex, der etrusk.-röm. Priester, der durch die Leberschau der Opfertiere die Zukunft deutete.
Harvard University [ˈhɑːvəd juːniˈvəːsiti], die älteste u. führende US-amerik. Universität, gegr. 1636 in Cambridge bei Boston; ben. nach John *Harvard,* amerik. Theologe, *1607, †1638.
Harvey [ˈhɑːveɪ], **1.** Lilian, *1907, †1968, dt. Schauspielerin brit. Herkunft; einer der großen Filmstars der 1930er u. 1940er Jahre. – **2.** William, *1578, †1657, engl. Anatom; begründete 1628 die Lehre vom Blutkreislauf.
Harwich [ˈhærɪdʒ], Hafenstadt in SO-England, 15 000 Ew.; Fährverkehr nach Zeebrügge u. Hoek van Holland.
Harz, dt. Mittelgebirge zw. den Flüssen Leine u. Saale, im W der 600–800 m hohe *Oberharz* mit ausgedehnten Fichtenwäldern u. Hochmooren, mit dem *Brocken* (1142 m) als höchste Erhebung; im O der 300–400 m hohe *Unterharz,* eine einförmige Hochfläche. Früher Abbau von Kupfer, Blei u. Silber, heute v. a. nutzbare Gesteine (Granit, Grau-

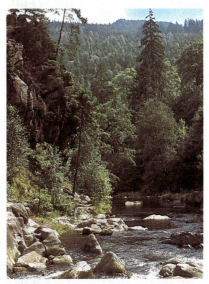
Harz: Okertal

wacke u. a.) sowie Blei-Zink-Erze; reger Fremdenverkehr.
Harzburg, *Bad H.,* Stadt u. heilklimat. Kurort am nördl. Harzrand, Nds., 26 000 Ew.; Kochsalz- u. Arsenschwefelquellen.
Harzburger Front, der vorübergehende Zusammenschluß der »nationalen Opposition« unter der Initiative A. *Hugenbergs* gegen die Regierung H. *Brüning* u. die Weimarer Republik überhaupt. An dem Treffen in Bad Harzburg am 11.10.1931 beteiligten sich Führer u. Abordnungen der *Deutschnationalen Volkspartei,* des *Stahlhelm,* der NSDAP, der *Vereinigten Vaterländischen Verbände* sowie prominente Einzelgänger aus Fürstenhäusern, Finanz- u. Wirtschaftsleben. Die Regierung Brüning zerbrach 1932.
Harze, *Resina,* komplizierte Gemische aus organ. Stoffen mit glasartig-amorphen oder festflüssigen Eigenschaften. Absonderungen des pflanzl. Stoffwechsels, die v. a. bei Nadelholzgewächsen aus künstl. oder natürl. Verletzungen austreten bzw. aus fossilen Pflanzen (Bernstein) entstanden sind. Falls die H. nach dem Austritt flüssig bleiben, bezeichnet man sie als *Balsam;* sofern sie durch Verdunsten der äther. Öle u. durch Oxidationserscheinungen an der Luft erhärten, werden sie *Hartharze* genannt. H. bestehen hauptsächl. aus Harzsäuren, Harzalkoholen, Harzestern u. Kohlenwasserstoffen, mit äther. Ölen gemischt (z.B. Terpentinöl). Wichtige Harzarten: *Kolophonium, Sandarak, Mastix, Bernstein* u. *Kopal.* H. werden zur Herstellung von Klebstoffen, Künstlerfarben u. Lacken verwendet.
Harzer Roller, 1. *Harzerkäse, Harzkäse,* ein Sauermilchkäse, der nur als Magerkäse hergestellt werden darf. – **2.** im Harz gezüchteter, bes. gut singender Kanarienvogel.
Hasan →Hassan.
Hasard, Zufall, Glück, Ungefähr; Glücksspiel. –
Hasardeur [-døːr], Glücksspieler.

Harun Ar Raschid; Miniatur von Behzad (16. Jahrhundert). Paris, Bibliothèque Nationale

Hasas, Chajim, eigtl. *Drabkin,* *1898, †1973; isr.

Schriftst.; schildert das Schicksal jüd. Gemeinden Rußlands u. Flüchtlingsschicksale.

Hasch →Haschisch.

Haschee, *Haché,* Gericht aus gehacktem Fleisch (auch Lunge oder Fisch).

Haschemiten, *Haschimiden,* arab. Herrscherdynastie, die ihren Stammbaum auf den Propheten Mohammed zurückführt; im Irak 1958 entthront, in Jordanien noch heute durch *Hussain II.* an der Regierung.

Haschisch, *Hasch,* ein Rauschmittel aus dem Harz des *Indischen Hanfs;* wird geraucht; erzeugt keine Sucht im medizin. Sinne, führt jedoch zu psych. Abhängigkeit.

Hasdrubal, 1. †207 v. Chr.; Sohn des *Hamilkar Barkas,* Bruder *Hannibals;* kämpfte in Spanien gegen die beiden *Scipionen* u. vernichtete ihr Heer; fiel in der Schlacht am Metaurus in Italien. – **2.** Feldherr Karthagos, †221 v. Chr. (ermordet), Schwiegersohn des *Hamilkar Barkas;* dehnte die Herrschaft Karthagos bis zum Ebro aus.

Hase, 1. *Haase,* rechter Nebenfluß der Ems, 130 km; mündet bei Meppen. – **2.** *Lepus,* kleines Sternbild südl. des Orion. – **3.** →Hasen.

Hašek ['haʃɛk], Jaroslav, *1883, †1923, tschech. Schriftst.; W satir. Roman »Die Abenteuer des braven Soldaten Schwejk« .

Haselhuhn, kleines Rauhfußhuhn in Europa u. Asien.

Haselmaus, zu den *Bilchen* gehörendes Nagetier von ca. 7 cm Körperlänge u. fast körperlangem Schwanz.

Haselnuß, *Hasel,* über die nördl. gemäßigte Zone verbreitetes *Birkengewächs,* Waldstrauch mit eßbaren Nüssen, die auch zu Speiseöl verarbeitet werden; in Europa, Asien u. N-Amerika.

Haselwurz, *Asarum,* Gatt. der *Osterluzeigewächse;* in Mitteleuropa heimisch die *Gewöhnl. H.,* eine Staude mit dunkelgrünen ledrigen Blättern u. braunrot gefärbten Blüten.

Hasen, *Leporidae,* weltweit verbreitete Fam. der Säugetiere; mit gestrecktem Körper u. Kopf, großen Ohren (»Löffel«), kurzem Schwanz (»Blume«), gespaltenen Lippen (»Hasenscharte«) u. Sprungbeinen; hierzu u. a. *Kaninchen, Feldhase, Schneehase.*

Hasenclever, Walter, *1890, †1940, dt. Schriftst. (expressionist. Dramen, Lustspiele).

Hasenmäuse →Chinchillas.

Hasenscharte, ein- oder beidseitige, angeborene Spaltbildung der Oberlippe; eine durch unvollständige Verwachsung der Oberkieferfortsätze mit dem Stirnfortsatz entstandene Mißbildung; reicht die Spaltung bis in den Gaumen, so handelt es sich um den *Wolfsrachen.* Korrekturen durch frühzeitige plast. Operation.

Haskala, die rationalist. Aufklärungsbewegung der ost- u. mitteleurop. Juden seit dem 18. Jh.

Haskil, Clara, *1895, †1960, rumän. Pianistin; bed. Mozart-, Schubert- u. Schumann-Interpretin.

Haskovo ['xaskɔvo], *Haskowo,* Hptst. des gleichn. bulgar. Bez., 81 000 Ew.; alte Moschee; Lebensmittel-, Textil- u. Tabakind.

Hasmonäer →Makkabäer.

Haspel, Walze oder Trommel zum Aufwickeln von Fäden, Seilen oder Stoffbahnen.

Haspinger, Joachim (Johann Simon), *1776, †1858, Tiroler Freiheitskämpfer; Kapuziner; 1809 neben A. *Hofer* u. J. *Speckbacher* Führer im Freiheitskampf Tirols gegen Napoleon I.

Haß, feindseliges Gefühl bzw. Verhalten gegen Menschen, Gruppen, Institutionen oder ihre Träger. H. ist zwar der Ggs. zu Liebe, kann aber auch, bes. im Bereich der Sexualität, mit ihr verbunden sein *(H.liebe).*

Hass, Hans, *12.1.1919, östr. Unterwasserforscher; bekannt durch verfilmte Unterwasserjagden u. durch größere Expeditionen.

Hassan, *Hasan,* **H. II.,** *9.7.1929, König von Marokko seit 1961.

Haßberge, bewaldeter Bergrücken in Franken, zw. Saale u. Main (bei Bamberg), in der Nassacher Höhe 506 m.

Hasse, 1. Johann Adolf, *1699, †1783, dt. Komponist; Hauptvertreter der ital. *Opera seria* in Dtld., auch Oratorien u. Kirchenmusik. – **2.** Otto Eduard (O.E.), *1903, †1978, dt. Schauspieler; Charakterdarsteller (u. a. »Canaris«).

Hassel, 1. Kai-Uwe von, *21.4.1913, dt. Politiker (CDU); 1963–66 Bundes-Min. der Verteidigung, 1966–69 für Vertriebene, Flüchtlinge u. Kriegsgeschädigte, 1969–72 Präs. des Bundestags, 1972–76 Vize-Präs. des Bundestags, 1979–84 Mitgl. des Europaparlaments. – **2.** Odd, *1897, †1981, norw. Chemiker; Untersuchungen zur Struktur der Ringverbindungen; erhielt mit D. *Barton* 1969 Nobelpreis für Chemie.

Hasselfeldt, Gerda, *7.7.1950, dt. Politikerin (CSU); 1989–91 Bundes-Min. für Raumordnung, Bauwesen u. Städtebau; 1991/92 Bundes-Min. für Gesundheit.

Hassell, Ulrich von, *1881, †1944 (hingerichtet), dt. Diplomat; 1932–37 Botschafter in Rom; spielte eine führende Rolle in der *Widerstandsbewegung* gegen Hitler.

Hasselt, Hptst. der belg. Prov. Limburg, nw. von Lüttich, am Albert-Kanal (Hafen), 65 000 Ew.

Haßfurt, Krst. in Unterfranken (Bay.), am Main, 11 000 Ew.

Haßler, *Hasler,* Hans Leo, *1564, †1612, dt. Komponist (Kirchenmusik u. mehrstimmige weltl. Lieder).

Haßloch, Gem. in Rhld.-Pf., nw. von Speyer, 18 000 Ew.

Hastings ['heistiŋz], Seebad in SO-England, an der Straße von Dover, 75 000 Ew. – Am 14.10.1066 in der Schlacht bei H. besiegte *Wilhelm der Eroberer,* Herzog der Normandie, den angelsächs. König *Harald (Harold) II.*

Hastings ['heistiŋz], Warren, *1732, †1818, brit. Kolonialpolitiker; 1773–85 Generalgouverneur von Indien.

Hatheyer, Heidemarie, *1919, †1990, östr. Schauspielerin.

Hathor, grch. *Athyr,* altägypt. Himmels- u. Liebesgöttin, mit Kuhkopf oder -hörnern dargestellt.

Hatschepsut, *Hatschepsowet,* ägypt. Königin um 1490–70 v. Chr., Regentin für ihren unmündigen Stiefsohn Tuthmosis III.

Hattingen, Stadt in NRW, an der Ruhr, 58 000 Ew.; Eisen- u. Stahlind.; Wasserburg Haus Kemnade.

Hatto, H. I., *um 850 (?), †913, Erzbischof von Mainz 891–913; leitete mit Bischof *Salomon III.* von Konstanz die Reichspolitik unter *Ludwig dem Kind.*

Hat-trick, drei von einem Fußballspieler hintereinander erzielte Tore innerhalb einer Halbzeit.

Hattusa [ha'tuʃa], *Chattusa,* Hptst. des Reichs der *Hethiter* aus dem 2. Jt. v. Chr., heute Ruine bei dem Dorf *Boğazköy* in der Türkei; umfangreiche Funde von Keilschrifttafeln.

Haubach, Theodor, *1896, †1945 (hingerichtet), dt. Journalist; aktiv im republikan. »Reichsbanner

HAUSKATZEN

Faltohrkatze

Roter Perser

Kartäuserkatze

Silver-Tabby-Katze, kurzhaarig

Siamkatze

getigerte Hauskatze

Schwarz-Rot-Gold« u. in der *Widerstandsbewegung* gegen Hitler, Mitgl. des *Kreisauer Kreises*.
Haubenlerche, →Lerchen.
Haubentaucher, ein zur Ordnung der *Lappentaucher* gehörender Wasservogel.
Haubitze, ein Geschütz.
Hauck, Albert, *1845, †1918, dt. ev. Theologe u. Kirchenhistoriker.
Hauer, 1. der Bergmann, der vor Ort arbeitet. – **2.** die Eckzähne beim männl. Wildschwein.
Hauer, Joseph Matthias, *1883, †1959, östr. Musiktheoretiker u. Komponist; entwickelte unabhängig von A. *Schönberg* eine auf Sechstonkombinationen beruhende Zwölftonmusik (»Tropen«).
Haufendorf, eine ländl. Siedlungsform, in der die einzelnen Häuser unregelmäßig verstreut beieinander stehen, ohne einem bestimmten Dorfgrundriß eingeordnet zu sein.
Hauff, 1. Volker, *9.8.1940, dt. Politiker (SPD); 1978–80 Bundes-Min. für Forschung u. Technologie, 1980–82 für Verkehr; 1989–91 Oberbürgermeister von Frankfurt a. M. – **2.** Wilhelm, *1802, †1827, dt. Schriftst.; schrieb weltbekannte Märchen (»Kalif Storch«, »Zwerg Nase«, »Der kleine Muck«, »Das kalte Herz«), Novellen u. einen Geschichtsroman (»Lichtenstein«).
Haugesund [ˈhœyɡəsun], norw. Hafenstadt, 27 300 Ew.; Fischfang u. -verarbeitung.
Hauhechel, *Ononis*, Gatt. der *Schmetterlingsblütler;* dornige Kräuter oder Sträucher mit rosafarbenen Blüten.
Hauptfeldwebel, Dienstgrad in der Dienstgradgruppe der Unteroffiziere mit Portepee; in der Marine *Hauptbootsmann*.
Hauptgefreiter, Dienstgrad in der Dienstgradgruppe der Mannschaften; überwiegend techn. Spezialisten.
Häuptling, bei Naturvölkern der anerkannte Führer einer Gemeinschaft (Lokalgruppe, Dorf, Stamm).
Hauptman, Herbert A., *14.2.1917, US-amerik. Biophysiker; erarbeitete zus. mit J. *Karle* eine Methode zur Bestimmung von Kristallstrukturen. Nobelpreis für Chemie 1985.
Hauptmann, frz. *Capitaine,* engl. *Captain,* Offiziersdienstgrad, meist Kompanieführer.
Hauptmann, 1. Carl, Bruder von 2), *1858, †1921, dt. Schriftst. (Romane u. Dramen). – **2.** Gerhart, *1862, †1946, dt. Schriftst.; führender Vertreter des dt. Naturalismus, später u. a. religiöse Visionen, märchenhafte Mystik u. gefühlsselige Neuromantik. W »Vor Sonnenaufgang«, »Die Weber«, »Der Biberpelz«, »Fuhrmann Henschel«, »Rose Bernd«, »Die Ratten«, »Vor Sonnenuntergang«. Nobelpreis 1912.
Hauptmann von Köpenick, scherzhafte Bez. für den vorbestraften Schuster Wilhelm *Voigt* (*1849, †1922), der 1906 in Hauptmannsuniform die Stadtkasse von Köpenick beschlagnahmte. – Tragikomödie »Der H. v. K., ein dt. Märchen« von C. *Zuckmayer* (1930).
Hauptsatz, im Unterschied zum *Nebensatz* ein als vollständige Äußerung geltender Satztyp.
Hauptschule, eine der drei Schultypen des herkömml. dreigliedrigen Schulsystems in der *Sekundarstufe I;* umfaßt die Klassen 5–9/10, bei 6jähriger Grundschule oder selbständiger Orientierungsstufe die 7.–9. Klasse.
Hauptstadt, die Stadt, in der Reg. u. Parlament eines Staates ihren Sitz haben, in Monarchien meist gleichzeitig *Residenz*.
Haupt- und Staatsaktionen, von J. Chr. *Gottsched* geprägte Bez. für die Ausstattungsstücke histor.-polit. Inhalts der Wanderbühnen des 17./18. Jh.
Hauptverhandlung, der Verfahrensabschnitt im *Strafprozeß*, in dem die Entscheidung über die Klage gefällt wird. Die H. darf nur mündl., in ständiger Anwesenheit eines Richters, Staatsanwalts u. des Angeklagten (mit Verteidiger) stattfinden.
Hauptversammlung, die Generalversammlung einer *Aktiengesellschaft* oder einer *Kommanditgesellschaft auf Aktien*.
Hauptwort →Substantiv.
Hausa, *Haussa,* Hauptvolk (rd. 25 Mio.) des westl. u. mittleren Sudan mit eigener Sprache, v. a. Bauern, Händler u. Handwerker; im 12. Jh. wurden 7 H.staaten gegr., seit dem 14. Jh. islamisiert.
Hausbesetzung, das unbefugte Einziehen in leerstehende Häuser, meist als Protest gegen eine verfehlte Wohnungsbau- u. Mietpolitik u. den Verfall von Bausubstanz; als *Hausfriedensbruch* strafbar.

Königin Hatschepsut, 18. Dynastie. New York, Metropolitan Museum of Art

Hausbock, bis 20 mm langer, schwarzer *Bockkäfer*. Die Larven fressen in trockenem Bauholz (gefährl. Schädling).
Hausdurchsuchung, östr. für *Haussuchung;* →Durchsuchung.
Hausen, *Beluga*, bis 9 m langer u. 1,3 t schwerer *Stör* des Schwarzen u. Asowschen Meers; wertvoller Kaviarlieferant.
Hauser, Kaspar, *1812 (?), †1833 (ermordet), ein angebl. völlig isoliert aufgewachsener Findling, der 1828 in Nürnberg auftauchte. Seine rätselhafte Herkunft gab zu vielerlei Vermutungen (bad. Prinz, Abkömmling Napoleons) u. zu reicher Literatur Anlaß. – **Kaspar-H.-Versuch,** Versuch in der Verhaltensforschung, bei dem Tiere isoliert aufgezogen werden, um angeborene Verhaltensweisen festzustellen.
Häuser, Felder, die 12 Teile, in die der Himmel über u. unter dem Horizont eines Ortes eingeteilt wird.
Hausfriedensbruch, die Verletzung des *Hausrechts* durch widerrechtl. Eindringen in fremde Räume oder Grundstücke; auf Antrag strafbar.
Haushalt, 1. die im H.splan erfaßte Wirtschaft der öffentl.-rechtl. Körperschaften. – **2.** die wirtschaftsführung einer Wohngemeinschaft (Familie) oder Einzelperson.
Haushaltsplan, *Etat, Budget,* die Gegenüberstellung der voraussichtl. Einnahmen u. Ausgaben der öffentl.-rechtl. Körperschaften (Staat, Länder, Gemeinden) für ein oder zwei Haushaltsjahre; werden nach Verabschiedung des H. durch das Parlament noch zusätzl. Mittel benötigt, so ist ein *Nachtragshaushalt* erforderlich.
Haushofer, 1. Albrecht, Sohn von 2), *1903, †1945 (erschossen), dt. Geograph u. Schriftst.; wegen Verbindung zum Widerstand 1944 verhaftet; schrieb im Gefängnis die »Moabiter Sonette« (posthum 1946). – **2.** Karl, *1869, †1946 (Selbstmord), dt. Offizier u. Geograph; führender Vertreter der Geopolitik in Dtld.; beeinflußte mit seinen Ideen den Nationalsozialismus.
Haushuhn →Huhn.
Haushund →Hunde.

Hausindustrie, *Verlagssystem,* ein sich bereits im Hoch-MA entwickelndes Betriebssystem, das den Übergang vom Handwerk zum Industriebetrieb bildet u. bes. im 18. Jh. die vorherrschende Organisationsform des Gewerbebetriebs war: Die *Hausgewerbetreibenden* u. *Heimarbeiter* arbeiten in der eigenen Werkstätte (oft unter schlechten Licht- u. Raumverhältnissen) gegen Stücklohn für einen Unternehmer *(Verleger),* der den Absatz u. meist auch die Rohstoff- u. Werkzeugbeschaffung übernahm.
Hauskatze, vom Rassenkreis der *Wildkatze* abstammendes Haustier, von den alten Ägyptern bereits aus der *Falbkatze* domestiziert. Hauptrassen: *Angorakatzen, kurzhaarige Marmorfarbene* u. *Siamkatzen*.
Häusler, *Kätner,* ein Dorfbewohner mit kleinem Landbesitz u. Wohnhaus, der auf Lohnarbeit angewiesen ist.
Hausmacht, der Erbbesitz eines regierenden Fürstenhauses.
Hausmann, 1. Manfred, *1898, †1986, dt. Schriftst.; Erzählungen, gefühlsbetonte Lyrik u. Romane. – **2.** Raoul, *1886, †1971, östr. Schriftst., Photograph u. Kunsttheoretiker; gründete 1918 mit R. *Huelsenbeck,* J. *Heartfield,* G. *Grosz* u. a. den Berliner »Club Dada«.
Hausmarke, *Hauszeichen,* Eigentumszeichen an bewegl. u. unbewegl. Sachen; auch ein bevorzugt geführtes Erzeugnis einer Firma.
Hausmaus →Mäuse.
Hausmeier, lat. *maior domus,* der höchste Amtsträger am fränk. Königshof. Den *Arnulfingern* gelang es 687, das Amt erbl. für das ganze Reich an sich zu bringen. Die H. wurden zu unabhängigen Regenten des Reichs u. drängten die Könige zur Bedeutungslosigkeit herab. 751 übernahm der H. *Pippin der Jüngere* selbst das Amt des Königs.
Hausmutter, ein großer *Eulen-Schmetterling*.
Hausner, Rudolf, *1914, †1995, östr. Maler der »Wiener Schule«.
Hausrecht, das Recht des Hausherrn, Wohnungs- oder sonstigen Inhabers befriedeten Besitztums, über dessen Benutzung nach andere zu bestimmen u. sich notfalls der widerrechtl. Störung des *Hausfriedens* mit Gewalt zu erwehren.
Hausruck, waldreicher Bergrücken im oberöstr. Alpenvorland, im *Göblberg* 800 m; Braunkohlenabbau.
Hausschwamm, *Holzpilz, Tränenschwamm,* der gefährl. Pilz-Schädling des verbauten Holzes, wegen seines geringen Wasserbedarfs bes. widerstandsfähig u. schwer zu bekämpfen.
Hausse [ˈ(h)oːs(ə)], Wirtschaftsaufschwung; Börsenausdruck für das Ansteigen der Kurse u. Anziehen der Preise; Ggs.: *Baisse*.
Haussmann, 1. [osˈman], Georges-Eugène, *1809, †1891, frz. Städteplaner; führte im Auftrag Napoleons III. die Umgestaltung von Paris durch (Avenuen, Boulevards, Sternplätze u. ä.), wobei das mittelalterl. Stadtbild zerstört wurde. – **2.** Helmut, *18.5.1943, dt. Politiker (FDP); 1984–88 Generalsekretär der FDP, 1988–91 Bundes-Min. für Wirtschaft.
Haussuchung →Durchsuchung.
Hausurnen, keram. Aschenurnen in Hausform, seit der Jungsteinzeit in SO-Europa nachweisbar.
Hauswurz, *Sempervivum,* Gatt. der *Dickblattgewächse,* Zierpflanze mit fleischigen Blattrosetten; die *Echte H.* mit rosenroten Blüten.
Haut, grch. *Derma,* lat. *Cutis,* beim Menschen u. bei den meisten *Wirbeltieren* die aus drei Schichten aufgebaute Oberflächenbedeckung: *Ober-H., Leder-H.* u. *Unter-H.;* dient zum Schutz gegen äußere Einwirkungen, als Sinnesorgan (für Temperatur, Druck, Schmerz), als Organ der Atmung *(H.atmung),* der Ausscheidung (z.B. Schweiß) u. der Wärmeregulation. Die mit der Ober-H. verbundene Leder-H. beherbergt Haarbälge, Talg- u. Schweißdrüsen, Nervenzellen sowie Blutgefäße; in der Unter-H. befinden sich Fettzellen u. das Bindegewebe. Die H.farbe wird von der Menge des Pigments bestimmt. Durch Zellverhornung kann die H. auch Krallen, Hörner, Federn, Schuppen, Panzer u. ä. ausbilden.
Bei wirbellosen Tieren ist die H. meist einschichtig. Sie scheidet häufig an der Oberfläche *Skelettsubstanzen* aus, z.B. bei Gliedertieren die durch Chitin verstärkte Kutikula oder bei Weichtieren die Schale.

Hautdrüsen, im Tierreich verbreitete Drüsen mit unterschiedl. Aufgaben, z.B. *Schleimdrüsen* bei Wassertieren (u. a. bei Weichtieren u. Amphibien), *Wachsdrüsen* u. *Öldrüsen* bei Insekten, *Speicheldrüsen, Duftdrüsen* u. *Seidendrüsen.* Charakterist. für Säugetiere sind *Talgdrüsen, Schweißdrüsen* u. *Milchdrüsen.*
Haute Couture [otku'ty:r], schöpferisches Modeschaffen.
Hautevolée [otwole:], meist iron. Bez. für vornehme Gesellschaft.
Hautfarbe, die von Dicke u. Durchblutung der Haut u. von eingelagerten Farbstoffen (Pigmenten) abhängige Eigenfarbe der Haut. Sonnen- u. verwandte Strahlen vermehren vorübergehend oder dauernd die Farbstoffbildung in der Keimschicht der Oberhaut.
Hautflügler, *Immen i.w.S., Hymenoptera,* über die ganze Erde verbreitete, landbewohnende artenreiche Ordnung der *Insekten* (etwa 280 000 Arten; mit ca. 10 000 Arten die umfangreichste Insektengruppe in Mitteleuropa), die nachweisl. bis in das Jura zurückreicht; mit meist 4 durchsichtigen Flügeln. Zu den H. gehören z.B. Ameisen, Bienen u. Wespen.
Hautgout [o'gu], pikanter Geschmack, bes. von Wildbret nach längerem Hängen.
Hautkrankheiten, *Dermatosen,* Erkrankungen, die die Haut als spezielles Organ oder im Gefolge einer Allgemeinerkrankung angreifen. H. werden hervorgerufen u. a. durch Bakterien (z.B. Furunkulose), Viren (z.B. Herpes simplex), allerg. wirkende Substanzen (z.B. Nesselfieber, Ekzem), Parasiten (z.B. Krätze), Hautpilze, Geschwülste (z.B. Hautkrebs), Störungen der Hautdrüsenfunktion (z.B. Akne) sowie als Folge bestimmter Infektionskrankheiten (z.B. Röteln, Scharlach); auch Erbanlagen spielen eine Rolle.
Hautkrebs, von bestimmten Hautzellen ausgehende bösartige Geschwülste; Formen: *Basaliom, Melanom, Spiraliom.*
Hautmilben, *Sarcopticae,* fast kugelförmige, sehr kurzbeinige Hautparasiten bei warmblütigen Wirbeltieren, die Krätze u. Räude hervorrufen können; keine Blutsauger.
Hautpilzerkrankungen, *Dermatomykosen,* durch Hautpilze hervorgerufene Krankheiten der Haut bzw. der Haare u. Nägel.
Hauttransplantation, *Hautverpflanzung,* die Übertragung eigener kleiner Hautstücke *(autoplastische H.)* von einer Körperstelle auf eine andere, um dort einen Defekt zu decken.
Häutung, die Erneuerung des obersten Hautgewebes. Sie geht entweder dauernd vor sich (z.B. beim Menschen durch dauernde Abgabe kleiner Schuppen) oder gibt von Zeit zu Zeit durch Abwurf des ganzen Hautkleids die darunter liegende neue Haut frei (bei Tieren mit verhärteter Oberhaut wie Insekten, Krebsen, Schlangen).
Hautwolf, *Wolf, Intertrigo,* eine akute Entzündung der Haut, die meist aus dem Zusammenwirken mechan. Reizung u. zersetzender Ausscheidungen (Harn, Schweiß, Kot) u. anschließender Infektion der wunden Stellen entsteht.
Havanna, span. *La Habana, San Cristóbal de la Habana,* Hptst. der westind. Rep. *Kuba,* an der Nordküste, 2,08 Mio. Ew.; im span. Kolonialstil erbaut; Univ. (1728); Flughafen; Eisen- u. Stahlind.; Ausfuhr von Tabak u. Zucker.
Havarie, *Haverei, Avarie,* Kosten u. Schäden an Schiff u. Ladung während einer Seereise (ähnl. auch in der Binnenschiffahrt). 1. *kleine H.:* gewöhnl. Kosten der Schiffahrt, z.B. Lotsen- u. Hafengelder; 2. *besondere H.:* Schäden durch Unfall, die vom Eigentümer getragen werden; 3. *große H.:* vorsätzl. Beschädigung wegen Notstandes.
Havel ['ha:fəl], r. Nbfl. der Elbe, 341 km; entspringt auf der Mecklenburg. Seenplatte u. durchfließt, von zahlr. Seen unterbrochen, das *H.land;* weitgehend kanalisiert, das Bindeglied zw. Elbe u. Oder. – **H.kanal,** 1951/52 zur Umgehung W-Berlins errichtet.
Havel, Václav, * 5.10.1936, tschech. Dramatiker u. Politiker; 1970–89 Publikationsverbot in der ČSSR; seit 1979 mehrf. inhaftiert; 1989–92 Staats-Präs. der Tschechoslowakei, seit 1993 Staats-Präs. der Tschech. Republik; 1989 Friedenspreis des Dt. Buchhandels, 1991 Karlspreis.

Václav Havel

Havelberg, Krst. in Sachsen-Anhalt, an der Havel, 6700 Ew.; roman.-got. Dom.
Havemann, Robert, * 1910, † 1982, Chemiker u. polit. Philosoph; Systemkritiker in der DDR, 1964 aus der Univ. u. der SED ausgeschlossen; 1976–79 unter Hausarrest, 1989 rehabilitiert.
Havre [a:vr] → Le Havre.
Hawaii-Gitarre, eine große, aus der *Ukulele* entwickelte Gitarre mit 6–8 Stahlsaiten.
Hawaii-Inseln, engl. *Hawaiian* oder *Sandwich Islands,* nordpolyn. Inselgruppe im Pazifik, der US-amerik. Bundesstaat *Hawaii;* 8 größere, gebirgige u. bewohnte Inseln (Hauptinsel *Hawaii,* 10 414 km², 118 000 Ew.; ferner *Maui,* 40 000 Ew.; *Oahu,* 770 000 Ew.; *Kauai,* 40 000 Ew.; *Molokai, Lanai, Niihau* u. *Kahoolawe)* u. viele kleine Koralleninseln; zus. 16 705 km², 1,1 Mill. Ew., Hptst. *Honolulu* (Haupthafen u. Marinestützpunkt *Pearl Harbor).* Bev.: 48% Ostasiaten, 23% Weiße, 15% Mischlinge, 12% Filipinos u. 2% polyn. Eingeborene. – Die H. sind die Spitzen eines riesigen, aus dem 5000 m tiefen Ozeanbecken aufragenden Vulkanstocks mit rd. 40 erloschenen u. zwei noch tätigen Vulkanen *(Mauna Loa,* 4179 m, u. *Kilauea,* 1247 m) auf Hawaii. Hauptanbauprodukte: Ananas, Bananen, Kaffee, Zuckerrohr; bed. Fremdenverkehr. – Gesch.: 1778/79 von J. *Cook* entdeckt, 1800–93 Kgr., 1898 als Bundesterritorium u. 1959 als 50. Bundesstaat zu den USA.
Hawke [hɔ:k], Robert, * 9.12.1929, austral. Politiker (Australian Labor Party); 1983–91 Premier-Min.
Hawking ['hɔ:kiŋ], Stephen William, * 8.1.1942, brit. Physiker u. Mathematiker; sein Hauptinteresse gilt der Verknüpfung von Allgemeiner Relativitätstheorie u. Quantenmechanik.
Hawks [hɔ:ks], Howard, * 1896, † 1977, US-amerik. Filmregisseur u. -produzent (Komödien, Kriminal- u. Wildwestfilme).

Haworth ['hɔ:əθ], Walter Norman, * 1883, † 1950, brit. Chemiker; Untersuchungen zu Polysacchariden u. zur Struktur von Vitamin C; Nobelpreis 1937.
Hawthorne ['hɔ:θɔ:n], Nathaniel, * 1804, † 1864, US-amerik. Schriftst. (u. a. Kurzgeschichten u. Romane).
Háy ['ha:i], Gyula (Julius), * 1900, † 1975, ung. Schriftst. (polit. u. soz. Dramen); am Aufstand 1956 beteiligt, danach bis 1960 in Haft.
Haydée [hai'de:], Marcia, * 18.4.1939, brasil. Tänzerin, Ballettdirektorin des Stuttgarter Balletts.
Haydn, 1. (Franz) Joseph, * 1732, † 1809, östr. Komponist; 1761–90 im Dienst des Grafen *Esterházy* in Eisenstadt u. Wien, erfolgreiche Konzertreisen nach England; Begr. des klass. sinfon. Stils; über 100 Sinfonien, Konzerte; Streichquartette, Opern, Lieder, Messen u. a.; wurde mit der »Schöpfung« u. den »Jahreszeiten« zum Begr. des weltl. Oratoriums. – **2.** Michael, Bruder von 1), * 1737, † 1806, östr. Komponist; seit 1781 Hof- u. Domorganist in Salzburg.
Hayes [heiz], Rutherford Birchard, * 1822, † 1893, US-amerik. Politiker (Republikaner); 19. Präs. der USA 1877–81; bemühte sich um die Aussöhnung mit den Südstaaten.
Hayworth ['heiwə:θ], Rita, eigtl. Margarita Carmen *Cansino,* * 1918, † 1987, US-amerik. Filmschauspielerin.
Hazienda → Hacienda.
Hazọr, Stadt in Israel, 6000 Ew.; bis zur Zerstörung im 13. Jh. v. Chr. die größte Stadt Palästinas; kanaanit. u. altisraelit. Kultbauten.
Hb, Kurzzeichen für *Hämoglobin.*
H-Bombe, die → Wasserstoffbombe.
h. c., Abk. für lat. *honoris causa,* »ehrenhalber«.
Headhunting ['hɛdhʌntiŋ], Abwerbung von Mitarbeitern, bes. Führungskräften, von einem anderen Betrieb.
Headline ['hɛdlain], die Schlagzeile einer Zeitung.
Hearing ['hi:riŋ], »Anhörung« von Experten oder Interessenvertretern; auch öffentl. parlamentar. Untersuchung.
Heartfield ['ha:tfi:ld], John, eigtl. Helmut *Herzfeld,* * 1891, † 1968, Graphiker u. Photograph; illustrierte mit G. *Grosz* pazifist. Publikationen der Berliner Dada-Gruppe.
Heath [hi:θ], Edward, * 9.7.1916, brit. Politiker; 1965–75 Führer der Konservativen, 1970–74 Prem.-Min.
Heathrow ['hi:θrou], internat. Flughafen westl. von London.
Heaviside ['hɛvisaid], Oliver, * 1850, † 1925, brit. Physiker u. Elektroingenieur; entwickelte eine Operatorenrechnung; entdeckte 1902 zus. mit A. E. *Kennelly* die *H.-Schicht* (auch *Kennelly-H.-Schicht),* eine elektr. leitende Schicht der Ionosphäre in 96 – 144 km Höhe, die Mittelwellen reflektiert.
Hẹbamme, eine für die Geburtshilfe ausgebildete u. staatl. geprüfte Person, die bei der Entbindung u. der anschließenden nichtärztl. Fürsorge für die Wöchnerin u. das Neugeborene tätig ist.
Hebbel, Friedrich, * 1813, † 1863, dt. Schriftst.; Begr. der realist. Tragödie; schildert in seinen Dramen u. a. den Konflikt der heranwachsenden Generation mit den bestehenden Sitten. Ⓦ Dramen u. a.: »Maria Magdalene«, »Agnes Bernauer«.
Hẹbe → griechische Religion.
Hebei, *Hopeh,* Prov. in → China.
Hebel, ein um eine Achse drehbarer meist stabförmiger Körper, der zum Heben einer Last oder zur Verstärkung des Drucks dient. H. sind u. a. Brechstange, Waage, Zange; *einarmige H.:* die Kräfte wirken auf einer Seite des Drehpunkts; *zweiarmige H.:* die Kräfte setzen auf beiden Seiten des Drehpunkts an. Nach *Archimedes* ist der H. im Gleichgewicht, wenn das Drehmoment aus Kraft (P_1) u. Kraftarm (l_1) gleich ist dem Drehmoment aus Last (P_2) u. Lastarm (l_2): $P_1 \cdot l_1 = P_2 \cdot l_2$.
Hebel, Johann Peter, * 1760, † 1826, dt. Schriftst.; v. a. Mundartdichtung, Geschichten u. Anekdoten.
Heber, Gerät zur Entnahme von Flüssigkeiten durch Luftdruck.
Hébert [e'bɛ:r], Jacques René, Beiname *Père Duchesne,* * 1757, † 1794, frz. Revolutionär; Führer der *Hébertisten,* der radikalsten Gruppe im Nationalkonvent; geriet in Gegensatz zu G. J. *Danton* u. M. de *Robespierre* u. wurde auf deren Veranlassung hin guillotiniert.
Hẹbra, Ferdinand Ritter von, * 1816, † 1880, östr. Dermatologe; Begr. der modernen Dermatologie.

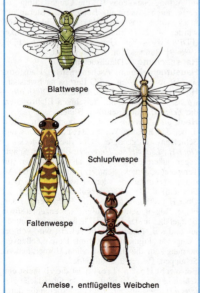

Hautflügler
Blattwespe
Schlupfwespe
Faltenwespe
Ameise, entflügeltes Weibchen

Joseph Haydn; Punktierstich von Schiavonetti nach einem Gemälde von Guttenbrunn

Hebräer, *Ebräer,* im AT Bez. für unfreie Israeliten.
Hebräerbrief, eine theolog. Abhandlung des NT, die sich v. a. mit dem Verhältnis der israelit. zur christl. Offenbarung befaßt.
Hebräerevangelium, ein bis auf wenige Fragmente verlorengegangenes judenchristl. Evangelium.
hebräische Schrift, eine *aramäische* Schrift; läuft von rechts nach links u. hat 22 Zeichen für Konsonanten; Vokale werden durch Punktation bezeichnet. In Druckwerken wird neben der *Quadratschrift* eine vereinfachte Schriftform, die *Raschischrift,* benutzt. Auch das Jiddische wird in h. S. geschrieben.
hebräische Sprache, eine semit. Sprache. Das *Althebräische,* die Sprache des AT, wurde als Volkssprache in den letzten vorchristl. Jahrhunderten vom *Aramäischen* verdrängt, hielt sich aber als Buch- u. Synagogensprache. In diesem Lebensbereich entwickelte sie sich zum *Neuhebräischen.* Als *Iwrit* wurde sie Amtssprache des Staats Israel.
Hebraistik, die Wiss. von der hebr. Sprache u. Geschichte.
Hebriden, 1. engl. *Hebrides, Western Islands,* Inselgruppe in NW-Schottland, durch Barra-Passage, Little Minch u. North Minch geteilt in *Innere H.* (größte Insel: Skye) u. *Äußere H.* (größte Insel: Lewis Island); über 500 moorbedeckte, felsige, sturmreiche Inseln, zus. 7300 km², 60 000 gälisch sprechende Einwohner, Schafzucht, Wollverarbeitung (Harris Tweed), Fischerei. – **2.** *Neue H.* → Vanuatu.
Hebron, arab. *El Khalil,* seit bibl. Zeit bestehende Stadt in Judäa (seit 1948 unter jordan., seit 1967 unter isr. Verw.), sw. von Jerusalem, 925 m ü. M., 45 000 Ew.; eine der vier hl. Städte des Judentums.

Hechel, kammartiges Werkzeug zum Aufbereiten der Flachsfasern.
Hechingen, Stadt in Ba.-Wü., am NW-Rand der Schwäb. Alb, zu Füßen der Burg Hohenzollern, 16 000 Ew. – 1423–1849 Residenz der Fürsten von Hohenzollern-H.
Hecht, *Schnöck, Wasserwolf,* zu den *H.ähnlichen* gehörender Raubfisch des Süßwassers, bis 1,40 m lang. Junge Hechte sind in Ufernähe häufig stark grün gefärbt *(Gras-H.).* Verbreitung: gemäßigte Breiten Europas, Asiens u. N-Amerikas.
Heck, hinterer Teil eines Schiffes, Flugzeugs oder Wagens.
Heck, Bruno, *1917, †1989, Politiker (CDU); 1962–68 Bundes-Min. für Fam. u. Jugend, 1967–71 Generalsekretär der CDU.
Heckel, Erich, *1883, †1970, dt. Maler u. Graphiker; Mitbegr. der Künstlervereinigung »Die Brücke«; einer der Hauptmeister des dt. Expressionismus.
Heckenbraunelle → Braunellen.
Heckenrosen, zu den *Rosengewächsen* gehörende, in Hecken wachsende wilde Rosen.
Hecker, Friedrich, *1811, †1881, Revolutionär; organisierte mit G. von *Struve* 1848 den Bad. Aufstand; floh nach dem Scheitern in die Schweiz u. wanderte von dort in die USA aus.
Hederich, *Ackerrettich,* ein *Kreuzblütler;* verbreitetes Ackerunkraut.
Hedin, Sven Anders, *1865, †1952, schwed. Asienforscher; unternahm Reisen durch Vorderasien, Zentralasien u. Tibet; entdeckte die Quellen des Indus u. Brahmaputra sowie das später nach ihm ben. H.-Gebirge (Transhimalaya).
Hedjas ['hɛdʒas], *Hedschas,* arab. *Al Hijaz,* arab. Ldsch. am Roten Meer; Zentrum der islam. Kultur mit den heiligen Städten Mekka u. Medina; 472 000 km², 2,0 Mio. Ew.; steppenhaftes Hochland; nomad. Viehzucht, in Oasen Landw.; seit 1932 Teil von Saudi-Arabien.
Hedonismus, die Lehre der *Kyrenaiker,* daß das höchste Gut, mithin der Endzweck des Handelns, die psych. u. phys. Lust sei.
Hedschra, *Hidschra,* die Auswanderung des Propheten *Mohammed* von Mekka nach Medina 622 n. Chr.; Ausgangspunkt der islam. Zeitrechnung (in Mondjahren).
Hedwig, 1. poln. *Jadwiga,* *1374, †1399, poln. Königin 1384–99; Tochter Ludwigs I. von Ungarn u. Polen; ihre Ehe mit Jagiello von Litauen führte 1386 zur poln.-litau. Personalunion. – **2.** *1174, †1243, schles. Herzogin, Heilige; verheiratet mit *Heinrich I.* von Schlesien; förderte die christl. Religion u. die dt. Kultur in Schlesien.
Heer, auch *Armee,* die Landstreitkräfte eines Staates.
Heer, 1. Friedrich, Pseud.: Hermann *Gohde,* *1916, †1983, östr. Historiker u. Publizist. – **2.** Gottlieb Heinrich, *1903, †1967, schweiz. Schriftst. (v. a. histor. Romane).
Heerbann, im frühen MA das Recht des Königs zur Aufbietung des Heeres zum Kriegsdienst; auch das aufgebotene Heer selbst.
Heereman von Zuydtwyck [-zœidwɪk], Constantin Frhr., *17.12.1931, Landwirt; seit 1969 Präs. des dt. Bauernverbands.
Heerlen ['heːrlə], Stadt in der ndl. Prov. Limburg, nw. von Aachen, 90 000 Ew.; Kohlenbergbau.

Heerwurm, die etwa 1 cm langen, durchsichtigen Larven der *H.-Trauermücken,* die in humusreichem Boden leben u. sich mitunter zu langen Wanderzügen zusammenschließen.
Heesters, Johannes, *5.12.1903, ndl. Schauspieler u. Sänger (Operetten, Filme).
Hefe, *H.pilze,* einzellige Organismen, die sich durch Zellsprossung vermehren; in Reinkultur gezüchtet u. in Gärungsbetrieben u. als Treibmittel in der Bäckerei verwendet.
Hefei [xəfei], *Hofei,* Hptst. der chin. Prov. Anhui, westl. von Nanjing, rd. 902 000 Ew.; landw. Handelszentrum, Univ.; Binnenhafen, Flughafen.
Hefner-Alteneck, Friedrich von, *1845, †1904, Elektrotechniker; konstruierte u. a. den Trommelanker für Generatoren u. die sog. *Hefner-Lampe* zur Darstellung der *Hefner-Kerze,* einer veralteten Einheit der Lichtstärke (Abk. *HK*).
Hegau, fruchtbare Ldsch. nw. vom Bodensee, Vulkanruinen *Hohenhöwen* (814 m), *Hohenstoffeln* (844 m), *Hohentwiel* (689); Hauptort Singen.
Hegel, Georg Wilhelm Friedrich, *1770, †1831, dt. Philosoph; einer der bedeutendsten Denker des dt. *Idealismus.* Er zeigt den Aufstieg des philosoph. Gedankens vom vorstellenden Bewußtsein bis zur Vernunft u. zum absoluten Wissen. In der »Logik« (1812–16) entwickelt er den Sinngehalt des Absoluten, d. i. der Wahrheit »an und für sich selbst«. In der Rechtsphilosophie stellt er die prakt. Philosophie dar, d. h. er bestimmt Sittlichkeit, Recht u.

Georg Wilhelm Friedrich Hegel

Moralität als Willensformen des Geistes u. den Staat als die absolute Wirklichkeit der Sittlichkeit. Methode u. zugleich Inhalt seines Denkens ist die *Dialektik.* H.s Philosophie hatte großen Einfluß auf die Geistesgeschichte des 19. Jh. – **Hegelianismus,** die H.-Schule. Die unmittelbaren Schüler H.s wurden eingeteilt in *Rechtshegelianer* (G. A. Gabler, K. F. Göschel u. a.), *H.sches Zentrum* (K. F. Rosenkranz) u. *Linkshegelianer* (L. Feuerbach, D. F. Strauß). Aus dem Links- oder Jung-H. entwickelte sich der Radikalismus des *Vormärz* (A. Ruge, M. Stirner, Marx u. Engels).
Hegemonie, Vorherrschaft, Vormachtstellung.
Hegenbarth, Josef, *1884, †1962, dt. Maler u. Graphiker; Buchillustrationen bes. zur klass. Weltliteratur.
Hehlerei, das Sichverschaffen oder Absetzen von Sachen aus einem Diebstahl oder anderen Vermögensdelikten; Freiheits- oder Geldstrafe.
Heide, 1. [die], Vegetationsform nährstoffarmer Böden, bes. charakterist. Zwergsträucher, Wacholder u. Besenginster u. in NW-Dtld. *(Lüneburger H.)* vornehml. *Gewöhnl. H., Glocken-H.* u. *Krähen-H.* – **2.** [der], in abwertendem Sinn gebrauchte Bez. für Nichtchristen.
Heide, Krst. in Dithmarschen, Schl.-Ho., am Rand der Geest, 21 500 Ew. – 1447–1559 Hptst. der Bauern-Rep. Dithmarschen.
Heidegger, Martin, *1889, †1976, dt. Philosoph; Hauptvertreter der Existenzphilosophie in Dtld., greift in seinen Werken ein Thema der klass. Metaphysik auf: die Frage nach dem Sinn von Sein. W »Sein u. Zeit«, »Was ist Metaphysik?«.

Hebriden (1): Steinkreis von Callanish auf der Insel Lewis

Heidekraut, 1. *Gewöhnl. Heide, Besenheide, »Erika«,* Zwergstrauch mit blaßrosa bis violetten Blüten, die Charakterpflanze der Heidelandschaften. – **2.** *Erica,* Gatt. der *H.krautgewächse,* mit fleischfarbenen, glockigen Blüten; hierzu: *Glokkenheide, Berg-* oder *Schneeheide.*
Heidelbeere, auch *Bick-, Blau-* oder *Schwarzbeere,* Gatt. der Fam. *Heidekrautgewächse,* meist in Wäldern u. auf Heiden vorkommender kleiner Strauch mit blauschwarzen, eßbaren Beeren.
Heidelberg, Stadt in Ba.-Wü., am Austritt des Neckartals aus dem Odenwald in die Oberrhein. Tiefebene, 130 000 Ew.; enge, barocke Altstadt mit roten Sandsteinbauten am linken Neckarufer, überragt von der größten dt. Schloßruine, dem **H.er Schloß** (13. Jh., Erweiterungen im 16. Jh.; im Keller das berühmte *H.er Faß,* 221 726 Liter); Kultur- u. Bildungseinrichtungen: älteste reichsdt. Univ. (gegr. 1386), Kurpfälz. Museum, Akad. der Wiss., Dt. Krebsforschungszentrum; Hauptquartier der US-Streitkräfte in Europa.
Gesch.: Vom 14. Jh. bis 1720 Residenz der Pfalzgrafen; die Univ. wurde das Zentrum des Humanismus in Dtld.; im 16. Jh. Mittelpunkt der reform. Glaubensrichtung **(H.er Katechismus,** 129 Lehrsätze, 1563 veröffentl.), 1688/89 u. 1693 belagerten u. eroberten die Franzosen H. u. sprengten das Schloß.
Heidelberger Liederhandschrift, *Große H. L., Manessische Handschrift,* die kostbarste dt. Minnesänger-Handschrift, entstanden zu Beginn des 14. Jh. in Zürich; enthält Werke von 140 Dichtern u. 138 Miniaturen. – Die *Kleine H. L.* entstammt noch dem 13. Jh. (ohne Bilder).
Heidelberger Unterkiefer, *Unterkiefer von Mauer,* früher *Homo (Palaeanthropus) heidelbergensis* gen., der älteste menschl. Knochenfund aus Europa; zeitl. u. nach seinen Formmerkmalen vermutl. zu *Homo erectus* gehörig; 1907 bei Mauer, sö. von Heidelberg, ausgegraben.
Heidelerche →Lerchen.
Heidenchristen, in der christl. Urkirche jene Mitgl., die nicht aus dem Judentum stammten. Ggs.: *Judenchristen.*
Heidenheim an der Brenz, Krst. in Ba.-Wü., in der Schwäb. Alb, 50 000 Ew.; maler. Stadtanlage zu Füßen des Schlosses *Hellenstein* (17. Jh.).
Heidenstam ['heidənstam], Verner von, *1859, †1940, schwed. Schriftst.; Neuromantiker; Nobelpreis 1916.
Heidschnucke, *Heideschaf,* die kleinste, sehr alte Schafrasse aus der Lüneburger Heide.
Heifetz, Jascha, *1901, †1987, US-amerik. Violinvirtuose russ. Herkunft.
Heigert, Hans, *21.3.1925, Publizist; 1989–1993 Präs. des Goethe-Instituts.
Heiland, im Christentum Beiname für *Jesus von Nazareth* als Erlöser; z. T. auch auf andere Religionen übertragen.
Heilbronn, Krst. in Ba.-Wü., am schiffbaren Neckar (Hafen), 112 000 Ew.; Handels-, Ind.- u. Verkehrszentrum; maler. Altstadt mit frühgot. Kilianskirche (13.–15. Jh.), Rathaus (16. Jh.); u. a. Kfz.-, Elektro-, Masch.- u. Nahrungsmittelind. – 1944 fast völlig zerstört.
Heilbrunn, *Bad H.,* Gem. in Bay., westl. von Bad Tölz, 2000 Ew.; Kurort mit Heilquelle.
Heilbutt, zur Ordnung der *Plattfische* gehörende Art, 1–2 m langer Speisefisch der nördl. Meere.
Heiler, Friedrich, *1892, †1967, dt. ev. Theologe; Religionshistoriker; Vertreter der ökumen. Bewegung in Dtld.
Heilerde, zu Heilzwecken (meist als Bäder, Umschläge) verwendete Moorerde mit zahlr. Mineralstoffen u. Spurenelementen.
Heilerziehung →Heilpädagogik.
Heilgymnastik →Krankengymnastik.
Heilige, in vielen Religionen Menschen, die sich durch bes. Werke oder Gnaden dem Göttlichen angenähert haben; in der kath. Kirche bes. fromme u. standhafte Christen (z.B. Märtyrer). →Heiligsprechung.
Heilige Allianz, auf Veranlassung des Zaren *Alexander I.* zw. Rußland, Östr. u. Preußen 1815 in Paris geschlossenes Bündnis, um die Staaten nach den Grundsätzen des Christentums, der Gerechtigkeit, der Liebe u. des Friedens zu leiten. Alle europ. Herrscher außer England u. dem Papst traten der H.A. bei. Sie wurde unter Führung *Metternichs* zum Werkzeug der reaktionären Mächte gegen die nat. u. lib. Strömungen der Völker.
Heilige Familie, Maria, Joseph u. das Christuskind.
heilige Kriege, beschönigende Bez. für religiös sanktionierte Angriffskriege.
Heilige Liga →Liga.
Heilige Nacht, *Heiliger Abend,* Nacht bzw. Vorabend vor Weihnachten.
Heiligenblut, östr. Kurort am Fuß des Großglockners, 1288 m ü. M., 1300 Ew.; Wallfahrtskirche (15. Jh.).
Heiligenhafen, Stadt in Schl.-Ho., am Fehmarnsund, 9600 Ew.; Hochseefischerei.
Heiligenhaus, Stadt in NRW, nw. von Wuppertal, 29 000 Ew.; Gießerei.
Heiligenkreuz, Ausflugsort im südl. Wienerwald (Niederöstr.), 950 Ew.; die älteste Zisterzienserabtei in Östr. (1135).
Heiligenkreuz-Gebirge, poln. *Góry Świętokrzyskie,* Gebirge der Poln. Platte, nördl. von Kielce; höchster Gebirgszug: *Łysogóry* (612 m); Nationalpark.
Heiligenschein →Nimbus.
Heiligenstadt, *Heilbad H.,* Krst. in Thüringen, an der Leine, 14 500 Ew.; Kneippkurort; Schloß; Metallwaren-Ind.; Hauptort des *Eichsfelds.*
Heiligenverehrung, allg. die Anrufung u. kult. Verehrung von Menschen, in denen sich beispielhaft die göttl. Gnade ausgeprägt hat. Um die Mitte des 2. Jh. setzte die kult. Verehrung der christl. Märtyrer an ihren Gräbern ein. Die Reformatoren wandten sich gegen Mißbräuche in der H. u. lehnten die Mittlerrolle der Heiligen ab, verstanden diese aber als Vorbilder des Glaubens. – Die kath. Kirche anerkennt nach wie vor die Aufgabe der Heiligen als Fürsprecher. Die kath. Volksfrömmigkeit unterscheidet nicht immer scharf zw. Verehrung u. Anbetung. Die H. äußert sich in andächtigen Handlungen (Gebet, Votiv, Wallfahrt).
Heiliger, Bernhard, *11.11.1915, dt. Bildhauer; Hauptvertreter der dt. Gegenwartsplastik.
Heiliger Abend →Heilige Nacht.
Heiliger Geist →Dreieinigkeit.
Heiliger Rock, ungenähtes Gewand Jesu; unter den überlieferten Tuniken kommt dem H. R. im Dom zu Trier bes. Bedeutung zu; wahrscheinl. eine Berührungsreliquie aus konstantin. Zeit.
Heiliger Stuhl, lat. *Sancta Sedes, Apostolischer Stuhl,* der Papst mit seinen Kongregationen, Gerichtshöfen u. Ämtern.
Heiliger Synod, in orth. Kirchen das dem leitenden Bischof zur Seite stehende, aus Bischöfen gebildete Leitungsorgan.
Heiliger Vater, Anrede des Papstes.
Heilige Schrift, die →Bibel.
Heiliges Grab, Grab Jesu, außerhalb der Mauern Jerusalems in der Nähe von Golgatha; über der vermuteten Stelle eine Basilika *(Grabeskirche).*
Heiliges Jahr →Jubeljahr (2).
Heiliges Land, Bez. für *Palästina.*
Heiliges Römisches Reich *Deutscher Nation,* lat. *Sacrum Imperium Romanum (Nationis Germanicae),* der Name des im 9./10. Jh. aus dem ostfränk. Reich hervorgegangenen, bis 1806 währenden) dt. Reichs. Der Zusatz »dt. Nation« entstammt dem 15. Jh.
Heiligkeit, Gottes Erhabenheit sowie Eigenschaft von gottgeweihten Personen; auch Anrede des Papstes *(Eure H.)*
Heiligsprechung, *Kanonisation,* das endgültige Urteil des Papstes über die Heiligkeit eines Verstorbenen u. seine Aufnahme in das Verzeichnis *(canon)* der Heiligen. Voraussetzung ist die *Seligsprechung.*
Heilongjiang [heiluŋdʒaŋ], *Heilungkiang,* die nordöstlichste Prov. in der Mandschurei, →China.
Heilpädagogik, Spezialzweig der Pädagogik, der sich mit entwicklungsgestörten, körperl. u. geistig behinderten Kindern befaßt.
Heilpflanzen, *Arzneipflanzen, Heilkräuter,* Pflanzen, die aufgrund ihres Gehalts an Wirkstoffen gegen bestimmte Krankheiten verwendet werden u. entweder ganz oder z. T. zur Bereitung von Arzneimitteln dienen.
Heilpraktiker, ein im Heilgewerbe Tätiger ohne ärztl. Bestallung; behandelt überwiegend nach homöopath. u. naturheilkundl. Grundsätzen. Die Erlaubnis, den Beruf des H. auszuüben, wird nach Ausbildung an einer H.-Schule u. Abschlußprüfung vor dem zuständigen Amtsarzt erteilt.
Heilquellen, *Mineralwässer, -quellen,* natürl. Quellwässer, die Salze oder Gase gelöst enthalten u. dadurch bei bestimmten Krankheiten heilsame Wirkungen ausüben.
Heilsarmee, engl. *Salvation Army,* eine 1878 durch W. *Booth* in London gegr., straff organisierte christl. Gruppenbewegung, die sich seelsorger. u. prakt. (u. a. Nachtasyle, Suppenküchen, Kampf gegen Alkoholmißbrauch) der Großstadtbevölkerung annimmt.
Heilsberg, poln. *Lidzbark Warmiński,* Stadt in Ostpreußen (poln. Wojewodschaft Olsztyn), an der Alle, 13 000 Ew.; 1306 - 1772 Sitz der Bischöfe von Ermland.
Heilsbronn, Stadt in Mittelfranken, Bay., sw. von Nürnberg, 6800 Ew.; ehem. Zisterzienserkloster mit roman.-got. Kirche (Grabstätte der fränk. Hohenzollern 1297–1625).
Heilschlaf, *Schlafbehandlung,* künstl. *Schlaf,* therapeut. Methode zur Ausschaltung schädl. u. falscher Reaktionen des Organismus, u. U. für längere Zeit *(Dauerschlaf).*
Heilserum, durch aktive Immunisierung von Tieren gewonnenes Immunserum, das die fertigen Immunstoffe gegen bestimmte Krankheitserreger enthält.
Heilsgeschichte, in der christl. Theologie die Geschichte der Taten Gottes zum Heil des Menschen, beginnt mit der Schöpfung.
Heilungkiang →Heilongjiang.

Heidelberg: Altstadt, Schloß und Königsstuhl

Heilige

Name	Lebensdaten	Patron(in)	Heiligenfest
Aegidius	†721	Jäger, Vieh, Hirten, Aussätzige	1. 9.
Agnes	†259 oder 304	Kinder und Jungfrauen	21. 1.
Alacoque, Marguerite-Marie	1647–1690		16. 10.
Albertus Magnus	1193–1280	Naturwissenschaftler	15. 11.
Aloysius von Gonzaga	1568–1591	Jugend	21. 6.
Ambrosius	339–397	Bienenzüchter, Bienen	7. 12.
Andreas	†60	Rußland, Schottland; Fischer, Bergwerksleute, Metzger	30. 11.
Angela Merici	1474–1540		27. 1.
Anna	1. Jh. v. Chr.	Frauen, Bergleute, Schiffer	26. 7.
Ansgar	801–865		3. 2.
Antonius	251–356	Feuer, Pest u. a. Seuchen	17. 1.
Antonius von Padua	1195–1231	Franziskaner, Bäcker, Eheleute; zum Wiederauffinden verlorener Sachen	13. 6.
Augustinus, Aurelius	354–430	Theologen, Bierbrauer, Buchdrucker	28. 8.
Barbara	†306	Architekten, Bergleute, Köche; Artillerie	4. 12.
Beda Venerabilis	672–735		25. 5.
Bellarmin, Robert	1542–1621		17. 9.
Benedikt von Nursia	480–547	Europa; Höhlenforscher, Lehrer, Schulkinder	11. 7.
Benno	†1106	München, Dresden-Meißen; Fischer, gegen Unwetter	16. 6.
Bernadette Soubirous	1844–1879		16. 4.
Bernhardin von Siena	1380–1444	Wollweber	20. 5.
Bernhard von Clairvaux	1090–1153	Zisterzienser, Burgund; Bienen, Bienenzüchter	20. 8.
Birgitta von Schweden	1302–1373	Pilger	23. 7.
Blasius	†um 316	Ärzte, Bauarbeiter, Gerber, Weber	3. 2.
Bonaventura	1221–1274	Franziskaner, Theologen	15. 7.
Bonifatius	675–754	Fulda; Bierbrauer, Schneider	5. 6.
Borromäus, Karl	1538–1584	Seelsorger, Seminare, Borromäerinnen	4. 11.
Cäcilia	†um 222	Kirchenmusik, Dichter, Orgelbauer	22. 11.
Christophorus	†um 250	Schiffer, Pilger und Reisende, Kraftfahrer	24. 7.
Clara von Assisi	1194–1253	Sticker, Wäscherinnen	11. 8.
Dominikus	1170–1221	Näherinnen, Schneider	8. 8.
Elisabeth (von Thüringen)	1207–1231	Bäcker, Bettler, Witwen und Waisen	19. 11.
Erasmus	4. Jh.	Drechsler, Schiffer, Weber	2. 6.
Eustachius	2. Jh.	Jäger, Klempner, Förster	20. 9.
Florian	†um 304	gegen Feuer und Wassergefahr	4. 5.
Franz von Assisi	1181–1226	Arme, Kaufleute; Umweltschutz	4. 10.
Franz von Sales	1567–1622	Schriftsteller, kath. Presse	24. 1.
Franz Xaver	1506–1552	kath. Missionen, Seereisende	3. 12.
Georg	†um 305	Artisten, Bauern, Ritter, Soldaten	23. 4.
Hieronymus	347–419	Asketen, Gelehrte, Lehrer, Schüler, Übersetzer	30. 9.
Hilarius von Poitiers	315–367	La Rochelle	13. 1.
Hildegard von Bingen	1098–1179	Sprachforscher	17. 9.
Hippolytos	†235	Gefängniswärter; Pferde	13. 8.
Hubertus	655–727	Jäger, Schützengilde; Optiker	3. 11.
Ignatius von Antiochia	†vor 117		17. 10.
Ignatius von Loyola	1491–1556	Jesuiten; Exerzitienhäuser	31. 7.
Januarius	†305	Goldschmiede	19. 9.
Jeanne d'Arc	1411–1431	Frankreich	30. 5.
Johannes von Capestrano	1386–1456		23. 10.
Johannes Chrysostomos	344–407	Prediger	13. 9.
Johannes vom Kreuz	1542–1591		14. 12.
Johannes Nepomuk	1350–1393	Priester, Schiffer; Brücken	26. 5.
Johannes der Täufer	1. Jh.	Abstinente, Architekten, Hirten, Musiker, Winzer	24. 6.
Joseph	1. Jh. v. Chr.– 1. Jh. n. Chr.	ganze Kirche; christliche Familie, Reisende, Sterbende, Zimmerleute	19. 3.
Kolbe, Maximilian	1894–1941		14. 8.
Katharina von Alexandria		Theologen, Philosophen	25. 11.
Kosmas und Damian	†304	Ärzte, Apotheker	26. 9.
Kyrillos und Methodios	9. Jh.	Europa	14. 2.
Laurentius	†258	Arme Seelen im Fegefeuer; Schüler, Arme, Bibliothekare, Feuerwehr, Winzer	10. 8.
Leonhard	6. Jh.	Gefangene, Pferde	6. 11.
Liudger	742–809		26. 3.
Lucia	†303	Bauern, Blinde	13. 12.
Martin	316–397	Soldaten, Reiter, Weber, Abstinenzler, Reisende	11. 11.
Mauritius	†302	Färber, Glasmaler, Waffenschmiede	22. 9.
Monika	332–387	Frauen und Mütter	27. 8.
Nikolaus (von Myra)	4. Jh.	Schiffahrt, Kaufleute, Richter, Reisende, Schüler	6. 12.
Nikolaus von der Flüe	1417–1487		25. 9.
Norbert von Xanten	1082–1134	Prämonstratenser	6. 6.
Pantaleon	†305	Ärzte, Hebammen	27. 7.
Patrick		Bergleute, Friseure, Schmiede	17. 3.
Petrus Canisius	1521–1597	kath. Schulorganisation Deutschlands	27. 4.
Petrus Damiani	1007–1072		21. 2.
Philipp Neri	1515–1595		26. 5.
Rupert	†718	Salzburg; Bergbau	24. 9.
Sebastian	3. Jh.	gegen die Pest; Schützen	20. 1.
Sophia	2. Jh.	Witwen	30. 9.
Stanislaus, Kostka	1550–1568	Polen	13. 11.
Stephanus, 1. Märtyrer		Pferde, Kutscher, Steinhauer, Sterbende	26. 12.
Theresia von Avila	1515–1582	Spanien	15. 10.
Theresia von Lisieux	1873–1897	Missionen	1. 10.
Thomas von Aquin	1225–1274	Theologen, Buchhändler	28. 1.
Ulrich von Augsburg	890–973	Weber, Sterbende	21. 10.
Ursula	†um 304	Jugend, Lehrerinnen	21. 10.
Valentin	†um 270		14. 2.
Vinzenz Ferrer	1350–1419	Bleigießer, Dachdecker	5. 4.
Vinzenz von Paul	1581–1660	Gefangene, Klerus, Krankenhäuser	27. 9.
Vitus	4. Jh.	Kupfer- und Kesselschmiede; Fallsucht, Lahme, Blinde, Winzer	15. 6.
Walpurga	710–779	Bauern	25. 2.
Wolfgang	924–994	Bildschnitzer, Hirten, Schiffer	31. 10.

Heimaey ['hɛjmaɛj], Hauptinsel der isländ. Inselgruppe *Vestmannæyjar*, 16 km², 5000 Ew.; 1973 Vulkanausbruch.

Heimarbeit, nach dem *Gesetz über die H. (H.sgesetz)* vom 14.3.1951 die Arbeit, die jemand in selbstgewählter Arbeitsstätte (eigene Wohnung oder selbstbeschaffte Betriebsstätte) im Auftrag von Gewerbetreibenden oder Zwischenmeistern gewerbl. leistet, kommt in fast allen Industriezweigen vor. Sie ist trotz ihrer großen Lohnintensität billiger als die Betriebsarbeit, da der Unternehmer einen nicht unbeträchtl. Teil der Betriebskosten spart. Die H. ist, soz. gesehen, bes. schutzbedürftig, da die Gefahr besteht, daß gesetzl. u. tarifl. Bestimmungen durch den Auftraggeber umgangen werden (H.s-Änderungs-Gesetz von 1974).

Heimat, der geographische einheitlich erlebte Raum (Landschaft, Siedlungsform), mit dem sich der Mensch durch Geburt, Tradition u. Lebensweise bes. verbunden fühlt, in dem seine Persönlichkeit maßgeblich geprägt wurde u. seine ersten entscheidenden sozialen Beziehungen zustande kamen. Die H. erfährt regelmäßig in Zeiten persönl. u. sozialer Krisen Aufwertung bei gleichzeitiger partieller Ablehnung von Lebensformen der industriellen Massengesellschaft.

Heimatkunst, eine aus der Romantik erwachsene, von A. *Auerbach*, A. *Stifter*, J. P. *Hebel*, J. *Gotthelf* u. a. Realisten des 19. Jh. ausgebildete Richtung, die eine bodenständige Literatur propagierte; in der Malerei eine am Ende des 19. Jh. aufgekommene Bewegung, die v. a. heimatl. vertraute Landschaften bevorzugte.

Heimatvertriebene, diejenigen Deutschen, die ihren Wohnsitz in den dt. Ostgebieten (Grenzen vom 31.12.1937) hatten u. von dort geflohen oder vertrieben worden sind, ferner diejenigen, die ihren Wohnsitz außerhalb der Grenzen vom 31.12.1937 hatten u. ihn im Zusammenhang mit dem 2. Weltkrieg verloren haben. Dies gilt auch für die *Umsiedler* (Rückführung der dt. Volksgruppen) u. die *Aussiedler* (Rückkehr nach dem 2. Weltkrieg).

Heimchen, *Hausgrille*, bis 1,7 cm lange, gelbbraune *Grille*; wärmeliebend.

Heimdall, *Heimdallr*, nord. Gott, Sohn Odins, Wächter an der Himmelsbrücke *Bifröst*. Mit seinem Horn *(Gjallarhorn)* ruft er die Asen zum letzten Kampf.

Heimfall, urspr. im Lehnsrecht die Rückübertragung von Gütern an den Lehns- bzw. Grundherren; heute im *Heimstättenwesen* u. beim *Erbbaurecht* bedeutsam.

Heimkehle, 1700 m lange Gipshöhle am Rand des Südharzes bei Uftrungen.

Heimkehrer, Personen, die aus Kriegsgefangenschaft oder Internierung nach Hause zurückkehren. Die H. des 2. Weltkriegs wurden in der BR Dtld. (einschl. Westberlin) bes. gefördert.

Heimstätte, i. w. S. jede eigene Behausung; nach dem noch heute gültigen *Reichsheimstättengesetz* (1920, Fassung 1937) ein Grundstück mit Einfamilienhaus u. Garten oder ein landw. oder gärtner. Anwesen, das von einer dazu befugten staatl. Stelle ausgegeben werden kann; darf nicht beliebig veräußert oder belastet werden.

Heimwehr, *Heimatwehr*, *Heimatschutz*, Selbstschutzverbände nach 1918 in den Alpenländern Östr. gegen feindl. Übergriffe der Nachbarstaaten u. gegen die Kommunisten, seit 1936 auch gegen die Sozialdemokraten; verschmolz 1936 mit der von E. Dollfuß gegr. *Vaterländ. Front*.

Hein, *Hain, Freund H.*, durch M. Claudius eingeführte volkstüml. Bez. für den Tod.

Heine, 1. Heinrich, *1797, †1856, dt. Schriftst.; seit 1831 in Paris; vereinte schwermütiges Gefühl mit witzig pointierender Ironie, Merkmale der *Romantik* mit denen des *Jungen Dtld.*; Wegbereiter eines kämpfer. Journalismus u. des modernen Feuilletons; 1935 Verbot seiner Schriften in Dtld.; W Lyrik: »Buch der Lieder«, »Romanzero«; Versepen: »Atta Troll«, »Dtld. ein Wintermärchen«; Prosa: »Reisebilder«. – **2.** Thomas Theodor, *1867, †1948, dt. Graphiker; Mitgr. der Zeitschrift »Simplicissimus«; emigrierte 1933; zeitkrit. karikaturist. Zeichnungen im Jugendstil, Plakate, Buchausstattungen.

Heinemann, Gustav, *1899, †1976, dt. Politiker; 1949/50 Bundes-Min. des Innern (Rücktritt aus Protest gegen die Wiederbewaffnungspolitik Adenauers); trat 1952 aus der CDU aus; 1957–69 als

360 Heinkel

Gustav Heinemann

SPD-Mitgl. im Bundestag, 1966–69 Bundes-Min. der Justiz; 1969–74 Bundes-Präs.

Heinkel, Ernst, *1888, †1958, dt. Flugzeugkonstrukteur; entwickelte das erste Raketenflugzeug HE 176 (1938) u. das erste Strahlflugzeug HE 178 (1939).

Heinrich, engl. *Henry,* frz. *Henri,* Fürsten.
Dt. Könige u. Kaiser:
1. H. I., *um 875, †936, König 919–36; Herzog von Sachsen, aus dem Geschlecht der *Liudolfinger;* besiegte 928/29 die Slawen, eroberte Brandenburg u. gründete die Burg Meißen; schlug 933 die einfallenden Ungarn an der Unstrut. – **2. H. II.,** *973, †1024, Herzog von Bayern (seit 995), König 1002–24, Kaiser seit 1014; letzter Nachkomme des sächs. Kaiserhauses (Ottonen) im Mannesstamm; sicherte seine Herrschaft durch Ausbau des otton. Reichskirchensystems; unterstützte die reformfreudigen Kräfte innerhalb der Kirche u. gründete 1007 das Bistum Bamberg; 1146 heiliggesprochen (Fest: 13.7.). – **3. H. III.,** *der Schwarze,* *1017, †1056, König 1039–56, Kaiser seit 1046; Sohn *Konrads II.;* sicherte 1041 die Lehnsabhängigkeit Böhmens u. (vorübergehend) auch die Oberhoheit über Ungarn; verstärkte die überkommene Bindung zw. Reichskirche u. Königtum. Auf den Synoden von Sutri u. Rom (1046) setzte er 3 rivalisierende Päpste ab u. Papst *Klemens II.* ein. – **4. H. IV.,** Sohn von 3), *1050, †1106, König 1056–1106, Kaiser seit 1084; zunächst unter der Regentschaft seiner Mutter *Agnes von Poitou,* dann der Erzbischöfe *Anno von Köln* u. *Adalbert von Hamburg-Bremen;* geriet mit dem wieder erstarkten Papsttum in Konflikt um die Besetzung der Bistümer, womit der *Investiturstreit* begann, der seine Stellung u. die des Reichstums allg. stark erschütterte; erreichte durch den Bußgang nach Canossa (1077) die Aufhebung des von Papst *Gregor VII.* verhängten Banns; Machtkämpfe gegen die in Dtld. erstarkenden Fürsten u. seine beiden Söhne. – **5. H. V.,** Sohn von 4), *1086, †1125, König 1106–25, Kaiser seit 1111; letzter Salier; stärkte das Königtum; beendete durch das *Wormser Konkordat* (1122) den *Investiturstreit.* – **6. H. VI.,** *1165, †1197, König 1190–97, seit 1194 König von Sizilien; Kaiser seit 1191; Sohn Kaiser Friedrichs I. Barbarossa; seit 1186 mit *Konstanze* von Sizilien verheiratet. In Dtld. hatte er sich einer starken Fürstenopposition zu erwehren. Eine Wendung zu seinen Gunsten trat ein, als er den mit seinen Gegnern verbündeten engl. König *Richard I. Löwenherz* 1193 in seine Hand bekam u. diesen nach Zahlung eines hohen Lösegelds zur Lehnshuldigung zwang. Sein Versuch, das dt. Königtum erbl. zu machen, scheiterte am Widerstand der Fürsten wie des Papstes. – **7. H. VII.,** *1274/75, †1313, König 1308–13, Kaiser seit 1312; Graf von Luxemburg; konnte 1310 seinen Sohn *Johann* (von Luxemburg) mit Böhmen belehnen u. mit der Přemyslidin *Elisabeth* (*1292, †1330) verheiraten. – **8. H. X.,** *H. der Stolze,* *um 1108, †1139, Herzog von Bayern 1126–38 u. von Sachsen 1137–39; Schwiegersohn Kaiser *Lothars III.;* verlor 1138 auf Reichstagen zu Würzburg u. Goslar Sachsen an *Albrecht den Bären* u. Bayern an *Leopold IV.,* behauptete sich aber bis zu seinem Tod in Sachsen. – **9. H. der Löwe,** Sohn von 8), *1129/30, †1195, Herzog von Sachsen 1142–80 u. von Bayern seit 1156; erweiterte seine Machtstellung im Slawenland östl. der Elbe, förderte die Ostsiedlung u. den Handel im Ostseeraum; förderte die Städte (u. a. Gründung Münchens u. Schwerins, Neugr. Lübecks. H. wurde 1179/80 geächtet, da er sich geweigert hatte, Kaiser *Barbarossa* in Oberitalien militär. zu unterstützen; er ging 1182 in die Verbannung nach England. Nach seiner Unterwerfung blieb ihm nur sein Haussitz Braunschweig-Lüneburg.
England:
10. H. I., H. Beauclerc, *1068, †1135, König 1100–35; Sohn *Wilhelms des Eroberers.* Seine Krönungsproklamation (*Charta libertatum*) leitete die Versöhnung der besiegten Angelsachsen mit den normann. Eroberern ein. – **11. H. II. Plantagenet,** Enkel von 10), *1133, †1189, König 1154–89; durch Erbe u. durch die Ehe mit Eleonore von Aquitanien auch Herr eines Drittels von Frankreich. In England stärkte er im Kampf gegen den Adel die königl. Gewalt. H. starb im Kampf gegen seine eigenen Söhne. – **12. H. V.,** *1387, †1422, König 1413–22; errang die Herrschaft über Frankreich (Sieg bei Azincourt 1415 u. Friede von Troyes 1420), nahm den Titel eines Königs von Frankreich an u. heiratete die Tochter Karls VI. von Frankreich. – **13. H. VI.,** Sohn von 12), *1421, †1471, König 1422–61 u. 1470/71; verlor bis 1453 allen brit. Besitz in Frankreich. Mit dem Anspruch *Richards von York* (Wappen der Weißen Rose) auf den engl. Thron begannen die *Rosenkriege.* H. kämpfte mit wechselndem Erfolg gegen Richards Sohn *Eduard (IV.),* wurde 1461–70 eingekerkert, 1470 nochmals auf den Thron gehoben u. wenige Monate später endgültig gestürzt. – **14. H. VII.,** *1457, †1509, König 1485–1509; erster Tudor-König, Graf von Richmond; kam durch seinen Sieg über König *Richard III.* 1485 auf den Thron (Ende der *Rosenkriege*). – **15. H. VIII.,** Sohn von 14), *1491, †1547, König 1509–47; besiegte den Schottenkönig *Jakob IV.* H. (zunächst gläubiger Katholik) trennte England von Rom (1534) u. errichtete die *anglikan. Staatskirche,* als der Papst seine Ehe mit *Katharina von Aragón* nicht scheiden wollte. 1533 hatte H. diese Ehe für nichtig erklären lassen u. heiratete *Anna Boleyn,* die er 1536 wegen angebl. Ehebruchs hinrichten ließ. Seine 3. Frau, *Johanna Seymour,* starb kurz nach der Geburt ihres Sohns *Eduard (VI.)* Von seiner 4. Frau, *Anna von Cleve,* ließ sich H. nach wenigen Monaten scheiden. Seine 5. Frau, *Katharina Howard,* erlitt das gleiche Schicksal wie Anna Boleyn. Seine 6. Frau, *Katharina Parr,* überlebte ihn.
Frankreich:
16. H. II., *1519, †1559, König 1547–59; ein Kapetinger, verh. mit *Katharina von Medici,* besetzte aufgrund eines Bündnisses mit den dt. Protestanten gegen Kaiser Karl V. Metz, Toul u. Verdun u. vertrieb die Engländer aus Boulogne u. Calais. – **17. H. III.,** *H. von Valois,* Sohn von 16), *1551, †1589 (ermordet), König 1574–89; 1573 zum König von Polen gewählt, ging aber heiml. nach Frankreich zurück, um dort seine Thronansprüche durchzusetzen; 1569–72 unter dem Einfluß seiner Mutter *Katharina von Medici* Gegner der Hugenotten u. mitverantwortl. für die *Bartholomäusnacht.* – **18. H. IV.,** *H. von Navarra,* *1553, †1610 (ermordet), König 1589–1610; erster König aus dem Haus *Bourbon,* zunächst Hugenottenführer. Seine Hochzeit mit *Margarete von Valois* (1572) nahmen die Königinmutter *Katharina von Medici* u. König *Karl IX.* zum Anlaß, die meisten Hugenottenführer ermorden zu lassen (*Bartholomäusnacht*). H. wurde 1593 Katholik u. gewährte im *Edikt von Nantes* 1598 den Hugenotten polit. u. religiöse Gleichberechtigung.
Österreich:
19. H. II. Jasomirgott, *1114, †1177, Markgraf u. Herzog 1141 bzw. 1156–77; aus dem Geschlecht der *Babenberger,* 1143–56 Herzog von Bayern, das er gegen *H. den Löwen* nicht behaupten konnte; 1156 von Kaiser *Friedrich I. Barbarossa* zum Herzog von Östr. erhoben.
Thüringen:
20. H. Raspe, *um 1204, †1247, Landgraf 1227, von Kaiser Friedrich II. 1242 zum Reichsverweser in Dtld. für *Konrad IV.* bestellt, ließ H. sich 1246 bei Würzburg von der päpstl. Partei gegen Konrad König wählen (»Pfaffenkönig«) u. schlug Konrad im August des Jahres bei Frankfurt, erkrankte jedoch bei der Belagerung von Ulm u. starb 1247 ungekrönt.

Heinrich, Willi, *9.8.1920, dt. Schriftst. (Kriegsromane u. Romane über die Tabus der bürgerl. Gesellschaft).
Heinrich der Glîchesaere [-'gliːçɔzæːrə], *Heinrich der Gleisner,* mhd. Dichter aus dem Elsaß, schrieb um 1180 nach frz. Vorbildern das Tierepos »Reinhart Fuchs«, in dem er scharfe Kritik an Minne, Geistlichkeit u. Politik übte.
Heinrich der Seefahrer, *1394, †1460, Sohn König Johanns I. von Portugal; erforschte die afrik. W-Küste u. gab damit den Anstoß für die port. Seemachtstellung.
Heinrich von Meißen, gen. *Frauenlob,* *um 1250, †1318, spätmittelalterl. Meistersinger; soll in Mainz die erste Meistersingerschule gegründet haben.
Heinrich von Melk, geistl. Sittenprediger um 1160, Laienbruder ritterl. Abkunft aus dem Benediktinerkloster Melk; schrieb Bußgedichte über das Leben der weltl. Stände u. der Weltpriester.
Heinrich von Morungen, *um 1150, †1222, ritterl. Dienstmann des Markgrafen Dietrich von Meißen; als »edler Möringer« in Volksballade u. Sage fortlebend; neben Walther von der Vogelweide bed. dt. Lyriker des MA.
Heinrich von Ofterdingen, sagenhafter Minnesänger, tritt beim Sängerkrieg auf der Wartburg gegen Walther von der Vogelweide auf; Wolfram von Eschenbach auf; auch mit *Tannhäuser* gleichgesetzt.
Heinrich von Plauen, *vor 1370, †1429, Hochmeister des *Dt. Ordens* 1410–13; verteidigte nach der Niederlage des Ordensheeres bei *Tannenberg* 1410 die *Marienburg* gegen Polen u. eroberte nahezu das gesamte Ordensgebiet zurück, bis es zum *1. Thorner Frieden* 1411 kam.
Heinrich von Veldeke, *um 1140, †vor 1210, mhd. Minnesänger u. Versepiker; sein Versroman »Eneit« gilt als vorbildl. für die ritterl.-höfische Dichtung.
Heinsberg, Krst. in NRW, nahe der dt.-ndl. Grenze, 37 000 Ew.; Chemiefaserwerk.
Heinse, Wilhelm, *1746, †1803, dt. Schriftst. u. Kunstkritiker der Vorklassik.
Heinsius, Daniel, *1580, †1655, ndl. Philologe u. Schriftst.; schrieb lat. Verse; beeinflußte mit seinen »Nederduytsche Poemata« 1616 M. *Opitz* u. die dt. Barockdichtung.
Heinzelmännchen, im dt. Volksglauben hilfreicher Hausgeist, Kobold.
Heinzen, *Heanzen,* dt. Bauern, die nach 1076 aus Oberfranken auswanderten u. im Burgenland, in der Steiermark u. (bis 1945) im ung. Komitat Ödenburg ansässig waren.
Heirat →Ehe. – **H.svermittlung,** der gewerbsmäßige Nachweis der Gelegenheit oder die Vermittlung des Zustandekommens einer Ehe.
Heiseler, 1. Bernt von, *1907, †1969, dt. Schriftst.; Vertreter des Realismus; Lyrik, Biographien, Romane. – **2.** Henry von, *1875, †1928, dt. Schriftst.; gehörte zum Kreis um S. *George;* Lyrik, Dramen, Essays.
Heisenberg, Werner, *1901, †1976, dt. Physiker;

Kaiser Heinrich VI. (aus der Manessischen Liederhandschrift)

entwickelte die *Quantentheorie,* stellte 1927 die *Unschärferelation* auf u. begründete mit W. *Pauli* die *Quantentheorie der Wellenfelder.* Er arbeitete ferner über Kernphysik u. Höhenstrahlung (erkannte u. a. 1932 die Protonen u. Neutronen als Bausteine der Atomkerne); zahlr. Untersuchungen über eine einheitl. Feldtheorie der Elementarteilchen; die grundlegende Feldgleichung dafür wird populär als *H.sche Weltformel* bezeichnet. – Nobelpreis 1932.

Heißenbüttel, Helmut, *21.6.1921, dt. Schriftst.; sprachl. experimentierender Avantgardist, der sich von herkömml. Sprachformen zu lösen sucht.

heißer Draht, die seit 1963 bestehende direkte Fernschreibverbindung zw. dem Weißen Haus u. dem Kreml.

heiße Teilchen, stark radioaktive Staubteilchen, die bei der Explosion von Kernwaffen entstehen.

Heisterbach, Ruine eines mittelalterl. Zisterzienserklosters bei Königswinter.

Heizgase, 1. heiße Gase, die bei der Verbrennung von Brennstoffen entstehen. Sie enthalten u. a. Kohlenmonoxid, Kohlendioxid u. Stickstoff. – **2.** *techn. H.,* brennbare Gase, die zum Heizen von Industrieöfen, Dampfkesseln u. ä. sowie von Haushaltsöfen u. zur Beleuchtung verwendet werden; z.B. Wasser-, Generator-, Stadt- u. Erdgas.

Heizkissen, elektr. geheiztes Kissen; ein mit Asbest umsponnener Heizleiter, der auf ein Grobhaargewebe aufgenäht ist.

Heizleiter, ein elektr. Leiter mit hohem elektr. Widerstand, der sich bei Stromdurchgang erhitzt; in elektr. Heizgeräten.

Heizöl, hochsiedende Erd- oder Teerölfraktionen. Im Handel sind verschiedene Sorten, die nach ihrer Viskosität (Zähflüssigkeit) unterschieden werden.

Heizung, die künstl. Erwärmung von Räumen durch *Einzel-H.* mit der Wärmequelle (*Ofen*) innerhalb des zu beheizenden Raums oder durch *Sammel-H.* mit zentral aufgestellter Wärmequelle für mehrere Räume, als *Etagen-H.* – Außer dem *Kamin* gibt es noch folgende E i n z e l - H.: 1. eiserne Öfen; 2. Kachelöfen; 3. Gasöfen; 4. Ölöfen; 5. elektr. Öfen. – S a m m e l - H.: 1. Luft-H.; 2. Dampf-H.; 3. Warmwasser-H.; 4. Fern-H.

Heizwert, Wärmemenge, die bei der Verbrennung von 1 kg Brennstoff entsteht; wird in Kj (Kilojoule) angegeben.

Hekate → griechische Religion.

Hekatombe, urspr. ein Opfer von 100 Tieren, dann überhaupt jedes große Opfer.

Hekla, Vulkan (1447 m) auf Island, im S der Insel; seit dem 12. Jh. über 20 Ausbrüche.

Hektar, Abk. ha, ein Flächenmaß, bes. für landw. Flächen verwendet: 1 ha = 100 a = 10 000 m².

hektisches Fieber, langdauerndes Fieber bei Tuberkulose.

hekto..., Wortbestandteil mit der Bedeutung »vielfach, hundertfach«.

Hektor, Trojanerheld der grch. Sage, Sohn des Königs *Priamos,* Gatte der *Andromache;* bei *Homer* Gegenspieler des *Achilles,* von dem er im Kampf getötet wird.

Hel, in der germ. Myth. die unterird. Totenwelt sowie Göttin des Totenreichs.

Hela, *Putziger Nehrung,* Landzunge vor der westl. Danziger Bucht.

Held, 1. Kurt →Kläber. – **2.** Martin, *1908, †1992, Schauspieler; Charakterdarsteller, auch im Film u. Fernsehen.

Heldendichtung, Sammelbegriff für alle Dich-

Hektor (Mitte) beim Anlegen der Waffen; Amphora des Euthymides aus Athen, um 500 v. Chr. München, Staatliche Antikensammlung

Helgoland: Die »Lange Anna« ist das Wahrzeichen der Nordseeinsel

tungen, in deren Mittelpunkt eine Figur des heroischen Zeitalters steht. Grundlage der H. ist die *Heldensage,* die geschichtl. Ereignisse überliefert u. frei weiterentwickelt. Zu den bekanntesten Sagenheiten zählen u. a. Odysseus, Siegfried, Attila, Beowulf. Die früheste künstler. Form erhielt die Heldensage im *Heldenlied,* das im 5. bis 8. Jh. als episch-balladeske Dichtform im germ. Kulturkreis ausgeprägt wurde. Das einzige überlieferte dt. Heldenlied ist das *Hildebrandslied.* Das Heldenlied lebte in der Form der *Volksballade* weiter. – Mit der Entwicklung der Buchkultur wurde das Heldenlied zum *Heldenepos* ausgeweitet. Am bekanntesten ist das *Nibelungenlied.* Das Heldenepos mit seinem Stoff aus der germ. Heldensage steht im Gegensatz zum höf. *Ritterepos.* Im Spät-MA wurden die Heldenepen in Prosa aufgelöst u. fanden als *Volksbücher* eine große Leserschaft.

Helder →Den Helder.

Helena [ˈhɛlɪnə], Hptst. von Montana (USA), in einem Tal der Rocky Mountains, 22 000 Ew.; Zentrum eines Erzbergbaugebiets.

Helena, in der grch. Sage Tochter des Zeus u. der Leda, Gattin des *Menelaos;* ihre Entführung durch den Trojaner *Paris* löste den *Trojanischen Krieg* aus.

Helfferich, Karl, *1872, †1924, dt. Politiker; 1916/17 stellv. Reichskanzler; nach dem 1. Weltkrieg einer der Gründer u. Führer der *Deutschnationalen Partei.*

Helgoland, dt. Nordsee-Insel (mit Düne 2,09 km²) in der *Helgoländer Bucht,* Schl.-Ho.; 1900 Ew.; eine steil aus dem Meer aufragende rote Buntsandsteinscholle, der Rest einer ehem. großen Insel; ebenes Oberland, bis 58 m hoch, sö. anschließend das aus angeschwemmtem Sand gebildete Unterland mit den Hafenanlagen; Seebad; biolog. Forschungsstation; Vogelwarte.

G e s c h.: H. war ab 1714 dän., ab 1814/15 (*Wiener Kongreß*) brit. u. fiel 1890 durch den *H.-Sansibar-Vertrag* an das Dt. Reich; 1945 von den Engländern besetzt, die H. als Bombenübungsplatz nutzten; 1952 an Dtld. zurückgegeben; Wiederaufbau der Siedlungen; Zollfreiheit.

Heliand [»Heiland«], altsächs. Epos des 9. Jh., das Jesus als Herzog mit seinen Gefolgsleuten in die Welt der damaligen Zeit stellt.

Helikon, eine Baß- oder Kontrabaßtuba; in Militärkapellen verwendet.

Helikon, *Ellikon,* Gebirgszug nördl. des Golfs von Korinth (Griechenland), 1748 m; galt im Altertum als Sitz der *Musen.*

Helikopter →Hubschrauber.

helio..., Wortbestandteil mit der Bedeutung »Sonne«.

Heliodor, Halbedelstein, grünlichgelber *Beryll.*

Heliodor, *Heliodoros,* grch. Schriftst. aus Emesa in Syrien, 3. Jh. n. Chr.

Heliograph, Fernrohr mit photograph. Kamera für Sonnenaufnahmen.

Heliopolis, 1. ägypt. *On,* Ruinenstätte nö. von Kairo; altägypt. Gau-Hptst. von Unterägypten, ehem. Tempel des Sonnengottes als 20 m hoher Obelisk erhalten. – **2.** →Baalbek.

Helios → griechische Religion.

Helioskop, Gerät zur Sonnenbeobachtung, mit bestimmten Vorrichtungen zur Abschwächung des Sonnenlichts.

Heliostat, *Coelostat, Siderostat,* ein System von Planspiegeln, mit dessen Hilfe das Bild eines Sterns (oder der Sonne) ständig in ein feststehendes Fernrohr u. damit in eine vorgegebene Richtung geworfen wird.

Heliotherapie, med. Behandlung mit Sonnenwärme u. -licht sowie mit künstl. UV-Strahlen.

Heliotrop, 1. die Pflanzengatt. →Sonnenwende. – **2.** *Blutjaspis,* ein dunkelgrüner Schmuckstein mit roten Tupfen.

heliozentrisch, auf die Sonne als Mittelpunkt bezogen; z.B. das *h.e Weltsystem* des Kopernikus.

Heliozoen →Sonnentierchen.

Helium, ein Edelgas, →chemische Elemente.

helladische Kultur, die bronzezeitl. Kultur des grch. Festlands; 1. *frühhellad. Periode* (2500 bis 1900 v. Chr.), eine ägäische Kultureinheit, getragen von einer nicht-indoeurop. Bevölkerung; 2. *mittelhellad. Periode* (1900–1600 v. Chr.), eine Mischkultur aus traditionell ägäischen u. indoeurop. Elementen; 3. *späthellad. Periode* (1600 bis 1100 v. Chr.), die der myken. Kultur entspricht.

Hellas, antike Bez. für das grch. Festland; seit 1883 der amtl. Name im neugrch. Staats.

Helldunkelmalerei, frz. *clair-obscur,* in Malerei u. Graphik ein Gestaltungsprinzip, das die natürl. Farbigkeit zugunsten der Gegensätze von Licht u. Schatten zurücktreten läßt; bes. in der ndl. Malerei des 17. Jh. (z.B. *Rembrandt*).

Helle, grch. Sagengestalt; flüchtete mit ihrem Bruder *Phrixos* auf einem Widder u. stürzte über der nach ihr benannten Meerenge (*Hellespont*) ab.

Hellebarde, *Hellebarte, Halbarte,* im MA Stoß- u. Hiebwaffe des Fußvolks mit etwa 2 m langem Holzschaft; an der Spitze eine lange Stoßklinge u. ein Beil (Barte) mit Haken.

Hellenismus, von der Geschichtswiss. geprägter Begriff für die Zeit, in der das Griechentum Weltgeltung errang: von den Eroberungszügen *Alexanders d. Gr.* (seit 334 v. Chr.) bis etwa Christi Geburt (röm. Kaiserzeit); typ. Merkmale: kosmopolit. Denken, Weltbürgertum, hochentwickelte Zivilisation, Verschmelzung von grch., oriental. u. jüd. Gedankengut. Große Kulturzentren: Alexandria, Athen, Pergamon, Antiochia u. Rhodos.

Hellenisten, urspr. die Juden des grch. Kulturkreises; dann christl. Griechen (der hellenist. Zeit); heute als Bez. für Wissenschaftler, die altgrch. Sprache u. Kultur erforschen.

Heller, *Häller,* urspr. die seit dem 12. Jh. in Schwäbisch Hall geprägten *Silberpfennige;* seit dem 14. Jh. auch Bez. für ½ Pfennig; 1892–94 östr. Scheidemünze (¹/₁₀₀ Krone), übernommen in Ungarn (*Filler*) u. in der Tschechoslowakei (*Haléř*).

Heller, André, eigtl. Franz H., *22.3.1947, östr. Liedermacher u. Multi-Media-Künstler.

Hellespont, antiker Name der Dardanellen.

Helling [die], die *Helgen,* zum Wasser hin geneigter Montageplatz einer Werft.

Hellmesberger, 1. Georg, *1800, †1873, östr. Geiger u. Komponist; 1830–67 Hofoperndirigent in Wien. – **2.** Joseph, *1855, †1907, östr. Komponist u. Geiger; schrieb über 20 Operetten.

Hellpach, Wilhelm, *1877, †1955, dt. Politiker (Dt. Demokrat. Partei), Arzt, Soziologe u. Psychologe; 1924/25 Staats-Präs. von Baden; Verfasser zahlr. Schriften zur Sozial- u. Völkerpsychologie.

Hellsehen, die zu den okkulten Erscheinungen gerechnete (angebliche) Fähigkeit, *außersinnl. Wahrnehmungen* objektiver Ereignisse zu haben.

Hellweg, Bez. für einen uralten Fernhandelsweg (Salzstraße?) zw. Duisburg u. Paderborn; heute Bundesstr. Nr. 1, z. T. zum *Ruhrschnellweg* ausgebaut.

Helm, Kopfschutz u. militär. Kopfbedeckung aus Leder oder Metall, heute auch aus Kunststoff. Die ersten H. finden sich bei den Sumerern im 3. Jt. v. Chr.

Helmand Rod, *Hilmänd, Hilmend,* längster Fluß Afghanistans, rd. 1300 km; entspringt südl. vom Hindukusch u. endet im *Sistansee* (Hamun).

Helmbrecht, Hauptgestalt der zeitkrit. Versnovelle »Meier H.« (spätes 13. Jh.) von *Werner dem Gartenaere.*

Helmholtz, Hermann Ludwig Ferdinand von, *1821, †1894, dt. Mediziner u. Naturwissenschaftler; vertiefte die Begründung des Gesetzes von der Erhaltung der Energie, maß die Fortpflanzungsgeschwindigkeit eines Nervenreizes, erfand zahlr. Instrumente zur Untersuchung von Auge (Augenspiegel) u. Ohr u. gab eine Theorie über Sehen

Helminthen

Helmkraut

(Dreifarbenlehre) u. Hören; erkannte das Elektron als elektr. Elementarteilchen.

Helminthen, Bez. für alle wurmförmigen Parasiten. – **Helminthiasis,** Wurmbefall.

Helmkraut, Gatt. der *Lippenblütler;* das Sumpf-H. blüht blau, das *Kleine H.* rosa.

Helmond, ndl. Stadt nordöstl. von Eindhoven, 59 000 Ew.; Textil- u. Eisenind.

Helmstedt, Krst. in Nds., zw. Elm u. Lappwald, im Zentrum der Braunkohlenfelder östl. des Elm, 27 500 Ew.; altertüml. Stadtbild, ehem. Univ. (1576–1810); Braunkohlen- u. Kalibergbau, Braunkohlekraftwerk.

Heloten, im alten Sparta die dem Staat hörigen Kleinbauern.

Helsingborg [-'borj], fr. *Hälsingborg,* Hafenstadt in S-Schweden an der engsten Stelle des Öresunds, 106 000 Ew.; Eisenbahnfähre nach *Helsingör;* Erdölraffinerie, Schiffbau u. versch. Ind.

Helsingör, Hafenstadt in Dänemark, N-Seeland, am Öresund, 57 000 Ew.; durch eine Eisenbahnfähre mit dem schwed. *Helsingborg* verbunden; Schloß *Kronborg* (16. Jh., Schloß Hamlets); Schiffbau, Masch.-Ind. u. a.

Helsinki, schwed. *Helsingfors,* Hptst. (seit 1812) Finnlands; auf einer Landzunge an der N-Küste des Finn. Meerbusens, 500 000 Ew.; wichtigster Hafen, kultureller u. wirtsch. Mittelpunkt Finnlands; Univ., TH; Werften, Masch.-, Textil- u. a. Ind. – 1550 vom schwed. König *Gustav Wasa* gegr.

Helvetia, lat. für die *Schweiz;* nach den **Helvetiern** benannt, einem kelt. Volksstamm, der im 1. Jh. v. Chr. in die Schweiz einwanderte.

Helvetische Konfession →Confessio Helvetica.

Helwân, *Heluan, Hilwon,* Ind.-Stadt u. Kurort in Ägypten, südl. von Kairo, 300 000 Ew.; astronom. u. meteorolog. Observatorium; Schwefel- u. Kochsalzthermen; Schwerind.

Hemer, Ind.-Stadt in NRW, nordöstl. von Iserlohn, 34 000 Ew.; in der Nähe das Naturschutzgebiet »Felsenmeer« u. die »Heinrichshöhle«.

Hemessen, Jan van, eigtl. Jan *Sanders,* * um 1500, † nach 1555, ndl. Maler; verband Anregungen des ndl. Romanismus u. der ital. Kunst zu einer Genre- u. Historienmalerei großen Stils.

hemi... [grch.], Wortbestandteil mit der Bedeutung »halb«.

Hemingway ['heminwei], Ernest, * 1899, † 1961 (Selbstmord), US-amerik. Schriftst.; Kriegsberichterstatter im Nahen Osten u. im Span. Bürgerkrieg; Hauptvertreter der »verlorenen Generation« der 1920er Jahre; ausgeprägter Realismus; knapper Erzählstil, der charakterist. für die moderne Kurzgeschichte wurde. W »Fiesta«, »Wem die Stunde schlägt«, »Der alte Mann u. das Meer«. – Nobelpreis für Literatur 1954.

Hemiplegie →Halbseitenlähmung.

Hemisphäre, Halbkugel; bes. die (nördl. oder südl., östl. oder westl.) Hälfte der Erde oder des Himmels; auch Großhirnhälfte.

Hemlocktanne, *Schierlingstanne,* in N-Amerika u. O-Asien heim. Gatt. der *Nadelhölzer;* die *Kanad. H.* ist in Dtld. als Zierbaum bekannt.

Hemmel, Peter, *Peter von Andlau,* * um 1420, † nach 1501, elsäss. Maler u. Glasmaler.

Hemmschuh, Vorrichtung zum Abbremsen von Schienenfahrzeugen.

Hemmstoffe, Substanzen, die chem. bzw. biochem. Reaktionen hemmen oder verhindern. Sie können z.B. das Wachstum von Zellen unterdrücken (z.B. Antibiotika).

Hemmung, 1. *Psych.:* die Beeinträchtigung oder Unterdrückung einer psych. Funktion oder eines Verhaltensablaufs; kann sich negativ *(Gehemmtheit),* aber auch positiv auswirken (»moral. H.«). – **2.** *Technik:* ein Sperrgetriebe, das im Takt eines auslösenden Glieds (z.B. eines Pendels) die Drehung eines sonst frei ablaufenden Triebwerks nur absatzweise zuläßt; vielfach in Uhren u. ä. Geräten.

Henan [xənan], *Honan,* Prov. in →China.

Hench [hent∫], Philip Showalter, * 1896, † 1965, US-amerik. Arzt; wandte erstmals *Cortison* in der Rheumabehandlung an; Nobelpreis 1950.

Henderson ['hendəsn], Arthur, * 1863, † 1935, brit. Politiker (Labour Party); Gewerkschaftler, mehrf. Min.; 1932/33 Präs. der Weltabrüstungskonferenz in Genf; Friedensnobelpreis 1934.

Hendrix, Jimi (James Marshall), * 1942, † 1970, US-amerik. Rockmusiker afroamerik.-indian. Herkunft; Gitarrist u. Sänger, Rockidol der 1960er u. 1970er Jahre.

Hengelo, Ind.-Gemeinde in der ndl. Prov. Overijssel, nw. von Enschede, 77 000 Ew.; Textil-, Masch.-, Elektro- u. chem. Ind.

Hengist und Horsa, sagenhaftes Bruderpaar, die Anführer der ersten Eindringlinge in England während der angelsächs. Landnahme in der Mitte des 5. Jh. n. Chr.

Heng Samrin, * 25.5.1934, kambodschan. Politiker (Kommunist); 1978 Führer des von Vietnam abhängigen Widerstands gegen das Pol-Pot-Regime; seit 1981 Staatsoberhaupt u. Parteichef.

Hengst, das männl. Tier bei Pferden, Eseln, Kamelen, Dromedaren u. Zebras.

Henie, Sonja, * 1912, † 1969, norw. Eiskunstläuferin; Olympiasiegerin 1928, 1932 u. 1936, Weltmeisterin 1927–36.

Henkel, Fritz, * 1848, † 1930, dt. Industrieller; gründete 1876 die Fa. *H. & Cie.* Aachen (seit 1878 in Düsseldorf) zur Herstellung von Waschmitteln.

Henker, *Scharfrichter,* Vollstrecker von Todesurteilen. – **H.smahl,** seit dem MA das letzte Essen des zum Tod Verurteilten.

Henle, Friedrich Gustav Jacob, * 1809, † 1885, dt. Anatom u. Pathologe; nach ihm ben. die *H.-Scheide,* die der peripheren Nervenfasern einhüllende Schutzschicht, u. die *H.sche Schleife,* der von der Rinde zum Mark der Niere u. zurück verlaufende Teil der Harnkanälchen.

Henlein, 1. Konrad, * 1898, † 1945 (Selbstmord), sudetendt. Politiker; 1933 Mitbegr. der Sudetendt. Heimatfront u. seit 1935 der Sudetendt. Partei; bereitete den Anschluß des Sudetenlands an Dtld. den Weg u. wurde im Okt. 1938 Gauleiter der NSDAP u. 1939 Reichsstatthalter im Reichsgau Sudetenland. – **2.** Peter, * um 1480, † 1542, dt. Mechaniker; erfand die *Unruh* u. stellte als erster dosenförmige Taschenuhren her (um 1510).

Hennastrauch, in N- u. O-Afrika, Vorder- u. O-Asien heim. Strauch aus der Fam. der *Weiderichgewächse;* eine alte Kulturpflanze, die **Henna,** einen rotgelben Farbstoff zur Körperbemalung u. zum Haarefärben, liefert.

Henne, das weibl. Tier vieler Vogelgruppen.

Henneberg, ehem. Gft. u. Grafengeschlecht (das 1583 mit *Georg Ernst* von H. ausstarb) in Franken.

Hennebique [ɛn'bik], François, * 1842, † 1921, frz. Ing. u. Architekt; gilt als Begr. der Stahlbetonskelettbauweise (»System H.«).

Henneke, Adolf, * 1905, † 1975, dt. Bergarbeiter u. Politiker; Begr. der *Aktivistenbewegung* (auch *H.-Bewegung*) in der DDR.

Hennef (Sieg), Stadt in NRW, sö. von Siegburg, 31 000 Ew.; Kneippkurort; versch. Industrien.

Hennegau, fläm. *Henegouwen,* frz. *Hainaut,* Prov. in Belgien, Hptst. *Mons.* Der größte Teil der Prov. (nördl. des Sambre) gehört zur gleichn. Ldsch., der Rest der Prov. entfällt auf das *Condroz,* die *Fagne* u. die *Ardennen;* fruchtbares Agrargebiet; Steinkohlerevier u. versch. Ind. – Ehem. Gft.; seit 1830 belg.

Henoch, 1. *Enoch,* im AT der 7. Urvater der Menschheit. – **2.** Held des *Buchs H.,* eines spätjüd. Mysterienbuchs, das um 170 v. Chr. entstanden ist.

Henry, 1. Joseph, * 1797, † 1878, US-amerik. Physiker; arbeitete bes. über Induktion, deren Einheit nach ihm benannt wurde. – **2.** *O. Henry,* eigtl. William Sydney *Porter,* * 1862, † 1910, US-amerik. Schriftst. (Kurzgeschichten).

Hentig, Hartmut von, * 23. 9. 1925, dt. Erziehungswiss. Grundgedanke der Pädagogik H.s ist die Stärkung des Individuums gegen die Übermacht der Institutionen.

Henze, Hans Werner, * 1.7.1926, dt. Komponist, Dirigent u. Regisseur; stellte seine Musik in den Dienst einer gesellschaftskrit. Politik; experimentierte zunächst mit *serieller Musik,* gab dann Klang u. Melodie den Vorrang; schrieb Opern (»König Hirsch«, »Die engl. Katze«), Ballette, Sinfonien, Chorwerke u. a.

Heparin, eine aus Lebergewebe gewonnene Substanz (Glykoproteid), die hemmend auf die Blutgerinnung wirkt; zur Behandlung von Thrombosen.

Hepatitis, Leberentzündung, die bes. durch Viren hervorgerufen wird *(Virus-H.);* häufig mit Gelbsucht verbunden.

Hepburn ['hepbən], **1.** Audrey, eigtl. Edda *Hepburn van Heemstra,* * 1929, † 1993, engl.-amerik. Filmschauspielerin; u. a. in »Frühstück bei Tiffany«, »My fair Lady«. – **2.** Katherine, * 9. 11. 1909, US-amerik. Schauspielerin; u. a. in »African Queen«.

Hephaistos →griechische Religion.

Heppenheim (Bergstraße), Krst. in Hessen, am Westrand des Odenwaldes, 24 000 Ew.; Weinbau, versch. Ind.

hepta... [grch.], Wortbestandteil mit der Bed. »sieben«.

Heptameron, 72 durch eine Rahmenhandlung verbundene Novellen von *Margarete von Navarra.*

Heptameter, siebenfüßiger Vers.

Heptan, ein aliphat. Kohlenwasserstoff mit 7 Kohlenstoffatomen, C_7H_{16}, z.B. Bestandteil von Erdöl u. Benzin.

Heptateuch, die 7 bibl. Bücher Genesis bis Richter.

Heptosen, Monosaccharide mit 7 Kohlenstoffatomen.

Hepworth ['hepwə:θ], Barbara, * 1903, † 1975, engl. Bildhauerin; v. a. abstrakte Plastiken.

Hera, *Here* →griechische Religion.

Herakleia, Name mehrerer altgrch. Städte.

Herakleion, *Heraklion, Iraklion,* Hafenstadt an der N-Küste der Insel Kreta, Griechenland, 102 000 Ew.; Hauptort; archäolog. Museum mit Funden aus Knossos; Flughafen.

Herakles, lat. *Hercules, Herkules,* grch. Sagenheld u. Halbgott, Sohn von *Zeus* u. *Alkmene;* vollbrachte im Dienst des Königs *Eurystheus* 12 Arbeiten, um Unsterblichkeit zu erlangen (z.B. Tötung des nemeischen Löwen, Säuberung der Ställe des Augias, Gewinnung der goldenen Äpfel der Hesperiden, Heraufholen des Höllenhunds Zerberus); wurde in den Olymp aufgenommen u. erhielt Hebe zur Gemahlin.

Helsinki: Marktplatz und Rathaus am Südhafen; dahinter der 1852 vollendete Dom

Johann Gottfried von Herder

Heraklion →Herakleion.
Heraklit, *Herakleitos, H. von Ephesos,* *etwa 540 (544) v. Chr., †480 (483) v. Chr., grch. Philosoph; Fragmente in schwerer, tiefsinniger, prophet. Sprache, in denen der Gedanke des Werdens (*»alles fließt«,* grch. *panta rhei*) u. der Gegensätze im Mittelpunkt steht.
Heraldik, *Heroldskunst* →Wappenkunde.
Herat, Hptst. der gleichn. Prov. in NW-Afghanistan, 140 000 Ew.; 1222 von *Tschingis Khan* zerstört, 1381 von *Timur* erobert, 1865 zu Afghanistan.
Hérault [e'ro], Küstenfluß in S-Frankreich, 160 km; mündet östl. von Montpellier ins Mittelmeer.
Herbarium, Sammlung getrockneter u. gepreßter Pflanzen.
Herbart, Johann Friedrich, *1776, †1841, dt. Pädagoge u. Philosoph; einer der Begr. der dt. Erziehungswiss.
Herbergen, im MA Häuser, die wandernden Gesellen Unterkunft u. z. T. auch Verpflegung boten; im 19. Jh. zu karitativen Einrichtungen wieder ins Leben gerufen (*»H. zur Heimat«*).
Herberger, Josef (Sepp), *1897, †1977, dt. Sportlehrer; 1936–64 Trainer der dt. Fußballnationalmannschaft, mit der er 1954 Weltmeister wurde.
Herbivoren, pflanzenfressende Tiere.
Herbizid, chem. Mittel zur Unkrautbekämpfung.
Herborn, Stadt in Hessen an der Dill, im Westerwald, 22 000 Ew.; mittelalterl. Stadtbild; versch. Ind.
Herbst, die Jahreszeit zw. 23. Sept. u. 22. Dez. auf der Nordhalbkugel u. zw. 21. März u. 21. Juni auf der Südhalbkugel.
Herbstzeitlose, im Herbst blühendes *Liliengewächs* mit hell lilafarbenen Blüten; enthält das Gift *Colchicin.*
Herburger, Günter, *6.4.1932, dt. Schriftst. (Lyrik, Prosa, Dramen u. Kinderbücher).
Herculaneum, *Herkulaneum,* heute *Ercolano,* antike Küstenstadt in Kampanien, 7 km östl. von Neapel; 79 n. Chr. mit *Pompeji* vom Schlamm des Vesuv-Ausbruchs zugeschwemmt.
Hercules →Herakles.
Herd, 1. Feuerstätte für die Zubereitung von Speisen oder – in der Metallurgie – zum Schmelzen von Metallen. – **2.** eine Aufbereitungsmasch. zur Trennung feinkörniger Mineralgemische nach ihrer Dichte im Bergbau. – **3.** →Herdinfektion.
Herdbuch, eigtl. *Herdebuch,* auch *Stammbuch, Zuchtbuch,* Verzeichnis geeigneter Zuchttiere für ein bestimmtes Gebiet.
Herdecke, Stadt in NRW, an der Ruhr, 26 000 Ew.; private Univ.; Farben-, Masch.- u. Textilind.; nordöstl. die Burgruine *Hohensyburg.*
Herder, Johann Gottfried von, *1744, †1803, dt. Philosoph, Theologe u. Dichter; bes. in den Bereichen Geschichts- u. Sprachphilosophie, Literatur- u. Kulturgeschichte von großer Bedeutung für die europ. Geistesgeschichte. Geschichte wird als fortschreitende Entwicklung zur Humanität verstanden, zu der die Menschen bestimmt seien; weckte durch seine Tätigkeit als Übersetzer Verständnis für die Eigenart der versch. Völker u. Kulturen; Vertreter des »Sturm u. Drang« u. Wegbereiter der Romantik.
Herdinfektion, *Fokalinfektion,* Infektion, die von einem an anderer Stelle gelegenen chron. entzündl. Herd *(Focus)* ausgeht.
Hérédia [ere'dja], *Heredia,* José-Maria de, *1842, †1905, frz. Lyriker span. Abstammung; Vertreter der *Parnassiens;* veröffentlichte 118 Sonette (»Trophäen«).
Hereford ['hɛrifəd], Stadt in W-England, am Wye, 48 000 Ew.
Herero, ein Bantu-Volk SW-Afrikas; verloren im *H.-Aufstand* (1904) gegen die dt. Kolonialmacht Vieh, Stammesorganisation u. Tradition.
Herford, Kreisstadt in NRW, an der Werre, 63 000 Ew.; Münsterkirche (13. Jh.); Westfäl. Landeskirchenmusikschule; Möbel- u. a. Ind.
Hergesheimer ['hə:gəshaimə], Joseph, *1880, †1954, US-amerik. Schriftst. (Romane u. Kurzgeschichten).
Heribert, *um 970, †1021, Erzbischof von Köln seit 999; Kanzler u. Freund Kaiser *Ottos III.;* Heiliger (Fest: 16.3.).
Hering, 1. Pflock zum Befestigen des Zelts. – **2.** *Atlantischer H.,* in allen Meeren vorkommende, bis 30 cm lange Art der *H.e,* blaugrün, mit silberglänzenden Körperseiten; beliebter Speisefisch, der in versch. Formen im Handel ist: *grüner H.* (frisch), *Salz-H.* (in Essig), *Brat-H., Bückling* (geräuchert), *Matjes* (junger H.); verwandt sind Sprotte, Sardine u. Sardelle.
Heringsdorf, Ostseebad auf Usedom, 4400 Ew., Sternwarte.
Heringskönig, *Sonnenfisch, Martinsfisch,* bis 60 cm langer Knochenfisch der Fam. *Petersfisch;*

Heringskönig

ernährt sich von Sardinen, Heringen, Sprotten u. a. kleinen Fischen, deren Schwärmen er folgt.
Herisau, Ort in der Schweiz, Hptst. des Halbkantons Appenzell-Außerrhoden, sw. von St. Gallen, 771 m ü. M., 14 000 Ew.; versch. Ind.; Fremdenverkehr.
Herking, Ursula, eigtl. U. *Klein,* *1912, †1974, Schauspielerin u. Kabarettistin.
Herkomer ['hə:kəmə], Sir Hubert, *1849, †1914, engl. Maler dt. Herkunft; traf mit sentimental-sozialkrit. Genrebildern den engl. Zeitgeschmack.
Herkulaneum →Herculaneum.
Herkules, 1. →Herakles. – **2.** Sternbild des nördl. Himmels.
Herlein, *Herlin,* Friedrich, *um 1430, †1500, dt. Maler; spätgot. Meister mehrerer Altarwerke (z.B. Georgsaltar in Nördlingen).
Hermandad [ɛrman'ðað], Bündnis kastil. u. aragones. Städte zum Schutz gegen den raublustigen Adel u. Räuberbanden. Aus der im 15. Jh. gegr. *Heiligen H.* ging die span. Gendarmerie hervor.
Hermann, Fürsten:
1. H. der Cherusker →Armin. – **2. H. Billung,** †973, Markgraf seit 936, Herzog von Sachsen 961–73; von *Otto d. Gr.* an der Unterelbe mit dem Schutz der Grenze gegen Obodriten u. Dänen beauftragt. – **3. H. I.,** *um 1155, †1217, Pfalzgraf von Sachsen 1181–1217, Landgraf von Thüringen seit 1190; Förderer bedeutender mhd. Dichter; veranstaltete der Sage nach den »Sängerkrieg auf der Wartburg«.
Hermannsburg, Gem. in Nds., in der Lüneburger Heide, 8100 Ew.; Sitz der *H.er Mission* (begr. von L. *Harms*), die v. a. in Südafrika u. Äthiopien tätig ist.
Hermannsdenkmal, Denkmal für den Cheruskerfürsten *Armin* (Hermann den Cherusker) im Teutoburger Wald bei Detmold, von E. von *Bandel;* 1875 eingeweiht, mit Sockel 57,4 m hoch.
Hermannshöhle, 410 m lange Tropfsteinhöhle bei Rübeland im Unterharz.
Hermannstadt →Sibiu.
Hermann von Salza, *um 1170, †1239, Hochmeister des *Dt. Ordens* 1209–39; eröffnete 1226 *(Goldbulle von Rimini)* dem Dt. Orden in Preußen ein neues Wirkungsfeld.
Hermaphrodit, grch. *Hermaphroditos,* in der grch. Myth. der Sohn des *Hermes* u. der *Aphrodite,*

Herero-Frauen

der auf Wunsch der Quellnymphe *Salmakis* mit dieser zu einem Zwitterwesen vereinigt wurde; danach **Hermaphrodismus,** Zwitterbildung.
Herme, in der antiken Kunst ein Pfeiler mit aufgesetzter Büste; urspr. als Kultbild des Wegegotts *Hermes* an Kreuzwegen u. ä. aufgestellt.
Hermelin →Wiesel.
Hermeneutik, die Lehre vom Verstehen, d. h. der Auslegung von Texten oder Kunstwerken; Grunddisziplin der *Geisteswissenschaften.*
Hermes →griechische Religion.
hermetisch, luft- u. wasserdicht verschlossen; unzugänglich.
Hermetismus, an den frz. Symbolismus anknüpfende Richtung der ital. Lyrik des 20. Jh.; rätselhaft verschlüsselter Stil; bed. Vertreter u. a. S. *Quasimodo* u. G. *Ungaretti;* in Dtld. v. a. P. *Celan.*
Herminonen, *Hermionen, Erminonen, Irminonen,* nach *Tacitus* einer der 3 german. Stammesverbände; wahrscheinl. mit den *Elbgermanen* identisch.
Hermlin, Stephan, eigtl. Rudolf *Leder,* *13.4.1915, dt. Schriftst. (Lyrik, Erzählungen).
Hermon, arab. *Djebel ech Chech,* Gebirgsstock in Syrien, der höchste Teil des Antilibanon bis 2814 m.
Hermosillo [ɛrmo'siljo], Hptst. des Bundesstaats Sonora (Nordwest-Mexiko), am Río Sonora, 310 000 Ew.; Bergbau.
Hermunduren, *Ermunduren,* germ. Volksstamm; im 3. Jh. in den *Thüringern* aufgegangen.
Hernández, José, *1834, †1886, argent. Schriftst. Sein Gaucho-Epos »Martín Fierro« hat den Rang eines Nationalepos erreicht.
Herne, Ind.-Stadt in NRW, am *Rhein-H.-Kanal* im Ruhrgebiet, 175 000 Ew.; Wasserschloß *Strünkede;* Freizeitanlage »Revierpark Gysenberg«; Steinkohlenbergbau, Eisen- u. chem. Ind.

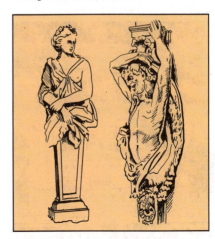

Herme, frei stehend (links) und vor einem Pilaster; Barock

Hernie [-niɛ; die], Eingeweidebruch; →Bruch.
Herodes, jüd. Fürsten:
1. H. der Große, König von Galiläa u. Judäa 37–4 v. Chr.; wegen seiner proröm. Politik bei den Juden unbeliebt; ließ die makkabäischen Nachkommen, einschl. seiner zweiten Frau *Mariamne* u. deren Söhne, ausrotten. – **2. H. Antipas,** Sohn von 1), Tetrarch (»Vierfürst«) von Galiläa u. Peräa 4 v. Chr. – 39 n. Chr.; von den Römern abgesetzt u. nach Lugdunum (Lyon) verbannt; ließ Johannes den Täufer enthaupten. – **3. H. Agrippa I.,** Enkel von 1), †44 n. Chr., König in N-Palästina, vereinigte die Kgr. Galiläa u. Judäa; verfolgte die urchristl. Gemeinde.
Herodot, grch. *Herodotos,* *um 485 v. Chr., †um 425 v. Chr., grch. Geschichtsschreiber; Reisen nach Persien, Ägypten, Babylonien, in die Cyrenaica u. an das Schwarze Meer; beschrieb in seinen 9 Geschichtsbüchern insbes. die Auseinandersetzung zw. Hellenen u. Persern; gilt als Begr. der krit. Geschichtsschreibung.
Heroin, *Diacetylmorphin,* gefährl. Rauschgift, das wegen außerordentl. Suchtgefahr nicht mehr therapeut. angewandt wird; unterliegt dem Opiumgesetz.
Heroine, am Theater das Rollenfach der Heldin.
Heroismus, Heldentum, Heldenmut.
Herold, seit dem späten MA ein fürstl. Dienstmann, der über das Hofzeremoniell wachte u. bes. die Turnierfähigkeit der Ritter bei Turnieren prüfte; auch Bote u. Ausrufer.
Heronsball, ein nach Heron von Alexandria benanntes geschlossenes, teilweise mit Wasser gefülltes Gefäß, in das ein Rohr ragt, aus dem Flüssigkeit durch Erhöhen des Luftdrucks nach außen getrieben werden kann.
Heron von Alexandria, grch. Mathematiker u. Physiker, um 150–100 v. Chr.; Verfasser geometr. u. physikal. Schriften.
Heros, Held, tapferer Kämpfer; Halbgott.
Herostratos, ein Bürger von Ephesos, der 356 v. Chr., um bekannt zu werden, Feuer an den Artemis-Tempel von Ephesos legte.
Héroult [e'ru], Paul Louis, *1863, †1914, frz. Chemiker; begründete die moderne Aluminiumind.; Konstrukteur des *H.-Ofens,* eines elektr. Schmelzofens zur Erzeugung von Elektrostahl.
Hero und Leander, ein Liebespaar der grch. Sage: L. durchschwamm jede Nacht den Hellespont bei Abydos, indem er einem von H., die in Sestos Priesterin der Aphrodite war, aufgestellten Licht folgte. Als ein Sturm einmal das Licht löschte, ertrank L., worauf H. sich vom Turm stürzte.
Herpes, *H. simplex,* durch Viren hervorgerufener Bläschenausschlag an den Übergängen zw. Haut u. Schleimhaut; bes. an den Lippen u. an den Geschlechtsorganen. – **H. zoster,** die ebenfalls durch Viren hervorgerufene Gürtelrose.
Herrenalb, *Bad H.,* Stadt in Ba.-Wü., im nördl. Schwarzwald, nordöstl. von Baden-Baden, 5200 Ew.; ehem. Zisterzienserabtei.
Herrenberg, Stadt in Ba.-Wü., sw. von Stuttgart, 27 000 Ew.; got. Stiftskirche; Metall-, Möbel- u. Textil-Ind.

Herodot

Herrenchiemsee [-'kiːm-] →Chiemsee.
Herrenhaus, bis 1918 die Erste Kammer des preuß. Landtags u. die des östr. Reichsrates.
Herrenhausen, 1698 erbautes Schloß im Vorortbereich von Hannover, mit Barockpark.
herrenlose Sachen, jurist. Bez. für Sachen, die nicht in jemandes Eigentum stehen, z.B. freie wilde Tiere.
Herrenmoral, nach F. *Nietzsche* die allein »werteschaffende« Moral der Starken, zur Herrschaft Bestimmten. Gegensatz zur *Sklavenmoral* gestellt wird.
Herrentiere, *Primaten, Primates,* Ordnung der *Säugetiere;* je 5 Finger bzw. Zehen; gut entwickeltes Gehirn; 2 Unterordnungen: *Halbaffen* u. *Affen.*
Herrera, 1. Francisco de, gen. *El Viejo* [»der Ältere«], *1576, †1656, span. Maler, Kupferstecher u. Medailleur; Vertreter des Frühbarocks. – **2.** Juan de, *um 1530, †1597, span. Baumeister; Hauptvertreter eines schmucklosen, strengen Baustils; erbaute im Auftrag Philipps II. den Escorial.
Herrgottschnitzer, in den Alpenländern Holzbildhauer, der v. a. Kruzifixe anfertigt.
Herriot [ɛri'o], Édouard, *1872, †1957, frz. Politiker (Radikalsozialist); 1924/25 u. 1932 Min.-Präs., 1926–36 mehrmals Min., 1947–54 Präs. der Nationalversammlung.
Herrmann-Neiße, Max, eigtl. M. *Hermann,* *1886, †1941, dt. Schriftst.; soz. betonter Lyriker des Expressionismus; im Exil seit 1933.
Herrnhut, Stadt in Sachsen, in der Oberlausitz, 2000 Ew.; Stammsitz der ev. *H.er Brüdergemeine,* 1722 von N. L. Graf *Zinzendorf* für böhm. Glaubensflüchtlinge gegr.
Hersbruck, Stadt in Mittelfranken (Bayern), an der Pegnitz, in der *Hersbrucker* oder *Nürnberger Schweiz,* 9000 Ew.; Schloß (16./17. Jh.); Hopfenanbaugebiet.
Herschel, 1. Sir Friedrich Wilhelm, *1738, †1822, dt. Musiker u. Astronom; beschäftigte sich als Autodidakt mit Mathematik u. Optik, baute Spiegelteleskope u. entdeckte den Planeten Uranus, die Uranusmonde u. 2 Saturnmonde; Erkenntnisse über die Eigenbewegung des Sonnensystems sowie den Aufbau des Milchstraßensystems. – **2.** Sir John Frederick William, *1792, †1871, engl. Astronom u. Chemiker; erforschte den südl. Sternenhimmel; Erfinder des Lichtpausverfahrens; machte 1839 photograph. Aufnahmen auf Glasplatten u. prägte den Begriff *Photographie.*
Hersfeld, *Bad H.,* Krst. in Hess., an der mittleren Fulda, 29 000 Ew.; in der Ruine der roman. Stiftskirche (11./12. Jh.) seit 1951 die *H.er Festspiele.*
Hershey [ˈhəːʃi], Alfred Day, *4.12.1908, US-amerik. Genetiker u. Virologe; arbeitet bes. über Phagengenetik (bakteriophage Viren); zus. mit M. *Delbrück* u. S. *Luria* Nobelpreis für Medizin 1969.
Herten, Ind.-Stadt in NRW, am N-Ufer der Emscher, 70 000 Ew.; spätgot Wasserschloß; Steinkohlenbergbau.
Hertling, Georg Graf von, *1843, †1919, dt. kath. Philosoph u. Politiker (Zentrum); 1912–17 bay. Min.-Präs., 1917/18 Reichskanzler.
Hertz, Kurzzeichen Hz, Einheit der Frequenz: 1 Hz = 1 Schwingung pro Sekunde; in der Radiotechnik auch *Kilo-H.* (kHz = 1000 Hz), *Mega-H.*
(MHz = 1 Mio. Hz) u. *Giga-H.* (GHz = 1 Mrd. Hz); außerhalb Dtld. auch die Bez. *Cycle* (1 c = 1 Hz).
Hertz, 1. Gustav, *1887, †1975, dt. Physiker; untersuchte (zus. mit J. *Franck*) Anregungs- u. Ionisationsenergien von Atomen mit Hilfe von Elektronen; Nobelpreis 1925. – **2.** Heinrich, *1857, †1894, dt. Physiker; wies 1886 langwellige elektromagnet. Wellen (Rundfunkwellen) nach u. bestätigte damit ihre von J. C. *Maxwell* vermutete Wesensgleichheit mit den Lichtwellen. Nach ihm ben. ist die Einheit der Frequenz.
Hertzsprung ['hɛrdsbrɔŋ], Ejnar, *1873, †1967, dän. Astrophysiker; erarbeitete zus. mit H. N. *Russell* das **H.-Russell-Diagramm,** das die Beziehung zw. Leuchtkraft (absoluter Helligkeit) u. Spektralklasse (bzw. Temperatur u. Farbe) der Fixsterne nachwies.
Heruler, *Eruler,* ein Germanenvolk, urspr. in N-Europa beheimatet; zogen z. T. an den Rhein *(West-H.),* ein anderer Teil *(Ost-H.)* wanderte nach S-Rußland (Asowsches Meer).
Herz, lat. *Cor,* das zentrale Antriebsorgan des Blutkreislaufs bei versch. Tiergruppen; beim Menschen ein etwa faustgroßer Hohlmuskel (ca. 250–300 g schwer), der – nach links verschoben – hinter dem Brustbein liegt. Es ist durch Scheidewände in 4 Hohlräume geteilt: rechte u. linke *H.kammer,* rechter u. linker *Vorhof.* In den rechten münden die Körperblutadern *(Körpervenen),* die sauerstoffarmes *(venöses)* Blut führen, in den linken die Lungenblutadern *(Lungenvenen),* die von der Lunge her sauerstoffreiches *(arterielles)* Blut führen. Jede H.kammer steht mit ihrem Vorhof durch *Ventile (H.klappen)* in Verbindung. Von der linken H.kammer geht die große Körperschlagader *(Aorta)* aus, von der alle Körperschlagadern *(Arterien)* abzweigen; aus der rechten H.kammer entspringen die zur Lunge führenden Lungenschlagadern *(Lungenarterien).* Die H.tätigkeit besteht in der Aufrechterhaltung des Blutkreislaufs, indem sauerstoffreiches Blut durch die Körperschlagadern im Körper verteilt, durch die Körperblutadern zum H.en zurückgeführt u. auf der anderen Seite als inzwischen sauerstoffarmes Blut durch die Lungenschlagadern zur Lunge geschickt wird, von

Palast Herodes' des Großen

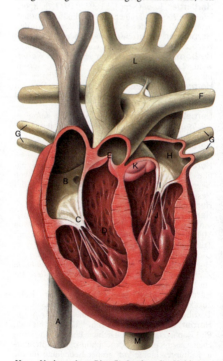

Herz: Verbrauchtes Blut fließt über die Hohlvenen (A) in den rechten Vorhof (B), der es durch die Tricuspidalklappe (C) in die rechte Herzkammer (D) stößt. Von dort wird es durch die Pulmonalklappe (E) in die Lungenarterien (F) und in die Lunge gepreßt. Angereichert mit Sauerstoff, fließt das Blut über die Lungenvenen (G) in den linken Vorhof (H) und gelangt durch die Mitralklappe (I) in die linke Herzkammer (J). Diese pumpt das Blut durch die Aortenklappe (K) in den Aortenbogen (L) und in die Aorta (M), die es an die Körperschlagadern weiterleitet

wo es sauerstoffreich durch die Lungenblutadern zurückkehrt. Das H. leistet diese Pumparbeit durch selbsttätiges *Zusammenziehen (Systole)* u. *Erschlaffen (Diastole)*. Der H.muskel *(Myokard)* selbst wird durch die *H.kranzgefäße (Koronargefäße)* versorgt, die von der Aorta abzweigen. Umgeben ist das H. von einem flüssigkeitserfüllten *H.beutel (Perikard)*.

Herzberg, H. am Harz, Stadt in Nds., am SW-Rand des Harzes, 16 800 Ew.; Schloß (Stammsitz des engl.-hannoverschen Königshauses); Ind.

Herzberg, Gerhard, *25.12.1904, dt.-kanad. Physiko-Chemiker (Forschungen über Elektronenstruktur u. Geometrie bei Molekülen); Nobelpreis für Chemie 1971.

Herzblatt, *Parnassia*, Gatt. der *Steinbrechgewächse;* weiße Blüten u. herzförmiges Blatt; hierzu das *Sumpf-H. (Studentenröschen)*.

Herzegowina, Landschaft auf der Balkanhalbinsel, der Südteil von Bosnien-H., Hauptort *Mostar*. Die H. war 1448 bosn. Herzogtum, 1482 türk. u. gehörte 1878–1918 zu Östr., seit 1919 jugoslawisch.

Herzfrequenz, *Pulsfrequenz,* die Zahl der Herzaktionen oder die Häufigkeit des Herzschlags pro Min.; sie ist abhängig von Alter, Geschlecht, Muskeltätigkeit, Körperhaltung u. a. Faktoren (Erhöhung z.B. im *Fieber*).

Herzgeräusche, neben den normalen *Herztönen* auftretende Geräusche, die meist auf Veränderungen der Herzklappen oder Störungen im Blutumlauf hindeuten.

Herzinfarkt, *Myokardinfarkt,* Beeinträchtigung von Teilen des *Herzmuskels* durch Unterbrechung der Blutversorgung im Kranzadergebiet; Ursachen: Verschluß der Blutgefäße durch Embolie, Blutpfropfbildung, Verkalkungsprozesse oder länger andauernde Verkrampfungen eines Gefäßgebiets (→ Angina pectoris). Der H. kann durch Vernarbung ausheilen, kann aber auch akut zum Tod durch Herzstillstand führen »Herzschlag«.

Herzkrampf → Angina pectoris.

Herzkrankheiten, angeborene u. erworbene Erkrankungen des Herzens; sie haben zumeist Folgen für den Gesamtkörper. 1. *angeborene Mißbildungen* des Herzens führen oft zu *Blausucht (Zyanose),* wenn der Kreislauf der rechten u. der linken Herzhälfte nicht getrennt bleibt u. kohlensäurebeladenes Blut auch in die Bahnen des sauerstoffhaltigen Bluts gerät, u. zu mehr oder weniger schweren Kreislaufstörungen. – 2. Entzündungen der ganzen Herzens *(Pankarditis),* seltener der einzelnen Herzteile: Am häufigsten ist die *Herzmuskelentzündung (Myokarditis);* dann folgt die *Herzinnenhautentzündung (Endokarditis)* mit den aus ihr sich ergebenden *Herzklappenfehlern (Vitium cordis),* weiter die *Herzbeutelentzündung (Perikarditis).* – 3. häufige H. sind *Reizleitungsstörungen, Herzmuskelschädigungen* als Folge von Durchblutungsstörungen des Herzmuskels u. von abgeheilten Entzündungen, *Herzerweiterungen, Herzschwäche (Herzinsuffizienz)* u. a. Außerdem wirken sich viele Allgemeinerkrankungen auf das Herz aus, bes. entzündl. Erkrankungen; am bekanntesten sind als Störungen der Herzdurchblutung → Angina pectoris u. → Herzinfarkt.

Herzl, Theodor, *1860, †1904, östr. Schriftst. u. Zionist; einer der Begr. des polit. *Zionismus*; berief 1897 den 1. Zionistenkongreß nach Basel ein.

Herzlähmung, *Herzstillstand,* das Aufhören der Muskeltätigkeit des Herzens; Ursachen: 1. Durchblutungsstörung großer Teile des Herzmuskels (Kranzaderverkalkung, Verstopfung einer Kranzader [*Herzinfarkt*]), 2. Vergiftung des Herzmuskels durch Infektionsgifte (Diphtherie, Lungenentzündung) oder andere Gifte (Fingerhut, Strophantin), 3. elektr. Unfälle.

Herzliya, Stadt in Israel, im nördl. Vorortbereich von Tel Aviv, 54 000 Ew.; Seebad.

Herz-Lungen-Maschine, Apparatur, die bei vorübergehender »Ausschaltung« des Herzens aus dem Kreislauf (z.B. bei bestimmten Herzoperationen) durch ein Pumpwerk die Aufrechterhaltung des Blutumlaufs u. den Sauerstoffaustausch gewährleistet.

Herzmassage, Verfahren zur Wiederbelebung bei Herzstillstand; *direkte H.:* bei geöffnetem Brustkorb rhythm. Kneten des Herzens durch den Arzt; *indirekte H.:* Schläge auf die Herzgegend oder rhythm. Zusammendrücken des Brustkorbs.

Herzmuscheln, *Cardium,* Gatt. eßbarer *Blattkiemermuscheln,* mit herzförmiger Schale. Sie können sich mit Hilfe des Fußes weit fortschnellen.

Herzneurose, *nervöses Herz, Cor nervosum,* mit Funktionsstörungen an Herz u. Kreislauf einhergehender nervöser Belastungszustand ohne organ. Veränderungen am Herzen.

Herzog, bei den german. Stämmen ein nur für die Dauer eines Kriegs gewählter Heerführer; später höchste Adelsstufe.

Herzog, 1. Chaim, *17.9.1918, isr. Politiker; 1975–78 Uno-Botschafter; 1983–93 Staats-Präs. – **2.** Roman, *5. 4. 1934, dt. Politiker (CDU) u. Jurist; 1965–73 Hochschullehrer; 1978–80 Kultus-Min. u. 1980–83 Innen-Min. von Ba.-Wü.; 1987–94 Präs. des Bundesverfassungsgerichts; seit 1994 Bundes-Präs. – **3.** Werner, *5.9.1942, dt. Filmregisseur; W »Nosferatu«, »Fitzcarraldo«, »Wo die grünen Ameisen träumen«.

Herzogenaurach, Stadt in Oberfranken (Bay.), 18 000 Ew.; Sportartikel-Ind.

Herzogenbusch, ndl. *'s-Hertogenbosch,* Hptst. der Prov. Nordbrabant (Ndl.), 90 000 Ew.; spätgot. Kathedrale; Textil-Ind.

Herzogenrath, Stadt in NRW, nördl. von Aachen, 44 000 Ew.; Burg (11. u. 18. Jh.); Glaswerke, Maschinenbau, Gießerei.

Herzog Ernst, mittelalterl. Sagenstoff, bei dem histor. Vorgänge, so der Aufstand des Schwabenherzogs *Ernst II.* gegen seinen Stiefvater, mit spätantiken u. oriental. Reiseabenteuern verschmolzen wurden. Die früheste Fassung, ein Spielmannsepos um 1180, wurde mehrf. umgestaltet.

Herzrhythmusstörungen, Störungen der normalen Herzschlagfolge, verursacht durch krankhafte Vorgänge bei der Erregungsbildung u. -leitung im Herzmuskel. Zur Diagnostik der H. dient bes. das EKG (Elektrokardiogramm).

Roman Herzog

Herzschlag, 1. das schlagartige Aufhören der Herztätigkeit, Sekundenherztod durch *Herzlähmung*. – **2.** die *Herzperiode*.

Herzschrittmacher, implantierte Batterie, die über Elektroden regelmäßig Stromstöße in die Herzmuskeln leitet; sorgt bei schweren Herzrhythmusstörungen für normale Herzschlagfolge.

Herztransplantation, *Herzverpflanzung,* die Übertragung eines gesunden Herzens von einem toten Spender auf einen unheilbar herzkranken Empfänger; erstmalig 1967 von C. *Barnard* vorgenommen.

Hesekiel [-kiɛl] → Ezechiel.

Hesiod, *Hesiodos,* grch. Epiker, um 700 v. Chr.; Dichtung über den Ursprung der Götter u. die Weltentstehung.

Hesperiden, grch. Sagengestalten, die die goldenen Äpfel, ein Brautgeschenk der Erdgöttin für Hera, bewachten.

Heß, 1. Rudolf, *1894, †1987 (Selbstmord), dt. Politiker (NSDAP); 1933 Stellvertreter Hitlers u. Reichs-Min. ohne Geschäftsbereich; flog 1941 nach Großbrit., um die Reg. zu einem Friedensschluß zu bewegen; war bis 1945 in England interniert u. wurde in Nürnberg 1946 zu lebenslängl. Haft verurteilt. – **2.** Viktor Franz, *1883, †1964, östr. Physiker; entdeckte die Höhenstrahlung (1913); Nobelpreis 1936.

Hess, Walter Rudolf, *1881, †1973, schweiz. Arzt u. Physiologe; erforschte das vegetative Nervensystem; Nobelpreis für Medizin 1949, gemeinsam mit A.C. *Moniz*.

Hesse, Hermann, Pseud.: Emil *Sinclair,* *1877, †1962, dt. Schriftst.; seit 1923 schweiz. Staatsbürger; Lyriker, Erzähler, Essayist u. Kritiker, auch Maler; beschäftigte sich stark mit der indischen Geisteswelt; Nobelpreis 1946; W Romane »Siddharta«, »Der Steppenwolf«, »Das Glasperlenspiel«.

Hessen, Bundesland der BR Dtld., zw. Rhein. Schiefergebirge (mit Taunus u. östl. Teil des Westerwalds), Weserbergland u. Hess. Bergland, Werra, Rhön, Spessart u. Odenwald, 21 112 km², 5,6 Mio. Ew., Hptst. *Wiesbaden;* bed. Wirtschaftsraum ist das *Rhein-Main-Gebiet* mit Handels- u. Ind.-Zentrum Frankfurt a.M.; u. a. chem., elektrotechn., feinmechan., Automobil- u. Gummi-Ind.; internat. Messen u. Flughafen in Frankfurt; Kalisalze an der Werra, Erdöl u. Erdgas im Hess. Ried; im nördl. H. Land- u. Forstwirtsch.; *Bergstraße* u. *Rheingau* gehören zu den besten dt. Obst- u. Weinanbaugebieten; Heilquellen am Rand des Taunus.

Hessen: Regierungsbezirke		
Regierungsbezirk	Fläche in km²	Einwohner in 1000
Darmstadt	7445	3596
Gießen	5381	1016
Kassel	8289	1225

G e s c h.: Die H. waren urspr. ein Stamm im Siedlungsgebiet der german. *Chatten,* die sich um 500 dem fränk. Reich anschlossen; ab 1122 teilweise an Thüringen. Mitte des 13. Jh. *(thüring.-hess. Erbfolgekrieg)* entstand die Landgrafschaft H., deren Stammvater *Heinrich I. das Kind* wurde; seit 1292 Reichsfürstentum. Nach verschiedenen Teilungen vereinigte *Philipp der Großmütige* alle Landesteile u. führte 1526 die Reformation ein. Nach seinem Tod wurde H. unter seine Söhne geteilt: Fürstentum *H.-Kassel* (bis 1806 Großherzogtum, 1918–45 Freistaat). 1945 wurden Teile des ehem. Freistaates H.-Darmstadt u. die 1868 entstandene Prov. *H.-Nassau* zu *Groß-H.* vereinigt; seit 1946 *Land H.* mit neuer demokrat. Verfassung.

Hessisches Bergland, Mittelgebirgslandschaft zw. Rhein. Schiefergebirge u. Thüringer Wald: Habichtswald, Waldecker Bergland, Kellerwald, Burgwald, Vogelsberg, Rhön, Knüll, Kaufunger Wald, Hoher Meißner.

Hessisches Ried, Rhein-Niederung westl. von Darmstadt, Hauptort *Groß-Gerau*.

Hestia → griechische Religion.

Hetäre, im alten Griechenland im Unterschied zu den gewöhnl. Dirnen eine gebildete Frau, die für Geld Geschlechtsverkehr gewährte.

Hetärie, im alten Griechenland jede Art öffentl. oder geheimer Verbindung von Freunden; auch zu polit. Zwecken (hier entfernt mit modernen polit. Parteien vergleichbar).

hetero..., Wortbestandteil mit der Bed. »anders, verschieden, fremd«.

heterodox, andersgläubig, von der herrschenden Lehre abweichend; Ggs.: *orthodox*.

heterogen, ungleichartig, aus Ungleichartigem zusammengesetzt; Ggs.: *homogen*.

Heterogonie → Generationswechsel.

Heteromorphie, *Heteromorphismus, Polymor-*

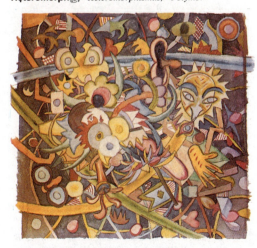

Hermann Hesse: Maskenball; Aquarell, 1926

phismus, Vielgestaltigkeit; bes. unterschiedl. Kristallformen eines bestimmten chem. Stoffs.

Heteronomie, 1. Fremdbestimmung, d. h. das Wirken einer Gesetzlichkeit, die von einem fremden Bereich ausgeht, bes. im polit. u. sittl. Bereich; Ggs.: *Autonomie*. – **2.** ungleichartige Gliederung des Körpers von Tieren; Ggs.: *Homonomie*.

Heterophonie, das gleichzeitige Erklingen einer melod. Phrase in etwas veränderter Ausgestaltung in versch. Stimmen oder Instrumenten; Ggs.: *Homophonie* u. *Polyphonie*.

Heteroplastik, *Xenoplastik*, die Transplantation von Gewebsmaterial von einem Lebewesen der einen auf eines einer anderen Art (z.B. von Affen auf Menschen).

Heterosexualität, geschlechtl. Verhältnis zum anderen Geschlecht; Ggs.: *Homosexualität*.

heterotroph, die Eigenschaft von Organismen, auf organ. Material als Nahrung angewiesen zu sein; Ggs.: *autotroph*.

heterozyklische Verbindungen, ringförmige organ.-chem. Verbindungen, bei denen auch andere Elemente als Kohlenstoff als Ringglieder vorkommen.

Hethiter, *Hettiter, Hittiter, Chetiter*, ein Volk mit indoeurop. Sprache in Kleinasien, das nach 2000 v. Chr. in Anatolien einwanderte; im 2. Jt. v. Chr. die herrschende Macht in Kleinasien. – Nach der Einwanderung entstanden zunächst selbst. Stadtstaaten. *Hattusilis I.* machte *Hattusa* (*Boğazköy*) zur Hptst. u. dehnte seine Herrschaft über weite Teile Kleinasiens u. bis nach N-Syrien hin aus. Sein Sohn, *Mursilis I.*, eroberte Aleppo u. drang um 1531 v. Chr. auf einem Kriegszug bis nach Babylon vor; unter *Muwatallis* Kämpfe gegen Ägypten (Schlacht bei Kadesch 1285) um Syrien. Unter *Suppiluliuma I.* begann sich die Völkerverschiebung abzuzeichnen, die um 1200 v. Chr. den Zusammenbruch des hethit. Reichs verursachte.

hethitische Hieroglyphen, *Bildluwisch*, im 15.–8. Jh. v. Chr. im hethit. Machtbereich, bes. in den nordsyr. Kleinstaaten, neben der Keilschrift verwendete Silbenschrift in Bildzeichen; Entzifferung seit 1930.

hethitische Kunst, Bez. für die Kunst im Reich der *Hethiter* von etwa 2000–1700 v. Chr. bis zur Blütezeit, der sog. *Großreichzeit* (1450–1200

Dicker Grashüpfer
Grünes Heupferd
Linierter Grashüpfer

Heuschrecken

v. Chr.); Funde bes. in *Hattusa*. Hauptleistungen in der Architektur bes. im Festungs-, Tempel- u. Palastbau, außerdem Götterreliefs, Löwen- u. Sphinxdarstellungen.

hethitische Sprache, die 1915 von B. *Hrozný* erstmals entzifferte, meist in Keilschrift (aber auch in den eigenen *hethit. Hieroglyphen*) geschriebene indoeurop. Sprache der Hethiter.

Hetman, russ. *Ataman*, türk. *Otaman*, das frei gewählte Oberhaupt der *Kosaken*, sowohl oberster Heerführer als auch oberster Richter; in Polen der vom König eingesetzte oberste Befehlshaber (*Groß-H.*).

Hettstedt, Krst. in Sachsen-Anhalt, am östl. Harzrand, 22000 Ew.; Kupferbergbau.

Hetzjagd, *Hatz, Hetze, Parforcejagd*, eine Jagdart, bei der ein bestimmtes Wild durch Hunde (*Lancierhunde*) u. Jäger zu Pferde bis zur Erschöpfung gehetzt wird; heute gesetzl. verboten.

Heu, im grünen Zustand gemähtes, an der Luft oder mittels moderner Heutrocknungsanlage in der Scheune getrocknetes u. haltbar gemachtes Futter (*Dürrfutter*). Es enthält 10–18% verdauliches Rohprotein, bis 42% Stärke. Heu ist das eiweißreiche Rauhfutter für Großtiere u. die Grundlage der Stallfütterung.

Heuberg, *Großer H.*, der sw., höchste Teil der Schwäb. Alb, im *Lemberg* 1015 m.

Heuberger, Richard, *1850, †1914, östr. Komponist u. Musikschriftst. (Opern u. Operetten); 𝕎 »Der Opernball«.

Heuer, der Lohn der Seeleute.

Heuerlinge, *Heuerleute*, Arbeitskräfte der Landwirtschaft, die vom arbeitgebenden Betrieb eine kleine Hofstelle (*Heuerstelle*) mit Land pachten u. als Entgelt (Pacht) Arbeit in bestimmtem Umfang leisten.

heureka [grch.; »ich hab's gefunden«], angebl. Ausruf des Archimedes nach Entdeckung des Gesetzes vom Auftrieb.

Heuriger, östr. Bez. für den jungen Wein vom letzten Jahr.

Heuristik, die (method.) Kunst der Wahrheitsfindung. *Heuristische Prinzipien* sind Regeln, Hypothesen u. versuchsweise Annahmen, die nur vorläufig aufgestellt werden, um weitere Fragestellungen zu ermöglichen.

Heuscheuergebirge, poln. *Góry Stołowe*, Teil der Sudeten, nw. des Glatzer Kessels; in der *Großen Heuscheuer* 919 m.

Heuschnupfen, *Heufieber, Heuasthma*, allerg. Erkrankung, die durch Überempfindlichkeit gegen Pollen von Gräsern, Bäumen u. Sträuchern hervorgerufen wird; äußert sich v. a. in Bindehautentzündung, Niesreiz u. Kopfschmerzen.

Heuschrecken, *Saltatoria*, volkstüml. auch *Heupferde*, Ordnung der Insekten aus der Überordnung der *Geradflügler*; Hinterbeine als Sprungbeine entwickelt; fast alle Arten erzeugen mit Schrilleisten an den Beinen oder Flügeln Zirptöne,

die der sexuellen Anlockung dienen. Zu den H. gehören u. a. die Fam. *Feld-H., Dornschrecken, Laub-H.* u. *Grillen*; insges. über 15000 Arten, davon rd. 80 in Dtld.

Heuss, Theodor, *1884, †1963, dt. Politiker u. Publizist, erster Präs. der BR Dtld. (1949–59); 1945/46 Kultus-Min. in Württemberg-Baden. Als 1. Vors. der FDP kam er in den *Parlamentar. Rat*, wo er entscheidenden Einfluß auf die Abfassung des GG hatte. 1949 wurde er gegen K. *Schumacher* zum Bundes-Präs. gewählt, 1954 ohne Gegenkandidat bestätigt. – Er war seit 1908 verh. mit Elly H.-Knapp (*1881, †1952).

Hevea, Gatt. der *Wolfsmilchgewächse*, rd. 20 Arten im trop. Südamerika. Von den hierher gehörenden Bäumen liefert v. a. *H. brasiliensis* den wertvollen *Parakautschuk*.

Heveller, *Stodoranen*, um 850 erstmals erwähnte Völkerschaft der *Elb-* u. *Ostseeslawen* an der oberen u. mittleren Havel um Brandenburg u. Havelberg.

Hevesy [ˈhɛvɛʃi], Georg, Karl von, *1885, †1966, ung. Physikochemiker; Entdecker des *Hafniums*; Nobelpreis für Chemie 1943.

Hewish [ˈjuːɪʃ], Antony, *11.5.1924, brit. Physiker; Arbeiten über Radio-Astrophysik, v. a. die Entdeckung von *Pulsaren*; 1974 (zus. mit M. *Ryle*) Nobelpreis.

hexa…, Hexa…, Wortbestandteil mit der Bed. »sechs«.

hexadezimal [grch. + lat.], *sedezimal*, auf der Zahl 16 basierende Darstellungsweise von Daten,

Theodor Heuss

bei der jeweils 4 Bit zu einem Zeichen zusammengefaßt werden. Der Zahlenbereich von 0 bis 15 wird durch die Ziffern u. die ersten Buchstaben des Alphabets dargestellt.

Hexaeder, *Sechsflächner*, von sechs Vierecken begrenztes Polyeder, z.B. der *Würfel*.

hexagonal, sechseckig.

Hexagramm, 1. Sechseck. – **2.** aus 2 gleichseitigen Dreiecken gebildeter Stern, auch *Salomonsspiegel* oder *Davidschild* genannt.

Hexameter, ein Versmaß aus 6 meist daktyl. (–⏑⏑), sonst spondeischen (– –) Versfüßen; seit *Homer* das klass. Versmaß des Epos.

Hexan, aliphat. Kohlenwasserstoff mit 6 Kohlenstoffatomen; wichtiger Bestandteil des *Benzins*; in Erdöl vorkommend.

Hexe, im Volksglauben Frauen, die mit dem Teufel im Bund stehen u. über dämon. Kräfte verfügen. Im MA, bes. 1400–1700, gab es H.nverfolgungen u. **H.nprozesse**, denen zahlr. als H. verdächtigte Frauen zum Opfer fielen. Die mit der Inquisition beauftragten Dominikaner führten die H.nprozesse im großen Stil durch. Als Beweiszeichen wurden Folter, Wasserprobe u. ä. angewandt. Im 18. Jh. wurden die H.nprozesse abgeschafft.

Hexenbesen, durch Pilze verursachte Astwucherungen an Bäumen.

Hexenhammer, von den Inquisitoren Heinrich *Institoris* u. Jakob *Sprenger* verfaßtes Inquisitionshandbuch für *Hexenprozesse*, 1487 in Straßburg erstmals gedruckt.

Hexenmilch, 1. der Milchsaft der *Wolfsmilchgewächse*. – **2.** volkstüml. Bez. für eine milchähnl. Absonderung aus den Brustdrüsen Neugeborener beiderlei Geschlechts.

Erdstern-Hexenring

Hexenpilz, *Schusterpilz, Zigeuner,* volkstüml. Name für den *Hexenröhrling;* Speisepilz, aber leicht zu verwechseln mit dem giftigen *Satanspilz.*
Hexenprozesse →Hexe.
Hexenring, *Elfen-, Feenring,* kreisförmige Anordnung von Ständerpilzen, die durch die strahlenförmige Ausbreitung der Pilzmyzelien von einem Zentrum aus zustande kommt.
Hexensabbat, nach mittelalterl. Vorstellungen ein Treffen der Hexen mit dem Teufel, meist am 1. Mai *(Walpurgisnacht),* z.B. auf dem Brocken (Harz), Köterberg (Weser), Fichtelberg oder Heuberg (Schwaben).
Hexenschuß, *Hexenstich, Lumbago,* plötzl. Muskel-, Sehnen- oder auch Nervenzerrungen in der Lendengegend bei ungeschickten Bewegungen, Erkältung, Überlastungen oder auf rheumat. Grundlage sowie u. U. bei Bandscheibenvorfall.
Hexentanzplatz, Felsen im NO-Harz, 451 m.
Hexosen, Zuckerarten mit 6 Kohlenstoffatomen, die zur Kl. der *Monosaccharide* zählen.
Heydrich, Reinhard, *1904, †1942, SS-Führer u. Politiker (NSDAP); seit 1936 Chef der Sicherheitspolizei u. des von ihm aufgebauten *Sicherheitsdienstes* (SD); kaltblütigster Organisator des nat.-soz. Terrors u. der »Endlösung der Judenfrage«; seit Sept. 1941 zusätzl. stellv. Reichsprotektor in Prag, wo er an den Folgen eines Bombenanschlags starb.
Heyerdahl ['hɛiərdaːl], Thor, *6.10.1914, norw. Naturforscher; 1947 97tägige Floßfahrt (»Kon-Tiki«-Expedition) von Peru nach Tahiti; 1970 Überquerung des Atlantik von Marokko nach Westindien mit dem Papyrusboot *Ra II.*
Heym, 1. Georg, *1887, †1912, dt. Schriftst. (expressionist., visionäre Lyrik von Tod, Krieg, Irrsinn u. Daseinsangst.) – **2.** Stefan, eigtl. H. *Flieg,* *10.4.1913, dt. Schriftst.; seit 1994 MdB für die PDS; zeitkrit. Romane; W »Collin«, »Ahasver«.
Heymans ['hɛimans], Corneille, *1892, †1968, belg. Physiologe u. Pharmakologe; Forschungsgebiete: Kreislaufsteuerung u. Steuerungsmechanismen der Atmung; Nobelpreis für Medizin 1938.
Heyrovsky ['hɛjrɔfski], Jaroslav, *1890, †1967, tschechosl. Chemiker; entwickelte die *Polarographie;* Nobelpreis 1959.
Heyse, Paul von, *1830, †1914, dt. Schriftst.; 1854 von *Maximilian II.* nach München berufen, dort Mittelpunkt eines die Mittelüberlieferung betonenden Dichterkreises; Nobelpreis 1910.
Hg, chem. Zeichen für Quecksilber.
HGB, Abk. für *Handelsgesetzbuch.*
Hiatus, 1. in der Geologie eine Schichtlücke, hervorgerufen durch eine Unterbrechung der regelmäßigen Ablagerung. – **2.** *Hiat,* das Nebeneinander zweier Selbstlaute an der Wortgrenze (z.B. da aber).
Hibernation, künstl. Winterschlaf.
Hibernia, lat. für *Irland.*
Hibiscus, *Eibisch, Ibisch,* Gatt. der *Malvengewächse;* über 200 Arten v. a. in den wärmeren Gebieten der Alten Welt.
Hickorynußbaum, *Carya,* nordamerik. Gatt. der *Walnußgewächse;* liefert wertvolles Holz u. Nüsse *(Pecannüsse).*
Hicks, John Richard, *1904, †1989, brit. Nationalökonom; Arbeiten zur Gleichgewichts- u. Wohlfahrtstheorie; Nobelpreis (zus. mit K. J. *Arrow*) 1972.
Hidalgo [i'ðalgo], Titel des niederen span. Adels.

Hidalgo [i'ðalgo], Bundesstaat in →Mexiko.
Hiddensee, *Hiddensoe,* Ostseeinsel westl. von Rügen, 18,6 km², 1500 Ew.; mit den Orten *Kloster, Vitte, Neuendorf* u. *Grieben.* – Fundort des größten Wikingergoldschatzes in Dtld.
Hierarchie [hi:e-], die, auf Über- u. Unterordnung *(Rangstufen)* aufgebaute Organisation in allen soz. Bereichen, z.B. als polit., betriebl., kirchl. H.
hieratische Schrift [hi:e-], die frühe Stufe der ägypt. Hieroglyphen.
Hieroglyphen [hi:e-], *ägypt. Schrift,* aus einer urspr. Bilderschrift entwickelte Schrift der alten Ägypter, seit etwa 3000 v. Chr. in Gebrauch; auch in anderen Kulturen wurden H. nachgewiesen, z.B. bei den Hethitern u. den Maya.
Hierokratie [hi:e-], Herrschaft einer Priesterkaste.
Hieron, Herrscher von Syrakus,
H. I., †um 467 v. Chr., Herrscher (Tyrannos) von Gela seit 485 v. Chr., dann von Syrakus 478–67 v. Chr.; zog bed. Dichter seiner Zeit, *Äschylus, Bakchylides, Pindar* u. *Simonides,* an seinen Hof.
Hieronymus [hi:e-], *um 347, †419 oder 420, lat. Kirchenlehrer; Bibelübersetzung *(Vulgata).* – Heiliger (Fest: 30.9.).
Hierro [i'ɛro], *Ferro,* die westl. der span. Kanar. Inseln, 278 km², 5000 Ew.; Hauptort *Valverde.*
hieven, seemänn. Ausdruck: aufwinden, einziehen (z.B. den Anker).
HiFi, Abk. für *High Fidelity.*
High Church [hai tʃɔːtʃ] =Hochkirche.
High Fidelity [hai fi'deliti], Abk. *HiFi,* Fachausdruck für eine wirklichkeitsgetreue Tonwiedergabe bei Rundfunkgeräten, Plattenspielern u. ä.
Highlands ['hailəndz], Hochland, bes. in Schottland, bewohnt von den *Highlanders* (Bergschotten).
Highlife [hai'laif], das gesellschaftl. Leben der mondänen Welt.
High School ['hai skuːl], auf die 6 - oder 8jährige Grundschule aufbauende weiterführende Schule in den Vereinigten Staaten; erfaßt Jugendliche im Alter von 12 oder 14 bis zu 17 Jahren.
Highsmith [haismiθ], Patricia, *1921, †1995, US-amerik. Schriftst.; psych. Kriminalromane, Erzählungen u. Kurzgeschichten.
High-Tech [haitek; aus engl. *High-Style* u. *Technology*], urspr. Bez. für einen Einrichtungsstil, der v. a. durch die Verwendung von Industriematerialien charakterisiert ist; heute v. a. Bez. für forschungs- u. entwicklungsintensive Technologien (z.B. Weltraumforschung, Computerentwicklung).
Highway ['haiwɛi], Fernverkehrsstraße, bes. in den USA.
Hijacker ['haidʒæ kə], Luftpirat, Flugzeugentführer.
Hilarius von Poitiers [-pwa'tje], *um 315, †367, als Bischof von Poitiers der bedeutendste Bekämpfer des *Arianismus* im Abendland, zeitweise nach Phrygien verbannt. – Heiliger (Fest: 13.1.).
Hilbert, David, *1862, †1943, dt. Mathematiker; Arbeiten über die »Grundlagen der Geometrie« (1899), über die Invarianten- u. höhere Zahlentheorie sowie über lineare Integralgleichungen.
Hildburghausen, Krst. in Thüringen, an der Werra, 11 500 Ew.; zahlr. Barockgebäude.
Hildebrand, Adolf von, *1847, †1921, dt. Bildhauer; künstler. Orientierung an Antike u. Renaissance; Hptw. Wittelsbacher Brunnen in München.

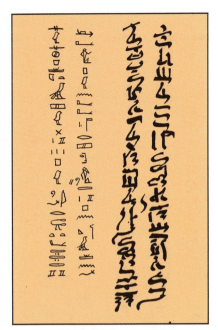

Hieroglyphen (links) und der gleiche Text in hieratischer Schrift (rechts)

Hildebrandslied, Bruchstück des einzigen überlieferten dt. Beispiels eines germ. stabreimenden *Heldenlieds,* nach 800 im Kloster Fulda aufgeschrieben, in einer ahd.-altsächs. Mischsprache; Schlußteil fehlt. *Hildebrand,* der mit *Dietrich von Bern* im Hunnenland weilte, wird bei der Heimkehr von seinem Sohn *Hadubrand* nicht erkannt u. muß sich gegen ihn wehren, wobei der Vater den Sohn erschlägt. Eine Neudichtung aus dem 13. Jh. (jüngeres H.) bringt einen versöhnl. Schluß.
Hildebrandt, 1. Johann Lucas von, *1668, †1745, östr. Baumeister; Barockarchitekt; W Schloß Belvedere, Würzburger Residenz. – **2.** Regine, *26.4.1941, dt. Politikerin (SPD); April-Okt. 1990 Min. für Arbeit u. Soziales der DDR, danach Min. des gleichen Ressorts in Brandenburg.
Hildegard von Bingen, *1098, †1179, dt. Mystikerin; Benediktinerin; u. a. Schriften über med. u. naturwiss. Erkenntnisse. – Heilige (Fest: 17.9.).
Hilden, Ind.-Stadt in NRW, 54 000 Ew.; Maschinen-, Textil- u. Lederind.
Hildesheim, Krst. in Nds., an der Innerste, 104 000 Ew.; kath. Bischofssitz; zahlr. HS; zahlr. frühroman. Bauwerke (St. Michaeliskirche 1010–36; Dom 1050 mit Bronzetüren, Christussäule u. 1000jährigem Rosenstock), Roemer-Pelizaeus-Museum (ägypt. Slg.), mittelalterl. Fachwerkhäuser; versch. Ind.
Gesch.: 815 von *Ludwig dem Frommen* als Bistum H. gegr.; Gebietsverluste durch die H.er Stifts-

Highlands: Landschaft in den Northwest Highlands

fehde (1519–23); 1803 an Preußen, 1813 zu Hannover, 1866 (mit Hannover) wieder preuß.
Hildesheimer, Wolfgang, *1916, †1991, dt. Schriftst.; Mitgl. der Gruppe 47; Erzählungen u. von E. *Ionesco* beeinflußte Dramen, Vertreter des *absurden Theaters*.
Hilfsschule, ehem. Bez. für *Sonderschule*.
Hilfsverb, *Hilfszeitwort,* ein Verb, das zur Bildung zusammengesetzter Tempora, Modi u. ä. benutzt wird (dt. *sein, haben, werden* für Futur, Perfekt u. a.) u. im allg. nicht für sich allein ein Prädikat bilden kann.
Hill, Sir Archibald Vivian, *1886, †1977, brit. Physiologe; erforschte energet. Vorgänge bei der Muskelkontraktion; Nobelpreis für Medizin (zus. mit O. *Meyerhof*) 1922.
Hillah, *Al H.,* irak. Oasenstadt südl. von Bagdad, an einem Seitenarm des Euphrat, 164000 Ew.; in der Nähe die Ruinen des antiken Babylon.
Hillary ['hiləri], Sir Edmund, *20.7.1919, neuseeländ. Bergsteiger u. Polarforscher; bestieg 1953 als erster (zus. mit dem Sherpa *Tenzing Norgay*) den Mount Everest.
Hillbilly-Music [-'mjusik], die Volksmusik der US-amerik. Südstaaten; seit den 1940er Jahren *Country & Western Music*.
Hiller, 1. Johann Adam, eigtl. J.A. *Hüller,* *1728, †1804, dt. Komponist u. Dirigent; seit 1763 Leiter der »Liebhaberkonzerte« in Leipzig (seit 1781 »Gewandhaus-Konzerte«); 1789–1801 Thomaskantor; Begr. des dt. Singspiels. – **2.** Kurt, *1885, †1972, dt. Publizist u. Kritiker; gründete 1909 das frühexpressionist. »Neopathet. Cabaret«.
Hillery ['hiləri], Patrick John, *2.5.1923, ir. Politiker; 1976–90 Staats-Präs.
Hilmänd →Helmand Rod.
Hilpert, Heinz, *1890, †1967, dt. Schauspieler, Regisseur u. Theaterleiter.
Hilpoltstein, Stadt in Mittelfranken (Bay.), südl. von Nürnberg, 8000 Ew.; histor. Altstadt.
Hils, bewaldeter Höhenzug des Weserberglands, aus Kreidesandstein, zw. Oberweser u. Leine, in der Bloßen Zelle 477 m.
Hilton [-tən], Conrad Nicholson, *1887, †1979, US-amerik. Hotelier.
Hilus, vertiefte Stelle an Organen, wo Nerven u. Gefäße ein- u. austreten, z.B. an Lunge, Niere u. Milz.
Hilversum, ndl. Ind.- u. Handelsstadt sö. von Amsterdam, 94000 Ew.; u. a. elektrotechn. u. pharmazeut. Ind.; Rundfunksender.
Hima, *Bahima, Tussi,* die Adels- u. Herrscherschicht in Uganda, Rwanda, Burundi u. angrenzenden Gebieten; Großviehzüchter.
Himachal Pradesh [-'tʃal pra'deʃ], Bundesstaat in →Indien.
Himalaya, *Himalaja,* [sanskr. »Schneewohnung«], das mächtigste u. höchste Gebirge der Erde, zw. der nordind. Tiefebene u. dem Hochland von Tibet, ein riesiger, nach S geschwungener Bogen von 2400 km Länge u. 150 bis 280 km Breite, der vom Indus-Durchbruch im W bis zu den Schluchten des Brahmaputra im O reicht u. als scharfe Klima- u. Völkerscheide die wüsten- u. steppenhaften zentralasiat. Hochländer von den fruchtbaren Monsungebieten Indiens trennt; höchste Gipfel: Mount Everest (8848 m), Gangtschhendsönga (8586 m), Lhotse (8516 m), Makalu (8470 m), Dhaulagiri (8168 m), Nanga Parbat (8126 m) u. a.
Himbeere, artenreiche Gruppe der Gatt. der *Rosengewächse*; v. a. in Wäldern verbreiteter Beerenstrauch mit meist roten, eßbaren Früchten.
Himeji, *Himedschi,* jap. Hafenstadt auf S-Honshu, 454000 Ew.; Schloß (14. Jh.); Baumwoll- u. Lederind., Ölraffinerie.
Himera, altgrch. Staat an der N-Küste Siziliens, 409 v. Chr. von der Karthagern zerstört.
Himmel, 1. *H.gewölbe, Firmament, Sphäre,* das scheinbare Gewölbe über dem Beobachter als dem Mittelpunkt, das die Gestirne »trägt« u. durch den *Horizont* in eine obere (sichtbare) u. eine untere (unsichtbare) Halbkugel zerlegt wird. Durch die Streuung des Sonnenlichts in der Atmosphäre erscheint der H. blau. – Senkrecht über dem Beobachter liegt der *Scheitelpunkt* oder *Zenit,* entgegengesetzt der *Fußpunkt* oder *Nadir.* Die durch Zenit u. Nadir gehenden Kreise heißen *Scheitel-, Vertikal-* oder *Höhenkreise;* auf ihnen werden die Sternhöhen gemessen. Die Verlängerung der Erdachse heißt *Welt-* oder *H.sachse.* Sie trifft den H. in dessen Nord- u. Südpol (*H.spole*). – **2.** in versch. Religionen der Aufenthaltsort von Göttern u. Geistern; im Christentum Symbol für den Heilszustand der endgültig mit Gott vereinten Menschen. Ähnl. Vorstellungen gibt es in anderen Religionen: *Walhall, Dschennet, Nirwana.* Ggs.: *Hölle.*
Himmelfahrt, in den Religionen Babyloniens, Persiens, Ägyptens, Griechenlands u. Roms die weitverbreitete Vorstellung von einer H. der Seele oder von der Entrückung ganzer Menschen. *H. Christi:* Kirchenfest 40 Tage nach Ostern; *H. Marias,* kath. Kirchenfest »Mariä H.«: 15.8.
Himmelsgucker, den *Drachenfischen* verwandte *Barschartige,* Grundfische von etwa 30 cm Länge, die in wärmeren Meeren leben. Hinter den oben auf dem Kopf liegenden Augen befindet sich ein elektr. Organ.
Himmelskunde →Astronomie.
Himmelsmechanik, ein Teilgebiet der theoret. *Astronomie,* das die Bewegung der Himmelskörper nach den Gesetzen der Mechanik, bes. nach dem Gravitationsgesetz, untersucht.
Himmler, Heinrich, *1900, †1945 (Selbstmord), dt. Politiker (NSDAP); seit 1929 Reichsführer der *Schutzstaffel (SS);* nach der Regierungsübernahme durch Hitler Kommandeur der Polit. Polizei (Gestapo) der Länder, 1936 Chef der Dt. Polizei, 1943 Reichsinnen-Min. Die Verbrechen der SS (KZ, Judenmord, Verfolgung u. Terror) sind mit seinem Namen verbunden.
Hindelang, Markt, heilklimat. Kneipp- u. Luftkurort in Schwaben (Bay.), im Allgäu, 850 bis 1180 m ü. M., 5000 Ew.; Wintersport; Schwefelquelle, Moorbäder.
Hindemith, Paul, *1895, †1963, dt. Komponist u. Dirigent; kam nach einer expressionist. Periode zu einer abgeklärten Musiksprache von betont eth. Haltung (Opern »Mathis der Maler« u. »Die Harmonie der Welt«, beide zu eigenen Texten); stellte der Zwölftontechnik ein System der freien Tonalität jenseits von Dur u. Moll entgegen; Chorwerke, Lieder (»Das Marienleben« nach R. M. Rilke), Kammermusik, Orchesterwerke u. wichtige theoret. Schriften.
Hindenburg, Paul von *Beneckendorff u. von H.,* *1847, †1934, dt. Offizier (1914 Generalfeldmarschall) u. Politiker; schlug 1914 die Russen bei *Tannenberg* u. an den Masur. Seen u. wurde zum populärsten dt. Heerführer. 1916 wurde er Chef des Generalstabs des Feldheers, d. h. faktisch Oberbefehlshaber aller dt. Truppen. Er bildete mit E. *Ludendorff* die sog. 3. Oberste Heeresleitung, die diktatorisch in die Reichspolitik eingriff. 1919 legte er vor dem Abschluß des Versailler Vertrags den Oberbefehl nieder.
1925 wurde er als Kandidat der Rechten zum Reichs-Präs. gewählt, 1932 wiedergewählt. Nach dem Scheitern der »Präsidialkabinette« *Papen* u. *Schleicher* ernannte er 1933 trotz schwerer Bedenken *Hitler* zum Reichskanzler. Der Errichtung der nat.-soz. Diktatur setzte er keinen nennenswerten Widerstand entgegen.

Paul von Hindenburg

Hindenburgdamm, etwa 11 km langer Eisenbahndamm, der die Insel Sylt mit dem Festland verbindet; seit 1927.
Hindernislauf, Laufwettbewerb über natürl. oder künstl. Hindernisse, 3000 m mit 28 Sprüngen über Hürden von 91 cm Höhe u. 7 Sprünge über den Wassergraben.
Hindernisrennen, Pferderennen über natürl. oder künstl. Hindernisse; *Hürdenrennen* (Reisighürden) über 2400–4000 m, *Steeplechases* (Gräben, Mauern u. ä.) über mindestens 3000 m, *Jagdrennen* (natürl. u. künstl. Hindernisse) über 3600–7500 m.
Hindi, *Hindustani,* Hauptverkehrssprache Indiens; zwei schriftsprachl. Formen: 1. das stark pers. durchsetzte *Urdu* mit einer Sonderform für die Poesie *(Rechta);* 2. das mit vielen Entlehnungen aus dem Sanskrit ergänzte rein ind. H., das seit 1965 offizielle Staatssprache der Ind. Union ist.
Hindu, Bez. für die Angehörigen des *Hinduismus.*
Hinduismus, vielgestaltige ind. Religion, deren Hauptmerkmale in der Anerkennung der heiligen Schriften der *Weden* u. der Zugehörigkeit zu einem *Kastensystem* bestehen. Unpersönl. Gottesauffassung, deren Objekt das neutrale göttl. Eine, das *Brahman,* ist, u. persönl. Gottesauffassung als polytheist. Volksglaube ergänzen einander. Hauptgötter sind *Schiwa, Wischnu* u. *Brahma.* Kennzeichnend ist außerdem der Glaube an Seelenwanderung u. Wiedergeburt.
Hindukusch, zentralasiat. Hochgebirge, das sich über rd. 700 km von Zentralafghanistan bis zum Pamir (Pakistan) erstreckt; erreicht im *Tirich Mir* 7699 m.

Götter des Hinduismus	
Name	Bedeutung
Adityas	Gruppe von 7 Göttern, u. a. Waruna und Mitra
Agni	Feuergott
Aschwins	Zwillingspaar der göttlichen Ärzte, Rosselenker am Morgenhimmel
Brahma(n)	Urgrund allen Seins, personifiziert Schöpfer und Lenker der Welt
Buddha	im Hinduismus eine Inkarnation Wischnus
Dewi	Gattin Schiwas, →Durga
Durga	Gattin Schiwas, „Große Mutter", in ihrem schrecklichen Aspekt →Kali
Ganescha	der elefantenköpfige Sohn des Schiwa und der Parwati, Gott der Schreibkunst; Nothelfer
Indra	Kriegs- und Gewittergott
Kali	„die Schwarze", Gattin Schiwas, der schreckliche Aspekt der →Durga
Kama	Liebesgott
Karttikeya	→Skanda
Krischna	„der Dunkle", verehrt als Inkarnation Wischnus
Lakschmi	Gattin Wischnus, Göttin des Glücks
Manu	Stammvater der Menschheit, Urheber der Ordnung und Sitte
Mitra	Gott des Lichts, der Freundschaft und der Verträge
Naga	Schlangengottheiten, Fruchtbarkeitsträger
Parwati	Gattin Schiwas
Prajapati	Gattin Schiwas
Rama	als eine Inkarnation Wischnus verehrt
Rudra	Sturmgott, Herr der Tiere; Name des →Schiwa
Saraswati	Göttin der Gelehrsamkeit
Schakti	Gattin Schiwas, Personifikation der schöpferischen Energie
Schiwa	zusammen mit Wischnu der höchste Gott, Schöpfer und Zerstörer des Alls
Skanda	Kriegsgott, Sohn Schiwas
Waruna	Hüter der kosmischen und der sittlichen Weltordnung, später Gott des Wassers
Wischnu	bildet mit Brahma und Indra eine Götterdreiheit; Erhalter der Welt, 10 verschiedene Inkarnationen (Awataras)
Yama	Urmensch, zugleich Gott des Todes

Hinduismus: heiliger Inder mit dem Zeichen des Gottes Schiwa auf der Stirn

Hindustan [auch 'hin-], *Hindostan,* die Gangesebene vom Pandschab bis zum Gangesdelta.
Hindustani →Hindi
Hinkelsteine, einzeln stehende, von Menschenhand aufgerichtete, oft mehrere Meter hohe Steine. →Menhire.
Hinnøy, die größte norw. Insel, nw. von Narvik, 2198 km², 20 000 Ew., Hauptort *Harstad.*
Hinrichs, August, *1879, †1956, dt. Schriftst.; volkstüml. Dramatiker u. Erzähler, z. T. in Niederdt. verfaßte Stücke.
Hinshelwood ['hɪnʃlwud], Sir Cyril Norman, *1879, †1967, brit. Physikochemiker; arbeitete über Reaktionskinetik, Katalyse u. Thermodynamik; Nobelpreis für Chemie (mit N.N. Semjonow) 1956.
Hinterbliebenenversicherung, die Versicherung von hinterbliebenen Angehörigen des Versicherten (Witwen, Witwer u. Waisen). Die Sozialversicherung zahlt in der Unfall-, Arbeiterrenten-, Angestellten- u. Knappschaftsversicherung *Hinterbliebenenrenten.*
Hinterglasmalerei, mit lichtundurchlässigen Farben ausgeführte, spiegelverkehrte Malerei auf der Rückseite einer Glasplatte; gebräuchl. seit der Spätantike.
Hinterhand, 1. der zuletzt ausspielende Spieler bei Kartenspielen; Ggs.: *Vorhand.* – **2.** *Nachhand,* Hinterbeine u. Kruppe beim Tier, bes. bei Pferden.
Hinterindien, die südostasiat. Halbinsel zw. Indien, China u. der malai. Inselwelt, 1,9 Mio. km²; von N nach S verlaufende Hochgebirgsketten. Die fruchtbaren Becken u. Schwemmlandebenen sind zugleich die Kerngebiete der hinterind. Staaten *Birma, Thailand, Kambodscha, Vietnam; Laos* liegt fast ausschl. im Gebirgsland. Zu H. gehört außerdem der westl. Teil von *Malaysia* auf der Malakka-Halbinsel. H. ist reich an Bodenschätzen (v. a. Kohle, Erdöl, Zink u. Zinn); bed. Lieferant von Reis, Baumwolle, Kautschuk u. Teakholz.
Hinterkiemer, Unterklasse der *Schnecken,* deren Mantelhöhle seitl. u. deren Kiemen hinter dem Herzen liegen (im Unterschied zu den *Vorderkiemern;*) hierzu z.B. *Flügel-* u. *Nacktschnecken.*
Hinterlader, eine Schußwaffe, die von hinten geladen wird; Ggs.: *Vorderlader.*
Hinterrhein, der südl. Quellfluß des Rhein, 57 km; entspringt in der Adulagruppe (in Graubünden) u. vereinigt sich bei Reichenau mit dem *Vorderrhein.*
Hintersasse, im Recht des MA ein Kleinbauer, der zu einem Grundherrn in einem Abhängigkeitsverhältnis stand.
Hinterzarten, Kurort u. Wintersportplatz im südl. Schwarzwald, Ba.-Wü., 885 m ü. M., 2200 Ew.
Hinz, Werner, *1903, †1985, dt. Schauspieler (Charakterdarsteller).
Hiob, *Ijob,* ein Buch des AT, das eine Sage von einem Mann H. aus dem Land Uz u. seinem Unglück wiedergibt u. das Problem des unverschuldeten Leidens erörtert. – **H.sbotschaft,** Unglücksbotschaft.
Hipparchos, 1. *Hipparch,* zus. mit seinem Bruder *Hippias* Tyrann von Athen 528/27–514 v. Chr.; von *Harmodios* u. *Aristogeiton* ermordet. – **2.** *H. von Nicaea,* *um 190 v. Chr. †um 125 v. Chr., grch. Astronom; entwarf ein Verzeichnis der Fixsterne, bestimmte die Abweichung der Sonnenbahn u. entdeckte die *Präzession* der Erde.
Hippe, haken- oder sichelförmiges Gartenmesser; in der bildenden Kunst oft das Symbol des Todes.
Hippias, †um 490 v. Chr., Tyrann von Athen 527–510 v. Chr. (→Hipparchos); entging dem Mordanschlag von *Harmodios* u. *Aristogeiton;* 510 v. Chr. vertrieben.
Hippies ['hipi:z], *Blumenkinder,* Bez. für die meist jugendl. Anhänger einer Protestbewegung, die Mitte der 1950er Jahre in den USA ihren Ausgang nahm u. – bes. zw. 1965 u. 1968 – in den westl. Industrienationen ihren Höhepunkt hatte (Gammler, Provos u. a.). Die H. bildeten eine Art Subkultur u. setzten sich durch unkonventionelle Erscheinung u. Lebensweise von der Gesellschaft ab.
Hippodamos, grch. Architekt u. Städtebauer des 5. Jh. v. Chr. aus Milet; entwarf rechtwinklige Stadtpläne, u. a. für Milet, Piräus, Rhodos.
Hippodrom, im Altertum Bahn für Pferde- u. Wagenrennen; Gebäude oder Zelt auf Jahrmärkten u. ä., in dem jeder gegen Entgelt in einer Arena reiten kann.
Hippokrates, 1. *H. von Kos,* *um 460 v. Chr., †um 377 v. Chr., grch. Arzt; der »Vater der Heilkunde«. Das Wesen der Krankheit besteht nach ihm in einer fehlerhaften Mischung der Körpersäfte. Im **Eid des H.** verpflichteten sich die antiken u. mittelalterl. Ärzte u. a. zur bedingungslosen Erhaltung des menschl. Lebens. Seinem sittl. Gehalt nach gilt er bis in die Gegenwart als Grundlage der ärztl. Berufsethik. – **2.** *H. von Chios,* grch. Mathematiker um 440 v. Chr.; bek. durch die *Hippokratischen Möndchen,* sichelförmige Flächen zw. den Halbkreisen über den Katheten u. dem Halbkreis über der Hypotenuse eines rechtwinkligen Dreiecks, die zus. den gleichen Flächeninhalt wie das Dreieck haben.
Hippolytos, 1. ein Held u. Halbgott der grch. Myth., Sohn des *Theseus* u. der *Hippolyte,* von seinen Rossen zu Tode geschleift. – **2.** *Hippolyt von Rom,* Kirchenschriftst., erster Gegenpapst 217–235; nach seinem Tod in der Verbannung als Märtyrer verehrt (Fest: 13.8.; in den orth. Kirchen: 30.1.).
Hippo Regius, *Hippo,* antike Stadt in N-Afrika; Ruinen bei *Bône* (Algerien); phöniz. Handelsniederlassung, Residenz numid. Könige; später die Bischofsstadt des *Augustinus,* 697 von den Arabern zerstört.
Hirn →Gehirn.

Hinterglasmalerei: Hl. Barbara; Schlesien, um 1800. Berlin, Staatliche Museen Preußischer Kulturbesitz; Museum für Deutsche Volkskunde

Hirnanhangdrüse →Hypophyse.
Hirnhautentzündung, *Gehirnhautentzündung, Meningitis,* durch einen bes. Erreger (*Meningococcus*) als *übertragbare Genickstarre* (*Meningitis epidemica;* anzeigepflichtig) hervorgerufene, aber auch durch andere Erreger bei Infektionskrankheiten (Tuberkulose, Lungenentzündung, Keuchhusten, Eiterungen aus der Nachbarschaft [Ohr, Nebenhöhlen]) oder nichtinfektiös (aseptische, seröse Meningitis) entstehende Erkrankung der Gehirnhaut. Kopfschmerzen, Benommenheit u. Starre des Genicks sind charakterist. Zeichen; Behandlung durch Antibiotika.
Hirohito, persönl. Name des Kaisers (Tenno) von Japan, *1901, †1989; seit 1926 Tenno, gab 1946 seinen Anspruch auf Göttlichkeit auf u. verlor mit Einführung des parlamentar. Systems 1947 seinen polit. Einfluß.
Hiroshige, mehrere jap. Maler u. Holzschnittzeichner; am bekanntesten: *Ando H.,* *1797, †1858; Landschaftsdarstellungen als Holzschnittfolgen mit europ. Raumperspektive.
Hiroshima, jap. Hafenstadt u. Hptst. einer Präfektur auf Honshu, in der *H.-Bucht* der Inlandsee, 1,1 Mio. Ew.; Univ.; versch. Ind. – Auf H. wurde von den USA zum Ende des 2. Weltkriegs am 6.8.1945 die erste Atombombe abgeworfen, die über 80 000 Todesopfer u. 100 000 Verletzte forderte; an Spätfolgen starben weitere 200 000 Bewohner von H.

Hiroshima: Denkmal für die Opfer der Atombomben-Explosion

Hirsau, Luftkurort im nördl. Schwarzwald, Ba.-Wü., Ortsteil von *Calw;* das 830 gegr. Benediktinerkloster wurde im 11./12. Jh. zum Hauptträger der *Cluniazensischen Reform* in Dtld. (*H.er Reform*) u. entwickelte eine bes. Richtung der roman. Baukunst (*H.er Bauschule*).
Hirschberg i. Rsgb., (d. h. im Riesengebirge), poln. *Jelenia Góra,* Stadt in Schlesien (heute Polen), im *Hirschberger Kessel,* 87 000 Ew.; Fremdenverkehr, Textil- u. a. Industrien.
Hirsche, *Cervidae, Paarhufer* u. *Wiederkäuer,* deren Männchen meist ein Geweih als Stirnwaffe tragen; meist in Rudeln (Rot-H.) oder Herden (Rentier) lebend, in ganz Europa vertreten; Unterfam.: 1. *Moschustiere,* 2. *Wasserrehe,* 3. *Muntjaks,* 4. *Trug-H.* mit *Rehen, Amerika-H.* u. *Pudus,* 5. *Elche,* 6. *Rentiere,* 7. *Edel-H.* mit *Rot-, Dam-, Sika-, Axis-H.* u. *Rusas.*
Hirscheber, hochbeinige *Schweine,* deren Eckzähne den Rüssel durchbohren u. ein Hirschgeweih vortäuschen; in Sumpfgebieten Indonesiens.
Hirschhorn (Neckar), Stadt im Odenwald, Hess., 4000 Ew.; mittelalterl. Stadtbild; Kraftwerk.
Hirschhornsalz, *ABC-Trieb,* Gemisch aus Ammoniumcarbonat u. Ammoniumhydrogencarbonat; Treibmittel beim Backen.
Hirschkäfer, zu den *Blatthornkäfern* gehöriger, größter (bis 7 cm) einheim. *Käfer* Mitteleuropas; Männchen mit kräftigen, geweihähnl. Kiefern; unter Naturschutz.
Hirse, *Kaffernkorn,* zur Fam. der *Süßgräser* gehörige, kleine, runde Körner bildende Getreidearten

versch. Gatt.; urspr. in O-Asien u. Afrika beheimatet, heute auch in SO-Europa ein wichtiges Futter- u. Nahrungsmittel. Hauptformen: *Rispen-H.* (*Körnerfrucht*), *Kolben-* oder *Borsten-H.* (Futterpflanze), *Mohren-H. (Sorghum)*, Mehl- u. Futterpflanze, *Perl-H.*

Hirtenbrief, Schreiben eines Bischofs an seine Diözese, in dem er zu religiösen u. Tagesfragen Stellung nimmt.

Hirtendichtung, *Schäfer-, arkadische, bukolische Dichtung*, eine Dichtungsart, die ein unwirkl.-friedvolles, naturnahes u. ländl.-einfaches Leben schildert u. preist; erlebte im 17. Jh. eine Blütezeit in den Schäferspielen der *Anakreontik*.

Hirtenspiel, im geistl. Drama des MA ein Teil des *Weihnachtsspiels*: die Verkündigung an die Hirten.

Hirtentäschel, Gatt. der *Kreuzblütler*; eines der verbreitetsten Unkräuter, weiß oder rötl. blühendes Kraut mit herzförmigen Schoten.

Hirtenvölker, *Viehzüchter*, vorwiegend von Viehzucht lebende nomadisierende Völker. →Nomadismus.

Hirtshals, dän. Fischereihafen in N-Jütland, 15 000 Ew.; Fähre nach Kristiansand (Norwegen).

Hispania, lat. für *Spanien;* auch antiker Name für die Iber. Halbinsel.

Hispaniola, *Haiti*, die zweitgrößte Antilleninsel, 76 484 km²; 12 Mio. Ew.; mit buchtenreichen Küsten u. hohen, bewaldeten Gebirgszügen (trop. Klima mit Passatregen). Polit. ist die Insel aufgeteilt in die größere →*Dominikan. Republik* in O u. die Rep. →*Haiti* im W.

hissen, *heißen*, in der Seefahrt: hochziehen (z.B. des Segel).

Histamin, ein Gewebshormon, das sich von der Aminosäure *Histidin* ableitet; erweitert die Blutkapillaren u. tritt bei allerg. Reaktionen vermehrt auf.

Histologie, *Gewebelehre*, Teilgebiet der Biologie u. Medizin, das die Gewebsstruktur pflanzl., tier. u. menschl. Organe im mikroskop. Bereich erforscht.

Historie, 1. eine (erfundene, abenteuerl.) Erzählung. – **2.** die Geschichte u. die Geschichtswissenschaft.

Historienmalerei, Gatt. der Malerei, die histor. u. sagenhafte Stoffe zum Gegenstand hat.

Historiker, Geschichtswissenschaftler.

Historiographie, Geschichtsschreibung.

historischer Materialismus, *materialist. Geschichtsauffassung,* zus. mit dem *dialektischen Materialismus* die geschichtsphilosoph. Grundlage des *Kommunismus;* von K. *Marx* u. F. *Engels* gemeinsam ausgearbeitet. Der h. M. geht von der Auffassung aus, daß die gesellschaftl. Entwicklung in der Geschichte einer notwendigen Gesetzmäßigkeit unterliege, ähnl. wie die Natur den Naturgesetzen. Den *Unterbau (Basis)* dieser Entwicklung bilden die sog. *Produktionsverhältnisse* (alle Verhältnisse der Menschen, die sie in der Produktionstätigkeit zueinander eingehen: Eigentumsverhältnisse, Klassenverhältnisse, Kauf, Verkauf u. a.), während das geistige u. polit. Leben dem *Überbau* zugeordnet ist. Da die Produktionsverhältnisse von den privilegierten Schichten bewahrt werden, kommt es im Lauf der geschichtl. Entwicklung immer wieder zu einem *Klassenkampf*, der erst durch eine revolutionäre Umgestaltung der Produktionsverhältnisse seine Lösung findet. Es folgt eine Umgestaltung des gesamten polit. u. geistigen Lebens (Recht, Moral, Kunst, Philosophie, Religion, z. T. auch Wiss.) u. in der Endphase eine Aufhebung der Klassen u. des Privateigentums.

historischer Roman, *Geschichtsroman,* eine künstler. gestaltete Darstellung histor. Ereignisse in Prosaform. Wichtige h. R. in Dtld.: A. von *Arnims* »Die Kronenwächter«, W. *Hauffs* »Lichtenstein«, A. *Stifters* »Witiko«, G. *Freytags* »Ahnen« u. a.; im Ausland: V. *Hugos* »Notre Dame de Paris«, L. N. *Tolstojs* »Krieg u. Frieden«, H. *Sienkiewiczs* »Quo vadis« u. a.

historisches Schauspiel, im Ggs. zum *Historiendrama,* das die Geschichte als Geschichte darstellt, ein Schauspiel, das an histor. Stoffen zeitlos gültige Fragen aufwirft; z.B. *Goethes* »Götz von Berlichingen«, *Schillers* »Wallenstein« u. G. *Hauptmanns* »Florian Geyer«.

Historismus, das im 19. Jh. zur Entfaltung gelangte Bewußtsein von der geschichtl. Bedingtheit aller Wirklichkeit. Unter dem Einfluß dieses neuartigen Denkens stieg die Geschichtswiss. des 19. Jh. zu bedeutendem Rang auf; gleichzeitig entstanden

Adolf Hitler

die »Historischen Schulen« vieler Wiss., die das Quellenstudium u. die exakte Kritik der histor. Überlieferung zur Forschungsgrundlage machten. Der H. lehnte die Idee des Fortschritts in der Gesch. ab u. beharrte auf der Einmaligkeit des histor. Geschehens. Bed. Vertreter: W. *Dilthey*, H. *Rickert*, W. *Windelband*. Seit den 1920er Jahren kam es zur Kritik am Werterelativismus u. Objektivitätsglauben des H. u. damit zur Neuorientierung der modernen Geschichtswiss. an sozialwissenschaftl. Methoden.

Hit, ein bes. erfolgreicher *Schlager*.

Hitachi, Stadt an der O-Küste von Honshu, Japan, nw. von Tokio, 210 000 Ew.; Maschinen- u. Werkzeugind., in der Nähe Kupfergewinnung.

Hitchcock [′hitʃ-], Sir Alfred, * 1899, † 1980, brit. Filmregisseur, Autor u. Produktionsleiter; Meister des psycholog. Kriminalfilms; W »39 Stufen«, »Rebecca«, »Der unsichtbare Dritte«, »Psycho«, »Die Vögel«, »Frenzy« u. a.

Hitchings [′hitʃiŋz], George H., * 18.4.1905, US-amerikan. Pharmakologe, entwickelte Medikamente, die das Wachstum von Krebszellen u. Krankheitserregern hemmen; 1988 (mit G. B. Elion u. Sir J. Black) Nobelpreis für Medizin.

Hitler, Adolf, * 1889, † 1945 (Selbstmord), dt. Politiker (NSDAP); blieb ohne eigtl. Ausbildung u. führte lange Zeit ein ungeregeltes Leben; nahm als Gefreiter am 1. Weltkrieg teil. Seit 1919 war er Mitgl. der *Nationalsozialist. Dt. Arbeiterpartei (NSDAP),* deren Parteivorsitz er 1921 übernahm. Bis zum Herbst 1923 hatte er, von der Reichswehr u. den nationalist. Kräften in Bayern unterstützt, aus einem bedeutungslosen polit. Verein eine Partei mit mehr als 50 000 Mitgl. gemacht. Sein dilettantisch angelegter Versuch, zus. mit E. *Ludendorff* die Reg. zu stürzen (*H.-Putsch* am 8./9.11.1923), scheiterte. Die Partei wurde verboten, H. zu 5 Jahren Festung verurteilt. Bereits im Dez. 1924 aus der Festung Landsberg, wo er den 1. Teil seines programmat. Werks »Mein Kampf« verfaßt hatte, wieder entlassen, erreichte er die Aufhebung des Verbots seiner Partei u. begann in München 1925 mit ihrem Wiederaufbau, indem er absolut ergebene u. gehorsame Gefolgsleute um sich sammelte. 1933 veranlaßte der damalige Reichs-Präs. *Hindenburg* die Ernennung H. zum Reichskanzler. Nach Hindenburgs Tod 1934 hob H. das Amt des Reichs-Präs. auf u. übertrug alle Befugnisse auf sich als »Führer und Reichskanzler«. Er schaltete alle gegner. Parteien aus u. verbot alle Organisationen, die sich dem totalitären »Führerstaat« nicht freiwillig unterstellten. Das Programm des *Nationalsozialismus* beinhaltete u. a. die Züchtung einer verbesserten »nordischen« Menschenrasse. Viele Menschen wurden wegen ihrer Herkunft verfolgt – bes. Juden u. Zigeuner – u. in Konzentrationslagern zu Millionen ermordet. Die polit. Gegner H., insbes. die Kommunisten, teilten dieses Schicksal. Mit Hilfe der ihm ergebenen Kampftruppen SS u. SA sowie der Geheimen Staatspolizei *(Gestapo)* errichtete H. ein Terrorregime, gegen das sich – bis auf wenige Widerstandskämpfer – niemand mehr zu wehren wagte. In der Außenpolitik strebte H. danach, »neuen Lebensraum für das dt. Volk« im Osten zu erobern. 1939 griff er Polen an, woraus der *Zweite Weltkrieg* entstand. Die Anfangserfolge des Krieges, in dem er auch den Oberbefehl des Heeres übernahm, steigerten seinen Machtwillen bis ins Maßlose. 1941 befahl er den Angriff auf die Sowjetunion. Nach der Niederlage bei Stalingrad (1943) wuchs der Widerstand gegen H. Er entging mehreren Versuchen von Mitgl. der Widerstandsbewegung, ihn zu töten (u. a. am 20.7.1944). Der Verantwortung für den Ruin des Dt. Reichs entzog sich H. am 30.4.1945 durch Selbstmord.

Hitler-Jugend, Abk. *HJ*, Teilorganisation der *NSDAP* zur Erfassung u. Gleichschaltung aller Jugendlichen vom 10. bis zum 18. Lebensjahr, 1926 als Nachwuchsorganisation der *SA* gegr.; in vier Teilorganisationen gegliedert: 10–14jährige: Jungen, *Dt. Jungvolk;* Mädchen, *Jungmädel;* 14–18jährige: Jungen, *H.* (i.e.S.); Mädchen, *Bund Deutscher Mädel (BDM)*.

Hitler-Stalin-Pakt →deutsch-sowjetischer Nichtangriffspakt.

Hittorf, 1. Johannes Wilhelm, * 1824, † 1914, dt. Physiker; Forschungen über die elektr. Entladung in Gasen, die Elektrolyse u. die Wirkung von Magnetfeldern auf Kathodenstrahlen. – **2.** [i′tɔrf], Jakob Ignaz, * 1792, † 1867, frz. Architekt u. Archäologe dt. Herkunft.

Hitzacker, Stadt in Nds. an der Elbe, 4500 Ew.; Kurort; Musiktage.

Hitzemauer, der Geschwindigkeitsbereich, in dem infolge Reibung der Luft an Flugzeugen u. Raketen so hohe Temperaturen entstehen, daß die Metallaußenhaut der Flugkörper angegriffen wird. →Hitzeschild.

Hitzeschild, *Hitzeschutzschild,* Schutzschicht aus

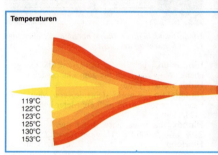

Hitzemauer: Erhitzung der äußeren Teile der Concorde beim Flug mit Mach 2,2 in etwa 18 km Höhe

Keramik oder Kunstharzen auf Flugkörpern, die mit großer Geschwindigkeit in die Erdatmosphäre eintreten. Bei der Abbremsung durch den Luftwiderstand entsteht infolge Reibung eine starke Aufheizung (→Hitzemauer). Die erzeugte Wärme wird von Stoffen mit hohem Wärmeaufnahmevermögen oder mit *Ablationskühlung* abgeführt (bzw. gebunden).

Hitzschlag, *Hyperthermie,* ein krankhafter Zustand, der durch Wärmestauung entsteht; meist durch unzweckmäßige Kleidung u. mangelnde Ventilation hervorgerufen. Folgen sind u. a. Übelkeit, Kopfschmerzen, Störungen von Atmung u. Kreislauf.

Hizbollah [arab. »Partei Gottes«], schiit. Terrororganisation proiran. Ausrichtung in Libanon.

HJ, Abk. für *Hitler-Jugend*.

hl., Abk. für *heilig*.

H-Milch, ultrahocherhitzte Trinkmilch mit einer Haltbarkeitsdauer von etwa 6 Wochen ohne Kühlung. H = Abk. von »haltbar«.

HNO-Heilkunde, Abk. für *Hals-Nasen-Ohren-Heilkunde.*

HO, Abk. für *Handelsorganisation*.

Hoangho →Huang He.

Hobart [′houba:t], Hptst. des austral. Bundesstaates Tasmanien, 180 000 Ew.; Univ. (1890); versch. Ind.; Flughafen.

Hobbema, Meindert, * 1638, † 1709, ndl. Maler (realist. Landschaftsmalerei).

Hobbes [hɔbz], Thomas, * 1588, † 1679, engl. Philosoph; Vertreter einer mechanist. Naturauffassung u. eines Staatsabsolutismus (»Leviathan« 1651). Am wirksamsten wurde seine Lehre vom Naturzustand u. Gesellschaftsvertrag *(Naturrecht):* In der Natur herrscht das Recht des Stärkeren, der Krieg aller gegen alle; dieser ist jedoch unvernünftig, weil er gegen die Interessen jedes einzelnen geht, u. muß daher aufgehoben werden, indem sich alle freiwillig einer Staatsmacht unterwerfen.

Hobby, Steckenpferd, Liebhaberei.

Hobel, Werkzeug zum Glätten oder Profilieren von Holz- u. Metalloberflächen. – **H.bank,** Werktisch mit mehreren Spannvorrichtungen zum Auflegen u. Festspannen hölzerner Werkstücke. – **H.maschine,** Werkzeugmaschine zur Bearbeitung

von Werkstücken aus Holz mit rotierenden spanabhebenden Messern oder – bei Metall – mit *H.meißel.*
Hoboken ['ho:bokə], sw. Vorstadt von Antwerpen (Belgien), an der unteren Schelde, 32 600 Ew.; Schwerind.; Schiffbau.
Hoboken ['ho:bokə], Anthony van, *1887, †1983, ndl. Musikforscher.
Hoch, *Hochdruckgebiet,* Gebiet hohen Luftdrucks, →*Wetter.*
Hochaltar, der Hauptaltar einer kath. Kirche.
Hochamt, die am Hochaltar in feierl. Form zelebrierte kath. Messe.
Hochbau, der Zweig der Bautechnik, der sich mit der Errichtung von Gebäuden befaßt, die mit den wesentl. konstruktiven u. räuml. Teilen oberhalb der Erdoberfläche liegen; Ggs.: *Tiefbau.*
Hochdeutsch, urspr. die an der 2. oder althochdeutschen Lautverschiebung beteiligten Mundarten der deutschen Sprache; heute im allg. Sprachgebrauch die Bez. für ein von Dialekten u. ä. Einflüssen freies Deutsch.
Hochdruck, 1. im Unterschied zu *Tiefdruck* u. *Flachdruck* eine Gruppe von Druckverfahren, bei denen alle Teile (z. B. Lettern, Klischees) die Druckfarbe annehmen u. abgeben sollen, in einer Hochebene liegen, während die nichtdruckenden Teile unter diesem Niveau liegen. Die wichtigsten H.-Verfahren: Buch- u. Flexodruck *(direkter H.)* sowie Letterset *(indirekter H.).* – **2.** Bez. für Drücke von über 100 bar, z. B. bei *H.dampfkesseln* u. *H.dampfmaschinen.* – Höchstdruck zw. etwa 1000–5000 bar.
Hochenergiephysik, ein Teilgebiet der Physik, das mit extrem hohen Energien (über 100 MeV) die Eigenschaften von Elementarteilchen, ihre Struktur u. Wechselwirkungen untersucht; identisch mit der *Elementarteilchenphysik.* Die für die Experimente der H. benötigten Energien werden mit Hilfe von *Teilchenbeschleunigern* erzeugt.
Höcherl, Hermann, *1912, †1989, dt. Politiker (CSU); 1961–65 Bundes-Min. des Innern, 1965–69 Bundes-Min. für Ernährung, Landwirtschaft u. Forsten.
Hochfrequenz, Abk. *HF,* der Frequenzbereich von 3 kHz bis 300 GHz mit Wellenlängen von 100 km bis 1 mm; in der *H.technik* werden die hochfrequenten elektromagnet. Wellen insbes. zur drahtlosen (Rundfunk, Fernsehen) oder trägerfrequenten (Fernsprechtechnik) Nachrichtenübermittlung verwendet, aber auch zu Heilzwecken oder in der Technik zur Wärmeerzeugung.
Hochfrottspitze, höchster Gipfel im dt. Teil der Allgäuer Alpen, in der Mädelegabel-Gruppe, 2649 m.
Hochgebirge, Gebirge mit großen absoluten (über 1000–2000 m) u. relativen (über 1000 m) Höhen, meist über die *Baum-* u. sogar *Schneegrenze* aufragend.
Hochgericht, 1. *Halsgericht,* im MA das Gericht über schwere Straftaten. – **2.** Richtstätte, Galgen.
Hochheim am Main, Stadt in Hess., östl. von Mainz, 15 400 Ew.; Weinbau, Sektkellereien.
Hochhuth, Rolf, *1.4.1931, dt. Schriftst. (v. a. Dramen, Dokumentarspiele); W »Der Stellvertreter«, »Eine Liebe in Dtld.«; auch zeitkrit. Essays.
Ho Chi Minh, eigtl. *Nguyen Ai Quoc,* *1890,

Hochbau: Das Hypo-Hochhaus in München wurde nach dem Hubdecken-Verfahren erbaut

†1969, vietnames. Revolutionär u. Politiker mit legendärem Ruhm; organisierte die Guerillatruppe *Viet-Minh,* mit der er zuerst gegen die Japaner, dann gegen die Franzosen u. seit 1954 gegen das mit den USA verbündete S-Vietnam erfolgreich kämpfte; rief 1945 die Rep. Vietnam aus u. wurde deren Staats-Präs.
Ho-Chi-Minh-Stadt, *Ho-Tschi-Minh-Stadt,* fr. *Saigon,* Stadt in S Vietnams, nordöstl. vom Mekongdelta am Saigonfluß, rd. 3,2 Mio. Ew.; 2 Univ., TH; Handelszentrum, Seehafen, Flughafen; versch. Ind.
Hochkirche, *High Church,* eine Richtung der →Anglikanischen Kirche.
Hochkonjunktur, eine Phase des Konjunkturzyklus: Vollbeschäftigung.
Hochkultur, die Entwicklungsphase einer Gesellschaft, in der Verwaltung, Rechtsprechung, Kunst u. Wissenschaft auf beachtl. Höhe stehen.
Hochmeister, das Oberhaupt des *Deutschen Ordens.*
Hochmoor →*Moor.*
Hochofen, etwa 20–30 m hoher Schachtofen in der Form zweier mit ihren Grundflächen aufeinandergestellter Kegelstümpfe *(Schacht* u. *Rast),* der zur Gewinnung von Roheisen aus Eisenerz dient. Durch die Schachtöffnung *(Gicht)* werden schichtweise Koks als Brennstoff u. Erze sowie schlackenbildende Zuschläge (v. a. Kalkstein) gefüllt. Im *Winderhitzer* auf 1000–1350 °C erwärmte Luft *(Wind)* verbrennt den Koks zu einem kohlenoxidhaltigen Gas, welches dem Erz den Sauerstoff entzieht. Das dabei freiwerdende Eisen schmilzt. Es fließt zus. mit der anfallenden Schlacke in das Gestell ab, wo sich die leichte Schlacke auf dem Roheisen schwimmend ansammelt. In regelmäßigen Abständen wird Roheisen u. Schlacke »abgestochen« (aus dem Gestell abgelassen).
Hochrechnung, ein statist. Verfahren, bei dem aus bestimmten charakterist. Einzelangaben auf ein Endergebnis geschlossen wird; insbes. zur schnellen Auswertung von Wahlergebnissen.
Hochschulen, Stätten der Forschung, Lehre u. Ausbildung. Das Hochschulwesen der BR Dtld. unterscheidet folgende Hochschularten: 1. *wiss. H.,* wozu Univ., TU, TH, Gesamt-H., Fern-Univ., H. für Med., Tiermed. oder Sport, kirchl. u. Philosoph.-Theolog. H. sowie – in den meisten Bundesländern – Pädagog. H. gehören. 1971 wurde die erste Gesamt-H. in Kassel gegr. Mögl. Studienabschlüsse: Promotion, Diplom, Magister, 1. Staatsexamen (für Ärzte, Juristen, Lehrer u. a.). Das Studium an wiss. H. setzt die *Hochschulreife* (Abitur) voraus. 2. *Kunst-* u. *Musik-H.* 3. *Fach-H.,* die mit einer stärker praxisbezogenen Ausbildung auf berufl. Tätigkeiten vorbereiten; meist kürzere Studienzeiten als wiss. H.; Zulassungsvoraussetzung: *Fachhochschulreife.* K →S. 372.
Neben öffentl. H. gibt es in verschiedenen Bereichen auch *private H.*
Hochschulrektorenkonferenz →Westdeutsche Rektorenkonferenz.
Hochsitz, *Hochstand,* auf Bäumen oder auf einem

Die ältesten europäischen Universitäten (Auswahl)			
Stadt	Gründungsjahr	Stadt	Gründungsjahr
Parma	1065	Coimbra	1290
Bologna	1119	Lissabon	1290
Oxford	um 1170	Marcerata	1290
Modena	1175	Rom	1303
Cambridge	um 1209	Florenz	1321
Salamanca	1218	Grenoble	1339
Padua	1222	Pisa	1339
Perugia	1276	Valladolid	1346
Montpellier	1289	Prag	1348
Neapel	1224	Pavia	1361
Toulouse	1229	Krakau	1364
Siena	1240	Wien	1365
Paris	1253	Heidelberg	1386
Sevilla	1254	Köln	1388

Gestell angebrachter Beobachtungsstand des Jägers.
Hochspannung, elektr. Spannung über 1000 Volt (1 kV).
Hochspannungs-Gleichstrom-Übertragung, Abk. *HGÜ,* elektr. Energieübertragung mit Kabeln (auch Unterwasserkabeln) u. Freileitungen mit hochgespanntem Gleichstrom.
Hochsprung, eine leichtathlet. Disziplin, bei der eine (Dreikant-)Latte (3,64–4,00 m lang) übersprungen wird.
Höchst, westl. Stadtteil von Frankfurt a.M., bis 1928 selbst. Stadt; chem.-pharmazeut. Ind. *(Farbwerke Hoechst AG).*
Höchstadt an der Aisch, Stadt in Oberfranken, Bay., östlich vom Steigerwald, 11 000 Ew.; Schloß (15.–18. Jh.); Masch.- u. Lederind.
Höchstädt an der Donau, Stadt in Schwaben, Bay., 4500 Ew.; Schloß (16. Jh.), metallverarbeitende u. Spielwarenind.
Hochstapler, ein Betrüger, der meist unter falschem Namen, mit falschen Titeln oder Adelsprädikaten Gaunereien begeht.
Hochstaufen, Berg in den östl. Chiemgauer Alpen, Bay., 1753 m.
Höchstdruck →Hochdruck (2).
Höchstfrequenz, elektromagnet. Wellen, deren Frequenzen zw. 300 MHz u. 300 GHz liegen.
Hochtemperaturreaktor, ein *Kernreaktor,* der durch einen Helium-Gasstrom mit Auslaßtemperaturen von 750–950 °C gekühlt wird; verwendbar für Kohlevergasung.
Hoch- und Deutschmeister, seit 1530 Titel für das Oberhaupt des *Dt. Ordens,* der nach der Umwandlung des preuß. Ordensgebiets in einen weltl. Staat auf das übrige Dtld. beschränkt blieb; seit dem 19. Jh. von einem östr. Erzherzog gestellt.
Hochvakuumtechnik, die Erzeugung sowie

Hochenergiephysik: Teilstück des Superprotonensynchrotrons SPS bei CERN

wiss. u. techn. Anwendung von Räumen mit geringem Gasdruck. Beim *Hochvakuum* liegt der Druck zw. 10^{-6} u. 10^{-9} bar (*Höchstvakuum* 10^{-9} u. 10^{-11} bar, *Ultravakuum* unter 10^{-11} bar).

Hochverrat, gewaltsamer Angriff gegen den Bestand oder die verfassungsmäßige Ordnung des Staates; hohe Freiheitsstrafen.

Hochwald, im Unterschied zu *Nieder-* u. *Mittelwald* eine forstl. Betriebsart, bei der die Bestände aus Jungpflanzen, nicht aber aus Stockausschlägen oder Wurzelbrut entstanden sind u. der überwiegende Teil des Bestands erst im Hiebsreifealter (meist im Alter von 80 oder mehr Jahren) genutzt wird; wertvolles Nutzholz.

Hochwälder, Fritz, * 1911, † 1986, östr. Schriftst. (aktualisierende histor. u. Weltanschauungsdramen).

Hochwasser, 1. *Tide-H.,* höchster Wasserstand im Laufe der Gezeitenperiode. – **2.** durch Regenfälle, Schneeschmelze oder Eisversetzung hervorgerufenes Anschwellen von fließenden Binnengewässern. H. verlaufen meist in Form einer Welle mit schnellem Anstieg u. langsamem Rückgang.

Hochwürden, heute nur noch selten gebrauchte Anrede für kath. Geistliche.

Hochzeit, das Fest der Eheschließung, zu dem Bräuche wie der Polterabend, der Ringtausch, der Kirchgang (mit Brautführer u. -jungfern), die festl. Kleidung u. a. gehören; nach 7 Jahren *kupferne,* nach 25 *silberne,* nach 50 *goldene,* nach 60 *diamantene* u. – landschaftl. verschieden – nach 65, 70 oder 75 Jahren *eiserne H.*

Hochzeitsflug, Paarungsflug der staatenbildenden Insekten (Ameisen, Termiten, Bienen, Wespen).

Hochzeitskleid, ugs. Bez. für die auffällige Färbung zahlr. Tiere während der Paarungszeit.

Hockergrab, seit der Altsteinzeit vorkommende Bestattungsform (bes. häufig in der Jungsteinzeit u. älteren Bronzezeit), bei welcher der Tote, meist auf der Seite liegend, mit angewinkelten Beinen (selten sitzend) beigesetzt wurde.

Hockey ['hɔki], *Stockball, Feld-, Land-H.* (im Ggs. zum *Eis-H.*), ein Torspiel zw. 2 Mannschaften von je 11 Spielern (u. 2 Auswechselspielern), bei dem der Ball mit dem *H.schläger* gespielt wird, dessen unteres Ende hakenförmig abgebogen ist; Spielfeld: 91,4 x 50 bis 55 m; Spielzeit: 2 x 35 min. – *Hallen-H.,* die Regeln entsprechen denen des H., nur darf beim Hallen-H. der Ball nicht geschlagen, sondern nur geschlenzt werden. Spielfeld: 36–44 x 18–22 m; Spielzeit: 2 x 30 min.; Mannschaftsstärke 6 Spieler u. bis zu 6 Auswechselspieler.

Hockney ['hɔkni], David, * 9.7.1937, engl. Maler u. Graphiker.

Hodeida → Hudaydah.

Hoden, *Testikel, Testis, Orchis,* Keimdrüsen des Mannes, in denen Samenzellen u. das männl. Geschlechtshormon *Testosteron* gebildet wird. Die paarigen H. des Menschen (wie bei vielen Säugetieren) liegen außerhalb der Leibeshöhle im *H.sack.* – *H.bruch,* *H.sackbruch,* ein Leistenbruch, bei dem der Bruchsack bis in den H.sack absinkt.

Hodgkin ['hɔdʒkin], **1.** Alan Lloyd, * 5.2.1914, brit. Biochemiker; erforschte den Ionen-Mechanismus bei der Bildung u. Übertragung von Nervenimpulsen; Nobelpreis für Medizin (zus. mit J. C. *Eccles* u. A. F. *Huxley*) 1963. – **2.** Dorothy Mary, geb. *Crowfoot,* * 12.5.1910, brit. Chemikerin; Arbeiten über die organ.-chem. Verbindungen, bes. Vitamin B_{12}; Nobelpreis 1964.

Hodgkinsche Krankheit [nach dem brit. Arzt T. *Hodgkin,* * 1798, † 1866], *Lymphogranulomatose,* chron., bösartige Erkrankung des lymphat. Gewebes; Behandlung: Röntgenbestrahlung u. Zytostatika.

Hodler, Ferdinand, * 1853, † 1918, schweiz. Maler; zunächst naturalist. Landschaftsbilder u. Genreszenen, später Anklänge an Jugendstil u. frz. Symbolismus; strebte nach Monumentalwirkung durch Wiederholung gleicher Formen, klare Farbgebung u. große Bildformate.

Hödr, *Hod, Hödur,* blinder germ. Gott; Bruder Baldrs, den er auf Anstiften Lokis tötete.

Hodscha, Enver → Hoxha.

Hoek van Holland [huk-], Vorhafen von Rotterdam, an der Mündung des *Nieuwe Waterweg,* 6000 Ew.; Passagierverkehr nach England; Seebad.

Hoel [huːl], Sigurd, * 1890, † 1960, norw. Schriftst. (psychoanalyt., z. T. satir. Romane u. zeitkrit. Essays).

Hoelzel, Adolf, * 1853, † 1934, dt. Maler; nach anfängl. realist. Tendenz v. a. abstrakte Malerei mit ornamentalem Charakter.

Hoesch, Leopold, * 1820, † 1899, Industrieller; gründete 1871 einen der bed. dt. Montankonzerne.

Hof → Halo.

Hof, Stadt in Oberfranken, Bay., an der oberen Saale, nahe der tschech. Grenze, 54 000 Ew.; Zentrum der oberfränk. Textilind.

Hofburg, bis 1918 Residenz der Habsburger in Wien, heute u. a. Sitz des östr. Bundes-Präs.

Hofei → Hefei.

Hofer, 1. Andreas, * 1767, † 1810, Tiroler Freiheitskämpfer; 1809 Anführer des Volksaufstands gegen die frz. Besatzung; wurde auf Befehl Napoleons I. in Mantua standrechtl. erschossen. – **2.** Karl, * 1878, † 1955, dt. Maler u. Graphiker; malte in den 1920er Jahren v. a. Ldsch. (Tessin) mit klarer Farbgebung u. Komposition, im Sinn der *Neuen Sachlichkeit.*

Höfer, Werner, * 21.3.1913, dt. Publizist; 1952–87 Gesprächsleiter des *Internat. Frühschoppens;* 1972–77 Direktor beider Fernsehprogramme des WDR.

Höferecht, das bes. Erbrecht für den bäuerl. Grundbesitz; die wichtigste Form des H. ist das → Anerbenrecht.

Hoff, Jacobus Hendricus van 't, * 1852, † 1911, ndl. Chemiker; Begr. der *Stereochemie;* Nobelpreis 1901.

Hoffman [-mən], Dustin, * 8.8.1937, US-amerik. Filmschauspieler, u. a. in »Kramer gegen Kramer«, »Tootsie«, »Tod eines Handlungsreisenden«, »Rain Man«, »Dick Tracy«.

Hoffmann, 1. August Heinrich → Hoffmann von Fallersleben. – **2.** Ernst Theodor Amadeus (E.T.A.), * 1776, † 1822, dt. Schriftst., Musiker u. Zeichner; bed. Vertreter der Romantik mit Hang zum Geheimnisvollen, Magischen u. Grausigen; W »Die Elixiere des Teufels«, »Die Serapionsbrüder«, »Lebensansichten des Kater Murr«; komponierte eine Oper (»Undine«); wirkte nachhaltig auf die Weltliteratur (u. a. H. C. Andersen, H. de Balzac, V. Hugo, E. A. Poe). – **3.** Friedrich, * 1660, † 1742, dt. Arzt; erfand die *H.stropfen,* eine Mischung aus 1 Teil Äther u. 3 Teilen Alkohol, gegen Unwohlsein u. Schwäche. – **4.** Heinrich, gen. *H.-Donner,* * 1809, † 1894, dt. Arzt u. Jugendschriftst.; verfaßte selbst bebilderte Kinderbücher (u. a. »Struwwelpeter«). – **5.** Kurt, * 12.11.1912, dt.

Hochschulen in Deutschland

Adolf Hoelzel: Komposition in Rot; 1905. Hannover, Sprengel-Museum

Filmregisseur; v. a. Unterhaltungsfilme, z.B. »Ich denke oft an Piroschka«, »Das Wirtshaus im Spessart«, »Morgens um 7 ist die Welt noch in Ordnung«. – **6.** Roald, *18.7.1937, US-amerik. Chemiker poln. Herkunft; bed. Arbeiten über chem. Bindungen; 1981 (zus. mit K. *Fukui*) Nobelpreis.
Hoffmann von Fallersleben, eigtl. August Heinrich *Hoffmann*, *1798, †1874, dt. Schriftst. u. Literarhistoriker; Verf. des Liedes »Deutschland, Deutschland über alles«.
Höffner, Joseph, *1906, †1987, dt. kath. Theologe; 1962–69 Bischof von Münster, seit 1969 Erzbischof von Köln u. Kardinal; 1976–87 Vors. der Dt. Bischofskonferenz.
Hofgastein, *Bad H.*, Kurort u. Wintersportplatz im Gasteiner Tal (Salzburg, Östr.), 860 m ü. M., 5500 Ew.
Hofgeismar, Stadt in Hess., westl. vom Reinhardswald, 13 300 Ew.; klassizist. Schloß Schönburg (18. Jh.); ev. Akad.; Metallind.
Hofgericht, 1. *Reichshofgericht*, das Gericht des dt. Königs im MA; im 15. Jh. vom *Reichskammergericht* u. *Reichshofrat* abgelöst. – **2.** das Gericht des fürstl. Landesherrn eines dt. Territorialstaats. – **3.** das Gericht des Grundherrn über seine Eigenleute u. Hörigen (auch *Fron-H., Bauding, Hubding*). Richter waren der Vogt, Schulze oder Meier.
Hofheim, 1. *H. am Taunus*, Stadt in Hess., 35 000 Ew.; histor. Altstadt mit Rathaus; versch. Ind. – **2.** *H. in Unterfranken*, Stadt in Bayern, am Fuß der Haßberge, 4800 Ew.; versch. Ind.
höfische Dichtung, 1. die Dichtung des Hochmittelalters, die von den an den Fürstenhöfen lebenden *Rittern* gepflegt wurde. Ihre Formen sind in der Lyrik der *Minnesang*, das *Kreuzlied* u. der *Spruch*, in der Epik das *Ritterepos*. Die h. D. blühte um 1200, sie ging im 14. Jh. in der bürgerl. Dichtung auf. – **2.** die an den absolutist. Fürstenhöfen gepflegte Barockdichtung (17. Jh.).
Hofmann, 1. August Wilhelm von (seit 1888), *1818, †1892, dt. Chemiker; stellte die ersten Anilinfarbstoffe her. – **2.** Fritz, *1866, †1956, dt. Chemiker; entwickelte die techn. Herstellung von synthet. Kautschuk (Buna). – **3.** Peter, *12.8.1944, dt. Sänger; Wagner-Tenor u. erfolgreicher Rockmusiker.
Hofmannsthal, Hugo von, *1874, †1929, östr. Schriftst.; Neuromantiker; Verf. impressionist. Dramen u. symbolist.-formvollendete Lyrik; knüpfte mit »Jedermann« u. »Das Salzburger große Welttheater« an das mittelalterl. Mysterienspiel u. das span. u. östr. Barocktheater an; auch Opernlibretti für R. *Strauss:* »Elektra«, »Der Rosenkavalier«, »Ariadne auf Naxos«, »Die Frau ohne Schatten«, »Arabella«.
Hofmann von Hofmannswaldau, Christian, *1617, †1697, dt. Barockdichter; manierist. Sprachschöpfer; führend in der zweiten »Schlesischen Dichterschule«.
Hofnarr, bis ins 18. Jh. Spaßmacher zur Belustigung fürstl. Herren im Hof.
Hofrat, 1. seit dem 16. Jh. die oberste Verw.- u. Justizbehörde in dt. Ländern. – **2.** in Dtld. bis 1918 Ehrentitel, in Östr. heute noch Amtstitel.
Hofrecht, das im MA geltenden rechtl. Grundsätze zw. Grundherrn u. abhängigen Bauern.
Hofstadter ['hɔfstɛtə], Robert, *1915, †1990, US-amerik. Physiker; untersuchte die innere Struktur von Atomkernen; 1961 (zus. mit R. *Mößbauer*) Nobelpreis.

Hofstätter, Peter Robert, *1913, †1994, dt.-östr. Psychologe (v. a. Sozialpsychologie).
Hogarth ['houga:θ], William, *1697, †1764, engl. Maler, Graphiker u. Kunsttheoretiker; Begr. der von fremden Einflüssen weitgehend unabhängigen nat.-engl. Malerei; satir. u. gesellschaftskrit. Gemäldefolgen, Porträts.
Höger, Fritz, *1877, †1949, dt. Architekt; Erneuerer des Backsteinbaus in Dtld.
Hoggar →Ahaggar.
Höhe, 1. *Astronomie: Elevation*, der Winkelabstand eines Gestirns vom Horizont. – **2.** *Geodäsie:* 1. der senkr. Abstand eines Punkts der Erdoberfläche (z.B. eines Berggipfels) gegenüber dem Meeresniveau (Meeresspiegel), *absolute H.* genannt; 2. die Höhe eines Bergs oder dem Talgrund oder der Höhenunterschied zw. zwei Bergen, *relative H.* genannt. – **3.** *Geometrie:* die senkr. Linie von einem Punkt auf eine Gerade oder eine Körperfläche.
Hohe Acht, höchster Gipfel der Eifel, 747 m; Basaltkuppe.
Hohe Behörde, fr. die Exekutivbehörde der *Montanunion;* 1967 mit den Kommissionen von *EWG* u. *Euratom* zu einer gemeinsamen *Kommission der Europäischen Gemeinschaften* verschmolzen.
Hoheit, 1. *Staatshoheit, staatl. Rechtsmacht,* Inbegriff der staatl. Herrschaftsrechte (u. a. Justiz-, Wehr- u. Finanz-H.). – **2.** fr. Titel für Angehörige von Herrscherhäusern u. für regierende Fürsten (z.B. *Königliche H.*).
Hoheitsgewässer, der Küste vorgelagerte Meeresgebiete, die zum Gebiet eines Küstenstaates gerechnet werden.
Hoheitszeichen, opt. Symbole der Staatshoheit, z.B. Fahnen u. Wappen.
Hohe Jagd, fr. Bez. für die Jagd auf edles Wild, die dem Fürsten oder Landesherrn vorbehalten war; hierzu gehören das Schalenwild (mit Ausnahme von Rehwild, Bär, Luchs u. Wolf) sowie (vom Federwild) Auerhuhn, Stein- u. Seeadler.
Hohe Kommission, *Alliierte H. K.*, bis 1954 die von den *Hohen Kommissaren* der USA, Großbritanniens u. Frankreichs bei der Errichtung der BR Dtld. gebildete Einrichtung der Alliierten mit beschränkter Rechtsetzungsbefugnis; Sitz: Hotel Petersberg bei Königswinter.
Hohenems, Marktort in Vorarlberg, Östr., 13 000 Ew.; Renaissanceschloß, in dem Handschriften des *Nibelungenliedes* gefunden wurden; Textilind.; Schwefelbad.
Höhenfleckvieh, gelber oder roter, auch scheckiger Rinderschlag mit weißem Kopf; von der Schweiz nach Dtld. übernommen.
Hohenfriedberg, poln. *Dobromierz*, Kleinstadt in Schlesien, am N-Rand der Sudeten. Bei H. siegte *Friedrich d. Gr.* 1745 über die Österreicher u. Sachsen.
Hohenheim, sö. Stadtteil von Stuttgart; Landwirtschaftl. Hochschule (seit 1818, 1967 Univ.) im Schloß; ehem. Sitz (12.–16. Jh.) des Adelsgeschlechts der *Bombaste von H.*, dem *Paracelsus* entstammt.
Höhenkrankheit, *Bergkrankheit*, durch Sauerstoffmangel in Höhen etwa über 3000 m auftretende Krankheitserscheinungen, die sich durch Mattigkeit, Schwindelgefühl, Herzklopfen u. a. bemerkbar machen; wird bei längerem Aufenthalt durch vermehrte Produktion von Blutkörperchen ausgeglichen.
Höhenlinien, *Isohypsen*, Linien, die alle Punkte gleicher Höhe über dem Meeresspiegel verbinden.
Hohenlohe, fränk. Adelsgeschlecht. Chlodwig Fürst zu *H.-Schillingsfürst*, Prinz von *Ratibor* u. *Corvey*, *1819, †1901, dt. Politiker; 1866–70 bay. Min.-Präs., 1894–1900 Reichskanzler u. preuß. Min.-Präs.
Höhenmessung, *Hypsometrie*, Ermittlung von Höhenunterschieden bei Punkten auf der Erdoberfläche: 1. durch *Nivellement;* 2. auf *trigonometr.* Wege, d. h. durch Messung des Neigungswinkels gegen die Horizontale u. durch trigonometr. Errechnung des Höhenunterschieds; 3. nach der *barometr.* Methode, d. h. aus der Abnahme des Luftdrucks mit zunehmender Höhe mit Hilfe des *Hypsometers;* 4. *elektr. Höhenmesser.*
Höhenruder →Leitwerk (1).
Hohensalza, poln. *Inowrocław*, Stadt in Polen, sw. von Thorn, 54 000 Ew.; Sol- u. Moorbad; Salzbergbau, chem. Ind., Maschinenbau.
Hohenschönhausen, östl. Bez. in Berlin, 118 000 Ew.; Neubaugebiet.
Hohenschwangau, Schloß bei Füssen (Bay.),

1833–37 als Sommersitz des Kronprinzen Maximilian von Bayern erbaut.
Höhensonne, die in höheren Gebirgslagen biolog. bes. wirksame Sonnenstrahlung. Ultraviolette Strahlen u. bes. elektr. Aufladungen, die in tieferen Schichten durch Dunst, Nebel u. Staub gefiltert werden, zeichnen die H. aus. – *Künstliche H.* zu therapeut. u. kosmet. Zwecken wird mit der Quecksilberdampf-Quarzlampe erzeugt, wobei an die Stelle des Quecksilberdampfs auch ein Edelgas treten kann.
Hohenstaufen, *Hoher Staufen*, Berg (684 m) am Rand der Schwäb. Alb; mit der Ruine der 1070 erbauten, 1525 im Bauernkrieg zerstörten Stammburg der H.
Hohenstaufen, Fürstengeschlecht, →Staufer.
Hohenstein-Ernstthal, Krst. in Sachsen, 16 000 Ew.; Rennstrecke *Sachsenring;* Textil- u. Metallind.
Höhenstrahlung, *kosmische Strahlung, Ultrastrahlung*, aus dem Weltraum u. z. T. auch von der Sonne auf die Erde einfallende, sehr energiereiche Teilchenstrahlung, vorwiegend aus Protonen, daneben aus Alphateilchen, schwereren Atomkernen u. Elektronen. In der Luftatmosphäre der Erde zerschlagen diese primären Teilchen Atomkerne u. erzeugen sekundäre Teilchen, die *Anstoßnukleonen*, aber auch *Mesonen*. Diese Prozesse spielen sich in Höhen bis herab zu etwa 16 km über dem Meeresspiegel ab. Der Einfluß der H. auf die organ. Natur ist nicht voll geklärt; wichtig ist, daß sie *Mutationen* hervorrufen kann.
Höhentraining, Form des Trainings für Hochleistungssportler in 2000 – 3000 m Höhe; bewirkt eine verstärkte Bildung u. Abgabe von roten Blutkörperchen ins Blut.
Hohentwiel, 689 m hoher Vulkankegel mit Burgruine im Hegau, Ba.-Wü.
Hohenzollern, 1. *Burg H.*, Burg auf dem 855 m hohen *Hohenzoller (Zoller, Zollernberg)* bei Hechingen, in der Schwäb. Alb; Stammschloß des Hauses H.; 1850–67 im Stil des 14. Jh. wiedererbaut. – **2.** *Hohenzollersche Lande*, die ehem. Fürstentümer H.-Hechingen u. H.-Sigmaringen, zw. Bodensee u. oberem Neckar; 1849–1945 preuß., seit 1946 zu Württemberg.
Hohenzollern, dt. Fürstengeschlecht, erstmalig 1061 erwähnt; um 1214 Teilung in eine fränk. u. eine schwäb. Linie. Die fränkische Linie erlangte mit *Friedrich VI.*, als Markgraf *Friedrich I.*, 1415 die Markgrafschaft *Brandenburg*. Sie übte in den folgenden 5 Jh. größten Einfluß auf die brandenburg.-preuß. u. die dt. Geschichte aus; seit 1415/17 Kurfürstentum, seit 1701 preuß. Könige, 1871–1918 dt. Kaiser. Die schwäb. Linie teilte sich in die Linien H.-Hechingen, H.-Sigmaringen u. H.-Haigerloch (starb 1634 aus); 1849 an Preußen. – Mit Abdankung Kaiser *Wilhelms II.* (1918) endete der Einfluß der H. auf die dt. Geschichte. Gegenwärtig ist *Louis Ferdinand* (*1907), Sohn des Kronprinzen Wilhelm, Chef des Hauses H.
Hohe Pforte, bis nach dem 1. Weltkrieg Bez. für die Reg. des osman.-türk. Sultans in Istanbul.
höhere Gewalt, ein unverschuldeter u. unabwendbarer Zufall (z.B. Naturereignisse, plötzl. Erkrankung); entbindet von Haftpflicht u. Schadensersatz.
Hoher Meißner →Meißner.
Hoherpriester, *Hohepriester*, der oberste Priester am Tempel von Jerusalem u. Vorsteher des Hohen Rats.
Hohe Schule, die höchste Stufe der Pferdedressur, bei der bes. kunstvolle Gangarten trainiert werden.
Hoheslied, *Hohes Lied, Lied der Lieder*, Buch des AT, das nach der Überlieferung von *Salomo* verfaßt sein soll u. eine Sammlung volkspoetischer althebr. Lieder enthält.
Hohes Venn, der NW-Teil des Rhein. Schiefergebirges, höchster Teil der Ardennen, in der *Botrange* 694 m; Naturpark.
Hohe Tatra, Gebirgszug an der slowak.-poln. Grenze, der höchste Teil der Karpaten; in der *Gerlsdorfer Spitze* 2655 m.
Hohe Tauern, zentralalpine Hauptgruppe der Ostalpen in Östr.; höchste Erhebungen: *Großglockner* (3798 m) u. *Großvenediger* (3674 m); Nationalpark.
Hohhot, *Huhehot*, Hptst. der chin. Autonomen Region Innere Mongolei, 540 000 Ew.; Univ.;

Handelszentrum, Verkehrsknotenpunkt, Flughafen; versch. Ind.

Hohkönigsburg, mittelalterl. Burg im Elsaß, gehörte um 1147 den Hohenstaufen, mehrfach zerstört, zuletzt 1901–08 wiederaufgebaut.

Höhlen, natürl. entstandene oder künstl. angelegte unterird. Hohlformen. Natürl. H. bilden sich entweder zus. mit dem Gestein durch Gasblasen oder ungleichmäßige Erstarrung fließender Lava *(Primär-H.)* oder (so die meisten) nachträgl. durch die mechan. oder chem. Wirkung des Wassers *(Sekundär-H.).* Am größten sind die *Karst-H.* der Kalk- u. Dolomitgebiete, z. T. in Form von *H.systemen.* Sie werden bei der Verdunstung des herabtropfenden Kalkwassers zu *Tropfstein-H.,* bei Temperaturen unter 0 °C zu *Eis-H.* umgewandelt. H. dienten in prähistor. Zeit als Wohn- u. Kultstätten (z. T. mit Felsbildern). – **H.malerei**→Felsbilder. – **H.tempel,** *Felsentempel,* in den Felsen gehauene oder auch in natürl. H. angelegte Tempel; bes. in Ägypten (Felsentempel Ramses' II. in Abu Simbel) u. buddhist. H. in Vorderindien.

Hohlleiter, Rohr mit leitenden Innenwänden zur Übertragung elektromagnet. Wellen höchster Frequenz (über 300 MHz). Mit H. von kreisförmigem Querschnitt *(Hohlkabeln)* lassen sich sehr hohe Nachrichtenmengen (z.B. mehrere 100 Fernsehbilder oder mehrere 100 000 Ferngespräche) gleichzeitig übertragen.

Hohlsaum, eine Verzierung von Geweben, die durch Ausziehen von Fäden u. Zusammenfassen der verbleibenden mit Schlingstichen entsteht.

Hohlspiegel, sphärisch oder parabolisch nach innen gekrümmter Spiegel, der Lichtstrahlen, die vom Brennpunkt ausgehen, in parallele Strahlen

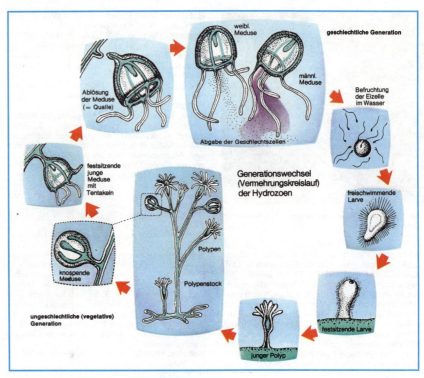

Hohltiere: Generationswechsel der Hydrozoen

Längste Höhlensysteme der Erde (Länge in km)	
Flint Ridge/Mammoth Cave System (Kentucky, USA)	500,5
Optimistitscheskaja peschtschera (Westukraine)	157,0
Hölloch (Schwyz, Schweiz)	133,0
Jewel Cave (South Dakota, USA)	117,9
Ozernaja peschtschera (Westukraine)	105,3
Ojo Guarena (Burgos, Spanien)	88,9
Coume d'Hyouernedo (Haute-Garonne, Frankreich)	82,5
Zoluška (Westukraine)	80,0
Siebenhengste-Hohgant (Bern, Schweiz)	80,0
Wind Cave (South Dakota, USA)	70,0

verwandelt u. umgekehrt; wird verwendet für Spiegelfernrohre, Scheinwerfer u. ä.

Hohltiere, *Cölenteraten,* niedrig organisierte, vielzellige Meerestiere mit nur einem Verdauungshohlraum, dessen einzige Öffnung – Mund u. After zugleich – meist von *Tentakeln* umgeben ist; Fortpflanzung durch Generationswechsel, bisweilen auch Knospung oder Teilung; hierzu u. a. *Nesseltiere* u. *Rippenquallen.*

Hohlvenen, *Hohladern,* die großen Blutgefäße, die das aus dem Körper zurückströmende sauerstoffarme Blut sammeln u. in den rechten Herzvorhof führen.

Hohlwürmer, Rund-, Schlauchwürmer, Tierstamm mit ca. 12 500 bekannten Arten; Körper ist ungegliedert u. sehr einfach gebaut; hierzu die Klassen: *Rädertiere, Bauchhaarlinge, Fadenwürmer, Saitenwürmer, Rüsselkriecher* u. *Kratzer.*

Hohlziegel, *Lochziegel,* Mauerziegel, die zur Gewichtsverminderung u. zur Erhöhung der Wärmedämmfähigkeit durchlocht sind.

Hohnstein, Stadt in der Sächs. Schweiz, rd. 1500 Ew.; Luftkurort; 1928–45 Sitz der *H.er Puppenspiele.*

Höhr-Grenzhausen, Stadt in Rhld.-Pf., Hauptort des *Kannenbäckerlands,* 8500 Ew.; keram. Ind.

Hokkaido, die nördl. u. zweitgrößte jap. Insel; bis 2290 m hohes Gebirgsland mit tätigen Vulkanen; im S stärker besiedelt (die aussterbende Urbevölkerung, *Ainu,* zählt noch etwa 14 000 Menschen), als Präfektur 83 515 km², 5,7 Mio. Ew., Hptst. *Sapporo;* wichtigste Häfen: *Hakodate* u. *Otaru;* Landw., Viehzucht, Seefischerei, Bodenschätze u. vielseitige Ind. H. ist mit Honshu durch den 54 km langen Seikan-Tunnel verbunden.

Hokkos, *Hokkohühner, Cracidae,* Fam. der *Hühnervögel* mit rd. 40 Arten in Süd- u. Mittelamerika, Waldbewohner, die meist auf Bäumen nisten.

Hokusai, *Katsushika,* bekanntester Name eines jap. Malers, Zeichners u. Schriftst. (mehr als 50 Pseud.), *1760, †1849; Meister des Farbholzschnitts, beeinflußte die frz. u. engl. Malerei des 19. Jh.

Holbach [ɔl'bak], Paul Thierry Baron von, *1723, †1789, frz. Philosoph dt. Abstammung; gehörte zum Krs. der *Enzyklopädisten;* Vertreter des Materialismus.

Holbein, 1. Hans d. Ä., *um 1465, †1524, dt. Maler; vereinigte ital. u. ndl. Einflüsse zu einem Stil, der die letzte Stufe der schwäb.-altdt. Malerei war. – **2.** Hans d. J., Sohn von 1), *1497/98, †1543, dt. Maler; Hofmaler Heinrichs VIII. von England; Vertreter der dt. Renaissance; berühmt v. a. wegen seiner Porträts, auch Altäre, Fassadenmalerei, Holzschnittfolgen, Scheibenrisse, Bibelillustrationen.

Holberg [-bɛr], Ludvig, Pseud. Hans *Mikkelsen,* *1684, †1754, dän. Schriftst.; mit seinen über 30 Lustspielen der »nord. Molière«; sah die Bühne als eine »moralische Anstalt«.

Holden ['houldən], William, *1918, †1981, US-amerik. Filmschauspieler (u. a. »Die Brücke am Kwai«).

Hölderlin, Friedrich, *1770, †1843, dt. Dichter; Anhänger der Frz. Revolution; Freundschaft zu *Hegel* u. *Schelling;* 1796–98 Hofmeister in Frankfurt a.M. im Haus des Bankiers *Gontard,* enge Freundschaft mit dessen Gattin *Susette* (von H. *»Diotima«* genannt); seit etwa 1802 geisteskrank. – Seine Elegien, Hymnen u. der Briefroman »Hyperion« spiegeln – vor dem Hintergrund des *Dt. Idealismus* – die Sehnsucht nach Harmonie zw. Geist, Natur u. den göttl. Mächten wider. Sinnbild dieser

Höhlen: Die Schellenberger Eishöhle im Untersberg bei Berchtesgaden ist die größte erschlossene Eishöhle Deutschlands

Hans Holbein d. J.: Bildnis des Kaufmanns Georg Gisze; 1532. Berlin, Staatliche Museen Preußischer Kulturbesitz, Gemäldegalerie

Einheit ist das klass. Griechenland, das in fast allen Werken in idealisierter Form auftaucht. Seine Gedichte sind in antiken Versmaßen (Hexametern) u. freien Rhythmen verfaßt; daneben Dramenfragment »Der Tod des Empedokles«, »Vaterländ. Gesänge« u. mehrere dichtungstheoret. Entwürfe.

Holdinggesellschaft [ˈhouldiŋ-], *Verwaltungs-, Dach-, Beteiligungs-, Kontrollgesellschaft*, ein Unternehmen (meist in der Rechtsform der AG oder GmbH), das durch Anteilsbesitz über sein Stimmrecht in der *Generalversammlung* u. Bestellung von Aufsichtsratsmitgliedern Einfluß auf andere Gesellschaften ausübt; →*Konzern.*

Holguin [ɔlˈgin], Prov. - Hptst. im sö. Kuba, 200 000 Ew.; Textil- u. Nahrungsmittel-Ind.

Holiday [ˈhɔlidɛi], Billie, eigtl. Eleonora H., * 1915, † 1959, afroamerik. Sängerin; auch »Lady Day« gen., die große Sängerin des Blues im Swing-Stil.

Holismus, eine biolog.-phil. »Ganzheitslehre«; von J. C. *Smuts* begr. u. in England von J. S. *Haldane,* in Dtld. bes. von Adolf *Meyer-Abich* vertreten. Der H. teilt die Natur in drei Bereiche: die *Psychosphäre,* die hieraus ableitbare u. von ihr »umschlossene« *Biosphäre* u. die *Abiosphäre.*

Holk, dreimastiges Segelschiff im MA.

Holl, Elias, * 1573, † 1646, dt. Baumeister; in Augsburg als Stadtbaumeister tätig; verband die spätgot. Neigung zum Höhendrang mit frühbarokken ital. Formen.

Holland, 1. unkorrekte, volkstüml. Bez. für die gesamten *Niederlande.* – 2. der Westteil der Niederlande mit den Prov. Nord-H. u. Süd-H.

Holländer, Masch. zum Mahlen u. Mischen von Fasern zur Papierherstellung.

Hölle, in den meisten Religionen Ort der ewigen Verdammnis.

Höllengebirge, 15 km langer Kalkstock zw. Attersee u. Traunsee, im nördl. Salzkammergut (Östr.), im *Großen Höllkogel* 1862 m.

Höllenmaschine, populäre Bez. für einen Sprengkörper mit Zeitzünder.

Höllenstein, aus Silbernitrat ($AgNO_3$) bestehendes Ätzmittel.

Höllental, versch. Talschluchten, z.B.: **1.** H. am Oberlauf der *Dreisam,* im Schwarzwald, im »Hirschsprung« nur 10 m breit. – **2.** Tal der oberbay. *Hammerbach,* sw. von Garmisch, mit der *H.-Klamm.* – **3.** Engtal der *Schwarzach* (Niederöstr.) nördl. des Semmering.

Höllerer, Walter, * 19.12.1922, dt. Schriftsteller u. Literarhistoriker; gehörte zur *Gruppe 47*; Hrsg. der Ztschr. »Akzente« (bis 1967) u. »Sprache im techn. Zeitalter«.

Hollerith, Hermann, * 1860, † 1929, dt.-amerik. Ingenieur; Begr. der modernen Lochkartentechnik.

Holley [ˈhɔli], Robert William, * 28.1.1922, US-amerik. Biochemiker u. Genetiker; erforschte den *genet. Code.* Nobelpreis für Medizin (zus. mit H. G. *Khorana* u. N. W. *Nirenberg*) 1968.

Holliger, Heinz, * 21.5.1939, schweizer. Oboist u. Komponist.

Hollywood, [-wud], nw. Stadtteil von Los Angeles, 220 000 Ew.; amerik. Filmmetropole, Sitz von rd. 250 Filmgesellschaften.

Holm, 1. Längholz der Leiter, des Barrens u. ä. – **2.** Längsträger im Flugzeugflügel u. -rumpf.

Holmenkollen, Berg in Norwegen, nördl. von Oslo, 529 m; seit 1883 internat. Skiwettbewerbe.

Holmes [houmz], Sherlock, Detektivgestalt in Erzählungen von C. *Doyle.*

Holmium →chemisches Element.

holo..., Wortbestandteil mit der Bed. »ganz, vollständig, unversehrt«.

Holocaust [ˈholokɔːst], in Israel u. in der englischsprachigen Welt Bez. für die Massenvernichtung von Juden während des Nat.-Soz.

Holoeder, der Vollflächner einer Kristallklasse, der die höchste Symmetrie des betr. Kristallsystems hat.

Holofernes, assyr. Feldherr im apokryphen Buch Judith; von *Judith* mit List getötet.

Holographie, seit 1948 von D. *Gabor* entwickeltes Verfahren, das Bild eines Gegenstands in seiner dreidimensionalen Struktur zu speichern u. räuml. wiederzugeben. Bei einer holograph. Aufnahme wird der Gegenstand mit (kohärentem) Laserlicht bestrahlt; dem reflektierten Lichtbündel wird in sog. Referenzbündel überlagert, das man mit Hilfe eines halbdurchlässigen Spiegels erzeugt. Beide Bündel treffen auf eine Photoplatte, wo ein Bild in Form einer Interferenzfigur, ein **Hologramm**, entsteht.

Die Hölle; Ausschnitt aus einem Flügel des Weltgerichts-Triptychons von Hieronymus Bosch. Madrid, Prado

Holozän, früher *Alluvium*; →*Erdzeitalter.*

Holschuld, eine Schuldverpflichtung, die am Wohnsitz des Schuldners zu erfüllen ist; Ggs.: *Bringschuld.*

Holstein, der südl. Landesteil von Schl.-Ho., durch die Eider u. den Nord-Ostsee-Kanal von Schleswig getrennt.

Holstein, Friedrich August von, * 1837, † 1909, dt. Diplomat u. Politiker; anfängl. enger Mitarbeiter Bismarcks, strebte H. seit 1885 ein Ende der Bindungen des Dt. Reichs an Rußland an; vertrat in der Wilhelmin. Ära eine »Politik der freien Hand«, deren Methoden insbes. die Frontstellung Englands gegenüber Dtld. bewirkten; meist im Hintergrund tätig (»Graue Eminenz«).

Holsteinische Schweiz, seen- u. waldreicher Teil des ostholstein. Hügellands um den Großen Plöner u. den Kellersee, Schl.-Ho.; im *Bungsberg* 164 m; bed. Fremdenverkehrsgebiet.

Holsten, alter Name der Holsteiner.

Holthusen, Hans Egon, * 15.4.1913, dt. Schriftst. u. Kritiker; Lyrik u. Essays im Geiste eines christl. Existenzialismus.

Hölty, Ludwig Heinrich Christoph, * 1748, † 1776, dt. Schriftst.; Lyriker des *Göttinger Hains.*

Holunder, *Holder, Holler, Sambucus*, Gatt. der *Geißblattgewächse;* meist Sträucher; hierzu der *Schwarze H.,* dessen schwarze Früchte (H.- oder *Fliederbeeren*) zu Heilzwecken verwendet werden; ferner der *Trauben-H.* (rote Beeren) u. der *Zwergblatt-H.* (rosa Blüten, giftig).

Holz, der gesamte unter der Rinde liegende Teil der Stämme, Äste, Zweige u. Wurzeln bei Bäumen u. Sträuchern; dient der Zuleitung von Wasser (u. der darin gelösten Nährstoffe) in die Blätter u. Wurzeln. Der Holzkörper wächst ständig u. bildet jährl. neue Schichten *(Jahresringe)* hinzu; Zuwachs im Frühjahr aus hellem *Früh-H.,* im Herbst aus dunklem *Spät-H.* Das im Vergleich zum äußeren *Splint-H. (Weich-H.)* dunkler gefärbte *Kern-H. (Hart-H.)* ist meist fester, schwerer u. dunkler als der Splint u. daher techn. wertvoll. Hart-H. (u. a. Eibe, Eiche, Mahagoni) wird z.B. beim Schiffs- u. Möbelbau verwendet, Weich-H. (u. a. Linde, Pappel, Tanne, Weide) z.B. als Brenn-H., Baumaterial; ferner Verarbeitung zu Zellstoff, Papier u. Holzkohle.

Holz, Arno, Pseud.: Bjarne Peter *Holmsen,* * 1863, † 1929, dt. Schriftst.; Theoretiker des dt. *Naturalismus,* zum Barocken neigender Wortkünstler; Lyrik: »Buch der Zeit«, Drama (zus. mit J. *Schlaf*): »Die Familie Selicke«.

Holzbildhauerei, *Holzschnitzerei,* das plastisch-künstler. Gestalten aus Holz u. die in dieser Technik ausgeführten Werke. Aus Holzblöcken herausgeschlagene Bildwerke gab es bereits in der ägypt. u. frühen ostasiat. Kunst. In roman. Zeit wurde das frei stehende hölzerne Bildwerk oft mit Goldblech überzogen. Seit dem 12. Jh. waren Triumphkreuzgruppen Hauptaufgabe der H. Zum Schutz u. Schmuck des Materials diente die Bemalung. Im 14. u. 15. Jh. entfaltete sich die H. v. a. im Andachtsbild u. im Schnitzaltar (M. *Pacher,* V. *Stoß,* B. *Notke, Meister H.L.*). T. *Riemenschneider* verzichtete als erster in einigen seiner Werke auf die Fassung u. nutzte die Struktur des Materials zur künstler. Wirkung. Die bes. in Spanien u. S-Dtld. gepflegte H. des Barock bevorzugte wieder die gefaßte Figur. Nach einem allg. Niedergang im 19. Jh. führten E. *Barlach* u. E. *Mataré* die H. wieder zu Höhepunkten.

Holzbock, *Zecke,* als Parasit von Warmblütern lebende Art der *Zecken.* Das Weibchen sitzt auf Blättern in Gebüschen u. läßt sich bei geringsten Buttersäure-Spuren (Anzeichen für Säugetierschweiß) sofort fallen, wobei es meist auf Hunde, Katzen oder Menschen fällt.

Holzbohrer, *Cossidae,* Fam. plumper *Schmetterlinge;* Raupen leben in Holz u. Pflanzenstengeln, z.B. *Weidenbohrer* u. *Blausieb.*

Holzfaserplatte, *Faserplatte,* aus geringwertigem Faserholz u. Holzabfällen.

Holzgeist, roher, mit Aceton u. Methylacetat verunreinigter Methylalkohol; durch trockene Destillation oder synthet. gewonnen; giftig; Lösungsmittel.

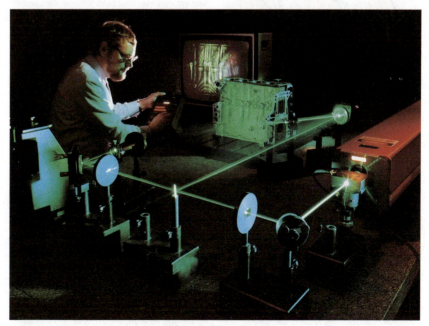

Holographie: Die Schwingungen eines Motor-Kurbelgehäuses werden mit Laserlicht holographisch sichtbar gemacht. Ziel ist die Verringerung der Geräuschabstrahlung

Holzkohle, durch trockene Destillation (fr. in Kohlenmeilern) entstandene Kohle; Verwendung als Brennmaterial, chem. Reinigungsmittel u. a.

Holzminden, Krst. in Nds., an der Oberweser, 21 000 Ew.; histor. Altstadt; Holz-, Glas- u. Parfüm-Ind.

Holzöl, *Tungöl, Bankulöl,* sehr schnell trocknendes, fettes Öl aus den Früchten des chin. *Tungbaums;* für Firnisse, Lacke u. Kitt.

Holzschliff, *Holzstoff,* durch Schleifen u. Mahlen von entrindetem Holz gewonnene Fasermasse zur Herstellung von Papier u. Pappe.

Holzschnitt, *Xylographie,* die neben dem Kupferstich älteste Technik der vervielfältigenden Graphik. Dem H., einem *Hochdruckverfahren,* liegt eine Zeichnung zugrunde, die seitenverkehrt auf eine Holzplatte *(Holzstock)* aufgetragen wird. Das Holz wird so ausgeschnitten, daß die Zeichnung in Form von erhabenen Flächen stehenbleibt. – Zu den frühesten H., deren Technik sich aus den Stempel- u. Zeugdrucken herleitet, gehören die um 1400 entstandenen Einblattdrucke; seit etwa 1430 folgten Buchillustrationen. Bed. Künstler in Dtld. waren A. Dürer, H. Holbein, L. Cranach. Während der H. in Europa im 17. u. 18. Jh. seine Bedeutung verlor, gelangte er in China u. Japan zu einer bis in die Gegenwart fortdauernden Blüte.

Holzschwamm, allg. Bez. für holzzerstörende Pilze, bes. für den *Hausschwamm.*

Holzstich, eine seit dem 19. Jh. angewandte graph. Technik (ein *Tiefdruckverfahren),* bei der im Ggs. zum *Holzschnitt* das Bild mit dem Stichel in eine Hartholzplatte eingestochen wird.

Holzstoff →*Holzschliff.*

Holzverkohlung, die trockene Destillation des Holzes in luftdicht abgeschlossenen Retorten, fr. nur in *Meilern;* urspr. zur Gewinnung von *Holzkohle* u. Pech für die Metallerzeugung bzw. zum Abdichten von Schiffen. 100 kg Holz ergeben rd. 35 kg Holzkohle. Andere Verkohlungsprodukte (Holzteer, Essigsäure, Wasser, Holzgeist, Holzgas) vergasen u. werden in gekühlten Vorlagen verflüssigt.

Holzverzuckerung, Gewinnung von Zucker oder zuckerähnl. Verbindungen aus der Cellulose des Holzes; im *Bergius-Verfahren* mit Hilfe von Salzsäure, im *Scholler-Verfahren* mit Schwefelsäure. Die Ausbeute beträgt etwa 25 l Alkohol auf 100 kg trockenes Holz.

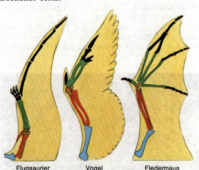
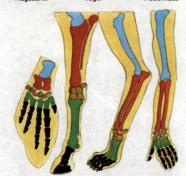

homologe Organe dienen als Beweis gemeinsamer Abstammung; die Vorderextremität der Wirbeltiere: Fingerknochen (schwarz), Mittelhandknochen (grün), Handwurzelknochen (gelb), Elle und Speiche (rot) und Oberarmknochen (blau)

Holzwespen, *Siricidae,* Fam. der *Pflanzenwespen,* die ihre Eier mit einem kräftigen Legebohrer in Laub- u. Nadelholz einsenken. Zu den H. gehören viele gefährl. Schädlinge, z.B. die *Kiefern-H.* u. die *Fichten-H.*

Holzwolle, dünne Holzspäne, die als Verpakkungs- u. Polstermaterial verwendet werden.

Holzwürmer, volkstüml. Bez. für die im Holz lebenden Larven versch. Tiergruppen. z.B. *Bockkäfer, Borkenkäfer, Totenuhr.*

Homberg, *H. (Efze),* Krst. in Hess., 14 500 Ew.; maler. Stadtbild, Schloßberg mit Ruine *Burg H.;* Elektromotoren-, Landmasch.- u. Basaltind.

Homburg, steifer Herrenhut aus Filz mit hochgebogener u. eingefaßter Krempe.

Homburg, 1. Krst. im Saarland, nordöstl. von Saarbrücken, 42 000 Ew.; med. Fakultät der Univ. Saarbrücken; röm. Freilichtmuseum; Masch.-, Fahrzeug- u. Textil-Ind. – **2.** *Bad H. vor der Höhe (v.d.H.),* Krst. in Hess., Heilbad am SO-Rand des Taunus, 51 000 Ew.; Schloß (1685), Spielbank; v. a. pharmazeut. u. elektron. Ind. – 1622–1866 Hptst. der Landgrafschaft *Hessen-H.*

Homburg, *Prinz von H.,* Titelgestalt eines Dramas von *Kleist;* histor. Vorbild Friedrich II., Landgraf von Hessen-H.

Homelands [ˈhoumlændz], *Bantustans, Bantuheimatländer, Bantu-H.,* ehem. autonome Gebiete in der Rep. Südafrika, die im Rahmen der Apartheidspolitik für die Bantubevölkerung ausgewiesen wurden; mit der Verf.-Reform 1994 aufgelöst.

Home Office [houm ˈɔfis], das Innenministerium von Großbrit. u. Nordirland.

Homer, *Homeros,* nach antiker Überlieferung der Dichter der grch. Epen »Ilias« und »Odyssee«, der als Vorbild aller abendländ. Epiker gilt; als histor. Persönlichkeit nicht faßbar, bleibt er der Legende ein blinder Rhapsode an ion. Fürstenhöfen. Als *homerische Frage* bezeichnet man das seit dem 18. Jh. diskutierte Problem der Entstehung u. Verfasserschaft der beiden Epen.

Home Rule [ˈhoumruːl], Selbstreg., im 19./20. Jh. die Forderung einzelner Gebiete des Brit. Reichs (v. a. Irlands u. Indiens) nach Selbständigkeit.

Homiletik, die Lehre von der *Predigt.*

Homilie, Teil der kath. Liturgie, die Auslegung jeweils einer Perikope.

Hominiden, *Hominidae,* Fam. der *Menschenartigen,* deren einziger lebender Vertreter der heutige Mensch, *Homo sapiens,* ist; ausgestorben sind die *Urmenschen, Australopithecinae;* ausgezeichnet durch starke Gehirnentwicklung.

Homo, die einzige Gatt. der *Echten Menschen.* Die Stammesentwicklung der Gatt. H. *(Hominisation)* zeichnet sich aus durch zunehmend aufrechten Gang, Abbau des Geschlechtsdimorphismus u. Vergrößerung der assoziativen Gehirnzentren, die eine fortschreitende geistige u. kulturelle Entwicklung ermöglichte. Man kann 3 Stufen der Hominisation unterscheiden: Aus der Verwandtschaft der *Australopithecus-Gruppe* führte die Entwicklung über den **H. erectus** (»aufrechter Mensch«) zum heutigen Menschen, dem *H. sapiens.* Der **H. neanderthalensis** (*Neandertaler,* → Neandertal-Gruppe) gehört einer ausgestorbenen Seitenlinie an. – **H. heidelbergensis** → Heidelberger Unterkiefer.

homo..., Wortbestandteil mit der Bed. »gleich, entsprechend«.

Homo faber, der prakt., techn. begabte Mensch; der Mensch als Urheber der Zivilisation.

homogen, gleichartig, durchgängig gleich beschaffen; Ggs.: *heterogen.*

homogenisieren, an sich nicht mischbare Komponenten eines Systems vermischen, z.B. Fetteile in der Milch zerkleinern, indem sie unter Druck durch feine Düsen getrieben wird.

Homo habilis, *Habiline,* in Südafrika zuerst aufgefundener Frühmenschentyp, von vielen Forschern als Zweig der *Australopithecus-*Gruppe betrachtet, der bereits zum Menschen der Gatt. *Homo* überleitet.

homolog, übereinstimmend, entsprechend, gleich.

homologe Organe, in der Stammesgeschichte verschiedener Arten diejenigen Organe, die aus ein u. demselben Organ der gemeinsamen Stammform hervorgegangen sind; h.O. sind z.B. die Flügel der Vögel, die Vorderbeine der Säugetiere (Arme des Menschen) u. die Brustflossen der Fische. Ggs.: *analoge Organe.*

homologe Reihen, organ.-chem. Verbindungen, die sich in ihrer Formel um die gleiche Atomgruppe oder ein Vielfaches davon unterscheiden; z.B. die Paraffinreihe: Methan CH_4, Ethan C_2H_6, Propan C_3H_8 usw.

Homo novus, Emporkömmling, Neuling.

Homonyme, gleichlautende Wörter versch. Bedeutung; z.B. der Bauer/das Bauer oder die Weise/die Waise. – **Homonymie,** die Gleichnamigkeit versch. Gegenstände oder Begriffe.

homöo..., Wortbestandteil mit der Bed. »gleichartig, ähnlich«.

Homöopathie, von S. *Hahnemann* begründetes, auf der Ähnlichkeitsregel aufgebautes Heilverfahren, wonach Arzneimittel, die beim Gesunden in hohen (vergiftenden) Gaben ein bestimmtes Arzneimittelbild erzeugen, in Verdünnung ein diesen Erscheinungen ähnl. Krankheitsbild heilen.

Homophonie, im Unterschied zu *Heterophonie* u. *Polyphonie* die Unterordnung aller Stimmen einer Komposition unter eine melodieführende Hauptstimme. Die H. begann musikgeschichtl. mit dem *Parallelorganum* im 9./10. Jh. u. dem *Fauxbourdon,* einer geregelten Akkordfolge des 13. Jh.

Homo sapiens [-piɛns; lat., »vernunftbegabter Mensch«], wiss. Bez. für den heutigen Menschen.

Homosexualität, *Gleichgeschlechtlichkeit, Inversion,* im Unterschied zur *Heterosexualität* die sexuelle Beziehung oder Neigung zu Personen des eigenen Geschlechts; bei Männern bis 1994 besonderer Straftatbestand. H. unter Frauen: *lesbische Liebe.*

homozygot, mit gleichen Erbanlagen ausgestattet; Ggs.: *heterozygot.*

Homs, das antike *Emesa,* arab. *Hims,* syr. Stadt am Orontes, 430 000 Ew.; Erdölraffinerie, Handelszentrum, versch. Ind.

Homunculus, in Alchemie u. Literatur der Name für einen künstl. erzeugten Menschen.

Honan, *Honanseide, Schantung,* Seidenstoff aus Tussahseide in Leinwandbindung.

Honan →Henan.

Hondecoeter [-kuːtər], Melchior d', *1636, †1695, ndl. Maler; Schüler seines Vaters Gysbert d'H. (*1604, †1653); malte dekorative Stilleben u. Geflügelbilder.

Hondo →Honshu.

Honduras, Staat in Zentralamerika, 112 088 km², 5,1 Mio. Ew., Hptst. *Tegucigalpa.*

L a n d e s n a t u r. Zw. der feuchten N-Küste u. dem trockeneren Küstenstrich am pazif. *Golf von*

Honduras

Fonseca teilt sich die Zentralamerik. Kordillere in mehrere Gebirgszüge auf. In den Hochtälern entwickelten sich Siedlungszentren.

Die kath., span. sprechende B e v ö l k e r u n g besteht zu 90% aus Mestizen; 7% sind Indianer, 2% Schwarze, 1% Weiße.

W i r t s c h a f t. Die Landwirtschaft erzeugt Bananen, Kaffee, Baumwolle, Tabak, Zuckerrohr u. Zitrusfrüchte für den Export. In den Hochtälern wird Viehwirtschaft (Rinder, Schweine) betrieben. An Bodenschätzen werden Silber, Gold, Blei- u. Zinkerze abgebaut. – Haupthafen ist *Puerto Cortés.*

G e s c h i c h t e. 1524 wurde H. von Spanien erobert. 1821 wurde es unabh., 1823–38 Mitgl. der *Zentralamerikan. Konföderation;* seitdem ist H. selbständige Rep. Die Gesch. von H. ist durch Unruhen u. Bürgerkriege gekennzeichnet. Nachdem von 1972–81 die Herrschaft bei den Militärs lag, wurde 1981 eine präsidialdemokrat. Verf. verabschiedet. Präs. ist seit 1994 C. R. *Reina.*

Honecker, Erich, *1912, †1994, dt. Politiker (SED); 1946–55 Vors. der FDJ, 1958–71 Sekretär des ZK der SED, 1971 als Nachf. W. *Ulbrichts* Erster Sekretär des ZK (seit 1976 Generalsekretär), seit 1976 auch Vors. des Staatsrates (Staatsoberhaupt) der DDR mit diktator. Machtfülle; wurde 1989 vom Politbüro gestürzt. Einem Strafverfahren wegen der Tötung von Flüchtlingen an der innerdt. Grenze entzog er sich 1991 durch Flucht nach Moskau. 1992 wurde er nach Dtld. zurückgebracht. 1993 wurde das Verfahren aus Gesundheitsgründen eingestellt; H. übersiedelte nach Chile.

Honegger, Arthur, *1892, †1955, schweiz.-frz. Komponist; zunächst von C. *Debussy,* später von I. *Strawinsky* beeinflußt; Orchesterwerk »Pacific

Hongkong: Blick vom Victoria Peak auf Victoria (vorn) und Kowloon

231«; in Zusammenarbeit mit P. *Claudel* Oratorien »Johanna aus dem Scheiterhaufen« (auch als Oper) u. »Totentanz«.

Hongkong, chin. *Xiang Gang,* brit. Kronkolonie an der südchin. Küste, besteht aus den Inseln H. (mit der Hptst. *Victoria*) u. *Lantao* sowie der Halbinsel *Kowloon* mit ihrem Hinterland *(New Territories),* 1045 km², 5,8 Mio. Ew. (v. a. Chinesen). Den Siedlungskern (H. i. e. S.) bilden die durch eine Meeresstraße getrennten Städte Victoria u. Kowloon. H. ist das bed. asiat. Handels- u. Finanzzentrum. Die wichtigsten Industriezweige sind Textil-, feinmechan., Kunststoff-, Elektro-, Metallind., Werften. Der Fremdenverkehr spielt wirtschaftl. eine Rolle. H. ist Knotenpunkt für den internat. Seeverkehr, Freihafen. – Seit 1842 brit. Kronkolonie, 1941–45 von Japan besetzt, soll 1997 als autonomes »Sonderverwaltungsgebiet« unter chin. Souveränität zurückkehren.

Honiara, Hptst. der Salomonen, auf *Guadalcanal,* 30 000 Ew.

Honig, der braune bis gelbl., süße Stoff, der von den Arbeitsbienen als *Nektar* aus den Blütenkelchen aufgesogen, im Honigmagen in H. umgewandelt, wieder erbrochen u. in den Waben im Stock gespeichert wird. H. enthält durchschnittl. 80% Zucker, 19% Wasser, 0,2% Mineralstoffe, daneben als Fermente Invertase u. Diastase, außerdem Wachs, Farb- u. Aromastoffe. Geschmack, Geruch u. Farbe werden von der Pflanzenart im Fluggebiet der Bienen bestimmt. Nach Art der H.gewinnung unterscheidet man: *Scheiben-* u. *Waben-H.* (honiggefüllte Waben), *Schleuder-H.* (aus brutfreien Waben zentrifugiert), *Tropf-H.* (aus zerkleinerten Waben ausgeflossen), *Preß-H.* (kalt aus brutfreien Waben ausgepreßt) u. *Seim-H.* (aus erwärmten Waben ausgepreßt).

Honiganzeiger, *Indicatoridae,* Fam. mit 12 Arten starengroßer Spechtvögel aus den Wäldern Afrikas u. S-Asiens, die durch ihr Verhalten den Menschen auf Bienennester aufmerksam machen. Alle H. sind Brutparasiten.

Honigbiene →Bienen.

Honigdachs, *Mellivora capensis,* ein *Dachs,* der gern die Nester von erdbauenden Wildbienen plündert; in Felsgebieten Afrikas südl. der Sahara sowie in Vorder- u. Südasien.

Honigfresser, *Meliphagidae,* Fam. austral. Singvögel, die mit ihrer Pinselzunge Nektar aufnehmen; Australien, Neuguinea, Neuseeland.

Honigklee, *Steinklee, Hirschklee, Melilotus,* Gatt. der *Schmetterlingsblütler;* hierzu: der *Gezähnte H.,* der *Echte H.,* der *Hohe H.,* der *Weiße H.*

Honigtau, Ausscheidungen von Kohlenhydraten (Zucker), die baumbewohnende Blattläuse, Blattflöhe u. Zikaden der Pflanze entnehmen u. – oft in großer Menge – unverdaut von sich geben.

Honnef, *Bad H.,* Stadt u. Heilbad in NRW, am Fuß des Siebengebirges, 23 300 Ew.

Honneurs [ɔˈnœːrs], Ehrenbezeigungen.

Honolulu, Hptst. u. wichtigster Hafen des Inselstaats *Hawaii* der USA, an der Südküste der Insel *Oahu,* 340 000 Ew.; mit dem Kriegshafen *Pearl Harbor* der wichtigste pazif. Flottenstützpunkt der USA; Univ.; Fremdenverkehr; Masch.-, Nahrungsmittel- u. a. Ind.

Honorar, Vergütung für Leistungen der Angehörigen freier Berufe.

Honorarprofessor, ein Dozent an Hochschulen, rangmäßig den *ordentl. Professoren* gleichgestellt, aber nicht Inhaber eines Lehrstuhls.

Honoratioren, die bes. angesehenen Einwohner eines Ortes, einer kleinen Stadt.

honorieren, 1. ein Honorar bezahlen. – **2.** schätzen, würdigen. – **3.** Wechsel annehmen, bezahlen.

Honorius, H. I., †638, Papst 625–38; bekannte sich zur Lehre von einem einzigen Willen in Christus *(Monotheletismus);* 681 als Ketzer verurteilt.

Honorius, Flavius, *384, †423, erster weström. Kaiser 393–423; Sohn *Theodosius' I.,* der bei der Reichsteilung 393 zw. *Arcadius* u. H. diesem die Westhälfte gab.

Honourable [ˈɔnərəbl], Abk. *Hon.,* Anrede für engl. Adlige u. hohe Beamte.

Honshu, *Hondo,* die größte jap. Insel, das Kernland Japans; ein buchtenreiches, z. T. vulkan. Gebirgsland mit fruchtbaren Becken, Erdbebengebiet, 230 722 km², 98 Mio. Ew., Hptst. *Tokio;* Landw., Fischerei, Seidenproduktion u. a. Ind.

Honter, latinisiert *Honterus,* Johannes, eigentl. J. *Groß,* *1498, †1549, Humanist u. Reformator Siebenbürgens.

Honvéd [ˈhonveːd], seit 1848 Name für die zur Landesverteidigung aufgestellten ung. Truppen, seit 1868 für die Landwehr, seit 1918 für die gesamte ung. Armee.

Hooch, Pieter de, *1629, †nach 1684, ndl. Maler; neben *Vermeer van Delft* Hauptmeister des holländ. Interieurs.

Hood [hud] →Robin Hood.

Hooge, Hallig sö. der nordfries. Insel Amrum, 5,7 km², 125 Ew.

Hooke [huk], Robert, *1635, †1703, engl. Naturforscher; fand das *H.sche Gesetz,* wonach bei elast. Stoffen die Deformation proportional der Krafteinwirkung ist; berechnete den Schwerpunkt der Erde; gilt als Entdecker der Pflanzenzelle.

Hooligan [ˈhuːliɡən], gewalttätiger Mensch, Rowdy.

Hoorn, *Kap H.,* die Südspitze Südamerikas; ein steiles Vorgebirge auf einer 30 km² großen, 8 km langen chilen. Insel in 55° 55' s. Br.

Hoorn, *Hoorne,* Philipp, Graf von *Montmorency-Nivelle,* *1524, †1568, Admiral von Flandern, Statthalter von Geldern u. Zutphen; trat für Toleranz gegenüber Protestanten ein; auf Veranlassung von *Alba* zus. mit *Egmont* 1567 verhaftet u. enthauptet.

Hoover [ˈhuːvə], Herbert Clark, *1874, †1964, US-amerik. Politiker (Republikaner); 31. Präs. der USA (1929–32); vermittelte Dtld. 1931 zur Abwendung der Wirtschaftskrise ein Moratorium *(H.-Moratorium);* nach dem 2. Weltkrieg Leiter des Hilfskomitees für Europa u. Asien *(H.-Speisung).*

Hopfe, *Upupidae,* Fam. der *Rackenvögel,* mittelgroße, am Kopf meist mit Haube versehene Insektenfresser; Vorkommen: Afrika, Asien, Europa, in Mitteleuropa nur der *Wiedehopf.*

Hopfen, *Humulus,* Gatt. der *Hanfgewächse,* zweihäusige Schlingpflanze; die Fruchtzapfen der weibl. Pflanze liefern den für die Bierbereitung wichtigen Bitterstoff *(Lupulin);* wichtige Anbaugebiete: Bayern, Baden u. die Tschech. Rep.

Hopi, Stamm von rd. 6000 Shoshone-Indianern in Arizona (USA), im Navajo-Reservat; die westlichste Gruppe der *Pueblo-Indianer.*

Hopkins [ˈhɔpkinz], **1.** Sir Frederic Gowland, *1861, †1947, brit. Physiologe u. Chemiker; entdeckte das Tripeptid *Glutathion* u. das *Tryptophan,* wies die Vitamine A u. B in der Milch nach; Nobelpreis für Medizin (zus. mit C. *Eijkman*) 1929. –

Honigdachs

2. Gerard Manley, *1844, †1889, engl. Schriftst. (religiöse Lyrik).

Hopliten, die altgrch. schwerbewaffneten Fußtruppen.

Hoppe, Marianne, *26.4.1911, dt. Schauspielerin (bes. in ausdrucksstarken Rollen).

Hopper [ˈhɔpə], **1.** Denis, *17.5.1936, US-amerik. Schauspieler u. Regisseur u. a. bei »Easy Rider«, »Out of the blue«, »The hot spot«. – **2.** Edward, *1882, †1967, US-amerik. Maler; realist., Vereinsamung ausdrückende Bilder.

hora, Abk. *h,* Stunde.

Hora, röm. Göttin. Reigentanz.

Horaz, *Quintus Horatius Flaccus,* *65 v. Chr., †8 v. Chr., röm. Dichter; humorvoller Zeitkritiker, nach grch. Vorbildern geformte Oden (»Carmina«), auch Episteln u. Satiren, Theorie der Dichtkunst (»Ad Pisones«, auch »Ars poetica« genannt).

Horb am Neckar, Stadt in Ba.-Wü., 22 000 Ew.; mittelalterl. Stadtbild; Metall- u. Textil-Ind.

Hörbiger, östr. Schauspielerfamilie. **1.** Attila, Bruder von 3), *1896, †1987, Helden- u. Charakterdarsteller; seit 1935 mit Paula *Wessely* verheiratet. – **2.** Christiane, Tochter von 1), *13.10.1938, v. a. Theater, zuletzt auch Fernsehen. – **3.** Paul, Bruder von 1), *1894, †1981, bes. in Volksstücken, verkörpert den Typ des Urwieners; zahlreiche Filmrollen.

Horch, August, *1868, †1951, Gründer der Horch- u. *Audi* Automobilwerke (1899 bzw. 1909) in Zwickau (seit 1932 zur *Auto-Union*).

Horeb, nach dem AT Name des Berges der Gottesoffenbarung u. Gesetzesmitteilung an Mose.

Horen, 1. grch. Göttinnen der Jahreszeiten, bei Hesiod: *Eunomia* (»Gesetzestreue«), *Dike* (»Recht«) u. *Eirene* (»Frieden«); danach ben. die H., die bed. Ztschr. der dt. Klassik, 1795–97 von F. *Schiller* hrsg., Mitarbeiter u. a. Goethe, Herder, Hölderlin u. A. u. W. Humboldt. – **2.** die Gebetszeiten des kirchl. Stundengebets.

Hörfunk →Rundfunk.

Horgen, schweiz. Bez.-Hauptort, am Zürichsee, 17 000 Ew.; Textil-, Masch.- u. Möbel-Ind.

Hörgeräte, *Hörhilfen,* elektr. Apparate zur Verbesserung des Hörvermögens von Schwerhörigen. Der Schall wird von einem Mikrophon aufgenommen u. über einen batteriebetriebenen Kleinstärker dem *Ohrhörer* zugeführt. Durch Verwendung von moderner Elektronik gelang es, die Geräte so zu verkleinern, daß sie im oder hinter dem Ohr zu tragen oder in den Bügeln einer Brille **(Hörbrille)** unterzubringen sind.

Hörigkeit, 1. *Psychologie:* die Abhängigkeit eines Menschen vom Willen eines anderen, die ein freies Handeln nicht mehr zuläßt, bes. als sexuelle H. – **2.** *Recht:* im MA *dingliche Abhängigkeit* – im Unterschied zur *Leibeigenschaft* – von Bauern, die an Grund u. Boden gebunden u. dem Grundherrn zu versch. Dienst- u. Zinsleistungen verpflichtet waren; im Rahmen der *Bauernbefreiung* aufgehoben.

Horizont, 1. *Astronomie:* 1. die kreisförmige Begrenzungslinie, die eine Ebene durch den Erdmittelpunkt mit der Himmelshalbkugel erzeugt *(wahrer H.).* – 2. die Linie, die von einer zu der Ebene des wahren H. parallelen Ebene, die durch einen Beobachtungspunkt auf der Erdoberfläche geht, hervorgerufen wird *(scheinbarer H.).* – **2.** *Geographie:* die Linie, an der Himmel u. Erde (oder Meer) sich zu berühren scheinen *(natürl. H.).* Der natürl. H. liegt um die *Kimmtiefe* unter dem scheinbaren H. – **3.** *Zone,* Boden- u. Gesteinsschicht.

Horizontale, waagerechte Gerade.

Horkheimer, Max, *1895, †1973, dt. Philosoph u. Soziologe; Vertreter der *Krit. Theorie* der *Frankfurter Schule.*

Hormayr, Josef, Frhr. von *Hortenburg,* *1782, †1848, östr. Historiker; beteiligte sich mit A. *Hofer* an der Vorbereitung zur Erhebung Tirols gegen Napoleon I.

Hormone, körpereigene Stoffe, die meist von Drüsen *(H.drüsen)* mit innerer Sekretion, aber auch von Geweben *(Gewebs-H.)* abgegeben werden; koordinieren u. regulieren – zus. mit dem Nervensystem – die Funktionen der Einzelorgane u. des Gesamtorganismus. Beim Menschen u. beim Tier werden sie direkt ins Blut abgesondert u. mit dem Blut zu den Organen befördert; bei Pflanzen

(*Phyto-H.*) gelangen sie in den Saftstrom. H. können auch synthet. hergestellt werden. Bekannte H. sind u. a. das *Insulin* aus der Bauchspeicheldrüse, das den Blutzuckerspiegel regelt, das Schilddrüsen-H. *Thyroxin*, die Geschlechts-H. *Östrogen* u. *Progesteron*. Die H. wirken immer nur auf bestimmte Organe. Diese haben bes. Bindungsstellen (sog. Rezeptoren), an die die H.moleküle gebunden werden u. biochem. Reaktionen im Zellinnern auslösen.

Hormus, *Ormuz*, iran. Insel in der *Straße von H.*, die den Pers. Golf mit dem Ind. Ozean verbindet.

Horn, 1. Kurzform für *Wald-H.*, Oberbegriff für *Blasinstrumente* mit kegelförmig oder zylindrisch erweitertem Schallrohr. Der Ton wird mit den vibrierenden Lippen des Bläsers erzeugt; urspr. aus dem *Tier-H.*, später auch aus Holz oder Metall. Die Erfindung der Ventile im 19. Jh. führte zur Erweiterung des Naturtöne durch Halbtöne. – **2.** eine in den Epidermiszellen vieler Tiere gebildete Eiweißsubstanz, die hpts. das schwefelhaltige u. wasserunlösl. Protein *Keratin* enthält. Sie bildet Federn, Haare, Schuppen, Hufe, Klauen, Krallen u. Nägel der Wirbeltiere, die Schnäbel der Vögel, den Panzer der Reptilien u. die Kopffortsätze (*Hörner*) vieler Säugetiere.

Horn-Bad Meinberg, Stadt in NRW, am Teutoburger Wald, 17 200 Ew.; Heilbad; Holz- u. Möbel-Ind.; westl. der Stadt die *Externsteine*.

Hornberg, Stadt in Ba.-Wü., an der Gutach, 5000 Ew.; versch. Ind.; Schauplatz des **H.er Schießens**, einer Redensart (»es ging aus wie das H.er Schießen«) für eine ergebnislose Bemühung oder Unternehmung.

Hornblatt, zur Fam. der *H.gewächse* gehörende Wasserpflanze mit quirlig stehenden Blättern, Aquariumspflanze.

Hornblattgewächse →Pflanzen.

Hornblenden, *Amphibole*, verbreitete gesteinsbildende Mineralgruppe mit bes. aus Kieselsäure, Tonerde, Eisenoxidul u. Magnesia bestehenden Kristallen.

Hörnchen, *Sciuridae*, Fam. der *Nagetiere*; hierzu *Eich-H., Flug-H., Erd-H.* u. *Murmeltiere*.

Hörner, *Gehörn*, Stirnwaffe der horntragenden *Paarhufer* (Rinder, Schafe, Ziegen, Antilopen); auf Knochenzapfen, die auf dem Stirnbein aufliegen, aufsitzende Hornscheiden von artcharakterist. Form.

Horney, 1. Brigitte, Tochter von 2), * 1911, † 1988, dt. Schauspielerin (Bühne, Film, populäre Fernsehserien). – **2.** Karen, * 1885, † 1952, Psychoanalytikerin; stellt soz. Faktoren bei der Entstehung von Neurosen in den Mittelpunkt.

Hornfrösche, mehrere südamerik. Gatt. der *Südfrösche*, bunt gefleckt, bis 20 cm lang, riesiges Maul; bei einigen Arten hornartige Zipfel am Oberlid.

Hornhaut, 1. *Cornea*, im Wirbeltierauge der durchsichtige, uhrglasförmige Teil der Lederhaut im Vorderteil des Augapfels. – **2.** Verdickungen der Haut (*Schwielen, Hühneraugen*), die durch übermäßige Verhornung als Reaktion auf Druck oder Reibung entstehen.

Hornhecht, *Hornaal, Grünknochen*, bis über 1 m langer Fisch der mittel- u. nordeurop. Küstengewässer; wohlschmeckendes, trockenes Fleisch; vielfach als Köder verwendet.

Hornisgrinde, höchster Berg des nördl. Schwarzwalds, 1164 m; am Südhang der *Mummelsee*.

Hornisse, die größte mitteleurop. *Wespe* (Weibchen bis 3,5 cm), baut aus zerkautem Holz papierartige Nester in Baumhöhlen.

Hornissenschwärmer, Schmetterling aus der Fam. der *Glasflügler*, in Größe u. Aussehen der *Hornisse* ähnlich.

Hornklee, *Lotus*, Gatt. der *Schmetterlingsblütler*; in Dtld. u. a. der gelb blühende *Gemeine H.*

Hornkraut, *Cerastium*, Gatt. der *Nelkengewächse*, in Dtld. z.B. *Acker-H., Alpen-H.*

Hornpipe ['hɔ:npaip], **1.** ein urspr. walis. Blasinstrument, ähnl. der Schalmei. – **2.** altengl., auch ir. u. schott. Volkstanz.

Horntiere, *Rinder i.w.S., Bovidae*, Fam. der *Wiederkäuer* mit zwei hohlen Hörnern; Unterfam.: *Ducker, Böckchen, Antilopen, Gazellen, Saigas, Tschirus, Böcke, Moschusochsen, Takins* u. *Rinder*.

Hornussen, *Hurnussen*, dem Schlagball ähnl. schweiz. Mannschaftsspiel.

Hornvipern, *Cerastes*, Gatt. der *Vipern*, Gift-

Horus, der altägyptische Gott, in seiner Erscheinungsform als Falke; um 600 v. Chr.

schlangen aus den Wüsten Nordafrikas, Arabiens u. Teilen Westasiens; hornartiger Schuppendorn über jedem Auge.

Horologion, ein liturg. Buch der orth. Kirchen, das u. a. Stundengebete u. Hymnen enthält.

Horoskop, als *Geburts-H.* eine Zeichnung, auf der für die Geburtsstunde eines Menschen die Stellung der Planeten, der Sonne u. des Mondes in den *Tierkreiszeichen* u. die Lage der letzteren zum Horizont des Geburtsorts u. den *Häusern* des Himmels eingetragen sind; in der *Astrologie* verwendet, um angebl. Schlüsse auf Charakteranlagen u. Schicksal zu ziehen.

Horowitz, Wladimir, * 1904, † 1989, US-amerik. Pianist ukrain. Herkunft; bed. Interpret von F. Liszt u. S. W. Rachmaninow.

Hörrohr, 1. →Stethoskop. – **2.** früher ein einfaches Holzrohr zur Schallverstärkung bei Schwerhörigkeit; heute verdrängt durch moderne *Hörgeräte*.

Horror, Entsetzen, Schrecken, Abscheu. – **H. vacui**, »Scheu (der Natur) vor der Leere«, Schlagwort bei der Ansicht der Physiker des MA, daß eine Luftleere unmögl. sei.

Hors d'œuvre [ɔr'dœ:vr], kleine, pikante Vorspeise.

Hörselberg, *Venusberg*, Höhenzug aus Muschelkalk an der *Hörsel* in Thüringen, im *Großen H.* 484 m. Hier spielen die Sagen von *Tannhäuser* u. *Venus* sowie *Frau Holle*.

Horsens, Hafenstadt in O-Jütland, Dänemark, 55 000 Ew.; versch. Ind.

Horsepower ['hɔ:spauǝ; engl.], *Pferdestärke*, Zeichen hp., früher HP, in Großbritannien verwendete Einheit der Leistung: 1 h.p. = 1,01387 PS = 745,72 W (Watt).

Hörspiel, eine dem *Drama* entsprechende Literaturgatt., die für die Übertragung im Rundfunk bestimmt ist.

Horst, 1. mehrere nahe zusammenstehende, gleichartige Bäume. – **2.** eine gehobene oder zw. abgesunkenen Teilen der Erdrinde stehengebliebene, von Verwerfungen begrenzte Scholle; z.B. der *Thüringer Wald*. – **3.** großes Vogelnest aus Reisig, bes. bei Greifvögeln.

Hörsturz, plötzl. eintretender Verlust der Hörfähigkeit bis hin zur Schwerhörigkeit oder Taubheit; Ursachen: Durchblutungsstörungen im Innenohr, Blutung oder Embolie der Innenohrschlagader, Entzündung des Hörnervs u. a.; sofortige ärztl. Behandlung erforderlich.

Hort, Aufbewahrungsort für Wertsachen; *Kinder-H.*, Kindertagesheim.

Hortensie, *Hydrangea*, Gatt. der *Steinbrechgewächse*; meist Sträucher, in Asien u. Amerika heim., in Dtld. die *Garten-H.*

Horthy von Nagybánya [-'nɔdjba:nja], Miklós, * 1868, † 1957, ung. Politiker u. Offizier; 1919 Führer der gegenrevolutionären Nationalarmee, 1920–44 ung. Reichsverweser; unter H. Annäherung Ungarns an das Dt. Reich u. Italien; 1944 von Hitler in Dtld. interniert, 1945/46 in US-amerik. Gefangenschaft.

Hortologie, Gartenbaukunde.

Horus, altägypt. Sonnengott, als Falke dargestellt.

Horváth ['horva:t], Ödön von, * 1901, † 1938, östr. Schriftst.; Komödien u. Volksstücke über die Verlogenheit des Kleinbürgertums; W »Geschichten aus dem Wienerwald«, »Der ewige Spießer« (Roman).

Hosea, *Oseas, Osee*, Prophet im AT; in der 2. Hälfte des 8. Jh. v. Chr. im Nordreich Israel.

Hosenbandorden, engl. *Order of the Garter*, der höchste engl. Orden, 1350 gestiftet. Das am linken Knie getragene dunkelblaue Schnallenband zeigt die frz. Devise: »Honi soit qui mal y pense« [»ehrlos sei, wer Arges dabei denkt«].

Hosenrolle, eine männl. Bühnengestalt, die von einer Schauspielerin dargestellt wird; bes. in der Oper.

Hosianna, *Hosanna*, Gebetsruf im jüd. u. alttestamentl. Kult, im NT Freuden- u. Jubelruf.

Hospital, *Spital*, Bez. für Krankenhäuser mit geschichtl. Vergangenheit.

Hospitalet [ɔs-], Ind.-Stadt in Spanien, sw. von Barcelona, 290 000 Ew.; Schwer-Ind.

Hospitalismus, Bez. für Entwicklungsstörungen u. Verhaltensauffälligkeiten, die bei hochentwickelten Tieren (z. B. Primaten) durch lange Trennung des Jungtieres von den Eltern auftreten können. Auch beim Menschen tritt H. bei Kindern auf, denen insbes. in den ersten Lebensjahren bei einem längeren Aufenthalt in Kliniken, Heimen u. ä. die Zuwendung der Eltern (bzw. fester Bezugspersonen) entzogen wurde.

Hospitaliter, Ordenszusammenschlüsse nach der Regel des *Augustinus*, bes. zur Krankenpflege; z.B. die *Johanniter* u. *Malteser*.

Hospitant, Gasthörer an Universitäten; jemand, der vorübergehend als Gast eine Veranstaltung oder Institution besucht.

Hospiz, urspr. eine von Klöstern unterhaltene christl. Herberge; heute ein im christl. Geist geleitetes Gasthaus.

Hostess, Betreuerin von Gästen u. Besuchern, z.B. auf Flugplätzen oder Ausstellungen.

Hostie, 1. in der Antike, außerhalb des Christentums, das *Opfertier*. – **2.** vom Christentum übernommene Bez. für die beim Abendmahl (Kommunion) gereichten geweihten Brotteile oder Oblaten.

Hot [hɔt], *Hot-Jazz*, die »heiße« Improvisation der alten Jazzstilarten, im Ggs. zum *Cool* des modernen Jazz, z.B. New-Orleans- u. Dixieland-Jazz.

Hot dog, in ein ausgehöhltes Brötchen gelegte heiße Bockwurst.

Hotel, Gaststätte zur Beherbergung u. Verpflegung von Reisenden; *H. garni*, nur mit Übernachtung u. Frühstück. – **Hotellerie**, das Gaststätten- u. H.gewerbe.

Hot money [-'mʌni]; »heißes Geld«, Spekulationsgelder, die jeweils in die Länder mit bes. stabilen Währungsverhältnissen fließen.

Ho Tschi Minh →Ho Chi Minh.

Ho-Tschi-Minh-Stadt →Ho-Chi-Minh-Stadt.

Hot Springs [hɔt spriŋz], Badeort in Arkansas (USA), 40 000 Ew.; *H. S. Nationalpark* mit Thermalquellen (bis 70 °C).

Hottentotten, ein nomad., den *Buschmännern* verwandtes Hirtenvolk Südafrikas, heute nahezu ausgerottet, meist in Reservaten Namibias; noch ca. 40 000 *Namas*.

Englischer Hosenbandorden: Stern

Houston

Hotter, Hans, * 19.1.1909, dt. Sänger (Bariton) u. Opernregisseur; seit 1939 an der Wiener Staatsoper.

Hotzenwald, *Hauensteiner Land,* Ldsch. am Südrand des Schwarzwalds.

Houdon [u'dõ], Jean Antoine, * 1741, † 1828, frz. Bildhauer; Hauptmeister des Klassizismus (Statuen von Voltaire u. Washington).

Hounsfield ['haunzfi:ld], Godfrey Newbold, * 28.8.1919, brit. Elektroingenieur; erhielt für Arbeiten zur Entwicklung der Computertomographie zus. mit A. M. *Cormack* den Nobelpreis für Medizin u. Physiologie 1979.

Houphouet-Boigny [u'fwɛbwa'nji], Félix, * 1905, † 1993, afrik. Politiker; 1946 Mitgr. u. Präs. der Afrikan. Demokrat. Sammlungsbewegung (*Rassemblement Démocratique Africain, RDA*), seit 1960 Staats-Präs. der unabhängigen Rep. Elfenbeinküste (Côte d'Ivoire).

House of Commons [haus əv 'kʌmənz], das engl. *Unterhaus.*

House of Lords [haus əv lɔːdz], das engl. *Oberhaus.*

Houssay [u'saːi], Bernardo Alberto, * 1887, † 1971, argentin. Physiologe; erforschte die Zusammenhänge zw. Zuckerkrankheit u. Hypophyse (*H.-Effekt*); Nobelpreis für Medizin 1947.

Houston ['hjuːstən], Ind.- u. Handelsstadt in Texas (USA), 1,7 Mio. Ew.; Raumfahrt-Kontrollzentrum, drei Univ.; Hafen, chem. Ind.

Houston ['hjuːstən], Whitney, * 9. 8. 1963, US-amerikan. Popsängerin (»I Will Always Love you« aus dem Film »The Bodyguard«).

Hovhaness, Alan, * 8.3.1911, US-amerik. Komponist armen. Abstammung; verbindet fernöstl. Musik mit alten abendländ. Musikstilen.

Howrah ['haura], *Haura,* ind. Distrikt-Hptst. in Westbengalen, am Hugli, gegenüber von Kalkutta, 900 000 Ew.; Metall- u. Textil-Ind.

Hoxha ['hɔdʒa], *Hodscha,* Enver, * 1908, † 1985, alb. Politiker; 1941 Mitgr. u. Führer der illegalen alb. Kommunist. Partei, Partisanenführer; 1944–54 Regierungschef der VR Albanien, seit 1954 1. Sekretär der Kommunist. Partei Albaniens.

Höxter, Krst. in NRW, an der Weser, westl. des Solling, 33 000 Ew.; am nordöstl. Stadtrand Kloster *Corvey;* mittelalterl. Stadtbild mit roman. Kilianikirche, versch. Ind.

Hoya → Wachsblume (1).

Hoya ['hoːja], Stadt in Nds., an der Weser, 4300 Ew.; Verpackungs-Ind.

Hoyerswerda, Krst. in Sachsen, an der Schwarzen Elster, 69 000 Ew.; *H.-Neustadt,* gegr. als Wohnstadt des Braunkohlenkombinats *Schwarze Pumpe.*

Hrabanus Maurus, * um 784, † 856; 822–42 Abt in Fulda, 847 Erzbischof von Mainz; Schriftst. von großer erzieher. Wirkung auf das MA (»Praeceptor Germaniae«).

Hradec Králové ['hradɛts 'kraːlɔvɛ:] → Königgrätz.

Hradschin, Burg u. Stadtteil in Prag; Sitz des tschech. Staats-Präs.

Hrdlicka ['hrdlitʃka], Alfred, * 27.2.1928, östr. Bildhauer u. Graphiker; steht mit seiner antiästhetizist. Haltung in der Tradition von G. *Grosz* u. M. *Beckmann;* versteht sich als polit. Künstler, der mit seinen Werken auf gesellschaftl. Mißstände hinweist.

Hrotsvith von Gandersheim, *Hroswitha von G.,* *Roswitha von G.,* * um 935, † 973, älteste dt. (mittellat.) Dichterin; Benediktinerin im Kloster Gandersheim.

Huai He, *Hwaiho,* chin. Fluß in der Großen Ebene, 1000 km; mündet ins Ostchin. Meer.

Huainan, chin. Stadt im N der Prov. Anhui, 1,2 Mio. Ew.; Steinkohlenbergbau.

Huallaga [ua'lja:ga], r. Nbfl. des Marañón in Peru, rd. 1200 km.

Huancayo, Dep.-Hptst. in Peru, rd. 3300 m ü. M., 190 000 Ew.; Univ., Erzbischofssitz; Kohlen-, Silber- u. Kupferbergbau.

Huang He [xuaŋ xə], *Hwangho, Gelber Fluß,* der zweitlängste chin. Strom, 4667 km; entspringt 4455 m hoch im nördl. Tibet, durchfließt den Südteil der Wüste Gobi u. die *Große Ebene,* bis er nw. der Shandong-Halbinsel ins Gelbe Meer mündet; schlammreichster Fluß der Erde, häufige Überschwemmungen durch Flußbettveränderungen; streckenweise schiffbar.

Huascarán [was-], höchster Vulkankegel Perus, 6768 m; in der Cordillera Blanca.

Huaxteken [waʃ-], *Huaxteca,* an der mex. Golfküste lebender, zu den *Maya* gehörender Indianerstamm; Ackerbau u. Viehzucht.

Hub, *Kolbenhub,* der Weg (Hin- oder Herweg), den der Kolben einer Maschine während der halben Umdrehung der Kurbelwelle macht.

Hubble [hʌbl], Edwin Powell, * 1899, † 1953, US-amerik. Astronom u. Astrophysiker; erkannte die bisher als Spiralnebel bezeichneten Galaxien als selbst. Sternsysteme u. bestimmte aus der Rotverschiebung der Spektrallinien von Spiralnebeln deren Radialgeschwindigkeit. – **H.-Effekt,** die Beziehung zw. Entfernung u. Fluchtgeschwindigkeit der Galaxien infolge der *Expansion des Weltalls.* Nach neuen Forschungen beträgt der H.-Effekt 115 ± 12 km/s pro 1 Mio. Parsec (= 3,26 Mio. Lichtjahre) Abstand.

Hube → Hufe.

Hubei, *Hupeh,* Prov. in → China.

Hubel ['hʌbl], David H., * 27.2.1926, US-amerik. Mediziner; erhielt zus. mit T. N. *Wiesel* u. R. W. *Sperry* für die Aufklärung der Impulsübermittlung im Auge den Nobelpreis für Medizin 1981.

Huber, 1. Antje, * 23.5.1924, dt. Politikerin (SPD); 1976–82 Bundes-Min. für Jugend, Fam. u. Gesundheit. – **2.** Hans, * 1852, † 1921, schweiz. Komponist; Nachromantiker; Oratorien, Chorwerke, Sinfonien. – **3.** Kurt, * 1893, † 1943 (hingerichtet), dt.-schweiz. Musikwiss. u. Psychologe; wandte sich gegen den Nat.-Soz. u. beteiligte sich seit 1942 an der Flugblattaktion der Geschwister *Scholl.* – **4.** Robert, * 20.2.1937, dt. Biochemiker; arbeitete an der Erforschung von Proteinstrukturen u. auf dem Gebiet der Photosynthese; 1988 Nobelpr. für Chemie (mit J. *Deisenhofer* u. H. *Michel*). – **5.** Wolf, * um 1485, † 1553, dt. Maler u. Graphiker; einer der Hauptmeister der *Donauschule.* – **6.** Wolfgang, * 12.8.1942, dt. ev. Theologe; seit 1994 Bischof von Berlin-Brandenburg.

Huberman, Bronisław, * 1882, † 1947, poln. Geigenvirtuose; gründete 1936 das *Palestine Symphony Orchestra.*

Hubertus, * um 655, † 727, Bischof von Maastricht-Lüttich; Heiliger, Patron der Jäger. *H.jagd* am 3.11. (*H.tag*).

Hubertusburg, sächs. Jagdschloß (18. Jh.) westl. von Oschatz. – Der *Friede von H.* beendete am 15.2.1763 den *Siebenjährigen Krieg.*

Hubinsel, eine Plattform, die an stählernen Stützpfählen auf- u. niedergleiten kann, v. a. für Ölbohrungen.

Hubraum, *Hubvolumen,* der Rauminhalt eines Zylinders einer Dampfmaschine oder eines Kraftmotors; errechnet aus dem Zylinderdurchmesser u. dem *Hub.* Vom H. u. der Umdrehungszahl hängt die Leistung einer Maschine ab.

Hubschrauber, *Helikopter,* ein *Drehflügelflugzeug* mit 1 oder 2 motorisch angetriebenen Hubschrauben (Rotoren), die eine Hubkraft nach dem Prinzip der *Luftschraube* in senkr. Richtung erzeugen u. Start u. Landung in senkr. Richtung, Stillstand in der Luft sowie Flug in beliebiger Richtung ermöglichen.

Huch, 1. Friedrich, Vetter von 2), * 1873, † 1913, dt. Schriftst. (zeitkrit. Romane). – **2.** Ricarda, * 1864, † 1947, dt. Schriftst. u. Historikerin; v. a. hist. Romane; ⓦ »Der große Krieg in Dtld.«; auch Lyrik u. Prosa. – **3.** Rudolf, Bruder von 2), * 1862, † 1943, dt. Schriftst. (satir. Romane).

Huchel, Peter, * 1903, † 1981, dt. Schriftst.; v. a. Lyrik u. Hörspiele; verließ 1971 die DDR.

Huchen, *Hucho hucho,* bis 1,60 m langer räuber. Lachsfisch der Donau u. ihrer Nebenflüsse.

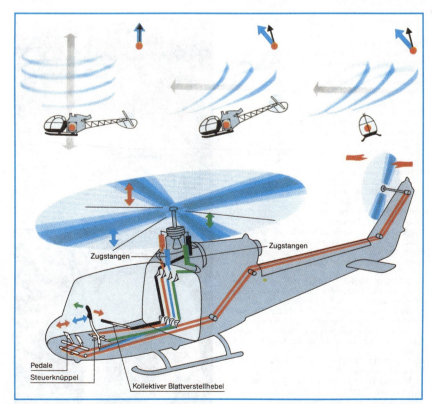

Hubschrauber: Der Flugzustand tritt dann ein, wenn die Rotorblätter »Scheiben« aus der Luft schneiden (oben); Achse des Rotordrehkreises (blauer Pfeil); Schwerpunktachse des Hubschraubers (schwarzer Pfeil). – Schematische Darstellung (unten)

Hückelhoven, Stadt in NRW, an der Rur, 35 000 Ew.; Steinkohlenbergbau.
Huckepackverkehr, die Beförderung von Straßenfahrzeugen (samt Ladung) auf Eisenbahnwagen.
Hückeswagen, Stadt in NRW, an der Wupper, 15 000 Ew.; Schloß; Masch.- u. Textil-Ind.
Hudaydah, Al H., Hodeida, jemenit. Stadt am Roten Meer, 96 000 Ew.; bed. Hafen *(Al Ahmadi)*, Handelszentrum.
Huddersfield ['hʌdəzfi:ld], engl. Stadt nordöstl. von Manchester, 131 000 Ew.; Textil- u. chem. Ind., Maschinenbau.
Hudiksvall, schwed. Hafenstadt am Bottn. Meerbusen, 36 000 Ew.; Masch.- u. Holz-Ind.
Hudson ['hʌdsn], **1.** Henry, * um 1550, † 1611, engl. Polarfahrer; entdeckte 1609 die Mündung des *H. River,* 1610 die *H.-Straße* u. die *H.bai.* – **2.** Rock, eigtl. Roy Fitzgerald, * 1925, † 1985, US-amerik. Schauspieler; u. a. in dem Film »Bettgeflüster«.
Hudsonbai ['hʌdsən-], tief ins Land eindringendes, flaches Binnenmeer im N von Kanada, durch die *Hudson-Straße* mit dem nördl. Atlantik verbunden, 1,23 Mio. km², fast ständig mit Treibeis bedeckt.
Hudson River ['hʌdsən rivə], Fluß im Staat New York (USA), 520 km; mündet bei New York in den Atlantik.
Huê [hu:e:], Hafenstadt an der Küste Vietnams, 210 000 Ew.; ehem. Hptst. von *Annam;* Univ.; Kaisergräber.
Huelsenbeck, Richard, * 1892, † 1974, dt. Schriftst.; 1916 Mitbegr. des *Dadaismus* in Zürich.
Huelva [u'ɛlva], SW-span. Hafenstadt u. Prov.-Hptst. in Andalusien, 140 000 Ew.; chem. Ind., Erdölraffinerie.
Huerta [u'ɛrta], in S- u. O-Spanien gartenartig bebaute, künstl. bewässerte Acker- u. Obstbauoasen.
Huf, *Ungula,* horniger Überzug der Zehenenden bei Säugetieren *(H.tieren),* entspr. dem menschl. Fingernagel; bei Pferden Schutz durch *H.eisen.*
Hufe, *Hube,* altes Feldmaß: *fläm. H.* = 16,8 ha, *fränk. H.* = 23,9 ha, *sächs. H.* = 12 ha.; im MA Flächenanteil einer Bauernfamilie an der Gemeindeflur.
Hufeisennasen, *Rhinolophidae,* Fam. der *Fledermäuse,* mit hufeisenförmigem Nasenaufsatz zur Ultraschall-Orientierung; hierher die *Große H.* u. die *Kleine H.*
Hufeland, Christoph Wilhelm, * 1762, † 1836, dt. Arzt; Arzt *Schillers* u. *Goethes;* suchte die Naturheilmethoden mit wiss. Erkenntnissen in Einklang zu bringen.
Huflattich, ein *Korbblütler* mit gelben Blüten, Blätter werden arzneil. gegen Husten u. Bronchialkatarrh angewandt.
Hüfte, *Coxa,* bei Säugetieren u. bes. beim Menschen die das **Hüftgelenk,** Kugelgelenk zw. dem knöchernen Becken u. dem Oberschenkelknochen, einschließende Körperpartie zw. oberem Beckenrand u. Oberschenkelansatz. An der Hinterseite verläuft der Ischiasnerv.
Huftiere, *Ungulata,* eine Überordnung der *Säugetiere,* die sich im Alttertiär von den *Urraubtieren* abgespalten hat; meist Pflanzenfresser, deren Zehen von Hufen oder hufartigen Gebilden umschlossen sind. Hierher gehören *Unpaarhufer* u. *Paarhufer,* i.w.S. *Schliefer, Rüsseltiere, Seekühe* u. *Erdferkel.*
Hügelgrab, eine vor- u. frühgeschichtl. Grabform, wobei über den Toten ein oft noch heute sichtbarer Hügel aus Erde, Lehm, Sand, Steinen oder Grasplaggen errichtet wurde; bes. typ. für die mitteleurop. Bronzezeit.
Hugenberg, Alfred, * 1865, † 1951, dt. Politiker u. Wirtschaftsführer; begr. ein Zeitungsimperium *(H.-Konzern);* seit 1928 Parteiführer der DNVP; bereitete durch seinen Kampf gegen die Weimarer Republik, die Radikalisierung der DNVP unter seinem Vors. sowie durch seinen Eintritt in Hitlers Kabinett der nat.-soz. Diktatur den Weg; trat 1933 zurück.
Hugenotten, frz. Protestanten, meist calvinist. Richtung; kämpften 1562–98 in den *H.kriegen* unter Führung G. de *Colignys* u. der *Bourbonen* gegen die kath. Partei, wobei es sowohl um Glaubensfreiheit als auch um polit. Macht ging. Nachdem die H. in den ersten drei H.kriegen schwere Niederlagen (v. a. *Bartholomäusnacht* 1572) erlitten hatten, erlangten sie nach u. nach mehr polit. u. religiöse Freiheiten. Im *Edikt von Nantes* (1598) gewährte Heinrich IV., inzwischen zum kath. Glauben zurückgekehrt) den H. volle Gewissensfreiheit u. eine polit. Sonderstellung. Nach Aufhebung des Edikts unter Ludwig XIV. kam es erneut zu H.verfolgungen; viele wanderten nach Dtld., in die Schweiz oder nach England aus. Erst die Französ. Revolution brachte den H. Gleichberechtigung u. Glaubensfreiheit.
Huggins ['hʌginz], Charles Brenton, * 22.9.1901, US-amerik. Urologe; Pionier bei der Behandlung des Prostatakrebses; Nobelpreis für Medizin (zus. mit P. *Rous*) 1966.
Hughes [hju:z], **1.** David Edward, * 1831, † 1900, brit. Erfinder; lebte meist in den USA; erfand 1855 den *H.-Telegraphen,* bei dem die Sendezeichen über Typendrucker in Lochschrift umgewandelt werden; vervollkommnete 1878 das Mikrophon *(Kohlekörner-Mikrophon).* – **2.** Langston, * 1902, † 1967, afroamerik. Schriftst.; der bekannteste Autor des *Blues-Stils,* stellte in seinen Werken die Probleme der schwarzen amerik. Bevölkerung dar (Gedichte, Erzählungen, Romane, Kinderbücher, Bühnenstücke, Opernlibretti). – **3.** Richard, * 1900, † 1976, engl. Schriftst. (Gedichte, Einakter, Hörspiele, Märchen, Romane).

HUNDE

Chow-Chow

Collie

Leonberger

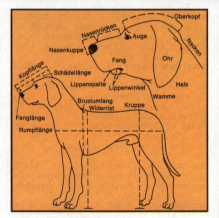

Kopf- und Körpermaße

Cockerspaniel

Bernhard[iner]

Husky

Basset-Hou[nd]

Hugli, *Hooghly,* westl. Mündungsarm des Ganges.
Hugo, Fürsten.
1. H. d. Gr., † 956, Herzog von Francien; Sohn *Roberts I.* von Paris; entthronte König *Ludwig IV.,* wurde aber durch dessen Schwager, Kaiser *Otto d. Gr.,* gezwungen, ihn wieder einzusetzen. –
2. H. Capet, Sohn von 1), * um 940, † 996, König von Frankreich 987–996; Ahnherr der *Kapetinger.*
Hugo [y'go], Victor, * 1802, † 1885, frz. Schriftst.; Führer der frz. Romantik; v. a. sozialkrit. Romane u. Dramen, auch Lyrik; W »Der Glöckner von Notre Dame«, »Die Elenden«.
Hugo von Cluny, Abt, * 1024, † 1109; förderte durch die Cluniazensische Reform das Klosterwesen.
Hugo von Trimberg, * um 1230, † nach 1313, mhd. Lehrdichter; Verf. einer volkstüml. Sittenlehre in dt. Versen (»Der Kenner«).
Huhehot →Hohhot.
Huhn, *Haushuhn,* ein in zahlr. Rassen u. Spielarten über die ganze Erde verbreitetes Haustier, das vom ind. *Bankiva-H.* abstammt. Man unterscheidet: Fleischhühner (Cochin, Brahma) mit einem Gewicht von bis zu 7 kg; *Leghühner* (Leghorn, Italiener, Minorka, Andalusier) mit Legeleistungen von z. T. weit über 300 Eiern im Jahr; *Kampfhüh-*

ner, bei denen die temperamentvollen Hähne zu Schaukämpfen benutzt werden; *Zierhühner,* bei denen oft Abnormitäten bevorzugt werden, z.B. lange Schwanzfedern (Phoenix, Yokohama), kahle Körperstellen (Nackthals-H.) oder daunenartige Federn (Seiden-H.). Bei der *Wirtschaftsgeflügelzucht* werden sog. *Fleisch-* u. *Legehybriden* als Kreuzungsprodukte verwendet. In modernen Produktionsstätten müssen Lege- u. Masthühner in *Intensivhaltung* ohne Auslauf leben. Mastküken, sog. *Broiler,* werden meistens in Bodenhaltung auf engstem Raum u. Legehennen in Drahtkäfigen untergebracht. Besonders die Käfighaltung nimmt auf Ansprüche an art- u. verhaltensgerechte Unterbringung des H. keine Rücksicht. Sie muß deshalb als Tierquälerei angesehen werden.

Hühnerauge, an Druckstellen des Fußes entstehende schmerzhafte Hornhautverdickung.

Hühnerhabicht →Habicht.

Hühnervögel, Ordnung der *Vögel;* Scharrvögel mit geringem Flugvermögen. Die Männchen *(Hähne)* sind oft auffallend prächtiger als die Weibchen *(Hennen)* gefärbt. Fam.: *Großfußhühner, Hokkos, Fasanenartige, Schopfhühner.*

Huitzilopochtli [wiθilo'pɔtʃtli], *Vitztliputzli,* der Nationalgott der *Azteken.*

Huizinga ['hœizɪŋxa], Johan, * 1872, † 1945, ndl. Historiker; deutete die Aufgabe der Geschichtsschreibung als Rechenschaftslegung einer Kultur über ihre Vergangenheit; W »Herbst des MA«, »Homo ludens«.

Hula, *Hula-Hula,* einst kult. Gemeinschaftstanz der polynes. Bewohner der Hawaii-Inseln.

Hull [hʌl], Cordell, * 1871, † 1955, US-amerik. Politiker (Demokrat); Berater F. D. *Roosevelts,* Außen-Min. 1933–44. H. erhielt den Friedensnobelpreis 1945.

Hulman, ein langschwänziger *Schlankaffe* Vorderindiens, mit hellem Fell u. schwarz-violetten nackten Stellen; von den Hindu als Verkörperung des affenköpfigen Gotts *Hanuman* verehrt.

Hulok, Art der *Gibbons* in den Bergwäldern Hinterindiens; Männchen immer, Weibchen oft schwarz.

Hülse, *Frucht,* die aus einem einzigen Fruchtblatt besteht, sich aber sowohl an der Bauchnaht als auch entlang der Mittelrippe öffnet; bes. bei den H.nfrüchtlern.

Hülsenfrüchte, die Samen von *Erbsen, Bohnen* u. *Linsen.*

Hülsenfrüchtler, Ordnung der zweikeimblättrigen Pflanzen. Die Frucht ist eine *Hülse.* Zu den H. gehören die Fam. *Mimosengewächse, Caesalpiniengewächse* u. *Schmetterlingsblütler.*

Hulst [hylst], Hendrik Christoffel van de, * 19.11.1918, ndl. Astronom.

Hultschin, tschech. *Hlučín,* Stadt in N-Mähren (Tschech. Rep.), 23 000 Ew.; Mittelpunkt des *H.er Ländchens,* eines schles. Teilfürstentums, das 1919 (Versailler Vertrag) von Dtld. an die Tschechoslowakei abgetreten wurde.

human, menschl., edel, menschenfreundl., menschenwürdig.

Humanae Vitae, Enzyklika Papst *Pauls VI.* 1968 über die Geburtenregelung, worin aktive Empfängnisverhütung als Sünde bezeichnet wird; erlaubt sind nur Methoden der Zeitwahl.

Humangenetik, menschliche Vererbungslehre, →Genetik.

Humanisierung der Arbeitswelt, alle sozialpolit. Maßnahmen, die Menschen vor schädigenden Auswirkungen der Arbeitswelt schützen sollen, wie Verbot der Kinderarbeit, Mutterschutz, Schutz vor gesundheitl. Gefahren.

Humanismus, die wiss.-geistige Haltung der *Re-*

West Highland White Terrier — *Mops* — *Boxer* — *Mastiff* — *Dalmatiner* — charakteristische Rassemerkmale

Afghane

Deutsch Kurzhaar

Airedaleterrier

Alexander von Humboldt (links) und Wilhelm von Humboldt

naissance, die gekennzeichnet ist durch eine intensive, auf Quellenstudium gestützte Wiederbelebung antiken Gedankenguts, gefördert durch arab. u. byzantin. Anstöße u. Vermittlung: Aus der Beschäftigung mit der Lit., Sprache u. Wiss. der alten Griechen u. Römer erwuchs das Bedürfnis, den Einzelmenschen (im Sinne der antiken Freiheit, Selbstverantwortlichkeit u. Demokratie) aus den festen Gemeinschaftsformen des christl. MA herauszulösen u. die Persönlichkeit im Sinne der antiken *humanitas* zu bilden. Die geschichtl. Leistung der Humanisten besteht v. a. in der Ausbildung einer wiss. (d. h. bibl.-theolog. Richtlinien freien) Haltung, die bes. in den Naturwiss. fördernd wirkte. Der H. entstand seit dem 12. Jh. in Italien u. breitete sich bes. im 14.–16. Jh. über ganz Europa aus. Hauptvertreter in Italien u. a. *Dante, Petrarca, G. F. Poggio,* in Frankreich *J. C. Scaliger,* in England *T. Moore,* in den Ndl. H. *Grotius;* im deutschsprachigen Raum bildeten sich Humanistenkreise, die auf Schulen u. Univ. wirkten u. die sich – neben theolog. Fragen – v. a. der Didaktik, Kunstlehre u. Übersetzungsliteratur widmeten. Den größten Einfluß hatten u. a. *R. Agricola, J. Reuchlin, Erasmus von Rotterdam,* U. *von Hutten* u. *P. Melanchthon.* – Im 18./19. Jh. wurde das Gedankengut des H. im sog. *Neuhumanismus* insbes. von *J. J. Winckelmann* u. W. *von Humboldt* aufgegriffen u. fortentwickelt. Im 19./20. Jh. löste sich der Begriff des H. weitgehend von seinen hist. Wurzeln u. nahm als sog. *Humanitätsideal* vielfach eine soz. Komponente an, indem die Schaffung der gesellschaftl. Voraussetzungen für eine freie Persönlichkeitsentfaltung in die Zielsetzung einbezogen wird. – **humanistisch,** die geschichtl. Epoche oder die allg. Geisteshaltung des H. betreffend.

humanistisches Gymnasium, altsprachl. *Gymnasium,* ein Gymnasium mit Latein u. Griechisch als Hauptfächern.

humanitär, menschenfreundl., wohltätig.

Humanität, das Gefühl für die Würde des Menschen, unabhängig von Rasse, Geschlecht u. a.; Erziehung zu Mitverantwortung, Toleranz u. Anerkennung der Menschenrechte.

Human Relations ['juːmən ri'leɪʃənz], die zwischenmenschl. Beziehungen, bes. im Betrieb; v. a. von der US-amerik. Industriesoziologie untersucht.

Humber ['hʌmbə], Mündungstrichter der O-engl. Flüsse *Ouse* u. *Trent.*

Humboldt, 1. Alexander Frhr. von, Bruder von 2), *1769, †1859, dt. Naturforscher; Begr. der *physischen Geographie.* Forschungsreisen nach Mittel- u. S-Amerika (bes. Orinocogebiet: 1802 Besteigung des Chimborazo) u. Zentralasien; Ⓦ »Kosmos« (Zusammenfassung des naturwiss. Wissens seiner Zeit). – **2.** Wilhelm Frhr. von, Bruder von 1), *1767, †1835, dt. Gelehrter u. Staatsmann; 1809/10 Leiter des preuß. Kultus- u. Unterrichtswesens (Begr. der Berliner Univ. u. des humanist. Gymnasiums in Preußen); vertrat Preußen auf versch. Kongressen, bes. auf dem Wiener Kongreß (1814/15); Verf. zahlr. sprachwiss. Arbeiten.

Humboldtstrom, *Perustrom,* kühle Meeresströmung vor der W-Küste S-Amerikas.

Hume [juːm], David, *1711, †1776, schott. Philosoph u. Historiker; Vertreter des engl. *Empirismus* u. Begr. eines erkenntnistheoret. *Positivismus.*

humịd, feucht. – **h.es Klima,** der Klimabereich, in dem im Ablauf eines Jahres mehr Niederschlag fällt als verdunstet; Ggs.: *arides Klima.*

Hummel → Hummeln.

Hummel, 1. Berta, *1909, †1946, dt. Malerin; seit 1934 Schwester *Maria Innocentia,* Franziskanerin im Kloster Sießen bei Saulgau; entwarf charakterist. Kinderbildnisse *(H.-Figuren).* – **2.** Johann Nepomuk, *1778, †1837, östr. Pianist u. Komponist; Schüler *Mozarts,* Freund *Beethovens.*

Hummelfliegen, *Wollschweber,* stark pelzig behaarte Fliegen mit extrem langem Rüssel; Larven häufig Parasiten in anderen Insektenlarven.

Hummeln, *Bombus,* Gattung plump geformter *Stechimmen* mit pelzigem Haarkleid aus der Gruppe der *sozialen Bienen;* Nester meist in Erd- u. Baumhöhlungen; in gemäßigten Zonen einjährige, in den Tropen mehrjährige *Staaten;* wichtige Blütenbestäuber; in Mitteleuropa v. a. *Erd-H., Stein-* u. *Acker-H.*

Hummer, *Homaridae,* Fam. der *Zehnfußkrebse,* wertvolle Speisekrebse mit stark entwickeltem ersten Scherenpaar; hierzu der *Echte H.,* der *Amerik. H.* u. der *Kaiser-H.*

Humọr, heiter gelassene Gemütsverfassung.

Humoreske, 1. heitere Kurzgeschichte. – **2.** Musikstück humorvollen Charakters.

Humperdinck, Engelbert, *1854, †1921, dt. Komponist; Ⓦ Märchenoper »Hänsel u. Gretel«.

Humus, organ. Stoffgemisch, das durch Zersetzung von pflanzl. u. tier. Stoffen entsteht; bildet die dunkle Oberschicht des Bodens, die für das Pflanzenwachstum von großer Bedeutung ist.

Hunan, Prov. in →China.

Hund, 1. 1. *Großer H.,* Sternbild des südl. Himmels, in Mitteleuropa sichtbar; Hauptstern *Sirius.* – **2.** *Kleiner H.,* Sternbild der Äquatorzone des Himmels; hellster Stern *Prokyon.* – **2.** Förderwagen unter Tage, urspr. *Hunt.*

Hunde, *Canidae,* Fam. der *Landraubtiere;* Zehengänger mit stumpfen, nicht einziehbaren Krallen; Kopf langschnäuzig, mit kräftigen Reißzähnen. Zu den H. gehören u. a. *Wolf, Hyänenhund, Mähnenwolf, Füchse, Schakale* u. der *Haushund,* der vom Wolf abstammt u. seit etwa 7000 v. Chr. Haustier des Menschen ist. Nach den versch. Verwendungsarten wurde er in nach Körperbau u. Charakter sehr unterschiedl. (rd. 300) Rassen u. Zuchtformen gezüchtet (planmäßig etwa seit 1850. – **H.rassen,** Zuchtrassen des Haushunds: 1. wildhund- u. schäferhundartige Rassen, 2. doggenartige Rassen, 3. Wind-H. – Ⓑ → S. 380/381

Hundertjähriger Kalender, seit 1701 herausgegebene langfristige Wettervorhersagen mit 100jährigem Rhythmus; für die Vorhersagepraxis unbrauchbar.

Hundertjähriger Krieg, der Krieg zw. England u. Frankreich 1338–1453 (mit Unterbrechungen) um den frz. Thron. Trotz anfängl. großer Erfolge der Engländer wurden diese schließl. – mit Ausnahme von Calais u. den normann. Inseln – aus Frankreich vertrieben; Friedensschluß 1475.

Hundert Tage, die Zeit zw. dem 20. März 1815, an dem *Napoleon I.* nach der Flucht aus Elba in Paris einzog, u. dem 28. Juni 1815, an dem *Ludwig XVIII.* die Regierungsgewalt wieder übernahm; oder auch zw. der Landung Napoleons am 1.3.1815 u. der Niederlage von *Waterloo* (18.6.).

Hundertwasser, Friedensreich, eigtl. Friedrich Stowasser, *15.12.1928, östr. Maler; kommt vom Ornamentalen des Wiener Jugendstils her; auch Fassadenbemalung.

Hundestaupe, akute, blutzersetzende u. sehr ansteckende Viruserkrankung, v. a. der Hunde.

Hundsgiftgewächse, *Apocynaceae,* Fam. der *Contortae;* meist trop. Holzpflanzen, z. B. der *Oleander;* oft giftig.

Hundsgrotte, ital. *Grotta del Cane,* Lavahöhle in den Phlegräischen Feldern, westl. von Neapel; in Bodennähe stark mit Kohlendioxid angereichert, so daß kleinere Tiere, z. B. Hunde, ersticken.

Hundshaie, 1. →Katzenhaie. – **2.** →Marderhaie.

Hundskamille, *Anthemis,* Gatt. der *Korbblütler;* hierzu *Acker-H., Stinkende H.* mit weißen Strahlenblüten, *Färber-H.* mit goldgelben Strahlenblüten u. *Röm.-H.*

Hundskopfaffen, Unterfam. der *Schmalnasen;* hierzu *Mangaben, Makaken, Rhesusaffe, Paviane* u. *Mandrill.*

Hundspetersilie, *Gartenschierling,* bis 1 m hoher *Doldenblütler,* Gartenunkraut; giftig.

Hundstage, in Mitteleuropa meist regelmäßig heiße Jahreszeit vom 24. Juli bis 24. August; nach dem zu dieser Zeit mit der Sonne annähernd gleichzeitig aufgehenden *Hundsstern* (*Sirius*) benannt.

Hüne, Riese, sehr groß gewachsener Mensch.

Hunedoara, Ind.-Stadt in Siebenbürgen (Rumänien), an der Cerna, 90 000 Ew.; Kokerei, Hüttenwerke.

Hünengrab, *Hünenbett,* volkstüml. Bez. für *Megalithgrab.*

Hünfeld, Stadt in Hess., an der Vorderrhön, 13 700 Ew.; elektrotechn., Textil- u. Basaltind.

Hungaria, lat. für *Ungarn.*

Hungerblume, *Erophila,* Gatt. der *Kreuzblütler;* in Dtld. verbreitet ist nur die *Frühlings-H.,* ein 5–10 cm hohes Kraut auf sonnigen Anhöhen.

Hungerödem, *Kriegsödem,* allg. *Gewebswassersucht* infolge chron. Unterernährung oder Mangelernährung.

Hungersteppe, Südteil der Kasachsteppe in W-Turkistan, 75 000 km². – Als *Kleine* oder *Südl. H.* gilt auch der südl. Teil der *Kysylkum,* sw. von Taschkent, rd. 10 000 km².

Hungerstreik, die Verweigerung der Nahrungsaufnahme als polit. Kampfmittel zur Durchsetzung von Forderungen.

Hungertuch, *Fastentuch,* ein Tuch oder Vorhang, meist mit Passionssymbolen, in kath. Kirchen während der Fastenzeit vor dem Altar aufgehängt.

Hungnam, Hafenstadt in Nord-Korea, am Jap. Meer, bei Hamhung, 200 000 Ew.

Hunnen, ein Nomadenvolk, das um 200 v. Chr. ein großes Reich in der Mongolei gründete. Von den Chinesen im 1. Jh. v. Chr. besiegt, zogen Teile der H. westwärts u. unterwarfen um 370 die Alanen in N-Kaukasien, 375/376 die Ostgoten. Unter König *Attila* (dem *Etzel* der germ. Sage) besaßen sie ein großes Reich nördl. des Schwarzen u. des Kasp. Meers; das Byzantin. Reich wurde von ihnen abhängig. Bei ihrem Vorstoß nach Frankreich u. Italien wurden sie von den Römern u. Westgoten 451 auf den *Katalaunischen Feldern* besiegt. Nach Attilas Tod 453 löste sich das Reich der H. auf.

Hụnsrück, sw. Teil des Rhein. Schiefergebirges, zw. Mosel u. Nahe; im *Erbeskopf* 816 m.

Hunt [hʌnt], William Holman, *1827, †1910, engl. Maler; Mitbegr. der *Präraffaeliten.*

Hunte, l. Nbfl. der Weser, 189 km.

Hunter [hʌntə], engl. Jagdpferd.

Huntington ['hʌntɪŋtən], Stadt in W-Virginia (USA), am Ohio, 83 000 Ew.; Univ.; Eisen-, Stahl-, Bekleidungs- u. Möbel-Ind., Bergbau.

Huntington ['hʌntɪŋtən], George, *1851, †1916, US-amerik. Neurologe; beschrieb 1872 erstmalig die erbl. Chorea *(Chorea H.,* →Veitstanz).

Hunyadi ['hunjɔdi], János (Johann), Vater des *Matthias Corvinus,* *um 1385, †1456, ung. Feldherr u. Reichsverweser; siegte 1456 über die Türken.

Jan Hus; die Verbrennung des Reformators während des Konzils zu Konstanz 1415. Wien, Österreichische Nationalbibliothek

Hunnen: Feldzüge im 4. und 5. Jahrhundert

Hunza, Hochgebirgslandschaft im Karakorum, im nördl. Kaschmir; die gleichn. Bewohner sind eine sprachl. u. rassisch isolierte Volksgruppe mit eigener Kultur.

Hürdenlauf, ein leichtathlet. Laufwettbewerb, bei dem meist 10 Hürden von unterschiedl. Höhe übersprungen werden müssen; Strecken: 100 u. 400 m für Frauen, 110 u. 400 m für Männer.

Hure, Dirne, Prostituierte.

Huri, nach dem Koran eine Paradiesjungfrau von unzerstörbarer Jungfräulichkeit.

Huronen, *Huron, Wyandot,* fast ausgestorbener Indianerstamm der *Irokesen.*

Huronsee [′juːrən-], engl. *Lake Huron,* der mittlere u. zweitgrößte der nordamerik. *Großen Seen,* 59 570 km^2, 229 m tief.

Hurrikan [′hʌrikən], trop. Wirbelsturm über dem Atlant. u. dem östl. Pazif. Ozean, mit verheerenden Folgen v. a. über der Karibik, dem Golf von Mexiko sowie den südl. u. sö. Küstenstaaten der USA; von starkem Seegang u. intensiven Niederschlägen begleitet.

Hurriter, *Horiter, Churriter, Churri,* Kulturvolk in Mesopotamien im 3. u. 2. Jt. v. Chr.; breiteten sich im 18. Jh. v. Chr. über Syrien, Palästina u. Ägypten aus u. gründeten um 1600 v. Chr. das Reich *Mitanni.* Nachfahren schufen um 900 v. Chr. das Reich *Urartu.*

Hürth, Stadt in NRW, sw. von Köln, 51 000 Ew.; Braunkohlenabbau, versch. Ind.

Hus, *Huß,* Jan (Johannes), *um 1370, †1415, tschech. theolog. Reformer in Böhmen; unter dem Einfluß der Lehren J. *Wiclifs* bekämpfte er die verweltl. Kirche u. wandte sich erst später gegen versch. Dogmen. 1411 wurde er vom Papst exkommuniziert. Obwohl er freies Geleit zum Konzil von Konstanz von König Sigismund zugebilligt bekommen hatte, wurde er 1414 verhaftet u. 1415 als Ketzer verbrannt.

Husák [′husaːk], Gustav, *1913, †1991, tschechoslowak. Politiker; 1969–87 Parteichef der tschechosl. KP, 1975–89 auch Staats-Präs., 1990 aus der Partei ausgeschlossen.

Husaren, urspr. eine ung. berittene Miliz; bis zum 1. Weltkrieg eine Gatt. der dt. Kavallerie.

Husarenaffe, eine große bodenbewohnende *Meerkatze* in den Steppen des Sudan u. O-Afrikas.

Hüsch, Hanns Dieter, *6.5.1925, Kabarettist; ironisiert kleinbürgerl. Verhalten.

Husky [′hʌski], mittelgroßer, aus Sibirien stammender *Schlittenhund.*

Hussain, arab. Herrscher:
1. *626/27, †680, Sohn des Kalifen *Ali* u. der *Fatima,* Enkel *Mohammeds;* beanspruchte als Nachfolger seines Bruders *Hassan* das Kalifat. – **2. H. I. ibn Ali,** *1853, †1931, König des Hedjas 1916–24; aus dem Geschlecht der *Haschimiden;* ließ sich 1917 in Mekka zum »König von Arabien« ausrufen. – **3. H. II.,** *14.11.1935, König von Jordanien seit 1952 (Krönung 1953); zerschlug 1970/71 die auch seine Herrschaft bedrohenden anti-isr. palästinens. Organisationen.

Hussein, Saddam, *28.4.1937, irak. Politiker (Baath-Partei); seit 1979 Staats-, bis 1991 auch Regierungschef sowie Generalsekretär der Partei, verwickelte den Irak in die beiden →Golfkriege.

Husserl, Edmund, *1859, †1938, dt. Philosoph; Begr. der *Phänomenologie.*

Hussiten, die Anhänger des J. *Hus,* zwei Gruppen: die gemäßigten *Utraquisten* oder *Calixtiner* u. die radikalen *Taboriten.* 1420 forderten sie in vier *Prager Artikeln:* Freiheit der Predigt, den Laienkelch, Armut der Geistl. u. weltl. Strafen für Todsünden. Die Verweigerung ihrer Forderungen u. der Anspruch Kaiser *Sigismunds* auf die böhm. Krone führten zu den *H.kriegen* (1419–36; *Kelchkriege*). Im 16. Jh. schloß sich die Mehrzahl der H. der Reformation an, der Rest der Taboriten ging in den *Böhmischen Brüdern* auf.

Husten, *Tussis,* durch Reize auf die Atemwege ausgelöste, krampfhafte Ausatmungsstöße. Sie dienen dem Auswurf hindernder Stoffe aus Lungen u. Atemwegen.

Huston [′hjuːstən], John, *1906, †1987, US-amerik. Filmregisseur, -autor u. -darsteller (u. a. »African Queen«).

Husum, Krst. u. Hafenstadt in Schl.-Ho., an der kanalisierten *H.er Aue,* nördl. der Halbinsel Eiderstedt, 21 000 Ew.; Giebelhäuser (15.–17. Jh.); Fremdenverkehr; Schiffbau, Fisch- u. a. Ind.

Huthaus, *Zechenhaus,* der Umkleideraum der Bergleute mit den Waschkauen; Aufbewahrungsort für Werkzeuge.

Hütte, **1.** kleines, leichtes Gebäude zum Unterschlupf; armseliges Wohnhaus. – **2.** *Hüttenwerk,* Anlage zur Gewinnung von Metallen aus Erzen, oft verbunden mit der ersten Verarbeitung (Gießen, Walzen, Ziehen), sowie zur Gewinnung von nichtmetall. Rohstoffen (Glas, Schwefel).

Hutten, Ulrich von, *1488, †1523, dt. Reichsritter u. Humanist; Anhänger der Reformation, verband sich mit M. *Luther* u. Franz von *Sickingen,* Mitarbeiter an den gegen J. *Reuchlins* Feinde gerichteten *Dunkelmännerbriefen;* trat für ein einheitl. dt. Kaiserreich ein.

Hutton [′hʌtən], James, *1726, †1797, schott. Geologe; Begr. der modernen Geologie.

Huxley [′hʌksli], **1.** Aldous Leonard, Bruder von 2) u. 3), *1894, †1963, engl. Schriftst.; satir. Romane, fortschrittskrit. Utopien (»Brave new world«), Kurzgeschichten, Lyrik, Essays. – **2.** Andrew Fielding, Bruder von 1) u. 3), *22.11.1917, engl. Physiologe; erforschte den Ionen-Mechanismus, der sich bei der Erregung u.

Hürdenlauf: Läufer beim Überqueren einer Hürde

Hemmung in den peripheren u. zentralen Bereichen der Nervenzellmembran abspielt; zus. mit J. C. *Eules* u. A. L. *Hodgkin* Nobelpreis für Medizin 1963. – **3.** Sir Julian, Bruder von 1) u. 2), *1887, †1975, engl. Biologe; 1946–48 Generaldirektor der UNESCO. – **4.** Thomas Henry, *1825, †1895, engl. Naturforscher, Mediziner, Biologe u. Philosoph; Anhänger der Entwicklungstheorie C. *Darwins* u. Mitbegr. der Abstammungslehre des Menschen.

Huygens, *Huyghens,* [′hœyxəns], Christian, *1629, †1695, ndl. Physiker, Mathematiker u. Astronom; vertrat die Vorstellung von der Wellennatur des Lichts u. stellte das *H.sche Prinzip* auf, nach dem jeder Punkt einer Welle als Ausgangspunkt einer Kugelwelle aufgefaßt werden kann; stellte ferner das Gesetz des elast. Stoßes auf, erfand die Pendeluhr, begr. die Wahrscheinlichkeitsrechnung, stellte die Abplattung des Jupiter fest, erkannte (1656) die wahre Gestalt der Saturnringe u. entdeckte den Saturnmond Titan.

Huysmans [yis′mãs], Joris-Karl, *1848, †1907, frz. Schriftst. fläm. Abstammung; Vertreter des Symbolismus.

Hyänen: Tüpfelhyäne mit Beute

Hvar [xvar], Insel an der mittleren Küste Dalmatiens (Kroatien), 300 km^2, 20 000 Ew., Hauptort *H.;* mildes Klima; Anbau von Südfrüchten, Oliven u. Wein; Fischerei.

Hvid [viːð], dän. Silbermünze (1,3 g) des 14.–17. Jh., 1651–86 in Kupfer geprägt.

Hyaden, 1. in der grch. Sage Nymphen, Schwestern der *Pleiaden.* – **2.** *Regensterne,* loser Sternhaufen im *Stier.*

Hyakinthos, *Hyazinth,* schöner Jüngling u. Heros der grch. Sage; von *Apollon* geliebt, durch einen Diskuswurf getötet.

hyalin, glasartig, durchscheinend.

Hyänen, *Hyaenidae,* Fam. der Landraubtiere, den *Katzen* nahestehende; nächtl. aktive Aasfresser, die in Rudeln auch lebende Beute schlagen. Hierher gehören *Tüpfel-H., Streifen-H., Schobracken-H.* u. i.w.S. auch der *Erdhund.*

Hyänenhund, ein unregelmäßig dreifarbig gezeichneter Wildhund in den Steppen Afrikas südl. der Sahara.

Hyazinthe, *Hyacinthus,* Gatt. der *Liliengewächse;* Zwiebelgewächs, in vielen Farben; Gartengewächs u. Topfpflanze.

Hybride →Bastard

Hybridom, eine Mischzelle, die Abwehrstoffe produziert u. sich zeitl. unbegrenzt vermehrt.

Hybridrechner, eine elektron. Rechenanlage, die Angaben sowohl in digitaler als auch analoger Form verarbeiten kann.

Hybris, in der grch. Religion frevelhafter Stolz, vor allem die Selbstüberhebung gegenüber den Göttern.

Hyde Park [haid paːk], Londoner Park (zus. mit den *Kensington Gardens* 249 ha) westl. der City; mit der »Redneecke« *(Speakers' Corner).*

Hyderabad [′haidərabad], **1.** *Haidarabad, Haiderabad,* ehem. größter u. dichtestbevölkerter ind. Fürstenstaat, seit 1950 Bundesstaat der Ind. Union, 1956 aufgeteilt auf die Bundesstaaten *Bombay* (später *Maharashtra), Maisur* u. *Andhra Pradesh.* – **2.** ehem. Hptst. von 1), seit 1956 Hptst. des ind. Bundesstaats Andhra Pradesh, mit der ehem. Garnisonstadt *Secunderabad* zus. 4,3 Mio. Ew., Univ., Museen, histor. Bauwerke, u. a. die Mekka-Moschee (17. Jh.). – **3.** Ind.-Stadt in Pakistan, am Unterlauf des Indus, 800 000 Ew.; Univ., Flughafen,

Hydra

bed. Verkehrsknotenpunkt, traditionelles Kunsthandwerk.

Hydra, 1. in der grch. Sage eine riesige Schlange mit 9 Köpfen; von *Herkules* getötet. – **2.** *Wasserschlange*, Sternbild am südl. Himmel. – **3.** *Süßwasserpolyp*, der Kl. *Hydrozoa*.

Hydra [neugrch. -'ðra], grch. Insel mit dem gleichn. zentralen Ort vor der Ostküste des Peloponnes, 50 km², 2800 Ew. *(Hydrioten)*; Fremdenverkehr.

Hydrant, Wasserentnahmestelle für Feuerwehr u. Straßenreinigung; der in der Straße liegenden Wasserversorgungsleitung angeschlossen.

Hydrate, anorgan. u. organ. Verbindungen, die Wasser chem. gebunden enthalten; z.B. die Kristallwasser enthaltenden Salze oder das Chloralhydrat.

Hydraulik, 1. die techn. angewandte Lehre von strömenden Flüssigkeiten, bes. die Berechnung von Strömungen in Rohren, an Ausflüssen u. Düsen. – **2.** hydraul. Betätigungssysteme für Lenkung, Kupplung, Bremsen u. a., bei denen Kräfte u. Bewegungsvorgänge mit Hilfe einer volumenbeständigen Flüssigkeit übertragen werden.

Hydrazin, eine chem. Verbindung aus Wasserstoff u. Stickstoff, H_2N-NH_2; farblose, wasserlösl. Flüssigkeit mit Ammoniakgeruch; Derivate als Raketentreibstoff verwendet.

Hydride, chem. Verbindungen des Wasserstoffs mit einem anderen Element.

hydrieren, *hydrogenieren*, Wasserstoff an Grundstoffe unter dem Einfluß von Katalysatoren (z.B. Platin, Palladium, Nickel) anlagern; z.B. bei der Fetthärtung.

hydro..., Wortbestandteil mit der Bedeutung »Wasser«.

Hydrobiologie, Teil der Ökologie, →Hydrologie.

Hydrochinon, *p-Dihydroxybenzol*, ein zweiwertiges Phenolderivat; photograph. Entwicklersubstanz.

hydrogen, aus Wasser erzeugt.

Hydrogenium, lat. für *Wasserstoff*.

Hydrokultur, *Hydroponik*, Haltung von Zimmerpflanzen, Blumen u. Gemüse in Nährlösungen (ohne Erde) unter Verwendung von Kies o. ä. Materialien.

Hydrologie, die Lehre vom Wasser auf, in u. über der Erdoberfläche, d. h. von Vorkommen, Erscheinungsform, Haushalt, von dem vom Wasser transportierten Material u. seinen Lebewesen *(Hydrobiologie)* sowie von seinen Eigenschaften *(Hydrochemie)*. Mit dem Wasser auf der festen Erdoberfläche befaßt sich die Gewässerkunde *(Hydrographie)*, mit dem Wasser unter (in) der Erde (Grundwasser u. Quellen) die *Hydrogeologie*; den Haushalt des Bodenwassers betrachtet die *Geohydrologie*; das Wasser der Atmosphäre behandelt die *Hydrometeorologie*.

Hydrolyse [grch.], Bez. für eine chem. Reaktion zw. organ. oder anorgan. Verbindungen mit Wasser, die auf der Spaltung einer Ionen- oder Atombindung (kovalenten Bindung) beruht. Die H. wird durch die elektrolyt. Dissoziation der Wassermoleküle ermöglicht ($H_2O \rightleftharpoons H^+ + OH^-$), und kann durch eine reversible Gleichung beschrieben werden:

$$AB + HOH \rightleftharpoons AH + BOH$$

Die reagierenden Verbindungen (AB) u. die H.produkte können neutrale Moleküle (wie bei den meisten Reaktionen mit organ. Verbindungen) oder elektr. geladene Moleküle wie Säuren, Basen oder Salze sein. Bei biochem. Vorgängen, z.B. bei der Verdauung, katalysieren bestimmte Enzyme *(Hydrolasen)* die H. von Proteinen, Kohlenhydraten u. Fetten.

Hydrolyt, in Wasser lösl. Mineral.

Hydrosphäre, die Wasserhülle der Erde, Teil der *Geosphäre;* umfaßt das Wasser, das im Meer, in Seen, Flüssen, Gletschern, im Grundwasser u. in der Atmosphäre vorhanden ist.

Hydrostatik, die Lehre von den Gleichgewichtszuständen ruhender, nicht zusammendrückbarer Flüssigkeiten unter dem Einfluß äußerer Kräfte (vor allem der Schwerkraft). Nach dem wichtigsten Gesetz der H. ist der Druck **(hydrostatischer Druck)** im Innern einer Flüssigkeit infolge der Beweglichkeit der Moleküle nach allen Seiten gleich.

hydrostatische Waage, Gerät zur Bestimmung der Dichte fester Körper mit Hilfe des →Auftriebs.

Hydrotherapie, die Heilbehandlung durch Wasseranwendungen (Bäder, Güsse, Packungen u. a.).

Hydroxide, *Hydroxyde*, Metallverbindungen, die die einwertige *Hydroxylgruppe* –OH enthalten. Wäßrige Lösungen der H. reagieren basisch.

Hydroxycarbonsäuren, *Hydroxysäuren*, organ. Säuren, die eine oder mehrere Hydroxylgruppen im Molekül aufweisen, z.B. Apfel-, Wein- u. Citronensäure.

Hydrozoen, *Hydrozoa*, Klasse der *Nesseltiere;* Wasserbewohner, meist mit Generationswechsel in Form der *Metagenese*. Dabei folgen aufeinander der ungeschlechtl. festsitzende *(Hydro-, Hydroid-) Polyp* u. die geschlechtl. frei schwimmende *Meduse* oder *Qualle*. Beide Formen haben Nesselkapseln, die hpts. an den Tentakeln sitzen. – B →S. 374

Hyères [iˈɛːr], Stadt u. Winterkurort im SO von Frankreich, östl. von Toulon, 39 000 Ew.; Seebad; Gemüse- u. Weinanbau; Salzgewinnung. – Vor der Küste die *Îles d'H.* (auch *Îles d'Or*, die antiken *Stöchaden*).

Hygiene, *Gesundheitslehre*, die vorbeugende Med., d. h. die Gesamtheit aller Bestrebungen u. Maßnahmen zur Verhütung von Krankheiten u. Gesundheitsschäden.

Hygro..., Wortbestandteil mit der Bed. »Feuchtigkeit«.

Hygrometer, Meßgerät zur Bestimmung der Luftfeuchtigkeit. *Haar-H.:* bestimmt den Feuchtigkeitsgehalt der Luft anhand der Längenveränderung eines mit einem Zeiger *(Hygrograph)* verbundenen Kunsthaars.

Hygroskop, Gerät zur Schätzung der relativen Luftfeuchtigkeit. – **hygroskopisch**, Bez. für Stoffe, die aus der Luft Wasserdampf aufnehmen, z.B. konzentrierte Schwefelsäure.

Hyle, Stoff, Materie. – **Hylemorphismus**, »Materie-Form-Lehre«, die aristotel.-thomist. Lehre, daß alle Wirklichkeit aus *Materie* [grch. *hyle*] u. *Form* [grch. *morphe*] aufgebaut sei.

Hymen [das], *Jungfernhäutchen*, eine elast., ring- oder sichelförmige Schleimhautfalte am Scheideneingang; wird beim ersten Geschlechtsverkehr zerstört u. bildet sich zu narbigen Resten zurück.

Hymir, *Ymir*, ein Riese der nord. Sage.

Hymne [die], der *Hymnus*, im alten Griechenland ein Preislied auf einen Gott; im Christentum ein Lobgesang zur Preisung Gottes, Christi, aber auch der Heiligen. Seit F. G. *Klopstock* versteht man unter *H.* allg. ein feierl.-getragenes Gedicht mit festl. Rhythmus.

hyper..., Wortbestandteil mit der Bed. »über(mäßig), mehr als«.

Hyperämie, *Überdurchblutung, Blutüberfüllung*, vermehrter Blutgehalt oder verstärkte Durchblutung eines Gewebes, Organs oder Körperteils. Man unterscheidet die *aktive* oder *arterielle H. (Blutandrang),* d. h. Durchblutungszunahme, von der *passiven* oder *venösen H. (Blutstauung),* d. h. Blutüberfüllung infolge verminderten Blutabflusses.

Hyperästhesie, Überempfindlichkeit gegen Druck, Berührung oder Schmerz bei Erkrankungen, z.B. der Nerven.

Hyperbel, 1. eine punktsymmetr., aus 2 Zweigen bestehende Kurve, deren Punkte von 2 festen Punkten (den *Brennpunkten* F u. F_1) Entfernungen haben, deren Differenz ($2a$) konstant ist. Die H.gleichung hat in rechtwinkligen Koordinaten die Form: $b^2 x^2 - a^2 y^2 = a^2 b^2$. – **2.** *Stilistik:* eine unwahrscheinl. Übertreibung.

Hyperboloid, eine Fläche 2. Ordnung, die durch Ebenen in Parabeln, Ellipsen u. Hyperbeln geschnitten wird. *Einschalige* u. *zweischalige* Dreh-H.e entstehen durch Drehung einer Hyperbel um eine ihrer Symmetrieachsen.

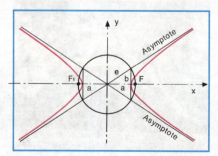

Hyperbel

Hyperboreer, in der grch. Myth. ein glückliches Volk im N Griechenlands.

Hyperemesis, übermäßiges, sehr starkes u. häufiges Erbrechen, bes. das sog. unstillbare Erbrechen der Schwangeren.

Hyperglykämie, Blutzuckererhöhung.

Hyperion, 1. →griechische Religion. – **2.** einer der Saturnmonde.

Hypermetropie, *Hyperopie*, Übersichtigkeit, ein Brechungsfehler des Auges *(Ametropie)*; Ggs.: *Myopie*.

Hyperonen, nichtstabile Elementarteilchen, die in etwa 10^{-10} s zerfallen.

Hyperplasie, die Größenzunahme von Organen durch Zellvermehrung.

Hyperschall, Schallwellen mit Frequenzen über 10^7 kHz.

Hypertonie, *Bluthochdruck*, chron. erhöhter Blutdruck.

Hypertrophie, die meist durch verstärkte Inanspruchnahme hervorgerufene Größenzunahme eines Organs (z.B. der Muskulatur u. des Herzens bei Sportlern).

Hypnos →griechische Religion.

Hypnose, ein schlafähnl. Zustand mit starker Bewußtseinseinengung, herabgesetzter eigener Willensbildung u. Bindung an den Willen des *Hypnotiseurs;* durch *Suggestion* hervorgerufen u. in versch. Graden möglich.

hypo..., Wortbestandteil mit der Bed. »(dar)unter, weniger«.

Hypochondrie [-xɔn-], *hypochondrische Neurose*, übersteigerte Beschäftigung mit der Angst bzw. Überzeugung, körperl. schwer erkrankt zu sein. – **Hypochonder:** eingebildeter Kranker.

Hypophyse, *Hirnanhangdrüse*, eine Drüse *innerer Sekretion* der Wirbeltiere im Bereich des Zwischenhirns an der Schädelbasis, die beim Menschen etwa kirschkerngroß ist. Die aus *Vorder-, Zwischen-* u. *Hinterlappen* bestehende H. ist allen Hormondrüsen übergeordnet u. wird z. T. vom *Hypothalamus* gesteuert. Sie erzeugt v. a. Hormone, regt das Körperwachstum an, beeinflußt Blutdruck, Wasser-, Muskulatur u. Harnausscheidung.

Hypostase, 1. das Absinken des Bluts in die unteren Organabschnitte u. die Verlangsamung des Blutumlaufs bei bettlägerigen Kranken. – **2.** *Hypostasierung*, Verdinglichung von Eigenschaften, Vorstellungen oder Begriffen (z.B. die Annahme des »Dings an sich«). – **hypostasieren**, etwas bloß Gedachtes als wirkl. annehmen oder unterschieben.

Hypotenuse, im rechtwinkligen Dreieck die dem rechten Winkel gegenüberliegende Seite.

Hypothalamus, der untere Teil der Seitenwände des Zwischenhirns. Im H. liegen bei Säugetieren die wichtigsten übergeordneten Regulationszentren des vegetativen Nervensystems. Von hier aus werden Fettstoffwechsel, Blutdruck, Atmung, Wasserhaushalt, Temperatur u. Geschlechtsfunktionen kontrolliert u. gesteuert. Der H. bildet auch die *Releasinghormone*, die die Produktion der Hormone des Hypophysen-Vorderlappens regulieren.

Hypothek, zur Sicherung einer Forderung bestelltes *Grundpfandrecht*, die Hauptform des *Bodenkredits*. Die H. entsteht durch Einigung u. Eintragung in das Grundbuch. Bei der *Brief-H.* wird zur Erleichterung des Umlaufs ein bes. *H.enbrief* ausgestellt, dessen Übergabe neben der Abtretung der Forderung zur Übertragung genügt, ohne daß eine neuerl. Eintragung ins Grundbuch erforderl. ist.

Hypothese, wiss. begründete Annahme; Vermutung, deren Richtigkeit noch bewiesen werden muß; Vorstufe zur *Theorie*. – **hypothetisch**, auf Vermutungen beruhend.

Hypotonie, Bez. für chron. oder langfristig niedrigen Blutdruck; Ggs.: *Hypertonie*.

Hypozentrum, Ausgangspunkt eines Erdbebens, Erdbebenherd.

Hypsometrie, die →Höhenmessung.

Hysterese, 1. *Hysteresis, magnet. H.*, bei ferromagnet. Stoffen das Zurückbleiben der Magnetisierung gegenüber der erregenden magnet. Feldstärke. – **2.** *elastische H.*, elastische Nachwirkung, die bei manchen (z. B. bei gummiartigen) Stoffen nach dem Aufhören einer elast. Beanspruchung zurückbleibenden oder nur sehr langsam zurückgehenden Formänderungen.

Hysterie, veraltete Bez. *(Hippokrates, S. Freud)* für *Konversionsstörung;* in der Alltagssprache wird mit H. eine unangemessene, überzogene seelische Erregung bezeichnet (z.B. Massenhysterie).

Hz, Kurzzeichen für *Hertz*.

I

i, I, 9. Buchstabe des dt. Alphabets, entspr. dem grch. *Jota (i, I).*
i, *Math.:* eine →imaginäre Einheit.
I, röm. Zahlzeichen für *eins.*
Iacocca [aiaˈkɔkə], Lido (»Lee«) Anthony, *15.10.1924, US-amerik. Manager, Ingenieur; 1946–78 bei der *Ford Motor Company*, seit 1978 Präs. der *Chrysler Corp.* Autobiographie (mit W. Novak): »I., eine amerik. Karriere«.
IAEA, Abk. für engl. *International Atomic Energy Agency,* →Internationale Atomenergie-Organisation.
IAEO, Abk. für *Internationale Atomenergie-Organisation.*
Iambus →Jambus.
Ianiculum, ital. *Monte Gianicolo*, einer der Hügel Roms, im W der Stadt.
IAO, Abk. für *Internationale Arbeitsorganisation.*
Iaşi, *Jassy,* Hptst. des gleichn. rumän. Kreises, in der Moldau, 270 000 Ew.; Univ.; Nahrungsmittel-, Metall-, Textil- u. chem. Ind. – Der Friede von I. vom 9.1.1792 beendete den russ.-türk. Krieg 1787–92.
Iason, grch. Sagenheld aus Thessalien, Führer der *Argonauten.* Er gewann mit Hilfe *Medeas* das *Goldene Vlies.*
IATA, Abk. für engl. *International Air Transport Association,* internat. Verband der Luftverkehrsgesellschaften.
Iatrochemie, die Epoche in der Geschichte der Chemie 1400–1700. *Paracelsus,* der Hauptvertreter dieser Richtung, sah die Aufgabe der Chemie in der Schaffung von Arzneimitteln.
Ibadan, zweitgrößte Stadt Nigerias, Hptst. des nigerian. Bundesstaates Oyo, 1,2 Mio. Ew.; Univ., kath. Bischofssitz; Flugplatz.
Ibaditen →Charidschiten.
Ibagué [-ˈge], *San Bonifacio de I.*, Hptst. des Dep. Tolima im zentralen Kolumbien, 297 000 Ew.; Univ., kath. Bischofssitz.
Iban, *See-Dajak, Batang Lupar*, jungindones. Volk (rd. 240 000) mit altmalaiischer Kultur an Küsten u. Flüssen *Sarawaks* (NW-Borneo).
Ibara Saikaku, *Ihara Saikaku*, eigtl. *Hirajama Togo,* * 1642, † 1693, jap. Schriftst. u. Haiku-Dichter; erster Schriftst. des Bürgerstands.
Ibárruri, Dolores, gen. *La Pasionaria*, * 1895, † 1989, span. Politikerin (KP); erlangte im Span. Bürgerkrieg legendären Ruhm.
Ibbenbüren, Stadt in NRW an den Ausläufern des Teutoburger Walds, 44 000 Ew.; Großkraftwerk; Steinkohlenbergbau.

IBCG, Abk. für *Internationaler Bund Christlicher Gewerkschaften.*
Iberer, die vorindoeurop. Bevölkerung der Pyrenäenhalbinsel u. S-Frankreichs, deren ethnische Zugehörigkeit noch nicht geklärt ist. Ihre Kultur entwickelte sich unter grch. u. röm. Einfluß zu bes. Höhe. Die I. hatten in der 2. Hälfte des 1. Jahrtausends v. Chr. befestigte Städte, eine hochstehende Kunst u. eine eigene Schrift. In O-Spanien vermischten sie sich mit den Kelten seit dem 6. Jh. v. Chr. zu *Keltiberern.*
Iberien [lat. *Iberia*], **1.** im Altertum die Landschaft am Oberlauf des *Kyros (Kura)* in Kaukasien, der östl. Teil des heutigen *Georgien.* – **2.** alter Name für die teilweise von Iberern bewohnte u. vom *Iberus* (Ebro) durchflossene Pyrenäenhalbinsel *(Iberische Halbinsel).*
Iberische Halbinsel →Pyrenäenhalbinsel.
Iberisches Becken, Meeresbecken zwischen der Westküste Spaniens u. Portugals u. den Azoren, bis 5834 m tief.
Iberisches Randgebirge, span. *Cordillera Ibérica,* das 460 km lange, von NW nach SO ziehende Bruchfaltengebirge, das die inneren Hochländer *(Meseten)* der Pyrenäenhalbinsel gegen das Ebro-Becken u. gegen das Küstentiefland von Valencia abschließt.
Iberoamerika, *Lateinamerika*, das von den Bewohnern der Iber. Halbinsel (Spanier, Portugiesen) kolonisierte Mittelamerika u. Südamerika.
Gesch.: →Lateinamerika.
Ibert [iˈbɛːr], Jacques, * 1890, † 1962, frz. Komponist; u. a. Schüler von G. *Fauré.*
IBFG, Abk. für *Internationaler Bund Freier Gewerkschaften.*
Ibisse, *Threskiornithidae*, Familie kleinerer *Stelzvögel* mit sichelförmig abwärts gebogenem Schnabel. Der *Heilige Ibis* galt im alten Ägypten als heilig. Zu den I. gehören ferner *Sichler, Löffelreiher* u. *Waldrapp.*
Ibiza [iˈbiθa], Hauptinsel der span. *Pityusen*, zur Inselgruppe der *Balearen* gehörig, 541 km², 48 000 Ew. Die altertüml. Hptst. *I.* liegt an der SO-Küste (Hafen).
IBM [aibiɛm], Abk. für *International Business Machines Corporation.*
Ibn [arab., »Sohn«], Bestandteil arab. Personennamen; hebr. *Ben.*
Ibn Al-Farid, Omar, * 1182, † 1235, arab. Dichter. Sein Diwan ist die höchste Blüte der mystischen arab. Poesie.
Ibn Battuta, * 1304, † 1377, arab. Weltreisender; bereiste 1325–49 N- u. O-Afrika, den Orient, Indien, die Sunda-Inseln, China, Turan u. S-Rußland, 1352/53 das Niger-Gebiet (Timbuktu).
Ibn Chaldun, Abd ar-Rahman, * 1332, † 1406, arab. Geschichtsschreiber; verfaßte eine Weltgeschichte.
Ibn Saud, arab. Dynastie im Nadjd:
1. *Mohammed ibn Saud,* * 1735, † 1766 (?); begründete das Wahhabitenreich. – **2.** *I.S. Abd ül-Aziz III.,* * 1880, † 1953, König von Saudi-Arabien 1932–53; eroberte 1902 Riad zurück u. baute den Wahhabitenstaat im Nadjd neu auf. 1926 König von Hedjas, nannte sich König von Saudi-Arabien. – **3.** Sohn von 2), →Saud.
Ibo, W-afrik. Volk (6,4 Mio.) der Ostregion Nigerias. Verwandt sind die benachbarten *Ibibio* u. *Idio (Ijaw).*
Ibo, *Sassandra*, Fluß in W-Afrika, 500 km.
Ibrahim →Abraham.
IBRD, Abk. für engl. *International Bank for Reconstruction and Development,* →Weltbank.
Ibsen, Henrik, * 1828, † 1906, norw. Schriftst.; meistgespielte Dramatiker (Ideendramen u. gesellschaftskrit. Werke) seiner Zeit; W »Peer Gynt«, »Nora«, »Gespenster«, »Hedda Gabler«, »Baumeister Solness«.
Iburg, *Bad I.,* niedersächs. Stadt, Kneippkurort am Rand des Teutoburger Walds, 9700 Ew.

Ibykos, fahrender grch. Sänger, lebte im 6. Jh. v. Chr. bes. in S-Italien, auf Sizilien u. Samos (bei Polykrates).
IC, 1. Abk. für engl. *integrated circuit,* →integrierte Schaltung. – **2.** Abk. für *Inter-City-Zug.*
Ica, *San Gerónimo de I.* [-xeˈronimo de ˈika], Hptst. des zentralperuan. Dep. Ica, 111 000 Ew.
ICAO, Abk. für engl. *International Civil Aviation Organization*, Internationale Zivilluftfahrt-Organisation der UN; gegr. 1944; Sitz: Montreal.
Icarus, *Ikaros* →Daidalos.
Ica-Stil, Kunststil der S-Küste Perus *(Chincha-Reich)* zu Beginn des 15. Jh.
ICBM, Abk. für engl. *intercontinental ballistic missile* [»interkontinentaler ballistischer Flugkörper«], →Interkontinentalraketen.
ICC, Abk. für engl. *International Chamber of Commerce,* →Internationale Handelskammer.
ICE, Abk. für *Intercity Express,* ein Hochgeschwindigkeits-Eisenbahnzug der Dt. Bundesbahn.
Ich, lat. *ego,* Gegenstand (Objekt) u. Träger (Subjekt) des *Selbstbewußtseins.* Eine bes. Konzeption des I. ist in der *Psychoanalyse* gegeben. Das I. ist hier ein Funktionssystem, in dem bewußte u. unbewußte Regungen zusammenlaufen. Es steht zwischen dem *Es* u. dem *Über-Ich.*
Ichikawa [-ˈtʃi-], jap. Stadt an der Bucht von Tokio, 419 000 Ew.; chem., Metall- u. Textilind.
Ichneumons, *Herpestinae,* Unterfam. der *Schleichkatzen;* hierzu *Ichneumons (i.e.S.), Mungos, Mangusten, Kusimansen, Erdmännchen* u. *Maushund.* Von Spanien bis N-Afrika u. Klein-

Ibo-Frau mit Kind

asien kommt das *Heilige Ichneumon* vor. Südl. der Sahara lebt das *Sumpfichneumon.* Im gleichen Gebiet u. in S-Arabien lebt das *Weißschwanz-Ichneumon.*
Ichnologie, die Wiss. von den Lebensspuren (Spuren, Fährten, Bauten von Lebewesen).
Ichthyol, aus Seefelder Schiefer *(I.-Schiefer),* der fossile Fischreste enthält, durch Destillation gewonnenes, Schwefel- u. Teerverbindungen enthaltendes Öl, das zur Behandlung entzündl. Erkrankungen von Haut, Muskeln u. Knoten dient.
Ichthyologie, die Wiss. von den Fischen.
Ichthyophthirius, ein *Wimpertierchen,* das die ebenfalls I. genannte Fischkrankheit, bes. von Zierfischen, hervorruft.
Ichthyosaurier, *Fischsaurier,* ausgestorbene marine, äußerlich den Delphinen ähnliche *Reptilien,* bis 15 m lang; Verbreitung: Trias bis Kreide.
Ichthyosis →Fischschuppenkrankheit.
Ichthyostega, ausgestorbene Übergangsform zwischen den *Quastenflossern* u. den *Amphibien.*
Ida, neugrch. *Ídhi Óros,* höchstes Gebirge der grch. Insel Kreta, verkarstet, 2458 m; mehrere Höhlen, darunter die *Idäische Grotte.* Nach der grch. Sage wurde hier Zeus von Nymphen aufgezogen.
Idaho [ˈaidəhou], Gliedstaat der →Vereinigten Staaten von Amerika.

Ibiza: Blick auf die gleichnamige Hauptstadt der Insel; hoch oben die im 16. Jahrhundert befestigte Altstadt

Idar-Oberstein, Stadt in Rhld.-Pf., an der Nahe, 35 000 Ew.; Zentrum des europ. Edelsteinhandels (Börse).

Ideal, Hochziel, Musterbild, Inbegriff eines völlig normentsprechenden (logischen, ethischen, ästhetischen u. a.) Verhaltens, das in der Wirklichkeit nicht auftritt, aber doch als zu Verwirklichendes vorgestellt wird.

Idealismus, allg. ein nicht von Eigennutz u. materiellen Interessen, sondern von sittl., kulturellen, humanitären Werten *(Idealen)* bestimmtes Verhalten. In der Philosophie Inbegriff aller (auf *Platon* zurückgehenden) Lehren, die die sinnl. Wirklichkeit als Erscheinung eines Übersinnlichen bestimmen. Ggs.: *Materialismus.*

Idealtypen, zur Erkenntnis u. Beschreibung soz. Zusammenhänge konstruierte Modellvorstellungen.

Idee, 1. Gedanke, Einfall, Vorstellung, reiner Begriff. – **2.** bei *Platon* das (überirdische) »Urbild«, Werde- u. Seinsgrund, das Eigentliche, Wesenhafte, allein wahrhaft, ewig u. unveränderlich Seiende, das der einzelnen sinnl. Erscheinung zugrunde liegt. Die höchste I. ist die des Guten. Über die christl.-neuplaton. Bedeutung »Gedanke Gottes« wurde die I. dann allg. zu »Vorstellung, Bewußtseinsinhalt, Gedanke«, so bei R. *Descartes,* G.W. *Leibniz,* J. *Locke* u. a. Insbes. weltpolit.-historisch wirksame Gedanken u. Begriffe (Ideologien) werden gern als »I.« bezeichnet. – Bei I. *Kant* sind die I. notwendige »Vernunftbegriffe«, für die es keinen Gegenstand in den Sinnen gibt (z.B. Seele, Freiheit, Gott), die sich also nicht erkennen, wohl aber als für den prakt. Vernunftgebrauch gültig postulieren lassen. – Im dt. *Idealismus* dagegen hat I. die Bedeutung »Geist, Weltvernunft, das Absolute«.

ideell, eine Idee betreffend, nur gedacht.

Iden, im altröm. Kalender Bez. für die Monatsmitte. Im März, Mai, Juli u. Okt. fallen die I. auf den 15. Tag, in allen übrigen Monaten auf den 13.

Identifikation, 1. *Identifizierung,* Gleichsetzung; die Feststellung, daß etwas identisch ist. – **2.** *Determination, Bestimmung,* die Feststellung der Artzugehörigkeit eines Organismus. – **3.** der Nachweis der *Identität* einer Person oder Sache. – **4.** der meist unbewußte Vorgang der seel. Bindung an einen anderen Menschen.

identisch, 1. ein u. dasselbe seiend oder bedeutend. – **2.** *Math.:* 1. soviel wie kongruent (geometr.) oder I. u. wertgleich; 2. →Identität (2).

Identität, 1. völlige Gleichheit bzw. Übereinstimmung. – **2.** eine Gleichheitsbeziehung (Symbol: ≡; gelesen: identisch gleich) zwischen zwei algebraischen Ausdrücken, die für alle Einsetzungen der Variablen erhalten bleibt.

Ideogramm, die kleinste Einheit der *Begriffsschrift;* ein Zeichen, um die Bedeutung einer »Idee« (Begriff, Vorstellung) eindeutig festzulegen.

Ideographie, *Ideographik, Ideenschrift,* die →Bilderschrift.

Ideologie, das jeweilige System von Antworten (auf philosoph. Fragen, die objektiv nicht zu beantworten sind), das Grundlegende des menschl. Handelns. Eine I. dient, bewußt oder unbewußt, zur Rechtfertigung von Interessen. Im abwertenden Sinn versteht man unter *I.* ein System von Gedanken, das aus sich selbst heraus so wenig überzeugend ist, daß es durch Gewalt u. Terror gestützt werden muß.

Idfu, *Edfu,* ägypt. Stadt am linken Nil-Ufer, 35 000 Ew.; Horustempel aus der Ptolemäerzeit, der besterhaltene Tempel des ägypt. Altertums.

Idiom, die jeweils bes. Sprechweise, Spracheigentümlichkeit, Mundart.

Idiophon, »Eigentöner«, jedes Musikinstrument, das durch Schlagen, Schütteln, Schrapen, Zupfen oder Reiben in Schwingungen versetzt werden kann u. dadurch selbst Klangträger ist.

Idiosynkrasie, die vom Normalen abweichende, angeborene Überempfindlichkeit des Körpers gegen bestimmte Stoffe; →Allergie.

Idiotie, die schwerste Form des angeborenen oder frühkindl. erworbenen *Schwachsinns.*

Idiotikon, Mundart-Wörterbuch.

Idiotypus, das aus Genotypus u. Plasmotypus bestehende ganze Erbgefüge eines Individuums.

IDN, Abk. für engl. *integrated digital network,* integriertes Text- u. Datennetz, →ISDN.

Igel (1)

Ido, eine der Welthilfssprachen, geschaffen 1907.

Idol, Abgott, Gegenstand der Verehrung, Götzenbild.

Idolatrie, *Idolatrie,* Verehrung von Götzenbildern, Bilderkult.

Idomeneus [-nɔis], in der grch. Sage König von Kreta, Held von Troja.

Idris I., Mohammed *Idris as-Senussi,* *1890, †1983, König von Libyen 1951–69; seit 1916 Oberhaupt der Senussi, 1969 durch Militärputsch gestürzt.

Idrisi, *El Edrisi,* *1100, †1166, arab. Geograph; schuf eine Länderkunde der damals bekannten Welt u. eine frühe Weltkarte (1154).

Idstein, hess. Stadt im Taunus, in der *I.er Senke,* 20 000 Ew.; mittelalterl. Stadtbild.

Idun, lat. *Iduna,* nord. Göttin; Hüterin der goldenen Äpfel, die den Göttern ewige Jugend verleihen.

Idylle [die], das *Idyll,* knappe dichter. Darstellung einer Szene aus dem Bauern- u. Hirtenleben in Gedicht- oder Dialogform. Die ungestörte Einheit von Natur u. Mensch in einem natürl.-alltägl. Rahmen schafft eine heitere u. gelöste Stimmung.

Ife [ˈiːfe], *Ilife,* alte hl. Stadt der Yoruba u. Benin in SW-Nigeria, 176 000 Ew.

Ifen, *Hoher I.,* höchster Gipfel des Bregenzer Walds, auf der dt.-östr. Grenze, 2232 m.

Iffland, August Wilhelm, *1759, †1814, dt. Schauspieler, Theaterleiter u. Bühnenschriftst.; wandte sich als Darsteller vom pathet. zum natürl. Stil u. stellte lebensgetreue Gestalten dar, vor allem komische u. rührende Charakterrollen des bürgerl. Dramas. – **I.ring,** ein Fingerring mit dem Porträt des Schauspielers *I.,* der als höchste Standesauszeichnung für dt.-sprachige Bühnenkünstler vom Träger des Rings jeweils an den von diesem bestimmten besten dt. Schauspieler weitergegeben wird. Träger des I. waren Th. *Döring,* F. *Haase,* A. *Bassermann,* W. *Krauß,* J. *Meinrad* (seit 1959).

IFO-Institut für Wirtschaftsforschung, München, 1949 gegr. wirtschaftswiss. Forschungsinst.; befaßt sich mit kurzfristiger Konjunkturforschung u. mit Untersuchungen zur method. u. materiellen Grundlagenforschung.

IG, 1. *I.G.,* Abk. für *Interessengemeinschaft.* – **2.** Abk. für *Industriegewerkschaft.*

Igel, 1. *i.e.S.: Erinaceus europaeus,* der größte, von Europa bis Vorderasien heim. Insektenfresser, aus der Unterfam. der Stachel-I. Der I. ist ein echter Winterschläfer u. ein Schädlingsvertilger (Insekten, Schnecken, Würmer); er steht unter Naturschutz. – **2.** *i.w.S.: Erinaceidae,* Fam. der Insektenfresser mit den Unterfamilien Stachel-Igel u. Haar-Igel u. Rattenigel.

Igeler Säule, 23 m hoher röm. Grabpfeiler der Fam. Secundinii in *Igel* bei Trier, um 250 n. Chr. errichtet.

Igelfisch, ein stacheliger *Kugelfisch* (Stachen bis 5 cm lang), der sich bei Gefahr stark aufbläht.

Igelkaktus, *Echinocactus,* Gatt. der *Kakteen,* mit meist kugelförmigem Stamm.

Iglau, tschech. *Jihlava,* Stadt in S-Mähren, an der Iglawa, 53 000 Ew.; dt. Gründung Anfang des 13. Jh.; bis 1945 Mittelpunkt der dt. *I.er Sprachinsel.*

Iglu, halbkugeliges, aus Schneeblöcken errichtetes Schneehaus der Eskimo.

Ignatius von Antiochia, Bischof von Antiochia; Märtyrer vor 117 (Fest: 17.10.).

Ignatius von Loyola [-loˈjola], *1491, †1556, Gründer des Ordens der *Jesuiten* (1534); bis 1521 span. Offizier. – Heiligsprechung 1622 (Fest: 31.7.).

Ignis sacer →Ergotismus.

Ignitron, eine industriell verwendete Gasentladungsröhre mit einer Quecksilberkathode u. einer Halbleiter-Zündelektrode, durch deren Eintauchen in Quecksilber die Entladung u. damit die Stromleitung herbeigeführt wird (Initialzündung).

Ignorant, ein unwissender Mensch. – **Ignoranz,** Unwissenheit aus borniert. Interesselosigkeit.

Igor, 1. *877, †945, Fürst von Kiew 912–945; Sohn *Rjuriks.* – **2.** *I. Swjatoslawitsch,* *1151, †1202, Fürst von Nowgorod. Seinen verlorenen Feldzug (1185) gegen die heidn. Kumanen (Polowzer) schildert das *Igorlied,* eine aus dem 16. Jh. stammende Handschrift.

Iguaçu [-ˈsu], span. *Iguazú,* l. Nbfl. des Paraná, 1320 km; bildet die hufeisenförmig angelegten, 4 km breiten, bis rd. 70 m hohen **I.-Fälle;** Wasserkraftwerk.

Ihara Saikaku, eigtl. *Hirayama Togo,* *1642, †1693, jap. Schriftst. (realist.-erot. Sittenromane) u. Haiku-Dichter.

IHK, 1. Abk. für *Industrie- und Handelskammer.* – **2.** Abk. für *Internationale Handelskammer.*

Ihlenfeld, Kurt, *1901, †1972, dt. Schriftst. u. Publizist; Gründer des *Eckart-Kreises;* Zeitromane; Ⓦ »Wintergewitter«.

Ihna, poln. *Ina,* Fluß in Pommern, 129 km; fließt nördl. von Stettin in die Oder-Mündung *(Papenwasser).*

Ihringen, ba.-wü. Weindorf am Kaiserstuhl, 4600 Ew.; kelt. u. röm. Funde.

IHS →Christusmonogramm.

IJ [ɛi], Bucht der ehem. Zuidersee, im SW des *IJsselmeers,* durch einen Damm abgeschlossen.

Ijar, *Ijjar,* der 8. Monat des jüd. Kalenders (April/Mai).

IJmuiden [ɛiˈmœidə], Stadtteil von Velsen (Ndl.), Vorhafen Amsterdams; Fischereihafen.

Ijob →Hiob.

IJssel [ˈɛisəl], **1.** *Ijssel, Yssel,* ndl. Flüsse: 1. *Alte I.,* ndl. *Oude I.,* entspringt nordöstl. von Wesel, vereinigt sich mit der Neuen I. – 2. *Neue,* oder *Gelderssche I.,* ndl. *Nieuwe I.,* Mündungsarm des Rhein, östl. von Arnheim; mündet nach 146 km in das *I.meer.* – 3. *Nieder-I.,* ndl. *Hollandsche* oder *Neder-I.,* Arm im Rhein-Delta zw. Utrecht u. Rotterdam.

IJsselmeer [ˈɛisəl-], Restgewässer einer durch Meereseinbrüche in histor. Zeit, bis etwa ins 14. Jh., entstandenen, 5000 km² großen Bucht *(Zuidersee)* im NW der Ndl. 1932 wurde der Hauptteil durch einen 32 km langen Abschlußdeich vom Meer getrennt; das Land hinter dem Deich wird bis auf einen 1250 km² großen Süßwassersee *(I.)* trockengelegt.

Ikaria, grch. Insel der Südl. Sporaden, 255 km², 8000 Ew., Zentrum *Hagios Kerykos.*

Ikaros, *Icarus,* Sohn des →Daidalos.

Ikarus, einer der *Planetoiden.*

Ikebana [jap. »lebendige Blumen«], die Kunst des Blumensteckens, seit dem 15. Jh. in Japan nach ästhet. u. symbol. Gesetzen gelehrt.

Ikone, in den Ostkirchen jedes auf Holz gemalte oder geschnitzte Tafelbild, im Unterschied zur Wandmalerei. Da die I. nach ihrer Weihe ein Symbol der Gegenwart des Dargestellten ist u. nach der orth. theolog. Lehre auf den Gläubigen einwirkt, genießt sie hohe Verehrung (nicht Anbetung). Die ältesten erhaltenen I. stammen aus dem 6. Jh.

Ikonodule, Bilderverehrer; →Bilderstreit.

Ikonographie, 1. Porträtkunde; die Sammlung aller Porträts einer Person. – **2.** die Erforschung der dargestellten Inhalte in der bildenden Kunst; bes. die Entschlüsselung von Symbolen u. Allegorien.

Iglu: Eskimo beim Iglubau

Iguaçufälle

Ikonoklasmus, Bilderfeindlichkeit, bilderfeindl. Lehre oder Bewegung; →Bilderstreit.
Ikonolatrie, Bilderverehrung, Bilderkult.
Ikonologie, eine Forschungsrichtung der Kunstgesch., die in Ergänzung zur wertindifferenten Methode der *Formanalyse* u. der *Ikonographie* die symbol. Formen eines Kunstwerks deutet.
Ikonoskop, eine Fernsehaufnahmeröhre, von Vladimir K. *Zworykin* 1923 erfunden; löste mechan. Abtastverfahren ab.
Ikonostase, in den Ostkirchen die Bilderwand, die Altarraum u. Kirchenraum trennt.
Ikosaeder, von 20 gleichseitigen Dreiecken begrenzter regelmäßiger Körper.
Iktinos, grch. Architekt, erbaute zus. mit *Kallikrates* 448–432 v. Chr. den Parthenon.
Iktus, Versakzent, Hebung im Vers.
Ikwafieber →Fünftagefieber.
Il, türk. Verw.-Bez., von einem *Vali* geleitet.
Ilagan, philippin. Prov.-Hptst. in N-Luzón, am Cagayan, 110 000 Ew.
Ilang-Ilang, *Ylang-Ylang,* in SO-Asien u. Madagaskar heim. Baum aus der Fam. der *Annonengewächse,* aus dessen weißen Blüten durch Destillation das wohlriechende Macassar-Öl (*Ylang-Ylang-Öl*) gewonnen wird.
Ile de France [i:ldəˈfrɛ:s], Ldsch. im N Frankreichs, der histor. Kern Frankreichs mit Paris als Mittelpunkt.
Ile des Pins [i:ldəˈpɛ̃], *Fichteninsel,* französ. Insel in Ozeanien, sö. von Neukaledonien, 134 km², 800 Ew.
Ilesha [i:ˈlɛiʃa:], Stadt im südwestl. Nigeria, 273 000 Ew.; Handelszentrum.
Iles Loyauté [i:lwajoˈte], *Loyalitätsinseln,* frz. Inselgruppe im südl. Pazif. Ozean, östl. von Neukaledonien; Hauptinseln: *Lifou, Maré* u. *Ouvéa;* zus. rd. 2072 km², 15 000 Ew.
Ileus [ˈiːleˌus] →Darmverschluß.
Ilex →Stechpalme.
Ili, Hauptfluß des Siebenstromlands in Mittelasien, 1000 km; mündet siebenarmig in den Balchaschsee.
Ilias, *Iliade* [nach *Ilion,* antiker Name von *Troja*], das grch. Epos *Homers* vom *Trojanischen Krieg.*
Iliescu [iˈljesku], Ion, *3.3.1930, rumän. Politiker; 1968–84 Mitgl. des ZK der KP; 1989/90 provisor. Staatsoberhaupt, seit 1990 Staats-Präs.
Iligan, philippin. Prov.-Hptst. an der Nordküste Mindanaos, 167 000 Ew.
Ilion, *Ilios,* lat. *Ilium,* antiker Name mehrerer Städte, bes. von Troja.
Iljuschin, Sergej Wladimirowitsch, *1894, †1977, sowj. Flugzeugkonstrukteur.
Ill, 1. l. Nbfl. des Rheins, mündet nach 205 km bei Straßburg. – **2.** r. Nbfl. des Rhein, 75 km; mündet unterhalb von Feldkirch.
Illampu [iˈlʲampu], zwatgipfeliger, vergletscherter Berg in der *Cordillera Real* in Bolivien, 6550 m.
illegal, ungesetzlich, gesetzwidrig.
illegitim, 1. illegal. – **2.** unehelich.
Iller, r. Nbfl. der Donau, 165 km; mündet bei Ulm.
Illertissen, bay. Stadt in Schwaben, an der Iller, 13 000 Ew.; Maschinenbau, pharmazeut.-chem. Ind.
Illicium, nordamerik. u. ostasiat. Gatt. der *Magnoliengewächse.*
Illimani [iʎiˈ], viergipfeliger, vergletscherter Berg der *Cordillera Real* im nw. Bolivien, 6882 m.

Illinois, 1. Gliedstaat der →Vereinigten Staaten von Amerika. – **2.** *I. River,* l. Nbfl. des Mississippi, 440 km; mündet nördl. von St. Louis.
Illit, glimmerähnl. Dreischichttonmineral in marinen Tonen.
Illium, aus Nickel, Chrom, Kupfer, Molybdän, Wolfram, Mangan, Silicium u. Eisen bestehende säurebeständige Legierung.
illoyal [ˈilwajaːl], pflichtwidrig, verräterisch.
Illuminaten, 1776 von Adam *Weishaupt* (*1748, †1830) in Ingolstadt gegr. Geheimbund zur Verbreitung der Aufklärung.
Illumination, 1. festl. Beleuchtung. – **2.** die Verzierung von handgeschriebenen oder gedruckten Büchern, z.B. mit *Initialen.* – **3.** religiöse Erleuchtung.
Illuminationslehre, die auf *Augustinus* zurückgehende Lehre, nach der die unveränderl. Wahrheiten durch göttl. Erleuchtung erkannt werden.
Illuminist, *Illuminator,* Buch- u. Miniaturenmaler.
Illusion, Täuschung, Um- u. Falschdeutung von Sinneseindrücken aufgrund von Erwartungen, Wünschen u. Affekten.
Illusionismus, die Auffassung, daß die ganze Außenwirklichkeit nicht real sei, sondern nur scheinbar, im Sinn der Trauminhalte.
Illusionist, Zauberkünstler im Varieté.
Illustration, die bildl. Darstellung u. Ausdeutung vorgegebener Textinhalte.
Illustrierte →Zeitschrift.
Illyrer, *Illyrier,* antike indogerman. Völkergruppe im NW-Teil der Balkanhalbinsel u. an der Adriaküste. Sie setzten sich auch in O- u. S-Italien (*Apuler, Iapygen, Messapier*) u. in N-Griechenland fest.
Illyrien, grch. *Illyris,* lat. *Illyricum,* das von den *Illyrern* seit dem 4. Jh. v. Chr. besiedelte Gebiet, das ungefähr Bosnien u. Dalmatien umfaßte.
illyrische Sprachen, in der Antike im NW des Balkan gesprochene indogerman. Sprachgruppe.
Illyrismus, eine um 1830 aufkommende kroat.-südslaw. Volkstums- u. nat.-kulturelle Wiedergeburtsbewegung.
Ilm, 1. l. Nbfl. der Saale, 120 km; mündet bei Großheringen. – **2.** r. Nbfl. der Donau, 75 km; fließt durch die Hallertau.
Ilmenau, 1. Krst. in Thüringen, an der Ilm, 29 000 Ew.; TH; Glas- u. Porzellanind.; Wintersportort. – **2.** *Elmenau,* l. Nbfl. der Elbe, 107 km; mündet nördl. von Winsen.
Ilmenit, *Titaneisen,* schwarz-braunes Eisen-Titan-Oxid-Mineral; wirtsch. bed. Titanmineral.
Ilmensee, flacher, schiffbarer See im NW Rußlands, zw. St. Petersburg u. den Waldaj-Höhen. Der Abfluß *Wolchow* mündet in den Ladogasee.
Iloilo, *Ilo-Ilo,* philippin. Prov.-Hptst. im S der Insel Panay, 245 000 Ew.; See- u. Flughafen.
Ilorin, Hptst. des nigerian. Bundesstaates Kwara, nahe dem unteren Niger, 353 000 Ew.; traditionelles Zentrum der Yoruba.
Ilse, r. Nbfl. der Oker, 45 km; entspringt am Brocken.
Ilsenburg, heilklimat. Kurort am nördl. Harzrand im Ilsetal, am *Ilsenstein* (494 m), 7300 Ew.; ehem. Benediktinerkloster.
ILS-Verfahren, Abk. für engl. *Instrument Landing System* [»Instrumentenlandesystem«], ein Schlechtwetter-Anflugverfahren der Luftfahrt mit Hilfe von 2 Funkleitstrahl-Ebenen.
Iltis, *Ratz, Putorius* [*Mustela*] *putorius,* ein meist dunkel gefärbter Marder. Das *Frettchen* ist die gezähmte Form des I.

Ilz, l. Nbfl. der Donau, 60 km; entspringt im Böhmerwald, mündet bei Passau.
Image [ˈimidʒ], Reputation, Leumund; das Bild, das sich die Öffentlichkeit von einer Person oder Firma macht oder machen soll.
imaginär, scheinbar, eingebildet.
imaginäre Einheit, die Quadratwurzel aus –1 (i = $\sqrt{-1}$). *Imaginäre Zahlen* haben i als Faktor (4·i).
Imagisten, eine Gruppe US-amerik. u. engl. Lyriker, die im Einklang mit der ästhet. Theorie von Th. E. *Hulme* gedrängte, schmucklose Bildhaftigkeit erstrebten; Hauptvertreter: E. *Pound,* A.L. *Lowell,* H. *Doolittle,* R. *Aldington.*
Imago, 1. *Vollkerfe,* das erwachsene, geschlechtsreife Tier bei den Insekten, im Gegensatz zu *Larve* u. *Puppe.* – **2.** nach C. G. *Jung* inneres Bild von einer Bezugsperson der frühen Kindheit (Mutter-I., Vater-I.), das Entscheidungen u. Verhalten des Erwachsenen beeinflussen kann.
Imam, 1. der Vorbeter der islam. Gemeinde in der Moschee. – **2.** bei den *Schiiten* das Oberhaupt der gesamten islam. Gemeinde; er muß aus der Fam. des Propheten stammen. Der letzte I. gilt seit Jahrhunderten als verborgen, um am Ende der Zeiten als *Mahdi* (Welterlöser) ein Idealreich zu errichten. – **3.** Titel der früheren Herrscher von Jemen; danach das Land *Imamat.*
Imamiten, Anhänger einer Partei im Islam, die die Wiederkehr des letzten Imam erwarten. Ihre Anschauungen stimmen im allg. mit denen der Schiiten überein.
Imamzade, das Verehrung genießende Grab der islam. Gemeindeleiter (*Imam*) u. Abkommen des Propheten (*Sadat*) im schiit. Persien.
Imari-Porzellan, jap. Porzellan aus Arita (Prov. Hisen), benannt nach dem Hafen Imari; auch als *Arita-Porzellan* bezeichnet.
Imatra, Stadt in SW-Finnland, an den *I.-Fällen,* 35 000 Ew.
Imatrafälle, finn. *Imatrankoski,* Stromschnelle mit Wasserfall (18,4 m) des S-finn. Flusses *Vuoksen* (*Wuoksen*); Großkraftwerk.
Imbabah, N-ägypt. Stadt bei Kairo, 165 000 Ew.; Flußhafen.
Imbroglio [imˈbrɔljo], *Musik:* rhythmisch komplizierte Stellen, bes. das gleichzeitige Auftreten verschiedener Taktarten.
Imentet, *Amentet,* altägypt. Bez. für »Westen«, zumeist als Totenland. Der Westen wird personifiziert durch die ebenfalls I. gen. Göttin.
IMF, Abk. für engl. *International Monetary Fund,* →Internationaler Währungsfonds.
Imhotep, grch. *Imuthes,* ägypt. Architekt u. Arzt, Ratgeber des Königs Djoser (3. Dynastie, um 2650 v. Chr.). In hellenist. Zeit wurde er in Memphis als Gott der Heilkunst verehrt.
Imidazol, *Glyoxalin,* eine heterozyklische Stickstoffverbindung; Grundsubstanz der Aminosäure *Histidin.*
Imide, chem. Verbindungen, die den *Amiden* entsprechen, aber organ. Verbindungen mit einer Kohlenstoff-Stickstoff-Doppelbindung im Molekül enthalten.
Imitation, Nachahmung, nachahmende Wiederholung.
Imkerei, Haltung u. Zucht der Honigbiene. Geerntet werden Honig, Wachs u. auch Bienengift.
Immaculata, »die Unbefleckte«, in der kath. Kirche lat. Ehrenname *Marias,* die, »unbefleckt emp-

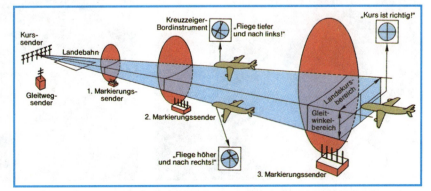
ILS-Verfahren: Schema des Landeanflugs mit Hilfe des Instrumenten-Landesystems (ILS)

fangen«, vom ersten Augenblick ihrer Existenz an von jedem Makel der Sünde u. Erbsünde frei war u. »vor, in u. nach der Geburt Jesu« Jungfrau blieb.

immanent, innewohnend, darin enthalten, seine Systemgrenzen einhaltend; Ggs.: *transzendent*.

Immatrikulation, Einschreibung (d. h. Aufnahme) in das Studentenverzeichnis *(Matrikel)*; Ggs.: *Exmatrikulation*.

immediat, unmittelbar.

Immediateingabe, unter Umgehung des Instanzenwegs bei der obersten Instanz vorgebrachte Eingabe in Rechtsangelegenheiten.

Immen →Bienen.

Immenstadt im Allgäu, bay. Stadt in Schwaben, 731 m ü. M., zw. Iller u. Alpsee am Fuß des *Immenstädter Horns* (1490 m), 14000 Ew.; Fremdenverkehr.

Immergrün, *Singrün*, *Vinca*, Gatt. der *Hundsgiftgewächse*; kleine, immergrüne Stauden, mit blauen, selten weißen oder rosa Blüten; auch verbreiteter Name für Efeu.

Immermann, Karl Leberecht, *1796, †1840, dt. Schriftst.; führte von der Romantik zu einem für Ldsch., Volk u. Gesch. aufgeschlossenen Realismus.

Immersion, 1. der Eintritt eines Mondes in den Schatten seines Planeten. – **2.** die Einbettung eines Stoffs in einen andern Stoff, der gewisse erwünschte physikal. Eigenschaften hat.

Immission, die Einwirkung von unkörperl. Störungen (z.B. Geräusche, Erschütterungen, Gase, Gerüche, Dampf u. Wärme) von einem Nachbargrundstück her (§ 90 b BGB). Die Einwirkung von Luftverunreinigungen (Substanzen, die mit der Luft transportiert werden, z.B. Ruß, Kohlenmonoxid, Schwefeldioxid, Fluorwasserstoff, Schwermetalle u. a.) auf Lebewesen oder Gegenstände; jede I. ist die Folge einer →Emission. Als Meßgröße der I. wird die *Schadstoffkonzentration* angegeben. Diese ist in der BR Dtld. nach den Vorschriften der »technischen Anleitung zur Reinhaltung der Luft« (→TA-Luft) in der Nähe der Einwirkungsstelle in Atemhöhe oder in Höhe der oberen Begrenzung der Vegetation oder im Staubniederschlag zu ermitteln. Der Schutz vor schädlichen I.n soll durch die Festsetzung von *I.swerten* erreicht werden. – Das **Bundesimmissionsschutzgesetz** in der Fassung vom 14.5.1990, ergänzt durch Regelungen in den Bundesländern, bestimmt Grenzwerte für I.en bestimmter Schadstoffe sowie die Anforderungen, die an Anlagen, Geräte, Einrichtungen u. Stoffe (z.B. Brennstoffe, PVC) zu stellen sind; es schreibt ferner die Aufstellung von Luftreinhaltungsplänen in *Belastungsgebieten* vor. – **I.sschäden** in Waldbeständen bewirken Rückgänge des Zuwachses, Reduktion der Vitalität bei gleichzeitigen Vermehrungen verschiedener Krankheitsbilder, Ausfall rauchempfindlicher Baumarten (Tanne, Ulme) u. letztlich die Auflösung u. den Zerfall der Waldungen.

Immobiliarklausel, die bes. Ermächtigung für *Prokuristen* zur Veräußerung u. Belastung von Grundstücken *(Immobilien)* des Unternehmens.

Immobilien, *Liegenschaften*, unbewegl. Sachen: Grundstücke u. grundstücksgleiche Rechte.

Immobilienfonds [-fɔ̃:], Vermögensanlage in Grundstücken, die mit Wohn- oder Geschäftshäusern bebaut oder bebaut werden sollen.

Immortalität →Unsterblichkeit.

immun, geschützt, unempfindlich, z.B. gegen Krankheitserreger.

Immunbiologie, Zweig der Biologie bzw. Medizin, der sich mit Fragen der Immunisierung sowie der Antigen-Antikörper-Reaktionen eines Organismus beschäftigt.

immunisieren, unempfindlich machen.

Immunität, 1. Unempfindlichkeit, Abhärtung; der Zustand eines Organismus, in dem durch Bildung von *Antikörpern* die Reaktionsfähigkeit des Organismus gegenüber einem Antigen (Krankheitserreger oder Schädiger) in bestimmter Weise verändert ist. Die Anwesenheit der Antikörper bedingt den Immunzustand; ihre Bildung wird durch das eindringende Antigen ausgelöst. Gelangen später er-

INDIANER

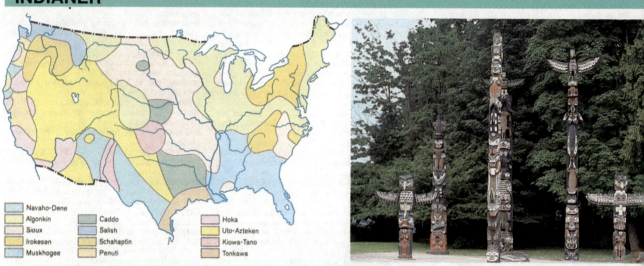

Die Indianer im heutigen Gebiet der USA vor dem Eindringen der Europäer (links). – Totempfähle im Stanley Park, Kanada (rechts)

Indianerin im Pueblo-Reservat in Arizona (links). – Fundament des Muyamarca in der Inkafestung Sacsayhuaman bei Cuzco. Die regelmäßige Anordnung der Steinblöcke wird unterschiedlich gedeutet: Sonnenuhr, Wasserturm, Zufluchtsort (rechts)

neut Antigene in den Körper, so wirken die Abwehrmaßnahmen durch die noch vorhandenen Antikörper so rasch, daß es meist nicht mehr zu einer Erkrankung kommt. – Zuweilen wird die Resistenz als *natürliche I.* bezeichnet, im Gegensatz zur sekundären, erworbenen I. im beschriebenen Sinn. *Aktive I.* liegt vor, wenn sich Antikörper im Organismus selbst gebildet haben: 1. nach Überstehen einer Infektionskrankheit durch im Körper verbleibende natürl. Erreger; 2. durch Reaktion auf abgeschwächte oder abgetötete Erreger, die durch Impfung in den Körper gebracht wurden (natürl. u. künstl. aktive I.). *Passive I.* wird erzielt durch Einspritzung von Serum, das Antikörper enthält **(Immunisierung)**. *Simultanimmunisierung* ist die Verbindung von Impfung u. Immunisierung. – **2.** die Freistellung bestimmter Personen von der Anwendung staatl. Zwangsgewalt, v. a. der Strafgewalt, z.B. Parlamentsabgeordnete, fremde Staatsoberhäupter, Diplomaten (oder sonstige Staatsvertreter kraft bes. Verträge) sowie in bestimmten Fällen Angehörige der Streitkräfte auf fremdem Staatsgebiet. Zur Rechtsstellung der *Diplomaten*: →Exterritorialität. – **3.** *Rechtsgeschichte*: im röm. u. im Merowingerreich die Freiheit der kaiserl. Domänen, des Königsguts u. gewisser Privatgüter von öffentl. Leistungen u. Abgaben. Im Frankenreich wurde die I. auf den Adelsbesitz ausgedehnt. – Im Kirchenrecht ist I. die früher bes.
von der kath. Kirche beanspruchte Befreiung kirchl. Personen, Orte u. Güter von öffentl. Diensten, Leistungen u. Lasten, die mit dem geistl. Stand unvereinbar sind, z. T. auch allg. Abgabenfreiheit des Klerus u. des Kirchenvermögens; in der BR Dtld. heute noch anerkannt als persönl. I.
Immunoglobuline, Eiweißstoffe mit Antikörperwirkung.
Immunologie, *Immunitätslehre*, die Wiss. von der →Immunität (1) u. den immunbiolog. Reaktionsweisen des Organismus.
Immunosuppression, die Maßnahme zur Unterdrückung der Abwehrreaktionen des Empfängerorganismus gegen ein körperfremdes Spenderorgan (Spendergewebe) bei der Transplantation.
Immunserum, ein Serum mit Antikörpern gegen bestimmte Krankheitserreger.
Immunsystem, Abwehrsystem des Wirbeltierorganismus gegen Krankheitserreger u. körperfremde Antigene.
Impala, *Schwarzfersenantilope*, eine *Antilope* von 95 cm Schulterhöhe in Angola, Botswana u. O-Afrika.
Impasto, frz. *Empâtement*, eine Maltechnik mit dickem, meist unregelmäßigem Farbauftrag.
Impeachment [im'pi:tʃmənt], in den USA die öffentl. Klage gegen den Präs. oder hohe Beamte wegen Hochverrats, Bestechung u. a. schwerer Verbrechen u. Vergehen.
Impedanz, der Wechselstromwiderstand.
Imperativ, 1. *Ethik*: das Gebot der Pflicht, z.B. der →kategorische Imperativ. – **2.** *Grammatik: Befehlsform*, z.B. »komm!«.
imperatives Mandat →Mandat.
Imperator, im alten Rom Ehrentitel des siegreichen Feldherrn, seit *Cäsar* Ehrentitel der röm. Kaiser.
Imperfekt, *Grammatik*: das Tempus zur Bez. nicht abgeschlossener Handlungen in der Vergangenheit; →Präteritum.
Imperfektiv, *Grammatik*: der unvollendete (eine Handlung als unvollendet interpretierende) *Aspekt*.
Imperia, ital. Stadt in Ligurien, Hptst. der gleichn. Prov., 42 000 Ew.; Hafen, Seebad.
Imperialismus, das Streben eines Landes oder seiner Führungsschicht nach größtmögl. Macht über andere Länder (als Kolonien, Provinzen u. ä.), bes. nach der Weltherrschaft. – Im Altertum waren Makedonien-Griechenland unter Alexander d. Gr. u. das Rom der Kaiserzeit die erfolgreichsten imperialist. Mächte, denen die Beherrschung der damals bekannten Welt nahezu vollständig gelang. Mittelalter. Vertreter des I. waren der Islam, die christl. Kirche u. einzelne weltl. Herrscher, bes. einige Vertreter des *universalen Kaisertums*. Mit dem Aufkommen der Nationalstaaten u. der Erweiterung der geograph. Kenntnisse entstanden nationalstaatl.-koloniale Imperien: der span., portug., ndl., frz., engl., russ. u. US-amerik. I. (→Kolonialismus). Der span. I. war gefärbt vom kath. Bekehrungseifer, der engl. I. vom puritan. Sendungsbewußtsein u. von der Kulturmission des weißen Mannes, der russ. I. von byzantin.-orth. u. panslawist. Ideen, der US-amerik. I. von demokrat. Freiheitsideen. Stets war grundlegend für den I. ein wirtsch. Interesse: im Altertum vornehml. Tributpflicht, der Zugang zu wichtigen Rohstoffen u. der Sklavenhandel, in der Neuzeit vornehml. die Schaffung neuer Absatzmärkte u. die Gewinnung neuer Möglichkeiten der Kapitalanlage (*Wirtschafts-I.*). Die Mittel zur Durchsetzung des I. reichen von der brutalen militär. Unterwerfung über polit.-diplomat. Maßnahmen (Schutzverträge, Protektorate, Aufdrängung von polit. u. militär. Beratern) u. finanziellen Transaktionen (Anleihen, Wirtschaftshilfe, Subsidien, Konzessionen) bis zu den propagandist. Methoden (Presse, Rundfunk, Kulturveranstaltungen u. ä.).
Imperium, urspr. die unumschränkte militär. u. zivile Befehlsgewalt der hohen Beamten im alten Rom; seit dem 1. Jh. n. Chr. Bez. für das Röm. Reich (*I. Romanum*), im MA für das Heilige Röm. Reich.
impermeabel, undurchlässig, undurchdringlich.
impertinent, ungehörig, frech; herausfordernd unverschämt.
impetuoso, musikal. Vortragsbez.: ungestüm, heftig.
Impfpistole, für Massenimpfungen verwendete Impfspritze mit selbsttätiger, genau dosierter, fortlaufender Impfstoffentnahme.
Impfung, 1. *Vakzination*, Maßnahme zum Schutz gegen Infektionskrankheiten; →Schutzimpfung. – **2.** *Beimpfung*, die Übertragung von Mikroorganismen auf einen festen Nährboden oder eine Nährlösung mit Hilfe der *Impfnadel*.
Impfzwang, die gesetzl. angeordnete Pflicht, sich einer Schutzimpfung zu unterziehen.
Imphal [imp'hʌl], Hptst. des ind. Bundesstaats *Manipur*, 125 000 Ew.; Kunsthandwerk.
Implantation, die Einpflanzung körperfremder Gewebe oder Stoffe.
Implementierung, Vervollständigung einer Anlage mit Zusatzgeräten u. -programmen, bes. in der Datenverarbeitung.
implizieren, (unausgesprochen) mit einbeziehen, einschließen.
Implosion, plötzl. Eindrücken der Wände eines hohlen Körpers durch den äußeren Druck (Luftdruck); →Explosion.
Imponderabilien, Unwägbarkeiten; unfaßbare, kaum merkliche, unberechenbare, aber trotzdem oft sehr wichtige Einflüsse u. Faktoren.
imponieren, *Verhaltensforschung*: Bez. für ein ritualisiertes Aggressionsverhalten ohne Kampftendenz, im Gegensatz zum *Drohverhalten*; Bestandteil der Balz.
Import, *Einfuhr* →Außenhandel.
Impotenz, Zeugungsunfähigkeit, bes. die des Mannes (männl. Unfruchtbarkeit). Hierbei ist zu unterscheiden zw. Beischlafunfähigkeit, *Impotentia coeundi*, wobei entweder Störungen der Gliedsteifung (*erektive I.*) oder des Samenergusses (*ejakulative I.*) vorliegen, u. Zeugungsunfähigkeit, *Impotentia generandi*, wobei trotz normal vollziehbaren Beischlafs eine Befruchtung unmöglich ist, weil in der Samenflüssigkeit gar keine oder zu wenig lebende, befruchtungstüchtige Samenzellen (Spermien) vorhanden sind.
imprägnieren, feste Stoffe, z.B. Holz, Papier oder Gewebe, mit Flüssigkeiten von bestimmten schützenden Eigenschaften durchtränken.
Impresario, der Geschäftsführer künstlerischer Unternehmungen, bes. der Opern-, Konzert- u. Zirkusunternehmen.
Impressionismus, 1. eine Stilrichtung im letzten Drittel des 19. u. zu Beginn des 20. Jh., die den augenblicksgebundenen, natürlichen Eindruck (die objektive *Impression*) eines Objekts zum eigentwertigen Inhalt der künstler. Darstellung machte u. das Objekt nicht mehr nur als Bedeutungsträger für eine darüber hinausgehende »Aussage« verstanden wissen wollte. Anlaß für die Prägung des Wortes I. war das 1874 in Paris ausgestellte Gemälde »Impression – soleil levant« von C. *Monet*. Die Bewegung des I. entstand in Frankreich, zunächst u. am ausgeprägtesten in der Malerei, u. griff auf andere Länder über.
Bildende Kunst. Im Protest gegen die formelhafte Malerei der Akademien, gegen die unnatürl. Beleuchtung der Ateliermalerei u. ihre dunkle Palette u. gegen die überstarke Betonung des Inhaltlichen faßte der I. das Naturvorbild als augenblicklichen Farbreiz auf, ein zufälliger Naturausschnitt wurde in seiner farbigen Erscheinung bis in die feinsten Abstufungen hinein festgehalten.

Indianerfest »Indian Days« in Banff

Peruanische Indios mit dem Grabstock bei der Feldarbeit

Lovis Corinth, Inntallandschaft; 1910. Berlin, Staatliche Museen Preußischer Kulturbesitz, Nationalgalerie

Impressum

Das führte zur *Freilichtmalerei,* die eine radikale Aufhellung der Palette mit sich brachte. Um die Reinheit der neugewonnenen Farben nicht zu beeinträchtigen, wurden sie auf der Leinwand nebeneinandergesetzt u. oft in Kontrastpaare zerlegt, die sich, freilich erst bei größerem Abstand des Betrachters, zu einem atmosphärischen, meist bewegten Gesamteindruck wieder vereinten. Aus der weiteren Stilisierung dieses Kunstmittels ergab sich seit etwa 1885 der *Neoimpressionismus* oder *Pointillismus* (Hauptmeister: G. *Seurat,* P. *Signac*). Ungemischte Farben wurden hierbei punkt- oder kommaförmig so nebeneinandergesetzt, daß sie in ihrem Gesamteindruck sich zu den gewählten Motiven zusammensetzten. Auch in der Plastik gibt es den Begriff der impressionist. Behandlung. Hauptmeister der frz. I. waren É. *Manet,* C. *Monet,* E. *Degas,* C. *Pissarro,* A. *Sisley,* A. *Renoir* (in der Plastik A. *Rodin* u. M. *Rosso*); in Dtld. M. *Liebermann,* M. *Slevogt* u. L. *Corinth*.
Literatur. Der literar. I. ist eine Richtung, die nach dem Vorbild der impressionist. Malerei aus momentanen sinnl. Eindrücken ein Bild der Wirklichkeit zusammenfügen wollte. Mit der Ausdeutung von Farben, Tönen u. Düften werden in feinsten Schattierungen einmalige Seelenzustände u. zufällige Stimmungen geschildert. Führende deutschsprachige Impressionisten waren D. von *Liliencron,* P. *Altenberg,* P. *Hille,* A. *Schnitzler,* M. *Dauthendey,* R. *Dehmel,* der junge H. von *Hofmannsthal* u. der junge R.M. *Rilke*.
Musik. Die impressionist. Musik, eine Stilrichtung in der Zeit zw. 1890 u. 1920, ist weitgehend identisch mit dem persönl. Stil von Claude *Debussy.* Stilist. Merkmale der impressionist. Musik sind: Ausweitung der Tonalität durch Verwendung anderer Tonskalen als der Dur-Moll-Tonalität, Parallelharmonik, Zerlegung des Klanglichen in möglichst viele Einzelfarben durch Berücksichtigung der Obertöne u. differenzierteste Instrumentation, vollkommene Verbindung von Melodik u. Harmonik. Hauptvertreter des impressionist. Musik waren: in Frankreich neben Debussy noch Maurice *Ravel,* in Amerika E.A. *MacDowell,* in England F. *Delius* u. C. *Scott,* in Spanien M. de *Falla,* in Italien O. *Respighi,* in Polen K. *Szymanowski,* in Dtld. F. *Schreker* u. M. *Reger.* – **2.** →Sensualismus.
Impressum, die bei jedem Druckwerk pressegesetzlich vorgeschriebenen Angaben über Drucker u. Verleger.
Imprimatur, Abk. *imp., impr.,* Vermerk der Druckerlaubnis durch den Verfasser (nach Prüfung der letzten Korrekturen); bei kath. Schriften die Druckerlaubnis durch die zuständige bischöfl. Behörde.
Imprimé [ɛ̃pri'me], bedruckter Stoff; Drucksache.
Impromptu [ɛ̃prɔ̃'ty], ein freies, an keine festgelegte Form gebundenes Tonstück (meist in Liedform); vor allem in der Klaviermusik der Romantik.
Improvisation, 1. eine ohne jede Vorbereitung (aus dem *Stegreif*) unternommene Handlung. – **2.** die Kunst des freien Phantasierens auf einem Instrument, wie sie bis in die Zeit der Klassik Bestandteil der musikal. Ausbildung war u. vor allem in der Kirchenmusik gefordert wurde. In neuerer Zeit wird sie von den Interpreten – wie auch im Jazz – wieder stärker verlangt (K. *Stockhausen,* P. *Boulez*).
Impuls, 1. Anstoß, Antrieb; Entschluß, der dem Augenblick entspringt. – **2.** *Physik:* 1. die *Bewegungsgröße* eines Körpers, d. h. das Produkt aus Masse u. Geschwindigkeit; 2. (gelegentlich auch) der *Kraftstoß,* d. h. die Änderung der Bewegungsgröße bei einer kurzzeitig wirkenden Kraft (Schlag, Stoß); 3. (im übertragenen Sinn) ein kurzzeitiger elektr. Spannungs- oder Stromstoß.
Impulstechnik, die Technik der kurzzeitigen elektr. Strom- oder Spannungsimpulse, ein Teilgebiet der *Hochfrequenztechnik* (Fernsehen, Radar, Pulsphasenmodulation u. a.).
Imst, östr. Bez.-Stadt in Tirol, eingangs des Gurgltals, 828 m ü. M., 5800 Ew.
In, chem. Zeichen für Indium.
in absentia, in Abwesenheit.
in abstracto, rein begrifflich, in der Theorie.
in aeternum, auf ewig.
Inari, schwed. *Enare,* weitverzweigter, mit vielen Inseln durchsetzter See N-Finnlands, (ohne Inseln) 1050 km².

Inauguraldissertation, *Dissertation,* die wiss. Arbeit zur Erlangung der Doktorwürde.
inaugurieren, anregen, einführen; feierl. in Amt oder Würde einsetzen.
Inc., Abk. für engl. *incorporated,* »als Gesellschaft eingetragen«, in den USA Zusatz zum Namen einer der dt. AG in der Rechtsform entspr. Handelsgesellschaft.
inch [intʃ], Kurzzeichen in, fr. auch ″, brit. Längenmaß, entspr. dem *Zoll;* 1 in = 2,54 cm; 12 in = 1 *foot* = 30,48 cm.
Inchon [in'tʃun], *Intschon,* Hafen der südkorean. Hptst. Seoul, am Delta des Hangang, 1,7 Mio. Ew.; Hochschulen; Metall-, Textil-, Nahrungsmittelind., Maschinen- u. Schiffsbau, Ölraffinerie, Kraftwerke; Flughafen.
incorporated [-'kɔ:pəreitid] →Inc.
Incoterms [-tə:mz], Abk. für engl. *International Commercial Terms,* »Internationale Handelsklauseln«, von der *Internat.* Handelskammer in Paris 1936 formulierte, 1953 erneuerte Umschreibung der wichtigsten internat. gebräuchl. Handelsklauseln, z.B. *cif, fob, fas*.
Incubus, männl. Teufel als Sexualpartner. Spielte zur Zeit der Hexenprozesse in den Anklagen eine große Rolle.
Incus, *Amboß,* ein Gehörknöchelchen der Säugetiere.
Indanthrenfarbstoffe, Farbstoffe mit bes. guten Eigenschaften wie Lichtechtheit, Waschbeständigkeit u. Wetterfestigkeit.
Indefinitum, →Pronomen.
Indemnität, 1. die haushaltsrechtl. Entlastung der Regierung durch das Parlament. – **2.** die Nichtverfolgbarkeit von Äußerungen der Abgeordneten im Parlament. Dies gilt nicht für verleumder. Beleidigungen. Die I. ist zu unterscheiden von der →Immunität (2).
Independence Day [indi'pɛndəns dei], »Unabhängigkeitstag«, der US-amerik. Nationalfeiertag (4.7.), der an die Unabhängigkeitserklärung der USA vom 4.7.1776 erinnert.
Independenten, eine reformierte kirchl. Partei (aus der Anglikan. Kirche hervorgegangen), die sich in England im 17. Jh. bildete u. die Eigenständigkeit der kirchl. Einzelgemeinde nicht nur gegenüber Staat u. Bischof, sondern auch gegenüber den Synoden erstrebte. I. sind u. a. die *Kongregationalisten, Baptisten* u. *Quäker*.
Inder, die Bevölkerung der Indischen Union (rd. 750 Mio.). Die I. weisen sowohl im Körperbau wie in der Kultur große Unterschiede untereinander auf: Neben den hochkultivierten Nordindern (Hindu, Moslems) u. den Küstenbevölkerungen S-Indiens *(Malabaren, Tamilen)* finden sich im Innern der Halbinsel urtüml. Hackbauernstämme mit Brandrodung, in den Waldgebirgen sogar Wildbeuterstämme. ·
Von den Sprachgruppen ist die der *Drawida* von NW her eingewandert u. bis zur Südspitze Indiens (Tamilen) gelangt; 175 Mio. sprechen noch Drawida-Sprachen. Die letzte große Einwanderung war die der Stämme mit indoeurop. (»arischen«) Sprachen (500 Mio.), die sich vor allem in N-Indien ausbreiteten u. dort heute noch den Bevölkerungstypus bestimmen (z.B. *Sikh, Rajputen, Maharathen*). Ferner sprechen 3 Mio. Inder sino-tibet. Sprachen.
Dem körperl. Erscheinungsbild nach gehören die urtümlichsten Stämme S- u. N-Indiens zu den *Wedditen* u. *Indomelaniden.* Die hellhäutigen Rassen Indiens, der Hauptteil der Bevölkerung, gliedern sich in *Indide* (mit der Untergruppe *Nordindide*) u. *Orientalide.*
Starke Auswanderung führte zu einem bedeutenden Auslandsindertum, so vor allem auf Sri Lanka, in Nepal, Bhutan, Birma, Malaysia, Singapur, Fidschi, Mauritius, Süd- u. Ostafrika. Diese Auslandsinder leben vielfach als Händler u. Handwerker.
Inderagiri, *Indragiri,* größter Fluß Sumatras, 400 km; mündet südl. von Singapur.
Indeterminismus, die Lehre von der Nichtbestimmtheit des Willens durch äußere Kausalfaktoren u. Motive (Ggs.: *Determinismus*) oder die Lehre von der *Willensfreiheit* als der Möglichkeit, spontan, im Ggs. zur gewohnten Handlungsweise, einen Entschluß zu realisieren.
Index, 1. alphabet. Register von Titeln, Namen oder Sachbegriffen am Ende eines Buchs. – **2.** *I. librorum prohibitorum,* das Verzeichnis der vom Papst für jeden Katholiken verbindlich verbotenen Bücher, deren religiöser oder sittl. Inhalt die Gläubigen gefährden könnte; erstmals 1559, letzte amtl.

Ausgabe 1948; 1966 in seiner kirchenrechtl. bindenden Form abgeschafft. – **3.** Bez. für in kleinerer Schrift angehängte Zahlen oder Buchstaben, die gleichartige mathem. Größen unterscheiden; z.B. $A_1, A_2; h_a, h_b, h_c; a_{j1}, a_{j2}$. – **4.** *I. zahl,* characterist. Vergleichszahl; eine Meßziffer, die die Veränderungen mehrerer gleichartiger Reihen in einem einzigen Ausdruck darstellt (Preis-, Mengen-I.). Der nach spezif. Methoden berechnete Wert für einen Zeitpunkt oder Zeitraum wird gleich 100 *(Basis, Basisjahr)* gesetzt, u. die zu vergleichenden Werte werden dazu ins Verhältnis gebracht.
Indexlohn, ein Entlohnungssystem, bei dem die Löhne an die allg. Preisentwicklung in der Wirtschaft gekoppelt sind.
Indexregister, ein Register in einem Computer.
Indiaca, altes Federballspiel der südamerik. Indianer, dem *Volleyball* verwandt.
Indiana [indi'ænə], Gliedstaat der →Vereinigten Staaten von Amerika.
Indiana [indi'ænə], Robert, eigtl. John *Clark,* * 13.9.1928, US-amerik. Maler.
Indianapolis [indiə'næpəlis], Hptst. von Indiana (USA), am White River, 720 000 Ew.; Universitäten, Museen; bed. Handels-, Ind.- u. Verkehrszentrum; Autorennstrecke.
Indianer, span. *Indios* [»Bewohner Indiens«, nach der irrtüml. Meinung des *Kolumbus*], *Rothäute* [nach ihrer Kriegsbemalung], die Ureinwohner

INDIEN Geographie

Char-Minar in Hyderabad; erbaut 1591

Teeplantage in den Nilgiribergen, Südindien

Amerikas (mit Ausnahme der Eskimo). Nach ihren körperl. Merkmalen werden sie, anthropologisch als *Indianide* bezeichnet, als ein Zweig der *Mongoliden* mit alteuropiden Einschlägen angesehen. Die I. gelten als Einwanderer aus Asien, die seit 30 000 v. Chr. als Großwildjäger über eine eiszeitl. Landbrücke (Beringstraße) in mehreren Schüben nach Amerika gekommen sind. In der Folgezeit entwickelten sich zahlr. Völker u. Stämme, deren Lebensformen u. Sprachen oft stark voneinander abwichen. Während in Mittel- u. S-Amerika sich schon früh entwickelte Kulturen u. Staaten (z.B. Inka, Maya, Azteken) bildeten, blieben die I. N-Amerikas (z.B. Apachen, Irokesen, Sioux) Jäger u. Nomaden.
Die Zahl der I. belief sich in vorkolumbian. Zeit auf rd. 25 Mio., sank durch Kämpfe, systemat. Ausrottung, Zwangsdeportationen, eingeschleppte Krankheiten, wirtsch. u. soziale Schwierigkeiten u. Mischung mit Europäern rapide ab u. hat erst heute einschl. der Mischlinge diesen Stand annähernd wieder erreicht (in den USA 950 000, in Kanada 250 000, der Großteil in Lateinamerika). Viele Stämme mußten sich durch das Zusammentreffen mit den europ. Eroberern u. Kolonisatoren aus ihren angestammten Lebensräumen zurückziehen u. haben ihre Stammeskultur eingebüßt. Die Reservationen boten einen gewissen Schutz vor weiterer Ausbeutung u. Unterdrückung, so daß sich bis heute in N-Amerika über 100 versch. indian. Sprachen u. Kulturen erhalten haben.
Von den altindian. Reichen Mexikos ist durch die span. Eroberung nur die bäuerl. Grundschicht übriggeblieben, die heute in z. T. stark zersplitterten Restgruppen als Ackerbauern inmitten einer homogenen Mestizenbevölkerung mit stark span. Gepräge lebt (etwa 3 Mio.). In den weiteren Teilen Mittelamerikas leben noch knapp 1 Mio. I., die kulturell von den Einflüssen der indian. Hochkulturen u. kolonialspan. Kulturelementen geprägt sind. Auf den Westind. Inseln wurden die I. ausgerottet u. durch Afrikaner (früher als Sklaven eingeführt) »ersetzt«. In den meisten mittelamerik. u. in den Andenstaaten S-Amerikas spielen die I. bzw. ihre Mischlinge auch politisch eine wichtige Rolle.
In S-Amerika leben heute noch etwa 14 Mio. I., davon über 10 Mio. in den Zentralanden. Sie bilden in weiten Regionen die Mehrheit der Bevölkerung, sind kolonialspanisch beeinflußt u. seit Jahrhunderten offiziell Christen. Trotzdem hat sich erstaunlich viel altindian. Kulturgut (Mythen, Märchen, Brauchtum) erhalten. Die I. hielten an Haustieren nur Lama, Truthahn u. Hund. An Pflanzen der Neuen Welt hatten sie Mais, Kartoffeln, Kakao u. den Kokastrauch in Kultur genommen. Sie kannten weder Wagen noch Rad. Metallbearbeitung (Gold, Silber, Kupfer) war bekannt im Inka- u. Chibchagebiet, bei Maya u. Azteken.

Indianide, nach der letzten Eiszeit Amerikas von NO-Asien nach Amerika eingewanderte *Mongolide* mit gelbl.-bräunl. Haut u. straffem dunklem Haar, oft mit Mongolenfalte u. Mongolenfleck; →Indianer.
indianische Blumen, im Sprachgebrauch der dt. Fayence- u. Porzellankünstler des 18. Jh. die nach ostasiat. Vorlagen stilisierten Blumendekors in der Keramik; Ggs.: *dt. Blumen.*
Indian River ['indiən 'rivə], durch eine Nehrungskette abgetrennte Lagunenreihe an der mittleren Ostküste Floridas.

Indien

Indide, die europiden Langkopfrassen Indiens: *Nord-I.*, die größer u. heller sind *(Sikhs)*, u. *Gracil-I.*, kleiner u. dunkler *(Hindu).*
Indien, Staat in S-Asien, 3 287 590 km², 853 Mio.

Wasserträgerinnen auf Goa

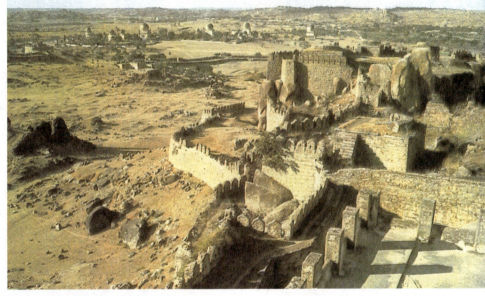

Ruinen der Bergfestung Golkonda bei Hyderabad

Stahlwerk Rourkela (links). – Nördlich von Udaipur in der Bagarregion ist das Arravalligebirge stark zerklüftet (rechts)

Indien

Ew., *Hptst. Delhi.* I. ist gegliedert in 25 Bundesstaaten u. 7 Unionsterritorien (vgl. Tabelle).
Landesnatur. Von den Hauptketten des Himalaya reicht das Land über dessen Vorberge, die Schwemmlandebene von Ganges u. Brahmaputra u. das Dekanhochland bis zur S-Spitze des Subkontinents. Das im S trop., im N subtrop. Klima wird vom Monsun bestimmt. Bes. reiche Niederschläge fallen an den Hängen der Westghats u. des Himalaya sowie in Assam u. im östl. Dekanhochland (immergrüne Regenwälder, Monsunwälder). Außerordentl. trocken ist der NW Indiens (Dornbuschsteppen, Wüste).
Bevölkerung. 83% Hindus, 11% Moslems; daneben gibt es Christen, Sikhs, Buddhisten, Parsen. Es herrscht Sprachenvielfalt (v. a. indoeurop. u. Drawida-Sprachen); Staatssprache ist Hindi, daneben auch Englisch. Rd. 80% leben auf dem Lande.
Wirtschaft. I. ist ein Agrarland. Die wichtigsten Anbauprodukte sind Reis, Hirse, Weizen, Zuckerrohr, Sesam, Erdnüsse u. Bananen. Exportkulturen sind Baumwolle u. Jute, Tee, Kaffee, Kokosprodukte u. Pfeffer. An Bodenschätzen werden Eisen, Kohle, Bauxit, Mangan, Chrom u. Antimon gefördert. Neben der traditionellen Verarbeitung von Jute, Baumwolle, Leder u. Zuckerrohr hat sich die Eisen- u. Stahl-, Maschinen-, Metall-, Elektro-, Papier- u. chem. Ind. entwickelt. Zahlreiche Wasser- u. Wärmekraftwerke wurden errichtet. – Die Eisenbahnlinien verbinden die großen Seehäfen mit den Industriegebieten u. wichtigsten Städten. Nur etwa $1/3$ des ind. Straßennetzes besteht aus befestigten Straßen. Die wichtigsten Seehäfen sind Bombay, Kalkutta, Madras, Kochin, Vishakhapatnam u. Kandla. Der Luftverkehr ist gut ausgebaut: internat. Flughäfen: Bombay, Kalkutta, Delhi.
Geschichte. Die jungsteinzeitl. Indus-Kultur gehört zu den frühesten Hochkulturen der Menschheit. Um 1500 v. Chr. begannen krieger. arische Nomadenvölker in Nordwest-I. einzufallen u. drangen durch den Pandschab (um 1000 v. Chr.) bis in das Ganges-Gebiet (um 600 v. Chr.) vor. Das Dreiklassensystem der Arier wurde zur Grundlage des ind. Kastensystems. Im 6. Jh. v. Chr. entstanden in I. die Religionen des *Buddhismus, Dschinismus* u. der *Bhagawata*. – 320 bis etwa 185 v. Chr. entstand unter der Maurja-Dynastie das erste ind. Großreich, das unter König *Aschoka* um 250 v. Chr. seine größte Ausdehnung erreichte. Die Islamisierung erreichte mit der Eroberung von Bihar (1194) u. der Gründung des Sultanats von Delhi (1206) ihren Höhepunkt. 1526 gelang *Babur* die Gründung einer mongol. Kaiserdynastie in I. Seit Anfang des 16. Jh. gründeten Europäer Handelsniederlassungen auf ind. Boden. Das Mogulreich (Höhepunkt unter *Akbar* 1556–1605) wurde im 18. Jh. geschwächt. 1818 wurde I. brit. Kolonie. 1858 übernahm Großbritannien offiziell die Souveränität des Mogulreichs, 1877 wurde Königin *Viktoria* »Kaiserin von I.«. Nach dem 1. Weltkrieg eröffnete Mahatma *Gandhi* seine Bewegung des passiven Widerstands. 1935 gab Großbrit. I. parlamentarische Selbstverwaltung. 1947 erhielt I. nach Trennung vom islamischen Pakistan den Dominion-Status; 1950 wurde es unabhängige Republik im Rahmen des Commonwealth. 1961 annektierte es das port. Goa.
Nach Grenzkonflikten mit China (1956, 1962) u. Pakistan (1948, 1965) schloß I. 1971 mit der Sowjetunion einen Freundschafts- u. Beistandspakt u. unterstützte die Sezessionsbestrebung Ostpaki-

INDIEN Geschichte und Kultur

Amritsar: Der »Goldene Tempel« ist das höchste Heiligtum der Sikhs

Empfang am Mogulhof; Miniatur, 17. Jahrhundert. Berlin, Staatl. Museen Preuß. Kulturbesitz, Museum für Indische Geschichte

Tänzerin in einer Pose des Bharatanatya-Stils (Tempeltanz), den Gott Schiwa darstellend (links). – Bi-Bi Ka Muqbara. Mausoleum der Dilrasbanu Begum, der Gemahlin von Aurangseb; 1660 (rechts)

stans, die nach dem militärischen Eingreifen von I. 1971 zur Gründung der Republik Bangladesch führte. 1974 zündete I. seine erste Atombombe. Seit 1947 (mit Unterbrechung 1977–80 u. 1989–91) regiert die Kongreßpartei. Prem.-Min. waren 1947–64 J. *Nehru*, 1966–77 u. 1980–84 I. *Gandhi*, die durch Sikhs ermordet wurde, 1977–80 M. *Desai*, 1984–89 R. *Gandhi*, der 1991 einem Attentat zum Opfer fiel, 1989/90 V. P. *Singh*, 1990/91 C. *Shekar*. Seit 1991 ist P. V. *Narasimha Rao* von der Kongreßpartei Prem.-Min. 1992/93 kam es zu Religionsunruhen zw. Hindus u. Moslems.

indifferent, unterschiedslos, gleichgültig.
Indigenat, Heimatrecht, Staatsangehörigkeit.
Indigo, *I.blau*, *I.tin*, der älteste blaue, lichtechte Küpenfarbstoff; als Glucosid *Indikan* in versch. trop. Pflanzen, seit 1890 auch synthet. hergestellt.
Indigofera, artenreiche Gatt. der *Schmetterlingsblütler*. In den Tropen verbreitet sind die Arten *I. anil* u. der *Gewöhnl. Indigo*, ein Halbstrauch mit roten oder weißen Blütentrauben. Er liefert den natürl. Farbstoff *Indigo*.
Indikation, **1.** *Heilanzeige*, die Gesamtheit der Gründe, die für eine bestimmte Krankheit eine bestimmte Heilmaßnahme für angezeigt erscheinen lassen. – **2.** → Abtreibung.
Indikativ, ein *Modus* des Verbums, der die durch das Verbum bezeichnete Handlung als einfache Tatsache, ohne zusätzl. Interpretation hinstellt (z.B. »er schläft«); auch *Aussageform* gen.
Indikator, **1.** *radioaktiver I.*, ein künstl. radioaktiver Stoff, der in geringsten Spuren über Emission von β- oder γ-Strahlung in tier. u. pflanzl. Organismen verfolgt werden kann u. damit die Möglichkeit gibt, Stoffwechselvorgänge zu beobachten. – **2.** ein Stoff, der durch seine Farbänderung anzeigt, ob eine Lösung alkalisch, neutral oder sauer reagiert (z.B. *Lackmus*). – **3.** ein Meßinstrument, mit dem der Druckverlauf von Dampf, Gas oder Flüssigkeiten in einem Zylinder gemessen wird.
Indio, span. u. portug. Bez. für den *Indianer* Lateinamerikas.
indirekte Rede, eine Redeform, in der Aussagen (Fragen, Befehle) unter Veränderung der grammat. Person u. des Modus der Verben wiedergegeben werden; z.B. »er fragte ihn, ob er komme« statt »er fragte ihn: ‚Kommst du?'«
indirekte Steuern, Steuern, die den Ertrag, das Einkommen oder das Vermögen mittelbar über den Aufwand, den Verbrauch oder den Vermögensverkehr erfassen wollen, oder Steuern, die vom Steuerzahler auf den vom Gesetzgeber gewollten Steuerträger (Steuerdestinatar) überwälzt werden sollen.
Indische Kongreßpartei → Indischer Nationalkongreß.
indische Kunst. Die Entwicklung der i. K. wurde weitgehend von geschichtl. Ereignissen u. religiösen Bewegungen bestimmt. Sie war überwiegend religiöse Kunst im Dienst des Buddhismus, Dschinismus u. Hinduismus. Der überkommene Anteil profaner Werke an der Gesamtkunst beschränkt sich auf monumentale Säulen, Herrscher- u. Stifterbildnisse, Objekte der Kleinkunst u. nachmittelalterl. Miniaturmalerei.
Erste Beispiele echter Architektur sind die nach achämenid. Vorbild unter Kaiser *Aschoka* (273 – 232 v. Chr.) aufgestellten Ediktsäulen, deren 9 – 12 m hohe Schäfte von mächtigen Tierkapitellen gekrönt sind. Die ind. Kunst brachte in der Folgezeit drei architekton. Gebilde hervor: monolith. Felsbauten, Stupas u. Tempel.
Die buddhist. Felshallen stammen aus dem 3. Jh. v. Chr. – 9. Jh. n. Chr. Sie setzten sich aus jeweils einer Kulthalle u. den Räumen des Klosters zus. Manche Bauten sind gekennzeichnet durch eine üppige ornamentale Dekoration der Außen- u. Innenflächen u. zahlreiche gemeißelte Darstellungen des Buddha u. mahayanist. Gottheiten.
Der Stupa wandelte sich vom Reliquienhügel zum künstler. gestalteten buddhist. Kultdenkmal. Die Grundform war ein massiver, glockenförmiger Baukörper auf einer oder mehreren Terrassen. Der Tempelbau war eine Domäne der Hindus u. Dschainas. Die frühesten Tempel entstanden im 4./5. Jh. n. Chr.; die Grundform war eine viereckige Cella, vor der ein auf Säulen überdachter Eingangsraum lag. Die Cella als Raum für das Kultbild wurde bald durch Aufsetzen eines Turmstumpfes von der Eingangshalle abgehoben. Durch Erhöhung des Turmstumpfes über der Cella entstand im N der im MA auf erhöhter Basis stehende Tempelturm mit krönender Spitze. Dem Haupttempel wurden vielfach kleinere Tempel angefügt. Die Vielzahl der Tempelbauten auf einem Platz führte zur Umgrenzung durch Mauern mit Torpyramiden.

Indien: Verwaltungsgliederung			
Bundesstaat/ Unionsterritorien	Fläche in km²	Einwohner in Mio.	Hauptstadt
Bundesstaaten:			
Andhra Pradesh	275 068	66,4	Hyderabad
Arunachal Pradesh	83 743	0,9	Itanagar
Assam	78 438	22,3	Dispur
Bihar	173 877	86,3	Patna
Goa	3 702	1,2	Panaji
Gujarat	196 024	41,2	Gandhinagar
Haryana	44 212	16,3	Chandhigarh
Himachal Pradesh	55 673	5,1	Simla
Jammu and Kashmir	222 236	7,8	Srinagar
Karnataka	191 791	44,8	Bangalore
Kerala	38 863	29,0	Trivandrum
Madhya Pradesh	443 446	66,1	Bhopal
Maharashtra	307 690	78,7	Bombay
Manipur	22 327	1,8	Imphal
Meghalaya	22 429	1,8	Shillong
Mizoram	21 081	0,7	Aijal
Naga Pradesh (Nagaland)	16 579	1,2	Kohima
Orissa	155 707	31,5	Bhubaneswar
Punjab	50 362	20,2	Chandigarh
Rajasthan	342 239	43,9	Jaipur
Sikkim	7 096	0,4	Gangtok
Tamil Nadu	130 058	55,6	Madras
Tripura	10 486	2,7	Agartala
Uttar Pradesh	249 411	139,0	Lucknow
Westbengalen	88 752	68,0	Kalkutta
	Fläche in km²	Einwohner in 1000	Hauptstadt
Unionsterritorien:			
Andamanen und Nikobaren	8 249	279	Port Blair
Chandigarh	114	641	Chandigarh
Dadra und Nagar Haveli	491	138	Silvassa
Daman und Diu	112	101	Daman
Delhi	1 483	9370	Delhi
Lakshadweep	32	51	Kavaratti
Pondicherry	492	807	Pondicherry

Eindrucksvollstes Beispiel ist der Tempelbezirk von *Madurai*.
Mit Einbruch des Islams im 11./12. Jh. begann die Blütezeit der indo-islam. Baukunst. Einen Höhepunkt erreichte die persisch-ind. Mischkunst während der Mogulherrschaft (Mausoleum *Taj-Mahal*).
Die ind. Bildhauerkunst begann im Industal im 3. Jt. v. Chr. mit Darstellungen menschl. u. tier. Körper aus Stein, Bronze u. Terrakotta. Echte Stilentwicklungen sind erst vom 3. Jh. v. Chr. an zu beobachten. Von 200 v. Chr. - 300 n. Chr. folgte eine Periode der religionsgebundenen Bildhauerei, deren Stilmerkmale die rustikale Wuchtigkeit u. statuarische Haltung der männl. Figuren, der Drang zur Füllung jeden freien Platzes in den Reliefs u. das Fehlen der Perspektive sind. Künstler der Schule von Mathura entwickelten den klass. Stil, der sich durch Ausgewogenheit in den Proportionen, verhaltene Bewegtheit der Figuren u. sparsame Verwendung von Schmuckformen auszeichnet. Klass. buddhist. u. hinduist. Figuren sind von einer Anmut u. Sublimität, wie sie keine Kunst der Welt zu Ehre anderer Gottheiten geschaffen hat. In den Skulpturen u. Reliefs der nachmittelalterl. Tempel wirkte dieser Stil lange nach. Die Themen

Schiwaitischer Tanz, Steinrelief im Hoyshala-Stil; 12. Jahrhundert

Nach einem Bombenangriff zerstörter Bus bei religiösen Unruhen in Bombay im März 1993 für die Bildwerke lieferten religiöse Legenden u. Mythen. Der zunächst durch Symbole vergegenwärtigte Buddha wurde im 1. Jh. n. Chr. erstmals als Mensch gestaltet. In zahlreichen Kompositionen werden Begebenheiten seines Lebens u. seiner früheren Existenzen geschildert. Im MA entstanden buddhist.-hinduist. Mischformen von komplizierter Ikonographie. Die hinduist. Bildwerke sind überwiegend den Göttern Wischnu u. Schiwa gewidmet. Wischnu auf der Weltschlange mit seiner Schakti Lakschmi u. Wischnu in den zehn Verkörperungen sind die seit dem 4. Jh. n. Chr. wiederkehrenden Themen. Eine Sonderstellung nimmt die schiwaitische Mutter-Göttin Durga ein, deren Emanation die furchtbare Kali ist. Das Lingam (Phallus) ist ein in jedem schiwait. Tempel anzutreffendes Kultsymbol.

Indischer Hanf →Hanf.

Indischer Nationalkongreß, engl. *Indian National Congress*, Kongreßpartei, 1885 gegr. ind. polit. Partei. Geistiger Führer war 1920–33 M. *Gandhi*. 1969 u. 1978 kam es zu Abspaltungen. Der I. N. tritt für den Aufbau einer sozialist. Gesellschaftsordnung ein.

Indischer Ozean, Kurzwort *Indik*, das zwischen Afrika, Asien, Australien u. Antarktika liegende kleinste der drei Weltmeere. Gesamtfläche mit Nebenmeeren 75 Mio. km². Im N werden durch Vorderindien das *Arabische Meer* mit Ausläufern u. der *Golf von Bengalen* abgegliedert, durch den Andamanen-Bogen die *Andamanensee*. Die Grenzen zum Atlantik u. Pazifik sind südl. von 35° südl. Breite rein fiktiver Art: im W die geograph. Länge des *Kap Agulhas*, im O des *Südostkaps* auf Tasmanien. – Die durchschnittl. Tiefe des I. O. beträgt 3900 m; im Sunda-Graben erreicht er seine größte Tiefe (Planettiefe 7445 m). Salzgehalt: um 3,5%.

indische Schriften, etwa 200 verschiedene Alphabete der Völker Indiens, Mittelasiens u. der Sunda-Inseln. Außer der *Kharoshti-Schrift* laufen sie von links nach rechts u. gehen auf eine Vorform der *Brahmin-Schrift* zurück.

indische Sprachen, 1. i.w.S. mehrere miteinander nicht verwandte Sprachfamilien, von denen nur die *drawidischen Sprachen* in Zentral- u. Südindien im ind. Subkontinent einheimisch sind. Die *Munda-Sprachen* in Zentralindien u. am Himalaja sind mit den austroasiat. Sprachen verwandt; die *i.n S.* (i.e.S.) als eine indoeurop. Sprachgruppe sind vom N her nach Indien eingedrungen. – 2. i.e.S.:*indoarische Sprachen*, eine Gruppe der indoeurop. Sprachfamilie. Historisch unterscheidet man 3 Stufen: *Altindisch* (*Wedisch* u. klass. *Sanskrit*), *Mittelindisch* (*Pali*, *Prakrit*) u. die *neuindischen Sprachen*. Letztere sind die aus den zur Zeit des Sanskrit gesprochenen Prakrit-Dialekten erwachsenen Sprachen: u. a. *Hindi* i.w.S. (mit *Urdu* u. *Hindi* i.e.S.), *Bengali*, *Bihari*, *Marathi*, *Pandschabi*, *Radschasthani*, *Gudscharati*, *Orija*, *Sindhi*, *Assamesisch*, *Singhalesisch*, *Kaschmiri*, *Nepali* u. die *Zigeunersprachen* (*Romani*).

Indium, ein →chemisches Element (ein Metall).

Individualdistanz, *Verhaltensforschung*: *Individualabstand*, der Mindestabstand zweier Individuen einer Art. Die I. kann starr sein (Aufreihung von Singvögeln auf Telegraphendrähten) oder je nach Trieblage wechseln. Ein Überschreiten der I. löst Flucht und Aggression aus.

Individualismus, nach Übertragung des urspr. log. u. naturphil. Begriffs *Individuum* auf gesellschaftl. Zusammenhänge die Ansicht, daß das einzelne Individuum u. seine Interessen der Gemeinschaft überzuordnen seien. I. wird als kennzeichnend für die Aufklärung angesehen u. im frühen 19. Jh. auch als »Egoismus« bezeichnet (noch ohne moral. Verengung, wenn auch ebenfalls abwertend gebraucht).

Individualität, die unverwechselbare Besonderheit, der Inbegriff der Eigenschaften eines *Individuums*.

Individualpsychologie, früher die Psychologie des individuellen Seelenlebens; Ggs.: *Gruppen-, Kollektiv-, Massen-, Sozial-, Völkerpsychologie*. In der *Psychoanalyse* u. i.e.S. ist I. die von A. *Adler* begr. Richtung, die die Entwicklung des Menschen aus dem Spannungsverhältnis von *Minderwertigkeitsgefühl* u. *Geltungsstreben* auf der Grundlage eines in der Kindheit erworbenen *Lebensplanes* erklärt.

Individualrechte, die jedem zustehenden unveräußerl. Rechte, in der BR Dtld. insbes. die *Grundrechte*, die grundrechtsähnl. Rechte sowie das allg. →Persönlichkeitsrecht.

Individuum, das Einzelding, Einzelwesen in seiner Besonderheit des raum-zeitl. Daseins u. seiner eigentüml. Qualität.

Indiz, Anzeichen; im Recht ein Verdachtsmoment ohne unmittelbare Beweiskraft (*I.ienbeweis*).

Indoarier, die Völker Vorderindiens, die zum indoeurop. Sprachkreis gehören.

indoarische Sprachen →indische Sprachen (2).

Indochina, das ehem. frz. beherrschte Gebiet im östl. u. südl. Hinterindien; seit 1950 drei (1954: 4) unabhängige Staaten: *Vietnam* (aus dem früheren *Cochinchina*, *Annam* u. *Tonkin*; 1954–76 geteilt), *Kambodscha* u. *Laos*.

Indochinakrieg, der in Indochina ausgetragene Krieg der *Viet-Minh* gegen die frz. Kolonialmacht 1946–54. Die Schlacht bei *Diên Biên Phu* am 7.5.1954 beendete die seit 1803 dauernde Kolonialherrschaft Frankreichs in Indochina. Auf der Genfer Indochina-Konferenz wurde am 21.7.1954 ein Waffenstillstand geschlossen, die Teilung Vietnams am 17. Breitengrad vereinbart u. die Wiedervereinigung für 1956 vorgesehen. Da die südvietnames. Regierung Waffenstillstandsabkommen u. Neutralitätsverpflichtung nicht anerkannte u. die Wiedervereinigung verhinderte, brach der Kampf erneut aus (→Vietnamkrieg).

indoeuropäische Sprachfamilie, ein 1816 von F. *Bopp* u. a. in seiner genet. Verwandtschaft erkannter Sprachstamm, in Dtld. meist *indogermanisch* genannt nach seinen östl. (Inder) u. westl. (Germanen [eigtl. Kelten], allgemeiner: Europäer) Vertretern. Die i. S. umfaßt die Sprachen der Kelten, Germanen, Italiker, Griechen, Tocharer u. Hethiter sowie die Sprachen der Inder, Iranier, Armenier, Albaner, Balten u. Slawen.

Indogermanen, *Indoeuropäer*, die Völker des indoeurop. (indogerman.) Sprachkreises. I.e.S. ein hypothetisches vorgeschichtl. Volk. Der Gedanke eines »Urvolks« (im 19. Jh. verbreitet) wird heute von den Sprachwissenschaftlern abgelehnt. Gesichert ist, daß im 2. Jt. v. Chr. die Einwanderung indoeurop. Stämme nach W- u. S-Europa, Kleinasien, Iran u. Indien stattfand, wobei sie sich mit der eingesessenen Bevölkerung vermischten. Eine ethn. oder gar rass. Verwandtschaft der frühgeschichtl. Völker, die indoeurop. Sprachen gesprochen haben, ist nicht nachzuweisen.

indoktrinieren, jemandem eine polit. oder weltanschaul. *Doktrin* einprägen.

Indonesien

Indologie, die Wiss. von der Sprache, Religion u. Kultur Indiens.

Indomelaniden, eine menschl. Rassengruppe; Hauptverbreitungsgebiete: NO- u. SO-Vorderindien u. Sri Lanka. Die I. stehen den Negriden nahe.

Indonesien, Inselstaat in SO-Asien, 1 904 569 km², 180,5 Mio. Ew., Hptst. *Jakarta*. Landesnatur. I. besteht aus den *Großen Sun-*

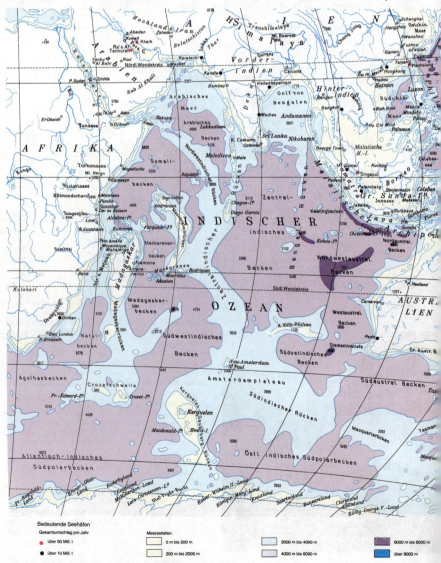

Indischer Ozean: Meeresbecken und -rücken sowie wichtige Seehäfen

dainseln (Borneo, Sumatra, Celebes, Java), den *Kleinen Sundainseln*, den *Molukken* u. dem W Neuguineas *(Irian Jaya)*. Bis heute tätige Vulkane krönen die Gebirge, die die Inseln in mehreren Ketten durchziehen. Größere Tiefebenen u. große Ströme gibt es bes. auf Sumatra u. Borneo. Es herrscht trop. Monsunklima mit nach O abnehmenden Niederschlägen. Die feuchteren Gegenden tragen dichten trop. Regenwald (60% der Landfläche sind bewaldet).

Die überwiegend islam. B e v ö l k e r u n g besteht größtenteils aus Indonesiern, daneben aus einigen malaiischen u. weddischen Urvölkern, Indern u. Weißen sowie über 4 Mio. Chinesen. 62% der Bevölkerung leben auf Java. Staatssprache ist die aus dem Hochmalaiischen entwickelte »Bahasa Indonesia«. Handelssprache ist Englisch.

W i r t s c h a f t. Die trop. Pflanzungswirtschaft liefert vor allem Reis, ferner als Exportgüter Kautschuk, Öl- u. Kokospalmprodukte, Kaffee, Tee, Tabak, Pfeffer u. a. Gewürze. Die Fischerei hat erhebl. Bedeutung. Die Wälder liefern Edelhölzer u. Harze. An Bodenschätzen gib es v. a. Erdöl, Erdgas u. Zinn. Die Industrie (v. a. Tabakwaren, Textilien, Papier, Nahrungsmittel, Zement, Gummi- u. Metallwaren, Chemikalien) befindet sich in raschem Ausbau. – Das Verkehrswesen ist auf Java gut entwickelt. Haupthäfen sind Palembang, Surabaya, Tanjungperiuk bei Jakarta, Semarang, Pandang, Belawan u. Ujung Pandang. Wichtig ist die Küsten- u. interinsulare Schiffahrt sowie der internat. u. Binnenluftverkehr (40 Flugplätze).

G e s c h i c h t e. In I. wirkten in der Frühzeit hinduist. u. buddhist. Einflüsse. Gewürzhandel zog im 16. Jh. Niederländer nach I. Sie erweiterten vom Stützpunkt Batavia (Jakarta) aus ihr Einflußgebiet innerhalb von 300 Jahren über ganz I. Zw. dem 13. u. 16. Jh. breitete sich der Islam aus. Das halbislam. jüngere M a t a r a m (1586–1830) wurde Mitte des 18. Jh. aufgeteilt. N i e d e r l ä n d i s c h - I n d i e n wurde 1942 von den Japanern erobert; am 17.8.1945 entstand die I n d o n e s i s c h e R e p u b l i k mit dem Nationalistenführer *Sukarno* als Präsidenten (seit 1963 auf Lebenszeit). Im November 1949 wurde die Unabhängigkeit gewährt. 1954 wurde der Unionsvertrag mit den Niederlanden gelöst. 1963 kam das ndl. W-Neuguinea an I. 1963–66 befand sich I. in einem kriegsähnl. Zustand mit Malaysia. Ein kommunist. Putschversuch scheiterte 1965; er führte 1966 zur Entmachtung Sukarnos u. zum Verbot der KP. Regierungschef (seit 1966) u. Staats-Präs. (seit 1967) ist General *Suharto*. Außenpolit. folgte eine Aussöhnung mit Malaysia. 1976 besetzte I. die port. Kolonie Ost-Timor u. erklärte sie zu einem Teil I.

Indonesier, die vorwiegend malaiisch bestimmte Bevölkerung Indonesiens; → *Malaien*.

indonesische Sprachen, westl. Untergruppe der *malaiisch-polynes*. Sprachfamilie: die *malaiische Sprache* u. eine Reihe anderer Sprachen auf Madagaskar, Borneo, Celebes, den Molukken u. Philippinen u. auf Taiwan.

Indore [in'dɔː], *Indaur, Indur*, ind. Stadt auf dem nw. Dekanhochland, größte Stadt in Madhya Pradesh, 829000 Ew.; Univ.; Baumwoll- u. Nahrungsmittelind.

Indossament, ein Übertragungsvermerk auf einem *Orderpapier*, den der Unterzeichner (**Indossant**) auf die Rückseite der Urkunde setzt u. unterschreibt. Die in der Urkunde verbrieften Rechte gehen auf den Empfänger (**Indossatar**) über, z.B. Zahlungsansprüche bei Wechsel u. Scheck oder Warenansprüche bei kaufmänn. Anweisung u. kaufmänn. Verpflichtungsschein.

Indra, altind. Kriegs- u. Gewittergott.

Indre [ɛ̃dr], l. Nbfl. der Loire in Frankreich, 265 km; mündet unterhalb von Tours.

Indri, den *Lemuren* verwandter *Halbaffe* Madagaskars; als heilig verehrt.

in dubio pro reo, Grundsatz des Beweisrechts im Strafprozeß: »Im Zweifelsfall (muß) zugunsten des Angeklagten (entschieden werden)«.

Induktion, 1. *elektromagnet. I.*, die Erzeugung einer elektr. Spannung mit Hilfe veränderl. magnet. Felder. Durch Bewegen eines elektr. Leiters (Draht) in einem Magnetfeld entsteht (durch wechselseitige Anziehung bzw. Abstoßung der Ladungen in Leiter u. Magnet) an den Enden des Leiters eine sich mit dem Bewegungsrhythmus ändernde Induktionsspannung; beim Schließen des Stromkreises ein Induktionsstrom; darauf beruht der *Generator*. Dasselbe kann bei festgehaltenem Draht durch ein zeitl. veränderl. Magnetfeld erreicht wer-

Indonesien: Hochzeitsfeier auf Bali

den. Ebenso wird durch ein zeitl. sich änderndes elektr. Feld ein Magnetfeld erzeugt; darauf beruhen der *Motor*, der *Fernsprecher*, der *Lautsprecher* u. a. Werden zwei Drähte schichtweise übereinandergewickelt, so entsteht, durch Vermittlung des Magnetfelds ein period. Änderungen der Spannung in dem einen Draht, eine sich proportional dazu ebenso ändernde Spannung in dem anderen Draht; darauf beruhen *Transformatoren, I.sapparate* (Induktoren) u. *I.söfen*. – **2.** die Auslösung eines Entwicklungsvorgangs an einem Teil des Organismus durch einen anderen Teil im Verlauf der Keimentwicklung. – **3.** der Schluß vom Besonderen auf das Allgemeine. Induktive wiss. Verfahren versuchen, von empir. Einzelerkenntnissen zu allgemeingültigen Aussagen zu gelangen. Ggs.: *Deduktion*.

Indulgenz, Nachsicht, Straferlaß.

Indult, 1. der im Sinn eines *Moratoriums* aufgrund völkerrechtl. Verträge oder durch staatl. Gesetzgebung bewirkte Aufschub zur Erfüllung fälliger Verbindlichkeiten. – **2.** die im Kriegsfall gewährte Frist für Schiffe, feindl. Häfen oder Gewässer zu verlassen u. so der Beschlagnahme zu entgehen. – **3.** *kath. Kirchenrecht:* die Befreiung von einer Gesetzesbestimmung oder die Berechtigung zur Ausübung kirchl. Handlungen, die an sich einem Höheren zustehen.

Indus, ind. *Sindh*, der längste Strom S-Asiens, 3190 km; entspringt (als *Sengge Khamba*) in der Kailasch-Gangri-Kette des Transhimalaya. Das bei Hyderabad beginnende, 8000 km² umfassende Delta ist nicht schiffbar; mündet bei Karatschi ins Arabische Meer. Bes. in seinem Mittellauf ist der I. für die Bewässerungsanlagen von Bedeutung. Nebenflüsse links: Zangskar, Panjnad; rechts: Shyog, Gilgit, Kabul, Luni, Laran.

Induskultur, eine hochentwickelte Stadtkultur (3000–1400 v. Chr.) im Industal u. im Punjab (Pakistan). Die wichtigsten ausgegrabenen Siedlungen sind *Harappa* u. *Mohenjo-Daro*.

industrial design [in'dʌstriəl di'zain], engl. für *Industrieform*.

Industrialisierung, die Durchsetzung der industriellen Produktionsform in Gebieten, in denen bis dahin die Landwirtschaft u. das Kleingewerbe vorherrschend waren. Die I. begann im 18. Jh. in England, setzte sich zunächst auf dem europ. Kontinent fort, danach erfaßte sie die USA. Nach dem 2. Weltkrieg hat der I.sprozeß alle Erdteile erfaßt. → *industrielle Revolution*.

Industrie, eine aus dem Handwerk hervorgegangene Form des wirtschaftl. Tätigseins mit dem Ziel der Verarbeitung von Rohstoffen u. Halbfabrikaten. Merkmale der I. sind Massenproduktion, umfangreicher Einsatz von Maschinen, weitgehende Arbeitsteilung u. Beschäftigung von ungelernten u. angelernten Arbeitern.

Die Anfänge der I. lagen in den frühkapitalist. *Manufakturen* u. im *Verlagssystem (Haus-I.)*; die Umschwung zur *Fabrik-I.* brachte die Erfindung der Dampfmaschine (1769). Die hiermit einsetzende *industrielle Revolution* führte zu einer Umwandlung der bisherigen Wirtschafts- u. Sozialordnung, die mit der Frz. Revolution begann u. bis heute nicht abgeschlossen ist. Die Mechanisierung des Produktionsprozesses setzte sich zuerst in Webereien u. Spinnereien durch, danach im Bergbau u. in der Eisenerzeugung u. drang allmähl. in alle Zweige der Güterherstellung vor.

Industrieform, engl. *industrial design*, der Zweckmäßigkeit u. Schönheit verbindende, ebenso von prakt. wie von ästhet. Gesichtspunkten bestimmte Formentwurf u. seine Ausführung bei modernen, serienmäßig hergestellten Industrieerzeugnissen. Die Realisierung der I. liegt in der Hand von *Designern*.

Industriegewerkschaft, Abk. *IG*, eine nach dem *Industrieprinzip* aufgebaute Gewerkschaft, der alle Arbeitnehmergruppen der Betriebe eines bestimmten Industriezweigs angehören können.

Industriekaufmann, ein anerkannter Ausbildungsberuf der Industrie.

industrielle Revolution, die durch techn. Erfindungen (Dampfmaschine, mechan. Webstuhl u. a.) im letzten Drittel des 18. Jh. in England eingeleitete *Industrialisierung*, die im Zusammenhang mit der Frz. Revolution zu einer Umwandlung der bisherigen Wirtschafts- u. Sozialordnung W-Europas führte u. sich, von hier ausgehend, über die ganze Welt verbreitete. – Als *zweite i. R.* wird die zunehmende Verbreitung der *Automatisierung* u. die Entwicklung der Kernenergie sowie der elektron. Datenverarbeitung bezeichnet.

Industriepapiere, die von Unternehmen der Ind. emittierten *Anteilscheine* (Aktien, GmbH-Anteile u. a.) u. *Obligationen*.

Industrie- und Handelskammer, Abk. *IHK*, die Interessenvertretung der Handel- u. Gewerbetreibenden eines Bezirks (außer Handwerk u. Landw.). Die IHK sind Körperschaften des öffentl. Rechts (gemäß dem Gesetz vom 18.12.1956). Neben der Interessenvertretung ihrer Mitglieder haben die 69 IHK in Dtld. u. a. folgende Aufgaben: Anfertigung von Gutachten u. Beratung für Mitglieder u. staatl. Dienststellen; Führung von Firmenregistern u. Statistiken; Förderung u. Pflege der Börsen, Messen, Ausstellungen u. ä.; Mitarbeit an der Ausbildung des Nachwuchses. – Spitzenorganisation der IHK in Dtld. ist der *Deutsche Industrie- und Handelstag*.

Indy [ɛ̃'di], Vincent d', *1851, †1931, frz. Komponist; aus der Schule C. *Francks* hervorgegangen, Anhänger R. *Wagners*.

inert, *Chemie:* reaktionsträge oder reaktionsunfähig.

Inertialsystem, ein Koordinatensystem in Raum u. Zeit, in dem die Newtonschen Axiome der Mechanik (insbes. also Galileis Trägheitsgesetz) gelten, ohne daß Trägheitskräfte auftreten.

Infallibilität → *Unfehlbarkeit*.

Infant, span. **Infante**, Titel der königl. Prinzen in Spanien u. Portugal; **Infantin**, span. **Infanta**, Titel der königl. Prinzessinnen.

Infanterie, urspr. die zu Fuß marschierende u. kämpfende Truppe. In der Bundeswehr ist die Bez. I. nur noch als Sammelbezeichnung üblich. Nachfolger sind *Panzergrenadiere* u. *Jäger*.

Infantilismus, körperl., seel. u. geistiges Verharren auf kindl. Entwicklungsstufe; meist durch unvollkommene Geschlechtsreife bedingt.

Infarkt, durch Unterbrechung der Blutversorgung abgestorbener Gewebebezirk. Dabei wird das Gewebe eingeschmolzen, aufgesogen u. durch Narbengewebe ersetzt *(I.narbe)*. Große I. im Herzmuskel können zum Herzschlag, in den großen Lungenadern zum Lungenschlag u. damit zum Tod führen.

Infektion, Ansteckung, das Eindringen pflanzl. oder tier. Krankheitserreger in den Körper durch Berührung *(Kontakt-I.)*, Mund *(Schmier- u. Nahrungs-I.)*, Einatmung *(Inhalations-, Tröpfchen-I.)*, Insektenstiche, Wunden *(Wund-I.)* u. a. Ist die Abwehrbereitschaft gestört, so vermehren sich die Erreger im Organismus u. führen zu körperl. Reaktionen, die sich als *I.skrankheit* äußern. Sie sind fast immer mit Fieber verbunden. Nach Abheilung ist in vielen Fällen *Immunität* entstanden, die eine Wiederholung (ein *Rezidiv*) derselben Krankheit ausschließt. Viele I.krankheiten treten seuchenartig in *Epidemien* auf, sie sind z. T. meldepflichtig. Die Zeit, die vom Eindringen der Erreger bis zum ersten Auftreten der Krankheitszeichen verstreicht, ist die für jede Krankheit charakterist. *Inkubationszeit*. T → S. 396

Inferno, Hölle, Unterwelt.
Infibulation, die Sitte, bei Mädchen als Keuschheitszeichen die Schamlippen zu vernähen; bei Hamiten NO-Afrikas; z. T. verbunden mit Beschneidung.
Infiltration, 1. das Eindringen fremder Substanzen oder Zellen versch. Art in Zellen u. Gewebe; oft Ursache für entzündl. oder geschwulstige Vorgänge. – **2.** die Taktik, in gegner. Länder Personen oder Propagandamaterial zu schicken, um Unzufriedenheit mit bestehenden Zuständen zu schüren u. Unsicherheit zu wecken.
Infinitesimalrechnung, zusammenfassende Bez. für *Differentialrechnung* u. *Integralrechnung*.
infinites Verbum, *Verbum infinitum*, eine Verbform, in der grammat. Person u. Numerus nicht angegeben sind: Infinitive u. Partizipien.
Infinitiv, *Nennform*, eine der nominalen (infiniten) Formen des Verbums. Der I. bezeichnet ein Geschehen, ohne grammat. Person u. Numerus anzuzeigen (z.B. »loben, reiten«).
infizieren, anstecken, eine Infektion bewirken.
Inflation, der Zustand einer Geldwertverschlechterung u. Kaufkraftsenkung; verursacht durch Vermehrung der umlaufenden Geldmenge über den volkswirtschaftl. Bedarf hinaus, z.B. durch Notenbankkredite an den Staat zum Ausgleich der durch die Einnahmen nicht gedeckten Staatsausgaben. Die I. kann aber auch als Mittel der Konjunkturpolitik bewußt herbeigeführt werden.
Influenz, die Trennung (Verschiebung) elektr. Ladungen eines leitenden Körpers in einem elektr. Feld. Wird z.B. ein positiv geladener Körper in die Nähe einer metall. Kugel gebracht, so verschiebt sich die Ladung (Elektronen) auf der Kugel in Richtung des Körpers, u. zw. den entgegengesetzten Teilen der Kugel entsteht dadurch eine Spannung. Diese Erscheinung wird bei der *I.maschine* zum Erzeugen hoher Spannungen (kleine Ströme) benutzt.
Influenza →Grippe.
Informatik, engl. *computer science*, die Wiss. von der Informationsverarbeitung. Sie befaßt sich bes. mit den Grundlagen u. der Verwendung von Datenverarbeitungsanlagen. Hauptgebiete sind Mathematik u. Elektrotechnik (Elektronik). – Der **Informatiker** arbeitet über Grundprobleme der Funktionsweise u. Organisationsform von Computern.
Information, Auskunft, Nachricht, Belehrung.
Informationstheorie, die Lehre vom Entstehen,

Weltweit auftretende Infektionskrankheiten		
Krankheit	Übertragung der Erreger durch...	Inkubationszeit
Aids	Blutkontakte, Geschlechtsverkehr	ca. 4–15 Jahre
Brucellose	Haustiere	2 Wochen
Diphtherie	Tröpfcheninfektion, Berührung, Wäsche	1–7 Tage
Fleckfieber	Kleider- oder Kopfläuse	10–14 Tage
Grippe, Influenza	Tröpfcheninfektion	1–2 Tage
Keuchhusten	Tröpfcheninfektion	7–14 Tage
Kinderlähmung	Schmier- und Schmutzinfektion	6–20 Tage
Leptospirosen	Ratten bzw. deren Ausscheidung in stehende Gewässer	7–14 Tage
Masern	Tröpfcheninfektion	9–14 Tage
Milzbrand	Schmutzinfektion, erkrankte Weide- und Wildtiere	2–7 Tage
Mumps	Tröpfcheninfektion	15–23 Tage
Paratyphus	Berührung, Trinkwasser, Abort, Fliegen, Nahrungsmittel	3–16 Tage
Pocken	Tröpfcheninfektion, Berührung	7–17 Tage
Ringelröteln	Berührung und Tröpfcheninfektion	6–14 Tage
Röteln	Tröpfcheninfektion	13–21 Tage
Ruhr	Berührung, Abort, Nahrungsmittel, Fliegen	1–8 Tage
Weicher Schanker	Berührung, besonders Geschlechtsverkehr	2–7 Tage
Scharlach	Tröpfchen- oder Schmierinfektion	2–7 Tage
Syphilis	Berührung, besonders Geschlechtsverkehr	21 Tage
Tollwut	Biß von erkrankten Tieren	8 Tage bis 8 Monate
Trichinose	Fleisch von infizierten Schweinen	wenige Tage
Tuberkulose	Tröpfcheninfektion	mehr als 30 Tage
Typhus	Schmier- und Schmutzinfektion, Abort, Trinkwasser, Nahrungsmittel	7–28 Tage
Wundrose	Berührung	7–14 Tage
Wundstarrkrampf	verschmutzte Wunden	2–50 Tage

Aufbewahren, Neuformen u. Übermitteln einer Information als meßbarer Nachricht. Die Informationsmenge in einer Nachricht wird gemessen durch die Anzahl der Zeichen, die nötig sind, um die Nachricht in einem Code von lauter Nullen u. Einsen auszudrücken (→Bit). Eine Information bedingt ein gewisses Maß an Ordnung, da sie Unbestimmtheiten (Unsicherheiten) ausschaltet. Ein Maß für die Geordnetheit ist die negative Entropie (*Negentropie*).
Die I., die von Claude E. *Shannon* u. N. *Wiener* zw. 1942 u. 1948 begr. wurde, findet v. a. in der *Nachrichtentechnik* ihre prakt. Anwendung.
informelle Kunst [frz. *art informel*], Spielarten der abstrakten Kunst, die im Gegensatz zur geometr. Abstraktion den spontanen Impuls betonen (Action Painting, Tachismus).
Infrarot, *Ultrarot*, an Rot anschließender, langwelliger Spektralbereich der elektromagnet. Wellen, mit Wellenlängen von 780 nm (Nanometer) bis 1 mm.
Infrarotgerät, *Ultrarotgerät*, ein Zusatzgerät für Waffen, durch dessen Verwendung auch bei Dunkelheit u. Nebel auf begrenzte Entfernung gezielte Schüsse möglich sind.
Infrarotphotographie, *Ultrarotphotographie*, die Verwendung spezieller infrarotempfindl. Photoschichten hinter einem Dunkelrot- oder Schwarzfilter. Die I. ermöglicht Aufnahmen durch Dunst oder leichten Nebel hindurch oder im Dunkeln bei Infrarotbeleuchtung.
Infrarotstrahler, ein elektr. Heizgerät, das mit Infrarotstrahlen (Wärmestrahlen) arbeitet. Zur Wärmeerzeugung dient ein Glühkörper oder Glühdraht, der durch elektr. Strom auf 400–900 °C erhitzt wird.
Infraschall, Schall, dessen Schwingungen unterhalb der Hörgrenze liegen; die Schwingungszahl ist kleiner als 16 Hz.
Infrastruktur, *i.e.S.* alle Bauten u. Anlagen, die der Landesverteidigung dienen; *i.w.S.* der für das Bestehen einer entwickelten Volkswirtsch. erforderl. »Unterbau« materieller, meist öffentl. u. standortgebundener Art (Energieversorgung, Verkehrseinrichtungen, öffentl. Gebäude u. Anlagen), institutioneller Art (rechtl., polit. u. soziale Rahmenbedingungen des Handelns der Wirtschaftssubjekte) u. personeller Art (quantitative u. qualitative Struktur der Arbeitskräfte).
Inful, 1. im alten Rom eine Stirnbinde mit herunterhängenden Bändern, als Weihezeichen für Kaiser u. Priester, auch für Opfertiere. – **2.** →Mitra.
Infusion, das Einfließenlassen größerer Flüssigkeitsmengen in das Gewebe unter der Haut (*subkutane I.*), in die Blutbahn (*intravenöse I.*) oder in die Bauchhöhle (*intraperitoneale I.*), aber auch in Darm u. Blase.
Infusorien, *Aufgußtierchen* →Wimpertierchen.
INF-Verhandlungen [INF, Abk. für engl. *Intermediate-range Nuclear Forces*, »nukleare Mittelstreckenwaffen«], seit 1981 geführte Verhandlungen zw. USA u. Sowj. über die atomaren Mittelstreckenwaffen (Reichweite zw. 1000 u. 5500 km)

Inflation: Banknoten aus der Zeit der Inflation in Deutschland (1923)

führten im Dez. 1987 zur Unterzeichnung eines Abkommens zur Vernichtung dieser u. a. Mittelstreckenraketen.
Ingelheim am Rhein, Stadt in Rhld.-Pf., 22 000 Ew.; Reste einer karoling. Kaiserpfalz; chem.-pharmazeut. Ind.
Ingenieur [inʒe'njøːr], ein Beruf zw. Wiss. u. Praxis mit Ausbildung an einer Fachhochschule.
Ingermanland, *Ingrien*, russ. *Ischorskaja Semlja*, histor. Ldsch. im NW Rußlands, östl. des Peipussees.
Inglin, Meinrad, *1893, †1971, schweiz. Schriftst.; schrieb in realist. schweizer. Tradition.
Ingolstadt, oberbay. kreisfreie Stadt, an der Donau, 93 000 Ew.; 1472–1800 Universitätsstadt; Ölraffinerien, Auto-, Maschinenbau-, petrochem. Ind., Pipelines. – 1392–1445 Residenz des Herzogtums Bayern-I.
Ingres ['ɛ̃grə], Jean Auguste Dominique, *1780, †1867, frz. Maler u. Graphiker des Klassizismus.
Inguschen, eig. Name *Lamur*, ein den Tschetschenen verwandter, im Nordkaukasus ansässiger Volksstamm (160 000) mit eig. Sprache.
Inguschien, Republik innerhalb Rußlands, an der Nordseite des Kaukasus, Hptst. *Nasran*; bis 1992 Teil der Tschetschenen-u.-Inguschen-ASSR.
Ingwäonen, *Ingävonen, Ingwaier*, nach *Tacitus* einer der drei german. Stammesverbände der röm. Kaiserzeit; lebten an der Nordseeküste.
Ingwer, *Zingiber*, alte Kulturpflanze S-Asiens aus der Fam. der *I.gewächse*. Der verzweigte Wurzelstock liefert das *I.gewürz*.
Inhaberpapiere, Wertpapiere, deren verbriefte Rechte grundsätzl. vom jeweiligen Inhaber geltend gemacht werden können. Die in der Urkunde verbrieften Rechte werden durch formlose Einigung u. Papierübergabe übertragen. Gegenbegriffe: *Orderpapiere, Rektapapiere*.
Inhalation, das Einatmen von Gasen, Dämpfen oder Nebeln zur ärztl. Behandlung der Atemwege oder zur Aufnahme von Gasen ins Blut, z.B. bei der Narkose.
Inhibin, ein Peptidhormon, hemmt die Ausschüttung des follikelstimulierenden Hormons FSH, die entgegengesetzte Wirkung hat das Activin.
Inhibitor, ein Stoff, der einen chem. Vorgang hemmt oder verhindert.
Initiale, der bes. kunstvoll gestaltete Anfangsbuchstabe eines Textes oder eines Textteils.
Initialzündung, die Zündung eines Sicherheitssprengstoffs mit Hilfe eines sehr explosiven *Initialsprengstoffs*.
Initiation, *Einführung*, die bei den meisten Naturvölkern bei Eintritt der Pubertät zunächst für die Knaben (*Jünglingsweihe*), bei manchen Völkern auch für die Mädchen (*Mädchenweihe*) mit Eintritt der Menstruation übliche *Reifeweihe* (Jugendweihe, Mannbarkeitsfeier, Pubertätsfeier). Sie findet ihre Fortsetzung in der Aufnahme der Anwärter (*Initianten*) in die Altersklassen oder Geheimbünde.
Initiative, 1. Anregung, Anstoß, Unternehmungsgeist. – **2.** *Gesetzes-I.*, die Befugnis, *Gesetzesvor-*

lagen einzubringen. Sie steht z.B. nach Art. 76 GG der Bundesregierung, dem Bundesrat u. den Mitgl. des Bundestags zu; nach anderen Verfassungen hat ferner das Staatsoberhaupt die I., teilweise auch das Volk.

Initiative Frieden und Menschenrechte, *IFM,* unter dem SED-Regime in der DDR 1985 gegr. oppositionelle Bewegung, trat bes. für Abrüstung u. polit. Gefangene ein; bildete 1990 mit den Bewegungen *Neues Forum* u. *Demokratie Jetzt* die Wahlkoalition *Bündnis 90.*

Injektion, *Einspritzung,* direkte Verabfolgung von Arzneimittellösungen durch Einstich mittels Spritze ohne Inanspruchnahme der Verdauungswege. Die I. kann in oder unter die Haut *(intrakutan* oder *subkutan),* in die Muskulatur *(intramuskulär),* in die Blutadern *(intravenös)* oder in Organe, z.B. Herz *(intrakardial)* erfolgen. Viele Arzneimittel wirken nur auf diesem Wege, z.B. Insulin, Heilserum, Salvarsan.

Injurie [-riə], Unrecht, Rechtsverletzung; Beleidigung durch Worte *(Verbal-I.)* oder tätl. Beleidigung *(Real-I.).*

Inka, indian. Dynastie eines Ketschua-Stamms im mittleren Andenraum. Der Titel *I.* kam urspr. nur dem Herrschergeschlecht zu, später wurde er auf das ganze Volk übertragen. Die I. hatten in den letzten hundert Jahren vor der Ankunft der Spanier ein Großreich mit der Hptst. *Cuzco* geschaffen, das unter dem Inka *Huayna Capac* (* 1493, † 1527) den größten Teil Ecuadors, Perus u. Boliviens sowie Teile von Argentinien u. Chile umfaßte. Huayna Capac teilte das Reich unter seine Söhne *Huascar* u. *Atahualpa;* ihr Bruderkrieg erleichterte F. *Pizarro* 1532 die Eroberung des I.-Reichs.

Die I. organisierten unter geschickter Einbeziehung bereits vorhandener Kulturen einen Großstaat auf theokrat. Basis. An der Spitze des streng zentralistisch verwalteten, in 4 Provinzen gegliederten Reichs stand als absoluter Herrscher der *Sapa Inka* (der »alleinige I.«). Das hervorragend ausgebaute Straßensystem (Hängebrücken) übertraf das der Römer an Ausdehnung. Der intensive Feldbau (Terrassenfelder, Bewässerungsanlagen, Düngung) wurde im Rahmen des *Ayllu* betrieben (wirtsch. autarke Sippe mit gemeinsamem Landbesitz u. gemeinsamer Nutznießung des Lands, Viehbestands u. Ernteertrags).

Die K u n s t der I. trägt einen ausgesprochen nüchternen, ernsten Charakter. Die Keramik bevorzugte einfache, wohlproportionierte Formen mit vorwiegend geometr. Dekor. Charakterist. sind v. a. Lama- u. Menschenfiguren aus Gold u. Silber. Kunst u. Kunsthandwerk dienten der Verherrlichung des Staates u. dem Kult des Herrschers.

In der R e l i g i o n trat die alt-andine Schöpfergottheit Viracocha gegenüber dem Sonnengott *Inti* mit seiner Gattin, der Mondgöttin *Quilla,* an Bedeutung zurück. Eine große Rolle spielte der »*Huaca*«-Kult (huaca, »heilig«), der sich mit der Ahnenverehrung verband, denn als »Huaca« wurden nicht nur sonderbar gestaltete Felsen, Höhlen, Quellen u. ä., sondern auch die Leichname der Ahnen u. deren Grabstätten angesehen u. mit Opfern versehen (Menschenopfer in Zeiten der Not). Religiöse Zeremonien, die v. a. in der Hptst. mit großem Pomp abgehalten wurden, begleiteten die 12 Monate des Agrarjahres.

Die S c h r i f t der I. ist eine Wortzeichenschrift aus rechteckig oder quadratisch begrenzten Zeichen *(Tocapu).* Sie findet sich auf Gewebsresten (Prunkgewändern) des 16. Jh. u. auf hölzernen Inka-Trinkbechern (Keros) des 16.–18. Jh.; erst teilweise entziffert.

Inkardination, die Eingliederung eines kath. Geistlichen in eine Diözese oder einen Orden.

Inkarnat, *Karnat, Karnation,* der Fleischton, in der Malerei die Farbe der menschl. Haut.

Inkarnation, »Fleischwerdung«, das Eingehen einer Gottheit in einen ird. Körper, die sichtbare Menschwerdung eines Gottes.

Inkasso, das Einziehen von fälligen Forderungen, z.B. von Schecks oder fälligen Wechseln.

Inklination, 1. Neigung, Zuneigung. – **2.** die durch den Erdmagnetismus verursachte Neigung einer im Schwerpunkt aufgehängten Magnetnadel gegen die Horizontale.

Inklusion, 1. Einschließung, Einschluß. – **2.** *Statistik:* der Schluß vom Ganzen auf einen Teil, von einer Gesamtmasse auf eine Teilmasse.

inklusive, Abk. *incl., inkl.,* einschließlich, eingeschlossen.

Inkognito, Verheimlichung des Namens, Gebrauch eines fremden Namens, Unerkanntsein.

inkohärent, nicht zusammenhängend.

Inkohlung, bei der Entstehung von Kohle die unter Luftabschluß u. hohem Druck vor sich gehende Anreicherung des in den kohlebildenden Pflanzen enthaltenen Kohlenstoffs.

Inkompatibilität, 1. die Unvereinbarkeit der gleichzeitigen Ausübung mehrerer öffentl. Ämter, insbes. wenn sich dabei Überschneidungen zw. Exekutive u. Legislative ergeben. – **2.** das Verbot des Tätigwerdens kraft Amtes in eig. Angelegenheiten oder in solchen naher Verwandter.

inkompressibel, nicht zusammendrückbar.

Inkontinenz, das Unvermögen, Harn u. Stuhlgang zurückzuhalten.

Inkorporation, 1. die Einverleibung einer Kirchenpfründe in ein Kloster, ein Kapitel oder eine Universität. – **2.** die Eingliederung eines polit. Gemeinwesens in ein anderes.

Inkreis, der Kreis, der die 3 Seiten eines Dreiecks berührt u. dessen Mittelpunkt im Innern des Dreiecks liegt. Es gibt auch Vielecke mit einem I.

Inkretdrüsen, *Drüsen innerer Sekretion, endokrine Drüsen, Hormondrüsen* → innere Sekretion.

inkriminieren, beschuldigen, als strafbar bezeichnen.

Inkrustation, 1. *Inkrustierung,* die Verkleidung von Wandflächen mit edlen Baustoffen, z.B. Marmor; auch Einlegearbeiten an Wänden u. Fußböden. – **2.** *Geologie:* Überzug aus ausgeschiedenen Mineralien.

Inkubation, *Religion:* Schlaf an hl. Stätte, um im Traum orakelhafte Offenbarungen durch die am Ort wohnende Gottheit zu erhalten.

Inkubationszeit, 1. →Infektion. – **2.** die Dauer der Bebrütung des Eies.

Inkubator →Brutkasten.

Inkunabeln, *Wiegendrucke,* die frühesten Erzeugnisse der Buchdruckerkunst, die vor 1500 hergestellt worden sind.

Inlandeis, große, bis über 4000 m mächtige Eismassen, die weite Landflächen bedecken u. am Rand Gletscher bilden oder mit senkrechten Wänden zum Meer hin abbrechen (»auskalben«) u. so *Eisberge* entstehen lassen (Grönland, Antarktis).

Inlaut, im Unterschied vom *An-* u. *Auslaut* der im Wort- oder Silbeninnern (als Silbenträger) stehende Laut.

Inlay [inlei], eine Zahnfüllung, die nach einem Abdruck hergestellt wird.

Inlett, *Federleinwand,* ein dichtes Leinen- oder Baumwollgewebe in Köper- oder Atlasbindung zur Aufnahme von Bettfedern.

in medias res, mitten hinein (in die zu erörternde Angelegenheit), ohne lange Vorrede.

in memoriam, zum Gedächtnis (an ...).

Inn, der längste r. Nbfl. der oberen Donau, 510 km; mündet bei Passau; ab Hall schiffbar.

Innenarchitektur, als Teilgebiet der allg. Architektur das baukünstler. Gestalten u. Ausstatten von Innenräumen, z.B. Wand- u. Deckenschmuck, Holztäfelungen, Fußböden, Möbel u. Raumtextilien aufeinander abzustimmen.

Innenpolitik, *i.w.S.* die gesamte innere Politik eines Staates (Ggs.: Außenpolitik); *i.e.S.* die allg. innere Verwaltung u. das Polizeiwesen, u. U. auch Kulturangelegenheiten u. ä.

Innenpolmaschine, eine elektr. Maschine (Motor oder Generator), bei der die durch Erregerwicklung oder Permanentmagnete gebildeten magnet. Pole an der Innenseite des Luftspalts liegen. In den meisten Fällen laufen die Pole dann (als Polrad) mit der Läuferwelle um. Die meisten *Synchronmaschinen* sind als I. gebaut.

Innerasien, *Zentralasien,* die Kerngebiete des asiat. Kontinents, umfaßt die ausgedehntesten Hochländer u. die höchsten Gebirge der Erde.

innere Emigration, das Verhalten von Gegnern eines diktator. Regimes, die im Land bleiben, aber Zugeständnisse an die Machthaber zu vermeiden suchen.

Innere Führung, der in der Bundeswehr erstmalig in ein System gebrachte Inbegriff aller Maßnahmen, die dazu dienen, Soldaten in der Bereitschaft zu erziehen, Freiheit u. Recht zu verteidigen. Die I. F. gliedert sich in *Staatsbürgerkunde, psycholog. Rüstung* u. *zeitgemäße Menschenführung.*

Innereien, gewerbl. Bez. für die inneren Organe von Schlachttieren.

Inka: Unter Huayna Capac (1493–1527) hatte das Inkareich seine größte Ausdehnung

Inka: Ruinen der Bergfestung Machu Picchu

innere Krankheiten, Allgemeinerkrankungen des Körpers sowie Erkrankungen der inneren Organe u. ihrer Systeme: die Infektionskrankheiten, die Herz- u. Kreislaufkrankheiten, die Erkrankungen der Atmungsorgane, die Blutkrankheiten, die Krankheiten des Verdauungsapparats, der Leber, der Bauchspeicheldrüse, des Harnapparats, der Drüsen mit innerer Sekretion, des Bewegungsapparats u. des Nervensystems u. die Stoffwechselkrankheiten. Sie werden vom Facharzt für i. K. *(Internist)* behandelt.
innere Medizin, ein Teilgebiet der Medizin, das sich mit der Erkennung u. Behandlung der *inneren Krankheiten* befaßt.
Innere Mission, Einrichtungen freier karitativer Tätigkeit in der ev. Kirche; 1848 von J.H. *Wichern* gegr., seit 1957 zus. mit dem *Ev. Hilfswerk* im Diakonischen Werk der EKD zusammengeschlossen.
Innere Mongolei, chin. *Nei Menggu,* Autonome Region im N der VR →China (seit 1947).
innere Organe, *Eingeweide,* die im Innern des Körpers befindl. Organe u. Organsysteme.
innerer Monolog, in der Erzähltechnik des modernen Romans die Wiedergabe von Gedanken, Empfindungen u. Gefühlen des Helden in direkter Ich-Rede.
innere Sekretion, *Inkretion,* die direkte Abgabe von Substanzen einiger Organe u. Zellarten an das Blut; die abgegebenen Stoffe sind die Hormone. Gewebe mit i. S. sind beim Menschen folgende Drüsen: *Epiphyse, Hypophyse* (Vorder- u. Hinterlappen), *Nebennieren* (Rinde u. Mark), *Schilddrüse, Nebenschilddrüsen, Pankreas* (Langerhanssche Inseln), *Hoden* (Zwischenzellen), *Eierstöcke* (Graafscher Follikel), *Gelbkörper, Plazenta, Thymusdrüse.* Ein Gewebe der i. S. ohne Spezialisierung zu einer Drüse ist die *Darmschleimhaut.*
innere Uhr →Biorhythmik.
Innerösterreich, die ehem. östr. Herzogtümer Steiermark, Kärnten u. Krain u. die Gft. Görz.
Innerrhoden, *Appenzell-I.,* Halbkanton in Appenzell →Schweiz.
Innertropische Konvergenz, engl. *Intertropical Convergence,* Abk. *ITC,* die äquatoriale Westwindzone (Tiefdruckrinne) der atmosphärischen Zirkulation; sie liegt am therm. Äquator um 3° nördl. Breite.
Inness ['inis], George, *1825, †1894, US-amerik. Landschaftsmaler.
Innitzer, Theodor, *1875, †1955, östr. Kardinal (seit 1933); seit 1932 Erzbischof von Wien. Anfangs für den Anschluß Östr. an Dtld., verteidigte später die Rechte der Kirche gegen den Nationalsozialismus.
in nomine, im Namen, im Auftrag (von...).
Innovation, Neuerung, Neueinführung, Erfindung, Herstellen eines neuen Zusammenhangs; bes. in Soziologie, Wirtschaft u. Technik, aber auch eine kulturelle Neuerung, insbes. im Bereich der Volkskultur *(Novation).* – **I.szeit,** die Zeit, die bei techn.-naturwiss. Entwicklungen von der Entdeckung bis zur prakt. Verwertung im großen verstreicht.
Innozenz, Päpste: **1.** *Innozenz I.,* †417, Papst 402–417; regierte in der Zeit des Niedergangs des weström. Reichs (Eroberung durch die Westgoten). – Heiliger (Fest: 12.3.). – **2.** *Innozenz II.,* eigtl. *Gregor Papareschi,* †1143, Papst 1130–43; unmittelbar nach dem Tod Honorius' II. formal unrechtmäßig gewählt. Während der gegen ihn erhobene *Anaklet II.* Rom besetzt hielt, konnte I. sich fast in der ganzen Kirche durchsetzen. – **3.** *Innozenz (III.),* eigtl. *Lando von Sezze,* Gegenpapst 1179/80; nach der Unterwerfung *Kalixts III.* gegen *Alexander III.* erhoben; von Alexander zu Klosterhaft in La Cava verurteilt. – **4.** *Innozenz III.,* eigtl. *Lothar von Sengi,* *1160/61, †1216, Papst 1198–1216; führte die seit dem Reformpapsttum des 11. Jh. erstrebte geistl.-weltl. Führerstellung des Papsttums über die ganze Christenheit auf ihren Höhepunkt. – **5.** *Innozenz IV.,* eigtl. *Sinibaldo Fieschi,* *um 1195, †1254, Papst 1243–54; führte den Kampf gegen Kaiser *Friedrich II.* mit äußerster Schärfe; verkündete erneut die »Zweischwertertheorie«, unterstützte die gegen Friedrich erhobenen Gegenkönige, konnte aber die Macht des Kaisers weder in Dtld. noch in Italien brechen. – **6.** *Innozenz V.,* eigtl. *Pierre de Tarantaise,* *um 1225, †1276, Papst 1276; seit 1272 Erzbischof von Lyon. – Seliger (Fest: 22.6.). – **7.** *Innozenz VI.,* eigtl.

Innozenz III. (4): Wandgemälde in der Kirche Sacro Speco in Subiaco (13. Jahrhundert)

Étienne *Aubert,* †1362, Papst 1352–62; stand zu Kaiser *Karl IV.* in guten Beziehungen. Den Plan der Rückkehr aus Avignon nach Rom konnte er nicht verwirklichen, doch unterwarf Kardinal *Albornoz* (*um 1300, †1367) ihm den Kirchenstaat. – **8.** *Innozenz VII.,* eigtl. *Cosma de Migliorati,* *um 1336, †1406, Papst 1404–06; regierte während des abendländ. Schismas. – **9.** *Innozenz VIII.,* eigtl. Giovanni Battista *Cibo,* *1432, †1492, Papst 1484–92; gehörte zu den vorwiegend weltl. eingestellten Päpsten der Renaissance. – **10.** *Innozenz IX.,* eigtl. Giovanni Antonio *Facchinetti,* *1519, †1591, Papst Okt.–Dez. 1591; war alt u. krank, von den meisten Kardinälen nur gewählt, weil sie den Druck *Philipps II.* auf die Kurie ausschalten u. dazu Zeit gewinnen wollten. – **11.** *Innozenz X.,* eigtl. Giambattista *Pamfili,* *1574, †1655, Papst 1644–55; entmachtete die Familie seines Vorgängers, die *Barberini.* Der Witwe seines Bruders, Olimpia *Maidalchini,* räumte er weitgehenden Einfluß ein. – **12.** *Innozenz XI.,* eigtl. Benedetto *Odescalchi,* *1611, †1689, Papst 1676–89; beseitigte den Nepotismus, nahm in der Verwaltung von Kirche u. Kirchenstaat wichtige Reformen vor u. verurteilte den *Quietismus.* Die Freiheit der Kirche u. die päpstl. Autorität verteidigte er bes. gegen die Machtansprüche *Ludwigs XIV.* Der Kanonisationsprozeß wurde auf Einspruch Frankreichs lange unterbrochen; Seligsprechung 1956 (Fest: 12.8.). – **13.** *Innozenz XII.,* eigtl. Antonio *Pignatelli,* *1615, †1700, Papst 1691–1700; reformeifrig wie sein Vorbild u. Gönner I. XI. Den Streit mit *Ludwig XIV.* konnte er beilegen. – **14.** *Innozenz XIII.,* eigtl. Michelangelo dei *Conti,* *1655, †1724, Papst 1721–24; gab nach, wo sich kirchl. Ansprüche nicht durchsetzen ließen.
Innsbruck, Hptst. des östr. Bundeslands Tirol, an der Mündung der Sill in den Inn, zw. Karwendelgebirge im N u. Stubaier u. Tuxer Alpen im S, 574 m ü. M., 116 000 Ew.; Univ.; Hofburg u. Hofkirche; Fremdenverkehr. Austragungsort der IX. u. XII. Olymp. Winterspiele (1964 u. 1976).
Innung, urspr. Bez. für die (pflichtmäßigen) *Zünfte (Gilden),* die bis zur Einführung der Gewerbefreiheit bestanden; heute eine freie Vereinigung selbständiger Handwerker der gleichen Handwerks oder verwandter Handwerke zur Förderung ihrer gemeinsamen gewerbl. Interessen innerhalb eines bestimmten Bezirks (Kreises). Die I. ist eine Körperschaft des öffentl. Rechts, unter Aufsicht der *Handwerkskammer.* – **I.skrankenkasse,** eine Krankenkasse, die eine oder mehrere I.en gemeinsam für die der I. angehörenden Betriebe ihrer Mitgl. errichten können.
Innviertel, bis 1779 zu Bayern, dann zu Oberöstr. gehörige Ldsch. zw. Donau, Inn, Salzach u. Hausruck.
İnönü, Ismet, bis 1934 *Ismet Pascha,* *1884, †1973, türk. Offizier u. Politiker; 1920 Generalstabschef unter Kemal *Atatürk,* vertrieb die Griechen aus Kleinasien (Sieg bei Inönü); 1922 Außen-Min., 1923/24 u. 1927–37 Min.-Präs., 1938 bis 1950 als Nachfolger Atatürks Staats-Präs., nach dem Staatsstreich 1960 wieder 1961–65 Min.-Präs.
Inoue, Yasushi, *1907, †1991, jap. Schriftst. (Erzählungen).
in petto, im Sinn, im Hintergrund, in Bereitschaft.
Input, allg. Eingabe von Daten in ein System.
Input-Output-Analyse [-'autput-; engl.], »Einsatz-Ausstoß-Analyse«, die quantitative Erfassung der Lieferbeziehungen zw. den einzelnen Wirtschaftsbereichen (Sektoren, Industrien) einer Volkswirtschaft oder Region. Damit läßt sich der Grad der Verflechtung der einzelnen Industrien angeben u. etwas über die Arbeitsteilung in einer Volkswirtschaft aussagen.
Inquisition, urspr. die Untersuchung rechtswidriger Tatsachen durch die Obrigkeit von Amts wegen, insbes. die offizielle oder offiziöse Verfolgung aus religiösen u. ideolog. Gründen; *i.e.S.* die institutionalisierte *Ketzerverfolgung* der kath. Kirche im MA bis weit in die Neuzeit hinein. Anfang des 13. Jh. wurde durch das Zusammenwirken von weltl. u. kirchl. Obrigkeit (bes. Kaiser *Friedrich II.* u. die Päpste *Innozenz III.* u. *Gregor IX.*) die I. eingerichtet. Päpstl. **Inquisitoren,** meist Dominikaner oder Franziskaner, sollten die Ketzer ausfindig machen. Hartnäckige Ketzer sollten der weltl. Gewalt zur Verbrennung übergeben werden. Seit Papst Innozenz IV. war auch die Anwendung der Folter erlaubt. (→Hexe).
I.N.R.I., Abk. für *Iesus* (Jesus) *Nazarenus Rex Iudaeorum* [lat. »Jesus von Nazareth, König der Juden«], Aufschrift am Kreuz Christi.
Inschriftenkunde, *Epigraphik,* eine histor. Hilfswiss. im Rahmen der *Quellenkunde.*
Insekten, *Insecta, Sechsfüßer, Hexapoda, Kerbtiere,* nach der meist scharfen Einkerbung in Kopf, Brust u. Hinterleib benannte Klasse der *Tracheentiere* aus dem Stamm der *Gliederfüßer.* Typ. Merkmale sind das den Körper durchziehende *Tracheensystem* (von der Körperwand ausgehende, verzweigte, luftführende Hautschläuche, die der Atmung dienen) u. die chitinhaltige Körperdecke, die ein *Außenskelett* bildet. Die I. umfassen minde-

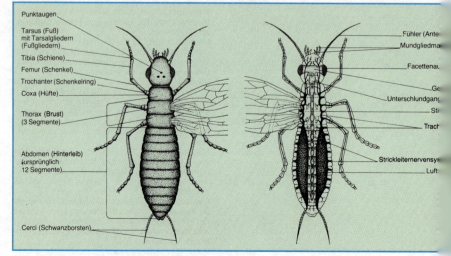

Äußere Gliederung des Insektenkörpers (links) und innerer Bau eines geflügelten Insekts (Aufsicht)

Klasse Insekten (Insecta): systematische Übersicht		
Insekten mit unvollkommener Verwandlung: Hemimetabola	*primär ungeflügelte Insekten*	
	Unterklasse Entognatha (Mundwerkzeuge in das Kopfinnere versenkt)	
	Ordnung – Beintastler, Protura	
	Ordnung – Doppelschwänze, Diplura	
	Ordnung – Springschwänze, Collembola	
	Unterklassen Ectognatha (Mundwerkzeuge frei am Kopf stehend)	
	Ordnung – Felsenspringer, Archaeognatha	
	Ordnung – Fischchen, Zygentoma	
	geflügelte Insekten	
	Ordnung – Eintagsfliegen, Ephemeroptera	
	Ordnung – Libellen, Odonata	
	Ordnung – Steinfliegen, Plecoptera	
	Ordnung – Tarsenspinner, Embioptera	
	Ordnung – Notoptera	
	Ordnung – Ohrwürmer, Dermaptera	
	Ordnung – Fangheuschrecken, Mantodea	
	Ordnung – Schaben, Blattodea	
	Ordnung – Termiten, Isoptera	
	Ordnung – Gespenstheuschrecken, Phasmatodea	
	Ordnung – Springschrecken, Saltatoria	
	Ordnung – Bodenläuse, Zoraptera	
	Ordnung – Staubläuse, Psocoptera	
	Ordnung – Tierläuse, Phthiraptera	
	Unterordnung – Kieferläuse, Mallophaga	
	Unterordnung – Elefantenläuse, Rhynchophthirina	
	Unterordnung – Echte Läuse, Anoplura	
	Ordnung – Blasenfüße, Thysanoptera	
	Überordnung – Schnabelkerfe, Rhynchota	
	Ordnung – Wanzen, Heteroptera	
	Ordnung – Pflanzensauger, Homoptera	
	Unterordnung – Zikaden, Auchenorrhyncha	
	Unterordnung – Pflanzenläuse, Sternorrhyncha	
	Überfamilie – Blattläuse, Aphidina	
	Überfamilie – Schildläuse, Coccina	
	Überfamilie – Mottenläuse, Aleyrodina	
	Überfamilie – Blattflöhe, Psyllina	
Insekten mit vollkommener Verwandlung: Holometabola	Ordnung – Schlammfliegen, Megaloptera	
	Ordnung – Kamelhalsfliegen, Raphidioptera	
	Ordnung – Netzflügler, Planipennia	
	Ordnung – Käfer, Coleoptera	
	Ordnung – Hautflügler, Hymenoptera	
	Ordnung – Köcherfliegen, Trichoptera	
	Ordnung – Schmetterlinge, Lepidoptera	
	Ordnung – Schnabelhafte, Mecoptera	
	Ordnung – Zweiflügler, Diptera	
	Unterordnung – Mücken, Nematocera	
	Unterordnung – Fliegen, Brachycera	
	Ordnung – Flöhe, Siphonaptera	
	Ordnung – Fächerflügler, Strepsiptera	

stens ²/₃ aller bekannten lebenden Tierarten (rd. 750 000 Arten) u. sind die am stärksten in versch. Ordnungen u. Gattungen aufgespaltene Klasse des Tierreichs.

insektenfressende Pflanzen, *fleischfressende Pflanzen, Karnivoren,* Pflanzen mit Fangvorrichtungen zum Anlocken u. Festhalten von Insekten u. mit Drüsen, die eiweißabbauende Fermente ausscheiden, so daß der Tierkörper teilweise aufgelöst werden kann. Nach der Beschaffenheit der Fangorgane unterscheidet man *Leimrutenfänger* (z.B. Sonnentau, Fettkraut), *Klappfallenfänger* (z.B. Wasserschlauch, Venusfliegenfalle) u. *Fallgrubenfänger* (z.B. Kannenpflanzen).

Insektenfresser, *Insectivora,* Ordnung der *Säugetiere* mit altertüml. Merkmalen, von denen alle höheren Säuger abstammen. I. fehlen in Südamerika u. Australien. Zu den I. gehören *Tenreks, Schlitzrüßler, Goldmulle, Spitzmäuse, Maulwürfe* u. *Igel.*

Insektenstaat, das Zusammenleben sog. *sozialer Insekten* (Termiten, Wespen, Bienen, Ameisen) in selbstgefertigten Bauten, wobei die Aufgaben innerhalb des I. in einem sinnvollen Zusammenwirken aller Einzeltiere in Arbeitsteilung durchgeführt werden.

Insektivoren, *Insectivora* → Insektenfresser.

Insektizide, insektentötende Stoffe; heute meist synthet.-chem. Mittel mit der Möglichkeit gezielter Anwendung. Sie wirken als *Atemgifte* (z.B. Blausäure, Schwefeldioxid, Schwefelkohlenstoff, Globol, Derris), als *Fraßgifte* (z.B. Arsen-, Blei-, Quecksilber-Verbindungen) oder als *Kontaktgifte* (Berührungsgifte, z.B. DDT, E 605).

Insel, ein rings von Wasser umgebenes Landstück (außer den Kontinenten). Die Inselwelt der Erde umfaßt rd. 10,5 Mio. km².

Inselberge, in den wechseltrockenen Tropen u. Subtropen aus Ebenen inselartig steil aufragende Berge oder Berggruppen, durch Insolationsverwitterung entstanden.

Insel der Seligen → Elysium.

Inseln über dem Winde, 1. nördl. Inselgruppe der westind. Kleinen Antillen, bestehend aus der nördl. Gruppe der *Leeward Islands* u. der südl. Gruppe der *Windward Islands* sowie aus Barbados, Trinidad u. Tobago. – **2.** östl. Inselgruppe der Gesellschaftsinseln in der Südsee.

Inseln unter dem Winde, 1. südl. Inselgruppe der westind. Kleinen Antillen vor der venezolan. Küste; teils ndl. Besitz *(Ndl. Antillen unter dem Winde)* teils venezolan. *(Venezolan. Antillen).* – **2.** westl. Inselgruppe der Gesellschaftsinseln in der Südsee.

Inselorgan, *Inselapparat, Langerhanssche Inseln,* die Gesamtheit der im Drüsengewebe der *Bauchspeicheldrüse* eingelagerten innersekretor. Zell»inseln« *(Pankreas-Inseln).* Man unterscheidet in ihnen die A-Zellen (Alphazellen), die *Glukagon* bilden, u. die B-Zellen (Betazellen), die *Insulin* bilden. Beide Hormone werden unmittelbar ins Blut abgegeben. → Zuckerkrankheit.

Inselsberg, *Großer I.,* Gipfel des Thüringer Walds, sw. von Gotha, 916 m.

Insemination, künstl. Befruchtung; bei der *homologen I.* stammt der Samen vom Ehemann, bei der *heterologen I.* von einem anderen Mann. Die *In-vitro-I. (extrakorporale I.)* findet außerhalb des mütterl. Körpers statt.

Inserat → Anzeige.

Insertion, 1. die Art, wie, u. die Stelle, wo ein Organ, z.B. ein Blatt oder ein Muskel, ansetzt *(inseriert).* – **2.** das Aufgeben eines Inserats (Anzeige).

Insignien [-gniɛn], Herrschaftszeichen, Zeichen der Amtswürde; → Reichskleinodien.

Insolation, die Einstrahlung der Sonne auf die Erde.

Insolvenz → Zahlungsunfähigkeit.

in spe, künftig, kommend, in Erwartung.

Inspekteur [-'tø:r], **1.** allg.: Leiter einer Inspektion, Prüfer. – **2.** in der Bundeswehr der ranghöchste Offizier (Generalleutnant) einer *Teilstreitkraft* oder des Sanitäts- u. Gesundheitswesens.

Inspektor, Aufseher, Aufsichtsperson; in der öffentl. Verwaltung der BR Dtld. ein Beamter im (gehobenen) mittleren Dienst.

Inspiration, *Eingebung,* die unmittelbare, rein passive Kenntnisnahme göttl. Mitteilungen (Offenbarungen). Übertragen spricht man auch von einer *künstler. I.*

Inspizient, 1. ein für den gesamten Bereich seiner Teilstreitkraft zuständiger hoher Offizier, der die richtige Ausrüstung u. Ausbildung einer Waffengattung überwacht. – **2.** ein Bühnen- oder Filmangestellter, der für den ordnungsgemäßen Ablauf der Vorstellung (bzw. Aufnahme) zu sorgen hat.

Installation, 1. Einweisung in ein (geistl.) Amt. – **2.** Planung u. Einbau von Gas-, Wasser-, Heizungs-, Lüftungs- u. elektr. Leitungen in Gebäuden durch den betr. **Installateur.**

Instantprodukte ['instənt-], pulverförmige Lebensmittel, die durch eine spezielle Behandlung *(Instantisierung)* so verändert werden, daß sie sich in Flüssigkeiten schnell lösen u. dispergieren lassen.

Instanz, die jeweils zuständige Stelle; die einzelne Stufe einer in Über- u. Unterordnung gegliederten Behördenorganisation gleicher sachl. Zuständigkeit, in deren I.enzug mehrere dieser I. von unten nach oben zu durchlaufen sind (z.B. Amtsgericht, Landgericht, Oberlandesgericht, Bundesgerichtshof).

Inster, russ. *Instrutsch,* ostpreuß. Fluß, 75 km; bildet bei Insterburg mit der *Angerapp* den *Pregel.*

Insterburg, russ. *Tschernjachowsk,* Stadt in Ostpreußen, an der Angerapp, 35 000 Ew. – 1337 Burg des Dt. Ordens.

Instinkt, ein vorgegebenes Wirkungsgefüge oder Funktionssystem des Verhaltens; ein hierarchisch organisierter, nervöser Mechanismus, der auf bestimmte auslösende u. richtende Impulse – innere wie äußere – anspricht u. sie mit lebens- u. arterhaltenden Bewegungen beantwortet. Zu den inneren Impulsen gehören die *Hormone.* Äußere Impulse sind spezif. Reizsituationen *(Schlüsselreize);* sie wirken auf einen angeborenen Auslösemechanismus. – Der menschl. I. wird stark vom verstandesmäßigen Handeln u. von Erfahrungen überdeckt.

Institut, 1. Forschungsanstalt einer Hochschule, Akademie oder wiss. Gesellschaft. – **2.** *Rechts-I.,* Rechtseinrichtung, der einzelne Bestandteil der Rechtsordnung, z.B. das I. des Eigentums, des Erbrechts.

Institut de France [ɛ̃sti'tydə'frɑ̃s], Sitz: Paris, Zusammenschluß von fünf frz. wiss. u. künstler. Akademien; 1795 gegr. Zum I. d. F. gehören u. a.: *Académie Française* (1635 gegr.; 40 Repräsentanten aus allen Bereichen des kulturellen, polit. u. wirtschaftl. Lebens), *Académie des Sciences* (1666 gegr.; für Naturwiss.) u. *Académie des Beaux-Arts* (1816 gegr.; für bildende Kunst u. Musik).

Institut für Auslandsbeziehungen, Stuttgart, 1917 als *Dt. Ausland-Institut* gegründet. Das 1951 neu gegründete I. f. A. ist eine unabhängige, gemeinnützige Anstalt zur Förderung des geistigen

Inselberge des Mount Olga in Zentralaustralien

Austauschs u. der Verständigung zwischen den Völkern.
Institut für deutsche Sprache, Sitz: Mannheim, gegr. 1964; Forschungsgebiete: Gliederung des dt. Wortschatzes, maschinelle Sprachbearbeitung, Grundstrukturen der dt. Sprache.
Institut für Sozialforschung, der Ausgangspunkt der *Frankfurter Schule* u. ihrer *Kritischen Theorie* der Gesellschaft; 1923/24 unter maßgebl. Beteiligung Max *Horkheimers* u. Friedrich *Pollocks* in Frankfurt a.M. gegr.; 1933 Ende der Tätigkeit in Dtld., seit 1949 wieder in Frankfurt (der Univ. angeschlossen). Mitarbeiter waren u. a. Th. W. *Adorno,* W. *Benjamin,* H. *Marcuse* u. J. *Habermas.*
Institut für Weltwirtschaft, wirtschaftswiss. Forschungs- u. Lehrinstitut an der Univ. Kiel; gegr. 1911 von Bernhard *Harms.*
Institut für Zeitgeschichte, München, 1950 als *Dt. Institut zur Erforschung der nat.-soz. Zeit* gegr., 1952 umbenannt. Im Mittelpunkt seiner Forschung steht die dt. Geschichte zw. 1919 u. 1945.
Institution, 1. Einrichtung, Institut. – **2.** die Einsetzung in ein kirchl. Amt. – **3.** *soziale I.*, ein Komplex sozialer Regelungen, denen im Gesamtsystem der Gesellschaft gundlegende Bedeutung zukommt (z.B. Ehe, Eigentum, Beruf). – **institutionalisieren,** in eine gesellschaftl. anerkannte Form bringen.
»Institutionen«, Lehrbuch des röm. Rechts von Gaius, das zu einem Teil des Corpus juris civilis wurde.
Institut Pasteur [ẽsti'typa'stø:r], das von L. *Pasteur* 1888 in Paris gegr. Institut für Mikrobiologie u. Hygiene.
Instrument, Werkzeug; Gerät für wiss. Untersuchungen, Messungen u. ä., auch zur Erzeugung von Musik (Musikinstrumente).
Instrumentalismus, die im *Pragmatismus* (J. Dewey u. a.) herrschende Auffassung vom werkzeughaften Charakter des Erkennens in allen Bereichen des Denkens.
Instrumentalmusik, die selbständige, nur auf Instrumenten gespielte, nicht die menschl. Stimme benutzende Musik; Ggs.: *Vokalmusik.*
Instrumentation, die Kunst, eine musikal. Komposition auf die Stimmen versch. Instrumente so zu verteilen, daß der Zusammenklang die vorgestellte Wirkung hat.
Instrumentenlandesystem → ILS-Verfahren.
Insubordination, Gehorsamsverweigerung, Auflehnung.
Insuffizienz, Unzulänglichkeit, Schwäche.
Insulin [das; lat.], das in den B-Zellen des *Inselorgans* gebildete Hormon; ein *Peptidhormon,* bestehend aus 51 Aminosäuren. Da das I. im Verdauungskanal zerstört würde, kann es nur unter dessen Umgehung (parenteral), d. h. durch Einspritzung, angewendet werden. Das I. findet sich in einer Menge von 2–3 I.einheiten pro g Bauchspeicheldrüse; im Blut beträgt die Menge (nach Kohlenhydrataufnahme) etwa 0,003 I.einheiten pro cm³ (1 I.einheit = ²⁄₃ der kleinsten I.menge, die den Blutzucker eines 24 Stunden nüchternen, 2 kg schweren Kaninchens in 3 Std. auf 45 mg-% senkt). Die I.wirkung besteht in der Förderung des Zuckerstoffwechsels: Anregung des Zuckerabbaus (Glykolyse) in der Muskulatur u. der Zuckerspeicherung als Glykogen (Stärke) in der Leber; Folge dieser Wirkung ist die gute Ausnutzbarkeit des Zuckers u. die Einhaltung des normalen Blutzuckerspiegels (etwa 100–120 mg-%). I.mangel führt zur Zuckerkrankheit (I.mangeldiabetes), I.überschuß (bei Geschwulst des Inselorgans oder bei Verabreichung zu hoher I.dosen) zur Hypoglykämie (Blutzuckererniedrigung). An der Regulierung des Blutzuckerspiegels ist u. a. auch das Pankreashormon *Glukagon* beteiligt. – Entdeckt wurde das I. 1921 durch F. Banting, C. Best u. J.J.R. Macleod. – Die I.behandlung der Zuckerkrankheit besteht in der künstl. Zufuhr (durch Einspritzung) des dem Organismus fehlenden I.s; sie kann entweder mit schnellwirkendem I. (Alt-I.) oder mit langwirkendem I. (Depot-I.) durchgeführt werden. I. wird heute synthetisch hergestellt.
Insult, 1. Beschimpfung, Beleidigung. – **2.** Anfall, Verletzung, Schädigung; z.B. *apoplektischer I.,* Schlaganfall; *psych. I.,* seel. Schädigung.
Insurrektion, Aufstand, Volkserhebung.
Inszenierung, das In-Szene-Setzen, d. h. das Um-

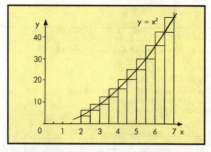

Integral: Fläche als gemeinsamer Grenzwert von zwei Staffelflächen

setzen des geschriebenen (Textbuch, Drehbuch) in das zu spielende Bühnenwerk.
Intabulation, im östr. Grundbuchrecht eine Eintragung, durch die dingl. Rechte erworben, übertragen oder beschränkt werden; Ggs.: *Extabulation.*
Intaglio [in'taljo], eine *Gemme* mit eingraviertem Bild; Ggs.: *Kamee.*
Intarsia, *Intarsien,* Einlegearbeiten, bei denen andersfarbiges Holz oder andersgeartetes Material (Schildpatt, Perlmutt, Elfenbein, Metall, Alabaster, Glas) in aus dem massiven Holz herausgearbeitete Vertiefungen eingelegt wird. Eine andere Technik ist das Auflegen eines aus verschiedenfarbigem oder verschiedenartigem Material zusammengesetzten Zierfurniers auf den Holzkern.
Integral, *I.funktion, Stammfunktion,* eine math. Funktion, die sich mit Hilfe der I.rechnung durch *Integration* aus einer gegebenen Funktion $f(x)$ errechnet. Das *unbestimmte I. F(x)* [gesprochen: groß F von x] ist eine Funktion, deren 1. *Ableitung* $F'(x)$ gleich dem *Integranden* $f(x)$ des I. ist. Das *bestimmte I.* einer Funktion $f(x)$ errechnet sich aus dem unbestimmten I. unter Einführung der unteren Grenze a u. der oberen Grenze b zu
$$\int_a^b f(x)\,dx = F(b) - F(a)$$
wobei $F(a)$ u. $F(b)$ die Werte $F(x)$ für $x = a$ u. $x = b$ bedeuten.
Integralbauweise, die Herstellung eines Bauteils aus einem einzigen Stück.
Integralrechnung, die Umkehrung der Differentialrechnung: das Verfahren (*Integrationsverfahren*), aus der *Ableitung* einer Funktion die Funktion selbst zu ermitteln.
Integration, 1. Herstellung oder Wiederherstellung eines Ganzen; Einordnung eines Glieds in ein Ganzes. – **2.** der Abbau nat. Verfügungsgewalt zugunsten supranat. Organe u. Regelungen. Unter *europäischer I.* versteht man den Zusammenschluß W-europ. Staaten in der *Europ. Union.* – **3.** das geschlossene Zusammenwirken versch. psych. Prozesse. Der Grad der I. psych. Vorgänge ist ein Index für bestimmte *Typen*. – **4.** die Verschmelzung von Einzelpersonen u. Gruppen zur mehr oder weniger einheitl. *Gesellschaft*. – **5.** die Vereinigung mehrerer Volkswirtschaften zu einem Wirtschaftsraum mit binnenmarkt-ähnl. Charakter.
integrierte Schaltung, engl. *Integrated Circuit,* Kurzzeichen *IC,* → Mikroelektronik.
Integrität, Vollständigkeit, Unversehrtheit, Redlichkeit.
Intellekt, Verstand; die Fähigkeit, kritisch zu denken. – **I.ualismus,** eine Auffassung, die den *I.* auf allen Lebensgebieten zum Führer macht. – **Intellektuelle,** die (akadem.) Gebildeten u. in den geistigen Berufen Tätigen.
Intelligenz, Klugheit, geistige Fähigkeit; geistige Führungsschicht. – **I.quotient,** Abk. *IQ,* das bei einem I.test ermittelte Maß für die I.höhe, d. h. für die geistige Leistungsfähigkeit eines Menschen im Vergleich zu Gleichaltrigen; relativ zum Durchschnitt der Bev. ausgedrückt.
intelligibel, nur mit dem Verstand erfaßbar.
INTELSAT, Abk. für engl. *International Telecommunication Satellite Consortium,* Internationales Fernmeldesatellitenkonsortium, 1964 in Washington gegr., Ziel ist die Errichtung u. der Betrieb eines erdumspannenden Satellitennetzes.
Intendant, der Leiter eines Theaters oder eines Rundfunksenders.
Intensität, Eindringlichkeit, Stärke, Grad einer Kraft; z.B. die Stärke einer Strahlung.
intensive Wirtschaft, Betriebsweise mit starkem Arbeits- oder Kapitaleinsatz *(arbeitsintensiv, kapitalintensiv).*
Intensivmedizin, die Lehre von den schweren, akut lebensbedrohlichen Erkrankungen u. ihrer Behandlung. Aufgabe der I. ist die *Normalisierung vitaler Funktionen,* z.B. Aufrechterhaltung des Blutkreislaufs u. der Atmung. Die hierzu erforderlichen diagnost. u. therapeut. Maßnahmen werden auf **Intensivstationen** durchgeführt.
Intensivtierhaltung, *Dauerstallhaltung,* Tierhaltung größeren Ausmaßes auf engstem Raum bei ständig kontrollierten Umweltbedingungen zur Erzielung einer hohen Leistung.
Intention, Zielsetzung, Absicht.
inter... [lat.], zwischen.
Interaktion, jede wechselseitige Bezugnahme von zwei oder mehreren Personen (auch Gruppen).
Inter-City-Zug ['intər'siti-], Abk. *IC,* ein bes. schneller Eisenbahnzug, der die wichtigsten Städte eines Landes verbindet. In der BR Dtld. fahren die IC-Züge seit 1973 im Ein-Stunden-Takt. Das IC-Netz besteht im wesentl. aus 4 Linien. Die Züge führen die 1. u. 2. Wagenklasse, ein besonderer IC-Zuschlag wird erhoben. Der IC hat den ehemaligen *Fernschnellzug* abgelöst.
Interdependenz, wechselseitige Abhängigkeit.
Interesse, Anteilnahme, Wissensdrang; Neigung.
Interessengemeinschaft, Abk. *IG,* vertragl. Zusammenschluß mehrerer rechtl. selbständiger Unternehmungen zur Verfolgung bestimmter Interessen.
Interessensphäre, 1. der rechtl. geschützte Interessenkreis einer Person oder Gruppe. – **2.** ein Gebiet, in dem nach den Regeln der klass. Diplomatie, aufgrund von Vereinbarungen zw. den interessierten Staaten einem von ihnen oder mehreren ein bes. Einwirkungsrecht polit. oder wirtschaftl. Art gegeben wird.
Interface ['intəfɛis], Schnittstelle zw. einem Computer u. seinen Peripheriegeräten.
Interferenz, 1. die unmittelbare Einwirkung von

Intelligenzquotient	
IQ	Prozentanteil in der Bevölkerung
127 und mehr	2,2%
118–126	6,7%
110–117	16,1%
91–109	50,0%
79– 90	16,1%
63– 78	6,7%
62 und weniger	2,2%

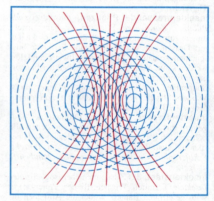

Interferenz (2) zwischen kohärenten Lichtquellen; die Punkte gleicher Phasen liegen auf Hyperbeln

Tieren aufeinander. – **2.** alle Erscheinungen, die durch Überlagerung zweier oder mehrerer Wellen am gleichen Ort entstehen. I. tritt bei Schall-, Radio-, Licht-, Materiewellen u. a. auf. Bei Wellen gleicher Schwingungszahl gilt: Treffen Berg u. Tal von 2 Wellen zus., so tritt Auslöschung ein; Berg mit Berg u. Tal mit Tal geben dagegen Verstärkung. – I.-Erscheinungen treten auch bei der Beugung von Wellen an Hindernissen auf, die gegenüber der Wellenlänge klein sind, so z.B. bei der Reflexion des Lichts an dünnen durchlässigen Schichten (Glimmer, Seifenblase, Ölschicht). Es interferieren hierbei die an der Vorder- u. Rückseite reflektierten Lichtwellen u. ergeben die I.farben (I.streifen). Stehende Wellen entstehen durch I.

zweier entgegenlaufender Wellen. Bei Überlagerung versch. Frequenzen treten *Schwebungen* auf.

Interferometer, ein opt. Gerät zur Längenmessung. Ein einfarbiger Lichtstrahl wird durch halbdurchlässige Glasplatten in 2 Teile zerlegt, die nach Durchlaufen versch. Wege zur *Interferenz* gebracht werden. Dabei treten *Interferenzstreifen* auf, deren Abstand ein sehr genaues Maß für die gewünschten Vergleiche ist.

Interferon, *antivirales Protein,* in Zellen, die von Viren befallen wurden, als Abwehrstoff gebildetes Glykoprotein.

intergalaktische Materie, gas- u. staubförmige Materie zw. den Galaxien (Sternsystemen). Sie verdankt ihre Existenz z. T. nahen Vorübergängen oder Zusammenstößen von Galaxien, wobei die i. M. durch den Einfluß der Gezeiten herausgezerrt wird. Die i. M. ist vermutl. erheblich dünner verteilt als die interstellare Materie.

Interglazial, *Zwischeneiszeit,* die durch Erwärmung bedingten Abschmelz- u. Gletscherrückzugsperioden zw. den Kaltzeiten.

Interieur [ɛ̃teriˈø:r], Innenraum, Innenausstattung; bes. Kunstgatt. in den Ndl. des 17. Jh.

Interim, die Regelung polit. oder theolog. Fragen für eine Übergangsperiode.

Interjektion, Ausruf- oder Empfindungswort (ach! je! o!).

Interkonfessionalismus, *Interdenominationalismus,* die Bestrebung, zw. den christl. Gemeinschaften einheitliche kirchl. Organisationsformen oder Bekenntnisstände zu bilden.

Interkontinentalraketen, Flugkörper mit nuklearen oder thermonuklearen Sprengköpfen mit einer Reichweite bis 12 000 km.

Interlaken, schweiz. Fremdenverkehrszentrum im Berner Oberland, an der Aare, zw. Thuner u. Brienzer See, 563 m ü. M., 5000 Ew.

interlinear, zw. den Zeilen.

Interlinearversion, die Übersetzung eines fremdsprachl. Textes Wort für Wort, ohne Rücksicht auf den Satzzusammenhang; im frühen MA zw. die Zeilen der Vorlage geschrieben.

Interlinguistik, das vergleichende Studium weitverbreiteter Sprachen.

Intermezzo, Zwischenspiel.

intermittierend, zeitweilig aussetzend u. wiederkehrend, mit Unterbrechungen.

Internat, *Pensionat,* Schülerheim, im allg. einer höheren Lehranstalt angegliedert.

international, zwischen-, überstaatlich.

Internationale, 1. urspr. Kurzwort für *Internationale Arbeiterassoziation (IAA).* Die IAA wurde am 28.9.1864 in London unter Mitwirkung von Karl *Marx* gegr. Diese *Erste I.* zerfiel seit 1869 infolge innerer Differenzen zw. Marxisten u. Anarchisten. 1889 entstand in Paris die *Zweite I.* Sie zerbrach faktisch 1914 u. zerfiel vollends, als die in Rußland siegreichen Bolschewiki sich 1918 von ihr trennten u. 1919 in Moskau die »Kommunist. I.« als *Dritte I.* gründeten (→Komintern). Der Versuch, die Zweite I. 1919/20 von der Schweiz aus zu reorganisieren, hatte nur teilweise Erfolg. Erst 1923 kam es in Hamburg zur Bildung der *Sozialist. Arbeiter-I.* (Abk. *SAI*). 1951 wurde in Frankfurt a.M. die Zweite I. als *Sozialistische I.* neugegründet. Sie umfaßt rd. 15 Mio. Mitglieder in über 40 Ländern (darunter die SPD der BR Dtld, die SPÖ u. die SPS). – **2.** das Kampflied der internationalen Arbeiterbewegung.

Internationale Arbeitsorganisation, Abk. *IAO,* engl. *International Labour Organization,* Abk. *ILO,* 1919 durch den Versailler Vertrag geschaffen mit dem Ziel, durch Förderung soz. Gerechtigkeit dem Frieden zu dienen, durch internat. Maßnahmen die Arbeitsbedingungen u. den Lebensstandard in der Welt zu verbessern sowie die wirtschaftl. u. soz. Sicherheit zu fördern. Heute arbeitet die IAO als selbständige techn. Organisation mit dem Wirtschafts- u. Sozialrat der Vereinten Nationen zusammen. Ihre Organe sind: Internationale Arbeitskonferenz, Verwaltungsrat u. Internationales Arbeitsamt.

Internationale Atomenergie-Organisation, Abk. *IAEO,* engl. *International Atomic Energy Agency,* Abk. *IAEA,* eine Unterorganisation der UN mit Sitz in Wien, gegr. 1957. Die IAEO ist damit beauftragt, alle Länder beim Aufbau einer eig. (nicht-militär.) Kernforschung u. -technik zu unterstützen; sie überwacht weltweit Nuklearanlagen (1990: über 500) nach den Bestimmungen des Atomsperrvertrags u. arbeitet Schutzvorschriften aus.

Internationale Bank für Wiederaufbau und Entwicklung →Weltbank.

Internationale Flüchtlingsorganisation, engl. *International Refugee Organization,* Abk. *IRO,* Sitz: Genf, 1947 gegr., bis 1951 tätige Organisation zur Betreuung, Neuansiedlung u. Rückführung der unter dem Schutz der UN stehenden Flüchtlinge u. Verschleppten.

Internationale Handelskammer, Abk. *IHK,* engl. *International Chamber of Commerce,* Abk. *ICC,* frz. *Chambre de Commerce International,* Abk. *CCI.,* 1920 in Paris gegr. privatrechtl. Vereinigung der wichtigsten Unternehmerverbände von mehr als 90 Staaten.

Internationaler Bund Christlicher Gewerkschaften, Abk. *IBCG,* gegr. 1908, seit 1968 *Weltverband der Arbeitnehmer,* Abk. *WVA,* Brüssel.

Internationaler Bund Freier Gewerkschaften, Abk. *IBFG,* 1949 von den Gewerkschaften der westl. Welt nach Austritt aus dem unter kommunist. Führung stehenden *Weltgewerkschaftsbund* (Abk. *WGB*) gegr.; Sitz: Brüssel. Dem IBFG gehört auch der *Deutsche Gewerkschaftsbund* an.

Internationaler Frauenrat, Abk. *IFR,* engl. *International Council of Women,* Abk. *ICW,* 1888 in Washington gegr. Dachorganisation von Frauenverbänden; Sitz Paris.

Internationaler Fußballverband →FIFA.

Internationaler Gerichtshof, Abk. *IGH,* das in Den Haag tagende Gericht für Staatenstreitigkeiten. Neben dem Ständigen Schiedshof in Den Haag wurde aufgrund der Völkerbundsatzung (aber nicht als Organ des Völkerbunds) zunächst der *Ständige Internationale Gerichtshof* (frz. *Cour Permanente de Justice Internationale*) gegr. Nach 1945 wurde als sein Nachfolger der IGH (frz. *Cour Internationale de Justice,* engl. *International Court of Justice*) als Organ der Vereinten Nationen in Den Haag errichtet. Das Gericht läßt nur Klagen von Staaten, nicht von Einzelpersonen zu. Die Staaten haben sich nur teilweise u. mit Vorbehalten der Rechtsprechung unterworfen.

Internationaler Militärgerichtshof, engl. *International Military Tribunal,* Abk. *IMT,* internat. Gericht der Alliierten des 2. Weltkriegs zur »Aburteilung von Kriegsverbrechern der europ. Achse«. Das IMT führte unter Besetzung mit Mitgliedern der 4 Besatzungsmächte den ersten der Nürnberger Prozesse, der gegen die sog. Hauptkriegsverbrecher gerichtet war.

Internationaler Währungsfonds [-fɔ̃], Abk. *IWF, Weltwährungsfonds,* engl. *International Monetary Fund,* Abk. *IMF,* Sitz: Washington; von 44 Staaten am 27.12.1945 gegr. Fonds zur Förderung der internat. Zusammenarbeit in Währungspolitik, Stabilisierung der Wechselkurse, Schaffung eines multilateralen Zahlungsverkehrs u. Bereitstellung von Darlehen an Mitgliedsländer mit unausgeglichener Zahlungsbilanz. Der IWF begann seine Tätigkeit am 1.3.1947, ihm gehören 175 Länder an.

Internationales Einheitensystem, frz. *Système International d'Unités,* Abk. *SI,* Einheitensystem, das auf sieben Basiseinheiten (Meter, Kilogramm, Sekunde, Ampère, Kelvin, Candela, Mol) aufbaut; in der BR Dtld. verbindlich eingeführt.

Internationales Olympisches Komitee, Abk. *IOK,* frz. *Comité International Olympique,* Abk. *CIO,* engl. *International Olympic Committee,* Abk. *IOC,* 1894 von Baron Pierre de *Coubertin* in Paris gegr. Es besteht aus 95 (1992) gewählten Mitgliedern, die vom IOK auf Vorschlag des Präs. gewählt werden. Sie sind nicht Delegierte ihrer Länder beim IOK, sondern Vertreter des IOK in ihren Ländern. Das IOK hat die Aufgabe, die Olymp. Spiele zu veranstalten u. würdig abzuwickeln. Die Präs. waren Demetrius *Vikelas* (Griechenland) 1894–96, Baron Pierre de *Coubertin* (Frankreich) 1896–1925, Graf Henri de *Baillet-Latour* (Belgien) 1925–42, Sigfrid *Edström* (Schweden) 1942–52, Avery *Brundage* (USA) 1952–72, Lord (Baron) Michael *Killanin* (Irland) 1972–80 u. seit 1980 Juan Antonio *Samaranch* (Spanien). Sitz: Lausanne.

Internierung, Freiheitsentziehung zur Sicherung, nicht als Strafe; z.B. im Krieg die I. feindlicher Staatsangehöriger. Auch innerstaatl. spielt die I. insbes. in Diktaturen eine Rolle: Konzentrations- u. Arbeitslager, hier auch mit Strafcharakter.

Internist, Facharzt für →innere Krankheiten.

Internodie, *Stengelglied,* der zw. den Blattansätzen befindl. blattfreie Abschnitt beim Sproß.

Internuntius, diplomat. Vertreter des Hl. Stuhls im Rang eines *Gesandten,* also unter dem *Nuntius.*

interstellare Materie

Interparlamentarische Union, Abk. *IPU,* 1889 gegr. internat. Organisation von Parlamentariern aller Regierungssysteme zur Förderung der gegenseitigen Verständigung; Sitz: Genf.

Interpellation, von einer bestimmten Mindestzahl von Abgeordneten eines Parlaments an die Regierung gerichtetes förmliches Ersuchen um Auskunft über eine bestimmte Angelegenheit.

Interphase, der Zeitraum zw. zwei Kernteilungen; ein stoffwechselaktives Arbeitsstadium des *Zellkerns.*

interplanetare Materie, gasförmige (Wasserstoffatome, -ionen u. Elektronen) u. staubförmige (Durchmesser 0,001–0,1 mm) Materie zw. den Planeten unseres Sonnensystems. Auch jeder Meteor gehört zur i. M. sowie die Teilchen, die durch Streuung des Sonnenlichts das Zodiakallicht verursachen. Der Gasanteil besteht zum größten Teil aus dem Sonnenwind. In Erdbahnnähe beträgt die Gasdichte 10^{-23} g/cm³, die Staubdichte 10^{-21} bis 10^{-20} g/cm³.

Interpol, Kurzwort für *Internationale Kriminalpolizeiliche Organisation,* frz. *Organisation internationale de police criminelle,* engl. *International Criminal Police Organization,* 1946 hervorgegangen aus einer Reform der 1923 in Wien gegr. *Internationalen Kriminalpolizeilichen Kommission;* eine auf der Grundlage eines Verwaltungsabkommens der nat. Polizeibehörden (nicht der Staaten selbst) eingerichtete Stelle zur gegenseitigen Unterstützung bei kriminalpolizeil. Aufgaben. Bei Verbrechen u. Vergehen polit., militär., religiösen u. rassischen Charakters darf I. nicht eingeschaltet werden. Die I.-Zentrale sitzt seit 1946 in Paris; das nat. Zentralbüro für die BR Dtld. hat seinen Sitz im *Bundeskriminalamt* in Wiesbaden.

Interpolation, 1. die Einschaltung von Größen zw. 2 Gliedern einer gesetzmäßigen Folge; in der Statistik die Schätzung fehlender Zwischenglieder einer Reihe. Sollen außerhalb dieser Folge liegende Größen bestimmt werden, spricht man von *Extrapolation.* – **2.** ein Einschub in einen Text, um wirkl. oder vermeintl. verderbte Stellen zu verbessern oder den Text nach eig. Absicht zu verändern. Die Textkritik muß I. aufdecken u. ausscheiden.

Interpretation, 1. die Auslegung, Erklärung, Sinndeutung von schriftl. oder mündl. Aussagen; z.B. Deutung einer Dichtung, die Anwendung eines Gesetzes auf den einzelnen Rechtsfall, die Auslegung einer theol. Schrift für das Zeitverständnis; →Hermeneutik. – **2.** die Wiedergabe (Aufführung, Vortrag, Inszenierung) eines musikal. oder literar. Werks.

Interpunktion, →Zeichensetzung.

Interregnum, allg. die Zeit zw. dem Tod eines Herrschers u. dem Amtsantritt des Nachfolgers; im Hl. Röm. Reich die Jahre 1256–73 vom Tod *Wilhelms von Holland* bis zur Wahl *Rudolfs von Habsburg.*

interstellare Materie, staub- oder gasförmige Stoffe, auch freie Elektronen u. Ionen, die in sehr dünner Verteilung den Raum zw. den Fixsternen erfüllen. Die häufigsten Elemente sind Wasserstoff

Interlaken mit Eiger, Mönch und Jungfrau (von links)

(80%) u. Helium (10–18%). Die i. M. ist der Baustoff für neue Sterne. In der Sonnenumgebung beträgt die Dichte der i. M. rd. 10^{-24} g/cm³ oder 1 Atom pro cm³.

Intervall, 1. Zwischenraum, zeitl. Abstand, Unterbrechung. – **2.** *Musik:* der Abstand zweier Töne voneinander. Die I.-Lehre teilt die I. ein in Prime, Sekunde, Terz, Quarte, Quinte, Sexte, Septime, Oktave, None (Dezime, Undezime, Duodezime) u. unterscheidet hierbei reine, kleine, große, übermäßige, verminderte, doppelt übermäßige u. doppelt verminderte I.

Intervall-Training, *Intervall-Dauerlauf,* eine sportl. Trainingsmethode, bei der Perioden stärkerer u. geringerer Belastung miteinander wechseln.

intervenieren, vermittelnd eingreifen, protestierend einschalten, einmischen.

Intervention, die Einmischung in Angelegenheiten eines anderen Staates, bes. in innere Angelegenheiten u. durch Drohung mit Gewalt oder Anwendung von Gewalt *(bewaffnete I.).*

Interventionismus, eine zu Ende des 19. Jh. entwickelte wirtschaftspolit. Lehre, nach der staatl. Eingriffe *(Interventionen)* in die Marktwirtschaft durch Einsatz wirtschaftspolit. Mittel zur Realisierung allg. anerkannter wirtschafts- u. gesellschaftspolit. Ziele zulässig seien.

Interventionsklage → Widerspruchsklage.

Interview ['intəvju: oder intɛr'vju:], eine Befragung durch einen Journalisten, die in Zeitungen oder Zeitschriften veröffentlicht oder über Rundfunk oder Fernsehen gesendet wird.

Intervision, 1960 gegr., dem Programmaustausch dienende Vereinigung der in der *Internationalen Rundfunk u. Fernsehorganisation* zusammengeschlossenen Rundfunkgesellschaften Osteuropas.

Interzellularen, *Interzellularräume,* Zwischenzellräume, die das pflanzl. Gewebe als zusammenhängendes Interzellularsystem durchziehen u. der Atmung dienen.

Interzession, der Eintritt für die Verbindlichkeit eines anderen, z.B. als *Bürgschaft.*

intestinal, den Darm betreffend.

Intestinum, Darm. – **Intestina,** Eingeweide.

Inthronisation, Throneinsetzung, feierl. Amtseinführung eines Abts, Bischofs oder Papstes.

Intifada [arab. »Abschüttelung, Erhebung«], seit dem 8.12.1987 anhaltende Aufstandsbewegung gegen die isr. Besetzung des Westjordanlands u. des Gazastreifens.

Intimsphäre, der Erlebnis- u. Gefühlsbereich, den der einzelne als so privat empfindet, daß er ihn gegen die Umwelt abschließt; vor allem der Bereich des Sexuellen, z. T. auch der des Religiös-Weltanschaulichen. Durch das Persönlichkeitsrecht geschützt.

Intoleranz, Unduldsamkeit.

Intonation, 1. *Intonierung,* 1. beim Gesang u. Instrumentalspiel die Tongebung (reine u. unreine I., leise, harte u. laute I.); auch die Möglichkeit versch. Klangfärbungen beim Stimmen von Orgeln u. Klavierinstrumenten. – 2. die präludierende Einleitung größerer Tonsätze, z.B. bei der Messe; in der Orgelmusik des MA auch ein Vorspiel. – **2.** die Modulations- oder Tonhöhenkurve eines (gesprochenen) Textes.

Intourist [-tu-], staatl. Reisebüro in Moskau, gegr. 1929.

Intoxikation → Vergiftung.

intra..., zwischen, innen, innerhalb.

Intrada, span. *Entrada,* der Einleitungssatz der *Suite* im 16. Jh.; auch als zweiteiliger Tonsatz tanzartigen Charakters mit Wiederholungen.

intrakutan, in die Haut hinein, in der Haut gelegen.

intramuskulär, in einen Muskel hinein, in einem Muskel gelegen.

intransitiv, Bez. für Verben, die kein Akkusativobjekt bei sich haben können u. kein Passiv bilden können (z.B. wohnen); bewohnen dagegen ist *transitiv.*

intrauterin, in der Gebärmutter. – **Intrauterinpessar,** Abk. *IUP,* in die Gebärmutterhöhle eingebrachter Fremdkörper (Pessar) aus Metall oder Kunststoff zur Empfängnisverhütung.

intravenös, in eine Vene hinein, in einer Vene gelegen.

Intrige, hinterhältiges, geheimes Vorgehen zum Schaden eines anderen.

intro..., nach innen, hinein.

Introduktion, musikal. Einleitungssatz.

Introitus, Einzugslied der kath. Messe; in der ev. Liturgie das erste Stück des Gottesdienstes (Spruch, Lied u. ä.).

Intron, Abschnitt eines Gens, der nicht an der Übertragung (Codierung) genet. Informationen teilnimmt.

Introversion, *Introvertiertheit,* Einstellung des Bewußtseins nach »innen«, zur eig. Erlebnis- u. Innenwelt. Der **Introvertierte** ist der in sich selbst versunkene, mehr in seinen Gefühlen u. Phantasien lebende, im Umgang mit äußeren Dingen oft hilflose Mensch.

Intrusion, das Eindringen großer Magmamassen in das Nebengestein; führt zur Entstehung von **Intrusivgesteinen** *(Tiefengesteine, Plutonite).*

Intschon, *Intschön* → Inchon.

Intubation, die Einführung eines Rohrs *(Tubus)* aus Gummi, Plastik oder Metall in die Luftröhre; mit Hilfe des **Intubators,** einer löffelartigen Kehlkopfsonde zum Zurückschieben des Kehldeckels.

Intuition, geistige *Anschauung, Eingebung,* die unmittelbar gewisse Erkenntnis von Wesenszusammenhängen.

Intuitionismus, 1. *Intuitivismus,* die Auffassung, daß dem Menschen die sittl. Werte im Wertgefühl unmittelbar (**intuitiv,** d. h. ohne begriffl. Ableitung) gegeben seien. – **2.** im Gegensatz zum *Formalismus* die Betonung des operativen Moments, d. h. der tatsächl. Ausführung einer mathemat. Konstruktion, gegenüber der rein log. Möglichkeit.

Inuit, eig. Name der Eskimo.

Invalide, 1. durch Kriegsverletzung nicht mehr dienstfähiger Soldat. – **2.** Erwerbsunfähiger, zur Berufsarbeit unfähig gewordene Person. – **Invalidität,** Erwerbsunfähigkeit.

Invariante, *Math.:* Unveränderliche; eine Funktion, Zahl oder Eigenschaft, die bei einer Abbildung oder einer Transformation unverändert **(invariant)** bleibt.

Invasion, der Einfall in ein anderes Land.

invenit, [lat., »er hat (es) erfunden«], Abk. *inv.,* Bez. für den Urheber eines Kupferstichs, eines Holzschnitts, einer Lithographie u. ä.; steht hinter dem Namen.

Invention, eine bes. Art der musikal. »Erfindung«, bei J.S. *Bach* zwei- u. dreistimmige Klavierstücke im Imitationsstil.

Inventur, die nach § 39 HGB in der Regel jährlich vor Aufstellung einer Bilanz erforderl. Bestandsaufnahme aller Vermögenswerte (bes. Warenvorräte, Wertpapiere, Bargeld) u. Verbindlichkeiten einer Firma. Die geordnete Liste der Bestände mit Wertangaben heißt **Inventar.**

Invercargill, die südlichste Stadt Neuseelands, 50000 Ew.; Handelszentrum, Hafen.

Inverness [invə'nɛs], Hafen u. Verw.-Sitz der schott. *Highland Region,* nahe der Mündung des Kaledon. Kanals in den Moray Firth, 40000 Ew.; Fremdenverkehr, Schaf- u. Wollhandel.

invers, *Math.:* 1. Eine *i.e Funktion* (Umkehrfunktion) ist eine Funktion, die durch Auflösen der Gleichung nach x u. gleichzeitiges Vertauschen der Variablen entsteht. – 2. *i.e Operation* sind Addition u. Subtraktion, Multiplikation u. Division. – 3. Eine *i.e Abbildung* macht eine gegebene Abbildung rückgängig.

Inversion, 1. *allg.:* Umkehrung. – **2.** *Chemie:* die Umkehrung der Drehrichtung bei optisch aktiven Verbindungen (→ Invertzucker). – **3.** *Genetik:* die Umkehr eines Chromosomenstücks innerhalb desselben Chromosoms nach doppeltem Bruch. – **4.** *Grammatik:* die Änderung der übl. Wortfolge. Substantiv-Prädikat zum Zwecke der Hervorhebung. – **5.** *Meteorologie:* Umkehrung der Temperaturverteilung in der Atmosphäre. Bei einer **I.swetterlage** liegen die warmen Luftschichten oben und die kalten unten. Der Luftaustausch ist erschwert, es kommt zu einer erhöhten Anreicherung von Schadstoffen *(Smog)* in den unteren Luftschichten.

Invertebraten, *Invertebrata* → Wirbellose.

Invertzucker, das bei der Spaltung von optisch rechtsdrehendem Rohrzucker durch Säuren oder Enzyme entstehende, optisch linksdrehende Gemisch seiner Komponenten Glucose u. Fructose.

investieren, Kapital in einem Unternehmen zu Gewinnzwecken anlegen. – **Investition,** langfristige private oder öffentl. Anlage von Kapital.

Investitionsgüterindustrie, neben den *Grundstoffindustrien* der wichtigste Industriebereich für die volkswirtschaftl. Wertschöpfung. Zur I. gehören Stahl- u. Leichtmetallbau, Maschinenbau, Straßenfahrzeugbau, Schiffbau, Luftfahrzeugbau, elektrotechn. Ind., Feinmechanik u. Optik, Stahlverformung, Eisen-, Blech- u. Metallwarenind.

Investitur, 1. in der kath. Kirche die Besitzeinweisung in eine niedere (z.B. Pfarr-)Pfründe; in der ev. Kirche (gleichbedeutend mit *Introduktion)* die feierl. gottesdienstl. Einführung eines Geistlichen in ein neues Amt. – **2.** im MA die sinnbildl. Übergabe eines Lehens an den Vasallen *(Belehnung)* oder die Übertragung der weltl. Besitzrechte u. geistl. Befugnisse an einen Bischof oder Abt.

Investiturstreit, der im Hochmittelalter (11./12. Jh.) zw. dem Papsttum u. dem europ. Königtum um die *Laieninvestitur* von Bischöfen u. Äbten sowie um das *Eigenkirchenrecht* entbrannte Streit. Das bisherige *Investiturrecht* gab dem König das ausschlaggebende Recht, die Bischöfe einzusetzen, wodurch sie polit. von ihm abhängig waren, während der päpstl. Einfluß sich vorwiegend auf geistl. Fragen beschränkte. Auf diese Weise wurden geistl. u. weltl. Herrschaft unter der Führung des Königs eng miteinander verbunden (→ Reichskirche). Die Trennung dieser Verbindung, die Freiheit der Kirche u. später sogar die Beugung der weltl. Gewalt unter die päpstliche war das Ziel der Päpste im I.
Beginn u. zugleich Höhepunkt des I. war der Kampf zw. Papst *Gregor VII.* u. dem dt. König *Heinrich IV.* Das Wormser Konkordat (1122) beendete den Streit durch einen Kompromiß.

Investmentgesellschaft → Kapitalanlagegesellschaft.

in vitro, im Reagenzglas, im Laborversuch; **In-vitro-Fertilisation** → Retortenbaby.

in vivo, in der Natur, am lebenden Objekt.

Invokation, Anrufung Gottes zu Beginn einer Urkunde.

involvieren, in sich schließen, enthalten.

Inzell, Gem. in Oberbay., 3700 Ew.; Kunsteisbahn (1965 erbaut).

Inzest → Inzucht.

Inzision, Schnitt, Einschnitt.

Inzucht, die geschlechtl. Fortpflanzung (Kreuzung) nahe verwandter Menschen, Tiere oder Pflanzen; Vorteile: Erhaltung deutlich ausgeprägter, wertvoller Anlagen; Gefahren: gehäuftes Auftreten u. gegenseitige Verstärkung der evtl. von beiden Eltern stammenden schlechten u. unerwünschten Merkmale. Die I. unter Menschen *(Inzest, Blutschande)* ist bei den meisten Völkern gesetzl. verboten.

Io, 1. in der grch. Sage Tochter des Flußgotts *Inachos,* Geliebte des *Zeus.* – **2.** einer der Monde des Jupiter.

IOC, Abk. für engl. *International Olympic Committee,* internat. Bez. für das Internationale Olympische Komitee.

Iod → Jod.

IOK, Abk. für *Internationales Olympisches Komitee.*

Iokaste, grch. Sagen- u. Dramengestalt, Frau des *Laios,* Mutter u. Frau des *Ödipus.*

Ion [jo:n] → Ionen.

Ion, 1. myth. Ahnherr der *Ionier,* Sohn *Apollons* u. der Erechtheus-Tochter *Kreusa.* – **2.** *I. von Chios,* * um 490 v. Chr., † 422 v. Chr., grch. Dichter.

Ionen, ein- oder mehrfach positiv *(Kationen)* oder negativ *(Anionen)* geladene Atome oder Atomgruppen.

Ionenantrieb, elektrostatisches Raketentriebwerk, bei dem der Schub durch den rückwärtigen Ausstoß von Ionen – also elektrisch geladenen Atomen – hervorgerufen wird. Versuchsweise an Satelliten installiert u. erprobt.

Internationalismus, eine weltbürgerl., über die Grenzen des eig. Staates u. Volkes hinausgehende polit. Haltung; Ggs.: *Nationalismus.*

Ionenaustauscher, hochmolekulare anorgan. oder organ. Stoffe, die die Eigenschaften haben, Ionen (z.B. H- oder OH-Ionen) abzuspalten u. dafür andere in einer Lösung befindl. Ionen aufzunehmen. Sie werden zur Vollentsalzung von Wasser, in der analyt. u. präparativen Chemie, in der Medizin u. in der chem. Technik verwendet. Natürliche anorgan. I. sind die *Zeolithe* (Austausch von Calcium- u. Magnesiumionen gegen Natriumionen).

Ionenwolken, *Plasmawolken,* vor allem aus ionisiertem Barium oder Strontium bestehende Wolken, deren Ausgangsstoffe mit Hilfe von Raketen in die Ionosphäre u. Exosphäre der Erde geschossen u. dort verdampft werden. Aus den Leucht- u. Bewegungsvorgängen der I. lassen sich Schlüsse

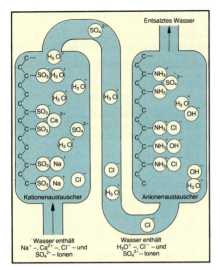

Ionenaustauscher: Entsalzung von Wasser

auf elektr. Felder, Windgeschwindigkeiten u. a. ziehen.

Ionęsco, Eugène, * 1912, † 1994, frz. Schriftst. rumän. Herkunft; schrieb zahlreiche Theaterstücke, in denen das Reale mit dem Absurden im gleichen Stück, sogar bei ein u. derselben Figur, koexistieren kann. W »Die Stühle«, »Die Nashörner«, »Der König stirbt«.

Ionier, *Ioner,* einer der grch. Hauptstämme. Die I. wanderten zu Beginn des 2. Jt. v. Chr. zus. mit den *Achäern* nach Griechenland ein. Um 1200 v. Chr. wurden sie im Zuge der *Ägäischen Wanderung* von neu eingewanderten Griechen verdrängt u. siedelten sich auf den Inseln der Ägäis u. in der Mitte der kleinasiat. Westküste an (Städte: u. a. Ephesos, Milet, Priene). In Kleinasien vereinigten sich 12 ion. Städte zum **Ionischen Bund.** Der ion. Raum war seit dem 8. Jh. v. Chr. die Wiege des grch. Geisteslebens u. wurde zum Ausgangspunkt der großen grch. *Kolonisation* des Mittelmeer- u. Schwarzmeergebiets im 7./6. Jh. v. Chr. Seit der Mitte des 7. Jh. v. Chr. gerieten die I. unter die Gewalt der lydischen Könige u. nach deren Sturz um 546 v. Chr. unter pers. Herrschaft. Ihre letzte große polit. Rolle spielten die I. im **Ionischen Aufstand** gegen die Perser 500 v. Chr.

Ionikus → ionischer Vers.

Ionisation, die Erzeugung von *Ionen,* d. h. die Loslösung eines oder mehrerer Elektronen von einem Atom: 1. durch Zusammenstoß von rasch fliegenden Atomen oder Atomteilen *(Stoß-I.);* 2. durch *ionisierende Strahlung* (Bestrahlen mit ultraviolettem Licht, Röntgen-, α-, β-, γ-Strahlen oder Neutronen).

Ionisationskammer, Gerät zum Messen radioaktiver (auch kosmischer) Strahlung; ähnl. dem Geigerzähler.

ionisch, eine der 12 Kirchentonarten.

ionisch, auf den Ionischen Inseln gesprochener Dialekt der altgrch. Sprache.

Ionische Inseln, gebirgige, niederschlagsreiche Inselreihe an der Westküste Griechenlands, 7 größere (Korfu, Paxos, Leukas, Kefallinia, Ithaki, Zakynthos, Kythira) u. viele kleinere Inseln, zus. 2307 km², 183 000 Ew.; Fremdenverkehr, Anbau von Wein, Oliven, Südfrüchten. – Seit 1864 grch.

ionischer Stil → Säulenordnung.

ionischer Vers, *Ionikus,* antiker Versfuß aus 2 Längen u. 2 Kürzen: – – ᴗ ᴗ oder ᴗ ᴗ – –.

Ionisches Meer, Teil des Mittelmeers zw. S-Italien, Sizilien u. Griechenland; im *Ionischen Becken* 5121 m tief.

Ionosphäre, die oberen Schichten der Atmosphäre (etwa oberhalb von 85 km).

Ios, grch. Insel der Kykladen, 108 km², 1400 Ew., Hauptort *I.*

Iowa ['aiəwə], Gliedstaat der → Vereinigten Staaten von Amerika.

Iphigenie, *Iphigeneia, Iphigenia,* in der grch. Sage Tochter des Königs Agamemnon u. der Klytämnestra. Sie wurde in Aulis von Artemis aus der Gefahr befreit, der Göttin geopfert zu werden u. wirkte als Artemis-Priesterin in Tauris. Dort begegnete sie ihrem Bruder Orestes, den sie der Göttin opfern sollte; doch beide erkannten einander u. flohen nach Athen. – Der Stoff wurde von *Euripides* u. vielen anderen Dichtern dramatisch dargestellt.

Ipin → Yibin.

Ipoh, Hptst. des Teilstaats Perak in Malaysia, auf Malakka, 300 000 Ew.; Zinnabbau.

Ipomoea, Gatt. der *Windengewächse* aus dem trop. Amerika u. Indien. Heute ist die *Sternwinde,* in allen warmen Zonen als Zierpflanze heimisch; *I. batatas* liefert die →Bataten.

Ipoustéguy [ipuste'gi], Jean, * 6.1.1920, frz. Bildhauer u. Maler; Monumentalskulptur vor dem ICC Berlin.

Ipswich [-witʃ], Hafen- u. Hptst. der O-engl. Gft. Suffolk, an der Nordsee, 118 000 Ew.

IQ, Abk. für *I*ntelligenz*q*uotient.

Iquique [i'kike], Hptst. der Region Tarapacá u. der Prov. I. in N-Chile, 150 000 Ew.; Hafen (Salpeterausfuhr).

Iquitos [i'kitos], peruan. Stadt am Marañón (Oberlauf des Amazonas), 270 000 Ew.; Univ.; Kautschukhandel.

i. R., Abk. für *i*m *R*uhestand.

Ir, chem. Zeichen für *Iridium.*

IRA, Abk. für *I*rische *R*epublikanische *A*rmee.

Irak, Staat in Vorderasien, 438 317 km², 18,9 Mio. Ew., Hptst. *Bagdad.*
L a n d e s n a t u r. Im N u. östl. des Tigris steigt das Land stufenförmig zum armen. Bergland u. zu den

Irak

iran. Randgebirgen an. Im W u. SW erstreckt sich meist Wüste oder Wüstensteppe. Die wirtschaftl. bedeutende u. dichtbesiedelte Kernlandschaft ist das eigtl. *Mesopotamien* zw. Euphrat u. Tigris. I. hat milde Winter u. heiße Sommer mit Niederschlägen fast nur im Winter.
Die zu 95% islam. B e v ö l k e r u n g (Anteil der Christen 3%) besteht aus 75% arabisch sprechenden Irakern, 15% Kurden u. 2% Türken.
W i r t s c h a f t. Die Landwirtschaft (überw. Bewässerungsfeldbau) liefert Weizen, Gerste, Mais, Reis, Baumwolle, Tabak, Hülsenfrüchte, Datteln. Die Viehzucht umfaßt v. a. die Schaf- u. Ziegenhaltung. Hauptexportprodukte sind mit rd. 98% des Ausfuhrwerts Erdöl u. Erdgas (Vorkommen bei Kirkuk, Mosul u. Basra). Die Industrie erzeugt bes. Textilien, chem. u. petrochem. Produkte. – Haupthäfen sind Basra, Umm-Qasr, Fao u. Khor al-Amamiya. Flughäfen haben Bagdad u. Basra.
G e s c h i c h t e. Etwa im 4. Jt. v. Chr. war I. von den *Sumerern* bewohnt. Die semit. *Akkader* gründeten die Reiche Babylonien u. Assyrien. Nachdem Kyros II. 539 v. Chr. Babylonien erobert hatte, gehörte das Land zum *Perserreich.* 750 n. Chr. machten es die *Abbasiden-Kalifen* zur Zentralprovinz des Islam. Reichs. 1638–1918 war I. Teil des Osman. Reiches. 1921 wurde I. brit. Mandatsgebiet (Einsetzung König Faisal I.). 1955 erhielt I. die volle Souveränität. Nach der Revolution vom 14.7.1958 unter General Abd al-Karim *Kassem* wurde die Monarchie abgeschafft. 1968 kam durch Staatsstreich die Baath-Partei an die Macht. Seit 1979 ist Saddam *Hussein* Staats-Präs. Unter seiner Reg. kam es 1980 zum Krieg mit dem Iran um die Vorherrschaft am Pers. Golf (→Golfkrieg [1]). 1988 wurde ein Waffenstillstand geschlossen. 1990 annektierte I. Kuwait. Dadurch kam es zum →Golfkrieg (2). Trotz der internat. Isolierung I.s u. der katastrophalen Wirtschaftslage gelang es S. *Hussein,* seine Macht zu konsolidieren.

Irąklion → Herakleion.

Iran, Staat in Vorderasien, 1 648 000 km², 56,6 Mio. Ew., Hptst. *Teheran.*
L a n d e s n a t u r. Das von Randketten eingeschlossene *Iranische Hochland* wird großenteils

Iran

von Wüsten u. Steppen eingenommen. Wälder gibt es nur am Kaspischen Meer u. im Gebirge.
Die islam. (überwiegend Schiiten) B e v ö l k e r u n g besteht zu 65% aus Persern. Daneben gibt es fast 20% Aserbaidschaner u. Kurden, Araber, Bälutschen u. a.
W i r t s c h a f t. An Ausfuhrgütern steht Erdöl an der Spitze, Erdgas gewinnt an Bedeutung, es folgen Teppiche, Erze u. Agrarprodukte (Rohbaumwolle, Datteln u. Rosinen, Wolle, Reis, Häute u. Felle, Ölsaaten). An Bodenschätzen besitzt I. bed. Kupfer-, Eisen-, Kohle-, Chrom- u. a. Erze, die aber erst z. T. abgebaut werden. Die Industrie erzeugt Textilien, Eisen u. Stahl, Chemikalien, Nahrungsmittel, Elektrogeräte u. a. Das Verkehrsnetz ist noch recht weitmaschig. Wichtigste Überseehäfen sind Bandar-e Chomeini u. Khark.
G e s c h i c h t e. *Kyros II.* begründete mit seinen Siegen über den Mederkönig *Astyages* (550 v. Chr.), über den Lyderkönig *Krösus* (547 v. Chr.) u. über Babylonien die Vormachtstellung der Perser im Vorderen Orient. Sein Sohn *Kamyses II.* eroberte 525 v. Chr. Ägypten. *Dareios' I.* (521–485 v. Chr.) Niederlage bei Marathon (490 v. Chr.) verhinderte ein weiteres Vordringen der Perser nach W. Seine Nachfolger *Xerxes I.* u. *Artaxerxes* verloren in den *Perserkriegen* (490–479 v. Chr.) die grch. Gebiete. Unter *Dareios III.* wurde das Reich von *Alexander d. Gr.* (331 v. Chr.) vernichtet. Alexanders Nachfolger, die *Seleukiden,* herrschten bis 160 v. Chr. 190–164 v. Chr. gingen die W-Provinzen an die Römer verloren. 224 begr. *Ardaschir I.* die Herrschaft der S a s s a n i d e n. Unter *Chosrau I.* (531–579) u. *Chosrau II.* (590–628) eroberten die Perser nochmals den ganzen Vorderen Orient. Unter dem Ansturm der islam. Araber zerbrach das Sassanidenreich (642), u. das Gebiet wurde ein Teil des I s l a m i s c h e n R e i c h s. Um

Irak: aufständische Kurden (links). – Iran: Seit der Revolution kleiden sich die Frauen wieder nach den Regeln des Islams (rechts)

iranische Sprachen

Iran: Ali Chamenei (rechts) ist als Nachfolger Chomeinis geistliches Oberhaupt; neuer Staatspräsident wurde 1989 Ali Akbar Rafsandschani

1040 unterwarfen die türk. Seldschuken das Reich. Der Einfall der Mongolen 1256–68 vernichtete das mittelalterl. pers. Reich. 1502 schuf *Ismail I.* das Neupersische Reich; er begr. die Herrschaft der alidischen *Safawiden.* Aus den inneren Wirren des 18. Jh. gelangte die Kadscharen-Dynastie an die Reg. (1794–1925). Unter dem Kadscharen *Fath Ali* (1797–1834) mußte I. große Gebiete an Rußland abtreten. 1907 teilten Großbritannien u. Rußland das Land in 2 Einflußsphären. Im Aug. 1919 sicherte sich Großbritannien vertragl. die Schutzherrschaft über I. 1921 unternahm *Riza Pahlewi* einen Staatsstreich u. ließ sich 1925 zum Schah ausrufen. 1941 besetzten brit. u. sowj. Truppen das Land, u. der Schah mußte zurücktreten. Ihm folgte sein Sohn *Mohammed Riza.* 1978 kam es zu Unruhen, die sich steigerten u. den Schah 1979 zum Verlassen des Landes zwangen. Oberste Autorität wurde der Schiitenführer (Ayatollah) *R. Chomeini.* Er proklamierte am 1.4.1979 die »Islamische Republik I.« u. errichtete eine theokrat. Diktatur. 1980–88 führte I. den →Golfkrieg gegen den Irak. 1989 starb Chomeini. Die religiöse Führerschaft übernahm H.A. *Chamenei.* Staats-Präs. wurde A.A.H. *Rafsandschani.* Durch die militär. Niederlage Iraks 1991 wurde die machtpolit. Stellung I.s in der Nahostregion erhebl. gestärkt.

iranische Sprachen, eine Gruppe der indoeurop. Sprachen. Man unterscheidet Altiranisch *(Awestisch, Altpersisch),* Mitteliranisch *(Pehlewi, Parthisch, Sogdisch, Sakisch)* u. Neuiranisch *(Neupersisch* [seit 800 n. Chr.], *Kurdisch, Afghanisch, Balutschi* u. die *Pamir-Dialekte* mit dem *Ossetischen* [im Kaukasus]).

Irapuato, Stadt im mex. Bundesstaat Guanajuato, 250 000 Ew.

Irbid, das antike *Arbela,* N-jordan. Distrikt-Hptst. östl. des Jordan, Hauptort des *Adjlun,* 136 000 Ew.

Irbis →Schneeleopard.

Irbit, Ind.- u. Bergbaustadt in W-Sibirien, 52 000 Ew.; Pelzhandel.

Ireland [ˈaiələnd], John, *1879, †1962, engl. Komponist; schrieb Orchester-, Kammermusik-, Klavier- u. Chorwerke.

Iren, kelt. Volk der gäl. Gruppe auf Irland; rd. 15 Mio., davon 3,2 Mio. in der Rep. Irland, 500 000 in Nordirland u. 10 Mio. in USA, Kanada, Australien u. Neuseeland; überwiegend röm.-kath.

Irenäus, *um 140, †um 202, aus Kleinasien stammender Kirchenvater; Bischof von Lyon (178), bekämpfte die Gnosis. – Heiliger (Fest: 28.6.).

Irene, *Eirene,* *um 752, †803, byzantin. Kaiserin; Frau *Leos IV.,* regierte 780–790 als Vormund für ihren Sohn *Konstantin VI.;* führte 787 auf dem Konzil von Nicäa den Bilderkult wieder ein. 797 stürzte u. blendete sie ihren Sohn u. erhob sich selbst zum »Kaiser«. Sie wurde 802 gestürzt.

Irian, indones. Name für *Neuguinea.*

Irian Jaya, der Westteil von Neuguinea, seit 1963 unter indones. Verw.; mit Nebeninseln 412 781 km², 1,55 Mio. Ew., Hptst. *Jayapura.*

Iridium, ein →chemisches Element.

Iris, 1. grch. Göttin; Botin der Götter u. Göttin des Regenbogens. – **2.** die Regenbogenhaut des Wirbeltierauges; **I.diagnose** →Augendiagnose. – **3.** →Schwertlilie.

Irische Republikanische Armee, engl. *Irish Republican Army,* Abk. *IRA,* ein 1919 gegr. militär. Verband, der für die Unabhängigkeit Irlands kämpfte. Nach 1927 war die IRA eine kleine, in Irland u. Großbritannien verbotene Gruppe. Größere Bedeutung erlangte sie mit dem Beginn der bürgerkriegsähnl. Auseinandersetzungen in Nordirland (1969). Sie spaltete sich in die marxist. »Officials« u. die nationalist., mit Terror arbeitenden »Provisionals«.

Irischer Setter →Setter.
Irischer Wolfshund →Wolfshund.
Irische See, engl. *Irish Sea,* das flache Schelfmeer zw. England u. Irland.

irische Sprache, aus der gälischen Sprache entstandene, seit dem 7. Jh. überlieferte Sprache in Irland, in der vom 11. Jh. an eine der reichsten Literaturen des europ. MA geschaffen wurde; seit dem 16. Jh. vom Englischen zurückgedrängt.

irisieren, in Regenbogenfarben schillern; durch Beugung u. Interferenz des Lichts hervorgerufen.
IRK, Abk. für *Internationales Rotes Kreuz.*
Irkutsk, Hptst. der gleichn. Oblast in Rußland, an der Mündung des *Irkut* in die Angara, 609 000 Ew.; kulturelles u. wirtschaftl. Zentrum Ostsibiriens; Univ.; Forschungsinstitute; vielseitige Ind.; Wasser- u. Wärmekraftwerke; Verkehrsknotenpunkt, Flughafen.

Irland, irisch *Éire,* engl. *Ireland,* Staat in W-Europa, 70 284 km², 3,5 Mio. Ew., Hptst. *Dublin;* umfaßt den Großteil der Insel I., polit. geteilt in →Nordirland u. die Rep. I.
Landesnatur. Das flachwellige, seen- u. moorreiche Tiefland wird von abgetragenen Mittelge-

Irland

birgen (im *Carrauntoohil* 1041 m) umgeben. Das Klima (milde Winter, kühle Sommer) ist sehr niederschlagsreich u. begünstigt den weitverbreiteten Graswuchs (»Grüne Insel«); nur gut 1% der Landesfläche sind mit Wald bedeckt.
Die zu rd. 90% röm.-kath. Bevölkerung (Iren) hat bis in die jüngste Zeit durch Abwanderung ständig abgenommen.
Wirtschaft. Die Viehzucht (Rinder, Schweine, Pferde) liefert die wichtigsten Exportgüter. Es gibt nur wenig Bodenschätze. Als Brennmaterial u. zur Stromerzeugung wird Torf aus den riesigen Torflagern verwendet. Die wachsende Industrie verarbeitet v. a. landwirtschaftl. Produkte. I. ist auf hohe Einfuhren von Nahrungsmitteln u. Rohstoffen angewiesen. Überseehäfen sind Dublin u. Cork.
Geschichte. Im 3. Jh. v. Chr. verdrängten einwandernde *Kelten* (Gälen) die Urbevölkerung. Seit der Mitte des 4. Jh. n. Chr. fand das Christentum Eingang in I. 1171 landete König *Heinrich II.* in I., nachdem er sich vom Papst mit der Insel hatte belehnen lassen. Damit begann die engl. Herrschaft über I., die zu scharfen Gegensätzen zw. Iren u. Engländern führte. 1541 ließ sich *Heinrich VIII.* zum König von I. proklamieren. Es kam zu Aufständen, als 1560 der engl. Staatskirche unterstellt wurde. Auch in der Folgezeit kam es zu weiteren Erhebungen, die blutig niedergeworfen wurden, so von Cromwell 1649. Eine Milderung des Drucks u. eine gewisse Selbständigkeit *(Irisches Parlament* 1782) brachten die Unabhängigkeitskriege der engl. Kolonien in Amerika. Doch der Aufstand 1798 auf der ir. Insel veranlaßte England wieder zu einer Politik der Gewalt. Am 1.1.1801 wurde I. mit England zum *Vereinigten Königreich Großbritannien u. Irland* verbunden. Durch die Verelendung des Landes u. eine schwere Hungersnot setzte um 1850 eine Massenflucht in die USA ein. 1898 wurde die örtl. Selbstverwaltung eingeführt. Als aber endlich 1914 die *Homerule* in Kraft treten sollte, brach der 1. Weltkrieg aus. Daraufhin riefen die Iren 1916 die unabh. Irische Republik aus. 1921 wurde I. nach Abtretung der Prov. Ulster (→Nordirland) Freistaat. Unter E. de *Valera* machte 1937 eine republikan. Verf. I. zum unabh. u. demokrat. Freistaat *Éire.* Großbrit. erkannte erst 1945 die irische Verf. an. Am 18.4.1949 schied I. endgültig auch aus dem Commonwealth aus. I. gehört seit 1955 den UN an. Seit 1973 ist I. Mitgl. der EU. Reg.-Partei war meist die Fianna Fáil. Staats-Präs. ist seit 1990 Mary *Robinson,* Min.-Präs. seit 1992 A. *Reynolds.* Der Staats-Präs. wird direkt vom Volk auf 7 Jahre gewählt.

Irländisches Moos, *Irisches Moos,* Rohstoff aus der getrockneten Rotalge *Chondrus crispus;* med. u. techn. Anwendung.

Irminsul, *Irmensäule,* Heiligtum der heidn. Sachsen in Form einer hölzernen Säule, unweit der sächs. Hauptfestung *Eresburg* in Westfalen, die von *Karl d. Gr.* 772 zerstört wurde. Die I. sollte die Weltsäule, die den Himmel trug, darstellen.

Irokesen, sprachverwandte nordamerik. Indianerstämme im Gebiet der Großen Seen sowie in den südl. Appalachen. In Reservationen leben noch 10 000 in den USA u. 15 000 in Kanada.

Ironie, Verspottung u. Bloßstellung durch scheinbare Anerkennung u. Zustimmung; eine Form der Polemik, Kritik, Entlarvung.

Irradiation, 1. das Ausstrahlen oder Übergreifen gewisser Tatsachen (Tierformen, Schmerz u. a.) auf Nachbargebiete. – **2.** eine opt. Täuschung, wonach helle Objekte größer zu sein scheinen als dunkle.

irrational, nicht vernunftgemäß, mit dem Verstand nicht erfaßbar. – **i.e Zahlen** →Zahlen. – **Irrationalismus,** alle Lehren, die das I.e zu umgrenzen u. zur Geltung zu bringen suchen; Ggs.: *Rationalismus.*

Irrawaddy, *Irawadi,* Hauptstrom in Birma, 2150 km; mündet mit einem 35 000 km² großen, sumpfigen Delta in den Ind. Ozean.

irreal, unwirklich, unsinnig.

Irregularität, 1. Unregelmäßigkeit. – **2.** *kath. Kirchenrecht:* körperl., geistige oder sittl. Mängel, die den Empfang geistl. Weihen oder die Ausübung der erhaltenen Weihevollmacht ausschließen.

Irrelevanz, Unerheblichkeit, Geringfügigkeit.

irreparabel, nicht wieder zu ersetzen, nicht wieder herstellbar.

irreversibel, nicht umkehrbar, nicht mehr rückgängig zu machen.

Irrgarten →Labyrinth.

Irrigator, medizin. Gerät zur Spülung des Darms, der Blase u. a.

irritieren, reizen, stören, erregen, verwirren.

Irrlicht, *Irrwisch,* in Sümpfen u. Mooren zu beobachtende, über dem Erdboden schwebende Flämmchen; vermutl. durch selbstentzündetes Sumpfgas *(Methan)* verursacht.

Irtysch, l. Nbfl. des Ob in Sibirien (Rußland) u. in Kasachstan, 4250 km lang, 5 Monate eisbedeckt; entspringt als *Schwarzer I.* im Mongol. Altai, mündet bei Chanty-Mansijsk. Am Oberlauf Stauanlagen zur Energiegewinnung.

Irving [ˈəːviŋ], Washington, Pseud.: Diedrich *Knickerbocker,* *1783, †1859, US-amerik. Schriftst.; humorvolle Kurzgeschichten.

Isa, von Mohammed gebrauchte Namensform für Jesus.

Irland: landschaftliche Gliederung

Ischia: Castella Aragonese

Isaac, Heinrich, *um 1450, †1517, ndl. Komponist; 1495 Hofkomponist Maximilians I.

Isaak, im AT Sohn Abrahams u. Saras, einer der israelit. Patriarchen, Vater Jakobs u. Esaus.

Isaak, byzantin. Kaiser: **1. Isaak I. Komnenos,** †1061, Kaiser 1057–59, erster Kaiser der Komnenen-Dynastie. – **2. Isaak II. Angelos,** †1204, Kaiser 1185–95 u. 1203/04; vom Adel zum Kaiser erhoben, von seinem Bruder *Alexios III.* abgesetzt u. geblendet, 1203/04 vorübergehend wieder eingesetzt.

Isabeau [-'boː], *Isabel(la),* *1371, †1435, Königin von Frankreich, Frau *Karls VI.;* bay. Herzogstochter; 1392 Mitregentin für den geisteskrank gewordenen König.

Isabella, Fürstinnen:
1. (Elisabeth) von Aragón, *1271, †1336, seit 1282 Frau des Königs *Dinis* († 1325); Patronin Portugals (Fest: 4.7.). – **2. Isabella I.,** *I. die Katholische,* *1451, †1504, Königin von Kastilien u. León seit 1474, von Spanien 1479–1504; heiratete 1469 *Ferdinand II.* von Aragón. Sie bildeten durch Vereinigung ihrer Gebiete die Grundlage für das span. Königreich. – **3. Isabella II.,** *1830, †1904, Königin 1833–68; floh 1868 nach einer Revolution nach Frankreich. 1870 verzichtete sie auf den Thron.

Isai, *Jesse,* im AT Vater König *Davids.*

Isar, r. Nbfl. der Donau, 283 km; mündet bei Deggendorf; mehrere Kraftwerke.

Isaschar, *Issachar,* Sohn Jakobs u. Leas; gilt als Ahnherr des gleichn. Stamms Israels.

ISBN, Abk. für *Internationale Standard-Buchnummer,* ein System zur Identifizierung von Büchern, bei dem jedes Buch eine zehnstellige Nummer erhält.

Ischämie [isçɛː-], infolge mangelnder Blutzufuhr entstehende Blutleere einzelner Organe, z.B. durch Gefäßverengung.

Ischewsk [iˈʒɛfsk], Hptst. der Rep. Udmurtien (Rußland), am Isch, 631 000 Ew.; Ind.-Zentrum, Stahlwerk.

Ischia [ˈiskia], ital. *Isola d'I.,* Insel am Eingang des Golfs von Neapel, 46 km², 45 000 Ew., Hauptort *Ischia;* Vulkan *Epomeo* 788 m; Schwefelthermen; Fremdenverkehr.

Ischias, *Ischialgie, Ischiasneuralgie, Hüftweh,* Schmerzhaftigkeit im Verlauf des großen Beinnervs *(Hüftnerv, Nervus ischiadicus, »I.nerv«);* verursacht durch Erkältung, Infektion, Überanstrengung, Verletzung, Durchblutungsstörung, Vergiftung u. Krankheitsprozesse an der unteren Wirbelsäule.

Ischim, l. Nbfl. des *Irtysch,* 1900 km; mündet bei Ust-I.

Ischl, *Bad I.,* oberöstr. Stadt im Salzkammergut, sö. von Salzburg, am Einfluß der I. in die Traun, 13 000 Ew.; Mineralquelle, Solbäder, Salzbergwerk.

Ischtar, *Istar,* babylon.-assyr. weibl. Hauptgottheit, Göttin des Kriegs, der Liebe u. der Mutterschaft, auch Verkörperung im Venusstern; vermutl. semit. Ursprungs.

Ischwara, Bez. für ind. Gottheiten wie Wischnu u. Schiwa.

ISDN, Abk. für engl. *integrated services digital network* (digitales Fernmeldenetz für integrierte Dienste), Bez. für ein System der digitalen Übertragungstechnik, das von der Dt. Bundespost entwickelt wird. Das ISDN-Netz entsteht auf der Basis des Fernsprechnetzes durch die zusätzliche Digitalisierung der Anschlußleitung des Teilnehmers. In der ersten Stufe sollen *IDN* (ohne Telex) u. Telefon zu ISDN zusammengefaßt werden. In der zweiten Stufe ist der Ausbau zu Breitband-ISDN geplant, das dann auch die Übertragung von Bildfernsprechen übernehmen soll. Dann werden Videokonferenzen über das Fernsprechnetz möglich sein. Endausbaustufe ist IBFN (integriertes breitbandiges Fernmeldenetz), das auch noch Hörfunk u. Fernsehen mit übertragen soll.

Ise, jap. Stadt auf Honshu, 105 000 Ew.; berühmtestes jap. Schinto-Heiligtum; Wallfahrtsort.

Isegrim, Name des Wolfs in der Fabel.

Isel, *Berg I.,* Aussichtsberg südl. von Innsbruck, 750 m; Denkmal A. Hofers; Schauplatz der Olymp. Winterspiele 1964 u. 1976.

Isenheim, frz. *Issenheim,* oberelsäss. Gem. an der Lauch, östl. von Gebweiler, 3000 Ew. Der **I.er Altar** von M. Grünewald steht heute im Museum Unterlinden in Colmar.

Iseosee, ital. *Lago d'Iseo, Sebino,* oberital. See am Südrand der Bergamasker Alpen, 65 km²; durchflossen vom *Óglio.*

Iser, tschech. *Jizera,* r. Nbfl. der oberen Elbe im nordöstl. Böhmen, 122 km.

Isère [iˈzɛːr], l. Nbfl. der Rhône in SO-Frankreich, 290 km.

Isergebirge, tschech. *Jizerské hory,* poln. *Góry Izerskie,* tschech.-poln. (-schles.) Grenzgebirge, Teil der Westsudeten zw. Lausitzer Gebirge u. Riesengebirge, rd. 30 km breit u. lang.

Iserlohn, Stadt in NRW, an der Baar, im nördl. Sauerland, 94 000 Ew.; Metallwarenind. – Stadtrecht 1237.

Isfahan, *Isphahan,* das antike *Aspadan,* zweitgrößte Stadt Irans u. Hptst. der gleichn. Prov. in Zentraliran, 1 Mio. Ew.; Univ.; zahlr. Moscheen u. Paläste; Stahlwerk, Textil-, Nahrungsmittelind., Kunsthandwerk, Teppichknüpferei.

Isfjorden, *Eisfjord,* größter Fjord Spitzbergens, an der W-Küste von W-Spitzbergen.

Isherwood [ˈiʃəwud], Christopher, *1904, †1986, engl. Schriftst.; Reisen durch Europa u. China; seit 1946 Bürger der USA; neben expressionist. Dramen stehen Romane u. Erzählungen. W »Leb wohl, Berlin«.

Isidor von Sevilla [zeˈvilja], *um 560, †636, letzter abendländ. Kirchenvater; Erzbischof von Sevilla seit 600; übermittelte dem MA antikes u. altchristl. Kulturgut. Unter seinen zahlreichen theolog. u. profanen Schriften ragen die »Etymologiae« heraus. – Heiliger (Fest: 4.4.).

Isin, heute der Ruinenhügel *Ischan Al-Bahrijat* in Mittelbabylonien, vom 19. bis 17. Jh. v. Chr. Sitz einer westsemit. Dynastie, deren Begründer die sumer. Vorherrschaft beendete, u. im 12. Jh. v. Chr. noch einmal babylon. Metropole.

Isis, *Ese,* altägypt. Göttin (vielleicht urspr. des Himmels), Schwester u. Gemahlin des *Osiris,* Mutter des *Horus.* In hellenist. Zeit, als sich ihr Kult in

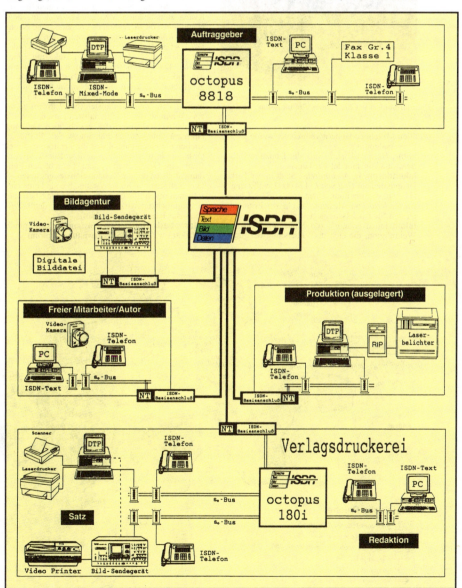

ISDN-Anwendungen in den Bereichen Druckerei- und Verlagswesen

406 **Iskâr**

Die thronende Isis mit dem Horusknaben; 6. oder 5. Jahrhundert v. Chr. Leiden, Rijksmuseum van Oudheden

allen Mittelmeerländern verbreitete, wurde sie zur Universalgöttin.

Iskâr, *Isker* ['iskər], r. Nbfl. der Donau in Bulgarien, 368 km; mündet bei Gigen.

Iskenderụn, fr. *Alexandrette,* Stadt in der Türkei, Haupthafen am *Golf von I.,* 174000 Ew.; Eisenerzabbau u. -verarbeitung, chem. Ind. – 333 v. Chr. als *Alexandreia* von Alexander d. Gr. zur Erinnerung an den Sieg bei Issos gegr.

Islam [auch is'la:m], von Mohammed gestiftete Weltreligion, die sich als Vollendung der jüd. u. christl. Religion versteht. Der I. ist monotheistisch u. kennt nur die unbedingte Ergebung *(Kismet)* in den Willen *Allahs,* der als absoluter Herrscher angesehen wird. Die religiösen Glaubenssätze u. Pflichten sind genau festgelegt; zu ihnen gehören die »5 Pfeiler«: 1. Glaubensbekenntnis: Es gibt keinen Gott außer Allah, u. Mohammed ist sein Prophet; 2. Gebet: fünfmal am Tag, kniend auf öffentl. Anruf hin, in ritueller Reinheit; 3. Almosengeben; fast zu einer geregelten Steuer ausgebildet; 4. Fasten: 30 Tage im Monat Ramadan von Sonnenaufgang bis -untergang; 5. Wallfahrt nach Mekka *(Haddsch):* mindestens einmal im Leben. Das hl. Buch des I. ist der *Koran;* in ihm ist Mohammeds Lehre, die von den Anhängern des I. als geoffenbarte Wahrheit betrachtet wird, in *Suren* niedergelegt. Neben dem Koran bildete sich aus mündl. Überlieferungen über Mohammeds Entscheidungen u. Verhaltensweisen in konkreten Fragen u. Situationen die *Sunna.* Die Einschätzung der Wichtigkeit der Sunna neben dem Koran ist das unterscheidende Kennzeichen für die *Sunniten* (ca. 90% der Moslems) u. die *Schiiten* (ca. 10% der Moslems). Die Gesamtzahl der Moslems beträgt schätzungsweise 700 Mio. bis 1 Mrd.

Seinen Ausgang nahm der I. in Mekka, wo die Kaaba, das arab. Nationalheiligtum, unter dem Schutz der Koreischiten stand. Diesem Stamm gehörte Mohammed an; 622 mußte er sich dem Zugriff der Koreischiten durch die Auswanderung *(Hedschra)* nach Medina entziehen. Von hier aus verbreitete er seine Lehre, u. bald konnte er mit krieger. Mitteln Mekka zurückgewinnen u. die Kaaba zum äußeren Mittelpunkt des I. machen. Nach dem Tod Mohammeds breiteten seine Nachfolger *(Kalifen)* in langen Kämpfen den I. aus. Der I. ist heute die herrschende Religion im Vorderen Orient, in N-Afrika, Pakistan, Irak, Iran, Indonesien. Die Rückbesinnung auf die alten islam. Traditionen *(Reislamisierung)* bestimmt Politik, gesellschaftl. u. kulturelles Leben. Sie wird im wesentl. von den Traditionalisten (bes. Saudi-Arabien) u. den Fundamentalisten (bes. Libyen) getragen. Während die Traditionalisten entschieden für die Aufrechterhaltung der bestehenden Ordnung eintreten unter Zurückdrängung westl. Einflüsse, streben die Fundamentalisten die Zerstörung dieser Ordnung an u. die bedingungslose Rückkehr zum frühislam. Gesellschaftssystem. Es geht den Fundamentalisten um die Restauration des gesamten islam. Religions- u. Staatssystems. Sie sind eine entschieden revolutionäre, radikale, sendungsbewußte u. öffentlichkeitswirksame Minderheit (deutl. Beispiel die Islam. Republik Iran).

Islamabạd, Hptst. Pakistans, nahe Rawalpindi, 210000 Ew.; seit 1965 Verwaltungszentrum.

islamische Kunst, die Kunst der im islam. Bereich lebenden Völker. Sie ist wesentl. von der Religion bestimmt, ohne im europ. Sinn religiöse Kunst zu sein, u. ist gekennzeichnet durch die Ablehnung des Kultbildes. Alle Zweige der i.n K. sind dienend, ihr Ziel – nicht Aussage, sondern Schmuck – wird erreicht in der Arabeszierung der pflanzl. u. der Ornamentalisierung der figürl. Formen, die zu einer neuen, naturfernen, rein künstler. Einheit verschmolzen werden, wobei geometr. Gliederungen u. die abstrakten Elemente der Schrift eine wichtige Rolle spielen.

Das vorherrschende Moment des Dekorativen prägt auch die Baukunst, deren Ornamentik ganz aus dem Geist des Materials entwickelt wird. Charakter. für den Sakralbau ist die vom befestigten Lager abgeleitete Hofmoschee mit der apsidenartigen, nach Mekka ausgerichteten Nische (Mihrab), dem Predigtkanzel (Minbar), dem Reinigungsbrunnen auf dem Hof (Sebil) u. dem Minarett für den Gebetsrufer. Der Liwantypus entstand unter dem Einfluß der sassanid. Baukunst zumeist als Tempelschule (Medrese). Vom überkuppelten Betsaal dieses Typs ausgehend, entwickelten sich gewaltige Kuppelkonstruktionen.

Die Malerei ist zum großen Teil Buchmalerei, in der Keramik erzielte man durch die Lüstertechnik metall. Wirkungen. Die Textilkunst brachte eine Fülle kostbarer Teppiche u. Seidenstoffe hervor. Zur Zeit der Fatimiden (969–1171) gab es eine Blüte der Elfenbeinschnitzerei.

Island, Inselstaat im nördl. Atlantik, 103000 km², 250000 Ew., Hptst. *Reykjavik.*

Island

Landesnatur. Hochland mit zahlr., z. T. noch tätigen Vulkanen, warmen Quellen u. Geysiren; überw. vergletschert *(Vatnajökull);* durch Fjorde stark gegliederte Küsten; milde Winter, kühle Sommer; im Landesinnern Eis- u. Lavawüsten, an den Küsten Tundrenvegetation. Die mit den Skandinaviern verwandte, ev.-luth. Bevölkerung lebt überw. im Küstengebiet.

Wirtschaft. Viehzucht u. Küstenfischerei; Ausfuhr von Fischprodukten, Wolle, Schafffleisch u. Fellen, Einfuhr von Getreide, Holz u. Masch.

Geschichte. I. wurde 825 erstmalig beschrieben u. seit 874 von Norwegen her besiedelt. Au-

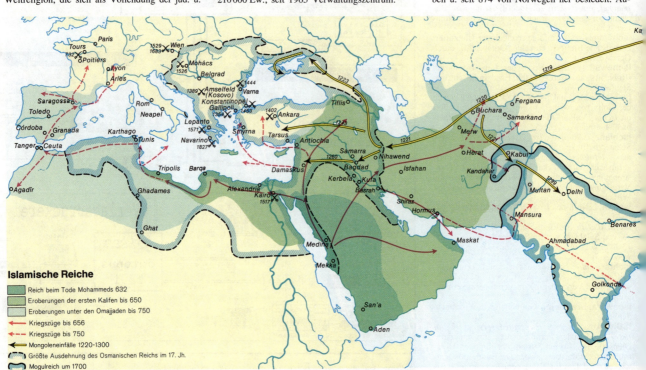

ISLAM

Himmelfahrt Mohammeds, wie sie in Ausdeutung einiger Koranstellen angenommen wird; türkische Miniatur, 1436. Paris, Bibliothèque Nationale (links). – Seite einer persischen Koran-Handschrift, Sure 30, 22-23; 10. Jahrhundert. London, Victoria and Albert Museum (rechts)

Islam: Zierfliesen mit Darstellung der Kaaba, 1727 (links), und der Moschee des Propheten in Medina, 1729 (rechts). Kairo, Islamisches Museum

Betende Moslems in Niamey, Niger. Das fünfmalige tägliche Gebet gehört zu den Grundpflichten des Islams. Dabei muß eine kniende, den Blick nach Mekka gerichtete Haltung eingenommen werden

ßerdem wanderten Kelten ein. 1000 wurde die Insel christianisiert. 1262 unterstellte sich I. dem norw. König. 1380 wurde I. Dänemark angeschlossen. Um 1550 setzte sich die Reformation durch. 1874 erhielt I. eine Verf., die dem Land die innere Autonomie gewährte. 1918 wurde I. ein selbständiges Kgr., in Personalunion mit Dänemark verbunden. 1944 wurde die polit. Verbindung mit Dänemark gelöst u. I. unabhängige R. 1949 trat I. der NATO bei. Seit 1980 ist Vigdís *Finnbogadóttir* Staatspräsidentin.

Isländisches Moos, *Brocken-, Lungen-, Purgiermoos, Tartsenflechte, Rispal,* im hohen Norden u. in den mitteleurop. Gebirgen u. Heidegebieten heim. *Flechte.* Getrocknet als *Lichen islandica* arzneilich gebraucht.

isländische Sprache, auf Island gesprochene, zum Westnordischen gehörende german. Sprache; seit dem 10. Jh. aus dem Altnorwegischen entwickelt.

Ismael [-ma:el], im AT Sohn Abrahams u. seiner Magd Hagar, Stammvater beduin. Stämme *(Ismaeliten).*

Ismaịl I., *1487, †1524, Schah (pers. Herrscher) 1502–24; begr. die Safawiden-Dynastie (1502 bis 1736) u. schuf, nach der Mongolenzeit, das Neupers. Reich.

Ismailịten, *Ismailiden,* eine islam.-schiit. Sekte, die sog. *Siebener-Schiiten.* Die I. leben in Syrien, Afghanistan, Pakistan u. Indien. Oberhaupt der letzteren ist der *Aga Khan.*

Isma'ilịyah, *Al-I.,* ägypt. Stadt auf der Landenge von Suez, 192 000 Ew.

Ismail Pạscha, *1830, †1895, Vizekönig von Ägypten 1863–79; eröffnete 1869 den Suezkanal.

Ismay ['izmεi], Hastings Lionel, Baron I. (1947), *1887, †1965, brit. Offizier u. Politiker (konservativ); militär. Berater Churchills.

Ismẹne, in der grch. Sage Tochter des Ödipus, Schwester der Antigone.

Ịsna, *Esne,* oberägypt. Stadt am westl. Nilufer, 35 000 Ew.; die antike Stadt *Latopolis;* Ruinen aus ptolemäischer Zeit; Nilstaudamm.

Ịsny im Allgäu, ba.-wü. Stadt, 700 m ü. M., 13 000 Ew.; heilklimat. Kurort; Wintersportplatz; feinmechan. Ind. – 1365–1803 Freie Reichsstadt.

iso..., Wortbestandteil mit der Bedeutung »gleich«.

ISO, Abk. für engl. *International Organization for Standardization, Internationaler Normenausschuß,* Organisation, die die Normen versch. Staaten einander anzugleichen versucht.

Isobạren →Isolinien.

Isochromasịe, die gleiche Empfindlichkeit photograph. Schichten gegenüber allen Wellenlängen des Lichts.

Isogọn, ein Vieleck mit gleichen Seiten u. Winkeln.

Ịsola Bẹlla, die größte der ital. Borromäischen Inseln im Lago Maggiore.

Isolation, 1. *Isolierung, allg.:* Abschließung, Absonderung. – **2.** *Biologie:* einer der Evolutionsfaktoren in der Abstammungslehre. – **3.** *Technik:* Maßnahmen, um Energieverluste jeder Art oder die Einwirkung von Feuchtigkeit zu verhindern; bei elektr. Leitungen der Schutz stromführender Teile gegeneinander u. gegen Berührung; bei Dampf- u. Heißwasserleitungen u. bei Dampfkesseln gegen Wärmeausstrahlung u. damit gegen Druck- u. Wärmeverlust; bei Kälteleitungen u. -maschinen gegen Wärmeeinwirkung von außen u. damit gegen Druckerhöhung infolge frühzeitiger Vergasung der komprimierten flüssigen Gase; bei Mauerwerk gegen Einwirkung von Feuchtigkeit, bes. bei Grundwasser, desgleichen gegen Wärmeverlust u. Schallwirkung.

Isolạtor, *i.w.S.* ein Stoff, der den elektr. Strom nicht leitet (z.B. Luft, Keramik, Glas, Kunststoffe u. Gummi); *i.e.S.* ein Körper aus I.-Material zum Befestigen oder Tragen stromführender Metallteile, insbes. Stromschienen oder Leitungen.

Isọlde →Tristan.

Isolinien, *Isarithmen,* auf Karten alle Linien, die Punkte mit gleichen Merkmalen verbinden. – T → S. 408.

Isomerịe, die Erscheinung, daß in ihrem chem. u. physikal. Verhalten versch. Stoffe die gleiche Zusammensetzung hinsichtl. der Art u. Menge der sie aufbauenden Elemente haben. Bei isomeren Verbindungen *(Isomeren)* ist die Lage der Atome in-

isometrisch

nerhalb der Moleküle jeweils verschieden. Bei der *Struktur-I.* sind die Atome der betr. Verbindungen in versch. Reihenfolge verknüpft, oder die Substituenten am Benzolring stehen in versch. Stellungen zueinander. Bei der *Stereo-I.* sind die Atome in gleicher Reihenfolge verknüpft, aber räuml. versch. angeordnet, entweder infolge einer Doppelbindung *(cis-, trans-I.)* oder an einem asymmetr. C-Atom; die Moleküle solcher Isomeren verhalten sich in ihrem räuml. Aufbau wie Bild u. Spiegelbild.

isometrisch, längengleich, maßstabgerecht.

Isomorphismus, *Isomorphie* [grch. »Gleichgestaltigkeit«], *i.w.S.* die Fähigkeit chem. ähnl. gebauter Verbindungen, in ähnl. Kristallformen aufzutreten; *i.e.S.* die Erscheinung, daß chem. versch. Bestandteile einer Lösung oder Schmelze gemeinsam als Mischkristalle kristallisieren.

Isonzo, slowen. *Soča*, im Altertum *Sontius*, Fluß im östl. N-Italien u. westl. Slowenien, 136 km; mündet in den Golf von Triest.

Isooctan, ein gesättigter aliphat. Kohlenwasserstoff, Isomer des *Octans* (2.2.4-Trimethylpentan); entsteht beim Cracken des Erdöls. I. dient als Maß für die *Klopffestigkeit* (→Oktanzahl); es hat den festgesetzten Wert 100 *Octan.*

Isopren, *Methylbutadien*, ein aliphat. Kohlenwasserstoff mit 5 Kohlenstoffatomen u. zwei (konjugierten) Doppelbindungen; Baustein zahlreicher Naturstoffe, z.B. des natürl. Kautschuks, des Carotins, der Terpene u. des Camphers. Durch Polymerisation von I. gewinnt man einige Arten von synthet. Kautschuk.

Isopropylalkohol, *Isopropanol*, ein aliphat. Alkohol; Lösungs-, Extraktions- u. Frostschutzmittel.

Isostasie, der Zustand des Schwimmgleichgewichts von Schollen der Erdkruste im Erdmantel, wobei durch Abtragung entlastete Erdschollen aufsteigen, während die durch Sedimentation belasteten Gebiete absinken.

Isothermen →Isolinien.

Isothermie, ein Zustand der Atmosphäre, bei dem keine Änderung der Lufttemperatur mit zunehmender Höhe eintritt.

isotonisch, *isosmotisch*, Bez. für Lösungen (z. B. von Salzen im Wasser) mit dem gleichen *osmotischen Druck* (→Osmose).

isotonische Muskelfunktion, eine Verkürzung des Muskels durch Zusammenziehen, wobei die Muskelspannung (anfänglich) gleichbleibt.

Isotope, die zu einem chem. Element gehörenden Atome gleicher Kernladung, aber versch. Masse. I. unterscheiden sich dadurch, daß ihre Atomkerne die gleiche Zahl von Protonen, aber eine versch. Anzahl von Neutronen enthalten, d. h. daß ihre Massenzahlen u. Atomgewichte versch. sind. Im allg. gibt es zu jedem Element ein stabiles Isotop, z.B. vom Stickstoff N die Isotope $^{14}_7N$ u. $^{15}_7N$ (der obere Index gibt die Massenzahl, der untere die Ordnungszahl an); in der Natur treten sie in nahezu konstanten Mischungsverhältnissen auf u. verursachen so die nicht ganzzzahligen Atomgewichte der chem. Elemente (z.B. bei Stickstoff: 14,007). Es gibt zahlreiche *radioaktive I.*, die in den natürl. Elementen gefunden oder künstl. hergestellt werden. Die I. eines chem. Elements haben alle dieselben Eigenschaften.

Isotopendiagnostik, *Radio-I.*, nuklearmedizin. Untersuchungsverfahren mit Hilfe von Substanzen, die mit radioaktiven Isotopen markiert wurden, sie können aufgrund ihrer Strahlung im Körper geortet, verfolgt u. gemessen werden.

isotrop, Bez. für Stoffe, die in jeder Richtung die gleichen physikal. Eigenschaften aufweisen.

Ispra, ital. Ort am O-Ufer des Lago Maggiore, 4300 Ew.; Kernforschungszentrum der Euratom.

Israel, Beiname des Erzvaters *Jakob*, des Stammvaters der Stämme I.

Israel, 1. ein religiös-sakraler Verband der 12 Stämme I., die zw. 1400 u. 1200 v. Chr. in Palästina einwanderten u. sich als die 12 Söhne eines Ahnherrn I. (Jakob) verstanden. – 2. Name des Nordreichs, das sich nach dem Tod *Salomos* (926 v. Chr.) aus der Personalunion mit Juda u. von der david. Dynastie löste. Es ging 721 v. Chr. im assyr. Großreich auf.

Israel: Palästinensische Demonstranten werfen mit Steinen nach israelischen Soldaten in Rafah

Israel, Staat an der östl. Mittelmeerküste, 20 770 km², 4,6 Mio. Ew., Hptst. *Jerusalem.*
L a n d e s n a t u r. Hinter der meist flachen Mittelmeerküste u. einer Küstenebene, der Hauptsiedlungszone, erhebt sich ein bis über 1000 m hohes

Israel

Bergland (Kalkhochflächen), in das der *Jordangraben* eingesenkt ist. Das Klima ist mittelmeerisch. Der Negev u. das Gebiet des Toten Meeres sind wüstenhaft. Der Feldbau setzt fast überall künstl. Bewässerung voraus.
B e v ö l k e r u n g. Neben 82% Juden versch. Herkunft (62% in Israel geboren, 21% in Europa u. Amerika, 17% in Asien u. Afrika) gibt es 14% islam. Araber, 2,3% Christen u. 1,7% Drusen. Staatssprachen sind Hebräisch u. Arabisch. 90% der Bevölkerung leben in Städten.
W i r t s c h a f t. Die landwirtschaftl. Nutzfläche ist größtenteils in den Händen von Staat oder Genossenschaften (Moschavim, Kibbuzim). Die Landwirtschaft erzeugt 75% des inländ. Nahrungsmittelbedarfs. Für den Export werden vor allem Zitrusfrüchte, ferner Avocados, Bananen, Oliven, Gemüse, Weintrauben, Blumen u. Erdbeeren angebaut. Die Industrie ist weitgehend auf importierte Rohstoffe u. Energieträger angewiesen. Wichtig für den Export ist die Diamantenschleiferei. Die Industrie wurde systematisch entwickelt (Lebensmittel-, Getränke-, Metall-, Maschinen-, Textil-, chem., Flugzeug-, Fahrzeug-, elektron., Elektrogeräte-Ind. u. a.); sie erzeugt über 85% der Exportgüter. Haupthandelspartner sind die EU-Länder, die USA u. die Schweiz. Seit 1970 gibt es ein Handels- u. Zollabkommen mit der EG. – Vor allem das Straßennetz ist gut entwickelt. Haupthäfen sind Haifa, Ashdod u. Elat. Seit 1970 gibt es eine Pipeline von Elat zum Ölhafen Ashqelon. Der internat. Zentralflughafen ist Lod.
G e s c h i c h t e. Zur Vorgeschichte →Juden, →Palästina. Nach der Zerstörung des selbst. jüd. Staates durch die Römer 70 n. Chr. begann die Zerstreuung der Juden über den Mittelmeerraum; eine kleine jüd. Bev. blieb aber stets im Lande. Mit der Entstehung des *Zionismus* (Ende des 19. Jh.) begann eine organisierte Einwanderung von Juden nach Palästina. Seit den 1920er Jahren kam es zu Konflikten zw. der jüd. u. der arab. Bev. 1947 beschloß die UN-Vollversammlung die Teilung Palästinas in einen jüd. u. einen arab. Staat. Der Staat I. wurde am 14.5.1948 von D. *Ben-Gurion* ausgerufen. Die Araber erkannten den Teilungsbeschluß nicht an; 5 arab. Staaten griffen I. militär. an. Der erste arab.-isr. Krieg endete 1949 mit einem Waffenstillstand. Weitere Kriege folgten 1956, 1967 (Eroberung der Sinaihalbinsel, des Gazastreifens u. des Westjordanlands durch I.) u. 1973, ohne daß es zu einem Friedensschluß kam. Als erster u. einziger arab. Staat erkannte Ägypten das Existenzrecht I.s 1979 an u. schloß mit ihm Frieden, woraufhin die

Isolinien		
Bezeichnung	Bedeutung	Sachgebiet
Isakusten	Linien gleicher Schallstärke (Erdbeben)	Geophysik
Isallobaren	Linien gleicher Luftdruckänderung in einer bestimmten Periode	Meteorologie
Isallothermen	Linien gleicher Temperaturänderung in einer bestimmten Periode	Meteorologie
Isanemonen	Linien gleicher mittlerer Windgeschwindigkeit	Meteorologie
Isantheren (Isoantheren)	Linien gleicher Aufblühzeit einer bestimmten Pflanze	Botanik
Isobaren	Linien gleichen Luftdrucks	Meteorologie
Isobasen	Linien gleicher tektonischer Hebung	Geologie
Isobathen	Linien gleicher Tiefe unter dem Wasserspiegel	Ozeanographie Hydrologie
Isochionen	Linien gleicher Tageszahl mit Schneefall	Meteorologie
Isochoren	Linien gleicher Eisenbahnentfernung	Verkehrsgeographie
Isochronen	1. Linien zeitgleichen Eintreffens von bestimmten Vorgängen (z. B. Erdbebenwellen, Regen)	Meteorologie Seismologie
	2. Linien gleicher Reisezeit (Transportdauer) von einem Ort aus	Verkehrsgeographie
Isodensen	Linien gleicher Dichte (z. B. Bevölkerung)	–
Isodynamen	Linien gleicher erdmagnetischer Kraft	Geophysik
Isogammen	Linien gleicher Abweichung vom Normalfeld der Schwerkraft	Geophysik
Isogeothermen	Linien gleicher Tiefentemperatur unter der Erdoberfläche	Geophysik
Isoglossen (Isolexen)	Linien, die Gebiete gleichen Gebrauchs von Wörtern bzw. bestimmter sprachlicher Erscheinungen begrenzen	Sprachwissenschaft
Isogonen	1. Linien gleicher erdmagnetischer Deklination	Geophysik
	2. Linien gleicher Windrichtung	Meteorologie
Isohalinen	Linien gleichen Salzgehalts des Meerwassers	Ozeanographie
Isohelien	Linien gleicher mittlerer Sonnenscheindauer	Meteorologie
Isohumiden	Linien gleicher relativer Luftfeuchtigkeit	Meteorologie
Isohyeten	Linien gleicher Niederschlagsmenge	Meteorologie
Isohygromenen	Linien gleicher Anzahl humider u. arider Monate	Klimatologie
Isohypsen	Linien gleicher Höhenlage	Topographie
Isokatabasen	Linien gleicher tektonischer Senkung	Geologie
Isoklinen	Linien gleicher erdmagnetischer Inklination	Geophysik
Isolexen	= Isoglossen	
Isomenen	Linien gleicher mittlerer Monatstemperatur	Meteorologie
Isooiken	Linien gleicher Bevölkerungsdichte	Bevölkerungsgeographie
Isopagen	Linien gleicher Dauer der Eisbedeckung auf Gewässern	Meteorologie
Isophanen	Linien gleichen Vegetationsbeginns	Meteorologie
Isoseisten	Linien gleicher Erdbebenstärke	Seismologie
Isotachen	Linien gleicher Geschwindigkeit (z. B. Fließ- oder Windgeschwindigkeit)	Hydrologie Meteorologie
Isothermen	Linien gleicher Temperatur	Meteorologie Ozeanographie

nordöstl. von Zypern; Sieg *Alexanders d. Gr.* über die Perser am Fluß Pinaros in der Nähe von I. 333 v. Chr.

Issyk-Kul, abflußloser Gebirgssee in Kirgisien, 6200 km², 1609 m ü. M.

Istanbul, *Istambul,* größte Stadt u. Haupthafen der Türkei, an der südl. Einmündung des Bosporus in das Marmarameer, 6,6 Mio. Ew.; 3 Stadtteile auf der europ. Seite (das Stadtzentrum *Stambul* mit der Hagia Sophia u. der Sultansresidenz Topkapi Sarayi, die ehem. Europäersitze Galata u. Beyoğlu, fr. Pera), Üsküdar mit Villenvororten auf der asiat. Seite; Naturhafen am Goldenen Horn; Verkehrsknotenpunkt; Univ., Hochschulen; Textil-, chem., Elektro-, Metall- u. a. Ind.; 2 Brücken über den Bosporus. – G e s c h .: Bis 330 n. Chr. *Byzanz;* seit 330 *Konstantinopel* u. seit 395 Hptst. des Oström. (Byzantin.) Reichs; 1453 von den Türken (Mehmed II.) erobert u. bis 1923 als I. Hptst. des Osman. Reichs bzw. der Türkei.

Isthmus, Landenge.

Istranca-Gebirge [is'trandʒa-], *Istranca Dağlari,* Gebirge in der nordöstl. europ. Türkei, im *Büyük Mahya* 1031 m.

Istrien, kroat. *Istra,* Halbinsel in Kroatien, in der nördl. Adria, 4955 km², 350 000 (meist kroat. u. slowen.) Ew.; im N Karstlandschaft, an der Küste subtrop. Vegetation.

G e s c h .: Im Altertum von kelt. u. illyr. Stämmen bewohnt, seit 177 v. Chr. Bestandteil des Röm. Reichs. Nach dem Untergang des Weström. Reichs zunächst Teil des Ostgotenreichs, seit 539 des Byzantin. Reichs, wurde Ende des 8. Jh. dem Frankenreich eingegliedert. Im 13. Jh. großenteils venezian.; den Rest teilten sich die Grafen von Görz u. die Habsburger. 1805 an Napoleon verloren, kehrte I., einschl. der bis 1797 venezian. Teile, 1815 zu Östr. zurück, bei dem es bis 1918 blieb. 1919 ital., 1947 bis auf Triest jugoslaw. Durch den ital.-jugoslaw. Vertrag von 1975 wurde Triest (Stadt u. Hafen) Italien, das Hinterland von Triest Jugoslawien zugesprochen.

Istwäonen, *Istväonen, Istävonen, Istjaiwer,* älterer Kultverband der Germanen zw. Rhein u. Weser *(Weser-Rhein-Germanen),* nach *Tacitus* einer der 3 german. Stammesverbände.

Istwestija [russ. »Nachrichten«], 1917 gegr. führende sowjet. Zeitung, seit 1991 unabhängig.

Itabira, brasilian. Stadt in Minas Gerais, 47 000 Ew.; Zentrum eines der reichsten Eisenerzgebiete der Erde *(Itabirit).*

Itabirit, blättrig-schuppiger Eisenglanz (hpts. *Hämatit)* mit beigemengtem Magnetit; hochwertiges, wirtschaftl. wichtiges Eisenerz (ca. 67% Fe).

Itabuna, brasilian. Stadt in Bahia, 117 000 Ew.; Kakaoanbau u. Verarbeitung.

Itaipú, das größte Wasserkraftwerk der Erde am Rio Paraná, 14 km oberhalb der brasilian. Stadt Foz do Iguaçu; basiert auf Zusammenarbeit zw. Brasilien u. Paraguay; 1983 Inbetriebnahme; Leistung des Kraftwerks: 12,6 Mio. kW.

Itala, zusammenfassende Bez. für die ältesten latein. Bibelübersetzungen, die vor der *Vulgata* in Italien u. Spanien umliefen.

Italien, Staat in S-Europa, 301 228 km², 57,6 Mio. Ew., Hptst. *Rom.* I. ist gegliedert in 15 Regionen u. 5 autonome Regionen (vgl. Tabelle).

Israel: Bevölkerung und Wasserwirtschaft

Sinaihalbinsel räumte. 1982–85 unternahm I. einen militär. Vorstoß nach Libanon, um von dort ausgehenden PLO-Angriffen zu begegnen. Ein isr.-libanes. Abkommen mußte Libanon 1984 unter syr. Druck annullieren. – In den Jahrzehnten nach der Staatsgründung wanderten nahezu 2 Mio. Juden ein, hpts. aus Osteuropa, Nordafrika u. dem Nahen Osten. Ihre soz. u. wirtsch. Eingliederung war eine Hauptaufgabe des neuen Staates. In der Innenpolitik war bis 1977 die sozialdemokr. *Mapai* bzw. *Arbeiterpartei* führend, 1977–84 der nat.-konservative *Likud-*Block. 1984–90 bildeten eine Große Koalition aus Arbeiterpartei u. Likud. Danach bildeten Likud u. religiöse Parteien eine rechtsnationale Koalition. Aufgrund der isr. Teilnahme an den Nahostfriedensgesprächen zerbrach diese Koalition im Jan. 1992. Die Parlamentswahlen im Juni 1992 gewann die Arbeiterpartei. Min.-Präs. wurde I. *Rabin.* Staats-Präs. ist seit 1993 E. *Weizman.*
Das schwierigste polit. Problem für I. bilden die besetzten Gebiete mit ihren 1,3 Mio. arab. Bewohnern (Palästinensern). Seit Ende 1987 kam es dort immer wieder zu heftigen Protestaktionen gegen die Besatzungsmacht. In der Frage, ob die Gebiete unter isr. Oberhoheit bleiben oder geräumt werden sollen u. wie dabei isr. Sicherheitsinteressen gewahrt werden können, ist die öffentl. Meinung tief gespalten. 1993 schlossen I. u. die PLO ein Abkommen über den Abzug der israel. Truppen aus dem Gazastreifen u. Jericho u. die Herstellung einer begrenzten palästinens. Selbstverwaltung in diesen Gebieten.

ISSN, Abk. für *International Standard Serial Number,* ein achtstelliges System zur Identifizierung von fortlaufenden Sammelwerken, z.B. Zeitschriften u. ä. Publikationen.

Issos, *Issus,* türk. Stadt am Golf von Iskenderun,

Italien

L a n d e s n a t u r . *Festland-I.* (N-Italien) umfaßt den ital. Alpenanteil sowie die einzigen größeren Flachlandgebiete. Als *Halbinsel-I.* wird die vom *Apennin* durchzogene Apenninhalbinsel bezeichnet; der Westteil wird von Hügelland u. Küstenebenen mit Vulkanismus eingenommen. *Insel-I.* umfaßt Sizilien, Sardinien u. kleinere Inseln. Das Klima ist in N-Italien warm gemäßigt, im übrigen I. mediterran mit trockenheißen Sommern, milden Wintern, Frühjahrs- u. Herbstregen, im S Winterregen. Die Pflanzenwelt besteht in N-Italien u. den Gebirgen der Apenninhalbinsel vorwiegend aus Laub- u. Nadelwäldern, im mittelmeer. Klimabereich herrschen Hartlaubgewächse, Pinien u. Zypressen vor.

Die B e v ö l k e r u n g besteht zu 99% aus röm.-

Italien: landschaftliche Gliederung

kath. Italienern u. konzentriert sich bes. in den fruchtbaren Ebenen u. im Küstenland. Im N leben dt., frz., rätorom. u. slaw. Minderheiten. – Wichtigste Städte: Rom, Mailand, Neapel, Turin, Genua, Palermo, Bologna, Florenz, Catania, Venedig, Bari, Triest, Messina, Verona, Padua, Cagliari.
W i r t s c h a f t . Die Industrie konzentriert sich in N- u. Mittelitalien, in S-Italien nur an wenigen Küstenstandorten. Die bed. Industriezweige sind Eisen- u. Stahl-, Zement-, chem., Papier-, Textil-, Schuh- u. Kraftfahrzeug-Ind. An Bodenschätzen gibt es Schwefel, Eisen, Zink, Blei u. a. Ein bes. wichtiger Wirtschaftsfaktor ist der Fremdenverkehr. – Die Landwirtschaft mit Anbau von Weizen, Mais, Reis, Oliven, Gemüse, Obst, Wein u. Südfrüchten, Seidenraupenzucht u. Viehzucht ist stark exportorientiert. Die Fischerei bringt gute Erträge. – Die wichtigsten Ausfuhrwaren sind Kraftfahrzeuge, Maschinen, Textilien, Schuhe, Chemikalien, Obst, Südfrüchte u. Wein. Haupthandelspartner sind die BR Dtld. u. Frankreich. – Das Verkehrsnetz ist v. a. in N-Italien gut ausgebaut. I. verfügt

Italien: Verwaltungsgliederung			
Region/ Autonome Region	Fläche in km²	Einwohner in 1000	Hauptstadt
Regionen:			
Abruzzen	10 794	1 244	L'Aquila
Apulien	19 348	3 986	Bari
Basilicata	9 992	606	Potenza
Emilia-Romagna	22 123	3 899	Bologna
Kalabrien	15 080	2 038	Catanzaro
Kampanien	13 595	5 590	Neapel
Latium	17 203	5 031	Rom
Ligurien	5 416	1 668	Genua
Lombardei	23 857	8 831	Mailand
Marken	9 694	1 428	Ancona
Molise	4 438	328	Campobasso
Piemont	25 399	4 290	Turin
Toskana	22 992	3 510	Florenz
Umbrien	8 456	804	Perugia
Venetien	18 364	4 363	Venedig
Autonome Regionen:			
Aostatal	3 262	115	Aosta
Friaul-Julisch-Venetien	7 847	1 194	Triest
Sardinien	24 090	1 638	Cagliari
Sizilien	25 708	4 961	Palermo
Trentino-Südtirol	13 619	887	Bozen/Trient

410 Italiener

über mehrere internat. Flughäfen (insbes. Rom, Mailand u. Venedig). Die wichtigsten Seehäfen sind Genua, Neapel, Venedig, Livorno, Palermo u. Triest.

Geschichte. Nach Zusammenbruch des Weström. Reichs 476 (→Römisches Reich) entstanden auf ital. Boden germ. Nachfolgereiche. Der germ. Söldnerführer *Odoaker* wurde 493 vom Ostgotenkönig *Theoderich* im Auftrag Ostroms gestürzt. Auch das ostgot. Reich brach bereits 553 zus., u. I. wurde ostrom. Prov. Seit 568 fielen die Langobarden in Ober-I. ein, so daß I. in einen langobard. u. einen byzantin. Teil getrennt wurde. Die *Pippinsche Schenkung* (754) sicherte dem Papsttum Rom, Perugia u. Ravenna. Karl d. Gr. vernichtete 774 das langobard. Königreich. Unter-I. blieb byzantin.; im 9. Jh. eroberten die Araber Sizilien. Durch die karoling. Reichsteilung von Verdun fiel I. an Lotharingien. Das *Regnum Italicum* blieb seit der Kaiserkrönung Ottos d. Gr. bis zum Tod Friedrichs II. (962–1250) Teil des röm.-dt. Kaiserreichs. Die Städte gewannen immer größere Bedeutung u. Unabhängigkeit (Genua, Pisa u. Venedig). Die z. T. von Sarazenen besetzten byzantin. Gebiete Siziliens u. Kalabriens wurden im Lauf des 11. Jh. von Normannen erobert. Die normann. Fürstentümer wurden 1130 von König *Roger II.* zu einem Staat vereinigt. Die Heirat Kaiser Heinrichs VI. mit der Erbin des Normannenreichs, *Konstanze,* vereinigte zum ersten Mal seit dem Untergang des Westroms fast ganz I. unter einer Herrschaft. Dem Staufer *Friedrich II.* gelang nicht nur in S-Italien der Aufbau des ersten modernen Beamtenstaats im Abendland, sondern im Kampf mit Papst *Gregor IX.* u. den lombard. Städten auch die Festigung seiner Macht in I. Mit der Hinrichtung *Konradins* in Neapel (1268) brach die stauf. Herrschaft zusammen. *Karl von Anjou* vermochte wie sein Nachfolger *Robert von Neapel* (1309–43) seinen Einfluß über ganz I. auszudehnen. Im 14./15. Jh. gewannen u. a. die Republiken Venedig u. Genua, die Fürstentümer der *Visconti* u. *Sforza* (Mailand), der *Este* (Mòdena) u. der *Scaliger* (Verona) an Einfluß u. Bedeutung. Mit Beendigung des *Schismas* (1415) festigte sich auch der Kirchenstaat wieder. In Florenz setzten sich die *Medici* durch, u. nach dem *Frieden von Lodi* (1454) herrschte ein Gleichgewicht von 5 Mittelstaaten (Neapel-Sizilien, Florenz, Kirchenstaat, Mailand, Venedig). Der Machtkampf um I. zw. Frankreich, Spanien u. den dt. Habsburgern endete im 16. Jh. mit der Niederlage der Franzosen. Mailand kam mit Neapel-Sizilien u. Sardinien an Spanien. Die span. Vorherrschaft dauerte bis zum Spanischen Erbfolgekrieg. Im *Utrechter Frieden* 1713 gewann Piemont-Savoyen Montferrat, Sizilien u. die Königskrone. Östr. er-

Italien: Marmorgewinnung bei Carrara

hielt Anfang des 18. Jh. Mantua u. die Lombardei, Neapel u. Sardinien. Die Toskana fiel 1737 an die Habsburger. Die Französische Revolution zerstörte die im Frieden von Aachen 1748 geschaffene Ordnung. Versch. Republiken wurden 1802 zur ital. Rep. umgebildet. Napoleon ließ sich 1805 zum König von I. krönen. Piemont, das Kgr. Etrurien (Toskana), die Ligurische Rep. (Genua) u. Rom wurden mit Frankreich vereinigt. Nur in Sizilien u. Sardinien hatten sich die bisherigen Dynastien behaupten können. Der Wiener Kongreß stellte die alte Ordnung weitgehend wieder her: Venetien u. die Lombardei fielen an Östr. Der Kirchenstaat wurde erneuert. Das bourbon. Kgr. Neapel u. das Kgr. Sardinien-Piemont wurden erneuert. Als Reaktion auf die östr. Fremdherrschaft entstand eine Einheits- u. Freiheitsbewegung, das »Risorgimento«. 1859 verlor Östr. die Lombardei an Sardinien-Piemont. C. *Cavour* gelang es, die Staaten Mittel-I., Romagna u. das Kgr. Sizilien (mit Hilfe G. *Garibaldis*) zum Anschluß an Sardinien zu gewinnen. Es entstand das Kgr. I. Im preuß.-östr. Krieg 1866 gewann I. Venetien u. 1870 Rom, das nunmehr Hptst. wurde. Die mit Frankreich entstandenen Zerwürfnisse führten zum Abschluß des *Dreibunds* mit Dtld. u. Östr.-Ungarn (1882). 1881–85 besetzte I. in Afrika das Gebiet von Eritrea, 1889 die Somaliküste; 1911/12 gelang die Erwerbung von Tripolis u. der Cyrenaica. I. blieb bei Ausbruch des 1. Weltkriegs neutral. Aber 1915 erklärte es Östr. u. 1916 Dtld. den Krieg. Der *Friede von Saint-Germain* brachte I. die Brennergrenze, Görz, Triest, Istrien, Teile des Küstenlandes u. Zara ein. Innenpolit. Krisen führten zum unaufhaltsamen Aufstieg der von *Mussolini* gegr. faschist. Bewegung. Durch den »Marsch auf Rom« zwang Mussolini *Viktor Emanuel III.,* ihm die Regierung zu übertragen (31.10.1922). Mussolini errichtete einen autoritären Staat (Verbot der Parteien) u. einigte sich mit der Kirche in den *Lateranverträgen* von 1929. 1936 überfiel I. Äthiopien, 1939 wurde Albanien erobert. Nach Ausbruch des 2. Weltkriegs erklärte I. 1940 Frankreich den Krieg. Nach Abschluß des *Dreimächtepakts* mit Dtld. u. Japan (1940) eröffnete I. erfolglos den Krieg gegen Griechenland u. in Nordafrika. 1943 wurde Mussolini gestürzt u. ein Waffenstillstand mit den im gleichen Jahr in I. gelandeten Alliierten geschlossen. 1946 wurde die Rep. proklamiert. Durch den *Pariser Frieden* vom 10.2.1947 verlor Italien Rhodos, den Dodekanes u. Istrien; es verzichtete auf alle Kolonien in Afrika; I. entschied sich für die Republik, *Umberto II.* dankte ab. 1954 wurde die Triest-Frage mit Jugoslawien gelöst. Die Südtirol-Frage fand erst 1992 eine abschließende Lösung. Durch verschiedene Korruptionsaffären kam es 1992/93 zu einer Krise des polit. Systems, das seit 1946 durch die Vormachtstellung der Christdemokraten (DC) geprägt wurde. Nach institutionellen Reformen setzten sich bei den Wahlen 1994 neue Parteigruppierungen durch. Min.-Präs. wurde S. *Berlusconi* (Forza Italia). Staats-Präs. ist seit 1992 O. L. *Scalfaro.* I. ist Gründungsmitglied der Europ. Gemeinschaft. Die neue parlamentar.-republikan. Verf. trat am 1.1.1948 in Kraft. Zweikammerparlament: Senat u. Abgeordnetenkammer. Führende polit. Kräfte: Forza Italia; Demokrat. Partei der Linken *(PDS,* früher *PCI);* Volkspartei *(PPI,* früher *Democrazia Cristiana, DC);* Sozialistische Partei *(PSI);* Liga Nord *(LN);* Nationale Allianz (Neofaschisten).

Italiener, ein roman. Volk (71 Mio.) in Italien (Apenninhalbinsel, Sizilien u. Sardinien 57,3 Mio.) u. – meist eingebürgert – in USA (9 Mio.), Südamerika (4,2 Mio.) u. Schweiz (420 000).

italienische Kunst. Architektur. Vom 4. Jh. bis zum Untergang des Röm. Reichs (553) war die Basilika der bevorzugte sakrale Bautyp, im allg. dreischiffig, in den kaiserl. Prachtbasiliken fünfschiffig. Zentren der Architektur waren Rom (S. Paolo fuori le mura; Sta. Sabina; S. Lorenzo), Mailand (S. Lorenzo) u. Ravenna (S. Apollinare nuovo; S. Apollinare in Classe). Die Taufkirchen (Baptisterien) waren zentral angelegt (Rom: Taufkapelle des Lateran; Ravenna: 2 Baptisterien), ebenso die Grabkirchen (Rom: Sta. Costanza; Ravenna: Grabkapelle der Galla Placidia).
Die roman. Baukunst entwickelte sich in wenigen Kunstzentren. Die Kirchen Verona, Mòdena, Piacenza, Cremona, Ferrara, Parma, Como, Mailand sind meist ohne Querschiff, mit reichem Portalschmuck u. figuraler Fassadenornamentik. Die florentin. Romanik blieb stärker mit der antiken Tradi-

Italien: Blick von Taormina zum Ätna

tion verbunden (S. Frediano in Lucca, Badia in Fiesole). In Pisa (Dombezirk mit Baptisterium u. Campanile) bildete sich die Säulenarchitektur am glanzvollsten aus.
Bedeutende Bauten der Gotik errichteten die Bettelorden in Assisi (S. Francesco) u. Florenz (Sta. Croce u. Sta. Maria Novella), die dann von den Domen in Siena, Orvieto u. Florenz an Größe u. Ausstattung übertroffen wurden.
In der florentin. Frührenaissance wurde der Typus des ital. Palasts ausgebildet: ein breiter, rechteckiger, regelmäßiger Baukörper, im Innern ein säulengetragener Hof. Als eine eigene Bauform kam zum Palast die Villa hinzu, ein aus dem antiken Landhaus entwickeltes Landschlößchen.
Die im Kern florentin. Leistung der Frührenaissance ging vor allem auf die genialen Bauideen F. *Brunelleschis* zurück. Ihm ging es um eine »Wiedergeburt« der antiken Formenwelt, deren Studium er – zusammen mit *Donatello* – betrieben hatte. Mit den Bauten D. *Bramantes* kam die entscheidende Wende zur Hochrenaissance (Sta. Maria delle Grazie in Mailand). Er brachte mit seinen Entwürfen die Zentralbau-Idee auch in die Planung der Peterskirche in Rom ein. In *Michelangelos* Schaffen begegneten sich Hochrenaissance, Manierismus u. Barock. A. *Palladio* entwickelte auf der Grundlage der Antike u. der Hochrenaissance den Klassizismus.
Vignolas Il Gesù verkörperte als erste Kirche in Rom die Baugedanken des Frühbarocks. Während C. *Maderna* (Sta. Susanna u. Vorhalle von St. Peter in Rom) zum Hochbarock überleitete, fand diese Entwicklung ihre bed. Repräsentanten in G.L. *Bernini* (Kolonnaden des Petersplatzes) u. F. *Borromini*.
Im 19. Jh. wirkten G. *Antolini,* L. *Cagnola,* G. *Valadier* u. G. *Mengoni.* Der Faschismus verschrieb sich einer bombast., neuklass. u. neubarocken Bauweise. Diese Verirrung überwand Italien verhältnismäßig schnell. Von überragender Bedeutung sind die Ingenieurbauten P.L. *Nervis.*
Plastik. In altchristl. Zeit entstanden vor allem Sarkophage, die Holztüren von S. Ambrogio in Mailand (Ende 4. Jh.) u. Sta. Sabina in Rom (um 430). Bed. Werke des Bronzegusses sind die Türen der Dome von Trani, Benevent, Pisa u. Monreale. In der Gotik des 13. Jh. verbanden N. u. G. *Pisano* frz. Formengut mit einer urspr. Nähe zur Antike (Arbeiten in Florenz, Orvieto, Perùgia, Pisa, Pistòia, Rom, Siena). Während L. *Ghiberti* (Bronzetüren am Baptisterium in Florenz) noch der Gotik verpflichtet blieb, führte *Donatello* die freistehende Statue einer neuen Blüte entgegen (Reiterdenkmal des Gattamelata in Padua) u. gab der Bildnisbüste neue Bedeutung. Mit seinem bronzenen David (Florenz, Bargello) brachte er die Aktfigur zu neuer Geltung. Im Schaffen von A. del *Verrocchio* u. A. del *Pollaiuolo,* die beide in erster Linie Bronzeplastiker waren, wurde die Darstellung persönlicher. Im plast. Werk *Michelangelos* (Pietà, Juliusgrab, Medicigräber in Florenz) verlor die Darstellung die Züge des Menschlich-Vergleichbaren u. führte in eine Welt des Sinnbildhaft-Allgemeingültigen. B. *Cellini* u. Giovanni da *Bologna* waren Hauptmeister der manierist. Skulptur. G.L. *Bernini* faßte in seinem reichen Werk alle Möglichkeiten des Hochbarocks zusammen: Pathos u. Dramatik u. die gestalter. Kräfte von Farbe u. Licht. Am Ende des 18. Jh. steht A. *Canova* mit seinem weich modellierenden Klassizismus. Mit impressionist. Werken erlangte M. *Rosso* Weltgeltung.

Die Plastik der Gegenwart ist mit P. *Consagra*, E. *Fiori*, G. *Manzù*, M. *Marini*, Arnoldo *Pomodoro*, Gio *Pomodoro*, A. *Viani* vertreten.

Die Malerei in den Katakomben Roms begann im 3. Jh. Im 4. Jh. entstand aus dem Erlebnis der Transzendenz eine raumbeherrschende Monumentalmalerei, die übersinnlich leuchtenden Mosaiken in den Kuppeln von Zentralbauten u. in den Apsiden, an Triumphbögen sowie an den Wänden der Langhäuser von Basiliken. Zentren dieser Kunst waren Rom (4.–7. Jh.) u. Ravenna (5./6. Jh.). Zur roman. Epoche gehören die Szenen der Clemens- u. Alexiuslegende in der Unterkirche von S. Clemente in Rom (um 1080) sowie der Bilderzyklus in Sant' Angelo in Formis (2. Hälfte des 11. Jh.).

Im Trecento entwickelten P. *Cavallini*, Jacopo *Torriti*, *Cimabue* u. *Duccio di Buoninsegna* einen neuen Stil in der Begegnung mit der Antike. Radikal durchbrach dann *Giotto* den Bann der Traditionen; er schuf die Grundlagen für die gesamte nachmittelalterl. Malerei in Europa. Eigene Wege ging die Schule von Siena: S. *Martini* leitete die westlich-got. Richtung in Italien ein. A. *Lorenzetti* schuf mit den Fresken im Rathaus von Siena einen Mittelpunkt der polit. Besinnung u. zugleich ein kühnes Beispiel für die Landschaftsmalerei.

Im Quattrocento war in Florenz eine Fülle überragender Meister tätig, u. a. *Masaccio*, P. *Uccello*, *Veneziano*. Während die Florentiner *(Fra Filippo Lippi, Fra Angelico*, B. *Gozzoli)* um die Mitte des

ITALIEN Geschichte und Kultur

Der venezianische Doge Leonardo Loredan (1501–1531); Gemälde von Vittorio Carpaccio. Florenz, Privatbesitz (links). – Am 11. Mai 1860 landete Giuseppe Garibaldi mit dem »Zug der Tausend« auf Sizilien; zeitgenössischer Stich. Rom, Istituto per la Storia del Risorgimento Italiano (rechts)

Aufführung der Verdi-Oper »Aida« in der Arena von Verona. Die Arena an der Piazza Brà stammt aus dem 1. Jh. n. Chr. und ist das zweitgrößte römische Amphitheater nach dem Kolosseum in Rom (rechts)

Bernini, Ekstase der Hl. Theresia; 1645–1652. Rom, S. Maria della Vittoria (links). – Das Kabinett der italienischen Regierung unter Ministerpräsident Silvio Berlusconi am 11.5.1994 (rechts)

Jahrhunderts die Details des Bildes verfeinerten, vereinigte der Stil des P. *della Francesca* Körperlichkeit, Bildfläche u. Farbkraft zu wuchtiger Wirkung. In zunehmendem Maß wurden antike Göttersagen oder geschichtl. Ereignisse dargestellt. Diese Entwicklung wurde in der 2. Hälfte des 15. Jh. in Florenz durch D. *Ghirlandaio*, S. *Botticelli*, F. *Lippi*, P. di *Cosimo*, in Umbrien durch Gentile u. Giovanni *Bellini* u. A. *Mantegna* auf ihren Höhepunkt geführt.
Leonardo da Vinci u. *Raffael* waren die großen Meister der Hochrenaissance, die in Leonardos Theorie, Naturstudien u. individualisierender Menschendarstellung u. in den Madonnen u. Fresken Raffaels ihre Vollendung fand. Die oberitalien. Künstler suchten bei stärkerer Bewertung des koloristischen Elements eine größere Naturnähe *(Giorgione, Tizian)*.
Die Spätwerke Raffaels u. Michelangelos führten in Florenz um 1520 zum Manierismus (J. *Pontormo, Rosso Fiorentino, Parmigianino, Tintoretto*, P. *Veronese*, A.A. da *Correggio*). Die Malerei des Barocks zeigte eine naturalist. u. eine klassizist. Richtung. *Caravaggio*, Hauptvertreter der ersten, verband in seinen Werken krasse, realist. Sachlichkeit mit einer effektvollen Hell-Dunkel-Technik, die auf *Rembrandt, Rubens* u. *Velàzquez* wirkte. Die klassizist. Barockmalerei ging vornehml. von den Bologneser Akademikern *(Carracci)* aus u. beeinflußte bes. die frz. Kunst.
Im 18. Jh. verlagerte sich der Schwerpunkt des Kunstlebens nach Oberitalien, wo G.B. *Tiepolo* u. seine Söhne die Tradition der ital. dekorativen Malerei glänzend zusammfaßten. Der Beitrag Italiens zur Malerei des 20. Jh. ist von grundlegender Bedeutung: im Futurismus (U. *Boccioni*, C. *Carrà*, L. *Russolo*, G. *Severini*) u. in der Pittura metafisica (M. *Campigli*, C. *Carrà*, G. de *Chirico*, G. *Morandi*). In der abstrakten Malerei fanden R. *Birolli*, A. *Magnelli*, M. *Moreni* u. E. *Vedova* internat. Beachtung. L. *Fontana* ist der Exponent des 1946 in Mailand entstandenen »Spazialismos«. Die im gleichen Jahr gegr. Vereinigung »Fronte Novo delle Arti« bemühte sich um eine Erneuerung der figurativen Malerei (R. *Guttuso)*.
Die Gegenwartsszene bietet ein breites Spektrum heterogener Bestrebungen. M. *Merz* vertritt die Objektkunst, P. *Manzoni* die Arte Povera, V. *Adami* die Narrative Figuration u. S. *Chia* die neoexpressionist. gegenständl. Malerei.

italienische Literatur. Am Anfang stehen der »Sonnengesang« des *Franz von Assisi*, entstanden 1224/25, u. die »Laude« (geistl. Lobgesänge) des *Jacopone da Todi* (um 1280). Wenig später wurde am Hof Friedrichs II. in Palermo die Sizilian. Dichterschule gegr.; dort wurde das Sonett als neue Form u. der »Dolce stil nuovo« (Süßer neuer Stil) geschaffen, der in der Lyrik die Liebe idealistischmystisch interpretierte. Im 14. Jh. erreichte die i. L. mit *Dante* (»Göttl. Komödie«), *Petrarca* (Sonette) u. *Boccaccio* (Novellensammlung »Decamerone«) ihren ersten Höhepunkt. A. *Poliziano* schrieb das erste weltl. Schauspiel (»Orpheus«), der Versroman »Arcadia« von J. *Sannazaro* wurde zum Vorbild für die europ. Hirtendichtung. – Die Hochrenaissance im 16. Jh. brachte den Sieg der Volkssprache über das Lateinische; Gaspara *Stampa* u. Vittoria *Colonna* schrieben leidenschaftl. Liebeslyrik; das romant.-ironisierende Ritterepos führte L. *Ariosto* mit dem »Rasenden Roland« zu höchster Vollendung; T. *Tasso* schuf mit dem Hirtendrama »Aminta« das vielleicht schönste Werk der pastoralen Dichtung. M. *Bandello* eiferte in seinen Liebesnovellen *Boccaccio* nach. – In der Barockzeit verlor das Epos an Bed., doch entwickelte sich eine rege wiss. Prosa (G. *Galilei*, G. *Bruno*). Das Drama fand in C. *Goldoni* u. C. *Gozzi* neue Meister. A. *Manzoni* faßte die romant. Ideale der Vaterlandsliebe u. der christl. Gesinnung in seinem histor. Roman »Die Verlobten« zusammen. Klass. Form u. romant. Fühlen vereinen sich in den Gesängen G. *Leopardis*.
Die zweite Hälfte des 19. Jh. wurde von der Lyrik G. *Carduccis*, G. *d' Annunzios* u. G. *Pascolis* beherrscht, während in der Erzählkunst A. *Fogazzaro* ein Meister des ital. psych. Romans wurde. Ihn übertrifft an Wirkung noch G. *Verga*, der Begr. des Verismus, dem M. *Serao* u. G. *Deledda* folgten. Welterfolg hatten die Romane G. d' Annunzios, die Jugendschriften E. de *Amicis'* u. C. *Collodis*.
Zw. 1900 u. 1950 hatten die philos. u. literarästhet. Werke B. *Croces* großen Einfluß. Nach dem 1. Weltkrieg gab L. *Pirandello* bes. dem Schauspiel neue Impulse. Bedeutsam sind nach 1945 die gesellschaftskrit.-psych. Romane A. *Moravias* u. die sozialkrit. Bücher C. *Levis* u. I. *Silones* sowie die neorealist. Romane von C.E. *Gadda*, P.P. *Pasolini*, C. *Pavese*, V. *Pratolini* u. E. *Vittorini*. Zu internat. Erfolgsautoren wurden die Schriftst. C. *Malaparte* (Kriegsromane), G. *Guareschi* (mit Schelmenromanen um Don Camillo u. Peppone), G. *Tomasi di Lampedusa* (histor. Heimatroman »Der Leopard«). Seit Anfang der 60er Jahre setzten sich phantasievolle Erzähler gegenüber dem Neorealismus durch (I. *Calvino*, D. *Buzzati*, T. *Landolfi*); U. *Eco* errang mit einem wiss. Kriminalroman einen großen Erfolg; L. *Sciascia* klagt in seinen (Kriminal-)Romanen die soz. u. wirtsch. Verhältnisse in Sizilien an. Der Dramatiker D. *Fo* schreibt gesellschaftskrit. Agitationsstücke. Als Lyriker traten G. *Ungaretti*, E. *Montale*, U. *Saba* u. S. *Quasimodo* hervor.

italienische Musik. Im Ggs. zur Musik der Römer hat die i. M. entscheidenden Anteil an der Entstehung u. Fortentwicklung der abendländ. Musik gehabt. Dies hängt vor allem mit der frühen Christianisierung Italiens zusammen, woraus die Förderung der Musik durch die Kirche resultierte.
Die erste eigene Musikschöpfung Italiens war der Gregorian. Choral, der über Europa hin ausstrahlte. Um 1000 trat *Guido von Arezzo* als einer der bed. Musiktheoretiker seiner Zeit hervor. Mehrstimmige Musik in Organum-Technik ist für den kirchl. Bereich schon im 10. Jh. belegt (Mailand). Einen ersten Höhepunkt hatte die i. M. im 14. Jh. (F. *Landino*). Mehrstimmige Formen wie Madrigal, Ballata (Tanzlied) u. Caccia (Kanonart) entstanden gegen Ende des 15. Jh. durch die Übernahme volksmusikalischer Elemente: Frottola (heiteres Volkslied), Villanella (Tanzlied) u. Kanzonetta. Eine neue Harmonik, die bereits die Chromatik verwendete, diente im Madrigal des 16. Jh. tonmalerischen Absichten (Cyprian de *Rore*, C. *Gesualdo* u. C. *Monteverdi*). Daneben stand die reine Instrumentalmusik in den Formen des Ricercar u. der Fantasia, Präludium u. Toccata, schließlich der Sonate. Hier wurde bes. Venedig mit A. *Gabrieli* führend. Die Mehrchörigkeit des Giovanni *Gabrieli* erreichte höchste Farbenpracht. In der Kirchenmusik entwickelte *Palestrina* seine stilbildende Polyphonie.
Um 1600 begann mit der Entstehung der Oper (»Orfeo« von Monteverdi) in Florenz die i. M. auf ganz Europa zu wirken. Die *Monodie* war die bevorzugte Satztechnik der neuen Gattung. In Italien entstanden im 17. Jh. die Kantate (A. *Scarlatti*) u. das Oratorium (G. *Carissimi*). Ebenso stark äußerten sich neue Impulse in der Orgel- (G. *Frescobaldi*) u. in der Instrumentalmusik. Hier trat bes. der virtuose Zug hervor. Kammer- u. Triosonate, Concerto grosso u. Solokonzert (denen A. *Stradivari*, A. *Amati* u. G. *Guarneri* die neuen Instrumente schufen) wurden die adäquaten Formen des barocken Musizierens.
Im 18. Jh. gewannen als Komponisten u. Virtuosen G. *Tartini*, G. *Torelli*, A. *Vivaldi*, A. *Corelli*, G.B. *Sammartini* u. im 19. Jh. N. *Paganini* europ. Bedeutung. In Neapel erlebte die Oper, die die Schönheit der Melodie u. die Virtuosität des Gesangs (Kastratenwesen) pflegte, eine neue Blüte. Hier entstand auch die Opera buffa. Die Werke von N. *Jommelli*, N. *Piccini*, G.B. *Pergolesi*, D. *Cimarosa* wurden oft gespielt. Im 19. Jh. behielt nur die ital. Oper weiterhin Weltgeltung (G. *Rossini*, V. *Bellini*, G. *Donizetti*, G. *Spontini*). In G. *Verdi* entstand der i. M. schließlich das größte dramat. Genie. Um ihn gruppierten sich in Abwehr des Wagnerischen Musikdramas P. *Mascagni* u. R. *Leoncavallo*, dann U. *Giordano*, G. *Puccini* u. F. *Busoni*. In ihrer Nachfolge standen, wenn nun auch schon durch die neuen Stilelemente des Impressionismus u. danach der modernen Musikentwicklung abgehoben, u. a. R. *Malipiero*, O. *Respighi* u. A. *Casella* u. deren Schüler, wie L. *Dallapiccola*.
Die neue i. M. nach 1945 ist verbunden mit den entspr. Entwicklungen in anderen europ. Ländern (serielle u. elektronische Musik). Ihre wichtigsten Vertreter sind L. *Berio*, S. *Bussotti*, F. *Donatoni*, F. *Evangelisti*, B. *Maderna*, G. *Manzoni*, G. *Petrassi*, v. a. der auch polit. engagierte L. *Nono*.

italienische Sprache, in Italien, im Tessin, auf Korsika, z. T. in Graubünden, in den nichtital. Küstengebieten der Adria u. in Tunesien gesprochene roman. Sprache; im frühen MA aus dem Vulgärlatein entwickelt, in viele Mundarten gespalten.

Italienisch-Somaliland → Somalia.

Italiker, indoeurop. Völkerschaften, die am Ende des 2. Jt. v. Chr. von N her über die Alpen in mehreren Wellen in Italien einwanderten; zwei sprachl. Gruppen: *Latino-Falisker* u. *Osko-Umbrer.* Die I. wurden von den *Römern* unterworfen.

ITAR-TASS → TASS.

Iteration, math. Verfahren zur Verbesserung einer Näherungslösung durch wiederholtes Einsetzen aufeinanderfolgender Näherungswerte.

Iterativ, *Iterativum*, ein Verbum, das die Häufigkeit u. Wiederholung einer Handlung ausdrückt.

Ith, Bergrücken im Weserbergland, sö. von Hameln; im *Lauensteiner Kopf* 439 m.

Ithaka, neugrch. *Ithaki* [i'θakji], eine der grch. Ionischen Inseln, 96 km², 4200 Ew.; Hauptort u. Hafen *I.;* in der Sage Heimat des Odysseus.

Itinerar, 1. *Itinerarium*, von den Römern entwikkelter Streckenplan mit Angaben über Landstraßen, Stationen daran, Entfernungen u.ä; im MA Reisebeschreibung für Pilgerfahrten. – **2.** aus Quellen zusammengestellte, zeitl. geordnete Liste der Reisewege u. Aufenthaltsorte der ohne feste Residenz umherziehenden mittelalterl. Herrscher.

i. Tr., Abk. für **i**n **Tr**ockenmasse.

Itten, Johannes, * 1888, † 1967, schweiz. Maler u. Graphiker; nahm Elemente des Kubismus auf u. gelangte zu geometr. Farbflächenkonstruktionen; unterrichtete 1919–23 am Bauhaus.

Itzehoe [-'ho:], Krst. in Schl.-Ho., an der Stör, 32 000 Ew.; Großdruckerei, Binnenhafen.

Ius canonicum, das *kanonische Recht;* → Kirchenrecht.

Ives [aivz], Charles Edward, * 1874, † 1954, US-amerik. Komponist; verwendete bereits um die Jahrhundertwende, 10 Jahre vor A. Schönberg u. I. Strawinsky, alle Merkmale der Modernität.

Ivrea, das röm. *Eporedia,* ital. Stadt in Piemont, an der Dora Bàltea, 28 000 Ew.; Kastell (14. Jh.), Dom (10. Jh.); Büromaschinen-, Textil-, Gummi- u. chem. Ind.

Iwaki, jap. Stadt nahe der Ostküste von Honshu, 359 000 Ew.; chem. Ind.; Seehafen.

Iwan, russ. Fürsten:

1. Iwan I. Danilowitsch, gen. *Kalita* (= Geldbeutel), † 1341, Fürst von Moskau seit 1325, Großfürst von Wladimir; legte den Grundstein für die Hegemonie Moskaus in Rußland; wurde Tributeinnehmer der Mongolen in Rußland. – **2. Iwan III. Wasiljewitsch,** *I. d. Gr.,* * 1440, † 1505, Großfürst von Moskau 1462–1505; vollendete die Einigung Rußlands, indem er 1478 Nowgorod, 1485 Twer, 1489 Wjatka, 1503 Rjasan unterwarf. Die Heirat mit *Zoë* (Sophie), der Nichte des letzten byzantin. Kaisers, u. die Übernahme des byzantin. Hofzeremoniells waren Ausdruck des Anspruchs, Moskau sei als Nachfolgerin von Byzanz das »Dritte Rom«. – **3. Iwan IV. Wasiljewitsch,** *I. der Schreckliche,* * 1530, † 1584, russ. Großfürst 1533–84, seit 1547 mit dem Titel *Zar;* leitete mit der Eroberung der Khanate Kasan u. Astrachan u. des Zartums Sibir die russ. Ostexpansion ein. Sein Kampf gegen die Bojaren-Aristokratie mündete 1565 in schrankenlosen Terror.

Iwanow [-nɔf], **1.** Wjatscheslaw Iwanowitsch, * 1866, † 1949, russ. Schriftst. u. Übersetzer; religiös orientierter Philosoph. – **2.** Wsewolod Wjatscheslawowitsch, * 1895, † 1963, russ. Schriftst.; Anhänger des sozialist. Realismus.

Iwanowo, fr. *I.-Wosnessensk,* Hptst. der gleichn. Oblast in Rußland, 479 000 Ew.; Hochschulen; Zentrum der Textil- u. Konfektionsind.

Iwaszkiewicz [ivaʃ'kjɛwitʃ], Jaroslaw, * 1894, † 1980, poln. expressionist. Lyriker, Erzähler u. Dramatiker.

Iwein, *Ivain, Yvain,* einer der Helden aus der Tafelrunde des Königs Artus.

IWF, Abk. für ***I****nternationaler* ***W****ährungs****f****onds.*

Iwrit, semit. Sprache. Aus dem Althebräischen entstandene offizielle Amtssprache Israels.

Izmir, fr. *Smyrna,* Hptst. der Prov. I., in der westl. Türkei, am Ägäischen Meer, 1,5 Mio. Ew.; bed. Hafen u. Handelsplatz; Univ.; Teppich-, Textil-, Tabakind., Ölraffinerie, Schiffbau; Flughafen.

Izmit [iz-], *Ismid,* türk. Hafenstadt am *Golf von I.* (Marmarameer), 236 000 Ew.; Schiffbau, chem., Textil-, Papierind., Ölraffinerie; in der Nähe die Ruinen der antiken Stadt *Nikomedia.*

Iztaccihuatl [istaksi'uatl; aztek. »Weiße Frau«], *Ixtaccihuatl,* erloschener Vulkan in Mexiko, sö. von Ciudad de México, 5286 m.

J

j, J, 10. Buchstabe des dt. Alphabets; entspricht dem grch. *Jota* (i, I).

J, Kurzzeichen für →Joule.

Jabalpur [ˈdʒa-], *Dschabalpur,* engl. *Jubbulpore,* zentralind. Distrikt-Hptst. u. zweitgrößte Stadt in Madhya Pradesh, auf dem nördl. Dekanhochland, 614 000 Ew.; Metall-, Textil-, Holz- u. Nahrungsmittelind.; Verkehrsknotenpunkt.

Jabiru, großer amerik. *Storch.*

Jablonitzapaß, *Jablonicapaß, Tatarenpaß,* Paß in den östl. Waldkarpaten, 913 m ü. M.

Jablonowyjgebirge, *Jablonoigebirge,* dichtbewaldetes Mittelgebirge im sö. asiat. Rußland, östl. des Baikalsees; 1000 km lang, im *Kusotuj* 1680 m hoch.

Jabłoński [jabuˈɔ̃ski], Henryk, * 27.12.1909, poln. Politiker; 1972–85 Vors. des Staatsrats (Staatsoberhaupt).

Jabot [ʒaˈboː], Brustkrause aus Weißzeug oder Spitze in Wasserfallform an Herrenhemden im 18. u. 19. Jh., später auch in der Damenmode.

Jacaranda [ʒa-], Gatt. der *Bignoniengewächse* aus Südamerika; beliebte Zierpflanze. Das Holz der J.-Arten ist wirtschaftl. völlig wertlos; es wird oft mit *J.-Holz* (Palisander) verwechselt, das von Arten der Gatt. *Dalbergia* stammt.

Jacht, engl. *Yacht,* seegängiges Segel-, Motor- oder Dampfschiff für Sport, Vergnügen u. Repräsentation.

Jacketkrone [ˈdʒækit-], *Mantelkrone,* Zahnkronenersatz aus Porzellan oder Kunststoff.

Jackpot [ˈdʒækpɔt], vom Kartenspiel Poker übernommene Bez. für einen Fonds nicht ausgeschütteter Einsätze bei Glücksspielen, er wächst so lange an, bis ein Mitspieler die erforderl. Gewinnkriterien erreicht.

Jackson [ˈdʒæksən], Hptst. von Mississippi (USA), am Pearl River, 203 000 Ew.; petrochem., holzverarbeitende, Glas- u. Baumwoll-Ind.

Jackson [ˈdʒæksən], **1.** Andrew, * 1767, † 1845, US-amerik. Politiker (Demokrat); 1829–37 (7.) Präs. der USA. – **2.** Mahalia, * 1911, † 1972, afroamerik. Sängerin (Gospels u. Spirituals mit religiösen Texten). – **3.** Michael, * 29.8.1958, US-amerik. Popsänger, Produzent u. Liedertexter; mit Platten wie »Thriller« u. »Bad« äußerst erfolgreicher Solist der Popgeschichte. – **4.** Milton, * 1.1.1923, afroamerik. Jazzmusiker (Vibraphon, Klavier).

Jacksonville [ˈdʒæksənvil], Hafenstadt in Florida

Michael Jackson

(USA), 610 000 Ew.; Winterkurort; bed. Ind.-, Handels- u. Verkehrszentrum.

Jacob [ʒaˈkɔb], **1.** François, * 17.6.1920, frz. Genetiker; entdeckte ein die anderen Gene steuerndes Gen *(Regulator-Gen);* Nobelpreis für Medizin 1965. – **2.** Max, * 1876, † 1944, frz. Schriftst. u. Maler; konvertierte 1915 zum Katholizismus; Vorläufer des Surrealismus.

Jacobi, 1. Carl Gustav Jakob, * 1804, † 1851, dt. Mathematiker; Beiträge zur Mechanik, Himmelsmechanik u. Zahlentheorie. – **2.** Friedrich Heinrich, * 1743, † 1819, dt. Schriftst. u. Philosoph; gehörte dem *Sturm u. Drang* an u. vertrat gegenüber der Vernunftphilosophie Kants u. dem Dt. Idealismus eine theist. Gefühls- u. Glaubensphilosophie. – **3.** Johann Georg, * 1740, † 1814, dt. Schriftst. (anakreont. Lyrik).

Jacobsen, 1. Arne, * 1902, † 1971, dän. Architekt; gehörte zu den führenden Vertretern der modernen skandinav. Baukunst. – **2.** Jens Peter, * 1847, † 1885, dän. Schriftst.; begr. den Naturalismus in Dänemark. W Romane »Frau Marie Grubbe«, »Niels Lyhne«.

Jacquard [ʒaˈkaːr], Joseph-Marie, * 1752, † 1834, frz. Weber; erfand 1805 die nach ihm benannte *J.-Maschine,* einen Webstuhl, der auch schwierige Muster (Damast, Teppiche u.ä) herzustellen gestattet, ferner die Netzstrickmaschine.

Jade, Handelsbez. für harte, blaßgrüne Mineralien der Augit- u. der Hornblendegruppe.

Jade, oldenburg. Küstenfluß, 22 km; durchfließt den *J.busen,* u. bildet das tiefste Fahrwasser an der dt. Nordseeküste.

Jadebusen, eine durch Sturmfluteinbrüche im MA (1208, 1511) auf 190 km² erweiterte Bucht der Nordsee bei Wilhelmshaven, durch den *Ems-Jade-Kanal* mit Emden verbunden.

Jadzwingen, *Jadwinger,* ein den balt. Völkern nahestehender frühmittelalt. Stamm zw. Weichsel u. Memel, wohl einer der Ursprungsstämme der *Polen.*

Jaeggi, Urs, * 23.6.1931, schweiz. Soziologe u. Schriftst.; befaßt sich bes. mit polit. Soziologie u. Gesellschaftsanalyse.

Jaén [xaˈen], span. Prov.-Hptst. in Andalusien, 102 000 Ew.; Kathedrale; Olivenanbau u. Verarbeitung, chem. u. keram. Ind.

Jaffa, hebr. *Yafo,* das antike *Japu,* Ortsteil (seit 1950) der isr. Stadt *Tel Aviv;* seit ältesten Zeiten Handels- u. Hafenstadt (Ausfuhr von Südfrüchten). Der Hafen wurde nach der Eröffnung des Hafens von *Ashdod* geschlossen (1965).

Jaffna, *Yapanaya,* Prov.-Hptst., Mittelpunkt der gleichn. Halbinsel, die den N Sri Lankas bildet, 138 000 Ew.; Zentrum des Hinduismus u. der tamil. Minderheit Sri Lankas.

Jagd, das weidgerechte Verfolgen, Erlegen oder Fangen von jagdbaren Tieren durch den *Jäger (Weidmann).* Die J. war ursprl. Hauptnahrungsquelle des Menschen; sie wurde mit dem Übergang zu Ackerbau u. Viehzucht immer mehr zu einem Vergnügen. In Dtld. ist die J. innerhalb eines *J.bezirks (Revier)* nur dem *J.berechtigten* (Eigentümer, Pächter) unter Beachtung der J.gesetzgebung (Bundesjagdgesetz vom 29.9.1976 sowie J.gesetze u. -verordnungen der Länder) erlaubt. In anderen Ländern (z.B. USA) darf jeder, der einen J.erlaubnisschein (Lizenz) gelöst hat, in begrenztem Maß zu bestimmten Zeiten jagen. Man unterscheidet die *Hohe J.,* d. h. J. auf Hochwild (z.B. Rehe, Hirsche, Gemsen), von der *Niederen J.,* d. h. J. auf Niederwild (z.B. Hasen, Rebhühner). Die J. wird ausgeübt als: 1. *Suche,* mit Vorstehhunden auf Rebhühner, Hasen u. a.; 2. *Pirsch,* durch Anschleichen an das Wild; 3. *Anstand, Ansitz;* 4. *Brunft-* u. *Balz-J.;* 5. *Drück-* u. *Treib-J.;* 6. *Fang-J.* auf Raubwild; 7. *Graben* (Ausgraben, *Erd-J.*) von Füchsen u. Dachsen; 8. *Frettieren,* Kaninchenjagd mit Frettchen; 9. *Hütten-J.* Histor. Arten sind die *Hetz-J. (Parforce-J.)* u. die J. mit Netzen u. Hagen.

Jagdfalke, der zur Beizjagd abgerichtete *(abgetragene)* große isländ. oder kleinere norw. Falke; auch Wander-, Saker-, Lerchen- u. Merlinfalken kommen in Betracht.

Jagdfasan, in Mitteleuropa eingebürgertes Jagdwild, entstanden aus Kreuzungen von 4 Rassen des *Edelfasans,* u. a. des chin. *Ringfasans* u. des kaukas. *Kupferfasans.*

Jagdfasanen-Paar

Jagdflugzeug →Jäger (3).

Jagdgewehr, die zur Jagd verwendete Feuerwaffe. Die Hohe Jagd wird mit *Büchsen* ausgeübt, die Niedere Jagd mit *Flinten.* Die Büchsen haben einen gezogenen Lauf, aus dem ein Einzelgeschoß (die *Kugel*) abgeschossen wird, die Flinten dagegen einen glatten Lauf, aus dem eine Schrotladung (mehrere kleine runde Bleikugeln im Durchmesser von meist 2–4 mm) abgefeuert wird.

Jagdhunde, auf bes. Fähigkeiten gezüchtete u. zur Jagd abgerichtete Hunde: 1. *Schweißhunde* (Hannoverscher Schweißhund, Gebirgsschweißhund) verfolgen angeschossenes Wild auf der Schweißfährte; 2. *Vorstehhunde* (Deutsch-Lang-, Rauh-, Stichel- u. Kurzhaar, Münsterländer, Pointer, Setter, Griffon) zeigen verstecktes Wild durch »Vorstehen« an; 3. *Stöberhunde* (Wachtelhund, Spaniel) jagen Wild auf; 4. *Apportierhunde* (Retriever) suchen geschossenes, kleineres Wild; 5. *Hetzhunde* oder *jagende Hunde* (Bracken, Foxhund, Jagdterrier) spüren Wild auf u. jagen es bellend; 6. *Erdhunde* (Dackel, Foxterrier) suchen Raubwild (Fuchs, Dachs) unter der Erde auf.

Jagdschein, eine auf den Namen des Jägers für eine bestimmte Zeit ausgestellte Urkunde, die nicht die Jagdberechtigung, sondern die polizeil. Erlaubnis zum Jagen gewährt.

Jagdsignale, auf dem Jagdhorn geblasene Signale, die zur Verständigung, z.B. bei Treibjagden, dienen; außerdem Teil des jagdl. Brauchtums. Heute sind nur noch die *Fürstlich Pleßschen J.* im Gebrauch.

Jagdspinnen, Spinnen versch. Fam., die keine Netze bauen, sondern in Schlupfwinkeln auf ihre Beute lauern.

Jagdspringen, *Springreiten,* Leistungsprüfungen im Turnierreitsport; je nach der Schwierigkeit des Hindernisaufbaus in 4 Klassen (A, L, M u S) ausgetragen.

Jagdstraftaten, Straftaten im Zusammenhang mit der Jagdausübung. Das Bundesjagdgesetz enthält sowohl Straf- als auch Bußgeldvorschriften.

Jagdvergehen, *Jagdfrevel, Wildfrevel, Wilderei,* Verletzung fremden Jagd- oder Fischereiausübungsrechts; strafbar nach § 292–295 StGB. – Das östr. Strafrecht regelt die J. in §§ 137–140, 180, 182 StGB; in der S c h w e i z in Art. 39–52 des Bundesgesetzes über Jagd u. Vogelschutz.

Jäger, 1. derjenige, der unter Beachtung der

Jägerlatein

Friedrich Ludwig Jahn

weidmänn. Bräuche u. rechtl. Bestimmungen jagdbare Tiere hegt u. erlegt. – **2.** bis zum 1. Weltkrieg eine Infanterietruppe des dt. Heeres mit ausgesuchtem Ersatz, meist Forstleuten; *J. zu Pferd:* Kürassiere. – **3.** *Jagdflugzeug,* Militärflugzeug zur Abwehr gegnerischer Flugzeuge, mit eingebauten Bordwaffen.

Jägerlatein, Erzählungen von Jagderlebnissen, bei denen der Phantasie des Erzählers keine Grenzen gesetzt sind.

Jagiełło, litau. *Jagaila,* * 1351, † 1434, Großfürst von Litauen 1377–1401, als *Władysław II.* J. König von Polen 1386–1434. Sein Übertritt zum Christentum ermöglichte ihm 1386 die Heirat mit der poln. Thronfolgerin *Hedwig* (Jadwiga); er vereinigte hierdurch Litauen in Personalunion mit Polen, gründete die poln. Dynastie der *Jagiellonen* u. christianisierte Litauen.

Jagiellonen, *Jagellonen,* von *Jagiełło* abstammende poln. Dynastie (1386–1572 in Polen u. Litauen); 1572 im Mannesstamm ausgestorben. 1471–1526 waren die J. zugleich Könige in Böhmen u. 1490–1526 in Ungarn. Unter ihnen wurde Polen europ. Großmacht.

Jagst, r. Nbfl. des Neckar, 196 km; mündet bei Bad Friedrichshall.

Jaguar, *Unze, Panthera onca,* die größte Raubkatze Amerikas, mit 150 cm Körperlänge u. 80 cm Schulterhöhe; gelbbraun mit schwarzen Ringen u. Flecken, häufig Schwärzlinge *(Melanismus).*

Jahangir [dʒa-], *Dschahangir* [pers., »Eroberer der Welt«], * 1569, † 1627, Mogulkaiser 1605–27; ältester Sohn *Akbars,* unterschiedl. beurteilt, teils als zwiespältige u. genußsüchtige Persönlichkeit, teils als tatkräftiger Herrscher überliefert, der die Herrschaft der Moguln in Zentralindien beträchtlich erweiterte.

Jahja, *Jachja* [ˈjaxja], Mohammed, * 1876, † 1948 (ermordet), Imam u. König von Jemen 1904–48; vertrieb 1904 die Türken aus San'a.

Jahn, Friedrich Ludwig, * 1778, † 1852, Organisator des dt. Turnwesens (»Turnvater J.«); legte 1811 in der Hasenheide in Berlin den ersten Turnplatz an; Mitgl. der Frankfurter Nationalversammlung 1848.

Jähn, Sigmund, * 13.2.1937, erster dt. Kosmonaut 1978.

Jahnn, Hans Henny, * 1894, † 1959, dt. Schriftst. u. Orgelbauer; gründete 1920 die neuheidn. Glaubensgemeinschaft »Ugrino«; glorifizierte in seinem expressionist. Werk den Eros.

Jahr, die Umlaufzeit der Erde um die Sonne *(Sonnen-J.).* Als Einheit der bürgerl. Zeitrechnung dient das *trop. J.* = 365,2422 mittlere Sonnentage (Zeit der Wiederkehr der Sonne zum Frühlingspunkt). Das *sider. J.* (Sternjahr) = 365,25636 Tage (Wiederkehr der Sonne zu denselben Fixsternen) u. das *anomalist. J.* = 365,25964 Tage (Zeit zw. zwei Periheldurchgängen der Erde) sind etwas länger. In der Kalenderrechnung werden genäherte Jahreslängen benutzt: das *Julian. J.* = 365,25 Tage u. das *Gregorian. J.* = 365,2425 Tage.

Jahrbücher →Annalen.

Jahresabschluß, die *Bilanz* u. die *Gewinn- u. Verlustrechnung.*

Jahresringe, *Jahrringe,* ringförmige Wachstumszonen; kommen im Holz der Bäume u. Sträucher dadurch zustande, daß das im Sommer wachsende Holz dichter u. dunkler ist als das weitporige helle Frühjahrsholz; die winterl. Ruheperiode ist an Stammquerschnitten durch die scharfe Grenze zw. dem *Spätholzring (Sommerring)* des einen u. dem *Frühholzring (Frühjahrsring)* des folgenden Jahrs gekennzeichnet. Die J. gestatten eine Altersbestimmung der Bäume sowie einen Rückschluß auf die klimat. Verhältnisse früherer Jahre.

Jahreszeiten, die vier Abschnitte Frühling, Sommer, Herbst u. Winter, in die das Jahr nach dem scheinbaren Lauf der Sonne durch den Tierkreis eingeteilt wird.

Jährlingswolle, die Wolle der zweiten Schur am Schaf. Sie unterscheidet sich von der *Lammwolle* (Wolle der ersten Schur) durch das Fehlen der Haarspitzen u. durch größere Festigkeit.

Jahrmarkt, *Kirmes, Kirchweihfest, Send,* urspr. ein Fest am Namenstag des Kirchenpatrons, für dessen Messe von fliegenden Händlern Lichter, Amulette u. Lebensmittel verkauft wurden; heute ein meist jährl. zu feststehenden Zeiten stattfindendes Volksfest.

Jahwe, *Jahve,* Name des Gottes Israels; nach 2. Mose 3,13 Bedeutung: „er ist da" oder „er läßt werden", „er schafft". Von den Juden wird Adonaj („Herr") als Gottesname verwendet.

Jailagebirge →Krimgebirge.

Jaina [ˈdʒaina], *Dschaina,* Anhänger des ind. →Jinismus.

Jaipur [dʒɛːˈpur], *Dschaipur, Jaypur,* Hptst. des ind. Bundesstaats *Rajasthan,* 980 000 Ew.; Fürstenpalast, Univ.; Textil-, Metall-, chem. Ind. – In der Nähe die Paläste von *Amber.*

Jak →Yak.

Jakarta [dʒa-], *Djakarta,* bis 1950 *Batavia,* Hptst. der Rep. Indonesiens, an der NW-Küste Javas, 7,8 Mio. Ew.; Univ.; bed. Hafen- u. Handelsplatz; Maschinenbau-, Textil- u. a. Ind.; Flughafen.

Jako →Graupapagei.

Jakob, im AT zweiter Sohn *Isaaks;* zählt zu den Patriarchen; Beiname *Israel.*

Jakob, Fürsten:

Aragón:

1. J. I., *J. der Eroberer,* span. *Jaime el Conquistador,* * 1208, † 1276, König 1214–76; eroberte die Balearen u. 1238 das Königreich Valencia im Kampf gegen die Mauren; katalan. Nationalheld. – **2. J. II.,** *J. der Gerechte,* span. *Jaime el Justo,* * 1264, † 1327, König 1291–1327; mußte 1295 auf Sizilien verzichten, erhielt dafür Sardinien u. Korsika.

England:

3. J. I. (engl. *James*), * 1566, † 1625, König 1603–25 u. als **J. VI.** König von Schottland seit 1567; Sohn der *Maria Stuart,* verband sich im Interesse seiner Anwartschaft auf den engl. Thron 1586 mit Königin *Elisabeth I.* gegen Spanien u. hielt auch nach der Hinrichtung seiner Mutter an diesem Bündnis fest. Nach dem Tod Elisabeths (1603) vereinigte er die Kronen von Schottland u. England in Personalunion. – **4. J. II.** (engl. *James*), Enkel von 3), * 1633, † 1701, König 1685–88 u. als **J. VII.** König von Schottland; Bruder *Karls II.;* wurde 1672 kath., deshalb auf Drängen der parlamentar. Opposition während der »Exclusion Crisis« (1679–81) des Landes verwiesen.

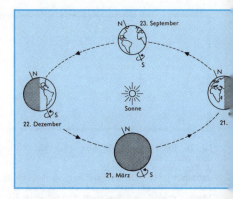

Entstehung der Jahreszeiten

Nach seiner Thronbesteigung betrieb er eine absolutist. Politik, die Rekatholisierungsversuche einschloß. In der »Glorreichen Revolution« 1688/89 wurde er abgesetzt. – **5. J. III.** *Eduard Franz,* Sohn von 4), gen. *Chevalier de St. George,* auch *der Prätendent* (auf den engl. Thron), * 1688, † 1766, scheiterte mit seinen Versuchen (1708, 1715), den engl. Thron zu gewinnen.

Haiti:

6. J. I., eigtl. Jean Jacques *Dessalines,* * um 1760, † 1806 (ermordet); Kaiser 1804–06; erklärte Haiti 1803 für unabhängig.

Kurland:

7. J. (von) Kettler, * 1610, † 1682, Herzog 1639/42–82; verlor sein Herzogtum an Karl X. Gustav von Schweden, erhielt es aber durch den *Frieden von Oliva* 1660 zurück.

Schottland:

8. J. I., * 1394, † 1437, König 1406–37; schuf eine Repräsentationsversammlung; vom Adel ermordet. – **9. J. II.,** Sohn von 8), * 1430, † 1460 (gefallen), König 1437–60; betrieb im Bündnis mit Frankreich eine expansive Politik gegenüber England. – **10. J. IV.,** Enkel von 9), * 1473, † 1513, König 1488–1513; verh. mit *Margarete Tudor* (* 1489, † 1541), Schwester Heinrichs VIII.; fiel in der Schlacht bei Flodden Field gegen Heinrich VIII.

Jakobiner, die radikalen Republikaner der Frz. Revolution 1789 (benannt nach ihrem Versammlungsort, dem Dominikanerkloster St. Jakob in Paris), seit 1791 unter Leitung *Robespierres,* übten eine terrorist. Diktatur (die sog. Schreckensherrschaft) aus. – **J.mütze,** frz. *Bonnet rouge,* rote phrygische Mütze (Wollmütze mit herabhängendem Zipfel), in der Frz. Revolution, bes. seit 1791, als Freiheitssymbol mit blau-weißer Kokarde getragen.

Jakobiten, engl. *Jacobites,* die Anhänger des durch die »Glorreiche Revolution« 1688/89 aus England vertriebenen Stuartkönigs *Jakob II.* u. seiner Nachkommen.

Jakobskraut, *Jakobskreuzkraut,* 30–100 cm hohes *Kreuzkraut* mit fiederteiligen Blättern, dicht doldenrispigen Blütenständen u. gelben Blüten.

Jakobsleiter, 1. die von *Jakob* nach seiner Flucht im Traum geschaute Himmelsleiter (1. Mose 28). –

Jakobiner: Revolutionstribunal während der Schreckensherrschaft; zeitgenössischer Kupferstich von P. G. Berthault. Wien, Österreichische Nationalbibliothek

2. zum Aufentern von Bootsbesatzung u. Lotsen verwendete Strickleiter mit Holzsprossen.

Jakobslilie, *Span. Lilie,* eine mex. *Lilie* mit großen roten Blüten.

Jakobsmuschel, *Jacobsmuschel, Pilgermuschel, Pecten jacobaeus, Coquilles St. Jacques,* 5–15 cm große, an den europ. Küsten vorkommende *Kammmuschel* mit fächerförmigen, kantigen Rippen; wohlschmeckend. – Die J. wurde früher von Pilgern, die u. a. aus dem NW-span. Wallfahrtsort Santiago de Compostela heimkehrten, als Abzeichen am Hut oder Gewand getragen.

Jakobsstab, primitives Instrument zum Messen von Sternabständen u. Sternhöhen.

Jakobus der Ältere, Jünger Jesu u. Apostel, Sohn des Zebedäus, Bruder des Apostels Johannes; Märtyrer (Apg. 12,2), Heiliger (Fest: 25.7.).

Jakobus der Jüngere, gen. *der Gerechte,* Apostel, nach ev. Lehre Bruder Jesu (Gal. 1,19), nach kath. Auffassung der Vetter Jesu; ist nach Josephus um 66 (?) gesteinigt worden; Heiliger (Fest: 3.5.).

Jakuten, ein Turkvolk Sibiriens an der Lena, von den Burjaten im 13. Jh. nach N gedrängt; heute 450 000 Bewohner in Jakutien.

Jakutien, *Rep. Sacha,* Rep. innerhalb Rußlands, im nordöstl. Sibirien, 3 103 200 km², 1,03 Mio. Ew., Hptst. *Jakutsk;* das Klima ist extrem kontinental, bei Werchojansk u. Ojmjakon sinkt die mittlere Januartemperatur bis unter –60 °C (Kältepol); Bodenschätze: Kohle, Gold, Diamanten, Zinn, Steinsalz, Eisenerz u. Erdgas.

Jakutsk, Hptst. der Rep. Jakutien (Rußland), an der mittleren Lena (Hafen), 188 000 Ew.; Univ.; Holz-, Baustoff-, Nahrungsmittelind.; Pelzhandel.

Jalandhar ['dʒa-], *Dschalandar, Jullundur,* N-ind. Distrikt-Hptst. im Bundesstaat Panjab, 408 000 Ew.; Nahrungsmittel- u. Textilind. – Hptst. des alten Königreichs *J.* (*Trigarta*).

Jalapa Enríquez [xa'lapa ɛn'rikɛs], Hptst. des mex. Golfstaats Veracruz, östl. von Ciudad de México, 288 000 Ew.; Zucker-, Tabak-, Textilind.; Anbau von Kaffee u. Zitrusfrüchten.

Jalapenwurzel [xa-], für Arzneien (Abführ- u. Wurmmittel) verwendete Wurzelstöcke der mex. *Purgierwinde, Exogonium purga.*

Jalisco [xa-], Gebirgsstaat in →Mexiko.

Jalón [xa'lɔn], *Rio J.,* r. Nbfl. des Ebro in NO-Spanien, 235 km.

Jalousette [ʒalu'zɛt], Fenstervorhang aus waagerechten Aluminiumlamellen.

Jalousie [ʒalu'zi], Sonnenschutz vor Fenstern u. Türen aus Holz- oder Kunststoffprofilstreifen, die an Schnüren aufgezogen oder um eine Welle gewickelt werden.

Jalta, Hafenstadt u. Kurort in der Ukraine, an der Südküste der *Krim,* 89 000 Ew.; Tagungsort der **J.-Konferenz** (*Krimkonferenz,* 4.–11.2.1945) zw. dem US-Präs. F.D. *Roosevelt,* dem brit. Prem.-Min. W. *Churchill* u. dem sowj. Regierungschef J. *Stalin.* Ziel der Konferenz war die Neugliederung Osteuropas u. Aufteilung Deutschlands sowie durch Geheimabsprachen den Kriegseintritt der Sowjetunion gegen Japan sicherzustellen.

Jaluit [dʒa'lu:t], größtes Atoll der Marshallinseln, 17 km², 1500 Ew.; Hauptort *Jabor.*

Jam [dʒɛm], aus nur einer Obstart hergestellte Marmelade (nicht aus Zitrusfrüchten); im Sport: Gedränge.

Jamagata →Yamagata.

Jamaika, *Jamaica,* Inselstaat der Großen Antillen in Westindien, 10 990 km², 2,5 Mio. Ew. (70% Schwarze, 20% Mulatten, Europäer), Hptst. *Kingston.*

Jamaika

Landesnatur. Im Innern zentrales Faltengebirge (bis 2257 m) u. Kalkplateaus; im N feuchtheiße Küstenebene mit Regenwäldern u. Feuchtsavanne, an der Südküste Trocken- u. Dornbuschsavanne.

Wirtschaft. Exportgüter: Bauxit u. Zuckerrohr, daneben auch Bananen, Zitrusfrüchte, Nelkenpfeffer, Kakao u. Kaffee. J. ist eine der bed. Fremdenverkehrsinseln der Karibik; Haupthäfen u. internat. Flughäfen sind Kingston u. Montego Bay.

Geschichte. 1494 von *Kolumbus* entdeckt, gelangte die Insel 1655 in brit. Besitz. 1866 wurde J. Kronkolonie u. erhielt 1944 eine neue Verf. J. wurde 1962 unabhängig. Prem.-Min. ist seit 1992 P. J. Patterson.

Jamalhalbinsel, *Samojedenhalbinsel,* sibir. Halbinsel zw. Karasee u. Ob-Busen, rd. 135 000 km²; von Rentiernomaden bewohnt.

Jambi ['dʒ-], *Djambi, Telanaipura,* indones. Prov.-Hptst. im O Sumatras, am Hari, rd. 230 000 Ew.; in der Umgebung Erdölfelder mit Pipeline nach Palembang; Kautschukplantagen; See-, Fluß- u. Flughafen.

Jambol, Hptst. des gleichn. bulgar. Bez., an der Tundscha, 91 000 Ew.; Textil-, Nahrungsmittel- u. Tabakind.

Jamboree [dʒæmbəˈri], internat. Pfadfindertreffen; seit 1920 alle vier Jahre.

Jambus, *Iambus,* Versfuß aus einer Senkung u. einer Hebung (∪–). Der für das dt. klass. Drama kennzeichnende fünffüßige J., als *Blankvers* von den Engländern ausgebildet, wurde erstmals von *Lessing* in »Nathan der Weise« 1779 benutzt.

Jambuse, *Rosenapfel,* apfel- oder birnenähnl. Früchte der trop. Gatt. *Eugenia* der *Myrtengewächse.*

James [dʒeimz], **1.** Henry, *1843, †1916, US-amerik. Schriftst.; wurde 1915 engl. Staatsbürger. Entwickelte einen vertieften psycholog. Realismus. Als Thema in seinen Romanen u. Novellen tritt die Begegnung des Amerikaners mit der europ. Kultur hervor. – **2.** William, Bruder von 1), *1842, †1910, US-amerik. Psychologe u. Philosoph; Mitbegr. des *Pragmatismus;* vertrat einen radikalen *Empirismus.*

Jameson ['dʒeimsən], Sir Leander Starr, *1853, †1917, brit. Politiker; fiel 1895 im Einverständnis mit C. *Rhodes* in die britt. Frieden in Transvaal ein (*J. Raid*); 1904–08 Prem.-Min. der Kapkolonie; Gründer der südafrik. Unionistenpartei u. bis 1912 ihr Führer.

James River [dʒeimz 'rivə], **1.** Fluß in Virginia (USA), 550 km; entsteht in den Allegheny Mountains, mündet in die Chesapeake-Bucht. – **2.** l. Nbfl. des *Missouri,* mündet bei Yankton (South Dakota), 1143 km.

Jammerbucht, dän. *Jammerbugt,* flache Meeresbucht in N-Jütland.

Jammes [ʒam], Francis, *1868, †1938, frz. Schriftst.; wurde unter dem Einfluß P. *Claudels* zum kath. Gläubigen. Verfasste symbolist. Lyrik.

Jammu ['dʒamu; engl. 'dʒæmu:], ind. Distrikt-Hptst. im Himalayavorland, Winter-Hptst. des Bundesstaates *J. and Kashmir,* 215 000 Ew.; Textilind., Kunsthandwerk; Flughafen.

Jammu and Kashmir ['dʒæmu ənd kæʃ'miə], der von Indien besetzte Teil von Kaschmir.

Jamnagar ['dʒamnagar], ind. Distrikt-Hptst. auf der Halbinsel Kathiawar am Golf von Kachchh, 294 000 Ew.; Nahrungsmittel- u. Textilind., Maschinenbau. – Ehem. Hptst. des Fürstenstaats *Navanagar.*

Jamnitzer, 1. Christoph, Enkel von 2), *1563, †1618, dt. Goldschmied u. Kupferstecher des Frühbarocks. – **2.** Wenzel, *1508, †1585, östr. Goldschmied u. Ornamentstecher; Meister in Nürnberg seit 1534; Skulpturen u. Prunkgeräte; W Merkelscher Tafelaufsatz.

Jam Session [dʒæm 'sɛʃən], Zusammenkunft von Jazz- oder Rockmusikern, bei der aus dem Stegreif gespielt (improvisiert) wird.

Jamshedpur ['dʒa:mʃɛdpuə], *Tatanagar,* ind. Stadt in Bihar, Zentrum der ind. Eisen- u. Stahlind. (Tata-Werke), 457 000 Ew.

Jämtland, Ldsch. in Mittelschweden, Hptst. *Östersund;* seenreiches Hügel- u. Gebirgsland; Holzwirtschaft; Viehzucht; Wintersport.

Janáček ['jana:tʃɛk], Leoš, *1854, †1928, tschech. Komponist; stark von der Volksmusik u. der tschech. Sprachdeklamation beeinflußt; W »Sinfonietta«, sinfon. Dichtung »Taras Bulba«, Opern »Jenufa«, »Das schlaue Füchslein«.

Jandl, Ernst, *1.8.1925, östr. Schriftst., experimentelle (konkrete) Gedichte u. Hörspiele.

Jangtsekiang →Chang Jiang.

Janitscharen, 1329 aus christl. Balkanslawen u. Albanern, die zum Islam übertreten mußten, geschaffene Armee. Die Anführer (*Dei*) der J. waren später meist die eigtl. Machthaber im Osman. Reich. 1826 ließ *Mahmud II.* die Anführer töten u. verbannte die meisten J.

Janitscharenmusik, Militärmusik türk. Ursprungs, wurde seit dem 18. Jh. von der europ. Mi-litär- u. höfischen Musik übernommen u. fand auch Eingang in die Kunstmusik (W.A. Mozart, J. Haydn, L. van Beethoven).

Janker, bay.-östr. Männerjacke.

Jan Maat, niederdt. Bez. für *Seemann.*

Jan Mayen, norw. Insel zw. Grönland, Island u. Spitzbergen, 380 km²; vulkan. u. vergletschert; Wetter- u. Funkstation.

Jänner, östr. für Januar.

Jannings, Emil, eigtl. Theodor Friedrich Emil *Janenz,* *1884, †1950, dt. Schauspieler. W »Der blaue Engel«.

Janosch, eigtl. Horst *Eckert,* *11.3.1931, Schriftst. u. Illustrator; schreibt vor allem Kinderbücher. W »Oh, wie schön ist Panama«.

Janowitz, Gundula, *2.8.1937, dt.-östr. Sängerin (Sopran); bes. Mozart-, Strauss- u. Wagner-Interpretin.

Jansenismus, die von Cornelius Jansen (*Jansenius;* *1585, †1638, seit 1636 Bischof von Ypern) in seinem posthumen Werk »Augustinus« niedergelegte Gnaden- u. Prädestinationslehre. Jansen erstrebte eine Verinnerlichung der Frömmigkeit, eine strengere Moral in Abwehr der Kasuistik der Jesuiten u. eine Stärkung der bischöfl. gegenüber der päpstl. Gewalt. Der J. gewann größere Bedeutung in Frankreich, Belgien u. den Niederlanden.

Janssen, Horst, *14.11.1929, dt. Zeichner, Radierer u. Holzschneider; schuf surreale Radierungen u. zeichnete in subtilster Technik alptraumhafte Visionen; später Hinwendung zur Landschaft.

Janus, röm. Schutzgott des Ein- u. Ausgangs; mit zwei nach entgegengesetzten Seiten blickenden Gesichtern (»Januskopf«) dargestellt.

Japan, Staat in Ostasien, 377 801 km², 123,5 Mio. Ew., Hptst. *Tokio.*

Japan

Landesnatur. Vulkanische Gebirge, die im *Fudschiyama* (3776 m) gipfeln, bestimmen das Gesicht der vier großen (*Honshu, Hokkaido, Kyushu, Shikoku*) u. rd. 500 kleineren Inseln. 67% der Landesfläche sind mit Wald bedeckt. Im N überwiegen Laubwälder, im S herrschen immergrüne Holzgewächse u. trop. Formen vor. Nur um Tokio gibt es eine größere Tiefebene (*Kanto*). Das Klima ist im N gemäßigt, im S subtropisch. Die Niederschläge bringt der sommerl. SO-Monsun. Die wasserreichen Flüsse bieten große Möglichkeiten zur Energienutzung.

Die Bevölkerung besteht neben Koreanern, Chinesen, Europäern u. Ainu (Urbevölkerung) hpts. aus Japanern, die je zur Hälfte Buddhisten u. Anhänger des Schintoismus sind. – Wichtigste Städte: Tokio, Osaka, Nagoya, Yokohama, Kyoto, Kobe, Kita-Kyushu, Kawasaki, Sapporo, Fukuoka,

Jalta-Konferenz: (von links) Churchill, Roosevelt und Stalin

Hiroshima, Amagasaki, Sendai, Sakai, Kumamoto, Nagasaki.

Wirtschaft. Weniger als ein Fünftel der Landesfläche ist landwirtschaftl. nutzbar. Hauptanbauprodukt ist Reis. J. ist eine der bed. Fischereinationen der Welt. Die Bodenschätze (Kohle, Blei, Zink, Schwefel, Kupfer) können den Inlandsbedarf bei weitem nicht decken. Die Energieversorgung stützt sich zunehmend auch auf die Kernkraft. Die Industrie hat J. in die erste Reihe der Wirschaftsgroßmächte gestellt. Produziert bzw. exportiert werden bes. Gewebe u. Bekleidung, Eisen- u. Stahlwaren, Maschinen, Schiffe (vor allem Supertanker), Kraftfahrzeuge, elektron., opt. u. feinmechan. Geräte, Papier, Chemikalien, aber auch Obstwaren u. -konserven, Fischkonserven, Tabak, Perlen (größte Weltproduktion) u. keram. Erzeugnisse. Die Industriebetriebe konzentrieren sich in Küstennähe, v. a. aber in der Kanto-Ebene u. an der Jap. Inlandsee. – J. verfügt über ein hervorragend entwickeltes Eisenbahn-, Straßen u. interinsulares Schiffsverkehrsnetz. Die jap. Handelsflotte zählt zu den größten der Erde. Internat. Häfen: Yokohama, Kobe, Osaka, Tokio, Moji, Nagasaki, Nagoya. Knotenpunkt des Flugnetzes ist Tokio (Flughäfen Haneda u. Narita).

Geschichte. Durch die Zentralisation mehrerer Teilreiche entstand von Yamato aus um 400 durch die Expansion der *Tenson-Gruppe* ein neues polit. Gebilde. Nach der Übernahme des Buddhismus wurde 645 die Taika-Ära eingeleitet, die J. bis 702 in eine absolutist. Monarchie umwandelte, der als Grundlage eine zentralist. organisierte Beamtenschaft diente. Von der Hptst. Nara aus übte der Kaiser *(Tenno)* die unumschränkte Herrschaft aus. Nach dem Niedergang der Kaisermacht begann im 12. Jh. die Herrschaft des Adels *(Schogunat).* Der Schogun war seit 1192 der mächtigste Mann im Staate. Der Tenno wurde zu einer Zeremonialfigur reduziert. Inzwischen waren Buddhismus u. Schintoismus miteinander verschmolzen. Um die Mitte des 16. Jh. trafen die ersten Europäer in J. ein. Das Christentum gewann seit 1556 viele Anhänger. Danach wurde J. von der Außenwelt völlig abgeschottet. 1614 begann die rücksichtslose Ausrottung des Christentums. Der *Konfuzianismus* erlebte eine Blütezeit. Die Ankunft ausländ. Schiffe (1854 der US-amerik. Commodore M.C. *Perry*) war Anstoß zum Zusammenbruch der feudalist. Struktur u. gab das Signal zu einer raschen Modernisierung. 1868 trat der Schogun vom Amt zurück. Der Kaiser übernahm die Regierungsgewalt. In der Meidschi-Ära (1868–1912) wurde der kaiserl. Hof von Kyoto nach *Tokio* verlegt. 1869 wurde das Programm der »Neuen Ära« verkündet, das eine Periode der Reformen einleitete. Die neue, 1889 verkündete Verf. machte J. zur konstitutionellen Monarchie (nach preuß. Muster). Das jap. Bestreben, *Korea* unter seinen Einfluß zu bringen, führte zum *chin.-jap. Krieg* (1894/95). J. gewann Formosa. Der *russ.-jap. Krieg* (1904/05) endete mit der Niederlage Rußlands. Dadurch gewann J. freie Hand zur Annexion Koreas (1910). J. erhielt im Versailler Vertrag Kiautschou u. das Mandat über die Karolinen, Marianen u. Marshallinseln. 1926 bestieg Kaiser *Hirohito* 1926 den Thron u. leitete die Regierungsperiode Schowa ein. 1931 besetzte J. die Mandschurei. 1937 kam es zum offenen Krieg mit China. Nach Ausbruch des 2. Weltkriegs schloß J. im September 1940 mit Dtld. u. Italien den Dreimächtepakt. Am 7.12.1941 begannen die Japaner mit dem Überfall auf *Pearl Harbor* den Krieg gegen die USA u. Großbrit. Nach Teilerfolgen kam die Niederlage 1945 mit den Atombombenabwürfen auf Hiroshima u. Nagasaki. J. kapitulierte. Nach der Besetzung durch die Alliierten trat 1947 eine demokrat. Verf. in Kraft. Im Friedensvertrag von San Francisco 1951 wurde der jap. Gebietsstand auf die 4 Hauptinseln beschränkt. 1952 erlangte J. seine volle Souveränität zurück. 1956 wurde der Kriegszustand mit der UdSSR beendet, 1978 ein Friedens- u. Freundschaftsvertrag mit China geschlossen. J. entwickelte sich zur modernsten Industriegesellschaft Asiens. 1989 verstarb Kaiser Hirohito. Nachfolger wurde sein Sohn *Akihito,* der die Regierungsperiode Heisei einleitete. Min.-Präs. ist seit 1994 T. *Murayama.* – Der Kaiser (Tenno) übt als Staatsoberhaupt nur repräsentative Funktionen aus. Höchstes Gesetzgebungsorgan ist der Reichstag, der aus dem *Repräsentantenhaus* u. dem *Senat* besteht. Regierungspartei waren 1955–93 die konservativen Liberaldemokraten. Sie wurden von einer Acht-Parteien-Koalition abgelöst.

Japaner, das ostasiat. Volk im jap. Inselreich, 122 Mio.; entstand aus der Vermischung eingewanderter altmongol.-malaiischer Bevölkerungsgruppen mit der Ainu-Urbevölkerung. Aus den engen Beziehungen zu China seit dem 6. Jh. n. Chr. (Einführung des Buddhismus) erwuchs eine chin. Tochterkultur, die sich in strenger Abgeschlossenheit (1600–1867) weiterbildete u. selbständige Züge entwickelte. Seit der Erschließung des Landes für die westl. Zivilisation im 19. Jh. u. bes. seit 1945 haben sich die J. in der Entwicklung von

JAPAN

Fudschiyama, der heilige Berg der Japaner

Wohnraum einer japanischen Familie

Teeanbau bei Schidsuoka, Honshu

Moderne Industrieanlagen in Kawasaki bei Tokio

Wiss., Technik, Wirtschaft u. materieller Kultur weitgehend an westl. Vorbildern orientiert.

Japanische Inlandsee, *Jap. Binnenmeer,* jap. *Setonaikai,* der Meeresarm zw. der jap. Hauptinsel *Honshu* einerseits u. *Shikoku* u. *Kyushu* andererseits; buchtenreich u. flach, bis 60 km breit; ca. 3000 Inseln.

japanische Kunst, in Abhängigkeit von der um vieles älteren chin. Kunst entstanden, geriet im Lauf der Geschichte immer wieder unter ihren Einfluß; dennoch sind die Anregungen in allen Bereichen eigenständig verarbeitet u. weiterentwickelt worden.

Architektur. Aus vorbuddhist. Zeit grub man Fundamente von Grubenhäusern aus. Die Form der ebenerdigen Giebelhäuser des 4.–6. Jh. lebt in der Architektur der Schinto-Schreine weiter. Die erste Welle chin. Einflusses erreichte Japan mit dem Eindringen des Buddhismus (Anlage von Städten u. Tempeln nach chin. Vorbild, z.B. Nara), die zweite seit dem 14. Jh. mit dem Eindringen des Zen-Buddhismus. Nach chin. u. europ. Vorbild wurden prunkvoll ausgestattete Wehr- u. Schloßanlagen gebaut, die ein mehrstöckiger Festungsturm überragte.

Die moderne Architektur nach 1868 ist vom Westen beeinflußt u. zeichnet sich aus durch die Verwendung erdbebensicherer Stahlkonstruktionen (F.L. Wright). Der berühmteste jap. Architekt der Gegenwart ist K. *Tange,* der bes. durch seine Bauten für die Olymp. Spiele 1964 in Tokio bekannt wurde.

Plastik. Schon aus vorbuddhist. Zeit sind Erzeugnisse jap. Bildhauerkunst in Bronze *(Dotaku),* Ton *(Dogu)* vom Jomon-Typ u. Keramik *(Haniwa)* erhalten. Bis um 1440 rechnet man die klass. Zeit der jap. Plastik, die anfangs aus Korea stammende Buddha-Bilder in Holz schnitzte, aus Ton u. Trockenlack formte u. in Bronze goß, dann jedoch bald unter den Einfluß der chin. Plastik des 6.–9. Jh. geriet u. ihren Höhepunkt in der Tempyo-Zeit (8. Jh.) hatte.

Unter den Fudschiwara (10.–12. Jh.) zeigte sich in der Plastik die Japanisierung in einem zunehmenden Realismus (Sitzfiguren von Kriegern u. Staatsmännern), der seinen Höhepunkt in der Kamakura-Zeit (1192–1333) hatte. Die religiöse Kunst der Fudschiwara-Zeit kulminiert in den Werken des *Jocho.* Neben Arbeiten der traditionellen *En-Schule* sind es in der Kamakura-Zeit die von der Song-Plastik Chinas beeinflußten Werke des *Kokei,* seines Sohnes *Unkei* u. dessen Schüler *Kaidei,* von denen die bis heute letzten Beispiele großer jap. Holzplastik erhalten sind. Die Schnitzkunst der *No-* u. *Kyogen-Masken* u. die Kleinkunst der neueren Zeit *(Netsuke, Okimono)* weisen noch Spuren der großen Traditionen auf.

Malerei. In der frühen buddhist. Malerei wird das Wirken korean. oder chin. Malermönche deutlich. 886 übernahm das kaiserl. Bilderamt die Aufgaben der klösterl. Malschulen. Etwa seit dem 10. Jh., nach Abbruch der Beziehungen zu China, entwickelte sich in engem Zusammenhang mit einer neuen feudalen Architektur u. deren Innenausstattung das *Yamoto-e* (die Japan-Malerei) mit histor. Darstellungen, Landschaften, Figuren. Seit dem 14. Jh. bildete sich unter dem Einfluß des aus China übernommenen Zen-(chines. Chan-) Buddhismus u. seiner Tuschemalerei im *Sumi-e* ein neuer, monochromer Stil, in dem auch die ersten großen jap. Mönchsmaler u. Kalligraphen ihre Anonymität aufgaben *(Sesshu).* Die frühen Meister der nach ihrem Wohnort benannten *Kanô-Schule (Masanobu, Motonobu)* lösten diese Tuschemalerei aus ihrer Bindung an die buddhist. Klöster u. profanierten sie durch neue Themen u. eine dekorative Auffassung. Seit dem frühen 17. Jh. entwickeln sich freie Künstlerpersönlichkeiten, die Schulen bildeten *(Sotatsu, Koetsu, Korin, Kenzan).* Neue Auftraggeber aus der reich gewordenen Kaufmannsschicht der großen Städte Edo (Tokio), Kyoto u. Osaka begünstigten die Entstehung einer Genremalerei *(Ukiyo-e)* u. die Entwicklung des eng mit ihr verbundenen Holzschnitts *(Moronobu, Hiroshige, Kuniyoshi, Kunisada).* Im 18. Jh. erschienen mit der Literatenmalerei in klass. chin. Literatur gebildete Dichtermaler *(Buson, Taiga).* Die ersten westl., von den Holländern eingeführten Kupferstiche gaben Anlaß zum Naturstudium u. zum Experimentieren mit westl. Kompositionsweisen *(Okyo, Kazan, Hokusai),* die bis zur Malerei der Gegenwart ein Anliegen der jap. Malerei geblieben sind.

Kunsthandwerk. Aus vorgeschichtl. Epochen wurden tiefe Schalen, hohe Vorratsgefäße, Kochtöpfe u. die sog. Haniwa-Figuren von Menschen, Tieren u. Häusern erhalten. Etwa im 13. Jh. begann man in Seto bei Nagoya die aus China importierte Seladon-Keramik nachzuahmen. Seit dem 14./15. Jh. entwickelte sich die jap. Teekeramik unter dem Einfluß des Zen-Buddhismus mit charakt. Glasuren. Nach 1616 gelang die erste Porzellanherstellung in Arita. Seit Ende des 18. Jh. ist das Exportporzellan aus Arita, auch Imari-Porzellan, nach dem Hafen Imari ben., berühmt. Es zeichnet sich aus durch reichen Dekor in Blau, Rot u. Gold. Eine hervorragende Rolle im jap. Kunsthandwerk spielen Lackgefäße u. -geräte, wobei meist Holz den Untergrund bildet. Einlegearbeiten mit Gold, Silber, Perlmutt werden in die Lackschicht eingefügt. Die jap. Metallkunst kannte vom Festland übernommene Techniken der Durchbrucharbeit, Treiben, Punzen, Ziselieren, Gravieren u. Zellenschmelz.

japanische Literatur. Die ältesten japan. Mythen sind in den Geschichtswerken *Kodschiki* (720 n. Chr.) aufgezeichnet, reichen aber in ihrem Kern in die vorchines. Zeit zurück; sie berichten vom Kampf der Götter u. Helden gegen die Gebirgsbarbaren, deren Land dem friedl. Reisbau erschlossen wurde. Ihre Aufzeichnung konnte erst nach Einführung der chin. Schrift (5. Jh.) erfolgen. Die älteste große jap. Liedersammlung ist das *Manjoschu* (»Sammlung der 10 000 Blätter«), abgeschlossen um 760 n. Chr.

Die Prosa der Klassik erreichte ihren Höhepunkt in der Frauendichtung der Heian-Zeit um 1000 n. Chr.; der berühmteste jap. Roman ist das *Gendschi-Monogatari* (»Geschichte des Prinzen Gendschi«) der Dichterin *Murasaki Schikibu;* fast gleichzeitig entstanden ist das »Skizzenbuch unter dem Kopfkissen« *(Makura no Soschi)* der Dichterin *Sei Schonagon.*

Die chin. Epoche entwickelte das 31silbige Kurzgedicht zur Blüte. Die bedeutendste Sammlung dieser Zeit, das *Kokinschu* (905–920), ist gleichzeitig die erste Sammlung dieser Zeit, die auf kaiserl. Befehl entstand. Daneben entwickelte sich aus dem Prosamärchen eine erzählende Prosadichtung, die *Utamonogatari* (»Versgeschichten«).

Die Epoche des Buddhismus (1200–1600) brachte durch die Betonung der krieger. Werte eine nationale Note in die jap. Literatur; der Anteil des religiösen Schrifttums wuchs. Bezeichnend ist der roman. Kriegsroman, der im *Heike-Monogatari* (um 1200) u. im *Taiheiki* (um 1400) mit seinen ausgeprägten Idealgestalten seinen Höhepunkt erreichte. Die wichtigste Schöpfung dieser Zeit aber war das Drama, das aus Tanz, Musik, gesprochenem u. gesungenem Wort zusammenwuchs u. im *No* seine Synthese fand. Daneben entstand später ein Possenspiel *(Kyogen).* Im 17. Jh. entwickelte sich eine volkstüml. Prosa, deren Meister *Ibara Saikaku* war, der große Sittenschilderer seines Volkes. Daneben schuf *Matsuo Bascho* mit seinen *Haiku* eine Naturlyrik.

Der Einbruch europ. u. amerik. Einflüsse erschütterte das jap. Schrifttum, bis es allmähl. wieder zu seiner Eigenständigkeit zurückfand. Roman, Lyrik u. Drama zeigten neue, von traditionellen Vorbildern freie Formen u. brachten den gesellschaftl. Strukturwandel zum Ausdruck. Soseki *Natsume* schrieb um die Jahrhundertwende Romane (»Kokoro«), in denen er sich als Autor der existenziellen Verzweiflung zu erkennen gab, ähnlich wie Rjonosuke *Akutagawa,* dessen berühmte Novelle »Rashomon« durch Kurosawa verfilmt wurde. Eidschi *Yoschikawa* machte sich als Verfasser historischer Romane (»Musashi«) einen Namen. Der Nobelpreisträger (1968) Yasunari *Kawabata* stellte Gegenwartsprobleme in traditionellem Stil dar, Dschunitschiro *Tanisaki* verfaßte psychologisch vertiefte Gesellschafts- u. Sittenromane. Yukio *Mischima* entschied sich im Zwiespalt zw. Traditionsverbundenheit u. westlicher Orientierungslosigkeit für eine patriotisch nationalist. Lösung. In der Gegenwartsliteratur nimmt die Zahl der Schriftstellerinnen zu.

japanische Musik. Die j. M. ist seit ihrem Eintritt in die Geschichte stark von der chin. beeinflußt; sie zeigt auch korean. u. ind. Einschlag. Wichtige Formen u. Erscheinungen des jap. Musiklebens sind der am Anfang stehende schlichte Solo-Volksgesang oder das einstimmige chorische Lied, die tänzerischen Zeremonien schintoistischer Heiligtümer *(Kagura),* Gesellschaftslieder u. Gesänge buddhist. Mönche (Hymnen), das in der zweiten Hälfte des 8. Jh. bzw. der Heian-Zeit nach chin. Muster aufgebaute höfische *Gagaku-*Orchester, das *No-*Spiel, eine Art Volksoper. Das Instrumentarium besteht aus zitherartigen Instrumenten, von denen das beliebteste das *Koto* ist, u. aus mehreren Arten von Lauten *(Shamisen* u. *Biwa).* An Blasinstrumenten kommen vor allem mehrere Typen der Block- u. Querflöte vor, ferner Oboen *(Hitschiriki)* u. Mundorgeln. Ferner finden sich vielfältige Schlagzeuge.

Die j. M. hat mehrere Notierungssysteme erfunden, so z. B. die Notation des Mönches *Kakui.* Seit etwa 1870 hat sich auch in Japan die abendländ. Musik immer stärker durchgesetzt u. findet durch jap. Solisten, Chöre, Orchester eine beachtl. Pflege u. Entfaltung, während die traditionelle Musik immer mehr zurückgedrängt wird. Die zeitgenöss. jap. Kompositionsschule versucht, den Anschluß an die neuzeitl. Musik des Abendlands zu vertiefen, ohne dabei gänzlich auf das Erbteil der jap. Musiktradition zu verzichten.

japanische Schrift, aus der im 5. Jh. von korean. Hofschreibern in Japan eingeführten chin. Wortschrift entstand durch Anpassung an die jap. Lautwerte die Silbenschrift *Kana,* im 8./9. Jh. die glattere *Hiragana,* die zur *Katakana* (47 Silbenzeichen) vereinfacht wurde. Auch die neuere Hiragana wurde auf 48 Zeichen begrenzt.

Japanisches Meer, pazif. Randmeer zw. dem asiat. Festland u. Japan, rd. 1 Mio. km²; identisch mit dem *Jap. Becken;* bis 4225 m tief.

japanische Sprache, mit keiner bekannten Spra-

Arbeiterinnen in einer Uhrenfabrik

Landschaft mit Torii

che genetisch verwandt, im Lauf ihrer Geschichte aber durch das Chinesische im Wortschatz stark beeinflußt. Sie ist in ihrem Typus agglutinierend.
Japanische Zeder, Nadelbaum, kann 30–40 m Höhe erreichen, in seiner Heimat Japan ein wichtiger Forstbaum.
Japanlacke, Sammelbegriff für Öl- u. Emaillacke, die sich durch bes. Glanz u. Härte auszeichnen; aus dem Milchsaft des jap. *Firnisbaums (Rhus vernicifera)* gewonnen.
Japanpapier, handgeschöpftes Papier aus Japan, das durch Verwendung ungewöhnl. langer Fasern (u. a. Bastfasern des Maulbeerbaums) bes. weich, fest u. schmiegsam ist.
Japanseide, *Japon,* Gewebe in Taftbindung aus Grègeseide; für leichte Kleider, Lampenschirme u. als Vorhangstoffe.
Japetus, ein Mond des Saturn.
Japhet, einer der drei Söhne *Noahs* (1. Mose 10), angebl. Stammvater der kleinasiat. Völker *(Japhetiten).*
Japurá [ʒa-], l. Nbfl. des Amazonas, entspringt als *Caquetá* in der Ostkordillere Kolumbiens, 2500 km.
Jargon [ʒar'gõ], die Redeweise bestimmter Gesellschaftsschichten oder Berufsgruppen.
Jarl, in den nordgerman. Reichen der Statthalter, Bezirksverwalter, Kleinkönig.
Jarmuk →Yarmouk.
Jarnach, Philipp, *1892, †1982, span.-dt. Komponist; vollendete 1926 F. Busonis Oper »Doktor Faustus«.
Järnefelt, Armas, *1869, †1958, finn. Komponist u. Dirigent.
Jarnés [xar'nɛs], Benjamín, *1888, †1949, span. Schriftst. u. Übersetzer; formvollendeter Stilist.
Jaroslaw I., *Jaroslaw Wladimirowitsch, Jaroslaw der Weise,* *978, †1054; Großfürst von Kiew 1019–54; führte das Kiewer Reich zur Blüte.
Jaroslawl, Hptst. der gleichn. Oblast in Rußland, an der oberen Wolga (Hafen), 634 000 Ew.; ältestes russ. Theater, Univ., TH; viele Baudenkmäler; Maschinenfabriken, Lastkraftwagen- u. Traktorenwerk, Schiffswerften, Gummikombinat u. a. Ind., Erdölraffinerie.
Jaroszewicz [jarɔ'ʃɛvitʃ], Piotr, *1909, †1992, poln. Politiker; 1970–80 Mitgl. des Politbüros u. Min.-Präs.
Jarrahholz ['dʒa-], *austral. Mahagoni,* rotes Holz von *Eucalyptus marginata.*
Jarrell ['dʒærəl], Randall, *1914, †1965; US-amerik. Schriftst.; schrieb düstere Kriegsdichtungen.
Jarry [ʒa'ri], Alfred, *1873, †1907, frz. Schriftst.; satir. Zeitkritiker, Vorläufer des Surrealismus. des absurden Theaters; W »Ubu roi«.
Jaruzelski [-'zɛl-], Wojciech Witold, *6.7.1923, poln. Offizier u. Politiker; 1981–85 Min.-Präs., seit 1985 Vors. des Staatsrats (Staatsoberhaupt), 1989/90 Staats-Präs.; verließ 1990 die Partei.
Jary, Michael, *1906, †1988, dt. Komponist u. Kapellmeister; Schlager u. Filmmusik.
Jasmin, 1. *Echter J., Jasminum,* Gatt. der Öl-

Java: ein Reisfeld wird für das Auspflanzen der Setzlinge vorbereitet

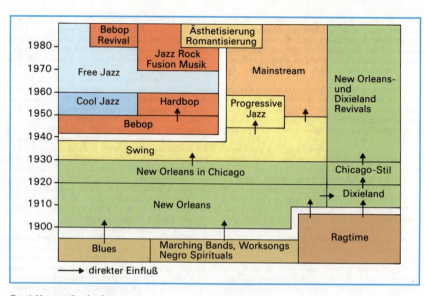

Entwicklungsstufen des Jazz

baumgewächse; über fast alle wärmeren Gebiete der Erde verbreitete Sträucher u. teilweise Lianen. Mehrere Arten werden zur Gewinnung von äther. Öl für Parfümeriezwecke kultiviert. – 2. *Falscher J., Blasser Pfeifenstrauch,* 3 m hoher, zu den *Steinbrechgewächsen* gehörender Strauch. – 3. *Chilen. J.,* Zierstrauch aus Chile mit eßbaren Beerenfrüchten.
Jasmintrompete, *Bignonia,* Gatt. der *Bignoniengewächse;* eine bis 20 m hohe, windende Pflanze, im SO von Nordamerika heimisch.
Jasmund, Halbinsel im NO der Insel Rügen, mit der hohen Kreidesteilküste der *Stubbenkammer.*
Jaspers, Karl, *1883, †1969, dt. Psychiater u. Philosoph; neben M. *Heidegger* der wichtigste Vertreter der dt. *Existenzphilosophie.* Weltorientierung vollzieht sich nach J. unabhängig von der Philosophie am Leitfaden der wiss. Methoden; ist jedoch stets unabgeschlossen u. nicht imstande, etwas über den Sinn des Lebens auszusagen. Die Erfahrung von *Grenzsituationen* (Tod, Leiden, Schuld) führt dagegen zu einer noch angesichts des Scheiterns aller innerweltl. Bemühungen bewahrenden Gewißheit des Seins u. damit zum philosoph. Glauben an die Existenz Gottes. W »Der philosoph. Glaube«, »Von der Wahrheit«.
Jaspis, ein Schmuckstein: rot *(Blut-J.),* gelb oder braun gefärbte Form des Quarzes.
Jassy →Iași.
Jatagan, kurzes zweischneidiges Schwert der Janitscharen mit gekrümmter Klinge; in Frankreich einschneidig als Haubajonett.
Jauche, der bei der Stallhaltung der Haustiere aus dem *Mist* abgelaufene u. in einer Grube aufgefangene Harn, vermischt mit Streuteilchen, Regenwasser u. Kot; ein natürl. Stickstoff-Kali-Dünger.
Jauer, poln. *Jawor,* Stadt in Schlesien (Polen), 23 000 Ew.; Metall- u. Nahrungsmittelind. – 1278 Hptst. des Fürstentums J., 1392 an Böhmen, 1742 an Preußen.
Jause, östr. für Vespermahlzeit, Nachmittagskaffee.
Java, *Dschawa,* die kleinste, aber volkreichste u. wirtschaftl. wichtigste der Großen Sunda-Inseln in SO-Asien, das Kerngebiet der Rep. Indonesien; 126 650 km², mit *Madura* u. Nebeninseln 132 187 km², 96,4 Mio. Ew., Hptst. *Jakarta;* außer der Küstenebene ein bis 3676 m hohes vulkan. Gebirgsland (mehrere tätige Vulkane); trop. Klima; Anbau u. z. T. Export von Reis, Maniok, Zuckerrohr, Mais, Soja, Tee, Kaffee, Tabak, Kopra, Kautschuk, Sisal, Chinin u. Indigo; Teakholzgewinnung; reich an Bodenschätzen, umfangreiche Erdölind. Die Insel wird von den islam. Hochkulturvölkern der jungindones. *Sundanesen* im W, *Javanen* im Mittelteil u. *Maduresen* im O bewohnt. Gesch.: Die durch Einflüsse aus Vorderindien entwickelte hohe javan. Kultur u. Religion (Brahmanismus, Buddhismus; buddhist. Tempelruine *Borobudur*) verfiel durch den seit 1400 vordringenden Islam. Um 1520 kamen Portugiesen von Malakka ins Land, die seit Beginn des 17. Jh. von Holländern vertrieben wurden.

Javanashorn →Panzernashorn.
Javanen, *Javaner, i.w.S.* die Bevölkerung Javas; *i.e.S.* das jungindones. islam. Volk Mittel- u. O-Javas, mit Kolonien in O-Sumatra, S-Borneo, Malaysia. Die J. entwickelten unter dem Einfluß versch. Religionen (Hinduismus, Buddhismus, zuletzt Islam) seit dem 2. Jh. n. Chr. eine eigenständige Hochkultur.
Javaneraffe, zu den *Meerkatzenartigen* gehörende, mittelgroße Schmalnase; Verbreitungsgebiet: Hinterindien, Malaiischer Archipel, Philippinen.
Jawlensky, Alexej Georgewitsch, *1864, †1941, russ. Maler u. Graphiker; entwickelte eine expressive Variante des *Fauvismus;* gehörte zum Kreis des *Blauen Reiters* u. war Mitgl. der Gruppe *Die blauen Vier.*
Jawor →Jauer.
Jay [dʒɛi], John, *1745, †1829, US-amerik. Politiker (konservativ); Führer im nordamerik. Unabhängigkeitskampf; schloß 1794 den *J.-Vertrag* mit Großbritannien.
Jaya [dʒ-], früher *Carstenszspitze,* höchste Erhebung auf Neuguinea, 5030 m.
Jayapura [dʒaja-], *Djajapura,* fr. ndl. *Hollandia,* Hptst. der Prov. Irian Jaya (W-Neuguinea) in Indonesien, 150 000 Ew.; Hafen.
Jayawardene [dʒaja-], Junius Richard, *17.9.1906, Politiker (United Party) in Sri Lanka; 1977 Min.-Präs.; 1978–89 Staats-Präs.
Jaypur [dʒɛ:'pur] →Jaipur.
Jazz [dʒæz], eine Ende des 19. Jh. im S der USA aus der Begegnung afrikan. u. europ. Musikelemente entstandene Musizierform, die eine Entwicklung von der Folklore zur Kunstmusik durchmachte. Der J. hat folgende Merkmale: 1. der Rhythmus lebt vom Gegeneinander eines durchgehenden Impulses (Beat) u. unregelmäßigen kleinsten Akzentverschiebungen (Off-Beat); 2. bezeichnend sind Tonschwankungen zw. kleinem u. großem Intervall, gen. Blue Note, so daß nicht notierbare Intonationen entstehen können (Hot-Intonation); 3. die Besetzung kann zw. Solo, kleinem Ensemble (Combo), Band u. großer Besetzung (Big-Band) schwanken; 4. Hauptmerkmal ist die Improvisation der Musik. Als Grundlage dafür dienen Themen (Originals, auch »komponierte« Einleitungsteile), deren harmon.-rhythm. Schemata dann improvisatorisch gestaltet werden (als Solo oder kollektive Improvisation. Die Beurteilung u. Wirkung eines J.-Titels hängt wesentl. davon ab, wie lebendig u. phantasievoll improvisiert wird. Geschichte. Quellen des J. waren versch. Arten afroamerik. Musik der Schwarzen, Blues, Gospels u. Spirituals u. die US-amerik. Tanz- u. Marschmusik (Marching Band, Cakewalk), bes. der Ragtime. Als erster J.-Stil entwickelt sich Ende des 19. Jh. der *New Orleans Jazz.* Eine Abart davon ist der damals primär von Weißen gespielte *Dixieland Jazz.* Mit dem sog. *Chicago-Stil* trat die Gruppenimprovisation zugunsten von Soli zurück. Auch wurde die Verschmelzung des Blues mit J. vollzogen. Hauptvertreter waren B. *Smith,* J. *Oliver* u.

L. *Armstrong.* Mit dem Beginn der 30er Jahre begann die Ära des *Swing,* der bes. durch die neuen Big-Bands u. die damit notwendigen Arrangements u. kompositor. Festlegungen geprägt ist. Der Swing ist v. a. eine Schöpfung von B. *Goodman,* daneben aber auch vertreten von D. *Ellington,* C. *Basie* u. O. *Peterson.* Der zunehmenden Kommerzialisierung des Swing als Unterhaltungsmusik stand seit 1940 der *Bebop* entgegen, in dem wieder großer Wert auf Improvisation u. expressive, auch soz. Nöte artikulierende Spielweise gelegt wird. Kennzeichnend sind hekt. Tempi u. Melodiephrasierungen (Vertreter: D. *Gillespie,* T. *Monk,* C. *Parker,* L. *Young*). Der Bebop fand in den 50er Jahren seine Fortsetzung im *Hardbop,* der auf afroamerik. Traditionen zurückgreift, auf Blues u. auch Soul. (Vertreter: A. *Blakey,* S. *Rollins,* C. *Mingus*). Ebenfalls als Reaktion auf die Vermarktung mancher J.-Arten (Dixieland-Revival) entstand in den 50er Jahren der *Cool Jazz,* eine an Kunstmusik ausgerichtete, verhaltene Stilrichtung v. a. für kleine Ensembles (Vertreter: M. *Davis,* L. *Konitz* u. L. *Tristano*). Ein radikaler Bruch mit der Tradition wurde um 1960 vom *Free Jazz* vollzogen. Weder Form noch harmon. Abläufe sind festgelegt, der Rhythmus wird völlig frei gestaltet. Maßgebl. an der Entwicklung beteiligt waren M. *Davis,* C. *Taylor,* J. *Coltrane,* O. *Coleman.*
Stile des J.: Aus Quellen wie Negro Spiritual, Blues, Ragtime, Folklore u. Marschmusik entwickelte sich der *New-Orleans-Stil* (Dixieland-Jazz). 1929–31 bildete sich der *Swing* aus, mit Beginn der 40er Jahre der *Modern Jazz (Bebop, Progressive Jazz).* Die realist. Bop-Musik wurde um 1949 vom *Cool Jazz* abgelöst, rhythmisch einfacher u. leiser. Der *Hard Bop* entwickelte sich ab 1955 als Reaktion auf den Cool-Stil; die Solisten der Swing-Periode schufen jetzt den *Mainstream (Count Basie).* Der *Free Jazz* versuchte Experimente im Sinn der modernen Musik.

Jean [ʒã], * 5.1.1921, Großherzog von Luxemburg seit 1964; verh. mit *Joséphine-Charlotte* von Belgien (* 1927).

Jeanne d'Arc [ʒan'dark], *Jungfrau von Orléans, Heilige Johanna, La Pucelle,* *1410/12, †1431, frz. Bauernmädchen; erwirkte, durch »göttl. Stimmen« veranlaßt, die Anerkennung König *Karls VII.* u. wurde als »Retterin Frankreichs« (1429 Aufhebung der Belagerung von Orléans u. Krönung Karls in Reims) am Ende des Hundertjährigen Kriegs gegen die Engländer verehrt. 1430 wurde sie von Burgundern, den Verbündeten Englands, gefangengenommen, an England ausgeliefert u. in Rouen wegen Hexerei u. Ketzerei verurteilt u. 1431 verbrannt. Ein Revisionsprozeß hob das Urteil auf (1456). Im 19. Jh. wurde sie zur frz. Nationalheldin. 1920 Heiligsprechung (Fest: 30.5.). – Der Stoff wurde mehrfach literar. verarbeitet (z.B. Schiller, Shaw, Anouilh, Brecht) u. vertont (Verdi, Honegger).

Jean Paul [ʒã-], eigtl. Johann Paul Friedrich *Richter,* *1763, †1825, dt. Schriftst.; entwickelte in seinen Romanen u. Erzählungen eine sehr eig. Gestaltungsweise; ließ oft tragikomisch, aber auch ergreifend, Traum u. Wirklichkeit, Ideal u. Leben zusammenprallen u. schilderte mit barock überquellender Sprache seraph. Seelen u. Jünglingsgestalten ebenso wie biedermeierl. Philistergenügsamkeit. W »Titan«, »Flegeljahre«.

Jeans [dʒi:nz], mod. geschnittene lange Hose aus Baumwollstoff, *Blue jeans.*

»Jedermann«, das allegor. Spiel vom Sterben des reichen Mannes; es geht auf oriental. Parabeln zurück, erschien Ende des 15. Jh. als Moralität in England. 1911 Nachdichtung durch H. von Hofmannsthal. B → Salzburg, S. 781.

Jeep [dʒi:p], von *Willys-Overland* u. *Ford* 1940 entwickeltes amerik. kleines Militärfahrzeug mit starkem Motor u. Vierradantrieb; geländegängig.

Jefferson ['dʒɛfəsən], Thomas, *1743, †1826, US-amerik. Politiker; 1775/76 Delegierter des revolutionären Kontinentalkongresses, für den er die *Unabhängigkeitserklärung* der USA verfaßte; 1785–89 Gesandter in Paris, 1789 Secretary of State (Außen-Min.) unter G. *Washington,* Vize-Präs. unter J. *Adams,* dann 3. Präs der USA 1801–09.

Jefferson City ['dʒɛfəsən 'siti], Hptst. von Missouri (USA), 34000 Ew.; Univ.; Schuh-, Metall-, Druck- u. Lebensmittelind.

Jehova, eine im MA durch Zusammensetzung von Adonaj u. Jahwe entstandene falsche Lesart des Gottesnamens im AT.

Jehovas Zeugen → Zeugen Jehovas.

Jekaterinburg, fr. *Swerdlowsk,* russ. Stadt am Mittleren Ural, 1,4 Mio. Ew.; kultureller u. ind. Mittelpunkt; Maschinenbau, chem. Ind.

Jelenia Góra [-'gura] → Hirschberg im Riesengebirge.

Jelinek, 1. Elfriede, *20.10.1946, östr. Schriftst.; Lyrik, Prosawerke u. Hörspiele. – **2.** Hanns, *1901, †1969, östr. Komponist; angeregt von A. *Schönberg;* Werke in Zwölftontechnik.

Jelzin, Boris Nikolajewitsch, *1.2.1931, russ. Politiker; seit 1981 Mitgl. des ZK der KPdSU, aus der er 1990 austrat; Vertreter einer radikalen Reformpolitik; wurde 1991 der erste frei gewählte Präs. der Russ. Föderativen Rep. J. war maßgebl. an der Vereitelung des Putsches im Aug. 1991 beteiligt; wirkte entscheidend bei der Gründung der *GUS* mit.

Jemen, *Yemen,* Staat in SW-Arabien, 527 968 km², 10,5 Mio. Ew., Hptst. *San'a.*
Landesnatur. Hinter feuchtheißen, wüstenhaften Küstenebenen am Roten Meer u. am Golf von Aden erhebt sich das zentrale Hochland, das bis 3760 m Höhe erreicht u. reichl. Sommerniederschläge erhält. Nach N u. O senkt sich das Land zur Sandwüste Rub al-Khali.
Die vorw. islam. Bevölkerung besteht aus Jemeniten u. a. Arabern, Indern u. Somali.
Wirtschaft. Angebaut werden Baumwolle (Hauptexportgut), Kaffee, Reis, Hirse, Weizen, Gerste, Mais u. Gemüse an den Gebirgshängen u. in den Hochtälern. Im Innern leben z. T. nomad. Viehzüchter. An der Küste ist der Fischfang von Bedeutung. Wirtsch. Zentrum ist → Aden. Haupthäfen sind Aden, Al Mukalla u. Al Hudaydah; internat. Flughäfen gibt es in Aden u. San'a.

Jemen

Geschichte. In vorchristl. Zeit gehörte J. zum Reich der *Sabäer* u. *Minäer.* 631 unterwarfen die Moslems in J. *(Abbasidenkalifen).* Nach 1517 wurde J. teilw. dem Osman. Reich eingegliedert. 1918 entstand in Nord-J. das unabhängige Kgr. J. unter brit. Kontrolle. Nach einem Militärputsch 1962 wurde die Rep. ausgerufen. Daraufhin brach ein Bürgerkrieg zw. Republikanern u. Royalisten aus, der erst 1968 erlosch. 1974 ergriff das Militär die Macht. In Süd-J. versuchte seit 1959 Großbrit. aus seinen südarab. Protektoraten eine autonome *Südarab. Föderation* zu bilden. Nach dem Abzug der Briten erklärte diese 1967 unter dem Namen *Südjemen* ihre Unabhängigkeit, schlug einen linkssozialist. Kurs ein u. nannte sich seit 1970 *Demokrat. Volksrepublik J.* Nach Verhandlungen vereinigten sich 1990 beide Länder u. proklamierten die *Republik J.* 1994 brach ein Bürgerkrieg zw. dem N u. dem S aus.

Jemen: in der Altstadt von San'a, der Hauptstadt des Landes

Jena, Krst. in Thüringen, an der Saale, 107 000 Ew.; Univ. (1557), Meteorolog., Physikal. u. a. Institute, Optikerfachschule; Sternwarte, Planetarium; opt. u. pharmazeut. Ind. – Gesch.: 1672–90 Hptst. des Herzogtums *Sachsen-J.,* danach bei *Sachsen-Eisenach* (1691) u. *Sachsen-Weimar* (1741). 1806 Sieg Napoleons I. über die Preußen (Doppelschlacht bei *J. u. Auerstedt*).

Jenaer Glas, Handelsbez. für versch. Glastypen der 1884 gegr. Fa. *Schott & Gen.* in Jena. Das Jenaer Geräteglas, ein Alumo-Boro-Silicatglas, ist chem. sehr widerstandsfähig u. sehr temperaturwechselbeständig *(Jenatherm).*

Jenaer Liederhandschrift, Sammlung von (meist mittel- u. niederdt.) Minneliedern u. Sprüchen des 13. Jh.; wichtig durch die (in anderen Handschriften fehlenden) Melodieangaben.

Jenakijewo, Stadt in der Ukraine, im Donez-Becken, 116 000 Ew.; Steinkohlenbergbau, Eisenhütten- u. chem. Ind.

Jenatsch, Jürg (Georg), *1596, †1639 (ermordet), schweiz. Politiker; als ev. Geistlicher in die Wirren des Dreißigjährigen Kriegs hineingezogen, Gegner der kath. (-span.) Partei unter Pompejus *Planta* (den er erschlug); trat später auf die östr.-span. Seite, wurde Katholik u. zwang die Franzosen zum Abzug aus dem Veltlin (1637).

Jenissej, *Enisej,* Strom in Sibirien, mit Großem J. 4130 km lang (über 3000 km sind schiffbar), Einzugsgebiet 2,6 Mio. km²; bed. Wasserkraftwerke. Die Quellflüsse *Großer J. (Bij-Chem)* u. *Kleiner J. (Ka-Chem)* entspringen nahe der mongol. Grenze u. vereinigen sich bei Kysyl. Der J. mündet in den 435 km langen J.-Busen der Karasee.

Jenkins ['dʒɛŋkinz], Roy, *11.11.1920; brit. Politiker (Labour); mehrfach Min., bis 1972 stellv. Parteiführer, 1976–81 Präs. der Europ. Kommission, 1982/83 Parteichef der von ihm 1981 mitbegr. sozialdemokratischen Partei.

Jenner ['dʒɛnə], Edward, *1749, †1823, brit. Arzt; impfte 1796 erstmalig ein Kind mit Kuhpockenlymphe (Vakzine) gegen Menschenpocken.

Jens, Walter, *8.3.1923, dt. Schriftst., Kritiker u. Publizist; 1963–83 Prof. für allg. Rhetorik in Tübingen.

Jenseits, in den Religionen der Daseinsbereich, in den das Leben nach dem Tod mündet, im Christentum die Mensch u. Welt gänzl. überschreitende, zugleich deren Endbestimmung darstellende Wirklichkeit Gottes.

Jensen, 1. Hans Daniel, *1907, †1973, dt. Physiker; arbeitete über die Elementartheorie zur Schalenstruktur des Atomkerns (Schalenmodell); Nobelpreis 1963. – **2.** Johannes Vilhelm, *1873, †1950, dän. Schriftst. u. Kulturkritiker; bejahte fortschrittsgläubig die Technik, wandte sich gegen die großstädt. Dekadenz; Nobelpreis 1944.

Jepsen, Maria, *19. 1. 1945, ev. Theologin; seit 1992 Bischöfin des Sprengels Hamburg der Nordelbischen Kirche - die weltweit erste ev.-luth. Bischöfin.

Jeremia, *Jeremias,* *um 645 v. Chr., einer der

Jeanne d'Arc; Miniatur auf Pergament, 2. Hälfte des 15. Jahrhunderts

großen Propheten des AT; wirkte in Jerusalem rd. 627–585 v. Chr., verkündete den Untergang Judas als Strafgericht Gottes; deshalb während der babylon. Belagerung als Hochverräter gefangen; später nach Ägypten verschleppt, wo er verschollen ist. Die sog. *Klagelieder des J.* stammen nicht von J.

Jerewan → Eriwan.

Jerez de la Frontera [xe'reð ðe la-], *Xeres de la Frontera,* S-span. Stadt am Westrand des Andalus. Berglands, 185 000 Ew.; Zentrum des span. Weinbaus u. -handels *(Jerez-, Xereswein; engl. Sherry).* – Mit dem Sieg der Araber über die Westgoten in der Schlacht v. J. d. l. F. 711 begann die Eroberung span. Gebietes duch den Islam.

Jericho, arab. *Eriha,* Stadt in Judäa, in einer Oase des unteren Jordantals, 12 000 Ew.; mit 250 m u. M. die tiefstgelegene Stadt der Erde.
Gesch.: Beim nahe gelegenen Hügel *Tell as-Sultan* bezeugen Funde aus vielen Epochen bis zurück ins 7. Jt. v. Chr., daß J. eine der ältesten Städte der Erde ist. Sie war umgeben von einer 6 m hohen Festungsmauer. Nach Zerstörung um 1580 v. Chr. war J. nur noch schwach besiedelt, u. die 13./12. Jh. v. Chr. einwandernden *Israeliten* fanden es zerstört u. unbesiedelt vor. Eine neue Blütezeit erlebte es in röm. Zeit; *Herodes d. Gr.* machte es zur Winterresidenz. Seit 1967 stand J. unter israel. Verwaltung. 1993 schloß Israel mit der PLO ein Abkommen über die begrenzte palästinens. Selbstverwaltung J.s.

Jermąk, *Timofejewitsch,* †1585, russ. Kosakenführer; leitete die Eroberung Sibiriens ein, besiegte 1582 den Khan des Mongolenreichs Sibir.

Jerne, Nils Kaj, *1911, †1994, dän. Immunologe u. Biophysiker; immunbiol. Forschungen. Nobelpreis 1984 für Medizin.

Jerome [dʒəˈroʊm], Jerome Klapka, *1859, †1927, engl. Schriftst. (humorist. Erzählungen u. Komödien).

Jersey [ˈdʒɜːzi], gewirkte (auch gestrickte), tuchartige Stoffe für Oberbekleidung.

Jersey [ˈdʒɜːzi], die größte der kroneigenen brit. Kanalinseln, im Golf von Saint-Malo, 116 km², 80 000 Ew., Hptst. *Saint-Hélier;* Anbau von Kartoffeln u. Obst (Export), Viehzucht *(J.-Rind,* mit hoher Milchleistung); Fremdenverkehr.

Jersey City [ˈdʒɜːzi ˈsiti], Stadt in New Jersey (USA), Hafen am *Hudson* gegenüber von New York, 220 000 Ew.; chem., elektrotechn., Maschinen- u. a. Industrie; Raffinerien, Werften.

Jerusalem, hebr. *Yerushalayim,* Hptst. u. größte Stadt Israels, Ort des jüd. Glaubens u. geistigen Lebens, in einer wasserarmen Mulde des judäischen Berglands, 744 m ü. M., 494 000 Ew. (davon 100 000 [islam. u. christl.] Araber). J. ist die Heilige Stadt auch der Christen u. Moslems. Die Altstadt, die im O vom *Ölberg* (828 m) u. im NO von *Skopus* überragt wird, gliedert sich seit Jahrhunderten in ein *christl.* Viertel im NW (mit Grabeskirche, Via Dolorosa), ein *islam.* Viertel im NO (Tempelplatz mit Felsendom [Omar-Moschee, 691 n. Chr.], Al-Aqsa-Moschee u. West- oder Klagemauer), ein *armen.* Viertel im SW (mit Zitadelle u. Davidsturm, Reste des Herodes-Palastes) u. ein *jüd.* Viertel, das 1948 fast völlig zerstört wurde u. seit 1967 wiederaufgebaut wird. In der Neustadt befinden sich u. a. die Residenz des Präsidenten, die Knesset, die meisten Ministerien, die neue Univ., die Gedenkstätte Yad Vashem.
Geschichte. Im 2. Jt. v. Chr. war J. ein Stadtstaat der *Jebusiter* unter ägypt. Einfluß. Nach der Eroberung durch König *David* um 1000 v. Chr. wurde es zum polit. u. kult. Mittelpunkt seines Reichs. König *Salomo* baute den Tempel, der bei der Niederschlagung eines jüd. Aufstands in der schon 597 v. Chr. durch Nebukadnezar eroberten Stadt 587 v. Chr. zerstört wurde. Nach der Rückkehr der Juden aus der babylon. Gefangenschaft wurde der 2. Tempel (520–516 v. Chr.) gebaut. J. wurde 63 v. Chr. von *Pompeius* eingenommen; es folgte eine Glanzzeit als hellenist. Stadt unter *Herodes d. Gr.* Jüd. Aufstände führten 70 n. Chr. zur Zerstörung durch *Titus.* – Unter *Konstantin d. Gr.* wurde J. für 300 Jahre eine christl. Stadt. 638 wurde es von den islam. Arabern erobert, denen es die Kreuzzüge 1099 entrissen *(Königreich Jerusalem).* Doch wurde es 1187 durch *Saladin* wieder islamisch (mit einer Unterbrechung 1229–44 durch Kaiser *Friedrich II.).* 1517 wurde J. türkisch. – Mitte des 19. Jh. hatte J. bereits eine jüd. Bevölkerungsmehrheit. 1917 besetzten die Engländer J.; im israel. Unabhängigkeitskrieg 1948/49 war es hart umkämpft. Die Altstadt wurde von der Arab. Legion erobert, ihre jüd. Einwohner vertrieben. 1950 annektierte Jordanien Ost-J. mit der Altstadt. Der westl. Teil blieb israel. u. wurde 1950 zur Hptst. Israels erklärt. Im Sechstagekrieg 1967 besetzten die Israeli Ost-J., vereinigten es mit West-J. u. gliederten es ihrem Staat ein.

Jesaja, *Isaias,* einer der vier großen Propheten im AT. Er wurde entweder 735 v. Chr. oder 745 v. Chr. berufen (Vision im Tempel von Jerusalem; Jes. 6), wirkte bis kurz nach 701 v. Chr. u. griff stark in die polit. Ereignisse seiner Zeit ein.

Jesse [grch. Form von hebr. *Isai*], Name des Vaters von David.

Jessel, Leon, *1871, †1942; dt. Komponist; Operette »Schwarzwaldmädel«.

Jesselton [ˈdʒɛsltən] → Kota Kinabalu.

Jessner, Leopold, *1878, †1945, dt. Theaterleiter; schuf Inszenierungen, die für das expressionist. Theater bedeutend waren.

Jesuiten, lat. *Societas Jesu,* Abk. SJ, Gesellschaft

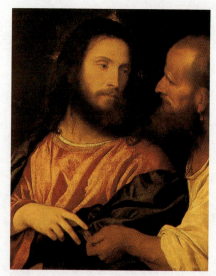

Jesus: Der Zinsgroschen; Gemälde von Tizian, um 1518. Dresden, Staatliche Kunstsammlung

Jesu, ein kath. Orden; 1534 von *Ignatius von Loyola* gegr. u. von Papst Paul III. 1540 bestätigt. Er breitete sich im 16. Jh. in Europa aus u. war v. a. Instrument der Gegenreformation. Der große Einfluß der J. auf Kirche u. Staat im 17./18. Jh. rief so starken Widerstand hervor, daß *Klemens XIV.* unter dem Druck der roman. Staaten den Orden 1773 auflöste. 1814 wurde der Orden durch Pius VII. wieder eingeführt. In Dtld. war der Orden 1872–1917 verboten. Die J. widmen sich bes. der Mission, Erziehung, Wiss. u. Großstadtseelsorge.

Jesuitenstaat, unrichtige Bez. für die im 17. Jh. in Paraguay, am Paraná u. in Uruguay von den Jesuiten gegr. Missionsgemeinschaften; sie unterstanden unmittelbar dem span. König.

Jesus, *J. von Nazareth,* die Gestalt, auf deren Erscheinen sich das *Christentum* gründet. Trotz aller geschichtl. (u. astronom.) Berechnungen steht lediglich fest, daß Jesu Auftreten um 30 n. Chr. stattfand. Wie lange sein öffentl. Wirken dauerte, ist unbekannt. Seine Heimat war Galiläa, seine Vaterstadt Nazareth. Das Matthäus- u. Lukasevangelium lassen J. in Bethlehem geboren sein. Heute glaubt man, den histor. »Mann aus Nazareth«, an dessen Hoheit u. Größe der urchristl. Christusglaube erwuchs, wieder deutlicher erkennen zu können. Die alte Quelle des »Buchs der Reden Jesu« (in Matthäus u. Lukas enthalten) sieht ihn als aktiven Kämpfer für Liebe u. Gerechtigkeit der Zukunft Gottes entgegengehen. Das Markusevangelium zeigt den Wundertäter, der leidend die Welt erlöst. Im Johannesevangelium erscheint J. als »das Wort«, der majestätische »redende Gott«: »Ich bin der Weg, die Wahrheit u. das Leben!« J. brachte keine neue Gotteslehre, sondern glaubte mit Israel an Gott als den Schöpfer, Gesetzgeber, Herrn u. Richter. Der bedingungslosen, »anstößigen« Gnade u. Liebe Gottes entspricht der ganz neue Ruf Jesu in der Nachfolge seiner Person in der Verwirklichung der uneingeschränkten Gottes- u. Nächstenliebe unter Einschluß der Feindesliebe. J. verwarf jede gesetzlich-formale Erfüllung in einem Kultus. Die Gottesliebe wird in der Nächstenliebe verwirklicht, ohne in dieser aufzugehen. – Die »Vollmacht« u. Kühnheit seiner Lehre erregten Entsetzen; sein Anspruch, Sünde an Gottes Statt zu vergeben, wurde mit Grauen gehört; sein Selbstbewußtsein, in dem er sich über Moses, das Gesetz (bes. die Sabbatgebote), die Propheten u. den Tempel stellte, vernichtete die Existenzberechtigung der rabbin. Gelehrten wie des Priesteradels. Mit Hilfe der röm. Besatzungsmacht, an die J. denunziert wurde, beseitigte man ihn in Jerusalem durch Kreuzigung. Der engste Jüngerkreis floh nach Galiläa. Nach vielfältigen Berichten des NT wurden Jesu Jünger Zeugen seiner Auferstehung u. Himmelfahrt.

Jet [dʒɛt] → Strahlflugzeug.

JET, Abk. für engl. *Joint European Torus,* europ. Kernfusionsgroßversuch, um die Verschmelzung (Kernfusion) von schweren Wasserstoffatomen zu Heliumatomen zu erreichen. Die Forschungsanlage wurde in Culham errichtet.

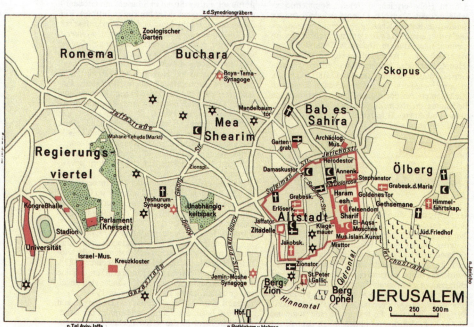

Stadtplan von Jerusalem

Jetlag [dʒɛtlɛg], durch Zeitverschiebung bei Fernflügen auftretende Beschwerden.
Jeton [ʒə'tɔ̃], Spielmarke beim Roulette u. ä.
Jet-set ['dʒɛtsɛt; aus jet »Düsenflugzeug« u. set »Gruppe«, »Clique«], die internat. »High Society« u. was sich dafür hält.
Jet-stream ['dʒɛtstri:m], ein Strahlstrom in der Erdatmosphäre in 6–15 km Höhe, eine schmale Zone mit sehr hohen Windgeschwindigkeiten (350–450 km/h).
Jeu [ʒø], Spiel, Glücksspiel.
Jeunesses musicales [ʒœ'nɛsmyzi'ka:l], internat. Vereinigung zur musikal. Förderung der Jugend, gegr. 1941.
Jever [-fər], Krst. in Nds., westl. des Jadebusens, 12 000 Ew.; Schloß (15./16. Jh.), Brauerei. – Stadtrecht 1536.
Jewish Agency for Palestine ['dʒuiʃ 'ɛidʒənsi fɔ: 'pælistain], seit 1948 *Jewish Agency for Israel,* aufgrund des brit. Palästina-Mandatsvertrags 1922 gebildete Vertretung der jüd.-zionist. Organisationen bei der brit. Mandatsregierung. Seit der Gründung des Staats Israel wirkt sie hpts. für die Einwanderung.
Jewtuschenko, Jewgenij Alexandrowitsch, * 18.7.1933, russ. Schriftst. (polit. engagierte Dichtung).
Jhelum [engl. 'dʒɛilum], westl. Strom im asiat. *Fünfstromland* (Punjab), 720 km; mündet in den Chanab; z. T. Grenzfluß zw. Indien u. Pakistan.
Jiang Qing [djiaŋ tçiŋ], *Chiang Ching, Tschiang Tsching,* * 1913, † 1991 (Selbstmord), chin. Politikerin: seit 1939 verh. mit *Mao Zedong;* führend in der radikalen Fraktion (»Viererbande«); 1981 zum Tode verurteilt, 1983 zu lebenslanger Haft begnadigt.
Jiangsu [djiaŋsu], *Kiangsu,* Prov. in → China.
Jiangxi [djiaŋçi], *Kiangsi,* Prov. in → China.
Jiang Zemin [djiaŋ dsəmin], * 1927, chin. Politiker (Kommunist); seit 1987 Mitgl. des Politbüros, seit 1989 Generalsekretär des ZK der KP sowie Oberbefehlshaber des Militärs; seit 1993 zugleich Staatspräs.
Jiaozhou [djiadʒou], *Kiautschou,* ehem. dt. Flottenstützpunkt an der Küste der chin. Halbinsel Shandong; wurde 1897 von Dtld. besetzt, 1914 von Japan erobert; seit 1922 wieder an China.
Jiddisch, die Verkehrssprache der osteurop. Juden. Sie entstand im frühen MA: Aus Dtld. vertriebene Juden bildeten in den slaw. Ansiedlungsländern (Polen, Rußland) Sprachinseln u. übernahmen semit. (Hebräisch, Aramäisch) u. slaw. Elemente (Polnisch, Weißrussisch, Ukrainisch). Durch Auswanderung, bes. nach Amerika, wurde sie weit verbreitet. Die mit hebr. Buchstaben geschriebene jidd. Literatur gelangte im 19. Jh. zu ihrer größten Entfaltung mit den Erzählern *Mendele Moicher Sforim,* I.L. *Perez* u. *Scholem Alejchem;* Abraham *Goldfaden* u. S. *Anski* begr. das jidd. Theater.
Jilin [djilin], *Kirin,* Stadt in der gleichn. chin. Prov., 1,2 Mio. Ew.; metallurg. u. chem. Ind.
Jilong [djiluŋ], *Chilung* → Keelung.
Jiménez [xi'mɛnɛθ], Juan Ramón, * 1881, † 1958, span. Schriftst.; der bed. Vertreter des Modernismus, der bei ihm die Wandlung von impressionist. Gefühlsdichtung zur »Poésie pure« durchmachte; Nobelpreis 1956.
Jiménez de Cisneros → Ximénes de Cisneros.
Jimmu-Tenno ['dʒimu'tɛno], laut Nihongi (der amtl. Annalistik) als Enkel der Gottheit *Ninigi,* die wiederum eine Enkelin der Sonnengöttin *Amaterasu* war, geborener, legendärer Begr. des japan. Kaiserreichs 66 v. Chr. u. der bis heute regierenden Dynastie. Ausgangspunkt der orthodoxen japan. Zeitrechung. 1940 wurde das 2600jährige Reichsjubiläum mit großem Aufwand, am sog. überlieferten Reichsgründungstag, dem 11. Februar, gefeiert. Die moderne Forschung verweist die Gründung des *Yamamoto-Reiches* gewöhnlich in die Mitte des 4. Jh n. Chr.
Jina ['dʒina], *Dschina,* Ehrentitel ind. religiöser Meister, bes. für den Stifter des → Jinismus; auch für den → Buddha.
Jinan [djinan], *Tsinan,* Hptst. der chin. Prov. Shandong, südl. des Huang He, am Nordosthang des Tai Shan, 2,18 Mio. Ew.; histor. Stätten aus der Ming- u. Qing-Dynastie; Univ.; chem., opt., Elektro-, Textil- u. Nahrungsmittelind., Maschinenbau. – In der Umgebung buddhist. Heiligtümer.
Jingdezhen [djiŋdədʒen], *Tsingtetschen, Fouliang,* Stadt in der südchin. Prov. Jiangxi, östl. des Poyang Hu, 290 000 Ew.; berühmtes Zentrum der chin. Porzellanherstellung (seit dem 6./7. Jh.).
Jingoism ['dʒingɔuizm], engl. Bez. für überspannten Nationalismus; entspr. dem frz. *Chauvinismus.*
Jinismus [dʒi-], *Dschinismus, Jainismus, Dschainismus,* ind. Erlösungsreligion; gegr. von *Vardhamana;* seine Ehrentitel sind Mahavira, Jina u. Tirthankara. Nach jinist. Lehre wird die ewig existierende Seele durch den in sie eindringenden Karma-Stoff (→ Karma) befleckt u. im Daseinskreislauf festgehalten. Die Erlösung wird durch Reinigung der Seele mittels strengster Askese (u. U. bis zum Sterbefasten) u. Meditation erreicht.
Jinja, Stadt in Uganda, am Ausfluß des Victoria-Nil aus dem Victoriasee, 55 000 Ew.
Jinnah ['dʒina], *Dschinnah,* Mohammed Ali, *Qaid-i-Azam,* »der große Führer«, pakistan. Politiker, * 1876, † 1948; Rechtsanwalt; 1920–48 Präs. der Moslemliga; befürwortete seit 1940 die Teilung Indiens, um einen unabhängigen Moslemstaat *Pakistan* zu schaffen. 1947/48 erster Generalgouverneur von Pakistan nach der Unabhängigkeitserklärung.
Jin Nong [djin nuŋ], *Chin Nung,* * 1687, † 1763, chin. Maler (Blumen, buddhist. Themen).
Jiparaná [ʒi-], r. Zufluß des Rio Madeira in Rondônia (Brasilien), 700 km; Agrarkolonisation.
Jitschin, tschech. *Jičín,* Stadt in O-Böhmen, 16 000 Ew.; ehem. Residenz des Herzogtums *Friedland;* Renaissanceschloß Wallensteins.
Jiu-Jitsu [dʒ(i)u dʒitsu], jap.-chin. waffenlose Selbstverteidigung unter Ausschluß von bloßer Gewalt u. Kraft; macht den Gegner durch Verrenkung der Gliedmaßen u. Schläge gegen empfindl. Körperstellen kampfunfähig. Aus dem J. wurde zu Wettkampfzwecken die Sportart Judo entwickelt.
Jivaro [xi-], südamerik. Indianerstamm in Peru u. im O Ecuadors; bekannt durch seine Kopftrophäen *(Tsantsa).*
Joab, israelit. Feldherr, Neffe des Königs David; auf Geheiß Salomos umgebracht.
Joachim, brandenburg. Kurfürsten *(Hohenzollern):* **1. J. I. Nestor** (wegen seiner gelehrten Bildung), * 1484, † 1535, Kurfürst 1499–1535; war ein Gegner der Reformation. Dadurch kam es zum Konflikt mit seiner luth. gesinnten Frau *Elisabeth* (* 1485, † 1555), Tochter König Johanns I. von Dänemark, die 1528 aus Berlin floh. – **2. J. II. Hektor,** Sohn von 1), * 1505, † 1571, Kurfürst 1535–71; nahm 1539 formal die ev. Lehre an u. führte 1540 eine neue Kirchenordnung ein.
Joachim, Joseph, * 1831, † 1907, dt.-ung. Geigenvirtuose u. Komponist; Ausbilder einer Generation von Geigern.
Joachimstaler, der seit 1518 von den Grafen *Schlick* in St. Joachimsthal (Böhmen) aus Silber geprägte Taler (27 g), der bald zum Vorbild für alle Talerprägungen wurde u. dem *Taler* den Namen gab.
Joachimsthal → Sankt Joachimsthal.
Joachim von Fiore, *Gioacchino da Fiore, Joachim von Floris,* * 1135, † 1202, ital. Mystiker; Gründer der benediktin. Kongregation der *Floriazenser.*
João [ʒu'ãu], port. Name für Johann.
João Pessoa ['ʒuãu pe'soa], Hptst. des brasil. Staats Paraiba, 440 000 Ew.; vielseitige Ind., Hafen, Flughafen.
Job [dʒɔb], **1.** Gelegenheit zum Geldverdienen, Arbeitsstelle. – **2.** Aufgabenstellung für einen Rechner.
Jobber ['dʒɔbər], Börsenspekulant im eig. Namen u. auf eig. Rechnung; Ggs.: *Broker.*
Jobeljahr, *Jubeljahr, Erlaßjahr,* altisraelit., nach 3. Mose 25,8 ff. begr. Schuldenregelung u. Sklavenbefreiung in jedem 7. Sabbatjahr (alle 50 Jahre).
Job-sharing ['dʒɔb ʃɛ:riŋ], eine Art der Teilzeitarbeit, bei der ein Arbeitsplatz auf zwei (oder mehr) Personen aufgeteilt wird.
Joch, 1. breiter, gepolsterter Bügel als vorderer Teil des *Jochgeschirrs* für Rindvieh. – **2.** frz. *Travée,* in Schiffen einer mittelalterl. Kirche oder in der Halle eines Profanbaus eine quadrat. oder rechteckige, in Chorumgängen trapezförmige oder dreiseitige Raumeinheit. An den Ecken eines J. befinden sich die Pfeiler oder Säulen bzw. in den Seitenschiffen die Wandvorlagen. – **3.** *Juck, Juchart,* die Größe eines Landstücks, das ein Ochsengespann an einem Tag umpflügen kann; in Württemberg (33,09 a), Österreich (57,55 a) u. Ungarn (43,16 a). – **4.** bes. in den Alpen die Einsattelung eines Gebirgskamms, der Paß.
Jochalgen → Grünalgen.
Jochbein, *Wangenbein,* paariger Gesichtsknochen bei Säugetieren; bildet beim Menschen die obere Begrenzung der Wange.
Jochenstein, Ort an der Donau sö. von Passau; Wasserkraftwerk mit Schleusenanlagen.
Jochum, Eugen, * 1902, † 1987, dt. Dirigent.
Jockey ['dʒɔki], *Jockei,* Berufsrennreiter.
Jod, fachsprachl. *Iod,* ein → chemisches Element.
Jodeln, eine hpts. in den Alpenländern (Schweiz, Tirol) gepflegte Singmanier, für die das häufige Überschlagen aus dem Brust- in das Kopfregister (Fistelstimme) charakterist. ist.
Jodhpur [engl. 'dʒɔdpuə], ind. Stadt in Rajasthan, am SO-Rand der Wüste Thar, 506 000 Ew.; Zitadelle; Metall- u. Textilind.
Jodtinktur, alkohol. Jodlösung; als äußerl. Anwendung zur Desinfektion von Wunden wird die J. heute wegen einer möglichen Jodvergiftung kaum noch verwendet.
Jodvergiftung, *Jodismus:* Nach längerem übermäßigem Jodgebrauch kommt es zu Magen-Darm-Störungen, Hautausschlägen (Jodakne), nervösen Reizzuständen, Herzklopfen, Abmagerung u. a.
Joensuu [i'ɔensu:], Stadt in N-Karelien (Finnland), 43 000 Ew.; Stadtanlage mit vielen Brücken, Kanälen u. Inseln.
Joffre [ʒɔfr], Joseph Jacques Césaire, * 1852, † 1931, frz. Offizier; Marschall von Frankreich (1916); 1914–16 frz. Oberbefehlshaber.
Joga, *Yoga,* in der altind. Philosophie u. im Buddhismus ein Erlösungssystem auf der Grundlage von Meditation u. Askese. Höchster Zustand des J. *(Samadhi,* buddhistisch: *Dhyana)* ist die Unabhängigkeit der Seele vom Leib, von Affekten u. Wünschen, die Vereinigung mit dem *Atman.* Die *J.-Technik* besteht in Konzentrations-, Atmungs- u. Entspannungsübungen.
Jogging ['dʒɔgiŋ], ein Gesundheitslauf im Trabtempo (1 km in rd. 8 min.).
Joghurt ['jo:gurt], *Yoghurt,* ein leichtverdaul. Sauermilchprodukt. Entsteht durch Erwärmung entkeimter Milch unter Zugabe von J.-Reinkulturen.
Jogi, *Yogi,* ind. Büßer.
Jogyakarta → Yogyakarta.
Johann, Fürsten:
Böhmen:
1. J. von Luxemburg, * 1296, † 1346, König von Böhmen 1310–46; Sohn Kaiser *Heinrichs VII.;* erhob als Schwiegersohn des Přemysliden *Wenzel II.* Anspruch auf die poln. Krone. Er fiel auf seiten der Franzosen gegen die Engländer in der Schlacht bei Crécy.
Brandenburg:
2. J. Sigismund, * 1572, † 1619, Kurfürst 1608–19; heiratete *Anna* (* 1576, † 1625), die älteste Tochter des letzten Herzogs von Preußen (Albrecht Friedrich), u. erwarb dadurch *Preußen,* trat 1613 zum reform. Glauben über.
Burgund:
3. J. ohne Furcht, frz. *Jean sans Peur,* * 1371, † 1419 (ermordet), Herzog 1404–19; Sohn *Philipps des Kühnen;* Gegner *Ludwigs von Orléans,* den er 1407 ermorden ließ. Er unterstützte im Hundertjährigen Krieg die Engländer gegen die frz. Krone.
Dänemark:
4. J. I., *Hans,* * 1455, † 1513, König 1481–1513, in Norwegen u. Schweden seit 1483 (in Schweden als *J. II.);* besiegte 1497 den schwed. Reichsverweser Sten *Sture,* wurde 1500 bei Hemmingstedt von den Dithmarschern geschlagen u. verlor 1501 Schweden wieder.
England:
5. J. ohne Land, *John Lackland, J. I.,* * 1167, † 1216, König 1199–1216; versuchte vergebl., seinem Bruder *Richard Löwenherz* während dessen Abwesenheit auf dem Kreuzzug den Thron zu rauben. Als er nach dem Tod Richards die Königswürde erwarb, wurde er von seinem früheren frz. Verbündeten, *Philipp II. August,* nicht anerkannt; der Papst setzte den »Ketzer« ab. Er mußte 1215 den engl. Baronen die *Magna Charta* gewähren. –
6. John von Lancaster, * 1389, † 1435, Herzog von Bedford 1414–35; Statthalter in England während des Frankreich-Feldzugs seines Bruders *Heinrich V.,* nach dessen Tod 1422 Regent von Frankreich u. der Normandie. Das Auftreten der *Jungfrau von Orléans* machte seine Erfolge zunichte.
Frankreich:
7. J. der Gute, frz. *Jean le Bon,* * 1319, † 1364,

König 1350–64; am wirtschaftl. Verfall Frankreichs im 14. Jh. mitschuldig; vom *Schwarzen Prinzen* bei Maupertuis 1356 geschlagen u. gefangengenommen; starb in der Haft.
Mainz:
8. J. II. von Nassau, *um 1360, †1419, Erzbischof von Mainz 1397–1419; betrieb mit den anderen rhein. Kurfürsten 1400 König *Wenzels* Absetzung u. die Wahl *Ruprechts* von der Pfalz; gründete später den *Marbacher Bund* (1405) gegen Ruprecht.
Nassau-Siegen:
9. J. Moritz, *1604, †1679, Graf (Fürst 1664); trat 1621 in die Dienste der Generalstaaten, 1636 Gouverneur der Westind. Kompanie in den von Spanien eroberten ehem. portug. Gebieten Südamerikas; führte 1672 u. 1674 die Holländer im Krieg gegen Ludwig XIV.
Österreich:
10. *1782, †1859, Erzherzog; dt. Reichsverweser 1848/49, 1848 von der Frankfurter Nationalversammlung zum Reichsverweser gewählt; seit 1829 verh. mit der Postmeisterstochter Anna *Plochl* (später zur Gräfin Meran erhoben).
Polen:
11. J. I. Albrecht, *Jan Olbracht,* *1459, †1501, König 1492–1501; bestätigte 1493 das poln. Zweikammerparlament *(Sejm).* – **12. J. II. Kasimir,** *Jan Kazimierz,* *1609, †1672, König 1648–68; führte mehrere Kriege gegen Kosaken, Rußland, Schweden u. Siebenbürgen, in denen Polen Livland (Friede von Oliva) u. die Ukraine abtreten mußte u. die Lehnsherrschaft über Preußen verlor.
Sachsen:
13. J. Friedrich I., *J. der Großmütige,* *1503, †1554, Kurfürst 1532–47; Haupt des *Schmalkald. Bunds;* 1546 vom Kaiser geächtet u. 1547 bei Mühlberg besiegt u. gefangengenommen; 1552 befreit.
Schweden:
14. J. III., *1537, †1592, König 1569–92; Sohn *Gustav Wasas;* wurde 1556 Herzog von Finnland u. heiratete eine kath. Prinzessin. Sein Sohn *Sigismund (III.)* wurde 1587 König von Polen.
Johann, A.E., eigtl. Alfred Ernst *Wollschläger,* *3.9.1901, dt. Schriftst.; bereiste seit 1926 die Welt; Reisebücher u. Romane.
Johanna, *Heilige J.* →Jeanne d'Arc.
Johanna, Fürstinnen:
Aragón u. Kastilien:
1. J. die Wahnsinnige, span. **Juana la Loca,** *1479, †1555, Königin in Kastilien seit 1504; Tochter Ferdinands von Aragón u. Isabellas von Kastilien; Mutter der dt. Kaiser Karl V. u. Ferdinand I. Sie wurde geisteskrank.
England:
2. J. (Jane) Seymour, *um 1509, †1537, dritte Frau *Heinrichs VIII.* 1536/37; starb nach der Geburt des Thronfolgers Eduard VI.

Johannes der Täufer: Jesus läßt sich von Johannes taufen; Gemälde von Piero della Francesca. London, National Gallery

Johannes Chrysostomos; Mosaik in der Capella Palatina in Palermo, 12. Jahrhundert

Navarra:
3. Jeanne, *1273, †1305, Erbtochter Heinrichs I. von Navarra; heiratete 1284 *Philipp IV.* (den Schönen) von Frankreich, wodurch Navarra mit Frankreich vereinigt wurde.
Neapel:
4. *um 1326, †1382, Königin 1343–82; mußte nach der Ermordung ihres ersten Mannes, Andreas von Ungarn (†1345), mit ihrem zweiten Mann, Ludwig von Anjou-Tarent (*1320, †1362), vor einem ung. Rachefeldzug fliehen. Seit 1352 regierte sie ungeachtet mit ihrem dritten Mann, Jakob von Aragón (†1375), geriet aber wegen ihrer vierten Ehe mit Herzog Otto von Braunschweig in Konflikt mit Papst Urban VI. u. wurde im Kerker ermordet.
Johannes, Fürsten:
Byzanz:
1. J. II. Komnenos, *1088, †1143, Kaiser 1118–43; setzte die von *Alexios I.* eingeleitete Erneuerung des byzantin. Macht mit großem Erfolg fort. – **2. J. VI. Kantakuzenos,** *um 1293, †1383, Kaiser 1341–54; verdrängte den Thronfolger u. ließ sich selbst zum Kaiser proklamieren. Nach erzwungener Abdankung wurde er Mönch. – **3. J. VIII. Palaiologos,** *um 1392, †1448, Kaiser 1425–48; suchte vergebens den Untergang des Reichs durch die Kirchenunion mit Rom (Konzil von Ferrara/Florenz 1438/39) aufzuhalten.
Johannes, Sohn des Zebedäus, Bruder des Jakobus d. Ä., Jünger Jesu u. Apostel. Er stand Jesus nach der Überlieferung bes. nahe, spielte in der Urgemeinde eine hervorragende Rolle, soll später in Ephesos gewirkt haben u. nach Patmos verbannt gewesen sein. Er gilt nach der Überlieferung als Verfasser des J.evangeliums, der J.briefe u. der Apokalypse. – Heiliger (Fest: 27.12.).
Johannes, Päpste:
1. J. I., †526, Papst 523–526; ging 525 im Auftrag *Theoderichs d. Gr.* nach Byzanz, um zugunsten der arian. Goten im oström. Reich zu vermitteln. Heiliger (Fest: 18.5.). – **2. J. VIII.,** †882, Papst 872–882; wandte sich dem ostfränk. König Karl III. (dem Dicken) zu. 879 erkannte er ihn als König von Italien an, 881 krönte er ihn zum Kaiser. – **3. J. X.** eigtl. *J. von Tossignano,* †928, Papst 914–928; einigte die ital. Staaten zum Kampf gegen die Sarazenen u. krönte *Berengar I.* zum Kaiser. Sein Streben nach polit. Selbständigkeit brachte ihn in Konflikt mit *Marozia,* die ihn in der Engelsburg inhaftieren ließ. – **4. J. XII.,** eigtl. *Octavian,* †964, Papst 955–964; Sohn *Alberichs II.* von Spoleto, auf dessen Druck er trotz seines skandalösen Lebenswandels zum Papst erhoben wurde. Eine von Kaiser *Otto I.* einberufene Synode setzte ihn 963 ab u. wählte *Leo VIII.,* gegen den er sich aber bis zu seinem Tod halten konnte. – **5. J. XIV.,** eigtl. *Petrus Canepanova,* †984, Papst 983/84; von Kaiser Otto II. zum Papst designiert. Nach dessen Tod konnte sich der Gegenpapst *Bonifatius VII.* mit Hilfe der Crescentier in Rom durchsetzen u. ließ J. in der Engelsburg gefangenhalten. – **6. J. XXII.,** eigtl. Jacques *Duèse,* *um 1245, †1334, Papst 1316–34; in Lyon als Kandidat der frz. Partei gewählt; der bedeutendste unter den Päpsten in Avignon. – **7. J. (XXIII.),** eigtl. Baldassare *Cossa,* †1419, Gegenpapst 1410–15 gegen Gregor XII. (Rom) u. Benedikt XIII. (Avignon). Das Konzil von Konstanz setzte J. ab; Martin V., der vom Konzil erhobene neue Papst, begnadigte ihn. – **8. J. XXIII.,** eigtl. Angelo Giuseppe *Roncalli,* *1881, †1963, seit 1953 Kardinal u. Patriarch von Venedig, Papst 1958–63; ernannte viele Kardinäle aus allen Nationen, räumte seinen Mitarbeitern größere Selbständigkeit ein, beteiligte sich persönl. an der Seelsorge seines Bistums Rom. Seine bedeutendste Leistung ist die Einberufung des 2. *Vatikanischen Konzils* 1962. Er setzte sich für innere Reformen der kath. Kirche ein u. trug zur Verbesserung der Beziehungen zu den anderen Konfessionen bei.
Johannesburg, größte Stadt in Südafrika, in der Prov. Pretoria/Witwatersrand/Vaal-Gebiet, 1748 m ü. M., 1,5 Mio. Ew.; 2 Univ. (engl. u. afrikaans); im Stadtgebiet u. in der Nähe das größte Goldfeld der Erde *(Witwatersrand);* Bergbau; Diamantenschleifereien, Eisen-, Maschinenbau- u. a. Ind.; internat. Flughafen; im Vorortbereich Bantu-Wohnsiedlungen (u. a. *Soweto).*
Johannes Chrysostomos [-çry-], *um 344/354, †407, grch. Kirchenlehrer, Patriarch von Konstantinopel (398); 403 wegen seiner Sittenpredigten auf Betreiben der Kaiserin Eudoxia in die Verbannung geschickt. – Heiliger (Fest: 13.9.).
Johannes der Täufer, *Johannes Baptista,* ein jüd. Bußprediger u. messianischer Prophet, der kurz vor dem Auftreten Jesu von Nazareth in der Jordanebene wirkte; von Herodes Antipas enthauptet. – Heiliger (Feste: 24.6. u. 29.8.).
Johannes-Evangelium, das 4. Evangelium im NT, steht nach Aufriß u. Stoff selbständig neben den ersten drei Evangelien u. geht nicht so sehr dem Gang des Lebens Jesu nach, als daß es Glaubenswahrheiten in Erzählungen über ihn darlegt u. mit umfangreichem Selbstzeugnis Jesu (»Ich bin…«-Worte) verbindet. Das J. ist verhältnismäßig spät, etwa gegen 100 n. Chr., nach der Überlieferung in Kleinasien verfaßt worden. Die Verfasserschaft des Jüngers *Johannes* ist umstritten.
Johannes Paul, Päpste:
1. J. P. I., eigtl. Albino *Luciani,* *1912, †1978; 1969 Patriarch von Venedig, 1973 Kardinal; 1978 Papst; starb 33 Tage nach seiner Wahl. – **2. J. P. II.,** eigtl. Karol *Wojtyła,* *18.5.1920; Papst seit 1978; 1964 Erzbischof von Krakau, 1967 Kardinal. Seit Hadrian VI. der 1. nichtitalien. Papst, wurde im Mai 1981 bei einem Attentat schwer verletzt; bemüht sich, durch zahlr. Reisen die Lebendigkeit der kath. Kirche vor Augen zu führen; betrat als erster Papst 1986 ein jüd. Gotteshaus (Synagoge von Rom); veröffentlichte mehrere Sozialenzykliken.
Johannes vom Kreuz, *Juan de La Cruz,* *1542, †1591, span. Mystiker u. Dichter, Kirchenlehrer; reformierte mit *Theresia von Avila* einen Teil des Karmeliterordens (»Unbeschuhte Karmeliter«). – Heiliger (Fest: 14.12.).
Johannes von Nepomuk, *um 1350, †1393, böhm. Heiliger; Generalvikar des Erzbischofs von Prag. König Wenzel I. ließ ihn von der Karlsbrücke in die Moldau stürzen.

Papst Johannes Paul II. in La Paz (Bolivien)

Johanniskraut

Johannes von Tepl, *Johannes von Saaz,* *um 1350, †um 1414, spätmittelalterl. dt. Dichter; schrieb nach dem Tod seiner Frau (1400) das Streitgespräch mit dem Tod »Der Ackermann aus Böhmen«, die früheste nhd. Prosadichtung.

Johannisbeere, *Ribes,* Gatt. der *Steinbrechgewächse.* Kulturformen enthalten die Arten *Rote J.* u. *Schwarze J.* Daneben gibt es in Dtld. noch die wilden Arten: *Felsen-J.* u. *Alpen-J.* Zierpflanzen sind die *Goldgelbe J.* u. die *Blutrote J.* aus Nordamerika. Zur gleichen Gatt. gehört auch die Stachelbeere.

Johannisbrotbaum, ein *Zäsalpiniengewächs* aus Arabien, im Mittelmeergebiet kultiviert. Es liefert eßbare, reichl. Traubenzucker enthaltende Früchte, das **Johannisbrot** *(Karobe),* 10–25 cm lange, flache, braune Schoten.

Johannisfest, *Sommerjohanni,* Geburtstagsfest Johannes' des Täufers am 24. Juni, *Sommersonnenwende.* Dem J. geht die *Johannisnacht* voraus, mit der Bräuche wie das *Johannisfeuer,* Feuerspringen u. Scheibenschlagen verbunden sind. In manchen Gegenden hat sich das Feuer bis in unser Jahrhundert als Brauch im höheren Lebensalter.

Johanniskraut, *Hypericum,* Gatt. der *J.gewächse* mit gelben Blüten; hierzu: *Tüpfel-J., Geflecktes J., Niederliegendes J., Sumpf-J., Berg-J.*

Johannistrieb, der bei einigen Holzarten im Sommer nach bereits eingetretener Ruhe erneut gebildete kleinere Trieb; i.ü.S. starke sexuelle Neigungen des Mannes im höheren Lebensalter.

Johanniterorden, *Johanniter-, Malteser-, Hospitaliter-, Rhodiser-Orden, Ordo militiae S. Joannis Baptistae hospitalis Hierosolymitani,* ein geistl. Ritterorden, entstanden aus einem um die Mitte des 11. Jh. von Kaufleuten aus Amalfi gestifteten Spital in Jerusalem zur Pilgerbetreuung u. Krankenpflege; *25.3.1947, brit. Popsänger u. Pianist. Der Orden wurde im 19. Jh. reorganisiert (neuer Sitz des Großmeisters: Rom). In Dtld. bestehen ein ev. Zweig der J. u. ein kath., *Malteserorden* genannt, der sich wie jener vornehml. karitativen Zwecken widmet.

Johann von Leiden, eigtl. Jan *Bockelson,* *1509, †1536, ndl. Wiedertäufer; seit 1534 in Münster, errichtete hier ein »Königreich Zion«; nach Eroberung Münsters hingerichtet.

John [dʒɔn], Elton, eigtl. Reginald Kenneth *Dwight,* *25.3.1947, brit. Popsänger u. Pianist.

John Bull [dʒɔn bul], Bez. für den Typ des hartnäckigen Engländers, bes. in der Karikatur; aus einer Satire von J. *Arbuthnot* (1712).

Johns [dʒɔnz], Jasper, *15.5.1930, US-amerik. Maler; Wegbereiter der Pop-Art.

Johnson [ˈdʒɔnsən], **1.** Andrew, *1808, †1875, US-amerik. Politiker (Republikaner); 17. Präs. der USA 1865–69; zeigte Milde gegenüber den Südstaaten u. geriet dadurch in Konflikt mit dem Kongreß. – **2.** Ben, *30.12.1961, kanad. Leichtathlet jamaikan. Herkunft; der »Weltsportler des Jahres 1987«, bei den Olymp. Spielen 1988 des Dopings überführt. Sein Weltrekord (100 m in 9,83 Sek., 1987 in Rom) wurde ihm nachträgl. aberkannt. – **3.** [ˈjuːnsən], Eyvind, *1900, †1976, schwed. Schriftst.; Vorkämpfer des europ. Gedankens; Nobelpreis 1974. – **4.** Lyndon Baines, *1908, †1973, US-amerik. Politiker (Demokrat); seit 1961 Vizepräs., nach der Ermordung J.F. *Kennedys* 1963 dessen Nachfolger (36. Präs. der USA 1963–69; Wiederwahl 1964). J. setzte die Sozialpolitik Kennedys fort. – **5.** Samuel, *1709, †1784, engl. Schriftst.; Hrsg. kritischer Wochenzeitungen, maßgebender Literaturkritiker seiner Zeit. – **6.** [ˈjɔnzən], Uwe, *1934, †1984, dt. Schriftst.; Romane mit aktueller Thematik u. experimentellem Stil.

Johore [dʒɔˈhɔr], Teilstaat in →Malaysia.

Joint [dʒɔint], die Haschisch- oder Marihuana-Zigarette oder -Pfeife, die im Kreis herumgereicht wird.

Joint Venture [ˈdʒɔint ˈventʃə], *Gemeinschaftsunternehmen,* von Partnern aus versch. Branchen oder Ländern mit in der Regel gleichmäßiger Kapitalbeteiligung.

Jo-Jo [phil.], Geschicklichkeitsspiel. Eine an einer Schnur hängende Spule rollt durch gleichmäßig federndes Bewegen der Hand auf u. ab.

Jojoba, Wüstenpflanze aus der Fam. der *Buchsbaumgewächse;* Charakterpflanze der Trockengebiete der Sonora-Wüste, immergrüner, zweihäusiger Busch. Die Samen enthalten zu ca. 50% ein Öl, das vielfältig verwendet wird (Kosmetika, Pharmaka).

Jókai [ˈjoːkɔi], Mór, *1825, †1904, ung. Schriftst.; mit S. *Petőfi* 1848 Führer der ung. revolutionären Jugend.

Joker [ˈdʒɔukə], im Poker, Rommé u. Canasta die Karte, die für jede andere Karte eintreten kann.

Joliot-Curie [ʒɔˈljɔkyˈri], Frédéric, eigtl. F. *Joliot,* *1900, †1958, frz. Physiker; 1946–50 Hoher Kommissar Frankreichs für Atomenergie. J. entdeckte mit seiner Frau Irène *Curie* (*1897, †1956) die künstl. Radioaktivität, bed. Arbeiten in der Isotopenforschung; sie erhielten zus. 1935 den Nobelpreis für Chemie.

Jolle, 1. kleines, breites Beiboot auf Seeschiffen. – **2.** Segelbootstyp mit Schwertkiel, meist breitbedig u. mit Lufttanks. Olympische J. sind *Finn-Dinghy* u. *Flying Dutchman;* die Olympia-J. ist ein Boot der internat. Einheitsklasse.

Jom Kippur, *Yom-Kippur,* Name des jüd. Versöhnungstags. – *J.-K.-Krieg* →Nahostkonflikt.

Jommelli, *Jomelli,* Niccolò, *1714, †1774, ital. Komponist (Opern, Kirchenmusik).

Jomolungma [dʒɔ-], tibet. Name des Mount Everest.

Jona, *Jonas,* alttestamentar. Prophet um 780 v. Chr. (2. Kön. 14,25). Die Schrift *J.* des AT aus dem 5./4. Jh. v. Chr. berichtet von legendären Erlebnissen des J. im Bauch eines großen Fisches.

Jonas, 1. Franz, *1899, †1974, öst. Politiker (SPÖ); 1965–74 Bundes-Präs. – **2.** Hans, *1903, †1993, Philosoph u. Religionswissenschaftler; 1987 Friedenspreis des Dt. Buchhandels.

Jonathan, Sohn des Königs *Saul* u. Freund *Davids;* fiel im Kampf gegen die Philister.

Jones [dʒɔunz], **1.** Allen, *1.9.1937, engl. Maler u. Graphiker; Vertreter der Pop-Art. – **2.** Inigo, *1573, †1652, engl. Architekt; führte in England den Klassizismus A. *Palladios* ein. – **3.** James, *1921, †1977, US-amerik. Schriftst., Schilderungen aus der amerik. Armee, Gesellschaftskritik. Ⓦ »Verdammt in alle Ewigkeit«. – **4.** Sidney, *1861, †1946, engl. Operettenkomponist. Ⓦ »Die Geisha«.

Jongleur [ʒɔ̃ˈgløːr], ein Artist, der Geschicklichkeitsübungen vollführt.

Jonkheer, »Junker«, Titel des niederen ndl. Adels.

Jönköping [-tɕøˌpiŋ], S-schwed. Prov.-Hptst. am Südzipfel des Vättern, 107 000 Ew.; Zündholz-, Schuh-, Leinen- u. Papierind.

Jonquille [ʒɔ̃ˈkiːjə], *Bouquetnarzisse,* südeurop. Narzisse mit gelben, wohlriechenden Blüten.

Jonson [ˈdʒɔnsən], Ben (Benjamin), *1573(?), †1637, engl. Dichter; versuchte, das engl. Volksstück mit den antiken Vorbildern zu vereinigen.

Joplin [ˈdʒɔplin], **1.** Janis, *1943, †1970, US-amerik. Rocksängerin. – **2.** Scott, *1868, †1917, US-amerik. Jazzmusiker (Klavier, Komposition); beeinflußte entscheid. den *Ragtime* (»King of Ragtime«).

Joppe, taillenlose Männerjacke aus dickem Wollstoff.

Jordaens [-daːns], Jakob, *1593, †1678, fläm. Maler; neben P.P. *Rubens* u. A. van *Dyck* Hauptmeister der fläm. Barockmalerei; stark von Rubens beeinflußt; malte großformatige bibl., mytholog. allegor. u. sittenbildl. Darstellungen.

Jordan, arab. *Nahr ash Shariah,* längster Fluß Israels u. Jordaniens, 330 km; bildet sich aus den Quellflüssen *Hermon, Dan* u. *Senir,* durchfließt das Hulatal, den See Genezareth u. das Ghor; mündet ins Tote Meer.

Jordan, Pascual, *1902, †1980, dt. Physiker; entwickelte eine fünfdimensionale Relativitätstheorie u. eine Theorie der explosiven Sternentstehung.

Jordanien, Staat in Vorderasien, 97 740 km², 4,3 Mio. Ew. (islam. Araber, rd. 50% Palästinenser), Hptst. Amman.

Jordanien

Landesnatur. Der Jordangraben teilt das Land in (das isr. verwaltete) W-Jordanien u. in O-Jordanien. Letzteres wird von einem Bergland eingenommen, das nach NO u. O in Wüste übergeht. Der NW des Landes hat Mittelmeerklima, der S u. der O vorw. Wüsten- u. Steppenklima.

Wirtschaft. Die Landwirtschaft erzeugt Weizen, Gerste, Mais, Hülsenfrüchte, Oliven, Weintrauben. Die Viehzucht betreiben überwiegend Nomaden (Schafe, Ziegen, Kamele). Die Industrie erzeugt in erster Linie Nahrungsmittel u. Verbrauchsgüter. An Bodenschätzen gibt es Phosphat u. Kupfer. – Neben einer Eisenbahnlinie ist die parallellaufende u. weiter zum einzigen Hafen Aqaba führende Straße der wichtigste Verkehrsweg. Für den internat. Luftverkehr steht der Flughafen Amman zur Verfügung.

Geschichte. Das *Ostjordanland,* bis 1918 Teil des Osmanischen Reichs, kam 1920 als Völkerbundmandat unter brit. Verwaltung; das Emirat *Tansjordanien* wurde es 1922 von Palästina abgetrennt. 1945 wurde Tansjordanien Mitgl. der Arab. Liga. Im Mai 1946 als *Haschemitisches Königreich Transjordanien* (seit 1949 J.) formell unabh. 1948 nahm J. am Krieg gegen Israel teil, seine Truppen besetzten den östl. Teil Palästinas mit der Altstadt von Jerusalem. Nach dem *Sechstagekrieg* gegen Israel wurde 1967 das Gebiet westl. des Jordan von Israel besetzt. 1988 verzichtete J. formell auf alle rechtl. u. administrativen Bindungen zum Westjordanland. Staatsoberhaupt ist seit 1952 König Hussain II., der J. als konstitutionelle, erbl. Monarchie regiert.

Joruba →Yoruba.

Jos, Hptst. des nigerian. Bundesstaats Plateau, im Zentrum des Bauchiplateaus *(J.plateau),* 1300 m ü. M., 143 000 Ew.; Zinnbergbau.

Joseph, 1. im AT Sohn des Patriarchen *Jakob,* von seinen Brüdern nach Ägypten verkauft; zog seine Fam. nach u. begr. damit den Aufenthalt Israels in Ägypten. – **2.** im NT Vater *Jesu,* Zimmermann in Nazareth. – Seit 1870 Schutzpatron der ganzen röm.-kath. Kirche, Heiliger (Fest: 19.3.; 1.5. Gedächtnistag).

Joseph, Fürsten:
1. J. I., *1678, †1711, röm.-dt. Kaiser 1705–11; Sohn *Leopolds I.,* seit 1687 König von Ungarn, 1690 zum röm. König gewählt; führte den *Span. Erbfolgekrieg.* – **2. J. II.,** *1741, †1790, röm.-dt. Kaiser 1765–90; Sohn *Maria Theresias,* 1765 Verleihung der Kaiserwürde u. Mitregentschaft, 1780 Alleinherrschaft; in außenpolit. Fragen oft im Ge-

Der mäandrierende Jordan kurz vor seiner Mündung ins Tote Meer

Joseph

Joseph II.   *Joséphine*

gensatz zu seiner Mutter. Er war ein Vertreter des *aufgeklärten Absolutismus*. Mit radikalen Reformen suchte er sein Ziel eines zentralistisch regierten Reichs zu erreichen *(Josephinismus)*. Er schaffte die Leibeigenschaft der Bauern 1781 ab u. betrieb eine merkantilist. Wirtschaftspolitik; er veranlaßte den Bau von Schulen u. Krankenhäusern, die Milderung der Zensur u. die Abschaffung der Folter. Durch die Einführung einer allg. Grundsteuer für den Adel u. seine bes. einschneidenden kirchenpolit. Reformen erregte er den Widerstand von Adel u. Klerus. Aufstände in Ungarn u. den östr. Niederlanden zwangen ihn, die meisten seiner Reformen zu widerrufen. – **3. J. Klemens,** * 1671, † 1723, Kurfürst u. Erzbischof von Köln 1688–1706 u. 1714–23; wurde während des Span. Erbfolgekriegs wegen seines Bündnisses mit dem frz. König Ludwig XIV. vom Kaiser geächtet u. mußte nach Frankreich fliehen; konnte 1714 in seine Länder zurückkehren.

Joseph [ʒɔˈzɛf], *Père J., J. von Paris,* eigentl. *François Le Clerc du Tremblay de Maffliers,* * 1577, † 1638, frz. Kapuziner, Ratgeber A. J. *Richelieus;* die »Graue Eminenz« genannt.

Joséphine [ʒɔzeˈfiːn], Marie-Josèphe Rose, geb. *Tascher de La Pagerie,* * 1763, † 1814, Kaiserin der Franzosen 1804–09; verh. mit dem Grafen Alexandre de *Beauharnais* (hingerichtet 1794), 1796 mit dem späteren Kaiser *Napoleon I.,* von diesem aus polit. Gründen (nichtfürstl. Abstammung, Kinderlosigkeit) 1809 geschieden.

Josephinisches Gesetzbuch, in Östr. 1787 eingeführt, Vorläufer des Allgemeinen Bürgerlichen Gesetzbuchs.

Josephinismus, *i.e.S.* die Kirchenpolitik Kaiser *Josephs II.:* verschärfte staatl. Aufsicht, Aufhebung zahlreicher Klöster, Religionsfreiheit auch für Protestanten u. Grch.-Orthodoxe (Toleranzpatent 1781); *i.w.S.* eine bestimmte geistige Haltung im östr. Beamtentum u. Schulwesen, die durch die Reformideen Josephs II. gekennzeichnet war.

Josephsehe, im kath. Sprachgebrauch eine Ehe, die auf körperl. Ehevollzug verzichtet. Vorbild ist Joseph, der nach kath. Anschauung die Ehe mit Maria nicht vollzog.

Josephson [ˈdʒoʊzəfsən], Brian David, * 4.1.1940, brit. Physiker; Arbeiten über Supraleitung (J.-Effekte); Nobelpreis 1973.

Josephus Flavius, * um 37, † nach 100, jüd. Geschichtsschreiber.

Josquin Desprez [ʒɔˈskɛ̃deˈpre], * um 1440, † 1521, franko-fläm. Komponist; einer der Hauptmeister der Ndl. Schule; seine Kompositionen (rd. 20 Messen u. weltl. Werke) zeichnen sich durch schönen Klang u. intensiven Affektausdruck aus.

Jostedalsbreen, Gletscher auf dem bis 2083 m hohen Jostefjeldplateau (Norwegen), 855 km², bis 500 m mächtig; 24 große Gletscherzungen.

Josua, Sohn des Nun, Nachfolger des Moses in der Führung der israelit. Stämme nach Palästina.

Jötun, in der nord. Mythologie dämon. Riesen mit einem eig. Reich *(Jötunheim)*.

Jotunheimen, norw. Gebirgsmassiv zw. Nordfjord, Sognefjord u. Gudbrandstal; im *Glittertind* 2470 m.

Jouhaux [ʒuˈo], Léon, * 1879, † 1954, frz. Gewerkschaftsführer; gründete 1947 (gegen den Weltgewerkschaftsbund) eine eig. frz. Gewerkschaftsorganisation, die »Force Ouvrière«; 1949–54 Präs. des Internat. Rats der Europa-Bewegung; Friedensnobelpreis 1951.

Joule [dʒuːl], Kurzzeichen J, die Einheit der Arbeit, Energie u. Wärmemenge. Ein J. (1 J) ist diejenige Arbeit, die verrichtet wird, wenn die Kraft ein Newton (1 N) längs eines Wegs von einem Meter (1 m) wirkt: $1 J = 1 N \cdot m = 1 kg \cdot m^2/s^{-2}$.

Joule [dʒaul, dʒuːl, dʒoul], James Prescott, * 1818, † 1889, engl. Physiker; bestimmte quantitativ die Äquivalenz zw. mechan. Energie u. Wärme. 1841 entdeckte er das *J.sche Gesetz,* das aussagt, daß die Wärme, die in einem stromdurchflossenen Draht entsteht, der Größe des Widerstands *(R),* der Zeit *(t)* u. dem Quadrat der Stromstärke *(I)* proportional ist: $W = R \cdot I^2 \cdot t$.

Jour [ʒuːr], Tag. – **J. fix,** festgesetzter Tag für Treffen.

Journal [ʒurˈnaːl], **1.** Zeitung, Zeitschrift. – **2.** Geschäftsbuch zur chronolog. Eintragung der tägl. Geschäftsvorgänge.

Journalismus [ʒur-], schriftsteller. u. (oder) publizist. Gestaltung, Redaktion im Dienst von Presse, Hörfunk, Fernsehen u. Film; im 19. Jh. zu seiner modernen Form entwickelt.

Journalist [ʒur-], ein berufl. für Nachrichtenagenturen, Presse, Hörfunk, Fernsehen u. Film tätiger Schriftst. oder *Redakteur,* fest angestellt oder auch als freier oder vertragl. gebundener Mitarbeiter. Sonderformen sind die des *Berichterstatters (Reporters),* des *Bild-J.* u. des *Korrespondenten.*

Jouvenet [ʒuvˈnɛ], Jean-Baptiste, gen. *le Grand,* * 1644, † 1717, frz. Maler; Hauptmeister der Kirchenmalerei seiner Zeit.

Jouvet [ʒuˈvɛ], Louis, * 1887, † 1951, frz. Schauspieler, Regisseur u. Theaterleiter.

jovial, leutselig, wohlwollend, gutmütig-herablassend.

Joyce [dʒɔis], James, * 1882, † 1941, ir. Schriftst.; ein einflußreicher literar. Revolutionär, der von einem ins Äußerste gehenden Naturalismus zu einer neuen, schwer zugängl., auf sprachl. Assoziationen aufgebauten Form gelangte (*W* »Ulysses«, die vielschichtige Schilderung von 24 Stunden aus dem Leben zweier Dubliner Bürger.

Juan Carlos [xuˈan-], *Don J.C.,* de Borbón y Borbón, Prinz von Asturien, * 5.1.1938, Enkel König *Alfons' XIII.;* heiratete 1962 Prinzessin *Sophia* von Griechenland und wurde 1975 nach dem Tod Francos König von Spanien (1969 designiert).

Juan d'Austria [xuˈan-], Don, *Johann von Österreich,* * 1547, † 1578, span. Heerführer; unehel. Sohn Kaiser *Karls V.* mit Barbara *Blomberg,* 1559 von *Philipp II.* als Halbbruder anerkannt; 1568 Befehlshaber der Mittelmeerflotte (1571 Sieg über die Türken bei *Lepanto).*

Juan-Fernández-Inseln [xuan fɛrˈnandeθ], vulkan. chilen. Inselgruppe im Pazifik, 650 km westl. von Valparaiso, auf dem *Juan-Fernández-Rücken;* 3 Inseln: *Alexander Selkirk (Más Afuera), Santa Clara* u. *Robinson Crusoe (Más a Tierra),* zus. 185 km², rd. 500 Ew.; im 17. Jh. Stützpunkt engl. u. holländ. Freibeuter. 1704–09 weilte hier der schott. Seemann A. Selkirk, der D. Defoe zu seinem Abenteuerroman »Robinson Crusoe« anregte.

Juárez García [xuˈares garˈθia], Benito, * 1806, † 1872, mex. Politiker u. Nationalheld; indian. Herkunft; lenkte seit 1857 als Vize-Präs., seit 1861 als Staats-Präs. die Politik. Nach dem Eingreifen der Franzosen, Engländer u. Spanier in Mexiko u. der Inthronisierung Kaiser *Maximilians* leitete er den Untergrundkrieg gegen die frz. Besatzungsmacht. 1867 u. 1871 wurde er erneut zum Staats-Präs. gewählt.

Juba [ˈdʒuːba], *Djuba, Giuba,* Hptst. der sudanes. Äquatorprovinz am Weißen Nil (Bahr Al Gabal), 116 000 Ew.; Tabak- u. Kaffeeanbau.

Jubeljahr, 1. →Jobeljahr. – **2.** ein seit 1300 in versch. Abständen (seit 1475 alle 25 Jahre) innerhalb der kath. Kirche gefeiertes Jahr *(Heiliges Jahr,* z.B. 1983), bei dem ein bes. Ablaß gewährt wird. Während des J. wird das **Jubeltor** *(Goldene Pforte)* in der Peterskirche in Rom geöffnet.

Jubilate [lat. »jauchzet«], 3. Sonntag nach Ostern.

Juchten, geschmeidiges, wasserdichtes, mit Eichenrinde gegerbtes u. mit Birkenteeröl (**J.öl**) gefettetes Kalb- oder Rinderleder; fr. in Rußland hergestellt.

Jud, *Judae,* auch *Keller,* Leo, * 1482, † 1542, schweiz. Reformator, Bibelübersetzung; Mitarbeiter U. *Zwinglis* u. J.H. *Bullingers.*

Juda, 1. führender Stamm des S-israelit. Stämmeverbands; nach *J.,* dem Sohn Jakobs u. der Lea, benannt. – **2.** südl. Reichsteil des davidischen Monarchie, dessen alte Hptst. *Hebron* von David zugunsten *Jerusalems* aufgegeben wurde; ein eig. Staat, der durch Deportation seiner Oberschicht (597 u. 587 v. Chr.) u. Zerstörung Jerusalems aufgehoben wurde.

Judäa, hebr. *Yehuda,* der mittlere Teil des Berglands von Israel u. W-Jordanien, zw. Samaria im N u. dem Negev im S. Seine höchsten Höhen übersteigen 1000 m knapp. – J. war urspr. die Bez. für das jüd. Siedlungsgebiet um Jerusalem nach der Babylon. Gefangenschaft, später für das Reich Herodes' d. Gr. Seit 67 n. Chr. war J. röm. Provinz.

Judaica, Bücher über das Judentum.

Judas, 1. Jünger Jesu, Sohn des Jakobus; vielleicht mit Thaddäus oder Lebbäus identisch (Luk. 6,16). – Heiliger (Fest 28.10.). – **2.** nach der Tradition Bruder Jesu (Mark. 6,3); gilt als Verfasser des *J.briefs* (gegen gnost. Irrlehren) im NT. – **3.** **J. Ischariot,** Jünger u. Apostel Jesu, den er aus Habgier oder (politischer) Enttäuschung verriet; erhängte sich nach seiner Tat. – **4.** **J. der Galiläer,** Haupt der *Zeloten* z.Z. des *Herodes Antipas,* entfesselte 7 n. Chr. eine Revolte gegen Rom u. fiel im Kampf (Apg. 5,37). – **5.** **J. Makkabäus,** * 161 v. Chr. (gefallen), jüd. Heerführer; führte den Befreiungskampf gegen den Seleukidenherrscher *Antiochos IV. Epiphanes* u. dessen Nachfolger, eroberte Jerusalem u. verbündete sich mit den Römern.

Judasbaum, ein *Mimosengewächs,* in S-Europa u. im Orient heimisch. Am J. hat sich der Sage nach Judas Ischariot aufgehängt.

Juden, urspr. das nach dem Stamm u. später Königreich *Juda* in Palästina benannte Volk, später nach der Zerstreuung ausgedehnt auf alle, die ihre Herkunft auf das Volk *Israel* zurückführten u. sich trotz aller Unterschiede im Kulturstand u. in der Umgangssprache aufgrund der Glaubensgemeinschaft ein gewisses Maß an gemeinsamem Brauchtum bewahrten. Als Jude gilt, wer von einer jüd. Mutter geboren wurde oder zum J.tum übergetreten ist. Unter den europ. J. unterscheidet man 2 Gruppen: die *Sephardim* oder spaniol. J. *(Spaniolen)* u. die *Aschkenasim* oder mittel- bzw. osteurop. J. Die Hauptmasse der J. gehört zu letzteren. – Die Zahl der J. auf der Erde betrug 1933 rd. 16 Mio., ging durch die nat.-soz. Verfolgung bis 1947 auf 11,3 Mio. zurück u. stieg bis 1993 auf 17,4 Mio. an. In Dtld. lebten 1925 rd. 565 000 J., nach 1933 verließen 295 000 J. Dtld.; im vereinigten Dtld. leben heute ca. 40 000. Etwa 4 Mio. J. haben sich in *Israel* eine neue Heimat geschaffen (hier *Israeli* genannt).

Geschichte. Der Erzvater *Abraham* wanderte angebl. um 2000 v. Chr. aus Ur in Mesopotamien nach Palästina ein. Um 1220 v. Chr. befreite *Moses* semit. Fronarbeiter aus der ägypt. Knechtschaft u. führte sie in die Wüstensteppe zw. Ägypten u. S-Palästina. Hier schloß er sie mit anderen verwandten Stämmen in der Verehrung *Jahwes* zu einer Kultgemeinschaft locker zusammen. Diese Halbnomaden sickerten friedlich oder drangen gewaltsam in kleinen Verbänden in das Kulturland Kanaan ein. Ergebnis dieser Landnahme war die Bildung des sakralen 12-Stämme-Verbands *Israel*. *David* (1004-965 v. Chr.) gelang es, die bis dahin ohne polit. Zusammenhang lebenden Nord- u. Südstämme in einer Doppelmonarchie zu vereinigen u. die kanaanäischen Stadtstaaten (Jerusalem u. a.) in sein Reich einzugliedern; außerdem unterwarf er

Judasbaum

Jüdischer Kalender
Tischri (September/Oktober), 30 Tage
1.–2. Rosch ha-Schana (Neujahrsfest)
3. Fasten Gedalja
10. Jom Kippur (Versöhnungstag)
15.–21. Sukkoth (Laubhüttenfest)
23. Simchat Thora (Gesetzesfreude)
Marcheschwan (Oktober/November), 29 Tage
Kislew (November/Dezember), 30 Tage
25.–3. Tewet: Chanukka (Lichtfest; Wiedereinweihung des Jerusalemer Tempels)
Tewet (Dezember/Januar), 29 Tage
10. Assara be-Tewet (Fasttag)
Schewat (Januar/Februar), 30 Tage
15. Chamischa Assar bi-Schewat (Fasttag)
Adar (Februar/März), 29 Tage
im Schaltjahr 2 Adar (Adar und Adar Scheni)
13. Fasten Esther
14. Purimfest (Losfest; Volksfest)
15. Schuschan Purim (Purim von Susa)
Nissan (März/April), 30 Tage
15.–22. Pessach (Erinnerung an den Auszug aus Ägypten)
Ijar (April/Mai), 29 Tage
18. Lag ba-Omer (33. Tag der Omerzählung)
Siwan (Mai/Juni), 30 Tage
6.–7. Schawuot (Wochenfest)
Tammus (Juni/Juli), 29 Tage
17. Schiwa-Assar be-Tammus (Fasttag)
Aw (Juli/August), 30 Tage
9. Tischa be-Aw (Trauer- u. Fasttag)
15. Chamischa Assar be-Aw (Festtag)
Elul (August/September), 29 Tage

einige Nachbarvölker (Ammoniter, Moabiter, Edomiter, Philister). Die alten Gegensätze zw. den Stämmegruppen führten nach dem Tod *Salomos,* des Nachfolgers Davids, zur Spaltung des Reichs (926 v. Chr.) in zwei selbständige Staaten, Israel im N (Hptst. *Samaria*) u. Juda im S (Hptst. *Jerusalem,* unter der David-Dynastie). Israel verlor bereits 721 v. Chr. seine Selbständigkeit u. wurde als Prov. in das neuassyr. Reich eingegliedert. Juda konnte als Vasall der Assyrer u. seit 605 v. Chr. der Neubabylonier seine Eigenstaatlichkeit erhalten, bis es nach mehreren Aufständen 587 v. Chr. als Staat liquidiert wurde. Die durch zweimalige Deportation (597 u. 587 v. Chr., *Babylonische Gefangenschaft*) nach Babylonien verpflanzte Oberschicht Judas konnte ihre religiöse u. ethnische Eigenart bewahren. Ein Teil der Deportierten machte von der Heimkehrerlaubnis des Perserkönigs Kyros (538 v. Chr.) Gebrauch u. begann mit dem Wiederaufbau des Jerusalemer Tempels (vollendet um 515 v. Chr.). Die in Babylonien verbliebenen J., z. T. durch Handel reich geworden, unterstützten den Wiederaufbau der Heimatgemeinde. – Die Herrschaft über Palästina ging 197 v. Chr. von den ägypt. Ptolemäern auf die syr. Seleukiden über. Gegen sie richtete sich der Aufstand der jüd. *Makkabäer* (Beginn 166 v. Chr.). 63 v. Chr. kam Judäa endgültig unter die Herrschaft der Römer (Scheinkönigtum *Herodes' d. Gr.*). Der jüd. Aufstand 66–70 n. Chr. endete mit der Zerstörung Jerusalems durch Titus u. dem Verlust der letzten Reste polit. Autonomie. Die Erhebungen gegen Trajan 116/17 u. unter *Bar Kochba* gegen Hadrian 132–35 führten schließl. zur Vertreibung des größten Teils der jüd. Bevölkerung aus Jerusalem. Nach dem Untergang des jüd. Staatswesens begann die Massenzerstreuung der J. über Vorderasien, N-Afrika u. den Mittelmeerraum. Mit den röm. Legionen kamen sie bis nach Gallien, England u. Dtld., wo sie z. T. auch nach Abzug der röm. Truppen zurückblieben.

Mit den Kreuzzügen setzt die große Welle der *J.verfolgungen* im Abendland ein, die im ganzen MA nicht mehr abrissen. Da die J. keinen Zugang zu den bürgerl. Berufsständen hatten, blieben sie auf Handel u. Geldverkehr beschränkt, die aber auch schon vorher ihr Haupterwerb in den W-europ. Gebieten waren. Sie blieben auf bestimmte Stadtbezirke beschränkt (*Getto*), mußten sich in der Kleidung von den christl. Bewohnern unterscheiden (*J.hut*, gelber Fleck). Trotzdem verfügten sie infolge ihrer weitreichenden internat. Verbindungen über Handels- u. Finanzbeziehungen, die sie immer wieder zu unentbehrl. Sach- u. Geldlieferanten der noch unentwickelten Staatswirtschaft machten. Dagegen lebten die hpts. in Polen u. Galizien ansässigen *Ost-J.* vielfach in drückenden Verhältnissen, meist als Handwerker, oft von *Pogromen* heimgesucht. Deswegen setzte von hier aus eine im 19. u. 20. Jh. stark anwachsende Auswanderung ein. Im Gegensatz zur *Emanzipationsbewegung* der Aufklärungszeit, die darauf ausging, das J.tum in seinen Gastvölkern aufgehen zu lassen (häufig unter Übertritt zur christl. Religion), stand auf jüd. Seite eine orthodoxe Richtung, die entweder unter Beibehaltung des Glaubens der Väter anstrebte oder dies seit dem Ausgang des 19. Jh. ablehnte (*Zionismus*) u. die Erhaltung der überkommenen Substanz durch die Wiedererrichtung einer eig. jüd. Heimstätte in *Palästina* zum Ziel hatte (→*Israel*).

Religion. Das **Judentum** hält an bestimmten Grundlehren fest: Gottes Einheit u. Einzigkeit. Der Mensch steht Gott ohne Mittler gegenüber, die Welt ist Gottes Schöpfung. Ihr Sinn ist die Verwirklichung des Guten. Gott hat seinen Willen offenbart, er ist der Gesetzgeber u. Fordernde, der Maßstab des Sittlichen. Der Mensch ist selbständige sittliche Persönlichkeit. Ziel der Menschheit ist das messianische Gottesreich des Friedens, der Liebe u. der Gerechtigkeit.

Charakteristisch für das J.tum ist, daß nicht ein Glauben Mittelpunkt der Frömmigkeit ist, sondern das Tun. Die Form seiner Frömmigkeit ist der Gehorsam gegenüber dem göttl. Gebot. Quelle des J.tums ist das *Alte Testament*, bes. die *Thora* (5 Bücher Mose). Dazu tritt der *Talmud*, der die Verhandlungen über die Anwendung der Bibel auf das tägliche Leben enthält u. um 500 n. Chr. abgeschlossen war.

Im jüd. Leben hat der synagogale Gottesdienst einen zentralen Platz. Beschneidung als Bundeszeichen, strenge Beachtung ritueller Reinheitsvorschriften, Speisegesetze u. a. gelten als kultisch-zeremonieller Ausdruck des Gehorsams gegen Gott. Neben dem Sabbat werden u. a. vier große Feste des Jahres gefeiert: *Pessach* oder *Passah* als Erinnerung an die Befreiung aus ägypt. Gefangenschaft, *Schawuot* (Wochenfest) als Erinnerung an die Gesetzgebung am Sinai, *Sukkot* (Laubhüttenfest) als Erinnerung an den Wüstenzug, *Jom Kippur* als Tag der Versöhnung.

Judenchristen, 1. Juden, die durch die Taufe Christen geworden sind. – **2.** im Urchristentum die aus dem Judentum stammenden Christen, die an der Befolgung jüd. Gesetze u. Gebräuche festhielten; Ggs.: *Heidenchristen.*
Judendorn, *Jujube,* ein asiat. *Kreuzdorngewächs;* Zierstrauch mit roten Beeren.

Juden: Geschichtliche Daten	
15.–13. Jh. v. Chr.	Einwanderung der israelitischen Stämme nach Palästina
um 1225 v. Chr.	Zug des Volkes Israel von Ägypten ins Ostjordanland (Mose)
um 1000 v. Chr.	König David/Jerusalem Hauptstadt
925 v. Chr.	Reichsteilung in Juda und Israel
721 v. Chr.	Assyrisches Exil
587–538 v. Chr.	Babylonisches Exil
um 540 v. Chr.	Rückkehr nach Zion
515 v. Chr.	1. Tempel in Jerusalem
166 v. Chr.	Erhebung der Makkabäer
63 v. Chr.	Pompejus in Jerusalem
20 v. Chr.	Tempelneubau des Herodes
66 n. Chr.	Jüdisch-römischer Krieg
70	Zerstörung des 2. Tempels
132	Bar Kochba
321	Juden in Köln
ab 8. Jh.	Kulturelle Blütezeit unter der Araberherrschaft in Spanien
1096	Verfolgungen während der Kreuzzüge
1290	Vertreibung aus England
1348/49	Schwarzer Tod/Höhepunkt der Verfolgung in Deutschland
1394	Vertreibung aus Frankreich
1492	Vertreibung aus Spanien
18. Jh.	(Aufklärung) Emanzipationsbestrebungen
1881 und 1905	Pogrome in Rußland
1894	Dreyfusaffäre
1896	Herzl/Zionismus
1917	Balfour-Deklaration
1933	Aufruf zum Judenboykott
1938	Kristallnacht
1941–45	Vernichtungslager
1948	Gründung des Staates Israel

Judenhut, im MA zur Kennzeichnung der Juden in der Diaspora für diese vorgeschriebener spitzer Hut.
Judenkirsche, *Blasenkirsche,* S-europ. Nachtschattengewächs, Staude mit scharlachroten Beeren; volkstüml. Bez. auch für zahlreiche andere Pflanzen, z. B. *Christophskraut, Ahlkirsche, Kirschpflaume, Pfaffenkäppchen, Kornelkirsche, Geißblatt.*
Judenpfennig, kleine Kupfermünze um 1800–25 mit Phantasienamen, von privater Seite in Umlauf gebracht u. weit verbreitet.
Judenverfolgung, allg. die seit frühchristl. Zeit in vielen Ländern vorkommende Verfolgung von Juden aus religiösen, polit., sozialen oder wirtschaftl. Motiven. Im nat.-soz. dt. Staat: Vom Boykott gegen alle jüd. Ärzte, Anwälte u. Geschäftsinhaber (1.4.1933) über die Ausschaltung der jüd. Beamten (7.4.1933), die Verfemung der jüd. Künstler (10.5.1933), die *Nürnberger Gesetze* (15.9.1935, dazu die Durchführungsverordnungen über Reichsbürgerschaft u. den »Schutz des dt. Blutes u. der dt. Ehre«), Beschränkungen u. Sondergesetze führte der Weg zum »November-Pogrom« (9./10.11.1938, sog. *Reichskristallnacht*). In den folgenden Jahren entzog man den Juden u. Halbjuden systematisch die Existenzgrundlage: Ausschließung aus den meisten Berufen, Verbot des Betretens von kulturellen Einrichtungen u. Erholungsstätten, Verpflichtung zur Annahme der Vornamen Sara u. Israel, zum Tragen des *Judensterns* u. a. 1941 wurde die bis dahin von A. Eichmann forcierte Auswanderung gestoppt, da die Nationalsozialisten nunmehr die »Endlösung« einleiteten. Ab Januar 1942 (Wannsee-Konferenz) begann die Abtransport der noch in Europa lebenden Juden in die *Vernichtungslager* im Osten. Durch Massenerschießungen der *Einsatzgruppen*, Massenvergasungen u. Hungertod verloren 5–6 Mio. Juden ihr Leben.
Judenviertel, →*Getto.*
Judikative, die (vorwiegend) rechtsprechende Gruppe der Staatsorgane eines Staates mit *Gewaltenteilung,* meist die Gerichte.
Judith, Heldin des apokryphen alttestamentar.

Juden: Seite aus der Darmstädter Pessach-Haggada, die wegen ihrer prachtvollen Randleisten und Ornamente von hoher kunstgeschichtlicher Bedeutung ist (Anfang des 15. Jahrhunderts). Die volkstümliche Pessach-Erzählung wird am Sederabend bei der häuslichen Feier vorgelesen

426 Judo

Buchs J., die dem assyr. Heerführer *Holofernes,* der ihre Vaterstadt belagerte, den Kopf abschlug.

Judo, *Ju-Do, Diu-Do,* ein von dem Japaner *Jigoro Kano* um 1880 aus dem *Jiu-Jitsu* entwickelter Kampfsport, bei dem alle rohen u. gefährl. Griffe verboten sind. In der J.-Technik unterscheidet man gymnast. Übungen, Fallübungen, Würfe u. Griffe. Die Kampfkleidung *(Judogi)* besteht aus der weißen Kampfjacke *(Kimono),* der langen Hose *(Zubon)* u. dem 4 cm breiten Gürtel, an dessen Farbe der (Schüler- oder Meister-)Grad zu erkennen ist.

Judoka, Judosportler.

Jud Süß → Süß-Oppenheimer.

Jugend, ein Lebensabschnitt, biolog. gesehen von der Geburt bis zur Geschlechtsreife; i. allg. identisch mit der Reifezeit, die mit dem Einsetzen der Pubertät beginnt (etwa 12. Lebensjahr) u. mit der phys. u. seel. Reife im Erwachsenenalter (etwa 20. Lebensjahr) endet. Die J. ist einer bes. Erziehung u. Fürsorge unterstellt *(J.amt, J.hilfe).* Zur jurist. Bedeutung der J.phasen →*Alter.* Die J. sieht sich als Einheit gegenüber den Älteren, was häufig zu Konflikten führt *(Generationsproblem).*

Jugendamt, Behörde für Jugendhilfe in krfr. Städten u. Ldkr. Aufgaben u. Leistungen sind u. a. Angebote der Jugendarbeit, der Jugendsozialarbeit u. des erzieher. Kinder- u. Jugendschutzes, der Förderung der Erziehung in der Familie; die Förderung von Kindern in Tageseinrichtungen u. in Tagespflege. Hilfe zur Erziehung. Hilfe für junge Volljährige, Vorläufige Maßnahmen zum Schutz von Kindern u. Jugendlichen, Schutz von Kindern u. Jugendlichen in Familienpflege u. in Einrichtungen, Mitwirkung in gerichtl. Verfahren, Pflegschaft u. Vormundschaft f. Kinder u. Jugendliche.

Jugendarbeitsschutz, Sonderschutzmaßnahmen zugunsten jugendl. Arbeitnehmer; Neuregelung durch das *J.gesetz* vom 12.4.1976 *(JArbSchG).* Das JArbSchG unterscheidet zw. *Kindern* (wer noch vollzeitschulpflichtig ist oder noch nicht 14 Jahre alt ist) u. *Jugendlichen* (alle übrigen noch nicht 18 Jahre alten Personen). Die Kinderarbeit ist verboten; die Arbeit Jugendlicher unterliegt erheblichen öffentl.-rechtl. Beschränkungen.

Jugendarrest →Jugendstrafrecht.

Jugendbewegung, eine auf das dt. Sprachgebiet beschränkte Erscheinung jener geistigen Unruhe, die für das europ. Bürgertum um die Jahrhundertwende kennzeichnend war. Die J. nahm ihren Anfang in den Jahren 1899–1901 in Berlin-Steglitz, mit dem »Wandervogel-Ausschuß für Schülerfahrten«. Der *Wandervogel* sprengte die erstarrten Formen, in denen damals junge Menschen zu leben hatten. In Reaktion auf die zu gleicher Zeit sich durchsetzenden Formen der durch Technik, Mechanisierung der Arbeit u. Arbeitsteilung bestimmten industriellen Massengesellschaft suchte der Wandervogel einen Ausweg im Erlebnis von Landschaft u. Geschichte (Wiederbelebung von Volkslied, Volkstanz, Volksmusik u. Brauchtum). Nach dem 1. Weltkrieg setzten sich die Lebensformen des Wandervogels in den meisten konfessionellen, z. T. auch in polit. Jugendorganisationen durch. Um 1924 trat die bürgerl. J. durch die Synthese von Wandervogel u. *Pfadfindertum* in eine neue Phase, die der *Bündischen Jugend.* Unter dem Leitbild von »Führer u. Gefolgschaft« politisierte sich die J. seit Ende der 20er Jahre. 1933 wurde die J. verboten,.

»Jugend forscht«, ein Förderungswerk der Illustrierten »Stern«, der Industrie, der Schule u. der Bundesregierung für den naturwiss. Unterricht, gegr. 1966 in Hamburg. An dem jährlich ausgeschriebenen Wettbewerb können sich Jugendliche im Alter von 9 bis 21 Jahren beteiligen. Preise werden von etwa 50 Institutionen gestiftet.

Jugendgericht, Spruchkörper der Amts- u. der Landgerichte zur Aburteilung von Straftaten Jugendlicher (→Jugendstrafrecht). J. sind in der BR Dtld. der Amtsrichter als *Jugendrichter,* das Schöffengericht *(Jugendschöffengericht:* Jugendrichter u. *2 Jugendschöffen)* u. die Strafkammer *(Jugendkammer;* 3 Richter u. 2 Jugendschöffen).

Jugendherbergen, Unterkunftsstätten für (wandernde) Jugendliche u. Jugendgruppen; 1909 von dem Lehrer Richard *Schirrmann* (* 1874, † 1961) ins Leben gerufen, der die erste Jugendherberge auf der Burg Altena, Westf., u. 1919 mit Wilhelm *Münker* (* 1874, † 1970) den *Reichsverband für deutsche J.* gründete. Dieser wurde nach 1933 von der HJ übernommen, 1945 bzw. 1949 für die BR Dtld. als *Deutsches Jugendherbergswerk* (Abk. *DJH),* Hauptverband für Jugendwandern u. *J.* neu gegr.; Sitz: Detmold. 1991 gab es in der BR Dtld. 643 J. 1990 traten die 5 neuen Bundesländer mit rd. 250 J. dem DJH bei.

Jugendhilfe, Teilbereich der Kinder- u. Jugendhilfe, geregelt im Kinder- u. Jugendhilfegesetz vom 26. 6. 1990, welches das Jugendwohlfahrtsgesetz abgelöst hat. J. umfaßt v. a. die Aufgaben u. Leistungen der *Jugendämter,* wobei die Träger der freien J. heranzuziehen sind.

Jugendkriminalität →Jugendstrafrecht.

Jugendmusikschule →Musikschule.

»Jugend musiziert«, jährl. Wettbewerb zur Förderung des Interpretennachwuchses auf dem Gebiet der Instrumentalmusik; er wird vom *Dt. Musikrat* mit Unterstützung staatl. u. privater Institutionen veranstaltet u. fand 1963/64 erstmals statt.

Jugendpsychologie, Teilgebiet der *Entwick-*

Jugendherbergen: Innenhof der Jugendherberge Burg Gutenfels

lungspsychologie, umfaßt aber i. w. S. auch die *Kinderpsychologie.* Bedeutsam ist die J. als Grundlagenwiss. der *Pädagogik.*

Jugendreligionen, 1974 geprägter Begriff für Religionen, in deren Bann überwiegend Jugendliche geraten, um Geborgenheit in der Gemeinschaft zu finden.

Jugendreligionen			
Bezeichnung	religiöse Basis	gegr.	Gründer/Führer
Ananda-Marga-Bewegung	hinduistisch	1955	Prabhat Ranjan Sarkar
Bhagwan-Rajneesh-Bewegung (Neo-Sannyas-Bewegung)	hinduistisch	1966	Shree Rajneesh
Divine Light Mission (Mission des göttlichen Lichtes)	hinduistisch	1960	Guru Maharaj Ji
Familie der Liebe, Kinder Gottes (Children of God)	christlich	1969	David Berg
Hare-Krishna-Bewegung (Internationale Gesellschaft für Krishna-Bewußtsein)	hinduistisch	1966	Swami Prabhupada
Scientology-Kirche	religiös-weltanschaul. u. psycho-therapeut. Elemente	1954	Lafayette Ronald Hubbard
Transzendentale Meditation	indische Psycho-Technik	1958	Maharishi Mahesh Jogi
Vereinigungskirche (Mun-Sekte)	christlich	1954	San Myung Mun

Jugendschutz, System von Gefahrenabwehr u. Wohlfahrtsmaßnahmen zum Schutz der Jugendlichen vor gesundheitl. u. sittl. Gefahren; neben der Jugendhilfe u. dem Jugendarbeitsschutz vor allem die Maßnahmen zum *Schutz der Jugend in der Öffentlichkeit* durch Verbote des Aufenthalts an jugendgefährdenden Orten, in Gaststätten u. Spielhallen, der Teilnahme an öffentl. Tanzveranstaltungen, des Genusses alkohol. Getränke u. des Rauchens in der Öffentlichkeit u. a. m., geregelt u. a. im *Gesetz zum Schutze der Jugend in der Öffentlichkeit* vom 25.2.1985, sowie die Verbote, Jugendlichen Schriften u. Abbildungen feilzubieten oder zugänglich zu machen, die (sexuell-)unsittlich sind oder Krieg, Rassenhaß u. Verbrechen verherrlichen; für die BR Dtld. geregelt im *Gesetz über die Verbreitung jugendgefährdenden Schrifttums* in der Fassung vom 29.4.1961. – In Österreich ähnl. geregelt im Bundesgesetz vom 31.3.1959 über die Bekämpfung unzüchtiger Veröffentlichungen u. den Schutz der Jugendlichen gegen sittl. Gefährdung. Die Verantwortung für die Einhaltung der Schutzvorschriften liegt in der Regel bei den Veranstaltern.

Jugendstil, die nach der seit 1896 in München erscheinenden Zeitschrift »Jugend« benannte, außer-

Jugendbewegung: Mädchengruppe des Wandervogels beim Wandern mit Musik (links). – Jugendreligionen: Anhänger der Divine Light Mission (rechts)

halb Deutschlands als »Art Nouveau«, *Modern Style* oder *Sezessionsstil* (in Österreich) bezeichnete Stilepoche, die in bewußtem Gegensatz zum Historismus u. Impressionismus des 19. Jh. unter Vernachlässigung der räuml. Illusion eine flächenbetonte Ornamentik erstrebte u. den Linienfluß vegetabiler Formen einheitl. auf die Erzeugnisse des Kunstgewerbes u. von da bis ins Figürliche der Malerei übertrug. Hauptmeister des J.: H. van de Velde, A. *Endell*, A. *Beardsley*, G. *Klimt*, H. *Obrist*, P. *Behrens*, J. *Olbrich*, J. *Hoffmann*, L.C. *Tiffany*.

Jugendstrafrecht, das bes. (mildere) Strafrecht für Jugendliche von 14 bis 18 Jahren, u. U. auch für Heranwachsende (junge Volljährige) von 18 bis 21 Jahren. Im J. tritt der Vergeltungsgedanke hinter den Erziehungszweck der Strafe zurück. – In der BR Dtld. ist das J. geregelt durch das *Jugendgerichtsgesetz (JGG)* vom 11.12.1974.
Danach sind *Kinder* unter 14 Jahren strafrechtl. nicht verantwortlich. *Jugendliche* unter 18 Jahren sind strafrechtl. verantwortlich, wenn sie z.Z. der Tat nach ihrer sittl. u. geistigen Entwicklung reif sind, das Unrecht ihrer Tat einzusehen u. nach dieser Einsicht zu handeln. Auf *Heranwachsende* zw. 18 u. 21 Jahren wird J. angewandt, wenn die Tat eine typ. Jugendverfehlung ist oder der Täter in seiner Entwicklung einem Jugendlichen gleichsteht.
Im J. können *Jugendstrafe* von bestimmter (6 Monate bis 10 Jahre) oder unbestimmter Dauer (jedoch höchstens 4 Jahre), *Zuchtmittel* (Verwarnung, Auferlegung bes. Pflichten, Jugendarrest) und *Erziehungsmaßregeln* (Weisungen, Schutzaufsicht, Fürsorgeerziehung) verhängt werden. Das *Jugendstrafverfahren*, das vom Jugendgericht durchgeführt wird, ist nicht öffentlich.
In Österreich ist das J. durch das Jugendgerichtsgesetz vom 26.10.1961 geregelt; in der Schweiz enthalten die Art. 82–88 StGB für Kinder zw. 6 u. 14 Jahren u. die Art. 89–99 StGB für Jugendliche von 14 bis 18 Jahren ähnl. Vorschriften wie in Dtld. u. Östr.

Jugend- und Auszubildendenvertretung, nach dem *Betriebsverfassungsgesetz* (§§ 60 ff.) u. im Bereich der *Personalvertretung* ein Organ, das die Interessen der jugendl. Arbeitnehmer bzw. Bediensteten gegenüber dem Betriebsrat vertritt.

Jugendweihe, 1. die Jünglingsweihe u. Mädchenweihe bei Naturvölkern; →Initiation. – **2.** feierl. Einführung der Jugendlichen in die Welt der Erwachsenen anstelle der *Konfirmation*; in freireligiösen Gemeinden u. polit. Organisationen entstanden; in der DDR seit 1954 offizieller Festakt, seit 1964 im Jugendgesetz verankert.

Jugendwohlfahrtspflege, bis zur gesetzlichen Neuregelung von 1990 alle vom Jugendwohlfahrtsgesetz getragenen Maßnahmen der heutigen →Jugendhilfe.

Juglar [ʒy'gla:r], Clément, *1819, †1905, frz. Nationalökonom; untersuchte den zykl. Charakter des Wirtschaftslebens (*J.-Welle* von 8 bis 11 Jahren, Konjunkturzyklen).

Jugoslawien, Staat in SO-Europa, 102 173 km², 10,3 Mio. Ew., Hptst. *Belgrad*. Durch die seit 1991 erfolgten Unabhängigkeitserklärungen Bosnien-Herzegowinas, Kroatiens, Makedoniens u. Sloweniens hörte J. auf zu bestehen. Die Souveränität dieser Staaten wurde durch ihre Aufnahme in die UNO international anerkannt. Serbien u. Montenegro bildeten 1992 die neue „Bundesrepublik J." Diese hatte bis März 1994 nicht um Anerkennung bei den internat. Organisationen nachgesucht.
Geschichte. 1918 wurde das *Kgr. der Serben, Kroaten u. Slowenen* proklamiert. Unter dem seit 1921 regierenden König Alexander I. wurde das Land 1929 in J. umbenannt. 1934 wurde Alexander ermordet. 1941 erklärte J. den Beitritt zum Dreimächtepakt. Nach einem Militärputsch wurde J. vom dt. Truppen besetzt. J. Tito organisierte den Partisanenkrieg. Nach dem Einmarsch sowj. Truppen 1944 wurde 1945 die *Föderative Volksrepublik*

Jugoslawien

J. ausgerufen. Min.-Präs. wurde Tito. 1948 kam es aufgrund der eigenständigen Politik J. zum Bruch mit der UdSSR u. zum Ausschluß J. aus dem Kominform. Danach betrieb Tito eine Politik der Blockfreiheit. 1954 konnte der Konflikt mit Italien we-

Jugoslawien: Menschen verlassen das zerstörte Vukovar in Ost-Kroatien

gen Triest beigelegt werden. 1955 erfolgte die Aussöhnung mit der UdSSR; trotzdem kam es immer wieder zu Spannungen, da J. einen »eigenen Weg zum Sozialismus« einschlug.
Nach Titos Tod 1980 verschärften sich die Nationalitätenkonflikte. Auch die Wirtschaftslage verschlechterte sich. Im Kosovo kam es zu gewalttätigen Auseinandersetzungen zwischen Serben u. Albanern, die um ihre Autonomierechte kämpften. Seit 1990 herrscht in Kosovo eine serb. Militärdiktatur. Insbes. Kroatien u. Slowenien lehnten sich zunehmend gegen die totalitäre polit. Führung Serbiens unter S. *Milošević* auf. Sie führten damit 1990 das Ende der Einheitspartei *Bund der Kommunisten J.* herbei. Bei freien Wahlen in Kroatien u. Slowenien siegten die demokrat. Kräfte. Die beiden Rep. forderten eine Konföderalisierung J. Gegen diese Pläne formierte sich der Widerstand der serb. Nationalisten. Davon war v. a. Kroatien betroffen, da auf slowen. Gebiet kaum Serben leben. Volksabstimmungen ergaben 1990/91 in Kroatien u. Slowenien eine überwältigende Mehrheit für die Unabhängigkeit der beiden Republiken. In Kroatien häuften sich die Zusammenstöße zwischen der kroat. Polizei u. den von der Bundesarmee unterstützten serb. Aufständischen (Tschet-

Jugoslawien: friedliche Demonstranten in Belgrad fordern den Rücktritt von Milošević

niks). Am 25.6.1991 erklärten Kroatien u. Slowenien ihre Unabhängigkeit.
Daraufhin brach ein blutiger Bürgerkrieg aus. Während der militär. Konflikt in Slowenien nach kurzer Zeit beendet wurde, eroberte die von Serbien dominierte Bundesarmee mit Unterstützung serb. Freischärler bis Ende 1991 ein Drittel des kroat. Territoriums. Auch Makedonien u. Bosnien-Herzegowina erklärten ihre Unabhängigkeit. Obwohl die Unabhängigkeit Kroatiens u. Sloweniens international anerkannt wurde u. die UNO Friedenstruppen entsandte, gingen die Kämpfe weiter. Sie griffen im März 1992 auf Bosnien-Herzegowina über, dessen Unabhängigkeit ebenfalls anerkannt wurde. Serbien u. Montenegro proklamierten im April 1992 die neue Bundes-Rep. J. Zum ersten Staats-Präs. wurde D. *Ćosić* gewählt. Beherrschende polit. Figur blieb aber S. *Milošević*, der bei Wahlen im Dez. 1992 in seinem Amt als serb. Präs. bestätigt wurde. Neuer Staats-Präs. wurde 1993 Z. *Lilic*.

Jugurtha, *nach 160 v. Chr., †104 v. Chr., König von Numidien; kämpfte im Jugurthinischen Krieg (111–105 v. Chr.) gegen die Römer; von *Marius* geschlagen.

Juhnke, Harald, *10.6.1929, Schauspieler u. Entertainer; Fernsehserie »Ein verrücktes Paar«.

Juist [jy:st], Ostfries. Insel zw. Borkum u. Norderney, 16,2 km², 2200 Ew.; Nordseeheilbad.

Julbrot, altgerman. Opfergebäck zum *Julfest* in Form von Sonnenrädern, Schlangen u. ä.

Julfest, urspr. das altgerman. (heidn.) Hochwinterfest; heute noch in den nord. Ländern Bez. für das Weihnachtsfest.

Julia, *39 v. Chr., †14 n. Chr., Tochter des röm. Kaisers *Augustus* u. der *Scribonia*; in 2. Ehe mit *Agrippa*, in 3. Ehe mit *Tiberius* verh.; 2 v. Chr. von Augustus verbannt.

Julian, Flavius Claudius *Iulianus*, *J. Apostata* [»der Abtrünnige«], *331, †363, röm. Kaiser 361–363; Neffe *Konstantins d. Gr.*, 355 von *Constantius II.* zum Caesar ernannt, 360 von seinen Soldaten zum Kaiser ausgerufen. Nach dem Tod

Jugoslawien: geschichtliche Entwicklung

Jugendstil: Aubrey Beardsley, Illustration zu Oscar Wildes »Salome«; 1894

Constantius' II. (361) war er Alleinherrscher. Obgleich als Kind christl. erzogen, wandte J. sich dem Neuplatonismus u. dem Kult des Gottes *Mithras* zu.

Juliạna, Louise Emma Marie Wilhelmina, * 30.4.1909, Königin der Niederlande 1948–80; seit 1937 verh. mit Prinz *Bernhard zur Lippe-Biesterfeld* (* 1911).

Juliạnischer Kalender → Kalender.

Juliạnisches Dạtum, *Julianischer Tag,* nach dem Vorschlag von Joseph-Justus *Scaliger* die Tageszählung in der Astronomie. Ab 1. Jan. 4713 v. Chr. werden die Tage fortlaufend durchgezählt. Hiernach hat z.B. der 1. Jan. 1975 das Julian. Datum 2442414. Der Tageswechsel findet jeweils um 12 Uhr Weltzeit statt. Diese Zählung hat den Vorteil, daß man leicht den Zeitunterschied zw. zwei Daten in Tagen berechnen kann. Auch läßt sich der Wochentag eines Datums einfach bestimmen, indem man das Julian. Datum durch 7 dividert. Ist der Rest 0, so ist es ein Montag, ist er 1, ein Dienstag, usw.

Jülich, 1. ehem. Herzogtum, begrenzt von den Territorien Köln, Geldern, Limburg u. Luxemburg; seit 1511 beim Herzogtum Kleve. Nach dem *J.-Kleveschen Erbfolgekrieg* (1609–14) kamen J. u. Berg zu Pfalz-Neuburg u. Kleve, Mark, Ravensberg u. Ravenstein zu Brandenburg. J. wurde 1794 durch Frankreich besetzt. Auf dem *Wiener Kongreß* 1815 Preußen zugesprochen. – **2.** Stadt in NRW zw. Aachen u. Köln, an der Rur, 31 000 Ew.; Reste der Stadtbefestigung; Kernforschungszentrum; Leder-, Papier-, Zuckerind.

Jülicher Börde, der westl. Teil der Kölner Bucht zw. den Flüssen Wurm u. Erft; fruchtbare Böden mit Weizen-, Zuckerrüben- u. Gemüseanbau.

Julikäfer, *Rosenlaubkäfer,* ein etwa 15 mm langer, mit dem *Maikäfer* verwandter *Blatthornkäfer.*

Juliresolution, die *Friedensresolution* der Mehrheit des Dt. Reichstags (Zentrum, Sozialdemokraten, Demokraten unter Führung M. *Erzbergers*) im 1. Weltkrieg vom 19.7.1917. Die J. zeigte bei den alliierten Mächten keinen Erfolg.

Julirevolution, die Pariser Revolution vom 27. bis 29. Juli 1830, durch die der Bourbone *Karl X.* gestürzt wurde. Den Thron bestieg der »Bürgerkönig« *Louis-Philippe* (bis 1848: *Julikönigtum*).

Julische Alpen, slowen. Julijske Alpe, der sö. Ausläufer der Südl. Kalkalpen, nördl. der Halbinsel Istrien; im *Triglav* 2863 m.

Julius II., eigtl. Giuliano della *Rovere,* * 1443, † 1513, Papst 1503–13; die Festigung u. Vergrößerung des Kirchenstaats war sein größter Erfolg. Großzügiger Mäzen der Renaissance-Künstler *Michelangelo* (Sixtin. Decke, Juliusgrab), *Raffael* (Stanzen im Vatikan) u. *Bramante* (Neubau des Petersdoms).

Juliusturm, der Turm der Spandauer Zitadelle, in dem seit Friedrich Wilhelm I. der preuß. Staatsschatz aufbewahrt wurde. Übertragen bezeichnet man als *J.* gehortete Überschüsse der öffentl. Kassen.

Jumbo-Jet [-dʒɛt], das Großraum-Strahlflugzeug *Boeing B 747,* seit Anfang 1970 als größtes Verkehrsflugzeug im Einsatz; auch allg. Bez. für alle Großraumflugzeuge.

Jumièges [ʒymjˈɛːʒ], Gem. im frz. Dép. Seine-Maritime, 1500 Ew.; Ruinen einer Benediktinerabtei, Kirche Notre-Dame herausragendes Beispiel normann. Baukunst.

jun., Abk. für junior (lat., »der Jüngere«).

Juneau [ˈdʒuːnoʊ], Hptst. von Alaska (USA), Hafen am Lynnfjord, 26 000 Ew.; Fischerei, Holzind.

Jung, Carl Gustav, * 1875, † 1961, schweiz. Psychologe u. Philosoph; Schüler S. *Freuds;* begr. eine eig. »Analyt. Psychologie« u. Philosophie des Unbewußten, die im Gegensatz zu Freuds »Pansexualismus« das Ganze des Seelenlebens als ein dynam. System (Energetik der Seele) auf dem Grund des schöpferischen *kollektiven Unbewußten* betrachtete.

Jünger, 1. Ernst, * 29.3.1895, dt. Schriftst.; schilderte enthusiast. das Kriegserlebnis (»In Stahlgewittern« [Tagebuch]) u. gilt als wandlungsreicher Vertreter u. Überwinder eines »heroischen Nihilismus«. ⓦ »Strahlungen«, »Auf den Marmorklippen«. – **2.** Friedrich Georg, Bruder von 1), * 1898, † 1977, dt. Schriftst.; traditionsgeprägte Lyrik u. Erzählwerke.

Jünger Jesu, neutestament. Bez.: **1.** für die 12

Jungferninseln: Marina Bay in der Nähe von Tortola, der Hauptinsel der British Virgin Islands

Apostel; **2.** für einen größeren Kreis (70 oder 72) von Schülern Jesu; **3.** überhaupt für die Anhänger der Lehre Jesu.

Junges Deutschland, Gruppe von Schriftst. u. Journalisten (L. *Börne,* K. *Gutzkow,* H. *Laube,* G. *Kühne,* Th. *Mundt,* L. *Wienbarg*), deren Schriften vom Dt. Bund 1835–42 wegen ihrer revolutionären Gesinnung verboten wurden. Sie bekämpften, bes. in Ztschr., die ihnen weltfremd, romant. u. zeitfern erscheinenden Ideen u. Formen des Dt. Idealismus u. forderten polit., religiöse u. soz. Freiheit, die Emanzipation der Frau sowie ein direktes Eingreifen der Schriftst. in die Tagespolitik.

Junges Europa, eine geheime republikan. Befreiungsbewegung europ. Nationen, gegr. von G. *Mazzini* 1834. Ihr Hauptziel war die Überwindung des reaktionären Staatensystems dieser Zeit. Außer dem schon 1832 gegr. *Jungen Italien* gehörten dazu das *Junge Polen, Junge Deutschland* u. *Junge Frankreich.*

Junge Union Deutschlands, Abk. *JU,* polit. Nachwuchsorganisation der CDU u. CSU; 1947 gegr.

Jungfer, im 17./18. Jh. die bürgerl. unverheiratete Frau.

Jungfernfahrt, die erste planmäßige Fahrt eines Schiffs nach den Probefahrten.

Jungfernhäutchen → Hymen.

Jungferninseln, trop. westind. Inselgruppe, Teil der Kleinen Antillen (überwiegend Schwarze); 1493 durch Kolumbus entdeckt. **1.** *Brit. J.,* engl. *British Virgin Islands,* brit. Kolonie im NO der Inselgruppe, 153 km², 13 000 Ew., Hptst. *Road Town* auf Tortola; Fremdenverkehr. – **2.** *US-amerik. J.,* engl. *Virgin Islands of the United States,* US-amerik. Besitzung im Zentrum der Inselgruppe, 1917 käufl. von Dänemark erworben, 344 km², 110 000 Ew., Hptst. *Charlotte Amalie* auf St. Thomas; Fremdenverkehr.

Jungfernrede, die erste Rede eines Parlamentsmitglieds.

Jungfrau, *Virgo,* Sternbild des Tierkreises, Hauptstern *Spika* (α Virginis).

Jungfrauengeburt, in der Religionsgeschichte eine weitverbreitete Vorstellung, nach der religiös

Junikäfer

bedeutsame Gestalten (Könige, Heroen, Religionsstifter) nicht auf natürl. Weise gezeugt worden sind. Die christl. Kirche spricht von der Zeugung Jesu durch den Hl. Geist u. von seiner Geburt durch die Jungfrau Maria.

Jungfrau von Orléans [-ɔrleˈã] → Jeanne d'Arc.

Junggeselle, urspr. der junge Handwerksgeselle, seit dem 16. Jh. allg. der Unverheiratete.

Junghegelianer, eine Gruppe der *Linkshegelianer,* jüngere Schüler u. Anhänger G.W.F. *Hegels,* z. T. die Träger des revolutionären Denkens im *Vormärz* (D.F. *Strauß,* B. u. E. *Bauer,* A. *Ruge,* L. *Feuerbach,* K. *Marx,* F. *Engels* u. a.).

Jungius, Joachim, * 1587, † 1657, dt. Universalgelehrter, Mathematiker u. Physiker; führte eine genaue Terminologie in die botan. Systematik ein u. veröffentlichte wichtige Beiträge zur Atomistik u. zur Begründung der Chemie.

Jungk, Robert, eigtl. R. *Baum,* * 1913, † 1994, dt. Publizist u. Futurologe; leitete seit 1965 ein Institut für Zukunftsfragen in Wien; ⓦ »Die Zukunft hat schon begonnen«, »Der Atomstaat«.

Jungpaläolithikum, die jüngste Stufe der → Altsteinzeit.

Jungsozialisten, 1. in der Weimarer Republik eine polit. Richtung in der SPD, die sich für eine Erneuerung der sozialist. Ideen einsetzte u. das *Hofgeismarer Programm* inspirierte. – **2.** *J. in der SPD,* Kurzwort *Jusos,* polit. Jugendorganisation der SPD.

Jungsteinzeit, *Neolithikum,* der jüngste, auf die *Mittelsteinzeit* folgende u. von der *Bronzezeit* abgelöste steinzeitl. Zeitabschnitt. → Vorgeschichte.

Jüngstes Gericht, *Jüngster Tag, Letztes Gericht,* auf jüd.-apokalypt. Vorstellungen zurückgehende christl. Auffassung von einem das Weltgeschehen abschließenden göttl. Gericht; oft mit der Wiederkunft Christi zusammengebracht. Zeit und Ort des Gerichts bleiben im ungewissen.

Jung-Stilling, Johann Heinrich, * 1740, † 1817, dt. Schriftst.; pietist. Liederdichter u. Erzähler.

Juniaufstand, Erhebung in der DDR am 16./17.6.1953. Der Anlaß war die Verschlechterung der wirtschaftl., sozialen u. polit. Lage, die durch eine im Mai verfügte Arbeitsnormerhöhung verschärft wurde. Nach dem Eingreifen der sowj. Besatzungsmacht u. der Verhängung des Ausnah-

Planet Jupiter mit Jupitermond Ganymed (im Bild unten rechts)

mezustands mit dem Standrecht brach der J. zusammen. – Der *17. Juni* wurde in der BR Dtld. am 4.8.1953 als *Tag der dt. Einheit* zum gesetzl. Feiertag erklärt.

Junikäfer, *Brachkäfer, Johanniskäfer,* dem *Maikäfer* verwandter *Blatthornkäfer* aus der Fam. der *Scarabäen;* etwa 18 mm lang; ähnl. dem *Julikäfer,* aber größer.

Junker, im MA zunächst Bez. für Söhne von Mitgl. des Hochadels, dann auch für adlige Gutsbesitzer, später allg. für junge Edelleute; nach 1848 Bez. v. a. für den ostelb. Landadel.

Junkers, Hugo, * 1859, † 1935, dt. Flugzeug- u. Motorenkonstrukteur; baute 1915 das erste Ganzmetallflugzeug; zw. 1929 u. 1936 entstanden mehrere berühmt gewordene Verkehrsflugzeuge; gründete 1913 die *J.-Motorenbau GmbH* u. 1919 die *J.-Flugzeugwerke AG,* beide in Dessau, die 1935 nach Erwerb durch das Reich zur *J.-Flugzeug- u. Motorenwerke AG (JFM)* zusammengefaßt wurden; 1958 reprivatisiert.

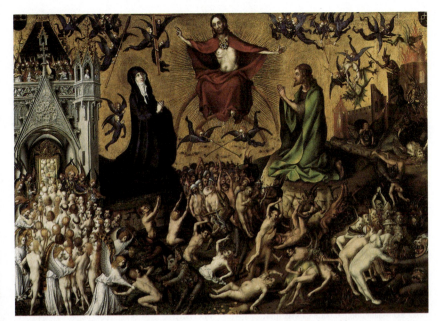

Jüngstes Gericht: Darstellung von Stefan Lochner, um 1535. Köln, Wallraf-Richartz-Museum

Junktim, die »Verbindung« versch. Gesetzesvorlagen, Gesetzesbestimmungen oder Staatsverträge mit der Wirkung, daß sie nur gemeinsam angenommen werden können oder sollen.

Juno, *Iuno,* in der altröm. Religion urspr. die weibl. Entsprechung des dem Mann zugeordneten Genius, die Göttin J., die insbes. Geburt (als *J. Lucina* »die ans Licht Bringende«) u. Ehe schützte. Nach Gleichsetzung mit der grch. *Hera* erscheint J. als Gemahlin Jupiters.

Junta ['xunta], in Spanien u. Lateinamerika ein Ausschuß aus Regierungsmitgliedern; auch eine durch Umsturz an die Macht gekommene Militärregierung *(Militär-J.).*

Jupiter, 1. *Iuppiter,* der höchste röm. Gott; Beherrscher des Himmels, des Lichts, des Blitzes, des Regens *(J. pluvialis)* u. des Donners *(J. tonans);* Gott des Kriegs, Schützer von Recht u. Wahrheit, Schutzgott der Latiner u. Roms *(J. optimus maximus);* dem grch. *Zeus* gleichgesetzt. – **2.** Zeichen ♃, der größte Planet des Sonnensystems (→Planeten). Er hat 16 Monde, davon die 4 *Galileischen Monde Io, Europa, Ganymed* u. *Kallisto.* Die übrigen Monde sind sehr klein.

Jura, 1. Zeitalter der Erdgeschichte (→Erdzeitalter). Die J.formation ist in Dtld. bes. in der Schwäb.-Fränk. Alb entwickelt. Ferner ist die Formation des J. im Frz. u. Schweizer J. verbreitet. – **2.** *Jurisprudenz,* die →Rechtswissenschaft.

Jura, 1. mitteleurop. Gebirge zw. mittlerer Rhône im S u. Oberrhein im NO; im Crêt de la Neige 1723 m; aufgebaut aus Kalken der *J.formation;* durch die frz.-schweiz. Grenze in den Frz. J. im W u. den Schweizer J. im O geteilt. – **2.** Kt. der →Schweiz.

Jürgens, 1. Curd, *1915, †1982, dt. Schauspieler, wirkte am Burgtheater u. in zahlreichen Filmrollen (»Des Teufels General«). – **2.** Udo, eigtl. Udo Jürgen Bockelmann, *30.9.1934, östr. Schlagersänger u. Komponist.

Jurisdiktion, die hierarch. kath. Kirchenleitung, die Lehr- u. Hirtenamt umfaßt.

Jurisprudenz, die Rechtswissenschaft.

Jurist, akademisch gebildeter Rechtskundiger, Rechtswissenschaftler.

juristisch, den Juristen oder der Jurisprudenz entspr. oder sie betreffend. – **j.e Person,** eine rechtl. verselbständigte u. wie *natürliche Person* mit eig. bürgerl. Rechtsfähigkeit ausgestattete Personenmehrheit (im Privatrecht z.B. rechtsfähige Vereine, Kapitalgesellschaften; im öffentl. Recht z.B. Gebiets-, Personal- u. Realkörperschaften) oder Vermögensmasse (im Privatrecht u. im öffentl. Recht die rechtsfähige Stiftung); im öffentl. Recht ferner die rechtsfähige *Anstalt.*

Jurte, russ. *Kibitka,* die runde, transportable Filzhütte mittelasiat. Nomaden.

Juruá [ʒu-], r. Nbfl. des oberen Amazonas, 3280 km; mündet bei Fonte Boa.

Jürüken, halbnomad. Volksstamm in gebirgigen Teilen S- u. SW-Anatoliens; vielleicht Reste der Urbevölkerung.

Jury [frz. ʒy'riː; eng. 'dʒuːri], **1.** ein sachverständiges Gremium, das über die Zulassung von Kunstwerken zu Ausstellungen, über die Verleihung von Preisen u. ä. entscheidet; beim Sport ein Schieds- oder Kampfgericht. – **2.** das *Schwurgericht* des angelsächs. Rechts.

Jus, 1. *Ius,* das Recht. – **2.** [ʒy], kräftiger Fleischsaft.

Jusos →Jungsozialisten.

justieren, genau einstellen; ein Meßgerät einstellen; Münzen auf ihr Normalgewicht bringen.

Justin der Märtyrer, *Justinus,* *um 100, †um 165, frühchristl. Philosoph u. Apologet; erster Vertreter der Logostheologie. – Heiliger (Fest: 1.6.).

Justinian, J. I., *482, †565, byzantin. Kaiser 527–565; Nachfolger seines Onkels *Justinus I.;* erstrebte die Wiederherstellung des Röm. Weltreichs, eroberte durch seine Feldherren (bes. *Belisar* u. *Narses*) das Wandalenreich in Afrika 533/34, das Ostgotenreich in Italien bis 553 u. die SW-Küste des westgot. Spanien. Er bekämpfte das Heidentum (Schließung der platon. *Akademie* in Athen) u. ließ das röm. Recht im *Codex Justinianus* (529 erstmals publiziert) sammeln u. systematisieren. Er war verh. mit *Theodora.*

Justitia, röm. Göttin der Gerechtigkeit.

Justitiar, *Justitiarius,* fr. Gerichtsherr, Richter; heute Rechtsberater (z.B. von Firmen).

Justitium, *Juristitium,* die Einstellung der Gerichtstätigkeit wegen höherer Gewalt (z.B. Krieg, Revolution, staatl. Zusammenbruch).

Justiz, die Rechtsprechung im organisator. Sinn, die Gerichte u. Richter. – **J.hoheit,** Gerichtsbarkeit, Rechtspflege u. Rechtsprechung als staatl. Hoheitsrecht oder »Teile« der Staatsgewalt. – **J.irrtum,** falsche Gerichtsentscheidung aufgrund unrichtiger Tatsachenfeststellung. – **J.mord,** auf einem *J.irrtum* beruhendes Todesurteil.

Jute, die Bastfaser mehrerer ind. *Corchorus-Arten,* die zur Fam. der *Lindengewächse* gehören. Im Handel ist J. allerdings zu einem Sammelnamen geworden; so werden die Fasern von *Hibiscus cannabinus* als afrikanische J. (Java-J.) u. die Fasern von *Abutilon avicennae* als chinesische J. bezeichnet. – Die größten Mengen der *Echten J.* liefern *Corchorus capsularis* u. *Corchorus olitorius.* Neben dem Hauptanbaugebiet in Bangladesch u. Indien *(Indischer Flachs)* wird J. auch in China, Algerien, Brasilien, Guyana u. a. gewonnen. Die Fasern werden im ungebleichten Zustand zu groben Geweben verarbeitet.

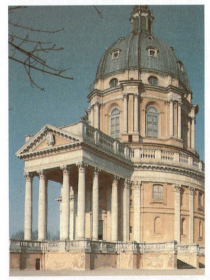

Filippo Juvara: Basilica Superga (Bergkirche in der Nähe von Turin); 1717–1731 erbaut

Jüten, *Euten,* german. Stamm in Jütland; z. T. von den Dänen unterworfen.

Jüterbog, Krst. in Brandenburg, im Fläming, 13 000 Ew.; mittelalterl. Bauwerke; Möbel-, Papier- u. Konservenind.

Jütland, dän. *Jylland,* das dän. Festlandsgebiet, Halbinsel zw. Nord- u. Ostsee; im W hafenarmes Flachland mit Heiden u. Mooren; im O flachwellig, fruchtbar, dicht besiedelt; größte Stadt *Århus.*

Juvara, Filippo, *1678, †1736, ital. Architekt; vielseitiger Barockkünstler, seit 1735 in Madrid.

Juvenal, *Decimus Iunius Iuvenalis,* *um 60 n. Chr., †nach 127, altröm. Satiriker.

juvenil, jugendlich. – **j.es Wasser,** dem Magma entstammendes Wasser, das am Wasserkreislauf noch nicht teilgenommen hat; Ggs.: *vadoses Wasser.*

Juwelen, geschliffene *Edelsteine;* allg. Bez. für Schmuckstücke.

Jyväskylä, finn. Prov.-Hptst., am Paijänne, 65 000 Ew.; Univ., Papier-, Holz- u. Metallind.

Jurten in der Gobi

K

k, K, 11. Buchstabe des dt. Alphabets.
K, 1. chem. Zeichen für Kalium. – **2.** Kurzzeichen für Kelvin.
K 2, *Mount Godwin Austen, Dapsang,* höchster Gipfel des Karakorum, im N Pakistans, 8611 m; zweithöchster Berg der Erde.
Kaaba, würfelförmiges Gebäude in Mekka, mit »schwarzem Stein«, der von den Pilgern geküßt wird; zentraler Kultort des Islam; soll von jedem Moslem einmal im Leben besucht werden.
Kaarst, Stadt in NRW, 40 000 Ew.; Maschinenbau.
Kabale, veraltete Bez. für Ränke, Intrige.
Kabalewskij, Dmitrij Borisowitsch, *1904, †1987, russ. Komponist (Sinfonien, Kinderlieder u. a.).
Kabardiner, Stamm der *Tscherkessen* im Kaukasus.
Kabardino-Balkarien, Republik innerhalb Rußlands, an der Nordseite des Kaukasus, 12 500 km², 732 000 Ew., Hptst. *Naltschik.*
Kabarett, Gatt. der darstellenden Kunst, vereint Formen u. Mittel des Theaters, der Literatur, der Musik u. bedient sich eig. Mittel, bes. der Satire, um sich krit. mit polit. Ereignissen u. der Entwicklung der Gesellschaft auseinanderzusetzen; entstanden als *literar.* K. 1881 in Paris; daraus entwickelte sich 1919 das *polit.-literar.* K.; erst nach 1945 entstand das heutige *polit.-satir.* K.
Kabbala, jüd. Mystik, entstanden im 9. bis 13. Jh.; versucht anhand von Zahlenverhältnissen u. Buchstabendeutung den Sinn der Welt zu erklären; beeinflußt den *Chassidismus.*
Kabel, Heidi, *27.8.1914, dt. Volksschauspielerin (Hamburger »Ohnsorg-Theater«).
Kabel, 1. Seil mit hoher Tragkraft aus zusammengedrehten Stahldrähten. – **2.** in der Elektrotechnik ein oder mehrere elektr. Leiter *(Adern)* in isolierenden u. gegen Feuchtigkeit sowie mechan. Beschädigung schützenden Umhüllungen; *Starkstrom-K.* zur Verteilung elektr. Energie; *Nachrichten-K. (Fernmelde-K.)* mit Übertragungskanälen für Fernsprechen, Fernschreiben, Radio- u. Fernsehübertragungen, mit tausend u. mehr Aderpaaren. – **3.** starkes Schiffstau.
Kabelfernsehen, über Breitbandkabelnetz verteilte (private u. öffentl.) Fernsehprogramme; ermöglicht zusätzl. Programme, da die Begrenzung der Frequenzen entfällt; seit Mitte der 1980er Jahre in der BR Dtld.
Kabeljau, 1,5 m langer u. bis 50 kg schwerer *Schellfisch;* in allen nördl. Meeren, in der Ostsee als *Dorsch* bez.; getrocknet als *Stockfisch,* getrocknet u. gesalzen als *Klippfisch* bez.

Die Kaaba in Mekka ist in jedem Jahr Ziel von Millionen Pilgern

Kabellänge, seemänn. Längenmaß von 1/10 Seemeile = 185,5 m.
Kabinenbahn, Seilbergbahn, die den Fahrgast in einer geschlossenen, gondelartig aufgehängten Kabine befördert.
Kabinett, 1. kleiner Nebenraum, zw. zwei Zimmern gelegen u. ohne eig. Ausgang; als Beratungszimmer von Fürsten für geheime Angelegenheiten eingerichtet. – **2.** Regierung; Regierungschef u. die Minister – **3.** unterste Prädikatsstufe für Qualitätsweine.
Kabinettsorder, vom absoluten Monarchen erlassene Verfügung, die Gesetzeskraft hatte.
Kabinettspolitik, im Absolutismus die vom Herrscher »im Kabinett«, ohne Zuziehung der Stände u. ohne Rücksicht auf die öffentl. Meinung geführte Außenpolitik; wurde auch im 19. Jh. noch weitgehend als »Geheimdiplomatie« fortgeführt.
Kabinettstück, bes. geschicktes, kluges Vorgehen; Meisterstück.
Kabotage [-'ta:ʒə], Vorbehaltsrecht für die Schiffahrt der eig. Flagge (z.B. zw. Häfen desselben Landes).
Kabriolett, *Cabriolet* [-'le], **1.** einspänniger, leichter, zweirädriger Kutschwagen mit nur einer Sitzreihe. – **2.** Pkw mit zurückklappbarem Dach.
Kabuki, volkstüml. jap. Bühnenspiel; umfaßt held. Samurai-Stücke, bürgerl. Sittenstücke u. Tanzdramen mit lyr.-balladenhaftem Chor.

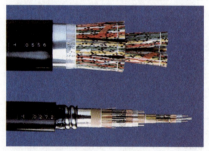

Kabel: Das Koaxialkabel (unten) hat eine vielfach höhere Information-Übermittlungskapazität als ein vielpaariges Kabel (oben)

Kabul, 1. Landes- u. Prov.-Hptst. von Afghanistan, 1,2 Mio. Ew.; Univ. (1932); Verw.- u. Wirtsch.-Zentrum; internat. Flughafen. – **2.** Fluß in Afghanistan, rd. 500 km, l. Nbfl. des Indus.
Kabylen, islam. Berberstämme (rd. 1 Mio.) in N-Algerien, bes. in der *Kabylei;* Pflugbauern mit Viehzucht u. Obstanbau.
Kachel, keram., meist glasiertes Formstück aus Fayence, Steingut, Porzellan oder Schamotte; in Platten- oder Tafelform zur Verkleidung von Wänden verwendet u. zum Bau von **K.öfen** als Heizkörper einer Wohnung. Die K. speichern die bei der Verbrennung entstehende Wärme u. geben diese gleichmäßig wieder ab.
Kachexie, Kräfteverfall mit Blutarmut, Schwäche u. Apathie bei zehrender Krankheit, bösartigen Geschwülsten u. a.
Kachin ['katʃin], *Katschin,* Bergvolk (400 000) in Birma; mit chin. u. tibet. Hochkultureinflüssen; Schamanen.
Kádár ['ka:da:r], János, *1912, †1989, ung. Politiker (Kommunist); 1956–58 u. 1961–65 Min.-Präs.; 1956–88 Parteichef der Ung. Sozialist. Arbeiterpartei.
Kadaver, toter Körper von Tieren. – **K.-Gehorsam,** blinder Gehorsam, Befehlsbefolgung unter Ausschalten der eig. Urteilskraft.
Kadenz, 1. in der *Harmonielehre* musikal. Schlußformel eines Abschnittes oder Musikstückes. 2. im *Instrumentalkonzert* ein vor dem Abschluß eingeschobenes Solo zur Improvisation.

Kader, 1. im Verhältnis zur Kriegsstärke kleinerer *Friedenstruppenteil,* z. T. auch nur das Ausbildungspersonal eines Truppenteils. – **2.** im kommunist. Sprachgebrauch die Personen, die für wichtige Aufgaben im polit., gesellschaftl. u. wirtsch. Leben verwendet werden; insbes. leitende Funktionäre der Partei- u. Massenorganisationen, auch Wirtschaftsfachleute, Wissenschaftler u. a.
Kadett, Zögling einer militär. organisierten Internatsschule *(K.enanstalt),* die ihre Schüler auf den Offiziersberuf vorbereitete.
Kadi, islam. Richter.
Kadmium, *Cadmium* →chemische Elemente.
Kadmos, grch. Heros phöniz. Ursprungs, Bruder der *Europa;* Gründer Thebens.
Kaduna, Hptst. des gleichn. Bundesstaats in Nigeria, 253 000 Ew.; Textil- u. Nahrungsmittel-Ind.; Flughafen.
Kaesong, *Käsong,* Stadt in N-Korea, 330 000 Ew.; Textil-Ind.; Hptst. der Koryo-Dynastie 935–1392.
Käfer, *Deckflügler, Coleoptera,* rd. 350 000 bek. Arten umfassende Ordnung der *Insekten,* deren vorderes Flügelpaar durch Chitin-Einlagerung meist zu harten *Deckflügeln (Elytren)* geworden ist, die bei Ruhestellung die einfaltbaren Hinterflügel (die eigtl. Flugorgane) sowie den Hinterleib bedecken u. beim Fliegen meist als Tragflächen dienen; mit vollkommener Verwandlung, d. h. die Entwicklung über ein Larven- u. Puppenstadium.
Käferschnecken, in der Brandungszone fast aller Meere vorkommende *Weichtiere;* Körper von 8 dachziegelartig übereinandergreifenden Schalen bedeckt.
Kaffee, *K.baum, K.strauch, Coffea,* ca. 60 Arten, in Afrika u. Asien heim. Pflanze mit kleinen weißen Blüten u. kirschenähnl. Früchten, die zwei Samen enthalten; aus den getrockneten u. gerösteten *K.bohnen* (0,8–2,5% Coffein); die Aroma- u. Geschmacksstoffe entstehen erst durch einen Röstprozeß vor dem Gebrauch. In Zentral- u. S-Amerika wird fast ausschl. der *Arab.* K. kultiviert. Hauptanbaugebiete: Brasilien, Kolumbien, Indonesien, Mexiko, Elfenbeinküste.
Kaffee-Ersatz, aus gebrannten Roggen- oder Gerstenkörnern, auch aus Rübenschnitzeln, Erbsen, Süßlupinen u. Eicheln hergestelltes Pulver, das, mit heißem Wasser aufgegossen, ein kaffeeähnl. Getränk ergibt.

Nürnberger Kachelofen; um 1540. Kunstsammlungen Veste Coburg

Käfer: Prachtkäfer als Rinden- und Borkenbewohner; Goldgrubenprachtkäfer (links) und Laubholzprachtkäfer (rechts)

Kaffee-Extrakt, *Kaffee-Essenz,* wäßriger, eingedickter u. getrockneter Kaffeeauszug, der alle lösl. Bestandteile der Kaffeebohne enthält.
Kaffernbüffel, ein *Büffel* Zentral- u. SO-Afrikas, in Savannen u. lichten Wäldern.
Kafka, Franz, * 1883, † 1924, östr. Schriftst.; formte surrealist. Mythen der modernen Seele u. gab zumeist einem angst- u. schuldgequälten, in ausweglosen Lage verfangenen Daseinsgefühl Ausdruck; Ⓦ Romane: »Das Urteil«, »Der Prozeß«, »Das Schloß«, »Der Verschollene«.
Kaftan, bodenlanges, mantelähnl. Obergewand mit langen, meist ab Schulter oder Ellbogen herunterhängenden Ärmeln; urspr. türk.; auch der lange schwarze Mantel der orth. Juden.
Kagel, Mauricio, * 24.12.1931, argent. Komponist; seit 1957 in der BR Dtld.; experimentiert mit denaturierten Schallquellen u. der Umwandlung von Klang in Sprache.
Kagera, wasserreichster Zufluß des ostafrik. Victoriasees u. Quellfluß des Nil, 850 km.
Kagoshima, jap. Hafen u. Präfektur-Hptst. an der SW-Spitze der Insel Kyushu, 531 000 Ew.; Univ.; Porzellan-, Nahrungsmittel- u. Textil-Ind.
Kahlenberg, fr. *Sauberg,* Aussichtsberg am nordöstl. Stadtrand von Wien, 484 m. – Die *Schlacht am K.* befreite Wien von der Belagerung durch die Türken (1683).
Kahler Asten, zweithöchster Gipfel des Rothaargebirges, 841 m; im Hochsauerland.

Kaffeestrauch mit Blüten und Früchten

Kahlschlag, *Kahlhieb,* der gleichzeitige »Abtrieb« sämtl. Bäume eines Bestandes, ohne vorherige Verjüngung.
Kahn, Hermann, * 1922, † 1983, US-amerik. Zukunftsforscher.
Kahn, größeres Flußfahrzeug zum Gütertransport (*Last-K.*), ohne eig. Antrieb.
Kahr, Gustav Ritter von, * 1862, † 1934, dt. Verwaltungsjurist u. Politiker; 1920–21 bay. Min.-Präs., 1923 Generalstaatskommissar; schlug den *Hitler-Putsch* 1923 nieder; anläßl. des sog. Röhm-Putsches erschossen.
Kahramanmaras, Prov.-Hptst. in der SO-Türkei, 215 000 Ew.
Kai, *Kaje, Quai,* betoniertes, gemauertes oder mit Spundwand versehenes Hafenufer zum Anlegen von Schiffen.
Kaifeng, *Kaiföng,* chin. Stadt in der Prov. Henan, am Huang He, 636 000 Ew.; dreizehnstöckige »Eisenpagode« (11. Jh.). – 907–1126 Hptst. des chin. Reichs.
Kain, im AT ältester Sohn Adams u. Evas, erschlug seinen Bruder *Abel.*
Kainz, Josef, * 1858, † 1910, östr. Schauspieler; wurde bes. als jugendl. Held, später als Charakterdarsteller berühmt, eindrucksvoll v. a. als Hamlet.
Kaiphas, eigtl. *Joseph,* jüd. Hoherpriester (um 18–36), der Jesus an Pilatus übergab.
Kairo, *Cairo, Al Qahirah,* Hptst. von Ägypten, rechts am Nil, größte afrik. Stadt, 6,1 Mio. Ew.; Al-Azhar-Universität (geistiges Zentrum des Islams), Ägypt. Museum; zahlr. Industrien. – K. geht auf ein 969 gegr. Militärlager zurück. Der Blütezeit unter den Abbasiden (1261–1517) folgte Niedergang unter den Osmanen. Die moderne Entwicklung begann im 19. Jh.; im 20. Jh. wuchs K. mit den Vorstädten zusammen.
Kairouan, Stadt in Mitteltunesien, 72 000 Ew.; Sidi-Okba-Moschee (8. Jh.); hl. Stadt des Islams u. Wallfahrtsort.
Kaiser, oberste Stufe in der weltl. Hierarchie, abgeleitet vom Namen Gaius Iulius *Cäsars;* Bez. für die röm. Herrscher seit Augustus; Erneuerung des röm. K.tums 800 durch *Karl d. Gr.;* seit Otto d. Gr. (962) mit dem dt. Königtum verknüpft; 1806 erlosch das Dt. K.tum mit Franz II; 1871–1918 von Bismarck geschaffenes Dt. K.tum, das erbl. mit der Krone Preußens verbunden war. Herrschertitel auch in zahlr. anderen Ländern.
Kaiser, **1.** Georg, * 1878, † 1945, dt. Dramatiker des Expressionismus; Ⓦ »Die Bürger von Calais«, »Von morgens bis mitternachts«, »Gas« . – **2.** Jakob, * 1888, † 1961, dt. Politiker (CDU); seit 1912 in der christl. Gewerkschaftsbewegung; 1949–57 Bundes-Min. für gesamtdt. Fragen.
Kaiserchronik, älteste gereimte dt. Weltchronik (um 1150); erzählt in Sagenform von den röm. u. dt. Kaisern.
Kaiserfische, Unterfam. der *Borstenzähner,* artenreiche Gruppe meist prachtvoll gefärbter, trop. Fische der Korallenregion.
Kaisergebirge, Berggruppe der N-Tiroler Kalkalpen: *Zahmer (Hinterer) Kaiser* im N (1999 m) u. *Wilder (Vorderer) Kaiser* im S (2344 m).
Kaiserkrone, Liliengewächs mit auffälligen gelben oder rötl. nickenden Blüten; beliebte Gartenpflanze.
Kaisermantel, *Silberstrich,* größter mitteleurop. *Fleckenfalter* mit schwarzen Tupfen auf orangegelbem Grund.
Kaiserpfalz → Pfalz.
Kaiserschmarrn, östr. Mehlspeise aus Eidotter, Eischnee, Milch, Zucker, Mehl u. Salz.
Kaiserschnitt, *Schnittentbindung,* eine geburtshilfl. Operation, bei der nach Öffnung der Bauchhöhle oder von der Scheide aus die Gebärmutter zur Geburt des Kindes aufgeschnitten wird; angezeigt, wenn die natürl. Geburt unmögl. ist oder die Geburt sofort beendet werden muß.
Kaiserslautern, krfr. Stadt in Rhld.-Pf., am N-Rand des Pfälzer Walds, 97 000 Ew.; Univ. (1970); Eisen-, Textil-, Holz-, Nähmasch.-, Nahrungsmittel-Ind.
Kaiserstuhl, Gebirgsstock nw. von Freiburg i. Br. in der Oberrhein. Tiefebene, im *Totenkopf* 557 m; Wein- u. Obstbau.
Kaiserswerth, nw. Stadtteil von Düsseldorf; ehem. Insel im Rhein.
Kaiserwald, tschech. *Slavkovský les,* bewaldeter Gebirgszug in W-Böhmen (Tschech. Rep.); im *Judenhau* 983 m.
Kaiser-Wilhelm-Gesellschaft zur Förderung der Wissenschaften e.V. → Max-Planck-Gesellschaft.
Kaiser-Wilhelm-Kanal → Nord-Ostsee-Kanal.
Kaiser-Wilhelms-Land, 1884–1919 dt. Schutzgebiet im nordöstl. Neuguinea.
Kaitersberg, Erhebung im Böhmerwald, östl. von Kötzting.
Kajak, 1. einsitziges Jagdboot der Eskimo-Männer. – **2.** geschlossenes Sportboot, das im Sitzen mit Doppelpaddeln vorwärtsbewegt wird.
Kajüte, bequemer Einzelwohnraum auf Schiffen für Schiffsoffiziere oder Fahrgäste; auch der geschlossene Wohnraum auf kleinen Segel- oder Motorjachten.
Kakadus, 17 Arten umfassende Unterfam. großer, meist gehaubter austral.-philippin. *Papageien;* von meist weißer, aber auch schwarzer Färbung mit gelben oder roten Abzeichen.
Kakao, *Cacao,* Genuß- u. Nahrungsmittel aus den Samen (*K.bohnen*) des *Echten K.baums;* beheimatet im trop. Süd- u. Mittelamerika; Inhaltsstoffe: 35–55% Fett, 18–20% Eiweiß, 10–12% Stärke, geringe Mengen Zucker (0,26%) u. ein dem Coffein ähnl. Alkaloid, das *Theobromin;* K.bohnen werden fermentiert, geröstet u. zermahlen zur Schokoladenherstellung u. als Grundlage für das K.getränk verwendet; Hauptanbaugebiete: W-Afrika, Brasilien, Mittelamerika.
Kakemono, lang herabfallendes ostasiat. Rollbild

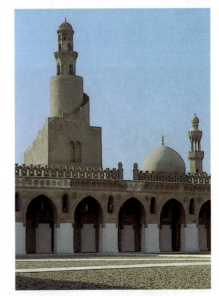

Kairo: Spiralminarett der Ibn-Tulun-Moschee

aus Seide oder Papier; im Ggs. zum *Makimono,* das auf dem Tisch oder Fußboden ausgerollt wird.

Kakerlak [der], die *Kakerlake,* →Küchenschabe.

Kaki →Khaki.

Kakipflaume, aus O-Asien stammender Obstbaum mit wohlschmeckenden tomatenähnl. gelben bis roten Beerenfrüchten; heute auch im südl. Europa angepflanzt.

Kakophonie, Mißklang, Mißlaut; als häßl. empfundene Lautverbindung im Wort oder Satz u. Tonfolge in der Musik.

Kaktusgewächse, *Kakteen, Cactaceae,* Pflanzenfam.; Stammsukkulenten mit säulenförmigem, kugeligem oder blattförmigem Stamm u. Blattdornen; vorw. in Wüsten u. Halbwüsten Amerikas. →Pflanzen.

Kala-Azar, *Schwarze Krankheit, Dum-Dum-Fieber, trop. Splenomegalie,* fr. meist tödl. verlaufende Infektionskrankheit, die bes. in trop. Ländern vornehml. Jugendliche befällt; der Erreger *Leishmania donovani* befällt die inneren Organe, bes. Milz, Leber u. Knochenmark, u. führt zu Blutarmut, Fieberschüben u. Kräfteverfall.

Kalabrien, Halbinsel u. Region im äußersten S Italiens, von Sizilien durch die Straße von Messina getrennt, durchzogen vom *Kalabr. Apennin;* Viehwirtsch., Anbau von Weizen, Wein, Oliven.

Kalahari, *Kgalagadi,* abflußlose, trockene Beckenlandschaft in Botswana, Namibia u. Südafrika, rd. 800 000 km²; weite Hochlandflächen mit Salzpfannen, dem sumpfigen *Okavango-Becken* u. period. Flüssen; Savannenklima, das Dorn- u. Trockensavanne wachsen läßt; Rückzugsgebiet der Buschmänner u. Hottentotten.

Kalamata, *Kalamai,* grch. Hafenstadt im S des Peloponnes, am Messen. Golf, 42 000 Ew.; Burg (1208); 1986 durch Erdbeben stark beschädigt.

Kalamität, peinl. Verlegenheit, Schwierigkeit, Mißgeschick, Unglück; Massenauftreten von Krankheitserregern oder Schädlingen (*Epidemien*).

Kalanchoe, *Flammendes Kätchen,* in Madagaskar heim. *Dickblattgewächs;* Zierpflanze.

Kalander, Masch. mit versch. über- u. hintereinander befindl., z. T. beheizten Walzen aus Stahl; zum Rollen, Glätten, Pressen u. Prägen von Gewebe, Papier, Kunststoffolie u. a.

Kalatosow, Michail, *1903, †1973, sowj. Filmregisseur; stellte in dem Film »Wenn die Kraniche ziehen« die Stalin-Ära krit. dar.

Kalauer, Wortspiel, fauler Witz.

Kalb, Jungtier von Rindern, Hirschen u. a. Huftieren.

Kalb, Charlotte von, geb. *Marschalk von Ostheim,* *1761, †1843, befreundet mit F. Schiller, F. Hölderlin u. Jean Paul; hinterließ Gedichte, Erinnerungen, einen Roman, Memoiren u. viele Briefe.

kalben, Bez. für das Abbrechen großer Eismassen von Gletschern u. Inlandeismassen ins Meer in Form von *Eisbergen.*

Kalbsmilch, *Bries, Thymusdrüse,* des Kalbs.

Kalchas [-ças], sagenhafter Priester u. Seher der Griechen im Trojan. Krieg.

Kalchu, Ruinenhügel *Nimrud* am mittleren Tigris, im 9. Jh. v. Chr. Hptst. Assyriens; Reste großer Paläste u. Tempel u. a.

Kalenderbild des Monats November; flämische Miniaturmalerei aus dem Breviarium Grimani; um 1510. Venedig, Bibliothek von San Marco

Kalckreuth, Leopold Graf von, *1855, †1928, dt. Maler u. Graphiker; zunächst Realist, nahm Stilelemente des frz. Impressionismus in Landschaften u. Porträts an.

Kaldor, Lord (seit 1974) Nicholas, *1908, †1986, engl. Wirtschaftswiss. ung. Herkunft; Begr. der post-keynesian. Schule.

Kalebasse, hartschalige Frucht des trop. *Kalebassenbaums,* woraus bei Naturvölkern Gefäße, Löffel u. a. hergestellt werden; auch die hartschalige Frucht von *Flaschenkürbissen.*

Kaleidoskop, opt. Spielzeug in Form einer Röhre, bei dem regelmäßige, sternförmige Figuren durch mehrfache Spiegelung bunter Schnitzel (Glasperlen) hervorgebracht werden.

Kalenden, *Calendae,* im altröm. Kalender der erste Tag jeden Monats.

Kalender, Verzeichnis der Zeitrechnung nach Tagen, Wochen, Monaten u. Jahren, unter Berücksichtigung der nat. u. kirchl. Festtage.

Kalendergeschichte, kurze Prosaerzählung, zumeist lehrhaft, die in einem Kalender oder Jahrbuch abgedruckt ist. Die bekanntesten K.n schrieben H. J. Ch. von *Grimmelshausen,* J. P. *Hebel,* P. *Rosegger* u. B. *Brecht.*

Kalesche, leichter vierrädriger, einspänniger Wagen mit Kutschbock u. abnehmbarem Verdeck.

Kali, ältere Bez. für *Kaliumhydroxid* (*Ätzkali*), auch für die *Kalisalze.*

Kaliber, Innendurchmesser von Rohren, Geschützrohren, Gewehrläufen u. a. Waffen.

Kalidasa, bed. ind. Dichter aus dem 5. Jh. n. Chr.; episches Werk u. Dramen: »Schakuntala« u. a.

Kalif, *Khalif, Chulif,* Titel der Nachfolger *Mohammeds* als religiöses u. weltl. Oberhaupt des Islam. Reichs.

Kalifornien, Ldsch. im SW N-Amerikas, umfaßt die mex. Halbinsel K. (Nieder-K.) u. den Gliedstaat K. (California, Ober-K.) der → Vereinigten Staaten; zw. der Halbinsel K. u. dem mex. Festland liegt der *Golf von K.*

Kaliko, Gewebe in Leinwandbindung aus Baumwolle, Leinen oder Halbleinen; steif u. glänzend appretiert.

Kalilauge, wäßrige Lösung von *Kaliumhydroxid;* stark alkalisch.

Kalimantan, indones. Name für →Borneo.

Kalimba, afrikan. Musikinstrument.

Kalinga, altindones. Volk (rd. 47 000) im Innern Luzons (Philippinen); Bauern und Viehzüchter.

Kalinin, von 1931 bis 1990 Name der russ. Stadt →Twer.

Kalinin, Michail Iwanowitsch, *1875, †1946, sowj. Politiker; 1938–46 als Vors. des Präsidiums des Obersten Sowjets Staatsoberhaupt.

Kaliningrad, russ. Name für →Königsberg (Ostpreußen).

Kalisalze, natürl. vorkommende Salze des *Kaliums;* finden Verwendung in der Technik u. als Düngemittel.

Kalisch, poln. *Kalisz,* Stadt in Polen, 104 000 Ew.; klassizist. Stadtkern, barocke Stiftskirche; Masch.-, chem. u. Leder-Ind.

Kalium →chemische Elemente.

Kaliumnitrat, *Kalisalpeter,* Kaliumsalz der Salpetersäure; als Düngemittel, zur Herstellung von Feuerwerkskörpern, Pökelsalz u. a. verwendet.

Kalk, *gebrannter K., Calciumoxid,* CaO, durch Erhitzen (»Brennen«) von *K.stein* (Calciumcarbonat, CaCO₃) hergestellt, wobei Kohlendioxid abgespalten wird; reagiert unter starker Wärmeentwicklung mit Wasser; dabei bildet sich *gelöschter K.* (Calciumhydroxid, Ca[OH]₂), der von alters her durch Beimischung von Sand zur Herstellung von *Mörtel* verwendet wird. Er geht durch langsame Aufnahme des Kohlendioxids der Luft wieder in *Calciumcarbonat* über.

Kalkar, Stadt in NRW, nahe am Niederrhein, 11 000 Ew.; seit 1973 Bau eines Kernkraftwerks mit »Schnellem Brüter«; 1991 eingestellt.

Kalkspat, *Calcit* →Mineralien.

Kalkstein, aus Calciumcarbonat (CaCO₃) bestehendes Gestein; als Sedimentgestein im Meer- u. Süßwasser durch Organismen (aus den Kalkschalen u. -skeletten von Muscheln, Schnecken, Korallen, Algen, Foraminiferen) oder durch chem. Ausfällung aus dem Wasser entstanden; als *dichter K., poröser K.* (*K.-Sinter, K.-Tuff,* Travertin), Kreide, Marmor, Oolith.

Kalkstickstoff, *Calciumcyanamid,* CaCN₂, ein Düngemittel.

Kalkül, Berechnung, Überschlag; Verfahren in der Logik sowie formales Rechenverfahren.

Kalkulation, Berechnung der Selbstkosten einer Lieferung oder Leistung.

Kalkutta, *Calcutta, Kalikata,* Hptst. des ind. Bundesstaats *Westbengalen,* am Mündungsarm Hugli im westl. Bereich des Ganges-Deltas, 125 km vor Golf von Bengalen, 4,4 Mio. Ew. (Agglomeration 10,9 Mio Ew.); wichtigstes ind. Industriezentrum; größte Bevölkerungsballung mit schweren sozialen Problemen. – 1690 als Handelsniederlassung gegr., 1773–1912 Sitz des brit. Generalgouverneurs bzw. Vizekönigs.

Kalla, bis 50 cm hoch werdende Sumpfpflanze aus der Fam. der *Aronstabgewächse,* mit kolbenförmigem Blütenstand u. weißem Hüllblatt.

Kalligraphie, (Schön-)Schreibkunst.

Kallimachos, 1. athen. Bildhauer der zweiten Hälfte des 5. Jh. v. Chr., nach Vitruv Erfinder des korinth. Säulenkapitells. – **2.** lat. *Callimachus,* *um 310 v. Chr., †um 240 v. Chr., grch. Gelehrter u. Dichter in Alexandria am Hof der Ptolemäer; begr. die Bibliographie.

Kalliope, *Muse* der erzählenden Dichtung.

Kallisthenes, *um 370 v. Chr., †327 v. Chr., grch. Geschichtsschreiber u. Philosoph; Großneffe des *Aristoteles,* Hofhistoriograph des Alexanderzugs; zuerst Bewunderer *Alexanders d. Gr.,* dann Hauptbeteiligter einer Verschwörung gegen ihn.

Kallisto, einer der großen Monde des *Jupiter.*

Kallus, Knochennarbe, Neubildung von Bindegewebe an Knochenbruchstellen.

Kálmán, Emmerich (Imre), *1882, †1953, ung. Operettenkomponist, W »Die Csárdásfürstin«, »Gräfin Mariza«, »Die Zirkusprinzessin«.

Kalmar, Prov.-Hptst. in S-Schweden, am *K.-Sund,* 54 000 Ew.; Schloß; Schiffbau. – **K.er Union,** 1397–1523 bestehende Union der drei nord. Reiche

Kaktusgewächse: Die meisten Kakteen tragen ihre Dornen auf besonderen Organen, die man Areolen nennt. Ihre Ausbildung und Stellung ist für die einzelne Kakteenart charakteristisch. – Links: Coryphantha aus Mexiko; rechts: Astrophytum aus Mexiko; im Vordergrund: Notacactus aus Brasilien (links). – Die Blüten der Kakteen sind ungestielt und zeigen keine Trennung in Kelch und Krone. Die einheitliche strahlenförmige Blütenhülle besteht aus mehr oder weniger gleichgestalteten Blütenblättern. Die zahlreichen Staubgefäße können im Blütenschlund unterschiedlich angeordnet sein. Bei den höheren Kakteen ist der Fruchtknoten unterständig (rechts)

Kalender der Völker

Kalender der	Urheber/Geltungsdauer	Kalenderberechnung	Schaltverfahren
Ägypter	seit dem 4. Jahrtausend v. Chr.	reines Sonnenjahr zu 365 Tagen; 12 Monate zu je 30 Tagen + 5 Zusatztage	keine Schalttage; Jahresanfang durchläuft in 1461 ägyptischen Jahren das ganze Jahr
	238 v. Chr.	reines Sonnenjahr zu 365¼ Tagen	vermutlich in jedem 4. Jahr 1 Schalttag
Babylonier	bis zum 6. Jh. v. Chr.	Mondjahr zu 354 Tagen; 12 Monate, abwechselnd 30 u. 29 Tage	bei Abweichung vom Sonnenstand willkürlich ein Monat eingeschoben oder ausgeschaltet
	vom 6. Jh. an		zyklische (auf Rechnung beruhende) Schaltungsweise
Griechen	seit 383 v. Chr.		7 Schaltmonate für 19 Jahre
	7. Jh. v. Chr.		Oktaetris-Zyklus von 2992 Tagen; 8 Sonnenjahre = 99 Mondmonate
	Solon (594 v. Chr.)		Oktaeteris, verbessert auf 2923½ Tage
	Meton (432 v. Chr.)	Mond-Sonnenjahr zu 12 und 13 Monaten	19jähriger Zyklus von 235 Monaten, Schaltjahre sind die Jahre 3, 5, 8, 11, 13, 16, 19 in diesem Zyklus
	Kalippos (330 v. Chr.)		verbesserter Metonzyklus; vier solcher Zyklen = 76 Jahre um einen Tag vermindert, unabhängig davon 10tägige Woche
Römer	8. u. 7. Jh. v. Chr. und auch später	Mondjahr zu 10, seit dem König Numa (715 v. Chr.) zu 12 Monaten	unregelmäßig
	Julius Cäsar (Julianischer Kalender): 46 v. Chr.; in den griechisch-orthodoxen Ländern bis 1923	reines Sonnenjahr zu 365¼ Tagen	jedes 4. Jahr ein Schalttag
Moslems	seit 16. Juli 622 (Hedschra)	reines Mondjahr	30jähriger Zyklus, in dem 11mal je ein Tag eingeschaltet wird; unabhängig davon 7tägige Woche; Tage beginnen mit Sonnenuntergang
Türken	vor dem islamischen Kalender:	reines Mondjahr zu 354 Tagen	8jähriger Zyklus, davon das 2., 5. und 7. Jahr zu 355 Tagen
	seit 1677:	reines Sonnenjahr	
	seit 1916; Gregorianischer Kalender		
Juden	bis Beginn unserer Zeitrechnung		bei Bedarf ein ganzer Monat eingeschaltet
	Reform (vielleicht Rabbi Samuel 338)		Monate abwechselnd 29 u. 30 Tage
		Mond-Sonnenjahr	19jähriger Zyklus; Jahreslängen mit 353, 354 oder 355 Tagen; Schaltjahre mit 383, 384 oder 385 Tagen; Schaltjahre sind die Jahre 3, 6, 8, 11, 14, 17, 19 des Zyklus
Inder	Zeit des Weda	Mond-Sonnenjahr; 12 Monate zu je 30 Tagen	ursprünglich nur Mondjahr, durch willkürliche Schaltung eines 13. Monats mit der Sonne in Einklang gebracht
	Zeit des Siddhânta (4. bis 6. Jh.)	60jährig (5 Jupiterumläufe) und 12jährig (1 Umlauf)	Rechnung nach Sonnenmonaten
Chinesen und Japaner	3. Jahrtausend v. Chr.	Jahr zu 360 Tagen	
	um 2258 (?) v. Chr.	Mond-Sonnenjahr	von je 19 Jahren 12 Gemeinjahre zu 12 und 7 Schaltjahre zu 13 Monaten; Jahresanfang veränderlich
Japaner	Seit 1873: Gregor. Kalender		
Altgermanische Völker		unvollkommenes Mond-Sonnenjahr	Schaltweise durch ganze Mondmonate nach Bedarf
Isländer und Norweger	bis Einführung des Christentums	Jahr zu 364 Tagen, 7tägige Woche	6 Winter- und 6 Sommermonate zu 30 Tagen, im 3. Sommermonat 4 Ergänzungstage; 5mal in 28 Jahren eine Schaltwoche im 3. Sommermonat
Neuzeit	Papst Gregor XIII. (Gregorianischer Kalender): in den katholischen Ländern seit 15. Okt. 1582, im protestantischen Deutschland 1. März 1700, England 1752, Schweden 1753, Japan 1873, Bulgarien und Türkei 1916, UdSSR 1918, Rumänien 1919, Griechenland 1923, China 1949	reines Sonnenjahr zu 365 Tagen	bei Ersteinführung folgte auf den 4. Okt. 1582 des seitherigen Julianischen Kalenders sofort der 15. Oktober 1582. Der Frühlingsanfang wurde auf den 21. März gelegt; jedes 4. Jahr zu 366 Tagen, mit Ausnahme der durch 400 nicht teilbaren Jahrhunderte. Jahreslänge: 365 Tage 5 Stunden 49 Minuten 12 Sekunden; d. h. das Jahr ist um 26 Sekunden größer als die jetzige Jahreslänge
	Neuer orientalischer Kalender: 14. Okt. 1923 von der griechisch-orthodoxen Kirche angenommen		
	Französischer Revolutionskalender am 14. Juli 1790 schrittweise eingeführt. Endgültige Fassung seit dem 5. Okt. 1793. Abgeschafft Ende 1805	12 Monate zu je 30 Tagen + 5 „jours complémentaires"	Jahresbeginn z. Z. des Herbstanfangs. Jahr I ab 1792 bis XIV = 1805, Schaltjahre waren das 3., 7. und 11. Jahr (Revolutionstag). Monate teilweise in 3 Dekaden eingeteilt

Kältemischungen 433

Dänemark, Schweden u. Norwegen; dän. König als gemeinsamer Herrscher bei weiterbestehender innerer Selbständigkeit.

Kalmare, *Teuthoidea*, Unterordnung der *Kopffüßer*; torpedoförmige Weichtiere mit 10 Fangarmen u. riesigen, leistungsfähigen Linsenaugen. Die größten K. oder Riesentintenfische haben Fangarme von 15 m Länge.

Kalme, Windstille oder eine Windgeschwindigkeit unter 0,5 m/s. – **K.ngürtel**, Bereich der Windstillen in der Äquatorzone u. in den Roßbreiten.

Kalmit, höchster Berg des Pfälzer Waldes, 683 m.

Kalmüken, westmongol. Volk (rd. 140000) in Kalmükien (Rußland) u. in der Mongolei; ehem. nomad. Viehzüchter; Anhänger des Lamaismus.

Kalmükien, Rep. Chalm-Tangtsch, Republik innerhalb Rußlands, nordwestlich des Kasp. Meers, 75 900 km², 325 000 Ew.; Hptst. *Elista;* Trockensteppe, Halbwüste, Salzseen; Vieh-Wirtsch., Fischerei; Erdgasvorkommen.

Kalmus, *Acorus*, Gatt. der *Aronstabgewächse* mit den beiden Arten Grasartiger K. u. Gewöhnl. K., in O-Asien heimisch. In bes. Zellen ist das äther. K.öl enthalten.

Kalorie, Kurzzeichen cal, veraltete Einheit der Energie (Wärmemenge); amtl. ist nur noch die Energieeinheit Joule (J) zulässig; es gilt jetzt: 1 cal = 4,1868 J. – In der Ernährungslehre wurde die Einheit K. zur Angabe des Energiewerts von Nahrungsmitteln gebraucht, wobei unter K. die große K. (*Kilocalorie*, kcal) zu verstehen ist. Auch hier ist amtl. nur noch das *Joule* zulässig.

Kalorimeter, Wärmemesser, Gerät zum Messen von Wärmemengen, die von einem Stoff bei chem. oder physikal. Veränderung aufgenommen oder abgegeben werden.

Kalotte, 1. Oberflächenabschnitt einer Kugel, Kugelkappe. – **2.** knapp anliegende Mütze, bes. das Scheitelkäppchen der Geistlichen.

Kaltblut →Pferde.

Kaltblüter →wechselwarme Tiere.

kalte Ente, eisgekühltes Bowlengetränk.

Kältemaschinen, Maschinen, die unter Kraftaufwand tiefe Temperaturen erzeugen. Bei der *Kompressionsmaschine* wird ein gasförmiges Kältemittel (Ammoniak, Freon, Kohlendioxid) verdichtet, wobei es sich erhitzt, anschließend verflüssigt u. durch Wasser gekühlt. Im Verdampfer wird es verdampft u. entzieht dabei der Umgebung Wärme. – Bei der *Absorptionsmaschine* wird konzentrierte Ammoniaklösung im »Kocher« erwärmt u. dadurch das Ammoniak dampfförmig ausgetrieben. Anschließend wird es verflüssigt u. im Verdampfer verdampft, wobei es der Umgebung Wärme entzieht. – K. werden zur Luftverflüssigung, in Kühlanlagen u. zur Gasverflüssigung (z.B. Sauerstoff, Wasserstoff) benutzt.

Kältemischungen, Zweistoffgemische zur Erzeugung tiefer Temp., meist Mischungen von Salzen mit Eis. Da der Gefrierpunkt von Lösungen tiefer liegt als der des Lösungsmittels, schmilzt das Eis. Die zum Schmelzen des Eises erforderl. Wärmemenge wird der Umgebung entzogen.

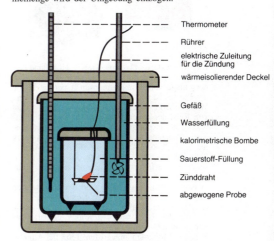

Kalorimeter: Aus der Temperaturerhöhung des Wassers läßt sich die bei der Verbrennung der Probe freigewordene Wärmemenge bestimmen

Kaltenbrunner, Ernst, *1903, †1946 (hingerichtet), seit 1933 SS-Führer in Östr., seit 1943 Chef der Sicherheitspolizei u. des SD sowie des Reichssicherheitshauptamts; 1946 in Nürnberg zum Tode verurteilt.

Kältepole, die kältesten Punkte der Erde; auf der N-Halbkugel der Ort Ojmjakon in O-Sibirien (−67,7 °C); auf der S-Halbkugel an der russ. Station Wostok in der O-Antarktis (−89,2 °C).

kalter Krieg, nach dem 2. Weltkrieg aufgekommene Bez. für die Auseinandersetzungen zw. dem Ostblock u. den Westmächten; ideolog. u. propagandist. Angriffe, wirtsch. Kampfmaßnahmen, Wettrüsten u. a.; Vermeidung militär. Auseinandersetzung.

Kaltleiter, elektr. Leiter, dessen Widerstand mit steigender Temp. meist erhebl. zunimmt. Einfachste K. sind Glühlampen.

Kaltnadel, *K.arbeit*, graph. Verfahren der Radierung: Die auf die Kupferplatte übertragene Zeichnung wird nicht eingeätzt, sondern mit kalter Nadel eingeritzt.

Kaltzeit, weltweite Temperaturerniedrigung während der *Eiszeiten* des Quartärs.

Kaluga, russ. Stadt an der oberen Oka (Hafen), 302 000 Ew.; Masch.-, chem., Elektro-, Textil-Ind.

Kalumet, Friedenspfeife nordamerik. Indianer.

Kalundborg [kalonˈbɔr], dän. Hafenstadt auf Seeland, 19 000 Ew.; Rundfunksender, Hafen, Erdölraffinerie.

Kalvarienberg, 1. Hinrichtungsstätte Jesu, andere Bez. für *Golgatha*. − 2. natürl. oder künstl. Berg, auf dem als kath. Wallfahrtsstätte die 14 Kreuzwegstationen Jesu dargestellt sind.

Kalypso, Nymphe der grch. Sage; rettete u. pflegte den schiffbrüchigen *Odysseus*.

Kalzium →Calcium.

Kama, *Kandarpa*, ind. Liebesgott; als Knabe auf einem Papagei dargestellt.

Kama, längster l. Nbfl. der Wolga, 2030 km lang, speist den K.stausee.

Kamakura, jap. Stadt auf Honshu, an der Sagamibucht, 175 000 Ew.; Bade- u. Wallfahrtsort (buddhist. Tempel u. Schintoschreine).

Kamarilla [-ˈrɪlja], in Monarchien oder autoritären Regimes eine Hofpartei ohne Regierungsverantwortung, die aber großen Einfluß auf den Herrscher hat.

Kamasutra, ältestes Lehrbuch der Erotik aus Indien; im 4. Jh. von M. *Watsjajana* verfaßt.

Kambium, Bildungsgewebe in pflanzl. Stengeln u. Wurzeln; ermöglicht das Dickenwachstum, indem es bei Nacktsamern u. Zweikeimblättrigen nach außen Bast, nach innen Holz bildet, bei Einkeimblättrigen nach außen Rindenzellen, nach innen Leitbündel u. Parenchym.

Kambodscha, amtl. *Kampuchea*, Staat in SO-Asien, 181 035 km², 8,4 Mio. Ew. (buddhist. Khmer), Hptst. *Phnom Penh*.

Kambodscha

Landesnatur. Das trop. Tief- u. Hügelland beiderseits des Mekong empfängt seine reichen Niederschläge vom Sommermonsun. Über die Hälfte des Landes ist von dichtem Regenwald bestanden.
Wirtschaft. Lebensgrundlage ist der Anbau von Reis, der neben Kautschuk u. Mais auch das wichtigste Exportgut ist. Der Wald liefert u. a. Teak, Mahagoni u. Ebenholz. In seinen Gewässern hat K. das bed. Fischreservoir SO-Asiens. An Bodenschätzen gibt es Phosphate, Edelsteine u. Eisenerze. Die Industrie verarbeitet zumeist Agrarprodukte. − Die wichtigsten Verkehrswege sind die Wasserstraßen. Haupthäfen sind der Binnenhafen Phnom Penh u. der Seehafen Kompong Som.
Geschichte. Das hinterind. Reich *Funan* wurde Anfang des 7. Jh. von den *Khmer* erobert. Das Khmer-Reich wurde im 13. Jh. von den Thai, Schan u. Mongolen angegriffen. 1353 fiel Angkor. Vorübergehend regierten Thai-Könige in K. Um 1660 geriet der letzte Khmer-König in siames. Gefangenschaft u. K. fiel unter Fremdherrschaft. 1867 wurde K. von den Franzosen besetzt; als *Protektorat K.* gehörte es seit Ende des 19. Jh. zur *Union von Indochina*. Nach der Niederlage Frankreichs im 1. Indochinakrieg erhielt K. 1954 die volle Unabhängigkeit u. schied aus der Frz. Union aus. Norodom *Sihanouk* dankte 1955 als König ab, erließ eine neue Verf. u. wurde Min.-Präs.; 1960 auch formell Staatschef. 1970 wurde Sihanouk gestürzt. General *Lon Nol* übernahm die Macht. Es kam zum Bürgerkrieg, in dem die kommunist. Roten Khmer unter Pol Pot 1975 siegten. Sie proklamierten das Demokrat. K. u. errichteten ein Terrorregime (wahrsch. über 1 Mio. Todesopfer). 1979 besetzten vietnames. Truppen das Land u. setzten eine neue Reg. ein. 1989 wurde eine neue Verf. proklamiert. Die vietnames. Truppen zogen im gleichen Jahr ab. Gegen die Reg. kämpften drei Widerstandsgruppen, darunter die Roten Khmer. 1991 wurde ein Friedensabkommen unterzeichnet u. die UNO stationierte Truppen in K. 1993 fanden freie Wahlen statt. Das Land wurde zur konstitutionellen Monarchie u. Sihanouk erneut König.

Kambrium →Erdzeitalter.

Kamee →Gemme.

Kamele, *Camelidae*, Fam. der Paarhufer; hochbeinige u. langhalsige Steppen- u. Wüstentiere, Paßgänger; in Afrika, Asien u. S-Amerika verbreitet; können Fett (im Höcker) u. Wasser (im Magen) speichern; hierher gehören das einhöckrige *Dromedar*, das zweihöckrige *Trampeltier* u. die höckerlosen *Lamas*.

Kamelie, zu den *Teegewächsen* gehörende Zimmer- u. Kalthauspflanze aus O-Asien; mit großen, meist gefüllten, rosenähnl. Blüten.

Kameliendame, Titelheldin eines Romans des jüngeren A. *Dumas*, von diesem später zum Schauspiel umgearbeitet (von G. *Verdi* zur Vorlage für seine Oper »La Traviata« genommen).

Kamen, Stadt in NRW, sw. von Hamm, 45 000 Ew.; Steinkohlenbergbau, Metallind.

Kamenew [ˈkaminjef], eigtl. *Rosenfeld*, Lew. B., *1883, †1936 (hingerichtet), sowj. Politiker; enger Mitarbeiter Lenins, bekleidete höchste Partei- u. Staatsämter; 1936 zum Tod verurteilt (das Urteil wurde 1988 aufgehoben).

Kamenz, Krst. in Sachsen, 18 000 Ew.; Lessingmuseum; Maschinenbau, keram., elektron. Ind.

Kamera, allg. photograph. Aufnahmegerät; bestehend aus einem lichtdichten Gehäuse mit Objektiv, einer Mattscheibe u. einer Vorrichtung zur Aufnahme des Films; versch. K.modelle für versch. Zwecke. Die Möglichkeiten der Automatik wurden mit Hilfe von Mikrochips u. optoelektron. Bauelementen perfektioniert.

Kameralismus, Bez. für die Wirtsch.-Wiss. in Dtld. während des *Merkantilismus*; Lehre von der landesfürstl. Verw., die Rechtswiss., Verw.- u. Wirtsch.-Lehre (bes. Finanzlehre) umfaßte.

Kamerlingh Onnes, Heike, *1853, †1926, ndl. Physiker; verflüssigte 1908 als erster Wasserstoff u. Helium, entdeckte die Supraleitung; Nobelpreis 1913.

Kamerun, Staat in W-Afrika, 475 442 km², 12,2 Mio. Ew., Hptst. *Yaoundé*.

Kamerun

Landesnatur. Den größten Teil des Landes nimmt das *Hochland von K.* ein. Nach W schließt sich das feuchtheiße Küstentiefland an, aus dem sich der *K.berg* (4070 m) erhebt. Der S u. die Küsten werden von Regenwäldern eingenommen, die nach NO in Feucht- u. im N in Trockensavanne übergehen.
Die Bevölkerung besteht aus Bantu- u. Sudanvölkern, Fulbe, Arabern u. Pygmäen. 35% sind Christen, 20% Moslems u. 45% Anhänger von Naturreligionen.
Wirtschaft. Für den Export werden Kakao, Kaffee, Baumwolle, Kautschuk, Ölpalmen u. Bananen angebaut. Andere Ausfuhrgüter sind Fleischkonserven u. Edelhölzer. Es gibt bed. Bauxit- (Aluminiumwerk bei Edea), Erdöl- u. Erdgaslagerstätten, die fast die Hälfte des Gesamtausfuhrwerts stellen. Der Haupthafen Douala hat einen internat. Flughafen.

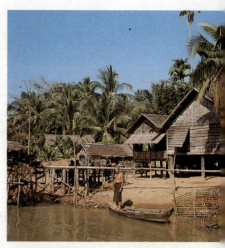

Kambodscha: Dorf im Nordwesten des Landes

Geschichte. K. wurde 1884 dt. Kolonie. 1919 wurde K. ein B-Mandat des Völkerbunds u. zw. Frankreich u. England geteilt. Die Mandate wandelten sich nach dem 2. Weltkrieg in Treuhandgebiete der Vereinten Nationen. 1960 wurde K. unabh. Rep. u. 1961 beide Teile des Landes vereint, wobei ein Nordteil bei Nigeria verblieb. 1972 wurde die seit 1961 bestehende Bundesrepublik in die zentralist. *Vereinigte Rep. K.* umgewandelt. Staats-Präs. ist seit 1982 P. *Biya*.

Kamikaze, jap. Kampfflieger im 2. Weltkrieg, die sich freiwillig mit bombenbestückten Flugzeugen auf feindl. Schiffe stürzten u. dabei den Tod fanden.

Kamille, *Matricaria*, Gatt. der *Korbblütler* mit drei einheim. Arten, darunter die bed. *Echte K.*, die als Heilpflanze Verwendung findet.

Kamin, 1. Schornstein. − 2. Feuerstelle, dreiseitig umschlossen, zur Wohnung hin offen. − 3. enger, steiler Felsspalt.

Kaminski, Heinrich, *1886, †1946, dt. Komponist; suchte die moderne Klangtechnik mit der Polyphonie des Barocks zu verbinden.

Kamisarden, hugenott. Bauern in den Cevennen, die sich gegen die Zwangskatholisierung durch Ludwig XIV. in einem Aufstand (1702−05) zur Wehr setzten *(Cevennen-Krieg)*.

Kamm, 1. Gerät zur Haarpflege u. als Schmuck. − 2. langgestreckte Erhebung der Erdoberfläche. − 3. *Crista*, vorspringende Leiste an einem Knochen. − 4. häutiger Anhang auf der Stirn der Hühner u. des Kondors sowie die häutigen Rückenzacken des *K.molchs* u. die verhornten *K.eidechsen*.

Kammer, 1. urspr. die den fürstl. Haushalt lei-

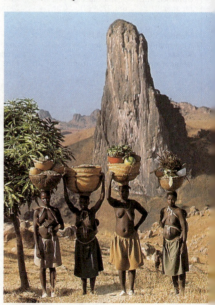

Kamerun: Inselberg im Kapsikigebirge im Norden des Landes

tende Behörde, die auch für die Verw. der fürstl. Güter zuständig war; dann allg. eine Verwaltungsbehörde. – **2.** das Kollegialgericht unterster Instanz mit mehreren Berufsrichtern. – **3.** berufsständ. Körperschaft des öffentl. Rechts; z.B. Handwerks-, Ärzte-K. – **4.** Parlament oder ein Teil eines Parlaments.
Kämmerer, urspr. der Aufseher über den königl. Schatz; heute Finanzverwalter der Städte.
Kammergericht, 1. seit dem 15. Jh. persönl. Gericht des dt. Königs; seit 1945 Reichs-K. – **2.** oberstes preuß. Gericht in Berlin, dessen Name nach dem 1. Weltkrieg auf das Oberlandesgericht Berlin überging.
Kammerjäger, alte Bez. für den Desinfektor oder Gesundheitsaufseher, der v. a. die Bekämpfung von Wohnungsschädlingen durchführt.
Kammermusik, urspr. das nichtöffentl. Musizieren in kleinem Kreis; seit Beginn der klass. Epoche bezieht sich der Begriff nur noch auf die größeren Instrumentalformen wie die Solosonate u. auf Werke für wenige Instrumente, deren Grundlage ebenfalls zumeist die Sonatenform ist (Duo, Trio, Quartett, Quintett).
Kammersänger, Titel für hervorragende Sänger.

Kammolch: Männchen im Hochzeitskleid

Kammerspiele, Theater, das kleiner u. intimer ist als das große Schauspielhaus; auch die dort aufgeführten Bühnenstücke.
Kammerton, der Ton *a'* (eingestrichenes a), seit 1939 allg. auf 440 Schwingungen pro s bei 20 °C festgelegt; der Ton der genormten Stimmgabeln u. Stimmpfeifen.
Kammgarn, nach einem bes. Verfahren hergestelltes Garn aus reiner gekämmter Wolle, auch aus reinen Chemiefasern oder Mischungen von kämmfähiger Länge; haltbares Gewebe daraus.
Kammolch, bis 18 cm langer *Schwanzlurch* in Europa u. Kleinasien, schwarzbraun, Bauch orangerot gefleckt.
Kammuscheln, *Pecten,* Meeresmuscheln mit vielen Augen am Mantelrand u. gleichmäßig gerippten Schalen; bewegen sich durch ruckartiges Zuklappen der Schalen.
Kampagne [-'panjə], größere, zeitl. begrenzte Aktion in Wirtsch., Werbung oder Politik.
Kampala, Hptst. von Uganda (seit 1962), Ostafrika, 460 000 Ew.; Wirtsch.- u. Verkehrszentrum; Univ.; Hafen *Port Bell* am Victoriasee.
Kampanien, ital. *Campània,* Region in →Italien.
Kampen ['kampə], ndl. Stadt nahe dem IJsselmeer, 32 000 Ew.; theol. HS; Masch.- u. Schiffbau.
Kampfer, *Campher,* kristalline, farblose oder weiße Verbindung, $C_{10}H_{16}O$, von stechendem Geruch; fr. aus dem Öl des K.baums, heute vorw. künstl. aus Terpentinöl hergestellt; dient als Weichmacher in der Celluloid-Ind. u. in der Medizin als Herz- u. Kreislaufmittel.
Kampferbaum, bis 40 m hohes *Lorbeergewächs* S-Chinas, Indochinas u. S-Japans.
Kampffisch, farbenprächtiger *Labyrinthfisch,* der im Erregungszustand raschen Farbwechsel zeigt; oft als Zierfisch gehalten. Die Männchen tragen aggressive Revierkämpfe aus.
Kampfläufer, mittelgroßer *Schnepfenvogel* Eurasiens; Männchen mit spreizbarer Halskrause; Gruppenbalz mit Schaukämpfen.
Kampfstoffe, zusammenfassende Bez. für atomare, biol. u. chem. Waffen bzw. Kampfmittel, durch die der Feind vernichtet oder kampfunfähig gemacht werden soll.
Kamp-Lintfort, Stadt in NRW, 38 000 Ew.; ältestes dt. Zisterzienserkloster *Kamp* (1122–1802); Steinkohlenbergbau.

Kampffisch-Paar beim Hochzeitstanz

Kampong Som, Hafenstadt in Kambodscha, 53 000 Ew.; Ölraffinerie, Maschinenbau.
Kampuchea [-'tʃea], *Kamputschea,* amtl. Bez. für Kambodscha in der Khmer-Sprache.
Kamtschatka, NO-asiat. Halbinsel zw. Bering- u. Ochotskischem Meer, 370 000 km²; gebirgig, mit z. T. noch tätigen Vulkanen; Rentierzucht, Fischfang, Holzverarbeitung; polit. zu Rußland.
Kanaan, bibl. Name für *Palästina.*
Kanaaniter, 1. vorisraelit. Bev. Palästinas. – **2.** →Phönizier.
Kanada, amtl. *Canada,* Staat in N-Amerika, mit 9 976 139 km² das zweitgrößte Land der Erde, 26,7 Mio. Ew., Hptst. *Ottawa.* K. ist gegliedert in 10 Provinzen u. 2 Territorien (vgl. Tabelle).
Landesnatur. Die Hügel- u. Mittelgebirgslandschaften im O gehören zu den nördl. Appalachen. Nach W werden sie durch die fruchtbare Tallandschaft am St.-Lorenz-Strom u. das flache Hügelland nördl. der Großen Seen begrenzt. Rund um die Hudsonbai schließt sich der Kanad. Schild an, der im SO ins Hudsonbai-Tiefland übergeht. Westl. des Schilds dehnt sich das Tiefland der Großen Inneren Ebenen aus, das sehr trocken u. sommerwarm ist. Die kühlgemäßigten Rocky Mountains

Kanada

mit den pazif. Küstenketten (Mount Logan 6050 m) umgeben die Hochbecken von British Columbia u. des Yukonterritoriums. Fast die Hälfte der Fläche nimmt das flache, subpolare bis polare Arkt. Tiefland des N ein. – Viele Seen unterbrechen das Land: Großer Bärensee, Großer Sklavensee, Athabascasee, Rentiersee. Die großen Ströme – St.-Lorenz-Strom, Mackenzie, Saskatchewan-Nelson, Churchill – sind 4 – 9 Monate im Jahr von Eis bedeckt. Der Wald nimmt 36% der Landesfläche ein. – B →S. 436.
Die zu rd. 23% frz., sonst engl. sprechende B e v ö l k e r u n g besteht aus eingewanderten Weißen vorw. brit. u. frz. Herkunft, daneben aus 370 000 Indianern u. Eskimo. Die Bev. konzentriert sich am St.-Lorenz-Strom, an den Großen Seen u. im Gebiet von Vancouver, während die übrigen Landesteile äußerst dünn besiedelt sind. Wichtigste Städte: Montreal, Toronto, Vancouver, Winnipeg, Ottawa, Hamilton, Quebec, Edmonton, Calgary, Windsor, London, Halifax, Kitchener.
W i r t s c h a f t. Rd. 40% der Agrarproduktion werden exportiert, hpts. Getreide u. Getreideerzeugnisse (v. a. Weizen), Milch- u. Fleischwaren u. Obst. Die atlant. Fischerei (die Neufundlandbank zählt zu den ertragreichsten Fischgründen der Welt) u. die pazif. Fischerei liefern Lachs, Kabeljau, Hummer, Hering u. a. Holz u. Holzerzeugnisse stehen mit rd. 20% des Ausfuhrwerts an zweiter Stelle der Exportliste hinter Autos u. Autozubehör. In der Uran- u. Zinkförderung steht K. unter den Förderländern der Erde an 1. Stelle, mit Asbest u. Nickel an 2., mit Molybdän, Platin u. Erdgas an 3., mit Kupfer u. Silber an 4. Stelle; bed. Erdölfunde. – Für den ganzen N ist das Flugzeug wichtigstes Verkehrsmittel. Bedeutend ist die Binnenschiffahrt auf dem St.-Lorenz-Schiffahrtsw. u. auf den Großen Seen. Haupthäfen sind Montreal, Toronto u. Halifax im atlant. Bereich, Vancouver am Pazifik.
G e s c h i c h t e. 1497 erreichte der Seefahrer u. Entdecker J. *Cabot* die kanad. Küste. 1534/35 erforschte J. *Cartier* den St.-Lorenz-Strom u. nahm das Gebiet beiderseits des Flusses für Frankreich in Besitz. Im Frieden von Paris 1763 trat Frankreich alle nordamerik. Festlandsbesitzungen an Großbrit. ab. Die Engländer garantierten den Franzosen in K. Religionsfreiheit u. ihr Eigentum. 1867 verabschiedete das Londoner Parlament die *British North America Act.* Sie schuf das *Dominion of Canada,* den ersten Staatsverband seiner Art im Empire.
Im 1. Weltkrieg kämpfte K. an der Seite des Mutterlands. Die Folge war ein neues Dominion-Statut: K. erhielt volle Wehrhoheit, konnte mit fremden Staaten diplomat. Beziehungen aufnehmen u. Verträge schließen. Das Dominion näherte sich im 2. Weltkrieg unter W.L. Mackenzie *King* den USA, unterstützte aber auch Großbrit. Nach dem 2. Weltkrieg wurde K. Mitgl. der UN u. trat der NATO bei. 1949 wurden die Rechte des kanad. Parlaments erweitert, Neufundland u. Labrador schlossen sich dem Dominion an. Innenpolit. wurden bes. die Autonomiebestrebungen der Frankokanadier in Quebec in den 1970er Jahren zum Problem. 1982 wurde eine neue Verf. verabschiedet. Premier-Min. war 1968–1979 u. 1980–1984 der Liberale P. E. *Trudeau.* 1984–1993 regierten die Progressiv-Konservativen unter B. *Mulroney.* 1992 scheiterte ein Verfassungsreferendum. Seit 1993 ist der Liberale J. *Chrétien* Premier-Min. – Kanadas Parlament hat 2 gleichrangige Kammern: Oberhaus u. Unterhaus. Die Exekutive liegt formal bei dem Generalgouverneur als Vertreter der brit. Krone, tatsächl. bei der Kabinettsregierung, deren Premier zugleich Führer der Mehrheitspartei ist.
Kanadabalsam, Harz der kanad. *Balsamtanne;* wird zum Kitten von Linsensystemen u. ä. benutzt (gleiche Brechung wie Glas).
Kanadier, offenes Sportboot, halbkniend einseitig gepaddelt.
Kanadischer Schild, Teil der alten Landmasse *Laurentia,* ein Urkontinent, der schon zu Beginn des Präkambriums bestand; umfaßte O-Kanada u. Grönland.
Kanaken, urspr. Name für Südsee-Bewohner (Polynesien); auch verächtl. für Menschen niederen Ranges gebraucht.

Kanada: Verwaltungsgliederung			
Provinz/ Territorium	Fläche in km²	Einwohner in 1000	Hauptstadt
Provinzen:			
Alberta	661 190	2486	Edmonton
Britisch-Kolumbien	947 800	3174	Victoria
Manitoba	649 950	1088	Winnipeg
Neubraunschweig	73 440	727	Fredericton
Neufundland	405 720	575	St. John's
Neuschottland	55 490	895	Halifax
Ontario	1 068 580	9825	Toronto
Prinz-Edward-Insel	5 660	133	Charlottetown
Quebec	1 540 680	6785	Quebec
Saskatchewan	652 330	997	Regina
Territorien:			
Nordwest	3 426 320	56	Yellowknife
Yukon	483 450	26	Whitehorse

KANADA

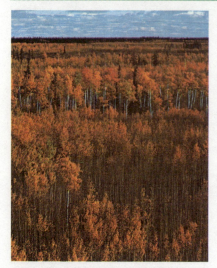
Indianersommer im nordkanadischen Wald

Eisenbahnlinie in den Rocky Mountains

City Hall in Toronto

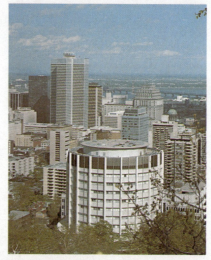
Montreal, Handels- und Industriemetropole

Große regelmäßige Weizenfelder bestimmen das Landschaftsbild der Prärieprovinzen; im Bild eine Bauerngenossenschaft in Kronau/Saskatchewan

Kanal, 1. künstl. Wasserweg für die Schiffahrt; T →S. 437. – **2.** Röhrensystem zum Ableiten von Abwässern. – **3.** Frequenzbereich für die Übertragung einer Nachricht, z.B. beim Fernsehen, Sprechfunk u. a.

Kanal, *Der K., Ärmelkanal,* engl. *English Channel,* frz. *La Manche,* Meeresteil zw. England u. Frankreich; Verbindung zw. Atlantik u. Nordsee, in der *Straße von Dover (Pas de Calais)* nur 33 km breit; durch den *Eurotunnel* untertunnelt (1994 Fertigstellung des Eisenbahntunnels).

Kanalinseln, engl. *Channel Islands,* frz. *Îles de la Manche,* (seit 1204) brit. Inselgruppe (unmittelbar unter Oberhoheit der brit. Krone) vor der frz. Kanalküste; 3 größere *(Alderney, Guernsey, Jersey)* u. kleinere Inseln, zus. 194 km², 140 000 Ew., Hptst. *St. Hélier* (Jersey).

Kanalisation, 1. unterird. Kanalsystem zur Ableitung von Abwässern u. Niederschlagswasser zur Kläranlage. – **2.** Begradigung u. Vertiefung von Flußläufen zur Ermöglichung oder Verbesserung der Schiffahrt.

Kananga, Prov.-Hptst. in Zaire (Zentralafrika), 938 000 Ew.; Metall-, Textil- u. Nahrungsmittel-Ind.; Flughafen.

Kanapee, Sitzsofa des 18. u. 19. Jh. mit hoher Rückenlehne u. niedrigeren Seitenlehnen.

Kanarienvogel, Finkenvogel der Kanar. Inseln; in zahlr. Schlägen gezüchtet, die sich nach Farbe, Größe, Gefieder u. Gesang *(Harzer Roller)* unterscheiden.

Kanarische Inseln, span. *Islas Canarias* [»Hundeinseln«], span. Inselgruppe vor der afrik. NW-Küste: *Fuerteventura, Gran Canaria, Lanzarote, Gomera, Hierro, La Palma* u. *Teneriffa,* 7273 km², 1,56 Mio. Ew.; vulkan. Ursprungs, gebirgig; ozean.-subtrop. Klima, auf Lanzarote u. Fuerteventura trocken u. Halbwüstenvegetation; Anbau von Bananen, Tomaten, Kartoffeln, Getreide; bed. Fremdenverkehr.

Kanazawa [-za:va], *Kanasawa,* jap. Präfektur-Hptst. auf Honshu, 430 000 Ew.; Univ., HS; Metall-, Porzellan- u. Seiden-Ind.

Kandahar, *Qandahar,* Prov.-Hptst. im SO Afghanistans, 1100 m ü. M., 178 000 Ew.; Textil-Ind.; Gold-, Blei- u. Zinkvorkommen; Flughafen.

Kandelaber, Standleuchter aus Bronze, Marmor, Schmiedeeisen u. ä.

Kander, l. Nbfl. der Aare im Berner Oberland (Schweiz), 44 km.

Kandidat, Bewerber um ein Amt; Prüfling vor dem Examen, auch schon der Student höherer Semesters.

kandieren, Früchte mit stark konzentrierter Zuckerlösung durchtränken u. überziehen.

Kandinsky, Wassily, * 1866, † 1944, russ. Maler; Begr. der abstrakten Malerei; gründete 1909 die Münchner »Neue Künstlervereinigung«, aus der 1911 der Kreis des »Blauen Reiters« hervorging; 1922–33 Lehrer am Bauhaus.

Kandis, Zuckerkristalle, die aus konzentrierten Rohrzuckerlösungen an Zwirnsfäden in mehreren Tagen auskristallisieren; brauner K. enthält einen Zusatz von *Couleur.*

Kandschur, Sammlung hl. Schriften des tibet. Buddhismus.

Kandy [engl. 'kændi], *Maha Nuwara,* Hptst. der Zentral-Prov. Sri Lankas, am Nordrand des Hochlands, 600 m ü.M., 114 000 Ew.; buddhist. Wallfahrtsort mit jährl. Prozession; Univ., Forschungsinstitute; landw. Handelszentrum.

Kaneel, *Kanell, weißer Zimt,* die nach Zimt u. etwas nach Muskat riechende Rinde des westind. *Weißen K.baums.*

Kanevas, *Canevas,* Gewebe aus Baumwolle, Leinen oder Halbleinen; Grundgewebe für die Handstickerei.

Känguruhratten, 1. →Taschenmäuse. – **2.** *Rattenkänguruhs,* etwa kaninchengroße Känguruhverwandte, oft mit deutl. verlängerten Hinterbeinen; gefährdete Restbestände in Australien u. Tasmanien.

Känguruhs, Beuteltiere mit kleinen Vorderbeinen, stark verlängerten Hinterbeinen u. muskulösem Stützschwanz, der bei der hüpfenden Fortbewegung als »Balancierstange« dient; kleinere Arten nur hasengroß *(Hasen-K.),* die größten mehr als 2 m hoch *(Riesen-K.);* meist nur ein Junges, das seine Entwicklung (rd. 7 Monate) im mütterl. Brutbeutel durchmacht. Vorkommen: Australien.

Kaninchen, Bez. für das *Europ. Wild-K.* u. die von ihm abstammenden Hauskaninchenrassen; hasenartige Nagetiere mit wenig verlängerten Hinter-

Die wichtigsten Seekanäle der Erde

Kanal	Land	eröffnet	hergestellte Verbindung	Länge km	Tiefe m	Schleusen
Europa						
Nordostseekanal	Deutschland	21. 6. 1895	Nordsee–Ostsee	98,7	11,3	2
Nordseekanal	Niederlande	1876	Nordsee–IJsselmeer (Amsterdam)	27,0	15,0	4
Amsterdam-Rhein-Kanal	Niederlande	21. 5. 1952	Waal (Rhein)–IJsselmeer (Nordsee)	72,4	6,0	4
Brügger Seekanal[1]	Belgien	1907	Nordsee (Zeebrügge)–Brügge	12,0	8,5	–
Brüsseler Seekanal[1]	Belgien	1922	Brüssel–Antwerpen (Nordsee)	32,0	6,4	4
Manchester-Kanal	Großbritannien	1894	Manchester–Liverpool (Irische See)	58,0	8,5	5
Alfons-XIII.-Kanal	Spanien	1926	Sevilla–Golf von Cádiz	85,0	–	8
Kanal von Korinth	Griechenland	9. 11. 1893	Ionisches Meer–Ägäisches Meer	6,5	7,0	–
Wolga-Don-Kanal	Rußland	27. 7. 1952	Don (Schwarzes Meer)–Wolga (Kaspisee)	101,0	–	13
Moskaukanal	Rußland	1937	Moskau–Wolga	128,0	5,5	11
Weißmeer-Kanal[2]	Rußland	1933	Weißes Meer–Onegasee	227,0	5,0	19
Afrika–Asien						
Suezkanal	Ägypten	7. 11. 1869	Mittelmeer–Rotes Meer (Indischer Ozean)	161,0	12,9	–
Amerika						
Panamakanal	USA	15. 8. 1914	Atlantik–Pazifik	81,3	13,7	6
Wellandkanal	Kanada	20. 4. 1931	Eriesee–Ontariosee	45,0	8,8	8
Sankt-Lorenz-Seeweg	Kanada/USA	1959	Montreal–Ontariosee	204,0	8,2	7
Cape-Cod-Kanal	USA (Mass.)	1914	Cape Cod Bay–Buzzard Bay	13,0	9,7	–
Houstonkanal	USA (Texas)	1940	Houston–Galveston (Golf von Mexiko)	91,2	10,3	–

Alle Kanäle sind für Seeschiffe befahrbar, außer: [1]bis 6000-t-Schiffe, [2]bis 3000-t-Schiffe

laufen; leben gesellig in Erdbauten; Ohr ist kürzer als beim Feldhasen. – **K.-Pest** →Myxomatose.
Kan Kiang →Gan Jiang.
Kannenpflanze, *Nepenthes*, Gatt. trop. »fleischfressender« Kletterpflanzen, deren Blätter an der Spitze oft zu bedeckelten Schläuchen oder Kannen aufgerollt sind. Insekten werden durch ein Drüsensekret in diese Kannen gelockt u. dann verdaut.
Kannibalismus, **1.** *Menschenfresserei*, aus mag. Gründen entstandene, heute nahezu ausgerottete Sitte, Teile von Menschen (erschlagenen Feinden, Kriegsgefangenen, verstorbenen Angehörigen) zu verspeisen, um sich deren Lebenskraft einzuverleiben. – **2.** bei einigen Tierarten das Fressen von Artgenossen; auch die Neigung zur Verstümmelung der Artgenossen bei Hühnern u. Schweinen; ausgelöst durch Überzüchtung u. schlechte Haltungsbedingungen.
Kano, jap. Fam. u. Schule von mehr als 1000 Malern, gegr. von K. *Masanobu* (*1434, †1530).
Kano, Hptst. des K.-Staats im nördl. Nigeria, 499 000 Ew.; Kulturzentrum der *Haussa*; Textil-, Kunststoff- u. Leder-Ind.; Flughafen.
Kanoldt, Alexander, *1881, †1939, dt. Maler u. Graphiker; Vertreter der »Neuen Sachlichkeit«.
Kanon, **1.** Maßverhältnisse des menschl. Körpers in der bildenden Kunst. – **2.** musikal. Gatt., bei der die Stimmen in bestimmten Abständen nacheinander einsetzen, sich in ihrem Verlauf gleich sind u. sich dennoch harmonisch ergänzen. – **3.** Einzelbestimmung in den kirchl. Gesetzessammlungen. – **4.** die als gültig anerkannten Schriften des AT u. NT. – **5.** *Canon missae*, das eucharist. Hochgebet in der kath. Meßfeier. – **6.** Verzeichnis der Heiligen.
Kanone, ein Flachfeuergeschütz mit großer Reichweite. – **K.nboot**, kleines Kriegsschiff mit leichten Geschützen zum Einsatz nahe den Küsten u. auf Flüssen.
Kanonenofen, runder, eiserner Ofen mit Kochplatte.
Kanonier, unterster Dienstgrad der Soldaten der Artillerie.
Kanoniker, *Canonicus*, einfaches Mitgl. eines an Kirchen oder Domen errichteten *Kapitels*.
Kanonisation →Heiligsprechung.
Kanonisches Recht, kath. →Kirchenrecht.
Kanonissen, Angehörige weltl. Damenstifte.
Kanope, altägypt. Eingeweidekrug für die Mumifizierung.
Kanopus, *Canopus, a Carinae*, hellster Stern im südl. Sternbild »Kiel des Schiffs Argo«; zweithellster Stern des Fixsternhimmels.
Känozoikum, Erdneuzeit, Neozoikum; →Erdzeitalter.
Kanpur, ind. Stadt am Ganges, in Uttar Pradesh, sö. von Delhi, 1,96 Mio. Ew.; zweitgrößte Industriestadt Indiens.
Kansas ['kænzəs], Abk. *Kans.*, Gliedstaat im zentralen Mittelwesten der →Vereinigten Staaten.
Kansas City ['kænzəs 'siti], Doppelstadt an der Mündung des Kansas River in den Missouri (USA), z. T. in Missouri, z. T. in Kansas; m. V. 1,3 Mio. Ew.; wichtiges Agrarzentrum; Fahrzeug- u. Flugzeugbau, chem., Papier- u. Druck-Ind.; Flughafen.
Kansas River ['kænzəs 'rivə], r. Nbfl. des Missouri (USA), mündet bei Kansas City; 275 km.
Kant, **1.** Hermann, *14.6.1926, dt. Schriftst.; 1978–89 Präs. des Schriftstellerverbandes der DDR. – **2.** Immanuel, *1724, †1804, dt. Philosoph; lebte, studierte u. lehrte in Königsberg; legte seine krit. oder Transzendental-Philosophie in seinen drei Hauptwerken dar: »Kritik der reinen Vernunft«, »Kritik der prakt. Vernunft«, »Kritik der Urteilskraft«. – K. lehrte, daß alle Erkenntnis, weil an die sinnl. Anschauung gebunden, nur von der *Erfahrung* aus mögl. sei. Die Ideen des Übersinnlichen (Gott, Freiheit, Unsterblichkeit) seien notwendige Vernunftbegriffe, die wir, da sie theoret. unerkennbar seien, in der »prakt. Vernunft« realisieren, d. h. zur Grundlage unseres Handelns machen müßten. Diese Forderung sei selbst ein Vernunftgebot, das uns im *kategor. Imperativ* als dem unbedingten Sittengesetz entgegentrete.
Kantabrisches Gebirge, 470 km langes, wald- u. heidereiches Randgebirge entlang der span. N-Küste; bis 2648 m hoch.
Kantate, aus Italien stammende Kompositionsgattung für eine oder mehrere Singstimmen u. Instrumente; in ihrer ersten Blütezeit um 1650 rein weltl.; in Dtld. dann v. a. als *geistl. K.* (J.S. Bach).
Kanter, leichter, langsamer Galopp. – **K.-Sieg**, urspr. im *Pferdesport* gebräuchl. Bez. für einen überlegenen Sieg; übertragen auch bei anderen Sportarten.
Kanthaken, Haken zum Verladen schwerer Hölzer; auch Bootshaken.
Kanther, Manfred, *26.5.1939, dt. Politiker (CDU); 1987–91 hess. Finanz-Min.; wurde 1991 CDU-Landes-Vors. in Hessen; seit 1993 Bundes-Min. des Innern.
Kantilene, tragende, sangl. Melodie in einem mehrstimmigen vokalen oder instrumentalen Satz.
Kantine, Verkaufs- u. Speiseraum in Betrieben.
Kanton, *Canton*, in der Schweiz einer der 26 Gliedstaaten der Eidgenossenschaft; in Frankreich u. Belgien der untere Verw.-Bez. des *Arrondissements*; in Luxemburg der oberste Verw.-Bez.
Kanton, chin. Stadt, →Canton.
Kantor, im MA der Vorsänger u. Leiter der gregorian. Schola; seit der Reformation der Organist u. Kirchenchorleiter der ev. Gemeinde.
Kantorei, in der ev. Kirchenmusik der in der Regel gemischte Chor gehobenen Niveaus.
Kantorowicz [-'to:rovitʃ], Alfred, *1899, †1979, dt. Publizist; Mitarbeiter der »Weltbühne«.

Kanu (2): typische Haltung eines Kanuten in einem Kanadier-Rennboot

Kantorowitsch, Leonid, *1912, †1986, sowj. Wirtschaftswiss.; Nobelpreis 1975 (mit T.C. Koopmans).
Kanu, **1.** das Boot bei Naturvölkern, insbes. das Rindenkanu mit Spantengerüst bei den nordamerik. Indianern. – **2.** Sportboot, dessen Vorläufer im *Kajak* der Eskimo u. im K. der Indianer hat; Kajak, Faltboot, Kanadier u. Segel-K.

Känguruhs: Muttertier des Bennett-Känguruhs mit Jungtier im Beutel

Immanuel Kant; Gemälde, um 1768

438 Kanüle

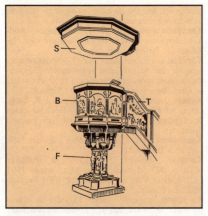

Kanzel (Renaissance); S = Schalldeckel, B = Brüstung, T = Treppe, F = Kanzelfuß

Kanüle, Hohlnadel unterschiedl. Stärke u. Länge mit abgeschrägter Spitze für Injektionen u. Punktionen.

Kanzel, hochgelegener, mit Brüstung versehener Stand des Predigers in Kirchen.

Kanzerogen, *Karzinogen,* Faktor (Stoff oder Einfluß), der Krebs erzeugen oder fördern kann. Zur Zeit sind über 700 chem. K.e bekannt.

Kanzlei, 1. im MA u. in der fr. Neuzeit der Ort zur Ausfertigung von Urkunden, Gerichtsurteilen u. landesherrl. Anordnungen. – **2.** oberste Geschäftsbehörde des Staatsoberhaupts oder Regierungschefs. – **3.** Büro, z.B. eines Rechtsanwalts, Abteilung einer Behörde (bes. in Östr.).

Kanzleisprache, (gehobene) Sprache der Urkunden einer Kanzlei. Die K. der kursächs. Kanzlei soll die Grundlage von M. *Luthers* Bibelübersetzung gewesen sein.

Kanzler, im MA einer der obersten Hofbeamten, der die königl. Urkunden ausstellte; seit karoling. Zeit ein Geistlicher. – In Preußen u. Östr. wurde der Titel *Staats-K.* eingeführt. – Der Norddt. Bund hatte ebenso wie heute Dtld. u. Östr. einen *Bundes-K.,* das Dt. Reich einen *Reichs-K.* – In der Schweiz ist der *Bundes-K.* Vorsteher der Bundeskanzlei, nicht Regierungschef.

Kanzone, *Canzone,* frz. *Chanson,* lyr. Gedichtform; im 12. Jh. von provençal. Minnesängern ausgebildet, in Italien zur klass. Form gereift (bes. Dante, Petrarca); seit dem 16. Jh. auch die einfache, volkstüml., gesungene Liedform, daneben auch instrumentale Formen.

Kaohsiung, *Gaoxiong,* Hafenstadt an der SW-Küste von Taiwan, 1,3 Mio. Ew.; Maschinenbau, Schiffswerft, Aluminiumwerk, Ölraffinerie; Flughafen.

Kaolin, *Tonerde, Porzellanerde,* ein vorw. aus dem Mineral *Kaolinit,* einem Aluminiumsilicat bestehendes, meist in lockeren, weißen Massen auftretendes Gestein; Rohstoff für die Herstellung von *Porzellan.*

Kap, kleiner Landvorsprung ins Meer.

Kapaun, kastrierter Hahn.

Kapazität, 1. (geistige oder räuml.) Aufnahmefähigkeit; Fassungskraft; Leistungsfähigkeit; übertragen auch ein hervorragender Fachmann. – **2.** Leistungsfähigkeit eines Betriebs oder eines Wirtschaftszweigs innerhalb eines Zeitabschnitts. – **3.** in der Physik das Verhältnis der Elektrizitätsmenge zu der von ihr zw. zwei elektr. Leitern erzeugten Spannung.

Kap der Guten Hoffnung, Kap im S der Kaphalbinsel in S-Afrika; B. Díaz umfuhr es 1487 als erster.

Kapella, hellster Stern im Sternbild des Fuhrmann.

Kapelle, 1. kleiner kirchl. Raum oder ein bes. Zwecken vorbehaltener Nebenraum einer Kirche *(Tauf-, Gebets-K.),* auch ein kleines freistehendes Gebäude für Gottesdienste *(Wallfahrts-, Friedhofs-K.)* sowie ein Andachtsraum in Palästen u. Schlössern. – **2.** urspr. Bez. für einen Sängerchor, mit Beginn des 17. Jh. auch für Instrumentalgruppen; heute zur Unterscheidung vom *Sinfonieorchester* für bestimmte Instrumentalzusammenstellungen, die nicht alle Instrumente enthalten *(Blas-, Militär-K.).*

Kaper [die], das *Kapern, Kaperei,* in früheren Zeiten das Aufbringen von Handelsschiffen eines anderen Staates durch bewaffnete Handelsschiffe aufgrund bes. staatl. Ermächtigung *(Kaperbriefe)* außerhalb eines völkerrechtl. anerkannten Kriegszustands. Im modernen Seekrieg versteht man unter K. das Aufbringen von Handelsschiffen durch einzelne, zu diesem Zweck in die Weltmeere entsandte Kriegsschiffe.

Kapern, in Essig eingelegte Blütenknospen des *Echten K.strauchs;* ein Gewürz.

Kapernaum [-na:um], hebr. *Kefar Nahúm,* isr. Ort am NW-Ufer des Genezareth-Sees, ein Lieblingsort Jesu.

Kapetinger, frz. Königsgeschlecht 987–1328, in Nebenlinien (Valois, Bourbonen, Orléans) mit Unterbrechungen bis 1848.

Kapfenberg, östr. Stadt in der Steiermark, an der Mürz, 26 000 Ew.; Stahl- u. Eisen-Ind.

Kapillaren, 1. →Haargefäße. – **2.** Röhrchen mit sehr engem Hohlraum.

Kapillarität, durch Adhäsionskräfte zw. Wand- u. Flüssigkeitsmolekülen hervorgerufene Erscheinung, daß ein in eine Flüssigkeit getauchtes enges offenes Röhrchen *(Kapillare)* einen tieferen (z.B. bei Quecksilber) oder höheren (z.B. bei Wasser) Flüssigkeitsspiegel zeigt als außerhalb. Die K. hängt davon ab, ob die Flüssigkeit die Kapillarwände benetzt oder nicht.

Kapital, 1. allg. zinstragende Geldsumme. – **2.** in der Betriebswirtschaft die auf der Passivseite der *Bilanz* aufgeführten Finanzierungsquellen für die Vermögensgegenstände eines Betriebs, bestehend aus *Eigen-K. Fremd-K.* – **3.** in der Volkswirtschaft ein Vorrat an Geld *(Geld-K.)* u. produzierten Gütern *(Real-K.),* der weder direkt verbraucht noch gehortet, sondern zum Einschlagen von ergiebigeren Produktionsumwegen verwendet wird *(Produktionsmittel, Produktiv-K.;* z.B. Maschinen, Werkstätten, Verkehrs- u. Transportmittel).

Kapitalanlagegesellschaft, *Investmentgesellschaft, Investment Trust,* Unternehmung, die das gegen Ausgabe von *Investmentanteilen (Investmentzertifikaten)* erhaltene Geld in festverzinsl. Wertpapieren u. Aktien versch. Unternehmen nach dem Prinzip der Risikostreuung anlegt.

Kapitälchen, Großbuchstaben, aber in der Größe von Kleinbuchstaben.

Kapitalerhöhung, Vermehrung des Eigenkapitals eines Unternehmens: bei Personenunternehmen durch Einlagen des Einzelkaufmanns oder der Gesellschafter oder durch Verzicht auf Gewinnausschüttung, bei Kapitalgesellschaften durch Erhöhung des Nennkapitals gegen Ausgabe neuer Anteilscheine.

Kapitalertragsteuer, bes. Erhebungsform der Einkommensteuer im Wege des Quellenabzugsverfahrens bei bestimmten inländ. Kapitalerträgen, im allg. 25%.

Kapitalflucht, Verlagerung inländ. Kapitals in das Ausland aus polit. oder wirtsch. Gründen.

Kapitalgesellschaft, Unternehmungsform der Handelsgesellschaften, bei der die Beteiligung der Gesellschafter am Kapital der Gesellschaft im Vordergrund steht u. ihre Mitwirkung an der Unternehmensleitung nicht erforderl. oder für alle Gesellschafter gar nicht mögl. ist, z.B. *Aktiengesell-*

Kapernstrauch

schaft, Kommanditgesellschaft auf Aktien, Gesellschaft mit beschränkter Haftung.

Kapitalisierung, Ermittlung des Barwertes einer Anlage bzw. eines ganzen Unternehmens oder einer Rente zu einem bestimmten Zeitpunkt nach der K.sformel: $\frac{\text{Ertrag} \cdot 100}{\text{Zinsfuß}}$

Kapitalismus, seit Mitte des 19. Jh. schlagwortartige Bez. für eine bestimmte Wirtsch.- u. Sozialordnung. Der Kern des K. ist die Auffassung, daß das *Kapital* ein Produktionsfaktor sei, der eine »Leistung« erbringe u. gleichberechtigt neben der menschl. Arbeit am Gewinn beteiligt sei. Kennzeichen des K. ist die Verwendung von Produktionsmitteln (Masch. u. a.), die nicht dem Arbeitenden gehören, wodurch sich eine Abhängigkeit der Besitzlosen, die entlohnt werden, von den *Kapitalisten,* denen die Produktionsmittel u. Fertigprodukte gehören, ergibt. Das treibende Motiv des Wirtschaftens im K. ist das Streben des Kapitaleigners nach möglichst hohem Gewinn (Profit, →Mehrwert). Man unterscheidet drei Phasen: 1. *Früh-K.* (etwa ab 1500) mit dem Einsetzen des *Merkantilismus;* 2. *Hoch-K.* (ab Ende des 18. Jh.) mit der rasch zunehmenden Verwendung von Maschinen u. unter dem Einfluß des *Liberalismus,* der zur Befreiung der Wirtsch. von staatl. Bevormundung, zur Einführung der Gewerbefreiheit, zum freien Wettbewerb u. später zur Erstarkung des Kreditwesens führte; 3. *Spät-K.* (etwa mit Beginn des 20. Jh.), der Staat greift lenkend durch Gebote, Verbote oder durch seine Finanzwirtschaft in das freie Spiel der wirtsch. Kräfte ein.

Kapitalmarkt, im Ggs. zum *Geldmarkt* der Teil des Kreditmarkts, an dem langfristige Kredite (über ein Jahr Laufzeit; Aktien, Pfandbriefe, Anleihen, Obligationen) gehandelt werden.

Kapitalverbrechen, schwere vorsätzl. Tötungsdelikte *(Mord* u. *Totschlag)* oder überhaupt für bes. schwere Verbrechen.

Kapitalverkehr, nat. oder internat. Finanztransaktionen, die nicht unmittelbar durch den Waren- u. Dienstleistungsverkehr bedingt sind.

Kapitalverkehrsteuer, zusammenfassende Bez. für die Gesellschaftsteuer, Börsenumsatzsteuer u. die fr. Wertpapiersteuer.

Kapitän, 1. Führer eines Schiffs mit entspr. Befähigungszeugnis (Patent); Flugzeugführer. – **2.** *K. zur See,* Marineoffizier im Dienstgrad eines Obersten. – **K.leutnant,** dem *Hauptmann* entspr. Dienstgrad bei der dt. Marine.

Kapitel, 1. im kath. Kirchenrecht: 1. beschlußfassende Versammlung aller ordentl. Mitgl. **(Kapitulare)** eines Klosters oder der Delegierten eines ganzen Ordens; 2. geistl. Körperschaft an Kirchen u. Domen; 3. Gesamtheit der Priester eines Bezirks (Dekanat). – **2.** abgeschlossenes Stück eines Romans oder eines Lehrwerks.

Kapitell, Bekrönung von Säulen u. Pfeilern, Bindeglied zw. den tragenden Stützen u. der Last.

Kapitol →Capitol.

Kapitularien, Rechtsverordnungen der fränk. Könige in der Karolingerzeit.

Kapitulation, 1. Vertrag, Verpflichtung. – **2.** Erklärung eines militär. Befehlshabers an den Gegner, keinen Widerstand mehr leisten zu wollen. – **3.** im 19. u. noch im 20. Jh. zw. den europ. Mächten einerseits u. der Türkei, den Staaten des Nahen Ostens, Asiens u. Afrikas andererseits abgeschlossene Verträge, die eine Sonderstellung der Europäer in diesen Ländern festlegten.

kapitulieren, aufgeben, sich unterwerfen.

Kapiza, Pjotr Leonidowitsch, * 1894, † 1984, russ. Physiker; entdeckte 1938 die Suprafluidität des Heliums, entwickelte die sowj. Wasserstoffbombe u. war maßgebend am Bau der »Sputniks« beteiligt; Nobelpreis 1978.

Kaplan, kath. Hilfsgeistlicher, einer Pfarrei beigestellt.

Kapland, größte Prov. der Rep. Südafrika; 646 332 km², 5,0 Mio. Ew., Hptst. Kapstadt. – 1994 aufgeteilt in die Prov.en Nord-, Ost- u. West-Kap.

Kapok, *Pflanzendaune, Bombaxwolle,* Fruchtwolle des trop. *K.baums (Baumwollbaum)* aus der Fam. der Bombaceae. Polstermaterial. Aus den Samen wird *K.öl* gewonnen.

Kaposvár [ˈkɔpoʃvɑːr], Hptst. des ung. Komitats Somogy, südl. des Plattensees, 74 000 Ew.; Maschinenbau, Schuh-, Textil- u. Zuckerfabriken.

Kapp, Wolfgang, * 1858, † 1922, dt. Politiker; propagierte als Mitgr. der *Dt. Vaterlandspartei* (1917) einen »Siegfrieden« im 1. Weltkrieg. Zus. mit General W. von *Lüttwitz* leitete er am

Kapstadt, die älteste südafrikanische Stadt, wird vom 1088 m hohen Tafelberg überragt

13.3.1920 in Berlin den *K.-Putsch*, um die parlamentar.-rep. Staatsform zu beseitigen.

Kappadokien, histor. Ldsch. zw. Taurus u. Schwarzem Meer, im östl. Kleinasien.

Kappeln, Stadt in Schl.-Ho., an der Schlei, 13000 Ew.; Fischerei, Schiffbau.

Kapp-Putsch →Kapp.

Kapriole, 1. Bock-, Luftsprung; übertragen: übermütiger Einfall. – **2.** schwierige Sprungübung der *Hohen Schule*.

kapriziös, launisch, eigensinnig.

Kaprun, östr. Ort im Pinzgau (Salzburg), 3000 Ew.; Fremdenverkehr. – **K.er Tal,** rechtes Seitental der Salzach, durchflossen von der *K.er Ache; Tauernkraftwerk Glockner-K.* ist eine der größten östr. Stauanlagen.

Kapsel, 1. Umhüllung von Organen, meist aus Bindegewebe bestehend (z.B. *Leber-K., Gelenk-K.*). Auch Krankheitsherde (Abszesse, gutartige Geschwulste) können K. bilden. – **2.** aus mindestens 2 Fruchtblättern verwachsene Streufrucht.

Kapstadt, engl. *Cape Town,* afrikaans *Kaapstad,* Hptst. der ehem. südafrik. Prov. Kapland, jetzt der Prov. West-Kap, 1,9 Mio. Ew.; Sitz des Parlaments der Rep. Südafrika, Univ. (gegr. 1918); Handels- u. Ind.-Zentrum (Waggonbau, Werften u. a.), Ölraffinerie; Hafen- u. Flughafen.

Kapuziner, kath. Bettelorden, von *Matthäus von Bascio* (* um 1492, †1552) 1525 angeregt; strenger Zweig der *Franziskaner;* vertreten in ihrer Lebenshaltung völlige Armut.

Kapuzineraffen, *Cebus,* Gatt. der *Breitnasen* oder Neuweltaffen S-Amerikas; Behaarung des Kopfes erinnert an die Kapuzinermönche.

Kapuzinerkresse, *Tropaeolum,* Gatt. krautiger, vielfach kletternder Pflanzen aus S-Amerika; hierzu die *Große K.* in vielen Formen u. Farben.

Kap Verde, *Kapverdische Inseln, Kapverden,* portug. *Ilhas do Cabo Verde,* Inselstaat vor der afrik. W-Küste, 10 größere u. mehrere kleinere Inseln

Kap Verde

vulkan. Ursprungs, zus. 4033 km², 370000 Ew. (70% Mulatten, 28% Schwarze, 2% Weiße), Hptst. *Praia* (auf São Tiago); Anbau von Kaffee, Südfrüchten, Bananen, Rizinus u. Tabak; Viehzucht, Fischfang.

Geschichte. K.V. wurde um 1445 von dem Portugiesen Diego Gomes entdeckt. Seit 1495 waren die Inseln port. Kolonie. 1951 erhielten die Inseln den Status einer port. Überseeprovinz. Nach dem Sturz des *Caetano*-Regimes 1974 erklärte sich K.V. am 5.7.1975 für unabhängig.

Kar, sesselartige Hohlform mit steilen Rück- u. Seitenwänden im anstehenden Fels von Gebirgen; manchmal von einem *K.see* erfüllt.

Karabiner, Gewehr mit kurzem Lauf.

Karachi [kə'ra:tʃi], pakistan. Stadt, →Karatschi.

Karadjordjević [-vitç], *Karageorgewitsch,* serb. Herrscherfamilie, regierte 1842–58 *(Alexander K.)* u. 1903–41 *(Peter I., Alexander I.* u. *Peter II.).*

Karadžić [-dʒitç], Vuk Stefanović, *1787, †1864, serb. Philologe; Reformator des serb.-kyrill. Alphabets u. Schöpfer der modernen serb. Schriftsprache.

Karäer, *Karaiten, Karaim,* jüd. Sekte bibelgläubiger Richtung seit dem 8. Jh., heute noch auf der Krim u. in Israel. Die K. lehnen die Tradition, bes. den Talmud, ab.

Karaffe, bauchiges Gefäß aus Glas oder Keramik.

Karagandá, Hptst. der gleichn. Oblast im zentralen O Kasachstans, in der Kasachensteppe, 625000 Ew.

Karagatsis, Mitsos, eigtl. Dimitrios *Rodopulos,* *1908, †1960, grch. Schriftst.; beeinflußt vom Neorealismus.

Karagöz [-'gøs], das bis in die Mitte des 20. Jh. lebendige türk. Schattenspiel, das auch in Griechenland, Montenegro u. Rumänien gespielt wurde.

Karaiben →Kariben.

Karajan, Herbert von, *1908, †1989, östr. Dirigent; 1954–89 Leiter der Berliner Philharmoniker; 1954–60 u. 1967–87 im Direktorium der Salzburger Osterfestspiele.

Karakalpakien, *Rep. Karakalpakstan,* Republik innerhalb Usbekistans, südl. des Aralsees, 165600 km², 1,14 Mio. Ew., Hptst. *Nukus.*

Karakorum, 1. zentralasiat. Hochgebirge (zweithöchstes Gebirge der Erde), in mehreren Gipfeln über 8000 m *(K 2* 8611 m); einzige Allwetterstraße über den *Khunjerabpaß* (4934 m). – **2.** *Qara Qorum,* Ruinenstadt in der Mongolei, 1218–59 Hptst. *Tschingis Khans* u. seiner Nachfolger.

Karakulschaf, Rasse der *Fettschwanzschafe;* die Felle der bis drei Tage alten Lämmer liefern den *Persianer,* die von Frühgeborenen den *Breitschwanz.*

Karakum, Sandwüste u. Oasensteppe in Turkmenistan (Mittelasien), 280000 km², zw. Amudarja u. Kasp. Meer.

Karamanlis, Konstantin, *23.2.1907, grch. Politiker; 1955–63 Min.-Präs.; gründete 1956 die Nationalradikale Union (ERE); 1963–74 im Exil; nach dem Sturz der Militärjunta 1974–80 Min.-Präs., 1980–85 u. seit 1990 Staats-Präs.

Karambolage [-'la:ʒə], Zusammenstoß.

Karamel, *Zuckercouleur,* dunkelbrauner, etwas bitter schmeckender Stoff, der bei Zersetzung von Trauben- oder Rohrzucker infolge Erhitzung entsteht; zur Färbung von Bier u. Bonbons verwendet.

Karaoke [jap., »leeres Orchester«], musikal. Freizeitbeschäftigung im Halbplayback.

Karasee, Teil des N-Polarmeers, durch die *Karastraße* mit der Barentssee verbunden.

Karat, 1. urspr. der Same des *Johannisbrotbaums;* galt fr. in Afrika als Goldgewicht. – **2.** *metrisches K.,* Abk. Kt, Einheit für die Gewichtsbestimmung von Schmucksteinen: 1 Kt = 0,2 g. – **3.** Maß für den Feingehalt einer Goldlegierung; reines Gold hat 24 K.

Karate, urspr. aus China stammende Verteidigungskunst, bei der die Hände als natürl. Waffe gebraucht werden; v. a. in Japan, von dort aus aber auch in Europa u. in den USA als Sportart verbreitet; beim sportl. K.-Wettkampf nur Scheinangriffe, da es andernfalls zu schweren Verletzungen käme.

Karatschajewo-Tscherkessien, Republik der Karatschaier u. Tscherkessen innerhalb Rußlands, im Nordkaukasus, 14100 km², 377000 Ew., Hptst. *Tscherkessk.*

Karatschi, *Karachi,* Wirtschaftszentrum u. bedeutendster Hafen Pakistans, am Arab. Meer, 5,2 Mio. Ew.; Univ. (gegr. 1951); Stahlwerk, Schiffswerft u. a. Ind., Erdölraffinerie, Kernkraftwerk; Flughafen. – Bis 1959 Hptst. von Pakistan.

Karausche, bis 30 cm langer Süßwasserfisch der *Karpfenartigen.*

Karavelle, kleines, schnelles, flachgehendes, dreimastiges Segelschiff des 15. Jh.

Karawane, Reisegesellschaft von Kaufleuten oder Pilgern in siedlungsfeindl. Gebieten Asiens u. Afrikas. Als Herberge dient die **Karawanserei.**

Karawanken, Gruppe der Südl. Kalkalpen im östr.-slowen. Grenzgebiet, zw. Drau u. Save; im *Hochstuhl* 2238 m; seit 1991 K.tunnel (8 km).

Karbala, *Kerbela,* irak. Prov.-Hptst., nahe dem Euphrat, 250000 Ew.; Wallfahrtsort.

Karbide →Carbide.

Herbert von Karajan

Karbol, *Carbolsäure* →Phenol.

Karbolineum →Carbolineum.

Karbon, *Steinkohlenformation,* zw. Devon u. Perm liegende Formation des Paläozoikums; →Erdzeitalter.

Karbonade, Rippenstück vom Schwein, Kalb oder Hammel.

Karbonate →Carbonate.

Karborundum →Carborundum.

Karbunkel →Furunkel.

Kardamom, Gewürz aus den Samen zweier Ingwergewächse aus dem südl. Indien u. Java.

kardanische Aufhängung, schwingungslose Aufhängung, die eine allseitige Drehung ermöglicht; z.B. beim Kompaß, Chronometer u. Barometer auf Schiffen; ben. nach G. *Cardano.*

Kardanwelle, Gelenkwelle mit Kreuzgelenken; in Kraftfahrzeugen zur Übertragung der Motorleistung auf die Hinterräder.

Karde, 1. *Dipsacus,* Gatt. distelartiger Kräuter; *Weber-K.* (fr. zum Aufrauhen wollener Tuche verwendet) u. die *Wilde K.* – **2.** Vorbereitungsmaschine in der Baumwollspinnerei zum Auflösen des Faserguts.

kardial, das Herz betreffend.

Kardinal, höchster kath. Würdenträger nach dem Papst; Ratgeber u. Mitarbeiter in der Kirchenleitung. *K.kollegium* wählt den Papst; Insignien: rotes Birett u. purpurrote Kleidung.

Kardinäle, Gruppe der *Finkenvögel* aus Amerika, oft Stubenvögel, z.B. *Dominikaner.*

Kardinalkongregationen, seit 1967 →Kurienkongregationen.

Kardinaltugenden, Haupttugenden; in der kath. Ethik: Gerechtigkeit, Klugheit, Mäßigkeit u. Tapferkeit.

Kardinalvikar, Stellvertreter des Papstes für sein Bistum Rom.

Kardinalzahlen, *Grundzahlen* →Zahlen.

Kardiologie, med. Wiss. vom Herzen u. den Herzkrankheiten.

Karelien, 1. Wald- u. Moor-Ldsch. mit zahlr. Seen in NO-Europa; polit. zur finn. Prov. N-Karelien u. zur Rep. Karelien (Rußland) gehörig. – **2.** Repu-

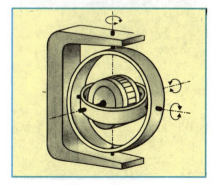

kardanisch aufgehängter Kreisel

Karen

Karikatur: J. Tenniel, »Der Lotse verläßt das Schiff«; Karikatur zur Entlassung Bismarcks, 1890

blik innerhalb Rußlands, das östl. Karelien, 172 400 km², 795 000 Ew., Hptst. *Petrosawodsk.* Holzwirtschaft, im S mit Milch- u. Fleischviehzucht u. geringem Getreideanbau; Bodenschätze: Baustoffe, Glimmer, Eisen, Blei, Zink.

Karen, Volk in S-Birma *(K.-Staat)* u. W-Thailand mit tibetobirman. Sprache; Christen; Bergbauern.

Karenz, Wartezeit. – **K.zeit,** im Versicherungswesen gesetzl. oder vertragl. Frist, vor deren Ablauf nur eine begrenzte oder keine Leistungspflicht des Versicherers besteht.

Karerpaß, Übergang der S-Tiroler Dolomitenstraße vom Fassa- ins Eggental, 1753 m.

Karersee, ital. *Lago di Carezza,* nordital. See in den Südtiroler Dolomiten, sö. von Bozen.

Karettschildkröte, fast 1 m lange *Meeresschildkröte* der subtrop. u. trop. Ozeane. Der Rückenpanzer liefert das echte Schildpatt.

Karfreitag, Freitag vor Ostern, Todestag Jesu; seit dem 2. Jh. als Trauertag begangen.

Karfunkel, blutroter Edelstein: bes. edler Granat.

Kargo, Schiffsladung.

Kariba-Staudamm, 120 m hoher Damm, der den mittleren Sambesi an der Grenze von Simbabwe u. Sambia zu einem 280 km langen u. über 5000 km² großen See, dem **Kariba-Stausee,** staut; großes Kraftwerk.

Kariben, *Karaiben,* Gruppen von Indianerstämmen im N Brasiliens u. Guyanas; fr. in Westindien (heute noch auf der Insel Dominica; Pflanzer, Fischer u. Jäger).

Karibik, *Karibische Inseln* →Westindien.

Karibisches Meer, südl. Teil des Amerik. Mittelmeers zw. Zentralamerika u. S-Amerika, den Kleinen Antillen, Haiti u. Jamaika.

Karibu →Rentier.

Karies [-ri:e:s], Knochenfraß, chron. Knochenerkrankung mit Zerstörung u. Einschmelzung auch der festen Knochenteile; →Zahnkaries.

Karikatur, Darst., die Menschen, Ereignisse oder Lebensverhältnisse ins Satirische, Groteske, Witzige oder Humorvolle verzerrt; oft politisch.

Karl, Fürsten.

Dt. Könige u. Kaiser:

1. K. IV., *1316, †1378, König 1346–78, Kaiser seit 1355; Luxemburger, Sohn *Johanns* von Böhmen; verlagerte das Schwergewicht des Reichs nach O, Böhmen wurde Kernland des Reichs; förderte Reichsstädte, Patriziat u. Bürgertum u. erließ das erste Reichsgrundgesetz, die *Goldene Bulle* (1356). – **2. K. V.,** *1500, †1558, Kaiser 1519–56; Habsburger, Sohn *Philipps des Schönen* von Östr.; Begr. des span. Imperiums; vereinigte in seiner Hand das seit Karl d. Gr. an Bevölkerungszahl, Ausdehnung u. Reichtum größte Reich; in vier siegreichen Kriegen gegen Frankreich sicherte er sich die Herrschaft in Italien u. den Ndl.; kämpfte gegen die *Reformation;* 1547 besiegte er den *Schmalkaldischen Bund* bei Mühlberg, mußte jedoch auf das *Augsburger Interim* von 1548 im *Augsburger Religionsfrieden* von 1555 verzichten. – **3. K. VI.** *(Joseph Franz)* *1685, †1740, Kaiser 1711–40, als *K. III.* König von Ungarn u. von Spanien; Sohn *Leopolds I.;* seit dem Tod seines einzigen Sohns 1716 der letzte männl. Habsburger; daher bestand sein Hauptanliegen in der Sicherung der weibl. Erbfolge durch die *Pragmatische Sanktion* (1713) zugunsten seiner Tochter *Maria Theresia.* – **4. K. VII.** *(Albrecht),* *1697, †1745, Kaiser 1742–45; Wittelsbacher, erkannte die *Pragmatische Sanktion* nicht an, sondern fiel in Östr. ein *(Östr. Erbfolgekrieg)* u. ließ sich 1741 in Prag zum böhm. König krönen.

Baden:

5. K. Friedrich, *1728, †1811, Markgraf seit 1738, Kurfürst seit 1803, Großherzog 1806–11; erbte 1771 Baden-Baden u. erhielt durch den Reichsdeputationshauptschluß (1803) u. a. das Bistum Straßburg, die Kurpfalz u. die Kurfürstenwürde.

Burgund:

6. K. der Kühne, *1433, †1477, Herzog 1467–77; Sohn *Philipps des Guten,* aus dem burgund. Ländern einen einheitl. Gesamtstaat zu schaffen, scheiterte; er verlor 1477 die Schlacht vor Nancy gegen Schweizer u. Lothringer u. fiel.

Frankenreich:

7. K. Martell [»Hammer«], *um 688, †741, Hausmeier, faktisch »König« 737–741; Sohn des Hausmeiers *Pippin II.* (des Mittleren); besiegte die Araber 732 bei Tours u. 737 bei Narbonne. – **8. K. d. Gr.,** *747, †814, König der Franken 768–814, Kaiser seit 800; Sohn *Pippins d. J.;* eroberte das Langobardenreich (773/74); unterwarf u. christianisierte in zahlr. Feldzügen (772–804) die Sachsen; 788 wurde auch Bayern dem fränk. Reich eingegliedert; 795/96 folgte die Unterwerfung des Awarenreichs. In Kämpfen über drei Jahrzehnte gelang es K., die Grenzen des Frankenreichs so zu erweitern, daß es zum bedeutendsten Großreich des abendländ. MA wurde. Mit seiner Ernennung zum Kaiser durch Papst *Leo III.* wurde die Tradition des *Röm. Reichs* wiederaufgenommen. – **9. K. II., der Kahle,** *823, †877, König 843–877, Kaiser 875; Sohn *Ludwigs des Frommen;* erhielt nach Bruderkrieg durch den *Vertrag von Verdun* 843 die Westhälfte des Reichs (Frankreich) zugesprochen; mußte Lothringien 870 mit Ludwig dem Deutschen teilen *(Vertrag von Meersen).* – **10. K. III., K. der Dicke,** *839, †888, König 876–887, Kaiser seit 881; Sohn *Ludwigs des Deutschen;* erhielt bei der Teilung des fränk. Ostreichs 876 Schwaben u. Rätien u. wurde nach dem Tod seiner Brüder Alleinherrscher, auch über das westl. Lothringien; seit 879 König von Italien, seit 881 Kaiser u. 885 von den Westfranken zum König gewählt; vereinigte noch einmal das Reich Karls d. Gr.

Frankreich:

11. K. V., K. der Weise, *1338, †1380, König 1364–80; gewann gegen die Engländer fast ganz Frankreich zurück; förderte Wirtsch., Kunst u. Wiss. – **12. K. VII.,** *1403, †1461, König 1422–61. Seit dem Auftreten von *Jeanne d'Arc,* der er die Krönung in Reims verdankte (1429), siegreich, vertrieb die Engländer 1453 endgültig aus Frankreich. – **13. K. IX.,** *1550, †1574, König 1560–74; Sohn *Heinrichs II.* u. *Katharinas von Medici,* unter deren Leitung er regierte. – **14. K. X. Philipp,** *1757, †1836, König 1824–30; stand als *Graf von Artois* an der Spitze der Emigranten gegen die Frz. Revolution u. gegen Napoleon I.

Großbritannien:

15. K. I., *1600, †1649 (hingerichtet), König 1625–49; versuchte, in England den Absolutismus durchzusetzen, u. regierte 1629–40 ohne Parlament. – **16. K. II.,** Sohn von 15) *1630, †1685, König (1649) 1660–85; kehrte 1660 nach England zurück u. beendete die Zeit des republikan. »Commonwealth« (1649–59).

Neapel-Sizilien:

17. K. I. *von Anjou,* *1226, †1285, König 1265–85; besiegte den Staufen *Manfred* u. räumte durch Scheingericht u. Enthauptung den letzten Staufer, *Konradin,* aus dem Weg. Wegen seiner Härte kam es zur *Sizilianischen Vesper* (1282), durch die er vertrieben wurde.

Östr.-Ungarn:

18. K. I., *1887, †1922, letzter Kaiser von Östr.

Karl der Große; Reiterstatuette. Paris, Louvre

1916–18 (1919), als König von Ungarn *K. IV.;* verhandelte ohne Wissen seines dt. Bundesgenossen über einen Sonderfrieden mit der Entente *(Sixtusbriefe).*

Rumänien:

19. K. I., *Carol I.,* *1839, †1914, Prinz von Hohenzollern-Sigmaringen, Fürst 1866–81, König 1881–1914. – **20. K. II.,** *Carol II.,* *1893, †1953, König 1930–40.

Sachsen-Weimar:

21. K. August, *1757, †1828, Herzog seit 1758, Großherzog 1815–28; zog *Goethe, Herder* u. *Schiller* nach Weimar.

Schweden:

22. K. XII., *1682, †1718, König 1697–1718; besiegte im *Nord. Krieg* Dänemark u. Polen, wurde aber 1709 von Zar Peter I. vernichtend geschlagen. Mit ihm endete die Großmachtstellung Schwedens. – **23. K. XIV. Johann,** eigtl. Jean Baptiste Bernadotte, *1763, †1844, König 1818–44 (auch von Norwegen); 1804 Marschall in Napoleons Heer; 1810 vom schwed. Reichstag zum Nachfolger Karls XIII. ernannt. – **24. K. Gustav,** *Carl Gustaf,* *30.4.1946, König seit 1973; Sohn des Erbprinzen *Gustaf Adolf* († 1947).

Württemberg:

25. K. Eugen, *1728, †1793, Herzog 1737–93;

Kaiser Karl V.; Gemälde von Tizian

übernahm 1744 selbst die Reg. seines Landes, das er im absolutist. Sinn führte u. durch prachtliebende Hofhaltung u. große Rüstungsausgaben mit hohen Schulden belastete.

Karl der Große → Karl (8).

Karle, Jerome, *18.6.1918, US-amerik. Physiker; erarbeitete zus. mit H. *Hauptmann* eine Methode zur Bestimmung von Kristallstrukturen; Nobelpreis für Chemie 1985.

Karlfeldt, Erik Axel, *1864, †1931, schwed. Lyriker; schrieb Gedichte über Natur u. Volkstum seiner Heimat; Nobelpreis 1931 (posthum).

Karlistenkriege, von den Anhängern des span. Thronbewerbers *Don Carlos* (→Carlos [3]) gegen die Anhänger Königin Isabellas II. vergebl. geführte Kriege (1834–39 u. 1872–76).

Karlmann, 1. *vor 714, †745, Hausmeier von Austrien, Alemannien u. Thüringen 741–747; Karolinger, Sohn *Karl Martells;* regierte in einem Teil des Reichs neben *Pippin d. J.* – **2.** *751, †771, König der Franken 768–771; Sohn *Pippins d. J.,* 754 zus. mit seinem Vater u. seinem Bruder *Karl (d. Gr.)* zum König der Franken gesalbt. – **3.** *um 830, †880, König der Ostfranken 876–880; Sohn *Ludwigs des Deutschen;* erhielt Bayern mit seinen Marken u. der Hoheit über die Slawenstaaten des Südostens; erwarb Italien 877.

Karl Martell →Karl (7).

Karl-Marx-Stadt →Chemnitz.

Karloff, Boris, eigtl. *William Henry Pratt,* *1887, †1969, US-amerik. Schauspieler; weltberühmt durch die Darst. des Ungeheuers in »Frankenstein«.

Karlsbad, tschech. *Karlovy Vary,* Stadt in W-Böhmen, 58 000 Ew.; weltberühmter Kurort mit bis zu 73 °C heißen Glaubersalzquellen, Gewinnung von **K.er Salz,** ein Abführmittel.

Karlsbader Beschlüsse, auf Betreiben Metternichs 1819 im Dt. Bund gefaßte Beschlüsse als Reaktion auf die *Burschenschaftsbewegung* u. aus Anlaß der Ermordung A. von *Kotzebues,* die eine verschärfte Überwachung der Univ., Zensur von Büchern u. Ztschr. u. a. vorsahen.

Karlsburg, Stadt in Rumänien, →Alba Iulia.

Karlshafen, Bad K., Stadt in Hessen, an der Mündung der Diemel in die Weser, 4200 Ew.; Solbad.

Karlskrona [-'kru:na], Hptst. der südschwed. Prov. Blekinge, auf Küsteninseln der Hanöbucht, 59 000 Ew.

Karlspreis, 1950 von der Stadt Aachen gestifteter Preis, der für Verdienste um die Einigung Europas verliehen wird.

Karlsruhe, Stadt in Ba.-Wü., in der Oberrhein. Tiefebene, Hptst. des gleichn. Reg.-Bez.; 268 000 Ew.; seit der Gründung 1715 planmäßig angelegtes Stadtbild, fächerförmig vom Residenzschloß ausstrahlend, klassizist. Gebäude; Univ. für bildende Künste, Musik u. a.; Bundesgerichtshof, Bundesverfassungsgericht, Bundesforschungsanstalt für Wasserbau; Bad. Landesmuseum, Kunsthalle, Bad. Staatstheater; Kernforschungszentrum; Maschinenbau, chem., Elektro-, Textil- u. a. Ind.; Ölraffinerien; durch einen Stichkanal mit dem Rhein verbunden.

Karlstad, Hptst. der südschwed. Prov. Värmland, an der Mündung des Klarälven in den Vänern, 74 700 Ew.; chem., Masch.- u. Textil-Ind.; Binnenhafen.

Karlstadt, Stadt in Unterfranken (Bay.), am Main bei Würzburg, 14 000 Ew.; gut erhaltenes histor. Stadtbild mit Mauern u. Wehrtürmen (15./16. Jh.); metallverarbeitende u. Zement-Ind.

Karlstadt, 1. Andreas, eigtl. A. *Bodenstein,* *um 1480, †1541, dt. Theologe der Reformationszeit; stand M. *Luther* zunächst nahe, vertrat später ein myst., auf die Aktivierung der Gemeindeglieder bezogenes Christentum. – **2.** Liesl, eigtl. Elisabeth *Wellano,* *1892, †1960, Münchner Volksschauspielerin; seit 1915 Partnerin von Karl *Valentin.*

Karma, *Karman,* Begriff der ind. Religionen zur Bez. der automat. Wirkungskraft menschl. Handlungen, durch die in der nächsten Existenz Art u. Höhe der Wiedergeburt bestimmt werden.

Karmel, Bergrücken in Israel, bis 546 m, mit reicher Eichen-, Mandelbaum- u. Pinienvegetation; seit 1156 Heimatsitz des geistl. **Karmeliter-Ordens,** kath. Bettelorden; widmet sich der Seelsorge u. Wiss.

Karmin, roter Farbstoff; aus getrockneten Cochenilleschildläusen gewonnen.

Karnak, oberägypt. Ort bei Luxor, am Nil; mit einer Gruppe von Tempeln, die zur altägypt. Hptst. *Theben* gehörten.

Karnallit, *Carnallit,* ein Mineral.

Karnataka, fr. *Maisur,* Bundesstaat in →Indien.

Karnation → Inkarnat.

Karneol, *Carneol,* gelbl. bis blutrote Abart des *Chalzedon;* Schmuckstein.

Karner, »Beinhaus«, zweistöckige Friedhofskapelle im MA.

Karneval, rhein. Form der *Fastnacht.* Viele seiner Elemente, wie der Beginn am 11.11., Elferrat, Narrenmütze, Schunkeln, Mädchengarden, Funkenmariechen, Büttenrede u. Rosenmontag, wurden in die Fastnacht anderer Gebiete übernommen.

Karnische Alpen, westöstl. gerichtete Gebirgskette der S-Alpen aus Kalken u. Schiefern, an der ital.-östr. Grenze; in der *Hohen Warte* (Monte Coglians) 2780 m.

Karnivoren, 1. → insektenfressende Pflanzen. – **2.** fleischfressende Tiere.

Kärnten, Bundesland im S Östr., zw. Hohen Tauern u. Norischen Alpen im N u. Karnischen Alpen im S; dazwischen das Klagenfurter Becken, 9533 km², 542 000 Ew., Hptst. *Klagenfurt;* Ackerbau, Alm-Wirtschaft, Holznutzung, Fremdenverkehr; Metall-, Leder- u. Holz-Ind.; Bergbau auf Buntmetalle, Magnesit u. Eisenerz.

G e s c h.: K. ist vermutl. benannt nach den kelt. *Karnern;* um 30 v. Chr. röm.; 976 dt. Herzogtum; kam 1335 an die Habsburger; 1849 östr. Kronland. Der Abwehrkampf der Kärntner 1918–20 verhinderte den Verlust Süd-K. an Jugoslawien.

Karo, durch Längs- u. Querstreifung erzeugte (auf der Spitze stehende) Vierecke als Muster.

Karolinen, größte Inselgruppe von Mikronesien, meist flache, von Wallriffen umgebene Koralleninseln (u. a. Ponape, Truk, Kosrae, Yap), Gesamtfläche 1180 km², 115 000 Ew., meist Mikronesier; trop. Seeklima; Regen- u. Mangrovewälder, Kokospalmen; Export von Kopra, Kakao, Pfeffer; Fremdenverkehr. – Seit 1947 UN-Treuhandgebiet der USA; seit 1982 besitzen die K. als *Vereinigte Staaten von Mikronesien* volle Autonomie.

Karolinger, *Arnulfinger, Pippiniden,* fränk. Hausmeier- u. Königsgeschlecht (seit 751), ben. nach Karl d. Gr., der 800 die Kaiserwürde erlangte; Stammvater war Bischof *Arnulf von Metz* († 641), dessen Enkel *Pippin II., der Mittlere,* 687 die zentrale Gewalt als Hausmeier des gesamten Frankenreichs gewann.

karolingische Kunst, die Kunst des Karolingerreichs vom Ende des 8. Jh. bis zur 1.Hälfte des 10. Jh. In bewußtem Rückgriff auf die christl. Spätantike (daher »karolingische Renaissance«) schufen höfische u. klerikale Kreise eine Kunst, die Elemente der röm.-frühchristl., byzantin. u. der ir. Kunst in sich vereinte. Sie wurde die Grundlage der Kunst des MA. Baukunst: Basiliken mit angeschlossenem Westwerk, Klosteranlagen, Kaiserpfalzen. Plastik: Bronzegußwerke, Elfenbein- u. Goldschmiedearbeiten. Malerei: bes. Buchmalerei

Karolus, August, *1893, †1972, dt. Physiker u. Elektrotechniker; entwickelte aufgrund des *Kerr-Effekts* 1923/24 ein Verfahren für die Bildtelegraphie u. das Fernsehen.

Karpfen: Zuchtform Spiegelkarpfen

Karosse, Staatswagen, Galakutsche.

Karosserie, Fahrzeugaufbau auf dem Fahrgestell oder Rahmen.

Karotin →Carotinoide.

Karotis, *Carotis* →Halsschlagader.

Karotte, Zuchtform der *Möhre* mit spindelförmigen, verdickten Wurzeln.

Karpaten, ca. 1300 km langer Gebirgsbogen im sö. Mitteleuropa, der sich in einem nach SW offenen Oval von den Kleinen K. bei Bratislava bis zur Donau am Eisernen Tor erstreckt; in der *Hohen Tatra* über 2600 m.

Karpathos, grch. Insel der Südl. Sporaden, zw. Kreta u. Rhodos, 301 km², 5400 Ew.; Hauptort K.

Karpato-Ukraine →Transkarpatien.

Karpell, *Carpellum* →Fruchtblatt.

Karpfen, Süßwasserfisch mit weichen Flossenstrahlen. Durch Züchtung aus der Naturform, dem *Schuppen-K.,* ist der heutige *Spiegel-K.* (wenige große Schuppen) entstanden, daneben der *Zeilen-K.* (durchgehende Reihe großer Schuppen) u. der *Leder-K.* (ohne Schuppen).

Kärpflinge →Zahnkarpfen.

Karpow, Anatolij, *23.5.1951, russ. Schachspieler; 1975–85 u. seit 1993 Schachweltmeister.

Karree, Viereck.

Karren, *Schratten,* parallele Auslaugungs- u. Erosionsformen (Rinnen, Grate) an der Oberfläche vegetationsloser Kalkgesteine.

Karrer, Paul, *1889, †1971, schweiz. Chemiker; erforschte die Vitamine; Nobelpreis 1937.

Karriere, berufl. Aufstieg, (rasche, erfolgreiche) Laufbahn (»K. machen«).

Karst, alle Formen von wasserlösl. Gesteinen (z.B. Kalk, Gips), die durch Oberflächen- u. Grundwasser ausgelaugt werden. Es kommt dadurch zu charakterist. K.-Erscheinungen: an der Oberfläche z.B. *Karren, Dolinen, Uvalas, Poljen, Schlotten, Erdorgeln.* Zu den unterird. K.-Erscheinungen gehören oft weitverzweigte Höhlen.

Karst, slowen. *Kras,* von Istrien bis nach Albanien an der dalmatin. Küste sich entlangziehendes zerklüftetes Kalkhochland.

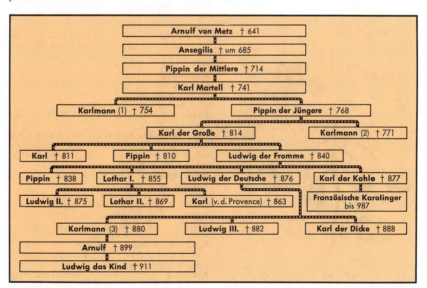

Karolinger: Stammtafel

Kartätsche, dünnwandiges Hohlgeschoß, das, mit Bleikugeln gefüllt, aus Geschützen auf kürzeste Entfernung gefeuert wurde.
Kartaune, großes, um 1500 verwendetes Geschütz.
Kartäuser, *Karthäuser*, ein geistl. →Orden.
Karte, 1. →Postkarte. – **2.** →Landkarte.
Kartei, nach Stichwörtern alphabet. oder sachl. geordnete Sammlung von Merkstoff auf einzelnen Karten oder Blättern.
Kartell, Zusammenschluß (insbes. von bed. Unternehmen).
Kartesianismus, von dem frz. Philosophen R. *Descartes* ausgehende philosoph. Richtung.
Karthago, lat. *Carthago*, grch. *Karchedon*, im Altertum bed. Stadt an der nordafrik. Küste; 814 v. Chr. von Phöniziern aus Tyros als Kolonie zur Sicherung der Schiffahrt im westl. Mittelmeer gegr. Es wurde bald selbst. u. beherrschte den Handel im westl. Mittelmeer vollständig. Als die Römer S-Italien eingenommen hatten, begann der Kampf mit Rom um die Vorherrschaft über das westl. Mittelmeer: im 1. Punischen Krieg 264–241 v. Chr. gingen die Inseln verloren; im 2. Pun. Krieg 218–201 v. Chr. verlor K. seine Stellung als Weltmacht; nach dem 3. Pun. Krieg 149–146 v. Chr. wurde K. völlig zerstört u. der Restbestand des Hinterlands zur röm. Prov. *(Africa)* gemacht.
Kartoffel, *Erdapfel*, ein *Nachtschattengewächs* aus S-Amerika, einjährige krautige Pflanze, weiß oder violett blühend, mit ungenießbaren Beerenfrüchten u. unterird. knollig verdickten Ausläufern, den eigtl. K.n; gelangte im 16. Jh. nach Europa u. wurde in der Mitte des 18. Jh. durch Friedrich d. Gr. in Preußen eingeführt. – Süß-K. →Batate.
Kartoffelbovist, *Schweinetrüffel*, giftiger Bauchpilz.
Kartoffelkäfer, *Coloradokäfer*, gefürchteter Kartoffelschädling, aus N-Amerika eingeschleppt; etwa 1 cm langer *Blattkäfer* mit je 5 schwarzen Längsstreifen auf dem gelben Untergrund der Deckflügel. Die Weibchen legen bis zu 1500 Eier (in 2–5 Generationen je Sommer) auf die Blatterunterseite der Kartoffelstauden. Die gefräßigen, gelb.-rötl. Larven vernichten in kurzer Zeit das Blattwerk ganzer Kartoffelfelder.
Kartoffelmehl, aus Kartoffeln durch Zerkleinern u. Ausschlämmen gewonnenes Stärkemehl.
Kartogramm, graph. Darst. statist. Werte auf Umrißkarten oder Graudrucken, um räuml. Verbreitungsunterschiede (z.B. Bev.-Dichte) bildhaft darzustellen.
Kartographie, die Lehre von der Abb. der Erdoberfläche in Karten u. von der Herstellung der Karten *(Kartenlehre)*, auch die Lehre von der Kartenbenutzung *(Kartenkunde)*.
Karton [-'tõ], **1.** dickes, steifes Papier; auch die daraus hergestellte Schachtel. – **2.** letzter, meist mit Kohle, Kreide oder Bleistift auf starkes Papier gezeichneter Entwurf (in Originalgröße) für Wandgemälde u. Gobelins.
Kartusche, 1. Schmucktafel, deren Rahmen aus Ornamenten zusammengesetzt ist. – **2.** Metallhülse der Artilleriegeschosse, in der sich die Treibpulverladung befindet.
Karun, *Rud-e K.*, längster Fluß in Iran, 800 km; mündet in den Schatt al-Arab.
Karussell, 1. Turnierspiel der Ritter: Ringelreiten u. Ringelstechen. – **2.** seit Anfang des 18. Jh. auf Jahrmärkten aufgebautes Gestell mit Wagen, Holzpferden, an Ketten aufgehängten Sitzen u. ä., das sich im Kreis dreht.
Karwendelgebirge, größte Gruppe der Nordtiroler Kalkalpen, in der *Birkkarspitze* 2756 m.
Karwoche, *Stille Woche, Heilige Woche*, Woche zw. Palmsonntag u. Ostern; in allen christl. Konfessionen dem Gedächtnis des Leidens Christi gewidmet.
Karyatide, weibl. Figuren, die bei antiken Bauwerken Säulen oder Pfeiler ersetzen.
Karyogamie, *Kernverschmelzung*, der eigtl. Befruchtungsvorgang, d. h. die Verschmelzung der Kerne von Ei- u. Samenzelle.
Karzer, fr. der Arrestraum höherer Schulen u. Univ.
Karzinogen →Kanzerogen.
Karzinom →Krebs.
Kasachen, *Kasaken*, ein Turkvolk im Steppengebiet Kasachstans (8,1 Mio.), in China (600 000) u. in der Mongolei (43 000); heute überw. in halbnomad. Wirtschaftsform in Kolchosen integriert.
Kasachensteppe, fr. auch *Kirgisensteppe*, 1,75 Mio. km² großes Steppenland im Innern Kasachstans.
Kasachstan, russ. *Kazachstan*, Staat in Mittelasien, vom Kaspischen Meer bis zum Altai, 2 717 300 km², 16,7 Mio. Ew., Hptst. *Alma-Ata*; überwiegend Steppen u. Wüsten; künstl. Bewässerung (Anbau von Baumwolle, Weizen u. a.).

Kasachstan

Gesch.: Im 19. Jh. wurde das Gebiet von Rußland erobert. 1920 wurde die *Kirg. ASSR* im Rahmen der RSFSR gegr. Die Kirg. ASSR benannte man 1925 in *Kasach. ASSR* um u. erhob sie 1936 zur Unionsrep. Seit 1991 ist K. unabh. u. Mitgl. der GUS.
Kasack, dreiviertellanges Frauenobergewand, über dem Rock getragen.
Kasack, Hermann, *1896, †1966, dt. Schriftst.; sein Roman »Die Stadt hinter dem Strom« war ein Hauptwerk der Nachkriegsliteratur.
Kasai, l. Nbfl. des Kongo, 1950 km; kaum schiffbar.
Kasaken →Kasachen.
Kasan, Hptst. der Rep. Tatarstan (Rußland), an der Mündung der *Kasanka* in den Samara-Stausee, 1,1 Mio. Ew.; Univ. (gegr. 1804) u. a. HS; Maschinenbau, Pelz- u. Lederverarbeitung.
Kasantsakis →Kazantzakis.
Kasbah, Bez. für burgartige Bergdörfer der Berber im Atlasgebiet, auch für die arab. beeinflußten Altstädte der nordafrik. Städte.
Kasbek, einer der höchsten Gipfel des *Kaukasus*, 5047 m.
Kaschau, slowak. *Košice*, ung. *Kassa*, Stadt in der O-Slowakei, 240 000 Ew.; got. Kathedrale (15. Jh.), Univ. (gegr. 1657); Hütten-, Textil-, chem. u. Baustoff-Ind.
Kaschemme, minderwertige Kneipe.
Kaschghar →Kaxgar.
kaschieren, 1. verbergen, verstecken, überdecken. – **2.** Papierbahnen oder Folien, auch Gewebebahnen zwei- u. mehrfach übereinanderkleben; auch Papier u. Kartons mit Kaschierlacken u. flüssigen Kunststoffen beschichten.
Kaschmir, Gewebe aus K.wolle, auch weiche, matt glänzende Stoffe aus feinem Woll-Kammgarn, Halbseide oder Seide.
Kaschmir, Gebirgs-Ldsch. u. ehem. Fürstentum im nw. Himalaya u. Karakorum; nach der Unabhängigkeit Indiens 1947 zw. Indien u. Pakistan umstritten u. nach krieger. Auseinandersetzung aufgeteilt; zum ind. Teil *(Jammu and Kashmir)* gehören 138 995 km² mit 7,7 Mio. Ew.; der pakistan. Teil (83 888 km², 1,3 Mio. Ew., Hauptort *Muzaffarabad*) wird als *Azad Kashmir* (»Freies K.«) bez.; als Hptst. für das gesamte K. gilt das auf ind. Gebiet liegende *Srinagar;* Anbau von Reis, Mais, Weizen, Obst u. Gewürzen; Viehzucht u. Wald-Wirtsch.; berühmt sind Schals u. Teppiche aus der Wolle der K.ziege.
Kaschnitz, Marie Luise, eigtl. Freifrau K. von *Weinberg*, *1901, †1974, dt. Schriftst.; schrieb Lyrik (»Dein Schweigen – meine Stimme«) in der Spannung zw. resignierender Skepsis u. christl. Humanität; außerdem Erzählungen (»Lange Schatten«).
Kaschuben, westslaw. Volksstamm im NO Pommerns u. in Pommerellen *(Kaschubei)* mit eig. Sprache (der poln. nahestehend) u. Sitte.
Käse, Milcherzeugnis mit hohem Gehalt an Eiweiß u. Fett; hergestellt mit Hilfe von Lab *(Lab-, Süßmilch-K.)* oder Milchsäurebakterien *(Sauermilch-K.)*. Der ausgefüllte K.rohstoff *(Bruch, Quark)* wird von der verbleibenden Flüssigkeit getrennt u. weiterverarbeitet. Nach Zusatz von Salz, Gewürzen, Farbstoff oder Reinkulturen von Schimmelpilzen u. Bakterien folgt die Formung, dann die Reifung (eine Art Gärung) in K.kellern.
Kasein →Casein.
Kasel, liturg. Obergewand des kath. Priesters bei der Meßfeier.
Kasematte, 1. auf Kriegsschiffen gepanzerte Stellung für Geschütze; heute ersetzt durch drehbare Turmlafetten. – **2.** in Festungen u. Forts beschußsicherer Raum.
Kaserne, Gebäudekomplex zur ortsfesten, dauernden Unterbringung von Truppen.
Kasimir, Kazimierz, poln. Fürsten:
1. K. III., *K. d. Gr. (Wielki),* *1310, †1370, König 1333–70; leitete eine neue, nach O gerichtete Politik Polens ein; erwarb Galizien u. Wolhynien; gründete die Univ. Krakau u. dt. Siedlungen. Mit ihm starben die poln. Piasten aus. – **2.** Kazimierz, **K. IV.**, *K. der Jagiellone,* *1427, †1492, König 1447–92; erlangte 1466 im 2. Thorner Frieden vom Dt. Orden W-Preußen u. die Lehnshoheit über das Ordensland Preußen.
Kasimir, Heiliger (Fest: 4.3.), *1458, †1484, Sohn K. IV. von Polen; Patron von Polen u. Litauen.
Kasino, 1. ital. Landhaus in großem Garten. – **2.** Speiseraum. – **3.** →Spielbank. – **4.** →Offizierskasino.
Kaskade, 1. kleiner (natürl. oder künstl.) Wasserfall über mehrere Stufen. – **2.** hinter- oder übereinandergeschaltete, völlig gleich gebaute Arbeitsapparate zur Vervielfachung der Einzelleistung *(K.nschaltung)*; z.B. bei Transformatoren, Gleichrichterröhren u. Kondensatoren. – **3.** artist. Sprung, der einen Fall imitiert, vom Pferd u. ä., ausgeführt durch **Kaskadeure**.

Kartoffel: Die Knollen bilden sich an den Enden von Rhizomen, die an der Basis des Sprosses entspringen

Kaschmir: Wohnboote auf dem Jhelum in Srinagar

Kaskadengebirge, *Cascade Range,* Hochgebirge im W der USA, nördl. Fortsetzung der Sierra Nevada, im *Mount Rainer* 4392 m.
Kaskoversicherung, Versicherung von Beförderungsmitteln (Schiffe, Kfz u. a.) gegen Schäden.
Käsmark, slowak. *Kežmarok,* Stadt in der O-Slowakei, Zentrum des *Zipser Landes,* 17 000 Ew.; im 12. Jh. von Deutschen gegr., bis 1945 hoher dt. Bevölkerungsanteil.
Kaspar, *Caspar,* einer der Hl. →Drei Könige; als Mohr dargestellt.
Kaspar-Hauser-Versuch →Hauser.
Kasparow, Garri, * 13.4.1963, aserbaidschan. Schachspieler (Großmeister); Schachweltmeister 1985, 86, 87 u. 90.
Kasper, *Kasperl, Kasperle,* Gestalt des Puppenspiels; 1781 als lustige Bühnenfigur von dem Wiener J. *Laroche* nach dem Muster des *Hanswurst* geschaffen.
Kasperle-Theater →Puppenspiel.
Kaspisches Meer, größter Binnensee der Erde, östl. des Kaukasus, 371 800 km², im Südteil bis 995 m tief, abflußlos. Zunehmende Wasserentnahme u. starke Verdunstung senken den Wasserspiegel u. gefährden das ökolog. Gleichgewicht.
Kassageschäft, Börsengeschäft in Wertpapieren oder Waren, bei dem Lieferung u. Zahlung dem Geschäftsabschluß unmittelbar folgen. Ggs.: *Termingeschäft.*
Kassandra, auch *Alexandra,* in der grch. Myth. Tochter des Trojanerkönigs *Priamos,* Seherin, deren unheilverkündenden Weissagungen *(K.-Rufe)* niemand glaubte.
Kassation, 1. bei Beamten u. beim Militär fr. die strafweise Dienstentlassung. – **2.** Kraftloserklärung einer Urkunde. – **3.** Aufhebung einer rechtskräftigen, aber unrichtigen Gerichtsentscheidung durch ein höheres Gericht, ohne daß dieses (wie z.B. bei der *Revision)* in der Sache selbst entscheiden kann.
Kassave, *Cassavestrauch* →Maniok.
Kassel, Krst. in Hessen, an der Fulda, 190 000 Ew.; Gesamt-HS (1971); hess. Landesmuseum, Brüder-Grimm-Museum u. a.; 'documenta'-Ausstellung moderner Kunst; Bundesarbeitsgericht, Bundessozialgericht; Schloß *Wilhelmshöhe* (Ende 18. Jh.), Orangerie; Fahrzeug- u. Maschinenbau, Elektro-, pharmazeut. u. a. Ind.
Kasseler, *K. Rippenspeer,* gepökeltes u. geräuchertes Rippenstück vom Schwein.
Kassem, *Qasim, Kasim,* Abd al-Karim, * 1914, † 1963 (erschossen), irak. Offizier u. Politiker; führte 1958 den Staatsstreich gegen König *Faisal II.* u. proklamierte die Rep.
Kasserolle, Kochtopf mit Stiel.
Kassette, 1. Kästchen, Behälter zur Aufbewahrung von Geld, Schmuck u. a.; Karton zum Schutz von Büchern, Schallplatten u. ä.; lichtdichter Behälter für Photofilm (-Platte). – **2.** vertieftes Feld einer in Kästchen unterteilten Decke. – **3.** genormte Kunststoffbehälter, in denen sich ein Band befindet, das entweder bespielt ist oder zur Aufzeichnung u. Wiedergabe von Sprache, Musik (bei Tonband-K.) u. Bild (bei Video-K.) dient.
Kassiber, heiml. schriftl. Mitteilung von Häftlingen an Mitgefangene oder an die Außenwelt.
Kassie [-siə], *Cassia,* Gatt. trop. Bäume oder Sträucher; Lieferanten der als Abführmittel dienenden Sennesblätter.
Kassiopeia, 1. *Kassiope,* grch. Sagengestalt, Mutter der *Andromeda.* – **2.** Sternbild des nördl. Himmels; die hellsten 5 Sterne bilden die Figur eines W.
Kassiten, *Kaschschu, Kossäer,* Grenzvolk des alten Babylonien in den Randgebirgen Irans; drangen vom 17. Jh. v. Chr. in Babylonien ein u. brachten es bis 1480 v. Chr. ganz unter ihre Herrschaft.
Kassner, Rudolf, * 1873, † 1959, östr. Kulturphilosoph; entwarf ein »physiognom. Weltbild«.
Kastagnetten [kasta'njɛtən], aus Spanien u. Italien stammende, meist bei Volkstänzen verwendete Schalenklappern aus Hartholz, die zu zweit mit ihren Höhlungen gegeneinandergeschlagen werden.
Kastanie, *Castanea,* Gatt. der *Buchengewächse.* Die wichtigste Art ist die *Edel-K.,* in S-Europa, Algerien u. Kleinasien heimisch, deren Früchte *(Maronen)* eßbar sind. Nicht verwandt ist die *Roß-K.* Die *Brasil-K.* (→Paranußbaum) liefert die Paranüsse.
Kaste, Gemeinschaft von nur untereinander heiratenden Familien angebl. gleicher Abstammung, mit gleichem Brauchtum, gemeinsamen Namen u. meist gleichem Beruf; bes. in Indien, wo es 2000 bis 4000 K.n u. Unter-K.n gibt. Ihr System beruht auf der ständ. Gliederung der alten indoeurop. Einwanderer: *Brahmanen* (Priester), *Kschatriyas* (Krieger, Adel), *Vaischyas* (Kaufleute), *Sudras* (unterworfene Bauern), zu denen noch die außerhalb stehenden *Parias* kommen.
Kastell, befestigter Platz, röm. Truppenlager, im MA kleine Burganlage.
Kastellan, urspr. Burgvogt, jetzt Verwalter von Schlössern oder öffentl. Gebäuden.
Kastilien, zentrales Hochland u. die histor. Kernlandschaft Spaniens, durch das *Kastil. Scheidegebirge* in *Alt-K.* im N u. *Neu-K.* im S getrennt. G e s c h.: Um 750 erwarb König *Alfons I.* von Asturien Alt-K.; im 10. Jh. wurde K. selbst. Gft.; im 11. Jh. wurde es Kgr. u. um Navarra u. Neu-K. erweitert; im 15. Jh. wurde es mit Aragonien vereinigt u. die Einigung Spaniens durch Eroberung Granadas u. Navarras vollendet.
Kastler [kast'lɛːr], Alfred, * 1902, † 1984, frz. Physiker; Arbeiten zur Atomforschung (Doppelresonanz, Lasertechnik); Nobelpreis 1966.
Kästner, 1. Erhart, * 1904, † 1974, dt. Schriftst.; 1936–38 Sekretär G. *Hauptmanns.* – **2.** Erich, * 1899, † 1974, dt. Schriftst.; schrieb scharfsichtige u. witzige, zeitkrit. »Gebrauchslyrik«, ferner unterhaltsame Romane, Komödien u. weltbekannte Jugendbücher. W »Fabian«, »Drei Männer im Schnee«, »Der kleine Grenzverkehr«, »Emil u. die Detektive«, »Pünktchen u. Anton«, »Das fliegende Klassenzimmer«, »Das doppelte Lottchen«.
Kastor, 1. einer der →Dioskuren. – **2.** α *Geminorum,* der schwächere der beiden Hauptsterne der *Zwillinge.*
Kastraten, 1. Sänger, bei denen durch Kastration der Stimmbruch verhindert wurde, so daß sie die Sopran- oder Altstimme ihrer Knabenzeit behielten (bes. in der Oper des 16.–18. Jh.). – **2.** männl. oder weibl. Haustiere, deren Keimdrüsen entfernt oder funktionsunfähig gemacht wurden.
Kastration, *Verschneidung, Sterilisation,* Ausschaltung der Keimdrüsen (Hoden oder Eierstöcke) durch Operation oder Röntgenbestrahlung.
Kasuare, Gatt. *Casuarius,* große flugunfähige *Laufvögel* aus Australien u. aus Neuguinea.
Kasuistik, 1. Bearbeitung von Einzelfällen einer Wissenschaft. – **2.** in der Sittenlehre eine Anleitung anhand von Beispielen, wie allg. sittl. Grundsätze bei schwierigen Einzelumständen in Gewissensentscheidungen anzuwenden sind. – **3.** Rechtsfindung, die sich in der Entscheidung von Einzelfällen ohne Beachtung allg. Grundsätze erschöpft.
Kasus, *Fall,* grammat. Kategorie deklinierbarer Wörter; im Neuhochdeutschen 4 K.: Nominativ, Genitiv, Dativ, Akkusativ.
Katabolismus, Stoffwechselvorgang, bei dem durch den Abbau von Kohlenstoffverbindungen Energie frei wird.
Katafalk, bei Trauerfeierlichkeiten das Gerüst, auf dem der Sarg steht.
Katajew [-jɛf], Walentin Petrowitsch, * 1897, † 1986, russ. Schriftst.; beschrieb Welt- u. Bürgerkrieg u. schilderte, teilw. satir., die wirtsch. u. gesellschaftl. Verhältnisse.
Katakana, vereinfachte jap. Schrift.
Katakomben, unterird. Begräbnisstätten des fr. Christentums; oft mehrstöckig mit weitverzweigten Verbindungsgängen, in deren Wänden die Toten in bogenüberwölbten Nischen bestattet wurden; v. a. in Rom u. Neapel, auch auf Sardinien, Sizilien, Malta u. in Ägypten.
Katalanen, *Katalonen,* rom. Volksstamm in den span. Ldsch. Katalonien, Valencia u. auf den Balearen, in das frz. Roussillon übergreifend, in Andorra, Italien, Argentinien u. in den USA; mit eig. Sprache u. Literatur.
Katalaunische Felder, bei Châlons-sur-Marne (Frankr.); Bez. für den Ort der Hunnenschlacht 451, in der die Römer unter *Aetius* mit Franken u. Westgoten über die Hunnen unter *Attila* siegten.
Katalepsie, Starrsucht, ein krankhafter Zustand, in dem sich die Körpermuskeln nicht mehr aktiv bewegen lassen; bei manchen Geistes- u. Nervenkrankheiten, auch durch Hypnose erreichbar.
Katalog, alphabet. oder sachl. geordnetes Verzeichnis der in Büchereien, Waren- u. Verkaufslagern, Museen, Privatsammlungen, Archiven, auf Auktionen oder Ausstellungen enthaltenen Einzelstücke.
Katalonien, histor. Ldsch. NO-Spaniens, umfaßt die 4 Prov. *Gerona, Barcelona, Tarragona* u. *Lérida,* 31 930 km², 6,1 Mio. Ew. *(Katalanen),* alte Hptst. *Barcelona;* Anbau von Getreide, Kartoffeln, Wein, Obst u. Gemüse, Viehzucht; versch. Ind., Fremdenverkehr.
G e s c h.: K. war seit 217 v. Chr. röm. Prov.; 415 drangen die Westgoten, 711 die Araber ein; unter Karl d. Gr. als *Spanische Mark* in das Frankenreich eingegliedert (778); 1137 gelangte K. durch Heirat an Aragón; nach Abschaffung der Monarchie erhielt K. 1931–36 weitgehende Autonomie; 1977 neues Autonomiestatut.
Katalysator, 1. →Katalyse. – **2.** *Abgas-K.,* Teil zur Abgasbehandlung für Kfz mit Ottomotoren; die im Abgas enthaltenen Schadstoffe Kohlenmonoxid, Kohlenwasserstoffe u. Stickoxide werden in die unschädl. Verbindungen Kohlendioxid, Wasser u. Stickstoff umgewandelt. – B S. 444.
Katalyse, Beschleunigung oder Verzögerung einer chem. Reaktion durch Zugabe einer Substanz *(Katalysator,* z.B. Platin), die während dieses Prozesses selbst nicht verändert wird. Organ. Katalysatoren heißen *Enzyme* oder *Fermente.*
Katamaran, von polynes. Auslegerbooten abstammende Schiffsform mit zwei schlanken, parallelen, durch eine Brücke verbundenen Rümpfen.
Katanga, Prov. in Zaire, →Shaba.
Katapult, 1. im Altertum u. im MA Wurfmaschine

Kassel: Orangerie (18. Jahrhundert) mit Karlswiese

Katar zum Schleudern von Pfeilen oder Steinen. – **2.** Starthilfevorrichtung für Flugzeuge, mit der das Flugzeug durch einen Fremdantrieb (Preßluft, Dampf, Pulvertreibgase) innerhalb einer kurzen Startbahn auf die zum Abheben notwendige Geschwindigkeit beschleunigt wird; auf Flugzeugträgern u. für Schleudersitze.

Katar, *Qatar,* Staat in O-Arabien, am Pers. Golf, 11 000 km², 420 000 Ew. (Araber), Hptst. *Doha;*

Katar

wüstenhaftes Tafelland; Erdölförderung; Stahl-, Chemiewerk, Erdölraffinerien; Obst- u. Gemüseanbau bei künstl. Bewässerung; Meerwasserentsalzungsanlagen; Hauptseehäfen Doha u. Umm Said, internat. Flughafen bei Doha.
Geschichte. Das Scheichtum K. gehörte bis 1914 zum Osman. Reich. 1916 wurde es brit. Protektorat. 1971 erklärte sich K. für unabh. Es ist seitdem Mitgl. der UN u. der Arab. Liga.

Katarakt [der], eine Reihe hintereinander liegender Stromschnellen oder Wasserfälle.

Katarrh, einfache entzündl. Reizung der Schleimhäute mit vermehrter Flüssigkeitsabsonderung.

Kataster, *Flurbuch,* am K.amt ausliegendes amtl. Verzeichnis von Grundstücken nach Kulturarten, Bodengüteklassen, Parzellen oder Gutseinheiten; dient zus. mit den großmaßstäbl. K.plänen u. K.karten zur Festsetzung der Grundsteuer oder der Immobilienversicherung.

Katastrophe, 1. Unglück, Zusammenbruch. – **2.** im Drama der Wendepunkt im letzten Teil der Handlung. Mit der K. entscheidet sich das Schicksal des Helden, entweder zum Untergang (Tragödie) oder zum Guten (Komödie).

Katatonie, Geisteskrankheit mit Krampf- u. Spannungszuständen der Muskulatur; Form der Schizophrenie.

Katechese, Unterweisung in den christl. Grundlehren.

Katechet, christl. Religionslehrer. – **Katechetik,** die Lehre von der christl. Unterweisung.

Katechismus, seit der Reformation in den ev. Kirchen Lehrbuch für die Glaubensunterweisung. Der Kleine K. M. Luthers (1529) u. der reform. Heidelberger K. (1563) bezeichnen den (luth. oder reform.) Bekenntnisstand der Gemeinden. – In der röm.-kath. Kirche folgten auf den Catechismus Romanus (1566, gründl. Revision 1992) versch. Versuche eines gegenwartsnahen K.

Katechumenen [-çu:], **1.** in der frühchristl. Kirche die am Taufunterricht teilnehmenden Taufanwärter. – **2.** bei einem zweijährigen Konfirmationsunterricht der ev. Kirchen die »Vorkonfirmanden« des 1. Unterrichtsjahrs.

Kategorie, Grundbegriff: Gatt., Art, Typ. Als philosoph. Terminus Grundaussage über Seiendes; Definition in der Gesch. der Logik schwankend.

kategorischer Imperativ, nach I. *Kant* die allein aus der Vernunft ableitbare Formel für das Sittengesetz: »Handle so, daß die Maxime deines Willens jederzeit zugleich als Prinzip einer allgemeinen Gesetzgebung gelten könnte.«

Katene, Bibelerläuterung durch aneinandergereihte Aussprüche von Kirchenvätern u. Theologen.

Kater, männl. Katze.

Katgut, *Catgut,* Nähmaterial aus Schafdärmen für chirurg. Nähte im Körpergewebe; wird nach einer gewissen Zeit vom Körper resorbiert u. verursacht deshalb keine Reizungen.

Katharer, Sekte des MA, seit dem 12. Jh., von den *Bogomilen* beeinflußt; glaubten an die Erlangung des Heils durch völlige Weltenthaltung; durch Abspaltung entstand die bed. Gruppe der *Albigenser;* Verfolgung durch die Inquisition; verschwanden erst mit der Entstehung der *Bettelorden* im 15. Jh.

Katharina, Fürstinnen:
England:
1. *1401, †1437, Königin, seit 1420 Frau *Heinrichs V.;* Tochter *Karls VI.* von Frankreich. Wegen ihrer Herkunft erhoben die engl. Könige Anspruch auf den frz. Thron. – **2. K. von Aragón,** *1485, †1536, Königin, Frau des engl. Thronfolgers *Arthur* (†1502), dann von dessen Bruder *Heinrich VIII.* (1509). Die von Heinrich seit 1526 erstrebte, vom Papst verweigerte Scheidung von K. war Ursache für den Abfall der engl. Kirche von Rom. 1533 ließ sich Heinrich ohne päpstl. Zustimmung scheiden. – **3. K. Howard,** *um 1520, †1542 (enthauptet), Königin, 5. Frau *Heinrichs VIII.* (1540); des Ehebruchs bezichtigt. – **4. K. Parr,** *1512, †1548, Königin, 6. Frau *Heinrichs VIII.* (1543).
Frankreich:
5. K. von Medici, *1519, †1589, Königin, Frau Heinrichs II. seit 1533. Als G. de *Colignys* antispan. Politik auf ihren Sohn *Karl IX.* zu großen Einfluß nahm, ließ sie die Hugenottenführer in der *Bartholomäusnacht* umbringen.
Portugal:
6. K. von Bragança, *1638, †1705, Tochter *Johanns IV.* von Portugal (*1604, †1656), Frau *Karls II.* von England; als Witwe Regentin von Portugal für ihren geisteskranken Bruder *Peter (Pedro) II.*
Rußland:
7. K. I., eigtl. Marta *Skawronskaja,* *1684, †1727, Kaiserin 1725–27; Bauerntochter, Frau eines schwed. Dragoners, dann Geliebte A.D. *Menschikows,* schließl. *Peters d. Gr.,* der sie 1712 heiratete. Als Zarin nach Peters Tod (1725) überließ sie die Regierungsgeschäfte Menschikow. – **8. K. II., K. d. Gr.,** eigtl. *Sophie Friederike Auguste* von Anhalt-Zerbst, *1729, †1796, Kaiserin 1762–96; stürzte ihren Mann *Peter III.* u. ließ sich 1762 zur Kaiserin ausrufen. Ihre Reg. leitete den Aufstieg Rußlands zur europ. Großmacht ein.

Katharina von Alexandria →Heilige.

Katharsis, 1. Reinigung, körperl. geistige oder religiöse Läuterung; in der Psychotherapie seel. Gesundung durch Bewußtwerden unverarbeiteter Erlebnisse. – **2.** Begriff aus der »Poetik« des *Aristoteles:* Die Tragödie sollte durch Erregung von Furcht u. Mitleid eine Reinigung von solchen Leidenschaften bewirken.

Katheder, Lehrstuhl, Pult.

Katharina die Große; Gemälde von Vigilius Erichsen. Chartres, Musée des Beaux Arts

Kathedrale, bes. in England u. Frankreich übl. Bez. für die Bischofskirche; in Dtld. meist *Dom* oder *Münster* genannt.

Kathete, Seite im rechtwinkligen Dreieck.

Katheter, Röhre mit abgestumpftem Vorderteil zur Einführung in Körperöffnungen.

Kathode, negativer Pol einer elektr. Stromquelle; auch negativ elektr. Elektrode. – **K.nstrahlen,** in einer Hochvakuumröhre von der K. austretende Elektronen.

Katholikentag, *Deutscher K.,* Generalversammlung der Katholiken Deutschlands, die sich 1848 aus den Jahresversammlungen des Pius-Vereins entwickelte; vorbereitet vom Zentralkomitee der dt. Katholiken.

Katholikos, leitender Bischof in der orth. georg. Kirche u. in versch. morgenländ. Kirchen.

katholisch, »allgemein, ein Ganzes bildend«, urspr. Beiname für die Erdkreis umspannende Kirche; später Konfessions-Bez. für die röm.-kath. Kirche.

Katholische Briefe, aus der grch. Kirche stammender Sammelname für sieben nicht von Paulus verfaßte, allg. gehaltene kleine Briefe des NT (Jakobus, 2 Petrus, 3 Johannes, Judas).

katholische Kirche, *röm.-kath. Kirche,* nach kath. Lehre die von Christus selbst gestiftete, nach Matth. 16,18 auf den »Felsen Petri« gebaute, eine, heilige, kathol., apostol., sichtbare, unvergängl., unfehlbare, alleinseligmachende Kirche, durch den *Papst* in Rom repräsentiert. Dieser ist nach der kath. Lehre als Stellvertreter des unsichtbaren Christus das sichtbare Haupt der k. K.

Katholizismus, Gesamtheit aller polit., staatl. u. soz. Lebensäußerungen, die sich aus einer im kath. Glauben verwurzelten Grundhaltung ergeben.

Kation →Ionen.

Katmandu, Hptst. des Himalayastaats Nepal, 350 000 Ew.; Univ., Bibliotheken; Königspalast (17. Jh.), zahlr. Tempel, Paläste u. Klöster; Fremdenverkehr; Flughafen.

Katowice [-'vitsɛ] →Kattowitz.

Katschin →Kachin.

Katta, fälschl. auch *Katzenmaki,* zu den *Makis* gehörender *Halbaffe* auf Madagaskar.

Kattarasenke, wüstenhafte Beckenldsch. in Ägypten, bis 134 m u. M.; Salzsümpfe.

Kattegat, bis 100 m tiefe Meerenge der westl. Ostsee zw. Schweden u. Jütland.

Kattowitz, poln. *Katowice,* Stadt im östl. Oberschlesien (Polen), Hptst. der Wojewodschaft Katowice, 350 000 Ew.; HS, wiss. Inst.; Ind.- u. Kohlenbergbauzentrum, Eisen-, Kupfer-, Zinkverarbeitung, Maschinenbau, chem. u. elektro-techn. Ind.

Kattun, Gewebe aus mittelfeinen Baumwollgarnen in Leinwandbindung; im allg. bedruckt.

Katyn [ka'tin], russ. Ort bei Smolensk, in dessen Nähe 1943 Massengräber von rd. 4000 (1940 auf Weisung sowj. Führung umgebrachten) poln. Offizieren gefunden wurden.

Katz, Sir Bernard, *26.3.1911, brit. Biophysiker

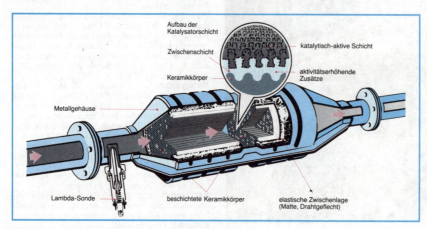

Katalysator: Schema eines Dreiwege-Katalysators für Ottomotoren

dt. Herkunft; arbeitet bes. über Probleme der Nervenerregungsübertragung; Nobelpreis für Medizin 1970.

Kätzchen, Ähren oder ährenähnl. Blütenstände der sog. *K.blüher* (Birke, Erle, Hasel, Walnuß, Weide u. a.).

Katzen, *Felidae,* Raubtier-Fam. mit schlankem Körper, rundem Kopf u. gutem Sprungvermögen; Zehengänger mit einziehbaren Krallen; hierzu *Löwe, Tiger, Leopard, Gepard, Puma, Luchs* u. a.; die *Hauskatze* stammt von der ägypt. *Falbkatze* ab.

Katzenauge, 1. stark reflektierender Rückstrahler an Fahrzeugen, auch als Fahrbahnmarkierung. – **2.** Schmuckstein: grüngelber, mit gewölbter Oberfläche geschliffener *Alexandrit.*

Katzenbär, *Kleiner Panda,* 60 cm groß, von bärenartiger Gestalt, mit rostbraunem Fell; lebt in Gebirgswäldern des östl. Himalaya in Höhen von 1800–3600 m.

Katzenbuckel, höchste Erhebung des Odenwalds, 626 m.

Katzenfrett, nordamerik. Kleinbär mit großen Augen u. Ohren u. dichtem Fell; nachtaktives Raubtier.

Katzengold, *Katzensilber,* volkstüml. Bez. für die glänzenden Glimmerminerale.

Katzenhaie, bis 1,5 m lange Haifischart der Küstengebiete des Atlantik u. der Nordsee.

Katzenpfötchen, *Antennaria,* Gatt. der *Korbblütler;* in Dtld. das *Gewöhnl. K.,* mit rötl. oder gelbl.-weißen Blütenköpfchen.

Katzer, Hans, *31.1.1919, dt. Politiker (CDU); 1957-80 MdB; 1965–69 Bundes-Min. für Arbeit u. Sozialordnung.

Kaub, Stadt in Rhld.-Pf., am Rhein, 1200 Ew.; auf kleiner Insel im Rhein die *Pfalz* (ehem. Zollburg); Weinbau, Schieferbrücke; Fremdenverkehr.

Kauderwelsch, aus mehreren Sprachen gemischte Ausdrucksweise, verworrene Sprechweise.

Kauf, nach den Vorschriften des BGB ein gegenseitiger schuldrechtl. Vertrag, durch den sich der Verkäufer verpflichtet, dem Käufer das Eigentum an einer Sache oder ein Recht zu verschaffen u. der Käufer sich verpflichtet, den vereinbarten *K.preis* zu zahlen u. die gekaufte Sache abzunehmen *(Abnahmepflicht).*

Kaufbeuren, Stadt in Schwaben (Bay.), an der Wertach, 42 000 Ew.; Wehrtürme (15. Jh.), Blasiuskapelle (1319); feinmechan., elektron., Textil- u. Holz-Ind.; nach 1945 angesiedelte Gablonzer Schmuck- u. Glas-Ind.

Kauffmann, Angelika, *1741, †1807, schweiz. Malerin; seit 1782 in Rom; dort berühmt als Malerin klassizist. Porträts (u. a. von Goethe).

Kaufkraft, Fähigkeit, aufgrund eines entspr. Geldbesitzes Güter zu erwerben. – **K. des Geldes,** Warenmenge, die man mit einer bestimmten Geldmenge kaufen kann.

Kaufmann, im allg. Sprachgebrauch jede im Handel tätige Person; nach *Handelsrecht* jeder, der selbst ein Handelsgewerbe betreibt. Wer einem der *Grundhandelsgeschäfte* nachgeht, ist damit ohne weiteres K., muß aber seine Firma ins Handelsregister eintragen lassen *(Muß-K.);* wer ein anderes gewerbl. Unternehmen betreibt, ist erst nach der Eintragung der Firma in das Handelsregister K. *(Soll-K.); Handelsgesellschaften* sind kraft ihrer Rechtsform K. *(Form-K.).*

Kaufunger Wald, Buntsandsteinrücken im Hess. Bergland, östl. von Kassel; im *Bilstein* 642 m.

Kaugummi, *Chiclegum,* kaubares, aber unlösl. Erzeugnis aus natürl. Kautschuk, Gutta (Chicle), Polyvinylacetat u. a.; mit Zusätzen von Zucker u. geschmackgebenden (Pfefferminz- u. Nelkenöl) u. weichmachenden Stoffen (Bienenwachs, Tolubalsam).

Kaukasien, Gebiet zw. Schwarzem u. Kasp. Meer, 450 000 km²; gliedert sich in den eigtl. (Großen) *Kaukasus,* sein nördl. Vorland (Nord-K.) bis zur Manytschniederung u. das südl., subtrop. *Trans-K.*

kaukasische Völker, *Kaukasier,* das rass. bunte Gemisch vielerlei Völker u. Stämme in den Kaukasustälern: 1. die südkaukas. Gruppe, hpts. *Georgier, Mingrelier, Swanen;* 2. die NW-Gruppe mit den *Tscherkessen* u. *Abchasen;* 3. die NO- oder Dagestan-Gruppe, u. a. Tschetschenen, Inguschen, Awaren, Laken, Dargua, Lesghier.

Kaukasus, *Großer K.,* 1200 km langes u. bis 200 km breites, im zentralen Teil vergletschertes Hochgebirge zw. Schwarzem u. Kasp. Meer; im *Elbrus* 5642 m. – Als *Kleiner K.* werden die nordöstl. Randgebirge des Armen. Hochlands in Transkaukasien bezeichnet.

Kaulbach, Wilhelm von, *1805, †1874, dt. Maler u. Graphiker (Historienbilder).

Kaulbarsch, bis über 20 cm langer Süß- u. Brackwasserfisch in Mittel- u. N-Europa.

Kaulquappe, Larvenstadium der →Froschlurche.

Kaulun →Kowloon.

Kaumagen, bei einigen Krebsen, Insekten u. Schnecken der mit Zähnen zum Zerkleinern der Nahrung ausgestattete Vorderdarm; bei Vögeln der *Muskelmagen.*

Kaunas, russ. *Kowno* (bis 1915), Stadt in Litauen, an der Mündung der Neris in den Njemen (Hafen), 417 000 Ew.; HS; Landmasch.- u. Turbinenbau, Textil-, Nahrungsmittel-, Metall-, chem., Holz- u. Baustoff-Ind.

Kaunda ['kɔndə], Kenneth David, *28.4.1924, samb. Politiker; erreichte 1964 die Unabhängigkeit N-Rhodesiens, das den Namen *Sambia* annahm; 1964–91 Staats-Präs.

Kaunitz, Wenzel Anton Fürst (seit 1764) von *K.-Rietberg,* *1711, †1794, östr. Staatsmann; seit 1753 Staatskanzler Maria Theresias u. Josephs II.; bemühte sich um ein Bündnis Östr. mit Frankreich, um Preußen niederzuwerfen u. Schlesien zurückzugewinnen.

Kaurischnecke, bis 3 cm lange *Porzellanschnecke* des Ind. Ozeans; mit gelbl., porzellanartigem Gehäuse; galt seit etwa 1300 in Mittel- u. O-Afrika als Zahlungsmittel *(Kaurigeld).*

kausal, ursächlich. – **Kausalität,** Ursächlichkeit, gesetzmäßiger Zusammenhang zw. Ursache u. Folge. Nach dem **K.sprinzip** in der Philosophie kann es keine Wirkung ohne Ursache geben.

Kaustik, 1. *Medizin: Kauterisation,* Gewebszerstörung durch Hitze, chem. Ätzmittel oder elektr. Strom. – **2.** *Kata-K.,* Brennlinie, gekrümmte Linie bzw. Fläche, in der sich die auf eine Linse (bzw. Hohlspiegel) fallenden Lichtstrahlen nach der Brechung (bzw. Reflexion) schneiden.

Kautabak, *Priem,* getrockneter, mit würzenden Zusätzen versehener Tabak.

Kautel, Sicherheitsmaßnahme oder -bedingung, bes. beim Abschluß von Verträgen.

Kaution, 1. Bürgschaft, Sicherheit, Hinterlegung. – **2.** Aussetzung der Vollstreckung eines Haftbefehls gegen Sicherheitsleistung in Geld, Wertpapieren u. ä.

Käutner, Helmut, *1908, †1980, dt. Schauspieler u. Filmregisseur; W »Große Freiheit Nr. 7«, »Des Teufels General«, »Der Hauptmann von Köpenick«, »Die Feuerzangenbowle«.

Kautschuk, organ. Substanz, aufgebaut aus mehreren tausend Isoprenresten pro Molekül, natürl. gewonnen oder synthet. hergestellt. Lieferanten des *Natur-K.* sind trop. Pflanzen, v. a. der brasil. *K.baum (Hevea brasiliensis);* sein eingedickter Milchsaft *(Latex)* bildet den Roh-K.; durch Schwe-

Kattas sind typische Vertreter der auf Madagaskar vorkommenden Lemuren. Ihr schwarzweiß geringelter Schwanz spielt im Sozialverhalten eine wichtige Rolle

felbehandlung *(Vulkanisation)* entsteht daraus *Gummi;* Verwendung für Reifen, Schläuche, Dichtungen, Bodenbeläge u. a. – Synthet. K. →Buna.

Kautsky, Karl, *1854, †1938, östr. marxist. Theoretiker u. Publizist; Mitverfasser des *Erfurter Programms,* führender Theoretiker der SPD u. der Zweiten Internationale; vertrat im orthodoxen Marxismus u. lehnte den Bolschewismus ab.

Kauz, Bez. für versch. *Eulen* ohne Ohrbüschel; meist kräftig, gedrungen; z.B. Wald-, Stein-, Sperlings-K.

Kavalier, fr.: Reiter, Ritter; heute: ein Mann, der sich Frauen gegenüber höfl.-aufmerksam verhält. – **K.sdelikt,** strafbare Handlung, die aber durch gesellschaftl. Konvention verharmlost oder sogar als bes. ehrenvoll hingestellt wird.

Kavalkade, prächtiger Aufzug eines Reitertrupps, Reiterzug.

Kavallerie, ehem. berittene Kampftruppe eines Heeres; *schwere K.:* Kürassiere, Ulanen; *leichte K.:* Dragoner, Husaren.

Kavatine, in der Oper kurzes melodiöses Gesangstück; auch Instrumentalstück mit lyr. Charakter.

Kaventsmann, eigtl. Bürge, Gewährsmann; beleibter Mann; Prachtexemplar.

Kaverne, 1. allg. Höhle. – **2.** in der Medizin: durch Gewebszerfall entstandener Hohlraum.

Kaviar, gesalzener *Rogen* (Eier) von Störarten (Stör, Hausen, Sterlet), die hpts. in russ. Gewässern (Kasp. Meer, Baikalsee) vorkommen.

Kawa, berauschendes, bitter schmeckendes Getränk auf den Südseeinseln; aus den Wurzeln des *K.pfeffers* gewonnen u. von den Einheim. bei religiösen u. soz. Zeremonien getrunken.

Kawabata, Jasunari, *1899, †1972, jap. Schriftst.; behandelte in trad. jap. Stil moderne Zeitprobleme, mit einem buddhist. Unterton des Verzichtens u. der Unbeständigkeit; Nobelpreis 1968.

Kawalerowicz [-vitʃ], Jerzy, *19.1.1922, poln. Filmregisseur; profilierter Vertreter des poln. neorealist. Films, bes. der 1960er Jahre.

Kawasaki, jap. Stadt sw. von Tokio, 1,13 Mio. Ew.; Erdölraffineriezentrum, Schwer- u. chem. Ind., Kernforschungszentrum.

Kaxgar, *Kaschghar,* chin. Stadt in Zentralasien in der Autonomen Region Xinjiang, 140 000 Ew.; altes Zentrum des Karawanenverkehrs; Wollverarbeitung.

Kaye, Danny, eigtl. David Daniel *Kaminsky,* *1913, †1987, US-amerik. Filmschauspieler; spielte meist kom. Rollen.

Kayser, Wolfgang, *1906, †1960, dt. Literaturwissenschaftler; W »Das sprachl. Kunstwerk«.

Kayseri, Hptst. der gleichn. türk. Prov. in Inneranatolien, sö. von Ankara, 378 000 Ew.; versch. Ind.; Flughafen; Staudamm am Kizilirmak; in der Nähe das antike *Caesarea Cappadociae.*

Kazan [kə'za:n], Elia, *7.9.1909, US-amerik. Filmregisseur, -produzent u. -autor armen. Herkunft; W »Endstation Sehnsucht«, »Jenseits von Eden«, »Der letzte Tycoon«.

Kazantzakis, *Kasantsakis* [kazan'dzakis], Nikos, *1885, †1957, grch. Schriftst.; vermittelte eine urspr. Welt voller Tragik u. Leidenschaften; W »Alexis Sorbas«, »Grch. Passion«.

Kazike, Häuptling (meist Dorfhäuptling) bei mittel- u. südamerik. Indianern.

Kea, grch. Insel der Kykladen, 131 km², 2000 Ew., Hauptort *K.;* Ausgrabungen: Akropolis, Löwenskulptur.

Keaton [ki:tn], Buster, *1895, †1966, US-amerik. Komiker des Stummfilms.

Keats [ki:ts], John, *1795, †1821, engl. Schriftst.; Vollender der engl. Hochromantik.

Kebab, türk. Bez. für am Spieß gebratenes Hammelfleisch.

Kebnekajse, höchster Berg Schwedens, im N des Landes, stark vergletschert, 2117 m.

Kebse, *Kebsweib,* Nebenfrau, Konkubine.

Kecskemét ['ketʃkeme:t], Stadt in Ungarn, sö. von Budapest, 104 000 Ew.; Weinbau; Maschinen- u. Nahrungsmittel-Ind.

Kedah, Teilstaat in →Malaysia.

Keelung [ki:-], *Jilong, Chilung,* Hafen- u. Industriestadt an der Nordküste von Taiwan, 346 000 Ew.

Keetmanshoop [ke:t-], Distrikt-Hptst. im südl. Namibia, 12 000 Ew.; Karakulschafzucht; Flughafen.

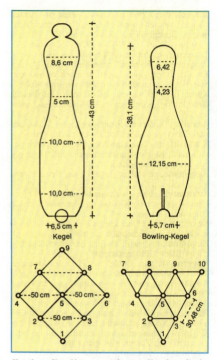

Kegeln: Kegelformen (oben); Kegelstand für Asphalt-, Bohlen- und Scherenbahn (unten links); Kegelstand für Bowling (unten rechts)

Kefallinia, Insel vor der grch. W.-Küste, eine der Ion. Inseln, 781 km², 31 000 Ew., Hauptort *Argostolion;* Schafzucht, Wein- u. Olivenanbau, Fischfang; Fremdenverkehr. – 1953 schweres Erdbeben.

Kefir, schwach alkohol- u. kohlensäurehaltiges Getränk, das aus Milch unter Verwendung von Gärungserregern, den *K.pilzen,* hergestellt wird.

Keflavík, isländ. Hafenstadt, 6900 Ew.; seit 1946 an die USA verpachtet, NATO-Stützpunkt.

Kegel, *Konus,* **1.** Körper, der dadurch entsteht, daß eine *K.fläche* von einer Ebene geschnitten wird. Die K.fläche entsteht durch Bewegung einer Geraden im Raum um einen ihrer Punkte (Spitze). Der allg. (schiefe) *Kreis-K.* ist durch eine Kreisfläche u. die K.fläche *(Mantel)* begrenzt. Rauminhalt: ¹/₃ Grundfläche (πr^2) · Höhe. *K.stumpf:* K., dessen Spitze abgeschnitten ist. – **2.** *Schrift-K.,* in der Druckerei die Höhe der Letter.

Kegeln, *Kegelspiel,* schon im MA verbreitetes dt. Unterhaltungsspiel, bei dem Kegel am Ende einer Kegelbahn mit Kegelkugeln umzuwerfen sind; seit Anfang des 19. Jh. auch als sportl. Wettkampf.

Kegelschnitte, math. Kurven, die durch Schnitte einer Ebene mit einem geraden Kreiskegel entstehen. Je nach Neigung der Ebenen entstehen *Kreise, Ellipsen, Parabeln, Hyperbeln.*

Kehl, Stadt in Ba.-Wü., gegenüber von Straßburg, 30 000 Ew.; holzverarbeitende Ind., Elektrostahlwerk; Hafen.

Kehle, 1. der nach vorn gelegene Teil des Halses mit dem *Kehlkopf.* – **2.** *Kehlung,* rinnenartige Profilierung an Gesimsen u. ä.

Kehlkopf, *Larynx,* Eingangsteil der Luftröhre bei landbewohnenden Wirbeltieren; von einem Knorpelgerüst umgeben; enthält die *Stimmbänder* u. dient der Stimmbildung sowie der Überleitung der Luft aus dem Rachenraum in die Luftröhre; durch den *Kehldeckel* verschließbar als Schutz gegen Verschlucken.

Kehrreim, *Refrain,* an den Strophenenden eines Gedichts regelmäßig wiederholte Zeile(n), bes. in Volksliedern.

Kehrwert, Zahl, deren Produkt mit der gegebenen Zahl gleich 1 ist, z.B. K. von $3 = 1/3$.

Keil, Körper, bei dem zwei Seiten unter einem spitzen Winkel zusammenlaufen.

Keilbein, 1. mittlerer Knochen der Schädelbasis der Wirbeltiere; enthält die *K.höhle* u. trägt im *Türkensattel* die Hirnanhangdrüse. – **2.** die drei vorderen Fußwurzelknochen des Menschen.

Keilberg, tschech. *Klínovec,* höchster Gipfel des Erzgebirges, nördl. von Karlsbad, 1244 m.

Keilberth, Joseph, *1908, †1968, dt. Dirigent; 1951 Generalmusikdirektor in Hamburg, seit 1959 an der Staatsoper in München.

Keiler, männl. Wildschwein.

Keilriemen, Riemen mit trapezförmigem Querschnitt; haben größere Durchzugskraft als Flachriemen.

Keilschrift, urspr. sumer. Bilderschrift aus der Zeit um 3000 v. Chr., deren Formen durch die keilartigen Eindrücke des Schreibgriffels in den Schreibstoff Ton entstanden; zuerst linksläufig in Vertikalreihen, später rechtsläufig in Horizontalreihen geschrieben; von mehreren Völkern des babylon. Kulturkreises übernommen. Die Zeichen der K. hatten Wort- u. Lautwerte. Erstmals 1802 durch G. F. *Grotefend* entziffert.

Keim, 1. *Krankheits-K.,* Bez. für alle Mikroorganismen, z.B. Bakterien. – **2.** das sich bildende Lebewesen, im Tierreich *Embryo,* im Pflanzenreich meist *Keimling* genannt.

Keimblätter, 1. *Kotyledonen,* die ersten Blätter der jungen Pflanze: eins bei Einkeimblättrigen, zwei bei Zweikeimblättrigen, zwei u. mehr bei Nacktsamern. – **2.** embryonale Zellschichten, aus denen bestimmte Körperteile u. Organanlagen hervorgehen. Bei den meisten Tieren bilden sich im Anschluß an die Furchung (→Embryonalentwicklung) 3 K.: *äußeres K. (Ektoderm),* aus dem die Haut mit ihren Anhängen, das Nervengewebe u. die Sinnesorgane hervorgehen; *mittleres K. (Mesoderm),* das die Muskulatur, das Bindegewebe u. das Gefäßsystem bildet; *inneres K. (Entoderm),* das die Anlagen für Darm u. Lunge bzw. Schwimmblase enthält.

Keimdrüsen, *Geschlechtsdrüsen, Gonaden,* Drüsen, die *Keimzellen* u. *Sexualhormone* erzeugen; im männl. Geschlecht die *Hoden,* im weibl. Geschlecht die *Eierstöcke* (Ovarien).

Keimung, bei Pflanzen Entwicklungsbeginn eines neuen Organismus aus dem Keimling im Samen. Durch Wasseraufnahme quillt der Samen, die Samenschale wird gesprengt, u. der Keimling beginnt zu wachsen. Hierbei braucht er das im Samen oder in den Keimblättern gespeicherte Nährgewebe auf.

Keimzellen, bes. Zellen, die der Fortpflanzung dienen; meist geschlechtl. differenziert in weibl. u. männl. K. Diese müssen miteinander verschmelzen, damit sich ein neues Lebewesen entwickeln kann.

Keiser, Reinhard, *1674, †1739, dt. Komponist (Opern, Kantaten, Oratorien).

Keitel, Wilhelm, *1882, †1946 (hingerichtet), dt. Offizier; seit 1940 Generalfeldmarschall, engster militär. Mitarbeiter *Hitlers;* unterzeichnete 1945 in Berlin die Kapitulation der dt. Wehrmacht; vom Nürnberger Militärtribunal zum Tode verurteilt.

Keilschrift: Gesetzestafel des Hammurapi; entstanden um 1730–1686 v. Chr.

Kekkonen, Urho Kaleva, *1900, †1986, finn. Politiker (Bauernpartei); 1956–81 Staats-Präs.

Kekulé von Stradonitz, Friedrich August, *1829, †1896, dt. Chemiker; gab 1865 die heute übl. Benzolformel an.

Kelantan, Teilstaat in →Malaysia.

Kelch, 1. Trinkgefäß mit hohem Fuß; bes. als liturg. Gefäß zur Spendung des Weins beim Abendmahl u. zur Aufbewahrung u. Austeilung der Hostien. – **2.** bei Pflanzen die äußerste, meist aus grünen Blättchen bestehende Hülle der Blüte.

Kelheim, Krst. in Niederbay., an der Mündung der Altmühl in die Donau, 14 000 Ew.; Maschinenbau, Holz- u. chem. Ind. – In der Nähe *Befreiungshalle* u. das Benediktinerkloster *Weltenburg.*

Kelim, flach gewebter oder gewirkter Wandbehang oder Teppich, charakterisiert durch beidseitig gleiches Aussehen.

Kelle, 1. Maurerwerkzeug zum Auftragen des Mörtels. – **2.** löffelähnl. Schöpfgerät.

Keller, 1. Gottfried, *1819, †1890, schweiz. Schriftst.; einer der großen Vertreter der realist. Dichtung; Ⓦ »Der grüne Heinrich«, »Die Leute von Seldwyla«, »Züricher Novellen«, »Martin Salander«. – **2.** [ˈkɛlə], Helen Adams, *1880, †1968, US-amerik. Schriftst.; blind u. taub; betätigte sich durch Schriften u. Vorträge als Sozialreformerin. – **3.** Paul, *1873, †1932, dt. Schriftst.; schrieb vielgelesene gemütvolle Romane aus Schlesien.

Kellermann, Bernhard, *1879, †1951, dt. Schriftst.; Ⓦ Zukunftsroman »Der Tunnel«.

Kellerwald, östl. Ausläufer des Rhein. Schiefergebirges, im *Wüstegarten* 675 m.

Kellgren [ˈtçɛlgreːn], Johan Henrik, *1751, †1795, schwed. Schriftst.; Hauptvertreter der Aufklärung.

Kellogg, Frank Billings, *1856, †1937, US-amerik. Politiker (Republikaner); brachte als Außen-Min. (1925–29) 1928 zus. mit A. *Briand* den *Bri-and-K.-Pakt* zur Ächtung des Krieges zustande; Friedensnobelpreis 1929.

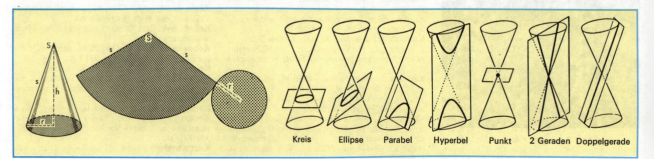

Kegel, Kegelnetz und Kegelschnitte

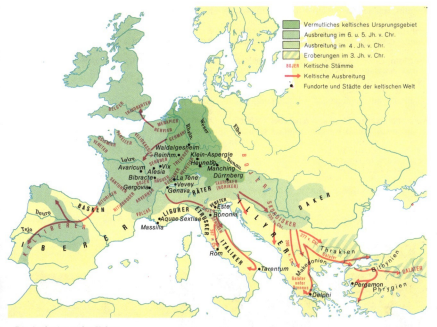

Die Ausbreitung der Kelten

Kelly, 1. Gene, *23.8.1912, US-amerik. Tänzer u. Schauspieler; durch viele Tanzfilme berühmt; W »Ein Amerikaner in Paris«. – **2.** Grace →Gracia Patricia.

Kelten, lat. *Celtae*, auch *Galli, Galatae*, uneinheitl. Volk, das große Teile W-, Mittel-, SO-Europas u. Kleinasiens bewohnte; erste Erwähnung um 500 v. Chr. Die große Ausbreitung der K. begann im 5. Jh. v. Chr. Im 3. Jh. v. Chr. reichte der kelt. Kulturraum von Britannien bis Anatolien. Der Niedergang kelt. Macht begann in Italien u. wurde durch die Eroberung Galliens von Cäsar (58–51 v. Chr.) besiegelt.

Kelter, Presse zur Trennung des Traubensafts von den Hülsen u. Kernen bei der Weinbereitung.

Keltiberer, kelt.-iber. Stämme in N-Spanien; Hauptort: *Numantia*; leisteten den Römern bis 44 v. Chr. erfolgreich Widerstand.

Keltisch, eine zur indoeurop. Sprachfam. gehörende Sprachgruppe, die in der Vorzeit über ganz Europa bis nach Spanien u. N-Italien verbreitet u. bis nach Kleinasien vorgedrungen war (Kelten). Man unterscheidet das ausgestorbene *Festland-K.* (in Spanien, Gallien, S- u. W-Dtld., Italien u. auf dem Balkan) u. das z. T. noch lebendige *Insel-K.* (*Irisch, Gälisch* oder *Schottisch, Manx, Walisisch, Kornisch* u. *Bretonisch*).

Kelvin, Kurzzeichen K, Einheit der thermodynam. Temperaturskala (K.skala), deren Nullpunkt bei –273,15 °C = 0 K (absoluter Nullpunkt) liegt.

Kelvin, *K. of Largs* →Thomson, Sir William.

Kemal Atatürk →Atatürk.

Kemerowo ['kje-], Hptst. der gleichn. Oblast in W-Sibirien (Rußland), im N des Kusnezk-Beckens, 520 000 Ew.; Steinkohlenbergbau, chem. Ind., Masch.bau.

Kempen, Stadt in NRW, bei Krefeld, 33 000 Ew.; Textil- u. Eisen-Ind.

Kempff, Wilhelm, *1895, †1991, dt. Pianist u. Komponist; Interpret der Klassik u. Romantik.

Kempowski, Walter, *29.4.1929, dt. Schriftst.; bek. v. a. durch seine Familienchronik; W »Aus großer Zeit«, »Tadellöser u. Wolf«.

Kempten (Allgäu), Stadt in Schwaben (Bay.), an der Iller, 60 000 Ew.; Sitz der Süddt. Butter- u. Käsebörse; Elektro-, Textil-, Möbel- u. Papier-Ind.

Kendall ['kendəl], Edward C., *1886, †1972, US-amerik. Mediziner u. Biochemiker; erforschte die Schilddrüsen- u. Nebennierenrindenhormone u. entdeckte Thyroxin u. Cortison; Nobelpreis 1950.

Kendo, eine fernöstl. Kampfsportart mit Bambusschlagstöcken.

Kendrew [-dru], John Cowdery, *24.3.1917, brit. Biochemiker; erforschte die Struktur des Hämoglobins u. des Myoglobins; Nobelpreis 1962 zus. mit M.F. *Perutz*.

Kenia, *Kenya*, Staat in O-Afrika, 580 367 km², 24,9 Mio. Ew., Hptst. *Nairobi*.

Landesnatur. Dem Tiefland im O steht das Hochland im W gegenüber, das durch den nordsüdl. verlaufenden Ostafrik. Graben (Rift Valley) mit dem Turkanasee im N u. dem Aberdaregebirge als östl. Begrenzung sowie durch zahlr. erloschene Vulkane (Mt. Kenia 5200 m, Elgon 4321 m) stärker gegliedert ist. Im W grenzt das Land an den Victoriasee. Das kühle Hochland empfängt mit

Kenia

Ausnahme der trockeneren Grabenzone reichl. Niederschläge u. ist das Hauptsiedlungsgebiet. Die B e v ö l k e r u n g besteht aus Bantuvölkern sowie Niloten u. Hamiten (Massai, Galla, Somal). Rd. 60% sind Christen (²/₃ Protestanten).
W i r t s c h a f t. Für den Export werden Kaffee, Tee, Pyrethrum u. Sisal angebaut. Bedeutend ist die Viehzucht. Die Industrie ist gegenüber den benachbarten Ländern weiter entwickelt; sie verarbeitet Agrarprodukte u. erzeugt Verbrauchsgüter (Möbel, Textilien, Schuhe, Papier u. a.). Das Handwerk hat durch den Tourismus neuen Aufschwung genommen (Holzschnitzereien, Sisalflechtereien, handgeschmiedete Massai-Waffen). – Das *Verkehrsnetz* ist im Hochland gut ausgebaut. Haupthafen ist Mombasa.

Kendo: Die Kendoka tragen als Fechtkleidung Hosenrock, Baumwolljacke, Hüftschutz und Brustpanzer sowie einen Kopfschutz; gefochten wird mit einem Schlagstock aus Bambusstäben

Geschichte. 1895 kam das Land unter brit. Kolonialverwaltung. 1920 wurde K. brit. Kronkolonie. 1952 brach der *Mau-Mau-Aufstand* gegen die brit. Herrschaft aus, den die Engländer 1956 niederschlugen. 1963 erhielt K. die Unabhängigkeit. 1964 wurde es präsidiale Rep. Staats-Präs. ist seit 1978 D.A. *Moi*.

Kennan, George Frost, *16.2.1904, US-amerik. Diplomat u. Historiker; polit. Berater der Regierung in Ostfragen, entwarf die Politik der »Eindämmung« gegenüber dem Ostblock.

Kennedy, 1. Edward Moore, Bruder von 2) u. 3), *22.2.1932, US-amerik. Politiker (Demokrat); seit 1962 Senator für Massachusetts. – **2.** John Fitzgerald, Bruder von 1) u. 3), *1917, †1963, US-amerik. Politiker (Demokrat); 1953–61 Senator für Massachusetts, 1961–63 der 35. Präs. der USA; bed. innenpolit. Ereignis während seiner Amtszeit war die Integrationsgesetzgebung für die Schwarzen; wichtige außenpolit. Ereignisse: Berlin- (1961) u. Kuba-Krise (1962); Vertrag zw. den USA, Großbrit. u. der UdSSR über die Einstellung der Atomtests (1963). K. wurde in Dallas Opfer eines Attentats. – **3.** Robert Francis, Bruder von 1) u. 2), *1925, †1968, US-amerik. Politiker (Demokrat); enger Mitarbeiter u. Berater von 2), 1961–64 Justiz-Min., 1965–68 Senator für New York; als Bewerber um die Präsidentschaftskandidatur erschossen.

Kennungswandler, Vorrichtung zum Umwandeln der Motorcharakteristik *(Kennung)*. Man unterscheidet *Drehzahlwandler*, die nur die Drehzahl verändern u. dabei eine der Drehzahldifferenz entsprechende Leistungsdifferenz (nutzlos) in Wärme umsetzen, u. *Drehmomentwandler*, bei denen Drehzahl u. Drehmoment gleichzeitig so verändert werden, daß die Leistung (abgesehen von kleineren Verlusten) unverändert bleibt.

Kenia: Elefanten im Amboseli-Wildreservat

Kennziffer, in der Statistik *Richtzahl*, Verhältniszahl, die als Maßstab für die Beurteilung gleichartiger Tatbestände gilt.

Kenotaph, Grabstätte zum Gedenken eines Toten, die aber seine Gebeine nicht enthält.

Kent, urspr. angelsächs. Königreich, dann engl. Earlstitel, gebunden an die Gft. K.

Kentaur, 1. *Centaur, Zentaur*, grch. Fabelwesen mit Pferdeleib u. menschl. Oberkörper. – **2.** *Centaur(us)*, Sternbild am südl. Himmel; Hauptstern: α Centauri, der nächste Fixstern.

Kentucky [kɛn'tʌki], Abk. *Ky.*, SO-Staat der →Vereinigten Staaten von Amerika.

Kenyatta, Jomo, *1891, †1978, afrik. Politiker in Kenia; einer der ältesten u. einflußreichsten Vorkämpfer des afrik. Nationalismus; im unabhängig gewordenen Kenia 1963 Min.-Präs., seit 1964 Staats-Präs.

Kephalos, in der grch. Sage Sohn des Phokerkönigs *Deion*; Gatte der *Prokris*, die er auf der Jagd versehentl. tötete.

Kepler, Johannes, *1571, †1630, dt. Astronom; 1600 Gehilfe Tycho *Brahes* in Prag u. nach dessen Tod (1601) sein Nachfolger als Kaiserl. Mathematiker; fand aufgrund der Beobachtungsergebnisse Tychos die nach ihm ben. Ges. der Planetenbewe-

448 Kerala

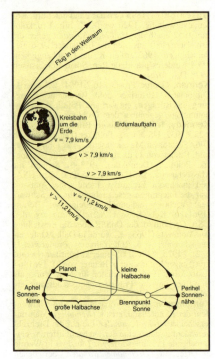

Keplersche Gesetze: Satellitenbahn (oben), Planetenbahn (unten); v = Geschwindigkeit

gung. – **K.sche Gesetze:** 1. Die Bahnen der Planeten sind Ellipsen, in deren einem Brennpunkt die Sonne steht. 2. Der Fahrstrahl von der Sonne zum Planeten überstreicht in gleichen Zeiten gleiche Flächen. 3. Die dritten Potenzen (Kuben) der großen Halbachsen der Planetenbahnen verhalten sich wie die Quadrate der Umlaufzeiten.
Kerala, Bundesstaat in →Indien, an der Malabarküste; eines der dichtestbesiedelten Gebiete Indiens.
Keramik, alle aus tonhaltigen Stoffen geformten u. dann gebrannten Gegenstände: 1. I r d e n g u t, mit porösem, nicht durchscheinendem Scherben; unterteilt in nicht feuerfeste *Ziegeleierzeugnisse, feuerfeste Erzeugnisse, Töpfereierzeugnisse* (nicht weißbrennend) u. *Steingut* (weißbrennend); 2. S i n t e r g u t, unterteilt in *Steinzeug,* mit dichtem, an den Kanten durchscheinendem Scherben, verwendet als Baustoff u. als Geschirr, u. in *Porzellan,* mit dichtem, durchscheinendem Scherben, ebenfalls als Baustoff u. v. a. als Geschirr verwendet.

Keramik: bemalte Porzellanvase aus Meißen; um 1740. Düsseldorf, Museum Hetjens

Keratin, von den Oberhautzellen gebildete widerstandsfähige Hornsubstanz (schwefelhaltiger Eiweißkörper); Hauptbestandteil der Oberhaut, Haare, Nägel, Federn, Hörner, Hufe u. a. Hautabkömmlinge.
Keratom, Horngeschwulst, Verdickung der Hornschicht der Haut, Schwiele.
Kerbel, *Anthriscus,* Gatt. der *Doldengewächse;* verbreitet sind der *Wiesen-K.* u. der *Gewöhnl. K.;* angebaut wird der *Garten-K.* als Suppenkraut u. Gewürz.
Kerbholz, *Kerbstock,* längsgespaltener Holzstab, in dessen Hälften Marken quer eingekerbt wurden; diente in Dtld. bis ins 19. Jh. zum Aufschreiben von Schulden, Arbeitstagen u. a.
Kerbtiere →Insekten.
Kerenskij [ˈkjɛrinskij], Alexander Fjodorowitsch, *1881, †1970, russ. Politiker; nach der Februar-Revolution 1917 Kriegs-Min. u. Min.-Präs.; von den Bolschewiki gestürzt; emigrierte u. lebte in New York.
Kerfe →Insekten.
Kerguelen [-ˈgɛlən], frz. Inselgruppe im Südind. Ozean, 6232 km²; rauh, vegetationsarm, z. T. vereist; Forschungsstationen.
Kerker, Gefängnis; in Östr. fr. die schwerste Art der Freiheitsstrafe.
Kerkyra, grch. Hafenstadt u. Hauptort der Insel Korfu, 36 000 Ew.; venezian. Festungsanlagen; Anbau von Oliven, Feigen, Wein; Fremdenverkehr; Flughafen.
Kerman, Prov.-Hptst. in SO-Iran, 240 000 Ew.; Stahlwerk, Teppich-Ind.
Kermanshah, ehem. Name von →Bakhtaran.
Kermesbeeren, 1. die mit rotem Saft gefüllten Eier u. Hüllen der *Kermesschildläuse,* die im Mittelmeergebiet auf der *Kermeseiche* leben. – **2.** *Phytolacca,* Gatt. subtrop. Pflanzen mit Beeren, aus denen ein schwarzroter Farbstoff zum Färben von Weinen u. Süßwaren gewonnen wird.
Kern, 1. →Zellkern. – **2.** →Atomkern. – **3.** in der Gießerei massiver Teil der Gußform, der im Gußstück einen gewünschten Hohlraum ausspart.
Kern, Jerome David, *1885, †1945, US-amerik.

KERNENERGIE

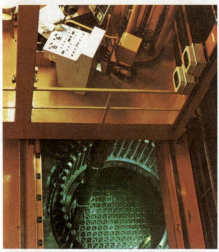

Blick in einen Druckwasserreaktor

Kernkraftwerk Biblis am Rhein

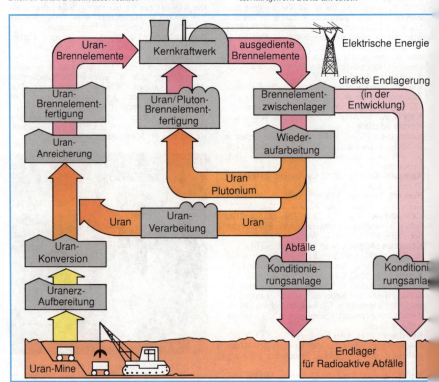

Schema des Brennstoffkreislaufs

Komponist; komponierte beliebte Musicals. W »Show-boat«, »Music in the air«.
Kernbeißer, weitverbreitete Gruppe von *Finkenvögeln,* mit außerordentl. kräftigem Schnabel; einheim. ist der *Kirsch-K.*
Kernchemie, Teilgebiet der *Kernphysik,* das sich mit den Atomkernumwandlungen, also mit der Erzeugung eines chem. Elements aus einem anderen durch Reaktionen in den Atomkernen sowie mit den Eigenschaften u. Anwendungen der in der Natur nicht vorkommenden radioaktiven Isotope chem. Elemente befaßt.
Kernenergie, *Atomenergie,* Energie eines Atomkerns *(kinet. Energie* u. *Bindungsenergie);* bei Kernumwandlungen wird ein Teil der Bindungsenergie frei u. techn. nutzbar. Zwei Prozesse sind bedeutend: 1. Kernspaltung, 2. Kernfusion. – Bei der *Kernspaltung* werden schwere Atomkerne (z.B. das Uran-Isotop 235) in leichtere Kerne gespalten; dabei wird Bindungsenergie frei. Bei der *Kernfusion* werden leichte Atomkerne (z.B. Wasserstoff) zu schwereren Kernen (z.B. Helium) verschmol-

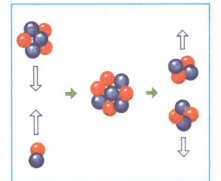

Kernfusion: Beim Verschmelzen eines Lithium-und eines Deuteriumkerns entstehen zwei Heliumkerne (blau = Neutron, rot = Proton)

zen; auch dabei wird Energie frei. Voraussetzung für Fusionen sind Temperaturen von vielen Mio. Grad, weshalb dieser Prozeß bisher noch nicht techn. genutzt werden kann. An der Lösung dieses Problems wird noch gearbeitet.
Kerner, Justinus, *1786, †1862, dt. Schriftst.; Vertreter der »Schwäb. Schule«; befaßte sich mit der heimatl. Geschichte u. Spiritismus.
Kernfusion →Kernenergie.
Kernkraftwerk, Anlage zur Erzeugung von Energie mit Hilfe von *Kernreaktoren.*
Kernladungszahl →Ordnungszahl.
Kernmodelle, anschaul. Modelle zur Beschreibung bestimmter Eigenschaften der Atomkerne; z.B. *Tröpfchenmodell, Schalenmodell, opt. Modell.*
Kernobst, Früchte der zur Fam. der *Rosengewächse* gehörigen Obstarten, z.B. Quitte, Apfel, Birne; das Fruchtfleisch entstammt v. a. der Blütenachse; die verwachsenen Fruchtblätter bilden meist ein pergamentartiges Kerngehäuse, das die Samen (Kerne) enthält.
Kernphysik, Gebiet der Physik, das sich mit der Erforschung der Atomkerne beschäftigt. Die Untersuchungen werden durch Beschießen von Atomen mit *Elementarteilchen* durchgeführt. Dafür stehen heute große Apparaturen *(Teilchenbeschleuniger)* zur Verfügung. Die dabei entstehenden Teilchen u. Strahlenmengen geben Aufschluß über den Aufbau der Atomkerne.
Kernreaktionen, physikal. Vorgänge in Atomkernen, v. a. Umwandlungen von Kernen beim Zusammenstoß mit energiereichen Teilchen wie Protonen, Neutronen, Deuteronen, Alphateilchen, Elektronen u. elektromagnet. Strahlungsquanten.
Kernreaktor, *Atomreaktor,* techn. Anlage, in der *Kernspaltungen* in einer kontrollierten Kettenreaktion ablaufen. Als spaltbares Material dient z.B. das Uran-Isotop 235. Bei jeder Spaltung entstehen 2 oder 3 freie Neutronen, die wiederum zur Spaltung weiterer Kerne führen können. Diese *Kettenreaktion* wird so gesteuert, daß gleichmäßig pro s eine bestimmte Anzahl von Kernen gespalten wird. *Moderatoren* (Bremssubstanzen) bremsen die hohe Anfangsgeschwindigkeit der Neutronen ab. Bei jedem Spaltungsvorgang wird Energie *(Kernenergie)* frei, die in Form von Wärme anfällt. Diese wird mit Hilfe eines Kühlmittelkreislaufs abgeführt u. in einem Dampf- oder Gasturbinenprozeß in mechan. Energie u. schließl. im Generator in elektr. Energie umgewandelt. – Der erste K. wurde 1942 in den USA in Betrieb genommen. Heute gibt es zahllose K. versch. Typen u. Größen. Die überwiegende Anwendung finden K. in Kraftwerken zur Erzeugung elektr. Stroms u. in Schiffen als Antrieb. Um die Bevölkerung sowie die pflanzl. u. tier. Umgebung vor den radioaktiven Spaltprodukten u. den von ihnen ausgehenden Strahlen zu schützen, müssen Sicherheitsvorkehrungen für alle möglichen *Störfälle* getroffen werden (Reaktorsicherheit). Für innere *Störfälle* müssen ein Reaktorschutzsystem, ein Notstrom- u. Notkühlsystem

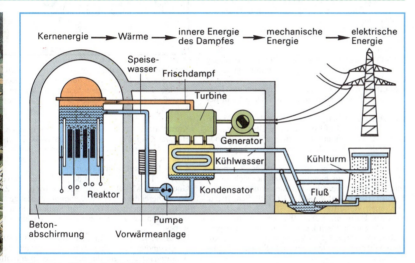

Aufbau eines Kernkraftwerks (Schema)

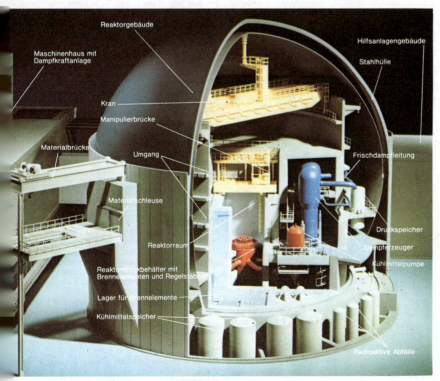

Modell des Kernkraftwerks Stade

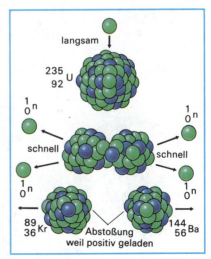

Kernspaltung eines Urankerns durch Beschuß mit einem Neutron

Kernspaltung

vorhanden sein; bauliche Sicherheitsbarrieren müssen für *äußere Störfälle* wie Erdbeben, Flugzeugabsturz, Explosion oder Sabotage vorgesehen werden. Zur ständigen Information über Reaktorsicherheit in der BR Dtld. dienen u. a. der Reaktorbericht an den Bundesumweltmin., der Erfahrungsaustausch der Kraftwerkbetreiber (ABE-Ausschuß) u. ein *Kernreaktor-Fernüberwachungs-System* (KFÜ), das automat. Meßergebnisse über Radioaktivität in der Umgebung liefert. – Die Reaktorsicherheit wird bes. seit dem Kernreaktorunfall von →Tschernobyl 1986 u. den bekannt gewordenen Störfällen in US-amerik., brit. u. dt. Kraftwerken in der Öffentlichkeit heftig diskutiert.
Kernspaltung →Kernreaktor.
Kernspintomographie, *Kernspinresonanz-Tomographie, Kernspin-Computertomographie,* med. Untersuchungsverfahren, das auf der Eigenrotation u. dem resultierenden Drehimpuls der Protonen u. Neutronen (Kernspin) beruht; gemessen wird die Kernspinresonanz körpereig. Wasserstoffatome, wobei der Patient in einem starken Magnetfeld liegt. Die K. gibt Aufschluß über den Zustand der Organe u. Gewebe u. deren Stoffwechselvorgänge.
Kernspuremulsion, sehr empfindl. photograph. Schicht zum Nachweis schneller geladener Teilchen; wichtiges Hilfsmittel der Kernphysik u. der Erforschung der Höhenstrahlen.
Kerntechnik, *Atomtechnik,* alle Verfahren zur Gewinnung von Kernenergie, bes. die Reaktortechnik, sowie die Methoden für den Umgang mit radioaktiven Stoffen, z.B. Isotopentechnik, Strahlenschutz u. kernphysikal. Meßgeräte.
Kernteilung, die der *Zellteilung* vorausgehende Teilung des Zellkerns; normalerweise in Form der *typ. indirekten K. (Mitose, Karyokinese, Äquationsteilung),* die die Aufgabe hat, die in den *Chromosomen* des Zellkerns enthaltene *genet. Information* qualitativ u. quantitativ unverändert an die Tochterzellen weiterzugeben. In der *Interphase,* dem Zeitraum zw. zwei K., findet dazu die Verdoppelung der Chromosomen statt: die *ident. Reduplikation* der DNS (→Nucleinsäuren). – Bei der Bildung der Geschlechszellen findet eine Besondere Form der K. statt, die *atyp. indirekte K. (Meiose),* die die Aufgabe hat, den bei der Befruchtung verdoppelten Chromosomensatz wieder zu reduzieren (→Reifeteilung).
Kernwaffen →Atomwaffen.
Kerosin, amerik.-engl.-russ. Bez. für *Petroleum.*
Kerouac ['kεruæk], Jack, *1922, †1969, US-amerik. Schriftst.; Vertreter der *Beat-Generation,* deren Lebensgefühl er in seinen Romanen Ausdruck gab; W »Unterwegs«.

Kerpen, Stadt in NRW, 55 000 Ew.; Steinzeugröhrenbau, Masch.-Ind.
Kerr, 1. Alfred, eigtl. A. *Kempner,* *1867, †1948, dt. Theaterkritiker; war mit eigenwillig impressionist., temperamentvollen u. geistreichen Kritiken führend im Berliner Theaterleben. – **2.** [ka:r], John, *1824, †1907, schott. Physiker; entdeckte zwei nach ihm ben. physik. Effekte: 1. *elektroopt. K.-Effekt,* eine Doppelbrechung, die opt. isotope Stoffe beim Anlegen eines elektr. Felds zeigen *(K.-Zelle);* 2. *magnetoopt. K.-Effekt,* bei der Reflexion an stark magnetisierten ferromagnet. Spiegeln auftretende Phasen- u. Amplitudenänderungen.
Kerschensteiner, Georg, *1854, †1932, dt. Pädagoge u. Schulorganisator; forderte die *Arbeitsschule;* Bildung zum Beruf müsse das Ziel der Schule sein.
Kersting, Georg Friedrich, *1785, †1847, dt. Maler; schuf romant. Interieurszenen mit Porträtfiguren.
Kertsch, 1. Halbinsel im O der *Krim,* rd. 3200 km²; durch die das Schwarze mit dem Asowschen Meer verbindende *Straße von K.* von Kaukasien getrennt. – **2.** Hafenstadt in der Ukraine, im O der gleichn. Halbinsel, 173 000 Ew.; archäolog. Museum; Eisenerzbergbau, Schiffswerft. – Antike Siedlung (grch. *Pantikapaion, Hermision*).
Kerulen, *Kherlen Gol,* Fluß in der Mongolei u. der Mandschurei, 1254 km; mündet in den Salzsee *Dalai Nuur.*
Kerygma, das Verkündigen u. die Verkündigung Jesu u. seiner Boten; heute die Verkündigung der christl. Botschaft.
Kescher, *Kä(t)scher, Hamen,* langstieliges Netz zum Fangen von Kleintieren im Wasser u. in der Luft.
Kesselring, Albert, *1885, †1960, dt. Offizier; im 2. Weltkrieg Luftflottenchef u. Oberbefehlshaber; 1947 von einem brit. Militärgericht zum Tode verurteilt, zu lebenslängl. Zuchthaus begnadigt, Okt. 1952 entlassen.
Kesselstein, Niederschlag von unlösl. Carbonaten u. Sulfaten aus hartem Wasser, der sich an der Innenseite von Kesseln als feste Kruste ansetzt.
Keßler, Harry Graf, *1868, †1937, dt. Schriftst. u. Diplomat; vielseitiger Mäzen.
Kesten, Hermann, *28.1.1900, dt. Schriftst.; sarkast. Gesellschaftskritiker in Romanen u. Essays.
Ketchup ['kεtʃəp], *Catchup,* durch starkes Einkochen haltbar gemachte u. gewürzte Soße aus Tomatenmark.
Ketone, organisch-chemische Verbindungen, die die zweiwertige Carbonylgruppe *(Ketogruppe)* =C=O ein- oder mehrfach, verbunden mit zwei Kohlenwasserstoffresten, enthalten; z.B. CH_3COCH_3, Aceton.

Kettenreaktion: Spaltungsreaktion im Kernreaktor. Ein Uran-235-Atom wird in Barium und Krypton gespalten. Die entstehenden Neutronen können von Uran 238 eingefangen werden, in der Luft verlorengehen oder ein neues Uran-235-Atom treffen

Ketschua, *Quechua,* indian. Stammesgruppe im Hochland von Peru, einst das Staatsvolk des Inkareichs. Die Sprache der K. war Staatssprache des Inkareichs; sie wird heute noch von über 6 Mio. Indianern gesprochen.
Kette, 1. Reihe ineinandergreifender bewegl. Glieder aus Metall für Zug oder Antrieb. – **2.** in der Weberei die auf einen *K.nbaum* parallel gewickelten oder in einem *Gatter* in Spulenform untergebrachten Längsfäden zur Herstellung eines Gewebes.
Ketteler, 1. Klemens Freiherr von, *1853, †1900, dt. Gesandter in Peking. Seiner Ermordung beim *Boxeraufstand* folgte die bewaffnete Intervention der europ. Großmächte. – **2.** Wilhelm Emanuel Freiherr von, *1811, †1877, Bischof von Mainz seit 1850; 1848 als Abg. der Frankfurter Nationalversammlung Vorkämpfer für die Freiheit der Kirche u. der christl. Schule; vertrat im beginnenden Kulturkampf die Rechte der Kirche u. erstrebte eine Sozialreform, die er in Auseinandersetzung mit liberalen u. sozialist. Lehren aus dem christl. Glauben heraus forderte.
Kettenfahrzeug →Gleiskettenfahrzeug.
Kettengebirge, langgestreckter Gebirgszug, häufig ein Faltengebirge, oft in mehrere parallele Höhenzüge aufgelöst; z.B. Alpen, Anden.
Kettenreaktion, jede chem. oder physik. Reaktion, die an einer Stelle im Reaktionsgemisch ausgelöst u. sich dann – weitere Reaktionen auslösend – mehr oder weniger rasch über das ganze Reaktionsgemisch ausbreitet.
Kettware, *Kettenware* →Wirkwaren.
Ketzer, von den *Katharern* abgeleitete Bez. für *Häretiker;* übertragen auch für Wissenschaftler u. Politiker, die von einer herrschenden Meinung abweichen.
Keuchhusten, *Stickhusten, Pertussis,* Infektionskrankheit der Schleimhäute in den Luftwegen; bes. im Kindesalter, vereinzelt auch bei Erwachsenen. Erreger ist ein Bakterium *(Haemophilus pertussis),* das durch Tröpfcheninfektion übertragen wird. K.anfälle bestehen in krampfhaften, anstrengenden Hustenstößen mit Zurückziehen der Luft durch die verengte Stimmritze.
Keulenpilze, Fam. der *Schlauchpilze,* mit keulenförmigem Fruchtkörper; hierzu *Glucke, Ziegenbart* u. a.
Keun, Irmgard, *1910, †1982, dt. Schriftst.; humorist.-satir. Erzählerin; W »Das kunstseidene Mädchen«.
Keuper, oberste Stufe der geolog. Formation der *Trias;* →Erdzeitalter.
Keuschheit, geschlechtl. Enthaltsamkeit (phys. u. psych.). – **K.sgürtel,** aus Eisen oder festem Leder

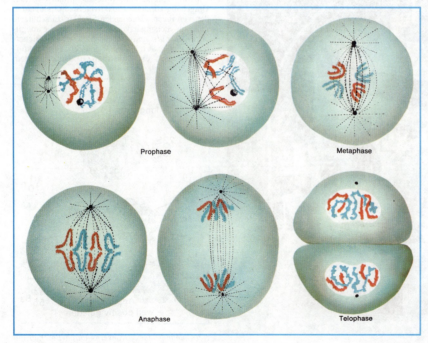

Kernteilung: typische indirekte Mitose

bestehender verschließbarer Gurt für Frauen, mit einem Steg versehen, der die Geschlechtsorgane bedeckte; sollte die sexuelle Enthaltsamkeit der Frau in Abwesenheit des Mannes garantieren.

Kevelaer [-vəla:r], Stadt in NRW, nahe der dt.-ndl. Grenze, 23 000 Ew.; Wallfahrtsort.

Keyboard ['ki:bɔ:d], Tastatur zur Eingabe alphanumer. Zeichen in Rechnersysteme; auch Bez. für elektron. Tasteninstrumente.

Keynes [keinz], John Maynard, Baron *K. of Tilton* (1942), *1883, †1946, engl. Nationalökonom; Direktor der Bank von England u. Mitschöpfer der internat. Währungsordnung nach dem 2. Weltkrieg.

Keyser ['kɛi-], Hendrik de, *1565, †1621, ndl. Baumeister u. Bildhauer.

Keyserling, 1. Eduard Graf von, *1855, †1918, dt. Schriftst.; schilderte die versinkende Welt des balt. Adels. – **2.** Hermann Graf von, Neffe von 1), *1880, †1946, dt. Kulturphilosoph; entwickelte eine Philosophie der Sinn-Erkenntnis, die er als *Kulturpsychologie* anwandte.

Key West [ki:-], Hauptinsel der *Florida Keys,* mit der Stadt *K. W.,* 48 000 Ew.; Flottenstützpunkt u. Hafen, Badeort.

KG, Abk. für *Kommanditgesellschaft.*

KGB, Abk. für *Komitet Gossudarstwennoj Besopasnosti, Komitee für Staatssicherheit,* seit 1954 Name des sowj. Geheimdienstes; 1991 aufgelöst. Die geheimpolizeilichen Organe bestanden seit 1917 in Sowjetrußland bzw. in der UdSSR unter verschiedenen Namen, in wechselnden Organisationsformen u. mit unterschiedl. Machtbefugnissen.

Khaibarpaß, *Chaiberpaß,* engl. *Khyber,* strateg. wichtiger Paß zw. Pakistan u. Afghanistan, 50 km lang, 1030 m hoch, oft nur 5 m breit.

Khaki [Kaki], **1.** lehmfarbenes, kräftiges Baumwollgewebe für Tropenkleidung u. Uniformen. – **2.** schilfgrüne Farbe.

Khakipflaume →Kakipflaume.

Khan [ka:n], *Chan,* alter türk. Herrschertitel, bei den Mongolen dem Reichsherrscher vorbehalten, später gleichbedeutend mit *Sultan.*

Khanat, 1. *Chanat,* Herrschaftsbereich u. Würde eines Khans. – **2.** *Qanat,* unterird. angelegte Führung von Wasserläufen in Iran; zum Schutz gegen Verdunstung.

Khark, *Charg,* kleine Insel im nördl. Pers. Golf; wichtigster Rohölexporthafen Irans.

Khartum, Hptst. der Rep. Sudan, am Zusammenfluß des Weißen u. des Blauen Nil, 557 000 Ew.; Kultur-, Handels- u. Verkehrszentrum; Univ. (gegr. 1956); versch. Ind.; Hafen, Flughafen.

Khatschaturian →Chatschaturjan.

Khatstrauch, in Afrika heim. Pflanze der *Spindelbaumgewächse;* die Blätter enthalten Coffein; dienen als anregendes Mittel *(Khat,* arab. *Qat).*

Khmer, *Kambodschaner,* hinterind. Volk (rd. 6 Mio.) in Kambodscha, Thailand, Vietnam u. Laos; gründeten im 3. Jh. n. Chr. ein Reich, das seine größte Blüte im 11.–13. Jh. erlebte; bed. Kunstwerke in der Tempelstadt *Angkor.*

Khnopff, Fernand, *1858, †1921, belg. Maler, Bildhauer, Graphiker u. Kunstschriftst.; Symbolist u. Vertreter des Jugendstils.

Khomeini →Chomeini.

Khorana, Har Gobind, *9.1.1922, US-amerik. Genetiker u. Biochemiker ind. Herkunft (Arbeiten zur Aufschlüsselung des genet. Codes); Nobelpreis 1968 zus. mit R.W. *Holley* u. M.W. *Nirenberg.*

Khorasan, Ldsch. u. Prov. in NO-Iran, 312 000 km², 5,3 Mio. Ew., Hauptort *Mäschhäd;* berühmte Teppichherstellung.

Khulna, Stadt in Bangladesch, im Mündungsdelta von Ganges u. Brahmaputra, 940 000 Ew.; Wirtsch.- u. Verkehrszentrum; Nahrungsmittel-, Textil- u. Masch.-Ind.; Schiffswerft; Flußhafen.

Khusestan, *Chusistan,* wirtschaftl. wichtigste iran. Prov. im Erdölgebiet am Nordende des Pers. Golfs, 117 713 km², 2,5 Mio. Ew.; Hptst. *Ahvas.*

kHz, Kurzzeichen für *Kilohertz;* →Frequenz.

Kiangsi →Jiangxi.

Kiangsu →Jiangsu.

Kiautschou →Jiaozhou.

Kibbuz, Gemeinschaftssiedlung in Israel, Genossenschaft auf freiwilliger Basis mit gemeinsamem Eigentum, gemeinsamer Produktion u. Arbeit sowie gemeinsamen Einrichtungen des Konsums u. der Lebensführung; ohne Privatbesitz u. privatwirtsch. Tätigkeit.

Kibla, nach Mekka weisende Gebetsrichtung für den islam. Gläubigen; in der Moschee die Richtung der Hauptwand.

Kibo →Kilimandscharo.

Kichererbse, Gatt. der *Schmetterlingsblütler;* alte Kulturpflanze, heute im Mittelmeergebiet, im Orient, in Indien u. China angebaut. Die Samen dienen als Nahrungsmittel, Pferdefutter u. Kaffeesurrogat (Kaffee-Erbse).

Kidnapping [-næp-] → erpresserischer Menschenraub.

Kidron, *Kedron, Qidron,* nur gelegentl. wasserführender Fluß in dem ns. verlaufenden Tal östl. der Altstadt von Jerusalem, zw. Ölberg u. Tempel, fr. auch *Josaphat-Tal* genannt.

Kiebitz, mittelgroßer, schwarzweißer *Regenpfeifervogel* Eurasiens; Watvogel mit aufrichtbarem Federschopf am Hinterkopf. – **kiebitzen,** zuschauen beim Kartenspiel.

Kiechle, Ignaz, *23.2.1930, dt. Politiker (CSU); 1983–93 Bundes-Min für Ernährung, Landw. u. Forsten.

Kiefer [die], *Pinus,* Nadelholzgatt. der nördl. Halbkugel; Bäume u. Sträucher mit 2–5 Nadeln an einem Kurztrieb; in Dtld. bes. die *Gewöhnl. K.* oder *Föhre;* bildet etwa 45% des dt. Waldbestands; weitere Arten: *Berg-, Schwarz-, Strand-, Weymouth-K., Pinie* u. a.

Kiefer, bewegl., meist zangenförmig angeordnete Mundwerkzeuge vieler Tiere; bei höheren Wirbeltieren knöcherne Bildungen, die die Zähne tragen; unterteilt in *Ober-* u. *Unter-K.;* im *K.-Gelenk* bewegl. miteinander verbunden. – **K.höhlen,** beiderseits der Nase gelegene Nebenhöhlen im Ober-K.; zur Nase hin offen. – **K.klemme,** Unfähigkeit, den Mund zu öffnen, z.B. bei Entzündung des K.gelenks.

Kiefer, Anselm, *8.3.1945, dt. Maler, Aktionskünstler u. Photograph.

Kiefernschwärmer, Nachtschmetterling (bis 7 cm Flügelspannweite), dessen Raupe von Kiefern-, Fichten- u. Lärchennadeln lebt.

Kiefernspanner, im Frühjahr fliegender *Spanner* mit schwarzbrauner Zeichnung auf gelben Flügeln; bei Massenauftreten Forstschädling.

Kiefernspinner, braun bis grau gezeichneter Spinner aus der Fam. der *Glucken;* einer der gefürchtetsten Forstschädlinge.

Kiel, 1. *ade:* nach unten hervorstehendes Kantholz oder verstärkte Eisenplatten im Längsverband eines Schiffs. – **2.** Schaft der Vogelfeder.

Kiel, Landes-Hptst. von Schl.-Ho., am Südende der *K.er Förde,* 244 000 Ew.; Univ. (gegr. 1665), Ing.-Schule für Masch.- u. Schiffbau, Inst. für Weltwirtsch.; versch. Ind., Reedereien; See- u. Marinehafen.

Kielboot, *Kieljacht,* Sportsegelboot, das im Gegensatz zum *Schwertboot* einen festen flossenförmigen Kiel hat, der durch sein Gewicht das Kentern verhindert.

Kielce ['kjɛltsɛ], Stadt in Polen, 206 000 Ew.;

Khartum: Moschee

2 HS; Metall-, Masch.-, chem. u. Nahrungsmittel-Ind.

Kieler Bucht, Bucht der Ostsee zw. Schlei-Mündung u. Fehmarn.

Kieler Förde, 17 km lange, keilförmige Meeresbucht, bester Naturhafen der dt. Ostsee-Küste.

Kieler Woche, erstmals 1882 u. seitdem jährl. stattfindende Segelregatta auf der Kieler Förde.

Kieling, Wolfgang, *1924, †1985, dt. Schauspieler; Erfolge bei Film, Theater u. Fernsehen.

Kielklavier, Sammelbez. für Tasteninstrumente mit Saiten, die durch Federkiele angerissen werden: *Cembalo* (Kielflügel) u. *Spinett.*

Kielland ['çɛlan], Alexander, *1849, †1906, norw. Schriftst.; kämpfte gegen Unmoral u. Lüge.

Kiellinie, Anordnung von Schiffen in einer Reihe hintereinander.

Kielwasser, Spur, die hinter einem fahrenden Schiff entsteht.

Kiemen, *Branchien,* Atmungsorgane wasserbewohnender Tiere, die an versch. Stellen der Außenhaut oder des Darms entstehen; stets dünnhäutige Gebilde mit großer Oberfläche, an die außen das Atemwasser, innen die Körperflüssigkeit (Blut) herantritt u. durch deren Wand der Gasaustausch (Sauerstoff gegen Kohlendioxid) stattfindet.

Kien, *K.holz,* stark mit Harz angereichertes Holz, bes. Kiefernholz.

Kienzl, Wilhelm, *1857, †1941, östr. Komponist, Dirigent u. Musikschriftst.; W Oper »Der Evangelimann«.

Kiepura [kjɛ'pura], Jan, *1902, †1966, poln. Sänger (Tenor); Konzert- u. Opernsänger, auch in Operetten u. Filmen.

Kierkegaard ['kjɛrgəgɔ:r], Sören, *1813, †1855,

Kiefernspinner

dän. Philosoph; bed. sind v. a. seine Schriften, die das Verhältnis von Angst, Existenz u. Zeitlichkeit für die Theol. fruchtbar machen; hatte Einfluß auf die spätere Existenz-Phil.; W »Entweder-Oder«, »Die Krankheit zum Tode«.

Kies, 1. Lockersediment aus Gesteinsbruchstücken, die durch Wasser gerundet wurden, von 2–60 mm Korngröße; meist Quarz. – **2.** *Kiese,* metall. glänzendes Schwefelerz, z.B. Eisen-, Kupfer-, Arsen-K.

Kieselalgen →Diatomeen.

Kieselgur, *Infusorien-, Diatomeenerde,* sehr leichtes, hellgraues oder rötl., aus den kieselsäurehaltigen Schalen fossiler Kieselalgen bestehendes Pulver.

Kieselsäure, schwache Säure von der Formel $Si(OH)_4$, die unter Wasserabspaltung in H_2SiO_3 oder in *Siliciumdioxid* SiO_2 übergeht. Dieses kommt kristallin als *Quarz, Tridymit* u. *Christobalit* u. in amorpher Form z.B. als *Opal* vor. Die Salze der K. sind die *Silicate.*

Kiesinger, Kurt Georg, *1904, †1988, dt. Politiker (CDU); 1958–66 Min.-Präs. in Ba.-Wü.; 1966–69 Bundeskanzler einer Großen Koalition der CDU/CSU mit der SPD; 1967–71 Vors. der CDU.

Kiew ['ki:ɛf], ukrain. *Kijiw,* Hptst. der Ukraine, am Dnjepr, 2,6 Mio. Ew.; kultureller u. wirtsch. Mittelpunkt; zahlr. Klöster, Kirchen u. histor. Bauten; Univ. (gegr. 1834) u. zahlr. HS, Akad. der Wiss. der Ukraine; Museen, Theater; Maschinenbau, chem., Elektro-, Textil- u. a. Ind.; Flughafen.
Gesch.: 882–1169 Hptst. der *K.er Rus* (K.er Reich); 1240 mongol. (zerstört), 1322–1569 lit., dann poln., seit 1654 russ.

Kigali, Hptst. von Rwanda (O-Afrika), 182 000 Ew.; Verarbeitung landw. Produkte, Konsumgüter-Ind.; Flughafen.
Kigoma, wichtigster Hafen am Tanganjikasee in Tansania, 50 000 Ew.
Kikuchi, Kan, *1888, †1948, populärer jap. Schriftst. (Drama, Erzählungen).
Kikuyu, ostafrik. Bantuvolk (rd. 2,1 Mio.) in Kenia; Feldbauern mit Großviehzucht.
Kilian, Missionsbischof iroschott. Herkunft, ermordet in Würzburg um 689; Heiliger, Apostel Frankens (Fest: 8.7.).
Kilikien, *Cilicien,* heute türk. *Çukurova,* Ldsch. im östl. Kleinasien, um das heutige Adana; im Altertum als Zentrum der Seeräuber berüchtigt, seit 84 v. Chr. röm. Provinz.
Kilimandscharo [»Berg des bösen Geistes«], höchster Berg Afrikas, im NO Tansanias; vulkan. Berggruppe mit 3 Gipfeln: *Kibo* (5895 m), *Mawensi* (5355 m), *Schira* (4300 m).
Kilius, Marika, *24.3.1943, dt. Eiskunstläuferin; mit H.-J. *Bäumler* erfolgreich im Paarlauf.
Kilo..., Abk. k, Wortbestandteil bei Maßeinheiten, um 1000 Einheiten zu bezeichnen.
Kilobyte, Kurzzeichen kB oder KB; 1 kB = 1024 Bytes.
Kilogramm, Kurzzeichen kg, internat. Einheit der *Masse;* 1 kg = 1000 g.
Kilohertz, Kurzzeichen kHz, das 1000fache der Einheit *Hertz.*
Kilometer, Kurzzeichen km, das 1000fache der Längeneinheit *Meter.*
Kilometerzähler, ein Zählwerk, das aus den Radumdrehungen eines Fahrzeugs die zurückgelegte Wegstrecke in km anzeigt.
Kilowattstunde, Kurzzeichen kWh, Einheit der Energie, bes. in der Elektrotechnik. So verbraucht z.B. ein 1000-Watt-Ofen in 1 Stunde 1000 Wattstunden = 1 kWh.
Kilt, bis zum Knie reichender Faltenwickelrock, männl. Nationaltracht in Schottland, in den Clan-Farben kariert.
Kimberley ['kimbəli], Stadt im O der Prov. Nord-Kap (Rep. Südafrika), 145 000 Ew.; Zentrum der Diamantengewinnung (1871–1915); Mangan- u. Eisenerzbergbau; versch. Ind.; Flughafen.
Kimbern, *Cimbern, Zimbern,* germ. Volk im nördl. Jütland; wanderten gegen Ende des 2. Jh. v. Chr. zunächst nach Schlesien u. Böhmen, dann westwärts über den Rhein nach Gallien; sie vereinigten sich mit den *Helvetiern* u. *Teutonen* u. drangen in Italien ein; 101 v. Chr. bei *Vercellae* vernichtend geschlagen.
Kim Il Sung, *Kim Ir Sen,* *1912, †1994, korean. Politiker; seit 1946 Vors. (ab 1966 Generalsekretär) der (kommunist.) Partei der Arbeit; 1948–72 Min.-Präs., seit 1972 Staats-Präs. von N-Korea.
Kimme, Kerbe am *Visier* der Schußwaffe.
Kimmerier, 1. indoeurop. nomad. Reitervolk in S-Rußland, nördl. des Schwarzen Meers. Unter dem Druck der Skythen drangen sie im 8. Jh. v. Chr. in Kleinasien u. in den Niederdonauraum ein, bis sie der Assyrerkönig *Asarhaddon* um 680 v. Chr. besiegte. Beim Zurückfluten vernichteten sie das phryg. Reich u. verwüsteten Lydien u. viele grch. Städte Kleinasiens. – **2.** bei *Homer* ein Volk am äußersten Rand der Welt, in der Nähe des Eingangs zum Hades.
Kimon, *etwa 510 v. Chr., †449 v. Chr., attischer Politiker u. Heerführer; erhob durch den Sieg über die Perser am Eurymedon zw. 469 u. 466 v. Chr. Athen zur Großmacht.
Kimono, jap. mantelartiges Gewand, von einem Gürtel *(Obi)* zusammengehalten; wird seit dem 8. Jh. getragen.
Kindbett, *Wochenbett,* für die Mutter die Zeit nach der Geburt eines Kindes; 6–8 Wochen, in denen sich die durch die Schwangerschaft veränderten Organe zurückbilden. – *K.fieber, Puerperalfieber,* durch Infektion der wunden Geburtswege im Anschluß an die Geburt oder eine Fehlgeburt entstehende, anzeigepflichtige Infektionskrankheit. Neben örtl. Eiterungen kommt auch zuweilen eine echte Blutvergiftung *(Puerperalsepsis)* vor. – Die infektiöse Ursache des K. wurde von I. *Semmelweis* entdeckt.
Kinderarbeit →Jugendarbeitsschutz.
Kinderdorf, *Jugenddorf,* Siedlung für eltern- u. heimatlose Kinder u. Jugendliche; familienähnl. Verbände unter der Leitung von *K.mutter;* mit Schul- u. Berufsausbildungsstätten; auch →SOS-Kinderdörfer.
Kinderehe, in manchen Gesellschaften (z.B. fr. in Indien) ein in fr. Kindheit aus wirtsch. oder familienrechtl. Gründen gegebenes u. mit bestimmten Zeremonien verbundenes Eheversprechen. Der Vollzug der Ehe folgt jedoch erst nach der Reife des Mädchens.
Kindergarten, Einrichtung zur Pflege, kindgemäßen Beschäftigung u. Erziehung von Kindern von 3 bis 6 Jahren, mit halb- oder ganztägiger Betreuung *(Kindertagesstätte).*
Kindergeld, obligator. Geldzahlung an den Sorgepflichtigen für jedes Kind, zur Milderung der Familienlast; gezahlt von der *Bundesanstalt für Arbeit.*
Kinderheim, staatl., kirchl. oder privates Heim zur Pflege u. Erziehung von Kindern jeden Alters (Kindergarten, Kinderhort, Heime für körperl. oder geistig Behinderte); auch als Ferien- oder Erholungsheim.
Kinderhort, Einrichtung für jüngere Schulkinder u. für gefährdete Kinder in der schulfreien Zeit.
Kinderkrankheiten, *i.w.S.* die vorw. im Kindesalter vorkommenden Infektionskrankheiten, wie Scharlach, Masern, Windpocken, Kinderlähmung, Röteln u. a.; *i.e.S.* alle dem Kindesalter eigentüml. Krankheiten, bes. Ernährungs-, Wachstums- u. Entwicklungsstörungen.
Kinderkreuzzug, von frz. u. dt. Kindern 1212 unternommener *Kreuzzug,* bei dem diese, von religiösem Eifer ergriffen, zu Tausenden nach Genua u. Marseille zogen u. unterwegs elend umkamen oder als Sklaven verkauft wurden.
Kinderkrippe, tagsüber geöffnete Einrichtung zur Unterbringung von Kleinkindern bis zu 3 Jahren.
Kinderlähmung, *spinale K., Heine-Medinsche Krankheit, Poliomyelitis anterior acuta,* vorw. Kinder, aber auch Erwachsene befallende, oft epidem. auftretende, durch Viren hervorgerufene, meldepflichtige Infektionskrankheit, die zur Lähmung von Muskelpartien führt; Übertragung durch Tröpfchen- u. Schmierinfektion. Auch nach Ausheilung bleiben häufig Lähmungen zurück. Vorbeugung durch Schutzimpfung (meist Schluckimpfung).
Kinderschutz-Zentren, Einrichtungen, die in Fällen von Mißhandlung, Vernachlässigung u. sexuellem Mißbrauch sowie sonstigen schwerwiegenden Gefährdungen von Kindern auf freiwilliger Basis Hilfe für die gesamte Familie u. therapeut. Beratung anbieten.
Kindesmißhandlung, Gesundheitsschädigung eines Kindes oder Jugendlichen durch Zufügen körperl. oder seel. Qualen; strafbar mit Freiheitsstrafe von 3 Monaten bis zu 5 Jahren.
Kindesmord, *Kindestötung,* vorsätzl. Tötung eines nichtehel. Kindes durch seine Mutter bei oder gleich nach der Geburt; Freiheitsstrafe von 6 Monaten bis zu 5 Jahren.

Kinderdorf Pestalozzi in Trogen (Schweiz)

Kindesraub, *Kindesentführung,* strafbare Handlung, bei der eine minderjährige Person ihren Eltern, ihrem Pfleger oder Vormund durch List, Drohung oder Gewalt entzogen wird; Freiheitsstrafe bis zu 5 Jahren.
Kindheit, *Kindesalter,* Lebensabschnitt des Menschen, der sich von der Geburt bis zum Beginn der Geschlechtsreife erstreckt. Man unterteilt ihn in die *Säuglings-* (1 Jahr), *Kleinkind-* (2.–5. Jahr) u. *Schulkindzeit* (6.–14. Jahr).
Kindslage, Lage des Kindes in der Gebärmutter während Schwangerschaft u. Geburt; normalerweise Schädellage (Kopf nach unten, Gesicht nach hinten; 96%); selten Steiß-, Quer-, Schräg- oder andere Lage.
Kindspech, *Mekonium,* Darminhalt des Neugeborenen, der bis zum 2. Tag entleert wird.
Kinemathek, Filmsammlung, Filmarchiv.
Kinematik →Mechanik. Ggs.: *Dynamik.*
Kinematographie, allg. Kinopraxis u. Filmtechnik; alles, was mit dem Laufbild u. der bewegl. Photographie zusammenhängt.
Kinetik, Lehre von den Bewegungen unter dem Einfluß innerer oder äußerer Kräfte; Ggs.: *Statik.*
kinetische Energie, *Bewegungsenergie* →Energie.
kinetische Gastheorie, Theorie, nach der die Eigenschaften u. Gesetzmäßigkeiten der Gase aus der Vorstellung abgeleitet werden, daß die Moleküle in einem Gas rasch umherfliegende Teilchen sind, die einander stoßen u. Kräfte aufeinander ausüben.
kinetische Kunst, Richtung der modernen Plastik, die Licht u. Bewegung als gestalter. Merkmale zur Geltung bringt.
King [kiŋ], Martin Luther, *1929, †1968 (ermordet), Baptisten-Pfarrer u. Bürgerrechtler in den USA; wollte ohne Gewalt u. durch passiven Widerstand die Rassenschranken zu Fall bringen; Friedensnobelpreis 1964.
Kingston [-tən], **1.** Hptst., Hafen u. Ind.-Zentrum an der S-Küste von Jamaika, 565 000 Ew.; Univ. (gegr. 1962); Ölraffinerie; Flughafen. – **2.** kanad. Stadt am N-Ufer des Ontariosees, 53 000 Ew.; Univ. (gegr. 1841); versch. Ind.; Hafen.

Japanerin im Kimono

Martin Luther King 1963 vor Bürgerrechtlern in Washington

Kingston upon Hull [-tən ə'pɒn 'hʌl], auch *Hull*, Hafenstadt in O-England, 270 000 Ew.; einer der größten Häfen Großbritanniens.

Kinkel, Klaus, * 17.12.1936, dt. Politiker (FDP); 1979–82 Präs. des Bundesnachrichtendienstes; 1991/92 Bundes-Min. des Justiz, seit 1992 Bundes-Min. des Auswärtigen u. seit 1993 Stellvertreter des Bundeskanzlers, seit 1993 Vors. der FDP.

Kinsey [-zi], Alfred G., * 1894, † 1956, US-amerik. Zoologe u. Sexualforscher; schrieb die »K.-Reports«: »Das sexuelle Verhalten des Mannes«, »Das sexuelle Verhalten der Frau«.

Kinshasa [kin'ʃaza], fr. *Léopoldville*, Hptst. von Zaire, am Kongo, 3,6 Mio. Ew.; Kultur-, Handels- u. Ind.-Zentrum des Landes; zwei Flughäfen.

Kinski, 1. Klaus, eigtl. *Nikolaus Nakaszynaski*, * 1926, † 1991, dt. Schauspieler; verkörperte oft den »Bösewicht« (in Verfilmungen von E.-Wallace-Romanen); auch in anspruchsvollen Rollen, u. a. in »Aguirre, der Zorn Gottes«, »Fitzcarraldo«, »Cobra Verde«, »Paganini«. – **2.** Nastassja, Tochter von 1), * 24.1.1961, dt. Filmschauspielerin; u. a. in »Paris, Texas«, »Nachtsonne«.

Kinzig, **1.** r. Nbfl. des Rheins, 112 km; mündet bei Kehl. – **2.** r. Nbfl. des Main, 82 km; mündet bei Hanau.

Kiosk, Vorbau an oriental. Palästen; auch erkerartiger Vorbau an einem oberen Stockwerk; Verkaufshäuschen für Zeitungen, Tabakwaren u. a.

Kipling, Rudyard, * 1865, † 1936, engl. Schriftst.; ausgezeichneter Schilderer Indiens, bek. Jugendbücher: »Im Dschungel«, »Das neue Dschungelbuch«; Nobelpreis 1907.

Kipper und Wipper, im 17. Jh. die Edelmetallaufkäufer. Sie wandten bes. beim Wiegen betrüger. Methoden an (»Kippen u. Wippen« der Waage).

Kipphardt, Heinar, * 1922, † 1982, dt. Schriftst.; schrieb Dramen über Gegenwartsthemen, Dokumentarstücke; Ⓦ »In der Sache J. Robert Oppenheimer«, »Bruder Eichmann«.

Kippschwingungen, Schwingungen in Form einer Sägezahnkurve, die durch eine *Glimmlampe* (Ausnützen des Unterschieds zw. Zünd- u. Löschspannung) oder einen *Sperrschwinger* mit Röhren oder Halbleitern erzeugt werden können; Anwendung z.B. beim Oszillographen u. Fernsehen zum Zeilenschreiben.

Kirche, **1.** christl. Gotteshaus. – **2.** Gesamtheit der sich auf Jesus Christus als ihren Stifter berufenden christl. Kirchen u. Glaubensgemeinschaften.

Kirchenaustritt, nach staatl. Recht geregelter Austritt aus einer Religionsgemeinschaft; der Austretende verliert die Rechte zur Übernahme eines kirchl. Amtes u. kann die kirchl. Handlungen (z.B. Beerdigung) nicht mehr beanspruchen; der K. erfolgt vor staatl. Behörden.

Kirchenbann, *Exkommunikation*, einstweiliger Ausschluß aus der Gemeinschaft mit der Kirche, nicht aus der Kirche selbst; nimmt insbes. das Recht auf Spendung u. Empfang der Sakramente.

Kirchenbuch, kirchl. Tauf-, Trau- u. Beerdigungsregister; beurkundete Auszüge gelten als öffentl. Urkunde.

Kirchengebote, 5 Gebote, die den kath. Christen verpflichten, den Sonn- u. Feiertag zu ehren, an ihm an der Messe teilzunehmen, die Fasttage zu halten, mindestens einmal im Jahr zu beichten u. die Kommunion zu empfangen.

Kirchengemeinde, örtl. Teilgemeinschaft der einen umfassenden Gemeinde Christi; zuerst gottesdienstl. Gemeinde; sodann das korporative Gefüge von leitendem Geistlichen u. mitverantwortl. Gemeindemitgliedern.

Kirchengewalt, nach **kath.** Kirchenrecht die der Kirche anvertrauten, vom Klerus ausgeübten Weihe- u. Leitungsbefugnisse einschl. der Lehrgewalt; in den **ev.** Kirchen der Kirche, d. h. grundsätzl. allen Kirchengliedern (Priestertum aller Gläubigen), zur öffentl. Ausübung jedoch den Pfarrern überantwortete Verw. von Wort u. Sakrament.

Kirchenjahr, im Unterschied zum *bürgerl. Jahr* in den christl. Kirchen das liturg. Jahr, das mit dem 1. Advent beginnt.

Kirchenlehrer, in der kath. Kirche durch Papst oder Konzil verliehener Ehrenname für Theologen, die durch Rechtgläubigkeit der Lehre, Heiligkeit des Lebens u. wiss. Leistung hervorragen.

Kirchenmusik, für den gottesdienstl. Bereich bestimmte Musik. Von der *geistl. Musik* im außerkirchl. Bereich unterscheidet sie sich dadurch, daß sie liturg. Gesetzen verpflichtet ist. – Formen: Psalmengesang, Ambrosian. Hymnengesang, Gregorian. Choral, Kirchenlied, Motette, Messe, Oratorium, Passion, Orgelkompositionen, Kantaten.

Kirchenprovinz, **1.** in der ev. Kirche die heute in *Landeskirchen* zusammengefaßten Kirchenkreise der früheren preuß. Provinzen. – **2.** in der kath. Kirche die unter einem Erzbischof zusammengefaßten Diözesen.

Kirchenjahr

Weihnachtsfestkreis
1. Advent
2. Advent
3. Advent
4. Advent
24. 12. Heiligabend
25. 12. 1. Weihnachtsfeiertag
26. 12. 2. Weihnachtsfeiertag
1. Sonntag nach Weihnachten
2. Sonntag nach Weihnachten
6. 1. Epiphanias/Tag der Erscheinung Christi

Allgemeine Kirchenjahrzeit
2 bis 6 Sonntage nach Epiphanias
3. Sonntag vor der Passionszeit
2. Sonntag vor der Passionszeit
Estomihi/Sonntag vor der Passionszeit

Osterfestkreis
Aschermittwoch/Mittwoch nach Estomihi
Invokavit/1. Sonntag der Passionszeit
Reminiscere/2. Sonntag der Passionszeit
Okuli/3. Sonntag der Passionszeit
Lätare/4. Sonntag der Passionszeit
Judika/5. Sonntag der Passionszeit
Palmarum/6. Sonntag der Passionszeit
Karfreitag
Ostersonntag
Ostermontag
Quasimodogeniti
Misericordias Domini
Jubilate
Kantate
Rogate
Himmelfahrt Christi/Donnerstag der 6. Woche nach Ostern
Exaudi
Pfingstsonntag/50. Tag nach Ostern
Pfingstmontag

Allgemeine Kirchenjahrzeit
Trinitatis
Fronleichnam/2. Donnerstag nach Pfingsten
Sonntage nach Trinitatis bis zum Ende des Kirchenjahres
24. 6. Tag der Geburt Johannes des Täufers
29. 6. Tag der Apostel Petrus und Paulus
15. 8. Aufnahme Marias (Mariä Himmelfahrt)
1. Sonntag im Oktober: Erntedankfest
31. 10. Reformationsfest
1. 11. Allerheiligen
Mittwoch vor dem letzten Sonntag des Kirchenjahres: Buß- und Bettag
Letzter Sonntag des Kirchenjahres: Totensonntag/Ewigkeitssonntag

---

Kirchner 453

Kirchenrecht, Gesamtheit der Rechtsnormen, die das kirchl. Leben u. das Verhältnis von Staat u. Kirche regeln. Das *kath.* K. (auch *Kanonisches Recht* gen.) findet sich insbes. im *Codex Iuris Canonici* von 1983.

Kirchenstaat, Staatsgebiet des Papsttums; begr. durch Schenkungen des Frankenkönigs Pippin d. J. (*Pippinsche Schenkung*); umfaßte den Dukat Rom, das Exarchat Ravenna u. 5 Städte an der Adria; 1503–13 größte Ausdehnung unter Papst Julius II.; 1809 von Napoleon I. säkularisiert; 1815 wiederhergestellt; ging 1860 u. 1870 im Kgr. Italien auf. 1929 wurde in souveränes Territorium um Peterskirche u. Vatikan als Symbol päpstl. Unabhängigkeit geschaffen (*Lateranverträge*).

Kirchensteuer, die von den Angehörigen einer öffentl.-rechtl. anerkannten Religionsgemeinschaft meist in Form von Zuschlägen zur Einkommen- bzw. Lohnsteuer oder zum Grundsteuermeßbetrag an die Kirche zu entrichtende Steuer; von den staatl. Finanzbehörden erhoben u. an die Kirche abgeführt.

Kirchentag, *Dt. Ev. Kirchentag*, ev. Laienbewegung, die durch große mehrtägige Tagungen die kirchl. Arbeit lebendiger gestalten will; 1949 von R. von *Thadden-Trieglaff* ins Leben gerufen.

Kirchentonarten, vom fr. MA bis etwa 1600 gebräuchl. Tonarten. nach altgrch. u. kleinasiat. Stämmen ben.; sechs *authentische* (Haupt-)Tonarten u. sechs *plagale* (Neben-)Tonarten.

Kirchenväter, in der christl. Theol. die Schriftst. der Alten Kirche, in deren Schriften die Anfänge christl. Theol. u. die älteste Glaubenstradition dokumentiert sind.

Kirchenvertrag, allg. ein Vertrag zw. Staat u. Kirche zur Regelung des gegenseitigen Verhältnisses von Staat u. Kirche. Der K. mit der kath. Kirche heißt *Konkordat*.

Kircher, Athanasius, * 1601, † 1680, dt. Gelehrter; Jesuit; soll die *Laterna magica* (Vorform der Projektionsapparate) erfunden haben.

Kirchheim unter Teck, Ind.-Stadt in Ba.-Wü., am Zusammenfluß von Lauter u. Lindach, sö. von Stuttgart, 35 000 Ew.

Kirchhoff, Gustav Robert, * 1824, † 1887, dt. Physiker; entdeckte mit R. *Bunsen* die Spektralanalyse; stellte in der Elektrizitätslehre die *K.schen Regeln* auf: 1. Bei Parallelschaltung von elektr. Widerständen ist die Summe der Teilströme gleich dem durch das ganze System fließenden Gesamtstrom. 2. Bei Hintereinanderschaltung von Widerständen ist die Summe der Teilspannungen gleich der an das System angelegten Gesamtspannung.

kirchliche Hochschulen, Institutionen zur Ausbildung von kath. u. ev. Geistlichen außerhalb der Theol. Fakultäten der Univ.

Kirchner, Ernst Ludwig, * 1880, † 1938 (Selbstmord), dt. Maler u. Graphiker; Mitgr. der Künst-

Kirchentonarten

454 Kirchschläger

Ernst Ludwig Kirchner: Alte und junge Frau

lervereinigung »Brücke«; einer der Hauptmeister des dt. Expressionismus.
Kirchschläger, Rudolf, *20.3.1915, östr. Diplomat u. Politiker; 1970–74 Außen-Min., 1974–86 Bundes-Präs.
Kirchspiel, *Kirchsprengel,* Bereich einer Pfarrei.
Kirchweih, urspr. feierl. Weihe eines Gotteshauses sowie kirchl. Feiertag zur Erinnerung daran; heute meist Volksfest (Kirmes).
Kirgisen, nomad. Turkvolk (2,5 Mio.) in den innerasiat. Gebirgen (Kirgisien u. Usbekistan, China, Mongolei u. Afghanistan).
Kirgisensteppe →Kasachensteppe.
Kirgisien, kirgis. *Kyrgyzstan,* Staat in Mittelasien, 198 500 km², 4,4 Mio. Ew., Hptst. *Bischkek;* umfaßt die z. T. vergletscherten Gebirgsketten des Tian Shan u. des östl. Alai, dazwischen breite Täler; vorw. Viehwirtschaft, auf bewässerten Flächen Baumwollanbau, Seidenraupenzucht.

Kirgisien

G e s c h i c h t e : Seit dem 19. Jh. gehörte das Gebiet der Kirgisen zum Chanat von Kokand, das 1876 von Rußland annektiert wurde. Nach mehrf. Änderungen der administrativen Einteilung wurde 1926 die Kirgis. ASSR gebildet; sie erhielt 1935 den Status einer sowj. Unionsrep. 1991 wurde K. unabh. u. Mitgl. der GUS.
Kiribati [-bass], Inselstaat im W-Pazifik, 728 km², 67 000 Ew. (christl. Mikronesier), Hptst. *Bairiki.* K. besteht aus den *Gilbert-* u. *Phönixinseln, Ocean Island, Christmas Island* u. a. kleinen Inseln; feuchttrop. Koralleninseln; Ausfuhr von Kopra, Fischfang.

Kiribati

G e s c h i c h t e : 1892 kamen die Inseln unter brit. Protektorat. 1916 faßte Großbrit. die *Gilbertinseln* u. die *Ellice-Inseln* zu einer Kolonie zusammen. Nach der Abtrennung der Ellice-Inseln 1976 erhielten die Gilbertinseln unter dem Namen K. 1979 die Unabhängigkeit.

Kirikkale, türk. Stadt östl. von Ankara, 321 000 Ew.; Stahlwerk, chem. Ind., Fahrzeugbau.
Kirin →Jilin.
Kirke, *Circe,* in der grch. Sage eine Zauberin, die die Gefährten des *Odysseus* in Schweine verwandelt, von ihm aber gezwungen wird, sie wieder zu entzaubern; im übertragenen Sinn: Verführerin.
Kirkenes, nordnorw. Hafenstadt am Varangerfjord, 10 000 Ew.; Eisenerz-, Bau-, Holz- u. chem. Ind.
Kirkpatrick [kə:k'pætrik], Ralph, *1911, †1984, amerik. Cembalist; schrieb ein grundlegendes Werk über D. Scarlatti.
Kirkuk, Prov.-Hptst. in Irak, 535 000 Ew.; Zentrum der Erdölförderung, Raffinerien; Zementwerke, Schwefelgewinnung.
Kirlianphotographie, von dem russ. Techniker Semjon *Kirlian* entwickeltes photograph. Verfahren zur Abb. einer Hochspannungsentladung von lebenden Objekten (z.B. Finger, Blatt); die versch. Objekte ergeben charakt. Leuchterscheinungen auf der Photographie.
Kirmes = Jahrmarkt.
Kirow [-rɔf], fr. Name der russ. Stadt →Wjatka.
Kirow [-rɔf], Sergej Mironowitsch, eigtl. S. M. *Kostrikow,* *1886, †1934, sowj. Politiker; gehörte zu den engsten Mitarbeitern *Stalins;* seine Ermordung war der Auftakt der großen »Säuberung« der Jahre 1934–38 *(Tschistka)*..
Kirowabad, fr. Name von →Gandscha.
Kirsch, 1. Rainer, *17.7.1934, dt. Schriftst. (Gedichte, Erzählungen, Hörspiele u. a.); 1990 Präs. des Schriftstellerverbandes der DDR. – 2. Sarah, *16.4.1935, dt. Schriftst. (Gedichte, auch sozialkrit. Reportagen u. Erzählungen); lebt seit Ausschluß aus der SED (1977) in Schl.-Ho.
Kirsche, *Prunus,* zu den *Rosengewächsen* gehörende Steinobstarten: Stammform der *Süß-K.* u. *Sauer-K.* ist die *Vogel-K;* mehrere ostasiat. Arten mit rosa Blüten sind als »Jap. K.« beliebte Zierbäume.
Kirschlorbeer, ein *Rosengewächs* aus SO-Europa u. Kleinasien, mit immergrünen, lederartigen Blättern.
Kirschwasser, *Kirschgeist,* farbloser, aus Süßkirschen hergestellter Obstbranntwein.
Kirst, Hans Hellmut, *1914, †1989, dt. Schriftst.; Ⓦ Romantrilogie »08/15«.
Kiruna ['kiryna], Bergbaustadt in N-Schweden, 27 000 Ew.; Zentrum des Eisenerzabbaus.
Kisangani, fr. *Stanleyville,* Prov.-Hptst. in Zaire, am Kongo, 557 000 Ew.; Univ.; versch. Ind.; Verkehrsknotenpunkt.
Kisch, Stadt sö. von Babylon, im 3. Jt. v. Chr. zeitw. Hptst. Babyloniens; heute die Ruinenstätte *el-Oheimir* (altsumer., babylon. u. parth. Funde).

Kirlianphotographie eines Blattes

Kisch, Egon Erwin, *1885, †1948, dt.-tschech. Journalist; schrieb literar. bed. zeitkrit. Reportagen; Ⓦ »Der rasende Reporter«.
Kischinjow, russ. Name von →Chișinău.
Kisfaludy ['kiʃfoludi], Károly, *1788, †1830, ung. Schriftst.; Begr. des ung. Schauspiels u. Führer der ung. Romantik.
Kishi, Nobusuke, *1896, †1987, jap. Politiker; im 2. Weltkrieg hauptverantwortlich für die jap. Rüstungsproduktion; als Hauptkriegsverbrecher verurteilt, 1948 entlassen; gewann entscheidenden Einfluß auf den wirtsch. Wiederaufbau Japans.
Kishon [ki'ʃon], Ephraim, *23.8.1924, isr. Schriftst.; karikiert in Satiren das isr. Alltagsleben; Ⓦ »Drehn Sie sich um, Frau Lot«, »Der Blaumilchkanal«, »Das Kamel im Nadelöhr«.
Kismet, im Islam das dem Menschen unabwendbar zugeteilte Schicksal, das in gläubiger Ergebung *(islam)* ertragen werden muß.
Kissin, Jewgenij, *10.10.1971, russ. Pianist; internat. Karriere seit 1988.
Kissingen, *Bad K.,* Krst. in Unterfranken (Bay.), 21 000 Ew.; seit dem 16. Jh. Sol- u. Moorbad.
Kissinger [-dʒə], Henry Alfred, *27.5.1923, US-amerik. Politiker dt. Herkunft; seit 1969 R. *Nixons* Sonderberater für Sicherheitsfragen, 1973–77 Außen-Min.; führte Verhandlungen über die Annäherung an China u. über die Beendigung des Vietnamkriegs sowie des Nahostkonflikts; Friedensnobelpreis 1973.
Kisuaheli, Sprache der *Suaheli,* aus der Bantufam.; eine der wichtigsten Verkehrssprachen in O-Afrika.
Kitagawa, Utamaro, *1753, †1806, jap. Maler; aus der *Kano-Schule,* bek. Holzschnittzeichner.
Kita-Kyushu, jap. Großstadt in N Kyushu, 1,04 Mio. Ew.; bed. jap. Ind.-Standort.
Kitasato, Schibasaburo, *1853, †1931, jap. Bakteriologe; entdeckte 1894 zugleich mit A. *Yersin* den Pestbazillus.
Kitchener ['kitʃinə], Horatio Herbert, Earl (1914) *K. of Khartoum,* *1850, †1916, brit. Offizier u. Politiker; eroberte 1896–98 den anglo-ägypt. Sudan u. zwang ein frz. Expeditionskorps bei Faschoda (1898) zum Rückzug; beendete als Generalstabschef der brit. Armee den Burenkrieg zugunsten Englands, 1914 Kriegs-Min.
Kithara, altgrch. Saiteninstrument; ein flacher Kasten mit zwei seitl. nach oben geschwungenen Armen, die oben durch ein Querholz verbunden waren. Von diesem liefen anfangs 4, dann bis zu 18 Saiten zum Schallkasten hinunter.
Kitsch, nach Gehalt u. Form unwahre Kunst, die mit mod.-gefälligen Mitteln u. Effekten Gefühle auslösen will.
Kitt, flüssige oder plast. Stoffe, die an der Luft erhärten u. zum Kleben u. Dichten von Gegenständen, zum Ausfüllen von Fugen u. a. dienen.
Kitwe ['kitwei], Bergbau- u. Ind.-Stadt in Sambia, wirtsch. Zentrum des Kupfergürtels, 495 000 Ew.
Kitz, Jungtier von Reh, Gemse u. Ziege.
Kitzbühel, östr. Bez.-Stadt im nördl. Tirol, an der *K.er Ache,* 8000 Ew.; Kur-, Bade- u. Wintersportort.
Kitzingen, Krst. in Unterfranken (Bay.), am Main, 21 000 Ew.; histor. Stadtkern; Zentrum des fränk. Weinbaus; Masch.-, Textil-, Leder- u. Nahrungsmittel-Ind.
Kitzler, *Klitoris, Clitoris,* schwellfähiges weibl. Geschlechtsorgan am vorderen Ende der kleinen *Schamlippen;* entspricht dem männl. Penis, ist jedoch sehr viel kleiner.
Kiwi, Frucht des *Chin. Strahlengriffels;* außen braunhaarig, mit säuerl., grünem Fruchtfleisch; reich an Vitamin C.
Kiwis, *Schnepfenstrauße,* Gatt. *Apteryx,* 2 Arten flugunfähiger Vögel in den Wäldern Neuseelands; hühnergroß, nachtaktiv; stehen als Wappentiere unter strengem Schutz.
Kizilirmak [-'zil-], der antike *Halys,* längster türk. Fluß, 1400 km, nicht schiffbar; mündet bei Bafra ins Schwarze Meer; sö. von Ankara zu einem großen See mit Kraftwerk aufgestaut.
Klabautermann, im Volksglauben ein Schiffskobold, der schadhafte Stellen oder den Untergang des Schiffes anzeigt.
Kläber, Kurt, als Jugendbuchautor unter dem Pseud. K. *Held,* *1897, †1959, dt. Schriftst.; stellt Kinder als die Leidtragenden der bestehenden Gesellschaftsordnung dar; Ⓦ »Die rote Zora u. ihre Bande«.
Klabund, eigtl. Alfred *Henschke,* *1890, †1928, dt. Schriftst.; dem Expressionismus nahestehend;

freier Nachdichter von ostasiat. Gedichten u. Dramen; W »Der Kreidekreis«.

Kladderadatsch, 1848 in Berlin von David *Kalisch* gegr. polit.-satir. Ztschr. von nationalist. Grundhaltung; 1944 eingestellt.

Kladno, Stadt in Mittelböhmen (Tschech. Rep.), westl. von Prag, 73 000 Ew.; Steinkohlenbergbau, Hütten-Ind.

Klafter, altes dt. Längenmaß (1,7–2,91 m) u. Raummaß für Schichtholz (1,8 u. 3,9 m³).

Klage, schriftl. Begehren einer gerichtl. Entscheidung in einem Rechtsstreit in Form eines *Urteils.* Die K.erhebung erfolgt durch Einreichung der K.schrift beim Prozeßgericht, das die Zustellung an die Gegenpartei (den *Beklagten*) von Amts wegen vornimmt; Formen: *Leistungs-K., Feststellungs-K.* u. *Gestaltungs-K.* Von der K. ist zu unterscheiden die öffentl. K. des Strafprozesses.

Klagemauer, *Westmauer,* wichtigstes jüd. Heiligtum in Jerusalem, Teil der alten Mauer des Tempels von Jerusalem, Höhe 18 m, Länge 48 m. Seit 638 n. Chr. (unter arab. Herrschaft) trafen sich die Juden hier, um den Verlust des Tempels zu beklagen.

Klagenfurt, Hptst. des östr. Bundeslands Kärnten, östl. vom Wörther See, 86 000 Ew.; Univ.; Dom (16. Jh.); Metall-, Holz-, Elektro-, Masch.- u. chem. Ind. – **K.er Becken,** größtes inneralpines Einbruchsbecken der O-Alpen, 75 km lang, zw. Gurktaler Alpen u. Karawanken.

Klages, Ludwig, *1872, †1956, dt. Psychologe u. Philosoph; kam über die *Graphologie,* die er wiss. begründete, zur Neubegründung einer allg. Ausdrucks- u. *Charakterkunde.* W »Der Geist als Widersacher der Seele«.

Klaipėda, lit. Name der Stadt →Memel (1).

Klamm, durch einen Fluß tief eingeschnittene, enge Talschlucht; bes. in den Alpen.

Klammeraffen, *Ateles,* Gatt. von Neuweltaffen aus den brasil. Urwäldern; mit Greifschwanz u. langen Armen.

Klan →Clan.

Klang, durch period. Schwingungen elast. Körper hervorgebrachter Gehörseindruck, im Ggs. zu dem durch unregelmäßige Schwingungen hervorgebrachten *Geräusch;* setzt sich aus mehreren Tönen zus., dem *Grundton* u. den *Obertönen.*

Klapperschlangen, zwei Gatt. von *Grubenottern* mit einer Rassel am Schwanzende, die aus der nicht abgestreiften, verhornten Haut des Schwanzendes entsteht; meist sehr gefährl. Giftschlangen N- u. S-Amerikas.

Klaproth, Martin Heinrich, *1743, †1817, dt. Apotheker u. Chemiker; entdeckte die Zirkonerde, das Uran u. (zus. mit J. J. *Berzelius*) das Cer u. den Polymorphismus von Kalkspat u. Aragonit.

Kläranlage, Anlage zur Reinigung von Abwässern; je nach Verschmutzungsgrad werden mechan., biol. u. chem.-physik. Verfahrensschritte eingesetzt.

Klara von Assisi, *1194, †1253, Schülerin des *Franz von Assisi;* Mitbegr. des *Klarissenordens.* – Heiligsprechung 1255 (Fest: 11.8.).

Klarinette, Holzblasinstrument mit zylindr. Röhre u. einem am Schnabel aufgelegten einfachen Rohrblatt.

Klarissenorden, *Klarissinnen,* geistl. Orden.

Klärschlamm, *Faulschlamm,* bei der Abwasserreinigung anfallende mineral. u. organ. Feststoffe; z. T. als Düngemittel verwendet; bei zu hoher Schadstoffbelastung (z.B. Dioxine) Lagerung auf Giftmülldeponien.

Klarschriftleser, Eingabegerät für Computer, das Handschrift maschinell lesen kann.

Klasse, 1. Kategorie in der biol. Systematik, zw. Ordnung u. Stamm. – **2.** Gruppe etwa gleichaltriger Schüler, die gemeinsam unterrichtet werden.

Klassengesellschaft, Gesellschaft, die in Großgruppen aufgeteilt ist, die einander über- u. untergeordnet sind. Nach marxist. Auffassung ist jede bisherige Gesellschaft seit dem Altertum eine K. *(Sklavenhaltergesellschaft, Feudalgesellschaft, bürgerl. Gesellschaft);* ihnen soll mit histor. Notwendigkeit eine *klassenlose Gesellschaft* freier u. gleicher Menschen folgen.

Klassenkampf, grundlegender Begriff der marxist. Staats- u. Geschichtstheorie: Die Geschichte erscheint dem Marxismus als eine Folge von Klassenkämpfen, hervorgerufen durch die Unterdrückung der arbeitenden Klasse seitens der herrschenden Klasse (Großgrundbesitz, Kapital).

klassifizieren, in Klassen einordnen.

Klassik, im urspr. Sinn der Höhepunkt der grch.-röm. Kultur: die grch. K. oder die röm. K. oder zus.: die *klass. Antike;* i.w.S. jeder kulturelle Abschnitt, der den Höhepunkt einer Entwicklung bildet.

Literatur: K. als literarhistorische Epoche ist der Höhepunkt der Literatur eines Volkes, in der Neuzeit bes. dann, wenn diese Epoche auf das Gedankengut der klassischen Antike zurückgreift: die *griechische K.* (das Zeitalter des Perikles mit den Dramatikern *Aschylus, Sophokles* u. *Euripides*), die *römische K.* (das Zeitalter des Augustus mit *Vergil, Ovid, Horaz* u. *Catull*), die *französische K.* (das Zeitalter Ludwigs XIV. mit J. B. *Racine,* P. *Corneille* u. *Molière*), die *mittelhochdeutsche* oder *staufische K.* (höfische Dichtung 1190–1210) u. die *deutsche* oder *Weimarer K. (Goethe* u. *Schiller*).

Musik: In der Musik versteht man unter K. die von J. *Haydn,* W.A. *Mozart* u. L. van *Beethoven* geprägte Zeit *(Wiener K.).* Die klass. Grundform war die *Sonatensatz.*

klassisch, 1. in seiner Art vollkommen. – **2.** zu einer *Klassik* gehörig.

Klassizismus, Sammelbez. für künstler. Richtungen, die durch klass. Formenstrenge u. Klarheit gekennzeichnet sind, ohne jedoch jene Ausdrucksstärke, Lebensfülle u. Gefühlstiefe der echten *Klassik* zu erreichen.

In der Baukunst erstrebte der K. eine Neubelebung der antiken klass. Formen, in Frankreich vertreten durch J.-A. *Gabriel,* J.-G. *Soufflot,* Ch. *Percier* u. P. L. *Fontaine,* in Dtld. bes. durch F. W. von *Erdmannsdorff,* C. G. *Langhans* (Brandenburger Tor), K. F. von *Schinkel,* L. von *Klenze,* F. *Weinbrenner* u. G. *Semper.*

In der Plastik waren u. a. führend A. *Canova,* B. *Thorvaldsen* u. J. G. *Schadow.*

In der Malerei erhielt der K. v. a. in Frankreich seine Ausprägung durch J. L. *David,* J. A. D. *Ingres* u. A. J. *Gros.* Klassizist. Züge zeigen z.B. die *Nazarener,* aber auch Ph. O. *Runge* u. J. A. *Koch.*

In der Literatur wurde die formstrenge Nachahmung der antiken Dichter gepflegt, bes. in der Renaissance in Italien. In Frankreich prägte den K. die *frz. Klassik* unter Ludwig XIV. Von dort breitete sich der K. über ganz Europa aus. In Dtld. umfaßt er die gesamte Lit. der *Aufklärung.* Seit G. E. *Lessing* u. bes. seit J. J. *Winckelmann* griff der dt. K. unmittelbar auf die Antike zurück.

Klagemauer in Jerusalem

Prärieklapperschlange

Klatschmohn, in Europa u. Asien wildwachsendes *Mohngewächs* mit leuchtendroten Blüten; auch Zierpflanze.

Klaue, verhornte Zehe der Wiederkäuer u. Schweine; →Kralle.

Klaus, Josef, *15.8.1910, östr. Politiker (ÖVP); 1964–70 Bundeskanzler.

Klause, 1. abgeschlossener Raum, Einsiedelei, Klosterzelle. – **Klausner,** Einsiedler. – **2.** *Klus(e),* enges, eine Gebirgskette durchbrechendes Quertal.

Klausel, Vorbehalt; einschränkende Bestimmung eines Vertrags.

Klausenburg →Cluj-Napoca.

Klaustrophobie [grch.], zu den sog. *Zwangsneurosen* gehörende Angst vor dem Alleinsein, bes. vor dem Aufenthalt allein in geschlossenen Räumen.

Klausur, 1. abgeschlossener Raum in Klöstern; darf von Personen des anderen Geschlechts nicht betreten werden. – **2.** *K.arbeit,* schriftl. Prüfungsarbeit unter Aufsicht.

Klaviatur, Gesamtheit der Tasten eines Tasteninstruments (Orgel, Klavier u. a.). Die K. der Orgel u. des Harmoniums heißt auch *Manual* oder (wenn sie mit den Füßen gespielt wird) *Pedal.*

Klavichord [-'kɔrd], *Clavichord,* Saiteninstrument mit Tastatur, bei dem die Saiten in einem Gehäuse quer zu den Tasten verlaufen u. durch meist metallene *Tangenten* angeschlagen werden; Vorläufer unseres *Hammerklaviers.*

Klavier [-'viːr], Kurzwort für *Hammerklavier.*

Klavierauszug, Übertragung eines für andere Instrumente oder Singstimmen geschriebenen Tonsatzes auf das Klavier, bes. bei Opern- u. Orchesterwerken.

Klebe, Giselher, *28.6.1925, dt. Komponist; verwendet zwölftönige u. rhythm. Reihen (Orchesterwerke, Opern, Sinfonien).

Klebstoffe, chem. Stoffe, die Oberflächen verschiedener Werkstoffe miteinander fest verbinden, z.B. Leim, Kautschuk- oder Kunststofflösungen, Epoxidharze.

Klee, *Trifolium,* artenreiche Gatt. der *Schmetterlingsblütler;* Kräuter mit gefingerten Blättern; am häufigsten der *Wiesen-K.;* wird auch als Futter u. Stickstoffsammler angebaut.

Klee, Paul, *1879, †1940, schweiz. Maler u. Graphiker; durch Freundschaft mit den Künstlern des »Blauen Reiters« fand er zu einem abstrahierenden Bildaufbau, in dem die Farbe dem linearen Gerüst gleichwertig wurde; 1922–30 Lehrer am *Bauhaus.* – B →S. 456.

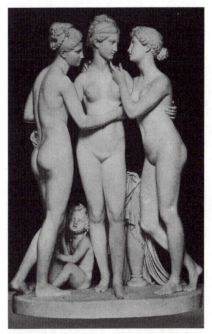

Klassizismus: Die Grazien mit Amor, von Bertel Thorvaldsen; 1817–1819. Kopenhagen, Thorvaldsen-Museum

456 Kleiber

Kleiber, *Spechtmeise,* einheim., mit den Spechten nahe verwandter *Singvogel;* oberseits blaugrau, unterseits gelb bis rostbraun; kann an Baumstämmen kopfunter abwärts klettern.

Kleiber, 1. Carlos, * 3.7.1930, argent. Dirigent östr. Herkunft; Sohn von 2). – **2.** Erich, *1890, †1956, östr. Dirigent; seit 1923 Generalmusikdirektor an der Berliner Staatsoper; 1935 Emigration.

Kleid, in der abendländ. Mode das Obergewand der Frau; auch allg. Bez. für *Bekleidung.*

Kleidervögel, Fam. der *Singvögel,* die mit rd. 20 Arten auf Hawaii vorkommt; mit äußerst versch. Schnabelformen an sehr versch. Lebensweisen angepaßt.

Kleie, beim Mahlen von Getreide anfallende Rückstände *(Schalen, Spelzen),* die ein hochwertiges Viehfutter ergeben.

Klein, 1. Felix, *1849, †1925, dt. Mathematiker; arbeitete über algebraische Gleichungen u. Funktionentheorie. – **2.** Hans, *11.7.1931, dt. Politiker (CSU); 1987–89 Bundes-Min. für wirtsch. Zusammenarbeit, 1989/90 Bundes-Min. für bes. Aufgaben; seit 1990 Vize-Präs. des Bundestages.

Kleinasien, *Anatolien,* zw. Schwarzem Meer u. Mittelmeer sich vorschiebende vorderasiat. Halbinsel; deckt sich heute weitgehend mit dem polit. Raum der *Türkei.*

Kleinbären, *Procyonidae,* Fam. amerik. *Raubtiere,* von bären- bis marderartiger Gestalt; hierzu *Katzenfrett, Wickelbär, Waschbären, Nasenbär.*

Kleinbürgertum, oft abwertend gemeinte Bez. für die städt. Mittelschichten, d. h. für Handwerker, Einzelhändler u. Kleingewerbetreibende, ferner aber auch für den sog. *neuen Mittelstand,* also die Beamten des einfachen u. mittleren Dienstes u. die kleinen u. mittleren Angestellten.

Kleine Antillen, der östl. westind. Inselbogen, Teil der *Antillen;* in die nördl. u. östl. *Inseln über dem Winde* u. die südl. *Inseln unter dem Winde* gegliedert.

Kleine Entente [-ã'tät], 1920–39 das Bündnissystem zw. der Tschechoslowakei, Jugoslawien u. Rumänien mit dem Ziel, den Status quo nach dem 1. Weltkrieg im Donauraum zu erhalten, ung. Gebietsforderungen abzuwehren u. eine habsburg. Restauration zu verhindern.

Kleiner Panda →Katzenbär.

Kleines Walsertal, *Kleinwalsertal,* 13 km langes Seitental der Iller in den Allgäuer Alpen, in Vorarlberg (Östr.); seit 1891 an das dt. Zoll- u. Währungsgebiet angeschlossen; Hauptort *Mittelberg.*

Kleinhirn →Gehirn.

Kleinkaliberschießen, Sportschießen mit Kleinkalibergewehren (Kaliber 5,6 mm).

Kleinkatzen, *Felini,* Gruppe von Katzen mit relativ kleiner Körpergestalt; hierzu: *Ozelot, Wildkatze, Puma, Luchs, Serval* u. a.

Kleinkunst, zusammenfassende Bez. für alle in

Kleiber

den Kabaretts gebotenen Darstellungsformen, wie Artistik, Chanson, Pantomime, Tanz, Zauberkunst.

Kleinod, Schmuckstück, Kostbarkeit.

Kleinrussen, fr. Bez. für die Ukrainer.

Kleinstadt, Stadt mit etwa 5000–20 000 Ew.

Kleist, 1. Ewald Christian von, *1715, †1759, dt. Dichter; preuß. Offizier (Vorbild für G.E. Lessings *Tellheim* in »Minna von Barnhelm«); Ⓦ epische Naturdichtung »Der Frühling«. – **2.** Heinrich von, *1777, †1811 (Selbstmord), dt. Dichter; Ⓦ Dramen: »Amphitryon«, »Der zerbrochene Krug«, »Penthesilea«, »Käthchen von Heilbronn«, »Prinz Friedrich von Homburg«; außerdem meisterhaft gebaute Novellen: »Michael Kohlhaas«, »Die Marquise von O.«, »Das Erdbeben in Chili« u. a.

Kleister, Klebstoff aus Weizen- oder Roggenmehl *(Mehl-K.),* auch aus Kartoffel-, Getreide- oder Reisstärke *(Stärke-K.).*

Kleisthenes, athen. Staatsmann; führte ab 508 v. Chr. eine Verfassungsreform durch, die die Macht der adeligen Sippenverbände brach; Begr. der athen. Demokratie.

Klemens, 1. K. V., eigtl. *Bertrand de Got,* †1314, Papst 1305–14; residierte seit 1309 in Avignon (»Babylonisches Exil« der Päpste bis 1376). – **2.** K. VII., eigtl. *Giulio de Medici,* *1478, †1534, Papst 1523–34; zeitw. in schärfstem Gegensatz zu *Karl V.,* den er dennoch 1530 zum Kaiser krönte. – **3.** K. XIV., eigtl. *Giovanni Vincenzo Antonio Ganganelli,* *1705, †1774, Papst 1769–74; ordnete 1773 die von den bourbon. Staaten geforderte Aufhebung des Jesuitenordens an.

Paul Klee: Rote und weiße Kuppeln; Aquarell, 1914. Düsseldorf, Kunstsammlung Nordrhein-Westfalen

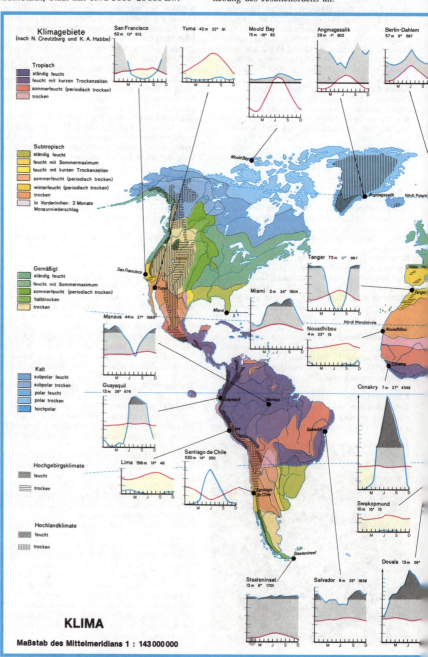

KLIMA Maßstab des Mittelmeridians 1 : 143 000 000

Klemm, Hanns, *1885, †1961, dt. Flugzeugkonstrukteur; entwickelte das erste Leichtflugzeug.
Klemperer, Otto, *1885, †1973, dt. Dirigent; setzte sich bes. für zeitgenöss. Musik ein; Interpret bes. der Musik der Wiener Klassik u. G. Mahlers.
Klenze, Franz Karl Leo von, *1784, †1864, dt. Architekt; seit 1815 Hofbaumeister *Ludwigs I.* von Bayern; schuf zahlr. klassizist. Bauten u. prägte bes. das Stadtbild von München (Glyptothek, Alte Pinakothek u. a.).
Kleopatra, *69 v. Chr., †30 v. Chr., ägypt. Königin, letzte Vertreterin der Ptolemäer-Dynastie, Geliebte *Cäsars* u. später des *Antonius;* beging nach dem Sieg *Octavians* über Antonius bei Aktium Selbstmord durch Schlangenbiß.
Kleptomanie, *Stehlsucht,* krankhafter, unwiderstehl. Trieb, sich fremdes Eigentum anzueignen, das der Kranke, der **Kleptomane,** gar nicht braucht, sondern wegwirft oder nur sammelt.
klerikal, kirchl.; die Kirche, die Geistl. betr.
Klerikalismus, Bestreben, der (kath.) Kirche weitgehenden Einfluß auf das staatl. u. öffentl. Leben zu verschaffen.
Klerk, 1. Frederik Willem de, *18.3.1936, südafrik. Politiker (National Party), seit 1989 Vors. der National Party u. 1989–94 Staats-Präs., seit 1994 Vize-Präs.; vollzog die Abkehr von der Apartheidpolitik; erhielt 1993 zus. mit N. *Mandela* den Friedensnobelpreis. – **2.** Michel de, *1884, †1923, ndl. Architekt; Vertreter des Expressionismus.
Klerus, Stand der kath. Geistlichen gegenüber den Laien. Man unterscheidet *Welt-* u. *Ordens-K.*
Klestil, Thomas, *4.11.1932, östr. Politiker (ÖVP); seit 1992 Bundes-Präs.
Klette, *Arctium,* Gatt. der *Korbblütler;* Hüllblätter der Blüten mit Widerhaken versehen zur Fruchtverbreitung durch Tiere.
Kletterbeutler, *Phalangeridae,* Fam. der *Beuteltiere;* geschickte Baumkletterer; in Australien u. Neuguinea verbreitet; hierzu: *Kuskuse, Kusus* u. *Schuppenschwanzpossum.*
Kletterpflanzen, *Lianen,* an Hauswänden, Zäunen, Bäumen u. ä. hinaufkletternde, aber im Boden wurzelnde Pflanzen, die dadurch ihr Laubwerk aus dem Schatten an das Sonnenlicht bringen.
Kleve, *Cleve,* ehem. Hzgt. in Westf., rechts u. links des Rheins. Herzog *Johann III.* von Jülich u. Berg (*1490, †1539) vereinigte 1521 diese Hzgt. mit K. u. führte 1533 die Reformation ein.
Kleve, Krst. in NRW, im Niederrhein. Tiefland, 45 000 Ew.; Schwanenburg (15.–17. Jh., Ort der Lohengrinsage); Schuh-, Masch.- u. a. Ind.
Klient, Auftraggeber *(Mandant)* oder Kunde, bes. eines Rechts- oder Wirtschaftssachverständigen.

Kletterbeutler: Fuchskusu

Klientel [kli:ɛn'te:l], **1.** Gesamtheit der Schutzbefohlenen u. die Gefolgschaft eines röm. Patriziers. – **2.** Gesamtheit der *Klienten.*
Kliff, durch Brandung an Küsten geformter Steilabfall.
Klima, Gesamtheit der für ein bestimmtes Gebiet während eines bestimmten Zeitraums eigentüml. Witterungserscheinungen; *K.elemente* sind Temperatur, Luftdruck, Luftfeuchtigkeit, Niederschläge, Sonnenscheindauer, Windrichtung u. -stärke; *K.faktoren* wie geograph. Breite, Höhenlage, Meeresströmungen, Relief, Vegetation, Bebauung beeinflussen das K. u. liegen der Einteilung der Erde in *K.zonen* zugrunde: kalte Zonen (durchschnittl. Temperatur um unter 0 °C), *gemäßigte Zonen* (um 8 °C), *Subtropen* (um 18 °C), *Tropen* (um 25 °C). – **K.änderungen,** langphasige Veränderungen des Klimas im Ablauf der Erdgeschichte, erkennbar aus den Ablagerungen, bes. den Fossilien der Pflanzen u. Tiere der jeweiligen geolog. Formation. Als Ursache wird u. a. der Wechsel von Kalt- u. Warmphasen mit der sich im Laufe der Jahrzehntausende verändernden Lage der Erde in ihrer Sonnenumlaufbahn angenommen.
Klimaanlage, automat. Einrichtung zur Herstellung eines gleichbleibenden Klimas (gleichmäßige Temp., richtiger Feuchtigkeitsgehalt sowie reine u. unverbrauchte Luft) in geschlossenen Räumen, unabhängig von der Witterung; durch Belüftungs-, Befeuchtungs-, Heizungs- oder Kühl- u. Luftfilteranlagen.
Klimakterium →Wechseljahre.
Klimatologie, *Klimakunde,* die Lehre vom Klima u. dessen zeitl. u. räuml. Veränderungen; ein Teilgebiet der allg. Geographie (räuml. Aspekt: *Klimageographie*) u. der Meteorologie.
Klimax, Steigerung, Höhepunkt.
Klimazonen →Klima.
Klimt, Gustav, *1862, †1918, östr. Maler; Hauptmeister der Wiener Jugendstilmalerei.
Klinge, scharfer Teil an Waffen u. Werkzeugen.
Klingel, elektroakust. Signalvorrichtung, bei der über einem Elektromagneten ein Anker mit Klöppel befestigt ist, der bei Stromdurchfluß angezogen wird. Dabei unterbricht er selbst. den Strom u. kehrt in die Ruhelage zurück, so daß der Strom wieder fließt usw. Der Klöppel schlägt an eine Glocke.
Klingenthal/Sa. [d. h. Sachsen], Krst. im Erzgebirge, 13 000 Ew.; Wintersportort; bed. Musikinstrumentenbau.
Klinger, 1. Friedrich Maximilian von (seit 1780), *1752, †1831, dt. Schriftst.; schrieb leidenschaftl. pathet. Dramen (»Sturm u. Drang«, das der damaligen Bewegung den Namen gab), später ausgewogene Bildungs- u. Staatsromane. – **2.** Max, *1857, †1920, dt. Maler, Graphiker u. Bildhauer; letzter Vertreter der Malerei des Idealismus. Sein bildhauer. Hptw. ist das Beethoven-Denkmal.
Klingsor, *Klinschor,* mächtiger Zauberer im »Parzival« *Wolframs von Eschenbach.*
Klingstein →Phonolith.
Klinik, Krankenanstalt zur Behandlung bettlägeriger Patienten oder auch zur ambulanten Behandlung *(Poli-K.).*
Klinikum, 1. prakt. Teil der ärztl. Ausbildung. – **2.** Krankenhauskomplex aus versch. Fachkliniken, meist Universitätskliniken.
Klinker, bis zur Sinterung gebrannter, hochwertiger Mauerziegel von hoher Festigkeit u. Widerstandsfähigkeit gegen mechan. u. chem. Witterungsbeanspruchung.

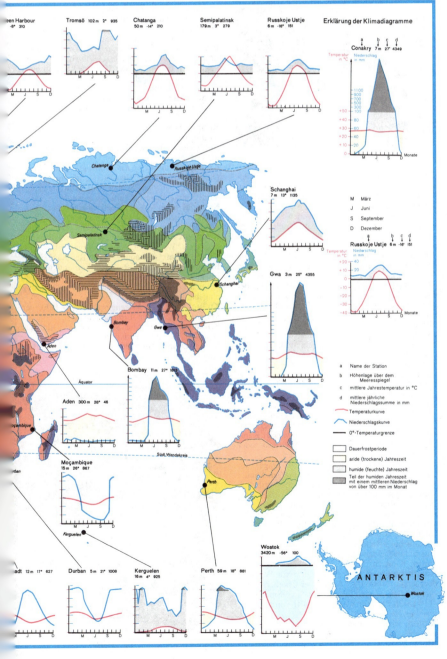

Klippspringer

Klio, grch. Muse der Geschichtsschreibung.
Klippe, einzelner, aus dem Meer ragender, durch Brandung entstandener Fels; bes. vor Steilküsten.
Klipper, schnelles Segelschiff (14 kn. u. mehr), um 1840–80 gebaut.
Klippfisch →Kabeljau.
Klippschliefer, *Procavia,* Gatt. der *Schliefer;* bewohnen in großen Kolonien Felsgebiete in Afrika u. Kleinasien.
Klippspringer, *Sassa,* zu den *Böckchen* gehörende Zwergantilope; bewohnt felsige Gebiete bis zu 2500 m in O- u. S-Afrika.
Klirrfaktor, Begriff der Elektroakustik: der Anteil (in %) der *Oberwellen* am Klangspektrum, die durch Verzerrungen bei der Übertragung hervorgerufen werden.
Klischee, 1. in der Drucktechnik der Druckstock oder die Druckplatte für die Hochdruck-Verfahren. – **2.** vielgebrauchter u. daher nichtssagender Ausdruck, abgegriffene Redensart.
Klistier →Einlauf.
Klitoris →Kitzler.
Klitzing, Klaus von, * 28.6.1943, dt. Physiker; entdeckte 1980 den *Quanten-Hall-Effekt;* Nobelpreis 1985.
Kloake, 1. unterird. Abwasserkanal. – **2.** bei Wirbeltieren die gemeinsame Körperöffnung zur Entleerung von Geschlechts- u. Stoffwechselendprodukten; ausgebildet von den Knorpelfischen bis zu den Vögeln; bei den Säugetieren nur bei den **K.ntieren,** urtüml. eierlegende Säugetiere Australiens u. der eng benachbarten Inselwelt; heute nur noch durch *Ameisenigel* u. *Schnabeltier* vertreten.
Klon, aus nur einem Vorfahren (»Elter«) durch ungeschlechtl. Vermehrung entstandene Nachkommenschaft.
Klondike [ˈklɔndaik], *Klondyke,* r. Nbfl. des Yukon im kanad. Yukon-Territorium; durchfließt das heute erschöpfte Goldgebiet der *K.region,* das während des Goldrauschs 1897–99 bed. Goldfunde hergab.
Klonen, *Klonieren,* Methode, um isoliertes genet. Material in andere Zellen zu verpflanzen, dort genet. zu vermehren u. ggf. die Genprodukte zu gewinnen (z.B. Insulin); auch die Erzeugung genet. ident. Nachkommen aus einem Spenderorganismus.
Klonus, klonische Krämpfe →Krampf.
klopfen, klingeln, Geräusch, das bei unkontrollierter, detonationsartiger Verbrennung des Kraftstoff-Luft-Gemisches in Ottomotoren auftritt. – **Klopffestigkeit,** Eigenschaft des Kraftstoffs für Ottomotoren, sich nicht vorzeitig zu entzünden, sondern einen gleichmäßigen Zündverlauf zu ergeben; wird erreicht durch Zusatz von *Antiklopfmitteln* (z.B. Bleiverbindungen); gekennzeichnet durch die Oktanzahl.
Klopfkäfer, *Anobiidae,* Fam. kleiner, 6–13 mm langer, schwarzer *Käfer,* deren Larven (»Holzwürmer«) vornehml. in trockenem Holz leben; hierzu *Tabakkäfer, Brotkäfer* u. *Totenuhr.*
klöppeln, durch Flechten, Schlingen oder Knüp-

klöppeln: Spitzenklöpplerin in Brügge

fen feine Spitzen, Borten, Litzen u. Tressen herstellen. Das vorgezeichnete Muster, der *Klöppelbrief,* wird auf einem *Klöppelkissen* mit Nadeln festgesteckt; die jeweils auf einen *Klöppel* gerollten Fäden werden nach dem vorgegebenen Muster miteinander verdreht, gekreuzt u. gewechselt. – **Klöppelspitze,** durch K. hergestellte Spitze, im Unterschied zur *Nähspitze.*
Klopstock, Friedrich Gottlieb, * 1724, † 1803, dt. Dichter; Hauptvertreter der pietist. verinnerlichten Vorklassik; Verkünder eines neuen Gefühls, des »Gemüts«, das sich im Erlebnis der Ldsch., der Freundschaft, des Vaterlandes u. Gottes seiner selbst bewußt wird; Ⓦ Christus-Epos »Messias« u. enthusiast. Oden.
Klose, Hans-Ulrich, * 14.6.1937, dt. Politiker (SPD), 1974–81 Erster Bürgermeister von Hamburg; 1987–91 Schatzmeister des SPD; seit 1991 Vors. der SPD-Bundestagsfraktion.
Kloster, zu einer Einheit zusammengefaßte Gebäude gemeinsam lebender Ordensangehöriger; entwickelte sich aus der *Einsiedelei;* älteste Formen von den Benediktinern ausgebildet mit der Kirche als Mittelpunkt, woran sich ein Kreuzgang anschließt. Um dieses Zentrum gruppieren sich die Mönchswohnungen, die eigtl. *Klausur:* Speisesaal (*Refektorium*), Schlafsaal (*Dormitorium*) u. Kapitelsaal. Dem K. steht i. allg. ein Abt, Prior oder Guardian vor.
Die Klöster waren bes. im fr. MA Träger der abendländ. Kultur. Da sie oft die einzigen Stätten waren, in denen das Kulturgut gepflegt u. erhalten wurde (Abschreiben literar. u. wiss. Werke, Aufbau von Bibliotheken u. a.), hatten die Mönche einen großen Einfluß auf die Bevölkerung. Die Klöster waren oft auch wirtschaftl. Mittelpunkte (St. Gallen, Corvey, Reichenau). Die Klöster im Hinduismus, Buddhismus, Lamaismus u. Daoismus unterscheiden sich in Anlage u. Idee von den christl. Klöstern.
Klosterneuburg, Stadt in Östr., nw. von Wien, an der Donau, 27 000 Ew.; Augustiner-Chorherrenstift (vor 1108 gegr.) mit got. Glasmalereien (13.–15. Jh.) u. dem *K.er Altar* (1181 von *Nikolaus von Verdun* gefertigt).
Kloten, schweiz. Gem. im Kt. Zürich, 15 000 Ew.; internat. Zentralflughafen der Schweiz.
Klotz, Mathias, * 1653, † 1743, dt. Geigenbauer.

Klub, *Club,* private Vereinigung, die allg. dem geselligen Verkehr oder Pflege von Sport, gemeinsamen Hobbys oder Kunst dient.
Klug, Aaron, * 11.8.1926, brit. Physiker u. Molekularbiologe; entwickelte Methoden, um insbes. Nucleinsäuren u. Viren dreidimensional zu analysieren; Nobelpreis 1982.
Kluge, Alexander, * 14.2.1932, dt. Filmemacher u. Schriftst.; Ⓦ »Abschied von gestern«, »Die Patriotin«.
Klumpfuß, Mißbildung des Fußes: Der Fuß ist einwärts geknickt, so daß die Fußsohle nach innen u. oben zeigt.
Kluncker, Heinz, * 20.2.1925, dt. Gewerkschaftsführer; 1964–82 Vors. der Gewerkschaft »Öffentl. Dienste, Transport u. Verkehr« (ÖTV).
Kluniazenser, *Cluniazenser* →Cluniazensische Reform.
Klüse, Ring an Deck oder Öffnung in der Bordwand des Schiffs zum Durchführen von Trossen oder Ketten.
Kluterthöhle, größte dt. Naturhöhle, bei Ennepetal im Sauerland, 5,2 km lang.
Klüver, Stagsegel zw. *K.baum* (verlängertes Bugspriet) u. Fockmast.
Klystron, Laufzeitröhre zur Erzeugung von Mikrowellen.
Klytämnestra, in der grch. Sage Gattin des *Agamemnon,* den sie nach seiner Rückkehr aus dem Trojan. Krieg durch ihren Geliebten *Aigisthos* töten ließ. Ihr Sohn *Orestes* rächte später den Vater, indem er K. u. Aigisthos erschlug.
km, Kurzzeichen für *Kilometer;* 1 km = 1000 m.
km/h, Kurzzeichen für eine Geschwindigkeitseinheit, näml. die Anzahl der Kilometer, die in einer Stunde zurückgelegt wurden (umgangssprachl. *Stundenkilometer*).
Knab, Arnim, * 1881, † 1951, dt. Komponist; schrieb Lieder, Klavierwerke u. Chorkompositionen.
Knabenliebe →Päderastie.
Knallgas, Mischung von Wasserstoff mit Sauerstoff (oder Luft), die bei Entzündung explosionsartig verbrennt.
Knallquecksilber, *Knallsaures Quecksilber, Quecksilberfulminat,* $Hg(ONC)_2$, Salz der *Knallsäure,* das bei Stoß, Schlag oder Erhitzen explodiert; Verwendung als Initialsprengstoff.
Knappe, 1. im MA der Edelknabe, der bei einem Ritter in Dienst stand. – **2.** heute der junge Bergmann.
Knappertsbusch, Hans, * 1888, † 1965, dt. Dirigent (v. a. Wagner- u. Bruckner-Interpret).
Knappschaft, Gesamtheit der Bergleute eines Bergwerks oder eines Reviers. K.en entwickelten frühzeitig soz. Selbsthilfe-Einrichtungen (*K.skassen* u. a.), die im 20. Jh. in die Sozialversicherung eingebaut wurden.
Knäuel, Gatt. der *Nelkengewächse;* in Dtld. der *Einjährige K.* u. der *Ausdauernde K.*
Knäuelgras, Gatt. der *Süßgräser;* in Dtld. das *Gewöhnl. K.;* gutes Futtergras.
Knaus-Ogino-Methode →Empfängnisverhütung.

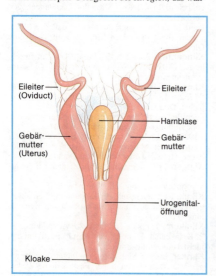
Kloakentiere: Uterus und Kloake des Schnabeltiers

Buddhistisches Kloster in Ladakh

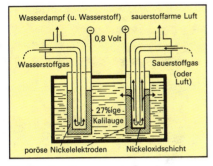

Knallgaselement

Knautschzone, Zone minderer Festigkeit am vorderen u. hinteren Ende eines Kfz, die sich im Fall eines Aufpralls zusammenschiebt u. so Energie schluckt.

Knecht Ruprecht, bärtige u. vermummte Gestalt, die allein oder als Begleiter des *Nikolaus* u. *Weihnachtsmanns* in der Weihnachtszeit Gaben bringt.

Knef, Hildegard, *28.12.1925, dt. Schauspielerin u. Chansonsängerin; W Film »Die Sünderin«; Autobiographien »Der geschenkte Gaul«, »So nicht«.

Kneip, Jakob, *1881, †1958, dt. Schriftst.; schrieb Gedichte, Romane, Erzählungen.

Kneipp, Sebastian, *1821, †1897, kath. Pfarrer; Anhänger der Wasserheilkunde, begr. die nach ihm ben. *K.kur.*

Knesset, Einkammerparlament Israels; Sitz: Jerusalem.

Knick, in Schl.-Ho. Hecke um Felder u. Wiesen.

Knickerbocker, 1. Spitzname der Einwohner New Yorks (nach dem Decknamen, unter dem W. *Irving* 1809 eine humorist. Geschichte New Yorks geschrieben hatte). – **2.** [in Dtld. 'knikə], nach 1) ben., am Knie überfallende Sporthose; um 1925 sehr beliebt.

Knie, *K.gelenk*, Gelenk zw. Oberschenkelknochen u. Schienbein. Eine starke Gelenkkapsel bildet die Gelenkhöhle, in der vorn, in die Sehne des Oberschenkelmuskels eingelassen, die *K.scheibe (Patella)* liegt, die die Kapsel u. das Gelenk nach vorn schützt u. verstärkt. Zw. den beiden Knochenenden sind zwei halbmondförmige Knorpelscheiben *(Meniscus)* als Polsterung eingelassen.

Knie, Friedrich, *1784, †1850, dt. Artist. Seine Nachkommen gründeten 1919 in der Schweiz den *Zirkus K.*

Knigge, Adolf Frhr. von, *1752, †1796, dt. Schriftst.; gibt in seinem Buch »Über den Umgang mit Menschen« Regeln der Lebenskunst; dadurch wurde sein Name zum geflügelten Wort.

Knight [nait], Ritter; niederer engl., nicht erbl. Adel, der den Titel *Sir* (Frauen: *Dame*) vor dem Vornamen trägt.

Knipperdolling, Bernhard, †1536, einer der Führer der Wiedertäufer in Münster; 1534 Bürgermeister der Stadt; wurde nach der Niederschlagung des Aufstands 1536 gemeinsam mit seinem Schwiegersohn *Johann von Leiden* hingerichtet u. seine Leiche in einem eisernen Käfig ausgestellt.

Knittel, John, eigtl. Hermann K., *1891, †1970, schweiz. Schriftst.; schrieb spannungsreiche, oft in Asien u. Afrika spielende Romane. W »Via Mala«, »El Hakim«.

Knittelverse, *Knüttelverse, Knüppelverse,* dt. Versform mit vierhebigen Reimpaaren; bes. beliebt im 16. Jh.; im 17. Jh. abgelehnt; durch *Goethe* (»Faust I«) wiederbelebt.

knobeln, würfeln; mit Würfeln oder Handzeichen eine Entscheidung treffen; übertragen: angestrengt nachdenken.

Knobelsdorff, Georg Wenzeslaus von, *1699, †1753, dt. Architekt u. Maler; Hauptmeister des preuß. Rokokos; Hptw.: Neuer Flügel am Schloß Charlottenburg, Opernhaus in Berlin, Schloß Sanssouci, Umbau des Schlosses Potsdam.

Knoblauch, *Knofel,* in Innerasien heim. *Liliengewächs;* die Zwiebeln werden als Gewürz verwendet. Der bekannte scharfe Geruch rührt vom *K.öl* her.

Knöchel, vorspringende Knochenenden der Unterschenkelknochen. Der innere K. gehört zum Schienbein, der äußere zum Wadenbein. Die K. bilden zus. mit dem vor der *K.gabel* umfaßten Sprungbein das obere *Sprunggelenk.*

Knochen, feste Stützsubstanz des Skeletts der Wirbeltiere; aufgebaut aus einem faserigen Grundgewebe u. kalkhaltigem Kittmaterial **(K.gewebe);** durch Bänder u. Gelenke zum *Skelett* verbunden. Man unterscheidet: *lange* oder *Röhren-K.* sowie *platte* oder *breite K.* Alle K. sind außen von der *K.haut (Beinhaut, Periost)* umgeben, von der bei Verletzungen die Wiederherstellung ausgeht. Das *K.mark* erfüllt die Markhöhle der Röhrenknochen u. besteht aus Blutgefäßen u. Markzellen. Hier bilden sich rote Blutkörperchen.

Knochenbruch, *Fraktur,* gewaltsame Trennung eines Knochens in zwei oder mehr Teile, bei der sich durch Blutung u. Gewebszerstörung an der Bruchstelle eine schmerzhafte Schwellung bildet. Später entsteht dort eine Knochennarbe, der *Kallus.*

Gelblicher Knollenblätterpilz

Knochenfische, *Osteichthyes,* Fische mit ganz oder teilw. verknöchertem Skelett (Ggs.: *Knorpelfische);* die meisten der heute lebenden Fische.

Knockout [nɔk'aut], Abk. *K. o.,* Niederschlag (länger als 10 s) beim Boxen. *Technischer K. o.:* Kampfabbruch wegen Verletzung oder zu großer Überlegenheit eines Boxers.

Knöllchenbakterien, Bakterien der Gatt. *Rhizobium,* die symbiot. in Wurzelverdichtungen (Wurzelknöllchen) von Schmetterlingsblütlern (z.B. Lupinen, Seradella, Luzerne, Klee, Erbsen, Bohnen) leben u. Luftstickstoff binden. Die Wirtspflanzen sind landwirtschaftl. bedeutend, da sie als Gründünger untergepflügt werden, um den Stickstoffgehalt des Bodens zu verbessern.

Knolle, fleischig verdicktes pflanzl. Organ, das der Speicherung von Nährstoffen u. z. T. auch der vegetativen Vermehrung dient.

Knollenblätterpilze, Pilze der Gatt. *Amanita.* Der *Grüne K.* ist der gefährlichste Giftpilz überhaupt; sein Gift zerstört die Leber u. greift die Niere u. den Herzmuskel an. Ebenfalls giftig ist der *Weiße K.,* dessen Gefährlichkeit bes. darin besteht, daß er gelegentl. mit dem Champignon verwechselt wird. Von geringerer Giftigkeit ist der häufig im Wald vorkommende *Gelbl. K.*

Knorpel, festes, aber elast. Stützgewebe der Wirbeltiere, v. a. zw. den Gelenken, in Nase u. Ohren.

Knossos: Schlangenkönigin; Fayence, um 1700 v. Chr. Iraklion, Archäologisches Museum

Knorpelfische, *Chondrichthyes,* Fische mit einem Knorpelskelett (Ggs.: *Knochenfische);* hierzu gehören *Haie, Rochen* u. *Seedrachen.*

Knospe, bei Pflanzen die noch nicht voll entwickelte, von Blattanlagen umschlossene Sproßspitze; zur Überwinterung oft noch von derben *K.nschuppen* umhüllt; *Blatt-K.* enthalten nur junge Blattanlagen, *Blüten-K.* nur Anlagen von Blüten.

Knossos, bedeutendste Stadt der *minoischen Kultur* auf der Insel Kreta; Ausgrabungen seit 1900 durch den Engländer Sir A. *Evans,* der den Palast des Königs *Minos* teilw. rekonstruieren ließ; ein älterer Palast entstand um 2000 v. Chr., ein jüngerer im 16. Jh. v. Chr.; um 1400 v. Chr. soll die Stadt zerstört worden sein.

Knötchenflechte, *Lichen,* Sammelbez. für versch. Hautkrankheiten, die mit Knötchenbildung einhergehen.

Knoten, 1. Verschlingung zweier Faden- oder Seilenden (B → S. 460). – **2.** Schnittpunkt der Bahn eines Himmelskörpers mit einer Grundebene oder der Bahn eines anderen Himmelskörpers. – **3.** Abk. *kn,* seemänn. Maß für die Geschwindigkeit eines Schiffs: 1 kn = 1 Seemeile (1852 m) pro Stunde.

Knotenschrift → Quipu.

Knöterich, Gatt. der *K.gewächse* (→ Pflanzen); Unkraut.

Know-how [nou hau], theoret. Wissen, wie man etwas prakt. verwirklicht, bes. in der Wirtschaft.

Knox [nɔks], John, *um 1514 (oder 1505), †1572, Reformator Schottlands; prägte die schott. Kirche ihren puritan. Charakter auf u. setzte den Calvinismus als Staatsreligion durch.

Knoxville ['nɔksvil], Stadt im mittleren Tennessee (USA), 183 000 Ew.; Univ. (gegr. 1794); Eisen-, Zink-, Kupfererz- u. Steinkohleabbau; Maschinenbau, Tabakverarbeitung.

Knüllgebirge, Gebirgszug im Zentrum des Hess. Berglands; im *Eisenberg* 636 m.

Knüppelverse → Knittelverse.

Knurrhähne, *Triglidae,* Fam. der *Panzerwangen;* bis 60 cm lange, in gemäßigten u. trop. Meeren verbreitete Fische; dreieckiger Kopf, mit Knochenplatten gepanzert; erzeugen Knurrlaute mit der Muskulatur der Schwimmblase.

Knut, Knud, Kanud, dän. Könige:
1. K. d. Gr., *um 1000, †1035, König 1018–35, in England seit 1016, in Norwegen seit 1028; Sohn *Sven Gabelbarts;* errichtete ein großes Nordsee-

Koala (oder Beutelbär) mit Jungem

reich, das bald nach seinem Tod zerfiel. – **2. K. der Heilige,** *um 1040, †1086, König 1080–86; versuchte, die Königsmacht zu stärken; von einer aufständ. Volksmenge gesteinigt. – Schutzheiliger Dänemarks.
Knute, Peitsche aus Lederriemen; übertragen für »Gewaltherrschaft«.
Knuth, Gustav, *1901, †1987, dt. Schauspieler; bek. geworden v. a. durch Fernsehserien, wie »Alle meine Tiere« u. »Salto mortale«.
Knüttelverse →Knittelverse.
K.o. →Knockout.
Koadjutor, Stellvertreter oder Gehilfe eines Geistlichen, bes. eines Bischofs oder Abts.
Koagulation, Gerinnung, Ausflockung einer kolloiden Lösung.
Koala, *Beutelbär,* ca. 60 cm großer *Kletterbeutler* von bärenartigem Aussehen; ernährt sich von Eukalyptusblättern; nur noch selten in O-Australien; vom Aussterben bedroht.
Koalition, 1. allg. Zusammenschluß, Bündnis. – **2.** Zusammengehen zweier oder mehrerer Staaten zur Verfolgung gemeinsamer Zwecke. – **3.** Zusammenschluß mehrerer in einem Parlament vertretener Parteien zur Bildung einer arbeitsfähigen Regierungsmehrheit **(K.sregierung).**
Koalitionskriege, nur durch kurze Friedenszeiten unterbrochene krieger. Auseinandersetzung 1792–1815 zw. Frankreich u. Monarchien Europas (bis 1802 auch *Französische Revolutionskriege* gen.).
Kobalt, fachsprachl. *Cobalt,* ein →chemisches Element; wird v. a. als Legierungsbestandteil in Dauermagneten u. Hartmetallen verwendet; ein radioaktives K.-Isotop ist *K. 60,* ^{60}Co; wird in der Med. zur Strahlentherapie verwendet.
Kobaltbombe, Atom- oder Wasserstoffbombe mit einem Mantel aus Kobalt. Bei der Explosion wird das gewöhnl. Kobalt in radioaktives Kobalt umgewandelt, das innerhalb der entstehenden Explosionswolke mindestens fünf Jahre wirksam bleibt.
Kobaltkanone, *Gammatron,* Gerät zur Strahlentherapie mit den energiereichen Gammastrahlen, die radioaktives Kobalt *(Kobalt 60)* aussendet.
Kobe, jap. Präfektur-Hptst. im S von Honshu, westl. von Osaka, 1,43 Mio. Ew.; Univ., TH; Textil-, Masch.-, Eisen-, chem. u. Papier-Ind., Werften; neben Yokohama Japans größter u. bedeutendster Handelshafen.
Kobell, 1. Ferdinand, *1740, †1799, dt. Maler (Landschaftsgemälde). – **2.** Wilhelm von, Sohn von 1), *1766, †1853, dt. Maler u. Graphiker; einer der maßvollsten dt. Realisten im 19. Jh.; schuf Schlachtenszenen.
Koberger, *Coberger, Coburger,* Anton, *um 1445, †1513, Nürnberger Buchdrucker u. Verleger; verlegte u. a. *Schedels* »Weltchronik« u. *Dürers* »Apokalypse«.
Koblenz, Stadt in Rhld.-Pf., an der Mündung der Mosel in den Rhein *(Deutsches Eck),* 110 000 Ew.; Bundesarchiv; Erziehungswiss. HS; St.-Kastor-Kirche (9. Jh.), Florinskirche (11. Jh.), Kurfürstl. Schloß (18. Jh.), Festung *Ehrenbreitstein;* Weinhandels-Zentrum; versch. Ind.
Kobold, im Volksglauben ein meist gutmütiger, Possen spielender Hausgeist.
Koboldmakis, *Tarsiidae,* Fam. der Halbaffen; auf den Sundainseln u. Philippinen lebende nachtaktive Baumbewohner; etwa rattengroß, mit rundem Kopf u. übergroßen Augen; gefährdet.
Kobra, *Brillenschlange,* mit charakterist. Brillenzeichnung auf dem spreizbaren Nackenschild; gefährl. Giftschlange SO-Asiens.

Koalitionskriege: Beschießung von Frankfurt a. M., 1796. Frankfurt a. M., Historisches Museum

Koch, 1. Joseph Anton, *1768, †1839, östr. Maler; Hauptmeister der streng gegliederten heroischen Landschaftsmalerei in Rom. – **2.** Robert, *1843, †1910, dt. Arzt u. Bakteriologe; Begr.

Robert Koch

der modernen Bakteriologie; entdeckte 1882 die Tuberkulosebakterien u. 1883 die Choleraerreger; Nobelpreis 1905. – **3.** Thilo, *20.9.1920, dt. Journalist u. Fernsehautor; nimmt zu polit. Tagesfragen u. kulturellen Themen Stellung.
Köchel, Ludwig Ritter von, *1800, †1877, östr. Musikwissenschaftler; schuf das »Chronologisch-thematische Verzeichnis sämtl. Tonwerke W.A. Mozarts« *(Köchel-Verzeichnis,* Abk. KV).
Kochel am See, Gem. in Oberbay., sw. von Bad Tölz, 4000 Ew.; am O-Ufer des *Kochelsees.*
Kocher, r. Nbfl. des Neckar, 180 km.
Kocher, Emil Theodor, *1841, †1917, schweiz. Chirurg; erforschte Funktion u. Bedeutung der Schilddrüse u. erkannte die Bedeutung des Jods für deren Funktion; Nobelpreis 1909.
Köcher, röhren- oder taschenförmiger Behälter für Pfeile, Bogen oder Blasrohr.
Köcherfliegen, *Frühlingsfliegen, Trichoptera,* weltweit verbreitete schmetterlingsähnl. Insekten; Larven leben im Wasser in selbstgebauten Gehäusen aus Pflanzenteilen, Holzstücken u. ä. *(Köcher),* die sie mit sich herumtragen.
Kochi, jap. Präfektur-Hptst. an der S-Küste von Shikoku, 310 000 Ew.
Kochin →Cochin.
Kochsalz, *Siedesalz,* hpts. aus *Natriumchlorid* (NaCl) bestehendes, durch Eindunsten u. Einkochen von Solen erhaltenes Salzgemisch; dient als Speisesalz. – *Physiolog.* K.lösung hat den gleichen osmot. Druck wie das Blutplasma u. wird in der Medizin als Blutersatz verwendet.
Koczian ['kɔtʃian], Johanna von, *30.10.1933, dt. Schauspielerin; nach Erfolgen beim Film hpts. Bühnenarbeit; singt auch Chansons u. schreibt Kindergeschichten.
Kodály ['koda:j], Zoltán, *1882, †1967, ung. Komponist u. Volksliedforscher; W »Psalmus hungaricus«, »Háry János«, »Te deum«.
Kodein →Codein.
Kodiakbär →Bären.
Kodifikation, systemat. Zusammenfassung der Rechtsvorschriften eines Rechtsgebiets in einem Gesetzbuch *(Codex).*

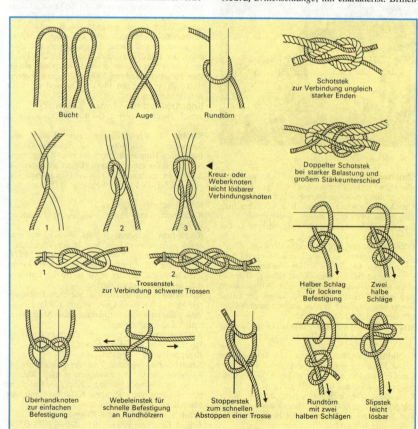

Knoten

Koedukation, *Gemeinschaftserziehung,* von Jungen u. Mädchen.
Koeffizient, *Vorzahl,* in der Math. eine unbestimmte oder bestimmte Zahl, mit der eine unbekannte oder veränderl. Größe multipliziert wird.
Koeppen, Wolfgang, *23.6.1906, dt. Schriftst.; schrieb zeitkrit. Romane; W »Tauben im Gras«, »Das Treibhaus«, »Tod in Rom«.
Koestler, Arthur, *1905, †1983 (Selbstmord), engl.-dt. Schriftst. ung. Herkunft; setzte sich in seinen Romanen bes. mit dem Kommunismus auseinander; W »Sonnenfinsternis«.
Koexistenz, allg. Existieren nebeneinander, gleichzeitiges Vorhandensein; friedl. Nebeneinander von Staaten u. Blöcken mit unterschiedl. gesellschaftl. u. polit. Ordnungen u. Ideologien.
Koffein →Coffein.
Kofferfische, *Ostraciontidae,* Fische trop. Meere; Körper mit mehr- (meist 6-)eckigen Platten starr gepanzert; manche Arten mit hornartigen Auswüchsen an der Stirn *(Kuhfische).*
Kofu, jap. Präfektur-Hptst. in Honshu, westl. von Tokio, 202 000 Ew.; Glas- u. Seiden-Ind., Weinanbau.
Kogel, *Kofel, Kogl,* in den Alpen übl. Bez. für kegel- oder haubenförmige Bergspitzen.
Kogge, breites Last- oder Kriegsschiff der Hanse-Zeit (ab 13. Jh.), meist in nord. Gewässern.
Kognak ['kɔnjak] →Cognac.
Kognaten, 1. →Kunkelmagen. – **2.** im röm. Recht der weitere Kreis der Blutsverwandten, im Unterschied zu den *Agnaten.*
Kogon, Eugen, *1903, †1987, dt. Politologe u. Publizist; Hrsg. der »Frankfurter Hefte«; W »Der SS-Staat«, »Rückblick auf den Nat.-Soz.«.
Kohäsion, Zusammenhaften von Atomen u. Molekülen gleicher Art. Die auftretenden *K.skräfte* sind bei festen Körpern am größten, bei Flüssigkeiten klein, bei (realen) Gasen sehr klein.
Kohinoor [-'nu:r], *Koh-i-noor,* berühmter Diamant, im Besitz des brit. Königshauses; 108,93 Karat.
Kohl, *Brassica,* Gatt. der *Kreuzblütler;* viele Gemüse- u. Ölpflanzen; u. a. *Raps, Rübsen, (Schwarzer) Senf, Grün-, Weiß-, Rot-, Rosen-, Blumen-K., Kohlrabi, Wirsing.*
Kohl, Helmut, *3.4.1930, dt. Politiker (CDU); 1966–73 Landes-Vors. der CDU; 1969–76 Min.-Präs. von Rhld.-Pf., seit 1973 Partei-Vors., 1976–82 Vors. der CDU/CSU-Bundestagsfraktion, durch ein konstruktives Mißtrauensvotum 1982 zum Bundeskanzler einer Koalition aus CDU/CSU u. FDP gewählt, nach den Bundestagswahlen 1983 u. 1987 wiedergewählt. Die von K. geführte Reg. betrieb eine aktive Wirtschafts- u. Sozialpolitik u.

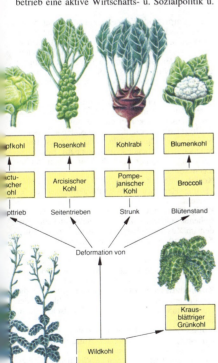

Kohlvariationen unter Züchtungseinflüssen

Kofferfische: Kuhfisch

führte eine umfassende Steuerreform durch. Nach dem polit. Umsturz in der DDR 1989 realisierte die Reg. K. 1990 die dt. Einheit. K. wurde erster gesamtdt. Kanzler u. gewann mit seiner Regierungskoalition die ersten gesamtdt. Bundestagswahlen. 1988 erhielt K. den Karlspreis.

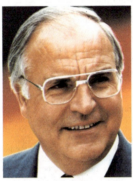

Helmut Kohl

Kohle, 1. Gestein, das im Lauf langer Zeiträume aus Pflanzen unter Luftabschluß entstanden ist. Bei diesem *Inkohlungsprozeß* werden Verbindungen des Kohlenstoffs (C) angereichert. Torf, Braun-K., Stein-K. u. Anthrazit sind versch. Stufen der Inkohlung. – Ein geringer Teil der K. wird direkt zur Wärmeerzeugung genutzt; der größere Teil wird mit Hilfe therm. *(Schwelung, Verkokung)* u. chem. Verfahren *(Vergasung, K.hydrierung)* zu höherwertigen Energieträgern *(Koks)* oder zu Kohlenstoffprodukten veredelt. – **2.** medizinische K., *Carbo medicinalis,* schwarzes, geruchloses, feinstes Pulver aus Tier- u. Pflanzenkohle, das wasserunlösl. u. außerordentl. saugfähig ist; aufsaugendes Mittel bei Vergiftungen, Magen-Darm-Katarrhen, Durchfall u. a.
Kohlehydrierung, *Kohle(n)verflüssigung,* Sammelbez. für Verfahren, mit denen durch Anlagerung von Wasserstoff an Kohle *Kohlenwasserstoffe* erzeugt werden. Aus energiepolit. Gründen steht heute die Gewinnung von schwerem Heizöl im Vordergrund.
Kohlendioxid, CO_2, unbrennbares, farb- u. geruchloses Gas, das bei allen Verbrennungsvorgängen u. bei der Atmung entsteht; zu 0,03% in der Luft enthalten; wird von den Pflanzen aufgenommen u. unter Mitwirkung des Chlorophylls in organ. Verbindungen umgewandelt *(Kohlenstoffkreislauf).*
Kohlenhydrate, organ. Verbindungen aus Kohlenstoff, Wasserstoff u. Sauerstoff; werden von den Pflanzen durch die *Photosynthese* aufgebaut; dienen als Energielieferanten *(Zucker),* Reservestoffe *(Stärke, Glykogen)* u. Stützsubstanzen *(Zellulose, Chitin);* neben den Fetten u. Eiweißstoffen wichtige Nährstoffe für Mensch u. Tier; Mindestzufuhr von ca. 10%, um Stoffwechselstörungen zu verhindern.
Kohlenmonoxid, CO, bei unvollständiger Verbrennung von Kohlenstoffen entstehendes, farb- u. geruchloses, giftiges Gas; im Stadt- u. Generatorgas sowie in Gruben- u. in Auspuffgasen enthalten; verbrennt zu Kohlendioxid.
Kohlensäure, durch Lösen von *Kohlendioxid* in Wasser in geringer Menge entstehende schwache

Säure, H_2CO_3. Die Salze der K. sind die *Carbonate.*
Kohlenstoff, nichtmetall. →chem. Element, chem. Zeichen C; kommt in reinem Zustand vor *(Graphit* u. *Diamant)* u. mit anderen Elementen gebunden (in Carbonatgesteinen, im Pflanzen- u. Tierreich, in der Luft u. im Wasser) u. ist wesentl. Bestandteil aller lebenden Materie. Die Vielzahl der K. enthaltenden (organ.) Verbindungen beruht auf der einmaligen Fähigkeit des K.s, sich mit sich selbst u. anderen Elementen zu verbinden. – Das K.isotop C 14 ist radioaktiv u. dient zur *radioaktiven Altersbestimmung.* **K.kreislauf,** Wechsel zw. organ. Bindung des K. durch die *Photosynthese* der Pflanzen u. seiner Freisetzung durch physik. u. chem. Prozesse wie *Atmung* bei Menschen, Tieren u. Pflanzen, *Gärungen* u. *Fäulnisvorgänge* u. die *Verbrennung* von Brenn- u. Treibstoffen.
Kohlenwasserstoffe, ausschl. aus Kohlenstoff u. Wasserstoff aufgebaute, umfangreichste Gruppe chem. Verbindungen; unterteilt in *azyklische (aliphatische)* K. mit kettenförmiger Anordnung der Kohlenstoffatome u. *zyklische K.* mit ringförmiger Struktur, hierzu die *aromatischen K.* K. sind kaum wasserlösl., brennbar u. können z. T. mit Luft explosive Gemische bilden. K. finden sich in Erdöl u. Erdgas, Kohle, Teer u. a.
Kohlepapier, mit einem meist einseitigen Aufstrich von geschmolzener Farbe versehenes Seidenpapier zur Herstellung von Durchschlägen.
Kohlepfennig, in der BR Dtld. eine Abgabe, die von den Stromverbrauchern zu entrichten ist, um den Einsatz von Steinkohle bei der Stromerzeugung zu subventionieren.
Köhler, ein *Schellfisch* der nordeurop. Meeresgebiete; als »Seelachs« im Handel; gefärbt u. in Öl eingelegt als »Lachsersatz«.
Köhler, 1. Georges, *1946, †1995, Immunologe u. Molekularbiologe; Nobelpreis für Medizin 1984. – **2.** Wolfgang, *1887, †1967, Psychologe; Mitbegr. der *Berliner Schule der Gestaltpsychologie;* bahnbrechende Untersuchungen über die Intelligenzleistungen von Schimpansen.
Köhlerei, handwerkl. Form der *Holzverkohlung* in einem Meiler.
Kohlmeise →Meisen.

Kohle: Durch den Prozeß der sogenannten Inkohlung (der in der pflanzlichen Ablagerung enthaltene Sauerstoff verarmt, Kohlenstoff wird angereichert) entsteht zunächst Torf (oben), dann Braunkohle (Mitte) und schließlich Steinkohle (unten)

Kohlrabi, Art des Gemüsekohls; verwendet wird die oberird. Sproßknolle.
Kohlrübe, *Steckrübe, Wruke,* Zuchtform des Rapses, verwendet als Gemüse u. Viehfutter.
Kohlweißlinge, zwei Arten der Gatt. *Pieris,* Tagfalter, deren Raupen an Kohlarten erheblichen Schaden anrichten können.
Kohorte, Truppeneinheit des röm. Heers in Stärke von 600 Mann, Abteilung der röm. *Legion* (= 10 K.).
Kohout ['kɔhout], Pavel, *20.7.1928, tschech. Schriftst.; 1978 emigriert; schreibt Märchen, Satiren, literar. Kritik, Dramen u. Hörspiele; Ⓦ »August, August, August«, »Krieg im dritten Stock«.
Koine, Gemeinsprache, für größere Gebiete geltende übermundartl. Sprach- oder Schreibform; zuerst für die grch. Sprache der hellenist. Zeit gebraucht.
Koinzidenz, Zusammenfallen mehrerer Ereignisse.
Koitus →Geschlechtsverkehr.
Koivisto, Mauno, *25.11.1923, finn. Politiker (Soz.-Demokrat); 1968–70 u. 1979–82 Min.-Präs.; seit 1982 Staats-Präs.
Koje, 1. Schlafgelegenheit für Besatzungsmitgl. auf Schiffen. – **2.** behelfsmäßig abgeteilter Raum in Ausstellungshallen.
Koka, *Coca,* in Bolivien u. Peru heim. Strauch, dessen Blätter *Cocain* enthalten u. von den Einheimischen zur Anregung gekaut werden.
Kokain →Cocain.
Kokarde, rundes Abzeichen in den Landesfarben.
Kokerei, Anlage zur Gewinnung von *Koks* aus Kohle durch trockene Destillation *(Verkokung).* – **K.gas,** bei der Verkokung anfallendes Gasgemisch aus Wasserstoff, Methan, Stickstoff u. Kohlenmonoxid.
Kokken, kugelförmige Bakterien, z.B. *Staphylo-* oder *Strepto-K.*
Kokon [ko'kɔŋ], von Tieren abgeschiedene Schutzhülle (meist aus Drüsensekreten), die zu einem festen Gebilde erstarrt; z.B. der Puppen-K. der Insekten.
Kokoschka, Oskar, *1886, †1980, östr. Maler, Graphiker u. Schriftst.; einer der führenden Meister des Expressionismus; Hauptmerkmale seines Stils sind eindringl. psycholog. Aussagekraft der Menschendarstellung, Monumentalwirkung der Landschafts- u. Stadtansichten u. sensible Strichführung der graph. Arbeiten.
Kokosinseln, *Cocos-, Keelinginseln,* austral. Inselgruppe (1857–1955 brit.) im Ind. Ozean, sw. von Sumatra, 2 Atolle mit 27 Koralleninseln, 14 km², 700 Ew.
Kokospalme, *Kokosnußpalme,* 20–30 m hohe *Fiederpalme* trop. Meeresküsten; wichtige Kulturpflanze; wirtsch. bedeutend sind die Früchte (**Kokosnüsse**); sie enthalten einen mit *Kokosmilch* gefüllten Hohlraum; dieser wird von dem ölreichen Nährgewebe des Samens umschlossen, das getrocknet als *Kopra* gehandelt wird; Preßrückstände als Viehfutter; die Fasern der Früchte (**Kokosfasern**) werden zu groben Garnen für Seile, Matten u. Läufer versponnen u. zu Bürsten verarbeitet.
Koks, wertvoller Brennstoff, durch *Verkokung* aus der Kohle gewonnen.
Kokzidien, *Coccidia,* parasit. lebende *Sporozoen;* rufen bei Mensch u. Haustieren versch. Krankheiten *(Kokzidiosen)* hervor.
Kola, *K.nußbaum,* Gatt. der *Sterkuliengewächse;* 6–15 m hohe Bäume des trop. Afrikas; die Samen

Breitschnabel-Kolibri

enthalten *Coffein* u. werden als Anregungsmittel verwendet.
Kola, *Murmanhalbinsel,* nordruss. Halbinsel, von der Barentssee u. dem Weißem Meer umgeben, 128 500 km²; Abbau von Apatit, Nephelin, Steinkohle, Kupfer-, Eisen- u. Nickelerz; eisfreier Hafen Murmansk.
Kołakowski [koua-], Leszek, *23.10.1927, poln. Philosoph; Kritiker des Kommunismus u. Positivist; 1977 Friedenspreis des Dt. Buchhandels.
Kolb, Annette, *1875, †1967, dt. Schriftst.; wirkte für die dt.-frz. Verständigung; geistreiche Erzählerin u. Essayistin; Ⓦ »Daphne Herbst«, »Mozart«, »Schubert« u. a.
Kolbe, 1. Georg, *1877, †1947, dt. Bildhauer; schuf vorw. weibl. u. männl. Aktfiguren mit empfindsam-anmutiger Gestik u. Physiognomie. – **2.** Maximilian, eigtl. Rajmund K., *1894, †1941, poln. Franziskaner; ging als KZ-Häftling in Auschwitz freiwillig in den Tod, um einem Mithäftling das Leben zu retten. – Seligsprechung 1971, Heiligsprechung 1982.
Kolben, 1. kugelförmiges oder konisches Glasgefäß für chem. Reaktionen. – **2.** der im *Zylinder* einer Kolbenmaschine hin- u. hergehende oder sich drehende Maschinenteil, auf den in den Kraftmaschinen Dampf, Druckluft oder gasförmige Verbrennungsprodukte des Kraftstoffs einwirken. – **3.** *Gewehr-K.,* der Handfeuerwaffen der hintere Teil des Schafts, zum bequemen Anlegen.
Kolbenmaschinen, Kraft- (z.B. Dampfmaschine, Verbrennungsmotoren) oder Arbeitsmaschinen (z.B. Kolbenpumpen, Kolbengebläse) mit einem in einem *Zylinder* bewegl. *Kolben,* der über eine Kolbenstange eine Hinundherbewegung in eine Drehbewegung (bei Arbeitsmaschinen umgekehrt) umsetzt.
Kolbenwasserkäfer, *Hydrophilidae,* Fam. wasserbewohnender *Käfer;* rd. 2300 Arten weltweit, von 1 mm bis 6 cm Länge; in Dtld. die unter Naturschutz stehende *Pechschwarze K.*
Kolberg, poln. *Kołobrzeg,* Hafenstadt u. Seebad in Pommern (Polen), 39 000 Ew.; Mariendom (13./14. Jh.); Fischerei u. Fischverarbeitung; Moor- u. Solbad.
Kolchis, antike Ldsch. an der SO-Küste des Schwarzen Meers; Heimat der *Medea,* Ziel des Argonautenzugs.
Kolchose, genossenschaftl. Betriebsform in der sowj. Landw.; Zusammenschluß mehrerer Höfe u. Gemeinden zur kollektiven landw. Produktion bei weitgehender Aufgabe des Privatbesitzes.
Koldewey, Robert, *1855, †1925, dt. Architekt u. Archäologe; leitete die Ausgrabungen von Babylon.
Kolding ['kɔleŋ], dän. Hafenstadt am *K.fjord,* O-Jütland, 57 000 Ew.; Metall- u. Textil-Ind.
Kolhapur, ind. Distrikt-Hptst., sö. von Bombay, 405 000 Ew.; landw. Handelszentrum.
Kolibakterien, *Escherichia coli,* wichtiger Bestandteil der normalen Dickdarm-Bakterienflora; spielen als Vitaminbildner u. beim Abbau der Kohlenhydrate u. Eiweiße eine bed. Rolle. Außerhalb des Dickdarms wirken sie als Krankheitserreger.
Kolibris, *Trochilidae,* Fam. hummel- bis schwalbengroßer *Vögel* des amerik. Kontinents; oft bes. farbenprächtig; durch Schwirrflug u. lange, spitze Schnäbel auf die Nektaraufnahme aus Blütenkelchen spezialisiert; daneben auch Insektenfang.
Kolik [auch ko'li:k], Anfall heftiger Schmerzen, verursacht durch krampfhaftes Zusammenziehen von Darm, Harnleiter oder Gallenblase.

Oskar Kokoschka: Ansicht der Stadt Köln vom Messeturm aus; 1956. Köln, Wallraf-Richartz-Museum im Museum Ludwig

Kolin ['kɔli:n], Ind.-Stadt in Mittelböhmen (Tschech. Rep.), an der Elbe, 31 000 Ew.; Elektro- u. chem. Ind., Erdölraffinerie; Verkehrsknotenpunkt, Flußhafen. – In der *Schlacht bei K.* 1757 im Siebenjährigen Krieg besiegte der östr. Feldherr L.J. *Daun* das Heer *Friedrichs II.* von Preußen.
Kolitis, *Colitis,* Dickdarmentzündung durch Infektion, mit Ruhrbakterien u. Ruhramöben.
Kolk, Hohlform im Flußbett, durch das fließende Wasser ausgestrudelt *(Strudelloch, Strudeltopf).*
Kolkrabe, größter einheim. *Rabenvogel* (bis 65 cm) mit glänzendschwarzem Gefieder, kräftigem Schnabel u. keilförmigem Schwanz; in Dtld. nur noch in den Alpen u. in Schl.-Ho.
kollabieren, einen *Kollaps* erleiden, zusammenbrechen.
Kollaboration, freiwillige, von den Mitbürgern als ehrenrührig u. verbrecherisch empfundene Zusammenarbeit mit dem im Land befindl. Feind.
Kollage [-'la:ʒə] →Collage.
Kollagen, Faserprotein; als Stützsubstanz weit verbreitet im Tierreich; Hauptkomponente des Bindegewebes, der Haut u. der Sehnen, auch in Knorpeln, Knochen, Zähnen u. a. Geweben.
Kollaps, akute Kreislaufschwäche mit Absinken des Blutdrucks.
Kollár, Ján, *1793, †1852, slowak. Schriftst. u. Wissenschaftler; Begr. des romant. Panslawismus.
Kollation, *Kollatur,* Übertragung eines Kirchenamts an seinen neuen Inhaber.
Kolleg, Vorlesung an Hochschulen.
Kollegialgericht, mit mehreren gleich stimmberechtigten Richtern besetztes Gericht; entscheidet durch einfache oder qualifizierte Mehrheit nach Beratung.
Kollegialprinzip, *Kollegialsystem,* Art der personellen Zusammensetzung u. Willensbildung von Organen u. Behörden öffentl. u. privater Organisationen: Das Organ bzw. die Behörde wird aus mehreren in der Beschlußfassung gleichberechtigten Personen gebildet; die Stimme eines etwaigen Vorsitzenden gibt allenfalls bei Stimmengleichheit den Ausschlag.
Kollegium, *Collegium,* **1.** eine aus gleichberechtigten Mitgl. zusammengesetzte Behörde u. ä. – **2.** der gesamte Lehrkörper einer Schule.
Kollegstufe, Form der gymnasialen Oberstufe, bei der die Schüler nicht mehr an einen festen Stundenplan gebunden sind, sondern Leistungskurse in bestimmten Fächerkombinationen frei belegen können.
Kollek, Theodor (Teddy), *27.5.1911, isr. Politiker ung. Herkunft; 1965–93 Bürgermeister von Jerusalem.
Kollekte, 1. im Gottesdienst vor der Schriftlesung stehendes Gebet. – **2.** Einsammeln von Geldspenden im Zusammenhang mit einem Gottesdienst.
Kollektion, Sammlung, Zusammenstellung, meist von Waren.
Kollektiv, Arbeits-, Produktions-, Ertrags- oder Lebensgemeinschaft, deren Mitgl. auf genossenschaftl. Ebene gemeinsam einem Ziel zustreben.
Kollektivbewußtsein, soziolog. Begriff, der die Gesamtheit der Anschauungen u. Gefühle, die der Durchschnitt der Mitgl. einer Gesellschaft hegt, bezeichnet.
Kollektivismus, allg. jede soziolog., geschichtsphilosoph. oder weltanschaul. Auffassung, die, im Ggs. zum *Individualismus,* nicht von den Einzelwesen, sondern von den *Kollektivitäten* (d. h. Mehrheiten, Gesamtheiten, überindividuellen Einheiten) ausgeht.

Käthe Kollwitz: Weberzug; Radierung, 1897

Kollektivschuld, gemeinsame Verantwortung aller Angehörigen eines Volks oder einer Organisation für die von ihrer Führung oder von einzelnen ihrer Glieder begangenen Handlungen.

Kollektor, 1. Sammler für Strahlungsenergie, z.B. zur Nutzung von Sonnenenergie. – **2.** Sammellinse, bes. beim Mikroskop.

Koller, 1. *Goller,* in Volkstrachten ein breiter Kragen; der ein- oder abgesetzte obere Rücken-Schulter-Teil eines Kleidungsstücks; enges ärmelloses Wams. – **2.** volkstüml. Bez. für einen *Tobsuchtsanfall.*

Koller, Arnold, *29.8.1933, schweiz. Politiker (CVP); seit 1987 Bundesrat; 1990 Bundes-Präs.

kollidieren, zusammenstoßen, aneinandergeraten.

Kollier [kɔˈlje], Halsschmuck.

Kollision, Überschneidung, Zusammenstoß, Widerstreit.

Kollo, 1. René, Enkel von 2), *20.11.1937, dt. Opernsänger (Tenor). – **2.** Walter, *1878, †1940, dt. Komponist (Operetten).

Kollodium → Collodium.

Kolloide, Stoffe, die sich wegen der Größe ihrer Teilchen nicht echt, d. h. unter Bildung völlig klarer Lösungen, lösen, sondern in Lösungsmitteln sehr fein verteilen *(kolloide Lösungen, Sole).* Wegen ihrer gleichn. elektr. Ladung flocken die Teilchen trotz ihrer Größe nicht aus. K. spielen bei den Vorgängen im tier. u. pflanzl. Organismus sowie in der Chemie u. Technik eine bed. Rolle.

Kolloquium, wiss. Gespräch; auch die Form der mündl. Prüfung bei der *Habilitation.*

Kollusion, Zusammenspiel; im Recht das verbotene gemeinschaftl. Handeln zum Nachteil eines Dritten.

Kollwitz, Käthe, *1867, †1945, dt. Graphikerin u. Bildhauerin; schuf naturalist. Graphiken mit Themen aus der Geschichte des Proletariats sowie sozialkrit. Elendsschilderungen aus großstädt. Industrie- u. Arbeitervierteln, die durch Formvereinfachung u. Verzicht auf sentimentale Effekte gekennzeichnet sind.

Köln, krfr. Stadt in NRW, am Rhein, inmitten der *K.er Bucht,* Handelsmetropole u. Ind.-Zentrum des Rheinlandes, 1,0 Mio. Ew.; Erzbischofssitz, bed. Kirchen, v. a. K.er Dom (1248–1560; 1842–80), *Gürzenich,* Univ. (1919), Musik- u. Sport-HS, zahlr. Theater, Ludwig/Wallraf-Richartz-Museum, Römisch-German. Museum; bed. Industriezweige; Verkehrsknotenpunkt, Binnenhäfen, Flughafen in Köln-Bonn.

Gesch.: K. war urspr. ein röm. Lager, aus dem 50 n. Chr. eine befestigte Stadt wurde. Im 5. Jh. kam die Stadt unter fränk. Herrschaft; 795 wurde sie Erzbistum; unter den Ottonen wuchs K. zur größten Stadt des MA heran. Der Erzbischof war zugleich der polit. Herrscher über die Stadt. 1288 erkämpfte sich die erstarkte Bürgerschaft die Selbständigkeit.

Kölner Dom *St. Peter* größter got. Kirchenbau innerhalb des dt. Sprachgebiets, mit fünfschiffigem, an der W-Seite von zwei 157 m hohen Türmen überragtem Langhaus. 1248 wurde mit der Errichtung des Chors begonnen. Die Konzeption stammt von *Meister Gerard,* der bis 1279 die Bauarbeiten leitete. Der Chor war 1322 vollendet; die Bauarbeiten an Querhaus, Langhaus u. Türmen wurden bis 1560 weitergeführt. Nach alten Plänen betrieb man von 1842–80 die Fertigstellung. Kunstschätze: Dreikönigsschrein, Dombild von S. Lochner, Gerokreuz.

Kol Nidre, jüd. Gebet zum Widerruf aus Irrtum übernommener, die eig. Person betreffender Gelöbnisse.

Kölnisch Wasser, frz. *Eau de Cologne,* erfrischendes Parfüm: Lösung von natürl. äther. Ölen, wie Bergamotte-, Rosmarin-, Orangen- u. Portugalöl, sowie dem künstl. Riechstoff Neroliöl in 75–85%igem Alkohol.

Kołobrzeg [ˈkɔuɔbʃɛk] → Kolberg.

Kolonialismus, schlagwortartiger Begriff für die Politik der Besiedelung u. Aneignung von Gebieten durch militär. überlegene Mächte seit dem 16. Jh. aus wirtsch. u. handelspolit. Interesse; 1. Phase seit Beginn des 16. Jh. mit den span. u. port. Eroberungen in S- u. Mittelamerika; gekennzeichnet durch Gründung von Handelsniederlassungen an den Küsten, allmähl. Vordringen in das Landesinnere, Arrondierung von territorialem Besitz u. Ausbeutung von Rohstoffen in den Kolonialräumen; es folgten die Engländer, Franzosen u. Niederländer, u. die Kolonialgebiete wurden auf Asien, Afrika u. den pazif. Raum ausgedehnt; Millionen von Menschen wurden zur Sklavenarbeit in fremde Kontinente verschleppt. 1880–1914 Höhepunkt des K.: der Kolonialbesitz erreichte seine größte Ausdehnung (mehr als die Hälfte der Erdoberfläche u. mehr als ein Drittel der Erdbevölkerung).

Nach dem 2. Weltkrieg (Vorstufen schon nach dem 1. Weltkrieg) setzte ein Prozeß der *Entkolonialisierung* in Afrika u. Asien ein, wie schon vorher (Anfang des 19. Jh.) in S- u. Mittelamerika.

Kolonialstil, in überseeische, insbes. amerik. Länder übernommene, z. T. abgewandelte Bauformen des europ. Stammlands, z.B. engl. Klassizismus in den engl. Kolonialgebieten.

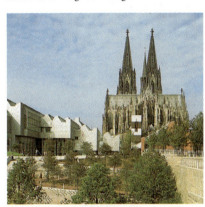

Köln: Dom und Museum Ludwig/Wallraf-Richartz-Museum

Kolonialwaren, veraltete Bez. für Lebensmittel aus Übersee (aus den »Kolonien«), z.B. Kaffee, Tee, Reis, Gewürze.

Kolonie, 1. unselbst., meist überseeisches Gebiet, in dem eine fremde *Kolonialmacht* die direkte Herrschaft über die einheim. Bevölkerung ausübt. – **2.** Gruppe von Fremden, die als abgegrenzte Minderheit in einem anderen Land leben. – **3.** bei Algen oder Bakterien durch Teilung aus einer Einzel-

Kolonialismus: die koloniale Aufteilung der Erde 1914

Kolonisation

zelle hervorgegangener Verband selbst. Einzelorganismen. – **4.** Tierverband, Vereinigung gesellig lebender Tiere derselben Art; auch durch Knospung entstandener Tierstock, z.B. Korallen.

Kolonisation, wirtsch. Erschließung von unterentwickelten Gebieten durch Besiedlung, Rodung, Bebauung, Anlage von Verkehrswegen u. Anschluß an einen größeren Wirtschaftsraum; meist verbunden mit polit. Aneignung.

Kolonnade, Säulengang mit geradem Gebälk, im Unterschied zur bogengegliederten *Arkade*.

Kolonne, 1. beim Buchdruck der Druckspalte, Spalte innerhalb einer Tabelle. – **2.** Teil eines Destilliergeräts für die fraktionierte Destillation. – **3.** Marschformation von Truppen; Reihe von Fahrzeugen. – **4.** →Fünfte Kolonne.

Kolophon, antike Stadt an der W-Küste Kleinasiens, nw. von Ephesos; Blütezeit im 7. Jh. v. Chr.; wegen seiner Harzgewinnung *(Kolophonium)* berühmt.

Kolophonium, hellgelbes bis schwarzes Balsamharz, das bei der Destillation von Terpentin oder beim Erhitzen von Kiefernharz als Rückstand entsteht; verwendet für Lacke, Kitte, Bogenharze, Bodenbeläge, Kunstharze u. a.

Koloratur, virtuose Verzierung von Gesangs- u. Instrumentalstimmen durch Läufe, Passagen, Triller u. ä. – **K.sopran** →Stimmlage.

kolorieren, mit Farbe ausmalen.

Kolorimetrie, Verfahren der analyt. Chemie, das auf dem direkten oder indirekten Vergleich der konzentrationsabhängigen Farbintensität farbiger Lösungen beruht.

Kolorit, 1. Farbgebung, Farbwirkung in der Malerei. – **2.** Klangfarbe in der Musik. – **3.** in der Lit. die bes. Stimmung einer Schilderung.

Koloß, Riese, riesengroße Figur. – *K. von Rhodos,* ca. 32 m hohes Erzstandbild des Sonnengotts *Helios* in Rhodos; im Altertum eines der 7 Weltwunder; 223 v. Chr. bei einem Erdbeben vernichtet.

Kolosseum, größtes Amphitheater des Altertums u. größtes Theater der Welt überhaupt; 72–80 n. Chr. in Rom erbaut für 50 000 Zuschauer; als eindrucksvolle Ruine erhalten.

Kolping, Adolf, *1813, †1865, dt. kath. Geistlicher; gründete die Gesellenvereine (Grundlage des späteren *K.werks* zur Förderung kath. Gesellen in religiöser, soz. u. berufl. Hinsicht). K. wurde 1991 seliggesprochen.

Kolportage [-'ta:ʒə], urspr. Bücherverkauf an der Haustür durch wandernde Buchhändler **(Kolporteure).** Dabei wurde vorw. volkstüml., erbaul. Lit. von geringem literar. Wert vertrieben: **K.romane** *(Hintertreppenromane).* Übertragen: kitschige, reißer. Darstellung.

Kolposkopie, *Scheidenspiegelung,* gynäkol. Untersuchungsverfahren, bei dem mit dem *Kolposkop* die Oberfläche des Muttermundes u. des angrenzenden Gewebes in vielfacher Vergrößerung betrachtet wird.

Das Kolosseum in einer Rekonstruktion des antiken Rom; es war ursprünglich 57 m hoch

Kolumbien, Staat im N Südamerikas, 1 138 914 km², 33,6 Mio. Ew., Hptst. *Bogotá.* Landesnatur. In K. spalten sich die Anden in drei Gebirgsketten (bis 5750 m) auf, die dichtbesiedelte Hochtäler einschließen. Im W u. N werden

Kolumbien

sie von feuchtheißen Küstentiefländern begrenzt, im O schließt sich ein niedriges Flachland an, das im N von Savannen u. im S von Regenwäldern bestanden ist.

Die kath., spanisch sprechende Bevölkerung besteht zu 58% aus Mestizen, 20% Weißen, 14% Mulatten, 4% Schwarzen u. 2% Indianern.

Wirtschaft. Für den Export werden v. a. Kaffee, daneben auch Bananen, Schnittblumen, Zucker, Tabak, Kakao u. Baumwolle angebaut. Die Viehzucht (vorw. Rinder) hat große Bedeutung. An Bodenschätzen gibt es v. a. Erdgas, Edelsteine (Smaragde), Platin, Gold u. Silber. Die wichtigsten Industriebranchen sind die Textil-, Papier-, Maschinenbau-, Fahrzeug- u. chem. Ind. – Das Verkehrsnetz ist nur im Andengebiet ausreichend entwickelt. Der Río Magdalena ist als Schiffahrtsweg wichtig. Haupthäfen sind Barranquilla, Cartagena, Santa Marta u. Buenaventura.

Geschichte. Das Gebiet des heutigen K. wurde 1536–39 von Spanien erobert. Die Spanier wurden von S. *Bolívar* aus dem Land vertrieben, u. 1819 wurde die Rep. *Großkolumbien* (K. u. Venezuela) proklamiert, der sich 1821 Panama u. 1822 auch Ecuador anschlossen. 1830 fielen Venezuela u. Ecuador ab. Der Rest nannte sich seit 1861 *Vereinigte Staaten von K.* u. seit 1886 *Rep. K.* Durch den Bürgerkrieg zw. Konservativen u. Liberalen wurde das Land weiter geschwächt. Unter dem Druck der USA trennte sich Panama 1903 von K. Nach vorübergehender Stabilisierung flammte der Bürgerkrieg 1948 wieder auf (200 000 Tote). Seit dem Ende der 1980er Jahre bestimmte zunehmend die Drogenmafia das polit. Leben K.s. Es kam zu blutigen Auseinandersetzungen mit dem Militär (»Drogenkrieg«). Staats-Präs. ist seit 1990 C. *Gaviria Trujillo.* Am 5.7.1991 trat eine neue Verf. in Kraft.

Kolumbus, *Columbus,* Christoph(er), *1451, †1506, ital. Seefahrer in span. Diensten; gilt als Entdecker Amerikas (nach den Wikingern um 1000 n. Chr.); glaubte, über den Atlantik den Seeweg nach Indien finden zu können; entdeckte auf seiner 1. Reise (1492/93) die Bahama-Insel Guanahani sowie Kuba u. Haiti, auf der 2. Reise (1493–96) die Kleinen Antillen, Puerto Rico u. Jamaika, auf der 3. Reise (1498–1500) die Orinoco-Mündung (damit S-Amerika) u. Trinidad, auf der 4. Reise (1502–04) die mittelamerik. Küste.

Kolumne, 1. beim Buchdruck Satzspalte. – **K.ntitel,** Seitenüberschrift in einem Buch; enthält z.B. Seitenzahl oder Seitentitel. – **2.** in Ztg. oder Ztschr. an gleichbleibender Stelle regelmäßig erscheinender Meinungsbeitrag von einem Journalisten **(Kolumnist);** auch in unterhaltsamem Stil zu gesellschaftl. Ereignissen (»Klatsch-K.«).

Kolur, größter Kreis der Himmelskugel, der durch die beiden Himmelspole u. den Frühlings- u. den Herbstpunkt geht.

Kolwezi [kɔl'wezi], Bergbau- u. Hüttenzentrum in der zentralafrik. Prov. Shaba (Zaire), 384 000 Ew.; Gewinnung von Kupfer, Kobalt u. Zink.

Kolyma, 2600 km langer Strom in O-Sibirien; mündet mit großem Delta in die Ostsibir. See.

Koma, 1. [die], um den Kern eines *Kometen* liegende Nebelhülle (Gasatmosphäre). – **2.** [die], Bildfehler bei Linsen oder Linsensystemen: Seitl. der opt. Achse gelegene Punkte werden nicht punktförmig, sondern in Form eines Kometenschweifs abgebildet. – **3.** [das], *Coma,* tiefe Bewußtlosigkeit, z.B. bei Zuckerkrankheit, Harnvergiftung u. a.

Komantschen →Comanchen.

Kombinat, in den kommunist. Staaten Bez. für die organisator. Zusammenfassung von Betrieben mehrerer Produktionsstufen oder versch. Produktionszweige oder Produktions- u. Versorgungsbetrieben.

Kombination, 1. Verbindung versch. Dinge, Tatsachen, Vorstellungen u. a. – **2.** im Sport das planmäßige, flüssige Zusammenspiel von Mannschaften; Zusammenfassung mehrerer sportl. Disziplinen, z.B. *nordische K.;* beim *Jagdspringen* hintereinandergestellte Hindernisse in zwei- oder dreifacher Anordnung.

Kombinatorik, Zweig der Mathematik, der die mögl. Arten der Anordnung u. Anzahl von Dingen *(Elementen)* u. deren Zusammenfassung zu Gruppen *(Komplexionen)* untersucht; bes. bei der *Wahrscheinlichkeitsrechnung* angewendet.

Kombiwagen, *Kombi* →Kraftwagen.

Kombüse, Schiffsküche.

Komet, *Schweif-, Haarstern,* Himmelskörper geringer Masse, meist eine lose Anhäufung von Meteoriten, kosmischem Staub, Eispartikeln u. Gasen. Der K. umwandert die Sonne auf einer oft langgestreckten ellipt. Bahn *(periodischer K.)* oder kommt auf einer Parallelbahn aus dem interstellaren Raum, in den er nach Durchlaufen der Sonnennähe wieder zurückkehrt. Er besteht aus dem *Kern* u. der ihn umgebenden, diffus leuchtenden *Koma.* Bei Annäherung an die Sonne entwickelt sich meist ein *Schweif* aus Kohlenoxid- u. Stickstoffionen.

Komi, fr. *Syrjänen,* ostfinn. Volk in der Komi-SSR; Bauern mit Viehzucht, Jagd u. Handel.

Komik [die], das *Komische,* eine Darst., die in Bild u. Wort überraschend das Illusionäre einer Erscheinung (eines Werts, eines Vorgangs, eines Dings) zeigt u. sie dadurch dem Lachen des Zuschauers (Zuhörers) preisgibt. Ihr Feld ist in der Literatur die *Komödie,* auch die *Posse.* – **K.er,** Vortragskünstler, der auf lustige Weise unterhält; auch: Darsteller komischer Rollen auf der Bühne.

Kominform, Kurzform für *Informationsbüro der kommunist. u. Arbeiterparteien,* 1947 gegr. als Nachfolgeorganisation der *Komintern;* 1956 aufgelöst.

Komintern, Kurzwort für *Kommunist. Internationale,* die 3. *Internationale,* 1919 in Moskau gegr. Vereinigung der kommunist. Parteien aller Länder unter sowjetruss. Führung; in bewußtem Gegensatz zur sozialist. 2. Internationale; Ziel war es, für die kommunist. Weltrevolution u. für die Diktatur des Proletariats zu kämpfen; 1943 durch *Stalin* aufgelöst u. 1947 durch das *Kominform* ersetzt.

Komi-SSR, Republik innerhalb Rußlands, westl. des nördl. Ural, 415 900 km², 1,2 Mio. Ew., Hptst. *Syktywkar.*

Komitat, 1. feierl. Geleit, Abschiedsfeier für scheidende Hochschulstudenten. – **2.** *Megyék,* Verwaltungseinheit in Ungarn.

Komitee, leitender Ausschuß.

Komitien, *Comitia,* altröm. Volksversammlungen zur Rechtsprechung, Wahl der Beamten, Entscheidung über Krieg u. Frieden u. Abstimmung über Anträge u. Gesetze.

Komma, *Beistrich* →Zeichensetzung.

Kommabazillus, *Vibrio comma,* Erreger der *Cholera;* 1883 von R. *Koch* entdeckt.

Kommagene, antike Ldsch. im SO Kleinasiens am Euphrat, Hptst. *Samosata* (heute *Samsat*).

Die Landung von Christoph Kolumbus am 12. Oktober 1492 auf der Insel Guanahani

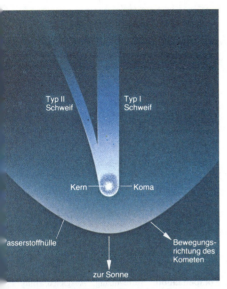

Komet: schematischer Aufbau

Kommandant, Befehlshaber einer Festung, eines Standorts, eines Panzers u. a.

Kommandeur [-'dø:r], Befehlshaber eines Verbands des Heeres vom Bataillon bis zur Division; bei der Luftwaffe entsprechend.

Kommanditgesellschaft, Abk. *KG,* Personalgesellschaft, Sonderform der *Offenen Handelsgesellschaft;* unterscheidet sich von dieser dadurch, daß nur ein Teil der Gesellschafter (mindestens einer) gegenüber den Gesellschaftsgläubigern mit seinem gesamten Vermögen haftet *(Komplementär, persönl. haftender Gesellschafter),* während die anderen in ihrer Haftung auf eine bestimmte Vermögenseinlage beschränkt sind *(Kommanditist, Kommanditär).* – **K. auf Aktien,** Abk. *KGaA,* seltene Form der Kapitalgesellschaft, im Aufbau der *Kommanditgesellschaft* ähnlich: Die *Kommanditisten (Kommanditaktionäre)* sind an dem in Aktien zerlegten Grundkapital beteiligt, ohne persönl. zu haften; die Rechte u. Pflichten der *Komplementäre* entsprechen denen bei der Kommanditgesellschaft.

Kommando, 1. in der Form vorgeschriebener militär. *Befehl.* – **2.** Anzahl von Soldaten mit bes. Auftrag *(K.unternehmen).* – **3.** militär. Befehlsgewalt.

Kommandobrücke, *Deckshaus,* auf Schiffen ein Aufbau mit breiten Frontfenstern für freie Sicht voraus u. über das Schiff; enthält Kommandoelemente, Kompaß, Ruderapparat, Radar u. a.

Kommende, 1. Pfründe, Einkünfte aus einem Kirchenamt ohne dessen wirkl. Besitz. – **2.** Verwaltungseinheit beim Johanniterorden u. beim Dt. Orden.

Kommensalismus, *Nahrungsnutznießertum,* Verhältnis zweier Tiere versch. Art, aus dem der eine, der *Kommensale* (Mitesser), durch Beteiligung an der Nahrung des anderen, des *Wirtes,* einseitigen Vorteil zieht.

kommensurabel, mit gleichem Maß meßbar, vergleichbar.

Komment [kɔ'mã], bes. Verhaltensformen in student. Verbindungen.

Kommentar, 1. Erläuterungen u. Anmerkungen bei wiss. Ausgaben literar. Werke u. Gesetzestexte. – **2.** persönl. u. krit. Stellungnahme eines Journalisten zu aktuellen Ereignissen.

Kommerell, Max, * 1902, † 1944, dt. Literarhistoriker, Schriftst. u. Übers.; Schüler u. Begleiter von S. *George.*

Kommers, im student. Verbindungswesen die zu bes. Gelegenheiten abgehaltene Festlichkeit mit festgelegtem Brauchtum; **K.buch,** Liederbuch für student. Verbindungen.

Kommerz, veraltete Bez. für *Handel.* – **kommerziell,** Handel u. Gewerbe betreffend, kaufmännisch.

Kommilitone, Mitstudent, Studiengenosse.

Kommis [kɔ'mi], Handlungsgehilfe.

Kommiß, volkstüml. für den Militärdienst.

Kommissar, 1. im Auftrag des Staates arbeitende, mit bes. Vollmachten ausgerüstete Person. – **2.** Dienstrang im Polizeidienst. – **kommissarisch,** vertretungsweise, einstweilig.

Kommission, 1. Auftrag, Bevollmächtigung. – **2.** Personenmehrheit, der ein Auftrag erteilt wird, z.B. *Untersuchungs-K.*

Kommissionär, Vollkaufmann, der gewerbsmäßig **Kommissionsgeschäfte** tätigt, d. h. Waren oder Wertpapiere für Rechnung eines Auftraggebers **(Kommitent)** im eig. Namen kauft oder verkauft.

Kommission der Europäischen Gemeinschaften →Europäische Gemeinschaft.

Kommode, halbhohes Möbelstück mit Schubladen.

Kommodore, bei der Luftwaffe der Kommandeur eines Geschwaders; bei der Kriegsmarine der Kapitän zur See in Admiralsstellung; bei der Handelsmarine Ehrentitel für verdiente Kapitäne.

kommunal, die Gemeinde *(Kommune)* betreffend, ihr gehörig.

Kommunalbeamte, Beamte der *Gemeinden* u. *Gemeindeverbände* (Landkreise, Ämter, Landschafts- u. kommunale Zweckverbände).

kommunale Selbstverwaltung, das in den meisten Staaten bestehende Recht der Gemeinden u. der Gemeindeverbände, ihre Angelegenheiten unter der Aufsicht des Staates selbst zu regeln. Organe sind: Oberbürgermeister, Bürgermeister, Stadtdirektor, Magistrat als Exekutivbehörden; Ratsversammlung, Gemeinderat, Stadtverordnetenversammlung, Bürgerschaft als Legislativorgan sowie *Kommunalbeamte.*

Kommunalobligationen, von *Hypothekenbanken* ausgegebene, festverzinsl. Schuldverschreibungen aufgrund von Darlehen an Gemeinden u. Gemeindeverbände.

Kommunalpolitik, Gesetzgebungs- u. Verwaltungstätigkeit zur Wahrnehmung innergemeindl. Aufgaben im Rahmen der *kommunalen Selbstverwaltung.*

Kommunalwahl, Wahl der Gemeindevertretungen.

Kommunarde, Mitgl. einer *Kommune* (2); auch Bez. für die Aufständischen der *Kommune von Paris* 1871.

Kommune, 1. urspr. das städt. Gemeinwesen, dann auch der republik. Stadtstaat im MA u. zu Beginn der Neuzeit; heute allg. die Gemeinde. – **2.** Lebensgemeinschaft mehrerer Einzelpersonen oder Paare *(Kommunarden);* als neue Form gemeinschaftl. Zusammenlebens in der Studentenbewegung der späten 1960er Jahre entstanden.

Kommune von Paris, *Pariser Kommune,* Aufstand der Pariser Arbeiterschaft u. Nationalgarde 1871 gegen die Nationalversammlung; wurde von den Regierungstruppen in blutigen Straßenkämpfen niedergeworfen.

Kommunikation, 1. Mitteilung, Verständigung. – **2.** Übermittlung einer Nachricht *(Information)* zw. einem »Sender« u. einem »Empfänger« mit Hilfe eines Übertragungsmediums *(Kanal).*

Kommunion, in der kath. Liturgie der Empfang des hl. *Abendmahls.*

Kommuniqué [-mynike:], amtl. Mitteilung.

Kommunismus, *Pik Kommunizma,* fr. *Pik Stalin,* 7483 m hoher Gipfel im nördl. Pamir.

Kommunismus, eine vorgestellte Gesellschaftsordnung ohne Privateigentum, in der es keine Klassenunterschiede u. keine Herrschaft von Menschen über Menschen geben soll. Kommunist. Ideen sind seit der Antike bekannt. Die theoret. Grundlagen des modernen K. lieferten *Marx* u. *Engels* im 19. Jh. *(Marxismus). Lenin* schuf ab 1903 die bolschewist. Partei (später *KPdSU),* die 1917 in Rußland die Macht ergriff. Mit Verstaatlichung von Industrie u. Handel u. Kollektivierung der Landwirtschaft suchte sie ihr Programm zu verwirklichen. Ihre Herrschaft wurde unter *Stalin* zur terrorist. Diktatur *(Stalinismus).* Die nach dem 1. Weltkrieg in zahlr. Ländern gegr. kommunist. Parteien (KP; u. a. die *KPD* in Dtld.) waren ideolog. einheitl. ausgerichtet u. mußten bedingungslos die sowj. Politik unterstützen. Nach dem 2. Weltkrieg kamen mehrere Länder Mittel- u. O-Europas unter kommunist. Herrschaft, meist durch direkte sowj. Einwirkung. Selbständigkeitsbestrebungen in einigen dieser Länder wurden gewaltsam unterdrückt. Die Reformpolitik des sowj. Parteichefs Gorbatschow führte in den 80er Jahren zur Auflockerung der Blockdisziplin u. ermöglichte Massendemonstrationen gegen polit. Unterdrückung u. wirtsch. Mißstände. 1989–91 brachen die kommunist. Regimes in Polen, Ungarn, der DDR, der Tschechoslowakei, Bulgarien, Rumänien, Albanien u. schließl. auch der UdSSR zusammen; die UdSSR löste sich auf.

Die KP dieser Länder bestanden meist unter neuen Namen weiter. Die KPdSU wurde im größten Teil der ehem. UdSSR verboten.

Außerhalb Europas kamen KP in der Mongolei, China, Vietnam, Laos, Kambodscha, Nordkorea u. Kuba an die Macht. Die Regimes einiger afrik. Länder konnten bedingt als kommunist. gelten. Der Zerfall der einheitl. kommunist. Weltbewegung setzte schon 1960 mit dem Bruch zw. der KPdSU u. der KP Chinas ein. Seit den 60er Jahren lösten sich die KP mehrerer westl. Länder von der Bindung an die KPdSU u. entwickelten den sog. *Euro-K.* Die Vorgänge der Jahre 1989–91 führten zu einer tiefen Krise auch im außereurop. K. 1992 hielten nur noch die Regimes in China, Nordkorea, Vietnam u. Kuba am K. fest. – ▢ → S. 466.

Kommunistische Internationale →Komintern.

Kommunistisches Manifest, »Manifest der Kommunistischen Partei«, 1848 von K. *Marx* u. F. *Engels* für den »Bund der Kommunisten« verfaßte Programmschrift der marxist.-kommunist. Bewegung.

kommunizieren, 1. miteinander in Verbindung stehen, in *Kommunikation* treten. – **2.** die Kommunion empfangen.

kommunizierende Röhren, oben offene, unten miteinander verbundene Röhren oder Gefäße. Füllt

kommunizierende Röhren (Schema)

man sie mit einer Flüssigkeit, so steht diese in allen Röhren (unabhängig von deren Durchmesser u. Form) gleich hoch.

Kommutator, *Stromwender,* Vorrichtung an elektr. Generatoren u. Elektromotoren, mit deren Hilfe die darin herrschende Wechselspannung gleichgerichtet werden kann.

Komödiant, im 18. Jh. urspr. Bez. für den Schauspieler; heute im übertragenen Sinn für einen Menschen, der eine Rolle zu spielen versucht, also »schauspielert«.

Komödie, *Lustspiel,* Schauspiel mit komischem oder heiterem Inhalt, das ein gutes Ende nimmt; neben der *Tragödie* wichtigste Gatt. des europ. Dramas; man kann nach der Zielrichtung die polit.-gesellschaftskrit., die didakt. u. die reine Unterhaltungs-K. (Boulevard-K.) unterscheiden; Übergänge zu derberen Formen wie *Burleske, Groteske, Farce, Schwank* oder zu ernsten Formen wie *Tragikomödie* sind möglich.

Komoren, Inselstaat im Ind. Ozean, zw. Madagaskar u. O-Afrika, 1862 km², 570 000 Ew. (Moslems), Hptst. *Moroni.* Die vier großen *(Ngazidja, Mwali, Ndzuwani* sowie das polit. nicht zur Rep. K. gehörende →Mayotte) u. einige kleinere Inseln sind vulkan. Ursprungs (tätiger Vulkan *Kartala* auf

Kommunismus: KP der Sowjetunion: XXVII. Parteitag; Moskau 1986

466 **Komotau**

Komoren

Ngazidia, 2560 m). Hauptausfuhrgüter sind äther. Öle, Vanille, Sisal, Kopra u. a.
Geschichte. 1886 wurden die K. frz. Protektorat, 1909 Kolonie, 1946 erhielt die Kolonie den Status eines Überseeterritoriums. 1961 wurde Autonomie gewährt. 1975 wurden die K. unabh. 1978 wurde die *Islam. Bundesrepublik K.* proklamiert. 1992 trat eine präsidialdemokrat. Verfassung in Kraft.

Komotau, tschech. *Chomutov,* Stadt in N-Böhmen (Tschech. Rep.), am Fuß des Erzgebirges, 58 000 Ew.; barocke Kirchen, Maschinenbau, Hütten-Ind., Braunkohlenabbau.

Kompagnon [-paˈnjõ], *Compagnon,* Gesellschafter, Teilhaber.

kompakt, dicht, fest.

Kompanie, 1. Handelsgesellschaft, Genossenschaft. – **2.** unterste Einheit der Truppe bei Heer, Luftwaffe u. Marine; in den fliegenden Verbänden auch *Staffel,* bei der Artillerie auch *Batterie.*

Komparation, Steigerung des Adjektivs u. Adverbs; Grundform: *Positiv* (z.B. klein), 1. Steigerungsstufe: *Komparativ* (kleiner), 2. Steigerungsstufe: *Superlativ* (am kleinsten).

Komparse, *Statist,* stumme Rolle im Theater u. Film.

Kompaß, Gerät zur Bestimmung der Himmelsrichtung; 1. *Magnet-K.:* Eine frei bewegl. Magnetnadel stellt sich unter Einwirkung des magnet. Erdfelds in N-S-Richtung ein. Eine *Windrose* (Einteilung eines Kreises in Himmelsrichtungen) ermöglicht es, die gesuchte Richtung abzulesen. 2. *Kreisel-K.:* Ein schnell rotierender Kreisel, dessen Rotationsachse horizontal verläuft. 3. *Elektronen-K.:* Ein senkr. nach oben (oder unten) gerichteter Elektronenstrahl wird durch das magnet. Erdfeld nach O (oder W) abgelenkt.

Kompaßpflanzen, *Meridianpflanzen,* Pflanzen, die ihre Blätter in N-S-Richtung einstellen u. so ihre mit den Kanten nach oben gestellten Blattflächen nur dem schwächeren Abend- oder Morgenlicht zuwenden.

Kompatibilität, 1. Vereinbarkeit, Verträglichkeit. – **2.** Möglichkeit, versch. Ämter gleichzeitig innezuhaben oder die Amtsgewalt in bestimmten Situationen auszuüben. – **3.** Vereinbarkeit versch. techn. oder elektron. Systeme.

Kompendium, knappes Lehrbuch, Leitfaden, Abriß.

Kompensation, Aufrechnung, Ausgleich, Entschädigung. Zur *Über-K.* kommt es, wenn nicht nur Ausgleich, sondern gesteigerter Erfolg erreicht wird.

Kompensationsgeschäft, Tauschgeschäft unter Ausschaltung des Geldes; Tausch von Ware gegen Ware.

Kompensator, 1. Meßinstrument, das Spannung mißt, indem die gemessene Größe durch Vergleich mit der Normalspannung so kompensiert wird, daß keine Differenz mehr zw. beiden herrscht. – **2.** *Dehnungsausgleicher,* Stück einer Rohrleitung, das die durch Temperaturschwankungen hervorgerufenen Längenänderungen ausgleicht.

Kompetenz, Zuständigkeit (zur Gesetzgebung, zur Verw., für fachl. Fragen u. a.). – **K.konflikt,** Streit um die Zuständigkeit.

Kompilation, aus anderen Werken zusammengestellte wiss. oder literar. Arbeit.

Komplement, 1. Ergänzung. – **2.** Sammelbegriff für bestimmte Blutproteine, die auf eine im Blut befindl. (Stör-)Substanz (Fremdkörper) in einer festgelegten Reihenfolge der Bindung reagieren. – **K.bindungsreaktion,** Abk. *KBR,* Methode, mit der sowohl *Antikörper* als auch *Antigene* im Blut nachgewiesen u. quantitativ bestimmt werden können; wichtige Methode zum Nachweis von Infektionskrankheiten.

Komplementär, persönl. haftender Gesellschafter einer *Kommanditgesellschaft.*

Komplementärfarbe, *Ergänzungsfarbe,* Farbe, die eine andere bei additiver Farbmischung zu Weiß ergänzt (z.B. Rot-Grün, Blau-Gelb). Auch →Farbenlehre.

Komplementarität, zuerst von N. *Bohr* erkannte Erfahrungstatsache, daß atomare Teilchen zwei paarweise gekoppelte, scheinbar einander widersprechende Eigenschaften haben, z.B. sowohl Teilchen- als auch Wellencharakter. →Quantentheorie.

Komplementwinkel, zwei Winkel, die sich zu 90° ergänzen.

Komplet, 1. [komˈpleːt; die], *Completorium,* kirchl. Nachtgebet des Breviers. – **2.** [kõˈpleː; das], *Complet,* in der Damenmode zwei aufeinander in Farbe u. Stoff abgestimmte Kleidungsstücke (z.B. Kleid u. Jacke).

komplett, vollständig. – **komplettieren,** vervollständigen.

Komplex, 1. vielfältig zusammengesetzte Einheit, Gesamtheit; Fläche, Gebiet, Bereich. – **komplex,** vielfältig zusammengesetzt, verwickelt. – **2.** in der Psychoanalyse die Verbindung von (abgespaltenen, unverarbeiteten) Vorstellungen oder Erlebnissen mit peinl. Gefühlen; meist ins Unbewußte verdrängt, bleiben sie aber wirksam als fortwährende Bewußtseinsbeunruhigung u. können den Ausgangspunkt für *Neurosen* bilden.

Komplexauge, zusammengesetztes Auge der Insekten.

komplexe Zahl, Summe aus einer reellen u. einer imaginären Zahl: a + bi.

Komplexverbindungen, chem. Verbindungen höherer Ordnung, bei deren Aufbau andere Bindungskräfte als bei den einfachen Verbindungen mitwirken u. deren Zusammensetzung im allg.

Wichtige Daten aus der Geschichte des Kommunismus

1848	K. Marx und F. Engels verfassen für den „Bund der Kommunisten" das „Manifest der Kommunistischen Partei". Das Wort „Kommunismus" ist seit etwa 1840 in Gebrauch
1864	Gründung der Ersten Internationale
1903	Die 1898 gegründete Sozialdemokratische Arbeiterpartei Rußlands spaltet sich in die Fraktionen der gemäßigten Menschewiki und der radikalen Bolschewiki unter W. I. Lenin
1912	Die Bolschewiki konstituieren sich als selbständige Partei
1917	Machtergreifung der Bolschewiki in Rußland (Oktoberrevolution)
1918	Die Bolschewiki nennen sich „Russische Kommunistische Partei" (später KPdSU). – Gründung der Kommunistischen Partei Deutschlands. In den folgenden Jahren Gründung zahlreicher weiterer kommunistischer Parteien, z. B. 1920 in Frankreich, 1921 in Italien und China
1919	Gründung der Kommunistischen Internationale (Komintern). – Kurzlebige kommunistische Räterepubliken in Bayern und Ungarn
1921	„Neue Ökonomische Politik" in Sowjetrußland: begrenzte Zulassung der Privatwirtschaft
1924	Tod Lenins; danach Machtkämpfe in der Parteiführung
1928	J. W. Stalin schaltet die letzten Rivalen aus und wird Diktator der Sowjetunion. Forcierte Industrialisierung und Kollektivierung der Landwirtschaft. Linksschwenkung der Komintern: Als Hauptgegner gilt die Sozialdemokratie
1931	Die chinesischen Kommunisten errichten einen „Sowjetstaat" in der Provinz Jiangxi
1933	Verbot der KPD und Verfolgung ihrer Mitglieder durch das NS-Regime
1934–1935	„Langer Marsch" der chinesischen Kommunisten aus Jiangxi nach der nördlichen Provinz Shaanxi. Mao Zedong setzt sich als Parteiführer durch
1935	Übergang der Komintern zur Volksfrontpolitik: Bündnisse mit sozialdemokratischen und linksbürgerlichen Parteien
1936–1938	„Große Säuberung" in der Sowjetunion: Stalin läßt Hunderttausende von Partei- und Staatsfunktionären umbringen
1943	Auflösung der Komintern
1945–1948	Nach dem 2. Weltkrieg kommen in mehreren Ländern Ost- und Mitteleuropas kommunistische Regimes an die Macht, meist im Gefolge der siegreichen Sowjetunion, in Jugoslawien und Albanien aus eigener Kraft
1946	In der Sowjetischen Besatzungszone muß sich die SPD mit der KPD zur SED vereinigen
1948	Bruch zwischen der Sowjetunion und den jugoslawischen Kommunisten unter J. Tito
1949	Sieg der chinesischen Kommunisten im Bürgerkrieg; Gründung der Volksrepublik China
1949–1952	Schauprozesse gegen führende Parteifunktionäre in mehreren Satellitenstaaten, die als „titoistische und imperialistische Agenten" bezeichnet werden
1953	Tod Stalins. Die Gruppe der Nachfolger rückt von seinen Herrschaftsmethoden ab
1953	Ein Volksaufstand in der DDR wird von sowjetischen Truppen niedergeschlagen
1955	Aussöhnung zwischen der Sowjetunion und Jugoslawien, dem ein „eigener Weg zum Sozialismus" zugestanden wird
1956	XX. Parteitag der KPdSU. In einer geschlossenen Sitzung übt N. S. Chruschtschow heftige Kritik an Stalin. – In Polen kommt es zum Sturz der stalinistischen Parteiführung, in Ungarn zu einem Volksaufstand, der von sowjetischen Truppen niedergeschlagen wird
1957	Chruschtschow setzt sich als Parteichef durch und läßt seine Rivalen aus der Führung ausschließen. – In China eröffnet Mao die „Hundert-Blumen-Kampagne" für mehr Geistesfreiheit, bricht sie aber ab, als sie das Machtmonopol der Partei bedroht
1958	„Großer Sprung nach vorn" in China: Der Versuch, den sofortigen Übergang zum Kommunismus zu vollziehen, scheitert
1960	Weltkonferenz der kommunistischen Parteien in Moskau; offener Konflikt zwischen der sowjetischen und der chinesischen Partei
1961	Der XXII. Parteitag der KPdSU nimmt ein neues Parteiprogramm an, dem zufolge die UdSSR binnen 10 Jahren die USA in der Industrieproduktion überholen soll. – Der kubanische Revolutionsführer F. Castro bekennt sich zum Kommunismus
1964	Chruschtschow wird abgesetzt; neuer Parteichef wird L. I. Breschnew
1966–1969	„Kulturrevolution" in China: Auf Weisung Maos werden Intellektuelle und Funktionäre mißhandelt, viele von ihnen getötet; wertvolle Kulturgüter werden vernichtet
1968	„Prager Frühling": Die neue Parteiführung der ČSSR leitet eine Demokratisierung ein, die durch den Einmarsch von Warschauer-Pakt-Truppen unterbunden wird
1971	W. Ulbricht, langjähriger Parteichef der SED, wird gestürzt; Nachfolger wird E. Honecker
1975	Sieg der Kommunisten im Vietnamkrieg; ganz Vietnam wird kommunistisch, ebenso Laos und Kambodscha. – Mehrere Regimes von Staaten der Dritten Welt bekennen sich zum Kommunismus (z. B. Angola, Moçambique, Äthiopien). – In westlichen Ländern, besonders in Italien, entwickelt sich der „Eurokommunismus", der den sowjetischen Führungsanspruch ablehnt und einen demokratischen Weg zum Sozialismus proklamiert
1976	Tod Mao Zedongs. Aus den anschließenden Machtkämpfen geht Deng Xiaoping als maßgebender Politiker hervor
1980	In Polen entsteht die unabhängige Gewerkschaftsbewegung „Solidarność", die von der Parteiführung zunächst anerkannt, dann aber verboten wird
1982	Tod Breschnews; ihm folgen J. W. Andropow († 1984) und K. U. Tschernenko († 1985)
1985	M. S. Gorbatschow wird Parteichef der KPdSU
1987	Unter den Schlagworten „Offenheit, Umgestaltung, Demokratisierung" kündigt Gorbatschow umfassende Reformen an. Die Reformbewegung greift auf die Satellitenstaaten über
1989	In Polen, Ungarn, der DDR, der Tschechoslowakei, Bulgarien und Rumänien bricht das kommunistische System zusammen. Der Übergang zur parlamentarischen Demokratie und zur Marktwirtschaft wird eingeleitet
1990	In der UdSSR verzichtet die KPdSU auf ihren Führungsanspruch
1991	In Moskau scheitert ein Putsch konservativer Funktionäre. Die KPdSU wird verboten, die UdSSR löst sich auf. – Die italienische KP ändert ihren Namen in „Demokratische Partei der Linken"

nicht der normalen Wertigkeit ihrer Bestandteile entspricht.

Komplikation, Verwicklung, Schwierigkeit; Verschlimmerung einer Krankheit durch hinzukommende Störungen.

Kompliment, Höflichkeitsbezeigung, Schmeichelei.

Komplott, Verschwörung, Verabredung zu Straftaten.

Kompong Cham, Prov.-Hptst. in Kambodscha, am Mekong, 66 000 Ew.

komponieren, zusammenstellen; eine *Komposition* schaffen. – **Komponist,** *Tonsetzer,* Verfasser musikal. Werke. – **Komposition,** Zusammenstellung, kunstvolle Anordnung; notenschriftl. festgehaltenes musikal. Werk.

Kompositum, aus mehreren Wörtern zusammengesetztes Wort; Ggs.: *Simplex.*

Kompost, Verrottungsprodukt aus pflanzl. u. tier. Abfällen; Humusdünger.

Kompott, frisch gekochtes oder eingemachtes Obst.

Kompresse, mehrf. gefaltetes u. zusammengedrücktes Stück Leinwand oder Mull zu Verbänden, feuchten Umschlägen u. ä.

Kompression, *Verdichtung,* Verringerung des Volumens eines festen Körpers, einer Flüssigkeit oder eines Gases durch Druck. – **K.sverband,** *Druckverband,* unter Druck angelegter, gepolsterter Verband zur Blutstillung.

Kompressor, *Gasverdichter,* Maschine zum Verdichten von Luft, Gasen u. Dämpfen bis zu Drükken von mehr als 100 bar; für Windkessel, Druckluft, Verbrennungsmotoren, Düsenantriebe u. chem. Synthesen.

Kompromiß, Zugeständnis, Ausgleich durch beiderseitiges Nachgeben.

Komsomol, russ. Kurzwort für den Kommunist. Jugendverband, 1918 gegr. sowj. Staatsorganisation; erfaßte die 14–26jährigen **(Komsomolzen).**

Komtesse, *Comtesse,* Gräfin; in Dtld. u. Östr. fr. die unverheiratete Grafentochter.

Komtur, 1. in den geistl. Ritterorden der Inhaber eines Ordensamtes; meist der Vorsteher eines Hauses *(Komturei, Kommende).* – **2.** Inhaber eines mittleren Verdienstordens.

Konche, muschelförmige Überwölbung des Altarraums in frühchristl. u. mittelalterl. Kirchen; später Bez. für die Apsis oder den Chor u. für jeden halbrunden, sich nach einem größeren Raum öffnenden Nebenraum.

Konchylien, harte Schalen der Weichtiere.

Kondensation, 1. chem. Reaktion, bei der sich zwei Moleküle unter Abspaltung eines einfachen Stoffs (z.B. Wasser) zu einem größeren Molekül verbinden. – **2.** Übergang eines Stoffs aus dem gasförmigen in den flüssigen Aggregatzustand, so bei Gasen u. Dämpfen durch Abkühlung oder Druckerhöhung oder beides. Die Temp., bei der die K. einsetzt, heißt *K.stemperatur.* Bei der K. wird die gleiche Wärmemenge *(K.swärme)* frei, die zur Verdampfung nötig ist.

Kondensator, 1. Bauteil, das entspr. seiner *Kapazität* elektr. Ladungen speichert; besteht aus zwei elektr. leitenden Belägen, zw. denen sich ein Dielektrikum (Nichtleiter) befindet. – **2.** Vorrichtung, die durch Niederschlagen des Abdampfs von Dampfmaschinen u. -turbinen zur Verringerung des Gegendrucks führt.

kondensierte Milch, *Kondensmilch,* durch Eindicken im Vakuum bei rd. 60 °C u. anschließendes *Homogenisieren* sowie *Sterilisieren* lange haltbar gemachte Milch.

Kondensor, Sammellinse (auch als Linsensystem), die die von einer Lichtquelle ausgehenden Strahlen sammelt, z.B. in Diaprojektoren.

Kondensstreifen, weiße, schmale Streifen, die sich hinter Flugzeugen in großer Höhe bilden; entstehen durch Kondensation von Wasserdampf an den festen Teilchen, die in den Abgasen der Flugtriebwerke enthalten sind.

Kondition, 1. (Geschäfts-)Bedingung, erforderl. Beschaffenheit. – **2.** körperl. Verfassung eines Menschen, bes. im Sport. – **K.straining,** Übungsprogramm zur Vervollkommnung der körperl. Leistungsfähigkeit, v. a. Ausdauer, Kraft u. Schnelligkeit.

Kondolenz, Beileidsäußerung.

Kondom, *Condom, Präservativ,* dünner Überzug aus Gummi für das männl. Glied beim Geschlechtsverkehr; zur Verhütung einer Ansteckung mit Geschlechtskrankheiten u. zur Empfängnisverhütung.

Kondor

Kondominium, *Condominium, Kondominat,* die Ausübung gemeinsamer Staatsgewalt zweier oder mehrerer Staaten über ein Gebiet.

Kondor, rotköpfiger *Neuweltgeier* der Hochgebirge S-Amerikas; 1,60 m lang, mit über 3 m Flügelspannweite. Vom gleich großen *Kaliforn. K.* leben noch einige Exemplare in einem Schutzgebiet bei Los Angeles.

Kondukt, feierl. Geleit, Leichenzug.

Konduktor, isolierter elektr. Leiter, auf dem eine elektr. Ladung angesammelt oder transportiert wird.

Konfekt, Süßwaren, Pralinen, feinstes kleines Backwerk mit Schokolade, Marzipan, kandierten Früchten u. ä.

Konfektion, fabrikmäßiges Herstellen von Kleidungsstücken; auch diese selbst.

Konferenz für Sicherheit und Zusammenarbeit in Europa → KSZE.

Konferenzschaltung, Sammelschaltung bei Fernseh-, Fernsprech- u. Fernschreibanlagen: Jeder Teilnehmer ist mit allen anderen verbunden.

Konfession, *Bekenntnis,* allg. die Erklärung der Zugehörigkeit zu einer Glaubensgemeinschaft oder weltanschaul. Gruppe, die verbindl. Formulierung des Glaubensinhalts in *Bekenntnisschriften.* – **K.sschule,** → Bekenntnisschule.

Konfirmation, in den ev. Kirchen feierl. Abschluß des Konfirmandenunterrichts, bei dem der Jugendliche die Grundlagen des Glaubens verstehen gelernt hat. Mit der K. wird er zum Abendmahl zugelassen u. zum mündigen Gemeindemitgl. erklärt.

Konfiserie, *Confiserie,* Konditorei, Feinbäckerei; auch feines Backwerk.

Konfiskation, Beschlagnahme, Enteignung, Einziehung zugunsten des Staates oder allg. der öffentl. Hand.

Konflikt, Zusammenstoß, Streit; Widerstreit versch. Forderungen an dieselbe Person. – **K.forschung** → Friedensforschung.

Konfluenz, Zusammenschluß zweier Gletscherströme mit Stufenbildung.

Konföderation, 1. allg. Zusammenschluß, organisator. Verbindung. – **2.** Staatenbund, d. h. völkerrechtl. Verbindung unabh. Staaten, die nur einen Teil ihrer völkerrechtl. Souveränität an die Bundesorgane abtreten, im übrigen aber volle staatsrechtl. Souveränität behalten.

Konföderierte Staaten von Amerika, die 11 *Südstaaten* der USA, die 1861 in Montgomery u. Richmond einen Sonderbund gründeten, im *Sezessionskrieg* aber den Nordstaaten unterlagen.

konform, übereinstimmend, gleichgestimmt.

Konformist, jemand, der dazu neigt, seine persönl. Auffassung der herrschenden Meinung anzugleichen. Ggs.: *Nonkonformist.*

Konfrontation, Gegenüberstellung.

konfus, wirr, verworren. – **Konfusion,** Verwirrung.

Konfuzius, latinisiert aus *Kong Fuzi, Kong Zi,* persönl. Name *Kong Qiu,* *551 v. Chr., †479 v. Chr., chin. Philosoph; stellte die Erlangung vollkommener Tugend als Ideal dar; der Staat sollte sich auf Sittlichkeit gründen. Vom 2. Jh. v. Chr. an wurden seine Lehren zum *Konfuzianismus* systematisiert. – **Konfuzianismus,** System von religiösen, philosoph. u. gesellschaftl.-polit. Ideen u. Wertvorstellungen; stellt Verhaltensnormen in den zwischenmenschl. Beziehungen in den Vordergrund; Haupttugenden sind Menschenliebe, Rechtschaffenheit, Ehrerbietung u. Schicklichkeit; seit dem 2. Jh. v. Chr. zur chin. Staatsdoktrin erhoben; durch die Revolution 1912 abgeschafft.

kongenial, geistesverwandt.

Kongreßpolen 467

Konglomerat, 1. allg. Zusammenballung, Anhäufung; Gemenge, Gemisch. – **2.** Gestein aus grobkörnigem Kies, der durch ein kalkiges oder toniges Bindemittel fest verkittet ist.

Kongo, *Bakongo, Mba-Völker,* Gruppe mutterrechtl. Bantu-Stämme (2,5 Mio.) am unteren Kongo (in Zaire, Angola, Kongo, Uganda).

Kongo, *Zaire,* zweitlängster, aber wasserreichster afrik. Strom, 4320 km lang; bildet zahlr. Stromschnellen, im Oberlauf die *Stanleyfälle,* im Unterlauf die 32 *Livingstonefälle;* fließt in das flache *K.-Becken,* die größte afrik. Beckenlandschaft; mündet (4,6 km breit) bei Boma in den Atlantik.

Kongo, Staat in Zentralafrika, 342 000 km², 2,35 Mio. Ew. (großenteils Bantuvölker), Hptst. *Brazzaville.*

Kongo

Landesnatur. Das Küstenland geht in die durchschnittl. 500–800 m hohe Niederguineaschwelle über, die sich nach NO zum Kongobecken abdacht. Der N des Landes hat feuchtheißes Klima. Im S tritt eine Trockenzeit auf. Das Beckeninnere u. ein Teil der Schwelle sind mit Regenwald bedeckt, an der Küste gibt es Mangrove.

Wirtschaft. Die Pflanzungswirtsch. liefert Ölpalmprodukte, Tabak, Zucker, Kakao u. Kaffee für den Export. Die Wälder erbringen Edelhölzer. An Bodenschätzen werden Erdöl, Blei u. Zinkerz, Kupfer, Kali, Gold u. Diamanten exportiert. – Im N sind der Kongo u. einige Nebenflüsse die einzigen Verkehrswege. Eine Eisenbahn verbindet den Hafen Pointe-Noire mit Brazzaville u. M'Binda an der Grenze nach Gabun.

Geschichte. 1880 sicherte P. *Savorgnan de Brazza* das Land für Frankreich; als Kolonie seit 1910 Teil von Frz.-Äquatorialafrika. Am 15.8.1960 wurde es unabh., 1969 zur Volks-Rep. erklärt. 1992 trat eine neue präsidialdemokrat. Verf. in Kraft. Staats-Präs. ist seit 1992 P. *Lissouba.*

Kongregation, 1. *monastische K.,* Zusammenschluß mehrerer Klöster eines Mönchsordens. – **2.** *religiöse K.,* Genossenschaft mit einfachen (ewigen oder zeitl.) Gelübden, im Ggs. zum *Orden* mit seinen feierl. Gelübden. Die Mitgl. sind an keine Klausur gebunden. – **3.** → Kurienkongregationen.

Kongreß, 1. period. Zusammenkunft zur Beratung u. Beschlußfassung, bes. von Berufs- oder Standesorganisationen u. Parteien; Tagung. – **2.** in zahlr. Staaten das *Parlament.* In den USA bilden *Repräsentantenhaus* u. *Senat* zus. den K.

Kongreßpolen, der Teil Polens, der durch Beschluß des *Wiener Kongresses* 1815 als Kgr. Polen

Konfuzius

Kongruenz

bis 1918 ein Teil Rußlands war (bis 1831 mit autonomer Verf.).

Kongruenz, 1. allg. Deckungsgleichheit, Übereinstimmung. – **2.** In der Geometrie heißen Figuren kongruent, die sich vollständig zur Deckung bringen lassen (Zeichen ≅).

Koniferen → Nadelhölzer.

König, 1. Träger der höchsten monarch. Würde nächst dem *Kaiser.* Das dt. K.tum ging wie das frz. aus dem fränk. K.tum hervor u. war in MA u. Neuzeit zumindest rechtl. *Wahlmonarchie;* in Frankreich wie in England herrschte das Erbrecht. – **2.** beim Kartenspiel die zweithöchste Karte. – **3.** wichtigste Figur im Schachspiel, deren Gefangennahme das *Schachmatt* ist.

Königgrätz, tschech. *Hradec Králové,* Stadt in O-Böhmen (Tschech. Rep.), an der Mündung der Adler in die Elbe, 170 000 Ew.; got. Kathedrale (14. Jh.), Reste der Stadtbefestigung. – Im Dt. Krieg 1866 entscheidender preuß. Sieg *(Moltke)* über die Österreicher u. Sachsen.

Königin der Nacht, mittelamerik. *Kaktusgewächs;* mit 30 cm langen Blüten, die sich nur eine Nacht öffnen.

Königsberg (Pr) [d. h. Preußen], seit 1946 russ. *Kaliningrad,* Stadt in Ostpreußen, am Pregel nahe seiner Mündung ins Frische Haff, 394 000 Ew.; Univ. (gegr. 1544); Dom (13. Jh.), Ordensschloß; Schiff- u. Waggonbau u. a. Ind.; Flughafen; Marine- u. Militärstützpunkt; durch den *K.er Seekanal* (42 km) mit dem Vorhafen *Pillau* verbunden; bed. Fischereihafen.

Gesch.: 1255 durch den *Dt. Orden* gegr.; 1525–1618 Sitz der preuß. Herzöge, seit 1701 Krönungsstadt der preuß. Könige, 1805–1945 Hptst. der preuß. Prov. Ostpreußen, 1946 mit dem nördl. Ostpreußen Rußland eingegliedert. Seit der Unabhängigkeit Litauens 1991 eine russ. Exklave.

Königshütte, poln. *Chorzów,* bis 1934 *Królewska Huta,* Stadt im oberschles. Ind.-Gebiet Polens, 140 000 Ew.; Steinkohlenbergbau, Hüttenind.

Königskerze, Gatt. der *Rachenblütler,* bis 3 m hohe Pflanze mit großen endständigen Blütentrauben; mitteleurop. Arten meist gelb- oder weißblühend; Blüten der *Großblütigen K.* u. der *Filzigen K.* getrocknet als Hustenmittel.

Königskobra, bis 4,5 m lange asiat. *Hutschlange;* die größte Giftschlange.

Königslutter am Elm, Stadt in Nds., östl. von Braunschweig, 16 000 Ew.; ehem. Benediktinerkloster (gegr. 1135) mit roman. Stiftskirche.

Königsschlange → Abgottschlange.

Königssee, von steilen Felswänden (Watzmann, Steinernes Meer) eingerahmter oberbay. Alpensee, südl. von Berchtesgaden, 601 m ü. M., 5,2 km²; am W-Ufer die Halbinsel *St. Bartholomä* mit Wallfahrtskirche (1711). Naturschutzgebiet im Nationalpark Berchtesgaden.

Königstein, *K. im Taunus,* Stadt in Hessen am S-Hang des Taunus, 16 000 Ew.; heilklimat. Kurort; Philos.-Theol. HS.

Königswasser, Gemisch aus 3 Teilen konzentrierter Salzsäure u. 1 Teil konzentrierter Salpetersäure; löst Edelmetalle auf, z. B. Gold u. Platin.

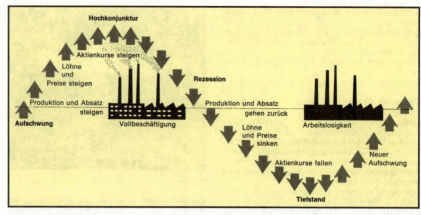

Konjunkturzyklus

Königswinter, Stadt in NRW, am Siebengebirge, 34 000 Ew.; Weinbau u. -handel; Fremdenverkehr; Zahnradbahn zum *Drachenfels.*

Königs Wusterhausen, Krst. in Brandenburg, sö. von Berlin, 19 000 Ew.; 1920 erste dt. Rundfunksendung.

Konin, Stadt in Polen, an der Warthe, 77 500 Ew.; Aluminiumhütte, Maschinenbau.

konisch, kegelförmig.

Köniz, schweiz. Dorfgemeinde, sw. von Bern, 36 000 Ew.; Schloß.

Konjektur, Berichtigung oder Ergänzung eines schlecht überlieferten oder lückenhaften Textes in der begr. Annahme, den Original-Wortlaut wiederherzustellen.

Konjugation, 1. Beugung *(Flexion)* des Verbums. – **2.** Form der sexuellen Fortpflanzung bei *Bakterien* u. *Wimperntierchen,* bei der zwei Zellen genet. Material austauschen.

Konjunktion, 1. opt. Zusammentreffen zweier (oder mehrerer) Himmelskörper (Planeten, Sonne, Mond). – **2.** Bindewort, Wortart, die Satzteile, Hauptsätze u. Nebensätze gleichen Grades verbindet (»und, denn, aber«) oder die Haupt- mit Nebensätzen sowie Nebensätze versch. Grades miteinander verbindet (»daß, weil, als« u. a.).

Konjunktiv, *Möglichkeitsform* des Verbums, heute hpts. verwendet in indirekter Rede (»er sagte, er *werde kommen*«) u. in irrealen Bedingungssätzen (»wenn er *käme* … «).

Konjunktur, Schwankungen von Wirtschaftsdaten innerhalb eines **K.zyklus** (Zeitraum, der einen konjunkturellen Auf- u. Abschwung umfaßt); **K.phasen:** 1. *Depression (Tiefstand):* niedrige Produktionswerte, Unterbeschäftigung, niedriges Volkseinkommen bei sinkenden Preisen u. Löhnen, geringe Gewinne bzw. Verluste, schwache Investitionstätigkeit. 2. *Aufschwung (Erholung, Expansion):* Verstärkung der Produktionstätigkeit, steigende Einkommen, Anstieg der Konsumnachfrage, wachsende Gewinne, Zunahme an Investitionen. 3. *Vollbeschäftigung (Hoch-K., Prosperität):* Produktion erreicht denkbar größte Höhe, Geldeinkommen u. Preise rel. stabil. 4. *Überbeschäftigung (Boom, Krise):* Überschreiten der Vollbeschäftigung, Preisanstieg, sinkende Reallöhne, hohe Gewinne, insges. instabiler Zustand. 5. *Rezession (Niedergang, Abschwung):* zunehmende Unterbeschäftigung, Ende der Sachgüterkonjunktur, Rückgang der Investitionen, weitere Abwärtsbewegung kann zur Depression führen. – **K.politik,** alle auf eine Verhinderung oder Einschränkung der K.schwankungen gerichteten staatl. Maßnahmen; Ziele sind Preisniveaustabilität, hoher Beschäftigungsstand u. außenwirtschaftl. Gleichgewicht; Anwendungsbereiche sind Geld- u. Fiskalpolitik, außenwirtschaftl. Absicherung u. Einkommenspolitik.

konkav, hohl, nach innen gekrümmt, z. B. *K.linsen.*

Konklave, abgeschlossener Raum, in dem der Papst gewählt wird; auch die Versammlung der Kardinäle zur Papstwahl.

konkludent, eine bestimmte Schlußfolgerung erlaubend, schlüssig. – **Konklusion,** Schlußfolgerung.

Konkordanz, 1. Übereinstimmung in bestimmten Merkmalen, z. B. bei eineiigen Zwillingen. – **2.** alphabet. Zusammenstellung der Gedanken, Begriffe oder Wörter eines religiösen oder literar. Werkes mit Angabe aller Stellen.

Konkordat → Kirchenvertrag.

Konkordienbuch, maßgebl. Sammlung der luth. Bekenntnisschriften, 1580 veröffentlicht; enthält u. a. die 3 altkirchl. Glaubensbekenntnisse, das Augsburg. Bekenntnis, die Schmalkald. Artikel, M. Luthers Kleinen u. Großen Katechismus u. die *Konkordienformel,* als letzte luth. Bekenntnisschrift verfaßt.

Konkremente, harte mineral. Abscheidungen in Körpergeweben u. Körperflüssigkeit, z. B. Nierensteine, Gallensteine.

konkret, sinnfällig, anschaul., gegenständl.; Ggs.: *abstrakt.*

Konkretionen, unregelmäßige, meist kugelige oder knollige Zusammenballungen von Mineralien innerhalb eines Gesteins, z. B. die *Lößkindel.*

Konkubinat, dauernde außerehel. Geschlechts-

Königsberg (Pr): Stadtansicht um 1590; kolorierter Kupferstich

Königssee

gemeinschaft *(wilde Ehe).* – **Konkubine,** Frau, die im *K.* lebt.

Konkurrenz, Wettstreit, Wettbewerb, auch die Gesamtheit der Mitbewerber.

konkurrierende Gesetzgebung, Gesetzgebungskompetenz, die sowohl den Ländern als auch dem Bund zusteht. Die Länder haben Gesetzgebungsbefugnis, soweit der Bund von seinem Gesetzgebungsrecht keinen Gebrauch macht.

Konkurs, *Falliment, Gant, Bank(e)rott,* Verfahren zur gleichmäßigen Befriedigung aller Vermögens- u. schuldrechtl. *K.gläubiger* eines zahlungsunfähigen oder überschuldeten Schuldners *(Gemeinschuldner)* aus dessen vollstreckungsfähigem Vermögen **(K.masse);** geregelt in der *K.ordnung* (Abk. *KO*). Der *K.* wird auf Antrag des Schuldners oder eines Gläubigers durch das zuständige Amtsgericht *(K.gericht)* eröffnet u. unter dessen Leitung durch den von ihm ernannten *K.verwalter* durchgeführt. – **K.ausfallgeld,** bei *K.* von Betrieben durch das Arbeitsamt auf Antrag des Arbeitnehmers zu zahlende Summe von bis zu 3 rückständigen (Netto-)Monatslöhnen bzw. -gehältern. – **K.delikte,** *K.straftaten,* betrüger., wirtsch. verantwortungslose Machenschaften des Gemeinschuldners zum Nachteil der *K.gläubiger,* die unter Strafe gestellt sind: Bankrotthandlungen (Sonderfall: betrüger. Bankrott), Gläubiger- u. Schuldnerbegünstigung, Verletzung der Buchführungspflicht.

Konnex, Verflechtung, Verbindung; persönl. Verbindungen.

Konnossement, *Seefrachtbrief,* die Urkunde über den Abschluß eines Seefrachtvertrags, in der der Verfrachter verspricht, die darin bezeichneten, zur Beförderung angenommenen Güter an den jeweiligen berechtigten Inhaber der Urkunde auszuliefern.

Konquistadoren [-ki-], span. u. port. Eroberer S-, Mittel- u. z. T. auch N-Amerikas, die nach der Entdeckung Amerikas die Eingeborenen unterwarfen u. die span. bzw. port. Herrschaft errichteten; z.B. H. *Cortés* in Mexiko, F. *Pizarro* in Peru.

Konrad, 1. K. I., †918, erster dt. König 911–18; Herzog von Franken (906) aus dem Geschlecht der *Konradiner;* nach dem Aussterben der Karolinger in Ostfranken zum König gewählt. – **2. K. II.,** *um 990, †1039, König seit 1024, Kaiser 1027–39; erster König aus dem Geschlecht der *Salier.* – **3. K. III.,** *1093/94, †1152, König 1138–52; Staufer, 1127–35 Gegenkönig, 1138 (durch Wahl) Nachfolger Lothars III. – **4. K. IV.,** *1228, †1254, König 1237/1250–54; Sohn Kaiser *Friedrichs II.,* von seinem Vater als Regent in Dtld. eingesetzt (1237 zum dt. König gewählt), mußte seine Herrschaft mit Hilfe der Städte u. Bayerns gegen die Gegenkönige *Heinrich Raspe* u. *Wilhelm von Holland* verteidigen.

Konrád, György, *2.4.1935, ung. Schriftst. (gesellschaftskrit. Werke); Präs. des Internat. Pen-Clubs; erhielt 1991 den Friedenspreis des Dt. Buchhandels.

Konrad der Pfaffe, Geistlicher in Regensburg, der um 1170 im Auftrag des Welfenhofs das frz. Epos »La Chanson de Roland« in dt. Reimpaare übertrug (»Rolandslied«).

Konradin, *Konrad der Junge,* *1252, †1268, der letzte legitime *Staufer;* Herzog von Schwaben, Sohn *Konrads IV.;* zog nach Italien, um seinen Anspruch auf die Kgr. Sizilien durchzusetzen; von *Karl von Anjou* geschlagen, auf der Flucht gefangen u. enthauptet.

Konrad von Soest [-zo:st], dt. Maler, nachweisbar um 1370–1426; Hauptmeister der westfäl. Malerei des sog. weichen Stils.

Konrad von Würzburg, *um 1225, †1287, spätmhd. bürgerl. Epiker, Lieder- u. Spruchdichter.

Konsalik, Heinz G., eigtl. H. *Günther,* *28.5.1921, dt. Schriftst.; schreibt klischeehafte Unterhaltungsromane; W »Der Arzt von Stalingrad«, »Liebesnächte in der Taiga«, »Wer stirbt schon gerne unter Palmen« u. viele andere.

Konsekration, in der kath. Kirche die Weihe eines Bischofs, einer Kirche oder eines Altars; auch die Wandlung von Brot u. Wein in Christi Leib u. Blut in der Messe.

Konsekutivsatz, *Folgesatz,* der im Deutschen durch die Konjunktion »(so) daß« eingeleitete Nebensatztyp.

Konsens, Einigkeit in den Meinungen.

konsequent, folgerichtig, streng nach Prinzipien.

Konservatismus →Konservativismus.

konservativ, bewahrend, vom Bestehenden ausgehend, dessen Substanz zu erhalten versuchend.

Konstantin der Große. Rom, Lateranmuseum

Konservativismus, *Konservatismus,* eine sich am geschichtl. Gewordenen orientierende Einstellung. Die konservative Haltung darf nicht mit der *reaktionären* verwechselt werden, wenn beide auch häufig ineinander übergehen. Der *K.* begreift Geschichte als fortwirkende Vergangenheit u. ist bemüht, ihren Kräften auch in moderner Form zur Wirksamkeit zu verhelfen. Die konservative Staatsauffassung entwickelte sich zu Beginn des 19. Jh. als Gegenbewegung zur Frz. Revolution, durch die man die alten ständ. Gesellschaftsstrukturen gefährdet sah. In Dtld. sammelte sich der *K.* nach dem 1. Weltkrieg in der *Deutschnationalen Volkspartei,* die dem Nationalsozialismus zur polit. Macht verhalf. In der BR Dtld. werden heute konservative Zielsetzungen in allerdings von urspr. *K.* stark abweichender Form von CDU u. CSU vertreten. In Östr. kann heute die *Österreichische Volkspartei* (ÖVP) als konservative Partei gelten. In der Schweiz entstand 1912 die *Schweizerische Konservative Volkspartei,* die sich 1957 in *Konservativ-christlichsoziale Volkspartei* u. 1971 in *Christlich-demokratische Volkspartei der Schweiz* umbenannte. In Großbrit. entstand die *Konservative Partei* um 1832 aus den *Tories;* sie ist seit 1979 Regierungspartei.

Konservator, im Museumsdienst oder in der Denkmalspflege *(Landes-K.)* tätiger Beamter, dem die Pflege u. Restaurierung von Kunstwerken untersteht; auch Berufsbez. für *Kustos.*

Konservatorium, Institut zur Ausbildung von Berufs- u. Laienmusikern. In Dtld. gingen die staatl. *Musikhochschulen* meist aus Konservatorien hervor.

Konserven, leichtverderbl. Waren, die durch *Konservierung* so hergerichtet sind, daß sie sich längere Zeit ohne wesentl. Veränderung halten.

Konservierung →Lebensmittelkonservierung.

Konsilium, *Consilium,* gemeinsame Untersuchung mehrerer Ärzte zur Beratung in schwierigen Krankheitsfällen.

konsistent, 1. dicht, haltbar, dickflüssig. – **2.** in der Logik widerspruchsfrei.

Konsistenz, Beschaffenheit eines Stoffs, z.B. feste, zähe, plastische *K.*

Konsistorium, 1. aus Theologen u. Juristen bestehende oberste Behörde einer ev. Landeskirche. – **2.** Versammlung der Kardinäle unter dem Vorsitz des Papstes.

Konsole, aus einer Wandfläche hervorspringender Stein aus Holz- oder Metallteil als Träger anderer Bauglieder (Balken, Balkone u. a.) u. freistehender Gegenstände (z.B. Skulpturen).

Konsolidation, 1. allg. Sicherung, Festigung. – **2.** Zusammenlegung von Schuldverpflichtungen mit unterschiedl. Bedingungen zu einer einheitl., meist langfristigen Schuld.

Konsommee [kõsɔ'me], klare Kraftbrühe.

Konsonant, Mitlaut, z.B. b, f, g, k, l; Ggs.: Vokal.

Konsonanz, als Wohlklang empfundenes Zusammenklingen von Tönen; Ggs.: *Dissonanz.*

Konsorten, 1. Genossen, Spießgesellen. – **2.** Mitgl. eines *Konsortiums.*

Konsortium, Zusammenschluß von Geschäftsleuten, bes. von Banken *(Banken-K.),* zur Durchführung eines Geschäfts, das ein großes Kapital erfordert.

Konspiration, Verschwörung, Komplott.

Konstantan, Kupfer-Nickel-Legierung mit hohem spezif. Widerstand $(0,49\ \Omega\ \text{mm}^2/\text{m})$, der in weiten Bereichen temperaturunabhängig (konstant) ist; für elektr. Drahtwiderstände verwendet.

Konstante, 1. feste, unveränderl. Größe; Ggs.: *Variable.* – **2.** wichtige Grundgröße in der Physik. Man unterscheidet *universelle Natur-K.n,* z.B. die Lichtgeschwindigkeit, die allg.-gültige Zahlenwerte sind, u. *Material-K.n* (z.B. der Brechungsindex), die eine Materialeigenschaft zahlenmäßig festlegen.

Konstantin, Fürsten.
Röm. Kaiser:
1. K. I., K. d. Gr., Flavius Valerius Constantinus, *nach 280, †337, röm. Kaiser 306–37; sicherte 313 im *Mailänder Edikt* dem Christentum wie den heidn. Kulten Religionsfreiheit zu; war seit 324 Alleinherrscher. kehrte durch Ernennung seiner Söhne zu Caesaren zur Erbmonarchie zurück; berief 325 das *Konzil von Nicäa,* auf dem die Lehre des *Arius* als Häresie verdammt u. die des *Athanasios* zur rechtgläubigen erhoben wurde; 330 machte er statt Rom *Byzanz* unter dem Namen *Konstantinopel* zur Hptst.
Griechenland:
2. K. I., *1868, †1923, König der Hellenen 1913–17 u. 1920–22; wahrte im 1. Weltkrieg die grch. Neutralität, bis ihn die Franzosen u. Briten zur Abdankung zwangen. Durch Volksabstimmung zurückgerufen, mußte er infolge der Niederlagen gegen die Türken zurücktreten. – **3. K. II.,** *2.6.1940, König der Hellenen 1964–74; ging 1967 nach einem erfolglosen Versuch, die Militärregierung zu stürzen, ins Exil u. wurde 1974 abgesetzt.

Konstantinische Schenkung, lat. *Constitutum Constantini,* eine wohl zw. 752 u. 806 in Rom gefälschte Urkunde *Konstantins d. Gr.,* durch die der Papst *Silvester I.* neben anderen Rechten den Vorrang Roms über alle Kirchen zuerkannt u. ihm die Herrschaft über die Stadt Rom, ganz Italien u. die Westhälfte des Röm. Reichs übertragen haben sollte; 1440 als Fälschung erkannt.

Konstantinopel, das 330 n. Chr. von Konstantin d. Gr. umbenannte *Byzanz,* Hptst. des Byzantin. Reichs bis 1453; seither türkisch; heute *Istanbul.*

Konstanz, Unveränderlichkeit.

Konstanz, Krst. in Ba.-Wü., am S-Ufer des Bodensees, 73 000 Ew.; Univ. (1966), roman.-got. Münster (10.–17. Jh.), zahlr. mittelalterl. Gebäude; Textil-, Masch.-, elektrotechn., pharmazeut.- kosmet. Ind.; Fremdenverkehr.
Gesch.: ehem. röm. Kastell; seit dem 6. Jh. Bischofssitz; 1192 Reichsstadt. – **K.er Konzil,** 1414–18, Absetzung der drei gleichzeitig regierenden Päpste u. Wahl eines neuen; brachte durch Beendigung des Schismas der Kirche die Einheit wieder.

Konstanza, rumän. *Constanţa,* Hptst. des rumän. Kr. Constanţa, Hafenstadt am Schwarzen Meer, 268 000 Ew.

Konstanze, *1154, †1198, dt. Königin u. Kaiserin, Tochter *Rogers II.* von Sizilien u. Erbin des sizilian. Normannenreichs, Frau Kaiser *Heinrichs VI.* (seit 1186).

Konstellation, 1. allg. Zusammentreffen von Umständen; Gruppierung, Lageverhältnis. – **2.** in der Astronomie die Stellung mehrerer Gestirne zueinander; bei Fixsternen in Form der *Sternbilder.*

konsterniert, bestürzt, verblüfft.

Konstipation, Verstopfung.

Konstituante, für den Erlaß der Verf. oder für Verfassungsänderungen zuständiges Organ.

konstituieren, bilden, gründen, einrichten.

Konstitution, 1. körperl., seel. u. geistige Verfassung eines Menschen, wie sie sich in seinen Eigenschaften äußert, u. die damit zusammenhängenden

Reaktionsweisen (z.B. Anfälligkeit gegen Krankheiten). Man kann die Menschen grob in **K.stypen** einteilen. Die bekanntesten sind (nach E. Kretschmer): 1. *Pykniker,* die eine gedrungene rundl. Form u. geringe Muskulatur sowie einen zarten Knochenbau haben; 2. *Athletiker,* die schlank, langknochig mit starkem Knochenbau u. kräftigmuskulös sind; 3. *Astheniker* oder *Leptosome,* die ebenfalls schlank u. langknochig sind, aber einen schwachen Knochenbau u. geringe Muskulatur aufweisen. Diesen K.stypen werden bestimmte psych. Eigenschaften zugeschrieben. – **2.** Verfassungsgesetz, Verfassungsurkunde.

Konstitutionalismus, polit. Idee, die die Staatsorgane an bestimmte, schriftl. festgelegte Rechtsvorschriften *(Verfassungsurkunde, Konstitution)* bindet; theoret. entwickelt von J. *Locke* u. *Montesquieu;* zunächst in Großbrit. (1649) u. in den USA (1776) verwirklicht; gelangte in Europa nach der Frz. Revolution zu großer Bedeutung.

konstitutionẹll, verfassungsmäßig, verfassungsstaatlich; Ggs.: *absolutistisch, diktatorisch.* – **k.e Monarchie,** monarch. Herrschaftsform, bei der eine *Verfassung* für die Ausübung der Staatsgewalt durch den Monarchen bestimmend ist; Ggs.: *absolute Monarchie.*

Konstruktion, 1. allg. Aufbau, Gestaltung, Entwurf. – **2.** *geometr. K.*, zeichner. Darst. einer Figur (eines Körpers). – **3.** Berechnung u. Entwurf eines Bauwerks oder einer Maschine.

konstruktịves Mißtrauensvotum → Mißtrauensvotum.

Konstruktivismus, funktionalist. Stilströmung des 20. Jh., die die konstruktiven Bild- u. Architekturelemente bis zur Ausschaltung aller anderen betont; entstanden nach dem 1. Weltkrieg in Moskau; Hauptvertreter: N. *Gabo,* A. *Pevsner,* W. *Tatlin* u. E. *Lissitzky.*

Kọnsul, 1. höchstes Amt der altröm. Rep.; versehen von 2 K.n, die vom Volk auf ein Jahr gewählt wurden; Bedeutung der K.n schwand in der röm. Kaiserzeit. – **2.** ständiger Vertreter eines Staates in den wichtigsten Städten des Auslands, mit der Wahrung der wirtsch. u. persönl. Interessen seiner Landsleute beauftragt; Ggs.: *Diplomaten.*

Konsulạt, Amtssitz einer konsular. Vertretung.

Konsultation, 1. Aufsuchen eines Arztes, ärztl. Beratung. – **2.** Beratung zweier oder mehrerer Staaten über ein gemeinsames Vorgehen gegenüber dritten Staaten; v. a. bei Bündnissen.

Konsụm, Verbrauch. – **Konsument,** Verbraucher.

Konsụmgenossenschaft, *Konsumverein, Verbrauchergenossenschaft,* Genossenschaft, die den Einkauf des tägl. hauswirtsch. Bedarfs im großen u. den Verkauf im kleinen zugunsten ihrer Genossen betreibt. Aus den K.en entstand in der BR Dtld. die co op-Gruppe.

Konsụmgesellschaft, Umschreibung für einen zentralen Aspekt der gegenwärtigen soz. u. wirtsch. Ordnung. Kennzeichnend für die K. sind Massenproduktion u. bes. Massenabsatz von kurzlebigen (häufig absichtl. verschleißanfällig hergestellten) Verbrauchs- u. Gebrauchsgütern, Herstellung von Wegwerfprodukten u. minderwertiger Billigware sowie eine auf den *Geltungsnutzen* (Prestige) einer Ware gerichtete Werbung. Dadurch entsteht bei vielen das Gefühl, unter *Konsumzwang* zu stehen.

kontagiös, ansteckend.

Kontạkt, 1. allg. Berührung, Verbindung. – **2.** fester *Katalysator* bei techn. Prozessen. – **3.** Berührung stromführender Teile zum Herstellen einer elektr. Verbindung; auch die Teile, an denen der K. zustande kommt.

Kontạktgesteine, durch Berührung mit schmelzflüssigem Magma in ihrem Chemismus oder ihrer Struktur umgewandelte Gesteine; z.B. Marmor.

Kontạktgifte, *Berührungsgifte,* chem. Stoffe, die bei Berührung durch die Haut in den Körper eines Tiers, etwa eines Insekts gelangen u. dort lähmend wirken; z.B. DDT, Hexa, E 605.

Kontạktlinsen, *Haftgläser, Haftschalen,* linsenförmig geschliffene, dünne, durchsichtige Schalen aus Glas oder weichem Kunststoff, die anstatt Brillen zur Korrektur von Sehfehlern verwendet werden; schwimmen auf dem die Hornhaut benetzenden Tränenfilm.

Kontaminatiọn, Verseuchung von Wasser u. Räumen mit radioaktiven Stoffen.

Kontemplation, Beschaulichkeit, betrachtendes Erkennen u. Sinnen, i.e.S. über religiöse Gegenstände; bes. in der *Mystik* geübt.

kontemporär, zeitgenössisch.

Kontenance [kɔ̃tə'nãs], Haltung, Fassung.

Kọnterbande → Bannware.

Kọnterfei, Bildnis, Abbildung.

kọntern, 1. umdrehen, die Seiten verkehren; z.B. ein seitenverkehrtes Bild oder eine Spalte seitenrichtig wiedergeben. – **2.** im Sport einen Angriff sofort erwidern.

Konterrevolution, das Bemühen zur Beseitigung der Ergebnisse einer Revolution u. zur Wiederherstellung der vorrevolutionären Zustände.

Kọntertanz, mit Paartanz-Figuren durchsetzte Reigenform; beliebtester Gesellschaftstanz des 18. Jh.

Kọntext, sprachl. Zusammenhang; ein Wort oder eine Wendung umgebender Text *(innersprachl. K.)* oder die im Text nicht ausgedrückte Sprecher-Hörer-Situation *(außersprachl. K.),* die für die Bedeutung wichtig sind.

Kontinẹnt, Festland, Erdteil.

Kontinentạlklima, Klima im Innern großer Landmassen; gekennzeichnet durch heißen Sommer, kalten Winter, kurzen Frühling u. Herbst u. große tägl. u. jährl. Temp.-Schwankungen.

Kontinentạlsockel → Festlandsockel.

Kontinentạlsperre, 1806 von *Napoleon I.* unternommener Versuch, nach Verlust der frz. Flotte mit einer gigant. Landblockade (Absperrung Festlandeuropas) England wirtschaftlich entscheidend zu treffen; scheiterte an der Unmöglichkeit, sie lückenlos durchzuführen.

Kontinentạlverschiebung, von A. *Wegener* 1912 aufgestellte Theorie, die von der Annahme ausgeht, daß die Kontinente als leichtere Massen wie Eisschollen im Wasser auf dem schwereren magmat. Untergrund schwimmen u. durch Pol- u. Westdrift ihre heutige Lage erreicht haben.

Kontingẹnt, Anteil, Beitrag; vom Staat oder von Verbänden festgesetzte *(kontingentierte)* Gütermenge, die produziert oder verbraucht, ein- oder ausgeführt werden darf.

kontinuịerlich, stetig, bruchlos ineinander übergehend. – **Kontinuität,** stetiger Zusammenhang ohne plötzliche Änderung.

Kọnto, zahlenmäßige Gegenüberstellung von Geschäftsvorfällen in der Buchführung u. im Bankwesen; auf der linken Seite Belastungen *(Soll),* auf der rechten Seite Gutschriften *(Haben);* der Kontenstand *(Saldo)* ergibt sich aus der Differenz zw. den Summen beider Seiten. – **K.korrent,** K., auf dem alle Gutschriften u. Belastungen aus dem Geschäftsverkehr mit einem Kunden oder Lieferanten gesammelt werden; in regelmäßigen Abständen wird ein *K.auszug* erstellt u. der Kontenstand mitgeteilt.

Kontọr, Arbeitszimmer, Büro des Kaufmanns.

Kontorsiọn, Verdrehung einer Gliedmaße.

kontra, ..., Vorsilbe mit der Bed. »gegen«; in der Musik »die tiefste Lage angebend«.

Kontra, beim Kartenspiel die Gegenansage eines Spielers.

Kọntrabaß, *Violone, Baßgeige,* tiefstes u. größtes Streichinstrument, entstanden gegen Ende des 16. Jh.

kontradiktọrisch, widersprechend, einander ausschließend.

Kontrahẹnt, Gegner, Vertragspartner.

kontrahieren, 1. zusammenziehen (z.B. Muskeln). – **2.** einen Vertrag abschließen.

Kọntraindikation, »Gegenanzeige«, Gründe, die dagegen sprechen, ein bestimmtes Behandlungsverfahren oder Arzneimittel bei einer bestimmten Krankheit anzuwenden; Ggs.: *Indikation.*

Kontrạkt, Abkommen, Vertrags(urkunde).

Kontraktion, allg. Zusammenziehung; Anspannung eines Muskels.

Kontraktụr, Verkürzung von Weichteilen (Muskeln, Sehnen, Haut u. a.) u. die Einschränkung der Gelenkbeweglichkeit durch Narbenbildungen, Minderdurchblutung, Schrumpfung oder Lähmungen.

Kọntrapunkt, Komposition, bei der mehrere selbst. Stimmen melod. u. rhythm. sinnvoll nebeneinander geführt werden; kam zum erstenmal im *Kanon* zur Anwendung; Höhepunkt in der *Fuge.*

Kontrạst, Gegensatz.

Kontrạstmittel, für Röntgenstrahlen undurchlässige Substanz (z.B. Jod, Barium), die in der Röntgentechnik zum Sichtbarmachen von Körperhohlräumen verwendet wird.

Kontrazeption → Empfängnisverhütung.

Kontribution, 1. allg. Beitrag, Leistung. – **2.** *Kriegs-K.*, Zwangsauflage (in Gütern oder Geld) während des Kriegs in Feindesland.

Kontrọlle, Überwachung, Nachprüfung, Beaufsichtigung; Steuerung techn. u. wirtsch. Prozesse.

Kontrọllrat, *Alliierter K.*, 1945 eingesetztes Organ mit Sitz in Berlin, durch das die Besatzungsmächte (USA, UdSSR, Großbrit., Frankreich) die oberste Regierungsgewalt in allen Dtld. als Ganzes betreffenden Fragen ausüben wollten. Seine Tätigkeit endete 1948 mit dem Auszug des sowj. Vertreters anläßl. der geplanten Gründung eines westdt. Staates.

Kontrovẹrse, Meinungsverschiedenheit.

Kontụr, Umriß.

Kontusiọn → Quetschung.

Kọnus, Kegel; kegelförmig verjüngtes Maschinenelement.

Konvektion, Wärmetransport durch bewegte Materie, z.B. durch vertikale Luftbewegungen in der Atmosphäre.

Konvẹnt, Zusammenschluß Gleichgesinnter, beratende Zusammenkunft; z.B. von stimmberechtigten Ordensmitgliedern *(Kloster-K.),* von student. *Korporationen.*

Konventịkel, Zirkel zur religiösen Erbauung; bes. im Pietismus.

Konvention, 1. allg. Sitte, Herkommen, Überlieferung; Übereinkunft. – **2.** im Völkerrecht ein Vertrag zur umfassenden Regelung bestimmter Rechtsgebiete, mit Beteiligung zahlr. Staaten.

Konventionạlstrafe → Vertragsstrafe.

konventionẹll, herkömmlich, förmlich. – **k.e Waffen,** alle Waffen, die nicht zu den *atomaren, biolog.* u. *chem. Kampfmitteln* gehören.

Konvergẹnz, 1. allg. Annäherung, Hinneigung; **konvergieren,** sich nähern, zusammenlaufen. – **2.** Entstehung ähnl. Merkmale u. Organe aus versch. Vorzuständen bei nicht näher verwandten Tiergruppen. – **3.** bei der Farbbildröhre des Fernsehens das Zusammenführen der drei Elektronenstrahlen durch Elektromagnete auf dem Leuchtschirm. – **4.** in der Math. bei einer *Folge* oder *Reihe* das Vorhandensein eines *Grenzwerts.* – **5.** in der Optik das Zusammenlaufen zweier oder mehrerer Linien oder Strahlen in einem Punkt.

Konversation, geselliges, leichtes Geplauder ohne geistigen Tiefgang.

Konversationslexikon → Enzyklopädie.

Konversationsstück, *Gesellschaftsstück,* Bühnenstück aus dem Leben der höheren Gesellschaftsschichten, dessen Reiz in geistvollen Dialogen, weniger in Handlung u. Charakteren liegt.

Konversiọn, 1. die Umdeutung eines an sich nichtigen Rechtsgeschäfts in ein gültiges, wenn anzunehmen ist, daß dieses bei Kenntnis der Nichtigkeit gewollt wäre. – **2.** Übertritt von einer christl. Konfession zur anderen. Wer eine K. vollzieht, heißt **Konvertit.** – **3.** *Konvertierung,* Anpassung der Schuldbedingungen an eine veränderte Lage am Kapitalmarkt; bes. Herabsetzung des Zinsfußes bereits begebener, im Verkehr befindl. *Anleihen.* – **4.** Rückführung militär. genutzten Geländes in zivile Nutzung.

Konvẹrter, 1. mit feuerfesten Steinen ausgekleideter, kippbarer, birnenförmiger Stahlbehälter zur Gewinnung von Kupfer u. Stahl aus Roheisen. – **2.** Kernreaktor, in dem Brutmaterial in spaltbares Material umgewandelt wird. – **3.** Hilfslinsensystem zw. Kameragehäuse u. Objektiv für Spiegelreflexkameras zur Verlängerung der Brennweite.

Konvertịerbarkeit, *Konvertibilität,* Einlösbarkeit, Eintauschbarkeit. Die *freie K. der Währungen* ist gegeben, wenn jede Landeswährung ohne mengenmäßige Beschränkung gegen eine beliebige andere eingetauscht werden kann.

konvertieren, den Glauben wechseln.

konvẹx, nach außen gewölbt; Ggs.: *konkav.*

Konvịkt, Anstalt, in der (künftige) Theol.-Studenten zur Förderung der Ausbildung u. des religiösen Lebens gemeinschaftl. wohnen.

Konvoi, *Geleitzug,* im Seekrieg die unter dem Schutz von Kriegsschiffen fahrenden feindl. oder neutralen Handelsschiffe.

Konvolụt, Aktenpaket; Bündel mit Briefen, Broschüren oder einzelnen bedruckten Blättern.

Konvulsiọn, Zuckungen, Schüttelkrampf.

Konwicki [-'vitski], Tadeusz, * 22.6.1926, poln. Schriftst.; schildert in seinen Romanen Partisanentum, Nachkriegswirren u. Grenzlandverhältnisse.

Konwịtschny, Franz, * 1901, † 1962, dt. Dirigent; seit 1955 Generalmusikdirektor der Ostberliner Staatsoper.

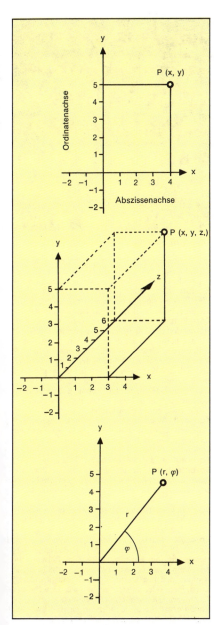

kartesische Koordinaten in der Ebene (oben) und im Raum (Mitte); Polarkoordinaten (unten)

Konya, das antike *Ikonion,* türk. Prov.-Hptst. nördl. des Taurus, in Inneranatolien, 519 000 Ew.; seldschuk. Moscheen, Teil-Univ.; Landmaschinenbau, Teppich- u. Baumwoll-Ind.; Quecksilbervorkommen; Verkehrszentrum.
konzedieren, zugestehen.
Konzentrat, das beim Anreichern entstehende, gegenüber dem Ausgangsmaterial hochwertigere Produkt.
Konzentration, 1. Zusammenballung, Zusammenfassung. – **2.** in der geistigen Arbeit allg. Steigerung der *Aufmerksamkeit.* – **3.** Gehalt einer Lösung an gelöstem Stoff; ausgedrückt in *Gewichtsprozenten* oder (bei gelösten Flüssigkeiten, z.B. Alkohol in Wasser) in *Volumprozenten.*
Konzentrationslager, Abk. *KZ,* Internierungslager, in denen ohne rechtl. Grundlage polit. Gegner u. a. unliebsame Bevölkerungsgruppen (z.B. aus rass. oder religiösen Gründen) gefangengesetzt werden. – Das nat.-soz. Regime in Dtld. begann bereits 1933 mit der Errichtung von K.n, anfangs von der Gestapo organisiert, 1934 in die Verw. der SS übernommen. Das 1. KZ entstand bei *Dachau.* 1944 bestanden 20 K., u. a. *Sachsenhausen, Buchenwald, Auschwitz, Bergen-Belsen, Theresienstadt.* Seit 1938 bestand die Hauptfunktion der K. in der Rekrutierung von Zwangsarbeitskräften (u. deren »Vernichtung durch Arbeit«). Die Mehrzahl der seit Kriegsausbruch Neuinhaftierten waren Angehörige besetzter Länder. Ab 1941 wurden zur sog. *Endlösung* der Judenfrage Vernichtungslager eingeführt. Das Zentrum war Auschwitz. In ihnen u. a. K.n sind bis 1945 mind. 5–6 Mio. jüd. u. 500 000 nichtjüd. Häftlinge umgekommen. – Nach dem 2. Weltkrieg wurden K. im Gebiet der SBZ von der *Sowjet. Militäradministration in Dtld.* bis 1950 weiterverwendet zur Internierung »aktiver Faschisten«, »Kriegsverbrecher« u. a. mißliebiger Deutscher, meist ohne Gerichtsverfahren *(Sachsenhausen, Buchenwald, Bautzen).* Die Zahl der Opfer dieser K. wird mit etwa 100 000 angegeben.
konzentrisch, mit gleichem Mittelpunkt.
Konzept, erster Entwurf eines Schriftstücks, Niederschrift einer Rede oder Vorlesung für den Vortragenden.
Konzeption, 1. Gesamtbegriff; Gedankenentwurf, schöpfer. Einfall, Grundauffassung. – **2.** →Empfängnis.
Konzern, Zusammenschluß rechtl. selbständig bleibender Betriebe unter einer einheitl. Leitung. Die einzelnen Gesellschaften verlieren ihre wirtsch. u. finanzielle, meist auch ihre organisator. Selbständigkeit. Die herrschende Gesellschaft *(Ober-* oder *Muttergesellschaft)* kann selbst produzieren oder ledigl. aus dem Kapitalbesitz heraus herrschen *(Holdinggesellschaft).*
Konzert, 1. Musikstück, in dem mehrere Stimmen oder Instrumente, einzeln oder in Gruppen, im »Wettstreit« miteinander abwechseln; urspr. als vokales *Kirchen-K.* Um 1620 entstand das *Kammer-K.* Es erfuhr seine Vollendung zu Ende des 17. Jh. im *Concerto grosso,* bei dem mehrere (meist 3) Instrumente eine kontrastierende Wirkung gegenüber dem vollen Orchester *(Tutti)* auslösen. – Etwa gleichzeitig entstand das *Solo-K.* für ein Instrument mit Orchesterbegleitung. – **2.** Veranstaltung (meist öffentlich) zur Aufführung musikal. Werke.
konzertierte Aktion, Anfang der 70er Jahre in der BR Dtld. das aufeinander abgestimmte Verhalten des Staates, der Gewerkschaften u. der Unternehmerverbände zur Erreichung wirtschaftspolit. (insbes. konjunktureller) Ziele.
Konzertina, Ziehharmonika mit Spielknöpfen u. vollständiger chromat. Tonfolge.
Konzertmeister, erster Geiger eines Orchesters; oft auch der Stimmführer der 2. Geigen, Bratschen u. Violoncelli. Er unterstützt den Dirigenten durch Abhalten von Streicherproben u. ä.
Konzession, 1. allg. Zugeständnis, Bewilligung. – **2.** amtl. Erlaubnis, bes. die Erteilung einer Gewerbezulassung.
Konzessivsatz, Nebensatztyp, der etwas einräumt; einleitende Konjunktionen im Deutschen: obgleich, obschon, wenn auch, wiewohl.
Konzil, Versammlung von christl. Kirchenführern (meist unter Leitung des Papstes) zur Beratung über Fragen der Lehre u. des Lebens. Neben den Partikular- u. Provinzialkonzilen stehen die *ökumenischen K.e,* an denen Bischöfe aus aller Welt teilnehmen.
konziliant, versöhnlich, verbindlich.

konziliare Theorie, *Konziliarismus,* die Lehre, daß die allg. *Konzile* über dem Papst stehen; prakt. angewandt vom *Konstanzer Konzil.* Das *5. Lateran-Konzil* 1516 entschied gegen die k.T. zugunsten des Papsttums.
konzipieren, entwerfen, planen.
konzis, kurz, bündig.
Koog, dem Meer abgerungenes, eingedeichtes Marschland, bes. in Schl.-Ho.
Kooperation, Zusammenarbeit, bes. im Wirtschaftsleben.
Koopmans, Tjalling Charles, * 1910, † 1985, USamerik. Wirtschaftswissenschaftler ndl. Herkunft; Nobelpreis 1975.
Koordinaten, Angaben zur Festlegung der Lage eines Punktes in der Ebene oder im Raum. In der Math. werden unterschieden: 1. kartesische K.: Zugrunde liegt ein rechtwinkliges oder schiefwinkliges *K.system (Achsenkreuz),* dessen gerichtete Achsen *Abszissen-* u. *Ordinatenachse (x-* u. *y-Achse)* heißen. In der Ebene benötigt man zwei Achsen, im Raum drei Achsen. Ein Punkt wird durch die Längen der durch ihn zu den Achsen gezogenen Parallelen festgelegt *(Abszisse* u. *Ordinate).* – 2. Polar-K.: Die Lage eines Punktes wird festgelegt durch die Entfernung r von einem festen Punkt (Ursprung) u. den Winkel φ, den r mit einer Nullrichtung bildet; r heißt *Radiusvektor (Betrag),* φ Abweichung (Argument). – In der höheren Mathematik gibt es *Linien-, Zylinder-* u. *elliptische K.*
Koordination, 1. allg. Abstimmung mehrerer Vorgänge, Gedanken, Befugnisse aufeinander. – **2.** Zusammenspiel von Muskelbewegungen zu umfassenderen Leistungen, wie z.B. Fortbewegung. –
koordinieren, beiordnen, zuordnen.
Kopal, harte, spröde Harze versch. Art von trop. Bäumen; dienen zur Herstellung von K.lacken.
Kopeke, 1534 eingeführte russ. Silbermünze ($^1/_{100}$ Rubel) in ovaler Form *(Tropf-K.);* seit 1701 als runde Münze in Kupfer, seit 1926 in Messing geprägt.
Kopelew ['kɔpɛljɛf], Lew, * 9.4.1912, russ. Schriftst. u. Literaturwissenschaftler; als Regimekritiker verfolgt; 1945–55 in Haft; 1981 ausgebürgert; erhielt 1981 den Friedenspreis des Dt. Buchhandels.
Kopenhagen, dän. *København,* Hptst. von Dänemark, am Öresund, 622 000 Ew.; Schloß Amalienborg, Vergnügungspark *Tivoli,* Museen, Univ. (gegr. 1479); Handelsmetropole mit Masch.-, Porzellan- u. Textil-Ind., Brauereien, Erdölraffinerie u. Schiffbau; Flughafen.
Köper, *K.gewebe,* Baumwollstoff in K.bindung (→Bindung), geeignet zum Rauhen *(K.barchent);* für Hemden-, Wäsche- u. Futterstoff.
Kopernikus, *Copernicus,* Nikolaus, * 1473, † 1543, dt. Astronom; erkannte, daß sich die Erde u. die Planeten in Kreisen um die Sonne bewegen u. nicht umgekehrt, wie man bis dahin glaubte, u. begr. damit das *heliozentr. (kopernikan.) Weltsy-*

Kopenhagen: im Vordergrund Schloß Christiansborg

Kopf

Nikolaus Kopernikus

stem. Dies leitete eine neue geistige Epoche der Menschheit ein *(kopernikan. Wende).*

Kopf, vom übrigen Körper abgesetztes Vorderende vieler Tiere. Der K. enthält u. umfaßt gewöhnl. den Anfang des Darmkanals *(Mundöffnung),* häufig das Nervenzentrum *(Gehirn)* u. versch. *Sinnesorgane.* Insbes. spricht man von *K.* bei den Gliedertieren (v. a. Insekten) u. bei den Wirbeltieren. Bei letzteren wird der K. von einem knöchernen Gerüst *(Schädel)* gebildet.

Kopffüßer, *Tintenfische, Cephalopoda,* Kl. von hochentwickelten *Weichtieren.* Der Kopf, der den Mund u. das Zentralnervensystem trägt, ist mit 4 oder 5 Paaren meist saugnapftragender Arme *(Tentakeln)* besetzt, die zum Ergreifen der Beute u. zur Fortbewegung dienen.

Kopfgrippe, volkstüml. Bez. für epidem. Gehirnentzündung u. epidem. Hirnhautentzündung.

Kopfhörer, empfindl. Hörer mit zwei Hörmuscheln, die durch elast., der Kopfform angepaßte Bügel verbunden sind.

Kopflaus, 1–2 mm lange, graue *Laus* im Kopfhaar des Menschen, bei starkem Befall auch an Bart- u. Körperhaaren.

Kopfsalat, *Gartensalat,* zu den *Korbblütlern* gehörende Gemüsepflanze.

Kopfschmerzen, *Cephalgie,* Schmerzen, die ihre Ursache in Drucksteigerungen innerhalb der Schädelhöhle, in Krampfzuständen der Gefäßmuskulatur der Gehirngefäße oder in Reizungen der Gehirnhaut haben können. Daneben kann es sich um fortgeleitete Schmerzen von Ohr, Nebenhöhlen oder Augen handeln. Einfache K. sind meist Zeichen einer nervösen Überbelastung oder Erschöpfung.

Kopfsteuer, *Kopfgeld,* heute nur noch selten anzutreffende Form der Personalsteuer (seit 1990 in Großbrit.): Die Steuer wird ohne Rücksicht auf individuelle Verhältnisse (z.B. Einkommen, Familienstand, Alter) von jeder steuerpflichtigen Person in der gleichen Höhe erhoben.

Kopfstimme, *Falsett, Fistelstimme,* Art der Stimmerzeugung beim Gesang, bei der nur die Stimmlippenränder in Schwingungen versetzt werden u. außerdem statt der Brustresonanz die Resonanz des Ansatzrohrs (Mund- u. Rachenhöhle) u. der Resonanzhöhlen des Kopfs genutzt wird; eignet sich bes. für die höheren Tonlagen.

Kopie, 1. allg. genaue Abschrift, Nachbildung. – **2.** in der bildenden Kunst die genaue Nachbildung eines Werks durch den Künstler selbst *(Replik)* oder einen anderen. Im Unterschied zur *Reproduktion* gleicht die K. in Format, Material u. Technik dem Original. – **3.** in der Druckereitechnik die photomechan. Übertragung eines Negativs oder Positivs auf eine feste Druckform. – **kopieren,** eine K. herstellen.

Kopilot →*Flugzeugführer.*

Kopisch, August, *1799, †1853, dt. Schriftsteller u. Maler; schrieb volkstüml. Balladen.

Kopten: altes Kreuz aus Äthiopien, das an die irische künstlerische Tradition erinnert

Koppel, 1. [die], eingezäuntes Feld oder Weidestück. – **2.** [das], Leibgurt aus Leder oder Gewebe, an dem der Soldat Ausrüstungsgegenstände trägt.

Köppen, Wladimir Peter, *1846, †1940, Meteorologe u. Klimatologe; schuf die gebräuchl. Klimaklassifikation.

Kopra →*Kokospalme.*

Koproduktion, Gemeinschaftsherstellung (von Filmen, Industrieerzeugnissen u. a.).

Koprolith, versteinerte Exkremente fossiler Tiere.

Kopten, Sammelname für die Christen Ägyptens, die heute drei versch. kirchl. Gemeinschaften angehören (kopt.-orth. Kirche, kopt.-kath. Kirche, kopt.-ev. Kirche).

Kopulation, 1. Verbindung, (geschlechtl.) Vereinigung, Begattung. – **2.** eine Pfropfart *(Veredelung),* bei der die Unterlage u. Edelreis sich völlig decken, wodurch ein schnelles u. festes Verwachsen erreicht wird.

Korallen, *K.tiere, Anthozoa, Blumentiere,* zu den *Nesseltieren* gehörige, vorw. festsitzende Meerestiere; kommen nur als *Polypen* vor; einige leben einzeln, die meisten bilden Kolonien, indem sie Kalk ausscheiden u. dadurch über lange Zeiträume mächtige K.stöcke aufbauen. So entstehen in trop. u. subtrop. Meeren die *K.riffe,* an deren Oberfläche die K.polypen eine dünne lebende Schicht bilden. Zu den K. gehören u. a. *Seeanemonen, Seefedern, Stein-K., Leder-K.* sowie die *Edel-K.,* deren rotes oder weißes Kalkskelett zu Schmuck verarbeitet wird.

Korallenfische, Bez. für Fische versch. Familien, die *Korallenriffe* bewohnen; meist außerordentl. farbenprächtig; u. a. *Korallenbarsche, Kugelfische, Papageifische.*

Korallenmeer, Meeresteil zw. NO-Australien, SO-Neuguinea u. den Salomonen.

Korallenottern, meist schwarz-rot-gelb oder weiß geringelte, bis 1,5 m lange *Giftnattern* versch. Gatt. in Afrika u. Amerika.

Korallenriff, aus den Kalkabscheidungen der Ko-

Violette Hornkoralle

rallen aufgebauter Wall in warmen Meeren; in Küstennähe entstehen *Saumriffe;* bei Senkung des Untergrunds oder Anstieg des Meeresspiegels wird das Riff in die Höhe gebaut; so entstehen *Wall-* oder *Barriereriffe;* versinkt eine von einem Wallriff umgebene Insel im Meer, entsteht ein *Atoll.*

Korallenschmuck, aus dem roten oder weißen Stützskelett der *Edelkoralle* hergestellter Schmuck.

Koran, heiliges Buch des *Islam,* eine Zusammenstellung der Offenbarungen *Mohammeds* in 114 Abschnitten *(Suren),* die nach der Länge geordnet sind. Ob der K. von Allah erschaffen wurde oder unerschaffen seit Ewigkeit existiert, ist eine dogmat. Streitfrage zw. der Orthodoxie u. best. Sekten.

Korbach, Krst. in Hessen, nw. der Edertalsperre, 22000 Ew.; got. Kilianskirche.

Korbball, überwiegend von Frauen gespieltes Ballspiel: 2 Mannschaften von je 7 Spielerinnen versuchen, einen Ball in den gegner. »Korb« zu werfen.

Korbblütler, *Körbchenblütler* →Pflanzen.

Korbmacherei, *Korbflechterei,* uraltes, über die ganze Erde verbreitetes Handwerk; als Flechtstoff dient natürl. (z.B. Weidezweige) u. künstl. Material.

Korčula [ˈkɔrtʃula], gebirgige Insel vor der dalmatin. Küste (Kroatien), bis 568 m hoch, 273 km², 18000 Ew., Hauptort K.

Korczak [ˈkɔrtʃak], Janusz, eigtl. Henryk *Goldszmit,* *1878, †1942, poln. Arzt u. Pädagoge; begleitete die ihm anvertrauten Kinder freiwillig in das Vernichtungslager Treblinka; erhielt 1972 posthum den Friedenspreis des Dt. Buchhandels.

Kord, mehr oder minder feingerippes Gewebe aus Kammgarn, Halbwolle oder Baumwolle.

Kordilleren [kɔrdilˈjeːrən], die pazif. Küste des amerik. Doppelkontinents auf 15000 km Länge begleitendes längstes Faltengebirge der Erde, von Alaska bis Feuerland; die nordamerik. K. teilen sich in 2 Hauptketten: *Küstengebirge (Coast Range)* u. *Felsengebirge (Rocky Mountains);* die südamerik. K. werden als *Anden* bezeichnet.

Kordofan, Prov. im mittleren Sudan, 381 000 km², 3,1 Mio. Ew., Hptst. *El Obeidh;* welliges Hügelland mit Trocken- u. Dornsavanne.

Kordon [-ˈdõ], Schutzgürtel, urspr. die Postenkette, dann der Sicherung eines Landstrichs durch eine Kette militär. Abteilungen.

Kore, Beiname der Göttin *Persephone;* auch Bez. für antike Mädchenstatuen.

Korallenfische: Gelbschwanz-Schmetterlingsfisch

Kopf des Menschen

Korea, Halbinsel in O-Asien, polit. geteilt in die beiden Staaten *Nordkorea* u. *Südkorea*. – Das Land ist überw. gebirgig mit den höchsten Erhebungen im N (bis 2744 m). Die W- u. S-Küste ist stark gegliedert, im SO fällt die Küste im *Taebaeksanmaekgebirge* steil zum Jap. Meer ab. Das Klima weist erhebl. Temperaturschwankungen u. eine ungleichmäßige jahreszeitl. Verteilung der Niederschläge auf. – Die Bewohner sind Koreaner. Sie gehören vorw. dem Buddhismus, Konfuzianismus u. dem Christentum an.

Geschichte. König Kija begr. um 1100 v. Chr. die *Kija-Dynastie*. Sie wurde 194 v. Chr. im S abgelöst von den Drei Han-Reichen. Ein korean. Einheitsstaat entstand 668 n. Chr. Im 13. Jh. litt K. unter einer mongol. Invasion, 1592–98 unter jap. Eroberungsversuchen; 1637 mußte K. die Oberhoheit der chin. Mandschu-Kaiser anerkennen. – Die über zweihundert Jahre währende Abschließung des Landes wurde 1876 aufgegeben. Nach dem russ.-jap. Krieg 1904/05 annektierte Japan 1910 K. 1945 besetzten die UdSSR u. die USA das Land u. teilten es längs des 38. Breitengrads in eine nördl.

Korea: Studenten demonstrieren nahe der Brücke nach Panmunjon, der Trennungslinie zwischen Süd- und Nordkorea, für die Wiedervereinigung

sowj. u. eine südl. US-amerik. Interessensphäre auf. Im Sept. 1948 wurde in Nordkorea die *Volksdemokrat. Republik K.* ausgerufen; Südkorea (*Republik K.*) gab sich im Juli 1948 eine Verf. Am 25.6.1950 begann mit dem Einmarsch nordkorean. Truppen in Südkorea der Korea-Krieg. 1953 wurde der *Waffenstillstand von Panmunjon* geschlossen. Eine polit. Lösung des K.-Problems kam nicht zustande. 1991 wurde zw. Nord- u. Süd-K. ein Versöhnungsvertrag unterzeichnet. Alles beherrschender Politiker des kommunist. Nordkoreas war von 1945 bis zu seinem Tode 1994 *Kim Il Sung*. In Südkorea ist seit 1993 *Kim Young Sam* Präs.

1. Nordkorea: *Demokr. VR K.*, Staat in O-Asien, 120 538 km², 22,4 Mio. Ew., Hptst. *Phyongyang*.

Nordkorea

Wirtschaft. Die Landwirtschaft wird in Kollektiv- oder Staatsbetrieben durchgeführt. Sie erzeugt Reis, Gerste, Weizen, Sojabohnen, Tabak, Mais, Baumwolle u. a. Wichtig ist die Fischerei. Die reichen Bodenschätze (Kohle, Eisen, Gold, Kupfer, Wolfram u. a.) werden erst z. T. abgebaut. Wirtschaftl. bedeutend sind v. a. Eisen- u. Stahl-, Maschinenbau- u. chem. Ind. – Die Eisenbahn ist der wichtigste Verkehrsträger. Mit Moskau u. Peking bestehen direkte Bahnverbindungen. Haupthäfen sind Tsongjin, Hungnam, Najin, Nampo u. Wonsan.

2. Südkorea: *Rep. K.*, Staat in O-Asien, 99 016 km², 43,2 Mio. Ew., Hptst. *Seoul*.

Südkorea

Wirtschaft. Hauptanbauprodukte sind Reis, Weizen, Sojabohnen, Gemüse u. Gerste. Bedeutung haben auch der Anbau von Ginseng, die Seidenraupenzucht u. der Fischfang. Die wichtigsten Bodenschätze sind Wolfram u. Wismut. Die Industrie hat sich in jüngster Zeit stark entwickelt. Sie umfaßt v. a. Textil-, Holz-, Nahrungsmittel-, elektron. u. chem. Ind. sowie die Eisen- u. Stahlerzeugung u. den Maschinenbau, in jüngster Zeit auch Kraftfahrzeug-Ind. Es gibt mehrere Erdölraffinerien u. Schiffswerften. – Die Eisenbahn ist der wichtigste Verkehrsträger. Haupthäfen sind Inchon, Pusan, Kunsan u. Mokpo.

Korea-Krieg, 25.6.1950 – 27.7.1953. Nach langjährigem Streit über die Wiedervereinigung Koreas sowie nach dem Ausschluß Südkoreas aus dem US-amerik. Verteidigungsbereich im Jan. 1950 drangen nordkorean. Streitkräfte in Südkorea ein. In Abwesenheit des sowj. Vertreters beschloß der UN-Sicherheitsrat auf US-amerik. Drängen die Unterstützung Südkoreas durch UN-Streitkräfte (unter dem US-amerik. UN-Oberbefehlshaber D. *MacArthur*). Um der Bedrohung durch ein antikommunist.-proamerik. Korea zu begegnen, entsandte die VR China Freiwilligenverbände (mehr als 200 000 Mann), was zum Zusammenbruch der alliierten Front führte. Nach einem Stellungskrieg am 38. Breitengrad u. zweijährigen Verhandlungen v. a. über die Gefangenenrückführung wurde der *Waffenstillstand von Panmunjon* am 27.7.1953 geschlossen.

Koreaner, ostasiat. Volk des mongol. Rassenkreises, auf der Halbinsel Korea, in der benachbarten Mandschurei u. im ostasiat. Rußland; gingen seit 1392 ganz in der chin. Kultur auf.

kören, männl. Haustiere auf ihre Zuchttauglichkeit überprüfen.

Korfball, *Korfbal*, ndl. Nationalspiel (ähnl. dem *Korbball*), in dem jedes körperl. Interesse ist u. das als gemischtes Mannschaftsspiel (sechs Spielerinnen u. sechs Spieler je Mannschaft) ausgetragen wird.

Korff, Hermann August, * 1882, † 1963, dt. Literaturhistoriker; schrieb »Geist der Goethezeit«, das Hauptwerk der ideengeschichtl. Literaturschichtsschreibung.

Korfu, grch. *Kerkyra*, die nördl. der grch. Ionischen Inseln, 592 km², 100 000 Ew., Hauptort u. Hafen *Kerkyra*; Fremdenverkehr; 1387 venezian., 1864 grch.

Koriander, *Coriandrum*, Gatt. der *Doldengewächse*; Küchenkraut (Gurken- u. Soßengewürz u. für Backwaren).

Korinth, grch. *Korinthos*, grch. Hafenstadt am *Golf von K.*, der durch den *Kanal von K.* mit dem Saron. Golf verbunden ist, 23 000 Ew.; Zentrum eines intensiv genutzten Agrargebietes; Raffinerie, Metallverarbeitung, Schwefelwerk; mehrf. (zuletzt 1928) durch Erdbeben zerstört.

Gesch.: Das antike K. lag weiter sw. am Fuße des Burggebietes von Akro-K.; es wurde im 10. Jh. v. Chr. von Doriern gegr. u. bald zu einem Mittelpunkt von Handel u. Gewerbe; Blütezeit im 7./6. Jh. v. Chr., Mitgl. des *Peloponnes. Bundes;* 146 v. Chr. von den Römern zerstört; von Cäsar 44 v. Chr. als röm. Kolonie neu gegr.; heute eine der bed. Ausgrabungsstätten Griechenlands.

Korinthen, nach dem Ausfuhrhafen *Korinth* ben., getrocknete kleine Weinbeeren (*Rosinen*), von einer kernlosen Züchtung des Weinstocks.

Korintherbriefe, zwei Briefe des Apostels *Paulus* an die von ihm gegr. Gemeinde in Korinth, wohl um 55 verfaßt.

Korjaken, altsibir. Volksstamm in O-Sibirien u. auf der Halbinsel Kamtschatka; Rentierzüchter mit Jagd auf Meeressäugetiere.

Kork, abgestorbenes Abschlußgewebe mancher

Pflanzen aus lufthaltigen Zellen, in deren Wände wasserabweisendes *Suberin* eingelagert ist. K. wird vornehml. aus der Rinde der im Mittelmeergebiet heim. **K.eiche** gewonnen, die alle 8–12 Jahre geschält wird. Er wird verwendet für Flaschenkorken, als Wärme- u. Schallisolierung, für Schwimmgürtel u. zerkleinert für Linoleum.

Kormorane, *Phalacrocoracidae*, Fam. der *Ruderfüßer;* mit 30 Arten weltweit verbreitete, meist dunkel gefärbte Wasservögel an Gewässern u. Meeresküsten jeder Art; ernähren sich schwimmtauchend von Fischen. An dt. Küsten ist der gänsegroße *Gewöhnl. K.* heute sehr selten geworden.

Korn, 1. allg. ein kleines Stück, z.B. von Salz, Hagel, Schrot, Erzen, Metallen u. a. – **2.** Frucht bei Gräsern u. Getreidearten. – **3.** Bez. für das Getreide, i.e.S. Roggen. – **4.** Sammelbez. für Branntwein aus Getreide. – **5.** fr. Bez. für den Feingehalt von Legierungen, bes. von Münzen. – **6.** durch gravierte Walzen hervorgerufene Narbung von Papier. – **7.** Silberpartikel photograph. Schichten. – **8.** Teil des *Visiers* bei Schußwaffen.

Korn, Arthur, * 1870, † 1945, dt. Physiker; bahnbrechende Arbeiten auf dem Gebiet der Bildtelegraphie u. des Fernsehens.

Kornberg [ˈkɔːnbəːg], Arthur, * 3.3.1919, US-

Kormorane beim Flügeltrocknen

amerik. Biochemiker; entdeckte die biolog. Synthese der Nucleinsäuren *RNS* u. *DNS;* Nobelpreis 1959 zus. mit S. *Ochoa.*

Kornblume, Art der Flockenblume mit blauen Blüten.

Kornẹlkirsche, beliebte Ziersträucher der *Hartriegelgewächse; Rote K.* mit schwarzen Früchten u. blauroten Zweigen *(Blutweide); Gewöhnl. K.* mit gelben Blüten u. kirschroten Früchten, häufig in Parkanlagen.

Körner, 1. Christian Gottfried, * 1756, † 1831, Freund u. Förderer *Schillers.* – **2.** Hermine, * 1882, † 1960, dt. Schauspielerin, Regisseurin u. Theaterleiterin; gilt als eine der letzten großen Tragödinnen. – **3.** (Karl) Theodor, Sohn von 1), * 1791, † 1813, dt. Schriftst.; schrieb von Schiller abhängige Stücke, zuletzt patriot. Lieder. – **4.** Theodor, * 1873, † 1957, östr. Offizier u. Politiker (SPÖ); 1951–57 östr. Bundes-Präs.

Kornett, 1. [das], ein in Frankreich am Anfang des 19. Jh. aus dem Posthorn entwickeltes Blechblasinstrument. – **2.** [der], fr. jüngster Offizier u. Standarten- oder Fahnenträger der Schwadron.

Korngold, Erich Wolfgang, * 1897, † 1957, östr. Komponist; schrieb Opern, zahlr. Filmmusiken u. Orchesterwerke; W Oper »Die tote Stadt«.

Kornkäfer, *Kornrüßler, Getreiderüßler, Kornkrebs, Schwarzer Kornwurm,* braunroter, rd. 4 mm langer *Rüsselkäfer,* dessen Weibchen Eier in lagerndem Getreide ablegt; Vorratsschädling.

Kornrade, *Rade,* zu den *Nelkengewächsen* gehöriges Getreideunkraut mit purpurroten Blüten. Die Samen enthalten ein giftiges Saponin.

Kornweihe → Weihen.

Kornwẹstheim, Stadt in Ba.-Wü., nordöstl. von Stuttgart, 29 000 Ew.; Eisen-, Masch.- u. Schuh-Ind.

Korolẹnko, Wladimir Galaktionowitsch, * 1853, † 1921, russ. Schriftst.; schrieb Erzählungen u. bed. Memoiren; W »Die Geschichte meines Zeitgenossen«.

Korọlle, *Corolla, Blumenkrone,* Gesamtheit der Blumenkronblätter *(Petalen).*

Korọna, 1. leuchtender äußerster Teil der Sonnenatmosphäre. Die *äußere K.* wird überw. durch Streuung des Sonnenlichts an festen Partikeln bewirkt; die *innere K.* besteht überw. aus fein verteilten Gasen u. freien Elektronen u. Ionen. Die Temp. der K. beträgt etwa 1 Mio. °C u. ist die wichtigste Quelle der Radiostrahlung der Sonne. Sie kann mit dem *Koronographen* oder bei totaler Sonnenfinsternis beobachtet werden. – **2.** hörbare, im Dunkeln auch sichtbare Sprüherscheinung an elektr. Leitern hoher Spannung. – **3.** fröhl. Runde, (Zuhörer-)Kreis, Horde.

Koronạrgefäße, *Koronarien, Herzkranzgefäße,* die der Versorgung des Herzmuskels mit Blut dienen.

Koronạrinsuffiziẹnz, ungenügende Durchblutung u. damit mangelhafte Sauerstoffversorgung des Herzmuskels durch die Herzkranzgefäße *(Koronarien).* Chron. K. führt zur *Angina pectoris,* akute K. zum *Herzinfarkt.*

Koronạrsklerọse, Herzkranzader-Verkalkung; führt als Teil der Arterienverkalkung zu Durchblutungsstörungen im Herzmuskel u. zu *Angina pectoris* u. *Herzinfarkt.*

Körper, 1. in der Geometrie ein von allen Seiten begrenzter Raumteil mit 3 Ausdehnungen (Dimensionen). – **2.** in der Physik allg. ein makroskop. System, das aus einer sehr großen Zahl von Molekülen oder Atomen besteht. Bei einem *starren K.* verändert sich die räuml. Lage der Teilchen nicht, wie dies bei *deformierbaren, elast.* oder *plast. K.* der Fall ist. Von den *festen K.* werden *flüssige* u. *gasförmige K.* unterschieden.

Körperfarben, Farben nicht selbstleuchtender Körper, die zur Sichtbarmachung eine beleuchtende Strahlung benötigen; diese wird z. T. durchgelassen, zurückgeworfen oder absorbiert.

Körperschaft, 1. im *Privatrecht* mitgliedschaftl. verfaßte Organisation, deren Fortbestand unabh. vom Mitgliederwechsel ist u. deren Geschäftsführung u. Vertretung bes. Organen übertragen ist *(körperschaftl. Verf.);* z.B. eingetragener Verein, Aktiengesellschaft, Kommanditgesellschaft auf Aktien, Gesellschaft mit beschränkter Haftung, eingetragene Genossenschaft. – **2.** *K. des öffentl. Rechts,* mitgliedschaftl. verfaßte Organisation, die durch einen *Hoheitsakt* (Gesetz oder gesetzl. gestatteter Staatsakt) entsteht; dienen öffentl. Zwekken u. sind meist mit hoheitl. Befugnissen ausgestattet. Man unterscheidet: *Gebiets-K.* (z.B. Gemeinden, Gemeindeverbände), *Personal-K.* (z.B. Berufsverbände, Kirchen).

Körperschaftsteuer, eine aus der *Einkommensteuer* für jurist. Personen entstandene Steuer auf den Jahresgewinn der Körperschaften, Personenvereinigungen u. Vermögensmassen in der BR Dtld.

Körperverletzung, körperl. Mißhandlung oder Beschädigung der Gesundheit eines Menschen; bei Vorsatz oder Fahrlässigkeit strafbar.

Korporạl, beim ital. u. frz. Heer ein höherer Mannschafts- oder der unterste Unteroffiziersdienstgrad.

Korporạle, quadrat. leinenes Tuch, das als Unterlage für Kelch u. Hostie auf die Altartücher gelegt wird.

Korporatiọn, 1. student. Verbindung. – **2.** Körperschaft.

Korps [ko:r], **1.** Truppenverband des Heeres: Zusammenfassung mehrerer *Divisionen* u. der eig. **K.truppen** (Artillerie-, Fernmelde- u. Pioniertruppen, Instandsetzungs- u. Transportverbände). – **2.** ab 1848 an den dt. Univ. maßgebl. werdende, exklusive, waffen- u. farbentragende Form der *Studentenverbindung.*

Korpsgeist ['ko:r-], Gesinnung, die engen Zusammenschluß oder Standesbewußtsein (z.B. im Offizierskorps) betont.

korpulẹnt, beleibt.

Kọrpus, 1. [der], Körper; Schallkörper von Saiteninstrumenten. – **2.** [das], *Corpus,* bei Schriften ein vollständiges Sammelwerk.

Korpụskeln, *Elementarteilchen,* auch die daraus zusammengesetzten Atome u. Moleküle.

Korrạl, Gehege zum Einfangen wilder Pferde.

Korrasiọn, abschleifende Wirkung sandbeladenen Windes auf Gesteine *(Sandschliff).*

Kọrreferạt, Gegenbericht; Referat, das ein vorausgehendes ergänzen oder widerlegen soll. – **Korreferent,** Mitberichterstatter.

Korrẹktor, Angestellter einer Druckerei oder eines Verlags, der *Korrektur* zu lesen hat, d. h. den Drucksatz durch Vergleich mit dem Manuskript auf seine Richtigkeit hin zu prüfen u. Fehler zu berichtigen.

Korrektụr, Berichtigung, Verbesserung.

Korrelation, Wechselbeziehung; das Aufeinander-bezogen-Sein von zwei Begriffen, Vorgängen oder Dingen.

Korrepetịtor, Pianist u. Hilfsdirigent an Theatern, der mit Sängern Einzelproben abhält.

Korrespondẹnt, 1. Angestellter für die Erledigung des Briefwechsels einer Firma. – **2.** auswärtiger Nachrichtenagentur-, Presse- oder Funkmitarbeiter; beliefert seine Auftraggeber mit Nachrichten, Berichten u. Meinungsbeiträgen.

Korrespondẹnz, 1. wechselseitige Entsprechung, Übereinstimmung. – **2.** Briefwechsel, Schriftverkehr.

Kọrridor, 1. schmaler Gang, Flur. – **2.** Gebietsstreifen oder Flugschneise *(Luft-K.),* wodurch die Verbindung eines Territoriums mit einer Enklave gewährleistet werden soll.

Korrosiọn, 1. chem. Zerstörung u. Auslaugung von Gesteinen durch Salz- u. Süßwasser. – **2.** Schädigung u. Zerstörung von Werkstoffen durch chem. u. elektrochem. Reaktionen, die durch Elektrolytlösungen, feuchte Gase, Schmelzen u. a. hervorgerufen werden können.

korrumpiẹren, bestechen, moral. verderben. – **Korruption,** Bestechung, Bestechlichkeit, moral. Verfall.

Korsạge [-ʒə], enganliegendes, trägerloses Kleidoberteil; im Dt. auch für *Korsett.*

Korsạr, Seeräuber.

Kọrsen, Bev. der frz. Insel *Korsika;* sprechen eine ital. Mundart u. sind wohl iberischen Ursprungs.

Korsẹtt, festes, durch Stützen versteiftes, enganliegendes Kleidungsstück, aus mod. u. kosmet. Gründen von der Frau getragen; als *Stütz-K.* vorw. in der Orthopädie gebräuchlich.

Kọrsika, frz. *La Corse,* frz. Mittelmeerinsel nördl. von Sardinien, 8682 km², 229 000 Ew.; Hptst. *Ajaccio;* sehr gebirgig, im *Monte Cinto* 2710 m hoch; N- u. W-Küste fallen steil zum Meer ab, die O-Küste ist flach; milde, regenreiche Winter u. trockenwarme Sommer; Eichen- u. Nadelwälder, Edelkastanienhaine, Macchie; Oliven-, Wein- u. Obstkulturen; Fremdenverkehr.

Gesch.: Die Urbewohner sind Iberer, die im Lauf der Jh. von den verschiedensten Völkern überlagert wurden. 1077 anerkannte die Inselbevölkerung Papst *Gregor VII.* als ihren Oberherrn. *Urban II.* übertrug die Verw. der Insel an die Pisaner, die sie 1300 an Genua abtraten. 1729 erhoben sich die Korsen gegen Genua; der Aufstand wurde jedoch 1730 unterdrückt. Ein erneuter Aufstand (seit 1755) führte zum Verkauf der Insel an Frankreich. Während der Frz. Revolution kam K. vorübergehend an England, wurde aber nach der Wiedereroberung 1796 endgültig französisch. Seit den 1970er Jahren sind z. T. gewaltsam operierende Autonomiebewegungen tätig. 1991 wurde ein K.-Statut erlassen, das den bes. Status des kors. Volkes berücksichtigt.

Kọrso, 1. festl. Hauptstraße. – **2.** Wettrennen reiterloser Pferde beim ital. Karneval. – **3.** Paradefahrt geschmückter Fahrzeuge.

Korsọ̈r, *Korsør,* Hafenstadt der dän. Amtskommune W-Seeland, am Großen Belt, 20 000 Ew.; Fährverkehr.

Kọrtex, *Cortex,* Rinde; in der Anatomie die Großhirnrinde.

Kortner, Fritz, * 1892, † 1970, östr. Schauspieler u. Regisseur; Protagonist des dt. expressionist. Theaters.

Kortrijk ['kɔrtrɛjk], frz. *Courtrai,* belg. Stadt an der Leie (Lys), im südl. W-Flandern, 76 000 Ew.; Handels- u. Ind.-Zentrum; Textil-Ind. – 1302 fand in der Nähe eine Schlacht zw. dem flandr. Städtebund u. frz. Rittern statt (»Sporenschlacht«), die über die Selbständigkeit Flanderns zugunsten der Städte entschied.

Kọrtum, Karl Arnold, * 1745, † 1824, dt. Schriftst.; schrieb in Knittelversen das kom. Heldengedicht »Die Jobsiade«.

Korụnd, verschiedenfarbiges, diamantglänzendes, sehr hartes Mineral; *roter K.* oder *Rubin* u. *blauer K.* oder *Saphir* sind Edelsteine; *gemeiner K.* (Schmirgel) wird als Schleifmittel, *synthet. K.* für Lagersteine in Uhren verwendet.

Körung, Beurteilung von männl. Tieren in bezug auf ihre Eignung zur Zucht u. ihren Zuchtwert.

Korvẹtte, leichtes, kleineres, dreimastiges Kriegsschiff der Segelschiffzeit mit Kanonen auf dem Deck; heute noch Bez. für Geleitschutzboote.

Koryphạ̈e, im altgrch. Drama der Chorführer; heute Bez. für einen »Meister seines Fachs«, meist einen führenden Wissenschaftler.

Kos [ko:s], grch. Insel der Südl. Sporaden, 290 km², 17 000 Ew., Hauptort *K.* – Im Altertum ein bek. Kurort mit bed. Asklepiosheiligtum, Wirkungsstätte der Ärzteschule von K. *(Hippokrates).*

Kosạken, seit dem 15. Jh. militär. organisierte Bewohner der südl. u. sö. Grenzgebiete Rußlands u. Polen, gegenüber Tataren u. Türken; meist Unzufriedene versch. Völkerschaften, oft flüchtige Leibeigene; bildeten im 16. Jh. an Don u. Dnjepr weitgehend unabh. *K.reiche* mit gewähltem *Hetman;* vom Zaren unterworfen, bildeten sie später die gefürchtete leichte Reiterei des Zarenheers.

Koschenille [kɔʃə'niljə] → Cochenille.

koscher ['ko:-], nach den jüd. Speisegesetzen rituell rein u. den Gläubigen zum Genuß erlaubt.

Kọschnick, Hans, * 2.4.1929, dt. Politiker (SPD); 1967–85 Bürgermeister u. Senatspräsident von Bremen, 1975–79 stellvertr. Partei-Vors.

Kosciusko, *Mount K.* [maunt kɔ'zjʌskəu], höchster Berg Australiens, in den *Snowy Mountains,* 2230 m; Wintersportgebiet.

Kościuszko [kɔj'tjuʃko], Tadeusz, * 1746, † 1817, poln. Armeeführer u. Nationalheld; 1794 Oberbefehlshaber der poln. Aufständischen gegen die Poln. Teilungen.

Kösen, *Bad K.,* Stadt bei Halle, an der Saale, 6200 Ew.; Herstellung der *Käthe-Kruse-Puppen.* Sole- u. Kochsalzquellen.

Kosịnski, Jerzy, Pseud.: Josef *Novak,* * 1933, † 1991 (Selbstmord), US-amerik. Schriftst. poln. Herkunft; beschreibt in krit. Prosa das Leben in totalitären Systemen; später auch amerik. Themen.

Kọsinus, Zeichen cos, eine der *Winkelfunktionen.*

Köslịn, poln. *Koszalin,* Stadt in Pommern, Hptst. der Wojewodschaft Koszalin (Polen), 103 000 Ew.; got. Marienkirche, TH; Masch.-, elektrotechn., Textil- u. Holz-Ind.

Kosmẹtik, Schönheitspflege. – **kosmetische Chirurgie,** *chirurg. K.,* ärztl. Beseitigung von Schönheitsfehlern, Mißbildungen, Narben u. Alterserscheinungen *(Face-lifting).*

kọsmisch, aus dem Weltall stammend, das Weltall betreffend.

kọsmische Hintergrundstrahlung, schwache,

offenbar aus allen Richtungen des Weltraums gleichmäßig einfallende Radiostrahlung, die das gesamte Weltall erfüllt u. der Strahlung im Innern eines Hohlraums der Temp. 3 K (Kelvin) entspricht. Sie hängt mit der Frühentwicklung u. der Urexplosion des Universums zus. u. ist eine Art Reststrahlung des »Urknalls«.

kosmische Strahlung → Höhenstrahlung.

Kosmodrom, russ. Bez. für den Startplatz von Raumfahrt-Trägerraketen.

Kosmogonie, Lehre von der Entstehung des Weltsystems; im vorwiss. Zeitalter repräsentiert durch die großen Mythen der Hochkulturen. Die erste wiss. Erklärung der Entstehung des Sonnensystems wurde 1755 von I. Kant gegeben. Nach heutigen Erkenntnissen nimmt man an, daß hochverdichtete Materie vor etwa 15 Mrd. Jahren, durch eine *Urexplosion* bedingt, anfing sich auszubreiten *(Hubble-Effekt).* Andere Forscher nehmen ein in der räuml. Dichte der Materie zeitl. im wesentl. unveränderl. Weltall an; Materie soll im Lauf der Expansion des Weltalls ständig neu erzeugt werden.

Kosmologie, Lehre vom Aufbau des Weltalls u. von seiner Einordnung in Raum u. Zeit.

Kosmonaut, russ. Bez. für *Astronaut.*

Kosmopolit, 1. → Weltbürger. – **2.** Bez. für Pflanzen u. Tiere mit weltweiter Verbreitung.

Kosmos, allg. die Welt als Ganzes; in der Astronomie das Weltall.

Kosovo, Prov. Serbiens, 10 887 km^2, 1,8 Mio. Ew., davon 13% Serben, überw. Albaner, Hptst. *Priština;* 1990 wurde der autonome Status aufgehoben.

Kossel, 1. Albrecht, * 1853, † 1927, dt. Biochemiker; erforschte die Chemie der Zelle u. des Zellkerns; Nobelpreis 1910. – **2.** Walther, Sohn von 1), * 1888, † 1956, dt. Physiker.

Kossuth ['kɔʃut], Lajos, * 1802, † 1894, ung. Politiker u. Nationalheld; erklärte 1849 Ungarns Unabhängigkeit von den Habsburgern u. wurde zum Reichsverweser (Staats-Präs.) gewählt.

Kossygin, Alexej Nikolajewitsch, * 1904, † 1980, sowj. Politiker; seit 1939 versch. Ministerämter; als Nachf. N. *Chruschtschows* 1964–80 Vors. des Ministerrats; neben L. *Breschnew* u. N. *Podgornyj* einer der Spitzenpolitiker der UdSSR.

Kosten, zur Hervorbringung eines wirtsch. Gutes entstandener oder geplanter Verbrauch an Gütern u. Dienstleistungen. Man unterscheidet: *direkte K.* (z.B. Fertigungslöhne, Material) u. *indirekte* oder *Gemein-K.* (z.B. Grundstücks-K., Mieten, Gehälter); auch *kalkulator. K.* (Zinsen für Eigenkapital, Unternehmerlohn u. Wagnisse). Nur ein Teil der K. entwickelt sich entspr. der jeweiligen Beschäftigung *(variable K.,* z.B. Löhne, Material-K., Energie-K.), ein anderer ist unabhängig vom Beschäftigungsgrad *(feste* oder *fixe K.,* z.B. Abschreibungen, Verw.-K., Mieten). – **K.rechnung,** Teil des Rechnungswesens einer Unternehmung, der die Erfassung u. angemessene Verteilung der *K.* auf die einzelnen Erzeugnisse *(K.träger)* als Grundlage der *Kalkulation* ermöglichen soll.

Kostroma, Hptst. der gleichn. Oblast in Rußland, an der Mündung der K. (400 km) in die Wolga (Hafen), 276 000 Ew.; Maschinenbau, Schiffswerft, Flachsverarbeitung, Holz-Ind.

Kostrzyn ['kɔstʃin] → Küstrin.

Kostüm, 1. allg. charakt. Kleidung einer bestimmten Epoche u. für bestimmte Gelegenheiten. – **2.** zweiteiliges Damenkleid, bestehend aus Jacke u. Rock im gleichen Stoff. – **3.** Kleidung des Schauspielers auf der Bühne.

Koszalin → Köslin.

Kot, *Stuhl,* durch den After ausgeschiedene unverwertbare Nahrungsreste.

Kota Baharu, Hptst. des malay. Teilstaats Kelantan, an der O-Küste Malakkas, 171 000 Ew.; Reis- u. Kokoshandel; Flughafen.

Kota Kinabalu, fr. *Jesselton,* Hptst. von Sabah (N-Borneo), in O-Malaysia, 109 000 Ew.; Hafen, Flugplatz.

Kotangens, Zeichen cot, eine der → Winkelfunktionen.

Kotau, chin. Ehrenbezeigung: Niederwerfen u. dreimaliges Berühren des Bodens mit der Stirn; Zeichen völliger Unterwerfung.

Kotelett, Rippenstück von Hammel, Kalb oder Schwein.

Kotelette, schmaler *Backen-* oder *Schläfenbart,* lang heruntergezogener Haaransatz an den Schläfen.

Köth, Erika, * 1927, † 1989, dt. Sängerin (Koloratursopran).

Köthen (Anh.), Stadt nördl. von Halle (Saale), 34 000 Ew.; Residenzschloß; HS; Maschinenbau, Eisengießerei, chem. Ind.

Kothurn, urspr. geschnürter, wadenhoher Schaftstiefel, Jagdstiefel des *Dionysos;* gehörte zum Kostüm der Schauspieler der grch. Tragödie.

Kotillon [kɔtil'jɔ̃], *Cotillon,* in der bäuerl. Tracht ein kurzer Unterrock.

Kotingas, mittel- u. südamerik. Fam. z. T. sehr farbenprächtiger *Sperlingsvögel,* u. a. *Felsenhahn, Glockenvogel.*

Kotka, finn. Hafenstadt u. Prov.-Hptst., 60 000 Ew.

Kotor, Hafenstadt in Montenegro, 8000 Ew.; Festung, Stadtturm. – 1420 venezian., 1797 - 1918 östr., danach zu Jugoslawien.

Kotschinchina → Cochinchina.

Kotzebue [-bu:], August von, * 1761, † 1819, dt. Schriftst.; seit 1783 zeitw. in russ. Diensten, 1819 von dem Burschenschafter K.L. *Sand* als angebl. Spion erdolcht; schrieb rd. 200 Theaterstücke, die in der Goethezeit viel gespielt wurden.

Kourou [ku'ru], Stadt in Frz.- Guyana, in S-Amerika, 6500 Ew.; in der Nähe das europ. Raumfahrtzentrum.

Kowa, Victor de, eigtl. V. *Kowalski,* * 1904, † 1973, dt. Schauspieler u. Theaterleiter; v. a. in Komödien.

Kowloon [kau'lu:n], *Kaulun,* Hafenstadt in der brit. Kronkolonie Hongkong, 2,3 Mio. Ew.; chin. Univ.; Hafen; Textil-, Chemie-, Elektro- u. Elektronik-Ind.; Touristenzentrum.

Kozhikode ['kɔudʒikɔud], *Koylikota,* engl. *Calicut,* ind. Hafenstadt an der Malabarküste, in Kerala, 420 000 Ew.; landw. Handelszentrum.

kp, Kurzzeichen für *Kilopond.*

KP, Abk. für ***K**ommunistische **P**artei,* mit Zusatz des betr. Landes; z.B. *KPD,* Kommunistische Partei Deutschlands, *KPdSU,* Kommunistische Partei der Sowjetunion.

Kra, *Isthmus von K.,* schmalste Stelle der Halbinsel von Malakka in S-Thailand, 25 km breit.

Krabben, 1. *Brachyura,* umfangreichste u. stammesgeschichtl. fortschrittlichste Gruppe der *Zehnfußkrebse;* rd. 4500 Arten. Der Hinterleib ist stets unter den Kopf-Brust-Abschnitt geklappt. Die meisten Arten laufen seitwärts. Hierzu u. a. *Woll-K., Schwimm-K., Taschenkrebse.* – **2.** → Garnelen.

Krabbenspinnen, *Thomisidae,* Fam. der *Spinnen,* deren beide vorderen Beinpaare krabbenartig seitl. ausgestreckt sind.

Krad, Kurzwort für *Kraftrad,* → Motorrad.

Kraft, jede Größe, die den Bewegungszustand eines bewegl. Körpers (d. h. seinen *Impuls)* nach Größe u./oder Richtung zu ändern bestrebt ist. Es gilt das *Newtonsche Gesetz:* K. = zeitl. Änderung der Bewegungsgröße = Masse · Beschleunigung. Die K. ist ein Vektor (sie hat einen Betrag u. eine Richtung). Das Produkt aus Kraftkomponente in Wegrichtung u. zurückgelegtem Weg heißt *Arbeit.* Der Quotient aus der senkrecht auf eine Fläche wirkenden Kraft u. dieser Fläche heißt *Druck.* Die Einheit der K. ist 1 *Newton.* Ein Newton (1 N) ist diejenige K., die der Masse 1 kg die Beschleunigung 1 m pro s^2 erteilt: $1\,N = 1\,kg \cdot 1\,ms^{-2} = 1\,kg \cdot m \cdot s^{-2}$

Kraft, *Krafft,* Adam, * um 1460, † 1508/09, dt. Bildhauer; schuf Steinbildwerke in einem spätgot. Stil, der in Formvereinfachung u. harmon. Ausgewogenheit bereits Renaissance-Elemente zeigt.

Kräfteparallelogramm → Parallelogramm der Kräfte.

Kraftfahrt-Bundesamt, Bundesoberbehörde für den Straßenverkehr, Sitz: Flensburg; Aufgaben: Typprüfung von Kraftfahrzeugen, Auswertung der Erfahrungen im kraftfahrtechn. Prüf- u. Überwachungswesen, Führung des Verkehrszentralregisters *(Verkehrssünderkartei).*

Kraftfahrzeug, Abk. *Kfz,* mit eig. Maschinenkraft bewegtes, nicht an Schienen gebundenes Landfahrzeug. Man unterscheidet *Kraftrad* (→ Motorrad) u. → Kraftwagen. *Zugmaschinen* sind K., die ihrer Bauart nach überwiegend zum Ziehen von Anhängern oder von Geräten bestimmt sind (Straßenzugmaschinen, Ackerschlepper, Sattelzugmaschinen). Sie können auch als Gleiskettenfahrzeug gebaut sein.

Kraftfahrzeugbrief, Urkunde, die der Hersteller von serienmäßigen Kfz ausstellt; enthält Angaben über die Beschaffenheit u. Ausrüstung des Kfz u. bescheinigt, daß das Fahrzeug den geltenden Bestimmungen entspricht; dient auch der Sicherung des Eigentums am Kfz.

Kraftfahrzeugschein, öffentl. Urkunde, die aufgrund der Betriebserlaubnis oder als Ersatz für diese u. nach Zuteilung des amtl. Kennzeichens ausgefertigt u. dem Fahrzeughalter ausgehändigt wird; Ausweis über die behördl. Zulassung des Kfz.

Kraftfahrzeugsteuer, Steuer auf das Halten von Kfz zum Verkehr auf öffentl. Straßen; berechnet nach Hubraum oder Gesamtgewicht u. der Anzahl der Achsen.

Kraftfahrzeugversicherung, Sammelbez. für 4 Versicherungszweige: *Kraftfahrzeughaftpflichtversicherung* (zwangsweise vorgeschrieben), *-kaskoversicherung, -unfallversicherung* u. *Reisegepäckversicherung.*

Kraftlinien, *Feldlinien* → Feld.

Kraftmaschine, jede Maschine zur Umwandlung versch. Energieformen in mechan. Energie: z.B. *Dampfmaschine, Dampfturbine, Gasturbine, Verbrennungsmotor* (Umwandlung von Wärmeenergie in mechan. Energie; *Wärme-K.n); Elektromotor* (Umwandlung von elektr. Energie in mechan. Energie); *Wasserturbine* (Umwandlung von potentieller oder kinet. Energie des Wassers in mechan. Energie).

Kraftmesser → Dynamometer.

Kraftrad → Motorrad.

Kraftstoffe, alle brennbaren Stoffe, die zum Betrieb von Verbrennungskraftmaschinen geeignet sind. Die bei der Verbrennung frei werdende Wärmemenge wird im Motor in mechan. Arbeit übergeführt.

Kraftwagen, *Automobil, Auto,* drei-, vier- oder mehrrädriges Fahrzeug, das von einem *Motor* angetrieben wird u. zur Beförderung von Menschen u. Lasten dient. Für Personen-K. wird meist ein *Ottomotor,* für Last-K. vermehrt ein *Dieselmotor* verwendet. Von Art u. Lage des Motors hängt die Ausbildung der Kraftübertragung auf die Triebräder ab. Es gibt *Vorderrad-, Hinterrad-* u. *Allradantrieb* (letzterer bei geländegängigen Wagen). – Die Motorkraft wird über eine ausrückbare *Kupplung* auf das *Wechselgetriebe* geleitet. Dieses hat die Aufgabe, die Antriebskräfte (an den Antriebsrädern) den veränderl. Fahrwiderständen anzupassen; es wirkt als Drehmomentwandler (→ Kennungswandler). Neben den von Hand schaltbaren, vollsynchronisierten Zahnradgetrieben gibt es auch halb- u. vollautomat. Getriebe. – Der *Kraftstoff* wird dem Motor aus dem Kraftstoffbehälter in der Regel durch eine motorgetriebene Pumpe zugeführt. Eine oder mehrere Ölpumpen sorgen für die Versorgung mit *Schmieröl.* – Die K. werden in *Personen- (Pkw)* u. *Lastkraftwagen (Lkw)* eingeteilt. Bei den Pkw unterscheidet man je nach der Bauart: *offener Pkw, Kabriolett* (mit Klappverdeck u. versenkbaren Seitenfenstern), *geschlossener Pkw* wie *Limousine* u. *Coupé. Kombinationswagen (Kombiwagen)* haben einen Aufbau, der sowohl zur Personen- als auch Lastenförderung geeignet ist.
Gesch.: Das erste funktionierende Kfz (mit Dampfmaschine) baute N.J. *Cugnot* 1769. 1863 verwendete J.J. *Lenoir* den von ihm erfundenen Gasmotor zum Antrieb eines Wagens. S. *Marcus* baute 1864 einen Wagen, den er mit einem *Benzinmotor* antrieb. Nachhaltigen Erfolg, auf dem die ganze moderne Automobilindustrie begründet ist, hatten jedoch erst C. *Benz* u. G. *Daimler* seit 1885. Das erste vierrädrige Kfz baute Daimler 1886 u. stattete es bereits 1889 mit vier Geschwindigkeiten aus. – B → S. 476.

Kraftwerk, *Elektrizitätswerk,* Anlage zur Erzeugung von elektr. Strom mit *Generatoren* aus versch. Energieformen. Wärme-K.e setzen die Wärmeenergie von Brennstoffen oder anderen Energieträgern frei u. wandeln sie in elektr. Energie um. Hierzu gehören *Dampf-K.e,* die die Energie fossiler Energieträger zum Betreiben einer Dampfmaschine nutzen, *Diesel-K.e,* die Dieselmotoren als Antrieb verwenden, *Gasturbinen-K.e,* die heißes Gas auf eine Turbine leiten, *geotherm. K.e,* die die Erdwärme nutzen, *Kern-K.e,* die bei der Kernspaltung frei werdende Energie einsetzen. Wasser-K.e nutzen die potentielle Energie gestauten Wassers. Hierzu auch *Gezeiten-K.e,* die Ebbe u. Flut zur Energieerzeugung einsetzen. Klimatolog. K.e nutzen z.B. die Sonneneinstrahlung in *Solar-K.en* u. die Windgeschwindigkeit in *Windkraftanlagen.*

Kragenbär, bis 1,80 m hoher *Bär* Zentralasiens;

schwarz, mit V-förmiger weißer Brustzeichnung; ben. nach den kragenartig verlängerten Haaren auf Nacken u. Schultern.

Kragenechse, bis 80 cm lange austral. *Agame*; spreizt bei Gefahr als Drohgebärde eine große, kragenartige Hautfalte des Halses.

Kragstein, aus der Wandfläche hervorragender Stein zum Tragen von Baugliedern.

Kragujevac [-vats], Stadt in Serbien, an der Lepenica, sö. von Belgrad, 87 000 Ew.; Masch.- u. Fahrzeugbau, Elektro- u. Nahrungsmittel-Ind.

Krähen, große, kräftige *Rabenvögel* der Gatt. *Corvus*. Neben dem *Kolkraben* kommen in Dtld. vor: die westelbische, rein schwarze *Rabenkrähe*; die ostelbische, im Winter aber umherstreichende *Nebelkrähe* mit grauem Körper; die schwarze *Saatkrähe*.

Krähenbeere, *Rauschbeere*, in den nördl. gemäßigten u. in den arkt. Zonen verbreitete kleine, niederliegende Sträucher mit blaßroten Blüten u. schwarzen oder roten Beeren; in Heidegebieten u. auf Hochmooren.

Krahl, Hilde, * 10.1.1917, dt. Schauspielerin; nach 1966 am Wiener Burgtheater; seit 1936 beim Film u. a. in »Der Postmeister«.

Krähwinkel, Inbegriff für kleinstädt. Beschränktheit; nach dem Lustspiel »Die dt. Kleinstädter« von A. von *Kotzebue*.

Kraichgau, *Pfinzgauer Hügelland*, Ldsch. zw. Odenwald u. Schwarzwald; ben. nach der *Kraich* (r. Nbfl. des Rhein).

Krain, slowen. *Kranjska*, Westteil Sloweniens; bis 1918 östr., danach jugoslaw.

Kraj, Verwaltungsgebiet in Rußland.

Krakatau, vulkan. Insel in der Sundastraße, zw. Sumatra u. Java (Indonesien), bis 816 m; gewaltige Vulkanexplosion 1883, deren Flutwellen 36 000 Menschenleben auf Sumatra u. Java kosteten.

Krakau, poln. *Kraków*, Hptst. der gleichn. Wojewodschaft in Polen, an der oberen Weichsel, 744 000 Ew.; Univ. (gegr. 1364) u. weitere HS, Kunstakad., Museen; maler. Altstadt mit Tuchhallen, Bürgerhäusern u. Adelspalästen aus Gotik, Renaissance u. Barock; got. Marienkirche mit Veit-Stoß-Altar, got. Schloß u. roman.-got. Kathedrale auf dem Burgberg *Wawel*. – Im Stadtteil *Nowa Huta* größte Eisenhütte Polens; elektrotechn., chem., Textil- u. a. Ind.; Verkehrsknotenpunkt. G e s c h.: 11. Jh. – 1596 poln. Hptst. u. Kulturzentrum, Krönungsstadt bis 1764; zeitw. Östr., 1815 Freistaat, 1918 wieder poln.

Kraken, *Oktopoden*, achtarmige *Kopffüßer* mit gedrungenem, sackförmigem Körper. Die 8 Fangarme liegen frei oder sind bei Tiefseeformen zu einem Fangtrichter verbunden. Hierher gehört die *Gemeine Krake* von den Küsten der Nordsee u. des Mittelmeers mit 1–3 m Spannweite.

Kraków ['krakuf] → Krakau.

Krakowiak, poln. Nationaltanz im $^2/_4$-Takt mit Synkopen; Rundtanz mit Betonungswechsel von Ferse u. Stiefelspitze, Fersenzusammenschlag u. Umdrehung; seit dem 19. Jh. bes. in Rußland als Gesellschaftstanz beliebt.

Kral, *Kraal*, rund um den Viehhof angelegtes Dorf der afrik. Hirtennomaden.

Kralle, Hornbildung an der Zehenspitze von Wir-

KRAFTWAGEN

Elektro-Versuchswagen der General Motors/Adam Opel AG — *»Röntgenblick« auf das Fahrwerk des BMW 850i*

Günstige aerodynamische Formgebung (Audi 100); die hintere Dachpartie sorgt wie ein Spoiler für einen sauberen Abriß der Luftströmung (links). – Armaturenbrett mit Flüssigkristalldisplay (rechts)

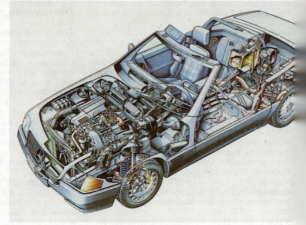

Fließtransport in einer Automobilfabrik — *Phantomdarstellung des Mercedes-Benz 500 SL*

Krake

beltieren (Amphibien, Reptilien, Vögel, Säugetiere).
Krallenaffen, *Callitrichidae,* Fam. der *Breitnasen;* kleine südamerik. Affen, die nur an der Großzehe einen Nagel haben, sonst Krallen; hierzu gehören *Marmosetten* u. *Tamarine.*
Krallenfrösche, *Spornfrösche,* afrik. Arten der *Zungenlosen Frösche.* Arten der Gatt. *Xenopus* wurden Mitte des 20. Jh. für den Schwangerschaftstest *(Krötentest)* gezüchtet.
Kramatorsk, Ind.-Stadt in der Ukraine, im NW des Donez-Beckens, 198 000 Ew.; Maschinenbau, Eisenhütten u. Kohlechemie.
Krammetsbeere → Wacholder.
Krammetsvogel, Wacholderdrossel; → Drosseln.
Krampf, unwillkürl. Muskelkontraktion. *Tonische Krämpfe* sind Dauerkontraktionen der quergestreiften Skelettmuskulatur. Bei *klonischen Krämpfen* folgen aufeinander Kontraktionen u. Erschlaffungen in raschem Wechsel. Die *Kolik* ist eine Verkrampfung der glatten Eingeweidemuskulatur.
Krampfadern, *Varizen,* krankhaft erweiterte u. erschlaffte Venen; zeigen sich durch Schlängelung, Knotenbildung u. Heraustreten an die Oberfläche u. entwickeln sich in erster Linie an den Unterschenkeln, verursacht durch Stauungen u. zu wenig Bewegung, sowie am Mastdarm *(Hämorrhoiden).*
Kran, Hebemaschine, die eine Last senkr. u. waagr. bewegen kann.
Kraniche, *Gruidae,* Fam. der *Kranichvögel;* mit 14 Arten in den Sumpfgebieten aller Erdteile; große, langbeinige Vögel; hierzu: der seltene einheim. *Graue K.,* der afrik. *Kronen-K.,* der graue asiat. *Jungfern-K.,* der südafrik. *Paradies-K.*
Krankengymnastik, *Heilgymnastik, Kinesiotherapie,* Einsatz körperl. Übungen zur Kräftigung geschädigter oder in der Entwicklung zurückgebliebener Organe, z.B. zur Beweglichmachung behinderter Gelenke oder zur Übung von Bewegungsfunktionen (z.B. Atmen durch Atemgymnastik).
Krankenhaus, *Krankenanstalt, Klinik, Hospital,* östr. *Spital,* öffentl. gemeinnützige oder priv. med. Einrichtung vorzugsweise zur stationären Beobachtung oder Behandlung von Kranken. Die Wahl des K.es steht dem Patienten frei.
Krankenkassen, Träger der soz. *Krankenversicherung: Allgemeine Orts-K.,* grundsätzl. für alle Versicherungspflichtigen zuständig; *Betriebs-K.,* für Betriebe mit mind. 450 Versicherungspflichtigen mögl.; *Innungs-K.,* können für eine oder mehrere Handwerksinnungen errichtet werden; *Land-K.,* für die in der Land- u. Forstwirtsch. u. im Reisegewerbe Beschäftigten; *See-K.,* für Angehörige seemänn. Berufe; *Knappschaft,* für alle im Bergbau Tätigen; *Ersatz-K.,* für freiwillige Mitgliedschaft Versicherungspflichtiger. Daneben gibt es die Möglichkeit, einer priv. *Krankenversicherung* beizutreten.
Krankensalbung, *Letzte Ölung,* in der kath. Kirche eines der *Sakramente,* gespendet da die in (entfernter oder direkter) Todesgefahr stehenden Kranken.
Krankenversicherung, 1. Zweig der *Sozialversicherung,* der die Versicherten bei Krankheit, Niederkunft u. Tod schützt. Träger der K. sind die *Krankenkassen.* Die *Beiträge* werden von den versicherten Arbeitnehmern u. den Arbeitgebern anteilig (je zur Hälfte) aufgebracht. Die *Versicherungsleistungen* bestehen in *Krankenhilfe, Mutterschaftshilfe* u. *Sterbegeld.* – **2.** *private K.,* Zweig der Individualversicherung, bes. die *Krankheitskostenversicherung.*
Krankheit, außerordentl. Ablauf von Lebensvorgängen als Reaktion des Organismus auf ihn schädigende Einflüsse; hervorgerufen durch belebte u. unbelebte äußere sowie innere *K.sursachen.* Man unterscheidet zw. der K. eines Organs u. der K. des Gesamtorganismus, zw. *organ.* u. *psych. K.en* sowie deren Bindeglied, der *psychosomat. K.* Die körperl. Reaktionen dienen z. T. der Abwehr u. Ausschaltung der Schädigung u. führen zu den *K.serscheinungen (Symptomen).*
Krankheitserreger, krankmachende *(pathogene)* Lebewesen, die durch ihr Eindringen in den Körper *(Infektion)* u. durch ihr Verhalten dort (Vermehrung, Stoffwechsel u. a.) sowie durch die hierauf gerichteten Reaktionen des befallenen Organismus spezif. Krankheiten, die *Infektionskrankheiten,* hervorrufen. Zu den K. gehören: 1. Mikroorganismen, z.B. versch. Bakterien u. Viren; 2. pathogene Pilze (pflanzl. Parasiten); 3. tierische Parasiten (z.B. Würmer, Einzeller).
Kranzgefäße, *Herz-K.* → Koronargefäße.
Kranzgeld, Anspruch der unbescholtenen Braut nach Auflösung des *Verlöbnisses* auf Entschädigung in Geld, wenn sie ihrem Verlobten den Geschlechtsverkehr mit ihr gestattet hat. Der K.-Anspruch ist durch das Gleichberechtigungsgesetz nicht aufgehoben oder geändert worden, jedoch wird seine Verfassungsmäßigkeit neuerdings angezweifelt.
Krapfen, *Kräpfel, Kräppel, Berliner (Pfannkuchen),* Hefegebäck aus Weizenmehl, in heißem Fett gesotten; auch gefüllt mit Obstmus oder Marmelade.
Krapp → Färberröte.
Krasiński [-'sjinjski], Zygmunt Graf, *1812, †1859, poln. Dichter der Romantik; sah Geschichtsdeutung als wesentl. Aufgabe der Dichtung.
Krasnodar, russ. Stadt im nw. Kaukasus, am Kuban, 623 000 Ew.; HS; Landw.-Zentrum, Maschinenbau, Textil-, Baustoff- u. chem. Ind., Erdölraffinerie.
Krasnojarsk, russ. Stadt im südl. Sibirien, unterhalb des *K.er Stausees,* 899 000 Ew.; Univ., Forschungs-Inst.; Lokomotiv-, Schiffs- u. Maschinenbau, Aluminiumhütte, Leder-, chem., Holz-, Papier-, Textil-Ind., Erdölraffinerie; Fluß- u. Flughafen.
Krater, 1. ['kra:tər], Trichter eines vulkan. Ausbruchsschlots an der Erdoberfläche, durch den Lava ausgestoßen wird; bei erloschenen Vulkanen oft durch einen *K.see* ausgefüllt. – **2.** [kra'tεr], in der Antike glocken- oder kelchförmiges Gefäß zum Mischen von Wasser u. Wein beim Mahl, mit zwei Henkeln u. oft reicher Bemalung.
Krätze, echte *K.,* Skabies, durch die *Krätzmilbe,* die sich in die Haut einbohrt, hervorgerufene jukkende Hautreizung; leicht übertragbar.
Kraul, *Crawl* → Schwimmen.
Kraus, 1. Franz Xaver, *1840, †1901, dt. kath. Kirchenhistoriker; bekämpfte den polit. Katholizismus. – **2.** Karl, *1874, †1936, östr. Schriftst. u.

Publizist; kämpfte in seiner Ztschr. »Die Fackel« (1899–1936) gegen die schlagworthafte Sprache der Presse u. die trüger. Bürgermoral.
Krause, 1. Günther, *13.9.1953, dt. Politiker (CDU); 1990 Parlamentar. Staatssekretär beim Min.-Präs. der DDR; 1990/91 Bundes-Min. für bes. Aufgaben, 1991–1993 für Verkehr. – **2.** Karl Christian Friedrich, *1781, †1832, dt. Philosoph; entwickelte einen *Panentheismus.* Seine Lebens- u. Sozialphilosophie ist den großen idealist. Systemen verwandt.
Krauß, Werner, *1884, †1959, dt. Schauspieler; wandlungsfähiger Charakterdarsteller auf der Bühne u. im Film, u. a. in »Das Kabinett des Dr. Caligari«, »Jud Süß«.
Krauss, Clemens, *1893, †1954, östr. Dirigent; bes. Mozart- u. Strauss-Interpret.
Kraut, 1. Bez. für manche Gemüsearten, z.B. *Kohl.* – **2.** sirupartig eingedickte pflanzl. Preßsäfte aus gekochten oder gedämpften u. dann ausgepreßten Rüben oder Äpfeln, Birnen u. a. Obst.
Kräuter, ein- oder mehrjährige, gewöhnlich unverholzte Pflanzen, die nach einmaliger Blüte u. Frucht absterben.
Krawatte, Halsbinde, Schlips; seit Mitte des 19. Jh. als *Langbinder* in einem Knoten oder als *Querbinder* in einer Schleife *(Fliege)* getragen.
Kreatin, in der Muskulatur vorkommender Eiweißbaustein.
Kreation, Schöpfung, bes. Modeschöpfung.
kreativ, schöpferisch; einfallsreich.
Krebs, 1. *Cancer,* Zeichen ♋, Sternbild des Tierkreises am nördl. Himmel. – **2.** krankhafte Gewebswucherungen bei Pflanzen, die meist parasitäre Ursachen haben. – **3.** im allg. Sprachgebrauch jede bösartige Geschwulst; im wiss. Sinn nur die bösartige (maligne) epitheliale Geschwulst *(Deckgewebsgeschwulst),* das *Karzinom.* Die bösartigen Bindegewebstumoren heißen *Sarkom.* – Das Karzinom ist durch folgende Eigenschaften gekennzeichnet: schrankenloses Wachstum auf Kosten des Organismus; dabei dringt es in Nachbargewebe ein u. zerstört es; es bilden sich Tochtergeschwülste *(Metastasen),* die auf dem Lymph- oder Blutweg in entferntere gelegene Organe gelangen. – Nach den Herz- u. Kreislaufkrankheiten ist der K. in Deutschland die zweithäufigste Todesursache; jährl. sterben rd. 150 000 Menschen an K., das sind 21% aller Sterbefälle. – Die Aussichten der K.behandlung sind desto besser, je früher der K. erkannt wird. Rechtzeitige, d. h. frühzeitige K.erkennung ist die Voraussetzung für eine erfolgreiche K.behandlung. Regelmäßige *Vorsorgeuntersuchungen* sollen der Frühdiagnose dienen. – Die K.behandlung stützt sich auf folgende Methoden: 1. *Operation,* möglichst vollständige Ausrottung der K.geschwulst durch chirurg. Entfernung; 2. *Bestrahlung* (Strahlentherapie), Zerstörung der K.zellen durch energiereiche Strahlen; 3. *Chemotherapie,* Schädigung der K.zellen durch bes. Medikamente *(Zytostatika);* 4. *Allgemeinbehandlung* zur Besserung der Folgeerscheinungen u. zur Unterstützung der Widerstandskraft des Körpers.
Krebs, Sir Hans Adolf, *1900, †1981, brit. Bio-

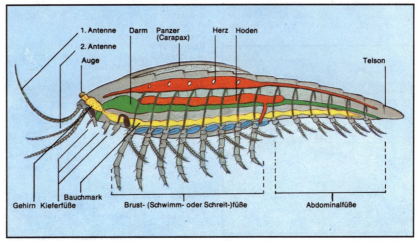
Krebse: Bauplan

478 Krebse

chemiker dt. Herkunft; klärte den Citronensäurecyclus (daher auch »K.-Zyklus«); Nobelpreis für Medizin 1953.
Krebse, *Crustacea,* Kl. der *Gliederfüßer;* gekennzeichnet durch 2 Fühlerpaare, 3 Paare kauender Mundgliedmaßen *(Kieferfüße)* u. Kiemenatmung; Körper mit Chitinpanzer bedeckt; Entwicklung grundsätzl. indirekt, d. h. aus dem Ei schlüpft eine Larvenform, die sich über mehrere weitere Larvenstadien zum erwachsenen Tier umbildet. Die meisten K. leben im Wasser, vorw. im Meer. Hierzu u. a.: *Kiemenfuß-K., Blattfuß-K., Muschel-K., Ruderfuß-K., Rankenfuß-K.* sowie die *Höheren K.,* die umfangreichste Gruppe; hierzu: *Zehnfuß-K.* (z.B. *Garnelen, Krabben, Langusten, Hummer, Einsiedler-K.), Asseln.* – B →S. 477.
Krebsnebel, *Crab-Nebel,* ein planetar. Nebel im Sternbild des Stiers, der sich mit großer Geschwindigkeit (1300 km/s) ausdehnt.
Kredenz, halbhohes ital. Renaissance-Möbel zum Anrichten von Tafelgerät u. Speisen; in der kath. Kirche Tischchen für die im Gottesdienst erforderl. Geräte.
Kreditgenossenschaften, Kreditinstitute, die zur Förderung ihrer Mitgl. bankübl. Geschäfte in der Rechtsform der Genossenschaft betreiben. Übl. Bez. sind: *Volksbank, Raiffeisenbank, Spar- u. Darlehnskasse.* Bei den Raiffeisenbanken werden vorw. ländl. Warengeschäfte betrieben.
Kreditinstitute, Unternehmen, die Bankgeschäfte betreiben, wenn der Umfang dieser Geschäfte einen in kaufmänn. Weise eingerichteten Geschäftsbetrieb erfordert.
Kreditkarte, Identitätsnachweis für ein Mitgl. eines *Kreditkartensystems;* berechtigt gegen eine Aufnahmegebühr u. einen jährl. Beitrag dazu, Leistungen u. Lieferung auf Rechnung zu beziehen. Die Rechnungen werden zunächst von der K.norganisation bezahlt, die diese Auslage vom K.ninhaber in der Regel monatl. begleichen läßt.
Kreditor, »Gläubiger«, Lieferant eines Unternehmens, mit dem dieses im *Kontokorrentverkehr* steht u. dem gegenüber es Verbindlichkeiten hat *(Buchgläubiger).* Die offenstehenden Rechnungsbeträge heißen *Buchschulden,* mitunter auch selbst *K.en.*
Kreditprüfung, die durch Banken oder andere Kreditgeber vorgenommene Prüfung von Sicherheiten u. persönl. Zuverlässigkeit vor Einräumung eines Kredits.
Krefeld, krfr. Stadt in NRW, nw. von Düsseldorf, 240 000 Ew.; Zentrum der Seiden- u. Samtwebereien, Masch.-, Teppich-, Stahl- u. chem. Ind.; Hafen *K.-Uerdingen.*
Kreide, 1. feinkörnige, weiß abfärbende Kalklagerung marinen Ursprungs, bes. aus Schalen der *Foraminiferen.* Durch Schlämmen wird die Natur-K. von ihren Verunreinigungen getrennt u. zur *Schlämm-K.,* die bes. als Schreib-K. u. Deckfarbe verwendet wird. – **2.** *Kreidezeit* →*Erdzeitalter.*
kreieren, wählen, ernennen, erschaffen.
Kreis, 1. ebene, geschlossene Kurve, deren Punkte vom Mittelpunkt die gleiche Entfernung r *(Radius)* haben. Die Randlinie heißt *K.linie (K.umfang, Peripherie).* Jede durch den Mittelpunkt gehende Strecke zw. 2 K.punkten heißt *Durchmesser* (d). Flächeninhalt u. Umfang eines Kreises: $F = \pi r^2$, $U = 2 \pi r$. – **2.** *Landkreis,* dt. Verwaltungseinheit mit Selbstverw., die überörtl. Aufgaben für das K.gebiet wahrnimmt.
Kreisauer Kreis, Gruppe der Widerstandsbewegung, ben. nach dem Besitz *Kreisau* (Schlesien) des Grafen H. J. von *Moltke.* Ein großer Teil der Mitgl. wurde nach dem 20.7.1944 verhaftet u. hingerichtet: H. J. Graf von *Moltke,* Peter Graf *Yorck von Wartenburg,* A. von *Trott zu Solz,* A. *Reichwein,* J. *Leber,* H. B. u. W. K. von *Haeften,* Pater A. *Delp* u. a.
Kreisel, jeder starre, sich drehende Körper; im alltägl. Sprachgebrauch nur ein starrer Körper, der in bezug auf eine durch den Schwerpunkt gehende Achse, die *Figurenachse,* symmetr. ist *(symmetr. K.).*
kreisfreie Stadt, ungenau *Stadtkreis,* Stadt, die nicht einem *Kreis* (2) angehört, sondern unmittelbar der nächsthöheren Behörde untersteht.
Kreisky, Bruno, *1911, †1990, östr. Politiker (SPÖ); 1959–66 Außen-Min.; 1967–83 Vors. der SPÖ, 1970–83 Bundeskanzler.
Kreislauf →Blutkreislauf. – **K.störungen,** Sammelbez. für eine Reihe von Symptomen, wie Herzschwäche, Versagen der Gefäßnerven, Unregelmäßigkeit des Blutdrucks, Ohnmachten, Wallungen u. örtl. Durchblutungsstörungen, die mit Unregelmäßigkeiten im Blutkreislauf verbunden sind. – **K.versagen,** Tod infolge Zusammenbruchs der Herz-K.-Funktion.
Kreisler, 1. Fritz, *1875, †1962, östr. Geiger u. Komponist; seit 1915 vorw. in den USA; einer der führenden Geiger seiner Zeit. – **2.** Georg, *18.7.1922, östr. Kabarettist; schrieb, komponierte u. interpretierte von »schwarzem Humor« erfüllte makabre Chansons.
kreißen [mhd. *kreischen,* »schreien«], in Geburtswehen liegen. – **Kreißsaal,** Raum einer geburtshilfl. Klinik, in dem entbunden wird.
Kreisstadt, Sitz der Kreisverwaltung.
Kreistag, Organ des Kreises, das von den Bürgern der kreisangehörigen Gemeinde gewählt wird; zuständig für alle den Kreis (2) betreffenden Entscheidungen grundsätzl. Art.
Krematorium, Feuerbestattungsanlage; neben den techn. Einrichtungen meist noch eine Halle zum Aufbahren des Toten u. für die Totenfeier.
Kreml, allg. der alte, befestigte Stadtteil russ. Städte; am bekanntesten: der *K. von Moskau,* mit zahlr. Kirchen u. Palästen; von vieltürmigen Mauern umgebene alte Residenz russ. Herrscher u. Patriarchen; nach 1918 Sitz der Sowjetregierung sowie des Obersten Sowjets u. der KP- u. Regierungsspitze (danach übertragen als »der K.« bezeichnet).
Krempel, 1. Kram, wertloses Zeug, Plunder. – **2.** Vorbereitungsmaschine in der Spinnerei zum Auflösen des Fasserguts bis zur Einzelfaser, zum Ausrichten der Fasern u. Beseitigen von Verunreinigungen.
Krempling, *Paxillus,* Gatt. mittelgroßer bis großer Lamellenpilze mit am Stiel herablaufenden Lamellen u. anfängl. meist stark eingerolltem Hut; die meisten Arten sind giftig.
Krems an der Donau, niederöstr. Bez.-Stadt am Ostausgang der Wachau, 23 000 Ew.; mittelalterl. Stadtbild mit histor. Bauten; Weinanbau u. -handel; Donauhafen.
Kremser, offener, vielsitziger Wagen mit Verdeck.
Kremsier, tschech. *Kroměříž,* Stadt in S-Mähren (Tschech. Rep.), 26 000 Ew.; barockes Schloß, got. Dom; landw. Zentrum.
Kremsmünster, oberöstr. Markt an der Krems, sw. von Linz, 5800 Ew.; Benediktinerstift (gegr. 777; Bibliothek); Glasherstellung.
Kren, östr.-südt. für Meerrettich.
Krenek, fr. *Křenek,* Ernst, *1900, †1991, östr. Komponist u. Musikschriftst.; lebte seit 1938 in den USA; schrieb zahlr. Opern, Ballette, Kammermusik- u. Klavierwerke, Chöre, Sinfonien, Konzerte.
Krenz, Egon, *19.3.1937, dt. Politiker (SED); seit 1983 Mitgl. des Politbüros, 1983–89 Sekretär des ZK der SED; 1989 Generalsekretär des ZK, Vors. des Nat. Verteidigungsrats u. Vors. des Staatsrats der DDR; verlor 1989 alle Ämter u. wurde 1990 aus der Partei ausgeschlossen.
Kreolen, in Mittel- u. S-Amerika geborene Mischlinge span. Herkunft, auch reinblütige Nachkommen frz. oder anderer rom. Einwanderer der Kolonisationszeit.
Kreon, in der grch. Sage Herrscher von Theben, Bruder der *Iokaste,* Oheim der *Antigone.*

Kreta: Blick auf Ausläufer der »Weißen Berge«, das südliche Gebirge, das Höhen über 2450 m erreicht; im Vordergrund die Ruine einer venezianischen Festung

Kreosot, durch alkal. Extraktion des Holzteers gewonnenes Gemisch von *Phenolen* (z.B. Guajakol, Kresol); antiseptisch u. antiparasitär.
Krepp →Crêpe.
Kreppapier, in enge, unregelmäßig Querfalten gelegtes Papier für Dekoration u. Verpackung.
Kresol, *Hydroxytoluol,* in drei isomeren Formen im Steinkohlen- u. Buchenholzteer vorkommender aromat. Kohlenwasserstoff der allg. Form $C_6H_4(CH_3)OH$; aus Steinkohlenteer u. aus Erdöl gewonnen.
Kresse, 1. Gatt. der *Kreuzblütler,* pfeffrig schmeckende Salat- u. Gewürzpflanzen, u. a. *Brunnen-K.,* an Bächen verbreitet, u. *Garten-K.,* in vielen Kulturformen angebaut. – **2.** →Kapuzinerkresse.
Kreta, größte grch. Insel im östl. Mittelmeer, 260 km lang, 8259 km², 502 000 Ew. *(Kreter, Kandioten),* Hauptort *Herakleion;* stark verkarstetes Gebirge (im *Ida* 2456 m); in den fruchtbaren Tälern Wein-, Oliven-, Weizen- u. Südfruchtanbau; im Gebirge Schaf- u. Ziegenzucht; Fischerei, Fremdenverkehr. Bed. Ausgrabungsstätten u. a. der *minoischen Kultur.*
Gesch.: K. ist seit der Jungsteinzeit besiedelt. Mit Beginn der Bronzezeit im 3. Jt. v. Chr. entfaltete sich die *minoische Kultur.* Seit etwa 1900 v. Chr. wirtsch. u. kultureller Mittelpunkt der bronzeztl. Kulturen des östl. Mittelmeers *(ägäische Kultur)* bis um 1400 v. Chr. nach der krieger. Inbesitznahme der Insel durch die myken. Fürsten. Seit 1200 v. Chr. besetzten die Dorier von Griechenland her die Insel. 69/67 v. Chr. wurde K. von den Römern unterworfen. – Im 19. Jh., nach Aufständen gegen die türk. Herrschaft (seit 1669), erhielt K. Selbstverwaltung unter türk. Oberhoheit (1898), die 1908 an Griechenland überging. 1913 kam die Insel endgültig an Griechenland.
Kretin [-'tɛ̃], mißgestalteter Schwachsinniger. – **K.ismus,** auf angeborenem oder frühkindl. erworbenem Fehlen der Schilddrüse oder auf entspr. Schilddrüsenunterfunktion beruhende körperl. u. seel.-geistige Unterentwicklung mit Schwachsinn u. Zwergwuchs.
Kretschmer, Ernst, *1888, †1964, dt. Psychologe u. Psychiater; wies durch seine Untersuchungen über den Zusammenhang von Körperbau u. Charakter sowie die Unterscheidung dreier Grundtypen (→Konstitution) der Charakterforschung neue Wege.
Kreuder, 1. Ernst, *1903, †1972, dt. Schriftst.; schrieb surrealist. Erzählwerke. – **2.** Peter, *1905, †1981, östr. Komponist; schrieb über 150 Filmmusiken, Opern u. Operetten.
Kreuth, *Wildbad K.,* Gem. in Oberbay., südl. vom Tegernsee, 4000 Ew.; Schwefelquellen, Solbad.
Kreutzer, 1. *Kreuzer,* Konrad (Conradin), *1780, †1849, dt. Komponist des Biedermeiers; »Das Nachtlager von Granada«, »Der Verschwender«. – **2.** Rodolphe, *1766, †1831, frz. Geiger u. Komponist (Violinetüden); Beethoven widmete ihm die »K.-Sonate« für Violine u. Klavier op. 47.
Kreuz, 1. Körpergegend um das *Kreuzbein.* – **2.** eine der vier frz. Spielkartenfarben. – **3.** in der Notenschrift Zeichen (♯) für die Erhöhung eines Tons um einen Halbton. – **4.** zwei rechtwinklig oder schräg sich schneidende Balken, als Ornamentform oder symbol. Zeichen mit zahlr. Varianten in vielen Kulturen verbreitet. Symbol des *Christentums*

schlechthin u. Zeichen für das Leiden u. die göttl. Persönlichkeit Christi wurde es durch den K.estod Christi.

Kreuzbein, aus 5 Wirbelkörpern *(Kreuzwirbel)* verschmolzener Teil der Wirbelsäule, der als einheitl. Knochen mit den beiden Darmbeinen den *Beckengürtel* bildet.

Kreuzblume, 1. artenreiche Gatt. der *K.ngewächse;* am häufigsten die *Gewöhnl. K.* (Tausendschön), meist blau oder rot blühendes kleines Kraut. Weitere Arten: *Bittere K., Schopfige K. Kalk-K., Quendel-K. –* **2.** blumenartige Bekrönung von Türmen, Giebeln u. a.; typ. für die Gotik.

Kreuzblütler →Pflanzen.

Kreuz des Südens, Sternbild in der südl. Milchstraße.

Kreuzdorn, *Rhamnus,* Gatt. der *K.gewächse;* vom *Purgier-K.* oder *Hirschdorn* (bis 3 m hoher Strauch) werden die Früchte als *Kreuzbeeren* medizinisch verwendet; hierzu auch der *Faulbaum.*

kreuzen, im Zickzackkurs gegen den Wind segeln.

Kreuzer, 1. Kriegsschiff mit hoher Geschwindigkeit u. großem Fahrbereich. – **2.** 1271 erstmals in Tirol geprägte Silbermünze, so genannt nach dem Doppelkreuz auf der Rückseite; vielfach nachgeahmt, im 16. Jh. auch in Dtld.

Kreuzfahrer →Kreuzritter.

Kreuzgang, Wandelhalle, die sich mit Arkaden nach dem von ihr allseitig umschlossenen Klosterhof öffnet; oft überwölbt u. mit reichem plast. u. maler. Schmuck.

Kreuzgewölbe, Wölbkonstruktion über quadrat. oder rechteckigem Grundriß aus zwei sich rechtwinklig durchdringenden, gleich hohen Tonnengewölben.

Kreuzigung, im Altertum schimpfl. Todesstrafe für Sklaven u. Schwerverbrecher: Die Hände u. Füße des Verurteilten wurden am Querholz u. am Stamm eines Holzkreuzes angenagelt; seltener festgebunden. Der Tod Christi am Kreuz durch Annagelung der Hände u. Füße ist Höhepunkt u. Ende des *Passionsgeschehens.*

Kreuzkraut, *Greiskraut, Senecio,* artenreiche Gatt. der *Korbblütler;* größtenteils Kräuter, jedoch in Afrika auch strauch- u. baumförmige Arten.

Kreuzkuppelkirche, auf dem Grundriß eines grch. Kreuzes gebaute Kirche; setzt sich zus. aus einem quadrat. Mittelraum (mit Pendentifkuppel) u. vier in den Hauptachsen liegenden Anräumen; wichtigster Kirchentyp der byzantin. Architektur.

Kreuzlingen, Bez.-Hauptort im schweiz. Kt. Thurgau, am Bodensee, 16 000 Ew.; ehem. Augustinerchorherrenstift (1125–1848).

Kreuznach, *Bad K.,* Krst. in Rhld.-Pf., an der Nahe, 40 000 Ew.; Heilbad, radiumhaltiges Wasser.

Kreuzotter, bis 90 cm lange Giftschlange aus der Fam. der *Vipern;* grau bis schwarzbraun, mit einem Zickzackband auf dem Rücken; in Mitteleuropa auf Heiden, Mooren u. in Bergregionen.

Kreuzritter, 1. *Kreuzfahrer,* adliger Teilnehmer an *Kreuzzügen.* – **2.** Angehöriger des *Dt. Ordens.*

Fichtenkreuzschnabel

Kreuzschnabel, *Loxia,* in den nördl. Nadelwäldern lebende Gatt. der *Finkenvögel,* deren Schnabelhälften kreuzweise übereinander gewachsen sind.

Kreuzspinnen, *Araneus,* Gatt. der *Radnetzspinnen,* mit mehr als 25 Arten in Dtld. vertreten; meist mit weißer, kreuzartiger Zeichnung auf dem Hinterkörper.

Kreuzung, 1. in der Tier- u. Pflanzenzucht die bewußte Paarung bestimmter Zuchttiere oder -pflanzen. – **2.** Schnittpunkt zweier Verkehrswege, entweder höhengleich oder planfrei ausgeführt.

Kreuzverhör, im Strafverfahren die Vernehmung von Zeugen durch den Staatsanwalt u. den Verteidiger; in der BR Dtld. ohne prakt. Bed., im angloamerik. Rechtskreis dagegen die Regel.

Kreuzweg, 1. *Kreuztragung Christi,* der Weg Christi vom Haus des Pilatus in Jerusalem nach Golgatha; in der christl. Kunst häufig dargestellte, der *Kreuzigung* vorausgehende Passionsszene, in der Christus das Kreuz trägt. – **2.** Wegscheide; galt schon in vorchristl. Zeit als unheiml. Ort, wahrsch., weil man dort gern Tote begrub.

Kreuzotter

Kreuzworträtsel, Buchstabenrätsel, bei dem die einzelnen Buchstaben (auch Silben) des zu erratenden Wortes in Kästchen eingetragen werden müssen. Da sich die Wörter, teils senkr., teils waagr. verlaufend, kreuzen, kommen zahlr. Buchstaben (oder Silben) in zwei Wörtern vor.

Kreuzzüge, von den christl. Völkern des Abendlands unternommene Kriegszüge zur Eroberung Palästinas, des *Heiligen Landes,* insbes. die im 12. u. 13. Jh. auf Veranlassung der Päpste unternommenen K. der *Kreuzfahrer* gegen die »Ungläubigen« (Mohammedaner). Anlaß war die Eroberung Jerusalems u. damit des Grabes Christi durch die türk. Seldschuken (1070). Die Beteiligung an den K.n erfolgte aus religiösem Fanatismus, Abenteuerlust, Beutegier u. wirtsch. Interessen. 1. Kreuzzug (1096–99) unter *Gottfried von Bouillon;* 2. Kreuzzug (1147–49), von *Bernhard von Clairvaux* initiiert, endete mit einer militär. Katastrophe. Am 3. Kreuzzug (1189–92) nahmen der dt. Kaiser *Friedrich I.,* der engl. König *Richard Löwenherz* u. König *Philipp II. August* von Frankreich teil; 1191 wurde Akko erobert, u. der Küstenstreifen von Tyros bis Jaffa konnte gesichert werden. – Der 4. Kreuzzug (1202–04) führte zur Eroberung Zaras (für Venedig) u. Konstantinopels, wo das *Latein. Kaiserreich* errichtet wurde. – 1212 kam es zu einem verlustreichen →Kinderkreuzzug. – Der 5. Kreuzzug (1228/29) brachte durch Vertrag Kai-

Kriegsgericht 479

ser *Friedrichs II.* mit dem Sultan *al-Kamil* auf kurze Zeit Jerusalem wieder in christl. Besitz. – Der 6. u. der 7. Kreuzzug (1248–54 bzw. 1270), die der frz. König *Ludwig IX.* nach Ägypten u. Tunis unternahm, blieben ohne Erfolg. – K →S. 480.

Kricket, *Cricket,* traditionelle engl. Nationalspiel, Kombination von Tor- u. Schlagballspiel zw. 2 Mannschaften von je 11 Spielern.

Kriebelmücken, *Kribbelmücken,* in Gebieten mit rasch fließenden Wasserläufen häufige, sehr kleine *Mücken* (0,3–0,6 mm), deren Weibchen sehr stechfreudig sind.

Kriechstrom, unerwünschter, niedriger elektr. Strom, der bei Isolationsminderung auftritt; bei Freileitungs- oder Zündkerzen-Isolatoren z.B. durch Feuchtigkeit oder Verschmutzung.

Kriechtiere →Reptilien.

Krieg, mit Waffengewalt ausgetragener Konflikt zw. Staaten zur Durchsetzung ihrer Interessen. Bewaffnete innerstaatl. Auseinandersetzungen zw. versch. Volksgruppen werden als *Bürger-K.* bezeichnet. Der Beginn des K.szustands ist nach dem III. Haager Abkommen von 1907 durch eine K.serklärung eines Staates anzuzeigen. Die Möglichkeit ihrer Einhaltung wird heute jedoch weitgehend bestritten aufgrund des generellen K.sverbots der UNO-Charta, das nur noch die Führung eines Notwehr-K.s erlaubt, u. der modernen Kriegsformen (insbes. Raketenüberfall, »erster Schlag« mit Kernwaffen).

Kriegsanleihe, zur Deckung der Kriegskosten aufgenommene *Staatsanleihe.*

Kriegsdienstverweigerung, *Wehrdienstverweigerung,* die vom Staat als Ausnahme von der Militärdienstverpflichtung anerkannte u. grundrechtl. ausgestattete Möglichkeit, sich aus religiöser Überzeugung oder allg. aus Gewissensgründen vom Kriegs- bzw. Wehrdienst befreien zu lassen. Das Grundgesetz der BR Dtld. bestimmt hierzu in Art. 4 Abs. 3: »Niemand darf gegen sein Gewissen zum Kriegsdienst mit der Waffe gezwungen werden. Das Nähere regelt ein Bundesgesetz.« Die weiteren Einzelheiten, insbes. über den von den Kriegsdienstverweigerern zu leistenden *Zivildienst,* sind in der Verfassungsergänzung von 1956, im Wehrpflichtgesetz vom 21.7.1956 in der Fassung vom 13.6.1986, im K.sgesetz vom 28.2.1983 u. im *Zivildienstgesetz* in der Neufassung vom 31.7.1986 geregelt. In Österreich seit 1.1.1975 ziviler Ersatzdienst, ähnl. dem der BR Dtld.

Kriegsentschädigung →Reparationen.

Kriegsgefangene, Angehörige der feindl. Streitmacht, die im Krieg in die Gewalt eines Kriegführenden fallen. Die Rechtsstellung der K.n ist geregelt im Abkommen der *I. Haager Friedenskonferenz* (1899), in der *Haager Landkriegsordnung* (1907) sowie in den *Genfer Gefangenen-Konventionen* (1929 u. 1949).

Kriegsgericht, im Dt. Reich bis 1945 ein Organ der *Militärgerichtsbarkeit.*

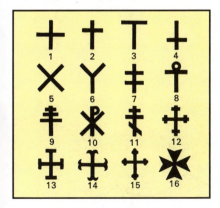

Kreuz: 1) *Griechisches K.;* 2) *Lateinisches K.;* kürzerer Quer- und längerer Standbalken; 3) *Tau-, Antonius-K.;* 4) *Petrus-K;* 5) *Andreas-K.;* 6) *Gabel-, Schächer-, Deichsel-K.;* 7) *Lothringisches (Doppel-) K.;* 8) *Henkel-K.;* 9) *Päpstliches K.;* 10) *Konstantinisches K., Christusmonogramm;* 11) *Russisches K.;* 12) *Wieder-K.;* die Balkenenden ergeben »wieder« ein *K.*, 13) *Krücken-K.;* 14) *Anker-K.;* 15) *Kleeblatt-K.;* 16) *Malteser-* oder *Johanniter-K.*

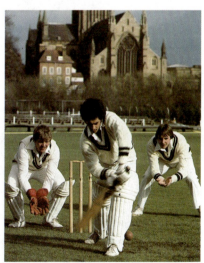

Kricket: Der Schlagmann wehrt den auf das Tor geworfenen Ball mit dem Schlagholz ab; dahinter links der Torwächter der Fangpartei

480 Kriegsgräberfürsorge

Kriegsgräberfürsorge, Organisation zur Förderung der Pflege der Kriegsgräber im In- u. Ausland; für diesen Zweck bildete sich in Dtld. 1919 der *Volksbund Dt. K. e.V.*

Kriegsopferversorgung, Versorgungsleistungen für die durch den Militär- oder Kriegsdienst oder durch Kriegsgefangenschaft gesundheitl. Geschädigten u. deren Witwen u. Waisen *(Kriegshinterbliebenenfürsorge);* geregelt im Bundesversorgungsgesetz in der Fassung von 1982.

Kriegsrecht, völkerrechtl. Regelung der Kriegführung, als *Völkergewohnheitsrecht* oder *Völkervertragsrecht.* – Das allg. K. ist in der *Haager Landkriegsordnung* von 1907 geregelt. Fragen der humanitären Behandlung von Verwundeten, Kranken u. Schiffbrüchigen sind darüber hinaus umfassend geregelt (Abkommen von 1864, 1899, 1906, 1929, zuletzt 1949). Ähnliches gilt für die Rechtsstellung der *Kriegsgefangenen* u. für den Schutz von Zivilpersonen (IV. Genfer Abkommen zum Schutz von Zivilpersonen in Kriegszeiten von 1949). Das *Genfer Protokoll* von 1925 verbietet den chem. u. bakteriolog. Krieg u. findet wegen seiner Generalklausel, nach überwiegender Ansicht, auch auf den *Atomkrieg* Anwendung.

Kriegsschiff, jedes bewaffnete schwimmende Fahrzeug der *Marine.* Dem Verwendungszweck nach unterscheidet man: *Großkampf-* oder *Schlachtschiff, Panzerkreuzer, schwere* u. *leichte Kreuzer, Zerstörer, Fregatte, Korvette, Torpedoboot, Untersee-(U-)Boot, Minenfahrzeug, Schnellboot, Flugzeugträger, Hilfskreuzer.*

Kriegsverbrechen, strafbare Verstöße gegen das Kriegsrecht durch Gewaltanwendung oder andere Vergehen gegen Leib, Leben u. Eigentum von Kriegsgefangenen u. Zivilpersonen. – In großem Maßstab haben Verfahren wegen K. nach dem 2. Weltkrieg in Dtld. (→Nürnberger Prozesse) stattgefunden.

Kriemhild, im Nibelungenlied Schwester König *Gunthers,* Gattin *Siegfrieds* u. Gegenspielerin *Brunhilds.*

Krill, zu den *Leuchtkrebsen* zählender, garnelenartiger Hochseebewohner; bildet ausgedehnte Schwärme u. ist die Hauptnahrung der Heringe u. Wale.

Krim, *Krym,* Halbinsel in der südl. Ukraine, am Schwarzen Meer, durch die 8 km breite Landenge von *Perekop* mit dem Festland verbunden, als Republik 27 000 km² mit 2,5 Mio. Ew., Hptst. *Simferopol;* zahlr. Kurorte an der S-Küste. – Im Altertum gehörte die K. zum Machtbereich der Skythen, seit 1475 unter türk. Oberhoheit. 1783 wurde die K. russisch.

Krimgebirge, *Jailagebirge,* 150 km langes, bewaldetes Gebirge im S der Halbinsel Krim, bis 1545 m hoch; fällt steil zum Schwarzen Meer ab.

Kriminalistik, Lehre von der Verbrechensaufklärung.

Kriminalität, Gesamtheit der Straftaten innerhalb einer gesellschaftl. Einheit (meist eines Staates) während eines bestimmten Zeitabschnitts.

Kriminalpolizei, Kurzwort *Kripo,* mit der Bekämpfung u. Verhütung von Verbrechen befaßter Teil der Polizei, dessen Beamte *(Kriminalbeamte)* nicht uniformiert sind.

kriminell, verbrecherisch.

Kriminologie, Wiss. vom Verbrechen; beschäftigt sich mit der Erforschung des Verbrechens, der Täterpersönlichkeit, der Bekämpfung des Verbrechens u. der Kontrolle des sonstigen soz. abweichenden Verhaltens.

Krimkrieg, 1853–56, Krieg zw. Rußland u. der Türkei, an deren Seite 1854 England u. Frankreich, später (1855) auch Sardinien in den Krieg eintraten. Ursache war das Expansionsstreben Rußlands auf dem Balkan. Nach der Belagerung u. Besetzung der Krimfestung *Sewastopol* wurde Rußland 1856 zum *Frieden von Paris* gezwungen.

Krimmer, *Kräuselplüsch,* urspr. das lockige Fell von Lämmern des Karakulschafs; heute für Persianerimitation.

Krimml, östr. Ort in Salzburg, unterhalb des Gerlospasses, 1072 m ü. M., 800 Ew.; vielbesuchter Ausflugsort wegen der *K.er Wasserfälle* (380 m Fallhöhe über 3 Stufen).

Krimtataren, Turkvolk auf der Krim; wegen angebl. Kollaboration mit den Deutschen 1944 nach Zentralasien deportiert; 1967 polit. rehabilitiert, 1988 wurden alle Diskriminierungen aufgehoben.

Krinoline, 1842 entworfener, bes. steif abstehender Unterrock aus mit Roßhaar verwobenem Leinen; 1856 durch den leichteren *Reifrock* aus horizontalen Stahlreifen verdrängt.

Kripo, Kurzwort für **Kriminal**polizei.

Krischnas Tanz mit den Hirtinnen (Rasalila, »Spiel der Leidenschaft«); Andachtsbild der Gemeinschaft der Vallabhacarya, Rajasthan, 19. Jahrhundert. Marburg, Religionskundliche Sammlung

Krippe, 1. Futtertrog in Ställen. – **2.** *Weihnachts-K.,* plast. Darst. der Geburt Christi im Stall zu Bethlehem, mit den Figuren von Maria u. Joseph, Ochs u. Esel, Hirten u. den Hl. Drei Königen; aus Holz, Porzellan oder Wachs. – **3.** *Kinder-K.,* Tagesheim für Kleinkinder.

Krippenspiel, Teil des *Weihnachtsspiels* im geistl. Schauspiel des MA.

Kris, dolchartige, oft reich verzierte Stoßwaffe (mit ca. 30 cm langer, welliger Klinge) in Indonesien.

Krischna, *Krishna,* ind. Heroengestalt u. hinduist. Gottheit; gilt als eine der Inkarnationen des Wischnu.

Krise, *Krisis,* **1.** allg. Wendepunkt, entscheidende Situation; Schwierigkeit. – **2.** plötzl. Abfall hohen Fiebers als Übergang zur Heilung. – **3.** tiefgrei-

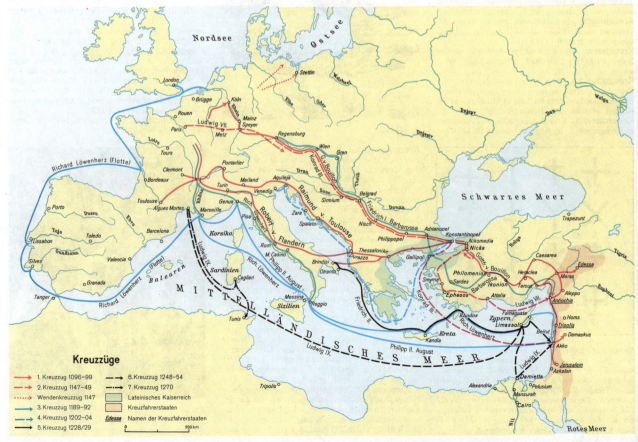

fende Störung im Ablauf des ind. Produktionsprozesses.
Krisen-Management [-'mænidʒmənt], Planung u. Durchführung von außergewöhnl. Maßnahmen zur Beherrschung gefährl. polit., militär. oder wirtsch. Situationen. Häufig wird zu diesem Zweck ein *Krisenstab* gebildet.
Krishna ['kriʃ-] →Krischna.
Krishna ['kriʃ-], *Kistna,* Fluß auf dem mittleren Dekanhochland in Indien, 1291 km; mündet in den Golf von Bengalen.
Kristall, von gleichmäßig angeordneten, ebenen Flächen begrenzter fester Körper, in dem die Atome, Moleküle oder Ionen raumgitterartig angeordnet sind, d. h. in einer regelmäßigen, räuml. period. Struktur **(K.gitter)**. Durch einen K. kann man 3 gedachte Achsen legen, die sich im K.-Mittelpunkt schneiden. Bezogen auf diese *Achsenkreuze* lassen sich alle K.e in 7 *K.systeme* einordnen: 1. *trikline K.e* (3 ungleiche, zueinander schiefe Achsen), 2. *monokline K.e* (3 ungleiche Achsen, davon 2 schief zueinander), 3. *orthorhombische K.e* (3 ungleiche, zueinander senkr. Achsen), 4. *tetragonale K.e* (3 zueinander senkr. Achsen, davon 2 Achsen gleich), 5. *kubische K.e* (3 gleiche, zueinander senkr. Achsen), 6. *hexagonale K.e* (3 gleiche Nebenachsen, je 60° zueinander; ungleiche Hauptachse senkr. dazu), 7. *trigonale K.e* (wie 6, jedoch von geringerem Symmetriegrad). – **kristallin,** Bez. für Stoffe, die K.e bilden. – **K.isation,** Abscheidung von K.en aus Lösungen, Schmelzen oder Dämpfen. – **K.ographie,** Teilgebiet der Mineralogie, befaßt sich mit den K.en u. ihren Eigenschaften. – **K.wasser,** im *K.gitter* bestimmter Verbindungen enthaltene Wassermoleküle.
Kristallglas →Bleiglas.
Kristallnacht, *Reichskristallnacht,* die Nacht vom 9. auf den 10.11.1938, in der in Dtld. über 250 Synagogen u. zahlr. Geschäfte u. Wohnungen jüd. Bürger zerstört u. geplündert wurden. Als Anlaß diente der Mord an dem dt. Botschaftssekretär E. vom *Rath* in Paris durch den poln. Juden Herschel *Grynszpan.* 91 jüd. Bürger wurden ermordet, mehr als 25 000 in *Konzentrationslager* verschleppt. Mit der K. begann die radikale Phase der nat.-soz. *Judenverfolgung.*
Kristiansand [kristjan'san], südnorw. Hafen u. Prov.-Hptst. am Skagerrak, 61 000 Ew.; Schiffbau, Textil-, Holz- u. chem. Ind.
Kristianstad [kri'ʃansta:d], südschwed. Prov.-Hptst., 69 000 Ew.; Konserven- u. Textil-Ind.
Kristiansund [kristjan'syn], westnorw. Hafenstadt auf drei Inseln, sw. von Trondheim, 18 000 Ew.; Fischerei.
Kriterium, Unterscheidungsmerkmal, entscheidendes Kennzeichen.
Kritias, * um 460 v. Chr., † 403 v. Chr., athen. Politiker u. Schriftst.; Onkel *Platons;* Wortführer der *Dreißig Tyrannen.*
Kritik, jede objektive Beurteilung anhand von begriffl. festgelegten Maßstäben *(Kriterien).* In diesem Sinn ist K. ein Grundelement der Wiss. u. des aufgeklärten Denkens.
kritisch, 1. streng prüfend, bedenklich; gefährlich, die Entscheidung, Wende bringend. – **2.** Zustand eines Kernreaktors, in dem genauso viele Neutronen erzeugt wie absorbiert werden. Die Kettenreaktion wird gerade aufrechterhalten.
kritische Ausgabe, textkritisch durchgesehene Ausgabe eines Schriftwerks, die in einem *kritischen Apparat* alle Abweichungen aus den versch. überlieferten Vorlagen und Fassungen anführt.
kritische Drehzahl, Drehzahl, die mit den Eigenschwingungszahlen rotierender Körper zusammenfällt; bes. bei Motoren gefährl., wenn nicht alle Teile gut ausgewuchtet sind.
kritische Masse, für den Ablauf einer sich selbst erhaltenden Kettenreaktion von Atomkernspaltungen erforderl. Mindestmenge an spaltbarem Material; von Bed. für Atombomben u. für den Kernreaktor.
kritische Temperatur, Temp., oberhalb derer ein Gas auch durch starken Druck nicht mehr verflüssigt werden kann.
kritische Theorie, sozialphilosoph. Lehre der *Frankfurter Schule* (gegr. von Th.W. *Adorno* u. M. *Horkheimer),* die im erklärten Ggs. zur empir.-positivist. Soziologie steht; verbindet die Lehre des Marxismus mit den Erkenntnissen der Psychoanalyse zwecks Analyse der kapitalist. u. bürokrat. Gesellschaften der Gegenwart; übte in den 1960er Jahren starken Einfluß auf die antiautoritären Bewegungen aus.

Kritizismus, von I. *Kant* begr. Philosophie, die sich mit den Möglichkeiten der Erkenntnis u. ihren Grenzen beschäftigt; auch die Philosophie seiner Vorläufer (J. *Locke,* D. *Hume,* J.H. *Lambert* u. a.) sowie die an Kant anschließende Erkenntnislehre, v. a. die des *Neukantianismus.*
Kriwoj Rog, Bergbau- u. Ind.-Stadt in der Ukraine, 657 000 Ew.; großes Eisenerzvorkommen; Erzaufbereitung, Eisen-, Stahl- u. Walzwerke.
Krk, größte kroat. Insel, vor Rijeka, 408 km², 13 000 Ew., Hauptort *K.;* Fremdenverkehr; Flughafen.
Krnov, dt. *Jägerndorf,* Stadt in Nordmähren (Tschech. Rep.), an der Oppa, 26 000 Ew.; Maschinen- u. Textilind., Orgelbau. – Sitz des ehem. schles. Fürstentums Jägerndorf.
Kroaten, südslaw. Stamm (über 5 Mio.), hpts. in Kroatien, Östr., Ungarn, Italien; den *Serben* nahe verwandt, jedoch urspr. röm.-kath. u. mit lat. Schrift.
Kroatien, kroat. *Hrvatska,* Staat in SO-Europa, im NW der Balkanhalbinsel, 56 538 km², 4,7 Mio. Ew.; Hptst. *Zagreb.* Besteht aus *Nieder-K.,* einem fruchtbaren Tiefland zw. Save, Drau u. Donau u. *Hoch-K.,* einem wirtschaftl. armen Karstgebiet. Zu K. gehört →Dalmatien.

Kroatien

Geschichte: Im Altertum war K. von Illyrern besiedelt, die später von Kelten überlagert wurden. 1527 wurden die Habsburger Herrscher. 1918 erklärten die Kroaten ihre Vereinigung mit Slowenen u. Serben zum Staat Jugoslawien. 1941–45 bestand ein formal selbst. K. unter A. *Pavelić.* Unabhängigkeitsbestrebungen K. u. Sloweniens führten 1991 zum jugoslaw. Bürgerkrieg. Mehr als ein Drittel des kroat. Gebietes wurde von Serben besetzt. Die am 25.6.1991 von K. erklärte Unabhängigkeit wurde am 15.1.1992 von der EG u. anderen Staaten anerkannt.
Krocket, Spiel auf Rasen oder ebenem Boden, bei dem mit einem Holzhammer Kugeln von 7,5 cm Durchmesser durch kleine Tore zum Zielpfosten getrieben werden müssen.
Krockow, Christian Graf von, * 26.5.1927, dt. Rechtswissenschaftler u. Publizist; W »Soziologie des Friedens«, »Politik u. menschl. Natur«, »Die Reise nach Pommern«.
Kroetz, Franz Xaver, * 25.2.1946, dt. Schriftst. u. Schauspieler; schildert gesellschaftskrit. proletar. u. kleinbäuerl. Schicksale. W »Wildwechsel«, »Agnes Bernauer«.
Kröger, 1. Theodor, * 1891, † 1958, dt. Schriftst.; 1914 nach Sibirien verbannt; W »Das vergessene Dorf«, »Vier Jahre Sibirien«. – **2.** Timm, * 1844,

† 1918, niederdt. Erzähler; schrieb Novellen u. Skizzen von Land u. Leuten Schleswig-Holsteins.
Krogh [krɔːg], Schack August Steenberg, * 1874, † 1949, dän. Physiologe; arbeitete bes. über die Physiologie des Blutes u. der Atmung. Nobelpreis 1920.
Krokant, Konfekt aus geschmolzenem Kristallzucker u. zerkleinerten Mandeln oder Nüssen.
Kroketten, in Fett gebackene längl. Klöße aus Fleisch, Fisch, Kartoffeln, Gemüse oder Obst.
Krokodile, *Panzerechsen, Crocodylia,* Ordnung der *Reptilien;* große, stark gepanzerte Tiere mit seitl. zusammengedrücktem Ruderschwanz; leben in den Tropen u. Subtropen in u. am Wasser; Lebensweise räuberisch; im Erdmittelalter in großer Artenzahl bekannt; heute nur noch in 3 Fam. mit etwa 20 Arten: *Alligatoren, Echte K.* (z.B. *Nil-, Leisten-, Spitz-K.)* u. *Gaviale.*
Krokus, *Crocus,* Gatt. der Schwertliliengewächse; in den Alpen wild der *Weiße* oder *Frühlings-K.;* der *Safran-K.* liefert Safran.
Krolow ['kroːlo], Karl, * 11.3.1915, dt. Schriftst. (Naturlyrik, später surrealist. Gedichte.
Kronach, Krst. in Oberfranken (Bay.), am Zusammenfluß von Haßlach, K. u. Rodach, 18 000 Ew.; oberhalb die Festung Rosenberg (14.–18. Jh.); mittelalterl. Stadtbild; Porzellan-, Keramik-, Kunststoff-, chem. u. Elektro-Ind.
Kronacher, Carl, * 1871, † 1938, dt. Vererbungsforscher; mit L. *Adametz* Begr. der modernen Tierzüchtung.
Kronberg im Taunus, hess. Stadt am Südhang des Taunus, 18 000 Ew.; Luftkurort; Elektro-Ind.
Krone, 1. Kopfzierde als Zeichen der Herrscherwürde, Teil der Krönungsinsignien; nach orientalischem Vorbild (Stirnreif) u. aus der Helmform entwickelt; heute noch gültige Formen sind Platten-, Bügel-K. – **2.** Abk. *kr,* Währungseinheit in Dänemark, Norwegen, Schweden, Island, der Tschech. u. Slowak. Rep. – **3.** →Zahnersatz.
Krone, Karl, * 1870, † 1943, dt. Zirkusdirektor; gründete 1905 den späteren »Circus K.«.
Kronglas, Spezialglas, das als Bauelement für Linsen u. ä. Verwendung findet.
Kronkolonie, Kolonie der brit. Krone; von einem brit. Gouverneur verwaltet; daneben meist ein Verwaltungsrat sowie ein Gesetzgebungsrat oder Parlament mit einheim. Mitgl.
Kronländer, Erbländer des Hauses Habsburg, bzw. 1867–1918 die im Reichsrat vertretenen Kgr. u. Länder: Niederöstr., Oberöstr., Steiermark, Kärnten, Siebenbürgen, Tirol, Vorarlberg, Küstenland, Böhmen, Mähren, Östr.-Schlesien, Galizien, Bukowina u. Dalmatien.
Kronos ['kro-], altgrch. Wetter- u. Erntegott; in der Sage der jüngste der *Titanen.* Er bemächtigte sich der Weltherrschaft, indem er seinen Vater Uranos entthronte, u. heiratete seine Schwester *Rhea,* die ihm *Hestia, Demeter, Hera, Hades, Poseidon* u. *Zeus* (die **Kroniden**) gebar. Unter K. lebten die Menschen im »Goldenen Zeitalter«.

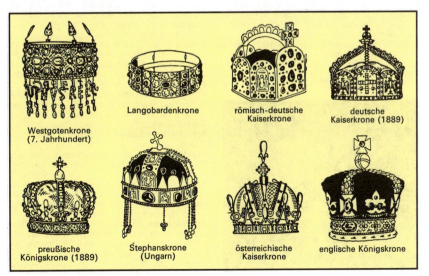

Verschiedene Kronen

Kronprinz, Thronerbe direkter Abstammung in Kaiser- oder Königreichen; oft Träger eines bes. Titels: z.B. Prince of Wales (Großbrit.), Dauphin (Frankreich), Infant (Spanien).

Kronstadt, 1. Stadt in Rumänien, →Brașov. – **2.** russ. *Kronštadt,* Hafenstadt in Rußland, auf der Insel *Kotlin,* in der *Kronstädter Bucht* des Finn. Meerbusens, 50 000 Ew.; durch einen Seekanal mit dem Hafen von St. Petersburg verbunden.

Krönung, feierl. Einsetzung eines Monarchen durch Aufsetzen einer Krone, meist verbunden mit religiöser Weihe (Salbung), Schwur u. Huldigung.

Krönungsinsignien →Reichskleinodien.

Kronzeuge, der Hauptzeuge in einem Gerichtsverfahren; im angloamerik. Recht ein Mittäter, der gegen Straffreiheit zu Lasten der anderen Mittäter aussagt; seit 1989 auch in der BR Dtld. rechtlich geregelt.

Kropf, 1. *Struma,* Schilddrüsenvergrößerung, entweder gleichmäßig weich oder knotighart; kann durch Jodmangel entstehen, bes. in manchen Alpentälern, oder als Begleitung der *Basedowschen Krankheit* auftreten, verbunden mit Schilddrüsenüberfunktion. – **2.** bei vielen Vögeln eine Erweiterung oder Ausstülpung der Speiseröhre, die zur vorübergehenden Aufnahme der Nahrung dient.

Kropotkin, *Krapotkin,* Peter Fürst, * 1842, † 1921, russ. Offizier; Vertreter des kommunist. Anarchismus; erstrebte die Abschaffung des Privateigentums u. des Staates.

Krösus, *Kroisos,* König der Lyder um 560–547 v. Chr.; sagenhaft reich; eroberte Kleinasien bis zum Halys.

Kröten, *Bufonidae,* Fam. der *Froschlurche;* vorw. Tiere von plumper Körpergestalt, mit kurzen Beinen u. oft drüsenreicher, warziger Haut; auf dem Land lebende Nachttiere, suchen das Wasser meist nur zur Paarungszeit auf; Entwicklung über Kaulquappen; hierzu die einheim. Erd-, Kreuz- u. Wechsel-K.

Krötenfrösche, *Pelobatidae,* Fam. der *Froschlurche;* nächtl. lebende, glatthäutige, kurzbeinige Tiere; Hinterfüße mit Grabschaufel, mit der sich die K. tagsüber eingraben.

Kroton, *Croton,* Gatt. der *Wolfsmilchgewächse;* in den Tropen verbreitet; eine Art enthält in ihren Samen (»Purgierkörner«) das als Abführmittel gebräuchl. K.öl.

Kru, westafrik. Küstenvölker in Liberia u. Elfenbeinküste.

Krueger, Felix, * 1874, † 1948, dt. Psychologe u. Philosoph; gelangte zu einer Ganzheits- u. Strukturpsychologie.

Kruger ['kryɡər], Paulus, gen. *Oom Paul, Ohm Krüger,* * 1825, † 1904, burischer Politiker; 1883–1900 Präs. von Transvaal; ging 1900 nach Europa, um (erfolglos) Hilfe für die gegen England kämpfenden Buren *(Burenkrieg)* zu gewinnen.

Krüger, 1. Franz, * 1797, † 1857, dt. Maler u. Graphiker des Biedermeiers; seit 1825 preuß. Hofmaler. – **2.** Hardy, * 12.4.1928, dt. Schauspieler u. Schriftst.; hpts. im Film erfolgreich. – **3.** Paul, * 7.3.1950, dt. Politiker (CDU); 1993/94 Bundes-Min. für Forschung u. Technologie.

Krüger-Rand, südafrik. Goldmünze; enthält 1 Unze (31,1 g) Feingold; seit 1980 auch in kleineren Gewichtseinheiten gehandelt.

Krugersdorp ['kryɡərs-], Stadt in der Prov. Pretoria/Witwatersrand/Vaal-Gebiet (Rep. Südafrika),

nw. von Johannesburg, 103 000 Ew.; Zentrum des Goldbergbaus, Uran- u. Manganerzbergbau.

Krummhorn, ein Schalmei-Instrument von sanftem Klang (14.–17. Jh.).

Krummstab, Bischofsstab.

Krümmung, Maß für die Abweichung einer Kurve von einer Geraden bzw. einer Fläche von einer Ebene.

Krupp, *Croup,* bes. schwere Entzündung der Rachenschleimhaut in seltenen Fällen von *Diphtherie,* die den Luftröhreneingang verengt.

Krupp, 1. Alfred, Sohn von 3), * 1812, † 1887, dt. Unternehmer; erweiterte die von seinem Vater übernommene Gußstahlfabrik *Friedrich K.* in Essen zu einem Weltunternehmen der Stahlind. – **2.** Alfred K. von Bohlen u. Halbach (Sohn von 4), * 1907, † 1967, dt. Unternehmer; übernahm 1943 die Leitung der Fa. *Friedrich K.;* 1948 in Nürnberg von den Alliierten anstelle seines kranken Vaters zu 12 Jahren Gefängnis u. Vermögenseinziehung

Alfred Krupp

verurteilt; 1951 aus der Haft entlassen; übernahm 1953 wieder die Leitung des Unternehmens. – **3.** Friedrich, * 1787, † 1826, dt. Unternehmer; gründete 1811 die Gußstahlfabrik *Friedrich K.* in Essen. – **4.** Gustav K. von Bohlen u. Halbach, eigtl. G. von *Bohlen u. Halbach,* * 1870, † 1950, dt. Unternehmer; heiratete 1906 Bertha K. u. erhielt den Namen *K. von Bohlen u. Halbach;* leitete 1903–43 die *Friedrich K. AG,* die sich nach 1933 v. a. der Rüstungsproduktion widmete.

Kruse, 1. Käthe, * 1883, † 1968, stellte naturalist. Puppen mit Naturhaar her; eig. Puppenfabrik in Bad Kösen. – **2.** Martin, * 21.4.1929, dt. ev. Geistlicher, 1977–94 Bischof der Ev. Kirche in Berlin-Brandenburg, 1985–91 Ratsvors. der EKD.

Krüss, James, * 31.5.1926, dt. Schriftst.; dt. Jugendbuchautor; erhielt 1960 u. 1964 den Dt. Jugendbuchpreis; Ⓦ »Der Leuchtturm auf den Hummerklippen«, »Timm Thaler oder Das verkaufte Lachen«.

Krustenechsen, *Gilatiere, Helodermatidae,* Fam. der *Echsen;* plumpe, bis 60 cm lange, giftige Tiere; zwei Arten in den Wüsten Mexikos u. den SW-Staaten der USA: *Gilatier* u. *Escorpion.*

Kruzifix, in der christl. Kunst die gemalte oder plast. Darst. Jesu am Kreuz.

Krylow ['-ləf], Iwan Andrejewitsch, * 1769, † 1844, russ. Schriftst.; Milieukomödien u. Fabeln.

Kryochirurgie, Sammelbez. für versch. Verfahren der lokalen Anwendung von tiefen u. sehr tiefen Temp. (bis –190 °C) in der Medizin.

Kryogen-Treibstoffe, Mischungen von Brennstoffen (wie Wasserstoff) u. Oxidatoren (wie Sauerstoff oder Fluor) für Raketen; nur bei sehr tiefen Temp. flüssig.

Kryolith, ein schneeweißes, perlmutterglänzendes Mineral.

Kryotechnik, Tieftemperaturtechnik unterhalb des Siedepunkts von Luft (–192,3 °C) u. Stickstoff (–195,8 °C).

Krypta, in frühchristl. Zeit eine Gruft für Heiligengebeine unter dem Altar, später auch Begräbnisstätte anderer kirchl. Würdenträger; seit dem 10. Jh. Halle unter dem Chor.

Kryptogamen, *Sporenpflanzen,* blütenlose Pflanzen, bei denen sich die neuen Individuen aus einzelligen Keimen *(Sporen)* entwickeln; hierzu: *Algen, Pilze, Moose* u. *Farnpflanzen.*

Kryptologie, Wiss. von der Verschlüsselung (Chiffrierung) u. Entschlüsselung (Dechiffrierung) von Nachrichten.

Krypton, ein →chemisches Element.

Kryptorchismus, angeborene Entwicklungsstörung bei Knaben, bei der die Hoden nicht wie normal in den Hodensack hinabgestiegen sind, sondern sich noch in der Bauchhöhle (Bauchhoden) oder im Leistenkanal (Leistenhoden) befinden.

Kshatriya, *Kschatriya,* zweite ind. Kaste (nach den *Brahmanen):* Fürsten, Adel u. Krieger.

KSZE, Abk. für *Konferenz für Sicherheit u. Zusammenarbeit in Europa,* seit 1995 *OSZE* (Organisation für Sicherheit u. Zusammenarbeit), supranationale Gemeinschaft aus 53 Staaten. Kommissionsberatungen in Genf 1973–75 behandelten 3 Themenkreise: 1. Sicherheit in Europa, 2. wirtsch. u. kulturelle Zusammenarbeit, 3. Zusammenarbeit auf humanitären u. anderen Gebieten. Die Schlußakte wurde 1975 in Helsinki unterzeichnet. 1980–83 tagte in Madrid das 2. Folgetreffen der KSZE. Dort wurden u.a. Expertentreffen beschlossen. Außerdem erzielte man Einigung über die KVAE. Beim 3. KSZE-Folgetreffen 1986–89 in Wien einigte man sich auf ein umfangreiches Folgeprogramm. Außerdem erteilte die Konferenz ein neues Mandat für die KVAE u. initiierte Verhandlungen über die konventionellen Streitkräfte in Europa. Mit der Verabschiedung der *Charta für ein neues Europa* wurde 1990 die Ost-West-Spaltung beendet. Bei dem 4. Folgetreffen 1992 in Helsinki wurde der Aufbau eines Systems von Institutionen festgelegt.

Ktesiphon, antike Stadt in Mesopotamien, am Tigris; Residenz der *Parther* im 2. Jh. v. Chr., ab etwa 230 n. Chr. der *Sassaniden;* wurde 637 von den Arabern eingenommen u. verfiel.

Kuala Lumpur, Hptst. von Malaysia, nahe der SW-Küste der Halbinsel Malakka, 1,1 Mio. Ew.; altes Kulturzentrum; 2 Univ.; bed. Ind.-Stadt; Zinnbergbau; internat. Flughafen.

Kuala Terengganu, Hptst. des Teilstaats Terengganu in Malaysia, 190 000 Ew.

Kuba, *Bakuba,* bed. Bantuvolk in Zaire; bekannt für ihr hochentwickeltes Kunsthandwerk (bes. Schmiede- u. Webwaren, geflochtene Schilde).

Kuba, Inselstaat auf den Großen Antillen in Mittelamerika, 110 861 km², 10,7 Mio. Ew., Hptst. *Havanna.*

Kuba

L a n d e s n a t u r. Überw. Tiefebenen u. Hügelländer, im SW in der Sierra Maestra bis 2005 m hoch; trop. warm mit mehreren Regenzeiten.
Die kath., spanisch sprechende B e v ö l k e r u n g setzt sich aus rd. 72% Weißen, 15% Mulatten, 12% Schwarzen sowie 1% Chinesen zusammen.
W i r t s c h a f t. Die Landwirtschaft baut für den Export v. a. Zuckerrohr, Tabak, Kaffee, Früchte u. Gemüse an. Von Bedeutung sind auch Viehwirtschaft u. Fischerei. Die Industrie erzeugt in erster Linie Zucker für den Export (über 80% des Ausfuhrwerts), Tabakwaren, Textilien u. a. Konsumgüter. An Bodenschätzen gibt es Chrom, Nickel, Kobalt, Mangan, Kupfer u. Erdöl.
G e s c h i c h t e. Die Insel wurde 1492 von Kolumbus entdeckt, seit 1511 span. 1898 wurde K. an die USA abgetreten, 1902 formell selbständig (bis

Erdkrötenpaar

Krypta in der Kirche St.-Eutrope in Saintes

Kubismus: Pablo Picasso, Les Demoiselles d'Avignon; 1907. New York, Museum of Modern Art

1934 Interventionsrecht der USA). Der seit 1933 regierende Diktator F. Batista wurde 1959 durch F. *Castro* gestürzt, der einen sozialist. Staat aufbaute. Durch die Stationierung sowj. Raketen auf der Insel kam es 1962 zur K.-Krise. K. unterstützte revolutionäre Bewegungen in Lateinamerika u. Asien. Staatsoberhaupt, Regierungschef u. Generalsekretär des ZK der kuban. KP ist F. Castro.

Kuba-Krise, 1962, Konflikt zw. den USA u. der UdSSR wegen der Stationierung sowj. Mittelstreckenraketen auf Kuba, die die strateg. Weltlage zugunsten der UdSSR verändern sollte. Der US-amerik. Präs. J. F. *Kennedy* verhängte eine partielle Seeblockade gegen weitere sowj. Lieferungen. Nach Tagen dramat. Spannung gab der sowj. Min.-Präs. N. S. *Chruschtschow* nach u. zog die Raketen ab.

Kuban, Fluß im nw. Kaukasus, 907 km; mündet ins Asowsche Meer.

Kubelik, 1. Jan, *1880, †1940, tschech. Violinvirtuose u. Komponist; schrieb 6 Violinkonzerte u. -stücke. – **2.** Rafael, Sohn von 1), *29.6.1914, tschech. Dirigent u. Komponist; schrieb Opern, Orchesterwerke u. Vokalkompositionen.

kubik, ..., Wortbestandteil bei Maßen zur Bez. der räuml. Größe.

Kubikmeter, Abk. m³, Einheit des Volumens. Ein K. entspricht dem Volumen eines Würfels von 1 m Kantenlänge.

Kubikwurzel, 3. Wurzel aus einer Zahl a, geschrieben $\sqrt[3]{a}$.

Kubikzahl, Zahl, die als dritte Potenz darstellbar ist, z.B.: $8 = 2^3$; $27 = 3^3$.

Kubin, Alfred, *1877, †1959, östr. Graphiker u. Schriftst.; schuf zahlr. Mappenwerke u. Buchillustrationen in expressiv bewegtem Stil.

Kubismus, Stilrichtung der modernen Malerei, 1907/08 von P. *Picasso* u. G. *Braque* in konsequenter Weiterentwicklung der Malweise P. *Cézannes* begr. Der K., der die darzustellenden Gegenstände auf ihre stereometr. Grundformen (Kugel, Kubus, Zylinder, Kegel) zurückführte, schuf wichtige Voraussetzungen für das Entstehen der *abstrakten Kunst*.

Kublai Khan, *1215, †1294, mongol. Herrscher, Enkel *Tschingis Khans;* einigte China u. begr. die Yuan-Dynastie.

Kubus, 1. Rauminhalt eines Würfels. – **2.** 3. Potenz einer Zahl.

Küchenlatein, schlechtes Latein, z.B. das im MA in Klosterküchen u. Apotheken gesprochene.

Küchenschabe, *Kakerlak,* bis 25 mm lange, schwarzbraune *Schabe* mit verkürzten Flügeln; fr. in Mitteleuropa häufig, jetzt stark zurückgegangen.

Küchenschelle, → *Anemone.*

Kuching ['ku:tʃiŋ], Hptst. von *Sarawak* (NW-Borneo), O-Malaysia, 300 000 Ew.; Hafen, Flughafen.

Kuckucke, *Cuculidae,* weltweit verbreitete Fam. schlanker, langschwänziger *Kuckucksvögel;* viele sind *Brutschmarotzer,* d. h., sie legen ihre Eier in die Nester fremder Vogelarten; einheim. ist der bis 35 cm große gewöhnl. *Kuckuck.*

Kuckucksspeichel, an Kräutern u. Bäumen vorkommender weißer Schaum, der von den Larven der *Schaumzikaden* stammt.

Kudrun, *Gudrun,* mhd. Epos, im »*Ambraser Heldenbuch*« überliefert u. um 1240 nach älteren Motiven in der abgewandelten Nibelungenstrophe in Östr. gedichtet.

Kudus, *Waldböcke, Schraubenantilopen, Tragelaphus,* Gatt. afrik. *Echter Antilopen.* Der *Große Kudu,* von 170 cm Schulterhöhe u. mit über 100 cm langem schraubenförmigem Gehörn, bewohnt Buschsteppen vom Nil bis zum Kap. Der *Kleine Kudu,* von 100 cm Schulterhöhe, ist in ostafrik. Waldgebieten von Äthiopien bis Tansania verbreitet.

Kufa, Ruinenstadt in Irak; gegr. 638 als Militärlager der Araber, 656–61 Residenz des Kalifen *Ali;* bek. als Sitz islam. Gelehrsamkeit (bis etwa 800); um 1000 verfallen.

Kufe, 1. hölzernes Gefäß, Bottich. Hiervon leitet sich die Bez. **Küfer** (Böttcher) ab. – **2.** Gleitschiene bei Schlitten u. Schlittschuhen.

Kuff, ndl. Frachtschiff mit Segeln u. flachem Boden.

Kufrah, Oasengruppe in der nordafrik. Libyschen Wüste, rd. 18 000 km², 10 000 Ew. (Senussi).

Kufstein, östr. Bez.-Stadt in Tirol, Sommerfrische u. Wintersportplatz am Inn, 13 000 Ew.; Fremdenverkehr.

Kugel, Körper, bei dem die Punkte der Oberfläche von einem Punkt (Mittelpunkt) die gleiche Entfernung (Radius, r) haben. K.oberfläche: $O = 4 \pi r^2$; K.volumen: $V = {}^4/_3 \pi r^3$.

Kugelblitz, Sonderform des Blitzes; in vielen Farben des Spektrums leuchtende Erscheinung von annähernd kugelförmiger Gestalt mit einem Durchmesser von etwa 20 cm; Erscheinung bis heute nicht eindeutig geklärt.

Kugelfische, *Tetradontidae,* Fam. der *Haftkiefer;* Riffbewohner trop. Meere; können sich kugelförmig aufblähen, indem sie Wasser oder Luft schlucken. Die Innereien (Leber u. Keimdrüsen) mehrerer Arten sind giftig, z.B. von *Fugu rupestris,* der in Japan als Delikatesse gilt.

Kugelgelenk, 1. Gelenk, bei dem sich der Gelenkkopf in einem Teil einer Hohlkugel dreht, z.B. Schultergelenk. – **2.** gelenkige Kupplung zweier Wellen, deren Achsen gegeneinander abgewinkelt sind. Das K. besteht aus einer Kugel mit zwei senkr. aufeinanderstehenden Bohrungen, in die die Zapfen von Gabeln eingreifen.

Kügelgen, 1. Gerhard von, *1772, †1820, dt. Maler; malte klassizist. Historienbilder u. Porträts (z.B. von *Goethe, Schiller*). – **2.** Wilhelm von, Sohn von 1), *1802, †1867, dt. Schriftst. u. Maler; Hofmaler in Ballenstedt; [W] »Jugenderinnerungen eines alten Mannes«.

Kugelhaufenreaktor, Variante des Hochtemperatur-Kernreaktors. Charakterist. ist die Verwendung von Brennelementen in Form von Graphitku-

Kleiner Kudu

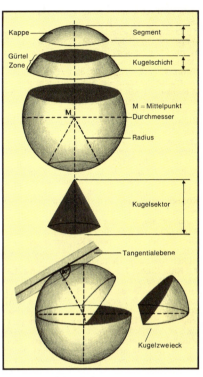

Die Kugel und ihre Teile

geln mit 6 cm Durchmesser, in die beschichtete Teilchen als Kernbrennstoff eingepreßt werden.

Kugellager, Wälzlager (→ *Lager*) aus einem auf der Welle befestigten *Innenring,* den *Stahlkugeln,* die eine nur geringe Reibung verursachen, dem *Kugelkäfig,* der die Kugeln in gleichem Abstand voneinander hält, u. einem *Außenring.* K. haben einen geringen Anlaufwiderstand u. ermöglichen eine hohe Umdrehungszahl.

Kugelspinnen, *Theridiidae,* Fam. der *Spinnen* mit mehr als 1300 Arten; hierzu sehr giftige Arten: *Schwarze Witwe, Malmignatte, Schwarzer Wolf.*

Kugelstoßen, leichtathlet. Disziplin, mit Kugeln aus Eisen, Stahl oder Messing mit Bleifüllung; Männerkugel mindestens 7,257 kg schwer, 110–130 mm Durchmesser; Frauenkugel 4 kg, 95–110 mm. Gestoßen wird aus einem Kreis von 2,135 m.

Kugler, Franz, *1808, †1858, dt. Historiker, Kunsthistoriker u. Schriftst.; [W] »Geschichte Friedrichs des Großen«.

Kuh, Muttertier bei größeren Huftieren.

Kuhantilope, Antilopenart; rinder- bis pferdeähnl.; fr. über alle Steppen Afrikas verbreitet, heute nördl. von Tansania ausgerottet.

Kuhlau, Friedrich, *1786, †1832, dän. Komponist dt. Herkunft; Opern u. Klavierwerke.

Kühler, 1. Gerät zur Abkühlung u. Kondensation des Dampfes. – **2.** Vorrichtung bei Verbrennungsmotoren zur Rückkühlung des zur Abkühlung des Motors verwendeten Wassers. Anstatt Wasserkühlung ist auch Abkühlung durch vorbeiströmende Luft möglich *(Luftkühlung).*

Kühlhaus, große Halle in Schlachthäusern, Lebensmitteldepots u. ä., die durch *Kältemaschinen* eine niedrige, gleichmäßige Temp. erhält, um leicht verderbl. Lebensmittel über längere Zeit aufbewahren zu können.

Kühlschrank, schrankartiger Behälter zur Frischhaltung von Lebensmitteln, doppelwandig mit Wärmeisolation zw. den Wänden. Nach Art des Kühlungsvorgangs unterscheidet man *Kompressor-*K. u. *Absorptions-*K. (→ *Kältemaschinen*). Beim *Haushalts-*K. beträgt die Kühltemp. 2–8 °C.

Kühlturm, *Kaminkühler,* ein turmartiges Gerüst aus Stahlbeton, Stahl oder Holz zur Kühlung von Kühlwasser durch Luft z.B. in Kraftwerken. Heißes Wasser tropft abwärts u. wird durch von unten kommende Luft u. durch Verdunsten (Verdunstungskälte) abgekühlt. Heiße Dämpfe u. Gase dagegen läßt man von unten in den K. eintreten u.

kühlt sie durch von oben entgegenrieselndes Wasser.

Kühlwagen, Eisenbahn- oder Lastkraftwagen zum Transport leicht verderbl. Waren; Wände mit Wärmeschutzmassen isoliert, die Türen durch Doppelfalz gut verschlossen.

Kuhn, 1. Paul, * 12.3.1928, dt. Unterhaltungsmusiker; 1968–80 Leiter des SFB-Tanzorchesters. – **2.** Richard, * 1900, † 1967, dt. Biochemiker (Untersuchungen auf dem Gebiet der Vitamine u. Fermente); Nobelpreis 1938.

Kühn, 1. Dieter, * 1.2.1935, dt. Schriftst. (Biographie »Ich Wolkenstein«, Kinderbücher, Hörspiele, Theaterstücke). – **2.** Heinz, * 1912, † 1992, dt. Politiker (SPD); 1966–78 Min.-Präs. von NRW, 1973–75 stellv. Partei-Vors. der SPD.

Kuhnau, Johann, * 1660, † 1722, dt. Komponist; Vorgänger J.S. *Bachs* als Thomaskantor in Leipzig; schrieb zahlr. geistl. Werke.

Kuhreigen, Gesang der schweiz. Kuhhirten; auch bei wallon. u. norw. Hirten.

Kụjbyschew, fr. Name von → Samara.

k.u.k., Abk. für ***kaiserlich u. königlich;*** im ehem. Östr.-Ungarn zur Bez. beider Reichsteile gebräuchlich.

Küken, das junge Geflügel.

Ku Klux Klan, ['kju: 'klʌks 'klæn], terrorist. US-amerik. Geheimbünde: **1.** 1867 nach dem Bürgerkrieg in den Südstaaten der USA gegr. Gesellschaft, die die frei gewordenen Schwarzen durch Schrecken (Lynchjustiz) den Weißen gefügig halten wollte; 1871 verboten. – **2.** 1915 neu gegr., auch in den Nordstaaten der USA verbreitete Gesellschaft, die im Sinn eines kleinbürgerl., prot., weißen Amerikanertums gegen Minderheiten kämpfte (u. a. Schwarze, Juden, Katholiken, Gewerkschaften); gelangte 1916–26 zu großem Einfluß.

Kụkuruz → Mais.

kulạnt, entgegenkommend (im Geschäftsleben).

Kụlenkampff, Hans-Joachim, * 27.4.1921, dt. Schauspieler u. Quizmaster; hpts. bek. durch die Fernsehquizserie »Einer wird gewinnen«.

Kụli, ind., chin. u. jap. Tagelöhner; übertragen: ausgebeuteter Arbeiter in fernöstl. Kolonien.

Kuliẹrware, gestrickte u. gewirkte Stoffe.

kulinạrisch, auf feiner Küche u. Kochkunst beruhend.

Kulịsse, seit dem 17. Jh. zum Seitenabschluß des Bühnenbilds benutzte Wand; heute auch großes Setzstück einer aufstellbaren Bühnendekoration.

Kulm, *Culm,* poln. *Chełmno,* Stadt an der Weichsel, 20 000 Ew.; mittelalterl. Stadtkern; 1231 als Ordensburg gegr.

Kulmbach, Krst. in Oberfranken (Bay.), am Weißen Main, zu Füßen der Hohenzollern-Festung *Plassenburg,* 27 000 Ew.; Zinnfiguren-Museum; pharmazeut. Ind., Maschinenbau, Brauereien.

Kulmbach, Hans *Sueß von,* * um 1480, † 1522, dt. Maler u. Graphiker (bes. Altarbilder in lichter Farbigkeit u. Holzschnitte).

Kulmination, 1. Erreichen eines Höhepunkts; auch dieser selbst; **kulminieren,** den Höhepunkt erreichen. – **2.** Durchgang eines Gestirns durch den Meridian infolge der scheinbaren tägl. Umdrehung der Himmelskugel.

Kult, 1. »Umgang« mit der Gottheit in Wort u. Handlung (v. a. Gebet u. Opfer), meist in festen, durch Gewohnheit oder durch bewußte Fixierung seitens einer Religionsgemeinschaft entstandenen Formen. – **2.** übertriebene Verehrung einer Person oder Sache, übertrieben sorgfältige Behandlung.

Kultụr, 1. allg. die Veränderung der *Natur* durch den Gebrauch von Werkzeugen u., darauf beruhend, die Gesamtheit der Lebensformen einer menschl. Gruppe (Volk, Klasse, Stand). – In der Vorgeschichte werden die einzelnen Perioden der Entwicklung des Menschen nach Material u. Form der Werkzeuge als versch. *K.en* oder *K.kreise* unterschieden. Mit der Entwicklung der *Früh-K.en,* aus denen die *Hoch-K.en* entstanden, verschiebt sich der Sinn des K.begriffs u. dehnt sich auf das Ganze der soz. Einrichtungen, Gebräuche u. Lebensordnungen aus. Dieses ist Gegenstand der *K.geschichte.* – **2.** geistige u. seel. Bildung, verfeinerte Lebensweise, Lebensart. – **3.** Züchtung von Organismen, Zellen u. Geweben unter künstl. Lebensbedingungen; angewandt u. a. in der Mikrobiologie u. Pflanzenzucht. – **4.** junge Waldbestände, die durch Saat oder Pflanzung entstanden sind. – **5.** Vorbereitung, Pflege u. Verbesserung des landw. genutzten Bodens; auch Bestand von Jungpflanzen.

Kulturflüchter, Pflanzen- u. Tierarten, die durch die landschaftsverändernden Maßnahmen des Menschen aus ihren natürl. Verbreitungsgebieten verdrängt werden u. sich nicht den veränderten Bedingungen anpassen.

Kulturfolger, Pflanzen- u. Tierarten, die durch die landschaftsverändernden Maßnahmen des Menschen geeignete Lebensbedingungen erhalten u. deshalb im Gefolge des Menschen auftreten; z.B. Brennessel, Ackerunkräuter, Stubenfliege, Amsel, Gartenrotschwanz, Hausmaus.

Kulturgeschichte, Verlauf der geistigen, kulturellen u. soz. Entwicklung eines Volks oder der gesamten Menschheit u. ihre Erforschung.

Kulturkampf, Auseinandersetzung zw. dem Staat u. der kath. Kirche, die in Preußen u. im Dt. Reich seit 1871 geführt wurde; ausgelöst durch die Frontstellung der kath. Kirche gegen die liberale Staatslehre u. die oppositionelle Haltung der Zentrumspartei im neugegründeten Dt. Reich; führender Repräsentant des K. war *Bismarck;* die wichtigsten staatl. Maßnahmen waren: Aufhebung der kath. Abt. im preuß. Kultusministerium, Gesetze gegen Kanzelmißbrauch, über Schulaufsicht des Staates, über Kirchenaustritt u. Zivilehe u. Staatsaufsicht über die Vermögensverwaltung der kirchl. Gemeinden.

Kulturlandschaft, vom Menschen umgeformte Ldsch., z.B. Agrar-, Industrie-, Stadtlandschaft.

Kulturpflanzen, vom Menschen aus Wildgewächsen mittels Züchtung u. Pflege entwickelte Pflanzen, die sich durch anderes Aussehen, höhere Ertragsfähigkeit, Resistenz gegen bestimmte Krankheiten u. a. auszeichnen.

Kulturphilosophiẹ, philosoph. Frage nach Wesen u. Ziel der menschl. Kultur; auch Bez. für philosoph. Richtungen, die den Begriff *Kultur* in den Mittelpunkt ihrer Betrachtungen stellen.

Kulturpolitik, Betätigung von Staaten, Gemeinden, Kirchen, Gewerkschaften, Betrieben, Parteien, Vereinen u. überstaatl. Organisationen in kulturellen Fragen; *i.e.S.* nur die staatl. Tätigkeit im kulturellen Bereich. Die staatl. K. ist in der BR Dtld. überw. Ländersache.

Kulturrevolution, *Große Proletarische K.,* 1965/66 von einer Gruppe in der Führung der Kommunist. Partei Chinas eingeleitete Bewegung mit dem Ziel, überlieferte Denk- u. Verhaltensweisen abzubauen; diente zugleich dazu, die Macht Maos zu festigen; zu ihrer Durchführung wurden aus Jugendlichen bestehende *Rote Garden* geschaffen; Angriffsziele waren neben Maos Hauptrivalen *Liu Shaoqi* die Partei- u. Staatsbürokratie sowie die Intellektuellen. Millionen von Funktionären, Wissenschaftlern, Künstlern u. Lehrern wurden amtsenthoben, gedemütigt, mißhandelt u. zu körperl. Arbeit aufs Land geschickt. Die Zahl der Todesopfer geht schätzungsweise in die Hunderttausende. Einen vorläufigen Abschluß fand die K. mit dem 9. Parteitag 1969; bis 1976 blieben allerdings viele Wesenszüge der K. erhalten. Nach der seit 1981 geltenden parteiamtl. Interpretation war die K. eine Katastrophe.

Kultursteppe, vom Menschen durch Entwaldung geschaffene Agrarlandschaft.

Kultusministẹrium, diejenige oberste Staatsbehörde, die sich mit der Wahrung der kulturellen Angelegenheiten befaßt (Schulen, HS, Kunst u. Wiss., aber auch kirchl. Angelegenheiten).

Kumairi, 1924–91 *Leninakan,* bis 1924 *Alexandropol,* Stadt im NW von Armenien, 230 000 Ew.; Elektro- u. Textilind.

Kumamoto, jap. Präfektur-Hptst. an der Shimabara-Bucht, im W von Kyushu, 556 000 Ew.; Univ. (gegr. 1949); Ind.-Zentrum, Agrarmarkt, Töpfereien.

Kumạnen, *Komanen, Kun, Kiptschak,* slaw. *Polowzer,* turksprachiges Steppenvolk; drangen seit 1050 bis zur Moldau u. Walachei vor u. fielen im 11. Jh. in Ungarn ein; um 1240 z. T. von den Mongolen unterworfen u. assimiliert, z. T. nach Ungarn abgewandert.

Kumạsi, Hptst. der *Ashanti-Region* in der westafrik. Rep. Ghana, 349 000 Ew.; Univ.; Zentrum eines Gold-, Bauxit- u. Manganerzgebiets sowie des Kakaohandels; Flughafen.

Kümmel, *Carum,* Gatt. der *Doldengewächse;* hierzu der *Echte K.,* in Europa u. Asien als Gewürzpflanze (Früchte) genutzt; medizin. dienen die Früchte als blähungstreibendes Mittel.

Kumpạn, Geselle, Genosse.

Kumrạn → Qumran.

Kumulation, Anhäufung, wechselseitige Wirkungsverstärkung.

Kụndera, Milan, * 1.4.1929, tschech. Schriftst.; sucht in seinen tragikom. u. satir. Erzählungen, Romanen u. Dramen den Zusammenhang zw. privater Existenz u. gesellschaftl. Verhältnissen aufzuzeigen; [W] »Die unerträgl. Leichtigkeit des Seins«.

Kündigung, die einseitige Erklärung einer Vertragspartei, die ein auf Dauer angelegtes Rechtsverhältnis (Arbeitsverhältnis, Miete, Pacht, Darlehen, Gesellschaftsvertrag) für die Zukunft aufhebt. Die *ordentl. K.* ist an die Einhaltung von bestimmten *K.sfristen* u. *K.sterminen* gebunden. Die *außerordentl. K.* (z.B. als *fristlose K.)* setzt einen bes. Umstand voraus, den sog. *wichtigen Grund.* – **K.sschutz,** gesetzl. Regelung, durch die die ordentl. K. eines *Arbeits-* oder *Mietverhältnisses* aus soz. Gründen beschränkt wird. Ein *weitergehender K.sschutz* besteht für Betriebsratsmitgl., schwangere Frauen, stillende Mütter u. Schwerbeschädigte.

Kunert, Günter, * 6.3.1929, dt. Schriftst.; schreibt Gedichte u. Erzählungen, in denen er mit pessimist. Grundstimmung die Gegenwart detailliert beschreibt.

Küng, Hans, * 19.3.1928, schweiz. kath. Theologe. Wegen einiger liberaler Thesen wurde ihm 1979 die kirchl. Lehrbefugnis entzogen; seitdem Dir. des Ökumen. Instituts in Tübingen.

Kụnkel, Spindel, Spinnrocken; im alten dt. Recht Sinnbild des weibl. Geschlechts.

Kunkelmagen, auch *Spindelmagen, Kognaten,* im germ. u. alten dt. Recht die weibl. Verwandten u. die durch Frauen (insbes. durch die Mutter) verwandten Männer.

Kunlun, rd. 4000 km langes asiat. Hochgebirgssystem, erstreckt sich vom Pamir ostwärts am N-Rand des tibet. Hochlands entlang bis in die mittelchin. Tiefebene, im *Ulugh Mus Tagh* 7723 m.

Kunming, Hptst. der chin. Prov. Yunnan, 1,5 Mio. Ew.; Univ. (gegr. 1936); metallverarbeitende Ind. u. Maschinenbau.

Kụ̈nneke, Eduard, * 1885, † 1953, dt. Operettenkomponist; [W] »Der Vetter aus Dingsda«.

Kunst, 1. *i.w.S.* die Anwendung angeborener oder erworbener Fähigkeiten in hochentwickelter, spezialisierter Form als »Können« oder »K.fertigkeit« u. das Resultat dieser Betätigung *(K.werk),* sofern es durchschnittl. Leistungen übersteigt; *i.e.S.* nur das schöpfer.-ästhet. Gestalten u. dessen jeweiliges Ergebnis auf den Gebieten der einzelnen K.arten u. -gattungen. – **2.** *bildende K.,* Sammelbez. für die Gatt. Architektur (Bau-K.), Plastik, Malerei, Graphik u. K.handwerk (K.gewerbe); Gegenstand der *K.geschichte.*

Kunstdünger → Dünger.

Kunstfälschung, jedes Kunsterzeugnis, das von seinem Verfertiger zum Zweck materieller Bereicherung u. öffentl. Irreführung für das Werk eines anderen Urhebers ausgegeben wird, im Unterschied zur *Kopie.*

Kunstfasern → Chemiefasern.

Kunstfehler, Verstoß gegen die Regeln der ärztl. Kunst bei der Krankenbehandlung. Der Nachweis eines K.s verpflichtet zum Schadensersatz u. führt zu Strafbarkeit wegen fahrlässiger Tötung oder Körperverletzung.

Kunstflug, Wettbewerb im Motorflugsport; bekannteste Flugfiguren: Looping (Überschlag mit kreisförmiger Schleife nach oben oder unten), Rückenflüge, Kehren (Turns), Rollenkreise.

Kunstgeschichte, *i.w.S.* die Entwicklungsgeschichte der *bildenden Kunst* von ihren Anfängen bis zur Gegenwart; *i.e.S.* als Teilgebiet der *Kunstwissenschaft* die wiss.-histor. Erforschung der abendländ. bildenden Kunst seit dem Ende der Antike.

Kunstgewerbe, *Werkkunst,* handwerkl. u. maschinelle Herstellung von künstler. Erzeugnissen, die als Gebrauchs- u. Schmuckgegenstände oder in Verbindung mit diesen vorw. dekorativen Charakter haben; v. a. Schmiedearbeiten in Gold, Silber u. Eisen, Schnitzereien in Holz, Elfenbein u. Horn, Glas-, Leder- u. Emailarbeiten, Textil- u. Buchkunst, Keramik, Raumkunst u. künstler. gearbeitetes Mobiliar.

Kunsthandwerk, Teilgebiet des *Kunstgewerbes,* das maschinell hergestellte Erzeugnisse (Serienprodukte) ausschließt, sich also auf die rein handwerkl. Einzelanfertigung beschränkt.

Kunstharze, Harze, die aus niedermolekularen Verbindungen durch Polymerisation, Polykondensation oder Polyaddition künstl. hergestellt werden, oder chem. veränderte Naturharze.

Kunsthonig, dem Bienenhonig ähnl. Nahrungsmittel von rd. 75% *Invertzucker* u. Zusätzen von Stärkesirup sowie Aroma- u. Farbstoffen; aus einer Rübenzuckerlösung gewonnen.

Kunstleder, Erzeugnisse der Chemie, die dem natürl. Leder in Aussehen u. Eigenschaften ähnl. sind u. es vielfach ersetzen; aus geeigneten Kunststoffen durch Pressen oder Walzen hergestellt (Folien-K.); aus Leder- oder Textilfasern, verbunden durch Kunststoff, gefertigt (Faser-K.); oder aus einer Faserstoffgrundlage mit Kunststoffbeschichtung gewonnen (Gewebe-K.).

künstliche Besamung, künstliche Befruchtung → Besamung, → Retortenbaby.

künstliche Intelligenz, Abk. KI, Forschungsbereich der Informatik, der sich mit der Entwicklung von Computern beschäftigt, die Intelligenzleistungen ähnl. denen, wie sie der Mensch vollbringt, nachvollziehen können, z.B. Dialogfähigkeit, Lernfähigkeit, Mustererkennung.

künstliche Niere, extrakorporale Dialyse, Hämodialyse, Apparatur zur Entfernung harnpflichtiger Stoffe aus dem Blut, die bes. bei akutem Nierenversagen benutzt wird, um die dem Kranken hierbei drohende *Urämie (Harnvergiftung)* zu vermeiden.

künstlicher Horizont, Bordinstrument für Flugzeuge, das bei Flug ohne Bodensicht (Nacht-, Nebel- u. Wolkenflug) die Lage des Flugzeugs zum natürl. Horizont anzeigt.

Kunstseide, fr. Bez. für künstl. hergestellte seidenähnl. Spinnstoffe; von Naturseide chem. stark unterschieden; besteht aus chem. behandeltem Zellstoff (Naturseide aus Eiweiß); man unterscheidet: *Viskoseseide (Reyon), Kupferseide, Acetatseide* u. *Nitroseide (Chardonnet-Seide).*

Kunstspringen, Kunst- u. Turmspringen, Wasserspringen, zusammenfassende Bez. für die schwimmsportl. Disziplinen Kunstspringen (vom 1 oder 3 m hohen Sprungbrett) u. Turmspringen (von den 5, 7,5 oder 10 m hohen Plattformen des Sprungturms); internationale Wettbewerbe: 3-m-Brett, 10-m-Plattform. Die Sprungbecken müssen eine Mindestwassertiefe von 4,5 m haben.

Kunststoffe, organ.-chem. makromolekulare Werkstoffe; hergestellt durch chem. Veränderung von Naturstoffen (Cellulose, Casein) oder aus einfachen Rohstoffen, die künstl. durch Polymerisation, Polykondensation oder Polyaddition verändert werden; K. treten in versch. Gestalt auf: als Flüssigkeiten, feste Formteile, klebrige Massen, Folien, Fasern u. a.; feste K. werden auch als *Plastik, Plaste* oder *Kunstharze* bezeichnet. – Fast alle K. lassen sich sehr leicht formen. *Thermoplastische K. (Thermoplaste)* können beliebig oft durch Temperaturerhöhung erweicht u. durch Abkühlen wieder verfestigt werden; *duroplastische K. (Duroplaste)* sind nur anfangs bei höherer Temperatur plastisch, härten dann aus u. behalten ihre Härte danach auch in der Wärme. K. eignen sich ganz bes. für die Massenfabrikation. Die meisten K. sind beständig gegen Oxidation, Fäulnis, Witterungseinflüsse u. viele Chemikalien; die chem. Unangreifbarkeit mancher Sorten *(Teflon)* wird nur von Edelmetallen übertroffen. Ein Nachteil der K. ist die gegenüber den anorgan. Werkstoffen geringe Wärmebeständigkeit, die häufig kaum bis 100 °C geht. Einige K. sind brennbar.

Kunstturnen, die höchste Leistungsstufe im → Turnen.

Kunze, Rainer, *16.8.1933, dt. Schriftst., übersiedelte 1977 aus der DDR in die BR Dtld.; W »Die wunderbaren Jahre«.

Künzelsau, Krst. in Ba.-Wü., am Kocher, nördl. von Schwäb. Hall, 12000 Ew.; Wein- u. Obstanbau, metallverarbeitende u. Elektro-Ind.

Kuomintang → Guomindang.

Kuopio, Hptst. der gleichn. Prov. in Finnland, auf einer Halbinsel im Kallavesi, 79000 Ew.; Univ.; holzverarbeitende Ind.

Küpenfarbstoffe, Farbstoffe, die vor dem Aufbringen auf die Faser durch Einwirkung von Reduktionsmitteln in farblose Verbindungen *(Leukoverbindungen)* übergeführt werden, so auf die Fasern aufziehen u. erst dort durch Aufnahme von Luftsauerstoff ihre wirkl. Farbe erhalten; z.B. *Indigo, Indanthrenfarbstoffe.*

Kupfer → chem. Element; hellrotes, zähes, dehnbares, ziemL weiches Metall; sehr guter elektr. u.

Kupferstich von Albrecht Dürer: Ritter, Tod und Teufel

Wärmeleiter; kommt vorw. in Form von Erzen *(K.kies, K.glanz)* vor; verwendet zu Legierungen mit anderen Metallen (v. a. *Messing, Bronze);* außerdem für elektr. Leitungen, als Dachbelag, als Münzmetall u. a.; an feuchter Luft überzieht es sich mit einer grünen Schicht K.carbonat (Patina).

Kupferglanz, Mineral mit hohem Kupfergehalt.

Kupferkies, ein Mineral, wichtiges Kupfererz.

Kupferstich, Chalkographie, um 1430 entwickeltes graph. Verfahren (ein *Tiefdruck),* auch Bez. für das damit hergestellte Druckbild. Die K.technik besteht aus dem Eingravieren einer Zeichnung in die polierte Oberfläche einer Kupferplatte mittels Grabstichel, dem anschließenden Einfärben der Platte mit Druckfarbe, dem Abwischen der nicht in die Gravurrillen eingedrungenen Farbe u. dem Druck auf der K.-Presse, deren Walze das leicht angefeuchtete Papier gegen die Platte drückt.

Kupferzeit, *Chalkolithikum,* die Periode zw. Jungsteinzeit u. Bronzezeit, in der neben den Steingegenständen schon Waffen, Geräte u. Schmuck aus Kupfer verwendet wurden.

kupieren, 1. abschneiden, stutzen, z.B. Ohren (seit 1987 in Dtld. verboten) oder Schwanz bei manchen Hundearten. **– 2.** durch geeignete Behandlungsmethoden die Weiterentwicklung eines Krankheitsprozesses unterdrücken oder eine Krankheit im Beginn zum Stillstand bringen.

Kupka, František, *1871, †1957, tschech. Maler; Wegbereiter der abstrakten Malerei.

Kupolofen, *Kuppelofen,* Schachtofen mit feuerfestem Futter, in der *Gießerei* zum Schmelzen von Roheisen verwendet.

Kupon [ku'põ], *Coupon,* **1.** allg. Gutschein, Abschnitt. **– 2.** Abschnitt, der festverzinsl. Wertpapieren u. Aktien im *K.bogen (Zinsbogen)* beigefügt ist u. zum Empfang der jährl. Dividende oder des Zinses berechtigt.

Kuppel, Wölbung über einem Raum mit runder, recht- oder vieleckiger Grundfläche in Form einer Halbkugel *(Kugel-K.),* auch mit Kugelabschnitte *(Flach-K., Spitz-K., Prismen-K.* u. a.).

Kuppelei, Förderung sexueller Handlungen zw. anderen durch Vermittlung, Gewährung oder Verschaffung von Gelegenheit; strafbar, wenn Minderjährige unter 16 Jahren betroffen sind, ferner die K. an noch nicht 18-jährigen, wenn die Förderung gegen Entgelt und/oder unter Mißbrauch eines Abhängigkeitsverhältnisses geschieht.

Kuppelgrab, bes. in der späteren myken. Kultur vorkommende Form des Fürstengrabs, wobei eine hohe Grabkammer in Form eines »falschen Gewölbes« (Überkragen der Steine nach innen, so daß der Raum nach oben immer enger wird) ausgebildet ist; zugängl. durch einen Gang.

Kupplung, 1. Verbindung zw. einem ziehenden u. einem gezogenen Fahrzeug *(Anhänger-K.).* **– 2.** Maschinenteil zur Verbindung zweier bewegl. Teile.

Kur, über längere Zeit sich erstreckende, regelmäßige Anwendung von Heilmitteln (Arzneimittel oder physikal. Behandlungsverfahren); meist in einem *Kurort.*

Kür, selbstgewählte oder zusammengestellte Übung; z.B. *K.lauf* beim Eiskunstlauf; Ggs.: *Pflicht.*

Kura, Hauptfluß des südl. Kaukasusvorlands, 1520 km; mündet in das Kasp. Meer.

Kurantgeld, *Kurant,* voll ausgeprägtes (vollwertiges) Geld (Gold- u. Silbermünzen), bei dem der Metallwert dem aufgeprägten Geldwert entspricht; heute auch Bez. für Geld mit voller gesetzl. Zahlungskraft; Ggs.: *Scheidegeld.*

Kürassiere, Reitertruppe seit dem 16. Jh.; trugen bis ins 18. Jh. noch einen Harnisch, der Brust u. Rücken schützte **(Küraß)** u. bildeten einen Teil der *schweren Kavallerie.*

Kuratel → Pflegschaft; volkstüml. auch für Vormundschaft.

Kuratorium, Aufsichtsgremium, z.B. über eine öffentl. Körperschaft, Stiftung o. ä.

Kurbel, einarmiger Hebel zum Drehen einer Welle.

Kurbelwelle, ein- oder mehrf. gekröpfte Welle; in der Kröpfung greift die *Pleuelstange* an.

Kürbis, *Cucurbita,* in Amerika heim. Gatt. der K.gewächse (→Pflanzen); rankende oder kriechende Pflanzen mit großen dickschaligen Beerenfrüchten; zahlr. Kulturpflanzen; man unterscheidet: Speise-K. u. Zier-K.

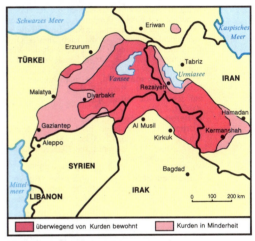

Verbreitungsgebiet der Kurden

Kurden, Bergvolk in W-Iran, in Armenien, im nördl. Irak, im nordöstl. Syrien u. in der östl. Türkei, mit indoeurop. (iran.) Sprache *(Kurdisch);* meist Moslems; Ackerbauern u. Viehzüchter, berühmt für ihre Knüpfteppiche. – Bes. ausgeprägt sind die Unabhängigkeitsbestrebungen der K. im Irak, wo es seit 1958 mehrf. zu bewaffneten Erhebungen kam. Die Niederschlagung des Aufstands von 1991 führte zur Flucht von 2 Mio. K. Autonomieverhandlungen blieben erfolglos.

Kurdistan, überw. von *Kurden* bewohnte vorderasiat. Ldsch. zw. dem Armen. Hochland, dem Euphrat u. dem Sagrosgebirge, rd. 200000 km².

Kure, jap. Hafenstadt in SW-Honshu,

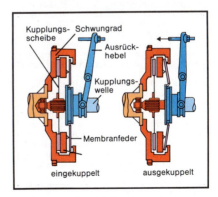

Kupplung: Membranfederkupplung mit gezogener Ausrückung

230000 Ew.; Maschinenbau; bis 1945 größter jap. Kriegshafen.

Kürenberg, *Der von K.,* der *Kürenberger* oder *Kürnberger,* der älteste namentl. bek. mhd. Minnesänger (um 1160); ein donauländ. Ritter.

Kurfürsten, *Elektoren,* im Röm.-Dt. Reich seit dem 13. Jh. die zur Königswahl berechtigten Fürsten; nach dem *Sachsenspiegel* um 1250 die *Erzbischöfe von Trier, Mainz* u. *Köln,* der *Pfalzgraf bei Rhein,* der *Herzog von Sachsen,* der *Markgraf von Brandenburg,* später auch der *König von Böhmen;* 1692 wurde der Herzog von Braunschweig-Lüneburg Kurfürst von Hannover; 1777 ging eine 8. Kurstimme durch Erbgang an Bayern.

Kurgan, Hptst. der gleichn. Oblast in W-Sibirien (Rußland), am Tobol, 354000 Ew.; Maschinenbau, chem., pharmazeut., Leder-, Textil- u. Holz-Ind.; Flughafen.

Kuriale [der], Angehöriger der Röm. Kurie.

Kurie [-ri:ə], **1.** *Röm. K., Päpstl. K.,* die röm.-kath. Zentralbehörde in Rom: 1. Staatssekretariat, 2. Kurienkongregationen, 3. Tribunale-Gerichtshöfe, 4. Päpstl. Räte: für die Laien, für die Einheit der Christen, für die Familie, für den Dialog mit den Nichtglaubenden u. a., 5. Ämter: Apostol. Kammer, Verwaltung der Güter des Apostol. Stuhls. – **2.** im MA eine lehnsrechtl. Institution zur Wahrnehmung der Rechtsprechungs- u. Verwaltungsaufgaben. Seit dem späten MA setzten sich die Reichs- u. Landtage aus Kurien (korporative Standesenheiten) zusammen. – **3.** im alten Rom Bez. für die 30 Geschlechterverbände, in die nach ältester Ordnung die *Tribus* eingeteilt waren; auch das Versammlungsgebäude des altröm. Senats auf dem Forum Romanum.

Kurienkongregationen, Hauptbehörden der Röm. Kurie für bestimmte Sachgebiete, vergleichbar den Ministerien im Staat.

Kurier, Eilbote.

kurieren, heilen, gesund machen.

Kurilen, 1270 km lange Inselkette zw. Kamtschatka u. Hokkaido; 15600 km², 18000 Ew. (Giljaken, Ainu); 1875 zu Japan, seit 1945 zu Rußland (1945–91 sowj.) gehörig.

Kuriosität, Seltsamkeit, Merkwürdigkeit.

Kurisches Haff, ostpreuß. Strandsee, 1619 km², bis 10 m tief; durch die **Kurische Nehrung,** eine schmale, 96 km lange Landzunge, von der Ostsee getrennt.

Kurland, histor. Ldsch. in Lettland; ben. nach dem lett. Stamm der *Kuren,* die K. spätestens im 10. Jh. bewohnten; seit 1918 lett. Prov.; 1940–91 Teil der UdSSR.

Kurlande, allg. der Teil der kurfürstl. Territorien, mit dem die Kurwürde verbunden war.

Kurmark, Bez. für die Kurlande (13. Jh.–1806) der Mark *Brandenburg.*

Kurosawa, Akira, * 25.3.1910, jap. Filmregisseur; W »Rashomon«, »Die sieben Samurai«, »Kagemusha«, »Rhapsodie im August«.

Kuro-Schio, warme Meeresströmung im nw. Pazif. Ozean; bedingt das milde Klima Japans.

Kurpfalz, Bez. für die ehem. Kurlande der →Pfalz.

Kurpfuscherei, die unsachgemäße Krankenbehandlung durch nicht ausgebildete u. nicht zugelassene Heilpersonen u. entgegen den Regeln der ärztl. Kunst, seit einiger Zeit mit betrüger. Absicht.

Kurrende, Schülerchöre, die auf Straßen u. bei Amtshandlungen sangen, um den Unterhalt der Schüler bestreiten zu können; später Knabenchöre, die beim liturg. Dienst mitwirkten.

Kurs, 1. Lehrgang. – **2.** an der Börse festgestellter Preis für Wertpapiere, Devisen u. börsengängige Massengüter. – **3.** festgelegte Strecke; Fahrtrichtung.

Kursbuch, Buchfahrplan für öffentl. Verkehrsverbindungen (Eisenbahn, Kraftpost), eingeteilt nach Streckennummern.

Kürschner, Joseph, *1853, †1902, dt. Lexikograph; gab eine 220 Bde. umfassende Auswahl dt. Dichtung von den Anfängen bis ins 19. Jh. heraus (»Dt. Nationalliteratur«); bearbeitete den seit 1879 erscheinenden »Dt. Literaturkalender« mit Biographien der lebenden dt. Schriftst.; außerdem K.s »Dt. Gelehrtenkalender«.

Kursive, *Kursivschrift,* lat. Schrägschrift; schräggestellte Druckschrift.

Kursk, Hptst. der gleichn. Oblast in Rußland, am schiffbaren Sejm, 434000 Ew.; Med., Pädagog. u. Landw. HS; Eisenhütten, Maschinenbau, Nahrungsmittel-Ind.

kursorisch, fortlaufend, nicht unterbrochen, hintereinander.

Kurswagen, Reisezugwagen der Eisenbahn, der zw. zwei bestimmten Punkten verkehrt, obwohl er nacheinander versch. Zügen angehängt wird.

Kurswert, aufgrund des Börsenkurses sich ergebender Wert für ein Wertpapier, im Ggs. zum *Nominal-* (Nenn-)Wert.

Kurszettel, *Kursblatt,* regelmäßig erscheinende, nach Wertpapierarten geordnete Liste der Börsenkurse.

Kurtisane, urspr. die Hofdame (männl. *Kurtisan,* Hofmann, Höfling), seit dem 16. Jh. eine vornehme, von der aristokrat. Gesellschaft anerkannte, manchmal selbst den Oberschichten entstammende Prostituierte.

Kurve, in der Math. jede Linie (auch die gerade). K.n, deren Punkte in einer Ebene liegen, heißen *ebene K.n,* sonst *Raum-K.n.* Eine ebene K. läßt sich durch eine Gleichung mit 2 Veränderlichen, eine Raum-K. durch 2 Gleichungen mit 3 Veränderlichen darstellen.

Kurzarbeit, Herabsetzung der Arbeitszeit unter das regelmäßige Maß bei gleichzeitiger Kürzung des Lohns; bedarf grundsätzl. einer Vereinbarung zw. Arbeitgeber u. Arbeitnehmern. Die Lohnminderung wird den Arbeitnehmern von den Arbeitsämtern teilw. ersetzt *(K.ergeld).*

Kürzel, Sigel, feststehende Buchstaben- oder Zeichenabkürzung für Wörter in der Kurzschrift.

Kurzgeschichte, kleine Erzählung, die in sich abgeschlossenes Erlebnis behandelt; oft zu einem unerwarteten Ergebnis führend; entwickelte sich unter angloamerik. Einfluß zur literar. Modeform der Gegenwart.

Kurzschluß, starke Widerstandsverminderung in einem elektr. Stromkreis; kann durch schadhafte elektr. Geräte oder Leitungen entstehen. Allzu starke elektr. Belastung u. damit Erhitzung wird durch *Sicherungen* verhindert.

Kurzschrift, *Stenographie,* zur Beschleunigung der Niederschrift erfundene Schrift aus Kurzzeichen für Laute, Lautgruppen, Silben u. Wörter; seit etwa 1600 in England in ihrer modernen Form als Wortzeichenschrift entwickelt *(geometr. K.,* Ende des 18. Jh. verbessert); durch F.X. *Gabelsberger* (1834) auf Handlichkeit u. Zügigkeit umgestalt (graph. oder kursives System); von F. *Schrey* 1924 zur *Einheits-K.* ausgeformt.

Kurzsichtigkeit, *Myopie,* mangelhafte Funktion des Auges, die auf einer Verlängerung der Augenachse oder auf zu starker Brechkraft der Linse beruht; dadurch vereinigen sich die von der Linse gebrochenen Strahlen bereits vor dem Auftreffen auf der Netzhaut. Auf kurze Entfernung ist das Sehen noch möglich, auf normale u. weitere Entfernung indes wird das Bild unklar. Ausgleich durch Konkavgläser.

Kurzwellen, Radiowellen mit einer Wellenlänge von 10 bis 100 m. Längere elektromagnet. Wellen heißen *Mittelwellen,* kürzere *Ultra-K.* Während die längeren Wellen sich unnw. an der Erdoberfläche ausbreiten, werden die K. mit Richtstrahlern unter einem bestimmten Winkel in den Raum hinausgestrahlt, weil sie in 200–400 km Höhe von der Ionosphäre wie von einem Spiegel reflektiert werden u. so weite Strecken zurücklegen können; bes. geeignet für den Funkverkehr über große Entfernungen. Nachteilig ist, daß der Empfang nachts schlechter ist als tagsüber u. daß es um den Sender herum eine tote Zone gibt, in der nicht empfangen werden kann. – **K.therapie,** med. Durchwärmungsbehandlung mit K.

Kuşadası [kuʃa-], Hauptort eines Fremdenverkehrsgebiets an der Ägäischen Küste in der Türkei, 14000 Ew.; Hafen.

Kusch, das altägypt. *Nubien,* Land am mittleren Nil; von Hamiten *(Kuschiten)* bewohnt, schon in vorgeschichtl. Zeit von Ägypten stark beeinflußt. Um 850 v. Chr. gründete ein einheim. Fürstengeschlecht das Reich K. mit der Hptst. *Napata.* Es

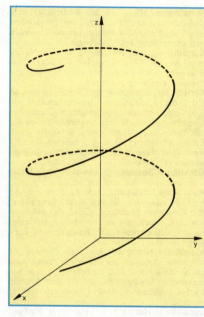

Kurve: Die Schraubenlinie ist eine dreidimensionale Kurve

wurde so mächtig, daß es als 25. Dynastie (um 712–665 v. Chr.) über Ägypten herrschte; dehnte später seine Macht nach S über den Sudan aus.

Kusch [kuːʃ], Polykarp, * 1911, † 1993, US-amerik. Physiker; Arbeitsgebiete: Physik der Atome u. Moleküle, Atom- u. Molekularstrahlen; Nobelpreis 1955 zus. mit W.E. Lamb.

Kuschiten, fr. *Osthamiten* gen.; Sammelbez. für eine große Sprach- u. Völker-Fam. im NO Afrikas; heute nur noch wenige Stämme rein erhalten. Sie gehören hpts. der äthiopiden Rasse an.

Kusel, Krst. in Rhld.-Pf., nw. von Kaiserslautern, 5000 Ew.; Maschinenbau, Textil- u. Schuh-Ind., Brauereien.

Kuskus, *Couscous,* marokkan. u. tunes. Gericht aus gedünstetem, grobem Weizengrieß mit versch. Fleisch-, u. Gemüsesorten u. einer scharfen Sauce.

Küsnacht, Villenvorort von Zürich, am N-Ufer des Zürichsees.

Kusnezker Becken, russ. Kurzwort *Kusbass,* russ. Bergbau- u. Ind.-Gebiet (Kohlenbecken) in W-Sibirien; große Steinkohlenvorräte; Zentrum der sibir. Schwer-Ind. (Hütten-, Stahl- u. Walzwerke, chem. Betriebe).

Küssnacht am Rigi, Bez.-Stadt im schweiz. Kt. Schwyz, am *Küssnachter See* (Nordteil des Vierwaldstätter Sees), 8000 Ew.; bek. durch die *Geßlerburg* (Ruine) u. die *Hohle Gasse* (mit *Tellskapelle,* 1638) aus der Tell-Sage u. Schillers »Wilhelm Tell«.

Küste, *Gestade,* Berührungsraum zw. Land u. Meer. Man unterscheidet die *Flach-K.* (Flachland stößt ans Meer) mit Nehrungen, Strandseen, Lagunen, Haffs, Dünenzügen u. Strandversetzungen von der *Steil-K.* (Gebirge oder Flachland mit Steilabfall stoßen ans Meer) mit Kliff u. Brandungsplatte. Spezielle K.nformen sind: *Fjord-, Förden-, Schären-, Bodden-, Delta-, Watten-, Rias-K.*

Küstengebirge, mehrere Gebirgsketten an der pazif. Küste der USA u. Kanadas, *Coast Mountains* u. *Coast Ranges.*

Küster, *Glöckner, Mesner, Sakristan, Sigrist,* Kirchendiener, Angestellter einer Kirchen-Gem. für Glöckner- u. Helferdienste im Gottesdienst.

Kustos, *Kustode,* wiss. Angestellter oder Beamter an Museen, Sammlungen u. Bibliotheken.

Küstrin, poln. *Kostrzyn,* Stadt in Ostbrandenburg (Polen), nahe der Mündung der Warthe in die Oder, 14000 Ew.; ehem. preuß. Festung.

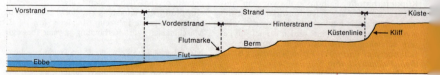

Küste: Gliederung der Küstenzone

Kutikula, *Cuticula,* bei bestimmten Tieren u. Pflanzen ein von den Zellen der Körperoberfläche (Epidermis, Hypodermis) ausgeschiedenes Häutchen aus organ. Material, das für Wasser u. Gase fast undurchlässig ist; besteht bei Pflanzen aus Korkstoff *(Kutin).* Bei Tieren besteht die K. aus Proteinen u. Polysacchariden u. bildet bei den Gliederfüßern das feste Außenskelett *(Panzer der Krebstiere* mit Kalk-Einlagerungen, *Chitin-K.* der Spinnentiere u. Insekten).
Kutsche, Pferdewagen zur Personenbeförderung, mit guter Federung.
Kutte, mit Kapuze u. Gürtel (Cingulum oder Strick) getragenes langes Mönchsgewand.
Kutteln, ein Gericht aus dem gereinigten, gebrühten Vormagen des Rindes; auch Bez. für →Gekröse.
Kutter, 1. hochgetakelter Küstensegler mit einem Schonermast. – **2.** *Fisch-K.,* kleines motorgetriebenes Fahrzeug für die Küstenfischerei.
Kutusow [-zɔf], *Golenischtschew-K.,* Michail Illarionowitsch, Fürst von *Smolensk,* *1745, †1813, russ. Offizier; 1805 Kommandeur des unterlegenen russ.-öst. Heeres bei *Austerlitz.* Seine ausweichende u. abwartende Kriegführung im Winter 1812/13 rieb die Armee Napoleons I. auf.
Kuvasz ['kuvɔs], ung. kräftiger Hirtenhund mit langen weißen Haaren.
Kuvert, Briefumschlag.
Kuvertüre, *Couverture,* Schokoladenüberzug für Pralinen oder Gebäck.
Küvette, kästchenartiges Glasgefäß; wird bei opt. Untersuchungen verwendet.
Kuwait, arab. Scheichtum am Pers. Golf, 17 818 km², 2,1 Mio. Ew. (Moslems), Hptst. *Kuwait.*

Kuwait

Landesnatur: Kies- u. Sandwüsten mit wenigen Oasen; an der Küste feuchtheiß, ansonsten Steppenklima.
Wirtschaft. Wichtigster Wirtschaftszweig ist die Erdölförderung. An Industrie gibt es Meerwasserentsalzungsanlagen sowie chem. u. Baustoff-Ind.; zahlr. Erdölraffinerien; Fischerei. Die Ind.-Anlagen wurden im Golfkrieg weitgehend zerstört, die Erdölquellen in Brand gesteckt.
Geschichte. K. war 1899–1961 brit. Protektorat. 1961 wurde es unabh. K. ist ein erbl. Scheichtum. 1990 wurde K. von Irak annektiert u. im →Golfkrieg (2) 1991 befreit.
Kux, Beteiligung an einer *bergrechtlichen Gewerkschaft;* heute nur noch selten.
Kuznets, Simon, *1901, †1985, US-amerik. Wirtschaftswissenschaftler russ. Herkunft; befaßte sich mit Konjunkturforschung; Nobelpreis 1971.
kV, Kurzzeichen für *Kilovolt;* 1 kV = 1000 Volt; →Volt.
KVAE, Abk. für *Konferenz über Vertrauensbildung und Abrüstung in Europa,* aufgrund von Beschlüssen der KSZE ins Leben gerufene Konferenz, auf der vertrauens- u. sicherheitsbildende Maßnahmen (Austausch von Informationen über Truppenstationierungen u. a.) für Europa beraten werden; Verhandlungen 1984–86 in Stockholm; 1989–92 in Wien.
Kvarner, Bucht an der kroat. Adriaküste, sö. der Halbinsel Istrien, mit den K. Inseln Cres, Krk, Lošinj, Pag, Rab u. Unije.
KVO, Abk. für *Kraftverkehrsordnung für den Güterfernverkehr mit Kraftfahrzeugen.*
Kwajalein ['kwɔdʒəlin], Korallenatoll der pazif. Marshallinseln; US-amerik. Raketenbasis.
Kwangju, *Gwangju,* Prov.-Hptst. in Südkorea, 1,2 Mio. Ew.; zwei Univ.; chem. Ind.; Flughafen.
Kwas, russ. alkoholarmes Getränk, durch Vergären von Getreide oder Brot u. Zusatz von Malz hergestellt, meist mit Gewürzen verfeinert.
Kwashiorkor, *Polykarenz-Syndrom,* in den Ländern der Dritten Welt, bes. W-Afrika, außerordentl. häufige, schwere Ernährungsstörung der Kleinkinder, die auf einem chron. Mangel an vollwertigem Nahrungseiweiß u. an Vitaminen beruht.
Kwazulu, *Zululand,* ehem. Homeland der Zulu in Natal u. Transvaal (Rep. Südafrika), 29 Gebietsteile mit 31 443 km², 4,5 Mio. Ew.; Hptst. *Ulundi.* Innere Selbstverwaltung 1977–94.
kWh, Kurzzeichen für *Kilowattstunde.*
Kybele [auch 'ky-], eine kleinasiat. Naturgottheit der grch.-röm. Religion, in Wäldern u. Bergen verehrt, der *Rhea* als All-Mutter gleichgesetzt. Der K.-Kult äußerte sich in wilden, ekstat. Festen.
Kybernetik, 1948 von N. *Wiener* eingeführter zusammenfassender Begriff für einen interdisziplinären Wissenschaftszweig, der die Gesetzmäßigkeiten, wie sie bei den Regel- u. Steuerungsvorgängen in der Technik auftreten, in Beziehung setzt zu ähnl. Vorgängen in Medizin, Biol. u. Soziologie.
Kyffhäuser, nordthüring. Bergrücken in der südl. *Goldenen Aue,* im *Kulpenberg* 477 m; viele Höhlen *(Barbarossa-Höhle).* 1896 K.denkmal.
Kykladen, grch. Inselgruppe im Ägäischen Meer, Hauptort *Hermupolis* auf Syros; schroffe Berge, wasserarm; bed. Fremdenverkehr. – Von der Mitte des 3. bis zur 1. Hälfte des 2. Jt. v. Chr. Blüte der K.-Kultur.
Kyklopen, *Zyklopen,* in der grch. Sage ein Volk von Riesen mit nur einem Auge auf der Stirn. Der bekannteste unter ihnen ist *Polyphemos,* der die Gefährten des Odysseus fraß.
kyklopische Mauern, ben. nach den *Kyklopen.* Bez. für die Festungsmauern der myken. Burgen: Große, unbehauene Steinblöcke ohne Bindemittel aufeinandergefügt, die Lücken mit kleinen Steinen ausgefüllt.
Kyll, *Kill,* l. Nbfl. der Mosel, 142 km; mündet nordöstl. von Trier.
Kyma, *Kymation,* verzierte Gesimsleiste an grch. u. röm. Bauwerken.
Kymren, *Cymry,* die *Kelten* in Wales, mit eig. Sprache, Lit. u. bis heute bewahrtem Volkstum.
Kynast, poln. *Chojnik,* nördl. Vorberg des Riesengebirges, sw. von Hirschberg, 627 m.
Kyniker, von dem Sokratesschüler *Antisthenes* begr. grch. Philosophenschule, die nur die Tugend der Selbstgenügsamkeit als gut anerkannte. Die Verachtung aller anderen Tugenden u. kulturellen Werte kennzeichnet ihre Weltanschauung, den Kynismus (→Zynismus).
Kyoto, *Kioto,* fr. *Mijako, Miyako,* jap. Präfektur-Hptst. im südl. Honshu, nordöstl. von Osaka, am Kamofluß, 1,4 Mio. Ew.; altes Kulturzentrum, Krönungsstadt Japans, buddhist. Mittelpunkt: Klöster, Schinto-Schreine, Tempel (u. a. »Goldener Pavillon«), Paläste mit ber. Landschaftsgärten;

Kuwait: Diese drei fast 200 m hohen Türme sind das Wahrzeichen des Landes; sie sind zum Zwecke der Elektrizitäts- bzw. Wasserversorgung errichtet worden; im höchsten Turm ist ein Restaurant untergebracht

Kaiserl. Univ. (gegr. 1897); Kunstgewerbe, Seidenweberei, Porzellanherstellung, Textil-, Metall-, Elektro-, Glas- u. chem. Ind.; Fremdenverkehr; Verkehrsknotenpunkt.
Gesch.: 794 als *Heiankyo* Hptst. des jap. Reichs; bis 1868 Sitz der Regierung u. Mittelpunkt des kulturellen u. religiösen Lebens in Japan.
Kyphose, *Buckel, Rundbuckel,* Ausbiegung (Verkrümmung) der Wirbelsäule nach hinten. – **Kyphoskoliose,** Verkrümmung der Wirbelsäule gleichzeitig nach hinten u. zur Seite.
Kyprianou, Spyros, *28.10.1932, zypr. Politiker; 1977–88 Staats-Präs.
Kyrene, *Cyrene,* altgrch. Stadt in N-Afrika, Hptst. der *Cyrenaica;* unter dem Königsgeschlecht der *Battiaden* (7.–5. Jh. v. Chr.) bed. Handelsstadt, während des Judenaufstands 114 n. Chr. verwüstet, unter *Traian* u. *Hadrian* wieder aufgebaut.
Kyrgyzstan →Kirgisien.
Kyrie eleison, »Herr, erbarme Dich«, seit dem 6. Jh. am Anfang der christl. Gottesdienste stehender grch. Bittruf.
kyrillische Schrift, *Kyrilliza,* aus der grch. Majuskel entwickeltes Alphabet des ältesten kirchenslaw. Schrifttums, den Slawenaposteln *Kyrillos* u. *Methodios* zugeschrieben; in Rußland, Ukraine, Weißrußland, in Bulgarien, Serbien u. der Mongolei in vereinfachter Form Gebrauchsschrift.
Kyrillos und Methodios, grch. Bruderpaar aus Saloniki: *Kyrill(os),* eigtl. *Konstantin,* *826/27, †869; *Method(ios),* *um 815, †885. Sie schufen slaw. Völkern durch Übers. aus dem Griechischen eine eig. slaw. Literatur u. führten die Organisation der Kirche im Großmähr. Reich durch. – Heilige (Fest: 14.2.).
Kyros, lat. *Cyrus,* altpers. *Kurusch,* altpers. Könige aus dem Geschlecht der *Achämeniden:* **K. II.,** *K. d. Gr.,* regierte 559–530 v. Chr.; begr. die Vormachtstellung der Perser im Vorderen Orient; unterwarf Medien; eroberte 546 v. Chr. Lydien u. kurz darauf das übrige Kleinasien.
Kysylkum [»rote Wüste«], Sandwüste in Mittelasien, zwischen Amudarja u. Syrdarja, 300 000 km²; in den Flußtälern Bewässerungsfeldbau (Baumwolle, Reis, Weizen); Erdöl-, Erdgas-, Blei- u. Goldvorkommen.
Kythera, *Kythira,* grch. Insel südl. des Peloponnes, 278 km², 5400 Ew.; Hauptort *K.;* höhlenreiches Plateau mit Steilküsten; Wein-, Oliven- u. Getreideanbau.
Kyu, die untersten Grade im Judosport.
Kyudo, jap. zeremonielle Form des Bogenschießens.
Kyushu, *Kiuschiu,* südlichste u. drittgrößte der japanischen Hauptinseln, gegenüber von Korea, 41 971 km², 13,3 Mio. Ew.; mit tätigen Vulkanen *(Aso* u. a.) u. zahlr. heißen Quellen; im N eines der größten Ind.-Gebiete Japans.
KZ, Abk. für *Konzentrationslager.*

Kykladen: Idolfigur einer Göttin mit zwei Trägern; um 2700 v. Chr. Karlsruhe, Badisches Landesmuseum

L

l, L, 12. Buchstabe des dt. Alphabets; entspr. dem grch. *Lambda.*
l, Kurzzeichen für *Liter.*
L, röm. Zahlzeichen, = 50.
L-, *Chemie:* Kurzzeichen für *linksdrehend;* Zusatzbez. für opt. aktive Verbindungen, die die gleiche Konfiguration wie die linksdrehende L-Weinsäure haben. Ggs.: *D-.*
La, chem. Zeichen für *Lanthan.*
La., Abk. für Louisiana.
Laacher See, das größte Maar der Eifel, nw. von Koblenz, 3,3 km², bis 53 m tief; am Ufer die Abtei *Maria Laach.*
Laasphe ['laːsfə], Stadt in NRW, an der Lahn, 14 000 Ew.; Kneipp-Heilbad.
Laatzen, Stadt in Nds., an der Leine, 37 000 Ew.; Gelände der *Hannover-Messe.*
Lab, Enzym im Magen des Kalbs u. des Schafs; bringt das Kasein der Milch zum Gerinnen.
Labadie, Jean de, * 1610, † 1674, frz. Theologe; wollte das Urchristentum wiederherstellen. Seine Anhänger (**Labadisten**) lebten in Gütergemeinschaft den urchristl. Gemeinden nach.
Laban, im AT Schwiegervater Jakobs, Vater von Lea u. Rahel.
Laban, Rudolf von, * 1879, † 1958, ung. Tänzer, Tanzpädagoge u. -theoretiker; schuf unter Ablehnung des klass. Balletts den *Ausdruckstanz.*
Labarum, kaiserl. Heerfahne der spätröm. Zeit.
La Baule-Escoublac [laˈboːlɛskuˈblak], frz. Stadt u. Seebad in der Bretagne, 15 000 Ew.; Fremdenverkehr.
Labdakos, in der grch. Sage Vater des Laios, Großvater des *Ödipus.*
Labdanum, Gummiharz von Bäumen der Zistrosengewächse; in der Parfümerie verwendet.
Labé, Louise, gen. »Die schöne Seilerin«, * um 1525, † 1566, frz. Dichterin; berühmt durch ihre leidenschaftl. Liebessonette.
Label [ˈlɛibəl], Etikett, Firmenname auf dem Etikett (bes. bei Schallplatten); in den USA eine Kennzeichnung (Marke) für Waren, die unter vorbildl. Lohn- u. Arbeitsbedingungen hergestellt worden sind.
Labenwolf, Pankraz, * 1492, † 1563, dt. Erzgießer (Puttenbrunnen am Nürnberger Rathaus).
Labeo, Marcus Antistius, * vor 42 v. Chr., † nach 22 n. Chr., röm. Jurist; Vorbild der Rechtsschule der nach seinem Schüler *Proculus* benannten *Proculianer.*
Laberdan, eingepökelter Dorsch.
Labial, durch Zusammenpressen von Ober- u. Unterlippe gebildeter Laut: p, b, m; mit Unterlippe u. oberen Schneidezähnen gebildet: f, w.
Labialpfeife, *Lippenpfeife,* eine Orgelpfeife, bei der der Ton durch Schwingung einer Luftsäule erzeugt wird.
Labiaten, Lippenblütler, →Pflanzen.

Labiche [-ˈbiʃ], Eugène, * 1815, † 1888, frz. Schriftst.; schrieb über 300 Possen mit Situationskomik.
labil, schwächlich (Gesundheit); leicht beeinflußbar, schwankend (Charakter).
Labilität, 1. leichte Wandelbarkeit, Beeinflußbarkeit, Anfälligkeit. – **2.** Zustand einer Luftschicht, wenn die Abnahme der Temperatur mit der Höhe größer als 1 °C für 100 m ist.
Labkraut, *Galium,* Gatt. der *Rötegewächse,* krautige Pflanzen, weiß oder gelb blühend; hierzu auch der *Waldmeister.*
Labmagen, Magen der Wiederkäuer.
Laboe, Gem. in Schl.-Ho., Ostseebad an der Kieler Förde, 4000 Ew.; Marine-Ehrenmal.
Labor, Kurzwort für *Laboratorium.* Arbeitsraum für die experimentelle Durchführung wiss. oder techn. Untersuchungen u. Arbeiten, z.B. chem., physik., biol., med.-techn., photograph. L. – **L.ant,** Gehilfe im L., auch Apothekergehilfe.
Labortiere, Tiere, die durch leichte Haltung u. schnelle Vermehrung für wiss. Versuche, insbes. für die Erprobung neuer Heilmittel, sehr geeignet sind; z.B. weiße Mäuse u. Ratten.
Labour Party [ˈleɪbə ˈpɑːti; »Arbeitspartei«], Abk. *LP,* brit. polit. Partei, hervorgegangen aus dem 1900 hpts. von den Gewerkschaften zur Vertretung wirtschaftl.-soz. Interessen der Arbeiter im Parlament gegr. *Labour Representation Committee.* Sie drängte nach dem 1. Weltkrieg allmählich die liberale Partei aus ihrer Rolle im Zweiparteiensystem.
Labrador, nordamerik. Halbinsel zw. Hudsonbai u. L.see, Kanada, rd. 1,5 Mio. km², 50 000 Ew. (darunter Eskimo u. Indianer); kaltgemäßigtes subarkt. Klima; waldreich. – **L.becken,** Meeresbecken östl. der Halbinsel L., bis 4459 m tief. – **L.see,** Randmeer des Nordatlant. Ozeans, über 4000 m tief; reiche Fischvorkommen entlang der Schelfgebiete vor Grönland u. L.; im Winter stark vereist. – **L.strom,** klimat. bed. kalte Meeresströmung vor der nordamerik. Ostküste, fließt nach S.
La Bruchollerie [-bryʃɔlˈri], Monique de, * 1915, † 1972, frz. Pianistin.
La Bruyère [-bryˈjɛːr], Jean de, * 1645, † 1696, frz. Schriftst.; Ⓦ »Die Charaktere«.
Labskaus, Hamburger Seemannsgericht aus Ochsenpökelfleisch u. Kartoffelmus; nach Belieben Zwiebeln, Rote Beete u. Matjeshering.
Labyrinth, 1. ein Gebäude oder Garten (Irrgarten) mit unübersichtl. Gängen u. Wegen; für die Griechen der Palast von *Knossos* auf Kreta, Behausung des *Minotauros.* – **2.** →Ohr.
Labyrinthfische, *Kletterfische,* Unterordnung der *Barschfische* in Afrika u. im wärmeren Asien. Namengebend ist das Luft-Atemorgan, *Labyrinth,* das als stark durchblutetes Schleimhautorgan über dem 1. Kiemenbogen liegt.

Labor für medizinische Untersuchungen

Lachmöwe auf dem Nest

Lacalle [laˈkaljɛ], Luis Alberto, * 13.7.1941, uruguay. Politiker (Nationale Partei); seit 1990 Staatspräs.
La Chaux-de-Fonds [-ʃodˈfɔ̃], schweizer. Bez.-Stadt im Kt. Neuenburg, 991 m ü. M., 36 000 Ew.; Uhrenind.
Lachenmann, Helmut, * 27.11.1935, dt. Komponist; studierte bei L. *Nono;* vielfach mit Geräuschen durchsetzte Musik.
Lachesis, eine der drei grch. Schicksalsgöttinnen, teilt das Lebenslos zu.
Lachgas, *Rauschgas,* Distickstoffmonoxid (N₂O), schnelle, relativ schwache Narkosewirkung.
Lachkrampf, triebhaftes, unmotiviertes, schwer unterdrückbares Lachen, das anfallsweise auftreten kann.
Lachmann, Karl, * 1793, † 1851, dt. Germanist; begr. die philolog. Textkritik u. besorgte Ausgaben der mhd. Klassiker (Nibelungenlied).
Lachmöwe, 40 cm große *Möwe,* an den Küsten u. im Binnenland Eurasiens; benannt nach der Vorliebe für lachenartige Binnengewässer als Brutplätze.
Lachs, *Salm,* bis 1,5 m langer u. bis über 35 kg schwerer Raubfisch der nord. Meere. Er laicht auf Kiesgrund in Fließgewässern. Die Jungfische leben 1–5 Jahre im Süßwasser u. ziehen dann ins Meer. Die Rückwanderung der L. (oft mehrere tausend km) zu den Laichplätzen führt sie in die Flüsse, in denen sie aufgewachsen sind.
Lachsschinken, zart geräucherter Schweineschinken, nach Form u. Farbe geräucherten Lachsscheiben ähnlich.
Lacke, zur Oberflächenveredelung oder zum Oberflächenschutz verwendete Lösungen von Harzen, Kunstharzen oder Cellulosederivaten in geeigneten Lösungsmitteln (Terpentin- oder Leinöl, Benzin, Alkohole, Ester), die mit Farbstoffen versetzt sein können (**Lackfarben**).
lackieren, mit *Lack* überziehen.
Lackkunst, zur künstler. Oberflächenbehandlung von Möbeln u. a. Gegenständen mit dem gefärbten Saft des *Lackbaums,* ergänzt durch dekorative Einzeichnungen, Verwendung von Gold- u. Silberstaub, Einlagen von Perlmutt u. a.; in China seit

Labyrinthformen

Ende des 2. Jt. v. Chr. entwickelt; im europ. Rokoko vielfach nachgeahmt.
Lackmus, Farbstoff der Flechte *Roccella fuciformis;* Indikator in der Chemie: färbt sich mit Säuren rot, mit Basen blau; als Indikator durch synthet. Farbstoffe ersetzt. – **L.papier,** mit L.tinktur getränkter Filtrierpapierstreifen.
Lackschildläuse, S-asiat. *Schildläuse,* die aus Hautdrüsen *Schellack* ausscheiden; 300 000 L. erzeugen 1 kg Schellack.
Lackschuh, Schuh aus mit Lack überzogenem, glänzendem Leder.
Laclos [-ˈklo], Pierre Ambroise François *Choderlos de,* * 1741, † 1803, frz. Schriftst.; schrieb einen Briefroman über die Sittenverderbnis seiner Zeit: »Die gefährl. Liebschaften«.
La Condamine [lakɔ̃daˈmiːn], die Neustadt (19. Jh.) von *Monaco;* terrassenförmig über dem Hafen gelegen.
La Condamine [lakɔ̃daˈmiːn], Charles-Marie de, * 1701, † 1774, frz. Mathematiker u. Forschungs-

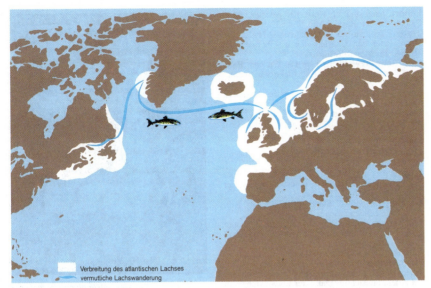

Lachs: Verbreitung und Wanderungen

reisender; zeichnete die 1. genaue Karte des Amazonas, schuf die Voraussetzung zur Berechnung der Erdmaße.
La Corniche [la kɔr'niːʃ], ital. *Cirnice,* die Küstenstraße der westl. Riviera, von Nizza nach Menton.
La Coruña [-'runja], NW-span. Hafenstadt in Galicien, 239 000 Ew.; Sardinenfischerei, Schiff- u. Maschinenbau.
La Cour [-'kuːr], Paul de, * 1902, † 1956, dän. Schriftst.; schrieb von der frz. Lyrik beeinflußte Gedichte.
Lacq [lak], SW-frz. Gem. nw. von Pau, 700 Ew.; große Erdgasvorkommen.
Lacretelle [lakrə'tɛl], Jacques de, * 1888, † 1985, frz. Schriftst.; pessimist., scharfsinnige Romane.
Lacrima Christi, dunkler, sherryähnl. Málagawein.
Lacrosse [la'krɔs], dem Hockey u. Tennis verwandtes Ballspiel; in Nordamerika, England u. Frankreich verbreitet.
Lactanz, *Lactantius,* Lucius Caecilius Firmianus, * um 250, † um 320, lat. Kirchenschriftst. aus N-Afrika; schrieb ein Lehrbuch der christl. Religion.
Lactase, *β-Galactosidase,* ein im Darmsaft enthaltenes Enzym, das Lactose in Galactose u. Glucose spaltet.
Lactate, Salze der Milchsäure; Glycerinersatz.
Lactose → Milchzucker.
Lada, Josef, * 1887, † 1957, tschech. Zeichner u. Schriftst.; Illustrationen zum »Schwejk«-Roman von J. Hašek.
Ladakh, Gebirgslandschaft (4000–6000 m ü. M.) am oberen Indus in Kaschmir, Hptst. *Leh.*
Ladegerät, *Ladeaggregat,* Gerät zum Aufladen von *Akkumulatoren;* im wesentl. ein Gleichrichter zur Erzeugung von Gleichstrom aus Netzstrom.
Ladenburg, Stadt in Ba.-Wü., am Neckar, 11 000 Ew.; mittelalterl. Stadtbild; elektrotechn. Ind.
Ladenhüter, umgangssprachl. Bez. für schwer verkäufl. Waren.
Ladenkette, mehrere gleichartige, durch eine Verw. miteinander verbundene Läden.
Ladenpreis, der Endverkaufspreis von Waren, vom Einzelhändler berechnet; kann auch durch Produzenten (Hersteller) festgelegt sein, z.B. bei Markenartikeln oder Büchern.
Ladenschlußgesetz, *Gesetz über den Ladenschluß,* die gesetzl. Regelung der Öffnungszeiten für Verkaufsstellen (Ladengeschäfte aller Art, Kioske u. a.). Ausgenommen sind z.B. Apotheken u. Tankstellen, Verkaufsstellen auf Bahnhöfen u. Flughäfen; geändert durch Ges. über Dienstleistungsabend 1989.
Ladhaqiye [-'kiːjə] → Ladiqiyah.
Ladiner, rätoroman. Volksteile Südtirols.
Ladinisch → rätoromanische Sprache.
Ladino, auf dem Balkan, in Kleinasien, Israel u. Nordafrika von einem Teil der jüd. Bevölkerung gesprochener Dialekt des Span., den die Juden nach ihrer Vertreibung aus Spanien (1492) beibehalten hatten.
Ladino, Mischling zw. Europäer u. Indianer im südl. Mexiko.
Ladipo, Duro, * 18.12.1931, nigerian. Schriftst. u. Regisseur.
Ladiqiyah, *Ladhaqiye,* frz. *Lattaquié,* wichtigster Hafen Syriens an der Mittelmeerküste, 241 000 Ew.; Univ.; Flughafen.
Ladogasee, größter europ. Süßwassersee, nordöstl. von St. Petersburg, 17 700 km², bis 225 m tief.
La Dôle [la'doːl], Bergzug im Waadtländ. Jura, an der schweiz.-frz. Grenze, 1677 m.
Ladung, 1. die →elektr. Ladung; *spezifische L.,* die L. eines Teilchens dividiert durch seine Masse. – **2.** die Aufforderung, vor Gericht zu erscheinen. – **3.** das in den Patronen u. Kartuschen der Feuerwaffen befindl. Treibmittel *(Treib-L., Pulver),* das dem Geschoß die Anfangsgeschwindigkeit gibt.
Lady ['leidi], **1.** engl. Adelstitel: Gattin eines Peers, Baronets oder Knights, entspr. dem *Lord.* – **2.** allg. engl. Bez. für *Dame* (entspr. *Gentleman* für *Herr).*
Lae, Distrikt-Hptst., Hafenstadt u. Handelsplatz in Papua-Neuguinea, am Huongolf, 75 000 Ew.
Laer [laːr], Pieter van, * 1582, † 1642, ndl. Maler; malte realist.-groteske Darst. des Volkslebens.
Laermann, Karl-Hans, * 26.12.1929, dt. Politiker (FDP); Univ.-Prof.; seit 1994 Bundes-Min. für Bildung und Wissenschaft.
Laertes, bei *Homer* Vater des *Odysseus.*
Laetare [ɛ-; lat., »freue dich«], 3. Sonntag vor Ostern.
Lafargue [-'farg], Paul, * 1842, † 1911, frz. Sozialist, Schüler u. Schwiegersohn von K. *Marx;* führend in der radikalen frz. Arbeiterbewegung.
La Fayette [lafa'jɛt], **1.** *Lafayette, Marie Joseph Motier,* Marquis de, * 1757, † 1834, frz. Offizier u. Politiker; kämpfte als General seit 1777 im nordamerik. Unabhängigkeitskrieg gegen die Engländer; seit dem Bastille-Sturm Befehlshaber der Pariser Nationalgarde. – **2.** *Marie-Madeleine,* Comtesse de, * 1634, † 1693, frz. Schriftst.; Freundin F. de *La Rochefoucaulds;* psycholog. Roman »Die Prinzessin von Kleve«.
Lafette, Untergestell eines Geschützes.
Lafontaine [lafɔ̃'tɛn], Oskar, * 16.9.1943, dt. Politiker (SPD); 1976–85 Oberbürgermeister von Saarbrücken, seit 1985 Min.-Präs. des Saarlandes, 1990 Kanzlerkandidat der SPD.
La Fontaine, 1. Henri, * 1854, † 1943, belg. Völkerrechtslehrer; Friedensnobelpreis 1913. – **2.** Jean de, * 1621, † 1695, frz. Schriftst.; verfaßte u. a. Fabeln mit Stoffen aus der Weltliteratur; zeichnete ein oft iron. gefärbtes Bild der Gesellschaft.
Laforet, Carmen, * 6.9.1921, span. Schriftst.; realist. Roman »Nada«.
Laforgue [la'fɔrg], Jules, * 1860, † 1887, frz. Schriftst.; antibürgerl. Lyrik.
La Fosse [la'foːs], Charles de, * 1636, † 1716, frz. Maler (mytholog. Wand- u. Deckenmalereien).
Lag [læg], *Wirtsch.:* die zeitl. Spanne, nach deren Ablauf erst mit Wirkungen von Veränderungen ökonom. Größen zu rechnen ist.

Lager: Kugellager, Rollenlager, Nadellager (von vorn nach hinten)

Lagarde [la'gard], Paul Anton de, eigtl. P. A. *Bötticher,* * 1827, † 1891, dt. Orientalist u. Kulturphilosoph; vertrat einen antisemit. gefärbten Nationalismus.
Lagasch, sumer. Stadt, das heutige *Tello,* 100 km sö. von Kut Al-Amara (Irak); bed. durch die altsumer. Dynastie von L., begr. von *Urnanse* (um 2500 v. Chr.).
Lage, 1. der Bereich einer Stimme, die →Stimmlage; **2.** bei Streichinstrumenten die Stellung der linken Hand auf dem Griffbrett, z.B. 1., 2., 3. L.; **3.** in der Harmonielehre der Abstand der Töne eines Akkords (enge oder weite L.).
Lage, Stadt in NRW, an der Werre, 33 000 Ew.; versch. Ind.
Lagebericht, Teil des Geschäftsberichts einer AG.
Lagenschwimmen, Wettbewerb beim Schwimmen: eine Verbindung von 4 Schwimmarten in der Reihenfolge *Delphin – Rücken – Brust – Kraul.*
Lager, 1. Liege- u. Schlafgelegenheit; Stätte für Schulung (Schulungs-L.); Massenunterkunft für Flüchtlinge (Flüchtlings-L.), Internierungsstätte für Kriegsgefangene (Gefangenen-L.). – **2.** Vorratsraum für Waren. – **3.** Bauteil, der die Lasten von Tragwerken (Balken, Trägern) aufnimmt; auch zur Aufnahme u. Führung von schwingenden u. sich drehenden Maschinenteilen dienender Maschinenteil (Gleit-, Kugel-L.).
Lagerbier, helles, leichtes, untergäriges Vollbier.
Lagergeschäft, das gewerbsmäßige Lagern u. Aufbewahren von lagerfähigen Gütern (außer Geld u. Wertpapieren) gegen Entgelt *(Lagergeld)* durch *Lagerhalter;* gesetzl. geregelt.

Ladakh: Straße nach Leh

490 Lagerkvist

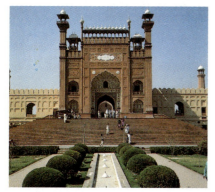

Lahore: Badschahi-Moschee

Lagerkvist, Pär, * 1891, † 1974, schwedischer Schriftst.; suchte in der Nachfolge A. *Strindbergs* in seinen Werken die Überwindung der menschl. Verzweiflung u. Lebensangst; Roman »Barrabas«. Nobelpreis 1951.
Lagerlöf, Selma, * 1858, † 1940, schwedische Schriftst.; erzählte Stoffe aus heimatl. Sagen u. Märchen; Ⓦ »Gösta Berling«, »Wunderbare Reise des kleinen Nils Holgersson mit den Wildgänsen«. Nobelpreis 1909.
Lagermetalle, Metall-Legierungen zur Herstellung von Lagern bewegter Maschinenteile. Sie bestehen aus Kupferlegierungen oder Weißmetallen (weiche Grundmetalle, dadurch geringe Reibung).
Lagerpflanzen →Thalluspflanzen.
Lagerstätten, natürl. Anreicherung von Mineralien u. Gesteinen in der Erdkruste, deren Abbau volkswirtschaftl. Nutzen bringt oder bringen kann, z.B. *Erz-L., Erdöl-* u. *Erdgas-L.*
Lago Maggiore [-ma'dʒo:rɛ], dt. *Langensee,* oberital. Alpenrandsee, an der schweiz. Grenze, 212 km², 65 km lang, bis 372 m tief; vom *Tessin* durchflossen; im Westzipfel die *Borromäischen Inseln; Fremdenverkehr.*
La Gomera, eine der span. Kanar. Inseln, westl. von Teneriffa, 378 km², 28 000 Ew.; Hauptort u. Hafen *San Sebastián de la Gomera.*
Lagos, 1. größte Stadt u. Haupthafen von Nigeria, westl. des Niger-Deltas, 1,1 Mio. Ew.; kath. Erzbischofssitz; Univ.; Flughafen. – **2.** ['laguʃ], Stadt an der Südküste Portugals, 13 000 Ew.; Fremdenverkehr; einst ein wichtiger Seehafen, der durch das Erdbeben von 1755 zerstört wurde; Ausgangspunkt der Entdeckungsreisen des 15./16. Jh.
La Grande Motte [lagräd'mɔt], frz. Fremdenverkehrsort am Mittelmeer; Jachthafen.
Lagrange [-'grã:ʒ], Joseph-Louis Comte de, * 1736, † 1813, frz. Mathematiker u. Astronom; begr. die Variationsrechnung; Arbeiten über theoret. Astronomie.
Lagting, das norw. Oberhaus, bestehend aus einem Viertel der Abgeordneten des *Storting.*
La Guaira, Haupthafen Venezuelas, an der karib. Küste, 38 000 Ew.
Laguerre [-'gɛ:r], Edmond-Nicolas, * 1834, † 1886, frz. Mathematiker; Mitbegr. der modernen Geometrie.
Lagune, durch eine halbinselförmige Landzunge *(Nehrung, Lido)* oder durch eine Reihe von Inseln nicht ganz vom Meer getrennte flache Bucht (mit Brackwasser); auch die Wasserfläche im Atoll.
Lähmung, durch Schädigung der Nerven bedingte Aufhebung der Muskelbeweglichkeit *(motorische L.)* oder der Gefühlsempfindungen *(sensible L.).* Man unterscheidet die *schlaffe L.,* die zur Aufhebung jegl. Beweglichkeit eines Muskels führt, u. die *spastische L.,* die durch Verkrampfung der Muskeln eine unbehinderte Bewegung unmögl. macht.
Lahn, *Plätte,* feine plattgewalzte Metalldrähte.
Lahn, l. Nbfl. des Rheins, 245 km.
Lahnstein, Stadt in Rhld.-Pf., an der Mündung der Lahn in den Rhein, 18 000 Ew.; Luftkurort; Burg *Lahneck.*
Lahnstein, Manfred, * 20.12.1937, dt. Politiker (SPD) u. Manager; 1980–82 Chef des Bundeskanzleramts; April-Oktober 1982 Bundes-Min. der Finanzen; 1983–94 im Vorstand, seit 1994 im Aufsichtsrat der Bertelsmann AG.

Lahore [engl. lə'hɔ:], Hptst. der pakistan. Prov. Punjab, an der Ravi, 3 Mio. Ew.; Univ.; Eisen-, Textil-, Teppich-Ind.; Flughafen. – 11./12. Jh. Hptst. unter den Ghasnawiden u. Ghoriden, im 16.–18. Jh. Mogul-Residenz.
Lahr/Schwarzwald, Krst. in Ba.-Wü., am Rand des Schwarzwalds, 35 000 Ew.; Elektro- u. feinmechan. Ind., Weinanbau.
Lahti ['laxti], südfinnische Stadt am Vesijärvi, 94 000 Ew.; Wintersport.
Lai [lɛ], ein altfrz. oder provençal. episches Lied mit Wechsel zw. gesungener u. gesprochener Strophe; mit Harfenbegleitung vorgetragen.
Laibach →Ljubljana.
Laible, Otto, * 1898, † 1962, dt. Maler; Malerei mit konstruktivist. Tendenzen.
Laich, die ins Wasser abgelegten, von einer Schleim- oder Gallerthülle umgebenen Eier der Weichtiere, Fische u. Lurche.
Laichingen, ba.-wü. Stadt in der Schwäb. Alb, 8000 Ew.; Höhlenmuseum.
Laichkraut, Wasserpflanzen mit im Schlamm kriechenden Grundachsen; gern von Fischen zum Laichen aufgesucht.
Laichkrautgewächse →Pflanzen.
Laichwanderungen, die Wanderungen von Fischen zu den Laichplätzen (Eiablageplätzen); nur bei Arten, die sich im Lauf ihrer Entwicklung von diesen Plätzen entfernt haben, z.B. Lachs u. Aal.
Laie, 1. Nichtfachmann. – **2.** jemand, der kein geistl. Amt innehat. Trennung von Klerus u. L. ist ein Grundsatz der kath. Kirchenverfassung.
Laienapostolat, in der kath. Kirche die Verpflichtung des Laien zum selbstverantwortl. apostol. Wirken in seinem eigenen Bereich, um an der Sendung der Kirche mitzuarbeiten.
Laienbrüder, Laien, die einem geistl. Orden beitreten u. die gewerbl. Aufgaben der Klöster erfüllen; entspr. *Laienschwestern.*
Laieninvestitur, die Einsetzung eines Geistl. in sein Amt durch einen weltl. Herrscher. →Investiturstreit.
Laienkelch, die Austeilung des konsekrierten Weins an die Laien beim *Abendmahl;* seit etwa dem 12. Jh. in der röm.-kath. Kirche nicht mehr geübt, nach dem 2. Vatikan. Konzil in bes. Fällen wieder eingeführt.
Laienrichter, ehrenamtl., nicht rechtsgelehrte Richter, die wegen bes. Sachkunde (Handelsrichter oder bei Arbeits- u. Sozialgerichten) oder als Schöffen an der Rechtsprechung mitwirken.
Laienspiegel, ein das Privat-, Straf- u. Prozeßrecht umfassendes Rechtsbuch von Ulrich *Tengler,* gedruckt 1509 in Augsburg.
Laienspiel, von nicht berufsmäßigen Schauspielern ausgeübtes Theater. Frühe L. waren die *Mysterienspiele* des MA.
Laientheologie, die von u. für Laien (im kath.-kirchl. Sinn) erarbeitete Theologie.
Laing [læŋ], Ronald David, * 1927, † 1989, engl. Psychoanalytiker u. Philosoph; Hauptvertreter der sog. Antipsychiatrie. Ⓦ »Das geteilte Selbst«, »Die Politik der Familie«.
Laios, myth. König von Theben, Vater des →Ödipus.
Laisierung [la:i-], die Rückversetzung von Klerikern in den Laienstand.
laissez faire, *laissez aller, laissez passer,* [lɛsɛ'fɛ:r, -a'le, -pa'se; frz.; »laßt geschehen, laßt gehen«], Grundsatz der Physiokratie u. bes. des Liberalismus, der das Nichteingreifen des Staates in die Wirtschaft forderte.
Laizismus [la:i-], eine Bewegung, die sich gegen jeden Einfluß des Klerus auf Staat, Kultur u. Erziehung wendet u. die Kirchen in den rein sakralen Bereich zurückdrängen will.
Lajos ['lɔjoʃ], ung. für Ludwig.
Lajtha ['lɔito], László, * 1892, † 1963, ung. Komponist u. Volksmusik-Forscher.
Lakai, fürstl. oder herrschaftl. Diener; unterwürfiger oder kriecher. Mensch.
Lake, Salzlösung zum Pökeln von Fleisch.
Lakedämon, *Lakedaimon,* amtl. Bez. für das antike spartan. Staatsgebiet. – **Lakedämonier,** die Spartaner.
Lake District ['lɛik 'distrikt], engl. Gebirgs- u. Seenlandschaft in den Cumbrian Mountains; Nationalpark; Fremdenverkehr.
Lake Placid ['lɛik 'plæsid], nordamerik. Wintersportzentrum im Staat New York, 530 m ü. M., 2500 Ew.; Olymp. Winterspiele 1932 u. 1980.
Lakhnau, engl. *Lucknow,* Hptst. des ind. Bundesstaats Uttar Pradesh, 896 000 Ew.; Univ.; Textil-, Papier- u. opt. Ind., Teppichfabrikation.
Lakkadiven, 19 Koralleninseln im Arab. Meer, vor der Malabarküste SW-Indiens, 30 000 Ew. Hauptort: *Kavaratti.*
Lakkolith, pilzförmig innerhalb der Erdkruste erstarrte Magmamasse.
Lakonien, grch. Ldsch. u. Bez. im SO des Peloponnes, Hptst. *Sparta.*
lakonisch, wortkarg; kurz u. treffend, nach der im Altertum sprichwörtl. kurzen Redeweise der Spartaner.
Lakritze, der eingedickte Saft der Süßholzwurzel.
Lakschmi, indische Göttin des Glücks, Gemahlin *Wischnus.*
Laktation, die Milchabsonderung in den Milchdrüsen.
Laktose, *Lactose* →Milchzucker.
La Laguna, Stadt auf der span. Kanar. Insel Teneriffa, 114 000 Ew.; Univ.; kath. Bischofssitz. Ehem. Hptst. von Teneriffa.
Lalebuch [»Narrenbuch«], Schwanksammlung eines Elsässers (Straßburg 1597).
La Línea, südspan. Stadt in Andalusien, am neutralen Grenzstreifen zw. Spanien u. der brit. Kolonie *Gibraltar,* 57 000 Ew.
Lalo, Edouard, * 1823, † 1892, frz. Komponist span. Herkunft; Vorläufer des Impressionismus. Ⓦ »Symphonie espagnole«.
La Louvière [lalu'vjɛ:r], Bergbaustadt in der belg. Prov. Hennegau, 76 000 Ew.; Metallind.
Lam, Wifredo, * 1902, † 1982, kuban. Maler kreolisch-chin. Herkunft; Schüler P. *Picassos;* verband den Pariser Surrealismus mit den myth. Vorstellungen seiner Heimat.
Lama, 1. Titel der Geistl. im →Lamaismus. – **2.** Gatt. höckerloser *Kamele.* Die graubraunen Wildarten bewohnen die Steppen u. Halbwüsten Südamerikas: Das *Guanako* steigt bis 4000 m, das zier-

Lamaismus: tibetisches Meditationsbild mit der »d'pal-Idan Lha-mo«, eine der »acht schrecklich mächtigen Töter« aus dem tibetischen Totenbuch; Malerei auf Seide, 19. Jahrhundert

Lama: Alpaka

liche *Vikunja* bis über 6000 m hoch. Von den beiden Haustierrassen dient das kräftigere *L. i.e.S.* mehr als Last- u. Fleischtier, das kleinere *Alpaka* als Wolltier.

Lamaismus, tibetische Form des *Mahayana-Buddhismus,* der im 7. Jh. n. Chr. eingeführt wurde u. sich nach Konflikten mit der Bon-Religion durchsetzte. Besonderheit des L. ist die *Chubilghan.* Erbfolge. Tibet wurde Kirchenstaat, regiert vom *Dalai-Lama* als Träger der weltl. Macht u. dem *Pantschen-Lama* als Träger der geistl. Macht. Seit der chines. Besetzung ist die lamaist. Geistlichkeit entmachtet.

La Mancha [-'mantʃa], zentralspan. Ldsch. im südl. Neukastilien, vorwiegend Steppenland mit rauhem Klima, heißen Sommern u. Wassermangel; Heimat des *Don Quijote.*

La Manche [-'mãʃ], frz. Bez. für den →*Kanal (Ärmelkanal).*

Lamarck, Jean-Baptiste de *Monet,* Chevalier de L., *1744, †1829, frz. Naturforscher, verneinte die Unveränderlichkeit der Arten u. nahm an, daß die Tierwelt auf gemeinsame Urformen zurückgehe. – **L.ismus,** wiss. überholte Lehrmeinung über die Verwandtschaft u. Abstammung der Lebewesen, behauptete, daß die Abänderung von Gestalt u. Funktion der Organe eines Lebewesens in erster Linie durch Umwelteinflüsse bedingt sei; diese Änderungen sollten erbl. sein (Bildung neuer Arten). Im Gegensatz zum L. steht der →*Darwinismus.*

La Mancha: Windmühlen

Lamartine [-'ti:n], Alphonse de, *1790, †1869, frz. Schriftst. der Frühromantik; melanchol.-myst. »Poet. Betrachtungen«.

Lamb [læ mb], **1.** Charles, *1775, †1834, engl. Schriftst.; geistreiche Essays; Nacherzählungen von Shakespeares Dramen für die Jugend. – **2.** Willis Eugene, *12.7.1913, US-amerik. Physiker; Arbeitsgebiet: Atomphysik; Nobelpreis 1955.

Lambach, oberöstr. Markt an der Traun, 3300 Ew.; Benediktinerstift.

Lambaesis, frz. *Lambèse,* röm. Ruinenstadt im alger. Hochland, zw. Kleinem u. Sahara-Atlas, 1180 m ü. M.; gegr. als Legionslager.

Lambaréné, zentralafrik. Prov. Hptst. in Gabun, am Ogooué, 24 000 Ew. 3 km flußabwärts liegt das Krankenhaus, in dem A. *Schweitzer* tätig war.

Lambeaux [lã'bo], Jef, *1852, †1908, belg. Bildhauer; Hauptmeister des fläm. Neubarocks.

Lambert, †706 oder 706, Bischof von Maastricht; bei Streitigkeiten innerhalb des fränk. Adels ermordet. – Heiliger (Fest: 18.9.).

Lambert, Johann Heinrich, *1728, †1777, dt. Mathematiker, Physiker, Astronom u. Philosoph; arbeitete über Trigonometrie u. Analysis, stellte Methoden zur Lichtmessung der Gestirne auf.

Lambeth-Konferenzen [læ mbəθ-], seit 1867 etwa alle 10 Jahre stattfindende Versammlungen aller anglikan. Bischöfe im Lambeth-Palast in London.

Lambrequin [lãbrə'kẽ], Querbehang mit Quasten über Türen, Fenstern u. Himmelbetten.

Lambsdorff, Otto Graf, *20.12.1926, dt. Politiker (FDP), Rechtsanwalt; seit 1972 MdB, 1977–84 Bundes-Min. für Wirtschaft, 1988–93 Vors. der FDP.

Lambswool [læ mzwu:l], Lammwolle (Qualitätsbez. für Strickwaren).

Lamé, mit Metallfäden (Schuß) gemusterter Stoff für Abendkleider u. Theaterkostüme.

Lamech, im AT ein Nachkomme *Kains* u. ein Nachkomme *Seths,* Vater *Noahs.*

Lamelle, dünnes Blättchen, Häutchen; bei Blätterpilzen auf der Schirmunterseite; bei Heizkörpern ein einzelnes Glied (Rippe).

Lamellenbremse, eine Reibbremse, bei der die Bremsflächen aus mehreren Lamellen bestehen; zur Verstärkung der Bremswirkung.

Lamellenstores [-stors], horizontal bewegliche Kunststofflamellen zum Schutz gegen Sonne.

Lamennais [lamə'nɛ:], Hugues Félicité-Robert de, *1782, †1854, frz. kath. Theologe, Philosoph u. polit. Schriftst.; trat für die Unabhängigkeit der Kirche vom Staat u. innere Liberalisierung ein.

Lamentation, Jammern, Wehklagen. – **lamentieren,** laut wehklagen.

Lametta, dünne Metallfäden aus Zinn- oder Aluminiumfolie; Christbaumschmuck.

Lamettrie, Julien Offray de, *1709, †1751, frz. Philosoph; Vertreter des *Materialismus* u. *Atheismus.* Aus Frankreich vertrieben, gewährte ihm Friedrich d. Gr. 1748 Asyl. – Ⓦ »Der Mensch als Maschine«.

Lamia, in der grch. Sage eine libysche Königstochter, der *Hera* die Kinder tötet, weil sich *Zeus* in sie verliebt hat. Im Volksglauben wurde sie zum kinderraubenden Ungeheuer.

Lamina, 1. blattförmiger Organteil. – **2.** dünnes Metallblättchen.

laminare Strömung, eine Strömung von Gasen oder Flüssigkeiten, in der keine Wirbel auftreten.

Laminaria, Gatt. großer Braunalgen.

laminieren, einen Bucheinband mit Folie überziehen.

Lamischer Krieg [nach der Stadt *Lamia*], 323/322 v. Chr., Kampf der Hellenen unter Führung Athens gegen die Makedonen; endete mit der Unterwerfung Athens.

Lämmergeier, →Bartgeier.

Lammers, Hans Heinrich, *1879, †1962, dt. Politiker (NSDAP); 1933–45 Chef der Reichskanzlei als Staatssekretär u. (1937) Reichsmin.; 1949 wegen Kriegsverbrechen u. Verbrechen gegen die Menschlichkeit verurteilt.

Lammfell, Rauchwarenbez. für Felle von höchstens 1 Woche alten Lämmern.

Lamming [læ -], George, *1927, afrokaribischer Schriftst.; Hauptthema seiner Romane ist die Begegnung der Farbigen mit Europa.

Lamorisse [-'ris], Albert, *1922, †1970, frz. Filmregisseur (»Der weiße Hengst«, »Der rote Ballon«).

Lamormain [-'mẽ], Wilhelm, *1570, †1648, luxemburg. Jesuit; Beichtvater Ferdinands II., fanat. Vorkämpfer der Gegenreformation.

La Motte Fouqué [la 'mɔt fu'ke] →*Fouqué.*

Lamoureux [lamu'rø], Charles, *1834, †1899, frz. Dirigent; Wagner-Vorkämpfer in Frankreich; Begr. der nach heute bestehenden *Concerts L.* in Paris.

Lampe, ein Leuchtgerät, das durch Erhitzung etwa durch Verbrennung (Flamme) oder elektr. Strom (Glüh-, Leuchtstoff-, Röhren-L.) oder auch durch Gasentladung Licht erzeugt; früher Öl- u. Petroleum-L.

Lampe, Name des Hasen in der Tierfabel.

Lampe, Friedo, *1899, †1945 (irrtüml. erschossen), dt. Schriftst.; schrieb realist. Prosa mit romant. Elementen.

Lampedusa, ital. Insel im Mittelmeer, sw. von Malta, 20 km², 5000 Ew.

Lampedusa, Giuseppe →*Tomasi di Lampedusa.*

Lampertheim, Stadt in Hessen, in der Oberrhein. Tiefebene, 30 000 Ew.; Tabak- u. Spargelanbau; Elektro- u. Möbel-Ind.

Lampion [lampi'ɔ̃:], Papierlaterne mit Kerze im Innern.

Lamprecht, 1. Günter, *1.1.1930, dt. Schauspieler (Fernsehserie »Berlin Alexanderplatz«). – **2.** Karl, *1856, †1915, dt. Historiker Ⓦ »Dt. Geschichte«, »Dt. Wirtschaftsleben im MA«.

Lamprecht der Pfaffe, Geistlicher aus Trier; verfaßte um 1145 nach frz. Vorlage ein Alexander-Epos.

Lamprete →*Neunaugen.*

Lamprophyr, meist feinkörniges Ganggestein mit dunklen Gemengteilen, wie Amphibol.

Län, finn. *Lääni* [»Lehen«], schwed. bzw. finn. Verwaltungsbezirk.

Lana, ital. Ort in Trentino-Südtirol, südl. von Meran, 7000 Ew.; Fremdenverkehr.

Lançade [lã'sa:d], eine Sprungübung der *Hohen Schule:* Das Pferd springt mit erhobener Vorhand auf den Hinterbeinen einen Sprung nach vorn.

Lancaster ['læ nkəstə], nordwestengl. Hafenstadt, 46 000 Ew.; Univ.

Lancaster ['læ nkəstə], engl. Königshaus, Nebenlinie der *Plantagenets;* Kennzeichen: rote Rose (→*Rosenkriege*). Mit *Heinrich IV.* gelangte ein L. erstmals auf den engl. Thron (1399). 1471 erlosch das Haus L.

Lancaster ['læ nkəstə], **1.** Burt, *1913, †1994, US-amerik. Filmschauspieler (»Verdammt in alle Ewigkeit«, »Der Leopard«). – **2.** Joseph, *1778, †1838, engl. Pädagoge; Begr. des Helfer-(Monitoren-)Systems im Unterricht: ältere Schüler unterrichten die jüngeren.

lancieren [lã'si:rən], in Gang bringen; geschickt in eine vorteilhafte Stellung bringen.

Lancret [lã'krɛ], Nicolas, *1690, †1743, frz. Maler (Rokoko-Szenen u. Landschaften).

Land, 1. die feste Erdoberfläche, im Gegensatz zum *Meer.* – **2.** das landwirtschaftl. genutzte Gebiet, im Gegensatz zur *Stadt.* – **3.** ein polit. genau abgegrenztes Gebiet, in der Regel →*Staat.* – **4.** *Bundesland,* Gliedstaat eines Bundesstaates (in der BR Dtld. mit eigener Verfassung).

Landa, Diego de, *1524, †1579, dritter Bischof von Yucatán; verfaßte ein im 19. Jh. wiederaufgefundenes Werk über die späte Maya-Kultur.

Landammann, der Vors. der Reg. in einigen Kt. der Schweiz.

Landarbeiter, Sammelbez. für alle in der Landw. hauptberufl. erwerbstätigen abhängigen Lohnarbeiter.

Landart ['læ nd a:t], »Landschaftskunst«, eine Sonderform der *Arte Povera,* greift verändernd in das Landschaftsbild ein. – Ⓑ →S. 492.

Landau, 1. *L. an der Isar,* Stadt in Niederbayern, 12 000 Ew.; Maschinenbau, Textil-Ind. – **2.** *L. in der Pfalz,* krfr. Stadt in Rhld.-Pf., an der Queich, 37 000 Ew.; Hochschule; Mineralöl-, Elektro-, Textil-Ind., Sekt- u. Weinkellereien.

Landau, Lew Dawidowitsch, *1908, †1968, russ. Physiker; arbeitete über Diamagnetismus, Tieftemperaturphysik u. bes. über die Superfluidität des Heliums II; Nobelpreis 1962.

Landauer, viersitziger Wagen mit Klappverdeck, seit dem 18. Jh.

Landauer, Gustav, *1870, †1919, dt. Schriftst.; polit. der anarchist. Richtung P. *Kropotkins* nahestehend; beteiligte sich 1919 an der Räterepublik Bayern u. wurde nach Gefangennahme ermordet.

Landeck, 1. östr. Bez.-Hptst. im oberen Inntal (Tirol), 816 m ü. M., 7000 Ew.; Fremdenverkehr. – **2.** *Bad L. in Schlesien,* poln. *Lądek Zdrój,* Stadt in Schlesien, 7000 Ew.; Mineral- u. Moorbad.

Landeklappen, ein Flugzeugbauteil; klappenför-

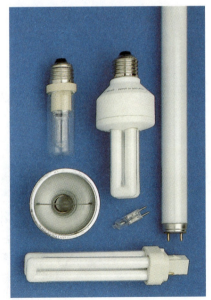

Lampe: ein Sortiment verschiedener stromsparender Lichtquellen, von der Dreibandenleuchtstofflampe bis zu Halogenglühlampen

492 Landenge

mig nach unten bewegl. Teile an der Tragflächenhinterkante, die eine Erhöhung des Auftriebs u. damit eine Verkürzung der Start- u. Landestrecken bewirken.

Landenge, *Isthmus,* schmale Landverbindung zw. zwei größeren, durch ein Meer fast ganz voneinander getrennten Landmassen, z.B. *L. von Korinth.*

Länderkunde, *regionale Geographie,* Wiss. von den geograph. Eigenarten der Länder.

Länderpokal, vom Dt. Fußball-Bund durchgeführter Pokalwettbewerb für Amateur-Auswahlmannschaften der Fußball-Regional- bzw. -Landesverbände.

Landerziehungsheim, *Landschulheim,* Heimschule auf dem Land; erste Gründungen 1898 von Hermann *Lietz;* Pflege des Gemeinschaftslebens, des Sports, der Land- u. Werkarbeit.

Landes [lãd], SW-frz. Ldsch. in der Gascogne, zw. Garonne u. dem Golf von Biscaya, Wald- u. Heidegebiet.

Landesaufnahme, die planmäßige staatl. Vermessung u. kartograph. Darstellung eines Landes.

Landesbanken, die öffentl.-rechtl. Kreditinstitute, vom Staat oder von sonstigen öffentl. Körperschaften mit dem Ziel gegr., unter Garantie des Staates öffentl. Kredite langfristig den Gemeinden oder Grundbesitzern zur Verfügung zu stellen.

Landesbeamte, alle Beamte, die ein Bundesland zum Dienstherrn haben.

Landesbehörden, die Verw.-Organe der Länder bzw. Bundesländer in der BR Dtld. sowie in Österreich.

Landesbischof, Titel für den leitenden Geistlichen einiger ev. Landeskirchen.

Landesgerichte, die Gerichte der Länder im Gegensatz zu den Gerichten des Bundes.

Landesgeschichte, die histor. Erforschung regional begrenzter Gebiete (Territorien, Ldsch. u. a.); in Dtld. als bes. histor. Fach mit Lehrstühlen an Univ. u. Instituten.

Landeshauptmann, in Östr. der Vors. einer Landesregierung. In Wien ist der L. zugleich Bürgermeister.

Landart: R. Smithson, Spiral-Jetty (1979) in Utah, Great Salt Lake

Landeshoheit, im Hl. Röm. Reich die Regierungsgewalt der Landesherren in ihren Territorien.

Landeshut, poln. *Kamienna Góra,* Stadt in Schlesien, am oberen Bober, 22 000 Ew.; Schloß, barocke Bürgerhäuser; Textil-Ind.

Landeskirchen, urspr. Bez. für die in einem luther. oder reformierten Territorium allein anerkannte Kirchenorganisation. Oft haben die Kirchen bis heute an der Bez. der alten dt. Länder u. Provinzen festgehalten. Innerhalb der EKD bestehen 24 L. (Anhalt, Baden, Bayern, Berlin-Brandenburg, Braunschweig, Bremen, Görlitz, Hannover, Hessen u. Nassau, Kurhessen-Waldeck, Lippe, Mecklenburg, Nordelbien, NW-Dtld., Oldenburg, Pfalz, Pommern, Rheinland, Sachsen, Provinz Sachsen, Schaumburg-Lippe, Thüringen, Westfalen, Württemberg)

Landeskultur, alle Maßnahmen, die der besseren Nutzung des Bodens u. seiner Verteilung sowie der Neulandgewinnung dienen.

Landespflege, alle Maßnahmen zum Schutz u. zur Pflege der natürl. Lebensgrundlagen des Menschen; beinhaltet Landschaftspflege, Grünordnung, Naturschutz.

Landesplanung, zusammenfassende Planung eines größeren Gebiets nach seiner voraussichtl. Entwicklung; stellt die künftigen Entwicklungslinien von Siedlung, Industrie, Verkehr, Land- u. Forstwirtschaft sowie von Landschafts- u. Naturschutz dar.

Landesrecht, das in Bundesstaaten geltende Recht der (Bundes-)Länder (im Ggs. zum *Bundesrecht* des Gesamtstaats).

Landesregierung, in der BR Dtld. allg. die Reg. eines Landes (Gliedstaats), in Bayern *Staatsreg.,* in Hamburg, Bremen u. Berlin *Senat* genannt. Chef der L. ist der *Min.-Präs.* (in Berlin *Regierender Bürgermeister,* in Bremen *Präs. des Senats,* in Hamburg *Erster Bürgermeister* genannt).

Landessteuern, Steuern, deren Aufkommen al-

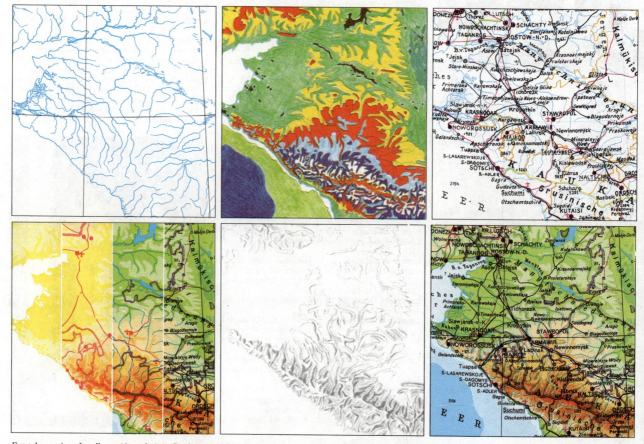

Entstehung einer Landkarte (Ausschnitt): Gradnetz und Flußplatte; Höhen- und Tiefenschichten mit Kolorit (Arbeitsfarben); Grundriß- und Schriftentwurf; einzelne Farbauszüge bei Druck mit vier Farben; Schummerung; Zusammendruck aller Farben (von links oben nach rechts unten)

lein den Ländern zusteht: Vermögen-, Erbschaft-, Kraftfahrzeug-, Biersteuer, Verkehrsteuern u. Abgaben von Spielbanken.
Landessynode, im ev. Kirchenverfassungsrecht ein Kollegialorgan mit kirchenleitenden Aufgaben, insbes. dem Gesetzgebungsrecht für die Landeskirche; setzt sich aus geistl. u. nichtgeistl. Mitgl. zusammen.
Landesverrat, staatsgefährdender Verrat von Staatsgeheimnissen. In der BR Dtld. macht sich vorsätzl. strafbar, wer *Staatsgeheimnisse* (Tatsachen, Gegenstände oder Erkenntnisse, bes. Schriften oder Nachrichten darüber, deren Geheimhaltung vor einer fremden Reg. erforderl. ist) öffentl. bekanntmacht oder sie vorsätzl. an einen Unbefugten gelangen läßt. Strafbar ist auch die Zugehörigkeit zu einem landesverräter. Nachrichtendienst.
Landesversicherungsanstalten, die Träger der *Arbeiterrentenversicherung;* Körperschaften des öffentl. Rechts.
Landesverteidigung, die Gesamtheit der militär. u. zivilen Maßnahmen zur Verteidigung eines Landes; dazu gehören die Aufstellung der Streitkräfte u. die Mobilisierung der für den Krieg nutzbaren personellen u. materiellen Kräfte.
Landeszentralbanken, Hauptverwaltungen der Dt. Bundesbank in den Ländern.
Landflucht, das Schlagwort für die Hauptrichtung der *Binnenwanderung* u. der berufl. *Mobilität* vom Land zur Stadt u. aus der Landw. in die übrige Wirtschaft; Voraussetzung u. Begleiterscheinung der *Industrialisierung.*
Landfriede, im dt. MA das Fehdeverbot durch Kaisergesetz, im *Ewigen L.* des Wormser Reichstags von 1495 für dauernd beansprucht.
Landfriedensbruch, Teilnahme an Gewalttätigkeiten gegen Menschen oder Sachen; strafbar nach § 125 StGB.
Landgemeinde, nichtstädt. Gebietskörperschaft der untersten Stufe.
Landgericht, Gericht der ordentl. Gerichtsbarkeit, für Zivil- u. Strafsachen; steht zw. Amtsgericht u. Oberlandesgericht. – Ⓑ →Recht
Landgewinnung, i.w.S. allg. die Gewinnung von Neuland (Ödlandkultivierung); *i.e.S.* die L. an den Meeresküsten mit günstigen Anschwemmungsbedingungen (z.B. Schl.-Ho.).
Landgraf, seit dem 12. Jh. in Thüringen, im Elsaß u. in einigen schwäb. Landschaften Titel eines vom König belehnten, vom Herzog unabhängigen Amtsträgers.
Landgrebe, Erich, *1908, †1979, östr. Schriftst. (Romane, Kinder- u. Jugendbücher).
Land Hadeln, nds. Ldsch. südl. der Elbmündung.
Landino, 1. Christoforo, *1424, †1498, ital. Humanist; Lehrer für Poetik u. Rhetorik. – **2.** *Landini,* Francesco, *um 1335, †1397, ital. Komponist u. Dichter; blind, ein bewunderter Organist, Hauptmeister des ital. Trecento.
Landjäger →Gendarm.
Landkärtchen, ein *Fleckfalter.* Die Frühjahrsgeneration ist braun, die Sommergeneration schwarz mit hellen Flügelbinden.
Landkarte, verkleinertes Grundrißbild eines Ausschnitts der Erdoberfläche. Das Problem der Darst. der gekrümmten Erdoberfläche in der Ebene wird durch die *Kartennetzentwürfe* gelöst. Die Verkleinerung gegenüber der Natur gibt der *Maßstab* an. Man teilt die Karten ein nach Maßstäben, Inhalt (topograph. u. themat. Karten), Herkunft (amtl.

Landkärtchen (Sommerform)

Karten u. Karten der Verlagskartographie), Darstellungsformen (phys., polit. Karten u. a.).
Landklima, im Ggs. zum *Seeklima* das durch verhältnismäßig große Tages- u. Jahresschwankungen der Temperatur u. kurze Übergangsjahreszeiten gekennzeichnete Klima im Innern großer Landflächen.
Landkreis →Kreis.
Ländler, Tanz im ruhigen 3/4- oder 3/8-Takt; Vorläufer des Walzers.
ländliche Kreditgenossenschaften, *Spar- u. Darlehnskassen, Raiffeisenkassen,* auf genossenschaftl. Grundlage aufgebaute Kreditinstitute für Landbewohner.
Landmacht, ein größerer Staat, der seine Streitkräfte ausschl. oder überwiegend zur Landkriegführung ausrüstet; in der Neuzeit vor allem Preußen, Frankreich, Rußland bzw. Sowj., heute auch China; Ggs.: *Seemacht.*
Landmann, Salcia, *18.11.1911, schweizer. Schriftst. poln. Herkunft; befaßt sich mit der Geschichte u. Sprache des Ostjudentums.
Landmaschinen, Masch., die im landw. Betrieb eingesetzt werden: zur Bodenbearbeitung, zum Mähen u. Weiterverarbeiten der Erzeugnisse.
Landmesser, fr. Berufsbez. für den *Geometer;* heute: Vermessungsingenieur.
Landnahme, die Inbesitznahme eines Landes durch einen Stamm oder ein Völkerschaft als Abschluß einer Wanderungsbewegung.
Landois [lã'dwa], **1.** Hermann, *1835, †1905, dt. Zoologe; Prof. in Münster, wo er 1874 den Zoolog. Garten gründete. – **2.** Leonard, Bruder von 1), *1837, †1902, dt. Physiologe; 🅦 »Lehrbuch der Physiologie«.
Landolfi, Tommaso, *1908, †1979, italien. Schriftst.; Romane in surrealist. Stil.
Landolt, Hans Heinrich, *1831, †1910, schweiz. Physikochemiker; erforschte die opt. Aktivität von organ. Verbindungen u. die Massenerhaltung bei chem. Reaktionen.
Landowska, Wanda, *1879, †1959, poln. Cembalistin; setzte sich für die Wiederbelebung der Barockmusik ein.
Landpfleger, in der Bibelübersetzung M. *Luthers* der röm. Prokurator für Judäa u. Jerusalem mit Amtssitz in Caesarea.
Landrat, 1. leitender Beamter eines *Landkreises,* in Nds. u. NRW der vom *Kreistag* aus seiner Mitte gewählte Vors. – **2.** Gesetzgebungsorgan in mehreren schweiz. Kantonen.
Landrecht, im MA das *allg. Recht,* im Ggs. zu

den versch. Sonderrechten (Lehns-, Stadt-, Hof- u. Dienstrecht); (später) in einigen der dt. Länder geltendes Recht.
Landregen, meteorolog. Bez. *Dauerniederschlag,* 6 Std. bis mehrere Tage anhaltende Regenfälle von mehr als 0,5 l/m² je Std.
Landrover ['lændrovər], geländegängiges Kraftfahrzeug mit Allradantrieb.
Landry [lã'dri], Jean Baptiste Octave, *1825, †1865, frz. Arzt; beschrieb die nach ihm *L.sche Paralyse* genannte Lähmungsform (akute aufsteigende Lähmung).
Landsassen, 1. im Hl. Röm. Reich die Untertanen eines Territorialfürsten. – **2.** freie Landbebauer, die gegen Zins fremden Boden bestellten.
Landsat, Serie von 4 US-amerik. Erdbeobachtungssatelliten (1972 bis 1982) zur Erforschung der Land-, Forst- u. Wasserwirtschaft sowie der Erkundung der Bodennutzung u. Rohstoffvorräte.
Landsberg, 1. *L. am Lech,* Krst. in Oberbayern, südl. von Augsburg, 20000 Ew.; mittelalterl. Stadtbild; Holz- u. Nahrungsmittel-Ind. – **2.** *L. (Warthe),* poln. *Gorzów Wielkopolski,* Hauptort von O-Brandenburg, 118000 Ew.; Metall-, Masch.- u. chem. Industrie.
Landsberger, Artur, *1876, †1933 (Selbstmord), dt. Schriftst. (Romane über Berlin).
Landschaft, ein Ausschnitt der Erdoberfläche, der durch vorhandene Geofaktoren u. durch seine Lage bestimmt wird. Die urspr. *Natur-L.* ist durch die Einwirkung des Menschen weithin in eine *Kultur-L.* verwandelt worden.
Landschaftsmalerei, die Darstellung von Landschaftsformen als umfassende Ansicht oder ausschnitthafte Teilwiedergabe in der Malerei. Die L. kann den Schauplatz für eine figürl. Szene liefern u. von dieser ihren Sinn erhalten, sie kann aber auch alleiniger Gegenstand der Darstellung sein. L. ist schon aus dem ägypt. Altertum überliefert.
Landschaftsökologie, *Landschaftsbiologie,* Wiss. von den ökolog. bzw. biol. Gegebenheiten in der durch den Menschen veränderten Umwelt; grundlegend für Landschaftspflege u. Umweltschutz.
Landschaftsschutz, Maßnahmen zur Erhaltung u. zum Schutz der nicht bebauten Landschaft. – **L.gebiet,** ein Landschaftsteil von bes. Eigenart, der durch das *Naturschutzgesetz* geschützt ist gegenüber Eingriffen u. Änderungen, die die Natur schädigen.
Landschildkröten, *Testudinidae,* weitverbreitete Gruppe landbewohnender *Schildkröten;* vorwiegend Pflanzenfresser.
Landschule, Schule in dörfl. Siedlungen, meist wenig gegliedert, nicht selten nur einklassig *(Zwergschule);* seit etwa 1960 durch *Mittelpunktschulen* ersetzt.
Land's End ['lændz–], 18 m hohes Granitkliff in Cornwall; der südwestlichste Punkt des brit. Festlandes.
Landser, in der Soldatensprache alle Angehörigen des Mannschaftsstands.
Landsgemeinde, in den schweiz. Kt. Ob- u. Nidwalden, Appenzell-Außerrhoden, Appenzell-Innerrhoden u. Glarus die Versammlung der stimmfähigen Bürger zur Ausübung der polit. Rechte. Jeder Teilnehmer der L. darf das Wort er-

Beispiele für thematische Karten: Klimakarte (Niederschläge); Wirtschaftskarte; historische Karte (von links nach rechts)

494 Landshut

greifen u. Anträge stellen. Die L. ist in Europa der einzige Fall der unmittelbaren Demokratie.

Landshut, kreisfreie Stadt in Bayern, an der Isar, am Fuß der Burg *Trausnitz*, 57 000 Ew.; histor. Altstadt; Münster St. Martin (15. Jh., 133 m hoher Turm, kostbare Ausstattung: u. a. *L.er Madonna*); Elektro-, Glas-, Maschinen- u. a. Ind. – G e s c h .: 1255–1503 herzogl. Residenz, 1839–1932 u. wieder seit 1956 Hptst. des Reg.-Bez. Niederbayern. Das alle 3 Jahre veranstaltete Festspiel »Die L.er Hochzeit« erinnert an die Hochzeit des Herzogs *Georg* mit der poln. Königstochter *Jadwiga* 1475.

Landsknecht, im 15./16. Jh. Angehöriger der bes. unter Maximilian I. aufkommenden *Söldnertruppen*, bestehend aus lanzentragendem Fußvolk (*Lanzknechte*).

Landskrona [lans'kru:na], S-schwed. Hafenstadt am Öresund, 35 000 Ew.; Schloß; Werften.

Landsmål [-mo:l], aus norw. Mundarten gebildete neunorw. Schriftsprache; →Riksmål.

Landsmannschaften, 1. seit dem 16. Jh. entstandene Studentenverbindungen aufgrund territorialer Herkunft; wandelten sich im 19. Jh. zu schlagenden, farbentragenden Verbindungen. – 2. nach 1945 entstandene, nach ihren Herkunftsgebieten gegliederte Vereinigungen von Heimatvertriebenen u. Flüchtlingen.

Landstände, im Hl. Röm. Reich die ständisch gegliederte Vertretung der Territorien, meist *Ritter* (die adligen Grundherren), *Prälaten* (die Inhaber geistl. Herrschaften) u. *Städte*. Grundlage ihrer Machtstellung war das Steuererhebungs- oder Steuerbewilligungsrecht. Sie regierten zus. mit dem Landesherrn das Land. Mit dem Ausbau der landesherrl. Machtstellung wurden die L., bes. im *Absolutismus*, polit. bedeutungslos.

Landsteiner, Karl, *1868, †1943, US-amerik. Serologe östr. Herkunft; entdeckte 1901 das ABO-Blutgruppensystem u. 1940 zus. mit A. S. Wiener das Rhesus-System; Nobelpreis 1930.

Landstreicher →Nichtseßhafte.

Landstuhl, Stadt in Rhld.-Pf., nördl. der Sickinger Höhe, 8000 Ew.; Porzellan- u. Elektro-Ind.; Moorbad.

Landsturm, v. a. im 19. Jh. Bez. für die noch unausgebildeten u. die ältesten Jahrgänge der Wehrpflichtigen.

Landtag, in der BR Dtld. die Volksvertretung (Parlament) der Länder; in Berlin: *Abgeordnetenhaus*, in Bremen u. Hamburg: *Bürgerschaft*.

Landungsbrücke, Brücke zum Anlegen von Schiffen. Bei veränderl. Wasserstand (z.B. Ebbe u. Flut) werden die Brückenglieder von *Pontons* getragen.

Landvogt, im Hl. Röm. Reich vom Ende des 13. Jh. bis 1806 ein vom König eingesetzter Verwalter eines reichsunmittelbaren Gebietes.

Landvolkshochschulen, Einrichtungen der Erwachsenenbildung, die den spezif. gesellschaftl. u. berufsständischen Bedürfnissen der Landbevölkerung dienen.

Landwehr, 1. allg. ein bewaffnetes Aufgebot zum Schutz des Landes bei der Abwehr des Feindes; umfaßte in Dtld. neben den aktiven Truppen u. der Reserve die Wehrpflichtigen bis zum 39. bzw. seit 1935 vom 35. bis zum 45. Lebensjahr. – 2. Grenzbefestigung (Graben u. Wall) bei den Germanen u. im frühen MA.

Landwehrkanal, die rd. 10 km lange, durch Berlin führende Verbindung zw. Ober- u. Unterspree.

Landwind, ablandige nächtl. Luftströmung an der Küste.

Landwirtschaft, Nutzung des Bodens, bes. durch Ackerbau u. Tierzucht. Erzeugungshöhe u. Richtung werden stark beeinflußt von der Art des Bodens u. vom Klima. Beide Faktoren bedingen die *Betriebstypen* wie Weide-, Futterbau-, Getreide- u. Hackfruchtwirtschaft. In der BR Dtld., der Schweiz u. Österreich liegt die Erzeugung tier. Produkte wertmäßig über der pflanzl. Die Größe des landw. Betriebs richtet sich in erster Linie nach den Produktionsbedingungen. Die jeweiligen Preise für die landw. Erzeugnisse einerseits u. die notwendigen Betriebsmittel andererseits bedingen den Grad der mögl. Aufwendungen, d. h. sie entscheiden, ob extensiv oder intensiv gewirtschaftet werden kann.

landwirtschaftliche Genossenschaften, die zur Förderung der wirtschaftl. Interessen der Landwirte gebildeten Genossenschaften, von F. W. *Raiffeisen* gegr.; Dachverband: *Deutscher Raiffeisenverband e.V.*, Sitz: Bonn.

Landwirtschaftliche Produktionsgenossenschaft, Abk. *LPG*, kollektive landw. Betriebsform in der DDR; 1952 begonnener Zusammenschluß der bis dahin selbst. Bauern u. sonstiger Berufszugehöriger zum Zweck gemeinsamer Bewirtschaftung u. Nutzung der eingebrachten u. vom Staat bereitgestellten Bodenflächen u. Produktionsmittel; ab 1990 aufgelöst bzw. in andere genossenschaftl. Form umgewandelt.

Landwirtschaftskammern, in einzelnen Ländern der BR Dtld. Selbstverwaltungskörperschaften des öffentl. Rechts. Aufgabe der L. ist die Förderung der Erzeugung u. des Absatzes sowie die Schulung u. Betreuung der Mitglieder, ferner die Unterhaltung von Fachschulen, Wirtschaftsberatungsstellen u. Versuchsgütern.

Landwirtschaftsministerium, in der BR Dtld. das *Bundesminister für Ernährung, Landw. u. Forsten*; →Bundesbehörden.

Lang, 1. Fritz, *1890, †1976, östr. Filmregisseur; Vertreter des expressionist. Films u. des Monumentalfilms; seit 1933 in den USA. Filme: »Der müde Tod«, »Die Nibelungen«, »Metropolis«, »M«, »Das Testament des Dr. Mabuse«, »Fury«, »Das indische Grabmal«, »Die 1000 Augen des Dr. Mabuse«. – 2. Konrad, *1898, †1985, dt. Biochemiker u. Mediziner; Arbeiten zur Entwicklung der künstl. Ernährung u. der Blutersatzmittel. – 3. Siegfried, *1887, †1970, schweiz. Lyriker u. Übersetzer.

Langbehn, August Julius, gen. der *Rembrandt-Deutsche*, *1851, †1907, dt. Kulturphilosoph; vertrat in seinem Buch »Rembrandt als Erzieher« einen völkischen Irrationalismus.

Langbeinfliegen, *Dolichopodidae*, Fam. meist metall. grün gefärbter *orthorapher* Fliegen mit langen, meist gelben Beinen.

Länge, neben der *Breite* die zweite Bestimmungsgröße für die Lage eines Ortes auf dem Koordinatennetz der Erdkugel. Die *geograph. L.* nennt den Winkelbogen (*Längengrad*) zw. dem *Längenkreis* (*Meridian*) des betr. Ortes u. dem Nullmeridian. Sie wird vom Meridian von *Greenwich* aus bis 180° nach W bzw. 180° nach O gerechnet. Alle Orte gleicher L. haben die gleiche Ortszeit.

Lange, 1. Christian Louis, *1869, †1938, norw. Politiker; 1920–37 norw. Völkerbunddeputierter; Friedensnobelpreis 1921. – 2. Friedrich Albert, *1828, †1875, dt. Philosoph u. Sozialwissenschaftler; einer der Begr. des *Neukantianismus*. Sein ethischer Sozialismus (»Die Arbeiterfrage«) war Grundlage des sozialdemokrat. *Revisionismus*. – 3. Helene, *1848, †1930, Förderin der Frauenbewegung; forderte gleiche Bildungsmöglichkeiten für Frauen; 1890–1921 erste Vors. des Allg. Dt. Lehrerinnenvereins. – 4. Horst, *1904, †1971, dt. Schriftst.; Romane: »Schwarze Weide«, »Verlöschende Feuer«. – 5. Per, *30.8.1901, dän. Lyriker; griff grch. Vorbilder auf.

Langeland, dän. Ostsee-Insel zw. Fünen u. Lolland, 284 km², 17 000 Ew.; Hauptort *Rudköbing*.

Langemark, *Langemarck*, Gem. in Westflandern (Belgien), nördl. von Ypern, 7000 Ew. – Im 1. Weltkrieg hart umkämpft: 22./23.10.1914 verlustreicher Sturmangriff dt. Kriegsfreiwilliger.

Langen, Stadt in Hessen, südl. von Frankfurt a.M., 31 000 Ew.; Maschinen-, Textil- u. a. Ind.

Langer Marsch

Langen, Albert, *1869, †1909, dt. Verleger; gründete 1896 zus. mit T. T. *Heine* den »Simplicissimus«.

Langenbeck, Bernhard von, *1810, †1887, dt. Chirurg; entwickelte plastische Operationsverfahren; gründete 1872 die *Dt. Chirurgische Gesellschaft*.

Langenberg, höchster Berg des Rothaargebirges (Hochsauerland), 843 m.

Langenbielau, poln. *Bielawa*, Stadt in Schlesien, am Eulengebirge, 33 000 Ew. – 1844 Aufstand der Weber (Schauspiel von G. Hauptmann).

Langeneß, Hallig sö. der Nordfries. Insel Föhr, 11 km², 130 Ew.

Langenfeld (Rheinland), Stadt in NRW, sö. von Düsseldorf, 51 000 Ew.; Eisen- u. Textil-Ind.

Längengrad →Gradnetz, →Länge.

Langenhagen, Stadt in Nds., nördl. von Hannover, 47 000 Ew.; Flughafen für Hannover.

Langensalza, *Bad L.*, Krst. in Thüringen, an der Salza, 18 000 Ew.; Schloß *Dryburg* (14. Jh.); Schwefelbad.

Langensee →Lago Maggiore.

Langeoog, eine der Ostfries. Inseln, zw. Baltrum u. Spiekeroog, 19,7 km², 3000 Ew.; Seebad.

Langer, František, *1888, †1965, tschech. Dramatiker u. Erzähler; kam von der Neoromantik zum Realismus mit soz. Thematik.

Langerhans, Paul, *1847, †1888, dt. Pathologe u. Arzt; entdeckte 1869 die *L.schen Inseln* in der *Bauchspeicheldrüse*.

Langer Marsch, der Marsch der chin. kommunist. Roten Armee 1934/35 über 10 000 km, von Jiangxi, ihrem Hauptstützpunkt, nach Yan'an in der Prov. Shaanxi, um der Vernichtung durch die Truppen Chiang Kai-sheks zu entgehen. Während des Marsches konnte *Mao Zedong* seine Stellung als Parteiführer festigen.

Langes Parlament, das von *Karl I*. 1640 einberufene engl. Parlament, das durch die gewaltsame Vertreibung der Presbyterianer 1648 zum »Rumpfparlament« wurde, dann 1653 von *Cromwell* persönl. auseinandergetrieben, 1659 wieder eingesetzt wurde.

Langevin [lãʒ'vɛ̃], Paul, *1872, †1946, frz. Physiker; stellte mit Hilfe der Elektronentheorie eine Theorie des Magnetismus auf.

Langfus, Anna, *1920, †1966, poln. Schriftst.; schildert eigene Erlebnisse unter der nat.-soz. Herrschaft in Polen.

Langgässer, Elisabeth, *1899, †1950, deutsche Schriftst.; religiös-mythische Gedichte u. Romane (»Das unauslöschl. Siegel«, »Märk. Argonautenfahrt«).

Langhans, Carl Gotthard, *1732, †1808, dt. Architekt (klassizist. Monumentalbauten in Berlin); Brandenburger Tor, in freier Nachgestaltung der Propyläen in Athen.

Langhaus, 1. der Teil einer Kirche zw. ihren westl. Baugliedern u. dem Querhaus. Das L. kann ein- oder mehrschiffig gebildet sein. – 2. langgestrecktes, von mehreren Fam. bewohntes Giebeldachhaus (bei nordamerik. Indianern, in Asien).

Langkofel, Berg in den Dolomiten, südl. des Grödner Tals (Italien), 3181 m.

Langlais [lãg'lɛ], Jean, *1907, †1991, frz. Organist u. Komponist; als Kind erblindet.

Langland [læŋlənd], *Langley*, William, *um 1332, †1400, engl. Dichter (religiöse Allegorien).

Langlauf, Skilauf über größere Strecken, auf ebenem Gelände.

Langley [læŋli], Samuel Pierpont, *1834, †1906,

Landsknechte um 1500; zeitgenössische Darstellung

US-amerik. Astrophysiker; Gründer des Smithsonian Astrophysical Observatory.
Langmuir [ˈlæŋmjuːr], Irving, * 1881, † 1957, USamerik. Physikochemiker; Arbeitsgebiet: Gas- u. Oberflächenreaktionen, Oberflächenchemie katalyt. wirksamer Metalle; Nobelpreis für Chemie 1932.
Langner, Ilse, * 1899, † 1987, dt. Schriftst.; sozialkrit. u. pazifist. Dramen, Romane u. Berichte (»Die purpurne Stadt«, »Jap. Tagebuch«).
Langobarden, ein elbgerm. Stamm. Nach Wanderungen durch das heutige N- u. O-Dtld. besetzten sie um 490 Gebiete nördl. von Noricum, siedelten dann, um 500 christianisiert (Arianismus), in Pannonien. Unter *Alboin* vernichteten sie gemeinsam mit den Awaren 567 das Gepidenreich. Seit 568 eroberten sie Norditalien *(Lombardei)*, Tuszien, Spoleto u. Benevent u. gründeten ein Reich mit der Hptst. Pavia. Im 8. Jh. führte die Eroberungspolitik König *Liutprands* zum päpstl.-fränk. Bündnis gegen die L. *Karl d. Gr.* nahm König *Desiderius* gefangen u. ließ sich selbst zum König der L. krönen (774). Die langobard. Fürstentümer von Benevent, Capua u. Salerno blieben bis zur Eroberung durch die Normannen im 11. Jh. selbständig.
Langreo, nordspan. Stadt im astur. Bergbau- u. Industriegebiet, 57 000 Ew.
Langres [lãgr], frz. Stadt u. Festung auf einem Bergsporn des Plateau de L., 11 000 Ew.
Langschwänze, *Berglaxe, Grenadierfische*, artenreiche trop. Fam. der *Schellfische;* leben in 500 bis 3000 m Tiefe.
Langspielplatte, eine *Schallplatte* mit einer Spieldauer bis zu rd. 30 Min. pro Seite.
Längsschnitte, bei techn. Zeichnungen eine Darstellungsweise, die den Gegenstand entlang seiner Längsachse aufgeschnitten zeigt.
Langstabisolatoren, Isolatoren für hohe Spannung, aus einem Stück hergestellt.
Langstreckenlauf, sportl. Lauf über lange Strekken (ab 3000 m).
Längswellen, *Longitudinalwellen*, Wellen mit Schwingungen in Fortpflanzungsrichtung (z.B. elast. Stoßwellen).
Langton [ˈlæŋtən], Stephen, * um 1150, † 1228, Erzbischof von Canterbury; zwang gemeinsam mit den engl. Baronen den König *Johann ohne Land*, die N. L. maßgebl. beeinflußte »Magna Charta libertatum«, die älteste engl. Verfassungsurkunde, anzuerkennen.
Languedoc [lãgəˈdɔk], histor. Prov. in S-Frankreich, histor. Zentrum *Montpellier*. Hinter einer flachen Küste mit vielen Strandseen *(Étangs)* erstreckt sich eine fruchtbare Schwemmlandebene. Weinanbau.
Langue d'oc [lãgəˈdɔk], die S-frz., südl. der Loire gesprochene Sprache, wo für »ja« *oc* gebraucht wurde. Nördl. der Loire hingegen stand für »ja« *oïl* (später *oui*) **(Langue d'oïl)**.
Langusten, *Palinuridae*, große, wertvolle *Ritterkrebse* mit schwach entwickeltem erstem Scherenpaar, bewohnen felsige Küstenzonen. Im Ostatlantik u. Mittelmeer lebt vor allem die *Gewöhnl. L.*, bis 8 kg schwer.
Langvers, *Langzeile*, ein Vers, der aus zwei verschiedenwertigen Kurzzeilen *(An-* u. *Abvers)* besteht; die rhythm. Einheit der germ. Stabreim-Dichtung; später auch in Endreim-Dichtungen, z.B. in der »Nibelungen-Strophe«.
Langwellen → elektromagnet. Wellen.
Langzeitausscheider, Sulfonamide, die infolge verzögerter Ausscheidung aus dem Körper eine verlängerte Wirksamkeit haben.
Laniel, Joseph, * 1889, † 1975, frz. Politiker; 1946

Gewöhnliche Languste

Langobarden: Anbetung der Könige; 8. Jahrhundert. Cividale del Friuli

Mitgr. u. 1947 Präs. der Republikan. Freiheitspartei, 1953/54 Min.-Präs.; nach dem Fall von Dien Bien Phu (N-Vietnam) 1954 gestürzt.
Lanner, Josef, * 1801, † 1843, östr. Komponist; erweiterte den Walzer zu einer zykl. Form; zahlr. Walzer, Ländler, Galopps.
Lanolin, wachsartige Emulsion aus Wollfett, Paraffin u. Wasser; Grundstoff für Salben.
Lansdowne [ˈlænzdaun], Henry Charles *Petty-Fitzmaurice,* Marquess of, * 1845, † 1927, brit. Politiker; 1888–93 Vizekönig von Indien, dann Kriegs- u. Außen-Min.; brachte 1904 die *Entente cordiale* mit Frankreich zustande.
Lansel, Peider, * 1863, † 1943, rätorom. Schriftst.; einer der führenden Erneuerer der rätorom. Sprache.

Laokoon-Gruppe; 50 v. Chr. Vatikan, Belvedere

Lansing [ˈlænsɪŋ], Hptst. des USA-Staats Michigan, 130 000 Ew.; Staatsuniv. in East L.; Agrarzentrum, Kraftfahrzeugbau.
Lansing [ˈlænsɪŋ], Robert, * 1864, † 1928, USamerik. Politiker; 1915–20 Außen-Min.
Lanthan, ein →chemisches Element.
Lanthanoide, die meistens dreiwertigen Elemente der Gruppe der Seltenen Erdmetalle mit den Ordnungszahlen 58 bis 71, u. zwar die Metalle *Cer* bis *Lutetium.*
Lantschou →Lanzhou.
Lanugo, *Wollhaar, Flaum*, weiche u. kurze Haare, die den menschl. Körper vom Embryonalstadium (4. Monat) an bedecken.
Lanús, selbst. sö. Vorstadt der argent. Hptst. Buenos Aires, 510 000 Ew.
Lanza, Mario, eigtl. Alfredo Arnold *Cocozza,* * 1921, † 1959, US-amerik. Sänger (Tenor) ital. Herkunft; Opern-, Konzert- u. Schlagersänger; spielte in einem Hollywood-Film E. Caruso.
Lanzarote [lanθaˈroːte], span. Kanar. Insel, 845 km², 54 000 Ew., Hauptort *Arrecife;* vulkan. Bergland; Fremdenverkehr.

Laos 495

Lanze, alte Stoßwaffe, anfangs aus Holz mit Stahlspitze, dann aus Stahlrohr.
Lanzelot, *Lancelot,* Held frz. Ritterromane; dem kelt.-ir. Sagenkreis um *Artus* entnommen, dessen Tafelrunde er angehört.
Lanzenfisch, *Großer Nilhecht,* bis 2 m langer Süßwasserfisch, vom oberen Nil bis Zentralafrika in Seen u. Flüssen; mit elektr. Organen ausgerüstet, die dem Beutefang dienen.
Lanzenrosette, *Aechmea,* Gatt. der Ananasgewächse in Mittel- u. S-Amerika; die starren Blätter bilden Trichter, in denen sich Wasser u. Nährstoffe sammeln; beliebte Zimmerpflanze.
Lanzettbogen, schmaler Spitzbogen (bes. in der engl. Gotik).
Lanzette, schmales, spitzes Messer mit doppelter Schneide.
Lanzettfenster, in der got. Baukunst ein schmales, spitzbogiges Fenster ohne Maßwerk.
Lanzettfischchen, *Branchiostomidae,* Fam. der *Schädellosen.* Das bis 5 cm lange L. hat keinen Schädel, keine Wirbel, wohl aber die für Chordatiere kennzeichnende *Chorda;* lebt am Meeresgrund.
Lanzhou [landʃou], *Lantschou*, Hptst. der N-chin. Prov. Gansu, am Huang He, 1,4 Mio. Ew.; Univ.; Stahl-, chem. u. a. Ind., Ölraffinerie.
Laodicea, antiker Name von *Ladiqiyah.*
Laokoon [-koon], in der grch. Sage ein Priester in Troja, der die List der Griechen, die Stadt mit Hilfe des Pferdes zu erobern, erkannt hatte, aber auf Befehl der Götter, die den Sieg der Griechen wünschten, mit seinen 2 Söhnen von Schlangen erwürgt wurde. – Berühmte Marmorgruppe (um 50 v. Chr.) heute im Belvedere des Vatikan.
Laon [lã], N-frz. Stadt in der Île-de-France, 27 000 Ew.; got. Kathedrale, Zitadelle; versch. Ind.
Laos, Staat in Hinterindien (Asien), 236 800 km², 4 Mio. Ew., Hptst. *Vientiane.*

Laos

Landesnatur. Im N u. an der Ostgrenze gebirgig, sonst mit Ausnahme einiger Flußebenen hügelig oder plateauartig. Das Klima ist feuchtheiß mit sommerl. Monsunregen. 60% des Landes sind mit Wald bestanden. – Die buddhist. Bevölkerung besteht vorw. aus *Lao* u. a. Thai-Völkern. Hauptsiedlungszone ist das Tal des *Mekong.*
Wirtschaft. Die Landw. liefert für den Export Kaffee, Tee, Gewürze, Baumwolle, Mais u. Süßkartoffeln. L. ist der wichtigste Weltlieferant von Rohopium. Die Wälder bringen Nutz- u. Edelhölzer, darunter Teak. Von großer Bedeutung ist der Abbau u. die Ausfuhr von Zinn.
Geschichte. 1355 begr. der Lao-Prinz *Fa Ngum* (1353–73) auf dem Gebiet des heutigen L. das Königreich *Lan Chang.* Die nachfolgenden, miteinander rivalisierenden Reiche wurden ab

Laos: der Xayaphom-Tempel in der ehemaligen Königsresidenz Savannakhet

496 Lao She

Lappenfamilie vor ihrem Zelt

1829 von Siam erobert. 1893 erzwang Frankreich von Siam die Abtretung des Gebiets. Seit 1941 unter jap. Besatzung, erklärte sich L. 1945 für unabh., wurde jedoch von frz. Truppen besetzt. 1949 erhielt es die Autonomie, 1954 die völlige Unabhängigkeit. 1954–73 eroberte die kommunist. Partisanenbewegung des *Pathet-Lao* einen großen Teil des Staatsgebiets. 1975 wurde die Demokrat. Volksrepublik ausgerufen. Am 15.8.1991 wurde eine neue Verfassung verabschiedet. Staats-Präs. ist seit Nov. 1992 N. *Phoumsavanh.*

Lao She [lau ʃə], *1899, †1966, chin. Schriftst.; wurde während der »Kulturrevolution« verfolgt u. in den Selbstmord getrieben; gesellschaftskrit. Werke, v. a. Romane.

Laotse →Lao Zi.

Lao Zi [laudsz], *Lao-tse,* chin. Philosoph; soll nach der Tradition 604 v. Chr. geboren sein, lebte aber wahrsch. im 4. bis 3. Jh. v. Chr. Das mit seinem Namen verbundene Grundwerk des →Daoismus »Dao-De-Jing« enthält die archaisch-myth. Philosophie des L., die von dem Leeren (Nichts) als Ursprung der Welt ausgeht, das seine Macht auch in der Welt nicht verliert, vielmehr als Dao (Weg) weiterwirkt.

La Palma, span. Kanar. Insel, 729 km², 74 000 Ew.; Spitze eines untermeer. Vulkans (2426 m ü. M.) mit großer Caldera im Zentrum; Landwirtschaft, Fischerei, Fremdenverkehr; Hauptort u. Hafen *Santa Cruz de la Palma.*

Laparoskopie, *Bauchspiegelung,* endoskopische Untersuchung der Baucheingeweide mit Hilfe des **Laparoskop,** eines opt. Instruments mit Beleuchtungsvorrichtung.

Laparotomie, operative Öffnung der Bauchhöhle.

La Paz [-'pas], amtl. *La Paz de Ayacucho,* Reg.-Sitz der südamerik. Rep. Bolivien, mit 3600–4000 m ü. M. die höchstgelegene Großstadt der Erde, 1,1 Mio. Ew.; Kultur-, Ind.- u. Handelszentrum; Univ. (1674); internat. Flughafen; 1548 an der Stelle einer Inkasiedlung gegr.

La Pérouse [-pe'ru:z], Jean-François de *Galaup,* Comte de, *1741, †1788 (auf Samoa erschlagen), frz. Seefahrer; umsegelte 1785 Kap Hoorn; entdeckte die **L.-P.-Straße,** Meeresstraße zw. Hokkaido u. Sachalin.

lapidar, kurz u. knapp.

Lapilli, bei einem Vulkanausbruch herausgeschleuderte kleine Lavabrocken.

Lapislazuli, *Lasurstein,* ein blauer, undurchsichtiger Schmuckstein; kompliziertes Gemenge aus versch. Mineralien mit Silicaten.

Lapithen, wohl historischer, aber früh verschollener Volksstamm im nördl. Thessalien (Kämpfe mit den *Kentauren*).

Laplace [-'plas], Pierre Simon Marquis de; *1749, †1827, frz. Mathematiker u. Astronom; entwickelte die *Nebularhypothese* über die Entstehung des Planetensystems. In der Mathematik begründete er die Theorie der Kugelfunktionen u. entwickelte die Wahrscheinlichkeitsrechnung.

La Plata, 1. argent. Prov.-Hptst., 473 000 Ew.; Wirtschafts- u. Kulturzentrum; Univ.; Ölraffinerie. –
2. *Rio de la Plata,* das gemeinsame Mündungsästuar der südamerik. Flüsse *Paraná* u. *Uruguay,* rd. 300 km lang, bis 250 km breit.

La-Plata-Länder, zusammenfassende Bez. für Argentinien, Uruguay u. Paraguay, die im Stromgebiet des Rio de la Plata liegen.

Lappalie, Nichtigkeit, Kleinigkeit.

Lappeenranta [-pe:n], schwed. *Villmanstrand,* Stadt im SO Finnlands, am Saimaa, 54 000 Ew.; Kurort; Handelsplatz, Holz-Ind.

Lappen, *Samen,* altsibir. Volk der finn.-ugr. Sprachfam., im N Norwegens, Schwedens, Finnlands u. auf der russ. Halbinsel Kola *(Skolter-L.).* Man unterscheidet *Küsten-L.,* die z. T. in festen Siedlungen wohnen u. vom Fischfang leben, *Wald-L.,* die Ackerbau, Renzucht, Jagd u. Fischfang betreiben, u. *Berg-L.,* die mit ihren Rentierherden jahreszeitl. zw. festen Weideplätzen wandern.

Läppen, spanendes Feinbearbeitungsverfahren für Metalle zur Verbesserung von Maß, Form u. Rauheit.

Lappentaucher, *Taucher, Steißfüße, Podicipediformes,* Ordnung sehr gewandt tauchender, schlecht fliegender *Vögel* großer Binnengewässer, deren Zehen nicht mit durchgehenden Schwimmhäuten, sondern nur mit Hautlappen ausgerüstet sind; in Europa: *Haubentaucher, Rothalstaucher, Schwarzhalstaucher, Zwergtaucher.*

Lappland, zu Norwegen, Schweden, Finnland u. zu Rußland gehörende nordeurop. Landschaft, 320 000 km², 450 000 Ew. (davon rd. 34 000 Lappen); Seen, Sümpfe, im S Nadelwald, im N Tundra; die Bewohner sind meist Rentierzüchter u. Fischer. Eisenerzlager bei Kiruna, Gällivare, Kolari u. Kirkenes.

Laprade [la'prad], Pierre, *1875, †1932, frz. Maler; von A. *Renoir* u. P. *Cézanne* beeinflußt.

Lapsus, Fehler, Ungeschicklichkeit.

Laptop, Kunstwort aus engl. Lap (Schoß) u. Desk-Top (Schreibtisch) für leichte, tragbare, zeitweilig netzunabhängige Computer, mit einem klappbaren, auch als Deckel dienenden LCD- oder Plasma-Flachbildschirm.

L'Aquila ['la:kwila], mittelital. Prov.-Hptst. in den Abruzzen, 67 000 Ew.; Univ.; Kastell; Fremdenverkehr.

Lar, *Hylobates lar,* 90 cm großer *Gibbon,* in den Wäldern Sumatras, Malayas u. Birmas.

Larbaud [-'bo], Valéry, *1881, †1957, frz. Schriftst.; Romane u. Erzählungen.

Lärche, *Larix,* Gatt. laubabwerfender *Nadelhölzer* der nördl. Halbkugel; bis 40 m hoch, liefert harzreiches Holz (für Schiffs- u. Wasserbauten) u. Terpentin.

Laredo, Grenzstadt nach Mexiko, im USA-Staat Texas, 91 000 Ew.; starker Fremden- u. Durchgangsverkehr.

Laren, röm. Schutzgötter für Feld, Weg u. Haus, meist paarweise auftretend.

Larestan, *Laristan,* gebirgige, wasserarme Ldsch. in Iran, am Pers. Golf.

larghetto, musikal. Vortragsbez.: weniger breit (als **largo**).

Largo, langsamer Satz einer Sinfonie oder Sonate.

Largo Caballero ['larjo kaba'jero], Francisco, *1869, †1946, span. Politiker (Sozialist); 1934 führend in der Aufstandsbewegung gegen die Reg. Lerroux, 1936/37 während des Bürgerkrieges Min.-Präs. einer Volksfrontregierung; emigrierte nach Frankreich, wurde verhaftet u. war 1942–45 im KZ Sachsenhausen.

Larionow, Michail Fedorowitsch, *1881, †1964, russ. Maler u. Bühnenbildner; entwickelte einen eigenen Stil, den *Rayonismus.*

Larisa, *Larissa,* grch. Stadt in Thessalien, am Pinios, 103 000 Ew.; Textil-, Nahrungsmittel- u. Papier-Ind.

Larkana, pakistan. Stadt westl. des unteren Indus, 70 000 Ew.; südl. von L. die Ruinen von *Mohenjo-Daro* (Induskultur, 4./3. Jt. v. Chr.).

Lärm, als lästig empfundener Schall. Straßen-, Luftverkehr u. Industrie sind die Hauptquellen des L.s, der bei 80 Phon liegt. Die L.bekämpfung beruht auf konstruktiven baul. Gegenmaßnahmen (*Lärmschutz*). L. kann zu Gesundheitsschäden führen (**Lärmschäden**). L. wirkt stets als Streß u. führt, abgesehen von direkten Schädigungen des Gehörorgans (*Schwerhörigkeit*), über das vegetative Nervensystem zu versch. funktionellen, u. U. auch organ. Schäden, u. a. zu Nervosität, Herz- u. Kreislaufbeschwerden, Verdauungsstörungen, Schlaflosigkeit, Kopfschmerzen.

larmoyant [larmwa'jant], weinerl., rührselig.

Lärmschutz, *Schallschutz,* Maßnahmen, die den Lärm vermindern, z.B. durch geeignete Konstruktionen, Betriebsweisen u. Verfahren; Schallschutzwände oder Verwendung von Gehörschutz.

Larnaka, das antike *Kition,* Hafenstadt an der SO-Küste von Zypern, 53 000 Ew.; Dattelkulturen; Salz- u. Umbragewinnung, Erdölraffinerie; internat. Flughafen.

La Roche [-'rɔʃ], Sophie von, geb. *Gutermann von Gutershofen,* *1731, †1807, dt. Schriftst.; Großmutter von Clemens u. Bettina von *Brentano;* Roman »Geschichte des Fräuleins von Sternheim«.

La Rochefoucauld [-rɔʃfu'ko:], François Herzog von, Prinz von *Marcillac,* *1613, †1680, frz. Schriftst.; Offizier u. Diplomat am Hof Ludwigs XIV.; Ⓦ »Reflexionen oder moral. Sentenzen u. Maximen«.

La Rochelle [-rɔ'ʃɛl], W-frz. Hafenstadt am Atlantik, 76 000 Ew.; einer der wichtigsten Handels- u. Fischereihäfen Frankreichs; Fremdenverkehrszentrum. – Im 16. Jh. stark befestigt u. Hauptstützpunkt der Hugenotten.

La Roche-sur-Yon [-rɔʃsyr'jɔ̃], Stadt in Westfrankreich, am Yon, 44 000 Ew.; Metall- u. Schuh-Ind.

Larousse [la'rus], Pierre Athanase, *1817, †1875, frz. Sprachwiss. u. Lexikograph; gründete 1852 den Verlag *Librairie L.* in Paris.

Larra, Mariano José de, *1809, †1837 (Selbstmord), span. Schriftst. u. Publizist.

Larreta, Enrique, eigtl. E. Rodríguez *Maza,* *1875, †1961, argentin. Schriftst.; schrieb in der klass. kastilischen Sprache.

Larrey [-'rɛ:], Jean Dominique Baron, *1766, †1842, frz. Chirurg; seit 1805 Generalinspekteur des Sanitätswesens der napoleon. Armeen, führte die fliegenden Feldlazarette ein.

Larrocha [la'rɔtʃa], Alicia de, *23.5.1923, span. Pianistin; Interpretin der span. Klaviermusik.

Larsson, 1. Carl, *1853, †1919, schwed. Maler u. Graphiker; Gemälde, Aquarelle u. Zeichnungen; Ⓦ »Das Haus in der Sonne«. – **2.** Lars-Erik, *15.5.1908, schwed. Komponist; Vertreter einer National-Romantik.

L'art pour l'art [la:r pur la:r, frz.] »die Kunst für die Kunst«], 1836 von V. *Cousin* geprägtes Schlagwort für eine auch im dt. Klassizismus begründete Kunsttheorie, die das Kunstwerk als eigengesetzl. Gebilde auffaßt, frei von religiösen oder eth. Bindungen.

Larve, 1. Maske, insbes. Gesichtsmaske. – **2.** Jugendform von Tieren mit indirekter Entwicklung (*Metamorphose*): L. sind z.B. Raupen (von Schmetterlingen), Maden (von Fliegen), Kaulquappen (von Fröschen).

Larvenroller, *Paguma,* zu den *Palmenrollern* gehörige *Schleichkatzen,* aus Ostibet bis Südchina.

Larvenschwein, Unterart des Flußschweins aus Madagaskar; dort einziges wildlebendes Huftier.

Larventaucher, *Papageitaucher* → Alken.

Larvik, S-norw. Hafenstadt u. Bad am *Larvikfjord,* 8000 Ew.; Holzhandel.

Laryngal, im Kehlkopf gebildeter Laut; z.B. das H.

Laryngitis, Kehlkopfentzündung.

Laryngoskopie, Untersuchung des Kehlkopfs mit einem Kehlkopfspiegel.

Larynx → Kehlkopf.

Lasagne [la 'zanjə], ital. Speise aus abwechselnd mit Hackfleisch geschichteten Bandnudeln, die mit Käse überbacken werden.

Carl Larsson: Nachsommer; 1908. Malmö-Museum

lateinamerikanische Tänze 497

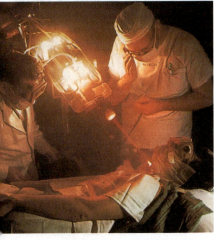

Laser: In der Medizin können mit Hilfe eines Laserstrahls Augenoperationen fast schmerzlos ausgeführt werden (links). – Laserschneiden mit Brennfleck-Durchmessern von wenigen hundertstel Millimeter, hier sogar in drei Dimensionen (rechts)

La Salle, 1. Jean-Baptiste de, *1651, †1719, Domherr in Reims; Gründer der Genossenschaft der Christl. Schulbrüder; einer der Begr. des Volksschulwesens in Frankreich. – Heiliger (Fest: 7.4.). – **2.** Robert Chevalier de, *1643, †1687 (ermordet), frz. Nordamerika-Forscher; befuhr 1682 den Mississippi bis zur Mündung, nannte das Land zu beiden Seiten des Stromes Louisiana u. nahm es für Frankreich in Besitz.
Las Casas, Bartolomé de, *1474, †1566, span. Geistlicher u. Chronist; kämpfte für die Verbesserung der Lebensbedingungen der Indianer; 1544–47 Bischof von Chiapas (Mexiko).
Las Cases [las'ka:z], Emmanuel Graf, *1766, †1842, frz. Offizier; 1809 Kammerherr Napoleons I., dem er nach St. Helena folgte, wo er Napoleons Memoiren aufzeichnete.
Lascaux [las'ko], 1940 bei Montignac (S-Frankreich) entdeckte Höhle mit Felsmalereien aus der Altsteinzeit (Bisons, Wildpferde).
Lasche, metallenes Verbindungsstück zweier Teile, z.B. von Eisenbahnschienen; Lederstück, z.B. als Verschluß an Handtaschen.
Laser ['lɛɪzə], Abk. für engl. *light amplification by stimulated emission of radiation,* »Lichtverstärkung durch angeregte Emission von Strahlung«. Der L. ist ein Gerät zur Erzeugung intensiver, stark gerichteter, monochromatischer u. kohärenter Lichtstrahlen. Er beruht auf demselben physik. Prinzip wie der *Maser.* Das wichtigste Teil des L. ist ein Medium (Gas, Flüssigkeit, Festkörper) mit einer sog. Besetzungsinversion, bei dem durch zugeführte Hilfsenergie (z.B. Blitzlampenlicht, elektr. Entladung) ein höheres Energieniveau stärker besetzt ist als ein energetisch tiefer liegendes. Bringt man das Medium zw. zwei parallele Spiegel, einen hochreflektierenden u. einen teildurchlässigen, so wird hin u. her reflektiertes Licht, dessen Frequenz der Energiedifferenz der beiden Niveaus entspricht, bei jedem Durchgang durch das Medium verstärkt u. verläßt die Anordnung durch den teildurchlässigen Spiegel als **L.strahl.** L. sind heute aus vielen Bereichen von Wiss. u. Technik nicht mehr wegzudenken; sie finden u. a. Anwendung in der Spektroskopie u. Fusionsforschung, in Druckern, bei der Holographie, im Vermessungswesen, in der Meß- u. Nachrichtentechnik, beim Bohren, Schneiden u. Schweißen von Werkstücken, beim Härten u. Legieren von Oberflächen. – Die theoret. Grundlagen des Verfahrens wurden 1950 in den USA von A.L. *Schawlow* u. C.H. *Townes* entwickelt, den ersten Festkörper-Rubin-L. baute 1960 T.H. *Maiman.*
Laserdrucker, ein elektron., hochwertiges Ausgabegerät für Computerdaten, bei dem ein Laserstrahl die Zeichen (bis zu 20 000 Zeichen pro Minute) auf eine elektrophotograph. Schicht überträgt, die mit Papier in Kontakt kommt.
La Serena, Hptst. der nordchilen. Region Coquimbo, 107 000 Ew.; Brauerei, Obstverarbeitung, Gerberei; Fremdenverkehr; Flugplatz.
Laserkraut, ein *Doldengewächs,* in Europa verbreitete, kräftige Pflanze auf Bergwiesen.
La Seyne-sur-Mer [la sɛnsyr'mɛːr], Ind.-Stadt an der frz. Mittelmeerküste, 58 000 Ew.; bed. Werft-Ind.
Lash-Verkehr [læʃ-], Abk. für engl. *Lighter aboard ship, Huckepackverkehr,* Verkehr mit Spezialschiffen, die zahlr. Leichter (rd. 18 x 9 m große Lastkähne) über See befördern.
lasieren, mit durchsichtiger Farbe überziehen.
Läsion, Störung, Verletzung.
Lasker, Emanuel, *1868, †1941, dt. Philosoph, Mathematiker u. Schachspieler; Schachweltmeister 1894–1921; emigrierte 1935 in die USA.
Lasker-Schüler, Else, *1869, †1945, dt. Schriftst.; gehörte zum Umkreis des Expressionismus; ließ Bilder oriental. Märchen u. alttestamentl. Motive in ihre Lyrik einfließen. Lyrik: »Styx«, »Hebr. Balladen«, »Mein blaues Klavier«; Drama: »Die Wupper«; Prosa: »Der Prinz von Theben«.
Laski ['læski], Harold Joseph, *1893, †1950, brit. Staatswiss. u. Politiker; 1945/46 Vors. der Labour Party.
Łaski ['uaski], poln. Adelsgeschlecht: **1.** Jan, *1455 oder 1456, †1531, Krongroßkanzler 1503 bis 1510, Erzbischof u. Primas von Polen seit 1510. – **2.** Jan (Johannes), Neffe von 1), *1499, †1560, poln. Reformator; kath. Geistlicher, näherte sich 1539 den Protestantismus; Bibelübersetzer.
Las Marismas, 490 000 ha großes Gebiet an der Mündung des Guadalquivir (S-Spanien), durch eine Dünenkette vom Meer getrennt; seit 1870 Landgewinnungsmaßnahmen; im Nationalpark *Doñana* amphib. Ldsch.
Las Palmas, größte Stadt der span. Kanar. Inseln, auf *Gran Canaria,* 380 000 Ew.; Handelszentrum; kath. Bischofssitz; Fremdenverkehr.
La Spezia, ital. Hafenstadt in Ligurien, sö. von Genua, 107 000 Ew.; Werft-, Elektro-, Rüstungs-Ind.; Seebad.
Lassa-Fieber, sehr ansteckende, lebensgefährl. Viruskrankheit; 1969 in dem nigerian. Dorf *Lassa* erstmals registriert.
Lassalle [-'sal], Ferdinand, *1825, †1864 (im Duell), dt. Politiker u. polit. Theoretiker; wurde 1845 in Paris für sozialist. Ideen gewonnen, schloß sich in Dtld. K. *Marx* an. L. entwarf das Programm einer sozialist. Arbeiterpartei u. wurde 1863 zum Präs. des *Allgemeinen Deutschen Arbeitervereins* (der 1875 in die Sozialdemokratie aufging) gewählt. Er forderte allg. u. gleiches Wahlrecht u. setzte sich für eine sozialist. Gesellschaft ohne Privateigentum ein.
Laßberg, Joseph Frhr. von, *1770, †1855, dt. Germanist.
Lassell ['læsəl], William, *1799, †1880, engl. Astronom.
Lassen Peak ['læsn 'piːk], Vulkan im südl. Kaskadengebirge (California, USA), 3187 m; Naturschutzgebiet, Fremdenverkehr.
Lasso, 1. v. a. von amerik. Viehhirten verwendetes Wurfseil mit Schlinge zum Einfangen von Tieren. – **2.** eine Hebefigur beim Eiskunst-Paarlauf.
Lasso, Orlando di, *Orlandus Lassus,* *1532, †1594, ndl. Komponist; 1564 Leiter der Hofkapelle in München; der letzte große universale Musiker des 16. Jh.; etwa 2000 Kompositionen (Messen, Motetten, Passionen u. weltl. Musik).

Last, 1. *Belastung,* die unmittelbar auf einer Sache, bes. auf einem Grundstück, ruhende rechtl. Verpflichtung (z.B. Hypothek). – **2.** altes Hohlmaß für Getreide; in der Schiffahrt ein veraltetes Maß für die Tragfähigkeit eines Schiffs *(Kommerz-L.).* – **3.** die auf einen Hebelarm *(L.arm)* einwirkende Belastung.
Last, James, eigtl. Hans L., *17.4.1929, dt. Komponist u. Orchesterleiter; mit eigenen Arrangements sehr erfolgreich; Filmmusiken.
last but not least ['lɑːst bʌt nət 'liːst], geflügeltes Wort aus Werken von Shakespeare: »zuletzt (genannt), aber nicht am geringsten (bewertet)«.
Lastenausgleich, in der BR Dtld. die Anerkennung der Ansprüche der durch den Krieg (Bombenschäden) u. seine Folgen (Vertreibung u. Umsiedlung von Menschen dt. Staats- oder Volkszugehörigkeit; Währungsreform) bes. betroffenen Bevölkerungsteile auf einen soz. gerechten Ausgleich mit den nicht oder wenig geschädigten Bevölkerungsteilen. Vermögensabgabe, Hypothekengewinnabgabe u. Kreditgewinnabgabe. Ausgleichsleistungen: Hauptentschädigung, Kriegsschadenrente, Hausratentschädigung, Aufbaudarlehen, Wohnraumhilfe.
Lastensegler, ein von Motorflugzeugen geschlepptes Segelflugzeug zum Transport von Lasten, das nach Trennung der Schleppverbindung selbst. im Gleitflug landet; im 2. Weltkrieg zum Transport von Luftlandetruppen eingesetzt.
Lastex, elast. Gewebe aus umsponnenen Gummifäden.
Lasthebemagnet, *Hubmagnet,* zum Verladen von Stahl u. Eisen dienender, am Lasthaken eines Kranes angebrachter Elektromagnet.
Lastkraftwagen, Abk. *Lkw, Laster,* Kraftwagen zur Beförderung von Lasten.
Lastman, Pieter, *1583, †1633, ndl. Maler; Lehrer von *Rembrandt* (1622/23); bibl. u. mytholog. Bilder.
Lastovo, ital. *Lagosta,* Adria-Insel in S-Dalmatien (Kroatien), 53 km², 1600 Ew.
Lästrygonen, menschenfressendes Riesenvolk der grch. Sage.
Lastschrift, Buchung im Soll eines Kontos.
Lasurfarben, transparente Farben, die im Unterschied zu Deckfarben die darunterliegende Farbschicht oder bei Holz die Maserung durchscheinen lassen.
Las Vegas, Stadt in der Wüste im S des USA-Staates Nevada, 217 000 Ew.; bekanntestes Vergnügungszentrum der USA; Fremdenverkehr.
lasziv, zweideutig, unanständig.
László ['laːsloː], Alexander, *22.11.1895, ung. Pianist u. Komponist; Erfinder eines Farblichtklaviers (Sonchromatoskop) mit neuer Notation.
Lätare →Laetare.
Latein →lateinische Sprache.
Lateinamerika, *Iberoamerika,* die von Spanien u. Portugal kolonisierten Gebiete Mittelamerikas (einschl. Mexiko) u. Südamerikas.
Lateinamerikanische Freihandelsassoziation, Abk. span. *ALALC,* engl. *LAFTA,* 1961 erfolgter Zusammenschluß lateinamerik. Staaten zu einer Freihandelszone; 1981 abgelöst durch die *Asociación Latino-Americana de Integración (ALADI).*
lateinamerikanische Tänze, Turniertanz-Disziplin mit eig. Meisterschaften, umfaßt die Tänze Rumba, Samba, Cha-Cha-Cha, Jive u. Pasodoble.

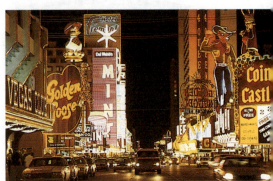

Las Vegas: »The Strip«, die Straße des Vergnügens

lateinische Kirche, der Teil der kath. Kirche, der im Unterschied zu den 5 Riten der kath. Ostkirche den latein. Ritus befolgt, ein eigenes Kirchenrecht (CIC) hat u. dem Papst als Patriarchen des Abendlandes untersteht.

Lateinischer Münzbund, *Lateinische Münzunion,* frz. *Union Latine,* 1865 zw. Frankreich, Belgien, Italien u. der Schweiz geschlossenes Abkommen über Kurs u. Prägung von Gold- u. Silbermünzen; 1927 gekündigt.

Lateinisches Kaiserreich, das 1204 (auf dem 4. Kreuzzug) durch die Kreuzfahrer in Konstantinopel gegr. Kaiserreich. Es bestand bis 1261.

lateinische Sprache, *Latein,* zur italischen Gruppe der indoeurop. Sprachfamilie gehörende Sprache; urspr. die Sprache der Bewohner Roms u. Latiums (der *Latiner*), seit dem 3. Jh. v. Chr. mit der Machtentfaltung Roms über Italien, dann über das Gebiet des westl. Mittelmeers ausgedehnt u. Sprache des röm. Weltreichs *(klass. Latein);* im MA als Sprache der Kirche, Geistlichen, Gelehrten u. als Verkehrssprache lebendig *(Mittellatein).* Die gesprochene l. S. entwickelte sich zum *Vulgärlatein,* das für die roman. Volkssprachen die Grundlage war. Das *Neulatein* war bis ins 19. Jh. hinein die Sprache der europ. Wiss. u. der kath. Kirche.

Lateinschrift, um 600 v. Chr. aus dem grch. Alphabet entstandene Buchstabenschrift; mit vielen Zwischenstufen u. Varianten Grundlage aller westeurop. Schriften u. Schreibschriften.

Lateinschule, Gymnasium, das alte Sprachen (vor allem Latein) lehrte. Griechisch trat erst seit etwa 1500 hinzu, wurde aber bis 1750 nur zum Studium des NT erlernt.

Latènezeit [la'tɛːn-], die auf die *Hallstattzeit* folgende jüngere Stufe der vorröm. *Eisenzeit* in Mitteleuropa, 400 v. Chr. bis Christi Geburt; ben. nach dem Fundort *La Tène* am Neuenburger See (W-Schweiz). Die Latènekultur gilt als Kultur der Kelten. Von den mehr als 2500 Fundstücken sind über ein Drittel Schwerter, Lanzen u. Schilde; außerdem Schmuck, Keramik, Werkzeuge, z. T. als Grabbeigaben. In der Spät-L. gab es ummauerte Siedlungen (bis zu mehreren hundert Hektar).

latent, verborgen (vorhanden). – **l.es Bild,** das in der belichteten, lichtempfindl. Schicht vorhandene, nicht entwickelte Bild. – **l.e Wärme,** die Wärmemenge, die ein Körper (beim Schmelzen, Verdampfen) ohne Temperaturänderung aufnimmt (u. die er beim Erstarren, Kondensieren wieder abgibt).

Latenzzeit, bei nervlichen Vorgängen der Zeitraum zw. Reizung u. Reaktion, z.B. zw. dem Eintreffen des Nervenimpulses am Muskel u. der Muskelkontraktion.

lateral, seitlich.

Laterạlis, *Lateralllaut, Seitenlaut,* ein Laut, bei dessen Bildung infolge Berührung von Zungenspitze u. Gaumendach die Luft seitl. aus der Mundhöhle entweicht, z.B. »l«.

Laterạn, *L.palast,* Papstpalast in Rom bis 1308; seit 1841 Museum. – **L.konzilien,** *L.-Synoden,* 5 allg. Konzilien, die im *L.* stattfanden: 1123, 1139, 1179, 1215, 1512–17. – **L.verträge,** drei 1929 im L. zw. Italien u. dem Hl. Stuhl zugleich mit einem Konkordat abgeschlossenen Verträge. Die Souveränität des Hl. Stuhls über die Vatikanstadt *(Kirchenstaat)* wurde staatsrechtl. anerkannt, dagegen gewährte der Papst dem Königreich Italien die An-

Seiden-Laubenvogel

erkennung. Die kath. Religion wurde als Staatsreligion Italiens bestätigt. Nach dem Konkordat von 1984 ist sie nicht mehr Staatsreligion.

Lateranuniversität, die auf die Seminarschulen des »Röm. Kollegs« (gegr. 1773) zurückgehende, 1913 in den *Lateran* übergesiedelte, 1959 zur Univ. erhobene päpstl. Hochschule; sie hat eine theol., kanonist., zivilrechtl. u. philos. Fakultät.

Laterịt, rötl., durch Austrocknung entstandener extrem verhärteter Boden, der vorw. aus Eisen- u. Aluminiumoxidhydraten besteht; in den Tropen weit verbreitet.

Laterna magica, »Zauberlaterne«, ein 1646 entwickelter einfacher *Bildwerfer* mit Linse u. Öllampe, mit der gemalte Bilder projiziert wurden; Vorläufer der heutigen *Projektionsapparate.*

Laterne, 1. durch Glas- oder Papiergehäuse geschützte Lichtquelle. – **2.** türmchenartiger Kuppelaufsatz mit Lichtöffnungen; durchbrochene Bekrönung von Türmen oder Aufbau über Fachwerkdachkonstruktionen von Industriehallen.

Laternenfische, *Myctophidae,* Fam. kleiner Meeresfische mit Leuchtorganen; der Ordnung *Myctophiformes* oder der Ordnung *Scopeliformes,* den *Leuchtsardinen,* zugeordnet.

Laternenträger, *Fulgorae,* Fam. der *Zikaden.* Sie haben blasen- oder zapfenartig aufgetriebene Stirnfortsätze, denen fälschl. ein Leuchtvermögen zugeschrieben wurde.

Latex, Milchsaft der Kautschuk liefernden Pflanzen.

Latifundien, sehr ausgedehnter, im Eigentum einer Privatperson befindl. Großgrundbesitz; heute bes. in Lateinamerika.

Latịna, ital. Prov.-Hptst. in den Pontin. Sümpfen, 100 000 Ew.; Kernkraftwerk; Konserven-, chem. u. a. Ind.

Latịner, an der Wende vom 2. zum 1. Jt. v. Chr. in Mittelitalien *(Latium)* eingewanderter Stamm der *Italiker.*

Latinismus, auf eine andere Sprache übertragene Eigenart der lat. Sprache.

Latịnum, Zeugnis über Kenntnisse der lat. Sprache, das als Voraussetzung für das Studium z.B. der Geschichte, klass. Sprachen u. Theologie verlangt wird.

Latium, ital. *Làzio,* Region in →Italien; das alte Siedlungsgebiet der *Latiner.*

Latọna →Leto.

Latọrre, Mariano, * 1886, † 1955, chilen. Erzähler; beschrieb eindringlich Ldsch. u. Menschen.

Latosol, verbreiteter Bodentyp der Tropen; *roter L.* (Roterde), *gelber L.* (Gelberde).

La Tour, 1. *Latour,* Georges de, * 1593, † 1652, frz. Maler (mytholog. u. religiöse Szenen, oft als Nachtstücke). – **2.** Maurice Quentin de, * 1704, † 1788, frz. Maler; Pastellmaler.

La Tour du Pin [-'tuːrdy'pɛ̃], Patrice de, * 1911, † 1975, frz. Lyriker; metaphys. Dichtungen.

Latourette [-tuəˈrɛt], Kenneth Scott, * 1884, † 1968, US-amerik. ev. Theologe; Förderer der ökumen. Bewegung, Missionshistoriker.

Latrine, Abtritt, Senkgrube.

Latrobe [ˈlætrəʊb], Benjamin Henry, * 1764, † 1820, US-amerik. Architekt engl. Herkunft; Kirchen u. öffentl. Gebäude im klassizist. Stil.

Latsche →Legföhre.

Latte, Schnittholz mit einem Querschnitt von höchstens 40 cm².

Lattich, *Lactuca,* Gatt. der *Korbblütler:* meist gelb blühend; *Garten-L.* ist die Stammpflanze der Kulturformen *Kopfsalat* u. *Sommerendivie.*

Laubfrosch

Lattmann, Dieter, * 15.2.1926, dt. Schriftst. u. Politiker (SPD); 1969–74 Vors. des Verbands dt. Schriftst.; MdB 1972–80; schrieb Romane u. zeitkrit. Abhandlungen.

Latwerge, ältere Arzneiform: Arzneimittelpulver mit Mus oder Sirup verrührt.

Latzhose, Hose mit angesetztem, vorderem Trägeroberteil; Arbeitshose u. jugendl. Modehose.

Laub, die Gesamtheit der Blätter der grünen Pflanzen, v. a. der Holzgewächse.

Laub, Gabriel, * 24.10.1928, tschech. Schriftst.; lebt seit 1968 in der BR Dtld.; Satiriker u. Aphoristiker.

Laubạn, poln. *Lubań,* Stadt in Schlesien, am Queis, 22 000 Ew.; Masch.- u. Textil-Ind.

Laubbäume, alle Holzgewächse, die zu den bedecktsamigen zweikeimblättrigen Pflanzen gehören u. einen deutl. Stamm ausbilden, so daß der Vegetationskörper sich in Wurzel, Stamm u. Krone gliedert.

Laube, *Garten-L.,* leichtes Holzbauwerk mit Schlingpflanzen bewachsen. – **L.ngang,** überwölbter Gang im Erdgeschoß von Wohn- u. Geschäftshäusern. – **L.nkolonie,** Kleingartenanlage mit L.

Laube, Heinrich, * 1806, † 1884, dt. Schriftst. u. Theaterleiter; 1849–67 Leiter des Wiener Burgtheaters; schrieb Romane u. Dramen; ein Wortführer des *Jungen Deutschland.*

Laubenvögel, Unterfam. der *Paradiesvögel, Singvögel.* Zur Balz bauen die männl. L. laubenähnl. Gänge aus Zweigen, deren Eingänge sie mit auffallenden Gegenständen schmücken.

Laubfrosch, *Hyla arborea,* bis 5 cm langer Frosch aus Mittel- u. S-Europa, grün oder dunkelbraun gefärbt; lebt vorwiegend auf Gebüsch oder im Schilf, Laichablage im Wasser.

Laubheuschrecken, *Tettigoniidae,* Fam. der *Heuschrecken;* gekennzeichnet durch körperlange Fühler, Gehörsinnesorgane an den Vorderbeinen u. Zirpvorrichtung an den Vorderflügeln; Räuber. Die *Grüne L.* oder *Heupferd* ist eine bis 35 mm lange Art Mitteleuropas.

Laubhüttenfest, hebr. *Sukkoth,* Erntedankfest der

Latènezeit: Der Silberkessel von Gundestrup in Nordjütland. Kopenhagen, Nationalmuseum. Auf der Außenwand befinden sich einzelne Platten mit Brustbildern von Göttern und Göttinnen

Laubhüttenfest: jüdische Familie beim festlichen Essen in der traditionellen Laubhütte

Juden im Herbst, drittes u. größtes der drei Wallfahrtsfeste zur Erinnerung an die Wanderung Israels durch die Wüste.

Laubkäfer, Unterfam. der *Skarabäen;* als Laubfresser schädl.; hierzu: *Maikäfer, Junikäfer.*

Laubmoose → *Moose.*

Laubsäge, Bügelsäge mit dünnen Sägeblättern zur Herstellung feiner Holzarbeiten.

Laubsänger, *Phylloscopus,* Gatt. von *Grasmücken-Singvögeln;* meist graugrüne, kleine Vögel mit oft auffallendem Gesang. Einheim. sind der *Weiden-L.* oder *Zilpzalp,* der *Fitis* u. der *Wald-L.*

Lauch [das; lat.], *Allium,* Gatt. der *Liliengewächse,* krautige Pflanzen mit Zwiebeln, die aber zuweilen an waagerechten Wurzelstöcken sitzen. Hierher gehören *Zwiebel, Knoblauch, Porree, Schalotte, Winterzwiebel.*

Lauchhammer, Stadt in Brandenburg, 24 000 Ew.; Braunkohlengewinnung.

Lauchstädt, Bad L., Stadt in Sachsen-Anhalt, 5000 Ew.; Kurort; Goethe-Theater.

Lauckner, Rolf, *1887, †1954, dt. Schriftst. (histor. Schauspiele u. Drehbücher).

Laud [lɔːd], William, *1573, †1645, Erzbischof von Canterbury (seit 1633); Berater Karls I. Seine Maßnahmen führten 1637 zum Aufstand; er wurde wegen Hochverrats enthauptet.

Lauda, Andreas-Nikolaus (»Niki«), *22.2.1949, östr. Automobil-Rennfahrer u. Unternehmer; Weltmeister 1975, 77 u. 84.

Lauda-Königshofen, Stadt in Ba.-Wü., an der Tauber, 14 000 Ew.; Metall-Ind., Weinanbau.

Laudanum, histor. Bez. für jedes schmerzstillende (bes. opiumhaltige) Mittel.

Laudatio, feierl. Lobrede.

Laudes, Morgenlob des kirchl. Stundengebets.

Laudon, Gideon Ernst Freiherr von, *1717, †1790, östr. Feldherr; Truppenführer im *Siebenjährigen Krieg* u. in den *Türkenkriegen.*

Laue, Max von, *1879, †1960, dt. Physiker; entdeckte die Beugung von Röntgenstrahlen in Kristallen; Nobelpreis 1914.

Lauenburg, 1. ehem. Herzogtum an der Niederelbe um Ratzeburg; → Lauenburg/Elbe. – 2. poln. *Lębork,* Stadt in Pommern (Polen), an der Leba, 30 000 Ew.; Elektro-, Textil- u. a. Industrie.

Lauenburg/Elbe, Stadt in Schl.-Ho., an der Mündung des Elbe-Lübeck-Kanals in die Elbe, 11 000 Ew.; ehem. Hptst. des Herzogtums Lauenburg; Reedereien, Holz- u. Textil-Ind.

Lauf, 1. Bein u. Fuß bei Haarwild u. beim Hund; zu einem Teil des Beins umgewandelter Fußknochen der Vögel. – 2. *Läufer, Passage,* schnelle Folge von Tönen, in Form einer Tonleiter oder eines gebrochenen Akkords. – 3. Rohr von Handfeuerwaffen u. Maschinengewehren, in dem das Geschoß seine Anfangsgeschwindigkeit, seinen Drall u. seine Richtung erhält.

Laufachse, Achse mit Rädern *(Laufrädern)* bei Lokomotiven, Triebwagen u. Kraftfahrzeugen, die nicht angetrieben wird.

Lauf an der Pegnitz, Krst. in Bayern, nordöstl. von Nürnberg, 23 000 Ew.; Wenzelsschloß (14. Jh.); Porzellan-, Holz- u. Ind.

Laufbahn, berufl. Werdegang.

Laufen, eine der Hauptgruppen der Leichtathletik u. die Grundlage der meisten übrigen Sportarten, bes. der Spiele. In der modernen Leichtathletik teilt man die Laufwettbewerbe ein in *Kurzstreckenläufe* (50 bis 400 m), *Mittelstreckenläufe* (800 bis 1500 m, Meile 1609 m) u. *Langstreckenläufe* (2000 bis 30 000 m), ferner in *Hürdenlauf, Hindernislauf, Staffellauf, Marathonlauf* (über 42,195 km) u. *Gelände(Cross-)läufe.*

Laufen, 1. Stadt in Bayern, an der Salzach, 5000 Ew.; Erholungsort; Textil-Ind. – **2.** schweiz. Bez.-Hptst. im Kt. Bern, an der Birs, 4000 Ew.; Aluminium- u. Papier-Ind.

Laufende Scheibe, Bez. für drei Wettbewerbe im Schießsport, bei denen auf eine bewegl. Scheibe geschossen wird. Zielscheiben sind Jagdtieren nachgebildet. Disziplinen: Laufender Keiler, Laufender Hirsch, Laufender Rehbock.

Läufer, 1. langer, schmaler Teppich. – **2.** umlaufender Teil einer elektr. Maschine. – **3.** Schachfigur, die nur diagonal, entweder auf weißen oder schwarzen Feldern, ziehen u. schlagen darf.

Lauffen am Neckar, Stadt in Ba.-Wü., sw. von Heilbronn, 9000 Ew.; Wein-, Obst- u. Gemüseanbau.

Laufhunde, *Bracken i.w.S.,* sehr alte Hunderassen, die vor dem Jäger herlaufen u. Laut geben sollen. Hierzu: *Dackel, Bracke, Pharaonenhund* u. a.

Läufigkeit, die zweimal jährl. auftretende Brunstzeit der Hündin.

Laufkäfer, *Carabidae,* Fam. räuber. lebender, mitunter glänzend bunter *Käfer* aus der Gruppe der *Raubkäfer;* nützl. Schädlingsvertilger.

Laufkatze, ein Wagen, der sich bei Laufkranen auf dem Querträger bewegt.

Laufmilben, *Trombidiidae,* Fam. räuber., landbewohnender Milben; Krankheitsüberträger.

Laufrad, bei Wasser-, Gas- u. Dampfturbinen der Maschinenteil, der durch das treibende Mittel in Bewegung gesetzt wird u. die *Laufschaufeln* trägt.

Laufvögel, *Struthioniformes,* Ordnung der *Vögel,* die das Fliegen zugunsten einer laufenden Lebensweise in der Steppe aufgegeben haben, z.B. *Strauß, Nandu, Emu, Kasuar* u. *Kiwi.*

Laufzeitröhre, eine Mikrowellenröhre, bei der der Effekt der endlichen Laufzeit der Elektronen, der bei normalen Elektronenröhren störend wirkt, zur Erzeugung u. Verstärkung elektromagnet. Wellen im Bereich von etwa 1–100 GHz (Gigahertz) ausgenützt wird.

Lauge, wäßrige Lösung von → Basen.

Laughton [ˈlɔːtn], Charles, *1899, †1962, brit. Schauspieler; wandlungsfähiger Charakterdarsteller; Filme: »Meuterei auf der Bounty«, »Der Glöckner von Notre-Dame«, »Zeugin der Anklage«.

La Unión, Dep.-Hptst. u. wichtigster Hafen von El Salvador (Zentralamerika), am Golf von Fonseca, 27 000 Ew.

Laupheim, Stadt in Ba.-Wü., sw. von Ulm, 15 000 Ew.; Schloß (14. u. 18. Jh.); chem. u. Textil-Ind.

Laura → Lavra.

Laurana, Luciano da, * um 1420, †1479, ital. Architekt; wirkte in Urbino als Hofbaumeister.

Laureat, mit dem Lorbeerkranz gekrönter Dichter.

Laurel [ˈlɔːrəl], Stan, *1890, †1965, US-amerik. Schauspieler; zus. mit O. *Hardy* Komikerpaar »Dick u. Doof«.

Lauremberg, Johann, Pseud.: Hans *Willmsen,* *1590, †1658, plattdt. Satiriker.

Laurens [loˈrã], Henri, *1885, †1954, frz. Bildhauer; ging vom Kubismus aus.

Laurent [loˈrã], Auguste, *1807, †1853, frz. Chemiker; zus. mit Ch. *Gerhardt* Begr. der organ. Typentheorie, aus der sich die moderne organ. Chemie entwickelte.

Laurentius, †258, Erzdiakon des Papstes *Sixtus II.;* wurde nach der Legende auf einem Rost zu Tode gefoltert. – Heiliger (Fest: 10.8.).

Laurentius von Brindisi, *1559, †1619, ital. Kapuziner; förderte das Wiedererstarken des Katholizismus. – 1959 zum Kirchenlehrer erhoben, Heiliger (Fest: 21.7.).

Laurenziana, im 15. Jh. von den *Medici* in Florenz gegr. öffentl. Bibliothek. Sie erhielt im 16. Jh. einen Neubau nach den Plänen *Michelangelos.* Wertvolle Handschriften u. alte Drucke.

Laurier [ˈlɔrɪə oder lɔrˈje], Sir Wilfried, *1841, †1919, kanad. Politiker frz. Abstammung; 1896–1911 Prem.-Min.; vertrat eine versöhnl. Politik zw. Franko- u. Anglokanadiern.

Laurin, in der dt. Sage Tiroler Zwergenkönig, Herr des Rosengartens bei Bozen, mit dem Dietrich von Bern kämpft u. zum Christentum bekehrt.

Laurinsäure, höhere gesättigte Fettsäure; als Glycerinester in der Kokosnußbutter enthalten; für Seifen u. zur Kunstharzherstellung.

Lauritzen, Lauritz, *1910, †1980, dt. Politiker (SPD); 1966–72 Bundes-Min. für Wohnungswesen u. Städtebau, 1972 auch für Verkehr u. Post- u. Fernmeldewesen, 1972–74 Bundes-Min. für Verkehr.

Lausanne [loˈzan], Hptst. des schweiz. Kt. *Waadt,* am Genfer See, 125 000 Ew.; bed. Zentrum der französischsprachigen Schweiz; Handels-, Kongreß- u. Messestadt; Nahrungsmittel-, Metall- u. Tabak-Ind.; Fremdenverkehr.

Lauscha, Wintersportort in Thüringen, nördl. von Sonneberg, 5000 Ew.

Lauscher, in der Jägersprache die Ohren des edlen Schalenwilds.

Läuse, etwa 1–3 mm große, blutsaugende Außenparasiten. Die für den Menschen z. T. als Krankheitsüberträger gefährl. L. sind *Filzlaus, Kleiderlaus* u. *Kopflaus.*

Läusekraut, *Pedicularis,* Gatt. der *Rachenblütler;* halbparasit. Kräuter. Eine Abkochung der Kräuter wurde früher gegen Läuse verwendet.

Lausfliegen, *Pupipara,* den *Echten Fliegen* sehr nahestehende Fam. der *Fliegen.* Alle Arten leben als blutsaugende Außenparasiten auf Warmblütlern. Zu den L. gehören die *Pferde-, Vogel-, Mauersegler-* u. *Schaf-Lausfliege.*

Lausick, Bad L., Stadt in Sachsen, 6000 Ew.; Eisenquellen, Moorbad.

Lausitz, histor. Ldsch. zw. Elbe u. Bober, im N bis zum Spreewald; altes sorb. Siedlungsgebiet. Sie bestand aus zwei Markgrafschaften: der größtenteils bergigen Ober-L. u. der flachen Nieder-L. – Im äußersten SO Dtld.s (dortiger Anteil: *Zittauer Gebirge*) u. hpts. in der Tschech. Rep. erhebt sich das **L.er Gebirge,** in der *Lausche* 793 m. – **L.er Kultur,** bronzezeitl. Kulturgruppe im östl. Mitteleuropa, nach Funden in der *Nieder-L.* benannt; Untergruppe der *Urnenfelderkultur.*

Lausitzer Neiße, Grenzfluß zw. Dtld. u. Polen, → Oder-Neiße-Linie.

Laut, *Phon,* die kleinste akust. Einheit der Sprache. Der L. wird durch den Luftstrom der Lunge, der die Stimmritzen des Kehlkopfs in Schwingungen versetzt, getragen; so gelangt er in den Mund-Nasen-Raum, wo er durch die verschiedenen Einstellungen der Sprechwerkzeuge (Lippen, Zunge, Vorder- u. Hintergaumen, Gaumensegel, Unterkiefer u. a.) geformt wird *(L.bildung).* Haben die L.e eine wortunterscheidende Funktion (z.B. p u. b in »Bein« gegenüber »Pein«), nennt man sie *Phoneme.* – B → S. 500.

Laute, Zupfinstrument pers.-arab. Herkunft, heute mit 6 Saiten; im 14. Jh. über Spanien u. Italien nach Europa gekommen. Der Schallkörper ist bauchig; an seiner Spitze ist der mit Bünden versehene Hals

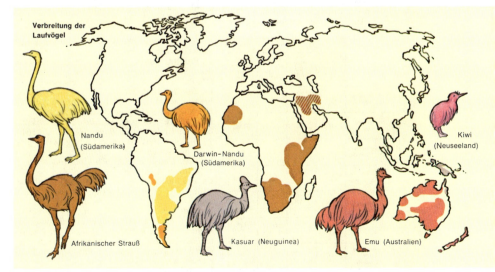

Laufvögel: Verbreitung

Lautensach

angesetzt, der oben den abgeknickten Wirbelkasten trägt.

Lautensach, Hermann, *1886, †1971, dt. Geograph; Verdienste um die Methodik der wiss. Geographie.

Lautensack, Heinrich, *1881, †1919, dt. Schriftst. u. Kabarettist; schrieb Dramen u. Gedichte.

Lauter, l. Nbfl. des Rheins, 82 km.

Lauterbach (Hessen), Krst. nordöstl. des Vogelsbergs, 14 000 Ew.; spätbarockes Schloß; Holz-, Papier- u. a. Ind.; Fremdenverkehr.

Lauterberg im Harz, *Bad L. i. H.*, Stadt in Nds., an der Oder, 13 000 Ew.; Luft- u. Kneippkurort.

Lauterbrunnen, schweiz. Kurort im Kt. Bern, im *L.tal* nw. der Jungfrau, 796 m ü. M., 3000 Ew.; Lautertal mit 20 großen Wasserfällen (z.B. Staubbachfall).

Lautlehre, Teil der Sprachwiss., der Bildung *(Phonetik)*, Geschichte *(histor. L.)* sowie Funktion u. Distribution *(Phonologie)* der Laute untersucht.

Lautmalerei, *Klangmalerei, Onomatopöie,* sprachl. Wiedergabe u. Symbolisierung von Gegenständen, Empfindungen oder Vorgängen durch lautl. Nachahmung (Beispiele: rasseln, zirpen, miauen); ein Mittel zur Wortschöpfung oder Intensivierung einer sprachl. Aussage.

Lautréamont [lotrea'mɔ̃], Comte de, eigtl. Isidore *Ducasse*, *1846, †1870, frz. Schriftst.; Vorläufer des Symbolismus; metaphernreiche Dichtungen: »Die Gesänge des Maldoror«.

Lautschrift, ein Schriftsystem für die sowohl eindeutige als auch relativ genaue Wiedergabe der gesprochenen Sprache, unabhängig von dem durch das jeweilige *Alphabet* festgelegten Schriftbild.

Lautsprecher, ein elektroakust. Wandler, der tonfrequente elektr. Schwingungen in mechan. Schwingungen der Lautsprechermembran im hörbaren (akust.) Frequenzbereich (30–20 000 Hz) umwandelt. Am verbreitetsten ist der *dynamische L.,* bei dem eine in einen topfförmigen Dauermagneten eintauchende Spule mit einer Membran verbunden ist (Tauchspulenprinzip). Fließt durch diese Spule ein modulierter Wechselstrom, so wird die Membran im Takt des Wechselstroms angeregt. Um das gesamte Tonfrequenzspektrum optimal übertragen zu können, sind deshalb *Zwei-* oder *Dreiwegboxen* erforderlich, in denen der modulierte Wechselstrom mittels Frequenzweichen in geeignete Frequenzbereiche aufgeteilt u. den entsprechenden L.n *(Hochtöner,* ggf. *Mitteltöner* u. *Baß-L.)* zugeführt wird.

Lautstärke, die Stärke der von einem Schall hervorgerufenen Schallempfindung; in → *Phon* gemessen.

Lautverschiebung, seit J. *Grimm* Bez. für mehrere Vorgänge in der Lautgeschichte der germ. bzw. der dt. Sprache. Die 1. oder *german. L.* bezeichnet die Grenze zw. dem indogerman. u. dem german. Abschnitt unserer sprachl. Vorgeschichte (etwa 500 v. Chr.); sie wirkte sich u. a. als Verschärfung der älteren stimmhaften Verschlußlaute aus (b, d, g zu p, t, k; z.B. lat. genu, dt. Knie). – Die 2. (hochdt.) L. leitete die Sonderentwicklung der hochdt. Mundarten ein (450–650 n. Chr.); die niederdt. Mundarten wurden von ihr gar nicht, die mitteldt. nur teilw. betroffen. In ihr entwickelten sich u. a. p, t, k zu pf, ss, kch (z.B. niederdt. Water, Wasser; maken, machen) u. b, d, g zu p, t, k (z.B. niederdt. Deer zu Tier).

Lauwersmeer, ehem. Nordseebucht in den nördl. Ndl., 1961–69 eingedeicht; Erholungs- u. Naturschutzgebiet.

Lava, heiße Gesteinsschmelze, die bei Vulkanausbrüchen an die Erdoberfläche gelangt u. dort zu Ergußgestein erstarrt.

Lavabo, Handwaschung des Priesters in der Messe.

Laval, 1. Hptst. des N-frz. Dép. Mayenne, 50 000 Ew.; alte Kirchen u. Schlösser; Metall-, Elektro-, Textil-Ind. – **2.** Stadt in der kanad. Prov. Quebec, auf der Ile Jésus, 284 000 Ew.

Laval, 1. Carl Gustav Patrik de, *1845, †1913, schwed. Ingenieur; erbaute eine schnellaufende Dampfturbine mit der *L.-Düse.* – **2.** Pierre Étienne, *1883, †1945 (hingerichtet), frz. Politiker; mehrmals Min. u. Min.-Präs.; 1940 Vizepräs. u. Außen-Min. in der Reg. Pétain, von diesem Dez. 1940 verhaftet, 1942 unter dt. Druck zurückgerufen u. bis 1944 erneut Min.-Präs.; 1945 in Frankreich als Kollaborateur zum Tode verurteilt.

La Valetta, *Valletta,* Hptst. der Mittelmeerinsel u. des Staates Malta, 14 000 Ew.; Kathedrale (16. Jh.), Univ.; Tiefwasserhafen, Fischerei.

La Valette Saint George [-va'lɛt sɛ̃'ʒɔrʒ], Adolf Freiherr von, *1831, †1910, dt. Anatom; Arbeiten über die Entwicklungsgesch. der Tiere.

La Vallière [-va'ljɛːr], *Lavallière,* Louise Françoise de *La Baume Le Blanc,* Herzogin, *1644, †1710; seit 1661 Mätresse Ludwigs XIV., ging 1674 ins Kloster.

Lavant, Christine, eigtl. Ch. *Habernig,* *1915, †1973, östr. Lyrikerin.

La Varende [-'rɑ̃d], Jean *Mallard,* Vicomte de, *1887, †1959, frz. Schriftst.; chronikartige Romane.

Lavater [-va:-], Johann Kaspar, *1741, †1801, schweiz. Schriftst.; prot. Pfarrer u. Religionsphilosoph; vertrat die Auffassung, daß sich der Charakter des Menschen in der Körperform u. in der Gesichtsbildung ausdrücke. Ⓦ »Physiogn. Fragmente«; auch religiöse Gedichte.

Lavendel, *Lavandula,* im Mittelmeergebiet heim. Gatt. der *Lippenblütler;* aus den (blauen) Blüten wird das bes. in der Parfümind. verwendete äther. Öl gewonnen.

La-Venta-Kultur, die früheste (800–400 v. Chr.) bekanntgewordene Hochkultur Mittelamerikas, an der mexikan. Golfküste, ben. nach der Fundstätte *La Venta* in Tabasco (Mexiko).

Laveran [-'rɑ̃], Charles Louis Alphonse, *1845, †1922, frz. Arzt; entdeckte 1880 die Malariaparasiten im Blut; Nobelpreis 1907.

lavieren, 1. gegen den Wind segeln (»kreuzen«). – **2.** eine aufgetragene Farbe mit Wasser verteilen, bes. bei Federzeichnungen. – **3.** geschickt Schwierigkeiten ausweichen.

Lavigerie [-viʒəˈri], Charles Martial Allemand, *1825, †1892, frz. Kardinal (1882) in N-Afrika; gründete 1868 die Missionsgesellschaft der *Weißen Väter.*

Lavin ['lævin], Mary, *11.6.1912, ir. Schriftst.; schreibt Romane u. Erzählungen aus dem ir. Alltag.

Lavoisier [-vwa'zje:], Antoine Laurent, *1743, †1794 (hingerichtet), frz. Chemiker; erkannte die Vorgänge bei der Verbrennung u. widerlegte damit die *Phlogiston-Theorie;* entdeckte die Zusammensetzung des Wassers, verwendete als erster die Waage bei der Untersuchung chem. Vorgänge u. führte die Elementaranalyse ein. Als Steuerpächter wurde er in der Frz. Revolution zum Tode verurteilt.

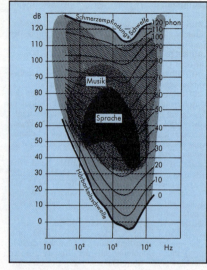

Lautstärke: Hörbereiche

Lautstärken in dB (A)	
0	Hörschwelle
10	Normales Atmen
20	Flüstern
40	Wohngegend bei Nacht
60	Unterhaltung zweier Personen
80	starker Verkehrslärm/Staubsauger
100	Auto mit defekter Auspuffanlage
130	Schmerzschwelle
140	Strahlflugzeug beim Start
160	Windkanal

Lavafluß vom Kilauea (Hawaii)

Lavongai, *Neuhannover,* pazif. Insel nordöstl. von Neuguinea, 1191 km², 21 000 Ew.; vulkanisch. – 1884–1919 dt., heute Teil von Papua-Neuguinea.

Lavra, *Laura,* in den orth. Kirchen Bez. für eine Mönchssiedlung, später größere Klöster.

Law [lɔː], John *L. of Lauriston,* *1671, †1729, frz. Nationalökonom u. Finanzmann schott. Herkunft. Die von ihm angeregte starke Vermehrung von Papiergeld führte 1720 in Frankreich zu einer Wirtschaftskrise.

Law and Order [lɔː ænd ˈɔːdə], engl.: »Recht u. Ordnung«; negativ kennzeichnende Formel für hartes Durchgreifen von Polizei u. Justiz sowie eine strenge Kriminalpolitik.

Lawine, von Bergen herabstürzende u. dabei noch an Umfang wachsende Schnee- oder Eismassen, vor allem nach heftigen Schneefällen u. bei plötzl. eintretendem Tauwetter. *Staub-L.* aus lockerem Neuschnee; *Grund-* oder *Schlag-L.* aus altem, schwer gewordenem Schnee; *Eis-* oder *Gletscher-L.,* von Gletschern abgerissene Eismassen; *Schnee-*

		Artikulationsstelle			
		Lippen-laute (Labiale)	Zahn-laute (Dentale)	Vorder-gaumen-laute (Palatale)	Hinter-gaumen-laute (Velare)
Artikulationsart	Stimmlaute (Sonore): Schmelzlaute (Liquiden)		l	r	
	Nasenlaute (Nasale)	m	n		ng [ŋ]
Konsonanten: Verschlußlaute (Explosivae): stimmhaft (Mediae)		b	d		g
	stimmlos (Tenues)	p	t		k
Geräuschlaute: Reibelaute (Spiranten): stimmhaft		w [v]	s [z] (in: sein)	j	
	stimmlos		f	s/ß (in: ist) sch [ʃ]	ch [ç] (in: ich)	ch [x] (in: ach) h
	angeriebene Laute (Affrikaten)	pf	(t)z [ts] tsch [tʃ]		

Laut: System der Konsonanten im Deutschen

Lavendel

Schneemassen nach einem Lawinenabgang

brett-L. wird oft von Skifahrern ausgelöst. Durch den *Bannwald* u. durch L.nbrecher (Mauern) schützen sich gefährdete alpine Talsiedlungen gegen herabstürzende L. Vielfach besteht ein L.warndienst.

Lawinenschnur, 20–25 m lange rote Schnur, deren eines Ende sich der Bergsteiger umbindet, um im Fall einer Verschüttung die Rettungsarbeit zu erleichtern.

Lawinensuchgerät, meist elektron. Hilfsgeräte zum Auffinden Verschütteter, die nach dem Sender-Empfänger-Prinzip arbeiten.

Lawn Tennis ['lɔːn-], Tennis auf Rasenplätzen (z.B. in Wimbledon).

Lawrence ['lɔːrəns], Stadt im USA-Staat Kansas, 53 000 Ew.; Staats-Univ.; Indianerschule; Nahrungsmittel- u. graph. Ind.

Lawrence, 1. David Herbert, * 1885, † 1930, engl. Schriftst.; verkündete ein aus primitiven Naturreligionen entwickeltes myth. Bewußtsein u. die Bejahung eines unverkrampften Sexuallebens. Romane: »Söhne u. Liebhaber«, »Lady Chatterley u. ihr Liebhaber«. – **2.** Ernest Orlando, * 1901, † 1958, US-amerik. Atomphysiker; baute 1930 das erste *Zyklotron* zur Erzeugung energiereicher Protonen; Nobelpreis 1939. – **3.** Sir Thomas, * 1769, † 1830, engl. Maler; seit 1792 königl. Hofporträtist. – **4.** Thomas Edward, gen. *L. of Arabia*, * 1888, † 1935, engl. Schriftst., Archäologe, Abenteurer u. polit. Agent; organisierte im 1. Weltkrieg als Agent des brit. Geheimdienstes die arab. Erhebung gegen die Türkei. Als Gegner der brit. Nahostpolitik quittierte er seinen Dienst. W »Die sieben Säulen der Weisheit«.

Lawrencium [lɔːrɛntsium], ein künstl. →chemisches Element.

Lawrenjow [-'jɔf], Boris Andrejewitsch, * 1891, † 1959, russ. Schriftst.; schrieb anfangs vom Akmeismus beeinflußte Lyrik, behandelte später revolutionäre u. psycholog. Themen.

lax, nachlässig in Verhalten u. Grundsätzen.

Laxantien, *Laxiermittel,* milde Abführmittel.

Laxness, Halldór Kiljan, * 23.4.1902, isl. Schriftst.; vorübergehend kath., zeigte später sozialist. Tendenzen; schreibt stilist. eigenwillige Romane aus Gesch. u. Gegenwart seiner Heimat: »Islandglocke«, »Atomstation«, »Das Fischkonzert«. Nobelpreis 1955.

Layard ['lɛəd], Sir Austen Henry, * 1817, † 1894, engl. Archäologe; leitete 1845–51 Grabungen in Ninive, Bagdad, Kujundschik u. Mosul.

Laye ['laje], Camara, * 1928, † 1980, guines. Schriftst.; schildert in seinen Romanen den Gegensatz zw. afrik. u. westl. Weltanschauung.

Layout [lɛi'aut], ein Situationsplan für die Gestaltung der Seiten von Druckschriften, der nach sachl. u. ästhet. Gesichtspunkten die räuml. Anordnung der Texte, Überschriften u. Illustrationen festlegt. – **L.er,** Graphiker zur Herstellung des L.

Lázár, György, * 15.9.1924, ung. Politiker (Kommunist); 1975–88 Mitgl. des Politbüros, 1975–85 Min.-Präs.

Lazarett, Krankenhaus, heute bes. das militär. Krankenhaus; auch *L.zug* u. *-schiff.*

Lazaristen, *Vinzentiner,* kath. Genossenschaft von Weltpriestern mit privaten Gelübden; gegr. 1625 von *Vinzenz von Paul.*

Lazarus, 1. Hauptgestalt in Jesu Gleichnis vom reichen Mann u. armen L. – **2.** *L. von Bethanien,* der Bruder von Maria u. Martha, den Jesus vom Tode erweckte.

Lazarus, Moritz, * 1824, † 1903, dt. Psychologe; mit H. *Steinthal* Begr. der *Völkerpsychologie.*

Lazarusorden, um 1150 in Palästina entstandene kath. Kongregation von Weltpriestern zur Pflege von Leprakranken.

Lazulith, *Blauspat,* ein Mineral.

Lazzaroni, alte Bez. für ital. Gelegenheitsarbeiter, bes. in Neapel; Bettler.

LCD, Abk. für engl. *liquid crystal display,* →Flüssigkeitskristallanzeige.

LD., Abk. für *Limited.*

LD₅₀, Abk. für *Letaldosis 50,* in der Toxikologie die Dosis eines tödl. wirkenden Stoffes, die 50% der betroffenen Versuchsorganismen abtötet.

LDP, Abk. für *Liberal-Demokratische Partei.*

LDPD, Abk. für *Liberaldemokratische Partei Deutschlands.*

Lea, im AT Schwester Rahels, erste Frau Jakobs.

Leacock ['liː-], Stephen Butler, * 1869, † 1944, kanad. Schriftst. (humorist., gesellschaftskrit. Erzählungen).

Lead [liːd], Führungsstimme in einer Jazzband.

League ['liːg], engl. Wegemaß: 1 L. = 3 engl. Meilen = 4,827 km.

Leakey ['liːki], Louis Seymour Bazett, * 1903, † 1972, brit. Anthropologe u. Paläontologe; ihm gelangen zus. mit seiner Frau Mary u. seinem Sohn Richard in der *Oldoway-Schlucht* (O-Afrika) bed. fossile Funde von Frühmenschen (z.B. Homo habilis).

Leamington ['lɛmiŋtən], mittelengl. Stadt am Leam, 43 000 Ew.; Badeort.

Lean [liːn], David, * 1908, † 1991, engl. Filmregisseur; Hptw.: »Die Brücke am Kwai«, »Lawrence von Arabien«, »Dr. Schiwago«, »Reise nach Indien«.

Leander, Zarah, * 1907, † 1981, schwed. Filmschauspielerin u. Sängerin; sehr erfolgreich in Filmen der 1930er Jahre.

Lear [liə], sagenhafter König Britanniens; Titelheld eines Trauerspiels von *Shakespeare.*

Lear [liə], Edward, * 1812, † 1888, engl. Dichter; Begr. der *nonsense-poetry* (z.B. Limericks).

Leary ['liəri], Timothy Francis, * 22.10.1922, US-amerik. Psychologe, befaßte sich experimentierend mit psychedelischen Drogen.

Leasing ['liːziŋ], Mieten oder Vermieten von Gegenständen des betriebl. Anlagevermögens (einzelne Maschinen, vollständige Werksanlagen, auch Fernsehgeräte, Kraftwagen u. a.); wirtschaftl. gesehen ein mittel- oder langfristiger Kredit; in den 1950er Jahren in USA entwickelt.

Léaud [le'o:], Jean-Pierre, * 5.5.1944, frz. Filmschauspieler; arbeitete u. a. mit F. Truffaut u. J. L. Godard; Filme: »Sie küßten us. sie schlugen ihn«, »Die Mama u. die Hure«, »I hired a contract killer«.

Leavitt ['lɛvit], Henrietta Swan, * 1868, † 1921, US-amerik. Astronomin; entdeckte die Perioden-Helligkeits-Beziehung der Cepheiden u. damit eine der genauesten Methoden zur Entfernungsbestimmung von Sternhaufen u. Spiralnebeln.

Łęba, poln. *Łeba,* Fluß in Pommern, 117 km; bildet den Strandsee *L.see* (71 km², bis 6 m tief).

Lebach, Stadt im Saarland, nördl. von Saarbrücken, 22 000 Ew.; Maschinenbau, Textilind.

Le Bel [lə'bɛl], Josef Achille, * 1847, † 1930, frz. Chemiker; arbeitete über Isomerie, deutete die opt. Aktivität organ. Verbindungen durch die Annahme von asymmetr. Kohlenstoffatomen.

Leben, physiologisch eine Vielzahl von chem. u. physik. Vorgängen an Materie bestimmter Zusammensetzung, die auf eine Erhaltung u. Vermehrung dieser Materie hinauslaufen (Fortpflanzung, identische Reproduktion). Es gibt keine scharfe Grenze zw. Lebendigem u. Unbelebtem; man kennt Systeme, die nur einige Merkmale des Lebens aufweisen, z.B. Makromoleküle mit der Fähigkeit zur Selbstvermehrung (Gene, Viren). Die kleinste lebendige Einheit ist die Zelle. Das Substrat aller Lebenserscheinungen ist das Protoplasma. Das L. ist gebunden v. a. an Eiweiße, Nucleinsäuren, ferner Kohlenhydrate u. Fette. Ein lebendes System lebt nur dann, wenn ständig Veränderungen an ihm vor sich gehen. Diese Vorgänge äußern sich als *Stoffwechsel,* der immer mit einem Energiewechsel einhergeht. – Nach heutigen naturwiss. Auffassungen ist das L. auf der Erde unter bes. Bedingungen, wie sie in vorbiolog. Zeit herrschten, in einem langsamen Entwicklungsprozeß aus unbelebter Materie entstanden. Es ist erwiesen, daß die Lebewesen früherer Zeiten einfacher in ihrer Organisation waren als die heutigen. Die ältesten Spuren des L. auf der Erde sind etwa 3,5 Mrd. Jahre alt: Aminosäuren, Proteinoide (»Voreiweißstoff«), Nucleinsäuren. Die Frage, ob sich L. völlig mit physik.-chem. Gesetzen erklären läßt, wird von der modernen Naturwiss. bejaht; von den Vitalisten wird dagegen ein grundsätzl. Unterschied zw. L. u. unbelebter Materie gesehen u. eine dynamische, übernatürl. Lebenskraft angenommen, die den Lebewesen innewohnt.

Lebende Steine, *Lithops,* Wüstenpflanzen (S-Afrika); haben nur ein entwickeltes, hochsukkulentes Blattpaar, das wenig über den Boden hinausragt u. in Form u. Tönung einem Kieselstein ähnlich sieht.

Lebendgewicht, das Gewicht eines lebenden Fleischtiers; Ggs.: *Schlachtgewicht.*

Lebensanschauung, Parallelbildung zu *Weltanschauung:* die Einstellung zum Leben (z.B. optimist., pessimist., religiös, irreligiös).

Lebensbaum, *Thuja,* Gatt. der *Zypressengewächse,* schuppig belaubte Bäume u. Sträucher; wertvolles Nutzholz; im östl. N-Amerika u. in Asien heimisch. – In der Mythologie sinnbildl. Darst. des Lebens in Form eines Baumes, in vorderoriental. Kulturen wie auch im antiken Griechenland u. Rom mit dem Baumkult verbunden, bei den Germanen mit der Vorstellung der Welt- esche Yggdrasil.

Lebensborn, 1935 von H. *Himmler* gegr. Einrichtung, entspr. der nat.-soz. Rassenideologie den Kinderreichtum in der SS zu unterstützen u. »jede Mutter guten Blutes zu schützen u. zu betreuen«. In den L.-Heimen wurden bis 1945 rd. 8000 Kinder geboren.

Lebenserinnerungen →Memoiren.

Lebenserwartung, statist. Begriff zur Bez. der mittleren Lebensdauer. Die L. eines Neugeborenen in Dtld. lag um die Jahrhundertwende bei rd. 45 Jahren; heute liegt sie für Männer bei 71,2, für Frauen bei 78,7 Jahren.

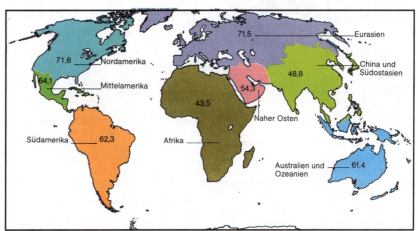

Lebenserwartung in acht geographischen Großräumen der Erde

Lebensgemeinschaft, 1. →Biozönose. – **2.** ehel. oder eheähnl. Gemeinschaft von Mann u. Frau.

Lebenshaltung, das von der Kaufkraft des Einkommens abhängige Ausmaß des (durchschnittl.) Verbrauchs eines Haushalts oder der Bevölkerung. Die Entwicklung der L. wird maßgebl. bestimmt von der Entwicklung der (nominalen) Einkommen u. der Preise. →Preisindex.

Lebensknoten, *Nodus vitalis,* das Atemzentrum im verlängerten Mark, dem hintersten Gehirnteil der Wirbeltiere. Verletzungen dieses Zentrums führen augenblickl. zum Tod.

Lebensmittel, nach dem *L.- u. Bedarfsgegenständegesetz* alle Stoffe, die dazu bestimmt sind, in unverändertem, zubereitetem oder verarbeitetem Zustand gegessen oder getrunken zu werden (außer Arzneimitteln). Das L.- u. Bedarfsgegenständegesetz verbietet die Erzeugung u. den Verkauf von L., die gesundheitsschädigend sind. Die **L.kontrolle** wird von Landesbehörden u. amtl. bestellten Sachverständigen ausgeübt.

Lebensmittelchemie →Nahrungsmittelchemie.

Lebensmittelkonservierung, die Haltbarmachung *(Konservierung)* von Nahrungsmitteln durch *Wärmeentzug,* d. h. Kühlen u. Gefrieren; *Wasserentzug,* d. h. Trocknen (Dörren), ferner Einsalzen, Räuchern, Zuckern (Kandieren); *Einlegen* in bakterienfeindl. Säuren u. Alkohol; *Erhitzen* u. damit verbundene Vernichtung der Mikroorganismen, d. h. Sterilisieren u. Pasteurisieren; *chem. Konservierungsmittel* nach der Zusatzstoff-Zulassungs-VO (1981); *Anwendung ionisierender Strahlen* nach der Lebensmittel-Bestrahlungs-VO (1959).

Lebensmittelrecht, Gesamtheit der Rechtsvorschriften über Herstellung, Zubereitung, Vertrieb aller Lebensmittel; stehen im *Lebensmittel- u. Bedarfsgegenständegesetz* vom 8. 7. 1993, das auch Kosmetika, Tabakerzeugnisse u. gewisse Bedarfsgegenstände erfaßt.

Lebensmittelvergiftung, *Nahrungsmittelvergiftung,* Vergiftungszustände oder Infektionskrankheiten, hervorgerufen durch verdorbene oder infizierte Lebensmittel: Muschelvergiftung, Pilzvergiftung, Fleischvergiftung; Verursacher sind meist Bakterien u. Salmonellen.

Lebensphilosophie, eine dem Neuidealismus verwandte Richtung der modernen Philosophie, die entweder vom Erlebnis des Lebens (W. *Dilthey*) oder von der Lebensschau (H. *Bergson,* L. *Klages,* O. *Spengler*) ausgeht. Der Lebensbegriff steht anstelle des Geistbegriffs im Mittelpunkt des Denkens.

Lebensqualität, von J.K. *Galbraith* 1958 geprägter Begriff, der den Standard der Lebensbedingungen, gemessen an Umfang u. Leistung der sozialen u. öffentl. Einrichtungen, beinhaltet. Wirtschafts- u. gesellschaftspolit. Leitgröße soll weniger wirtschaftl. Wachstum u. materieller Lebensstandard sein als vielmehr die Verbesserung der qualitativen Lebensbedingungen. In den 1970er Jahren war L. innenpolit. Ziel der sozialliberalen Koalition, später Forderung der Grünen: Erhaltung der natürl. Umwelt, Ausbau der soz. Infrastruktur.

Lebensschutz, *Bioprotektion, Biophylaxe,* Schutz der Lebewesen (Mensch, Tier, Pflanze) u. ihres Lebensraums.

Lebensstandard, der Stand der *Lebenshaltung* in Abhängigkeit vom Stand der wirtschaftl. Möglichkeiten sowie vom kulturellen, soz. u. polit. Entwicklungsniveau.

Lebensversicherung, eine Summenversicherung, die den Vermögensbedarf deckt, der durch die Ungewißheit der Dauer des menschl. Lebens entstehen kann. Es gibt versch. Grundformen, bei denen der Tod oder das Erleben eines bestimmten Zeitpunkts für die Leistung des Versicherers maßgebend ist. Die *Sterbegeldversicherung* soll nur die Beerdigungskosten decken.

Leber, *Hepar,* zentrales Stoffwechselorgan u. größte Drüse der Wirbeltiere; beim Menschen ein etwa 1½ kg schweres, den rechten Oberbauch unter dem Rippenbogen ausfüllendes Organ. Die *L.zellen,* die zu *L.läppchen* zusammengefaßt sind, bilden die *Galle,* die der Fettverdauung dient. Außerdem wird die L. durch die *L.pfortader* unmittelbar mit Darmblut versorgt, dem sie Traubenzucker entnimmt u. als *Glykogen* speichert. Ferner wird in der L. der rote Blutfarbstoff zu Gallenfarbstoffen abgebaut. – K r a n k h e i t e n der L.: *Stauungs-L.* bei Herzinsuffizienz, *Fett-L.* bei Fettsucht, *L.zirrhose (L.schrumpfung),* Untergang von L.zellgewebe einerseits u. Bildung von bindegewebigem Ersatz andererseits; Ursachen: L.entzündung, Vergiftung, v. a. Alkoholismus; *L.entzündung (Hepatitis),* durch Virusinfektion oder durch Bakterien u. Ruhramöben verursacht. *L.krebs* ist meist eine Tochteransiedlung anderer Körperkrebse.

Leber, 1. Georg, * 7.10.1920, dt. Politiker (SPD); 1966–72 Bundes-Min. für Verkehr, 1969–72 auch für Post- u. Fernmeldewesen, 1972–78 Bundes-Min. der Verteidigung. – **2.** Julius, *1891, †1945 (hingerichtet), führend in der Widerstandsbewegung gegen das nat.-soz. Regime tätig (Kreisauer Kreis); am 20.10.1944 vom Volksgerichtshof zum Tode verurteilt.

Leberblümchen, blau blühendes *Hahnenfußgewächs;* frühe Blüte im März.

Leberegel, ein *Saugwurm,* 20–50 mm lang, der in den Gallengängen von Menschen, Wiederkäuern, Pferden, Schweinen u. Hasen parasitisch lebt; ruft schwere Lebererkrankungen hervor *(Leberfäule).*

Leberfleck, Muttermal mit leberartiger Farbe.

Leberkäse, viereckig geformte Pastete aus Schweinefleisch, Leber, Fett, Eiern, Kardamom u. Macis; bes. in Bayern beliebt.

Lebermoose →Moose.

Leberpilz, ein *Röhrenpilz* mit zungenförmigem, dickfleischigem Fruchtkörper; bes. an Eichenstümpfen. Junge L.e sind sehr wohlschmeckend.

Lebertran, Öl aus der Leber vom Kabeljau, Dorsch oder Schellfisch, enthält bes. Vitamin A u. D; dient als Stärkungsmittel bes. bei Kinderkrankheiten u. Unterernährung sowie zur Verhütung von Rachitis.

Lebertransplantation, *Leberverpflanzung,* Übertragung einer gesunden Leber von einem toten Spender auf einen sonst unheilbar leberkranken Empfänger (z.B. bei Leberkrebs).

Leberzirrhose →Leber.

Leberblümchen

Lebkuchen, östr. *Lebzelt,* Gewürzkuchen, Honig- oder Pfefferkuchen nach versch. Rezepten.

Leblanc [ləˈblã], Nicolas, *1742, †1806 (Selbstmord), frz. Chemiker; erfand ein Verfahren zur Herstellung von *Soda.*

Le Bon [ləˈbõ], Gustave, *1841, †1931, frz. Arzt u. Sozialpsychologe; befaßte sich mit der Kollektivpsychologie, bes. mit der Massenpsychologie.

Lebowa, *North Sotho,* ehem. Homeland der Nord-Sotho u. Ndebele im nördl. Transvaal (Rep. Südafrika), 25 180 km², 1,9 Mio. Ew., Hptst. *Lebowakgomo;* bestand 1973–94.

Lebrun [ləˈbrœ̃], **1.** Albert, *1871, †1950, frz. Politiker; 1911–19 mehrf. Min., 1932–40 letzter Präs. der 3. Republik. – **2.** *Le Brun,* Charles, *1619, †1690, frz. Maler u. Dekorateur; seit 1663 Direktor der Königl. Gobelinmanufaktur, seit 1664 erster Hofmaler, verkörperte alle Bestrebungen des *Louis-quatorze-Stils.*

Lec [lɛts], Stanisław Jerzy, *1909, †1966, poln. Schriftst.; schrieb Lyrik, Satiren, Aphorismen u. Epigramme, in denen er sich mit dem Thema Freiheit beschäftigte.

Le Carré [ləkaˈre], John, eigtl. David *Cornwell,* *19.10.1931, engl. Schriftst.; schreibt spannende Spionageromane. Hptw.: »Der Spion, der aus der Kälte kam«.

Lecce [ˈlɛttʃe], ital. Prov.-Hptst. im südl. Apulien, 102 000 Ew.; Dom, Kastell, Universität.

Lecco [ˈlɛkko], ital. Stadt in der Lombardei, am SO-Ausläufer des Comer Sees, 50 000 Ew.; Stahlwerk; Fremdenverkehr.

Lech, r. Nbfl. der Donau, 263 km; mündet östl. von Donauwörth.

Lecher, Ernst, *1856, †1926, östr. Physiker; arbeitete über elektr. Schwingungen u. magnet. Induktion.

Lechfeld, bay. Ldsch. zw. Wertach u. Lech, südl. von Augsburg. – In der sog. *Schlacht auf dem L.* (10.8.955) besiegte Otto I. die Ungarn.

Lechner, Leonhard, *um 1553, †1606, dt. Komponist; Hofkapellmeister in Stuttgart; Hptw.: »Johannespassion«; Lieder.

Lechoń [lɛˈxɔnj], Jan, *1899, †1956 (Selbstmord), poln. Schriftst. der Skamander-Gruppe; 1930–40 Diplomat in Paris, seit 1940 als Emigrant in den USA; schrieb formvollendete Lyrik u. Prosa.

Lechtaler Alpen, Kalkgebirgskette zw. Lech- u. Inntal (Östr.), in der *Parseier Spitze* 3038 m.

Lechthaler, Josef, *1891, †1948, östr. Komponist (Messen, Chormusik u. Orgelwerke).

Lecithine, fettähnl. Verbindungen, die zu den Lipoiden gehören; bestehen aus Fettsäuren, Glycerin, Phosphorsäure u. Cholin u. finden sich in allen pflanzl. u. tier. Zellen; wirken als Medikament leistungssteigernd.

Leck, undichte Stelle, Loch (im Schiffsrumpf).

Leck, Bart Anthony van der, *1876, †1958, ndl. Maler, Graphiker u. Teppichkünstler; malte seit 1917 in abstrakt-geometr. Stil, kehrte später zur gegenständl. Malerei zurück.

Leckage [-ˈkaːʒə], Flüssigkeitsverlust beim Warenversand durch Auslaufen oder Verdunsten.

Leckstein, Stücke von gemahlenem Steinsalz, die Haus- u. Wildtieren zum Ablecken vorgelegt werden, um sie mit Mineralstoffen zu versorgen.

Leclair [ləˈklɛːr], Jean Marie, *1697, †1764 (ermordet), frz. Violinist, Komponist u. Tänzer; Hauptmeister der frz. Violinmusik im 18. Jh.

Leclanché-Element [ləklãˈʃe-], ein galvan. Element aus einem Graphitstab, der von einem Zinkmantel umgeben ist; enthält 10 bis 30%ige Ammoniumchlorid-Lösung als Elektrolyt.

Le Clezio [ləkleˈzjo], Jean Marie Gustave, *13.4.1940, frz. Schriftst.; Vertreter des Nouveau

---

Leber: Im Pfortaderkreislauf gelangen die im Blut resorbierten Nährstoffe aus dem Magen und Darm durch die Pfortader (A) in die Leber. Über die Leberarterie (B) wird sauerstoffreiches Blut zugeführt; die Endprodukte des Leberstoffwechsels werden durch die Lebervene (C) abtransportiert. Die Galle wird in der Leber produziert und in der Gallenblase gespeichert. Von dort gelangt sie durch den Galleneingang (D) in den Zwölffingerdarm

Roman; schildert das Verhältnis von Ich u. Umwelt im Labyrinth der modernen Großstadt.

Lecocq [ləˈkɔk], Alexandre Charles, *1832, †1918, frz. Komponist; schrieb hpts. Operetten.

Leconte de Lisle [ləˈkõtdəˈlil], Charles Marie, *1818, †1894, frz. Schriftst.; Haupt der *Parnassiens*, deren Programm er 1852 entwickelte: »Logische Klarheit, Ungerührtheit u. Unpersönlichkeit«.

Le Corbusier [ləkɔrbyˈzje], eigtl. Charles-Édouard *Jeanneret*, *1887, †1965, schweiz.-frz. Architekt; erstrebte die Zurückführung der Baukörper auf stereometr. Grundformen u. die Betonung der Funktionen des Bauganzen u. seiner Teile auch bei Wohngebäuden (Marseille, Berlin) in standardisierter Form; Ⓦ Schweizer Haus der Cité Universitaire in Paris; Erziehungsministerium in Rio de Janeiro; Verwaltungs- u. Kulturzentrum in Chandigarh (Indien); Wallfahrtskirche in Ronchamp.

Lecouvreur [ləkuˈvrœr], Adrienne, *1692, †1730, frz. Schauspielerin; seit 1717 Heroine in der Comédie Française, wo sie für natürl. Sprechweise u. histor. getreue Kostüme eintrat.

Le Creusot [ləkrøˈzo], O-frz. Ind.-Stadt in Burgund, 32 000 Ew.; Schwerindustriezentrum, Textil- u. Glas-Ind.

LED, Abk. für engl. *light emitting diode*, Leuchtdiode.

Leda, nach der grch. Sage Mutter der *Helena* u. *Klytämnestra* u. der *Dioskuren*; Geliebte des *Zeus*, der sich ihr als Schwan näherte.

Leda, r. Nbfl. der Ems, 75 km lang; mündet bei Leer.

Leder, von Haaren befreite, mit Gerbstofflösungen behandelte Tierhaut, deren Fasergeflecht durch Gerbstoffe chem. verändert u. mit Fettstoffen imprägniert ist.

Lederband, Bucheinband aus ganz *(Ganzleder, Franzband)* oder halb *(Halbleder)* mit Leder überzogener Pappe, meist aus Ziegen- oder Schweinsleder.

Lederberg, Joshua, *23.5.1925, US-amerik. Genetiker; Arbeiten zur Genetik von Bakterien; Nobelpreis für Medizin 1958.

Lederer, Hugo, *1871, †1940, dt. Bildhauer; entwickelte einen monumentalen Denkmalstil mit vereinfachter Formgebung.

Lederhaut, **1.** Schicht der Haut; bei Tieren zu Leder verarbeitet. – **2.** → Auge.

Lederkorallen, *Schwammkorallen*, Ordnung der *Korallen* mit etwa 800 Arten, hierzu die *Tote Manushand*.

Lederschildkröten, Meeresschildkröten mit glattem, lederartigem Panzer; die größten lebenden Schildkröten, über 2 m lang u. bis 600 kg schwer.

Ledertapete, Wandverkleidung aus Kalb-, Ziegen- oder Schafleder, maurischen Ursprungs, bemalt, vergoldet, reliefiert; trat im 18. Jh. zugunsten von Stoff- u. Papiertapeten zurück.

Ledig, Gert, *4.11.1921, dt. Schriftst. u. Hörspielautor; schrieb Kriegsromane (»Die Stalinorgel«).

Ledóchowski [lɛduˈxɔfski], **1.** Maria Theresia Gräfin *Ledóchowska*, †1863, †1922, Nichte von 2), gründete 1894 die »Petrus-Claver-Sodalität« für die Afrikamission. – **2.** Mieczysław Halka Graf von, *1822, †1902, poln. Kardinal (1875); 1866–86 Erzbischof von Posen-Gnesen, im Kulturkampf 1874 von der preuß. Reg. abgesetzt u. bis 1876 in Haft.

Ledoux [ləˈdu], *Le Doux*, Claude-Nicolas, *1736, †1806, frz. Architekt; streng geometr. Gestaltung von Grund- u. Aufriß mit Würfel, Kugel u. Pyramide als Grundformen (Entwürfe für die Idealstadt Chaux).

Leduc [ləˈdyk], Violett, *1907, †1972, frz. Schriftst.; beschäftigt sich in ihren z. T. autobiograph. Werken bes. mit den Problemen von Außenseitern.

Le Duc Tho, *1911, †1990, vietnames. Politiker (Kommunist); 1955–86 Mitgl. des Politbüros, 1960–86 ZK-Sekretär der KP Vietnams; führte 1968–73 am Rande der Pariser Vietnam-Konferenz Verhandlungen, die zum Waffenstillstandsabkommen führten; lehnte den Friedensnobelpreis 1973 ab.

Lee, die dem Wind abgekehrte Seite, Windschatten; Ggs.: *Luv*. – **leegierig**, Tendenz des Segelschiffs, nach L. abzufallen. – **L.segel**, Schönwettersegel, stets an der Luvseite.

Lee [liː], **1.** Ann, *1736, †1784, engl. Quäkerin; übernahm 1758 die Führung der *Shakers* in Manchester, siedelte nach N-Amerika über, wo die ersten Shaker-Kolonien entstanden. – **2.** Bruce, *1940, †1973, US-amerik. Schauspieler chin.

Herkunft; bekannt durch Action-Filme mit Kung-Fu-Kampfszenen. – **3.** Robert Edward, *1807, †1870, US-amerik. General; Oberbefehlshaber der Streitkräfte der Südstaaten im Sezessionskrieg. – **4.** Tsung Dao, *25.11.1926, US-amerik. Physiker; für Forschungen über Nichterhaltung der *Parität* erhielt er den Nobelpreis 1957. – **5.** Yuan Tseh, *29.11.1936, US-amerik. Chemiker taiwanes. Herkunft; erhielt für Arbeiten zur Dynamik der chem. Reaktionen den Nobelpreis 1986.

Leeds [liːdz], mittelengl. Stadt am Aire, 709 000 Ew.; Univ.; Textil-, Eisen-, Stahl- u. a. Ind.; Flugplatz.

Leer (Ostfriesland), Krst. in Nds., an der Mündung der Leda in die Ems, 32 000 Ew.; Schiffbau, Eisen-, Maschinen- u. a. Ind.

Leergewicht, Gewicht eines unbelasteten Fahrzeugs.

Leerlauf, Maschinenbewegung ohne Arbeitsleistung.

Leerverkauf, im *Termingeschäft* Verkauf von Wertpapieren oder Waren, die der Verkäufer noch nicht besitzt, sondern bis zum Erfüllungstermin billiger erwerben zu können glaubt.

Leeuw [ˈleːu], Ton de, *16.11.1926, ndl. Komponist; schrieb Opern, Ballette, Orchester- u. elektron. Musik.

Leeuwarden [ˈleːvardə], ndl. Prov.-Hptst. an der Dokkumer Ee, 85 000 Ew.; Altstadt mit histor. Bauten; wichtige Markt; Kanalkreuzung.

Leeuwenhoek [ˈleːvənhuk], Antony van, *1632, †1723, ndl. Naturforscher; baute das erste Mikroskop u. machte wichtige biolog. Entdeckungen (Bakterien, Protozoen, Blutzellen).

Leeward Islands [ˈliːwəd ˈailəndz], Nordgruppe der westind. → Inseln über dem Winde.

Lefebvre [ləˈfɛːvr], Marcel, *1905, †1991, frz. kath. Geistlicher, Erzbischof; traditionalist. Gegner des 2. Vatikan. Konzils, 1976 amtsenthoben, wegen unerlaubter Priesterweihen 1988 exkommuniziert.

Leffler, Anne Charlotte, *1849, †1892, schwed. Schriftst.; forderte die Frauenemanzipation.

le Fort [ləˈfɔːr], Gertrud Freiin von, *1876, †1971, dt. Schriftst.; Tochter eines Offiziers aus alter Hugenottenfamilie, wurde in Rom kath. Ⓦ Lyrik (»Hymnen an die Kirche«); Romane (»Das Schweißtuch der Veronika«, »Der Papst aus dem Ghetto«, »Die Letzte am Schafott«).

Lefzen, Lippen der Hunde.

legal, gesetzlich.

Legalisation, Beglaubigung amtl. Urkunden.

Legalität, **1.** nach *Kant* Sittlichkeit im Hinblick auf das (äußerl.) geltende Gesetz, nicht aus *Moralität*. – **2.** Gesetzmäßigkeit, Rechtmäßigkeit; Maßstab hierfür ist das positive Recht, insbes. der Inhalt der Verfassungsurkunde. – **L.prinzip**, Verfolgungs- u. Anklagezwang; die Verpflichtung der *Staatsanwaltschaft*, wegen aller strafbaren Handlungen einzuschreiten.

Legasthenie, Lese- u. Rechtschreibschwäche bei sonst normaler Intelligenz.

Legat, **1.** [das], Vermächtnis. – **2.** [der], im Röm. Reich Sonderbeauftragter; in der kath. Kirche päpstl. Gesandter, bes. zur Erledigung kirchl. Aufgaben, meist ein Kardinal.

Legationsrat, Amtsbez. im Auswärtigen Dienst; entspr. dem Regierungsrat.

legato, musikal. Vortragsbez.: gebunden.

Legenda aurea, »Goldene Legende«, lat. Sammlung von Heiligenleben um 1270.

Legende, **1.** Unterschrift bei Bildern; erläuternder Text zu geograph. Karten; Umschrift bei Münzen. – **2.** die Lebens- u. Leidensgeschichte eines Heiligen; in Versen oder in Prosa.

Legendre [ləˈʒãdr], Adrien Marie, *1752, †1833, frz. Mathematiker; arbeitete über elliptische Integrale, Kometenbahnen, Zahlentheorie.

leger [leˈʒɛːr], ungezwungen, formlos.

Léger [leˈʒe], Fernand, *1881, †1955, frz. Maler u. Graphiker; beeinflußt vom Kubismus, entwickelte einen von Maschinenformen ausgehenden großflächigen Stil mit leuchtendem Kolorit.

Legföhre, *Latsche, Bergkiefer, Krummholzkiefer*, Art der *Kiefern*; niederliegender mehrstämmiger Busch; im Gebirge an der Baumgrenze.

Leghorn, weiße Haushuhnrasse mit hoher Legeleistung.

Legien, Karl, *1861, †1920, dt. Gewerkschaftsführer; 1919 Vors. des Allg. Dt. Gewerkschaftsbunds, 1903–19 Vors. der Internat. Vereinigung der Gewerkschaften.

legieren, **1.** ein Vermächtnis *(Legat)* aussetzen. –

Le Havre 503

2. eine Suppe oder Soße durch Zugabe von Eigelb, Stärkemehl u. ä. sämig machen. – **3.** Metalle zu einer *Legierung* zusammenschmelzen. Der entstehende Stoff kann auch kleine Mengen von Nichtmetallen, z.B. Silicium, Kohlenstoff, enthalten.

Legimmen, *Terebrantes*, Fam. einer Unterordnung der *Hautflügler*, der *Apocrita*, bei denen der Legebohrer noch als echter Legeapparat ausgebildet ist. Zu den L. gehören die Unterfam. der *Schlupfwespen*, der *Erzwespen* u. der *Gallwespen*.

Legion, **1.** große Menge von Menschen. – **2.** im Röm. Reich eine Truppeneinheit, in der nur röm. Bürger dienten; gegliedert in 10 *Kohorten* zu 600 Mann, die Kohorte in 3 *Manipel* zu 200 Mann, der Manipel in 2 *Zenturien* zu 100 Mann. Zu jeder L. gehörten 300 Reiter. – **3.** Sonderformationen von Freiwilligen; →Fremdenlegion.

Legionärskrankheit, meist akute, schwere Infektionskrankheit, führt zu Lungenentzündung; 1976 in den USA erstmals beobachtet.

Legion Condor, ein dt. Truppenverband, der 1936–39 im *Span. Bürgerkrieg* auf seiten General Francos gegen die Regierungstruppen kämpfte.

Legislative, die gesetzgebende Gewalt im Sinn der Gewaltenteilungslehre (L., Exekutive, Judikative); auch die gesetzgebende Institution des Staates, meist das *Parlament*.

Legislaturperiode, der Zeitraum für die Tätigkeit des gewählten Parlaments.

legitim, rechtmäßig, richtig; veraltet auch für *ehelich*.

Legitimation, **1.** Beglaubigung, Beweis, Ausweis. – **2.** Begr. eines ehel. Kindesstatus durch nachfolgende Ehe des Vaters mit der Kindesmutter. – **3.** Erhebung der Klage durch oder gegen die richtige Partei (z.B. Aktiv-L. des Klägers, Passiv-L. des Beklagten im Zivilprozeß).

Legitimisten, Vertreter einer Lehre von der Unantastbarkeit der dynast. Rechtmäßigkeit, die auch für Fürsten, denen die Thronrechte entzogen sind, uneingeschränkte Wiedereinsetzung verlangt.

Legitimität, die Übereinstimmung mit einem allg. anerkannten Verfassungsprinzip, Begründung für die Rechtmäßigkeit einer polit. Herrschaft.

Legnano [lɛˈɲaːno], ital. Stadt in der Lombardei, 48 000 Ew.; Baumwollind. – 1176 Sieg des Lombard. Städtebunds über Kaiser Friedrich I. Barbarossa.

Legrenzi, Giovanni, *1626, †1690, ital. Komponist des venezian. Spätbarocks; Opern, Kirchen- u. Kammersonaten.

Legros [ləˈgro], Alphonse, *1837, †1911, frz. Maler, Graphiker u. Bildhauer; schloß sich dem Kreis um G. *Courbet* an. Ⓦ Totentanzszenen.

Leguane, *Iguanidae*, Fam. der *Echsen*, den altweltl. *Agamen* sehr ähnl.; leben vorwiegend in N- u. S-Amerika. Zu den L. gehören *Anolis, Basilisken, Kielschwanz-* u. *Stachel-L.*

Leguminosen →Hülsenfrüchtler.

Leh, Hptst. von *Ladakh* (Indien), am Indus, 3500 m ü. M., 5000 Ew.; Verkehrszentrum zw. Indien u. Tibet (China).

Lehár [ˈleːhar], Franz, *1870, †1948, ung. Operettenkomponist; Ⓦ »Die lustige Witwe«, »Der Zarewitsch«, »Das Land des Lächelns«.

Le Havre [ləˈaːvr], N-frz. Hafen- u. Krst., an der Trichtermündung der Seine, 199 000 Ew.; bedeutendster Atlantikhafen Frankreichs; Schiff- u. Maschinenbau, Automobil-, Textil- u. chem. Ind., Erdölraffinerie; Seebad.

Grüner Leguan

Lehen, ein vom Lehnsherrn an einen Lehnsmann *(Vasallen)* gegen Dienst u. Treue verliehenes Gut (Grundbesitz, Amt) u. zwar mit (meist erbl.) Nutzungs-, nicht mit Eigentumsrecht. Das eigtl. L. war das *Ritter-L.,* das den Vasallen zum Kriegsdienst verpflichtete. →Lehnswesen.

Leherb, eigtl. *Leherbauer,* Helmut, *14.3.1933, östr. Maler; surrealist.-phantast. Bilder.

Lehesten, Stadt in Thüringen, Luftkurort u. Wintersportplatz im östl. Thüringer Wald, 640 m ü. M., 2000 Ew.

Lehm, Gemisch aus Sand, Schluff u. Ton; zur Herstellung keram. Erzeugnisse u. als Baustoff verwendet.

Lehmann, 1. Arthur Heinz, *1909, †1956 (Autounfall), dt. Schriftst.; verfaßte heitere Bücher über Menschen u. Pferde. – **2.** Else, *1866, †1940, dt. Schauspielerin; v. a. an O. *Brahms* Dt. Theater in Berlin; Vertreterin naturalist. Schauspielkunst bes. in Ibsen- u. Hauptmann-Stücken. – **3.** Fritz, *1904, †1956, dt. Dirigent. – **4.** Karl, *16.5.1936, dt. kath. Theologe; seit 1983 Bischof von Mainz, seit 1987 Vors. der Dt. Bischofskonferenz. – **5.** Kurt, *31.8.1905, dt. Bildhauer; Porträtbüsten, Bauplastiken, Monumentalgruppen. – **6.** Lilli, *1848, †1929, dt. Sängerin (Koloratursopran); v. a. Wagner- u. Mozart-Sängerin. – **7.** Lotte, *1888, †1976, dt. Opern- u. Liedsängerin (lyrisch-dramat. Sopran). – **8.** Rosamond Nina, *1903, †1990, engl. Schriftst.; gestaltet in Romanen mit psychologischer Einfühlung Frauenschicksale. – **9.** Wilhelm, *1882, †1968, dt. Lyriker u. Erzähler; neben seinem Freund O. *Loerke* der einflußreichste Vertreter der naturmag. Dichtung.

Lehmann-Hartleben, Karl, *1894, †1960, dt. Archäologe; Leiter der Grabungen auf Samothrake.

Lehmbau, ein Bauverfahren, bei dem Erde, am besten magerer Lehm, vermengt mit Stroh, zw. Bretterformen zu Wänden aufgestampft wird.

Lehmbruck, Wilhelm, *1881, †1919 (Selbstmord), dt. Bildhauer u. Graphiker; entwickelte unter dem Einfluß von A. Rodin, C. E. Meunier u. A. Maillol einen Stil, der in Aktfiguren, Büsten u. Torsi durch überlängte Proportionen u. melanchol. Ausdruckshaltung gekennzeichnet ist.

Lehmden, Anton, *2.1.1929, östr. Maler; Hauptvertreter der Wiener Schule des phantast. Realismus.

Lehn, Jean-Marie, *30.9.1939, frz. Chemiker; stellte kugelförmige Kronenether her, die er *Kryptanden* nannte; Nobelpreis 1987.

Lehnin, Ort in Brandenburg, rd. 3000 Ew.; Ruinen eines 1180 gegr. Zisterzienserklosters.

Lehnswesen, die im frühen MA entstandene Staats- u. Gesellschaftsordnung des Feudalismus.

Lehmbau: die Moschee von Agadès in Niger

Lehnswesen: Lehnseid; Darstellung auf einem mittelalterlichen Siegel

Das fränk. L. entstand aus der persönl. *Vasallität* u. dem dingl. *Benefizium,* d. h. der Ausstattung von Vasallen meist mit Land *(Lehen).* Die Vasallität beruhte auf dem germ. *Gefolgschaftswesen,* d. h. dem gegenseitigen Treueverhältnis von Herr u. Gefolgsmann, der Ergebung eines Vasallen in den Schutz u. die Gewalt eines Herrn, dem er gegen Unterhalt lebenslang Gehorsam u. beliebigen Dienst schuldete (später meist nur militär. Dienst). Mit der wachsenden Machtfülle der Landesfürsten wurde das L. vom *Absolutismus* abgelöst.

Lehnwort, ein ehem. Fremdwort, das sich den Betonungs-, Laut- oder Wortbildungsgesetzen der gastgebenden Sprache angepaßt hat u. nicht mehr als Fremdling empfunden wird (z.B. *Straße* aus lat. *strata*).

Lehr, Ursula, *5.6.1930, dt. Psychologin u. Politikerin (CDU); 1988–91 Bundes-Min. für Jugend, Fam., Frauen u. Gesundheit.

Lehramt, 1. Amt eines Schul- oder Hochschullehrers. – **2.** in der k a t h. Theologie Vollmacht u. Auftrag der Gesamtkirche, unter dem Beistand Christi den Offenbarungsinhalt in unfehlbarem Glauben zu bezeugen. Organe des Lehramts sind durch göttl. Recht Papst u. Bischöfe als Apostelnachfolger, durch kirchl. Recht auch die anderen Amtsträger sowie Laien. Nach e v. Lehre kann die Kirche aus ihrer in der Auslegung des Wortes Gottes irren; oberste Norm ist das Wort Gottes, das sich selbst bezeugt. Das L. bedeutet den Auftrag, dieses Wort zur Geltung zu bringen u. über die reine Lehre zu wachen.

Lehramtsanwärter, *Referendar,* eine Lehrkraft, die noch die 2. Lehrerprüfung bzw. das Assessorenexamen abzulegen hat.

Lehrauftrag, die Verpflichtung, an einer Hochschule Vorlesungen u. Übungen abzuhalten. Lehrbeauftragte sind zumeist hauptberufl. außerhalb der Hochschule tätig oder sind gleichzeitig Lehrstuhlinhaber an einer anderen Hochschule.

Lehrdichtung, *didaktische Poesie,* Dichtung, die in einer künstler. Form Wissen vermitteln will; in erster Linie das **Lehrgedicht,** ein umfangreiches Epos, das von Philosophie, Astronomie, Medizin oder anderen Wissensgebieten handelt. Andere Formen der L., die nur teilweise lehrhaften Charakter haben, sind *Fabel, Parabel, Legende, Satire* u. *Tendenzdrama.*

Lehre, 1. Ausbildung in einem handwerkl. oder kaufmänn. Beruf; nach dem Berufsbildungsgesetz von 1969 heute als *Berufsausbildung* bezeichnet; Dauer 2 bis 3½ Jahre, endet mit einer Abschlußprüfung. →Auszubildender. – **2.** allg. ein Meßwerkzeug, das auf eine bestimmte Länge, einen Winkel oder Durchmesser fest eingestellt ist. Am meisten gebräuchl. sind *Grenzlehren* zur Prüfung der durch Toleranz u. Passung vorgeschriebenen Maße.

Lehrer, die Lehrenden aller Schularten, die Befähigung u. Berechtigung zur Lehrtätigkeit haben. Nach Ausbildung u. Schulart unterscheidet man Grundschul-, Hauptschul-, Sonderschul-, Realschul-, Berufsschul-, Fachschul-L., Studienräte u. a. Die Ausbildung erfolgt in allg. an der Univ.; Voraussetzung ist Hochschulreife.

Lehrfreiheit, das im GG verankerte Grundrecht, die in Wiss. u. Forschung gewonnenen Einsichten u. Überzeugungen ungehindert von staatl. Einmischung frei zu äußern u. zu verbreiten.

Lehrling, jemand, der nach der Handwerksordnung für einen anerkannten handwerkl. oder kaufmänn. Beruf ausgebildet wird; amtl. Bez. *Auszubildender.*

Lehrmaschine, *Lernmaschine,* elektr. oder elektron. gesteuerter Apparat für den Programmierten Unterricht. Der Unterrichtsstoff wird nach einem bestimmten Lernprogramm in kleinste Lernschritte zerlegt, die den Lernenden von Stufe zu Stufe bis zum angestrebten Ziel hinführen. Nur in Sprachlabors angewandt.

Lehrmittel, im Ggs. zu →Lernmitteln Hilfsmittel u. Arbeitsmaterialien für den Unterricht, die ausschl. für den Lehrer bestimmt sind.

Lehrplan, Übersicht, Anordnung u. Begrenzung des Lehrstoffs für Schulen je nach ihrem Aufbau.

Lehrstück, *Lehrtheater,* Sonderform des epischen Theaters nach B. *Brecht,* die erzieherisch wirken u. zur Auseinandersetzung mit Problemen anregen sollte.

Lehrstuhl, planmäßige Stelle eines ordentl. Professors an einer Hochschule.

Lehrte, Stadt in Nds., östl. von Hannover, 40 000 Ew.; Kalibergbau, Masch.-, elektrotechn. u. chem. Ind.; Verschiebebahnhof.

Lehrvertrag, Ausbildungsvertrag im Handwerk, im Berufsbildungsgesetz vom 14.8.1969 geregelt.

Leibbrand, Werner, *1896, †1974, dt. Kliniker u. Medizinhistoriker.

Leibeigenschaft, die persönl. Abhängigkeit eines Menschen von einem Herrn, ohne Freizügigkeit u. mit vielfältigen Geld-, Sach- u. Dienstpflichten des *Leibeigenen.* Die L. war bes. ausgeprägt: 1. im MA im westl. Dtld. als Abhängigkeit mit meist nur in geringer Höhe erhobenen Abgaben *(Leib-* u. *Heiratszins);* z. T. erhalten bis ins 18. Jh.; 2. im östl. Dtld. im Gebiet der Gutsherrschaft als *Erbuntertänigkeit* der antiken Sklaverei ähnl. Rechtsverhältnis, das aber den Gutsherrn (zumindest rechtl.) zur Fürsorge verpflichtete; erst mit der Bauernbefreiung aufgehoben; 3. im zarist. Rußland als stärkste persönl. Abhängigkeit der Bauern von ihren Herren mit Eigentumscharakter (z. T. bis 1917 erhalten).

Leibeserziehung, von den Reformpädagogen in den 1920er Jahren eingeführte Bez., heute durch die Bez. *Sport* ersetzt.

Leibesstrafen, strafweise Beeinträchtigung der körperl. Unversehrtheit (Geißelung, Verstümmelung u. a.); heute nur noch in wenigen Ländern (z.B. Republik Südafrika) als *Prügelstrafe* erhalten; Züchtigungsrecht.

Leibesübungen →Sport.

Leibesvisitation, körperl. Durchsuchung.

Leibgarde →Garde.

Leibgedinge, 1. →Altenteil. – **2.** lebenslängl. *Nießbrauch* an Grundstücken zur Versorgung der Witwe.

Leibholz, Gerhard, *1901, †1982, dt. Staatsrechtslehrer; Prof. in Greifswald 1929–35, nach Zwangsemeritierung Lehrauftrag in Oxford, 1947–51 in Göttingen, 1951–71 Richter am Bundesverfassungsgericht.

Leibl, Wilhelm, *1844, †1900, dt. Maler u. Graphiker; Hauptvertreter des Realismus in der dt. Malerei des 19. Jh. Seine Themen nahm er mit Vorliebe aus der Welt der bay. Bauern.

Leibnitz, östr. Bezirksstadt in der Steiermark, an der Mur, 7000 Ew.

Leibniz, Gottfried Wilhelm Frhr. von, *1646, †1716, dt. Philosoph, Mathematiker u. Forscher

Gottfried Wilhelm Leibniz

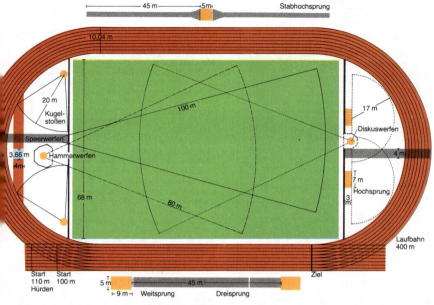

Schema einer Leichtathletik-Kampfbahn: Die Anlaufbahn für die Sprungwettbewerbe und die Wurfsektoren können bei Bedarf auch an andere Stellen verlegt bzw. vergrößert werden. Die zusätzliche Laufbahn links mit dem 3,66 m langen Wassergraben wird beim 3000-m-Hindernislauf benutzt

auf nahezu allen Wissensgebieten; seit 1676 Bibliothekar u. Hofrat des Herzogs *Johann Friedrich von Hannover*, 1691 Leiter der Bibliothek in Wolfenbüttel, gründete 1700 die Berliner Akademie. Die Arbeiten von L. waren bahnbrechend in Mathematik (*Differential-* u. *Integralrechnung*), Philosophie (*Logistik*), Psychologie, Sprachwiss. (*Ursprache*) u. a. Sein philos. System ist das letzte klass. System des Barock. Es ist pluralist. (unendl. viele Substanzen [*Monaden*], Kritik an der spinozist. Lehre von der einen Substanz), rationalist. (Unterscheidung von Vernunft- u. Tatsachenwahrheiten, Satz vom zureichenden Grund), optimist. (die von Gott geschaffene Welt ist die beste aller mögl. Welten) u. lehrt einen psychophys. Parallelismus (*prästabilierte Harmonie* von Leib u. Seele anstelle der Wechselwirkung oder Identität beider). Hptw.: »Theodizee«.

Leibowitz, René, * 1913, † 1972, frz. Komponist u. Dirigent poln. Abstammung; wichtiger Vertreter der frz. Dodekaphonisten.
Leibrente, eine auf Lebensdauer zu zahlende Rente, z.B. Altersrente auf Grund der Sozialversicherung.
Leibung, innere Fläche einer Maueröffnung, eines Bogens.
Leicester ['lɛstə], Hptst. der mittelengl. Gft. *L.shire*, 280 000 Ew.; Univ.; Textil-, Schuh- u. Masch.-Ind.
Leicester ['lɛstə], Robert Dudley, Earl of, * 1532, † 1588, Günstling der engl. Königin Elisabeth I.; 1553/54 im Tower gefangen, da er nach Eduards VI. Tod versucht hatte, seine Schwägerin Jane Grey auf den Thron zu bringen.
Leich, *Lai*, mhd. religiöses Tanz- u. Minnelied; bek. L.-Dichter *Walther von der Vogelweide*.
Leiche, *Leichnam*, der menschl. Körper nach eingetretenem Tod (bei Tieren *Kadaver*). Danach treten die L.nveränderungen (*L.nstarre, L.nflecke*) auf, u. es beginnt durch Selbstzersetzung mittels der Körperfermente der Zerfall; dabei entstehen u. a. *L.ngifte* (*Ptomaine*).
Leichenfledderei, Ausplünderung von Toten.
Leichenöffnung, *Sektion, Obduktion, Autopsie*, die patholog.-anatom. Untersuchung der Leiche zur Klärung der Todesursache.
Leichenschändung, Beschimpfung, Beschädigung oder unzüchtige Berührung einer Leiche; strafbar.
Leichenschau, *Totenschau*, die gesetzl. vorgeschriebene Untersuchung der Leiche zur Feststellung des Todes u. der Todesursache. Sie wird von approbierten Ärzten durchgeführt, die darüber den Totenschein, zur Vorlage beim Standesamt, ausstellen.
Leichenverbrennung →Feuerbestattung.
Leichenvergiftung, die durch Eiweißzersetzung bedingte Bildung z. T. giftiger organ. Basen (*Ptomaine, Leichengifte*). Eine Berührung von Hautwunden mit Leichenflüssigkeit kann zu Blutvergiftungen führen.
Leichhardt, Ludwig, * 1813, † 1848 (verschollen), dt. Australienforscher.
Leichlingen (Rheinland), Stadt in NRW, an der Wupper, 25 000 Ew.; Obstbau, Konserven- u. Textil-Ind.
Leichtathletik, die sportl. Übungen des *Laufens, Gehens, Springens* (Hoch-, Weit-, Drei- u. Stabhochsprung), *Werfens* u. *Stoßens* (Ball-, Speer-, Hammer-, Diskuswerfen sowie Kugel- u. Steinstoßen). Die L. ist die Grundlage der körperl. Erziehung u. der beste Vorbereitungssport für fast alle anderen Sportarten; sie bildet den Mittel- u. Höhepunkt der *Olymp. Spiele*.
Leichter, *Schute*, kleines Wasserfahrzeug zum Be- oder Entladen von Schiffen benutzt.
Leichtfliegengewicht, eine der →Gewichtsklassen beim Boxen u. Ringen.
Leichtgewicht, eine der →Gewichtsklassen in der Schwerathletik.
Leichtmatrose, jüngerer Matrose zw. Jungmann u. Vollmatrose.
Leichtmetalle, Metalle, deren Dichte unter 5 liegt; techn. bes. wichtig sind Aluminium, Magnesium, Titan.
Leichtöl, aus Steinkohlenteer (Rohöl) durch Destillation bei 100–180 °C gewonnenes Öl; als Heizöl verwendet.
Leideform →Passiv.
Leiden, *Leyden*, ndl. Stadt am Rhein, Prov. Südholland, 110 000 Ew.; Univ. (gegr. 1575); Renaissancebauten, Sternwarte; Metall-, Textil- u. a. Ind.
Leidener Flasche, 1746 in Leiden erfundener Kondensator, in dem größere Elektrizitätsmengen gesammelt werden können; ein Glasgefäß, das innen u. außen einen Metallbelag trägt. Das Glas dient dabei als Isolator (Dielektrikum).
Leidenfrostsches Phänomen, Bez. für die zuerst von dem dt. Gelehrten Johann Gottlieb *Leidenfrost* (* 1715, † 1794) entdeckte Erscheinung, daß auf einer hocherhitzten Metallplatte Flüssigkeiten Tropfen bilden, die sich eine Zeitlang halten wegen einer Dampfschicht, die sich an der Auflagefläche des Tropfens bildet.
Leidenschaft, durch Vernunft nicht bezähmbarer Gefühlsdrang; heftige Zuneigung, starke Begierde, Begeisterung. Die moderne Psychologie verwendet das Wort nicht; sie spricht stattdessen von *Affekt* u. *Trieb*.
Leider, Frida, * 1888, † 1975, dt. Sängerin (Sopran); bes. Wagner-Interpretin.
Leie, belg. Fluß, →Lys.
Leier, 1. *Lyra*, Sternbild des nördl. Himmels; Hauptstern: *Wega*. – 2. →Lyra.
Leierantilopen, *Halbmondantilopen, Damaliscus*, Gatt. *Echter Antilopen* in Afrika; mit rinderähnl. Hörnern.
Leierkasten, mechan. Musikwerk mit Handkurbel-Antrieb, meist eine kleine Drehorgel.
Leierschwänze, *Menuridae,* Fam. der *Singvögel*, fasanengroße Bodenvögel der südostaustral. Urwälder. Zur Balzzeit spreizt das Männchen leierförmig die langen Schwanzfedern.
Leif Eriksson, normann. Seefahrer, fuhr um 1000 n. Chr. von Grönland aus u. erreichte die amerik. Küste; gilt als erster Entdecker Amerikas.
Leifs [lejfs], Jón, * 1899, † 1968, isl. Komponist,

Leichtathletik-Disziplinen bei internationalen Meisterschaften	
Frauen	Männer
Laufwettbewerbe	
100 m	100 m
200 m	200 m
400 m	400 m
800 m	800 m
1500 m	1500 m
3000 m	5000 m
10 000 m	10 000 m
4×100 m-Staffel	4×100 m-Staffel
4×400 m-Staffel	4×400 m-Staffel
100 m Hürden	110 m Hürden
400 m Hürden	400 m Hürden
Marathonlauf (42,2 km)	3000 m-Hindernislauf
	Marathonlauf (42,2 km)
Sprungwettbewerbe	
Dreisprung	Dreisprung
Hochsprung	Hochsprung
Stabhochsprung	Stabhochsprung
Weitsprung	Weitsprung
Wurfwettbewerbe	
Diskuswerfen	Diskuswerfen
Kugelstoßen	Hammerwerfen
Speerwerfen	Kugelstoßen
	Speerwerfen
Straßengehen	
10 km	20 km
	50 km
Mehrkämpfe	
Siebenkampf:	Zehnkampf:
1) 100 m Hürden/Kugelstoßen/ Hochsprung/200 m	1) 100 m/Weitsprung/Hochsprung/ Kugelstoßen/400 m
2) Weitsprung/Speerwerfen/800 m	2) 110 m Hürden/Diskuswerfen/ Stabhochsprung/Speerwerfen/1500 m

Leigh [li:], Dirigent u. Musikschriftsteller; suchte in seinen Werken bei moderner Haltung einen nationalen Stil zu wahren.
Leigh [li:], NW-engl. Stadt westl. von Manchester, 46 000 Ew.; Kohlenbergbau, Textil-Ind.
Leigh [li:], Vivien, eigtl. Vivien Mary *Hartley,* *1913, †1967, engl. Schauspielerin; Filme »Vom Winde verweht«, »Endstation Sehnsucht«.
Leihbücherei, eine Unternehmung, die gewerbsmäßig Bücher ausleiht; überwiegend für Unterhaltungsschrifttum u. aktuelle Literatur.
Leihe, im bürgerl. Recht die unentgeltl. (Ggs.: *Miete*) Überlassung des Gebrauchs einer Sache.
Leihhaus, Pfandleihanstalt; →*Pfandleihe.*
Leihmutter, ugs. eine Frau, die (gegen Bezahlung) für eine andere ein Kind austrägt.
Leim, in Wasser lösl. Klebstoffe: 1. *synthet. L.* (aus Kunstharzen), 2. *Haut-* u. *Leder-L.,* 3. *Knochen-L.,* 4. *Casein-* oder *Kalt-L.,* 5. *Pflanzen-L.* (Stärke, Dextrin, Gummiarabikum).
Leimen, Stadt in Ba.-Wü., südl. von Heidelberg, 18 000 Ew.; Weinanbau.
Leimfarbe, Anstrichfarbe aus wasserlösl. Leimen u. meist mineral. Pigmenten (Kreide).
Leimkraut, *Silene,* Gatt. der *Nelkengewächse;* z. T. mit klebrigem Stengel. In Dtld. sind u. a. zu finden: *Stengelloses L.,* eine polsterbildende Alpenpflanze mit roten Blüten; *Nickendes L.,* mit nickenden, in Trugdolden vereinigten Blüten, die sich nur nachts öffnen; *Aufgeblasenes L.* oder *Taubenkropf,* mit aufgeblasenem Kelch, auf trockenen Wiesen häufig.
Leimruten, mit Vogelleim (aus Mistelbeeren) bestrichene Hölzchen, an denen Vögel beim Berühren hängenbleiben; in Dtld. verboten.
Lein →*Flachs.*
Leinberger, Hans, *um 1480/85, †1531/35, dt. Bildhauer; Hptw.: Madonna in Landshut, St. Martin; hl. Georg in München, Frauenkirche.
Leindotter, *Camelina,* Gatt. der *Kreuzblütler,* gelb blühend; Samen dienen der Gewinnung von *Leinöl* (Dt. Sesamöl).
Leine, l. Nbfl. der Aller, 281 km; mündet bei Schwarmstedt.
Leinen, *Leinwand, Linnen,* Gewebe aus Flachsfasergarnen. L. ist sehr haltbar, wasseraufsaugend u. guter Wärmeleiter; Rohfarbe ist graubraun oder gelb; hpts. als Bett- u. Tischwäsche verwendet. *Halb-L.* enthält in einer Fadenrichtung L., in der anderen Baumwolle.
Leinenband, *Ganzleinen,* ein Bucheinband, bei dem sowohl die Deckel als auch der Rücken mit *Buchbinderleinen* überzogen sind.
Leinfelden-Echterdingen, Stadt in Ba.-Wü., bei Stuttgart, 35 000 Ew.; Elektro- u. a. Ind.
Leingewächse →*Pflanzen.*
Leinkraut, *Linaria,* Gatt. der *Rachenblütler* mit gespornten Blüten; hierzu das *Echte L.* mit gelben Blüten.
Leinkuchen, kreisrund gepreßte Rückstände aus der Leinölgewinnung; eiweißhaltiges Kraftfutter.
Leino ['lɛinɔ], Eino, eigtl. Armas E. Leopold *Lönnbohm,* *1878, †1926, finn. Schriftst. (patriot. Lyrik) u. Übersetzer.
Leinöl, Gemisch von versch. Glycerinestern mit meist ungesättigten Fettsäuren, wird durch Auspressen aus Leinsamen als hellgelbes, trocknendes Öl erhalten; zur Herstellung von Linoleum sowie zur Gewinnung von Speiseöl u. Margarine.
Leinpfad, *Treidelweg,* Weg längs eines Ufers für Menschen oder Tiere, die früher Lastkähne an Seilen flußaufwärts zogen.
Leinsamen, *Flachssamen,* Samen des Flachses; enthalten 36–40% Öl u. ca. 5% Schleim; Anwendung in der Medizin äußerl. zur Wärmebehandlung, innerl. bei Stuhlverstopfung.
Leinsdorf, Erich, *1912, †1993, US-amerik. Dirigent östr. Herkunft.
Leinster ['lɛnstə], ir. *Laighin,* Prov. in SO-Irland, 19 792 km², 1,8 Mio. Ew., wichtigste Stadt *Dublin;* Hauptsiedlungs- u. -wirtschaftsgebiet der Rep. Irland.
Leip, Hans, *1893, †1983, dt. Schriftst.; bek. durch sein Soldatenlied »Lili Marleen«; Romane (u. a. »Jan Himp u. die kleine Brise«).
Leipzig, Stadt in Sachsen, in der L.er Tieflandsbucht, 547 000 Ew.; Messestadt (Muster-, Buch- u. Techn. Messe); Univ. (1409), TH u. a. HS; Museum der bildenden Künste; Dt. Bücherei; Oper, Schauspielhaus; Nikolaikirche, Thomaskirche (Thomanerchor); Gewandhausorchester; Völkerschlachtdenkmal. – Buchdruckerei u. -handel, Rauchwarenproduktion u. -handel, Masch.-, elektrotechn., Textil-, Musikinstrumenten-, Holz- u. a. Ind.; Verkehrsknotenpunkt (größter Kopfbahnhof Europas), Flugplatz.
Gesch.: Um 1165 Stadt, Handelszentrum (seit dem 13. Jh. Messen); 1519 **L.er Disputation** zw. Luther, A. Karlstadt u. J. Eck; im 18. Jh. führend im kulturellen Leben Dtld. Die *Völkerschlacht bei L.* 1813 beendete die napoleon. Herrschaft über Dtld.

Leipzig: Plakat der Leipziger Frühjahrsmesse 1990

Leipziger Allerlei, gemischte Gemüse wie grüne Erbsen, Möhren, Spargel, Blumenkohl, Pilze.
Leis, *Leise,* kirchl. Bittgesang mit dem Kehrreim »Kyrie eleison« (»Herr, erbarme dich«); Grundlage des dt. Kirchenlieds.
Leisewitz, Johann Anton, *1752, †1806, dt. Dramatiker des *Sturm u. Drang.*
Leishman ['li:ʃmən], Sir William Boog, *1865, †1926, brit. Pathologe u. Tropenmediziner; entdeckte die nach ihm ben. *Leishmanien,* die Erreger der **L.iosen,** in trop. u. subtrop. Ländern vorkommende Infektionskrankheiten, die durch Mückenstiche übertragen werden. Hierzu: *Aleppobeule, Kala-Azar* u. *Bahia-Beule.*
Leisnig, Stadt in Sachsen, an der Freiberger Mulde, 10 000 Ew.; Schloß Mildenstein; Apparatebau, Textil- u. a. Ind.
Leisten, *L.gegend,* die Beugeseite des Hüftgelenks, Übergang zw. Unterbauch u. Oberschenkel. Sie wird vom *L.band,* an dem die Bauchmuskeln ansetzen, durchzogen.
Leistenbruch, *Hernia inguinalis,* ein Eingeweidebruch innerhalb der Leistenbands.
Leistenhoden →*Kryptorchismus.*
Leistikow [-ko], Walter, *1865, †1908, dt. Maler; Mitgr. u. Präs. der Berliner Sezession; malte stimmungsvolle Seenlandschaften.
Leistung, 1. das Tun oder Unterlassen, das ein Gläubiger kraft des Schuldverhältnisses von einem Schuldner zu fordern hat. – 2. physikal. Größe, Zeichen P oder N; definiert als der Quotient von Arbeit u. Zeit; auch Produkt aus Kraft u. Geschwindigkeit. Die SI-Einheit der L. ist 1 Nms⁻¹ = 1 Watt.
Leistungsautomat, ein Gerät, das keine Waren verkauft, sondern Dienstleistungen verrichtet, z.B. Geldwechsler, Parkzeituhren, Münzfernsprecher, Musikautomaten.
Leistungsgesellschaft, Gesellschaftsform, in der sich der soz. Status aller Mitgl. u. Gruppierungen ausschl. nach den erbrachten *Leistungen* (nicht nach Stand u. Herkunft) bestimmt. Dieses **Leistungsprinzip** dient in industriellen Gesellschaften als Erklärungsmittel für bestehende soz. Ungleichheiten u. wird gleichzeitig als wichtige Voraussetzung für soz. Fortschritt u. Steigerung der Produktivität gesehen, weil im leistungsorientierten Gemeinwesen jeder die Möglichkeit hat, seine Fähigkeiten ohne Einschränkungen von Standesschranken zu entwickeln.
Leistungslohn, ein Lohn, bei dem nicht nur die Anwesenheitszeit im Betrieb vergütet wird, sondern die tatsächl. erbrachte Leistung. Formen des L. sind *Akkordlohn* u. *Prämienlohn.*
Leistungsmesser, *Wattmeter,* Gerät zur Messung der Wirkleistung eines elektr. Stroms.
Leistungsschutz, Rechtsschutz für kulturelle Leistungen, die keine geistigen Schöpfungen sind; z.B. für ausübende Künstler (Schutz gegen ungenehmigte Bildschirm- u. Lautsprecherübertra-

Leipzig: neues Gewandhaus

gung), für Tonträgerhersteller, Rundfunkanstalten u. Filmhersteller.
Leistungssport, im Unterschied zu *Volks-* u. *Breitensport* eine sportl. Betätigung, bei der eine hohe Leistungsfähigkeit angestrebt wird.
Leistungszulagen, *Lohnzulagen,* die den regelmäßigen (Zeit-)Lohn übersteigenden, von bes. Leistungen des Arbeitnehmers abhängigen Zulagen; nicht zu verwechseln mit dem *Leistungslohn.*
Leitartikel, ein durch Stellung oder Aufmachung hervorgehobener Artikel in Zeitungen, der kommentierend aktuelle Themen mit meinungsbildender Absicht behandelt.
Leitbild, eine vorbildl., richtungsweisende Lebensform, an der sich die individuelle Lebensgestaltung orientieren soll.
Leitbündel →*Leitgewebe.*
leitende Angestellte, Sondergruppe innerhalb der Arbeitnehmerschaft, die erhebl. unternehmer. Teilfunktionen wahrnimmt; vertreten häufig den Arbeitgeber gegenüber den Arbeitnehmern, vor allem bei Ausübung des Weisungsrechts. Das Betriebsverfassungs-Ges. findet auf l. A. eingeschränkt Anwendung.
Leiter, 1. [der], allg. ein Material, das bestimmte Energiearten (z.B. Elektrizität, Schall, Wärme) fortleitet. – Die elektr. *Leitfähigkeit* ist bei Metallen (bes. bei Silber u. Kupfer) am größten u. wächst mit sinkender Temperatur. Sie wird gemessen durch die Ladung, die durch einen L. von 1 cm Länge u. 1 cm² Querschnitt in 1s bei einer Spannungsdifferenz von 1 Volt durchläuft. Einheit: 1 Siemens = 1 gr/W. – 2. [die], hölzernes oder eisernes Steiggerät aus zwei Längsstangen *(Holmen),* die durch Querstangen *(Sprossen)* verbunden sind.
Leitfähigkeit, die Fähigkeit eines Stoffes, Energie (z.B. Schall, Wärme, Elektrizität) von einem Ort zu einem anderen fortzuleiten. Sie ist bei den einzelnen Stoffen verschieden u. hängt außerdem von der Temperatur ab.
Leitfossilien, die einer bestimmten geolog. Schicht angehörenden, versteinerten Lebewesen

Echtes Leinkraut

(*Fossilien*), die zur vergleichenden Altersbestimmung herangezogen werden können.

Leitgeb, Joseph, * 1897, † 1952, östr. Lyriker u. Erzähler.

Leitgewebe, röhrenförmig langgestrecktes Stofftransportgewebe der Pflanzen. Man unterscheidet: 1. Siebröhren zum Transport organ. Stoffe; 2. Gefäße zur Wasserleitung, tote Röhren mit verholzten Wandversteifungen. Das L. ist bei allen höheren Pflanzen zu einem strangförmigen *Leitbündel* vereint.

Leith [li:θ], nördl. Vorort u. Seehafen von *Edinburgh*.

Leitha, r. Nbfl. der Donau in Östr., 180 km; mündet in Ungarn.

Leitha-Gebirge, rd. 35 km langer Höhenzug am Ostrand des Wiener Beckens, im *Sonnenberg* 484 m.

Leitlinie, 1. bei Kegelschnitten eine feste, zur Hauptachse senkrechte Gerade; das Entfernungsverhältnis aller Kurvenpunkte von der L. u. einem festen Punkt (Brennpunkt) ist konstant. – **2.** der Verkehrslenkung dienende, auf der Straße aufgezeichnete gestrichelte Linie, die überfahren werden darf, wenn der Verkehr nicht gefährdet ist.

Leitmeritz, tschech. *Litoměřice*, Stadt in Nordböhmen (Tschech. Rep.), an der Elbe, 25 000 Ew.; Nahrungsmittel- u. chem. Ind.

Leitmotiv, ein mehrfach wiederkehrendes musikal. Motiv von melod., rhythm. u. harmon. Prägnanz, zur Charakterisierung von Personen u. Situationen (bes. in den Musikdramen R. *Wagners*); auch literar. Stilmittel.

Leitner, Ferdinand, * 4.3.1912, dt. Dirigent; bes. für zeitgenöss. Musik u. Werke A. *Bruckners*.

Leitstrahl, ein stark gebündelter Funkstrahl, mit dessen Hilfe Flugzeuge u. Flugkörper (Fernlenkwaffen) in der gewünschten Richtung geführt werden.

Leittier, das eine Tiergruppe anführende Alttier.

Leitton, im Dur-Moll-System der Ton, der im Gehör die Forderung erweckt, zu einem anderen Ton in einem Halbtonschritt weitergeleitet zu werden (Spannung-Entspannung). So seit 1600 der 7. Ton der Tonleiter (in C-Dur: h).

Leitung, Vorrichtung zur Beförderung von Flüssigkeiten, Gasen oder elektr. Energie; →elektr. Leitungen, →Kabel, →Pipeline.

Leitungsanästhesie, die Schmerzfreimachung bestimmter Körpergebiete durch das Einspritzen schmerzaufhebender Mittel in die dieses Gebiete versorgenden Nerven.

Leitwährung, die Währung eines Landes, zu der die andere Staaten ihre eigene Währung in einem festen Austauschverhältnis halten u. in der sie ihre Währungsreserven anlegen; seit dem 2. Weltkrieg der US-Dollar.

Leitwerk, 1. Flugzeugbauteil zur Stabilisierung der Fluglage u. zur Steuerung des Flugzeugs; speziell: *Höhenruder* u. *Seitenruder*. – **2.** ein Damm, der in einem Fluß zur Festlegung der künftigen Uferlinie des Niedrig- oder Mittelwasserbetts dient.

Lek, Währungseinheit in Albanien.

Lek [lɛk], 61 km langer mittlerer Teil des nördl. Mündungsarms des Niederrhein in den Ndl.

Lekai, László, * 1910, † 1986, ung. Theologe, seit 1976 Erzbischof von Esztergom u. damit Primas von Ungarn; Kardinal.

Lektion, Abschnitt in einem Lehrbuch, Lehrvortrag; auch liturg. Schriftlesung.

Lektionar, 1. ein Buch, in dem die Lesungen für die einzelnen Tage des Kirchenjahrs niedergelegt sind.

Lektor, 1. an Hochschulen Lehrbeauftragter, bes. für neuere Fremdsprachen, techn. oder mus. Fächer; unabhängig vom akadem. Grad. – **2.** in der kath. u. ev. Kirche ein Laie, der im Gottesdienst Abschnitte der Bibel vorliest. – **3.** wiss. Mitarbeiter eines Verlags, der Manuskripte prüft u. bis zur Drucklegung bearbeitet u. in Zusammenarbeit mit Autoren Werks- u. Programmkonzeptionen entwirft.

Lektüre, das Lesen eines Textes; auch der Lesestoff.

Lekythos, antikes einhenkliges Ölfläschchen.

Le Locle [lə'lɔkl], schweiz. Stadt im Kt. Neuenburg, 11 000 Ew.; Uhrmacherschule u. Uhrenmuseum.

Leloir [lə'lwa:r], Luis Federico, * 1906, † 1987, argent. Biochemiker frz. Herkunft; klärte die Polysaccharidbiosynthese auf; 1970 Nobelpreis für Chemie.

Lelouch [lə'luʃ], Claude, * 30.10.1937, frz. Film-

Franz von Lenbach: Knabe in der Sonne; um 1860. Darmstadt, Hessisches Landesmuseum

regisseur; W »Ein Mann u. eine Frau«, »Der Gute u. die Bösen«.

Lelystad ['le:li-], Stadt im Polder Ost-Flevoland (Ndl.), 58 000 Ew.

Lem, Stanislaw, * 12.9.1921, poln. Schriftst.; wiss. abgesicherte Science-fiction-Romane.

Lemacher, Heinrich, * 1891, † 1966, dt. Komponist u. Musikschriftst. (kath. Kirchenmusik).

Le Maire [lə'mɛ:r], Jakob, * 1585, † 1616, ndl. Seefahrer; entdeckte die *Staateninsel*, die *L.-M.-Straße* u. einige Inseln in der Südsee.

Le Mans [lə'mã], frz. Ind.-Stadt an der Sarthe, Sitz des Dép. Sarthe, 148 000 Ew. Südl. der Stadt wird seit 1923 das *24-Stunden-Rennen von L. M.* für Kraftfahrzeuge ausgetragen.

Lemberg, russ. *Lwow,* Hptst. der gleichn. Oblast, in der Ukraine, 767 000 Ew.; Univ. (1661); Handels- u. Verkehrsmittelpunkt; Landmaschinenbau, Erdölraffinerie.
Gesch.: Mitte des 14. Jh. Hptst. der poln. Ukraine, 1772–1918 Hptst. des östr. Galizien, 1919–39 polnisch.

Lembke, Robert, * 1913, † 1989, Journalist; 1949–60 Fernsehdirektor beim Bay. Rundfunk; wurde als Quizmaster der Fernsehserie »Was bin ich?« bekannt.

Lemercier [ləmɛr'sje:], Jacques, * um 1585, † 1654, frz. Baumeister; neben J.-H. *Mansart* einer der führenden Architekten zur Zeit *Richelieus.*

Lemgo, Stadt in NRW, in Lippe, 39 000 Ew.; ehem. Hansestadt mit altertüml. Stadtbild (Hexenbürgermeisterhaus, 1571); versch.

Lemke, 1. Helmut, gen. *von Soltenitz,* * 1907, † 1990, dt. Politiker (CDU); 1963–71 Min.-Präs. von Schl.-Ho. – **2.** Klaus, * 13.10.1940, dt. Filmregisseur; Filme u. a.: »48 Stunden bis Acapulco«, »Ein komischer Heiliger«.

Lemma, Stichwort (in Wörterbüchern).

Lemmer, Ernst, * 1898, † 1970, dt. Politiker (CDU); 1956 Bundes-Min. für Post- u. Fernmeldewesen, 1957–62 für gesamtdeutsche Fragen, 1964/65 für Vertriebene.

Lemminge, kurzschwänzige *Wühlmäuse* im N Eurasiens u. in N-Amerika. In period. Abständen verlassen L. in riesigen Scharen infolge einer Überbevölkerung ihre Wohngebiete u. richten großen Schaden an, wonach ein Massensterben folgt.

Lemmon, Jack, * 8.2.1925, US-amerik. Filmschauspieler; bes. erfolgreich in kom. Rollen (»Extrablatt«, »Das China-Syndrom«, »Macaroni«).

Lemnitzer, Lyman Louis, * 1899, † 1988, US-amerik. Offizier; 1955–57 Oberkommandierender der UN-Truppen in Korea u. der amerikan. Streitkräfte Fernost, 1962–69 Oberkommandierender der NATO-Streitkräfte in Europa.

Lemnos, →Limnos.

Lemoyne [lə'mwan], **1.** François, * 1688, † 1737, frz. Maler; schuf große dekorative Figurenkompositionen, u. a. im Versailler Schloß. – **2.** Jean-Baptiste, * 1704, † 1778, frz. Bildhauer; Statuen u. Denkmäler im Rokokostil.

Lemuren, 1. in der röm. Religion die Seelen Verstorbener, die als nächtl. Gespenster umgehen. – **2.** Fam. der →Halbaffen auf Madagaskar.

Lenin 507

Lena, Strom in Ostsibirien, 4270 km lang, Einzugsgebiet 2,49 Mio. km²; mündet mit weitverzweigtem Delta in die Laptewsee; etwa 7 Monate eisbedeckt.

Le Nain [lə'nɛ̃], drei frz., seit etwa 1630 in Paris in Werkstattgemeinschaft lebende Maler, die Brüder: Antoine, * um 1588, † 1648, Louis, * 1593, † 1648, u. Mathieu, * 1607, † 1677; realist. Genreszenen aus dem Bauernmilieu.

Lenard, Philipp, * 1862, † 1947, dt. Physiker; untersuchte die Eigenschaften der Kathodenstrahlen; Nobelpreis 1905.

Lenau, Nikolaus, eigtl. N. Franz *Niebsch, Edler von Strehlenau,* * 1802, † 1850, östr. Dichter; seit 1844 geistig gestört; brachte in Versen von großer Musikalität Weltschmerz, Einsamkeit u. Landschaftsstimmungen zum Ausdruck; daneben dramat.-epische Versdichtungen (»Faust«).

Lenbach, Franz von, * 1836, † 1904, dt. Maler; in München gefeierter Bildnismaler der Aristokratie; Bildnisse Bismarcks, Kaiser Wilhelms I. u. a.

Lenclos [lã'klo], Anne, gen. *Ninon de L.,* * 1620, † 1705, frz. Kurtisane; durch ihre Schönheit u. Bildung berühmt.

Lenden, *Lumbi,* die aus starker Rückenmuskulatur bestehende Gegend zw. Rippenbogen, Darmbeinkamm u. Lendenwirbelsäule.

Lendenschurz, Gesäß u. Schamteile bedeckendes Kleidungsstück, von Naturvölkern getragen.

Lendenwirbel, Wirbel zw. Kreuzbein u. Brustwirbeln.

Lendl, Ivan, * 7.3.1960, US-amerik. Tennisspieler tschech. Herkunft; einer der weltbesten Spieler, 1985–88 u. 1989/90 Erster der Weltrangliste.

Lendvai [-vɔi], Erwin, * 1882, † 1949, ung. Komponist u. Chorleiter; Oper »Elga«.

Leng, bis 1,5 m langer u. 25 kg schwerer *Schellfisch* der atlant. Küsten Europas; in Norwegen u. Island zu *Klippfisch* verarbeitet; auch als »Seeaal« u. geräucherter »Seelachs« im Handel.

Lengefeld, Charlotte von, * 1766, † 1826, Frau F. *Schillers.*

Lengerich, Stadt in NRW, am Teutoburger Wald, 20 000 Ew.; Zement-, Papier- u. a. Ind.

Lenggries, oberbay. Ort an der Isar, 750 m ü. M., 8000 Ew.; Luftkurort u. Wintersportort.

Lengyel [lɛndjɛl], József, * 1896, † 1974, ung. Schriftst.; 1938 in der Sowj. verhaftet u. verbannt, 1955 rehabilitiert; Novellen über seine seel. Konflikte u. Leiden.

Lenica ['lɛnitsa], Jan, * 4.1.1928, poln. Zeichner u. Plakatkünstler; vielfach ausgezeichnet für seine Kurz- u. Zeichenfilme.

Lenin, *Pik L.,* mit 7134 m höchster Gipfel im Transalai (Zentralasien).

Lenin, eigtl. *Uljanow,* Wladimir Iljitsch, * 1870, † 1924, russ. Revolutionär u. Politiker, Theoretiker des Sozialismus (*L.ismus*); 1897–1900 in Sibirien verbannt, 1900–05 in der Emigration, dann Teilnahme an der Revolution 1905, 1908–12 u. während des Weltkriegs in der Schweiz. Nach der russ. Februar-Revolution 1917 gelangte er mit Hilfe der dt. Heeresleitung nach Rußland; nach dem Sturz der Kerenski-Reg. wurde L. Vors. des Rates der Volkskommissare (Min.-Präs.). Er etablierte die bolschewist. Macht in Rußland. Der *L.ismus* paßt den Marxismus an die Bedingungen in Rußland des 20. Jh. an. Proletariat u. Bauern-

Wladimir Iljitsch Lenin

508 Leninabad

schaft sollten unter Anleitung von Berufsrevolutionären in die bürgerl. Revolution möglichst schnell in eine proletar. überleiten.

Leninabad, fr. Name von →Chodschent.
Leninakan, fr. Name von →Kumairi.
Leningrad, fr. Name von →Sankt Petersburg.
Leninismus →Lenin.
Lenkung, Einrichtung zur Änderung der Fahrtrichtung eines Fahrzeugs. Man unterscheidet: L. angetriebener Fahrzeuge u. Anhängerlenkung. Bei Fahrrädern u. Krafträdern werden nur ein Rad, bei Vierradfahrzeugen in der Regel nur die vorderen Räder, bei Geländefahrzeugen meist alle Räder gelenkt.

Lenkung: a) Bauteile einer Lenkung. – b) Zahnstangenlenkung. – c) Achsschenkellenkung, Abrollen der Räder in der Kurve. – Lenktrapez (von oben)

Lenne, l. Nbfl. der Ruhr, 131 km; mündet bei Hagen. – **L.gebirge,** Bergrücken des Sauerlands, im *Homert* 656 m. – **L.stadt,** Stadt in NRW, an der L., 26 000 Ew.; Schwefelkiesbergbau; im Stadtteil *Elspe* Freilichtbühne (Karl-May-Festspiele).
Lenné, Peter Joseph, *1789, †1866, dt. Gartenkünstler; seit 1854 Generaldirektor der königl. Gärten in Preußen; Vertreter des engl. Gartenstils.
Lennon, ['lɛnən], John, *1940, †1980 (ermordet), brit. Rockmusiker u. -komponist; prägte durch seine Songs den Stil der *Beatles*.

Le Nôtre [lə'no:tr], André de, *1613, †1700, frz. Gartenkünstler; leitete die Anlage des Parks von Versailles.
Lens [lãs], N-frz. Industriestadt im Artois, 38 000 Ew.; Metall- u. Textil-Ind.
Lensing, Elise, *1804, †1854, Geliebte F. *Hebbels*.
Lentizellen, vorspringende Warzen *(Korkwarzen)* auf den Korkmänteln der Zweige von Holzgewächsen; dienen dem Gasaustausch.
lento, musikal. Tempobez.: langsam.
Lenya, Lotte, *1895, †1981, dt. Schauspielerin; erste Erfolge als Seeräuber-Jenny in Brechts »Dreigroschenoper«; 1933 Emigration in die USA mit ihrem Mann K. *Weill*.
Lenz, 1. Heinrich Friedrich Emil, *1804, †1865, dt. Physiker; stellte die *L.sche Regel* auf, nach der induzierte Ströme immer so gerichtet sind, daß sie die erzeugende Bewegung zu hemmen suchen. – **2.** Hermann, *26.2.1913, dt. Schriftst.; schreibt Romane mit histor.-biograph. Hintergrund u. irreale Traumerinnerungen. – **3.** Jakob Michael Reinhold, *1752, †1792, dt. Dramatiker des *Sturm u. Drang*; 1771 Hofmeister in Straßburg, wo er *Goethe* begegnete, 1776 in Weimar, führte dann ein unruhiges Wanderleben; starb geistesgestört; bed. Prosakomödien: »Der Hofmeister«, »Die Soldaten«. – **4.** Max, *1850, †1932, dt. Historiker; vertrat eine geistes- u. ideengeschichtl. Geschichtsdarstellung. – **5.** Peter, *1832, †1928, dt. Maler; Begr. der *Schule von Beuron*, die sich eine Erneuerung der religiösen Malerei zum Ziel setzte. – **6.** Siegfried, *17.3.1926, dt. Schriftst.; Mitgl. der »Gruppe 47«; befaßt sich in Romanen u. Erzählungen mit Problemen der Kriegs- u. Nachkriegszeit, mit Fragen von Schuld u. Einsamkeit. Ⓦ »So zärtl. war Suleyken«, »Deutschstunde«, »Heimatmuseum«, »Das serb. Mädchen«; Dramen; Träger des Friedenspreises des Dt. Buchhandels.

Leo, Päpste:
1. L. I., *L. der Große,* †461, Papst 440–61; konnte seinen Jurisdiktionsprimat auf das ganze Abendland ausdehnen. Beim Wandalenherrscher Geiserich erreichte er die Schonung Roms. – Kirchenlehrer; Heiliger (Fest: 10.11.). – **2. L. III.,** *816, Papst 795–816; krönte *Karl d. Gr.* Weihnachten 800 zum Kaiser. – Heiliger (Fest: 12.6.). – **3. L. IV.,** †855, Papst 847–55; bemühte sich um den militär. Schutz des 846 von den Sarazenen heimgesuchten Rom. – Heiliger (Fest: 17.7.). – **4. L. VIII.,** †965, Papst 963–65; von der unter dem Einfluß Kaiser *Ottos d. Gr.* stehenden Synode, die *Johannes XII.* abgesetzt hatte, gewählt. – **5. L. IX.,** eigtl. Bruno Graf von *Egisheim* u. *Dagsburg,* *1002, †1054, Papst 1049–54; leitete die gregorian. Reformen ein; bekämpfte Simonie, Laieninvestitur u. Priesterehe. – Heiliger (Fest: 19.4.). – **6. L. X.,** eigtl. Giovanni de'*Medici,* *1475, †1521, Papst 1513–21; wurde durch den Einfluß seines Vaters (Lorenzo il Magnifico) bereits mit 14 Jahren Kardinal. Bedeutung u. Problematik der Reformation verkannte er vollständig; förderte Wiss. u. Künste. – **7. L. XII.,** eigtl. Annibale della *Genga,* *1760, †1829, Papst 1823–29; vertrat eine reaktionäre Politik, die für den Kirchenstaat verhängnisvoll wurde. – **8. L. XIII.,** eigtl. Vincenzo Gioacchino *Pecci,* *1810, †1903, Papst 1878–1903. Sein Pontifikat war erfüllt von dem Bemühen, den Gegensatz zw. der Kirche u. den polit., kulturellen u. soz. Bestrebungen der modernen Welt zu beseitigen; schuf das Grundlagen der kath. Sozialllehre, beendete den Kulturkampf.

Leo, byzantin. Kaiser, →Leon.
Leo, Leonardo, *1694, †1744, ital. Komponist; Vertreter der spätneapolitan. Oper, schrieb außerdem Oratorien u. Kirchenmusik.
Leoben, österr. Bezirksstadt u. Hauptort der Obersteiermark, an der Mur, 32 000 Ew.; Hütten- u. Stahlind.; HS für Bergbau.
Leobschütz, poln. *Głubczyce*, Stadt in Schlesien, an der Zinna, 13 000 Ew.; Textil- u. landw. Ind.
Leochares, athen. Bildhauer, etwa 380–320 v. Chr.; Mitarbeiter am Mausoleum in Halikarnassos.
Leon, *Leo,* byzantin. Kaiser: **1. L. I.,** *L. d. Gr.,* *um 400, †474, Kaiser 457–74; kämpfte erfolglos gegen die Wandalen in Afrika, griff mehrfach in die Thronfolge Westroms ein. – **2. L. III.,** *L. der Syrier,* *um 675, †741, Kaiser 717–41; stürzte durch das Verbot der christl. Bilderverehrung 730 das nach außen (gegen die Araber) erstarkte Reich in eine mehr als 100jährige innere Krise (Bilderstreit). – **3. L. VI.,** *L. der Weise,* *866, †912, Kai-

Leonardo da Vinci: Heilige Anna Selbdritt, 1500–1507. Paris, Louvre

ser 886–912; bed. als Gesetzgeber u. gelehrter Schriftst.
León, 1. histor. Ldsch. u. Prov. im nw. Spanien, nördl. Teil des dünnbesiedelten innerspan. Hochlands; im Duerotal Weinanbau. – **2.** span. Prov.-Hptst., am Zusammenfluß von Torio u. Bernesga, 137 000 Ew.; got. Kathedrale; Leder- u. Nahrungsmittel-Ind. – **3. L. de los Aldamas,** Stadt in Mexiko, 596 000 Ew.; vielseitige Ind. – **4.** Dep.-Hptst. im westl. Nicaragua, 101 000 Ew.; Univ. (gegr. 1812), Kathedrale; Ind.-Zentrum. 1610 vom Vulkan *Momotombo* zerstört, bis 1852 Hptst. Nicaraguas.
León, Fray, Luis Ponce de, *1527, †1591, span. Theologe u. Dichter; Lyriker u. Prosaist.
Leonardo da Vinci [-'vintʃi], *1452, †1519, ital. Maler, Bildhauer, Architekt, Kunsttheoretiker, Naturforscher u. Erfinder; zunächst Schüler A. *del Verrocchios* in Florenz, wirkte in Mailand (am Hof Ludovico Sforzas) u. Rom, seit 1517 auf Einladung Franz' I. in Frankreich. – L. kann als beispielhafte Verkörperung des von der Renaissance geforderten Universalmenschen gelten. Auf allen Kunst- u. Wissensgebieten war er forschend u. schöpfer. tätig. Er konstruierte u. a. zahlr. Maschinen, arbeitete auf den Gebieten der Optik, Botanik, Astronomie u. sezierte als einer der ersten den menschl. Leichnam. Als *Maler* hat er die Schönheitsideale der ital. Hochrenaissance am reinsten verwirklicht. Er verband szenisch agierende Personen mit Landschaftshintergründen in einheitl. Körper- u. Raumauffassung sowie in einer die lineare Schärfe mildernden Lichtführung (Sfumato). – Ⓦ »Madonna in der Felsengrotte«, »Abendmahl«, »Mona Lisa«, »Hl. Anna Selbdritt«, »Johannes der Täufer«.
Leonberg, Stadt in Ba.-Wü., westl. von Stuttgart, 41 000 Ew.; Maschinenbau, opt. u. a. Ind.
Leoncavallo, Ruggiero, *1857, †1919, ital. Komponist; errang mit seiner veristischen Oper »Der Bajazzo« einen Welterfolg.
Leone, 1. Giovanni, *3.11.1908, ital. Politiker (DC); 1963 u. 1968 Min.-Präs., 1971–78 Staatspräs. – **2.** Sergio, *1921, †1989, ital. Filmregisseur; Filme: »Spiel mir das Lied vom Tod«, »Es war einmal in Amerika«.
Leonhard, Einsiedler, lebte wahrscheinl. im 6. Jh.; gründete nach der Legende das Kloster Noblat bei Limoges. – Patron der Gefangenen u. der Pferde, Heiliger (Fest: 6.11.).
Leonhard, 1. Rudolf, *1889, †1953, dt. Schriftst.; Anhänger K. Liebknechts; Mitarbeiter der »Weltbühne«. – **2.** Wolfgang, Sohn von 1),

*16.4.1921, dt. Politologe; in der Sowj. erzogen, 1945–49 leitend im Parteiapparat der KPD bzw. SED tätig; seit 1950 in der BR Dtld., 1966 bis 1987 Prof. in Yale (USA). W »Die Revolution entläßt ihre Kinder«, »Kreml ohne Stalin«, »Euro-Kommunismus«, »Dämmerung im Kreml«.

Leonhardt, Gustav, *30.5.1928, ndl. Cembalist; widmet sich mit seinem *L.-Consort* bes. der Pflege barocker Musik.

Leonidas, †480 v. Chr., spartan. König; verteidigte mit 7000 Mann den Engpaß der Thermopylen gegen das pers. Heer; fiel durch Verrat des Griechen *Ephialtes.*

Leoniden, ein Sternschnuppenschwarm, der Mitte Nov. aus dem Sternbild des Löwen auftritt.

Leoninus, frz. Komponist, Meister der *Ars antiqua* des 12. Jh.; Organist an der Pariser Kathedrale Notre-Dame.

Leonische Drähte [nach der span. Stadt *León*], **Leonische Fäden,** fein vergoldete oder versilberte Drähte für Tressen, Litzen, Spitzen; seit dem 16. Jh. u. a. in Nürnberg u. Umgebung hergestellt.

Leonow, 1. Alexej, *30.5.1934, sowj. Kosmonaut; hielt sich 1965 als erster Mensch im freien Weltraum auf (20 min. lang außerhalb des Raumschiffs »Woschod 2«). – **2.** Leonid Maximowitsch, *1899, †1994, russ. Schriftst.; ein Klassiker der nachrevolutionären russ. Literatur in den 1920er Jahren.

Leontief [liˈɔntiəf], Wassily, *5.8.1906, US-amerik. Nationalökonom russ. Herkunft; stellte in Tabellenform die Güter- u. Leistungsströme einer Volkswirtschaft dar, ermittelten Zahlen zur statist. Analyse geeignet (Input-Output-Analyse); Nobelpreis für Wirtschaftswiss. 1973.

Leopard, *Panther, Pardel,* eine *Großkatze* Afrikas u. S-Asiens mit gelber Grundfarbe u. dunkler Punktfärbung, bis 1,50 m lang. Bes. bei Inselrassen treten sog. *Schwarze Panther (Melanismus)* auf.

Leopardi, Giacomo Graf, *1798, †1837, ital. Dichter; Vertreter des weltschmerzl. Pessimismus u. der Todessehnsucht.

Leopold, Fürsten.
Dt. Kaiser:
1. L. I., *1640, †1705, Kaiser 1658–1705; Habsburger. Obwohl friedliebend, wurde er in die Kriege der Zeit verwickelt. Der Gegensatz zu Frankreich zog ihn 1674 in die Reunionskriege (Holländ. Krieg; Pfälz. Erbfolgekrieg). In den Türkenkriegen kämpfte L. 1662–64 wenig glückl. – **2. L. II.,** *1747, †1792, Kaiser 1790–92; Sohn der Kaiserin *Maria Theresia,* seit 1765 Großherzog von Toskana; hob 1787 die Inquisition auf; um Frieden mit Preußen u. der Türkei bemüht.
Anhalt-Dessau:
3. L. I., der »(Alte) Dessauer«, *1676, †1747, seit 1712 preuß. Feldmarschall; Reformer des brandenburg.-preuß. Heeres; führte die preuß. Truppen im Span. Erbfolgekrieg (1701–17), eroberte im Nord. Krieg (1700–21) Stralsund u. Rügen u. gewann im 2. Schles. Krieg 1745 die Schlacht bei Kesselsdorf.
Belgien:
4. L. I., *1790, †1865, König der Belgier 1831–65; Sohn des Herzogs Franz von Sachsen-Coburg; regierte als streng konstitutioneller Herrscher. – **5. L. II.,** Sohn von 4), *1835, †1909, König der Belgier 1865–1909; mit ihm begann der Aufstieg Belgiens zum Industriestaat. Er erwarb 1876 riesige Gebiete im Bereich des Kongo-Stroms (Afrika), die er durch Verträge von 1907/08 dem belg. Staat vermachte (Belgisch-Kongo). – **6. L. III.,** *1901,

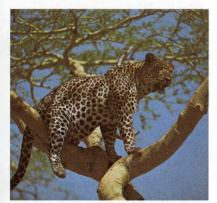
Leopard

Lerchen: Haubenlerche

†1983, König der Belgier 1934–51; kapitulierte 1940 vor den dt. Truppen. Sein Versuch, nach dem Krieg wieder den Thron zu übernehmen, scheiterte. 1950 übertrug er alle Rechte auf seinen Sohn *Baudouin.*
Österreich:
7. L. III., *L. der Heilige,* *1073, †1136, Markgraf 1095–1136; Patron von Östr. (Fest: 15.11.). – **8. L. V.,** *1157, †1194, Herzog 1177–94; nahm 1192 bei Wien *Richard Löwenherz* von England gefangen u. lieferte ihn an Kaiser Heinrich VI. aus; 1192 mit der Steiermark belehnt. – **9. L. VI.,** *L. der Glorreiche,* *1176, †1230, Herzog 1198–1230, seit 1194 Herzog von Steiermark; führte Kreuzzüge in Spanien (gegen die Mauren) u. in Kleinasien; unterstützte die Dichter Walther von der Vogelweide u. Neidhardt von Reuenthal.

Léopoldville [-ˈviːl] → Kinshasa.

Lepanto, ital. Name für *Naupaktos,* Ort am Golf von Korinth; 1571 Seesieg der Spanier u. Venezianer unter Don Juan d'Austria über die Türken.

Le Parc, Julio, *23.9.1928, argent. Künstler; kinet. Plastiken.

Lepidodendron, ein fossiler Bärlappbaum der *Steinkohlenwälder* des Karbon, Stamm bis 30 m hoch.

Lepidoptera → Schmetterlinge.

Lepidus, Marcus *Aemilius L.,* *90 v. Chr., †13 v. Chr., röm. Politiker; Anhänger *Cäsars;* bildete 43 v. Chr. mit *Octavian* u. *Antonius* das 2. Triumvirat.

Le Play [ləˈplɛ:], Pierre Guillaume Frédéric, *1806, †1882, frz. Bergwerksingenieur, Sozialwissenschaftler u. kath. Sozialreformer; gilt als Pionier der Soziologie.

Leporello-Album [nach dem Diener in *Mozarts* »Don Juan«], Buch, dessen Seiten nicht gebunden, sondern wie ein Harmonikabalg gefaltet sind; für Bilderbücher u. Prospekte.

Leppich, Johannes, *1915, †1992, dt. Jesuit; seit 1946 in der Arbeiterseelsorge tätig, hielt Massenansprachen auf Straßen u. Plätzen.

Lepra, *Aussatz,* bakterielle Infektionskrankheit mit oft jahrelanger Inkubationszeit u. schleichendem Verlauf. Es bilden sich Knoten (**Leprom**), vor allem im Gesicht. Bei der *Nerven-L.* erlöschen die Nervenempfindungen, u. es kommt zu verstümmelndem Abfall von Gliedmaßen. Trotz strenger Isolierung gibt es einige Millionen L.kranke, meist in Afrika u. Asien.

Lepsius, Carl Richard, *1810, †1884, dt. Ägyptologe.

Leptis Magna, *Lepcis Magna,* antike Stadt in N-Afrika, östl. von Tripolis; gegr. von Phöniziern; hatte große Bedeutung in der röm. Kaiserzeit; Umschlagplatz des Sahara- u. Sudan-Handels; wurde im 11. Jh. aufgegeben.

Leptonen, Sammelbez. für leichte *Elementarteilchen:* Neutrinos, Elektronen, Positronen u. Myonen sowie ihre Antiteilchen.

leptosom, schmalwüchsig, dünngliedrig; ein Körperbautyp; → Konstitution.

Leptospirosen, Infektionskrankheit bei Tieren u. auch Menschen, durch *Leptospiren* hervorgerufen. Überträger sind Ratten, Mäuse, Hunde u. a. Die wichtigsten L. sind: Weilsche Krankheit, Feldfieber u. Kanikola-Fieber.

Le Puy [ləpyˈi], S-frz. Dép.-Hptst. in der Auvergne, an der Borne, 24 000 Ew.; Wallfahrtsort; Spit-

zenklöppelei, Nahrungsmittel-Ind. – Auf steilem Felskegel die Kapelle St.-Michel-d'Aiguilhe.

Lerchen, *Alaudidae,* Fam. der *Singvögel* mit rd. 70 Arten. Einheim. sind: die *Haubenlerche,* erdfarben, Bodenbrüter, meist Zugvögel mit langem Schopf; die *Heidelerche* u. die *Feldlerche* mit kurzem Schopf.

Lerchensporn, *Corydalis,* Gatt. der *Mohngewächse;* meist Frühblüher, mit roten oder weißen Blüten.

Lèrici [ˈlɛritʃi], ital. Seebad in Ligurien, sö. von La Spèzia, 14 000 Ew.

Lérida, span. Prov.-Hptst. in Katalonien, am Segre, 112 000 Ew.; Bischofssitz, Alte u. Neue Kathedrale; Glas- u. Textil-Ind.

Lermontow, Michail Jurjewitsch, *1814, †1841 (im Duell), russ. Schriftst. der Romantik; schrieb weltschmerzl. Lyrik, Verspoeme im Geist der Volksdichtung u. den ersten russ. psycholog. Roman.

Lermoos, östr. Sommerkurort u. Wintersportplatz an der Loisach (Tirol), 995 m ü. M., 950 Ew.

lernäische Schlange → Hydra.

Lernbehinderung, Beeinträchtigung der schul. Leistungen infolge von Aufnahme- u. Verarbeitungsschwäche bzw. Beeinträchtigung von Sinnesfunktionen (Blindheit, Taubheit, Sprachstörungen), auch Milieuschädigungen sind wesentlich.

Lernen, bei Menschen u. Tieren der Vorgang der Aufnahme, Speicherung u. Wiedergabe nicht ererbter Informationen, die eine Änderung des Verhaltens ermöglichen oder bewirken.

lernende Automaten, elektron. Datenverarbeitungsanlagen, die gespeicherte Programme mit neu anfallenden Ergebnissen so kombinieren, daß sich eine Verbesserung (Änderung) des angestrebten Prozeßablaufs ergibt. L. A. werden zur Maschinensteuerung, zur Steuerung von Ind.-Anlagen, für Sprachübersetzung u. a. herangezogen.

Lernet-Holenia, Alexander, *1897, †1976, östr. Schriftst.; schrieb Romane u. Dramen, konservativ geprägt.

Lernfreiheit, die Möglichkeit, der Schulpflicht in bestimmten Fällen auch durch privaten Unterricht zu genügen.

Lernmaschine → Lehrmaschine.

Lernmittel, die in der Hand des Schüler befindl. Hilfsmittel für den Unterricht. Herkömml. L. sind Lehrbücher, Karten, Bilder; hinzu gekommen sind Funk, Film, Fernsehen, Videogeräte u. naturwiss. Geräte.

Léros, grch. Insel des Dodekanes, 53 km^2, 8100 Ew.

Lersch, 1. Heinrich, *1889, †1936, dt. Arbeiterdichter; Gedichte u. Romane über die ind. Arbeitswelt. – **2.** Philipp, *1898, †1972, dt. Psychologe; entwickelte eine Schichtenontologie der Persönlichkeit.

Lerwick [ˈlə:wik], Verw.-Sitz der Shetlandinseln (Schottland), an der Ostküste von Mainland, 7000 Ew.

Lesage [ləˈsa:ʒ], Alain René, *1668, †1747, frz. Schriftst.; hielt sich an das Vorbild des span. Schelmenromans.

Les Baux [lɛˈbo:], mittelalterl. Ruinenstadt (Zentrum der Troubadore) u. bed. Fremdenverkehrsort in S-Frankreich, 400 Ew.; seit 1821 Abbau von Bauxit.

lesbische Liebe, *Sapphische Liebe,* grch. *Tribadie,* die weibl. Form der Homosexualität, ben. nach der Insel *Lesbos.* Die Dichterin *Sappho,* die dort lebte, gilt als Anhängerin der l. L.

Lesbos, neugrch. *Lesvos,* grch. Insel vor der türk. Ägäisküste, 1630 km^2, 105 000 Ew.; Wein- u. Olivenanbau; Fremdenverkehr; Hauptort Mytilini.

Leschetitzky, Theodor, *1830, †1915, östr. Pianist u. Komponist poln. Herkunft.

Lescot [-ˈko:], Pierre, *um 1510, †1578, frz. Architekt; Hauptmeister der frz. Renaissance-Architektur.

Les Diablerets [-dja:bləˈrɛ], wild zerklüftetes, stark vergletschertes Massiv der Berner Alpen, bis 3210 m; Höhenluftkurort u. Wintersportplatz L. D., 1162 m ü. M., 1200 Ew.

Leser, Sammelbegriff für Lesegeräte, Peripheriegeräte zur Eingabe von Daten oder Programmen in einen Computer. Neben der Technik, auf der sie aufbauen (magnet., opt.), unterscheidet man Hand- (Lesepistole, Handscanner) u. Tischgeräte. Es gibt L. für Strichcodes, spez. Maschinenschriften wie

Lese- und Rechtschreibschwäche, die OCR (Optical Character Recognition), Schriften u. Handschriften. Sog. Klartextbeleg-L. werden vor allem in Banken u. Postämtern zur Kontrolle von Schecks eingesetzt, mit Kapazitäten von mehr als 100 000 Belegen je Stunde. Weit verbreitet sind Mikrofilm-L., neuerdings auch in Verbindung mit Computern.

Lese- u. Rechtschreibschwäche →Legasthenie.

Lesezirkel, gewerbl. Leihverkehr mit regelmäßig umlaufenden Ztschr.

Lesgier, fr. Bez. für islam. Stämmegruppe der östl. Kaukasusvölker, heute für Angehörige der lesgischen Sprachgruppe in Dagestan (Rußland) u. in Aserbaidschan.

Leskow [-'kɔf], Nikolaj Semjonowitsch; Pseud.: M. *Stebnizkij,* *1831, †1895, russ. Schriftst.; schilderte wirklichkeitsnah, humorvoll Russen in ihrer Umwelt.

Lesort [ləˈsɔːr], Paul André, *14.11.1915, frz. Schriftst.; kath. Romancier.

Lesotho, Binnenstaat in S-Afrika, 30 355 km², 1,7 Mio. Ew. (Basuto), Hptst. *Maseru.*

Lesotho

Landesnatur. L. besteht vorw. aus einer mit Grasländern bedeckten Hochebene, die im N u. O von den *Drakensbergen* (3482 m hoch) begrenzt wird. Die Temperaturen sind rel. niedrig mit großen tägl. u. jährl. Schwankungen, sommerl. Niederschläge.

Wirtschaft. Exportiert werden Diamanten, etwas Weizen, Wolle, Mohair, lebendes Vieh u. Häute. Die Landw. ist der einzige Wirtschaftszweig. Rd. 40% der männl. Bev. arbeitet in der Rep. Südafrika. Die reichl. vorhandenen Wasserkräfte werden zur Energiegewinnung genutzt.

Geschichte. Seit 1868 brit. Protektorat *Basutoland;* seit 1966 unabhängige Monarchie innerhalb des Commonwealth. Staatsoberhaupt ist König *Letsie III.,* Premier-Min. N. *Mokhehle.*

Lesparre-Médoc [lɛˈsparrəˈdɔk], frz. Krst. nw. von Bordeaux, 4000 Ew.; Weinmarkt *(Médoc-Weine).*

Lespinasse [lɛspiˈnas], Julie de, *1732, †1776, frz. Schriftst.; in ihrem Salon verkehrten die *Enzyklopädisten.*

Les Sables-d'Olonne [le sabləˈdɔlɔn], frz. Krst. im Dép. Vendée, am Atlantik, 16 000 Ew.; Seebad.

Lesseps, Ferdinand Vicomte de, *1805, †1894, frz. Diplomat; baute 1859–69 den Suezkanal; begann 1881 den Bau des Panamakanals, scheiterte aber infolge finanzieller Schwierigkeiten.

Lessing, 1. Doris, *22.10.1919, engl. Schriftst.; wuchs im heutigen Simbabwe auf, emigrierte nach Großbrit.; schildert die Probleme des Einzelmenschen als Angehöriger einer Minorität (Rassenfrage in Südafrika: »Afrikan. Tragödie«), der linksintellektuellen Gruppen u. der Emanzipation der Frau (»Das goldene Notizbuch«); weitere Romane: »Shikasta«, »Martha Quest«, »Das fünfte Kind«. – **2.** Gotthold Ephraim, *1729, †1781, dt. Dichter u. Dramaturg in Hamburg (»Hamburgische Dramaturgie«), schließl. herzogl. Bibliothekar in Wolfenbüttel. – L. war Vollender u. Überwinder der dt. Aufklärung; mit den Mitteln der Vernunft u. einer kampfkräftigen Sprache erstrebte er die Läuterung der christl. Glaubenswelt u. eine sittl. humane »Erziehung des Menschengeschlechts«. Literar. wurde er zum Wegbereiter der dt. Klassik; er trat für

Gotthold Ephraim Lessing

Shakespeare ein u. bekämpfte den frz. Klassizismus. – Ⓦ Dramen: »Minna von Barnhelm«, »Emilia Galotti«, »Nathan der Weise«. – **3.** Karl Friedrich, *1808, †1880, dt. Maler; schuf Landschafts- u. Historienbilder. – **4.** Theodor, *1872, †1933 (ermordet), dt. Schriftst. u. Philosoph; Vertreter einer kulturpessimist. Geschichtsdeutung.

Lessivierung, bodenbildender Prozeß der Tonverlagerung; dadurch Tonverarmung im Oberboden u. Tonanreicherung im Unterboden. L. tritt v. a. bei geringer bis mäßiger Versauerung auf.

Lester, Richard, *19.1.1932, US-amerik. Filmregisseur; Filme: »Yeah! Yeah! Yeah!«, »Die drei Musketiere«, »Superman II – Allein gegen alle«.

Le Sueur [ləsyˈœːr], **1.** Eustache, *1617, †1655, frz. Maler; schuf mytholog. Malereien als Wanddekorationen für Schlösser. – **2.** *Lesueur,* Jean François, *1760, †1837, frz. Komponist; Vertreter der Revolutionsoper.

Lesung, 1. parlamentarische Beratung einer Vorlage oder eines Antrags. – **2.** *liturg. Schriftlesung, Lektion,* im Gottesdienst vorgetragene Bibeltexte.

Lesur [ləˈsyːr], Daniel, *Daniel-L.,* *19.11.1908, frz. Komponist; Mitgr. des *Jeune France;* Kammer- u. Orchestermusik.

Leszczyński [lɛʃˈtʃinjski], poln. Adelsfam.; →Stanislaus (1).

Leszno, poln. Name der Stadt Lissa.

letal, tödlich.

Letaldosis, Kurzzeichen *LD,* die tödliche Dosis eines Giftes oder einer Strahlung.

Letalfaktoren, Erbanlagen, die den Tod des Individuums vor Erreichen des fortpflanzungsfähigen Alters bewirken.

Letalität, Sterblichkeit in der Statistik, das Verhältnis der Todesfälle zur Zahl der Erkrankten.

Lethargie, Schläfrigkeit, aus der man nur schwer erwacht; i.w.S. geistige Teilnahmslosigkeit.

Lethe, in der grch. Myth. ein Fluß in der Unterwelt, aus dem ein Trunk den Seelen der Verstorbenen Vergessen schenkt.

Leto, grch. Göttin, durch *Zeus* Mutter des *Apollon* u. der *Artemis.*

Lettau, Reinhard, *10.9.1929, dt. Schriftst.; zunächst phantast. u. surrealist., später polit. u. gesellschaftskrit. Werke.

Letten, balt. Volk an der Ostsee, bes. in Lettland; rd. 1,5 Mio. In 2. Weltkrieg wanderten 115 000 L. aus (nach USA, Kanada u. Australien); ein weiterer Teil (bes. der führenden Schichten) wurde 1940/41 u. nach 1945 in der Sowj. umgesiedelt.

Lettern, Schriftkörper mit spiegelbildl. u. erhabener Darst. von Buchstaben.

Lettgallen, ehem. Prov. im O Lettlands; unterscheidet sich in Kultur, Sprache u. Konfession (kath.) vom übrigen Lettland.

lettische Sprache →Balten.

Lettland, die mittlere der drei balt. Republiken an der Ostsee, 64 500 km², 2,6 Mio. Ew., davon 60% Letten, ferner Russen u. Polen, Hptst. *Riga;* seen- u. waldreiches, hügeliges Land; Flachküste mit Sanddünen.

Lettland

Geschichte: Die 1918 gebildete Rep. L. bestand aus Kurland, einem Teil Livlands u. Lettgallen. 1932 schloß L. einen Nichtangriffspakt mit der UdSSR, revidiert 1939 durch einen Vertrag, der der Sowj. Stützpunkte einräumte u. die Aussiedlung der Deutschbalten veranlaßte. 1940, nach Einmarsch der sowj. Truppen wurde L. als *Lettische SSR* der UdSSR eingegliedert. Nach dt. Besetzung (1941–44) erfolgte eine strikte Russifizierung, gegen die sich seit Ende der 1980er Jahre verstärkt Protest- u. Autonomiebewegungen richteten. Am 4.5.1990 proklamierte das lett. Parlament die Wiederherstellung der souveränen Rep. L., was zu einer repressiven Politik der sowj. Zentral-Reg. führte. Nach dem Putsch in der UdSSR wurde die Unabhängigkeit L.s 1991 anerkannt.

Lettner, Trennwand zw. dem Laienraum u. dem nur der Geistlichkeit zugängl. Chor einer Kirche.

Lettow-Vorbeck [-to-], Paul von, *1870, †1964, dt. Offizier; 1914–18 Kommandeur der dt. Schutztruppe in Ostafrika.

Letzte Ölung →Krankensalbung.

Letzter Wille →Testament.

Letztes Wort, das Recht des Angeklagten im *Strafprozeß,* vor der Urteilsfindung zu seiner Verteidigung das Wort zu ergreifen.

Leu, rumän. Währungseinheit.

Leuchtdichte, die Lichtstärke, die von der Flächeneinheit in die Raumwinkeleinheit ausgestrahlt wird: die Einheit dafür ist: 1 cd/cm^2; →Candela.

Leuchtdiode, *Lumineszenzdiode,* Abk. *LED,* wichtige Halbleiterdiode, v. a. zur Datenanzeige (Taschenrechner, Uhren).

Leuchtelektron, ein Elektron, das sich auf der äußersten, nicht abgeschlossenen Schale eines *Atoms* befindet. Das L. gibt bei der Emission oder Absorption einer elektromagnet. Strahlung durch Atome oder Moleküle die Strahlungsenergie ab bzw. nimmt sie auf.

Leuchtenberg, Eugène de *Beauharnais,* Herzog von L., *1781, †1824, Vizekönig von Italien seit 1805; Sohn von Alexandre de Beauharnais u. der späteren Kaiserin Joséphine.

Leuchtfarben, aus *Luminophoren,* Sulfiden, Silicaten u. Wolframaten des Bariums, Calciums, Strontiums oder Zinks unter Beimengung sehr geringer Mengen von Schwermetallsalzen (Aktivatoren) hergestellte Massen *(Leuchtstoffe),* die nach Anregung durch sichtbares oder ultraviolettes Licht, Kathoden- u. Röntgenstrahlen nachleuchten. →Lumineszenz.

Leuchtfeuer, intensives Licht, das von Leuchttürmen, -bojen u. -tonnen oder Feuerschiffen zur genauen Kurs- u. Ortsbestimmung ausgestrahlt wird; auch in der Luftfahrt *(Anflug-, Flugplatz- sowie Hindernis-L.).*

Leuchtkäfer, *Johanniskäfer, Käfer,* aus der Verwandtschaft der *Weichkäfer.* Sowohl die Käfer als auch die Larven haben Leuchtorgane; dazu *Glühwürmchen.*

Leuchtkraft, die je Sekunde von einem Stern ausgestrahlte Energie, ausgedrückt in kW. Die L. der Sterne liegt zw. $1/100 000$ u. dem 100 000fachen der L. der Sonne. Nach ihrer versch. absoluten Helligkeit Einstufung der Sterne in **L.klassen:** 0 hellste Überriesen, Ia helle u. Ib schwächere Überriesen, II helle Riesen, III normale Riesen, IV Unterriesen, V Hauptreihen- oder Zwergsterne, VI Unterzwerge.

Leuchtmoose, *Schistotegaceae,* Höhlen u. Felsspalten bewohnende zarte *Moose* mit linsenförmigen Zellen, in denen das seitlich einfallende Licht gesammelt u. teilweise grün leuchtend zurückgeworfen wird.

Leuchtmunition, mit *Leuchtpistolen* abgeschossene oder aus Flugzeugen abgeworfene Munition, deren Leuchtsatz in der Luft abbrennt u. das Gelände beleuchtet oder als Signal dient.

Lesotho: im Hochland

Leuchtorganismen, Lebewesen, die durch ihren Stoffwechsel Licht erzeugen, z.B. Leuchtmoose, Leuchtkäfer, Leuchtsardinen.

Leuchtqualle, eine *Fahnenqualle* des Mittelmeers u. des wärmeren Atlantik; bis 6 cm Durchmesser, nachts leuchtend.

Leuchtröhre, eine Gasentladungslampe, bei der man das Leuchten der positiven Säule ausnutzt; vor allem für Lichtreklame u. Tunnelbeleuchtung.

Leuchtsardinen, Tiefseefische mit Leuchtorganen. Die *Echten L.* oder *Laternenfische* haben bes. große Augen, halten sich am Tag in etwa 800 m Tiefe auf, steigen nachts bis nahe an die Wasseroberfläche auf.

Leuchtsätze, Feuerwerksmischungen aus Salpeter, Schwefel u. Holzkohle, die unter Zumischung von Metalloxiden oder -salzen mit Dextrin oder Leim gebunden sind. Beim Abbrennen erscheint die Flamme je nach dem Metall in einer bestimmten Farbe.

Leuchtschirm, eine Glasfläche, auf die eine Schicht aus Zinksulfid aufgetragen ist; leuchtet beim Auftreffen von Röntgen-, Kathoden-, Alphastrahlen auf u. findet z.B. als Röntgenschirm oder bei der Fernseh-Bildröhre Anwendung.

Leuchtstoffe →Leuchtfarben.

Leuchtstofflampe, eine *Gasentladungslampe*, die mit Quecksilberdampf unter geringem Druck gefüllt ist. Die Innenwand der rohrförmigen Lampe ist mit *Leuchtstoff* belegt, der durch ultraviolettes Licht zum Strahlen angeregt wird.

Leuchtturm, ein Seezeichen: weithin sichtbarer hoher Turm an Hafeneinfahrten oder gefahrvollen Stellen der Küste. Jeder L. zeigt nachts ein typisches *Leuchtfeuer* zur exakten Ortsbestimmung.

Leuk, schweiz. Bez.-Hptst. im Wallis, an der Rhône, 3000 Ew.; im *Leukertal* der Badeort *Leukerbad* (Schwefelthermen).

Leukämie, *Leukose,* schwere Erkrankung des die weißen Blutkörperchen bildenden Gewebes in Knochenmark, Milz u. Lymphknoten; durch außergewöhnl. Vermehrung der weißen Blutkörperchen gekennzeichnet. Man unterscheidet *Knochenmarks-L.* (*myeloische L., Myelose*) u. *Milz-Lymphknoten-L.* (*lymphat. L., Lymphadenose*). L. kommt bei Kindern u. Erwachsenen vor; sie kann akut oder chronisch verlaufen. Therapeutisch angewendet werden versch. Zytostatika u. Bestrahlungen, auch Knochenmarkstransplantation. Die Ursache der L. ist ungeklärt.

Leukas, *Levkas,* eine der grch. Ionischen Inseln, 302 km², 21 000 Ew., Hauptort *L.*; bis 1158 m; Oliven- u. Weinanbau.

Leukippos, *Leukipp von Milet,* grch. Philosoph um 450 v. Chr.; Mitbegr. des Atomismus.

Leukoderma, stellenweise Entfärbung der Haut durch Pigmentverminderung als Folge von Hautkrankheiten.

Leukom, eine weiße, undurchsichtige Narbe der Augenhornhaut, die nach einem Hornhautgeschwür zurückbleiben kann.

Leukoplast, Wz., mit einer zinkoxidhaltigen Masse bestrichener Textilstreifen, der als Heftpflaster dient.

Leukotomie, *Lobotomie,* Gehirnoperation zur Linderung schwerster Geisteskrankheiten: Durchtrennung von Nervenbahnen.

Leukozyten, weiße Blutkörperchen, →Blut.

Leukozytose, deutl. Vermehrung der *Leukozyten* als Ausdruck von Abwehrvorgängen des Körpers bei entzündl. u. infektiösen Erkrankungen.

Leuchtkäfer: Glühwürmchen

Leuktra, Ort in Böotien, sw. von Theben; berühmt durch den 371 v. Chr. aufgrund einer neuen »schiefen Schlachtordnung« errungenen Sieg des *Epaminondas* über die Spartaner.

Leumund, Ruf, Nachrede. – **L.zeugnis,** Zeugnis über den Ruf eines Angeklagten.

Leuna, Stadt in Sachsen-Anhalt, an der Saale, 10 000 Ew. Das *L.werk* stellt Ammoniak, synthet. Benzin, Methylalkohol u. a. Erzeugnisse der Braunkohlenchemie her.

Leupold, Ernst, *1884, †1961, dt. Pathologe; arbeitete bes. über Krebsforschung.

Leuschner, **1.** Bruno, *1910, †1965, dt. Politiker; 1945–49 in leitenden Funktionen in der KPD bzw. SED, 1952–61 Vors. der Staatl. Plankommission der DDR, 1950–65 Mitgl. des ZK der SED, 1958–65 Mitgl. des Politbüros des ZK. – **2.** Wilhelm, *1890, †1944 (hingerichtet), dt. Politiker (SPD) u. Gewerkschaftsführer; 1933/34 polit. Häftling, danach gegen das nat.-soz. Regime tätig, führend in der Widerstandsbewegung tätig, nach dem 20. Juli 1944 verhaftet u. zum Tode verurteilt.

Leutheusser-Schnarrenberger, Sabine, *26.7. 1951, dt. Politikerin (FDP); seit 1992 Bundes-Min. der Justiz.

Leutkirch im Allgäu, Stadt in Ba.-Wü., 20 000 Ew.; Luftkurort; Holz- u. Textilind.

Leutnant, ein Offiziersdienstgrad.

Leuwerik, Ruth, *23.4.1926, dt. Schauspielerin (u. a. in »Königliche Hoheit«).

Levade, Übung der *Hohen Schule:* Das Pferd hebt die Vorhand, winkelt die Vorderbeine an u. hält sich auf der weit unter den Leib gesetzten Hinterhand im Gleichgewicht.

Levante, »Morgenland«, die um das östl. Mittelmeer liegenden Länder, bes. die Küste von Kleinasien, Syrien u. Ägypten.

Lever [lə've:], Morgenempfang bei einem Fürsten (17./18. Jh.).

Leverkusen, kreisfreie Stadt in NRW, am Rhein, 160 000 Ew.; Metall-, Textil- u. chem. Ind. *(Bayer AG, Agfa Gevaert-Gruppe);* Hafen am Rhein.

Leverrier [ləve'rje:], Urbain Jean Joseph, *1811, †1877, frz. Astronom; berechnete aus Störungen der Uranus-Bewegung den Ort des Neptun, der nach seinen Angaben 1846 von J.F. *Galle* entdeckt wurde.

Levetzow [-tso], Ulrike Freifräulein von, *1804, †1899, *Goethes* letzte Liebe. Sie wurde der Anlaß zu Goethes »Marienbader Elegie«.

Levi, **1.** Carlo, *1902, †1975, ital. Schriftst.; Gegner des Faschismus; machte mit seinem dokumentar. Roman »Christus kam nur bis Eboli« auf die soz. Not der südital. Bauern aufmerksam. – **2.** Primo, *1919, †1987, ital. Schriftst.; schrieb einen Dokumentarbericht über seine Erlebnisse im Vernichtungslager Auschwitz.

Leviathan, im AT mythischer Drache; in der christl. Überlieferung mit dem Satan gleichgesetzt.

Levi-Montalcini [-montal't∫ini], Rita, *22.4.1909, ital.-US-amerik. Medizinerin; erhielt für Forschungen über Wachstumsfaktoren von Nerven u. Haut den Nobelpreis 1986.

Levin [lə'vin], **1.** Ira, *27.8.1929, US-amerik. Schriftst.; spannende Romane u. Kurzgeschichten. – **2.** Rahel, *1771, †1833, Frau von K. A. *Varnhagen von Ense;* beeinflußte das literar. Leben durch ihren Salon in Berlin.

Levine [lə'vi:n], James, *24.5.1943, US-amerik. Dirigent.

Levirat, *Schwagerehe,* die im AT überlieferte Sitte, daß der (jüngere) Bruder die kinderlose Frau des verstorbenen (älteren) heiraten muß; die Witwe wird dadurch wirtschaftl. u. soz. abgesichert.

Lévi-Strauss, Claude, *28.11.1908, frz. Ethnologe; Begr. der »strukturalen Anthropologie« unter Einfluß der Psychoanalyse.

Levitation, freies Schweben von Gegenständen oder eines menschl. Körpers (z.B. bei Fakiren, Magiern).

Leviten, **1.** im AT die Nachkommen *Levis* u. Angehörige des Priesterstandes. – **2.** in der kath. Kirche Bez. für Diakone bei feierl. liturg. Funktionen.

Levitikus, das 3. Buch Mose, das gottesdienstl. *(levit.)* Ordnungen u. Anweisungen enthält.

Levkoje, *Matthiola,* im Mittelmeergebiet heim. Gatt. der *Kreuzblütler;* Gartenpflanze.

Lévy-Bruhl ['levi bry:l], Lucien, *1857, †1939, frz. Philosoph u. Ethnologe; arbeitete bes. auf dem Gebiet der Moralphilosophie u. Ethnosoziologie.

Liang Kai 511

Lévy-Dhurmer [-dyr'mɛ:r], Lucien, *1865, †1953, frz. Maler u. Kunsthandwerker; ein Hauptvertreter des Symbolismus.

Lew, bulgar. Währungseinheit.

Lewes ['lu:is], Hptst. der südengl. Teil-Gft. East Sussex, an der Ouse, 14 000 Ew.; Normannenschloß (1088).

Lewin, Kurt, *1890, †1947, US-amerik. Psychologe dt. Herkunft; Vertreter der Berliner Schule der Gestaltpsychologie. Seine Lehre vom *sozialen Feld* ist zur *Gruppendynamik* weiterentwickelt worden.

Lewis ['lu:is], größte u. nördl. Insel der schott. Hebriden, 2273 km², 17 000 Ew.; Hauptort *Stornoway*.

Lewis ['lu:is], **1.** Carl, *1. 7. 1961, US-amerik. Leichtathlet; einer der weltbesten Sprinter u. Weitspringer; errang 1984 vier sowie 1988 u. 92 je zwei olymp. Goldmedaillen. – **2.** Clarence Irving, *1883, †1964, US-amerik. Philosoph; Vertreter des *Pragmatismus.* – **3.** Gilbert Newton, *1875, †1946, US-amerik. Physikochemiker; forschte auf dem Gebiet der chem. Bindungen u. Elektrolyse. – **4.** Harry Sinclair, *1885, †1951, US-amerik. Schriftst.; beschrieb satir. u. gesellschaftskrit. das amerik. Leben; erhielt 1930 (als erster Amerikaner) den Nobelpr. für Lit. – **5.** Jerry, *16.3.1926, US-amerik. Filmschauspieler u. Regisseur; spielte meist kom. Rollen: »Der verrückte Professor«, »Which way to the front?« – **6.** John, *3.5.1920, afroamerik. Jazzmusiker (Klavier, Bandleader, Komposition). – **7.** John Llewellyn, *1880, †1969, US-amerik. Gewerkschaftsführer; 1920–60 Präs. der amerik. Bergarbeitergewerkschaft; gründete 1938 mit anderen die CIO *(Congress of Industrial Organizations).* – **8.** Percy Wyndham, *1884, †1957, engl. Maler u. Schriftst.; neben abstrakten Gemälden auch Porträts.

Lewitan, Isaak Iljitsch, *1860, †1900, russ. Maler; bed. Landschaftsmaler.

Lex [lat.], Gesetz.

Lexer, **1.** Erich, *1867, †1937, dt. Chirurg; förderte bes. die plastische u. Wiederherstellungschirurgie. – **2.** Matthias von, *1830, †1937, dt. Germanist; veröffentlichte noch heute gebräuchl. Wörterbücher; Mitarbeiter an *Grimms* »Dt. Wörterbuch«.

Lexikographie, die Beschreibung des Wortschatzes einer Sprache oder mehrerer Sprachen in Wörterbüchern.

Lexikon, alphabet. geordnetes Nachschlagewerk; *Konversations-L.* (→Enzyklopädie) Wörterbuch.

Lexington [-tən], **1.** Stadt im USA-Staat Kentucky, 204 000 Ew.; Univ. (1865); Zentrum der Pferdezucht, Tabak-, Whisky- u. Papierind. – **2.** Stadt im USA-Staat Massachusetts, 29 000 Ew. – Hier begann 1775 der amerik. Unabhängigkeitskrieg.

Ley, Robert, *1890, †1945 (Selbstmord), dt. Politiker (NSDAP); 1934–45 Reichsorganisationsleiter der NSDAP, zugleich Führer der *Dt. Arbeitsfront.* Angeklagter im Nürnberger Prozeß gegen die Hauptkriegsverbrecher.

Leyden, **1.** Ernst Viktor von, *1832, †1910, dt. Kliniker. Nach ihm u. J. M. *Charcot* sind die *Charcot-L.schen Kristalle* benannt. – **2.** →Gerhaert von Leyden. – **3.** →Lucas van Leyden.

Leyen, Friedrich von der, *1873, †1966, dt. Germanist; Forschungen zu Sage, Märchen, Religion der Germanen.

Leysin [le'zɛ̃], schweiz. Luftkurort im Kt. Waadt, bis 1450 m ü. M., 2000 Ew.

Leyte ['leitə], philippin. vulkan. Insel, 8003 km², 1,6 Mio. Ew., Hauptort *Tacloban;* Hanf- u. Kokospalmenanbau, Fischerei.

Lhasa, Hptst. der chin. Autonomen Region Tibet, an einem Nbfl. des Brahmaputra, 3630 m ü. M., 108 000 Ew.; ehem. hl. Stadt des Lamaismus, mit dem *Potala* (bis 1959 Sitz des Dalai-Lama).

Lhotse, Himalaya-Gipfel im östl. Nepal, im *Mt.-Everest-Massiv,* 8516 m.

Li, 1. chin. Längenmaß (Meile): 1 L. = 180 chang (Faden) = 644,4 m. – **2.** chin. Gewicht: 1 L. = 1/1000 Tael = 37,8 mg.

Li, *Lü,* Gruppe der Thai-Stämme in Südostchina u. auf Hainan.

Liaison [liɛ'zõ], Verbindung, Liebesverhältnis.

Lianen →Kletterpflanzen.

Liang Kai, chin. Maler, tätig um 120, vom Chan-Buddhismus inspirierter Maler, Vertreter des »Natürl. Stils«.

Lianyungang, Stadt in der chin. Prov. Jiangsu, am Gelben Meer, 397 000 Ew.; Seehafen.
Liaodong [liaudυŋ], *Liaotung,* chin. Halbinsel in der südl. Mandschurei, am Gelben Meer; wichtige Hafenstädte.
Liao He [liau hə], Hauptfluß der südl. Mandschurei (China), rd. 1300 km; mündet in den Golf von Liaodong.
Liaoyang, Stadt in der chin. Prov. Liaoning, 430 000 Ew.; Baumwoll- u. Nahrungsmittel-Ind.
Lias, der untere (schwarze) Jura; → Erdzeitalter T.
Li Bai, *Li Po, Li Tai-po,* * um 701, † 762, chin. Dichter; Anhänger des Daoismus. Hauptthemen seiner Lyrik sind Natur, Freundschaft, Vergänglichkeit, Trunkenheit.
Libanon, Staat in Vorderasien, an der O-Küste des Mittelmeers, 10 400 km², 2,9 Mio. Ew., Hptst. *Beirut.*

Libanon

Landesnatur. Hinter der Küstenebene erhebt sich das Gebirge des *Libanon* (3083 m), das durch die fruchtbare *Beqaebene* vom *Antilibanon* (2814 m) getrennt wird. Es herrschen trockenheiße Sommer; die Niederschläge fallen hpts. im Winter, im Gebirge als Schnee. – Die Bevölkerung (40% Christen, 60% Moslems) besteht überw. aus Arabern.
Wirtschaft. Anbau von Zitrusfrüchten, Obst, Gemüse u. Bananen auf künstl. bewässertem Boden; Milchvieh- u. Geflügelhaltung; Nahrungsmittel-, Textil-, Leder-, Möbel- u. Druckindustrie. Der langjährige Bürgerkrieg hat der Wirtschaft schwer geschadet.
Geschichte. 1920 wurde das Land von Frankreich besetzt u. 1923 frz. Mandatsgebiet, das von Syrien gelöst wurde. 1941 wurde L. nominell unabh., 1944 das Mandat aufgehoben. Durch die Verwicklung L. in den Nahostkonflikt verschärften sich die Spannungen zw. den durch die Verf. politisch gleichgewichteten religiösen Gruppierungen. Seit 1975/76 entwickelte sich ein Bürgerkrieg zw. christl. Milizen einerseits u. linken Moslems u. Palästinensern andererseits. 1976 besetzten syr. Truppen das Land. Von 1982–85 gingen isr. Truppen gegen PLO-Stellungen militär. vor. 1985 wurden die isr. Truppen wieder abgezogen. Die Kämpfe zw. den Bürgerkriegsparteien u. auch innerhalb der einzelnen Gruppierungen flammten immer wieder auf. Nachdem die Amtszeit des Präs. A. *Gemayel* 1988 endete, versuchte der christl. General M. *Aoun* vergeblich, die syr. Truppen zu vertreiben. Seit 1989 ist E. *Hrawi* neuer Staats-Präs. Mit Hilfe der Syrer wurde *Aoun* 1990 ausgeschaltet. Im Mai 1991 schloß L. mit Syrien einen Vertrag mit weitreichenden Machtbefugnissen für Syrien.

Libau, Handelsstadt u. eisfreier Ostseehafen in Lettland, 109 000 Ew.; Eisen-Ind., Werften.
Libby, Willard Frank, * 1908, † 1980, US-amerik. Chemiker; entwickelte die Radiocarbonmethode (C¹⁴-Methode) zur Altersbestimmung von Gegenständen aus organ. Material. Nobelpreis 1960.
Libelle → Wasserwaage.
Libellen, *Wasserjungfern,* Ordnung der *Insekten,* umfaßt rd. 3700 Arten in allen Erdteilen; bis 15 cm lange, räuberisches, oft farbenprächtige Insekten mit großen Facettenaugen u. 2 Flügelpaaren.
liberal, vorurteilsfrei.
Liberal-Demokratische Partei, *LDP,* polit. Partei in der DDR, gegr. 1945 als *Liberaldemokrat. Partei Deutschlands (LDPD),* ordnete sich seit 1949/50 als Blockpartei der SED unter. 1989 trat sie aus dem Demokrat. Block aus. Für die Volkskammerwahl 1990 bildete sie mit der FDP der DDR u. der DFP das Wahlbündnis *Bund Freier Demokraten (BFD).* Nach der Wahl konstituierte sie sich neu als *BFD – Die Liberalen.* Sie vereinigte sich im Aug. 1990 mit der FDP der DDR, der FDP der BR Dtld. u. der DFP zur gesamtdt. FDP.
liberaler Staat, als histor. Erscheinungsform der bürgerl. Rechts- u. Verfassungsstaat des 19. Jh.; als polit. Erscheinungsform in der Gegenwart: liberaler Rechtsstaat der parlamentar. (»westl.«) Demokraten.
Liberalismus, freiheitl. u. freisinnige Welt-, Staats- u. Wirtschaftsanschauung. Der L. entstand gegen den Zwang des *Absolutismus* im Zeitalter der *Aufklärung* aus dem Glauben an die Allgemeingültigkeit der menschl. *Vernunfterkenntnis;* er glaubt an den Fortschritt der Menschheit aus dem freien Spiel der Kräfte *(Konkurrenz)* u. lehnt obrigkeitl. (kirchl. oder staatl.) Eingriffe in die freie geistige oder materielle Betätigung des Individuums ab, aus grundsätzl. Mißtrauen gegen jeden Zwang. Die Menschenrechte sind sein erstes polit. Glaubensbekenntnis.
Liberec [-rɛts], Stadt in Böhmen, →Reichenberg.
Liberia, Staat an der westafrik. Küste, 111 369 km², 2,6 Mio. Ew., Hptst. *Monrovia.*
Landesnatur. Hinter einer feuchttrop. Küstenebene steigt das Land zum 1000 m hohen, trockeneren Bergland der Oberguineaschwelle an. Die Bevölkerung (67% Animisten, 15% Christen, 18% Moslems) besteht aus versch. Sudanneger-Stämmen sowie aus etwa 20 000 Nachkommen der fr. rückgewanderten »Ameriko-Liberianer«, die zur wirtsch. Oberschicht gehören.

Liberia

Wirtschaft. Hauptexportgüter sind neben dem Eisenerz (über 60% des Ausfuhrwerts) u. Naturkautschuk (fast 20%) Diamanten, Holz, Kaffee u. Palmkerne. – Der bed. Seehafen ist Monrovia. Offiziell besitzt L. eine der größten Handelsflotten der Erde. Die Registrierung ausländ. Schiffe unter liberian. Flagge hat v. a. steuerl. Vorteile.
Geschichte. L. wurde 1822 gegr. als Siedlung freigelassener amerik. Sklaven. 1847 wurde es unabhängige Rep. mit einer Verf. nach amerik. Vorbild. Nach einem Militärputsch von 1980 regierte S. *Doe,* der 1985 zum Staats-Präs. gewählt wurde. 1990 begann eine Rebellenbewegung unter Führung von C. *Taylor* einen Guerillakrieg gegen die Reg. Doe. Trotz der Intervention einer westafrik. Friedensstreitmacht im Aug. 1990 konnten die Rebellen die Reg. stürzen u. Präs. Doe töten. Da die Rebellen in zwei Lager gespalten sind, blieb die polit. Lage instabil.
Libero, beim Fußballspiel der Abwehrspieler, der »frei« ist, d. h., der keinen bestimmten Gegenspieler zu bewachen hat.
Libertas, altröm. Personifikation der Freiheit.
Liberté, Égalité, Fraternité, »Freiheit, Gleichheit, Brüderlichkeit«, die Grundforderungen der Frz. Revolution 1789.

Libellen in einem sogenannten Paarungsrad; oben Männchen, unten Weibchen

Libertin [-'tɛ̃], veraltet für: ausschweifend lebender Mensch, Wüstling; auch Freigeist. – **Libertinage,** *Libertinismus,* Ausschweifung, Zügellosigkeit.
Libido, Begierde, Geschlechtstrieb.
Liborius, † 397(?), Bischof von Le Mans, Heiliger; 836 Übertragung der Reliquien nach Paderborn; dort Wallfahrt (Fest: 23.7.).
Libration, scheinbare Schwankung der Mondscheibe infolge der ellipt. Form der Mondbahn *(optische L.).* Infolge der L. kann von der Erde aus mehr als die Hälfte (⁴/₇) der Mondoberfläche beobachtet werden.
Libretto, Textbuch für Opern, Operetten, Musicals.
Libreville [librə'vil], Hptst. von Rep. Gabun, 350 000 Ew.; kath. Erzbischofssitz, Univ.; Hafen, Flughafen.
Libussa, tschech. Sagengestalt, angebl. Gründerin von Prag u. Ahnherrin der *Přemysliden.*
Libyen, Staat in N-Afrika, 1 759 540 km², 4,7 Mio. Ew., Hptst. *Tripolis.*

Libyen

Landesnatur. Bis auf einen schmalen Küstenstreifen mit Mittelmeerklima wird das ganze Land von Wüsten mit nur wenigen Oasen eingenommen. Die Bevölkerung besteht aus rd. 35% Arabern, 25% Berbern, 30% arab.-berber. Mischlingen, 6% arab.-türk. Mischlingen.
Wirtschaft. Hauptexportgüter sind Erdöl u. Erdgas (fast 90% des Ausfuhrwerts). An der Küste u. in den Oasen werden Dattelpalmen, Ölbäume, Tabak, Wein, Gemüse u. a. angebaut. Die Viehzucht wird nomadisch betrieben. Die Industrie verarbeitet v. a. Produkte der Landw. u. Küstenfischerei. – Haupthäfen sind Tripolis u. Bengasi.
Geschichte. Im Altertum war *Libya* die Bez. für ganz N-Afrika westl. von Ägypten. Das heutige L. wurde im 1. Jh. v. Chr. röm. 1517 wurde L. türk. 1911/12 besetzten die Italiener das Land, das im 2. Weltkrieg von brit. Truppen erobert wurde. 1951 wurde L. unabhängiges Kgr. 1969 stürzte Oberst M. *Al Ghadafi* die Monarchie u. proklamierte die Rep. Er betrieb einen strengen Islamisierungskurs u. verfolgte eine militante panarab. Politik. 1976 wurde die Rep. L. zur *Volks-Dschamahiria* (etwa »Volksöffentlichkeit«) mit einer Verf., die formal eine direkte Demokratie auf der Grundlage des Korans beinhaltet.
libysche Schrift, *numidische Schrift,* eine im Altertum in N-Afrika u. S-Spanien verbreitete Schrift mit einfachen Zeichenformen ohne Vokale; heute noch bei den *Tuareg* gebräuchlich.
libysche Sprache, eine ausgestorbene, durch Inschriften seit dem 4. Jh. v. Chr. bekannte Sprache des libysch-berber. Zweigs der hamit. Sprachen.

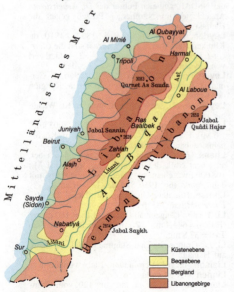

Libanon: landschaftliche Gliederung

Libysche Wüste, nordöstl. Teil der Sahara rd. 2 Mio. km² in Libyen, Ägypten u. Sudan mit extremem Wüstenklima; im *Jabal Al Uwaynat* 1892 m hoch; wenige Oasen; Erdölförderung.

Lich, Stadt in Hessen, an der Wetter, 11 000 Ew.; Erholungsort; Schloß (18. Jh.); Möbel- u. chem.-pharmazeut. Ind.

Lichen, Bez. für Hautausschläge, die mit der Bildung kleiner Hautknötchen einhergehen (Knötchenflechte).

Lichnowsky, schles. Fürstengeschlecht: **1.** *Felix Fürst,* *1814, †1848; in der *Frankfurter Nationalversammlung* führender Vertreter der Rechten; bei den Frankfurter Septemberunruhen ermordet. – **2.** *Karl Max Fürst,* *1860, †1928, dt. Diplomat; als dt. Botschafter in London 1912–14 um eine Verständigung mit England bemüht. – **3.** *Mechtilde,* Frau von 2), *1879, †1958, dt. Schriftst.; seit 1937 in England.

Licht, der Teil des elektromagnet. Strahlung, den wir sehen können. Die L.strahlen verhalten sich teils als Strahlung vieler Teilchen *(Korpuskularstrahlen),* wie I. *Newton* annahm, teils aber als Wellen (mit Beugungs-, Interferenz- u. Polarisationserscheinungen), wie Ch. *Huygens* vermutete. Erst durch die Relativitätstheorie u. die Quantenelektrodynamik ist es mögl., alle Erscheinungen in einer Theorie zusammenzufassen. Das L. wird dabei (ebenso wie die materiellen Teilchen) durch ein in Raum u. Zeit veränderl. Wellenfeld beschrieben, das durch den Vorgang der Quantisierung der Zahl der vorhandenen L.teilchen *(L.quanten, Photonen)* anzugeben gestattet. Die L.quanten zählt man zu den *Elementarteilchen.* Das weiße *Sonnenlicht* ist aus L.wellen verschiedener Wellenlänge zusammengesetzt (→ *Farbenlehre*). Durch ein Prisma kann das weiße L. in seine verschiedenen farbigen Bestandteile (d. h. in seine *Spektralfarben*) zerlegt werden.

Lichtbogen, die selbst. *Gasentladung* zw. zwei Elektroden bei genügend hoher Stromstärke. Mit Hilfe des L. lassen sich sehr hohe Temperaturen (bis zu 50 000 °C, Stromstärke 1500 A) erzeugen. Verwendung u. a. in *L.öfen* (vor allem in Elektrostahlöfen) für Metallschmelzen, zum *L.schweißen* oder in *Bogenlampen* (Projektionslampen) verwendet.

Lichtbrechung → Brechung.

Lichtdruck, 1. Herstellung von Druckwerken mit Hilfe einer belichteten u. angefärbten Chromatgelatineschicht; eignet sich bes. für die Reproduktion von Gemälden u. für Faksimile-Wiedergaben. – **2.** *Strahlungsdruck,* die mechan. Wirkung des Lichts beim Auftreffen auf feste Partikeln. Auf den L. wird z.B. das Entstehen der Kometenschweife zurückgeführt.

lichtelektrische Zelle → Photozelle.

lichte Maße, nutzbare innere Abmessungen *(lichte Höhe, lichte Weite)* einer Öffnung (Fenster, Türen) oder eines Raums.

lichten, aufhellen; leichter machen, heben (z.B. den Anker); einen Wald ausholzen.

Lichtenberg, östl. Bezirk in Berlin; Trabrennbahn, Tierpark.

Lichtenberg, *Georg Christoph,* *1742, †1799, dt. Schriftst. u. Physiker; vielseitiger Gelehrter, Menschenbeobachter u. geistvoller Satiriker, Meister des Aphorismus.

Lichtenfels, Krst. in Oberfranken (Bay.), am Main, 20 000 Ew.; Korbwaren-, Leder-, Möbel- u. a. Ind.

Lichtenstein, 1. Gem. in Ba.-Wü., auf der Schwäb. Alb, 8000 Ew.; Schloß des Herzogs von *Urach.* – **2.** *L./Sa.* (Sachsen), Stadt in Sachsen, an der Rödlitz, 12 000 Ew.; Textil-Ind.

Lichtenstein, *Roy,* *27.10.1923, US-amerik. Maler; Hauptvertreter der amerik. Pop-art.

Lichtfreunde, 1841 von dem ev. Pfarrer Leberecht *Uhlich* (*1799, †1872) gegr. rationalist.-religiöse Bewegung; → freireligiöse Gemeinden.

Lichtgeschwindigkeit, die Geschwindigkeit, mit der sich elektromagnet. Wellen aller Wellenlängen (auch das Licht) im Vakuum ausbreiten. Ihr genauer Wert beträgt 299 792 458 m/s. Die L. ist eine wichtige *Naturkonstante;* sie ist die größtmögl. Geschwindigkeit für die Ausbreitung physikal. Wirkungen u. Signale im Raum. → Relativitätstheorie.

Lichthof, 1. ein enger, allseitig umschlossener Hof, der den anliegenden Räumen Tageslicht zuführen soll. – **2.** unerwünschte Schwärzung photograph. Schichten, hervorgerufen bei der Aufnahme durch Reflexion des Lichts am Schichtträger oder durch Streuung in der Schicht.

Roy Lichtenstein: Stilleben mit Buch, Trauben und Apfel. Basel, Galerie Beyeler

Lichthupe, kurzes Aufblenden (Fernlicht) der Scheinwerfer des Kraftfahrzeugs als Warnzeichen.

Lichtjahr, Kurzzeichen *Lj,* astronom. Längeneinheit, der Weg des Lichts in einem Jahr: 1 Lj = 9,46 Billionen km.

Lichtleiter → Lichtwellenleiter.

Lichtmaschine, elektr. *Generator* im Kraftwagen. Er wird vom Motor angetrieben u. dient zur Speisung des Akkumulators.

Lichtmeß, *Mariä L., Mariä Reinigung,* Darstellung des Herrn (seit 1969), kath. Fest 40 Tage nach Weihnachten (2.2.); schon im 4. Jh. Prozessionsfest mit Lichtern.

Lichtmetaphysik, eine philosoph.-religiöse Strömung, die das Göttl. durch eine Lichtsymbolik zu erfassen versuchte; so u. a. bei *Philon von Alexandria, Bonaventura, Dante,* J. *Böhme* u. F. W. von *Schelling.*

Lichtnelke, Gatt. der *Nelkengewächse;* in Dtld. *Kuckucks-L.* mit fleischfarbenen Blüten.

Lichtorgel, ein Zusatzgerät für Verstärkeranlagen, das es ermöglicht, eine oder mehrere Lampen im Rhythmus der Musik aufleuchten zu lassen.

Lichtpause, die Vervielfältigung einer auf durchsichtigem Papier *(Ozalidpapier)* hergefertigten Zeichnung in der *Lichtpausmaschine.*

Lichtquant, *Photon,* von A. *Einstein* 1905 im Rahmen der *Quantentheorie* eingeführter Begriff, der die teilchenhafte Struktur des Lichts zum Ausdruck bringt.

Lichtsatz → setzen.

Lichtschacht, tageslichtführender Schacht innerhalb eines Gebäudes.

Lichtscheu, *Photophobie,* unangenehme Empfindlichkeit gegen einen Lichtreiz als Folge von Erkrankungen des Auges u. seiner Schutzapparate.

Lichtschranke, eine elektron. Vorrichtung, die aus einer Lichtquelle u. einem lichtempfindl. Bauelement (Photozelle) besteht, das von der Lichtquelle beleuchtet wird. Ein Unterbrechen des Lichtstrahls löst einen elektr. Impuls aus, der ein Relais betätigt. Die L. wird u. a. zum Zählen von Stücken auf einem Förderband, für Alarmanlagen u. beim Sport (Ziel-L.) benutzt.

Lichtschutzfaktor, Zahl, die anzeigt, wie stark ein Sonnenschutzmittel vor UV-Strahlen schützt.

Lichtsinnesorgane, Sehorgane der Tiere, Augen i.w.S. Bei vielen Einzellern kommen lichtempfindl. Plasmabezirke *(Augenflecken)* vor. Die einfachsten L. der Mehrzeller sind einzelne *Sehzellen,* die ein Helligkeitssehen ermöglichen. Ein gewisses Richtungssehen entsteht, wenn Sehzellen von einem undurchlässigen Pigmentbecher umgeben sind *(Pigmentbecherozellen).* Ein verbessertes Richtungssehen ermöglichen die *Gruben-* oder *Napfaugen* von Schnecken, Muscheln, Würmern; hier sind die Sehzellen in eine grubenförmige Einsenkung eingelassen. Mit höchstentwickelten L., die aus vielen Sehzellen zusammengesetzt sind u. komplizierte Linsenapparate bilden, ist ein Bildsehen möglich. Hierher gehören die *Kameraaugen* der Wirbeltiere u. Kopffüßer sowie die *Komplexaugen* der Insekten. → Auge.

Lichttechnik: spektroskopische Untersuchung eines Hochdruckplasmas mit einem Monochromator

Lichtstärke, 1. der Lichtstrom, der von einer Lichtquelle in einen bestimmten Raumwinkel ausgestrahlt wird; Einheit: *Candela.* – **2.** bei photograph. Objektiven das Verhältnis des wirksamen Blendendurchmessers zur Brennweite.

Lichtstrom, die von einer Lichtquelle in der Zeiteinheit durch eine gegebene Fläche gesendete Lichtmenge, in *Lumen* gemessen.

Lichttechnik, ein Teilgebiet der Technik, das sich mit der *Lichterzeugung,* der *Lichtanwendung,* bes. der *Beleuchtung,* u. der *Lichtbewertung,* d. h. der Meßtechnik nach physiolog. u. psycholog. Gesichtspunkten, befaßt.

Lichtton-Verfahren, beim Tonfilm die Umwandlung von Schallwellen in Helligkeitsschwankungen, die über eine Photozelle in elektr. Spannungsschwankungen rückverwandelt u. durch einen Lautsprecher wieder hörbar gemacht werden.

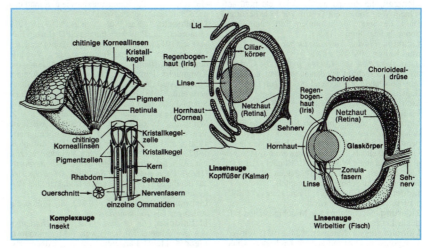

Lichtsinnesorgane

514 Lichtwellenleiter

Herstellung von Lichtwellenleitern: Prozeß des Faserziehens

Lichtwellenleiter, ein optisches System zur Fortleitung von Licht u. Übertragung von Bildern auf beliebig gekrümmten Wegen. Ein L. ist ein dünner biegsamer Faden von wenigen hundertsteln Millimetern Durchmesser. Im Innern besteht er aus Glas mit hohem Brechungsindex, außen ist er von einem niedrigen lichtbrechenden *Mantel* umhüllt *(Stufenindexfaser).* Dieser Mantel trennt die einzelnen Fasern opt. dadurch voneinander, daß das Licht innerhalb eines L.s immer total reflektiert wird. Es kann kein Licht von einer Faser zur benachbarten übergehen. Ein Lichtleitkabel besteht aus mehreren tausend Fasern. Die größte Bedeutung haben L. für die Nachrichtentechnik. Sie ersetzen hier das weltweit immer knapper werdende Kupfer (Telefon, Kabelfernsehen). Die Intensität des Lichts kann dabei im Rhythmus der Nachricht verändert werden, allerdings werden meist im digitalen Verfahren die Nachrichten als Lichtimpulse einer kohärenten Lichtquelle (→ Laser) übertragen. Voraussetzung für diese Anwendung war eine drastische Verringerung der zeitl. Verbreiterung der Lichtimpulse. Das gelingt mit der *Gradientenfaser* u. mit der *Einmodenfaser.* Die hohe Übertragungskapazität (rd. 100 000 Telefongespräche oder 20 Fernsehprogramme mit einer Faser) u. die völlige Unempfindlichkeit gegenüber äußeren elektromagnet. Einflüssen machen opt. Nachrichtenkabel zum idealen Übertragungsmedium der modernen Telekommunikation. In der Medizin werden L. u. a. für Endoskope u. für flexible Laserskalpelle eingesetzt.

Lichtwert, veraltet für →Belichtungswert.
Lichtzeit, die Zeitspanne, die der Lichtstrahl auf seinem Weg von einem Gestirn zur Erde benötigt. Die L. der Sonne für die mittlere Entfernung Erde-Sonne beträgt 8 min, 18,7 s.
Licinius, *Flavius Valerius Licinianus L.,* †325, röm Kaiser 308–24; erließ 313 mit *Konstantin d. Gr.* das *Edikt von Mailand,* in dem die Christen als gleichberechtigt anerkannt wurden. L. wurde von Konstantin vernichtend geschlagen u. hingerichtet.
Lick, die dem Flaggenmast zugewandte Seite einer Flagge.
Lictoren, *Liktoren,* im alten Rom Amtsgehilfen hoher röm. Beamter, meist aus dem Freigelassenenstand. Sie schritten den röm. Magistraten in der Öffentlichkeit als Repräsentanten voran u. trugen als Zeichen ihrer Würde das L.-Bündel *(Fasces).*
Lid, bewegl., innen von Bindehaut überzogene Hautfalte zum Schutz des Augapfels.
Liddell Hart [-ha:t], Sir Basil Henry, *1895, †1970, engl. Militärschriftst.
Liderung, die Dichtung von Maschinenteilen z. B. durch Leder.
Lidholm, Ingvar Natanael, *24.2.1921, schwed. Komponist u. Dirigent; schrieb Orchester-, Chor- u. Kammermusik.

Lidice ['liditsɛ], dt. *Liditz,* böhm. Dorf bei Kladno; von der SS 1942 als Vergeltung für das Attentat auf den stellv. Reichsprotektor R. *Heydrich* vollständig zerstört. Die Männer wurden erschossen, die Frauen ins KZ Ravensbrück gebracht, die Kinder verschleppt.
Lidingö, schwed. Villenstadt nordöstl. von Stockholm, 37 000 Ew.
Lidköping ['li:tçøpiŋ], schwed. Stadt am Vänern, 35 000 Ew.; Zucker-, Porzellan- u. Zündholzfabriken.
Lido, Küste, Ufer, bes. der Landstreifen (Nehrung) zw. einer Lagune u. dem Meer; z.B. der L. von Venedig; auch allg. Bez. für Badestrand.
Lidschatten, Schminkpräparat zum Färben der Augenlider.
Lie, 1. Jonas, *1833, †1908, norw. Schriftst.; schrieb stimmungsvolle, realist. See-, Arbeiter-, u. Familienromane. – **2.** Sophus, *1842, †1899, norw. Mathematiker; schuf die Theorie der kontinuierl. Transformationsgruppen. – **3.** Trygve, *1896, †1968, norw. Politiker (Sozialdemokrat); 1946 zum 1. Generalsekretär der UN gewählt (Rücktritt 1952).
Liebe, Gefühl der Zuneigung. Man unterscheidet die personenbezogene L. zu einem Partner, die Sexualität mit einschließt, oder zu Eltern, Freunden u. a., u. die objektbezogene L. zur Natur, zur Freiheit, zum Eigentum. In der christl. Theologie gilt L. als Inbegriff der Sittlichkeit, die Gott für sich u. den Nächsten fordert.
Lieben, Robert von, *1878, †1913, östr. Physiker; erfand die erste brauchbare Verstärkerröhre *(L.röhre).*
Liebeneiner, Wolfgang, *1905, †1987, dt. Filmregisseur; 1942–45 Produktionschef der Ufa; Filme: »Liebe 47«, »Die Trapp-Familie«.
Liebenstein, *Bad L.,* Ort sw. von Eisenach, 8000 Ew.; Heilbad.
Liebenwerda, *Bad L.,* Krst. in Brandenburg, 6000 Ew.; Eisenmoorbad.
Liebenzell, *Bad L.,* Stadt in Ba.-Wü., im nördl. Schwarzwald, 6000 Ew.; Heilbad u. Luftkurort; Sitz der *L.er Missionsgesellschaft.*
Lieber, Franz (Francis), *1800, †1872, US-amerik. polit. Schriftst. dt. Herkunft; Berater A. *Lincolns* im Bürgerkrieg; gab die »Encyclopedia Americana« heraus.
Liebermann, 1. Max, *1847, †1935, dt. Maler u. Graphiker; Hauptmeister des dt. Impressionismus, gründete 1898 die *Berliner Sezession;* malte Bildnisse u. Landschaften. – **2.** Rolf, Großneffe von 1), *14.9.1910, schweiz. Komponist; unorthodoxer Zwölftonkomponist (Opern, Orchesterwerke, u. a. Konzert für Jazzband u. Sinfonieorchester); Intendant der Hamburger Staatsoper, 1973–80 der Pariser Oper.
Liebesapfel, alter Name für die Tomatenfrucht.
Liebesmahl, in Anlehnung an die *Agape* das gemeinsame Mahlzeit der Brüdergemeine; auch alljährl. Ostasiatisches L. von Kaufleuten in Hamburg.
Liebeszauber, die Anwendung bestimmter Mittel (mag. Handlungen, Arzneien), die einen Partner zum Entgegenkommen bewegen sollen.
Liebig, Justus Frhr. von (seit 1845), *1803, †1873, dt. Chemiker; führte die künstl. Düngung ein, verbesserte die Elementaranalyse u. erfand den nach ihm ben. Fleischextrakt.
Liebknecht, 1. Karl, Sohn von 2), *1871, †1919 (ermordet), dt. Politiker; für die SPD (linker Flügel) seit 1912 Mitgl. des Reichstags; gehörte zu den Gründern der »Gruppe Internationale«, Vorstufe des *Spartakusbunds,* aus dem nach Kriegsende die Kommunist. Partei Dtld. hervorging. Nach einer öffentl. Antikriegskundgebung 1916 zu Zuchthaus verurteilt, 1918 begnadigt. Nach dem Berliner Spartakusaufstand wurde er zus. mit R. Luxemburg verhaftet u. von Freikorpsoffizieren ermordet. – **2.** Wilhelm, *1826, †1900, dt. Politiker; beteiligte sich am badischen Aufstand 1848/49 u. emigrierte 1850 nach London, wo er sich K. *Marx* anschloß. 1862 nach Dtld. zurückgekehrt, gründete er zus. mit A. *Bebel* die *Sozialdemokrat. Arbeiterpartei* (1869) u. mit anderen die *Sozialist. Arbeiterpartei,* aus der SPD hervorging; Chefredakteur der Parteizeitung »Vorwärts«.
Liebmann, Otto, *1840, †1912, dt. Philosoph; Anhänger des *Neukantianismus.*
Liebstöckel, *Levisticum,* Gatt. der *Doldengewächse;* beliebtes Küchengewürz (»Maggikraut«).
Liechtenstein, Fürstentum in den Alpen, zw. Schweiz u. Österreich, 157 km², 29 000 Ew., Hptst.

Liechtenstein: Schloß Vaduz

Vaduz. Im W vom Alpenrhein, im O u. S von Ketten des Rätikon (bis 2500 m) begrenzt; Anbau v. a. von Getreide, Obst u. Wein; Industrieprodukte: Maschinen u. Apparate, Chemikalien, Nahrungsmittel, Holzerzeugnisse, Lederwaren u. Keramik; Fremdenverkehr; formeller Sitz vieler Auslandsfirmen (»Steuerparadies«).

Liechtenstein

Geschichte. Das Fürstentum L. wurde 1719 reichsunmittelbar, gehörte 1806–14 zum Rheinbund u. 1815–66 zum Dt. Bund u. war danach selbst. Staat, seit Ende des 1. Weltkriegs in Post-, Wirtschafts- u. Zolleinheit mit der Schweiz. Staatsoberhaupt ist seit 1989 Fürst *Hans-Adam II.*
Lied, das singbare lyr. Gedicht, ein- oder mehrstrophig, u. die Vertonung dieses Textes. Nach der Entstehung her unterscheidet man *Volks-L.* u. *Kunst-L.,* von der Besetzung her *Solo-* u. *Chor-L.,* vom Inhalt her *weltl.* u. *geistl. L.* Das Volks-L. ist in erster Linie Gemeinschafts-L. u. Ausdruck kultureller Gemeinsamkeiten eines Volkes; mündl. überliefert, Autoren unbekannt. In altgerman. Zeit wurde bes. das *Helden-L.* gepflegt, im Hoch-MA das höf. *Minne-L.,* später das bürgerl. *Meister-L.* Der Höhepunkt des komponierten *Kunst-L.* (für solist. Vortrag mit Instrumentalbegleitung bestimmt) lag in der *L. Romantik.*
Liedermacher, Sänger, die selbst Text u. Musik eines Stückes schreiben u. es interpretieren; Anfang der 1960er Jahre von W. *Biermann* eingeführt. Die Texte behandeln meist polit. Themen u. Alltagsprobleme. Bek. Vertreter sind: L. Cohen, B. Dylan, F. Degenhardt, R. Mey, D. Süverkrüp, H. Wader, K. Wecker.
Liedertafel, Männerchor.
Liedtke, Harry, *1882, †1945, dt. Schauspieler.
Lieferwagen, leichter Lastkraftwagen zur Auslieferung leichter Güter.
Liefmann, Robert, *1874, †1941, dt. Nationalökonom; untersuchte die Formen der Unternehmenskonzentration.
Liège [lje:ʒ], frz. Name für *Lüttich.*
Liegegeld, Entschädigung, die dem Schiffer zu zahlen ist, falls er über die Ladezeit hinaus auf Ladung warten muß.
Liegendes, die unmittelbar unter einer Erdschicht oder einer Lagerstätte liegende Schicht.
Liegenschaften →Immobilien.
Liegnitz, poln. *Legnica,* Stadt in Schlesien, an der Kathbach, 98 000 Ew.; Textil-, Nahrungsmittel- u. Maschinen-Ind.
Lienhard, Friedrich, *1865, †1929, dt. Schriftst.; kämpfte für die Heimatkunst gegen die »Vorherrschaft Berlins«.
Lienz ['li:ɛnts], östr. Bez.-Hptst. in Osttirol, an der Einmündung der Drau, 678 m ü. M., 12 000 Ew.; Burg Liebburg.
Lieschgras, *Hirtengras,* Gatt. der *Süßgräser;* wichtiges Futtergras ist das *Wiesen-L.*
Liesegang, Raphael Eduard, *1869, †1947, dt. Chemiker; Entdecker der *L.schen Ringe* (Kristallisationserscheinungen in Gelen).
Liestal, Hptst. des schweiz. Kt. Basel-Land, 12 000 Ew.; chem. u. Textil-Ind.

Lietz, Hermann, *1868, †1919, dt. Schulreformer; gründete Landerziehungsheime, in denen die Jugend bäuerl. u. handwerkl. Arbeit erlernen u. in musischem Gemeinschaftsleben erzogen werden sollte.
Lietzau, Hans, *1913, †1991, dt. Schauspieler, Regisseur u. Theaterleiter.
Lietzmann, Hans, *1875, †1942, dt. ev. Theologe; Neutestamentler u. Kirchengeschichtler.
Lifar, Serge, *1905, †1986, russ.-frz. Tänzer, Choreograph u. Tanztheoretiker; seit 1923 in Paris.
Liften, kosmet.-chirurg. Verfahren zum Straffen erschlafften Gewebes.
Liga, 1. Name für Bündnisse mehrerer Mächte, bes. im 16./17. Jh. *Heilige L.* von 1576, Zusammenschluß der Katholiken in Frankreich gegen die Hugenotten, Heinrich III. u. Heinrich von Navarra. – *Katholische L.* 1609, Zusammenschluß der kath. Reichsstände Oberdeutschlands u. der Rheinlande unter der Führung Maximilians I. von Bayern gegen die 1608 gegr. prot. *Union;* 1632 endgültig aufgelöst. – **2.** Name für internat. Zusammenschlüsse, z.B. *Arab. L.* – **3.** im Sport Bez. für eine Gruppe von Mannschaften, die zu einer Klasse zusammengefaßt werden.
Liga für Menschenrechte, gegr. 1898 in Paris; polit. Zusammenschluß zur Revision des Dreyfusprozesses; allg. zur Förderung der persönl. Freiheit gegenüber dem Staat u. zur friedl. Regelung internat. Konflikte. Seit 1922 internat. Föderation (Sitz: Paris).
Ligatur, 1. zusammengegossene Buchstabentypen, z.B. ff, fi; auch œ, æ. – **2.** Unterbindung von Blutgefäßen zur Blutstillung bei Operationen. – **3.** Verbindung mehrerer Noten zu einer zusammenhängenden Gruppe.
Ligeti, György, *28.5.1923, östr. Komponist ung. Herkunft; seit 1956 in Wien, Berlin u. Hamburg. Neben K. *Penderecki* der bedeutendste Komponist zeitgenöss. geistl. Musik.
Ligne ['liɲə], Charles Joseph Fürst von, *1735, †1814, östr. Offizier; als Diplomat in St. Petersburg, wo ihn Katharina II. zum russ. Feldmarschall ernannte.
Lignin, der verholzende u. festigende, in das Cellulosegerüst eingelagerte Bestandteil des Holzes.
Lignit, eine Braunkohle mit noch sichtbarer Holzstruktur.
Liguori, Alfons Maria di, *1696, †1787, ital. Ordensstifter *(Redemptoristen,* 1732); Heiliger (Fest: 1.8.), Kirchenlehrer.
Ligurer, vorindogerman. Volk in S-Frankreich u. N-Italien; seit 328 v. Chr. von den Römern allmähl. unterworfen.
Ligurien, ital. *Ligùria,* Region in →Italien; an der Küste des Golfs von Genua, mit dem gebirgigen Hinterland des *Ligur. Apennin* u. der *Ligur. Alpen.*
Ligurisches Meer, Teil des Mittelmeers zw. der frz.-ital. Riviera u. Korsika.
Liguster, Gatt. der *Ölbaumgewächse,* ein Strauch mit glänzenden grünen Blättern, weißen Blüten u. schwarzen Beeren.
Ligusterschwärmer, rosa u. grau gefärbter, großer eurasiat. Nachtschmetterling, dessen Raupe auf Liguster lebt.

Limburg an der Lahn: der spätromanisch-frühgotische Dom

Li Hongzhang [-xuŋdʒaŋ], *1823, †1901, chin. General u. Politiker; 1870 Vizekönig von Zhili. 1901 unterzeichnete er in Peking den Vertrag mit den europ. Mächten, der den Boxeraufstand abschloß.
liieren, eng verbinden.
Likasi, Bergbau- u. Ind.-Stadt in Shaba (Zaire), 1240 m ü. M., 194 000 Ew.
Likör, süßer Trinkbranntwein, mit aromat. Stoffen, Fruchtsäften u. äther. Ölen.
Liktoren →Lictoren
Likud [lil], 1973 gegr. isr. Parteienföderation (»Block«); bildet das bürgerl. Gegengewicht zur Arbeiterpartei.
Lilie, Gatt. der *L.ngewächse* (→Pflanzen); Zwiebelgewächse mit großen, trichterförmigen Blüten. In Mitteleuropa kommen wild die *Türkenbund-L.* u. im Gebirge vereinzelt die *Feuer-L.* – Die *Schwert-L.* ist keine L.
Liliencron, Detlev Frhr. von, *1844, †1909, dt. Schriftst.; führender dt. Lyriker des Impressionismus; schrieb auch Balladen u. Kriegsnovellen.
Lilienfeld, östr. Bez.-Hptst. im Traisental, 3000 Ew.; Zisterzienserkloster (1202 gegr.) mit berühmter Hallenkirche u. Bibliothek.
Lilienthal, 1. Gustav, Bruder von 2), *1849, †1933, dt. Flugpionier; Mitarbeiter seines Bruders; beschäftigte sich mit Schlagflügelflugzeugen. – **2.** Otto, *1848, †1896 (Absturz), dt. Flugpionier; führte 1891 mit einem von ihm gebauten Flugapparat den ersten Gleitflug durch. Seine Forschungen brachten das Flugwesen entscheidend weiter. – **3.** Peter, *27.11.1929, dt. Filmregisseur; Filme mit polit. Thematik.
Liliput, das Land der Zwerge in »Gullivers Reisen« von J. *Swift.* Danach ben. die **L.aner,** Menschen von Zwergenwuchs, bei dem die Kinder sich geistig u. körperl. normal entwickeln, nur stets deutl. kleiner bleiben.
Lilith, in antiker jüd. Tradition *Adams* erste Frau, die ihn verließ u. zum Dämon wurde.
Lilje, Hanns, *1899, †1977, dt. ev. Theologe; gründete mit M. *Niemöller* die *Jungreformatorische Bewegung,* aus der die *Bekennende Kirche* hervorging; 1947–71 Landesbischof der Landeskirche Hannover, 1955–69 Leitender Bischof der VELKD, 1952–57 Präs. des Luth. Weltbunds.
Lille [lil], N-frz. Ind.- u. Handelsstadt an der Deûle, alte Hptst. von *Flandern,* jetzt Dép.-Hptst., 168 000 Ew.; 2 Univ.; Textil-, Masch.- u. chem. Ind.
Lillehammer, norw. Prov.-Hptst. am Mjösa-See, 20 000 Ew.; Freilichtmuseum. 1994 Olymp. Winterspiele.
Lillo ['liləu], George, *1693, †1739, engl. Dramatiker; begr. das *bürgerl. Trauerspiel.*
Lilongwe, Hptst. von Malawi (Ostafrika), 1067 m ü. M., 187 000 Ew.; Handelszentrum; Flughafen.
Lima, Hptst. Perus, am Rio Rimac in der bewässerten Küstenebene, 5,8 Mio. Ew.; kulturelles Zentrum, 10 Univ.; Textil-, Auto-, Möbel- u. a. Ind.; Flughafen. – Gesch.: 1535 von F. *Pizarro* gegr., bed. polit., kulturelles u. wirtschaftl. Zentrum des span. Kolonialreichs in S-Amerika, 1542–1821 Hptst. des Vizekönigreichs Peru; seit 1930 rapides Wachstum, am Stadtrand Elendsviertel.
Lima-Kultur, altperuan. Kultur in der Umgebung der heutigen peruan. Hptst. *Lima;* etwa zeitgleich mit den Kulturen von Moche u. Nazca.
Liman, durch eine Nehrung abgeschnürte u. erweiterte seichte (»ertrunkene«) Ästuarmündung eines Flusses, bes. im nw. Schwarzen Meer.
Limassol, grch. *Lemissons,* Hafenstadt an der S-Küste von Zypern, 114 000 Ew.; wichtigster Ausfuhrhafen des grch. Sektors.
Limbach-Oberfrohna, Stadt in Sachsen, 23 000 Ew.; Textil-Ind.
Limburg, 1. ['limbyrx] sö. Prov. der →Niederlande. – **2.** nordöstl. Prov. v. Belgiens. – **3.** *L. an der Lahn,* Krst. in Hess., 29 000 Ew.; maler. alte Stadt, spätroman. Dom (13. Jh.); Elektro-, Metall-, Kunststoff-Ind.
Limburg, *Brüder von L.,* Paul, Herman u. Jan, ndl. Miniaturmaler Anfang des 15. Jh.; Hptw.: das Stundenbuch »Très riches heures« des Herzogs Jean de Berry.
Limbus, *Vorhölle,* Aufenthaltsort für die ohne persönl. Schuld vom Himmel Ausgeschlossenen (für ungetauft gestorbene Kinder, für die alttestamentl. Frommen).
Limeira [li'me:ira], Stadt in São Paulo (Brasilien), 109 000 Ew.; Nahrungsmittel-, Metall- u. chem. Ind.

Lin Biao

Brüder von Limburg: Der Tierkreismann aus dem Stundenbuch »Les très riches heures« des Herzogs von Berry; kurz vor 1416. Chantilly, Musée Condé

Limerick, engl. Strophenform mit 5 Versen u. grotesk-komischem, absurdem Inhalt.
Limerick ['limərik], W-ir. Hafenstadt am Shannon, 56 000 Ew.; Masch.-, Textil- u. Nahrungsmittel-Ind.; Flughafen.
Limes, 1. befestigter Grenzwall oder durch Wachtürme u. Kastelle gesicherte Grenzstraße der alten Römer. Der *obergerman. L.* (Baubeginn 84) war etwa 382 km lang u. ging von Rheinbrohl am Rhein bis nach Lorch; dort begann der 166 km lange *Raetische L.,* der bis an die Donau führte. Die Römer behaupteten den L. in Obergermanien bis gegen 260. K → S. 516. – In Britannien waren *Antonius-* u. *Hadrianswall* L.anlagen. – **2.** *Math.:* →Grenzwert.
Limette, dünnschalige, grünl. bis gelbe Citrusfrucht.
Limfjord [-fjo:r], buchten- u. inselreiche Meeresstraße, verbindet Nordsee u. Kattegat quer durch das nördl. Jütland; 180 km lang.
Limit, Grenze, Grenzbetrag.
Limited, Abk. *Ld., Ltd.,* begrenzt, mit beschränkter Haftung (Zusatz zu engl. Firmennamen).
Limmat, r. Nbfl. der Aare (Schweiz), 140 km; mündet bei Brugg.
Limnologie, *Binnengewässerkunde,* die Lehre von den Binnengewässern u. ihren Organismen.
Limnos, *Lemnos,* grch. Insel im nördl. Ägäischen Meer, 476 km², 15 000 Ew.; Hauptort *Myrina;* Anbau von Wein u. Oliven.
Limoges [li'mo:ʒ], frz. Dép.-Hptst. an der Vienne, Hptst. des *Limousin,* 144 000 Ew.; got. Kathedrale; Fayence-, Porzellan-, Nahrungsmittel-Ind., Emailmalerei.
Limonade, süßes, alkoholfreies Erfrischungsgetränk, aus Fruchtauszügen hergestellt.
Limone, 1. →Strandnelke. – **2.** →Zitrone.
Limonit, *Brauneisenstein,* braunes bis schwarzes, schwach glänzendes oder mattes Mineral.
Limosin [limo'zɛ̃], *Limousin,* Léonard, *um 1505, †zw. 1575 u. 77, frz. Emailmaler; schuf emaillierte Tafelgeschirre u. Bildnis-Emailminiaturen der höf. Gesellschaft.
Limousin [limu'zɛ̃], mittelfrz. Ldsch. des Zentralmassivs, Hptst. *Limoges.*
Limousine [limu-], geschlossener Personenkraftwagen.
Limpopo, Fluß in Südafrika, rd. 1600 km; bildet die Grenze Südafrikas nach Botswana u. Simbabwe, mündet in den Ind. Ozean.
Linard, *Piz L.,* höchster Gipfel der Silvretta-Gruppe, in Graubünden, 3411 m.
Linares, südspan. Ind.-Stadt in Andalusien, 55 000 Ew.; Bergbaugebiet; Getreide- u. Ölhandel.
Lin Biao [-biau], *Lin Piao*, *1907, †1971, chin. Offizier u. Politiker (Kommunist); nahm 1934/35 am »Langen Marsch« teil u. wurde einer der maßgebenden kommunist. Heerführer, 1959 Verteidi-

516 Lincke

Abraham Lincoln

gungs-Min.; seit 1970 Kritiker Mao Zedongs. Bei Fluchtversuch abgestürzt oder auf Weisung Maos getötet.

Lincke, Paul, *1866, †1946, dt. Komponist; gab der Operette ein typisches Berliner Kolorit: W »Frau Luna«; auch viele Tänze, Märsche (»Das ist die Berliner Luft«) u. Couplets.

Lincoln ['liŋkən], **1.** Hptst. des USA-Staats Nebraska, 183 000 Ew.; 2 Univ.; Handels- u. Versicherungszentrum, Motoren- u. Waggonbau. – **2.** Hptst. der mittelengl. Gft. *L.shire,* am Witham, 77 000 Ew.; roman.-got. Kathedrale, normann. Burg; landw. Handelszentrum.

Lincoln ['liŋkən], Abraham, *1809, †1865 (ermordet), US-amerik. Politiker (Republikaner); 16. Präs. der USA (1861–65). Die Südstaaten traten nach seiner Wahl aus der Union aus, es kam zum *Sezessionskrieg* 1861–65. L. proklamierte 1862 die Sklavenbefreiung. Ein fanat. Südstaatler erschoß ihn.

Lind, 1. Jakov, *10.2.1927, östr. Schriftst.; lebt in London; stellt eine absurde Konsumwelt in eigenwilliger Sprache dar. – **2.** Jenny, *1820, †1887, schwed. Sängerin (Sopran); galt durch die ungewöhnl. Höhe, Ausdruckskraft u. makellose Technik ihrer Stimme als die bedeutendste Sängerin ihrer Zeit (»schwed. Nachtigall«).

Lindau (Bodensee), Krst. in Bayern, Inselstadt im östl. Bodensee, durch Straße u. Eisenbahndamm mit dem Ufer verbunden, 24 000 Ew.; Altes Rathaus (im Renaissancestil), St.-Peters-Kirche (1480), Pfarrkirche St. Stephan, am Hafeneingang Leuchtturm u. Löwe als Wahrzeichen der Stadt; Fremdenverkehr; Nahrungsmittel-, Masch.- u. a. Ind. – 1275–1803 Freie Reichsstadt.

Lindbergh ['lindbə:g], Charles Augustus, *1902, †1974, US-amerik. Flieger; überflog 1927 im Alleinflug als erster den Atlantik von New York nach Paris in 33,5 Stunden.

Lindblad ['lindbla:d], Adolf Fredrik, *1801, †1878, schwed. Komponist; über 200 Lieder.

Linde, *Tilia,* Gatt. der *L.ngewächse.* In Dtld. sind zwei Arten heimisch: die *Winter-L.,* u. die *Sommer-L.* Die bis 30 m hohe Sommer-L. hat beiderseits gleichfarbig grüne, unterseits behaarte Blätter, während die Winter-L. unterseits blaugrüne, kahle Blätter besitzt. Das Holz der L. ist weich u. eignet sich als Schnitzholz. *L.blüten* werden zur Bereitung eines schweißtreibenden Tees benutzt. Außer den gen. Arten werden bei uns sonst noch angepflanzt: *Silber-L.* u. *Schwarz-L.*

Linde, 1. Carl von (seit 1897), *1842, †1934, dt. Ingenieur; erfand 1870/71 die nach ihm ben. Eismaschine. Begr. der modernen Kältetechnik. – **2.** Otto zur, *1873, †1938, dt. Schriftst.; bemühte sich um eine neue philos.-ethische, dem Expressionismus nahestehende Wortkunst.

Lindegren [-gre:n], Erik, *1910, †1968, schwed. Schriftst. (surrealist. Lyrik).

Lindemann, Ferdinand von, *1852, †1939, dt. Mathematiker; bewies 1882 die Transzendenz der Kreiszahl π u. damit die Unmöglichkeit der Quadratur des Kreises mit Zirkel u. Lineal.

Lindenberg, Udo, *17.5.1946, dt. Rockmusiker; Texte mit satir. u. sozialkrit. Themen.

Lindenberg im Allgäu, Stadt in Bayern, 10 000 Ew.; Textil- u. Käse-Ind., Fremdenverkehr.

Lindengewächse →Pflanzen.

Lindenschwärmer, bräunlichgelb u. grün gezeichneter *Schwärmer* (Schmetterling) Mitteleuropas. Die Raupe frißt v. a. an Linden u. Ulmen.

Linderhof, im Auftrag Ludwigs II. von Bayern 1874–77 von G. *Dollmann* erbautes Schloß bei Ettal, im Rokokostil.

Lindgren [-gre:n], Astrid, geb. *Ericsson,* *14.11.1907, schwed. Schriftst.; erfolgreiche Kinderbuchautorin; schuf *Pippi Langstrumpf,* den »Meisterdetektiv« *Kalle Blomquist* u. a. Figuren; 1978 Friedenspreis des Dt. Buchhandels.

Lindau (Bodensee): An der Hafeneinfahrt stehen der Löwe und der alte Leuchtturm als Wahrzeichen der Stadt

Lindner, Richard, *1901, †1978, US-amerik. Maler dt. Abstammung; der Pop-art nahestehend.

Lindos, Ort an der O-Küste von Rhodos, eine der drei alten Städte auf der Insel; Akropolis mit Tempel der *Athena Lindia* aus dem 4. Jh. v. Chr.

Lindsay, 1. John V., *24.11.1921, US-amerik. Politiker; 1966–73 Oberbürgermeister von New York. L., der vorher dem liberalen Flügel der Republikan. Partei angehörte, trat 1971 zur Demokrat. Partei über. – **2.** Jack, *20.10.1900, austral. Schriftst.; lebt in England; histor. Romane u. sozialkrit. Zeitromane.

Lindtberg, Leopold, *1902, †1984, schweiz. Regisseur östr. Herkunft; arbeitete u. a. in Düsseldorf, Zürich u. Wien.

Lindwurm →Lintwurm.

Lineal, ein Stab, meist mit Maßeinteilung, zum Ziehen gerader Linien.

linear, geradlinig, linienförmig.

Linearbeschleuniger, Gerät zur Beschleunigung elektr. geladener Teilchen auf gerader Bahn. Die Teilchen durchlaufen in einer evakuierten Röhre hochfrequente elektr. Felder, die ihnen dauernd Energie zuführen. L. für Elektronen bzw. ihre Antiteilchen, die Positronen, finden z. B. Anwendung in der Elementarteilchenphysik. In der Schwerionenforschung wird u. a. die Schädigung von Festkörpern durch hochenergetische Ionen untersucht. →Teilchenbeschleuniger.

lineare Algebra, ursprüngl. die Theorie der Lösungen linearer Gleichungssysteme; in der modernen Strukturmathematik: die Theorie des linearen Vektorraums einschl. der Matrizen.

lineare Gleichung, eine Gleichung, in der die Unbekannten nur in der ersten Potenz (daher auch: Gleichung 1. Grades) vorkommen; Beispiel: $ax+by = 0$.

lineare Programmierung, ein mathemat. Verfahren zur Maximierung oder Minimierung (Berechnung der Höchst- bzw. Tiefstwerte) einer linearen Funktion mit mehreren Variablen unter Nebenbedingungen, die in Form von *linearen Gleichungen* oder Ungleichungen auftreten. Die l. P. ist eine wichtige Methode der *Operations Research.* Die zu maximierende Funktion ist meist die Gleichung für den Gewinn, die zu minimierende Funktion die Gleichung für die Kosten eines Unternehmens.

Linearmotor, Bauform des Elektromotors, bei der nicht eine rotierende, sondern eine geradlinige Bewegung erzeugt wird. Der L. läßt sich als Asynchronmotor beschreiben, bei dem der Stator mit den Erregerwicklungen u. der Rotor zu zwei parallel liegenden Geraden aufgebogen sind. Das Drehfeld des Stators wird dann zu einem Wanderfeld, das den abgewickelten Rotor magnetisch mitzieht; z. B. bei der Magnetschwebebahn Transrapid.

Liner ['lainər], Linienschiff, Überseedampfer.

Linga, *Lingam,* die Nachbildung des männl. Glieds, Kultsymbol des ind. Gottes *Schiwa,* als Gott der Fruchtbarkeit.

Lingen (Ems), Krst. in Nds., 48 000 Ew.; Zentrum der emsländ. Erdöl- u. Erdgasgewinnung; Kernkraftwerk; Maschinenbau.

Lingen, Theo, eigtl. Theodor *Schmitz,* *1903, †1978, dt. Schauspieler, meist in kom. Rollen; auch in vielen Filmen.

Linguist, Sprachwissenschaftler. – **L.ik,** *i.w.S.* die Sprachwiss.; *i.e.S.* die formalisierte moderne Sprachwiss.

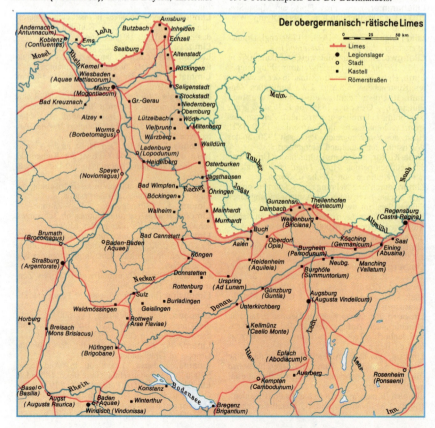

Linhartová [-tɔva:], Věra, *23.3.1938, tschech. Schriftst. u. Kunsthistorikerin; schreibt intellektuell bestimmte Prosastücke über die Unsicherheit menschl. Existenz.

Linie, 1. gerade, gebrochene oder gekrümmte Verbindung zw. 2 Punkten. – **2.** Abstammungsreihe, Folge von Abkömmlingen (Haupt- u. Seiten-L.).

Linienrichter, Helfer des *Schiedsrichters* bei Fußball, Handball, Tennis, Hockey u. a.; überwacht Seiten- u. Abseitslinien.

Linienschiffahrt, eine Betriebsform der kommerziellen Seeschiffahrt: Ein *Linienschiff* fährt nach festem Fahrplan auf einer festen Route.

Linienspektrum, die Gesamtheit der von einem Atom emittierten (absorbierten) Spektrallinien.

Linienzugbeeinflussung, Abk. *LZB,* die kontinuierl. Beeinflussung eines Eisenbahnfahrzeugs. Die L. besteht aus einem zw. den Gleisen als *Linienleiter* verlegten Antennensystem, das an einen elektron. Rechner angeschlossen ist. Übertragung aller Signale von der Strecke an den Führerstand, ständige Überprüfung der Soll- mit der Ist-Geschwindigkeit. Bei Überschreitung der zulässigen Geschwindigkeit wird Zwangsbremsung ausgelöst.

Liniment, dickflüssige gleichmäßige Mischung aus Seife, Öl oder Alkohol u. Arzneimitteln für Einreibungen.

Linklater [ˈlɪŋklɛɪtə], Eric; *1899, †1974, schott. Schriftst. satir.-humorist. Schelmenromane.

Linköping [-tçø-], Prov.-Hptst. in SO-Schweden, 119 000 Ew.; got. Dom; Textil- u. Flugzeug-Ind.

Linksextremismus →Linksparteien.

Linkshändigkeit, die Bevorzugung der linksseitigen Gliedmaßen bei allen Tätigkeiten; hervorgerufen durch eine angeborene Verlagerung der Bewegungszentren im Gehirn auf die rechte Seite.

Linksparteien, die auf vorwärtsgerichtete Veränderungen abzielenden (*fortschrittl., progressiven*) Parteien, deren Abgeordnete in den meisten parlamentarischen Körperschaften auf der linken Seite sitzen (vom Vorsitzenden aus gesehen). Für die L. standen seit dem 19. Jh. polit. Forderungen (allg. Wahlrecht, republikan. Staatsordnung) u. soz. Zielsetzungen (Sozialismus, Kommunismus) im Vordergrund. – **Linksextremisten** od. **Linksradikale** nennt man diejenigen, die »linke« Ziele am schärfsten formulieren u. am energischsten vertreten.

Link-Trainer [-ˈtreɪnə], Flugsimulator zur Schulung von Piloten am Boden.

Linna, Väinö, *1920, †1992, finn. Schriftst.; errang durch seinen Anti-Kriegsroman »Kreuze in Karelien« 1954 einen Welterfolg.

Linné, Carl von (seit 1757), *1707, †1778, schwed. Naturforscher. Sein Lebenswerk ist die Schaffung der *binären Nomenklatur,* mit der er für jedes Lebewesen lat. Gattungs- u. Artnamen als internat. verständl. Bez. einführte. Das von ihm aufgestellte *L.sche System* des Pflanzenreichs ist ein künstl. System, das durch natürl. Systeme ersetzt wurde.

Linnemann, Hans-Martin, *30.12.1930, dt. ev. Geistlicher; seit 1985 Präses der Ev. Kirche von Westfalen.

Linoleum [-e:um], ein starkes Jutegewebe, auf das eine Masse aus Kork- oder Holzmehl, Leinöl oder Sojabohnenöl u. a. aufgepreßt wird; dient als wärme- u. schallisolierender Fußbodenbelag.

Linolsäure, ungesättigte, flüssige Fettsäure; wird für Firnisse u. in der Seifenind. verwendet.

Linolschnitt, ein Verfahren der modernen Graphik zur Herstellung von Druckstöcken aus Linoleumplatten; dem *Holzschnitt* ähnlich.

Linon [liˈnõ], feinfädiges, gebleichtes Baumwollgewebe.

Linotype [ˈlaɪnotaɪp], Zeilengieß- u. Setzmaschine, setzt u. gießt ganze Zeilen, erfunden 1884 von O. *Mergenthaler.*

Linse, 1. ein Teil bestimmter Lichtsinnesorgane (Augen), der zum Sammeln der Lichtstrahlen dient (dioptrischer Apparat). – **2.** Gatt. der *Schmetterlingsblütler,* im Mittelmeerraum u. in Vorderasien. Die Samen sind eßbar (Hülsenfrüchte). – **3.** ein durchsichtiger Körper (Glas, Steinsalz, Quarz, Kunststoff), der von 2 lichtbrechenden Flächen begrenzt ist. *Sammel-* oder *Konvex-L.* sind in der Mitte dicker als am Rand u. vereinigen parallel einlaufende Strahlen in einem Punkt, dem *Brennpunkt.* *Zerstreuungs-* oder *Konkav-L.* sind in der Mitte dünner als am Rand u. zerstreuen parallel einfallendes Licht so, als käme es geradlinig von einem Punkt vor der L.; dieser Punkt heißt auch Brennpunkt. – **4.** Bez. für geeignete elektr. oder magnet. Felder, die Strahlen geladener Teilchen sammeln

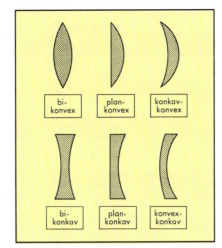

Linsenformen

oder zerstreuen; Anwendung z. B. im Elektronenmikroskop.

Linsenhoff, Liselott, *27.8.1927, dt. Dressurreiterin; Olympiasiegerin in der Dressur-Einzelwertung 1972 u. mit der Mannschaft 1968.

Linsenimplantation, augenchirurg. Verfahren zum Ersatz der bei Grauem Star getrübten Augenlinse. Die Kunstlinse besteht aus gut verträgl. u. haltbarem Kunststoff.

Linters, kurze Baumwollfasern für die Herstellung von Chemiefasern.

Lintwurm, *Lindwurm,* in der germ. Sage ein dem *Drachen* ähnl. Ungeheuer, das Schätze bewacht.

Linus, Papst 67–76 (?), Heiliger; nach allen alten Papstkatalogen der erste Nachfolger Petri.

Lin Yutang, *1895, †1976, chin. Schriftst.; lebte seit 1936 in den USA; schrieb geistreiche Interpretationen des kulturellen u. geistigen Lebens im alten China.

Linz, Hptst. des östr. Bundeslands Oberösterreich, an der Donau, 198 000 Ew.; kath. Bischofssitz; Univ.; am rechten Donau-Ufer die Altstadt mit zahlr. Kirchen, ehem. kaiserl. Burg; L. ist wichtige Ind.-Stadt; Donauhafen, Flughafen.

Linz am Rhein, Stadt in Rhld.-Pf., gegenüber der Mündung der Ahr in den Rhein, 5000 Ew.; Fremdenverkehr; Sektkellerei, Weinbau.

Linzgau, oberschwäb. Hügelland nördl. des Bodensees.

Lioba, *um 710, †um 782, angelsächs. Benediktinerin; von *Bonifatius* nach Dtld. berufen. – Heilige (Fest: 28.9).

Lion, *Golfe du L.* [ˈgɔlf dy liˈɔ̃], Bucht des Mittelmeers südl. des Rhône-Deltas; Haupthafen *Marseille.*

Lionni, Leo, *5.5.1910, ital. Maler, Schriftst. u. Buchkünstler; Autor von Kinderbüchern.

Lions International [ˈlaɪənz ɪntəˈnæʃənəl], Abk. für engl. *Liberty, Intelligence, Our Nations' Safety,* internat. Organisation von Personen des öffentl. Lebens zu geistiger Verständigung u. Pflege des Gemeinwohls; 1917 von Melvin *Jones* in Illinois (USA) gegründet.

Liotard [-ˈtaːr], Jean Étienne, *1702, †1789 Genf, schweiz.-frz. Maler u. Graphiker; Pastell- u. Emailbildnisse.

Liouville [liuˈvil], Joseph, *1809, †1882, frz. Mathematiker; gab ein Verfahren zur Konstruktion transzendenter Zahlen an.

Lipa, philippin. Stadt südl. von Manila, 160 000 Ew.; Metall-, Reis- u. Textil-Ind.

Liparische Inseln, *Äolische Inseln,* vulkan. Inseln nordöstl. von Sizilien, 117 km², 10 000 Ew.; Hauptinsel *Lipari,* noch tätige Vulkane: Stromboli, Vulcano.

Lipasen, im Verdauungskanal des Menschen u. der Tiere sowie in Pflanzensamen vorkommende Enzyme, die Fette in Fettsäuren u. Glycerin spalten.

Lipatti, Dinu, *1917, †1950, rumän. Pianist u. Komponist; bes. Bach- u. Chopin-Interpret.

Lipchitz [-ˈʃits], *Lipschitz,* Jacques, *1891, †1973, frz. Bildhauer dt. Herkunft; lebte seit 1909 in Paris, wo ihn die Malerei des Kubismus beeinflußte.

Li Peng, *1928, chin. Politiker (Kommunist); seit 1985 Mitgl. des Politbüros, seit 1987 Min.-Präs.

Lipezk, Hptst. der gleichn. Oblast in Rußland, am Woronesch, 465 000 Ew.; Eisenhütten; Traktoren-, Kunstdüngerfabrik; Mineralbad.

Lipica [-tsa], *Lipizza,* Ort in Slowenien, nahe der Grenze zu Italien. – Das Stammgestüt der **Lipizzaner** (meist Schimmel) wurde 1580 gegr. Die urspr. aus Spanien eingeführten Pferde begr. einst den Ruf der Wiener *Hofreitschule* (heute: *Span. Reitschule*). Lipizzaner werden heute auch im östr. Bundesgestüt *Piber* gezüchtet.

Lipinsky-Gottersdorf, Hans, *1920, †1991, dt. Schriftst. (Romane über seine schles. Heimat).

Lipizza →Lipica.

Lipmann, Fritz Albert, *1899, †1986, US-amerik. Biochemiker dt. Herkunft; Untersuchungen über den Stoffwechsel; Nobelpreis für Medizin u. Physiologie 1953.

Li Po →Li Bai.

Lipoide, fettähnl. Substanzen der Tier- u. Pflanzenzelle; bes. für die Nervenzellen wichtige Nährstoffe, z. B. die *Phosphatide* (Lecithin), *Sterine* (Gallensäuren, Sexualhormone u. a.) u. *Cerebroside.* L. sind Hauptbestandteil des Hirns.

Lipom, gutartige, ziemlich langsam wachsende Fettgewebegeschwulst.

Liposomen, kleine, kugelförmige Gebilde aus *Phosphatiden* mit einem zentralen wäßrigen Hohlraum, in dem Wirkstoffe, z. B. Arzneien, eingeschlossen werden können.

Lippe, 1. r. Nbfl. des Rhein, 214 km; mündet bei Wesel. – **2.** ehem. Land des Dt. Reiches zw. der Weser u. dem sö. Teutoburger Wald, Hptst. *Detmold;* 1720 Reichsfürstentum, 1918 Freistaat, 1947 NRW eingegliedert.

Lippen, lat. *Labia,* in der tier. Anatomie paarige, spaltförmige Körperöffnungen begrenzende Hautfalten oder -säume; beim Menschen die L. des Mundes, deren Kern von einem ringförmigen Schließmuskel gebildet wird.

Lippenbär, ein bis 1,80 m großer *Bär* Vorderindiens u. Sri Lankas, der bei der Nahrungsaufnahme seine weiße Schnauze rüsselförmig vorstülpen kann u. seine Zunge als Saugstempel benutzt. – B → S. 518.

Lippenblütler →Pflanzen.

Lippenpflöcke, Schmuck aus Holz, Knochen oder Stein in Form von Scheiben oder Klötzchen, die die Lippen stark ausdehnen; bes. bei afrik. Naturvölkern getragen.

Lippfische, *Labridae,* Fam. der *Barschähnlichen;* farbenprächtige Meeresfische an trop. Küsten. Sie haben sehr große Lippen u. leben von Muscheln u. Schnecken.

Lippi, 1. Filippino, Sohn von 2), *um 1457, †1504, ital. Maler; leitete zum Manierismus des 16. Jh. über. – **2.** Fra Filippo, *um 1406, †1469, ital. Maler; beeinflußte die florentin. Malerei.

Linz: Hauptplatz, Dreifaltigkeitssäule und Dom

Lippenbär, Melursus ursinus

Lippisch, Alexander, *1894, †1976, dt. Flugzeugkonstrukteur; Deltaflügel-Flugzeug.
Lippmann, 1. Edmund von, *1857, †1940, dt. Chemiker; arbeitete über die Gesch. des Zuckers, der Chemie u. der Alchemie. – **2.** Gabriel, *1845, †1921, luxemburg. Physiker; entwickelte ein auf der Interferenz beruhendes Verfahren der Farbphotographie; Nobelpreis 1908. – **3.** ['lipmən], Walter, *1889, †1974, US-amerik. Publizist; 1917/18 an der Vorbereitung der Versailler Friedenskonferenz beteiligt.
Lippold, Richard, *3.5.1915, US-amerik. Plastiker dt. Herkunft; fertigt abstrakte Drahtplastiken.
Lipps, Theodor, *1851, †1914, dt. Philosoph u. Psychologe; Hauptvertreter der introspektiven Psychologie um die Jahrhundertwende.
Lippspringe, Bad L., Stadt in NRW, an der Lippe, 12 000 Ew.; heilklimat. Kurort.
Lippstadt, Stadt in NRW, an der Lippe, 60 000 Ew.; Elektro-, Metall-, Möbel- u. Textil-Industrie.
Lipscomb ['lipsku:m], William Nunn, *9.12.1919, US-amerik. Chemiker; quantentechn. Berechnungen bei Boranen u. Corboranen. Nobelpreis 1976.
Liquidation, 1. die Auflösung einer Unternehmung durch Verkauf aller Vermögenswerte u. Einzug aller Forderungen; häufig nach vorherigem Konkurs. – **2.** Rechnung eines Arztes oder Rechtsanwalts an Patienten bzw. Klienten.
Liquidität, Zahlungsfähigkeit, finanzielle Verfügungskraft.
Liquor, in Wasser gelöste Arzneien. – **L. cerebro spinalis,** Gehirn u. Rückenmarksflüssigkeit.
Lira, 1. im 15.–18. Jh. verbreitete Streichinstrumentengruppe, in der Regel mit 7 Griff- u. 2 Bordunsaiten. Kleinere Form: *L. da braccio* in Altlage, die größere *L. da gamba* in Tenorlage. – **2.** Mehrzahl *Lire,* Abk. *Lit,* Währungseinheit in Italien u. in Malta, Abk. *Lm.*
Lisboa [liʒ-] →Lissabon.
Liselotte von der Pfalz →Elisabeth (3).
Lisieux [li'zjø], N-frz. Krst. u. Wallfahrtsort im Dép. Calvados, 25 000 Ew.; Basilika der Hl. Theresia vom Kinde Jesu; Textil- u. Nahrungsmittel-Industrie.
Lisinski, Vratoslav, eigtl. Ignatz *Fuchs,* *1819, †1854, kroat. Komponist; begr. die kroat. Nationalmusik.
Lisitschansk, Stadt in der Ukraine, am Donez, 123 000 Ew.; Steinkohlenbergbau.
Lispector [lispə'tor], Clarice, *1925, †1977, brasil. Schriftst.; befaßte sich in Romanen mit dem Identitätsproblem.
lispeln, mit der Zunge anstoßen, die S-Laute zw. den Zähnen (wie engl. th [ð] oder [θ]) aussprechen.
Liss, *Lys,* Johann (Jan), *um 1597, †1629/30, dt. Maler; neben A. *Elsheimer* der bedeutendste Maler im 17. Jh.; religiöse u. mytholog. Gemälde.
Lissa, poln. *Leszno,* Stadt in Polen, sw. von Posen, 54 000 Ew.; Textil-, Metall- u. Masch.-Ind.
Lissabon, port. *Lisboa,* Hptst. von Portugal, wichtigster Hafen u. Handelsplatz des Landes; am r. Ufer des hier seeartig erweiterten Tejo, 830 000 Ew.; Sitz eines Erzbischofs; 2 Univ., mehrere HS, Kathedrale (14. Jh.); Schiffbau, Eisen-, Textil-, Nahrungsmittel-, elektrotechn. u. a. Ind.; Ölraffinerie; Fremdenverkehr; internat. Flughafen. Gesch.: Seit 1260 port. Residenz, im 15. Jh. einer der bed. Handelsplätze Europas, 1755 von Erdbeben zu mehr als 50% zerstört.
Lissitzkij, El (Eliezer), *1890, †1941 (?), russ. Maler u. Architekt; vom Konstruktivismus ausgehend.
Lissner, Ivar, *1909, †1967, dt. Schriftst. (kulturgeschichtl. Werke).
List, Gem. in Schl.-Ho., auf Sylt, 3000 Ew.; Seebad.
List, Friedrich, *1789, †1846 (Selbstmord), dt. Nationalökonom u. Wirtschaftspolitiker; gründete 1819 den *Deutschen Handels-* u. *Gewerbeverein* zur Vorbereitung der dt. Zolleinigung; trat für Schutzzölle u. für den Bau eines dt. Eisenbahnnetzes ein.
Lista y Aragón, Alberto, *1775, †1848, span. Dichter; Klassizist im Übergang zur Vorromantik.
Listenwahl, Wahl, bei der keine Personen, sondern in Listen aufgeführte Personengruppen (Parteien) gewählt werden; Ggs.: *Persönlichkeitswahl.*
Lister, 1. l. Nbfl. der Bigge, mündet in den Bigge-Stausee (Sauerland). – **2.** Mount L. [maunt 'listə], 3962 m hoher Gipfel in Victorialand (Antarktis).
Lister ['listə], Sir Joseph, *1827, †1912, brit. Chirurg; begr. das Verfahren der *Antisepsis,* der Wundbehandlung mit desinfizierenden Lösungen. – Nach ihm ben. die **L.iose,** eine Tierinfektionskrankheit (Zoonose), die auch auf den Menschen übertragbar ist.
Liszt, 1. Franz von (seit 1859), *1811, †1886, Klaviervirtuose u. Komponist östr.-ung. Abstammung; der gefeiertste Klaviervirtuose seiner Zeit, setzte sich vor allem für das Werk seines Freundes u. Schwiegersohns R. *Wagner* ein. Sein Werk zeichnet sich durch pathet. Großartigkeit, melod. Erfindung u. kühne Chromatik aus (sinfon. Dichtungen, Kirchenmusik, Oratorien, Lieder u. Klavierkompositionen). – **2.** Franz von, *1851,

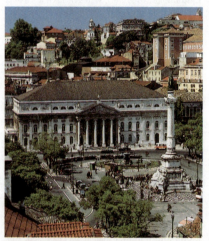

Lissabon: Nationaltheater

†1919, dt. Rechtswissenschaftler (Straf- u. Völkerrecht); führender Vertreter der soziolog. Strafrechtsschule.
Li Tai-po →Li Bai.
Litanei, 1. ein Wechselgebet zw. Vorbeter u. Gemeinde, in dem Gott u. die Heiligen mit wiederkehrenden Bittformeln angerufen werden. – **2.** eintöniges Gerede.
Litani, im Altertum *Leontes,* wichtigster Fluß des Libanon, 170 km lang, mündet ins Mittelmeer.
Litauen, lit. *Lietuva,* die südl. der drei balt. Republiken an der Ostsee, 65 200 km² (mit Memel-Ge-

Litauen

biet), 3,6 Mio. Ew., Hptst. *Vilnius* (dt. *Wilna*); ein eiszeitl. geformtes Land mit vielen Seen, Sümpfen, Mooren u. lichten Wäldern, an der Flachküste Sanddünen; überwiegend Ackerland.
Geschichte: Ein Großfürstentum L. wurde von *Gedymin* (1316–41) gegr. Nach der völligen Verschmelzung mit Polen durch die *Lubliner Union* 1569 kam L. 1795 an Rußland. 1918 wurde es unabhängige Republik. 1940, nach Einmarsch sowj. Truppen, wurde es Sowjetrepublik; nach der dt. Besetzung 1941–45 folgte die Wiederherstellung der Litauischen SSR. Ende der 1980er Jahre verstärkten sich die Autonomiebestrebungen in L. Im März 1990 erklärte L. einseitig seine staatl. Unabhängigkeit, was zu Konflikten mit der sowj. Reg. führte. 1991 wurde die Unabhängigkeit L.s von der Moskauer Zentral-Reg. anerkannt.
Litauer, balt. Volk in Litauen, Nordpolen u. Weißrußland, 3,1 Mio.
litauische Sprache →Balten.

Franz Liszt; Gemälde von C. Lehmann

Litchi, in S-China heim. Obstpflanze aus der Fam. der Seifennußgewächse. Nicht die hartschaligen roten Früchte, sondern die weißen Samenmäntel werden verzehrt.
Liten, *Lassiten,* rechts- u. vermögensfähige Halbfreie der fränk. Zeit, die zinspflichtig u. an die Scholle gebunden waren.
Liter, Kurzzeichen l, Einheit der metr. Raummaße: 1 l = 1 dm³ = 1000 cm³.
Literat, urspr. der Gelehrte, der wiss. Gebildete; seit dem 18. Jh. Bez. für den hauptberufl. *Schriftst.* (zuweilen abwertend).
Literatur, Schrifttum; i.w.S. eine Gesamtheit von Schriften jeder Art, z.B. wiss. L., Fach-L., Sekundär-L.; *i.e.S.* die Sprachkunstwerke, wie *schöngeistige L. (Belletristik);* auch die *Unterhaltungs-L. (Trivial-L.).*
Literaturgeschichte, ein Teil der *Literaturwiss.:* die Wiss. von der Gesch. der Schönen Literatur (unter bes. Berücksichtigung der eigtl. Dichtung). Die allg. L. beschäftigt sich mit der gesamten überlieferten Schönen Literatur, die spezielle L. nur mit der eines Volkes oder einer Epoche; die vergleichende L. untersucht das Gemeinsame im geschichtl. Verlauf der Literaturen einzelner Völker u. Epochen.
Literaturkritik, wertende Betrachtung von Lit.; als Beurteilung einer Neuerscheinung (*Buchbesprechung, Rezension*) oder als Auseinandersetzung mit anderen Werken in einer Dichtung.
Literaturwissenschaft, die Wiss. von der Schö-

Litauen: Demonstration für Unabhängigkeit in Wilna 1990

nen Literatur (bes. von der Dichtung); neben der Sprachwiss. ein Teil der *Philologie.* Die L. zerfällt in die allgemeine L. (literar. Ästhetik oder *Poetik*), die sich mit dem Wesen der Dichtung u. des Dichtens befaßt, u. die histor. L. →Literaturgeschichte.

Litewka, blusige Hausjacke aus Litauen, weit geschnittener Uniformrock.

Litfaßsäule, Säule zum Aufkleben von Werbeplakaten; zuerst 1855 von dem Drucker Ernst *Litfaß* (* 1816, † 1874) in Berlin aufgestellt.

Lithium [-tium], ein →chemisches Element; u. a. in der Reaktortechnik verwendet.

Lithographie, *Steindruck,* 1798 von Aloys *Senefelder* erfundenes Flachdruckverfahren; eine Technik der künstler. Graphik u. gewerbl. Reproduktion, bei der die zu reproduzierende Darstellung einer Steinplatte (Solnhofer Kalkstein) mit fetthaltiger lithograph. Tusche oder Kreide aufgezeichnet wird. Die Platte wird dann mit Säure bestrichen; diese Ätzung verschließt die Poren des Steins, so daß die Druckfarbe nur an der Zeichnung haftet. Meister der Farb-L. im 20. Jh. waren u. a. E. *Munch,* P. *Picasso,* G. *Braque,* die Maler der »Brücke« sowie O. *Dix* u. O. *Kokoschka.*

Lithopone, Gemisch aus Zinksulfid u. Bariumsulfat, als Deckweiß verwendet.

Lithosphäre, die 80–200 km dicke, oberste Gesteinsschale der Erde.

Lithotripsie, Zertrümmerung von Blasen- u. Nierensteinen. Ein modernes Verfahren wie die berührungsfreie *Stoßwellen-L.* (ESWL) kann den operativen Eingriff ersetzen.

Lithyalinglas, in der Masse gefärbtes, marmoriertes Glas, Nachahmung von Halbedelsteinen; beliebt in der Zeit des Biedermeiers.

litoral, dem Ufer, der Küste zugehörig.

Litoral [das], der Lebensraum in Gewässern, der die Uferzone umfaßt.

Litotes, eine *rhetor. Figur,* die das Gemeinte durch Verneinung des Gegenteils verstärkt zum Ausdruck bringt; z.B. »nicht schlecht« für »recht gut«.

Litschi →Litchi.

Litt, Theodor, * 1880, † 1962, dt. Philosoph u. Pädagoge; begr. im Anschluß an G. W. F. Hegel, W. Dilthey u. E. Husserl eine dialekt. Philosophie u. Kulturpädagogik.

Littau, Großgem. im schweiz. Kt. Luzern, an der Kleinen Emme, 15 000 Ew.; Möbelfabrikation.

Little Rock [litl 'rɔk], Hptst. des USA-Staats Arkansas, am Arkansas River, 158 000 Ew.; Univ.; Baumwoll-, chem., Nahrungsmittel-Ind.

Littlesche Krankheit ['litl-; nach dem engl. Chirurgen William John *Little,* * 1810, † 1894], angeborene Krampflähmung bes. der Beine, u. U. mit Störungen des Zentralnervensystems verbunden. Ursache sind Hirnschädigungen bei der Geburt.

Littmann, 1. Enno, * 1875, † 1958, dt. Orientalist; schuf die erste vollständige dt. Übers. der Märchenerzählungen aus »1001 Nacht«. – **2.** Max, * 1862, † 1931, dt. Architekt; Theaterbauspezialist, bes. in München u. Berlin tätig.

Liturgie, die Gesamtheit der offiziellen gottesdienstl. Handlungen in den christl. Kirchen.

Liturgik, *Liturgiewiss.,* eine Disziplin innerhalb der kath. u. ev. Theologie, deren Aufgabe es ist, das gottesdienstl. Leben in seinen kult. Grundformen zu erforschen u. die Bedeutung der Liturgie u. ihren konkreten Vollzug darzustellen.

liturgische Bewegung, die neuzeitl. Bemühungen, die *Liturgie* wieder zum Mittelpunkt des Gemeindelebens zu machen; in der ev. Kirche v. a. um den 1923 gegr. *Berneuchener Kreis* konzentriert. In der kath. Kirche bemühte man sich unter Führung der Benediktinerabteien Maria Laach u. Beuron um Erneuerung der Liturgie. Den Höhepunkt brachten die Reformen des 2. Vatikan. Konzils (aktive Teilnahme der Gemeinden, Gebrauch der Landessprache statt des Lateinischen).

liturgische Farben, die nach dem Kirchenjahr wechselnden Farben der Altar- u. Kanzelbekleidung, in der kath. Kirche auch für die liturg. Gewänder: Weiß für die Christusfeste Weihnachten, Epiphanias, Ostern, kath. Marienfeste; Rot für die Feste der Kirche: Pfingsten, Aposteltage, Reformationsfest; Violett für die Vorbereitungs- u. Fastenzeit (Advents-, Fasten- u. Passionszeit) sowie für Bußtage; Grün für die ungeprägten Zeiten (nach Epiphanias u. Trinitatis); Schwarz am Karfreitag (in der kath. Kirche Rot) u. zu Trauergottesdiensten.

Litvak, Michael Anatole, * 1902, † 1974, US-amerik. Filmregisseur russ. Herkunft; Hptw.: »Schlangengrube«, »Entscheidung vor Morgengrauen«, »Anastasia«, »Die Nacht der Generale«.

Litwinow [-nɔf], Maxim Maximowitsch, eigtl. M. M. *Wallach,* * 1876, † 1951, sowj. Politiker; 1930–39 Volkskommissar des Äußeren (Außen-Min.).

Litze, 1. elektr. Leitung aus mehreren dünnen Einzeldrähten, die miteinander verdrillt sind. – **2.** *Tresse,* symmetrisches Flachgeflecht in Bandform aus Textil- oder Metallfäden (an Uniformen).

Liudger, *Ludger,* * um 742, † 809, 1. Bischof von Münster (Westf.); Heiliger (Fest: 26.3.).

Liudolfinger, sächs. Adelsgeschlecht, zurückgehend auf Herzog *Liudolf* (* um 806, † 866); 1024 erloschen.

Liu Shaoqi [-ʃauçi], *Liu Schao-tschi,* * 1898, † 1969, chin. Politiker (Kommunist); nach Gründung der VR in höchsten Partei- u. Staatsämtern, Vors. der VR (Staatsoberhaupt); während der »Kulturrevolution« entmachtet, 1968 aller Ämter enthoben u. verhaftet; 1980 rehabilitiert.

Liutprand, *Luitprand,* König der Langobarden 712–744; eroberte weite Gebiete in Italien.

Liuzhou [-dʃɔu], *Liutschou,* chin. Stadt in Guangxi, am Liu Jiang, 500 000 Ew.; Baustoff- u. Elektronik-Ind.

live [laif] →Live-Sendung.

Liven, finn.-ugrischer Stamm in Livland, weitgehend in den *Letten* aufgegangen.

Liverpool ['livəpu:l], NW-engl. Hafenstadt an der Mündung des Mersey in die Irische See, 476 000 Ew.; anglikan. u. kath. Bischofssitz; Univ., zwei Kathedralen; wichtiges Handels- u. Ind.-Zentrum, Haupthafen des mittelengl. Ind.-Gebiets um Manchester, Flughafen.

Live-Sendung ['laif-], eine Hörfunk- oder Fernsehsendung, die direkt übertragen wird.

Livingstone [-stən], vorübergehend *Maramba,* Prov.-Hptst. in Sambia, in der Nähe der Victoriafälle, 986 m ü. M., 95 000 Ew.; Tabak-, Textil- u. Nahrungsmittel-Ind.; Fremdenverkehr; Flughafen.

Livingstone [-stən], David, * 1813, † 1873, brit. Missionar u. Afrikaforscher; bereiste S- u. Innerafrika. 1871 galt er als verschollen, wurde aber von M. H. *Stanley* gefunden. – Nach ihm ben. sind die **L.fälle,** Wasserfälle am unteren Kongo, u. das **L.gebirge,** nordöstl. des Malawisees in Tansania, bis 2500 m hoch.

Livius, Titus, * 59 v. Chr., † 17 n. Chr., röm. Geschichtsschreiber; schrieb eine Gesch. Roms in 142 Büchern.

Livius Andronicus, Lucius, * um 284 v. Chr., † um 204 v. Chr., legte durch die Nachdichtung grch. Tragödien u. Komödien u. die Übertragung der »Odyssee« die Grundlagen der lat. Literatur.

Livland, histor. Landschaft zw. dem Rigaer Meerbusen u. dem Peipussee. – Im 12. Jh. von Deutschen besiedelt, bis 1561 zum Dt. Orden, bis 1629 polnisch, bis 1721 schwedisch, bis 1918 russisch. 1918 fiel L. teils an Lettland, teils an Estland.

Livorno, ital. Prov.-Hptst. in der Toskana, 174 000 Ew.; Dom, Kastell; Hafen, Seebad; Schiffbau, Ölraffinerie.

Livre [livr], frz. Rechnungsmünze (1 L. = 20 Sous) bis zum 18. Jh., abgelöst vom *Franc.*

Livree, uniformähnl. Kleidung der Dienerschaft.

Li Xiannian [li çiɛnniɛn], *Li Hsien-nien,* * 1909, † 1992, chin. Politiker (Kommunist); Teilnehmer am »Langen Marsch« 1934/35, 1945–87 Mitgl. des ZK, 1956–87 des Politbüros, nach 1949 in hohen Staatsämtern, 1983–88 Präs. der VR.

Li Yü, 1. * 937, † 978, chin. Liederdichter; regierte 961–75 das Tang-Reich u. starb als Gefangener der Song-Dynastie. – **2.** *Li Liweng,* * 1611, † 1680, chin. Dichter u. Schauspieldirektor; schrieb volkstüml. Lustspiele u. Novellen.

Lizard Point ['lizəd-], *Kap Lizard,* südlichster Punkt Englands, auf der Halbinsel Cornwall.

Lizentiat, *Licentiat,* Abk. *Lic.,* bis 1947 Doktortitel von prot. theol. Fakultäten in Dtld., heute durch *Dr. theol.* ersetzt.

Lizenz, Befugnis, Genehmigung zur Ausübung eines Gewerbes; Erlaubnis zur Benutzung eines Patents; im Verlagswesen die Ermächtigung für eine **L.ausgabe** durch den Originalverlag. Nachdruckrecht für eine best. Anzahl von Exemplaren oder für eine best. Zeit.

Lizenzspieler, Fußballspieler, die als Berufssportler in der obersten Liga spielen u. eine Lizenz vom nat. Fachverband haben müssen. Sie sind Angestellte der Vereine.

Ljubimov, Jurij Petrowitsch, * 30.9.1917, russ. Regisseur u. Schauspieler; 1984 ausgebürgert; experimentelle Inszenierungen: »10 Tage, die die Welt erschütterten«, »Hamlet«.

Ljubljana, dt. *Laibach,* Hptst. von Slowenien, 305 000 Ew.; Univ., barocker Dom, Bischofspalast; Papier-, Elektro-, chem. u. a. Ind.

Lkw, *LKW,* Abk. für *Lastkraftwagen.*

Llanos ['ljanɔs], baumarme Grasländer (Ebenen) im SW der USA u. in Südamerika.

Llewellyn [lju:'ɛlin], Richard, * 1906, † 1983, walis. Schriftst.; Hptw. »So grün war mein Tal«.

Lloyd [lɔid], **1.** Harold, * 1893, † 1971, US-amerik. Filmkomiker der Stummfilmzeit. – **2.** John Selwyn, Baron Selwyn-L. (1976), * 1904, † 1978, brit. Politiker (Konservativer), 1955–60 Außen-Min., 1960–62 Schatzkanzler.

Lloyd George [lɔid 'dʒɔ:dʒ], * 1863, † 1945, brit. Politiker (Liberaler); führte als Schatzkanzler (1908–15) eine Sozialgesetzgebung nach dt. Muster ein; 1915/16 Munitions- u. Kriegs-Min., Prem.-Min. 1916–22; verfolgte nach dem 1. Weltkrieg eine mäßigende Politik gegenüber Dtld.; gewährte Irland 1921 Selbständigkeit.

Lloyd's, *L. Underwriters,* Zusammenschluß von mehr als 3000 brit. Versicherungskaufleuten aller Versicherungszweige, bes. Transport- u. Seeversicherung; gibt seit 1760 das »L. Register of Shipping« (Verzeichnis aller Schiffe der Welt über 100 BRT, der Werften u. a.) heraus.

Lloyd Webber [lɔid 'wɛbə], Andrew, * 22.3.1948, brit. Komponist; erfolgreiche Musicals: »Jesus Christ Superstar«, »Evita«, »Cats«, »The Phantom of the Opera«, »Sunset Boulevard«.

Llull [ljul], Ramón, Raimundus *Lullus,* * 1235, † 1315 oder 1316, katalan. Dichter u. Mystiker; schrieb die erste bed. katalan. Prosa. Er wurde als Missionsprediger in N-Afrika von Moslems gesteinigt.

Lob, anerkennende Beurteilung eines Verhaltens, einer Leistung oder einer Gesinnung.

Lob [lɔb], Schlagart bei Tennis (u. a. Netzspielen): der Ball wird hoch u. unerreichbar über den (oder die) am Netz stehenden gegner. Spieler hinweggeschlagen.

Löbau, Krst. in Sachsen, in der Oberlausitz, 18 000 Ew.; Nahrungs-, Kunststoff- u. Textil-Ind.

Lobby, Interessengruppe, die Parlamentarier in ihrem Sinne zu beeinflussen sucht. – **L.isten,** die am Sitz des Parlaments tätigen Vertreter von Verbänden u. Firmen.

Löbe, Paul, * 1875, † 1967, dt. Politiker (Sozialdemokrat); 1920–33 Präs. des Reichstags; zw. 1933 u. 45 zeitw. in Haft.

Lobelie, Gatt. der *Glockenblumengewächse,* Kräuter oder seltener Sträucher. Viele Arten enthalten ein giftiges Alkaloid.

Lobenstein, Krst. in Thüringen, am Frankenwald, 5000 Ew.; Kur- u. Erholungsort; Gießerei.

Lobito [lu'bitu], wichtigste Hafenstadt von Angola, 150 000 Ew.; Fischverarbeitung, Ölraffinerie.

Lobkowitz, *Lobkowic,* böhm. Fürstengeschlecht, 1459 Reichsfreiherren, 1624 Reichsfürsten.

Lob Nur, *Lopnor,* ehem. großes See- u. Sumpfgebiet (rd. 2500 km², 788 m ü. M.) in der chin. Autonomen Region Xinjiang-Uygur; ausgetrocknet; heute Kernwaffentestgelände.

Locarno, schweiz. Kurort u. Seebad an der Mündung der Maggia in den Lago Maggiore, Bez.-Hptst. im Kt. Tessin, 14 000 Ew.

Locarno-Verträge, *Locarno-Pakt,* Garantieverträge zw. Dtld., Frankreich, Belgien, Großbrit. u. Italien, in dem sich die drei erstgenannten unter Garantie der beiden anderen zur Wahrung der dt.-frz. u. der dt.-belg. Grenze verpflichteten; auf Vorschlag G. *Stresemanns* 1925 in Locarno geschlossen; 1936 von Hitler gekündigt.

Locatelli, Pietro Antonio, * 1695, † 1764, ital. Geiger u. Komponist; ein gefeierter Virtuose.

Loccum, Stadtteil von Rehburg-L. westl. des Steinhuder Meers; ehem. Zisterzienserabtei (gegr. 1163), heute das einzige dt. ev. Männerkloster; Akademie.

Lochien, *Wochenbettfluß,* in den ersten Tagen nach der Geburt Ausfluß aus der Scheide.

Lochkartensystem, von H. *Hollerith* um 1890 erfundenes Verfahren, auf einer Karte *(Lochkarte)* durch Lochung in bestimmten vorgedruckten Feldern Zahlen u. a. Angaben festzuhalten. Die Löcher werden von *Lochkartenlesern* abgetastet. Die entstandenen Impulse werden an elektron. Datenverarbeitungsanlagen weitergegeben. Lochkarten

John Locke

sind die ältesten Datenträger. Heute weitgehend durch magnet. Datenaufzeichnung ersetzt.

Lochner, Stefan, *um 1400, †1451, dt. Maler; Hauptmeister der Kölner Malerschule. Seine Werke sind gekennzeichnet durch strenge Zentralkomposition, leuchtende Farbgebung, realist. Stofflichkeitswiedergabe. W »Weltgericht«, »Anbetung der Könige«, »Maria im Rosenhag«.

Loch Ness [lɔx 'nes], See in N-Schottland, im Grabenbruch des Glen More, 65 km², 230 m tief; durch angebl. Seeungeheuer »Nessie« bekannt geworden.

Lochstreifen, ein Papierstreifen, in den Löcher eingestanzt werden, die Buchstaben, Zahlen u. ä. entsprechen; früher viel in EDV-Anlagen verwendet.

Locke [lɔk], John, *1632, †1704, engl. Philosoph; wichtigster u. einflußreichster Vertreter der *Aufklärung* im Sinne des Empirismus. Sein Hptw. »Versuch über den menschl. Verstand« war die Begründung des engl. *Empirismus.* Er läßt als Quelle der Erkenntnis nur die »sensation« (Sinneswahrnehmung) u. die »reflection« (Selbstwahrnehmung) zu; die Seele wird zur »tabula rasa«, die die aus der Erfahrung kommenden Erkenntnisse aufnimmt u. bewahrt. In seiner Staatsphilosophie wird der Charakter des Staates im Sinn der *Volkssouveränität* bestimmt.

Lockstoffe, Substanzen, die auf bestimmte Tiere anlockend wirken. Sie entstammen dem Fraß- oder Brutmaterial des Tieres oder aber dem Tier selbst (z.B. Sexual-L.). Synthet. L. werden zur Bekämpfung von Schädlingen eingesetzt (z.B. Insektizide).

Lockyer [-je], Sir Joseph Norman, *1836, †1920, brit. Astrophysiker; entdeckte 1868 das Helium im Sonnenspektrum u. erfand das Protuberanzenspektroskop.

Locle [lɔkl] →Le Locle.

Locri, ital. Seebad an der O-Küste Kalabriens, 12 000 Ew.

Lod, das antike *Lydda,* isr. Stadt im Vorortbereich von Tel Aviv, 40 000 Ew.; Zentralflughafen.

Loden, gewalktes u. aufgerauhtes Gewebe für Mantel- u. Trachtenstoffe, wasserabstoßend imprägniert.

Lodge [lɔdʒ], **1.** Henry Cabot, *1850, †1924, US-amerik. Politiker (Republikaner) u. Historiker; verhinderte den Beitritt der USA zum Völkerbund. – **2.** Henry Cabot, Enkel von 1), *1902, †1985, US-amerik. Diplomat; 1967–69 Botschafter in der BR Dtld., 1969 Leiter der amerik. Delegation bei den Pariser Vietnam-Friedensgesprächen.

Lodi, ital. Stadt in der Lombardei, an der Adda, 42 000 Ew.; Dom (12. Jh.); Nahrungsmittel- u. Textilind.

Lodsch, poln. *Łódź,* 1940–45 *Litzmannstadt,* zweitgrößte Stadt Polens, sw. von Warschau, 847 000 Ew.; Hptst. der gleichn. Wojewodschaft; Univ. u. 6 HS; Textilind.

Loest, Erich, *24.4.1926, dt. Schriftst. (Romane im Stil des sozialist. Realismus, Kriminalromane).

Loewe, 1. Carl, *1796, †1869, dt. Komponist; Vertreter der neueren Ballade (»Erlkönig«, »Heinrich der Vogler«). – **2.** Frederick, *1904, †1988, US-amerik. Komponist dt. Abstammung (Musical »My Fair Lady«).

Loewenstein, Karl, *1891, †1973, US-amerik. Staatsrechtslehrer u. Politologe dt. Herkunft; 1933 aus Dtld. vertrieben, seit 1934 Prof. in den USA.

Loewi, Otto, *1873, †1961, dt. Pharmakologe; emigrierte 1938 in die USA; wies 1921 nach, daß die Nervenimpulse auf chem. Wege auf das Erfolgsorgan übertragen werden (sog. Überträgerstoffe); Nobelpreis für Medizin 1936.

Löffelkraut, *Cochlearia,* Gatt. der *Kreuzblütler;* bes. an Meeresküsten.

Löffler, *Löffelreiher,* weißer Stelzvogel aus der Fam. der *Ibisse* in Eurasien; auffällig sein löffelartig verbreiteter Schnabel.

Löffler, Friedrich August Johannes, *1852, †1915, dt. Hygieniker; Mitarbeiter R. *Kochs,* entdeckte die Erreger von Pferderotz, Diphtherie, Schweinerotlauf; entwickelte ein Schutzserum gegen Maul- u. Klauenseuche.

Lofoten, *Lofotinseln,* Inselgruppe vor der NW-norw. Küste, 1308 km², 28 000 Ew.; vegetationsarme, bis 1161 m hohe Felsen, mildes Klima; Dorsch- u. Heringsfang.

Lofting, Hugh, *1886, †1947, US-amerik. Jugendschriftst. (Geschichten von Dr. Dolittle u. seinen Tieren).

Log, Meßgerät zur Bestimmung der Schiffsgeschwindigkeit.

Logan, *Mount L.* [maunt 'lougǝn], der höchste Berg der kanad. Saint Elias Mountains, 5951 m.

Logarithmen [Sg. *logarithmus*, Abk. log., lg, die Zahl mit der man in der Gleichung $a^b = c$ die Zahl a (Basis) potenzieren muß, um die Zahl c zu erhalten; z.B. ist 3 der L. von 1000 zur Basis 10, da $10^3 = 1000$. Im allg. beschränkt man sich auf die Basis 10 (*Briggssche* oder *dekadische L.;* stets mit lg gekennzeichnet). Die L. der Zahlen größer als 1 sind positiv, die der Zahlen zw. 0 u. 1 negativ, lg 1 = 0. L. werden mit Hilfe von Reihen berechnet u. in *L.tafeln* (seit Einführung von elektron. Taschenrechnern weniger bedeutend) zusammengestellt. Dabei unterscheidet man die *Kennziffer* u. die *Mantisse;* z.B. hat lg 20 = 1,30103... die Kennziffer 1 u. die Mantisse 30 103 .... – In der höheren Mathematik werden durchweg die *natürl.* L. (Abk. ln oder lg nat) mit der Basis e = 2,71828... benutzt. Durch das Rechnen mit L. werden Multiplikation u. Division auf Addition u. Subtraktion, Potenzieren u. Radizieren auf Multiplikation u. Division zurückgeführt.

Logau, Friedrich Frhr. von, Pseud.: Salomon von *Golaw* *1604, †1655, dt. Epigrammdichter.

Logbuch, gesetzl. vorgeschriebenes Tagebuch für Schiffe; enthält genaue Eintragungen über Kurs, Wetter sowie alle Vorkommnisse an Bord.

Loge ['loːʒǝ], **1.** nach einer Seite offener kleiner Raum, bes. als Zuschauernische in Theatern. – **2.** in der Freimaurerei der Versammlungsraum sowie der einzelne (örtl.) Verband.

Logger, *Lugger,* ein Küstensegelschiff; seit etwa 1950 meistens vollmotorisiert; in der Fischerei eingesetzt.

Loggia ['lɔdʒa], offene, von Säulen oder Pfeilern getragene Bogenhalle; auch überdachter Balkon.

Logik, die Lehre von der Folgerichtigkeit; von *Aristoteles* als Grundlage u. Voraussetzung jeden exakten Denkens begr. Zur reinen (formalen) L. gehörte traditionell die Lehre vom Begriff, Urteil u. Schluß, die angewandte L. umfaßte die Lehre von der Definition, vom Beweis u. der Methode. In der Math. behandelt die L. die Strukturen, Beziehungen, Gesetze u. Verbindungen von Aussagen. Eine bed. Rolle spielt die L. in der Informatik.

Logis [-'ʒi], Unterkunft, Wohnung.

Logistik, Organisation, Planung u. Steuerung der gezielten Bereitstellung u. des Einsatzes von Personen, Material, Waren u. ä.; bes. die materielle Versorgung der Truppe mit Waffen, Munition, Verpflegung u. Bekleidung; außerdem das Transportwesen der Streitkräfte.

logo..., Wortbestandteil mit der Bedeutung »Wort, Rede«.

Logogramm, das Zeichen für ein Wort in einer Wortschrift (Bilderschrift).

Logographie, Wortschrift.

Logogriph, ein Buchstabenrätsel, bei dem aus einem Wort durch Zusatz, Tausch oder Weglassen von Buchstaben ein neues Wort entsteht, z.B. aus »Eimer« kann werden »Reim«, »Meer«.

Logone, Fluß in Afrika, 965 km; wichtigster Zufluß des Chari, mündet bei N'Djamena (Tschad).

Logopädie, Sprachheilkunde; Wiss. u. Lehre von der Erkennung u. Behandlung der Sprachstörungen. – **Logopäde,** Berufsbez. eines Erziehers von Gehörlosen u. Sprachbehinderten zum natürl. Sprechen u. Artikulieren der Worte.

Logos ['loː-], Rede, Wort, Sprache; Denkinhalt (Gedanke), Begriff, Vernunft, (göttl.) Weltvernunft; Grundbegriff der abendländ. Philosophie; im AT Wort Gottes, im NT auch Bez. für den Sohn Gottes.

Logothetis, Anestis, *1921, †1994, östr. Komponist grch. Herkunft; entwickelte eine graph. Notation, die aus reinen Aktionszeichen besteht.

Logroño [-njo], nordspan. Prov.-Hptst., am oberen Ebro, 119 000 Ew.; Nahrungsmittel- u. Wollind.

Lo-han, buddhist. Gläubige, die durch eigene Bemühungen zur Einsicht des *Nirwana* gelangten.

Lohausen, Ortsteil von Düsseldorf, Flughafen.

Lohe, Gerbmittel; zerkleinerte gerbstoffreiche Rinde (z.B. Eiche).

Lohengrin, Held der Schwanrittersage, durch *Wolfram von Eschenbach* mit der Gralsgeschichte verbunden (der Sohn *Parzivals*). – Oper von R. Wagner.

Lohenstein, Daniel Casper von, *1635, †1683, dt. Barock-Dichter der sog. zweiten schles. Schule; Drama »Sophonisbe«, Tragödien, Gedichte u. Romane.

Lohfelden, Gem. in Hess. sö. von Kassel, 12 000 Ew.; Kunststoff- u. a. Ind.

Lohmar, Gem. in NRW, nordöstl. von Bonn, 26 000 Ew.; metallverarbeitende Ind.

Lohn, allg. das Entgelt für geleistete Arbeit, hpts. die an die Zahl der geleisteten Arbeitsstunden (*Zeit-L.*) oder an die hergestellte Menge (*Akkord-L.*) gebundene Entlohnung von Arbeitern. – Die aktuelle L.höhe hängt auch von der jeweiligen Marktkonstellation ab (insbes. von Angebot u. Nachfrage auf dem Arbeitsmarkt) u. wird durch die zw. Arbeitgebern u. Gewerkschaften ausgehandelten Tarifverträge fixiert, in denen u. a. *Mindestlöhne (Tariflöhne)* festgelegt sind. Von dem tarifl. vereinbarten L. ist der tatsächl. gezahlte L. (*Effektiv-L.*) zu unterscheiden. L.unterschiede werden begründet mit unterschiedl. Leistungen, mit der relativen Seltenheit der angebotenen Arbeitsleistungen, aber auch mit soz. Ursachen.

Löhndorff, Ernst Friedrich, *1899, †1976, dt. Schriftst. (Abenteurer-Romane, Reportagen).

Lohne (Oldenburg), Stadt in Nds., 19 000 Ew.; Korken-, Kunststoff- u. a. Ind.

Löhne, Stadt in NRW, 37 000 Ew.; Möbel-Ind.

Lohner, 1. Helmut, *24.4.1933, östr. Schauspieler; arbeitet in Theater, Film u. Fernsehen. – **2.** Reny, *24.9.1915, östr. Malerin u. Bühnenbildnerin; dem Surrealismus der Wiener Schule nahestehend.

Lohnfortzahlung, die seit 1970 dem Arbeitgeber gesetzl. auferlegte Verpflichtung, infolge Krankheit arbeitsunfähigen Arbeitern (ebenso wie Angestellten) den Lohn bis zur Dauer von 6 Wochen fortzuzahlen.

Lohnnebenkosten, alle Aufwendungen, die nicht im Zusammenhang mit der tatsächl. geleisteten Arbeit stehen u. wozu die Unternehmen durch Gesetz oder Tarifvertrag verpflichtet sind bzw. die sie freiwillig leisten.

Lohnpfändung, Pfändung von Arbeitseinkom-

Löffelreiher

Lohnsteuerklassen

Klasse I:	ledige und geschiedene Arbeitnehmer
Klasse II:	ledige und geschiedene Arbeitnehmer, bei denen mindestens ein Kind zu berücksichtigen ist
Klasse III:	verheiratete Arbeitnehmer
Klasse IV:	verheiratete Arbeitnehmer, wenn beide Ehegatten Arbeitslohn beziehen
Klasse V:	einer der Ehegatten (an Stelle der Steuerklasse IV), wenn der andere Ehegatte in die Steuerklasse III eingereiht wird
Klasse VI:	Arbeitnehmer, die gleichzeitig von mehreren Arbeitgebern Arbeitslohn erhalten, mit ihren zweiten und weiteren Lohnsteuerkarten

men gemäß §§ 850 ff. ZPO; unterliegt Beschränkungen (*Pfändungsschutz*).
Lohnquote, 1. Anteil des Lohns an den gesamten Produktionskosten eines Betriebs oder Produktionszweiges. – **2.** Anteil der Bruttoeinkommen aus unselbständiger Arbeit am Volkseinkommen.
Lohnsteuer, die für Einkünfte aus nichtselbst. Arbeit erhobene →Einkommensteuer. Der Arbeitgeber hat sie bei der Lohnzahlung vom Arbeitslohn abzuziehen u. an das Finanzamt abzuführen. – **L.-Jahresausgleich,** steuertechn. Verfahren der L.erstattung. Übersteigt der Gesamtbetrag der im Kalenderjahr einbehaltenen L. die auf den Jahresarbeitslohn entfallende Jahres-L., so wird auf Antrag der Unterschiedsbetrag gegenüber der Jahres-L. erstattet.
Lohr am Main, Stadt in Bayern, nw. von Würzburg, 16 000 Ew.; Glas-, Textil- u. Holz-Ind.
Lohse, 1. Eduard, *19.2.1924, dt. ev. Theologe; Prof. für NT, 1975–78 Leitender Bischof der VELKD, 1979–85 Rats-Vors. der EKD. – **2.** Richard Paul, *1902, †1988, schweiz. Maler; streng konstruktivist., math. Stil.
Loibl, L.*paß*, 1368 m hoch gelegener Übergang in den Karawanken, zw. Klagenfurt (Östr.) u. Ljubljana (Slowenien).
Loipe, markierte Laufstrecke für Skilanglauf.
Loir [lwa:r], l. Nbfl. der *Sarthe* in Frankreich, 310 km; mündet nordöstl. von *Angers*.
Loire [lwa:r], längster Fluß in Frankreich, 1010 km lang, 121 000 km² Einzugsgebiet; entspringt in den Cevennen, mündet bei *Saint-Nazaire* in den Atlantik. – Im mittleren Abschnitt, zw. Gien u. Angers, viele prunkvolle Renaissanceschlösser der frz. Könige. Von Feudalherren, meist umgeben von großen Parkanlagen, u. a. Chambord, Blois, Cheverny.
Loisach, l. Nbfl. der Isar, 120 km; mündet bei Wolfratshausen.
Loja ['loxa], Dep.-Hptst. im S von Ecuador, in den Anden, 86 000 Ew.; Bischofssitz, Univ.
Lo-Johansson ['lu:ju:-], Ivar, *1901, †1990, schwed. Schriftst.; Vorkämpfer der Landarbeiter.
lokal, örtlich (beschränkt).
Lokalanästhesie, örtl. Betäubung, durch Kälte oder durch Aufpinseln oder Einspritzen von schmerzstillenden Mitteln.
Lokalgötter, Götter, deren Wesen u. Wirken an einen Ort (Berg-, Baum-, Flußgottheiten u. ä.) gebunden sind.
Lokalkolorit, anschaul. Schilderung von Landschaften, Milieu, Bräuchen des Handlungsortes in literar. Werken.
Lokaltermin, gerichtl. Termin am Tatort.
Lokativ, der Kasus zur Bez. des Ortes in manchen Sprachen. Im Dt. finden sich an seiner Stelle Präpositionen (»in, auf«).
Loki, in ihrer Bedeutung (Unterwelts-, Todes-, Feuerdämon?) noch nicht aufgeklärte Gestalt der altnord. Mythologie.
Lokogeschäft, an Warenbörsen ein Geschäft, bei dem die sofortige Lieferung der Ware vereinbart wird; Ggs.: *Termingeschäft*.
Lokomotive, kurz *Lok,* eine Zugmaschine des Schienenverkehrs, deren Zugkraft aus der Haftreibung zw. Antriebsrädern u. Schienen resultiert (Ausnahme: Zahnradbahn). Dem Antrieb nach unterscheidet man *Dampf-, Elektro-* u. *Diesel-L.* →Eisenbahn.
Lokris, zwei antike mittelgrch. Landschaften: das westl. L. am Golf von Korinth; das östl. an der Meerenge von Euböa.
Lolang, *Lelang,* alte chin. Kolonial-Hptst. in Nordkorea, archäolog. bed. durch mehr als 10 000 Holzkammer- u. Ziegelgräber der Han-Zeit.
Lolch, *Lolium,* Gatt. der Süßgräser mit wertvollen Nutzgräsern: der *Ausdauernde L. (Englisches Raygras, Wiesen-L.)* u. der *Vielblütige L. (Ital. Raygras).* Der *Taumel-L.* enthält einen giftigen Pilz mit narkot. Wirkung.
Lolland ['lɔlan], dän. Ostsee-Insel, 1241 km², 80 000 Ew., Hauptort *Nakskov*.
Lollarden, *Lollharden,* Anhänger J. Wiclifs, die als Wanderprediger das Evangelium verkündigten.
Lollobrigida [-dʒida], Gina, *4.7.1928, ital. Filmschauspielerin; Filmidol Italiens der 1950er Jahre; später auch Photographin.
Lolo, sprachl. eng verwandte Völkergruppe in S-China (Yunnan u. Sichuan) u. im nördl. Hinterindien, rd. 5 Mio., Sprache tibetobirmanisch.
Lomami, l. Nbfl. des Kongo, rd. 1500 km; mündet bei Isangi.
Lombard, die Beleihung von Waren oder Wertpapieren durch ein Kreditinstitut; →Lombardgeschäft.
Lombardei, ital. *Lombàrdia,* nordital. Region, 23 856 km², 8,9 Mio. Ew., Hptst. *Mailand,* im N Anteil am Hochgebirge mit Alpenrandseen, im S fruchtbarer, gut bewässerter Boden in der Po-Ebene.
G e s c h.: 569 eroberten die germ. *Langobarden* Mailand. 774 eroberte *Karl d. Gr.* das oberital. Langobardenreich u. fügte es als *Königtum L.* 781 dem karoling. Weltreich ein. 1183 erkämpften die lombard. Städte von Kaiser Friedrich Barbarossa ihre Unabhängigkeit; bis zur Mitte des 14. Jh. tobten Parteikämpfe zw. Guelfen u. Ghibellinen. 1535 wurde die L. einem span. Statthalter unterstellt, 1714 fiel sie an Östr. Unter Napoleon I. vorübergehend frz. Vasallenstaat, kam sie 1815, mit Venetien zum *Lombardisch-Venezianischen Königreich* vereint, wieder an Östr., 1850 an das Königreich Italien.
Lombardgeschäft, *Lombardkredit,* kurzfristige Kreditgewährung gegen Verpfändung von Waren oder Wertpapieren. Der Zinsfuß *(Lombardsatz)* liegt gewöhnl. 1% über dem *Diskontsatz*.
Lombardo, ital. Bildhauer- u. Baumeisterfamilie: Antonio, *um 1458, †1516, Pietro, *um 1435, †1515 u. Tullio, *um 1455, †1532.
Lombok, eine der indones. Kleinen Sundainseln, 4600 km², 1,5 Mio. Ew., Hauptort *Mataram*.
Lombroso [-so], Cesare, *1836, †1909, ital. Arzt; Vertreter der umstrittenen Lehre vom »geborenen Verbrecher«; gilt als Begr. der Kriminologie.
Lomé, Hptst. von Togo, am Golf von Guinea (W-Afrika), 366 000 Ew.; kath. Erzbischofssitz, Univ.; Nahrungsmittelind.; Flughafen. – **L.-Abkommen,** mehrere Verträge zw. EU u. Entwicklungsländern *(AKP-Staaten)*.
Lomond ['loumənd], *Loch L.,* schott. See, im sw. Hochland, 71 km², bis 192 m tief; fischreich.
Lomonossow [-sɔf], Michail Wassiljewitsch, *1711, †1765, russ. Schriftst. u. Wiss.; bahnbrechend auf dem Gebiet der Geographie u. Geologie in Rußland, regte 1755 die Gründung der Univ. Moskau an; schrieb eine »Russ. Grammatik«.
London ['lʌndən], **1.** Hauptstadt von Großbrit., an der Themse 75 km vor ihrer Mündung in die Nordsee, bildet die Gft. *Greater L.,* 1596 km², 6,8 Mio. Ew., die administrativ in 33 Boroughs gegliedert ist. Der innerste Teil ist die nur 2,7 km² große *City,* die Geschäftsstadt mit der Bank von England, der Börse, dem Rathaus. Opernhaus *Covent Garden* u. der St.-Pauls-Kathedrale (17./18. Jh.). Im SO der City am Hafenende liegt der *Tower* mit *Tower Bridge,* im SW u. W das Regierungsviertel mit Buckingham Palace, Downing u. Regent Street, Trafalgar Square (mit Nelson-Säule), Westminster Abbey u. Parlamentsgebäuden; im O liegen die Hafenanlagen mit Docks u. Werften; Bildungs- u. Kultureinrichtungen: Univ. (1836), TU, Brit. Museum, National Gallery, Victoria and Albert Museum u. a. Bed. Handels- u. Ind.-Standort, Welthafen, internat. Flughäfen *(Heathrow* u. *Gatwick).* B → S. 522.
G e s c h.: L. ist eine kelt. oder röm. Gründung *(Londinium);* schon im 11. Jh. bed. Handelsstadt. 1215 bestätigte die *Magna Charta* die städt. Privilegien. Der Blüte der Stadt im 16. Jh. setzten 1665 die Pest u. 1666 ein Großbrand ein vorübergehendes Ende, doch entwickelte sich L. im 18. u. 19. Jh. schnell wieder zum Handels-, Finanz- u. Verkehrszentrum des Landes. – **2.** Ind.-Stadt in S-Ontario (Kanada), 269 000 Ew.; Univ.; Masch.-, Textil-, Eisen- u. Nahrungsmittel-Ind.
London ['lʌndən], Jack, eigtl. John *Griffith,* *1876, †1916 (Selbstmord), US-amerik. Schriftst. Nach einem Leben als Tramp, Seemann, Goldsucher u. Kriegskorrespondent beschrieb er seine Erfahrungen in rd. 50 Romanen; auch Tiergeschichten. W »Der Ruf des Wildnis«, »Lockruf des Goldes«, »Seewolf«.
Londonderry ['lʌndənderi], Verw.-Sitz u. Hafen der nordir. Gft. L., 51 000 Ew.; Eisen- u. Textil-Ind., Schiffbau.
Londoner Schuldenabkommen, zw. der BR Dtld. u. dem Dreimächteausschuß (USA, Großbrit. u. Frankreich) geschlossenes Abkommen zur Regelung der dt. Auslandsschulden, die vor u. nach dem 2. Weltkrieg entstanden waren.
Londrina, brasil. Stadt im Staat Paraná, 172 000 Ew.; Zentrum eines Kaffeeanbaugebiets, Papier- u. Möbel-Ind.
Long [lɔŋ], Richard, *2.6.1945, engl. Objektkünstler; Vertreter der Landart.

Schlösser an der Loire und ihren Nebenflüssen

522 Long Beach

Baldassare Longhena: Santa Maria della Salute in Venedig; 1631–1682 erbaut

Long Beach [ˈlɔŋ biːtʃ], kaliforn. Hafenstadt u. Seebad südlich von Los Angeles (USA), 379 000 Ew.; Herstellung von Flugzeug- u. Autoteilen u. elektron. Apparaten, Erdölraffinerie.

Long drink [lɔŋ-], alkoholhaltiges, meist mit Mineralwasser verdünntes Mixgetränk.

Longe [ˈlɔŋʒə], eine ca. 8 m lange Laufleine, an der man Pferde zur Ausbildung im Kreis laufen läßt *(longieren)*.

Longfellow [ˈlɔŋfɛlou], Henry Wadsworth, * 1807, † 1882, US-amerik. Schriftst.; stark von der engl. u. dt. Romantik beeinflußt; Indianerepos »Das Lied von Hiawatha«.

Longhena [lɔŋˈgeːna], Baldassare, * 1598, † 1682, ital. Architekt des venezian. Barocks.

Longhi [ˈlɔŋgi], Pietro, * 1702, † 1785, ital. Maler; schuf Bildnisse u. kleinformatige Genreszenen mit humorvoll-anekdotischer Pointe.

Long Island [lɔŋ ˈailənd], Insel vor der Atlantik-Küste der USA-Staaten New York u. Connecticut, 190 km lang, 3630 km²; im westl. Teil die New Yorker Stadtteile *Brooklyn* u. *Queens,* an der S-Küste Seebäder.

longitudinal, in der Längserstreckung.

Longitudinalwellen → Längswellen.

Longo, Luigi, * 1900, † 1980, ital. Politiker; 1964–72 als Nachfolger P. *Togliattis* Generalsekretär der ital. KP.

Longos, *Longus,* * 3. (?) Jh. n. Chr., grch. Schriftst. aus Lesbos; schrieb den Hirtenroman »Daphnis u. Chloë«.

Longseller, Buch, das lange gut verkauft wird.

Longwy [lɔ̃ˈvi], frz. Bergbau- u. Ind.-Stadt, nahe der luxemburg. Grenze, 17 000 Ew.

Löningen, Stadt in Nds., an der Hase, 11 000 Ew.; Erholungsort; Maschinenbau.

Lon Nol, * 1913, † 1985, kambodschan. Politiker; 1966 u. 69 Min.-Präs., 1972–75 Staats-Präs.; stürzte 1970 Prinz Sihanouk; ging 1975 ins Exil.

Lönnrot, Elias, * 1802, † 1884, finn. Volkskundler u. Sprachforscher; stellte das finn. Nationalepos »Kalevala« zusammen.

Löns, Hermann, * 1866, † 1914 (gefallen), dt. Schriftst.; einer der frühesten Tierschilderer (»Mümmelmann«); gilt als der »Dichter der Lüneburger Heide«, schrieb volksliednahe Lieder.

Lons-le-Saunier [lɔ̃ lə soˈnje], O-frz. Dép.-Hptst. in der Franche-Comté, 20 000 Ew.; Solbad; Spielwaren- u. a. Ind.

Look [luk], Aussehen; Moderichtung.

Looping [ˈluːpiŋ] → Kunstflug.

Loos, Adolf, * 1870, † 1933, östr. Architekt; Vorkämpfer der modernen Sachlichkeit.

Lopatnikow [-kɔf], Nikolai, * 1903, † 1976, russ. Komponist; seit 1939 in den USA; Oper »Danton«.

Lop Buri, Provinz-Hptst. in Zentralthailand, 38 000 Ew.; zahlr. Paläste, Tempel u. Klöster.

Lope de Vega [ˈlɔpe ðe-] → Vega Carpio.

López y Fuentes [ˈlopɛs i-], Gregorio, * 1897, † 1966, mexikan. Schriftst.; Erzähler der mexikan. Revolution.

Lorain [lɔˈrɛin], Hafenstadt am Erie-See, US-Staat Ohio, 75 000 Ew.; Stahlerzeugung, Textil-, Masch.- u. Kfz-Ind.

Loran-Verfahren, Abk. für engl. *Long range navigation* [»Weitstrecken-Navigation«], ein Funkortungsverfahren in der Schiff- u. Luftfahrt.

Lorbeer, *Laurus,* Charakterpflanze der Hartlaubformationen im Mittelmeergebiet; spielte im grch. wie im röm. Altertum eine kult. Rolle (Symbol des Sieges). Heute werden die Blätter als Gewürz u. die Früchte sowie das daraus gewonnene Öl arzneilich verwendet.

Lorbeergewächse → Pflanzen.

Lorca, SO-span. Stadt in der Prov. Murcia, 65 000 Ew.; maur. Kastell; Textil- u. chem. Ind.

Lorca → García Lorca.

Lorch, 1. Stadt in Ba.-Wü., an der Rems, 10 000 Ew.; Luftkurort; Benediktinerkloster. – 2. Stadt in Hessen, am Rhein, 5000 Ew.; Erholungsort; Weinanbau.

Lorchel, *Helvella,* Gatt. der *Schlauchpilze; Frühl.* (schwach giftig) u. *Herbst-L.*

Lord [lɔːd], engl.: »Herr«; Titel der Mitgl. des engl. Oberhauses *(Peers),* erbl. Titel vom Baron aufwärts für die ältesten Söhne des Adels, nicht erbl. Titel für die geistl. Lords. – **L. High Chancellor**, urspr. der geistl. u. weltl. Berater (»Kanzler«) des engl. Königs; heute Justiz-Min., Präs. des Oberhauses. – **L. Mayor**, Oberbürgermeister von London u. a. engl. Großstädten.

Lordose, Rückgratverkrümmung nach vorn.

Lore, offener Eisenbahngüterwagen.

Loreley, *Lorelei,* ein 132 m über den Rhein aufragender Felsen, am rechten Ufer bei St. Goarshausen. Die Sage erzählt von einer Nixe oder Zauberin, die Rheinschiffer ins Verderben lockt.

Loren, Sophia, eigtl. Sofia *Scicolone,* * 20.9.1934, ital. Filmschauspielerin; verh. mit C. *Ponti;* Filme: »Schade, daß Du eine Kanaille bist«, »Die Gräfin von Hongkong«.

Lorentz, 1. Hendrik Antoon, * 1853, † 1928, ndl. Physiker; stellte 1895 die klass. Elektronentheorie auf, entdeckte die nach ihm benannte *L.-Transformation;* Nobelpr. 1902. – **2.** Lore, * 1920, † 1994; mit ihrem Ehemann Kay Wilhelm L. (* 1920, † 1993) Inhaberin u. Leiterin des 1946 in Düsseldorf gegr. Kabaretts »Das Kom(m)ödchen«.

Lorenz, 1. Adolf, * 1854, † 1946, östr. Orthopäde; begr. die moderne Orthopädie. – **2.** Konrad, Sohn von 1), * 1903, † 1989, östr. Verhaltensforscher; Leiter des Max-Planck-Instituts für Verhaltensphy-

LONDON

Im Vergnügungsviertel Soho

Redner an Speaker's Corner

Themse mit Parlamentsgebäuden; rechts »Big Ben«

siologie in Seewiesen. Ⓦ »Er redete mit dem Vieh, den Vögeln u. den Fischen«, »Das sogenannte Böse«. Nobelpreis für Medizin 1973.

Lorenzetti, 1. Ambrogio, 1319–47 nachweisbar, ital. Maler; Wandgemälde im Rathaus von Siena. – **2.** Pietro, Bruder von 1), 1280–1348 nachweisbar, ital. Maler; Fresken in der Unterkirche von S. Francesco in Assisi.

Loreto, ital. Stadt u. Wallfahrtsort, südl. von Ancona, 11 000 Ew.

Lorgnon [lɔr:njɔ̃], *Lorgnette,* fr. übl. Stielbrille.

Lorient [lɔri'ã], W-frz. Hafen- u. Krst. an der S-Küste der Bretagne, 63 000 Ew.; Schiffbau; Austernzucht.

Loriot [lɔri'o], eigentlich Vico von *Bülow,* *12.11.1923, dt. Karikaturist, Schriftst. u. Fernsehautor. Ⓦ »Der Weg zum Erfolg«, »Loriots heile Welt«; Spielfilm »Ödipussi«; Operninszenierungen.

Loris, 1. Fam. der *Halbaffen.* Vorkommen: Zentralafrika (*Bärenmaki, Potto*), Südostasien (*Schlank-L.*). – **2.** Unterfam. der *Papageien* in Papua-Neuguinea, zu denen die *Zwergpapageien* u. die *Pinselzungenpapageien* gehören.

Lörrach, Krst. in Ba.-Wü., an der schweiz. Grenze, 41 000 Ew.; Burgruine Rötteln; Schokolade-, Metall- u. Textilind.

Lorrain, *Claude L.* [klo:d lɔ'rɛ̃], eigtl. Claude *Gellée,* *1600, †1682, frz. Maler u. Graphiker; malte stimmungsvolle Landschaften.

Lorraine [lɔ'rɛ:n], frz. für Lothringen.

Lorre, Peter, eigtl. Laszlo *Löwenstein,* *1904, †1964, US-amerik. Schauspieler östr. Herkunft; emigrierte 1935 in die USA. Filme »M«, »Arsen u. Spitzenhäubchen«.

Lorsch, Stadt in Hessen, in der Oberrhein. Tiefebene, 11 000 Ew.; Benediktinerabtei; Spargel- u. Obstanbau.

Lorscheider, Aloisio, *8.9.1924, brasil. Kardinal (1976).

Lortzing, Albert, *1801, †1851, dt. Komponist; neben O. *Nicolai* u. F. von *Flotow* bed. Vertreter der dt. romant.-kom. Oper; Ⓦ »Zar u. Zimmermann«, »Der Wildschütz«, »Undine«, »Der Waffenschmied«.

Los, 1. der einzelne Spielschein der *Lotterie.* – **2.** ein Mittel der Schicksalsbefragung; →Orakel.

Los Alamos [lɔs 'æləmɔus], Stadt im N des USA-Staats New Mexico, nw. von Santa Fe, 2225 m ü. M., 15 000 Ew.; Forschungs- u. Versuchsanlagen für Kernspaltung; Entwicklung von Atom- u. Wasserstoffbomben.

Los Angeles [lɔs 'ændʒilis], drittgrößte Stadt der USA, Wirtschaftszentrum von S-Kalifornien, 3,5 Mio. Ew.; auf einer über 40 km breiten Küstenebene am Pazifik; mehrere Univ., Kongreßstadt; Filmmetropole *Hollywood;* Schiff- u. Maschinenbau, Flugzeug-, Auto-, Elektro-, Nahrungsmittel- u. a. Ind.; große Erdöllager im Stadtgebiet; Überseehafen; 3 große Flughäfen; starker Fremdenverkehr. L. A. war Austragungsort der Olymp. Sommerspiele 1932 u. 1984. – 1781 als span. Missionssiedlung gegründet.

Los Angeles [lɔs 'aŋɡɛlis], Victoria de, eigtl. Victoria *Gomez Cima,* *1.11.1923, span. Sängerin (Sopran).

löschen, 1. einen Brand bekämpfen. – **2.** eine Eintragung (z.B. im Handelsregister, Grundbuch) tilgen. – **3.** ein Schiff entladen. – **4.** Aufnahmen auf Ton- oder Bildträgern tilgen.

Loschmidt, Joseph, *1821, †1895, östr. Chemiker u. Physiker; berechnete 1865 erstmals die nach ihm benannte *Loschmidtsche Zahl* (Anzahl der Moleküle, die ein *Mol* einer Substanz enthält); $L = 6{,}022 \cdot 10^{23}$ mol^{-1}. – **L.-Konstante,** Anzahl der Moleküle je m^3 eines idealen Gases, $2{,}686754 \cdot 10^{25}$ m^{-3}.

Löschpapier, *Fließpapier,* ungeleimtes Papier mit porösem Fasergefüge, aus Baumwolle oder weichen Zellstoffen; bes. saugfähig.

Loseblattausgabe, eine Ausgabe von Nachschlagewerken, Gesetzessammlungen u. ä., die auf Einzelblättern erscheint u. so ständig ergänzt u. berichtigt werden kann.

Losey ['lu:zi], Joseph, *1909, †1984, US-amerik. Regisseur; drehte psycholog. Filme: »Accident – Zwischenfall in Oxford«, »Nora«, »Monsieur Klein«.

Löß, gelblicher, mehlfeiner Lehm, besteht u. a. aus Quarz (60–80%), Kalk (10–15%); vom Wind abgesetzter Staub, bes. im Vorland ehem. vereister Gebiete Europas u. N-Amerikas, verbreitet in China; sehr fruchtbar.

Lößnitz, 1. Stadt in Sachsen, nördl. von Aue, 8000 Ew. – **2.** klimat. begünstigte, fruchtbare Ldsch. am rechten Elbufer unterhalb von Dresden; Gemüse-, Wein- u. Obstanbau.

Lostage, bestimmte Jahrestage wie *Lichtmeß* oder *Siebenschläfer,* an denen nach dem Volksglauben die Zukunft gedeutet werden kann.

Lösung, die homogene Verteilung eines Stoffs in einem anderen, bes. die homogene Verteilung von Gasen, Flüssigkeiten oder festen Stoffen in Flüssigkeiten (*L.smitteln*). Die *Löslichkeit,* d. h. die gelöste Menge eines Stoffs pro Einheit des L.smittels, ist für versch. Stoffe verschieden, so daß man *leicht lösl., schwer lösl.* u. (prakt.) *unlösl. Stoffe* unterscheidet. Eine L., die die höchstmögl. Menge eines Stoffs enthält, nennt man *gesättigt.*

Losung, 1. *Lösung,* Kot von Hund, Haar- u. Federwild. – **2.** *Parole,* militär. Kennwort. – **3.** *Losungen der Brüdergemeine,* von *Zinzendorf* für jeden Tag eines Jahres durch Auslosen (aus dem AT) u. freie Auswahl (aus dem NT) ermittelte Bibelsprüche.

Los-von-Rom-Bewegung, eine 1897 in Östr. entstandene Bewegung, die wegen der oft deutschfeindl. Haltung des kath. Klerus den Übertritt zur ev. Kirche propagierte u. für einen späteren Anschluß an Dtld. warb. Es kam zu Massenaustritten aus der kath. Kirche.

Lot, 1. *Senklot, Senkblei,* eine Schnur mit daran befestigtem Gewicht, Hilfsgerät des Bauhandwerkers zum Messen u. Prüfen des senkrechten (lotrechten) Verlaufs einer Kante. – **2.** die von einem Punkt gezogene Gerade, die auf einer zweiten Geraden senkrecht steht. – **3.** ehem. Handelsgewicht, meist $16^{2}/_{3}$ g. – **4.** Gerät zum Messen von Wassertiefen; →Echolot.

Lot [lɔt], r. Nbfl. der Garonne im südl. Frankreich, 480 km; mündet bei Aiguillon.

Lot, im AT ein Neffe Abrahams, der den Untergang Sodoms überlebte. Seine Frau wurde in eine Salzsäule verwandelt, weil sie trotz Verbot nach Sodom zurückblickte.

löten, zwei Werkstücke aus gleichem oder verschiedenem Metall durch ein geschmolzenes metall. Bindemittel (*Lot*) verbinden, dessen Schmelz-

Trafalgar Square

Gentleman in der City

Piccadilly Circus mit Eros-Statue

temperatur unterhalb der Schmelztemperatur der zu verbindenden Metalle liegt. *Weichlot,* eine Legierung aus Blei u. Zinn, schmilzt bei 185–305 °C; Lot u. Werkstück werden mit Lötkolben erwärmt; *Hartlot* ist eine Legierung aus Kupfer u. Zink (Schmelzpunkt: 710–1020 °C); es wird in bes. Gasöfen erhitzt.

Loth, Wilhelm, *1920, †1993, dt. Bildhauer.

Lothar, fränkische u. deutsche Kaiser u. Könige: **1. L. I.,** *795, †855, fränk. König u. Kaiser 840–55; als ältester Sohn *Ludwigs des Frommen* 817 Mitregent, 823 zum Kaiser gekrönt. Im *Vertrag von Verdun* 843 bekam er das Zwischenreich Italien, Burgund u. das Gebiet zw. Rhein, Maas u. Schelde. – **2. L. II.,** Sohn von 1), *um 835, †869, fränk. König 855–69; seit 855 Herrscher in einem durch Alpen, Rhein, Nordsee, Schelde, Maas u. Saône umgrenzten Reich *(Lotharingien).* – **3. L. III.,** *L. von Supplinburg,* *1075 (?), †1137, dt. König 1125–37, seit 1133 Kaiser. In Wiederaufnahme der Ostpolitik Ottos d. Gr. sicherte er die Oberhoheit des Reichs über Polen, Böhmen u. Dänemark u. leitete die *Ostsiedlung* ein.

Lothar, 1. Ernst, eigtl. E. *Müller,* *1890, †1974, östr. Schriftst. u. Regisseur; Romane: »Die Mühle der Gerechtigkeit«, »Der Engel mit der Posaune«. – **2.** Hanns, eigtl. Hans Lothar *Neutze,* *1929, †1967, dt. Schauspieler. – **3.** Mark, *1902, †1985, dt. Komponist; schrieb v. a. Bühnen- u. Filmmusiken u. Opern.

Lothringen, frz. *Lorraine,* histor. Ldsch. in NO-Frankreich, zw. Argonnen, Vogesen u. Ardennen, 23 540 km², 2,3 Mio. Ew., Hptst. *Nancy.* Anbau von Getreide, Obst, Wein; reiche Eisenerz- u. Steinkohlenlager. – G e s c h.: Nach dem Tod Kaiser *Lothars I.* 855 wurde dem fränk. König *Lothar II.* das Gebiet von Friesland bis Hochburgund zugesprochen; damit beginnt die Geschichte des eigtl. L. *(Lotharingien).* 870 kam der östl., größere Teil mit Friesland, 880 auch der westl. Teil L. an das Ostfränk. u. spätere dt. Reich. Unter *Bruno von Köln* wurde L. 953 in *Ober-L.* (um Metz u. Nancy) u. *Nieder-L.* (Limburg u. Löwen) geteilt. Der letzte Herzog, der spätere Kaiser *Franz I.,* mußte 1738 L. an *Stanislaus Leszczynski* von Polen abtreten. Nach Stanislaus' Tod 1766 fiel ganz L. an Frankreich. 1871–1918 mußte Frankreich Teile an Dtld. abtreten (→Elsaß-Lothringen).

Loti, Pierre, eigtl. Julien *Viaud,* *1850, †1923, frz. Schriftst. (Romane u. Reisebücher).

Lotion, milchige Flüssigkeit für kosmet. Zwecke.

Lotophagen, in *Homers* Odyssee ein Volk an der libyschen Küste, das sich von Lotos nährte.

Indischer Lotos

Lotos, *Nelumbo,* Gatt. der *Seerosengewächse* in Indien u. Ägypten; Wasserpflanze mit langgestielten Blättern, rosa oder weißen Blüten u. eßbaren Samen; Sumpfpflanze für Aquarien u. Terrarien.

Lötschberg, *L.paß,* 2695 m hoher Paß (ohne Straße) in den zentralen Berner Alpen.

Lotse, ein erfahrener Schiffsoffizier, der sein See-, Fluß- oder Kanalrevier so genau kennt, daß er fremde Schiffskapitäne zuverlässig beraten kann. Für best. Häfen besteht *L.nzwang.*

Lotsenfisch, 30–60 cm lange *Stachelmakrele* in Mittelmeer u. Atlantik; begleitet Haie u. Schiffe.

Lotterie, Glücksspiel in Form einer Auslosung von Gewinnen u. Nieten; meist als staatl. Klassen-L., bei der eine bestimmte Zahl von Losen (auch geteilt in ½, ¼, ⅛) in mehreren Ziehungen nach festem Gewinnplan ausgelost wird.

Lotto, *Zahlen-L., Zahlenlotterie,* ein Glücksspiel, bei dem urspr. auf eine oder mehrere (höchstens 5) Zahlen von 1–90 eine bestimmte Geldsumme gesetzt wurde; werden diese Zahlen gezogen, so erhält der Spieler ein Mehrfaches des Einsatzes. – Beim dt. Zahlen-L., das seit 1953 in der BR Dtld. zugelassen ist, werden bei jeder Ziehung 6 Gewinnzahlen u. eine Zusatzzahl aus den Zahlen 1 bis 49 sowie die Superzahl ausgelost. Die Gewinnausschüttung umfaßt 50% der Spieleinsätze. Es gibt insges. 7 Gewinnklassen (Ränge).

Lotto, Lorenzo, *um 1480, †1556, ital. Maler der venezian. Hochrenaissance.

Lotze, Hermann, *1817, †1881, dt. Philosoph. Seine krit. Metaphysik half den werttheoret. Neuidealismus vorbereiten.

Lötzen, poln. *Gizycko,* Stadt in Ostpreußen, in Masuren, 25 000 Ew.; Ordensburg (14. Jh.).

Loubomo, fr. *Dolisie,* Stadt in der Rep. Kongo, 36 000 Ew.; landw. Handelszentrum.

Louis ['luis], **1.** Joe, *1914, †1981, US-amerik. Berufsboxer (Schwergewicht); Weltmeister 1937 bis 1949; verlor 1936 gegen M. *Schmeling.* – **2.** Morris, *1912, †1962, US-amerik. Maler; schloß sich dem Color-field-painting an.

Louisd'or [lui'do:r], die 1640–1793 in Frankreich geprägte Hauptgoldmünze.

Louis Ferdinand ['lui-], **1.** *1772, †1806, Prinz von Preußen, Neffe Friedrichs d. Gr.; fiel 1806 als Kommandant der preuß. Vorhut, die von den Franzosen vernichtet wurde. – **2.** *1907, †1994, Prinz von Preußen; Sohn des Kronprinzen *Wilhelm,* war seit 1951 Chef des Hauses Hohenzollern.

Louisiade-Archipel [luisi'a:d-], Inselbogen sö. von Papua-Neuguinea, rd. 80 Inseln, zusammen 2200 km², 16 000 Ew. (meist Papuas).

Louisiana [luizi'æ nə], Abk. *La.,* Gliedstaat der →Vereinigten Staaten. Der nahezu subtrop. Südteil – das Deltagebiet des Mississippi – wurde geprägt von span.-franz. Siedlern u. ist ein altes Plantagengebiet; Haupthafen *New Orleans.*

Louis Napoleon [lwinapɔle'ɔ̃] →Napoleon III.

Louis Philippe [lwifi'lip], der »Bürgerkönig«, *1773, †1850, frz. König 1830–48; Herzog von Chartres u. Orléans, kam durch die Julirevolution 1830 zur Regierung, wurde aber durch die reaktionäre Politik des Kabinetts F. P. G. *Guizot* unpopulär. Durch die Februarrevolution 1848 vertrieben, ging er nach England.

Louis-quatorze [lwika'tɔ:rz], Stilbez. für die frz. Barockkunst unter der Regierung *Ludwigs XIV.* (1643–1715).

Louis-quinze [lwi'kɛ̃s], Stilbez. für die frz. Rokokokunst unter der Reg. *Ludwigs XV.* (1723–74).

Louis-seize [lwi'sɛ:z], Stilbez. für die frz. klassizist. Kunst unter der Regierung *Ludwigs XVI.* (1774–92).

Louisville ['ljuisvil], größte Stadt im USA-Staat Kentucky, am Ohio, 290 000 Ew.; Univ. (1798); Ind.- u. Handelszentrum.

Lourdes [lurd], SW-frz. Stadt im Dép. Hautes-Pyrénées, 17 000 Ew.; kath. Wallfahrtsort (jährl. über 5 Mio. Pilger) mit der Grotte, in der Bernadette *Soubirous* (1933 heiliggesprochen) am 11.2.1858 Marienerscheinungen hatte, u. mit heilkräftiger Quelle. Eine Reihe von Heilungen sind nach strenger ärztl. Prüfung von der kath. Kirche als Wunder anerkannt worden.

Lourenço Marques [lo'rẽsu 'markiʃ] →Maputo.

Loussier [lus'je:], Jacques, *26.10.1934, frz. Jazzpianist.

Louvière [lu'vjɛ:r] →La Louvière.

Louvois [lu'vwa], François Michel *Le Tellier,* Marquis de L., *1641, †1691, frz. Kriegs-Min.; schuf durch Reorganisation u. Ausbau des Heeres die Voraussetzungen für die Kriegs- u. Eroberungspolitik *Ludwigs XIV.*

Louvre [lu:vr], urspr. Schloß der frz. Könige in Paris, seit 1793 Museum. Der von Franz I. u. Heinrich II. im 16. Jh. veranlaßte Neubau des L. ist ein

Löwe

Wilhelm Loth: Am Strand; Aluminium, 1970. Berlin, Staatliche Museen Preußischer Kulturbesitz, Nationalgalerie

Lourdes: vor der Grotte

Lübeck: Holstentor (1477/78 erbaut)

Hauptwerk der frz. Renaissance u. des Manierismus; der Architekt war P. *Lescot.*

Loveč [lo'vetʃ], *Lowetsch,* bulgar. Bez.-Hptst., am Osäm, 51 000 Ew.; Holzwirtschaft, Fremdenverkehr.

Lovecraft ['lʌvkra:ft], Howard Philipp, *1890, †1937, US-amerik. Schriftst. (Horrorgeschichten).

Lovejoy ['lʌvdʒɔi], Arthur Oncken, *1873, †1962, US-amerik. Philosoph; krit. Realist in Auseinandersetzung mit dem Pragmatismus.

Lovell ['lʌvəl], Alfred Charles Bernard, *31.8.1913, brit. Astrophysiker.

Low [lou], Sir David, *1891, †1963, engl. Karikaturist u. Illustrator.

Low Church ['lou tʃə:tʃ] →Anglikanische Kirche.

Löwe, 1. gelbbraune, manchmal gefleckte *Großkatze* Afrikas u. Asiens. Der männl. L. trägt eine Mähne, wird 1 m hoch u. 2 m lang. L. bewohnen in Rudeln die Savannen u. Steppen Afrikas. Der nordafrik. *Berber-L.* mit bes. dunkler Mähne ist ausgestorben. – **2.** *Leo,* 2 Sternbilder am nördl. Himmel: *Großer L.,* Hauptstern *Regulus; Kleiner L.* nördl. davon.

Lowell ['louəl], **1.** Amy, *1874, †1925, US-amerik. Lyrikerin u. Kritikerin. – **2.** Robert, *1917, †1977, US-amerik. Schriftst.; sprachkräftige Lyrik.

Löwen, fläm. *Leuven,* frz. *Louvain,* Stadt in der belg. Prov. Brabant, 84 000 Ew.; Univ. (1425); Metall-, Elektro-, Konfektions- u. a. Ind.

Löwenaffen, Gattung der *Krallenaffen* mit 2 Arten; im Amazonasgebiet; sehr gefährdet.

Löwenmaul, *Antirrhinum,* Gatt. der *Rachenblütler,* bes. in N-Amerika verbreitet. In vielen Sorten wird das aus S-Europa stammende *Große L.* kultiviert.

Löwenzahn, *Butterblume, Pusteblume, Kuhblume,* gelb blühende Gatt. der *Korbblütler;* auf Weiden, Grasplätzen, an Gräben; junge Blätter werden als Salat gegessen.

Lowestoft ['lous-], ostengl. Hafenstadt an der Mündung des Waveny in die Nordsee, 55 000 Ew.; Schiffsbau; Seebad.

Lowetsch →Loveč.

Löwith, Karl, *1897, †1973, dt. Philosoph; Kritiker des Historismus u. der Existenzphilosophie.

Lowlands ['louləndz], schott. Tiefland zw. Southern Uplands u. Grampian Mountains.

Lowry ['louri], Malcolm, *1909, †1957, engl. Schriftst.; Roman »Unter dem Vulkan«.

Loxodrome, eine Kurve, die jede Kurve einer Schar unter dem gleichen Winkel schneidet.

loyal [lwa'ja:l], polit. (der Reg.) treu ergeben; anständig, redlich.

Loyalisten [lwaja-], eine Partei *(Tories)* im nordamerik. Freiheitskrieg 1775–83, die zum engl. Mutterland hielt. Etwa 35 000 L., größtenteils Angehörige der Oberschicht, wanderten 1783 nach Kanada aus.

Loyalität [lwaja-], gesetzestreue Gesinnung; Ehrlichkeit, Anständigkeit.

Loyalitätsinseln [lwaja-] →Îles Loyauté.

Loyang →Luoyang.

Loyola →Ignatius von Loyola.

LP [engl. 'ɛlpi], Abk. für *Langspielplatte.*

LPG, Abk. für *Landwirtschaftl. Produktionsgenossenschaften.*

LPH, Abk. für *lipotropes Hormon.*

LSD, Abk. für *Lysergsäurediethylamid.*

Ltd., Abk. für *Limited.*

Lualaba, westl. Hauptquellfluß des Kongo, rd. 1800 km; unterhalb der *Stanleyfälle* wird der L. *Kongo* genannt.

Luanda, *São Paulo de L., Loanda,* Hptst. u. Hafen von Angola, 1,2 Mio. Ew.; kath. Erzbischofssitz, Univ.; Handels- u. Ind.-Zentrum, Erdölraffinerie; Flughafen.

Luang Prabang, ehem. Königsresidenz im nördl. Laos, am Mekong, 45 000 Ew.; zahlr. buddhist. Tempel.

Luanshya [-ʃia], Ind.-Stadt in Sambia, an der Grenze nach Zaire, 161 000 Ew.; Kupfergewinnung.

Luapula, östl. Quellfluß des Kongo, rd. 1800 km; mündet in den *Lualaba.*

Luba, *Baluba,* Bantuvolk im SO von Zaire.

Lübbe, Hermann, *31.12.1926, dt. Philosoph u. Bildungspolitiker.

Lübbecke, Stadt in NRW, nördl. des Wiehengebirges, 22 000 Ew.; Getränkeherstellung, Maschinenbau.

Lübbenau/Spreewald, Stadt in Brandenburg, im Spreewald, 21 000 Ew.; klassizist. Schloß; Gemüseanbau; Fremdenverkehr.

Lübben/Spreewald, Krst. in Brandenburg, im Spreewald, 14 000 Ew.; Gemüseanbau.

Lubbers, Ruud, *7.5.1939, ndl. Politiker (Kath. Volkspartei); 1982–1994 Min.-Präs.

Lubbock ['lʌbək], Stadt in NW-Texas (USA), 174 000 Ew.; Baumwoll- u. Getreidemarkt; Maschinen- u. petrochem. Ind.

Lübeck, *Hansestadt Lübeck,* kreisfreie Stadt in Schl.-Ho., Hafen- u. Handelsstadt an der Ostsee *(Lübecker Bucht),* nahe der Travemündung, 220 000 Ew.; kath. Erzbischofssitz, Univ.; Baudenkmäler der norddt. Backsteingotik: Marienkirche, Dom, Holstentor, Rathaus; Seehafen mit Vorhafen *Travemünde;* Reedereien, Hochseefischerei; Nahrungs- u. Genußmittel-Ind.

Gesch.: Heinrich der Löwe gab L. seine städt. Verfassung u. eigenes Recht, das vorbildl. für viele Städte im Ostseeraum wurde, vor allem im Osten *(Ostsiedlung);* er machte es auch zum Bischofssitz. 1226 wurde L. *Reichsstadt;* vom 13.–15. Hptst. der Hanse; 1815 Freie u. Hansestadt. 1866 trat L. dem *Norddt. Bund* bei, 1868 dem *Dt. Zollverein* u. 1871 als Bundesstaat dem *Dt. Reich.* Seit 1937 gehört L. zu Schl.-Holstein.

Lüben, polnisch *Lubin,* Stadt in Schlesien, 68 000 Ew.; Kupferbergbau.

Lubitsch, Ernst, *1892, †1947, dt. Filmregisseur; inszenierte die ersten UFA-Großfilme (»Madame Dubarry«); ging 1922 in die USA. Komödien u. Musikfilme: »Ninotschka«, »Sein oder Nichtsein«.

Lübke, Heinrich, *1894, †1972, dt. Politiker (CDU); 1953–59 Bundes-Min. für Ernährung, Landw. u. Forsten, 1959–69 Bundes-Präs.

Lublin, poln. Stadt an der Bystrzyca, 333 000 Ew.; 2 Univ.; Kathedrale (16. Jh.), Schloß (14. Jh.); Fahrzeug-, Masch.-, Textil-, chem. u. a. Ind. – **L.er Union,** 1569–1791 die bundesstaatl. Verbindung (Realunion) zw. Polen u. Litauen mit gemeinsamem Herrscher u. Reichstag, jedoch mit getrennter Verwaltung.

Lubumbashi [-'baʃi], fr. *Elisabethville,* Hptst. der Prov. *Katanga (Shaba)* in Zaire, 1230 m ü. M., 765 000 Ew.; kath. Erzbischofssitz, Univ.; Kupfererzbergbau, Flughafen.

Heinrich Lübke

Luchs

Lucas ['lu:kəs], George, *14.5.1944, US-amerik. Filmregisseur; Science-fiction-Filme (»Krieg der Sterne«, »Die Rückkehr der Jedi-Ritter«).

Lucas van Leyden, *1494, †1533, ndl. Maler u. Graphiker; Hauptmeister der ndl. Renaissance; bes. von A. *Dürer,* M. *Raimondi* u. der venezian. Malerei beeinflußt; schuf Altartafeln, Bildnisse, Kupferstiche.

Lucca, ital. Prov.-Hptst. in der Toskana, 88 000 Ew.; Dom (11./12. Jh.), mittelalterl. Befestigungen, bed. Paläste u. Kirchen; Woll-, Tabaku. Papier-Ind.

Lucebert ['lys-], eigtl. Lubertus Jacobus Swaanswijk, *15.9.1924, ndl. Maler, Zeichner u. Lyriker.

Lucera [lu'tʃɛ:ra], ital. Stadt in Apulien, 33 000 Ew.; Dom; Reste der hohenstauf. Festung.

Lüchow [-ço], Krst. in Nds., an der Jeetzel, im Wendland, 9000 Ew.; Landw.-Zentrum.

Luchs, Sternbild am nördl. Himmel.

Luchse, *Lynx,* Gatt. von *(Klein-)Katzen,* bis 1,10 m lang; mit Ohrpinseln, Stummelschwanz u. starker Hinterhand. Hierher gehören *Pardel-L., Wüsten-L., Rot-L.* u. *Polar-L.* Verbreitet von der Baumgrenze im N bis in die gemäßigten Breiten auf der ganzen Welt; in Mitteleuropa weitgehend ausgerottet.

Lucia [lu'tʃia], Märtyrerin in Syrakus; in Schweden zur Wintersonnenwende bes. volkstüml. gefeiert (lichtergeschmückte »Lussibrud«). – Heilige (Fest: 13.12.)

Lucianus, grch. Schriftst., →Lukian.

Lucifer [»Lichtbringer«], *Luzifer,* grch. *Phosphoros,* lat. Name des Morgensterns; nach Deutung der Bibel (Jes. 14,12; Lukas 10,18) ein gestürzter Engel, der Teufel.

Luciferin, *Luziferin,* tier. Substanzen, die bei Anwesenheit von bestimmten Enzymen **(Luciferasen)** u. Sauerstoff Licht aussenden.

Lucilius, Gaius, *um 180 v. Chr., †102 v. Chr., röm. Dichter, begr. die röm. zeit- u. gesellschaftskrit. *Satire.*

Lucius, L. III., †1185, Papst 1181–85; Zisterzienser; beschloß 1184 mit Kaiser *Friedrich Barbarossa* einen Kreuzzug sowie gemeinsames Vorgehen gegen Katharer u. Waldenser (Inquisition).

Luckau, Krst. in Brandenburg, in der Niederlausitz, 7000 Ew.; landw. Mittelpunkt, Textil-Ind.

Lücke, Paul, *1914, †1976, dt. Politiker (CDU); 1957–65 Bundesminister für Wohnungsbau, 1965–68 Innenminister.

Luckenwalde, Krst. in Brandenburg, 27 000 Ew.; Textil-, Masch.- u. Holz-Ind.

Lückert, Heinz-Rolf, *3.9.1913, dt. Psychologe; arbeitet auf dem Gebiet der pädagog. Psychologie.

Luckhardt, Wassili, *1889, †1972, dt. Architekt; Vertreter der *Neuen Sachlichkeit* (Berlin: Alexanderplatz u. Wohnsiedlungen).

Luckner, Felix Graf, *1881, †1966, dt. Seeoffizier u. Schriftst.; unternahm mehrere Weltreisen auf Segelschiffen, Ⓦ »Seeteufel«.

Lucknow, Stadt in Indien, →Lakhnau.

Lucretia, nach der röm. Sage die Frau des *Tarquinius Collatinus;* von *Sextus,* dem Sohn des letzten röm. Königs, geschändet. Der Vorfall soll die Vertreibung der altröm. Könige (510 v. Chr.) veranlaßt haben.

Lucretius →Lukrez.

526 Lucrezia Borgia

Ludwig XIV., der »Sonnenkönig«

Lucrezia Borgia [-'bɔrdʒa] → Borgia (3).
Lucullus, Lucius Licinius, *117 v. Chr., †56 v. Chr., röm. Feldherr; 74 v. Chr. als Konsul mit der Führung des Krieges gegen *Mithradates* betraut, 66 v. Chr. von *Pompeius* abgelöst. L. war einer der reichsten Römer seiner Zeit. Seine üppigen Gastmähler waren berühmt (»lukull. Mahl«).
Lüda, *Lüta*, chin. Stadt in der manschur. Prov. Liaoning, zusammengeschlossen aus den Hafenstädten *Lüshun* (früher Port Arthur) u. *Dalian;* rd. 4,2 Mio. Ew.
Ludendorff, Erich, *1865, †1937, dt. Offizier; als Chef des Generalstabs unter *Hindenburg* an den Siegen bei *Tannenberg* u. a. beteiligt; 1916 Erster Generalquartiermeister. Hindenburg u. L. bildeten zus. die sog. 3. Oberste Heeresleitung. L. setzte 1917 den uneingeschränkten U-Boot-Krieg durch u. wurde 1918 nach dem Zusammenbruch der großen Westoffensive entlassen. Nach dem Krieg schloß sich L. vorübergehend *Hitler* an, gründete dann eine eigene nationalist. polit.-weltanschaul. Organisation (*Tannenbergbund*), in der seine Frau Mathilde mit ihren rassist. u. antichristl. Ideen Einfluß gewann.
Lüdenscheid, Krst. in NRW, im Sauerland, 77 000 Ew.; Eisen-, Textil-, Elektro- u. a. Ind.
Luder, totes Tier, Aas; dient oft als Köder.
Lüderitz, Adolf, *1834, †1886, dt. Großkaufmann aus Bremen; erwarb 1883 Angra Pequena (portug.) u. das Hinterland dieser Bucht (*L.-Bucht*), die Ausgangsbasis des dt. Schutzgebiets Dt.-Südwestafrika (heute Namibia).
Lüders, 1. Günter, *1905, †1975, dt. Schauspieler. – 2. Marie-Elisabeth, *1878, †1966, dt. Politikerin (FDP); setzte sich für die Gleichberechtigung der Frau u. die Reform des Fam.- u. Strafrechts ein.
Ludhiana, ind. Distrikt-Hptst. in Punjab, am Sutlej, 607 000 Ew.; landw. Handelszentrum, Textil-Ind.
Lüdinghausen, Stadt in NRW, sw. von Münster, 19 000 Ew.; Wasserburg *Vischering;* Nahrungsmittel-, Bekleidungs- u. Holz-Ind.
Ludmilla, *um 860, †921 (ermordet), Herzogin von Böhmen, Erzieherin ihres Enkels *Wenzel I.* – Heilige (Fest: 16.9.).
Ludolfsche Zahl [nach dem Mathematiker *Ludolf von Ceulen*, *1540, †1610], Kreiszahl →Pi.
Ludwig, Fürsten.
Dt. Könige u. Kaiser:
1. L. IV., *L. der Bayer*, *1282, †1347, König 1314–47; Wittelsbacher. Wegen seiner wachsenden Hausmacht wählten 5 Kurfürsten unter päpstl. Einfluß den Luxemburger *Karl VI.* 1346 zum Gegenkönig. Bevor es zur Auseinandersetzung kam, starb L.
Baden:
2. L. Wilhelm I., *1655, †1707, Markgraf 1677 bis 1707, gen. *Türkenlouis;* erfolgreich in den Türkenkriegen u. im Span. Erbfolgekrieg.
Bayern:
3. L. I., *1786, †1868, König 1825–48; machte München zu einem Zentrum der Kunst. Seine reaktionäre Politik erregte öffentl. Kritik, die sich noch steigerte, als seine Beziehungen zu der Tänzerin *L. Montez* bekannt wurden. Nach der erzwungenen Bestätigung der liberalen Forderungen während der Märzrevolution 1848 dankte er ab. – **4. L. II.**, Enkel von 3), *1845, †1886, König 1864–86. Die Politik des wirklichkeitsfremden L. wurde von seinen Ministern bestimmt. L. förderte R. Wagner u. verbrauchte große Geldmittel für Schloßbauten (Herrenchiemsee, Neuschwanstein, Linderhof). 1886 erklärten ihn Ärzte für geisteskrank; Prinz *Luitpold* übernahm die Regierung. Wenige Tage darauf ertrank L. zus. mit dem Arzt A. von *Gudden* im Starnberger See. – **5. L. III.**, *1845, †1921, Regent (seit 1912) u. letzter bay. König 1913–18; 1918 bei der Novemberrevolution durch K. *Eisner* für abgesetzt erklärt.
Fränk. Könige u. Kaiser:
6. L. I., *L. der Fromme*, *778, †840, Kaiser 814–840; 3. Sohn *Karls d. Gr.*, 813 Mitkaiser, 814 Alleinherrscher. 830 erhoben sich seine Söhne, *Lothar* (I.), *Ludwig der Deutsche* u. *Pippin*, gegen ihn. In den anhaltenden Kämpfen zerbrach die Einheit des karoling. Reichs (*Vertrag von Verdun* 843). –
7. L. II., *um 822, †875, König 855–75; Sohn *Lothars I.;* seit 844 Unterkönig von Italien u. König der Langobarden; bekämpfte die Sarazenen u. behauptete während seiner Reg. die Autorität in Italien. – **8. L. III.**, *L. der Blinde*, *882, †928, König 890–928; folgte 890 seinem Vater *Boso von Vienne* im Königreich Provence; empfing 900 die langobard. Königskrone u. im nächsten Jahr auch die röm. Kaiserkrone. 905 wurde er von *Berengar* in Verona überfallen, geblendet u. in die Provence zurückgebracht. – **9. L. der Deutsche**, Sohn von 6), *um 806, †876, König 843–76; teilte 870 im *Vertrag von Meersen* mit *Karl dem Kahlen* das Reich Lothars II. Ludwigs ostfränk. Reichsbildung war die unmittelbare Vorstufe des dt. Reichs (Hl. Röm. Reich). – **10. L. III.**, *L. der Jüngere*, Sohn von 9), *um 830, †882, 876–82 König in Sachsen, Thüringen u. Ostfranken (i.e.S.); verteidigte den ostfränk. Teil Lothringiens, der ihm 878 zufiel. Nach dem Tod seines Bruders *Karlmann* († 880) regierte er auch in Bayern. – **11. L. IV.**, *L. das Kind*, *893, †911, König 900–911; Erzbischof *Hatto von Mainz* regierte für den unmündigen L., den letzten *Karolinger* in Dtld.
Frankreich: frz. *Louis*.
12. L. VII., *L. der Junge*, *1120, †1180, König 1137–80; gab durch die Scheidung von *Eleonore von Aquitanien* den Anlaß zu langwierigen Kriegen um die Vorherrschaft im Land. – **13. L. VIII.**, *1187, †1226, König 1223–26; führte 1226 den Feldzug gegen die Albigenser u. legte damit das Fundament für die Herrschaft des frz. Königtums im S Frankreichs. – **14. L. IX.**, *L. der Heilige*, Sohn von 13), *1214, †1270, König 1226–70; unternahm 1248–54 einen Kreuzzug gegen Ägypten, 1270 gegen Tunesien, wo er starb. – **15. L. XI.**, *1423, †1483, König 1461–83; stellte nach dem Tod Karls des Kühnen von Burgund in der Schlacht bei Nancy die frz. Einheit her. – **16. L. XIII.**, *1601, †1643, König 1610–43; übertrug 1617 die Staatsleitung dem Herzog von *Luynes*, dann 1624 *Richelieu*, 1642 *Mazarin*. – **17. L. XIV.**, Sohn von 16), *1638, †1715, König 1643–1715; zunächst unter Vormundschaft seiner Mutter *Anna von Österreich* u. *Mazarins* (bis 1661), führte dann das frz. Königtum auf den Gipfel seiner Macht u. verkörperte den Höhepunkt des frz. Absolutismus (»Sonnenkönig«). Ziel seiner Politik war die Schwächung der Habsburger (im Dt. Reich u. in Spanien). Obwohl er über die stärkste Militärmacht der damaligen Zeit verfügte, endeten die Kriege gegen Spanien, Dtld. u. die Ndl. sowie der Pfälzische Erbfolgekrieg ohne große Erfolge. – **18. L. XV.**, Urenkel von 17), *1710, †1774, König 1715–74. Seine Mätressenwirtschaft (Mme. de Pompadour, Mme. de Dubarry) u. seine Prachtentfaltung trugen zur Finanzschwäche des Staates u. zur Vermehrung der Steuerlasten bei. – **19. L. XVI.**, Enkel von 18), *1754, †1793 (hingerichtet), König 1774–92. Finanznot veranlaßte ihn zur Einberufung der Generalstände, deren 3. Stand die *Frz. Revolution* 1789 auslöste. 1792 wurde er abgesetzt, zum Tode verurteilt u. guillotiniert. Er war verh. mit der Habsburgerin *Marie-Antoinette*.
20. L. XVIII., eigtl. *Louis Stanislas Xavier*, Bruder von 19), *1755, †1824, König 1814–24; bestieg

\multicolumn{2}{l}{**Wichtige Daten zur Geschichte der Luftfahrt**}
1783	Heißluftballon der Brüder Montgolfier
	Wasserstoffballon von J. A. C. Charles
1784	Erste Überquerung des Ärmelkanals mit einem Ballon
1797	Erster Fallschirmabsprung aus einem Ballon durch den Franzosen A. J. Garnerin
1852	Erste Fahrtversuche bemannter Luftschiffe mit Dampfmaschinenantrieb
1891	Erste bemannte Gleitflüge mit einem Luftfahrzeug schwerer als Luft (O. Lilienthal)
1900	Erstes Starrluftschiff (F. von Zeppelin)
1903	Erste Motorflüge der Brüder O. u. W. Wright
	Gründung der Aerodynamischen Versuchsanstalt Göttingen
1907	Erster bemannter Hubschrauberflug (P. Cornu)
1909	Erste Überquerung des Ärmelkanals mit einem Flugzeug durch L. Blériot
1910	Beginn des kommerziellen Luftverkehrs mit Luftschiffen
	Flug des ersten Wasserflugzeugs (H. Fabre)
1915	Erstes Ganzmetallflugzeug (H. Junkers)
1919	Beginn planmäßiger Luftverkehrsdienste mit Flugzeugen
	Erste Überquerung des Nordatlantiks durch J. W. Alcock
1926	Erste Überfliegung des Nordpols (R. E. Byrd)
	Gründung der Deutschen Luft Hansa AG
1927	Erster Nonstopflug von New York nach Paris (Ch. Lindbergh)
1929	Erste Überfliegung des Südpols (R. E. Byrd)
1939	Linienverkehr mit Flugzeugen über den Nordatlantik
	Erstes Strahlflugzeug (He 178)
1946	Erste Schleudersitz-Versuche (B. Lynch)
1947	Erster Überschallflug (C. E. Yeager mit Bell X-1)
1949	Erste Umrundung der Erde ohne Zwischenlandung
1952	Beginn des Luftverkehrs mit Strahlflugzeugen (Comet)
1954	Neugründung der Deutschen Lufthansa AG
1955	Erste Versuche mit strahlgetriebenen Senkrechtstartern
1957	Erste Luftverkehrsdienste über den Nordpol
1958	Erster Transatlantik-Verkehr mit Düsenverkehrsflugzeugen (Comet 4)
1967	Erste Transatlantik-Überquerung mit einem Hubschrauber
1968	Flug des ersten Überschallverkehrsflugzeugs der Welt (Tupolew Tu-144)
1976	Beginn des Überschall-Flugverkehrs (Concorde)
1978	Erstmalige Überquerung des Nordatlantiks mit einem Freiballon
1979	Ein Muskelkraft-Fahrzeug überquert erstmals den Ärmelkanal
1981	Überquerung des Ärmelkanals mit einem sonnenenergie-getriebenen Flugzeug
1986	Vorstellung des X-Wing-Hubschraubers (Test-Kombination Drehflügler-Starrflügler der NASA)
1986	Erste Erdumrundung ohne Zwischenlandung u. Nachbetankung mit dem Propellerflugzeug „Voyager" (D. Rutan, J. Yeager)
1987	Erstes Verkehrsflugzeug mit elektrohydraulischer Flugsteuerung (fly-by-wire, Airbus A 320)
1988	Erstes mit Wasserstoff getriebenes Verkehrsflugzeug (Tupolew Tu-155)
1991	Erste Überquerung des Pazifik im Heißluftballon (P. Lindstrand)

Luftkissenfahrzeug im Fährdienst

nach der Abdankung Napoleons I. 1814 den Thron u. erließ eine liberale Verfassung. Nach der Ermordung des Herzogs von *Berry* (1820) führte er eine reaktionäre Reg. – **21. L. Philipp** →Louis Philippe.
Thüringen:
22. L. II., *L. der Eiserne,* *um 1129, †1172, Landgraf 1140–72. Der Sage nach wurde er von dem Schmied von Ruhla durch die Worte »Landgraf, werde hart!« zum Einschreiten gegen Übermut, Räuberei u. Willkür im Land veranlaßt. – **23. L. IV.,** *L. der Heilige,* *1200, †1227, Landgraf 1217–27; verh. mit der hl. *Elisabeth;* starb auf dem 5. Kreuzzug.
Ungarn:
24. L. I., *L. der Große,* *1326, †1382, König von Ungarn 1342–82, König von Polen 1370–82; aus dem Haus Anjou; entmachtete die Magnaten u. förderte das städt. Bürgertum.
Ludwig, 1. Christa, *16.3.1928, östr. Sängerin (Mezzosopran); an der Wiener Staatsoper; v. a. Mozart-, Strauss-Interpretin. – **2. Emil,** eigtl. E. *Cohn,* *1881, †1948, dt. Schriftst.; ein Hauptvertreter der »histor. Belletristik« (Biographien). – **3. Otto,** *1813, †1865, dt. Schriftst.; Vertreter des »poetischen Realismus«. – **4. Peter,** *9.7.1925, dt. Unternehmer, Kunstsammler u. Mäzen (Museum L. in Köln). – **5. Walther,** *1902, †1981, dt. Sänger (Tenor); Mozart- u. Bach-Interpret.
Ludwigsburg, Krst. in Ba.-Wü., am Neckar, 80 000 Ew.; Barockschloß, Porzellanmanufaktur (gegr. 1756); Masch.-, Orgelbau, Textilind.
Ludwigshafen am Rhein, kreisfreie Stadt in Rhld.-Pf., gegenüber von Mannheim, 160 000 Ew.; Masch.-, chem. (BASF), Metall- u. pharmazeut. Ind.; großer Binnenhafen.
Ludwigslust, Krst. in Mecklenburg, 14 000 Ew.; Neues Schloß (1772–76), Landschaftspark; Spargelanbau.
Lueger [luˈeːgər], **1. Karl,** *1844, †1910, östr. Politiker; seit 1893 Führer der Christlichsozialen (antisemit.) Partei. Als Bürgermeister von Wien veranlaßte er große kommunale Aufbauleistungen. – **2. Otto,** *1843, †1911, dt. Wasserbauingenieur; gab das »Lexikon der gesamten Technik« heraus.
Lues →Syphilis.
Luffa, trop. Gatt. der *Kürbisgewächse.* Die in Japan, Mexiko u. a. kultivierte *L. cylindrica* hat eßbare Früchte, deren Fasernetz die *L.schwämme* liefert.
Luft, das Gasgemisch, das die Erde umhüllt. Es besteht an der Erdoberfläche aus rd. 78% Stickstoff, 21% Sauerstoff, 1% Edelgasen u. kleineren Mengen Kohlendioxid, Wasserstoff u. a. Gasen.
Luft, Friedrich, *1911, †1990, dt. Kritiker u. Feuilletonist.
Luftakrobatik, Akrobatik an Geräten über der Erde, vor allem Übungen am Trapez, an hängenden Stangen oder Seilen.
Luftaufnahme, *Luftbild,* die photograph. Aufnahme aus Luftfahrzeugen; Anwendung: Landesvermessung zur Kartenaufnahme, Archäologie, militär. Luftaufklärung.
Luftbildforschung, Methode der Archäologie, um Bodendenkmäler (Grundrisse von ehem. Siedlungen, Befestigungen) nach Lage u. Gestalt zu erkennen, die von der Erde aus nicht zu sehen sind.

Luftbrücke, Versorgung räuml. abgetrennter Gebiete durch Flugzeuge. Der Begriff entstand mit der Versorgung *Westberlins* während der Berliner Blockade durch die Sowj. 1948/49.
Luftdruck, der Druck, den die Luft der Erdatmosphäre aufgrund der Schwerkraft auf ihre Unterlage ausübt; gemessen in Hektopascal (fr. Millibar). Im Mittel u. auf Meeresniveau (NN) beträgt der L. 1013 hPa bzw. 1013 mbar. Er nimmt mit der Höhe ab u. schwankt entspr. den Bewegungsvorgängen in der Atmosphäre. Ein Gebiet geringen Luftdrucks (meist auf die Erdoberfläche bezogen) heißt *Tief,* ein solches hohen Luftdrucks *Hoch.* L.-Unterschiede verursachen Strömungen, die *Winde.*
Luftelektrizität, die elektr. Erscheinungen in der Atmosphäre, bes. das allg. luftelektr. Feld mit den in der Atmosphäre fließenden Strömen u. die Wolken- u. Gewitterelektrizität.
Luftfahrt, Nutzung des die Erde umgebenden Luftraums für unterschiedl. Zwecke (zivile L. sowie militär. L.) mit Hilfe von Luftfahrzeugen versch. Art. Da zur Fortbewegung in der Luft die Erdschwerkraft durch bes. techn. Einrichtungen kompensiert werden muß, stellten sich entscheidende Erfolge erst mit wachsendem techn. Wissensstand zu Beginn dieses Jahrhunderts ein.
Luftfahrzeuge, Sammelbez. für Fahrzeuge, die sich in der Luft fortbewegen, entweder (heute ganz überwiegend) »schwerer als Luft« (→Flugzeug) oder »leichter als Luft« (→Ballon, →Luftschiff).
Luftfeuchtigkeit, die Menge des in der Luft enthaltenen Wasserdampfs. Die *absolute L.* gibt die jeweils vorhandene Wassermenge in Gramm pro cm³ an; die *relative L.* (mit einem *Hygrometer* gemessen) mißt in Prozenten das Verhältnis der absoluten L. zu der, die man bei mit Wasserdampf gesättigter Luft hat. Die für Gesundheit u. Wohlbefinden beste L. in Wohn- u. Arbeitsräumen liegt bei 45–60%.
Luftfilter, Filteranlagen, die die Um- u. Außenluft in Klima- u. Lüftungszentralen reinigen (Elektrofilter, Trockenfilter u. Metallfilter).
Luftgewehr, *Windbüchse,* ein Sportgewehr, bei dem das Geschoß durch Druckluft aus dem Lauf getrieben wird.
Lufthoheit, der Grundsatz, daß der Luftraum über dem Staatsgebiet (einschl. Küstengewässer) der Hoheitsausübung des betr. Staates unterliegt.
Luftkissenfahrzeug, *Bodeneffekt-Fluggerät,* engl. *Hovercraft,* ein schiffähnl. Schwebefahrzeug, das sich auf einem durch Hubgebläse erzeugten Luftpolster einige Dezimeter über den Wasserspiegel (oder den ebenen Boden) erhebt. Der Rumpf ist zur Aufnahme von Passagieren oder Lasten ausgebildet. L. dienen vor allem als Fähren über See; die größten bisher in England im Verkehr.
Luftkorridore, die drei Flugschneisen von Hamburg, Hannover u. Frankfurt a. M. nach Berlin; 1945 vom Alliierten Kontrollrat eingerichtet, um den ungestörten Flugverkehr der drei westl. Besatzungsmächte zw. ihren Zonen u. Berlin zu ermöglichen.
Luftkrankheit, ein der →Seekrankheit ähnliches Übelsein, das beim Flug in turbulenten Luftströmungen auftritt.
Luftkrieg, die Kriegführung in u. aus der Luft mit militär. Luftfahrzeugen u. Flugkörpern (als Waffenträger u. Aufklärer); im 1. Weltkrieg erstmals verstärkt eingesetzt. Im 2. Weltkrieg wurde die *Luftwaffe* zur kriegsentscheidenden Waffengattung. Nach dem 2. Weltkrieg wurden die strateg. Konzeptionen eines mögl. L. immer stärker abhängig von der schnellen Entwicklung der Technik *(Atombomben, Strahlflugzeuge, Raketen, Warnsysteme).*
Luftkurorte, *Klimakurorte,* Orte mit bes. klimatischen Bedingungen, die je nach ihrer Art auf versch. Erkrankungen günstig einwirken u. v. a. für *Klimabehandlungen* geeignet sind.
Luftlandetruppen, Truppen, die durch Flugzeuge an ihren Bestimmungsort gebracht werden; zu ihnen gehören auch die *Fallschirmtruppen.*
Luftlinie, die kürzeste Entfernung zw. zwei Punkten auf der Erdoberfläche.
Lüftlmalerei, im südl. Bayern im 18. u. 19. Jh. verbreitete Fassadenmalerei an Häusern u. Kirchen.
Luftloch, irreführende Bez. für atmosphär. Verhältnisse, unter denen der Auftrieb eines Flugzeugs sich plötzl. vermindert; verursacht durch absteigende Luftströmungen oder dem Auftrieb ungünstige Änderung der horizontalen Luftbewegung.
Luftmasse, eine Luftmenge mit einheitl. meteorolog. Eigenschaften.
Luftpiraterie, engl. *Hijacking,* die unter Androhung od. Anwendung von Gewalt angemaßte Kontrolle über ein Flugzeug, meist verbunden mit erzwungener Kursänderung. Die von Terroristen, Untergrundkämpfern u. polit. Flüchtlingen ausgeübte Praxis hat zu internat. Vereinbarungen über Abwehrmaßnahmen geführt.
Luftpost, *Flugpost,* engl. *air mail,* beschleunigte Beförderung von Postsendungen mittels Luftfahrzeugen gegen Entrichtung erhöhter Gebühren.
Luftpumpe, Apparat zur Verdichtung von atmosphärischen Gasen (z. B. Aufpumpen von Fahrrad- u. Kraftfahrzeugreifen, Schlauchbooten), meist als Kolbenverdichter aufgebaut; auch Bez. für *Vakuumpumpen,* insbes. zur Entlüftung der Kondensatoren von Dampfturbinen, die häufig als Dampf- oder Wasserstrahlpumpe ausgeführt sind.
Luftrecht, *Luftfahrtrecht,* die Vorschriften über die Benutzung des Luftraums durch Luftfahrzeuge, bes. über den zivilen Luftverkehr, die Flugsicherung u. die Luftfahrtverwaltung. Es gibt inner- u. zwischenstaatl. Regelungen.
Luftreifen →Reifen.
Luftröhre, *Trachea,* der Atmungsweg der lungenatmenden Wirbeltiere vom Kehlkopf abwärts in die Lunge. Die L. beginnt beim Menschen im Hals in

Zeppelin-Luftschiff LZ 130, das letzte deutsche Luftschiff (Länge 245 m, größter Durchmesser 41,2 m, Gasinhalt 200 000 m³). Der Schnitt zeigt vorn die Führergondel, anschließend im Innern die Fahrgasträume, dann eine Gaszelle mit Entlüftungsschacht, im Schiffskiel die Mannschafts- und Fracht-räume; Antrieb durch 4 Daimler-Benz-Dieselmotoren von je 1000 PS

528 Luftschiff

der Mittellinie vor der Speiseröhre u. teilt sich in einen rechten u. linken Hauptbronchus. – **L.nschnitt,** *Tracheotomie,* ein Operationseingriff, der bei Verengung der Atemwege (z.B. bei Diphtherie, Kehlkopfkrebs) notwendig werden kann. **Luftschiff,** ein Luftfahrzeug (leichter als Luft) von meist zylindrischer oder Tropfenform, getragen durch den statischen Auftrieb eines Gases, bewegt durch Luftschraubenantrieb, steuerbar durch eine Anordnung von beweglich. Steuerflächen. Das *Starr-L.* hat ein starres Gerüst aus Leichtmetall (*Zeppelin-L.*), das im Innern die mit Wasserstoff oder Helium gefüllten Traggaszellen aufnimmt. – Ⓑ → S. 527.
Luftschraube, *Propeller,* Vortriebsschraube bes. für Luftfahrzeuge, bestehend aus 2–5 in einer Nabe befestigten Flügeln aus Metall oder Kunststoff, die eine Drehbewegung um eine in Flugrichtung liegende Achse ausführen.
Luftschutz → Zivilschutz.
Luftspiegelung, die Brechung der Lichtstrahlen beim Durchgang durch Luftschichten mit verschiedenem Brechungsindex. Über Wüstensand z.B. ist die Luftdichte wegen der Hitze in Erdnähe kleiner als in einiger Höhe (*Fata morgana*).
Luftverflüssigung, Herstellung flüssiger Luft durch Abkühlen u. gleichzeitiges Komprimieren (Verfahren von C. *Linde*). *Flüssige Luft* hat eine bläul. Farbe u. eine Temperatur von etwa –192 °C. Man verwendet sie zur Herstellung von Sauerstoff, Stickstoff (z.B. für die Ammoniaksynthese) u. Edelgasen, als Sprengstoff u. für Kühlzwecke.
Luftverkehr, *Flugverkehr,* die gewerbsmäßige Beförderung von Personen, Gütern u. Nachrichten mit Luftfahrzeugen, insbes. *Flugzeugen.* Seit Mitte der 1920er Jahre bildeten sich dichte kontinentale

Luftverkehrsgesellschaften (Auswahl)

Die wichtigsten Luftverkehrsgesellschaften (Auswahl)

Staat	Luftverkehrsgesellschaft	Staat	Luftverkehrsgesellschaft
Ägypten	Egyptair	Pakistan	PIA – Pakistan International Airlines
Argentinien	Aerolíneas Argentinas		
Australien	Qantas Airways	Polen	LOT – Polski Linie Lotnicze
Belgien	SABENA – Société anonyme belge d'exploration de la navigation aérienne	Portugal	TAP – Air Portugal
		Rußland	Aeroflot Russian International
Brasilien	VARIG – Viação Aérea Rio-Grandese	Saudi-Arabien	SAUDIA – Saudi Arabian Airlines
Deutschland	Deutsche Lufthansa	Schweiz	Swissair – Swiss Air Transport
Finnland	Finnair	Singapur	Singapore Airlines
Frankreich	Air France	Skandinavien (Dänemark, Norwegen, Schweden)	SAS – Scandinavian Airlines System
Griechenland	Olympic Airways		
Großbritannien	British Airways		
Indien	Air India		
Indonesien	Garuda Indonesian Airways	Spanien	Iberia – Líneas Aéreas de España
Irak	Iraqi Airways		
Iran	Iran Air	Südafrikanische Republik	SAA – South African Airways
Israel	El-Al Israel Airlines		
Italien	Alitalia – Linee Aéree Italiane	Thailand	Thai Airways International
Japan	All Nippon Airways	Tschech. Rep. u. Slowakei	ČSA – Československé Aerolinie
Jugoslawien	JAT – Jugoslovenski Aerotransport		
		Türkei	THY – Türk Hava Yollari
Kanada	Air Canada	Ungarn	MALÉV-Magyar Ligiközlekedesi Vállat
Kolumbien	AVIANCA – Aerovãas Nacionales de Columbia		
		USA	American Airlines
Korea, Süd	KAL – Korean Air		Delta Air Lines
Libanon	MEA – Middle East Airlines		Eastern Airlines
	TMA – Trans Mediterranean		United Airlines
Niederlande	KLM – Royal Dutch Airlines		US Air
Österreich	Austrian Airlines		

Luftverkehrsnetze, bes. in Europa u. den USA, die dann durch interkontinentale Linien miteinander verbunden wurden. 1945 wurde die *International Air Transport Association (IATA)* als internat. L.sverband gegründet.

Luftverschmutzung, Verunreinigung der Luft durch Abgase von Industriebetrieben, Motorfahrzeugen, häusl. Feuerungsanlagen u. durch Staub erzeugende Industrieanlagen. Luftschadstoffe sind bes. Kohlenmonoxid, Schwefeldioxid, Stickoxide u. Photooxidantien.

Luftwaffe, Teil der Streitkräfte eines Landes mit der Aufgabe, den *Luftkrieg* zu führen oder zu verhindern; in der Bundeswehr neben Heer u. Marine eine der *Teilstreitkräfte.*

Luftwege, bei Lungenatmern die Wege der Atemluft durch Nase, Mund, Luftröhre u. Bronchien.

Luftwiderstand, der Teil des Fahrwiderstands von Fahrzeugen (Eisenbahnzügen, Kfz., Flugzeugen u. a.), der durch die Verdrängung der umgebenden Luft u. durch deren Reibung an der Fahrzeugoberfläche entsteht. Er wächst mit dem Quadrat der Relativgeschwindigkeit zw. Fahrzeug u. Luft u. ist abhängig von der Formgebung.

Luftwurzeln, Wurzeln an oberirdischen Stammteilen, bes. bei Epiphyten u. Lianen.

Luganer See, verzweigter großer Alpensee zw. Lago Maggiore u. Comer See, in den Luganer Alpen, 49 km², größtenteils auf schweiz. Gebiet.

Lugano, schweiz. Bez.-Hptst. am Luganer See, 28 000 Ew.; Süßwaren- u. Textilind.; internat. Fremdenverkehrsort.

Lugansk, fr. *Woroschilowgrad,* Hptst. der gleichn. Oblast in der Ukraine, im Donez-Becken, 509 000 Ew.; HS; Kohlenbergbau, Maschinenbau.

Lugau/Erzgebirge, Stadt in Sachsen, 10 000 Ew.; Masch.- u. Textilind.

Lügde, Stadt in NRW, sw. von Hameln, 11 000 Ew.; Luftkurort.

Lügendetektor, in den USA entwickeltes Meßgerät, das u. a. Blutdruck, Puls u. Hautfeuchtigkeit mißt u. bei Aussagen innere Erregung anzeigt, aus der man auf die Unwahrheit schließt, in der BR Dtld. in der Rechtspflege verboten.

Luginbühl, Bernhard, * 16.2.1929, schweiz. Bildhauer u. Graphiker.

Lugo, NW-span. Provinz-Hptst. in Galicien, 78 000 Ew.; Kathedrale; Schwefelgewinnung.

Lugol [ly'gɔl], Jean Georges Antoine, * 1786, † 1851, frz. Arzt; führte 1829 die Jodbehandlung bei Schilddrüsenerkrankungen ein.

Lugones Argüello [-'gu̯elo], Leopoldo, * 1874, † 1938 (Selbstmord), argent. Schriftst.; mit R. *Darío* Erneuerer der hispano-amerik. Dichtung.

Lu Hsün →Lu Xun.

Luini, Bernardino, * um 1485, † 1531/32, ital. Maler; von *Leonardo da Vinci* beeinflußte Fresken u. Tafelbilder.

Luise, 1. * 1776, † 1810, Königin von Preußen; seit 1793 mit dem späteren König *Friedrich Wilhelm III.* von Preußen verh.; Mutter *Friedrich Wilhelms IV.* u. *Wilhelms I.* Versuchte vergeblich, in einer Unterredung mit Napoleon 1807 in Tilsit bessere Friedensbedingungen zu erreichen. Sie wurde wegen ihrer menschl. Schlichtheit sehr volkstümlich. – **2. L.** *Ulrike,* * 1729, † 1782, Königin von Schweden 1744–82; verh. mit Adolf F. von Schweden, Schwester Friedrichs d. Gr.

Luitpold, * 1821, † 1912, Prinzregent von Bayern; ab 1886 Regent für seine Neffen *Ludwig II.* u. *Otto I.*

Luitprand →Liutprand.

Lukács ['luka:tʃ], Georg (György von), * 1885, † 1971, ung. marxist. Philosoph u. Literaturwissenschaftler; W »Geschichte u. Klassenbewußtsein«, »Die Zerstörung der Vernunft«.

Lukanien, Ldsch. in S-Italien, 1932–45 Bez. für die heutige Region *Basilicata.* – Seit 700 v. Chr. von Griechen besiedelt, Anfang des 4. Jh. v. Chr. von den *Lukanern* erobert.

Lukas, Mitarbeiter des Apostels *Paulus,* Arzt (Kol. 4,14), nach später Legende auch Maler; gilt als Verfasser des *L.evangeliums* (das jüngste u. umfangreichste der drei »synoptischen« Evangelien) u. der Apostelgeschichte; Patron der Ärzte u. der Maler; Symbol: Stier. **L.gilden,** seit dem 15. Jh. zunftartige Vereinigungen von Malern, Bildschnitzern u. Buchdruckern; ben. nach L.

Luftwurzeln: Die Wurzeln des Schraubenbaumes dienen als Stützelemente

Lukian, *Lucianus,* aus Samosata am Euphrat, * um 120, † um 180, grch. Schriftst.; verfaßte u. a. geistreich-witzige Gespräche u. Literaturparodien.

Lukmanierpaß, Alpenpaß der Schweiz, in der St.-Gotthard-Gruppe, 1916 m.

lukrativ, gewinnbringend.

Lukrez, Titus Lucretius Carus, * um 97 v. Chr., † 55 v. Chr. (Selbstmord), röm. Dichter; vertrat die Lehre Epikurs, daß sich die ewigen Gesetze des Weltgeschehens ohne göttl. Zutun vollziehen.

Luksor, ägypt. Stadt, →Luxor.

Lukull →Lucullus.

Lul, *Lullus,* * um 710, † 786, Bischof von Mainz; angelsächs. Benediktiner; Gründer der Klöster Hersfeld u. Bleidenstadt. – Heiliger (Fest: 16.10.).

Luleå ['lyloː], N-schwed. Prov.-Hptst., an der Mündung des *Lule Älv* in den Bottnischen Meerbusen, 67 000 Ew.; Erzausfuhrhafen, Walzwerk.

Lullus, 1. → Lul. – **2.** → Llull.

Lully [ly'li], Jean-Baptiste, * 1632, † 1687, frz. Komponist ital. Herkunft; Meister u. Organisator der frz. Barock-Oper, deren Prunk den polit. u. kulturellen Ansprüchen Ludwigs XIV. entsprach. W »Alceste«.

Lumb, ein *Schellfisch* des N-Atlantik u. Polarmeers; in Norwegen getrocknet u. gesalzen genossen.

Lumbago →Hexenschuß.

Lumbalanästhesie, Betäubung durch Einspritzung eines Anästhetikums in den Rückenmarksack, wodurch die Empfindungsleitung unterbrochen wird.

Lumbalpunktion, zur Entnahme von Gehirn-Rückenmarkflüssigkeit durchgeführter Einstich in den Wirbelkanal zum Zweck der Untersuchung oder der Druckentlastung.

Lumberjack ['lʌmbədʒæk], lose Sportjacke mit engem Taillenbund u. Bündchenärmeln.

Lumen, Abk. lm, Einheit des Lichtstroms: die Lichtmenge, die eine Lichtquelle von der Lichtstärke 1 →Candela in die Raumwinkeleinheit ausstrahlt.

Lumet ['luːmit], Sidney, * 25.6.1924, US-amerik. Regisseur; Thriller u. Kriminalfilme: »Die zwölf Geschworenen«, »Die Clique«, »Mord im Orientexpress«, »Network«.

Lumière [ly'mjɛːr], Gebrüder: Auguste (* 1862, † 1954) u. Louis (* 1864, † 1948), frz. Erfinder; führten mit einem *Kinematographen,* der gleichzeitig Filmkamera, Kopiergerät u. Projektor war, 1895 in Paris erstmalig öffentl. Filme vor.

Lumineszenz, Leuchterscheinung bei Stoffen *(Luminophoren)* in kaltem Zustand, im Gegensatz zur Temperaturstrahlung. *Photo-L.:* Erregung durch Licht (→Fluoreszenz, →Phosphoreszenz); *Elektro-L.:* Erregung durch elektr. Gasentladung (z.B. in Leuchtstofflampen), dort bei radioaktiver Strahlung (z.B. Leuchtziffern bei Uhren); *Bio-L.:* Leuchten von Lebewesen, z.B. Glühwürmchen. – **L.diode** →Leuchtdiode.

Luminophoren, *Leuchtstoffe,* Stoffe, die infolge Lumineszenz Licht aussenden.

Lummen, Arten der →Alken.

Lumumba, Patrice, * 1925, † 1961 (ermordet), kongoles. Politiker; setzte sich für die Unabhängigkeit der belg. Kolonie Kongo ein u. wurde 1960 1. Min.-Präs. des unabhängigen Kongo; überwarf sich mit Präs. J. *Kasavubu,* wurde abgesetzt, verhaftet u. unter ungeklärten Umständen ermordet.

Luna [»Mond«], **1.** röm. Mondgöttin, entspricht der grch. *Selene.* – **2.** sowj. Raumfluggeräte zur Mondumkreisung oder Mondlandung. *L. 9* landete als erste Sonde 1966 weich auf dem Mond. – B →S. 530.

Lunar Orbiter ['luːnə 'ɔːbitə], US-amerik. Photosatelliten (1966) zur kartograph. Erfassung fast der gesamten Mondoberfläche.

Lunation, Periode des Mondwechsels, von Neumond zu Neumond gezählt; mittlere Dauer einer L.: 29,53059 Tage *(synodischer Monat).*

Lunatscharski, Anatoli Wassiljewitsch, * 1875, † 1933, russ. Lit.-Wiss. u. Politiker; 1917–29 Volkskommissar für das Bildungswesen.

Lunch [lʌntʃ], engl.: Gabelfrühstück, leichte Mittagsmahlzeit.

Lund, Stadt in der S-schwed. Prov. (Län) Malmöhus, 83 000 Ew.; Univ.; roman. Dom; Verlage.

Lunda, *Balunda,* Bantustamm in Zaire, Angola u. Sambia; im 16. Jh. mächtiges Reich im südl. Kongobecken.

530 Lundaschwelle

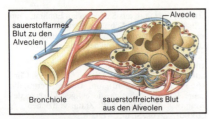

Die Lungenbläschen am Ende der feinen Bronchiolen sind eng von Luftkapillaren umschlossen, mit denen der Gasaustausch stattfindet

Lundaschwelle, afrik. Hochland zw. Kongo- u. Kalaharibecken, 1000–1600 m hoch.
Lundberg [-bɛrj], Gustaf, * 1695, † 1786, schwed. Maler; Pastellbildnisse in lebendiger, psycholog. Charakterisierung.
Lundbye ['lɔnby:], Johann Thomas, * 1818, † 1848, dän. Maler (romant. Landschaften).
Lundegård ['lundəgo:rd], Axel, * 1861, † 1930, schwed. Schriftst. (biograph. Romane).
Lundkvist, Artur, * 1906, † 1991, schwed. Lyriker u. Literaturkritiker.
Lüneburg, Krst. in Nds., Hptst. des gleichn. Reg.-Bez., im N der *L.er Heide,* 60 000 Ew.; Luftkurort, Kneippbad; HS; mittelalterl. Häuser u. Kirchen in Backsteingotik; Textil-, Möbel-, Elektro- u. a. Ind. – Ehem. Hansestadt, durch Salzmonopol reich geworden.
Lüneburger Heide, Ldsch. des Norddt. Tieflands zw. Unterelbe u. Aller, rd. 7200 km², im *Wilseder Berg* 169 m; Naturpark L. H. im NW u. Südheide nördl. von Celle; typ. Vegetation: Heidekraut, Ginster, Wacholder. Bienen- u. Schafzucht; Erdölgewinnung; Fremdenverkehr.
Lünen, Stadt in NRW, an der Lippe, 86 000 Ew.; Steinkohlenbergbau, Metall-, Holz- u. a. Ind.
Lünette, 1. nach oben durch einen Rundbogen abgegrenztes Wandfeld, bes. über Maueröffnungen. – **2.** halbkreisförmiges Fenster.
Lunéville [lyne'vi:l], frz. Stadt in Lothringen, an der Mündung der Vezouze in die Meurthe, 22 000 Ew. – Nach dem *Frieden von L.* 1801 zw. Frankreich u. Östr. kam das linke Rheinufer an Frankreich.
Lunge, das Atmungsorgan der luftatmenden Wirbeltiere. Es besteht aus zwei Säcken, in denen der Austausch von Sauerstoff u. Kohlendioxid zw. Atemluft u. Blut vor sich geht. Die L. der Säuger ist in eine sehr große Zahl halbkugeliger Bläschen (*L.nbläschen, Alveolen*) aufgeteilt (beim Menschen rd. 300 Mio.). Sie besteht aus den beiden *L.nflügeln,* die rechts aus 3, links aus 2 *L.nlappen* zusammengesetzt sind. Die Atemluft tritt durch die *Luftröhre,* die *Bronchien* u. die *Bronchiolen* in die L.nbläschen ein, die von einem Netz von Blutgefäßen (*L.nkapillaren*) umgeben werden.
Lungenemphysem, *Lungenblähung, Lungenerweiterung,* das Nachlassen der Elastizität der Lunge infolge Schwundes der elast. Fasern im Gewebe.
Lungenentzündung, *Pneumonie,* eine durch Erreger, bes. *Pneumokokken,* auch Viren hervorgerufene Erkrankung der Lunge. Die *katarrhalische L.,* ausgehend von Entzündungen der Luftröhrenäste, führt zu herdförmigen Entzündungen (*Bronchopneumonie*). Die *kruppöse L.* entsteht durch Erkältungsschäden oder Einatmung reizender Gase; hierbei werden ganze Lungenlappen betroffen.

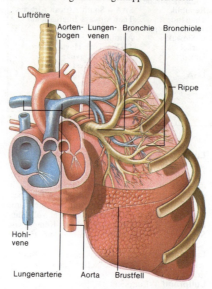

Lunge: Die Lunge besteht aus schwammigem Gewebe, das von zahllosen verästelten Venen, Arterien und Bronchiolen durchzogen ist. Beide Lungenflügel werden durch einen doppelwandigen Hautsack, das Brustfell, geschützt, der ein widerstandsfreies Gleiten der Lungen im Brustkorb ermöglicht

Lungenfische, *Dipnoi,* Ordnung der *Fleischflosser;* durch lungenartige Bildungen zum Landaufenthalt befähigt; hierzu die austral. *Lurchfische* u. die afrik. *Molchfische.*
Lungenkraut, *Pulmonaria,* Gatt. der *Rauhblattgewächse,* mit rosa, später blauen Blüten; fr. gegen Lungenkrankheiten benutzt.
Lungenkrebs, i. allg. gleichbedeutend mit *Bronchialkarzinom,* von der Bronchialschleimhaut ausgehende bösartige Geschwulst. – I. e. S. der von den Epithelzellen ausgehende Krebs; meist Metastasen anderer Krebsgeschwülste.
Lungenschnecken, Gruppe der *Schnecken,* deren Mantelhöhle mit einer stark durchbluteten Haut (Lunge) versehen ist, mit der sie den Sauerstoff aus der Luft aufnehmen können; i. allg. Zwitter. Hierher gehören die meisten Süßwasser- u. Landschnecken.
Lunik, Bez. für sowj. Mondraketen (1959).
Luns [lyns], Joseph Marie Antoine, * 28.8.1911, ndl. Politiker (Kath. Volkspartei); Jurist, 1956–71 Außen-Min.; 1971–84 Generalsekretär der NATO.
Lunte, 1. Schwanz des Fuchses u. des übrigen Haarraubwilds. – **2.** eine mit Bleiacetat- u. Salpeterlösung getränkte Hanfschnur, die langsam glimmt u. eine Sprengladung entzünden soll.
Luo, nilot. Völkergruppe im westl. Kenia u. nördl. Tansania, 2 Mio.; Großviehzüchter.
Luoyang, *Loyang,* Stadt in der chin. Prov. Henan, 1,05 Mio. Ew.; Traktorenfabrik, Maschinenbau. – Seit der Jungsteinzeit besiedelt; seit 770 v. Chr. bis 534 n. Chr. mit Unterbrechungen Hptst. Chinas.
Lupe, *Vergrößerungsglas,* eine Sammellinse, bei der sich der beobachtete Gegenstand innerhalb der Brennweite befindet. Die Vergrößerung (bis höchstens zehnfach) ist um so stärker, je kleiner die L. gewölbt, d. h. je kleiner ihre Brennweite ist.

Luna: Die Planetensonde »Luna 16« brachte vom Mond Gesteinsproben mit

Lüneburg: alter Kran

Lupine, Gatt. der *Schmetterlingsblütler,* mit typ. traubigen Blütenständen. Die bekanntesten Arten sind die *Gelbe,* die *Vielblättrige,* die *Blaue* u. die *Weiße L.* Sie werden zur Gründüngung (Stickstoff) u. als Viehfutter angebaut.
Lupot [ly'po], Nicolas, * 1758, † 1824, frz. Geigenbauer; der »frz. Stradivari«.
Lurçat [lyr'sa], Jean, * 1892, † 1966, frz. Maler, Bildteppichkünstler, Keramiker u. Schriftsteller.
Lurche, *Amphibien,* Klasse der Wirbeltiere, mit nackter, feuchter, drüsenreicher Haut, die oft einen Teil der Atemfunktion übernimmt; 4 manchmal zurückgebildete Gliedmaßen. Die L. atmen als erwachsene Landtiere durch die Lungen, als im Wasser lebende Larven (z. B. Kaulquappen) durch Kiemen. 3 Ordnungen: *Blindwühlen, Schwanz-L.* u. *Frosch-L.*
Lure, bronzenes Blasinstrument der Bronzezeit im südl. u. westl. Ostseeraum, in S-Form.
Luren, mit den Kurden verwandtes Volk in Iran.
Luria, Salvador Edward, * 1912, † 1991, US-amerik. Mikrobiologe ital. Herkunft; Arbeitsgebiet: Phagengenetik; Nobelpreis für Medizin 1969.
Lusaka, Hptst. des afrik. Staats Sambia, 1300 m ü. M., 819 000 Ew.; kath. Erzbischofssitz, Univ.; Textil-, Nahrungsmittel-, Kunststoff-Ind.; Flughafen.
Lusen, Berg im Böhmerwald, an der dt.-tschech. Grenze, 1370 m.
Luserke, Martin, * 1880, † 1968, dt. Erzieher u. Schriftst.; Anreger des Jugend- u. Laienspiels.
Lusignan [lyzi'njã], frz. Adelsgeschlecht aus dem Poitou, stellte Könige von Jerusalem (1179–1291) u. von Zypern (1192–1489).
Lusitaner, mit *Kelten* vermischtes u. den *Keltiberern* ähnl. Volk im Gebiet des heutigen Portugal; bekannt durch ihre Kämpfe mit den Römern, die 194 v. Chr. begannen u. erst unter Cäsar endeten. 27 v. Chr. wurde das Gebiet zur röm. Prov. *Lusitania.*
Lüst, Reimar, * 25.3.1923, dt. Physiker; Arbeiten über Astrophysik; 1971–83 Präsident der Max-Planck-Gesellschaft, 1984–89 Generaldirektor der ESA.
Lustenau, östr. Marktort in Vorarlberg, am Rhein, 17 000 Ew.; Textil-Ind., Stickerei.

Lurche: Der Baumfrosch aus Madagaskar gehört zu den Ruderfröschen

Lüster, 1. Hängeleuchter, Kronleuchter. – **2.** Glanz von Edelsteinen u. Perlen.
Lustig ['lustik], Arnošt, *21.12.1926, tschech. Schriftst.; im 2. Weltkrieg im dt. KZ, lebt in den USA; setzt sich mit dem jüd. Schicksal unter nat.-soz. Herrschaft auseinander.
Lustiger [lysti'ʒɛːr], Jean-Marie, *17.9.1926, frz. kath. Theologe; 1981 Erzbischof von Paris, 1983 Kardinal.
Lustmord, Tötung eines Menschen aus sexuellen Motiven.
Lustration, religiöse Reinigung (durch Opfer oder Sühne).
Lustrum, das alle fünf Jahre dargebrachte Sühneopfer des röm. Volkes an Mars; auch Zeitraum von fünf Jahren.
Lustspiel → Komödie.
Lut, *Dasht-e-Lut,* Wüste im östl. Iran, mit Dünen u. Salzsümpfen *(Kavir);* eines der lebensfeindl. Gebiete der Erde.

Lupine

Lutein, *Xanthophyll,* ein z.B. in grünen Blättern, Eidotter u. Kuhbutter vorkommender gelber organ. Farbstoff.
Luteolin, im Gelbkraut u. Fingerhut vorkommender gelber Pflanzenfarbstoff; im Altertum zur Textilfärbung.
Lutetium, ein →chemisches Element.
Luther, 1. Hans, *1879, †1962, dt. Politiker; 1925/26 Reichskanzler, 1930–33 Reichsbank-Präs., 1933–37 Botschafter in den USA. – **2.** Martin, *1483, †1546, dt. Reformator; trat 1505 in den Orden der Augustiner-Eremiten zu Erfurt ein, 1512 in Wittenberg Doktor der Theologie. Gegen die Ablaßverkündigung durch J. *Tetzel* formulierte er 95 Thesen, die er am 31.10.1517 in Wittenberg öffentl. verkünden ließ. Auf der Leipziger Disputation 1519 zw. J. *Eck* u. A. *Karlstadt* bestritt er den Primat des Papstes u. lehnte die Irrtumslosigkeit der allg. Konzilien ab. Auf die päpstl. Bannandrohungsbulle antwortete L. 1520 mit den 3 großen Programmschriften »An den christl. Adel deutscher Nation von des christl. Standes Besserung«, »Von der babylon. Gefangenschaft der Kirche« u. »Von der Freiheit eines Christenmenschen«. Am 3.1.1521 wurde L. exkommuniziert; Kaiser Karl V. verhängte über L. die Reichsacht. Kurfürst *Friedrich der Weise* ließ L. auf die Wartburg bringen, wo Luthers Übers. des NT entstand (1534 durch die Übers. des AT ergänzt). 1525 heiratete L. die ehem. Zisterzienserinnone Katharina von *Bora.* Zur Belehrung für das Volk verfaßte er 1529 den »Kleinen Katechismus«, für die Pfarrer den »Großen Katechismus«. – L.s Theologie hat ihr Zentrum in der Rechtfertigungsverkündigung. Er hielt an der Klarheit der Hl. Schrift fest u. betonte den Ursprung der Kirche in Bibelwort u. Sakrament, ohne menschl. Zusätze. Er verstand sich als Lehrer der Hl. Schrift, nicht als Reformator der Kirche oder des Staats im Rahmen der damaligen Gesellschaftsordnung. Seine Bibel-Übers. hat zur Durchsetzung einer allg. dt. Hochsprache wesentl. beigetragen.

Martin Luther

Lutheraner, Mitgl. der durch die Reformation Martin *Luthers* entstandenen Kirchen u. Gemeinden.
Lutherische Kirche →Vereinigte Evangelisch-Lutherische Kirche Deutschlands.
Lutherischer Weltbund, Vereinigung luth. Kirchen, 1947 in Lund gegr. Ihm gehören 114 luth. Kirchen mit 54,5 Mio. Mitgl. an.
Luthuli, Albert John, *1898, †1967, südafrik. Politiker aus dem Volk der Zulu; seit 1952 Präs. des 1960 in der Südafrik. Republik verbotenen *African National Congress* (ANC), der sich für die Gleichberechtigung der Rassen einsetzt; Friedensnobelpreis 1960.
Lutizen, *Liutizen,* ein westslaw., den *Elb-* u. *Ostsee-Slawen* zugehöriger Stammesverband. Der L.bund wurde 983 zum Zentrum des großen allg. Slawenaufstands. Im 12. Jh. wurden die L. durch die Ostsiedlung eingedeutscht.
Lütke, *Litke,* Fjodor Petrowitsch, *1797, †1882, russ. Seefahrer u. Arktis-Forscher. – **L.tiefe,** größte Tiefe des östl. Nordpolarmeers, 5449 m.
Luton ['luːtən], SO-engl. Stadt in der Gft. Bedford, 166 000 Ew.; Eisen- u. Auto-Ind.
Lutosławski [-'suafski], Witold, *1913, †1994, poln. Komponist; führender Vertreter der internat. Avantgarde; experimentierte mit der zwölftönigen Reihentechnik u. mit der Aleatorik; schrieb Sinfonien, »Trauermusik für Streichorchester«, »Trois poèmes d'Henric Michaux«.
Lutter am Barenberge, Gem. in Nds., sw. von Salzgitter, 2500 Ew. – Im 30jähr. Krieg 1626 Sieg Tillys u. Wallensteins über Christian IV. von Dänemark.
Lüttich, frz. *Liège,* fläm. *Luik,* Prov.-Hptst. in O-Belgien, an der Mündung der Ourthe in die Maas, 200 000 Ew.; kulturelles Zentrum der Wallonen; Univ. (1817) u. a. Hochschulen, Museen; Zitadelle; Steinkohlenbergbau, Stahlwerk, Metall-, Masch.- u. a. Ind.
Lützen, Stadt in Sachsen-Anhalt, sw. von Leipzig, 5000 Ew.; Bau-, Metall-, Zuckerind. – Im 30jähr. Krieg trafen bei L. 1632 die Heere Gustavs II. Adolf u. Wallensteins aufeinander. Der schwed. König wurde tödl. verwundet, doch konnten seine Truppen unter Führung Bernhards von Sachsen-Weimar das Schlachtfeld behaupten.
Lützow [-tso], Ludwig Adolf Wilhelm Frhr. von,

Martin Luther: Schon 1516 entwickelte Luther aus seinem Familienwappen das Zeichen der Lutherrose, das er als Symbol seiner Theologie deutete

*1782, †1834, preuß. Offizier; bildete 1813 aus nichtpreuß. Freiwilligen für die Befreiungskriege das *L.sche Freikorps.*
Luv, die dem Wind zugekehrte Seite (Ggs.: *Lee*).
Lux, Kurzzeichen lx, Maßeinheit für die Beleuchtungsstärke.
Luxation, *Verrenkung,* Verschiebung zweier durch ein Gelenk miteinander verbundener Knochen aus der Normallage.
Luxemburg, Hptst. u. Residenz des Groß-Hzgt. L., an der Alzette, 76 000 Ew.; Sitz zahlr. Banken u. Versicherungen, der Sekretariate des Europaparlaments u. des Europ. Gerichtshofs; Univ., Europaschule, Rundfunkanstalt *Radio L.* u. Fernsehstation *Tele-L.*; Stahl-, Masch.-, Metall- u. a. Ind.; internat. Flughafen.
Luxemburg, Staat in W-Europa, 2586 km², 390 000 Ew., Hptst. *L.*

Luxemburg

Landesnatur. Nördl. erstreckt sich die stark zertalte Hochebene des *Ösling,* südl. davon das fruchtbare, durchschnittl. 300 m hohe *Gutland.* Die Mosel bildet die dt.-luxemburg. Grenze.
Die **Bevölkerung** ist fast ausschl. kath. Glaubens. Amtssprachen sind Französisch, Deutsch u. Luxemburgisch. 29% sind Ausländer.
Wirtschaft. Hauptanbauprodukte sind Getreide, Kartoffeln, Futterpflanzen u. Obst; Weinbau an den Moselhängen; Rinder- u. Schweinezucht. Von Bedeutung sind Eisen- u. Stahlind., ferner die chem., keram., Metall- u. Nahrungsmittelindustrie

Luxemburg an der Alzette

(Großbrauereien, Molkereien); Fremdenverkehr. L. hat sich mit staatl. Initiative zu einem der wichtigsten Geldmärkte Europas entwickelt.
Geschichte. Die Gft. L. wurde 1354 Hzgt., kam 1443 zu Burgund u. 1477 an die Habsburger. 1684–97 geriet L. unter frz. Herrschaft, dann wurde es wieder habsburg., 1794 bis 1814 erneut Teil Frankreichs, 1815 Groß-Hzgt. in Personalunion mit den Ndl. 1866 wurde L. selbständig u. 1867 neutralisiert. Die Personalunion mit den Ndl. wurde 1890 gelöst. 1922 schloß L. eine Wirtschaftsunion mit Belgien, in beiden Weltkriegen von dt. Truppen besetzt; 1947 Abschluß der Benelux-Union, 1949 Beitritt zur NATO u. 1957 zur Europ. Union. Seit 1964 regiert Großherzog Jean. Min.-Präs. ist seit 1984 J. *Santer.*
Luxemburg, Rosa, *1871, †1919, dt. sozialist. Politikerin; Nationalökonomin; stand auf dem linken Flügel der SPD, bekämpfte den Revisionismus u. Reformismus, lehnte zugl. die Kaderpolitik u. den Zentralismus der russ. Bolschewiki ab. Als Kriegsgegnerin 1914/15 im Gefängnis, 1916–18 in »Schutzhaft«. Ende 1918 gründete sie mit K. *Liebknecht* u. a. Linken die KPD. Nach dem von ihr

532 Luxemburger

mißbilligten Spartakusaufstand wurde sie zus. mit Liebknecht von Freikorpsoffizieren ermordet.
Luxemburger, *Lützelburger,* dt. Königsgeschlecht aus dem Haus der Grafen von Luxemburg; erlangte mit Kaiser Heinrich VII. u. Erzbischof Balduin von Trier europ. Bedeutung u. stellte mit Heinrich IV., Karl IV., Wenzel, Jobst von Mähren u. Sigismund nach den Habsburgern die meisten dt. Könige im späten MA.
Luxor, *Luksor,* oberägypt. Stadt am Nil, 148 000 Ew.; Flugplatz; Fremdenverkehr. – An der Stelle des antiken *Theben;* Amun-Tempel (1400 v. Chr. von *Amenophis III.* erbaut).
Lu Xun [lu cyn], *Lu Hsün,* eigtl. *Zhou Shujen,* * 1881, † 1936, chin. Erzähler, Literaturhistoriker u. Zeitkritiker; Vorkämpfer der literar. Revolution von 1917; schrieb bed. Erzählungen u. Novellen.
Luxurieren, *Heterosis,* übermäßiges Wachstum, das bei der Kreuzung von Bastarden manchmal auftritt, z.B. die Ausbildung von übermäßigen Körperformen u. -farben (Prachtvögel u. monströse Insekten der warmen Zonen).
Luxus, überdurchschnittl., nicht lebensnotwendiger Aufwand. – **L.steuern,** Verbrauchsteuern auf bestimmte, als L. geltende Aufwendungen, früher erhoben als Karossel- u. Dienstbotensteuer.
Luzern, Hptst. des schweiz. Kt. L., Kurort u. Seebad am Vierwaldstätter See, 60 000 Ew.; Wasserturm an der Kapellbrücke (älteste Holzbrücke Europas; 1993 abgebrannt, 1994 wiedererrichtet); Verkehrshaus der Schweiz; Metall-, Textil-, Uhren- u. a. Ind.; Fremdenverkehr.
Luzerne, *Alfalfa,* ein *Schmetterlingsblütler;* eine der wichtigsten Futterpflanzen.
Luzidität, Helligkeit, Durchsichtigkeit; Hellsehen.
Luzifer → Lucifer.
Luzk, *Luck,* Hptst. der Oblast Wolynien, in der Ukraine, 179 000 Ew.; Lastwagenfabrik, Elektro- u. Nahrungsmittel-Ind., Sägewerke.
Luzón [lu'θon], Hauptinsel der Philippinen, 108 172 km², 23,9 Mio. Ew., Hptst. *Manila;* sehr gebirgig, mit erloschenen u. tätigen Vulkanen (im *Mount Pulog* 2928 m) u. fruchtbaren Ebenen (Anbau von Reis, Mais, Zuckerrohr, Tabak); Erdölraffinerien, bed. Eisen-, Kupfer-, Gold- u. Kohlenbergbau; rel. gut ausgebautes Verkehrsnetz, zahlr. Häfen u. Flugplätze.
Lwoff, André, * 1902, † 1994, frz. Serologe. Für die Entdeckung eines andere Gene steuernden Gens (*Regulator-Gen*) erhielt er mit F. *Jacob* u. J. *Monod* den Nobelpreis für Medizin 1965.
Lwow [lvɔf], russ. Name der Stadt → Lemberg.
Lyallpur [ˈlaiəl-], fr. Name von → Faisalabad.
Lycaste, in Gewächshäusern kultivierte amerik. Orchideengattung.
Lyck, poln. *Ełk,* Stadt in Ostpreußen am L.see, 39 000 Ew.; landw. Zentrum, Erholungszentrum.
Lycra [ˈlaikra], Wz. für eine elast. Kunstfaser aus mindestens 85% Polyurethan.
Lydien, im Altertum Ldsch. u. Königreich im westl. Kleinasien; Hptst. *Sardeis* (das heutige *Sart*); Blütezeit im 7./6. Jh. v. Chr. nach dem Niedergang Phrygiens. Der letzte lyd. König, *Krösus,* unterlag 547 v. Chr. den Persern unter *Kyros II.*
lydische Tonart, Haupttonart der grch. Musik; im MA eine Kirchentonart.
Lyell [ˈlaiəl], Sir Charles, * 1797, † 1875, brit. Geologe; verdient durch sein »Prinzip des Aktualismus« zum Mitbegr. der modernen Geologie.
Lykaon, in der grch. Mythologie König von Arkadien.
Lykien, in der Antike gebirgige Ldsch. im sw. Kleinasien, Zentrum *Xanthos;* bewohnt von den *Lykiern,* die aus Kreta eingewandert waren. Um 540 v. Chr. wurde L. durch die Perser erobert, 43 n. Chr. röm. Provinz.
Lykurgos, 1. sagenhafter Gesetzgeber Spartas, zw. dem 11. u. 8. Jh. v. Chr. – **2.** athen. Redner u. Politiker, * 390 v. Chr., † wohl 324 v. Chr.
Lyly [ˈlili], John, * 1554 (?), † 1606, engl. Erzähler u. Dramatiker; begr. mit seinen Komödien das höf. Lustspiel der engl. Renaissance.
Lyme-Krankheit [-ˈlaim-], durch Zecken übertragene Infektionskrankheit (Gelenk-, Hirnhautentzündung u. a.).
lymphatisch, auf die *Lymphe* bezogen.
lymphatische Konstitution, eine durch feine, weiße Haut, blasses Aussehen u. Neigung zu Hautentzündungen bestimmte Körperkonstitution.
lymphatisches Gewebe, *lymphatische Organe,*

Luzón: Dorf der Ifugao inmitten der Reisterrassen, die von alters her angelegt worden sind

in das → Lymphgefäßsystem eingeschaltete Lymphknoten sowie die Milz u. das Knochenmark. Funktion ist Entgiftung der Lymphe vor ihrem Eintritt ins Blut u. Bildung von Lymphzellen.
Lymphdrüse, fr. fälschl. Bez. für Lymphknoten.
Lymphe, 1. → Vakzine. – **2.** farblose bis gelbl., wäßrige Gewebsflüssigkeit. Die L. sammelt sich in den Lymphkapillaren u. -gefäßen u. mündet in das Venensystem; sie enthält die *Lymphozyten.*
Lymphgefäßsystem, ein bes. Gefäßsystem der Wirbeltiere. Die *Lymphe* tritt in den versch. Körperorganen in die Lymphgefäße ein, die sich zu größeren Gefäßen sammeln u. mit dem *Brustlymphgang (Milchbrustgang)* im Brustraum in die venöse Blutbahn (obere Hohlvene) einmünden. Im L. werden vom Darm her die Fette (durch sog. *Chylusgefäße*) dem Blutgefäßsystem zugeleitet. In das L. eingeschaltet sind *Lymphknoten,* die als Filter wirken u. *Lymphozyten* produzieren.
Lymphgeschwulst, *Lymphdrüsengeschwulst, Lymphon,* aus entzündl. oder anderer Ursache entstandene Lymphknotenschwellung.
Lymphogranulomatose → Hodgkinsche Krankheit.
Lymphozyten → Leukozyten.
Lynchjustiz [ˈlynç-], illegales u. gewaltsames Vorgehen einer Menschenmenge gegen vermeintl. Rechtsbrecher.
Lynd [lind], Robert Staughton, * 1892, † 1970, US-amerik. Soziologe; gilt als Pionier der Gemeindesoziologie.
Lynen, Feodor Felix Konrad, * 1911, † 1979, dt. Biochemiker (Arbeiten über den Cholesterinstoffwechsel); Nobelpreis für Medizin 1964 zus. mit K. E. *Bloch.*
Lynkeus [-kɔis], grch. Sagengestalt: Sohn des Aphareus, begabt mit einem alles durchdringenden Blick.
Lyon [liˈõ], S-frz. Dép.-Hptst., Ind.- u. Handelsstadt an der Mündung der Saône in die Rhône, 413 000 Ew.; Univ. u. a. HS; seit dem 15. Jh. Hauptort der frz. Seidenweberei, heute überwiegt Kunststoffverarbeitung; Börsenzentrum, Messestadt; Flughafen. – Als *Lugdunum* (43. v. Chr. gegr.) war L. röm. Kolonie, Hptst. u. wirtschaftl. Mittelpunkt der Prov. Gallien.
Lyot [ljo], Bernard, * 1897, † 1952, frz. Astronom; baute neue opt. Geräte, z.B. den **L.-Filter,** ein zur Erforschung der Sonne benutztes Interferenzfilter.
Lyra, 1. *Leier,* ein im klass. Altertum ein Zupfinstrument mit meist rundem Schallkörper. Die L. des Apollon gilt als Symbol der Musik schlechthin. – **2.** in der Militärmusik ein Stahlstab-Glockenspiel.
Lyrik, formaler Sammelbegriff für *Gedichte.* Die *lyrische Form* ist kurz u. vielf. in Verse u. Strophen gegliedert. Häufig benutzte Formen der L. sind *Lied, Ode, Hymne, Gesang, Elegie, Ballade.* In der Form des *Volkslieds* ist die L. über die ganze Erde verbreitet. Die europ. Kunst-L. begann in enger Verbindung mit der Musik in Griechenland, sowohl als Einzelgesang wie als Chorlied.
lyrisch, 1. als formaler Begriff: in Gedichtform. – *Lyriker,* jmd., der Gedichte schreibt. – **2.** als Stilbegriff: neben *episch* u. *dramatisch* eine dichterische Darstellungsart; nicht in der Form des *Ge-*

dichts gebunden, aber hier am deutlichsten entwickelt. Das *Lyrische* ist der unmittelbare Ausdruck innerseel. Vorgänge u. kann als subjektivste Gattung in der Dichtung bezeichnet werden. Die immer wiederholten Themen sind Liebe, Natur, Freude, Einsamkeit, Tod, Gott u. Schöpfung.
Lys [lis], *Leie,* l. Nbfl. der Schelde, 205 km.
Lysander, *Lysandros,* † 395 v. Chr., spartan. Feldherr. Seine Siege über Athen entschieden den Peloponnes. Krieg.
Lysergsäurediethylamid, Abk. *LSD,* eine synthet. organ.-chem. Verbindung, ein zur Gruppe der *Halluzinogene* (Psychedelika) gehörendes Rauschgift. Es führt u. U. zu schizophrenieähnl. psychot. Zuständen mit opt. u. akust. Halluzinationen; auch genet. Schäden sind möglich.
Lysias, * um 445 v. Chr., † um 380 v. Chr., grch. Redner in Athen.
Lysimachos, * um 361 v. Chr., † 281 v. Chr., General *Alexanders d. Gr.,* König über Thrakien u. Teile von Kleinasien; fiel in der Schlacht bei Kurupedion gegen Seleukos I.
Lysin, eine Aminosäure in Hühnereiweiß, Fleisch, Milch u. a.
Lysine, eine Gruppe von *Antikörpern,* die Fremdkörper aufzulösen vermögen, z.B. Bakterio- u. Hämo-L.

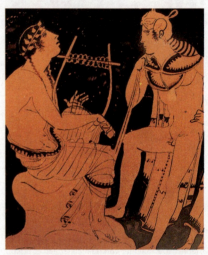

Lyra: Der sagenhafte Sänger Orpheus begleitet sich auf einer Lyra; Kolonettenkrater (Mischgefäß), um 450 v. Chr. Berlin, Stiftung Preußischer Kulturbesitz, Antikenmuseum

Lysippos, *Lysipp,* grch. Bildhauer, etwa 380–310 v. Chr.; Hofbildhauer Alexanders d. Gr., Wegbereiter des hellenist. Stils.
Lysis, langsames, allmähliches Absinken des Fiebers. Ggs.: *Krisis.*
Lysistrata, Titelfigur einer Komödie von Aristophanes, in der die athen. Frauen sich solange ihren Männern verweigern wollen, bis diese den Peloponnes. Krieg beendet haben.
Lysistratos, grch. Bildhauer, tätig in der 2. Hälfte des 4. Jh. v. Chr.; Bruder des *Lysippos;* nach Plinius d. J. der erste, der Gipsabgüsse vom lebenden Modell abnahm.
Lyskamm [ˈliːs-], zweigipfeliges Bergmassiv in der schweiz. Monte-Rosa-Gruppe (Walliser Alpen), 4527 m u. 4480 m.
Lysoform, eine 2–3%ige Kaliseifenlösung mit Formaldehyd; für Desinfektionszwecke.
Lysol, eine Kresolseifenlösung, in verdünnter Lösung (0,5–2%ige) für Desinfektionszwecke.
Lysozym [grch.], hydrolytisches Enzym, das die Bakterienmembran auflösen kann.
Lyssa → Tollwut.
Lyssenko, Trofim Denissowitsch, * 1898, † 1976, russ. Biologe; schuf eine von den Mendelschen Gesetzen abweichende u. wiss. widerlegte Vererbungstheorie, die die Entstehung neuer Erbeigenschaften als durch die Umwelt gesteuert erklärte.
Lyswa, Stadt in Rußland, im W des Mittleren Ural, 75 000 Ew.; Eisenhütte, Masch.- u. Textilind.
Lytham Saint Anne's [ˈliθəm sint ˈæ nz], W-engl. Seebad an der Irischen See, 40 000 Ew.
Lyzeum, in vielen europ. Staaten Bez. für höhere Schulen; in Dtld. fr. für höhere Mädchenschule; heute Gymnasium.

M

m, M, 13. Buchstabe des dt. Alphabets; entspricht dem grch. *My* (μ, Μ).
M, röm. Zeichen für 1000.
M.A., Abk. für den akad. Grad *Magister Artium* u. des engl. *Master of Arts*.
Mäander, 1. Flußschlingen, die bei Flachlandflüssen auftreten; nach dem türk. Fluß *M.* (*Menderes*). – **2.** geometr., aus rechtwinklig gebrochenen Linien bestehendes Ornament in Friesform.
Maar, durch vulkan. Gasexplosionen entstandene kraterartige Vertiefung in der Erdoberfläche, meist kreisförmig u. häufig mit Wasser gefüllt; bes. in der Eifel u. in der Auvergne (Frankreich).
Maariw, der jüd. Abendgottesdienst.

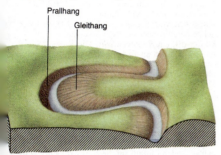

Mäander

Maas, frz. *Meuse,* Fluß in Westeuropa, 925 km; durchfließt Lothringen, Belgien u. die Ndl., mündet in die Nordsee.
Maass, 1. Edgar, Bruder von 2), *1896, †1964, dt. Schriftst.; 1926–34 u. seit 1938 in den USA; histor. Romane. – **2.** Joachim, *1901, †1972, dt. Schriftst.; seit 1931 meist in den USA; Zeitromane, Biographien.
Maaßen, Karl Georg, *1769, †1834, preuß. Min.; einer der Schöpfer des *Dt. Zollvereins.*
Maastricht [-'trixt], Hptst. der ndl. Prov. Limburg, an der Maas, 116 000 Ew.; vielfältige Ind.
Maat, altägypt. Göttin des Rechts, der Ordnung u. Wahrheit, Tochter des Re.
Maat, *Marine:* ein Unteroffiziersdienstgrad.
Maazel [ˈmaːzəl], Lorin, *6.3.1930, US-amerik. Dirigent; u. a. 1982–86 Direktor der Wiener Staatsoper, seit 1993 Chefdirigent des Symphonieorchesters des Bayer. Rundfunks.

Mabillon [mabiˈjõ], Jean, *1632, †1707, frz. Geschichtsforscher; Benediktiner, begr. die Paläographie, Diplomatik u. Chronologie.
Mabuse [maˈbyːz] →Gossaert, Jan.
Mac [mæk], abgekürzt *Mc, M',* Bestandteil schott. Familiennamen mit der Bedeutung »Sohn«.
Macadamia-Baum, in den Regenwäldern Australiens vorkommender immergrüner Baum mit schmackhaften Steinfrüchten (*Macadamianüsse*).
MacArthur [məkˈaːθə], Douglas, *1880, †1964, US-amerik. Offizier; 1945 Oberbefehlshaber der Besatzungstruppen in Japan; nach Ausbruch des *Korea-Kriegs* Oberbefehlshaber der UN-Streitkräfte; 1951 abgesetzt.
Macau, *Macao,* port. Überseeprov. an der südchin. Küste, westl. von Hongkong, 16 km², 450 000 Ew. (überw. Chinesen); besteht aus der Hptst. M. u. zwei Inseln; Fischerei, Fremdenverkehr; seit 1557 port., seit 1976 autonom.
Macaulay [məkˈɔːli], Thomas Babington, Lord *M. of Rothley,* *1800, †1859, brit. Historiker u. Politiker (Liberaler); 1839–41 Kriegsminister; Schriften zur engl. Geschichte.
Macbeth [mækˈbɛθ], †1057, König von Schottland 1040–57. – Tragödie von *Shakespeare,* danach Oper von G. *Verdi.*
Macchiavelli, Niccolò →Machiavelli.
Macchie [ˈmakkiɛ], frz. *Maquis,* aus Hartlaubwäldern hervorgegangenes immergrünes Gebüsch des Mittelmeerraums.
MacClure [məˈkluːə], Sir Robert, *1807, †1873, brit. Nordpolarfahrer; passierte 1853 die nw. Durchfahrt als erster.
Macdonald [məkˈdɔnəld], Alexander, *um 1700, †um 1760, schott. Dichter; schrieb in gälischer Sprache patriot. Gedichte u. Liebeslyrik.
Macdonnell Ranges [məkˈdɔnəl ˈreɪndʒɪz], *Macdonnell-Kette,* größtes Gebirge im Innern Australiens, 640 km lang; im *Mt. Zeil* 1510 m.
MacDowell [məkˈdauəl], Edward Alexander, *1861, †1908, US-amerik. Komponist der Spätromantik.
Maceió [maseˈjõ], Hptst. des brasil. Bundesstaats Alagoas, 376 000 Ew.
Macerata [matʃɛ-], ital. Prov.-Hptst. in der Region Marken, 44 000 Ew.
Mach, Geschwindigkeitsmaß, →Machzahl.
Mach, Ernst, *1838, †1916, östr. Physiker u. Philosoph; arbeitete auf den Gebieten der Dynamik, Akustik u. Optik (*M.scher Kegel, M.zahl*).
Mácha, Karel Hynek, *1810, †1836, tschech. Schriftst. der Romantik; W »Der Mai«.
Machado de Assis [maˈʃadu di-], Joaquim Maria, *1839, †1908, brasil. Schriftst.; von den Parnassiens beeinflußte Erzählungen u. Lyrik.
Machandelbaum →Wacholder.
Machatschkala, bis 1921 *Petrowsk-Port,* Hptst. der Rep. Dagestan (Rußland), am Kaspischen Meer, 320 000 Ew; Hafen, Industrie.
Machaut [maˈʃo], *Machault,* Guillaume de, *um 1300, †1377, frz. Komponist u. Dichter; neben P. de *Vitry* Repräsentant der *Ars nova,* Versromane.
Mache-Einheit [nach dem östr. Physiker Heinrich *Mache,* *1876, †1954], Zeichen ME, Einheit für den Gehalt an Radiumemanation in der Luft u. im Wasser (Heilquellen).
Machete [maˈtʃeta], langes gebogenes Haumesser.
Machiavelli [makiaˈvɛlli], *Macchiavelli,* Niccolò, *1469, †1527, ital. Staatstheoretiker u. Geschichtsphilosoph; 1498–1512 Kanzler des Rats der Zehn der Republik Florenz. Mit seinem bekanntesten Werk, »Il Principe« (»Der Fürst«, 1513 geschrieben, gedruckt erst 1532) wurde er zum Begr. einer Wiss. über Politik. Er entdeckte im Prinzip der *Staatsräson* das Grundgesetz der modernen europ. Staatenwelt. »Il Principe« hatte eine große Ausstrahlung im 17. u. 18. Jh. u. wurde oft als Rechtfertigung absolutist. Macht gedeutet. –

Niccolò Machiavelli; bemalte Terrakottabüste aus dem 16. Jahrhundert

Machiavellismus, Bez. für rücksichtslose Machtpolitik.
Macho [-tʃo-; span. »männlich«], ein sich betont männlich verhaltender Mann.
Machorka, russ. Tabak.
Machscher Kegel, der Kegel, der von Wellenfronten kugelförmiger Stoßwellen (*Kopfwellen*) erzeugt wird, die von der Spitze eines mit Überschallgeschwindigkeit fliegenden Objekts ausgehen.

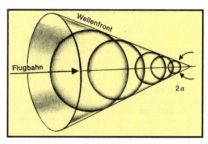

Machscher Kegel (Schema)

Macht, die Summe von Mitteln u. Fähigkeiten, eigene Absichten durchzusetzen. Die noch heute für die Soziologie gültige Definition von Max Weber faßt M. als »Chance, innerhalb einer sozialen Beziehung den eigenen Willen auch gegen Widerstreben durchzusetzen, gleichviel, worauf diese Chance beruht«.
Mächtigkeit, die Dicke einer Erdschicht oder einer Lagerstätte.
Mächtigkeitsspringen, im Reitsport ein Jagdspringen über 6–8 schwere Hindernisse, bei dem nur die Fehler (nicht die Zeit) gewertet werden.
Machu Picchu [ˈmatʃu ˈpitʃu], Ruinenstadt der Inka über dem Urubamba-Tal in Peru, etwa 100 km nw. von Cuzco; mächtige, ohne Mörtel errichtete Steinbauten.
Machzahl, *Machsche Zahl,* Zeichen M, physik. Kennwert für die Geschwindigkeit eines Körpers, definiert als Verhältnis der Geschwindigkeit des bewegten Körpers zur Schallgeschwindigkeit (in Flüssigkeiten u. Gasen); bes. gebräuchlich in der Luftfahrttechnik. Strömungen mit gleicher M. verhalten sich ähnlich. In Luft von 20 °C entspricht 1 *Mach* ungefähr 340 m/s oder 1200 km/h.

August Macke: Granatbaum und Palme im Garten. Österreich, Privatsammlung

Macis [ma'si], *Muskatblüte,* der Samenmantel der wohlriechenden Muskatnuß, der als Gewürz dient.

Mack, Heinz, *8.3.1931, dt. Objektkünstler.

Macke, August, *1887, †1914 (gefallen), dt. Maler; entscheidend angeregt durch die ihm befreundeten Künstler des »Blauen Reiters« u. den Futurismus. Er schilderte in leuchtenden, farbkräftigen Bildern eine zart empfundene, heiter gestimmte Welt u. gelangte in den letzten Lebensjahren zu einem stark abstrahierenden Stil. – B → S. 533.

Mackeben, Theo, *1897, †1953, dt. Komponist; schrieb Operetten, Film- u. Unterhaltungsmusik.

Mackensen, 1. August von, *1849, †1945, dt. Offizier; Generalfeldmarschall im 1. Weltkrieg. – **2.** Fritz, *1866, †1953, dt. Maler u. Graphiker; 1889 Mitgr. der Künstlerkolonie Worpswede.

Mackenzie [mə'kɛnzi], Sir Alexander, *1755, †1820, schott. Entdeckungsreisender in Kanada. Nach ihm benannt: **M. River,** Strom in NW-Kanada; bis zum Großen Sklavensee *Sklavenfluß,* mit diesem 3512 km; mündet ins Nordpolarmeer.

Macleaya [mək'le:a], aus China u. Japan stammende Staude der *Mohngewächse.*

MacLeish [mək'li:ʃ], Archibald, *1892, †1982, US-amerik. Schriftst.; gestaltete soziale Themen.

Macleod [mək'laud], John James Richard, *1876, †1935, kanad. Physiologe brit. Herkunft; mit F.G. Banting u. Ch.H. Best an der Insulin-Entdeckung beteiligt; Nobelpreis für Medizin 1923.

Mac-Mahon [makma'ɔ̃], Patrice Maurice Comte de, Herzog von *Magenta,* *1808, †1893, frz. Offizier u. Politiker; schlug 1871 den Aufstand der Kommune von Paris nieder; 1873 Staats-Präs.; 1879 zurückgetreten.

Macmillan [mək'milən], Harold (seit 1984 Earl of Stockton), *1894, †1986, brit. Politiker (Konservativer); seit 1942 mehrfach Min., 1957–63 Prem.-Min.; befürwortete eine engere Zusammenarbeit Großbrit. mit Europa.

Mâcon [ma'kɔ̃], frz. Dép.-Hptst. in Burgund, an der unteren Saône, 40 000 Ew.

Mac Orlan [makɔr'lɑ̃], Pierre, *1883, †1970, eigtl. P. *Dumarchey,* frz. Schriftst.; schrieb abenteuerl. u. phantast. Romane, auch Lyrik.

Macpherson [mək'fəːsən], James, *1736, †1796, schott. Schriftst.; wirkte mit seinen gefälschten »Fragments of Ancient Poetry« 1760 stark auf die europ. Romantik.

Macquarie-Inseln [mə'kwɔri-], austral. Inselgruppe im Südpazifik, sö. von Tasmanien.

Macrobius, röm. Neuplatoniker, um 400 n. Chr.

MAD, Abk. für *Militär. Abschirmdienst.*

Madách ['mɔdaːtʃ], Imre, *1823, †1864, ung. Schriftst.; wurde durch sein Weltgeschichtsschauspiel »Die Tragödie des Menschen« bekannt.

Madagaskar. Staat vor der SO-Küste Afrikas, viertgrößte Insel der Erde, 587 041 km², 12,4 Mio. Ew., Hptst. *Antananarivo.*

Madagaskar

Landesnatur. Über das zentrale, nach O ansteigende Hochland (800–1600 m) erheben sich Inselberge u. vulkan. Gebirgsstöcke (*Maromokotro* 2886 m). Nach O fällt das Hochland steil zur Küste ab. An der O-Seite fallen das ganze Jahr über reichlich Niederschläge; alle anderen Gebiete erhalten nur im Sommer Regen.
Die Bevölkerung (*Madagassen*) ist zu 40% christl. u. besteht aus mehreren Volksgruppen mit malaiischem u. negroidem Einschlag.
Die Wirtschaft basiert auf der Landw., die mit 90% am Export beteiligt ist. Wichtige Anbaupflanzen für den Export sind Reis, Zuckerrohr, Baumwolle, Kaffee, Vanille, Gewürznelken, Sisal, Tabak u. Kakao. Im W werden Zeburinder u. Schafe gehalten. An Bodenschätzen gibt es Uran, Graphit, Glimmer, Bauxit, Kohle u. a. Die Ind. verarbeitet u. a. Agrarprodukte u. erzeugt Verbrauchsgüter. Haupthäfen sind Toamasina, Mahajanga u. Antsiranana.
Geschichte. Die Insel wurde in früher Zeit von S-Asien aus besiedelt. Im 16. Jh. setzten sich Portugiesen u. Franzosen an der Küste fest. M. wurde 1896 frz. Kolonie. Zusammen mit den anderen frz. Kolonien in Afrika erhielt M. 1956 begrenzte Autonomie, 1960 Unabhängigkeit. 1975 übernahm nach einem Putsch das Militär die Macht. Staatsoberhaupt war 1975–93 D. *Ratsiraka.* Die Präsidentschaftswahlen 1993 gewann A. *Zafy.*

Madagaskar-Schleichkatzen, eine urspr. Unterfamilie der *Schleichkatzen,* die auf die Riesenfarnwälder Madagaskars beschränkt ist; den Mungos ähnlich.

Madagaskar-Strauße, bis 3 m große Laufvögel Madagaskars; ausgerottet.

Madagassen, *Malagasy, Madegassen,* → Madagaskar.

Madagassisch, *Madegassisch, Malagasy,* die auf Madagaskar gesprochenen Mundarten der indones. Sprachen; bes. wichtig das *Howa* oder *Merina,* die Schriftsprache der Insel.

Madame [ma'dam], frz.: »meine Dame«; Abk. *Mme.,* Anrede der verheirateten Frau.

Madariaga y Rojo [-i 'rɔxo], Salvador de, *1886, †1978, span. Schriftst. u. Diplomat; Essayist, Romancier u. Historiker, als Franco-Gegner 1936 nach England emigriert.

Mädchenweihe, verschiedenartige (der *Jünglingsweihe* entspr.) Zeremonien, denen Mädchen bei manchen Naturvölkern zu Beginn der Geschlechtsreife unterworfen werden.

Maddalena, ital. Insel im O der Straße von Bonifacio, zwischen Korsika u. Sardinien, 20 km², 10 000 Ew., Hauptort *La M.*

Made, beinlose Larve mancher Insekten, bes. bei *Fliegen* u. *Hautflüglern.*

Made in Germany [mɛid in 'dʒəːməni], seit 1887 engl. Bez. für alle dt. Exportwaren (»hergestellt in Deutschland«).

Mädesüß

Madeira [ma'dɛira], Bez. für die Südweine von der Insel M., aus der Malvasiertraube.

Madeira [ma'dɛira], **1.** Insel im Atlant. Ozean, westl. von Marokko, 741 km²; bildet mit einigen benachbarten Inseln einen Überseedistr. des port. Mutterlands mit innerer Autonomie, 797 km², 273 000 Ew.; im *Pico Ruivo* 1861 m hoch. Die Bevölkerung ist überwiegend weiß u. port. Herkunft. Hauptstadt ist die Hptst. *Funchal;* Anbau von Südfrüchten, Fischerei; Fremdenverkehr. – **2.** *Rio M.,* r. Nbfl. des Amazonas in Brasilien, 3240 km; mündet bei Itacoatiara.

Mädelegabel, Berggipfel bei Oberstdorf in den Allgäuer Alpen, 2645 m.

Mademoiselle [madmwa'zɛl], Abk. *Mlle.,* frz. Anrede: (gnädiges) Fräulein.

Madenhacker, 1. → Ani. – **2.** *Buphagus,* afrik. Gattung der *Stare,* die Parasiten von Großtieren absammeln.

Madenwurm, *Springwurm,* ein *Fadenwurm;* im menschl. Dickdarm lebender Parasit.

Maderna, 1. Bruno, *1920, †1973, ital. Komponist u. Dirigent; setzte sich seit 1954 mit der elektron. Musik auseinander. – **2.** *Maderno,* Carlo, *1556, †1629, ital. Baumeister; u. a. Schöpfer der säulengegliederten westl. Fassade des Langhauses von St. Peter (1607–17) in Rom. – **3.** Stefano, Bruder von 2), *um 1576, †1636, ital. Bildhauer; schuf frühbarocke Skulpturen.

Madersperger, Joseph, *1768, †1850, östr. Schneider; Erfinder der Nähmaschine.

Mädesüß, ein *Rosengewächs.* Die Blüten (*Spierblumen*) werden als Fiebermittel u. gegen Rheuma angewandt.

Madhya Pradesh [-'dɛʃ], Bundesstaat → Indiens.

Madie ['ma:diə], *Madia,* eine Gatt. der *Korbblütler.* Als Ölpflanze hat die in Kalifornien u. Chile heim. *Öl-M.* Bedeutung.

Madison ['mædisən], Hptst. des USA-Staats Wisconsin, 170 000 Ew.

Madison ['mædisən], James, *1751, †1836, US-amerik. Politiker; 4. Präs. der USA 1809–17, hatte maßgebenden Einfluß auf die Verfassung der USA 1787.

Madjaren, *Magyaren,* die → Ungarn.

Madonna, ital.: »meine Herrin«; in Italien früher gebräuchl. Anrede an die Dame, auch Bez. für die Jungfrau Maria.

Madonna [mə'dɔnə], eigtl. *M. Louise Ciccone,* *16.8.1958 (n. a. 1959), US-amerik. Popsängerin u. Filmschauspielerin; seit 1983 mit Schallplatten u. auf Welttourneen erfolgreich; Filme u. a. »Susan... verzweifelt gesucht«, »Dick Tracy«.

Madras, 1. früherer Name von → Tamil Nadu. – **2.** Hptst. u. Hafen des Bundesstaats Tamil Nadu im S der Ind. Union, an der Coromandel-Küste, 3,8 Mio. Ew.; Univ. (1847); bed. Ind.-Standort, internat. Flughafen, einer der wichtigsten ind. Häfen, 1639 gegr.

Madre de Dios, *Rio M. d. D.,* l. Nbfl. des Beni in O-Peru u. N-Bolivien; 1100 km, z. T. schiffbar.

Madagaskar: Weidewirtschaft im zentralen Hochland

Madrid: Cervantes-Denkmal

Madrid, Hptst. Spaniens (seit 1561) u. der gleichn. Provinz auf dem öden u. trockenen Hochland *Neukastiliens* unweit der Sierra de Guadarrama (2430 m), am Manzanares, 650 m ü. M., in rauhem Klima. Das Stadtgebiet umfaßt 587 km² mit 3,1 Mio. Ew.; Alte u. Neue Kathedrale, zahlr. Kirchen, Klöster u. Adelspaläste, königl. Schloß, 4 Univ., Prado (Museum); vielseitige Ind. – Ehem. Königsschlösser der Umgebung sind →Aranjuez u. →Escorial.

Madrigal, 1. ein nicht-strophisches Gedicht mit versch. langen Versen; im 14. Jh. in Italien als ländl.-idyll. Lied entstanden. – **2.** polyphones weltl. Lied; im 14.–17. Jh. mehrstimmig komponiert (Giovanni *da Cascia,* F. *Landino* u. a.); Lieblingsform des geselligen-künstler. Musizierens. Das M. trug durch seinen musikal. Affekt-Ausdruck in Melodik u. Harmonik viel zur Entstehung des dramat. Sologesangs um 1600 bei (Oper, Oratorium, Kantate).

Madura, indones. Insel vor der NO-Küste von Java, gebirgig, bis 470 m hoch, 5300 km², 2,5 Mio. Ew. *(Maduresen),* Hauptort *Pamekasan.*

Madurai, *Madura, Madhura,* Stadt in Tamil Nadu (S-Indien), 950 000 Ew.; im 3.–10. Jh. Mittelpunkt des Pandya-Königreichs, im 16.–18. Jh. Glanzzeit unter den Naik.

Maduresen, jungindones. Kulturvolk (5 Mio.) der Insel Madura u. in O-Java; Moslems.

Madü-See, poln. *Jezioro Miedwie,* See in Pommern, sw. von Stargard, 36,8 km².

Maebashi [ma:eba∫i], jap. Präfektur-Hptst. in Zentralhonshu, 275 000 Ew.

Maecenas [mε:-], Gaius, *um 69 v. Chr., †8 v. Chr., Vertrauter u. Berater des Kaisers *Augustus;* Mittelpunkt eines literar. Kreises, in dem er Nachwuchstalente sammelte u. bes. *Horaz,* Vergil u. *Properz* förderte. Daher wird ein freigebiger Kunstfreund noch heute als *Mäzen* bezeichnet.

maestoso [maεs-], musikal. Vortragsbez.: majestätisch, feierlich.

Maestro, ital.: »Meister«, »Künstler«.

Maeterlinck ['ma:-], Maurice, *1862, †1949, belg. Schriftst. (symbolist. Dramen u. Gedichte); Nobelpreis 1911. Ⓦ »Pelléas u. Melisande« (vertont von C. *Debussy*).

Mäeutik [grch. »Hebammenkunst«], die von Platon dem Sokrates zugeschriebene Kunst der geistigen »Entbindung«, d. h. die Fähigkeit, andere, (scheinbar) ohne deren eigenes Zutun, durch geschickte Fragen zur Erkenntnisses zu bringen.

Maffei, Joseph Anton von, *1790, †1870, dt. Industrieller; gründete 1839 eine Lokomotivfabrik in München (heute *Krauss-Maffei AG*).

Mafia, sizilian. terrorist. Geheimbund seit dem 18. Jh., der unter Gewaltandrohung Erpressung betreibt; gleichbedeutend mit der →Camorra in Neapel; als Verbrecherorganisation auch in den USA verbreitet *(Cosa Nostra).*

Mafra, port. Stadt nw. von Lissabon, 3000 Ew.; Barock-Palast (1717–35); Gegenstück zum *Escorial* bei Madrid.

Magadan, Stadt im Autonomen Kreis der Tschuktschen, im fernöstl. Rußland, Hptst. der gleichn. Oblast, am Ochotsk. Meer, 145 000 Ew.

Magadha, nordind. Königreich vom 6. Jh. v. Chr. bis 1. Jh. n. Chr.; Keimzelle der Großreiche der Maurya u. Gupta.

Magalhães [maga'ljãis], *Magellan,* Fernão de, *um 1480, †1521, port. Seefahrer; suchte den westl. Seeweg zu den Gewürzinseln (Molukken). Dabei entdeckte er 1519/20 die nach ihm ben. Meeresstraße, durchkreuzte als erster den Pazifik u. erreichte 1521 die Philippinen, wo er von Eingeborenen erschlagen wurde. – **M.straße,** *Magellanstraße,* 583 km lange, an engster Stelle 3 km breite, schwer zu durchfahrende Meeresstraße zw. S-Amerika u. Feuerland; verbindet Atlantik u. Pazifik.

Magazin, 1. Vorratshaus, Lagerraum. – **2.** populäre, heute durchweg bebilderte Zeitschrift. Sonderform ist das *Nachrichten-M.* – **3.** Mehrladevorrichtung bei Feuerwaffen.

Magdalena [mağa'lena], *Rio M., Magdalenenstrom,* Hauptstrom Kolumbiens, 1550 km (250 000 km² Stromgebiet); mündet bei Barranquilla ins Karib. Meer.

Magdalenerinnen, *Büßerinnen von der hl. Maria Magdalena,* auch *Reuerinnen, Weißfrauen,* kath. Frauenorden, seit dem 13. Jh.

Magdalénien [-le'njɛ̃], nach der Höhle von *La Madeleine* bei Tursac (Dép. Dordogne, Frankreich) ben. Kulturstufe der jüngeren Altsteinzeit in Mittel- u. Westeuropa (15 000–10 000 v. Chr.).

Magdeburg, 1. Hptst. des Landes Sachsen-Anhalt, 290 000 Ew.; an der Elbe inmitten der durch Lößboden fruchtbaren *M.er Börde;* reich an Kunstschätzen; M.er Dom (1363 geweiht); bed. Binnenhafen u. Industriestandort, Maschinenbau, chem. Ind. – Gesch. Alte Hansestadt, 1631 von Tilly erobert u. fast völlig zerstört, von O. von *Guericke* wieder aufgebaut (Barock); 1680 zu Brandenburg, Ansiedlung von Hugenotten, 1807–13 zum Königreich Westfalen; seit 1816 Hptst. der preuß. Prov. Sachsen; 1945 fast völlig zerstört. – **2.** ehem. Erzbistum, gegr. 968 durch Kaiser Otto d. Gr. als Zentrum der Slawenmission; 1680 erloschen. Das Territorium fiel an Brandenburg-Preußen.

Magdeburger Börde, fruchtbares, lößbedecktes Vorland am Nordrand der dt. Mittelgebirge, 931 km², begrenzt durch Saale, Elbe, Ohre, Aller u. Bode, sehr flach, um 130 m ü. M., Anbau vorw. von Weizen u. Zuckerrüben.

Magdeburger Halbkugeln, 2 exakt aufeinandergesetzte halbkugelige Metallgefäße. Sie wurden von O. von *Guericke* zum Nachweis des Luftdrucks gebaut. Guericke pumpte die Luft des Innenraums heraus u. zeigte, daß selbst ein Pferdegespann die M. H. infolge des äußeren Luftdrucks nicht auseinanderreißen konnte.

Magellan →Magalhães.

Magellansche Wolken, *Kapwolken,* 2 Sternsysteme am Südhimmel, ca. 165 000 Lichtjahre entfernt; 1987 erschien in der größeren eine Supernova.

Magelone, sagenhafte Prinzessin von Neapel; treuduldende Heldin eines frz. Romans (1435); später beliebtes dt. Volksbuch.

Magen, lat. *Ventriculus,* grch. *Gaster, Stomachos,* ein Organ, das der Verdauung dient. Der M. des Menschen hat im leeren Zustand annähernd die Form eines Horns, dessen Spitze am *M.ausgang (M.pförtner, Pylorus)* etwa 1–2 Fingerbreit rechts von der Mittellinie liegt u. von dort nach links oben bis zum Zwerchfell im linken Oberbauch (*M.eingang, M.mund, Kardia*) verläuft. Hier mündet die Speiseröhre nach ihrem Durchtritt durch das Zwerchfell in den M. ein. Der menschl. M. faßt etwa 2,5 Liter Speisemenge. Die M.muskeln arbeiten selbsttätig u. sorgen für die Durchmischung des Speisebreis u. seine Vorwärtsbewegung auf den M.ausgang zu *(Peristaltik).* Die Drüsen der M.schleimhaut liefern in ihrer Gesamtheit den *M.saft,* der Salzsäure u. Pepsin, Steapsin u. Lab enthält. Die Enzyme dienen der Aufbereitung des Eiweißes u. des Fetts u. der Gerinnung der Milch; die Salzsäure aktiviert die Verdauung u. macht Bakterien u. a. unschädlich. Der M. ist ein empfindliches Organ. Erkrankungen betreffen oft seine Schleimhaut: **M.schleimhautentzündung,** *Gastritis, M.katarrh;* **M.geschwür,** Ursache sind Durchblutungsstörungen (auch nervös bedingt) im Gefäßnetz der Schleimhaut, z. T. mit Blutungen verbunden; **M.erweiterung** ist durch Überfüllung oder Verschluß des M.ausgangs verursacht. **M.krebs** ist eine der häufigsten Krebsformen. –

M.blutung, Blutaustritt aus der M.wand. Die häufigsten Ursachen: M.geschwür, Zwölffingerdarmgeschwür u. Geschwülste im M.

Magendie [maʒã'di], François, *1783, †1855, frz. Mediziner; schuf bes. auf den Gebieten der Physiologie u. Pathologie, Arzneimittellehre u. Toxikologie die Grundlagen der modernen, naturwiss.-experimentell begr. Medizin.

Magengrube, *Herzgrube,* die unmittelbar unter dem Brustbein beginnende, recht flache Vertiefung der Körperoberfläche. Hier liegt das *Sonnengeflecht (Solarplexus),* so daß viele Beschwerden des Magen- u. Darmkanals in der M. empfunden werden.

Magenresektion, chirurg. Entfernung eines Teils des Magens, z.B. bei Magendarmgeschwüren.

Magensonde, auch *Magenschlauch,* ein Gummischlauch zur Entleerung oder Spülung des Magens; auch zur laufenden Abnahme des Magensafts.

Magenspiegelung, *Gastroskopie,* endoskop. Untersuchung der Magenschleimhaut mit Hilfe des in den Magen einzuführenden *Gastroskops,* eines mit Optik u. Beleuchtungsvorrichtung versehenen Instruments.

Magenspülung, Entleerung u. Auswaschung des Magens mittels der Magensonde.

Magerkohle, Steinkohle mit rd. 92% Kohlenstoff; ergibt weichen, bröckeligen Koks.

Magermilch, durch Entrahmen entfettete Milch.

Mageröy [-rø:], *Magerö,* norw. Insel mit dem nördlichsten Punkt Europas, dem *Knivskjellodden,* 288 km²; Hafenort *Honningsvåg.*

Magersucht, übermäßiges Abmagern trotz normalerweise ausreichender Nahrungszufuhr. Zu den Ursachen der M. gehören schwere psych. Störungen, allg. Infektionskrankheiten, zehrende Krankheiten, Störungen im Hormonhaushalt u. a.

Maggi ['madʒi], Julius, *1846, †1912, schweiz. Industrieller; Erfinder der Maggi-Erzeugnisse (Suppenwürfel, -würzen).

Maggini [ma'dʒini], Giovanni Paolo, *1579, †nach 1630, ital. Geigenbauer.

Maghreb, der W der arab. Welt; umfaßt die N-afrik. Staaten Marokko, Algerien u. Tunesien (bisweilen auch Libyen); im Deutschen meist als *Atlas-Länder* bezeichnet.

Magie [pers.], Zauberei; die in den Anfängen aller Religionen nachweisbare, das Denken der Naturvölker beherrschende Praxis, geheime Kräfte unter Beachtung eines bestimmten Rituals dienstbar zu machen, als *schwarze* (böswillige) oder *weiße* M. Das magische Denken ist auch auf höheren Kulturstufen nachweisbar in Formen des sog. Aberglaubens *(Amulett, Talisman).*

Magier, urspr. ein vielleicht medischer Stammname, auch Bez. für Priester der altiran. Religion u. des späteren Parsismus; in der Folgezeit Bez. für Astrologen, Traumdeuter u. a., auch in der Bedeutung von *Zauberer.*

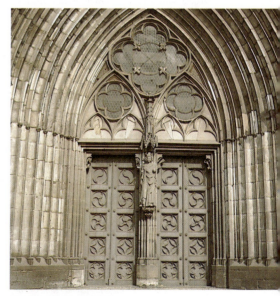
Magdeburger Dom: Portal

Maginot [maʒiˈno], André, *1877, †1932, frz. Politiker (Demokrat. Linke); 1922–24 u. 1929–32 Kriegs-Min. Unter seiner Führung wurde der Bau der **Maginot-Linie** an der frz. Ostgrenze eingeleitet. Die starke Befestigungszone wurde 1940 von dt. Truppen bei Sedan durchstoßen.

magischer Realismus →Neue Sachlichkeit.

magisches Quadrat, *Zauberquadrat*, ein Quadrat mit 9, 16, 25, ... Feldern, in denen Zahlen derart angeordnet sind, daß ihre Summen in jeder Reihe u. Spalte sowie in beiden Diagonalen den gleichen Wert haben.

Magister, ein akad. Grad; urspr. als höchster akad. Grad aller Fakultäten u. Berufsbez. vollberechtigter Hochschullehrer nicht vom Doktortitel unterschieden; verschwand in Dtld. etwa um die Mitte des 19. Jh., seit 1957 an vielen dt. Hochschulen wieder eingeführt (*M.A.*, dem Namen nachgestellt) für Studenten, die eine wiss. Prüfung ablegen, aber nicht promovieren wollen; in Großbritannien u. den USA *Master of Arts* sowie *Master of Science* (mit Lehrbefugnis).

Magistrat, Stadtverw.; in Hess., Bremerhaven u. Schl.-Ho.: Gemeindebehörde.

Magma, glutheiße, gashaltige Gesteinsschmelze in den tieferen Bereichen der Erdkruste. Das aus Vulkanen austretende M. heißt →Lava.

Magna Charta [-'karta], *Magna Charta Libertatum*, engl. *The Great Charter*, die »Große Freiheits-Urkunde«, die dem engl. König Johann ohne Land 1215 als zweiseitiger Herrschaftsvertrag von Adel u. Klerus abgenötigt wurde; die erste Verfassungsurkunde. Sie schränkte die königl. Allmacht vor allem zugunsten des Adels ein u. beurkundete feudale Vorrechte. In den späteren revolutionären Auseinandersetzungen zwischen Krone u. Parlament im England des 17. Jh. wurde sie in ein Dokument engl. Freiheitsrechte umgedeutet.

magna cum laude [lat., »mit großem Lob«], zweitbeste Bewertung einer Doktorprüfung.

Magnani [maˈnja-], Anna, *1908, †1973, ital. Schauspielerin; vitale Charakterdarstellerin.

Magnasco [maˈnja-], Alessandro, *1667, †1749, ital. Maler; schuf kleinfigurige Bilder aus dem Volksleben u. phantast. Landschaftsszenerien.

Magnaten, 1. in Polen (Adelsrep.) u. Ungarn der Hochadel. – 2. *übertragen:* Großindustrielle, Großgrundbesitzer.

Magnentius, Flavius Magnus, †353 (Selbstmord), röm. Kaiser 350–353; Usurpator german. Herkunft; erhob sich 350 in Gallien gegen Kaiser Constans u. ließ ihn ermorden.

Magnesia, *Bittererde*, das Magnesiumoxid MgO_2; zur Herstellung von hochfeuerfesten Steinen u. Laboratoriumsgeräten, in der Medizin als mildes Neutralisationsmittel verwendet.

Magnesium, ein →chemisches Element.

Magnet, ein Körper, der in seiner Umgebung ein M.feld erzeugt, z.B. Eisen, Cobalt, Nickel u. einige andere Stoffe, die sog. *Ferromagnetika*. Jeder M. hat 2 Pole, Nord- u. Südpol, u. stellt sich bei freier Beweglichkeit in Nord-Süd-Richtung ein. M.e haben meist Stab-, Hufeisen- oder Topfform. →Elektromagnet, →Magnetismus.

Magnetband, Kunststoffband mit einer magnet. Schicht (z.B. aus Chromdioxid, CrO_2, u. Bindelack), das zur Speicherung von Schallimpulsen (Tonband) oder Datenmengen verwendet wird.

Magnetfeld, Bez. für den Zustand des Raums in der Umgebung eines Dauer- oder Elektromagneten. Im M. wirken auf andere Magnete u. Eisenteile Anziehungs- u. Ausrichtungskräfte. Das M. wird veranschaulicht durch die *Feldlinien*, die in jedem Punkt die Richtung der Kraft haben, die auf einen isolierten magnet. Nordpol im Feld wirken würde.

magnetische Aufzeichnung, ein Verfahren zur dauerhaften Speicherung von Schall (z.B. Sprache u. Musik), Bild u. Daten in Form von in magnetisierbaren Substanzen fixierten Magnetfeldern. Die zu speichernden Informationen müssen dabei als analoge oder digitale elektr. Signale vorliegen bzw. in diese umgewandelt werden. Anwendung findet die m. A. bei Tonbandgeräten, Videorecordern u. Massenspeichern (Disketten, Festplatten) von Computern.

magnetische Mißweisung, *magnetische Deklination*, die Abweichung der Nordrichtung einer Magnetnadel von der geograph. Nordrichtung.

magnetische Pole, *erdmagnetische Pole, geomagnetische Pole*, nicht mit den geograph. Polen übereinstimmende Pole des Magnetfelds der Erde. Der Winkel, um den die magnet. von der geograph. Nordrichtung abweicht, ist die *Mißweisung*. Die Lage der m. P. ist Schwankungen unterworfen. Der *magnet. Nordpol* (der streng physikalisch eigtl. magnet. Südpol heißen müßte, weil er das Nordende der Kompaß-Magnetnadel anzieht), liegt auf 75° 50' n. Br., 102° 30' w. L., der *magnet. Südpol* (physikal. gesehen eigtl. Nordpol) auf 67° 10' s. Br., 142° ö. L. Die Endpunkte der Achse des hypothet. Erdmagneten (hypothet. magnet. Pole) liegen auf 78° 30' n. Br., 69° w. L. u. 78° 30' s. Br. →Erdmagnetismus.

magnetisches Moment, eine physikal. Größe (Moment), die die Stärke eines magnet. Dipols (kleinster Stabmagnet) charakterisiert. Viele Elementarteilchen u. Atomkerne haben ein m. M. (→Magneton).

Magnetisierung, 1. das Hervorrufen eines magnet. Zustands in einem Stoff durch Anlegen äußerer magnet. Felder. – 2. eine physikal. Größe: das magnet. Moment per Volumeneinheit in einem Stoff.

Magnetismus, Sammelbegriff für alle Erscheinungen des magnet. Feldes u. seiner Wirkung auf die Materie. Ein Magnetfeld entsteht in der Umgebung von Dauermagneten oder jeder bewegten elektr. Ladung, z.B. eines stromdurchflossenen Leiters (Elektromagnet). Die Pole eines Magneten (stets ein Dipol) werden nach den Erdmagnetpolen Nord- u. Südpol genannt. Gleichnamige Pole stoßen sich ab, ungleichnamige ziehen sich an. Die Materie zeigt fünf verschiedene Arten magnet. Verhaltens: 1. *Dia-M.* zeigen alle Stoffe, deren Atome kein natürliches magnet. Moment haben; sie werden von einem Magnetfeld immer abgestoßen (z.B. Wismut). 2. *Para-M.* zeigen die Stoffe, deren Atome ein magnet. Moment haben. Wegen der Temperaturbewegung der Atome sind diese sog. Elementarmagnete zunächst willkürl. ausgerichtet. In einem Magnetfeld stellen sie sich überwiegend in Richtung der magnet. Feldlinien ein u. werden in ein Magnetfeld hineingezogen (z.B. Aluminium). 3. *Ferro-M.* zeigen nur die 4 chem. Elemente: Eisen, Cobalt, Nickel, Gadolinium u. einige Legierungen. Die Elementarmagnete haben hier das Bestreben, sich schon ohne äußeres magnet. Feld parallel zu stellen. In einem Magnetfeld richten sie sich in Richtung des Magnetfeldes aus, u. man erhält so einen Magneten, der einen Teil seines M. auch noch nach Abschalten des Feldes behält (*magnet. Remanenz*). 4. *Antiferro-M.* zeigen einige Metalle u. Metalloxide. Die Elementarmagnete richten sich wie beim Ferro-M. in ganzen Kristallbereichen aus, stehen jedoch bei direkt benachbarten Atomen antiparallel (entgegengesetzt gerichtet). 5. Einen Übergangsfall zwischen Ferro- u. Antiferro-M. bilden die *Ferrite*, Metalloxid-Eisenoxidverbindungen, in denen sich die Elementarmagnete teils ferromagnet., teils antiferromagnet. verhalten; man spricht in dem Fall auch von *Ferri-M.*

Magnetit, *Magneteisenstein*, ein →Mineral, wichtiges Eisenerz.

Magnetkies, *Pyrrhotin, Magnetopyrit*, ein Mineral.

Magnetnadel, ein Magnetstäbchen, das in vertikaler (*Inklinationsnadel*) oder in horizontaler Richtung (*Deklinationsnadel*) leicht drehbar angebracht ist. Es stellt sich parallel zur Richtung des Erdmagnetfelds, z.B. beim Kompaß.

Magnetohydrodynamik, Abk. *MHD*, die Lehre von den Strömungsvorgängen, die in stark ionisierten Gasen (sog. Plasmen) oder Flüssigkeiten mit großer elektr. Leitfähigkeit bei der Anwesenheit magnet. Felder vor sich gehen; von Bed. für die Entwicklung von Fusionsreaktoren.

Magneton, Maß für magnet. Momente im atomaren Bereich. Man unterscheidet das *Bohrsche M.*, das das kleinste magnet. Bahnmoment eines Elektrons im Wasserstoffatom angibt, u. das 2000mal kleinere *Kernmagneton* für nukleare magnet. Momente.

Magnetosphäre, das Gebiet des Magnetfelds der Erde, das von der *Magnetopause*, der Grenze gegen den interplanetaren Raum, begrenzt wird.

Magnetostriktion, *Joule-Effekt*, die Längen- u. Volumenänderung eines ferromagnet. Materials im Magnetfeld. Sie beträgt etwa 10^{-5} cm auf 1 cm u. kann technisch zur Erzeugung von Ultraschall ausgenutzt werden.

Magnetotherapie, *Heilmagnetismus, Mesmerismus*, auf F.A. *Mesmer* zurückgehender Begriff für eine Laienbehandlungsmethode mit Hilfe »magnet. Heilstroms«, der vom Behandler, dem Heilmagnetiseur oder *Magnetopathen*, auf den Kranken übergehen sollen, z.B. durch Handauflegen.

Magnetron, eine Elektronenröhre zur Erzeugung sehr hochfrequenter elektr. Schwingungen (cm-Wellen) größerer Leistung, z.B. für Radarsender, Mikrowellenherde u. a.

Magnetschwebebahn, *Magnetschienenbahn*, eine Hochleistungsbahn, die sich z.Z. noch im Versuchsstadium (→Transrapid) befindet. Zum prinzipiellen Aufbau gehören ein Trag- u. ein Antriebssystem. Das Tragsystem beruht auf elektrodynam. Effekten: supraleitende Spulen an der Fahrzeugunterseite induzieren bei Bewegung des Fahrzeugs in Aluminiumschienen Wirbelströme, die eine magnet. Abstoßungskraft hervorrufen, so daß die Bahn schwebt. Als Antriebssystem dient ein →Linearmotor.

Magnetstähle, Stahllegierungen, die leicht magnetisierbar sind; Verwendung als Dauermagnete.

Magnetton-Verfahren, die magnet. Tonaufzeichnung u. -wiedergabe zur Vertonung von Filmen.

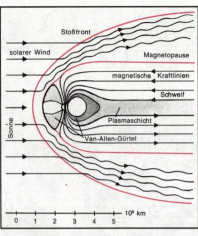

Magnetosphäre (Schema)

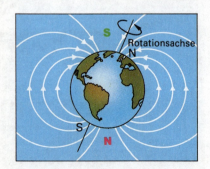

Das Magnetfeld der Erde; Magnetpole: Nord (= rot), Süd (= grün)

Magnetschwebebahn: Transrapid 06

Magnifikat, Lobgesang Marias (Luk. 1,46–55), ein Teil der Vesperliturgie.
Magnifizenz, Anrede für einen Hochschulrektor.
Magnitogorsk, Ind.-Stadt in Rußland, im Tal des oberen Ural-Flusses, 430 000 Ew.; Abbau der Magneteisenerze des »Magnetbergs« (*Magnitnaja Gora*) im Tagebau.
Magnolie [-liə], Gatt. der *M.ngewächse;* vor dem Blattaustrieb mit großen Blüten blühende Bäume oder Sträucher aus O-Asien u. N-Amerika, wo Rinde, Früchte u. Samen als Heilmittel bekannt sind.
Magnus, lat.: »der Große«; Beiname von Herrschern u. Gelehrten.
Magnus, 1. *M. VI. Lagaboetir,* *1238, †1280, König von Norwegen 1263–80; richtete eine ständige Volksversammlung ein, die Anteil an der Steuerbewilligung u. Gesetzgebung hatte. – **2.** *M. VII., M. Eriksson Smek,* *1316, †1375, König von Schweden 1319–63, 1319–55 auch in Norwegen; führte erfolglos Krieg gegen Rußland u. Dänemark.
Magnus, Heinrich Gustav, *1802, †1870, dt. Physiker u. Chemiker. Der von ihm 1852 entdeckte

Gustav Mahler; Bronzebüste von Auguste Rodin

M.-Effekt als Schiffsantrieb *(Flettner-Rotor)* kam nicht zur Anwendung.
Magot, *Berberaffe,* zu den *Hundskopfaffen* gehörender schwanzloser Affe NW-Afrikas; einziger in Europa frei lebender Affe, der auch auf dem Affenfelsen von Gibraltar lebt.
Magritte [ma'grit], René, *1898, †1967, belg. Maler; führender Vertreter des Surrealismus.
Magyaren [ma'dja-g], →Ungarn.
magyarische Sprache →ungarische Sprache.
Mahabharata, »das große Epos vom Kampf der Nachkommen des Bharata«, ein ind. Epos von rd. 100 000 Doppelversen bes. über den Bruderzwist der Kauravas u. Pandawas im Raum des heutigen Delhi. Das Werk dürfte sich zw. dem 5. Jh. v. Chr. u. dem 4. Jh. n. Chr. zu seiner jetzigen Gestalt entwickelt haben. Als legendärer Verfasser wird *Wjasa* genannt.
Mahagoni, trop. Laubholz hoher Qualität von etwa 90 Baumarten, die versch. systemat. Familien u. Erdteilen angehören. Das *Echte M.* liefert die zentralamerik. Art *Swietenia mahagoni.*
Mahajana →Mahayana.
Mahajanga, Hafenstadt u. Prov.-Hptst. im nw. Madagaskar, 110 000 Ew.; Flughafen.
Mahalla el-Kubra, *El Mahalla el-Kubra,* ägypt. Stadt im Nil-Delta, 385 000 Ew.; Textilind.
Mahanadi, Strom in Indien, 900 km; vom Hirakud-Staudamm aufgestaut, mündet bei Cuttack in einem Delta in den Golf von Bengalen.
Maharadscha, *Maharadja,* ind. Großfürst, →Radscha.
Maharashtra, Bundesstaat →Indiens.
Mahatma, »große, erleuchtete Seele«, ind. Ehrentitel, z.B. für M. Gandhi.
Mahaweli Ganga, längster Fluß Sri Lankas, 331 km; mündet bei Trincomalee in den Golf von Bengalen.
Mahayana [sanskr., »großes Fahrzeug«], *Mahajana,* die um 200 n. Chr. im N Indiens in Blüte stehende Form des Buddhismus, die sich dann als die eigtl. Weltreligion des Buddhismus in Nepal,

Mähnenwolf

China, Korea, der Mongolei u. Japan, in Tibet als Lamaismus ausbreitete.
Mahdi, *Machdi* ['maxdi], der im Islam erwartete letzte Erneuerer des Glaubens u. Wiederhersteller der göttl. Ordnung.
Mahdi, *Machdi,* eigtl. *Machdi Mohammed Ahmed,* *1844, †1885, der »M. des Sudan«. Er führte seine Anhänger zum Aufstand *(M.stenaufstand)* gegen die ägypt. Reg. Sein Nachfolger *Abdullah* regierte in Omdurman, bis Lord Kitchener der Herrschaft der Mahdisten 1898 ein Ende bereitete.
Mähdrescher, eine Erntemaschine, die das Getreide abmäht u. ausdrischt.
Mahé [ma'e], Hauptinsel der Gruppe der Seychellen, nordöstl. von Madagaskar im Ind. Ozean, 144 km², 50 000 Ew., Hauptort *(Port) Victoria.*
Mahfuz, Nagib, *11.12.1911, ägypt. Schriftst.; realist. Romane u. Erzählungen. 1988 Nobelpr. für Literatur.
Mah-Jongg [-dʒɔŋ], auch in Europa eingebürgertes chin. Spiel mit vier *Plätzsteinen* u. 144 *Steinen* (Karten), die nach Spielbildern geordnet werden.
Mahler, Gustav, *1860, †1911, östr. Dirigent u. Komponist; seit 1907 an der Metropolitan Opera in New York. Seine Sinfonik setzt die Linie Beethovens (Einbeziehung von Chören) u. Brucknerns fort. Zunehmende Polyphonie u. Linearität erweitern die Grenzen des Harmonischen bis zur Atonalität. M. schrieb 10 Sinfonien u. mehrere Liederzyklen (u. a. »Lieder eines fahrenden Gesellen«, »Kindertotenlieder«, Sinfonie »Das Lied von der Erde«).
Mahler-Werfel, Alma, *1879, †1964, Witwe G. *Mahlers;* heiratete 1915 W. *Gropius* (Trennung 1918) u. 1929 F. *Werfel.*
Mahlzähne, die *Back(en)zähne;* →Zahn.
Mähmaschine, Maschine zum Abmähen von Gras, Futterpflanzen u. Halmfrüchten. M.n bei der Getreideernte sind *Mähbinder* (die gleichzeitig das Getreide einbinden) u. *Mähdrescher.*
Mahmud [max-], *Machmud,* osman. Fürsten: **1. M. I.,** *1696, †1754, Sultan 1730–54; gewann im Krieg gegen Österreich u. Rußland 1736–39 die Kleine Walachei u. Nordserbien bis Belgrad zurück. – **2. M. II.,** *1785, †1839, Sultan 1808–39; folgte seinem ermordeten Bruder, Mustafa IV.; konnte unter dem Druck der europ. Mächte die Unabhängigkeit Griechenlands 1829 (Friede von Adrianopel), Serbiens u. Ägyptens nicht verhindern.
Mähne, bei Tieren (Pferd, Löwe u. a.) die den Nacken bedeckenden, langen Haare.
Mähnenschaf, *Afrikanischer Tur,* besser *Mähnenziege,* da es mit der Ziege, aber nicht mit dem Schaf kreuzbar ist; lebt in den nordafrik. Gebirgen u. hat starken Mähnenbehang.
Mähnenwolf, *Mähnenhund,* Art der *Hunde;* harmloser Kleintierfresser Mittelbrasiliens.
Mahnung, die mündl. oder schriftl. *(Mahnbrief)* Aufforderung des Gläubigers an den Schuldner, die geschuldete Leistung zu erbringen.
Mahnverfahren, eine bes. Verfahrensart des dt. Zivilprozeßrechts, durch die der Gläubiger einer Forderung in Geld oder anderen vertretbaren Sachen ohne mündl. Verhandlung einen Vollstrekkungstitel erhalten soll. Auf seinen Antrag erläßt das Amtsgericht (Rechtspfleger) einen *Mahnbescheid* (früher *Zahlungsbefehl*), gegen den der *Widerspruch* eingelegt werden kann.
Mahomed →Mohammed.
Mahón [ma'ɔn], befestigter Hafen u. Hptst. der span. Baleareninsel *Menorca,* an einer fjordartigen Bucht der SO-Küste, 22 000 Ew.
Mahonie, *Mahonia,* Gattung der *Sauerdorngewächse.* Zierpflanze: *Stechdornblättrige M.*
Mahr, ein Nachtgespenst.
Mähren, tschech. *Morava,* Gebiet der Tschech. Rep., im O von den Westbeskiden u. Weißen Karpaten, im S von der Thaya, im W von den Böhm.-Mähr. Höhen u. im N von den östl. Sudeten begrenzt; administrativ in die Kreise (tschech. *Kraj*) Nord-M. (Sitz: Ostrau) u. Süd-M. (Sitz: Brünn) gegliedert, mit zus. 26 095 km², 4 Mio. Ew. Zu der vorw. tschech. Bev. *(Mährer)* gehören auch Slowaken u. Polen.
Geschichte: Das Großmährische Reich wurde seit 863 christianisiert. Im 12./13. Jh. bes. stark von Deutschen besiedelt, fiel M. 1526 an Habsburg u. wurde 1849 östr. Kronland; 1918–92 Teil der Tschechoslowakei.
Mährische Pforte, tschech. *Moravská brána,* Paß (310 m) zw. Sudeten u. Karpaten, nördl. von Mährisch-Weißkirchen *(Hranice).*
Maiano, Benedetto da, *1442, †1497, ital. Bildhauer u. Architekt der Florentiner Frührenaissance.
Maibaum →Maifeiern.
Maidenhead ['meidnhɛd], Stadt in der Gft. Berkshire (S-England), an der Themse, 50 000 Ew.; Fahrzeugbau.
Maidstone ['meidstən], Hptst. der Gft. Kent (SO-England), am Medway, 72 000 Ew.; Brauereien.
Maiduguri, Stadt in Nigeria, →Yerwa Maiduguri.
Maier, 1. Hans, *18.6.1931, dt. Politiker (CSU); 1970–86 bay. Kultusmin., 1976–88 Präs. des Zentralkomitees der dt. Katholiken. – **2.** Josef (»Sepp«), *28.2.1944, dt. Fußballspieler; mit Bayern München mehrfach dt. Meister, Nationaltorhüter; Weltmeister 1974. – **3.** Reinhold, *1889, †1971, dt. Politiker (FDP); 1945–52 Min.-Präs. von Württemberg-Baden, 1952/53 von Ba.-Wü., 1957–60 Bundesvors. der FDP.
Maier-Leibnitz, Heinz, *28.3.1911, Kernphysiker; plante den ersten dt. Kernreaktor in Garching, 1974–79 Präs. der Dt. Forschungsgemeinschaft.
Maifeiern, volkstüml. Feiern zum Maibeginn, am Maitag (1. Mai). Die M. waren vielfach durch den feierl. Viehaustrieb, Schmuck (Maibaum), Spiele (z.B. Maipaar) u. Umzüge gekennzeichnet. Jüngere Traditionen (»Tag der Arbeit«, →Erster Mai) haben diesen Termin beibehalten.
Maifeld →Märzfeld.
Maiglein, kleine Becherschale aus Glas, oft gerillt; hergestellt in Dtld. im 15. u. 16. Jh.
Maiglöckchen, *Maiblume,* zu den *Liliengewächsen* gehörende Pflanze mit weißen, wohlriechenden Blüten. Aus M. lassen sich u. a. herzwirksame Glykoside gewinnen.
Maihofer, Werner, *20.10.1918, dt. Politiker (FDP); 1972–74 Bundes-Min. für bes. Aufgaben, 1974–78 Bundesinnen-Min.
Maikäfer, *Melolontha,* Gattung der *Scarabäen;* ein brauner *Käfer,* dessen Larven *(Engerlinge)* sich im Boden entwickeln u. nach 3–5 Jahren als Imago an die Oberfläche kommen.
Mailand, ital. *Milano,* das antike *Mediolanum,* Stadt in N-Italien an der Olana, Hptst. der Lombardei u. der gleichn. Prov., 1,7 Mio. Ew.; got. Marmordom (14.–19. Jh.) u. viele Kirchen, z.B. Sta. Maria delle Grazie (mit dem »Abendmahl« von Leonardo da Vinci), bed. Kunstsammlungen, weltberühmt ist die Mailänder Oper (Teatro alla Scala); Wirtschaftszentrum, Messestadt; internat. Flugha-

Maikäfer

fen. – Gesch.: Unter *Ambrosius* (374–397) wurde M. bedeutendstes Bistum der Röm. Reich (355 Mailänder Konzil) u. bald größte Stadt Italiens. 774 wurde es fränkisch, im 12. Jh. führend im antistaufischen lombard. Städtebund, 1162 durch Kaiser Friedrich I. zerstört, 1167 neu erbaut. Die Stadt fiel 1395 an die *Visconti*, 1450 an die *Sforza*, 1535 an die span. Habsburger, 1714 an die östr. Habsburger, 1859 an Italien. →Lombardei.

Mailänder Edikt, 313 erreichte Einigung zw. *Konstantin d. Gr.* u. *Licinius,* wodurch das Christentum im Röm. Reich zugelassen wurde.

Mailer ['meilə], Norman, *31.1.1923, US-amerik. Schriftst.; gesellschaftskrit. Prosa. W »Die Nackten u. die Toten«, »Heere aus der Nacht«.

Maillart, 1. Louis, gen. *Aimé*, *1817, †1871, frz. Komponist; schrieb 6 Opern. – **2.** Robert, *1872, †1940, schweiz. Ingenieur; Pionier des modernen Brückenbaus.

Maillol [ma'jɔl], Aristide, *1861, †1944, frz. Bildhauer, Maler u. Graphiker; vorw. Akte in klass. Geschlossenheit.

Mail-order ['meil 'ɔ:də], Warenbestellung aufgrund eines per Post zugeschickten Werbebriefs.

Maimon, Salomon, *Salomon ben Josua,* *1753, †1800, dt. Philosoph; Jude aus Litauen, wandte sich kritisch gegen I. Kants Begriff des »Ding an sich«.

Maimonides, Moses, *Rabbi Mose ben Maimon,* *1135, †1204, span.-jüd. Religionsphilosoph u. Arzt; hervorragendster jüd. Denker des MA, versuchte eine Systematisierung der jüd. religiösen Überlieferung mit Hilfe der aristotelischen Philosophie. Als Arzt formulierte er den »Eid des M.« (»in dem Patienten niemals etwas anderes als ein leidendes Mitgeschöpf zu sehen«).

Main, r. Nbfl. des Rheins, 524 km; entsteht aus *Weißem M.* (Fichtelgebirge) u. *Rotem M.* (Fränk. Schweiz); mündet gegenüber von Mainz; wird durch den Europakanal Rhein-Main-Donau mit der Donau verbunden.

Mainau, Insel im westl. Bodensee *(Überlinger See),* 0,6 km²; großherzogliches Schloß mit Park; sehr mildes Klima; internat. Begegnungsstätte; 1272–1805 im Besitz des Dt. Ordens, heute gehört sie der schwed. Familie Bernadotte.

Mainburg, Stadt in Niederbayern, in der Hallertau, 10 300 Ew.; Hopfenanbau.

Maine [mein], Abk. *Me.,* Staat der →Vereinigten Staaten von Amerika.

Maine [mɛːn], **1.** histor. Prov. (ehem. Gft.) in NW-Frankreich, Hauptort ist *Le Mans.* – **2.** r. Nbfl. der Loire in W-Frankreich, mündet sw. von Angers; 10 km; schiffbar.

Mainfranken, die Ldsch. zw. Spessart u. Rhön im W, Steigerwald u. Haßberge im O, Mittelpunkt ist *Würzburg.*

Mainland ['meinlənd], **1.** *Pomona,* größte Orkney-Insel, 492 km², 14 000 Ew., Hptst. *Kirkwall.* – **2.** größte Shetland-Insel, 970 km², 15 000 Ew., Hptst. *Lerwick.*

Maintal, Stadt in Hessen, 36 000 Ew.; elektron. Ind.

Mailand: Dom

Mainz: neues Rathaus

Maintenon [mɛ̃tə'nɔ̃], Françoise d'*Aubigné,* Marquise de M., *1635, †1719, Mätresse u. spätere Frau Ludwigs XIV. von Frankreich.

Mainz, Hptst. des Landes Rhld.-Pf., gegenüber der Mündung des Main in den Rhein, 183 000 Ew.; M.er Dom (roman. Doppelchoranlage; 975 erbaut, 1009 abgebrannt, bis 1036 wiederhergestellt); Univ. (1477–1803 u. seit 1946), zahlr. Hochschulen (u. a. Dt. Fernsehakad.); Gutenberg-Museum, Schloß (17. u. 18. Jh.); Sitz des ZDF; vielseitige Ind., Binnenhafen am Rhein. Gesch.: Ende des 1. Jh. v. Chr. röm. Kastell *Mogontiacum* (auch *Maguntiacum*), Hptst. der um 300 gegr. röm. Prov. »Germania prima«; seit 346 frühchristl. M.er Bischöfe. Das Bistum M. wurde 746–754 von *Bonifatius* übernommen u. um 780 zum Erzbistum erhoben. Seit 965 war der Erzbischof Reichserzkanzler mit dem Recht der Berufung zur Königswahl u. seit dem 13. Jh. der erste der Kurfürsten. Seit dem 11. Jh. Entwicklung zu einer unabhängigen Stadtgemeinde, durch die *M.er Stiftsfehde* beendet. Das Erzbistum wurde 1798 frz. besetzt u. 1803 aufgehoben. 1816 kam M. als Hptst. der Prov. Rheinhessen an das Großherzogtum Hessen (-Darmstadt).

Maipilz, *Hufpilz,* ein elfenbeinfarbiger *Blätterpilz;* Speisepilz.

Maipo, tätiger Vulkan in den südamerik. Anden, sö. von Santiago de Chile, 5290 m.

Maire [mɛːr], frz.: Bürgermeister; **Mairie** [mɛː'ri], Rathaus.

Maire [mɛːr], Jakob →Le Maire.

Mairenke, *Schiedling,* 15–30 cm langer *Weißfisch* in oberbay. u. östr. Seen.

Mairet [mɛ're], Jean, *1604, †1686, frz. Tragödiendichter; Vorläufer des klass. frz. Theaters.

Mais [indian.], *Kukuruz,* eine 1493 aus Mittelamerika eingeführte, bis 3 m hohe, zu den *Süßgräsern* gehörende Getreidepflanze, deren Anbau sich über die ganze Erde verbreitet hat. Verwendet werden entweder die ganzen Pflanzen als Grün- oder Silofutter oder die Körner. Aus jedem Korn bildet sich bei der Kultur nur ein einziger, unverzweigter Stengel, der an der Spitze in einer endständigen Rispe die männl. Ähren u. weiter unten in den Blattwinkeln die weibl. Kolben trägt. Die *M.stärke (Maizena, Mondamin)* wird vielseitig verwendet, besonders in der Industrie u. als Zusatz zu Lebensmitteln (z.B. Pudding); M.flocken, M.kleie u. geschrotete M.körner sind wichtige Nahrungs- u. Futtermittel.

Maisbirne, Trainingsgerät zur Erhöhung der Schlagkraft beim Boxen: ein großer, birnenförmiger, an einem Seil aufgehängter Ledersack.

Maische, Brei u. a. aus Malzschrot u. Wasser bei der Bierherstellung.

Maistre [mɛːstr], Joseph Marie Comte de, *1753, †1821, frz. Staatstheoretiker; Hauptvertreter der Restauration.

Maisur, 1. →Karnataka. – **2.** ind. Distrikt-Hptst., auf dem südl. Dekanhochland, 450 000 Ew.; ehem. Hptst. des Fürstenstaats *Kodagu.*

Maitani, Lorenzo, *vor 1275, †1330, ital. Bildhauer u. Architekt.

Maître ['mɛːtrə], Abk. *Me.,* frz.: Meister, Herr; Titel der frz. Rechtsanwälte u. Notare.

Maître de plaisir ['mɛːtrədəplɛ'ziːr], jemand, der bei gesellschaftl. Vergnügungen die Leitung hat.

Maizena, Handelsname für Maisstärke.

Maizière [mɛ'zjɛːr], **1.** Lothar de, Neffe von 2), *2.3.1940, dt. Politiker (CDU); 1989 Vors. der CDU in der DDR; 1989/90 stellv. Min.-Präs., 1990 letzter Min.-Präs. der DDR; trat 1991 von allen Parteiämtern zurück. – **2.** Ulrich de, *24.2.1912, dt. General; 1966–72 Generalinspekteur der Bundeswehr.

Maizuru, jap. Hafenstadt im Jap. Meer, nw. von Kyoto, 100 000 Ew.; Fischereihafen.

Maja, *Maya,* die den ind. Göttern zugeschriebene Kraft, die Weltillusion hervorzurufen; auch diese selbst (»Schleier der M.«).

Majakowskij, Wladimir Wladimirowitsch, *1893, †1930 (Selbstmord), russ. Schriftst.; begleitete mit aufreizender Tribünendichtung die russ. Revolution.

Majdanek, Stadtteil von *Lublin* (Polen); 1941 errichtetes nat.-soz. KZ, seit 1942 auch Vernichtungslager; mindestens 250 000 Todesopfer.

Majerová, Marie, eigtl. M. *Bartošvá,* *1882, †1967, tschechosl. Schriftst. (realist., psychologisierende Romane aus der Welt der Arbeiter).

Majestät [lat. *maiestas,* »Erhabenheit«], Titel für Kaiser u. Könige (einschl. ihrer ebenbürtigen Frauen).

Majkop, Hptst. der Rep. Adygea (Rußland), im Kaukasus-Vorland, 140 000 Ew.; vorgeschichtl. Hügelgräber.

Major, unterster Dienstgrad der *Stabsoffiziere;* früher im allg. Kommandeur eines Bataillons oder einer Abteilung.

Major ['meidʒə], *29.3.1943, John, brit. Politiker (Konservativer); seit 1979 Mitgl. des Unterhauses; 1989/90 Schatzkanzler; seit 1990 Parteiführer u. Prem.-Min.

Majoran, *Wurstkraut,* in SO-Europa, Vorder- u. Mittelasien beheimateter *Lippenblütler;* Heil- u. Würzpflanze.

Majorat, *Seniorat,* Vorrecht des Ältesten auf das Erbe, Ältestenbgut; Ggs. *Minorat.*

Majorist, im kath. Kirchenrecht der Kleriker der höheren Weihen (Diakon, Priester, Bischof).

Majorität, Mehrheit. – **M.swahl,** *Mehrheitswahl:* Die M. wählt den Kandidaten, die Stimmen der Minderheit bleiben unberücksichtigt.

Majuro [ma'dʒuro], größtes Atoll in der Ratak-Gruppe der Marshallinseln (Ozeanien), rd. 60 kleine Inseln, 30 km², 10 000 Ew.

Majuskel, Großbuchstabe; Ggs: *Minuskel.* Im Buchdruck: *Versalie* u. *Gemeine.*

Makaken, *Macaca,* Gatt. der *Hundskopfaffen,* in S- u. SO-Asien u. NW-Afrika verbreitet; hierzu *Rhesusaffe, Schweinsaffe, Magot.*

Makalu, *Makulu,* nepales. Berggipfel östl. des Mount Everest, 8470 m.

Makame, oriental. Stegreifdichtung in kunstvoll gereimter Prosa mit eingestreuten Versen.

Makarios III., *Myriarthes*, eigtl. Michail Christodoulos *Mouskos*, * 1913, † 1977, grch.-orth. Erzbischof (1950) von Zypern; seit der Unabhängigkeit Zyperns (1959) Präs. der Republik.

Makart, Hans, * 1840, † 1884, öst. Maler; mit seinem überladenen Stil von großem Einfluß auf Mode, Kunstgewerbe u. Innenarchitektur der Gründerjahre.

Makasar → Ujung Padang.

Makasaren, das jungindones. Staatsvolk (über 1 Mio.) des im 16./17. Jh. mächtigen Reichs *Makasar (Gowa)*, das von S-Celebes aus Teile der kleinen Sunda-Inseln beherrschte u. dem Islam seinen Aufstieg verdankte.

Makedonien, *Mazedonien*, 1. Kernlandschaft der Balkanhalbinsel, gliedert sich in stark gekammerte Gebirgsländer in fruchtbare, gut besiedelte Beckenlandschaften; die Bev. (*Makedonier*) ist heute stark von slaw. u. türk. Volksteilen durchmischt; heute polit. geteilt in eine Region (*Makedonia*) im NW u. N Griechenlands, Hptst. u. Wirtschaftszentrum *Saloniki*, u. in M. (2).

Makedonien (2)

Gesch.: Die krieger. Bewohner des antiken M. waren Hellenen. M. errang im 4. Jh. v. Chr. unter *Philipp II.* die Herrschaft über die Griechen u. unter *Alexander d. Gr.* die Herrschaft über ein kurzlebiges Weltreich. Seit dem 6. Jh. war M. vorwiegend slaw. besiedelt, wechselnd unter byzantin., bulgar. u. serb. Herrschaft, seit 1371/89 türkisch. Die *Makedonische Frage* wurde seit Ende des 19. Jh. ein ständiges Thema der internat. Politik; Bulgaren, Griechen u. Serben (neben der Türkei) stritten um den Besitz, bes. als M. nach den Balkankriegen 1912/13 den Türken entrissen u. zwischen Griechenland, Bulgarien u. Serbien aufgeteilt worden war. 1918 behielt Jugoslawien die an Serbien gefallenen Teile. – 2. serbokroat. *Makedonija*, Staat auf der Balkanhalbinsel, 25 713 km², 2,1 Mio. Ew., Hptst. *Skopje*. Fr. Teilrep. im jugoslaw. Staatsverband. Im Verlauf des jugoslaw. Bürgerkriegs 1991 erklärte M. seine Unabhängigkeit. 1993 wurde es UNO-Mitglied.

Makedorumänen, die rumän. Gruppe der → Aromunen.

Make-up [meik'ʌp], allg. Aufmachung (z. B. einer Ware); bes. Schminken, Pudern u. ä.

Makifrösche, mittel- u. südamerik., meist grüne *Baumfrösche*.

Makimono, O-asiat. Bildrolle aus Papier oder Seide; im Unterschied zum Kakemono auf Tisch u. Fußboden ausgerollt.

Makis, *Fuchsaffen, Lemur*, Gattung der *Halbaffen* mit hundeartigem Gesicht; gesellig lebende Baumtiere Madagaskars.

Makkabäer, Beiname der jüd. Herrschergeschlechts der Hasmonäer. Sie befreiten 167–142 v. Chr. das jüd. Volk von der Herrschaft u. stellten den jüd. Staat wieder her (begonnen durch den Priester *Mattathias*, vollendet durch seine Söhne *Judas Makkabäus, Jonathan* u. *Simon*).

Makkaroni, ital. Hohl- oder Röhrennudeln.

Makler, engl. *broker*, Vermittler; Gewerbetreibender, der gegen Entgelt (*Provision*) für andere den Kauf oder Verkauf von Waren, Wertpapieren (*Börsen-M.*), Immobilien (*Immobilien-* oder *Grundstücks-M.*) usw. vermittelt.

Mako, hochwertige Gewebe u. Maschenwaren aus ägyptischer Baumwolle.

Makonde, mutterrechtl. Bantu-Volk im Grenzgebiet von Tansania u. Moçambique (über 600 000).

Makramee [das; türk., arab.], geknüpfte u. geknotete Spitze arab. Herkunft.

Makrele, als Speisefisch (frisch oder geräuchert) sehr geschätzter, etwa 40 cm langer u. 450–500 g schwerer Meeresfisch; zur Familie der M. gehören auch *Pelamide* u. *Thunfische*.

Makrobiose, Langlebigkeit.

Makrobiotik, von C.W. *Hufeland* geprägter Begriff mit der Bedeutung »die Kunst, ein hohes Lebensalter zu erreichen«. Nach Hufeland kann die Lebenskraft eines jeden Menschen durch Luft, Licht, Wärme, Wasser u. eine natürl. Ernährung aus wenig Fleisch, dafür aber aus viel Gemüse, Salat u. Obst, gestärkt werden. Der japan. Arzt Georges *Ohsawa* (* 1893, † 1966) propagierte eine makrobiot. Ernährungsweise, die fast ausschl. aus Getreideprodukten besteht.

Makrokosmos, die Welt im großen, das Weltall; Ggs.: *Mikrokosmos*.

Makromolekül → Molekül.

Makrone, rundes Kleingebäck aus Mandeln, Zucker, Eiweiß u. Mehl.

Makropoden, *Großflosser*, Gatt. der *Labyrinthfische*, bis 10 cm lang; in Tümpeln Ostasiens; beliebte Aquarienfische (z. B. die *Paradiesfische*).

makrozyklische Verbindungen, organ.-chem. Verbindungen mit mehr als 12 Kohlenstoffatomen im Molekül, die in Ringform angeordnet sind.

Makrozyten, große Blutzellen, die im Blut des Gesunden nur vereinzelt auftreten, bei *Anämie* aber vermehrt vorkommen.

Makua, *Wa-M.*, mutterrechtl. Bantuvolk in Ostafrika (von Tansania bis zum Sambesi), über 4,1 Mio.; Savannenbauern.

Makulatur, fehlerhafte, unbrauchbare Drucke.

Malabarküste, *Malewar-, Pfefferküste*, die SW-Küste Indiens etwa südl. von Mangalore; vorwiegend Schwemmland, meist bewohnt von *Malabaren* (Drawidas u. ind.-arab. Mischlinge); gehört polit. zum Bundesstaat Kerala.

Malabo, fr. *Santa Isabel*, Hptst. u. Hafen von Äquatorialguinea, auf *Bioko*, 40 000 Ew.

Malachias, der Prophet → Maleachi.

Malachit, ein dunkles, grünes Mineral.

Maladeta, *Maladetta*, span. *Montes Malditos*, frz. *Monts Maudits*, Granitstock der Zentralpyrenäen auf span. Gebiet, im 3404 m hohen *Pico de Aneto* (frz. *Pic de Néthou*) die höchste Pyrenäen-Erhebung.

Málaga, S-span. Hafenstadt in Andalusien, an der Mündung des Guadalmedina ins Mittelmeer, Hptst. der gleichn. Prov., 540 000 Ew.; Ind.- u. Handelszentrum.

Malagasy → Madagassisch.

Malaien, ein jungindones. Volk, über 10 Mio. (auf Borneo, O.Sumatra, in Malaysia u. Thailand). Die M. entstammen dem Volk der Minangkabau; sie bildeten zunächst einen hindu-javan. Vasallenstaat, übernahmen den Islam, gründeten 1160 Singapur, dann Malakka; nach Eroberung durch die Portugiesen erfolgte die Ausbreitung über die mal. Halbinsel Malakka u. Indonesien unter Gründung einflußreicher Staaten. Ihre Sprache (mit arab. Schrift) wurde Verkehrssprache in Indonesien.

Malaienbär, *Sonnenbär*, ein bis 1,4 m großer *Bär* mit kurzhaarigem schwarzem Fell u. orangegelbem Brustfleck; Verbreitungsgebiet: Birma, Malakka, Sumatra, Borneo.

Malaiische Halbinsel → Malakka.

Malaiischer Archipel, *Insulinde*, die australasiat. Inselwelt Indonesiens, Malaysias u. der Philippinen.

malaiische Sprache, *Malai*, indones. Sprache auf Malakka, als Handelssprache auch in Indonesien u. über Hinterindien bis nach China verbreitet; heute die offizielle Staatssprache Indonesiens (*Bahasa Indonesia*).

Malaita, viertgrößte u. am stärksten besiedelte Insel der Salomonen (Ozeanien), 3885 km², 81 000 Ew.; gebirgig, bewaldet, bis 1303 m hoch.

Malajalam, *Malayalam*, eine drawid. Sprache (über 20 Mio. Sprecher) an der SW-Küste Indiens.

Malakka, *Malacca*, Halbinsel im südl. Teil Hinterindiens, im N durch die Landenge von *Kra*, im O vom Golf von Thailand, im W vom Andamanischen Meer u. von der *M.-Straße* begrenzt, rd. 230 000 km², 11 Mio. Ew. (5 Mio. Chinesen); sehr gebirgig (im *Tahan* 2190 m). Polit. gehört M. im N zu Thailand, im S zu Malaysia. – **M.-Straße**, Meeresstraße zw. M. u. Sumatra, an der schmalsten Stelle 67 km breit. Im sö. Teil liegt Singapur.

Malan, Daniel François, * 1874, † 1959, südafrik. Politiker; 1948–54 Prem.-Min. der Südafrik. Union; begr. die Politik der *Apartheid*.

Malang, Stadt in Indonesien, im östl. Java, 560 000 Ew.; Wirtschaftszentrum.

Malaparte, Curzio, eigtl. Kurt Erich *Suckert*, * 1898, † 1957, ital. Schriftst. u. Journalist dt. Herkunft; schrieb krasse u. zynische Reportagen mit polem. Tendenz.

Mälaren, *Mälarsee*, See in S-Schweden, westl. von Stockholm, ohne die über 1000 Inseln 1140 km².

Malaria, *kaltes Fieber, Wechsel-, Sumpf-, Tropen-*, Quartana-, Tertianafieber, im südl. Europa u. in den Tropen eine endemisch auftretende Infektionskrankheit, die durch einzellige Lebewesen im Blut (*Plasmodien*) hervorgerufen wird; meldepflichtig. Als Zwischenwirt dient den Plasmodien die *Fiebermücke;* durch deren Stich wird der Erreger in das Blut des Menschen übertragen. Hier verbrauchen die Erreger den Blutfarbstoff u. scheiden ein dunkles Pigment aus, das in Leber u. Milz gespeichert wird. Es sind 3 Arten von Plasmodien bekannt: 1. *Plasmodium vivax*, der Erreger des *Dreitagefiebers*, 2. *Plasmodium malariae*, der Erreger des *Viertagefiebers* u. 3. *Plasmodium immaculatum*, der Erreger der *tropischen M.* Je nach der Erregerart sind die Folge der Fieberanfälle u. der Verlauf verschieden. – Das älteste Mittel gegen M. ist die Rinde des Chinabaums bzw. ihr Hauptalkaloid *Chinin* u. dessen Salze oder Derivate.

Malaspina-Gletscher, größter nordamerik. Gletscher, im Vorland der St. Elias Mountains im SW Alaskas, über 4000 km².

Malatesta, ital. Adelsfamilie in Rimini, 1708 ausgestorben.

Malatya [-tja], Hptst. der gleichn. O-türk. Provinz, am oberen Euphrat, 255 000 Ew.

Malawi, Staat im südl. O-Afrika, 118 484 km², 9,1 Mio. Ew. (vorw. Bantuneger), Hptst. *Lilongwe*.
L a n d e s n a t u r. Plateauartige Hochländer zwi-

Malawi

schen 900 u. 1400 m Höhe liegen zu beiden Seiten des Ostafrik. Grabens, der im N vom M.see und im S von dessen Abfluß *Shire* eingenommen wird. Das Hochland ist kühler, die Ufer des M.sees u. das Shiretal sind sehr heiß. Die Dauer der Trockenzeit nimmt von N nach S zu.
W i r t s c h a f t. Die Landw. produziert Tabak, Tee, Kaffee u. Erdnüsse für den Export. Die Ind. verarbeitet vorw. Agrarprodukte.
G e s c h i c h t e. 1891 wurde M. (seit 1907 als Nyassaland) brit. Protektorat, 1953 der Föderation von *Rhodesien u. Nyassaland* eingegliedert, 1964 unabh. Seit 1966 ist M. Rep. M. Präs. war 1966–94 H.K. *Banda*. Sein Nachfolger wurde nach freien Wahlen B. *Muluzi*.

Malawisee, fr. *Nyasa-, Njassasee*, drittgrößter See Afrikas, im südl. Teil des O-afrik. Grabensystems, zw. Tansania, Moçambique u. Malawi, 472 m ü. M., 28 878 km², bis 706 m tief.

Malaysia, Staat in SO-Asien, 329 749 km², 18,3 Mio. Ew., Hptst. *Kuala Lumpur*. – M. besteht aus 2 Bundesterritorien u. 13 Teilstaaten, von denen 11 auf der Halbinsel Malakka liegen u. als *West-M.* oder *Malaya* bez. werden; die beiden anderen Teilstaaten, Sarawak u. Sabah, liegen im N-

Málaga: im Vordergrund die Stierkampfarena

540 Malbaum

Malaysia

Teil der Insel Borneo u. heißen amtl. *Ost-M.* (vgl. Tabelle).
Landesnatur. Hinter fruchtbaren, z. T. versumpften Küstenebenen erheben sich Gebirgszüge (im *Kinabalu* in Sabah 4101 m), die mit dichten Regenwäldern bestanden sind. Das Klima ist trop.-feuchtheiß. Die Küsten werden z. T. von Mangrovewäldern gesäumt. – Über die Hälfte der Bevölkerung sind Moslems, 7% sind Hindus (Inder), daneben gibt es Buddhisten u. Konfuzianer (Chinesen), Christen u. Anhänger von Naturreligionen. Im östl. Landesteil ist der Anteil der Urbevölkerung erhebl. *(Dajak, Dusun).*
Wirtschaft. Die trop. Pflanzungswirtsch. liefert für den Export vor allem Kautschuk, Pflanzenöle, Kopra, Pfeffer, Kakao, Reis, Tee u. Ananas. An Bodenschätzen werden exportiert: Zinn ($^1/_3$ der Weltförderung), Erdöl, Bauxit u. a. Die Wälder liefern Edelhölzer u. Harze. Seehäfen sind Pinang, Port Swettenham, Malakka).

Malaysia: Verwaltungsgliederung			
Bundesstaat/ Bundesterritorium	Fläche in km²	Einwohner in 1000	Hauptstadt
Bundesstaaten:			
Johore	18986	1964	Johore Bahru
Kedah	9426	1326	Alor Setar
Kelantan	14943	1116	Kota Bahru
Malakka	1650	549	Malakka
Negeri Sembilan	6643	679	Seremban
Pahang	35965	978	Kuantan
Perak	21005	2108	Ipoh
Perlis	795	175	Kangar
Pinang	1031	1087	Pinang (Georgetown)
Sabah	73619	1323	Kota Kinabalu
Sarawak	124449	1550	Kuching
Selangor	7956	1831	Shah Alam
Terengganu	12955	684	Kuala Terengganu
Bundesterritorien:			
Kuala Lumpur	243	1158	Kuala Lumpur
Labuan	91	12	Victoria

Geschichte. Die *Föderation von M.* entstand 1963 durch Zusammenschluß von *Malaya* (1906–57 brit. Föderation), *Singapur, Sarawak* u. *Sabah.* 1965 trat Singapur aus dem Bund aus. Nach der Verf. von 1963 ist M. ein Bundesstaat als Wahlmonarchie. Staatsoberhaupt (Wahlkönig) ist seit 1994 *Tuanku Ja'afar Abdul Rahman,* Regierungschef seit 1981 *Mahathir Mohamad.*
Malbaum, ein Baum, an dem sich das Rotwild oder das Schwarzwild scheuert.
Malchin, Krst. in Mecklenburg-Vorpommern, an der Peene, zw. Malchiner u. Kummerower See, 11 000 Ew.
Malchow [-ço], Stadt in Mecklenburg, am Fleesensee, 8500 Ew.; alte Tuchmacherstadt, Kloster (13. Jh.).
Malcolm [ˈmælkəm], Könige von Schottland: **1. M. III.** *Canmore (Dickkopf),* * um 1031, † 1093 (gefallen), König 1058–93; errang in der Schlacht von Lumphanan gegen *Macbeth* die Herrschaft über Schottland. – **2. M. IV.,** *M. The Maiden,* * 1142, † 1165, König 1153–65. Im Frieden mit Heinrich II. von England (1157) wurde die Grenze zwischen England u. Schottland festgelegt.
Malden [ˈmɔːldən], unbewohnte Koralleninsel in der Südgruppe der Zentralpolynes. Sporaden, 90 km²; ehem. brit. Atom- u. Wasserstoffbombenversuche.
Male, Hptst. der *Malediven,* auf der Insel M., 40 000 Ew.
Maleachi, *Malachias,* einer der Kleinen Propheten im AT, um 450 v. Chr.
Malebranche [malˈbrɑ̃ʃ], Nicolas de, * 1638, † 1715, frz. Philosoph; verband den Rationalismus

R. Descartes' mit der Religionsphilosophie des Augustinus; Hauptvertreter des *Okkasionalismus.*
Malediven, engl. *Maldive Island,* Inselstaat im Ind. Ozean, 298 km², 210 000 Ew. (islam. Singhalesen), Hptst. *Male;* trop., feuchtheißes Klima; Hauptprodukte: Fischwaren u. Kopra; zunehmender Fremdenverkehr.
Geschichte. Seit dem 12. Jh. ein Sultanat; 1645–1796 unter ndl. Schutzherrschaft; seit 1887 brit. Protektorat; erhielt 1965 volle Unabhängigkeit, seit 1968 Republik.

Malediven

Malefizgericht, Straf-, Kriminalgericht.
Malekula, Insel der Neuen Hebriden (Ozeanien), 1994 km², 11 000 Ew.
Malenkow [ˈkɔf], Georgij Maximilianowitsch, * 1902, † 1988, sowjet. Politiker; 1953–55 Min.-Präs. u. Erster Parteisekretär der KPdSU, 1957 aller Ämter enthoben, 1961 aus der Partei ausgeschlossen.
Malente, Gem. in Schl.-Ho.; in der Holstein. Schweiz, 10 000 Ew.; Kneippkurort.
Maler, Wilhelm, * 1902, † 1976, dt. Komponist.
Malerei, die Kunst, mit Farbe eine Fläche in ein Bild zu verwandeln u. das Resultat dieses schöpferisch-gestaltenden Vorgangs (Gemälde): neben Architektur, Plastik, Graphik u. Kunstgewerbe (Kunsthandwerk) eine der Gattungen der bildenden Kunst; unterteilt nach *Maltechnik* (Öl-, Aquarell-M. u. a.), Material u. Größe des Malgrundes (Wand-, Glas-, Tafel-M. u. a.) u. Sujet (z. B. Stilleben, Landschafts-M.).
Malesherbes [malˈzɛrb], Chrétien Guillaume de *Lamoignon de M.,* * 1721, † 1794 (guillotiniert), frz. Politiker; maßgebl. Minister der vorrevolutionären Zeit.
Maleuda, Günther, * 20.1.1931, dt. Politiker (DBD); seit 1987 Vors. der DBD; 1989/90 Präs. der Volkskammer der DDR.
Malewitsch, Kasimir Sewerinowitsch, * 1878, † 1935, ukr. Maler; entwickelte den *Kubofuturismus* u. *Suprematismus.*
Malherbe [maˈlɛrb], François de, * 1555, † 1628, frz. Kritiker u. Schriftst.; strebte eine mundartfreie frz. Sprache an u. stellte strenge Versregeln auf.
Mali, Staat in W-Afrika, 1 240 192 km², 9,5 Mio. Ew., Hptst. *Bamako.*

Mali

Landesnatur. Den SW des Landes nimmt ein Tafelland ein, das nach N in die Sahara übergeht. Im NO erhebt sich das Gebirgsland von *Adrar des Iforas.* Der Niger-Fluß bildet oberhalb von Timbuktu ein großes Binnendelta. Vorherrschender Vegetationstyp ist die Trockensavanne.
Die Bevölkerung ist vorw. islamisch. Am Niger leben Sudanneger, im W halbnomad. Fulbe, im wüstenhaften N berber. Tuareg u. Mauren.
Wirtschaft. Die Landwirtschaft liefert Erdnüsse, Baumwolle, Reis, Maniok, Mais u. Hirse; ferner Viehzucht. An Bodenschätzen werden Gold, Marmor, Kalk u. Steinsalz abgebaut.
Geschichte. Bereits um 1100 entstand am oberen Niger das Großreich M. 1904 wurde das ganze Gebiet am Senegal u. Niger als *Frz.-Sudan* ein Glied *Frz.-Westafrikas.* 1958 erhielt die frz. Kolonie innere Autonomie u. schloß sich 1959 mit der Rep. Senegal zur *M.-Föderation* zusammen, 1960 entstand die heutige Rep. M. Seit dem Militärputsch von 1968 regierte M. Traoré, der 1991 gestürzt wurde. 1992 gewann A. O. Konaré die Präsidentschaftswahlen.
maligne, bösartig, bes. in der Medizin.
Malinke, das am weitesten verbreitete Volk der Mande-Gruppe im W-Sudan (rd. 1,5 Mio.), die Gründer des alten Mali-Reichs.

Malediven: Die Koralleninseln sind von dichten Kokosbaumwäldern bedeckt; im Hintergrund ist ein Atoll zu erkennen

Malipiero, Gian Francesco, * 1882, † 1973, ital. Komponist; knüpfte an das Barock an, verwendete Zwölftontechniken.
maliziös [frz.], boshaft, hämisch.
Mallarmé, Stéphane, * 1842, † 1898, frz. Dichter; einer der Hauptvertreter des frz. Symbolismus. W »Der Nachmittag eines Fauns« (Vorlage der Komposition von C. Debussy).
Malle [mal], Louis, * 30.10.1932, frz. Filmregisseur. W »Fahrstuhl zum Schafott«, »Herzflimmern«, »Auf Wiedersehen, Kinder«.
Mallee [ˈmaːli], populäre Bez. für die Eukalyptusstrauchformation Australiens.
Malleus, Infektionskrankheit der Einhufer; →Rotz.
Mallia, Dorf u. Seebad an der N-Küste der Insel Kreta, 22 km östl. von Knossos; in der Nähe minoische Palast- u. Stadtruinen.
Mallinckrodt, Pauline von, * 1817, † 1881, kath. Ordensfrau; gründete 1849 die Kongregation »Schwestern der Christl. Liebe« für erzieher. u. karitative Aufgaben; Seligsprechung 1985.
Mallnitz, östr. Wintersportplatz u. Sommerfrische in Kärnten, am Südende des Tauerntunnels, 1190 m ü. M., 1050 Ew.
Mallophaga →Haarlinge.
Mallorca [maˈ(l)jɔrka], Hauptinsel der span. Balearen im westl. Mittelmeer, 3660 km², 560 000 Ew., Hptst. *Palma.* Den NW der Insel durchzieht ein zerklüftetes, weitgehend verkarstetes u. stellenweise gut bewaldetes Gebirge *(Cordillera Norte),* das im *Puig Mayor* 1445 m erreicht u. in schroffer Steilküste zum Meer abbricht. Die Insel

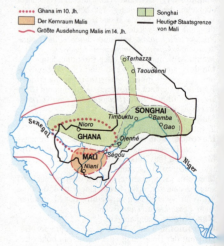

Reich auf dem Boden Malis vor 1600

ist dicht besiedelt u. hat sich zu einem Hauptzielpunkt des internat. Fremdenverkehrs entwickelt.
Malm, *Geologie:* der obere (weiße) →Jura.
Malmédy, O-belg. Krst. am Hohen Venn, 10000 Ew.
Malmignatte [-mi'njatə], zu den *Kugelspinnen* gehörige nahe Verwandte der *Schwarzen Witwe,* im Mittelmeerraum. Ihr Biß kann für den Menschen gefährlich sein.
Malmö, schwed. Prov.-Hptst., künstl. Hafen am Öresund, 241000 Ew.; Schloß *M.hus* (15. Jh.); vielfältige Ind. – Bis 1658 gehörte M. zu Dänemark.
Malmström, August, *1829, †1901, schwed. Maler u. Graphiker (Historienbilder).
Malory ['mæləri], Sir Thomas, *um 1408, †1471, engl. Dichter; gab in seinem »The Morte Darthur« eine Prosazusammenfassung der Artus-Sage.
Malossol, schwach gesalzener, fast flüssiger Winterkaviar von mildem Geschmack.
Malouel [malu'ɛl], *Maelwael,* Jean, †1419, frz.-ndl. Maler; seit 1397 Hofmaler der Herzöge von Burgund in Dijon.
Malpass ['mælpæs], Eric Lawson, *14.11.1910, engl. Schriftst. (humorvolle Familienromane); W »Morgens um sieben ist die Welt noch in Ordnung«.
Malpighi [-gi], Marcello, *1628, †1694, ital. Arzt u. Naturforscher, Begr. der mikroskop. Anatomie. Nach ihm benannt sind die **M.schen Körperchen,** die Gefäßknäuel der Niere in der *Bowmanschen Kapsel* u. die Lymphknötchen der Milz, ferner die **M.sche Schicht,** die Keimschicht der Oberhaut, u. die **M.schen Gefäße,** die Ausscheidungsorgane der Insekten.
Malraux [-'ro], André, eigtl. A. *Berger,* *1901, †1976, frz. Schriftst., Archäologe u. Politiker; 1945/46 u. seit 1958 Informations-, 1959–69 Kultus-Min. unter Ch. de Gaulle u. G. Pompidou.
Malta, Inselstaat im Mittelmeer, 316 km², 350000 Ew. (→Malteser [1]), Hptst. *La Valetta.* –

Malta

Die waldlose Inselgruppe aus flachen Kalksteintafeln hat typ. Mittelmeerklima mit trockenheißen Sommern u. feuchtmilden Wintern. Ausgeführt werden vor allem Blumen u. Frühkartoffeln. Ein wichtiger Wirtschaftsfaktor ist der internat. Fremdenverkehr.
Geschichte. Im 8./7. Jh. v. Chr. phöniz. Kolonie, im 5. Jh. v. Chr. karthagisch, 218 v. Chr. röm.; 870 eroberten die Araber die Insel; 1090 gliederten die Normannen M. in ihr sizilian. Kgr. ein. 1530 erhielt der *Johanniterorden* M. als Lehen. Im Pariser Frieden (1814) wurde Großbrit. die Insel als Kolonie zugesprochen. 1947 wurde innere Autonomie gewährt, 1964 die Unabhängigkeit. Seit dem 13.12.1974 ist M. Rep. Staats-Präs. ist seit 1989 V. *Tabone,* Prem.-Min. E. *Fenech-Adami.*
Malta-Fieber, *Mittelmeer-Fieber, Febris undulans,* eine bes. im Mittelmeergebiet auftretende, durch rohe Ziegenmilch übertragbare, fieberhafte Infektionskrankheit *(Brucellose).*
Maltase, ein Enzym, das *Maltose* unter Aufnahme von Wasser in zwei Moleküle *Glucose* spaltet.
Malter [der oder das], altes Getreidemaß.
Malteser, 1. die Bewohner des Inselstaats *Malta;* Herkunft unklar; mit Italienern u. Arabern vermischte Urbevölkerung mit arab.-ital. Mischsprache **(Maltesisch,** in Lateinschrift). – **2.** weißer Schoßhund mit seidiger Behaarung.
Malteserkreuz, *Johanniterkreuz,* ein achtspitziges Kreuz, dessen 4 gleichlange Arme sich zur Mitte hin verjüngen; Zeichen des Johanniter- (Malteser-) Ordens.
Malteserorden →Johanniterorden.
Malthus ['mælθəs], Thomas Robert, *1766, †1834, brit. Nationalökonom; Geistlicher; vertrat eine pessimist. Bevölkerungstheorie (*M.sches Gesetz*): Die Bevölkerung vermehre sich in geometr. Progression (1, 2, 4, 8…), die Nahrungsmittel dagegen nur in arithmet. Progression (1, 2, 3, 4…).
Maltose, *Malzzucker,* ein Disaccharid. Es wird durch Spaltung von Stärke mit Hilfe des im Malz enthaltenen Fermentkomplexes *Diastase* (genauer:

Wilde Malve

Amylase) gebildet u. besteht aus zwei Molekülen Glucose. M. ist ein wichtiges Zwischenprodukt in der Bierbrauerei.
malträtieren [frz.], mißhandeln.
Malvengewächse, *Malvaceae,* Familie der *Columniferae,* Kräuter, Sträucher u. Bäume mit 5 farbigen Blütenblättern. Zu den M. gehören die *Baumwolle* als wichtige Nutzpflanze u. die *Malve* als bekannte Zierpflanze, ferner der *Hibiscus.*
Malwinen, *Islas Malvinas* →Falklandinseln.
Malz, angekeimtes Getreide (meist Gerste), das vor dem *Mälzen* erst eingequollen u. nach einer Zeit des Keimens wieder getrocknet *(gedarrt)* wird. Zweck des Keimens ist die Umwandlung der Stärke in Maltose durch die Diastase. – **M.bier** ist ein alkoholarmes, malzreiches Getränk. – **M.kaffee** ist gerösteter Gersten-M.
Mälzel, Johann Nepomuk, *1772, †1838, dt. Instrumentenbauer; seit 1792 in Wien, konstruierte das »Metronom M.« zur exakten Festlegung musikal. Tempi.
Mamba, *Dendroaspis,* sehr gefährliche, baumbewohnende Gatt. der *Giftnattern;* hierzu: *Schwarze M.* bis 3 m, von Äthiopien bis W-Afrika; *Grüne M.* im dichtbewaldeten Gelände des gleichen Gebiets.
Mambo, moderner Gesellschaftstanz im 4/4-Takt, aus der afrik.-kuban. Tanzmusik entstanden.
Mameluco, Mischling zw. einem Weißen u. einer Mulattin.
Mamluken, *Mameluken,* Leibwache islam. Herrscher seit dem 9. Jh., meist türk. oder tscherkess. Sklaven. In Ägypten schwangen sich die M. 1250–1517 selbst zu Herrschern des Landes auf. Der M.-Staat umfaßte Ägypten mit Syrien u. Palästina.
Mammalia, *Mammalier,* die →Säugetiere.
Mammea, Gatt. der *Johanniskrautgewächse.* Der *Mammeybaum* aus Westindien liefert rötl.-gelbe, eßbare Früchte *(Mammeyäpfel).*
Mammographie, Untersuchung der weibl. Brust unter Verwendung weicher Röntgenstrahlen, bes. zur Früherkennung von Brustdrüsenkrebs.
Mammon [aram.], Geld, Reichtum.

Malta: Die »Blaue Grotte« gehört zu den meistbesuchten Naturschönheiten der Insel

Mammut, langhaarige Elefantenart mit bis 5 m langen Stoßzähnen; Kaltsteppenbewohner; am Ende der Eiszeit ausgestorben.
Mammutbaum, *Sequoiadendron,* zur Fam. der *Taxodiengewächse* gehörende Gatt. der *Nadelhölzer.* Der *Riesen-M.* wächst am westl. kaliforn. Abhang der Sierra Nevada; er erreicht eine Stammhöhe von über 100 m u. einen Stammdurchmesser von 12 m. Das Alter der Bäume liegt bei ca. 1500 Jahren, manchmal auch erheblich darüber. Fast ebenso groß ist der *Küsten-M. (Redwood).*
Mammuthöhle, engl. *Mammoth Cave,* größtes bekanntes Höhlensystem der Erde, im USA-Staat Kentucky; mit insges. ca. 250 km langen Gängen.
Mamoré, *Rio M.,* längster Quellstrom des *Rio Madeira* in Bolivien, 1800 km; bildet streckenweise die bolivian.-brasilian. Grenze.
Mamre, *Mambre,* Aufenthalts- u. Begräbnisort Abrahams u. Saras bei Hebron, alter Kultort.
Mamsell [von frz. *mademoiselle*], Wirtschafterin auf einem Gut.
Man [mæn], *Isle of M.,* Mannin, brit. Insel in der Irischen See, 595 km², 64500 Ew., Hptst. *Douglas.* Die Insel ist kein Teil des Vereinigten Königreichs, sondern steht unmittelbar unter Oberhoheit der brit. Krone.
Mana, im Glauben der Südseevölker eine übernatürl., unpersönl. Kraft, die hervorragenden Personen (Häuptlingen, tapferen Kriegern, Priestern, Ärzten), Tieren, Pflanzen, Geistern oder Dingen innewohnen u. übertragbar sein soll.
Mänaden, im antiken Griechenland die ekstatisch verzückten Verehrerinnen des Gottes *Dionysos.*
Manado, indones. Hafenstadt, Hauptort von N-Celebes, 220000 Ew.
Management ['mænidʒmənt], die Gesamtheit der Führungskräfte **(Manager),** auch die Leitung eines Unternehmens. Die Führungsmethode eines Unternehmens oder Betriebes.
Managerkrankheit ['mænidʒə-], irreführende Bez. für eine allg. Erkrankung auf nervöser Grundlage, deren Kennzeichen vor allem Kreislaufstörungen sind (die oft zu plötzlichem Herztod führen). Gründe können Arbeitsüberlastung, Unsicherheit u. Existenzangst sein.
Managua, Hptst. von Nicaragua, am Südufer des *M.-Sees* (1234 km²), 700000 Ew.; 1972 durch starkes Erdbeben zu 70–80% zerstört.
Manama, *Al M.,* Hptst. des arab. Fürstentums Bahrain, 120000 Ew.; Freihafen.
Manaslu, Himalaya-Gipfel in Nepal, 8128 m.
Manasse, 1. im AT Sohn Josephs, Stammvater eines Stamms Israels. – **2.** König von Juda 696–642 v. Chr.
Manatis, *Trichechidae,* Fam. der *Seekühe,* mit drei Arten im Küstengebiet u. in Flüssen W-Afrikas u. S-Amerikas; hierzu der *Lamantin.*
Manaus, bis 1939 *Manáos,* Hptst., Haupthafen (für Seeschiffe zugänglich) u. wirtschaftl. Zentrum des brasilian. Bundesstaats Amazonas, nahe der Rio-Negro-Mündung, 650000 Ew.; Opernhaus; Flughafen.
Mancha ['mantʃa] →La Mancha.
Manche [mãʃ] →La Manche.
Manchester ['mæntʃistə], *Genua-Kord,* ein kräftiges Baumwollsamtgewebe mit Längsrippen.
Manchester ['mæntʃistə], Stadt in NW-England, 450000 Ew.; durch den *M.-Shipcanal* (64 km) mit der Irischen See verbunden; Zentrum der Baumwollind. – Im 19. Jh. Mittelpunkt der engl. Arbeiterbewegung.
Manchestertum, die extreme Form des wirtschaftl. *Liberalismus;* sie forderte Freihandel u. verwarf jede staatl. Einmischung in den Wirtschaftsablauf. Das M. ging im 19. Jh. von der engl. Baumwollindustrie (Hauptsitz: Manchester) u. von der 1839 gegr. *Anti-Corn-Law-League* (forderte Fortfall der Getreide-Einfuhrzölle) aus.
Manching, Gem. in Oberbayern, an der unteren Paar, 10000 Ew.; NATO-Flugplatz, Flugerprobungsstelle. – Östl. von M. lag ein kelt. Oppidum, vermutl. die Hptst. der Vindeliker.
Mandäer, *Nazoräer, Sabier,* eine Sekte, die Johannes den Täufer als ihren Meister ansieht u. Christus als falschen Propheten verwirft; nachweisbar seit dem 4. Jh. n. Chr.
Mandala, in Tibet u. im jap. Buddhismus ein mystisches Diagramm (Schaubild) in Form eines Kreises oder Vielecks, das bestimmte geistige Zusammenhänge versinnbildlichen soll.

542 Mandalay

Mandarinente (Erpel)

Mandalay ['mændəlɛi], *Mandale*, Prov.-Hptst. in Birma, Binnenhafen am Irrawaddy, 530 000 Ew.; buddhist. Wallfahrtsort.
Mandant, der Auftraggeber eines Rechtsanwalts.
Mandarin, europ. Bez. für die hohen chin. Staatsbeamten der Kaiserzeit.
Mandarine, in Indochina heim. Strauch oder kleiner Baum mit apfelsinenähnl. aromat. Früchten.
Mandarinente, kleine ostasiat. *Ente* mit im männl. Geschlecht bes. prächtigem Gefieder; häufig als Ziergeflügel gehalten.
Mandat, 1. Auftrag. – 2. der »Auftrag« des von den Wahlberechtigten in eine parlamentar. Körperschaft (z.B. Gemeinderat, Landtag, Bundestag) entsandten Vertreters (Abgeordneten). Das Verhältnis zu den Wählern kann auf dem *imperativen M.* beruhen; dann hat der Abgeordnete den ihm aufgetragenen detaillierten Wünschen zu entsprechen. Beim *freien M.* sind die Abgeordneten Vertreter des ganzen Volkes, an Aufträge u. Weisungen nicht gebunden u. nur ihrem Gewissen unterworfen (so in der BR Dtld. Art. 38 GG).
Mandatsgebiete, die nach dem 1. Weltkrieg aus türk. Gebieten u. dt. Kolonien gebildeten Verwaltungsbereiche, über die der *Völkerbund* die Aufsicht ausübte, während die Verwaltung in den Händen der jeweiligen *Mandatsmächte* lag; das Mandat wird heute von den *Vereinten Nationen* ausgeübt.
Mande, *Mandingo*, eine westsudan. Völker- u. Sprachgruppe im Gebiet des oberen Niger, Gambias u. Senegals, als Volk über 3,5 Mio., als Sprachgruppe 7,5 Mio.
Mandela, Nelson Rolihlahla, *18.7.1918, südafrik. Politiker aus dem Volk der Xhosa; trat 1944 dem Afrik. Nationalkongreß (ANC) bei u. war aktiv im Kampf gegen die Apartheid. M. arbeitete am Aufbau einer Militärorganisation des ANC, bevor er 1964 zu lebenslängl. Zuchthaus verurteilt wurde. Seine Haftentlassung 1990 markierte die polit. Wende in Südafrika. 1991 wurde er Präs. des ANC. 1993 erhielt er zusammen mit F.W. de *Klerk* den Friedensnobelpreis. 1994 wurde M. Staatspräsident.
Mandelbaum, *Prunus amygdalus*, Fam. der *Rosengewächse*; in Vorder- u. Zentralasien heim., bis 6 m hoher Baum. Die *bitteren Mandeln* sind wegen der chem. leicht abspaltbaren Blausäure giftig, wenn sie in größeren Mengen genossen werden; aus ihnen wird das in der Parfümerie verwendete äther. Bittermandelöl gewonnen. Die aus dem Mittelmeergebiet stammenden *süßen Mandeln* werden bes. in Konditoreien u. Marzipanfabriken verwendet.
Mandelentzündung →Tonsillitis.
Mandeln, 1. *Tonsillae*, Tonsillen, die aus lymphat. Gewebe bestehenden weichen Knoten im *Rachenring*. Die beiden *Gaumen-M.* liegen in der Schleimhautfalte der Gaumenbögen beiderseits in der Mundhöhle direkt sichtbar, während die *Rachenmandel* im Nasen-Rachen-Raum nur durch Spiegelung sichtbar ist; die *Zungenmandel* befindet sich am Zungengrund. – 2. →Mandelbaum.
Mandelsteine, Ergußsteine mit blasiger Struktur, bei denen die Hohlräume mit Mineralbildungen (Kalkspat, Achat u. a.) ausgefüllt sind.
Mander, Carel van, *1548, †1606, niederl. Maler u. Kunstschriftst.; Lehrer von F. *Hals.*
Mandeville ['mændəvil], Bernard de, *um 1670, †1733, engl. Schriftst.; wandte sich gegen den Optimismus von A. *Shaftesbury.*
Mandingo →Mande.
Mandoline, ein Zupfinstrument mit lautenförmigem, tiefbauchigem Korpus u. kurzem Hals.

Mandrill, *Mandrillus*, Gatt. W-afrik., sehr kräftiger *Hundskopfaffen* mit rotblauen Gesäßschwielen, beim Männchen mit roter Nase u. blauen Wangen.
Mandschu, *Mandschuren*, tungus. Stämme, Nachkommen der Dschurdschen-Stämme *(Kin)*, die in der Mandschurei beheimatet waren; fast völlig im chin. Volk aufgegangen; begr. im 17. Jh. die *Qing-(M.)-Dynastie*.
Mandschukuo, *Mandschutikuo*, 1932–45 in der Mandschurei mit jap. Hilfe errichteter Staat mit dem letzten Mandschu-Kaiser *Pu Yi* an der Spitze.
Mandschurei, chin. *Manzhuo* oder *Dongbei*, Gebiet im NO der Volksrep. China; im N vom Amur, im O vom Ussuri, im SO von Yalu u. Tumen, im W vom Großen Khingan begrenzt; umfaßt die Prov. *Liaoning, Jilin* u. *Heilongjiang*, zus. rd. 1,23 Mio. km², 99 Mio. Ew.; wegen der zahlr. Bodenschätze Ind.-Zentrum Chinas.
Gesch.: Ende des 16. Jh. wurde die M. vom tungus. Volk der *Mandschu* geeint, das im 17. Jh. China eroberte u. dort 1644–1912 herrschte (Mandschu-Dynastie). In der 2. Hälfte des 19. Jh. verstärkte sich der Einfluß Rußlands von N her u. stieß auf den Widerstand Japans. 1904/05 kam es zum *russ.-jap. Krieg*, in dem Japan siegte. Seit 1918 wurde der chin. Marschall *Zhang Zuolin* zur eigtl. Beherrscher der M.; 1931 griff Japan erneut militär. ein u. bildete mit dem letzten Kaiser der Mandschu-Dynastie als Regenten den von Japan abhängigen Staat *Mandschukuo*. – 1945 vertrieben die Russen die Japaner aus der M. u. gaben das Land an China zurück.
Manege [ma'ne:ʒə; frz.], kreisförmige Vorführungsfläche im Zirkus.
Manen, in der altröm. Religion die göttlich verehrten Seelen der Toten.
Manescu, Manea, *9.8.1916, rumän. Politiker (KP); 1974–79 Min.-Präs.
Manessier [-'sje], Alfred, *1911, †1993, frz. Maler; abstrakte Glasmalereien u. Staffeleibilder.
Manessische Handschrift, die Große →Heidelberger Liederhandschrift; benannt nach dem Zürcher Sammler Rüdiger *Manesse* (†1304).
Manet [-'nɛ], Édouard, *1832, †1883, frz. Maler u. Graphiker; Wegbereiter des Impressionismus, gelangte unter allmähl. Aufhellung der Palette zur Freilichtmalerei. W »Frühstück im Freien«, »Olympia«, »Erschießung Kaiser Maximilians«.
Manetho, ägypt. Priestergelehrter, schrieb im 3. Jh. v. Chr. eine Geschichte Ägyptens.
Manfred, *1232, †1266, König von Sizilien 1258–66; unehel. Sohn Kaiser Friedrichs II., erbte von seinem Vater das Fürstentum Tarent; unterwarf 1255–57 ganz Sizilien u. Neapel. 1266 fiel er in der Schlacht bei Benevent gegen Karl von Anjou.
Manfredini, Francesco Maria, *um 1680 oder 1688, †1748, ital. Komponist.
Manfredònia, Hafenstadt in Italien im nördl. Apulien, 45 000 Ew.
Mangaben, *Cercocebus*, afrik. Gatt. düster ge-

Nelson Mandela mit seiner Frau nach der Haftentlassung 1990

Mandschurei: Pu Yi (Mitte), der letzte chinesische Kaiser, als Präsident des von Japan abhängigen Satellitenstaates Mandschukuo; 1932

färbter *Hundskopfaffen;* bis 90 cm groß; 4 Arten, von denen die *Schopfmangabe* am bekanntesten ist.
Mangalia, rumän. Stadt am Schwarzen Meer, 40 000 Ew.; Seebad; radioaktive, schwefelhaltige Thermen.
Mangalore [-'lu:r], Stadt an der Malabarküste SW-Indiens, 200 000 Ew.; Exporthafen.
Mangan, ein →chemisches Element.
Manganknollen, faustgroße Erzablagerungen der Tiefsee, bes. von Mangan u. a. Metallen; durch Abscheidungen von Mikroorganismen entstanden.
Mangano, Silvana, *1930, †1989, ital. Schauspielerin; erfolgreich in »Bitterer Reis«.
Mängelhaftung, die Verpflichtung des Vertragspartners, für Mängel an der Sache oder am Recht einzustehen; →Gewährleistung.
Mangelkrankheiten, Störungen des Wohlbefindens u. a. Krankheitsbilder beim Menschen, Tieren u. Pflanzen, die durch das Fehlen eines oder mehrerer Stoffe in der Nahrung hervorgerufen werden, z. B. die *Avitaminosen*.
Mangelsdorff, Albert, *5.9.1928, dt. Jazzmusiker (Posaune, Komposition).
Manger, Jürgen von, *1923, †1994, Schauspieler u. Kabarettist; verkörperte den Ruhrgebietstyp »Adolf Tegtmeier«.
Mangfall, l. Nbfl. des Inn, 55 km; mündet bei Rosenheim. – **M.-Gebirge**, Teil der Bay. Alpen, zw. Isar u. Inn, in der Rotwand 1884 m.
Manglebaumgewächse, *Rhizophoraceae*, Fam. der *Myrtales*, Pflanzen der Küstenregion (Mangrovepflanzen).
Mango, Mischling zw. Negern u. Zambos.
Mangobaum, *Mangifera*, südasiat. Gatt. der *Sumachgewächse*. Der *Indische M.* ist die wichtigste trop. Obstpflanze *(Mangopflaumen)*.
Mangold, eine Kulturform der *Runkelrübe*.
Mangrove, eine Pflanzengesellschaft der trop. Küstensümpfe aus immergrünen, baumartigen Salzpflanzen. Ihre Vertreter haben Stelzwurzeln, senkrecht aus dem Wasser herausragende Luftwurzeln als Anpassung an den sauerstoffarmen Boden u. vermehren sich durch auf der Mutterpflanze bereits ausgekeimte junge Pflanzen. Wichtigste Gatt. sind *Bruguiera, Rhizophora, Ceriops, Avicennia, Sonneratia.*
Mangusten →Ichneumons, →Mungos.
Manhatten [mæn'hætən], zentraler Stadtteil von New York, auf der von Hudson, East River u. Harlem River umflossenen Insel M.; im Südteil liegt das Gebiet der Wolkenkratzer mit *Wallstreet* u. *Rockefeller Center.*
Mani, *Manes*, *216, †276, babyl. Religionsstifter pers. Abstammung; trat seit 242 als Abgesandter Gottes in Persien auf u. wollte die Religion Zarathustras dort mit einer neue Heilslehre, die buddhist., jüd. u. christl. Lehren verband **(Manichäismus)**, verdrängen.
Manie, 1. Erregungszustand der manisch-depressiven Psychose. – 2. abnormes (zwang- u. suchtar-

tiges) Verhalten psychopathischer Menschen: *Monomanie, Kleptomanie, Nymphomanie* u. a.

Manier, allg. Lebensart, Umgangsform, speziell der bestimmte Stil eines Künstlers, abwertend auch Künstelei.

Manierismus [-ni:'ris-], die Stilbewegung der europ. Kunst zw. Renaissance u. Barock, die um 1520 begann u. um 1600 endete. Grundmotive des M. sind das Interesse am Absonderlichen u. Überwirklichen, die Bevorzugung extremer Ausdrucksmittel, eine gespreizte Gestik u. die Neigung zu gekünstelter Stilisierung u. deformierender Abstraktion. In der bildenden Kunst begann der Hauptperiode des europ. M. in Florenz; er verkörpert sich bes. deutlich in Werken von J. *Pontormo,* G. *Arcimboldi, Tintoretto* u. a. Der wichtigste Vertreter außerhalb Italiens ist El Greco.

Manifest, 1. *Manifestation,* öffentl. Erklärung. – **2.** *Seerecht:* Ladungsverzeichnis.

Maniküre, Handpflege, bes. die Pflege der Nägel.

Manila, Hptst. der Philippinen, an der *M.-Bucht* auf Luzón, 1,6 Mio. Ew.; Univ.; Hütten-, Nahrungsmittel- u. Tabakind., bed. Hafen, internat. Flughafen.

Manila-Pakt, Bez. für →SEATO.

Maniok, *Cassavestrauch, Tapioka,* bis 3 m hohe, in Südamerika beheimatete Sträucher aus der Fam. der *Wolfsmilchgewächse;* wichtige Nährpflanzen der Tropen. Die stärkereichen Knollen sind in frischem Zustand infolge ihres Gehalts an Blausäure giftig; durch Kochen, Rösten u. durch einfaches Trocknen wird die Blausäure entfernt.

Maniok ist eines der Hauptnahrungsmittel in Ostafrika; hier werden die geschälten Maniokknollen zerkleinert und zum Trocknen auf dem Boden ausgebreitet

Manierismus: Agnolo Bronzino, Pygmalion. Rom, Istituto Centrale del Restauro

Manipulation, geschickte Handhabung, Kunstgriff; meist negativ verstanden als eine Bewußtseinsbeeinflussung, die vom Betroffenen nicht wahrgenommen wird (z. B. in der Werbung).

Manipulator, ein Apparat, der es erlaubt, Bewegungen der menschl. Hand u. einzelner Finger auf entfernte Gegenstände zu übertragen; vor allem zum Hantieren mit radioaktiven Substanzen.

Manipur, engl. *Manipore,* Bundesstaat →Indiens; ehem. Fürstenstaat, 1949–72 ind. Unionsterritorium.

manisch-depressives Syndrom, *manisch-depressives Irresein, Zyklophrenie,* zu den endogenen Psychosen gehörendes Krankheitsbild, bisher ohne erkennbare organ. Grundlage. Das m. S. ist gekennzeichnet durch einen period. Wechsel zw. gehobener Stimmung u. erhöhter Erregung *(Manie)* einerseits u. gedrückter Stimmung u. gehemmter Antriebslage *(Depression)* andererseits. Das m. S. ist ein *Gemütsleiden.*

Manismus, der in manchen Religionen von Naturvölkern verbreitete Glaube an eine geheimnisvolle Kraft (→Mana), die sich in Personen u. Sachen manifestieren kann; auch *Dynamismus* gen.

Manitoba [mæni'toubə], Prov. in →Kanada.

Manitoba-See [mæni'toubə-], See im S der kanad. Prov. Manitoba, 4705 km².

Manitu, *Manito,* bei den Algonkin-Indianern eine unpersönliche, außerordentl. wirksame Kraft, die in allen Wesen, Dingen, Tätigkeiten u. Erscheinungen enthalten ist.

Manizales [-'sa-], Hptst. des kolumbian. Dep. Caldas, am Cauca, 2150 m ü. M., 330 000 Ew.

Mankiewicz ['mæŋkəvits], Joseph, * 1909, † 1993, US-amerik. Filmregisseur (psychol. Komödien).

Manko, Mangel, Fehlbetrag.

Mann, 1. Erika, älteste Tochter von 5), * 1905, † 1969, dt. Schauspielerin u. Schriftst. – **2.** Golo, Sohn von 5), * 27.3.1909, dt. Historiker, W »Dt. Geschichte im 19. u. 20. Jh.«, »Wallenstein«. – **3.** Heinrich, Bruder von 5), * 1871, † 1950, dt. Schriftst.; 1930–33 Präs. der Preuß. Dichterakad., dann Emigrant, ging 1940 in die USA; ein betont antibürgerl. Kämpfer für Fortschritt, radikale Demokratie u. Pazifismus; W Romane: »Professor Unrat« (als Film: »Der blaue Engel«), »Der Untertan«, »König Henri Quatre«. – **4.** Klaus, Sohn von 5), * 1906, † 1949 (Selbstmord), dt. Romanschriftst.; emigrierte 1936 in die USA, W »Mephisto«. – **5.** Thomas, * 1875, † 1955, dt. Schriftst.; ging 1939 in die USA, wo er 1944 US-amerik. Staatsbürger wurde; seit 1952 in der Schweiz. Sein Werk lebt aus den Spannungen zwischen Geist u. Leben, Kunst u. Bürgertum, Todesahnsucht u. Lebenspflicht u. verbindet sprachl. Artistik mit Ironie. W Romane: »Buddenbrooks« (1929 dafür Nobelpreis), »Königl. Hoheit«, »Der Zauberberg«, »Joseph u. seine Brüder«, »Lotte in Weimar«, »Doktor Faustus«, »Der Erwählte«, »Bekenntnisse des Hochstaplers Felix Krull«; Novellen: »Tristan«, »Der Tod in Venedig«, »Tonio Kröger«, »Wälsungenblut«.

Manna, 1. wunderbares Brot vom Himmel, mit dem Gott die Israeliten in der Wüste speiste (2. Mose 16). – **2.** durch den Insektenstich aus der Rinde der ital. M.- oder Blumenesche austretende zuckerhaltige Masse; auch süße Säfte anderer Pflanzen, z.B. *Lärchen-M.*

Mannbarkeitsfeier, die Reifeweihen bei Naturvölkern; →Initiation.

Mannequin [-'kẽ], urspr. eine Gliederpuppe; seit Mitte des 19. Jh. Vorführdame für Moden.

Männerhaus, bei manchen Naturvölkern der Tagesaufenthaltsort der Männer des Dorfes; der Mittelpunkt des polit. Dorflebens.

Mannerheim, Carl Gustaf Frhr. von, * 1867, † 1951, finn. Marschall u. Politiker; 1917/18 Führer des finn. Freiheitskampfes, kämpfte als Oberbefehlshaber 1939/40 u. 1941–44 gegen die Sowjetunion; 1944–46 Staats-Präs., trat zurück u. emigrierte in die Schweiz.

Männertreu, die Pflanze →Ehrenpreis.

Mannesmann, Reinhard, * 1856, † 1922, dt. Industrieller; fand mit seinem Bruder Max 1885 ein Verfahren, nahtlose Stahlrohre *(M.-Rohre)* herzustellen.

Mannheim, krfr. Stadt in Ba.-Wü., an der Mündung des Neckar in den Rhein, 300 000 Ew.; Barockschloß, Wasserturm, Altstadt mit schachbrettartigem Grundriß (136 mit Buchstaben u. Ziffern benannte Rechtecke), Univ.; Binnenhafen, vielfältige Ind. 1606 als Festungsstadt gegr. (vorher Siedlung), 1689 zerstört, danach in heutiger Anlage aufgebaut, 1720–78 kurpfälz. Residenz.

Mannheim, 1. Karl, * 1893, † 1947, dt. Soziologe. – **2.** Lucie, * 1899, † 1976, dt. Schauspielerin.

Mannheimer Schule, eine Gruppe von Musikern am Hof des 1743–78 in Mannheim residierenden Kurfürsten Karl Philipp Theodor von der Pfalz, die durch ihr vorzügliches, sehr diszipliniertes Spiel u. durch einen z. T. neuartigen Kompositionsstil (ungewohnte dynamische Effekte, »Mannheimer Crescendi«) Aufsehen erregten; Hauptvertreter: J. *Stamitz,* F.X. *Richter,* I. *Holzbauer.*

Mannsschild, *Androsace,* Gatt. der *Primelgewächse* mit doldig stehenden Blüten; Polsterpflanzen der Hochgebirge.

Mannstreu, *Eryngium,* Gatt. der *Doldengewächse.* In Dtld. wächst vor allem die *Stranddistel,* mit stahlblauen Blütenköpfchen.

Manometer, Druckmesser für Gase u. Flüssigkeiten (z. B. Luftdruck, Dampfdruck), als *Flüssigkeits-M.* (Quecksilber in einem U-förmigen Rohr) oder *Membran-M.* (der Druck auf eine Membran wird über ein Hebelwerk angezeigt).

Manor ['mænə], altengl. Ritter- oder Landgut mit Sonderrechten, Lehnsgut.

Manöver, Truppenübungen unter möglichst kriegsähnl. Verhältnissen in unbekanntem Gelände.

Mans [mã] →Le Mans.

Mansarde, zum Wohnraum ausgebautes Dachgeschoß.

Mansart [mã'sa:r], Hardouin-M., Jules, * 1646, † 1708, frz. Baumeister; seit 1685 erster Hofbaumeister *Ludwigs XIV.,* leitete seit 1679 den Bau des Schlosses in Versailles, entwarf u. a. den Invalidendom in Paris. Er führte das nach ihm benannte *Mansardendach* ein.

Mansen, *Mansi, Wogulen,* ein ugrisches Volk (rd. 7000) nordöstl. des Ural.

Mansfeld, 1. ehem. Grafengeschlecht u. mitteldt. Gft. – **2.** Stadt in Sachsen-Anhalt, an der Wipper östl. vom Harz, 5600 Ew.

Mansfeld, Ernst II. Graf von, * 1580, † 1626,

Manna (1) fällt vom Himmel als göttliche Speise für die Israeliten in der Wüste (2. Mose 16)

Mansfield

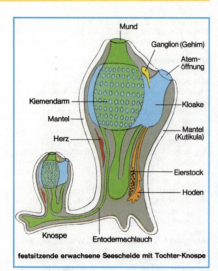

Manteltiere: Seescheide (Bauplan)

Heerführer im *Dreißigjährigen Krieg;* kämpfte mit Söldnertruppen um Kriegsgewinn u. Beute; siegte 1622 über Tilly, 1626 von Wallenstein entscheidend geschlagen.

Mansfield ['mænsfi:ld], **1.** Jayne, *1934, †1967, US-amerik. Filmschauspielerin; verkörperte den Typ der »Sexbombe«. – **2.** Katherine, Deckname für Kathleen *Beauchamp,* *1888, †1923, engl. Schriftst. (impressionist. Erzählkunst).

Mansi, Giovanni Domenico, *1692, †1769, ital. kath. Theologe, Erzbischof von Lucca; gab die vollständigste, bis heute benutzte Konziliensammlung heraus (31 Bände).

Manstein, Fritz Erich von *Lewinski,* gen. von M., *1887, †1973, dt. Offizier, Generalfeldmarschall; im 2. Weltkrieg führender dt. Stratege u. Heerführer, 1944 abgelöst.

Mansur, Almansor, al-Mansur, Name mehrerer Kalifen. *Abu Djafar al-M.,* *712, †775, zweiter Abbasidenkalif 754–75, erhob 762 das Dorf Bagdad zur neuen Residenz des Islam. Reichs.

Mansura, *Al M.,* Prov.-Hptst. im nördl. Ägypten, am Damietta-Arm des Nil, 335 000 Ew.

Manta → Teufelsrochen.

Mantegna [-'tɛnja], Andrea, *1431, †1506, ital. Maler u. Kupferstecher; Hauptmeister der Renaissance in Oberitalien, seit 1460 Hofmaler in Mantua. Bei meist kühler Farbigkeit sind seine Fresken u. Altarbilder vor allem auf das Dreidimensionale von Körper u. Raum gerichtet.

Mantel, 1. Übergewand zum Schutz gegen Witterungseinflüsse, auch Herrscherattribut *(Königs-M.)* u. Sinnbild beschützender Obhut. – **2.** der das Anteilsrecht verbriefende Teil eines Wertpapiers im Gegensatz zu den zur Einlösung der Zinsen, Dividenden u. ä. zu verwendenden Kuponbogen.

Mantelfläche, die Begrenzungsfläche eines prismat. oder pyramidenförmigen Körpers, die nicht Deck- oder Grundfläche ist.

Mantelgeschoß, ein Geschoß, dessen (Blei-) Kern mit einer Hülle *(Mantel)* aus härterem Metall überzogen ist.

Mantelpavian, felsenbewohnender *Hundskopfaffe* NO-Afrikas u. S-Arabiens; am Gesäß große rote Brunftschwielen. Die Haare der Schulterregion sind bei den Männchen zu einem mantelartigen Behang verlängert.

Manteltarif, für einen längeren Zeitraum bestimmter Tarifvertrag, der die allg. Arbeitsbedingungen festlegt, während die Lohnhöhe durch den *Lohntarif* mit regelmäßig kürzerer Laufdauer bestimmt wird.

Manteltiere, *Tunicata,* Klasse der *Chordaten;* meist sackähnliche, festsitzende Meerestiere mit gallert- oder knorpelartiger Körperumhüllung *(Mantel),* die Cellulose enthält; Klassen: *Appendicularia, Seescheiden* u. *Salpen.*

Manteuffel, 1. Edwin Freiherr von, *1809, †1885, preuß. Offizier, Generalfeldmarschall; als Chef des 1858 erneuerten Militärkabinetts mit A. von *Roon* maßgebl. an der preuß. *Heeresreform* beteiligt. – **2.** Otto Theodor Freiherr von, *1805, †1882, preuß. Politiker; setzte sich für einen Beamtenstaat u. gegen die Entwicklung Preußens zum Verfassungsstaat ein; 1848 Innen-Min., 1850–58 Min.-Präs. u. Außen-Min.

Mantik, die oft in Ekstase geübte Kunst der Weissagung.

Mantilla [-'tilja], ein Kopf- oder Schulterumhang, meist aus Spitzen gefertigt; bes. in der Kleidung der span. Frauen.

Mantisse → Logarithmus.

Mantra, ind. Bez. für hl. Texte, bes. Hymnen des Veda; allg. myst. oder mag. Formel, auch als Meditationshilfsmittel.

Mantua, ital. *Màntova,* ital. Stadt in der Lombardei, am Unterlauf des Mincio, Hptst. der gleichn. Prov., 66 000 Ew.; 1328–1627 von den *Gonzaga* beherrscht, 1785 zu Mailand, 1814–66 österreichisch.

Manu, im hinduist. Mythos der Urvater des Menschengeschlechts, Sohn *Brahmas.*

Manual, 1. *Manuale,* Tagebuch, (liturg.) Handbuch. – **2.** die Handklaviatur bei der Orgel u. a. Tasteninstrumenten mit mehr als einer Klaviatur (Harmonium, Cembalo); Gegensatz: Fußtastatur *(Pedal).*

Manuel, Niklas, gen. *Deutsch,* *um 1484, †1530, schweiz. Maler, Graphiker u. Dichter; Anhänger der Reformation.

manuell [lat. manus, »Hand«], mit der Hand hergestellt.

Manufaktur, die Form des frühkapitalistischen gewerbl. Großbetriebs, ohne Maschinen oder zumindest mit vorherrschender Handarbeit; von der *Fabrik* abgelöst.

Manul, *Pallaskatze,* kurzbeiniger *Luchs* der Wüsten u. Hochsteppen Innerasiens.

Manuskript, Abk. *MS., ms., Mskr.,* urspr. die handschriftl. Originalfassung eines Textes im Gegensatz zu den anfangs handschriftl., später gedruckten Vervielfältigungen; dann jede hand- oder maschinengeschriebene Druckvorlage.

Manutius, *Manuzzi,* eine ital. Buchdrucker- u. Buchhändlerfamilie, deren sorgfältige Drucke nach Aldus *M. dem Älteren* (*um 1448, †1515) als *Aldinen* bezeichnet werden.

Manyoshu, große jap. Gedichtsammlung, abgeschlossen um 760.

Manytsch, l. Nbfl. des unteren Don im nördl. Kaukasus-Vorland, als *Westl. M.* 219 km. Der *Östl. M.* (230 km) erreicht nur in niederschlagsreichen Jahren die untere Kuma.

Manzanillo [mansa'niljo], Hafenstadt im sö. Kuba, 87 000 Ew.; wichtiger Ausfuhrhafen.

Manzoni, Alessandro, *1785, †1873, ital. Schriftst.; entwickelte sich zum ital. Patrioten; kämpfte im Geist der Romantik gegen die Aufklärung; W Roman »Die Verlobten«.

Manzù, *Manzoni,* eigtl. G. *Manzoni,* *1908, †1991, ital. Bildhauer u. Graphiker.

Mao Dun, eigtl. *Shen Yanbing,* *1896, †1981, chin. realist. Schriftst.; 1949–65 Kultus-Min. der Volksrep. China; schrieb Romane u. Erzählungen.

Maoismus, die Lehren *Mao Zedongs,* die auf der Grundlage des *Marxismus-Leninismus* den klass. Marxismus weiterentwickelt u. den Gegebenheiten Chinas angepaßt haben. Der M. sieht in den bäuerl. Massen die Basis der revolutionären Umgestaltung; Hauptanliegen war die Vergesellschaftung der Landwirtschaft. Durch ständige »Kulturrevolutionen« soll die Entfremdung zwischen Parteielite u. Volk verhindert u. ein neuer Mensch geprägt werden. Wichtig im M. ist auch die Lehre vom *Guerillakrieg.*

Maori, die polynes. Ureinwohner Neuseelands; rd. 310 000; seit 1814 christianisiert.

Mao Zedong, *Mao Tsetung,* *1893, †1976, chin. Politiker (Kommunist); nahm 1921 an der Gründung der chin. KP teil. 1923 wurde er Mitgl. des ZK, zugleich bekleidete er Funktionen in der mit der KP verbündeten *Guomindang* (Nationalpartei). Ab 1927 organisierte M. Z. im Bergland zwischen Hunan u. Jiangxi eine revolutionäre Bauernbewegung. 1934 durchbrach er die Umzingelung durch Guomindang-Truppen u. führte Zehntausende seiner Anhänger auf dem »Langen Marsch« (1934/35) in die nördl. Prov. Shaanxi. 1935 wurde er Vors. des Politbüros u. war seither unbestrittener Parteiführer. Im Okt. 1949 rief er die Volksrep. China aus; er wurde Vors. der Zentralen Volksregierung, 1954 nach Annahme der neuen Verfassung Vors. der Volksrep. (Staatsoberhaupt). Unter seiner Leitung begann die sozialist. Umgestaltung Chinas. 1958 proklamierte er den »Großen Sprung nach vorn«, die sofortige Errichtung der kommunist. Gesellschaftsordnung.
Nach Rückschlägen in der Wirtschaft u. im Zusammenhang mit Machtkämpfen trat M. Z. 1959 als Staatsoberhaupt zurück, behielt aber seine Parteiämter. In der *Großen Kulturrevolution* (1966–69) gelang es ihm, seine auf eine gemäßigte Politik dringenden innerparteil. Gegner auszuschalten. Anschließend (1971) entmachtete er seinen designierten Nachfolger *Lin Biao.* In der Folge unterstützte er mit seiner Autorität die von Min.-Präs. *Zhou Enlai* repräsentierte Politik, die innenpolit. auf Konsolidierung u. wirtschaftl., außenpolit. auf Durchbrechung der Isolierung Chinas abzielte. Nach seinem Tod distanzierte sich die neue Führung teilweise von seiner Politik. →Maoismus.

Mapai, Kurzwort für *Mifleget Poalei Erez Israel,* die *Arbeiterpartei* Israels; 1930 entstandene nichtreligiöse, zionistische, gemäßigt sozialistische u. demokratische Partei Israels.

Mapam, Kurzwort für *Mifleget Hapoalim Hame'uchedet,* 1948 gegr. linkssozialist. Partei Israels mit bes. starker Bindung an die Kibbuz-Bewegung.

Mapuche, südamerik. Indianer *(Araukaner),* u. a. in Chile, wo sie wegen radikaler Forderungen nach indian. Autonomie zunehmender Verfolgung ausgesetzt waren.

Maputo, fr. *Lourenço Marques,* Hptst. von Moçambique, 1,10 Mill. Ew.; bed. Hafen (Transit), internat. Flughafen.

Maquis, **1.** →Macchie. – **2.** im 2. Weltkrieg in Frankreich eine Untergrundorganisation.

Mär, *Maere,* im MA eine erzählende Versdichtung; auch der Inhalt einer Erzählung, Nachricht.

Mara, *Pampashase,* ein dem Meerschweinchen verwandtes *Nagetier,* von hasenartiger Gestalt; lebt in den patagon. Steppen Südamerikas als Erdhöhlenbewohner.

Marabu, ein kräftiger afrik. *Storch* mit nacktem Hals u. Kopf u. großem Kropfsack (»Kropfstorch«).

Marabut, *Marbut,* ein Einsiedler *(Derwisch)* im westl. Islam; auch Grabkapelle eines Einsiedlers, dann allg. Heiligengrab.

Maracaibo, Hafenstadt in Venezuela, Hptst. des Bundesstaats Zulia, 900 000 Ew.; Zentrum eines Erdölgebiets, internat. Flughafen.

Maracay, Hptst. des Bundesstaats Aragua im nördl. Venezuela, am Valencia-See, 360 000 Ew.

Maracuja →Passionsblume.

Maradona, Diego, *30.10.1960, argentin. Fußballspieler; Weltmeister 1986.

Márai ['ma:rɔi], Sándor, *1900, †1989, ung. Schriftst. u. Publizist; lebte in New York.

Marais [ma'rɛ], Jean, eigtl. *J. M.-Villain,* *11.12.1913, frz. Schauspieler (wirkte in Filmen von Jean *Cocteau*).

Marajó [-'ʒɔ], brasil. Insel in der Mündung des Amazonas in den Atlantik; größte Schwemmlandinsel der Erde, 47 573 km², 25 000 Ew., Hauptort *Soure.*

Mao Zedong

Marathonlauf: Teilnehmer am Stadtmarathon von New York

Maramureş [-rɛʃ], ung. *Mármaros*, Ldsch. an der oberen Theiß, in NW-Rumänien.
Maran [ma'rã], René, * 1887, † 1960, afrokarib. Schriftst.
Maräne, örtl. auch *Renke, Kilch, Schnäpel, Felchen, Coregonus,* Fischgattung der *Lachsartigen;* Plankton- u. Kleintierfresser. Zu ihnen gehören: *Große M., Kleine M., Bodenrenke* (Unterrasse: *Blaufelchen*); *Gangfisch, Nordsee-Schnäpel,* u. *Madümaräne, Ostsee-Schäpel.*
Maranhao [-'njau], Bundesstaat von →Brasilien.
Maranón [-'njɔn], ein Quellfluß des Amazonas.
Maraschino [-'ski:no], ein Likör aus der dalmatin. Maraskakirsche.
Marasmus, allg. Kräfteverfall, verbunden mit starker Abmagerung.
Marat [-'ra], Jean-Paul, * 1743, † 1793 (ermordet), frz. Revolutionär; schloß sich nach dem Sturz des Königtums G. J. *Danton* an u. betrieb als Präs. des Jakobinerklubs den Vernichtungskampf gegen die Girondisten. Er wurde von Ch. *Corday* erstochen.
Marathen, *Mahratta,* Marathi sprechendes ind. Krieger-, Hirten- u. Bauernvolk (40 Mio.) im Bundesstaat Maharashtra (Westghats).
Marathon, grch. Ort an der O-Küste von Attika. – 490 v. Chr. erlitten die Perser hier eine Niederlage durch *Miltiades*. Mit der Siegesnachricht soll ein Soldat *(Diomedon)* nach Athen gelaufen u. hier tot zusammengebrochen sein. Darauf beruht der **M.lauf** (über 42,195 km), ein Höhepunkt der Olymp. Spiele (zuerst in Athen, 1896, seit 1985 auch für Frauen).
Maratti, *Maratta,* Carlo, * 1625, † 1713, ital. Maler; schuf Altargemälde im spätbarocken Klassizismus.
Marbach am Neckar, Stadt in Ba.-Wü., nördl. von Stuttgart, 12 500 Ew.; Schiller-Nationalmuseum u. Dt. Literaturarchiv.
Marbod, † 37 n. Chr., König der Markomannen; führte sein Volk zus. mit einem Teil der *Quaden* aus dem Maingebiet gegen die Markomannen, Quaden u. Jazygen. Er war ein Anhänger der stoischen Philosophie, stärkte Verwaltung u. Rechtsprechung. das etwa Böhmen, Mähren u. Schlesien umfaßte. 19 n. Chr. zerbrach sein Reich wegen Streitigkeiten mit dem Cheruskerfürsten *Armin.*
Marburg, hess. Stadt an der Lahn, 73 000 Ew.; Univ. (1527); ehem. Residenz der hess. Landgrafen; Schloß, maler. Altstadt.
Marburger Bund, freiwillige Vereinigung zur Vertretung der berufl. u. wirtschaftl. Interessen der angestellten u. beamteten Ärzte in Dtld., gegr. 1947; Sitz: Köln.
Marburger Schule →Neukantianismus.
Marc, Franz, * 1880, † 1916 (gefallen), dt. Maler u. Graphiker; bes. Tierdarstellungen mit geometrisierendem u. rhythmisch gegliedertem Bildaufbau. Neben Kandinsky der Hauptmeister der 1911 von beiden Künstlern in München gegr. Gruppe »Der blaue Reiter«; W »Turm der blauen Pferde« (verschollen), »Die roten Pferde«.
marcato, musikal. Vortragsbez.: deutlich, betont.
Marc Aurel, *Marcus Aurelius Antonius,* * 121, † 180, röm. Kaiser 161–180; verteidigte das Reich im O erfolgreich gegen die Parther, im Donau-Raum gegen die Markomannen, Quaden u. Jazygen. Er war ein Anhänger der stoischen Philosophie, stärkte Verwaltung u. Rechtsprechung.
Marceau [mar'so], Marcel, * 22.3.1923, frz. Pantomime; schuf die Gestalt des »Bip«.

Marcel [mar'sɛl], Gabriel, * 1889, † 1973, frz. Philosoph u. Schriftst.; entwickelte im Unterschied zu M. Heidegger, K. Jaspers u. J.-P. Sartre eine vom Problem der Existenz Gottes ausgehende *Existenzphilosophie.*
Marcello [-'tʃɛlo], Benedetto, * 1686, † 1739, ital. Komponist; schrieb kantatenhafte Psalmenvertonungen.
Marcellus, M. II., eigtl. Marcello *Cervini,* * 1501, † 1555, Papst 9.4.–1.5.1555; päpstl. Legat auf dem Konzil von Trient.
March [març], tschech. *Morava,* l. Nbfl. der Donau, 358 km; durchfließt das niederöstr. **M.feld** (Schauplatz bed. Schlachten), mündet westl. von Preßburg.
Marchais [mar'ʃɛ], Georges, * 7.6.1920, frz. Politiker; seit 1972 Generalsekretär der frz. KP.
Marche, [marʃ], histor. frz. Ldsch.
Marche ['markɛ], *Marken,* Region in →Italien.
Märchen, eine kurze Prosaerzählung, die von phantast. Zuständen u. Vorgängen berichtet. Als eine Urform des Erzählens (für Kinder wie für Erwachsene) ist das M. bei Völkern verbreitet. Das europ. *Volks-M.* erzählt neben naiven Stoffen auch zahlr. oriental., die sich seit den Kreuzzügen, bes. aber seit der Übersetzung der arab. Slg. »Tausendundeine Nacht«, stark verbreitet haben. Die lebendige mündl. Überlieferung des Volks-M. hat mit der verbreiteten Slg. »Kinder- u. Haus-M.« (1812/14) der Brüder *Grimm* u. mit ähnl. Slg. einen gewissen Abschluß gefunden. Der erzähler. Reiz des M. gab den Anstoß zu zahlr. *Kunst-M.,* die Eigenarten des Volks-M. als bes. Stilmittel einsetzen. Die bekanntesten Kunst-M. schrieben L. *Tieck,* Goethe, C. *Brentano,* W. *Hauff,* E. *Mörike* u. H.Ch. *Andersen.*
Marchesa [-'ke:sa], ital.: Markgräfin.
Marcheschwan, *Cheschwan,* der 2. Monat des jüd. Kalenders (Oktober/November).
Marchese [-'ke:sǝ], ital.: Markgraf.
Marchfeld →March.
Marchlewski, Julian, Pseud.: W. *Karski,* * 1866, † 1925, poln. Politiker (Sozialist); 1893 zus. mit Rosa *Luxemburg* Gründer der Sozialdemokrat. Partei Polens u. Litauens, 1918 Mitgründer der KP Polens.
Marcion ['martsion], *Markion,* * um 85, † um 160, Sektengr. in Rom. Seine Lehre setzte sich aus christl. u. gnostisch-dualist. Elementen zusammen.
Marcks, 1. Erich, * 1861, † 1938, dt. Historiker. – **2.** Gerhard, * 1889, † 1981, dt. Bildhauer u. Graphiker; 1919–24 Lehrer am Bauhaus.
Marconi, Guglielmo, * 1874, † 1937, ital. Erfinder; Begr. der drahtlosen Nachrichtenverkehrs (1895). 1901 gelang ihm die erste Funkverbindung über den Atlantik. Nobelpreis für Physik 1909.
Marco Polo →Polo.
Marcos, Ferdinand, * 1919, † 1989, philippin. Offizier u. Politiker (Partido Nacionalista); 1966–86 Staats-Präs., seit 1972 mit diktator. Vollmachten; ging nach seinem Sturz 1986 ins Exil.
Marcuse, 1. Herbert, * 1898, † 1979, dt. Philosoph, Soziologe u. Politologe; Mitarbeiter am Frankfurter *Institut für Sozialforschung,* mit dem er 1933 nach New York emigrierte; seit 1965 an der Universität von California in San Diego; wurde mit seiner Aufforderung zur polit. Tat zu einem führenden Ideologen der student. Linksopposition. – **2.** Ludwig, * 1894, † 1971, dt. Schriftst., Literaturwiss. u. Publizist.
Mar del Plata, Hafenstadt u. internat. Seebad an der Atlantik-Küste Argentiniens, sö. von Buenos Aires, 420 000 Ew.
Marder, *Mustelidae,* artenreiche Fam. der *Landraubtiere,* mit gestrecktem Körper, niedrigen Beinen u. langem Schwanz; vorw. nachtaktiv; Fell als Pelzwerk begehrt. Alle M. sondern einen unangenehm riechenden Duftstoff ab. Zu den eigtl. M.n gehören u. a. *Edel-M., Stein-M., Wiesel, Iltis, Nerz, Vielfraß, Zobel, Zorilla, Grison.* Ferner zählen zu den M.n *Dachs, Otter* u. *Seeotter.*
Marderhaie, *Triakidae,* Fam. bis 1,50 m langer *Echter Haie;* häufigste Haie der Küstengewässer wärmerer Meere.
Marderhund, *Enok,* urtümlicher *Hund* mit waschbärähnl. Habitus; mit graubraunem Pelz (im Handel als »Seefuchs«).
Marduk, hebr. *Merodach,* urspr. ein Stadtgott von *Babylon.* Als *Hammurapi* (um 1700 v. Chr.) Babylon zur Hptst. des Reichs erhob, trat M. an die Spitze der babylon. Götterwelt.
Marées [ma're:], Hans von, * 1837, † 1887, dt. Maler; einer der Hauptvertreter des dt. Idealismus; schuf bes. mytholog. Bilder mit Aktfiguren vor Landschaftshintergründen.

Margarete I.: Sarkophag in der Domkirche zu Roskilde

Marek, Kurt W. →Ceram, C. W.
Maremmen, sumpfige Küstenstreifen im westl. Mittelitalien am Tyrrhen. Meer; heute entwässert u. besiedelt.
Marengo, Mischgraustoff, Wollstoff aus zart meliertem Garn; für Herrenanzüge u. Kleider.
Marenzio, Luca, * 1553, † 1599, ital. Komponist; mit etwa 500 vier- bis sechsstimmigen ausdrucksstarken *Madrigalen* ein Klassiker dieser Gattung.
Margarete, *Margarethe,* Fürstinnen.
Dänemark:
1. M. I., * 1353, † 1412, Königin von Dänemark, Norwegen u. Schweden; ließ auf dem Unionstreffen in Kalmar 1397 ihren Großneffen Erich von Pommern zum König aller drei nord. Reiche wählen *(Kalmarer Union).* – **2. M. II.,** * 16.4.1940, Königin seit 1972; seit 1967 verh. mit Graf Henri de *Laborde de Monpezat.*
Frankreich:
3. M. von Angoulême, aus dem Haus Orléans, * 1492, † 1549; Schwester Franz I., in zweiter Ehe verh. (1527) mit Heinrich d'Albret, König von Navarra; duldete den Protestantismus. – **4. M. von Valois,** * 1553, † 1615, Königin 1589–99; heiratete 1572 Heinrich (IV.) von Navarra (Anlaß für die Bartholomäusnacht); 1599 geschieden.
Niederlande:
5. M. von Österreich, * 1480, † 1530, Generalstatthalterin der Niederlande; Tochter Kaiser Maximilians I. u. der Maria von Burgund; versuchte, das Eindringen der Reformation zu verhindern.
6. M. von Parma, * 1522, † 1586, Generalstatthalterin der Niederlande; Tochter Kaiser Karls V.;

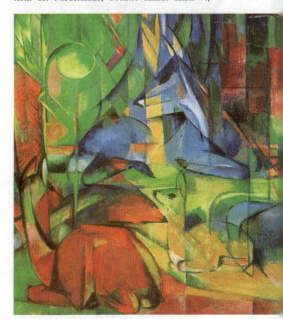

Franz Marc: Rehe im Walde II; 1913/14. Karlsruhe, Staatliche Kunsthalle

Margarine

verzichtete auf ihr Amt, als der Aufstand offen ausbrach u. 1567 Alba mit einschneidenden Vollmachten erschien.

Margarine, butterähnl. Speisefett aus pflanzl. Ölen u. Waltran, daneben Palmkern- u. Kokosfett sowie tier. Fette. Die Fette werden von unangenehmen Geruchs- u. Geschmacksstoffen befreit u. mit Magermilch sowie Zusatzstoffen (Lecithin, Geschmacks-, Duft- u. Farbstoffe, Salz, Vitamine A, D u. E) vermischt.

Margarita, *Isla de M.,* Insel der Venezolan. Antillen im Karib. Meer, 1150 km², 90 000 Ew.; Hptst. *La Asunción;* Fremdenverkehr. – 1498 von Kolumbus entdeckt.

Marge [ma:rʒ], die Differenz zw. An- u. Verkaufspreisen, zw. Soll- u. Habenzinsen *(Zins-M.);* im Wertpapiergeschäft die Spanne zw. den (gleichzeitig notierten) Kursen desselben Papiers an zwei Börsen *(Arbitrage).*

Margerite → Wucherblume.

Marggraf, Andreas Sigismund, * 1709, † 1782, dt. Chemiker; entdeckte 1747 den Rohrzucker in der Zuckerrübe.

Marginalien, Randbemerkungen (Anmerkungen) in Handschriften, Büchern oder Akten.

Mari, *Tscheremissen,* ostfinn. Volk hpts. in der Rep. Mari.

Mari, *Rep. Mari El,* Republik innerhalb Rußlands, nördl. der mittleren Wolga, 23 200 km², 740 000 Ew. (M., Russen, Tschuwaschen, Tataren), Hptst. *Joschkar-Ola;* Feldwirtschaft, Jagd u. Waldarbeit.

Mari, heutiger Ruinenhügel *Tell Hariri* am mittleren Euphrat, bed. Königssitz u. Handelsplatz im 3. u. Anfang des 2. Jt. v. Chr., 1694 v. Chr. von *Hammurapi* zerstört.

Maria, hebr. *Mirjam,* die Mutter *Jesu.* Neben der Glauben an ihre Jungfräulichkeit vor, bei u. nach der Geburt Jesu setzte sich der Glaube an ihre absolute Sündlosigkeit u. an ihre Aufnahme in den Himmel mit Leib u. Seele durch. In der kath. Kirche wurde die Marienverehrung u. a. durch die Dogmen von der »Unbefleckten Empfängnis« (1854), von der »Aufnahme in den Himmel« (1950), durch die Proklamation als »Mutter der Kirche« (1964) u. durch die Enzyklika »Redemptoris Mater« (»Mutter des Erlösers«, 1987) bestärkt.

– Die ev. Lehre lehnt die über Gottesmutterschaft u. Jungfrauengeburt hinausgehenden marianischen Dogmen ab. – *Marienfeste* sind: Empfängnis (8.12.), Heimsuchung (Begegnung Mariens mit Elisabeth; 31.5.), Mariä Himmelfahrt (15.8.), Mariä Geburt (8.9.); früher auch: Mariä Lichtmeß (2.2.) u. Mariä Verkündigung (25.3.).

Maria, Fürstinnen.

Röm.-deutsche Kaiserin:
1. M. Theresia, * 1717, † 1780, Kaiserin 1745–80, Königin von Ungarn u. Böhmen, Erzherzogin von Österreich; älteste Tochter Kaiser *Karls VI.,* heiratete 1736 Franz Stephan von Lothringen, mit dem sie 16 Kinder hatte. M. übernahm 1740 die Regierung der habsburg. Erblande. Zwar mußte sie sich im *Östr. Erbfolgekrieg* (1740–48) erst gegen Bayern, Preußen, Sachsen, Spanien u. Frankreich behaupten u. 1745 endgültig auf Schlesien verzichten, 1748 auch auf Parma u. Piacenza, aber sie hatte sich als Erbin der Monarchie durchgesetzt. Nach dem Tod Franz' I. (1765) wurde ihr Sohn *Joseph II.* Mitregent u. Kaiser. M. nahm sich der Förderung von Handel, Gewerbe u Landwirtschaft u. der Gründung von Volksschulen an.

England:
2. M. I., *M. die Blutige, M. die Katholische,* * 1516, † 1558, Königin 1553–58; Tochter Heinrichs VIII., heiratete 1554 Philipp II. von Spanien; setzte sich für Katholizismus u. Papsttum ein u. ging gewaltsam gegen ihre religiösen Gegner vor.

Frankreich:
3. M. von Medici, * 1573, † 1642, Königin 1600–31; heiratete 1600 *Heinrich IV.;* nach der Ermordung ihres Mannes 1610–14 Regentin für ihren Sohn *Ludwig XIII.,* der sie später nach Blois verbannte. – **4. M. Theresia,** gen. *M. von Österreich,* * 1638, † 1683, Königin 1660–83; Tochter Philipps IV. von Spanien u. Elisabeths von Frankreich; verzichtete wegen ihrer Heirat 1660 mit *Ludwig XIV.* auf Erbansprüche. – **5. Marie-Antoinette,** * 1755, † 1793, Königin 1770–93; Frau *Ludwigs XVI.;* Tochter Kaiser Franz' I. u. M. Theresias von Österreich; nach Ausbruch der Frz. Revolution starre Gegnerin der Nationalversammlung; nach einem Schauprozeß hingerichtet. – **6. Marie-Louise,** * 1791, † 1847, Kaiserin 1810–14; Frau *Napoleons I.,* Tochter Kaiser Franz' II.; trennte sich 1814 von Napoleon u. wurde Herzogin von Parma, Piacenza u. Guastalla.

Schottland:
7. M. Stuart, * 1542, † 1587, Königin 1542–67; Tochter des Schottenkönigs Jakob V. (* 1512, † 1542), als Frau Franz' II. (* 1544, † 1560) kurze Zeit frz. Königin; kehrte 1561 nach Schottland zurück u. versuchte hier erfolglos eine Rekatholisierung. Den engl. Katholiken galt sie als rechtmäßige Erbin des engl. Throns, was sie in Gegensatz zur engl. Königin *Elisabeth I.* brachte. 1565 heiratete sie ihren Vetter Lord Henry Stuart *Darnley,* der 1566 ihren Vertrauten *Riccio* ermorden ließ. Darnley wurde 1567 von Lord James Hepburn *Bothwell* ermordet. 3 Monate später heiratete sie Bothwell. Diese Heirat gab den Anlaß zu einem Aufstand des calvinist. Adels; M. wurde abgesetzt u. floh 1568 nach England. Hier wurde sie 19 Jahre in Haft gehalten u. wegen einer (angebl.) Verschwörung gegen Elisabeth I. enthauptet. – »M. Stuart«, Trauerspiel von *Schiller;* vielfältige dramat. Gestaltungen.

Ungarn:
8. * 1505, † 1558, Königin 1522–26; Tochter Philipps des Schönen von Burgund; wurde 1522 mit *Ludwig II.* von Ungarn vermählt. Nach dessen Tod wurde sie von ihrem Bruder *Karl V.* zur Regentin der Niederlande ernannt.

Maria Enzersdorf, *Enzersdorf am Gebirge,* niederöstr. Erholungsort sö. von Wien, am Ostrand des Wienerwalds, 9000 Ew.; Wallfahrtsort.

Mariage [mari'aʒə], frz.; Heirat, Ehe.

Maria Laach, Benediktinerabtei am Laacher See (Eifel), gegr. 1093, geistiges Zentrum der kath. liturg. Bewegung; roman. Basilika (11.–13. Jh.).

Maria Magdalena, im NT eine aus Galiläa stammende Frau, die von Jesus geheilt wurde u. zu seinen frühesten Anhängerinnen zählte; in der mittelalterl. Legende mit Maria von Bethanien u. der reuigen Sünderin zu einer Person verwoben.

Mariamne, * um 60, † 29 v. Chr., Frau Herodes' d. Gr.

Marianao, Stadt in Kuba, westl. Wohn- u. Industrievorort von Havanna, Seebad, 455 000 Ew.

Marianen, Inselstaat im Pazifik, rd. 400 km² u. 20 000 Ew. (meist Mischlinge von Filipinos u. Mikronesiern), Hptst. *Susupe* auf Saipan; 15 vulkan.

Maria Stuart; zeitgenössisches Gemälde. London, National Portrait Gallery

Inseln (Saipan, Tinian, Rota, Pagan u. a.). – 1521 von Magalhães entdeckt, 1565–1899 span., bis zum 1. Weltkrieg dt. Besitz, danach jap. Völkerbundsmandat, 1947–90 UN-Treuhandgebiet unter US-Verwaltung, seit 1978 ein assoziiertes Territorium der USA mit innerer Autonomie. – Westl. u. östl. der M. liegen zwei Tiefseebecken; zum östl. gehört der **M.graben** mit den bisher größten gemessenen Meerestiefen: Witjastiefe (11 034 m), Triestetiefe (10 916 m) sowie die Challenger-Tiefe (10 899 m).

Marianisten, lat. *Societas Mariae,* Abk. *SM,* kath. Kongregation für Unterricht u. Seelsorge, 1817 von Guillaume-Joseph *Chaminade* gegr.

Marianne [mari'an], urspr. eine linksextreme Geheimgesellschaft in Frankreich, später Symbolfigur der frz. Revolutionsfreiheit; heute personifizierte Umschreibung für Frankreich.

Maria Saal, Wallfahrtsort an der Glan in Kärnten (Östr.), 2500 Ew.

Maria Taferl, niederöstr. Wallfahrtsort, über dem linken Donau-Ufer, 730 Ew.

Maria-Theresien-Orden, höchste Kriegsauszeichnung der östr. Monarchie bis 1918, 1757 von Kaiserin Maria Theresia gestiftet.

Maria-Theresien-Taler, seit 1753 geprägter östr. Taler mit dem Bildnis der Kaiserin; seit 1780 mit dieser Jahreszahl bis heute geprägt; noch im 20. Jh. beliebtes Zahlungsmittel im Orient.

Mariaviten, ein von der Nonne Felicja *Kozłowska* (* 1862, † 1921) in Polen in den 1880er Jahren gegr. Frauenorden, der sich (wegen übertriebener Marienverehrung 1904 von Rom verboten) 1906 als romfreie kath. Kirche konstituierte.

Mariazell, östr. Wallfahrtsort, Luftkurort u. Wintersportplatz, in der nördl. Steiermark, 868 m ü. M., 2200 Ew.

Marib, Hauptstadt des Reiches Saba; Tempelreste (1. Jt. bis ins 7. Jh. v. Chr.).

Maribor, dt. *Marburg,* Stadt in Slowenien, an der Drau, 105 000 Ew.; vielseitige Ind.

Marie de France [ma'ridə'frɑ̃s], frz. Dichterin des 12. Jh.; lebte am engl. Hof; schuf höfische Versnovellen *(Lais)* nach breton. Liedern.

Marienbad, tschech. *Mariánské Lázně,* Badeort im nördl. W-Böhmen, am Kaiserwald, 19 000 Ew.; Glaubersalz- u. Stahlquellen.

Marienberg, Krst. in Sachsen, im Erzgebirge, 10 300 Ew.

Marienburg, poln. *Malbork,* Stadt in Ostpreußen, an der Nogat, 35 000 Ew. – Das *Schloß M.* wurde 1276 als Komturschloß des Deutschritterordens gegr.; es war 1309–1457 Residenz des Hochmeisters.

Marienfeste → Maria.

Marienglas, *Fraueneis,* durchsichtige Gipsplatten, früher zum Bedecken kleiner Heiligenbilder verwendet.

Marienkäfer, *Sonnenkäfer,* Fam. der *Käfer,* deren schwarze, gelbe oder rotbraune Flügeldecken mit einer wechselnden Zahl von andersfarbigen Punkten besetzt sind (je nach Art, aber auch von Individuum zu Individuum verschieden); häufigste Art: *Gewöhnl. M.* (Siebenpunkt); die Larven ernähren sich hpts. von Blattläusen.

Maria Theresia mit ihrem Gemahl Franz I. und dem Kronprinzen Joseph; anonymes Gemälde. Wien, Heeresgeschichtliches Museum

Marienwerder, poln. *Kwidzyń,* Stadt in Ostpreußen, an der Liebe (poln. *Liwa*), 35 000 Ew.; Schloß u. Dom (14. Jh.).

Marignac [mari'njak], Jean Charles de, *1817, †1894, schweiz. Chemiker; Entdecker der Elemente *Gadolinium* u. *Ytterbium.*

Marihuana, ein Rauschgift aus dem Harz einer bes. in Mittelamerika u. den südl. Staaten der USA angebauten Hanfart *(Cannabis sativa)*; mit *Cannabinol* als rauscherzeugendem Bestandteil. Die Wirkung entspricht der des Haschischs.

Marille, östr. für Aprikose.

Marimba, ein *Xylophon* Afrikas, bei dem die Holzstäbe in einer Ebene oder Mulde auf einem Gestell in Längsrichtung zum Spieler liegen; wichtiges Instrument der lateinamerik. Tanzmusik. Ein techn. verbessertes M. ist das *M.phon*, mit Metallstäben versehen heißt es *Vibraphon*.

Marin ['mærin], John, *1870, †1953, US-amerik. Maler u. Graphiker; schuf kubist. Landschaftsgemälde in expressiven Farben.

marin [lat.], zum Meer gehörend, vom Meer gebildet.

Marine, i. w. S., die *Flotte* eines Landes; i. e. S. die *Seestreitkräfte.* In der Bundeswehr ist die M. neben Heer u. Luftwaffe eine der *Teilstreitkräfte.*

Mariner ['mærinə], US-amerik. Serie von Raumfluggeräten zur Erforschung der Planeten Mars u. Venus, von 1962–74.

Marinetti, Filippo Tommaso, *1876, †1944, ital. Schriftst.; Begr. des *Futurismus.*

Marini, Marino, *1901, †1980, ital. Bildhauer; gilt als einer der führenden europ. Bildhauer der Gegenwart; angeregt von der etrusk. u. altägypt. Plastik. Hauptthema: Reiter.

marinieren, *beizen,* Fleisch oder Fisch in eine abgekochte Essiglösung mit Gewürzen *(Marinade)* einlegen.

Marino, *Marini,* Giambattista, *1569, †1625, ital. Dichter. Seine Werke sind im Stil des **Marinismus** geschrieben, der sich durch gekünstelte Sprache u. gesuchte Bilder auszeichnet.

Marionettentheater, 1584 von Guillaume *Bouchet* geprägte Bez. für die Puppenspiel, außer im Französischen jedoch nur für das Spiel mit der vom Spieler, der über die Bühne steht, an Fäden, Stangen oder Drähten bewegten *Gliederpuppe* (Marionette). Das M. war schon im grch. u. röm. Altertum u. im islam. MA. bekannt u. wurde auch in Japan, China u. auf Java früh geübt; in Dtld. ist es seit dem 12. Jh. bekannt u. war bes. im 17.–19. Jh. sehr beliebt. Ein erstes ständiges M. gab es 1802 in Köln.

Mariotte [-'ɔt], Edme, *um 1620, †1684, frz. Physiker u. kath. Geistlicher; arbeitete auf dem Gebiet der Hydrostatik u. Hydraulik u. fand unabhängig von R. *Boyle* das *Boyle-M.sche Gesetz.*

Marischka, Hubert, *1882, †1959, östr. Regisseur u. Schauspieler.

Maritain [-'tɛ̃], Jacques, *1882, †1973, frz. Philosoph; Neuthomist u. Vertreter eines christl. Humanismus.

maritim, zum Meer gehörig, Meeres...

Maritza, bulg. *Marica,* türk. *Meriç Nehri,* grch. *Ebros,* bed. Fluß der Balkanhalbinsel, mündet an der grch.-türk. Grenze ins Ägäische Meer, 514 km.

Mariupol, 1948–89 *Schdanow,* Ind.-Stadt in der Ukraine, 529 000 Ew.

Marius, Gaius, *158 oder 157 v. Chr., †86 v. Chr., röm. Feldherr; besiegte 107 v. Chr. *Jugurtha,* 102 u. 101 v. Chr. die in Italien eingefallenen *Kimbern* u. *Teutonen,* von seinem Hauptgegner *Sulla* vorübergehend aus Rom vertrieben.

Marius, eigtl. *Mayr,* Simon, *1573, †1624, dt. Mathematiker u. Astronom; entdeckte unabhängig von *Galilei* die Jupitermonde, 1611 die Sonnenflecken u. 1612 den Andromeda-Nebel.

Marienkäfer

Marivaux [-'vo], Pierre Carlet de *Chamblain de M.,* *1688, †1763, frz. Schriftst. (Romane u. psychologisierende Liebeslustspiele); Ⓦ »Das Spiel von Liebe u. Zufall«.

Mark, 1. das innere Gewebe der Knochen *(Knochen-M.),* das Nervengewebe zentralisierter Nervensysteme *(Bauch-* oder *Rücken-M.),* das im Gegensatz zur Rinde abweichend gebaute Innere von Organen (z. B. *Nieren-M., Nebennieren-M.)* u. die fetthaltige isolierende Hülle der einzelnen Nervenfasern; auch Bez. für das Nachhirn (verlängertes M., *Medulla oblongata*). – **2.** im Zentrum der pflanzl. Sprosse enthaltenes Speichergewebe. – **3.** [die], 1. mittelalterl. Gewichtseinheit (etwa 230 g), bis 1857 Grundlage der dt. Münzprägung. – 2. mittelalterl. Münzrechnungseinheit: 1 M. = 144 oder 160 Pfennige. – 3. Währungseinheit im Dt. Reich 1871–1924: 1 M. = 100 Pfennige. – 4. als *M. der DDR* von 1968–90 Währungseinheit der DDR. – **4.** seit der Zeit Karls d. Gr. Bez. für ein militär. bes. wichtiges Gebiet an der Grenze oder außerhalb des eigtl. Reichs auf erobertem Land; unterstand einem *M.graf.*

Mark, *Märkisches Land,* Teil der ehem. *Grafschaft M.,* von der Lippe oberhalb von Lünen bis ins westl. Sauerland reichend; heute Teil des Reg.-Bez. Arnsberg (NRW).

Markasit, ein Mineral.

Mark Aurel → Marc Aurel.

Mark Brandenburg → Brandenburg (1).

Marke, im Handel ein Erkennungszeichen für Waren von allg. gleichbleibender Qualität (Markenartikel); an kunsthandwerkl. Erzeugnissen das Zeichen, das über Herkunft, Entstehungszeit u. Meister Auskunft gibt.

Marken, ital. *Marche,* Region in →Italien.

Markenschutz →Gebrauchsmuster, →Geschmacksmuster, →Urheberrecht, →Warenzeichen.

Markerwaard, 600 km² projektierter Polder im SW des IJsselmeers in den Niederlanden.

Marketender(innen), in früherer Zeit die die Truppen außerhalb ihrer Standorte begleitenden Kaufleute, die den Soldaten Lebensmittel u. Getränke verkauften.

Marketing, alle Maßnahmen eines Unternehmens zur Förderung des Absatzes, unter Beachtung der Erkenntnisse der *Markt-* u. *Meinungsforschung.*

Markevitch [mar'kevitʃ], Igor, *1912, †1983, frz. Dirigent russ. Herkunft; auch als Komponist hervorgetreten.

Markgraf, Stellvertreter des Königs in den *Marken* für den Grenzschutz; mit Sondervollmachten (Heerbann, hohe Gerichtsbarkeit, Befestigungsrecht), vor allem für militär. Aufgaben; zuerst von *Karl d. Gr.* eingesetzt. – Der engl. u. frz. Titel *Marquis* u. der ital. *Marchese* gehen nur selten auf ein Markgrafenamt zurück.

Markgräflerland, *Markgrafenland,* fruchtbare Ldsch. des S-Schwarzwalds zw. Basel u. Freiburg 300–600 m ü. M.; Weinbaugebiet.

Markgröningen, Stadt in Ba.-Wü., 12 400 Ew.; Rathaus im Schwäb. Fachwerk.

Markion → Marcion.

Markise [frz.], *Marquise,* Sonnendach aus kräftigen Stoffen vor Fenstern oder über Balkonen.

Markkleeberg, Stadt in Sachsen, Wohnvorort von Leipzig, 21 900 Ew.; vielseitige Ind.

Markneukirchen, Stadt in Sachsen, im Vogtland, 8600 Ew.; Zentrum der Musikinstrumentenind.

Markomannen, ein sweb. Stamm. Sie zogen aus dem Main-Gebiet 9 v. Chr. unter *Marbod* nach Böhmen u. gründeten dort ein großes Reich. Es kam mehrfach zu schweren Zusammenstößen mit den Römern, u. a. im *M.kriegen* 166–180. 433 kamen die in Pannonien ansässigen M. unter die Herrschaft der Hunnen; Anfang des 6. Jh. wanderten sie nach Bayern aus.

Markow [-kɔf], Andrej Andrejewitsch, *1856, †1922, russ. Mathematiker (Arbeiten zur Zahlentheorie u. Wahrscheinlichkeitsrechnung).

Markscheide, Grenze eines Grubenfelds.

Markscheider, Vermessungsingenieur im Bergbau.

Markt, ein Platz, auf dem (in regelmäßigen Abständen) Waren verkauft werden (Wochen-M., Jahr-M., Messen). Danach bezeichnet man mit M. auch die Gesamtheit der ökonom. Beziehungen zw. Angebot u. Nachfrage nach einem bestimmten Gut innerhalb eines bestimmten Gebiets u. Zeitraums. →Marktformen.

Marktflecken, ein Ort, dem im MA das Marktrecht *(ius fori)* vom König verliehen wurde.

Marktformen, die Struktur der Angebots- u. Nachfrageseite eines Marktes. Hauptmerkmal ist der Grad der *Marktbeherrschung:* →Konkurrenz, →Monopol, →Oligopol.

Marktforschung, die Erforschung aller den wirtsch. Markt betreffenden Fragen. Die M. bedient sich meist statist. Methoden. Sie kann die Marktverhältnisse zu einem bestimmten Zeitpunkt erkunden wollen *(Marktanalyse)* oder auch die Erforschung der zeitl. Entwicklung (z. B. Feststellung der Saisonschwankungen oder des Konjunkturverlaufs) zum Ziel haben *(Marktbeobachtung).*

Marktheidenfeld, Stadt in Unterfranken (Bay.), am Main, 9300 Ew.

Marktoberdorf, *Markt Oberdorf,* Stadt in Schwaben (Bay.), an der Wertach, 15 500 Ew.; Schmuckwaren- u. Uhrenind.

Marktordnung, die durch gebundene Preise u. mit Hilfe von Marktverbänden bewirkte Regulierung von Angebot u. Nachfrage auf einem Markt.

Marktredwitz, Stadt in Oberfranken (Bay.), im sö. Fichtelgebirge, 19 600 Ew.; Porzellan- u. Elektromotorenind.

Markt Schwaben, Markt in Oberbayern, nordöstl. von München, 8700 Ew.; Elektroind. Schloß der bay. Herzöge.

Mark Twain [-'twɛin], seit 1862 Pseud. für *Samuel Langhorne Clemens,* *1835, †1910, US-amerik. Schriftst.; begründete seinen Weltruf mit seinen Erzählungen von den Erlebnissen der Jungen »Tom Sawyer« u. »Huckleberry Finn«, in denen er Erinnerungen an die eigene abenteuerl. Jugend am Mississippi verwertete; schrieb humorist.-realistische Reiseberichte (zahlreiche Europareisen) u. satir. Romane.

Marktwirtschaft, *Verkehrswirtschaft,* eine Wirtschaftsordnung, in der die individuellen, am Eigeninteresse ausgerichteten wirtsch. Handlungen durch den *Markt* in Form von Preisbewegungen bestimmt u. mit den wechselnden Bedürfnissen abgestimmt werden; Ggs.: *Zentralverwaltungswirtschaft* (sog. *Planwirtschaft*). – Eine völlig *freie* M. führt sehr bald zu einer hemmungslosen Bereicherungswirtschaft u. zur Unterdrückung der Schwächeren. Die *soziale* M. räumt dem Staat das Recht ein, eine sozial ausgestaltete Wettbewerbsordnung zu schaffen u. über ihr Funktionieren zu wachen.

Markus, genauer *Johannes M.* (Apg. 12,12), zeitweilig Begleiter des Paulus (Apg. 12,25 ff.), später des Petrus (1. Petr. 5,13) u. Sammler u. »Dolmetscher« von dessen Lehrvorträgen über Leben u. Verkündigung Jesu; nach der Überlieferung Verfasser des *M.-Evangeliums;* Symbol: Löwe. – Heiliger (Fest: 25.4.). Seine Gebeine ruhen seit dem 9. Jh. in Venedig. – **M.-Evangelium,** vermutl. das älteste der vier Evangelien des NT, eine der Quellen des Matthäus- u. des Lukas-Evangeliums; um 70 n. Chr. entstanden.

Marl, Ind.-Stadt in NRW, 90 000 Ew.; im Stadtteil *Hüls* chem. Ind.

Marlborough ['mɔːlbərə], John *Churchill,* Herzog von M. (1702), *1650, †1722, engl. Heerführer; siegte als Oberbefehlshaber des engl. Heers im Span. Erbfolgekrieg bei Höchstädt (Blenheim) 1704; verh. mit Sarah *Jennings.*

Marley ['marli], Bob, *1945, †1982, jamaikan. Musiker; bed. Einfluß auf die Reggae-Musik.

Marlitt, eigtl. Eugenie *John,* *1825, †1887, dt. Schriftst.; Mitarbeiterin der Familienzeitschrift »Die Gartenlaube« u. typische Vertreterin der sentimentalen Frauen- u. Unterhaltungsliteratur ihrer Zeit.

Marlowe ['maːlou], Christopher, *1564, †1593, engl. Schauspieler u. Bühnendichter; bedeutendster Vorläufer Shakespeares; Ⓦ »Edward II.«, »Hero and Leander«, »Dr. Faustus«.

Marmarameer, die antike *Propontis,* ein Nebenmeer zw. dem Ägäischen u. dem Schwarzen Meer, mit ersterem durch die *Dardanellen,* mit letzterem durch den *Bosporus* verbunden, rd. 11 500 km², 280 km lang, bis 1355 m tief.

Marmarica, wüstenhafter Küstenstreifen am Mittelmeer in der östl. Cyrenaica, Hauptort *Tobruk.*

Marmelade, streichfähige, mit Zucker eingekochte Fruchtmasse.

Marmelo, *Belbaum,* der Gatt. *Citrus* verwandter kleiner Baum mit kleinen, grünl. Früchten; Blüten liefern Parfümöl.

Marmion [-mi'ɔ̃], Simon, †1489, frz. Maler; einer der Hauptmeister der frz. Buchmalerei.

Marmolada, vergletscherter, höchster Gipfel der Südtiroler Dolomiten, 3342 m.

Marmontel [-mɔ̃'tɛl], Jean-François, * 1723, † 1799, frz. Schriftst. der Aufklärung.

Marmor, körniges, kristallines, kohlensaures Kalkgestein; schneeweiß oder in verschiedenen Farben u. Zeichnungen durch spurenhafte Nebenbestandteile (meist Eisen, Silicium u. Graphit); Vorkommen: Erzgebirge, Schwäb. Alb, Salzburg, Italien (Carrara), Griechenland u. a.

Marmosetten [frz.], Bez. für 2 Gattungen der →Krallenaffen.

Marne [marn], r. Nbfl. der *Seine* im Pariser Becken, 525 km. – **M.-Schlachten,** zwei Schlachten im 1. Weltkrieg: 1. Angriffsschlacht der dt. Westfront (5 Armeen) gegen 5 frz. Armeen u. die Engländer, vom 5. bis 12.9.1914; 2. Übergang der dt. 7. Armee über die M. 15.–17.7.1918.

Marodeur [-'dø:r], früher ein Soldat, der der Truppe wegen angebl. Erschöpfung nicht folgen konnte u. plünderte.

Marokko, Staat im NW Afrikas, 446 550 km², 25,7 Mio. Ew., Hptst. *Rabat*.

Marokko

Landesnatur. Hinter einer gut beregneten u. fruchtbaren Küstenebene u. der Hochfläche der Meseta erhebt sich das *Atlas-Gebirge* (bis 4165 m hoch). Der Mittelmeerküste folgt das *Rif-Gebirge* (2456 m). Zw. den von lichten Wäldern bestandenen Gebirgen erstrecken sich steppenhafte Hochbecken; nach SO geht das Land in die Wüste der Sahara über.

Die überwiegend islam. B e v ö l k e r u n g besteht zu über 50% aus Arabern, zu 45% aus berber. Volksstämmen.

Wirtschaft. Die Landw. baut v. a. Gerste, Oliven, Zitrusfrüchte, Wein, Obst u. Gemüse für den Export an. M. ist der drittgrößte Korkproduzent der Erde u. der zweitgrößte Produzent von Sardinenkonserven. Der Bergbau liefert in erster Linie Phosphat sowie Mangan, Blei, Eisen, Erdgas u. a. Die Ind. erzeugt u. a. Nahrungsmittel, Textilien, Metallwaren u. Baustoffe.

Geschichte. Das im Altertum *Mauretania* genannte Land wurde 42 n. Chr. röm. Prov. Nach der Herrschaft der Wandalen (429–534) kam es im 6. Jh. an das Byzantin. Reich; 680–700 unterwarfen die islam. Araber das Land. Seit 890 herrschten selbständige Dynastien. 1904 begann Frankreich

Marrakesch: Jahrmarkt auf dem Platz Djemaa el Fnaa

Mars von Todi; etruskische Bronzestatue aus dem 4. Jahrhundert v. Chr. Rom, Villa Giulia

seine Vormachtstellung in M. auszubauen *(M.krisen)*. 1912 kam es zur Errichtung eines frz. u. span. Protektorats. 1956 wurden die Protektorate aufgelöst. M. wurde unabh. u. 1957 zum Kgr. proklamiert. Seit den 1970er Jahren kam es immer wieder zu Auseinandersetzungen zw. M., Mauretanien u. Algerien um die ehem. span. Kolonie *Span.-Sahara*, deren Unabhängigkeitsbestrebungen von M. bekämpft wurden. Seit 1988 bemüht man sich um eine Verhandlungslösung. Staatsoberhaupt ist seit 1961 König *Hassan II*.

Marone, die Frucht der Edelkastanie; →Kastanie.

Maronen, Abkömmlinge von Schwarzen, die urspr. als Sklaven in Niederländisch-Guayana (heute Suriname) u. Teilen Westindiens lebten, ihren Herren entflohen waren u. in den Wäldern ein selbständiges Stammesleben führten.

Maronenpilz, *Maronenröhrling,* ein guter Speisepilz; kastanienbraun, Röhren grüngelb.

Maroni, ndl. *Marowijne,* Grenzfluß im nördl. Südamerika, zwischen Frz.-Guyana u. Suriname, rd. 700 km.

Maroniten, mit der röm.-kath. Kirche unierte Christen (→unierteKirchen) im Libanon, in Ägypten, in Nord- u. Südamerika.

Maroquin [-'kɛ̃; frz.], leichtes genarbtes Ziegenleder bester Qualität.

Marozia, *Mariuccia,* * um 892, † um 937, toskan. Prinzessin; Frau von Alberich I., die dann Guido von Tuszien (* 917, † 929) u. schließlich 932 König Hugo von Italien († 948) heiratete u. die Geliebte Papst Sergius' III. war. Sie beherrschte Papsttum, Rom u. Kirchenstaat.

Marquesasinseln [mar'ke:sas-], frz. *Îles Marquises,* frz. Inselgruppe im Pazifik, der nördl. Teil des Inselterritoriums Frz.-Polynesien, 1274 km², 6500 Ew., Hauptort *Taihoae*.

Marquess ['ma:kwis], *Marquis,* urspr. ein engl. *Markgraf* oder Herzog in der Grenzmarkdistrikt; seit 1385 zweithöchster Rang im engl. Adel.

Marquet [-'kɛ], Albert, * 1875, † 1947, frz. Maler u. Graphiker; schloß sich vorübergehend den »Fauves« an.

Márquez ['markes] →García Márquez, Gabriel.

Marquis [mar'ki], »Markgraf«, frz. Adelstitel, im Rang zwischen Graf u. Herzog.

Marquise [-'ki:zə], weibl. Form zu *Marquis*.

Marquisette [-ki'zɛt], dünnes u. durchsichtiges Gewebe.

Marrakesch, *Marrâkech,* Oasenstadt in Marokko, am Hohen Atlas, 511 000 Ew.; Univ., traditionelle Sultanresidenz, viele Paläste u. Moscheen, Handelszentrum.

Marriner ['mærinə], Neville, * 15.4.1924, brit. Dirigent; gründete 1954 die *Academy of Saint Martin-in-the-Fields*.

Mars, 1. altröm. Hauptgott, bes. Gott des Krieges, aber auch des Frühlings; als Vater von *Romulus* u. *Remus* Stammvater der Römer. – 2. Zeichen ♂, einer der großen →Planeten. M. hat eine dünne Atmosphäre, die zu 95% aus Kohlendioxid besteht. Es gibt Jahreszeiten (Eisbildungen an den Polen). An der Oberfläche gibt es Krater, ferner Canyons u. trockene Flußtäler. Die im 19. Jh. gesehenen »Kanäle« sind opt. Täuschungen. Die Temp. beträgt am Äquator mittags 16–20 °C, nachts −70 °C. Die US-amerik. Viking-Sonden konnten kein organ. Leben nachweisen.

Marsala, süßer Dessertwein von goldgelber Farbe u. hohem Alkoholgehalt.

Marsala, das antike *Lilybaeum,* ital. Hafenstadt an der W-Spitze Siziliens, 83 000 Ew.; röm. Ruinen; Weinbau u. -verarbeitung.

Marsberg, Stadt u. Kurort in NRW, an der Diemel, 22 000 Ew.

Marsch, 1. [die], meistens durch Deiche u. Dämme geschütztes, fruchtbares Schwemmland an der Küste oder an Flußmündungen, die unter Gezeiteneinfluß stehen. – 2. [der], Hauptform der Militärmusik, entwickelt aus dem Soldaten- u. Söldnerlied *(M.lied)* u. aus Trommelrhythmen; zum Marschieren geblasene Instrumentalmusik mit geradem Takt.

Marschall, urspr. Aufseher über Pferde u. Stall; seit der Zeit Kaiser Ottos I. Inhaber eines der *Erzämter*. Der *Hof-M.* übte die Aufsicht über die Haushaltung des Hofs u. das Personal aus. *Feld-M.* bezeichnete seit dem Dreißigjährigen Krieg den Befehlshaber eines Heeres (→Generalfeldmarschall).

Marschflugkörper, unbemanntes, fliegendes Waffensystem mit im Vergleich zu Raketen niedrigerer Geschwindigkeit. Der erste einsatzfähige M. war die im 2. Weltkrieg gegen England eingesetzte dt. V 1. Seit den 1970er Jahren spielt das *Cruise Missile* eine bed. Rolle im westl. Verteidigungskonzept als nukleare Mittelstreckenwaffe.

Marschner, Heinrich, * 1795, † 1861, dt. Komponist der Romantik; Oper »Hans Heiling«.

Marseillaise [marsɛ'jɛ:z], frz. Freiheits- u. Revolutionsgesang, gedichtet u. komponiert von Claude Joseph *Rouget de Lisle* (* 1750, † 1836) im April 1792. Durch den Vortrag am 25.6.1792 in Marseille erhielt das Lied die Bezeichnung *M.;* sie ist seit 1795 Nationalhymne Frankreichs.

Marseille [-'sɛ:j], Stadt in S-Frankreich, Mittelmeerhafen an einer breiten Bucht des Golfe du Lion, östl. der Rhône-Mündung, 875 000 Ew.; Univ. (1854), Wallfahrtskirche (19. Jh.), Museen; Werften, Masch.- u. chem. Ind., bed. Handelszentrum. – Im 6. Jh. v. Chr. von Griechen gegr., 1216 selbst. Rep., 1481 frz.

Marshall, 1. Bruce, * 1899, † 1987, schott. Erzähler; schrieb kath. Priesterromane. – 2. George Catlett, * 1880, † 1959, US-amerik. Offizier u. Politiker; 1939–45 Chef des Generalstabs des Heeres; 1947–49 Außen-Min., Urheber des *M.-Plans;*

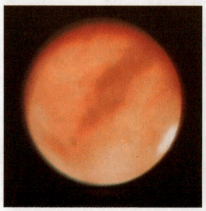

Planet Mars

Marseille: am Alten Hafen

1950/51 Verteidigungs-Min.; Friedensnobelpreis 1953. – **M.-Plan**, Bez. für die am 5.6.1947 unterbreiteten Vorschläge, die für die europ. Länder, die sich damit einverstanden erklärten, Warenlieferungen, Aufträge u. (z. T. nicht zurückzuzahlende) Kredite zum Wiederaufbau, zur wirtsch. Entwicklung u. damit zum Schutz gegen eine Aggression aus dem Osten vorsahen; seit 1948 verwirklicht.
Marshallinseln, Inselstaat im östl. Mikronesien, 183 km², 35 000 Ew. (meist Mikronesier); 34 niedrige Atolle (u. a. Majuro, Kwajalein, Eniwetok, Ja-

Marshallinseln

luit) u. 870 Riffe in zwei Reihen – der *Ratak-* u. der *Ralik-Gruppe;* Hptst. *Jabor* auf *Jaluit*. Bikini u. Eniwetok wurden als Atombombenversuchsgebiete bekannt. – Bis zum 1. Weltkrieg dt. Besitz, danach jap. Völkerbundsmandat, 1945–90 UN-Treuhand-

Marshallinseln: Majuro-Atoll

gebiet unter US-Verwaltung, seit 1991 UNO-Mitglied.
Marsilius von Padua, * um 1280, † 1343, ital. Staatstheoretiker; vertrat eine auf der Volkssouveränität aufgebaute Staatslehre; wurde exkommuniziert u. als Ketzer verurteilt, flüchtete 1326 an den Hof *Ludwigs des Bayern* u. wurde dessen Leibarzt u. Ratgeber.
Marstall, *i.e.S.* Pferdestall; *i.w.S.* Gebäude zur Unterbringung von Pferden, Wagen u. Geschirr an Fürstenhöfen.
Marsyas, Quelldämon vorgrch. Ursprungs; im grch. Mythos *Silen*.
Marterung, Zufügung heftiger körperl. Schmerzen (→ Folter); bei Indianern einst gegenüber Kriegsgefangenen *(Marterpfahl)* geübt.
Martha, Schwester des Lazarus (Joh. 11) u. der Maria von Bethanien (Luk. 10,38 ff.).
Martí, José, * 1853, † 1895 (gefallen), kuban. Schriftst.; kämpfte für die Unabhängigkeit Kubas von Spanien u. organisierte die Erhebung von 1895; Vorläufer des *Modernismo*.
Martial, Marcus *Valerius Martialis*, * um 40, † um 102, röm. Dichter von Epigrammen.
martialisch, kriegerisch, wild.
Martianus Capella, lat. Schriftst. in Karthago; schrieb in der 1. Hälfte des 5. Jh. n. Chr. in Prosa u. Versen eine im MA viel gelesene Enzyklopädie der 7 freien Künste.
Martin, 1. M. I., † 655, Papst 649–653; verurteilte 649 den Monotheletismus u. wurde deshalb auf Befehl Kaiser Constans' II. gefangengenommen u. verbannt. – Heiliger (Fest: 13.4.). – **2. M. V.**, * 1368, † 1431, Papst 1417–31; eigtl. *Odo Colonna;* 1405 Kardinal. Seine Wahl auf dem Konstanzer Konzil beendete das große abendländ. Schisma.
Martin, * 316/317, † 397, Bischof von Tours seit 371. Nach der Legende teilte er als Soldat seinen Mantel mit einem Bettler zu Amiens. Vorbild des abendländ. Mönchtums, er verband das asket. Mönchsideal mit dem Apostolat. Sein Grab in Tours war fränk. Nationalheiligtum. – Heiliger (Fest: 11.11.; →Martinstag).
Martin, 1. [ma:tin], Archer John Porter, * 1.3.1910, engl. Physikochemiker; entwickelte zus. mit R. *Synge* die Verteilungschromatographie; Nobelpreis für Chemie 1952. – **2.** Dean, eigtl. Dino *Crocetti*, * 17.6.1917, US-amerik. Filmschauspieler u. Sänger; auch als Entertainer tätig. – **3.** [mar'tɛ̃], Frank, * 1890, † 1974, schweiz. Komponist; kam über impressionist. Werke zur Zwölftontechnik. – **4.** Konrad, * 1812, † 1879, dt. kath. Theologe; seit 1856 Bischof von Paderborn, führender Theologe auf dem 1. Vatikan. Konzil.
Martin du Gard [-'tɛ̃ dy'ga:r], Roger, * 1881, † 1958, frz. Schriftst.; Nobelpreis 1937 für seine Romanreihe »Die Thibaults«.
Martinet [-'nɛ], **1.** Jean-Louis, * 8.11.1912, frz. Komponist; verarbeitet in seinen Orchesterwerken Anregungen von I. Strawinsky, B. Bartók u. A. Schönberg. – **2.** Marcel, * 1887, † 1944, frz. Schriftst.; wandte sich gegen Krieg u. Unterdrückung.
Martínez Ruiz [mar'tineθ 'ruiθ], José → Azorín.
Martini, 1. Giovanni Battista, * 1706, † 1784, ital. Musikgelehrter u. Komponist; Franziskaner; Lehrer u. a. von Joh. Christian Bach u. W.A. Mozart. – **2.** Simone, *Simone di Martino*, * 1280/85, † 1344, ital. Maler; Hauptmeister der got. Malerei in Siena, seit 1339 am Papsthof in Avignon.
Martinique [-'nik], vulkan. Insel in der Gruppe der Kleinen Antillen, Westindien, 1102 km², 360 000 Ew. (90% Schwarze u. Mulatten), Hauptstadt *Fort-de-France*. – 1502 von Kolumbus entdeckt, dann span. Kolonie, seit 1674 frz. Kolonie, seit 1946 Übersee-Dép.
Martinon [-'nɔ̃], Jean, * 1910, † 1976, frz. Dirigent u. Komponist.
Martinshorn, Warn-(Tonfolge-)Signal für Polizei-, Feuerwehr- u. Krankenfahrzeuge, benannt nach der Herstellungsfirma.
Martinson, Harry Edmund, * 1904, † 1978, schwed. Schriftst.; schilderte in Lyrik u. Romanen myst. Naturerlebnisse; Nobelpreis 1974.
Martinstag, *Martini*, Tag des hl. Martin von Tours (11.11.), früher das Ende der Pacht- u. Dienstzeit, Beginn der Winterwirtschaft; viele Bräuche: Kinderumzüge mit Martinslaternen, Martinssingen, Essen der Martinsgans u. a.
Martinů [-tjinu:], Bohuslav, * 1890, † 1959, tschech. Komponist (Opern, Sinfonien u. a.); 1923–40 in Paris, bis 1953 in den USA; bediente sich barocker Formen.
Martius, 1. Heinrich, * 1885, † 1965, dt. Frauenarzt u. Geburtshelfer; arbeitete bes. an der Krebsbekämpfung, schrieb mehrere Lehrbücher. – **2.** Karl Alexander von, * 1838, † 1920, dt. Chemiker; entdeckte 1867 den nach ihm benannten Wollfarbstoff *M.-Gelb*, Mitgr. u. Leiter der Gesellschaft für Anilinfabrikation (spätere Agfa).
Märtyrer, *Martyrer*, in der Antike der Zeuge vor Gericht, dann Bez. ausschl. für diejenige ge-

Der heilige Martin und der Bettler; Gemälde von El Greco aus der Capilla de S. José in Toledo; 1597 bis 1599. Washington, National Gallery of Art

braucht, die wegen ihres Glaubens an Christus getötet werden; später allg. ein Mensch, der um seiner Überzeugung willen Leiden u. Tod erträgt **(Martyrium)**. – **Martyrologium,** ein Verzeichnis zunächst der M., dann aller Heiligen in kalendarischer Anordnung nach ihren Gedenktagen.

Karl H. Marx (3)

Marvin, Lee, * 1924, † 1987, US-amerik. Filmschauspieler; spielte meist liebenswerte Bösewichte.

Marx, 1. Joseph, * 1882, † 1964, östr. Komponist; in seinem Liedschaffen H. Wolf u. dem Impressionismus verpflichtet. – **2.** Karl, * 1897, † 1985, dt. Komponist; Vertreter der musikal. Jugendbewegung. – **3.** Karl Heinrich, * 1818, † 1883, dt. Philosoph u. Nationalökonom, Begr. des *Marxismus;* schloß sich in Berlin dem Kreis der radikalen Junghegelianer an. 1842/43 war er Mitarbeiter, dann Chefredakteur der liberal-oppositionellen »Rheinischen Zeitung« in Köln. Unter dem Einfluß L. *Feuerbachs* kam er zum philosoph. Materialismus, unter der der frz. utop. Sozialisten zum revolutionären Sozialismus. 1847 traten er u. sein engster Vertrauter, F. *Engels,* dem *Bund der Kommunisten* bei u. verfaßten als Programmschrift für ihn das »Kommunist. Manifest« 1848. 1848/49 war er Chefredakteur der radikaldemokr. »Neuen Rheinischen Zeitung« in Köln. 1849 emigrierte er nach London, wo er histor. u. ökonom. Studien betrieb. Seine ökonom. Hptw. »Zur Kritik der polit. Ökonomie« u. »Das Kapital« blieben unvollendet. Später war M. maßgebend an der Gestaltung der *Internat. Arbeiterassoziation* (→Internationale) beteiligt. Von der dt. Sozialdemokratie wurde M. als Autorität anerkannt. →Marxismus. – **4.** Wilhelm, * 1863, † 1946, dt. Politiker (Zentrum); Vors. der Zentrumspartei, 1923–25 u. 1926–28 Reichskanzler.

Marx Brothers [ma:ks 'brʌðəz], US-amerik. Komikergruppe, bestehend aus den Brüdern Chico (* 1891, † 1961), Harpo (* 1893, † 1964), Groucho (* 1895, † 1977) u. Zeppo Marx (* 1900, † 1979); durch anarch. Komik geprägte Filme: »Die M. B. im Krieg«, »Die M. B. in der Oper«, »Eine Nacht in Casablanca«.

Marxismus, die von K. *Marx,* F. *Engels* u. ihren Anhängern u. Schülern aufgestellten philosoph., histor., polit. u. wirtsch. Theorien. Der M. bedient sich *Hegels* der Dialektik, jedoch sehen Marx u. Engels im Gegensatz zu Hegel die bewegenden Kräfte der Geschichte nicht im Bewußtsein, sondern im Sein: Die Wirklichkeit präge das Bewußtsein der Menschen u. nicht umgekehrt. Vom Verlauf der Menschheitsgeschichte entwirft der M. folgendes Bild: In der Frühzeit gab es eine klassenlose Urgesellschaft. Die zunehmende Arbeitsteilung führte zur Trennung von geistiger u. körperl. Tätigkeit. Dadurch entstanden Oberklassen, die von der Arbeit der Unterklassen lebten u. auf diese Weise Muße zur Entwicklung von Kultur u. Wissenschaft erhielten. Die Oberklassen erwerben zudem das Eigentum an den Produktionsmitteln der Gesellschaft (Sklaven; Grund u. Boden; Maschinen u. Fabriken). Dieses Eigentum ist die Grundlage ihrer Herrschaft. Darüber hinaus eignen sie sich auch den Anteil an der Produktion an, der über dem Anteil liegt, der zur Befriedigung der Existenzbedürfnisse der Produzierenden liegt. – In Europa lösten in einer Abfolge von Klassenkämpfen Sklavenhaltergesellschaft, Feudalgesellschaft u. bürgerl. Gesellschaft einander ab. Die revolutionäre Umwandlung einer Gesellschaftsform in eine andere vollzieht sich stets dann, wenn der Stand der *Produktivkräfte* (also der ganze wiss. u. techn. Entwicklungsstand) in Widerspruch zu den bestehenden *Produktionsverhältnissen* (Eigentumsverhältnissen) gerät. In diesem Sinn steht die auf umfassender Zusammenarbeit (als Folge der Arbeitsteilung) u. hochqualifizierter Tätigkeit beruhende neuzeitl. Produktionsweise, die sich beim heutigen Stand der Produktivkräfte nahezu von selbst ergibt, im Widerspruch zu den Produktionsverhältnissen, d. h. zur gegenwärtigen Trennung der Arbeitenden vom Eigentum an den Produktionsmitteln, mit denen sie arbeiten. Nur der internat. revolutionäre Kampf der unterdrückten Arbeiterklasse, des *Proletariats,* gegen die *Bourgeoisie* kann die kapitalist. Klassengesellschaft beseitigen u. so den Weg für eine neue techn., wiss. u. kulturell hochentwickelte *klassenlose Gesellschaft* freimachen. Der M. ist eng mit der Bewegung des →Sozialismus u. dem →Kommunismus verbunden, er wurde im *Leninismus* (→Lenin) u. im →Maoismus variiert. Viele Annahmen des M. haben sich als unzutreffend erwiesen. Nach dem Zusammenbruch des Ostblocks u. dem Ende der UdSSR 1991 verlor der M. an Bedeutung.

Marxistischer Studentenbund Spartakus, bis 1971 *Spartakus-Assoziation marxistischer Studenten,* ein der *DKP* nahestehender Studentenverband der BR Dtld.; 1990 aufgelöst.

Mary [ma'ri], bis 1937 *Merw,* Oasenstadt in Turkmenistan, in der Wüste Karakum, 87 000 Ew.; Ruinenstadt Merw (6./5. Jh. v. Chr.).

Maryland ['meəriland], Abk. *Md.,* Gliedstaat der →Vereinigten Staaten von Amerika.

Märzbecher, 1. *Leucojum vernum,* Gatt. der *Amaryllisgewächse;* weiße Blüten von März bis April; geschützt. – **2.** die gelbe →Narzisse.

Märzfeld, *Campus Martis, Campus Martius,* allg. die Heeresversammlung im *Frankenreich,* die in der Regel im März abgehalten wurde; auch zur Entscheidung polit. Fragen u. zur Beschließung von Gesetzen. *Pippin d. J.* verlegte 755 die Heeresversammlung vom März in den Mai, weshalb sie nunmehr *Maifeld* hieß.

Marzipan, als Rohmasse ein Gemisch aus 2/3 zerriebenen süßen Mandeln u. 1/3 Zucker; stammt aus dem Orient.

März-Revolution 1848, die Erhebungen in den meisten dt. Staaten, ausgelöst durch die erfolgreiche frz. *Februar-Revolution;* wichtigste Ereignisse: 13.3. Wiener Aufstand (Sturz Metternichs); 16.3. Ministerwechsel in Sachsen; 18.3. Barrikadenkämpfe in Berlin; 20.3. Abdankung Ludwigs I. von Bayern.

Masaccio [ma'satʃo], eigtl. *Tommaso di Giovanni di Simone Guidi,* * 1401, † 1428, ital. Maler; Mitbegr. der toskan. Frührenaissance.

Masạda, *Mezada,* antike Bergfestung über dem SW-Ufer des Toten Meers; von *Herodes d. Gr.* um 25 v. Chr. ausgebaut, 71–73 n. Chr. im jüd. Freiheitskrieg von den Römern zwei Jahre lang belagert u. erst nach Anlage einer künstl. Rampe u. nach dem gemeinschaftl. Selbstmord der Verteidiger eingenommen; das Nationalheiligtum des isr. Volks.

Masai →Massai.

Masan, südkorean. Hafenstadt nahe der S-Küste, westl. von Pusan, 450 000 Ew.

Masaoka, Shiki, * 1867, † 1902, jap. Dichter; bed. Haiku-Dichter der Neuzeit.

Masaryk ['masarik], **1.** Jan, Sohn von 2), * 1886, † 1948 (Selbstmord?), tschechosl. Diplomat; während des 2. Weltkriegs Außen-Min. der Londoner Exilreg. unter Beneš, 1945–48 Außenmin. der ČSR. – **2.** Tomáš Garrigue, * 1850, † 1937, tschechosl. Politiker; förderte mit Beneš die Errichtung des tschechosl. Nationalstaats; 1918–35 Staatspräs.

Masbạte, philippin. Insel südl. von Luzón, 4048 km², 600 000 Ew.; Hptst. *M.,* See- u. Flughafen.

Mascagni [mas'kanji], Pietro, * 1863, † 1945, ital. Komponist; errang Welterfolg mit der verist. Oper »Cavalleria rusticana«.

Mascara, eine Wimpernschminke.

Mascarạ, Handelsstadt in NW-Algerien, 90 000 Ew.; Weinanbau.

Masche, urspr. Schlinge oder Netz der Jäger; jetzt die einzelne *Garnschlinge* eines gestrickten, gehäkelten oder gewirkten Erzeugnisses. – **M.ndichte,** bei Wirk- u. Strickwaren die Anzahl M.n je Maßeinheit der Warenlänge oder -breite.

Mạschhäd, Meschhed, Mashad, Hptst. der iran. Prov. Khorasan, 680 000 Ew.; schiitischer Wallfahrtsort, Grab des Imam *Reza.*

Maschinen, mechan. Vorrichtungen aus festen u. bewegl. Teilen, bei denen die bewegl. Teile durch von außen zugeleitete Energie in vorgeschriebenen Bahnen u. regelmäßiger Wiederkehr bewegt werden; man unterscheidet *Kraft-M.,* die Energie in eine andere Energieform umwandeln, u. *Arbeits-M.,* die die zugeführte Energie zur Umformung eines Stoffes verwenden.

Maschinengewehr, Abk. *MG,* eine automat. Feuerwaffe, deren Ladevorgang durch den Rückstoß oder durch das Pulvergas bewirkt wird; seit 1901 im dt. Heer eingeführt. Das M. schießt mit einer Feuergeschwindigkeit von über 1000 Schuß in der Min.

Maschinenhammer, Werkzeugmaschine, v. a. zum Schmieden.

Maschinenpistole, Abk. *MP,* im Prinzip ein leichtes Maschinengewehr, das ein Mann allein u. freihändig schießen kann; Feuergeschwindigkeit bis zu 600 Schuß in der Min.

Maschinensprache, interne Codierung der Befehle einer Datenverarbeitungsanlage, die keine Übersetzung mehr braucht.

Maschinenstürmer, aufständ. Arbeitergruppen zu Beginn des 19. Jh., die aus Protest gegen die Mechanisierung der Textilind. (womit Massenentlassungen verbunden waren) die Maschinen zerstören wollten. In Dtld. kam es 1844 (Schlesien) u. 1848 zu Ausschreitungen.

Mäschhäd: Blick auf den heiligen Bezirk, zu dem nur die Anhänger des Islams Zugang haben

Frans Masereel: Der Griff nach den Sternen

Masefield ['meisfi:ld], John, *1878, †1967, engl. Schriftst. (Abenteuer- u. Seeromane).
Maser ['meizə], Abk. für engl. *microwave amplification by stimulated emission of radiation*, Molekularverstärker, ein Gerät zur Erzeugung u. Verstärkung elektromagnet. Wellen mit Wellenlängen im cm-Bereich. Beim M. werden Atome oder Moleküle durch einfallende elektromagnet. Strahlung in einen angeregten Energiezustand gebracht. Bei der Rückkehr in einen tieferen Energiezustand strahlen sie wiederum elektromagnet. Wellen ab. Die primär einfallende Strahlung wird verstärkt. M. findet Anwendung in Verstärkern von Radioteleskopen u. Radaranlagen.
Masereel, Frans, *1889, †1972, belg. Graphiker u. Maler (expressionist. Holzschnittfolgen mit pazifist. u. gesellschaftskrit. Tendenz).
Masern, *Rotsucht, Morbilli*, eine vorw. Kinder befallende akute, sehr ansteckende Infektionskrankheit, gekennzeichnet durch fleckigen, bläulichroten, verwaschenen Hautausschlag, Fieber, Bindehautkatarrh u. Katarrh der oberen Luftwege. In schweren Fällen können Mittelohrentzündung u. Lungenentzündung u. a. Komplikationen hinzutreten. Die Inkubationszeit beträgt 10–14 Tage.
Maseru, Hptst. des S-afrik. Staats Lesotho, am Caledon, 1571 m ü. M., 110 000 Ew.
Maserung, *Maser, Maserwuchs*, unregelmäßiger Verlauf der Holzfaser, verursacht durch Jahrringgrenzen, durch Wundreiz oder durch das gehäufte Auftreten von schlafenden Knospen.
Masharbrum ['maʃər-], Gipfel des zentralasiat. Karakorum-Gebirges, 7821 m.
Mashona [ma'ʃo:na], *Shona*, eine sprachl. u. kulturell verwandte Gruppe von Bantustämmen in Simbabwe.
Masina, Giulietta, *1922, †1994, ital. Schauspielerin; bek. aus Filmen ihres Ehemannes F. *Fellini*, »La Strada«.
Masip, Vicente Juan, gen. *Juan da Juanes*, * um 1500, †1579, span. Maler; Hauptvertreter des span. Manierismus.
Maskarenen, Vulkaninseln östl. von Madagaskar: *Réunion* (frz.), *Mauritius* u. *Rodrigues*.
Maskaron, in Stein gehauene Maske an Barock-Fassaden.
Maskat, *Masqat*, engl. *Muscat*, Hptst. u. Hafen von Oman, am Golf von Oman, 100 000 Ew.
Maskat und Oman →Oman.
Maske, hohle, künstl. Gesichts- oder Kopfform zum Verdecken der Gesichtszüge, mit u. ohne Verkleidung des Körpers; diente urspr. zur Dämonenabwehr; heute noch bei Naturvölkern für Kulthandlungen (z.B. Totenmaske, Tiermaske) gebraucht, bei uns als Volks- u. Faschingsbrauchtum erhalten. Daneben versteht man in der modernen Schauspielkunst unter M. die Gesichtsmodellierung des Schauspielers durch Schminke, Perücke, Bart u. ä.
Maskotte, *Maskottchen*, Glücksbringer.
Maskulinum, in der Grammatik das männl. Geschlecht (*Genus*).
Masochismus [nach L. von *Sacher-Masoch*], Bez. für eine Störung des Geschlechtsempfindens, die es beim Erleiden körperl. oder seel. Mißhandlungen durch den Partner zur geschlechtl. Erregung kommt; meist mit dem Gegenteil *Sadismus* zum *Sado-M.* verbunden.
Masolino, eigtl. *Tommaso di Christoforno Fini*, *1383, †um 1440, ital. Maler; schuf von *Fra Angelico* angeregte Fresken.
Mason [meisn], James, *1909, †1984, engl. Schauspieler, Charakterdarsteller.
Masora, *Massora*, eine Sammlung erklärender Anmerkungen zum hebr. AT, seit dem 6. Jh. nach mündl. Überlieferung aufgezeichnet.
Masowien, poln. *Mazowsze*, poln. Ldsch. an der mittleren Weichsel u. den Unterläufen von Narew u. Bug; Zentrum *Warschau*.
Masqat →Maskat.
Maß, altes Hohlmaß (Flüssigkeit), rd. 1–2 l.
Massa, ital. Prov.-Hptst. in der nördl. Toskana, 70 000 Ew.
Massachusetts [mæsə'tʃusəts], Abk. *Mass.*, Gliedstaat der →Vereinigten Staaten von Amerika; Hptst. *Boston*.
Massage [ma'sa:ʒə], die mechan. Beeinflussung der Körpergewebe von Hand oder durch geeignete Instrumente oder elektr. Apparate; vom *Masseur* ausgeführt.
Massageten, ein Nomadenvolk im Iran, das im Altertum östl. vom Kasp. Meer lebte.
Massai, *Masai*, ein äthiopides Volk im nordöstl. Tansania u. im südl. Kenia, 200 000; nomad. Viehhirten.
Massaker, Blutbad, Gemetzel.
Maßanalyse, *Titrieranalyse, Volumetrie*, die in der analyt. Chemie angewandten Verfahren zur quantitativen Bestimmung eines in einer Lösung gelösten Stoffs.
Massaua, *Mitsawa*, bedeutendste Hafenstadt in Eritrea, am Roten Meer, 35 000 Ew.
Masse, 1. ein ungeformter, meist zähflüssiger Stoff; auch größere Menge irgendeines Stoffs. – 2. *Physik*: eine Grundgröße, man unterscheidet 1. *träge M.*, sie bewirkt den Widerstand eines Körpers gegen Beschleunigung; 2. *schwere M.*, Ursache für das Gewicht eines Körpers im Schwerefeld (z.B. der Erde). Jede M. ist mit einem Schwerefeld verknüpft (→Gravitation). Nach der *Relativitätstheorie* nimmt die bewegte M. gegenüber der ruhenden M. *(Ruh-M.)* mit der Geschwindigkeit zu. Beim Erlangen der Lichtgeschwindigkeit würde sie unend-

Maske: Geistermaske aus Nordost-Neuguinea

Massai mit Hals- und Armschmuck

lich groß werden; daher kann diese Geschwindigkeit von einem materiellen Körper nie erreicht werden. Träge M. u. schwere M. werden hier gleichgesetzt. – 3. *Recht*: ein bestimmter Vermögensbestand, z.B. *Konkurs-M.* – 4. *Soziologie*: 1. ein vorwiegend kulturkrit. gebrauchter, abwertender Gegenbegriff zu *Elite*; 2. eine große, undifferenzierte oder im Hinblick auf den angesprochenen Sachverhalt nicht näher zu differenzierende Menge (z.B. die »breite M.«).
Massegläubiger, Personen, die erst durch den Konkurs oder erst nach seiner Eröffnung Ansprüche unmittelbar an die *Konkursmasse* erworben haben u. deshalb vor den *Konkursgläubigern* befriedigt werden.
Maßeinheiten, Einheiten, die nach wiss. oder Zweckmäßigkeitsgesichtspunkten gewählt sind u. auf die sich die Messung einer Größe bezieht. →SI-Einheiten.
Massenanziehung →Gravitation.
Massenentlassung, die Kündigung mehrerer Arbeitnehmer durch Arbeitgeber; heute im *Kündigungsschutzgesetz* geregelt. Bei Entlassung einer größeren Zahl von Arbeitnehmern innerhalb von 4 Wochen besteht *Anzeigepflicht* des Arbeitgebers an das Arbeitsamt; Rechtsfolge ist u. U. eine *Entlassungssperre* innerhalb eines Monats.
Massenet [mas'nɛ], Jules, *1842, †1912, frz. Komponist. Seine Opern verbinden das Pathos der Großen Oper mit lyr. Empfindsamkeit. W »Manon«, »Werther«.
Massenfabrikation, *Massenfertigung, Massenproduktion*, die Herstellung techn. gleichartiger Güter in großen Mengen; führt zur Verminderung der Stückkosten.
Massengesteine, die nicht geschichteten (meist magmatischen) Gesteine.
Massengüter, Güter, die in großen Mengen hergestellt u. verbraucht oder auch befördert werden.
Massengutfrachter, *Bulkcarrier*, ein Frachtschiff mit eigenen Ladegeschirr für die Beförderung von festem Massengut (*Schüttgut* wie Erz, Kohle u. ä.) in großen siloähnl. Laderäumen (*Bulks*); Ggs.: *Stückgutfrachter*.
Massenmedien, techn. Einrichtung zur Verbreitung von Aussagen u. Nachrichten, wie Presse, Film, Hörfunk u. Fernsehen, aber auch Computer, Werbung u. Public Relation, an ein sehr verschiedenartiges, großes Publikum.
Massenpsychologie, ein Zweig der Psychologie, der sich mit dem Verhalten *aktueller Menschenmassen* u. mit der Beeinflussung des einzelnen durch sie befaßt.
Massenspektrometrie, Bestimmung der Massen geladener Teilchen beim Durchgang durch ein elektr. oder magnet. Feld; auch zur Trennung verschiedener *Isotope* desselben chem. Elements.
Massenvernichtungsmittel → ABC-Kampfmittel.
Massenwirkungsgesetz, ein grundlegendes

Massenzahl

chem. Gesetz, nach dem das Produkt der Konzentration der Reaktionsausgangsprodukte zu dem der Konzentration der Reaktionsendprodukte in einem für die betreffende Reaktion konstantem Verhältnis steht. Die Geschwindigkeiten der Bildung u. des Zerfalls der Produkte haben einen Gleichgewichtszustand. Das M. wurde 1867 von C.M. *Guldberg* u. P. *Waage* abgeleitet.

Massenzahl, die Anzahl der *Nukleonen*, d. h. der Protonen u. Neutronen, in einem Atomkern. Die M. wird oft zur Kennzeichnung eines Atomkerns als linker oberer Index dem Elementsymbol angefügt, z.B. beim Uranisotop mit 235 Nukleonen: ^{235}U. →Periodensystem der Elemente.

Maße und Gewichte, histor. Bez. für Vergleichsgrößen, die zur Größen- u. Mengenbestimmung von Gegenständen dienen. Man bestimmt Längen, Flächen, Raummaße u. Gewichte durch Vergleich mit festgesetzten Einheiten. In Dtld. unterliegen alle im öffentl. Leben benutzten Maße u. Meßgeräte der Eichpflicht. →Einheit (2).

Masseur [ma'sø:r], Medizinalhilfsberuf, zu dessen Aufgaben Massagen, Bestrahlungen, Packungen, medizin. Bäder u. a. gehören.

Massillon [masi'jõ], Jean-Baptiste, *1663, †1742, frz. kath. Kanzelredner; Oratorianer, hielt berühmte Fastenpredigten u. Trauerreden.

Massine [ma'si:n], Leonide Fedorowitsch, *1896, †1979, russ. Tänzer u. Choreograph.

Massinissa, *um 238 v. Chr., †148 v. Chr., König von Numidien, kämpfte im 2. *Punische Krieg* auf seiten Karthagos, trat aber 206 v. Chr. zu den Römern über. Karthagos Erhebung gegen M. löste 149 v. Chr. den *3. Punischen Krieg* aus.

Massiv, größere Gebiete (Schollenlandschaften) der Erdoberfläche, die oft mehrfach gehoben u. teilw. wieder abgetragen wurden.

Maßliebchen, 1. *Margerite* →Wucherblume. – **2.** →Gänseblume.

Masson [ma'sõ], André, *1896, †1987, frz. Maler; vom Kubismus u. Surrealismus beeinflußt.

Massora →Masora.

Maßstab, das Verkleinerungsverhältnis zwischen

Metrische Maße und Gewichte

Längenmaße
1 Kilometer (km) = 1000 m
1 Hektometer (hm) = 100 m
1 Dekameter (dam) = 10 m
1 Meter (m) = 100 cm
1 Dezimeter (dm) = 10 cm
1 Zentimeter (cm) = 10 mm
1 Millimeter (mm) = 1000 µm
1 Mikrometer (m) = $^1/_{1000}$ mm

Flächenmaße
1 Quadratkilometer (km²) = 100 ha = 10 000 a
1 Hektar (ha) = 100 a = 10 000 m²
1 Ar (a) = 100 m²
1 Quadratmeter (m²) = 100 dm² = 10 000 cm²
1 Quadratdezimeter (dm²) = 100 cm² = 10 000 mm²
1 Quadratzentimeter (cm²) = 100 mm²

Raummaße (Hohlmaße)
1 Kubikmeter (m³) = 1000 dm³ = 1 000 000 cm³
1 Hektoliter (hl) = 100 dm³ (= 100 l)
1 Kubikdezimeter (dm³) = 1 Liter (l) = 1000 cm³
1 Deziliter (dl) = $^1/_{10}$ l = 100 cm³
1 Zentiliter (cl) = $^1/_{100}$ l = 10 cm³
1 Kubikzentimeter (cm³) = 1000 Kubikmillimeter (mm³)

Gewichte
1 Tonne = 10 dz = 1000 kg
1 Doppelzentner (dz) = 100 kg
1 Kilogramm (kg) = 1000 g
1 Hektogramm (hg) = 100 g
1 Dekagramm (dag) = 10 g
1 Gramm (g) = 10 dg = 100 cg = 1000 mg
1 Dezigramm (dg) = 10 cg = 100 mg
1 Zentigramm (cg) = 10 Milligramm (mg)

Nichtmetrische Maße und Gewichte

Land	Längenmaß	m	Flächenmaß	m², a, ha	Hohl-(Körper)-Maß	l	Gewicht	kg
Baden	1 Rute = 10 Fuß	3,0	1 Morgen = 4 Viertel = 400 Quadratruten	36 a	1 Maß = 10 Becher	1,5	1 Zentner = 100 Pfund	50
Bayern	1 Rute = 10 Fuß	2,918	Tagwerk (Morgen, Juchart)	34,07 a	1 Schäffel (Schaff) = 6 Metzen	222,36	1 Zentner = 100 Pfund	56
Hannover	1 Rute = 16 Fuß	4,673	1 Quadratrute	21,84 m²	1 Quartier = 2 Stößel	0,97	1 Zentner = 112 Pfund	54,84
Hessen	1 Klafter = 10 Fuß	2,50	1 Morgen = 4 Viertel = 400 Quadratklafter	25 a	1 Maß = 4 Schoppen	2	1 Zentner = 100 Pfund	50
Preußen	1 Meile = 2000 Ruten 1 Rute = 12 Fuß 1 Elle	7532,485 3,766 0,667	1 Morgen = 180 Quadratruten	25,53 a	1 Scheffel = 16 Metzen 1 Tonne = 100 Quart 1 Ohm = 120 Quart	54,96 114,5 137,4	1 Zentner = 110 Pfund	51,45
Sachsen	1 Postmeile 1 Rute = 16 Fuß	7500 4,53	1 Acker = 2 Morgen (Scheffel) = 300 Quadratruten	55,34 a 7	1 Kanne 1 Scheffel = 16 Metzen	0,935 103,83	1 Zentner = 110 Pfund	51,4
Württemberg	1 Rute = 10 Fuß 1 Meile = 26000 Fuß	2,865 7448,75	1 Morgen = 384 Quadratruten	31,52 a	1 Eimer = 16 Imi = 160 Maß 1 Maß = 4 Schoppen	293,93 1,67	1 Zentner = 104 Pfund	48,64
Argentinien	1 Legua = 6000 Varas 1 Vara = 3 Pie	5196 0,866	Legua cuadrada	2699,84 ha	1 Pipa 1 Fanega	456 137,2	1 Quintal = 100 Libras 1 Arroba = 25 Libras	45,94 11,49
China	1 Zhang = 10 Qi = 100 Cun	3,20	1 Qing = 100 Mu	6,1 ha	1 Dan = 2 Hu	103,5	1 Jin = 16 Liang	0,56
Dänemark	1 Rode = 5 Alen = 10 Fod	3,14	1 Qvadratrode = 10 Qvadratfod	9,85 m²	1 Kande = 2 Potter 1 Aam	1,93 154,5	1 Centner = 100 Pfund	50
Frankreich Belgien	1 Pied = 12 Pouces = 144 Lignes 1 Perche = 18 Pieds	0,325	1 Arpent (Morgen) = 100 Perches carrées	34,18 a o. 51,07 a	1 Pinte	0,93	1 Quintal = 100 Livres	48,95
Großbritannien	1 Yard = 3 Feet = 36 Inches 1 Pole (Perch) = 5,5 Yards 1 Statute mile	0,914 5,03 1609,3	1 Yard of Land = 30 acres 1 Square Mile = 640 acres	12,14 ha 259 ha	1 Gallon = 4 Quarts = 8 Pints 1 Bushel = 8 Gallons = 256 Gills	4,546 36,37	1 Hundredweight = 112 Pounds 1 Pound = 16 ounces	50,80 0,45
Japan	1 Ken = 6 Schaku	1,818	1 Tan = 10 Se = 300 Tsubo	991,7 m²	1 Koku = 10 To = 100 Scho	180,4	1 Tan = 100 Kin	60,48
Niederlande	1 Roede = 12 Voet	3,677	1 Vierkante-roede	13,54 m²	1 Stoop = 4 Pintjes	2,43	1 Centenaar = 100 Ponden	49,4
Österreich	1 Rute = 2 Klafter = 12 Fuß 1 Postmeile	3,793 7585,94	1 Joch = 400 Quadratruten	57,55 a	1 Maß = 4 Seidel 1 Metzen	1,41 69,49	1 Zentner = 100 Pfund	56
Rußland	1 Werst = 500 Saschen 1 Saschen = 3 Arschin = 7 Fuß	1066,8 2,133	1 Deßjatine	109,25 a	1 Kruschka = 10 Tscharki 1 Wedro = 10 Kruschkas	1,23 12,3	1 Pud = 40 Funt	16,38
Schweden	1 Stång = 5 Aln = 10 Fot	2,97	1 Tunnland = 32 Kappland	49,36 a	1 Kanna = 32 Jumfrur	2,62	1 Skålpund = 100 Ort	0,425
Schweiz	1 Stab = 4 Fuß = 2 Ellen 1 Wegstunde = 16000 Fuß	1,20 4800	1 Juchard = 40 000 Quadratfuß	36 a	1 Maß = $^1/_{100}$ Ohm	1,5	1 Zentner = 100 Pfund	50
USA	1 Rod = 5,5 Yards	5,029	1 Square mile = 640 Acres	2,59 km²	1 Gallon = 8 Pints	3,78	1 Cental = 100 Pounds	45,36

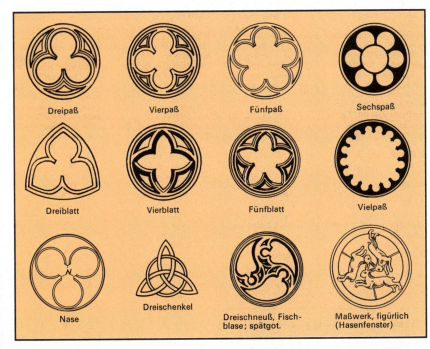

Gotische Maßwerkformen

einer Strecke in der Natur u. in der Karte, z.B. 1 : 25 000 bedeutet 1 cm auf der Karte sind 25 000 cm (250 m) in der Natur.

Maßwerk, in der Gotik die aus Paßformen, Fischblasen u. flammenähnl. Gebilden zusammengesetzte, geometr. konstruierte Steinfüllung in den Bogenwinkeln von Fenstern, an Turmhelmen, Brüstungen u. ä.

Massys ['masɛis], *Metsys,* Quentin (Quinten), *1465/66, †1530, ndl. Maler; Hauptmeister der ndl. Malerei des frühen 16. Jh.

Mast, 1. [der], auf dem Schiff ein vertikal stehendes Rundholz oder eine Stahl(rohr)konstruktion zum Tragen von Segeln, Funk- u. Radarantennen, Ladegeschirr, Signallampen u. Flaggen, beim Segelschiff 2–3teilig: Mars- u. Bramstenge u. zugehörige Rahen u. Segel. – **2.** [die], *Mästung,* spezielle Fütterung von Schlachtvieh zur Erhöhung der Fett- u. Fleischmasse.

Mastaba, ägypt. Grabform aus dem Alten Reich (3. Jt. v. Chr.): ein rechteckiger Bau mit geböschten Seitenwänden.

Mastdarm, *Rectum,* Endteil des →Darms. In seinem erweiterten Teil *(Ampulla recti)* sammelt sich der Kot.

Master of Arts ['maːstə əv 'aːts] →Magister.
Master of Science ['maːstə əv 'saiəns], Abk. *M. Sc.,* höherer akad. Grad der naturwiss. Fächer in angelsächs. Ländern.

Masters [maːstəz], »Meister«, »Sieger«, engl. Bez. für Endkämpfe (Turniere) bes. qualifizierter Einzelsportler oder Mannschaften.

Mastiff, große engl. Dogge; bei den Römern als Kampfhund verwendet.

Mastitis, eine Entzündung des Brustdrüsenkörpers (im Unterschied zur Brustwarzenentzündung).

Mastix, grünl. bis farbloses Harz, aus dem M.strauch (in Amerika der *Pfefferstrauch,* im Mittelmeergebiet, bes. auf der grch. Insel Chios, der *Pistacia lentiscus*) gewonnen; wird zu Süßwaren, Klebe- u. Kittmittel verarbeitet.

Mastodonten, ausgestorbene *Rüsseltiere* des Tertiärs (ab Oligozän) u. Quartärs; sie leiten über von tapirgroßen Tieren mit Stoßzähnen im Ober- u. Unterkiefer zu den *Elefanten,* deren Ahnen sie sind.

Mastroianni, Marcello, *28.9.1924, ital. Schauspieler; Charakterdarsteller im Film, u. a. »La dolce vita«, »Das große Fressen«.

Masturbation, auch *Selbstbefriedigung, Ipsation, Onanie,* das Erreichen des *Orgasmus* durch Reizung u. Erregung der eigenen Geschlechtsteile. Die M. ist während der Pubertät als eine normale Erscheinung anzusehen, die bei den meisten Menschen (bei Knaben praktisch ausnahmslos) eine »Durchgangsphase« der normalen geschlechtl. Entwicklung ist. Die M. hat keinerlei gesundheitsschädigende Wirkungen.

Masuccio [ma'sutʃo], gen. *Salernitano,* eigtl. Tommaso *Guardati,* *um 1420, †um 1480, ital. Dichter; schrieb eine Novellensammlung.

Masur, Kurt, *15.7.1927, dt. Dirigent, 1970–91 Leiter des Leipziger Gewandhausorchesters; engagierte sich bei dem polit. Umsturz in der DDR 1989; seit 1991 Leiter der New Yorker Philharmoniker.

Masuren, Ldsch. im S der ostpreuß. Seenplatte, rd. 12 000 km²; bestimmt durch die Höhen der balt. Endmoränen, die *Masurischen Seen* (die größten: Spirdingsee, Mauersee, Löwentinsee, Niedersee) u. weite Nadelwälder.
G e s c h.: 1277–83 unterwarf der *Dt. Orden* die in M. ansässigen pruzzisch-balt. *Sudauer.* Ende des 14. Jh. begann der Orden mit der Ansiedlung von Kolonisten aus dem poln. Fürstentum *Masowien.* 1920 erklärte sich die Bev. von M. in einer Volksabstimmung zu 98% für weiteren Verbleib beim Dt. Reich. Nach dem 2. Weltkrieg wurde 1945 das Gebiet der poln. Verwaltung unterstellt.

Matabeleland, Ldsch. in Simbabwe, Wohngebiet der *Ndebele;* Hauptort *Bulawayo.*

Matadi, wichtigste Hafenstadt u. Prov.-Hptst. in Zaire, am unteren Kongo, 220 000 Ew.

Matador, der Stierkämpfer, der dem Stier den Todesstoß geben soll.

Mata Hari, Künstlername für Margarete Gertruida *Zelle,* *1876, †1917, ndl. Tänzerin in Paris; wurde der Spionage für Dtld. beschuldigt, zum Tod verurteilt u. erschossen.

Matamata, *Fransenschildkröte,* südamerik. *Schlangenhalsschildkröte* mit flachem, dreieckigem Kopf u. bizarren Hautwucherungen.

Matamoros, Hafenstadt am Unterlauf des Rio Grande in N-Mexiko, 270 000 Ew.

Matanzas, Hafenstadt u. Prov.-Hptst. an der NW-Küste von Kuba, am Rio San Juan, 112 000 Ew.; Zuckerausfuhr.

Mataré, Ewald, *1887, †1965, dt. Bildhauer, Tierplastiken von abstrahierter Formgebung; Bronzetüren am Kölner Dom, Portale der Weltfriedenskirche in Hiroshima.

Match [mætʃ], sportl. Wettkampf, bes. zw. zwei Sportlern oder Mannschaften.

Mate, *Yerba,* südamerik. Nationalgetränk, aus den Blättern des M.baums (ein Stechpalmengewächs) u. verwandter Arten hergestellt, enthält u. a. 0,5–1,5% Coffein.

Matelot [mat'lo], ein runder Matrosenhut mit leicht hochgerollter Krempe, um 1900 von Kindern getragen, seither auch als Damenhut.

Mater (lat., »Mutter«), in der Drucktechnik die →Matrize; in der Medizin Bez. für zwei Hirnhäute.

Matera, ital. Prov.-Hptst. in der östl. Basilicata, 55 000 Ew.; berühmte Felsenwohnungen *(Sassi).*

Mater Dolorosa, die Darstellung der leidenden Maria.

Material, die zur Herstellung eines Arbeitsstücks oder für die Ausführung einer Arbeit benötigten Werk- u. Hilfsstoffe.

Materialisation, 1. die angebl. Erscheinung, daß bestimmte *Medien* im Trancezustand Gebilde materieähnl. Beschaffenheit *(Ektoplasma)* aus sich hervorgehen lassen, die vom *Spiritismus* als Verkörperungen von Geistern gedeutet werden. – **2.** die Umwandlung von Energie in →Materie.

Materialismus, eine Einstellung, die das Materielle als grundlegend u. allein wirklich betrachtet u. damit das Geistige niedriger bewertet.

Materie, physikalisch jede in Form von Masseteilchen auftretende Energieform (→Elementarteilchen). Da nach der Einsteinschen Beziehung $E = mc^2$ Energie u. Masse äquivalent sind, kann masselose Energie in M. umgewandelt werden *(Materialisation,* z.B. Erzeugung eines Elektron-Positron-Paares durch ein Lichtquant). Man unterscheidet 3 Aggregatzustände der M.: fest, flüssig u. gasförmig, die allerdings bei hohen Temperaturen u. Drücken (z.B. im Erdinnern, auf der Sonne) ihren Sinn verlieren. Als vierter Aggregatzustand der M. wird das →Plasma angesehen. – In der P h i l o s. meint man mit M. dreierlei: 1. der Stoff, das *Material,* das behandelt wird (Ggs.: *Form);* 2. das inhaltl. *Was,* der *Gehalt;* 3. die unbelebte Wirklichkeit, das *Materielle* (Ggs.: *Geist).*

Materiewellen, *de-Broglie-Wellen,* kurzer, formelhafter Ausdruck für die von L.-V. de *Broglie* vorausgesagte u. später experimentell nachgewiesene wellenhafte Natur der Materie; die Wellenlänge λ ergibt sich aus Impuls p des Teilchens u. dem Planckschen Wirkungsquantum h: $\lambda = h/p$. →Quantentheorie.

Mathematik [grch. *mathema,* »Wissenschaft«], Wiss., die aus Problemen des Zählens, Messens, Rechnens u. geometr. Zeichnens entstand. M. beschäftigt sich heute mit algebraischen, geometri-

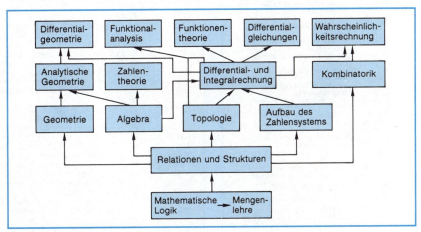

Die wichtigsten Teilgebiete der Mathematik und ihre gegenseitigen Abhängigkeiten

mathematische Logik

Zeichen	Sprechweise (Erläuterung)
%	von Hundert (Prozent)
‰	von Tausend (Promille)
/	je, pro, durch (Beispiel km/h)
+	plus (Additionszeichen und Vorzeichen positiver Zahlen)
−	minus (Subtraktionszeichen u. Vorzeichen negativer Zahlen)
±	plus oder minus
·	mal (Multiplikationszeichen)
×	mal (nur bei Maßangaben, z. B. 3 m × 4 m); kreuz (Vektormultiplikation)
:, /, −	geteilt durch (Divisionszeichen)
=	gleich
≡	identisch, gleich
≠	nicht gleich, ungleich
≈	angenähert, nahezu gleich
<	kleiner als (z. B. 3 < 7)
≤	kleiner oder gleich
≪	sehr klein gegen
>	größer als (z. B. 5 > 0)
≥	größer oder gleich
≫	sehr groß gegen
∞	unendlich
π	pi (Ludolfsche Zahl, = 3,14159...)
$\sqrt{\ }$	Wurzel aus (z. B. $\sqrt{8}$)
$\sqrt[3]{\ }$	dritte Wurzel aus
a^x	a hoch x; xte Potenz von a
$\log_a$	Logarithmus zur Basis a
lg	(dekadischer) Logarithmus
ln	natürlicher Logarithmus ($\log_e$)
Σ	Summe
Π	Produkt
$|x|$	Betrag von x
n!	n Fakultät
$\binom{n}{k}$	n über k (Binomialkoeffizient)
a|b	a teilt b (a ist Teiler von b)
a∤b	a teilt nicht b
∫	Integral (Integrationszeichen)
→	gegen, nähert sich, strebt nach
lim	Limes, Grenzwert
i	imaginäre Einheit ($=\sqrt{-1}$)
°	Grad (= 60′)
′	Minute (= 60″)
″	Sekunde
∥	parallel
⊥	rechtwinklig zu, senkrecht auf
△	Dreieck
≅	kongruent, isomorph
≙	entspricht
∼	ähnlich, proportional
∢	Winkel
$\overline{AB}$	Länge der Strecke AB
$\stackrel{\frown}{AB}$	Bogenlänge, Bogen AB
∟	rechter Winkel
⌀	Durchmesser
$\bar z, z^*$	konjugiert komplexe Zahl zu z
Re z	Realteil von z
Im z	Imaginärteil von z
f(x)	Bild von x unter der Funktion f
$\frac{df(x)}{dx}, f'(x)$	df nach dx, f Strich nach x (Differentialquotient, Ableitung)
$\frac{d^n f(x)}{dx^n}, f^{(n)}(x)$	n-te Ableitung von f nach x
$\frac{\partial f(x,y)}{\partial x}$	partieller Differentialquotient
df(x, y)	totales Differential der Funktion f(x, y)
∧	und (Konjunktion)
∨	oder (Disjunktion)
¬	nicht (Negation)
⇒	wenn..., dann...; daraus folgt (Implikation)
⇔	genau dann, wenn; dann und nur dann, wenn (logische Äquivalenz)
ℕ	Menge der natürlichen Zahlen
ℤ	Menge der ganzen Zahlen
ℚ	Menge der rationalen Zahlen
ℝ	Menge der reellen Zahlen
$\mathbb{R}^n$	n-dimensionaler euklidischer Raum (über ℝ)
∈	Element von
∉	nicht Element von
∅, { }	leere Menge
{x|A(x)}	Menge aller x mit der Eigenschaft A(x)
∪	vereinigt (Vereinigung von Mengen)
∩	geschnitten (Durchschnitt von Mengen)
⊆	enthalten in, Teilmenge von
⊈	nicht enthalten in
⊊	echt enthalten in, echte Teilmenge von
A × B	Produktmenge von A und B
x R y	x steht zu y in der Relation R
(a, b)	geordnetes Paar
∘	Verknüpfungszeichen für Relationen, Funktionen usw.
f: A → B	Funktion f aus der Menge A in die Menge B
f: x ↦ y	Funktion f, unter der dem Element x das Element y zugeordnet wird
∧, ∀	für alle x gilt (Allquantor)
∨, ∃	es gibt ein x, so daß... (Existenzquantor)
$\vec{a}$, a	Vektor a

Mathematische Zeichen

---

schen u. Ordnungs-Strukturen sowie ihrer axiomatischen (→Axiom) Begründung, ferner mit *Arithmetik* (auch Zahlentheorie u. Kombinatorik), *Geometrie* (auch Topologie), *Analysis* (z.B. Infinitesimalrechnung), heute ferner mit *Wahrscheinlichkeitstheorie, Statistik, Numerik* u. *Informatik*, mit *Mengenlehre* u. *mathemat. Logik*, neuerdings auch mit dem Verhältnis von Ordnung u. Chaos (*Chaostheorie*).

mathematische Logik →Logik.

mathematische Zeichen, Zeichen, die in der Mathematik gebraucht werden, um eine Rechenoperation oder eine mathemat. Beziehung auszudrücken oder eine mathemat. Größe zu bezeichnen.

Mathieu [ma'tjø], **1.** Georges, *27.1.1921, frz. Maler (ungegenständl. Kompositionen). − **2.** Mireille, *22.7.1946, frz. Schlagersängerin.

Mathilde, 1. *1102, †1167, dt. Königin 1114−25, engl. Königin 1135−48; Tochter *Heinrichs I.* von England, seit 1114 mit Kaiser *Heinrich V.* verheiratet, nach dessen Tod 1125 von ihrem Vater zur Thronerbin erklärt; mußte 1148 nach Frankreich gehen. − **2.** *1046, †1115, seit 1052 Markgräfin von Tuszien (Toskana). 1111 setzte sie Kaiser *Heinrich V.* zum Erben ihres Hausguts ein. Nach ihrem Tod entbrannte ein jahrhundertelanger Streit zw. Kaiser u. Papst um die *Mathildischen Güter*, bis Friedrich II. 1213 in der *Egerer Goldbulle* das Recht der Kirche darauf anerkannte.

Mathura, engl. *Muttra*, ind. Stadt an der Yamuna, südl. von Delhi, 227 000 Ew.; als Geburtsort *Krischnas* einer der sieben heiligsten Orte der Hindu.

Matinee, künstler. Veranstaltung am Vormittag.

Matisse [ma'tis], Henri, *1869, †1954, frz. Maler, Graphiker u. Bildhauer; geistiges Haupt der 1905 erstmals geschlossen an die Öffentlichkeit getretenen »Fauves«. Das Gesamtwerk von M. (Landschaften, Stilleben, Akte, figürl. Szenen, Bühnendekorationen) verkörpert am deutlichsten die auf Ausgewogenheit u. heitere Wirklichkeitsdeutung gerichtete Komponente des *Fauvismus*.

Matjeshering, junger, fetter, noch nicht geschlechtsreifer Hering (ohne Rogen u. Milch).

Mato Grosso, dünn besiedeltes Hoch- u. Schichtstufenland im SW Brasiliens; im N Urwälder, im W Überschwemmungssavannen des Paraguay (*Pantanal*), im S u. O Baum- u. Grassavannen.

Matosinhos [matu'ʒiɲuʃ], nördl. Vorstadt von Porto in N-Portugal, 40 000 Ew.; wichtigster Fischereihafen Portugals.

Mätresse, Geliebte, bes. von Fürsten zur Zeit des Absolutismus.

Matriarchat, eine (gedachte) Gesellschaftsform mit ausschl. Autorität der Frauen, oft mit dem *Mutterrecht* verwechselt.

Matrikel, Verzeichnis, Liste; z.B. *Universitäts-M.*, Verzeichnis der aufgenommenen (immatrikulierten) Studenten.

Wichtige Daten zur Geschichte der Mathematik

v. Chr.	
um 3000	In Ägypten gibt es Zahlzeichen bis 100 000
	Die Babylonier kennen das Sexagesimalsystem
um 1750	Der Papyrus Rhind (Ägypten) wird geschrieben; er enthält u. a. die Rechentechnik der Multiplikation, der Division und der Bruchrechnung
um 450	Die Pythagoreer erkennen, daß $\sqrt{2}$ (bei der Berechnung der Diagonale eines Quadrats) keine Zahl im üblichen Sinn ergibt
um 300	*Euklid* sammelt und systematisiert das mathematische Wissen seiner Zeit in seinem Werk „Elemente"
	Archimedes berechnet den Kreisumfang und Kreisinhalt durch Grenzwertbetrachtung
um 200	*Apollonius* von Perge vollendet die Kegelschnittlehre der Antike

n. Chr.	
um 700	Das Zeichen Null (0) wird in Indien in die Mathematik eingeführt; es erlaubt das Positionsrechnen
850	*Al Chwarizmi* schreibt seine „Algebra"
1202	*Leonardo von Pisa* verwendet arabische Ziffern im kaufmännischen Rechnen
1518−1550	A. *Ries(e)* veröffentlicht die ersten deutschen Rechenlehrbücher
1545	G. *Cardano* veröffentlicht die Formel zur Lösung kubischer Gleichungen
1630	P. de *Fermat* arbeitet über Zahlentheorie und Flächenberechnungen
1637	R. *Descartes* begründet die Methode der analytischen Geometrie
1640	B. *Pascal* verfaßt eine Abhandlung über Kegelschnitte
1665/1666	I. *Newton* arbeitet über die Grundlagen der Differential- und Integralrechnung
1672−1693	G. W. *Leibniz* entwickelt die Grundlagen der Differential- und Integralrechnung und der Determinantenrechnung
1701	J. *Bernoulli* veröffentlicht seine Arbeit über Variationsrechnung
1738	D. *Bernoulli* veröffentlicht eine mathematische Arbeit zur Hydrodynamik
1743	L. *Euler* löst die lineare Differentialgleichung n-ter Ordnung mit konstanten Koeffizienten
1755	J. L. *Lagrange* arbeitet über Variationsrechnung sowie Differentialgleichung der Minimalflächen
1796	C. F. *Gauß* konstruiert das regelmäßige 17-Eck mit Zirkel und Lineal
1799	C. F. *Gauß* gibt den ersten einwandfreien Beweis des Fundamentalsatzes der Algebra
1810	J. B. J. *Fourier* arbeitet über trigonometrische Reihen
1812	P. S. *Laplace* veröffentlicht seine „Theorie der Wahrscheinlichkeiten"
1827	A. F. *Möbius*, Mitbegründer der neueren Geometrie, veröffentlicht sein Hauptwerk „Der baryzentrische Kalkül"
1830	E. *Galois* schreibt seine Arbeit über Auflösbarkeit algebraischer Gleichungen
1854	G. *Boole* arbeitet über Grundlagen der mathematischen Logik
	B. *Riemann* schreibt „Über die Hypothesen, welche der Geometrie zugrunde liegen"
1872	F. *Klein* veröffentlicht das sogenannte Erlanger Programm
1874	G. *Cantor* begründet die Mengenlehre
1879	K. *Weierstraß* arbeitet über die analytischen Funktionen mehrerer komplexer Variabler
1882	F. *Lindemann* beweist die Transzendenz der Zahl π
1887	R. *Dedekind* schreibt seine klassische Arbeit: Was sind und was sollen die Zahlen?
1889	G. *Peano* stellt 5 Axiome des Aufbaues des Systems der natürlichen Zahlen auf
1899	D. *Hilbert* bringt sein grundlegendes Werk „Grundlagen der Geometrie" heraus
1907	L. E. J. *Brouwer* begründet den Intuitionismus
1910	B. *Russell* und N. *Whitehead* beginnen mit der Veröffentlichung der „Principia mathematica"
1920−1930	E. *Noether* erkennt die Bedeutung der algebraischen Strukturen und wird zur Mitbegründerin der modernen Algebra
1925/1926	H. *Weyl* arbeitet über die Darstellungstheorie von Gruppen
1928	J. v. *Neumann* liefert (seit 1928) bahnbrechende Arbeiten über die Spieltheorie
1931	K. *Gödel* veröffentlicht den nach ihm benannten Vollständigkeitssatz
1934	Nicolas *Bourbaki* (Pseudonym für eine Gruppe von Mathematikern) beginnt die Grundzüge der Mathematik auf mengentheoretischer Grundlage darzustellen
1948	N. *Wiener* veröffentlicht sein berühmtes Buch über Kybernetik
1954	A. A. *Markow* veröffentlicht seine Theorie der Algorithmen
1972	R. *Thom* entwickelt die Katastrophentheorie (Stabilität geometr. Formen in der Natur)
1976	Lösung des berühmten „Vierfarbenproblems"
1983	G. *Faltings* beweist die Mordellsche Vermutung, ein wichtiger Schritt auf dem Weg zur Lösung des Fermatproblems
1993	A. J. *Wiles* beweist den Fermatschen Satz

Henri Matisse: Odaliske; 1923. Amsterdam, Stedelijk Museum

Matrix, ein Begriff der höheren Arithmetik. Das Rechnen mit Matrizen hat eigene Gesetze. Eine M. von m·n Elementen a_{mn} ist ein in Form eines Rechtecks angeordnetes System von m Zeilen u. n Spalten:

$$\begin{pmatrix} a_{11} & a_{12} & a_{13} & \cdots & a_{1n} \\ a_{21} & a_{22} & a_{23} & \cdots & a_{2n} \\ \cdots & \cdots & \cdots & \cdots & \cdots \\ a_{m1} & a_{m2} & a_{m3} & \cdots & a_{mn} \end{pmatrix}$$

Matrixdrucker, Ausgabegerät für Schrift- u. Graphikzeichen in der elektron. Datenverarbeitung aus 5 x 7 oder 7 x 9 Punkten.
Matrize, *Mater,* der untere Teil einer Preßform, in die der Werkstoff durch das Oberteil (die *Patrize*) hineingedrückt wird; in der Drucktechnik Form in Celluloid, Wachs oder Blei zur Herstellung von Galvanos; Folien aus Wachspapier, Kunststoff, Metall zur Herstellung von Vervielfältigungen.
Matrone, Familienmutter, ältere verh. Frau.
Matrose, ein Seemann.
Matsue [-su:ɛ], Präfektur-Hptst. in Japan, an der NW-Küste von Honshu, 140 000 Ew.; Schloß.
Matsumoto, Stadt in Japan, im zentralen Honshu, 200 000 Ew.; Seidenmarkt.
Matsuo Basho, *1644, †1694, jap. Dichter; befreite die *Haiku-Dichtung* vom Formalismus u. gestaltete sie zu echter Naturlyrik.
Matsuoka, Yosuke, *1880, †1946, jap. Politiker; schloß 1940 mit dem Dt. Reich u. Italien den Dreimächtepakt; 1945 als Kriegsverbrecher verhaftet.
Matsuyama, Präfektur-Hptst. in Japan, im W von Shikoku, 430 000 Ew.; Univ.; Hafen.
Matt, Schlußstellung u. Entscheidung des Schachspiels: Der König ist matt gesetzt, wenn ihm kein weiterer Zug mehr möglich ist, ohne geschlagen zu werden.
Mattathias, †166 v. Chr., jüd. Priester, Stammvater des jüd. Herrschergeschlechts der *Makkabäer.*
Matterhorn, frz. *Mont Cervin,* ital. *Monte Cervino,* pyramidenartiger Berggipfel in den Walliser Alpen, sw. von Zermatt, 4478 m.
Matthau [ˈmæθou], Walter, *1.10.1920, US-amerik. Filmschauspieler; bes. kom. Rollen.
Matthäus, in NT einer der zwölf Jünger u. Apostel Jesu (Matth. 10,3), nach der Überlieferung identisch mit dem Zöllner *Levi* (Matth. 9,9), Symbol: Engel. – Heiliger (Fest: 21.9.). Das **M.-Evangelium** ist das erste Buch des NT. Es hat die Verkündigung Jesu vor allem in fünf großen »Reden« (darunter die »Bergpredigt«) zusammengefaßt.
Matthäus, Lothar, *21.3.1961, dt. Fußballspieler; von 1984–88 u. wieder seit 1992 bei Bayern München, 1988–92 bei Inter Mailand; 1990 u. 91 »Weltfußballer des Jahres«.
Matthias, der für *Judas Ischariot* nachgewählte Apostel (Apg. 1,15 ff.); Heiliger (Fest: 14.5.).

Matthias, *1557, †1619, dt. Kaiser 1612–19; Habsburger; zwang seinen Bruder *Rudolf II.,* wegen Regierungsunfähigkeit ihm nach u. nach in allen Erbländern die Regierung zu übergeben u. 1611 abzudanken; 1612 selbst zum Kaiser gewählt.
Matthias Corvinus, *Matthias I.,* *1443, †1490, König von Ungarn 1458–90, König von Böhmen 1469–90; erhielt durch Vertrag von *Wladislaw von Polen* Mähren, Schlesien u. die Lausitz; 1485 eroberte er Wien u. gewann Niederöstr., die Steiermark u. Kärnten.
Matthisson, Friedrich von, *1761, †1831, dt. Lyriker; »Adelaide« wurde von Beethoven vertont.
Matthöfer, Hans, *25.9.1925, dt. Politiker (SPD); 1974–78 Bundes-Min. für Forschung u. Technologie, 1978–82 der Finanzen, 1982 für das Post- u. Fernmeldewesen.
Mattscheibe, eine einseitig mattierte Glasplatte, die auftreffendes Licht in alle Richtungen diffus zerstreut. Dadurch kann auf ihrer Oberfläche ein reelles Bild entstehen, das von der Rückseite aus beobachtet wird.
Matura, *Maturum,* Reifeprüfung, Abitur.
Maturin [ˈmætju-], Charles Robert, *1782, †1824, angloirischer Schriftst.; Geistlicher; Schauerroman »Melmoth der Wanderer«.
Maturin, Hptst. des venezolan. Bundesstaats Monagas, westl. des Orinoco-Deltas, 180 000 Ew.
Maturität, Reife; schweiz.: Hochschulreife.
Matutin →Mette.
Matze →Mazza.
Maubeuge [moˈbøːʒ], Ind.-Stadt in N-Frankreich, an der Sambre, 36 000 Ew.; alte Grenzfestung; Hafen.
Mauch, Karl, *1837, †1875, dt. Afrika-Forscher; erforschte 1871 die Ruinen von *Zimbabwe.*
Mauerassel, bis 18 mm lange Landassel mäßig feuchter Lebensräume.
Mauerbiene, *Osmia,* artenreiche Gatt. der *Bienen;* einzeln lebend, bis 10 mm lang; Bauchsammler. Sie legen ihre Nester in Mauerlöchern, hohlen Stengeln u. a. an.
Mauergecko, der häufigste *Gecko* aller Mittelmeerländer, bis 18 cm.
Mauerläufer, zu den *Kleibern* gehöriger, rotflügeliger *Singvogel.*
Mauerpfeffer →Fetthenne.
Mauersalpeter, Ausblühungen durch *Kalksalpeter,* $Ca(NO_3)_2$ an Stellen, wo das Mauerwerk mit stickstoffhaltigen, meist organ. Stoffen (Fäkalien, Stalldung) in Berührung gekommen ist.
Mauersberger, 1. Erhard, *1903, †1982, dt. Kirchenmusiker; 1961–72 Thomaskantor in Leipzig. – **2.** Rudolf, Bruder von 1), *1889, †1971, dt. Chordirigent u. Komponist; seit 1930 Kreuzkantor in Dresden; komponierte geistl. Chorwerke.
Mauersee, poln. *Jezioro Mamry,* zweitgrößter See in Masuren, 102,3 km², bis 44 m tief.
Mauersegler →Segler.
Mauerwespen, lebhaft gelb u. schwarz gezeichnete *Wespen,* die ihre röhrenförmigen Brutnester in Lehmwände nagen.
Maugham [mɔːm], William Somerset, *1874,

Matterhorn mit Stellisee

†1965, engl. Schriftst.; schrieb satir.-skept. Romane, meist aus der Welt der gehobenen Gesellschaft, ferner Kurzgeschichten, Komödien u. sozialsatir. Schauspiele.
Maui, die zweitgrößte Hawaii-Insel, 1885 km², 80 000 Ew., größter Ort *Wailuku;* erloschener Vulkan Haleakala (3055 m).
Mauke, 1. *Grind,* krebsartige Wucherung an Trieben von Weinreben. – **2.** verschiedenartige entzündl. Hauterkrankungen in der Fesselbeuge des Pferdes.
Maulbeerbaum, *Morus,* Gatt. der *Maulbeergewächse* (→Pflanzen). Der bis 25 m hohe *Schwarze M.* hat schwarzviolette, brombeerähnl. Früchte, die als Nahrungsmittel u. als Färbemittel für Wein wichtig sind; der urspr. in China heimische, bis 12 m hohe *Weiße M.* liefert in seinen Blättern fast ausschl. das Futter für die Seidenraupe (→Seidenspinner).
Maulbertsch, *Maulpertsch,* Franz Anton, *1724, †1796, östr. Maler des Spätbarocks.
Maulbronn, Stadt in Ba.-Wü., nordöstl. von Pforzheim, 6000 Ew.; vollständig erhaltene mittelalterl. Zisterzienserabtei (gegr. 1146).

Kaiser Matthias; Halbgouache, um 1630

Maulbrüter, zusammenfassende Bez. für Fische mit hochentwickelten Brutpflege-Instinkten, bei denen die Jungfische im Maul (*Brutraum*) schlüpfen u. bei Gefahr wieder in das Maul aufgenommen werden.
Maulesel, *Mulus* →Maultier.
Maulnier [moˈnje], Thierry, eigtl. Jacques Louis Talagrand, *1909, †1988, frz. Schriftst. (traditionsgebundene Dramen u. krit. Essays).
Maulstachlerfische, Unterordnung der *Heringsfische;* räuber. Tiefseefische.
Maultier, von Eselhengst u. Pferdestute, dessen Körpereigenschaften u. Verhalten mehr dem Pferd ähneln. Der Bastard aus Pferdehengst u. Eselstute heißt dagegen *Maulesel (Mulus),* der bis auf die Stimme dem Esel ähnelt. Er hat nur noch geringe Bedeutung. M. u. Maulesel sind fast stets unfruchtbar. Sie werden in südl. Ländern zum Lastentragen verwandt.
Maultrommel, *Brummeisen,* ein primitives Zupfzungeninstrument, bei dem die Mundhöhle als Resonanzraum dient.
Maul- und Klauenseuche, Abk. *MKS, Aphthenseuche,* eine akute, fieberhafte, sehr ansteckende Infektionskrankheit bes. der Huftiere, erregt durch ein Virus. Auf Schleimhäuten, bes. in der Mundhöhle u. zw. den Klauen, bilden sich charakterist. Blasen. Der Ausbruch oder auch nur Verdacht ist anzeigepflichtig.

556 Maulwürfe

Maulwurf

Maulwürfe, *Talpidae,* Fam. der *Insektenfresser;* typ. Vertreter mit walzenförmigem Körper, kurzem, dichtem Pelz, rudimentären Augen u. schaufelförmigen Grabbeinen, bis zu 15 cm Körperlänge. Am bekanntesten ist der auch in Asien lebende *Europ. Maulwurf (Mull);* er lebt in unterird. Gangsystemen als Einzelgänger u. ernährt sich hpts. von Regenwürmern u. Insektenlarven.
Maulwurfsgrille, eine bis 6,5 cm lange, unterirdisch lebende *Grille,* deren Vorderbeine zu Grabfüßen umgewandelt sind.
Mau-Mau, Bez. der brit. Kolonialbehörden für eine Aufstandsbewegung der *Kikuyu* in Kenia, die 1952 zum Ausbruch kam u. bis 1954 anhielt. Ziel der Bewegung war die Rückgewinnung des an weiße Siedler verteilten Landes u. polit. Unabhängigkeit.
Mauna Kea, erloschener Vulkan auf Hawaii, 4205 m; astronom. Observatorium.
Mauna Loa, tätiger Vulkan auf Hawaii, 4170 m.
Maupassant [mopa'sã], Guy de, *1850, †1893, frz. Schriftst. Außer seinen nahezu 300 naturalist.-pessimist. Novellen, die stark auf die dt. Erzähler der Zeit wirkten, schrieb er Romane, meist aus dem Pariser Gesellschaftsleben. Ⓦ »Fräulein Fifi«, »Bel ami«.
Maupertuis [moper'tyi], Pierre-Louis *Moreau de M.,* *1698, †1759, frz. Physiker u. Mathematiker; entdeckte das *Prinzip der kleinsten Wirkung* als ein Naturgesetz von allg. Gültigkeit; stellte als erster die Abplattung der Erde fest.
Mauren, **1.** lat. *Mauri,* im Altertum die Berber-Bev. N-Afrikas. – **2.** span. *Moros,* die aus Berbern u. Arabern gemischten Eroberer Spaniens, die hier 711–1492 eine Herrschaft mit hoher Kultur errichteten. – **3.** die arabisierten, moslem. Stämme Mauretaniens.
Maureske, eine ornamentale Schmuckform aus pflanzl. Rankenwerk mit stilisierten Blüten u. Blättern, bes. seit dem 16. Jh. in Dtld.
Mauretanien, Staat in W-Afrika, 1 025 520 km², 2 Mio. Ew., Hptst. *Nouakchott.* – M. ist ein wüstenhaftes Tief- u. Tafelland. Die islam. Bevölkerung besteht überwiegend aus Mauren. Wichtig für den Export sind Fischfangprodukte, Eisen, Kupfer sowie Gummi arabicum. Die Ind. verarbeitet die Erzeugnisse der Viehzucht u. des Fischfangs. Die wichtigsten Häfen u. Flughäfen sind Nouadhibou u. Nouakchott.
Geschichte. Als Teil *Frz.-Westafrikas* erhielt M. 1960 die Unabhängigkeit. 1978 kam es zu einem Militärputsch. Den 1975 von Spanien übernommenen Südteil von Span.-Sahara überließ M. 1979 der Unabhängigkeitsbewegung Polisario; das Gebiet wurde jedoch von Marokko besetzt. Staats-Präs. ist seit 1984 M. O. S. Taya.
Mauriac [mori'ak], François, *1885, †1970, frz. Schriftst.; schrieb psycholog. Romane aus kath. Sicht; Nobelpreis 1952. Ⓦ »Die Tat der Therese Desqueyroux«, »Die Pharisäerin«.
Mauriner, frz. Benediktinerkongregation, gegr. 1618, 1789 aufgehoben.

Mauretanien

Maurische Landschildkröte →Griechische Landschildkröte.
Mauritius, Insel östl. von Madagaskar im Ind. Ozean, bildet zus. mit *Rodrigues* u. kleineren Inseln den Staat M., 2040 km², 1 Mio. Ew. (zu ⅔ Inder), Hptst. *Port Louis.* – Die Inseln sind vulkan. Ursprungs. Das Klima ist trop.-wechselfeucht. Der natürl. Regenwald mußte größtenteils dem Kultur-

Mauritius

land weichen. Ausgeführt werden v. a. Textilien, Zucker u. Rum (zus. 95% des Exportwerts), außerdem Tee. Der Fremdenverkehr spielt eine wichtige Rolle. Haupthafen ist Port Louis, das auch einen internat. Flughafen hat.
Geschichte. M. wurde 1510 von Portugiesen entdeckt; es war 1598–1710 ndl., seit 1715 als *Île de France* frz. u. seit 1810 brit. 1968 wurde M. als parlamentar. Monarchie im Commonwealth unabhängig. 1992 proklamierte die Regierung die Republik.
Mauritius, die ersten engl. Kolonialpostwertzeichen von 1847, die wegen ihrer Seltenheit u. eines Fehlers in der 1. Aufl. (»Post Office« statt »Post Paid«) die teuersten Briefmarken der Welt sind.
Mauritius, 280/300 der Anführer der *Thebäischen Legion,* die um ihres christl. Glaubens willen hingerichtet wurde. – Heiliger (Fest: 22.9.).
Mauritiuspalme, *Mauritia,* südamerik. Palmengatt.; bek. ist die *Gebogene M.* Ihre Blätter liefern Fasermaterial für Seile; das Mark liefert Stärke.
Maurois [mo'rwa], André, eigtl. Emile *Herzog,* *1885, †1967, frz. Schriftst..
Maurras [mo'ras], Charles Marie, *1868, †1952, frz. polit. Schriftst.; Mitgr. der *Action française;* royalist. u. antisemit.
Maurya, *Maurja,* nordind. Dynastie um 320–185 v. Chr.; begründet von *Tschandragupta M.*
Mäuse, *Muridae,* artenreiche Familie der *Nagetiere,* mit spitzer Schnauze u. langem Schwanz. Hierher gehören die *Hausmaus,* die *Ratten,* die *Zwergmaus* u. a.
Mäusebussard →Bussarde.
Mauser, *Mauserung,* Federwechsel bei Vögeln. Die Haupt-M. liegt bei freilebenden Tieren nach der Brutzeit.
Mauser, Brüder Paul, *1838, †1914, u. Wilhelm, *1834, †1882, dt. Waffenkonstrukteure; *M.gewehr* (ein Einzellader).
Mäuseturm, Turm aus dem 13. Jh. (jetzige Gestalt 1855) auf einer Rhein-Insel bei Bingen; Signalwarte für die Schiffahrt durch das *Binger Loch;* in der Sage soll Erzbischof Hatto von Mainz zur Strafe für die Verbrennung von Hungernden hier von Mäusen gefressen worden sein.
Mausohr, *Myotis,* Gatt. der *Glattnasen-Fledermäuse;* hierzu gehört das *Große M.* mit bis zu 40 cm Spannweite.
Mausoleum, das monumentale, etwa 46 m hohe Grabmal des Königs *Mausolos* von Karien († 353 v. Chr.), in Halikarnassos. Das 1856–59 ausgegrabene M. galt im Altertum als eines der 7 Weltwunder; die Bez. *M.* übertrug sich auf ähnl. monumentale Grabanlagen.
Maut, veraltete Bez. für Binnenzölle. Gebühr für Straßen- u. Brückenbenutzung in Östr. (*Brücken-M.*).
Mauthausen, Ort in Östr. an der Donau, sö. von Linz, 4400 Ew.; Schloß *Pragstein* (16. Jh.); 1939–45 nat.-soz. Konzentrationslager.
Mauthner, Fritz, *1849, †1923, östr. Schriftst. u. Kulturhistoriker.
Mauve ['mouvə], Anton, *1838, †1888, ndl. Maler (Heide- u. Waldlandschaften).
Mauvein [move'i:n], violetter Farbstoff aus Anilin; erster synthet. Farbstoff.

Hausmaus

Max, *Prinz von Baden,* *1867, †1929, dt. Politiker; wurde am 3.10.1918 Reichskanzler u. versuchte unter dem Druck E. *Ludendorffs* zu einem Waffenstillstand zu gelangen; gab am 9.11.1918 die Abdankung Kaiser *Wilhelms II.* bekannt u. trat die Regierungsgeschäfte an F. Ebert ab.
Maxentius, Marcus Aurelius Valerius, † 312, röm. Kaiser 306–312; von Konstantin d. Gr. 312 in der Schlacht an der *Milvischen Brücke* vernichtend geschlagen u. im Tiber ertrunken.
Maxhütte-Haidhof, Stadt in der Oberpfalz (Bay.), 9000 Ew.; Stahlwerk.
Maxilla, die Mundwerkzeuge der Krebse u. Insekten; der Oberkiefer der Wirbeltiere.
Maximaldosis, Abk. *MD,* die höchstzulässige Einzel- u. Tagesgabe (EMD, TMD) von starkwirkenden Arzneien.
Maxime, Leitsatz, Richtschnur des Handelns.
Maximianus, Marcus Aurelius Valerius, *um 240, †310, röm. Kaiser 285–305; 285 von *Diocletian* zum Mitkaiser erhoben, dankte mit ihm ab, griff jedoch 306 noch einmal zugunsten seines Sohns *Maxentius* in Italien ein; von Konstantin d. Gr. 310 besiegt.

Mauretanien: Karawane im Zentrum des Landes

Maximilian, Fürsten.
Dt. Kaiser:
1. M. I., *1459, †1519, Kaiser 1493–1519; Habsburger, Sohn u. Nachfolger Kaiser *Friedrichs III.,* schon zu dessen Lebzeiten (1486) zum Röm. König gewählt; verh. mit *Maria,* Tochter Karls des Kühnen von Burgund; vertrieb 1490 die Ungarn aus Östr. u. schlug 1492 die Türken bei Villach. Er wurde vom Volk »der letzte Ritter« genannt. – **2. M. II.,** *1527, †1576, Kaiser 1564–76; Habsburger, Sohn Kaiser *Ferdinands I.* 1562 wurde er zum Röm. König u. zum König von Böhmen gewählt, 1563 zum König von Ungarn u. am 25.7.1564 zum Kaiser.
Bayern:
3. M. I., *1573, †1651, Kurfürst 1597–1651; gründete die kath. *Liga.* Er siegte am 8.11.1620 in der Schlacht am Weißen Berg bei Prag. Im *Westfäl. Frieden* erhielt er die Oberpfalz u. die Kurwürde bestätigt. – **4. M. II., Emanuel,** Enkel von 3), *1662, †1726, Kurfürst 1679–1726 im *Span. Erbfolgekrieg* auf der Seite Frankreichs; wurde zeitw. geächtet. – **5. M. III. Joseph,** *1727, †1777, Kurfürst 1745–77; Sohn Kaiser *Karls VII.,* verzichtete im *Frieden zu Füssen* 1745 auf östr. Gebiet u. erhielt die bay. Erblande zurück. – **6. M. IV. Joseph,** *1756, †1825, seit 1799 Kurfürst 1745–77, als *M. I. J.* König von Bayern 1806–25. Da er auf Napoleons Seite trat u. Mitgl. des *Rheinbunds* wurde, erhielt er im Frieden von Preßburg u. Schönbrunn 1805 u. 1809 die Königswürde u. umfangreiche Ländereien. 1818 gab er Bayern eine Verfassung. – **7. M. II. Joseph,** *1811, †1864, König 1848–64; Sohn König *Ludwigs I.;* setzte sich für einen Bund der dt. Mittel- u. Kleinstaaten als dritte Kraft *(Trias)* neben Östr. u. Preußen im Dt. Bund ein.
Mexiko:
8. M. Ferdinand Joseph, *1832, †1867, Kaiser von Mexiko 1864–67; Erzherzog von Österreich, Bruder Kaiser *Franz Josephs I.;* wurde auf Veranlassung *Napoleons III.* Kaiser, konnte sich aber nach Abzug der frz. Truppen gegen Präs. B. *Juárez* nicht halten. Er wurde standrechtl. erschossen.
Maximinus, röm. Kaiser:
1. Gaius *Iulius Verus M. Thrax,* †238, Kaiser 235–238; erster »Soldatenkaiser«, siegte über Germanen (Wiederherstellung des Limes), Daker u. Sarmaten; von Soldaten ermordet. – **2.** Gaius *Galerius Valerius M. Daia,* †313, Kaiser 309–313; Neffe u. Adoptivsohn des Kaisers *Galerius;* erneuerte 311 im Osten des Reichs die Christenverfolgungen.
Maximum, das Größte, der Höchstwert. Bei einer mathemat. Kurve der Punkt, dessen Ordinate größer ist als die Ordinaten der Punkte seiner Umgebung.
Maximus Confessor, *um 580, †662, grch. Kirchenvater; bekämpfte den Monophysitismus u. bes. den Monotheletismus, der auf sein Betreiben 649 verurteilt wurde. M. wurde deswegen 653 verschleppt.
Max-Planck-Gesellschaft, *zur Förderung der Wissenschaften e.V.,* Abk. *MPG,* 1948 in Göttingen gegr. Nachfolgegesellschaft der 1946 aufgelösten Kaiser-Wilhelm-Gesellschaft zur Förderung der Wiss.; Aufgabe der M. ist die zweckfreie Grundlagenforschung, die in den einzelnen *Max-Planck-Instituten* betrieben wird.
Maxwell ['mækswəl], James Clerk, *1831, †1879, schott. Physiker; der bed. theoret. Physiker des 19. Jh. Er stellte 1873 die *M.schen Gleichungen (M.sche Theorie)* auf u. gab damit die theoret. Grundlagen für die von M. Faraday u. H.Ch. Oerstedt gefundenen Zusammenhänge zw. Strom u. Magnetfeld. Nach M. (1865) besteht auch das Licht aus kurzen elektromagnet. Wellen. 1886 wies H. Hertz die von M. vorausgesagten Wellen (Rundfunkwellen) nach. Weiterhin baute M. die kinet. Gastheorie auf *(M.-Verteilung).*
May, 1. Ernst, *1886, †1970, dt. Architekt; gehörte zu den führenden dt. Städteplanern (Römerstadt in Frankfurt a.M., 1925–30). – **2.** Karl, *1842, †1912, dt. Schriftst.; schrieb spannende Indianer- u. Reisebücher, die dem jugendl. Abenteuerbedürfnis u. dem Verlangen nach einfachen sittl. Werten entsprechen; Ⓦ »*Winnetou*« (mit den Idealgestalten des gleichn. Indianerhäuptlings u. seines weißen Freundes *Old Shatterhand*), »Im Lande des Mahdi«, »Der Schatz im Silbersee«, »Das Vermächtnis des Inka«, »Im Reiche des silbernen Löwen«, »Durch die Wüste«, »Der Schut«. – *Karl-May-Festspiele,* in Bad Segeberg u. Elspe.
Maya, in der ind. Mythos: →Maja.
Maya, indian. Stammes- u. Sprachgruppe: 20 Indianervölker u. -stämme mit heute etwa 2 Mio. Menschen in Mittelamerika, bes. in Mexiko. Sie leben heute als Maisbauern, ohne Kenntnis ihrer einstigen hohen Kultur. Ihr Höhepunkt lag etwa 300–850 n. Chr. Im Petén-Gebiet (Ruinenstätten von Uaxactún u. Tikal), in Copán u. zahlr. anderen Orten entstanden Zeremonialzentren mit großen, durch Hieroglypheninschriften genau datierten Steinmonumenten (Stelen). Die Städte wurden nach astronom. Gesichtspunkten u. religiösen Zwecken um einen Mittelpunkt gebaut u. wiesen zahlr. Tempel, Kultbauten, Priesterpaläste u. Ballspielplätze auf. In Astronomie u. Math. überragten die M. die übrigen indian. Kulturen. Zur Zeit der größten Ausdehnung reichte das Gebiet der M. von N-Yucatán bis an die pazif. Abdachung, von Copán u. Quiriguá im O bis nach Palenque im W (um 790 mit 19 Zeremonialzentren). Während der Verfallsperiode (850–900) wurde in schneller Folge aus noch ungeklärten Gründen ein Zeremonialzentrum nach dem anderen aufgegeben. Die Spätzeit (900–1541) wurde von den um das Jahr 1000 aus dem Hochtal von Mexiko eindringenden *Tolteken* bestimmt. Sie brachten neue religiöse Vorstellungen (Kult der Federschlangen-Gottheit *Quetzalcoatl;* Menschenopfer) u. neue Kunstelemente mit. Die Metallbearbeitung hielt ihren Einzug. Es bildeten sich Stadtstaaten mit geistl. u. weltl. Führern. Diese Zersplitterung erleichterte den Spaniern die Eroberung der Halbinsel Yucatán (1527–46). – Die komplizierte Hieroglyphenschrift der M. ist erst zu einem Teil entziffert.
Mayagüez [-gu'εθ], Hafenstadt an der W-Küste der Antillen-Insel Puerto Rico, 100 000 Ew.
Mayday ['meɪdeɪ], beim Flugzeugsprechfunk der Notruf auf der Frequenz 121,5 MHz; eine Verballhornung des frz. *m'aidez* [»helfen Sie mir«].
Mayen, Stadt in Rhld.-Pf., an der Nette, in der Voreifel, 21 000 Ew.

Kultzentren der Maya (Auswahl)		
Name	Zeit der Bautätigkeit	bekannte Bauten
Chichén Itzá	7.–13. Jh.	„Nonnenkloster", in der Nordstadt „Castillo" (eine der größten Pyramiden), „Kriegertempel" und „Tempel der Jaguare" um einen Ballspielplatz, „Observatorium"
Cobá	7.–15. Jh.	spätklassische Tempelpyramiden, umfangreiches Straßennetz
Copán	8.–11. Jh.	„Akropolis" auf künstlicher Plattform mit zahlreichen Stelen und Tempeln, Hieroglyphentreppe
Kabah	7.–10. Jh.	„Palast der Masken"
Palenque	7.–10. Jh.	„Tempel der Inschriften" mit Pyramide und Grab eines unbekannten Herrschers, „Palast" mit Turm
Piedras-Negras	3.–9. Jh.	Stelen
Quiriguá	8. Jh.	Altäre, größte Skulpturen der Maya
Sayil	7.–8. Jh.	spätklassischer dreistöckiger „Palast"
Tikal	1.–10. Jh.	5 Tempelpyramiden, „Akropolis", 9 Zwillingspyramiden, zahlreiche Tempel, Ballspielplätze, Stelen
Uaxactún	3. Jh. v. Chr. – 10 Jh. n. Chr.	sehr frühe Pyramide VII (3. Jh. v. Chr.)
Uxmal	8.–10. Jh.	„Nonnenkloster" um die „Pyramide des Zauberers", „Gouverneurspalast" auf einer Plattform
Yaxchilán	3.–9. Jh.	„Königspalast", „Labyrinth"

Mayotte 557

Verbreitung der Mayakultur

- Mayakultur im Norden bis 1524
- Mayakultur im Süden 4.–10. Jahrh.
- Hochlandmayas
- Kulturzentren und Fundorte der Mayakultur

Mayenne [ma'jɛn], Fluß in NW-Frankreich, 195 km; bildet nach Vereinigung mit der *Sarthe* bei Angers die *Maine;* auf 125 km schiffbar.
Mayer, 1. Hans, *19.3.1907, dt. Literaturhistoriker; Arbeiten über G. Büchner, Th. Mann, B. Brecht. – **2.** Julius Robert von, *1814, †1878, dt. Naturforscher; Arzt; stellte 1842 das Gesetz von der Erhaltung der Energie auf. – **3.** Rupert, *1876, †1945, dt. kath. Priester; Jesuit, in München in der Männerseelsorge tätig; Gegner des Nat.-Soz. (mehrfach verhaftet); 1987 selig gesprochen.
Mayflower ['meɪflaʊə], Name des Schiffs, das die puritan. →Pilgerväter, die ersten Siedler, 1620 nach Neuengland an die amerik. O-Küste brachte.
Mayo ['meɪoʊ], Elton, *1880, †1949, US-amerik. Soziologe; Mitbegr. u. Hauptvertreter der US-amerik. Betriebssoziologie.
Mayo-Klinik ['meɪoʊ-], berühmte US-amerik. chirurg. Klinik in Rochester, Minn.; ben. nach den Chrirugen (Brüdern) Charles Horace *Mayo* (*1865, †1939) u. William James *Mayo* (*1861, †1939), die 1889 die M. gründeten; spezialisiert u. a. im Bereich der *Diagnostik.*
Mayonnaise [-'nɛːzə], kalt hergestellte, dickflüssige Tunke aus Öl, Eigelb, Essig u. Gewürzen.
Mayotte [ma'jɔt], Insel der Komoren, 375 km²,

Mayflower: nachgebautes Modell im Hafen von Brixham; 1957

Jules Mazarin; zeitgenössischer Stich

74 000 Ew., Hauptort *Dzaoudzi;* seit 1976 frz. Überseedépartement.
Mayreder, Rosa, * 1858, † 1938, östr. Schriftst. u. Frauenrechtlerin.
Mayrhofen, östr. Luftkurort im Tiroler Zillertal, 630 m ü. M., 3300 Ew.
Mayröcker, Friederike, * 20.12.1924, östr. Schriftstellerin; experimentelle Lyrik u. Prosa.
MAZ, Abk. für *magnet. Aufzeichnung* (von Fernsehbildern).
Mazarin [mazaʹrɛ̃], Jules, eigtl. Giulio *Mazarini,* Herzog von *Nevers* (1659), * 1602, † 1661, frz. Min. u. Kirchenfürst; gebürtiger Italiener, seit 1641 Kardinal; wurde 1642 *Richelieus* Nachfolger als leitender Min. u. führte Frankreich zu europ. Vormachtstellung.
Mazatlán [maθat-], Hafenstadt an der mex. Pazifik-Küste, 210 000 Ew.; Seebad, vielseitige Ind.
Mazedonien →Makedonien.
Mäzen, Kunstförderer; nach *Maecenas.*
Mazepa [maʹzɛpa], *Mazeppa,* Iwan Stephanowitsch, eigtl. Jan *Kolodynski,* * um 1644, † 1709, Hetman der ukrain. Kosaken seit 1687. Sein Streben nach Unabhängigkeit der Ukraine von Rußland scheiterte in der Schlacht bei Poltawa (1709).
Mazeration, die Auflösung tier. Gewebe, v. a. bei der Skelettierung; auch die Herstellung eines wässerigen Pflanzenauszugs.
Mazis →Macis.
Mazowiecki [mazɔʹvjɛtski], Tadeusz, * 18.4.1927, poln. Politiker u. Journalist; von 1989–91 erster nichtkommunistischer Min.-Präs. Polens nach dem 2. Weltkrieg.
Mazurka [maʹzurka], *Masurka,* ein alter poln. Tanz im 3/4-Takt.
Mazza, *Mazze, Matze,* ungesäuertes Brot, Pessachspeise der Juden, in flachen Scheiben gebacken; →Mazzoth.
Mazzini, Giuseppe, * 1805, † 1872, ital. Politiker; erstrebte die nat. Einheit Italiens, die mit einer Umwälzung der soz. Verhältnisse verbunden sein sollte; meist im Exil.
Mazzoth, in der jüd. Religion das »Fest der ungesäuerten Brote«, mit *Pessach* zu einem Fest vereinigt.
Mbabane [-ʹbaːn], Hptst. von Swasiland (S-Afrika), 1143 m ü. M., 55 000 Ew.; Textilind.
Mbandaka, fr. *Coquilhatville,* Prov.-Hptst. in Zaire, am Kongo, 300 000 Ew.
Mbini, Teil von Äquatorialguinea.
Mbuji-Mayi [mʹbuʒimaʹji], fr. *Bakwanga,* Prov.-Hptst. in Zaire, am M.-Fluß, 630 000 Ew.; Gewinnung von Industriediamanten.
Mbundu, *Ovimbundu,* Bantu-Volk in Angola (1,75 Mio.); Sprache: *Kimbundu.*
MByte [-bait], Abk. für *Megabyte,* entspr. 1 048 576 Zeichen.
Mc, Abk. für *Mac.*
McCarthy, 1. Joseph Raymond, * 1909, † 1957, US-amerik. Politiker (Republikaner); seit 1947 Se-

Wichtige Daten zur Geschichte der Medizin

um 5000–500 v. Chr.	(frühe Hochkulturen): empirische, magisch-dämonische und religiös gegründete Medizin; umfassende Kenntnisse in der Krankendiät und wirksame Naturheilmittel; um 3000 v. Chr. altägyptische Chirurgie von hohem Niveau; in Indien hochwertige plastische Operationen; in China und Japan Akupunktur
5. Jh. v. Chr.	*Hippokrates* überwindet die magisch-religiösen Vorstellungen in der Medizin u. begründet die abendländische wissenschaftliche Heilkunde; Diagnostik durch Beobachtung und Beschreibung der Krankheitssymptome
400–1000	Mönchsmedizin im Abendland: Das medizinische Wissen bleibt praktisch auf die Klöster beschränkt
600–1500	Islamische Medizin: Übernahme und Weiterverbreitung des antiken Wissens in arabische Übertragungen. In Ägypten und Spanien entstehen selbständige Ärzteschulen
1137	Beginn der Universitätsmedizin
1231	Medizinalordnung Kaiser *Friedrichs II.,* Trennung von Apotheker und Arzt
um 1300:	Die Harnschau wird eines der wichtigsten diagnostischen Verfahren
1493–1541	*Paracelsus* übt Kritik an der alten Medizin; Begründer der Iatrochemie, wonach die Lebensvorgänge und krankhaften Veränderungen des Organismus auf chemischen Vorgängen beruhen und daher mit chemischen Mitteln beeinflußbar sind; legt die Grundlagen der modernen Medizin
1543	Erster historisch belegter Kaiserschnitt
	A. *Vesal* schafft das erste vollständige Lehrbuch der Anatomie
1628	W. *Harvey* veröffentlicht seine Entdeckung des Blutkreislaufs. Er ist der Begründer der modernen Physiologie
1661	M. *Malpighi* entdeckt die Blutkapillaren
1667	J. *Denis* überträgt das Blut von einem Schaf auf den Menschen
1673–1677	A. v. *Leeuwenhoek* entdeckt mit selbst gebauten Miskroskopen Bakterien, Spermien und die roten Blutkörperchen
1761	G. B. *Morgagni* begründet die Lehre von den krankhaften Veränderungen der Organe, die pathologische Anatomie
1796	E. *Jenner* führt Pockenimpfung mit Kuhpocken durch
1804	F. W. *Sertürner* gewinnt Morphin aus Opium
1810	S. *Hahnemann* begründet die Homöopathie
1824	J. *Blundell* führt die erste Blutübertragung von Mensch zu Mensch durch
1844	H. *Wells* benutzt Lachgas als Narkosemittel
1846	W. *Morton* führt die erste Ethernarkose durch
1847	I. P. *Semmelweis* erkennt die Ursache des Kindbettfiebers und bekämpft es erfolgreich durch Desinfektion mit Chlorwasser
1854	L. *Pasteur* entdeckt Mikroorganismen als Ursache der alkoholischen Gärung und anstekkender Krankheiten und schafft damit die Grundlagen für Asepsis und Antisepsis
1858	R. *Virchow* postuliert, daß Krankheiten auf einer Störung im Zellgeschehen basieren, und begründet damit die Zellularpathologie
1867	J. *Lister* führt die Antisepsis ein
1882	R. *Koch,* Begründer der Bakteriologie, entdeckt den Tuberkelbazillus
1882	R. *Koch* entdeckt den Erreger der Cholera
1890	E. v. *Behring* entwickelt das Diphtherieserum und begründet die Serumtherapie
1895	W. C. *Röntgen* entdeckt die später nach ihm benannten Röntgenstrahlen
1896	L. *Rehn* gelingt die erste erfolgreiche Herznaht
1901	W. *Einthoven* konstruiert das Saitengalvanometer und begründet damit die Elektrokardiographie
	K. *Landsteiner* entdeckt die Blutgruppen
1903	F. *Sauerbruch* begründet die Methode der Lungenoperation in der Unterdruckkammer
1910	P. *Ehrlich* gelingt die Bekämpfung der Syphilis mit Salvarsan
1911	O. *Förster* untersucht die Hirnrinde mittels Gehirnpunktion und operiert am Rückenmark; damit begründet er die Neurochirurgie
1921	F. *Banting* und C. *Best* stellen Insulin aus tierischen Bauchspeicheldrüsen her
1929	A. *Fleming* entdeckt das Penicillin
	W. *Forßmann* erprobt im Selbstversuch den Herzkatheter
	H. *Berger* weist mit Hilfe des Elektroenzephalogramms (EEG) elektrische Aktionsströme im Gehirn nach
1934	G. *Domagk* entdeckt die Wirkung der Sulfonamide auf Bakterien
1935	M. *Sakel* führt die Schockbehandlung seelischer Krankheiten ein
1940	Einführung der ersten Tuberkulostatika
1941	Einführung des Penicillins zur Bekämpfung von Infektionskrankheiten
1943	S. *Waksmann* isoliert das Antibiotikum Streptomycin
1944	Erster Einsatz einer künstlichen Niere
1948	P. S. *Hench* und E. C. *Kendall* entdecken die entzündungshemmende, antirheumatische Wirkung des Nebennierenrindenhormons Cortison
1952	Die Einführung des blutdrucksenkenden Mittels Reserpin (ein Rauwolfia-Alkaloid) leitet eine neue Ära in der Bluthochdrucktherapie ein
1954	J. E. *Salk* entwickelt einen Impfstoff gegen Kinderlähmung
1955	Entdeckung der oralen Antidiabetika zur Behandlung der Zuckerkrankheit
1957	Die gentechnische Herstellung von Insulin gelingt
	Ultraschall wird zur Schwangerschaftsuntersuchung eingesetzt
1962	Einführung der „Antibabypille" zur hormonalen Empfängnisverhütung
	Erste Nierentransplantation beim Menschen durchgeführt
1967	C. *Barnard* führt die erste Herztransplantation durch
	Laserstrahlen werden zur Behandlung von Netzhautablösungen und Hauttumoren eingesetzt
1978	P. C. *Steptoe* und R. G. *Edwards* führen eine extrakorporale (außerkörperliche) Befruchtung durch, die zur Geburt eines gesunden Kindes führt
1979	Einführung eines neuartigen Röntgenverfahrens, der Computertomographie
1980	Die Weltgesundheitsbehörde (WHO) erklärt offiziell die Pockenviren für ausgerottet; ein einmaliger Fall in der Geschichte der Medizin
	Den weißen Blutkörperchen anhaftende Antigene, die für die Transplantationsmedizin von großer Bedeutung sind, werden entdeckt
	In den USA wird erstmals eine neue schwere Allgemeinerkrankung beobachtet, die mit AIDS (Acquired Immune Deficiency Syndrome) bezeichnet wird
1982	W. C. *DeVries* pflanzt einem Menschen zum erstenmal ein Kunstherz ein
	Mit Hilfe der Kernspintomographie werden Querschnitte des Körpers ohne jede Strahlenbelastung gewonnen
	Harnblasensteine können mit Hilfe von Stoßwellen zertrümmert werden (Lithotripsie)
1983	L. *Montagnier* entdeckt das Aids-Virus
1988	Entdeckung des Hapatitis-Non-A-Non-B-Erregers, nunmehr Hepatitis-C-Virus genannt
1989	M. J. *Bishop* und H. E. *Varmus* entdecken, daß krebsauslösende Gene normale Bestandteile des Genoms (Erbguts) aller Zellen sind und erhalten dafür den Nobelpreis
	Das Gen für eines der häufigsten Erbleiden, die Mukoviszidose, wird entdeckt
1990	Erste Gentherapie am Menschen gegen eine Immunschwächekrankheit

nator; führte seit 1950 einen Feldzug gegen eine angebl. Unterwanderung hoher u. höchster US-amerik. Staatsämter durch Kommunisten u. deren Agenten (*McCarthyismus*). – **2.** Mary Therese, *1912, †1989, US-amerik. Schriftst. u. Theaterkritikerin. W »Die Clique«.
McCartney [məˈkɑːtni], Paul, *18. 6. 1942, brit. Rocksänger, Liedertexter u. Produzent; Mitgl. der »Beatles« u. »Wings«, höchst erfolgreicher Popkomponist.
McClintock [məˈklɪntɔk], Barbara, *1902, †1992, US-amerik. Genetikerin; entdeckte die bewegl. Strukturen der Erbmasse; Nobelpreis für Medizin u. Physiologie 1983.
McCloy [məˈklɔɪ], John Jay, *1895, †1989, US-amerik. Politiker; 1949–52 Hoher Kommissar für Dtld.
McCullers [məˈkʌləz], Carson, geb. *Smith*, *1917, †1967, US-amerik. Schriftst.; gestaltete in ihren Romanen psycholog. Situationen einsamer Menschen.
McEnroe [ˈmək ənrou], John, *16.2.1959, US-amerik. Tennisspieler; Sieger in Wimbledon 1981, 83 u. 84, Davis-Cup-Gewinner 1981, 82 u. 92, mehrfach WCT-Weltmeister.
McKim [məˈkɪm], Charles Follen, *1847, †1909, US-amerik. Architekt; gehörte mit William *Mead* (*1846, †1928) u. Stanford *White* (*1853, †1906) einer um die Jahrhundertwende führenden amerik. Architektenfirma an.
McKinley, Mount M. [maunt məˈkɪnli], höchster N-amerik. Berg, in der Alaska-Kette, 6194 m; stark vergletschert.
McKinley [məˈkɪnli], William, *1843, †1901 (ermordet), US-amerik. Politiker (Republikaner); 25. Präs. der USA 1897–1901, erreichte 1890 die Annahme des Hochschutzzolls.
McMillan [məkˈmɪlən], Edwin Mattison, *1907, †1991, US-amerik. Physiker; entdeckte 1940 das erste Transuran (Neptunium); Nobelpreis 1951.
McNamara [məkŋəˈmɑːrə], Robert Strange, *9.6.1916, US-amerik. Politiker (Demokrat); 1961–68 Verteidigungs-Min., 1968–81 Präs. der Weltbank.
McQueen [məˈkwiːn], Steve, *1930, †1980, US-amerik. Filmschauspieler (Typ des »harten Mannes« in Abenteuerfilmen).
MdB, Abk. für *Mitglied des Bundestags* (der BR Dtld.).
MdL, Abk. für *Mitglied des Landtags*.
MdR, Abk. für *Mitglied des Reichstags*.
Mead [miːd], **1.** George Herbert, *1863, †1931, US-amerik. Sozialphilosoph. – **2.** Margaret, *1901, †1978, US-amerik. Völkerkundlerin.
Meaux [moː], N-frz. Krst., an Marne u. Ourcq-Kanal, 45 000 Ew.; berühmte got. Kathedrale.
Mechanik, Teilgebiet der Physik: die Lehre von Kräften u. ihren Wirkungen auf starre u. deformierbare Körper. Zur *Klassischen M.* gehören folgende Gebiete: *Statik, Dynamik* u. *Kinematik*. Die *M. der deformierbaren Körper* teilt sich nach den Aggregatzuständen in Elastizitätslehre, Festigkeitslehre, Hydromechanik u. Aerodynamik. Die *relativist. M.* berücksichtigt die Erkenntnis der Relativitätstheorie. →Quantenmechanik.
Mechanismus, allg. das Ineinandergreifen von Teilvorgängen; selbsttätiger Ablauf; *i.e.S.* die innere funktionelle Einrichtung einer Maschine aus bewegl. Einzelteilen.
mechanistische Weltanschauung, *Mechanismus*, metaphys. Lehre; die Zurückführung aller Naturvorgänge auf mechan. Vorstellungen; *i.e.S.* das der *Mechanik* zugeordnete Weltbild, herrschend zu Zeiten, als man noch alle Vorgänge innerhalb des Naturgeschehens auf mechan. Ursachen (Bewegung, Stoß, Druck) zurückführen zu können glaubte, z.B. in der *Aufklärung*. Welt, Lebewesen u. Mensch wurden als »Maschinen« gedacht.
Mecheln, *Mechelen*, frz. *Malines*, Stadt in der belg. Prov. Antwerpen, an der Dijle, 76 000 Ew.; Kathedrale (13./14. Jh.), Bürgerhäuser aus dem 13.–17. Jh.; Herstellung von Spitzen, Teppichen.
Mechernich, Stadt in NRW, in der Eifel, 22 000 Ew.; Maschinenbau.
Mechthild von Hackeborn, *1241, †1299, dt. Mystikerin; Zisterzienserin in Helfta bei Eisleben. – Selige (Fest: 19.11.).
Mechthild von Magdeburg, *um 1210, †1283, dt. Mystikerin; Begine in Magdeburg, später Zisterzienserin im Kloster Helfta bei Eisleben.
Meckauer, Walter, *1889, †1966, dt. Schriftst.
Meckel, 1. Christoph, *12.6.1935, Schriftst. u. Graphiker; expressionist. Lyrik. – **2.** Markus,

*18.8.1952, dt. Politiker (SPD); 1989 Mitgr., 1990 amtierender Vors. der SPD in der DDR; 1990 Außen-Min. der DDR; seit 1990 MdB.
Meckenheim, Stadt in NRW, sw. von Bonn, 22 000 Ew.; Baumschulen, Obstplantagen.
Mecklenburg, Land in N-Dtld., Hauptort Schwerin. Das Landschaftsbild bestimmen eiszeitl. Moränenablagerungen *Balt. Höhenrücken*, der waldreich u. in den *Ruhner Bergen* 178 m hoch ist, die *M.er Seenplatte* mit ihren über 650 Seen u. unfruchtbare Sandflächen; neben Ackerbau starke Rindviehzucht; Küsten- u. Binnenfischerei.
Gesch.: Urspr. von german. Stämmen besiedelt, wurde das Gebiet seit etwa 600 n. Chr. von den slaw. *Wenden* in Besitz genommen. Eingedeutscht u. christianisiert wurde M. durch die Ostsiedlung, hpts. durch Heinrich den Löwen. 1621 wurde M. geteilt in die Herzogtümer *M.-Schwerin* u. *M.-Güstrow*. 1701 kam es zur Teilung des Landes und in die Herzogtümer *M.-Schwerin* u. *M.-Strelitz*. Auf dem Wiener Kongreß (1814/15) wurden ihre Fürsten zu Großherzögen erhoben. Aus den Großherzogtümern entstanden 1919/20 die Freistaaten M.-Strelitz u. M.-Schwerin. 1934 wurden beide Teilstaaten zum *Land M.* vereinigt. 1952 wurde M. als Land der DDR aufgelöst. Aus M. wurden die Bezirke *Neubrandenburg, Rostock* u. *Schwerin* gebildet. 1990 wurde es als Bundesland **M.-Vorpommern** wiederhergestellt, 23 838 km²; 1,98 Mio. Ew.; Hptst. ist Schwerin.
Medaille [meˈdaljə], *Schaumünze*, ein münzähnl. rundes oder eckiges Erinnerungsstück, mit Reliefdarstellungen geschmückt, ohne Geldcharakter; im 15. Jh. in Italien entstanden.
Medaillon [medaˈjõ], zu dekorativen Zwecken verwendetes, rund oder oval gerahmtes Bild, oft im Miniaturformat.
Medan, Hauptort von N-Sumatra (Indonesien), 2 Mio. Ew.; islam. Univ.; Tabakanbau.
Medawar [ˈmɛdəwə], Peter Brian, *1915, †1987, brit. Biologe; erforschte die biolog. Abwehrvorgänge bei Transplantationen; Nobelpreis für Medizin 1960.
Medea, in der grch. Sage die zauberkundige Tochter des Königs *Aietes* von Kolchis. Sie schläferte den Drachen ein, der das Goldene Vlies bewachte, u. floh mit *Iason*, dem Anführer der *Argonauten*.
Medellín [medeˈʎin], Hptst. des kolumbian. Dep. Antioquia, 2,1 Mio. Ew.; Univ.; Ind.-Standort, Flughafen; Zentrum der Drogenmafia.
Meder, indoiran. Volk im westl. Teil des alten Persien, erstmals 836 v. Chr. erwähnt. *Kyaxares d. Gr.* zerschlug 618–608 v. Chr. die Vorherrschaft Assyriens (612 v. Chr. Eroberung von Ninive), unterwarf große Teile des Iran, eroberte Armenien u. drang weit in Kleinasien ein; Hptst. des Reichs war *Ekbatana* (heute *Hamadan*). Sein Nachfolger *Astyages* unterlag schließl. 550 v. Chr. den Persern unter *Kyros II*.
median, in der Symmetrieebene (Mittelebene) eines Körpers liegend.

Medizin 559

Mediaș [-aʃ], dt. *Mediasch*, Stadt in Siebenbürgen (Rumänien), 73 000 Ew., davon viele Deutsche; Weinanbau.
Medici [ˈmeditʃi], ein florentin. Patriziergeschlecht, urspr. Kaufleute u. Bankiers, das 1434 die Reg. der Stadtrep. Florenz übernahm; 1494–1512 u. 1527–31 vertrieben; 1737 im Hauptstamm ausgestorben. – Der älteren Linie entstammen u. a.: *Cosimo* de'M. (*Cosimo der Alte*, *1389, †1464) u. *Lorenzo I.* de'M. (*der Prächtige, il Magnifico*, *1449, †1492; führte Florenz zu höchster wirtschaftl. u. kultureller Blüte, selbst Dichter, förderte Gelehrte u. Künstler; ferner die Päpste *Leo X.* (1513–21) u. *Clemens VII.* (1523–34) u. *Katharina von M.*, die Frau des frz. Königs Heinrich II. – Der Begr. der jüngeren Linie, *Cosimo I.* de'M. (*1519, †1574), entstammt einer Seitenlinie. 1569 wurde er von Papst Pius V. zum Großherzog (von Toskana) erhoben. Der jüngeren Linie entstammen Papst *Leo XI.* (1605) u. *Maria von M.*, die Frau Heinrichs IV. von Frankreich.
Medien, Mehrzahl von *Medium*; →Massenmedien.
Medien, antike Ldsch. in NW-Iran, von den →Medern bewohnt.
Medienverbund, der Zusammenschluß mehrerer Kommunikationsmittel in einer Organisation; z.B. von Film- u. Rundfunkunternehmen in einem System; hierzu gehört auch die Konzentration von Presseverlagen.
Medikament, Arzneimittel; →Arznei.
Medikus, *Medicus*, veraltete Bez. für den Arzt.
Medina, *Medinet*, Altstadt oriental. Städte, bes. in NW-Afrika; enthält Hauptmoschee, Basar u. Kasbah (Burg).
Medina, *Madinah*, saudi-arab. Oasenstadt im Hedjas, 300 000 Ew.; heilige Stadt der Moslems; Moschee mit Gräbern *Mohammeds* u. seiner Tochter *Fatima*. – 622 Zufluchtsort Mohammeds, dann Residenz der drei ersten Kalifen; 1926 zu Saudi-Arabien.
Meditation, beschaul. Nachdenken, Sich-Vertiefen in philos. oder myst. Betrachtungen; ind. *samādhi*, d. i. das Aufsteigen zu höherem Bewußtsein durch Versenken in einen Prozeß der Verinnerlichung. Verb: *meditieren*.
mediterran, zum (europ.) *Mittelmeer* gehörig.
Medium, 1. Mittel, Mittler, Mittelglied. – **2.** eine Person, die (angebl.) in der Lage ist, Botschaften zw. einer Geisterwelt u. den Menschen zu vermitteln. – **3.** ein Stoff, der den Raum kontinuierl. ausfüllt, in dem sich physikal. Wirkungen ausbreiten (z.B. Schall in der Luft) oder der zum Experimentieren dient. – **4.** Massenkommunikationsmittel; →Massenmedien.
Medizin, 1. die →Arznei. – **2.** die *Heilkunde*. Zur M. gehört das Studium des gesunden u. des kranken Menschen. Mit dem ersten befassen sich Ana-

Medina: Pilger beim Abendgebet vor der Moschee

560 Medizinball

Meerechse

tomie, Histologie, Entwicklungsgeschichte, Physiologie u. physiolog. Chemie, mit dem zweiten die *Pathologie,* die sich weiter aufteilt in Nosologie (Krankheitslehre), Symptomatologie (Anzeichenlehre), Ätiologie (Ursachenlehre), Diagnose (Erkennung), Prophylaxe (Verhütung) u. Therapie (Behandlung). Mit den einzelnen Krankheitsgruppen befassen sich die versch. Teildisziplinen der M. (Klin. M.), z.B. *Innere M., Chirurgie, Frauenheilkunde u. Geburtshilfe, Kinderheilkunde, Hals-Nasen-Ohren-Heilkunde, Augenheilkunde, Hautheilkunde, Neurologie* u. *Psychiatrie.* – Geschichte → T S. 558.

Medizinball, 2–5 kg schwerer Lederball für gymnast. Wurf- u. Stoßübungen.

Medizinmann, bei Naturvölkern ein Heilkundiger u. Priester (in Asien: *Schamane*), oft der Führer von Stammesgemeinschaften.

Medley ['medli], engl. Begriff für *Potpourri,* Zusammenstellung bek. Melodien.

Médoc, Ldsch. im SW Frankreichs am linken Ufer der *Gironde;* Weinanbau.

Medrese, *Medresse,* islam. Lehranstalt für Studierende der islam. Wiss. (Theologie, Recht u. Philologie), meist einer Moschee angegliedert.

Medusa, in der grch. Sage eine der →*Gorgonen.*

Medusen →Quallen.

Meer, *Weltmeer, Hohe See,* die Gesamtheit der Ozeane, die mit rd. 363 Mio. km² 71% der gesamten Erdoberfläche (510 Mio. km²) bedecken. Man unterscheidet 3 Ozeane: den *Atlant. Ozean,* den *Ind. Ozean* u. den *Pazif. Ozean,* von denen sich die *Nebenmeere* abgliedern. Dringen diese tief in die Kontinente ein u. sind sie nur durch schmale Zugänge mit den Ozeanen verbunden, so spricht man von *Mittelmeeren* (Amerikan., Europ., Arkt., Australasiat. Mittelmeer); sind sie den Landmassen nur angelehnt, so spricht man von *Randmeeren.* Von beiden zweigen sich *Golfe* u. *Buchten* ab. Die mittlere Tiefe des M.es beträgt –3790 m; die größte Tiefe wurde mit –11034 m im *Marianengraben* gemessen. In allen M.en ist der Boden mit Meeresablagerungen bedeckt. Bemerkenswert ist mit 3,5% der durchschnittl. *Salzgehalt* des M.wassers; mehr als 75% dieses Salzes bestehen aus Kochsalz. Die mittlere Oberflächentemperatur liegt zw. dem Gefrierpunkt in den Polar-M.en (bis –1,9 °C) u. 29 °C in den trop. M.en. Die mittlere Temperatur des Welt-M.s beträgt 3,8 °C. *M.esbewegungen* sind Wellen, Strömungen u. durch Anziehung des Mondes verursachte *Gezeiten.*

Das M. ist Urheimat der Lebewesen; die Flachseegebiete enthalten das reichste Leben; weniger reich sind die Hochsee- u. Tiefseeregionen. Für den Menschen liefert das M. lebensnotwendige Mineralien, wie Salze, Magnesium- u. Jodverbindungen, ferner Fische, Muscheln, Krabben.

Meer, 1. Jan van der →*Vermeer.* – 2. Simon van der, * 24.11.1925, ndl. Physiker; seit 1956 bei CERN, erhielt 1984 zus. mit C. *Rubbia* den Nobelpreis.

Meeraale, *Seeaale, Congridae,* Fam. der *Aalfische* im Schwarzen Meer, Mittelmeer u. N-Atlantik. Der *Meeraal* erreicht bei 65 kg Gewicht über 3 m Länge.

Meeralpen, *Seealpen,* frz. *Alpes maritimes,* ital. *Alpi Marittime,* südl. Teil der W-Alpen, von der Mittelmeerküste (frz.-ital. Riviera) bis zum Tal der Stura di Demonte; in der *Punta (dell')* Argentera 3297 m hoch.

Meere und Meeresteile	
Name	Fläche (Mio. km²)
Atlantischer Ozean	106,10
Nordsee	0,58
Ostsee	0,42
Mittelländisches Meer	2,51
Schwarzes Meer	0,41
Hudsonbai	1,23
Baffinbai	0,69
St.-Lorenz-Golf	0,24
Golf von Mexiko	1,54
Karibisches Meer	2,75
Indischer Ozean	74,90
Rotes Meer	0,44
Persischer Golf	0,23
Arabisches Meer	3,68
Andamanensee	0,60
Golf von Bengalen	2,17
Pazifischer Ozean	179,70
Beringmeer	2,27
Ochotskisches Meer	1,58
Japanisches Meer	0,98
Gelbes Meer	0,42
Ostchinesisches Meer	0,75
Südchinesisches Meer	3,45
Golf von Kalifornien	0,15
Australasiatisches Mittelmeer	8,61
Nordpolarmeer	14,06

Meerane, Ind.-Stadt in Sachsen, nördl. von Zwickau, 24 000 Ew.

Meeräschen, geschätzte Speisefische aus trop. u. subtrop. Meeren. Die Gestalt ist torpedoartig gestreckt, M. besitzen zwei getrennt stehende Rückenflossen. Es gibt über 100 Arten (u. a. im Mittelmeer der *Großkopf*), sie gehören zur Ordnung der Barschfische.

Meeraugspitze →Hohe Tatra.

Meerbarben, *Seebarben, Mullidae,* Fam. farbenprächtiger, etwa 30 cm langer barschartiger Fische. Die M. haben bes. in Rußland große wirtsch. Bedeutung.

Meerbrassen →Brassen.

Meerbusch, Stadt in NRW, zw. Düsseldorf u.

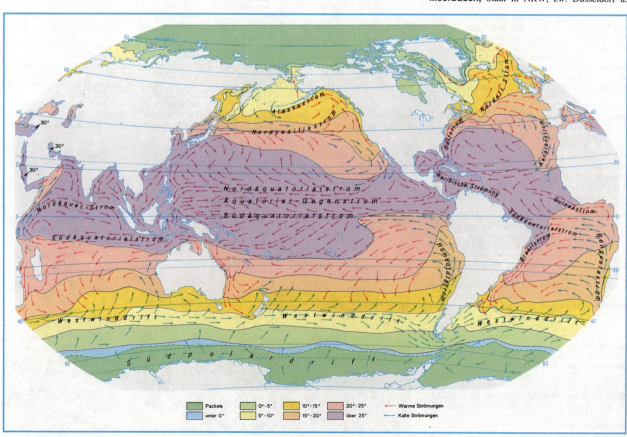

Meer: Oberflächentemperatur und Strömungen im Nordsommer

Meeresstraßen

	engste Stelle in km
Kleiner Belt (zwischen dem dänischen Festland und der Insel Fünen)	0,6
Bosporus (verbindet das Schwarze Meer mit dem Marmarameer/Türkei)	0,7
Dardanellen (verbindet die Ägäis mit dem Marmarameer/Türkei)	1,6
Magalhãesstraße (zwischen dem chilenischen Festland und Feuerland)	2,0
Öresund (zwischen Schweden und der Insel Seeland/Dänemark)	3,0
Straße von Messina (zwischen dem italienischen Festland und Sizilien)	3,5
Straße von Bonifacio (zwischen Korsika und Sardinien)	11,0
Straße von Gibraltar (zwischen Spanien und Marokko)	14,0
Großer Belt (zwischen Fünen und Seeland/Dänemark)	16,0
Bab Al Mandab (verbindet das Rote Meer mit dem Golf von Aden)	18,0
Belle-Isle-Straße (zwischen dem kanadischen Festland und der Insel Neufundland)	20,0
Sundastraße (zwischen Sumatra u. Java)	25,0
Straße von Calais (zwischen Frankreich und Großbritannien)	31,0
Straße von Malakka (zwischen Sumatra und der Malaiischen Halbinsel)	35,0
Straße von Hormus (verbindet den Persischen Golf mit dem Golf von Oman)	63,0
Straße von Otranto (zwischen Italien und Albanien)	71,0
Beringstraße (zwischen Alaska und Sibirien)	92,0
Straße von Tunis (zwischen Tunesien und Sizilien/Italien)	140,0
Koreastraße (zwischen Südkorea und der Insel Tsuschima/Japan)	160,0
Floridastraße (zwischen Kuba und Florida/USA)	200,0
Davisstraße (zwischen Grönland und Baffinland/Kanada)	350,0

Krefeld, 50 000 Ew.; Stahl- u. metallverarbeitende Ind.

Meerdrachen, Bez. für versch. Fische wie *Adlerrochen, Teufelsrochen* oder *Seedrachen.*

Meerechse, bis 1,75 m langer *Leguan* der Galapagos-Inseln.

Meeresleuchten, von vielen in Massen im Meer vorkommenden Organismen (einige Bakterien u. Dinoflagellaten) hervorgerufene Lichterscheinung. *Noctiluca,* ein Dinoflagellat, ruft das M. in der Nordsee hervor.

Meeressäugetiere, *Meeressäuger,* zusammenfassende Bez. für Säuger, die fast ausschl. im Meer vorkommen: die *Wale,* die *Robben,* die *Seekühe* u. der *Seeotter.*

Meeresschildkröten, *Seeschildkröten, Cheloniidea,* Fam. der *Halsberger-Schildkröten.* Die M. bewohnen trop. u. subtrop. Meere u. gehen nur zur Eiablage an Land. Zu den M. gehört die Fam. der *Lederschildkröten.*

Meeresströmungen, durch die Schubkraft des Windes u. durch Dichteunterschiede im Wasser entstehende Bewegungen. Geschwindigkeit u. Richtung der Wasserbewegungen werden durch Reibungskräfte u. durch die Ablenkung infolge der Erdrotation beeinflußt. Die M. sind für das Klima des angrenzenden Festlands von großer Bedeutung.

Meeresverschmutzung, die Verunreinigung der Meere durch Schadstoffe, bes. durch den Zufluß verunreinigter Flüsse u. durch Einbringung flüssiger u. fester Abfallstoffe über Rohrleitungen oder durch Transportschiffe. Schmutzstoffe werden durch Meeresströmungen weiträumig transportiert, die Verhinderung einer globalen M. erfordert daher internat. Übereinkommen, z.B. 1954 in London zur Verhütung der Verschmutzung der See durch Öl, für die Ostsee das Helsinki-Abkommen 1974. In der BR Dtld. zählt die Reinhaltung der Meere zu den Aufgaben des *Deutschen Hydrographischen Institutes.* Für die Küstengewässer sind die einzelnen Bundesländer verantwortlich.

Meerfenchel, *Seefenchel,* halbstrauchiges *Doldengewächs;* Salat u. Küchengewürz.

Meerjungfrau, *Seejungfrau,* im Volksglauben eine im Meer wohnende, mit Zauberkräften ausgestattete Frau mit Fischschwanz; → Nixen.

Meerkatzen, Unterfam. der *Schmalnasen:* meist schlanke, bewegl., in Herden lebende Affen, bes. in W-Afrika; mit Backentaschen, Gesäßschwielen u. langem Schwanz.

Meerkohl, *Crambe,* Gatt. der *Kreuzblütler.* Die wichtigste Art ist der *Gewöhnl. M.* (Kohlgemüse), eine weißblühende Strandpflanze der europ. Küsten.

Meerrettich, ein *Kreuzblütler* mit dickem, fleischigem Wurzelstock; ein scharfaromat. Küchengewürz.

Meersalat, mehrzellige *Grünalge* von großem, blattartigem Wuchs.

Meersalz, im Meerwasser gelöste Mineralbestandteile: Chlorid (55%), Natrium (30%), Sulfat (7,7%), Magnesium (3,7%) u. a.

Meersburg, Stadt in Ba.-Wü., am nördl. Bodensee, 4500 Ew.; 1526–1803 Residenz der Konstanzer Bischöfe.

Meerschaum, *Sepiolith,* ein poröses, weißes Mineral, hpts. in Anatolien; wird für Pfeifenköpfe verwendet.

Meerschweinchen, *Caviidae,* Fam. der *Nagetiere* S-Amerikas. In den Hochsteppen der Anden lebt neben vielen verwandten Arten das wilde M., aus dem bereits zur Inka-Zeit das zahme M. domestiziert wurde, das im 16. Jh. von Holländern nach Europa gebracht wurde.

Meerspinne, bis 18 cm lange *Dreieckskrabbe* des Atlantiks u. Mittelmeers, mit großen Stelzenbeinen.

Meerteufel, volkstüml. Bez. für den → *Adlerrochen.*

Meerträubel, *Ephedra,* Sträucher trocken-warmer Gebiete mit wacholderähnl. Blütenständen; versch. Arten enthalten das Alkaloid *Ephedrin.*

Meerut → Merath.

Meeting ['mi:tiŋ], Treffen, Zusammenkunft.

Megachip [-tʃip], *Megabitchip,* ein Halbleiterchip mit einer Speicherkapazität von einer Million Bit, d. h. über 100000 Zeichen; wird in europ. Zusammenarbeit entwickelt.

Megalithbauten, Anlagen aus großen Steinen, in der jüngeren Phase der Jungsteinzeit über W-, NW- u. N-Europa verbreitet, mit Ursprung im Mittelmeerraum. Am bekanntesten sind die Megalithgräber *(Großsteingräber, Riesensteingräber,* volkstüml. *Hünengräber, Hünenbetten),* aus Blöcken oder Platten errichtete Grabkammern, meist für viele Bestattungen, daneben auch als Einzelgräber. Andere M. sind *Menhire* u. *Kuppelgräber* (z.B. *Nuraghen* u. *Talayots).* Nach ihnen werden verschiedenartige Kulturgruppen, die im Zusammenhang mit bestimmten gemeinsamen Glaubensvorstellungen u. Gesellschaftsstrukturen M. errichteten, benannt *(Megalith-Kultur).*

Megalopolis, Ballungsraum mehrerer Millionenstädte; insbes. die Städtezone an der Atlantikküste der USA.

Megaphon, urspr. ein Schalltrichter zum Bündeln des Schalls; heute ein Sprechgerät mit Mikrophon, Verstärker u. Lautsprecher.

Megara, im Altertum Hptst. der von Dorern bewohnten mittelgrch. Ldsch. *Megaris.*

Megäre, *Megaira,* eine der → Erinyen; übertragen: böses Weib.

Megariker, die von *Euklid von Megara* (* um 450, † um 380 v. Chr.) begr. sokrat. Schule.

Megaron, altgrch. Haustyp mit Vorhalle u. einem Raum, Grundform des grch. Tempels.

Meghalaya, Bundesstaat von → Indien.

Megiddo, das bibl. *Armageddon,* antike Hügelfestung in Palästina.

Megilloth, die fünf im jüd. Festritual verwendeten, in den alttestamentl. Kanon aufgenommenen Schriften: *Hohes Lied, Ruth, Klagelieder des Jeremia, Prediger Salomo, Esther.*

Mehl, i.w.S. der durch Mahlen fester Körper entstehende Staub (z.B. Stein-M.); i.e.S. das durch Mahlen von Getreidekörnern entstehende feine Pulver, mit einem durchschnittl. Nährstoffgehalt von 64% Stärke, 13% Eiweiß (Kleber), 6% Dextrin u. Zucker, 1% Fett, 1% Cellulose, 1% Mineralien, 14% Wasser. Dunkle M.e sind reich an Vitaminen u. Mineralien. – M.schädlinge sind u. a. der *M.käfer,* mit gelbl. Larven *(M.würmer),* die *M.milbe* u. die Raupen der *M.motte.*

Mehlschwamm, *Mehlpilz, Moosling, Pflaumenpilz,* ein eßbarer weißer *Blätterpilz.*

Mehltau, durch versch. Pilze hervorgerufene Blattkrankheiten, die auch auf junge Triebe u. Früchte übergreifen; ein schimmelartiger, grauweißer Überzug, der aus dem Myzel oder den Konidien der Parasiten besteht. Befallen werden zahlr. Kulturpflanzen, z.B. Apfel, Stachelbeere, Rose, Getreidearten, Weinreben.

Mehmed [mɛçˈmɛt], türk. Form von *Mohammed,* arab. *Muhammad:*

Ägypten:

1. M. Ali, * 1769, † 1849, erbl. Statthalter (Vizekönig) von Ägypten 1805–48; beendete die Herrschaft der Mamluken.

Osmanisches Reich:

2. M. II. Fatih [»der Eroberer«], * 1432, † 1481, Sultan 1451–81; eroberte 1453 Konstantinopel u. das Byzantin. Reich. – **3. M. IV.,** * 1642, † 1693, Sultan 1648–87; nach den Mißerfolgen gegen Östr. (vergebl. Belagerung Wiens 1683) von Janitscharen abgesetzt. – **4. M. VI. Wahideddin,** * 1861, † 1926, letzter Sultan 1918–22; ging im Nov. 1922 ins Exil, 1924 abgesetzt.

Mehnert, Klaus, * 1906, † 1984, dt. Journalist u. Politologe; behandelte bes. sowj. u. chin. Themen.

Mehrheitsprinzip, der Grundsatz, nach dem die Entscheidung der Mehrheit einer Körperschaft oder Versammlung verbindl. ist. In der Regel genügt die *einfache Mehrheit,* d. h. die vergleichsweise höchste Stimmenzahl. In manchen Fällen sind *qualifizierte Mehrheiten* erforderlich, z.B. *absolute Mehrheit* (über 50%) oder *Zweidrittel-, Dreiviertelmehrheit.*

Mehring, **1.** *Franz,* * 1846, † 1919, dt. Politiker (SPD) u. Publizist; 1918 Mitgründer der KPD; führender Historiker der dt. Arbeiterbewegung vor

Blaumaul-Meerkatze

Megalithbauten: Der »Gollenstein« bei Blieskastel ist mit 7 m der größte Menhir Mitteleuropas

Mehrkampf

dem 1. Weltkrieg. – **2.** Walter, *1896, †1981, dt. Schriftst.; seit 1933 im Exil; Mitarbeiter des »Sturm«, Mitgr. der Berliner »Dada«-Sektion, ein Erneuerer des Bänkelsangs.

Mehrkampf, ein Wettbewerb, in dem (für einen Wettkämpfer) mehrere Disziplinen zusammengefaßt sind u. hintereinander absolviert werden müssen, z.B. Dreikampf, Fünfkampf, Zehnkampf.

Mehrlingsgeburt, die Geburt mehrerer aus einer Schwangerschaft stammender Kinder; durch die Einf. von Hormonbehandlungen ist die Zahl der M.en gestiegen.

Mehrphasenstrom, ein elektr. Wechselstrom, der als Kombination mehrerer in der Phase gegeneinander verschobener Einphasenströme auf entspr. vielen Leitungen übertragen wird. Techn. wichtig ist der →Drehstrom.

Mehrwert, in der *Arbeitswerttheorie* der Unterschied zw. dem Wert einer Arbeitsleistung u. dem vom Arbeitgeber dafür gezahlten Arbeitslohn; in marxist. Sicht als leistungsloser Profit des Unternehmers verstanden.

Mehrwertsteuer, *Nettoumsatzsteuer,* eine Form der Umsatzsteuer, die vom Verbraucher getragen werden soll. Bemessungsgrundlage ist der Wertzuwachs *(Mehrwert)* der Waren auf jeder einzelnen Produktions- oder Handelsstufe. Seit 1.7.1983: 14%; ab 1.1.1993: 15%.

Mehta, Zubin, *29.4.1936, ind. Dirigent, Chefdirigent mehrerer US-amerik. Orchester u. seit 1969 der Israel. Philharmoniker.

Méhul [me'yl], Étienne Nicolas, *1763, †1817, frz. Komponist; von *Gluck* beeinflußt, schuf überwiegend Opern.

Meidan, Platz in oriental. Städten mit Hauptmoschee u. Bazar.

Meidner, Ludwig, *1884, †1966, dt. Maler, Graphiker u. Schriftst. des Expressionismus; emigrierte 1939 nach London.

Meidschi-Restauration, *Meiji-Restauration,* die Wiederherstellung der kaiserl. Macht in Japan 1868–1912 nach einer fast 7 Jh. währenden Schogunatsregierung.

Meidschi-Tenno, *Meiji Tenno,* 1868–1912 Kaiser von Japan, posthumer Name des Prinzen *Mutsuhito* (*1852, †1912), ben. nach seiner Regierungsdevise *Meidschi* (»aufgeklärte Regierung«).

Meier, *Maier,* im MA ein vom Grundherrn eingesetzter Verwalter *(Haus-M.),* bis in die neuere Zeit ein landw. Vorarbeiter, der die Aufsicht ausübte; in Westfalen Eigentümer eines großen Hofs.

Meier, 1. Hermann Henrich, *1809, †1898, dt. Kaufmann; Gründer (1857) des *Nordd. Lloyds.* – **2.** John, *1864, †1953, dt. Volksliedforscher.

Meier-Graefe, Julius, *1867, †1935, dt. Kunsthistoriker u. Schriftst.; beeinflußte das zeitgenöss. Kunstleben.

Meile, engl. *mile,* urspr. im alten Rom *milia passuum,* »1000 (Doppel-)Schritte« (rd. 1470 bis 1480 m). Die *geograph. M.* beträgt 7420,438 m (= $^1/_{15}$ des Äquatorgrads), die engl., auch in den USA gültige *Statute mile* 1609,3 m, die *Seemeile* 1852 m.

Meiler, ein mit einer Erdschicht überdeckter Holzstoß, der in Brand gesetzt wird u. langsam unter Luftabschluß zu *Holzkohle* verkohlt; →Holzverkohlung.

Meilhac [mε'jak], Henri, *1831, †1897, frz. Theater-Schriftst. (Lustspiele, Operetten- u. Operntexte).

Meinberg, *Bad M.* →Horn-Bad Meinberg.

Meinecke, Friedrich, *1862, †1954, dt. Historiker; Mitbegr. der Geistes- u. Ideengeschichte, Vertreter des Historismus; 1949 erster Rektor der Freien Univ. Berlin. Ⓦ »Die Entstehung des Historismus«.

Meineid, vorsätzliches falsches Schwören vor Gericht oder vor einer anderen zur Abnahme von Eiden zuständigen Stelle; strafbar nach § 154, 155 StGB.

Meiner, Felix, *1883, †1965, dt. Verlagsbuchhändler; gründete 1911 in Leipzig den Verlag *F. M.,* der sich zum führenden philos. Verlag entwickelte; seit 1951 in Hamburg.

Meinerzhagen, Stadt in NRW, 19000 Ew.; Metallind.

Meinhof, Ulrike, *1934, †1976 (Selbstmord), dt. Journalistin; Mitgl. der terrorist. *Baader-Meinhof-Gruppe.* Wegen anarchist. Gewalttaten war M. seit 1972 in Haft.

Meinhold, Wilhelm, *1797, †1851, dt. Schriftst.; förderte mit seinem als angebl. Handschrift des 17. Jh. hrsg. Roman »Maria Schweidler, die Bernsteinhexe« 1843 die Entwicklung der dt. kulturgeschichtl. Erzählung.

Meiningen, Krst. in Thüringen, 26000 Ew.; Schloß *Elisabethenburg;* traditionsreiches Theater *(Meininger);* 1680–1918 Residenz der Herzöge von *Sachsen-M.*

Meinrad, Josef, *21.4.1913, östr. Schauspieler; nach W. *Krauß* Träger des Iffland-Rings.

Meinungsforschung, *Demoskopie,* Umfrageerhebungen bei einem repräsentativen Bevölkerungsquerschnitt zu bestimmten Einzelfragen polit., wirtsch., kultureller u. a. Art; zuerst in den USA (G. H. *Gallup*) entwickelt.

Meinungsfreiheit, das Recht der freien Meinungsäußerung, in der BR Dtld. ein verfassungsrechtl. gesichertes *Grundrecht.*

Meir, Golda, eigtl. G. *Meyerson,* *1898, †1978,

Golda Meir

isr. Politikerin (Mapai, Arbeiterpartei); 1949–56 Arbeits-Min., 1956–66 Außen-Min., 1969–74 (zurückgetreten) Min.-Präs.

Meisel, Kurt, *1912, †1994, östr. Schauspieler u. Regisseur.

Meisen, *Paridae,* in Eurasien u. N-Amerika vertretene Fam. von rd. 50 Arten kleiner, gewandter *Singvögel.* Einheim. sind: *Blaumeise, Kohlmeise, Tannenmeise, Sumpf-* u. *Weidenmeise, Haubenmeise, Schwanzmeise,* die seltene *Beutelmeise, Bartmeise.*

Meisner, Joachim, *25.12.1933, kath. Theologe; seit 1980 Bischof von Berlin, 1983 Kardinal, seit 1989 Erzbischof von Köln.

Meißel, Stahlwerkzeug zum Abtrennen von Spänen von einem Werkstück, vorn mit einer gehärteten u. geschliffenen Schneide.

Meißen, Krst. in Sachsen, an der Elbe, 38000 Ew.; got. Dom (13./14. Jh.), *Albrechtsburg* (1471–1521), Porzellanmanufaktur (→Meißner Porzellan). Gesch.: Die ehem. Mark(grafschaft) M. (seit 1089 im Besitz der Wettiner) war das Kernland des Kurfürstentums u. späteren Königreichs *Sachsen.*

Meißner, *Hoher M.,* 750 m hoher Tafelberg im NO des hess. Berglands, westl. von Eschwege.

Meißner, Alexander, *1883, †1958, dt. Physiker; gab 1913 als erster die Rückkopplungsschaltung

Meißner Porzellan: J. J. Kändler, Der indiskrete Harlekin; 1791. Berlin, Staatliche Museen

zur Erzeugung ungedämpfter elektr. Schwingungen an.

Meißner Porzellan, Erzeugnisse der 1710 durch Kurfürst *August II.* in Dresden gegr., noch im selben Jahr auf die *Albrechtsburg* bei Meißen verlegten ältesten europ. Porzellanmanufaktur. Der Errichtung der Fabrik ging 1708 die Erfindung des europ. Hartporzellans durch J.F. *Böttger* u. E.W. Graf von *Tschirnhaus(en)* voraus. Die Erzeugnisse sind mit der traditionellen blauen Kurschwerter-Marke ausgezeichnet.

Meistbegünstigung, die durch bes. Klauseln *(M.sklausel)* in zwischenstaatl. Verträgen vereinbarte Regelung, derzufolge der Staat u. seine Staatsangehörigen im Gebiet des Vertragspartners alle Vorteile genießen sollen, die der versprechende Staat in Verträgen mit dritten Staaten bereits eingeräumt hat oder in Zukunft einräumen wird.

Meister, 1. *Handwerks-M.,* Handwerker, die nach einer Gesellenzeit die *M.prüfung* bestanden haben, die zur Führung eines Betriebes u. zur Anleitung von Auszubildenden (Lehrlingen) berechtigt. – **2.** Künstler, deren Namen nicht oder nur teilw. bek. sind u. die nach ihrem Hauptwerk, ihrem Wirkungsort oder bes. Stilmerkmalen ben. werden.

Meister Bertram, *von Minden,* *um 1340, †um 1415, dt. Maler; Hauptmeister der norddt. Malerei im ausgehenden 14. Jh.

Meister Francke, *um 1380, †1430, dt. Maler; bes. von der Buchmalerei angeregt, wandte sich dem neu aufkommenden Weichen Stil zu.

Meistergesang, *Meistersang,* der schulmäßige, fast ausschl. von Handwerkern gepflegte bürgerl. Gesang des 14.–16. Jh., der sich aus den Spätformen des höf. *Minnesangs* u. aus der Spruchdichtung des 13. Jh. entwickelte. Aus kirchl. organisierten Singgemeinschaften entstanden zu Beginn des 14. Jh. die ersten Meistersinger-Zünfte, zuerst in Mainz, dann in Straßburg, Frankfurt, Würzburg, Augsburg, Zwickau, Prag u. Nürnberg, das zu Lebzeiten H. *Sachs'* 250 Meistersinger zählte. Die Meistersinger-Schulen bestanden z. T. bis ins 19. Jh. (Memmingen 1875) u. wurden dann von den *Männergesangvereinen* abgelöst.

Meistermann, Georg, *1911, †1990, dt. Maler u. Graphiker; einer der führenden Meister der modernen Glasmalerei u. Mosaikkunst.

Meistersinger →Meistergesang.

Meistgebot, das höchste wirksame Gebot, das ein Bieter bei der Versteigerung abgibt.

Meit, Conrad, *um 1480, †1550/51, dt. Bildhauer; entwickelte sich zu einem der bedeutendsten dt. Renaissance-Meister.

Meitner, Lise, *1878, †1968, östr. Physikerin; langjährige (seit 1913) Mitarbeiterin von Otto *Hahn,* arbeitete auf dem Gebiet der Atomphysik u. der Kernspaltung (Uranspaltung 1938).

Mękka, *Makkah,* W-arab. Stadt im Hedjas (Saudi-Arabien), 550000 Ew.; islam. Hauptwallfahrtsort, heilige Stadt der Moslems u. Keimzelle der islam. Religion; islam. Universität; Zentrum ist die Große Moschee *El-Haram* mit dem Zentralheiligtum des Islams, der *Kaaba.*

Meißen: Albrechtsburg und Dom

Meknès, Stadt in Marokko, sw. von Fès, 320000 Ew.; Sommerresidenz des Königs.
Mekong, chin. *Lansang Jiang,* der Hauptfluß Hinterindiens, rd. 4500 km; mündet mit einem 70000 km² großen, versumpften Delta ins Südchin. Meer; 810000 km² Stromgebiet.
Melancholie, allg. Schwerblütigkeit, Trübsinn; als Krankheitssymptom eine Form der Depression.
Melancholiker, ein Charaktertyp, bei dem die *Melancholie* als Temperament vorherrscht.
Melanchthon, Philipp, eigtl. Ph. *Schwarzerd,* *1497, †1560, dt. Reformator; Humanist, bedeutendster Mitarbeiter M. *Luthers;* verfaßte 1520/21 die »Loci communes« (»Hauptpunkte«), eine erste Zusammenfassung von Luthers Rechtfertigungslehre. 1530 verfaßte er vor allem er auf dem Reichstag zu Augsburg die »Confessio Augustana« (»Augsburg. Bekenntnis«) u. deren Verteidigung, die Apologie. Wegen seiner humanist. geprägten Schulreformen erhielt er den Ehrentitel »Praeceptor Germaniae« [»Lehrmeister Deutschlands«].
Melanesien, der Westteil der Inseln Ozeaniens im Pazif. Ozean: Neuguinea, Admiralitätsinseln, Bismarckarchipel, Salomonen mit Santa Cruz, Neue Hebriden, Îles Loyauté u. Fidschi-Inseln; zus. (ohne Westirian) 525300 km², 5,2 Mio. Ew.; Bewohner sind auf Neuguinea schwarze *Papuas,* auf den übrigen Inseln dunkelhäutige *Melanesier.*

Mekong-Delta

Melange [meˈlãʒ], in Wien Bez. für mittelbraunen *Milchkaffee.*
Melanine, rote bis schwarze Pigmente, die weitverbreitet in allen Tierklassen vorkommen. Bestrahlung der Haut mit ultraviolettem Licht bewirkt vermehrte Melaninbildung (Sommerbräune). Die M. schützen die Haut vor kurzwelligem Licht.
Melanom, *Melanoblastom,* eine sehr bösartige, gelbbraune bis schwärzliche Geschwulst an Haut u. Schleimhaut.
Melasse, Rückstand bei der Verarbeitung des Rübensafts zu Zucker; eine zähe dunkelbraune Flüssigkeit. M. ist ein beliebtes Futtermittel u. Rohstoff für die Spiritusbereitung.
Melbourne [ˈmɛlbən], Hptst. von Victoria (Australien), Hafenstadt an der Mündung des Yarra, m. V. 3,1 Mio. Ew.; 4 Universitäten, Verwaltungs-, Kultur-, Finanz- u. Handelszentrum; versch. Industrien, Raffinerie.
Melchior, Johann Peter, *1742, †1825, dt. Bildhauer u. Porzellanmodelleur; schuf figürl. Porzellan im Stil des Rokoko u. frühen Klassizismus.
Melchiten, *Melkiten,* urspr. Bez. für die Christen im oström. Reich mit byzantin. Liturgie. Heute ist M. Bez. für die mit der päpstl. Stuhl unierten Christen (→unierte Kirchen).
Melde, *Atriplex,* Gattung der *Gänsefußgewächse.* Die *Garten-M.* wird als Gemüsepflanze angebaut (Heimat: Asien). An der Küste der Nord- u. Ostsee findet sich die *Strand-M.* An Wegen u. auf Schutt allg. verbreitet ist die *Gewöhnl. M.*
Meldepflicht, die Pflicht des Staatsbürgers zur Meldung bestimmter Tatsachen; bes. die allg. *polizeil. M.* bei Wohnungswechsel u. die *gewerbepolizeil. M.* aufgrund der Gewerbeordnung. Ferner be-

Melanesier von den Fidschi-Inseln

steht eine M. für bestimmte Straftaten oder bei Änderungen des Personenstandes sowie die Pflicht zur gesundheitspolizeil. Meldung von Seuchen u. a. Krankheiten an die Gesundheitsbehörden.
meldepflichtige Krankheiten, Seuchen u. andere Krankheiten, die nach dem Bundes-Seuchengesetz an die Gesundheitsbehörden zu melden sind.
Meleagros, *Meleager,* grch. Sagenheld. Er bezwingt auf der *Kalydonischen Jagd* den Eber.
Melibocus, *Melibokus, Malchen,* höchster Berg im westl. Odenwald, an der Bergstraße, 517 m.
meliert, aus zwei oder mehreren Farben gemischt.
Méliès [meˈljɛs], Georges, *1861, †1938, frz. Filmpionier; arbeitete als erster mit Filmtricks. Ⓦ »Die Reise zum Mond«.
Melilla [meˈlilja], arab. *Melîlia,* span. verwaltete Hafenstadt im nördl. Marokko, 95000 Ew.; Fischverarbeitung.
Melioration, Maßnahmen zur Urbarmachung ungenutzten Bodens und zur Steigerung der Fruchtbarkeit: Ent- u. Bewässerung, Eindeichung, Einebnung u. Aufbringen von Schlamm, Schlick oder Moorerde auf Sandboden.
Melisma, melod. Verzierung meist auf einer Textsilbe, Koloratur.
Melisse, *Zitronenkraut,* ein *Lippenblütler* aus dem Orient; Gartenpflanze, deren stark nach Zitrone duftende Blätter als Gewürz verwendet werden.
Melk, östr. Stadt an der Donau, 5000 Ew.; Benediktinerabtei *Stift M.* (Grablege der Babenberger).
Melle, Stadt in Nds., an der Else, sö. von Osnabrück, 41000 Ew.
Mellum, *Alte Mellum,* dt. Nordsee-Insel zw. Außenjade u. Außenweser; Vogelschutzgebiet.
Melodie, eine in sich geschlossene Folge von Tönen, an die in der Musiklehre des 18. u. 19. Jh. u. a. die Forderung der Überschaubarkeit u. Sanglichkeit gestellt wurde.
Melodrama, *Melodram,* die Verbindung von gesprochenem Text mit begleitender, den Ausdruck steigernder Musik. I.w.S. auch ein pathet. Bühnenstück.
Melone, 1. im trop. Asien u. Afrika verbreitetes *Kürbisgewächs,* dessen Früchte in den heißen Gebieten für die Ernährung u. Erfrischung von Bedeutung sind. Die in Afrika heim. *Wassermelone* wird in fast allen wärmeren Ländern kultiviert. – **2.** *Bowler,* runder, steifer Herrenhut aus schwarzem Filz, seit Mitte des 19. Jh. in Mode.
Melonenbaum, *Papaya,* 6–8 m hoher Baum aus den Tropen Mittelamerikas, heute in allen warmen Zonen angebaut. Die kopfgroßen Früchte schmecken melonenähnlich.
Melos, grch. Insel, →Milos.
Melozzo da Forlì, *1438, †1494, ital. Maler; schuf Fresken, die in illusionist. Raumperspektive u. aufgehellter Farbigkeit die Hochrenaissance vorbereiten.
Melpomene, grch. Muse der Tragödie.
Melsungen, Stadt in N-Hessen, an der Fulda, 13000 Ew.; maler. Altstadt, Schloß.
Melun [məˈlœ̃], N-frz. Stadt an der Seine, sö. von Paris, 35000 Ew.; Fahrzeugbau, pharmazeut. Ind.; Flußhafen.
Melusine, in der altfrz. Sage eine Meerfrau, die der Graf von *Lusignan* heiratet u. die Stammutter des Grafengeschlechts wird.
Melville [ˈmɛlvil], Herman, *1819, †1891, USamerik. Schriftst.; schilderte, vielfach autobiograph., seine Südsee-Erlebnisse sowie die Erfahrungen bei der Handels- u. Kriegsmarine; Ⓦ Roman »Moby Dick«.
Membran, dünnes, gespanntes Häutchen.

Memel, 1. litau. *Klaipeda,* Stadt in Litauen, ehem. Hpst. des *M.lands,* am Kurischen Haff, 188000 Ew. – **2.** auch *Njemen,* litau. *Nemunas,* russ. *Neman,* O-europ. Fluß, 937 km; mündet mit den Armen *Ruß* u. *Gilge* ins Kurische Haff.
Memelland, *Memelgebiet,* der nördl. der Memel liegende Teil der ehem. Prov. Ostpreußen, 2848 km². – G e s c h.: Die Burg *Memel* wurde 1252 durch den Dt. Orden angelegt, im Schutz der Burg entstand eine Stadt mit niederdt. Siedlern, die im 16. Jh. wichtiger Handelsplatz war. Seit 1525 war das M. Teil Preußens. Durch den Versailler Vertrag wurde es von Dtld. abgetrennt u. dem Völkerbund unterstellt. 1923 von Litauen annektiert, 1939 an Dtld. zurückgegeben. Nach dem 2. Weltkrieg kam es an die Litau. SSR.
Memling, Hans, *um 1433, †1494, dt.-ndl. Maler; würdevoll-schlichte Porträts u. Darst. der thronenden Madonna.
Memmingen, Stadt in Schwaben (Bay.), an der Aach, 37700 Ew.; mittelalterl. Altstadt.
Memnon, in der grch. Sage Äthiopenkönig, Sohn der *Eos;* erschlug den Sohn Nestors, *Antilochos;* zur Vergeltung von Achilles vor Troja getötet.
Memoiren [meˈmwaː-], Lebenserinnerungen, eine Darst. der eig. Erlebnisse.
Memorandum, Denkschrift, ausführl. diplomat. Note.
Memoria, lat.: Gedächtnis; *in memoriam* »zur Erinnerung«.
Memorial, Merkbuch, Denkschrift.
Memphis, 1. *Menfi,* Hptst. des alten Ägypten, 30 km südl. von Kairo, auf dem l. Nilufer; geringe Baureste (13./12. Jh. v. Chr.). – **2.** Stadt in Tennessee (USA), am Mississippi, 655000 Ew.; Univ.; Handelszentrum für Baumwolle u. Holz.
Menage [meˈnaːʒə], Tischgestell für Gewürze (Essig, Öl, Salz u. Pfeffer), auch Traggestell zum Essenholen.
Menagerie [-ʒə], Tiergehege, Tierschau.
Menam, *Mä Nam Tschao Phraya,* Hauptfluß von Thailand, rd. 960 km; mündet bei Bangkok in den Golf von Thailand.
Menander, *Menandros,* *342 oder 341 v. Chr., †um 291 v. Chr., grch. Komödiendichter; Hauptvertreter der neuen attischen Komödie.
Menarche, die erste *Menstruation* beim Mädchen, Zeichen der Geschlechtsreife.
Menchú [menˈʃu], Rigoberta, *Jan. 1959, guatemaltek. Bürgerrechtskämpferin (Quiché-Indianerin); erhielt 1992 den Friedensnobelpreis.
Mende, Erich, *28.10.1916, dt. Politiker; 1945 Mitgründer der FDP, 1960–68 Bundesvors. der FDP; 1963–66 Vizekanzler u. Min. für gesamtdt. Fragen; 1970 Übertritt zur CDU.
Mendel, Gregor Johann, *1822, †1884, östr. Biologe; seit 1843 Mönch (Augustiner), entdeckte 1865 die nach ihm ben. *Mendelschen Gesetze*

Memphis

564 Mendelejew

(→Genetik), indem er systemat. Kreuzungsversuche mit Erbsen u. Bohnen durchführte.

Mendelejew [-jɛf], Dimitrij Iwanowitsch, *1834, †1907, russ. Chemiker; stellte 1869 gleichzeitig mit L. *Meyer*, jedoch unabhängig von ihm, das Periodensystem der Elemente auf.

Mendele Moicher Sforim, eigtl. Schalom Jakob *Abramowitsch*, *1835, †1917, jidd. Schriftst.; Begr. der neuen jidd. Literatur.

Mendelsche Gesetze, die von G.J. *Mendel* zuerst entdeckten, für alle geschlechtl. Fortpflanzungsvorgänge geltenden Vererbungsgesetze (→Genetik).

Mendelssohn, 1. Arnold, *1855, †1933, dt. Komponist. Mit seiner geistl. Chormusik begann die Erneuerung der ev. Kirchenmusik. – **2.** Dorothea →Schlegel, Dorothea. – **3.** Moses, *1729, †1786, dt. Philosoph; neben F. *Nicolai* Hauptvertreter der *Aufklärung* in Berlin, wichtigster Förderer der dt. Judenemanzipation.

Mendelssohn-Bartholdy, Felix, *1809, †1847, dt. Komponist; Enkel von Moses *Mendelssohn*; seit 1835 Leiter der Gewandhauskonzerte in Leipzig u. Mitgründer (1843) des Leipziger Konservatoriums. Er verband in seinem Schaffen Klassizität der Form mit romant. Empfinden. – W Musik zu Shakespeares »Sommernachtstraum«, 5 Sinfonien, Orchesterwerke, Violinkonzert e-Moll; Klavierstücke »Lieder ohne Worte«.

Menden (Sauerland), Stadt in NRW, 55 000 Ew.; Metall- u. Elektro-Ind.

Mendès [mɛ̃dɛs], Catulle, *1841,†1909, frz. Schriftst.; Mitgl. der *Parnassiens*.

Mendesantilope, gelbbraune Antilopenart Afrikas u. Arabiens mit schraubenförmigem Gehörn.

Mendès-France [mɛ̃dɛsˈfrɑ̃s], Pierre, *1907, †1982, frz. Politiker (Radikalsozialist, seit 1959 PSU); 1954/55 Min.-Präs. u. Außen-Min., bis Mai 1956 Min. ohne Geschäftsbereich; Gegner Ch. de Gaulles.

Mendoza [menˈdosa], Hptst. der gleichn. argent. Anden-Prov. am O-Fuß der Anden, 130 000 Ew.; Erdöl- u. Erdgasförderung; Wein- u. Obstanbau.

Menelaos, in der grch. Sage König von Sparta, Sohn des *Atreus*, Gatte der *Helena*; rief die Griechen zum Trojan. Krieg auf.

Menelik, *Menilek*, äthiop. Fürsten: **1. M. I.**, sagenhafter Begr. der sog. salomon. Dynastie Äthiopiens, von der sich die bis 1974 regierende Dynastie ableitete. M. gilt als Sohn König Salomos u. der Königin von Saba. – **2. M. II.**, *1844, †1913, Kaiser von Äthiopien 1889–1913; besiegte 1896 die Italiener bei Adua u. erreichte die Anerkennung der Selbständigkeit Äthiopiens.

Menem, Carlos Saul, *2.7.1935, argent. Politiker (Peronist); seit 1989 Staats-Präs.

Menetekel, Warnzeichen, »Mene tekel u-pharsin« lautete die (aramäische) Schrift, die eine Geisterhand beim Festmahl des Königs *Belsazar* an die Wand schrieb. Vom Propheten *Daniel* wurde die Schrift gedeutet: »Er (Gott) hat (dein Reich) gezählt, gewogen, zerteilt« (Dan. 5); daher die Redensart: »Gewogen u. zu leicht befunden«.

Menge, von G. *Cantor* eingeführter math. Grundbegriff: Eine M. ist die Zusammenfassung von unterscheidbaren Objekten zu einem Ganzen. Die zur M. gehörenden Objekte heißen ihre *Elemente*. Die **M.nlehre** untersucht die einzelnen Arten von M.n; es gibt z.B. *endliche M.* (z.B. die 25 Primzahlen zw. 1 u. 100) u. *unendliche M.* (z.B. die Punkte innerhalb eines Kreises). Die M.nlehre ermöglicht eine einheitl. Betrachtungsweise vieler math. Gebiete.

Mengennotierung, *Quantitätsnotierung*, bes. in London u. New York übl. Art der Notierung der Devisenkurse: Die M. gibt an, wieviel ausländ. Währungseinheiten auf einen feststehenden Betrag der inländ. Währung entfallen. Ggs.: *Preisnotie-*

MENSCH

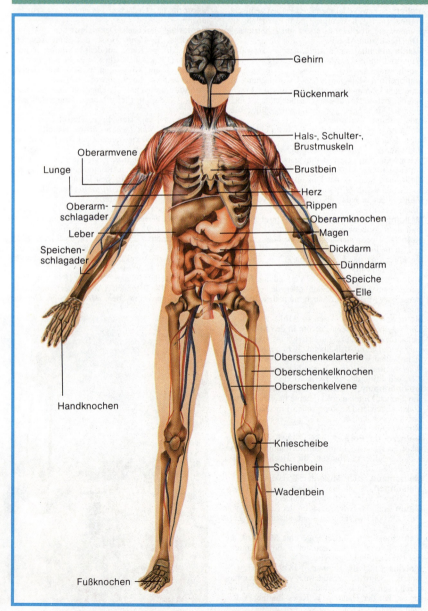

Der Körper des Menschen besteht aus einer Vielzahl ineinandergreifender Systeme

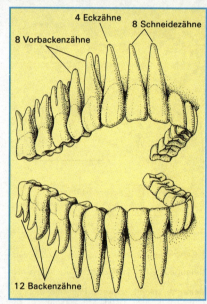

Das menschliche Gebiß

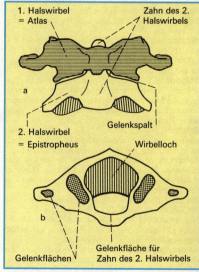

Halswirbel mit Drehgelenk, a von vorn, b von oben

rung, die den Preis in inländ. Währung für eine (oder eine Mehrzahl, z.B. 100) ausländ. Währungseinheit(en) angibt.

Mengistu, Haile Mariam, * 1939, äthiop. Offizier, seit 1984 Generalsekretär der äthiop. Arbeiterpartei, 1987–91 Staats-Präs.

Mengs, Anton Raphael, * 1728, † 1779, dt. Maler u. Kunsttheoretiker; fand eine linear gefestigte Bildform, die den Klassizismus in der dt. Malerei begründete.

Meng Zi, lat. *Mencius,* * 372 v. Chr., † 289 v. Chr., chin. Philosoph; gilt als »zweiter Heiliger« des *Konfuzianismus,* der das System wiss. begründete.

Menhir, aufrecht stehender einzelner Stein aus der Jungsteinzeit, oft höher als 5 m; von kult. Bed.; hpts. in W-Europa, bes. in der Bretagne verbreitet; →Megalithbauten.

Meningitis →Hirnhautentzündung.

Meniskus, knorplige u. bindegewebige Bandscheibe (Zwischengelenkscheibe) im Kniegelenk. In jedem Knie liegen ein *äußerer* u. ein *innerer* M., die dazu dienen, Oberschenkel u. Schienbein abzupuffern. Der **M.riß** ist ein häufiger Sportunfall.

Mennige, Pb_3O_4, Bleioxid, in Öl oder Harz suspendiert als hellroter Schutzanstrich für Eisenteile.

Mennoniten, *Taufgesinnte,* ev. Gemeinschaften, die durch die Lehren Menno *Simons'* (* 1496, † 1561) geprägt sind. Erwachsenentaufe, Eidesverweigerung u. ethisches Christentum ohne Lehrzucht sind die Hauptmerkmale der mennonit. Gemeinden. Von Dtld. verbreiteten sich die M. seit 1683 nach Amerika u. seit 1789 nach Rußland.

Menopause, das Aufhören der Menstruation im Klimakterium.

Menora, der siebenarmige Leuchter in der Synagoge als ein Symbol des jüd. Volkes.

Menorca, *Minorca,* die nördlichste u. zweitgrößte Insel der span. *Balearen* im westl. Mittelmeer, 668 km², 60000 Ew., Hptst. *Mahon;* Fremdenverkehr.

Menorrhoe, *Monats-, Regelblutung,* bei der Frau die →Menstruation. – *Hyper-M.,* zu starke, *Hypo-M.,* zu schwache, *Oligo-M.,* zu seltene, *Poly-M.,* zu häufige Regelblutung; *Eu-M.,* normale, *Dys-M.,* schmerzhafte Regelblutung.

Menotti, Gian-Carlo, * 17.7.1911, ital. Komponist; einfallsreicher Librettist, Epigone der ital. Operntradition.

Mensa, 1. *M. academica,* Kantine für Studenten. – **2.** die Platte des christl. Altars.

Mensch, *Homo sapiens,* eine Art der *Säugetiere* mit stärkster Entwicklung des Gehirns, insbes. der Großhirnrinde; Sohlengänger mit aufrechtem Gang. Die Körperbehaarung ist stark zurückgebildet. Gebiß u. Darm kennzeichnen den Menschen als Gemischtköstler. Körpergröße, Pigmentierung (Haut-, Haar- u. Augenfarbe) u. Schädelform sind nach Menschenrassen verschieden. Biolog. ist der M. von den übrigen Tieren nicht verschieden; doch befähigt ihn die starke Entwicklung seines Gehirns im Verein mit einigen anderen Körpereigentümlichkeiten zur Begriffsbildung u. zum abstrakten Denken, zur artikulierten Sprache u. zum Werkzeuggebrauch; diese Fähigkeiten zus. heben den Menschen über das übrige Tierreich hinaus u. sind die Ursache seiner beherrschenden Rolle in der Natur. Skelettfunde deuten daraufhin, daß der eigtl. Jetztmensch (Homo sapiens sapiens) seit etwa 40000 Jahren existiert.

Menschenaffen, *Pongidae,* Fam. der *Menschenartigen,* deren Gliedmaßen dem Leben in Bäumen angepaßt sind; im Unterschied zu den als *Kleine M.* bezeichneten *Gibbons* auch *Große M.* genannt. Die Jungen der M. weisen in der Schädelform menschenähnl. Züge auf, die mit zunehmendem Alter allerdings immer affenartiger werden. Die M. ernähren sich meist pflanzlich u. leben in familienartigen Gruppen. Hierher gehören *Gorilla, Schimpanse, Zwergschimpanse* u. *Orang-Utan.*

Menschenartige, *Hominoidea,* zu den *Altweltaffen* oder *Schmalnasen* (Catarrhini) gehörige Überfamilie der *Affen.* M. sind *Primaten* mit hochdifferenzierter Gehirn- u. Extremitätenentwicklung. Hierzu gehören 3 Familien: *Gibbons* oder *Kleine Menschenaffen, Große Menschenaffen* u. *Menschen.* Auch →Hominiden, →Homo.

Menschenhai, *Weißer Hai,* bis über 10 m langer *Heringshai;* lebt in allen Ozeanen. Er greift alles an, was sich im Wasser bewegt.

Menschenkunde →Anthropologie.

Menschenopfer, die Tötung von Menschen aus kult. Gründen; oft mit *Kannibalismus* verbunden. Bes. bek. durch M. sind die Azteken.

Menschenrassen, mehr oder weniger systemat. Unterarten des *Menschen,* d. h. Gruppen, die sich in der Häufigkeit von Erbmerkmalen von anderen Gruppen unterscheiden. Die Rassenklassifikationen beruhen auf den meß- u. sichtbaren Merkmalen, bes. Merkmale der Blutgruppen werden seit den 1970er Jahren berücksichtigt. Am weitesten verbreitet ist die Unterscheidung in:
1. *Europide* mit reliefreichem Gesicht, schmaler Nase u. Tendenz zur Aufhellung (Depigmentation) von Haut-, Haar- u. Augenfarbe; in Europa, N-Afrika u. W-Asien. 2. *Negride* mit dunkler Hautfarbe, Kraushaar, breiterer Nase u. dicken Lippen; in Afrika südl. der Sahara. 3. *Mongolide* mit flachem Gesicht u. straffem schwarzem Haar; in O-Asien u. Indonesien. – B →S. 566.

Menschenraub, Freiheitsberaubung durch List, Drohung oder Gewalt, um das Opfer in hilfloser Lage auszusetzen oder in Sklaverei, Leibeigenschaft oder auswärtige Kriegs- oder Schiffsdienste zu bringen; nach § 234 StGB mit Freiheitsstrafe nicht unter einem Jahr strafbar, in Östr. Freiheitsstrafe von 10 bis 20 Jahren (§ 103 StGB).

Menschenrechte, die dem Individuum zustehenden Rechte auf Schutz vor Eingriffen des Staates. Die inhaltl. Ausgestaltung der M. hängt von der kulturellen u. soz. Entwicklung ab. Die M. werden heute als dem Staat vorgegebene Rechte verstanden, die er zu achten hat. Dies entspricht auch der in die moderne Zeit fortwirkenden *naturrechtl.* Grundauffassung. Bei der von *Konstitutionalismus* u. *Liberalismus* erzwungenen Aufnahme dieser Garantien in die Verfassungsurkunden erscheinen sie jedoch als staatl. Gewährungen. Sie führen dann die Bez. *Grundrechte.* Zu den Grundrechten des GG der BR Dtld. zählen u. a.: die Menschenwürde, Gleichheit vor dem Gesetz, Religions- u. Gewissensfreiheit, Pressefreiheit u. a. – Die erste verfassungsrechtl. Formulierung erfuhren die M. 1776 in der US-amerik. Verfassung.

Menschewiki [russ., »Minderheitler«], die gemäßigte Minderheit bei der Spaltung der russ. Sozialdemokratie 1903, im Ggs. zu den *Bolschewiki* (Radikale Fraktion). Nach der Oktober-Revolution wurden sie von den Bolschewiki verfolgt.

Menschikow [-kɔf], Alexander Danilowitsch Fürst (seit 1707), * 1672, † 1729, russ. Politiker u. Heerführer; Mitarbeiter *Peters d. Gr.* Nach dessen Tod führte er die Regierungsgeschäfte. 1727 wurde er gestürzt u. nach Sibirien verbannt.

Menschlichkeit →Humanität.

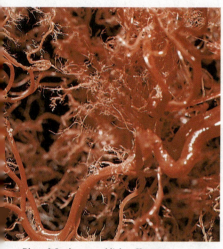
Blutgefäße des menschlichen Körpers

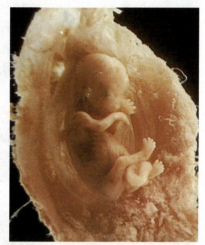
Fetus, vier Monate alt

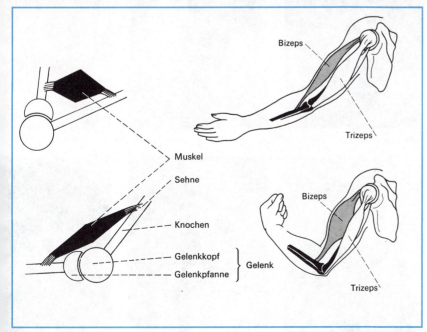
Wechselbeziehung zwischen Muskel und Gelenk. – Wechselbeziehung zwischen Armbeuger (Bizeps) und Armstrecker (Trizeps)

Menstruation [lat.], *Periode, Monatsblutung, Menorrhoe, Regel, Menses,* die regelmäßig in monatl. Abständen erfolgende Gebärmutterblutung der geschlechtsreifen Frau. Die M. tritt außer beim Menschen nur bei den Affen auf u. erfolgt in individuell versch. Abständen von etwa 21–31, meist von 28 Tagen; Dauer 4–6 Tage, Stärke individuell verschieden. Der Beginn der M. *(Menarche)* liegt zw. dem 11. u. 16. Lebensjahr.

Im einzelnen beruht die M. auf folgenden Vorgängen: Die Gebärmutter ist zur Aufnahme des befruchteten Eies u. zur Fruchtentwicklung bestimmt; ihre Schleimhaut wächst unter dem Einfluß des *Follikelhormons,* das von den Follikelzellen des Eibläschens gebildet wird. Zwischen 2 M.sperioden erfolgt der Eisprung *(Ovulation)* durch Platzen eines reifen Eibläschens im Eierstock. Das Ei wird von den Fangarmen des Eileiters aufgefangen u. zur Gebärmutter weitertransportiert. Aus den Resten des Eibläschens im Eierstock bildet sich der *Gelbkörper,* der ein die Gebärmutterschleimhaut beeinflussendes Hormon, das *Progesteron,* abscheidet; die Gebärmutterschleimhaut wächst daraufhin weiter, wird aufgelockert u. saftreich u. so zur Einbettung des Eies bereit. Kommt nun die Befruchtung zustande, erhält sich der Gelbkörper über die Schwangerschaft hinaus bis nach Beendigung der Stillzeit u. verhindert durch das Progesteron das Reifen der nachfolgenden Eizelle; bleibt die Befruchtung jedoch aus oder ist die Stillzeit beendet, so stirbt der Gelbkörper ab, so daß das Follikelhormon des nächsten heranreifenden Eies wieder zur Wirkung kommt. Bei Untergang des Gelbkörpers stößt sich die Gebärmutterschleimhaut unter einer Blutung, der *M.sblutung,* ab (was anzeigt, daß das Ei in dieser Periode unbefruchtet geblieben ist). Danach baut sich unter dem Einfluß des Follikelhormons eine neue Schleimhaut auf, u. der M.szyklus beginnt von neuem. Die Vorgänge im Eierstock (Eireifung, Eisprung u. Gelbkörperbildung sowie die Hormonbildung) werden von den sog. gonadotropen Hormonen der Hirnanhangdrüse gesteuert.

Mensur, 1. ein Meßzylinder für Flüssigkeiten. – **2.** beim Fechten der Abstand zw. den Gegnern; auch ein Zweikampf mit der blanken Waffe, z. T. heute noch bei Studenten in den schlagenden Korporationen. – **3.** in der Musik 1. der Zeitwert der Noten u. ihr Wertverhältnis zueinander; 2. die Maßverhältnisse bei Musikinstrumenten.

Mensuralnotenschrift, *Mensuralnotation,* die aus den Neumen im 13. Jh. allmähl. entwickelte

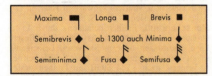

Mensuralnotation

Aufzeichnung der Musik, bei der erstmals durch ein kompliziertes Regelsystem die exakte Aufzeichnung des Rhythmus möglich war.

Mentalität, geistige Eigenart, Charakterprägung; *mental,* geistig.

Menthol, der wichtigste gesättigte Alkohol der Terpenreihe; farblose Kristalle, aus Pfefferminzöl gewonnen; Formel: $C_{10}H_{19}OH$. Es wird u. a. zur Inhalierung u. in Likören, Zuckerwaren u. a. verwendet.

Menton [mã'tõ], ital. *Mentone,* Stadt u. Kurort an der frz. Riviera, nahe der ital. Grenze, 25 500 Ew.

Mentor, in Homers »Odyssee« Freund des *Odysseus,* Erzieher des *Telemachos;* übertragen: erfahrener älterer Berater.

Mentu-hotep, *Mente-hotep,* mehrere Pharaonen der 11. theban. Dynastie; der bekannteste: **M. I.,** Gründer des Mittleren Reichs, 2061–10 v. Chr.; theban. König von Oberägypten, nach dem Sieg über die Dynastie Herakleopolis (9./10. Dynastie) König von ganz Ägypten.

Menü, 1. *Menu,* Mahlzeit mit festgelegter Speisenfolge, im Unterschied zum Essen nach Wahl von der Karte *(à la carte).* – **2.** in der Datenverarbeitung eine Liste, über die man versch. Unterprogramme aufrufen kann.

Menuett, alter frz. Volkstanz aus der Prov. Poitou,

im ³/₄-Takt; im 17. Jh. (seit 1635) unter *Ludwig XIV.* Hof- u. Gesellschaftstanz; schon im Barock in die Suite u. durch die Mannheimer Schule in die Sinfonie als Bestandteil aufgenommen.

Menuhin, Yehudi, *Baron M. of Stoke d'Abernon* (seit 1993), * 22.4.1916, US-amerik. Geiger, auch Dirigent; 1979 Friedenspreis des Dt. Buchhandels.

Menzel, Adolph von, * 1815, † 1905, dt. Maler u. Graphiker; führender Maler des dt. Realismus; meist in Berlin. Von seinen Zeitgenossen wurde er bes. als Darsteller histor. Themen geschätzt (»Das Flötenkonzert«; »Abreise König Wilhelms I. zur Armee«). Sein »Eisenwalzwerk« 1875 ist die erste Darstellung eines Industriewerks in der dt. Malerei. Er schuf 400 Federzeichnungen zu F. Kuglers »Geschichte Friedrichs d. Gr.«.

MENSCHENRASSEN

Mädchen aus Mittelschweden (links). – Sardin in Landestracht (Mitte). – Wedda aus Ceylon (rechts)

Mädchen der Ndebele aus Transvaal, Südafrika

Mann von der Südküste Neuguineas (links). – Usbeke aus Samarkand (Mitte). – Ceylonesin (rechts)

 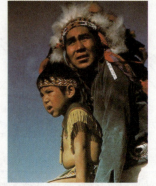 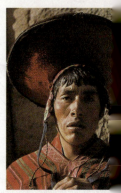

Mädchen aus Heho, Birma (links). – Sioux-Indianer (Mitte). – Ketschua aus Cuzco, Peru (rechts)

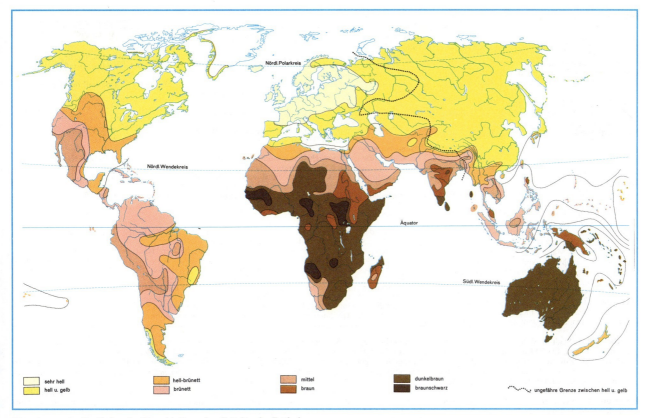

Menschenrassen: Hautfarben der Menschheit vor dem Zeitalter der Entdeckungen

Mephisto, *Mephistopheles,* eine dämon. Macht, die sich in Menschengestalt mit *Faust* verbindet; in der Sage der Diener des Satans, bei *Goethe* weltmänn., zynisch u. vieldeutig.

Meppen, Krst. in Nds., an der Mündung der Hase in die Ems, 30 000 Ew.; Erdölgewinnung.

Meran, ital. *Merano,* ital. Kurort in Trentino-Südtirol, an der Mündung des Passeiertals ins Etschtal, 34 000 Ew.; Edelobst- u. Weinanbau; bis 1420 Hptst. Tirols, 1919 zu Italien. – B →S. 568.

Merath, *Meerut,* Stadt in Uttar Pradesh (Indien), zw. Ganges u. Yamuna, 420 000 Ew.; landw. Handelszentrum.

Merbold, Ulf, *20.6.1941, dt. Physiker; erster Wissenschaftsastronaut der BR Dtld. mit *Spacelab*-Flügen an Bord der US-Raumfähren *Columbia* (1983) u. *Discovery* (1992).

Mercalli-Skala, zwölfteilige Skala der Erdbebenstärke, ben. nach dem Vulkanologen G. *Mercalli* (*1850, †1914).

Mercator, 1. Gerhard, eigtl. G. *Kremer,* *1512, †1594, dt. Kartograph; bek. durch die nach ihm benannte **M.-Projektion,** eine v. a. für Seekarten geeignete winkeltreue Zylinderprojektion in der Kartendarst., die er für eine 1569 erschienene Weltkarte benutzte. – **2.** Nikolaus, eigtl. N. *Kauffmann,* *1620, †1687, dt. Mathematiker; gehörte zu den Gründern der »Royal Society« von London; ging später nach Frankreich.

Mercedarier, *Nolasker,* ein kath. Bettelorden (seit 1690); 1218 als Ritterorden gegr. zum Loskauf der christl. Gefangenen in Afrika.

mercerisieren, *merzerisieren,* nach dem engl. Chemiker John *Mercer* (*1791, †1866) ben. Verfahren zur Veredelung von Baumwollgarn oder -gewebe mittels Natronlauge unter Spannung.

Merchandising [mɔːtʃəndaizɪŋ], Bez. für die absatzschaffenden u. -beschleunigenden Tätigkeiten eines Unternehmens.

Merck, Johann Heinrich, *1741, †1791 (Selbstmord), dt. Schriftst., Kritiker u. Übersetzer; Freund *Goethes,* wahrsch. Vorbild für dessen Mephisto-Figur.

Merckx [mɛrks], Eddy, *17.6.1945, belg. Radrennfahrer; mehrfach Straßenweltmeister u. Gewinner der Tour de France (1969–72 u. 1974).

Mercouri [-ku-], Melina, *1925, †1994, grch. Schauspielerin (Film »Sonntags – nie«) u. Politikerin; 1967–74 im Exil, 1981–89 u. 1993 Kulturmin.

Mercury [ˈmɜːkjuri], Freddy, eigtl. Frederick *Bul-*

Menschenrassen		
Rasse	Merkmale	Hauptverbreitungsgebiet
Europider Rassenkreis	reliefreiches Gesicht, schmale Nase, Tendenz zur Aufhellung von Haut-, Haar- u. Augenfarbe	Europa, Nordafrika, Westasien
Nordide	hellfarbig, hochwüchsig, schlank, schmale Nase u. Lippen, relativ langköpfig	Nord- u. Westeuropa
Osteuropide	mittelgroß, gedrungen, kurzbreiter Kopf, hellfarbig	Osteuropa
Dinaride	hochwüchsig, schlank, braune Haar- u. Augenfarbe, kurzköpfig	Mittel- u. Südosteuropa, Westukraine
Alpinide	klein- bis mittelgroß, kurzer u. runder Kopf, braune Haar- u. Augenfarbe	westl. Mitteleuropa
Lappide	kurzköpfig, dunkelbraune Haar- u. Augenfarbe	Lappland
Mediterranide	klein- bis mittelgroß, relativ langköpfig, dunkelbraune Haar- u. Augenfarbe, stark pigmentiert	Mittelmeerküsten Schwarzmeerküste
Orientalide	langköpfig, mittelgroß, schwarzes, lockiges Haar, braunäugig, mandelförmige Augen	Arabien, Mesopotamien, Nordafrika
Indide	mittelgroß, schlank, langköpfig, schwarzbraunes Haar, dunkelbraune Augen, hellbraune Haut	Vorderindien
Polyneside	groß, kräftig, schwarzes, gewelltes Haar, dunkelbraune Augen, lichtbraune Haut	Polynesien, Mikronesien
Weddide	klein, untersetzt, schwarzes, gewelltes Haar, dunkelbraune Augen, langköpfig mit rundem Gesicht	Vorderindien, Sri Lanka
Armenide	mittelgroß, braune Augen, schwarzbraunes Haar, kurzköpfig, große Nase, bräunliche Haut	Armenien
Turanide	mittelgroß, schlank, dunkle Augen-, Haut- u. Haarfarbe	Westturkestan
Ainuide	kleinwüchsig, schwarzes Haar, braune Augen, breite u. kurze Nase, starke Körperbehaarung	Nordjapan
Mongolider Rassenkreis	Gelbton der Haut, schwarzhaarig, Mongolenfalte, großflächiges Gesicht mit betonten Jochbeinen	Ostasien, Indonesien
Tungide	untersetzt, kurzköpfig, stark ausgeprägte Mongolenfalte	nördl. Zentralasien
Sinide	relativ hoher u. schlanker Wuchs, schwache Ausprägung der Flachgesichtigkeit	China
Palämongolide	kleinwüchsig, rundes Gesicht mit breiter Nase	Südostasien
Sibiride	kleinwüchsig, gering ausgeprägte Mongolenfalte	Sibirien
Eskimide	kleinwüchsig, untersetzt, relativ langköpfig mit großem rautenförmigem Gesicht	Arktis
Indianide	schwarzhaarig, Gelbton der Haut	Amerika
Pazifide	großköpfig mit breitem Gesicht, mittelgroß	Nordwest-Amerika
Silvide	hochwüchsig, kräftig, großes u. breites Gesicht, hohe oft konvexe Nase	Wälder u. Prärien Nordamerikas
Margide	kleiner, länglicher Kopf, dunkle Hautfarbe, kleinwüchsig u. grobknochig	Kalifornien, Sonora (Mexiko)
Zentralide	mittelgroß, dunkelhäutig, stark kurzköpfig, breite Nase	Süden Nordamerikas
Andide	kleinwüchsig, untersetzt, kurzköpfig mit großer Nase	Anden
Patagonide	hochwüchsig, breiter, massiger Körperbau, großes, flaches Gesicht mit breiten Jochböden	Steppen Südamerikas
Brasilide	kleinwüchsig, weiche Gesichtszüge	Amazonasgebiet
Lagide	mittelgroß, grobes Gesicht mit breiter Nase u. breiten Jochbögen, starke Überaugenbögen	ostbrasilian. Bergland

Fortsetzung S. 568

sara, *1946, †1991 brit. Rocksänger u. Liedertexter, populär durch die Rockgruppe »Queen« mit extravaganten Bühnenshows.

Mereau [me'ro], Sophie, geb. *Schubart,* *1770, †1806, dt. Schriftst.; in zweiter Ehe seit 1803 mit C. Brentano verheiratet.

Meredith ['mɛrədiθ], George, *1828, †1909, engl. Schriftst. In eigenwillig stilisierten Romanen stellte er verwickelte seel. Lagen dar.

Mereschkowskij, Dmitri Sergejewitsch, *1865, †1941, russ. Schriftst.; Vertreter eines neuchristl. Symbolismus.

Mergel, ein Gestein: Gemenge von Kalk oder Dolomit mit 20–60% Ton; Düngemittel.

Mergenthaler, Ottmar, *1854, †1899, dt.-amerik. Uhrmacher; Erfinder der Zeilensetz- u. Gießmaschine *Linotype* (1886).

Mergentheim, *Bad M.,* Stadt in Ba.-Wü., an der Tauber, 19 400 Ew.; Deutschordensschloß mit Rokoko-Schloßkirche; 1527–1809 Sitz des Hoch- u. Deutschmeisters des Dt. Ordens.

Merian, 1. Anna Maria Sibylla, Tochter von 2), *1647, †1717, schweiz. Malerin u. Graphikerin; Blumen- u. Insektenbuch mit farbenprächtigen Darstellungen. – 2. Matthäus, *1593, †1650, schweiz. Kupferstecher; gab seit 1642 in Frankfurt a. M. die »Topographia« Europas heraus, ein 30bändiges Stichwerk mit mehr als 2000 Stadtansichten u. Karten, die z. T. auf ältere Vorlagen zurückgehen.

Mérida [-ða], 1. Stadt im W Spaniens, in Estremadura, am Guadiana, 45 000 Ew.; einstige Hptst. *Lusitaniens;* zahlr. Ruinen aus röm. Zeit. – 2. Hptst. des mex. Bundesstaats Yucatán, 350 000 Ew.; in der Umgebung die Ruinen von *Mayapán, Chichen Itzá* u. *Uxmal* der Maya.

Meridian, 1. *Astronomie: Mittagslinie,* der größte Kreis der Himmelskugel, der durch Nord- u. Südpunkt des Horizonts sowie durch Zenit u. Nadir geht. Er steht auf dem Horizont senkrecht. – 2. *Geographie:* →Gradnetz.

Mérimée [-'me], Prosper, *1803, †1870, frz. Schriftst.; verband Romantik u. Realismus zu einer neuen Einheit.

Merina, fälschl. auch *Hova,* Volk malaiischer Abstammung im Innern Madagaskars, rd. 1,6 Mio.; bis zum 19. Jh. das staatstragende Volk des ehem. Königreichs *Imerina.*

Merino, eine urspr. span. Feinwoll-Schafrasse; heute über die ganze Welt verbreitet.

Meriten, Verdienste; gute Werke.

Merk, *Sium,* ein *Doldengewächs.* An Gräben, Bächen u. Quellen wächst der *Aufrechte M.,* an stehenden Gewässern der *Hohe M.*

Merkantilismus, die Wirtschaftspolitik des Staates im *Absolutismus* vom 16. bis 18. Jh.; löste die Wirtschaft der Zünfte u. Städte ab. Oberstes Ziel war die Beschaffung von Geld für die Staatskasse zur Stärkung der Staatsmacht. Die *aktive Handelsbilanz* (größere Ausfuhr als Einfuhr) wurde gefördert, um die Geldmenge im Inland zu vergrößern; das Ausfuhrgewerbe (Manufakturen) wurde begünstigt (Privilegien, Monopole), während die Einfuhr von Fertigwaren u. die Ausfuhr von Rohstoffen möglichst gehemmt wurden. Kolonien u. Handelskompanien wurden gegründet.

Merkel, Angela, *17.7.1954, dt. Politikerin (CDU); 1991–94 Bundes-Min. für Frauen u. Jugend, seit 1991 stellv. Partei-Vors. der CDU, seit 1994 Bundes-Min. für Umwelt, Naturschutz u. Reaktorsicherheit.

Merkur, 1. *Mercurius,* altröm. Gott des Handels, entspr. dem grch. Gott *Hermes.* – 2. Zeichen ☿, der innerste Planet des Sonnensystems. Die Oberfläche ähnelt der des Mondes (Aufschlagskrater). M. hat eine sehr dünne Atmosphäre. Auf der Sonnenseite beträgt die Temp. ca. 430 °C, auf der Nachtseite wahrsch. −200 °C. →Planeten.

Merlan, ein Schellfisch der europ. Küstengewässer.

Merleau-Ponty [mɛr'lopɔ̃'ti], Maurice, *1908, †1961, frz. Philosoph; einer der wichtigsten Vertreter des frz. *Existenzialismus.*

Merlin, 1. ein Zauberer der kelt. Sage, Beschützer u. Weissager des Königs *Artus.* – 2. sehr kleiner Falke.

Meroë, Ruinenstätte im nördl. Sudan, zw. dem 5. u. 6. Nil-Katarakt; um 300 v. Chr. bis 300 n. Chr. Hptst. des Reichs *Kusch.*

Merowinger, fränk. Königsgeschlecht bis 751, vermutl. nach einem *Mero* (zeitl. noch vor dem sal. Gaukönig *Merowech,* 5. Jh.) benannt. Die M. gründeten das Frankenreich. Der bed. Herrscher war *Chlodwig I.*

Merseburg/Saale, Krst. in Sachsen-Anhalt, 45 000 Ew.; mittelalterl. Stadtbild mit Dom u. Schloß; TH. – In einer Handschrift der Dombibliothek sind die stabreimenden *Merseburger Zaubersprüche* (german. Volksglauben) überliefert, zwei frühe Zeugnisse (10. Jh.) des Althochdeutschen.

Mersey ['məːzi], W-engl. Fluß, 113 km; mündet bei Liverpool in die Irische See.

Merseyside ['məːzisaid], die Stadtregion um Liverpool, 1,6 Mio. Ew.

Mersin, türk. Hafenstadt am Golf von Iskenderun, 315 000 Ew.

Meru, O-afrik. Vulkan westl. vom Kilimandscharo, in Tansania, 4567 m.

Merulo, Claudio, *1533, †1604, ital. Komponist, bes. Orgelwerke.

Merveilleuse [mɛrvɛ'jøːz], ausgefallene frz. Damenmode zur Zeit des Directoire (um 1795).

Merw →Mary.

Merzig, saarländ. Stadt an der Saar, 30 500 Ew.; Keramikmanufaktur.

Mescalin, *Meskalin,* ein Alkaloid aus den mex. Kakteen der Gattung *Lophophora;* ein Rauschmittel (Halluzinogen).

Meschede, Stadt in NRW, an der Ruhr, 32 000 Ew.

Mesdames [me'dam], Abk. *Mmes.,* Mehrzahl von *Madame.*

Mesdemoiselles [mɛdmwa'zɛl], Abk. *Mlles.,* Mehrzahl von *Mademoiselle.*

Meseta, das innere Hochland der Pyrenäen-Halbinsel; von hohen Gebirgszügen im N, O u. S begrenzt, durch das *Kastil. Scheidegebirge* in die N-Meseta (León u. Altkastilien ohne die Küsten-Prov. Santander) u. die S-Meseta (Estremadura u. Neukastilien mit der Mancha) geteilt.

Mesmer, Franz Anton, *1734, †1815, dt. Arzt u. Theologe; erfand eine nach ihm *M.ismus* gen. Behandlungsmethode mit Hilfe »magnet. Heilströme« (→Magnetotherapie).

Mesner, Kirchendiener.

Mesoamerika, in der Archäologie das Gebiet der mex. u. der Maya-Kultur (N-Mexiko bis W-Honduras u. der SW der USA).

Mesolithikum, die →Mittelsteinzeit.

Mesolongion, ital. *Missolunghi,* mittelgrch. Hafenstadt am Golf von Patras, 12 000 Ew.; im Freiheitskampf Hauptstützpunkt der Griechen; 1825/26 von den Türken belagert, 1829 zurückerobert.

Mesomerie, *Strukturresonanz,* ein durch die Verlagerung von Bindungselektronen vorkommendes Bindungsverhältnis bei bestimmten Substanzen (z.B. Aromaten). Die M. bewirkt, daß die Abstände aller Atome im Molekül gleich sind. Mesomere Verbindungen sind bes. stabil.

Mesonen, Elementarteilchen, deren Masse zw. der des Elektrons u. der des Protons liegt. Sie sind nicht stabil, sondern zerfallen in leichtere Elementarteilchen.

Mesophyll, großzelliges Gewebe im Innern pflanzl. Blätter.

Mesopotamien, »Zwischenstromland«, die vom Armen. Hochland bis zum Pers. Golf sich erstreckende Ldsch. zw. Euphrat u. Tigris. Der Hauptteil gehört heute zum Irak, der N u. NW zur Türkei u. zu Syrien.
Gesch.: M. war kulturell nie eine Einheit. Die frühe Hochkultur im 4. Jt. v. Chr. wird mit der Einwanderung der Sumerer in Verbindung gebracht (*Ur, Uruk*). Im 3. u. 2. Jt. v. Chr. deckte sich die Gesch. des südl. u. nordöstl. Teils von M. weitgehend mit der von Babylonien u. Assyrien. Den nw. Teil von M. besetzten um 2000 v. Chr. aus Armenien eingewanderte *Hurriter.* 1450–1350 v. Chr. war es der Mittelpunkt des Reichs der *Mitanni.* Nach dem Untergang des Assyrerreichs fiel es 539 v. Chr. an die Perser, darauf an die Griechen, schließl. an die Parther. In den ersten Jh. n. Chr. stand es zeitw. unter röm. Herrschaft; im 7. Jh. wurde es endgültig von den Arabern erobert.

Mesothorium, radioaktives Zerfallsprodukt des *Thoriums;* zur Herstellung von Leuchtmassen.

Mesozoen, *Mesozoa,* sehr kleine Innenparasiten von Meerestieren.

Mesozoikum, das in *Trias-, Jura-* u. *Kreidezeit* zerfallende »Mittelalter« der Erdgeschichte (→Erdzeitalter [Tabelle]). In der Fauna treten die ersten Säugetiere, Vögel u. Knochenfische auf; un-

Rasse	Merkmale	Hauptverbreitungsgebiet
Negrider Rassenkreis	dunkle Hautfarbe, Kraushaar, breite Nase, wulstige Lippen	Afrika südl. der Sahara
Sudanide	mittelgroß, stämmig, sehr dunkle Haut, dicke Wulstlippen	Sudan, Guinea-Küste
Kalfride (Bantuide)	etwas hellere Hautfarbe, mittelgroß, kräftig, gerade und breite Nase	Süd- u. Ostafrika
Nilotide	hochwüchsig, langbeinig, sehr dunkle Hautfarbe, langer, schmaler Kopf, relativ schmale Lippen	Oberlauf des Weißen Nils
Äthiopide	Übergangsform von Europiden zu Negriden, hochwüchsig, schlank, langköpfig mit europid-hoher Nase, Kraushaar	Äthiopien, Ostafrika
Palänegride	mittelgroß mit langem Rumpf, breites Gesicht mit breiter Nase u. Wulstlippen	trop. Regenwaldgebiete Afrikas
Sonderformen		
Khoisanide	kleinwüchsig mit kindlichen Proportionen, Pfefferkornhaar, gelblichbraune Haut	Kalahari, Namib
Hottentotten	etwas größer als die Buschmänner, Fettsteiß u. verlängerte innere Schamlippen bei den Frauen, Oberlidfalte	Namibia
Buschmänner	relativ langköpfig, starke Oberlidfalte, breite u. niedrige Nase	Kalahari
Pygmide	zwergwüchsig, Kraushaar, dunkle Haut	Südostasien, Zentralafrika
Bambutide	hellbraune Haut, Pfefferkornhaar, kindliche Proportionen mit großem Kopf u. langem Rumpf	Zentralafrika
Negritos	kräftig, schlank, normale Proportionen, dunklere Haut	Südostasien
Melaneside	dunkelhäutig, spiralkrauses Haar	Melanesien, Neuguinea
Palämelaneside	mittelgroß, untersetzt, niedriges Gesicht mit breiter, fleischiger Nase u. großem Mund	Melanesien
Neomelaneside	mittelgroß, schlank, kräftig, langes Gesicht mit hoher, oft gebogener u. breiter Nase	Neuguinea
Australide	mittelgroß, hochbeinig, langer, schmaler Kopf mit starken Überaugenbögen, breiter Nase u. fliehendem Kinn	Australien

Meran: Blick vom Tappeiner Weg

ter den Pflanzen gibt es seit der Kreidezeit neben den reich entwickelten Gymnospermen die Laubhölzer u. a. bedecktsamige Blütenpflanzen. Das M. ist die Zeit der Riesensaurier.
Mespelbrunn, Gem. in Unterfranken (Bay.), 2000 Ew.; Wasserschloß im Spessart.
Mesquitebaum [-'kitɛ-], *Mezquite,* ein *Mimosengewächs,* im südl. N-Amerika heim. Baum mit hartem Nutzholz; liefert das *Mesquite-* oder *Sonoragummi* (Verwendung als Klebstoff u. a.). Bek. als »Vielzweckstrauch der Wüste«.
Messalīna, Valeria, * 25 n. Chr., † 48 n. Chr., 3. Frau des röm. Kaisers *Claudius* (41–54); wegen ihrer Sittenlosigkeit berüchtigt; auf Befehl des Claudius getötet.
Meßbuch →Missale.
Messe, 1. in der kath. Kirche die wichtigste Gottesdienstform. Die heutige Form der Meßfeier ist festgelegt im *Missale Romanum,* das vom 2. Vatikan. Konzil erneuert u. von Papst *Paul VI.* (1969) eingeführt wurde. Die Reihenfolge im einzelnen ist: *Eröffnung* (Gesang zur Eröffnung [Introitus], Begrüßung, Einführung in die Meßfeier, Bußakt, Kyrie, Gloria, Tagesgebet), *Wortgottesdienst* (1. Lesung u. Zwischengesang, 2. Lesung u. Zwischengesang, Evangelium, Homilie, Glaubensbekenntnis, allg. Gebet oder Fürbitten), *Eucharistiefeier* (Gabenbereitung, Gabengebet, Eucharist. Hochgebet mit Wandlung, Gebet des Herrn, Friedensgruß, Kommunion des Priesters u. der Gemeinde, Kommunionsgesang, Besinnung u. Dankhymnus, Schlußgebet), *Entlassung* (Verlautbarungen für die Gemeinde, Segen u. Entlassung). – A r t e n der Meßfeier: Hochform ist die Meßfeier des Bischofs inmitten seines Presbyteriums u. anderer Mitwirkender (Pontifikalamt). Einen bes. Rang nimmt die Gemeindemesse am Sonntag ein. Früher pflegte man die vom Priester gesungene M. Hochamt zu nennen. Die stille M. hieß je nach Art gemeindlicher Mitwirkung »missa recitata«, Gemeinschaftsmesse oder Betsingmesse. Wenn die Gemeinde nur Lieder sang, sprach man von Singmessen. Nach der Neuordnung soll jede M. in tätiger Teilnahme der Gemeinde gefeiert werden. Jeder Katholik (ab 7 Jahren) ist zur Mitfeier der M. an allen Sonn- u. Feiertagen verpflichtet. – **2.** eine kirchenmusikal. zykl. Großform, umfaßt das *Ordinarium Missae* (Kyrie, Gloria, Credo, Sanctus u. Agnus Dei). Die musikal. Gestaltung der lat. M. führt stilist. von der Ein- u. Mehrstimmigkeit des hohen u. späten MA über die Polyphonie der Niederländer u. die als Muster geltende Palestrina-M. (16. Jh.) zur konzertierenden M. Bed. Beispiel einer Barock-M. ist J.S. *Bachs* M. in h-Moll. Im 18. Jh. schufen J. *Haydn* u. W.A. *Mozart* den Typus der sinfon. M.; Gipfel der konzertant-sinfon. M. ist L. van *Beethovens* »Missa solemnis«. – **3.** Feier-, Wein- u. Speiseraum an Bord von Schiffen für Offiziere oder Mannschaften. – **4.** *Handels-M.,* period. abgehaltener Großmarkt (z.B. *Frühjahrs-, Herbst-M.*) in bes. Ausstellungshallen. Bed. M.städte in Dtld. sind Düsseldorf, Frankfurt a.M., Hannover, Köln, München, Nürnberg, Leipzig.
Messel, Alfred, * 1853, † 1909, dt. Architekt; verband als einer der ersten dt. Architekten historisierende mit konstruktivist. Bauformen.
Messel, Gem. in Hessen, bei Darmstadt; die Kiesgrube in M. gilt als eine der weltweit bed. Fundstätten für Fossilien.
messen, eine (physik.) Größe mit einer festgelegten Einheit, einem *Normal,* vergleichen; →Meßtechnik.
Messēnien, grch. *Messenia,* fruchtbare grch. Ebene im S des Peloponnes; dorisches Siedlungsgebiet. Hptst. war das 369 v. Chr. gegr. *Messene* an den Abhängen des Ithome, eine der stärksten Festungen Griechenlands; in 3 *Messenischen Kriegen* (zw. 740 u. 455 v. Chr.) unterwarf Sparta M.
Messerfische, *Notopteridae,* Unterordnung der *Heringsfische;* flacher, hinten spitzzulaufender Körper u. langer Flossensaum; in Afrika u. S-Asien.
Messermuscheln, *Scheidenmuscheln,* ungleichseitige *Muscheln* mit längl., klaffender Schale. Sie graben sich mit dem seitl. Fuß in Sand ein. 4 Arten leben auch in der Nordsee.
Messerschmidt, Franz Xaver, * 1736, † 1783, dt. Bildhauer; schuf eine originelle Serie von Charakterköpfen.
Messerschmitt, Willy, * 1898, † 1978, dt. Flugzeugkonstrukteur; gründete 1923 in Bamberg die *M.-Flugzeugbau Gesellschaft* (seit 1969 *M.-Bölkow-Blohm GmbH*).

Meßgewand, dt. Bez. für *Kasel.*
Messiaen [mɛ'sjã], Olivier, * 1908, † 1992, frz. Komponist u. Organist; Mitgr. der »Jeune France« u. einflußreicher Lehrer einer ganzen Generation junger Komponisten. Seine ekstat. Klangwelt ist geprägt von einem myst. Katholizismus u. verschmilzt zahlr. Einflüsse; er beschäftigte sich intensiv mit den Rhythmen fernöstl. Musikkulturen; bed. Orgel- u. Orchesterwerke. W »Turangalîla-Sinfonie«.
Messīas [aramäisch, »der Gesalbte«], Würdebez. für den König u. Hohenpriester Israels als den unter Salbung des Hauptes eingesetzten Bevollmächtigten Gottes; durch an *David* anknüpfende Hoffnungen auch Bez. für den universalen Heilskönig der letzten Zeit. Geschlecht. – Das NT sieht in *Jesus von Nazareth* diesen M. (grch. Übers.: *Christos*).
Messier [mɛ'sje], Charles, * 1730, † 1817, frz. Astronom; entdeckte mehrere Kometen, bek. durch seinen Katalog (1771) von Nebeln u. Sternhaufen.
Messieurs [mɛ'sjø], Abk. *MM.,* Mehrzahl von *Monsieur.*
Messīna, ital. Hafenstadt, Seebad u. Prov.-Hptst. auf Sizilien, an der *Meerenge von M.* (*Straße von M.,* ital. *Stretto di M.*), 265 000 Ew.; Dom, Univ. (1549); im 8. Jh. grch. Kolonie; 1783 u. 1908 von Erdbeben völlig zerstört.
Messina →Antonello da Messina.
Messing, Kupfer-Zink-Legierungen versch. Zusammensetzung: *Rotguß* (*Rot-M.*) mit etwa 80% Kupfer, sehr dehnbar u. widerstandsfähig; *Gelbguß* mit 65–80% Kupfer, für Maschinenteile verwendet; *Weißguß* mit 50–80% Zink, schwachgemengt gefärbt, nur gießbar. *Guß-M.* hat 35–45% Zink, der Rest besteht aus Kupfer u. etwas Blei. *Schmiede-M.* (mit 40% Zink) läßt sich kalt verarbeiten durch Pressen u. Ziehen. *Sonder-M.* wie *Deltametall, Tombak* u. *Duranametall* hat Zusätze von Aluminium, Mangan, Eisen u. Eisen. M. läßt sich gut verarbeiten u. polieren. u. ist gegen atmosphär. Einflüsse nicht sehr empfindlich; wird zu Schmuckwaren, Kunstgegenständen u. a. verarbeitet.
Messingsch →Missingsch.
Messner, Reinhold, * 17.9.1944, ital. Bergsteiger u. Schriftst.; bezwang als erster Mensch alle 14 über 8000 m hohen Berge; durchquerte 1990 zus. mit Arved *Fuchs* die Antarktis.
Meßtechnik, Sammelbez. für alle messenden Verfahren mit Hilfe von Meßgeräten. Die M. ist eng mit der *Regeltechnik* verknüpft, weil bei vielen Produktionsprozessen die vorgeschriebenen Meßwerte durch dauerndes Regeln genau eingehalten werden müssen.
Meßtisch, ein auf einem Stativ montiertes, mit Papier bespanntes Zeichenbrett, das in Verbindung mit dem *Kippregel* zu topograph. Aufnahmen benutzt wird; danach **M.blatt,** topograph. Karte 1 : 25 000.
Meßwandler, ein *Transformator* meist nur kleiner Leistung zum Übersetzen der in elektr. Anlagen u. Geräten auftretenden Spannungen u. Ströme auf genormte Werte.
Meßziffern, *Meßzahlen,* statist. Verhältniszahlen, die eine Reihe zu einem Glied dieser Reihe in Beziehung setzen. Die gewählte Bezugszahl (*Basis*) wird üblicherweise gleich 100 gesetzt, die übrigen Reihenglieder werden in Prozenten zu dieser Zahl ausgedrückt.
Mestize, Mischling zw. Weißen u. Indianern, in Indonesien zw. Weißen u. Malaien.
Meštrović [mɛʃ'trɔvitʃ], Ivan, * 1883, † 1962, kroat. Bildhauer, Maler u. Graphiker.
Mesusa, ein mit dem Text von 5. Mose 6,4–9 u. 11,13–21 beschriebenes Pergamentblatt, das in einem Kästchen am rechten Türpfosten der jüd. Häuser aufbewahrt wird.
Met, *Honigwein,* das älteste alkohol. Getränk, aus vergorenem Honigwasser gewonnen; früher in ganz Europa bekannt.
Meta, *Rio M.,* l. Nbfl. des Orinoco, 1100 km; mündet an der Grenze von Venezuela.
Metabolie, *Metabolismus* →Stoffwechsel.
Metalle, mit Ausnahme des Quecksilbers feste u. kristalline Stoffe, die einen charakterist. (Metall-)Glanz u. ein hohes elektr. u. Wärmeleitvermögen haben. Bei der Einwirkung von Säuren bilden sie Salze (ausgenommen einige Edel-M.), aus deren wäßrigen Lösungen sie sich bei der Elektrolyse an der Kathode abscheiden. Ihre Oxide u. Hydroxide haben meist mehr oder weniger starken bas. Charakter. Je nach ihrer Fähigkeit, positive Ionen zu bilden, d. h. Elektronen abzugeben, unterscheidet man *unedle M.* (die oxidierenden können M.) u. *edle M.* Nach der Dichte werden *Leicht-M.* (Dichte bis 4,5, z.B. Magnesium, Aluminium) u. *Schwer-M.* (Dichte über 4,5, z.B. Eisen, Zinn, Blei) unterschieden. Von allen Metallen, deren Zahl 79 beträgt, haben nur knapp ein Drittel techn. Bedeutung. Die meisten M. werden aus Erzen gewonnen. →chemischeElemente.
Metallurgie, ein Zweig der Hüttenkunde: die Wiss. von der Gewinnung u. Verarbeitung der Metalle.
metamorphe Gesteine, *Metamorphite,* aus Sediment- oder aus Eruptivgesteinen durch *Metamorphose* entstandene Gesteine; z.B. *Gneis.*
Metamorphose, *Verwandlung,* **1.** *B o t a n i k:* eine Gestaltumbildung der drei Hauptorgane der höheren Pflanzen (Blatt, Sproßachse, Wurzel) infolge einer Funktionsänderung. Metamorphosen der Wurzel sind z.B.: Wurzelknollen, Luftwurzeln, Atemwurzeln, Wurzeldornen u. Stelzwurzeln. – **2.** *Z o o l o g i e:* die indirekte Entwicklung während der Jugendperiode vieler Organismen. Die Jugendformen weichen in Organisation u. Körperform von den erwachsenen Tieren ab u. werden als *Larven* bezeichnet, bes. auffällig bei Bandwürmern (*Finne*), Krebsen, Insekten u. Lurchen (*Kaulquappe*). – **3.** *G e s t e i n s k u n d e:* die Vorgänge (Druck, hohe Temperaturen u. a.), durch die im Mineralbestand, die Struktur oder die Textur eines Gesteins grundlegend umgestaltet wird. – **4.** *M y t h.:* die Verwandlung von Menschen in Tiere, Steine, Bäche, Bäume u. ä. in den Sagen fast aller Kulturkreise.
Metapher, ein sprachl. Ausdruck, der das Gemeinte durch eine Vorstellung (meist ein Bild, *metaphorisch*) zum Ausdruck bringt.
Metasprache, eine Sprache, in der über eine vorgegebene Sprache Aussagen gemacht werden.
metastabil, in Chemie, Mechanik u. Quantenmechanik Bez. für den Zustand eines Systems, der zwar nicht von sich aus in einen anderen Zustand übergeht, bei dem aber ein geringer Anstoß genügt, um diesen Übergang zu bewirken.
Metastase, die Verschleppung von Krankheitsherden innerhalb des Körpers auf dem Blut- oder Lymphwege oder unmittelbar, z.B. von Krankheitskeimen oder Zellen; bes. bei bösartigen Geschwülsten (Krebs).
Metastasio, Pietro, eigtl. P. Antonio Domenico Bonaventura *Trapasse,* * 1698, † 1782, ital. Schriftst. Seine der klass. Tradition entstammenden Bühnenstücke wurden vielfach zu Oratorien, Kantaten u. Opern verarbeitet.
Metawissenschaften, in der Wissenschaftstheorie Bez. für Wiss. oder Richtungen, die Aussagen über andere Wiss. machen; als *Grundlagenforschung,* Metakritik oder *Metasprache* verstanden.
Metaxas, Ioannis, * 1871, † 1941, grch. Politiker

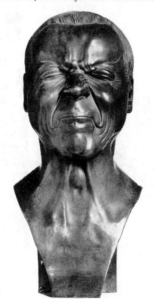

Franz Xaver Messerschmidt: Charakterkopf. Wien, Barockmuseum

Metazoen

u. Offizier (Monarchist); 1932 Innen-Min., 1936 Kriegs-Min., bildete 1936 eine autoritäre Reg. (bis 1941).

Metazoen, *Metazoa,* alle *Gewebetiere (Histozoa)* im Ggs. zu den nicht gewebl. differenzierten Zellverbänden u. den einzelligen Protozoen.

Meteor, die Leuchterscheinung, die entsteht, wenn ein kosm. Kleinkörper in die Erdatmosphäre eindringt u. dabei seine kinet. Energie in Wärme umsetzt, bzw. bei der Verdampfung der Materie verbraucht. Das Aufleuchten geschieht meist in großer Höhe (10–330 km). Größere M.e zerspringen oft in kleinere Stücke, die als **Meteoriten** auf die Erde fallen. Dabei entstehen, allerdings selten, *Meteoritenkrater,* in Arizona/USA (1260 m Durchmesser), Vredefort-Ring in S-Afrika (40 km Durchmesser), Nördlinger Ries (24 km Durchmesser). Kleine M., die beim Aufleuchten nicht heller als Fixsterne werden, heißen *Sternschnuppen.* M. können zu bestimmten Jahreszeiten als *M.ströme* (Schwärme) auftreten.

Meteora, eine Reihe von Klöstern in einer Felslandschaft im westl. Thessalien (Griechenland).

Meteoroid, ein Teilchen, das sich auf einer Ellipsenbahn um die Sonne bewegt, beim Eintritt in die Erdatmosphäre entsteht ein *Meteor.*

Meteorologie, die Wetterkunde; die Wiss. von den physikal. Vorgängen in der Lufthülle der Erde, ein Teilgebiet der *Geophysik.*

Meteorotropismus, *Wetterfühligkeit,* durch bes. Empfindlichkeit gegenüber Wetterveränderungen hervorgerufener Vorkrankheitszustand mit versch. Gesundheits- u. Befindensstörungen.

Meteosat, erster europ., von der ESA entwickelter meteorolog. Satellit; Start 1977; auf einer geostationären Bahn (in 36 000 km Höhe). Seine Satellitenaufnahmen dienen der Analyse des Wettergeschehens.

Meter, Kurzzeichen m, Längeneinheit; seit 1795 in Frankreich eingeführt; internat. festgesetzt in der *M.konvention* vom 20.5.1875: 1 m = der vierzigmillionste Teil des Erdmeridians *(Ur-M.);* das Ur-M., ein Platin-Iridium-Stab, liegt in Paris. 1983 wurde der M. neu definiert als die Strecke, die Licht im Vakuum innerhalb des Zeitintervalls von $1/299\,792\,458$ Sekunden zurücklegt.

Methadon, Wz. *Polamidon,* ein synthet. Opiat, das von einigen staatl. Stellen versuchsweise als Ersatzdroge für Heroin eingesetzt wird. Man hofft, damit die Verbreitung von Aids eindämmen zu können, da die mehrf. Benutzung infizierter Spritzen entfällt. Kritiker befürchten davon eine staatl. Sanktionierung des Drogenmißbrauchs.

Methan, ein farb- u. geruchloses, brennbares Gas, CH_4. Es entsteht bei der Zersetzung organ. Stoffe durch Cellulosegärung u. ist Bestandteil der aus Sümpfen aufsteigenden Gase *(Sumpfgas).* Es ist auch in den Spalten u. Klüften von Bergwerken enthalten *(Grubengas)* u. bildet mit Luft explosive Gemische *(schlagende Wetter).* M. ist wichtiger Bestandteil des *Erdgases,* des *Leucht-* u. *Kokereigases,* der Abgase der Benzinsynthese u. Erdölraffinerien u. des Faulschlamms von Abwasserkläranlagen.

Methanol, *Methylalkohol,* der einfachste aliphat. Alkohol, CH_3OH; eine farblose, angenehm riechende, mit Wasser mischbare Flüssigkeit, die aber sehr giftig ist (Genuß führt zur Erblindung); wird synthetisch aus Kohlenmonoxid u. Wasserstoff gewonnen. Verwendung: Lösungsmittel. Zusatz zu Motorentreibstoffen (hohe Oktanzahl), zur Herstellung von Formaldehyd.

Methode, die Art u. Weise des Vorgehens; in der Wiss. das jeweilige Verfahren der Erkenntnisgewinnung u. -darstellung.

Methodenlehre, *Methodologie, Methodik,* die Reflexion über das den wiss. *Methoden* logisch Gemeinsame, z.B. das Analyt. u. das Synthet., das

MEXIKO

Straßenumzug anläßlich des Volksfestes zu Ehren der heiligen Jungfrau von Guadalupe am 12.12. (links). – Die Atlanten von Tula, der Tolteken-Hauptstadt (Mitte). – Felsküste bei Acapulco am Pazifik (rechts)

Die Kathedrale in Ciudad de México

In den »schwimmenden Gärten« von Xochimilco

Induktive u. das Deduktive, die Analogien- u. Hypothesenbildung, das Wesen von Annahme, Definition u. Theorie überhaupt.

Methodisten, Anhänger einer von John u. Charles *Wesley* u. George *Whitefield* um 1740 begr. Erweckungsbewegung. Die M. zeichnen sich durch Milde in den Lehrfragen u. durch ein Tat- u. Willenschristentum aus, das auf verinnerlichtem Glauben beruht.

Methusalem, *Methusala,* nach der israelit. Sage ein Urvater, der 969 Jahre gelebt haben soll; Sohn des *Henoch,* Vater des *Lamech* (1. Mose 5,25 f.).

Methyl, das in freiem Zustand unbeständige aliphat., einwertige Radikal – CH₃.

Methylalkohol →Methanol.

Methylen, die zweiwertige, unbeständige Atomgruppierung = CH₂.

Methylenblau, ein Thiazinfarbstoff; in der Biologie zur Färbung anatom. Präparate sowie als Indikator in der chem. Analyse verwendet.

Metöken, im alten Athen ständig wohnende Fremde unter Staatsschutz, ohne Bürgerrecht, aber steuer- u. wehrpflichtig; etwa ein Drittel der Bürgerschaft.

Meton, grch. Astronom u. Mathematiker um 440 v. Chr. in Athen; brachte durch eine Kalenderreform die grch. Zeitrechnung in Ordnung. →Kalender.

Metonymie, eine *rhetor. Figur,* die das eigtl. Gemeinte durch einen anderen Begriff zum Ausdruck bringt, der aber (im Ggs. zur *Metapher*) eine offensichtl. reale Beziehung dazu hat (z.B. »Eisen« für »Schwert«).

Metope, rechteckige Platte zw. den *Triglyphen* am Fries des dor. Tempels.

Metrik, 1. *Geometrie:* Maßbestimmung; die M. legt die Längenmessung in einem Raum fest. – **2.** *Literatur:* die Lehre vom Vers. – **3.** *Musik:* die Lehre vom Takt u. von der jeweiligen Akzentuierung im Takt oder im Motiv.

metrisches System, das System der Maßeinheiten von Länge, Masse u. den daraus abgeleiteten Größen (z.B. Fläche, Rauminhalt), das auf dem *Meter* u. dem *Kilogramm* aufgebaut u. dezimal unterteilt ist. Es wurde in Frankreich 1795, in Dtld. 1872 eingeführt u. gilt jetzt in allen Großstaaten außer den USA.

Métro, die *Untergrundbahn* von Paris; erste Linie 1900 eröffnet.

Metrologie, die Wiss. von den Maßen u. Gewichten.

Metronom, ein von einem Uhrwerk getriebenes Pendel, bei dem ein auf einer Skala verschiebbares Gewicht die Zahl der Pendelausschläge in der Minute bestimmt; Hilfsmittel für die eindeutige Tempobestimmung eines Musikstücks; 1816 von J.N. *Mälzel* gebaut.

Metropole, Mittelpunkt, Landeshauptstadt, Hochburg.

Metropolis, »Mutterstadt«, grch. Bez. für eine Stadt im antiken Griechenland, die Kolonisten in einem anderen Land ansiedelte.

Metropolit, ein Erzbischof als Vorsteher einer Kirchenprov.; urspr. Bischof einer *Metropole.*

Metropolitan Area [mɛtrə'pɔlɪtən 'ɛərɪə], vollst. *Standard Metropolitan Statistical Area,* Abk. SMSA, in der Statistik der USA u. Kanadas das über die Grenzen der polit. Gem. hinaus mehr oder weniger geschlossene Siedlungsgebiet einer Großstadt (Stadtregion, Ballungsgebiet).

Metropolitan Opera [mɛtrə'pɔlɪtən 'ɔpərə], Abk. *Met,* 1883 eröffnetes Opernhaus in New York, seit 1966 im Lincoln Center.

Metrum, *i.w.S.* die Gesetzmäßigkeit, nach der ein *Vers* gebaut ist; das Schema, das dem *Rhythmus* eines Verses zugrunde gelegt ist; *i.e.S.* der *Versfuß,* die kleinste rhythm. Einheit des antiken Verses. Die wichtigsten Metren waren: *Daktylus* (–∪∪), *Anapäst* (∪∪–), *Jambus* (∪–) u. *Trochäus* (–∪).

Metschnikow [-kɔf], Ilja Iljitsch, *1845, †1916, russ. Zoologe u. Bakteriologe; entdeckte die Phagozytose von Bakterien durch die weißen Blutkörperchen; Nobelpreis für Medizin 1908.

Metsu [-sy], Gabriel, *1629, †1667, ndl. Maler (erzählende Genrebilder).

Metsys, Quentin →Massys.

Mette, *Matutin,* der frühmorgendl. Gottesdienst des kirchl. Stundengebets.

Metternich, Klemens Wenzel Lothar Fürst von, *1773, †1859, östr. Staatskanzler 1810–48; Hauptvertreter der europ. *Restauration.* Er eröffnete u. leitete den *Wiener Kongreß* 1814/15, löste die poln. u. sächs. Frage, war bestrebt, Frankreich

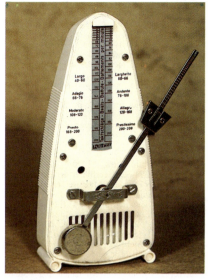

Metronom

in seinen alten Grenzen zu erhalten, u. regelte die dt. Verhältnisse durch Schaffung des *Dt. Bunds* mit Österreich als Vormacht. Außenpolit. erstrebte er das Gleichgewicht zw. den europ. Mächten, um die Vormachtstellung eines einzelnen Landes zu unterbinden. Sein auf Polizeigewalt gestütztes innenpolit. System konnte der *März-Revolution* 1848 nicht mehr standhalten: M. mußte als Hof- u. Staatskanzler seine Entlassung nehmen (13.3.).

Mettmann, Krst. in NRW, östl. von Düsseldorf, 38 000 Ew.; Metallind., Maschinenbau.

Metz, alte Stadt u. Festung in Lothringen, Hptst. des frz. Dép. Moselle, an der Mündung der Seille in die Mosel, 120 000 Ew.; got. Kathedrale, Reste der Befestigungsanlagen; vielseitige Ind.
Gesch.: Seit dem 6. Jh. Bistum, 511 Hptst. des fränk. *Austrien,* 870 zum Ostfränk. Reich, zu Anfang des 13. Jh. freie Reichsstadt, 1552 von Frankreich besetzt, 1871 zum dt. Reich, seit 1918 wieder frz.

Metzger, 1. Arnold, *1892, †1974, dt. Philosoph; aus der ontolog. Richtung der *Phänomenologie.* – **2.** Max Josef, *1887, †1944 (hingerichtet), dt. kath. Priester; gründete 1919 die *Missionsgesellschaft vom Weißen Kreuz* (späterer Name *Christkönigsgesellschaft*). – **3.** Wolfgang, *1899, †1979, dt. Psychologe; arbeitete über Wahrnehmungs- u. Gestaltpsychologie.

Metzingen, Stadt in Ba.-Wü. nordöstl. von Reutlingen, 19 600 Ew.; Obst- u. Weinanbau.

Meuchelmord, heimtück. Tötung eines Menschen; strafbar als →Mord.

Meudon [mø'dõ], Krst. sw. von Paris, auf dem l. Ufer der Seine, 53 000 Ew.; Schloß (17. Jh., astrophysikal. Observatorium), Rodin-Museum.

Meunier [mø'nje], Constantin Émile, *1831, †1905, belg. Bildhauer, Maler u. Graphiker.

Meurthe [mœrt], r. Nbfl. der Mosel in O-Frankreich, 180 km; mündet bei *Frouard.*

Meuse [mø:z], frz. Name für die *Maas.*

Meuselwitz, Stadt in NO-Thüringen, 13 300 Ew.

Meute, Rudel von Jagdhunden meist gleicher Rasse, die zur gemeinsamen Jagd abgerichtet sind.

Meuterei, die Zusammenrottung von Soldaten zur gemeinsamen *Gehorsamsverweigerung, Bedrohung* oder *Nötigung* gegenüber einem Vorgesetzten oder zum tätl. Angriff auf einen solchen; strafbar ähnlich wie M. von Gefangenen oder von Seeleuten *(M. auf See).*

Mexicali [mɛxi-], Hptst. des mex. Bundesstaats Baja California, im Delta des Colorado an der USA-Grenze, 560 000 Ew.; Univ.; Baumwollverarbeitung.

México ['mɛxiko], *Ciudad de México,* engl. *Mexico City,* Hptst. der Rep. Mexiko, im südl. Hochland von Mexiko, 2277 m ü.M., 8,2 Mio. Ew., kultureller Mittelpunkt Mexikos mit 5 Univ. (älteste von 1551), Kathedrale (16./17. Jh.); bed. Ind.-Standort des Landes, internat. Flughafen; im 16. Jh. auf den Ruinen der von Spaniern zerstörten Aztekenstadt *Tenochtitlán* erbaut; 1985 durch ein Erdbeben z. T. zerstört.

Mexiko, 1. Staat zw. Nord- u. Mittelamerika,

Mexiko 571

1 958 201 km², 90,5 Mio. Ew., Hptst. *(Ciudad de) México.* M. ist gegliedert in 31 Bundesstaaten u. den Bundesdistrikt (vgl. Tabelle).
Landesnatur. Der Kernraum ist ein 1000–2500 m hohes, von Steppen eingenommenes Hochland, das von hohen Randgebirgen bis über 3000 m Höhe *(Sierra Madre Oriental* im O, *Sierra Madre Occidental* im W) gesäumt wird. Im Hochland erheben sich die erloschenen Vulkanberge des *Popocatépetl* (5452 m), des *Iztaccihuatl* (5286 m) u. des *Citlaltépetl* (5700 m). Südl. schließt sich die *Sierra Madre de Chiapas* (bis 2948 m) an; nach NO liegen die feuchtheiße Küstenebene von *Tabasco* u. die teilw. sumpfige Kalktafel der Halbinsel Yucatán. Zu M. gehört auch die Halbinsel *Niederkalifornien* (Baja California).
Bevölkerung. Die überwiegend kath., span. sprechende Bev. besteht zu 96% aus Mestizen; 3% sind Indianer (Maya, Nahua, Otomi, Zapoteken), 1% Weiße.
Wirtschaft. Die Landw. liefert Baumwolle, Obst u. Gemüse, Kaffee, Kakao, Zuckerrohr, Sisalhanf u. Tabak für den Export. Eisen-, Blei-, Zink-, Kupfer-, Silbererze, Gold, Quecksilber u. Schwefel werden abgebaut, Kohle, Erdöl u. Erdgas gefördert. Schwerpunkte der Ind. sind die Herstellung von Nahrungs- u. Genußmitteln, Textilien, Stahl u.

Mexiko

Chemieprodukten. Große Bed. hat der Tourismus. Die wichtigsten Häfen sind *Veracruz* u. *Tampico.*
Geschichte. 1519–21 eroberte H. *Cortés* das

Mexiko: Verwaltungsgliederung		
Bundesstaat/ Fläche Bundesdistrikt in km²	Einwohner in 1000	Hauptstadt
Aguascalientes 5471	720	Aguascalientes
Baja California Norte 69 921	1658	Mexicali
Baja California Sur 73 475	317	La Paz
Campeche 50 812	529	Campeche
Chiapas 74 211	3204	Tuxtla Gutiérrez
Chihuahua 244 938	2440	Chihuahua
Coahuila 149 982	1971	Saltillo
Colima 5191	425	Colima
Durango 123 181	1352	Victoria de Durango
Guanajuato 30 491	3980	Guanajuato
Guerrero 64 281	2622	Chipancingo
Hidalgo 20 813	1881	Pachuca de Soto
Jalisco 80 836	5279	Guadalajara
México 21 335	9816	Toluca de Lerdo
Michoacán 59 928	3534	Morelia
Morelos 4950	1195	Cuernavaca
Nayarit 26 979	818	Tepic
Nuevo León 64 924	3086	Monterrey
Oaxaca 93 952	3022	Oaxaca de Juárez
Puebla 33 902	4118	Puebla de Zaragoza
Querétaro 11 449	1044	Querétaro
Quintana Roo 50 212	494	Ciudad Chetumal
San Luis Potosí 63 068	2002	San Luis Potosí
Sinaloa 58 328	2211	Culiacán Rosales
Sonora 182 052	1822	Hermosillo
Tabasco 25 267	1501	Villahermosa
Tamaulipas 79 384	2244	Ciudad Victoria
Tlaxcala 4016	764	Tlaxcala
Veracruz 71 699	6215	Jalapa Enríquez
Yucatán 38 042	1364	Mérida
Zacatecas 73 252	1278	Zacatecas
Distrito Federal (Bundesdistrikt) 1479	8237	México

Aztekenreich für Spanien; 1535 wurde M. das span. Vize-Kgr. *Neuspanien.* 1822 erkämpfte es die Unabhängigkeit u. wurde 1824 Rep. Im Krieg gegen die USA (1846–48) verlor M. seine gesamten N-Provinzen. 1858–61 kam es zu einem schweren Bürgerkrieg. Napoleon III. setzte 1864 den östr. Erzherzog *Maximilian* als Kaiser in M. ein (1867 erschossen). 1877–1911 (mit Unterbrechung) war P. *Díaz* Präs. von M. Sein Sturz leitete die Epoche der mex. Revolution (1911–20) ein. Die sozialist. Richtung setzte sich durch u. organisierte sich schließl. in der »Institutionellen Revolutionspartei«, der bis heute regierenden Staatspartei. Staats-Präs. ist seit 1988 C. *Salinas de Gortari.* – **2.** *Golf von M., Golfo de México,* der nw. Teil des Amerikan. Mittelmeers, im *Mexikan. Becken* bis 4376 m tief.

Mey, Reinhard, Pseudonym Alfons *Yondraschek,* *21.12.1942, dt. Liedermacher.

Meyer, 1. Conrad Ferdinand, *1825, †1898, schweiz. Schriftst. Seine Themen waren die schweiz. Landschaft, die christl. Religion u. die Geschichte, das Problem von Macht u. Sittlichkeit. – W Epos »Huttens letzte Tage«, Roman »Georg Jenatsch«, Novellen: »Das Amulett«, »Der Schuß von der Kanzel«, »Gustav Adolfs Page«, »Die Versuchung des Pescara«. – **2.** Eduard, *1855, †1930, dt. Althistoriker; stellte die grundlegende Chronologie der ägypt. Geschichte auf. – **3.** Hans, Enkel von 5), *1858, †1929, dt. Verleger u. Geograph; bereiste S- u. O-Afrika sowie die Anden, bestieg 1889 als erster den Kilimandscharo. – **4.** Heinrich, *1760, †1832, schweiz. Maler u. Schriftst.; 1791 von Goethe als Lehrer an die Weimarer Zeichenschule berufen; Hausfreund Goethes, nahm großen Einfluß auf die Kunsttheorie Goethes. – **5.** Joseph, *1796, †1856, dt. Verleger; gründete 1826 das *Bibliographische Institut* in Gotha (heute Leipzig u. Mannheim), für das er u. a. »Meyers Konversations-Lexikon« schuf. – **6.** Julius Lothar, *1830, †1895, dt. Chemiker; stellte 1869 unabhängig von D. *Mendelejew* das *Periodensystem der Elemente* auf.

Meyerbeer, Giacomo, eigtl. Jakob Liebmann Meyer *Beer,* *1791, †1864, dt. Komponist; errang Welterfolg mit Opern im prunkhaften Stil der frz. Großen Oper; W »Robert der Teufel«, »Die Hugenotten«, »Der Prophet«, »Die Afrikanerin«.

Meyerhof, Otto, *1884, †1951, dt. Biochemiker u. Physiologe; klärte die chem. Vorgänge bei den Energieumsätzen im Muskel; Nobelpreis für Medizin 1922.

Meyerhold, Wsewolod Emiljewitsch (Karl Theodor Kasimir), *1874, †1940 (hingerichtet), russ. Schauspieler u. Regisseur; vertrat eine radikal antirealist. Bühnenkunst (»Konstruktivismus«); wegen seines Formalismus kritisiert.

Meyern, Wilhelm Friedrich von, *1762, †1829, dt. Schriftst.; stand literar. zw. Ch. M. *Wieland* u. *Jean Paul.*

Meyfarth, Ulrike, *4.6.1956, dt. Sportlerin; 1972 u. 1984 Olympiasiegerin im Hochsprung.

Meynert, Theodor Hermann, *1833, †1892, östr. Psychiater dt. Herkunft; begr. das systemat. Studium der Hirnstruktur.

Meyrin [me'rɛ̃], schweiz. Stadt in der Agglomeration Genf, 20 000 Ew.; europ. Kernforschungszentrum (CERN).

Meyrink, Gustav, eigtl. G. *Meyer,* *1868, †1932, östr. Schriftst.; schrieb antibürgerl. Satiren u. grausig-okkulte Erzählwerke; W Romane »Der Golem«, »Walpurgisnacht«.

Meysel, Inge, *30.5.1910, dt. Schauspielerin; verkörpert Frauengestalten des Alltags.

MEZ, Abk. für *Mitteleurop. Zeit.*

Mézières [me'zjɛ:r] → Charleville-Mézières.

Mezzanin, Halb- oder Zwischengeschoß in Renaissance- u. Barock-Palästen.

Mezzogiorno [-'dʒɔrno], die südl. von Rom liegenden Teile des ital. Festlands u. Inseln; umfaßt den Teil Italiens, der keine ausreichende wirtsch. Basis für die Bevölkerung bietet.

Mezzosopran, die Stimmlage zw. Alt u. Sopran.

Mezzotinto → Schabkunst.

Mg, chem. Zeichen für *Magnesium.*

Miami [mai'æmi], Stadt an der SO-Küste des USA-Staats Florida, 418 000 Ew.; Zentrum eines der größten Fremdenverkehrsgebiete der USA mit dem 10 km östl. auf einer Nehrung gelegenen *M. Beach.*

Miami River [mai'æmi 'rivə], r. Nbfl. des Ohio (USA), mündet bei Cincinnati; 250 km.

Miao, thai.-chin. Volk (2,7 Mio.) mit über 80 Stämmen in SW-China (Heimat in der Prov. Guizhou); von dort im 19. Jh. Masseneinwanderung nach Tonkin (Vietnam), heißen dort *Meo.*

Miass, Stadt in Rußland, am südl. Ural, 160 000 Ew.

Micha, *Michäas,* einer der zwölf Kleinen Propheten des AT, um 750 bis 710 oder 701 v. Chr.

Michael, einer der Erzengel; im AT (Daniel 10) Engel des Volkes Israel, im NT (Offb. 12) Führer der himml. Streitscharen gegen das Satansheer; Schutzpatron der Deutschen (Fest. 29.9., »Michaelistag«).

Michael, Fürsten. **1. M. VIII. Palaiologos,** *1224, †1282, Kaiser von Byzanz 1258–82; Heerführer der Laskariden-Dynastie; in Nicäa zum Mitkaiser erhoben, verdrängte den jungen Kaiser Johannes IV. Laskaris. Mit Hilfe der Genuesen eroberte M. 1261 Konstantinopel zurück, womit das Lat. Kaiserreich sein Ende fand. – **2.** *Mihai Viteazul, der Tapfere,* *1558, †1601 (ermordet), 1593–1601 Fürst der Walachei, auch Siebenbürgens u. der Moldau; von der rumän. Geschichtslegende als Vorkämpfer des modernen »Großrumänien« bezeichnet. – **3. M. I,** *25.10.1921, König von Rumänien 1927–30 u. 1940–47; stürzte am 23.8.1944 den »Staatsführer« I. Antonescu u. schloß sich den Alliierten an; 1947 von den Kommunisten zur Abdankung gezwungen. – **4.** *Michail Fjodorowitsch,* *1596, †1645, russ. Zar 1613–45; Gründer der Dynastie *Romanow;* nach Vertreibung der Polen gewählt, beendete die Anarchie im Innern. – **5. M. III.** *Obrenović,* *1823, †1868, Fürst von Serbien 1839–42 u. 1860–68; erreichte den Abzug der türk. Besatzungen.

Michaelis, Georg, *1857, †1936, dt. Politiker; Juli/Oktober 1917 Reichskanzler; scheiterte bei dem Versuch, zw. der Obersten Heeresleitung (E. Ludendorff) u. den Friedensbemühungen der Reichstagsmehrheit zu vermitteln.

Michaelsbruderschaft, ev. Bruderschaft des Berneuchener Kreises.

Michael von Cesena [-tʃe-], †1342, ital. Franziskaner; 1316 Ordensgeneral, schärfster Vertreter des kirchl. Armutsideals; floh 1328 aus Avignon zu Kaiser Ludwig IV. dem Bayern; wurde gebannt u. 1331 aus dem Orden ausgestoßen.

Michaux [mi'ʃo], Henri, *1899, †1984, frz.-belg. Schriftst., Maler u. Zeichner; Surrealist.

Michel, Hartmut, *18.7.1948, Biochemiker; erhielt für die Entschlüsselung des Reaktionszentrums des Photosyntheseapparates 1988 den Nobelpreis für Chemie, zus. mit J. *Deisenhofer* u. R. *Huber.*

Michelangelo [mike'landʒelo], eigtl. *M. Buonarroti,* *1475, †1564, ital. Bildhauer, Maler, Baumeister u. Dichter, Hauptmeister der ital. Hoch- u. Spätrenaissance; arbeitete 1495–1501 in Rom (Bacchus, Pietà), 1501–05 in Florenz (David). 1505 begann er in Rom die bis 1545 mehrfach unterbrochene Arbeit am Julius-Grab (S. Pietro in Vincoli); 1508–12 schuf er die Gewölbefresken der Sixtin. Kapelle, nach Themen aus der Schöpfungsgeschichte. Seit 1517 arbeitete er in Florenz an der

Michelstadt: Rathaus

Grabkapelle der Medici-Herzöge in S. Lorenzo (1520–34); nach Aufenthalten in Ferrara u. Venedig (1529) war er seit 1534 wieder ständig in Rom tätig (Fresken des »Jüngsten Gerichts« in der Sixtin. Kapelle, 1536–41; Pietà Rondanini, seit 1555; Entwürfe für den Petersdom u. dessen Kuppel, Palazzo Farnese u. Kapitolsplatz). M. knüpfte als Maler an *Giotto* u. *Masaccio* an u. entwickelte einen Stil von plast. gesehener Körperbewegung u. heller Farbigkeit. Die großen Fresken der Spätzeit enthalten in ihren Gebärden Elemente des Manierismus. Als Bildhauer ging M. u. a. von *Donatello* aus. Sein plast. Frühwerk bildet den Höhepunkt der Hochrenaissance. Seine Bauwerke nehmen Elemente des Manierismus u. Barocks vorweg. Als Dichter setzte M. die von *Dante* u. *Petrarca* begonnene Tradition fort (bes. Sonette).

Michelet [mi'ʃlɛ], Jules, *1798, †1874, frz. Historiker; stark von der Romantik beeinflußt u. vom Subjektivismus bestimmt.

Michelozzo [mike'lɔttso], *M. di Bartolomeo,* *1396, †1472, ital. Architekt u. Bildhauer; in der Nachfolge F. *Brunelleschis.*

Michelson ['maikəlsən], Albert Abraham, *1852, †1931, US-amerik. Physiker; machte den berühmten *M.-Versuch,* der die Annahme eines Äthers widerlegte. Weiterhin bestimmte er die Geschwindigkeit des Lichts mit einer sehr hohen Genauigkeit u. löste Spektrallinien in ihre Feinstruktur auf (*M.-Interferometer*). – Nobelpreis 1907.

Michelstadt, hess. Stadt im Odenwald, 14 500 Ew.; mittelalterl. Altstadt.

Michener ['mitʃənə], James Albert, *3.2.1907, US-amerik. Schriftst.; vielgelesene Romane, bes. zu histor. Themen. W »Hawaii«, »Die Quelle«, »Colorado-Saga«.

Michiels [mi'xi:ls], Ivo, eigtl. Rik *Ceuppens,*

Michelangelo: Die Erschaffung Adams; Fresko von der Decke der Sixtinischen Kapelle in Rom

* 8.1.1923, fläm. Lyriker u. Erzähler; führender Vertreter eines neuen Realismus.
Michigan ['mɪʃɪgən], Abk. *Mich.,* Gliedstaat der →Vereinigten Staaten von Amerika.
Michigan-See ['mɪʃɪgən], *Lake Michigan,* drittgrößter der Großen Seen in N-Amerika, 57757 km², 281 m tief, 177 m ü. M.
Michon [mi'ʃɔ̃], Jean Hippolyte, *1806, †1881, frz. Graphologe; Begr. der method. Handschriftendeutung.
Mickiewicz [mɪts'kjɛvitʃ], Adam, *1798, †1855, poln. Nationaldichter; seit 1829 im Ausland. Nach Überwindung des Pseudoklassizismus ebnete er der Romantik den Weg in die poln. Literatur. – Ⓦ Drama »Die Ahnenfeier«, Epos »Herr Thaddäus«.
Micky-Maus, engl. *Mickey-mouse,* beliebte Figur aus W. *Disneys* Zeichentrickfilmen (seit 1926); 1930 erschien der erste M.-Comic.
Midas, phryg. König, um 710 v. Chr.; berühmt wegen seines Reichtums. Nach der Sage erbat er von Dionysos, daß sich alles, was er berührte, in Gold verwandele.
Middelburg ['mɪdəlbʏrx], Hptst. der ndl. Prov. Seeland, auf der Insel Walcheren, 39000 Ew.; mittelalterl. Stadtbild.
Middlesbrough ['mɪdlzbrə], Hafenstadt im nordöstl. England, an der Mündung des *Tees* in die Nordsee, 143000 Ew.; chem. Ind.; Schiffbau.
Midgard, nach dem myth. Bericht der *Edda* die

Micky-Maus mit Donald Duck in einer typischen Zeichentrickfilm-Szene

aus den Brauen des Urriesen erbaute Menschenwelt, die zw. *Asgard* (Götterwelt) u. *Utgard* (Dämonenwelt) im Ozean liegt, von *Fenriswolf* u. *M.schlange* umgeben. In der Mitte von M. steht die Weltesche *Yggdrasil.*
Midlands [-ləndz], das mittelengl. Tiefland mit reichen Kohlen-, Eisen- u. Tonlagerstätten; große Industriezentren: Birmingham, Leeds, Manchester, Nottingham, Derby, Sheffield u. a.
Midlife Crisis ['mɪdlaɪf 'kraɪsɪz; engl.], Phase in der Lebensmitte (etwa 40.–50. Lebensjahr), in der viele Menschen am Sinn ihres bisherigen u. gegenwärtigen Lebens zweifeln.
Midrasch, in der jüd. Religion: Auslegung bibl. Texte.
Midwayinseln [-wɛi-], zwei US-amerik., von Hawaii aus verwaltete pazif. Koralleninseln, 5,2 km², 500 Ew.; Flotten- u. Luftstützpunkt. – Durch den Sieg in der Seeschlacht bei den M. 4.–7.6.1942 brachen die USA die jap. Flottenüberlegenheit im 2. Weltkrieg.
Mieder, das den Oberkörper eng umschließende Kleidungsstück (Leibchen) der Frauentracht.
Miegel, Agnes, *1879, †1964, dt. Schriftst.; schilderte in Balladen u. Erzählungen ihre ostpreuß. Heimat in Vergangenheit u. Gegenwart.
Miere, *Minuartia,* mit rd. 130 Arten über die kalten bis subtrop. Zonen der N-Halbkugel verbreitete Gatt. der *Nelkengewächse;* zierl. Pflanzen mit kleinen weißen Blüten, ein- oder mehrjährig; hierzu: *Stern-M., Vogel-M., Frühlings-M., Sternblume.*
Mierendorff, Carlo, *1897, †1943, dt. Politiker (SPD); einer der führenden Köpfe in der Widerstandsbewegung *(Kreisauer Kreis)* gegen Hitler.
Miesmuschel, *Pfahlmuschel,* eine eßbare Muschel, die sich mit Byssusfäden an Pfählen, Steinen u. ä. im Flachwasser der Küstengebiete, u. a. in der Gezeitenzone der Nordsee, festsetzt.
Mies van der Rohe, Ludwig, *1886, †1969, dt. Architekt; 1920–33 Lehrer am Bauhaus; neben W. *Gropius, Le Corbusier* u. F.L. *Wright* der einflußreichste Bauschöpfer der 1. Hälfte des 20. Jh.; entwickelte nach neoklassizist. Anfängen einen damals allg. als revolutionär empfundenen Baustil, der Elemente der holländ. »Stijl«-Architektur, des Expressionismus u. des Konstruktivismus vereinte; seit 1937 in den USA. – Ⓦ Nationalgalerie Berlin.
Miete, 1. eine Art der Aufbewahrung von Feldfrüchten (Kartoffeln, Rüben, Gemüse) im Freien. – **2.** die entgeltl. (Ggs.: *Leihe*) Überlassung des Gebrauchs einer Sache (z.B. von Wohnraum) aufgrund des *Mietvertrags;* häufig auch Bez. für das Entgelt, den *Mietzins.*
Mieterschutz, die Beschränkungen des Kündigungsrechts des Vermieters sowie allg. der Schutz des Mieters vor unangemessenen Vertragsvereinbarungen. Rechts- u. Sachmängel geben dem Mieter z.B. das Recht, den Mietzins zu mindern.
Mietspiegel, von Städten hrsg. Übersicht über die durchschnittl. zu zahlende Miete pro m², differenziert nach Wohnlage, Alter der Wohnung usw.
Mietzuschuß →Wohngeld.
Mi Fu, *Mi Fei,* *1051, †1107, chin. Kalligraph, Maler u. Kunstkritiker.
MiG, abkürzende Bez. für die von den sowj. Konstrukteuren A.J. *Mikojan* u. M.J. *Gurewitsch* entwickelten sowj. Jagdflugzeuge.
Migenes, Julia, *13.3.1949, US-amerik. Sopranistin.
Mignon [mi'njɔ̃], in Goethes »Wilhelm Meister« Name einer zum Sinnbild verklärten, rätselhaften Mädchengestalt.
Migräne, in Anfällen auftretender, heftiger, meist einseitiger Kopfschmerz *(Hemikranie)* bei gleichzeitig starker Übererregbarkeit der Sinnesorgane, beruht vermutl. auf Gefäßstörungen im Gehirn.
Migration, Wanderung, insbes. die Wanderung von Tieren; auch das Fließen von Erdöl u. Erdgas vom Muttergestein in das Speichergestein.
Miguel [mi'gɛl], Dom, *1802, †1866, Regent von Portugal 1826–34; regierte für *Maria da Glória;* suchte sich als usurpierter König (1828) mit Gewalt zu halten; mußte abdanken.
Mihrab [mix'rab], eine flache Nische in der *Qibla-Wand* der Moschee, die die Gebetsrichtung auf die Kaaba in Mekka anzeigt.
Mikado, 1. früher huldigende Bez. für den jap. Kaiser. – **2.** [das], ein Geschicklichkeitsspiel mit langen Holzstäbchen von unterschiedl. Punktwert (der »M.« als höchstes).
Miki, Takeo, *1907, †1988, jap. Politiker (Liberaldemokrat); 1974–76 Min.-Präs.
Mikkeli, schwed. *Sankt Michel,* Hptst. der finn. Prov. (*Lääni*) M., an einem Seitenarm der Saimaa, 29600 Ew.
Miklas, Wilhelm, *1872, †1956, östr. Politiker (christl.-soz.); 1928–38 Bundes-Präs.; Gegner des »Anschlusses«, trat deshalb zurück.
Mikojan, 1. Anastas Iwanowitsch, *1895, †1978, sowj. Politiker; seit 1955 Erster stellv. Min.-Präs., 1964/64 Staatsoberhaupt der UdSSR (Vors. des Präsidiums des Obersten Sowjets). – **2.** Artjom Iwanowitsch, Bruder von 1), *1905, †1970, sowj. Flugzeugkonstrukteur; baute mit M.J. Gurewitsch die Düsenjäger *MiG.*
Mikroben →Mikroorganismen.
Mikrocomputer, elektron. Rechner, der als Einzelplatzsystem genutzt wird (je nach Leistungsfähigkeit als *Personalcomputer [PC], Hobby-* oder *Bürocomputer* bez.). Als Massenspeicher dient meist eine Diskette.
Mikroelektronik, Zweig der Elektronik, der sich mit der Entwicklung u. dem Einsatz von *integrierten Schaltungen* befaßt, d. h. Schaltungen, bei denen alle Bauelemente auf einem gemeinsamen Halbleiterplättchen, das nur wenige Millimeter groß ist, zusammengefaßt werden. Bei den *integrierten Schaltungen* strebt man völlig neue Herstellungsverfahren an, indem man z.B. eine komplette Baustufe (etwa einen Verstärker) ohne jede Lötstelle auf einer Trägerplatte anordnet. Die Schaltung wird im Hochvakuum aufgedampft. Auf die Trägerplatte gelegte Masken mit Aussparungen verhindern, daß das Material an unerwünschte Stellen gelangt.
Mikrofasern, extrem feine Chemiefaserfäden, die sich zu feinmaschigen Stoffen verweben lassen. Sie besitzen kleine Poren, die für Wasserdampf (Schweiß) durchlässig sind. Größere Wassertropfen (Regen) perlen ab.
Mikrofilm, die stark verkleinerte Abbildung von Text- u. Bilddokumenten auf feinkörnigem Filmmaterial. Die Bilder werden entweder hintereinander auf einem fortlaufenden Film (Rollfilm) oder reihen- u. kolumnenweise auf einem *Mikrofiche* aufgenommen. Gängig sind Verkleinerungen um das 24-, 42- u. 48fache. Verbreitet ist die direkte Niederschrift der Ergebnisse von Elektronenrechnern mit Hilfe eines Lichtstrahls auf M. *(Computer Output on Microfilm,* Abk. *COM).*
Mikrokosmos [grch.], der »kleine Welt«, d. h. im allg. der Mensch als Gegenstück u. Abbild des *Makrokosmos* (der »großen Welt«).
Mikrolith, kleinstes einzelnes Mineral von rundl., nadel- oder haarförmiger Gestalt.
Mikrolith, kleines Feuersteingerät der späten Altsteinzeit u. der Mittelsteinzeit.
Mikrometer, 1. [der], früher *Mikron,* Kurzzeichen μm (früher μ), Längeneinheit, das 10^{-6}fache des Meters; 1 μm = $^1/_{1000}$ mm. – **2.** [das], ein Gerät zur genauen Messung von kleinen Längen.
Mikron →Mikrometer (1).
Mikronesien, 1. *Föderierte Staaten von M.,* engl.

Mikronesien

Federated States of Micronesia, ehem. Name *Karolinen,* Inselstaat im westl. Pazifik, hierzu: Kusaie, Pohnpei, Chuuk u. Yap; zus. 721 km², 115000 Ew.; Hptst. *Pohnpei.*
Gesch.: Bis zum 1. Weltkrieg dt. Besitz, danach jap. Völkerbundsmandat, 1945–90 UN-Treuhandgebiet unter US-Verwaltung, 1991 Aufnahme in die UNO. Es besteht ein Assoziierungsvertrag mit den USA. – **2.** die Inselwelt im westl. Pazifik, nordöstl. von Australien; umfaßt: *Karolinen* mit *Palau-Inseln, Marianen, Marshall-* u. *Gilbert-Inseln* (meist Koralleninseln), zus. rd. 2765 km², 300000 Ew. Die **Mikronesier,** aus einer Mischung von Polynesiern (Rassemerkmale) u. Melanesiern (Sprachen) hervorgegangen, sind verwandt mit den Protomalaiden Indonesiens. →Ozeanien.
Mikroorganismen, *Mikroben,* mikroskop. kleine, meist einzellige Lebewesen. Es werden aufgrund der Zellstruktur die kernhaltigen *Algen, Pilze* u. *Protozoen* u. die nur Kernsubstanz enthaltenden *Bakterien* u. *Blaualgen* unterschieden; zu den M. zählt man außerdem die nichtzellulären *Viren.* Zahlr. M. sind Erreger ansteckender Krankheiten bei Mensch, Tier u. Pflanze. Viele M. leben saprophyt. von toter organ. Substanz, die sie zu anorgan. Substanz abbauen *(Mineralisation),* u. sind dadurch von großer Bedeutung für den Stoffkreislauf in der Natur.
Mikrophon, Gerät zur Umwandlung von Schallschwingungen in elektr. Schwingungen (Wechsel-

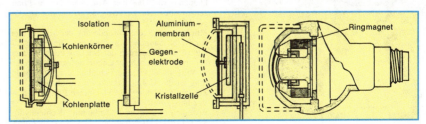

Mikrophon: schematische Darstellung von Kohle-, Kondensator-, Kristall- und Tauchspulenmikrophon (von links nach rechts)

574 Mikrophyten

spannungen). Bei den meisten Mikrophonen geschieht diese Umwandlung mit Hilfe einer dünnen Membran, die von den Schallschwingungen in Bewegung gesetzt wird. Diese Bewegung erzeugt elektr. Wechselspannungen oder steuert über versch. Techniken (*Tauchspulen-M., Kondensator-M.*) einen elektr. Strom im Takt der Schallschwingungen. *Kristall-M.e* nutzen den piezoelektr. Effekt eines Kristalls, auf dem bei Druckschwankungen elektr. Ladungen entstehen.

Mikrophyten, frühere Bez. für *Bakterien*.

Mikroprozessor, elektron. Bauelement der Halbleitertechnik; enthält zahlr. Schaltungen auf einem Halbleiterträger auf kleinstem Raum, wird als Standardbaustein vielfältig eingesetzt, z.B. im Mikrocomputer.

Mikroskop, ein Gerät zur Vergrößerung des Sehwinkels, so daß auch Gegenstände, die normalerweise unter einem zu kleinen Sehwinkel erscheinen (zu klein sind), dennoch betrachtet werden können. Das *Licht-M.* besteht aus zwei Linsensätzen u. einem Verbindungsrohr (*Tubus*). Der dem Beobachtungsobjekt zugewandte Linsensatz kleiner Brennweite (*Objektiv*) wirkt wie eine Sammellinse u. erzeugt ein reelles vergrößertes Bild des Gegenstands. Durch den als Lupe wirkenden zweiten Linsensatz (*Okular*) wird das Bild nochmals vergrößert. Das Präparat (Gegenstand) ruht auf einer dünnen Glasplatte (*Objektträger*); es wird mit Hilfe einer Beleuchtungseinrichtung (Hohlspiegel oder Kondensor) durchleuchtet. Eine Erhöhung des Auflösungsvermögens wird z.B. durch kurzwelligeres Licht, wie es im *Ultraviolett-M.* verwendet wird, erreicht oder durch die Einbringung eines Öltropfens zw. Objekt u. Okular (*Immersions-M.*). →Elektronenmikroskop.

Mikrosporie, eine übertragbare, meldepflichtige Hautpilzerkrankung des behaarten Kopfs, die bes. Kinder befällt; hervorgerufen durch das *Mikrosporon audouini*.

Mikrosystemtechnik, Technologiezweig, der die Herstellung mikroskop. kleiner mechan. oder elektromechan. Bauteile (Teilgebiet Mikromechanik) u. ihre Kombination mit mikroelektron. Schaltkreisen, opt. Elementen u. Sensoren auf der Basis von einkristallinem Silizium zum Ziel hat.

Mikrotom, Schneideapparat zur Herstellung sehr

Mikrosystemtechnik: funktionstüchtiger Mikro-Elektromotor aus Silizium; er ist kleiner als ein Menschenhaar

dünner Gewebsschnitte (bis zu 0,001 mm), die zu histolog. Untersuchungen verwendet werden.

Mikrotubuli, mit Hilfe des Elektronenmikroskops entdeckte röhrenförmige Zellbestandteile; sie bilden u. a. das Muster der Wimpern u. Geißeln u. die Spindelfasern u. Polstrahlen bei der *Kernteilung*.

Mikrowellen, Wellen des elektromagnet. Spektrums zw. dem Gebiet der ultrakurzen Radiowellen u. dem infraroten Bereich des opt. Spektrums (B →Elektrizität). Verwendung bes. in der Nachrichtentechnik (*Richtfunk*) u. in der Radartechnik.

Mikrowellenherd, Gerät zum Garen, Auftauen u. Erwärmen von Lebensmitteln durch elektromagnet. Strahlen von 2450 MHz Frequenz. Die absorbierte elektromagnet. Energie wird dabei in Wärme umgewandelt. Es wird kein spezielles Geschirr benötigt.

Mikrowellen-Spektroskopie, die Methoden zur Untersuchung von Molekülen u. Atomen mit Hilfe von Mikrowellen. Sie beruhen darauf, daß auch im Mikrowellenbereich die Atome u. Moleküle nur gewisse jeweils charakterist. Wellenlängen absorbieren u. emittieren können. Die M. erlaubt Messungen von sehr hoher Genauigkeit.

Mikrozensus, »kleine Volkszählung«, nach amerik. Vorbild 1957 in der BR Dtld. eingeführte Repräsentativstatistik zur laufenden Beobachtung der bevölkerungs- u. erwerbsstatist. Daten. Die Angaben werden mit Hilfe bes. geschulter Personen (*Interviewer*) durch vierteljährl. Befragung ausgewählter Haushalte gewonnen.

Mikwe, im Judentum ein rituelles Tauchbad, z.B. für Frauen nach einer Geburt. Es dient auch zum Eintauchen neuer Kultgeräte.

Milane, *Milvus,* Gatt. altweltl. *Greifvögel,* die durch ihren Gabelschwanz (*Gabelweihen*) auffallen; z. T. Aasfresser. Einheim. sind der *Schwarze Milan* u. der größere *Rote Milan,* mit bes. stark gegabeltem Schwanz.

Milano →Mailand.

Milazzo, ital. Hafenstadt auf Sizilien, westl. von Messina, 25 000 Ew.; Kastell.

Milben, *Acari,* artenreichste Ordnung der *Spinnentiere,* deren urspr. gegliederter Hinterleib mit dem Kopfbrustabschnitt zu einem ungegliederten Körper verschmolzen ist. Viele der oft mikroskop. kleinen etwa 10000 bek. Arten sind Tier- u. Pflanzenparasiten. Hierzu: *Krätz-M., Haarbalg-M., Vogel-M., Hafer-M., Jecken* u. a.

Milch, 1. *i.w.S.* die Absonderung der Milchdrüsen der weibl. Säugetiere u. der Frau. Die M. enthält alle für die Ernährung der Nachkommen während der ersten Zeit nach der Geburt notwendigen Nähr- u. Wirkstoffe. Für die Fähigkeit der M.absonderung ist das Hormon *Prolactin* entscheidend. Zusammensetzung: Die M. ist eine Emulsion feinster Fett-Tröpfchen in einer wäßrigen Lösung von Eiweißen (Kasein u. Lactalbumin), Kohlenhydraten (*M.zucker*) u. Vitaminen. Das *M.-* oder *Butterfett* ist in Form kleinster Tröpfchen vorhanden (Emulsion); spezif. leichter als M., steigen sie beim Stehen der M. an die Oberfläche. Bei Erschütterung der M. ballen sich die Fett-Tröpfchen zu Klumpen zus. (Butterherstellung). Die *Mager-M.* ist eiweißreiches Nahrungsmittel; die beim Buttern anfallende *Butter-M.* wirkt durch ihren Gehalt an M.säure u. M.säurebakterien fäulnishemmend im Darm.

Reine, frische M. hat eine weiße Farbe, ist undurchsichtig, hat einen schwach süßl. Geschmack u. spezif. Geruch. Für die versch. M.sorten werden nachfolgend aufgeführte Bez. verwendet. *Vorzugs-M.:* amtl. überwachte M.sorten mit unverändertem Fettgehalt, roh für den Verzehr bestimmt. *Voll-M.:* Fettgehalt von mindestens 3,5%. *Teilentrahmte* (fettarme) *M.:* Fettgehalt zw. 1,5 u. 1,8%. *Entrahmte M.:* Fettgehalt von höchstens 0,3%. Vollmilch, teilentrahmte u. entrahmte M. werden pasteurisiert oder ultrahocherhitzt (H-Milch) oder sterilisiert angeboten. – **2.** der Milchsaft der pflanzl. *M.röhren.* Er ist meist weiß gefärbt u. fließt nach Verletzung der Pflanze oft in großer Menge aus den M.röhren aus. M.saft haben viele Pflanzenfam., z.B. Wolfsmilchgewächse, Mohngewächse, Korbblütler.

Milchbaum, in Venezuela heim., zu den *Maulbeergewächsen* gehörender Baum, der einen süß schmeckenden Rindensaft liefert. Durch Kochen des Safts wird ein dem Bienenwachs ähnl. Wachs gewonnen.

Milchbrätling, *Brätling, Milchreizker,* eßbarer *Blätterpilz* mit zimtrotem oder gelbbraunem Hut; kommt in lichten Laub- u. Nadelwäldern vor.

Milchdrüsen, nur den Säugetieren einschl. des Menschen eigene, an der Bauchseite gelegene Hautdrüsen, die der Milchsekretion (Laktation) dienen. Bei den höheren Säugern münden mehrere Milchdrüsenschläuche zus. in einer *Zitze* (Brustwarze, *Mamilla*). Die M. sind bei beiden Geschlechtern vorhanden, jedoch nur beim weibl. Geschlecht zeitw. tätig. →Euter.

Milchkraut, ein *Primelgewächs;* eine Strandpflanze mit dichtstehenden Blättern u. blaßrosa Blüten.

Milchlattich, *Cicerbita,* milchsaftführende Gatt. der *Korbblütler,* mit blauen Blütenköpfen.

Milchling, *Milchblätterpilz,* Gruppe der Blätterpilze, mit weißem oder rotgelbem Milchsaft, z.B. die Reizker.

Milchner, der männl. Fisch, so gen. wegen der milchartigen Samenflüssigkeit (»Milch«).

Milchsäure, α-*Hydroxypropionsäure,* eine aliphat. Oxycarbonsäure, CH_3-$CH(OH)$-$COOH$. Die Gärungs-M. entsteht bei der Gärung von saurer Milch (aus dem Milchzucker), aus Stärke u. Traubenzucker sowie bei der Säuerung pflanzl. Materials (in Silos u. bei der Sauerkrautherstellung) unter Mithilfe von M.bakterien. Die Fleisch-M. wird aus dem Reservekohlenhydrat im arbeitenden Muskel durch

Zusammensetzung einiger Milcharten											
100 g enthalten bei	Eiweiß g	Fett g	Kohlenhydrate g	Kilojoule kJ	Mineralstoffe g	Wasser g	Vitamine A mg	Carotin mg	B_1 mg	B_2 mg	C mg	Niacin mg
Muttermilch	1,2	4,1	6,93	297,5	0,2	87,6	0,05	0,02	0,01	0,04	4,1	0,17
Kuhmilch	3,5	3,5	4,7	276,5	0,7	87,6	0,02	0,02	0,04	0,18	1,47	0,09
Magermilch	3,5	0,1	4,8	146,7	0,8	90,8	–	–	0,04	0,17	–	–
Schafmilch	5,3	6,3	4,9	406,4	0,9	82,7	0,05	0,01	0,05	0,23	4,25	0,45
Ziegenmilch	3,6	4,2	4,8	310,1	0,8	86,6	0,07	0,04	0,05	0,15	2,0	0,32

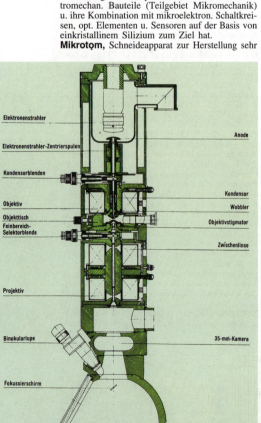

Mikroskop: Schema eines 100-kV-Routine-Hochauflösungs-Elektronenmikroskops

Milben: Wassermilben

Milchbrätling

Glykolyse erzeugt (→Glykogen). Bei körperl. Anstrengungen tritt M. vermehrt im Blut auf. – **M.bakterien,** zu den *Eubacteriales* gehörende *Bakterien* von glatter, schlanker Stäbchenform. Sie spalten Zucker; als Endprodukte entstehen M. u. Essigsäure. *Lactobacillus caucasicus* bewirkt die Milchgerinnung zu Kefir, u. *Lactobacillus bulgaricus* läßt aus Milch Joghurt entstehen.

Milchschorf, *Crusta lactea,* mit Bläschen, Borken u. Schuppenbildung verbundener, teils nässender, teils trockener, heftig juckender Hautausschlag des Kopfes bei Säuglingen.

Milchstern, *Vogelmilch, Ornithogalum,* Gatt. der *Liliengewächse;* hierzu gehören Pflanzen mit einem eiweißähnl. Saft, der beim Abbrechen des Stengels austritt. Der *Doldige M.* (»Stern von Bethlehem«) findet sich auf Äckern, Wiesen u. in Weinbergen.

Milchstraße, *Galaxis,* ein mattleuchtendes Band von unregelmäßiger Begrenzung, das längs eines großen Kreises die Himmelskugel umspannt; hervorgerufen durch unzählige schwache Sterne, die nur durch ihre Gesamtlichtwirkung sichtbar werden. Es ist der sichtbare Teil des **M.nsystems,** in dem die Sterne in einer flachen Scheibe von 100 000 Lichtjahren Durchmesser u. 16 000 Lichtjahren maximaler Dicke angeordnet sind u. zu dem auch unsere Sonne zählt. Das Zentrum des M.nsystems liegt in der Richtung nach dem Sternbild des Schützen im Abstand von 30 000 Lichtjahren. Die Umlaufzeit des Sonnensystems um dieses Zentrum beträgt 200 Mio. Jahre bei einer Geschwindigkeit von 250 km/s. Die Masse des M.nsystems beträgt 220 Mrd. Sonnenmassen. Davon entfallen mindestens 10 % auf interstellares Gas u. Staub. Das M.nsystem hat die Form eines Spiralnebels. Ähnl. Sternsysteme nennt man →Galaxien.

Milchzähne, *Milchgebiß* →Gebiß.

Milchzucker, *Lactose,* eine Zuckerart der Gruppe der Disaccharide, die aus je einem Molekül Glucose u. Galactose aufgebaut ist; findet sich allein in der Milch der Säugetiere.

mildernde Umstände, Umstände, die das kriminelle Gewicht einer Straftat oder die Schuld des Täters mindern u. deswegen bei der Strafzumessung berücksichtigt werden können.

Mile [mail], Längenmaß in England u. den USA: 1 M. = 1760 yards = 1609,34 m; in der Seefahrt: *International Nautical M.* = 1852 m; →Meile.

Milet, *Miletos,* antike Stadt an der Küste Kariens (im SW Kleinasiens), im 11. Jh. v. Chr. von ionischen Griechen anstelle einer myken. Siedlung gegr.; Ausgangspunkt einer bed. Kolonisationsbewegung, blühende Handels- u. Hafenstadt, Zentrum des frühgrch. Geisteslebens.

Milhaud [mi'jo], Darius, *1892, †1974, frz. Komponist; studierte u. a. bei V. d'*Indy* u. P. *Dukas,* schloß sich der Gruppe »Les Six« an. Die Merkmale seiner Musik sind pastorale Melodienfreudigkeit u. konsequente Anwendung der Polytonalität. W »Suite provençale«, »Saudades do Brazil«, »Scaramouche«, »La création du monde«.

Miliarkarzinose, Verbreitung von Krebs in versch. Organen durch Aussaat in kleinsten Knötchen, bes. auf dem Lymphweg.

Milieu [mil'jø:], *Umwelt,* die soz. Verhältnisse, aus denen ein Mensch kommt oder in denen er lebt.

militant, kämpferisch.

Militär, die Gesamtheit der Soldaten (das M.) oder ein Vertreter, Offizier (der M.).

Militärakademie, Militärhochschule.

Militärattaché [-'ʃe], ein Offizier, der als Bearbeiter für militär. Angelegenheiten zum Personal einer Botschaft gehört.

Militärdiktatur, die Übernahme der Staatsgewalt durch einen Offizier oder durch eine Gruppe von Offizieren (z.B. Militärjunta). Innenpolit. wirkt sich die M. meist in der Einführung eines autoritären Systems aus, vielfach unter Beschränkung der Grundrechte. →Diktatur.

Militärgerichtsbarkeit, *Militärjustiz,* eigene militär. Gerichte für alle militär. u. die meisten allg. Strafsachen der Soldaten; →Kriegsgericht, →Wehrstrafrecht.

Militärhoheit, *Militärgewalt,* die sich auf Militärangelegenheiten beziehende Staatsgewalt.

Militärischer Abschirmdienst, Abk. *MAD,* unter Leitung des *Amtes für Sicherheit der Bundeswehr* tätiger Dienst zum Schutz der Bundeswehr gegen Spionage, Sabotage u. Zersetzung; untersteht dem Bundes-Min. der Verteidigung.

Militarismus, die Überbewertung des Militärischen gegenüber dem Politischen. Der M. äußert sich sowohl als Vorrang der militär. Stärke im Staatshaushalt (Rüstungsausgaben) wie auch als Prägung des zivilen Lebens durch nachgeahmte militär. Formen (z.B. Uniformierung in Schulen).

Militärmission, eine Gruppe von Soldaten, meist Offiziere, die von ihrem Heimatstaat in einen anderen entsandt worden ist, um diesen in militär. Angelegenheiten zu beraten u. zu unterstützen.

Militärstrafrecht →Wehrstrafrecht.

Military ['militəri], große Vielseitigkeitsprüfung; eine schwierige reitsportl. Diszplin, die an drei versch. Prüfungen (Dressur, Geländeritt u. Springen) mit einem Pferd an drei aufeinanderfolgenden Tagen zu absolvieren sind.

Miliz, 1. eine Form der Wehrorganisation, bei der entweder die gesamte militär. Ausbildung durch eine geringe Zahl von *Kaderformationen* übernommen wird (z.B. schweizer. Bundesheer), so daß das stehende Heer nur aus diesen u. den jeweils kurzfristig Dienenden besteht, oder die M. als eine zweite militär. Organisation neben dem stehenden Heer (z.B. *National Guard* der USA) besteht. Schließlich kann die M. auch eine spontane Gründung beim Herannahen des Feindes in der Form von *Volkswehren* u. ä. sein. – **2.** *Volks-M.,* in einigen kommunist. Ländern Bez. für die *Polizei.*

Mill, John Stuart, *1806, †1873, brit. Philosoph u. Nationalökonom; Vorkämpfer der Frauenemanzipation, Theoretiker des Utilitarismus u. Liberalismus. Er baute die Lehre von A. *Smith* u. D. *Ricardo* aus. Als Philosoph vertrat er einen psycholog. begr. Empirismus.

Millais ['milei], Sir John Everett, *1829, †1896, engl. Maler; Mitbegr. des Präraffaelismus; wandte sich später dem Realismus zu.

Millau [mi'lo], S-frz. Krst. im Dép. Aveyron, am Endpunkt der *Gorges du Tarn* (Engtal des Tarn), 23 000 Ew.; Lederind.

Mille, Abk. *M,* das Tausend; *pro (per) mille,* Abk. *p.m.,* Zeichen ‰, von (auf je) tausend.

Mille [mil], Cecil Blunt de, *1881, †1959, US-amerik. Filmregisseur u. Produzent; inszenierte die ersten Großfilme u. entwickelte den sog. Monumentalfilmstil. W »Die zehn Gebote«.

Military: Geländeritt

Millefiori, vielfarbiges Kunstglas aus verschiedenfarbigen, bündelartig verschmolzenen Glasstäben, deren Gesamtquerschnitt geometr. Muster oder figürl. Zeichen von mosaikartigem Charakter ergibt.

Millennium, 1. Jahrtausend. – **2.** das nach Offb. 20 zu erwartende 1000jährige Reich am Ende der Tage; →Chiliasmus.

Miller, 1. Arthur, *17.10.1915, US-amerik. Dramatiker; in 2. Ehe verh. mit Marilyn *Monroe* (1956–60). Von einem psycholog. Realismus ausgehend, gewinnt sein Werk durch surrealist. Züge an Tiefe; W »Der Tod des Handlungsreisenden«, »Hexenjagd«, »Nicht gesellschaftsfähig«, »Der Preis«. – **2.** Glenn, *1904, †1944, US-amerik. Posaunist u. Bandleader, einflußreich durch seine Arrangements. – **3.** Henry, *1891, †1980, US-amerik. Schriftst.; suchte durch das Schockierende u. Obszöne die falschen Wertsetzungen unserer Zivilisation zu stürzen u. zu einer echteren Wirklichkeitserfahrung zu gelangen; W Romane »Wendekreis des Krebses«, »Wendekreis des Steinbocks«, »Sexus«, »Stille Tage in Clichy«. – **4.** Johann Martin, *1750, †1814, dt. Erzähler u. Lyriker; Mitgr. des *Göttinger Hain.* – **5.** Oskar von, *1855, †1934, dt. Ingenieur; führte 1882 die erste elektr. Kraftübertragung durch, war Mitgr. der AEG sowie der Berliner Elektrizitätswerke; gründete 1903 das Dt. Museum in München.

Millerand [mil'rã], Alexandre, *1859, †1943, frz. Politiker (Sozialist, später Konservativer); 1899–1904 erster sozialist. Min.; 1920 Min.-Präs., 1920–24 Präs. der Republik.

Milles, Carl, *1875, †1955, schwed. Bildhauer (Brunnen u. Figurenplastiken).

Millet [mi'lɛ], Jean François, *1814, †1875, frz. Maler; Darstellungen des bäuerl. Lebens in schweren Grau- u. Brauntönungen.

Milliarde, Abk. *Mrd.,* die Zahl 1000 Millionen = 10^9.

Millibar, Abk. *mbar,* Maßeinheit für den barometr. Luftdruck, der früher auch in mm-Quecksilbersäule gemessen wurde. 1 mbar = $1/1000$ bar = 100 Pa (Pascal).

Millikan [-kən], Robert Andrews, *1868, †1953, US-amerik. Physiker; maß als erster im *M.schen Öltröpfchenversuch* die elektr. Elementarladung; Nobelpreis 1923.

Millimeter, Kurzzeichen mm, metr. Längeneinheit: 1 mm = $1/1000$ m.

Million, Abk. *Mill., Mio.,* die Zahl 1 000 000 = 1000 x 1000 = 10^6.

Millöcker, Karl, *1842, †1899, östr. Operettenkomponist; 1864 Kapellmeister in Graz, 1866 in Wien; W »Gräfin Dubarry«, »Der Bettelstudent«, »Gasparone«.

Millowitsch, Willy, *8.1.1909, dt. Volksschauspieler rhein. Mundart u. Theaterleiter in Köln.

Millstatt, östr. Marktgem. in Kärnten, nw. von Villach, 3300 Ew.; ehem. Benediktinerkloster (11. Jh.); Sommerfrische; am N-Ufer des **Millstätter Sees,** 580 m ü. M., 13 km².

Milos, *Melos, Milo,* grch. Kykladeninsel, 151 km², 4900 Ew.; Hauptort M.; 1820 wurde auf M. die antike Mamorstatue *»Venus von M.«* gefunden (heute im Louvre, Paris).

Miloš Obrenović ['milɔʃ ɔ'brɛnɔvitʃ], *1780, †1860, Fürst von Serbien 1817–39 u. 1858–60; stellte sich 1815 an die Spitze des 2. serb. Aufstands gegen die Türken, schuf das Fürstentum Serbien u. begr. die Dynastie Obrenović.

Miłosz ['miuɔʃ], Czesław, *30.6.1911, poln. Schriftst.; emigrierte 1951 nach Frankreich, seit 1958 in den USA; bes. Lyriker u. Essayist; 1980 Nobelpreis für Literatur.

Milseburg, Berg in der Hohen Rhön, östl. von Fulda, 835 m; Wallfahrtskapelle des hl. Gangolf.

Milstein, 1. César, *8.10.1927, argent. Molekularbiologe; arbeitet über Antikörper. Nobelpreis für Medizin 1984. – **2.** Nathan, *1904, †1992, US-amerik. Geiger russ. Herkunft; seit 1929 in den USA.

Miltenberg, Krst. in Unterfranken (Bay.), am Main, zw. Spessart u. Odenwald, 9300 Ew.; mittelalterl. Altstadt, Schloß Mildenburg.

Miltiades, *Melchiades,* †314, Papst 311–14; Heiliger; verurteilte auf einer Synode im Lateran 313 den Donatus *(Donatistenstreit).*

Miltiades, *um 550 v. Chr., †489 v. Chr., athen. Adliger; Führer des Widerstands gegen die Perser, besiegte diese 490 v. Chr. bei *Marathon.*

Milton [-tən], John, *1608, †1674, engl. Dichter; Gegner der Staatskirche u. Kämpfer für die republikan. Staatsform u. für religiöse Toleranz. Er hat nachhaltig auf die spätere engl. Literatur, bes. der Romantik, gewirkt. W »Paradise Lost« (»Das verlorene Paradies«).

Milva, eigtl. Maria Ilva *Biolcati,* *17.7.1939, ital. Sängerin (Chanson, Schlager).

Milwaukee [-'wɔ:ki], größte Stadt u. bedeutendster Hafen u. Handelsplatz sowie Industriezentrum im USA-Staat Wisconsin, an der Mündung des *M. River* in den Michigan-See, 620 000 Ew.; 2 Univ.; vielseitige Ind.

Milz, lat. *Lien,* grch. *Splen,* bei den Wirbeltieren ein Körperorgan, das als Filter u. zur Blutspeicherung in die Blut- u. Lymphbahn eingeschaltet ist. Beim Menschen liegt die rd. 200 g schwere M. unter dem linken Rippenbogen im Oberbauch u. ist nur bei Anschwellung u. Vergrößerung vom Leib aus zu tasten. Sie baut die roten Blutkörperchen ab u. bildet in den Lymphknötchen ihres Gewebes neue weiße Blutkörperchen (Lymphzellen). Bei Blutkrankheiten kann sich die M. stark vergrößern. Nach einer operativen Entfernung der M. übernehmen andere Organe ihre Funktion.

Milzbrand, *Anthrax,* durch den *M.bazillus* hervorgerufene akute, fieberhafte, tödl. verlaufende Krankheit der Tiere u. des Menschen; eine anzeigepflichtige Seuche.

Mimas, ein Saturn-Mond mit 520 km Durchmesser.

Mime, seit Mitte des 18. Jh. allg. Bez. für den Schauspieler.

Mimese, die körperl. Übereinstimmung der äußeren Form u. Farbe eines Tiers mit einem belebten oder unbelebten Teil seiner Umgebung als Schutz vor opt. orientierten Feinden.

Mimesis, *Mimese,* Nachahmung der Wirklichkeit in der künstler. Darstellung; Begriff urspr. aus der antiken Rhetorik.

Mimik, das Mienen- u. Gebärdenspiel des menschl. Gesichts.

Mimikry, auf Signalfälschung beruhende Schutzanpassung bei Tieren: z.B. die Nachahmung eines geschützten – wehrhaften oder giftigen – Tieres durch ein harmloses, genießbares, das dadurch geschützt ist (z.B. Hornisse u. Hornissenschwärmer); oder als *Tarn-* oder *Irritier-M.:* z.B. abschreckende Augenflecken u. bewegl. Stacheln bei Fischen u. Schmetterlingsraupen.

Mimir, 1. in der dt. Heldensage Name des Schmieds, der *Wieland* lehrte u. *Siegfried* erzog. – 2. *Mime,* elb. Wesen der nord. Myth., Hüter der Weisheitsquelle, Ratgeber Odins.

Mimnermos, grch. Lyriker aus Xolophon, um 600 v. Chr.; schrieb Elegien, die als älteste Beispiele einer Liebesdichtung gelten.

Mimosengewächse, *Mimosaceae,* Fam. der *Leguminosae,* trop. u. subtrop. Kräuter u. Holzpflanzen. Zu den M. gehört z.B. die *Akazie* oder die *Mimose* aus den amerik. Tropen. Am bekanntesten bei uns ist die kultivierte *Sinnpflanze.*

Mimosengewächse: Mimose

Minden: Dom

Mimus, in der Antike urspr. die improvisierte Darstellung von derb realist. Alltagsszenen ohne Maske u. Bühnenausstattung in vulgärer Volkssprache. *Sophron* u. a. formten sie literarisch, u. es entwickelte sich daraus später die klass. Form des Lustspiels aus dem Alltagsleben.

Mina al-Ahmadi, Stadt u. Erdölhafen in Kuwait, 27 000 Ew.; Raffinerie.

Minäer, S-arab. Volk des Altertums. Die M. schufen im 1. Jt. v. Chr. den Staat *Ma'in.*

Minamata-Krankheit, chron. Quecksilbervergiftung durch Umweltverschmutzung, Ende der 1950er Jahre erstmals bei Fischern an der Minamata-Bucht in S-Japan aufgetreten.

Minangkabau, jungindones. Volk mit malaiischer Sprache in Sumatra (Indonesien), rd. 4 Mio.

Minarett, der Turm für den Gebetsrufer *(Muezzin)* der Moschee.

Minas Gerais ['minaʒ ʒɛ'rais], Bundesstaat in →Brasilien.

Minbar, hölzerne oder steinerne Predigtkanzel der Moschee zum Vortragen der Freitagspredigt *(Khutba)* des Gemeindeleiters *(Imam).*

Mincio ['mintʃo], l. Nbfl. des Po, 192 km; mündet sö. von Mantua.

Mindanao, südlichste u. zweitgrößte der Philippinen-Inseln, 94 594 km², 13,4 Mio. Ew., Hptst. *Zamboanga;* mit tätigen Vulkanen *(Mt. Apo* 2953 m); vielseitiger Bergbau u. Ind.

Mindel, r. Nbfl. der Donau, 75 km; mündet nordöstl. von Günzburg. Nach ihr ist die **M.-Eiszeit** benannt, die zweite größere Vereisung im *Pleistozän* in den Alpen; →Eiszeit.

Mindelheim, Stadt in Schwaben (Bay.), an der Mindel, 12 200 Ew.; mittelalterl. Stadtbild, Schloß *Mindelburg.*

Minden, Krst. in NRW, Binnenhafen an der Weser u. am Mittellandkanal, nördl. der Porta Westfalica, 76 000 Ew.; roman.-frühgot. Dom (11. bis 14. Jh.); chem.-pharmazeut. Ind. – Um 800 Bischofssitz; im 13. Jh. Entwicklung zur Stadt, Mitgl. der Hanse; 1648 an Brandenburg-Preußen.

Minderbrüder, Bez. für Angehörige des Franziskanerordens.

Minderheiten, *Minoritäten,* im Staats- u. Völkerrecht Volksgruppen, die sich durch Abstammung, Sprache, Kultur oder Konfession von der Mehrheitsbevölkerung unterscheiden u. über ein polit. Gruppenbewußtsein verfügen; z.B. die arab. Minderheit in Israel; dt. Minderheit in Polen, Rußland, Kasachstan, Südtirol; slowen. u. kroat. Minderheiten in Kärnten, im Burgenland u. a.

Minderjährigkeit, im Recht die Zeit bis zur Erlangung der vollen *Geschäftsfähigkeit:* in der BR Dtld. (seit 1975) bis zur Vollendung des 18. Lebensjahrs (Östr.: 19., Schweiz: 20.).

Minderung, das Recht des Käufers, wegen eines Sachmangels die Herabsetzung des Kaufpreises zu verlangen.

Minderwertigkeitsgefühl, das Gesamtgefühl der Unterlegenheit, das sich in zwischenmenschl. Beziehungen äußern kann. Das M. wird meist durch ein bes. dynam. oder aggressives Verhalten überspielt. Ein *Minderwertigkeitskomplex* entsteht, wenn das Gefühl der seel. oder körperl. Unzulänglichkeit übermächtig wird, von dem Betroffenen aber ins Unterbewußte verdrängt wird. Dadurch wird der normale Ablauf des Denkens u. Handelns meist schwer gestört.

Mindestgebot, bei der *Zwangsversteigerung* von Grundstücken 7/10 des Grundstücksverkehrswerts. Bei der *Versteigerung* von gepfändeten Sachen ist M. die Hälfte des gewöhnl. Verkaufswerts der Sache. Liegt das *Meistgebot* unter dem M., so kann der *Zuschlag* versagt werden

Mindestreserven, im allg. unverzinsl. Guthaben, die die Geschäftsbanken im Verhältnis zu ihren kurzfristigen Verbindlichkeiten meist bei der Zentralnotenbank unterhalten müssen, um die Zahlungsfähigkeit zu sichern. Die Erhöhung oder Senkung der M. ist ein wirksames Mittel der Geld- u. Kreditpolitik.

Mindoro, Insel der Philippinen, waldreiches, vulkan. Gebirgsland, 9735 km², 670 000 Ew.; Hauptort u. Hafen *Calapan.*

Mindszenty ['mindsɛnti], urspr. *Pehm,* József, *1892, †1975, ung. Kardinal (1946); 1945–74 Erzbischof von Gran (ung. Esztergom) u. Primas von Ungarn; als Gegner des Kommunismus 1949–56 in Haft, danach in der US-amerik. Botschaft in Budapest im Exil. 1971 verließ er Ungarn ohne Rehabilitierung (erfolgte erst 1989) u. lebte in Wien.

Mine, 1. unterird. Erzgang, auch Erzgrube. – 2. Einlage in Blei-, Bunt- u. Kugelschreibern. – 3. ein Sprengkörper, der so ausgelegt wird, daß ein Gebiet nicht betreten oder befahren werden kann. Bei den Gelände-M.n unterscheidet man nach der Form *Kasten-M.n* u. *Teller-M.n,* nach dem Anwendungszweck *Panzer-M.n* u. *Schützen-M.n.* – *See-M.n* werden durch *M.nleger* (Überwasserschiffe, U-Boote) ausgelegt. Die *Ankertau-M.* wird ins Wasser geworfen u. bleibt (2–6 m) unter Wasser. *Treib-M.n* schwimmen frei ohne Verankerung. *Grund-M.n* werden in seichten Gewässern auf den Grund gelegt u. bei Annäherung von Schiffen entweder akust. oder magnet. gezündet. – 4. die charakterist. Fraßspur bestimmter Insekten in versch. Pflanzenteilen.

Minensuchboot, *Minenräumboot,* ein kleineres Kriegsschiff, das Minen auf akust., magnet. oder mechan. Weise zur Detonation bringt u. so den Weg für andere Schiffe freimacht.

Mineralbäder, die Benutzung des aus den natürl. Mineralquellen gewonnenen Wassers zu Heilzwecken; auch die Verwendung künstl. oder aus Mineralsalzen angesetzter Wässer in Haus- oder Krankenhauskuren. Die Wirkung der M. beruht auf den in den Wässern gelösten festen oder gasförmigen Stoffen u. eventuellen Temperaturunterschieden.

Mineraldünger →Dünger.

Mineralien [Ez. das *Mineral;* lat.], *Minerale,* alle natürl. gebildeten chem. Substanzen der Erdkruste, die eine bestimmte, mehr oder weniger homogene chem. Zusammensetzung u. eine charakterist. Kristallstruktur aufweisen, sowie bestimmte organ. Verbindungen, die keine Kristallstruktur haben u. in ihrer stoffl. Zusammensetzung schwanken. Sie entstehen vorw. aus übersättigten, wäßrigen oder Schmelzlösungen, wobei sich *Kristalle* bilden, die bestimmte Formgesetze *(Kristallsysteme)* innehalten. Physikalisch erforscht werden opt. Eigenschaften (Farbe, Glanz, Durchsichtigkeit, Lichtbrechung, Dichroismus, Fluoreszenz), Artgewicht u. Härte. Die chem. Untersuchung folgt den Regeln der qualitativen u. quantitativen Analyse. Eine Klassifizierung erfolgt ebenfalls nach chem. Prinzipien: 1. Elemente, 2. Sulfide u. Sulfosalze, 3. Oxide, 4. Haloidsalze, 5. Carbonate, Nitrate, Borate, Sulfate, Wolframate, Phosphate, 6. Silicate, 7. Harze. – T →S. 578.

Mineralisation, der Abbau toter organ. Substanz zu anorgan. (mineral.) Substanz durch *Mikroorganismen.*

Mineralogie, die Wiss. von den *Mineralien.*

Mineralöle, die vorw. bei der Destillation von Erdöl, Stein- u. Braunkohlenteer gewonnenen Öle; Ggs.: fette Öle des Pflanzenreichs.

Mineralquellen, Quellen, deren Wasser *(Mineralwasser)* gegenüber den normalen Quellen einen höheren Gehalt an gelösten festen u. (oder) gasförmigen Stoffen hat; oft als Heilquellen verwendet.

Mineralsalze, i.w.S. die anorgan. Salze; i.e.S. die Salze, die bei der Ernährung von Bedeutung sind.

Mineralstoffwechsel, der Stoffwechsel von Ionen anorgan. Salze im Organismus, so: Kalium-, Natrium-, Calcium-, Magnesium-, Eisen-, Chlorid-, Nitrat-, Sulfat-, Phosphat-Ionen u. andere in geringerer Konzentration (Spurenelemente). Die Aufnahme erfolgt bei Pflanzen nur in Form von Ionen u. hpts. über die Wurzel. Tiere erhalten die Ionen mit der Nahrung u. scheiden sie mit Kot, Harn u. Schweiß wieder aus. Fehlen einer Ionenart führt zu Mangelerscheinungen. Eisen ist Bestandteil des Blutfarbstoffs *Hämoglobin* u. von Enzymen; Magnesium ist ein Teil des Blattgrüns *Chlorophyll;* Nitrat-Ionen sind Grundlage für die gesamte Eiweißproduktion; Phosphat-Ionen sind Bausteine der Erbsubstanz u. von Enzymen; Alkalisalze bedingen das osmot. Gleichgewicht im Körper.

Mineralurgie, die Lehre von der Gewinnung u. Verarbeitung der Mineralien.

Mineralwasser, Wasser, das mindestens 1 g gelöster mineral. Stoffe oder 0,25 g freies Kohlendioxid pro 1 kg enthält. Der Mineralgehalt besteht meist aus Salzen des Natriums, Calciums, Magnesiums, Eisens sowie Aluminiums.

Minerva, altröm. Göttin des Handwerks, der Künstler, Dichter u. Ärzte; der *Athene* gleichgestellt.

Minestrone, *Minestra,* ital. Gemüsesuppe aus allen der Jahreszeit entspr. Gemüsesorten.

Minette, oolith. Brauneisenerz in Lothringen u. Luxemburg; ein phosphorhaltiger *Limonit.*

Minetti, Bernhard, *26.1.1905, dt. Schauspieler; bes. bek. als Charakterdarsteller in Werken T. Bernhards.

Ming, Dynastie 1368–1644 in *China.*

Mingetschaur, Stadt in Aserbaidschan, 65 000 Ew.; Wasserkraftwerk am *M.er Stausee;* Baumwollverarbeitung.

Mingrelien, Ldsch. im westl. Georgien, am Schwarzen Meer, rd. 9100 km², ca. 200 000 Ew. *(Mingrelier);* das antike *Kolchis.*

Mingus ['miŋəs], Charles, *1922, †1979, USamerik. Jazzmusiker (Kontrabaß, Komposition, Bandleader), Vertreter des Modern Jazz.

Minhag, im Judentum der religiöse Brauch u. gottesdienstl. Ritus.

Minho ['minju], **1.** frühere Prov. im nördl. Portugal; ein von schmalen, ebenen Küstenstreifen ansteigendes Bergland *(Serra do Marao* 1415 m); dicht besiedelt. – **2.** port. Name des Flusses →Mino.

Miniaturmalerei, Malerei in kleinem Format, bes. als *Buchmalerei* u. als *Bildnisminiatur.* Textillustrationen schmücken bereits ägypt. Totenbücher des 2. Jt. v. Chr. Die europ. M. fand ihren

MINERALIEN

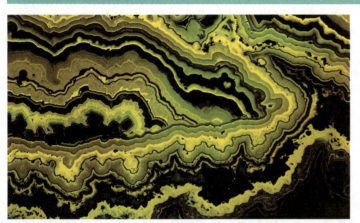

Zu den optischen Erscheinungsmerkmalen von Mineralien zählen die Leuchterscheinungen, die von manchen Kristallen ausgehen, wenn sie von bestimmten Lichtquellen bestrahlt werden. Das rechte Bild zeigt eine schalige Zinkblende im normalen Licht, links das gleiche Mineral im ultravioletten Licht, das eine typische gelbgrüne Farberscheinung hervorruft

Schwefelkristalle

tropfsteinartige, stalagmitische Chalcedon-Gruppe

Beryll mit Glimmer

würfeliger Steinsalzkristall

dunkelblauer Azurit auf Malachit

Bernstein

Minigolf

Höhepunkt in den mittelalterl. Prachthandschriften. Neben Klöster als Pflegestätten der M. traten im 15. Jh. zunehmend bürgerl. Handwerksbetriebe. In der Thematik verstärkte sich der schon im 14. Jh. begonnene Wandel von der fast ausschl. religiösen zur weltl. Darstellung; neue Aufgaben erwuchsen der M. vor allem in der Illustrierung von histor. Handschriften (Weltchroniken), Kriegs- u. Feuerwerksbüchern, naturwiss. Abhandlungen u. Werken der Dichtkunst. Mit dem Aufkommen des Buchdrucks u. der Möglichkeit billiger Vervielfältigung wurde die M., soweit sie als Handschriftenillustrierung betrieben wurde, abgelöst.
Bildnisminiaturen sind kleinformatig gemalte Porträts, die in Schmuckgegenstände eingelassen u. häufig am Hals getragen wurden. Als Malgrund diente vor allem Elfenbein. Die ersten Bildnisminiaturen entstanden im 16. Jh. (H. *Holbein* d. J., B. *Grien*, F. *Clouet*); ihre Blütezeit war im Rokoko.
Minigolf, vom Golf abgeleitetes Spiel auf Kleingolfplätzen. Eine M.anlage besteht aus 18 Betonbahnen mit künstl. Hindernissen; der Ball (3,8 cm Durchmesser) ist mit möglichst wenig Schlägen in das Zielloch jeder Bahn zu bringen.
Minimal Art ['minimǝl a:t], eine Richtung der bildenden Kunst, die gekennzeichnet ist durch eine geometr. Reihung gleicher Elemente, die auf einfache Grundformen (Kuben) reduziert u. häufig überdimensioniert sind. Hauptvertreter der in den 1960er Jahren in den USA entstandenen M. A.: Ronald *Bladen,* Dan *Flavin,* Don *Judd,* Sol *Le Witt,* Robert *Morris* u. Robert *Smithson*. Analog wurden seit den 1970er Jahren bestimmte bewußt einfach gehaltene Kompositionen als **Minimal Music** bezeichnet.
Minimen, lat. *Ordo Minimorum, Mindeste Brüder, Paulaner,* von *Franz von Paula* 1454 gegr. kath. Bettelorden nach verschärfter Franziskanerregel.
Minimum, Tiefstwert; das Kleinste.
Minister, Leiter einer höchsten Staatsbehörde, des Ministeriums. *Staats-M.* ist der Titel für bestimmte parlamentar. Staatssekretäre.
Ministerialbeamte, die in den *Ministerien* des Bundes u. der Länder tätigen Beamten des höheren Dienstes; Rangstufen: *Referent, Oberregierungsrat, Regierungsdirektor, Ministerialrat, Leitender Ministerialrat, Ministerialdirigent, Ministerialdirektor, Staatssekretär.* Staatssekretäre u. Ministerialdirektoren sind sog. *polit. Beamte,* d. h. sie können jederzeit in den Wartestand versetzt werden.
Ministerialen, in fränk. Zeit vom König, von weltl. u. geistl. Herren zu Verwaltungs- u. Kriegsdienst herangezogene *Unfreie in gehobener Stellung,* die meist mit Dienstgütern entlohnt wurden. Daraus entstand seit dem 11. Jh. ein *Dienstadel.*
Ministerium, höchste Staatsbehörde des neuzeitl. Staats, auch unter anderer Bez., z.B. *Departement* (Preußen im 17. u. 18. Jh.; USA, Schweiz) oder *Volkskommissariat* (Sowj. bis 1947); heute als *Fach-M.,* in dem Gesetzesvorlagen vorbereitet u. Haushaltsmittel verwaltet werden. Regelmäßig ist es auch Zentralbehörde einer bes. gebietl. gegliederten Behördenorganisation mit Mittel- u. Unterbehörden.
Ministerpräsident, Bez. für Regierungschef, Premierm.; in Dtld. u. in Östr. *Bundeskanzler*. In den dt. Ländern ist der M. der Vorsitzende der Landesreg. (in Berlin: *Regierender Bürgermeister*, in Bremen: *Präsident des Senats,* in Hamburg: *Erster Bürgermeister*).
Ministerrat, 1. Reg., Gesamtministerium. – **2.** ein bes. Organ der Reg. für bestimmte Fragen, z.B. M. für Wirtschaftsfragen. – **3.** gemeinsames Organ der Europ. Gemeinschaften; →Europäische Gemeinschaft.
Ministrant, *Meßdiener*, im kath. Gottesdienst ein dem Priester am Altar zur Hand gehender Laie.
Min Jiang [-djiaŋ], *Min Kiang,* l. Nbfl. des Chang Jiang (China), 800 km; mündet bei Yibin.
Mink →Nerz.
Minkowski, Hermann, *1864, †1909, dt. Mathematiker; zählt zu den Begr. der *Zahlentheorie*. Der *M.-Raum* dient zur Darstellung physik. Vorgänge in der Einsteinschen Relativitätstheorie.
Minne, im *Lehnswesen* die Bez. für das gegenseitige Treueverhältnis zw. Lehnsherrn u. Lehnsmann. Dieser Begriff wurde im 12. Jh. auf das Liebesverhältnis zw. Ritter u. Dame übertragen: In der höf. Gesellschaft verehrt der Ritter eine hochgestellte, meist verheiratete Dame *(frouwe)* als das Ideal aller Frauen u. vollbringt, um sich der geliebten Herrin würdig zu erweisen, zahlr. Heldentaten *(aventiuren).* →Minnesang.
Minne [min], **1.** George, *1866, †1941, belg. Bildhauer u. Graphiker. – **2.** Richard, *1891, †1965, fläm. Schriftst.
Minneapolis [mini'æpǝlis], größte Stadt des USA-Staats Minnesota, am Mississippi, 435 000 Ew.; Univ. (1851); Getreidehandelszentrum, Maschinen- u. Computerbau.
Minnelli, Liza May, *13.3.1946, US-amerik. Schauspielerin; Tochter von Judy *Garland*; begann als Musicaldarstellerin u. profilierte sich in eigenen Shows; drehte erfolgreiche Filme (»Cabaret«, »New York, New York«, »Rent-a-Cop« u. a.).
Minnesang, die höf. Liebeslyrik des Hochmittelalters, künstler. Ausdruck der *Minne* zw. Ritter u. Dame. Die Blütezeit des M.s waren die Jahre um 1200. Die großen Lyriker dieser Zeit waren *Reinmar von Hagenau, Heinrich von Morungen* u. *Walther von der Vogelweide.* Der M. war immer Gesang: die Noten sind aber in der Regel nicht überliefert. Die Texte sind schon seit dem 13. Jh. aufgezeichnet u. in prunkvollen Handschriften erhalten: *Große Heidelberger Liederhandschrift* (Manessische Handschrift), *Jenaer Liederhandschrift, Weingartner Liederhandschrift* u. a.
Minnesota [mini'sɔutǝ], Abk. *Minn.,* Gliedstaat der →Vereinigten Staaten von Amerika. – **M. River** ['rivǝ], *Saint Peter's River,* r. Nbfl. des Mississippi in M., 534 km; mündet südl. von Minneapolis.
Mino ['minjo], port. *Minho,* der antike *Minius,* Fluß in Galicien (NW-Spanien), 340 km; mündet bei *Caminha* in den Atlantik.
Mino da Fiesole, *1431/32, †1484, ital. Bildhauer der florentin. Frührenaissance.
minoische Kultur, die bronzezeitl. Kultur Kretas, ben. nach dem sagenhaften König *Minos* von Kreta, Teil der *kretisch-mykenischen Kultur.* Die frühminoische Periode dauerte etwa 2600–2000 v. Chr. In der mittelminoischen Periode (2000–1600 v. Chr.) entstanden die ältesten Palastbauten von *Knossos, Phaistos* u. *Mallia.* Um 1700 v. Chr. wurden die ersten Paläste vermutl. durch ein Erdbeben vollst. zerstört. Mit ihrem Wiederaufbau entstand eine neue Blütezeit, die bis in die spätminoische Periode (1600–1150 v. Chr.) reichte. Der Untergang der minoischen Kultur wurde durch Flut- u. Erdbebenkatastrophen um 1500 oder 1470 v. Chr. (Vulkanausbruch des *Santorin*) mit der Zerstörung der Paläste vorbereitet u. mit der krieger. Inbesitznahme der Insel durch die myken. Heerfürsten um 1400 v. Chr. besiegelt.
Minorat, das Vorrecht des Jüngsten auf das Erbe; Ggs.: *Majorat.*
Minorist, ein kath. Kleriker, der wenigstens eine niedere Weihe empfangen hat.
Minorität, Minderheit.

Die wichtigsten gesteinsbildenden Mineralien

Name	Mohs-Härte	Dichte	Farbe	Vorkommen
Andalusit	7,5–8	2,6–2,8	grau, rötlichgelb	Kontaktmineral; in Gneisen und Schiefern
Anhydrit	3–3,5	2,9–3	farblos, weiß, grau, bläulich	in Salzlagern (mit Steinsalz, anderen Kalisalzen u. Gips)
Apatit	5	3,2	farblos oder sehr verschieden gefärbt	in Magmagesteinen, als Knollen in Kalk- oder Dolomitgesteinen
Augit	6	3,3–3,5	pechschwarz, grünlichschwarz	in Ergußgesteinen und metamorphen Gesteinen
Biotit (Magnesiaeisenglimmer)	2,5–3	2,8–3,2	braun, braunschwarz, dunkelgrün	in Magmagesteinen und kristallinen Schiefern
Chlorit	1–2	2,8–2,9	graugrün	in Chloritschiefer
Disthen	4,5–7	3,5–3,7	grau, weiß, meist mit blauen Streifen	in kristallinen Schiefern
Dolomit	3,5–4	2,85–2,95	grauweiß, gelblich, bräunlich	in Dolomit- u. Gipsgestein, Chlorit- u. Talkschiefer
Epidot	6–7	3,3–3,5	dunkelgrün, schwarzgrün, grau	Kontaktmineral
Flußspat	4	3,1–3,2	farblos oder sehr verschieden gefärbt	auf Erzgängen
Gips	1,5–2	2,3–2,4	farblos, weiß, gelblich	in Salzlagern
Glaukonit	2	2,3	graugrün, olivgrün	in Meeressedimenten
Graphit	1	2,1–2,3	schwarz, braunschwarz, stahlgrau	in Gneis, Phyllit und Glimmerschiefer, auf Gängen
Hornblende	5–6	2,9–3,4	schwarz, graubraun, grün	in Magmagesteinen und kristallinen Schiefern
Kalkspat (Calcit)	3	2,6–2,8	farblos, weiß, gelb	in Magmagesteinen
Kaolinit	1	2,2–2,6	weiß, gelb, grünlich, bläulich	Hauptmineral der Kaolinlager
Leuzit	5,5–6	2,5	weiß, grau	in Ergußgesteinen
Magnetit (Magneteisenerz)	5,5	5–5,2	eisenschwarz	in allen Magmagesteinen
Muskowit (Kaliglimmer)	2–2,5	2,78–2,88	farblos, gelblich, bräunlich	in kristallinen Schiefern (Glimmerschiefer, Gneis)
Nephelin	5,5–6	2,6–2,65	weiß, farblos, lichtgrau	in jüngeren Ergußgesteinen
Olivin	6,5–7	3,3	grün, braun, schwarz, gelbgrün	in basischen Magmagesteinen (Basalt, Melaphyr) u. kristallinen Schiefern
Orthoklas (Kalifeldspat)	6	2,53–2,56	farblos, weiß, grünlich, fleischfarben	in fast allen magmatischen u. metamorphen Gesteinen
Plagioklas (Kalknatronfeldspat)	6–6,5	2,61–2,77	farblos, weiß, grünlich, grauschwarz	in fast allen magmatischen u. metamorphen Gesteinen
Pyrit (Eisenkies, Schwefelkies)	6–6,5	5–5,2	messinggelb	in verschiedenartigen Lagerstätten
Quarz	7	2,65	farblos, verschieden gefärbt	in Magma-, Sediment- und metamorphen Gesteinen
Schwerspat	3–3,5	4,48	an sich farblos, weiß, grau	auf Gängen und als Begleiter sulfider Erze
Serpentin	3–4	2,5–2,6	graugrün, gelb	in kristallinen Schiefern
Siderit (Spateisenstein)	4–4,5	3,7–3,9	gelblich, gelbbraun, grau	wichtiges Eisenerz; auf Gängen und in sedimentären Lagerstätten
Sillimanit	6–7	2	gelblichgrau, grünlich, bräunlich	in Gneis und Glimmerschiefer, auf Gängen
Staurolith	7–7,5	3,7–3,8	bräunlichgelb, rotbraun	in metamorphen Gesteinen
Steinsalz	2	1,9–2	farblos, verschieden gefärbt	auf Kalisalzlagerstätten
Talk	1	2,7–2,8	blaßgrün, grau, weiß	in Talkschiefer
Titanit	5–5,5	3,4–3,6	gelb, grünlich, braun, rotbraun	in Magmagesteinen (Syenit) und kristallinen Schiefern

Theseus tötet den Minotauros; Vasenbild auf einer attischen Hydria, 6. Jahrhundert v. Chr. Rom, Museo Gregoriano Etrusco

Minos, in der grch. Sage König von Kreta, Sohn von *Zeus* u. *Europa.* Er wurde nach seinem Tod Totenrichter in der Unterwelt. – M. war urspr. vielleicht der Titel des kret. Königs.

Minot ['mɪnət], George Richards, *1885, †1950, US-amerik. Mediziner; Mitentdecker der Leberbehandlung der perniziösen Anämie; Nobelpreis 1934.

Minotauros, in der grch. Sage ein von *Pasiphaë,* der Frau des *Minos,* geborenes, menschenfressendes Ungeheuer: Mensch mit Stierkopf. Er hauste im *Labyrinth* u. wurde von *Theseus* getötet.

Minsk, Hptst., kulturelles u. wirtschaftl. Zentrum von Weißrußland, 1,5 Mio. Ew.; eine der ältesten Städte Rußlands.

Minstrel, Spielmann u. Sänger im alten England (13.–16. Jh.). – **M.song,** volkstüml. Negergesang des frühen 19. Jh. in N-Amerika.

Mintoff, Dominic,* 6.8.1916, maltes. Politiker (Labour Party); 1955–58 u. 1971–84 Premier-Min.

minus, weniger, abzüglich; mathemat. Zeichen (-) für die Subtraktion.

Minuskel, Kleinbuchstabe; Ggs.: Majuskel.

Minute, 1. Kurzzeichen min, der 60. Teil einer Stunde. – **2.** *Bogen*-M., Kurzzeichen ′, der 60. Teil des Grades eines Winkels.

Minya, *El M.,* ägypt. Prov.-Hptst. am mittleren Nil, 180 000 Ew.; Baumwollhandel.

Minze, *Mentha,* Gatt. der *Lippenblütler.* Von den in Dtld. heim. Arten sind häufig: *Acker-M., Wasser-M., Grüne M., Roß-M., Polei-M.* Die M. findet sich an feuchten Standorten. Die *Pfeffer-M.* ist ein Bastard zw. der Grünen M. u. der Wasser-M. Sie wird wegen des Gehalts an äther. Öl *(Menthol)* feldmäßig angebaut. Die Blätter werden als Magentee verwendet.

Miombo, ein laubabwerfender, offener Trockenwald (Savannenwald) im trop. O- u. S-Afrika.

Miose, *Miosis,* die Pupillenverengung, →Pupille.

Miozän, Zeitabschnitt des *Tertiärs;* →Erdzeitalter.

Miquel ['miːkəl], Johannes von, *1828, †1901, dt. Politiker (Nationalliberaler); führte die Reform der direkten Steuern in Preußen durch (Einführung der Einkommen- u. Vermögensteuer).

Miquelon [mikə'lɔ̃] →Saint Pierre et M.

Mir [russ., »Friede«], **1.** die altruss. Gem. mit Feldgemeinschaft u. solidar. Haftung der Gemeindemitgl. – **2.** eine sowj. bemannte Raumstation, die am 19.2.1986 (MEZ) gestartet wurde u. seitdem die Erde in 300–400 km Höhe umkreist. Sie wird von Solarzellen mit Energie versorgt. An die Station können versch. Module angeschlossen werden, die Forschung sowie Produktion von Werkstoffen im Weltraum ermöglichen.

Mira, *M. Ceti,* veränderl. Stern im Walfisch; verändert sein Licht in 330tägigem Rhythmus; Prototyp einer Klasse von langperiod. Veränderlichen, den *M.sternen.* Diese sind rote Überriesen.

Mira, Brigitte, *20.4.1916, dt. Schauspielerin; Bühnen- u. Fernsehtätigkeit.

Mirabeau [-'bo], Honoré Gabriel de *Riqueti,* Graf von M., *1749, †1791, frz. Politiker; kam 1789 als Abg. des 3. Standes in die Generalstände, trat für eine konstitutionelle Monarchie nach engl. Vorbild ein u. für eine Versöhnung von König u. Volksvertretung; 1791 Präs. der Nationalversammlung.

Mirabelle, eine *Pflaumensorte;* Sonnenfrüchte goldgelb, Schattenfrüchte grünlich-gelb.

Mirakelspiel, *Miracle,* frz. Bez. für ein geistl. Drama aus dem 11. bis 18. Jh., das seinen Stoff aus einer Legende nimmt.

Miranda, einer der Monde des *Uranus.*

Miranda, Bundesstaat in →Venezuela.

Mirikina, ein *Nachtaffe* mit graubraunem Pelz; von Guyana bis Peru verbreitet.

Mirjam, lat. *Maria,* im AT eine Prophetin, Schwester Aarons u. Moses'.

Mirliton [mirli'tɔ̃], eine Membran, durch die Finger oder einen Rahmen gespannt oder als Verschluß einer Röhre. Das M. wird angesungen; es ist bek. u. a. als Kammblasen.

Miró, Joan, *1893, †1983, span. Maler u. Graphiker; anfangs vom Kubismus beeinflußt; entwickelte seit 1924 einen weitgehend abstrakten, von Symbolen u. figurativen Bildzeichen geprägten Stil.

Mirza, pers. Titel: vor dem Namen »Herr«; hinter dem Namen Titel der Prinzen.

Mirzapur [-za-], ind. Stadt im SO des Bundesstaats Uttar Pradesh, 150 000 Ew.; hinduist. Wallfahrtsort.

Misanthrop, Menschenfeind.

Mischabelhörner, vergletscherte Berggruppe in den Walliser Alpen (Schweiz), im *Dom* 4545 m.

Mischehe, 1. die Ehe zw. Personen versch. Rasse; gelegentl. staatl. verboten (z.B. im Apartheidsregime der Rep. Südafrika). – **2.** die Ehe zw. Personen versch. Religion oder Konfession.

Mischling, 1. jede Person, deren Eltern versch. Rassenkreisen angehören. Bez. für Mischlinge sind z.B.: *Halfcast (Eurasier):* Weiße u. Inder; *Mestizen:* Weiße u. Indianer; *Mulatten:* Weiße u. Schwarze; *Zambos (Sambos):* Schwarze u. Indianer oder Schwarze u. Mulatten. – **2.** *Biol.:* →Bastard.

Mischna, jüd. Sammlung der Gesetzesüberlieferung am Ende des 2. Jh. n. Chr.; Grundlage des →Talmud.

Mischnick, Wolfgang, *29.9.1921, dt. Politiker (FDP); 1961–63 Bundesvertriebenen-Min., 1968–91 Fraktionsvors. im Bundestag.

Mischpult, elektr. Gerät mit mehreren Eingängen, Meßgeräten u. Reglern zur Mischung von Tonfrequenzspannungen (von Mikrophon, Rundfunkgerät, Plattenspieler), die an einen einzigen Ausgang geführt werden.

Mischwald, aus zwei oder mehreren Holzarten zusammengesetzter Wald, in dem keine Baumart über 90% der Fläche einnehmen darf.

Misdroy, poln. *Międzyzdroje,* Stadtteil von Swinemünde, in Pommern, auf der Insel Wollin, 6000 Ew.; Ostseebad.

Misereor, 1959 gegr. bischöfl. Fasten- u. Spendenaktion der dt. Katholiken zur Bekämpfung von Hunger u. Krankheit in der Welt.

Miserere, ein kath. Kirchengesang für Buß-, Trauer- u. Passionsfeiern.

Misericordias Domini [lat., »Barmherzigkeit des Herrn«], der 2. Sonntag nach Ostern; ben. nach dem Introitus (Ps. 33,5).

Mises, 1. Ludwig von, *1881, †1973, östr. Nationalökonom; lebte seit 1945 in den USA; Vertreter des Neoliberalismus. – **2.** Richard von, *1883, †1953, östr. Mathematiker; bed. Arbeiten zur Wahrscheinlichkeitsrechnung.

Mishima, Jukio, eigtl. *Hiraoka Kimitake,* *1925, †1970 (Selbstmord), jap. Schriftst.; Hauptvertreter einer patriot.-nationalist. Richtung.

Misiones, Prov. in →Argentinien.

Miskolc ['miʃkolts], ung. Komitats-Hptst., nahe dem Sajo, 210 000 Ew.; TH; vielseitige Ind.; Thermalbad.

Misool ['misɔːl], von Korallenriffen gesäumte, bergige Insel westl. von Neuguinea, 1750 km².

Mispel, *Mespilus,* Gatt. der *Rosengewächse.* Die *Echte M.* ist ein bis 3 m hohes Bäumchen. Heimat: Vorderer Orient.

Misquito [-'kito], *Mosquito,* Indianervolk mit starkem afrik. Einschlag an der Mosquitoküste Nicaraguas.

Misrach, die Gebetsrichtung des jüd. Beters zum Tempel in Jerusalem oder nach O.

Miß, engl. Anrede: Fräulein.

Missale [das], *M. Romanum,* das Meßbuch der röm.-kath. Kirche.

Missa solemnis, das frühere feierl. Hochamt der kath. Kirche; Kompositionen u. a. von L. van *Beethoven* u. A. *Bruckner.*

Mißbildungen, Abweichungen in der Ausbildung des Normaltyps von Lebewesen, die meist durch Störungen der Wachstumszentren der Organe oder des ganzen Organismus bedingt sind; mögl. Ursachen: Erbanlagen, chem. Substanzen, ionisierende Strahlung u. a.

Mißbrauch →Rechtsmißbrauch.

Mißhandlung →Körperverletzung, →Tierquälerei.

Missing link, engl. Bez. für ein fehlendes Bindeglied in den Evolutionsreihen der Organismen, bezogen v. a. auf die Übergangsformen zw. Mensch u. Menschenaffen.

Missingsch, *Missingisch, Messingsch, Messingisch,* mit niederdt. Elementen vermischtes Hochdt. in N-Dtld.

MISSIO, internat. kath. Missionswerk.

Missio canonica, die Verleihung eines kirchl. Amts mit Jurisdiktionsgewalt u. die Verleihung der kirchl. Lehrbefugnis in der kath. Kirche.

Mission, 1. die Ausbreitung insbes. des christl. Glaubens unter Andersgläubigen, bes. die Aussendung von Lehrern u. Predigern (Missionare) zu diesem Zweck. Man unterscheidet zw. *Äußerer M.* (unter Nichtchristen), *Volks-M.* (in christl. Ländern) u. *Innerer M.* (die Arbeit der Kirche im eigenen Land). – **2.** 1. ein Auftrag an diplomat. Vertreter zur Erfüllung bes. Aufgaben; 2. allg. die Auslandsvertretung.

Mississippi, 1. Abk. *Miss.,* Gliedstaat im S der →Vereinigten Staaten von Amerika. – **2.** längster Fluß u. bed. Schiffahrtsweg N-Amerikas, 3778 km; entwässert mit 3,25 Mio. km² Einzugsgebiet fast 40% der USA (über 100 große Nebenflüsse). Der M. entspringt aus dem *Lake Itasca* im nördl. Minnesota. Oberhalb von St. Louis vereinigt er sich mit dem *Missouri.* Bereits ab Baton Rouge bildet er

Juan Miró: Die kleine Blonde im Vergnügungspark; 1950. Berlin, Neue Nationalgalerie

580 Missouri

Mistel

mehrere Seitenarme, die z. T. selbst. in den Golf von Mexiko münden.
Missouri [-'suri oder -'zuəri], **1.** Abk. *Mo.,* Gliedstaat der →Vereinigten Staaten von Amerika. – **2.** längster Nbfl. des Mississippi, mündet bei St. Louis, 3725 km.
Mißtrauensvotum, der Beschluß des Parlaments, dem Regierungschef oder einem Min. das Vertrauen zu entziehen u. ihn dadurch zum Rücktritt zu zwingen. Der dt. Bundestag muß beim M. gegen den Bundeskanzler zugleich einen Nachfolger wählen. Damit wird vermieden, daß man sich zwar über den Sturz der Reg. einigt, aber nicht über deren Nachfolge *(konstruktives M.).*
Mißweisung →magnetische Mißweisung.
Mistel, zu den *M.gewächsen* gehörender, immergrüner Halbschmarotzer, der v. a. Laubhölzer befällt. Die von Vögeln auf andere Bäume übertragenen Samen bilden eine Haftscheibe, von der aus die primäre Saugwurzel in die Rinde eindringt; von dort aus dringen sekundäre Senker in den Holzkörper ein. Der Parasitismus besteht darin, daß die M. den Wirtspflanzen Wasser u. Mineralstoffe entnimmt. – *M.-Extrakte* werden arzneil. (Wirkstoff: Lektin) zur Förderung der Abwehrbereitschaft des Immunsystems genutzt. – Die M. spielt im engl. Weihnachtsbrauchtum eine Rolle.
Mister, Abk. *Mr.,* engl. Anrede: Herr.
Misti, tätiger Vulkan in den Anden, bei Arequipa (S-Peru), 5842 m.
Mistkäfer, *Roßkäfer,* Unterfam. der *Skarabäen;* Käfer von etwa 20 mm Länge, stahlblauer bis schwarzer glänzender Panzer; ernährt sich vom Mist von Pflanzenfressern, den er zu Kugeln rollt.
Mistral, sturmartig einsetzender, kalter, trockener N-Wind im südl. Frankreich.
Mistral, 1. Frédéric, *1830, †1914, frz.-provençal. Schriftst.; Vorkämpfer der Neubelebung der provençal. Schriftsprache; Nobelpreis 1904. – **2.** Gabriela, *1889, †1957, chilen. Schriftst. (humanist.-christl. Lyrik); Nobelpreis 1945.
Mistras, byzantin. Ruinenstadt in Griechenland; seit 1349 Sitz des byzantin. Statthalters u. Mittelpunkt des byzantin. Geisteslebens; verfiel seit 1834.
Miszellen, Kurzbeiträge für wiss. Ztschr.
Mitanni, hurrit. Staat in Mesopotamien zw. oberem Euphrat u. Tigris, mit der Hptst. *Wassukanni,* um 1600–1250 v. Chr. →Hurriter.
Mitbestimmung, die Mitentscheidung u. Mitwirkung der Arbeitnehmer durch ihre Vertretungen bzw. Vertreter in Wirtschaftsbetrieben u. Behörden der BR Dtld. In kleineren u. mittleren Betrieben steht das Recht zur innerbetriebl. M. ausschl. dem Betriebsrat zu. Geregelt wird die M. durch das Gesetz vom 4.5.1976. Die M. der Arbeitnehmer in den Unternehmungen des Bergbaus sowie der Eisen u. Stahl erzeugenden Ind. ist durch das Mitbestim-

mungsgesetz vom 21.5.1951 *(Montanmodell)* bes. geregelt. Die M. der Beamten, Angestellten u. Arbeiter des *öffentl. Dienstes* ist im *Personalvertretungsgesetz* vom 15.3.1974 geregelt, nach dem bei jeder Dienststelle von den Bediensteten ein dem Betriebsrat entspr. *Personalrat* zu wählen ist.
Mitchell ['mitʃəl], **1.** Margaret, *1900, †1949, US-amerik. Schriftst.; errang einen Welterfolg mit ihrem Roman über den Sezessionskrieg: »Vom Winde verweht«. – **2.** Peter Dennis, *1920, †1992, brit. Biochemiker; Arbeiten über biolog. Energieübertragung; Nobelpreis für Chemie 1978.
Mitchum ['mitʃəm], Robert, *6.8.1917, US-amerik. Filmschauspieler; bek. durch Rollen in Kriegs- u. Westernfilmen.
Mitella, *Armschlinge, Armtragetuch,* ein Tuchverband, der um den Nacken geschlungen wird u. in dem der Arm hängend ruht.
Miterbe, der neben anderen als *Erbe* Berufene (Ggs.: *Alleinerbe);* bei der *gesetzl. Erbfolge* regelmäßig jeder Angehörige derselben Erbordnung. Die M. bilden eine Erbengemeinschaft.
Mitesser, *Komedonen,* Talg, der die Ausführungsgänge der Hauttalgdrüsen verstopft u. sich mit Staub an der Oberfläche schwarz färbt.
Mitgift, die der Tochter gewährte →Ausstattung.
Mithradates, *Mithridates,* mehrere Könige von Pontos. – *M. VI. Eupator,* *132 v. Chr., †63 v. Chr. (Selbstmord), war ein gefürchteter Feind der Römer.
Mithras, *Mithra, Mitra,* Gottheit des Rechts u. des Vertrags in Indien; Erlöser-Gottheit der späteren pers. Mysterienreligion, die von röm. Legionären bis weit nach Germanien verbreitet wurde. M. wurde mit dem Sonnengott gleichgesetzt. Sein Festtag war der 25. Dezember (Wintersonnenwende).
Mitla, Ruinenstätte im mex. Bundesstaat Oaxaca; Residenz der *Zapoteken,* ab 1300 bis zur Eroberung durch die Spanier der *Mixteken.*
Mitlaut →Konsonant.
Mito, jap. Präfektur-Hptst. nordöstl. von Tokio, 229 000 Ew.; Schloßstadt mit berühmten Parkanlagen.
Mitochondrien, *Chondriosomen,* faden- bis kugelförmige Zellorganellen. Ihre wichtigste Funktion ist Energiegewinnung durch oxidative Phosphorylierung bei der Zellatmung. Sie bewegen sich in der Zelle u. gelangen so zu Orten des Energiebedarfs («fahrende Kraftwerke«). Sie enthalten *DNS* u. üben genet. Funktionen aus.
Mitose, die indirekte →Kernteilung.
Mitra, 1. pers. Gottheit: →Mithras. – **2.** die Bischofsmütze *(Inful);* in Babylonien u. Assyrien Kopfbedeckung der Könige; in röm. Zeit Frauenhaarband.
Mitraschnecken, *Mitra,* Gattung von Meeresschnecken mit Gehäusen, die an die Bischofsmütze erinnern.
Mitropoulos [-puləs], Dimitri, *1896, †1960, US-amerik. Dirigent grch. Herkunft.
Mitsawa →Massaua.
Mitscherlich, 1. Alexander, Sohn von 3), *1836, †1918, dt. Chemiker; fand 1876 das Verfahren zur Gewinnung von Cellulose aus Fichtenholz. – **2.** Alexander, *1908, †1982, dt. Mediziner u. Psychologe; bek. durch sozialkrit. Arbeiten u. als einer der Initiatoren der *Friedensforschung;* erhielt 1969 zus. mit seiner Frau Margarete M. den Friedenspreis des Dt. Buchhandels; W »Die Unfähigkeit zu

Mistkäfer: Das Männchen formt eine Dungkugel, die es als Futter für seine Larven vergräbt

trauern«. – **3.** Eilhard, *1794, †1863, dt. Chemiker; entdeckte die Isomorphie u. die Polymorphie von Kristallen.
Mitschurin, Iwan Wladimirowitsch, *1855, †1935, russ. Obstzüchter. Durch Artkreuzung gelang es ihm, frostresistente Obstsorten zu schaffen. Er lehnte die *Mendelschen Gesetze* für den Obstbau ab. Die erzielten Veränderungen beim *Pfropfen* hielt er irrtüml. für erblich.
Mitsubishi [-ʃi], Gruppe von jap. Unternehmen, deren Geschäftsbereich fast alle Industriezweige, Handel, Bank- u. Versicherungswesen umfaßt.
Mitsui, ältester jap. Familienkonzern; entwickelte sich seit dem 17. Jh. aus einem Pfandleihgeschäft.
Mitsunaga, Kasuga, jap. Maler, in der 2. Hälfte des 12. Jh. als Hofmaler tätig.
Mittag, als Zeitpunkt: Ein Ort hat M., wenn die Sonne seinen Meridian überschreitet. – *M.slinie,* die Verbindungslinie des N- u. S-Punkts in der Ebene des Horizonts.
Mittag, Günther, *1926, †1994, DDR-Politiker; 1962–73 u. 1976–89 Sekretär des ZK der SED (für Wirtsch. zuständig), 1973–76 Erster Stellvertreter des Vors. des Ministerrats der DDR; verlor nach dem Umsturz 1989 alle Ämter u. wurde aus der Partei ausgeschlossen.
Mittäterschaft, das gemeinsame Begehen einer Straftat als Täter, zu unterscheiden von der Teilnahme.
Mittelalter, Abk. *MA, lat. media aetas, medium aevum,* von den Humanisten geprägter Begriff für den Zeitraum zw. *Altertum* u. *Neuzeit.* Innerhalb dieses aus rein prakt. Gründen auf ca. 500 bis 1500 festgesetzten Zeitraums vollzog sich die für Europa wesensbestimmende Verschmelzung von *Germanentum, Christentum* u. dem Erbe der *Antike.* Tiefgreifende Wandlungen der gesellschaftl. u. wirtsch. Struktur bestimmen das Bild des MA: von der Adels- u. Grundherrschaft im *Früh-M.* (ca. 6.–9. Jh.) über das aufblühende Rittertum u. Lehnswesen im *Hoch-M.* (10.–13. Jh.) bis zum erstarkenden Bürgertum im *Spät-M.* (13.–15. Jh.). Wenn das MA dennoch das Bild einer durchaus eigenständigen Epoche bietet, so trugen der auch polit. wirksame Gedanke von der Einheit des christl. *Abendlands* u. in erster Linie die Kirche dazu bei.
Mittelamerika, zusammenfassende Bez. für *Zentralamerika* (mit Mexiko) u. *Westindien.*
mittelamerikanische Kulturen, die altamerik. Kulturen im Gebiet des heutigen Mexiko, Guatemala, Honduras, Nicaragua, Costa Rica u. Panama vor der Zeit der span. Eroberung. Im Hochtal von Mexiko war vor der Zeit der La-Venta-Kultur, beeinflußte Kultur von *Tlatilco* die wichtigste unter den archaischen Kulturen.
Um 200 v. Chr. trat die klass. Kultur von *Teotihuacan* (Blüte um 500 n. Chr.) hervor. Sie beeinflußte weite Teile Mittelamerikas. Die *Tolteken,* die im 10. Jh. in das Hochtal von Mexiko einbrachen, waren bis zur Mitte des 12. Jh. polit. u. kulturell führend. Nach dem Untergang ihrer Hptst. Tula (um 1160) folgten neue Gruppen der *Nahua-Völker.* Eine der letzten dieser Gruppen waren die *Azteken,* deren mächtiges Reich im Hochtal von Mexiko erst mit der Eroberung durch die Spanier endete (1521 Zerstörung Tenochtitlans). Die Steinplastik erreichte in dieser Zeit ihren Höhepunkt. Viele der Kunstwerke, bes. die farbenprächtigen Bilderhandschriften, die die Spanier von den Azteken erbeuteten, waren jedoch Erzeugnisse der *Mixteken* (*Mixteca-Puebla-Kultur,* 800–1521). Sie traten um 1100 die Nachfolge der *Zapoteken* (Blütezeit 3.–5. Jh.) in deren Zentren *Mitla* u. *Monte Albán* an. An der mex. Golfküste blühte zu dieser Zeit die klass. Kultur von *Veracruz* (*Tajín-Kultur,* 300–650). Hauptsitz war die heutige Ruinenstadt *El Tajín;* sie war zur Zeit der span. Eroberung von den *Totonaken* bewohnt. Schon sehr früh bestanden Beziehungen zw. Monte Albán u. der älteren *Maya-Kultur* (→Maya) im sö. Mexiko u. in Guatemala (etwa 500 v. Chr. – 900 n. Chr.).
Mittelatlantischer Rücken, ein untermeer. Gebirge im Atlantik, das sich durch den ganzen Ozean von Island im N bis zu den Bouvet-Inseln auf 55 °S hinzieht. Es teilt den Atlantik in die *Westatlantische* u. die *Ostatlantische Mulde.*
Mittelberg, östr. Höhenluftkurort im Hinteren Bregenzer Wald, in Vorarlberg, 1218 m ü. M., 4600 Ew.
Mitteldeutschland, im natur- u. wirtschaftsgeograph. Sinn der Raum zw. Harz, Elbe, Erzgebirge u. Thüringer Wald.

Völker und Kulturen Mittelamerikas
- Maya
- Nahua
- Otomi
- Mixteken
- Totonaken
- Zapoteken
- Tarasken
- • wichtige Fundorte und Städte

Mitteleuropa, das Kernstück Europas, zw. Nord- u. Ostsee u. Alpen.

Mitteleuropäische Zeit, Abk. *MEZ,* die mittlere Ortszeit des 15. Längenkreises östl. von Greenwich. Sie liegt um eine Stunde vor der Weltzeit u. dient als *Zonenzeit* in: Skandinavien, Dtld., Polen, Benelux, Frankreich, Spanien, Östr., Tschech. u. Slowak. Rep., Ungarn, Kroatien, Slowenien, Bosnien-Herzegowina, Jugoslawien, Schweiz, Italien u. mehreren afrikan. Ländern.

Mittelfranken, bay. Reg.-Bez., 7290 km², 1,5 Mio. Ew., Hptst. *Ansbach.*

Mittelgebirge, Gebirge bis zu 1000 m, vereinzelt auch bis zu 1500 m, die sich v. a. durch abgerundete Formen auszeichnen.

Mittelgewicht, eine der →Gewichtsklassen in der Schwerathletik.

Mittelhand, Abschnitt der vorderen Gliedmaßen der vierfüßigen Wirbeltiere zw. Handwurzel u. Fingern, aufgebaut aus 5 *M.knochen (Metacarpalia).* Beim Menschen bildet die M. die Handfläche.

Mittelhochdeutsch, Abk. *mhd.,* →deutsche Sprache.

Mittelholzer, Walter, *1894, †1937 (Unfall), schweiz. Flieger u. Schriftst.; bahnbrechend auf dem Gebiet der Luftphotographie.

Mittelländisches Meer, das Europ. →Mittelmeer.

Mittellandkanal, i.w.S. Wasserstraßenverbindung zw. Rhein u. Elbe; verbindet beide Ströme durch die Teilstrecken *Lippe-Seitenkanal, Rhein-Herne-Kanal, Dortmund-Ems-Kanal* u. den *M. i.e.S. (Ems-Weser-Elbe-Kanal);* zus. 465 km; 1938 eröffnet.

mittellateinische Literatur, das christl., von Geistlichen für die Bedürfnisse der Kirche, der Klöster oder der Fürstenerziehung geschaffene Schrifttum des europ. MA in mittel- oder vulgärlat. Sprache. Hierzu zählen u. a. wiss. u. theolog. Literatur, Dichtungen über bibl. Stoffe, geistl. Spiele sowie weltl. Liedsammlungen (u. a. *Carmina Burana).*

Mittelmächte, auch *Zentralmächte,* Dtld. u. Östr.-Ungarn, dann auch deren Verbündete, die Türkei u. Bulgarien, im 1. Weltkrieg.

Mittelmark, mittlerer Teil von Brandenburg, das Gebiet um u. südl. von Berlin.

Mittelmeer, 1. allg. Bez. für ein Nebenmeer, das zw. großen Landmassen eingebettet ist. Man unterscheidet *interkontinentale* (z.B. das Europ. u. das Amerik. M.) u. *intrakontinentale* M.e (z.B. die Ostsee, die Hudson-Bai, das Rote Meer u. der Pers. Golf). – **2.** *Europäisches M., Mittelländisches Meer,* das M. zw. S-Europa, Kleinasien u. N-Afrika; größtes Binnenmeer der Erde, 2,5 Mio. km², bis 5121 m tief; infolge starker Verdunstung hoher Salzgehalt (3,8%); durchschnittl. Wassertemperatur 13 °C (im Sommer bis 29 °C); geringe Gezeitenwirkung; 4 Tiefseebecken, die von untermeer. Schwellen u. Rücken begrenzt werden: das *Algerisch-Provençalische,* das *Tyrrhenische,* das *Ionische* u. das *Levantische Becken.*

Mittelmeerklima, *Etesienklima,* ein sich durch heiße, trockene Sommer u. milde, feuchte, fast frostfreie Winter auszeichnender Klimatyp (auch subtrop. Winterregenklima).

Mittelohr →Ohr. – **M.entzündung.** *Otitis media,* die häufigste, mit Schmerzen u. Fieber einhergehende Erkrankung des Ohrs. Die eitrige Entzündung wird durch direkte Infektion des M.s bei Trommelfellverletzungen, durch Aufwandern einer Infektion in der Ohrtrompete oder auf dem Blutweg ausgelöst.

Mittelöle, *Carbolöle,* Mineralöle, die bei der Steinkohlenteer-Destillation anfallen; als Dieseltreibstoff oder Heizöl verwendet.

Mittelschule, bis 1964 Bez. für →Realschule.

Mittelstand, die Gesamtheit der soz. Schichten zw. der Arbeiterschaft u. der wirtsch. Oberschicht: handwerkl. Berufe, freie Berufe, Dienstleistungsgewerbetreibende, Beamte, Angestellte u. qualifizierte Facharbeiter.

Mittelsteinzeit, *Mesolithikum,* die in die Nacheiszeit fallende, auf die Altsteinzeit folgende vorgeschichtl. Epoche (etwa 9.–5. Jt. v. Chr.). Die Lebensgrundlage bildeten das Sammeln von Wildfrüchten u. -getreide, die Jagd, der Vogel- u. Fischfang u. die Weichtierernährung. Mit dieser Wirtschaftsweise war eine längere Seßhaftigkeit verbunden. →Vorgeschichte.

Mittelstreckenraketen, militär. Flugkörper mit einer Reichweite von 1000 bis 5500 km; können mit nuklearen Sprengköpfen versehen sein. 1987 verpflichteten sich die USA u. die Sowjetunion ihre M. schrittweise zu zerstören.

Mittelwellen, Abk. *MW.* Wellen des elektromagnet. Spektrums von etwa 100 m (3000 kHz) bis 1000 m (300 kHz) Wellenlänge. Speziell für die internat. Rundfunkdienste ist der Bereich von 535 kHz bis 1605 kHz freigegeben.

Mittelwert, Durchschnittswert; von *n* Zahlen $a_1, a_2, \ldots, a_n$ ist das *arithmetische Mittel* durch

$$\frac{1}{n}(a_1 + a_2 + \cdots + a_n),$$

das *geometrische Mittel* durch

$$\sqrt[n]{a_1 \cdot a_2 \cdots \cdot a_n},$$

das *harmonische Mittel* durch

$$n \Big/ \left(\frac{1}{a_1} + \frac{1}{a_2} + \cdots + \frac{1}{a_n} \right)$$

gegeben. →Wahrscheinlichkeitsrechnung.

Mittelwort →Partizip.

Mittenwald, oberbay. Markt u. Luftkurort an der Isar, zw. Karwendel- u. Wettersteingebirge, 920 m ü. M., 8400 Ew.; berühmtes Zentrum für Musikinstrumentenbau (bes. Violinen).

Mitterer, Erika, verh. *Petrowsky,* *30.3.1906, östr. Schriftst.

Mitterhofer, Peter, *1822, †1893, östr. Erfinder; baute 4 Exemplare einer Schreibmaschine (2 aus Holz).

Mittermaier, Rosi, *5.8.1950, dt. Skiläuferin; Olympiasiegerin 1976 (Abfahrt u. Slalom).

Mitternachtssonne, die in den arkt. Zonen im Sommer eine Zeitlang (am Pol ein halbes Jahr) auch während ihrer unteren Kulmination (um Mitternacht) über dem Horizont bleibende Sonne.

Mitterrand [mitɛˈrã], François, *26.10.1916, frz. Politiker; in den Präsidentschaftswahlen 1965 u. 1974 Kandidat der Linksparteien, 1971–81 Erster Sekretär der neuen Sozialist. Partei; 1981–95 Staats-Präs.

Mittersill, östr. Markt u. Höhenluftkurort an der Salzach, Hauptort des *Oberpinzgaus,* 790 m ü. M., 5000 Ew.

Mitterteich, bay. Stadt in der Oberpfalz, 6400 Ew.; Glas- u. Porzellanind.

mittlere Reife, Schulabschluß an einer Realschule, einer Hauptschule, dem Gymnasium u. der Gesamtschule nach Abschluß der 10. Klasse.

Mittlerer Osten, der im wesentl. von Afghanistan, Indien u. Pakistan eingenommene Raum zw. dem *Nahen* u. dem *Fernen Osten.* Im anglo-amerik. Sprachbereich versteht man unter *Middle East* dagegen die arab. Länder um den Pers. Golf bis nach Libyen (N-Afrika).

Mittweida, Stadt in Sachsen, an der Zschopau, 19 300 Ew.; Ingenieurschule; Textil- u. feinmechan. Ind.

Mitverschulden, das eigene Verschulden des Verletzten bei Entstehung eines Schadens.

Mixed Media [mikst ˈmiːdiə], *Multimedia,* Kunstbestrebungen der Gegenwart, die durch Aufhebung der Gattungsgrenzen von Architektur, Malerei u. Plastik, durch Einbeziehung von Wort u. Ton u. durch Gleichsetzung von Kunst u. Leben gekennzeichnet sind.

mixolydisch, eine der 12 →Kirchentonarten.

Mixteken [mis-], im W des Bundesstaats Oaxaca u. im Bundesstaat Puebla in Mexiko lebender Indianerstamm mit eigener, heute noch 200000 Menschen gesprochener Sprache der *Oto-Mangue-Familie.* In vorspan. Zeit waren die M. Träger der *Mixteca-Puebla-Kultur* (800–1521): Hauptzentrum *Cholula,* Ruinenstätte *Mitla.* 1506 wurden sie von den *Azteken* unterworfen.

Mixtur, 1. Mischung. – **2.** Orgelregister mit mehreren Pfeifenarten.

Miyamoto, Yuriko, *1899, †1951, jap. Schriftst.; kämpfte für soz. Reformen u. Frauenemanzipation.

Miyazaki, jap. Präfektur-Hptst. an der Ostküste von Kyushu, 280000 Ew.

Mizoram, Bundesstaat in →Indien.

Mjaskowskij, Nikolaj Jakowlewitsch, *1881, †1950, russ. Komponist; Schüler N. *Rimskij-Korsakows.*

Mjöllnir, *Mjölnir,* der Hammer des german. Bauern- u. Wettergotts *Thor,* Sinnbild des Blitzes.

Mjösa, *Mjös(en)-See,* größter See Norwegens, nördl. von Oslo, 366 km².

MKS-Systen, Einheitensystem der Physik mit den Grundeinheiten *Meter, Kilogramm* u. *Sekunde.*

Mlle., Abk. für *Mademoiselle.*

mm, Abk. für *Millimeter.*

M.M., Abk. für *Metronom Mälzel.*

Mme., Abk. für *Madame.*

Mn, chem. Zeichen für *Mangan.*

Mnemosyne, Mutter der grch. *Musen,* Göttin der Erinnerungsgabe.

Mnemotechnik, früher *Mnemonik* (grch.), »Gedächtniskunst«, die Unterstützung des Gedächtnisses durch Bildung fester *Assoziationen,* z.B. durch Bilder oder Verse.

Mnouchkine [mnuʃˈkiːn], Ariane, *3.3.1938, frz. Theaterleiterin, Regisseurin u. Schauspielerin.

Mo, chem. Zeichen für *Molybdän.*

Moab, *Moav,* Mittelstück des ostjordan. Berglands in Jordanien, östl. des Toten Meers; Hauptorte: *Madaba* im N, *El Karak* im S; ehem. von den semit. **Moabitern** bewohnt, die von *David* unterworfen u. später assyr. Untertanen wurden.

Moabit, Ortsteil des Westberliner Bez. Tiergarten.

Moas, *Dinornithidae,* ausgestorbene Fam. neuseeländ. straußenähnl. Verwandter des noch jetzt dort lebenden *Kiwis.* Die robust gebauten M. erreichten in den größten Arten 3,50 m.

Mob, Pöbel, Gesindel.

Möbel, bewegl. Einrichtungsgegenstände; nach Zweck u. Beschaffenheit unterteilt in *Kasten-M.* (Schränke, Truhen, Kommoden), *Tafel-M.* (Tische, Schreib- u. Lesepulte), *Sitz-* u. *Liege-M.* (Stühle, Bänke, Betten u. a.).

Mobile, von A. *Calder* geprägte Bez. für bewegl.

582 Mobile

meist frei im Raum schwebende, ausbalancierte Plastiken; heute oft als Dekorationsmittel.

Mobile [mou'bi:l], Hafenstadt im USA-Staat Alabama, an der Mündung des *M. River* in den Golf von Mexiko, 204 000 Ew.; vielseitige Ind.

mobilisieren, bewegl. machen, in Bewegung setzen; Truppen auf Kriegsstand bringen **(Mobilmachung);** Kapitalien flüssig machen.

Mobilität, Beweglichkeit.

Möbius, 1. August Ferdinand, *1790, †1868, dt. Mathematiker u. Astronom; schuf die »homogenen« Koordinaten. – **M.sches Band,** ein Papierstreifen, bei dem die beiden Schmalseiten zusammengeklebt sind, nachdem das Band ½mal in sich gedreht worden ist. Es hat nicht, wie ein Ring, eine Innen- u. eine Außenseite, sondern ist eine *einseitige Fläche*. – **2.** Karl August, *1825, †1908, dt. Zoologe; wies als erster auf die Beziehungen der Lebensgemeinschaft *(Biozönose)* hin.

Mobutu, Sese Seko Kuku, bis 1972 Joseph-Désiré M., *14.10.1930, Offizier u. Politiker in Zaire; übernahm durch Staatsstreich 1960 die Reg., gab sie aber 1961 an zivile Politiker zurück. 1965 machte er sich durch einen zweiten Staatsstreich zum Präs. der Rep. (1966 auch Min.-Präs.) u. liquidierte seine polit. Gegner.

Moçambique [mosam'bik], Hafenstadt im N der gleichn. Republik in O-Afrika, auf einer Insel vor der Küste, 20 000 Ew.

Moçambique [mosam'bik], Staat an der SO-Küste Afrikas, 801 590 km², 16,1 Mio. Ew. (Bantuneger), Hptst. *Maputo.*

Landesnatur. M. wird überwiegend von einem

Moçambique

1000–2000 m hohen Tafelland mit aufgesetzten Inselbergen eingenommen. An der Küste u. im S erstreckt sich z. T. versumpftes Flachland. Das trop. Klima wird von den sommerl. Monsunregenfällen bestimmt. Der größte Teil des Landes wird von Trockenwäldern u. Savannen eingenommen. Wirtschaft. Die wichtigsten Exportprodukte der Landw. sind Cashewnüsse, Baumwolle u. Zuckerrohr. Sie liefern über 50% des gesamten Ausfuhrwerts. Der Abbau der umfangreichen Bodenschätze (Kohle, Erdöl, Eisen, Bauxit u. a.) hat erst begonnen. Das Wasserkraftwerk *Cabora Bassa* am Sambesi ist der wichtigste Erzeuger von elektr. Energie. Geschichte. 1505 besetzte Portugal die Küste M. 1752 wurde das Gebiet port. Kolonie; auf der Berliner Kongo-Konferenz wurden die Grenzen M. endgültig festgelegt. 1951 wurde M. zur port. Überseeprovinz erklärt. Seit 1964 führte die Guerillabewegung FRELIMO einen Befreiungskrieg gegen das Mutterland. 1975 wurde die unabhängige Volksrepublik M. proklamiert. Seit 1986 ist J.A. *Chissano* Staats-Präs. 1990 wurde die Volksrepublik M. zur demokrat. Rep. M. 1992 schlossen die rechtsgerichteten RENAMO-Rebellen, die seit 1977 einen Guerillakrieg führten, einen Friedensvertrag mit der Reg.

Moche-Kultur ['motʃə-], frühe Hochkultur an der Nordküste von Peru; Blütezeit im 1. Jh. n. Chr.

Mock, Alois, *10.6.1934, östr. Politiker (ÖVP); 1979–89 Obmann der ÖVP; 1987–89 Vizekanzler, seit 1987 Außenmin.

Moctezuma → Motecuzoma.

Modalität, der jeweilige Zustand, die Art u. Weise, Umstände.

Modalnotation → Mensuralnotenschrift.

Mode, die der kurzfristigen Veränderlichkeit unterworfene Form der inneren u. äußeren Lebenshaltung, bes. die jeweils vorherrschende Art der Kleidung, Bart- u. Haartracht.

Model, eine in Holz geschnittene Drucktafel (erhabene Muster, in Linien u. Punkte aufgeteilt) zum Bedrucken von Stoffen oder eine vertiefte Form zum Einformen von Keramik oder Gebäck.

Modell, das Vorbild einer Nachbildung, Muster; z.B. das natürl. Vorbild einer künstler. Darstellung, bes. das Porträt- oder Aktmodell.

Modem, Kurzwort für *Modulator/Demodulator,*

Zusatzgerät für die Übertragung digitaler Daten auf elektr. Nachrichtenwegen. Im Modulationsgerät werden die Signale von Gleichstrom- in Tonfrequenzlage umgesetzt; im Demodulationsgerät findet der umgekehrte Vorgang statt.

Modena, ital. Prov.-Hptst. in der Region Emilia-Romagna, 180 000 Ew.; Univ. (1175), Kunsthochschule; Maschinen- u. Fahrzeugbau; im 15.–18. Jh. Herzogtum; mittelalterl. Baudenkmäler.

Moder, Bez. für Stoffe, die durch Fäulnis oder Verwesung entstanden sind.

moderato, musikal. Tempobez.: gemäßigt.

Moderator, 1. *Bremssubstanz,* ein Stoff, der schnelle Neutronen abbremst, in Kernreaktoren z.B. Wasserstoff, Deuterium, Beryllium. – **2.** ein Rundfunk- oder Fernsehredakteur, der in aktuellen Magazinen die verbindenden Informationen u. Kommentare spricht (»moderiert«); auch der Leiter einer Diskussionsrunde.

Moderne, urspr. Bez. für den *Naturalismus,* dann für jede moderne Richtung in der Kunst; auch allg. moderner (Zeit-)Geist.

moderne Kunst, i. w. S. die das MA überwindende Kunst, i. e. S. die Kunst seit dem Impressionismus, bes. die in der Malerei von Cézanne, Kandinsky u. Mondrian, in der Plastik von Maillol, Brancusi u. Gonzales sowie in der Architektur von Wright, Gropius, Le Corbusier u. Mies van der Rohe begr. Entwicklung. Die m. K. ist nicht so sehr Darstellung des Menschen u. seiner Wirklichkeit, sondern mehr u. mehr der Vergegenwärtigung geistiger, mag. u. kosm. Geschehnisse zugewandt. Die Pole ihrer Entwicklung sind die mehr inhaltsbetonten (*Dadaismus, Surrealismus* u. *Tachismus*) sowie die mehr formbetonten, konstruktivist. Bewegungen (*Bauhaus, Stijl*), alle mehr oder weniger ausgehend vom *Jugendstil, Kubismus* u. *Expressionismus* u. einmündend in die zahlr. Modifikationen der *abstrakten Kunst.*

Moderner Fünfkampf → Fünfkampf.

Modernismo, eine Strömung der Literatur Hispanoamerikas u. Spaniens. Schöpfer des M. war der den frz. *Parnassiens* u. *Symbolisten* verwandte Nicaraguaner R. *Darío.* Der M. ist geprägt vom Prinzip »l'art pour l'art« u. hat eine Vorliebe für aristokrat. Tönung u. Exotisches.

Modernismus, eine Richtung der kath. Theologie, die der modernen Wiss. u. Phil. innerhalb der Glaubenslehre u. Bibelexegese einen größeren Einfluß verschaffen wollte; ähnl. der *liberalen Theologie* in der ev. Kirche. 1907 verwarf Papst *Pius X.* alle modernist. Bestrebungen.

Modern Jazz ['mɔdən dʒæz] → Jazz.

Modersohn, Otto, *1865, †1943, dt. Maler (schwermütige Landschaftsbilder u. Porträts); seit 1895 Mitgl. der Künstlerkolonie in *Worpswede,* verh. mit Paula *M.-Becker* (1901).

Modersohn-Becker, Paula, *1876, †1907, dt. Malerin; Schülerin von F. *Mackensen* in Worpswede, wo sie seit 1898 lebte; malte Stilleben, Landschaften, Figurenbilder u. Bildnisse in verhaltener Expressivität mit flächig aufgebauter Farbgebung.

Modifikation, 1. Veränderung, Abwandlung; bes.

Moche-Kultur: figürliches Tongefäß; um 700

Mode: New Look; Tuschezeichnung von Elli Kowalski, 1951

nicht erbl. (→Mutation), nur durch Einflüsse der Umwelt verursachte Abweichung im Erscheinungsbild *(Phänotypus)* eines Lebewesens vom Normaltyp. – **2.** verschiedenartiges physikal. u. chem. Verhalten desselben Stoffs infolge unterschiedl. Kristallsysteme.

Modigliani, 1. Amedeo, *1884, †1920, ital. Maler u. Bildhauer; verband in melanchol. gestimmten Bildnissen u. Akten einen das Gegenständliche begrenzenden Linienstil mit flächiger, von P. *Cézanne* angeregter Farbgebung. – **2.** Franco, *18.6.1918, US-amerik. Wirtsch.-Wiss. ital. Herkunft; arbeitete bes. über Sparverhalten u. Finanzmärkte; Nobelpreis 1985.

Mödl, Martha, *22.3.1912, dt. Sängerin (dramat. Sopran, Alt), bes. Wagner-Interpretin.

Mödling, niederöstr. Bez.-Hptst. südl. von Wien, 19 000 Ew.; Wohnvorort von Wien.

Modoc, N-amerik. Indianerstamm, größtenteils im Great Basin (USA).

Modrow, Hans, *27.1.1928, dt. Politiker (SED/PDS); 1973–89 Erster Sekretär der Bezirksleitung Dresden der SED, 1989/90 Min.-Präs. der DDR; seit 1990 Ehren-Vors. der PDS u. MdB.

Modul, 1. *Model,* ein Grundmaß, das in bestimmten einfachen Beziehungen zw. den Bauteilen wiederkehrt; in der antiken Baukunst der untere Säulenhalbmesser als Maßeinheit. – **2.** in der Elektronik: kompakte, fest in Isoliermasse eingebettete Schaltungseinheit aus mehreren Bauteilen.

Modulation, 1. *Musik:* der Wechsel von einer Tonart zur anderen inmitten eines Stückes. – **2.** *Nachrichtentechnik:* Verfahren, um einen Informationsinhalt auf eine Trägerwelle zu geben. Dazu kann man entweder die Trägerwelle unterbrechen *(Puls-M.)* oder die Ausschlagweite (Amplitude) der Schwingungen verändern *(Amplituden-M.)* oder auch die Frequenz der Schwingungen in gewissen Grenzen beeinflussen *(Frequenz-M.).*

Modus ['mɔ-; lat.], **1.** die Art u. Weise, **M. vivendi,** »eine Art, zu leben«, erträgl. Übereinkunft. – **2.** Eigenschaft des Verbs, die Aussage zu gestalten. Im Deutschen unterscheidet man 3 Modi: den *Indikativ* (»ich stehe«), den *Konjunktiv* (»ich stünde«) u. den *Imperativ* (»steh!«); in anderen Sprachen gibt es noch einen *Optativ* (Wunschform).

Moede, Walther, *1888, †1958, dt. Psychologe; einer der Begr. der Wirtschaftspsychologie.

Moeller van den Bruck, Arthur, *1876, †1925 (Selbstmord), dt. Schriftst.; suchte das Konservative u. das Sozialistische zu vereinen u. eine jungkonservative Elite zu schaffen (»Juniklub«; Zeitschrift »Das Gewissen«).

Moers, Stadt in NRW, links des Rhein, westl. von Duisburg, 100 000 Ew.; Bergbau, Maschinenind.; in der Nähe Schloß Blömersheim.

Moesia → Mösien.

Mofa, Abk. für *Motorfahrrad,* Fahrrad mit Hilfsmotor oder Batterie u. bauartbedingter Höchstgeschwindigkeit von 25 km/h, zulassungs- u. steuerfrei; Haftpflichtversicherung erforderl.

Moffo, Anna, * 27.6.1935, US-amerik. Sängerin (Sopran) ital. Herkunft.

Mofolo, Thomas, * 1876, † 1948, afrik. Schriftst. aus Basutoland; schrieb in Sesuto-Sprache den ersten modernen afrik. histor. Roman: »Chahaka, der Zulu«.

Mogadischo, ital. *Mogadiscio,* Hptst. von Somalia (O-Afrika), an der Küste des Ind. Ozeans, 600 000 Ew.; Wirtsch.- u. Kulturzentrum des Landes; Univ., internat. Flughafen.

Mogador →Saouîra.

Mögel-Dellinger-Effekt, kurzzeitiges Aussetzen der Kurzwellenverbindungen auf der sonnenbeschienenen Erdhalbkugel durch intensive, bei einer Eruption auf der Sonne erzeugte Ultraviolettstrahlung.

Möggingen, Stadtteil von Radolfzell, am Bodensee; Vogelwarte *Rossitten.*

Moghul →Mogul.

Mogiljow [-'jɔf], *Mogilew,* weißruss. *Mohilew,* Hptst. der gleichn. Oblast in Weißrußland, am oberen Dnjepr, 350 000 Ew.; Maschinenbau, chem. Ind.

Mogul, *Moghul,* Angehöriger der 1526–1858 in Delhi herrschenden islam. Dynastie mongol. Abstammung; Gründer des M.-Reichs: *Babur;* Höhepunkt unter *Akbar.*

Mohács ['moha:tʃ], Stadt in S-Ungarn, an der Donau, 20 000 Ew. – 1526 Niederlage *Ludwigs II.* von Ungarn (gefallen) gegen die Türken: Ungarn geriet für 150 Jahre unter die Herrschaft der Osmanen. Die türk. Niederlage bei M. 1687 beendete die osman. Herrschaft über Ungarn.

Mohair [mo'hɛːr], Angoraziegenhaar; auch ein glänzendes, etwas hartes Gewebe daraus.

Mohammed, *Mahomed,* eigtl. *Abul Kasim Muhammad Ibn Abdallah,* Begr. des Islams, * um 570, † 632; durch Offenbarungen ekstat. Art wurde er (etwa 610) aus seinem bisherigen Lebenskreis herausgehoben. Inhalt der Offenbarungen war das Erlebnis des einen willensmächtigen Gottes *(Allah)* u. dessen bevorstehendes Kommen zum Gericht. Der starke Widerstand der Mekkaner gegen seine nach der Berufung beginnende Lehrtätigkeit zwang ihn 622 zur Auswanderung nach Medina *(Hedschra).* 630 konnte er im »heiligen Krieg« den Angriff auf das zum Heiligtum erklärte Mekka wagen u. siegreich durchführen. Die daraus folgende Unterwerfung ganz Arabiens erlebte er nicht mehr. Seine Nachfolger, die *Kalifen,* gewannen weitere große Gebiete.

Mohammed, Fürsten.
Iran:
1. M. Riza (Resa) Pahlewi, * 1919, † 1980, Schah 1941–79; führte in enger Anlehnung an die USA die von seinem Vater *Riza Schah Pahlewi* begonnene Modernisierungspolitik fort, regierte diktatorisch; verließ während der von islam. Kräften getragenen Revolution 1979 ohne förml. Rücktritt das Land; lebte zuletzt in Ägypten.

Marokko:
2. M. V. ben Jussuf, * 1910, † 1961, Sultan 1927–57, König 1957–61; 1953 von den Franzosen für abgesetzt erklärt u. verbannt, mußte jedoch 1955 nach Marokko zurückgeholt werden.
Osmanisches Reich: →Mehmed.

Mohammedaner, abendländ. Bez. für die Anhänger *Mohammeds* u. des *Islams;* eine Bez., die von den Moslems abgelehnt wird, da nach ihrer Ansicht der Islam von Mohammed nicht gestiftet, sondern nur erneuert wurde; besser *Muslime* oder *Moslems.*

Mohave-Wüste [mou'ha:vi-] →Mojave Desert.

Mohawk ['mouhɔ:k], r. Nbfl. des Hudson im USA-Staat New York, 238 km; *M.tal,* bed. Verkehrsachse.

Mohawk ['mouhɔ:k], Stamm der →Irokesen.

Mohel, im Judentum die Person, die die *Beschneidung* vornimmt.

Mohendscho Daro, *Mohenjo Daro,* neben *Harappa* die wichtigste ausgegrabene Stadt der *Indus-Kultur,* am Indus in Sindh (Pakistan), zw. 2300 u. 1700 v. Chr. besiedelt.

Mohikaner, *Mahican,* ehem. Stamm der Algonkin-Indianer, am Hudson; bekannt durch J.F. Coopers Erzählung »Der letzte M.«.

Mohler, Philipp, * 1908, † 1982, dt. Komponist; schrieb volkstüml. Vokalwerke.

Mohn, *Papaver,* Gatt. der *M.gewächse* (→Pflanzen); milchsaftführende Kräuter oder Stauden mit gekammerten Fruchtkapseln *(M.kopf).* Der *Schlaf-M.* wird zur Gewinnung von *Opium* u. *M.öl* (leichtes Speiseöl) feldmäßig angebaut (Hauptanbaugebiete: Kleinasien, Indien, Hinterindien u. China). In Dtld. finden sich als Unkräuter: *Klatsch-* oder *Feuer-M., Saat-M., Sand-M.*

Mohn, Reinhard, * 29.6.1921, dt. Unternehmer; übernahm 1947 die Leitung des Hauses Bertelsmann; war bis 1981 Vorstands-Vors. u. bis Juni 1991 Aufsichtsrats-Vors.; gründete 1977 die *Bertelsmann-Stiftung.*

Möhne, rechter Nebenfluß der Ruhr, 57 km; bei Günne aufgestaut zur 1908–13 erbauten *Möhnetalsperre.*

Moholy-Nagy ['mohoj nɔdj], László, * 1895, † 1946, ung. Maler, Graphiker u. Bildhauer; 1923–28 Lehrer am Bauhaus u. Mithrsg. der »Bauhausbücher«, gründete 1937 in Chicago das *New Bauhaus.*

Mohorovičić-Diskontinuität [mɔhɔrɔ'vitʃitɕ-], die von dem kroat. Erdbebenforscher Andrija *Mohorovičić* (* 1857, † 1936) entdeckte Unstetigkeitsfläche (Übergangsschicht, Sprungschicht) zw. Erdkruste u. Erdmantel.

Mohr, veraltet für *Neger;* eigtl. der *Maure.*

Möhre, *Mohrrübe,* in den gemäßigten Zonen der Alten Welt verbreitetes *Doldengewächs.* Kultiviert werden Sorten mit langspindelförmigen, verdickten Wurzeln: die *Gelben Rüben.* M.n sind reich an Provitamin A u. Vitamin B u. C.

Mohrenhirse →Hirse.

Mohrenkopf, 1. *Negerkuß,* Biskuitgebäck in Becher- oder Kugelform, mit Schokoladenguß. – **2.** farbloser oder zartgrüner *Turmalin* mit braunem Ende; Schmuckstein.

Mohrrübe →Möhre.

Mohrungen, poln. *Morąg,* Stadt in Ostpreußen, am Schertingsee, 13 500 Ew.

Mohs, Friedrich, * 1773, † 1839, dt. Mineraloge; stellte die nach ihm ben. Härteskala auf.

Moi, in Vietnam die Bergvölker *(Kha).*

Moi, Daniel Arap, * 1924, kenian. Politiker; seit 1978 Staats-Präs.

Moilliet [mwa'je], Louis, * 1880, † 1962, schweiz. Maler; Schüler von F. *Mackensen* u. L. Graf von *Kalckreuth.*

Moira, in der grch. Religion zunächst der Anteil des Einzelmenschen am Gesamtschicksal; dann die allmächtige Schicksalsgöttin, die das Schicksal zumaß; später in den Gestalten dreier Spinnerinnen *(Moiren)* versinnbildlicht: *Klotho* spinnt den Lebensfaden, *Lachesis* teilt das Lebenslos zu, *Atropos* durchschneidet den Lebensfaden; in der röm. Religion den *Parzen* gleichgesetzt.

Moiré [mwa're], *Mor,* ein Gewebe (meist leicht gerippt) mit glänzenden Musterungen.

Moissan [mwa'sã], Henri, * 1852, † 1907, frz. Chemiker; entdeckte das Fluor; Nobelpreis 1906.

Moissejew [-'sejɛf], Igor Alexandrowitsch, * 21.1.1906, russ. Tänzer u. Choreograph; seit 1937 Leiter des von ihm gegr. Staatl. Volkstanzensembles von Rußland *(M.-Ensemble).*

Moissi, Alexander, * 1880, † 1935, östr. Schauspieler ital. Herkunft; berühmt in Shakespeare-, Ibsen- u. Tolstoj-Rollen.

Moivre [mwa:vr], Abraham de, * 1667, † 1754, frz. Mathematiker; Hugenotte, lebte seit 1687 in London; Entdecker der *M.schen Formel:*
$(\cos x + i \sin x)^n = \cos nx + i \sin nx.$

Mojave Desert [mou'ha:vi'dɛzət], *Mohave-Wüste,* abflußlose Beckenlandschaft in S-Kalifornien, episod. vom *Mojave River* durchflossen, 35 000 km², sehr heiße, trockene Wüstensteppe; Salz- u. Boraxlager.

Mokassin [auch 'mɔ], sohlen- u. absatzloser, meist mit farbigen Stachelschweinborsten *(Quillword)* bestickter Schuh aus frisch gegerbtem Leder

Mogadischo: am alten Hafen

bei Prärie- u. Pueblo-Indianern u. kanad. Jägerstämmen.

Mokka, arab. u. äthiop. kleinbohnige Kaffeesorte.

Mokka, *Mukha,* Hafen am Roten Meer in Jemen, 10 000 Ew.; um die Mitte des 15. Jh. bed. Handelsplatz u. Ausfuhrhafen für Kaffee.

Mokpho, *Mokpo,* Hafenstadt an der SW-Küste Südkoreas, 230 000 Ew.; Erdölraffinerie, Werft.

Mokscha, r. Nbfl. der Oka, 600 km.

Mol, Kurzzeichen *mol,* Einheit der Stoffmenge: Die Stoffmenge 1 mol ist diejenige Menge, die aus ebenso vielen Teilchen (Atome, Moleküle, Ionen u. a.) besteht, wie in 12 g des Kohlenstoff-Nuklids ^{12}C enthalten sind.

Molar, der Backenzahn der Säuger; →Zahn.

Molasse, eine tertiäre Schichtenfolge, vor den Alpen (bes. im N) abgelagert. Eine gröbere Form ist der *Nagelfluh* (Schweiz).

Molche →Schwanzlurche.

Moldau, 1. rumän. *Moldova,* Landesteil im NO Rumäniens, zw. Bessarabien u. Siebenbürgen, umfaßt das von Sereth u. Pruth durchflossene Tiefland, 38 060 km², 2,9 Mio. Ew., Zentrum *Iaşy.*
Gesch.: Das Fürstentum M. wurde im 18./19. Jh. in den russ.-türk. Kriegen wiederholt von Rußland besetzt, 1829 autonom unter russ. Schutzherrschaft, 1859 mit dem Fürstentum *Walachei* verbunden u. 1861 als Rumänien unter der Herrschaft des Bojaren A.J. *Cuza* vereinigt. – **2.** rumän. *Moldova,*

Otto Modersohn: Herbstmorgen am Moorkanal

Molière

r. Nbfl. des Sereth im NO Rumäniens; mündet nördl. von Bacău. – **3.** tschech. *Vltava*, l. Nbfl. der Elbe in der Tschech. Rep., 440 km; entspringt mit *Warmer* u. *Kalter M.* im Böhmerwald, mündet bei Mělník.

Moldova, Staat in SO-Europa, zwischen Pruth u. Dnjestr, 33 700 km², 4,4 Mio. Ew., Hptst. *Chișinău;* Anbau von Weizen, Mais, Obst, Tabak; Schafzucht.
Geschichte: Seit dem 15. Jh. als Bessarabien

Moldova

unter türk. Oberherrschaft; 1812 fiel das Gebiet an Rußland, 1918 an das Kgr. Rumänien. 1940 zwang die UdSSR Rumänien zur Abtretung des Gebiets. Der südl. Teil kam zur Ukraine, der Hauptteil wurde mit der Moldau. ASSR zur Moldau. SSR vereinigt. Im Verlauf des 2. Weltkriegs kam das Gebiet zeitw. wieder unter rumän. Herrschaft. Am 27. 8. 1991 wurde M. unabhängig. In der nach Unabhängigkeit strebenden Dnjestr-Region kam es zum Bürgerkrieg.
Moldoveanu, höchster Berg der Südkarpaten in Rumänien, 2543 m.
Mole, Damm zum Schutz eines Hafens gegen Sturm, Wellenschlag, Strömung u. Versandet.
Molekül, *Molekel,* das Grundteilchen der *chem. Verbindung:* aus mindestens zwei artgleichen (zweiatomige Gase: H_2, O_2) oder artversch. Atomen aufgebautes kleinstes, frei beweg. u. elektr. neutrales Teilchen. Die einzelnen Atome werden im M. durch verschiedenartige chem. Bindungen zusammengehalten. Der Durchmesser der einfachen M. beträgt etwa 10^{-8} cm. Während die einfachen M. mikroskop. nicht sichtbar sind, können die M. hochmolekularer Verbindungen im Elektronenmikroskop beobachtet werden. – **Makromoleküle.** – **molekular,** in M.en vorkommend, auf M.e bezogen.
Molekularbewegung →Brownsche Molekularbewegung.
Molekularbiologie, Forschungsrichtungen in der Biologie, die sich mit den Reaktionsmechanismen zw. u. innerhalb von molekularen Strukturen der Organismen befassen. Die M. beschränkt sich auf wenige grundlegende Probleme wie Atmung, Art u. Wirkung der Gene *(Molekulargenetik),* gewisse Erbkrankheiten (molekulare Krankheiten, z.B. Sichelzellenanämie), Eiweißsynthese u. a.
Molekulargenetik, Teilgebiet der *Genetik.*
Molekulargewicht, veraltete Bez. für die relative →Molekülmasse.
Molekularkräfte, die zw. neutralen Molekülen, bes. bei starker gegenseitiger Annäherung, wirkenden Anziehungskräfte. Sie spielen z.B. bei der Oberflächenspannung, der Kohäsion u. der Adhäsion eine Rolle.
Molekularverstärker →Maser.
Molekülmasse, die Summe der relativen Atommassen der Atome, die in einem Molekül enthalten sind.
Molenaer [-na:r], Jan Miese, * um 1610, † 1668, ndl. Maler u. Radierer (Bildnisse u. heitere Volksszenen).
Moleschott [-sxɔt], Jakob, * 1822, † 1893, dt. Naturforscher u. Philosoph ndl. Herkunft; vertrat einen einfachen wiss. u. weltanschaul. *Materialismus,* in dem er das Denken als eine stoffl. Bewegung interpretierte.
Molfetta, ital. Hafenstadt in Apulien, nw. von Bari, 65 000 Ew.
Molière [mɔˈljɛːr], eigtl. Jean Baptiste *Poquelin,* * 1622, † 1673, frz. Komödiendichter; bereiste die frz. Prov. mit einer Schauspieltruppe, für die er ital. Komödien bearbeitete; übernahm 1660 das Théâtre du Palais-Royal in Paris, für das er dann eigene Werke schrieb u. in dem er selbst auftrat. Er entwickelte das ital. Intrigenstück zur hintergründigtragischen. Sittenkomödie. ⓦ »Die Schule der Ehemänner«, »Die Schule der Frauen«, »Tartuffe«, »Don Juan«, »Der Misanthrop«, »Amphitryon«, »Der Geizige«, »Der Bürger als Edelmann«, »Die gelehrten Frauen«, »Der eingebildete Kranke«.
Molina, 1. Luis de, * 1535, † 1600, span. kath. Theologe; Jesuit, erster Thomas-Kommentator seines Ordens, begr. die Gnadenlehre des **Molinismus,** eine Gnaden- u. Freiheitslehre, in der die freie Entscheidung des Menschen zum Heil von der Gnade Gottes zwar unmittelbar vorbereitet, aber nicht von ihr abhängig gemacht wird. Der M. führte zum »Gnadenstreit« mit dem Thomismus. – **2.** →Tirso de Molina.
Molise, Region im mittleren – Italien.
Molke, wäßriger Rückstand der Milch nach Abscheidung des Kaseins u. des Milchfetts bei der Quark- u. Käseherstellung, eiweißfreie M. nennt man *Schottenwasser.*
Molkerei, *Meierei, Käserei,* in den Alpen *Sennerei,* Betrieb zur Verarbeitung von Milch, u. a. zu Butter u. Käse. Die wirtsch. Betriebsform der M. ist meist der Genossenschaft milcherzeugender Landwirte.
Moll, Tongeschlecht. Charakterist. M.-Intervalle sind – vom Grundton aus gesehen – die kleine Terz u. die kleine Sexte. Ggs.: *Dur.*
Moll, 1. Balthasar Ferdinand, * 1717, † 1785, östr. Bildhauer; vollzog den Übergang vom Rokoko zum frühen Klassizismus. ⓦ Doppeltumba Kaiser Franz' I. u. Maria Theresias. – **2.** Carl, * 1861, † 1945 (Selbstmord), östr. Maler u. Graphiker; Mitgr. der *Wiener Secession.* – **3.** Oskar, * 1875, † 1947, dt. Maler (starkfarbige Stilleben u. Ldsch. in Anlehnung an den Stil der »Fauves«).
Möllemann, Jürgen, *15.7.1945, dt. Politiker (FDP); 1987–91 Bundes-Min. für Bildung u. Wiss.; 1991–93 Bundes-Min. für Wirtschaft.
Möller, das in Verhüttungsöfen eingebrachte Gemenge von Erz u. Zuschlägen. *Erz-M.* ist das Erz allein.
Mölln, Stadt in Schl.-Ho., südl. von Lübeck, 16 000 Ew.; angebl. Grabstätte Till *Eulenspiegels.*
Mollusken, 1. kleine weiche Hautgeschwülste (»Dellwarzen«), z. T. durch Viren erzeugt. – **2.** →Weichtiere.
Mollweide, Karl Brandan, * 1774, † 1825, dt. Mathematiker u. Astronom; erstellte Formeln zur Dreiecksberechnung.
Molnár [-na:r], Ferenc (Franz), * 1878, † 1952, ung. Schriftst. (Gesellschaftskomödien); ⓦ »Liliom«.
Mölndal, S-schwed. Stadt, sö. von Göteborg, 49 000 Ew.
Molo, Walter von, * 1880, † 1958, östr.-dt. Schriftst.; biograph. Romane.
Moloch, 1. *Molek,* im AT (3. Mose 18,21; Jer. 32,35 u. a.) ein kanaanit. Gott (?), dem im Feuer Menschen, bes. Kinder, geopfert wurden. – **2.** *Wüstenteufel,* bis 20 cm lange austral. *Agame;* mit starken Stacheln besetzt.
Mologa, l. Nbfl. der oberen Wolga, 440 km; speist den *Rybinsker Stausee.*
Molokanen, russ. religiöse Gruppe, im 18. Jh. entstanden. Die M. lehnten den Ritualismus u. die Fastengebote der orth. Kirche ab.
Molosser, führender illyr. Stamm in Epirus; Glanzzeit unter König *Pyrrhos* am Beginn des 3. Jh. v. Chr.
Molotow [-tɔf], 1940–57 Name der Stadt →Perm.
Molotow [-tɔf], Wjatscheslaw Michajlowitsch, eigtl. W. M. *Skrjabin,* * 1890, † 1986, sowj. Politiker; 1930–41 Vors. des Rats der Volkskommissare (Min.-Präs.), 1939–49 u. 1953–56 Volkskommissar (seit 1946 Min.) des Auswärtigen; enger Mitarbeiter *Stalins;* 1957 aus dem ZK ausgeschlossen u. aller wichtigen Ämter enthoben, 1962–84 war er aus der KPdSU ausgeschlossen.
Molotow-Cocktail [-tɔf ˈkɔktɛɪl], eine Art Brandbombe: eine Flasche mit einem Öl- u. Benzingemisch u. einem einfachen Zünder.
Moltebeere, *Moorbeere,* ein *Rosengewächs,* mit orangegelber Sammelfrucht; in N-Dtld. u. in Ost-Westpreußen auf Hoch- u. Zwischenmooren.
Moltke, 1. Helmuth Graf von, * 1800, † 1891, preuß. Heerführer; 1836–39 Instrukteur der türk. Armee, seit 1858 Chef des preuß. Generalstabs, seit 1871 Generalfeldmarschall. – **2.** Helmuth von [d. J.], Neffe von 1), * 1848, † 1916, dt. Offizier; Nachfolger A. von *Schlieffens,* nach dessen Plan er die Operationen im 1. Weltkrieg begann; 1914 zurückgetreten. – **3.** Helmuth James Graf von, Großneffe von 1), * 1907, † 1945 (hingerichtet); in der Widerstandsbewegung gegen Hitler, Gründer des *Kreisauer Kreises;* im Jan. 1944 verhaftet u. vom Volksgerichtshof zum Tod verurteilt.
Moltmann, Jürgen, * 8.4.1926, dt. ev. Theologe; versucht, marxist. Gedanken in der Deutung von Ernst *Bloch* mit der christl. Zukunftserwartung u. Hoffnung zu verbinden.
Molukken, *Gewürzinseln,* indones. Inselgruppe *(Maluku)* zw. Celebes u. Neuguinea; Verwaltungsgebiet M.: 83 675 km², 1,8 Mio. Ew. (Malaien, Alfuren), Hauptort *Ambon;* Südgruppe: *Seram, Buru* u. *Ambon;* Nordgruppe: *Sula, Batjan, Halmahera, Ternate, Tidore, Morotai* u. *Obi.* – **M.see,** Binnenmeer im Australasiat. Mittelmeer zw. N-Celebes u. Halmahera.
Molybdän, ein →chemisches Element.
Mombasa, Stadt in Kenia (O-Afrika), an der Küste des Ind. Ozeans, auf der durch einen Damm mit dem Festland verbundenen Insel M., 430 000 Ew.; Nahrungsmittelind.; wichtigster Hafen für Kenia, Uganda u. Rwanda.
Mombert, Alfred, * 1872, † 1942, dt. Schriftst.; Frühexpressionist.
Mombinpflaume, *Spondias,* Gatt. der *Sumachgewächse;* in den Tropen u. Subtropen häufig Obstbäume. Die Steinfrüchte werden v. a. für Konserven u. Marmeladen verwendet. Hierzu: *Echte M.* (Tahitiapfel), *Rote M.* (Jamaikapfaume) mit tiefroten Früchten, *Span. Pflaume (Imbu).*
Moment, 1. [der], Augenblick, Zeitpunkt. – **2.** [das], ausschlaggebender Punkt. – **3.** [das], 1. das Produkt aus Kraft u. Abstand eines Punkts von der Angriffslinie der Kraft. Ist der Punkt ein festgehaltener Punkt eines starren Körpers, so macht sich das M. physikal. als *Dreh-M.* bemerkbar. – 2. das elektr. oder magnet. Moment eines Dipols oder Quadrupols.
Mommsen, Theodor, * 1817, † 1903, dt. Historiker u. Jurist; Abg. im Preuß. Landtag 1863–66 als Mitgl. der Fortschrittspartei, 1873–1879 als Nationalliberaler, im Reichstag 1881–84; Gegner O. von *Bismarcks.* Durch sein »Röm. Staatsrecht« 1871–88 wurde er der Begr. der systemat. antiken Rechtsgeschichte. Seine umfassende Quellenbenutzung u. exakte Kritik wirkten vorbildhaft auf die Geschichtswiss. In seiner »Röm. Geschichte« erwies er sich als Meister der Geschichtsschreibung. – Nobelpreis für Literatur 1902.
Momper, 1. Joos (Jodocus, Josse) de, * 1564, † 1635, fläm. Maler; beeinflußt von P. *Bruegel* d. Ä. – **2.** Walter, *21.2.1945, dt. Politiker (SPD);

Mön: Kreidefelsen

Monaco: Blick auf Monte Carlo (Bildmitte) und Monaco (oben)

1986–92 Landes-Vors. der Berliner SPD, 1989–91 Regierender Bürgermeister von Berlin (West).

Mon, jap. Wappen.

Mon, *Talaing,* südostasiatisches Volk mit M.-Khmer-Sprache, Buddhisten. Die M. gründeten das Reich *Pegu* (Blütezeit im 15. Jh.). Sie wurden in jahrhundertelangen Kämpfen mit den Birmanen u. durch Aufstände zurückgedrängt.

Møn, dän. Insel u. Gem. zw. Seeland u. Falster, 217 km², 12 400 Ew., Hauptort *Stege.*

Monaco, Zwergstaat in Europa, an der frz. Riviera, 1,95 km², 29 700 Ew.; besteht neben der Hptst. M. (2100 Ew., Schloß, Kathedrale) aus den Siedlungen *Monte Carlo* u. *La Condamine;* wintermildes Klima; Fremdenverkehr; Parfümerie-,

Monaco

Nahrungs- u. Genußmittelind.; Steuerfreiheit für Privatpersonen. – Nach der Verfassung von 1962 ist M. eine konstitutionelle Monarchie.
Geschichte. M. wurde im 5. Jh. v. Chr. gegr. 1454 gelangte M. unter die Herrschaft der *Grimaldi.* 1793 annektierte Frankreich M. (bis 1814); 1815–60 war es der Schutzherrschaft von Sardinien unterstellt. M. bildet mit Frankreich, mit dem seit 1918 ein Schutzvertrag besteht, ein einheitl. Zollgebiet. Beim Aussterben der Grimaldi wird M. frz. Protektorat. Regierender Fürst ist seit dem Jahr 1949 *Rainier III.*

Monaco, Lorenzo, * um 1370/71, † 1425, ital. Maler; lebte als Mönch in Florenz.

Monaghan ['mɔnəhən], ir. *Muineachán,* Hptst. der gleichn. ir. Gft. in Ulster, 6500 Ew.

Mona Lisa, gen. *La Gioconda,* * 1479, seit 1495 Frau des Marchese Francesco del *Giocondo* in Florenz; im 1503–06 von *Leonardo da Vinci* in einem Bildnis dargestellt, das sich seit 1804 im Louvre in Paris befindet.

Monarchie, die Staatsform der »Alleinherrschaft« eines *Monarchen* (König, Fürst). Hierbei hat sich das System der Erbfolge in einer Familie gegenüber der Bestimmung durch Wahl durchgesetzt. Die M. ist entweder eine *absolute* (d. h. in der Ausübung der Staatsgewalt unumschränkte (→Absolutismus) oder eine *konstitutionelle* (durch die Verfassung beschränkte, mit Zuständigkeitsteilung zw. Monarch u. Reg. u. Parlament [*parlamentar. M.*]). In den heutigen europ. M. weist die Rechtsstellung des Monarchen, abgesehen von gewissen Ehrenrechten, kaum mehr Unterschiede gegenüber derjenigen eines republikan. Staatspräsidenten auf. M. bestehen in Europa noch in Großbritannien, Dänemark, Schweden, Norwegen, Spanien, den Niederlanden, Belgien, Luxemburg, Liechtenstein u. Monaco.

Monarchist, Anhänger der *Monarchie,* im Ggs. zu den Befürwortern der Republik.

Monarchomachen, »Fürstenbekämpfer«, im 16. Jh. Gegner des Absolutismus u. Verfechter des Widerstands gegen die Staatsgewalt mit Beseitigung des tyrannischen Fürsten bei rechts- u. gesetzwidrigem Regieren.

Monarde, *Monarda,* nordamerik. Gatt. der *Lippenblütler;* als Zierpflanzen kultiviert.

Monasterium, Kloster, Klosterkirche.

Monastir, 1. türk. Name der südmakedon. Stadt *Bitola.* – **2.** O-tunes. Stadt auf einer Halbinsel im Mittelmeer, 27 000 Ew.; Seebad, islam. Klosterburg (8. Jh.).

monastische Kongregation →Kongregation (1).

Monat, in unserem Kalender der 12. Teil eines Jahres. Die Länge der M. (30 oder 31 Tage, Februar 28 oder – in Schaltjahren – 29 Tage) ist seit der *Julianischen Kalenderreform* (46 v. Chr.) unverändert geblieben. Urspr. war sie durch den *synodischen Mondumlauf* (Zeit von Neumond zu Neumond, 29,53 Tage bestimmt; so sind die M. des jüd. u. islam. Kalenders abwechselnd 29 u. 30 Tage lang. – Die aus dem lateinischen stammenden M.snamen wurden zw. dem 16. u. 18. Jh. bei uns

Monatsnamen				
deutsche (seit dem 18. Jh.)	Herkunft	lateinisch	altdeutsch (um 800 von Karl d. Gr. zusammengestellt)	15.–18. Jh.
Januar	Janus, dem altitalischen Gott des Eingangs, Anfangs geweiht	Januarius (mensis)	Wintarmanoth Hartung	Jänner (noch jetzt in Österreich), Hartung
Februar	Monat der Reinigung, Sühne; dem altitalischen Sühnegott geweiht	Februarius (mensis)	Hornung (Herkunft unsicher)	Hornung
März	dem römischen Kriegsgott Mars geweiht	Martius (mensis)	Lenzinmanoth	Lenzing, Lenzmonat
April	wohl vom Lateinischen „aperire" = öffnen; bezieht sich auf Knospen und Blüten	Aprilis (mensis)	Ostarmanoth	Ostermonat, April
Mai	wohl nach dem italischen Gott des Wachstums (Iuppiter Maius)	Maius (mensis)	Wunnimanoth (= Weidemonat)	Mai, Wonnemonat
Juni	der römischen Himmelsgöttin Iuno geweiht	Iunonius (mensis)	Brachmanoth (= Monat des ersten Pflügens)	Brachmonat
Juli	zu Ehren von Iulius Cäsar	Iulius (mensis)	Hewimanoth (Heumonat)	Heumonat
August	zu Ehren von Kaiser Augustus	Augustus (mensis)	Aranmanoth (Erntemonat)	Erntemonat
September	der Siebente (lateinisch; das römische Jahr begann ursprünglich mit dem 1. März)	September (= mensis septimus)	Witumanoth (Monat des Holzsammelns)	Herbstmonat
Oktober	der Achte (lateinisch)	October (mensis)	Windumemanoth (Weinlesemonat)	Weinmonat
November	der Neunte (lateinisch)	November (mensis)	Herbistmanoth	Wintermonat
Dezember	der Zehnte (lateinisch)	December (mensis)	Heilagmanoth (heiliger Monat)	Christmonat, Julmonat

eingeführt. Vorher galten von Karl dem Großen eingeführte Namen nach den Feldarbeiten u. Erscheinungen in der Natur.

monaural →mono.

Mönch, urspr. ein gläubiger Mann, der sich aus der weltl. Gemeinschaft zurückzog, um im Streben

Monarchie: Mit königlichen Ehren umgibt sich der Häuptling eines westafrikanischen Stammes

nach religiöser u. sittl. Vollkommenheit zur Selbstheiligung zu gelangen (→Mönchtum); dann Angehöriger eines Mönchsordens; weibl.: Nonne.

Mönch, schweiz. Berggruppe in den Berner Alpen, zw. Eiger u. Jungfrau, im Weißen M. 4099 m; daneben der Schwarze M. (2648 m) u. der Kleine M. (3695 m).

Mönchengladbach, bis 1951 *München-Gladbach,* Stadt in NRW, westl. von Düsseldorf, 259 000 Ew.; Hauptquartier der NATO-Streitkräfte Mitteleuropa-Nord; Münsterkirche (11.–13. Jh.); Schloß Rheydt; Dt. Forschungsinstitut für Textilindustrie; Textil-, Leder-, Maschinen-Ind.

Mönchsfisch, bis 12 cm langer *Korallenbarsch* des Mittelmeers.

Mönchsgeier, der größte altweltl. *Geier,* Flügelspannweite bis fast 3 m.

Mönchsrobbe, *Seemönch, ein Seehund,* bis 3,8 m lang; selten im Mittelmeer u. Schwarzen Meer.

Mönchtum, die in versch. Religionen geübte Lebensform zur bes. Vertiefung der geistigen Entwicklung durch Abkehr vom weltl. Leben, abgesondertes Wohnen (Kloster), Enthaltung von Genüssen, Verzicht auf Besitz u. Ehe. – In der christl. Kirche der Frühzeit wurde das Ideal der *Askese* gepredigt; man versuchte, die menschl. Wünsche u. Begierden zu unterdrücken, um so zu sittl. u. christl. Vollkommenheit zu gelangen. Zu Beginn des 6. Jh. begr. *Benedikt von Nursia* mit seiner Regel das abendländ. M., das sich vor dem morgenländ., weltabgewandten, kontemplativen M. durch Übernahme weltl. Aufgaben (Ackerbau, Armenpflege u. bes. Wiss.) auszeichnete. So wurde das M. Träger der mittelalterl. Kultur. Mit dem Aufkommen der *Bettelorden* im 12./13. Jh. erfuhr auch das mönchische Ideal eine Umwandlung. Die Kritik der Reformation am M. aufgrund des Rechtfertigungsglaubens führte zur Abschaffung der Klöster im Protestantismus. Das außerchristl. M. ist bes. in Indien, Tibet, China u. Japan verbreitet. →Orden.

Monck [mʌŋk], *Monk,* George, Herzog von *Albemarle* (seit 1660), * 1608, † 1670, engl. General u. Admiral; kämpfte unter O. *Cromwell* gegen Schotten u. Holländer.

Mond, lat. *Luna,* grch. *Selene,* Zeichen ☾, ein Himmelskörper, der die Erde als Trabant (Satellit) ständig umkreist. Seine mittlere Entfernung von der Erde (60,31 Erdhalbmesser = 384 405 km) war schon im Altertum annähernd bekannt. Weitere Bahnelemente: mittlere Exzentrizität 0,055; Bahnneigung gegen die Ekliptik 5° 8' 43,4". Der M. hat einen Durchmesser von 0,2725 Erddurchmesser = 3480 km, eine Masse von 1/81 Erdmasse u. eine mittlere Dichte von 0,606 Erddichte = 3,34 g/cm³. Die Schwerkraft auf der M.oberfläche beträgt 1/6 der irdi-

MOND

schen Schwerkraft. Der M. rotiert in 27,32 Tagen um seine Achse. In derselben Zeit bewegt er sich um die Erde *(siderischer Monat);* daher kehrt er der Erde stets die gleiche Seite zu. Begegnungen des M. mit der Sonne (Neumond) finden im Mittel alle 29,53 Tage statt *(synodischer Monat);* in dieser Periode *(Lunation)* läuft der Wechsel der Lichtgestalten *(M.phasen)* des M. ab: Neumond (☻), Erstes Viertel (☽), Vollmond (☺), Letztes Viertel (☾).
Der M. hat keine Atmosphäre; die Oberfläche ist mit einer nur wenige Zentimeter dicken Staubschicht überlagert u. besteht aus meist dunklen, relativ festen Gesteinen, die eine etwas andere chem. Zusammensetzung haben als irdische Gesteine gleicher Art.
Bes. Formationen sind dunkle Ebenen (»Meere«), hohe Gebirgsketten sowie Ringgebirge *(Krater)* verschiedenster Größe (bis zu 200 km Durchmesser) u. Strahlensysteme. – Erste bemannte Landung am 20.7.1969 durch Apollo 11. → Weltraumfahrt, → Apollo-Programm.

Mondale ['mɔndɛil], Walter Frederick, *5.1.1928, US-amerik. Politiker (Demokrat. Partei); 1977–81 Vize-Präs. der USA.

mondän, extravagant, luxuriös.

Monde, *Trabanten, Satelliten,* kleinere Himmelskörper, die (ähnl. dem Erdmond) einige Planeten begleiten u. ständig umkreisen (Mars, Jupiter, Saturn, Uranus, Neptun, Pluto).

Mondego [mɔ'degu], Fluß in N-Portugal, 225 km; große Wasserschwankungen; mündet bei *Figueira da Foz* in den Atlantik.

Mondfinsternis, der Durchgang des Mondes durch den Schattenkegel der Erde, dessen Durchmesser in der Mondentfernung noch etwa das Dreifache des Monddurchmessers beträgt. Die Dauer einer totalen M. kann (bei zentralem Durchgang) bis zu 3½ Std. betragen, die totale Phase selbst bis zu 1¾ Std.

Mondfisch, ein *Haftkiefer;* Hochseefisch mit scheibenartig seitl. abgeplattetem Körper, bis über 2 m lang.

Mondjahr → Kalender.

Mondrian, Piet, *1872, †1944, ndl. Maler u. Kunstschriftst.; 1917 Mitbegr. u. Hauptmeister der »Stijl«-Bewegung; malte gegenstandslos-konstruktive Bilder mit strenger Farbflächenrhythmik.

Mondringe, helle, splintähnl. Ringe im Kernholzquerschnitt von Eiche, Kirsche, Walnuß u. a.; hervorgerufen durch den *Rauhhaarigen Lederschwamm.*

Mondsame, *Menispermum,* Gatt. der M.ngewächse. Zierpflanzen sind der *Kanad. M.* u. der *Sibir. M.*

Mondsee, östr. See im Salzkammergut, östl. von Salzburg, 481 m ü. M., 14,3 km²; am NW-Ufer der Ort *M.:* 2050 Ew., 748 gegr. Benediktinerstift (bis 1791).

Vorderseite des Mondes: 1) Pythagoras, 2) J. Herschel, 3) Meton; 4) Strabo, 5) Endymion, 6) Plato, 7) Aristoteles, 8) Hercules, 9) Atlas, 10) Eudoxus, 11) Gauß, 12) Aristillus, 13) Archimedes, 14) Autolycus, 15) Posidonius, 16) Cleomedes, 17) Aristarch, 18) Herodot, 19) Reiner, 20) Kepler, 21) Kopernikus, 22) Eratosthenes, 23) Plinius, 24) Hyginus-Rille, 25) Taruntius, 26) Hevellus, 27) Landsberg, 28) Riccioli, 29) Grimaldi, 30) Ptolemäus, 31) Alphonsus, 32) Albategnius, 33) Theophilus, 34) Langrenus, 35) Gassendi, 36) Bullialdus, 37) Cyrillus, 38) Katharina, 39) Fracastorius, 40) Petavius, 41) W. Humboldt, 42) Tycho, 43) Maurolycus, 44) Furnerius, 45) Schickard, 46) Schiller, 47) Longomontanus, 48) Maginus, 49) Janssen, 50) Clavius, 51) Scheiner, 52) Blancanus, 53) Mutus, 54) Moretus, 55) Bailly, 56) Helmholtz

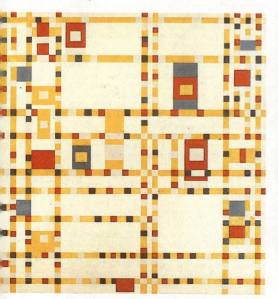

Piet Mondrian: Broadway Boogie Woogie; 1942/43. New York, Museum of Modern Art

Die Erde steht rund 5° über dem Mondhorizont. Die Nachtlichtgrenze schneidet auf der Erde Afrika in zwei Teile

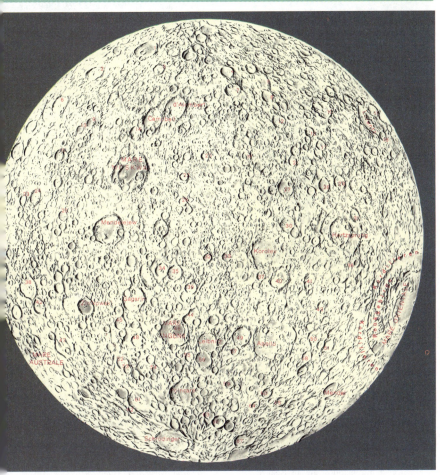

Rückseite des Mondes: 1) Schwarzschild, 2) Compton, 3) Gamov, 4) Sommerfeld, 5) Birkhoff, 6) Fabry, 7) Rowland, 8) Carnot, 9) H.G.Wells, 10) Landau, 11) Nernst, 12) Fowler, 13) Cantor, 14) Wiener, 15) Seyfert, 16) Charlier, 17) Kowalewskaja, 18) Laue, 19) Cockcroft, 20) Larmor, 21) Joule, 22) Thomirov, 23) Hertz, 24) Fleming, 25) Ostwald, 26) Anderson, 27) Mach, 28) Poynting, 29) Fersman, 30) Zander, 31) Michelson, 32) Dädalus, 33) Ikarus, 34) Keeler, 35) Heaviside, 36) Lucretius, 37) Doppler, 38) Pasteur, 39) Aitken, 40) Galois, 41) Paschen, 42) Hilbert, 43) Strömgren, 44) van de Graaff, 45) Pawlow, 46) Thomson, 47) Milne, 48) Jules Verne, 49) Oppenheimer, 50) Tschebyschew, 51) Brouwer, 52) Roche, 53) Pauli, 54) Koch, 55) Oresme, 56) von Karman, 57) Maksutov, 58) Buffon, 59) Bosse, 60) Minkowski, 61) Planck, 62) Fechner, 63) Rayleigh, 64) Lemaitre, 65) Fizeau, 66) Antoniadi, 67) Zeeman

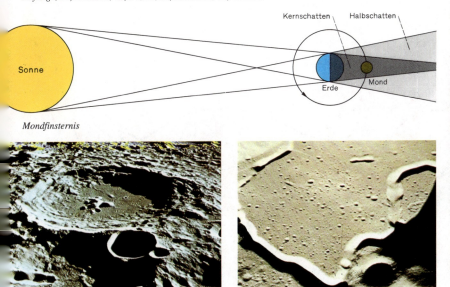

Mondfinsternis

Landschaft auf der Mondrückseite. Der Krater im Bildmittelpunkt ist IAU 308 mit einem Durchmesser von etwa 80 km (links). – Apollo-15-Landegebiet in den Hadley-Apenninen (rechts)

Mondstein, *Ceylon-Opal,* ein Schmuckstein: bes. reine Varietät des *Adulars.*
Mondsüchtigkeit, *Lunatismus,* eine Form des Nachtwandelns: das Ausführen geordneter Handlungen u. Bewegungen im tiefen, traumhaften Schlaf, an die keine Erinnerung zurückbleibt; die Bedeutung eines Einflusses des Mondes ist dabei noch nicht endgültig geklärt.
Mondvogel, *Mondfleck,* zu den *Zahnspinnern* gehörender Falter mit gelbem Fleck an den Vorderflügeln.
Monegạssen, die Einwohner Monacos.
Monet [mɔˈnɛ], Claude, *1840, †1926, frz. Maler; Hauptvertreter des frz. *Impressionismus;* lernte 1859 in Paris C. *Pissarro* u. 1862 A. *Renoir,* A. *Sisley* u. F. *Bazille* kennen, mit denen er vom dunkeltonigen Figurenbild zur pleinairist. Landschaftsmalerei überging.
Monferrạto, hügelige Ldsch. in N-Italien, zw. Po u. Tànaro, Hauptort *Asti;* Weinbau.
Monge [mɔ̃ʒ], Gaspard, *1746, †1818, frz. Mathematiker; gründete 1794 die »École polytechnique«; Begr. der darstellenden Geometrie.
Mongoleị, 1. zentralasiat. Hochland zw. dem Khingan im O, dem Altin Tagh u. Nan Shan (bis 6346 m) im S, dem Tian Shan im W u. dem Altai (bis 4506 m), Sajan u. Jablonowyj-Gebirge im N; 2,8 Mio. km²; umfaßt Wüsten (*Gobi*) u. von Gebirgen umrahmte, hochgelegene (über 1000 m ü. M.) Beckenlandschaften, die bes. im S u. O abflußlos sind. Die vorw. mongol. Bevölkerung besteht aus Viehzüchtern u. gehört dem Lamaismus an. Politisch gliedert sich das Gebiet in die *Mongolei (2)* (Äußere M.), die chin. *Innere M.* u. Randgebiete Xinjiangs u. Rußlands. – **2.** Staat in Zentralasien, 1 565 000 km², 2,2 Mio. Ew. (überw. lamaist. Mon-

Mongolei

golen, auch Turkvölker, chines. u. russ. Minderheiten), Hptst. *Ulan Bator.*
Landesnatur. Das wüsten- u. steppenhafte Hochland wird im NW von Hochgebirgen (Khangai, Mongol. Altai) durchzogen. Im S u. SO erstreckt sich die Wüste *Gobi.* Bis auf den N, der von

Claude Monet: Die Japanerin; 1876. Boston, Museum of Fine Arts

588 Mongolen

der *Selenga* entwässert wird, ist der größte Teil des Landes abflußlos.
Wirtschaft. Grundlage ist die Viehzucht (Schafe, Ziegen, Rinder, Pferde, Kamele). Die reichen Bodenschätze (Kupfer, Molybdän, Wolfram, Erdöl, Gold, Kohle u. a.) werden erst z. T. abgebaut. Die Ind. befindet sich im Aufbau. Sie verarbeitet u. a. Viehzuchtprodukte, liefert aber auch Baustoffe, Textilien, Metalle u. a. – Die wichtigste Eisenbahnverbindung führt von der russ. Grenze über Suche Bator nach Ulan Bator.
Geschichte. Nach dem Zerfall des mittelalterl. Mongolenreichs gehörte die M. seit dem 17. Jh. zu China. 1911 erklärte die *Äußere M.* ihre Unabhängigkeit, während die *Innere M.* bei China blieb. 1924 rief die *Mongol. Revolutionäre Volkspartei* (MRV) in der Äußeren M. die *Mongol. Volksrepublik* aus, die sich eng an die Sowj. anlehnte. 1950 bestätigte China die Souveränität der Mongol. VR. Im sowj.-chin. Konflikt stand die Mongol. VR auf sowj. Seite. 1990 verzichtete die MRV auf ihr Machtmonopol. Sie gewann die ersten freien Parlamentswahlen. 1992 wurde die Mongol. Volksrepublik in M. umbenannt. Es trat eine neue demokrat. Verf. in Kraft.

Mongolen, Selbstbez. *Mongchol*, chin. *Mongku*, urspr. *Tataren*, eine umfangreiche Völkergruppe Innerasiens: ca. 5 Mio., davon 2,8 Mio. in China (Innere Mongolei), 1,7 Mio. in der Mongolei u. 500 000 in Rußland. Urspr. Wald- u. Pelztierjäger, dann größtenteils Steppennomaden mit Übergang zum Ackerbau. Nur noch in abgelegenen Gebieten trifft man heute berittene Nomaden mit Jurten-Unterkunft an. Ethn. Gliederung in: *Ost-M.* (hierzu: *Khalka*, Staatsvolk der Mongolei, u. *Burjaten*), *West-M.* (hierzu: *Kalmüken, Torguten* u. a.).
Gesch.: Die M. waren eines der größten Eroberervölker der Geschichte. Um 1196 schwang sich *Temudschin* zum Fürsten des Stamms *Mongchol* auf, der dann dem ganzen Volk den Namen M. gab. Temudschin unterwarf alle Stämme, gestaltete die Sozialordnung in eine Lehnsherrschaft um u. wurde 1206 durch eine Volksversammlung zum *Tschingis Khan* (»Groß-Khan«) ernannt. Er eroberte N-China, Buchara, Samarkand u. Merw. *Batu* eroberte 1237–40 Rußland u. Polen, schlug 1241 dt. Ritter u. Polen bei Liegnitz u. die Ungarn bei Mohi. Unter *Göjük* (1246–48) u. *Möngke* (1252–59) hielt das Großreich noch zusammen. *Hülägü* eroberte 1256–58 Persien u. den Vorderen Orient, wurde aber von den ägypt. Mamluken 1260 geschlagen. Er begr. in Iran die Herrschaft der *Ilchane* (bis 1335), *Kublai* in China die *Yuan-Dynastie* (bis 1368), *Batu* in S-Rußland das Reich der Goldenen Horde. Den größten Teil des Mongolen-

Mongolen: Zum Einfangen der Pferde benutzen die Mongolen die Urga. Sie besteht aus einer langen biegsamen Stange, an deren Ende eine lederne Schlinge befestigt ist

reichs vereinigte erneut für kurze Zeit *Timur* (1370–1405), der aus W-Turkistan stammte. *Babur* drang in Indien ein (1524–26) u. errichtete die Herrschaft der Mogule (bis 1858). Uneinigkeit, Überschätzung der Kräfte u. rasche Vermischung mit den unterworfenen Völkern führten zum Niedergang der Macht der M.

Mongolenfalte, *Schlitzauge, Epikanthus*, bei vielen mongoliden Völkern auftretende Hautfalte am Auge.
Mongolenfleck, *Blauer Fleck, Sakralfleck, Steißfleck*, erbsen- bis handtellergroße, bläul. bis bräunl. pigmentierte Hautstelle, meist in der Kreuzbeingegend, angeboren u. harmlos; gilt als Kennzeichen der mongol. Rasse.
Mongolide, zusammenfassender Begriff für die mongoliden →*Menschenrassen*.
Mongolischer Altai, Gebirgszug im W der Mongolei, im *Mönkh Khairkhan Uul* 4231 m, teilweise vergletschert (Potaningletscher, 20 km lang); Gebirgssteppe.
mongolische Schrift, Ende des 12. Jh. auf der Grundlage einer von den *Uiguren* weiterentwickelten aramäischen Schrift bei den Mongolen eingeführtes Alphabet. Daneben wurde 1269–1369 eine nach dem Vorbild der tibet. Schrift geschaffene *Quadratschrift* als offizielle Schrift verwendet; heute durch die kyrillische Schrift ersetzt.
mongolische Sprachen, eine Gruppe der *altaischen Sprachfam.*; hierzu die *mongolische* (i.e.S.), *burjatische, kalmükische* u. a. Sprachen. Erstere ist die heute in der Mongolei gespr. Sprache.
Mongolismus →Down-Syndrom.
Mongoloide, Menschengruppen mit vorwiegenden, aber nicht allen Merkmalen der *mongoliden* Rasse.
Monheim, Stadt in NRW am Rhein, 41 000 Ew.
Monier, Joseph, *1823, †1906, frz. Gärtner; gilt als Erfinder der Eisenbetonbauweise (M.-Bauweise).
Monika, *Monnika*, *um 332, †387, Mutter des *Augustinus*; Heilige, Patronin der kath. Müttervereine (Fest: 27.8.).
Monismus, Bez. für philosoph. Lehren, die nur *ein* Prinzip für die Gesamtheit des Wirklichen, nicht zwei (*Dualismus*) oder mehrere (*Pluralismus*) anerkennen u. nach einer einheitl. Auffassung der Welt suchen. Der M. kann inhaltl. sehr verschiedenartig sein.
Monitor, 1. allg. ein Registriergerät zum Überwachen einer physikal. Größe. – **2.** Kontrollfernsehgerät im Fernsehstudio oder -übertragungswagen. – **3.** in der elektron. Datenverarbeitung der Bildschirm zur Verfolgung interner Vorgänge.
Moniuszko [mɔn'juʃko], Stanislaw, *1819, †1872, poln. Komponist; schrieb die poln. Nationaloper »Halka« 1848.
Moniz [mu'niʃ], Antonio Caetano de *Egas M.*, *1874, †1955, port. Neurologe u. Neurochirurg; entwickelte die Verfahren der Angiographie der Hirngefäße u. der präfrontalen Leukotomie; Nobelpreis für Medizin 1949.
Monk [mʌŋk], **1.** George →Monck. – **2.** Thelonious, *1920, †1982, afroamerik. Jazzpianist u. -komponist; Mitbegr. des *Bebop*.
Mon-Khmer-Sprachen, Sprachfam. in Kambodscha, im südl. Laos (*Khmer*) u. westl. von Rangun (*Mon*); darunter das *Kambodschanische*.
Mon-Khmer-Völker, *Austroasiaten*, mongolide Völkergruppe SO-Asiens; später von den *Thai* verdrängt. Zu den M. gehören die *Khmer, Palaung, Khasi, Mon, Nikobarer, Munda* u. a.
Monnet [mɔ'nɛ], Jean, *1888, †1979, frz. Politiker; Schöpfer der *M.-Pläne* zur Modernisierung der frz. Wirtsch., beteiligt am *Schuman-Plan;* 1952–55 (1.) Präs. der Hohen Behörde der Montanunion; gründete 1955 das Aktionskomitee für die Vereinigten Staaten von Europa.
Monnier [mɔ'nje], **1.** Henri Bonaventure, *1805, †1877, frz. Graphiker, Schriftst. u. Schauspieler;

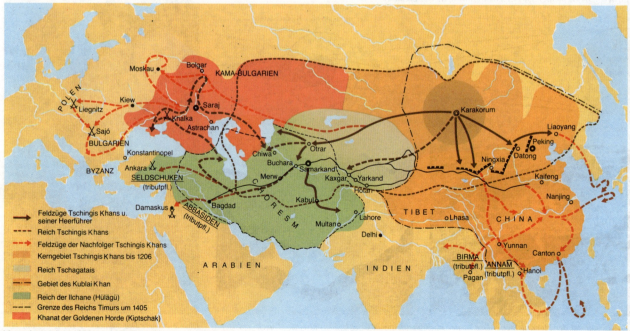

Mongolenreiche und Mongolenfeldzüge

sarkast. Sittenschilderer u. Chronist der Restaurationszeit. – **2.** Thyde (Mathilde), *1887, †1967, frz. Schriftst. (Romane aus der Welt der kleinen Leute ihrer S-frz. Heimat). Ⓦ »Liebe, Brot der Armen«.

mono, Abk. für *monaural* oder *Monophonie,* einkanalige Tonaufnahme u. -wiedergabe; Ggs.: *stereo(phon).*

Monochasium, *Scheinachse,* eine Sproßverzweigung (z.B. Blütenstand), bei dem ein Seitentrieb die Führung übernimmt.

Monochord, seit dem 6. Jh. v. Chr. in Griechenland bek. Tonmeß- u. auch Musikinstrument: ein längl. Kasten, über den eine zu zupfende Saite gespannt war. Durch Mechanisierung des Stegprinzips u. Verbindung mit einer Klaviatur entwickelte sich daraus das *Klavichord.*

monochromatisch, »einfarbig«, Bez. für einen aus dem Spektrum der elektromagnet. Schwingungen ausgesonderten schmalen Frequenzbereich.

Monod [mɔˈno], Jaques, *1910, †1976, frz. Molekularbiologe u. Naturphilosoph; erhielt zus. mit F. *Jacob* u. A. *Lwoff* für die Entdeckung eines Regulator-Gens den Nobelpreis für Medizin 1965.

Monodie, der einstimmige, auf homophoner Grundlage basierende Gesang mit instrumentaler Begleitung; zu Beginn des 17. Jh. in Italien entwickelt.

Monodrama, ein Schauspiel mit nur einer handelnden u. sprechenden Person; Urform des grch. Dramas; im 18. Jh. bes. in Frankreich gepflegt (als *Melodrama).*

Monogamie, die Ehe zw. e i n e m Mann u. e i n e r Frau, im Unterschied zu *Bigamie* u. *Polygamie.*

Monogatari, eine Gattung der jap. Prosa; umfaßt große Zeitromane wie das *Genji-M.,* romant. Kriegserzählungen wie das *Heike-M.* u. Geschichtensammlungen.

Monogramm, urspr. ein Einzelbuchstabe, dann die kunstvoll zu einem Zeichen zusammengefügten Anfangsbuchstaben eines Namens.

Monographie, eine möglichst vollständige wiss. Untersuchung über ein spezielles Problem oder über eine Person.

Monokel, frz. *Monocle, Einglas,* in die Augenhöhle geklemmtes Brillenglas; gebräuchl. bes. zw. 1870 u. 1920.

monoklin →*Kristall.*

Monokotyledonen, *Monocotyledonae,* die *einkeimblättrigen Pflanzen,* die 2. Klasse der *Bedecktsamer (Angiospermae).* M. haben nur ein einziges Keimblatt. Äußerl. zu erkennen sind sie an den meist parallelnervigen Blättern u. an meist 3zähligen Blüten.

Monokratie, »Einzelherrschaft«, die Vereinigung der obersten Staatsgewalt in einer Person u. ihre Ausübung als persönl. Herrschaftssystem.

Monokultur, der Anbau nur einer Pflanzenart auf einer Fläche. Vorteile: Es wird die Pflanze angebaut, die Boden u. Klima entsprechend den höchsten Ertrag liefert; durch Einsatz von Großmaschinen wird ein hoher Rationalisierungseffekt erreicht. M.en mindern jedoch auf die Dauer durch Bodenermüdung die Bodenqualität, fördern die Ausbreitung von Pflanzenkrankheiten u. Schädlingen (artenarme Tierwelt, gestörtes biolog. Gleichgewicht).

Monolith, ein künstler. bearbeiteter u. einzeln aufgestellter Steinblock, z.B. als *Menhir* oder *Obelisk.*

monolithische Schaltung, in der Mikroelektronik eine aus einem einzigen Block bestehende integrierte Schaltung.

Monolog, Selbstgespräch; eine Rede, die nicht an einen Zuhörer gerichtet ist; im Drama, im Ggs. zum *Dialog,* jedes Stück Rede, das eine Person spricht, die allein auf der Bühne steht; im Roman auch als *innerer M.*

Monomane, jemand, der unter dem Zwang einer *fixen Idee* lebt.

Monomanie, die zwanghafte Verfolgung einer *fixen Idee.*

Monomer, der einzelne Grundbaustein der aus zahlr. Einzelmolekülen aufgebauten *Polymere* (Makro- oder Riesenmoleküle); →*Polymerisation.*

Mononucleose, infektiöse M., *Pfeiffersches Drüsenfieber, Studentenfieber, Monozyten-Angina,* eine akute fieberhafte Infektionskrankheit mit Vermehrung der mononuclearen (einkernigen) Leukozyten *(Monozyten).*

Monophylie, in der biolog. Systematik u. Abstammungslehre die Entwicklung einer Artengruppe (Gatt., Fam. usw.) aus einer ihr gemeinsamen Stammart; Ggs.: *Polyphylie.*

Monophysitismus, die christolog. Lehre, wo-

Marilyn Monroe

nach sich die göttl. u. die menschl. Natur in Christus zu einer Natur u. Person, der göttlichen, vereinen. Der M. entstand aus Opposition gegen das auf dem Konzil von *Chalcedon* (451) formulierte Dogma, das zwei Naturen in Christus in einer Person definierte. →morgenländ. Kirchen.

Monopol, eine Marktkonstellation, bei der das Gesamtangebot eines Guts *(Angebots-M.),* seltener die Gesamtnachfrage nach einem Gut *(Nachfrage-M.)* in einer Hand (beim *M.isten)* vereinigt ist. Das Wesen der M. besteht in der marktbeherrschenden Machtstellung durch Ausschaltung des Wettbewerbs. In wettbewerbsorientierten Wirtschaftsordnungen werden M.bildungen deshalb als freiheits- u. leistungsschädl. bekämpft. – **M.kapitalismus,** ideolog. Bez. für eine gesteigerte Form des Kapitalismus, die durch erhöhte Konzentration der Wirtschaftsmacht in wenigen Händen u. wenigen Ländern gekennzeichnet ist.

Monopoly, ein aus den USA stammendes Gesellschaftsspiel (bis zu 6 Spieler), bei dem Abläufe von Wirtschafts- u. Geldmarktmechanismen nachgespielt werden; 1928 erfunden.

Monopteros, antiker Rundtempel ohne Cella; in der Baukunst des 18./19. Jh. als offener Gartenpavillon nachgebildet.

Monosaccharide [-zaxa], *einfache Zucker,* Kohlenhydrate, die im Molekül außer Hydroxygruppen (-OH) auch eine Aldehydgruppe (-CHO, *Aldosen)* oder eine Ketogruppe (=CO, *Ketosen)* enthalten. Die Zahl der Kohlenstoffatome im Molekül liefert die entsprechende Bezeichnung.

Monosyllabum, einsilbiges Wort.

Monotheismus, der Glaube an die Existenz eines einzigen Weltgotts, sofern die Leugnung anderer Götter eingeschlossen ist; im Unterschied zum *Henotheismus* u. im Ggs. zum *Polytheismus.* – Monotheistisch sind Parsismus, Judentum, Christentum u. Islam.

Monotheletismus, die Lehre von der einen Person u. den zwei Naturen Christi, aber nur einem Willen in ihm. Der Streit um den M. entwickelte sich aus der zw. den Anhängern von *Chalcedon* u. den *Monophysiten* vermittelnden Formel, daß in den zwei Naturen Christi nur »energeia« wirke *(Monenergismus).* Der M. wurde auf dem 6. ökumen. Konzil von Konstantinopel 680/81 verurteilt.

Monozyten →*Leukozyten.*

Monreale, ital. Stadt auf Sizilien, sw. von Palermo, 26 000 Ew.; normann. Dom (12. Jh.), Benediktinerkloster (12. Jh.).

Monro [mənˈrou], Harold, *1879, †1932, engl. Schriftst.; gründete 1912 in London den »Poetry Bookshop«.

Monroe [mənˈrou], **1.** Harriet, *1860, †1936, US-amerik. Schriftst.; förderte die moderne Lyrik durch ihre Zeitschrift »Poetry«. – **2.** James, *1758, †1831, US-amerik. Politiker (Jefferson-Republikaner); 1811–17 Außen-, 1814/15 auch Kriegs-Min.; 1817–25 (5.) Präs. der USA; ließ durch J.G. *Adams* Florida kaufen (1819); verkündete die **M.-Doktrin** (1823), die besagt, daß die USA sich nicht in europ. Verhältnisse einmischen

würden, daß aber auch keinem europ. Staat die Einmischung in amerik. Verhältnisse oder die Schaffung von Kolonien in Amerika gestattet sein solle (»Amerika den Amerikanern«). – **3.** Marilyn, eigtl. Norma Jean *Mortenson,* *1926, †1962 (Selbstmord), US-amerik. Filmschauspielerin; Sexidol der 50er Jahre; in 3. Ehe 1956–61 verh. mit Arthur *Miller.* Bek. Filme: »Blondinen bevorzugt«, »Manche mögen's heiß«, »Misfits – Nicht gesellschaftsfähig«.

Monrovia, Hptst. der W-afrik. Rep. Liberia, an der Mündung des Saint Paul River in den Atlantik, 465 000 Ew.; Univ. (1863); Handels- u. Industriezentrum, bed. Seehafen, internat. Flughafen.

Mons [mɔ̃s], fläm. *Bergen,* Hptst. der belg. Prov. Hennegau, 97 000 Ew.

Mönschau, Stadt in NRW, am Hohen Venn u. an der Rur, 11 000 Ew.; maler. Stadtbild.

Monseigneur [mɔ̃sɛˈnjøːr; frz.], Abk. *Mgr.,* Anrede für Prinzen u. hohe Geistliche.

Monsieur [məˈsjø], Abk. *M.,* die frz. Anrede »mein Herr«.

Monsignore [mɔnsiˈnjoːrɛ; ital.], Abk. *Msgr., Mgr.,* vom Papst verliehener Titel für Prälaten u. Bischöfe.

Monster, *Monstrum,* Ungeheuer.

Monstera, *Fensterblatt,* Gatt. der *Aronstabgewächse.* Als Zierpflanze ist der kletternde Epiphyt *M. deliciosa* beliebt, fälschl. *Philodendron* genannt.

Monstranz, *Ostensorium,* in der kath. Kirche ein kostbares Behältnis zur Aufbewahrung u. Vorzeigung einer einzelnen geweihten Hostie.

Monsun [der; arab., »Jahreszeit«], ein Wind, der durch die jahreszeitl. versch. Lage der innertrop. Konvergenzzone auftritt. Die Verschiebung bedeutet eine wechselnde Temperatur- u. Luftdruckverteilung im Grenzgebiet zw. ausgedehnten Land- u. Wasserflächen, bes. in S- u. O-Asien: Wenn sich im Sommer während der Erwärmung der asiat. Festlandsmasse über ihr ein Tiefdruckgebiet bildet, entsteht der Südwest-M. (über Südasien) bzw. Südost-M. (über Ostasien). Der Sommer-M. bringt in S-Asien überwiegend die für die Landw. nötigen Niederschläge.

Mont [mɔ̃; frz.], Abk. *Mt.,* Bestandteil geograph. Namen: *Berg.*

Montabaur, Stadt in Rhld.-Pf., am Südhang des Westerwalds, 10 500 Ew.; Schloß (13.–17. Jh.).

Montafon, östr. Tal im südl. Vorarlberg, von der oberen Ill durchflossen, Hauptort *Schruns.*

Montage [mɔnˈtaʒə], **1.** *Druckerei:* das Zusammensetzen aller Einzelteile (Filme) eines Druckbilds vor der Übertragung auf die endgültige Druckform; beim Hochdruck die Vorbereitung der Druckstöcke. – **2.** *Film:* das Zusammenfügen der einzelnen, geschnittenen Szenen zum Gesamtfilm; auch ein von der Photographie übernomme-

Monstranz mit einem Nagel Christi; vor 1657. Wien, Kunsthistorisches Museum

Montagna

nes Stilmittel *(Photo-M.)*, z.B. durch Überblenden in einer Szene versch. opt. Eindrücke zusammenzustellen. – **3.** *Technik*: das Einpassen u. Zusammenbauen von Einzelteilen; auch das Aufstellen fertiger Masch. bis zur Inbetriebnahme.

Montagna [mɔn'tanja], Bartolomeo, * um 1450, † 1523, ital. Maler; Hauptmeister der Schule von Vicenza.

Montagu ['mɔntəgjuː], Mary *Wortley*, Lady *M.*, * 1689, † 1762, engl. Schriftst.

Montaigne [mɔ̃'tɛnj], Michel *Eyquem*, Seigneur de M., * 1533, † 1592, frz. Philosoph u. Schriftst.; begr. mit seinen skept., epikureisch gefärbten »Essais de messire Michel« die Gattung des *Essays*. Angesichts der Fragwürdigkeit alles Menschl. empfahl er, das Unvermeidl. mit gelassener Heiterkeit zu ertragen.

Montale, Eugenio, * 1896, † 1981, ital. Schriftst.; begr. mit G. Ungaretti die surrealist. Lyrik Italiens, die »hermetische Dichtung«; 1975 Nobelpreis.

Montalvo, Garcí *Ordóñez (Rodríguez) de M.* → *Amadis*.

montan, das Bergbau- u. Hüttenwesen betreffend.

Montana [mɔn'tænə], Abk. *Mont.*, Staat im NW der → Vereinigten Staaten von Amerika.

Montand [mɔ̃'tã], Yves, eigtl. Y. *Livi*, * 1921, † 1991; frz. Filmschauspieler u. Chansonsänger.

Montanindustrie, *i.e.S.* die Unternehmen, die sich mit der Förderung von Kohle, Erz u. ä. befassen; *i.w.S.* auch die weiterverarbeitende *Schwerindustrie*.

Montanismus, von dem Phygier *Montanus* um 150 begr. christl. Sekte. Die *Montanisten* forderten volle Weltverneinung, u. erwarteten die baldige Herabkunft des Hl. Geistes.

Montanunion, Europ. Gemeinschaft für Kohle u. Stahl, Abk. *EGKS*, die erste übernationale europ. Organisation mit eigenen Souveränitätsrechten; auf Anregung des frz. Außen-Min. R. *Schuman (Schuman-Plan)* am 18.4.1951 in Paris geschlossener Vertrag zw. Belgien, der BR Dtld., Frankreich, Italien, Luxemburg u. den Niederlanden; weitere EU-Länder folgten. Die Organe der M., wie *Hohe Behörde* u. *Ministerrat*, wurden mit den entsprechenden Organen der EWG u. Euratom verschmolzen.

Montauban [mɔ̃to'bã], Stadt im SW Frankreichs, an der Mündung des Tescou in den Tarn, 50 000 Ew.

Montbéliard [mɔbe'ljaːr], dt. *Mömpelgard*, Krst. im O Frankreichs, im *Dép.* Doubs, am Rhein-Rhône-Kanal, 32 000 Ew.; Uhren-Ind.; 1397–1793 bei Württemberg.

Mont Blanc [mɔ̃'blã], höchste Berggruppe der Alpen, an der franz.-ital.-schweizer. Grenze, im Hauptgipfel 4807 m. Das kristalline Massiv bildet die Wasserscheide zw. Rhône u. Po; seine Bergketten sind von scharfzackigen Zinnen (*Aiguilles*) überragt u. stark vergletschert. Der M. B. wurde 1786 zuerst von J. *Balmat* u. M.-G. *Paccard* bestiegen. Der *M.-B.-Tunnel* (1965 fertiggestellt, 11,6 km Länge) führt von *Les Pélerins* (Frankreich) nach *Entreves* (Italien).

Montbretia [mɔnt'breːtsia], Montbretie, Tritonia, S-afrik. Gatt. der *Schwertliliengewächse*.

Montceau-les-Mines [mɔ̃'sole'miːn], mittelfrz. Ind.-Stadt sw. von Le Creusot, am Canal du Centre, 28 000 Ew.; Steinkohlenbergbau.

Mont-de-Marsan [mɔ̃dəmar'sã], SW-frz. Stadt in der Gascogne, an der Midouze, 30 000 Ew.; Sägewerke.

Mont d'Or [mɔ̃'dɔːr], frz. Berg im Jura-Gebirge, nahe der frz.-schweiz. Grenze, 1463 m.

Monte, Philipp de, * 1521, † 1603, ndl. Komponist; seit 1568 kaiserl. Hofkapellmeister in Wien u. Prag.

Monte Albán, altindian. Ruinenstätte im mex. Bundesstaat Oaxaca; Kulturzentrum der *Zapoteken*, wahrsch. im 1. vorchristl. Jt. gegr.; Blüte im 3./4. Jh. n. Chr., Niedergang um 800; ab 1300 Metropole der *Mixteken*.

Monte Carlo, Luxuskurort des Fürstentums *Monaco* an der frz. Riviera, 10 000 Ew.; *Kasino* (1879 erbaut) mit Spielbank (1863 gegr.), 3,3 km lange Grand-Prix-Rennstrecke.

Montecassino, ital. Kloster im südl. Latium, oberhalb der Stadt *Cassino*; um 581 von *Benedikt von Nursia* gegr., Mutterkloster des abendländ. Mönchtums; mehrmals zerstört. Blüte im 10./11. Jh.; im 2. Weltkrieg hart umkämpft, am 15.2.1944 von den Alliierten zerstört, 1950–54 in alter Form wieder aufgebaut.

Montecatini Terme, ital. Heilbad am Südrand des Apennin, 25 000 Ew.; alkal. Thermalquellen.

Montecorvino, Johannes von, * 1247, † 1328, ital. Franziskanermissionar; seit 1288 in Ostasien, erster Missionar in China (1294), 1307 erster Erzbischof von Peking.

Montecristo, *Isola di M.*, ital. Insel im Tyrrhen. Meer, südl. von Elba, 10 km²; bek. durch den Roman »Der Graf von Monte Christo« von A. Dumas d. Ä.

Montecuccoli, Raimund Graf von, Reichsfürst u. Herzog von *Melfi*, * 1609, † 1680, ital.-dt. Heerführer; erfolgreich im *Dreißigjährigen Krieg*, 1658 zum Feldmarschall im kaiserl. Heer ernannt.

Montego Bay [-bɛi], Hafenstadt an der NW-Küste Jamaikas, 60 000 Ew.; Flughafen.

Montejus [mɔ̃'ʒy], Drucktopfpumpe zum Wegpumpen stark verschmutzter oder ätzender Flüssigkeiten.

Montélimar [mɔ̃teli'maːr], Stadt in Frankreich im unteren Rhône-Tal, 29 000 Ew.; Kraftwerke.

Montelius, Oscar, * 1843, † 1921, schwed. Prähistoriker; entwickelte die typolog. Forschungsmethode.

Montemayor, port. *Montemôr*, Jorge de, * um 1520, † 1561, span. Dichter port. Herkunft. Sein Schäferroman »Diana« regte zu vielen Nachahmungen an.

Montenegro, serbokroat. *Crna Gora*, Teilrep. im südl. Jugoslawien, 13 812 km², 620 000 Ew., Hptst. *Podgorica*; waldreiches Hochland; Bauxitlager, Fremdenverkehr.

Gesch.: Im frühen MA war M. Schauplatz erster Einigungsversuche der serb. Stämme (Fürstentum *Zeta* im 11. Jh.), später Teil des großserb. Reichs der *Nemanjiden*. Seit 1516 übten die Bischöfe von Cetinje ein theokrat. Regime aus. 1852 wurde M. weltl. Fürstentum; *Nikita I.* (Nikola) erhielt auf dem Berliner Kongreß 1878 die Unabhängigkeit bestätigt u. nahm 1910 den Königstitel an. Nach seiner Absetzung schloß sich M. 1918 Serbien an. 1941–45 war es nominell selbständig; seit 1946 gehörte es als sozialist. Teilrep. wieder zu Jugoslawien. 1992 bildete es mit Serbien die neue „Bundesrepublik Jugoslawien".

Montepulciano [-'tʃano], Stadt in Italien, 14 000 Ew.; Dom (16. Jh.), Renaissance-Paläste; Zentrum eines Weinbaugebiets.

Montereau-faut-Yonne [mɔ̃tə'rofot'jɔn], frz. Ind.-Stadt an der Mündung der Yonne in die Seine, 22 000 Ew.; Wärmekraftwerk.

Monterey [mɔnti'rei], Stadt im USA-Staat California, südl. von San Francisco, an der *M.-Bucht*, 27 000 Ew.; Fischfang, Seebad.

Montería, Hptst. des kolumbian. Dep. Córdoba, 230 000 Ew.; Univ.

Monte Rosa, stark vergletschertes Gebirgsmassiv an der ital.-schweiz. Grenze, in den Walliser Alpen; in der *Dufourspitze* 4634 m.

Montenegro: Kloster Ostrog liegt nordwestlich von Podgorica

Monterrey [-'rɛi], Hptst. des NO-mex. Bundesstaats Nuevo León, 1,9 Mio. Ew.; 4 Univ., vielfältige Ind.

Montes, in Italien seit dem 13. Jh. zinsfreie Staatsanleihen, deren Gläubiger sich zu Kapitalgesellschaften vereinigten, die manchmal Banken wurden. Die *M. pietatis* (frz. *Monts-de-Piété*) waren gemeinnützige Leihhäuser.

Montespan [mɔ̃tɛs'pã], Françoise Athénaïs de *Rochechouart de Mortemar*, Marquise de M., * 1640, † 1707, seit 1667 Mätresse *Ludwigs XIV.* von Frankreich, mit dem sie 8 Kinder hatte; von der Marquise de *Maintenon* verdrängt, ging sie 1691 ins Kloster.

Montesquieu [mɔ̃tɛs'kjø], Charles de *Secondat*, Baron de *La Brède et M.*, * 1689, † 1755, frz. Schriftst., Rechts- u. Staatsphilosoph der Aufklärung; begann seine schriftsteller. Laufbahn mit dem gesellschaftskrit. Schlüsselroman »Pers. Briefe«. Sein Hptw. ist die staats- u. kulturphilosoph. Schrift »De l'esprit des lois« (»Vom Geist der Gesetze«), in der er *Gewaltenteilung* als Prinzip des inneren Staatsaufbaus fordert, wodurch den von einzelnen oder Gruppen ausgeübte Willkür vermieden werden soll.

Montesquiou-Fezensac [mɔ̃tɛs'kjufəzã'sak], Robert Comte de, * 1855, † 1921, frz. Schriftst.; Dandy u. Ästhet der »Belle Époque«.

Montessori, Maria, * 1870, † 1952, ital. Ärztin u. Pädagogin; Begr. eines modernen Unterrichts, der der individuellen Entwicklung des Kindes Spielraum läßt.

Monteverdi, Claudio, * 1567, † 1643, ital. Komponist; seit 1613 Musikdirektor an St. Markus in Venedig. Neben einzelnen Kirchenwerken im alten Stil des strengen Kontrapunkts (»Prima pratica«) schrieb er v. a. »moderne« Musik (»Seconda pratica«), in der auf affektvolle Textdeklamation Wert gelegt wurde; bedeutsam als einer der ersten Opernkomponisten »L'Orfeo«, »L'Arianna«, »Il Ritorno d'Ulisse in Patria« u. »L'Incoronazione di Poppea«.

Montevideo [-'ðeo], Hptst., Kultur- u. Wirtschaftszentrum der südamerik. Rep. Uruguay, am Río de la Plata, vom *Monte Cerro* (149 m) überragt, 1,5 Mio. Ew.; 2 Univ.; Kathedrale (18. Jh.), bed. Hafen, internat. Flughafen. 1724 gegr.

Montez [-tes], Lola, eigtl. Maria Dolores *Gilbert*, * 1818, † 1861, schott.-kreol. Tänzerin; kam 1846 nach München. Als Geliebte des bay. Königs *Ludwig I.* wurde sie zur *Gräfin von Landsfeld* erhoben. Das Verhältnis trug zur Abdankung des Königs 1848 bei.

Montezuma → *Motecuzoma*.

Montfort, Burg Starkenberg, Kreuzfahrerfestung in Obergaliläa; 1271 von den Sarazenen erobert.

Montfort, schwäb.-vorarlberg. Grafengeschlecht, ben. nach der Stammburg M. bei Götzis in Vorarlberg.

Montfort [[mɔ̃'fɔːr], französisches Grafengeschlecht:]. **1.** *Simon IV.*, * 1150, † 1218 (vor Toulouse gefallen), Führer des Kreuzzugs gegen die *Albigenser*; eroberte Carcassonne u. das Languedoc. – **2.** [engl. 'mɔntfət], Simon de, Earl of *Leicester*, Sohn von 1), * um 1208, † 1265 (gefallen); leitete die Rebellion der niederen Barone u. der Städte gegen König *Heinrich III.* von England; bei Evesham geschlagen.

Montgelas [mɔ̃ʒə'la], Maximilian Joseph Graf von, * 1759, † 1838, bay. Min.; 1817 gestürzt, als er eine Repräsentativ-Verf. einführen wollte.

Montgolfier [mɔ̃gɔl'fje], Brüder: Jacques-Étienne, * 1745, † 1799 u. Joseph-Michel, * 1740, † 1810, frz. Papierfabrikanten u. Erfinder; entwickelten einen durch erwärmte Luft gehobenen Ballon *Montgolfière*, der am 21.11.1783 bei Paris den ersten bemannten freien Flug ausführte. Joseph M. erfand 1784 einen Fallschirm u. 1796 den hydraulischen Widder.

Montgomery [mɔnt'gʌməri], **1.** Hptst. des USA-Staats Alabama, 180 000 Ew.; Handelszentrum für Baumwolle u. Vieh; 1861 erste Hptst. der Konföderierten Staaten. – **2.** *Sahiwal*, pakistan. Stadt im Pandschab, nahe der Ravi, 140 000 Ew.; in der Nähe die Ruinen von *Harappa*.

Montgomery [mɔnt'gʌməri], Bernard *Law*, Viscount *M. of Alamein*, * 1887, † 1976, brit. Offizier; siegte als Befehlshaber der 8. brit. Armee im 2. Weltkrieg bei *El Alamein* (Nordafrika) über das dt. Afrika-Korps unter Rommel; 1944 Feldmarschall, 1945/46 Oberbefehlshaber der brit. Besatzungstruppen in Dtld. u. brit. Vertreter im Alliierten Kontrollrat.

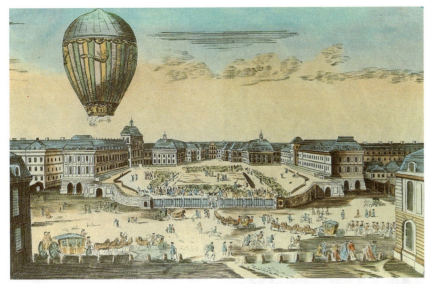

Montgolfier: Aufstieg der Montgolfière in Versailles am 23. Juni 1784; zeitgenössischer kolorierter Kupferstich

Montherlant [mɔ̃tɛr'lã], Henry de, * 1896, † 1972 (Selbstmord), frz. Schriftst.; von aristokrat. Grundhaltung, strebte nach einem klass. Stil. Seine Werke sind geprägt von elitärem Bewußtsein.

Monthey [mɔ̃'tɛ], Bez.-Hptst. im schweiz. Kt. Wallis, am Ausgang des *Val d'Illiez,* 11 500 Ew.

Monti, Vincenzo, * 1754, † 1828, ital. Schriftst.; der letzte Vertreter des ital. Neuklassizismus u. ein Vorläufer der Romantik.

Monticelli [-'tʃelli], Adolphe, * 1824, † 1886, frz. Maler ital. Herkunft; unter dem Einfluß von A. *Watteau,* E. *Delacroix* u. Diaz de la Peña.

Montignac [mɔ̃ti'njak], Gem. im Périgord, an der unteren Vézère im SW Frankreichs, 3000 Ew.; in der Umgebung die *Grotte de Lascaux* mit Felsbildern der Altsteinzeit.

Montini, Giovanni Battista, bürgerl. Name von Papst → Paul VI.

Montluçon [mɔ̃ly'sɔ̃], mittelfrz. Krst. im Dép. Allier, am Cher, 60 000 Ew.; Schloß; Metall-, Maschinen- u. chem. Ind.

Montmartre [mɔ̃'martr], nördl. Stadtteil von Paris, auf einem 127 m hohen Hügel; Kirche *Sacré-Cœur* (1876–1914 erbaut, 1919 geweiht); im 19. Jh. Künstlerwohnviertel.

Montmorillonit [mɔ̃morijɔ̃'ni:t], neben *Kaolin* das bek. Tonmaterial; Rohmaterial für feuerfeste Tone.

Montparnasse [mɔ̃par'nas], sw. Stadtteil von Paris, Künstlerviertel; bek. Friedhof.

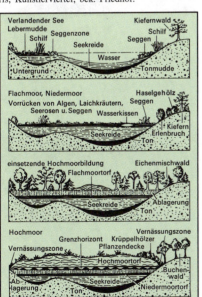

Moor: Entstehung und Aufbau

Mont Pelée [mɔ̃pə'le], *Montagne Pelée* → Martinique.

Montpelier [mɔnt'pi:ljə], Hptst. des USA-Staats Vermont, östl. des Lake Champlain, 9000 Ew.; Holzverarbeitung.

Montpellier [mɔ̃pə'lje], S-frz. Stadt im Languedoc, unweit der hier lagunenreichen Mittelmeerküste, 200 000 Ew.; 3 Univ., Kathedrale (14. Jh.), Paläste (17./18. Jh.); Zentrum eines Weinbaugebiets, elektron. Ind.

Montreal [mɔntri'ɔ:l], frz. *Montréal,* die bed. Handels- u. Ind.-Stadt Kanadas, in der Prov. Quebec, auf einer Insel im Sankt-Lorenz-Strom, vom vulkan. *Mount Royal* überragt, 1,2 Mio. Ew.; 3 Univ.; Banken- u. Versicherungszentrum, Getreideumschlagplatz, Hafen, internat. Flughafen; Weltausstellung 1967; Olymp. Spiele 1976.

Montreuil, *M.-sous-Bois,* [mɔ̃'trœjsu'bwa], östl. Industrievorstadt von Paris, 96 000 Ew.

Montreux [mɔ̃'trø], schweiz. Kurort u. Touristenzentrum am NO-Ufer des Genfer Sees, im Kt. Waadt, 21 000 Ew.; Schloß *Chillon;* internationale Konferenzen; internationaler Festspielort: Fernseh- (»Goldene Rose von M.«) sowie Jazz- u. Musikfestspiele.

Mont-Saint-Michel [mɔ̃sɛ̃mi'ʃɛl], *Le M.,* Felseninsel (900 m Umfang, 90 m hoch) im N Frankreichs, inmitten der gleichn. breiten Bucht des Ärmelkanals, mit dem Festland durch einen Damm (1800 m lang) verbunden. Die bei einer 709 erbauten Kapelle 966 gegr. Benediktinerabtei gehörte zu den bedeutendsten Klöstern Frankreichs (1790 aufgehoben); einzigartiges Denkmal mittelalterl. Kloster- u. Festungsbaukunst.

Montsalvatsch, Name der Gralsburg bei *Wolfram von Eschenbach.*

Montserrat [mɔnsɛr'rat], zerklüftetes Bergmassiv des Katalon. Randgebirges in Spanien, bis 1224 m hoch; nw. von Barcelona; in halber Höhe das Benediktinerkloster *Nuestra Señora de M.* (gegr. 880) mit dem Bild der Schwarzen Muttergottes; Wallfahrtsort.

Montserrat [mɔnsə'ræt], Antilleninsel der brit. Leeward Islands (Karibik), 102 km², 13 000 Ew., Hptst. Plymouth; vulkan. mit heißen Quellen.

Montt, Manuel, * 1809, † 1880, chilen. Staatsmann; 1851–61 Staats-Präs.; leitete die moderne Entwicklung Chiles ein.

Montur, militär. Ausrüstung, Dienstkleidung.

Monument, Denkmal.

Monumenta Germaniae Historica [lat., »histor. Denkmäler Dtlds.«], Abk. *MGH,* die wichtigste Sammlung mittelalterl. Geschichtsquellen Dtlds. für die Zeit von 500 bis 1500. Zur Herausgabe bildete sich 1819 auf Anregung des Frhr. vom Stein die *Gesellschaft für ältere dt. Geschichtskunde.* 1946 Neugründung unter dem Namen *Dt. Institut für Erforschung des MA;* Sitz: München.

monumental, von riesigem Ausmaß; einfach, aber überwältigend groß.

Monza, ital. Stadt in der Lombardei, am Lambro, 125 000 Ew.; 5,8 km lange Autorennstrecke.

Moorkultur 591

Moor, natürl. Bildungs- u. Lagerstätten von →Torf an der Erdoberfläche. Sie bilden sich in Gegenden mit Staunässe, d. h. wo dem Boden mehr Wasser zugeführt wird als abläuft, versickert oder verdunstet. Das *Flach-M. (Niederungs-M., Ried, Wiesen-M.)* ist vom Grundwasserstand abhängig u. bildet sich bei der Verlandung nährstoffreicher Seen, Teiche u. Flußläufe. – Das *Hoch-M. (Heide-, Torf-M., Moos, Fenn, Fehn)* verdankt seine Entstehung allein den atmosphär. Niederschlägen. Die fehlende Verbindung zum Grundwasser bedingt, daß das Wasser hier extrem nährstoff- u. kalkarm ist. Entsprechend ist die Pflanzenwelt dürftig u. arm an Arten; die Hauptrolle spielen Torfmoose *(Sphagnum-Arten),* daneben Wollgräser, Seggen u. versch. Zwergsträucher, v. a. aus der Fam. der Heidegewächse *(Ericaceae).* Die *Torfmoose* bilden dichte, wasseraufsaugende Polsterdecken, die an der Oberfläche weiterwachsen, während die tieferen Schichten absterben u. in Torf übergehen. – **M.bäder,** Aufschwemmungen von M. oder M.erde in Wasser oder Mineralwasser *(Mineral-M.),* die bes. bei Rheumatismus u. Frauenleiden als Heilbäder Anwendung finden.

Moor, *Mor,* span. Antonio Moro, Anthonis, * um 1520, † 1576/77, ndl. Maler; entwickelte unter venezian. Einfluß (Tizian) einen eleganten Porträtstil.

Moore [muːr], 1. Edward, * 1712, † 1757, engl. Schriftst. (moralisierende Dramen aus seiner bürgerl. Umwelt). – 2. George, * 1852, † 1933, anglo-ir. Schriftst.; zunächst beeinflußt vom frz. Naturalismus, darauf von W.H. *Pater* u. W.B. *Yeats.* – 3. George Edward, * 1873, † 1958, engl. Philosoph; begr. den engl. Neurealismus, der sich am Erkenntnisideal der Naturwiss. orientierte; wichtige Arbeiten zur Ethik. – 4. Henry, * 1898, † 1986, engl. Bildhauer u. Maler; ungegenständl. Arbeiten tragen organ., Wachstum u. Bewegung verkörpernde Merkmale. – 5. Marianne, * 1887, † 1972, US-amerik. Schriftst. (experimentierende, intellektuelle Gedichte). – 6. Roger, * 14.10.1927, brit. Filmschauspieler (bekannt in der Rolle des Agenten James Bond). – 7. Stanford, * 1913, † 1982, US-amerik. Biochemiker; Arbeiten zu Enzymen, Nobelpreis für Chemie 1972. – 8. Thomas, * 1779, † 1852, anglo-ir. Schriftst. (auf ir. Volksweisen gedichtete Lieder); ir. Nationaldichter.

Moorkultur, die Umwandlung von Moorflächen in landwirtschaftl. nutzbares Kulturland durch Entwässerung, zweckentspr. Bearbeitung u. Zufuhr fehlender Nährstoffe durch Düngung.

Henry Moore: Innere und äußere Form; 1950. Hamburg, Kunsthalle

Moorleichen, durch die konservierende Wirkung von Moor u. Luftabschluß oft mit Haut u. Haar erhaltene menschl. Leichen aus vor- u. frühgeschichtl. Zeit, überwiegend aus der Eisenzeit. Sie geben eine genaue Kenntnis von der german. Tracht u. Textilverarbeitung der Eisenzeit. Die meisten der bisher gefundenen M. (über 700) wurden erst nach ihrem Tod im Moor versenkt.
Moos, 1. →Moose. – **2.** südd. Bez. für →Moor.
Moosbeere, ein *Heidekrautgewächs;* mit sauren, rötl. Beeren.
Moosbrugger, Kaspar, *1656, †1723, schweiz. Baumeister; seit 1681 Laienbruder in Stift Einsiedeln; baute zahlr. Barock-Kirchen, bes. in der Schweiz.
Moosburg an der Isar, oberbay. Stadt nahe der Mündung der Amper in die Isar, 14 700 Ew.; roman. Basilika.
Moose, *Bryophyta,* Abteilung des Pflanzenreichs: zierl., immergrüne, autotrophe Pflanzen ohne echte Wurzeln, die noch zu den *Thalluspflanzen* gerechnet werden. Wie die *Farnpflanzen* sind die M. ans Landleben angepaßt, brauchen zur Fortpflanzung aber noch das Wasser. Dem Entwicklungsgang liegt ein *Generationswechsel* zugrunde. An der Moospflanze entwickeln sich weibl. u. männl. Geschlechtsorgane (*Archegonien* u. *Antheridien*); aus der durch bewegl. *Spermatozoiden* befruchteten Eizelle geht dann die sporenliefernde, ungeschlechtl. Generation hervor, die gestielte Mooskapsel, die nicht selbständig wird, sondern auf der Moospflanze bleibt u. von ihr ernährt wird. Die M. umfassen 2 Klassen: *Leber-M.* u. *Laub-M.*
Moosfarne, *Selaginellales,* Ordnung der *Bärlappgewächse;* Fam. *Selaginellaceae,* Gatt. *Selaginella,* in den Tropen rd. 700 Arten. Die schuppenförmigen Blättchen tragen am Grund der Blattoberseite eine häutige Schuppe, die *Ligula,* ein wasseraufnehmendes u. -ausscheidendes Organ.
Moostierchen, *Bryozoa,* artenreichste Klasse der *Tentakeltiere;* mikroskop. kleine, festsitzende Wasserbewohner mit einem einziehbaren Tentakelapparat rings um die Mundöffnung. Die Einzeltiere stecken in festen Körperhüllen, aus denen sie den Vorderkörper mit den Tentakeln herausstrecken können u. die durch Deckel verschließbar sind. M. mit verkalkten Hüllen sind Riffbildner, die z.B. im Frühtertiär ausgedehnte Kalksteinlager aufgebaut haben.
Moped, Kurzwort für *mo*torisiertes *Ped*al oder *Motorped*alfahrzeug, ein Fahrrad mit Hilfsmotor

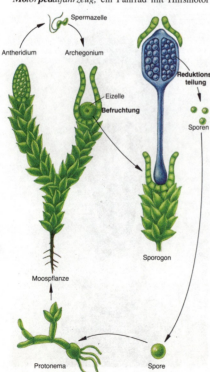

Moose: Generationswechsel

Moose: Beckenmoos mit Sporogonen

bis 50 cm³ Hubvolumen, Höchstgeschwindigkeit 40 km/h. Ein Führerschein der Klasse 4 ist notwendig, ebenso eine Haftpflichtversicherung; zulassungs- u. steuerfrei.
Mops, alte, aus China stammende Hunderasse; kurzhaarig, gelb bis grau.
Mopti, Stadt in Mali, im Binnendelta des Niger, 78 000 Ew.; Moschee; landw. Handelszentrum.
Mora, José de, *1642, †1724, span. Bildhauer (religiöse Bildwerke in spätbarockem Stil).
Móra ['mo:rɔ], Ferenc, *1879, †1934, ung. Schriftst. (Kurzerzählungen u. Romane aus dem bäuerl. u. kleinbürgerl. Milieu).
Moradabad →Muradabad.
Moral, Sittlichkeit, Sitte, sittl. Haltung eines einzelnen oder einer Gruppe; auch sittl. Lehre (z.B. die in einer Fabel oder Erzählung enthaltene M.), als solche gleichbedeutend mit →Ethik.
Morales, 1. Cristóbal, *um 1500, †1553, span. Komponist; der erste bed. Vertreter des polyphonen Stils in Spanien. – **2.** Luis de, *um 1520 (?), †1586, span. Maler; arbeitete in einem von Leonardo u. Raffael beeinflußten manierist. Stil.
Moralismus, Betonung der sittl. Grundsätze.
Moralisten, Sittenbeobachter u. -kritiker, Schilderer des menschl. Lebens unter bes. Betonung der sittl. Einstellung u. Entlarvung eines »Sittenverfalls«; hpts. die frz. Schriftst. des 17. Jh.
Moralität, ein allegor. Schauspiel des ausgehenden MA in Frankreich, England u. Italien, in dem personifizierte Tugenden u. Laster auftreten; aus dem *Mysterienspiel* entstanden, z.B. »Jedermann«.
Moralphilosophie →Ethik.
Moraltheologie, das Teilgebiet der kath. Theologie, in dem die religiös-sittl. Verpflichtungen des durch die Taufe zum übernatürl. Sein erhobenen Menschen behandelt werden (theolog. Ethik).
Morand [mɔ'rã], Paul, *1888, †1976, frz. Schriftst., Diplomat; schrieb Reisebücher, Romane, Erzählungen; in den 20er Jahren bed. Romancier der frz. Avantgarde.
Morandi, Giorgio, *1890, †1964, ital. Maler; stand der Pittura metafisica nahe (Stilleben aus streng gebauten Grundformen).
Moräne, von Gletschern mitgeführter oder nach Abschmelzen des Eises abgelagerter Gesteinsschutt. Man unterscheidet: *Grund-M.,* unter dem Gletscher mitgeführtes, zerriebenes Gesteinsmaterial; *Seiten-, Rand-M.,* an den Gletscherseiten mitgeführter Schutt, der sich beim Zusammenfließen zweier Gletscher in der Mitte des neuen zur *Mittel-M.* vereinigt u. dort mitgeführt wird; *End-M.,* von Gletschern an der Stirnseite mitgeführte Gesteinstrümmer, die nach dem Abschmelzen des Eises zu einem meist bogenförmigen Wall aufgetürmt liegenbleiben.
Morast, Schlamm, Sumpf.
Morat [mɔ'ra] →Murten.
Moratín, Leandro *Fernández de M.,* *1760, †1828, span. Schriftst.; als Parteigänger der Franzosen verbannt; bed. Lustspieldichter Spaniens im 18. Jh.
Moratorium, *Notstundung,* eine dem Schuldner eingeräumte Zahlungsfrist durch den Gläubiger (*Stundung*) oder den Staat (*Indult*).
Moratuwa [-'tuə], Stadt in Sri Lanka, an der Westküste, 140 000 Ew.
Morava, 1. r. Nbfl. der Donau in Serbien (Jugoslawien), 221 km; entsteht durch Zusammenfluß der *Westl.* u. *Südl. M.;* mündet östl. von Belgrad. – **2.** tschech. Name der →March.
Moravia, Alberto, eigtl. A. *Pincherle,* *1907, †1990, ital. Schriftst.; schilderte in psychol. u. psychoanalyt. Durchdringung den Zerfall der bürgerl. Gesellschaft u. seine Folgen, bes. in den Kreisen der modernen Jugend. W »Adriana, ein röm. Mädchen«, »La Noia«.
Morbidität, *Morbilität,* ein statist. Begriff: die Häufigkeit der Erkrankung von 1000 oder 10 000 beobachteten Personen in einem bestimmten Zeitraum.
Morchel, *Morchella,* Gatt. der *Schlauchpilze;* gegliedert in einen weißl. aufgeblasenen Stiel u. einen unregelmäßig-rundl., bräunl. Kopf oder Hut; hierzu *Rund-M. (Speise-M.)* u. *Spitz-M.*
Morcote, schweiz. Dorf am Luganer See, 600 Ew.; Wallfahrtskirche; Weinanbau.
Mord, vorsätzl. Tötung eines Menschen unter bes. schweren Umständen: im Strafrecht der BR Dtld. nach § 211 StGB die Tötung aus M.lust, zur Befriedigung des Geschlechtstriebs, aus Habgier (meist *Raub-M.*) oder sonst aus niedrigen Beweggründen, auf heimtück. oder grausame Weise oder mit gemeingefährl. Mitteln oder um eine andere Straftat zu ermöglichen oder zu verdecken. In der BR Dtld. in der Regel mit lebenslängl. Freiheitsstrafe bestraft. – In der S c h w e i z wird M. mit lebenslängl. Zuchthaus, in Österreich mit 10–20 Jahren oder lebenslanger Freiheitsstrafe bestraft.
Mörderwal →Schwertwal.
Mordillo [-'dijo], Guillermo, *4.8.1932, argent. Karikaturist; schuf Cartoons von hintergründigem Humor.
Mordwinen, ostfinn. Volk mit eigener Sprache; beiderseits der mittleren Wolga in Kasachstan u. Sibirien; mit den Stämmen *Ersa* u. *Mokscha.*
Mordwinien, *Mordwinische SSR,* Republik innerhalb Rußlands, westl. des Samara-Stausees der Wolga, 26 200 km², 984 000 Ew., Hptst. *Saransk.*
More [mɔ:], **1.** Henry, *1614, †1687, engl. Philosoph; gehörte zu den Platonikern der *Schule von Cambridge.* – **2.** latinisiert *Morus,* Sir Thomas, *1478, †1535, engl. Staatstheoretiker u. Humanist; 1529–32 Lordkanzler *Heinrichs VIII.,* legte 1532 seine Ämter nieder aus Opposition gegen die antipäpstl. Politik des Königs u. wurde wegen Verwei-

Thomas More; Gemälde von Rubens

gerung des Suprematseids hingerichtet (1935 heiliggesprochen). – In seiner satir. Schrift »Utopia« schilderte er eine auf Gemeineigentum aufgebaute Gesellschaft, die zugleich als Sozialkritik für das England seiner Zeit gedacht war. Seine Schrift gab dieser Literaturgattung (»Utopien«) den Namen.
Moréas, Jean, eigtl. Joannis *Papadiamantopoulos,* *1856, †1910, frz. Schriftst. grch. Abstammung; Neoklassizist.
Moreau [mɔ'ro], **1.** Gustave, *1826, †1898, frz. Maler; Vertreter des maler. Symbolismus; mytholog. u. bibl. Stoffe mit myst. Lichtwirkungen. – **2.** Jean-Michel, *1741, †1814, frz. Graphiker u. Maler (Buchillustrationen). – **3.** Jeanne, *23.1.1928, frz. Filmschauspielerin u. a. in »Jules et Jim«, »Die Braut trug Schwarz«. – **4.** Jean Victor, *1763, †1813, frz. Offizier; erfolgreicher Revolutionsgeneral der *Koalitionskriege,* 1804 des Landes verwiesen.
Morelia, Hptst. des zentralmex. Bundesstaats Michoacán, nw. der Stadt México, 240 000 Ew.; Univ.; Nahrungsmittelind.
Morelle, eine Varietät der *Sauerkirsche.*
Morelos, Bundesstaat in →Mexiko.
Moreno [mə'ri:nou], Jacob Levy, *1892, †1974, US-amerik. Psychiater u. Soziologe; Begr. der Gruppentherapie.
Moresca, *Morisca, Moriskentanz,* pantomim. Charaktertanz im 15./16. Jh.; stellte urspr. den Kampf der Christen u. Mauren dar.
Moreto y Cabaña, *Moreto y Cavana* [-i ka'vanja], Agustín, *1618, †1669, span. Schriftst.; schrieb 69 *Comedias,* meist nach älteren Vorlagen.
Mörfelden-Walldorf, hess. Stadt in der Oberrhein. Tiefebene, 29 000 Ew.
Morgagni [-ganji], Giovanni Battista, *1682, †1771, ital. Anatom u. Chirurg; Begr. der patholog. Anatomie.
Morgan, ['mɔ:gən], Augustus →De Morgan.
Morgan, 1. ['mɔ:gən], Charles, *1894, †1958, engl. Schriftst. Seine Romane suchen ethische Fragen aus metaphys. Sicht zu gestalten. – **2.** [mɔr'gã], Jacques-Jean-Marie de, *1857, †1924, frz. Archäologe; leitete 1884–89 Grabungen in Persien, Indien u. Armenien, 1897 in Susa; fand u. a. das Gesetzbuch des Hammurapi. – **3.** ['mɔ:gən], John Pierpont sen., *1837, †1913, US-amerik. Bankier; gründete 1871 das Bankhaus *J. P. M. & Co.,* New York, das er zu einem der mächtigsten Kreditinstitute der USA entwickelte; Kunstsammler. – **4.** ['mɔ:gən], John Pierpont jun., Sohn von 4), *1867, †1943, US-amerik. Bankier; erweiterte den Einfluß des Bankhauses *J. P. M & Co.* auf die internat. Wirtsch. u. Politik. – **5.** [mɔr'gã], Michèle, eigtl. Simone *Roussel,* *29.2.1920, frz. Filmschauspielerin. – **6.** ['mɔ:gən], Thomas Hunt, *1866, †1945, US-amerik. Biologe; entdeckte an der Taufliege *Drosophila* die Vererbungsvorgänge u. begr. damit die moderne Genetik; Nobelpreis für Medizin 1933.
morganatische Ehe, *Ehe zur linken Hand,* die Ehe zw. einem Angehörigen des Adels u. dem eines niedrigeren Stands, auch eines niedrigeren Rangs innerhalb des Adels.
Morgarten, schweizer. Ldsch. am SO-Ende des Aegerisees (Kt. Zug), bis 1245 m hoch. Hier besiegten am 15.11.1315 die Bauern der eidgenöss. Urkantone das Ritterheer Herzog *Leopolds I.* von Österreich u. erreichten endgültig ihre Freiheit.
Morgen, als Flächenmaß: urspr. der Teil des Ackers, der an einem M. (Vormittag) umgepflügt werden kann; meist zw. 25 u. 36 a, jedoch auch bis 122,5 a.
Morgengabe, im alten dt. Recht das Geschenk des Mannes an seine Frau nach der Hochzeitsnacht; als Entgelt für die verlorene Jungfräulichkeit verstanden.
Morgenland →Orient.
morgenländische Kirchen, *vorderorientalische Kirchen,* eine der Kirchengruppen der →Ostkirchen. Nach ihrer dogmat. Herkunft sind zu unterscheiden: 1. die nestorian. Kirche des Ostens, 2. die monophysit. Kirchen (syr.-orth. Kirche, kopt.-orth. Kirche, äthiop. Kirche, armen.-gregorian. Kirche); *i.w.S.* 3. die orth. Kirchen im Orient (Melkiten, georg.-orth. Kirche), 4. die mit Rom unierten Kirchen, dazu die Maroniten. Eine eigene Gruppe bilden die (konfessionell den Gruppen 1, 2, 4 zugehörigen) Thomaschristen. – Veraltet ist die Bez. »m. K.« für die orth. Kirchen O- u. SO-Europas.
Morgenstern, 1. Name des Planeten *Venus* am Morgenhimmel. – **2.** keulenartige Schlagwaffe des MA.

Moritzburg: Das Jagdschloß Augusts des Starken enthält eine bedeutende Trophäensammlung

Morgenstern, 1. Christian, Enkel von 2), *1871, †1914, dt. Schriftst. Am erfolgreichsten waren seine tiefsinnig grotesken »Galgenlieder«. – **2.** Christian Ernst, *1805, †1867, dt. Maler u. Graphiker (romant. gestimmte Landschaftsgemälde).
Morgenthau [engl. 'mɔ:gənθɔ:], **1.** Henry sen., *1856, †1946, US-amerik. Politiker (Demokrat) dt. Herkunft; unterstützte W. *Wilson.* – **2.** Henry jr., Sohn von 1), *1891, †1967, US-amerik. Politiker; Freund F. D. *Roosevelts,* 1934–45 Finanz-Min. – **M.-Plan,** von M. jr. während des 2. Weltkriegs entwickelter Plan zur Sicherung vor mögl. Aggressionen Dtlds.: Es sollte territorial stark reduziert, bis zur prakt. Zerstückelung föderalisiert u. durch radikale Demontage seiner Ind., Zerstörung der Bergwerke u. ä. in einen Agrarstaat verwandelt werden. Der Plan wurde 1944 fallengelassen.
Morgenweite, der Winkelabstand des Aufgangspunkts der Sonne oder eines anderen Gestirns vom Ostpunkt des Horizonts.
Morgner, 1. Irmtraud, *1933, †1990, dt. Schriftst.; Erzählungen u. Romane in der Tradition des Schelmenromans. – **2.** Wilhelm, *1891, †1917 (vermißt), dt. Graphiker u. Maler; Frühexpressionist.
Mörike, Eduard, *1804, †1875, dt. Dichter; einer der großen Lyriker dt. Sprache. Bei ihm verbindet sich klass. Schönes mit romant. Zwielichtigem u. Volksliedhaftem. Als Erzähler schrieb er u. a. den Künstlerroman »Maler Nolten« u. die Novelle »Mozart auf der Reise nach Prag«. Als Lyriker schuf er u. a. Balladen u. Idyllen.
Morioka, jap. Präfektur-Hptst. im N von Honshu, 240 000 Ew.
Morisca →Moresca.
Moriscos, *Morisken,* die nach der Rückeroberung (*Reconquista*) des arab. Spaniens durch die Christen im Land gebliebenen, getauften Araber.
Moriskentanz →Moresca.
Moritat [eigtl. *Mordtat*], das balladenartige Lied des *Bänkelsängers.*
Moritz, Fürsten.
Oranien:
1. *1567, †1625, Prinz, Graf von *Nassau-Dillenburg,* Statthalter der Niederlande; Sohn *Wilhelms I.* von Oranien; siegte mehrfach über die bis dahin unbesiegten Spanier mit einem völlig neuartig organisierten Heer u. wurde so Vorbild für das schwed., frz. u. preuß. Heeres- u. Kriegswesen.
Sachsen:
2. *1521, †1553, Herzog, seit 1547 Kurfürst; trat, obwohl 1539 prot. geworden, dem *Schmalkald. Bund* nicht bei, sondern kämpfte auf seiten des Kaisers, der ihm die sächs. Kurwürde versprach, gegen seine Glaubensbrüder (»Judas von Meißen«); verbündete sich mit anderen norddt. Fürsten u. Frankreich gegen Kaiser Karl V. u. vertrieb ihn 1552 aus Dtld.; fiel im Kampf gegen den Markgrafen *Albrecht Alcibiades* von Brandenburg-Kulmbach.
Moritz, Karl Philipp, *1756, †1793, dt. Schriftst.; schrieb mit realist. Aufrichtigkeit den selbstbiograph. Entwicklungsroman »Anton Reiser«, fortgeführt in »Andreas Hartknopf«.
Moritzburg, ehem. Jagdschloß der Wettiner, nördl. von Dresden; 1723–36 von M.D. *Pöppelmann* u. a. im Barockstil umgebaut u. erweitert.
Morlaix [mɔr'lɛ], frz. Stadt an der N-Küste der Bretagne, 21 000 Ew.; berühmter Kalvarienberg.

Morley ['mɔ:li], Thomas, *1557, †1602, engl. Komponist der ital. Gattungen Madrigal, Kanzonette u. Ballett.
Mormonen, *Kirche Jesu Christi der Heiligen der Letzten Tage,* engl. *Church of Jesu Christ of Latter-Day-Saints,* von Joseph *Smith* 1830 in den USA gegr. christl. Glaubensgemeinschaft, die auf angebl. von ihm gefundenen, von einem Propheten *Mormon* gesammelten Schriften beruht (»The Book of Mormon« 1830). – Nach schweren Verfolgungen wurde 1848 von Brigham *Young* der Mormonenstaat »Deseret« in der Ebene des Großen Salzsees gegr. u. nach Verzicht der M. auf die 1843 eingeführte Mehrehe 1896 als Staat Utah in die USA aufgenommen.
Moro, 1. Aldo, *1916, †1978 (ermordet von linksextremen Terroristen), ital. Politiker (Democrazia Cristiana); mehrfach Min. 1963–68 u. 1974–76 Min.-Präs.; seit 1976 Partei-Vors. – **2.** Antonio →Moor.
Morón, Vorort der argent. Hptst. Buenos Aires, 550 000 Ew.
Moroni, Hptst. der Inselrep. Komoren, auf Grande Comore, 22 000 Ew.
Moros, Sammelbez. für die islam. Bev. der südl. Philippinen.
Morphem, die kleinste bedeutungshaltige Einheit einer Sprache, wobei die Bedeutung auch eine grammat. Funktion (z.B. Plural) sein kann; so besteht z.B. »Menschen« aus den M. »Mensch« u. »-en«.
Morpheus, grch. Gott des Traums.
Morphin, früher *Morphium,* ein um 1804 von F.W. *Sertürner* aus *Opium* rein gewonnenes Alkaloid; ein lähmendes Gift, das zunächst die Schmerzempfindung herabsetzt, die Atmung vertieft u. ein ausgesprochenes Wohlgefühl (*Euphorie*) verursacht. Da es Gewöhnung u. Sucht hervorruft (*M.ismus*), ist seine medizin. Verwendung bes. gesetzl. Beschränkungen unterworfen.
Morpho, S-amerik. Gatt. von Tagfaltern, den *Edelfaltern* verwandt; Flügelspannweite 18–20 cm.
Morphologie, allg. die Lehre von den Gebilden, Formen, Gestalten, Strukturen.
Morris, William, *1834, †1896, engl. Schriftst. u. Kunsthandwerker; schrieb spätromant. Dichtungen; Erneuerer des Kunstgewerbes u. Buchkünstler, Vorbereiter des Jugendstils.
Morrison ['mɔrisən], **1.** Herbert Stanley, Baron of *Lambeth* (1959), *1888, †1965, brit. Politiker (Labour Party); mehrfach Min.; einer der Vorkämpfer der engl. Sozialisierungspolitik, bes. im Verkehrswesen. – **2.** Jim, eigtl. James *Douglas,* *1943, †1971; in den 1960er Jahren mit seiner Band »The Doors« als Kultstar gefeiert. – **3.** Toni, *18. 2. 1931, US-amerik. Schriftst. afrikan. Herkunft; behandelt in ihren Romanen Rassenprobleme aus der Sicht schwarzer Frauen; Nobelpr. 1993. W »Sehr blaue Augen«; »Jazz«.
Mors, dän. Insel im Limfjord, 363 km², 25 000 Ew. Hauptort *Nyköbing M.*
Morse [mɔ:s], Samuel Finley Breese, *1791, †1872, US-amerik. Maler (Porträts u. Ldsch. im Stil der Romantik) u. Erfinder; hatte die Idee des ersten brauchbaren Maschinentelegraphen, der Buchstaben als Zickzackzeichen auf ein Papier-

Mormonen: Tempel in Salt Lake City

Morseapparat

Buchstabe	Zeichen	Satzzeichen	Zeichen
a	.-	Punkt	.-.-.-
ä	.-.-	Komma	--..--
b	-...	Fragezeichen	..--..
c	-.-.	Doppelpunkt	---...
ch	----	Apostroph	.----.
d	-..	Anführungsstriche	.-..-.
e	.	Bindestrich	-....-
f	..-.	Doppelstrich =	-...-
g	--.	Klammer ( )	-.--.-
h	....	Bruchstrich	-..-.
i	..	Trennung (zw. Zahl	
j	.---	u. Bruch ¾)	.-..-
k	-.-	Unterstreichung	..--.-
l	.-..	Anfangszeichen	-.-.-
m	--	Warten	.-...
n	-.	Irrung	....
o	---	Verstanden	.-.
ö	---.	Aufforderung zum	
p	.--.	Geben (K)	-.-
q	--.-	Kreuz, Schluß der	
r	.-.	Übermittlung	.-.-.
s	...	Schluß des Verkehrs	...-.-
t	-	(SK)	
u	..-	Zahlen 1	.----
ü	..--	2	..---
v	...-	3	...--
w	.--	4	....-
x	-..-	5	.....
y	-.--	6	-....
z	--..	7	--...
á, â	.--.-	8	---..
ñ	--.--	9	----.
		0	-----

Morsealphabet

band schrieb (1837) u. den er mit J. Henry u. A. *Vail* entwickelte. Später verwendete er ein Zeichensystem von kürzeren u. längeren Strichen **(M.alphabet)**, das heute noch im Seefunk u. von Funkamateuren verwendet wird. 1843 baute er die erste Versuchstelegraphenlinie zw. Washington u. Baltimore.

Morseapparat, Gerät zum Senden u. Empfangen von telegraph. Nachrichten. Es besteht (zum Senden) aus einer Taste, mit der kurze u. lange elektr.

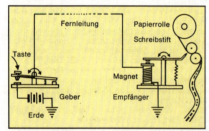

Morseapparat (Schema)

Impulse (»Punkte« u. »Striche«) auf die Leitung gegeben werden können, u. (zum Empfangen) aus einem Elektromagneten mit Anker, der im Takt der Impulse einen Schreibstift gegen einen bewegten Papierstreifen drückt u. so Punkte oder Striche erzeugt (auch zum Hörempfang geeignet).

Mörser, 1. ein schalenförmiges Gefäß, in dem mit einem Kolben *(Pistill)* Stoffe fein gestoßen oder verrieben werden. – **2.** ein schweres Steilfeuergeschütz.

Mortadella, eine Bologneser Kochwurst.

Mortalität, Sterblichkeit, statist. Sterblichkeitsziffer; → Letalität.

Mörtel, *Speis,* feiner *Beton.* Bindemittel (Kalk, Zement, Gips) bewirken die Erhärtung, die Zuschlagstoffe (meist Sand) dienen der Magerung, während das Wasser die chem. Reaktion des Erhärtens u. die Verarbeitbarkeit ermöglicht.

Morteratsch, *Piz M.,* Gipfel der schweizer. Bernina-Alpen, im Kt. Graubünden, 3751 m.

Mortier [mɔr'tjeː], Gérard, * 25.11.1943, belg. Jurist u. Kulturmanager; 1981–91 Direktor der Belg. Nationaloper in Brüssel, seit 1991 künstler. Leiter u. Intendant der Salzburger Festspiele.

Morton, 1. Jelly Roll, eigtl. Ferdinand Joseph *La Menthe,* *1885, †1941, US-amerik. Jazzpianist, Bandleader u. Sänger. – **2.** William Thomas Green, *1819, †1868, US-amerik. Zahnarzt; gilt als Erfinder der Äthernarkose.

Mortuarium, Sterbefall, Seelrecht, Todfall, der Teil des Nachlasses, der der Kirche anheimfällt; im MA allg., örtl. heute noch üblich.

Morungen → Heinrich von Morungen.

Morus, Thomas → More.

MOS, Abk. für engl. *m*etal *o*xide *s*emiconductor, ein Metalloxid-Halbleiter.

Mosaik, eine Kunsttechnik, die durch flächiges Zusammenfügen von farbigen Steinen oder Glasstücken figürl. Bilder oder ornamentale Dekorationen gestaltet. – Die ältesten, über 5000 Jahre alten M.-Funde stammen aus Uruk.

mosaisch, *i.e.S.* von Mose, auf Mose bezogen; *i.w.S.* jüdisch.

Mosaisches Gesetz, die Gesetzesbestimmungen der 5 Bücher Mose; das kultisch verankerte Gesetz des Judentums.

Mosbach, Stadt in Ba.-Wü., an der Elz, nördl. von Heilbronn, 24000 Ew.; Metall-, Masch.- u. keram. Ind.

Mosch, Ernst, *7.11.1925, Posaunist u. Orchesterleiter (pflegt volkstüml. Blasmusik).

Moschav, *M. Ovdim,* der verbreitetste Typ von Genossenschaftssiedlungen in Israel. Er beruht auf Nationaleigentum. Jeder Siedler führt seinen eigenen Betrieb u. bewohnt ein eigenes Haus; gemeinschaftl. sind Maschinenpark u. Planung.

Moschava, Bez. für isr. Dörfer mit privatem Bodenbesitz, Einzelwirtsch., individueller Vermarktung u. Beschäftigung von Lohnarbeitern; zu unterscheiden von *Moschav* u. *Kibbuz.*

Moschee, Anlage mit gedecktem Raum für das gemeinsame Gebet der islam. Gemeinde, zurückgehend auf das Haus des Propheten *Mohammed* in Medina; meist gegliedert um einen quadrat. oder rechteckigen Hof mit seitl. Hallen *(Riwaqs).* An der nach Mekka gerichteten Seite *(Qibla)* befindet sich der Betsaal *(Haram)* mit Gebetsnische *(Mihrab),* im Hof ein Brunnen für rituelle Waschungen. Die mit Balkonen versehenen *Minarette* (Türme) dienen der Gebetsausrufung durch den Muezzin. Im Innern haben große M.n eine Kanzel *(Minbar)* für die Freitagspredigt, u. U. auch eine Fürstenloge *(Maqsura)* u. eine Vorbeter-Estrade *(Dikka).*

Moscheles, Ignaz, * 1794, † 1870, dt. Pianist, Dirigent u. Komponist; komponierte Klavierkonzerte; Klavierpädagoge.

Moscherosch, Johann Michael, Pseud.: *Philander von Sittewald,* * 1601, † 1669, dt. Schriftst.; barocker Erzähler u. Satiriker, Mitgl. der »Fruchtbringenden Gesellschaft«.

Moschus, das Sekret aus den M.drüsen der männl. M.tiere. Es enthält als Riechstoff *Muscon* u. ist noch in äußerst geringer Konzentration wahrnehmbar. M. wird als Parfümeriegrundstoff verwendet. – **M.bock,** bis 35 mm langer, nach M. riechender *Bockkäfer.* – **M.ente,** Türkenente, kurzbeinige, metallisch schwarz-grüne *Ente* aus Südamerika. Die Erpel verbreiten während der Paarungszeit M.- oder Bisamgeruch. – **M.ochse,** büffelähnl. Her-

Mosaik: Apollon im Sonnenwagen; um 200 n. Chr. Boscéaz bei Orbe, Schweiz

dentier des nördl. N-Amerika u. Grönlands. Die Stiere haben M.drüsen. – **M.tiere,** *Moschinae,* artenarme Unterfam. der *Hirsche.* Das *M.tier,* von 55 cm Schulterhöhe u. mit einer M.drüse in der Nabelgegend, lebt in Bergwäldern Mittel- u. SO-Asiens.

Mościcki [mɔʃ'tʃitski], Ignacy, * 1867,† 1946, poln. Chemiker u. Politiker; 1926–39 als Anhänger J. *Piłsudskis* Staats-Präs.

Mose, *Moses,* im AT der Empfänger der Offenbarung Gottes (Jahwes) am Sinai, der Vermittler des Gesetzes (10 Gebote) u. der von Gott beauftragte Führer des Volkes Israel beim Zug von Ägypten bis ins Ostjordanland (um 1225 v. Chr.). Die 5 Bücher M. *(Pentateuch)* im AT sind nach ihm ben., aber nicht von ihm verfaßt.

Mosel, frz. *Moselle,* l. Nbfl. des Rhein, 545 km;

Mose und der brennende Dornbusch, aus dem Gott zu Mose sprach; Lithographie von Marc Chagall, 1966. Hannover, Sprengel-Museum

entspringt in den S-Vogesen (Frankreich), mündet bei Koblenz; an den Talhängen Weinanbau.

Moseley ['mɔuzli], Henry, * 1887, † 1915, engl. Physiker; entdeckte 1913 das *M.sche Gesetz,* das den Zusammenhang zw. der Frequenz eines von einem Atom ausgesandten Röntgenstrahls u. der Ordnungszahl des betreffenden Atoms angibt.

Moselle [mo'zɛl], frz. Bez. für die Mosel.

Moser, 1. Edda, Tochter von 3), * 27.10.1942, dt. Sopranistin. – **2.** Hans, eigtl. Jean *Juliet,* * 1880, † 1964, östr. Schauspieler; verkörperte meist im Film Wiener Originale. Ⓦ »Hallo, Dienstmann«, »Ober, zahlen«. – **3.** Hans Joachim, * 1889, † 1967, dt. Musikwissenschaftler. – **4.** Hugo,

Mosaik: Fritz Winter, Außenwandglasmosaik an einem U-Bahnhof in Berlin; 1958

Moskau: Blick über die Moskwa auf Kreml (links) und Hotel Rossija (rechts). Im Hintergrund in der Bildmitte die Turmgebäude der Lomonossow-Universität

* 1909, † 1989, dt. Germanist; Veröff. zur Sprach- u. Literaturgeschichte u. zur Sprachsoziologie. – **5.** Kolo (Koloman), * 1868, † 1918, östr. Graphiker u. Maler; erneuerte das östr. Kunstgewerbe. – **6.** Lucas, * um 1390, † nach 1434, dt. Maler; wahrsch. aus Ulm. Ⓦ *Tiefenbronner Altar.*

Möser, Justus, * 1720, † 1794, dt. Schriftst. u. Historiker; wandte sich gleichermaßen gegen Absolutismus, Aufklärung u. Frz. Revolution; er trug entscheidend zur Entstehung des *Historismus* bei.

Moses →Mose.

Moses ['mɔuziz], Grandma →Robertson-Moses.

Moshav ['mɔʃav] →Moschav.

Moshava ['mɔʃava] →Moschava.

Moshi ['mɔʃi], Stadt am Südfuß des Kilimandscharo, im O-afrik. Tansania, 52000 Ew.; landw. Zentrum, Kaffeehandel; internat. Flughafen.

Mosi →Mossi.

Mösien, lat. *Moesia,* in der Antike Bez. für die Ldsch. zw. der unteren Donau u. dem Balkangebirge, etwa dem heutigen Serbien, N-Bulgarien u. der rumän. Dobrudscha entsprechend; ben. nach den thrakischen *Moesern* (29/28 v. Chr. von den Römern unterworfen).

Moskau, russ. *Moskwa,* Hptst., polit., kulturelles u. wirtsch. Zentrum Rußlands, in dessen europ. Mittelpunkt, im Hügelland des Moskwa; mit 8,8 Mio. Ew. u. einer Fläche von 875 km² die größte Stadt des Landes. Den Kern der Stadt bilden der *Kreml* (15./16. Jh.) u. der davor gelegene *Rote Platz* mit dem Lenin-Mausoleum u. der Basilius-Kathedrale (16. Jh.); ihn umschließen die Altstadt, moderne Straßenzüge (»Prospekte«) u. Ringstraßen mit neu angelegten Stadtvierteln. – Sitz des russ.-orth. Patriarchen, Akademie der Wiss., 5 Fachakademien, etwa 80 HS (darunter die *Lomonossow-Universität,* 1755 gegr.) u. zahlr. FS, mehrere Bibliotheken *(Lenin-Bibliothek),* 50 Museen (u. a. *Tretjakow-Galerie)* u. über 20 Theater (darunter das *Bolschoj-Theater).* M. ist Zentrum des *M.er Industriegebiets* u. die bed. Industriestadt Rußlands. Als Verkehrsmittelpunkt hat M. 11 Haupteisenbahnlinien (Kopfbahnhöfe), 3 Flughäfen (Wnukowo, Scheremetjewo, Domodedowo) u. den größten russ. Binnenhafen. Ein Hauptverkehrsmittel ist (seit 1935) die Untergrundbahn (über 475 km Streckenlänge). In M. fanden die Olymp. Sommerspiele 1980 statt.

Gesch.: Seit etwa 1300 mit der Einigung Rußlands unter den Großfürsten von M. stieg die Stadt schnell auf u. wurde Hptst. des Russ. Reichs, bis diese von *Peter d. Gr.* 1712 nach *St. Petersburg* verlegt wurde. Die zahlr. großen Brände, u. a. 1552 u. bes. 1812 nach der Eroberung durch Napoleon I. u. der dt. Angriff 1941 konnten die Entwicklung der Stadt nicht aufhalten. 1922 bis Ende 1991 war M. Hptst. der UdSSR.

Moskauer Vertrag, *deutsch-sowj. Vertrag,* am 12.8.1970 unterzeichneter Vertrag zw. der BR Dtld. u. der UdSSR; trat am 3.6.1972 in Kraft. Beide Parteien gingen darin von der in Europa »bestehenden wirklichen Lage« aus, wozu sich neben der Existenz der DDR auch die polit. Zugehörigkeit West-Berlins zur Bundesrepublik gehörte. Sie verpflichteten sich, nach den Grundsätzen der UN-Charta »ihre Streitfragen ausschließl. mit friedl. Mitteln zu lösen« u. »die territoriale Integrität aller Staaten in Europa in ihren heutigen Grenzen uneingeschränkt zu achten«. Sie erklärten, »daß sie keine Gebietsansprüche gegen irgend jemand haben u. solche in Zukunft auch nicht erheben werden«, u. »betrachten heute u. künftig die Grenzen aller Staaten in Europa als unverletzl., wie sie am Tage der Unterzeichnung dieses Vertrages verlaufen, einschließl. der Oder-Neiße-Linie... u. der Grenze zwischen der BR Dtld. u. der DDR«. In einem »Brief zur dt. Einheit« stellte die BR Dtld. ferner fest, daß der Vertrag nicht im Widerspruch zum polit. Ziel der BR Dtld. auf Wiederherstellung der Einheit des dt. Volkes in freier Selbstbestimmung stehe.

Moskitos, Sammelname für stechende, blutsaugende *Mücken* trop. Länder, die meist den Fam. *Stechmücken* u. *Kriebelmücken* angehören. Einige Arten übertragen Malaria, Gelbfieber u. a.

Moskowiter, Moskowiten, urspr. Bez. für die Bewohner *Moskaus,* dann für die Großrussen.

Moskwa, 1. l. Nbfl. der in die Wolga mündenden Oka, 502 km; durchfließt die russ. Hptst. (ab hier schiffbar), mündet bei Kolomna. – **2.** russ. Name für *Moskau.*

Moslem ['mɔs-], ältere (engl.) Schreibung der Selbstbez. der Anhänger *(Muslim)* des *Islams.* –

M.bruderschaft, *Muslimbruderschaft,* arab. *Ichwan Al-Muslimin,* religiös-polit. Vereinigung in den arab. Ländern; anti-europ. eingestellt; um 1928 in Ismaʼiliya (Ägypten) als Geheimbund gegr., 1954 aufgelöst, heute in Ägypten wieder toleriert. –

M.liga, *Muslimliga,* 1906 in Brit.-Indien gegr. polit. Organisation zur Wahrung der Rechte der islam. Minderheit in Indien. Ihr späteres extremes Ziel wurde mit der Gründung *Pakistans* (1947) erreicht. 1955 spaltete sich die *Awami-Liga* ab.

Mosquitoküste [-ˈkito-], *Moskitoküste,* sumpfige Küstenlandschaft Nicaraguas am Karib. Meer.

Mößbauer, Rudolf, * 31.1.1929, dt. Physiker; entdeckte den nach ihm ben. *M.-Effekt;* Nobelpreis 1961. – **M.-Effekt,** die rückstoßfreie Emmission oder Absorption von Spektrallinien der Gammastrahlung durch Atomkerne, die in ein Kristallgitter eingebaut sind. Wenn ein Atomkern im Gitter ein Gammaquant aussendet, muß nicht der einzelne Kern, sondern es kann der ganze Kristall den Rückstoß aufnehmen. Entsprechendes gilt für die Absorption. Es wird eine hohe Meßgenauigkeit für den Nachweis einiger Teile der Relativitätstheorie erreicht.

Mossi, *Mosi,* Sudanneger (1,8 Mio.) mit jungsudan. Einflüssen, im Volta-Gebiet Burkina Faso. Sie gehören sprachl. zu den *Gurvölkern.*

Mössingen, Stadt in Ba.-Wü., sw. von Reutlingen, 15000 Ew.; Textil- u. Metallind.

Most, 1. ungegorener Fruchtsaft. – **2.** gegorener Apfelsaft, »Nationalgetränk« in den SW-dt. u. östr. Obstbaugebieten. – **3.** junger gärender Wein.

Mostaert [-taːrt], Jan, * um 1475, † 1555/56, ndl. Maler; Hofmaler der ndl. Statthalterin Margarete von Österreich.

Mostaganem, Bez.-Hptst. u. Hafenstadt in Algerien, 270000 Ew.

Mostar, Stadt an der Neretva, in Bosnien-Herzegowina, 63000 Ew.; oriental. Stadtbild.

Mostar, Gerhart Herrmann, eigtl. *G. Herrmann,* * 1901, † 1973, dt. Schriftst.; gründete 1945 das polit. Kabarett »Die Hinterbliebenen«; schrieb zeitbezogene Stücke, bes. Gerichtsreportagen, auch kulturhistor. Erzählungen.

Mostrich →Senf (1).

Mostwaage, Gerät zur Feststellung des Zuckergehalts im Most (3). Die *Öchsle-M.,* eine Glasspindel, gibt die Dichte an; aus den gemessenen »Öchsle«-Graden läßt sich der Zuckergehalt in Prozenten errechnen. In Österreich ist die *Klosterneuburger M.* üblich.

Mosul, *Mossul,* irak. Stadt am Tigris, 860000 Ew.; Erdölraffinerie; im MA bed. Umschlagplatz (feine Leder u. Baumwollstoffe, Musselin); gegenüber die Ruinen von *Ninive, Tarbis* u. *Nimrud.*

Motala [ˈmuː-], Stadt in Schweden, am Vättersee, 50000 Ew.; Rundfunksender; Elektroind.

Motecuzoma [-ˈzoːma], Moctezuma, Montezuma, **M. II.,** gen. *Xocoyotzin,* Azteken-Herrscher, * 1467, † 1520; regierte 1502–20; er sah in der Ankunft der Spanier unter H. *Cortés* die Erfüllung des Glaubens an die Rückkehr des Gottes *Quetzalcoatl* u. setzte

Moskauer Vertrag: Unterzeichnung durch Willy Brandt und Alexej N. Kossygin am 12. 8. 1970 in Moskau

ihnen daher keinen Widerstand entgegen. Er wurde von Cortés bei dessen Einmarsch in die Hptst. Tenochtitlan als Geisel gefangengenommen u. beim Aufstand der Azteken verletzt. – Das Schicksal M. ist mehrfach in Literatur u. Musik behandelt worden.

Motel, Abk. für engl. *motorists' hotel,* ein Hotel an Autobahnen oder vielbefahrenen Autostraßen.

Motette, eine mehrstimmige Vokal-Komposition, zunächst geistl., oft mit mehreren Texten; im 14. Jh. erster Höhepunkt als *isorhythm. M.* Im 15./16. Jh. war die M. streng polyphon gearbeitet. Der um 1600 aufkommende »konzertierende« Stil (Rezitativ, Arie, Generalbaß) verdrängte die M. weitgehend durch die *Kantate* (die noch lange als M. bezeichnet wurde).

Motilität →Motorik.

Mostar: Alte Brücke über die Neretva (1993 zerstört)

596 Motiv

Motocross: das Feld der Rennfahrer kurz nach dem Start

Motiv, 1. der Gegenstand eines Bildthemas, auch ein ausschnitthafter Teil der Darstellung. – **2.** die kleinste melod. Einheit, aus der sich das musikal. *Thema* entwickelt. – **3.** *Beweggrund*, der Antriebshintergrund des Handelns, der oftmals von bestimmten Zielvorstellungen geprägt ist. Ein M. kann bewußt oder unbewußt sein.
Motivation [lat.], die Bereitschaft zu einem bestimmten Verhalten.
Motocross, Geschwindigkeitswettbewerb für Motorräder auf schwierigem Geländekurs (ca. 2 km).
Motonobu, Kano, *1476, †1559, jap. Maler (Ldsch. mit Blumen u. Vögeln).
Motor [auch moˈtoːr; lat. »Beweger«], eine Kraftmaschine, die (z.B. Wärme- oder elektr.) Energie in mechan. Arbeit umwandelt, zum Antrieb von Arbeitsmasch.; z.B. →Elektromotor, →Verbrennungsmotor.
Motorboot, ein Wasserkleinkraftfahrzeug, das durch einen Verbrennungsmotor angetrieben wird (als *Innen-* oder *Außenbordmotor*). Je nachdem, ob Form u. Leistung es erlauben, daß sich das Boot etwas aus dem Wasser heraushebt (gleitet), spricht man von *Gleit-* oder *Verdrängungsbooten*. →Tragflügelboot.
Motorbremse, der Kraftfahrzeugmotor als Bremse: Wird ein Motor bei Drosselung der Kraftstoffzufuhr von außen her (durch das rollende Fahrzeug) angetrieben, so übt er je nach Bauart eine größere oder geringere Bremswirkung aus. Die Bremswirkung kann durch Herabschalten in einen niedrigeren Gang bestärkt werden.
Motorik, 1. die aktiven, von der Großhirnrinde gesteuerten Bewegungsvorgänge eines Organismus, wie Gehen, Sprechen u. ä. Im Gegensatz dazu bezeichnet man reflektorische, vom Hirnstamm oder vegetativen Nervensystem ausgehende Bewegungen wie Verdauung, Kreislauf u. ä. als *Motilität*. – **2.** gleichmäßig drängender Rhythmus.
Motorrad, *Kraftrad, Krad,* einspuriges, zweirädriges, durch Verbrennungsmotor (Ottomotor) angetriebenes Fahrzeug. Als Motor werden überwiegend luftgekühlte ein- oder zweizylindrige Zweioder Viertakt-Motoren verwendet. Die Motorkraft geht über die (meist Mehrscheiben-) *Kupplung* u. über das 2–4gängige *Wechselgetriebe* (meist Fußschaltung) in die Triebkette (*Kettenrad*) oder Kardanwelle (*Kardanrad*) zum Hinterrad. – Typeneinteilung: Solomasch. u. Gespanne (Beiwagen), Gebrauchs- u. Sportmasch., Zweitakt- u. Viertaktmasch. – Sonderbauarten: →Motorroller, Fahrräder mit Einbaumotoren →Moped, →Mofa.
Motorroller, ein Kraftrad, das ohne Knieschluß gefahren wird; mit Vollverkleidung des Triebwerks u. kleinen Rädern.
Motorschlepper →Traktor.
Motorsport, alle Sportarten mit motorgetriebenen Fahr- oder Flugzeugen auf dem Land, auf dem Wasser oder in der Luft; Automobilsport, Motorradsport, Rallye, u. a.
Mott, 1. John Raleigh, *1865, †1955, US-amerik. ev. Geistlicher; Leiter des Weltbunds der YMCA, maßgebend an der ökumen. Bewegung beteiligt; Friedensnobelpreis 1946. – **2.** Sir Neville Francis, *30.9.1905, brit. Physiker; arbeitete über Festkörperphysik; Nobelpreis 1977 zus. mit P.W. *Anderson* u. J.H. *van Vleck*.

Motta, Giuseppe, *1871, †1940, schweiz. Politiker (kath.-konservativ); seit 1920 Leiter der Außenpolitik, setzte den Beitritt der Schweiz zum Völkerbund durch (1920); mehrmals Bundes-Präs.
Motte Fouqué [mɔtfuˈke] →Fouqué.
Mottelson, Ben, *9.7.1926, dän. Physiker amerik. Herkunft; Arbeiten über die Theorie des Atomkerns; Nobelpreis 1975 zus. mit A. *Bohr* u. J. *Rainwater*.
Motten, volkstüml. Ausdruck für alle kleinen, unscheinbar gefärbten Schmetterlinge; in zoolog. systemat. Sinn nur die Überfam. der *Tineoidea*. Zu diesen M. gehören: *Kleider-, Pelz-, Tapeten-, Korn-, Lauch-M.* u. *Kohlschabe*. Die Larven fressen z. T. Textilien.
Mottenschildläuse, *Aleurodina,* Gruppe der *Pflanzensauger;* zarte, bis 1,5 mm lange *Schnabelkerfe*. Einige Arten sind schädlich (*Weiße Fliegen*).
Mottl, Felix, *1856, †1911, östr. Dirigent u. Komponist.
Mottlau, poln. *Motława,* l. Nbfl. der Weichsel, 65 km. Die Mündung ist ein Teil des Danziger Hafens.
Motto, Leitspruch, Wahlspruch, Devise.
Motu proprio, aus eigener Initiative des Papstes erlassenes Schriftstück.
Mouche [muːʃ], **1.** Schönheitspflästerchen, bes. beliebt im 17./18. Jh. – **2.** kleine Bartform (die Fliege) unterhalb der Unterlippe.
Moulage [muˈlaːʒə], farbiges anatom. Modell aus Wachs, Kunststoff u. ä.
Mouliné, Gewebe mit gesprenkeltem Aussehen aus *M.-Zwirn,* der aus zwei verschiedenfarbigen Fäden gedreht u. als Kette verwendet wird.
Moulin Rouge [mulɛ̃ˈruːʒ], berühmtes Pariser Kabarett u. Tanzlokal im Viertel Montmartre.
Moulins [muˈlɛ̃], Dep.-Hptst. in Frankreich am Allier, früher Hptst. des Herzogtums *Bourbon,* 27000 Ew.; Kathedrale (15./16. Jh.).
Moulmein [mulˈmɛin], *Maulamyaing,* Prov.-Hptst. von Tenasserim (Birma), an der Mündung des Saluen in den Golf von Bengalen, 210 000 Ew.; Seehafen, Schiffswerft.
Mounier [muˈnje], Emmanuel, *1905, †1950, frz. Philosoph. Seine existenzphilosoph. Gedanken der Kommunikation u. der Gewissensforschung sind gegen den Kollektivismus gerichtet, stehen aber dem sozialist.-materialist. Denken nahe.
Mount [maunt], *Mountain,* Abk. *Mt.,* Bestandteil geograph. Namen: Berg.
Mount [maunt], William Sidney, *1807, †1868, US-amerik. Maler (naturalist. Landschafts- u. Genrebilder).
Mountbatten [mauntˈbætən], die engl. Linie (seit 1917) der aus Hessen stammenden Familie *Battenberg:* **1.** Louis, *Earl M. of Burma* (1947), *1900, †1979, brit. Admiral u. Politiker; 1943–46 alliierter Oberbefehlshaber in SO-Asien, 1947 letzter Vizekönig von Brit.-Indien, 1947/48 erster Generalgouverneur von Indien. Von ir. Terroristen ermordet. – **2.** Prinz →Philip.
Mount Everest [maunt ˈɛvərist] →Everest.
Mount Godwin Austen [maunt ˈgɔdwin ˈɔːstin] →K 2.
Mount St. Helens [maunt-], Vulkan im SW des Staates Washington (USA); der seit 1857 untätige Vulkan brach 1980 aus; dabei wurde der Gipfel des 2950 m hohen Berges weggesprengt.
Mount Vernon, 1. Landgut im USA-Staat Virginia, am Potomac, sw. von Washington; 1747–99 Wohnsitz u. heute Grabstätte George *Washingtons.* – **2.** Stadt im USA-Staat New York, 76 000 Ew.; Villenvorort nördl. von New York.
Mouskouri [musˈkuri], Nana, *13.10.1936, grch. Chanson- u. Schlagersängerin.
moussieren [mu-], schäumen (bei Getränken), leicht gären, perlen.
Moustérien [musteˈrjɛ̃], Kulturstufe der mittleren Altsteinzeit, ben. nach dem Fundort *Le Moustier* im Vézère-Tal, Dép. Dordogne (Frankreich). Träger des M. war der *Neandertaler*.
Moutier [muˈtje], dt. *Münster,* schweiz. Bez.-Hptst. im Kt. Bern, an der Sorne, 8000 Ew.; Uhren-, Masch.- u. Glasind.
Mouvement Républicain Populaire [muvˈmã repybliˈkɛ̃ popyˈlɛːr], Abk. *MRP,* 1944 von G. *Bidault* u. a. kleinerer Parteien u. kath. Gruppen der frz. *Widerstandsbewegung* gebildete christl.-soz. Partei; trat bes. für die europ. Einigung ein. In der 4. Rep. eine der stärksten Parteien, stellte sie etliche Min.-Präs. u. Min. Die Partei löste sich 1967 auf.

Wolfgang Amadeus Mozart; Ausschnitt aus einem unvollendeten Ölbild von Joseph Lange; 1782/83

Möwen, *Laridae,* Fam. der *Regenpfeifervögel;* schwimmfähige Seevögel mit ausgezeichnetem Flugvermögen u. Hakenschnabel; nisten in oft riesigen Kolonien. Das Nest ist meist nur eine einfache Bodenvertiefung; 2–4 meist buntbefleckte Eier werden von beiden Eltern abwechselnd bebrütet. Zu den M. gehören: die einheim. *Lachmöwe,* die kräftige *Mantelmöwe,* mit schwarzen Flügeln; die ähnl., aber kleinere *Heringsmöwe,* die *Silbermöwe* mit grauen Flügeln; die ähnl. aber kleinere *Sturmmöwe.* – Andere Unterfam. der M. sind *Raub-M., Seeschwalben* u. *Scherenschnäbel*.
Mozaraber, die Christen Spaniens unter der Maurenherrschaft (711–1492).
Mozart, 1. Leopold, Vater von 2), *1719, †1787, östr. Komponist; Vizekapellmeister u. Hofkomponist des Erzbischofs von Salzburg; erster u. wichtigster Lehrer seines Sohns. – **2.** Wolfgang Amadeus, *1756, †1791, östr. Komponist; vor L. van *Beethoven* u. neben J. *Haydn* der bedeutendste Komponist der klass. Periode; erregte bereits im Alter von 6 Jahren als Klaviervirtuose am Wiener Hof (gemeinsam mit seiner Schwester »Nannerl«) u. auf einer 3jährigen Reise 1763–66 durch zahlr. dt. Städte sowie Paris u. London größtes Aufsehen u. Bewunderung. 1769 ernannte der Erzbischof von Salzburg den Dreizehnjährigen zu seinem Konzertmeister. Noch im selben Jahr unternahm er eine Konzertreise nach Italien, auf der er starke Eindrücke von der ital. Oper empfing. Seine folgende Tätigkeit in Salzburg wurde durch 2 weitere Reisen, nach Italien u. über München u. Mannheim nach Paris, unterbrochen. 1781 übersiedelte er, veranlaßt durch die würdelose Behandlung in Salzburg, nach Wien u. machte sich zum ersten völlig unabhängigen Komponisten. Hier heiratete er 1782 Konstanze *Weber*.

M. Werke integrieren sehr eigenständig alle musikal. Strömungen seiner Zeit. Kennzeichnend ist der unübertreffl. melod. Reichtum u. eine vor ihm unerreichte Ausgeglichenheit von Form u. Inhalt,

Motorsport: Motorradrennen der 500-cm³-Klasse auf einem Straßenrundkurs

Durchsichtigkeit u. feinstem Klangempfinden. Auf dem Gebiet der Oper löste er die überkommenen Formen von *Opera seria, Opera buffa* u. Wiener *Singspiel* aus ihrer starren Schematik, indem er die typisierten Figuren in handelnde Personen verwandelte u. der Musik durch textbezogenen Ausdruck, Erweiterung der Schlußszenen u. Betonung der Ensembleszenen ein dramat. Gewicht gab (»Idomeneo«, »Die Entführung aus dem Serail«, »Figaros Hochzeit«, »Don Giovanni«, »Cosi fan tutte«, »Die Zauberflöte«). Das chronologisch-themat. Verzeichnis seiner Werke veröffentlichte 1862 Ludwig Ritter von *Köchel* (Köchel-Verzeichnis, Abk. *KV*); es nennt neben den Opern u. dem »Requiem« (durch F.X. *Süßmayer* beendet): 40 Lieder, Konzertarien, Duette, Terzette, Kanons u. a., 40 Sinfonien, 31 Serenaden, 43 Instrumentalkonzerte (darunter 25 Klavierkonzerte), über 30 Streichquartette u. Streichquintette, zahlr. Klaviertrios, Violinsonaten, Klaviersonaten, Sonatensätze für Orgel, Messen, Vespern, Litaneien, ferner Fantasien, Variationen, Tänze u. a.
Mozarteum, 1841 gegr. Musikschule in Salzburg, heute »Akademie für Musik u. Darstellende Kunst M. in Salzburg«. 1870 wurde die »Internationale Stiftung M.«gegr.
Mo Zi [mo dsz], *Mo Ti*, chin. Philosoph um 480–400 v. Chr.; vertrat eine allg. Menschenliebe, führte die log. Beweisführung in die chin. Philosophie ein. Seine Lehre unterlag schließlich dem Konfuzianismus.
M.P., 1. Abk. für engl. *Member of Parliament*, Abg. des brit. Parlaments. – 2. Abk. für engl. *Military Police*, Militärpolizei. – 3. Abk. für *Maschinenpistole*.
Mrozek [ˈmrɔʒɛk], Sławomir, *26.6.1930, poln. Schriftst.; lebt in Paris; schreibt surrealist. Bühnenstücke mit meist sozialkrit. Hintergrund.
Ms., Abk. für *Manuskript*.
MS, Abk. für *Multiple Sklerose*.
Msgr., Abk. für *Monsignore*.
Msta, Fluß im W Rußlands, 450 km; entfließt dem *Mstino-See*.
MTA, Abk. für *Medizinisch-techn. Assistentin*.
Mubarak, Mohammed Hosni, *4.5.1928, ägypt. Politiker; zunächst militär. Karriere, dann aktiv in der Opposition; 1975 Vize-Präs., seit 1981 Präs. Ägyptens.
Mu-ch'i → Muxi.
Mucius, 1. Gaius *M. Scaevola* [»Linkshand«], Held der röm. Frühzeit; in der Sage nach einem erfolglosen Anschlag auf den etrusk. König *Porsenna* gefangen. Er hielt, um seine Furchtlosigkeit zu zeigen, die rechte Hand ins Feuer. – 2. Quintus *M. Scaevola,* †82 v. Chr., röm. Konsul u. Pontifex Maximus. Seine 18 Bücher, mit denen er eine Systematisierung des bürgerl. Rechts schuf, wurden grundlegend für die späteren Bearbeitungen des röm. *Ius civile*.
Mücken, *Nematocera,* Unterordnung der *Zweiflügler;* meist langbeinige, zart gebaute u. oft behaarte Insekten mit langen, fadenförmigen Fühlern. Viele M. übertragen beim Stechen Krankheitserreger in das Blut (z.B. Malaria, Gelbfieber). Zu den M. gehören die Fam. *Gnitzen, Schnaken, Schmetterlings-, Stech-, Zuck-, Kriebel-, Fenster-, Haar-, Pilz-, Trauer-, Gall-* u. *Winter-M*.
Mudanjiang [-djiaŋ], Ind.-Stadt im SO der chin. Prov. Heilongjiang, 490 000 Ew.
Mudéjar-Stil [muˈdexar-], von den *Mudéjaren* (d. h. der zum »Bleiben ermächtigten« Moslems), aber auch von christl. Baumeistern v. a. in S-Spanien entwickelter Bau- u. Dekorationsstil seit dem 13. Jh., Blütezeit im 14. Jh. als Mischung got. u. islam. Stilelemente.
Mudschahidin, *Mudjahed(d)in,* islam. Glaubenskämpfer; im Iran eine Gruppe radikaler, sozialrevolutionärer Moslems (*M.-e Chalk*); in Afghanistan islam. Untergrundkämpfer.
Mudschib ur-Rahman, *1920, †1975 (ermordet), Politiker; organisierte die Unabhängigkeitsbewegung im damaligen Ost-Pakistan; 1971 Min.-Präs. von Bangladesch; 1975 Staats-Präs. mit diktator. Vollmachten.
Mueßlich, *Mielich, Muhlich,* Hans, *1516, †1573, dt. Maler u. Zeichner für den Holzschnitt; der bedeutendste Münchner Renaissance-Maler.
Mueller, Otto, *1874, †1930, dt. Maler u. Graphiker; schloß sich 1908 in Dresden der Künstlergemeinschaft »Brücke« an; milderte das expressionist. Pathos der »Brücke«-Kunst.
Mueller-Stahl, Armin, *17.12.1930, dt. Schauspieler, u. a. in »Oberst Redl«, »Musicbox«.

Mufflon-Widder

Muezzin, islam. Gemeindebeamter, der vom Minarett einer Moschee aus tägl. fünfmal die Gebetszeiten ausruft.
Muff, zur Mode des 17./18. Jh. gehörende, aber auch später noch von Damen, Herren u. Kindern getragene gefütterte Pelz- oder Stoffröhre, in die die Hände zum Wärmen gesteckt wurden.
Muffe, Verbindungsstück für Rohre.
Muffel [die], Behälter aus feuerfestem Ton oder (selten) Gußeisen mit gut verschließbarem Deckel; zum langsamen Brennen empfindl. Tonwaren.
Mufflon, i.e.S. ein *Wildschaf,* das von Korsika u. Sardinien aus in vielen Gegenden Europas u. anderer Erdteile eingebürgert wurde; i.w.S. alle Angehörigen der euras. Unterart des Schafs, z.B. *Argali, Steppenschaf, Kara-Tau-Schaf*.
Mufti, islam. Rechtsgelehrter, Gutachter bes. in religiösen Rechtsfragen.
Mufulira, Bergbaustadt im Copper Belt (Sambia), an der Grenze nach Zaire, 190 000 Ew.; Kupfermine.
Mugabe, Robert Gabriel, *21.2.1924, simbabw. Politiker; 1980 erster Prem.-Min. des unabhängigen Simbabwe, seit 1987 Staats-Präs.
Muhammad, *Muhammed,* arab. Form für → Mohammed, → Mehmed [türk.].
Muhammad Ali, eigtl. Cassius *Clay,* *17.1.1942, US-amerik. Boxer; 1960 Olympiasieger im Halbschwergewicht; wurde seit 1964 dreimal Profi-Schwergewichts-Weltmeister.
Mühlacker, Stadt in Ba.-Wü., nordöstl. von Pforzheim, 24 000 Ew.
Mühlberg/Elbe, Stadt in Brandenburg, in der Elbniederung bei Bad Liebenwerda, 3500 Ew.; ehem. Zisterzienserinnenkloster (1228 gegr.); 1547 Sieg Kaiser *Karls* V. über den (Prot.) *Schmalkald. Bund.*
Mühldorf am Inn, Krst. in Oberbay., 15 000 Ew.; mittelalterl. Stadtbild.

Mühle, 1. Gerät oder Anlage zum Zerkleinern von festen Körpern; → Müllerei. – **2.** *Mühlespiel,* ein Brettspiel für 2 Personen mit je 9 Steinen.
Mühlhausen, *Thomas-Müntzer-Stadt,* Krst. in Thüringen, an der Unstrut, 43 600 Ew.; Textilind.
Mühlheim am Main, Stadt in Hessen, 24 000 Ew.; Leder-, elektrotechn. Ind.
Mühlviertel, von der *Großen Mühl* (54 km) u. der *Kleinen Mühl* (32 km) durchflossene oberöstr. Ldsch. zw. Donau u. Böhmerwald.
Muhme, urspr. Mutterschwester, dann auch Schwägerin u. Base.
Mühsam, Erich, *1878, †1934 (im KZ), dt. Schriftst. u. Publizist; revolutionärer Anarchist u. Pazifist, schrieb expressionist Lyrik.
Muhu, dt. *Moon,* russ. *Muchu,* estn. Ostsee-Insel nordöstl. von Ösel, vor der Rigaer Bucht, 207 km².
Mujibur Rahman → Mudschib ur-Rahman.

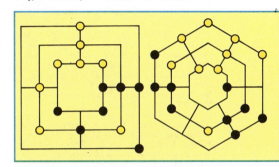

Mühle wird von zwei Spielern entweder auf quadratischem Brett mit jeweils 9 Steinen oder auf einem sechseckigen Brett (je 13 Steinen) gespielt

Mukalla, *Al M., Al Makalla,* Hafenstadt in Süd-Jemen (S-Arabien), 100 000 Ew.
Mukden → Shenyang.
mukös, schleimig, Schleim absondernd.
Mukoviszidose [lat.], *Mucoviscidose,* erbl. Stoffwechselanomalie, die durch eine Funktionsstörung aller schleim- u. schweißbildenden Drüsen(zellen) gekennzeichnet ist. Die Drüsensekrete sind zäh u. dickflüssig (viskös), so daß es zu Verstopfung der Ausführungsgänge, Rückstauung u. Zystenbildung kommt. Betroffen sind v. a. die Atemorgane, der Verdauungskanal sowie bes. die Bauchspeicheldrüse (*Pankreas*).
Mulatte, Mischling zw. Weißen u. Negern.
Mulchen, das Abdecken des Bodens mit organ. Stoffen (Stroh, Torf, Laub).
Mulde, l. Nbfl. der Elbe, 124 km; entsteht aus *Freiberger M.* (102 km) u. *Zwickauer M.* (128 km), mündet bei Dessau.

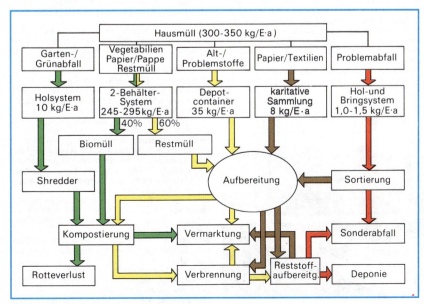

Müll: Bestandteile und Entsorgung des Hausmülls; Mengen pro Einwohner (E) und Jahr (a)

Mulhacén [mula'θεn], höchste Erhebung der Iber. Halbinsel, in der *Sierra Nevada* Andalusiens (Spanien), 3478 m.

Mülhausen, frz. *Mulhouse,* oberelsäss. Ind.-Stadt, Hauptort des *Sundgaus,* an der Ill u. am Rhein-Rhône-Kanal, 120 000 Ew.; Textil-, chem. u. a. Ind.; seit 1261 Reichsstadt, 1515–1798 zur Schweiz, 1871–1918 zum Dt. Reich.

Mülheim an der Ruhr, Stadt in NRW, zw. Duisburg u. Essen, 180 000 Ew.; Schlösser *Broich* u. *Styrum;* Masch.-, Stahl-, Eisen-, Glas- u. a. Ind., Hafen.

Mull, feines, lose eingestelltes Baumwollgewebe in Leinwandbindung; Verbandmaterial, auch Kleider- u. Gardinenstoff.

Mull [mʌl], schott. Insel der Inneren Hebriden, 941 km², 2500 Ew.; Hauptort *Tobermory.*

Müll, feste Abfallstoffe versch. Herkunft, die entweder verbrannt u. dadurch im Volumen reduziert *(M.verbrennungsanlagen),* gelagert *(Deponien)* oder anderweitig behandelt werden (z.B. *M.kompostwerke,* in denen nach Ausscheidung von Metall, Glas u. a. durch Mikroorganismen die organ. M.bestandteile kompostiert werden). Für Sonderabfälle (Lösemittelrückstände, Krankenhausabfälle, radioaktive Abfälle u. a.) gibt es eigene gesetzl. Bestimmungen. – B → S. 597

Mullah, schiit. Geistliche (der niedrigste Rang).

Muller ['mʌlə], Hermann Joseph, *1890, †1967, US-amerik. Genetiker; erzeugte bei Taufliegen (Drosophila) durch Röntgenbestrahlung künstl. Mutationen; Nobelpreis für Medizin 1946.

Müller, 1. Adam Heinrich, *1799, †1829, dt. Staatstheoretiker u. Nationalökonom, seit 1813 im östr. Dienst, verfocht einen ständ. Korporativismus. – **2.** Albin, gen. *Albinmüller,* *1871, †1941, dt. Architekt; baute u. a. für die Darmstädter Künstlerkolonie (seit 1906). – **3.** Eduard, *1848, †1919, schweiz. Politiker; führend in der Berner demokrat. Bewegung; Bundes-Präs. 1899, 1907 u. 1913. – **4.** Friedrich, gen. *Maler Müller,* *1749, †1825, dt. Schriftst. u. Maler; schrieb naturnahe Idyllen u. im Geist des *Sturm u. Drang* ep. Dramen. – **5.** Gebhard, *1900, †1990, dt. Politiker (CDU); 1953–58 Min.-Präs. von Ba.-Wü., 1958–71 Präs. des Bundesverfassungsgerichts. – **6.** Georg, *1877, †1917, dt. Verleger; gründete 1903 einen neue literar. Strömungen fördernden Verlag, der sich 1932 mit dem von Albert *Langen* verband. – **7.** Georg Elias, *1850, †1934, dt. Psychologe; neben W. *Wundt* einer der Begr. der *experimentellen Psychologie;* insbes. Gedächtnisforscher. – **8.** Gerhard, *3.11.1945, dt. Fußball-Nationalspieler; Weltmeister 1974. – **9.** Heiner, *9.1.1929, dt. Dramatiker, Dramaturg beim Berliner Ensemble; eigenwillige Bearbeitungen antiker Stoffe. – **10.** Hermann, gen. *M.-Franken,* *1876, †1931, dt. Politiker (SPD); unterzeichnete als Außen-Min. 1919 den *Versailler Vertrag;* von März bis Juni 1920 u. wieder 1928–30 Reichskanzler. – **11.** Johannes, *1801, †1858, dt. Physiologe; arbeitete bes. auf dem Gebiet der Nervenphysiologie u. der Entwicklungsgeschichte. – **12.** Karl Alex, *20.4.1927, schweiz. Physiker; erhielt 1987 zus. mit J.G. Bednorz den Nobelpreis für Forschungsarbeiten auf dem Gebiet der Hochtemperatur-Supraleiter. – **13.** Ludwig, *1883, †1945, dt. ev. Geistlicher; seit April 1933 Vertrauensmann Hitlers für Kirchenfragen, seit Sept. 1933 Reichsbischof der ev. Kirche. – **14.** Paul Hermann, *1899, †1965, schweiz. Chemiker; Erfinder des Insektenvertilgungsmittels DDT; Nobelpreis für Medizin 1948. – **15.** Wilhelm, *1794, †1827, dt. Schriftst.; spätromant. Lyriker; schrieb die von F. *Schubert* vertonten »Müllerlieder« sowie die vom Aufstand gegen die Türken angeregten »Lieder der Griechen«.

Müller-Armack, Alfred, *1901, †1978, dt. Nationalökonom, Soziologe u. Geschichtsphilosoph; prägte den Begriff »soziale Marktwirtschaft«.

Müllerei, die Gewinnung von pulverförmigen (mehlartigen) Produkten aus groben, festen Stoffen; im alltägl. Sprachgebrauch nur die Aufbereitung von *Getreide* zu Mehl, Grieß, Dunst u. Schrot. Nach der Trennung von Spreu u. Fremdkörpern durch Siebe u. ggf. Waschungen des Getreides wird es im *Weizenvorbereiter* auf den für die Vermahlung günstigsten Feuchtigkeitsgehalt gebracht. Die Körner werden dann in *Walzstühlen* zermahlen, wobei je nach Anzahl der Arbeitsvorgänge dunkleres oder weißes Mehl entsteht.

Müller-Thurgau, Hermann, *1850, †1927, schweiz. Weinbauforscher; züchtete die *M.-T.-Rebe,* eine Kreuzung zw. *Riesling* u. *Sylvaner.*

Müller-Westernhagen, Marius, *6.12.1948, dt. Rocksänger u. Schauspieler.

Müllheim, Stadt in Ba.-Wü., sw. von Freiburg i.Br., im Markgräflerland, 14 000 Ew.; Weinanbau; Textil- u. Metallind.

Mulligan ['mʌlɪɡən], Gerry (Gerald Joseph), *6.4.1927, US-amerik. Jazzmusiker (Baritonsaxophon).

Mulliken ['mʌlɪkən], Robert Sanderson, *1896, †1986, US-amerik. Physikochemiker; entwickelte die Molekülorbital-Theorie; Nobelpreis für Chemie 1966.

Müllkompostierung, die Verrottung von Müll in Gärzellen mit Hilfe von Mikroorganismen. Zur M. eignet sich bes. Hausmüll, der zuvor von Eisenteilen in einem Magnetabscheider u. von Hartstoffen in einer Schleudermühle befreit worden ist. Bei der M. wird Müll in eine nährstoffhaltige Komposterde überführt.

Müllverbrennung, die Beseitigung von Müll in Großverbrennungsanlagen unter Ausnutzung der dabei gewonnenen Energie. In einer Dampfkraftanlage erbringt 1 Tonne Müll eine Leistung von rd. 500 kWh. Wird neben der Dampferzeugung zusätzlich die Abwärme in ein Fernwärmenetz eingespeist, spricht man von einem *Müllheizkraftwerk.*

Mulroney [mʌl'rəuni], Brian, *20.3.1939, kanad. Politiker (Konservativer); 1980–93 Partei-Vors., 1984–93 Prem.-Min.

Multan, engl. *Mooltan,* Stadt in Pakistan, am Chanab, 760 000 Ew.; vielseitige Ind., Heimgewerbe; Flughafen.

multi..., Wortbestandteil mit der Bed. »viel«.

multilateral, mehrseitig; Bez. für ein Abkommen mit mehr als zwei Partnern.

Multimedia, *Multi-Media* [engl. 'mʌltɪ 'mi:dɪə] → Mixed Media, → Medienverbund.

Edvard Munch: Die Sonne; Leinwand 455 x 780 cm, 1910–1916. Oslo, Aula der Universität

multinationale Unternehmungen, Wirtschaftsunternehmen mit Tochterfirmen in mehreren Ländern, die sich dadurch nat. Kontrolle entziehen.

Multipara, eine Frau, die mehrfach geboren hat; im Ggs. zur *Primipara,* der erstmals Gebärenden.

Multiple Choice ['mʌltɪpl 'tʃɔɪs; engl.], Testverfahren, bei dem man aus mehreren vorgegebenen Antworten die richtige aussuchen soll.

Multiple Sklerose, Abk. *MS,* eine Erkrankung des Gehirns u. Rückenmarks mit Schädigung der Nerven durch Zerstörung der umhüllenden Markscheiden, die zu Seh-, Denk- u. Sprachstörungen u. Lähmung führen kann. Ursache ist möglicherweise eine Autoimmunerkrankung oder eine Virusinfektion. Eine ursächl. Therapie gibt es bisher nicht.

Multiplex-Funkfernschreibsystem, ein Telegraphiesystem mit automat. Fehlerkorrektur, das beim Kurzwellen-Überseefunk angewandt wird, um dessen Anfälligkeit für kurzzeitige Störungen auszugleichen.

Multiplier ['mʌltɪplaɪə] → Elektronenvervielfacher.

Multiplikation, Vervielfältigung; eine Grundrechenart (Zeichen • oder x). Ergebnis der M. ist das *Produkt. Multiplikand* heißt die zu vervielfältigende Größe, *Multiplikator* die vervielfachende Größe; beide Größen heißen *Faktoren.*

Multscher, Hans, *um 1400, †1467, dt. Bildhauer u. Maler; neben Konrad *Witz* Hauptmeister des Realismus im 15. Jh., durchbrach als Bildhauer die Tradition des »Weichen Stils«.

Mulus, *Maulesel* → Maultier.

Mumie, vor dem Zerfall geschützte Leiche. In trockener, heißer Gegend ergibt sich bei salzhaltigem Boden eine natürl. **Mumifizierung** *(Mumifikation).* Künstl. entstehen M., indem Leichen am Feuer gedörrt (Australien, Sudan) oder (nach Entfernung von Hirn u. Eingeweiden) längere Zeit in Salzlauge gelegt u. dann mit Ölen, Harzen u. Kräutern behandelt werden *(Einbalsamierung),* wie in Ägypten, wo die Sitte seit dem 3. Jt. v. Chr. bekannt ist. Dort wurde die M. mit Binden umwickelt u. mit einer Bildmaske oder einem *M.nporträt* ausgestattet.

Mumps, *Ziegenpeter, Parotitis epidemica,* eine epidemieartig auftretende Infektionskrankheit, von der vorw. Kinder befallen werden. Der Erreger ist ein Virus. Schwellungen der Ohrspeicheldrüse rufen ein gedunsenes Aussehen hervor.

Munch [muŋk], Edvard, *1863, †1944, norw. Maler u. Graphiker; Wegbereiter des Expressionismus. Die 1892 veranstaltete M.-Ausstellung in Berlin führte zur Gründung der dortigen *Sezession.* Sein Werk ist themat. von Einsamkeit, Tod u. Geschlechterfeindschaft bestimmt.

Münch, Charles, *1891, †1968, frz. Dirigent.

München, Landes-Hptst. von Bayern, Hptst. des Reg.-Bez. Oberbayern, 518 m ü. M., an der Isar, 1,29 Mio. Ew.; Zentrum der Kunst u. Kultur, Sitz des Erzbischofs von M. u. Freising; Univ. (in Ingolstadt 1472 gegr., seit 1826 in M.), TH (1827), Schauspielschule, Hochschule der Bildenden Künste (1809), Akademie der Wissenschaften (1759),

Müllverbrennungsanlage

Dt. Patentamt; Max-Planck-Institute; bed. Museen: Alte u. Neue Pinakothek, Dt. Museum (Technik) u. a.; Bay. Staatsbibliothek, Bay. Staatsoper, Residenztheater, Münchener Kammerspiele; Engl. Garten, Schloß →Nymphenburg; zweitürmige Liebfrauenkirche (15. Jh.), St.-Michaels-Kirche (16. Jh.), Theatinerkirche (17./18. Jh.), Maximilianeum; Tierpark *Hellabrunn;* Großflughafen in Erding, fr. in Riem. Vielfältige Ind., u. a. Elektrotechnik, Fahrzeugbau (BMW), Verlags- u. Filmzentrum; Olymp. Sommerspiele 1972.

Gesch.: M. ist zuerst erwähnt in den *Klosterannalen von Tegernsee* 1102–54. Unter *Ludwig dem Strengen* 1255 wurde es Residenz. Unter *Ludwig I.* u. *Maximilian II.* im 19. Jh. wurde es ein Zentrum des Kulturlebens. Im 20. Jh. war M. Schauplatz revolutionärer Erhebungen: Am 7./8.11.1918 rief K. *Eisner* die bay. Rep. aus; am 7.4.1919 wurde die *Räte-Rep.* verkündet; am 9.11.1923 fand der *Hitler-Putsch* statt.

Münchhausen, 1. Börries Frhr. von, Pseud.: H. *Albrecht,* *1874, †1945 (Selbstmord), dt. Schriftst.; erneuerte die Balladendichtung; 1896 bis 1923 Hrsg. des »Göttinger Musenalmanachs«. – **2.** Karl Friedrich Hieronymus Frhr. von, der *»Lügenbaron«* aus Bodenwerder, *1720, †1797; Held der »Wunderbaren Reisen zu Wasser u. Lande, Feldzüge u. lustige Abenteuer des Freiherrn von M.«, einer zuerst 1785 in England veröffentlichten Geschichtensammlung, die 1786 von G.A. *Bürger* ins Deutsche übersetzt u. zum Volksbuch wurde.

Münchinger, Karl, *1915, †1990, dt. Dirigent; gründete 1945 das *Stuttgarter Kammerorchester.*

Münchner Abkommen, Vertrag zur Lösung der dt.-tschechosl. Frage 1938 zw. Italien (Mussolini), England (Chamberlain), Frankreich (Daladier) u. Deutschland (Hitler). Die dt.-tschechosl. Frage war die ohne Volksabstimmung durchgeführten Eingliederung von rd. 3,5 Mio. *Sudetendeutschen* in den 1919 geschaffenen tschechosl. Staat entstanden. Im M. A. wurde die Abtretung des sudetendt. Gebiets bis zum 10.10.1938 u. die kurzfristig nachfolgende dt. Besetzung beschlossen. Mit dem Einmarsch in Prag am 15.3.1939 zerstörte Hitler die Grundlagen des Abkommens. – 1973 wurde ein Vertrag zw. der BR Dtld. u. der ČSSR unterzeichnet, der das M. A. für nichtig erklärte.

Münchner Räterepublik, die am 7.4.1919 von den Arbeiterräten ausgerufene bay. Rep. Die Regierungsgewalt übernahm zunächst ein Rat der Volksbeauftragten aus Mitgl. der USPD u. des bay. Bauernbunds. Die M. R. fand am 2.5.1919 ihr Ende, als die Stadt von Freikorps gestürmt wurde.

Mund, lat. *Os,* grch. *Stoma,* im tier. Bauplan die Eingangsöffnung des Darmkanals, die häufig mit Einrichtungen zur Nahrungsaufnahme u. -zerkleinerung (Mundwerkzeuge) versehen ist. – Beim Menschen ist der *M.* der durch die Lippen u. die Lippenmuskulatur gebildete Eingang zur *M.höhle,* i.w.S. auch die M.höhle selbst. Sie ist mit Schleimhaut ausgekleidet, enthält die Zahnreihen von Ober- u. Unterkiefer u. geht nach hinten in den Rachen über. In die M.höhle münden Speicheldrüsen.

Munda, Stämmegruppe (rd. 6 Mio.) mit austroasiat. Sprachen in Indien (Bihar, Westbengalen, z. T. Orissa u. Zentralindien). Die M. gehören zu den ältesten Bev. Indiens.

Mundart, *Dialekt,* im Unterschied zur allg. Schrift- u. Umgangssprache die landschaftl. verschiedene Redensweise.

Mündel, Minderjähriger unter →Vormundschaft.

Münden, *Hannoversch-M.,* Stadt in Nds., am Zusammenfluß von Werra u. Fulda zur Weser, 26 800 Ew.; Forstl. Fakultät der Univ. Göttingen; Altstadt in Fachwerkbauweise, Welfenschloß.

Münder, *Bad M. am Deister,* Stadt in Nds., 20 000 Ew.; Schwefel- u. a. Quellen.

Mundfäule, *Stomatitis ulcerosa,* infektiöse geschwürige Mundentzündung mit Zahnfleischscheiterung u. üblem Mundgeruch; oft mit Lymphknotenschwellung verbunden.

Mundharmonika, ein Blasinstrument mit durchschlagenden Zungen, die auf zwei parallel liegenden Metallplatten befestigt sind u. durch Saug- oder Druckluft zum Schwingen gebracht werden.

Mündigkeit →Volljährigkeit.

Mundraub, die Entwendung oder Unterschlagung von Nahrungs- oder Genußmitteln oder anderen Gegenständen des hauswirtsch. Verbrauchs *(Verbrauchsmittelentwendung)* in geringer Menge; strafbar nur auf Strafantrag oder bei bes. öffentl. Interesse. – Ähnl. im östr. u. schweiz. Recht.

Mundschenk, eines der vier alten Ämter an dt. Höfen, mit der Aufsicht über Keller u. Weinberge betraut; →Erzämter.

Mundstück, die Anblasvorrichtung bei Blasinstrumenten.

Mundt, Theodor, *1808, †1861, dt. Schriftst. u. Publizist; Vertreter des »Jungen Dtld.«; Freund von Charlotte *Stieglitz.*

Mundus [lat.], Welt, Weltall, Weltordnung.

Mundwerkzeuge, bes. Einrichtungen im Bereich des Mundes zur Nahrungsaufnahme u. -zerkleinerung. M. sind i.e.S. die Mundgliedmaßen *(Mundextremitäten)* der Gliederfüßer; das sind Kopfgliedmaßen (Fühler, Taster, Zangen u. a.), die an ihre Funktion angepaßt u. vielfach hochkompliziert abgewandelt sind. Die M. der Wirbeltiere bezeichnet man als *Gebiß.* Bei Vögeln u. Schildkröten sind die Zähne durch Hornschilde *(Schnabel)* ersetzt.

Mungos, *Mangusten, Herpestes,* zu den *Ichneumons* gehörige Gatt. der *Schleichkatzen;* in Gestalt u. Verhalten dem Marder ähnl., schwarz-grau gestreiftes Fell. M. fressen Schlangen u. Kleintiere. Zu den asiat. M. gehört der *Ind. Mungo.*

Municipio [-'sipjo], *Munizip,* der städt. Verw.-Bez. in Brasilien u. a. Ländern, der neben der eigtl. Stadt auch das umliegende ländl. Gebiet umfaßt.

Munition, die Geschosse aller Feuerwaffen sowie Abwurf-, Nahkampf-, Spreng-, Zünd- u. Leuchtmittel.

Munizipium, röm. Ldsch. mit bestimmter staatsrechtl. Stellung.

Munk, 1. Andrzej, *1921, †1961, poln. Filmregisseur; leitete die Befreiung des poln. Films vom Stalinismus ein. – **2.** Georg, eigtl. Paula *Buber,* geb. *Winkler,* *1877, †1958, dt. Schriftst.; verh. mit M. *Buber,* verfaßte von der Romantik beeinflußte Romane. – **3.** [mɔŋg], Kaj, eigtl. Harald *Leininger,* *1898, †1944, dän. Schriftst.; anfangs ein Bewunderer, dann aber ein entschiedener Gegner der Diktatur; von der Gestapo ermordet.

Münnich, *Minich,* Burckhard Christoph Graf

Münster (2): das gotische Rathaus am Prinzipalmarkt, in dessen berühmtem Friedenssaal 1648 der Westfälische Friede geschlossen wurde

(1728), *1683, †1767, russ. Feldmarschall dt. Herkunft; führend in der Politik unter Zarin *Anna Iwanowna.*

Mun-Sekte →Vereinigungskirche.

Münsingen, Stadt in Ba.-Wü., auf der Schwäb. Alb, 11 000 Ew.; Stadtkirche (13. Jh.), Schloß (17. Jh.).

Munster, Stadt in Nds., in der Lüneburger Heide, 17 200 Ew.; Truppenübungsplatz *M.lager.*

Münster, bes. in S-Dtld. gebräuchl. Bez. für Dome u. größere Pfarrkirchen.

Münster, 1. *Bad M. am Stein-Ebernburg,* Stadt in Rhld.-Pf., an der Nahe, 3500 Ew.; *Ebernburg* (1523 zerstört). – **2.** *M. (Westf.),* Stadt in NRW, Hptst. des Reg.-Bez. M., an der Aa u. am Dortmund-Ems-Kanal, 267 000 Ew.; Univ.; Westfäl. Landesmuseum, Dom (13. Jh.), Lambertikirche (14./15. Jh.), got. Rathaus (berühmter Friedenssaal), Schloß (18. Jh., fürstbischöfl. Residenz); Zoolog. Garten. – Gesch.: Um 800 von *Ludger,* dem 1. Bischof von M., gegr., im 13. Jh. Mitgl. der Hanse; 1534/35 *Wiedertäuferherrschaft;* 1648 *Westfälischer Friede* im Friedenssaal; 1815 preußisch, bis 1947 Hptst. der Prov. Westfalen. – **3.** schweiz. Stadt im Jura, →Moutier. – **4.** rätoroman. *Müstair,* schweiz. Bergdorf im Kt. Graubünden, 700 Ew.; Benediktinerinnenkloster, Klosterkirche (8. Jh.) mit berühmten karoling. Wandmalereien. – **5.** frz. *Munster,* oberelsäss. Stadt in den S-Vogesen (Frankreich), 5000 Ew.; Fremdenver-

München: Karlsplatz (Stachus) mit Karlstor (links). – Neues Rathaus und Frauenkirche (rechts)

600 Münster

kehrsort, Käserei; früher Reichsstadt; 634–1791 Benediktinerabtei.

Münster, Sebastian, *1489, †1552, dt. Kosmograph; Verfasser der ersten dt. Länderkunde (»Cosmographia universalis«).

Münstereifel, *Bad M.,* Stadt in NRW, an der Erft, 15 000 Ew.; Kneippkurort; Radiosternwarte des Max-Planck-Instituts für Radioastronomie.

Münsterländer, sehr alte Rassen von Vorstehhunden (Jagdhunde).

Münsterländer Bucht, *Westfäl. Bucht,* Tieflandbucht zw. Teutoburger Wald u. dem Nordrand des Rhein. Schiefergebirges; mit vereinzelten Höhen *(Baumberge, Beckumer Berge);* im Mittelpunkt die Stadt *Münster (Westf.).*

Münstermann, Ludwig, *um 1575, †1637/38, dt. Bildhauer; bed. Bildschnitzer des dt. Manierismus.

Münter, Gabriele, *1877, †1962, dt. Malerin; Schülerin u. Lebensgefährtin W. *Kandinskys,* 1911 Mitgl. des »Blauen Reiters«.

Munthe, 1. Axel, *1857, †1949, schwed. Arzt u. Schriftst.; schrieb das Erinnerungsbuch »Das Buch von San Michele« (engl. 1929). – **2.** Gerhard, *1849, †1929, norw. Maler (impressionist. Landschaften, kunstgewerbl. Arbeiten im Jugendstil).

Muntjakhirsche, *Muntiacinai,* bis 75 cm hohe *Hirsche* S- u. SO-Asiens, deren Männchen im Oberkiefer hauerartige Eckzähne haben.

Müntzer, Thomas →Münzer.

Muntjakhirsche

Münze, als Geld dienendes, von der staatl. Obrigkeit durch Stempel wertmäßig garantiertes Metallstück; hergestellt durch Prägung oder Guß. Die Vorderseite wird *Avers,* die Rückseite *Revers* genannt. – Die ersten M. entstanden um 650 v. Chr. in Kleinasien (Lydien, Ionien). Erste Porträtdarstellungen von zeitgenöss. Persönlichkeiten gab es seit 44 v. Chr. Bis zum Ausgang des MA wurden M.n mit der Hand aus gravierten Stempeln geprägt. Die ersten Prägemaschinen wurden am Ende des 15. Jh. eingeführt. Seit dem 17. Jh. wird auch der Rand der M. geprägt *(Rändelung).* – Die Münzstätte (Prägeort), in der M.n geprägt werden, ist auf vielen M.n durch *M.buchstaben* gekennzeichnet, z.B. München (D), Stuttgart (F), Karlsruhe (G), Hamburg (I).

Münzer, *Müntzer,* Thomas, *um 1490, †1525, dt. Prediger u. Revolutionär, anfangs Anhänger Luthers. Unter Berufung auf seine innere Erleuchtung forderte er eine radikale Umgestaltung des kirchl. u. polit. Lebens. Er wurde zum Führer des *Bauernkriegs* in Thüringen. Nach der vernichtenden Niederlage am 15.5.1525 bei Frankenhausen wurde er gefangengenommen u. enthauptet.

Münzfuß, die gesetzl. festgelegte Anzahl der Münzeinheiten, die aus dem Münzgrundgewicht (Gewichtseinheit) des Währungsmetalls (Gold, Silber u. a.) hergestellt werden darf.

Münzhoheit →Münzrecht.

Münzkunde, *Numismatik,* die Wiss. von der Münze u. ihrer Geschichte. Die M. ist Hilfswiss. der Gesch., Archäologie, Wirtsch.- u. Kunstgeschichte.

Münzrecht, *Münzhoheit, Münzregal,* das Recht, Münzen zu prägen, das urspr. nur der staatl. Obrigkeit zustand. In Dtld. steht die Gesetzgebung über das Münzwesen dem Bund zu.

Tierkreiszeichen (Waage) des Mogulherrschers Jahangir; 1620

Silbermünze Demetrios' I. (294–287 v.Chr.). Makedonien

Pfennig (Brakteat); um 1160. Halberstadt

Denar Karls des Großen; um 800. Pavia

Silbermedaille anläßlich der Probefahrt des Luftschiffes Graf Zeppelin über Straßburg; 4./5. August 1908

Vorderseite der 5-DM-Sondermünze für Gottfried Wilhelm Leibniz

Belagerungsklippe; 1660. Münster

Vorderseite der 5-DM-Sondermünze »Umweltschutz«; 1982

Vorderseite eines Maria-Theresien-Talers

Goldgulden; um 1300. Florenz

Vorderseite einer modernen Gedenkmedaille für die Fußballweltmeisterschaft 1982 in Spanien

Münzen und Medaillen

Muonio Älv, finn. *Muonionjoki,* l. Nbfl. des Torne Älv, an der schwed.-finn. Grenze, 333 km.

Mur, *Mura,* l. Nbfl. der Drau, 440 km; bildet streckenweise die östr.-slowen. u. ung.-slowen.. Grenze, mündet sw. vom Plattensee.

Murad, türk. Sultane:
1. 1. M. I., * 1319, † 1389 (ermordet auf dem Amselfeld), Sultan 1359–89; eroberte 1361 Adrianopel u. machte es zur Hptst.; führte als erster türk. Sultan den Titel *Kalif*. – **2. M. II.,** * 1401, † 1451; Sultan 1421–51; eroberte 1430 Saloniki; schlug die Ungarn 1444 bei Warna, 1448 auf dem Amselfeld. – **3. M. IV.,** * 1612, † 1640, Sultan 1623–40; eroberte Bagdad von den Persern zurück.

Muradabad, *Moradabad,* nordind. Distrikt-Hptst., in Uttar Pradesh, 330 000 Ew.; Metall- u. Textilind.; Eisenbahnknotenpunkt.

Muräne, *Muraena,* räuber., aalartige Fische, bis zu 3 m lang; besitzen Giftdrüsen hinter den Zähnen. Im Mittelmeer bewohnt die bis 1 m lange u. 6 kg schwere *Muraena helena* Höhlen felsiger Küsten.

Murano, ital. Insel in der Lagune von Venedig; Herstellung von *Venezianischem Glas* (seit dem 13. Jh.).

Murasaki Shikibu, * um 978, † um 1030, jap. Dichterin; verfaßte das *Gendschi-Monogatari,* das in 54 Kapiteln das Leben bei Hof u. die Liebesabenteuer des Prinzen *Gendschi* schildert; klass. Vorbild der jap. Romanliteratur.

Murat [my'ra], Joachim, * 1767, † 1815, frz. Marschall; Reitergeneral Napoleons I., seit 1808 König von Neapel *(Gioacchino)*.

Murau, Bez.-Hptst. im steir. Murtal (Östr.), 832 m ü. M., 3000 Ew.; Wintersportort.

Murcia ['murθia], **1.** histor. Ldsch. SO-Spaniens, umfaßt die Prov. M. u. Albacete; das östl. Bergland der *Betischen Kordillere.* – **2.** Hptst. der gleichn. span. Prov. u. Ldsch., im gut bewässerten Tal des Segura, 280 000 Ew.; Kathedrale (14. Jh.), Univ. (1945); Nahrungsmittel- u. Seidenind.

Murdoch ['mɔ:dɔk], Iris, * 15.7.1919, anglo-ir. Schriftst. (philosoph.-symbol. Romane).

Murdock ['mɔ:dɔk], William, * 1754, † 1839, brit. Ingenieur; Erfinder (1792) der Gasbeleuchtung.

Mure, *Murbruch, Murgang,* schweiz. *Risi, Rüfe, Ribi,* Schlamm- u. Gesteinsstrom im Gebirge. Die niedergehenden Massen bilden im Tal breite Schutt- oder Schwemmkegel *(Vermurung)*.

Mureș ['mureʃ], ung. *Maros,* l. Nbfl. der Theiß, 797 km; durchfließt Siebenbürgen, mündet bei Szeged (Ungarn).

Murg, r. Nbfl. des Rhein, 96 km; mündet bei Rastatt; aufgestaut zur 1922–26 erbauten *M.talsperre (Schwarzenbach-Stausee)*.

Murgab, *Murghab,* der antike *Margos,* Fluß im N Afghanistans, 800 km; endet in der Karakum-Wüste.

Murger [myr'ʒɛ:r], Henri, * 1822, † 1861, frz. Schriftst. Seine Erzählungen »Scènes de la vie de bohême« regten G. *Puccini* zur Oper »La Bohême« an.

Murillo [mu'riljo], Bartolomé Estéban, * 1617, † 1682, span. Maler; einer der Hauptmeister des span. Spätbarocks; vorw. sakrale Darstellungen; z. T. drastisch realist. Genreszenen.

Müritz, mecklenburg. See nw. von Neustrelitz, zweitgrößter dt. See, 116,8 km²; O-Ufer ist Naturschutzgebiet.

Murmann, Klaus, * 3.1.1932, dt. Unternehmer, seit 1987 Präs. der Bundesvereinigung der Dt. Arbeitgeberverbände.

Murmansk, Hptst. der gleichn. Oblast im NW Rußlands, an der *Murmanküste* (Halbinsel Kola), 430 000 Ew.; eisfreier Hafen u. Endpunkt der *Murman-Bahn* (von St. Petersburg; 1915–17 gebaut); Flottenstützpunkt.

Murmel, kleine, bunte Kugel für Kinderspiele.

Murmeltiere, *Marmota,* Gatt. der *Hörnchen*. Das über 50 cm große *Alpen-M.* bewohnt die höheren Lagen der Alpen, Pyrenäen u. Karpaten; der Winterschlaf dauert fast 7 Monate. M. leben in selbstgegrabenen Höhlen. Das etwas größere *Steppen-M.* lebt in den Steppen O-Europas u. Asiens.

Murnau, Friedrich Wilhelm, eigtl. F.W. *Plumpe,* * 1889, † 1931, dt. Filmregisseur; als einer der ersten im Film tätig, seit 1927 in den USA. W »Nosferatu«, »Faust«, »Tabu«.

Murner, Thomas, * 1475, † 1537, elsäss. Moralist u. satir. Schriftst.; Franziskanerpater, setzte die von S. *Brant* eingeführte Narrenliteratur fort.

Murom, Stadt in Rußland, an der unteren Oka, 120 000 Ew.; eine der ältesten russ. Städte.

Muromachi-Zeit, *Muromatschi-Zeit,* 1338–1573, die Periode der jap. Gesch., in der *Muromachi,* ein Stadtviertel von Kyoto, Sitz der *Shogune* aus dem Haus der *Ashikaga* war; auch *Ashikaga-Zeit* genannt.

Muroran, *Mororan,* jap. Hafenstadt an der S-Küste von Hokkaido, 180 000 Ew.; zweitgrößter jap. Hafen; Nahrungsmittel- u. Schwer-Ind.

Murphy ['mə:fi], William Parry, * 1892, † 1987, US-amerik. Arzt; erforschte die Wirkung des Insulins bei der Zuckerkrankheit; führte die Leberbehandlung der perniziösen Anämie ein; Nobelpreis 1934.

Murray ['mʌri], längster Fluß Australiens, im SO, 2570 km (mit *Darling-Barwon* 5310 km); mündet bei Wellington in das Haff des *Lake Alexandrina;* mehrere Staudämme.

Murray ['mʌri], **1.** Sir James, * 1837, † 1915, engl. Philologe u. Lexikograph; Hrsg. des »New English Dictionary«. – **2.** *Moray,* James *Stuart,* Earl of M., * um 1531, † 1570 (ermordet), Regent von Schottland 1567–70; unehel. Sohn König *Jakobs V.* von Schottland, Halbbruder *Maria Stuarts*.

Mürren, schweiz. Luftkurort u. Wintersportplatz im Berner Oberland, über dem Lauterbrunnental, 1645 m ü. M., 470 Ew.

Murrhardt, Stadt in Ba.-Wü., im Quellgebiet der Murr, 13 700 Ew.; Luftkurort; Holz-, Metall-, Lederverarbeitung.

Murrhardter Wald, Teil des Schwäb.-Fränk. Waldberge, nördl. von Backnang, bis 585 m.

Murrumbidgee [mʌrəm'bidʒi], r. Nbfl. des Murray in Neusüdwales (Australien), 2160 km; im *Burrinjuck-Stausee* aufgestaut.

Murten, frz. *Morat,* Hauptort des Seebezirks im schweiz. Kt. Freiburg, am Ostufer des *M.sees (Lac de Morat,* 23 km²; vorgeschichtl. Uferansiedlungen); 4500 Ew.; guterhaltenes Stadtbild des 15.–18. Jh. – In der *Schlacht von M.* besiegten die verbündeten Eidgenossen am 22.6.1476 Karl den Kühnen von Burgund.

Mururoa, Atoll am SW-Rand der *Tuamotu-Inseln* (Frz.-Polynesien), frz. Testgebiet für Atombombenversuche.

Mürzzuschlag, östr. Stadt in der Steiermark, an der Mürz, 669 m ü. M., 11 500 Ew.

Musaios, *Musäus,* grch. Dichter im 6. Jh. n. Chr., Epos »Hero u. Leander«.

Musala, höchster Berg der Balkanhalbinsel, im NO des Rila-Gebirges (Bulgarien), 2925 m.

Musalla, islam. Gebetsplatz außerhalb der Moschee für bes. Gebete u. für die Totenfeier.

Musäus, Johann Karl August, * 1735, † 1787, dt. Schriftst.; schrieb satir. Romane gegen die Empfindsamkeit u. »Volksmärchen der Deutschen«.

Muscarin, das Gift des *Fliegenpilzes;* ein Rauschgift.

Muschel → Muscheln.

Muschelblümchen, *Isopyrum,* Gatt. der Hahnenfußgewächse. In Europa außer Dtld. wächst die giftige Art *Isopyrum thalictroides*.

Muschelgeld, zu Scheiben geschliffene u. auf Schnüre gezogene Abschnitte von Muschelschalen, die bei Naturvölkern Ozeaniens, Indonesiens, Australiens u. Amerikas als Wertmesser dienen.

Muschelkalk, kalkige, mittlere Schichtenfolge der German. Trias; reich an tier. Schalenresten (meist Brachiopoden).

Muschelkrebse, *Ostracoda,* Klasse der *Krebse;* von einer zweiklappigen, stark verkalkten, muschelähnl. Schale umschlossen; hierzu die Gatt. *Cypris,* die sich parthenogenet. fortpflanzen kann.

Muscheln, *Lamellibranchia, Bivalvia,* Klasse der *Weichtiere;* mit zwei den Körper ganz oder teilw. bedeckenden Kalkschalen, die vom Mantelrand abgeschieden werden. Ein Kopf ist nicht ausgeprägt; die Sinnesorgane, wie Riech-, Schmeck-, Gleichgewichts- u. Lichtorgane, liegen am Fuß oder am Mantelrand verteilt. M. ernähren sich von Schwebstoffen, die mit dem Atemwasser (Kiemenatmung) angeschwemmt werden. Viele Muscheln sind eßbar, z.B. Herz-, Miesmuschel u. Auster. Einige können Perlen erzeugen. Man kennt heute etwa 25 000 Arten.

Muschg, Adolf, * 13.5.1934, schweiz. Schriftst. (iron.-parodist. Romane u. Erzählungen).

Muselman → Moslem.

Musen, in der grch. Myth. die göttl. Schützerinnen von Kunst u. Wiss., 9 Töchter des *Zeus* u. der *Mnemosyne: Erato* (lyr. Liebesdichtung), *Euterpe* (lyr. Gesang zum Flötenspiel), *Kalliope* (Epos), *Klio* (Geschichte), *Melpomene* (Tragödie), *Polyhymnia* (ernster Gesang), *Terpsichore* (Tanz), *Thalia* (Komödie), *Urania* (Astronomie).

Musical 601

Berühmte Museen

Ort	Name	Inhalt
Amsterdam	Rijksmuseum	Kunst
Athen	Archäologisches Museum	Archäologie
Berlin	Staatliches Museum Nationalgalerie	Kunst
	Pergamon-Museum	Archäologie
	Staatliche Museen zu Berlin – Preußischer Kulturbesitz	Kunst
Bern	Kunstmuseum	Kunst
Chicago	Art Institute	Kunst
	Museum of Natural History	Naturkunde
Detroit	Ford Museum	Technik
Dresden	Grünes Gewölbe	Kunst
Düsseldorf	Kunstsammlung Nordrhein-Westfalen	Kunst
Florenz	Uffizien	Kunst
	Palazzo Pitti	Kunst
Köln	Wallraf-Richartz-Museum/Museum Ludwig	Kunst
	Rautenstrauch-Joest-Museum	Ethnologie
London	National Gallery	Kunst
	Tate Galery	Kunst
	British Museum	Archäologie, Kunstgeschichte
Madrid	Prado	Kunst
Moskau	Tretjakow-Galerie	Kunst
München	Alte u. Neue Pinakothek	Kunst
	Deutsches Museum	Naturkunde
New York	Metropolitan Museum of Art	Kunst
	Museum of Natural History	Naturkunde
Nürnberg	Germanisches National-Museum	Kulturgeschichte
Oxford	Ashmolean Museum	Archäologie, Naturkunde
Paris	Louvre	Kunst
	Centre National d'Art et de Culture Georges Pompidou	Kunst
Philadelphia	Franklin Institute	Technik
Rom	Vatikanische Museen	Kunst
	Nationalgalerie	Kunst
St. Petersburg	Eremitage	Kunst
Washington	National Gallery of Art	Kunst
	Smithsonian Institute	Naturkunde
Wien	Albertina	Kunst
	Kunsthistorisches Museum	Kunst

Musenalmanach, nach frz. Vorbild seit 1769 jährl. veröffentl. Sammlung meist lyr. Dichtungen des vorangegangenen Jahres, bes. von Mitgl. des »Göttinger Hains«.

Musette [my'zɛt], **1.** eine *Sackpfeife* des 17./18. Jh. – **2.** am Hof Ludwigs XIV. u. Ludwigs XV. ein beliebter Tanz im Tripeltakt mit liegenbleibendem Baß.

Museum, öffentl. Sammlung von Zeugnissen der menschl. Kulturentwicklung: eine bes. Form ist das *Freilicht-M.* (z.B. ganze Dorfanlagen). Zielsetzung des traditionellen M. ist die Bildung der Öffentlichkeit durch das Mittel der *Ausstellung*.

Musical ['mjuzikəl], Kurzform von *Musical Comedy, Musical Play,* eine urspr. amerik. Form der Unterhaltungsbühne, am Broadway in New York um 1900 entwickelt; Showelemente werden mit einbezogen. Quellen für das M. sind u. a. Burleske u. Pantomine, Minstrel-Show, Vanderville u. Revue, Jazz u. Operette. Wichtige Namen aus der Geschichte des M.s: Jerome *Kern:* »Show boat«; Irving *Berlin:* »Annie get your gun«, »Mr. President«; C. *Porter:* »Kiss me Kate«, »Oklahoma«, »South pacific«, »The King and I«; Harold *Rome:* »Fanny«; L. *Bernstein:* »West side story«; Jerry *Bock:* »Fiddler on the roof« (dt. »Anatevka«); Galt *MacDermot:* »Hair«; Andrew *Lloyd Webber:* »Jesus Christ Superstar«, »Phantom der Oper« u. »Cats«. Eines der erfolgreichsten M.s ist »My Fair Lady« nach G.B. *Shaws*

»Pygmalion«; Alan Jay *Lerner* gelang es hier, aus einer guten Komödie ohne Veränderung ihrer Struktur ein M. mit Geist u. Charme zu machen, die Musik stammt von Frederick *Loewe*.

Music-Hall ['mjuzik hɔːl] →Vaudeville.

Musik, bei den Griechen zunächst zusammenfassender Begriff für Ton-, Dicht- u. Tanzkunst, dann die *Tonkunst,* d. h. Ausdruck des menschl. Gefühls- u. Seelenlebens durch Töne, allein. – Jede Epoche u. Kultur hat einen eigenen M.begriff geprägt. Gemeinsam scheint nur, daß es sich um absichtsvoll gestaltete akust. Vorgänge handelt. Die Mittel der musikal. Gestaltung sind Rhythmus, Melodie, Instrumentation, Tonstärke u. harmon. bzw. disharmon. Ordnungsstrukturen. Mögliche Klangträger sind die menschl. Stimme (Vokal-M.) oder einzelne bzw. mehrere Instrumente (Instrumental-M.). In der histor. Entwicklung unterlag die M. vielfältigen grundlegenden Wandlungen von der kultisch gebundenen M. bis zu der aus Arbeitsrhythmen entstandenen Volks-M., von der magischen Vergegenwärtigung in der primitiven M., der wechselnden Abfolge linearer u. polyphoner Epochen bis zu den Ergebnissen der Zwölfton-M. im 20. Jh. Die M.geschichte ist für den abendländ. Kulturkreis am besten nachvollziehbar. Die abendländ. M. begann in altchristl. u. frühmittelalterl. Zeit als einstimmige vokale Kirchen-M., aus der z.Z. der *Romanik* (1000–1200) u. *Gotik* (1200–1500) die Mehrstimmigkeit entstand. Die Übertragung von Vokal-M. auf Instrumente fand bed. weltl. Ausdruck in der Niederländ. u. Venezian. Schule u. gipfelte mit der Entwicklung des Dur-Moll-Sy-

MUSIKINSTRUMENTE

Thomas Hart Benton: Die Musikstunde; 1943. Privatsammlung (links). – Saxophonist (Mitte). – Sringa, ein Messinghorn aus Indien (rechts)

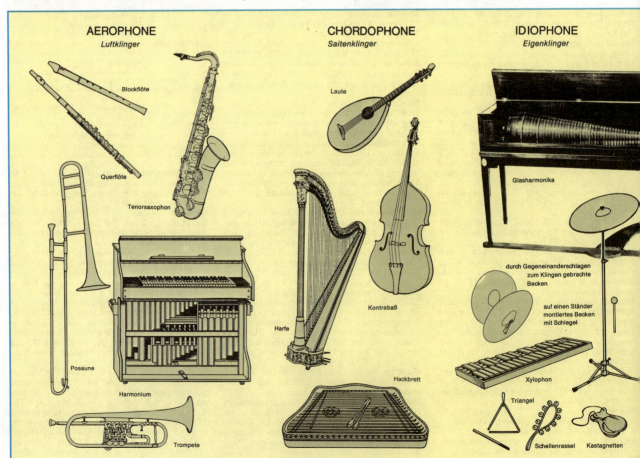

stems u. des Generalbasses im *Barock* (1600–1750). Das *Rokoko* (um 1750) pflegte bes. die ital. Oper, die nach strenger dt. Reformierung später auf Italien zurückwirkte. Auf die Mannheimer Schule folgte die sinfon. Kunst der *Klassik* (1750–1800), in der die Lösung von der strengen Kontrapunktik stattfand. Sie leitete unmittelbar zur *Romantik* (1800–1900) über. Alle musikal. Formen erlebten in beiden Epochen eine Blütezeit. Seit Mitte des 19. Jh. datiert die *Spätromantik*, die bis in die Gegenwart hineinwirkt. Während der *Impressionismus* (um 1900) einem letzten verfeinerten Klangreiz huldigte, fand die *Zwölfton-M.* überall Anhänger, die um musikal. Neuland bemüht sind, zumindest eine Verbindung zw. *Atonalität* u. barocker linearer Kontrapunktik suchen. Außerhalb Europas haben sich bes. in Afrika u. Asien sehr hochstehende M.kulturen entwickelt, deren Existenz durch europ. Einflüsse heute gefährdet ist. Die im 20. Jh. in Mitteleuropa erklingende M. läßt sich vereinfacht in folgende Kategorien einteilen: 1. nach ästhet. Wertung in Kunst-M. (sog. *E-Musik*, d. h. ernste M.), Unterhaltungs-M. (sog. *U-Musik*), Volks-M. u. a.; 2. nach Zweckanwendungen u. sozialen Funktionen in Film-, Kirchen-, Tanz-, Konzert-M. u. a.; 3. nach Merkmalen ihrer Gestaltung bzw. Satzstilen z.B. in serielle M., Monodie; 4. nach ihren Darstellungsmitteln (Besetzung), z.B. in Vokal-M., sinfon. M., elektron. M.; 5. innerhalb der Kunstmusik nach Gattungen, z.B. Oper, Sinfonie, Kantate. Natürlich überschneiden sich die Bereiche vielfach.

Musikalität, *musikalische Begabung,* die Fähigkeit, Musik mit ihren Elementen Melodik, Harmonik u. Rhythmik u. in ihrer formalen Gliederung aufzunehmen u. ihre Aussage zu erfassen; nicht unbedingt mit instrumentaltechn., sänger. oder schöpfer. Begabung verbunden; objektiv ist die musikal. Begabung nicht meßbar.

Musikantenknochen, volkstüml. Bez. für den Knochenvorsprung am Ellbogengelenk.

Musikdrama, die urspr. Form der um 1600 in Italien geschaffenen Oper; im bes. Sinn dann die von R. *Wagner* erstrebte Verschmelzung dramat. u. menschl. Gestaltung.

Musikethnologie, früher *vergleichende Musikwiss.,* die Wiss. von der Musik der außereurop. Völker sowie (als »musikal. Volkskunde«) von der europ. Volksmusik.

Musikinstrumente. Am Anfang stehen Urformen, die naturgegebenes Material verwenden, so Holzstäbe als Klappern, Fruchtkapseln als Rasseln, Bambusrohr, Tierhörner u. Schneckengehäuse als Blasgeräte, gehöhlte Baumstämme als Trommeln, Bogensehnen als Saiten u. Kürbisschalen, Kokosnüsse oder Schildkrötenpanzer als Resonanzkörper. Schon für die frühesten Epochen antiker Hochkulturen bezeugten Funde u. Ausgrabungen das Vorhandensein zahlr. M. Die M. werden in der Praxis eingeteilt in: *1. Tasteninstrumente; 2. Saiteninstrumente:* a) Streich-, b) Zupfinstrumente; *3. Blasinstrumente:* a) Holzblas-, b) Blechblasinstrumente; *4. Schlaginstrumente:* a) mit bestimmter Tonhöhe (Pauke, Xylophon, Glockenspiel); b) mit unbestimmter Tonhöhe (Trommel, Kastagnetten, Triangel); *5. mechan. M.* (Musikwerke); *6. elektron. M.* E. M. von *Hornbostel* u. Curt *Sachs* haben 1914 eine heute in der Musikwiss. allg. gebräuchl. Systematik der M. aufgestellt mit den Hauptgruppen *Idiophone, Membranophone, Chordophone, Aerophone.* Hinzu kommen die bei der Abfassung der Systematik noch nicht gebräuchl. *Elektrophone.*

Musiklehre, *Musiktheorie,* die Fachkunde für den Tonsatz: 1. *Elementartheorie (Allg. M.),* behandelt Notenlehre, Tonbenennung, Intervall-Lehre, Tonsysteme, Tonarten, Rhythmik, allg. Akkordlehre, Tempo- u. Vortragsbez.; 2. *Harmonielehre:* Akkordfunktionen u. Stimmführung; 3. *Kontrapunkt:* polyphone Stimmführung; 4. *Formenlehre,* Aufbau größerer musikal. Sätze; 5. *Metrik u. Rhythmik,* behandelt Gewichtsverhältnisse, Betonung, Takt, Länge u. Kürze der Noten, ihr zeitl. Verhältnis zueinander; 6. *Instrumentationslehre.*

Musikschule, früher *Jugendmusikschule,* durch F. *Jöde* 1924 angeregt; pflegt die Jugend- u. Laienmusikerziehung von der elementaren Arbeit mit Kindern über die instrumentale Ausbildung bis zur Vorbereitung auf ein Berufsstudium.

Musikwerke, Apparate, die mit mechanisch-akust. Mitteln vorgegebene Musikstücke automatisch wiedergeben (außer Schallplatte u. Tonband). Der Mechanismus wird durch Handbetrieb, Uhrwerke oder Elektromotoren in Bewegung gesetzt. Gespeichert werden die Musikstücke auf Stift- oder Nockenwalzen, Lochstreifen u. a. Seit dem 17. Jh. sind M. bekannt; eine Hochblüte erlebten sie im 18. Jh. (Drehorgel, Spieldose, Orchestrion).

Musikwissenschaft, unter Ausschluß der Fächer der prakt. *Musiklehre* die Erforschung aller die Musik berührenden Fragen. Ihre Anfänge reichen in die grch.-röm. Antike zurück; im MA gehörte sie als *Ars musica* zu den vier »mathemat.« Disziplinen der *Septem artes liberales.* Als vorw. histor. orientierte Disziplin wurde sie im Anschluß an die Literatur- u. Kunstgesch. Ende des 19. Jh. wieder in den Kreis der Universitätsfächer aufgenommen. Hauptgebiete: 1. *historische M.* (Musikgesch., verstanden als abendländ. Musikgesch.); 2. *systematische M.:* erforscht die allg. Grundlagen der Musik, soweit sie sich vom histor. Wandel u. von der ethn. Vielfalt isolieren lassen. Hierher gehören in erster Linie die psycholog., physiolog. u. physikal. Bedingungen des musikal. Hörens (*musikal. Akustik*); 3. *Musikethnologie.*

Musil, Robert Edler von, *1880, †1942, östr. Schriftst.; seit 1938 in der Schweiz. Sein Grundthema ist die exakte u. zugleich iron.-distanzierende Analyse des modernen Lebens u. das Leben als Experiment; Ⓦ »Die Verwirrungen des Zöglings Törleß«, »Der Mann ohne Eigenschaften«, »Die Schwärmer«.

Musique concrète [my'sik kɔ̃'krɛːt] →elektron. Musik.

Musivgold, *Jugendgold, Mosaikgold,* feines Pulver aus goldglänzendem Schwefelzinn; zur »Vergoldung« von Papier u. Pappe.

Musivsilber, feines Pulver aus Zinn-Wismut-Amalgam; zur »Versilberung« von Papier u. Pappe u. (mit Firnis gemischt) zum Malen.

Muskarin →Muscarin.

Muskat →Muskatnußbaum.

Muskateller, süßer, zuckerreicher Wein, meist gelb oder rot, mit Muskatgeschmack; aus Griechenland, Ungarn, Italien u. Frankreich.

Muskatnußbaum, in der SO-asiat. Inselwelt heim. Baum; mit maiglöckchenähnl. Blüten. Ge-

Orgelbauer

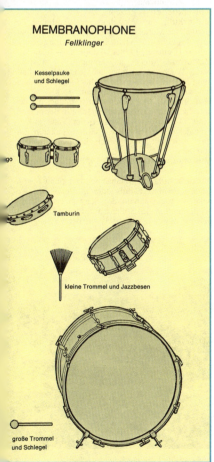

Lautstärkebezeichnungen in der Musik		
Abkürzung in Noten	italien. Bezeichnung	Bedeutung
fff	forte fortissimo	äußerst laut (weitere Steigerungen wie ffff möglich)
ff	fortissimo	sehr kräftig, sehr laut
f	forte	kräftig, laut
mf	mezzoforte	halbstark
mp	mezzopiano	halbleise
p	piano	leise
pp	pianissimo	sehr leise
ppp	piano pianissimo	äußerst leise (weitere Abschwächungen wie pppp möglich)
sf; sfz	sforzato	kurzer, kräftiger Akzent
<; cresc.	crescendo	allmählich lauter werden
>; decresc.; dim.	descrescendo; diminuendo	allmählich leiser werden

Muskatnußbaum

Muskau

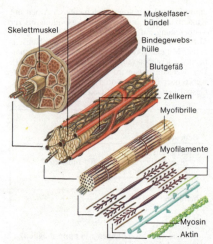

Muskel: Ein Skelettmuskel setzt sich aus Bündeln mehrkerniger Einzelfasern zusammen, die von einer Bindegewebshülle umgeben sind und von Blutgefäßen und Nerven versorgt werden

nutzt wird die Frucht des M., eine einsamige rundl. Beere von Pfirsichgröße: Als Gewürze werden hiervon gehandelt die *Muskatblüte* u. die *Muskatnüsse* (Muskat); die vom Samenmantel befreiten u. getrockneten Samen.

Muskau, *Bad M.,* Stadt in Sachsen, an der Lausitzer Neiße, 5200 Ew.; Moor- u. Mineralbad; Landschaftspark.

Muskel, das fleischige Gewebe des tier. u. menschl. Körpers, durch das die Bewegung einzelner Körperteile u. die Fortbewegung ermöglicht wird. Die M. bestehen aus *M.bündeln,* die von einer bindegewebigen Hülle umgeben sind. Die Bauelemente des M. sind einkernige, spindelförmige *M.zellen* (0,02–0,8 mm lang) u. mehrkernige, mehrere cm lange *M.fibrillen (Myofibrillen).* Je nach der Feinstruktur dieser M.fibrillen unterscheidet man *glatte* u. *quergestreifte* M.; eine Zwischenstellung nimmt der *Herz-M.* ein. Glatte M. kontrahieren sich langsam u. können die Kontraktion ohne erhebl. Energieverbrauch aufrechterhalten, während quergestreifte M. sich schnell kontrahieren u. schnell wieder erschlaffen. Der M. führt nur auf *Erregungsanstöße* vom Nervensystem hin Bewegungen aus. Gewisse M. üben stets eine rhythm. Folge von Zuckungen aus (z.B. Herz-M.); andere

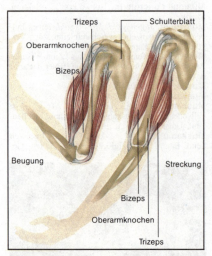

Muskeln können sich nur aktiv verkürzen oder passiv erschlaffen, d.h., sie ziehen sich zusammen oder dehnen sich, eine Stoßbewegung ist nicht möglich. Aus diesem Grunde sind an allen Gelenken mindestens zwei als Gegenspieler wirkende Muskeln erforderlich. Im Oberarm bewirkt der Bizeps die Bewegung des Unterarms und heißt entsprechend »Beuger«; der Trizeps, sein Gegenspieler, streckt den Unterarm und wird daher als »Strecker« bezeichnet

erfahren eine *Dauerverkürzung.* Man unterscheidet bei Dauerverkürzungen den willkürl. *Tetanus* u. den unwillkürl. *Tonus.* Die M.fasern der Skelett-M. der Wirbeltiere laufen an den Enden in Sehnenfasern aus, die zu Sehnenplatten und -strängen zusammengefaßt, an den Knochen ansetzen u. deren Bewegung ermöglichen.

Muskelatrophie, *Muskelschwund,* Verminderung der Muskelfasern nach Zahl u. Masse infolge Untätigkeit oder degenerativer Vorgänge.

Muskelentzündung, *Myositis,* aufgrund mechan., chem., physikal. u. infektiöser Reize verursachte akute oder chron. Entzündung der Muskulatur. Auch beim *Rheumatismus* spielen spezif. entzündl. Herde *(Aschoffsche Knötchen)* in der Muskulatur eine Rolle.

Muskelgeschwulst, *Myom,* aus Muskelgewebe bestehende Geschwulst; fast immer gutartiger Natur.

Muskelkater, eine Schmerzempfindung in der Muskulatur nach Anstrengung; durch die starke Anhäufung von Milchsäure u. a. Stoffwechselprodukten bedingt.

Muskelriß, *Muskelruptur,* durch Überbeanspruchung des bereits angespannten Muskels entstehende Ruptur. Die dabei entstandene Lücke füllt ein schmerzhafter Bluterguß aus. Ein M. muß meist genäht werden, um dauernde Funktionsbeeinträchtigungen zu vermeiden.

Muskelstarre, Bewegungsunfähigkeit des Muskels.

Muskeltonus, *Muskelspannung* →Tonus.

Muskete, aus Spanien stammendes, in der ersten Hälfte des 16. Jh. in Dtld. eingeführtes Gewehr großen Kalibers mit Luntenschloß; beim Schießen vom *Musketier* auf eine Gabel aufgelegt.

Muskhogee [mʌsˈkougi], *Maskoki,* Indianer-Stämmegruppe im SO der USA; hierzu die *Creek, Choctaw, Chickasaw, Natchez* u. *Seminolen.*

Muskowit, *Katzensilber,* ein gesteinsbildendes →Mineral.

Muslim →Moslem.

Muspelheim, in der nord. Myth. das von *Surtrs* (eines Feuerriesen) Scharen beherrschte Reich, das beim Weltuntergang verbrennen wird.

Muspilli, stabreimendes ahd.-bair. Gedicht (Fragment) vom Anfang des 9. Jh.; schildert die Schicksale der Seele nach dem Tod, Weltuntergang u. Jüngstes Gericht.

Mussaf, im jüd. Gottesdienst ein Zusatzgebet an Sabbat- u. Festtagen im Anschluß an das Morgengebet.

Musselin [musˈliːn], *Mousseline,* leichtes, glattes u. weiches Gewebe in Leinwandbindung, meist bedruckt. – **M.bindung,** Leinwandbindung in Kammgarnwebereien.

Musset [myˈsɛ], Alfred de, * 1810, † 1857, frz. Schriftst.; bes. in seiner romant. Frühzeit gekennzeichnet durch schwermütige Stimmungen; 1833–35 mit *G. Sand* eng befreundet.

Mussolini, Benito, * 1883, † 1945, ital. Politiker (Faschist); 1912–14 Chefredakteur des sozialist. Parteiorgans »Avanti« in Mailand. 1919 gründete er in Mailand die ersten *Fasci di combattimento* (»Kampfbund«), wurde Abg. der 1921 in die *Partito Nazionale Fascista (PNF)* umgewandelten Fasci u. nach dem »Marsch auf Rom« (28.10.1922) am 31.10. vom König mit der Regierungsbildung beauftragt. Durch den Staatsstreich vom 5.1.1925 erlangte er fast absolute Vollmacht; er wurde *Duce* [»Führer«] u. *Capo del Governo* [»Regierungschef«]. Nach den Niederlagen der Italiener im 2. Weltkrieg (Griechenland, Afrika) sprach ihm der Große Faschist. Rat am 25.7.1943 sein Mißtrauen aus, u. er wurde auf Befehl des Königs gefangengesetzt. Aus der Haft auf dem Campo Imperatore am Gran Sasso d'Italia wurde er von dt. Fallschirmjägern befreit; er wurde mit seiner am 23.9. proklamierten *Repubblica Sociale Italiana* völlig von Hitler abhängig. Kurz vor Kriegsende wurde er von ital. Partisanen erschossen.

Mussorgskij [ˈmusɔrg-], Modest, * 1839, † 1881, russ. Komponist; gehörte zur »Gruppe der Fünf«. Seine Musik ist expressiv u. voll harmon. Kühnheiten, die manche Errungenschaften des Impressionismus vorwegnehmen. 🅦 Oper »Boris Godunow« (Text nach A.S. Puschkin).

Mussurana, 2 m lange, schwarze, giftschlangenfressende *Natter* Mittel- u. Südamerikas.

Mustafa, türk. Sultane; u. a. *M. II.* † 1664, † 1703, Sultan 1695–1703; mußte im Frieden von *Karlowitz* 1699 große Gebiete an Österreich, Polen u. Rußland abtreten.

Mustafa Kemal Pascha →Atatürk.

Müstair [myʃˈtaːir] →Münster.

Mustang, verwildertes Pferd der N-amerik. Prärien.

Musterrolle, öffentl. Urkunde über angeheuertes Schiffspersonal.

Musterung, die Prüfung der *Wehrpflichtigen* auf Tauglichkeit u. militär. Verwendbarkeit.

Mut, altägypt. Göttin, bes. in Karnak u. Theben verehrt; Gattin des *Amun;* mit einem Geierkopf oder als Geier dargestellt.

mutagen, mutationsauslösend.

Mutankiang →Mudanjiang.

Mutation, eine Abänderung der Eigenschaften eines Lebewesens, die im Ggs. zur *Modifikation* erbl. ist u. sich deshalb als Evolutionsfaktor auswirkt. Es können sich Veränderungen bei *Genen* oder bei der Struktur der Chromosomen ergeben.

Muth, Carl, Pseud.: *Veremundus,* * 1867, † 1944, dt. kath. Publizist.

Muthesius, Hermann, * 1861, † 1927, dt. Architekt; verbreitete die von England ausgehenden Ideen des Funktionalismus in Dtld.

Muti, Riccardo, * 28.7.1941, ital. Dirigent; musikal. Direktor der Mailänder Scala.

Mutianus Rufus, Conradus, eigtl. Konrad *Mut(h),* * 1470/71, † 1526, dt. Humanist; neigte anfangs M. *Luther* zu, dann jedoch *Erasmus von Rotterdam.*

Muttenz, Industriedorf im schweiz. Kt. Basel-Land, 17 500 Ew.; Rheinhafen.

Mutter, *Schraubenmutter* →Schraube.

Mutter, Anne-Sophie, * 29.6.1963, dt. Geigerin.

Mutterboden, oberste, humushaltige Schicht einer Kulturfläche.

Müttergenesungswerk, *Deutsches M.,* 1950 von Elly *Heuss-Knapp* gegr. gemeinnützige Stiftung (Sitz: Stein bei Nürnberg). Träger der Stiftung sind die Müttergenesungsfürsorge des DRK, der Arbeiterwohlfahrt u. des Dt. Paritätischen Wohlfahrtsverbands sowie die Frauengruppen der ev. u. kath. Kirche.

Mutterherrschaft →Matriarchat, →Mutterrecht.

Mutterkorn, ein pilzl. Getreideparasit, der zu kornförmig gekrümmten Gebilden führt. Sie enthalten giftige Alkaloide (Ergotamin). – **M.vergiftung** →Ergotismus.

Mutterkuchen →Plazenta.

Mutterkult, die Vorstellung u. Verehrung der Gottheit als Mutter, die das Sinnbild der Fruchtbarkeit, des Lebens u. vielfach auch der Barmherzigkeit ist (Demeter, Ischtar, Astarte, Isis, Kuanjin).

Muttermal, *Naevus,* angeborene, oft erst später durch Wachstum sichtbar werdende Hautmißbildung in Form fleck- oder flächenförmiger Anhäufungen von Farbstoffzellen (Leberfleck).

Mutterrecht, eine Gesellschaftsordnung, die den einzelnen nach seiner Abstammung in der mütterl. Linie *(Mutterfolge)* einordnet; der Vater gilt als Fremder in der Fam. Die Frau hat stärkeren Einfluß, auch polit., ohne jedoch zum *Matriarchat* zu kommen.

Mutterschaftsurlaub, seit 1986 →Erziehungsurlaub.

Mutterschutz, die Maßnahmen zum Schutz der in einem Arbeitsverhältnis oder in Heimarbeit stehenden Frau während der Schwangerschaft, der Niederkunft u. des Stillens; für die BR Dtld. geregelt im *M.gesetz* von 1952, in der Fassung von

Mykene: Blick auf die Schachtgräber

Mykonos

1968. Für alle in einem Arbeitsverhältnis stehenden Frauen sind für die Zeit der Schwangerschaft Mehrarbeit, Sonntags- u. Nachtarbeit u. bestimmte Arbeiten ganz verboten. 6 Wochen vor der Niederkunft bis 8 Wochen nachher (bei Früh- u. Mehrlingsgeburten 12 Wochen nachher) darf die Frau überhaupt nicht beschäftigt werden. Während der Schwangerschaft u. bis zum Ablauf von 4 Monaten nach der Niederkunft besteht ein *Kündigungsverbot* (Ausnahmegenehmigung nur durch den Landesarbeits-Min.). Bei Wahrnehmung des Erziehungsurlaubs erstreckt sich das Kündigungsverbot auf seine Dauer.

Muttersprache, um 1500 in Dtld. aufgekommener Begriff für die angestammte, eigenständige Sprache (Volkssprache) gegenüber den 3 »heiligen Sprachen« (Griechisch, Latein, Hebräisch). Heute versteht man unter *M.* die Sprache, die der Mensch ohne Vermittlung durch eine andere Sprache lernt u. gewöhnl. am besten beherrscht.

Muttertag, Feiertag am 2. Maisonntag zu Ehren der Mutter; fand 1910 von England aus in Amerika Eingang u. wurde in Dtld. nach dem 1. Weltkrieg aus den USA übernommen.

Mutualismus, Wechselbeziehung zw. zwei Lebewesen versch. Art, die für beide förderlich, für einen der Partner aber lebensnotwendig ist, z.B. Blütenbestäubung durch Tiere.

Mutung, der Antrag bei der Bergbehörde auf Verleihung des Mineralgewinnungsrechts innerhalb eines bestimmten Grubenfelds.

Muxi [muçi], Pinselname des Mönchs *Fachang,* chin. Maler im 13. Jh.

Muzorewa, Abel, * 14.4.1925, simbabw. Politiker; methodist. Bischof; 1979/80 erster schwarzer Prem.-Min. von Simbabwe-Rhodesien.

Mwanza ['mwa:nza:], *Muansa,* Regions-Hptst. im nördl. Tansania (O-Afrika), am Victoria-See, 170000 Ew.

Mweru-See, *Meru-See,* afrik. See an der Grenze von Sambia u. Zaire, 4920 km²; vom *Luapula* durchflossen, der nach dem Austritt *Luvua* heißt.

MX-Rakete, US-amerik. Interkontinentalrakete mit 10 Mehrfachsprengköpfen von hoher Treffgenauigkeit u. großer Sprengkraft.

Myanmar, amtl. Landesname von →Birma.

Myelom, Knochenmarkgeschwulst.

Mykene, *Mykenai,* altgrch. Stadt u. Burg in der Ldsch. Argolis auf dem Peloponnes. Die Burg, bei *Homer* Sitz des Königs *Agamemnon,* wurde um 1200–1180 v. Chr. zerstört. Ausgrabungen (1874 begonnen durch H. *Schliemann*) erbrachten Spuren von Besiedlungen im 3. Jt. v. Chr.; aus dem 16. Jh. v. Chr. stammen königl. Schachtgräber, in denen Goldmasken, Goldschmuck u. Gefäße aus Gold u. Silber gefunden wurden. Erhalten blieben ferner der Mauerring mit dem Löwentor, Teile des Palastes, Wohnquartiere sowie zahlr. große Kuppelgräber (13. Jh. v. Chr.), darunter das sog. Schatzhaus des Atreus.

mykenische Kultur, die von den myken. Griechen getragene spätbronzezeitl. Kultur des grch. Festland, 1600–1100 v. Chr.; Endstufe der →helladischen Kultur. Zw. 2200 u. 1900 v. Chr. waren indoeurop. Volksstämme (die später als *Achäer, Ionier* bezeichneten Frühgriechen) auf das grch. Festland eingewandert. Auf der Grundlage dieser Mischkultur entstand um 1600 v. Chr. durch Kontakte mit der minoischen Kultur die plötzl. reich aufblühende m. K. Seit 1450 v. Chr. besetzten myken. Heerfürsten das seit den Zerstörungen durch den Vulkanausbruch auf Santorin (um 1500 oder 1470 v. Chr.) darniederliegende Kreta, bereiteten der kret. Vorherrschaft im Mittelmeer den Untergang u. dehnten ihren Einfluß seit dem 14. Jh. v. Chr. über das ganze östl. Mittelmeer aus. – Die m. K. ging in den Stürmen der *Ägäischen Wanderung* des 13./12. Jh. v. Chr. unter. Die Erinnerung an diese Zeit lebt in den Epen *Homers* weiter.

Mykobakterien, *Mycobacteria,* zu den *Actinomycetales* gehörende, unbewegl. *Bakterien* von stäbchenförmiger Gestalt; hierzu die Erreger der *Tuberkulose* u. der *Lepra.*

Mykologie, die Pilzkunde.

Mykonos, griechische Kykladen-Insel, 86 km², 3700 Ew.; Fremdenverkehr.

Mykoplasmen, zellwandlose, wegen ihrer Kleinheit auch Membranfilter passierende Organismen von der Größe der *Viren.*

Mykorrhiza, *Pilzwurzel,* die Wurzeln höherer Pflanzen, die in ihrer Rindenzone von Pilzen besiedelt werden. M.bildungen gibt es bei Orchideen, Farnen, Heidekrautgewächsen u. a. Bes. bekannt ist die M. bei den Waldbäumen, da hier die Pilzpartner Ständerpilze sind.

Mykosen, *Pilzkrankheiten,* durch pathogene Pilze hervorgerufene Erkrankungen.

Mylady [mi'lɛidi], Anrede für eine Lady.

Mylord [mi'lɔ:d], Anrede für einen Lord.

Mynheer [mə'ne:r], ndl. Anrede: mein Herr; auch Spottname für Niederländer.

Myoglobin, roter Farbstoff in der Muskulatur.

Myokarditis, die Herzmuskelentzündung.

Myom →Muskelgeschwulst.

Myonen, positive oder negative Elementarteilchen aus der Gruppe der Leptonen.

Myopie →Kurzsichtigkeit.

Myotonie, Muskelspannung, tonischer Muskelkrampf.

Myrdal, 1. Alva, * 1902, † 1986, schwed. Politikerin; 1966–73 Min. für Abrüstungsfragen; 1970 Friedenspreis des Dt. Buchhandels, 1982 Friedensnobelpreis. – **2.** Gunnar, * 1898, † 1987, schwed. Nationalökonom u. Wirtschaftspolitiker. Nobelpreis für Wirtschaftswiss. 1974.

Myriade, die Zahl 10000; auch Unzahl, Unmenge.

Myriapoden, *Myriapoda* →Tausendfüßer.

Myron, grch. Bildhauer, tätig um die Mitte des 5. Jh. v. Chr. in Athen; einer der Hauptmeister des frühklass. Stils.

Myronsalbung, das zweite der sieben Sakramente in den orth. Kirchen, das in unmittelbarem Anschluß an die Taufe gespendet wird. Die M. entspricht der *Firmung.*

Myrrhe, *Commiphora,* Gatt. der *Burseragewächse.* Der *M.-Balsam* ist ein altes Räuchermittel. *Tinctura Myrrhae* wird heute bei Entzündungen der Mundschleimhaut angewandt.

Myrte, *Myrtus,* Gatt. der M.ngewächse (→Pflanzen); Hauptverbreitung in Südamerika. Die *Gewöhnl. M.* ist aber auch in den Hartlaubgehölzen des Mittelmeergebiets vertreten. Aus kleinblättrigen Varietäten macht man Brautkränze. – Der Name *M.* wird volkstüml. auch für andere Pflanzen verwendet, z.B. *Gerber-M., Toten-M.*

Mysien, antike Ldsch. an der Westküste Kleinasiens, mit den Städten *Troja, Pergamon* u. *Lampsakos;* seit 280 v. Chr. Kernland des pergamen. Königreichs.

Mysterien, religiöse Geheimkulte seit dem 7. Jh. v. Chr. in Griechenland aus Thrakien oder Phrygien übernommen; nur Eingeweihten *(Mysten)* zugängl., die einen Reinigungs- u. Initiationsakt durchgemacht hatten. Im Zentrum der M. steht die Verbindung mit dem jeweils im Mittelpunkt stehenden Kultgott (Persephone, Dionysos u. a.). Im 2. Jh. v. Chr. kamen bes. ägypt. M. (Isis) auf. Sie beeinflußten vielfach Kultformen u. Glaubensvorstellungen des vordringenden frühen Christentums.

Mysterienspiele, mittelalterl. Schauspiele über Stoffe aus der Bibel, bes. über Geburt, Leiden u. Wiederkunft Christi; neben den *Legendenspielen* die wichtigste Form des *geistl. Dramas.*

Mysterium, heiliges Geheimnis; etwas Geheimnisumwittertes.

Mystik, eine Grundform religiösen Lebens, die durch Versenkung (Ekstase, Rausch, Meditation, Askese) die Trennung zw. dem menschl. Ich u. dem göttl. Sein im Erlebnis der Vereinigung *(Unio mystica)* oder der geistigen Schau aufzuheben sucht u. meist als höchste Stufe der *Frömmigkeit* gilt. – Größten Einfluß auf die christl. M. hatten die vom Neuplatonismus abhängigen Schriften des *Dionysius Areopagita.* Eine bes. Blüte erlebte die M. im Hochmittelalter durch *Bernhard von Clairvaux* (»Brautmystik«), durch die M. der Mönchs- u. Nonnenorden (franziskan. Kreuzesmystik) u. bes. durch die spekulative M. des *Meister Eckhart* u., von ihm abhängig, H. *Seuses* u. J. *Taulers.* Über die M. der Barockzeit (V. *Weigel,* J. *Böhme*) wirkten Kräfte der M. bis in den *Pietismus.*

Gewöhnliche Myrte

Mystizismus, krankhaftes Verfallen in ekstat., phantast. Frömmigkeit; religiöse Verstiegenheit; Geheimniskrämerei.

Mythen →Mythos.

Mythen ['mi:tən], Berggipfel der schweiz. Voralpen, am Vierwaldstätter See, bei Schwyz; im *Großen M.* 1899 m, im *Kleinen M.* 1815 m.

Mythologie, die Gesamtheit der Mythen eines Volkes oder Kulturkreises; die Sagenwelt; →Mythos; die Wiss. von den Mythen, ihrer Entstehung u. Deutung.

Mythos, Pl. *Mythen,* die Götter- u. Heroengeschichte der Frühkulturen. Der M. ist eine Weltauslegung u. Lebensdeutung in erzähler. Berichtsform, gesättigt von Symbolen, Visionen u. fabulierenden Darstellungen.

Myxödem, Verdickung der Haut durch Vermehrung schleimigen Bindegewebes im Unterhautbindegewebe, verursacht durch Unterfunktion der Schilddrüse; angeboren als →Kretinismus.

Myxom, gutartige Geschwulst aus Schleimgewebe.

Myxomatose, seuchenhafte, meist tödl. verlaufende Viruskrankheit der Kaninchen.

Myzel, *Mycelium, mycelium* →pilze.

Mzab, regenarme Kreideplateau-Ldsch. in der alger. Sahara, Hauptort *Ghardaïa.* Hauptbewohner sind berber. *Mozabiten* (Mzabiten, Mosabiten), eine islam. Sekte (rd. 50000).

Myron: Diskuswerfer; um 450 v. Chr.

N

n, N, 14. Buchstabe des dt. Alphabets.
N, 1. chem. Zeichen für *Stickstoff* (lat. *Nitrogenium*). – **2.** Abk. für *Norden.*
Na, chem. Zeichen für *Natrium.*
Naab, l. Nbfl. der Donau, 165 km; entsteht aus *Wald-* u. *Fichtelnaab* (Böhmerwald u. Fichtelgebirge), mündet bei Regensburg.
Nabatäer, arab. Volk, das sich im 5./4. Jh. v. Chr. in NW-Arabien ansiedelte u. ein großes Reich mit der Hptst. *Petra* gründete; Blüte im 1. Jh. v. Chr. 106 von Trajan unterworfen, der den Nordteil ihres Reichs zur röm. Prov. *Arabia* machte.
Nabe, Mittelteil des Rads, mit dem es auf der Welle oder dem Zapfen sitzt.
Nabel, *Umbilicus,* eingezogene, vernarbte Stelle etwa in der Bauchmitte; während der Embryonalzeit Ansatzstelle der **N.schnur** (Verbindung zw. Embryo u. Mutterkuchen). – **N.bruch,** *Hernia umbilicalis,* Nachgiebigkeit der N.narbe, die sich dehnen u. einen Bruchsack bilden kann.
Nabelschweine, *Pekaris, Tayassuidae,* Familie nicht wiederkäuender *Paarhufer;* mit kurzem Rüssel, Stummelschwanz u. raubtierähnl. Gebiß; auf dem Rücken ein nabelförmiges Drüsenfeld; von den südl. USA bis Uruguay verbreitet.
Nạblus, *Nabulus,* hebr. *Sichem,* grch. *Neapolis,* Stadt in Samaria, W-Jordanien (seit 1948 unter jordan., seit 1967 unter isr. Verw.), 64 000 Ew.; Ind.-Zentrum, Flughafen.
Nabob, abfällige Bez. für in Indien reich gewordene Engländer.
Nabokov, Vladimir, * 1899, † 1977, US-amerik. Schriftst. russ. Herkunft (Romane »Lolita« u. a.).
Nabupolassar, *Nabopolassar,* König von Babylonien 625–606 v. Chr.; vernichtete im Bündnis mit den Medern Assyrien.
Nachbild, im Auge ein nachbleibender Eindruck eines vorher fixierten kontrastreichen Gegenstands als subjektive Seherscheinung.
Nachdruck, 1. widerrechtl. Vervielfältigung eines urheberrechtl. geschützten Werks. – **2.** unveränderte Neuauflage eines Buchs.
Nacherbe, im Erbrecht der BR Dtld. derjenige, der vom Erblasser erst nach einem anderen, dem *Vorerben,* als Erbe berufen ist. Der N. ist im Zweifel auch gleichzeitig *Ersatzerbe.*
Nachfolgestaaten, *Sukzessionsstaaten,* die nach dem Zerfall der östr.-ung. Monarchie (1918) entweder auf deren Gebiet neu gegr. (Östr., Tschechoslowakei, Ungarn) oder durch deren Gebiet beträchtl. vergrößerten (Jugoslawien, Rumänien, Polen) souveränen Staaten in O- u. SO-Europa.
Nachfrage, Verlangen nach Gütern, wird bestimmt durch die Anzahl der Käufer auf dem Markt u. die Menge der Waren. Angebot u. N. beeinflussen die Preisbildung.
Nachgeburt, bei den *Plazentatieren* (also auch beim Menschen) die Ausstoßung der Eihäute u. des Mutterkuchens mit der Nabelschnur als Abschluß des Geburtsaktes.
Nachitschewan, Hptst. der gleichn. autonomen Rep. in Aserbaidschan, nahe der iran. Grenze, 32 000 Ew.; Baumwoll-Ind.
Nachlaß, Erbschaft, das Vermögen des *Erblassers,* das beim *Erbfall* auf den *Erben* übergeht; in Österreich: *Verlassenschaft.* – **N.gericht,** in der BR Dtld. Abt. des Amtsgerichts, die sich mit Erbangelegenheiten befaßt. – **N.konkurs,** Konkursverfahren über den N. eines Verstorbenen; dient der Befriedigung der *N.gläubiger.* – **N.pfleger,** der vom *N.gericht* bestellte Pfleger zur Sicherung des N. bis zur Annahme der Erbschaft.
Nachnahme, Einziehung eines Rechnungsbetrags durch die Post bei Aushändigung der Sendung (mit dem Vermerk »N«) oder die Einziehung einer Forderung bis zu einem Höchstbetrag von 1000 DM.
Nachodka, russ. Hafenstadt am Jap. Meer, 150 000 Ew.; Handelshafen, Fischverarbeitung.
Nachrichtenagentur, *Nachrichtendienst, Nachrichtenbüro,* auch *Telegraphenbüro, Telegraphenagentur, Depeschenbüro,* ein publizist.-kommerzielles, oft auch staatl. Unternehmen, das Nachrichten sammelt u. (meist im Abonnement) an Zeitungen, Zeitschriften u. Rundfunkanstalten liefert. Die N.en beliefern ihre Kunden z. T. über Fernschreiber u. a. elektron. Textübermittlungssysteme, aber auch mit schriftl. Material oder Telefon.
Nachrichtendienst →*Geheimdienst.*
Nachrichtensatellit, *Kommunikations-S., Fernmeldesatellit,* künstl. Erdsatellit zur Übertragung von Telefonaten, Daten, Bildern u. Fernsehsendungen im weltweiten, kontinentalen, regionalen u. lokalen Verkehr. Im Fernseh- u. Rundfunkdienst unterscheidet man zw. *aktiven* N.en (Relais-N.en), die Sendungen zw. den Sende- u. Empfangsbodenstationen der Rundfunkanstalten übertragen, von wo sie über die terrestrischen Sender unmittelbar oder zeitversetzt an die Empfangsgeräte der Rundfunkteilnehmer abgestrahlt werden, u. *direkt* strahlenden N.en (z.B. TV-Sat, TDF, Satellitenfernsehen), von denen man Sendungen unmittelbar über eine

In- und ausländische Nachrichtenagenturen (Auswahl)

Abkürzung	Name	Ort
AAP	Australian Associated Press	Sydney
ADN	Allgemeiner Deutscher Nachrichtendienst	Berlin
AFP	Agence France Presse	Paris
AICA	Agencia de Información Católica Argentina	Buenos Aires
ANA	Athenagence	Athen
ANOP	Agência Noticiosa Oficial Portuguesa	Lissabon
ANP	Algemeen Nederlandsch Persbureau	Den Haag
ANSA	Agenzia Nazionale Stampa Associata	Rom
AP	Associated Press	New York
APA	Austria-Presse-Agentur	Wien
ATS-SDA	Agence Télégrafique Suisse – Schweizerische Depeschenagentur	Bern
BELGA	Agence Télégrafique Belge de Presse	Brüssel
ČTK	Česká Tisková Kancelár	Prag
ddp	Deutscher Depeschendienst	Bonn
dpa	Deutsche Presse-Agentur	Hamburg
EFE	Agencia EFE	Madrid
epd	Evangelischer Pressedienst	Frankfurt a. M.
EXTEL	The Exchange Telegraph	London
ITAR-TASS	Informazijonnoye Telegrafnoye Agentsvo Rossii – Telegrafnoye Agenstvo Sovietskovo Soyuza	Moskau
ITIM	Honut Israel Meougnedet/Associated Israel	Tel Aviv
Kyodo	Kyodo Tsushin (Kyodo News Service)	Tokio
MENA	Middle East News Agency	Kairo
MTI	Magyar Távirati Iroda	Budapest
NTB	Norsk Telegrambyrå	Oslo
PA	The Press Association	London
PAP	Polska Agencja Prasowa	Warschau
PTI	Press Trust of India	Bombay
RB	Ritzaus Bureau	Kopenhagen
REUTER	Reuters Ltd.	London
SAD	Springer-Ausland-Dienst	Hamburg
SAPA	The South African Press Association	Johannesburg
sid	Sport-Informationsdienst	Neuss
STT-FNB	Suomen Tietotoimisto – Finska Notisbyrån	Helsinki
TANJUG	Telegrafska Agencija Nova Jugoslavija	Belgrad
TASR	Tlačová agentúra Slovenskej republiky	Preßburg
TT	Tidningarnas Telegrambyrå	Stockholm
UPI	United Press International	New York
Xinhua	Xinhua	Peking

Nabelschweine: Weißbartpekari oder Bisamschwein

Spezialantenne zu Hause empfangen kann. Sog. *Synchronsatelliten,* die in einer Höhe von ca. 36 000 km am Himmel positioniert sind u. bei einer Umlaufzeit von 24 Std. mit der Erde »synchron« gehen, können etwa ein Drittel der Erdoberfläche versorgen.
Nachrichtentechnik, die Technik der Verarbeitung u. Übertragung von Signalen (Sprache, Bilder, Zeichen, Daten) auf elektr. Weg. Der Begriff N. ist weiter als der Begriff *Fernmeldetechnik;* er umfaßt z.B. auch die elektron. Datenverarbeitung.
Nachschußpflicht, die im Gesetz vorgesehene u. im Gesellschaftsvertrag festgesetzte Verpflichtung der Gesellschafter einer GmbH, der Genossen einer eingetragenen Genossenschaft oder der Gewerken einer bergrechtl. Gewerkschaft (*Zubuße*), bei Bedarf über die Einlage hinaus zusätzl. Einzahlungen zu leisten.
Nacht, die Zeit vom Untergang bis zum Aufgang der Sonne. Auf der nördl. Erdhalbkugel ist die kürzeste N. am 21. Juni, die längste am 22. Dezember; am Äquator sind Tag u. Nacht gleich lang.
Nachtblindheit, *Hemeralopie,* verminderte Sehkraft bei Dämmerlicht; kann angeboren sein oder z.B. durch Vitamin-A-Mangel verursacht werden.
Nachtfalter, *Nachtschmetterlinge,* volkstüml. Bez. für alle nachts fliegenden Schmetterlinge; wiss. alle Falter ohne die typ. Keulenfühler der Tagfalter; Hauptgruppen: *Spinner, Spanner, Schwärmer, Eulen* u. eine Reihe von *Kleinschmetterlingen.*
Nachtigal, Gustav, * 1834, † 1885, dt. Afrikaforscher; bereiste 1863–74 Sahara u. Sudan; stellte 1884 Togo u. Kamerun unter dt. Schutzherrschaft.
Nachtigall, unscheinbar rötl.-brauner *Singvogel* aus der Drosselverwandtschaft; durch den Gesang des Männchens (»*Nachtigallenschlag*«) berühmt.
Nachtkerze, *Oenothera,* Gatt. der *N.ngewächse;* meist mit gelben, in langen Ähren stehenden Blüten; Arten: u. a. *Gewöhnl. N., Wiener* oder *Französ. Rapunzel, Große N., Strauchartige N.*
Nachtpfauenaugen, Nachtfalter mit je einem bunten Augenfleck auf den Flügeln; u. a. das *Große* u. das *Kleine Nachtpfauenauge.*
Nachtschattengewächse, *Solanaceae,* Fam. der

Nachtigall

zweikeimblättrigen Pflanzen; reich an Giftstoffen, mit Kapseln oder Beeren als Früchten; hierzu u. a. *Bittersüßer* u. *Strauchiger Nachtschatten, Tollkirsche, Stechapfel* u. als Nutzpflanzen die *Eierpflanze* (Aubergine), *Kartoffel* u. *Tomate*.

Nachtschwalben, *Caprimulgi formes,* Ordnung von rd. 90 Arten nächtl. lebender Vögel; mit großen Augen u. stark zurückgebildeten Füßen, den *Eulen* nächstverwandt. Einheim. ist der *Ziegenmelker,* in S-Amerika der *Fettschwalm*.

Nachtsichtigkeit, *Tagblindheit, Nyktalopie,* ein infolge Netzhautüberempfindlichkeit gegenüber dem Licht tagsüber stark herabgesetztes Sehvermögen; angeboren bei Albinismus u. totaler Farbenblindheit, erworben bei Augenkrankheiten mit ständiger Pupillenerweiterung.

Nachtviole, *Hesperis,* Gatt. der *Kreuzblütler;* im östl. Mittelmeergebiet; hierzu die *Gewöhnl. N*.

Nachtwandeln, *Schlafwandeln, Noktambulismus, Somnambulismus,* Bewegungshandlungen während des Schlafs, verursacht durch Fortdauer der Bewegungsunruhe in Schlaf oder Traum, bes. bei nervösen oder hyster. Personen u. Epileptikern.

Nachwehen, vereinzelte Zusammenziehungen der Gebärmutter während des Wochenbetts, die zur Verkleinerung der in der Schwangerschaft vergrößerten Gebärmutter beitragen; nicht mit den *Nachgeburtswehen* zu verwechseln.

Nacktsamer, *Gymnospermen* → Blütenpflanzen.
Nacktschnecken, Schnecken, die kein Gehäuse tragen, z.B. die *Wegschnecke*.

Nadelhölzer, *Nadelbäume, Koniferen, Coniferae,* Kl. der *Nacktsamer;* immergrüne Bäume (selten Sträucher) mit meist nadel- oder schuppenförmigen Blättern u. eingeschlechtigen Zapfenblüten; über die ganze Erde verbreitet, bes. aber auf der Nordhalbkugel; häufig forstl. Nutzung; hierzu u. a. Fichte, Eibe, Kiefer, Lärche, Tanne, Wacholder, Zeder u. Zypresse. – Ⓑ → S. 608.

Nadir, *Fußpunkt,* Gegenpunkt des *Zenits* an der Himmelskugel, die Richtung senkr. nach unten.

Nadir, * 1688, † 1747 (ermordet), Schah von Persien 1736–47; bekämpfte erfolgreich Afghanen u. Türken, dehnte Persien bis an den Indus u. Euphrat aus.

Nadjaf ['nadʒaf] → Najaf.

Nadjd [nadʒd], *Nedschd,* innerarab. Hochland, Kern des Reichs der *Wahhabiten,* seit 1926/27 mit Hedjas in Personalunion verbunden, seit 1932 Teil des Königreichs Saudi-Arabien.

Nador, Hafenstadt in Marokko, 130 000 Ew.

Nadschibullah, * 6.8.1947, afgh. Politiker; 1979 (nach dem sowj. Einmarsch) – 1985 Leiter der Geheimpolizei; 1986–1992 Staats-Präs. u. kommunist. Parteiführer (Demokrat. Volkspartei Afghanistans, DVPA).

Naevius, Gnaeus, * um 270 v. Chr., † um 201 v. Chr., röm. Dichter aus Kampanien; Schöpfer der röm. Nationalliteratur.

Naga, Bergstämme mit tibeto-birman. Sprache im NO Indiens, Grenzgebiet von Assam u. Birma.

Nagaland, *Naga Pradesh,* Bundesstaat der Ind. Union (seit 1962, bis dahin ein Teil Assams), Gebirgsland zwischen Brahmaputra-Tal u. Birma, 16 579 km², 1,03 Mio. Ew. (Naga-Stämme), Hptst. *Kohima*.

Nagana, durch parasitierende Einzeller *(Trypanosomen)* hervorgerufene fieberhafte Haustierseuche im trop. Afrika, durch die Tsetsefliege übertragen.

Nagano, jap. Präfektur-Hptst. in Honshu, nw. von Tokio, 339 000 Ew.; buddhist. Wallfahrtsort; Ind.-Zentrum.

Nagasaki, jap. Hafen- u. Präfektur-Hptst. an der W-Küste von Kyushu, 449 000 Ew.; Zentrum des jap. Katholizismus; Univ.; Ind.-Zentrum, Schiffswerften; größtes Aquarium Ostasiens. – 1923 durch ein Erdbeben, am 9.8.1945 durch die 2. US-amerik. Atombombe stark zerstört.

Nagel, *Unguis,* Anhangsgebilde der Haut, das beim Menschen die oberen Finger- u. Zehenenden

Gewöhnliche Nachtviole

bedeckt; leicht gewölbte Platte aus Horn, die dem *N.bett* aufliegt. Die *N.wurzel* ist ein Teil der Haut.

Nagel, Otto, * 1894, † 1967, dt. Maler (Bildnisse u. Straßenszenen aus dem Arbeitermilieu im Stil des sozialist. Realismus).

Nagelfluh, grobe Sedimente (Konglomerat) aus Kalkgeröllen oder kristallinen Geröllen mit Sandstein als Bindemittel.

Nagetiere, *Rodentia,* Ordnung der *Säugetiere*. Typ. sind das Fehlen der Eckzähne u. ein meißelförmiges Paar Nagezähne im Oberkiefer, die ständig nachwachsen. Zu den N. gehören u. a. die Fam. *Hörnchen, Biber, Wühler, Mäuse, Bilche, Stachelschweine, Meerschweinchen, Wasserschweine, Agutis, Chinchillas* u. *Ratten*.

Nagib, *Naguib,* Ali Mohammed, * 1901, † 1984, ägypt. Offizier u. Politiker; zwang König *Faruk* 1952 zur Abdankung u. übernahm das Amt des Min.-Präs., nach Ausrufung der Rep. 1953 zugleich das des Staats-Präs.; 1954 von G.A. *Nasser* verdrängt.

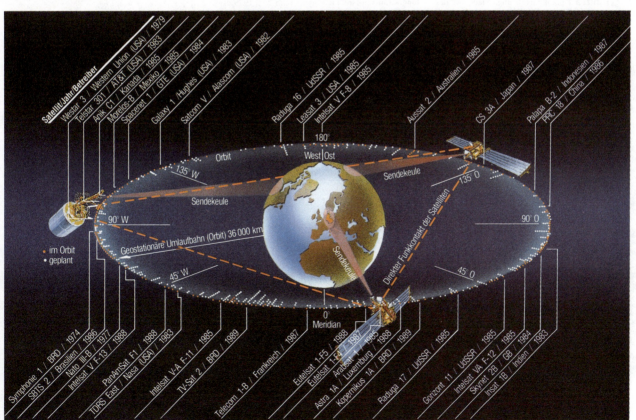
Nachrichtensatellit: Die geostationäre Satellitenbahn in 36 000 km Höhe ist ideal für die Telekommunikation

Nagoya: Schloß

Nagold, 1. r. Nbfl. der *Enz,* 92 km; entspringt im Schwarzwald, mündet bei Pforzheim. – **2.** Stadt in Ba.-Wü., an der N., westl. von Tübingen, 21 000 Ew.; Luftkurort, Holz- u. Textil-Ind.
Nagorno-Karabachskaja AO, *Nagorny Karabach* →Bergkarabachen-AO.
Nagoya, drittgrößte jap. Stadt, Präfektur-Hptst. an der pazif. Küste des südl. Honshu, 2,2 Mio. Ew.; Univ.; Ind.-Zentrum, Flughafen, Hafen *Atsuta.*
Nagpur, ind. Stadt in Maharashtra, auf dem nördl. Dekanhochland, 1,22 Mio. Ew.; Univ.; versch. Ind.; Flughafen.
Nagy, Imre, * 1896, † 1958 (hingerichtet), ung. Politiker (KP); 1953–55 Min.-Präs., Vertreter des antistalinist. Kurses, suchte wirtsch. u. polit. Reformen durchzusetzen; während der ung. Erhebung 1956 wieder Min.-Präs., nach der sowj. Intervention nach Rumänien deportiert u. in einem geheimen Prozeß zum Tode verurteilt. 1989 rehabilitiert; alle früheren Urteile wurden aufgehoben.
Nagykanizsa [ˈnɔdjkɔnizɔ], ung. Stadt sw. des Plattensees, 55 000 Ew.; Erdölgewinnung.
Naha, Hafen- u. Präfektur-Hptst. an der W-Küste der jap. Ryukyu-Insel Okinawa, 309 000 Ew.; Univ.; Zucker-, Baumwoll-, Seiden- u. a. Ind.
Nahe, l. Nbfl. des Rheins, 116 km; entspringt im Hunsrück, mündet bei Bingen; Weinbau.
Naher Osten, *Nahost, Vorderer Orient,* Gebiet der Länder Vorderasiens (einschl. Ägypten); in der jüngeren Gesch. polit. Krisenherd: seit Gründung eines jüd. Staates in Palästina 1947/48 jahrzehntelange Auseinandersetzungen zw. Arabern u. Juden, z. T. mit internat. Ausmaß *(Nahostkonflikt).*
Näherungsverfahren, *Approximationsverfahren,* in der Math. graph. oder rechner. Verfahren zur angenäherten Berechnung von Größen.
Nahostkonflikt, das seit über 40 Jahren bestehende, ständig gespannte Verhältnis zw. Israel u. den umliegenden arab. Staaten. Begonnen hatte dieser Konflikt im Nov. 1947, als die UNO beschloß, Palästina in einen arab. u. einen jüd. Staat aufzuteilen. Man wollte so den Juden in aller Welt ein Zuhause geben. Die Araber erkannten die Entscheidung nicht an. Nach ihrer Auffassung gehörte Palästina allein den Palästinensern. Sie konnten aber die Gründung des Staates Israel am 14.5.1948 nicht verhindern. Schon am selben Tag begannen die Araber daraufhin den ersten israelisch-arabischen Krieg. Israel konnte sich in diesem »Unabhängigkeitskrieg« behaupten, gewann sogar noch Land hinzu u. schob seine Grenzen über die von den Vereinten Nationen festgelegten hinaus. Der Kampf endete mit einem Waffenstillstandsabkommen (1949). Sieben Jahre später jedoch brachen die Feindseligkeiten erneut aus. Als Ägypten den Suezkanal für die israel. Schiffahrt schloß u. die Straße von Tiran u. den Eingang zum Golf von Eilat für alle Schiffsbewegungen blockierte, griffen israel. Truppen am 29.10.1956 auf die Sinai-Halbinsel an. Sie überrannten in kurzer Zeit die ägypt. Stellungen u. erzwangen die Öffnung der Straße von Tiran. Am 8. Nov. wurden die Kämpfe eingestellt. Israel zog sich wieder von der Sinai-Halbinsel zurück. Am 5.6.1967 jedoch brach ein neuer Konflikt aus. In einem 6-Tage-Blitzkrieg schlugen die Israelis die von der Sowj. aufgerüsteten Staaten Ägypten, Jordanien u. Syrien so entscheidend, daß sie am Ende ein Gebiet von der dreifachen Größe ihres bisherigen Staatsgebiets besetzt hielten. Bereits am 6.10.1973 kam es dann zum sogenannten *Yom-Kippur-Krieg,* in dem die Ägypter mit der Rückeroberung des Suezkanals einen Teilerfolg verbuchen konnten. Am 21.12. 1973 versammelte sich in Genf eine Nahost-Friedenskonferenz, an der unter der Schirmherrschaft des USA u. der Sowj. die Staaten Israel, Ägypten u. Jordanien teilnahmen, Syrien blieb fern. Mit US-amerik. Vermittlung schlossen Israel u. Ägypten am 26.3.1979 einen Friedensvertrag. Die meisten arab. Staaten lehnten den Friedensschluß ab. Ein weiterer Krisenherd des N.s wurde der →Libanon. Im W-Jordanland u. Gazastreifen begannen Ende 1987 heftige Demonstrationen gegen die israel. Besatzungsmacht. 1988 wurde von der PLO ein unabh. Palästinenserstaat ausgerufen. 1991 begannen unter sowjet. u. US-amerikan. Schirmherrschaft Nahostfriedensgespräche. Nach Geheimverhandlungen vereinbarten Israel u. die PLO 1993 eine palästinens. Selbstverwaltung für den Gazastreifen u. Jericho, die 1994 errichtet wurde.
Nährböden, flüssige oder feste Substrate zur Kultur von Mikroorganismen. *Natürl. N.* können Hefeextrakt, Fleischextrakt, Bierwürze enthalten.
Nährhefe, aus Hefepilzkulturen gewonnenes, eiweiß- u. vitaminreiches Produkt, das u. a. als Arznei u. zur Bereitung von Speisen verwendet wird.
Nährlösung, 1. Lösung von Nährstoffen in Wasser; in der Pflanzenzüchtung erdlose Kulturen (Hydrokultur), in der Mikrobiologie die Reinkultur von Bakterien u. Hefen. – **2.** flüssiges Gemisch von Nahrungsstoffen von hohem Nährwert u. Mineralsalzen zur künstl. Ernährung.
Nährmittel, *Nährpräparate,* chem. oder biolog. aufgeschlossene, mit wichtigen Nährstoffen angereicherte, leicht verdaul. Einzel- oder Mischnährstoffe für die Kinder- u. Krankenernährung, z.B. Lebertran u. Vitaminpräparate.
Nährsalze, die für den Körperaufbau u. Stoff-

Nährstoff- und Energiegehalt von Nahrungsmitteln (je 100 g)

Nahrungsmittel	Eiweiß (g)	Fett (g)	Kohlenhydrate (g)	Energiegehalt (kJ)	(kcal)
1. *Fleisch und Fleischwaren*					
Kalbfleisch	16,1	6,9	0,2	548	131
Rindfleisch	16,7	6,6	0,3	548	131
Schweinefleisch	11	20,1	0,2	976	233
Kochwurst	11	14	17	1026	245
Rohwurst	22	44	–	2095	500
Speck	9	73	–	3000	716
2. *Milch und Milchwaren*					
Magermilch	3,7	0,1	4,8	151	36
Vollmilch	3,4	3,1	4,8	260	62
Käse, vollfett	25,6	26,6	2,1	1512	361
Kondensmilch	8	9	11	679	162
Quark	17,6	0,1	4,1	377	90
Schlagsahne	2,7	30	3	1265	302
3. *Fette*					
Butter	0,9	80	0,9	3151	752
Margarine	0,5	80	0,4	3134	748
Pflanzenöl	–	99,5	–	3876	925
Schmalz	–	100	–	3896	930
4. *Eier*	12,3	10,7	0,5	637	152
5. *Fisch und Fischwaren*					
Aal	12,5	28	–	1299	310
Hering, gesalzen	14	11,4	0,9	699	167
Kabeljau	8,3	0,1	–	146	35
Karpfen	7,5	4,4	–	301	72
Schellfisch	21,2	0,4	–	440	105
6. *Mehle*					
Haferflocken	14,4	6,8	66,5	1655	395
Roggenschrot	9	1,5	72,1	1450	346
Weizenmehl	11,6	0,9	72,5	1462	349
7. *Backwaren*					
Kuchen	7	12	63	1676	400
Knäckebrot	11	2	78	1608	384
Roggenbrot	7,4	1,1	50,4	1035	247
Weizenbrot	9	0,9	58	1190	284
8. *Zucker und Zuckerwaren*					
Bienenhonig	0,4	–	81	1399	334
Marmelade	1	–	65	1148	274
Schokolade	7	26	62	2199	525
Zucker	–	–	100	1718	410
9. *Gemüse und Kartoffeln*					
Blumenkohl	1,5	0,2	2,8	84	20
Karotten	0,5	0,1	3,9	79	19
Kopfsalat	1,3	0,1	1,5	50	12
Sauerkraut	1,4	0,3	2,8	109	26
Spinat	1,8	0,2	1,6	67	16
Weißkohl	1,2	0,2	3,2	84	20
Kartoffeln	2	0,2	20,9	402	96
10. *Hülsenfrüchte*					
Bohnen	23,7	2	56,1	1450	346
Erbsen	23,4	1,9	52,7	1382	330
Linsen	26	1,9	52,8	1429	341
11. *Obst*					
Apfel	0,4	–	13	243	58
Apfelsine	0,6	–	9	180	43
Banane	0,9	–	15,5	285	68
Kirsche, süß	0,8	–	15,1	285	68
Walnuß	6,7	23,5	5,2	1118	267
Zitrone	0,6	–	2,3	134	32

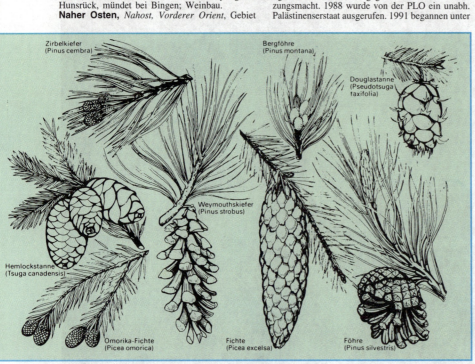

Nadelhölzer; charakteristische Zapfen- und Nadelformen

wechsel lebensnotwendigen Mineralstoffe, die in den Nahrungsmitteln enthalten sein müssen, z.B. Natrium-, Calcium- u. Eisenverbindungen.

Nährstoffe, für die Ernährung der Lebewesen notwendigen organ. u. anorgan. Stoffe als Nahrungsmittelbestandteile.

Nahrungskette, eine Reihe von einseitigen Ernährungsbeziehungen zw. versch. Lebewesen. Am Anfang steht die sog. Urnahrung: im Meer Plankton, auf dem Land Pflanzen; darauf folgen Tiere versch. Ernährungsweise: zuerst Pflanzenfresser *(Phytophagen),* dann Fleischfresser *(Zoophagen)* versch. Größe, schließlich Aasfresser *(Nekrophagen).* Innerhalb einer N. kann es zur Anreicherung von Schadstoffen kommen, die sich in den jeweils nachfolgenden Gliedern verstärkt.

Nahrungsmittel, die rohen oder bearbeiteten Grundstoffe unserer Ernährung. Es gibt tierische u. pflanzl. N. *Tierische N.* sind Fleisch, tierische Fette, Milch, Eier u. die daraus bereiteten N., wie Käse, Butter, Wurst, Konserven. *Pflanzl. N.* sind die Körnerfrüchte (bzw. die daraus bereiteten Mehle u. Backwaren), Obst, Nüsse, Gemüse, Stärkefrüchte (Kartoffeln, Topinambur usw.) u. die daraus bereiteten Präparate u. Konserven (Lebensmittelkonservierung). → auch Lebensmittel.

Nahrungsmittelchemie, ein Zweig der angewandten Chemie; Hauptaufgabe: Überprüfung der im Handel befindl. Nahrungsmittel auf der Grundlage der gesetzl. Bestimmungen (→Lebensmittel).

Nährwert, Maßstab für den quantitativen u. qualitativen Wert eines Nahrungsmittels für die Ernährung. Bei quantitativen Angaben bezieht man sich auf den Energiegehalt, den experimentell ermittelten »physiolog. Brennwert«. Er wird in Joule (J), veraltet auch in Kalorien (cal), angegeben u. beträgt für 1 g Fett 38,9 kJ (9,3 kcal), für 1 g Eiweiß u. für 1 g Kohlenhydrate jeweils 17,2 kJ (4,1 kcal). Wichtig für den qualitativen N. ist der Gehalt des Nahrungsmittels an essentiellen Nährstoffen (Vitaminen). Die Kenntnis des N.s ist eine Voraussetzung für Diätvorschriften.

Naht, 1. Verbindung zweier Teile durch Vernähen, Nieten, Löten oder Schweißen. – **2.** *Sutura,* Verwachsungslinie zweier embryonal aufeinanderstoßender Schalen- oder Knochenelemente; z.B. beim Schneckenhaus oder Schädel. – **3.** *chirurg. N.,* zur Verbindung getrennter Gewebeteile durch Katgut, Seide- oder Kunststoffäden u. (für Knochennähte) Drähte.

Nahua ['naːwa], *Naua,* die *Nahuatl* sprechenden altindian. Stämme im mittleren u. südl. Mexiko, *i.e.S.* Azteken, Nicarao, Sigua u.a.

Nahum, einer der zwölf kleinen Propheten im AT.

Nairobi, Hptst. von Kenia (O-Afrika), 1,45 Mio. Ew.; Univ.; Handels-, Wirtsch.- u. Kulturzentrum; Flughafen.

naiv, natürl., ungekünstelt, auch kindl. u. einfältig.

naive Malerei, *Sonntagsmalerei, Laienmalerei,* die Malerei als Freizeit- oder Ruhestandsbeschäftigung; *i.w.S.* jede vorklass. oder abseits der »offiziellen« Kunst gepflegte volkstüml. Malerei.

Najaden, 1. → Nymphen (1). – **2.** *Unionidae,* Süßwassermuscheln, deren Larven *(Glochidien)* zunächst an den Kiemen der Mutter, später an Süßwasserfischen angeheftet als Halb- oder Ganzschmarotzer leben; hierzu *Malermuschel, Flußperlmuschel* u. *Teichmuschel.*

Nairobi: Blick über den Uhuru-Park auf das »Kenyatta-Konferenzzentrum« (Mitte)

Najaf ['nadʒaf], *An N., Nadjaf,* Stadt in Irak, westl. des Euphrat, 243 000 Ew.; Wallfahrtsort der *Schiiten* mit Grabmoschee.

Nakasone, Yasuhiro, *27.5.1918, jap. Politiker (Liberaldemokrat); 1982–87 Prem.-Min. u. Partei-Vors.

Naltschik, Hptst. der Rep. Kabardino-Balkarien (Rußland), im nördl. Kaukasus, 236 000 Ew.; Univ.; Maschinenbau-, Elektro- u. a. Ind.; Fremdenverkehr; Flugplatz.

Namaland, *(Groß-)Namakwaland,* altes Stammesland der *Nama* (Hottentotten) im SW Afrikas.

Namangan, Hptst. der gleichn. Oblast im O von Usbekistan, 291 000 Ew.; Baumwoll-, Seiden- u. Nahrungsmittel-Ind.

Name, Bez. eines Einzelwesens, -dinges, einer als Individuum gesehenen Menschengruppe (Eigen-N.) oder einer Gattung (Gattungs-N.). Zu den *Eigen-N.* gehören: Personen-N. einschl. der Namen für Personengruppen (z.B. Völker-N., N. für Vereine), geograph. N. (z.B. Orts-, Gewässer-, Gebirgs-, Länder-N.) u. Sach-N. Bei *Personen-N.* unterscheidet man *Familien-N.* bzw. *Zu-N.* (der von

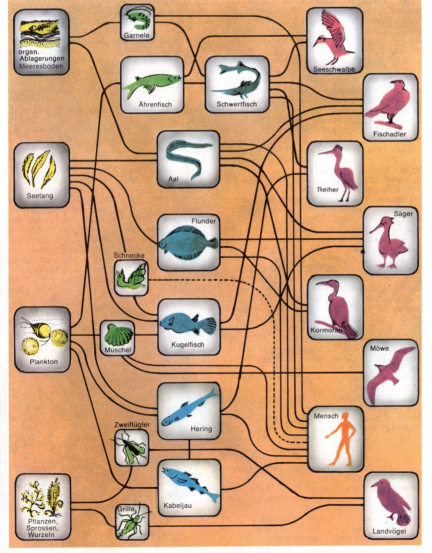

Nahrungskette: Schema der vielfältigen Nahrungsbeziehungen zwischen niederen und höheren Meerestieren (-pflanzen), Landtieren (Insekten, Vögel) und dem Menschen

naive Malerei: Ivan Generalić, Erster Schnee. Hinterglasmalerei, Teil eines Triptychons; 1973

610 Namenkunde

den Eltern ererbte N. zur Kennzeichnung der Familien-Zugehörigkeit) u. *Vor-N.* bzw. *Ruf-N.* (der von den Eltern nach freier Wahl gegebene individuelle N.). Zu den *Gattungs-N.* gehören u. a. Pflanzen-, Tier-, Krankheits-, Verwandtschafts-, Tages- u. Monatsnamen. – **N.nsrecht,** Befugnis, einen bestimmten N. (auch ein *Pseudonym*) zu führen. Das ehel. Kind erhält generell den N. der Eltern, das nichtehel. Kind den der Mutter. Eheleute sollen bei ihrer Heirat einen ihrer Geburts-N. zum Ehe-N. machen, können aber seit 1991/92 auch jeweils ihren Geburtsnamen behalten (der N. des Kindes muß dann von den Eltern bestimmt werden). Der Ehepartner, dessen N. nicht gewählt wurde, kann seinen früheren N. dem Ehe-N. voranstellen.
Namenkunde, *Onomastik, Onomatologie,* Wiss. von den Namen, hpts. den Eigennamen, ihrem Wesen, ihren Bildungsgesetzen, ihrer Entstehung, Gesch., Verbreitung u. a.
Namensaktie, Aktie, die auf den Namen des Inhabers lautet u. im *Aktienbuch* der AG auf diesen Namen eingetragen ist; wird durch *Indossament* übertragen; Ggs.: *Inhaberaktie.*
Namenspapier, *Rektapapier,* auf den Namen des Berechtigten lautendes Wertpapier, ohne dessen Vorlage das in ihm verbriefte Recht nicht geltend gemacht werden kann; z.B. Hypothekenbrief. Ggs.: *Inhaberpapier.*
Namenstag, der Kalendertag des Heiligen, dessen Namen man trägt; nach kath. Brauch ähnl. dem Geburtstag gefeiert.
Namib, 50 000 km² große Wüste entlang der gesamten Küste Namibias, 1300 km lang, bis 100 km breit; durch den kalten *Benguelastrom* extrem geringe Niederschläge. Reiche Diamantenvorkommen bei Lüderitz u. am unteren Oranje.
Namibia, bis 1968 *Südwestafrika,* Staat im SW Afrikas, 823 168 km², 1,8 Mio. Ew., Hptst. *Windhuk.*

Namibia

Landesnatur. Das Land steigt von der Küstenwüste der *Namib* zum Südwestafrikan. Hochland (1000–1500 m) an. Im O erstreckt sich das *Kalaharibecken.* Die geringen Niederschläge fallen unregelmäßig. Das Landesinnere u. der NO werden von Dorn- u. Trockensavannen eingenommen.
Die namib. Bevölkerung umfaßt Bantuvölker (Ovambo, Okavango, Herero), Bergdama, Hottentotten, Buschmänner, rd. 78 000 Weiße u. Mischlingsgruppen.
Wirtschaft. In der Landw. überwiegt die Viehzucht (Schafe im S, Rinder im N); nur im N wird Hackbau betrieben. Die Fischerei ist ein wichtiger Wirtschaftszweig. Der Bergbau liefert den Hauptteil des Exports, v. a. Uran u. Diamanten, ferner Kupfer, Zink, Blei, Zinn, Silber, Wolfram u. Lithium. – Die beiden einzigen Naturhäfen sind Walfischbucht u. Lüderitz. Windhuk hat einen internat. Flughafen.
Geschichte. 1884 wurde N., noch unter dem Namen »Südwestafrika«, dt. Kolonie. Im 1. Weltkrieg eroberten südafrik. Truppen das Land; es wurde 1919 der Südafrikan. Union als C-Mandat des Völkerbunds überlassen. 1966 erklärte die UN-Vollversammlung das Mandat für erloschen; 1968 gab sie dem Land den Namen N.; später erkannte sie wiederholt die Unabhängigkeitsbewegung *SWAPO (South West African People's Organization)* als einzige legitime Vertreterin des Volkes von N. an. 1978 ohne Teilnahme der SWAPO abgehaltene Wahlen fanden bei den UN keine Anerkennung. 1985 wurden – ohne Teilnahme der SWAPO – aus Vertretern von acht Parteien eine Nationalversammlung u. eine mehrheitlich schwarze Interimsregierung gebildet. 1988 vereinbarten Südafrika u. die UNO eine gemeinsame Verwaltung N. bis zur völligen Souveränität des Landes. 1990 wurde das Land als Rep. N. unabh. Die SWAPO wurde Regierungspartei. Staats-Präs. ist seit 1990 S. *Nujoma.*
Nampo, *Tschinnampho,* nordkorean. Hafenstadt am Gelben Meer, 241 000 Ew.
Nampula, Distrikt-Hptst. im nördl. Moçambique, 183 000 Ew.; landw. Handelszentrum; Flugplatz.
Namur [-'my:r], fläm. *Namen,* Hptst. der gleichnamigen belg. Prov., an der Mündung der Sambre in die Maas, 103 000 Ew.; Kathedrale Saint-Aubain, Univ., Kohlen- u. Eisenerzbergbau, Stahl-, Masch.-, Glas-, keram. u. Papier-Ind.
Nanchang [-tʃaŋ], *Nantschang,* Hptst. der südchin. Prov. Jiangxi, 1,12 Mio. Ew., altes Zentrum des Porzellanhandels; Textil-, Nahrungsmittel-, Papier-Ind., Maschinenbau.
Nancy [nã'si], dt. *Nanzig,* alte Stadt u. ehem. Festung in Lothringen, an der Meurthe u. am Marne-Rhein-Kanal, 96 000 Ew.; ehem. Herzogspalast, barocke Kathedrale (18. Jh.), Univ. (1572), HS; Wirtschaftszentrum O-Frankreichs.
Nandu, *Pampasstrauß,* südamerik. Laufvogel aus der Ordnung der Straußenvögel.
Nanga Parbat, *Dajarmur, Diamir, Dyamar,* höchster Gipfel (8126 m) des westl. Himalaya, im pakistan. Teil Kaschmirs; Erstbesteigung des Gipfels 1953 durch H. *Buhl.*
Nänie, altröm. Totenklage; Trauergesang.
Nanjing [-djiŋ], *Nanking,* Hptst. der ostchin. Prov. Jiangsu, am unteren Chang Jiang, 2,25 Mio. Ew.; Kultur- u. Wissenschaftszentrum, Univ., Techn. Univ.; Grabmal *Sun Yatsens;* u. a. Eisen- u. Stahl-Ind., Ölraffinerie; Flughafen; 1368–1421 u. 1928–49 Hptst. Chinas.
Nanking, 1. Rohseidengewebe. – 2. kräftiges Gewebe aus chin. (neuerdings auch anderer) Baumwolle in Leinwandbindung.
Nanning, Hptst. der südchin. Autonomen Region Guangxi-Zhuang, am Yu Jiang, 963 000 Ew.; Nahrungsmittel-Ind.; Flug- u. Binnenhafen.
nano..., Kurzzeichen n, Vorsatzsilbe vor Maßeinheiten mit der Bedeutung 10^{-9} (Milliardstel).
Nanometer, Kurzzeichen nm, Längeneinheit:

Nandu

1 nm = 10^{-9} m = 1 Milliardstel m = 10 Ångströmeinheiten.
Nansen, Fridtjof, * 1861, † 1930, norw. Polarforscher, Zoologe u. Diplomat; durchquerte 1888/89 als erster Grönland von O nach W; 1893–96 Driftfahrt mit dem Schiff »Fram« durch das Nordpolarmeer; leitete 1918 die Rückkehr der Kriegsgefangenen aus Rußland, bekämpfte 1921–23 die Hungersnot in der Sowj.; 1921–30 Völkerbundkommissar für Flüchtlingsfragen. – Friedensnobelpreis 1922.
Nan Shan, innerasiat. Gebirge in der chin. Prov. Qinghai, bis 6346 m.
Nanterre [nã'tɛr], westl. Industrievorort von Paris, an der Seine, 89 000 Ew.; neue Univ.
Nantes [nãt], Hafenstadt im W Frankreichs, in der Bretagne, 241 000 Ew.; got. Kathedrale, ehemaliges Herzogsschloß (15./16. Jh.), Museen; Univ.; versch. Ind.; Ind.-Hafen.
Gesch.: N. war bis 1491 Residenz der Herzöge der Bretagne u. fiel dann an die frz. Krone. Das **Edikt von N.,** erlassen am 13.4.1598 von Heinrich IV., gab den Hugenotten Glaubensfreiheit (1685 aufgehoben).
Napalm, Kunstwort aus *Natriumpalmitat,* eine Brandbombenfüllung aus Benzin, das durch Zusatz von Natriumpalmitat oder Naphthensäuren eingedickt ist; entwickelt eine Hitze von über 2000 °C.
Napfschnecke, *Patella,* zu den *Vorderkiemern* gehörende *Schnecke* mit napfartiger flacher Schale, die in der Gezeitenzone des Meers an Felsen sitzt.
Naphtha, fr. Bez. für *Erdöl.*
Naphthalin, im Steinkohlenteer vorkommender aromat. Kohlenwasserstoff, $C_{10}H_8$, dient u. a. zur Herstellung von Farbstoffen, Kunststoffen u. Lösungsmitteln.
Naphthene, ringförmige gesättigte Kohlenwasserstoffe mit der allg. Formel C_nH_{2n} (alicycl. Verbindungen); z.B. Cyclopentan u. Cyclohexan.
Naphthole, organ.-chemische Verbindungen des Naphthalins. Sie sind in zwei isomeren Formen (α- u. β-Naphthol) bekannt u. werden in der Farbstoff-Ind. als Zwischenprodukt verwendet.
Napier ['nɛipiə], *Neper,* John, Laird of Merchiston, * 1550, † 1617, schott. Mathematiker; Haupterfinder der Logarithmen.
Napoleon, *Napoléon* [napole'ɔ̃; dt. na'poleɔn], **1. N. I.,** * 1769, † 1821, Kaiser der Franzosen 1804–14/15; aus der kors. Fam. *Bonaparte.* Im Auftrag des Konvents schlug er 1795 den royalist. Aufstand in Paris nieder u. leitete 1796 den ital. Feldzug. 1798 unternahm er die Expedition nach Ägypten, um England entscheidend zu treffen, doch wurde seine Flotte bei Abukir geschlagen. N. stürzte am 18./19. Brumaire (9./10.11.1799) das *Direktorium* durch einen Staatsstreich u. erhielt als Erster Konsul auf 10 Jahre die Alleinherrschaft. Im Frieden von Lunéville 1801 mit Östr. u. im Frieden von Amiens 1802 mit England beendete er den 2. *Koalitionskrieg* gegen Frankreich. 1802 durch Plebiszit zum Konsul auf Lebenszeit gewählt, krönte er sich am 2.12.1804 zum erbl. »Kaiser der Franzosen« u. 1805 zum König von Italien. Sein Anspruch auf Hegemonie in Europa u. seine weltpolit. Pläne

Napoleon I.; Gemälde von H. Vernet

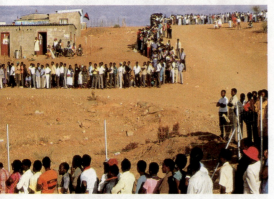

Namibia: Wahl zur verfassunggebenden Versammlung im November 1989; nach offiziellen Angaben lag die Wahlbeteiligung bei 95 Prozent

Narbonne

führten seit 1803 zu immer neuen Kriegen mit den europ. Mächten *(Napoleonische Kriege)*. Mit den siegreichen Feldzügen in Dtld., der Gründung des *Rheinbunds*, der *Kontinentalsperre* (1806) u. der Allianz mit Zar Alexander I. im Frieden von Tilsit (1807) stand N. auf dem Höhepunkt seiner Macht. Die Absage des Zaren an die Kontinentalsperre (1810) u. das Scheitern des *Rußlandfeldzugs* 1812 wurden zum Wendepunkt. In den *Befreiungskriegen* erlag N. der übermächtigen Koalition England-Rußland-Österreich-Preußen-Schweden (die Völkerschlacht bei Leipzig 16.–19.1.1813). Der Fall von Paris (31.3.1814), seine Absetzung durch den Senat (2.4.), seine Abdankung in Fontainebleau (6.4.) u. seine Verbannung nach Elba waren das unabwendbare Ende. Die Episode der *Hundert Tage* nach der Rückkehr N. von Elba (1.3.1815) endete mit seiner Niederlage in der Schlacht von Waterloo (18.6.) u. seiner Internierung auf Lebenszeit auf St. Helena. N. hat in Verwaltung u. Rechtsprechung *(Code civil)* das moderne Frankreich entscheidend geprägt. – **2. N. (II.),** Franz Joseph, Herzog von →*Reichstadt.* – **3. N. III.,** Neffe von 1), *1808, †1873, Kaiser der Franzosen 1852–70; eigtl. Charles Louis Napoléon *Bonaparte*, Sohn von König Ludwig (Louis) Bonaparte u. Hortense Beauharnais; in die Nationalversammlung am 10.12.1848 zum Präs. der frz. Rep. gewählt u. 1851 für 10 Jahre in diesem Amt bestätigt; 1852 Proklamation zum erbl. Kaiser, geriet im Dt.-Frz.-Krieg 1870/71 nach der Kapitulation von Sedan (2.9.1870) in Kriegsgefangenschaft; wurde abgesetzt u. starb im Exil in England.
Napoleonische Kriege, die Kriege, die Napoleon I. nach den Französ. Revolutionskriegen seit 1803 mit den europ. Mächten führte; →Koalitionskriege, →Befreiungskriege.
Nappaleder, glacégegerbtes Ziegen- oder Schafsleder, weich u. waschbar; bes. für Bekleidungsstücke u. Taschen geeignet.
Nara, jap. Präfektur-Hptst. im südl. Honshu, 334 000 Ew.; Univ.; zahlr. Schreine u. Buddhatempel (Wallfahrtsort). – 710–784 Hptst. Japans *(N.-Zeit).*
Narayanganj [naːˈrɑːjəŋændʒ], Ind.- u. Hafenstadt in Bangladesch, sö. von Dhaka, 298 000 Ew.; u. a. Jute- u. Baumwoll-Ind.
Narbe, 1. oberster Teil des Fruchtknotens, der den Blütenstaub aufnimmt. – **2.** *Cicatrix*, Endergebnis der Wundheilung. Das fehlende u. zugrunde gegangene Körpergewebe wird zuerst durch ein gefäßreiches *Granulationsgewebe* ersetzt *(rote N.),* das sich durch Rückbildung in ein festes, wenig elast. Bindegewebe, das *N.ngewebe,* umwandelt *(weiße N.).*
Narbonne [-ˈbɔn], südfrz. Stadt (urspr. Hafenstadt), sw. der Mündung der Aude ins Mittelmeer, mit Seebad *N.-Plage*, 42 000 Ew.; got. Kathedrale (13./14. Jh.), ehem. erzbischöfl. Palast; Weinhandelszentrum, Ölmühlen.
Gesch.: Im 2. Jh. v. Chr. röm. Militärkolonie u. Zentrum der röm. Prov. *Gallia Narbonensis;* im MA bed. Hafenstadt; seit 1507 frz.
Narew [-rɛf], r. Nbfl. der Weichsel, bildet nach Zusammenfluß mit dem Bug die *Bugonarew*, 484 km; mündet nördl. von Warschau.
Narkissos, *Narcissus* →Narziß.
Narkose, die Allgemeinbetäubung durch künstl. Schlaf mit narkot. Mitteln (Narkotikum). N.methoden: *Einatmungs-(Inhalations-)N.* durch verdampfende Flüssigkeiten (Ether, Halothan) oder Gase (Lachgas), *Intubations-N., intravenöse N.* u. *Mastdarm-N.* (Einlauf mit narkot. Mitteln). Als *potenzierte N.* bezeichnet man bes. schonende u. wirksame N.methoden bei längeren Operationen durch spezif. Arzneimittel *(Ganglioplegika).*
Narkotikum, *narkot. Mittel*, ein Mittel, das Betäubung u. Schlaf *(Narkose)* hervorruft; chem. Stoffe, die die Tätigkeit der Nervenzellen vorübergehend beeinträchtigen, z.B. Alkohole, Alkaloide, Ether, Aldehyde, Ketone, Säureester u. Amide, Harnstoff- u. Halogenderivate.
Narkotin, ein Alkaloid des Opiums, wirkt selbst nicht narkot., verstärkt aber die Wirkung des *Morphins.*
narkotisieren, in *Narkose* versetzen, betäuben.
Narmada, *Narbada*, Fluß in Indien, am nördl. Rand des Dekanhochlands, 1310 km; mündet in den Golf von Khambhat. Der N. ist für die Hindu neben dem Ganges der heiligste Strom Indiens.
Narodnaja Gora, höchster Gipfel des Ural, im Polarural, 1894 m; z. T. vergletschert.
Narodniki, Vertreter einer polit. u. ideolog. Strömung in der russ. radikalen *Intelligenzija* 1860–95 mit dem Ziel, in Rußland den Sozialismus durch Revolutionierung des bäuerl. Volkes zu erreichen. Geistige Wegbereiter waren A. I. Herzen u. N. G. Tschernyschewskij.
Narr, Spaßmacher, Possenreißer; kom. Figur im Fastnachtsspiel u. bis ins 18. Jh. auch im Drama *(Hanswurst, Harlekin).*
Narrenliteratur, satir. Dichtung versch. Gattung, in der menschl. Schwächen u. Fehler als Narrheiten vorgeführt werden; bes. im MA (z.B. S. Brants »Narrenschiff«).
Narses, *um 480, †574 (?), Heerführer des byzantin. Kaisers Justinian; vernichtete bis 553 das Ostgotenreich in Italien.
Narva, 1. Hafenstadt in Estland, nahe dem Finn. Meerbusen, 75 000 Ew. – **2.** Abfluß des Peipussees in den Finn. Meerbusen, 78 km; Grenzfluß zw. Estland u. Rußland.
Narvik, Hafenstadt in N-Norwegen, 19 000 Ew.; stets eisfreier Ausfuhrhafen für nordschwed. Eisenerze.
Narwal, Einhornwal, ein *Gründelwal* mit nur zwei nach vorn gerichteten, hohlen Oberkieferzähnen, von denen beim Männchen der eine (meist der linke) zu einem schraubenförmigen, kräftigen Stoßzahn *(Einhorn)* wird.
Narziß, *Narkissos, Narcissus,* in der grch. Sage schöner Jüngling, der die Liebe der Nymphe *Echo* nicht erwiderte u. deshalb von den Göttern mit unstillbarer Liebe zu seinem Spiegelbild *(Narzißmus)* bestraft wurde; von der Erdmutter in eine Blume *(Narzisse)* verwandelt.
Narzisse, Feenlilie, *Narcissus,* Gatt. der *Amaryllisgewächse;* in Mitteleuropa u. im Mittelmeergebiet heimisch; Zwiebelgewächse mit linealischen Blättern u. weißen oder gelben Blüten. In Dtld. kommt stellenweise die gelbblühende *Trompeten-N. (Osterblume, Osterglocke)* vor, die aber auch als Zierpflanze kultiviert wird.
Narzißmus, *Autoerotismus*, Verliebtheit in den eigenen Körper. (→Narziß).
NASA, Abk. für engl. *National Aeronautics and Space Administration,* US-amerik. Bundesamt für Luft- u. Raumfahrtforschung, gegr. 1958 zur Durchführung von Forschungsarbeiten auf dem Gebiet der Luft- u. Raumfahrt.
nasal, zur Nase gehörig; näselnd, durch die Nase gesprochen.
Nasal, ein Laut, bei dessen Artikulation der Luftstrom völlig (m, n) oder z. T. (die nasalen Vokale ã, ẽ, õ) durch die Nase entweicht.
Nasca-Kultur →Nazca-Kultur.

Nase, Organ des *Geruchssinns* der Wirbeltiere, das ein Riechepithel aus primären Sinneszellen enthält, an das bei Wassertieren mit dem Wasserstrom, bei Landtieren mit der Atemluft Reizstoffe (Geruchsreize) herangeführt werden. Die menschl. N. springt von dem *N.nrücken* in der Gesichtsmittellinie vor. Ihren Eingang bilden die von der *N.nscheidewand* u. den beiden *N.nflügeln* gebildeten *N.nlöcher.* Die Scheidewand ist zum größten Teil knöchern, im vorderen Teil knorplig *(N.nknorpel).* Im oberen Teil an der *N.nwurzel* liegen die aufnehmenden Fasern des Riechnervs. Die *N.nhöhle* ist durch feine Kanäle direkt mit den *Nebenhöhlen* verbunden.
Nasenaffe, baumbewohnender *Schlankaffe* der Insel Borneo.
Nasenbär, *Coati, Nasua*, Gatt. der *Kleinbären;* mit langgestrecktem 60 cm langem Körper u. ebenso langem, geringeltem Schwanz, rüsselförmige Nase; von den Südstaaten der USA bis Argentinien verbreitet.
Nasenbein, *Os nasale*, ein Schädelknochen der Wirbeltiere, paariger Deckknochen auf der knorpligen Nasenkapsel.
Nasenbluten, durch Verletzungen, Fremdkörper in der Nase, bei Blutandrang zum Kopf als Folge von Herz- u. Nierenkrankheiten, bei hohem Blutdruck, Blutkrankheiten oder Nasengeschwüren auftretende Blutungen aus der Nase.
Nash [næʃ], Paul, *1889, †1946, brit. Maler; gelangte nach einer romant.-neoimpressionist. Phase zu einer expressiven, realist. Darstellungsweise.
Nashörner, *Rhinocerotidae*, Fam. der *Unpaarhufer;* plumper u. kaum behaarter Körper, mit ein oder zwei Hörnern auf dem verlängerten Nasenrücken; Pflanzenfresser; hierzu *Panzer-, Sumatra-, Breitmaul- u. Spitzmaul-N.;* alle Arten bedroht.
Nashornkäfer, bis 4,5 cm langer europ. Vertreter der *Riesenkäfer.*
Nashornvögel, *Bucerotidae*, Fam. großer *Rakenvögel*, in rd. 45 Arten in S-Asien u. Afrika vorkommen u. fast alle durch hornförmige Aufsätze auf dem kräftigen Schnabel auffallen.
Nashville [ˈnæʃvil], Hptst. des USA-Staats Tennessee, am Cumberland River, 474 000 Ew.; 2 Univ.; Holz-, Textil-, Nahrungsmittel- u. Metall-Industrie; Zentrum der Unterhaltungsmusik (»N. Sound«, Country Music).
Nasi-goreng, indones. Nationalgericht aus gebratenem Reis mit Hühnerfleisch, Garnelen, Krabben, Schweinefleisch, Pilzen u. a.
Nasik, ind. Stadt in Maharashtra, 262 000 Ew.; eine der heiligsten hinduist. Pilgerstätten.
Nassau, 1. ehem. dt. Fürstentum (bis 1866) an der unteren Lahn; seit 1255 mehrf. unter den Linien des Hauses geteilt, 1866 an Preußen. – **2.** Stadt in Rhld.-Pf., an der unteren Lahn, 4400 Ew.; Luftkurort; Schloß (17. Jh. Geburts- u. Wohnhaus des Frhr. vom *Stein*). – **3.** Hptst. der Bahamas, 140 000 Ew.; auf *New Providence;* Fremdenverkehr; Naturhafen, Flughafen.
Nasser, Gamal Abd el-, *1918, †1970, ägypt. Offizier u. Politiker; 1952 führend am Staatsstreich gegen *Faruk* beteiligt, 1953 stellv. Min.-Präs., 1954 Staats-Präs.; verstaatlichte 1956 den Suezkanal u. löste damit die *Suez-Krise* aus. Nach der Niederlage im Sechstagekrieg im Juni 1967 übernahm er auch die Ämter des Min.-Präs. u. des Ge-

Nashörner: Spitzmaulnashorn

neralsekretärs der Staatspartei Arab. Sozialist. Union (ASU).

Nasser-Stausee, zweitgrößter Stausee der Welt, durch Erweiterung des alten *Assuan-Stausees* im Niltal Ägyptens u. der Rep. Sudan geschaffen, 500 km lang, 5000 km²; 111 m hoher, 3,6 km langer Staudamm (*Sadd-el-Ali,* 1960–70 erbaut).

Nastie, von der Reizrichtung unabhängige, auffällige Bewegung von Teilen festgewachsener Pflanzen auf Reize hin.

Natal, 1. ehem. Prov. im O der Rep. S-Afrika, mit dem früheren Homeland Kwazulu 86 967 km², 2,1 Mio. Ew., Hptst. *Pietermaritzburg,* Hafen: *Durban;* Zuckerrohr-, Tee- u. Bananenpflanzungen; Viehzucht; Kohlen- u. Goldvorkommen; Schwer-Ind. – Gesch.: 1837 von den Buren kolonisiert, 1845 brit., 1893 Autonomie, seit 1910 Prov. der damals gegr. Südafrik. Union (seit 1961: Rep. S-Afrika), 1994 umben. in *Kwazulu/Natal.* – **2.** Hptst. u. wichtigster Hafen des NO-brasil. Bundesstaats Rio Grande do Norte, 264 000 Ew.; Univ.; Stahlwerk, Ausfuhr von landw. Erzeugnissen.

Nathan, im AT einer am Hof Davids lebenden Propheten, Erzieher Salomos.

Nathanael, einer der ersten Jünger *Jesu.*

Nathans ['næθənz], Daniel, *30.10.1938, US-amerik. Mikrobiologe; Arbeiten auf dem Gebiet der Molekular-Genetik; Nobelpreis 1978 für Medizin u. Physiologie (zus. mit W. *Arber* u. H.O. *Smith*).

Nation, eine bewußte u. gewollte polit. Gemeinschaft, die zwar in vielen Fällen von einer Mehrheit eines Volkes mit gleicher Sprache getragen wird, aber darüber hinaus auch fremdstämmige u. anderssprachige Volksteile u. Rassen aufnehmen kann. Prägend für die N. ist u. a. die gemeinsame Geschichte. Gegen diesen Begriff der *Staats-N.* entwickelte sich am Ausgang des 18. Jh. die Vorstellung einer *Kultur-N.* im Sinn einer über alle staatl. Grenzen hinausgreifenden ethn. u. Sprachgemeinschaft, wie z.B. Dtld., Östr. u. die deutschsprachige Schweiz.

national, einer *Nation* zugehörend oder eigentüml.; vaterländ., völk., staatl.

Nationalchina → Taiwan.

National-Demokratische Partei Deutschlands, *NDPD,* polit. Partei in der DDR, gegr. 1948 auf Betreiben der SED, der sie sich dem Anfang an unterordnete; ging 1990 in der gesamtdt. FDP auf.

Nationaldemokratische Partei Deutschlands, Abk. *NPD,* in der BR Dtld. 1964 gegr. rechtsradikale u. nationalist. Partei.

Nationale Befreiungsfront → FLN.

Nationalepos, ein Epos, das in Stil u. Thematik am deutlichsten den Charakter u. die Kultur eines Volkes widerspiegelt; in Griechenland: *Homers* »Ilias«, im Röm. Reich: Vergils »Aeneis«, in Frankreich: »Rolandslied«, in England: »Beowulf«, in Dtld. »Nibelungenlied«.

Nationales Olympisches Komitee, Abk. *NOK,* Organisation der einzelnen Staaten zur Vorbereitung der Olymp. Spiele.

Nationale Volksarmee, Abk. *NVA,* die Streitkräfte der DDR, hervorgegangen aus der 1948 aufgestellten *Kasernierten Volkspolizei,* die am 18.1.1956 entspr. umbenannt wurde. 1962 wurde die allg. Wehrpflicht eingeführt, die für Männer von 18. bis zum 50. (bei Offizieren bis zum 60.) Lebensjahr einen Grundwehrdienst von 18 Monaten vorschrieb u. für diensttaugl. Frauen gleichen Alters Sonderdienste in den Streitkräften vorsah. Wehrdienstverweigerern war ein waffenloser militär. Ersatzdienst mögl. – Neben den regulären Streitkräften der NVA gab es bis 1990 paramilitär. Kräfte in der DDR, »Grenztruppen«, Sicherheitstruppen sowie die *Kampfgruppen der Arbeiterklasse* u. die *Gesellschaft für Sport u. Technik.* Der nat. Oberbefehl über die NVA lag seit 1989 beim 1960 eingerichteten *Nationalen Verteidigungsrat;* die oberste Kommandogewalt lag beim Min. für Abrüstung u. Verteidigung. Alle Truppen der fast aussschl. mit sowj. Waffen ausgerüsteten NVA unterstanden auch im Frieden dem Vereinigten Oberkommando des *Warschauer Pakts.* Mit der Wiedervereinigung Dtld.s am 3.10.1990 wurde die NVA als *Bundeswehrkommando Ost* ein nicht der NATO unterstellter Teil der Bundeswehr.

Nationalfarben, *Landesfarben,* die Farben, mit denen ein Staat seine Nationalflagge, Schlagbäume, Ordensbänder u. ä. versieht. Die N. haben urspr. oft symbol. Bed., häufig sind sie Wappen entlehnt.

Nationalfeiertag, Staatsfeiertag zur Erinnerung an ein entscheidendes geschichtl. Ereignis oder Ziel, das das Selbstverständnis der Nation, eines Volkes oder eines Regimes symbolisiert; oft Jahrestag der Unabhängigkeitserklärung.

Nationalgarde, in Frankreich die während der Frz. Revolution gegr. Bürgerwehr, die, später dem Armee angegliedert, bis 1871 bestand; in den USA die im Unabhängigkeitskrieg entstandene Miliz.

Nationalhymne, Hymne mit meist volkstüml. Melodie, die die staatl. Zusammengehörigkeit einer Nation symbolisieren soll; bes. bei Staatsbesuchen u. sportl. Veranstaltungen.

Nationalismus, übersteigerte, aggressive Form des *Nationalbewußtseins.*

Nationalität, 1. Volkszugehörigkeit, Zugehörigkeit zu einer *Nation.* – **2.** Staatsangehörigkeit. – **3.** nationale Minderheit in einem Staat.

Nationalitätenstaat, *Vielvölkerstaat,* ein Staat, dessen Bev. aus versch. nat. Gruppen besteht, z.B. Birma, Nigeria; Ggs.: *Nationalstaat.*

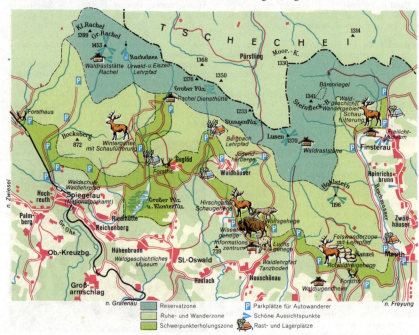

Nationalpark Bayerischer Wald

Nationalsozialismus: Hitler begrüßt kirchliche Würdenträger auf einem Parteitag

Nationalkirche, eine infolge ihres Rechts u. ihrer Betätigung auf eine Nation beschränkte Kirche.

Nationalkonvent, frz. *Convention nationale,* in der Frz. Revolution die nach dem Sturz des Königtums (1792) gewählte verfassungsgebende Versammlung (bis 1795).

Nationalliberale Partei, 1867 gegr. rechtsliberale Partei; Hauptstütze der Politik O. von *Bismarcks;* 1918 aufgelöst.

Nationalökonomie → Volkswirtschaftslehre.

Nationalpark, großräumige Ldsch., die wegen ihrer Schönheit u. ihrer Naturschätze von nationaler Bedeutung ist, darum geschützt u. gepflegt u. ggf. mit Erholungseinrichtungen ausgestattet wird.

Nationalrat, in Österreich (1919–33 u. seit 1945) die aus allg. Wahlen hervorgehende Volksvertretung, auch Bez. für ihre einzelnen Abg.; in der Schweiz eine der beiden Kammern der Bundesversammlung, auch Amtsbez. für deren Mitgl.

Nationalsozialismus, die maßgebl. von Adolf *Hitler* begr. u. organisierte polit. Bewegung, die 1933–45 die Politik Dtld.s bestimmte u. 1945 durch den Zusammenbruch des Dt. Reichs ihr Ende fand. Allg. Voraussetzungen für das Aufkommen des N. waren die im 1. Weltkrieg, durch die Niederlage von 1918 u. durch die Versailler Friedensbestimmungen verschärften Spannungen u. Klassengegensätze im dt. Volk (Gegnerschaft gegen Rep. u. Demokratie), die durch die Inflation hervorgerufene Verarmung u. Verunsicherung des Mittelstands sowie die Auswirkungen der Weltwirtschaftskrise von 1929.

Parteipolit. Entwicklung: Die ersten Ansätze des N. gehen auf die völk. großdt. Bewegung G. von *Schönerers* zurück. Aus ihren Reihen wurde 1903 in Österreich die »Dt. Arbeiterpartei« gegr., die sich seit Mai 1918 »Dt. Nationalsozialist. Arbeiterpartei« *(DNSA)* nannte. In Dtld. knüpfte die Entwicklung des N. an die belanglose Splitterpartei an, die 1919 in München von dem Schriftst. K. *Harrer* u. a. als »Dt. Arbeiterpartei« (urspr. »Dt. Arbeiterverein«) gegr. u. 1920 in »Nationalsozialist. Dt. Arbeiterpartei« *(NSDAP)* umbenannt wurde. Sie erhielt erst durch Hitler Auftrieb, der 1921 die Parteiführung in seine Hand brachte u. sich mit der Einführung des »Führerprinzips« diktator. Vollmachten verschaffte. Eine seiner ersten Maßnahmen war die Gründung der SA (Sturmabteilung) als Saalschutz u. Propagandatruppe.

Nachdem der »Hitler-Putsch« von Nov. 1923 gescheitert war, geriet die Bewegung zunächst in eine Krise, die aber mit der Neugründung der Partei durch Hitler nach seiner Rückkehr aus der Festungshaft in Landsberg überwunden wurde. Mit der Aufstellung der *SS* (Schutzstaffeln) seit 1925, der Bildung der *Hitler-Jugend* 1926 u. der Errichtung einer Reihe berufsständ. Gliederungen wurde die Parteiorganisation in den nächsten Jahren immer weiter ausgebaut. Presse u. Propaganda wurden 1929 J. *Goebbels* als Reichspropagandaleiter unterstellt. Doch konnte sich die Partei in den Wahlkämpfen dieser Jahre kaum durchsetzen. Erst seit der Weltwirtschaftskrise 1929 u. der zunehmenden Arbeitslosigkeit begannen ihr die Massen zuzuströmen. Bei der Reichspräsidentenwahl 1932 erhielt Hitler 30% der abgegebenen Stimmen. Mit der Ernennung Hitlers zum Reichskanzler am 30.1.1933 gelangte der N. in Dtld. zur Macht. Alle anderen Parteien u. die Gewerkschaften wurden verboten u. unterdrückt.

Wesen u. Ziele: Die Repräsentation des »gesunden Volksempfindens« war die NSDAP u. in ihr letztl. die Parteiführung, schließl. der »Führer« selbst, dessen Entscheidungen als unfehlbar u. unanfechtbar durchgeführt wurden. Im Interesse einer möglichst straffen Konzentration u. Steigerung der so gelenkten staatl. Macht wurde das Reich als zentralist. Einheitsstaat durchorganisiert (»Gleichschaltung«), wobei alle eigenständigen Organisationen fielen (Beseitigung der Länderparlamente, der Selbstverw. der Gem.). Die NSDAP durchdrang alle Gebiete des öffentl., wirtsch., geistigen u. privaten Lebens durch ein System von oben gesteuerter Organisationen (NS-Frauenschaft, NS-Dozentenbund u. ä.). Auch die *Wehrmacht*, die urspr. als polit. neutraler »Waffenträger der Nation« proklamiert worden war, geriet mehr u. mehr in den Sog des N.; sie wurde trotz innerer Widerstände, bes. mit ihrem schnell fortschreitenden Ausbau, geistig u. personell immer mehr vom N. durchsetzt u. ihm seit den Ereignissen vom 30.6.1934 (sog. »Röhm-Putsch«), vom Februar 1938 (Entlassung von Generaloberst W. von *Fritsch*) u. vom 20.7.1944 (Attentat auf Hitler) vollst. unterworfen.

Der N. lebte v. a. aus emotionalen Kräften, nicht aus einem klar durchdachten Programm oder System. Daher erklärt sich auch sein dauernder Appell an Instinkt u. Gefühl (»Blut u. Boden«) u. seine betonte Verachtung des Intellekts u. der Intellektuellen. Höchstwerte des N. waren »Volk« u. »Rasse«, vorw. das eigene Volk »arischer« Abstammung. Alle »nichtarischen«, bes. jüd. Bestandteile wurden mit erbarmungsloser Konsequenz durch Massenmord »ausgemerzt«, »rassisch Minderwertige« wurden durch Unfruchtbarmachung ausgeschaltet u. planmäßig ermordet. Beherrschender u. bezeichnender Faktor des nat.-soz. Staates wurden immer mehr die SS u. die von ihr beherrschten Organe (*Sicherheitsdienst* [SD] u. *Gestapo*), vor deren Zugriff u. Spitzelsystem schließl. niemand mehr sicher war.

Nationalsozialistische Deutsche Arbeiterpartei, Abk. *NSDAP*, →Nationalsozialismus.

Nationalstaat, ein Staatswesen, in dem sich die Gesamtheit seiner Angehörigen als einheitl. Nation fühlt u. bekennt; Ggs.: *Nationalitätenstaat.*

Nationalversammlung, seit dem frz. Beispiel von 1789 eine v. a. zum Zweck der Gesetzgebung bestellte Volksvertretung (*Frankfurter N., Weimarer N.*); in einigen Ländern auch die parlamentar. Gesamtrepräsentation (Frankreich, 3. Rep.) oder die Abgeordnetenkammer (Frankreich, 4. u. 5. Rep.).

Nativität, Stand der Gestirne bei der Geburt.

NATO, Abk. für engl. *North Atlantic Treaty Organization,* Nordatlantik-Pakt, Atlantikpakt, 1949 gegr. westl. Verteidigungsbündnis, dem folgende Staaten angehören: Belgien, BR Dtld., Dänemark, Frankreich, Griechenland, Großbritannien, Island, Italien, Kanada, Luxemburg, Niederlande, Norwegen, Portugal, Spanien, USA, Türkei. Die Partner sind zur gegenseitigen Unterstützung, jedoch nicht zur automat. militär. Beihilfe verpflichtet. Das NATO-Hauptquartier ist in Brüssel.

NATO-Doppelbeschluß, am 8.12.1979 gefaßter Beschluß der NATO, ab 1983 neue US-amerik. nukleare Mittelstreckenwaffen in Europa zum Ausgleich der sowj. Überlegenheit auf diesem Gebiet zu stationieren, gleichzeitig aber mit der UdSSR über den Abbau solcher Waffen zu verhandeln. Da diese Verhandlungen zunächst erfolglos blieben, wurde 1983 mit der Stationierung der Waffen (Raketen u. Marschflugkörper) begonnen. Nach Wiederaufnahme der Verhandlungen schlossen die USA u. die UdSSR am 8.12.1987 ein Abkommen über die Beseitigung aller landgestützten Mittelstreckenwaffen in Europa.

Natorp, Paul, *1854, †1924, dt. Philosoph u. Pädagoge; Vertreter des Neukantianismus.

Natrium, silberweißes, weiches Alkalimetall; zu 2,43% in der Erdrinde enthalten, jedoch ausschl. in Form seiner Verbindungen; sehr reaktionsfähiges Element, das an feuchter Luft oxidiert. Verbindungen: **N.carbonat,** Na_2CO_3 (Soda); **N.chlorid,** NaCl (Kochsalz); **N.hydroxid,** NaOH (Ätznatron, bei Auflösung in Wasser *Natronlauge;* zur Seifenherstellung verwendet); **N.nitrat,** $NaNO_3$ (Natronsalpeter, Chilesalpeter); **N.sulfat,** Na_2SO_4 (Glaubersalz). →chemische Elemente.

Natron, *Natriumbicarbonat, Natriumhydrogencarbonat, doppeltkohlensaures N.,* $NaHCO_3$, ein weißes Pulver, das beim Erhitzen oder bei der Einwirkung von Säure Kohlendioxid freisetzt; als Back- u. Brausepulver u. bei Sodbrennen verwendet.

Natronsalpeter →Natrium.

Natta, Giulio, *1903, †1979, ital. Chemiker; Arbeiten zur Kunststoffchemie; Nobelpreis (zus. mit K. Ziegler) 1963.

Nattern, *Colubridae,* artenreiche, über alle Erdteile verbreitete Fam. der *Schlangen;* meist ungiftig, in Mitteleuropa u. a. die *Ringel-N.*

Natternkopf, *Echium,* Gatt. der *Rauhblattgewächse;* hierzu der *Gewöhnl. N.,* ein erst rot, dann blau blühendes Unkraut.

Natur, 1. die uns umgebende, von den Menschen nicht geschaffene Welt, die den *N.gesetzen* unterliegt, z.B. Pflanze, Tier. – **2.** das Wesen eines Dinges; Charakter, Veranlagung.

Naturalien, Naturerzeugnisse, bes. landw. Erzeugnisse.

Naturalismus, 1. die ein Naturbild möglichst wirklichkeitsgetreu vergegenwärtigende Darstellungsweise; an keine bestimmte Epoche der bildenden Kunst gebunden. Übergänge zum *Realismus* sind fließend. – **2.** Richtung des ausgehenden 19. Jh., die ein möglichst genaues Abbild des wirkl. Lebens schaffen wollte; stand im Ggs. zum *Idealismus* u. schilderte den Menschen in seiner Abhängigkeit von Milieu u. Erbanlage. Bed. Vertreter des N.: *É. Zola, F.M. Dostojewskij, L.N. Tolstoj, H. Ibsen, A. Strindberg, A. Holz u. G. Hauptmann.* – **3.** philos. Weltanschauung, die alles Seiende auf die Natur zurückzuführen sucht.

Naturallohn, Vergütung von Arbeitsleistungen in Sachgütern.

Naturalwirtschaft, eine Wirtschaftsform, in der der Gebrauch des Geldes als Tausch- u. Zahlungsmittel unbekannt oder beschränkt ist; bei Durchführung von Tauschgeschäften in der Form der *Tauschwirtschaft* (Tausch von Ware gegen Ware).

Natura morta, frz. für Stilleben.

Naturell, Charakter, Temperament, Wesensart.

Naturgesetze, feste Regel, nach der ein Geschehen in der Natur verläuft, z.B. das *Newtonsche Kraftgesetz* (Kraft = Masse mal Beschleunigung).

Naturheilkunde, die auf der Lehre von der Überwindung der Krankheiten durch die dem Körper innewohnende *Naturheilkraft* beruhende Heilkunde. Es kommt ihr bes. auf die Lenkung u. Stei-

Natur- und Nationalparks in Deutschland

Naturlandschaft

gerung der natürl. Abwehrregulationen an. Zur N. gehören die Behandlung durch Ernährung, Wasser, Licht, Luft, Sonne, Bewegung, natürl. Mineralien, organ. Stoffe u. Heilpflanzen.

Naturlandschaft, die vom Menschen unberührte Ldsch. im Ggs. zur *Kulturlandschaft.*

natürliche Kinder, die leibl. Kinder, im Ggs. zu den adoptierten. Auch die nichtehel. gezeugten Kinder sind n.K.

natürliche Landschaft, das Ergebnis einer natürl. Entwicklung der *Kulturlandschaft* bei Ausscheiden des menschl. Einflusses; im Unterschied zur unberührten *Naturlandschaft.*

natürliche Person, der einzelne Mensch als Rechtsträger; Ggs.: *jurist. Person.*

natürliche Zahlen, die unendl. Menge der positiven ganzen Zahlen 0, 1, 2, 3 ...

Naturpark, großräumiges Gebiet, das sich wegen seiner landschaftl. Voraussetzungen für die Erholung bes. eignet u. nach Grundsätzen u. Zielen von Raumordnung u. Landesplanung hierfür oder für den Fremdenverkehr vorgesehen ist. Im N. wird die Ldsch. als Ganzes vor Verunstaltungen u. vor Veränderungen ihrer Tier- u. Pflanzenwelt geschützt u. durch Anlage von Wanderwegen, Park- u. Rastplätzen, Schutzhütten u. ä. für den erholungsuchenden Menschen erschlossen u. gepflegt. N.s enthalten *Naturschutzgebiete* oder *Landschaftsschutzgebiete,* sind aber überwiegend naturnahe Kulturlandschaften, in denen die wirtsch. Nutzung nicht eingeschränkt ist (z.B. die durch den Menschen entstandene Lüneburger Heide, das erste Naturschutzgebiet Dtld.s [1910] u. der erste N.).

Naturphilosophie, philosoph. Fragen nach der Natur sowie nach den Grundlagen der Natur (u. a. bei Aristoteles u. den Vorsokratikern); in der Neuzeit meist als Grundlagenforschung verstanden.

Naturrecht, in der Rechtsphilosophie das überstaatl., überpositive Recht, das nicht auf menschl. Rechtssetzung oder -formung beruht. Es ist Grundlage u. Ziel der staatl. Rechtssetzung, kann aber u. U. zum staatl. Recht in Widerspruch stehen *(richtiges Recht, natürl. Recht).* Teils wird es als *ewiges, göttl. Recht* aufgefaßt, teils als das für alle Menschen einsehbare *Vernunftrecht.*

Naturschutz, alle Bemühungen um den Schutz u. die Erhaltung der Natur: Pflege u. Entwicklung von Natur u. Ldsch. im besiedelten u. unbesiedelten Bereich, nachhaltige Sicherung der Leistungsfähigkeit des Naturhaushaltes, der Pflanzen- u. Tierwelt, der Vielfalt, Eigenart u. Schönheit von Natur u. Ldsch. Geschützt werden Einzelobjekte *(Naturdenkmäler,* Pflanzen- u. Tierarten) oder ganze Lebensgemeinschaften. Der *Artenschutz* ist gemäß den modernen Erkenntnissen der Ökologie am erfolgreichsten durch *Biotopschutz,* d. h. unter Einbeziehung der gesamten Umwelt gefährdeter Arten. Der *Flächenschutz* unterscheidet nach Zielsetzung u. rechtl. Stellung die Begriffe *Landschaftsschutzgebiet, N.gebiet, Naturpark* u. *Nationalpark.* – Der moderne N. trennt die herkömml. Aufgaben der reinen Erhaltung *(konservierender N.)* vom *gestaltenden N.,* der aktiv Einfluß zu nehmen sucht auf die Gestaltung der natürl. Umwelt, auch der des Menschen. Aktuelle Probleme des gestaltenden N.es sind: die Pflege der Gewässer u. des Waldes, die

Naturschutz: Taucher der Umweltorganisation Greenpeace nehmen Wasserproben vor einem Kernkraftwerk

Naturschutz: ein durch ausgelaufenes Öl getöteter Meeresvogel

Eindämmung der Verschmutzung von Luft, Wasser u. Boden durch Chemikalien (Ind., Landw.), der Schutz der Naturlandschaft vor Müll, vor Zerstückelung durch Ind.- u. Verkehrsanlagen, vor Zersiedelung u. a. Mit der Einsicht in die zunehmende Gefährdung der natürl. Lebensgrundlagen durch die menschl. Nutzung hat sich der N.begriff zum Begriff des *Umweltschutzes* fortentwickelt. –

N.gebiet, Gebiet, das bes. Schutz von Natur u. Ldsch. erfordert: 1. zur Erhaltung von Lebensgemeinschaften oder -stätten bestimmter wildwachsender Pflanzen bzw. wildlebender Tierarten, 2. aus wiss., naturgesch. oder landeskundl. Gründen oder 3. wegen ihrer Seltenheit, bes. Eigenart oder hervorragenden Schönheit. Handlungen, die zur Zerstörung, Beschädigung oder Veränderung des N.gebiets oder seiner Bestandteile oder zu nachhaltiger Störung führen können, sind verboten.

Naturvölker, Menschengruppen (Stämme, Sippen, Kasten u. ä.) abseits der techn. Zivilisation mit starker Abhängigkeit von Natur u. religiösen Vorstellungen. Die N. leben heute in Rand- oder Rückzugsgebieten. Ihre Zahl geht ständig zurück, teils durch Aussterben, teils durch Aufgehen in anderen Volksgruppen oder durch Angleichung ihrer Kultur. Der Wirtschaftsform nach werden sie aufgeteilt in *Wildbeuter-, Hirten-, Grabstock-, Hackbau-* u. *Ackerbauvölker.*

Naturwissenschaften, Wiss. von den Naturerscheinungen u. -gesetzen. Man kann den *exakten N.* (Physik, Chemie) die vorw. *beschreibenden N.* (Biologie einschl. Mikrobiologie u. Paläontologie, Geographie, Geologie, Kristallographie u. a.) gegenüberstellen. Aufgabenbereiche der N. sind v. a. die zweckfreie Forschung *(Grundlagenforschung),* die die Naturgesetze sucht, u. die *angewandte Forschung,* die durch Naturerkenntnis zu Naturbeherrschung zu gelangen sucht (z.B. Technik u. Medizin).

Nauen, Krst. in Brandenburg, 12 000 Ew.; ehem. Großfunkstelle der Dt. Post; Zuckerfabrik.

Nauheim, *Bad N.,* Stadt in Hessen, am Ostfuß des Taunus, 27 000 Ew.; eisen- u. radiumhaltige Kochsalzthermen (34 °C), Moorbäder; Salzmuseum; Max-Planck-Inst. (Herzforschung).

Naumann, Friedrich,* 1860,† 1919, dt. Politiker; gründete 1896 den *Nationalsozialen Verein;* erstrebte eine demokrat. u. soz. Umbildung von Staat u. Wirtsch.; Mitgl. des Reichstags (seit 1907) u. Mitgr. der *Dt. Demokrat. Partei* 1918 u. deren Vors. 1919.

Naumburg (Saale), Krst. in Sachsen-Anhalt, an der Mündung der Unstrut in die Saale, 32 000 Ew.; roman.-got. Dom (12.–14. Jh.) mit berühmten 12 Stifterfiguren; versch. Ind.

Naupaktos → Navpaktos.

Nauplion → Navplion.

Nauplius, typ. Larvenform der *Ruderfußkrebse, Rankenfußkrebse* u. einiger *Muschelkrebse.*

Nauru, Inselstaat im nördl. Pazifik, Koralleninsel mit Hügelk. Kern, nahe am Äquator, 21,4 km², 8000 Ew. (meist Polynesier), Hptst. *Yaren;* bed. Phosphatabbau.

Geschichte. 1888–1914 Kolonie des Dt. Reichs, 1920–47 unter Mandatsverw. des Völkerbunds, 1942–45 jap. besetzt, 1947–68 UN-Treuhandgebiet, seit 1968 unabhängige Republik.

Nauru

Nausea, Übelkeit, Schlechtwerden; *N. marina,* die Seekrankheit.

Nausikaa, in Homers »Odyssee« Tochter des Phäakenkönigs *Alkinoos.*

Nautik, Schiffahrtskunde.

Nautilusboot, *Schiffsboot,* Gatt. der *Vierkiemer* mit vielkammerigem, gasgefülltem Kalkgehäuse, das spiralig aufgerollt ist u. in dessen äußerer u. größter Kammer das eigtl. Tier sitzt.

Navaho [ˈnævəhou], span. *Navajo,* eigener Name *Diné,* volkreichster Indianerstamm der *Athapasken* in N-Amerika; bekannt wegen ihrer reichgemusterten Wolldecken u. Silberschmiedearbeiten; leben in Reservationen in Arizona, New Mexico u. Utah.

Navarra, frz. *Navarre,* histor. Ldsch. beiderseits der westl. Pyrenäen; gehörte zur Span. Mark des Frankenreichs; seit 905 bask. Kgr. mit Hptst. Pam-

Nautilus oder Schiffsboot, einziger rezenter vierkiemiger Kopffüßer

plona; seit 1234 unter frz. Dynastien; 1512 (südl. Teil) an Spanien u. 1589 (nördl. Teil) durch *Heinrich von N.* (Heinrich IV.) an Frankreich.

Navigation, eigtl. die Schiffahrtskunde *(Nautik),* heute allg. die Bestimmung des Standorts u. Kurses von Schiffen u. Luft- u. Raumfahrzeugen; meist durch Anpeilen von Funksendern.

Navigationsakte, 1651 von O. *Cromwell* eingeführtes Gesetz zur Förderung des engl. Seehandels; ließ für die Einfuhr ausländ. Waren nur engl.

Navaho: Hirte mit seiner Schafherde im Monument Valley

Schiffe bzw. Schiffe des Ursprungslandes zu; 1849 aufgehoben.

Navpaktos, *Naupaktos, Nafpaktos,* ital. *Lepanto,* mittelgrch. Ort am Golf von Korinth, 8000 Ew.; mittelalterl. Festung *Lepanto.*

Navplion, *Nauplion, Nafplion,* grch. Hafenstadt auf dem Peloponnes, am Golf von Argolis, 11 000 Ew.; 1831–34 erster grch. Regierungssitz.

Navrátilová, Martina, * 18.10.1956, US-amerik. Tennisspielerin tschech. Herkunft; mehrf. Wimbledonsiegerin (zuletzt 1990); erreichte 1993 die Rekordzahl von 166 Turniersiegen.

Naxos, grch. Kykladeninsel im Ägäischen Meer, 428 km², 14 000 Ew., Hauptort *N.;* Abbau von Marmor; Gemüse-, Obst- u. Weinanbau; Fremdenverkehr.

Nay, Ernst Wilhelm, * 1902, † 1968, dt. Maler u. Graphiker; ungegenständl. Kompositionen in leuchtenden Farben.

Nazarener, 1. 1809 von F. *Overbeck, F. Pforr* u. a. gegr. dt. Malervereinigung, die sich zu streng religiöser, sittl. einwandfreier Lebensführung verpflichtete u. für ihre Werke nur Themen religiöser

Art wählte: Ihr Stil ist durch strenge Linearität u. kühle Farbgebung gekennzeichnet. – **2.** *Nazaräer,* Beiname Jesu u. seiner Anhänger sowie jüd. Bez. für die Urchristen.

Nazareth, hebr. *Nazeret,* arab. *An Nasira,* isr. Stadt am Rand Untergalilääs, 48 000 Ew.; neben Jerusalem die größte Arabersiedlung in Israel; christl. heilige Stätten: Verkündigungskirche, Marienquelle.

Nazca-Kultur ['naska-], *Nasca-Kultur,* altindian. vorgeschichtl. Hochkultur (100–800 n. Chr.) in Peru; Stadtkultur mit Tempelanlagen u. pyramidenähnl. Gebäuden, Kunsthandwerk (v. a. mehrfarbige Tongefäße) u. »Scharrbilder« in Form von geometr. Gebilden u. Tierfiguren.

Nazi, Kurzwort für *Nationalsozialist.*

n. Chr., Abk. für *nach Christi (Geburt).*

N'Djaména, fr. *Fort-Lamy,* Hptst. der afrik. Rep. Tschad, 512 000 Ew.; Univ.; Flughafen.

Ndola, Prov.-Hptst., Handels- u. Verkehrszentrum des Copper Belt in Sambia (Afrika), 418 000 Ew.; Bergbau, vielseitige Ind.; Flughafen.

NDPD, Abk. für *National-Demokratische Partei Deutschlands.*

NDR, Abk. für *Norddeutscher Rundfunk.*

Ndzuwani, fr. *Anjouan,* Insel in der Gruppe der Komoren, 425 km², 138 000 Ew., Hauptort *Mutsamudu.*

Ne, chem. Zeichen für *Neon.*

Neandertal-Gruppe [nach einem Fund (1856) im *Neandertal* zw. Düsseldorf u. Wuppertal-Elberfeld], *Altmenschen* (*Homo sapiens neanderthalensis*), eine frühe Form des *Homo sapiens* aus dem Jungpleistozän (Würm) Europas, Asiens u. Afrikas; vom Jetztmenschen (*Homo sapiens*) abweichende Merkmale: niedrige Scheitelhöhe, fliehende Stirn, starke Überaugenwülste, stark entwickelter Gesichtsschädel, unentwickeltes Kinn, breite Nase, hohe u. breite Augenhöhlen. Früher hielt man die N. für unmittelbare Vorfahren der Jetztmenschen; heute ordnet man sie einem blind endenden Seitenzweig der Menschenentwicklung zu.

Neapel, ital. *Nàpoli,* südital. Hafenstadt am *Golf von N.,* Hptst. von *Kampanien* u. der Prov. N., 1,2 Mio. Ew.; Univ. (1224) u. versch. HS; Museen; Königl. Palast (17. Jh.), got. Dom (13./14. Jh.), Kastell dell'Ovo, Palazzo Cuomo (15. Jh.); vielseitige Ind. – G e s c h. Ehem. Kgr. (S-Italien u. Sizilien) im 11. Jh. von Normannen erobert, durch Heirat (1186) an die Staufer, 1495 vorübergehend an Frankreich, 1504 an Spanien, 1713 an Östr., 1734 an die span. Bourbonen; nach frz. Herrschaft (1799–1815) Vereinigung zum Kgr. beider Sizilien (1816), 1861 Angliederung an das neue Kgr. Italien.

Neapolitanische Schule, die von A. *Scarlatti* ausgehende ital. Kompositionsschule des 18. Jh., die als »Schule des schönen Stils« großen Einfluß auf die Entwicklung der Oper gewann; Mitgl. u. a.: F. *Provenzale,* G. B. *Pergolesi,* D. *Cimarosa,* N. *Jommelli,* G. *Paisiello.*

Nebel, 1. Sammelbez. für alle flächenhaft ausgedehnten Objekte des Himmels, die nicht dem Sonnensystem angehören. Es werden heute unterschieden: 1. *extragalakt. N.* (darunter die *Spiralnebel*), Fixsternsysteme außerhalb des Milchstraßensystems; 2. *galakt. N.,* Objekte, die dem Milchstraßensystem selbst angehören, u. zwar: a) *planetar. N.,* neblige (meist expandierende) Hüllen um Sterne, die eine Explosion durchgemacht haben; b) *diffuse N.,* weiträumige Ansammlung von interstellarer Materie. – **2.** Wolken am Erdboden, die die Sicht bis unter 1 km herabsetzen. N. entsteht durch Abkühlung feuchter Luft unter den Taupunkt. Er besteht aus schwebenden Tröpfchen mit Durchmesser von 0,018 mm. Als *Hoch-N.* bezeichnet man eine tiefliegende Schichtwolke.

Nebel, 1. Gerhard, * 1903, † 1974, dt. Schriftst.; an der Antike orientierte Essays. – **2.** Rudolf, * 1894, † 1978, dt. Raketenpionier.

Nebelhorn, Signalgerät für Schiffe im Nebel; z.B. Dampfpfeife, Typhon, Sirene.

Nebelhorn, Berggipfel in den Allgäuer Alpen, bei Oberstdorf, 2224 m.

Nebelkammer, *Wilsonsche N.,* Gerät zum Sichtbarmachen der Bahnen elektr. geladener Teilchen, die z.B. aus einem radioaktiven Präparat oder aus der Höhenstrahlung stammen.

Nebelkrähe → *Krähen.*

Nebenhoden, dem Hoden aufsitzendes Organ, Speicher für die im Hoden gebildeten Spermien.

Nebenhöhlen, an den Nasenraum mit feinen Gängen angeschlossene Höhlen versch. Größe, die

Neandertaler, Homo neanderthalensis (Rekonstruktion)

mit Schleimhaut ausgekleidet u. normal luftgefüllt sind: im Stirnbein die beiden *Stirnhöhlen,* im Keilbein die *Keilbeinhöhlen,* im Nasendach die zahlr. kleinen *Siebbeinhöhlen,* im Oberkiefer die *Kieferhöhlen.* – *N.entzündung, N.katarrh, Sinusitis,* entzündl., seröse oder eitrige Erkrankung der N.

Nebenklage, Beteiligung an einem Strafverfahren als Ankläger neben dem Staatsanwalt. Zur N. sind berechtigt: wer Privatklage erheben darf, Angehörige eines durch eine Straftat Getöteten, die durch eine Straftat Verletzten nach erfolgreichem Klageerzwingungsverfahren, ferner der Bundes-Präs. u. bestimmte Staatsorgane oder ihre Mitgl. im Fall ihrer Verunglimpfung.

Nebenmeer, ein Meeresgebiet, das durch Festlandflächen oder Inselketten vom Ozean teilw. getrennt ist.

Nebennieren, beiderseits dem oberen Nierenpol aufsitzende, beim Menschen 11–18 g schwere Organe mit hormoneller Funktion. – *N.mark,* Produktionsort der Hormone *Adrenalin* u. *Noradrenalin.* – *N.rinde,* Produktionsort von *Gluco-* u. *Mineralocorticoiden* u. *androgenen Hormonen.*

Nebensatz, für sich allein unverständl., einem *Hauptsatz* untergeordneter (ihm vorausgehender, folgender oder eingeschobener) Satz.

Nebenschilddrüsen, *Epithelkörperchen,* Drüsen innerer Sekretion bei Wirbeltieren, die entwicklungsgeschichtl. dem Epithel des Kiemendarms entstammen; beim Menschen vier etwa erbsengroße Drüsen, die hinter der Schilddrüse liegen u. den Kalkstoffwechsel regeln.

Nebenschluß, elektr. N., der Zweig einer Parallelschaltung, der den größeren Widerstand (*N.widerstand, Shunt*) aufweist u. daher nur einen Bruchteil des Gesamtstroms aufnimmt.

Nebensonne, heller, häufig farbiger, durch Brechung u. Spiegelung an Eiskristallen entstandener Fleck in Eiswolken, ebenso hoch über dem Horizont wie die Sonne, gewöhnl. in etwas mehr als 20° Abstand von ihr.

Nebenwinkel, *Supplementwinkel,* Winkel, die den Scheitel u. einen Schenkel gemeinsam haben. Ihre anderen Schenkel bilden eine Gerade. Summe zweier N.: 180°.

Neblina, *Pico da N.,* höchster Berg Brasiliens, in der Serra Imeri, 3014 m.

Nebraska, Gliedstaat der → *Vereinigten Staaten von Amerika.*

Nebukadnezar, Könige von Babylonien: **1. N. I.,** etwa 1128–1106 v. Chr.; verschaffte Babylon für kurze Zeit die Vorherrschaft. – **2. N. II.,** 605–562 v. Chr.; bedeutendster König der Chaldäer-Dynastie; eroberte Syrien (Sieg über *Necho II.* 605 v. Chr.), vernichtete den Staat Juda (597 v. Chr. Einnahme Jerusalems) u. führte die jüd. Oberschicht in die »Babylonische Gefangenschaft«.

nebulös, unklar, verschwommen.

Neckar, r. Nbfl. des Rhein, 371 km; mündet bei Mannheim; 202 km schiffbar (kanalisierte Strecke bis Plochingen).

Neckargemünd, Stadt in Ba.-Wü., am Neckar, östl. von Heidelberg, 15 000 Ew.; Leder-, Textil- u. landw. Ind.

Neckarsulm, Stadt in Ba.-Wü., am Neckar, 22 000 Ew.; Motoren-, Metall- u. Textil-Ind.

Necker [nɛ'kɛːr], Jacques, * 1732, † 1804, frz. Staatsbeamter u. Bankier; Fin.-Min. 1777–81 u. 1788–89/90; setzte 1789 die Einberufung der Generalstände durch.

Neckermann, Josef, * 1912, † 1992, dt. Versandkaufmann; erfolgr. Dressurreiter (Goldmedaille 1964 u. 1968, Weltmeister 1966); Vors. der Stiftung Dt. Sporthilfe. – 1948 Gründung der *Textilgesellschaft N. KG* (1950 *N. Versand KG*), seit 1977 Tochtergesellschaft der *Karstadt AG.*

Nedbal, Oskar, * 1874, † 1930 (Selbstmord), tschech. Komponist, Bratschist u. Dirigent (Operetten, Ballette).

Neefe, Christian Gottlob, * 1748, † 1798, dt. Komponist; Lehrer L. van *Beethovens.*

Néel [ne'ɛl], Louis Eugène Felix, * 22.11.1904, frz. Physiker; arbeitete über die Natur des Magnetismus; Nobelpreis 1970.

Neer, Aert van der, * 1603/04, † 1677, ndl. Maler (v. a. Landschaftsbilder).

Neffe, Sohn des Bruders oder der Schwester.

Negation, Verneinung, Ablehnung, Gegenteil.

negativ, ablehnend (z.B. Antwort, Bescheid); nachteilig (z.B. Entwicklung, Tendenz); schlecht (z.B. Charakterzug); kleiner als Null (Math.).

Negativ, photograph. Bild, dessen helle Partien den Schatten u. dessen dunkle Partien den Lichtern des Aufnahmeobjekts entsprechen. *Farb-N.e* sind tonwertvertauscht u. komplementärfarbig.

Neger, Hauptteil der farbigen Bev. Afrikas südl. der Sahara (rd. 200 Mio.), heute meist als Afrikaner oder Schwarze bezeichnet; die kennzeichnende Gruppe der *negriden Rasse;* kamen durch Sklaven-

Neapel; im Hintergrund der Vesuv

handel in großer Zahl in die Südstaaten der USA, nach Westindien u. S-Amerika.

Negev, *Negeb*, Wüstengebiet im S Israels, zw. Elat, Totem Meer u. der Mittelmeerküste bei Ashqelon u. Gaza, Hauptort *Beer Sheva*; seit 1948 durch künstl. Bewässerung in Kultur genommen; Bodenschätze (v. a. Phosphate u. keram. Rohstoffe).

Négligé [negli'ʒe], leichtes Haus- u. Morgengewand.

Negrelli, Alois, Titter von *Moldelbe*, *1799, †1858, östr. Ing.; entwarf die Pläne zum Suezkanal.

Negri, 1. Ada,* 1870, †1945, ital. Schriftst. (v. a. soz. u. religiöse Lyrik). – 2. Pola, eigtl. Barbara Apolonia *Chaluek,* *1897, †1987, dt.-amerik. Filmschauspielerin poln. Herkunft; verkörperte v. a. mondäne Frauen- u. Vamptypen.

Negride, die dunkelhäutigen, kraushaarigen Rassen Afrikas, SO-Asiens u. der Südsee (*Ost-N.*).

Negritos, *Negritide*, zwergwüchsige, dunkelhäutige, kurz-kraushaarige Bevölkerungsschicht (Pygmäen) in SO-Asien; nomadisierende Wildbeuter, z.B. *Andamaner* u. *Aetas.*

Négritude [-'ty:d], von A. *Césaire* 1939 geprägter Begriff für die Rückbesinnung der Afrikaner u. Afroamerikaner auf die Werte der altafrik. Kulturtradition. Die bekanntesten Schriftst. der N. sind A. Césaire, L.S. Senghor u. L. *Damas.*

Negroide, negerähnl. Rassengruppen.

Negros, Philippineninsel nw. von Mindanao, im *Canlaón-Vulkan* 2464 m; 12703 km², 2,7 Mio. Ew., Hauptorte *Bacolod* u. *Dumaguete.*

Negro Spiritual ['ni:grou 'spiritjuəl], kurz *Spiritual*, religiöser Gesang der Schwarzen in den USA, als Folge der Berührung mit dem Christentum im 18. Jh. entstanden; urspr. ohne instrumentale Begleitung; eine der Quellen des *Jazz*; heute durch den *Gospel Song* ersetzt.

Negulesco [negə'lεskou], Jean, *1900, †1993, US-amerik. Filmregisseur; W »Untergang der Titanic«, »Ein gewisses Lächeln«.

Negus, Titel des Kaisers von Äthiopien (seit dem 13. Jh.).

Nehemja, jüd. Statthalter des pers. Königs *Artaxerxes I.*; Gestalt des AT.

Neher, Erwin, *20.3.1944, dt. Physiker; erforschte die Ionenkanäle der Zellen. 1991 Nobelpreis für Medizin zus. mit B. *Sakmann.*

Nehru, Jawaharlal, gen. Pandit N. [»Gelehrter«],

Nehru

*1889, †1964, ind. Politiker (Kongreßpartei); Anhänger Gandhis, zw. 1929 u. 1954 mehrf. Präs. der Kongreßpartei, 1947–64 Min.-Präs. u. Außen-Min.; verfolgte eine Politik des blockfreien Neutralismus. Seine Tochter war Indira *Gandhi*.

Nehrung, schmale, langgestreckte Landzunge, welche die dahinterliegende Meeresbucht (*Haff*) vom offenen Meer abschließt.

Neidhart von Reuenthal, *Neithart von Reuental*, *1180/90, †nach 1237, ritterl. mhd. Minnesänger; wandte sich gegen die höf. Überfeinerung u. versetzte das Minnelied in die Welt des Bauerntanzes (»körperl. Dichtung«). Später wurde er zur Gestalt des dt. Fastnachtspiels (*Neidhartspiel*).

Neill [ni:l], Alexander Sutherland, *1883, †1973, brit. Pädagoge; gründete 1921 die Internatsschule *Summerhill* in S-England, wo er die Grundsätze einer *antiautoritären Erziehung* zu verwirklichen suchte.

Horatio, Viscount of Nelson; Gemälde von F. L. Abbett

Neiße, poln. *Nysa*, zwei linke Nebenflüsse der Oder: 1. *Görlitzer* oder *Lausitzer N.*, 252 km; Grenzfluß zw. Polen u. Brandenburg/Sachsen, die sog. Oder-Neiße-Linie. – 2. *Glatzer N.,* 182 km; mündet sö. von Brieg.

Neisse, poln. *Nysa*, Stadt in Schlesien (Polen), an der Glatzer Neiße, 42000 Ew.; mittelalterl. Stadtanlage; Eisen-, Masch.-, Automobil- u. a. Ind.

Neisser, Albert, *1855, †1916, dt. Dermatologe; entdeckte 1879 den Erreger der Gonorrhoe.

Neithardt, *Nithardt*, Mathis, änderte seinen Familiennamen in *Gothardt*, gen. →Grünewald.

Nekrassow, 1. Nikolaj Alexejewitsch, *1821, †1878, russ. Schriftst.; schrieb soz. u. polit. engagierte Gedichte. – 2. Wiktor Platonowitsch, *1911, †1987, russ. Schriftst.; schrieb v. a. vom Kriegserlebnis bestimmte Romane.

Nekrobiose, langsames Absterben von Zellen u. Geweben.

Nekrolog, Totenverzeichnis, Nachruf.

Nekromantie, Totenbeschwörung, das Wahrsagen durch Zitieren Verstorbener.

Nekrophilie, *sexuelle Leichenschändung*, sexuelle Handlungen an Leichen.

Nekropole, Totenstadt, Begräbnisstätten des Altertums u. der vorgeschichtl. Zeit.

Nekrose, örtl. begrenzter Gewebstod, das Absterben von Geweben, Organen oder Teilen von ihnen.

Nektar, 1. von den *Nektarien* (Honigdrüsen) ausgeschiedener, zuckerhaltiger Saft, der von Insekten aufgenommen wird. – 2. in der grch. Myth. der Trank der Götter, der Unsterblichkeit verleiht.

Nektarinen, Pfirsichsorten mit glattschaligen Früchten.

Nektarvögel, *Honigsauger*, Nectariniidae, Fam. der *Sperlingsvögel*; von Afrika über Vorder-, S- u. O-Asien bis NO-Australien verbreitet; langer, dünner, leicht gekrümmter Schnabel, mit dem sie Nektar aus Blüten schlürfen.

Nekton, die mit eigener Kraft schwimmend sich fortbewegende Tierwelt des Wassers; Ggs.: *Plankton.*

Nelke, *Dianthus*, Gattung der *Nelkengewächse* (→Pflanzen) mit weiter Verbreitung in Europa, Asien u. Afrika, bes. im Mittelmeergebiet; in Dtld. z.B. *Heide-N., Karthäuser-N.,* kultiviert z.B. *Garten-N., Bart-N.* u. *Feder-N.*

Nelkenöl, *Oleum Caryophylli*, äther. Öl aus den Blütenknospen des *Gewürznelkenbaums.*

Nelkenpfeffer, *Gewürzkörner* →Pimentbaum.

Nelkenwurz, *Geum*, Gatt. der *Rosengewächse*; Stauden mit gefiederten Blattrosetten u. gelben, seltener roten oder weißen Blüten; hierzu: *Echte N., Berg-N., Kriechende N.*

Nell-Breuning, Oswald von, *1890, †1991, dt. Sozialwissenschaftler; vertrat die christl.-kath. Wirtschafts- u. Gesellschaftslehre des *Solidarismus.*

Nelson ['nɛlsən], Horatio, Viscount of (1801), *1758, †1805, brit. Admiral; besiegte die span. Flotte bei Kap *St. Vincent* 1797, die frz. Flotte bei *Abukir* 1798, zerstörte die dän. Flotte bei Kopenhagen 1801 u. sicherte mit dem Sieg über die span.-frz. Flotte bei *Trafalgar* 1805 die brit. Alleinherrschaft über die Meere.

Nematoden →Fadenwürmer.

Němcová ['njɛmtsɔva:], Božena, *1820, †1862, tschech. Schriftst. (Erzählungen aus dem tschech. Volksleben).

Nemesis →griechische Religion.

NE-Metalle, Abk. für *Nichteisenmetalle.*

Nemeter, *Nemetes*, germ. Volksstamm am Mittelrhein; Hauptort *Noviomagus Nemetum* (das heutige Speyer).

Nemrut Daği, 1. 3050 m hohes Vulkanmassiv (Krater mit 8 km Durchmesser) in O-Anatolien (Türkei), westl. des Vansees. – 2. Kalksteinplateau in SO-Anatolien, südl. von Malatya, auf ihm befinden sich die Überreste eines Totentempels *Antiochos' I.* von Kommagene.

Nenner →Bruch.

Nennform →Infinitiv.

Nenni, Pietro, *1891, †1980, ital. Politiker (Sozialist); baute seit 1943 die Sozialist. Partei wieder auf; 1945/46 u. 1963–68 stellv. Min.-Präs., 1946/47 u. 1968/69 Außen-Min.; 1966–69 Präs. der wiedervereinigten Sozialist. Partei, die nur diese 3 Jahre Bestand hatte.

Nennleistung, Leistungsfähigkeit von Maschinen in bezug auf den Energieverbrauch als Grundlage für die Bewertung des Energieeinsatzes u. -verbrauchs.

Nennspannung, Spannung, für die ein elektr. Gerät oder ein Stromkreis bemessen ist. Meist ist im Betrieb ein Abweichen um einen bestimmten Prozentsatz zulässig (*Betriebsspannung*).

Nennwert, *Nominalwert*, die auf Wertpapieren u. Geldscheinen oder Münzen aufgedruckte oder eingeprägte Wertangabe; entspricht nicht immer dem tatsächl. dafür gezahlten Preis (*Kurswert*).

Nenzen, fr. *Jurak-Samojeden*, Polarvolk mit finn.-ugr. Sprache in Rußland, im westsibir. Tiefland, im Mündungsgebiet des Ob u. auf Inseln u. Halbinseln der Nordpolarmeerküste; fr. nomad. Rentierzüchter u. Jäger, heute seßhaft.

neo..., Wortbestandteil mit der Bed. »neu«, »jung«; vor Vokal meist *ne...*

Neodarwinismus, Weiterentwicklung der Selektionstheorie C. *Darwins* (*Darwinismus*). Der N. geht von der *Population* als Evolutionseinheit aus, in deren *Genpool* (Gesamtheit der in einer Population vorhandenen Gene) sich entwicklungsgeschichtl. Veränderungen vollziehen. Hauptfaktoren, deren Zusammenwirken diese Veränderungen hervorrufen, sind nach dem N. *Mutabilität* (durch Mutationen ermögliche Veränderungen des Erbanlagenmaterials), *Selektion* (natürl. Auswahl), *Zufallsereignisse* u. *Isolation* (Abtrennung von der übrigen Population).

Neodym →chemische Elemente.

Neofaschismus, faschist. Bestrebungen nach dem 2. Weltkrieg, bes. in Dtld. u. Italien. In Dtld. werden neofaschist. Aktivitäten auch als *Neonazismus* bezeichnet. Seit 1946 bildeten sich in der BR Dtld. zum N. neigende Parteien: die *Deutsche Reichspartei* (DRP, 1946–65); die 1949 gegr. *Sozialist. Reichspartei*, die 1952 vom Bundesverfassungsgericht verboten wurde; die 1964 gegr. *Nationaldemokrat. Partei Deutschlands* (NPD). Daneben gab u. gibt es eine Vielzahl kleinerer neonazist. Gruppen, die teilweise vor Gewaltanwendung nicht zurückschrecken. Bes. unter den rechtsextremen *Skinheads* besteht eine hohe Gewaltbereit-

Nemrut Daği (2): die wiederaufgerichteten Köpfe der zerstörten Kolossalstatuen

schaft, die v. a. rassistisch motiviert ist. Wichtigste Organisation des N. in Italien ist der 1946 gegr. *Movimento Sociale Italiano (MSI, »Ital. Sozialbewegung«)*. Seit Beginn der 1980er Jahre ist eine verstärkte multilaterale Zusammenarbeit neofaschist. Organisationen zu beobachten.

Neoklassizismus, in der Architektur eine zu Beginn des 20. Jh. entstandene Bewegung gegen Historismus u. Jugendstil, die zur Wiederaufnahme klassizist. Stilelemente strebte.

Neokolonialismus, polem. Bez. für das Verhältnis der heutigen Industriestaaten gegenüber Entwicklungsländern.

Neoliberalismus, wirtschaftspolit. u. sozialphilosoph. Lehre einer liberalen Wettbewerbsordnung mit staatl. Eingriffen u. Wettbewerbsgarantien; Hauptvertreter: *W. Röpke, A. Rüstow, F.A. von Hayek, W. Eucken*.

Neolithikum, *Jungsteinzeit* → Vorgeschichte.

Neologismus, von der Sprachgemeinschaft noch nicht allg. akzeptierte Neuprägung eines Worts oder Ausdrucks.

Neomarxismus, Sammelbegriff für eine Vielzahl von Strömungen in der Nachfolge des Marxismus; in der BR Dtld. nach dem 2. Weltkrieg u. a. *W. Abendroth, E. Bloch, R. Havemann, L. Kofler* sowie die *Frankfurter Schule*.

Neon, farb- u. geruchloses Edelgas; Verwendung in Leuchtröhren für Beleuchtungs- u. Reklamezwecke. →chemische Elemente.

Neonsalmler, zwei Arten der *Salmler*, bis 4 cm große *Karpfenfische* des Amazonasgebietes: *Echte N.* u. *Rote N.* Beide Arten tragen von der Stirn bis zur Fettflosse einen strahlend blau-grün irisierenden Strich (»Neonröhre«); Aquarienfische.

Neopositivismus, die aus der Elementenlehre E. *Machs* hervorgegangene Philosophie des *Wiener Kreises*, die sich vom älteren *Positivismus* durch den engen Anschluß an die math. Logik *(Logistik)* unterscheidet.

Neorealismus →Verismus.

Neotenie, Vorverlegung der Geschlechtsreife in Jugendstadien (insbes. Larvenstadien).

Neozoikum, *Känozoikum*, die *Tertiär* u. *Quartär* umfassende Erdneuzeit; →Erdzeitalter.

Nepal, ein Staat im Himalaya, 140 797 km², 19,6 Mio. Ew., Hptst. Katmandu.

Nepal

Landesnatur. Zw. den Hauptketten des Himalaya (im Mount Everest 8848 m hoch) u. seinen südl. Vorbergen gelegen, hat N. ein gemäßigtes Monsunklima.
Die Bevölkerung besteht aus Nepali u. tibetisch-mongol. Stämmen. Fast 90% bekennen sich zum Hinduismus.
Wirtschaft. Angebaut werden für den Export

Nepal: Buddhisten-Kloster Tengpoche und der 6856 m hohe Berg Ama Dablam

Reis u. Jute. Die Viehzucht exportiert Lebendvieh. Die ehem. wichtigen Waldbestände sind stark zurückgegangen. Der Fremdenverkehr weist hohe Zuwachsraten auf.
Geschichte. 1768 eroberten die *Gurkhas* das Land. Im 18. Jh. wurde das Kgr. von Gurkhas begr. 1846 übernahm die Adelsfamilie *Rana* die Macht und regierte bis 1950 diktator. 1951 wurde N. konstitutionelle Monarchie; 1959/60 gab es ein demokrat. Mehrparteiensystem; 1962 Verf., die keine Parteien mehr zuließ *(Panchayat-System)*. Nach blutigen Unruhen 1990 hob *Birendra Bir Bikram Schah* (König seit 1972) das Parteiverbot auf. N. wurde konstitutionelle Monarchie.

Neper, Kurzzeichen N, dimensionslose Maßeinheit in der Nachrichtentechnik.

Nephelin, durchsichtiges bis trübes, auf Bruchflächen stark fettglänzendes →Mineral.

Nephrit, *Beilstein*, tonerdefreier, zäher, schwer zerbrechbarer, dunkelgrüner *Aktinolith* (»Strahlstein«); in der Steinzeit Werkzeug u. Waffe.

Nephritis, Nierenentzündung.

Nephrom, Nierengeschwulst.

Nephron, funktionelle Einheit der Wirbeltierniere, bestehend aus dem *Malpighischen Körperchen* u. einem davon abgehenden *Nierenkanälchen;* dient der Harnbildung u. -ausscheidung.

Nephrose, Sammelbez. für nichtentzündl. degenerative Nierenkrankheiten. — **nephrotisch**, zur N. gehörend, durch die N. bedingt.

Nepos, Cornelius, * um 100 v. Chr., † um 25 v. Chr., röm. Geschichtsschreiber aus Oberitalien.

Nepotismus, *Vetternwirtschaft*, die Begünstigung von Verwandten (**Nepoten**) bei der Vergabe von Ämtern u. Würden.

Nepp, Geldschneiderei, Wucher.

Neptun. **1.** röm. Meergott, →griechische Religion. — **2.** Zeichen ♆, der äußerste der vier »Riesenplaneten«, 1846 von J.G. Galle entdeckt; Rotationszeit etwa 17 Std. 50 Min.; Atmosphäre dicht, enthält Methan, Wasserstoff u. Helium; von zwei Satelliten, den *N.monden*, begleitet. →Planeten.

Neptunie, *Wassermimose, Neptunia oleracea*, Gatt. der *Mimosengewächse;* eine Schwimm- u. Sumpfpflanze, bes. im trop. SO-Asien.

Neptunium →chemische Elemente.

Nerejden, **1.** *Doriden, Meernymphen*, die 50 schönen Töchter des grch. Meer- u. Wassergotts **Nereus**, →griechische Religion. — **2.** *Nereidae*, Fam. freischwimmender *Borstenwürmer* des Meeres.

Neri, Filippo, *1515, †1595, ital. Ordensgründer (*Oratorianer* [Filippiner] 1575); bed. Persönlichkeit der Gegenreformation. — Heiligsprechung 1622 (Fest: 26.5.).

Nernst, Walther, *1864, †1941, dt. Physiker u. Chemiker; Mitbegr. der modernen physikal. Chemie; entdeckte das *N.sche Wärmetheorem*, den 3. Hauptsatz der Wärmelehre; konstruierte 1897 die **N.-Lampe** (**N.-Stift, N.-Brenner**), die aus einem elektr. zum Glühen gebrachten Stäbchen aus Erdmetalloxiden besteht u. ein sehr weißes Licht gibt; Nobelpreis für Chemie 1920.

Nero, Claudius Drusus Germanicus Caesar, *37, †68, röm. Kaiser 54–68; wegen seiner Grausamkeit berüchtigter Despot; ließ seine erste Frau *Octavia* u. seine Mutter ermorden u. war an dem Tod seiner zweiten Frau *Poppaea Sabina* schuldig. Den Verdacht, den Brand Roms 64 selbst verursacht zu haben, wälzte er auf die Christen ab, die er in großer Zahl hinrichten ließ. Er endete durch Selbstmord, als bei einem Aufstand in Gallien u. Spanien *Galba* zum Kaiser aufgerufen u. er selbst zum Staatsfeind erklärt worden war.

Nero, Franco, *23.11.1941, ital. Schauspieler, u. a. in »Django«.

Neruda, **1.** ['ne-], Jan, *1834, †1891, tschech. Schriftst. u. Journalist; Wegbereiter des tschech. Realismus (humorvoll-charakterist. Prager Milieustudien). — **2.** [ne'ruða], Pablo, eigtl. Neftalí Ricardo *Reyes Basualto*, *1904, †1973, chilen. Schriftst.; polit. Lyriker im Dienst des Kommunismus; Ⓦ »Der große Gesang«; »Ich bekenne, ich habe gelebt« (Autobiographie); Nobelpreis 1971.

Nerva, Marcus Cocceius, *30, †98, röm. Kaiser 96–98 n. Chr.; adoptierte *Trajan* u. machte ihn zum Mitregenten.

Nerval, Gérard de, eigtl. G. *Labrunie*, *1808, †1855 (Selbstmord), frz. Schriftst.; Romantiker, von der dt. Dichtung der Klassik u. Spätromantik beeinflußt.

Nerven, **1.** die aus Nerven- oder Ganglienzellen gebildeten Organe (*Faserbahnen*) zur Übertragung

Nervenzellen 617

der Erregungen von Sinnesorganen auf Erfolgsorgane (z.B. Muskeln, Drüsen); z. T. auch Träger von Erregungsabläufen, die nicht auf äußere Reize zurückgehen *(autonome Tätigkeiten).* Die N. vermitteln Bewegungs- u. Empfindungsimpulse, regeln die Drüsentätigkeit, die Gewebsernährung, die Gewebsspannung u. bilden in ihrer Gesamtheit das *Nervensystem.* — **2.** *Flügeladern* der Insekten. — **3.** Hauptleitbündelstränge der Blätter ein- u. zweikeimblättriger Pflanzen.

Nervenentzündung, *Neuritis*, schmerzhafte u. mit Funktionsstörungen verbundene Erkrankung der Nerven auf entzündl. Basis. Sind mehrere Nerven befallen, spricht man von *Polyneuritis*.

Nervengase, chem. Kampfstoffe, die im 2. Weltkrieg in Dtld. entwickelt, in großen Mengen hergestellt, aber nicht eingesetzt worden sind. Bekannte N. sind: *Tabun, Sarin, Soman.* Neuere Forschungen auf diesem Gebiet werden geheimgehalten.

Nervengewebe, Gewebe, aus dem das *Nervensystem* aufgebaut ist; besteht aus erregungsleitenden *Nervenzellen* u. stützenden u. ernährenden *Gliazellen.*

Nervengifte, speziell das Nervensystem angreifende Gifte: u. a. Kohlenwasserstoffe, Alkohol(e), Ether, Nervengase, Schlangengifte, versch. Erregergifte (Diphtherie, Kinderlähmung); i.w.S. auch Betäubungs- u. Rauschmittel, Alkaloide u. a.

Nervenschock, ein Schock aufgrund seel. Erlebnisse (Angst, Erschrecken, Freude).

Nervensystem, Gesamtheit des reizleitenden u. verarbeitenden *Nervengewebes.* Es steuert alle Körperfunktionen u. besteht beim Menschen aus Zentral-N., peripherem N. u. vegetativem N. (Eingeweide-N.). Das *Zentral-N.* als der eigtl. Steuerzentrale wird aus Gehirn u. Rückenmark gebildet. Das Gehirn reguliert alle dem Willen unterworfenen Organe; das Rückenmark dient im wesentl. als Bahn für die vom Gehirn kommenden u. zum Gehirn ziehenden Nervenbahnen. Das *periphere N.* besteht aus den vom Gehirn oder vom verlängerten Mark herkommenden *Gehirnnerven* u. den im Rückenmark entspringenden *peripheren (spinalen) Nerven,* die zum Körper u. seinen Organen ziehen u. der Bewegung u. Empfindungsaufnahme dienen. Das *vegetative N. (Eingeweide-N.)* mit Sympathikus u. Parasympathikus reguliert die Tätigkeit der inneren Organe u. steuert jene Lebensvorgänge, die normalerweise ohne unseren Willen u. ohne unser Bewußtsein ablaufen, z.B. Atmung, Verdauung, Blutkreislauf, Drüsensekretion usw. Der *Sympathikus* aktiviert die Funktionen von Herz, Lunge u. anderen Organen, richtet sie auf Leistung u. Energieverbrauch aus; der *Parasympathikus* dagegen dämpft ihre Funktionen u. sorgt für Entspannung u. Erholung.

Nervenzellen, *Neurone, Ganglienzellen*, Bauelemente der *Nervensysteme,* die auf die Erregungslei-

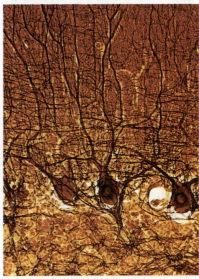

Nervenzellen (Neuronen) des menschlichen Gehirns im Schnitt

Nervenzusammenbruch

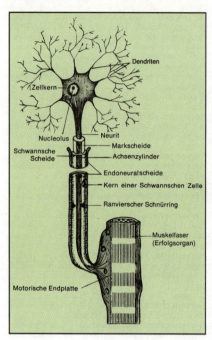

Nervenzellen: Erregungsleitung zum Erfolgsorgan

tung von Sinneszellen zu Erfolgsorganen (Muskeln, Drüsen) spezialisiert sind. Die N. können zwei Arten erregungsleitender Fortsätze *(Nervenfasern)* haben: kurze, stark verästelte *Dendriten,* die v. a. der Verbindung der N. untereinander dienen, u. bis zu 1 m lange, unverzweigte *Neuriten,* die die Erregung an andere N. u. an Erfolgsorgane weiterleiten. Oft sind Nervenfasern verschiedenster Art zu *Nerven* gebündelt.

Nervenzusammenbruch, Versagen des Nervensystems infolge seel. oder nervl. Überbeanspruchung oder Belastung.

Nervi, Pier Luigi, *1891, †1979, ital. Architekt (Bauten aus Stahlbeton mit kühnen Dachkonstruktionen).

Nervosität, Sammelbez. für funktionelle Störungen im Nervensystem. Hierunter fallen anlagemäßig bedingte *Nervenschwäche (Neurasthenie)* u. Neigung zu *Nervenstörungen (Neuropathie),* aber auch seel. Schwäche u. Krankheitsveranlagung *(Psychasthenie).*

Nerz, *Sumpfotter, Nörz,* zu den *Mardern* gehörendes braunes Pelztier von ca. 45 cm Körperlänge; lebte räuberisch an Gewässern in Mittel- u. N-Europa u. in N- u. O-Asien; großenteils ausgerottet. Der N. wird in Amerika durch den etwas größeren *Mink* vertreten, der überall in Pelztierfarmen gezüchtet wird *(Farm-N.)* u. von dort aus vielfach in Europa verwildert ist.

Nesselausschlag, *Nesselsucht, Nesselfieber, Urtikaria,* juckende, gerötete Quaddeln auf der Haut infolge Reizung der Hautnerven u. Hautblutgefäße; bes. als allerg. Reaktion.

Nesselgewächse →Pflanzen.

Nesseltiere, *Cnidaria,* ein Tierstamm der *Hohltiere;* mit *Nesselorganen (Nesselkapseln),* deren Nesselfäden zum Beutefang oder zur Verteidigung lassoartig ausgeschleudert werden. Die N. treten in zwei Gestalten auf *(Generationswechsel):* als festsitzender, oft ungeschlechtl. *Polyp* u. als freischwimmende *Meduse (Qualle).*

Nesselwang, bay. Markt in Schwaben, Wintersportplatz u. Luftkurort im Allgäu, 865 m ü. M., 3000 Ew.

Nessos, *Nessus,* in der grch. Sage ein Kentaur, der von *Herakles* getötet wird.

Nester, die von versch. Tieren (Vögel, Säugetiere, Fische, Insekten) errichteten Wohnstätten, die zur Aufzucht der Nachkommen u. (oder) als Daueraufenthalt des Einzeltiers oder des ganzen Tierverbands (bei soz. Tieren) dienen.

Nestflüchter, meist nicht wehrhafte Tiere, deren Junge sofort nach dem Schlüpfen oder nach der Geburt das Nest verlassen (z.B. Hühner, Enten, Huftiere); Ggs.: *Nesthocker.*

Nesthocker, meist wehrhafte oder versteckt lebende Tiere, deren Junge noch längere Zeit nach der Geburt oder nach dem Schlüpfen von den Eltern im Nest gehütet u. gefüttert werden (z.B. Greifvögel, Nage- u. Raubtiere); Ggs.: *Nestflüchter.*

Nestor, bei *Homer* ein grch. Held, Herrscher von Pylos; weiser u. ältester Ratgeber im Trojan. Krieg.

Nestorianer, Anhänger des Patriarchen *Nestorius;* altchristl. Sekte im Vorderen Orient, die 484 in Persien zur Hauptkirche wurde *(Nestorianismus);* breitete sich bis Indien aus *(Thomaschristen);* im 16. Jh. teilweise mit der röm. Kirche uniert *(chaldäische Kirche).*

Nestorius, *nach 381, †um 451, Patriarch von Konstantinopel 428–431; lehrte die Trennung der göttl. u. menschl. Person in Christus (nicht zwei Naturen, sondern zwei Personen); 431 auf dem Konzil zu Ephesos verurteilt.

Nestroy, Johann Nepomuk, *1801, †1862, östr. Komödiendichter u. Schauspieler; Vertreter der Altwiener Volkskomödie, wandelte die einheim. Zauberposse zur realist. biedermeierl. Lokalposse mit glänzender Charakterschilderung, urwüchsiger Komik u. drast. Gesellschafts- u. Zeitkritik um; schrieb auch witzige Parodien.

Nestwurz, *Neottia,* Gatt. der *Orchideen;* in Mitteleuropa die *Bräunl. N.,* eine gelbl. Pflanze mit schuppenförmigen Blättern u. nestartig verflochtenen Wurzeln.

Netanya, *Nathania,* isr. Küstenstadt nördl. von Tel Aviv, 112 000 Ew.; größtes Seebad Israels u. Zentrum der Diamantschleiferei.

netto, nach Abzug (z.B. von Rabatt, Skonto, Steuern, Verpackung, Kosten); Ggs.: *brutto.*

Nettoertrag, nach Abzug sämtl. Aufwendungen vom Verkaufspreis übrigbleibender Ertrag.

Nettogewicht, Gewicht einer Ware ausschl. Verpackung.

Nettokasse, bei Barzahlung: Kaufpreis ohne jeden Abzug.

Nettolohn, nach Abzug der Steuern u. der Sozialversicherungsbeiträge verbleibende, ausgezahlte Lohnsumme.

Nettopreis, niedrigster Preis, von dem kein Abzug mehr gewährt wird.

Nettoregistertonne, Abk. NRT, Raummaß bei Schiffen für die Ladefähigkeit.

Netz, 1. aus Fäden, Haar, Draht o. ä. geknüpftes Maschenwerk als Fanggerät *(Fischer-N.),* zum Schutz *(Draht-N.),* zum Befestigen *(Haar-N.)* oder als Stütze *(Gepäck-N.).* – **2.** *Omentum,* schürzenförmige Falte des Bauchfells über den Darmschlingen. – **3.** die Leitungssysteme der Post *(Fernsprech-N.)* u. der elektr. Energieversorgung *(Hochspannungs-, Orts-, Licht-N.).*

Netze, poln. *Noteć,* r. Nbfl. der *Warthe,* 388 km; entwässert im Unterlauf den *N.bruch,* mündet östl. von Landsberg (Warthe).

Netzflügler, *Planipennia, Neuroptera,* Ordnung der Insekten mit aderreichen, durchsichtigen Flügeln; z.B. Florfliegen.

Netzgewölbe, spätgot. Gewölbe mit netzartig sich überschneidenden Rippen.

Netzhaut, *Retina* →Auge.

Netzhautablösung, *Ablatio retinae, Amotio retinae,* Abhebung der Netzhaut von der Aderhaut des Auges u. dadurch in der Folge Schädigung u. Zugrundegehen der Sehzellen.

Nestwurz als grüne, assimilierende Pflanze (rechts) und als brauner Parasit

Netzmittel, chem. Verbindungen, die die Oberflächen-(Grenzflächen-)Spannung von Wasser u. anderen Lösungsmitteln herabsetzen u. dadurch eine Benetzung u. Reinigung ermöglichen.

Netzplantechnik, Verfahren zur Planung u. Überwachung von Großprojekten (z.B. Fabrikanlagen).

Netzpython, *Gitterschlange,* bis zu 9 m lange *Riesenschlange* SO-Asiens; mit gitterartigem Muster auf der Oberseite.

Netzspannung, die elektr. Spannung der Stromversorgungsnetze; in Dtld. 220 Volt (Wechselstrom) bzw. 380 Volt (Drehstrom). Seit 1987 wird umgestellt auf 230 bzw. 400 Volt.

Netzwerk, ein System mehrerer, untereinander verbundener Computer (Netzknoten), das den Austausch von Nachrichten u. die gemeinsame Nutzung von Dienstleistungen (z.B. Druckausgabe, Programme, Datenbanken) erlaubt.

Neuapostolische Kirche, aus einer 1860 begonnenen Abspaltung von der kath.-apostol. Gemeinde erwachsen; erhob das *Apostelamt* zu einem Daueramt es mit hohen Vollmachten. Der 1896 eingeführte *Stammapostel* ist der vollgültige Vertreter Christi u. darum mit absoluter Autorität ausgestattet.

Neuauflage, der (veränderte oder unveränderte) Neudruck eines schon früher veröffentlichten Werks.

Neuber, Friederike Karoline, gen. die *Neuberin,* *1697, †1760, dt. Schauspielerin u. Theaterleiterin; setzte mit ihrer Wandertruppe den Stil der frz. Klassik gegen den damals noch volkstüml. Hanswurstspiele durch.

Neuberger, Hermann, *1919, †1992, Sportfunktionär; 1975-92 Präs. des Dt. Fußball-Bundes.

Neubrandenburg, Krst. in Mecklenburg, an der Tollense, 91 000 Ew.; alte Stadtmauer, got. Backsteinbauten; Maschinenbau, chem., Nahrungsmittel- u. Bau-Ind.

Neubraunschweig, dt. Name für die kanad. Prov. *New Brunswick.* →Kanada.

Neuburg an der Donau, Krst. in Bay., westl. von Ingolstadt, 25 000 Ew.; histor. Altstadt mit gut erhaltener Stadtummauerung, altes Residenzschloß (15./17. Jh.); versch. Ind.

Neuchâtel [nøʃaˈtɛl], frz. Name des schweiz. Kt. *Neuenburg.* →Schweiz.

Neu-Delhi, Hptst. Indiens, sw. Stadtteil von →Delhi.

Neudeutsche Schule, im 19. Jh. eine Gruppe von Musikern, die sich den von R. *Wagner* vertretenen Grundsätzen anschloß u. sich bes. für das Musikdrama u. die sinfon. Dichtung einsetzte. Neben Wagner u. F. Liszt waren H. von Bülow, P. Cornelius, K. Klindworth, J. Raff, K. Tausig u. H. Wolf die bed. Vertreter dieser Richtung, die bis zu R. Strauss weiterwirkte.

Neue Hebriden, Inselgruppe in Melanesien, bildet seit 1980 den selbst. Staat →Vanuatu.

Neue Linke, zusammenfassende Bez. für den *Neomarxismus* nach dem 2. Weltkrieg sowie den Großteil der *Außerparlamentarischen Opposition* u. der *antiautoritären Bewegungen.*

Neue Medien, Sammelbez. für versch. Techniken im Bereich der Unterhaltungselektronik, der Datenverarbeitung u. der Nachrichtentechnik sowie für Neuentwicklung bei der Informationsspeicherung u. -übertragung, i.w.S. auch die neuen Formen der Massenkommunikation, z.B. *Kabel-* u. *Satellitenfernsehen.* Neue Formen der Informationsspeicherung sind u. a. *Videokassette, Compact Disc* u. *Bildplatte;* neue Formen der Informationsübertragung sind die jedermann zugängl. Dienste wie *Bildschirmtext* u. *Videotext* sowie die zahlr. neuen Möglichkeiten auf dem Gebiet der Telekommunikation, wie z.B. *Telefax* u. *Teletex.* Alle Kommunikations- u. Informationsdienste (Telefon, Bildschirmtext, *Telex,* Teletex, *Datex-L, Datex-P;* demnächst auch *Textfax, Temex, Bigfon*) sollen zukünftig über ein einheitl. Netz mit einem einzigen Schnittstellentyp angeboten werden, dem sog. *ISDN,* einem »Integrierten Service- u. Datennetz« der Dt. Bundespost.

Neue Musik, *i.e.S.* die von A. Schönbergs Kammersinfonie op. 9 (1906) bis zur jüngsten Musik reichende Entwicklung. Hauptvertreter: A. *Schönberg,* A. *Webern,* A. *Berg,* I. *Strawinsky,* B. *Bartók,* P. *Hindemith,* E. *Křenek,* A. *Honegger,* D. *Milhaud.*

Neuenahr-Ahrweiler, *Bad N.,* Krst. in Rhld.-Pf., an der unteren Ahr, 25 000 Ew.; Kurort, Natronthermen; Weinanbau u. -handel.

Neuenburg: Schloß

Neuenburg, 1. frz. *Neuchâtel*, Kt. in der →Schweiz. – **2.** Hptst. des schweiz. Kt. *N.*, am *N.er See*, 33 000 Ew.; Univ. (1909); Museen, Schloß (12./13. Jh.), roman. Stiftskirche (12./13. Jh.); u. a. Uhren- u. Schokoladen-Ind.

Neuenburger See, frz. *Lac de Neuchâtel*, See in der westl. Schweiz, 429 m ü. M., 218 km², bis 153 m tief; der größte ganz zur Schweiz gehörende See.

Neuendettelsau, bay. Gem. in Mittelfranken, 7000 Ew.; 1846 gegr. ev. Missionsanstalten, ev.-theol. HS.

Neuenfels, Hans, *31.5.1941, Theaterregisseur; Schauspiel- u. Opernszenierungen, provozierende Klassikeraufführungen.

Neuengland, *N.-Staaten*, engl. *New England*, die 6 nordöstl. USA-Staaten *Maine*, *New Hampshire*, *Vermont*, *Massachusetts*, *Rhode Island* u. *Connecticut*, die zuerst überwiegend von Engländern besiedelt wurden.

neuer Stil, Abk. *n. St.*, die Zeitrechnung nach dem *Gregorian. Kalender* (in kath. Ländern seit 1582, in prot. Ländern seit 1700 u. später, in Rußland seit 1918); →alter Stil.

Neue Sachlichkeit, auch *mag. Realismus*, Stilrichtung der dt. Malerei um u. nach 1920, die Wert auf strenge Bildanordnung u. überdeutl. konturscharf wiedergegebene Gegenstandsform legte. Hauptvertreter: A. *Kanoldt*, M. *Unold*, F. *Radziwill*, G. *Schrimpf*, zeitweilig O. *Dix*, G. *Grosz* u. M. *Beckmann*.

Neues Forum, *NF*, unter dem SED-Regime in der DDR 1989 gegr. oppositionelle Bürgerbewegung, trat nach der polit. Wende für Basisdemokratie u. stufenweise Herstellung der dt. Einheit ein. 1990 spaltete sich die *Dt. Forumpartei* ab. Das NF bildete mit den Bewegungen *Demokratie Jetzt* u. *Initiative Frieden u. Menschenrechte* die Wahlkoalition *Bündnis 90*.

Neue Sterne, *Novae*, Fixsterne, die einen plötzl. Helligkeitsausbruch erleiden. Sie werden innerhalb weniger Stunden um durchschnittl. 13 Größenklassen (etwa 100 000mal) heller, um dann allmähl. unter Schwankungen ihre urspr. Helligkeit wieder anzunehmen.

Neues Testament, Abk. NT, die Sammlung der kanon. Schriften des Christentums, bestehend aus vier Evangelien (Matthäus, Markus, Lukas, Johannes), der Apostelgeschichte, 13 Paulin. Briefen, 7 kath. Briefen, dem Hebräer-Brief u. der Apokalypse des Johannes; im ganzen 27 Schriften; →Bibel.

Neue Wilde, *Junge Wilde*, eine um 1980 v. a. in Deutschland aufgekommene Richtung der Malerei. Hauptmerkmale der meist großformatigen Bilder: Mischung versch. Stile, grelle Farbigkeit, figürl. Motive; auch in den USA (*New image painting*), in Frankreich (*figuration libre*) u. in Italien (*Arte cifra*) vertreten.

Neufundland, engl. *Newfoundland*, frz. *Terre Neuve*, **1.** kanad. Insel vor der O-Küste N-Amerikas, vor dem *St.-Lorenz-Golf*, 108 860 km², 520 000 Ew.; flachwelliges Bergland mit steiler, fjordreicher Küste. – **2.** Prov. in →Kanada.

Neufundlandbank, *Große N.*, Schelfgebiet des Atlantik westl. u. sw. von Neufundland, mit Untiefen bis zu –4 m (*Virgin Rocks*); wichtiges Fischereigebiet.

Neufundlandbecken, Tiefseebecken des Atlantik östl. u. sö. von Neufundland, bis 5883 m tief.

Neufundländer, massige Hunderasse mit langer (meist schwarzer) Behaarung u. buschiger Rute; in Neufundland aus Indianer- u. europ. Fischerhunden entstanden.

Neugotik, die Wiederaufnahme der *Gotik* im 18./19. Jh.; bes. die in der Baukunst seit etwa 1750 zunächst in England aufkommende, später auf Kontinentaleuropa übergreifende Bestrebung, got. Bauformen (Spitzbögen, Fialen u. a.) nachzubilden; in Zusammenhang mit einer romantisierenden Verherrlichung des MA.

Neugrad, veraltete Bez. der Einheit →Gon.

Neugranada, *Nueva Granada*, span. Generalkapitanat 1547–1739 im Vizekönigreich Peru, dann selbst Vizekönigreich, das etwa das Gebiet der heutigen Staaten Kolumbien u. Ecuador umfaßte.

Neuguinea [-gi'nea], engl. *New Guinea*, zweitgrößte Insel der Erde, nordöstl. von Australien, 771 900 km², über 3 Mio. Ew. Sie gliedert sich polit. in den indones. Westteil (→Irian Jaya) u. in →Papua-Neuguinea.
Die Insel wird in ihrer ganzen Länge von einem Zentralgebirge durchzogen, das in der *Jayaspitze* (5030 m) seine größte Höhe erreicht. Nördl. u. südl. schließen sich breite Flach- u. Hügelländer an. N. ist bis in 3000 m Höhe von trop. Regenwald bestanden. Das Klima ist trop.-heiß mit sehr hohen Niederschlägen. Die Bev. besteht überw. aus melanes. *Papuas*. Wichtige Wirtschaftsgüter sind Edelhölzer, Kautschuk, Kaffee u. Erdöl (in Irian Jaya). Bed. sind die Küsten- u. Flußschiffahrt sowie der Luftverkehr.
Gesch.: 1526 von Portugiesen entdeckt; 1828 betraten Holländer den W der Insel, 1884 Engländer den SO u. Deutsche den NO. 1884–1920 war das nördl. N. als *Kaiser-Wilhelms-Land* dt. Kolonie u. wurde dann Völkerbund-, 1945 UN-Mandat unter austral. Verwaltung (*Territorium von N.*). Der SO der Insel, das *Territorium von Papua*, wurde 1906 von Australien erworben, das seit 1945 beide Gebiete gemeinsam verwaltete. 1973 erhielten sie innere Autonomie (*Papua-Neuguinea*) u. 1975 die Unabhängigkeit. Der W Neuguineas (*Westirian*) blieb bis 1963 in niederl. Besitz.

Neuhannover →Lavongai.

Neuhegelianismus, Erneuerung u. Weiterbildung des Hegelianismus um die Jahrhundertwende u. im ersten Drittel des 20. Jh.

Neuhumanismus, um 1750 einsetzende Geistesströmung, die erneut auf das Gedankengut der klass. Antike zurückgriff u. den Begriff der *Humanität* zu ihrem Leitmotiv machte; eingeleitet durch J.G. *Herder* u. von W. von *Humboldt*, *Goethe*, *Schiller*, F.A. *Wolf*, J.F. *Herbart* u. a. weitergeführt. Der N. entwickelte den Begriff *Bildung*; er reformierte das humanist. Gymnasium u. brachte es in seine moderne Form.

Neuilly-sur-Seine [nœ'jisyr'sɛːn], westl. Ind.-Vorstadt von Paris, am *Bois de Boulogne*, 64 000 Ew.; 1919 Friedensschluß zw. den Alliierten u. Bulgarien.

Neuirland →New Ireland.

Neu-Isenburg, Stadt in Hess., Vorort von Frankfurt a. M., 35 000 Ew.; Metall-, Elektro-, Glas-, Photo- u. kosmet. Ind.

Neujahr, der festl. Jahresanfang (*N.stag*; davor: *N.sabend*, *N.snacht*). Im Röm. Reich wurde das N.stag der 1. Januar (*Kalenderfest*) gefeiert. Das Kirchenjahr begann bis ins 4. Jh. mit Epiphanias am 6. Januar, dann mit dem Weihnachtsfest am 25. Dez. Der Papst Innozenz XII. verlegte 1691 den N.stag auf den 1. Januar.

Neukaledonien, frz. *Nouvelle-Calédonie*, Inselgruppe zw. Neuseeland u. den Salomonen, frz. Überseeterritorium, umfaßt außer der Insel N. (*Grande Terre* 16 750 km²) die *Îles Loyauté* (2072 km²), die *Île des Pins* (159 km²), die *Îles Chesterfield*, *Walpole*, *Surprise*, *Belep*, *Matthew* u. *Huon*. Insgesamt hat es eine Fläche von 19 103 km² u. 163 000 Ew. (Melanesier, Polynesier, Franzosen); Hauptort ist *Nouméa* auf N.; reiche Nickelvorkommen.
Gesch.: 1774 von J. *Cook* entdeckt, seit 1853 frz.; 1864–97 Strafkolonie; seit 1984 verstärkte Autonomieforderungen der Kanaken.

Neukantianismus, *Neokritizismus*, in Dtld., Frankreich, England u. a. Ländern im 2. Drittel des 19. Jh. einsetzende Bewegung zur Erneuerung der Kantischen Philosophie; 2 Hauptrichtungen: *Marburger Schule* (H. *Cohen*, P. *Natorp*, E. *Cassirer*) u. *Badische* oder *Südwestdeutsche Schule* (W. *Windelband*, H. *Rickert*, E. *Lask*, B. *Bauch*).

Neuklassizismus →Neoklassizismus.

Neunaugen 619

Neumann, 1. Alfred, *1895, †1952, dt. Schriftst. (v. a. histor. Romane). – **2.** Balthasar, *1687, †1753, dt. Baumeister des Spätbarock; Residenz in Würzburg (1720–44), Treppenhäuser in Bruchsal (1731, 1945 zerstört) u. Brühl (1743–48), Kirchenbauten: Pfarr- u. Wallfahrtskirche Gößweinstein (1730–39), Wallfahrtskirche Vierzehnheiligen (1743–72), Abteikirche von Neresheim (1749–92). – **3.** John von, *1903, †1957, US-amerik. Mathematiker östr.-ung. Herkunft; schuf die wesentl. theoret. Grundlagen für programmgesteuerte Automaten, denen heute alle Digitalrechner gehorchen; Begr. der *Spieltheorie*. – **4.** Robert, *1897, †1975, östr. Schriftst.; bek. durch seine Parodien. – **5.** Vaclav, *29.9.1920, tschech. Dirigent; 1968–90 Chefdirigent der Tschech. Philharmonie in Prag.

Neumark, östl. Teil der ehem. Mark Brandenburg; seit 1945 poln.

Neumark, Georg, *1621, †1681, dt. Barockdichter; Schüler von M. *Opitz*.

Neumarkt, 1. →Tîrgu Mureș. – **2.** *N. in der Oberpfalz*, Krst. in der Fränk. Alb (Bay.), 34 000 Ew.; got. u. barocke Hofkirche (15. Jh.), ehem. pfalzgräfl. Schloß (1593); vielseitige Ind.

Neumecklenburg →New Ireland.

Neumeier, John, *24.2.1942, US-amerik. Tänzer u. Choreograph; seit 1973 Ballettdirektor an der Hamburg. Staatsoper; v. a. Choreographien zu klass. Ballettmusiken.

Neumen, aus dem frühen MA überlieferte Notenschrift mit über den Textworten angegebenen Zeichen in Form von Punkten, Strichen u. Haken, die noch nicht die genaue Tonhöhe u. Tondauer angeben, sondern nur die Richtung des Melodieverlaufs andeuten; im 8.–11. Jh. in der Kirchenmusik verwendet.

Neumond →Mond.

Neumünster, kreisfreie Stadt in Schleswig-Holstein, 80 000 Ew.; u. a. Metall-, Textil-, Papier- u. Masch.-Ind.

Neunaugen, *Pricken, Lampreten, Petromyzoniformes*, Ordnung der *Rundmäuler*; Bewohner von

	St. Gallen	Römische Choralnotation	Deutsche Choralnotation
Punctum	· (ˏ)	■	◆
Tractulus			
Virga	/ /	٦	↑
Pes (Podatus)	↲ ↲	♪	♩
Flexa (Clivis)	∧	▶	∩ ↑
Climacus	ʰ /.	▶.	▶.
Scandicus	/ /	♪	♪
Torculus	∫ ∫	♫	∩
Porrectus	N	N	↑↑
Pes subbipunctis	↲.↲.	▶..	▶..
Climacus resupinus	ʰ./	▶•.	▶•.
Oriscus	ʏ	•	♪
Pressusverbindungen	ɾ ɾ ɾ	(♫)	
Salicus	♪	(●♪)	↔
Strophicus	ʺ ʺʺ	•••	›››
Quilisma	ω		
Liquescens, besonders Cephalicus	ɾ	♪	♪
Epiphonus	♪	♪	

Neumen (Beispiele)

620 Neunburg vorm Wald

Neunaugen: Bachneunaugen

Gewässern der gemäßigten Breiten mit schlangenähnl. Körper; hierzu: *Flußneunauge, Meerneunauge, Bachneunauge.*
Neunburg vorm Wald, Stadt in der Oberpfalz (Bay.), 7000 Ew.; Schloß mit Pfarrkirche (15. Jh.); Textil- u. Nahrungsmittel-Ind.
Neunkirchen, *N./Saar,* Krst. im Saarland, an der Blies, 50000 Ew.; Ind.-Standort, fr. Steinkohlenbergbau.
Neuntöter, ein Vogel, →Würger.
Neupersisches Reich →Iran (Geschichte).
Neuplatonismus, philosoph. Richtung des 3.–6. Jh. n. Chr., entstanden durch Verschmelzung platon., aristotel., pythagoreischen Gedankenguts mit christl. u. oriental. Mystik u. Religion; Begr. des N. sind *Ammonias Sakkas* u. *Plotin.* Bek. Vertreter u. a. *Plutarch, Proklos, Boethius.*
Neupommern →New Britain.
neur..., neuro..., Wortbestandteil mit der Bed. »Nerven«.
Neuralgie, anfallsweiser Nervenschmerz. – **neuralgisch,** 1. auf einer N. beruhend; 2. kritisch, problematisch, empfindlich.
Neurasthenie, nervöse Übererregbarkeit u. geringe nervöse Belastbarkeit.
Neurath, Konstantin Freiherr von, * 1873, † 1956, dt. Diplomat u. Politiker; 1932–28 Reichs-Min. des Auswärtigen in den Regierungen Papen, Schleicher u. Hitler, 1939–43 Reichsprotektor in Böhmen u. Mähren; 1946 zu 15 Jahren Haft verurteilt (1954 entlassen).
Neurit →Nervenzelle.
Neuritis →Nervenentzündung.
Neurochirurgie, Chirurgie des Nervensystems, bes. die operativen Eingriffe an Gehirn u. Rückenmark.
Neurodermitis, mit starkem Juckreiz verbundene Hauterkrankung; meist chron. Verlauf.
Neuroleptika, zu den Psychopharmaka gehörende, dämpfend-entspannende Arzneimittel, die das Bewußtsein nicht beeinträchtigen.
Neurologie, *Nervenheilkunde,* Lehre von der Erkennung u. Behandlung der organ. bedingten Nervenkrankheiten.
Neuron →Nervenzelle.
Neuropathie, *Nervenleiden,* anlagebedingte Neigung zu vegetativ-nervl. Störungen.
Neurophysiologie, Teilgebiet der Physiologie, das sich mit der Tätigkeit des Nervensystems befaßt.
Neurose, abnorme Erlebnisreaktion, die in gestörter, krankhafter Verarbeitung seel. Erlebnisse besteht u. zu einem dauernden, teils körperl. (Organ-N.), teils seel. (Psycho-N.) Leidenszustand u. Geströrtsein der Gesamtpersönlichkeit führen kann.
Neurotransmitter, Substanzen mit Hormoneigenschaften, die auf chem. Wege die Erregung bzw. Information von einer Nervenzelle auf eine andere oder auf das Erfolgsorgan übertragen (u. a. *Acetycholin, Adrenalin, Noradrenalin*).
Neuruppin, Krst. in Brandenburg, am *N.er See (Ruppiner See, Rhinsee),* inmitten der *N.er Schweiz,* 27000 Ew.; Luftkurort.
Neuscholastik, *Neoscholastik, Neuthomismus,* Erneuerung der scholast. Philosophie gegen Ende des 19. Jh., im wesentl. ein Zurückgehen auf die Lehre *Thomas von Aquins.*
Neuschottland, amtl. *Nova Scotia,* Prov. in →Kanada.
Neuschwanstein, neuroman. Schloß bei Füssen im Allgäu, erbaut 1869–86 für *Ludwig II.*

Neuseeland, Staat südöstl. von Australien, 268676 km², 3,3 Mio. Ew., Hptst. *Wellington.* – Außer den beiden Hauptinseln gehören zu N.: die *Stewart-, Chatham-, Kermadec-, Campbell-, Antopoden-, Three-Kings-, Auckland-, Bounty-, Snares-* u. *Solander-Inseln,* die *Tokelau-Inseln* u. *Niue.*
Landesnatur. Die kleinere Nordinsel weist lebhaften Vulkanismus u. einzelne Höhen über 2500 m auf, während die Südinsel in den teilweise vergletscherten *Neuseeländ. Alpen* bis 3764 m *(Mt. Cook)* aufsteigt. Vom subtrop. N abgesehen, ist das Klima warmgemäßigt u. an der W-Küste sehr feucht.
Die überw. ev. Bevölkerung ist bis auf 294000 *Maori* weiß (93%) u. vorw. brit. Herkunft. 2/3 wohnen auf der Nordinsel.
Wirtschaft. Der beherrschende Wirtschaftszweig ist die Viehzucht u. die auf ihr beruhende Verarbeitungsind.; Wolle, Fleisch, Butter, Käse u. a. Viehzuchtprodukte werden exportiert. Die Ind. (Stahlerzeugung, Maschinenbau, Nahrungs-

Neuseeland

mittel-, Textil-, Holzind.) ist auf die Nordinsel konzentriert. Die wichtigsten Häfen sind Auckland, Wellington u. Lyttelton bei Christchurch.
Geschichte. 1642 entdeckte A. *Tasman* N.; die Engländer erwarben 1840 von den eingeborenen Maori das Besitzrecht. 1852 garantierten sie den Siedlern Selbstregierung. 1907 erhielt N. den Dominionstatus. Das polit. System N. ist nach brit. Vorbild gestaltet. Seit 1990 regiert die konservative National Party unter J. *Bolger.*
Neusiedler See, ung. *Fertő-tó,* See an der öster.-ung. Grenze, mit schwankender Größe (maximal 320 km²), 1–2 m tief; schwach salzhaltig; Schilfgürtel mit reicher Vogelwelt (Schutzgebiet).
Neusilber, Legierung aus 45–70% Kupfer, 5–30% Nickel u. 8–45% Zink (Spuren von Blei, Zinn, Mangan oder Eisen); veraltete Handelsbez.: *Alpaka.*
Neusohl, slowak. *Banská Bystrica,* Stadt in der Slowakei, am Gran, 79000 Ew.; got. Kirchen, Bürgerhäuser; im MA dt. Bergbaustadt.
Neuspanien, *Nueva España,* span. Vizekönigreich in Lateinamerika 1535–1822, umfaßte etwa das Gebiet des heutigen Mexiko u. seit dem 17./18. Jh. auch den größten Teil des W der heutigen USA. 1810 begannen die ersten Unabhängigkeitskämpfe.
Neuss, Krst. in NRW, an der Erft u. am Rhein, gegenüber Düsseldorf, 144000 Ew.; roman.-got. Dom St. Quirin (13. Jh.); u. a. Maschinenbau, chem. u. metallverarbeitende Ind.; Hafen.

Schloß Neuschwanstein

Neuseeland: Wellington

Neustadt, 1. *N. am Rübenberge,* Stadt in Nds., an der Leine, 38000 Ew.; roman.-got. Kirche (um 1500), Schloß (16. Jh.); versch. Ind. – **2.** *N. an der Aisch,* Krst. in Mittelfranken (Bay.), nw. von Fürth, 11000 Ew.; got. Johanneskirche (15. Jh.), 2 Schlösser (15. u. 17. Jh.). – **3.** *Bad N. an der Saale,* Krst. in Unterfranken (Bay.), an der Fränk. Saale, 14000 Ew.; mittelalterl. Stadtmauer, Solbad *(Bad Neuhaus).* – **4.** *N. an der Waldnaab,* Krst. in der Oberpfalz (Bay.), 5000 Ew.; Schloß Lobkowitz (1698); Glasind. – **5.** *N. an der Weinstraße,* krfr. Stadt in Rhld.-Pf., an der mittleren Haardt, 51000 Ew.; mittelalterl. Altstadt, ehem. Stiftskirche (14./15. Jh.); Weinhandel; Masch.-, Papier-, Textil- u. a. Ind. – **6.** *N. bei Coburg,* Stadt in Oberfranken (Bay.), nordöstl. von Coburg, 16000 Ew.; Spielwaren- u. Möbel-Ind. – **7.** *N. im Schwarzwald* →Titisee-Neustadt. – **8.** *N. in Holstein,* Hafenstadt u. Seebad in Schl.-Ho., an der Lübecker Bucht, 16000 Ew.; got. Stadtkirche (13./14. Jh.); Fischerei. – **9.** *N. (Oberschlesien),* poln. *Prudnik,* Stadt in Schlesien, im Sudetenvorland, 23000 Ew.; Barockbauten; versch. Ind. – **10.** *N./Orla,* Stadt im östl. Thüringen, 11000 Ew.; Schloß, Stadtkirche (15./16. Jh.); Altar von L. *Cranach;* vielseitige Ind.
Neustettin, poln. *Szczecinek,* Stadt in Pommern (Polen), 36000 Ew.; Masch.-, Metall- u. Nahrungsmittel-Ind.
Neustrelitz, Krst. im Gebiet der Mecklenburg. Seenplatte, 27000 Ew.; Erholungszentrum, Schloß (18. Jh.), barocke Stadtkirche (1768–78); landw. Markt; vielseitige Ind.
Neustrien, der westl. Teil des nach Chlothars I. Tod (561) erneut geteilten merowing. *Frankenreichs* (zw. Schelde u. Loire).
Neusüdwales [-'wɛilz], engl. *New South Wales,* Bundesstaat in →Australien.
Neuthomismus →Neuscholastik.
Neutitschein, tschech. *Nový Jičín,* Stadt an der Mährischen Pforte, Mittelpunkt des (fr. deutschsprachigen) *Kuhländchens,* 33000 Ew.
Neutra [slowak. *Nitra,*], **1.** Stadt in der westl. Slowakei, am gleichn. Fluß, nordöstl. von Preßburg, 215000 Ew.; pädagog. u. landw. HS; versch. Ind. – **2.** l. Nbfl. der Waag, 243 km.
neutral, unbeteiligt, keiner von 2 streitenden Parteien zugehörig oder zuneigend; weder positiv noch negativ elektr. geladen; weder sauer noch basisch. – **Neutralisation,** *i.w.S.* Überführung eines Systems in einen indifferenten Zustand, z.B. die Überführung eines geladenen Teilchens in einen elektr. neutralen Zustand oder des Aufhebung einer Basenwirkung (Säurewirkung) durch Säurezugabe (Basenzugabe); *i.e.S.* die Bildung von Wasser aus Wasserstoff- u. Hydroxid-Ionen. Die dabei freiwerdende Wärmemenge *(N.wärme)* beträgt 57,54 kJ pro Mol gebildeten Wassers.
Neutralisierung, 1. Aufhebung einer Wirkung, eines Einflusses. – **2.** meist vertragl. u. durch innerstaatl. Gesetzgebung gesicherter Rechtszustand, demzufolge ein Staat nicht an bewaffneten Konflikten anderer Staaten teilnimmt **(Neutralität).** Neben der N. von Staaten gibt es auch die N. von Gebietsteilen, meist aber *Befriedung* oder *Entmilitarisierung* gen. (Verbot militär. Anlagen, Befestigungsverbot, Verbot der Stationierung von Truppen).
Neutrino, ein elektr. neutrales Elementarteilchen mit Spin 1/2 u. der Ruhmasse Null (wie das Lichtquant); konnte 1956 experimentell festgestellt werden.
Neutron, ein 1932 von J. *Chadwick* entdecktes

elektr. neutrales Elementarteilchen, dessen Masse der des *Protons* nahezu gleich ist; zus. mit dem Proton Baustein der Atomkerne.
Neutronenwaffe, seit Mitte der 1960er Jahre konzipierte, noch im Planungsstadium befindl. Kernwaffe, die eine erhebl. stärkere Strahlenwirkung als die bisherigen hat; reduziere Hitze- u. Druckwirkung u. geringere Gefährdung durch bleibende Strahlung; tötet Menschen, ohne Material zu zerstören; als Sprengköpfe für Raketen u. als Artilleriemunition vorgesehen.
Neutrum, *Grammatik:* das sächl. Geschlecht (*Genus*).
Neu-Ulm, Krst. in Schwaben (Bay.), an der Donau gegenüber von Ulm, 46 000 Ew.; Nahrungsmittel-, Kraftfahrzeug-, Leder- u. a. Ind.
Neuweltaffen →Breitnasen.
Neuweltgeier, *Cathartidae,* Fam. der *Schreitvögel,* aasfressende Vögel Amerikas; hierzu: *Kondor, Königs-, Truthahngeier* u. a.
Neuwerk, Nordseeinsel vor der Elbmündung, 2,9 km²; Wehrturm (14. Jh.).
Neuwied, Krst. in Rhld.-Pf., nw. von Koblenz, 61 000 Ew.; Schloß (18. Jh.); Bimsstein-, chem., Holz-, Metall- u. pharmazeut. Ind.; seit dem 17. Jh. Zufluchtsort für Glaubensvertriebene.
Neuzeit, in der Gesch.-Wiss. die Zeit seit 1500.
Nevada, Gliedstaat der →Vereinigten Staaten von Amerika.
Nevado del Ruiz [- 'ruis], Vulkan in der kolumbian. Cordilllera Central, westl. von Bogotá, 5400 m; bei seinem Ausbruch Ende 1985 wurde die Stadt *Armero* zerstört.
Nevers [nɔ'vɛːr], mittelfrz. Stadt an der Mündung der Nièvre in die obere Loire, 43 000 Ew.; Maschinenbau, Metall-, Textil-, Porzellan- u. chem. Ind.
Nevis [ˈniːvis], *Ben N.,* höchster Berg der Brit. Inseln, in den Grampian Mountains (Schottland) 1343 m.
Newa, *Neva,* Fluß im NW Rußlands, 74 km; entfließt dem Ladogasee, mündet bei St. Petersburg in den Finn. Meerbusen.
New Age [nju: 'ɛidʒ], Strömung der populären Gegenwartsphilosophie, die als Wegweiser in ein neues Zeitalter verstanden wird; ganzheitl. Denkansatz, der sich gegen das einseitig rationalist. Weltbild der Wiss. richtet; bekannter Vertreter F. *Capra.*
Newark [ˈnjuːək], Wirtschaftszentrum u. größte Stadt von New Jersey (USA), westl. von New York, 329 000 Ew.; Univ.; vielseitige Ind.; Überseehafen.
New Bedford [nju:ˈbɛdfəd], Hafenstadt in Massachusetts (USA), 98 000 Ew.; Maschinenbau, Textil- u. Kunststoff-Ind.
New Britain, *Neubritannien,* größte Insel im Bismarckarchipel (Papua-Neuguinea), 36 647 km², 223 000 Ew., Hauptort *Rabaul;* gebirgig, aktiver Vulkanismus; trop. Regenwald; gehörte 1884 bis 1919 unter dem Namen *Neupommern* zum kolonialen Gebiet Deutsch-Neuguinea.
New Brunswick [nju: ˈbrʌnswik], *Neubraunschweig,* Prov. in →Kanada.
Newcastle [ˈnjuːkaːsl], **1.** *N. upon Tyne,* Hafenstadt in N-England, nahe der Mündung des Tyne in die Nordsee, 192 000 Ew.; Schloß (12. Jh.); Univ. (1852); Schiff-, Flugzeug-, Schwer- u. chem. Ind. – **2.** Hafenstadt an der Mündung des Hunter River im australischen Bundesstaat Neusüdwales, 420 000 Ew.; Univ.; Stahl-, Metall- u. chem. Ind., Schiffbau, Steinkohlenbergbau.
Newcomb [ˈnjuːkəm], Simon, * 1835, † 1909, US-amerik. Astronom; berechnete neue Tafeln der Bewegungen der Großen Planeten.
New Deal [nju: diːl], die zur Überwindung der 1929 in den USA ausgebrochenen Wirtschaftskrise von Präs. F.D. *Roosevelt* eingeleitete Politik der staatl. Wirtschaftsintervention: u. a. scharfe Eingriffe in Bank- u. Kreditwesen, Ausbau der Sozialversicherung, Angleichung von Lohn- u. Preisniveau, Preisgabe des Goldstandards, Abwertung des Dollars, intensive Außenhandelspolitik.
Newfoundland [njuːfəndˈlænd], Prov. in →Kanada.
New Hampshire [nju: ˈhæmpʃə], Gliedstaat der →Vereinigten Staaten von Amerika.
New Haven [nju: ˈheivən], Hafenstadt in Connecticut (USA), am Long-Island-Sund, 126 000 Ew.; Yale-Univ. (1701), Colleges u. Akademien; u. a. Stahl- u. Waffen-Ind.
New Ireland [nju: ˈaiələnd], *Neuirland,* 1899 bis 1914 *Neumecklenburg,* langgestreckte vulkan. Insel im Bismarckarchipel (Papua-Neuguinea), 9600 km², 66 000 Ew., Hauptort *Kavieng;* Kopragewinnung, Fischfang.
New Jersey [njuː ˈdʒɜːzi], Gliedstaat im NO der →Vereinigten Staaten von Amerika.
Newman [ˈnjuːmən], **1.** John Henry, * 1801, † 1890, engl. Geistlicher; 1828 anglikan. Pfarrer, Führer der Oxford-Bewegung, trat 1845 zur kath. Kirche über; 1879 Kardinal. – **2.** Paul, *26.1.1925, US-amerik. Schauspieler (u. a. in den Filmen »Die Katze auf dem heißen Blechdach«; »Flammendes Inferno«).
Newmarket [ˈnjuːmaːkit], engl. Stadt, nordöstl. von Cambridge, Zentrum der Rennpferdezucht.
New Mexico [njuː ˈmɛksikoʊ], Gliedstaat im SW der →Vereinigten Staaten von Amerika.
New Orleans [njuː ˈɔːliənz, auch -ɔːˈliːnz], Hafenstadt u. größte Stadt des USA-Staats Louisiana, 556 000 Ew.; mehrere Univ. u. Colleges; Handelszentrum, vielseitige Ind.; Flugplatz; Seehafen. – **N.-O.-Stil,** der um 1900 in N. O. entstandene früheste Jazz, der aus *Blues, Marching Band* u. *Ragtime* hervorging; Vorbild für den *Dixieland-Jazz.*
New Plymouth [njuː ˈplimθ], Hafenstadt an der Westküste der Nordinsel von Neuseeland, 45 000 Ew.
Newport [ˈnjuːpɔːt], **1.** Hafen- u. Ind.-Stadt in S-Wales, am Bristolkanal, 105 000 Ew.; chem., Eisen- u. Stahl-Ind.; Schiffbau. – **2.** Hptst. der S-engl. Insel *Wight,* 24 000 Ew.
New Providence [njuː ˈprɔvidəns], am dichtesten bevölkerte Bahamainsel (Westindien), 207 km², 140 000 Ew.; Hptst. *Nassau;* Fremdenverkehr.
Newton [ˈnjuːtən], Kurzzeichen N, SI-Einheit der Kraft: 1 N ist gleich der Kraft, die einer Masse von 1 kg eine Beschleunigung von 1 m/s² erteilt.
Newton [ˈnjuːtən], Sir Isaac, * 1643, † 1727, engl. Physiker, Mathematiker u. Astronom; entdeckte die 3 Bewegungsgesetze der klass. Mechanik (*N.sche Axiome*) sowie das Gravitationsgesetz; wandte diese Gesetze auch auf Himmelskörper an u. legte damit die Grundlage für die heutige einheitl. Naturwissenschaft; erforschte das Licht beim Durchgang durch Materie u. entdeckte das Sonnenspektrum u. die Farbenringe (*N.sche Ringe*) fand (unabhängig von *Leibniz*) die Grundlagen der Differential- u. Integralrechnung (*Fluxionsrechnung*).
Newtonmeter [ˈnjuːtən-], Kurzzeichen Nm, Einheit der Arbeit, Energie u. Wärmemenge: 1 Nm = 1 Joule.
New York [nju: ˈjɔk], **1.** Gliedstaat im NO der →Vereinigten Staaten von Amerika. – **2.** größte Stadt der USA, an der Mündung des Hudson River in den Atlantik. Das heutige *Groß-N. Y.* umfaßt *N. Y. City,* 4 Counties des Bundesstaats N. Y. u. 8 Counties des Bundesstaats New Jersey, zus. 19 180 km² mit rd. 18,1 Mio. Ew. Das eigtl. N. Y. (N. Y. City) gliedert sich in die 5 Verw.-Bez. *Manhattan, Brooklyn, Bronx, Queens* u. *Richmond,* insges. 776 km², 7,3 Mio. Ew. Die Bev. setzt sich aus Menschen aller Nationalitäten zusammen, die sich meist in eigenen Vierteln zusammengeschlossen haben, z.B. Chinatown, Harlem (Schwarze) u. Bronx (Juden). Das Zentrum N. Y. ist die 21 km lange u. durchschnittl. nur 3 km breite Insel *Manhattan,* auf der sich Geschäfts- u. Kulturleben konzentrieren, u. a. das Bankenviertel um die *Wall Street,* das *World Trade Center, Broadway, Fifth Avenue, Lincoln Center, Central Park*) N.Y. ist Sitz der UN, hat 29 Universitäten u. Colleges, zahlr. Colleges u. HS

Isaac Newton

u. berühmte Museen (z.B. *Metropolitan Museum of Art*) u. Theater (u. a. die *Metropolitan Opera*). Am Eingang zum Hafen steht auf einer Insel die *Freiheitsstatue.* N. Y. ist einer der größten Ind.-Standorte der USA u. einer der wichtigsten Verkehrsknotenpunkte der Welt, drei Großflughäfen. Der Hafen hat fast 3000 Piers u. ist auch für Hochseeschiffe erreichbar.
Gesch.: N. Y. wurde nach Entdeckung des Hudson River durch H. *Hudson* 1609 auf der S-Spitze der Halbinsel Manhattan als Fellhandelsplatz gegr. u. zunächst *Neu-Amsterdam* gen.; 1626 kaufte der Niederländer Peter *Minnewit* die Insel Manhattan für 24 $ von den Indianern; 1664 wurde die holländ. Kolonie von Engländern erobert u. in N. Y. umbenannt. – Ⓑ →S. 622/623
New Zealand [nju: ˈziːlənd] →Neuseeland.
Ney, 1. Elly, * 1882, † 1968, dt. Pianistin; bes. Beethoven-Interpretin. – **2.** [nɛ], Michel, Herzog von *Elchingen* (seit 1808), Fürst von der *Moskwa* (seit 1813), * 1769, † 1815, frz. Marschall (seit 1804); ging 1815 nach Napoleons Rückkehr von Elba mit den von ihm befehligten königl. Truppen zu Napoleon über; von den Royalisten als Hochverräter standrechtl. erschossen.
NF, Abk. für *Neues Forum.*
Ngazidja, fr. *Grande Comore,* die größte Insel der Komoren, 1147 km², 192 000 Ew., Hptst. *Moroni.*
Ngorongoro, O-afrik. Riesenkrater (*Caldera*) im Hochland Tansanias, 22 km Durchmesser, 700 m hohe Kraterwände.
Nguni, Gruppe der Südostbantu, im O von S-Afrika, etwa 10 Mio.; hierzu: *Xhosa, Ndebele, Swazi, Zulu* u. a.
Nguyen Van Thieu [-tjø:, frz.; -tju:, engl.], * 5.4.1923, vietnames. Politiker u. Offizier; seit 1965 Staatsoberhaupt, 1967–75 Staats-Präs. von S-Vietnam; seither im Exil.
Nha Trang, Hafenstadt im Süden Vietnams, 216 000 Ew.; Ölraffinerie, Flughafen.
Ni, chem. Zeichen für *Nickel.*
Niagara [engl. naiˈægərə], Flußverbindung zw. dem Erie- u. dem Ontariosee, 40 km lang: bildet an einer dolomit. Schichtstufe die **N.-Fälle** an der Grenze zw. den USA u. Kanada. Die *Ziegeninsel*

Niagara: Blick auf den kanadischen Hufeisenfall (rechts) und den Fall auf US- amerikanischem Terrain

622 Niamey

Nibelungenlied: Seite aus der Prünn-Münchener Handschrift; Ende des 14. Jahrhunderts

teilt die Fälle in den 790 m breiten, 50 m hohen kanad. *Hufeisenfall* u. den 300 m breiten, 51 m hohen US-amerik. Fall.

Niamey [nia'mɛ:], Hptst. der W-afrik. Rep. Niger, am Niger, 540 000 Ew.; Nahrungsmittel-, Leder- u. Kunststoff-Ind.; Flußhafen, internat. Flughafen.

Niarchos, Stavros Spiros, * 3.7.1909, grch. Reeder; besitzt eine der größten Tankerflotten der Welt.

Nibelungen, im *Nibelungenlied* ein Zwergengeschlecht, dessen König Alberich den *Nibelungenhort* hütet. Der von Siegfried erbeutete Schatz fällt nach dessen Ermordung durch Hagen an die Burgunderkönige, an welche damit auch der Name *N.* übergeht.

Nibelungenlied, um 1200 entstandenes mhd. stroph. *Heldenepos* eines unbekannten Dichters aus dem Donauraum; verknüpfte durch die herausgehobene Gestalt der liebenden u. rächenden *Kriemhild* die myth. Sagen um *Brunhilde* u. *Siegfried* mit der histor. Sage vom Untergang der *Burgunden* durch die *Hunnen* u. sucht das trag. gesinnte german. Heldenethos mit dem höf. Geist des christl. geprägten stauf. Rittertums zu verschmelzen. Die über 30, teilweise bruchstückhaften Handschriften der Dichtung liegen in drei Hauptfassungen vor.

Nicäa [ni'tsɛ:a], *Nicaea, Nikaia, Nikäa,* antike Stadt in Phrygien, von Antigonos I. (4. Jh. v. Chr.) gegr.; seit Bestehen des Lat. Kaiserreichs (1204) Hptst. des Byzantin. Restreichs (*Kaiserreich von N.*).

Nicänisches Glaubensbekenntnis, 1. *Nicaenum,* auf dem Konzil von Nicäa 325 angenommene altchristl. Bekenntnisformel, welche die Gottheit Christi stark hervorhebt. – **2.** auf dem 1. Konzil zu Konstantinopel 381 beschlossenes (erst 451 bestätigtes) »erweitertes Nicaenum«, das auch die Gottheit des Hl. Geistes betont; gehört zu den drei von der luth. Reformation anerkannten Bekenntnissen.

Nicaragua, Staat auf der zentralamerik. Landbrücke, 130 000 km², 4,0 Mio. Ew.; Hptst. *Managua.*

Landesnatur. Den Kern des Landes bildet die Zentralamerik. Kordillere (bis 1963 m). Nach O schließt sich eine breite Küstenebene, nach SW die *N.-Senke* an. Klimatisch ist das Land in einen trop. immerfeuchten Bereich im O u. einen trop. wechselfeuchten Bereich im SW geteilt.

Die *Bevölkerung* besteht zu 70% aus Mestizen, 13% sind Schwarze, Mulatten oder Zambos, 14% Weiße, 4% Indianer. Das Hauptsiedlungsgebiet liegt an der pazif. Küste.

Wirtschaft. Die Landw. liefert v. a. Kaffee (20% des Ausfuhrwerts) u. Baumwolle (11%) sowie Zuckerrohr u. Bananen. Die Rinderzucht ist von Bedeutung. Die nutzbaren Waldbestände sind durch Raubbau stark zurückgegangen. Wirtschaftl. Bedeutung hat der Abbau von Kupfer, Gold u. Silber.

Geschichte. N. wurde 1524 von Spanien erobert, ist seit 1821 unabh. u. seit 1839 selbst. Rep., 1912–32 war N. von US-amerik. Truppen besetzt. Seit 1937 bestand die Diktatur der Familie *Somoza,* die das Land auch wirtschaftl. beherrschte. Präs. A. Somoza d. J. wurde 1979 nach einem verlustreichen Bürgerkrieg gestürzt. Die *Sandinist. Befreiungsfront* wurde zur beherrschenden Kraft N. Ihr Führer D. *Ortega* wurde 1984 zum Präs. gewählt. Gleichzeitig bildete sich eine antisandinist. Guerilla (»Contras«), die von den USA unterstützt wurde. Bei den Parlamentswahlen 1990 siegte ein gegen die Sandinisten geschlossenes Bündnis von 14 Oppositionsgruppen. Präsidentin wurde V. *Chamorro.*

Nicaragua: nach dem Sieg der Sandinisten im Bürgerkrieg, Juli 1979; am Mikrophon D. Ortega

Nicaraguasee, *Lago de Nicaragua,* größter zentralamerik. See, in der *Nicaragua-Senke,* 8430 km², bis 70 m tief; verbunden mit *Managuasee.*

Nicholson ['nikəlsən], **1.** Ben, * 1894, † 1982, engl. Maler (v. a. Stilleben u. Architekturen in sparsamer Strichführung). – **2.** Jack, * 22.4.1937, US-amerik. Filmschauspieler (u. a. in »China-

Nicaragua

NEW YORK

Der Broadway bei Nacht

Die Südspitze Manhattans wird von den

Blick vom Empire State Building nach Nordosten; rechts im Bild das Chrysler Building

town«, »Einer flog über das Kuckucksnest«, »Batman«).

Nichtangriffspakt, zwei- oder mehrseitiger völkerrechtl. Vertrag, durch den sich die beteiligten Staaten verpflichten, keine militär. Gewalt gegeneinander anzuwenden.

nichteheliche Kinder, *außerehel. Kinder,* nicht von Ehegatten erzeugte Kinder, fr. als *unehel.* bezeichnet. N. K. stehen unter der elterl. Sorge ihrer Mutter, deren *Namen* sie auch erhalten. Bis zur Vollendung des 18. Lebensjahrs muß der Vater mindestens einen Regelunterhalt zahlen.

nichteheliche Lebensgemeinschaft →Ehe.

Nichteinmischung, engl. *non-intervention,* Verzicht eines Staates auf Einmischung in die inneren Angelegenheiten eines anderen Staates; Art. 2 der UNO-Satzung.

Nichteisenmetalle, *NE-Metalle,* alle Metalle außer Eisen. Man unterscheidet *unedle N.* u. *Edelmetalle, Buntmetalle, Leichtmetalle, Schwermetalle* u. a.

nichteuklidische Geometrie, *Metageometrie,* eine abstrakte Geometrie, die alle Axiome der euklid. Geometrie mit Ausnahme des *Parallelenaxioms* beibehält (entwickelt von N. I. Lobatschewski, J. Bolyai, B. Riemann).

Nichtigkeit, absolute u. urspr. Unwirksamkeit staatl. oder privater Rechtsakte; tritt bei Widerspruch von Rechtsvorschriften mit einer Rechtsnorm höheren Rangs (z.B. eines Ges. mit der Verf.) u. privaten Rechtsgeschäften u. gesetzl. Verboten oder den guten Sitten ein. – **N.sklage,** Klage, mit der in bestimmten Fällen die Wiederaufnahme eines rechtskräftig abgeschlossenen Verfahrens betrieben werden kann.

Nichtleiter, *Isolator,* ein Stoff, der Elektrizität oder Wärme schlecht leitet.

Nichtseßhafte, Selbstbez. *Berber,* teilw. diskriminierend *Landstreicher, Obdachlose, Penner, Stadtstreicher, Tippelbrüder,* in den USA *Hobo,* Bez. für Personen, die ohne gesicherte wirtsch. Lebensgrundlage umherziehen oder sich in einer Einrichtung für N. aufhalten.

Nickel, silberweißes, zähes Metall; magnet.; beständig gegen Luft, Wasser u. Alkalien; bes. zur Herstellung korrosionsbeständiger Überzüge auf unedlen Metallen verwendet. →chemische Elemente.

Nickelblüte, *Annabergit,* ein Mineral.

Nickelstahl, ein Stahl, der durch Zusatz von Nickel sehr zäh u. hart ist.

Nicol ['nikəl], William, *um 1768, †1851, schott. Physiker; verbesserte die Dünnschnitt-Technik für Mikroskope; erfand 1828 das **N.sche Prisma,** ein Gerät zur Erzeugung (Polarisator) u. Untersuchung (Analysator) von polarisiertem Licht.

en des World Trade Centers beherrscht; im Vordergrund die Freiheitsstatue

Saint Patrick's Cathedral zwischen Hochhäusern (links). – Im Rockefeller Center (rechts)

Niederlande 623

Nicolai [auch - 'lai], **1.** Friedrich, *1733, †1811, dt. Publizist, Kritiker u. Erzähler der Aufklärung; zog sich mit seinem einseitigen Rationalismus die Gegnerschaft der klass. wie romant. Dichter zu. – **2.** Otto, *1810, †1849, dt. Komponist; 🅆 Oper »Die lustigen Weiber von Windsor«.

Nicosia, *Nikosia,* grch. *Levkosia,* türk. *Lefkoşa,* Hptst. von Zypern, 164 000 Ew.; zahlr. orth. Kirchen; Nationalmuseum; Flughafen. – Seit 1974 verläuft durch N. die Grenze zw. dem türk-zypriot. u. dem grch.-zypriot. Teilstaat.

Nicotin, *Nikotin,* $C_{10}H_{14}N_2$, giftiges Alkaloid der Tabakpflanzen, Reiz- u. Genußmittel, das durch Rauchen, Schnupfen u. Kauen von Tabak dem Körper zugeführt werden kann. N. wirkt bes. auf das Zentralnervensystem. – **N.vergiftung,** durch über-

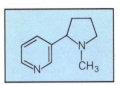

Nicotin

mäßig aufgenommene Mengen N. hervorgerufene Erkrankung; Symptome: Schwindel, Übelkeit, Erbrechen; bei ca. 50 mg N. (auf einmal) tödl. Wirkung.

Nicotinsäure, ein Derivat des Pyridins. Das Amid der N. zählt zu den Vitaminen (Vitamin-B$_2$-Komplex).

Nidation, *Implantation,* Einnistung des befruchteten Eies in die Gebärmutterschleimhaut, bis zum 13. Tag nach der Befruchtung spätestens abgeschlossen; Beginn der Schwangerschaft.

Nidda, 1. r. Nbfl. des Main, 98 km; mündet bei Höchst. – **2.** Stadt in Hess., sö. vom Vogelsberg, 17 000 Ew.; Holz-, Papier- u. Stahlbau-Ind.

Nidwalden, Halbkanton der →Schweiz.

Niebuhr, 1. Barthold Georg, *1776, †1831, dt. Historiker; Mitbegr. der philolog.-krit. Geschichtswissenschaft. – **2.** Reinhold, *1892, †1971, US-amerik. ev. Theologe; trat für eine Einbeziehung von christl. Gedankengut in das polit. u. soz. Leben ein.

Niebüll, Stadt in Schl.-Ho., 7000 Ew.; Verladebahnhof für Kfz nach Sylt.

Niederbayern, bayer. Reg.-Bez., umfaßt den Hauptteil des Bayer.-Böhm. Waldes u. das östl. Alpenvorland, 10 331 km², 1 Mio. Ew., Hptst. *Landshut.*

Niedere Tauern, Gebirge in Östr., nordöstl. Fortsetzung der Hohen Tauern, 150 km lang; bis 2863 m.

Niederfinow, Ort in Brandenburg, am Oder-Havel-Kanal, 1000 Ew.; Schiffshebewerk.

Niederfrequenz, Kurzzeichen *NF,* elektrische Schwingungen mit einer Frequenz bis 20 000 Hz; umfaßt v. a. den Bereich der hörbaren Töne.

Niederkalifornien, span. *Baja California,* engl. *Lower California,* mex. Halbinsel an der pazif. Küste, durch den *Golf von Kalifornien* vom Festland getrennt, 143 790 km², 1,98 Mio. Ew.; gebirgig; trockenheißes Klima mit vorw. steppenhafter Vegetation; bed. Baumwollanbaugebiet.

Niederlande, Staat in W-Europa, 41 863 km², 15,1 Mio. Ew., Hptst. *Amsterdam/Den Haag.* N. ist gegliedert in 12 Provinzen (vgl. Tabelle).

Landesnatur. Das Land ist zu seinem allergrößten Teil die westl. Fortsetzung des Norddt. Tieflands (europ. Tiefebene); 1/3 der Fläche liegt unter dem Meeresspiegel, hinter schützenden Deichen u. Dünen, von Entwässerungskanälen durchzogen, fruchtbar u. dicht besiedelt. Im SO greifen die Grenzen auf die Randgebiete des Rheinischen Schiefergebirges über (*Vaalser Berg,* 322 m). Das stark ozean., mildfeuchte Klima bietet in dem waldarmen Land (8% Wald) v. a. der Viehzucht gute Möglichkeiten.

Die etwa zu gleichen Teilen ev. u. kath. Bevöl-

Niederlande

Niederländer

Niederlande: Verwaltungsgliederung

Provinz	Fläche in km²	Einwohner in 1000	Hauptstadt
Drenthe	2681	441	Assen
Flevoland	1136	212	Lelystad
Friesland	3788	599	Leeuwarden
Gelderland	5128	1804	Arnheim
Groningen	2607	554	Groningen
Limburg	2209	1104	Maastricht
Nordbrabant	5106	2190	's-Hertogenbosch
Nordholland	2935	2376	Haarlem
Overijssel	3926	1020	Zwolle
Seeland	3017	356	Middelburg
Südholland	3363	3220	Den Haag
Utrecht	1396	1016	Utrecht

kerung besteht zu 90% aus Niederländern u. zu 10% aus Friesen. 88% der Bevölkerung wohnen in Städten, 29% davon in Großstädten (Amsterdam, Rotterdam, Den Haag, Utrecht, Eindhoven, Haarlem, Tilburg, Nimwegen, Enschede, Arnheim). – *Wirtschaft.* Die Landw. exportiert Erzeugnisse der Viehzucht u. des Blumen-, Gemüse- u. Obstbaus. Die wichtigsten Ind.-Zweige sind Metall-, Maschinen-, Werft-, elektrotechn., Nahrungs- u. Genußmittel-, Textil-, Glas-, keram., Holz- u. chem. Ind. Der Bergbau fördert Erdöl, Erdgas u. Steinsalz. – Eisenbahn- u. Straßennetz sind dicht. Wichtig ist die Schiffahrt auf dem Rhein u. seinen Nebenflüssen sowie auf Kanälen. Rotterdam ist der bed. Hafen Kontinentaleuropas. – *Geschichte.* Das german. besiedelte Gebiet wurde im 8. Jh. von den *Franken* erobert; im 9. Jh. kam es an Lotharingien bzw. an das Ostfränk. Reich, im 10. Jh. an Dtld. Eine Reihe seiner z. T. selbst. Territorien waren im MA Kultur- u. Wirtschaftszentren: Flandern, Brabant u. a. Im 14. u. 15. Jh. gehörte fast der ganze ndl. Raum zu *Burgund*. Durch Heirat erwarben die *Habsburger* 1477 die N., u. bei der Teilung der habsburg. Länder kamen sie an die span. Linie. Aufstände gegen die Generalstatthalterin Philipps II. veranlaßten Philipp, span. Truppen unter Herzog Alba zu entsenden, der die Anführer der Unabhängigkeitsbewegung, die Grafen *Egmont* u. *Hoorn*, hinrichten ließ. 1579 bildeten die sieben nördl. (calvinist.) Prov. die *Utrechter Union*, die südl. (kath.) Prov. blieben bei Spanien *(Span. N.)*. 1581 lösten sich die Unionsstaaten von der span. Herrschaft (als Rep. der Vereinigten N.) u. ernannten *Wilhelm von Oranien* zu ihrem Statthalter. Die förml. Anerkennung der nördl. N. wurde erst 1648 (Westfäl. Friede) ausgesprochen. 1689 kam *Wilhelm III. von Oranien* auf den engl. Thron. England u. die N. wurden in Personalunion regiert. Nach der Entdeckung Amerikas erwarben die N. im 17. Jh. in SO-Asien, Indien, Amerika u. Afrika Kolonialbesitz. Nach dem Span. Erbfolgekrieg kamen die Span. N. 1713 an Östr., 1810 wurden sie Frankreich angegliedert. – Die nördl. N. nahmen an den Kriegen gegen Napoleon I. teil, wurden von frz. Truppen besetzt u. 1810 ebenfalls Frankreich angeschlossen. Zusammen mit den südl. N. (→Belgien) erhoben sich die nördlichen N. 1814 gegen Frankreich u. schlossen sich 1815 zum Königreich der Vereinten N. zusammen. Wegen des Übergewichts des calvinist.-fläm. Nordens löste sich Belgien 1830 aus dem Staatenverband. 1848 gewährte *Wilhelm II.* den N. eine liberale Verf. Während des 1. Weltkriegs blieben die N. neutral. 1940–44 waren die N. von dt. Truppen besetzt. Die nach Kriegsende zurückgekehrte Königin dankte 1948 zugunsten ihrer Tochter *Juliana* ab. Juliana ihrerseits überließ den Thron 1980 ihrer Tochter *Beatrix*. – Die N. sind eine konstitutionelle Monarchie, die parlamentarisch regiert wird. Das Parlament, die »Generalstaaten«, besteht aus zwei Kammern: »Eerste Kamer« (indirekt von den Provinzialstaaten gewählt) u. – verfassungspolit. wichtiger – »Tweede Kamer« (nach allg. gleichem, direktem u. geheimem Wahlrecht in Verhältniswahl gewählt). Die wichtigsten Pateien sind der *Christlich-Demokrat. Appell*, die *Partei der Arbeit*, die *Volkspartei für Freiheit u. Demokratie* u. die *Demokraten '66*. Das Bündnis *Grünlinks* ist ein Sammelbecken verschiedener Linksparteien.

Niederländer, *Holländer*, germ. Volk im Gebiet zw. Schelde- u. Ems-Mündung, rd. 13 Mio.; hervorgegangen aus Friesen, Sachsen u. salischen Franken.

Niederländische Antillen, amtl. *Nederlandse Antillen*, die Inseln *Curaçao*, *Aruba* u. *Bonaire* vor der Küste Venezuelas sowie *Sint Maarten* (Saint-Martin, Südteil), *Sint Eustatius* u. *Saba* in der Gruppe der Leeward Islands. Die N. A. bilden einen autonomen, gleichberechtigten Teil der Niederlande (seit 1954); Hptst. der 993 km² großen N. A. mit 267 000 Ew. ist *Willemstad* auf Curaçao. Die Bevölkerung besteht überw. aus Schwarzen u. Mulatten; Erdölraffinerien auf Curaçao u. Aruba.

niederländische Kunst. Die Kunst im Bereich der heutigen Niederlande, bis 1830 auch Belgiens, erlangte erst im 14. Jh. Eigenständigkeit gegenüber der benachbarten frz. Kunst. In der Baukunst wurden weitgehend die herrschenden europ. Baustile übernommen; doch spielte der Profanbau in der bürgerl. Kultur für die Niederlande schon seit dem 13. Jh. eine wichtige Rolle.
In der ndl. Malerei setzte im 16. Jh. eine Verselbständigung der Bildgattungen ein. Auch entwickelten sich der kath. Süden u. der kalvinist. Norden künstlerisch immer stärker auseinander. Dem barocken Pathos fläm. Kunstwerke, v. a. der Bilder von P. P. *Rubens*, stand die Verinnerlichung der holländ. Kunst – wie sie uns dem Betrachter eindrucksvollsten im Werk *Rembrandts* begegnet – gegenüber.

Niederländische Schule, *franko-fläm.* oder *burgund.-fläm. Musik*, mehrere Musikergenerationen von etwa 1430 bis 1600, deren Musik durch zunehmende rationale Beherrschung des mehrstimmigen Satzes gekennzeichnet ist; im 15. Jh. bed. Musik ihrer Zeit, sowohl in den kirchl. Werken (Messen, Motetten) als auch in den weltl. (Chanson). Bed. Vertreter: G. *Dufay*, G. *Binchois*, J. *Okeghem*, A. *Busnois*, J. *Desprez*, J. *Obrecht*, P. de *La Rue*, N. *Gombert*, A. *Willaert*, Clemens non Papa, Orlando di *Lasso*, P. de *Monte*.

Niederländisch-Guyana →Suriname.

Niederländisch-Indien, *Niederländisch-Ostindien*, das ehem. ndl. Kolonialreich im Malaiischen Archipel; heute →Indonesien.

Niederlausitz, nördl. Teil der →Lausitz.

Niederösterreich, östr. Bundesland, Hptst. *St. Pölten*; hat Anteil an den N- u. Zentral-Alpen (Bucklige Welt, Leithagebirge), am Alpenvorland, am Böhm. Massiv, am hügeligen Weinviertel u. am Wiener Becken.
Gesch.: N. ist das histor. Kernland Östr. Auf seinem Gebiet wurde die *Karolingische*, später die *Otton. Mark* errichtet, die 976 von den *Babenbergern* (bis 1246) übernommen wurde. Bis 1156 Markgrafschaft, dann 1180 *Hzgt. Österreich*; 1246–1918 bei den Habsburgern. →Österreich.

Niederrheinisches Tiefland, Ldsch. an Niederrhein, Niers u. Rur; SO-Ausläufer ist die *Kölner Bucht*.

Niedersachsen, das zweitgrößte Bundesland der BR Dtld., 47 439 km², 7,39 Mio. Ew., Hptst. *Hannover*; entstand nach dem 2. Weltkrieg aus der preuß. Prov. Hannover u. den früheren Ländern Braunschweig, Oldenburg u. Schaumburg-Lippe; reicht von der Nordseeküste mit den Ostfries. Inseln bis zur mitteldt. Gebirgsschwelle mit Weserbergland, Deister, Elm, Solling u. dem westl. Harz im S, vom Emsland an der ndl. Grenze im W bis zur Lüneburger Heide u. Unterelbe im O; neben Bay. u. Schl.-Ho. das wichtigste landwirtschaftl. Produktionsgebiet Deutschlands (v. a. Getreide-, Futtermais- u. Kartoffellieferant; Weizen-, Zuckerrüben- u. Gemüseanbau; Viehzucht); Erdöl u. Erdgas im Emsland u. im Nordseesektor, Braunkohle-, Eisenerz-, Kali- u. Steinsalzvorkommen. Große Bed. hat die Küsten- u. Hochseefischerei.

Niederlande: Wassertor in Sneek, Friesische Seenplatte

Niedersachsen: Regierungsbezirke

Regierungsbezirk	Fläche in km²	Einwohner in 1000	Hauptstadt
Braunschweig	8097	1655	Braunschweig
Hannover	9048	2082	Hannover
Lüneburg	15260	1512	Lüneburg
Weser-Ems	14959	2226	Oldenburg

Niederschachtofen, Ofen zur Roheisengewinnung mit geringerer Höhe (8–10 m) als ein *Hochofen*.

Niederschlag, 1. sich aus einer Lösung abscheidender fester Stoff. – **2.** *Meteorologie:* flüssige u. feste Ausfällungsprodukte des Wasserdampfs, die aus der Atmosphäre auf die Erde fallen. Voraussetzung für die Bildung von N. ist die Abkühlung feuchter Luft unter den Taupunkt. Flüssiger N.: *Regen, Niesel, Nebelreißen;* fester N.: *Schnee, Griesel, Eisregen, Hagel.*

Niederschlesien, 1919–34 u. 1941–45 preuß. Prov.; bis 1941 nw. Teil der Prov. *Schlesien* zu beiden Seiten der mittleren Oder; Hptst. *Breslau;* seit 1945 poln.

Niederspannung, Wechselspannung zw. 50 u. 1000 Volt (in Haushalten nicht mehr als 250 Volt), Gleichstrom zw. 75 u. 1500 Volt. Niedrigere Spannungen werden als *Kleinspannung*, höhere als *Mittel-* oder *Hochspannung* bezeichnet.

Niederwald, ein *Ausschlagwald*, Laubholzwald mit flächenweise gleichaltrigem Bestand, wird schlagweise bewirtschaftet.

Niederwald, 350 m hoher Bergrücken im sö. Taunus, mit dem 1877–83 erbauten *N.-Denkmal*.

Niederwild, das zur *Niederen Jagd* (Niederjagd, Ggs.: *Hohe Jagd*) zählende Wild, z.B. Marder, Fuchs, Hase, Dachs, Schnepfe, Wildente.

Niedrigwasser, period. wiederkehrender Tiefstand des Wasserspiegels; beim Meer als Folge von Ebbe u. Flut.

Niekisch, Ernst, * 1889, † 1967, dt. sozialist. Politiker u. Publizist; 1918/19 Vors. des Zentralen Arbeiter- u. Soldatenrats in München; sympathisierte später mit nationalbolschewist. Strömungen; erbitterter NS-Gegner; 1946–54 Mitgl. der SED.

Niello, ein Schmuckverfahren, bei dem in Edelmetall (meist Silber) Figuren, Ornamente u. ä. einge-

Niederlande: Der Käsemarkt in Alkmaar ist eine Touristenattraktion

Nielsen, Asta, *1881, †1972, dän. Schauspielerin; gab dem Stummfilm erstmals hohen künstler. Ausdruck.

Niemeyer, Oscar, *15.12.1907, brasil. Architekt; maßgebl. beteiligt an der Gestaltung der neuen brasil. Hptst. *Brasilia*.

Niemöller, Martin, *1892, †1984, dt. ev. Kirchenführer; gründete 1933 den *Pfarrernotbund*, bed. Vertreter der *Bekennenden Kirche*, Symbolfigur des Widerstandes gegen den Nat.-Soz.; 1938–45 in Konzentrationslagern; 1947–64 erster Kirchen-Präs. der Ev. Kirche in Hessen u. Nassau, 1961–68 einer der 6 Präs. des Ökumen. Rats der Kirchen.

Nienburg, *N./Weser*, Krst. in Nds. an der Weser, 30 000 Ew.; spätgot. Kirche (15. Jh.), Fachwerk-Rathaus (16. Jh.); Glas- u. a. Ind.

Nieren, *Renes*, Organ zur Harnausscheidung; beim Menschen zwei bohnenförmige Organe, die beiderseits der Lendenwirbelsäule der hinteren Bauchwand aufliegen, umgeben von einer bindegewebigen Kapsel. Die N. dienen v. a. der Ausscheidung von Stoffwechselprodukten u. der Regelung des Wasser- u. Salzhaushaltes. Sie werden tägl. von ca. 1500 Litern Blut durchströmt u. erzeugen aus diesem riesigen Volumen in einem komplizierten Prozeß ca. 1,5 Liter Harn (Urin), der die ausgefilterten Giftstoffe enthält, im *N.becken* gesammelt u. über *Harnleiter*, *Harnblase* u. *Harnröhre* ausgeschieden wird. →*künstliche Niere*. – N.krankheiten: **N.beckenentzündung,** *Pyelitis*, bakterielle Entzündung des N.beckens, häufig durch Kolibakterien; Symptome: hohes Fieber, N.schmerzen u. Störungen der Harnausscheidung. – **N.entzündung,** *Nephritis*, durch Erkältung oder Infektion hervorgerufene Entzündung des N.gewebes mit Eiweiß- u. Blutausscheidung im Urin, Ödemen u. Blutdrucksteigerung. – **N.schrumpfung,** *Schrumpfniere*, Schädigung u. Untergang des N.gewebes infolge Durchblutungsstörungen der N. oder versch. entzündl. N.krankheiten; führt zu Blutdruckerhöhung u. N.versagen (*N.insuffizienz*). – **N.steine,** körnige, harte Ablagerungen von Harnsalzen im N.becken, Harnleiter und in der Blase; kleinere N.steine können mit dem Urin abgehen, größere führen bei Einklemmung zu schmerzhaften Krämpfen (*N.koliken*). – **N.transplantation,** *Nierenverpflanzung*, Übertragung einer gesunden Niere von einem Spender auf einen Nierenkranken, dessen beide Nieren ausgefallen sind.

Nießbrauch, unvererbbares u. unübertragbares Recht einer Person zur Nutzung einer Sache oder eines Rechts.

Nieswurz, *Helleborus*, Gatt. der *Hahnenfußgewächse*; von Europa bis Zentralasien verbreitet; Giftpflanzen: *Grüne N., Stinkende N., Christrose*.

Niet, Element zur festen Verbindung zweier Werkstücke.

Nietzsche, Friedrich, *1844, †1900, dt. Philosoph; von A. *Schopenhauer* u. R. *Wagner* beeinflußt; suchte ein neues Wertesystem zu schaffen; lehnte die christl. Religion der Nächstenliebe als eine Religion der Schwachen (»Sklavenmoral«) ab u. entwarf das Bild des neuen, freien, gottähnl. Menschen (»Herrenmoral«); Lehre von der ewigen Wiederkehr«. Seine Psychologie der Entlarvung moral. Herkömml. wurde oft mißinterpretiert u. fälschlicherweise vom Nat.-Soz. in Anspruch genommen; W »Unzeitgemäße Betrachtungen«, »Menschliches, Allzumenschliches«, »Die fröhliche Wiss.«, »Also sprach Zarathustra«, »Jenseits von Gut u. Böse«, »Der Antichrist«.

Niger, afrikan. Binnenstaat im zentralen Sudan, 1 267 000 km², 8,0 Mio. Ew., Hptst. *Niamey*.
Landesnatur. Der trop. (Trockensavanne) S geht nach N über die breite Sahelzone mit spärl. Dornsavanne in die Sahara über.
Die vorw. islam. Bevölkerung besteht im S aus Sudannegerstämmen (Hausa, Dyerma); in den Weidegebieten leben Fulbe u. Tuareg.

Niger

In der Wirtschaft liefert der Hackbau Erdnüsse für den Export. Wichtig sind die Viehzucht u. die Fischerei am Tschadsee u. am Niger. Der Bergbau liefert v. a. Uran (viertgrößter Lieferant der Welt). Die Industrialisierung erstreckt sich bes. auf die Verarbeitung von Agrar- u. Fischereiprodukten. – Von Nigergebiet u. S-Grenze bestehen Verbindungen zu den Häfen an der Oberguineaküste.
Geschichte. Das Gebiet war seit 1890 frz. u. seit 1911 ein Teil von Frz.-Westafrika. 1958 wurde N. autonome Rep. innerhalb der Frz. Gemeinschaft. Seit 1960 ist N. unabh. Seit dem Staatsstreich von 1974 regiert das Militär. 1993 gewann M. *Ousmane* freie Präsidentschaftswahlen.

Niger, der drittlängste Fluß Afrikas, 4160 km lang; entspringt auf der Oberguineaschwelle u. mündet mit seinem 25 000 km² großen Delta in den Golf von Guinea.

Nigeria, Staat in W-Afrika, am Golf von Guinea, 923 768 km², 112 Mio. Ew., Hptst. *Abuja*.

Friedrich Nietzsche

Landesnatur. Bis auf die Küstenebene wird das Land von Berg- u. Hügelländern eingenommen, die im *Bauchiplateau* (2010 m) gipfeln. Der S ist von dichten Regenwäldern bedeckt, die nach N über Feucht- u. Trockensavanne in die Dornbuschsavannen der Sahelzone übergehen.

Nigeria

Bevölkerung. Die im N überw. islam., im S großenteils christl. Bev. gehört zahlr. Stämmen von Sudannegern u. hamit. Völkern an.
Wirtschaft. Die Landw. liefert für den Export Erdnüsse u. Erdnußöl, Kakao, Kautschuk u. Palmprodukte. Aus den Wäldern werden Edelhölzer ausgeführt. Erdöl u. Erdgas sind die wichtigsten Exportgüter. Außerdem verfügt N. über Vorkommen von Steinkohle, Zinn, Blei, Zink, Wolfram u. Eisen. Die Industrie umfaßt v. a. Nahrungsmittel-, Textil-, chem., Metall- u. Zement-Ind.
Das Straßennetz ist relativ dicht; die Binnenwasserstraßen spielen für den Güterverkehr eine entscheidende Rolle. Die wichtigsten Seehäfen sind Lagos, Calabar, Warri, Port Harcourt u. der Erdölhafen Bonny. In Lagos, Kano u. Port Harcourt gibt es internat. Flughäfen.
Geschichte. In vorkolonialer Zeit gründeten die Yoruba, Hausa u. Nupe Staaten auf dem Gebiet des heutigen N. 1903 wurde das *Fulbe-Reich* von Sokoto von den Briten unterworfen. 1914 wurde N. brit. Kolonie, 1960 unabh. u. 1963 Rep. 1966 versuchten jüngere Offiziere einen Staatsstreich. Die Abspaltung der O-Region (Biafra) am 30.5.1967 führte zu einem Bürgerkrieg, der 1970 mit der Kapitulation Biafras endete. Nach Zulassung von Parteien – seit 1966 bestand eine Militärregierung – fanden 1979 Wahlen statt. 1983 übernahm wieder

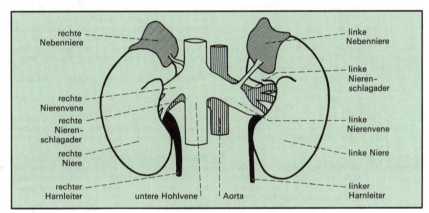

Die Nieren mit ihren kapuzenartig aufsitzenden Nebennieren (Schema; von vorn)

Niger: die Moschee in Agadès

Nigeria: Straßenszene in Lagos

Nikolaus von Kues (links) mit seinem Sekretär. Der Krebs im Wappen symbolisiert den Familiennamen des Philosophen; Ausschnitt aus dem Passionsaltar der Kapelle des von Nikolaus gegründeten Armenstifts in Kues, um 1460

das Militär die Macht. Staats- u. Regierungschef ist seit 1993 General S. *Abacha*.

Nightingale [ˈnaitingeil], Florence, *1820, †1910, engl. Krankenschwester; förderte die Krankenpflege u. Ausbildung der Krankenschwestern (bes. im *Krim-Krieg*).

Nihilismus, Verneinung aller Werte, Ziele, Glaubensinhalte, manchmal auch der bestehenden Ordnungen u. Einrichtungen; *i.e.S.* eine dem Anarchismus nahestehende Richtung der russ. Revolutionsbewegung im 19. Jh.

Niigata, jap. Hafen- u. Präfektur-Hptst. an der W-Küste von Honshu, 467 000 Ew.; kath. Bischofssitz, Univ., Medizin. HS; chem.-, Metall-, Papier- u. Textil-Ind., Erdölraffinerien.

Nijinskij [niˈʒin-], *Nischinskij,* Waclaw, *1890, †1950, russ. Tänzer u. Choreograph; Schüler S. *Diaghilews.*

Nike →griechische Religion.

Nikias, *um 470 v. Chr., †413 v. Chr., athen. Heerführer; im *Peloponnes. Krieg* Führer der zur Verständigung mit Sparta bereiten Kreise (sog. *N.friede*).

Nikisch, Arthur, *1855, †1922, dt. Dirigent; setzte sich bes. für A. *Bruckner* u. P. I. *Tschaikowskij* ein.

Nikko, jap. Stadt in Zentralhonshu, nördl. von Tokio, 22 000 Ew.; buddhist. Wallfahrtsort, »3-Affen«-Standbild.

Nikobaren, engl. *Nicobar Islands,* 19 Inseln im O des Golfs von Bengalen, zw. den Andamanen u. Sumatra, 1645 km², 20 000 Ew.; Hauptort *Nancowrie;* gehören polit. zu →Indien.

Nikolajew [-jɛf], ukrain. *Mykolajiw,* Hptst. der gleichn. Oblast in der Ukraine, am Bug-Liman, 501 000 Ew.; Schiffbau u. versch. Ind.; Hafen; Flugplatz.

Nikolajewsk-na-Amure [-jɛfsk-], Stadt im russ. Fernen Osten, nahe der Mündung des Amur in den Tatar. Sund, 35 000 Ew.; Lachsfischerei.

Nikolaj Nikolajewitsch, *1856, †1929, russ. Großfürst; 1914/15 Oberbefehlshaber der russ. Truppen im 1. Weltkrieg.

Nikolaus, Bischof von *Myra* (Kleinasien), →Heilige.

Nikolaus, Päpste: **1. N. I.,** †867, Papst 858 bis 867; bemühte sich um die Durchsetzung der geistl. Obergewalt des Papsttums über die Gesamtkirche gegen Fürsten u. Erzbischöfe. – Heiliger (Fest: 13.11.). – **2. N. II.,** eigtl. *Gerhard,* †1061, Papst 1058–61; erließ 1059 das Papstwahldekret, das die Wahl ausschl. den 7 Kardinalbischöfen übertrug u. das Bestätigungsrecht der dt. Könige zurückdrängte; von den unterital. Normannen als Lehnsherr anerkannt. – **3. N. V.,** eigtl. Tommaso *Parentucelli,* *1397, †1455, Papst 1447–55; schloß 1448 mit *Friedrich III.* das Wiener Konkordat u. er-

reichte 1449 die Unterwerfung des Gegenpapstes *Felix V.* u. die Auflösung des Basler Konzils; der erste Renaissance-Papst; gründete die Vatikan. Bibliothek.

Nikolaus, Fürsten:
Montenegro:
1. N. *(Nikola, Nikita)* **I.,** *1841, †1921, Fürst 1860–1910, König 1910–18; setzte im Kampf gegen die Türkei die Unabhängigkeit Montenegros durch. Verbündeter Serbiens im 1. Weltkrieg.
Rußland:
2. N. *(Nikolaj)* **I. Pawlowitsch,** *1796, †1855, Zar 1825–55; begann seine Reg. mit der Unterdrückung des *Dekabristenaufstands.* 1830/31 Unterdrückung des poln., 1849 des ung. Aufstands; unterlag im Krimkrieg. – **3. N.** *(Nikolaj)* **II. Alexandrowitsch,** *1868, †1918, Zar 1894–1917; letzter Zar aus der Dynastie *Romanow-Gottorf;* gab Rußland unter dem Druck der Revolution 1905 eine Verf.; dankte in der Februarrevolution 1917 ab u. wurde nach der Oktoberrevolution 1918 zus. mit seiner Fam. von Bolschewisten erschossen.

Nikolaus von Autrecourt [-oˈtraˈkuːr], †nach 1350, frz. Scholastiker; erklärte nur die unmittelbare Wahrnehmung sowie das Widerspruchsprinzip u. die unmittelbar aus ihm gewonnenen Sätze für gewiß.

Nikolaus von Flüe, *Niklas von Flüe, Bruder Klaus,* *1417, †1487, schweiz. Mystiker u. Einsiedler; 1947 heiliggesprochen (Fest: 21.3., in der Schweiz 25.9.), Patron von Unterwalden.

Nikolaus von Kues [-kuːs], *Nicolaus Cusanus,* eigtl. Nikolaus *Chryppfs* oder *Krebs,* *1401, †1464, dt. Philosoph u. Kirchenpolitiker; 1448 Kardinal, 1450 Bischof von Brixen; steht am Übergang des MA zur Neuzeit; Vorwegnahme moderner physikal. Vorstellungen: Erdbewegung, Trägheitsgesetz, Relativität der Bewegungen, Infinitesimalrechnung u. a.; gelangte in Anknüpfung an den Neuplatonismus u. die dt. Mystik zu seiner Lehre von der *coincidentia oppositorum* [»Zusammenfall der Gegensätze«] in Gott, wobei es allerdings keine wahre Erkenntnis Gottes, sondern nur ein Begreifen unseres Nichtbegreifens *(docta ignorantia)* gebe.

Nikolaus von Verdun [-vɛrˈdœ], lothring. Goldschmied u. Emailmaler, durch datierte Werke nachweisbar zw. 1181 u. 1205, u. a. *Klosterburger Altar,* Teile des *Dreikönigschreins* im Kölner Dom.

Nikolsburg, tschech. *Mikulov,* Stadt in S-Mähren, 6000 Ew. – Der *Vorfriede von N.* beendete 1866 den *Dt. Krieg* zw. Östr. u. Preußen.

Nikomedia, *Nikomedeia,* antiker Name für die türk. Stadt Izmit, fr. Hptst. von *Bithynien.*

Nikopol, ukrain. *Nykopil,* Stadt im S der Ukraine, am Kachowkaer Stausee (Dnjepr), 156 000 Ew.; Binnenhafen; in der Nähe Manganerzbergbau.

Nikosia = Nicosia.

Nikotin →Nicotin.

Nil, arab. *Bahr An Nil,* längster Fluß der Erde, 6671 km, über 2,8 Mio. km² Einzugsgebiet; entspringt als *Kagera-N.* in Rwanda u. Burundi, durchströmt den Victoria- u. den Mobutu-Sese-Seko-See (ehem. Albertsee), nimmt den Gazellenfluß *(Bahr Al Ghazal)* von links u. den *Sobat* von rechts auf, trifft bei Khartum als *Weißer N. (Nil Al Abyad)* mit dem *Blauen N. (Nil Al Azraq)* zusammen, nimmt bei Berber noch den *Atbara* auf u. fließt dann nordwärts durch die Wüste nach Kairo. Durch die Ablagerung des N.-Schlamms bedingt er die Fruchtbarkeit der ägypt. Stromoase. Unweit von Kairo bildet er sein 22 000 km² umfassendes Delta u. mündet in mehreren Armen zw. Alexandria u. Damietta ins Mittelmeer. Zur künstl. Bewässerung u. zur Energiegewinnung wird der N. an mehreren Stellen gestaut, u. a. zum Nasser-Stausee (zweitgrößter Stausee der Welt) bei Assuan.

Nilgiri, Gebirgsmassiv in S-Indien, 2633 m hoch; Tee- u. Kaffeeplantagen.

Nilhechte, Süßwasserfische im trop. Afrika; unterscheiden sich von anderen Wirbeltieren durch ein riesiges Kleinhirn; am Schwanz häufig elektr. Organe.

Nilkrokodil, bis zu 7 m langes Krokodil; lebt in ganz Afrika in Brack- u. Süßwasser.

Niloten, verwandte afrik. Völker in den Trockensteppen u. Papyrussümpfen des oberen Nil; Großviehzüchter mit Hackbau. *I. w. S.* sprachl., körperl. (großwüchsig, sehr dunkle Hautfarbe) u. kulturell weitgehend einheitl. Gruppe in O-Afrika; ca. 5 Mio.

Nilpferd →Flußpferde.

Nilsson, Birgit, *17.5.1918, schwed. Sängerin (hochdramat. Sopran); bed. Wagner- u. Strauss-Interpretin.

Nimbus, 1. *Heiligenschein, Glorie, Gloriole,* aus der frühen Kunst des Alten Orients von der christl. Kunst übernommene Form eines Lichtkreises um das Haupt göttl. u. heiliger Gestalten. – **2.** *übertragen:* Ruhm, Ansehen.

Nîmes [niːm], das antike *Nemausus,* S-frz. Stadt im Languedoc, 124 000 Ew.; korinth. Tempel, röm. Amphitheater; in der Nähe *Pont du Gard* (röm. Aquädukt); Weinhandel; versch. Ind.
Gesch.: Keltensiedlung, seit 121 v. Chr. röm., 1229 frz.; Hauptsitz der Hugenotten.

Nimitz, Chester William, *1885, †1966, US-amerik. Seeoffizier; 1941–45 Oberbefehlshaber im Pazifik.

Nimmersatt, *Ibis,* Gatt. der *Störche,* in Afrika u. S-Asien.

Nimrod, im AT mächtiger Herrscher Babylons, Stadtgründer (Ninive) u. leidenschaftl. Jäger.

Nimwegen, ndl. *Nijmegen,* Stadt in der Prov. Gelderland, an der Waal, 146 000 Ew.; Univ. (1923); Museen; mittelalterl. Stevenskerk (13./14. Jh.), Stadthaus (16. Jh.), versch. Ind. – Der *Friede von N.* beendete 1678/79 den *Holländ. Krieg.*

Nin, Anaïs, *1914, †1977, US-amerik. Schriftst. span.-frz. Abstammung (v. a. psychoanalyt. Romane).

Ningxia Hui [ninçia], *Ninghsia,* Autonome Region in →China am Mittellauf des Huang He, hpts. von islam. *Dunganen* (Hui) bewohnt.

Ninive, heute die Ruinenhügel *Kujundschik* u. *Nebi Junus,* antike Stadt in Mesopotamien, am linken Tigrisufer; 700–612 v. Chr. Hptst. von *Assyrien,* 612 v. Chr. von dem babyl. König *Nabupolassar* zerstört.

Niob, *Niobium,* fr. *Columbium,* ein →chemisches Element.

Niobe, in der grch. Sage Tochter des *Tantalos* u. Gattin des Königs *Amphion* von Theben.

Nipkow [-ko], Paul, *1860, †1940, dt. Ing.; erfand 1884 die **N.sche Scheibe** mit spiralig angeordneten Löchern zur mechan. Zerlegung (Abtasten) eines Bildes (Prinzip jeder Fernsehübertragung).

Nippel, kurzes Rohrstück mit Gewinde zum Verbinden von Rohren; in der Glühlampenfassung das Fußstück zum Durchführen der Leitungsschnur; beim Fahrrad ein Gewindestück zum Befestigen der Speichen.

Nippes, kleine, aufstellbare Schau- u. Zierfiguren, meist aus Porzellan.

Nippflut →Gezeiten.

Nippon, *Dai Nippon, Nihon, Nihong,* jap. Bez. für *Japan.*

Nippur, heute *Niffer,* babylon. Stadt sö. von Bagdad, ehem. religiöses Zentrum der *Sumerer.*

Nirenberg, Marshall Warren, *10.4.1927, US-amerik. Biochemiker; Arbeiten zur Entschlüsselung des genet. Codes; Nobelpreis für Medizin 1968.

Nirvana, Heilsziel des *Buddhismus:* das Erlöschen des unheilvollen Daseinsdrangs *(tanha)* u. damit das Aufhören der zu immer neuen Geburten führenden Tat*(karma)*-Kausalität.

Niš [niːʃ], dt. *Nisch,* Stadt in Serbien (Jugoslawien), 161 000 Ew.; vielseitige Ind.; türk. Festung.

Nisan, *Nissan,* der 7. Monat des jüd. Kalenders (März/April).

Nische, runde oder eckige Wandvertiefung.

Die Stromoase des Nil ist das Hauptsiedlungs- und -anbaugebiet Ägyptens

Nischnewartowsk, russ. Stadt am mittleren Ob, 200 000 Ew.; Erdöl- u. Erdgas-Ind.
Nischnij Nowgorod, 1932–90 *Gorkij,* russ. Gebiets-Hptst. an der Mündung der Oka in die Wolga, 1,4 Mio. Ew.; Kreml (14. Jh.); Kulturzentrum, Ind.- u. Handelsstadt; Univ.
Nischnij Tagil, Ind.-Stadt in Rußland, am Ostrand des Mittleren Ural, 427 000 Ew.
Nishinomiya, jap. Stadt zw. Osaka u. Kobe, 412 000 Ew.; Univ. (1889); Schwer-, Nahrungsmittel- Textil-, Gummi- u. a. Ind.
Nissen, die an den Haaren der Wirtstiere festgeklebten Eier von *Läusen.*
Niterói, brasil. Ind.-Stadt, gegenüber von Rio de Janeiro, 480 000 Ew.
Nithard, † 844, fränk. Geschichtsschreiber, Enkel Karls d. Gr.
Nithardt, Mathis, → Grünewald.
Nitrate, die Salze der *Salpetersäure* (HNO_3) mit der allg. Formel $MeNO_3$; wegen Überdüngung in der Landw. häufig im Trinkwasser u. in pflanzl. Nahrung enthalten.
Nitride, Metall-Stickstoff-Verbindungen, z. B. Mg_3N_2 (Magnesiumnitrid); seltener auch Nichtmetall-Stickstoff-Verbindungen, z. B. BN (Bornitrid); für feuerfeste Werkstoffe u. harte Legierungen.
nitrieren, Nitrogruppen ($-NO_2$) in organ. Verbindungen einführen.
Nitriersäure, Gemisch aus konzentrierter Salpetersäure u. konzentrierter Schwefelsäure versch. Zusammensetzung zum Nitrieren organ. Verbindungen.
Nitrifikation, *Nitrifizierung,* Oxidation des als Ausscheidungsprodukt oder durch Eiweißzersetzung bei Fäulnis anfallenden *Ammoniaks* durch Bakterien, die im Boden oder Wasser leben, im Rahmen der *Chemosynthese.*
Nitrile, organ.-chem. Verbindungen, die die Cyan-Gruppe ($-C\equiv N$) an Alkyl- oder Aryl-Reste gebunden enthalten; allg. Formel: $R-C\equiv N$.
Nitrite, die Salze der *salpetrigen Säure* (HNO_2) mit der allg. Formel $MeNO_2$; toxische Verbindungen. Auf biolog. Wege können unter bestimmten Bedingungen in einigen Gemüsearten (z. B. Spinat) N. aus Nitraten gebildet werden; Verwendung z. B. als Korrosionsmittel.
Nitrocellulosen → Schießbaumwolle.
Nitrofarbstoffe, wenig verwendete synthetische, gelbe bis orangefarbene Farbstoffe, die die farbverstärkende Nitrogruppe ($-NO_2$) enthalten.
Nitrogenium, lat. Bez. für *Stickstoff.*
Nitroglycerin, *Glycerintrinitrat, Nobels Sprengöl,* Trisalpetersäureester des Glycerins, $C_3H_5(ONO_2)_3$; eine gelbl., ölige, stark giftige Flüssigkeit, die durch Nitrieren von Glycerin mit *Nitriersäure* gewonnen wird; Verwendung zur Herstellung von *Dynamit* u. *Sprenggelatine;* in kleinen Mengen wirkt N. gefäßerweiternd u. wird bei Angina pectoris u. Arterienverkalkung verordnet.
Nitrophosphat, aus Rohphosphat u. Salpetersäure hergestelltes Düngemittel.
Nitrosamine, Stickstoff-Nitrosoverbindungen von Aminen; entstehen durch Einwirkung von salpetriger Säure bzw. ihren Salzen auf sekundäre Amine. Viele der N. gelten als kanzerogen.
Nitroverbindungen, anorgan. u. organ. Verbindungen, die die Nitro-Gruppe ($-NO_2$) enthalten; z.B. *Nitramid* NH_2NO_2 u. *Nitrobenzol* $C_6H_5NO_2$.
Niue [ni'uɛi], *Savage Island,* Koralleninsel in der Gruppe der neuseeländ. Cookinseln, im Pazif. Ozean, 259 km², 3000 Ew.; Hauptort *Alofi;* Export von Passionsfrüchten, Bananen u. Kopra. – 1774 von J. Cook entdeckt.
Niugini → Papua-Neuguinea.
nivales Klima, *Schneeklima,* der Klimabereich, in dem die Niederschläge in fester Form fallen u. durch Gletscher abtransportiert werden; z. B. Polargebiete u. Hochgebirge.
Niveau [ni'vo], **1.** Oberfläche, horizontale Ebene, (gleiche) Höhe. – **2.** Energiezustand eines Atoms, Moleküls oder Atomkerns; oft auch als *Term* bez. – **3.** Wasserwaage, Libelle. – **4.** *übertragen:* Entwicklungsstufe, Bildungsstufe, geistige Höhe; Lebensstandard.
Nivellement [nivɛlə'mã], eine auf Vertikalmessungen mit dem *Nivellierinstrument* beruhende Vermessung größerer Gebiete. Das *Nivellieren* besteht in der Addition u. Subtraktion ermittelter Höhenunterschiede von Geländepunkten.
nivellieren, 1. einebnen, gleichmachen, verflachen. – **2.** → Nivellement.
Niven ['nivən], David, *1909, †1983, brit. Filmschauspieler u. Schriftst.; meist Verkörperung des

Richard Nixon

engl. Gentleman, erfolgreich u. a. in »In 80 Tagen um die Welt«.
Nixen, in der germ. Myth. männl. oder weibl. Wassergeister, ähnl. wie *Nöck* u. *Meerweibchen.*
Nixon ['niksən], Richard Milhous, *1913, †1994, US-amerik. Politiker (Republikaner); 1953–60 Vize-Präs. der USA, 1969–74 (37.) Präs. der USA, 1972 wiedergewählt; besuchte 1972 als erster US-Präs. die UdSSR u. China; beendete 1973 durch einen Waffenstillstand mit Nordvietnam den Vietnamkrieg. Die *Watergate-Affäre* führte 1974 zu seinem Rücktritt.
Nizza, frz. *Nice,* Stadt in S-Frankreich, 20 km sw. von Monaco am Mittelmeer, 337 000 Ew.; Kur- u. Hauptort der *Côte d'Azur;* Univ.; Hotelpaläste, Spielkasinos; Parfümherstellung, Blumenzucht u. versch. Ind.; Fremdenverkehr; Flughafen.
Njassaland, das heutige → Malawi.
Njassasee, fr. Name des → Malawisees.
Nkomo, Joshua, *19.6.1917, simbabw. Politiker; 1962 Präs. der *Zimbabwe African People's Union* (ZAPU); gründete 1976 mit R. *Mugabe* die auf Sturz der weißen Vorherrschaft gerichtete *Patriot. Front;* 1980–82 u. seit 1987 Min. der Reg. Mugabe.
Nkrumah, Kwame, *1909, †1972, ghanaischer Politiker; 1951 erster Prem.-Min. der Goldküste (seit 1957 von *Ghana*); 1960–66 Staats-Präs.
NN, Abk. für *Normalnull.*
N.N., Zeichen für *Unbekannt,* gedeutet als Abk. für lat. *Nomen nescio,* »den Namen weiß ich nicht«.
No, klass. jap. Schauspiel ritterl.-buddhist. Geisteshaltung; entstanden im 14. Jh.
Noah, *Noach, Noë,* im AT der Stammvater der Menschheit, den Gott wegen seiner Frömmigkeit mit seiner Familie in der »Arche N.« die Sintflut überstehen ließ.
Nobel, Name des Löwen in der Fabel.
Nobel, Alfred, *1833, †1896, schwed. Ing. u. Erfinder; erfand 1863 *Dynamit* u. führte die Initialzündung mit Knallquecksilber in die Sprengtechnik ein; stiftete den *N.preis.*
Nobelium, ein → chemisches Element.
Nobelpreis, von A. *Nobel* gestifteter, seit 1901 verliehener internat. Geldpreis für hervorragende wiss., literar. u. humanitäre Leistungen, 1. für Physik, 2. für Chemie, 3. für Physiologie u. Medizin, 4. für Literatur, 5. Friedenspreis für Leistungen zur „Verbrüderung der Völker". Die Höhe des Preises richtet sich nach dem Zinsertrag der *Nobelstiftung.* Die schwed. Reichsbank hat 1969 einen N. für Wirtschaftswiss. gestiftet. – T S. 628 f.
Nobile, Umberto, *1885, †1978, ital. Offizier; überflog mit den von ihm konstruierten Luftschiffen »Norge« 1926 (mit R. Amundsen) u. »Italia« 1928 den Nordpol.
Nobility [nou-], der hohe Adel in Großbritannien, im Unterschied zur *Gentry.*
Nocht, Bernhard, *1857, †1945, dt. Arzt u. Tropenhygieniker; begr. das Institut für Schiffs- u. Tropenkrankheiten in Hamburg (*Bernhard-N.-Institut*).
Nocken [der], kurven-, kreisring- oder dreieckförmiger Vorsprung auf einer Welle (*N.welle*) oder einer sich drehenden Scheibe (*N.scheibe*); vorw. zur Betätigung von Steuerungselementen oder Maschinenteilen, z. B. Ventilen oder Hebeln.
Nockerln, östr. u. bay. Mehlspeise.
Nocturne [nɔk'tyrn; frz.], ital. *Notturno, Nocturno,* urspr. ein mehrsätziges, für Blasinstrumente (meist Hörner) geschriebenes »Nachtstück« (Ständchen), im 19. Jh. in der Form gleichbedeu-

Nomadismus

tend mit *Divertimento* u. *Serenade;* in der Klaviermusik ein einsätziges lyr. Stück träumer. Stimmung.
Noelle-Neumann, Elisabeth, *19.12.1919, dt. Publizistikwissenschaftlerin; Gründerin u. seither Leiterin des *Instituts für Demoskopie,* Allensbach.
Noetik, Lehre vom Erkennen; Erkenntnistheorie.
Nofretete, Frau des ägypt. Königs *Echnaton* (um 1350 v. Chr.); berühmt durch ihre bemalte Kalksteinbüste aus Tell Al Amarna, heute im Ägypt. Museum Berlin (-Charlottenburg).
Nogaier, *Nogai-Tataren,* turksprachiges Tatarenvolk (52 000) in den Steppen N-Kaukasiens.
Nogat, östl. Mündungsarm der Weichsel, 62 km.
Nogi, Kiten Maresuke Graf, *1849, †1912, jap. Offizier; Armeeführer im russ.-jap. Krieg 1904/05, eroberte Port Arthur; Nationalheld.

Nofretete

NOK, Abk. für *Nationales Olympisches Komitee.*
Nolde, Emil, eigtl. E. *Hansen,* *1867, †1956, dt. Maler u. Graphiker; einer der Hauptmeister des dt. Expressionismus (v. a. Blumen-, Ldsch.- u. Meeresbilder sowie religiöse Darst.), 1906–08 Mitgl. der »Brücke«. N.s Kunst galt in der NS-Zeit offiziell als »entartet«; 1941 erhielt er Malverbot.
nolens volens, wohl oder übel.
Nolte, Claudia, *7.2.1966, dt. Politikerin (CDU); seit 1990 MdB, seit 1994 Bundes-Min. für Familie, Senioren, Frauen u. Jugend.
Nomaden, Völker u. Volksgruppen ohne festen Wohnsitz.
Nomadismus, *Wanderhirtentum,* eine ausschl. durch die *Weidewirtschaft* geprägte Wirtschaftsform bei Völkern der Alten Welt (Hirtenvölker),

Emil Nolde: Flamingos; Seebüll, Ada-und Emil-Nolde-Stiftung

Die Nobelpreisträger

Jahr	Physik	Chemie	Medizin	Literatur	Friedenspreis
1901	W. Röntgen (Deutschland)	J. H. van't Hoff (Niederlande)	E. A. von Behring (Deutschland)	R. F. A. Sully Prudhomme (Frankreich)	H. Dunant (Schweiz) F. Passy (Frankreich)
1902	H. A. Lorentz, P. Zeemann (Niederlande)	E. Fischer (Deutschland)	R. Ross (Großbritannien)	T. Mommsen (Deutschland)	E. Ducommun, A. Gobat (Schweiz)
1903	H. A. Becquerel, P. u. M. Curie (Frankreich)	S. A. Arrhenius (Schweden)	N. R. Finsen (Dänemark)	B. Björnson (Norwegen)	W. R. Cremer (Großbritannien)
1904	Lord J. W. S. Rayleigh (Großbritannien)	W. Ramsay (Großbritannien)	J. P. Pawlow (Rußland)	F. Mistral (Frankreich) J. Echegaray (Spanien)	Institut für Internationales Recht (Belgien)
1905	P. Lenard (Deutschland)	A. von Baeyer (Deutschland)	R. Koch (Deutschland)	H. Sienkiewicz (Polen)	B. von Suttner (Österreich)
1906	J. J. Thomson (Großbritannien)	H. Moissan (Frankreich)	C. Golgi (Italien) S. Ramón y Cajal (Spanien)	G. Carducci (Italien)	T. Roosevelt (USA)
1907	A. A. Michelson (USA)	E. Buchner (Deutschland)	C. L. Laveran (Frankreich)	R. Kipling (Großbritannien)	E. T. Moneta (Italien) L. Renault (Frankreich)
1908	G. Lippmann (Frankreich)	E. Rutherford (Großbritannien)	J. Metschnikow (Rußland) P. Ehrlich (Deutschland)	R. Eucken (Deutschland)	K. P. Arnoldson (Schweden) F. Bajer (Dänemark)
1909	G. Marconi (Italien) F. Braun (Deutschland)	W. Ostwald (Deutschland)	T. Kocher (Schweiz)	S. Lagerlöf (Schweden)	A. M. F. Beernaert (Belgien) P. H. B. d'Estournelles de Constant (Frankreich)
1910	J. D. van der Waals (Niederlande)	O. Wallach (Deutschland)	A. Kossel (Deutschland)	P. Heyse (Deutschland)	Internationales Friedensbüro (Bern)
1911	W. Wien (Deutschland)	M. Curie (Frankreich)	A. Gullstrand (Schweden)	M. Maeterlinck (Belgien)	T. M. C. Asser (Niederlande) A. H. Fried (Österreich)
1912	G. Dalén (Schweden)	V. Grignard, P. Sabatier (Frankreich)	A. Carrel (Frankreich)	G. Hauptmann (Deutschland)	E. Root (USA)
1913	H. Kamerlingh-Onnes (Niederlande)	A. Werner (Schweiz)	C. Richet (Frankreich)	R. Tagore (Indien)	H. La Fontaine (Belgien)
1914	M. von Laue (Deutschland)	T. W. Richards (USA)	R. Barany (Österreich)	–	–
1915	H. W. Bragg, W. L. Bragg (Großbritannien)	R. Willstätter (Deutschland)	–	R. Rolland (Frankreich)	–
1916	–	–	–	V. von Heidenstam (Schweden)	–
1917	C.G. Barkla (Großbritannien)	–	–	K. Gjellerup, H. Pontoppidan (Dänemark)	Internationales Komitee vom Roten Kreuz
1918	M. Planck (Deutschland)	F. Haber (Deutschland)	–	–	–
1919	J. Stark (Deutschland)	–	J. Bordet (Belgien)	C. Spitteler (Schweiz)	W. Wilson (USA)
1920	C. E. Guillaume (Frankreich)	W. Nernst (Deutschland)	A. Krogh (Dänemark)	K. Hamsun (Norwegen)	L. Bourgeois (Frankreich)
1921	A. Einstein (Deutschland)	F. Soddy (Großbritannien)	–	A. France (Frankreich)	K. H. Branting (Schweden) C. L. Lange (Norwegen)
1922	N. Bohr (Dänemark)	F. W. Aston (Großbritannien)	A. V. Hill (Großbritannien) O. Meyerhof (Deutschland)	J. Benavente (Spanien)	F. Nansen (Norwegen)
1923	R. A. Millikan (USA)	F. Pregl (Österreich)	F. G. Banting, J. J.R. Macleod (Kanada)	W. B. Yeats (Irland)	–
1924	K. M. Siegbahn (Schweden)	–	W. Einthoven (Niederlande)	W. S. Reymont (Polen)	–
1925	J. Franck, G. Hertz (Deutschland)	R. Zsigmondy (Deutschland)	–	G. B. Shaw (Großbritannien)	A. Chamberlain (Großbritannien) C. G. Dawes (USA)
1926	J. Perrin (Frankreich)	T. Svedberg (Schweden)	J. Fibiger (Dänemark)	G. Deledda (Italien)	A. Briand (Frankreich) G. Stresemann (Deutschland)
1927	A. H. Compton (USA) C. T. R. Wilson (Großbritannien)	H. Wieland (Deutschland)	J. Wagner-Jauregg (Österreich)	H. Bergson (Frankreich)	F. Buisson (Frankreich) L. Quidde (Deutschland)
1928	O. W. Richardson (Großbritannien)	A. Windaus (Deutschland)	C. Nicolle (Frankreich)	S. Undset (Norwegen)	–
1929	L. V. de Broglie (Frankreich)	A. Harden (Großbritannien) H. von Euler-Chelpin (Schweden)	E. Eijkman (Niederlande) F. G. Hopkins (Großbritannien)	T. Mann (Deutschland)	F. B. Kellogg (USA)
1930	C. v. Raman (Indien)	H. Fischer (Deutschland)	K. Landsteiner (Österreich)	S. Lewis (USA)	N. S. Söderblom (Schweden)
1931	–	C. Bosch, F. Bergius (Deutschland)	O. H. Warburg (Deutschland)	E. A. Karlfeldt (Schweden)	J. Addams, N. M. Butler (USA)
1932	W. Heisenberg (Deutschland)	J. Langmuir (USA)	C. Sherrington, E. A. Adrian (Großbritannien)	J. Galsworthy (Großbritannien)	–
1933	E. Schrödinger (Österreich) P.A.M. Dirac (Großbritannien)	–	T. H. Morgan (USA)	J. A. Bunin (russ. Emigrant)	N. Angell (Großbritannien)
1934	–	H. C. Urey (USA)	G. Minot, W. Murphy, G. Whipple (USA)	L. Pirandello (Italien)	A. Henderson (Großbritannien)
1935	J. Chadwick (Großbritannien)	F. Joliot, I. Curie-Joliot (Frankreich)	H. Spemann (Deutschland)	–	C. von Ossietzky (Deutschland)
1936	C. C. Anderson (USA) V. F. Heß (Österreich)	P. J. W. Debye (Niederlande)	Sir H. Hallet Dale (Großbritannien) O. Loewi (Österreich)	E. G. O'Neill (USA)	C. de Saavedra Lama (Argentinien)
1937	C. J. Davisson (USA) G. P. Thomson (Großbritannien)	W. N. Haworth (Großbritannien) P. Karrer (Schweiz)	A. Szent-György von Nagyrapolt (Ungarn)	R. Martin du Gard (Frankreich)	Lord E. Algernon Cecil of Chelwood (Großbritannien)
1938	E. Fermi (Italien)	R. Kuhn (Deutschland)	C. Heymans (Belgien)	Pearl S. Buck (USA)	Internationales Nansen-Amt für Flüchtlinge (Genf)
1939	E. O. Lawrence (USA)	L. Ruzicka (Schweiz) A. F. J. Butenandt (Deutschland)	G. Domagk (Deutschland)	F. E. Sillanpää (Finnland)	–
1943	O. Stern (USA)	G. Hevesy de Heves (Ungarn)	H. Dam (Dänemark) E. A. Doisy (USA)	–	–
1944	I. I. Rabi (USA)	O. Hahn (Deutschland)	J. Erlanger, H. S. Gasser (USA)	J. V. Jensen (Dänemark)	Internationales Komitee vom Roten Kreuz (Genf)
1945	W. Pauli (Österreich)	A. I. Virtanen (Finnland)	A. Fleming, E. B. Chain, H. W. Florey (Großbritannien)	G. Mistral (Chile)	C. Hull (USA)
1946	P. W. Bridgman (USA)	J. B. Summer, J. H. Northrop, W. M. Stanley (USA)	H. J. Muller (USA)	H. Hesse (Schweiz/Deutschland)	E. G. Balch, J. R. Mott (USA)
1947	E. V. Appleton (Großbritannien)	R. Robinson (Großbritannien)	C. F. Cori, G. Cori (USA) B. A. Houssay (Argentinien)	A. Gide (Frankreich)	Friends Service Council (Großbritannien) Friends Service Committee (USA)
1948	P. M. S. Blackett (Großbritannien)	A. W. K. Tiselius (Schweden)	P. H. Müller (Schweiz)	T. S. Eliot (Großbritannien)	

Jahr	Physik	Chemie	Medizin	Literatur	Friedenspreis
1949	H. Yukawa (Japan)	W. F. Giauque (USA)	W. R. Heß (Schweiz) A. C. Moniz (Portugal)	W. Faulkner (USA)	J. Boyd Orr (Großbritannien)
1950	C. F. Powell (Großbritannien)	O. Diels, K. Alder (BR Deutschland)	E. C. Kendall, P. S. Hench (USA) T. Reichstein (Schweiz)	B. Russell (Großbritannien)	R. Bunche (USA)
1951	J. D. Cockcroft (Großbritannien) E.T.F. Walton (Irland)	E. McMillan, G. T. Seaborg (USA)	M. Theiler (USA)	P. Lagerkvist (Schweden)	L. Jouhaux (Frankreich)
1952	F. Block, E. M. Purcell (USA)	A.J.P. Martin, R.L.M. Synge (Großbritannien)	S. A. Waksman (USA)	F. Mauriac (Frankreich)	A. Schweitzer
1953	F. Zernike (Niederlande)	H. Staudinger (BR Deutschland)	F. A. Lipmann (USA) H. A. Krebs (Großbritannien)	W. Churchill (Großbritannien)	G. C. Marshall (USA)
1954	M. Born, W. Bothe (BR Deutschland)	L. Pauling (USA)	J. Enders, F. Robbins, T. Weller (USA)	E. Hemingway (USA)	Flüchtlingskommissariat der UNO
1955	W. E. Lamb, P. Kusch (USA)	V. du Vigneaud (USA)	H. Theorell (Schweden)	H. Laxness (Island)	–
1956	W. Shockley, J. Bardeen, H. Brattain (USA)	N. N. Semjonow (UdSSR) C. N. Hinshelwood (Großbritannien)	D. Richards, A. Cournand (USA), W. Forßmann (BR Deutschland)	J. R. Jiménez (Spanien)	–
1957	Tsung Dao Lee, Cheng Ning Yang (USA)	A. Todd (Großbritannien)	D. Bovet (Italien)	A. Camus (Frankreich)	L. Pearson (Kanada)
1958	P.A. Tscherenkow, I. M. Frank, I. Tamm (UdSSR)	F. Sanger (Großbritannien)	G. W. Beadle, E. L. Tatum, J. Lederberg (USA)	B. Pasternak (UdSSR)	G. Pire (Belgien)
1959	E. Segré, O. Chamberlain (USA)	J. Heyrovsky (Tschechoslowakei)	S. Ochoa, A. Kornberg (USA)	S. Quasimodo (Italien)	P. Noel-Baker (Großbritannien)
1960	D. Glaser (USA)	W. F. Libby (USA)	F. Burnet (Australien) P. B. Medawar (Großbritannien)	Saint-John Perse (Frankreich)	A. J. Luthuli (Südafrika)
1961	R. Hofstadter (USA) R. L. Mößbauer (BR Deutschland)	M. Calvin (USA)	G. von Békésy (USA)	I. Andrić (Jugoslawien)	D.H.A.C. Hammarskjöld (Schweden)
1962	L. D. Landau (UdSSR)	J. C. Krendrew, M. F. Perutz (Großbritannien)	F. H. C. Crick, M. H. F. Wilkins (Großbritannien) J. D. Watson (USA)	J. Steinbeck (USA)	L. Pauling (USA)
1963	E. P. Wigner, M. Goeppert-Mayer (USA) H. D. Jensen (BR Deutschland)	K. Ziegler (BR Deutschland) G. Natta (Italien)	A. L. Hodgkin, A. F. Huxley (Großbritannien) J. C. Eccles (Australien)	G. Seferis (Griechenland)	Internationales Komitee vom Roten Kreuz u. die League of Red Cross Societies
1964	C. H. Townes (USA) N. Bassow, A. Prochorow (UdSSR)	D. Crawfoot-Hodgkin (Großbritannien)	F. Lynen (BR Deutschland) K. Bloch (USA)	J.-P. Sartre (Frankreich)	M. L. King (USA)
1965	S. Tomonaga (Japan) R. P. Feynman, J. S. Schwinger (USA)	R. B. Woodward (USA)	F. Jacob, A. Lwoff, J. Monod (Frankreich)	M. Scholochow (UdSSR)	UNICEF
1966	A. Kastler (Frankreich)	R. Mulliken (USA)	F. P. Rous, C. B. Huggins (USA)	S. J. Agnon (Israel) N. Sachs (Schweden)	–
1967	H. A. Bethe (USA)	M. Eigen (BR Deutschland) R. G. W. Norrish, G. Porter (Großbritannien)	R. Granit (Schweden) G. Wald, K. H. Hartline (USA)	M. A. Asturias (Guatemala)	–
1968	L. W. Alvarez (USA)	L. Onsager (USA)	M. W. Nirenberg, H. G. Khorana, R. W. Hulley (USA)	Y. Kawabata (Japan)	R. Cassin (Frankreich)
1969	M. Gell-Mann (USA)	O. Barton (Großbritannien) O. Hassel (Norwegen)	M. Delbrück, S. Luria, A. Hershey (USA)	S. Beckett (Irland)	Internationale Arbeitsorganisation
1970	H. Alfvén (Schweden) L. Néel (Frankreich)	L. Leloir (Argentinien)	B. Katz (Großbritannien) J. Axelrod (USA) U. von Euler (Schweden)	A. Solschenizyn (UdSSR)	N. E. Borlaug (USA)
1971	D. Gabor (Großbritannien)	G. Herzberg (Kanada)	E. W. Sutherland (USA)	P. Neruda (Chile)	W. Brandt (BR Deutschland)
1972	J. Bardeen, L. Cooper, R. Schrieffer (USA)	C. Antinsen, S. Moore, W. Stein (USA)	G. M. Edelmann (USA) R. R. Porter (Großbritannien)	H. Böll (BR Deutschland)	–
1973	B. D. Josephson (Großbritannien) L. Esaki, J. Giaever (USA)	E. O. Fischer (BR Deutschland) G. Wilkinson (Großbritannien)	K. von Frisch, K. Lorenz (Österreich), N. Tinbergen (Niederlande)	P. White (Australien)	H. Kissinger (USA) Le Duc Tho (Vietnam)
1974	M. Ryle, A. Hewish (Großbritannien)	P. L. Flory (USA)	A. Claude, C. de Duve (Belgien), G. E. Palade (USA)	H. Martinson, E. Johnson (Schweden)	E. Sato (Japan) S. MacBride (Irland)
1975	A. Bohr, B. Mottelson (Dänemark) J. Rainwater (USA)	J. W. Cornforth (Großbritannien) V. Prelog (Schweiz)	D. Baltimore, H. Temin (USA) R. Dulbecco (Italien)	E. Montale (Italien)	A. Sacharow (UdSSR)
1976	B. Richter, S. Ting (USA)	W. N. Lipscomb (USA)	B. S. Blumberg, D. C. Gajdusek (USA)	S. Bellow (USA)	M. Corrigan, B. Williams (Nordirland)
1977	P. Anderson, J. van Vleck (USA) N. Mott (Großbritannien)	J. Prigogine (Belgien)	R. Yalow, R. Guillemin, A. Schally (USA)	V. Aleixandre (Spanien)	Amnesty International
1978	P. Kapiza (UdSSR) A. Penzias, R. Wilson (USA)	P. Mitchell (Großbritannien)	W. Arber (Schweiz) D. Nathans, H. Smith (USA)	I. B. Singer (USA)	M. Begin (Israel) A. Sadat (Ägypten)
1979	H. Glashow, S. Weinberg (USA), A. Salam (Pakistan)	G. Wittig (BR Deutschland) H. Brown (USA)	A. Cormack (USA), G. N. Hounsfield (Großbritannien)	O. Elytis (Griechenland)	Mutter Teresa (kath. Ordensschwester)
1980	J. W. Cronin, V. L. Fitch (USA)	F. Sanger (Großbritannien) W. Gilbert, P. Berg (USA)	B. Benacerraf, G. D. Snell (USA) J. Dausset (Frankreich)	C. Miłosz (Polen)	A. P. Esquivel (Argentinien)
1981	N. Bloembergen, A. L. Schawlow (USA) K. M. Siegbahn (Schweden)	K. Fukui (Japan) R. Hoffmann (USA)	R. W. Sperry, H. Hubel, T. N. Wiesel (USA)	E. Canetti	UNO-Flüchtlingskommissariat
1982	K. G. Wilson (USA)	A. Klug (Großbritannien)	S. Bergström, B. Samuelsson (Schweden), J. R. Vane (Großbritannien)	G. García Márquez (Kolumbien)	A. Myrdal (Schweden) A. García Robles (Mexiko)
1983	S. Chandrasekhar (USA) W. Fowler (USA)	H. Taube (USA)	B. McClintock (USA)	W. Golding (Großbritannien)	L. Wałęsa (Polen)
1984	C. Rubbia (Italien), S. van der Meer (Niederlande)	R. B. Merrifield (USA)	N. K. Jerne (Großbritannien), G. Köhler (BR Deutschland), C. Milstein (Argentinien)	J. Seifert (Tschechoslowakei)	D. Tutu (Südafrika)

Jahr	Physik	Chemie	Medizin	Literatur	Friedenspreis
1985	K. von Klitzing (BR Deutschland)	H. A. Hauptmann, J. Karle (USA)	M. S. Brown, J. L. Goldstein (USA)	C. Simon (Frankreich)	Internationale Ärzte für die Verhütung des Atomkrieges
1986	R. Ruska, G. Binnig (BR Deutschland) H. Rohrer (Schweiz)	D. R. Herschbach, Y. T. Lee (USA) J. C. Polanyi (Kanada)	R. Levi-Montalcini (Italien), S. Cohen (USA)	W. Soyinka (Nigeria)	E. Wiesel (USA)
1987	J. G. Bednorz (BR Deutschland) K. A. Müller (Schweiz)	C. J. Pedersen, D. J. Cram (USA), J.-M. Lehn (Frankreich)	S. Tonegawa (Japan)	J. Brodsky (UdSSR/USA)	O. Arias Sánchez (Costa Rica)
1988	L. Lederman, M. Schwartz, J. Steinberger (USA)	J. Deisenhofer, R. Huber, H. Michel (BR Deutschland)	J. Black (Großbritannien) G. Elion, G. Hitchings (USA)	N. Mahfuz (Ägypten)	Friedenstruppe der Vereinten Nationen
1989	W. Paul (BR Deutschland) H. G. Dehmelt, N. F. Ramsey (USA)	S. Altmann (Kanada) T. R. Cech (USA)	M. J. Bishop, H. E. Varmus (USA)	C. J. Cela (Spanien)	Dalai-Lama (Tibet)
1990	J. I. Friedman, H. W. Kendall (USA) R. E. Taylor (Kanada)	E. J. Corey (USA)	J. E. Murray (USA) E. D. Thomas (USA)	O. Paz (Mexiko)	M. Gorbatschow (UdSSR)
1991	P.-G. de Gennes (Frankreich)	R. Ernst (Schweiz)	E. Neher, B. Sakmann (Deutschland)	N. Gordimer (Südafrika)	Aung San Suu Kyi (Birma)
1992	G. Charpak (Frankreich)	R.A. Marcus (USA)	E.H. Fischer, E.G. Krebs (beide USA)	D. Walcott (Saint Lucia)	R. Menchú (Guatemala)
1993	J. H. Taylor, R. H. Hulse (USA)	M. Smith (Kanada) K. B. Mullis (USA)	R. J. Roberts (Großbritannien) P. A. Sharp (USA)	T. Morrison (USA)	F. W. de Klerk, N. Mandela (Südafrika)
1994	B. Brockhouse (Kanada) C. Shull (USA)	G. Olah (USA)	A.G. Gilman, M. Rodbell (USA)	K. Oe (Japan)	J. Arafat (Palästina) S. Peres, I. Rabin (beide Israel)

Wirtschaftswissenschaften

1969	R. Frisch (Norwegen) J. Tinbergen (Niederlande)	1975	L. Kantorowitsch (UdSSR) T. Koopmans (USA)	1981	J. Tobin (USA)	1990	H. Markowitz, M. Miller W. Sharpe (USA)
1970	P. Samuelson (USA) S. Kuznets (USA)	1976	M. Friedman (USA)	1982	G. Stigler (USA)	1991	R. H. Coase (Großbritannien)
1971	J. R. Hicks (Großbritannien) K. J. Arrow (USA)	1977	B. Ohlin (Schweden) J. E. Meade (Großbritannien)	1983	G. Debreu (USA)	1992	G. S. Becker (USA)
1972	W. Leontief (USA)	1978	H. Simon (USA)	1984	R. Stone (Großbritannien)	1993	R. F. Fogel D. C. North (USA)
1973	F. A. von Hayek (Österreich)	1979	T. Schultz (USA) A. Lewis (Großbritannien)	1985	F. Modigliani (USA)	1994	J. C. Harsanyi, J. F. Nash (beide USA), R. Selten (Deutschland)
1974	G. Myrdal (Schweden)	1980	L. Klein (USA)	1986	J. Buchanan (USA)		
				1987	R. Solow (USA)		
				1988	M. Allais (Frankreich)		
				1989	T. Haavelmo (Norwegen)		

die ohne einen ständigen Wohnsitz, jedoch mit festumgrenzten Weidegebieten (Stammeseigentum), leicht transportablen Zelten u. Trag- oder Zug-, oft auch Reittieren leben. Man unterscheidet *Vollnomaden* (völlig ohne eigenen Ackerbau, oft in Symbiose mit Feldbauern) u. *Halbnomaden* (feste Winterquartiere).

Nomen, Sammelbez. für deklinierbare Wortarten (im Dt. Substantive, Adjektive, Pronomina, Artikel, z. T. auch Numeralien).

Nomenklatur, 1. System der Fachbezeichnungen (Terminologie) auf einem Wissensgebiet. – **2.** krit. für die privilegierte Schicht der Funktionäre in kommunist. Staaten.

nominal, 1. dem Namen nach; zum Namen gehörig. – **2.** dem *Nennwert* nach.

Nominalismus, Richtung im *Universalienstreit*, die Allgemeinbegriffen (*Universalien*) außerhalb des Denkens keine reale Existenz zuschreibt, im Gegensatz zum *Realismus*. Die Begriffe seien nur *Namen* (*nomina*) für näherungsweise vergleichbare Dinge. Hauptvertreter: J. *Roscelin*, W. von *Ockham*, J. *Buridan*.

Nominalwert →Nennwert.

Nominativ, *Werfall, 1. Fall*, der Kasus des grammat. Subjekts u. des Prädikatsnomens.

nominieren, nennen, benennen, vorschlagen.

Nomogramm, *Netztafel*, *Leitertafel*, *Funktionsleiter*, ein Schaubild, das den Zusammenhang von math. Größen darstellt.

Nomographie, die Gesamtheit der Verfahren, mit Hilfe von *Nomogrammen* math., naturwiss. u. techn. Probleme zu lösen.

None, die 9. Stufe der diaton. Tonleiter u. das Intervall zw. dem 1. u. dem 9. Ton.

Nonius, bewegl. Hilfsmaßstab an Meßgeräten zum Ablesen der Zehntelgrößen (z.B. bei Längenmessungen).

Nonkonformisten, jene engl. Christen, die sich der von *Karl II.* für die Anglikan. Kirche 1662 erlassenen »Uniformitätsakte« nicht fügten. Später wurden *N.* für die *Dissenters* gebraucht, dann verallgemeinert für Menschen, die von einer allg. Haltung oder Meinung abweichen.

Nonne, 1. *Monialis*, Klosterfrau, Angehörige eines weibl. kath. Ordens, in dem feierl. Gelübde abgelegt werden; im Unterschied dazu früher die *Schwester* mit einfachen Gelübden. – **2.** *Fichtenspinner*, Nachtschmetterling aus der Fam. der *Schadspinner*; gefährl. Forstschädlinge.

Nonnenwerth, Insel im Rhein bei Bad Honnef; 1122–1902 Benediktinerinnenkloster.

Nono, Luigi, * 1924, † 1990, ital. Komponist; führender Vertreter der seriellen Musik.

Nonstopflug ['nɔn'stɔp-], Langstreckenflug ohne Zwischenlandung.

Norbert von Xanten →Heilige.

Nordamerika, Kontinent auf der N-Halbkugel der Erde, umgeben vom Nordpolarmeer im N, vom Pazifik im W u. vom Atlantik im O. →Amerika. *Gesch.:* Nach seiner Entdeckung (1492) wurde N. span. Einflußgebiet. Spanier u. Portugiesen drangen nach N, S u. W vor. Ihr wichtigstes Ziel war neben der Eroberung goldreicher Indianerländer die Entdeckung einer W-Passage nach O-Asien. Die Vernichtung der span. Armada (1588) machte den Weg frei für eine brit. Kolonisation. Die Hauptgegner der brit. Kolonie wurden die Franzosen in Kanada, am Missouri u. am Mississippi. Im Siebenjährigen Krieg (1756–63) wurden die Franzosen besiegt. Die wichtigsten Stufen der Westexpansion nach Entstehung der USA waren der Louisiana-Kauf (1803), die Aufnahme von Texas (1845) u. Oregon (1846) in die Union, der Friede von Guadalupe Hidalgo (1848), der kaliforn. »gold run« (1850) u. der Alaska-Kauf (1867).

Nordatlantik-Pakt →NATO.

Norddeutscher Bund, der von O. von *Bismarck* nach dem *Dt. Krieg* seit Aug. 1866 geschaffene dt. Bundesstaat, in dem sich die auf preuß. Seite am Krieg beteiligten 17 Staaten unter Führung Preu-

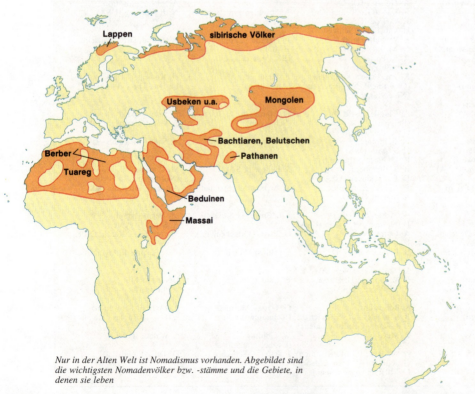

Nur in der Alten Welt ist Nomadismus vorhanden. Abgebildet sind die wichtigsten Nomadenvölker bzw. -stämme und die Gebiete, in denen sie leben

bens zusammenschlossen. Durch Friedensverträge (Sept./Okt. 1866) traten auch Hessen-Darmstadt (nur nördl. des Main), Reuß ältere Linie, Sachsen u. Sachsen-Meiningen bei. Entsprechend der am 1.7.1867 in Kraft getretenen Verf. übernahm der preuß. König (Wilhelm I.) die *Bundespräsidentschaft.* Dem *Bundesrat* als »Zentralbehörde« u. oberstem Regierungsorgan stand als einziger verantwortl. Bundes-Min. der von Preußen zu ernennende *Bundeskanzler* (Bismarck) vor. Die Verf. des N.B. bildete die Grundlage für die dt. Reichsverf. von 1871.

Norddeutscher Rundfunk, Abk. *NDR,* öffentl.-rechtl. Rundfunkanstalt; Sende- u. Gebühreneinzugsgebiet sind Hamburg, Mecklenburg-Vorpommern, Niedersachsen u. Schleswig-Holstein. Sitz: Hamburg.

Norddeutsches Tiefland, *Norddeutsche Tiefebene,* dt. Anteil an dem von N-Frankreich bis O-Europa reichenden europ. Tieflandgürtel.

Norden, Stadt in Ostfriesland (Nds.), 24 000 Ew.; mit Seehafen *Norddeich;* feinmechan. u. Masch.-Ind.

Nordenham, Stadt in Nds., an der Unterweser, 28 000 Ew.; Seehafen, Reedereien, Hochseefischerei, Kernkraftwerk.

Nordenskiöld ['nu:rdənfœld], Adolf Erik Frhr. von, *1832, †1901, schwed. Geograph u. Polarforscher; ihm gelang die Bezwingung der Nordostpas-

Luigi Nono

sage (1878/79 *Vega-Expedition*). Nach ihm ist die *N.-See* benannt.

Nordenskjöld, Otto, *1869, †1928, schwed. Polarforscher (Leiter der schwed. Südpolarexpedition, 1901–04).

Norderney, Ostfries. Insel zw. Juist im W u. Baltrum im O, 26,3 km², 8000 Ew.; Seebad.

Norderstedt, Stadt in Schl.-Ho., am Nordrand von Hamburg, 69 000 Ew.; vielseitige Ind.

Nordfriesland, der westl. Küstensaum Schleswigs, zw. der dän. Grenze u. Husum; ihm vorgelagert die *Nordfries. Inseln* (→Friesische Inseln).

Nordgermanen, germ. Stämme in N-Europa, aus denen die späteren Wikinger, Dänen, Schweden, Norweger u. Isländer hervorgingen.

Nordhausen, Krst. in Thüringen, am Südhang des Harz, 49 000 Ew.; Dom (12.–15. Jh.); Kornbrennerei, Fahrzeugbau u. versch. Ind. – Im 9. Jh. Kaiserpfalz, 1220 Reichsstadt, 1802 preuß.

Nordhelle, höchster Berg des Ebbegebirges (Sauerland), sö. von Lüdenscheid, 663 m.

Nordholland, *Noord-Holland,* Prov. der →Niederlande.

Nordhorn, Krst. in Nds., an der Vechte, 48 000 Ew.; pharmazeut. u. Textil-Ind., Torfwerk.

Nordirland, engl. *Northern Ireland,* Teil des Königreichs *Großbritannien u. N.* im NO der Insel Irland, 14 148 km², 1,6 Mio. Ew.; Hptst. *Belfast.*
Gesch.: Im Jahre 1921 erreichten die Iren ihre Unabhängigkeit mit der Proklamation des *Freistaats Irland;* die ehem. Prov. *Ulster* trug die Bez. N. blieb unter dem Namen N. bei Großbritannien. Seit dieser Trennung beider Teile d. Insel kämpft in N. die kath. Minderheit – repräsentiert in *Social Democratic and Labour Party* (SDLP) u. in der verbotenen militanten IRA *(Irisch Republikanische Armee)* – für polit., soziale u. wirtschaftl. Gleichberechtigung u. für den Anschluß Nordirlands an Irland (darin von Irland un-

terstützt). Die Interessen der Protestanten werden durch die *Ulster Defence Association* (UDA) u. den *Oranier-Orden* vertreten. Die Auseinandersetzungen nahmen seit 1969 bürgerkriegsähnl. Formen an. 1972 entsandte die brit. Reg. starke Truppenkontingente nach N. u. übernahm die direkte Exekutivgewalt. 1985 erhielt Irland eine begrenzte Mitsprache in Angelegenheiten N.

Nordische Kombination, Wettbewerb im nord. Skilauf, bei dem ein Sprunglauf u. ein 15-km-Langlauf zusammengefaßt werden.

Nordische Kriege, *Siebenjähriger Nord. Krieg, Dreikronenkrieg,* 1563–70 von Dänemark, Polen u. Lübeck gegen Schweden geführt. Der Friede von Stettin 1570 brachte keine Machtverschiebung.

nordische Kriege, **1.** *Schwed.-Poln. Krieg,* 1655–60: Karl X. von Schweden nahm 1655 den Anspruch des in Polen regierenden kath. Wasa *Johann II. Kasimir* auf die schwed. Krone zum Anlaß, mit in Polen einzufallen, schloß mit Kurfürst Friedrich Wilhelm von Brandenburg ein Bündnis u. besiegte mit dessen Hilfe die Polen 1656. Nach dem Tod Karls X. (1660) kam der *Friede von Oliva* (1660) zw. dem Kaiser, Polen, Brandenburg u. Schweden zustande, der den Status quo von 1655 wiederherstellte, den Verzicht der poln. Wasa auf den schwed. Thron bestätigte u. Brandenburg die Souveränität im Herzogtum Preußen garantierte. – **2.** *Nord. Krieg* (i.e.S.), *Großer Nord. Krieg,* der 1700–21 um die Herrschaft in der Ostsee u. ihren Randländern geführte Krieg, der durch den dän.-gottorf. Konflikt in den Hzgt. Schleswig u. Holstein ausgelöst wurde u. in dem Dänemark, Sachsen, Polen u. Rußland, seit 1713 auch Preußen u. Hannover, gegen Schweden kämpften. *Karl XII.* von Schweden, der die Gottorfer unterstützte, unterlag 1709 *Peter d. Gr.* bei Poltawa. Schweden trat seine beherrschende Stellung im Ostseeraum an Rußland ab.

Nordischer Rat, 1952 gegr. Organ für die Zusammenarbeit der Parlamente Dänemarks, Norwegens, Schwedens, Islands u. (seit 1955) Finnlands.

Nordjemen →Jemen.

Nordkanal, engl. *North Channel,* an der engsten Stelle nur 28 km breiter Nordeingang vom Atlantik in die Irische See, trennt Schottland von Irland.

Nordkap, zweitnördlichster Punkt Europas, auf der norw. Insel Magerøy (unter 71° 10' 21" n. Br.), mit einem 307 m hohen, steil zum Eismeer abfallenden Fels. Der nördlichste Punkt liegt auf einer Landzunge *(Knivskjellodden)* der gleichen Insel unter 71° 11' 08" n. Br.

Nordkirchen, Gem. in NRW, 9000 Ew.; Wasserschloß (ab 1724 von J. C. Schlaun vollendet).

Nordkorea →Korea.

Nördliche Kalkalpen, Teil der O-Alpen zw. dem Wiener Becken im O u. dem Rheintal im W; stark verkarstet.

Nördliches Eismeer →Nordpolarmeer.

Nordlicht, auf der Nordhalbkugel der Erde sichtbares →Polarlicht.

Nördlingen, Stadt in Schwaben (Bay.), im Ries, 18 000 Ew.; kreisförmige mittelalterl. Stadtanlage; u. a. Holz-, Metall- u. feinmechan. Ind. – Ehem. Reichsstadt.

Nordossetien, *Nordossetische SSR,* Republik innerhalb Rußlands, im nördl. Kaukasus, 8000 km², 619 000 Ew., Hptst. *Wladikawkas.* Überwiegend Bergland, z.T. vergletschert.

Nordostpassage [-pa'sa:ʒə], *Nordöstl. Durchfahrt, Sibir. Seestraße,* Durchfahrt vom Europ. Nordmeer durch die fischreichen Küstenmeere N-Eurasiens bis zur Beringstraße.

Nordostpazifisches Becken, untermeer. Becken im Pazifik, nimmt den gesamten östl. Nordpazifik ein; im Aleutengraben −7822 m.

Nordostpolder, *Noordoostpolder,* 1937–42 fertiggestellter Polder im IJsselmeer, 480 km², 47 000 Ew., Hauptort Emmeloord.

Nord-Ostsee-Kanal, ehem. *Kaiser-Wilhelm-Kanal,* in der internat. Schiffahrt *Kiel-Canal* gen., die kürzeste Verbindung zw. Nord- u. Ostsee, von *Brunsbüttel* (an der Unterelbe) bis *Holtenau* (an der Kieler Förde), 98,7 km lang; meistbefahrene künstl. Wasserstraße der Welt; 1887–95 gebaut, 1907–14 erweitert.

Nordpol, der eisbedeckte Nordpunkt der Erdachse, im Nordpolarmeer unter einer Meerestiefe von 4087 m; am 6.4.1909 von R. E. Peary erreicht.

Nordpolargebiet →Arktis.

Nordpolarmeer, *Nördl. Eismeer,* Nebenmeer des Atlant. Ozeans, 12,3 Mio. km²; umgeben von Sibirien, dem nördl. N-Amerika, Grönland, Spitzbergen

u. Franz-Josef-Land; in der *Litketiefe* −5449 m. Das Meereis – im Mittel zw. 2,5 u. 3,5 m dick – gibt nur im Sommer offene Wasserflächen in Küstennähe frei. Das N. wurde 1893–96 erstmals von F. Nansen mit dem Schiff »Fram« unter Ausnutzung der transarkt. Eisdrift gequert.

Nordrhein-Westfalen, das bevölkerungsreichste Land der BR Dtld., 34 068 km², 17,3 Mio. Ew., Hptst. *Düsseldorf.* 1946 aus dem Nordteil der preuß. Rheinprov. u. der Prov. Westfalen gebildet; 1947 wurde das Land Lippe eingegliedert. An die Stelle der alten Provinzialverwaltungen traten 1953 als Träger der kommunalen Selbstverw. die Landschaftsverbände *Rheinland* (Sitz: Köln) u. *Westfalen-Lippe* (Sitz: Münster). – Die Landesnatur wird zu zwei Dritteln vom Norddt. Tiefland bestimmt, das mit der *Kölner (Niederrhein.)* u. der *Münsterländer (Westfäl.) Bucht* weit nach S in die Mittelgebirgszone reicht, die das restl. Drittel einnimmt. Wirtschaftl. ist N. eines der leistungsfähigsten Länder der BR Dtld. Industrielle Kernzonen sind das Ruhrgebiet (v. a. Steinkohle, Schwer- u. chem. Ind.), der Kölner Raum (v. a. Braunkohle, chem. u. Fahrzeug-Ind.), Ostwestfalen, Niederrhein u. Siegerland. Fruchtbare Tieflandsbuchten am Rand der Mittelgebirge bilden den Schwerpunkt der Land-

Nordrhein-Westfalen: Regierungsbezirke		
Regierungs-bezirk	Fläche in km²	Einwohner in 1000
Arnsberg	7999	3759
Detmold	6517	1925
Düsseldorf	5288	5253
Köln	7365	4068
Münster	6902	2505

wirtschaft. Zahlr. Talsperren im Sauerland, Siegerland u. Bergischen Land dienen der Trinkwasserversorgung u. Energiegewinnung.

Nordschleswig, 1920 von Dtld. an Dänemark abgetretener Teil Schleswigs, mit den Städten *Tondern, Hoyer, Apenrade* u. *Hadersleben* sowie den Inseln *Röm* u. *Alsen;* deckt sich weitgehend mit der dän. Amtskommune *Südjütland.*

Nordsee, Nebenmeer des Atlantik zw. den Brit. Inseln u. dem europ. Festland, 580 000 km²; ein flaches Schelfmeer mit nach N zunehmender Tiefe, im Skagerrak bis 725 m, durchschnittl. 94 m tief. Der SO ist die *Dt. Bucht,* der Arm zw. Jütland u. S-Norwegen das *Skagerrak,* das über das Kattegat mit der Ostsee verbunden ist. Die N. hat eine starke Gezeitenströmung mit Tidenhüben bis über 2,5 m (Helgoland) u. einen Salzgehalt bei 35‰; bed. Fischereigebiet, bes. Doggerbank, u. reiche Erdöl- u. Erdgasvorkommen (v. a. im brit. u. norweg. Hoheitsgebiet). – K → S. 632

Nordseegarnele, *Granat, Crevette, Shrimp,* bis 9 cm lange *Garnele* der Nord- u. Ostsee; wird zur Futtermittelherstellung u. als Nahrungsmittel (»Krabben«) in großen Mengen gefangen.

Nordseekanal, ndl. Schiffahrtsweg zw. Amsterdam u. der Nordsee bei IJmuiden, 27 km, 15,5 m tief.

Nordstrand, Nordfries. Insel vor der Westküste Schleswigs, westl. von Husum, 50 km², 2400 Ew.; mit dem Festland durch einen 2,5 km langen Damm verbunden.

Nord-Süd-Konflikt, das polit., wirtsch. u. soz. Spannungsverhältnis zw. den Industrieländern der nördl. Halbkugel u. den Entwicklungsländern Asiens, Afrikas u. Lateinamerikas. Dabei wird von den Entwicklungsländern die Errichtung einer neuen Weltwirtschaftsordnung gefordert, mit der die bestehenden Ungerechtigkeiten des Weltwirtschaftssystems beseitigt werden sollen. Dieses Ziel will man über eine völlige Neu- u. Umverteilung der wirtsch. Ressourcen erreichen.

Nordterritorium, engl. *Northern Territory,* nördl. Gebietsteil von → Australien.

Nordvietnam →Vietnam.

Nordwestpassage [-pa'sa:ʒə], *Nordwestliche Durchfahrt,* Durchfahrt von der Labradorsee durch die Küstengewässer Nordamerikas bis zur Beringstraße.

Nordwestterritorien →Northwest Territories.

Norfolk ['nɔ:fək], **1.** Gft. im SO Englands, Hptst. *Norwich.* – **2.** Hafenstadt im SO von Virginia (USA), 267 000 Ew.; Schiffbau, Textil-, Holz-,

Norfolkinsel

Nahrungsmittel- u. a. Ind.; Marine-Stützpunkt; Überseehafen.
Norfolkinsel, engl. *Norfolk Island*, vulkan. Insel u. austral. Bundesterritorium in der Tasmansee des Pazif. Ozeans, 34,2 km², 2000 Ew. (Weiße u. polynes. Mischlinge), Hauptort: *Kingston*. – 1788 bis 1851 brit. Sträflingskolonie, seit 1914 australisch.
Norge, norw. Name für Norwegen.
Noricum, im Altertum röm. Prov. im Ostalpenraum; bewohnt von einer urspr. illyr., später mit Kelten vermischten Bev., deren führender Stamm die **Noriker** waren; 16 v. Chr. von den Römern unterworfen.
Norilsk, Stadt in Rußland, am nw. Rand des Mittelsibir. Berglands, 181 000 Ew.; nördlichste Großstadt der Erde; Nickel-, Kupfer- u. Kobaltabbau.
Norische Alpen, sö. Teil der östr. Zentralalpen, zw. den Hohen Tauern u. Graz; im *Eisenhut* 2441 m.
Norm, **1.** Durchschnittsmaß, Richtschnur, Forderung. – **2.** die Kurzangabe von Buchtitel u. Verfasser unten links auf der ersten Seite jedes Druckbogens *(Bogensignatur)*. – **3.** →Normung.
normal, regelrecht, regelmäßig, vorschriftsmäßig, allg. üblich; geistig gesund.
Normale, eine auf der Tangente einer ebenen Kurve oder auf der Tangentialebene einer krummen Fläche im Berührungspunkt senkr. Gerade.
Normalelemente, nach bestimmten Vorschriften hergestellte, reproduzierbare elektr. (galvan.) Elemente, die eine bestimmte, konstante Spannung haben u. zu Vergleichsmessungen dienen.
Normalnull, Abk. *NN*, für alle dt. Höhenmessungen verwendete Bezugsfläche in Höhe des mittleren Wasserstands des Amsterdamer Pegels.
Normandie [-mã'di], histor. Prov. (ehem. Hzgt.) N-Frankreichs, erstreckt sich zw. der Bretagne u. der Maine im SW u. der Picardie im NO von der Île-de-France bis zum Ärmelkanal, 29 841 km², 3,01 Mio. Ew.; Hptst. *Rouen*.
Gesch.: In der Römerzeit zur Prov. *Gallia Lugdunensis secunda*, in der Merowingerzeit zu *Neustrien* gehörend, wurde die N. seit dem 9. Jh. Durchzugs- u. Siedlungsgebiet der dän. *Normannen*. Die Eroberung Englands durch Herzog *Wilhelm von der N.* (1066) u. seine Krönung zum König von England legte den Grundstein für die von seinem Sohn *Heinrich I.* begonnene, von *Heinrich II. Plantagenet* 1154 vollendete Vereinigung der N. mit England. Erst 1204 gelang dem frz. König *Philipp II. August* der Erwerb der N., den England 1259 anerkannte. Im Hundertjährigen Krieg kam die N. erneut (1415–50) in Besitz Englands.

Normannen: Ruine der Abtei von Jumièges in der Normandie

Normannen, *Nordmannen, Wikinger*, mittelalterl. Bez. für Skandinavier, bes. für die seit dem Ende des 8. Jh. die europ. Küstenstädte u. -gebiete plündernden Seefahrer aus den nord. Ländern. Ihre Flotten drangen bis ins Mittelmeer vor (Plünderung Asturiens u. Portugals 844; Eroberung der arab. Sevilla; Vorstöße gegen Marokko, die Balearen, in die Provence u. die Toskana). Eine Gruppe unter *Rollo* ließ sich in der Gegend um Rouen nieder u. gründete 911 das Hzgt. *Normandie*. Andere Scharen setzten sich seit 866 in England fest. *Knut d. Gr.* vereinte Dänemark, England u. Norwegen unter seine Krone. 1066 eroberten die nordfrz. N. England. Seit 860 kamen die N. nach Island, seit etwa 981 nach Grönland, um 1000 nach Amerika. Schwedische N. (*Waräger*) drangen in den Ostseeraum u. nach Rußland vor (9. Jh.), wo sie die Herrschaften von *Kiew* u. *Nowgorod* gründeten. Auf der Wolga u. durchs Schwarze Meer drangen N. bis Byzanz vor. R. *Guiscard* eroberte ganz Unteritalien. *Roger I.* entriß den Arabern Sizilien u. Malta. Die Kreuzfahrerstaaten in Syrien wurden z. T. von N. getragen. *Roger II.* wurde 1130 vom Papst, der die N. als Gegengewicht gegen die dt. Könige u. Kaiser brauchte, als König von Sizilien, Kalabrien u. Apulien anerkannt.
normativ, normgerecht, als Norm dienend.
Normenkontrolle, Prüfung der förml. (verfahrensmäßigen) oder sachl. (inhaltl.) Vereinbarkeit von Rechtsvorschriften mit höherrangigem Recht, z.B. von Gesetzen mit der Verf. von Landesrecht mit Bundesrecht. In Dtld. üben das Bundesverfassungsgericht u. die Verfassungsgerichte der Länder die N. aus.
Normospermie, *Normozoospermie*, das der Norm entspr. Vorhandensein von 20–120 Mio. Samenzellen pro ml Samenflüssigkeit; davon sollen mindestens 60–80% lebhaft beweglich sein.
Normung, Vereinheitlichung (Normalisierung) der Abmessung, Benennungen, Qualitätsanforderungen, Verfahren u. ä., durch die eine rationelle Fertigung in großen Stückzahlen, Verminderung der Lagerbestände u. leichtere Ersatzbeschaffung erreicht werden sollen. N. auf höherer Ebene ist die *Typisierung* zusammengesetzter Erzeugnisse (Maschinen u. a.), die den Übergang von der Einzel- zur Serienfertigung gestattet.
Nornen, in der nord. Myth. die drei Schicksalsgöttinnen: *Urd* (Vergangenheit), *Werdandi* (Gegenwart), *Skuld* (Zukunft).
Norrbotten, Provinz (Län) in N-Schweden, 98 906 km², 261 000 Ew., Hptst. *Luleå*; Eisenerzabbau bei Kiruna.
Norris, Frank, *1870, †1902, US-amerik. Schriftst.; Vertreter des Naturalismus.
Norrish ['nɔrɪʃ], Ronald George Wreyford, *1897, †1978, brit. Physikochemiker; arbeitete über Reaktionskinetik; Nobelpreis für Chemie 1967.
Norrköping, Hafenstadt in der südschwed. Prov. (Län) Östergötland, 119 000 Ew.; Holz-, Papier- u. Textil-Ind.
Norrland, Ldsch. im N Schwedens, 243 300 km², 1,2 Mio. Ew.; moor-, nadelwald- u. erzreiche Hügelländer, siedlungsarm.
Northampton [nɔː'θæmptən], Hptst. der mittelengl. Gft. *N.shire*, 145 000 Ew.; Leder-, Metall- u. Textil-Ind.
North Carolina [nɔːθ kærə'lainə], Gliedstaat der →Vereinigten Staaten von Amerika.
North Dakota [nɔːθ də'kəʊtə], Gliedstaat der →Vereinigten Staaten von Amerika.

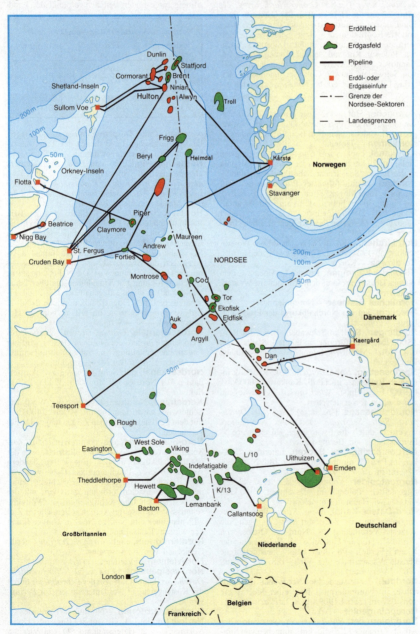

Nordsee: Erdöl- und Erdgasvorkommen und ihre Nutzung durch die Anrainerstaaten

Northeim, Krst. in Nds., westl. des Harzes, 31 000 Ew.; mittelalterl. Altstadt; versch. Ind.
Northrop [ˈnɔːθrɒp], John Howard, *1891, †1987, US-amerik. Biochemiker; arbeitete über Enzyme u. Viren; Nobelpreis für Chemie (zus. mit J.B. *Sumner* u. W.M. *Stanley*) 1946.
Northumberland [nɔːˈθʌmbələnd]. **1.** Gft. im nördlichsten England, 5032 km², 301 000 Ew., Hptst. *Newcastle upon Tyne;* in NW Nationalpark. – **2.** bis 1066 angelsächs. (Teil-)Königreich *(Northumbrien).*
Northwest Territories [ˈnɔːθˈwɛst ˈtɛrɪtəriz], *Nordwestterritorien,* Territorium im N von → Kanada, umfaßt den festländ. Bereich zw. dem Yukon Territory im W u. der Hudsonbai im O sowie den nördl. vorgelagerten Kanad. Archipel.
Norwegen, Staat in N-Europa, 323 895 km², 4,2 Mio. Ew., Hptst. *Oslo.*
L a n d e s n a t u r . Hinter der reich gegliederten atlant. Fjordküste mit ihrem Schärengürtel erhebt

Norwegen

sich der größte Teil des Festlands zu einer gebirgigen Hochfläche *(Fjell,* 1000–2000 m ü. M.). Nur die S-Küste wird von einem größeren Tiefland eingenommen. An der Küste ist das Klima ozeanisch mild u. feucht, auf dem Hochland nimmt es kontinentalen Charakter an.
Die B e v ö l k e r u n g gehört zu 94% der luth. Staatsreligion an u. konzentriert sich zu fast 1/3 an der S-Küste.
W i r t s c h a f t . Rd. 3% der Landfläche werden landwirtschaftl. genutzt. Eine wirtsch. große Rolle haben Viehzucht, Seefischerei u. Waldnutzung. An Bodenschätzen finden sich Schwefelkies, Eisen-, Kupfer-, Titan-, Zink- u. Bleierze. Aus der Nordsee werden bed. Erdöl- u. Erdgasmengen gefördert. Die Ind. umfaßt bes. Schiffbau-, Holz-, Metall-, Papier-, Textil-, Nahrungsmittel- u. Elektroindustrie. Ausgeführt werden Holz, Papier u. Fischereiprodukte. Das Verkehrsnetz ist nur im S dicht. Die Küstenschiffahrt spielt eine große Rolle. Die Handelsflotte umfaßt 23,4 Mio. BRT. Haupthäfen sind Oslo, Bergen, Stavanger u. Narvik.
G e s c h i c h t e . Harald Schönhaars Sieg (um 872) über die Stammeskönige vereinigte N. *Olaf I. Trygvasson* sowie *Olaf II., der Heilige* christianisierten das Land. *Haakon IV. Haakonsson* (1217–63) konnte die Königsmacht endgültig festigen. Er sicherte dem Land den Besitz Islands u. Grönlands. 1319 wurde N. in Personalunion mit Schweden regiert, 1380 in Personalunion mit Dänemark. Königin *Margarete* vereinigte 1397 die drei Reiche N., Dänemark u. Schweden in der *Kalmarer Union.* (Die dän. Könige blieben bis 1814 auch Könige von N.). N. behielt den Status einer dän. Prov. Im Kieler Frieden 1814 kam N. an Schweden. 1905 wurde die Union aufgelöst. Der dän. Prinz Karl wurde zum König gewählt u. regierte als *Haakon VII.* bis 1957. N. blieb während des 1. Weltkriegs neutral. Im 2. Weltkrieg wurde N. 1940–45 von dt. Truppen besetzt. 1949 trat N. der NATO bei. N. ist Gründungsmitglied der UN u. Mitgl. des Nordischen Rats. Staatsoberhaupt ist seit 1991 König *Harald V.* Min.-Präs. ist seit 1990 *G.H. Brundtland.* – N. ist eine konstit. Erbmonarchie auf parlamentar.-demokrat. Grundlage.
Norwich [ˈnɔrɪdʒ], Hptst. der ostengl. Gft. Norfolk, 122 000 Ew.; Univ.; normann. Kathedrale (14./15. Jh.), Schloß (12. Jh.); Eisen-, Maschinen-, Nahrungsmittel-Ind.
Noske, Gustav, *1868, †1946, dt. Politiker; 1919/20 erster Reichswehr-Min. (Rücktritt nach dem *Kapp-Putsch*).
Nossack, Hans Erich, *1901, †1977, dt. Schriftst. (Dramen, Essays, Lyrik u. Romane).
Nostalgie, Sehnsucht nach der Vergangenheit.
Nöstlinger, Christine, *13.10.1936, österreich. Schriftst. (Kinder- u. Jugendbücher).
Nostradamus, eigtl. *Michel de Notre-Dame,* *1503, †1566, frz. Astrologe; Leibarzt *Karls IX.,* bek. durch seine geheimnisvollen *»Centuries«* (Prophezeiungen bis 3000 n. Chr.).
Nota, Vorbemerkung, Aufzeichnung; Rechnung.
Notabeln, durch Vermögen oder Rang ausgezeichnete Personen; in Frankreich seit dem 15. Jh. bis zur Frz. Revolution eine vom König berufene Versammlung *(Assemblée des notables).*
notabene, Abk. *NB,* wohlgemerkt, übrigens, Achtung!
Notar, Jurist, der v. a. für Beurkundungen (z.B. Erbverträge) zuständig ist. – **notariell,** vom, durch den N. (ausgeführt).
Notation, Aufzeichnung eines Musikstücks in Notenschrift. Der erste Versuch, Töne schriftl. festzuhalten, stammt aus Ägypten ca. 2700 v. Chr. Pers. u. byzantin. N. waren Grundlage der *Neumen* (»Winke«), die vom 8. bis 11. Jh. in Europa verwendet wurden. Von etwa 1260 bis um 1600 diente dann die *Mensural-N.* der Aufzeichnung der Vokalmusik mit Ausnahme des Gregorian. Chorals. Vom frühen 14. Jh. bis ins späte 18. Jh. waren zahlr. *Buchstabennotenschriften* für Orgel u. Zupfinstrumente verbreitet *(Tabulaturen).* Partituren gibt es erst seit Beginn des Generalbaßzeitalters (um 1600). Die heutige N. mit einem Fünf-Linien-System hat sich aus der Mensural-N. entwickelt. Die elektron. Musik arbeitet mit einer völlig neuen N., z. T. werden graph. Zeichen verwendet.
Notbremse, Bremseinrichtung zur Schnellbremsung im Fall einer Gefahr bei Eisenbahn, Straßenbahn u. U-Bahn; kann vom Fahrer, jedoch auch vom Fahrgast ausgelöst werden.
Note, 1. offizielle (diplomat.) schriftl. Mitteilung. – **2.** Bemerkung, Anmerkung. – **3.** musikal. Schriftzeichen. – **4.** kurz für Banknote. – **5.** Bewertung, Zensur.
Notenbank, mit dem Recht zur Notenausgabe *(Notenprivileg)* ausgestattete Bank; in Dtld. die *Dt. Bundesbank;* in Östr.: *Oesterreichische Nationalbank.*
Notenschlüssel, in der Musik Zeichen am Beginn der Notenlinien, das die Tonlage der Noten bestimmt, z.B. Baß-, Violinschlüssel. – B→ S. 634
Nothelfer, Vierzehn Heilige, die in der Volksfrömmigkeit als Helfer in vielen Anliegen gelten; in Dtld. im 14. Jh. zusammengestellt: Achatius, Ägidius, Barbara, Blasius, Christophorus, Cyriakus, Dionysius, Erasmus, Eustachius, Georg, Katharina, Margareta, Pantaleon u. Vitus.
Notierung, Festsetzung von Kursen oder Warenpreisen an der Börse.
Notifikation, Bekanntmachung, Mitteilung in Form einer *Note,* bes. im Völkerrecht.
Nötigung, Erzwingung eines Verhaltens, das der Betroffene nicht will; strafbar als *rechtswidrige N.* mit Gewalt oder durch Drohung mit einem empfindl. Übel.
Notke, Bernt, *um 1435, †1509, dt. Bildhauer, Maler u. Graphiker; Hauptmeister der Spätgotik im Ostseeraum.
Notker, 1. *N. Balbulus* [»der Stammler«], *um 840, †912, mittellat. geistl. Dichter; Benediktinerpater in St. Gallen; entwickelte die *Sequenz* textl. u. musikal. zur selbständigen Form. – **2.** *N. Labeo,* [»der Großlippige«], auch *N. Teutonicus* [»der Deutsche«], *um 950, †1022, spät-ahd. Gelehrter; Übersetzung lat. Texte unter Beifügung eigener Erklärungen ins Althochdeutsche; bemühte sich um aussprachegetreue Rechtschreibung.
notorisch, offenkundig; gewohnheitsmäßig.
Notre Dame [nɔtrəˈdam], frz. »Unsere (liebe) Frau«], Bez. für die Gottesmutter Maria u. die ihr geweihten Kirchen. Am bekanntesten ist die Kathedrale in Paris (1163–1330), ein Hauptwerk der frz. Gotik.
Notstand, 1. Rechtfertigungsgrund zur Zerstörung oder Beschädigung einer Sache, um eine Gefahr abzuwenden. Ggf. besteht aber Schadenersatzpflicht des Handelnden. – **2.** *polizeil. N.,* Rechtfertigungsgrund für die Heranziehung von unbeteiligten Dritten (»Nichtstörern«) zur Beseitigung einer Störung der öffentl. Sicherheit u. Ordnung oder einer unmittelbar bevorstehenden Gefahr im Sinn des Polizeirechts *(polizeil. Gefahr),* wenn diese nicht von einem Störer verursacht oder wenn der Störer nicht greifbar ist. – **3.** die Notlage des Staates infolge äußerer oder innerer Bedrohung der Sicherheit sowie bei Naturkatastrophen. – **4.** als *Schuldausschließungsgrund* der unverschuldete, nicht anders zu beseitigende N. für Handlungen zur Rettung aus gegenwärtiger Gefahr für Leib oder Leben des Täters oder eines Angehörigen oder für Handlungen, zu denen der Täter durch unwiderstehliche Gewalt oder durch Drohung mit gegenwärtiger, nicht anders abwendbarer Gefahr für Leib oder Leben (auch eines Angehörigen) genötigt wird *(Nötigungs-N.);* 2. als *rechtfertigender N.* für Handlungen, durch die ein geringerwertiges Rechtsgut zugunsten eines höherwertigen geopfert wird, das nur auf diese Weise gerettet werden kann *(Güterabwägung).*
Nottingham [ˈnɒtɪŋəm], Hptst. der mittelengl. Gft. *N.shire,* 278 000 Ew.; Univ.; Kohlenbergbau, versch. Ind. – Nach engl. Balladen des 14./15. Jh. lebte im Sherwood Forest bei N. der Volksheld *Robin Hood.*
Notturno → Nocturne.
Notverordnung, nur im Notstand zulässige VO (anstelle eines Gesetzes) der Reg. ohne Mitwirkung des Parlaments, nach der Weimarer Verf. Art. 48; im GG der BR Dtld. nicht vorgesehen.
Notwehr, zur Abwehr eines gegenwärtigen, rechtswidrigen Angriffs von sich oder einem anderen erforderl. Verteidigung; jedes Rechtsgut darf durch N. geschützt werden. Die N. ist *Rechtfertigungsgrund* in den meisten Rechtsordnungen; bei einem *Mißbrauch der N.* (z.B. Tötung zum Schutz wertloser Güter) entfällt die Rechtfertigung.
Notzucht → Vergewaltigung.
Nouadhibou [nuadiˈbu], fr. *Port-Etienne,* Hafenstadt in Mauretanien (W-Afrika), 24 000 Ew.; Flughafen.
Nouakchott [nuakˈʃɔt], Hptst. von Mauretanien, an der Fernstraße Dakar-Agadir, 285 000 Ew.; Hafen; Meerwasserentsalzungsanlage.

Norwegen: Ålesund, Fischereizentrum und Industriestadt, liegt auf zahlreichen Inseln zwischen dem Storfjord und dem offenen Meer

Nougat

Novemberrevolution: Massenversammlung vor dem Reichstag in Berlin, 1918

Nougat ['nu:], *Nugat,* Konfektmasse aus gerösteten Nüssen oder Mandeln u. Zucker, mit oder ohne Kakao *(Weißer N.* oder *Türk. Honig).*
Nouméa [nu:-], Hptst. des frz. Überseeterritoriums *Neukaledonien,* 74 000 Ew.; Nickelverarbeitung.
Nouveau Roman [nu'vo rɔ'mã], in den 1950er Jahren entstandene Richtung der frz. Romanliteratur, die eine objektive Darstellung u. die Distanz des Erzählers von seinem Gegenstand verlangt: A. *Robbe-Grillet,* N. *Sarraute,* M. *Butor* u. a.
Nova, *Novae* →Neue Sterne.
Novalis [auch 'nɔ-], eigtl. Friedrich Frhr. von *Hardenberg,* *1772, †1801, dt. Dichter der Romantik; entwickelte ein Weltbild des »magischen Idealismus« sowie ein verklärendes Bild des religiös geeinten u. geordneten MA. W »Hymnen an die Nacht«, »Die Christenheit oder Europa«, »Heinrich von Ofterdingen« (Entwicklungsroman).
Novara, ital. Stadt im östl. Piemont, Hptst. der gleichn. Prov., 103 000 Ew.; Bischofssitz; Maschinenbau, chem., Nahrungsmittel- u. Textil-Ind.
Nova Scotia ['nɔuvə 'skɔuʃə], Prov. im östl. →Kanada.
Novation, (Schuld-)Umwandlung.
Novelle, 1. Erzählung, die ein ungewöhnl., für die beteiligten Personen wichtiges Ereignis berichtet u. ohne Umschweife auf den Höhepunkt der Handlung zustrebt; knappe, gestraffte Form u. ein vom Inhalt her bestimmter, meist dramat. Stil (überw. in Prosa) ohne bes. Hervortreten des Erzählers; als lit. Gatt. in der Renaissance ausgebildet; Blütezeit der dt. N. im 19. Jh. (u. a. A. von *Droste-Hülshoff,* A. *Stifter,* G. *Keller,* C.F. *Meyer,* T. *Storm*). Der engl. Begriff *novel* u. span. *novela* entsprechen nicht der dt. N., sondern dem Roman. – **2.** Änderungs- oder Ergänzungsgesetz, meist zur Anpassung eines Gesetzes an eine neuere Entwicklung.
Novemberrevolution, der polit. Umsturz im Nov. 1918, der am Ende des 1. Weltkriegs das dt. Kaiserreich in eine Rep. verwandelte *(Weimarer Republik).* Die N. begann mit Meutereien auf der Schlachtflotte in Kiel u. breitete sich auf die Arbeiterschaft zahlr. dt. Großstädte aus. Bereits am 7. u. 8. Nov. wurden in München u. Braunschweig Republiken ausgerufen. Hier wie überall im Dt. Reich dankten die Monarchen ab. Gleichzeitig setzte sich die *SPD* an die Spitze der Revolution, um ein Abgleiten in die Anarchie zu verhindern. Am 9. Nov. verkündete Reichskanzler Prinz *Max von Baden* die Abdankung des Kaisers, P. *Scheidemann* rief die dt. Rep. aus.
Novi Sad ['nɔvi:'sa:d], dt. *Neusatz,* Stadt in Serbien, an der Donau, nw. von Belgrad, Hptst. der Prov. Vojvodina, 170 000 Ew.; Maschinenbau u. a. Ind.; Binnenhafen.
Novität, Neuheit, Neuigkeit; im Buchhandel auch Neuerscheinung.
Novize [der], die *Novizin,* eine Person, die in die Gemeinschaft eines kath. Ordens aufgenommen werden will. Sie muß 15 Jahre alt sein u. vor Ablegung der Ordensgelübde eine mindestens einjährige Probezeit *(Noviziat)* bestehen.
Novum, Neuheit, noch nicht Dagewesenes; neuer Gesichtspunkt.
Nowa Huta, Stadtteil von Krakau; Stahlwerke.
Nowaja Semlja, russ. Inselgruppe im Nördl. Eismeer, 82 600 km², 450 Ew. (meist Samojeden); Pelztierfang, Fischerei; Kupfer- u. Steinkohlenbergbau.
Nowgorod, Hptst. der gleichn. Oblast in Rußland, nördl. des Ilmensees, 228 000 Ew.; Sophienkathedrale (11. Jh.), Kreml (14. Jh.); Maschinenbau, elektron., chem., Holz-, Metall- u. Nahrungsmittel-Ind., Binnenhafen, Flughafen. – Vom 12.–15. Jh. Blütezeit als Hansestadt.

Nowosibirsk: Opern- u. Balletthaus

Nowokusnezk, Ind.-Stadt in Rußland, im südl. Sibirien, 589 000 Ew.; mehrere HS; Zentrum des *Kusnezker Beckens;* Eisenhüttenkombinat u. a. Ind.
Nowomoskowsk, Ind.-Stadt in Rußland, sö. von Tula, im Moskauer Kohlenbecken, 147 000 Ew.; Braunkohlenbergbau, Kalk- u. Stickstoffkombinat; Wärme-Großkraftwerk.
Noworossijsk, Stadt in Rußland, am Schwarzen Meer, 179 000 Ew.; verschiedene Ind., Schiffswerften; einer der größten russ. Häfen.
Nowosibirsk, Hptst. der gleichn. Oblast in Rußland, in W-Sibirien, am Ob unterhalb des *N.er Stausees,* 1,4 Mio. Ew.; Univ., HS; Maschinen-, Flugzeug-, Traktoren-, Automobilbau u. a. Ind.; Großkraftwerke; Binnenhafen; Flughafen.
Nowotscherkassk, Stadt in Rußland, nordöstl. von Rostow am Don, 188 000 Ew.; mehrere HS; Lokomotivfabrik, Textil-Ind.; Wärmekraftwerk.
Nowottny, Friedrich, *16.5.1929, dt. Journalist; seit 1985 Intendant des WDR.
NPD, Abk. für *Nationaldemokratische Partei Deutschlands.*
NS, Abk. für *National-Sozialistisch...;* in Zusammensetzungen mit offiziellen Namen u. nach 1945 zur allg. Kennzeichnung.
NSC, Abk. für engl. *National Security Council,*

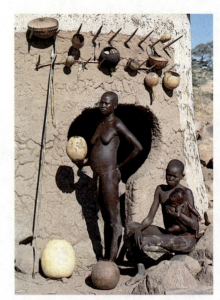

Nuba: Frauen vor einem Lehmhaus, in dem die täglichen Speisen zubereitet werden

Nationaler Sicherheitsrat, das oberste Organ der USA in Verteidigungsfragen (nächst dem Präsidenten); Sitz: Washington.
NSDAP, Abk. für *Nationalsozialistische Deutsche Arbeiterpartei,* →Nationalsozialismus.
NT, Abk. für *Neues Testament.*
NTC-Widerstand, ein elektrotechn. Bauelement, dessen Hydrolyse mit steigender Temperatur abnimmt; in der Meß- u. Regeltechnik angewandt.
Nuance [ny'ã:sə], feiner Unterschied.
Nuba, afrik. Volk im Bergland der Rep. Sudan.
Nubien, das bibl. *Kusch,* arab. *Bilâd Al Barâbra,* Ldsch. am Nil, zw. Assuan (Ägypten) u. Khartum (Sudan), außerhalb des Niltals Savannen- u. Wüstengebiet, rd. 550 000 km², rd. 3,5 Mio. Ew. *(Nubier* u. *Bedia);* Kamel-, Ziegen- u. Schafzucht, Akkerbau im Niltal.
Nubier, vorw. bäuerl. islam. Bev. des Niltals südl. von Assuan u. in O-Kordofan; mit Negriden vermischte *Hamiten.*
Nubische Wüste, NO-afrik. Ldsch. in der Rep. Sudan, zw. dem Nil bei Wadi Halfa u. Port Sudan am Toten Meer, 400 000 km², vorw. Fels- u. Sandwüste; extrem trocken, unbewohnt.
Nuclein, Nuklein, Eiweißstoff des Zellkerns; enthält Phosphorsäure.
Nucleinsäuren, Abk. *NS,* hochmolekulare, aus *Nucleotiden* aufgebaute chem. Verbindungen, die bei Hydrolyse in stickstoffhaltige Basen, Phosphorsäure u. Zucker zerfallen. N. sind im Organismus stets in Verbindung mit Proteinen vorhanden. Man unterscheidet *Ribo-N.* (Abk. *RNS*) u. *Desoxyribo-N.* (Abk. *DNS*). RNS enthält als gebundenen Zucker *Ribose (D-Ribose)* u. die Base *Uracil,* DNS als Zucker *Desoxyribose* u. die Base *Thymin.* DNS ist in der Zelle in den Chromosomen enthalten; aus DNS bestehen die Gene. Über Millionen von Zellgenerationen werden diese unverändert weitergegeben, weil die DNS die Fähigkeit zur ident. Replikation hat. Einige Pflanzenviren haben RNS anstelle von DNS als genet. Material.
Nucleoproteine, *Nukleoproteide,* makromolekulare Substanzen aus Nucleinsäuren u. Eiweiß; kommen hpts. im Zellkern vor.
Nucleotide, organ.-chem. Verbindungen aus Pu-

Notenschlüssel

rinbasen (wie Adenin u. Guanin) oder aus Pyrimidinbasen (wie Cytosin, Uracil u. Thymin), aus Zucker (Ribose, Desoxyribose) u. Phosphorsäure. Hochmolekulare, aus Nucleotid-Einheiten aufgebaute Verbindungen sind die →Nucleinsäuren.
Nucleus, *Nukleus,* der Zellkern.
Nudismus →Freikörperkultur.
Nuevo León, Bundesstaat im gebirgigen NO von →Mexiko.
Nugat →Nougat.
Nugget ['nʌgit], Stück gediegenen (reinen) Goldes.
nukleạr, den (Atom-) Kern betreffend.
nukleạre Waffen →Atomwaffen.
Nuklearmedizin, med. Fachgebiet, das sich mit der diagnost. u. therapeut. Anwendung der Kernenergie (Radioaktivität) befaßt.
Nukleọnen, die schweren Elementarteilchen des Atomkerns: *Protonen* u. *Neutronen.*
Null, Zahlzeichen 0, Grenze zw. den positiven u. negativen Zahlen. Die Addition/Subtraktion von N. liefert die urspr. Zahl; die Multiplikation mit N. ergibt N.; die Division durch N. ist nicht definiert u. hat keinen Sinn.
Nulldiät, Fastenkur zur starken Gewichtsabnahme in kurzer Zeit; erlaubt sind nur ausreichende Aufnahme von Flüssigkeit ohne Brennwert sowie Zusätze von Vitaminpräparaten u. Mineralstoffen. Die N. sollte nur unter ärztl. Kontrolle durchgeführt werden.
Nulleiter, *Mittelleiter,* der vierte, geerdete Leiter im Drehstromsystem zum Führen des Sternpunktstroms bei unsymmetr. Belastung.
Nullmeridian, *Anfangsmeridian,* Ausgangsmeridian für die Zählung der Längenkreise; seit 1911 gilt nach internat. Vereinbarung der Längenkreis der Londoner Sternwarte *Greenwich* als N.
Nulltarif, unentgeltl. Beförderung mit öffentl. Verkehrsmitteln; Forderung der polit. Linken seit etwa 1968.
Numeiri, *Nimeiri,* Dschafar (Jafar) Mohammed An, *1.1.1930, sudanes. Politiker u. Offizier; am Staatsstreich von 1969 beteiligt, seit 1971 Staatspräs.; 1985 nach soz. Unruhen gestürzt.
Numen, gottheitl. Wesen mit dem Charakter der Heiligkeit.
Numerạle, das *Zahlwort.* Man unterscheidet: *Grundzahl (Kardinale),* z.B. »drei«; *Ordnungszahl (Ordinale),* z.B. »dritter«; *Multiplikativum,* z.B. »dreifach«; *Distributivum,* z.B. »je drei«; *Zahladverb,* z.B. »dreimal«; *Teilungszahl,* z.B. »Drittel«.
Numeri, das 4. Buch Mose; enthält kulturgesetzl. Vorschriften.
numerieren, durchzählen u. beziffern.
numerisch, zahlenmäßig, (nur) der Zahl nach, auf Zahlen bezüglich.
numerische Steuerung, *NC-Steuerung,* Steuerung von Werkzeugmaschinen, bei der die Befehle für die Arbeitsgänge digital, d. h. in Form von Zahlen (numerisch), eingegeben werden. Als Datenspeicher dienen Lochstreifen, Magnetbänder u. Halbleiterspeicher.

Rudolf Nurejew tanzte im klassischen und im modernen Ballett mit hinreißendem Ausdruck

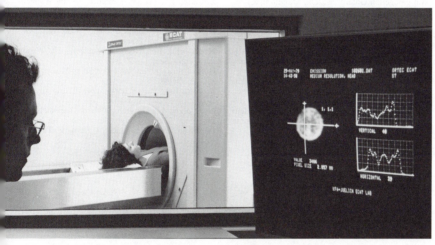

Nuklearmedizin: Patientin im Emissionstomographen

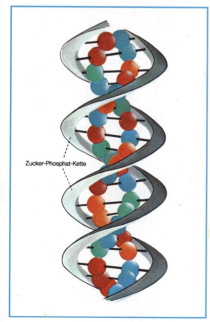

Nucleinsäuren: das räumliche Strukturmodell der Desoxyribonucleinsäure (DNS) nach J. D. Watson und F. H. C. Crick, die sogenannte »Doppelhelix«

Numerus, 1. Zahlform der Nomina u. Verba. Man unterscheidet *Singular* u. *Plural.* – **2.** Zahl; insbes. die Zahl, die logarithmiert wird.
Numerus clausus, zahlenmäßig beschränkte Zulassung zum Hochschulstudium.
Numidien, im Altertum das Gebiet westl. u. südl. von Karthago, das urspr. von afrik. Nomaden **(Numider)** bewohnt war; 46 v. Chr. röm. Prov.
Numismatik, die Münzkunde.
Nummernkonto, anonymes Konto, das nur durch die Kontonummer bez. ist; in der Schweiz zulässig, wenn das Kreditinstitut vor Eröffnung eines N.s die Identität des Inhabers geprüft hat.
Nummuliten →Foraminiferen.
Nunatak, in polaren Landgebieten aus dem Inlandeis herausragender eisfreier Berg.
Nuntius, *Apostol. N.,* diplomat. Vertreter des hl. Stuhls (Vatikan) im Rang eines Botschafters; in manchen Staaten aufgrund eines Konkordats ständiger *Doyen* (Sprecher) des *Diplomat. Korps.*
Nupe, afrik. Volk in N-Nigeria; gründeten im 13. Jh. ein Reich; höf. Kultur mit despot. König; im 18. Jh. islamisiert; 1806 von den Fulbe, 1901 von Engländern unterworfen.
Nürburgring, größte u. schwierigste dt. Rennstrecke für den Motorsport, an der *Nürburg* in der Eifel gelegen.
Nurejew [-jɛf], *Nureev,* Rudolf Gametowitsch, *1938, †1993, östr. Tänzer u. Choreograph russ. Herkunft; erfolgreich im damaligen Leningrader *Kirow-Ballett,* seit 1961 im Londoner Royal Ballet; 1983–89 Leiter des Balletts der Pariser Oper.
Nurmi, Paavo, *1897, †1973, finn. Leichtathlet; 9facher Olympiasieger im Langstreckenlauf, 22 Weltrekorde.

Nürnberger Prozesse 635

Nürnberg, Stadt in Bay., im mittelfränk. Becken, zu beiden Seiten der Pegnitz, mit *Fürth* zusammengewachsen, 480 000 Ew.; Wirtschafts- u. Verkehrszentrum in N-Bayern; Bundesanstalt für Arbeit; z. T. mittelalterl. Stadtbild; Sebalduskirche (1225–73) mit got. Hallenchor, Kreuzkirche (13.–15. Jh.) mit spätgot. Hallenchor, Albrecht-Dürer-Haus (15. Jh.), Burg (12.–16. Jh.); Christkindlmarkt (seit 1600); Germ. Nationalmuseum, Spielzeug-, Verkehrs- u. Gewerbemuseum; Zool. Garten; Planetarium; Univ. Erlangen-N., FHS; breitgefächerte Industrie, Binnenhafen am Rhein-Main-Donau-Kanal, Flughafen.
G e s c h.: Burggrafen von N. waren seit 1192 die *Hohenzollern,* 1219–1806 reichsfreie Stadt; um 1500 wirtsch., polit. u. kultureller Höhepunkt; 1806 bayr.; 1835 wurde von N. nach Fürth die erste dt. Eisenbahn gebaut. 1933–38 war N. Schauplatz der *Reichsparteitage* der NSDAP, 1945–49 der *N.er Prozesse.*
Nürnberger Eier, Bez. für die ältesten Taschenuhren; im 16. Jh. in Nürnberg hergestellt.
Nürnberger Gesetze, die 1935 auf dem Nürnberger Parteitag der NSDAP beschlossenen Rassengesetze.
Nürnberger Prozẹsse, die aufgrund des Londoner Vertrags vom 8.8.1945 nach Beendigung des 2. Weltkriegs in Nürnberg durchgeführten Prozesse zur Aburteilung dt. Kriegsverbrechen während des nat.-soz. Regimes. Der eigtl. Prozeß gegen die »Hauptkriegsverbrecher« endete mit zahlr. Todesurteilen, aber auch mit Gefängnisstrafen u. mit Freisprüchen (H. *Fritzsche,* F. von *Papen,* H. *Schacht).* Die Todesurteile wurden am 16.10.1946 vollstreckt (J. von *Ribbentrop,* W. *Keitel,* E. *Kaltenbrunner,* A. *Rosenberg,* H. *Frank,* J. *Streicher,* W. *Frick,* A. *Jodl,* A. von *Seyß-Inquart;* H. *Göring* u. R. *Ley* hatten Selbstmord be-

Nürnberg: Burgviertel

636 Nürnberger Religionsfriede

Nutria

gangen, ebenso vor dem Prozeß A. *Hitler*, H. *Himmler*, J. *Goebbels* u. a.). Andere Verurteilte (K. von *Neurath*, K. *Dönitz*, E. *Raeder*, A. *Speer*, B. von *Schirach*, R. *Heß*) wurden nach Spandau überführt. Weitere Prozesse wurden nicht mehr unter internat. Beteiligung durchgeführt, sondern vor US-amerik., frz. u. brit. Militärgerichten.

Nürnberger Religionsfriede, am 23.7.1532 zw. Kaiser *Karl V.* u. dem *Schmalkaldischen Bund* geschlossener Vertrag, der den prot. Reichsständen bis zum nächsten Konzil bzw. Reichstag freie Religionsausübung gewährte, wogegen diese dem Kaiser Unterstützung gegen die Türken zusagten.

Nürnberger Trichter, spött. Bez. für ein mechan. Lehrverfahren, in Anlehnung an G. P. *Harsdörffers* »Poet. Trichter« 1647–53.

Nürtingen, Stadt in Ba.-Wü., am Neckar, sö. von Stuttgart, 37 000 Ew.; Maschinenbau; Textil-, Möbel- u. elektrotechn. Ind.

Nus, *Nous,* in der grch. Philosophie Geist, Vernunft, Sinn, Seele, Gedanke.

Nuß, 1. einsamige Schließfrucht mit einer festen, oft holzigen Schale; hierzu *Erdnüsse, Haselnüsse, Kokosnüsse, Paranüsse* u. *Walnüsse.* – **2.** Teilstück von der Keule bei Schlachttieren.

Nußbaum, 1. wichtigste Gatt. der *Nußbaumgewächse,* bek. v. a. der *Echte N.,* ein 15–20 m hoher, im Mittelmeergebiet u. westl. Asien heim. Baum mit unpaarig gefiederten Blättern u. eßbaren Steinfrüchten *(Walnüsse).* Das gut polierfähige Kernholz wird für Möbel u. Furniere genutzt. – **2.** *Japanischer N.* →Ginkgo.

Nüstern, Nasenlöcher bes. beim Pferd.

Nut, *Nute,* in der Technik allg. eine rinnen- oder nischenartige Vertiefung an Balken, Brettern, Wellen u. ä. zur Befestigung anderer Teile.

Nutation, *Physik:* das Wandern der Figurenachse eines symmetr. Kreisels um eine raumfeste Drehimpulsachse. In der Astronomie eine period. Schwankung in der *Präzession* der Erdachse.

Nutria, *Sumpfbiber, Biberratte,* biberähnliches Nagetier aus der Meerschweinchenverwandtschaft; Körper u. Schwanz je rd. 50 cm lang; Schwimmhäute an den Hinterfüßen; leben in kleinen Kolonien an den Gewässern des gemäßigten S-Amerikas, als Pelztier auch in Dtld. verwildert. Der N.pelz zählt zu den wertvollen Pelzwerken.

Nutzholz, für wirtsch. u. techn. Zwecke bestimmtes Holz.

Nutzlast, 1. die aus Verkehrslast u. ständiger Last (von gelagerten Gütern, Masch., Möbeln u. a.) bestehende, auf eine Brücke oder Decke ausgeübte Belastung. – **2.** *Nutzladung,* das Gewicht der beförderten Personen oder Güter als Zuladung eines Schiffs, Fahr- oder Flugzeugs.

Nutzleistung, die Leistung, die von einer Kraftmaschine zum Antrieb einer anderen Maschine abgegeben wird.

Nutzpflanzen, Pflanzen, die der menschl. Ernährung oder der Fütterung von Haustieren dienen oder die Genuß- oder Heilmittel oder Rohstoffe liefern. Die ältesten N. waren die *Getreide* (seit dem 8./7. Jt. v. Chr. nachweisbar), daneben seit dem 6. Jt. *Hülsenfrüchte.*

Nyborg ['nybɔr], Hafenstadt an der O-Küste der dän. Insel u. Amtskommune *Fünen,* 18 000 Ew.; Königsschloß (12. Jh.); Fähre über den großen Belt nach Korsör (Seeland).

Nyerere, Julius Kambarage, *März 1922, ostafrik. Politiker (Sozialist); gründete 1954 die *Tanganyika African National Union* (TANU) als nat. Massenpartei; seit 1962 Staats-Präs. von Tanganjika; 1965–85 Staats-Präs. von Tansania.

Nyíregyháza ['nji:rɛdjha:zɔ], ungar. Komitats-Hptst., 117 000 Ew.; Zentrum des Landwirtschaftsgebiets *Nyírség* (»Feuchtland«).

Nyköping ['ny:tçø:-], Hptst. der schwed. Prov. (Län) Södermanland, an der Ostsee, 64 000 Ew.; Textil-, Holz- u. Fahrzeug-Ind.

Nylon ['nailɔn], aus einem Polyamid bestehende Kunstfaser.

Nymphen, 1. in der grch. Myth. weibl. Naturdämonen, die auf Bergen *(Oreaden),* in Grotten, im Meer *(Nereiden, Okeaniden),* in Quellen *(Najaden)* u. Bäumen *(Dryaden, Hamadryaden)* wohnten. – **2.** die letzten Larvenstadien bei bestimmten Insekten (z.B. Blasenfüße, Schildläuse) mit unvollkommener Verwandlung, bei denen erst im N.- oder Pronymphen-Stadium die Flügelanlagen erkennbar werden.

Nymphenburg, Vorort im NW von München, mit barockem Schloß (17./18. Jh.) u. Park mit den Rokokobauten *Amalien-, Baden-* u. *Pagodenburg;* berühmt durch das *N.er Porzellan.*

Nymphensittich, Papagei, aus der Unterfam. der *Kakadus,* mit grauem Gefieder, rotem Wangenfleck u. gelbl. Federhaube; in Australien heim.; beliebter Käfigvogel.

Nymphomanie, *Mannstollheit,* übersteigerter Geschlechtstrieb bei Frauen.

Nyon [njɔ̃], Bez.-Hptst. im schweiz. Kt. Waadt, am Genfer See, 14 000 Ew.

Nysa ['nisa], poln. Name der Stadt *Neisse* u. des Flusses *Neiße.*

Nystagmus, *Augenzittern,* unwillkürl. rhythm. Bewegungen der Augäpfel.

Nyx, lat. *Nox,* in der grch. Myth. die die Nacht verkörpernde Göttin, Tochter des *Chaos;* mit Erebos zeugte sie Aither (Himmel) u. Hemera (Tag).

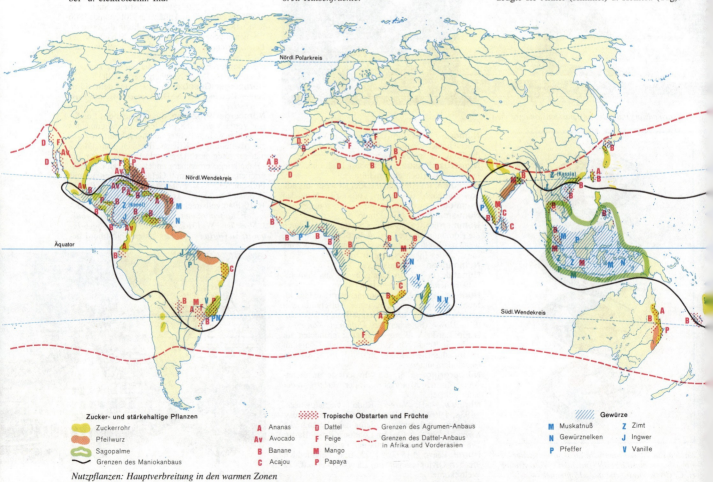

Nutzpflanzen: Hauptverbreitung in den warmen Zonen

o, O, 15. Buchstabe des dt. Alphabets. Kurzes O entspricht dem grch. *Omikron (o, O),* langes O dem grch. *Omega (ω, Ω).*
O, chem. Zeichen für →Sauerstoff.
Oahu, drittgrößte Hawaii-Insel, 1575 km², 817 000 Ew., Hauptort *Honolulu* mit Flottenstützpunkt *Pearl Harbor* an der Südküste.
Oakland ['ɔuklənd], Ind.- u. Hafenstadt in Californien (USA), an der Bucht von San Francisco, 339 000 Ew.; Colleges; Schiffbau; Erdölraffinerien, 2 Flughäfen; durch eine 13 km lange Brücke mit San Francisco verbunden.
Oak Ridge ['ɔuk 'ridʒ], Stadt im NO von Tennessee (USA), 27 000 Ew.; Kernforschungsinstitute.
OAS, 1. Abk. für *Organisation Amerikanischer Staaten,* engl. *Organization of American States,* in Bogotá am 30.4.1948 gegr., Sitz in Washington; Mitgl. sind fast alle unabh. amerik. Staaten. Die OAS soll u. a. die friedl. Beilegung von Konflikten fördern u. die polit. u. wirtsch. Zusammenarbeit sichern. – **2.** Abk. für frz. *Organisation de l'armée secrète,* »geheime Armeeorganisation«, die extrem nationalist., terrorist. militär. Untergrundorganisation der frz. Siedler u. der Armee in Algerien 1960–62.
Oasen, durch Flüsse, Quellen (z.B. artes. Brunnen) oder Grundwasservorkommen mit Wasser versorgte Stellen in Wüsten oder Wüstensteppen; häufig besiedelt.
Oates [ɔuts], Joyce Carol, *16.6.1938, US-amerik. Schriftst. (Analysen des amerik. Alltagslebens; Erzählungen u. Romane).
OAU, Abk. für engl. *Organization of African Unity,* Organisation für die Einheit Afrikas, frz. *OUA,* gegr. am 25.5.1963 in Addis Abeba. Der OAU gehören alle unabhängigen Staaten Afrikas an (Ausnahme: Marokko); sie setzt sich für die wirtschaftliche Zusammenarbeit der afrikanischen Staaten ein u. schlichtet in Streitfällen. Sitz ist Addis Abeba.
Oaxaca [wa'xaka], überwiegend gebirgiger Bundesstaat in →Mexiko, am Pazifik.
Ob, Strom in W-Sibirien, 3675 km, mit dem Katun 4330 km. Die im Altai entspringenden Quellflüsse *Katun* u. *Bija* vereinigen sich bei Bijsk; mündet in den 800 km langen u. 30–90 km breiten Ob-Busen (Westsibir. See).
Oba, Titel des Königs von *Benin;* auch allg. gebraucht als Amtsbez. für die Stadtkönige im Kulturbereich der *Yoruba.*
Obadja, lat. *Abdias,* einer der kleinen Propheten im AT, verkündigte (nach der Zerstörung Jerusalems 587 v. Chr.) das Gericht über Edom.
Obando y Bravo, Miguel, *2.2.1926, nicaraguan. kath. Theologe; 1968 Erzbischof von Managua, 1985 Kardinal.
Obduktion →Leichenöffnung.
Obedienz, in der kath. Kirche der Gehorsam der Kleriker gegenüber geistl. Oberen.
Obeïdh, Al O., Hptst. der Prov. *Kordofan* im Sudan, 140 000 Ew.; Flugplatz.
O-Beine, *Genu varum,* nach Knochenerweichung auftretende Verbiegung der Beine (»*Säbelbeine«).*
Obelisk, ein hoher, vierkantiger Steinpfeiler, der sich nach oben verjüngt u. in einer pyramidenförmigen Spitze endet; urspr. ein ägypt. Fruchtbarkeits- u. Sonnensymbol.
Ober, 1. volkstüml. Anrede für den Kellner. – **2.** Figur der dt. Spielkarte, entspricht der *Dame* der frz. Spielkarte.
Oberammergau, Gem. in Oberbay., an der Ammer, 840 ü. M., 4700 Ew.; seit 1634 meist alle 10 Jahre stattfindende Passionsspiele.
Oberbayern, bay. Reg.-Bez., umfaßt das Alpenvorland etwa zw. dem Lech im W u. Niederbay., Hptst. *München.*
Oberbundesanwalt, 1. fr. Bez. für den höchsten Beamten der Staatsanwaltschaft am *Bundesgerichtshof;* jetzt Generalbundesanwalt. – **2.** ein Beamter beim Bundesverwaltungsgericht, der sich zur Wahrung des öffentl. Interesses an jedem vor dem Bundesverwaltungsgericht anhängigen Verfahren beteiligen kann.
Oberbürgermeister, der hauptamtl. Leiter der Verw. einer krfr. Stadt; in Nds. u. NRW der (ehrenamtl.) Vors. des Gemeinderats einer krfr. Stadt.
Obereigentum, die obere bürgerlich- oder öffentl.-rechtl. Sachherrschaft bei Rechtsordnungen mit geteiltem Eigentum; z.B. das O. des Lehns- u. Grundherrn im Verhältnis zum *Untereigentum* des Vasallen bzw. Hörigen im dt. Recht des MA.
Oberer See, engl. *Lake Superior,* der größte der nordamerik. *Großen Seen,* 82 103 km², bis 405 m tief.
Oberfinanzdirektionen, Mittelbehörden für die Finanzverwaltung des Bundes u. die Landesfinanzverwaltungen.
Oberflächenschutz, der Schutz von Metalloberflächen gegen Einwirkung von Luft u. Feuchtigkeit.

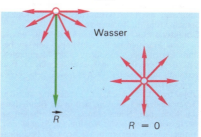

Oberflächenspannung: Das Wassermolekül rechts erfährt durch seine Nachbarmoleküle Kräfte nach allen Richtungen; deren Resultierende (Kräftesumme) R ist Null. Dagegen ist R links stark ins Innere gerichtet; die Oberfläche ist »gespannt«

Oberflächenspannung, eine Materialkonstante: die Arbeit, die bei Oberflächenvergrößerung einer Flüssigkeit um 1 cm² aufgewandt werden muß. Das Auftreten der O. beruht darauf, daß die Flüssigkeitsmoleküle sich anziehen. Im Innern der Flüssigkeit heben sich diese Kräfte gegenseitig auf; an der Oberfläche sind sie nach innen gerichtet u. bestrebt, die Oberfläche möglichst klein zu halten (z.B. Ursache der Kugelform von Tropfen).
Oberfranken, bay. Reg.-Bez., umfaßt das Einzugsgebiet des oberen Main zw. dem Steigerwald im W, Thüringen im N u. dem Fichtelgebirge im O, Hptst. *Bayreuth.*
obergärig →Bier.
Oberhaus, die meist nicht aus allg. Wahlen hervorgegangene erste Kammer eines Zweikammerparlaments; insbes. die erste Kammer des brit. Parlaments (engl. *House of Lords*): 26 geistl. (Bischöfe der engl. Staatskirche) u. über 1100 weltl. Lords (erbl. Amt der königl. Prinzen u. engl. Peers, nichterbl. Amt der ir. u. schott. Peers sowie der Lordrichter). Das O. bildete sich als bes. Kammer im 14. Jh. heraus. Es hat in der heutigen Gesetzgebung nur noch ein Einspruchsrecht mit ledigl. aufschiebender Wirkung.
Oberhausen, krfr. Stadt in NRW, an der Emscher u. am Rhein-Herne-Kanal, im westl. Ruhrgebiet, 222 000 Ew.; Schloß O.; Eisen- u. Stahlind.; chem. Ind.
Oberhaut, *Epidermis* →Haut.
Oberhof, im MA das Gericht einer Stadt (z.B. Magdeburg, Lübeck, Freiburg i.Br.), deren Recht auch in anderen Städten galt.
Oberhof, Wintersport- u. Luftkurort im mittleren Thüringer Wald, 820 m ü. M., 2000 Ew.
Oberin, die Leiterin einer Schwesternschaft.
Oberitalienische Seen, die am oberital. Südrand der Alpen liegenden Seen (von W nach O): Lago Maggiore, Luganer See, Comer See, Iseo- u. Gardasee.
Oberkiefer, *Maxillare,* zahntragender Schädelknochen der Wirbeltiere.
Oberkirch, Stadt in Ba.-Wü., bei Offenburg, 17 000 Ew.; Erholungsort, Obst- u. Weinanbau; Papierind.
Oberkirchenrat, 1. in mehreren dt. Landeskirchen die oberste Verwaltungsbehörde, die aus Theologen u. Juristen besteht. – **2.** Titel eines Mitgl. in landeskirchl. Verwaltungsbehörden, in einigen Behörden *Oberlandeskirchenrat.*
Oberkochen, Stadt in Ba.-Wü., zw. Härtsfeld u. Albuch, 8000 Ew.; opt.-feinmechan. Ind.
Oberkommando der Wehrmacht, Abk. *OKW,* 1938 (bis 1945) nach der Auflösung des Reichskriegsministeriums von Hitler als oberstem Befehlshaber der Wehrmacht errichteter militär. Stab (unmittelbar unter seinem Befehl stehend, hervorgegangen aus dem *Wehrmachtsamt*).
Oberkreisdirektor, leitender Verwaltungsbeamter eines Kreises in Nds. u. NRW.
Oberländer, Adolf, *1845, †1923, dt. Maler u. Graphiker (humorist. Zeichnungen, bes. von Tieren).
Oberlandesgericht, Gericht der ordentl. Gerichtsbarkeit in der Dt. Reich u. in der BR Dtld.
Oberlausitz, sächs. Teil der Lausitz.
Oberleder, alle Lederarten, aus denen die Schäfte der Schuhe geschnitten werden; z.B. Boxcalf, Rindbox, Chevreau u. Fahlleder; Ggs.: *Unterleder.*
Oberleitung, *Fahrleitung,* bei elektr. Straßenbahnen, O.-Omnibussen (Obus) u. Vollbahnen eine über der Fahrbahn aufgehängte blanke Leitung aus Hartkupfer, aus der die Fahrzeuge ihren Betriebsstrom entnehmen. Als *Rückleitung* dienen die Schienen, beim Obus eine zweite, parallele Leitung.
Oberlicht, Öffnung für den Einfall von Tageslicht.
Oberlin, Johann Friedrich, *1740, †1826, dt. Sozialpädagoge; richtete Kinderbewahranstalten u. Bildungsabende für Erwachsene ein.
Obernautalsperre, Stauanlage am Zusammenfluß von Obernau- u. Nauholzbach bei Brauersdorf, im Siegerland (NRW), 14,9 Mio. m³ Stauraum; 1966-71 errichtet.
Obernburg am Main, bay. Stadt in Unterfranken, 7400 Ew.; ehem. Römerkastell; Kunstfaserwerk.
Oberndorf, O. am Neckar, ba.-wü. Stadt, nw. von Rottweil, 14 000 Ew.; Textilind.

Die Oase Tarhit in der algerischen Sahara am Rande des Westlichen Großen Erg

Oberon, 1. frz. *Auberon,* hilfreicher Erlenkönig. – **2.** einer der Monde des *Uranus.*
Oberösterreich, histor. Name *Österreich ob der Enns,* östr. Bundesland an der mittleren Donau, zw. Bay., der Tschech. Rep., Niederöstr., Steiermark u. Salzburg, 11 979 km², 1,3 Mio. Ew., Hptst. *Linz.* O. hat Anteil am Böhm. Massiv *(Mühlviertel),* am Alpenvorland u. an den Nordalpen; Landwirtschaft, Holzwirtschaft, Schwer- u. chem. Ind.; Fremdenverkehr.
Gesch.: 976 übernahmen die *Babenberger* das östl. Mühlviertel, 1192 den steier. Traungau u. das westl. Mühlviertel. 1784 wurde O. Kronland, 1861 Erzherzogtum, 1918 östr. Bundesland.
Oberpfalz, bay. Reg.-Bez. zw. Fichtelgebirge, Donau u. Niederbay., Hptst. *Regensburg.*
Oberpfälzer Wald, Grenzgebirge zw. Böhmen u. N-Bayern; in der *Schwarzkoppe* 1039 m, im *Entenbühl* 936 m.
Oberrheinische Tiefebene, *Oberrheinebene,* im Mitteltertiär eingesunkener, seitdem vom Oberrhein durchflossener, 280 km langer u. 30–50 km breiter Grabenbruch, von Basel bis Mainz; die wärmste Ldsch. in Dtld.
Obers, bay.-östr. Bez. für Sahne oder Rahm; *Schlagobers,* Schlagsahne.
Obersalzberg, 1000 m hoher Berg bei Berchtesgaden (Oberbay.). *Hitlers* »Berghof« auf dem O. wurde 1945 zerstört.
Oberschlesien, südöstlichster Teil Schlesiens, vom *Schles. Landrücken* beherrscht; seit dem 12. Jh. dt. Siedlungen; 1914–34 u. ab 1941 preuß. Prov. (Hptst. *Oppeln,* 1941 *Kattowitz);* 1921 in *Polnisch-Ost-O.* u. *Deutsch-O.* geteilt. 1945 wurde O. insges. poln. Verw. unterstellt.
Oberst, fr. *Obrist,* urspr. der oberste Befehlshaber einer Streitmacht, seit dem 17. Jh. der ein *Regiment* befehligende Offizier; in der Bundeswehr höchster Offizierdienstgrad in der Dienstgradgruppe der Stabsoffiziere.
Oberstaatsanwalt → Staatsanwaltschaft.
Oberstadtdirektor, leitender Gemeindebeamter krfr. Städte.
oberständig, *hypogyn,* Bez. für einen Fruchtknoten, der an einer kegelförmigen Blütenachse über den anderen Blütenbestandteilen steht.
Oberstaufen, bay. Markt in Schwaben, Kurort in den nw. Allgäuer Alpen, 793 m ü. M., 6000 Ew.
Oberstdorf, bay. Markt in Schwaben, Kurort in den südl. Allgäuer Alpen, 843 m ü. M., 11 000 Ew.; Wintersportplatz (eine der größten Sprungschanzen der Erde mit 72 m hohem Turm).
Oberste Heeresleitung, Abk. *OHL,* im 1. Weltkrieg die oberste militär. Kommandobehörde in Dtld.
Oberster Sowjet, das von 1936–91 bestehende Parlament der Sowj. Der O.S. war ein ständig tagendes Berufsparlament u. bestand aus 2 Kammern, dem *Unionssowjet* u. dem *Nationalitätensowjet.* Die Mitgl. beider Kammern wählte der *Kongreß der Volksdeputierten* aus seiner Mitte jährl. bis zu einem Fünftel neu. Der O.S. war ein zentrales Beschluß- u. Kontrollorgan der UdSSR.
Oberstes Gericht, Bez. für höchste Gerichte der ordentl. Gerichtsbarkeit.
Oberstimme, im Chor- oder Instrumentalsatz die höchste, meist melodietragende Stimme.
Oberstleutnant, Rang (zw. Major u. Oberst) in der Dienstgradgruppe der Stabsoffiziere.
Oberstudiendirektor, Amtsbez. für den Leiter einer neunstufigen höheren Schule.
Oberstufenreform, die Neugestaltung der Oberstufe an den Gymnasien der BR Dtld., die seit 1960 in Rahmenvereinbarungen der Kultusminister der Länder u. im *Bildungsgesamtplan* von 1973 geregelt wurde. Danach sind alle Bildungsgänge der Klassen 11–13 *(Sekundarstufe II)* so gegliedert, daß die Schüler ihren Neigungen u. Fähigkeiten entspr. Schwerpunkte bilden können.
Oberth, Hermann, * 1894, † 1989, dt.-ung. Physiker u. Mathematiker; Pionier der Weltraumforschung; kam 1941 an die Heeresversuchsanstalt Peenemünde, arbeitete 1955–58 in den USA; W »Die Rakete zu den Planetenräumen«.
Obertöne, *Teiltöne, Partialtöne,* in der Musik die neben jedem *Grundton* mitklingenden, für die *Klangfarbe* maßgebenden Töne.
Oberursel (Taunus), hess.. Stadt am SO-Rand des Taunus, 38 800 Ew.; ev. Theol. HS; Maschinenind.
Oberverwaltungsgericht, Abk. *OVG,* **1.** bis 1941 das höchste Gericht der Verwaltungsgerichtsbarkeit versch. dt. Länder. – **2.** in der BR Dtld. das zweitinstanzl. Gericht der Verwaltungsgerichtsbarkeit, das in Ba.-Wü, Bay. u. Hess. *Verwaltungsgerichtshof* (Abk. VGH) heißt.
Obervolta, bis 1984 Name von → Burkina Faso.
Oberwellen, Schwingungen, deren Frequenz ein ganzzahliges Vielfaches einer Grundschwingung (Grundwelle) ist. In der Elektroakustik wird der Anteil der (störenden) O. (Verzerrungen) an der Gesamtschwingung prozentual durch den *Klirrfaktor (Klirrgrad)* angegeben.
Oberwiesenthal, Stadt im Krs. Annaberg, in Sachsen, am Fichtelberg, 911 m ü. M., 3000 Ew.; Luftkurort u. Wintersportort; Ski-Industrie.
Objekt, 1. Sache, Angelegenheit, Gegenstand. – **2.** in der Philos. das dem *Subjekt* Gegenüberstehende; dasjenige, worauf sich das Subjekt erkennend oder handelnd richtet.
objektiv, sachl., frei von Vorurteilen, durch die Sache gegeben.
Objektiv [das], die Linse (Linsensystem) bei allen opt. Geräten auf der Seite des Geräts, die dem Objekt zugekehrt ist. Auf der dem Auge zugewandten Seite befindet sich das *Okular.*
objektives Recht, alle Rechtsnormen des positiven Rechts, die die *Rechtsordnung* bilden.
objektives Verfahren, eine Verfahrensart des Strafprozeßrechts, bei der, ohne daß eine bestimmte Person angeklagt ist, ledigl. auf Einziehung, Verfall oder Unbrauchbarmachung von Gegenständen erkannt werden kann.
Objektivierung, *Objektivation,* die Vergegenständlichung von subjektiven Zuständen oder Erlebnissen; die Darst. von Geistigem in Kunst-, Sprach-, Bild- u. Tonwerken.
Objektivismus, der Standpunkt, daß alle unsere Normen, Erkenntnisse u. Handlungen objektiv bestimmt seien oder sein sollten; in der Moralphilos. z.B. die Überzeugung, daß es allgemeingültige u. verbindl. sittl. Gesetze, Werte an sich, gebe; Ggs.: *Subjektivismus.*
Objektivität, Sachlichkeit, Einstellung auf den Gegenstand; die Fähigkeit, sich in der Beurteilung von Menschen, Situationen u. Sachverhalten so wenig wie möglich von Vorurteilen, Sympathien, Antipathien, Wünschen u. ä. leiten oder beeinflussen zu lassen.
Objektkunst, Richtungen der zeitgenöss. bildenden Kunst (z.B. *Arte Povera, Environment, Kinetik, Land-Art* u. *Nouveau Réalisme),* die vorgegebene Gegenstände *(Objets trouvés)* durch bes. Arrangement zum Kunstwerk erheben.
Objektträger, rechteckige Glasplatte (meist im Format 76 x 26 mm) zur Aufnahme mikroskop. Untersuchungsobjekte u. Präparate.
Objet trouvé [ɔb'ʒɛtru've], Bez. für »Fundstücke« aus der Alltagsumwelt, die unbearbeitet in das Kunstwerk *(Objektkunst)* übernommen werden, z. B. von K. *Schwitter.*
Oblast, Verwaltungseinheit in den ehem. sowj. Unionsrep.; als *Autonome O.* in Rußland einem Kraj untergeordnet; in *Rayons* untergliedert.
Oblate, 1. [der], 1. im MA ein von den Eltern zum Klosterstand bestimmtes Kind (ein seit dem Trienter Konzil verbotener Brauch); 2. Bez. für Angehörige einiger kath. Klostergemeinschaften; 3. Bez. für Laienbrüder oder -schwestern einiger kath. Ordensgemeinschaften. – **2.** [die], dünnes Plätzchen aus gärfreiem Weizenmehlteig; Unterlage für Lebkuchen, Makronen u. ä. sowie für Arzneikapseln; in der kath. Kirche als *Hostie,* in der prot. Kirche als *Abendmahlsbrot* verwendet.
obligat, verbindlich, unerläßlich.
Obligation, 1. die Schuld(verpflichtung); Schuldverhältnis. – **2.** Wertpapier über eine Forderung, Schuldverschreibung.
obligatorisch, verbindlich, verpflichtend.
Obligo, Verbindlichkeit; das Risiko finanzieller Inanspruchnahme infolge Gewährleistung oder Garantie.
Obmann, Vorsitzender, Präsident.
Obodriten, *Obotriten, Abodriten,* Völkerschaft der *Elb-* u. *Ostseeslawen* ab ca. 600 n. Chr. im (späteren) O-Holstein, Lauenburg u. W-Mecklenburg. Die O. gingen nach der dt. Ostsiedlung in der neuen Bev. auf.
Oboe, ein Holzblasinstrument mit konischer Röhre u. Doppelrohrblatt-Mundstück; Tonbereich: h-f⁴. Größere Formen der O. sind das *Englischhorn,* das eine Quinte, u. die *O. d'amore,* die eine kleine Terz tiefer als die O. steht.
Obolus, *Obolos,* im grch. Altertum eine Tauschhandelsmünze aus Eisen, ¹/₆ Drachme; später allg. Bez. für Gewicht u. Münze; übertragen: kleiner Geldbetrag, Scherflein.
Obote, Apollo Milton, * 1925, ugand. Politiker; wurde 1962 Min.-Präs.; ließ sich 1966 zum Staats-Präs. von Uganda wählen. 1971 wurde er durch einen Militärputsch von Idi *Amin* gestürzt u. ging ins Exil; kehrte nach Amins Sturz zurück u. wurde 1980 erneut Präs., 1985 erneut gestürzt.
Obra, l. Nbfl. der Warthe, 253 km; mündet bei Schwerin.
Obrenović [-vitj], serb. Herrschergeschlecht, das sich seit 1815 in der Herrschaft Serbiens mit den *Karadjordjević* ablöste.
O'Brien [ɔu'braiən], **1.** Edna, * 15.12.1932, ir. Schriftst. (Romane u. Erzählungen über weibl. Emanzipationsprobleme). – **2.** Flann, * 1911, † 1966, ir. Schriftst. (experimentelle Prosa). – **3.** Kate, * 1897, † 1974, ir. Schriftst. (Romane u. Dramen aus der kath. Welt).
Obrigkeit, histor. Begriff für den Träger der öffentl. Gewalt, insofern diese als wesensmäßig über dem einzelnen *Untertan* stehend gedacht wird. –
O.sstaat, Untertanenstaat.
Obrist → Oberst.
Observable, meßbare Größe, bes. am Atom.
Observanten, die Mitgl. der strengeren Richtung der *Franziskaner.*
Observanz, Gewohnheitsrecht von örtl. begrenzter Geltung, oft als *Herkommen* bezeichnet.
Observatorium, wiss. Beobachtungsstelle für astronom. *(Sternwarte),* meteorolog. *(Wetterwarte)* u. a. Forschungen.
observieren, (wiss.) beobachten; (polizeil.) überwachen. – **Observation,** Beobachtung, Überwachung.
Obsidian, fast wasserfreies, dunkles, glasglänzendes Gestein mit muscheligem Bruch; Schmuckstein.
obskur, zweifelhaft, anrüchig. – **Obskurität,** Zweifelhaftigkeit, Anrüchigkeit.
obsolet, ungebräuchl., unüblich.
Obst, Sammelbegriff für das eßbare Fruchtfleisch oder die Samen kultivierter oder wildwachsender Bäume u. Sträucher. Man unterscheidet: *Kern-O.* (Apfel, Birne, Quitte u. Zitrusfrüchte), *Stein-O.* (Kirsche, Pflaume, Pfirsich, Aprikose, Dattel, Olive), *Beeren-O.* (Erd-, Him-, Brom-, Heidel-, Preisel-, Johannisbeere u. Weintraube), *Schalen-O.* (Nüsse, Mandeln, Kastanie, Pistazie); außerdem gibt es die Kapselfrucht (Banane) u. den Fruchtstand (Ananas). Aus südl. Ländern stammendes O. faßt man unter der Bez. *Südfrüchte* zusammen.
Obstetrik, die Geburtshilfe.
Obstetrix, die Hebamme.
Obstfelder, Sigbjørn, * 1866, † 1900, norw. Schriftst.; von A. *Schopenhauer* u. den Symbolisten beeinflußter Lyriker u. Novellist.
obstinat, starrsinnig, widerspenstig.
Obstipantia, *obstipierende Mittel, Antidiarrhoika,* stopfende Mittel, die einen Durchfall zum Stehen bringen. – **Obstipation,** Verstopfung.
Obstler, süddt. u. östr. für Obstbranntwein.
Obstruktion, die Verhinderung von Entscheidungen durch mißbräuchl. Ausnutzung legaler Mittel; eine Kampfform von Minderheiten gegen Mehrheiten, v. a. im *Parlament:* Die Minderheit versucht, die Mehrheit an der Verabschiedung eines Gesetzes zu hindern, z.B. durch *Filibustern.*
obszön [ɔps'tsø:n], anstößig, unanständig, schamlos.
Obturation, Verlegung, Undurchgängigkeit eines Hohlorgans, z.B. des Darms *(Darmverschluß).*
Obus, *O-Bus,* Kurzwort für *Oberleitungsomnibus;* → Oberleitung.
Obwalden, zentralschweiz. Halbkanton von *Unterwalden,* → Schweiz.
O'Casey [ɔu'kɛisi], Sean, * 1884, † 1964, ir. Schriftst.; verband in seinen Dramen aus dem Leben der Dubliner Proletarier Realismus u. Expressionismus. W »Der Pflug u. die Sterne«, »Der Preispokal«.
Ochab, Edward, * 1906, † 1989, poln. Politiker (KP); 1954–68 Mitgl. des Politbüros; 1964–68 Staatsoberhaupt (Vors. des Staatsrats).
Ochlokratie, die Herrschaft der (unvernünftigen) Masse, Pöbelherrschaft.
Ochoa [engl. ɔu'tʃɔuə], Severo, * 1905, † 1993, US-amerik. Biochemiker span. Herkunft; entdeckte den biolog. Synthesemechanismus der RNS u. DNS (Ribo- u. Desoxyribonucleinsäure); Nobelpreis für Medizin 1959.

Odenwald: Landschaft nordöstlich von Heppenheim

Ochotskisches Meer, durch Einbruch entstandenes ostasiat.-pazif. Randmeer zw. Kamtschatka, Kurilen, Sachalin u. dem asiat. Festland, bis 5210 m tief; sehr fischreich.

Ochrana, 1881–1917 die polit. Geheimpolizei des russ. Zarenreichs.

Ochs, Peter, *1752, †1821, schweiz. Politiker u. Historiker; entwarf 1797 die Verf. der Helvet. Rep. u. rief 1798 die Helvet. Rep. aus.

Ochse, kastriertes männl. Rind.

Ochsenauge, 1. rundes Fenster, Bullauge bei Schiffen. – **2.** ein europ. *Korbblütler* mit großen gelben Köpfchen. – **3.** ein mittelgroßer *Augenfalter,* mit großen Augenflecken.

Ochsenfurt, bay. Stadt in Unterfranken am Main, 11 300 Ew.; mittelalterl. Altstadt; Brauerei; Zucker-Ind.

Ochsenzunge, *Anchusa,* Gatt. der *Rauhblattgewächse;* etwa 40 Arten; in Mitteleuropa heim. die violett blühende *Gewöhnl. O.*

Öchsle-Grad, nach dem Goldschmied F. Oechsle (*1774, †1852) ben. Einheit zur Kennzeichnung des Extraktgehaltes von Most *(Mostgewicht).* Die Ö. geben die ersten drei Stellen der Dichte nach dem Komma an (Dichte 1,085 g · cm^{-3} ≙ 85° Öchsle). Gemessen werden die Öchsle mit einem *Aräometer.*

Ochtrup, Stadt in NRW, sw. von Rheine, 16 700 Ew.; Textilind.

Ockeghem [ˈɔkəxəm], Okekhem, Johannes, *um 1425, †um 1495, ndl. Komponist; seit 1453 am Pariser Hof; Lehrmeister des damals neuen polyphonen Stils.

Ocker, gelbl.-braunes, erdiges Brauneisenerz; meist stark mit Ton vermengt.

Ockham [ˈɔkəm], Occam, Wilhelm von (William of), *1285/95, †1349/50, engl. Spätscholastiker u. Kirchenpolitiker; Franziskaner; der wichtigste Vertreter der nominalist. Richtung im *Universalienstreit.*

O'Connell [ouˈkɔnəl], Daniel, *1775, †1847, ir. Politiker; erreichte die Gleichstellung der Katholiken mit den Protestanten (Katholikenemanzipation 1829).

O'Connor [ouˈkɔnə], **1.** Flannery, *1925, †1964, US-amerik. Schriftst. (Romane u. Novellen aus den Südstaaten). – **2.** Frank, eigtl. Michael O'Donovan, *1903, †1966, ir. Schriftst. (humorvolle, dramat. Kurzgeschichten).

OCR-Schrift [engl. Abk. für *optical character recognition,* opt. Zeichenschrift], bes. geschnittene Schrifttypen, die von automat. Textlesemaschinen gelesen werden.

Octavia, 1. †11 v. Chr., Frau des *Marcus Antonius,* Schwester des Kaisers *Augustus.* – **2.** *um 40, †62, Tochter des röm. Kaisers *Claudius,* Frau des *Nero;* von Nero unter dem Vorwurf des Ehebruchs verstoßen u. ermordet.

Octavian, Octavianus →Augustus.

Octocorallia, Unterkl. der *Blumentiere,* die achtstrahlig angelegt sind; leben in Kolonieverbänden; etwa 2500 Arten, deren größte 3 m hoch werden, in 4 Ordnungen: *Lederkorallen, Hornkorallen, Seefedern* u. *Blaue Korallen.*

Oculi →Okuli.

oculieren, Bäume u. Sträucher (bes. Rosen) veredeln, indem eine Knospe mit noch anhaftendem Rindenstück (auch ein Splintstück) einer hochwertigen Sorte auf einen anderen Baum oder Strauch zum Anwachsen übertragen wird; häufigste Methode der Veredelung.

Ocypodidae, Fam. der *Krabben;* hierzu *Reiter-* u. *Winkerkrabben.*

Oda, Nobunaga, *1534, †1582, jap. Heerführer; konnte die Kernlande Japans einigen.

Odal [ˈuːdaːl], Stamm- (auch Erb-)Gut eines freien Bauern- oder Adelsgeschlechts.

Odaliske, fr. weiße Sklavin im Sultansharem.

Odd Fellows [ɔdˈfɛlouz], *Independent Order of O.F.* [»Unabhängiger Orden der überzähligen (d. h. nicht organisierten) Gesellen«], eine nach Organisation u. Zielsetzung den *Freimaurern* verwandte, um 1750 in England entstandene Gesellschaft.

Odds [ɔdz], Vorgabe; bes. bei Trabrennen der Abstand der schwächeren Pferde zu den stärkeren am Start.

Ode, urspr. jedes singbare Gedicht; im neueren Sprachgebrauch ein feierl. erhabenes Gedicht mit strengem Strophenbau u. ohne Reim.

Odelsting, norw. Unterhaus, gebildet von den Abg. des *Stortings,* die nicht in das *Lagting* gewählt werden.

Odem, Atem (dichterisch).

Ödem, Oedem, Oedema, Wassersucht, Anschwellung im Unterhautzellgewebe durch Wasseransammlung; bes. bei Herz- u. Nierenversagen.

Ödenburg →Sopron.

Odense [ˈoːðənsə], Hptst. der dän. Insel u. Amtskommune Fünen, am *O.fluß,* 173 000 Ew.; Univ.; Schloß; got. Knuds-Kirche; Schiffbau; Motoren- u. Elektroind.

Odenthal, Gem. in NRW, 13 000 Ew.; in *O.-Altenberg* frühgot. Kirche (»Berg. Dom«).

Odenwald, südwestdt. Mittelgebirge zw. dem Neckar im S, dem Main im O u. der Oberrhein. Tiefebene im W (Bergstraße), im Katzenbuckel 626 m. Der O. ist Teil des Naturparks Bergstraße-O.

Odeon, Odeion, Odeum, antikes überdachtes Gebäude für musikal. Aufführungen, mit halbrundem Zuschauerraum; heute Bez. für Theater, Musikhallen oder auch Tanzhallen u. Kinosäle.

Oder, 1. poln. *Odra,* Fluß in westl. Polen u. an der heutigen dt.-poln. Grenze, 912 km lang; die Ost-Oder mündet in den Dammschen See, der dann mit der West-Oder als *Papenwasser* ins Stettiner Haff mündet; 733 km schiffbar. – **2.** Fluß im S-Harz, 57 km; entspringt am Brocken, bei Bad Lauterberg aufgestaut zur 1930–34 erbauten *O.talsperre* (30,6 Mio. m³).

Oderbruch, ebene Niederung westl. der Oder (1) zw. Küstrin u. Bad Freienwalde, 56 km lang, 10–30 km breit; 1747–53 unter Friedrich d. Gr. trockengelegt.

Oder-Havel-Kanal, Wasserstraße in Brandenburg, Hauptteil des Hohenzollernkanals u. Teil des Berlin-Stettiner Großschiffahrtswegs; verbindet Berlin über die kanalisierte Havel mit der Oder, 82,8 km.

Odermennig, *Agrimonia,* Gatt. der *Rosengewächse,* mit gelben Blütenähren; hierzu der *Gewöhnl. O.,* bes. an Wegrändern.

Oder-Neiße-Linie, die in Abschnitt IXb des Potsdamer Abkommens beschriebene »Linie, die von der Ostsee unmittelbar westl. von Swinemünde die Oder entlang bis zur Einmündung der westl. Neiße u. die westl. Neiße bis zur tschech. Grenze verläuft«. Die O. ist von der DDR (Görlitzer Abkommen oder Oder-Neiße-Abkommen mit Polen vom 6.7.1950) als Westgrenze Polens anerkannt worden. Die BR Dtld. hat die O. im dt.-poln. Vertrag als Staatsgrenze Polens bestätigt. Die endgültige völkerrechtl. Anerkennung erfolgte durch das wiedervereinigte Dtld. in einem am 14.11.1990 unterzeichneten Vertrag.

Oder-Spree-Kanal, kanalisierte Wasserstraße in Brandenburg, 83,7 km; verbindet die Oder (bei Eisenhüttenstadt) mit der Spree (bei Fürstenwalde) u. der Dahme in Berlin; 1891 eröffnet.

Odessa, Hptst. der gleichn. Oblast in der Ukraine, am Schwarzen Meer, 1,14 Mio. Ew.; HS; Museen; Handels- u. Fischereihafen, Ind.-Zentrum; Erdölraffinerie; Fremdenverkehr. – 1794 als Kriegshafen gegr.; 1905 Meuterei auf dem Panzerkreuzer Potjomkin.

Odets, Clifford, *1906, †1963, US-amerik. Schriftst.; schilderte sozialkrit. den unteren Mittelstand.

Odeur [oˈdœːr], Duft; Wohlgeruch.

Odilienberg, Ottilienberg, fr. *Hohenburg,* frz. *Mont-Sainte-Odile,* bewaldeter Bergrücken am Ostrand der mittleren Vogesen, sw. von Straßburg, 763 m; mit einem wahrsch. spätröm., ca. 10 km langen Ringwall (»Heidenmauer«) u. dem *Odilienkloster* (gegr. um 680).

Odilo, *um 962, †1048, 5. Abt von Cluny (seit 994); förderte das Anwachsen der *Cluniazens. Reform* zu einer mächtigen Bewegung. – Heiligsprechung 1063 (Fest: 1.1.).

Odin →Wodan.

Odinshühnchen, ein *Wassertreter* Islands u. des nördl. Skandinaviens, der zur Zugzeit auch in Dtld. zu finden ist.

Ödipus, in der grch. Sage Sohn des Thebanerkönigs *Laios* u. der *Iokaste;* als Säugling ausgesetzt, weil ein Orakelspruch in ihm den künftigen Mörder seines Vaters verkündet hatte. Von Hirten gerettet, erschlug er auf einer Wanderung ahnungslos den ihm unbekannten Vater, rettete Theben von der *Sphinx* u. erhielt zur Belohung die Hand seiner ihm unbekannten Mutter Iokaste. Als Ö. durch das delph. Orakel die Wahrheit erfuhr, blendete er sich, ging in die Fremde u. starb.

Ödipus-Komplex, die ins Unterbewußte verdrängte sexuelle Neigung des Sohns zur Mutter oder der Tochter zum Vater sowie der Drang, den gleichgeschlechtl. Elternteil zu beseitigen. Die *ödipale Phase* ist nach S. Freud eine allg. Entwicklungsphase im menschl. Leben (beginnend etwa im 3. Lebensjahr).

Odium, Anrüchigkeit, Makel.

Odo, Eudes der Tapfere, *um 860, †898, Graf von Paris, König des westfränk. Reichs 888–898.

Odoaker, Odovakar, Odowakar, *um 430, †493, germ. Edler skirischer Abkunft; röm. Offizier, setzte 476 den (letzten) weström. Kaiser *Romulus Augustulus* ab u. machte sich zum Herrn Italiens; von *Theoderich d. Gr.* ermordet.

odontogen, von den Zähnen ausgehend.

Odontoglossum, amerik. Orchideengatt. mit zahlr. Zierpflanzen.

Odontospermum, ein gelbblühender *Korbblütler* aus S-Europa u. Vorderasien, vermutl. die echte *Rose von Jericho (Auferstehungspflanze)* der Kreuzfahrer.

Odyssee, dem grch. Dichter *Homer* zugeschriebenes Epos von den Irrfahrten u. der Heimkehr des *Odysseus.*

Odysseus, lat. *Ulysses, Ulixes,* König von Ithaka, in *Homers* »Odyssee« Ehemann der *Penelope.* Im Trojan. Krieg tritt er bes. durch seine Klugheit hervor, die Eroberung Trojas glückt schließlich durch das von ihm angeratene hölzerne Pferd *(Trojan. Pferd).* Seine Heimfahrt wird zur 10jährigen Irrfahrt.

OECD, Abk. für engl. *Organization for Economic Cooperation and Development,* Organisation für wirtsch. Zusammenarbeit u. Entwicklung, die 1961 gegr. Nachfolgeorganisation der OEEC mit Sitz in Paris. Mitgl.: Australien, Finnland, Island, Japan, Kanada, Mexiko, Neuseeland, Norwegen, Östr., Schweden, Schweiz, Türkei, USA u. die EU-Staaten; Spitzenorganisation der westl. Industrieländer.

OEEC, Abk. für engl. *Organization for European Economic Cooperation,* Organisation für europ. wirtsch. Zusammenarbeit, Europ. Wirtschaftsrat; der 1948 gegr. Zusammenschluß von 16, später 18 W-europ. Staaten zum Zweck des gemeinsamen Wiederaufbaus der europ. Wirtsch. u. der Ausweitung des Handels- u. Zahlungsverkehrs; Sitz: Paris. →OECD.

Oehlenschläger [ˈøːlənsleːgər], Adam Gottlob, *1779, †1850, dän. Schriftst.; Romantiker; ver-

Odessa: Opernhaus

Oelde

suchte in seinen Dramen u. Epen, die Stoffwelt des nord. Altertums wiederzubeleben.

Oelde, Stadt in NRW, sw. von Gütersloh, 27 000 Ew.; Metall- u. Holzind.

Oelsnitz, Krst. in Sachsen, im Vogtland, 13 000 Ew.; Katharinenkirche; Textilindustrie.

Oelze, Richard, *1900, †1980, dt. Maler (surrealist. Landschafts- u. Figurenkompositionen in altmeisterl. Detailwiedergabe).

Oer-Erkenschwick [o:r], Stadt in NRW, nordöstl. von Recklinghausen, 28 000 Ew.; Steinkohlenbergbau.

Oerlinghausen, Stadt in NRW, im Teutoburger Wald, 15 000 Ew.; Freilichtmuseum »Germanengehöft«; Segelflugplatz mit Segelflugschule.

Oersted [ˈøːrsdəð], Hans Christian, *1777, †1851, dän. Physiker; entdeckte, daß jeder elektr. Strom von einem Magnetfeld begleitet wird (1820); stellte als erster Aluminium dar.

Oesophagus [ø:-], die *Speiseröhre.*

Oetinger, Friedrich Christoph, *1702, †1782, dt. ev. Theologe u. Philosoph; schwäb. pietist. Theosoph (der »dt. Swedenborg«).

Oetker, August, *1862, †1918, dt. Apotheker; gründete 1891 die *Dr. August O. Nährmittelfabrik GmbH,* Bielefeld, die Backpulver, Puddingpulver, Backaromen, Kindernährmittel u. a. herstellt. Zur *O.-Gruppe* gehören heute u. a. Reedereien, Banken u. Brauereien.

Œuvre [œːvr], Werk, Gesamtwerk (eines Künstlers).

Oever [ˈuːvər], Karel van den, *1879, †1926, fläm. Schriftst.; kath. Expressionist.

Oeynhausen [øːn-], *Bad O.,* Stadt in NRW, sw. der Porta Westfalica, 43 000 Ew.; Kurort u. Heilbad; Möbelind.

O'Faoláin [ouˈfælən], Seán, *1900, †1991, ir. Schriftst.; stand der kelt. Erneuerungsbewegung nahe; Kurzgeschichten u. Reiseberichte; Roman »Der Einzelgänger«.

Ofen, durch Holz-, Kohlen-, Öl- oder Gasfeuer, auch elektr. oder durch andere Brennmittel betriebener Wärmespender mit feuerfester Ummantelung, im Unterschied zur offenen Feuerstelle. Der älteste bekannte Typ ist der aus Lehm geformte *Back-O.,* der schon in der Jungsteinzeit verbreitet war. Aus ihm entwickelte sich der *Kachel-O.* Die ersten *eisernen Öfen* kamen im 14. Jh. auf. Der Schmuck ihrer gußeisernen Platten geht, zumal in der Renaissance, häufig auf Entwürfe bedeutender Künstler zurück.

Ofenpaß →Alpen.

Jacques Offenbach; historische Aufnahme um 1868. Wien

Offenbach, Jacques (Jacob), *1819, †1880, frz. Komponist, Kapellmeister u. Theaterdirektor dt. Herkunft; gründete in Paris das Theater *Bouffes-Parisiens;* schrieb über 100 Operetten; W »Orpheus in der Unterwelt«, »Die schöne Helena«; Oper: »Hoffmanns Erzählungen«.

Offenbach am Main, krfr. Stadt in Hess., 120 000 Ew.; Dt. Wetterdienst, HS für Gestaltung, Dt. Ledermuseum; Lederwarenmesse; Leder-, Metall-Ind.; Hafen.

Offenbarung, allg. das Kundmachen von Verborgenem; übermenschl. Erkenntnis (als Vorgang u. als Inhalt). Im Christentum ist O. das geschichtl. Sichkundgeben Gottes seinem Wesen u. Willen nach in seinem Heilshandeln an der Menschheit, wobei Gott in Person u. Wirken Christi das endgültig rettende, eschatologisch unüberholbare Heil, nämlich sich selbst, kundgibt u. darbietet. Auf die O. antwortet der Mensch durch *Glauben* (personale Hingabe an Gott).

Offenbarung des Johannes →Apokalypse.

Offenbarungseid, seit 1970 →eidesstattliche Versicherung.

Offenburg, Krst. in Ba.-Wü., an der Kinzig, 51 000 Ew.; Ritterhausmuseum; graph. Gewerbe.

Offene Handelsgesellschaft, Abk. OHG, oHG, eine im Handelsregister eingetragene *Personalgesellschaft,* deren Zweck auf den Betrieb eines Handelsgewerbes unter gemeinsamer Firma gerichtet ist u. bei der jeder Gesellschafter den Gläubigern der Gesellschaft mit seinem Gesamtvermögen haftet.

offener Biß, eine Kieferanomalie, bei der die Frontzähne beim Beißen nicht mehr zusammentreffen u. nur die Mahlzähne sich berühren.

offener Brief, eine briefl. Mitteilung, die dem Empfänger zugestellt u. gleichzeitig der Presse zur Veröffentlichung übergeben wird.

Offenmarktpolitik, ein Mittel der Geldmengenregulierung durch die *Notenbank* zur direkten Beeinflussung des Kapitalmarkts: Durch den Ankauf festverzinsl. Wertpapiere wird bei Geldmangel *(Deflation)* die Wirtsch. mit zusätzl. Geld versorgt, zu dessen Deckung die Wertpapiere verwendet werden; im Fall eines Zuviel an Geld *(Inflation)* werden die Wertpapiere wieder verkauft, der dafür erzielte Erlös eingezogen u. damit die umlaufende Geldmenge verringert.

Offensive, Angriff, Vorstoß, Angriffshandlung.

öffentliche Anleihe, die Anleihe einer Körperschaft des öffentl. Rechts (Bund, Land, Gemeinde u. a.).

öffentliche Hand, die Organisationen des öffentl. Rechts (Staat, Länder usw.) bes. in ihrer Eigenschaft als gewerbl. Unternehmer *(öffentl. Betriebe)* oder im Hinblick auf ihr Vermögen *(Fiskus).*

öffentliche Klage, die Anklage durch den Staatsanwalt im *Strafprozeß.*

öffentliche Meinung, die Summe aller relevanten Einzelmeinungen; der Querschnitt durch das Meinungsgefälle eines Volkes.

öffentlicher Dienst, das Beschäftigungsverhältnis zu Staat, Gemeinden oder anderen Körperschaften, Stiftungen u. Anstalten des öffentl. Rechts; auch Bez. für die Gesamtheit der im öffentl. Dienst stehenden Personen.

öffentlicher Glaube, die stärkste Wirkung der Eintragung von Rechtstatsachen in bestimmte Urkunden, bes. in öffentl. Register (z. B. Grundbuch, Schiffsregister u. Erbschein). Der Inhalt der Eintragung gilt sowohl hinsichtl. seines urspr. Bestehens als auch des Nichtbestehens späterer Änderungen oder Beschränkungen *(positive* u. *negative Publizität)* zugunsten desjenigen als materiell richtig, der Rechte aus ihm ableiten will, ohne die Unrichtigkeit zu kennen. Der ö. G. wird durch die Vermutung der Richtigkeit ergänzt.

öffentliches Recht, *Jus publicum,* **1.** *im objektiven Sinn:* alle Rechtssätze, die im öffentl. Interesse die Rechtsverhältnisse des Staates u. der sonstigen mit Hoheitsbefugnissen ausgestatteten Personen, Verbände u. Einrichtungen als solche betreffen. Zum öffentl. Recht gehören: Staatsrecht, *Völkerrecht, Verwaltungsrecht, Strafrecht, Gerichtsverfassungs-* u. *Verfahrensrecht,* Kirchenmitgl. gegenüber auch *Kirchenrecht.* – **2.** *im subjektiven Sinn:* die dem Hoheitsträger oder dem Staatsbürger im einzelnen zustehende öffentl.-rechtl. Befugnis; als *subjektives ö. R.* v. a. Abwehr- u. Leistungsansprüche des einzelnen gegen den Hoheitsträger (Art. 19 GG).

Öffentlichkeit, gesellschaftspolit. Kategorie, die im weitesten Sinn die Gesamtheit derjenigen Verhältnisse umfaßt, in denen sich der gesellschaftl. Austausch u. die Bildung öffentl. Meinung abspielen.

Öffentlichkeitsarbeit →Public Relations.

Offerte, Angebot, Antrag.

Offertorium, der 1. Hauptteil der kath. Messe, Zubereitung von Brot u. Wein u. die Gebete des Priesters dabei.

Officium, Kirchenamt; die Gesamtheit der liturg. Amtshandlungen, bes. das kirchl. Stundengebet.

Offizial, in der kath. Kirche 1. der vom Bischof mit der Ausübung der richterl. Gewalt beauftragte Priester; 2. (partikularrechtl.) der vom Bischof für einen Teil der Diözese mit den Vollmachten eines Generalvikars ausgestattete Priester.

Offizialbetrieb, *Amtsbetrieb,* ein Grundsatz des Prozeßrechts, nach dem ein Prozeß von Amts wegen in Gang gebracht u. weitergeführt wird. Der O. beherrscht den Strafprozeß u. vorw. die Freiwillige Gerichtsbarkeit.

Offizialdelikte, von Amts wegen zu verfolgende Straftaten; Ggs.: *Antragsdelikte.*

Offizialverteidiger, in den Fällen notwendiger Verteidigung der von Amts wegen bestellte Verteidiger im Strafprozeß; Ggs.: *Wahlverteidiger.*

offiziell, amtlich, beglaubigt; dienstlich (Reisen); förmlich (Einladungen).

Offizier, Sammelbez. für soldat. Führer, seit dem 16. Jh. in Dtld.; Ggs.: *Mannschaften.*

Offizierskasino, Räumlichkeiten für Offiziere zur Einnahme der Mahlzeiten, zum Aufenthalt außerhalb der Dienststunden u. zur Veranstaltung von Vorträgen u. Geselligkeiten.

offizinell, Bez. für Arzneimittel, die in die amtl. Pharmakopöe (Arzneibuch) aufgenommen sind u. in jeder Apotheke *(Offizin)* geführt werden.

offiziös, halbamtlich.

Offizium, 1. (Dienst-)Pflicht, Obliegenheit. – **2.** →Officium.

off limits [engl.], »Zutritt verboten«.

Off-line-Betrieb [ˈɔflain-], eine Betriebsart in der elektron. Datenverarbeitung, bei der Peripheriegeräte entweder nicht an einen Computer angeschlossen, oder falls angeschlossen, kurzfristig abgekoppelt sind. Die Daten werden dann zunächst auf einem Informationsträger gespeichert u. anschließend zum Rechner durchgegeben. Ggs.: *On-line-Betrieb.*

Offsetdruck, ein Flachdruckverfahren von Stein-, Aluminium-, Zink- oder mehrschichtigen Metallplatten, bei dem der Druck zunächst auf einen mit einem Gummituch versehenen Zylinder übertragen wird. Dieser überträgt dann das Druckbild auf das Papier.

Offshore-Käufe [ˈɔfʃɔː-], von den USA bezahlte Warenlieferungen, die nicht die amerik. Küste berühren; insbes. im Rahmen der *NATO* (Beschaffungskäufe für die Streitkräfte der USA in europ. Ländern).

Offshore-Technik [ˈɔfʃɔː-], ein Teilgebiet der Meerestechnik, das alle die Techniken, Geräte u. Bauwerke umfaßt, die der Suche nach u. der Förde-

Offenbach am Main: Renaissanceschloß

rung von Erdöl u. Erdgas aus den küstennahen Festlandsockelbereichen dienen.

O'Flaherty [ɔu'flɛəti], Liam, *1897, †1984, ir. Schriftst. (Romane vor dem Hintergrund der selbsterlebten ir. Geschichte).

Ofnet-Höhle, Höhle bei Nördlingen, mit alt- u. mittelsteinzeitl. Kulturschichten.

Ofterdingen →Heinrich von Ofterdingen.

Ögädäi, *Ugedai, Ogotai,* *um 1185, †1241, Mongolenherrscher (Groß-Khan) seit 1229; dritter Sohn u. Nachf. *Tschingis Khans.*

Ogaden, hochgelegene, wasserarme Tafellandschaft in Äthiopien; von Somalia beansprucht.

Ogaki, jap. Stadt im NW von Nagoya (Nobi-Ebene), am Ibi-Fluß, 146 000 Ew.; Metallverarbeitung, chem. Ind.

Ogbomosho [-ʃo], Stadt im sw. Nigeria, 527 000 Ew.; HS; Handelszentrum.

Ogburn ['ɔgbə:n], William F., *1886, †1959, US-amerik. Soziologe; beschäftigte sich mit Phänomenen des soz. Wandels. Von ihm stammt die These des »cultural lag«, wonach die Entwicklung der nichtmateriellen Kultur (z.B. Werte, Ideen) zeitl. hinter derjenigen der materiellen Kultur zurückbleibt, bevor sie sich dieser anpaßt.

Ogi, Adolf, *18.7.1942, schweiz. Politiker (SVP); seit 1988 Bundesrat (Verkehrs- u. Energiewirtschafts-Dep.); 1993 Bundes-Präs.

Ogino, Kyusako, *1882, †1975, jap. Frauenarzt u. Geburtshelfer; wies (1924) erstmalig auf die fruchtbaren u. unfruchtbaren Tage der Frau hin. Nach ihm u. H. *Knaus* ist die *Knaus-O.-Methode* der »natürl. Geburtenregelung« benannt.

Oglio ['ɔljo], l. Nbfl. des *Po,* 280 km; mündet sw. von Mantua.

Ogooué [ɔgɔ'we], *Ogowe,* Fluß in Gabun (Zentralafrika), 1200 km; mündet bei Kap Lopez; im Delta Erdöl- u. Erdgasförderung.

O'Hara [ɔu'ha:rə], John, *1905, †1970, US-amerik. Schriftst. (Unterhaltungsromane, »Treffpunkt in Samara« u. a.).

OHG, *oHG,* Abk. für *Offene Handelsgesellschaft.*

O'Higgins, Bernardo, *1776, †1842, chilen. Unabhängigkeitskämpfer irischer Herkunft; kämpfte 1810–14 erfolglos gegen die Spanier; wurde 1817 Diktator von Chile (1823 gestürzt).

Ohio, 1. Gliedstaat der →Vereinigten Staaten von Amerika. – **2.** längster l. Nbfl. des Mississippi, 1586 km, Einzugsgebiet 528 000 km²; entsteht aus den Quellflüssen *Allegheny* u. *Monongahela.*

Ohlin [u'li:n], Bertil, *1899, †1979, schwed. Nationalökonom u. Politiker (liberale Partei); Hauptforschungsgebiete: Währungspolitik u. Außenwirtschaft; Nobelpreis 1977.

Ohm, 1. [nach G.S. *Ohm*], Zeichen Ω, die SI-Einheit des elektr. Widerstands. Ein *O.scher Leiter* hat den elektr. Widerstand 1 O., wenn er bei einer Spannung von 1 Volt von einem zeitl. unveränderl. Strom von 1 Ampère durchflossen wird. – **2.** *Ahm,* fr. Flüssigkeitsmaß, bes. für Weine.

Ohm, l. Nbfl. der Lahn, 60 km; entspringt am Vogelsberg, mündet bei Marburg.

Ohm, Georg Simon, *1789, †1854, dt. Physiker; stellte 1826 das *O.sche Gesetz* auf; arbeitete ferner über die Theorie der Obertöne sowie über Kristalloptik.

Ohmberge, bewaldete thüring. Hochfläche (Muschelkalk) im Eichsfeld, im *Birkenberg* 535 m.

Ohmmeter, Gerät zum Messen von elektr. Widerständen.

Ohmscher Widerstand, der elektr. Widerstand, der auf Energieverlusten der Elektronen durch Wechselwirkung mit den Atomen des Leiters beruht.

Ohmsches Gesetz, ein Gesetz der Elektrizitätslehre: Bei bestimmten Leitern ist die Stromstärke I der angelegten Spannung U proportional: $I \sim U$. Solche Leiter bezeichnet man als *Ohmsche Leiter.* Ihr Widerstand $R = U/I$ ist konstant.

Ohnmacht, durch mangelhafte Durchblutung des Gehirns erzeugter, vorübergehender Zustand der Bewußtlosigkeit, meist mit kurz vorher auftretender Übelkeit oder Schwindelgefühl.

Ohnsorg, Richard, *1876, †1947, dt. Schauspieler u. Theaterleiter; gründete 1902 eine plattdt. Mundartbühne, das heutige *Richard-O.-Theater* in Hamburg.

Ohr, lat. *Auris,* das paarig am Kopf außen u. innen angelegte Gehörsinnesorgan der Wirbeltiere, zugleich Sitz des Gleichgewichtssinnesorgans. Die Sinnesorgane sind im inneren O. (*O.labyrinth*) enthalten u. werden ergänzt durch den schalleitenden Apparat des *Mittel-O.,* das nach außen durch das *Trommelfell* abgeschlossen ist. Säugetiere einschl. des Menschen haben noch ein äußeres O., einen schallsammelnden Apparat, der aus *O.muschel (Auricula)* mit *O.läppchen* u. äußerem *Gehörgang* besteht.

Das O.labyrinth ist ein dreiteiliges, häutiges Organ, eingebettet in das *knöcherne O.labyrinth* in der Pyramide des Schläfenbeins. Der oberste Teil des O.labyrinths, der *Utriculus,* trägt die drei *Bogengänge,* die Organe des Drehbeschleunigungssinns. Darunter liegen der *Sacculus* u. schließl. die *Lagena.* Alle drei Teile enthalten bei Fischen u. Amphibien ein *Statolithenorgan* (Gleichgewichtsorgan); bei Reptilien u. Vögeln bildet die lang ausgezogene Lagena das Gehörorgan; bei den Säugern windet sie sich zur Schnecke (*Cochlea*) auf u. enthält die Sinneszellen in Form des *Cortischen Organs.* Bei den Säugern wird der Raum des knöchernen Labyrinths, der Utriculus u. Sacculus einschließt, als *Vorhof* (Vestibulum) bezeichnet. – Das innere O. ist gegen das Mittelohr durch zwei Membranen abgeschlossen, das *ovale Fenster (Fenestra ovalis)* u. das *runde Fenster (Fenestra rotunda).*

Das Mittelohr besteht aus der *Paukenhöhle* u. wird nach außen abgeschlossen durch das *Trommelfell.* Trommelfell u. ovales Fenster werden verbunden durch den schalleitenden Apparat der *Gehörknöchelchen.* Amphibien, Reptilien u. Vögel haben nur ein einziges Gehörknöchelchen, die *Columella;* bei den Säugern kommen *Hammer (Malleus)* u. *Amboß (Incus),* die Knochen des primären Kiefergelenks der niederen Wirbeltiere, zur Columella hinzu, die hier *Steigbügel (Stapes)* heißt. Die Paukenhöhle ist durch die *Eustachische Röhre* (*Tuba eustachii, O.trompete*) mit dem Nasenrachenraum verbunden.

Ohre, Nbfl. der Elbe, 105 km; entspringt sö. von Uelzen, mündet bei Wolmirstedt.

Ohrenkriecher →Ohrwürmer.

Ohrenqualle, *Aurelia aurita,* eine marine *Fahnenqualle,* deren Schirm bis zu 40 cm Durchmesser erreicht. Ihr Polyp ist sehr klein.

Ohrenrobben, *Otariidae,* mit kleinen äußeren Ohrmuscheln ausgestattete Fam. der *Robben.* Nach der Beschaffenheit des Pelzes unterscheidet man *Seelöwen* u. *Seebären;* ihr Pelz heißt Seal.

Ohrensausen →Ohrgeräusche.

Ohrenschmalz, Ausscheidung der Ohrdrüsen im äußeren Gehörgang.

Ohrenschwindel, durch Reizung des *Gleichgewichtsorgans* im Innenohr erzeugter Drehschwindel; meist mit Augenzittern verbunden.

Ohrenspiegel, *Otoskop,* ein konisches, beleuchtetes Metallröhrchen (*Ohrentrichter*), das, in den äußeren Gehörgang eingeführt, das Trommelfell sichtbar macht.

Ohrgeräusche, Störungen des Gehörs (Ohrenklingen, -sausen), die sehr versch. Ursachen haben können. Sie sind einmal bei Erkrankungen des Ohrs häufig, können aber auch bei Störungen des Kreislaufs, bei Blutarmut, Blutdruckerhöhung, Gifteinwirkungen u. a. vorkommen.

Ohrid ['ɔxrid], Stadt in Makedonien, nördl. des *O.-Sees* (348 km²), 30 000 Ew.; das alte *Lychnidos,* religiöses Zentrum des westl. Balkan; 971–1018 Hptst. des Großbulgar. Reichs, 1018–1767 Sitz eines bulgar.-orth. Erzbistums.

Öhringen, Stadt in Ba.-Wü., bei Heilbronn, 16 600 Ew.; Barockschloß; Masch.-Ind.

Ohrwurm-Weibchen beleckt seine Eier in der Bruthöhle

Ohrlabyrinth →Ohr.

Ohrmuschel, *Auricula* →Ohr.

Ohrspeicheldrüse, *Glandula parotis,* eine große, paarige, vor dem Ohr über dem Unterkieferwinkel gelegene Drüse mit einem an der Wange gegenüber den ersten Backenzähnen in die Mundhöhle mündenden Ausführungsgang. Sie bildet den Speichel mit dem für die Stärkeverdauung wichtigen Ferment *Ptyalin.* – **O.nentzündung** →Mumps.

Ohrwürmer, *Dermaptera,* Ordnung der *Insekten,* aus der Gruppe der *Geradflügler;* mit in Zangen umgewandelten Cerci am Hinterleibsende, die zum Beute-Ergreifen, zur Verteidigung u. zur Flügelentfaltung dienen. Es gibt über 1300 Arten, davon 7 in Dtld.

Ohser, Erich, *1903, †1944 (Selbstmord), dt. Graphiker u. Karikaturist; schuf unter dem Pseud. E.O. *Plauen* u. a. die Karikaturenserie »Vater u. Sohn«.

Oise [wa:z], r. Nbfl. in NO-Frankreich, 300 km; mündet nw. von Paris.

Oistrach, 1. David Fjodorowitsch, *1908, †1974, russ. Geiger; internat. anerkannter Virtuose seit 1925. – **2.** Igor, Sohn u. Schüler von 1), *27.4.1931, russ. Geiger; seit 1958 Dozent am Moskauer Konservatorium.

Oita, jap. Präfektur-Hptst. im nördl. Kyushu, 390 000 Ew.; Agrarmarkt, Fischereihafen; Erdölraffinerie.

Ojos del Salado ['ɔxɔs ðel sa'laðo], dritthöchster Andengipfel u. höchster erloschener Vulkan der Erde, an der argent.-chilen. Grenze, 6880 m.

Ojukwu, Chukwuemeka Odumegwu, *4.11.1933, nigerian. Offizier u. Politiker; erklärte als Militärgouverneur am 30.5.1967 die Ostregion als Rep. *Biafra* für unabh. u. war bis zur Niederlage 1970 dessen Staatschef.

Oka, 1. r. Nbfl. der Wolga, 1480 km; mündet bei Gorkij. – **2.** l. Nbfl. der Angara im südl. Sibirien, 953 km; mündet in den Bratsker Stausee.

Okapi, *Okapia johnstoni,* eine pferdegroße *Giraffe* mit kurzem Hals; in den Urwäldern Zentralafrikas, erst 1901 entdeckt.

Okarina, eine moderne Form der Gefäßflöte aus Ton oder Porzellan, in Rüben- oder Muschelform mit Schnabelmundstück; um 1860 von G. *Donati* entwickelt. Sie hat einen farblos-dumpfen Klang. – 🅱 →S. 642

Okavango, südafrik. Fluß, 1800 km; entspringt als *Cubango* im Bihé-Hochland (Angola), versik-

Ohio: Ausflugsdampfer »Mississippi Queen«

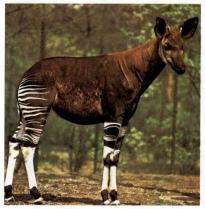

Okapi

642 Okayama

Okarina aus Meißner Porzellan; 18. Jahrhundert. London, Horniman Museum

kert mit großem Binnendelta im O.-Becken der trockenen nördl. Kalahari.
Okayama, jap. Präfektur-Hptst. im sw. Honshu, an der Inlandsee, 572 000 Ew.; Burg; chem., Nahrungsmittel- u. Textilind.
Okazaki [-za:ki], *Okasaki,* jap. Stadt an der Ostküste von Honshu, 285 000 Ew.; Kunstfaserherstellung.
Okeanos, lat. *Oceanus,* in der grch. Myth. einer der *Titanen,* Beherrscher des die Erde umfassenden Weltstroms.
O'Keeffe [ou'ki:f], Georgia, * 1887, † 1986, USamerik. Malerin; verh. mit A. *Stieglitz,* verwirklichte eine eig. Art des magischen Realismus, bes. in Blumenbildern.
O'Kelly [ou'kɛli], ir. *O'Ceallaigh,* Seán Tomás, * 1882, † 1966, ir. Politiker; Mitgr. (1908) der *Sinn-Fein-Bewegung,* 1945–59 Staats-Präs.
Oken, Lorenz, eigtl. L. *Ockenfuß,* * 1779, † 1851, dt. Naturforscher u. Philosoph; einer der bedeutendsten Naturphilosophen der Romantik.
Oker, *Ocker,* l. Nbfl. der Aller, 105 km; entspringt am Bruchberg im Oberharz; unterhalb von Altenau aufgestaut zur **O.-Talsperre** (2,2 km² großer Stausee).
Okinawa, Hauptinsel der jap. Ryukyu-Inseln, zw. Kyushu u. Taiwan, 1,18 Mio. Ew.; Hptst. *Naha;* 1945 Schauplatz der letzten entscheidenden Schlacht des 2. Weltkriegs; nach dem 2. Weltkrieg US-amerik. Militärstützpunkt; Rückgabe der Inselgruppe an Japan 1972.
Okkasion, veraltete Bez. für (günstige) Gelegenheit. – **okkasionell,** gelegentlich.
Okkasionalismus, die im *Kartesianismus* entwickelte Lehre, daß die scheinbare psychophys. Kausalität, d. h. die Wechselwirkung von Seele u. Leib, in Wirklichkeit auf unmittelbarem göttl. Eingreifen beruhe.
Okklusion, 1. Einschluß, Umfassung, Umwachsung. – **2.** Verschluß, z.B. des Darms (Darmverschluß) oder bei Verwachsungen der Regenbogenhaut mit der Linse.
Okkultismus, die Lehre von verborgenen, geheimen Dingen, urspr. auf die *Mysterien* bezogen; jetzt Bez. für die sog. *Geheimwissenschaften:* Magie, Spiritismus, Zauberei u. ä.
Okkupation, *Besetzung fremden Staatsgebiets,* entweder mit Gewalt oder aufgrund vertragl. Abmachungen oder *Inbesitznahme bisher staatenlosen Gebiets.*
Oklahoma [ouklə'houmə], Gliedstaat der → Vereinigten Staaten von Amerika.
Oklahoma City [ouklə'houmə 'siti], Hptst. von Oklahoma (USA), am North Canadian River, 445 000 Ew.; Univ.; Erdöl-Ind.; Handels- u. Industriezentrum.
Ökokatastrophen, Störungen ökolog. Systeme mit katastrophalen Folgen, v. a. aufgrund großräumiger u. nachhaltiger Eingriffe durch den Menschen.
Ökolampad, *Oekolampadius,* Johannes, * 1482, † 1531, dt. Humanist u. Reformator; wirkte seit 1523 für die Durchführung der Reformation in Basel, führte 1531 die Reformation in Ulm ein.
Ökologie, Teilgebiet der Biologie: die Wiss. von den vielfältigen Beziehungen zw. den Lebewesen u. ihrer Umwelt; oder umfassender: die Lehre vom Gesamthaushalt der Natur. Zw. der *Individual-Ö.,* deren Betrachtungsweise vom einzelnen Individuum ausgeht, u. der *Syn-Ö.,* die von der ganzen Lebensgemeinschaft (Biozönose [Biozönologie]) ausgeht, steht die Ö. der tier. Bevölkerungen (*Populationen*), die *Populations-Ö.* oder *Dem-Ö.* → Umweltschutz.
Ökologiebewegung, weitgehend aus der *alternativen Bewegung* entstandene Gruppierung, die die Wohn-, Lebens- u. Arbeitswelt umweltschonend menschlicher gestalten will.
ökologische Nische, die Gesamtheit der bes. Lebensbedingungen einheitl. Tiergruppen (*Populationen*), z. B. Arten oder Rassen.
ökologische Potenz, die Fähigkeit eines Organismus, bestimmte Verhältnisse oder Veränderungen seiner Umwelt zu ertragen. Große ö. P. *(weite Anpassungsgrenzen):* euryök; geringe ö. P. *(enge Anpassungsgrenzen):* stenök.
ökologisches Gleichgewicht, *biozönotisches, biologisches Gleichgewicht,* das bewegl. (dynam.) Gleichgewicht zw. den Mitgl. einer Lebensgemeinschaft (Biozönose), bedingt durch die vielfältigen Nahrungsbeziehungen untereinander. Je komplexer diese Beziehungen sind, um so enger schwanken die Bevölkerungsdichten um einen Mittelwert (*Selbstregulation im ökolog. Gleichgewicht*). Bei Störung kommt es zu Massenvermehrungen (*Gradationen*) einzelner Arten.
ökologische Zelle, kleine Landschaftseinheit, die in einer Kulturlandschaft als Zufluchtsraum für Tiere u. Pflanzen dient.
Ökonom, Wirtschaftswissenschaftler; Verwalter größerer Güter; Landwirt.
Ökonometrie, der Versuch, durch statist. Überprüfung der Modelle der Nationalökonomie Theorie u. Wirklichkeit in Übereinstimmung zu bringen sowie mit Hilfe numer. Werte konkrete Angaben über wirtsch. Zusammenhänge zu erhalten.
Ökonomie, 1. Hauswirtschaft, Haushalt, auch Wirtschaft überhaupt. – **2.** die Wirtschaftswissenschaft (*National-, Sozial-Ö.*). – **3.** in der *Biologie* die rein zweckgebundene Ausbildung von Merkmalen u. Organen mit geringsten Mitteln; Ggs.: *Luxurieren.*
Ökosystem, das Gefüge aller Organismen (Lebensgemeinschaft, Biozönose), die einen bestimmten Lebensraum (*Biotop*) besiedeln, mit der Gesamtheit der unbelebten Faktoren dieses Lebensraums.
Ökotechnik, den ökolog. Strukturen u. Entwicklungen angepaßte techn. Bauweisen u. Verfahren, z. B. Recycling von Rohstoffen.
Ökotop, eine landschaftl. Raumeinheit, in der gleichartige Umweltbedingungen herrschen.
Ökotrophologie, Haushalts- u. Ernährungswissenschaft.
Okoumé [oku:'me], *Okume, Gabun,* ein trop. Laubholz (Niederguinea-Küste).
Okra, *Hibiscus esculentus,* ein Malvengewächs des trop. Afrika; heute auch in S-Europa verbreitet. –

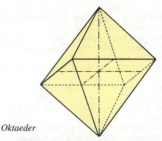

Oktaeder

O.faser, Stengelfaser von *Hibiscus esculentus* (Indien, Südstaaten der USA); Jute-Ersatz.
Oktaeder, *Achtflach,* 4seitige Doppelpyramide mit 8 kongruenten gleichseitigen Dreiecken.
Oktant, *Spiegel-O.,* ein Winkelmeßgerät zur Orts-

ÖKOLOGIE

Algenteppich an der Adriaküste

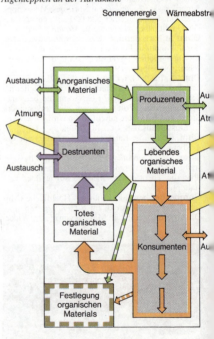

einfaches, vollständiges Ökosystem. In ihm sind d »funktionellen Gruppen« – Produzenten (z.B. Pflanzen sumenten (z.B. Tiere) und Destruenten (z.B. Bakterien

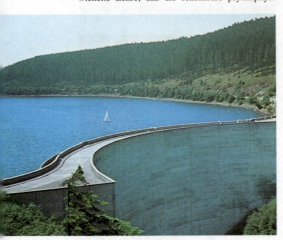

Oker: Okertalsperre im Harz

bestimmung auf See, ähnl. dem *Sextanten,* nur mit kürzerem Kreisbogen.

Oktanzahl, *Octanzahl,* Maßzahl zur Kennzeichnung der Klopffestigkeit von Motortreibstoffen. Als Eichtreibstoffe dienen das sehr klopffeste *Isooctan* u. das sehr klopffreudige *Normalheptan,* von denen ersteres die O. 100, letzteres die O. Null hat. Die O. eines Treibstoffs gibt an, wieviel Volumenprozent Isooctan sich in einem Gemisch mit Normalheptan befindet, das in einem Prüfmotor gleiches Klopfverhalten zeigt wie der zu prüfende Kraftstoff.

Oktateuch, die 5 Bücher Mose samt den Büchern Josua, Richter u. den als Einheit verstandenen beiden Samuelisbüchern. Rechnet man noch die beiden ebenfalls als Einheit aufgefaßten Königsbücher hinzu, dann spricht man vom *Enneateuch.*

Oktav, 1. [das], *O.format,* Zeichen 8 °, ein Papier- u. Buchformat, bei dem der Bogen aus 8 Blättern (16 Seiten im Buch) besteht; *Klein-O.* hat bis 18,5 cm, *Mittel-O.* bis 22,5 cm, *Groß-* u. *Lexikon-O.* bis 25 cm Höhe. – **2.** [die], auf acht Tage ausgedehnte Nachfeier kirchl. Feste oder wenigstens am achten Tag; seit 1969 auf die Hauptfeste Weihnachten u. Ostern beschränkt.

Oktave, der auf den Leitton folgende 8. Ton der diaton. Tonleiter u. das Intervall zw. diesen beiden Tönen, die im Schwingungsverhältnis 2:1 stehen u. dadurch die vollkommene Konsonanz hervorrufen.

Oktett, Musikstück für 8 Instrumente oder Singstimmen; auch ein Ensemble von 8 Instrumentalisten.

Oktoberfest, seit 1810 (Hochzeit des späteren Königs Ludwig I. von Bayern) in München gefeiertes Volksfest auf der Theresienwiese.

Oktoberrevolution, die *Große Sozialist. O.* vom 25./26.10. a. St. (7./8.11. n. St.) 1917 in Petrograd (St. Petersburg) u. 30.10. (a. St.) in Moskau. Sie stürzte die bürgerl. Provisor. Regierung u. begr. das bolschewist. Regime in Rußland.

Oktogon, 1. regelmäßiges Achteck. – **2.** ein Gebäude oder Raum mit achteckigem Grundriß, z.B. das Aachener Münster.

Oktopode →Kraken.

Oktroi [ɔk'trwa], *Oktroy,* die Gewährung von (Handels-)Vorrechten; im MA Bez. für eine Gemeindeabgabe, die als Binnenzoll auf Lebensmittel erhoben wurde.

oktroyieren [ɔktrwa'jiːrən], jmd. etwas gegen das geltende Recht aufzwingen, auferlegen.

Okular, die Linse (Linsensystem), die bei opt. Geräten dem Auge zugewandt ist; Ggs.: *Objektiv.*

Okuli, *Oculi,* 4. Sonntag vor Ostern.

Ökumene, der Siedlungsraum des Menschen, die ganze bewohnte Erde; Ggs.: *Anökumene.* – **ökumenisch,** die ganze bewohnte Erde betreffend, weltumspannend.

Ökumenische Bekenntnisse, die 3 auch in den ev. Kirchen anerkannten altkirchl. Bekenntnisse: Nicaeno-Constantinopolitanum, Apostolisches u. Athanasianisches Glaubensbekenntnis.

ökumenische Bewegung, Einigungsbestrebungen innerhalb der christl. Kirchen, die seit dem Ende des 1. Weltkriegs immer wirksamer geworden sind. 1921 wurde der *Internationale Missionsrat* gegr.; 1925 trat die erste Weltkonferenz der *Bewegung für prakt. Christentum* (»for Life and Work«) zusammen; die Weltkonferenz der *Bewegung für Glauben u. Kirchenverfassung* (»for Faith and Order«) tagte 1927 in Lausanne. Daraus folgte die Bildung eines Ökumenischen Rats der Kirchen (1948).

ökumenische Gottesdienste, Gebets- u. Wortgottesdienste, die von versch. Bekenntnissen gemeinsam gestaltet u. begangen werden.

Ökumenischer Patriarch, Titel des Patriarchen von Konstantinopel; →Patriarch.

Ökumenischer Rat der Kirchen, engl. *World Council of Churches, Weltrat der Kirchen,* 1948 aus der ökumen. Bewegung hervorgegangene Gemeinschaft von Kirchen zu gemeinsamem Handeln u. zur Förderung des ökumen. u. missionar. Bewußtseins. Der Rat tritt als Vollversammlung alle 7 Jahre mit Delegierten der etwa 320 prot., anglikan.

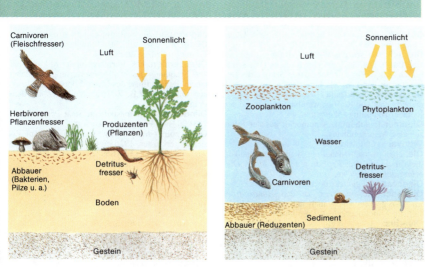

Grüne Pflanzen sind die einzigen Organismen, die sich selbst die notwendige Nahrung herstellen. Der durch die Photosynthese freiwerdende Sauerstoff stellt die Grundlage für die Atmung dar und ist für das Leben der Tiere unentbehrlich. An Land produzieren insbesondere die Gefäßpflanzen Sauerstoff, während im Meer kleine Algen, das Phytoplankton, die Produktion leisten

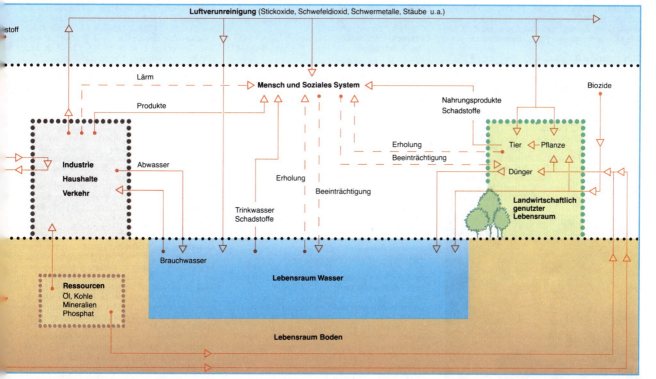

rhandenen anorganischen Material (z.B. Mineralien) in einem »Material-Kreislauf« verknüpft. Energiezufluß und -abfluß, die zeitweise Festlegung organischen Mate- d der Austausch von Organismen und totem Material über die Grenzen des Ökosystems hinaus sind angedeutet (links). – Die gegenseitige Beeinflussung der Ökosy- en am Beispiel ausgewählter Stoffströme (rechts)

u. orth. Mitgliedskirchen zusammen. Ein Drittel der Delegierten sind Laien.
ökumenisches Konzil →Konzil.
Ökumenismus, Sammelbegriff für die Bestrebungen der kath. Kirche um eine Einigung aller Christen.
Okzident, *Occident,* das Abendland.
okzipital, *occipital,* zum Hinterhaupt gehörend.
Okzipitallappen, die Hinterhauptslappen des Gehirns, paarig u. spiegelbildl. an beiden Großhirnhälften angelegt. Sie enthalten die Wahrnehmungszentren für das Sehen.
Öl →Öle.
Olaf, *Olav,* Fürsten:
Dänemark:
1. O. IV. *Haakonsson,* *1370, †1387, König 1376–87, seit 1380 auch in Norw.; mit ihm begann die Union zw. Norwegen u. Dänemark, die bis 1814 dauerte.
Norwegen:
2. O. I. *Tryggvason,* *um 960, †1000 (gefallen), König 995–1000; erfolgreich in der Christianisierung Norwegens, Islands u. Grönlands. – **3. O. II.,** *O. der Heilige, O. II. Haraldsson,* *995, †1030 (gefallen), König etwa 1015–28; 1028 von den Kleinkönigen, die *Knut d. Gr.* von Dänemark unterstützten, vertrieben. – Schutzpatron Norwegens (Fest: 29.7.). – **4. O. V.,** *1903, †1991, König seit 1957; Sohn Haakons VII.
Oland, Hallig sö. der Nordfries. Insel *Föhr.*
Öland, schwedische Ostsee-Insel, 1344 km², 23 000 Ew., zentrale Stadt *Borgholm.* Die 6 km lange *Kalmarsund-Brücke* verbindet Ö. mit dem Festland.
Ölbaum, *Olivenbaum, Olea,* Gatt. der Ö.gewächse (→Pflanzen), etwa 20 Arten; kleine Bäume mit fleischigen Steinfrüchten. Der *Echte Ö.* ist eine Charakterpflanze des Mittelmeergebiets u. ein immergrüner Baum. Aus den grünen, später schwarzblauen Früchten (**Oliven**) wird das Olivenöl gewonnen.
Ölberg, 1. Bergzug östl. von Jerusalem, durch das Kidron-Tal von der Stadt getrennt, 828 m; im NT Schauplatz der Gefangennahme Jesu u. seiner Himmelfahrt. – **2.** höchste Erhebung im Siebengebirge, 460 m.
Olbrich, Joseph Maria, *1867, †1908, östr. Architekt u. Maler; Mitgr. der Wiener Sezession, als Architekt Vertreter des Jugendstils.
Olbricht, Friedrich, *1888, †1944, dt. Offizier; trat 1940 der *Widerstandsbewegung* bei; nach dem mißglückten Attentat auf Hitler zus. mit C. Graf Schenk von *Stauffenberg* u. a. standrechtl. erschossen.
Oldenbarnevelt, *Barnevelt,* Jan van, *1547, †1619 (hingerichtet), ndl. Politiker; Führer der aristokrat.-republikan. Partei, brachte 1609 den 12jährigen Waffenstillstand mit Spanien zustande.
Oldenburg, 1. ehem. Land des Dt. Reiches; reichte von der Nordseeküste bis zu den Dammer Bergen. – Kernland war die Gft. O., die nach dem Aussterben des Grafenhauses 1667 an Dänemark fiel, 1773 wurde es wieder selbst., 1777 Hzgt., 1815 Großhzgt., 1871 trat O. dem Dt. Reich bei. 1918 wurde es Freistaat u. 1946 dem neuen Land Nds. eingegliedert (bis 1978 mit dem Status eines Verw.-Bez.). – **2.** *O. (Oldenburg),* krfr. Stadt in Nds., an der Hunte; am Küstenkanal; 141 000 Ew.; Univ.; Schloß; Hafen; Schiffswerft;

Oldenburg (2): Schloß und Lambertikirche

Motorenbau, Nahrungsmittel-Ind. – G e s c h.: 1774–1946 Hptst. des Landes O., seit 1946 des Verw.-Bez. O., seit 1978 des Reg.-Bez. *Weser-Ems.* – **3.** *O. in Holstein,* Stadt in Schl.-Ho., 9900 Ew.; rom. Kirche (13. Jh.); Textilind.; Brauerei; Hauptburg der *Wagrier.*
Oldenburg, Claes, *28.1.1929, US-amerik. Objektkünstler schwed. Abstammung; Plastiker der *Pop-Art.*
Oldendorp, Johann, *1480, †1567, dt. Rechtsgelehrter; wiss. Begr. der luth. Naturrechtslehre, im Ggs. zur calvinistischen (J. *Althusius*).
Oldesloe [-'loː], *Bad O.,* Krst. in Schl.-Ho., an der Trave, sw. von Lübeck, 20 000 Ew.; Landmaschinenbau.
Old Faithful [ɔuld 'fɛɪθful], Geysir im Yellowstone National Park (USA), mit regelmäßigen Eruptionen (alle 65 Min.).
Oldoway, *Olduvai,* Schlucht am Rand der Serengeti-Steppe in Tansania; Funde ältester Menschenreste: Schädel der *Australopithecinen,* Skelettreste der *Pithecanthropus-Gruppe,* ein Skelett des *Homo sapiens;* von der Fam. *Leakey* erforscht.
Öldruck, mehrfarbige Reproduktion von Ölgemälden im Steindruck.
Öldruckbremse, eine hydraul. Bremse.
Öldrüsen, Hautdrüsen vieler Insekten (Wasserinsekten, z.B. Gelbrandkäfer), deren Sekrete die Benetzbarkeit der Kutikula herabsetzen.
Old Shatterhand [ɔuld 'ʃætəhænd], Held der Indianerbücher von K. *May,* weißhäutiger Freund des Indianer-Häuptlings *Winnetou.*
Oldtimer [ɔuldtaɪmə], Automodell aus der Frühzeit des Automobilbaus.
Olduvai →Oldoway.
Öle, chem. verschiedenartige, meist wasserunlösl., dickflüssige Stoffe: *Fette u. fette Öle, äther. Öle, Mineralöle, Ölfrüchte.*
Oleaceae, *Ölbaumgewächse* (→Pflanzen).
Oleander, *Rosenlorbeer,* zu den *Hundsgiftgewächsen* gehörender Strauch; mit giftigem Milchsaft; im Mittelmeergebiet u. im Orient verbreitet.
Olearius, Adam, eigtl. A. *Ölschläger,* *1603, †1671, dt. Gelehrter u. Reiseschriftst.; übersetzte pers. Dichtungen u. beschrieb seine Reisen in den Orient (1647).
Olefine →Alkene.
Oleg, *O. der Weise,* †912 oder 922, Fürst von Kiew seit 882; warägischer (normann.) Herkunft, 879 Fürst von Nowgorod, 882 auch (Begr.) des Kiewer Reichs.
Olein, *O.säure,* rohe →Ölsäure.
Oléron, *Île d'O.,* W-frz. Insel vor der Mündung der Charente in den Atlantik, 175 km², 16 000 Ew.; Fremdenverkehr.
Oleśnicki [ɔlɛsj'nitski], Zbigniew, *1389, †1455, poln. Kirchenfürst; seit 1439 Kardinal, 1434–47 Regent.
Oleum, 1. rauchende *Schwefelsäure.* – **2.** Öl; z.B. *O. jecoris aselli,* Lebertran; *O. arachidis,* Erdnußöl.
Ölfarben, Farben, die mit trocknenden Ölen angerieben werden; wasser- u. wetterbeständig.
Ölfeuerung, eine Feuerung, die als Brennstoff Erdöl, Rohöl, Teeröl, Masut, Gasöl u. ä. verwendet. Das Öl muß zerstäubt u. wie Gas frei im Verbrennungsraum schwebend verbrannt werden. Die Ö. ist sowohl für Einzelöfen als auch für Zentralheizungen *(Ölheizung)* geeignet.
Ölfrüchte, ölhaltige Früchte oder Samen. Das Öl wird durch Abpressen oder Extrahieren gewonnen u. zur Bereitung von pflanzl. Fetten u. Margarine verwendet. In Europa angebaut werden außer dem *Ölbaum:* Raps, Rübsen, Senf, Lein, Sonnenblume, Hanf, Rizinus u. Sojabohne, außerhalb Europas noch Leindotter, Ölrettich, Ölpalme, Kokospalme, Erdnuß u. Baumwolle.
Olga, nord. *Helga,* *um 890, †969, Großfürstin von Kiew, Frau *Igors;* 945 Regentin für ihren unmündigen Sohn *Swjatoslaw;* ließ sich als erste russ. Fürstin taufen (Helena).
Ölgas, *Fettgas,* ein Gasgemenge, das bei Erhitzung von schweren Kohlenwasserstoffen (Öl, Petroleum, Teer) unter Luftabschluß durch Zersetzung entsteht; fr. als *Stadtgas* verwendet.
Olgerd, *Olgierd,* lit. *Algirdas,* *1296, †1377, Großfürst von Litauen 1345–77; vereinigte große Teile des zerfallenen Kiewer Reichs (Ukraine, Weißrußland) mit Litauen.
Olibanumöl [auch -'baː-] →Weihrauch.
Olifant, das kleine Horn *Rolands,* danach Gattungsbez. für die mit Schnitzerei verzierten Elfenbeinhörner des byzant. u. islam. MA.

Oligarchie, die Herrschaft weniger, wobei die Macht nicht im Gemein-, sondern im Gruppeninteresse ausgeübt wird.
Oligochäten, *Wenigborster, Oligochaeta,* Kl. der *Ringelwürmer.* Zu den O. gehören die *Regenwürmer* u. eine Reihe von wasserbewohnenden Würmern, z.B. der *Brunnenwurm, Tubifex.*
Oligoklas, ein Mineral (→Mineralien).
oligophag, zoolog. Bez. für Tiere (Nahrungsspezialisten) mit geringem Nahrungswahlvermögen; Ggs.: *polyphag.*
Oligophrenie, angeborener, erbl. oder in frühester Kindheit erworbener Intelligenzrückstand.
Oligopol, eine Marktform, bei der nur wenige Marktteilnehmer ein Gut anbieten od. nachfragen; jeder verfügt also über einen beachtl. Anteil am Gesamtmarkt. Der Wettbewerb verlagert sich meist in den Bereich der Qualität, des Kundendienstes, der Werbung u. a. *(Nicht-Preis-Wettbewerb).*
Oligosaccharide [-zaxa-], Gruppe von Kohlenhydraten, die 2–10 Monosaccharidbausteine, acetalartig zu einem größeren Molekül vereinigt, enthalten.
oligotroph, nährstoffarm; Ggs.: *eutroph.*
Oligozän, erdgeschichtl. Entwicklungsstufe des Tertiär, →Erdzeitalter.
Ölimmersion, bes. Verfahren in der Mikroskopie zur Erhöhung des Auflösungsvermögens; dabei taucht die Frontlinse des Mikroskopobjektivs in einen Öltropfen (z.B. Zedernholzöl), der auf dem Präparat liegt.
Olinda, brasil. Hafenstadt im Staat Pernambuco, 223 000 Ew.; Fremdenverkehrsort.
Oliva, poln. *Oliwa,* Ort nw. von Danzig, ehem. Zisterzienserkloster; 1926 eingemeindet. Der *Friede von O.* beendete (3.5.1660) den Nord. Krieg.
Olive, die Frucht des *Ölbaums.*
Oliveira, 1. Alberto de, *1859, †1937, brasil. Schriftst.; Vorläufer des *Modernismo* in Brasilien, schrieb pantheist. Naturlyrik. – **2.** Francisco Xavier de, gen. *Cavaleiro de O.,* *1702, †1783, port. Schriftst.; seit 1744 in England, wo er zur Anglikan. Kirche übertrat; als Aufklärer von der Inquisition verfolgt.
Olivenöl, aus Fruchtfleisch u. Kernen des *Ölbaums* gewonnenes, nicht trocknendes Öl. Kaltes Pressen ergibt das helle *Jungfernöl* (Speiseöl), heißes Pressen das weniger reine *Baumöl* (Industrieöl).
Oliver ['ɔlivə], Isaak d. Ä., *um 1556, †1617, engl. Maler (Miniaturporträts).
Olivier, 1. [ɔli'vje], Ferdinand von, Bruder von 2) u. 3), *1785, †1841, dt. Maler u. Graphiker; Landschaftsbilder. – **2.** [ɔli'vje], Friedrich von, Bruder von 1) u. 3), *1791, †1859, dt. Maler; trat bes. als Landschaftsmaler hervor. – **3.** [ɔli'vje], Heinrich von, Bruder von 1) u. 2), *1783, †1848, dt. Maler (Bildnisse u. religiöse Darst., meist in altdt. Figurenkostümierung). – **4.** [ɔ'livjə], Sir (seit 1947) Laurence, *1907, †1989, engl. Schauspieler, Theater- u. Filmregisseur; trat bes. in Shakespeare-Rollen hervor.
Olivin, *Peridot,* als Edelstein *Chrysolith,* ein →Mineral.
Ölkäfer, *Meloidae,* Fam. bis 5 cm langer, dunkelbrauner bis schwarzer Käfer; lassen bei Gefahr gelbe, giftige Blutströpfchen aus den Beingelenken austreten; hierzu der *Maiwurm* u. die *Span. Fliege.*
Ölkuchen, *Preßkuchen,* Preßrückstand bei der Ölgewinnung; Viehfutter.
Ollenhauer, Erich, *1901, †1963, dt. Politiker (SPD); 1928–33 Vors. des Verbandes der Sozialist. Arbeiterjugend Deutschlands; 1933–46 in der Emigration; 1952–63 als Partei- u. Fraktions-Vors. Oppositionsführer; 1963 Vors. der Sozialist. Internationale.
Ölmalerei, das Malen mit *Ölfarben,* deren Bindemittel Lein-, auch Nuß- oder Mohnöle mit Harzbeimischungen sind; in größerem Umfang zuerst im 15. Jh. von den ndl. Malerbrüdern H. u. J. van Eyck geübt, danach in Italien durch A. da *Messina* eingeführt; verdrängte im 16. Jh. die *Temperamalerei.* Ingredienzien u. Mischungsverhältnisse der Ö. wurden oft als Werkstattgeheimnis gehütet.
Olme, *Proteida,* Fam. der *Schwanzlurche* in Europa u. N-Amerika; in Europa der *Grottenolm.*
Olmedo [ɔl'meðo], José Joaquín, *1780, †1847, ecuadorian. Schriftst. (klassizist. Oden).
Olmeken, die z.Z. der span. Eroberung im inneren Golfwinkel von Mexiko lebende indian. Bevölkerung. Nach ihnen wird eine ältere Kultur ben., deren Träger jedoch nicht mit den histor. identisch sind *(La-Venta-Kultur).*

Ölmotor, ein Verbrennungsmotor, der schwersiedende Erdöl-, Braunkohlen- oder Steinkohlendestillate als Treibstoff verbrennt: Diesel- u. *Glühkopfmotor;* Ggs.: *Vergasermotor.*

Ölmühle, Anlage zur Ölgewinnung.

Olmütz, tschech. *Olomouc,* Stadt in Mähren (Tschech. Rep.), an der March, 230 000 Ew.; Univ. (1569); Wenzelsdom; wirtsch. Mittelpunkt des mittleren *Mähren.*

Ölpalme, *Elaeis guineensis,* im Regenwaldgebiet des trop. Afrika u. Südamerika heim., 6–9 m hohe *Fiederpalme.* Die Früchte enthalten im Fruchtfleisch u. in den Samen *(Palmkerne)* Öl, das zur Herstellung von Seifen u. Kerzen dient.

Olpe, Krst. in NRW, im südl. Sauerland, am Bigge-Stausee, 22 400 Ew.; Maschinenbau, Metall- u. Textilind.

Ölpest, *Ölverseuchung,* die Verunreinigung von Gewässern u. Böden mit Mineralölprodukten. Durch Tanker- u. Bohrinselunfälle, Ablassen des Altöls, Tankreinigung u. a. ist eine zunehmende Verschmutzung der Gewässer mit mineralölhaltigen Produkten zu beobachten. Neben präventiven Maßnahmen werden Ölverseuchungen durch Abscheidung, Abbrennen, Ausbaggern u. a. bekämpft. Auf der Wasseroberfläche bildet das Öl einen hauchdünnen Film, während der Boden mehr oder weniger stark durchtränkt wird. Dabei wird die Wechselwirkung zw. Wasser u. Atmosphäre unterbrochen mit schweren Folgen für Flora u. Fauna des Wassers u. des Strandes. Im Extremfall kann 1 Liter Öl 1 Mio. Liter Grundwasser verseuchen. Während die leichtflüchtigen Ölbestandteile innerhalb weniger Tage verdunsten, verbleiben die schwerflüchtigen Bestandteile (aromat. Kohlenwasserstoffe) mehrere Monate im Gewässer.

Olsa, r. Nbfl. der oberen Oder, 99 km.

Ölsande, dunkel gefärbte Sande, die mit zähflüssigem Erdöl durchtränkt sind. Die Gesamtvorräte an Öl aus Sanden werden mit rd. 350 Mrd. t angegeben; größtes bekanntes Vorkommen in Alberta (Kanada).

Ölsäure, eine einfach ungesättigte aliphat. Carbonsäure, $C_{17}H_{33}COOH$; die häufigste Fettsäure, in Form des Glycerinesters **(Olein)** in fast allen Fetten u. fetten Ölen zu finden. Die isomere Transform der Ö. wird als **Elaidinsäure** bez. Die Salze der Ö. heißen **Oleate.**

Olsberg, Stadt in NRW, an der Ruhr, 14 500 Ew.; Luft- u. Kneippkurort, Wintersportort; Naturdenkmal *Bruchhauser Steine.*

Ölschiefer, asphalt(bitumen-)reiche Tonschiefer; die bekannten Weltvorräte belaufen sich auf rd. 500 Mrd. t.

Olson [ˈoulsən], Charles, * 1910, † 1970, US-amerik. Schriftst.; Wegbereiter der »Beat-Generation«.

Olsztyn [ˈɔlʃtin] → Allenstein.

Olten, Bez.-Hptst. im schweiz. Kt. Solothurn, 18 000 Ew.; Altstadt mit bek. Holzbrücke; schweiz. Buchzentrum; Auto-, Masch.- u. Holzind.

Ölweide, *Elaeagnus,* in S-Europa, Asien u. N-Amerika heimisch; wertvolles hartes Holz.

Olymp, 1. grch. *Olympos,* Berg in Mittelgriechenland, westl. des Thermäischen Golfs, 2911 m; galt in der altgrch. Myth. als Sitz der Götter **(Olympier).** – **2.** *Uludağ,* türk. Gebirge bei Bursa, am Marmarameer, bis 2543 m.

Olympia, altgrch. Heiligtum für Zeus u. Hera in der Ldsch. Elis, im NW des Peloponnes, berühmteste Wettkampfstätte des Altertums, 522 u. 551 n. Chr. von Überschwemmungen u. Erdbeben betroffen; Ruinen (seit 1829 ausgegraben).

Olympiade, im antiken Griechenland der Zeitraum von 4 Jahren zw. zwei *Olympien* (→Olympische Spiele). Die Zeitrechnung nach O. *(Olympische Ära)* beginnt 776 v. Chr.; sie endet 394 n. Chr. (293. O.) mit dem Verbot (393 n. Chr.) der Olympischen Spiele durch Kaiser Theodosius.

Olympieion, Tempel des olymp. Zeus; berühmt sind das O. in Athen u. das O. in Agrigent.

Olympionike, urspr. der Olympiasieger im antiken Griechenland, später allg. Olympiawettkämpfer, Olympiateilnehmer.

Olympische Fahne →Olympische Ringe.

Olympischer Eid, *Olymp. Versprechen,* von einem Sportler (weibl. u./oder männl.) des Landes, in dem die Spiele stattfinden, am Eröffnungstag gesprochen: »Im Namen aller Teilnehmer gelobe ich, daß wir an den Olymp. Spielen teilnehmen werden, die ihnen zugrunde liegenden Regeln respektieren u. befolgen werden, unter Berücksichtigung des wahren Sportgeistes, zum Ruhme des Sports u. zur Ehre unserer Mannschaften.«

Olympische Ringe, fünf ineinander verschlungene Ringe in den Farben Blau-Gelb-Schwarz-Grün-Rot (drei in der oberen, zwei in der unteren Reihe). Die O. R. bilden auf weißem Grund die *Olymp. Fahne;* sie sind das Symbol der Olymp. Spiele u. sollen das Verbundensein der 5 Erdteile (in der Reihenfolge der Farben: Europa-Asien-Afrika-Australien-Amerika) versinnbildlichen.

Olympische Spiele, *Olympien,* im alten Griechenland die über ein Jahrtausend lang alle 4 Jahre zu Ehren des Zeus in *Olympia* ausgetragenen sportl. Wettkämpfe. Seit 776 v. Chr. wurden die Namen der Sieger aufgezeichnet; 393 n. Chr. wurde die weitere Abhaltung durch Kaiser Theodosius (als »heidn. Feste«) verboten.

Oman

Die neuzeitlichen (internat.) O. S. wurden durch Baron Pierre de *Coubertin* ins Leben gerufen, der 1894 einen internat. Kongreß nach Paris einberief. Dieser gründete das *Internationale Olymp. Komitee.* Die ersten O. S. der Neuzeit fanden 1896 in Athen statt, seitdem wieder alle 4 Jahre (mit Unterbrechung 1916, 1940, 1944 wegen der Weltkriege). Seit 1924 gibt es auch *Olymp. Winterspiele,* die im gleichen Jahr wie die Sommerspiele durchgeführt werden. – 🄱 → S. 646

Olympos, höchster Gipfel Zyperns, 1952 m.

Olynth, grch. *Olynthos,* seit 479 v. Chr. altgrch. Stadt auf der Halbinsel Chalkidike in Makedonien; 382–379 v. Chr. durch Sparta belagert u. erobert; erneut 349/48 v. Chr. durch *Philipp II.* von Makedonien erobert u. zerstört u. nicht wieder aufgebaut.

Ölzeug, wasserdichte Seemannskleidung aus (fr.) öl- u. firnisgetränkter Leinwand; heute mit Kautschuk präpariertes oder kunststoffbeschichtetes Gewebe.

Omaha [ˈoumaha:], größte Stadt von Nebraska (USA), am Missouri, 312 000 Ew.; Univ.; Sitz des *Strategic Air Command* (Oberkommando der nuklearen Fernwaffen der USA); Agrarmarkt, Großschlachtereien.

Omajjaden, *Umaijaden,* die erste Kalifen-Dynastie, 661–750 in Damaskus; begr. von *Moawija I.* Um 740 begannen in Khorasan Aufstände, die 750 zum Sturz der O. durch die *Abbasiden* führten. Daraufhin bildeten die O. 756–1031 in Spanien ein Emirat (seit 929 Kalifat), das Höhepunkt der arab. Macht u. Kultur in Spanien war.

Oman, fr. *Maskat und Oman,* seit 1971 unabhängiges Sultanat an der O-Spitze der Arab. Halbinsel,

Oman

212 457 km², 1,6 Mio. Ew.; Hptst. *Maskat.* – Das wüsten- u. steppenhafte Land erhebt sich im NO im Hochgebirge *Al Hadjar* (3107 m), im SW im *Dofar* (1678 m). Die Bevölkerung besteht überw. aus islam. Arabern. – Seit 1970 gehört O. zu den arab. Erdölproduzenten.

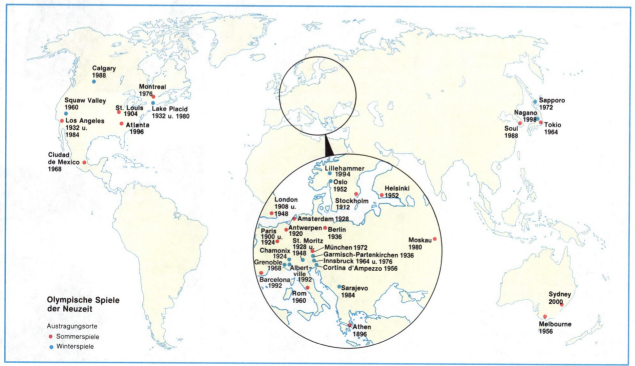

Olympische Spiele der Neuzeit: Austragungsorte

Omar

Geschichte: O. wurde 634 dem Islam. Reich eingegliedert. Im 8. Jh. machten sich Gruppen der Charidschiten, die heutigen *Ibaditen,* unabhängig. Im 16. u. 17. Jh. war O. von Portugiesen besetzt. 1741 kam die noch heute herrschende Dynastie an die Macht. 1890 wurde O. brit. Protektorat. 1970 wurde *Kabus ibn Said* Sultan. Er leitete eine Modernisierung ein.

Omar, *Umar, O. I., O. Ibn Al Chattab,* * um 592, † 644 (von einem christl. Sklaven ermordet). Kalif 634–64. Unter seiner Reg. dehnte sich das Islam. Reich über Ägypten, Syrien u. Persien aus.

Omar Chajjam [-xai'ja:m], * um 1045, † um 1130, pers. Dichter u. Gelehrter; verfaßte ein Werk über die Algebra.

Ombré [ɔ̃'bre], Gewebe mit farbigen Streifen, wobei eine Farbe in die andere feinnuanciert übergeht.

Ombudsman ['ɔmbyds-], *Ombudsmann,* ein Parlamentsbeauftragter für die Untersuchung von Beschwerden einzelner Bürger gegen Mißbräuche der öffentl. Verw., an den sich jedermann direkt wenden kann; zuerst in Schweden (seit 1809).

Omdurman, Stadt in der Rep. Sudan, am Weißen Nil gegenüber Al Khartum, 526 000 Ew.; Kultur- u. Handelszentrum. – Bei O. siegte Lord *Kitchener* 1898 über die Mahdisten.

Omega, ω, Ω, 24. u. letzter Buchstabe des grch. Alphabets (langes o).

Omeganebel, heller Gasnebel im Sternbild *Schütze,* Abstand rd. 3000 Lichtjahre.

Omelette [ɔm'lɛt; die], das *Omelett,* feiner Eierkuchen, in der Pfanne gebacken.

Omen, Vorzeichen, Vorbedeutung.

Omer, in jüd. Religion die Zeit zw. den Feiertagen Pessach u. Schawuot, gilt als Trauerzeit.

Omikron, *o, O,* 15. Buchstabe des grch. Alphabets.

ominös, von schlimmer Vorbedeutung, unheilvoll.

Omiya, jap. Stadt in Zentralhonshu, nördl. von Tokio, 373 000 Ew.; berühmtes Schinto-Heiligtum (5. Jh.).

Ommochrome, Naturfarbstoffe, die u. a. typisch für Insekten sind u. als Augen-, Haut-, Flügel- u. Organpigmente auftreten; chem. Abkömmlinge des *Phenoxazons.*

Omnibus, *Autobus, Bus,* großer Pkw zur Beförderung einer größeren Personenzahl; mit Antrieb durch Verbrennungsmotor (Otto- oder Dieselmotor) oder Elektromotor *(Obus).*

Omnipotenz, Allmacht.

Omnitypie, Verfahren zur Herstellung von Offsetdruckformen in Positivkopierverfahren.

omnivor, *pantophag,* allesfressend. Die **Omnivoren** verzehren tier. u. pflanzl. Nahrung (z.B. Schwein, Schabe).

Omphale (auch -'fa:-], in der grch. Sage die Königin von Lydien, bei der *Herakles* eine Zeitlang als Magd spinnen mußte.

Omphalos, halbkugelförmiges Kultmal im Tempel des Apollon von Delphi (nur in Kopien erhalten); galt als Nabel der Welt.

Omsk, Hptst. der gleichn. Oblast in Rußland, an der Mündung des Om in den Irtysch, 1,1 Mio. Ew.; kultureller Mittelpunkt W-Sibiriens; Handels- u. Industriezentrum; Bahn, Flughafen u. Hafen.

Omuta, jap. Stadt in W-Kyushu, 159 000 Ew.; Zentrum des Kohlenreviers *Miike;* Hafen.

Onager →Halbesel.

Onan, im AT ein Sohn *Judas,* der in der *Leviratsehe* mit der Witwe seines verstorbenen Bruders keine Kinder zeugen wollte, obwohl er mit ihr ehelich verkehrte.

Onanie →Masturbation.

Onassis, Aristoteles Sokrates Homer, * 1906, † 1975, grch. Reeder; besaß eine der größten privaten Tankerflotten; seit 1968 mit Jacqueline *Kennedy* verh.

Onchozerkose, *Onchocerciasis,* eine in trop. Gegenden vorkommende Erkrankung, deren Erreger von Kriebelmücken übertragen wird. Hauptanzeichen sind Augenbindehaut- u. -hornhautentzündung, die zu Erblindung führt, sowie Wurmknoten.

Oncken, Hermann, * 1869, † 1945, dt. Historiker (Geschichtsschreibung in der Tradition Rankes).

Ondatra →Bisamratte.

Ondes Martenot [ɔ̃dmarto'no], *Ondes musicales,* ein von dem Franzosen Maurice *Martenot* 1928 erfundenes, nach dem Prinzip des Schwebungssummers arbeitendes Tasteninstrument, das nur einstimmiges Spiel zuläßt.

Ondit [ɔ̃'di:], Gerücht.

Ondra, Anny, eigtl. Anna Sophie *Ondrakova,* * 1903, † 1987, dt.-östr. Filmschauspielerin; seit 1933 verh. mit M. *Schmeling;* erfolgreich in Filmen der 1930er Jahre.

ondulieren, das Haar mittels einer Brennschere oder anderer Verfahren in Wellen legen.

O'Neal [ou'ni:l], Ryan, * 20.4.1941, US-amerik. Filmschauspieler; u. a. in »Love Story«, »Is' was Doc?«, »Paper Moon«.

Onega, Fluß im nw. Rußland, 411 km; mündet bei der Hafenstadt O. in die O.-Bucht des Weißen Meers.

Onegasee, 9720 km² großer, schiffbarer Binnensee im SO Kareliens (Rußland), bis 115 m tief.

O'Neill [ou'ni:l], Eugene, * 1888, † 1953, US-amerik. Schriftst.; verband in seinen Dramen eine scharf realist. Schau mit psychoanalyt. Erkenntnissen; Nobelpreis 1936; Ⓦ »Trauer muß Elektra tragen«, »Eines langen Tages Reise in die Nacht« (posthum), »Fast ein Poet« (posthum).

Oneirologie, wissenschaftl. Traumdeutung.

Onestep ['wʌnstɛp], in Amerika entstandener lebhafter, marschartiger Gesellschaftstanz im ²/₄- oder ⁶/₈-Takt.

Onitsha [-ʃa], Stadt im südl. Nigeria, 269 000 Ew.; kath. Erzbischofssitz; 1000 m lange Brücke über den Niger.

Onkel, Bruder des Vaters oder der Mutter.

Onkelehe, das eheähnl. Zusammenleben einer Witwe u. ihrer Kinder mit einem Mann, den sie aus wirtsch. Gründen (Verlust von Rentenansprüchen u. ä.) nicht heiraten will.

Onkel Sam, *Uncle Sam* [ʌnkl sæm], Scherz- u. Spottname für die N-Amerikaner.

onkogen, tumor-, geschwulsterzeugend.

Onkogen, Abschnitt auf den Chromosomen, der die Eigenschaft hat, u. U. zu entarten u. Krebserkrankungen hervorzurufen (sog. *Krebsgene).* Im menschl. Erbgut rechnet man mit etwa 100 O.en.

Onkologie, Geschwulstlehre, Geschwulstforschung, die Wiss. von den Geschwülsten (Tumoren).

On-line-Betrieb ['ɔnlain-], in der Datenverarbeitung eine Betriebsart, bei der Peripheriegeräte direkt an ein Computersystem angeschlossen sind, so daß der Entstehungsort von Daten u. der Rechner ständig verbunden sind. Ggs.: *off-line-Betrieb.*

Önologie, die Lehre vom Wein (Anbau, Bearbeitung, Behandlung).

Onomasiologie, *Bezeichnungslehre,* diejenige Forschungsrichtung der *Semantik,* die im Unterschied zur *Semasiologie* feststellt, mit welchen sprachl. Ausdrucksformen (z.B. Wörtern) eine Sache, Vorstellung oder ein Begriff in einer oder mehreren Sprachen bezeichnet werden kann.

Onomastik, Namenkunde.

Onomastikon, Namenverzeichnis, Namenbuch.

Onomatologie →Namenkunde.

Onomatopöie, *Onomatopoesie* →Lautmalerei.

Önometer, ein *Aräometer* zur Bestimmung des Alkoholgehalts im Wein.

OLYMPISCHE SPIELE

Olympische Ringe

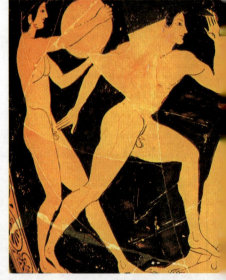

Pankration: Statuengruppe in Marmor; Ende 3. Jahrhundert (links). – Diskuswerfer und Wettläufer im Stadion; griechische Vasenmalerei, um 500 v. Chr. (rechts)

Tunnel zum Stadion (links) und der Einlauf (rechts) ins Stadion des antiken Olympia

Onsager, Lars, * 1903, † 1976, US-amerik. Physikochemiker norw. Herkunft; arbeitete über Isotopentrennung, Elektrolyte u. Reaktionskinetik; Nobelpreis 1968.

Ontario [ɔnˈtɛəriou], Prov. in →Kanada.

Ontariosee [ɔnˈtɛəriou-], engl. *Lake Ontario,* östlicher u. mit 19 011 km² der kleinste der *Großen Seen* Nordamerikas; Haupthäfen: Toronto, Hamilton, Rochester.

Ontogenese, *Ontogenie,* die Individualentwicklung; →Entwicklung.

Ontologie, die Lehre vom *Sein* (Seinsart, Seinsschicht, Seinsvollkommenheit) des Seienden.

Onyx, schwarz-weiß gebänderter Achat, Sonderform des *Chalzedons;* mit rot-weißen Bändern *Karneol-O.,* mit braun-weißen Bändern *Sard-O.*

Onyxglas, mehrfarbiges Kunstglas aus zusammengeschmolzenen, unregelmäßig gebildeten u. verschiedenfarbigen Glasstücken; mit marmorähnl. Wirkung.

Oolith, Sedimentgestein aus 0,1–2 mm großen, konzentr.-schaligen oder radialfaserigen Kügelchen *(Ooiden).*

Oologie, Eierkunde; Zweig der *Vogelkunde.*

op., Abk. für *Opus.*

Opal, ein Mineral aus amorpher Kieselsäure; Varietäten (Schmucksteine): *Feuer-* oder *Gold-O., Edel-* oder *Wasser-O.*

Opaleszenz, das Schillern von halbdurchsichtigen Stoffen (wie Opal, verdünnte Milch u. ä.), die feinverteilte Teilchen enthalten, an denen das Licht gestreut wird.

Op-Art: Bridget Riley, Lichterscheinung 1; 1962. London, Privatsammlung

Opalglas, *Milchglas,* getrübtes, aber lichtdurchlässiges Glas.

Oparin, Alexander Iwanowitsch, * 1896, † 1980, russ. Biologe u. Biochemiker; trat 1924 mit der grundlegenden Arbeit »Die Entstehung des Lebens auf der Erde« hervor.

Op-Art [ɔp a:t], *optische Kunst,* eine Richtung der zeitgenöss. bildenden Kunst, Mitte der 1960er Jahre in Weiterentwicklung der geometr. Abstraktion u. als Reaktion auf neuexpressionist. Strömungen entstanden. Die O., als deren Führer V. *Vasarely* gilt, erstrebt opt. Illusion durch musterähnl. Wiederholung geometr.-abstrakter Motive.

Opatija, Seebad u. Winterkurort in Istrien (Kroatien), am Kvarner, 9000 Ew.

Opava →Troppau.

Opazität, 1. Undurchlässigkeit, das Verhältnis der Intensität des auf ein Medium fallenden Lichts zum durchgelassenen. Der Kehrwert der O. ist der Durchlaßgrad (Durchlässigkeit, Transparenz). – **2.** in der Photographie der Grad der Schwärzung.

OPEC, Abk. für engl. *Organization of the Petroleum Exporting Countries,* die Organisation der Erdölexportländer, gegr. 1960; Ziel: Koordinierung u. Vereinheitlichung der Erdölpolitik der Mitgliedsländer (Algerien, Ecuador, Gabun, Indonesien, Irak, Iran, Katar, Kuwait, Libyen, Nigeria, Saudi-Arabien, Venezuela, Vereinigte Arab. Emirate); Sitz: Wien.

Opel, 1. Adam, * 1837, † 1895, dt. Industrieller; gründete 1862 in Rüsselsheim die *O.-Werke,* die erst Nähmaschinen, dann Fahrräder herstellten, seit 1898 dann Kfz; heute im Besitz der *General Motors Corporation.* – **2.** Georg von, Enkel von 1), * 1912, † 1971, dt. Industrieller u. Sportführer; 1951–69 Präs. der von ihm gegr. *Dt. Olymp. Gesellschaft.*

Der finnische Langstreckenläufer Paavo Nurmi

Heike Henkel gewann bei den Olympischen Spielen in Barcelona 1992 die Goldmedaille im Hochsprung (links). – Olympiasieger im Mannschaftswettbewerb der Dressurreiter wurde das deutsche Team mit (von links) Nicole Uphoff, Isabell Werth, Monica Theodorescu und Klaus Balkenhol (rechts)

Marina Kiel bei der Olympia-Abfahrt (links). – Eröffnungsfeier der 25. Olympischen Sommerspiele in Barcelona 1992 (rechts)

Oper

Oper, ein Bühnenwerk, in dem das im Wortlaut festgelegte dramat. Geschehen *(Libretto)* mit den Mitteln der vokalen u. instrumentalen Musik ausgedeutet wird u. nach der Darst. auf dem Theater verlangt (im Ggs. zum *Oratorium,* das dem Konzertsaal vorbehalten bleibt). Im Zusammenwirken von dichter., musikal. u. szen. Element bildet die O. in ihrer idealen Ausprägung eine Art »Gesamtkunstwerk«.
Geschichte. Ein Kreis kunstbegeisterter Adliger, Dichter, Musiker u. Maler in Florenz (»Camerata florentina«) im Haus des Grafen Giovanni Bardi (* 1534, † 1612) versuchte, die antike Tragödie, die man sich vorw. gesungen vorstellte, neu zu beleben. Mit der Aufführung der von O. *Rinuccini* gedichteten, von Jacopo *Peri* vertonten »Dafne« 1594 glaubte man, den dramat. Stil der Griechen wiedergefunden zu haben. Die ersten O. *(Dramma per musica* oder *Melodrama* gen.) bestanden aus rezitativen Einzelgesängen, die eine möglichst natürl. musikal. Deklamation des Textes geben wollten. Einen ersten Höhepunkt erreichte die neue Gattung mit C. *Monteverdi.* Zur Zeit der »venezianischen« Oper traten dann das bereits von Monteverdi gepflegte ariose Element, nunmehr zur *Arie* verdichtet, u. mit ihm die Rolle des Sängers immer deutlicher in den Vordergrund. In der »neapolitanischen« O. gewann die O. stärker konzertanten Charakter. Der *Opera seria* mit ihrer Bevorzugung mytholog. u. heroischer Stoffe trat die heitere *Opera buffa* gegenüber (G.B. *Pergolesi).* Eine Mischgatt., die ernste u. heitere Elemente miteinander verband, entstand in der *Opera semiseria* u. im *Dramma giocoso.* – V.a. die Einbeziehung des *Balletts* unterscheidet die *Tragédie lyrique* der Franzosen von der ital. Opera seria. Angeregt durch die Opera buffa, erwuchs in Frankreich auch eine heitere Gattung *(Opéra comique).* – Gegen die Erstarrung der Opera seria wandte sich Ch.W. *Gluck.* W. A. *Mozart,* das bed. O.genie des 18. Jh., u. L. van *Beethoven* schufen die Grundlagen für eine dt. Oper, wie sie dann von C. M. von *Weber* weiterentwickelt wurde. Doch erst R. *Wagner* gelangte von der »Nummernoper« zum Gesamtkunstwerk des *Musikdramas.* Die ital. O. erreichte mit G. *Verdi.* G. *Puccini* Ende des 19. Jh. ihren Höhepunkt. – Auch das 20. Jh. brachte eine Reihe bed. Opernkomponisten hervor (P. *Hindemith,* C. *Orff,* W. *Egk,* B. *Britten,* H.W. *Henze,* G. *Ligeti,* A. *Reimann* u. a.).

operabel, so beschaffen, daß man es (noch) operieren kann.

Opéra bouffe [-'buf] →Operette.

Opéra buffa →Oper.

Opéra comique [-'mik] →Oper.

Opera seria →Oper.

Operation, 1. Verrichtung, Arbeitsvorgang. – **2.** chirurg. Eingriff zur Beseitigung krankhafter Störungen. Die O. wird in örtl. oder allg. Betäubung (→Narkose) unter asept. oder antisept. Bedingungen ausgeführt. – **3.** Bewegung von Truppenverbänden in Armee- oder Korpsstärke.

Operations Research [ɔpəˈrɛiʃənz riˈsəːtʃ], *Verfahrensforschung, Entscheidungsforschung,* Sammelbegriff für die während des 2. Weltkriegs in den USA u. England entwickelten Methoden zur Beschaffung u. math. Auswertung quantitativer Angaben für die Führung militär. Verbände u. für die Organisation des Nachschubs; nach dem Krieg als *Unternehmensforschung* auf wirtsch. Probleme angewandt u. weiterentwickelt.

Operator, ein math. Symbol, das eine bestimmte Operation (Rechen- oder Zuordnungsvorschrift) ausdrückt.

Operette, im 18. u. zu Beginn des 19. Jh. Bez. für ein Werk singspielartigen Charakters. Zu einem Gattungs- u. Stilbegriff ist O. erst seit Mitte des 19. Jh. geworden. In musikal. Hinsicht bedient sich die O. nicht der durchkomponierten Form der großen Oper, sie ist vielmehr durch den Gebrauch der Sprechdialoge zw. den einzelnen Musiknummern als Sonderart der *komischen Oper* anzusehen. Ihr eigtl. Schöpfer war J. *Offenbach,* der seine erst einaktigen, später abendfüllende Gestalt annehmenden O. »Opéras bouffes« nannte. Ein Zentrum der O. war Wien, wo J. *Strauß* den Wiener Walzer in den Mittelpunkt der O. stellte. Einen weiteren Höhepunkt erlebte die Wiener O. mit F. *Lehár.* In Berlin schuf P. *Lincke* die Volks-O. Heute ist die O. als Gatt. vom *Musical* abgelöst.

Opernglas, kleines doppeläugiges *Fernglas,* mit geringer Vergrößerung, aber großem Gesichtsfeld.

Opfer, eine unter Gebet vollzogene Darbringung von Besitz an eine Gottheit oder andere übermenschl. Mächte. Die O. zerfallen ihrem Gegenstand nach in vegetabil. (Feld- u. Baumfrüchte), animal. (Tiere, aber auch Menschen; blutige O.) u. aromat. (Räucherwerk). Im Christentum wird der Tod Jesu als O. gedeutet.

Opferstock, *Gotteskasten, Kirchenstock,* Behälter für freiwillige Geldspenden der Gemeinde in christl. Kirchen.

Ophir, sagenhaftes Goldland im AT, wahrsch. das sw. Arabien oder O-Afrika.

Ophiten, gnost. Sekten, die die Schlange in den Mittelpunkt ihrer spekulativen Betrachtung stellten. Im 2.–5. Jh. nachweisbar.

Ophthalmie, Augenentzündung; entzündl., u. U. eitrige Augapfelerkrankung.

Ophthalmologe, Augenarzt, Facharzt für Augenheilkunde.

Ophthalmologie, *Ophthalmiatrie,* Augenheilkunde.

Ophthalmometer, Apparat zur Messung der Hornhaut- u. Linsenkrümmung des Auges.

Ophüls, Max, * 1902, † 1957, dt. Filmregisseur u. -autor; inszenierte bes. romant. Filme, u. a. »Liebelei«.

Opiate, opiumhaltige Arzneimittel, Abkömmlinge der Opiumalkaloide oder die Opiumalkaloide selbst; →Opium.

Opinion leader [ɔ'pinjən 'liːdə], eine geachtete, über aktuelle Fragen gut informierte u. kompetent urteilende Person, deren Meinungen Gehör finden. Der O. l. übt damit Einfluß aus u. verstärkt u. U. die Wirkung von Massenmedien.

Opitz, Martin (1627 geadelt: O. von *Boberfeld),* * 1597, † 1639, dt. Barock-Dichter; kämpfte für die Reinheit der Muttersprache u. überzeugte seine Zeitgenossen davon, daß Wort- u. Verston im Gedicht zusammenfallen müssen; W »Buch von der Dt. Poeterey«.

Opium, fr. *Laudanum, Meconim,* eingetrockneter Milchsaft aus den Fruchtkapseln des oriental. *Schlafmohns, Papaver somniferum.* Hauptalkaloid des O. ist das Morphin, daneben noch fast 30 andere Alkaloide. O. wird arzneil. in kleiner Dosis als beruhigendes, schmerz- u. krampfstillendes, schlafförderndes Mittel verwendet, in größerer Dosis als Betäubungsmittel. Es kann süchtig machen.

Opiumkrieg, der Krieg 1840–42 zw. England u. China, ausgebrochen wegen des chin. Opiumeinfuhrverbots u. zerstörter brit. Opiumladungen. Im Frieden von Nanjing 1842 wurde China gezwungen, 5 Häfen für den engl. Handel zu öffnen u. Hongkong an England abzutreten. – Ein zweiter O. *(Lorcha-Krieg)* brach 1856 aus. In den Friedensschlüssen von Tianjin (1858) u. Peking (1860) mußte China den europ. Mächten weitere Zugeständnisse machen.

Opole →Oppeln.

Opopanax [auch ɔ'po-], Gatt. der *Doldengewächse* mit gelben Blütenständen. Die Art *O. chironium* liefert das Gummiharz O.

Opossum, baumbewohnende *Beutelratte* von beinahe 50 cm Körperlänge mit körperlangem Greifschwanz in N- u. S-Amerika. Das Fell wird als *Amerik. O.* gehandelt.

Oppa, l. Nbfl. der oberen Oder, 120 km; mündet bei Ostrau.

Oppeln, poln. *Opole,* Stadt in Schlesien, an der Oder sö. von Brieg, 128 000 Ew.; HS; zoolog. Garten; Zement-, Masch.- u. Möbelind.; bis 1945 Hptst. der ehem. preuß. Prov. Oberschlesien.

Oppeln-Bronikowski, Friedrich von, * 1873, † 1936, dt. Schriftst. u. Kulturhistoriker.

Oppenheim, Stadt in Rhld.-Pf., am Rhein, 5000 Ew.; Weinbau.

Oppenheimer, 1. Sir Ernest, * 1880, † 1957, dt.-südafrik. Diamantenhändler; war unbestrittener Herrscher des Diamanten-Weltmarkts. – **2.** Joseph, *Jud Süß* →Süß-Oppenheimer. – **3.** Robert, * 1904, † 1967, US-amerik. Physiker; leitete 1943–45 die Atombombenentwicklung in Los Alamos (»Vater der Atombombe«).

Oppolzer, Theodor Ritter von, * 1841, † 1886, östr. Astronom; W »Canon der Finsternisse«, in dem alle Sonnen- u. Mondfinsternisse von 1206 v. Chr. bis 2161 n. Chr. berechnet sind.

Opponent, Gegner, Widersacher. – **opponieren,** sich widersetzen, eine gegenteilige Meinung vertreten.

opportun, vorteilhaft.

Opportunismus, das Handeln nach Zweckmäßigkeit; bereitwillige Anpassung an die jeweilige Lage, um Vorteil daraus zu ziehen; grundsatz- u. charakterloses polit. Verhalten.

Opportunisten, im Frankreich des 19. Jh. die gemäßigten Republikaner u. Anhänger L. *Gambettas.*

Opportunitätsprinzip, ein Grundsatz der Strafrechtspflege, wonach die Erhebung der *öffentl.*

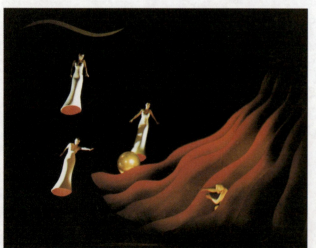 

Oper: Szene mit den 3 Rheintöchtern aus Wagners »Rheingold« in der abstrahierenden Inszenierung von Ruth Berghaus; Frankfurter Opernhaus, 1985 (links). – *Operette:* Szene aus »Die lustige Witwe« von Franz Lehár (rechts)

Optik: Weißes Licht wird mit Hilfe eines Glasprismas in seine Spektralfarben zerlegt

Klage in bes. Fällen in das Ermessen der Staatsanwaltschaft gestellt ist; Ggs.: *Legalitätsprinzip*.

Opposition, 1. Gegenüberstellung, Gegensatz, Widerstand. – **2.** die Stellung zweier Gestirne (Sonne, Mond, Planeten) an gegenüberliegenden Orten des Himmels. – **3.** die Gesamtheit der nicht an der Regierung beteiligten oder sie unterstützenden Parteien im Parlament.

Opsonin, ein im Blutserum vorkommender *Immunstoff,* der die Bakterien in einen Zustand versetzt, in dem sie leichter von den weißen Blutzellen aufgenommen werden.

optieren, wählen; →Optionsrecht.

Optik, 1. ein Teilgebiet der Physik, das sich sowohl mit der Ausbreitung als auch mit der Entstehung u. Absorption der elektromagnet. Strahlung, insbes. des Lichts, befaßt. – **2.** Linsen u. Linsensysteme in opt. Geräten.

Optiker, Fachmann für die Herstellung u. den Verkauf opt. Geräte.

Optimaten, röm. Adelsbez.; seit der Zeit der *Gracchen* die Verfechter der Senatspolitik.

Optimierung, die Erzielung eines bestmögl. *(optimalen)* Zustands; in der Math. das Festlegen von Größen durch Extrema unter Berücksichtigung der Nebenbedingungen; in der Datenverarbeitung Anpassung eines speziellen Programms an einen speziellen Computer ohne inhaltl. Änderungen.

Optimismus, eine weltzugewandte, heitere Lebenseinstellung, die von der Zukunft immer das Beste erwartet; Ggs.: *Pessimismus*.

Optimum, das Bestmögliche, das Günstigste.

Option, freie Wahl; die Möglichkeit, sich zu entscheiden.

Optionsanleihe, eine Anleihe mit Zusatzrechten, insbes. mit dem Recht, innerhalb einer Frist Aktien der emittierenden Gesellschaft in einem in den Ausgabebedingungen festgesetzten Verhältnis zu beziehen.

Optionsgeschäft, *Optionshandel,* ein Termingeschäft mit Wertpapieren, bei dem der Käufer eine *Kauf-* oder *Verkaufsoption* gegen Zahlung eines *Optionspreises* (Prämie) an den *Stillhalter* erwirbt.

Optionsrecht, 1. das Recht der Kardinäle, den Wunsch auf Zuweisung einer freiwerdenden röm. Titelkirche oder Diakonie auszusprechen. – **2.** die meist befristete Befugnis der Bewohner eines bei Gebietswechsel unter eine fremde staatl. Herrschaft kommenden Territoriums, die alte Staatsangehörigkeit zu behalten; oft mit der Auswanderung verbunden.

optische Aktivität, die Eigenschaft chem. Verbindungen, die Ebene des polarisierten Lichts um einen für die betreffende Verbindung charakterist. Betrag zu drehen *(Drehwert)*.

optische Aufheller, opt. *Bleichmittel, Aufheller, Weißmacher,* farblose Substanzen, die wie eine Farbe auf die Textilfaser aufziehen u. unter dem Einfluß der im Tageslicht enthaltenen ultravioletten Strahlen bläulich fluoreszieren u. dadurch den Stoff bes. leuchtend weiß erscheinen lassen; u. a. in Vollwaschmitteln enthalten.

optisches Glas, bes. langsam abgekühltes, spannungs- u. schlierenfreies Glas, das für Linsen u. ä. benötigt wird; Hauptsorten: *Kron-* u. *Flintglas*.

optische Täuschung, die Verschiedenheit von realem Gegenstand u. dessen optischer Wahrnehmung aufgrund einer falschen Beurteilung des retinalen Bilds durch das Gehirn.

Optoelektronik, ein Grenzgebiet der *Elektronik,* das opt. u. elektron. Vorgänge, insbes. für die Informationsübertragung, behandelt (entsprechende Geräte: z.B. Photozelle u. Bildwandler).

Opuntie, *Opuntia* →Feigenkaktus.

Opus, Abk. *op.,* Werk eines Komponisten, mit einer Zahl versehen zur Bez. der (meist chronolog.) Reihenfolge der Werke.

Opus Dei, Abk. für *Prälatur vom heiligen Kreuz und Opus Dei,* 1928 in Madrid gegr. kath. Vereinigung, 1947 päpstl. Approbation als kath. *Säkularinstitut;* seit 1982 eine Personalprälatur, d. h. ein Organ der kath. Kirche zum Dienst an Weltkirche u. Bistümern.

Oradea, dt. *Großwardein,* ung. *Nagyvárad,* Stadt in Rumänien, am Austritt der Schnellen Kreisch aus dem Siebenbürger Gebirge, 214 000 Ew.; Kathedrale (18. Jh.); Metall-, chem. u. keram. Ind.

Oradour-sur-Glane [-'du:rsyr'glan], Ort im zentralfranzös. Dép. Haute-Vienne, 1400 Ew.; am 10.6.1944 von dt. SS-Angehörigen als Vergeltung für Partisanenüberfälle zerstört. Die Bev. wurde zum großen Teil erschossen.

ora et labora [lat., »bete u. arbeite«], Leitspruch der Benediktiner.

Orakel, Weissagung u. (oft poetisch verkleidete u. undeutl.) Enthüllung der Zukunft, des räuml. Entfernten oder des Götterwillens. Berühmte O.stätten des Altertums waren das O. zu Delphi, die Zeus-O. zu Dodona u. Olympia u. das Amon-O. in der Libyschen Wüste.

oral, den Mund betreffend, zum Mund gehörig, durch den Mund (z.B. Arzneimittel einnehmen).

Oral, ein Laut, bei dem die Luft nur durch den Mund (u. nicht zugleich durch die Nase) ausströmt; z.B. die dt. Vokale; Ggs.: *Nasal*.

orale Phase, nach S. *Freud* die 1. Phase der frühkindl. Sexualentwicklung, in der der Mund die *erogene Zone* für den Lustgewinn ist.

Oran, arab. *Wahran,* Hafen- u. Bez.-Hptst. in Algerien, an der Bucht von O., 650 000 Ew.; Univ.; Eisen- u. Stahlind.; Flughafen.

Orange [o'rãʒə] →Apfelsine, →Citrus.

Orange [ɔ'rãʒ], S-frz. Stadt in der Provence, nahe der Rhône, 26 500 Ew.; röm. Amphitheater (2. Jh. n. Chr.); das antike *Arausio* (105 v. Chr. Sieg der Kimbern über die Römer); im MA Hptst. des Fürstentums *Oranien*.

Orangeade [ɔrã'ʒa:də], Orangensaft, -limonade.

Orangeat [ɔrã'ʒa:t], die kandierte Schale der bitteren Apfelsine; entspr. dem Zitronat.

Orangenöl [o'rãʒən-], *Apfelsinen(schalen)öl,* ein äther. Öl, das in rohem Zustand hpts. aus *Limonen* u. *Citral* besteht.

Orange Pekoe ['ɔrindʒ 'pi:kou], Gütegrad bei der Siebung der Teeblätter: die zarten ersten u. zweiten Blätter.

Orangerie [ɔrãʒə'ri], Gewächshaus zur Überwinterung kälteempfindl. Kübelpflanzen.

Orang-Utan [mal. »Waldmensch«], *Pongo pygmaeus,* in feuchten Wäldern Borneos u. Sumatras lebende Art der *Menschenaffen*. Die größten Tiere werden bis fast 2 m lang u. zeigen sehr kräftigen Körperbau, rötl. Behaarung, aufblasbaren Kehlsack, Turmschädel, starke Eckzähne.

Oranien, frz. *Orange,* ehem. Fürstentum im Dép. Vaucluse, Hptst. *Orange;* kam 1530 an die Grafen von Nassau-Dillenburg, 1544 an Wilhelm I., dem späteren Statthalter der Niederlande *(Nassau-O.).* Nach dem *Oranischen Erbfolgestreit* fiel O. im Frieden von Utrecht 1713 an Frankreich.

Oranienburg, Krst. in Brandenburg, an der Havel, nördl. von Berlin, 29 000 Ew.; Barockschloß; chem.-pharmazeut. Ind.; nördl. von O. das ehem. KZ im Stadtteil *Sachsenhausen*.

Oranierorden, engl. *Orangemen,* Organisation der radikalen Protestanten Nordirlands, ben. nach Wilhelm III. von Oranien. Im 20. Jh. bildete der O. die paramilitär. *Ulster-Verteidigungsvereinigung (UDA),* die die IRA bekämpft.

Oranje, engl. *Orange,* Fluß in Südafrika, 1860 km; bildet die Grenze zw. dem O.-Freistaat u. dem Kapland sowie im Unterlauf die Grenze nach Namibia; mündet in den Atlantik.

Oranjefreistaat, afrikaans *Oranje-Vrystaat,* engl. *Orange Free State,* Prov. der Rep. Südafrika, 129 152 km², 1,78 Mio. Ew., Hptst. *Bloemfontein;* eine vom Vaal u. Oranje begrenzte, rd. 1200 m hohe, gleichförmige Hochfläche.
Gesch.: Das Gebiet wurde seit 1835 von den *Buren* besiedelt. Im *Burenkrieg* wurde der O. von engl. Truppen besetzt u. 1902 unter dem Namen *Orange River Colony* engl. Kolonie, 1910 unter dem Namen O. Prov. der Südafrik. Union.

Oranjestad, Hptst. der ndl. Antilleninsel *Aruba,* 17 000 Ew.; Fremdenverkehr; Erdölraffinerie.

Oration, liturg. Gebet in Messe u. Brevier.

Oratorianer, kath. Weltpriestervereinigungen für Seelsorge u. Jugenderziehung: **1.** *Institutum Oratorii Sancti Philippi Nerii,* volkstüml. auch *Philippiner, Filippiner,* gegr. 1575 von Filippo *Neri.* – **2.** *Congregatio Oratorii Jesu et Mariae,* gegr. 1611 von Pierre *Bérulle;* 1792 aufgehoben, 1864 neu gegr.

Oratorium, 1. *Kapelle,* ein liturg. Raum, der nicht dem allg. Gottesdienst gewidmet ist. – **2.** ein großes, vielfach abendfüllendes Gesangswerk, meist für Soli, Chor u. Orchester, geistl. oder weltlich. Mit der Entwicklung der Oper läuft die des O. parallel, bes. in der Verwendung von Rezitativ, Arie, Generalbaß u. Orchester. Der entscheidende Unterschied ist, daß das O. auf Bühnendarstellung verzichtete; dadurch wurde die Einführung einer Erzähler-Partie möglich. Hauptmeister des O. sind u. a. G. F. *Händel,* J. *Haydn,* J. S. *Bach;* in neuerer Zeit J. *Haas,* A. *Honegger*.

Orb, Bad O., hess. Stadt am NW-Rand des Spessart, 8200 Ew.; Heilbad mit Solquellen.

Orbis, Kreis; *O. terrarum,* Erdkreis.

Orbit ['ɔ:bit], Umlaufbahn von Satelliten.

Orbital →Orbitaltheorie.

Orbitalobservatorium, Beobachtungsstation auf Umlaufbahnen um die Erde, bes. für astronom. Zwecke gedacht.

Orbitalstation →Raumstation.

Orbitaltheorie, eine Theorie der Elektronenzustände in Atomen u. Molekülen aufgrund der u. a. von W. Heisenberg u. E. Schrödinger entwickelten *Quantenmechanik.* Der **Orbital** ist der Bereich, in dem sich nach den Gesetzen der Wahrscheinlichkeit ein Elektron am häufigsten aufhält. Jeder Orbital kann mit maximal zwei Elektronen besetzt sein, die aber entgegengesetzten Spin haben müssen. Mit Hilfe der O. ist eine Deutung der Atombindungen

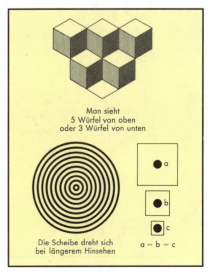

optische Täuschungen

Orcagna [ɔrˈkanja], Andrea di *Cione*, gen. *O.*, †1368, ital. Baumeister, Maler u. Bildhauer; um 1343–68 in Florenz u. a. als Dombaumeister tätig.

Orchan, *Orhan, Or Khan Gazi*, *um 1279, †1359, osman.-türk. Sultan 1326–59; eroberte 1326 Bursa u. den größten Teil des nw. Kleinasien; gründete die Janitscharen-Armee.

Orchester, urspr. der Raum für den (tanzenden) Chor vor der Bühne des grch. Theaters *(Orchestra)*, später der Raum für die Instrumentalisten zw. Bühne u. Zuschauerraum, endlich die Gesamtheit der Instrumentalisten; Arten: Streich-, Blas-, Sinfonie-, Kammer-, Opern-, Rundfunk-, Jazz-, Militär-, Unterhaltungs-, Tanzorchester.

Orchestrierung [-ˈkɛ- oder -ˈçe-], die Ausarbeitung von Kompositionsentwürfen, Klavier- u. Kammermusik für Orchester.

Orchestrion [-ˈkɛ- oder -ˈçɛ-], ein mechan. Musikwerk mit Zungenpfeifen, das möglichst vielseitige Klangfarben aufweisen soll.

Orchideen [grch.], *Orchidaceae*, Fam. der *Mikrospermae*, Ordnung der *Monokotyledonen;* junge, sehr umfangreiche Pflanzenfam. mit über 25 000 Arten u. etwa 500 Gattungen; Hauptverbreitung in trop. Gebieten; die trop. Arten leben meist als *Epiphyten* auf Bäumen; zu diesen Formen gehören die meisten der in den Gewächshäusern kultivierten O. Die Blüten sind meist sehr stattlich, i.d.R. zweiseitig-symmetr. gebaut, häufig von bizarrer Gestalt. O.gattungen sind: *Frauenschuh, Knabenkraut, Nestwurz, Ragwurz, Riemenzunge, Waldvögelein, Widerbart* u. a.

Orden, 1. eine Gemeinschaft, deren Mitglieder sich auf bestimmte Regeln u. Ordnungen verpflichtet haben u. diese außerhalb der Familie u. Gemeinde zu verwirklichen suchen. Solche geistl. O. sind in fast allen Religionen anzutreffen. Das äußere Kennzeichen der meisten O. ist eine bestimmte O.tracht.

Die kath. O. sind Gemeinschaften von Männern (Mönchen) oder Frauen (Nonnen), die in eig. Häusern (→Kloster) zur Erlangung religiöser Vollkommenheit nach vorgeschriebenen O.regeln leben (auf den drei »Evangelischen Räten« der Armut, der Ehelosigkeit u. des Gehorsams aufgebaut). Die Entwicklung der O. begann mit einer zunächst wohl kaum geregelten Askese, die durch die ersten *Einsiedler* geübt wurde. Bei den ersten Klostergemeinschaften im Abendland handelte es sich um Gemeinschaften von Mönchen u. Regularkanonikern. Im Zeitalter der Kreuzzüge bildeten sich die geistl. Ritter-O. (Dt. O., Johanniter-, Templer-O.); im Anschluß daran die Kongregationen u. die Gemeinschaften der Regularkleriker. In der Entwicklungsgeschichte der O. sind Sodalitäten u. Säkularinstitute die jüngsten Formen eines religiösen Gemeinschaftslebens.

In der ev. Kirche: Neben den am Anfang des 20. Jh. entstandenen *Bruderschaften*, die keine endgültige Lösung aus Beruf u. Familie fordern, streben die ev. *Kommunitäten* ein gemeinschaftl. Leben an, das unter den Verpflichtungen zu Armut, Ehelosigkeit, Gehorsam u. einer gemeinsamen Lebensordnung steht. Die wichtigsten sind die frz. *Communauté de Taizé, Grandchamp, Pomeyrol* u. die schott. *Iona Community.* – **2.** Seit dem späten MA schufen die Monarchen nach dem Vorbild der *Ritter-O.* Gemeinschaften, deren Angehörige durch Verdienst u. Herkunft ausgezeichnet waren, u. stellten sie in ihren Dienst. Später hörten sie auf, wirkl. Standesvereinigungen zu sein; die Ernennung zum Mitgl. eines O. wurde ein Mittel zur Auszeichnung für bes. Verdienste. Schließl. ging die Bez. O. von der Gemeinschaft auf die O.sembleme (Kreuz, Stern, Medaillen) über u. wurde im Sinn der modernen Auszeichnungen, der *Verdienst-O.* (O. u. Ehrenzeichen), verwendet.

Ordensbänder, die größten u. farbenprächtigsten Nachtschmetterlinge aus der Fam. der *Eulen;* Spannweite bis 10 cm.

Ordensburg, die für die Bautätigkeit des *Deutschen Ordens* im ehem. Ordensland Preußen u. in den seit 1237 angegliederten balt. Gebieten typische Form der *Burg;* meist dreigeschossige Backsteinbauten. Architektonisches Hptw. der Deutschordenskunst ist die *Marienburg*.

Ordensregel, die von den Ordensstiftern (z.B. Basilius, Augustinus, Benedikt, Franz von Assisi) stammende grundlegende Lebensordnung eines Ordens.

Ordensstaat, das Gebiet des Deutschen Ordens.

ordentliche Gerichtsbarkeit, die Gerichtsbarkeit in Zivilrechtsstreitigkeiten u. Strafsachen. Der o.G. sind auch Angelegenheiten der *Freiwilligen Gerichtsbarkeit* zugewiesen. Organisation (Aufbau, Besetzung, Instanzenweg) u. Zuständigkeit der o.G. sind geregelt im *Gerichtsverfassungsgesetz* (Abk. *GVG*) von 1877/1975, jeweils mit Ergänzungen in den einzelnen *Prozeßordnungen*, ferner im *Richtergesetz* u. in sonstigen Gesetzen. Die o.G. gliedert sich in Amtsgerichte, Landgerichte, Oberlandesgerichte u. den Bundesgerichtshof.

Orderpapiere, *Ordrepapiere, indossable Papiere*, auf den Namen des Berechtigten lautende *Wertpapiere*, deren verbriefte Rechte durch *Indossament* u. Papierübergabe übertragen werden können. Der Schuldner ist nur gegen Aushändigung der quittierten Urkunde zur Leistung verpflichtet. Hierzu: Namensaktien, Wechsel, Schecks; bestimmte

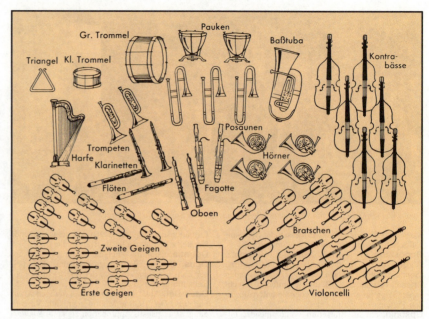

Orchester: Die Anordnung der Musikinstrumente innerhalb eines Orchesters ist von den Klangwirkungen, die erzielt werden sollen, und den akustischen Verhältnissen des Raumes abhängig. Darüber hinaus müssen die Instrumente so gruppiert sein, daß sie klanglich voll zur Geltung kommen. Die Abbildung zeigt ein Beispiel des Sinfonieorchesters

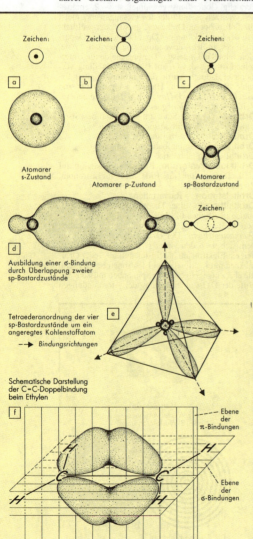

Orbitaltheorie: Darstellung von Elektronenzuständen

Orden: Großes Verdienstkreuz der BR Deutschland als Halsorden mit Bruststern

kaufmännische Anweisungen u. Verpflichtungsscheine.
ordinär, gewöhnlich, gemein.
Ordinariat, 1. der Lehrstuhl eines ordentl. Hochschulprofessors. – **2.** die Verwaltungs- u. Regierungsbehörde einer Diözese.
Ordinarium, die feste Ordnung eines Gottesdienstes mit den gleichbleibenden Texten.
Ordinarius, 1. *ordentlicher Professor,* Abk. *o. P.,* Inhaber eines Lehrstuhls. – **2.** der Bischof einer Diözese oder der mit bes. Vollmacht ausgestattete höchste Amtsträger eines kirchl. Bezirks; ferner die höheren Oberen exemter klerikaler Orden u. Kongregationen.
Ordinate →Koordinaten.
Ordination, 1. *Ordo,* in der kath. Kirche der sakramentale Akt der Aufnahme in den Klerus durch die Weihe; in der ev. Kirche die im Auftrag der Kirchenleitung ausgesprochene Ermächtigung zum Predigtamt, zur Verwaltung der Sakramente u. zur Ausübung der kirchl. Amtshandlungen. – **2.** ärztliche Verordnung.
Ordnung, 1. in der biol. Systematik die obligator. Kategorienstufe zw. *Familie* u. *Klasse;* in der Botanik auch *Reihe.* – **2.** 1. die O. des äußerl. menschl. Zusammenlebens. Die Bekämpfung von Gefahren für die öffentl. O. u. Sicherheit ist die wichtigste Aufgabe der Polizei. 2. *Rechts-O.,* der Inbegriff der geltenden Rechtsnormen; 3. Bez. für zusammenfassende Gesetzes- oder sonstige Normenwerke, z.B. Zivilprozeßordnung, Geschäftsordnung.
Ordnungsamt, kommunale Behörde der Verwaltungspolizei, u. a. für die Fremden- u. Meldepolizei.
Ordnungsmittel, gerichtl. Maßnahmen zur Erzwingung bestimmter Handlungen, Duldungen oder Unterlassungen oder zur Ahndung von Ungehorsam oder Ungebühr in einem Verfahren.
Ordnungsstrafe, früher Sammelbegriff für staatl. Eingriffe zur Ahndung von nichtkriminellem Unrecht (Ordnungsrecht); jetzt: *Ordnungsmittel.*
Ordnungswidrigkeiten, Verstöße gegen Rechts- u. (oder) Verwaltungsvorschriften (z.B. im Straßenverkehrsrecht); im Ggs. zur kriminellen *Straftat.* O. werden nicht mit krimineller Strafe, sondern mit Geldbuße oder Verwarnung (mit u. ohne Verwarnungsgeld) geahndet.
Ordnungszahl, 1. *Ordinale, Ordinalzahl,* ein Zahlwort, das die Stellung eines Dings in einer Menge angibt; z.B. der (die, das) erste, zweite usw. – **2.** *Kernladungszahl, Atomnummer,* die Zahl, die die Anzahl der positiven Kernladungen eines Atoms u. die Stellung des betreffenden Elements innerhalb des Periodensystems der Elemente angibt.
Ordo, Sammelbegriff für die als Oberschicht anzusehenden Stände, die in der röm. Kaiserzeit voneinander u. von den unteren Schichten fest abgegrenzt waren.
Ordonnanz, ein Soldat, der zu Hilfsarbeiten im Geschäftsbetrieb, z.B. zu Botengängen oder im Offizierskasino u. ä. eingeteilt ist; *O.offizier,* entspr. bei den Stäben.
Ordovizium, geolog. Formation, →Erdzeitalter.
Ordschonikidse →Wladikawkas.
Öre, urspr. nord. Gewichtsbez.; 1522 erstmals in Schweden als Silbermünze geprägt, seit 1624 schwed. Kupfermünze, seit etwa 1875 in Dänemark, Norwegen u. Schweden kleine Währungseinheit.
Örebro [-'bru:], Hptst. der gleichn. mittelschwed. Prov. (Län), westl. des Hjälmaren, 118 000 Ew.; Schloß (12.–16. Jh.); Papier-, Leder-, Textilind.
Oregano, getrocknete Blätter u. blühende Zweigspitzen versch. *Origanum-*Arten; Gewürz.
Oregon [ˈɔrigən], Gliedstaat der →Vereinigten Staaten von Amerika.
Orel [orˈjol], *Orjol,* Hptst. der gleichn. Oblast in Rußland, an der oberen Oka, 335 000 Ew.; landw. Handelszentrum; Maschinenbau; Nahrungsmittelind.; Eisenbahnknotenpunkt.
Orenburg, 1938–57 *Tschkalow,* Hptst. der gleichn. Oblast in Rußland, am Ural-Fluß, 537 000 Ew.; Maschinenbau, Textilind., Seidenkombinat, Erdgasgewinnung, Flugplatz.
Orense, NW-span. Prov.-Hptst. in Galicien, am linken Ufer des Miño, 98 000 Ew.; Kathedrale (13.–17. Jh.); Thermalquellen; im 6./7. Jh. Residenz der sweb. Könige.
Oresme [ɔˈrɛːm], Nicole d', latinisiert: *Nicolaus Oresmius,* *um 1320, †1382, frz. Mathematiker, Physiker u. Nationalökonom; Bischof von Lisieux

(seit 1377); erkannte u. a. das Fallgesetz u. die Grundgesetze der analyt. Geometrie (vor R. Descartes).
Orest, *Orestes,* in der grch. Sage Sohn des *Agamemnon* u. der *Klytämnestra,* Bruder der *Elektra* u. *Iphigenie;* rächte an seiner Mutter u. ihrem Liebhaber *Aigisthos* die Ermordung seines Vaters; Thema antiker Tragödien von Aischylos u. Euripides.
Öresund [-zun], der *Sund,* Meeresstraße zw. der dän. Insel Seeland u. der schwed. SW-Küste, an der engsten Stelle nur 4,5 km breit.
Orff, Carl, *1895, †1982, dt. Komponist; erstrebte eine Erneuerung des magisch-kult. Musiktheaters; entwickelte eine elementare Musiklehre in seinem »Schulwerk«; weitere Werke »Carmina Burana, cantiones profanae«; »Die Kluge«, »Oedipus der Tyrann«, »Prometheus«.
Organ, 1. ein einheitlich aufgebauter Körperteil mit selbständigem Tätigkeits- u. Aufgabengebiet. – **2.** Zeitung oder Zeitschrift eines Vereins, Verbands, einer Partei oder sonstigen Gruppe. – **3.** ein relativ selbständiges Glied einer Organisation, z.B. des Staates *(Staats-O.)* oder einer Handelsgesellschaft.
Organell, *Organoid,* ein Teil eines einzelligen Lebewesens, der wie ein *Organ* der Vielzeller fungiert.
Organisation, 1. Gruppe, Verband mit einer bestimmten Struktur u. (sozial)polit. Zielen, z.B. Partei, Gewerkschaft. – **2.** innerer Aufbau, Struktur; die Regelung der Arbeitsverteilung, Zuständigkeit u. Verantwortung im Betrieb.
Organisation Amerikanischer Staaten →OAS.
Organisation für die Einheit Afrikas →OAU.
Organisation für wirtschaftliche Zusammenarbeit und Entwicklung →OECD.
Organisationszwang, die auf Gesetz oder behördlicher Anordnung beruhende Pflicht, einer Organisation, bes. einem Verband, beizutreten oder Mitgl. eines Gesetzes zu sein; z.B. bei Industrie- u. Handelskammern, Handwerkskammern u. Berufsgenossenschaften.
organisch, ein Organ betreffend, von ihm ausgehend; der belebten Natur angehörend, tierischpflanzlich; Kohlenstoffverbindungen betreffend; gegliedert, gesetzmäßig geordnet.
organische Basen, chem. Verbindungen des Kohlenstoffs, die außer Kohlenstoff u. Wasserstoff noch Stickstoff (bisweilen auch andere Atome) enthalten u. mit Säuren salzartige Anlagerungsverbindungen geben.
organische Chemie, ein Teilgebiet der Chemie, das die Analyse, Synthese, Konstitutionsermittlung u. techn. Herstellung der *organischen Verbindungen* zum Gegenstand hat; Ggs.: *anorganische Chemie.*
organische Krankheiten, Krankheiten, die auf anatomischen Veränderungen von Organen beruhen; Ggs.: *funktionelle Krankheiten.*
organische Säuren, chem. Verbindungen, die die Carboxylgruppe (–COOH) ein- oder mehrfach enthalten.
organisches Bauen, ein Bauprogramm, das das natürl. u. soziale Verhalten des Menschen in die Planung einbezieht.
organische Verbindungen, die chem. Verbindungen des Kohlenstoffs, ausgenommen die Kohlenstoffoxide, die Kohlensäure u. deren Salze sowie die Carbide. Die Zahl der chem. Verbindungen läßt sich lediglich bei den anorganischen Verbindungen mit z.Z. rd. 100 000 ziemlich genau angeben, während man die Zahl der o.V. auf über

Geistliche Orden

deutscher Name	lateinischer Name	Gründung bzw. Bestätigung	Gründer
Assumptionisten	Congregatio Augustianorum ab Assumptione	1845	Emmanuel d'Alzon
Augustiner	Ordo Sancti Augustini	1244	Regel durch Alexander IV.
Benediktiner	Ordo Sancti Benedicti	6. Jh.	Benedikt von Nursia
Claretiner	Cordis Mariae Filii	1849	Antonio Maria Claret y Clará
Dominikaner	Ordo Fratrum Praedicatorum	1216	Dominikus
Eucharistiner	Congregatio Presbyterorum a Sanctissimo Sacramento	1856	Pierre Julien Eymard
Franziskaner	Ordo Fratrum Minorum	1209/10	Franz von Assisi
Gesellschaft Mariens (Maristen)	Societas Mariae	1824	Jean-Claude-Marie Colin
Herz-Jesu-Priester	Congregatio Sacerdotum a Sacro Corde Jesu	1854	Jules Chevalier
Jesuiten	Societas Jesu	1540	Ignatius von Loyola
Kamillianer	Ordo Clericorum Regularium Ministrantium Infirmis	1582	Kamillus von Lellis
Kapuziner	Ordo Fratrum Minorum Capuccinorum	um 1525	Matthäus von Bascio
Karmeliten, Beschuhte (K. der alten Observanz)	Ordo Fratrum Beatae Mariae Virginis de Monte Carmelo	1593	Trennung der Karmeliten, die aus einer Eremitengruppe des 12. Jh. hervorgingen
Karmeliten, Unbeschuhte (Teresianischer Karmel)	Ordo Fratrum Carmelitarum Discalceatorum	1593	
Kartäuser	Ordo Cartusiensis	1084	Bruno der Kartäuser
Lazaristen (Vinzentiner)	Congregatio Missionis	1625	Vinzenz von Paul
Marianisten	Societas Mariae	1817	Guillaume-Joseph Chaminade
Montfortaner	Societas Mariae Montfortana	1705	Louis Maria Grignion de Montfort
Oblaten des hl. Franz von Sales	Institutum Oblatorum S. Francisci Salesii	1871	Louis-Alexandre Brisson
Oblaten der Makellosen Jungfrau Maria	Congregatio Missionariorum Oblatorum B. M. V. Immaculatae	1816	Charles-Joseph de Mazenod
Pallottiner	Societas Apostolatus Catholici	1835	Vincenzo Pallotti
Passionisten	Congregatio Passionis Iesu Christi	1720	Paul vom Kreuz
Piaristen	Ordo Clericorum Regularium Pauperum Matris Dei Scholarum Piarum	1617	Joseph von Calasanza
Prämonstratenser	Ordo Praemonstratensis	1120	Norbert von Xanten
Redemptoristen	Congregation Sanctissimi Redemptoris	1732	Alfons Maria di Liguori
Salesianer Don Boscos	Societas Sancti Francisci Salesii	1859	Giovanni Don Bosco
Salvatorianer	Societas Divini Salvatoris	1881	Johann Baptist Jordan
Serviten	Ordo Sevorum Mariae	1233	von 7 Florentinern gegründet
Steyler Missionare	Societas Verbi Divini	1875	Arnold Janssen
Trappisten	Ordo Cisterciensium Reformatorum seu Strictioris Observantiae	1664	A.-J. Le Bothillier de Rancé
Weiße Väter	Patres Albi	1868	C.-M.-A. Lavigerie
Zisterzienser	Sacer Ordo Cisterciensis	1098	Robert von Molesme

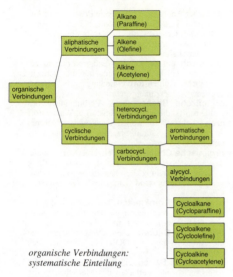

organische Verbindungen: systematische Einteilung

7 Mio. schätzt. Die jährl. Zuwachsrate wird mit 300 000 angenommen.

organisieren, aufbauen, planmäßig ordnen, einrichten; etwas auf nicht ganz einwandfreie Weise beschaffen.

Organismus, das *Lebewesen* als räuml. abgegrenztes Einzelwesen, im Ggs. zum anorgan. Körper. Der O. ist ein materielles System, das äußerl. beharrend u. gleichbleibend ist, aber in ständigem Stoffaustausch mit seiner Umgebung steht u. laufend die materiellen Bestandteile verändert u. ersetzt (sich im *Fließgleichgewicht* erhält). Der O. kann als System höherer Ordnung untergeordnete Systeme in sich zusammenschließen. In diesem Sinn ist der Begriff O. aus der Tier- u. Pflanzensoziologie in die Soziologie des Menschen eingedrungen.

Organist, ein Kirchenmusiker; Hauptaufgabe: Orgelspiel im Gottesdienst u. Leitung des Kirchenchors.

organogene Sedimente, aus abgestorbenen Lebewesen im Meer gebildete Ablagerungen; z.B. Korallenkalk, Kreide.

Organotherapie, die Verwendung menschl. oder tier. Organe, Zellen *(Zellulartherapie),* Gewebssäfte oder Ausscheidungen *(Organpräparate)* zur Behandlung von Krankheiten; meist als Ersatz bei mangelnder Eigenproduktion des erkrankten Körpers (Hormonbehandlung, Fermentsubstitution), auch Herzmuskel u. a. Gewebe.

Organtransplantation, *Organverpflanzung,* die Übertragung von gesunden Organen (z.B. Niere, Leber, Herz) lebender oder toter Spender *(Donor)* auf einen anders nicht mehr zu rettenden Empfänger *(Rezeptor)* zum Ersatz kranker Organe. Bei der O. sind die chirurg. Probleme heute schon weitgehend gelöst, während die immunologischen noch entscheidende Schwierigkeiten bereiten. →Transplantation.

Organum, die in der »Musica enchiriadis« (um 800) gelehrte älteste Form der Mehrstimmigkeit, bei der sich die eine gregorian. Melodie begleitenden Stimmen in Quart- u. Quint-Parallelen bewegten.

Orgasmus, der Höhepunkt der sexuellen Erregung.

Orgel, ein Tasteninstrument, bei dem Pfeifen als Tonerzeuger durch Wind zum Klingen gebracht werden. Die Hauptteile der O. sind das *Pfeifenwerk* mit *Windladen,* die *Windversorgung, Traktor* u. *Spieltisch.* Das Pfeifenwerk gliedert sich in einzelne *Register,* das sind Pfeifen mit gleichem Klangcharakter. Der *Spieltisch* weist schräg übereinander angeordnete *Manuale* auf sowie ein, selten zwei *Pedale.* Neben u. z. T. über den Manualen sind *Registerzüge* angeordnet, ferner Knöpfe für die Kombinationen, d. h. Registerzusammenstellungen. Manuale u. Pedal dienen dem eigtl. Spiel, alle anderen Vorrichtungen der Klangfarbe u. Lautstärke. – Der Tastendruck wird vom Spieltisch über die meist recht komplizierte Traktur u. das Reglerwerk ins Innere der O. zum *Pfeifenwerk* (Lippen- u. Zungenpfeifen) weitergeleitet. Hier stehen die Pfeifen auf *Windladen* in der Ordnung, daß je eine Reihe ein Register bildet. Die Windladen erhalten den Wind durch den Windkanal vom Gebläse, das früher aus einer Anzahl Blasebälge bestand, jetzt aber ein motorisch getriebenes Turbogebläse ist. Die erste erwähnte O. ist die Wasser-O. des *Ktesibios* (3. Jh. v. Chr. in Alexandria). Sie kam 757 ins Abendland (Geschenk Konstantins V. an Pippin d. J.); seit dem 10. Jh. wurde die O. im Gottesdienst verwendet; berühmte dt. O.bauer: A. *Schnitger* u. G. *Silbermann.* – Die *elektron.* O. hat mit der O. nur den Spieltisch gemein.

Orgelpunkt, ein länger ausgehaltener Ton im Baß, über dem die einzelnen Stimmen eines Tonsatzes wechselnde, teils vorübergehend dissonierende Harmonien ausführen.

Orgie, ekstat. Feier in grch. Geheimkulten, bes. im Dionysos-Kult; danach: ausschweifendes Fest.

Orient, im Ggs. zum Abendland (Okzident) das *Morgenland;* umfaßt *i.e.S.* nur den Vorderen O. (Naher Osten), *i.w.S.* auch den Mittleren O. (Mittlerer Osten), nicht aber den Fernen Osten (Ostasien).

Orientalide, oriental. Rasse, Randform der *europiden Rasse* in Vorderasien u. N-Afrika.

Orientalismus, die Hinwendung zu Folklore u. Kultur bes. des Nahen Ostens.

Orientalistik, oriental. Philologie, zusammenfassender Begriff für die Wissenschaften von den oriental. Sprachen, Literaturen u. Kulturen.

Orientierung, 1. Ortung, Ausrichtung nach Himmelsrichtungen; Unterrichtung, Verschaffung eines Überblicks. – **2.** *Ostung,* die Praxis, sakrale Bauten u. Gräber nach bestimmten Orten gerichtet anzulegen sowie eine bestimmte Gebetsrichtung einzuhalten.

Orientierungssinn, *Ortssinn,* die Fähigkeit verschiedener Sinnesorgane u. des damit verbundenen Zentralnervensystems, bestimmte Raumpunkte zu finden (kein eigtl. Sinn wie Geruchs- oder Hörsinn).

Orientteppich →Teppich.

Origami, in Japan geschätzte Kunst des Papierfaltens.

Origenes, * um 185, † 253/54, altchristl. Kirchenschriftst.; beeinflußte stark Theologie u. Frömmigkeit (Mönchtum); bemühte sich als erster um einen wissenschaftl. geklärten Bibeltext in seiner *Hexapla* u. stellte der Gnosis das erste christl. Lehrsystem gegenüber.

Original, Urbild, Urschrift; eigene Schöpfung; übertragen auch: eigenwilliger, eigenartiger Mensch.

Orinoco, Strom im nördl. Südamerika, 2500 km lang, Einzugsgebiet 1,086 Mio. km²; entspringt als *Paragua* im Bergland von Guyana, verliert durch Bifurkation etwa $1/3$ seines Wassers über den *Casiquiare* an den Rio Negro, bildet auf etwa 300 km die Grenze zw. Kolumbien u. Venezuela u. mündet südl. von Trinidad mit einem großen Delta (jährl. Längenwachstum 45 m) in den Atlantik.

Orgel: Die Passauer Domorgel ist mit über 16 000 Pfeifen eine der größten Orgeln der Welt

Ornamente

Orion, 1. in der grch. Myth. ein in Böotien verehrter Jäger; wurde mit seinem Hund *Sirius* unter die Sterne versetzt. – **2.** Sternbild in der Äquatorzone des Himmels; hellste Sterne: Beteigeuze u. Rigel. – **O.nebel,** großer chaotischer Gas- u. Staubnebel im Sternbild; Abstand 1300, Durchmesser 100 Lichtjahre.

Orissa, Bundesstaat in →Indien, am Golf von Bengalen; bis zum 16. Jh. selbst. Hindureich.

Orizaba [-'θaba], Stadt in Veracruz, am Ostrand des Hochlands von Mexiko, 115 000 Ew.; Papier-, Jute-Ind.

Orkan, schwerer Sturm von Windstärke 12 an; bes. häufig auf dem Meer.

Orkney-Inseln ['ɔːkni-], rd. 90 brit. Inseln nördl. von Schottland, zusammengefaßt im Verw.-Gebiet *Orkney,* 976 km², 19 300 Ew.; Hptst. *Kirkwall;* Hauptinsel *Mainland;* mildes Klima; Viehhaltung u. Fischfang.

Orkus, *Orcus,* altröm. Gott der Unterwelt u. des Todes, auch Totenreich u. Unterwelt selbst; entspr. dem grch. *Hades.*

Orlando, Stadt im Inneren Floridas (USA), nordöstl. von Tampa, 148 000 Ew.; Univ.; Fremdenverkehr.

Orlando di Lasso →Lasso.

Orléans [ɔrle'ã], frz. Stadt rechts an der mittleren Loire, 102 000 Ew.; spätgot. Kathedrale; Museen; Univ.; Markt u. Handelszentrum für das Loire-Tal.

Orléans [ɔrle'ã], mehrere Zweige des frz. Königshauses, denen das Herzogtum O. verliehen wurde. Der erste Herzog 1344–75 war *Philipp I.,* ein Sohn König Philipps VI. König Karl VI. gab das heimgefallene Lehen 1392 seinem Bruder *Ludwig I.,* Grafen von Valois, dem Begr. der Linie O.-Valois. 1660 übergab König Ludwig XIV. das Lehen seinem Bruder *Philipp,* dem Begr. der Linie Bourbon-O. 1848 wurde die Fam. (mit dem »Bürgerkönig« *Louis-Philippe)* verbannt, erhielt aber 1872 ihre Besitzungen zurück.

Orley [ˈɔrlɛi], Bernaert (Barend, Barent) van, * um 1491/92, † 1542, ndl. Maler; beeinflußt von *Raffael,* Mitbegr. des ndl. Romanismus; Altarbilder u. Porträts.

Orlopdeck, *Overlopdeck,* unterstes Deck eines Schiffs mit mehreren Decks.

Orlow [-'lɔf]. **1.** Alexej Fjodorowitsch Fürst, * 1786, † 1861, russ. Offizier u. Politiker; schlug 1825 den Dekabristenaufstand nieder; später Präs. des Reichs- u. Min.-Rats. – **2.** Alexej Grigorjewitsch Graf (1762), * 1737, † 1808, russ. Großadmiral; spielte eine Rolle beim Sturz Zar *Peters III.*

Orłowski [ɔruˈɔfski], Aleksander, * 1777, † 1832, poln. Maler u. Graphiker (Soldatendarstellungen u. satir. Genreszenen).

Orly [ɔrˈli], südl. Vorstadt von Paris, 26 000 Ew.; einer der Großflughäfen.

Ormandy [ˈɔːməndi], Eugene, eigtl. E. *Blau,* * 1899, † 1985, US-amerik. Dirigent ung. Herkunft.

Ormuzd, der von *Zarathustra* verkündete Weltgott.

Ornament, eine in sich geschlossene Verzierungsform als Schmuck u. zur Gliederung von Gegenständen, auch zur Hervorhebung bestimmter Einzelheiten. Die Anwendungsmöglichkeiten des O. als künstler. Schmuckform in den einzelnen Kunstgattungen sind nahezu unbegrenzt.

Ornamentik, Sammelbegriff für die Ornamente eines bestimmten Stils, einer Kulturepoche, eines Bauwerks, Kunstgegenstands u. a.

Ornat, die den Geistlichen bei Amtshandlungen vorgeschriebene Kleidung; bei weltl. Würdenträgern: Krönungs- u. festl. Amtstracht.

Orne [ɔrn], frz. Küstenfluß in der Normandie, 152 km; mündet in die Seinebucht.

Ornithologie, *Vogelkunde,* Zoologie der Vögel.

Ornithose, von Vögeln auf Menschen u. Tiere übertragbare akute Infektionskrankheit; z.B. → Papageienkrankheit.

Orogenese, *Gebirgsbildung,* die episodisch auftretenden gebirgsbildenden Bewegungen (Faltung, Bruchbildung) der Erdkruste.

Orographie, Beschreibung des Reliefs der Erde bezügl. der Höhenverhältnisse (Verlauf u. Anordnung der Gebirge); Vorstufe der *Geomorphologie.* Ein *orograph. Atlas* enthält Reliefkarten.

Orontes, arab. *Nahr Al Asi,* Fluß in N-Syrien, 570 km; mündet bei Antakya ins Mittelmeer.

Orozco [oˈrɔsko], José Clemente, * 1883, † 1949, mex. Maler (monumentale, starkfarbige Fresken, die oft polit.-soz. Tendenzen verfolgen).

Orpheus [ˈɔrfɔis], in der grch. Sage ein Sänger, dessen Kunst sogar wilde Tiere, Pflanzen u. Steine bezauberte. Er holte mit Erlaubnis des Hades seine Gattin *Eurydike* aus dem Schattenreich, verlor sie aber wieder, da er sich trotz Verbots unterwegs nach ihr umsah.

Orsini, ein röm. Adelsgeschlecht (heute Fürsten), das im 12. Jh. mit *Orso,* einem Neffen Papst Cölestins III., auftaucht; die schärfsten Gegner der (ghibellinischen) Colonna. Außer den Päpsten *Cölestin III., Nikolaus III.* u. Benedikt XIII. gingen Kardinäle, Staatsmänner u. Feldhauptleute aus dem Geschlecht hervor. *Felice O.* (* 1819, † 1858) beging 1858 ein Attentat auf Napoleon III.

Orsk, Ind.-Stadt in Rußland, an der Mündung des Or in den Ural-Fluß, 273 000 Ew.; Erdölraffinerie, Schwermaschinenbau, Nickelkombinat.

Ort, 1. [das], im Bergbau die Arbeitsstelle, bes. am Streckenende (»vor Ort«). – **2.** Zahlenangaben, durch die die Lage eines Gestirns im Raum oder an der Himmelskugel *(sphär. O.)* zu einem best. Zeitpunkt gekennzeichnet wird. – **3.** → geometr. Ort. – **4.** eine Stelle in der Natur oder auf der Karte, deren Lage nach Breite, Länge u. Höhe fixiert ist.

Ortasee, *Lago d'Orta,* westlichster Alpenrandsee in Oberitalien, 18 km².

Ortega Saavedra, Daniel, * 1945, nicaraguan. Politiker; seit 1962 Mitgl. der Sandinist. Befreiungsfront (FSLN); 1984–90 Staats-Präs.

Ortega y Gasset [-i-], José, * 1883, † 1955, span. Essayist u. Philosoph; vertrat eine Philosophie der

Oryxantilope

»lebendigen Vernunft« im Sinn des *Perspektivismus;* W »Der Aufstand der Massen«.

Ortenau, Rand der Oberrheinebene am Westfuß des Schwarzwalds, zw. Kinzig u. Oos; Wein- u. Obstanbau.

Orthikon, ein elektron. Bildzerleger als Kameraröhre für das Fernsehen; Weiterentwicklung des Ikonoskops; → Vidikon.

Orthodontie, *Kiefernorthopädie,* die Lehre von der Erkennung u. Behandlung der Zahn- u. Kieferstellungsanomalien.

orthodox, rechtgläubig, strenggläubig; an veralteten Lehrsätzen festhaltend, allen Neuerungen abgeneigt; rechthaberisch dogmatisch.

orthodoxe Kirchen, die aus den Kirchen im Osten des Byzantin. Reichs hervorgegangenen christl. Kirchen. Ihre theolog. Tradition ist fixiert durch die Beschlüsse der ersten 7 ökumen. Konzilien (1. Nicäa 325 bis 7. Nicäa 787); sie ist ferner durch die Lehren der Kirchenväter, die Aussagen im reichen liturg. Gut u. durch spätere wichtige Synoden bestimmt (1642 Iaşi [Rumänien], 1670 Jerusalem). Die Feier der »göttlichen Liturgie«, die 7 Sakramente, der Vollzug von Sakramentalien (Weihehandlungen), die Verehrung der Ikonen, Gebete u. Hymnen nehmen im Leben der o. K. einen breiten Raum ein.

In ihrem äußeren rechtl. Aufbau haben die o. K. wie die anderen Ostkirchen das Prinzip der *Autokephalie.* Alle sind hierarchisch gegliedert. An ihrer Spitze stehen Patriarchen, Metropoliten, Erzbischöfe, die aber grundsätzl. keine andere Stellung als die Bischöfe haben. Zu den alten 4 *Patriarchaten* (Alexandria, Antiochia, Konstantinopel, Jerusalem) traten zahlreiche autokephale Kirchen hinzu; unter eig. Patriarchen die bulgar.-orth. Kirche, die serbisch-orth. Kirche, die russ.-orth. Kirche, die rumän.-orth. Kirche, die georg.-orth. Kirche. Erzbischöfe bzw. Metropoliten leiten die o. K. von Zypern, Griechenland, Kreta, Finnland, Polen, Tschech. Rep. u. vom Berg Sinai.

Orthodoxie, Rechtgläubigkeit, Strenggläubigkeit.

Orthodrome, die kürzeste Verbindung zweier Punkte auf der Erde. Sie ist ein Stück eines Kugelgroßkreises.

Orthogon, das Rechteck.

orthogonal, rechtwinklig, rechteckig.

Orthographie, Rechtschreibung.

Orthoklas, *Kalifeldspat,* → Mineral.

Orthopädie, med. Fachgebiet; befaßt sich mit der Behandlung der angeborenen oder erworbenen Erkrankungen im System des Stütz- u. Bewegungsapparates.

Ortleb, Rainer, * 5.6.1944, dt. Politiker (FDP); stellv. Vors. der FDP; 1990/91 Bundes-Min. für bes. Aufgaben; 1991–94 Bundes-Min. für Bildung u. Wissenschaft.

Ortler, vergletscherte Berggruppe in den Ostalpen, in Südtirol; im O. 3899 m.

Ortolan, *Gartenammer,* → Ammern.

Ortscheit, *Zugscheit,* ein kurzes Querholz, an dem bei bespannten Fahrzeugen die Stränge des Zugtiers befestigt werden.

Ortslinie → geometrischer Ort.

Ortsnamen → Name.

Ortsnetzkennzahl, die drei- bis fünfstellige Zahl, die im Selbstwählferndienst vor der Teilnehmer-Anschlußnummer gewählt wird. Die einzelnen Ziffern der O. bezeichnen die zugehörige Zentral-, Haupt-, Knoten- u. Endvermittlungsstelle.

Ortstein, durch humussaure Eisenverbindungen verkittete, sandige, feste Bodenschicht. Weniger verfestigt ist die *Orterde.*

Ortszeit, die auf den Meridian des Beobachtungsorts bezogene Zeit; im Ggs. zur →Zonenzeit u. Weltzeit, die sich auf ausgewählte Normalmeridiane beziehen.

Ortszuschlag, früher *Wohnungsgeld,* Zuschlag zum Grundgehalt der Beamten u. Angestellten des öffentl. Dienstes mit dem Zweck, örtl. Unterschiede in den Lebenshaltungskosten auszugleichen.

Ortung, die Bestimmung der Entfernung u. der Lage von Objekten (Schiffen, Flugzeugen u. a.) durch Funk- oder Radarpeilung; auch das Auffinden von Rohrleitungen oder Kabeln im Erdboden sowie von Fehlern in Leitungen mit elektron. Geräten; →Navigation.

Oruro, Hptst. des gleichn. Dep. im W Boliviens, 3700 m ü. M., 178 000 Ew.; Univ.; Erzbergwerke; Fremdenverkehr.

Orvieto, ital. Stadt in Umbrien, nw. von Terni, 22 500 Ew.; Dom (13.–16. Jh.), ehem. Papstsitz; Weinanbau; Fremdenverkehr.

Orwell [ˈɔːwɛl], George, eigtl. *Eric Arthur Blair,* * 1903, † 1950, engl. Schriftst.; anfangs dem Kommunismus nahestehend, dann Sozialist; weltberühmt sind die polit.-satir. Tierfabel »Farm der Tiere« u. die Zukunftsvision vom totalitären Staat »1984«.

Oryxantilope, *Spießbock,* eine echte *Antilope* in Trockensteppen u. Wüsten Afrikas u. Arabiens; mit bis 1,20 m Körperhöhe u. geraden Hörnern.

Os [o:s; Pl. *Oser*], langer Sand- oder Kieswall, Ablagerung der eiszeitl. Gletscherbäche.

Os, 1. [os; Pl. *Ossa*], der Knochen. – **2.** [o:s; Pl. *Ora*] der Mund.

Osage-Orange [ˈouseidʒ ɔˈrəndʒ], ein 10 m hohes, nordamerik. *Maulbeergewächs.* Die großen, saftigen Fruchtstände sind eßbar.

Osaka, Präfektur-Hptst. u. drittgrößte Stadt Japans, an der Mündung des Yodo, Hafen an der SW-Küste von Honshu, 2,63 Mio. Ew.; kath. Erzbischofssitz; 5 Univ.; Daimyo-Schloß; mehrere Tempel; bed. jap. Handels- u. Ind.-Zentrum; U-Bahn; Flughafen.

Osaki, Koji, * 1867, † 1903, jap. Schriftst.; bed. Romanschriftst. Japans im europ. Stil.

Osborne [ˈɔzbən], John, * 1929, † 1994, engl. Schriftst.; Vertreter der Generation der »zornigen jungen Männer«; W »Blick zurück im Zorn«, »Der Entertainer«.

Oscar, eigtl. *Academy Award,* US-amerik. Filmpreis in Form einer Statuette (die den Spitznamen O. erhielt); jedes Jahr in mehreren Ausführungen an Filmschaffende (z.B. Drehbuchautoren, Regisseure, Schauspieler) für die besten Filme des ver-

Oscar-Statuette

Osch

Oseberg: das Osebergschiff im Bygdöy-Museum bei Oslo

gangenen Jahres verliehen; 1929 von der *Academy of Motion Picture Arts and Sciences* in Hollywood gestiftet.

Osch, Hptst. der gleichn. Oblast in Kirgisien, am Ostrand des Ferganatals, 209 000 Ew.; Seidenweberei; Tabak-Ind.

Oschatz, Krst. in Sachsen, westl. von Riesa, 19 000 Ew.; histor. Bauten; geophysik. Observatorium.

Oschersleben/Bode, Krst. in Sachsen-Anhalt, an der Bode, 17 000 Ew.; Schloß (16./17. Jh.); chem.-pharmazeut. Ind.

Öse, *Öhr,* Drahtschlinge zum Durchziehen von Schnüren, Befestigen von Haken u. a.

Oseberg ['uːsəbərj], Ort westl. des Oslofjords in Norwegen; bekannt durch den 1903 aus einem Grabhügel geborgenen *O.-Fund,* ein Bootgrab des 9. Jh.

Ösel, estn. *Saaremaa,* die größte estn. Ostseeinsel vor dem Rigaer Meerbusen, 2714 km², 60 000 Ew., Hauptort *Arensburg;* Fischerei.

Oshawa ['ɔʃəwə], Stadt am Ontario-See (Kanada), östl. von Toronto, 124 000 Ew.; Auto-Ind.

Oshima, Nagisa, * 31.3.1932, jap. Filmregisseur (Filme über Probleme der jungen Generation).

Oshogbo [ɔ'ʃɔgbo], Stadt im sw. Nigeria, 344 000 Ew.; landw. Handelszentrum.

Osiander, Andreas * 1498, † 1552, dt. luth. Theologe; erster ev. Prediger in Nürnberg (seit 1522), seit 1549 Prof. u. Prediger in Königsberg; löste dort den »Osiandr. Streit« über die Rechtfertigungslehre aus.

Osiris, altägypt. Fruchtbarkeitsgott, Gemahl der *Isis.*

Osker, latein. *Osci, Opici,* ostitalisches Bergvolk, schon um die Mitte des 8. Jh. v. Chr. allmähl. im röm. Volk aufgegangen.

Ösling ['øːs], der luxemburg. Anteil an den *Ardennen.*

Oslo [norw. 'uslu], 1624–1924 *Kristiania, Christiania,* Hptst. von Norwegen u. der Prov. (Fylke) *Askershus,* am Ende des *O.fjords,* 451 000 Ew.; Univ. (1811); Bischofssitz; Königsschloß; Schiffbau, Textil- u. Elektroind.

Osman, *O. I.,* arab. *Othman,* * 1259, † 1326, türk. Sultan 1299–1326; begr. das nach ihm benannte O.ische Reich u. die O.en-Dynastie.

Osmanen, die von *Osman I.* begr. Dynastie türk. Sultane bis 1924. – O wurden auch die im Osman. Reich lebenden Türken genannt.

Osmanisches Reich →Türkei (Geschichte).

Osmium, ein →chemisches Element.

Osmose, das Hindurchwandern von Flüssigkeit infolge Diffusion durch eine halbdurchlässige *(semipermeable)* Trennwand, die zwei Flüssigkeiten (bzw. Lösungen verschiedener Konzentration) trennt u. nur für eine Flüssigkeit (bzw. ein Lösungsmittel; nicht aber für den gelösten Stoff durchlässig ist. Die O. ist für die Stoffwechselvorgänge von großer Bedeutung, weil die äußeren Schichten vieler pflanzl. u. tier. Zellen halbdurchlässige Membranen sind.

Osnabrück, krfr. Stadt in Nds., nördl. des Teutoburger Walds, 157 000 Ew.; rom. Dom (11. bis 16. Jh.); barockes Schloß; Univ.; Metall-, Textil-, Autoind. – Ge sch.: Unter Karl dem Großen Bischofssitz; Mitgl. der Hanse. Der *Friede zu O.* schloß am 24.10.1648 als Teil des →Westfälischen Friedens die 1644 begonnenen Friedensverhandlungen zw. dem Reich u. Schweden ab.

Osning →Teutoburger Wald.

Ösophagus, *Oesophagus,* die Speiseröhre.

Ossa, 1. poln. *Osa,* r. Nbfl. der Weichsel, 95 km; mündet nördl. von Graudenz. – **2.** Küstengebirge im mittleren Griechenland, bis 1978 m; durch das Tempi-Tal vom Olymp getrennt; in der grch. Myth. Sitz der Giganten u. Kentauren.

ÖSTERREICH Geographie

Lech am Arlberg

Weinernte in der Wachau

Osiris zwischen Imiut-Symbolen, Schutzzeichen in Form eines kopflosen, an einer Stange aufgehängten Fells. Theben-West, Grab des Sen-Nedjem

Die Großglockner-Hochalpenstraße wurde als Panoramastraße angelegt. Sie verbindet die Bundesländer Kärnten und Salzburg miteinander, als Seitenstrecken zweigen die Gletscher- und die Edelweißstraße (im Bild) ab

Osseten, richtiger *Ossen,* eigener Name *Iron,* indoeurop. Bergvolk am Nord- u. Südhang des Kaukasus.
Ossiach, östr. Kurort am Südufer des **O.er Sees** (501 m ü. M., 10,6 km²), in Kärnten; 570 Ew.; ehem. Benediktinerstift.
Ossian, *Oisin,* Held eines südir. Sagenkreises, als greiser, blinder Sänger gedacht; in Prosa- u. Verstexten des 9.–12. Jh. vorkommend. – Als angebl. Werke des O. veröffentlichte J. *Macpherson* 1760 ff. eigene Dichtungen.
Ossietzky, Carl von, * 1889, † 1938, dt. Publizist; 1927–33 Chefredakteur der »Weltbühne«, warnte vor Militarismus u. Nationalsozialismus; 1933–36 Häftling in Konzentrationslagern. Er erhielt 1936 (für 1935) den Friedensnobelpreis, den er aufgrund eines Verbots der nat.-soz. Regierung nicht annehmen durfte.
Osswald, Albert, * 16.5.1919, dt. Politiker (SPD); 1969–76 Min.-Präs. von Hessen.
Ostade, Adriaen van, * 1610, † 1685, ndl. Maler u. Radierer; Schüler von F. *Hals,* einer der Hauptmeister des Bauerngenres.
Ostafrikanischer Graben, der östl. Zweig des afrikan. Grabensystems, zu dem u. a. der Zentral-

Oslo: in der Bildmitte das Rathaus, das Wahrzeichen der Stadt

afrikan. Graben, der Nyasa-Graben, der Äthiopische Graben u. in nördl. Fortsetzung das Rote Meer mit dem Jordan-Graben gehören; begleitet von zahlr. Vulkanen.
Ostaijen [ɔsˈtaːjə], Paul van, * 1896, † 1928, fläm. Schriftst.; Wegbereiter des Expressionismus in Flandern.
Ostasien, zusammenfassende Bez. für die *Mandschurei, Sachalin, Japan, Korea* u. große Teile *Chinas* (bis etwa 110 ° ö. L. im Inneren).
Ostblock, nach dem 2. Weltkrieg in der westl. Welt übliche Bezeichnung für die Gesamtheit der kommunistisch regierten Staaten; wegen der eingetretenen Differenzierung (Abfall Jugoslawiens, Konflikt der UdSSR mit China u. a.) galt die Bez. zuletzt nur noch für die Staaten des *Warschauer Pakts* u. des *COMECON* (UdSSR, Bulgarien, DDR, Polen, Rumänien, Tschechoslowakei, Ungarn; bedingt: Mongol. VR, Kuba, Vietnam). Bedingt durch die polit. Umwälzungen in Osteuropa seit 1989 existiert der O. nicht mehr.
Ostchinesisches Meer, pazif. Randmeer zw. Taiwan, Ryukyu, Kyushu, Korea u. der Ostküste von China, 1,25 Mio. km², größte Tiefe: 2719 m. Der Nordteil heißt *Gelbes Meer.*
Ostdeutscher Rundfunk Brandenburg, Abk. *ORB,* öffentl.-rechtl. Rundfunkanstalt, Sende- u. Gebühreneinzugsgebiet: das Land Brandenburg; gegr. 1991.
Ostdeutschland, nach 1945 in Gebrauch gekommene Bez. für die ehem. dt. Ostgebiete jenseits der Oder-Neiße-Linie.
Oste, l. Nbfl. der unteren Elbe, 145 km.
Ostende, fläm. *Oostende,* Stadt, Fischereihafen u. Seebad in der belg. Prov. Westflandern, am Kanal, 68 300 Ew.; Fährverkehr nach Dover (England).
Ostenso [ˈɔstənsou], Martha, * 1900, † 1963, US-amerik. Erzählerin norw. Herkunft. Ⓦ »Der Ruf der Wildgänse«.
ostentativ, augenfällig.
Osteoblasten, knochenbildende Zellen an der inneren Wand der Knorpelschichten, die sich in Knochengewebe umwandeln.
Osteologie, die Lehre von den Knochen.
Osteomyelitis, Knochenmarkentzündung.
Osteoporose, *Knochenschwund,* Abbau der festen Knochensubstanz mit entspr. Erweiterung der Knochenmarkhöhle, die bes. in höherem Alter auftritt u. zu Knochenbrüchigkeit führt. Die O. ist oft mit einer *Osteomalazie* (Knochenerweichung) verbunden.
Oster, Hans, * 1887, † 1945 (im KZ ermordet), dt. Offizier; führend in der Widerstandsbewegung gegen das NS-Regime; am 21. Juli 1944 verhaftet.
Osterblume, *Osterglocke* → Narzisse.
Osterhase, im Brauch u. Glauben der Kinder Eierbringer zum Osterfest; seit 1682 in Dtld. bezeugt, vielleicht aus einer falsch gedeuteten Osterlammdarstellung entstanden.
Osterholz-Scharmbeck, Krst. in Nds., nördl. von Bremen, 23 000 Ew.; rom. Kirche; Nahrungsmittel-Ind.
Osteria, ital. Wirtshaus mit einfacher Küche u. Weinausschank.
Osterinsel, span. *Isla de Pascua,* polynes. *Rapanui,* chilen. Insel im sö. Pazifik, 3500 km westl. der chilen. Küste, 165 km², 1900 Ew. (meist *Pascuenser:* polynes. Eingeborene, mit Weißen vermischt); Fremdenverkehr. – Die O. wurde am Ostersonntag 1722 (daher der Name) entdeckt; 1888 chilen. Kennzeichnend sind über 240 Monolithe (*Moai,* bis 25 m hohe Kolossalbüsten aus Lava), ferner Holztafeln u. hölzerne Brustschilde der Könige mit eingeritzten Zeichen **(O.-Schrift).**
Osterling, Anders, * 1884, † 1981, schwed. Schriftst. (impressionist. Landschaftsidyllen, dann expressionist. Werke).
Osterluzei, Gatt. der *O.gewächse* (→Pflanzen) mit rd. 500 Arten; windende, meist trop. Kletterpflanzen. In Europa die gelbblühende *Gewöhnl. O.* Viele Arten dienen als Gegengift bei Schlangenbiß.
Ostern, Fest der Auferstehung Christi, das älteste christl. Fest; seit dem 2. Jh. als jährlich wiederkehrendes Fest bezeugt. O. ist Höhepunkt des *Osterfestkreises,* der bis Pfingsten reicht. Es wird heute allg. am Sonntag nach dem ersten Frühlingsvollmond gefeiert.
Osterode, 1. *O. am Harz,* Krst. in Nds., an der Söse, am SW-Hang des Harzes, 27 000 Ew.; altes Stadtbild; Textil-, Elektroind.; Fremdenverkehr. – **2.** *O. in Ostpreußen,* poln. *Ostróda,* Stadt am *Drewenz-See,* 28 000 Ew.; Ordensschloß; Holzind.
Österreich, Staat im S Mitteleuropas, 83 853 km², 7,9 Mio. Ew., Hptst. *Wien.* Ö. ist gegliedert in 9 Bundesländer (Ⓣ → S. 656).

Eisenerz-Förderung am Erzberg in der Steiermark

Der Silvretta-Stausee ist der höchstgelegene der drei Stauseen, die zum Verbund der Vorarlberger Illwerke gehören

Osterinsel: Die Moai, bis 25 m hohe Kolossalbüsten aus Lavagestein, werden als Götterbilder einer vergangenen Religion gedeutet. Sie sind frühestens im 14. Jahrhundert entstanden

Österreich

Österreich

Landesnatur. Das Staatsgebiet liegt zu 2/3 in den Ostalpen, die im S u. O in Beckenlandschaften (Klagenfurter, Grazer, Wiener Becken) übergehen. Das nördl. Alpenvorland reicht ungefähr bis zur Donau. Im N hat Ö. im Mühl- u. Waldviertel Anteil an der Mittelgebirgslandschaft des Böhm. Massivs. Der O des Landes mit dem Neusiedler See u. Umgebung gehört zur Kleinen Ungar. Tiefebene. Das Gewässernetz ist im größten Teil zur Donau ausgerichtet. Seenreich sind Kärnten u. Salzkammergut. – Klima: Ö. hat mitteleurop. Übergangsklima mit zunehmend kontinentalen Zügen gegen O u. alpines Klima in den höheren Gebirgslagen. Gegen O nehmen die jährl. Niederschläge ab. – Nadel- u. Nadelmischwald herrschen vor. Die Waldgrenze liegt zw. 1600 u. 1900 m.

Bevölkerung. Zentren der Besiedlung sind das Alpenvorland, das Wiener Becken u. die großen Täler. Die Bevölkerung ist zu 98% deutschsprachig. 89% sind Katholiken, 6% Protestanten.
Wirtschaft. Die Landwirtschaft deckt rd. 90% des Eigenbedarfs. Landwirtschaftl. Zentren sind die Gebiete im O mit bed. Weizen-, Hackfrucht- (Zuckerrüben) u. Futterpflanzenanbau sowie Obst u. Wein. Die Viehzucht übertrifft die Agrarproduktion an Wert; sie herrscht in Gebirgslagen vor. Die Nutzung der Wälder, die fast 40% der Landesfläche bedecken, ist für den Export wichtig. Im Bergbau hat die Erdölförderung größte Bedeutung. Weiterhin gibt es Eisenerzabbau, Magnesit- u. Salzgewinnung. Die Elektrizität ist der wichtigste Energieträger; sie stützt sich zu rd. 60% auf Wasserkraft. Von größter wirtschaftl. Bedeutung ist der Fremdenverkehr. Haupthandelspartner ist mit Abstand Dtld., dann folgen die Schweiz, Italien, Großbritannien, USA. Die wichtigsten Exportgüter liefert die Industrie: Eisen u. Stahl, Maschinen, Apparate, Holz u. Papier sowie Textilien.
Verkehr. Trotz der gebirgigen Landesnatur ist das Verkehrsnetz sehr gut entwickelt. Linz ist der Haupthafen der Donauschiffahrt. Internat. Flughäfen: Wien-Schwechat, Linz, Salzburg, Graz, Klagenfurt u. Innsbruck. Der ital. Hafen Triest an der Adria ist Ö. wichtigster Seehafen.

Österreich: Verwaltungsgliederung

Bundesland	Fläche in km²	Einwohner in 1000	Hauptstadt
Burgenland	3 965	271	Eisenstadt
Kärnten	9 533	555	Klagenfurt
Niederösterreich	19 174	1 469	Sankt Pölten
Oberösterreich	11 980	1 356	Linz
Salzburg	7 154	492	Salzburg
Steiermark	16 388	1 199	Graz
Tirol	12 648	644	Innsbruck
Vorarlberg	2 601	338	Bregenz
Wien	415	1 561	Wien

Geschichte. Seit Beginn des 6. Jh. gab es bair. Siedlungen, die bereits einen Teil der östr. Kernländer umfaßten. Durch Karl d. Gr. wurde das gesamte Gebiet in das Frankenreich einbezogen u. durch Marken geschützt. Nach dem Sieg Ottos d. Gr. auf dem Marchfeld (955) wurde die Mark Ö. gebildet. In der Folgezeit wurde Kärnten selbständiges Hzgt., entstanden die *Markgrafschaften Ö., Steiermark* (1180 Hzgt.) u. *Krain*. Die *Babenberger* waren 976–1246 Markgrafen der Ostmark. Nach ihrem Aussterben kamen Ö. u. die Steiermark vorübergehend unter die Herrschaft des Böhmen-

ÖSTERREICH Geschichte

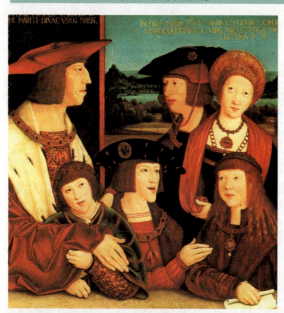

Die Familie Kaiser Maximilians I.; Gemälde von B. Striegel, um 1515 (links). – Die Kaiserlichen in der Schlacht bei Belgrad (1717); Gemälde eines unbekannten Meisters (rechts)

Maria Theresia mit ihren Söhnen. Gemälde von J. Maurice. Wien, Kunsthistorisches Museum (links). – Thronfolger Franz Ferdinand kurz vor seiner Ermordung 1914 in Sarajevo (rechts)

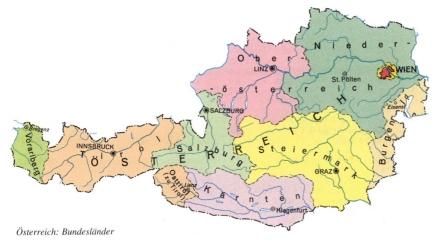

Österreich: Bundesländer

königs *Ottokar II. Přemysl*. 1278 besiegte *Rudolf von Habsburg* Ottokar bei Dürnkrut u. gewann damit Land u. Krone Ö. Nach mehreren Teilungen entstanden drei habsburg.-östr. Länder: *Nieder-Ö., Inner-Ö.* u. *Vorder-Ö.* Die Schweizer konnten ihre Reichsunmittelbarkeit durchsetzen. 1526 kamen Böhmen u. Ungarn endgültig an Habsburg.
Von 1438 bis 1806 stellte das Haus Habsburg die Kaiser des Röm.-Dt. Reichs. Durch Heiratspolitik gewannen sie die Ndl., den größten Teil Burgunds, Spanien u. das große Kolonialreich in Amerika. *Ferdinand,* der Bruder Karls V., wurde der Begr. der östr. Linie der Habsburger (*Philipp II.* wurde Begr. der *span. Linie*) u. 1556 Kaiser. – In den Religionskämpfen waren die adligen Stände Ö.s meist Vorkämpfer des Protestantismus. Unter Kaiser *Rudolf II.* begann die *Gegenreformation.* Die Verfolgung der Protestanten setzte unter Kaiser *Ferdinand II.* in stärkstem Maße ein. Die darüber erbitterten prot. Stände in Böhmen lösten 1618 den *Dreißigjährigen Krieg* aus, durch den Habsburg seine Besitzungen im Elsaß an Frankreich verlor. Durch den Sieg der Gegenreformation über den prot. Adel Ö.s u. durch eine geschickte Politik *Leopolds I.* (Abwehr der Türken vor Wien 1683, Gewinn von Ungarn u. Siebenbürgen) entstand ein neuer, vorw. kath. absolutist. Gesamtstaat: Erwerbungen auf dem Balkan (*Prinz Eugen,* Türkenkrieg 1716–1718), Annahme der *Pragmat. Sanktion* durch Ungarn.
Nach dem Span. Erbfolgekrieg mußte Habsburg auf das span. Erbe verzichten, doch wurden *Karl VI.* 1713/14 die span. Niederlande u. Sardinien zugesprochen, er verlor aber 1739 fast alle Eroberungen des Türkenkriegs auf dem Balkan wieder an die Türkei. Im *Östr. Erbfolgekrieg* verlor Ö. Schlesien an Preußen, konnte sein Gebiet jedoch in den *Poln. Teilungen* 1772 um Galizien, 1775 um die Bukowina erweitern.
Unter *Maria Theresias* Regierung (Min. *Kaunitz* u. *Haugwitz*) wurde die Staatsverw. reformiert. Während der Reg. ihres Sohnes *Joseph II.* entbrannten in Ungarn u. in den Östr. Niederlanden heftige Kämpfe um deren Sonderrechte. Kaiser *Leopold II.* verständigte sich mit ihnen u. schloß Frieden mit der Türkei. Nach den *Frz. Revolutionskriegen* mußte Ö. die Östr. Niederlande u. die Lombardei im Tausch gegen die Rep. Venedig aufgeben; durch den *Reichsdeputationshauptschluß* 1803 fielen Trient u. Brixen an Ö. Nach dem 3. *Koalitionskrieg* verlor es Venetien an Italien u. Tirol, Vorarlberg u. die Vorlande an Bay., erhielt dafür aber Salzburg. 1806 legte Kaiser *Franz II.* die röm.-dt. Kaiserkrone nieder, nachdem er schon 1804 als *Franz I.* die östr. Kaiserkrone angenommen hatte. Nach dem mißglückten Feldzug von 1809 (Wagram; Aufstand Andreas *Hofers*) mußten zwar Salzburg, das Innviertel, W- u. Teile von O-Galizien u. die illyr. Prov. aufgegeben werden. Nach der Verbannung Napoleons erhielt Ö. auf dem *Wiener Kongreß* die abgetretenen Gebiete zurück, verlor jedoch endgültig die Vorlande.

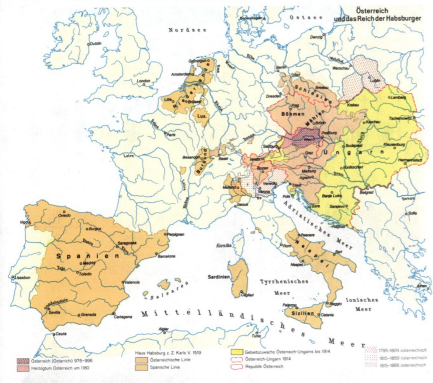

Die Bundespräsidenten	
Michael Hainisch (parteilos)	1920–1928
Wilhelm Miklas (christlich-sozial)	1928–1938
(„Anschluß" an Deutschland	1938–1945)
Karl Renner (SPÖ)	1945–1950
Theodor Körner (SPÖ)	1951–1957
Adolf Schärf (SPÖ)	1957–1965
Franz Jonas (SPÖ)	1965–1974
Rudolf Kirchschläger (parteilos)	1974–1986
Kurt Waldheim (parteilos)	1986–1992
Thomas Klestil (ÖVP)	1992–

Die Bundeskanzler	
Karl Renner (Staatskanzler) (Sozialdemokrat)	1919–1920
Michael Mayr (christlich-sozial)	1920–1921
Johann Schober (deutschliberal)	1921–1922
Ignaz Seipl (christlich-sozial)	1922–1924
Rudolf Ramek (christlich-sozial)	1924–1926
Ignaz Seipl (christlich-sozial)	1926–1929
Ernst Streeruwitz (christlich-sozial)	1929
Johann Schober (deutschliberal)	1929–1930
Carl Vaugoin (christlich-sozial)	1930
Otto Ender (christlich-sozial)	1930–1931
Karl Buresch (christlich-sozial)	1931–1932
Engelbert Dollfuß (christlich-sozial)	1932–1934
Kurt Schuschnigg (christlich-sozial)	1934–1938
Arthur Seyß-Inquart (Nat.-Soz.)	1938
(„Anschluß" an Deutschland	1938–1945)
Karl Renner (SPÖ)	1945
Leopold Figl (ÖVP)	1945–1953
Julius Raab (ÖVP)	1953–1961
Alfons Gorbach (ÖVP)	1961–1964
Josef Klaus (ÖVP)	1964–1970
Bruno Kreisky (SPÖ)	1970–1983
Fred Sinowatz (SPÖ)	1983–1986
Franz Vranitzky (SPÖ)	1986–

Außenminister L. Figl mit dem am 15. Mai 1955 geschlossenen Staatsvertrag; neben ihm u. a. der sowjetische Außenminister Molotow und Bundeskanzler Raab

Im Innern wurde Ö. nach den Grundsätzen der *Hl. Allianz* restaurativ-absolutist. regiert. Dadurch kam es zur Revolution in Wien (13.3.1848); Metternich mußte fliehen, eine liberale Verf. für die nichtung. Länder wurde erlassen. Zw. der Reg. u. dem ung. Reichstag kam es im September 1848 zum Bruch. Fürst *Windischgrätz* schlug den Aufstand in Wien nieder, Kaiser *Franz Joseph I.* übernahm die Reg. Am 4.3.1849 wurde eine konstitutionelle Gesamtverf. oktroyiert. Die Ungarn wurden mit russ. Hilfe unterworfen. In Italien warf Graf *Radetzky* die Aufstände nieder. Es gelang Preußen, Gesamt-Ö. aus dem *Dt. Bund* u. auch aus dem *Zollverein* herauszuhalten. 1866 brach der *Dt. Krieg* aus, an dessen Ende Ö. die *kleindt. Lösung* hinnehmen mußte. Nach dem Verlust seiner ital. Gebiete (Wiener Frieden 1866, Niederlage bei Solferino) mußte Ö. auch als Hegemonialmacht in Dtld. abtreten. Ungarn wurde die Sonderverf. von 1848 garantiert, u. es entstand die Doppelmonarchie Ö s t e r r e i c h - U n g a r n (der östr. Kaiser war zugleich König von Ungarn).

Durch die Okkupation Bosniens u. der Herzegowina (*Berliner Kongreß* 1878) verschoben sich die Gewichte in Ö. zugunsten des slaw. Elements. Der Nationalitätenkampf spitzte sich immer mehr zu. Durch die Bulgar. Krise seit 1885 wurde die Spannung zw. Ö.-Ungarn u. Rußland erneut heraufbeschworen. Zwei- u. *Dreibund* wurden durch Verträge mit Dtld. u. Rumänien u. durch das *Mittelmeer-Abkommen* mit England u. Italien gestärkt. Die Lage auf dem Balkan verschärfte sich nach der östr. Annexion Bosniens u. der Herzegowina 1908. Als der östr. Thronfolger *Franz Ferdinand* am 28.6.1914 in Sarajevo ermordet wurde, brach der 1. Weltkrieg aus.

Nach dem Zusammenbruch der Monarchie erklärten die Mandatare der dt. Parteien am 12.11.1918 Dt.-Österreich zu einer demokrat. Republik als Bestand der »Dt. Republik«. Doch unter dem Druck der Siegermächte mußte die östr. Delegation die Bedingungen des Friedens von *Saint-Germain* 1919 annehmen: Verzicht auf Südtirol u. die sudetendt. Gebiete, Anerkennung der neuen Staaten Tschechoslowakei, Polen, Ungarn u. Jugoslawien, Verzicht auf den Anschluß an das Dt. Reich, Zahlung hoher Reparationen. Wirtschaftl. u. finanziell war der östr. Rumpfstaat katastrophal geschwächt. Die Weltwirtschaftskrise, der bedrohl. Anstieg der Arbeitslosenzahl u. dauernde Krisen im Parlament ließen den Ruf nach antidemokrat., radikalen Lösungen laut werden. Bundeskanzler E. *Dollfuß* verbot die Betätigung der NSDAP u. löste SA u. SS auf (19.6.1933). Der vom ebenfalls verbotenen Republikanischen Schutzbund im Februar 1934 ausgelöste Aufstand wurde blutig niedergeworfen. Die am 1.5.1934 erlassene Verf. des Ständestaats verstand sich als Verwirklichung der Richtlinien der Enzyklika »Quadragesimo anno«. Am 25.7.1934 wurde Dollfuß bei einem Putschversuch der NSDAP ermordet. Der neue Bundeskanzler, K. *Schuschnigg,* mußte am 11.3.1938 sein Amt dem Nationalsozialisten A. *Seyß-Inquart* überlassen. Am 12.3. marschierten dt. Truppen in Ö. ein, am 13.3. wurde der *Anschluß Ö.s* an das Dt. Reich vollzogen.

Am 2. Weltkrieg nahm Ö. auf dt. Seite teil. Es wurde 1945 von den Alliierten besetzt. Die Regierungsgewalt lag zunächst bei den Besatzungsmächten. Am 27.4.1945 wurde die Rep. Ö. proklamiert. Die Verf. von 1920 wurde wiederhergestellt. Mit dem *Staatsvertrag* vom 15.5.1955 erhielt Ö. Souveränität u. wirtschaftl. Unabhängigkeit u. verpflichtete sich zu immerwährender Neutralität. 1955 trat Ö. den UN, 1956 dem Europarat u. 1960 der EFTA bei. 1992 fand nach jahrelangen Verhandlungen mit Italien die Südtirolfrage eine befriedigende Lösung. 1989 richtete Ö. ein Beitrittsgesuch an die EU. Seit 1987 regiert eine Koalition aus ÖVP u. SPÖ mit F. *Vranitzky* (SPÖ) als Bundeskanzler. Bundespräsident ist seit 1992 T. *Klestil.*

Staat und Verfassung. Die Rep. Ö. ist eine parlamentar. Demokratie auf der Grundlage der Verf. vom 1.10.1920. Staatsoberhaupt ist der auf 6 Jahre vom Volk gewählte Bundespräsident. Der Bundesstaat Ö. hat ein parlamentar. Zweikammersystem. Es besteht aus dem Nationalrat (183 Abg., für 4 Jahre gewählt) u. dem Bundesrat, dessen Abg. von den Landtagen entsandt werden. National- u.

ÖSTERREICH Kultur

Volkstracht in der Wachau

Walter Pichler: Bewegliche Figur; 1982

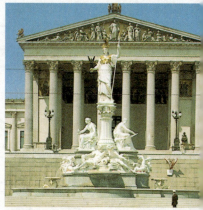

Das Parlament in Wien

Oberes Belvedere in Wien, Gartenseite der Sommerresidenz des Prinzen Eugen; 1721–1723 von Johann Lucas von Hildebrandt errichtet (links). – Franz Anton Maulbertsch: Allegorie. Sonne und Wahrheit vertreiben die Mächte der Finsternis. Köln, Wallraf-Richartz-Museum (rechts)

Bundesrat bilden zusammen die Bundesversammlung. Die wichtigsten östr. Parteien sind die Sozialdemokrat. Partei Ö.s (SPÖ), die Östr. Volkspartei (ÖVP), die Freiheitl. Partei Ö.s (FPÖ) sowie die Grüne Alternative.

Österreichische Bundes-Sportorganisation, Abk. *BSO,* die 1969 gegr. Dachorganisation des

Österreichische Bundes-Sportorganisation: Verbandszeichen

östr. Sports; Sitz: Wien. Die BSO vertritt die Interessen des östr. Sports auf internat. Ebene.

österreichische Kunst. Architektur, Plastik, Malerei u. Kunsthandwerk Österreichs entstanden in enger Verbindung mit der dt. Kunst.

Architektur. Die großartigsten Kunstleistungen Österreichs sind die Architekturschöpfungen des Barocks, im 17. Jh. eingeleitet durch den Neubau des Salzburger Doms u. die Stiftskirche in St. Florian, die ital. Formcharakter tragen. Erst nach der Befreiung Wiens von den Türken (1683) fand das östr. Barock zu eigenen Bauformen durch Architekten wie J. B. *Fischer von Erlach,* J. L. *von Hildebrandt* u. J. *Prandtauer* (Stift Melk).

Plastik. Die got. Plastik entfaltete sich bes. in Pietà-Darstellungen u. sog. Schönen Madonnen (Admont, Krumau, Maria Zell, Wien). Gesamtkunstwerke aus Architektur, Schnitzkunst u. Malerei sind die großen Flügelaltäre in Heiligenblut (1520), Mauer bei Melk (um 1520) u. v. a. St. Wolfgang (1471–81, von M. *Pacher).*

Bed. Bildhauer im 18. Jh. waren G. R. *Donner,* M. *Steinl,* F. X. *Messerschmidt.* In der Gegenwart fand v. a. F. *Wotruba* internat. Anerkennung. A. *Hrdlicka* wurde auch als Graphiker bekannt.

Malerei. Salzburg war Jahrhunderte hindurch ein weithin ausstrahlendes Zentrum bildnerischer Form, sowohl in der Buchmalerei wie im Fresko. Allmähl. verstärkte sich der Einfluß der Ndl. Am Ende des 15. Jh. faßte M. *Pacher* die heimischen, die ital. u. die ndl. Strömungen genial zusammen. Im Barock schufen D. *Gran* u. P. *Troger* v. a. in Wien u. Klosterneuburg schwungvoll festliche Deckenfresken. Eine Sonderstellung nahm F. A. *Maulbertsch* durch seine visionären Bilder mit eigenwilliger Licht- u. Schattenwirkung ein.

Die Malerei des 19. Jh. stand zunächst unter dem Einfluß der Nazarener. M. von *Schwind* drückte romant. Empfinden in volkstüml. Märchenbildern aus. F. G. *Waldmüller* war als Landschaftsmaler u. Porträtist meisterhaft. H. *Makart* stellte in historisierenden, sinnlich-schwelgerischen Kompositionen das Fin de siècle wienerisch-theaterfroh dar. G. *Klimt* war Vertreter des Jugendstils u. betonte in seinen Bildern das ornamentale Element. F. *Hundertwasser* hat in unserer Zeit sein Erbe angetreten. Zum Expressionismus leitete E. *Schiele* über. Der überragende Maler dieser Richtung war O. *Kokoschka,* Porträtist, Schöpfer von Städtebildern u. Erfinder mythischer Szenen. Neben ihm haben die Maler der Wiener Schule internat. Bedeutung: R. *Brauer,* E. *Fuchs,* R. *Hausner,* A. *Lehmden.*

österreichische Literatur, die deutschsprachige Lit. auf dem Gebiet Österreichs. Auf geistl. Dichtungen *(Wiener Genesis, Frau Ava)* u. weltl. Lyrik *(Dietmar von Aist, Kürenberg)* im 9. u. 10. Jh. folgte der höf. Minnesang *(Reimar der Alte, Walther von der Vogelweide);* fast gleichzeitig entstanden Heldenepen, die auf german. Sagen fußten *(Nibelungenlied, Kudrun).* Im Spät-MA entstanden Passionsspiele, Volkslieder u. Schwänke. An der Wiener Universität (gegr. 1365) wurde der Humanismus gepflegt (K. *Celtis).* Die Predigten von *Abraham a Santa Clara* waren wirkungsvolle Kampfmittel der Gegenreformation. In der Barockzeit erwuchs aus dem lat. Schultheater u. dem Jesuitendrama das höf. Repräsentationstheater; daneben standen Hanswurstkomödie, Singspiel u. Wiener Volksstück; die Glanzzeit des Volkstheaters lag im 19. Jh. (Zauberkomödien u. Lustspiele von D. *Nestroy* u. F. *Raimund).* In dieser Zeit begannen auch der Dramatiker F. *Grillparzer,* der Lyriker N. *Lenau* u. der Epiker A. *Stifter* ihr Schaffen. Der Volkserzähler P. *Rosegger* u. der Volksdramatiker L. *Anzengruber* schrieben in spezif. östr. Tradition. Den Zerfall der Monarchie beschrieb J. *Roth;* der führende Satiriker war K. *Kraus;* die Lebenskultur schilderten A. *Lernet-Holenia* u. R. *Musil,* eine gegenwärtige Vergangenheit H. von *Doderer.*

Vom Wiener Impressionismus kamen R. *Beer-Hofmann,* P. *Altenberg,* der Dramatiker A. *Schnitzler* u. S. *Zweig.* Die Neuromantik repräsentierte H. von *Hofmannsthal.* Weltgeltung erlangte R. M. *Rilke.* Surrealist. Einflüsse zeigen A. *Kubin,* Max *Brod,* F. *Kafka* u. H. *Broch.*

H. *Bahrs* Schrift »Expressionismus« (1920) beeinflußte die Dichtung des folgenden Zeitraums: G. *Trakl,* T. *Däubler,* A. *Ehrenstein,* den Lyriker F. *Werfel,* O. *Kokoschka,* A. P. *Gütersloh.* Die Zwischenkriegszeit prägten Gertrud *Fussenegger,* Ö. von *Horváth,* J. *Weinheber* u. E. *Canetti.* Vielgestaltig entfaltete sich die Lyrik nach 1945: C. *Lavant,* P. *Celan,* C. *Busta,* I. *Bachmann,* E. *Jandl,* F. *Mayröcker.* Drama: R. *Bayr,* F. *Hochwälder,* F. *Weigel.* Erzähler: G. von *Rezzori,* I. *Aichinger,* M. *Dor,* T. *Bernhard* (melanchol.-pessimist., stark autobiograph. Erzählungen), P. *Handke* (nonkonformist. Romane u. Erzählungen), B. *Okopenko.*

Experimentelles u. Eigenständiges brachten hervor K. *Bayer,* W. *Bauer,* H.C. *Artmann,* C. *Rühm,* F. *Achleitner.*

österreichische Musik. Ö. hat großen Anteil an der Entwicklung der europ. Musik. Charakteristisch sind in allen Epochen die Einschmelzungs- u. Vermischungsvorgänge europ. Kulturwerte auf östr. Boden. Komponisten wie G.C. *Wagenseil* u. M.G. *Monn* sind Vorläufer der Wiener Klassik, die mit J. *Haydn,* W.A. *Mozart,* L. van *Beethoven* u. F. *Schubert* Wien zum Schauplatz der größten musikal. Ereignisse werden ließ. Im 19. Jh. wirkten J. *Brahms,* A. *Bruckner* u. H. *Wolf* in Östr. Neben der ernsten Musik blühten auch der heitere, beschwingte Wiener Walzer u. die Wiener Operette (J. *Strauß).* Anfang des 20. Jh. vollzog sich in Wien auch die Wende zur neuen Musik. Arnold *Schönbergs* Zwölftonsystem hat das gesamte Musikschaffen des 20. Jh. entscheidend beeinflußt ebenso wie das Werk seiner Schüler Alban *Berg* u. Anton *Webern* (sog. *Zweite Wiener Schule).* Die Moderne ist durch F. *Schmidt,* F. *Schreker,* A. *Zemlinsky,* G. von *Einem* u. F. *Cerha* vertreten.

Österreichische Nationalbibliothek, aus der um 1526 gegr. Hofbibliothek in Wien hervorgegangen u. 1920 zur Nationalbibliothek erklärt; rd. 2,5 Mio. Bände, 40 000 Handschriften, außerdem Noten, Landkarten, Papyri u. a.

Österreichischer Erbfolgekrieg, der 1740–48 zw. europ. Mächten geführte Krieg um die Erbfolge Maria Theresias in den östr. Erblanden. Nach dem Tod Kaiser *Karls VI.* erkannte *Karl Albrecht* von Bayern die Pragmatische Sanktion nicht an. Er fand Unterstützung bei Sachsen u. Spanien; Großbrit. u. die Ndl. traten auf östr. Seite. Gleichzeitig marschierte Preußen in das von ihm beanspruchte Schlesien ein u. eroberte es im 1. u. 2. *Schlesischen Krieg.* Karl Albrecht krönte sich 1741 in Prag zum böhm. König u. wurde 1742 als *Karl VII.* zum Kaiser gewählt. Sein Sohn verzichtete jedoch nach dessen Tod auf seine Erbansprüche. Im *Aachener Frieden* 1748 wurde die Pragmat. Sanktion nun allg. anerkannt.

Österreichischer Gewerkschaftsbund, Abk. ÖGB, 1945 gegr. überparteiliche Interessenvertretung (Verein) der Arbeitnehmer Österreichs; umfaßt 15 Gewerkschaften.

Österreichischer Rundfunk GmbH, seit 1974 *Österreichischer Rundfunk,* Abk. *ORF,* mit Sitz in Wien.

Österreichisches Staatsarchiv, urspr. *Haus-, Hof- u. Staatsarchiv,* 1918 umbenannt; 4 Abteilungen: 1. Haus-, Hof- u. Staatsarchiv; 2. allg. Verwaltungsarchiv; 3. Finanz- u. Hofkammerarchiv; 4. Kriegsarchiv.

Österreichische Volkspartei, *Abk. ÖVP,* eine der beiden großen östr. Parteien, als konservative Volkspartei im April 1945 gegr. 1945–66 stellte die ÖVP in der Großen Koalition mit der Sozialist. Partei Österreichs (SPÖ) den Bundeskanzler, 1966–70 regierte sie allein, 1970–87 war sie in der Opposition; seit 1987 regiert sie wieder mit der SPÖ.

Österreichisch-Ungarische Monarchie, 1869 bis 1918 der amtl. Name für *Österreich-Ungarn.* Es bestand aus dem Kaiserreich Östr. (»die im Reichsrat vertretenen Kgr.e u. Länder«: Kgr.e Böhmen, Dalmatien, Galizien; Erzherzogtümer Östr. unter der Enns u. ob der Enns; Herzogtümer Salzburg, Steiermark, Kärnten, Krain, Schlesien, Bukowina; Markgrafschaften Mähren, Istrien; gefürstete Grafschaften Tirol, Görz, Gradisca; Land Vorarlberg, Stadt u. Gebiet Triest) u. dem Kgr. Ungarn mit Siebenbürgen, Kroatien u. Slawonien (»Länder der ung. Krone«) sowie den Reichslanden Bosnien u. Herzegowina. Die beiden Reichshälften wurden auch (nach ihrer Lage zum Fluß Leitha) als *Cisleithanien* u. *Transleithanien* bezeichnet.

Österreichisch-Ungarischer Ausgleich, Übereinkommen über das staatsrechtl. Verhältnis zw. Österreich u. Ungarn 1867, mit Wiederherstellung der Sonderverfassung Ungarns von 1848. Durch den Ausgleich entstand die Doppelmonarchie *Österreich-Ungarn* als Realunion zweier autonomer Staaten.

Österreich-Ungarn → Österreichisch-Ungarische Monarchie.

Osterspiel, die älteste Form des *geistl. Dramas;* im 10. Jh. aus der Osterliturgie entstanden, z. T. zum *Passionsspiel* ergänzt.

Östersund, Hptst. der mittelschwed. Prov. (Län) Jämtland, am Storsjön, 56 700 Ew.; Nahrungsmittel- u. Holzind.

Ostflandern, fläm. *Oost-Vlaanderen,* Prov. in → Belgien.

Ostfranken, 1. *Ostfrankenreich, ostfränk. Reich,* 833 von *Ludwig dem Deutschen* benutzte Bez. (lat. *Francia orientalis)* für seinen Herrschaftsbereich im östl. Teil des karoling. *Frankenreichs,* der 843 durch die Verträge von *Meersen* (870) u. *Ribémont* (880) vergrößert u. schließl. zum *Dt. Reich* wurde. – **2.** im 8. Jh. aufgekommener Name für einen Raum, der ungefähr dem bonifatian. *Bistum Würzburg* entsprach.

Ostfriesische Inseln → Ostfriesland, → Friesische Inseln.

Ostfriesland, Küstenlandschaft im nördl. Nds., zw. Ems- u. Weser-Mündung, mit den vorgelagerten *Ostfries. Inseln;* Hauptorte sind Aurich, Emden, Leer, Norden u. Jever.

Ostgebiete *des Dt. Reichs,* die Gebiete des ehem. Dt. Reichs zw. der → Oder-Neiße-Linie u. der östl. Reichsgrenze vom 31.12.1937, die aufgrund Abschnitt IX b des → Potsdamer Abkommens »bis zur endgültigen [d. h. friedensvertragl.] Festlegung der Westgrenze Polens« unter die Verw. Polens oder der Sowj. gestellt werden sollten. Der nördl. Teil Ostpreußens wurde schon 1945 als selbst. verwaltetes Gebiet, 1946 als Oblast Kaliningrad der RSFSR eingegliedert; die übrigen O. wurden als »wiedergewonnene Gebiete« 1945/46 Polen eingegliedert. Mit dem → Zwei-plus-vier-Vertrag vom 12.11.1990 u. dem *dt.-poln. Vertrag* vom 14.11.1990 wurde die Abtrennung der O. völkerrechtl. bestätigt.

Ostgermanen, german. Stämme, die ursprüngl. an der Ostsee, der unteren Weichsel u. im O südl. bis zur Donau siedelten; zu ihnen gehörten u. a. die *Bastarnen, Burgunder, Gepiden, Goten, Lugier, Skiren* u. *Wandalen.*

Ostgoten → Goten.

Osthaus, Karl Ernst, * 1874, † 1921, dt. Kunsthistoriker u. Kunstsammler; Gründer u. bis 1921 Leiter des Museums Folkwang in Essen.

Ostia, *Lido di Ö.,* ital. Seebad, Stadtteil von Rom. – Das antike *O.,* heute 7 km vom Meer entfernt, entwickelte sich in der röm. Kaiserzeit an der Tiber-Mündung zu einem Welthafen mit 80 000 bis 100 000 Ew.

Ostinato, *Musik:* fortgesetzte Wiederkehr eines Themas oder Motivs.

Ostindienkompanie → Handelskompanien.

Ostium, der altröm. Hauseingang.

Ostjaken, *Chanten,* finno-ugr. Nomadenvolk (21 000) in Sibirien, zw. Ob, Irtysch u. Jenissej.

Ostkirchen, die im östl. Mittelmeerraum entstandenen u. die aus diesen durch Mission u. Ausbreitung hervorgegangenen christl. Kirchen. Sie gliedern sich in die folgenden, ungleich großen Gruppen: 1. orthodoxe Kirchen; 2. morgenländische Kirchen; 3. mit der röm.-kath. Kirche verbundene, aus den Gruppen 1) u. 2) entstandene unierte Kirchen u. Teilkirchen, deren offizielle röm.-kath. Bezeichnung *kath. O.* lautet.

ostkirchliche Liturgien, alte Formen der Gottesdienst- u. Eucharistiefeiern, die in den *Ostkirchen* erhalten geblieben sind.

Ostkolonisation → Ostsiedlung.
Ostmark, 1. *Bayerische O.*, von Karl d. Gr. 803 als *Pannonische* oder *Awarische Mark* eingerichtet, umfaßte etwa das Gebiet zw. Enns u. Raab; Kerngebiet des späteren Herzogtums Östr. – **2.** *Sächsische O., Mark Lausitz*, 965 durch Teilung der Mark des Markgrafen *Gero* entstanden; gegen die Sorben u. Wenden eingerichtet. – **3.** 1938–45 amtl. Bez. für *Österreich.* – **4.** die in der dt.-poln. Grenzzone gelegenen preuß. Ostprovinzen. Die Germanisierungsversuche in den dortigen sprachl. Mischgebieten vor dem 1. Weltkrieg (Schul- u. Ansiedlungsgesetze) wurden als O.enpolitik bezeichnet.
Ostpakistan → Bangladesch.
Ostpreußen, ehem. preuß. Prov., hatte 1939 eine Fläche von 36 996 km² u. 2,5 Mio. Ew. (ehem. Hptst. *Königsberg*). Als Folge des 2. Weltkriegs bildet das nördl. O. (etwa ¹/₃ der Fläche) heute die russ. Oblast Kaliningrad; das südl. O. bildet die poln. Wojewodschaften Olsztyn, Elbląg u. Suwałki. Landschaftl. ist O. ein Teil des Norddt. Tieflands; seenreich.
Geschichte. Der östl. Teil Preußens wurde 1525 zum weltl. *Herzogtum Preußen* u. kam 1618 an die kurbrandenburg. Linie der Hohenzollern. 1815 entstand die Prov. O., die 1824–78 mit Westpreußen zur Prov. *Preußen* vereinigt war. Nach dem 1. Weltkrieg (Versailler Vertrag) mußte das Gebiet um Soldau an Polen, das Memelland an die Alliierten (später an Litauen) abgetreten werden. Der durch den *Polnischen Korridor* vom Reich getrennte restl. Teil der ehem. Prov. Westpreußen rechts der Weichsel wurde als Reg.-Bez. Westpreußen O. zugeschlagen. Auf der *Potsdamer Konferenz* nach dem 2. Weltkrieg wurde O. in einen sowj. u. einen poln. Verw.-Bez. geteilt (→ Ostgebiete). Die noch ansässige dt. Bevölkerung wurde fast völlig zwangsausgesiedelt.
Ostpunkt, der Punkt des Horizonts, der von den beiden Schnittpunkten des Himmelsmeridians mit dem Horizont 90° entfernt ist; in ihm geht zur Tagundnachtgleiche die Sonne auf.
Ostrakismos, *Ostrazismus*, im alten Athen das auf *Kleisthenes* zurückgeführte »Scherbengericht«; eine Volksabstimmung, bei der jeder Teilnehmer den Namen eines zu Verbannenden auf eine Scherbe *(Ostrakon)* schreiben mußte.
Ostrau, *Mährisch-O.*, tschech. *Ostrava*, Stadt in NO-Mähren (Tschech. Rep.), an der Oder, 335 000 Ew.; Wenzelskirche (13. Jh.); Steinkohlenbergbau; Schwermaschinenbau.
Ostrčil [ˈɔstrʃil], Otakar, *1879, †1935, tschech. Komponist; steht mit seinem Orchesterwerk »Kreuzweg« zw. G. Mahler u. A. Schönberg.
Ostróda [ɔˈstruda] → Osterode (2) in Ostpreußen.
Östrogen, *Follikelhormon*, weibl. steroides Keimdrüsenhormon, das hpts. von den *Follikeln* des Eierstocks u. von der *Plazenta* gebildet wird. Die Ö.e wirken auf die Entwicklung der Gebärmutterschleimhaut, auf das Wachstum der Brustdrüsen u. auf die Ausbildung der sekundären Geschlechtsmerkmale. Zus. mit *Progesteron* u. den *Gonadotropinen* sind sie für den normalen Ablauf des Menstruationszyklus verantwortlich.

Ostsee: Strand von Travemünde

Oströmisches Reich → Römisches Reich, → Byzantinisches Reich.
Ostrowskij, Alexander Nikolajewitsch, *1823, †1886, russ. Schriftst.; schilderte in seinen Schauspielen das russ. Kleinbürgertum (bes. den Kaufmannsstand) u. die Welt der Künstler; Ⓦ »Der Wald«.
Ostrumelien, bulgar. *Rumelija*, fruchtbare Beckenldsch. in Bulgarien, zw. Balkan u. Rhodopen, von Maritza u. Tundscha durchflossen; Hauptort *Plowdiw*, ind. Schwerpunkt *Dimitrowgrad*.
Ostsee, *Baltisches Meer*, flaches, im Mittel nur 55 m tiefes Nebenmeer des Atlantiks zw. Schweden, Finnland, Rußland, den Baltischen Staaten, Polen, Dtld. u. Dänemark, 420 000 km² (einschl. Kattegat). Sund, Großer u. Kleiner Belt u. Kattegat sowie der Nord-Ostsee-Kanal schaffen die Verbindung zur Nordsee u. damit zum Weltmeer. Bottnischer, Finnischer u. Rigaer Meerbusen greifen weit ins Land ein. Die O. erreicht die größte Tiefe mit 459 m im *Landsort-Tief* nördl. von Gotland. Gezeiten sind kaum bemerkbar. Fischerei: Hering, Dorsch, Sprotte, Scholle, Flunder, Aal, Lachs.
Ostseeprovinzen, *Baltische Provinzen*, die ehem. russ. Gouvernements Kurland, Livland u. Estland; heute Estland, Lettland, Litauen.
Ostsiedlung, *Ostkolonisation*, die Ansiedlung von Deutschen in den von Slawen, Awaren u. Ungarn nur dünn bevölkerten Gebieten im O u. SO des Röm.-Dt. Reichs im MA. Die ersten Anfänge einer O. gingen im 8. Jh. von Bayern aus in die *Donau-Ebene* u. die *Ostalpenländer*. Während die *Ottonen* mit der Gründung zahlr. Missionsbistümer eine wichtige Voraussetzung der späteren O. schufen u. die mittelelb. Lande gewannen, setzte sich im NO des Reichs erst im 12. Jh. durch. Die slaw. Bev. wurde teilweise verdrängt, bes. wenn sie sich der Umstellung widersetzte, sonst aber in das Siedlungswerk miteinbezogen. Aus der Verschmelzung der Einwanderer mit der slaw. Bev. sind die mittel- u. ostdt. Neustämme hervorgegangen. – Ein Sonderfall der dt. O. war die Staatsgründung des Deutschen Ordens, durch den *Ostpreußen, Kurland* u. *Livland* christianisiert u. dt. Städte gegr. wurden (bäuerl. Siedlungen nur in Ostpreußen). Die Volks- u. Sprachgrenzen waren weitgehend verwischt, als um 1350 aus nicht völlig erklärbaren Gründen die Siedlungsbewegung abebbte u. schließl. stillstand.
Ostverträge → Moskauer Vertrag, → Warschauer Vertrag.
Ostwald, 1. Hans, *1873, †1940, dt. Schriftst. u. Publizist; von M. Gorkij beeinflußter Erzähler. – **2.** Wilhelm, *1853, †1932, dt. Chemiker u. Philosoph; erfand das Verfahren zur Herstellung von Salpetersäure durch katalyt. Verbrennung von Ammoniak; Nobelpreis 1909. – In der Philos. begr. O. die naturphil. *Energetik*.
Ost-West-Konflikt, das nach Ende des 2. Weltkriegs entstandene Spannungsverhältnis zw. den beiden Blöcken und Lagern um die »Supermächte« USA u. UdSSR. Mit dem Zerfall der polit. Systeme in O-Europa u. der dt. Wiedervereinigung verlor der O. an Bedeutung.
Osumi-Inseln, jap. Inselgruppe zw. Kyushu u. den Ryukyu-Inseln, vulkan. Ursprungs; größte Inseln *Yaku* u. *Tanega*.
Oswald von Wolkenstein, *1377, †1445, spätmittelalterl. Tiroler Minnesänger; schuf Minne- u. Zechlieder, aber auch Mariendichtung.
Oszillation, Schwingung, rasches Hinundherschwingen, z.B. eines Lichtstrahls.
Oszillator, jedes schwingungsfähige System. In der Fernmeldetechnik Spezialschaltung zur Erzeugung ungedämpfter elektromagnet. Schwingungen (Wellen). Ein O. besteht im einfachsten Fall aus einem *Schwingkreis* u. einem *Transistor* (Elektronenröhre) zum Anfachen oder Steuern der Wellen.
Oszillogramm, Bild oder Aufzeichnung (photograph. Aufnahme) von schnell veränderl. Vorgängen mit Hilfe eines Oszillographen.
Oszillograph, Schwingungsschreiber, Gerät zum Sichtbarmachen u. Aufzeichnen schnell veränderl. elektr. u. mechan. Schwingungsvorgänge. Heute wird der *Kathoden-* oder *Elektronenstrahl-O.* verwendet, bei dem ein Elektronenstrahl abgelenkt u. auf dem Schirm einer *Braunschen Röhre* sichtbar gemacht wird.
Otalgie, Ohrenschmerzen.
Otaru, jap. Hafenstadt in Hokkaido, am Jap. Meer, 172 000 Ew.; Univ.; Handels- u. Fischereizentrum; Fremdenverkehr.
Otfried von Weißenburg, *Otfrid von Weißen-*

Otter: Fischotter

burg, *um 790, †nach 870, elsäss. Benediktinermönch; vollendete zw. 863 u. 871 in seinem Heimatkloster Weißenburg eine ahd. *Evangelienharmonie*, die erste dt. Dichtung (in südrheinfränk. Mundart) mit Endreim.
Othello, der Mohr von Venedig; Titelheld der gleichn. Tragödie von Shakespeare.
Othman, *Uthman*, †656, 3. Kalif 644–56; mit einer Tochter Mohammeds verh.; von Aufständischen ermordet.
Otho, Marcus Salvius, *32 n. Chr., †69 (Selbstmord), röm. Kaiser 69 n. Chr.; verbündete sich 68 mit *Galba*, den er mit Hilfe der Prätorianergarde 69 ermordete, unterlag dann aber *Vitellius*.
Otiatrie, *Otologie*, Ohrenheilkunde.
Otitis, Ohrenentzündung; *O. media*, Mittelohrentzündung.
Otmar, *Othmar*, †759, erster Abt von St. Gallen; Heiliger (Fest: 16.11.).
Otomi, altindian. Volk der Oto-Mangue-Gruppe in den Hochtälern des mex. Bundesstaats Tlaxcala, heute noch 300 000.
O'Toole [əˈtuːl], Peter, *2.8.1932, ir. Schauspieler; Shakespeare-Darsteller, auch beim Film erfolgreich, u. a. in »Lawrence von Arabien«, »Der letzte Kaiser«.
Otosklerose, erbl., fortschreitende Ohrerkrankung, die zur Unbeweglichkeit des Steigbügels u. damit verbunden zur Schwerhörigkeit führt.
Otranto, ital. Hafenstadt im sö. Apulien, an der *Straße von O.*, 4900 Ew.
Otsu, jap. Präfektur-Hptst. im südl. Honshu, bei Kyoto, am Biwasee, 235 000 Ew.; Textil- u. Kunstfaserind.
Ottawa [ˈɔtəwə], **1.** bis 1854 *Bytown*, Hptst. von Kanada, am *O. River*, in der Prov. Ontario, 304 000 Ew.; Parlament; Univ.; Holz-, Papier-, Elektro-Ind.; Flughafen. – Seit 1864 Hptst. – **2.** *O. River*, l. Nbfl. des St.-Lorenz-Stroms in Kanada, 1271 km; mündet bei Montreal.
Otten, Karl, *1889, †1963, dt. Schriftst., als Sozialist u. Expressionist Mitarbeiter der »Aktion«, emigrierte 1933.
Otter, 1. [der], *Lutrinae*, Unterfam. der *Marder*; Raubtiere mit kurzem dichtem Fell u. kurzen Beinen mit Schwimmhäuten zw. den Zehen; Meeres- u. Süßwasserbewohner, die mit Ausnahme Australiens alle Erdteile bewohnen; der häufigste Vertreter ist der *Fisch-O.* von etwa 1 m Körperlänge. – **2.** [die], Giftschlangen aus der Fam. der Vipern.
Otterzivette, *Mampalon, Cynogale bennetti*, zu den Schleichkatzen gehörig, in Indonesien u. Malakka beheimatet; gedrungener Körperbau, gelbbraunes Fell.
Otto, Fürsten:
Dt. Könige u. Kaiser:
1. O. I., *O. d. Gr.*, *912, †973, König 936–73, Kaiser seit 962; unterwarf die Stammesherzogtümer, baute die dt. Reichskirche als Stütze der Königsgewalt aus *(ottonisch-salisches Reichskirchensystem);* sicherte die Grenzen gegen die Slawen durch Errichtung zweier Marken, förderte die Slawenmission u. errichtete mehrere neue Bistümer im N u. O des Reichs, v. a. das Erzbistum *Magdeburg* (968). 955 beendete sein Sieg auf dem Lechfeld die lange Epoche der Ungarneinfälle. 962 wurde er zum Kaiser gekrönt. – **2. O. II.**, Sohn von 1, *955, †983, (allein regierender) Kaiser 973–983; mit der byzant. Prinzessin *Theophano* verh.; 961 zum dt. König, 967 zum Kaiser gekrönt; seit 973 Nachf. seines Vaters; wandte sich gegen Dänemark (974) u. den aufständ. Herzog *Heinrich II. den Zänker* (974–78); griff in Unteritalien die Sarazenen an, erlitt aber 982 eine schwere Niederlage bei *Cotrone*. – **3. O. III.**, Sohn von 2, *980, †1002, König 983–1002, Kaiser seit 996; zog 996 nach Rom, erhob seinen Vetter *Bruno von Kärnten* zum

Papst *(Gregor V.)* u. wurde von diesem zum Kaiser gekrönt. Nach Vertreibung Gregors durch den röm. Stadtadel *(Crescentier)* eroberte O. 998 Rom u. erhob 999 nach Gregors Tod seinen Freund *Gerbert von Aurillac* als *Silvester II.* zum Papst. – **4. O. IV.,** *um 1173 oder 1182, †1218, König 1198–1218, Kaiser seit 1209; Welfe, Sohn *Heinrichs des Löwen;* von den Gegnern des Staufers *Philipp von Schwaben* zum König gewählt; nach dessen Tod 1208 allg. anerkannt. Er vertrat rücksichtslos die Reichsinteressen in Italien u. Sizilien, wurde deshalb gebannt u. durch die Gegnerschaft Frankreichs u. des vom Papst unterstützten Staufers *Friedrich (II.)* neutralisiert.
Bayern:
5. O. I., *Graf von Wittelsbach,* *um 1117, †1183, Herzog 1180–83; enger Vertrauter u. Berater *Friedrichs I. Barbarossa,* dafür nach Absetzung Heinrichs des Löwen mit der bay. Herzogswürde belehnt. – **6. O. I.,** *1848, †1916, König 1886–1913; seit 1872 geisteskrank, als Nachf. seines Bruders *Ludwig II.* zum König proklamiert. Prinz *Luitpold* u. *Ludwig III.* (seit 1913 König) führten die Regentschaft für ihn.
Griechenland:
7. O. I., *1815, †1867, König 1832–62; Sohn König *Ludwigs I.* von Bayern; von der Londoner Konferenz 1832 vorgeschlagen u. von der grch. Nationalversammlung gewählt; 1862 durch Putsch gestürzt.
Pfalz:
8. O. Heinrich, *Ottheinrich,* *1502, †1559, Pfalzgraf bei Rhein, Kurfürst seit 1556; 1542 luth. geworden, verlor sein Land im Schmalkald. Krieg u. erhielt es erst 1552 wieder. Nach dem Tod seines kinderlosen Onkels *Friedrich II.* (*1482, †1556) erhielt er mit der Kurpfalz auch die Kurwürde.
Otto, 1. Berthold, *1859, †1933, dt. Erzieher u. Schulreformer; forderte den »Gesamtunterricht«, der den Impulsen der Kinder folgen soll, sowie die Pflege der »Altersmundart« einer jeden Stufe. – **2.** Luise →Otto-Peters. – **3.** Nikolaus August, *1832, †1891, dt. Ingenieur; Erfinder des nach ihm ben. Verbrennungsmotors (1862, 1864 verwirklicht); 1872 mit Eugen *Langen* Gründer der Deutzer Maschinen-Fabrik.
»Otto«, Künstlername von Otto Waalkes, Komiker, *22.1.1948; erfolgreich im Fernsehen u. im Film.
Ottobeuren, bay. Markt u. Sommerfrische in Schwaben, 7300 Ew.; Benediktinerabtei (764 bis 1802, wieder seit 1834) mit barocker Stiftskirche; Fremdenverkehr.
Ottobrunn, Gem. in Oberbay., sö. von München, 20 700 Ew.; Luft- u. Raumfahrtindustrie.
Ottokar, *Otokar,* böhm. Könige:
1. 1. O. I. *Přemysl,* †1230, Herzog 1197, König 1198–1230; Sohn *Wladislaws II.,* gewann die kaiserl. u. päpstl. Anerkennung der Erblichkeit des Königstitels. – **2.** Otokar, **O. II.** *Přemysl,* Enkel von 1), *um 1230, †1278, König 1253–78; nutzte das *Interregnum,* um sich eine Machtstellung zu schaffen, u. widersetzte sich der Wahl *Rudolfs von Habsburg* zum dt. König. 1275 wurden ihm die Reichslehen Böhmen u. Mähren entzogen u. über ihn die Reichsacht verhängt; 1276 wurde ihm Östr. abgesprochen. 1278 wurde er bei Dürnkrut (Schlacht auf dem Marchfeld) besiegt, auf der Flucht gefangen u. erschlagen.
Ottomane [die], niedriges, breites Sofa.
Ottomotor →Verbrennungsmotor.
Ottonen, zusammenfassende Bez. (nach dem Namen der Hauptvertreter) für die 919–1024 regierenden dt. Könige u. Kaiser *Heinrich I., Otto I. (d. Gr.), Otto II., Otto III.* u. *Heinrich II.* aus dem sächs. Geschlecht (darum auch, außer Heinrich I., *Sachsenkaiser* gen.) der Liudolfinger.
ottonische Kunst, die Kunst z.Z. der Sachsenkaiser *(Ottonen)* vom letzten Viertel des 10. bis zum 1. Drittel des 11. Jh. in Mitteleuropa, bes. im dt. Sprachgebiet. Die in direkter Anknüpfung an die christl. Antike übernommen naturalist. Elemente der o. K. wurden durch eine anaturalist. Bildauffassung umgeformt. Träger der o. K. waren die Domschulen u. Klöster. In den meisten Bischofsstädten entstanden um die Jahrtausendwende großartige Domneubauten. Die otton. Plastik zeigt bereits Ansätze einer Monumentalskulptur; es entstand der Typus des großfigurigen Christus-Bilds am Kreuz (z.B. das *Gero-Kreuz* des Kölner Doms, 969–976).
Otto-Peters, Luise, *1819, †1895, dt. Schriftst. u. Frauenrechtlerin; gründete 1848 die erste dt. »Frauenzeitung« (bis 1850) u. 1865 in Leipzig den »Allg. Dt. Frauenverein«.
Otto von Bamberg, *um 1060, †1139, seit 1102 Bischof von Bamberg; missionierte seit 1124 mit großem Erfolg unter den Pommern. – Heiliger (Fest: 2.7.).
Ottweiler, saarländ. Stadt an der Blies, 16 000 Ew.; eisenverarbeitende Ind.
Ötztal, 65 km langes rechtes Seitental des oberen Inntals, in Tirol.
Ötztaler Alpen, stark vergletscherter Teil der Zentralalpen in Tirol (Östr.); in der *Wildspitze* 3774 m, in der *Weißkugel* 3736 m.
Ouachita [ˈwɔʃitɔː], *Washita,* l. Nbfl. des Red River (USA), 974 km; entspringt in den *O. Mountains* (878 m), durchfließt Arkansas u. Louisiana.
Ouadaï [[waˈdaːi], Wadai,], **1.** sudanes. Hochland mit vorw. Dornsavanne im O der afrik. Rep. Tschad, 440 000 km², Hauptort *Abéché.* – **2.** ehem. Königreich im mittleren Sudan.
Ouagadougou [uagaduˈgu], *Wagadugu,* Hptst. der W-afrik. Rep. Burkina Faso, 375 000 Ew.; Nahrungsmittel-, Metallind., wichtiger Handelsplatz; Flughafen; 1450–1896 Hptst. des afrik. Staats *Mossi.*
Ouahran [uaxˈran] →Oran.
Oud [ɔut], Jacobus Johannes Pieter, *1890, †1963, ndl. Architekt; Mitgl. der »Stijl«-Bewegung, schuf 1935 einer der Hauptvertreter des Funktionalismus, baute später in einem freieren Stil (Bio-Kinderheim bei Arnheim).
Oudenaarde [ɔudəˈnaːrdə], Stadt in der belg. Prov. Ostflandern, 27 000 Ew.; Textil-Ind.; Bierbrauerei.
Oudry [uˈdri], Jean Baptiste, *1686, †1755, frz. Maler u. Graphiker; übernahm 1734 die Leitung der Teppich-Manufaktur in Beauvais, 1736 die Oberaufsicht über die Pariser Gobelin-Werkstätten.
Ouezzan [wɛˈzaːn], Wallfahrtsort in Marokko, 35 000 Ew.; Teppichknüpferei.
Oûjda [uʒˈda], *Uidah,* Stadt in Marokko, 260 000 Ew.; Handelszentrum.
Oulu [ˈoulu], schwed. *Uleåborg,* Hptst. der gleichn. finn. Prov., an der Mündung des *Oulujoki* in den Bottn. Meerbusen, 97 900 Ew.; Univ.; Hafen; Holzhandel.
Oulujärvi [ˈoulu-], See in Mittelfinnland, sö. von *Oulu,* 900 km²; durch den *Oulujoki* (104 km) mit dem Bottn. Meerbusen verbunden.
Oum er Rbia, *Ouèd Oum er Rbia* [uˈɛd umɛrˈbja], längster Fluß Marokkos, mündet nach 600 km bei Azemmour in den Atlantik.
Ounce [auns], Kurzzeichen *oz, Unze,* Gewichtseinheit in Großbrit. u. den USA; 1 O. = ¹/₁₆ pound = 28,35 g. – *Troy-O.* →Troygewicht.
Our [uːr], schlingenreicher l. Nbfl. der Sauer (Sûre) in Belgien, mündet bei Wallendorf, 78 km.
Ouro Preto [ˈoru ˈpretu], Stadt im brasil. Staat Minas Gerais, 37 000 Ew.; Zentrum des brasil. Kolonialbarock.
Ourthe [urt], r. Nbfl. der Maas in Belgien, 166 km; mündet bei Lüttich.
Ouse [uːz], **1.** *Great O., Northamptoner O.,* Fluß in Mittel- u. O-England, 258 km; mündet bei King's Lynn in den Wash. – **2.** Fluß in SO-England, 45 km; mündet östl. von Brighton. – **3.** *Nördl. O.,* schiffbarer Fluß in NO-England, 72 km; O. u. Trent bilden den *Humber.*
Ousmane [usˈman], Sembène, *8.1.1923, senegales. Schriftst. u. Filmregisseur; Verfasser sozialkrit. Romane.
Outcast, 1. ein aus der Gesellschaft (z.B. als Mischling) Ausgestoßener; bes. die ind. Parias. – **2.** im einstigen »Wilden Westen« der USA der von den Gerichten wegen eines Verbrechens Gesuchte.
Outlaw [ˈautlɔː], jemand, der außerhalb der Gesetzesordnung lebt; Berufsverbrecher.
Output, 1. *Ausgang,* der Anschluß, hinter dem einem Verstärker die Spannung abgenommen wird, die einem Lautsprecher u. ä. zugeführt wird; auch die Ausgangsleistung eines elektron. Geräts. – **2.** Ausgabe aus einem laufenden Rechnersystem. – **3.** *Wirtschaft:* →Input-Output-Analyse.
Ouvertüre [uːvɛr-], Einleitungsstück der Oper durch das Orchester, häufig auch einleitender Satz der Suite.
Ou-yang Xiu [ɔujaŋxsiu], *Ou-yang Hsin,* *1007, †1072, chin. Schriftst.; Lyriker, Essayist u. Historiker.
Ouzo, grch. Anisbranntwein mit sehr hohem Alkoholgehalt.
oval, länglichrund.
Ovambo, *Ambo,* Stämmegruppe mutterrechtl. Bantuvölker (Kwanyama, Ndonga) im Grenzgebiet Namibias u. Angolas.
Ovamboland, *Amboland,* Distrikt, ehemaliges Bantuland im nördl. Namibia, 51 800 km², 615 000 Ew.; Hauptort Ondangwa.
ovarial, zum Eierstock *(Ovarium)* gehörig.
Ovarialgravidität, *Eierstockschwangerschaft,* eine Form der →Extrauteringravidität.
Ovarium →Eierstock.
Overall [ˈouvərɔːl], einteiliger Überanzug als Brustlatzhose mit Trägern; Arbeitskleidung.
Overath, Gem. in NRW, östl. von Köln, 23 200 Ew.; Armaturenherstellung.
Overbeck, 1. Franz, *1837, †1905, dt. ev. Theologe; Kritiker der Theologie u. des Christentums. – **2.** Fritz, *1869, †1909, dt. Maler; Mitgl. der Künstlerkolonie in Worpswede; stimmungsvolle Landschaftsgemälde. – **3.** Johann Friedrich, *1789, †1869, dt. Maler; gründete mit F. Pforr u. a. 1809 in Wien den »Lukasbund«, der 1810 nach Rom übersiedelte *(Nazarener).*
Overdrive [ˈouvədraiv], Zusatzgetriebe für Kennungswandler von Kraftwagen; meist als Zweigang-Zwischengetriebe für die elektr.-hydraul. Wahl von zwei Schaltebenen.
Overhead-Projektor [ˈouvəhɛd], *Tageslichtprojektor, Hellraumprojektor,* ein Diaprojektor großer Lichtleistung; er gestattet eine Projektion im nicht verdunkelten Raum. Man schreibt u. zeichnet auf einer Bildbühne mit bes. geeigneten Stiften.
Overijssel [ˈoːvərɛisəl], Prov. im O der →Niederlande.

Otto der Große mit seiner ersten Frau Editha; vermutlich zwischen 1230 und 1240 entstanden. Magdeburg, Dom

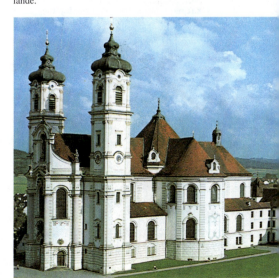

Ottobeuren: Stiftskirche, 1737–66 erbaut

Overkill ['ouvəkil], *O.-capacity*, ein Vorrat an Waffen, der über den zur Vernichtung eines Gegners erforderlichen hinausgeht.

Øverland ['ø:vərlan], Arnulf, *1889, †1968, norw. Schriftst.; schlichte Lyrik in der Nachf. der Neuromantiker, wandte sich mit polit. engagierter Lyrik dem Sozialismus zu.

Overloadtraining ['ouvəloudtreiniŋ], Überbelastungsprinzip im Sport, bei dem im Training eine größere Belastung als im Wettkampf gefordert wird.

Ovid, Publius *Ovidius Naso*, *43 v. Chr., †17 oder 18 n. Chr., röm. Dichter; begann mit erot. Dichtungen (»Amores«, »Heroides«, »Ars amatoria«), fand in seinen röm. Reifejahren zur Sagendichtung (»Metamorphosen«, etwa 250 Verwandlungssagen; »Fasti«, Festkalender mit Gründungssagen, unvollendet) u. verfaßte in der Einsamkeit seiner Verbannung in Tomis Elegien.

Ovidukt →Eileiter.

Oviedo [o'vjeðo], N-span. Prov.-Hptst. in Asturien, 191 000 Ew.; got. Kathedrale; Eisen-, Metall- u. chem. Ind.; im 8.–10. Jh. Hptst. des Kgrs. *Asturien*.

ovipar, eierlegend; Ggs.: *vivipar* (lebendgebärend).

ovovivipar, unmittelbar nach der Eiablage aus der Eihülle schlüpfende Embryonen hervorbringend, z.B. manche Insekten, Fische, Lurche u. Reptilien.

ÖVP, Abk. für *Österreichische Volkspartei*.

Ovulation →Eisprung.

Ovulationshemmer, Hormonpräparate, die den Eisprung verhindern u. der Empfängnisverhütung dienen (»Pille«).

Owen, 1. David Anthony Llewellyn, *2.7.1938, brit. Politiker (Sozialdemokrat); 1961–81 Mitgl. der Labour-Party; 1977–79 Außen-Min.; 1981 Mitgr. u. 1983 Führer der *Social Democratic Party* (SDP). – **2.** John, *1563/64, †1622, neulat. Dichter aus Wales; lat. Deckname: *Audoenus*. – **3.** Robert, *1771, †1858, brit. Sozialreformer; suchte seine Ideen zur Verbesserung der soz. Verhältnisse in seinem Unternehmen *New Lanark* in Schottland u. in der Siedlung *New Harmony* in Indiana zu verwirklichen u. wurde durch seine in London errichtete »Arbeiterbörse« (*Labour Exchange* 1832) geistiger Urheber des engl. Genossenschaftswesens.

Owens ['ouənz], Jesse, *1913, †1980, US-amerik. Leichtathlet; Olympiasieger 1936 im 100-m- u. 200-m-Lauf sowie im Weitsprung u. in der 4 x 100-m-Staffel.

Owlglaß ['aul-; engl. »Eulenspiegel«], *Dr. O.*, eigtl. Hans Erich *Blaich*, *1873, †1945, dt. Schriftst.; Mitarbeiter des »Simplicissimus«; humorvoller Lyriker u. Erzähler.

Oxalate, die Salze der *Oxalsäure*.

Oxalsäure, *Kleesäure*, eine zweibasische, aliphat. Dicarbonsäure, HOOC-COOH; in Form ihrer Salze im Pflanzenreich weit verbreitet, so im Rhabarber, Sauerklee u. Sauerampfer.

Oxazine, synthet. blaue Beizenfarbstoffe.

Oxenstierna, 1. Axel, Graf von *Södermöre*, *1583, †1654, seit 1612 schwed. Reichskanzler unter *Gustav II. Adolf*; einigte nach Gustav Adolfs Tod fast alle dt. prot. Reichsstände im *Heilbronner Bund* 1633; übernahm 1636 die Vormundschaftsregierung für Königin *Christine* (bis 1644). – **2.** Johan Gabriel Graf, *1750, †1818, schwed. Diplomat u. Schriftst. (symbolhafte Naturlyrik u. Epigramme).

Oxer, im Reitsport ein Hindernis beim *Jagdspringen*; 2 Stangenaufbauten mit dazwischenliegender Bepflanzung (Busch oder Hecke).

Oxford ['ɔksfəd], Hptst. der S-engl. Gft. *O.shire*, an der Themse, nw. von London, 99 000 Ew.; mittelalterl. Stadtbild; got. Kathedrale; um 1170 gegr. traditionsreiche Univ., die mit *Cambridge* das geistige Leben Englands bestimmt; Herstellung von Flugzeugen, Autos, Waffen, Elektroind., Maschinenbau.

Oxford ['ɔksfəd], engl. Herzogstitel: Robert *Harley*, Earl of O., *1661, †1724, brit. Politiker (Tory); Vertrauter der Königin *Anna Stuart*, übernahm 1710 mit Lord *Bolingbroke* (*1678, †1751) die Reg.; entzweite sich 1714 mit Bolingbroke, was zu seiner Entlassung führte; 1715–17 wegen angebl. Hochverrats zugunsten Frankreichs im Tower gefangengehalten.

Oxid, fr. *Oxyd*, chem. Verbindung von Metallen oder Nichtmetallen mit Sauerstoff. Sind mehrere Sauerstoffatome mit einem Atom eines Elements verbunden, so spricht man von *Di-, Tri-, Tetra-, Pentoxid*.

Oxidation, i.w.S. die Abgabe von Elektronen, z.B. der Übergang eines Metalls aus dem elementaren in den Ionenzustand (Fe → Fe^{3+}) oder eines Nichtmetalls aus dem Ionen- in den elementaren Zustand, *i.e.S.* die Aufnahme von Sauerstoff oder der Entzug von Wasserstoff. O.svorgänge sind in der Technik (Verbrennung) u. bei biolog. Vorgängen (Atmung, Gärung) von großer Bedeutung, da sie unter Energieabgabe verlaufen. Ggs.: *Reduktion*. – **O.smittel**, *Oxidantien*, chem. Verbindungen, die ihren Sauerstoff leicht abgeben, z.B. Salpetersäure, Kaliumpermanganat, Ozon.

Oxidkathode, in Elektronenröhren eine Glühkathode, die mit einer Oxidschicht eines der Erdalkalimetalle Calcium, Barium oder Strontium überzogen ist. Durch diese Schicht wird der Austritt von Elektronen aus dem Kathodenmaterial erleichtert.

oxy..., Wortbestandteil mit der Bed. »scharf, herb, sauer«, »Sauerstoff enthaltend oder benötigend«.

Oxycarbonsäuren, *Hydro-O., Oxysäuren*, organ.-chem. Säuren, die eine oder mehrere Oxy- (OH)-Gruppen neben Carboxylgruppen im Molekül enthalten, z.B. Milchsäure.

Oxygenium, der Sauerstoff.

Oxyhämoglobin, ein hellroter Blutfarbstoff; entsteht in der Lunge, wenn die vier zweiwertigen Eisenatome des *Hämoglobins* durch Nebenvalenzen vier Moleküle Sauerstoff binden.

Oxyliquit, Sprengstoff aus Kohlen- oder Torfpulver, Sägemehl, Paraffin u. a., das mit flüssiger Luft getränkt ist.

Oxymoron, eine *rhetorische Figur*, in der zwei einander widersprechende Begriffe verbunden sind; z.B. »alter Junge«.

Oxytocin, ein Hormon des *Hypophysenhinterlappens*; bewirkt während der Geburt und die Kontraktion der Muskulatur des Uterus (Wehen).

Oya-Schio, kalte Meeresströmung im Nordpazif. Ozean; fließt an der Ostseite der Kurilen u. von Hokkaido südwärts bis N-Honshu; trifft dort auf den *Kuro-Schio*.

Oyo, Stadt im sw. Nigeria, 185 000 Ew.; Textil-Ind.; Kunsthandwerk; bis ins 19. Jh. Hptst. eines Yoruba-Königreichs.

Oz, Amos, *4.5.1939, isr. Schriftst.; schildert das Leben im Kibbuz; 1992 Friedenspreis des Dt. Buchhandels.

Özal ['ø:zal], Turgut, *1927, †1993, türk. Politiker; gründete 1983 die Mutterlandspartei, 1983–89 Min.-Präs., seit 1989 Staats-Präs.

Ozalidpapier, Handelsbez. für ein mit einer lichtempfindl. Substanz beschichtetes Lichtpauspapier, das mit Ammoniak trocken entwickelt werden kann. Es entstehen positive Kopien.

Ozean, *Weltmeer* →Meer.

Ozeanien, engl. *Pacific Island*, frz. *l'Océanie*, die über den Pazifik, v. a. zw. den beiden Wendekreisen verstreute Inselwelt (über 10 000 Inseln); vorw. Koralleninseln, z. T. auch vulkan. Ursprungs, mit der Kokospalme als Charakterpflanze. Die größten Inselketten u. -gruppen sind Melanesien, Mikronesien u. Polynesien mit Neuseeland u. den Hawaii-Inseln. Das Gesamtgebiet, verteilt über einen Meeresraum von 66 Mio. km², hat eine Fläche von nur 826 200 km².

ozeanisches Klima, maritimes Klima →Seeklima.

ozeanische Sprachen, *austrones. Sprachen*, zusammenfassende Bez. für die *malaiisch-polynesischen* u. die *melanesischen Sprachen*.

Ozeanographie, urspr. *Meereskunde* (i.e.S.), eine *Geowissenschaft*; behandelt Entstehung, Größe, Gestalt, Tiefe u. Gliederung der Meere, die physikal. u. chem. Eigenschaften des Meerwassers, die Wellen, Gezeiten, Meeresströmungen, die Gestalt der Meeresböden sowie die marine Flora u. Fauna, die Meteorologie u. das Klima des Luftraums über den Ozeanen; heute werden nur noch die physikal. Disziplinen der Meereskunde zur O. gerechnet, gleichbedeutend mit **Ozeanologie**.

Ozelot, *Pardelkatze, Pantherkatze, Leopardus pardalis*, gelbl.-braun gefleckte (*Klein-)Katze*; bis 1,45 m lang (davon ⅓ Schwanzlänge); von N-Mexiko bis N-Argentinien; ernährt sich von kleinen Nagern, Affen, kleinen Hirscharten u. Vögeln.

Ozenfant [oza'fã], Amédé, *1886, †1966, frz. Maler u. Kunsttheoretiker; wandte sich gegen die dekorativen Tendenzen des Kubismus u. gründete in New York die *O. School of Fine Arts*.

Ozokerit, *Erdwachs, Montanwachs*, ein wachsartiges Mineral von hellgelber bis braunschwarzer Farbe; Oxidationsprodukt paraffinischer Erdöle; liefert bei Destillation *Ceresin*.

Ozon, eine unbeständige, gasförmige Verbindung aus 3 Sauerstoffatomen (O_3), die sich u. a. bei elektr. Entladungen bildet; verwendet zur Bleichung u. zur Desinfektion (z.B. von Trinkwasser).

Ozonschicht, *Ozonosphäre*, der Teil der Stratosphäre zw. etwa 20 u. 50 km Höhe, in dem unter der Einwirkung ultravioletter Sonnenstrahlung ständig molekularer Sauerstoff (O_2) in Ozon (O_3) umgewandelt wird. Der O. kommt für die Lebensvorgänge auf der Erde große Bedeutung zu, da sie den größten Teil der lebensfeindl. »harten« UV-Strahlung fernhält. Auch für den Energiehaushalt der Atmosphäre ist der O. wichtig. Die O. wird nach der Überzeugung vieler Wissenschaftler durch die Fluorchlorkohlenwasserstoffe (FCKW) angegriffen u. zerstört. Seit Ende der 1970er Jahre wird eine bes. drast. Abnahme der stratosphär. Ozons über der Südpolarregion beobachtet (»Ozonloch«). Mittlerweile wird ein globaler Ozonabbau in der O. registriert. 1987 beschlossen 46 Nationen die stufenweise Reduktion von FCKW in Industrie u. Technik. Bei einer Zerstörung der O. erreicht mehr schädl. UV-Licht die Erdoberfläche. Die Folge wäre ein Anstieg der Hautkrebs- u. Mutationsraten.

Ozu, Yasujiro, *1903, †1963, jap. Filmregisseur; zeigte in seinen Filmen das Zerbrechen familiärer u. gesellschaftl. Traditionen.

Ozeanien: Staaten			
Staat	Hauptstadt	Staat	Hauptstadt
Belau	Koror	Neuseeland	Wellington
Fidschi	Suva		
Kiribati	Bairiki	Papua-Neuguinea	Port Moresby
Marshallinseln	Uliga	Salomonen	Honiara
Mikronesien	Pohnpei	Samoa	Apia
		Tonga	Nuku'alofa
Nauru	Yaren	Tuvalu	Funafuti
		Vanuatu	Port Vila

Ozeanien: Hausbau auf den Nuguriainseln

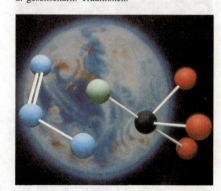

Ozonschicht: Atommodell der FCKW-Stoffe, die die Ozonschicht zerstören

P

p, P, 16. Buchstabe des dt. Alphabets; entspricht dem grch. *Pi* (π, Π).
P, chem. Zeichen für *Phosphor*.
Pa, Kurzzeichen für *Pascal*.
Pa., Abk. für *Pennsylvania*.

Wolfgang Paalen: Die Erde erhebt sich; 1953. Paris, Privatsammlung

Paalen, Wolfgang, *1907, †1959 (Selbstmord), östr. Maler (phantast. Landschaften mit Fabelwesen).
Päan, *Paian,* altgrch. Chorlied; urspr. Dankhymnus auf Apollon.
Paarerzeugung, *Atomphysik:* die gleichzeitige Erzeugung zweier Elementarteilchen gleicher Masse, aber entgegengesetzter Ladung (Teilchen u. Antiteilchen). Der umgekehrte Vorgang ist die **Paarvernichtung** (Zustrahlung); z.B. kann ein Positron beim Zusammenstoß mit einem Elektron in 2 oder 3 Lichtquanten von zus. rd. 1 MeV Energie zustrahlen.
Paarhufer, *Paarzeher,* Ordnung der *Huftiere.* Meist tragen die stark ausgeprägten 3. u. 4. Zehen Hufe, während die 2. u. 5. noch als »Afterzehen« vorhanden sind. Man unterscheidet *Wiederkäuer* u. *Nichtwiederkäuer*.
Paarung, 1. *Begattung* →Befruchtung. – **2.** *Paarbildung,* der vorübergehende oder dauerhafte Zusammenschluß eines Männchens mit einem Weibchen zum Zwecke der Fortpflanzung.
Paarzeher →Paarhufer.
Paasikivi, Juho Kusti, *1870, †1956, finn. Politiker (Fortschrittspartei); 1944–46 Min.-Präs., 1946–56 Staats-Präsident.
Pabel, Hilmar, *17.9.1910, poln. Photograph; soz. engagierte Photoreportagen.
Pabianice [pabja'nitsɛ], Stadt in Polen, sw. von Lodsch, 73 000 Ew.; Textil-, Papier-, Masch.-Ind.
Pabst, Georg Wilhelm, *1885, †1967, östr. Filmregisseur; Filme: »Die freudlose Gasse«, »Die Dreigroschenoper«, »Der Prozeß«.
Pacelli [pa'tʃɛlli], Eugenio, Papst →Pius XII.
Pachacamac [patʃa-], nach dem gleichn. Gott ben. altindian. Tempelstadt in Peru; Palast- u. Tempelanlagen (100–1200 n. Chr.).
Pachelbel [auch -'xɛl-], Johann, *1653, †1706, dt. Organist u. Komponist (Choralbearbeitungen u. Orgelchoräle).
Pacher, Michael, *um 1435, †1498, östr. Maler u. Bildhauer; Hptw.: Hochaltar in St. Wolfgang.
Pa Chin, chin. Schriftst., →Ba Jin.
Pachomius, *um 287, †347, ägypt. Mönch; erbaute um 320 das erste christl. Kloster (in Tabennisi, Oberägypten). – Heiliger (Fest: 14.5.).
Pacht, die entgeltl. Überlassung eines Gegenstands (auch eines Rechts, z.B. eines Jagdrechts) zu Gebrauch u. (Ggs.: *Miete*) zur Nutznießung; auch Bez. für das Entgelt, den *P.zins*.
Pachuca de Soto [pa'tʃuka-], Hptst. des mex. Staats Hidalgo, 2385 m ü. M., 106 000 Ew.; Silber-, Gold- u. Eisenerzbergbau.
Pacino [pæ'tsinɔu], Al, *25.4.1940, US-amerik. Filmschauspieler; Hauptrollen in »Der Pate«, »Scarface«, »Dick Tracy«.
Pacioli [pa'tʃɔ:li], Luca, *um 1445, †um 1518, ital. Mathematiker; Franziskaner, mit *Leonardo da Vinci* befreundet; entwickelte die doppelte Buchführung.
Packard ['pækəd], Vance, *22.5.1914, US-amerik. Publizist; populäre kultur- u. sozialkrit. Bücher. Ⓦ »Die geheimen Verführer«.
Päckchen, eine Postsendung bis 2 kg Höchstgewicht.
Packeis, durch Meeresbewegungen zusammengeschobene Eisschollen.
Packung, Einwicklung des ganzen Körpers oder einzelner Teile in Tücher, die je nach dem Zweck der Heilmaßnahme feucht oder trocken oder mit Zusätzen wie Lehm oder Schlamm versehen sind.
Pädagoge, Erzieher (von Beruf), Lehrer; auch der Erziehungswissenschaftler.
Pädagogik [grch.], die prakt. u. theoret. Lehre von der Erziehung, auch die Erziehung selbst. Als *Erziehungswiss.* ist die P. eine handlungsorientierte Sozialwiss., in der Theorie u. Praxis eng miteinander verknüpft sind. Sie beschäftigt sich mit den Zielen u. Inhalten, den Interaktions- u. Vermittlungsformen u. den sozialen u. institutionellen Rahmenbedingungen des Erziehungsprozesses.
pädagogische Hochschule, Einrichtung zur Ausbildung von Grund-, Haupt- u. z. T. auch Realschullehrern, meistens in Univ. integriert.
pädagogische Psychologie, der Zweig der Psychologie, der sich mit den für die Pädagogik wichtigen psycholog. Fragen beschäftigt; umfaßt *Entwicklungspsychologie* des Kindes- u. Jugendalters, Erarbeitung von *Begabungs-* u. *Schulreifetests, Sozialpsychologie* kleiner Verbände (z.B. Schulklassen), *Psychagogik.*
Padang, indones. Ausfuhrhafen u. Prov.-Hptst. in W-Sumatra, an der Mündung des P.-Flusses, 726 000 Ew.; kath. Bischofssitz, Univ.; Flugplatz.
Paddel, ein *Ruder,* das frei (d. h. ohne Dollen) geführt wird u. mit dem *P.boote* (Faltboote, Kajaks u. Kanadier) fortbewegt werden.
Paddock ['pædək], Auslauf für Pferde.
Päderastie, *Knabenliebe,* das erotisch-sexuelle Verhältnis zw. einem erwachsenen Mann u. einem etwa 12–18jährigen männl. Jugendlichen; eine bes. Form der Homosexualität.
Paderborn, Krst. in NRW, in der Münsterländer Bucht, 120 000 Ew.; Erzbischofssitz, roman. Dom, Bartholomäuskapelle (11. Jh.); Renaissance-Rathaus; Gesamthochschule; Maschinenbau, elektron., Textil- u. a. Ind.

Paderborn: Rathaus; 1613–1615 erbaut

Paderewski, Ignacy Jan, *1860, †1941, poln. Pianist, Komponist u. Politiker; als Pianist weltberühmt, seit 1913 in den USA; 1919 poln. Min.-Präs. u. Außen-Min.
Pädiater, Facharzt für Kinderkrankheiten.
Pädiatrie, Kinderheilkunde.
Padischah, Ehrentitel pers. u. afghan. Landesfürsten, fr. des osman.-türk. Sultans u. der Großmogule.
Pädogenese, die Eigenschaft bestimmter Lebewesen, bereits im Jugendstadium Nachkommen zu erzeugen; Sonderfall der →Parthenogenese.
Padre, »Vater«, Titel der Ordenspriester in Italien.
Padua, ital. Prov.-Hptst. in Venetien, 224 000 Ew.; Univ., Grabkirche des hl. Antonius von P.; Masch.-Ind., Fremdenverkehr.
Paella [-'ɛlja], span. Gericht aus Reis mit Fleisch, Fisch u. Muscheln.
Paestum, ital. Ort in Kampanien, am Golf von Salerno. – Als grch. Kolonie *Poseidonia* im 7. Jh. v. Chr. gegr.; 273 v. Chr. röm. Kolonie, die rasch verfiel. Erhalten blieben drei dorische Tempel des 6./5. Jh. v. Chr. Aufsehen erregten Gräber aus der frühen Bronzezeit mit Wandmalereien.
Pafos →Ktima.

Paestum: Ceres-Tempel

Niccolo Paganini; Zeichnung von Jean Ingres, 1819

Pag, kroat. Insel, im dalmatin. Kvarnerič des Adriat. Meers, 285 km², 10 000 Ew., Hauptort *P.;* Wein- u. Olivenanbau, Salzgärten, Fischerei.

Pagalu, *Annobón,* Vulkaninsel im Golf von Guinea, 17 km², 3000 Ew.; gehört polit. zu Äquatorial-Guinea.

Pagan, Ruinenstadt in Birma, am Irrawaddy; 847 gegr. Residenzstadt der ersten birman. Staats (Reich *P.),* 1287 von den Mongolen erobert; Tempel u. Pagoden.

Paganini, Niccolo, * 1782, † 1840, ital. Violinvirtuose u. Komponist. Seinem äußerst artist. Spiel wurde dämon. Wirkung nachgesagt; schrieb Violinkonzerte.

Paganismus, Glaubens- u. Kulturformen aus untergegangenen Volksreligionen, die sich in den späteren Weltreligionen als Volksglaube erhalten haben.

Page [ˈpaːʒə], **1.** im MA Edelknabe (7–14 Jahre) an einem Hof oder auf einer Burg. – **2.** junger Hotelbediensteter.

Pagenkopf [ˈpaːʒən-], weibl. Kurzhaarfrisur, die Ohren u. Stirn bedeckt; bes. in den 1920er Jahren in Mode.

Paget [ˈpæ dʒɪt], Sir James, * 1814, † 1899, brit. Chirurg. Nach ihm werden eine deformierende Knochenerkrankung u. eine Form des Brustkrebses mit ekzemartigem Ausschlag genannt.

Pagina, Seite eines Buchs. – **paginieren,** mit Seitenzahlen versehen.

Pagnol [paˈnjɔl], Marcel, * 1895, † 1974, frz. Schriftst.; schrieb Sittenschilderungen aus dem Kleinbürgertum u. volkstüml., oft wehmütig-satir. Komödien; wandte sich später auch dem Film zu; Autobiographie »Marcel«.

Pagode, turmartiger Tempelbau O-Asiens mit mehreren Stockwerken, von denen jedes ein eigenes Dach hat; von China über Korea nach Japan gelangt.

Pago Pago, Hafen an der SO-Seite der Samoa-Insel *Tutuila,* 3100 Ew.; Flottenstützpunkt.

Pahang, Teilstaat in →Malaysia.

Pahlewi [ˈpaxlevi], Name der 1925–79 herrschenden Dynastie in Iran; auch Name der mittelpers. Sprache in der Parther- u. Sassaniden-Zeit.

Pàideia [-ˈdɛia], das im klass.-antiken Athen erstrebte Ideal der musischen, körperl. u. geistigen Erziehung, die dem Staat körperl. u. geistig durchgebildete Bürger stellen sollte.

Päijänne, langgestreckter, zerlappter See im SW der Finn. Seenplatte, 1090 km², bis 93 m tief.

Pailleron [pajəˈrɔ̃], Édouard, * 1834, † 1899, frz. Schriftst. (geistreiche Komödien).

Pailletten [paˈjɛtən], kleine glitzernde Plättchen aus Metall oder Kunststoff in allen Farben.

Paine [pɛin], *Payne,* Thomas, * 1737, † 1809, nordamerik. Politiker engl. Herkunft; trat für die amerik. Unabhängigkeit ein; agitierte in England (seit 1786) für die Sache der Frz. Revolution, floh 1792 nach Frankreich u. wurde führendes Mitglied des frz. Konvents.

Paionios, grch. Bildhauer, 2. Hälfte des 5. Jh. v. Chr., Ⓦ Nike-Statue, Olympia.

Pair [pɛːr], seit dem 13. Jh. Titel polit. privilegierter Hochadeliger in Frankreich; 1814–48 Mitgl. der 1. Kammer *(P.skammer);* engl. Form *Peers.*

Paisiello, *Paësiello,* Giovanni, * 1740, † 1816, ital. Komponist; Vertreter der neapolitan. Opera buffa (»Der Barbier von Sevilla«).

Paisley [ˈpeɪzli], Stadt in Mittelschottland, westl. von Glasgow, 84 000 Ew.; Textil- u. chem. Ind.

Pak, Abk. für *Panzerabwehrkanone,* ein zur Abwehr von Panzerkampfwagen bestimmtes, leichtbewegl. Geschütz mit niedriger Lafette.

Paka, *Agouti paca,* ein *Nagetier,* bewohnt Erdbauten in Waldgebieten S-Amerikas.

Pakanbaru, indones. Prov.-Hptst. in Zentralsumatra, 186 000 Ew.; in einem Erdölgebiet; Univ.; Flußhafen, Flughafen.

Paket, Postsendung von 2–20 kg Gewicht.

Pakistan, Staat in Vorderindien, 796 095 km², 112 Mio. Ew. (97% Moslems), Hptst. *Islamabad.* P. ist gegliedert in 4 Provinzen, Hauptstadtdistrikt u. zentral verwaltete Stammesgebiete.
Landesnatur. Kerngebiet ist die Tiefebene des Indus; sie geht nach O in die Wüstensteppe Thar über. Den W des Landes nehmen die Ostiran. Randketten u. die Sulaimankette ein. Im NO erhebt sich das Hochgebirge Karakorum (K 2 8611 m) u. der nw. Himalaya (Nanga Parbat 8126 m). Das Klima ist subtropisch u. wird vom Monsun bestimmt. Der Anbau bedarf mit Ausnahme des Himalayarandgebiets überall künstl. Bewässerung.
Wirtschaft. Dem Export dienen v. a. Baum-

Pakistan

wolle, Reis, Häute, Felle u. Trockenfisch. Die Industrie liefert neben Agrarprodukten v. a. Eisen, Stahl, Maschinen u. chem. Produkte. – Hauptverkehrsträger ist die Eisenbahn.
Geschichte. P. war bis 1947 ein Teil Britisch-Indiens. Nach Abstimmung u. Volksentscheid in den überwiegend islam. Teilen Indiens wurde am 14.8.1947 der aus Ost-P. u. West-P. (das heutige P.) bestehende Staat P. gegr. Bis 1956 war P. brit. Dominion. 1948 u. 1965 kam es zum Kampf gegen Indien um Kaschmir. 1956 wurde die *Islamische Republik P.* ausgerufen. Neuer Staats-Präs. wurde 1958 *Ayub Khan,* der 11 Jahre autoritär regierte. Mit ind. Militärhilfe gelang den Ostbengalen 1971 die Gründung des Staats Bangladesch. Im Reststaat P. wurde Zulfikar Ali *Bhutto* Staats-Präs. 1973 gab sich P. eine neue Verf. (Zweikammersystem). 1977 wurde Bhutto gestürzt; die Macht übernahm eine Militärregierung unter General *Zia ul-Haq.* Bhutto wurde 1979 hingerichtet. 1988 kam Zia bei einem Flugzeugabsturz ums Leben. Nach den Parlamentswahlen im gleichen Jahr wurde B. *Bhutto* Premierministerin. 1990 entließ Staats-Präs. *Ishaq Khan* die Reg. Bhutto. Neuer Premier wurde N. *Sharif.* Nach dessen Rücktritt u. Neuwahlen wurde 1993 erneut B. Bhutto Reg.-Chef.

Pakistan: Verwaltungseinheiten			
Provinz/ Sonderbezirk	Fläche in km²	Einwohner in 1000	Hauptstadt
Provinzen:			
Belutschistan	347 190	4611	Quetta
North West Frontier Province	74 521	11 658	Peshawar
Punjab	205 344	50 460	Lahore
Sindh	140 914	20 312	Karatschi
Sonderbezirke:			
Islamabad (Hauptstadtbezirk)	907	359	Islamabad
Stammesgebiete	27 219	2329	–

Pakkala, Teuvo, eigtl. Theodor Oskar *Frosterus,* * 1862, † 1925, finn. Schriftst.; schildert soz. Mißstände seiner Heimat.

Pakt, Vertrag, Vereinbarung, Bündnis.

PAL, Abk. für engl. *Phase Alternation Line,* ein Verfahren zum Farbfernsehen (von W. *Bruch/*Telefunken entwickelt); ist von Phasenfehlern bei der Übertragung (zeilenweise Umpolung) u. bei örtl.

Pakistan: Premierministerin Benazir Bhutto bei ihrer Vereidigung 1988; neben ihr Präsident Ghulam Ishaq Khan

Empfangsstörungen unabhängig *(Farbtonstabilisierung).*

Paläanthropologie, ein Teilgebiet der *Anthropologie,* das sich mit der Abstammung u. Entwicklung des Menschen beschäftigt; die Wiss. von den fossilen *Hominiden.*

Palacio Valdés [-θio-], Armando, * 1853, † 1938, span. Schriftst. (realist. Romane).

Palacký [ˈpalatski:], František (Franz), * 1798, † 1876, tschech. Politiker u. Historiker; wandte sich dem Panslawismus zu; begr. eine tschech.-nationale Geschichtsschreibung.

Palade, George Emil, * 19.11.1912, US-amerik. Biochemiker; Arbeiten über die strukturelle u. funktionelle Organisation der Zelle; Nobelpreis für Medizin 1974.

Paladin, urspr. einer der zwölf Begleiter Karls d. Gr.; danach: Ritter, Gefolgsmann.

Palaiologen, letzte byzantin. Herrscherdynastie, 1258–1453.

Palais [paˈlɛ], Palast, Schloß.

Palamas, **1.** →Gregorios Palamas. – **2.** Kostis, * 1859, † 1943, grch. Schriftst.; machte die Volkssprache zur Literatursprache.

Palämongolide, eine überwiegend kleinwüchsige, wenig spezialisierte Gruppe der *Mongoliden;* Hauptgebiete: Korea, Japan, SO-Asien.

Palankin, ostasiat. Tragsessel auf Bambusstangen, Sänfte.

Paläoasiaten, *Altasiaten, Altsibirier,* fr. in ganz N-Sibirien verbreitete, heute nur noch einige tausend Menschen umfassende Gruppe unterschiedl. sibir. Stämme. Hierher gehören u. a. *Jukagiren, Udehe, Giljaken, Itelmen, Tungusen, Lamuten, Nenzen, Korjaken.*

Paläogeographie, die Wiss., die die geograph. Verhältnisse in der geolog. Vergangenheit erforscht.

Paläographie, die Lehre von der Entwicklungsgeschichte u. den histor. Formen der Schrift, eine histor. Hilfswissenschaft.

Paläoklimatologie, die Wiss. von den Klimaten der Vorzeit.

Paläolithikum, Altsteinzeit, →Vorgeschichte.

Paläomagnetismus, das erdmagnet. Feld in versch. geolog. Zeitabschnitten. Die heutige Lage des erdmagnet. Feldes gibt es erst seit ca. 700 000 Jahren. Paläomagnet. Untersuchungen erlauben Aussagen über geolog. Probleme, wie Umkehrung der geomagnet. Feldrichtung, Kontinentalverschiebung u. tekton. Bewegungen der Erdkruste *(Plattentektonik).*

Paläontologie, die Wiss. vom Leben der Vorzeit; ihre Untersuchungsobjekte sind die *Fossilien.* Als Hilfswiss. der histor. Geologie dient die angewandte P. der Zeit- u. Altersbestimmung von Gesteinen.

Paläozoikum, das erdgeschichtl. Altertum; umfaßt die Formationen *Kambrium, Ordovizium, Silur, Devon, Karbon* u. *Perm,* →Erdzeitalter.

Palas, der Wohnbau einer mittelalterl. Burg; auch Fest- u. Repräsentationssaal.

Palast, monumentales, schloßähnl. Wohn- und Repräsentationsgebäude; unbewehrt, meist mit großen Innenhöfen.

Palästina, arab. *Falastin,* hebr. *Erez Israel,* das bibl. *Kanaan,* »Gelobtes Land« der Juden,

»Hl. Land« der Christen; erstreckt sich vom Libanon bis zum Golf von Eilat, von der Mittelmeerküste bis zu den Bergländern östl. des Jordangrabens. P. war bis 1922 nie eine polit. Einheit u. hatte daher keine eindeutigen Grenzen.
Geschichte. Im 3. Jt. v. Chr. bestanden in P. zahlr. Stadtstaaten. Zw. dem 14. u. 12. Jh. v. Chr. wanderten die *Israeliten* (→Juden) in das Landesinnere u. die *Philister* in den Küstenstreifen ein. Im 10. Jh. v. Chr. bildete sich das israelit. Königtum, das 926 v. Chr. in die Teilstaaten *Israel* u. *Juda* zerfiel. 721 v. Chr. wurde Israel von den Assyrern, 597 v. Chr. Juda von den Babyloniern erobert. Nach wechselnden Herrschaften wurde P. 63 v. Chr. römisch. Nach der Teilung des Röm. Reichs gehörte P. zum Byzantin. Reich. 636 eroberten es islam. Araber. 1099–1187 bestand das christl. Kgr. Jerusalem. Seit 1291 gehörte P. zu Ägypten, seit 1517 zum Osman. Reich. Ende des 19. Jh. begann die organisierte Einwanderung von Juden (→Zionismus). 1922 wurde P. brit. Völkerbundsmandat; das anfangs dazugehörende Gebiet östl. des Jordan wurde 1923 als Emirat *Transjordanien* abgetrennt. Großbrit. hatte 1917 in der *Balfour-Deklaration* seine Unterstützung bei der Errichtung einer »nat. Heimstätte des jüd. Volkes« in P. zugesagt. Die Gegensätze zw. Juden u. Arabern waren jedoch unüberwindl. Die UN-Vollversammlung beschloß 1947 die Teilung P.s in einen arab. u. einen jüd. Staat. Die Juden akzeptierten den Plan u. gründeten 1948 den Staat →Israel, die Araber lehnten ihn ab. Aus dieser Situation erwuchs der →Nahostkonflikt. Seit dem 3. isr.-arab. Krieg (1967) befand sich das ganze ehem. Mandatsgebiet unter isr. Herrschaft. Die 1964 gegr. →PLO verkündete als Ziel die »Befreiung« ganz P.s, d. h. die Beseitigung Israels. Nachdem sie von dieser Forderung abgerückt war, schlossen Israel u. die PLO 1993 ein Abkommen über eine palästinens. Teilautonomie; 1994 wurden entspr. Selbstverwaltungsorgane in Jericho u. im Gazastreifen errichtet.
Palästinenser, urspr. alle Bewohner Palästinas, im heutigen Sprachgebrauch meist nur die arab. sprechenden Bewohner des ehem. brit. Mandatsgebiets Palästina u. ihre Nachkommen. P. leben in Israel (als isr. Staatsbürger), in den 1967 von Israel besetzten Gebieten, in arab. Ländern (dort z. T. in Flüchtlingslagern) u. außerhalb der arab. Welt. Von den arab. Staaten hat nur Jordanien den dort lebenden P. Staatsbürgerl. Rechte gewährt. Ein eigenes Nationalbewußtsein der P. hat sich erst in der Auseinandersetzung mit dem 1948 gegr. Staat Israel entwickelt. Den Anspruch, legitime Vertreterin aller P. zu sein, erhebt die →PLO.
Palästra, in der Antike ein meist von Säulenhallen umgebener Platz für die sportl. Erziehung der Jugend.
Palatin, in Ungarn der Vertreter des Königs in der Rechtsprechung.
Palatin, einer der 7 Hügel Roms, fr. Residenz der Kaiser.
Palatina, lat. *Bibliotheca P.,* im 16. Jh. gegr. Bibliothek der Kurfürsten von der Pfalz in Heidelberg; 1622 nach Rom (Vatikan. Bibliothek) überführt. Die dt. Handschriften kehrten 1816 zurück.
Palatschinken, mit Konfitüre oder Quark gefüllter, zusammengerollter Eierkuchen; östr. u. ung. Spezialität.

Palästinenser: Jasir Arafat trifft in Straßburg ein, um vor dem Europäischen Parlament zu sprechen

Palau-Inseln →Belau.
Palaver, urspr. ausgedehnte Verhandlung zw. Weißen u. Afrikanern; übertragen: langes, oft sinnloses Gerede.
Palawan, Insel im SW der Philippinen, 11 784 km², 372 000 Ew., Hauptort *Puerto Princesa* (Hafen u. Flugplatz).
Palazzeschi [-ski], Aldo, eigtl. A. *Giurlani,* *1855, †1974, ital. Schriftst. (Lyrik, Romane, Erzählungen).
Palazzo, ital. Stadthaus, Palast.
Palembang, indones. Prov.-Hptst. in S-Sumatra, am unteren Musi, 903 000 Ew.; kath. Bischofssitz, Univ.; Masch.- u. Schiffbau, Erdölraffinerie; Flugplatz.
Palencia [-θia], span. Prov.-Hptst. im Hochland von Altkastilien, 74 000 Ew.; Metall-, Textil- u. Nahrungsmittel-Ind.; im 12. Jh. Sitz der kastil. Könige.
Palenque [-kɛ], im N von Chiapas (Mexiko) gelegene Ruinenstätte der *Maya* mit Tempel- u. Palastbauten; Blütezeit 600–900 n. Chr.; wurde erst 1746 entdeckt.
Palermo, ital. Hafen- u. Handelsstadt an der Nordküste Siziliens, Hptst. von Sizilien u. der Prov. P., 729 000 Ew.; Univ. u. a. HS; Dom (12./13. Jh.) mit byzantin. Mosaiken u. 300 andere Kirchen; Paläste; Ölraffinerie, Schiffbau, Textil-, Glas-, chem. u. a. Ind.
Gesch.: Von Phöniziern gegr., 254 v. Chr. röm., 535 n. Chr. byzantin.; 831 von Arabern erobert, 1072 Residenz des sizil. Normannenreichs, Kulturzentrum des Stauferreichs, Blütezeit unter Friedrich II., kam 1268 an die *Anjou,* 1282 an *Aragón;* 1503–1860 zum Kgr. Neapel-Sizilien.
Palestrina, Giovanni Pierluigi da, *um 1525(?), †1594, ital. Komponist; seit 1571 Kapellmeister an der Peterskirche. Seine fast ausschl. kirchenmusikal. Werke (Messen, Motetten) waren Vorbild für die kath. Kirchenmusik.
Paletot [-to], doppelreihiger Herrenmantel.
Palette, 1. Arbeitsgerät des Malers zum Mischen der Farben; eine Holz- oder Metallscheibe mit einer Öffnung für den Daumen. – **2.** ein Untersatz für Stapelgüter, die dadurch mit *Gabelstaplern* leicht u. in größerer Menge bewegt werden können.
Palfijn [pal'fɛin], Jan, *1650, †1730, ndl. Chirurg u. Anatom; erfand 1723 eine Geburtszange.
Pali, mittelind. Sprache des Buddhismus; eine religiöse Literatursprache.
Palimpsest, eine Pergament- oder Papyrushandschrift, die im Altertum oder MA nach Abkratzen oder Abwaschen ein zweites Mal beschrieben worden ist. Die oft wertvollen urspr. Texte werden heute mittels Fluoreszenzphotographie wieder sichtbar gemacht.
Palindrom, eine Buchstabenfolge, die vorwärts u. rückwärts gelesen werden kann u. denselben Wortlaut oder zumindest einen Sinn ergibt (z.B. Anna; stets; Regen/Neger).
Palingenese, 1. Wiederentstehung, Wiedergeburt, Wiederkehr; bei Ch. *Darwin* die Wiederholung älterer Zustände der Stammesgeschichte in der Keimentwicklung; bei F. *Nietzsche* die ewige Wiederkehr des Gleichen. – **2.** die Neubildung eines Magmas durch völlige Aufschmelzung älterer Gesteine.
Palisade, eingegrabener, oben zugespitzter Pfahl; auch das aus nebeneinandergesetzten P.npfählen gebildete Hindernis.

Palisadenwurm, in der Niere von Robben u. Hunden, selten auch bei Menschen schmarotzender *Fadenwurm.*
Palisander, engl. *rose wood* (daher oft mit *Rosenholz* verwechselt), trop. Laubholz; schokoladenbis violettbraun, schwer, witterungsfest. Zu unterscheiden sind *Ostind. P.* (Indien, Java) u. *Jacaranda-Holz* (östl. Brasilien).
Palitzsch, Peter, *11.9.1918, dt. Theaterregisseur; prägte den *Bremer Stil* durch polit. Aktualisierung der Shakespeare-Dramen.
Palla, viereckiger Umhang der altröm. Frauentracht; in der kath. Kirche quadratisches Leinentuch zur Bedeckung des Meßkelchs.
Palladio, Andrea, *1508, †1580, ital. Baumeister; wirkte bes. in Venedig u. Vicenza. Seine Bauten bestehen durch strenge Ausgeglichenheit der Proportionen; von nachhaltiger Wirkung auf die engl. Baukunst.
Palladion, *Palladium,* Kultbild der bewaffneten *Pallas Athene;* i.w.S. die Schutzgottheit einer Stadt.
Palladium, ein →chemisches Element.
Pallas, Beiname der Athene.
Pallasch, schwerer Säbel für die schwere Kavallerie.
Pallenberg, Max, *1877, †1934, dt. Schauspieler; bed. Komiker der dt. Bühne; seit 1918 mit Fritzi *Massary* verheiratet.
palliativ, schmerzlindernd, nicht heilend. – **Palliativmittel,** Mittel, die Krankheitssymptome nur lindern.
Pallium, 1. im MA der Königs- oder Kaisermantel, auch Krönungsmantel. – **2.** in der kath. Kirche das Zeichen der erzbischöfl. Jurisdiktionsgewalt: ein weißer Wollstreifen, der mit 6 schwarzen Kreuzen bestickt ist u. um die Schulter gelegt wird.
Pallottiner, kath. Kongregation ohne Gelübde, gegr. 1835 von dem Italiener V. *Pallotti;* widmet sich dem Apostolat, der Seelsorge u. Mission. Die Schwesternkongregation der P.innen wurde 1843 gegründet.
Palm, 1. Johann Philipp, *1768, †1806, dt. Buchhändler; veröff. 1806 die gegen Napoleon I. gerichtete anonyme Flugschrift »Dtld. in seiner tiefen Erniedrigung«; nach kriegsgerichtl. Urteil erschossen. – **2.** Siegfried, *25.4.1927, dt. Cellist; Interpret zeitgenöss. Musik.
Palma, 1. eine der Kanar. Inseln, →La Palma. – **2.** *P. de Mallorca,* Hafen u. Hauptort der span. Baleareninsel Mallorca, an der Südwestküste, 313 000 Ew.; got. Kathedrale; Nahrungsmittel-, keram., Leder- u. Textilind.; Flughafen, internat. Fremdenverkehr.
Palmarum →Palmsonntag.
Palmas →Las Palmas.
Palma Vecchio [-'vɛkjo], *1480, †1528, ital. Maler; neben *Giorgione* u. *Tizian* ein Hauptvertreter der venezian. Hochrenaissance.
Palm Beach [pa:m bi:tʃ], Badeort auf einer Nehrung vor der Südostküste Floridas (USA), 10 000 Ew.
Palmblad [-bla:d], Vilhelm Fredrik, *1788, †1852, schwed. Schriftst. (Romane im romant. Stil).
Palme, Olof, *1927, †1986 (ermordet), schwed.

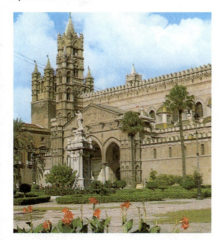

Palermo: Dom

Palma de Mallorca: Blick auf die Strandpromenade

666 Palmen

Palmen: Fächerpalme

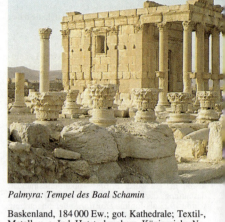

Palmyra: Tempel des Baal Schamin

Politiker (Sozialdemokrat); 1969–76 u. 1982–86 Min.-Präs.
Palmen, zu den *Monokotyledonen* gehörende Holzgewächse, bilden bis zu 40 m hohe Stämme u. große, gefiederte *(Fieder-P.)* oder fächerförmige *(Fächer-P.)* Blätter aus. Sie sind trop.-subtrop. verbreitet. Systemat. teilt man sie ein in: *Beerenfrucht-, Panzerfrucht-, Steinfrucht-Fächer-* u. *Steinfrucht-Fieder-P.).* P. werden vielseitig wirtsch. genutzt.
Palmendieb, bis 32 cm langer, landbewohnender *Einsiedlerkrebs;* ersteigt Palmenstämme bis 20 m Höhe u. kann mit der Schere das Keimloch von Kokosnüssen öffnen.
Palmenmark, der innere, weiche Teil der Palmenstämme; für Palmwein u. Sago verwendet.
Palmenroller, *Musangs,* Unterfam. der *Schleichkatzen;* von marderähnl. Gestalt; nachtaktive Allesfresser.
Palmer, 1. Lilli, eigtl. L. *Peiser,* * 1914, † 1986, dt. Schauspielerin u. Schriftst.; Filme: »Teufel in Seide«, »Lotte in Weimar«; Autobiographie »Dicke Lili – gutes Kind«. – **2.** ['pa:mə], Samuel, * 1805, † 1881, engl. Maler u. Graphiker; Vertreter des Naturmystizismus in der engl. Landschaftsmalerei.
Palmerston ['pa:məstən], Henry John *Temple,* Viscount P., * 1784, † 1865, engl. Politiker; seit 1830 mehrf. Außen-Min., Prem.-Min. 1855–58 u. 1859–65; förderte die liberalen Strömungen in Europa.
Palmesel, hölzerner Esel mit Christusfigur, fr. bei der Palmprozession mitgeführt.
Palmette, 1. ein symmetr. geordnetes, palmblattähnl. Ornament. – **2.** Spalierbaum mit waagrechten Seitenzweigen.
Palmfett, *Palmöl, Palmbutter,* aus den Früchten von Ölpalmarten gepreßtes, fettes Öl; zu Speisefetten, Kerzen u. Seifen verarbeitet.
Palmgren, Selim, * 1878, † 1951, finn. Pianist u. Komponist.
Palmin, Wz., reines, weißes Kokosspeisefett.
Palmira, Stadt in W-Kolumbien, östl. von Cali, 235 000 Ew.; Erzbischofssitz; Handels- u. Verarbeitungszentrum einer Agrarregion; Flughafen.
Palmitin, ein weißes, festes Fett; Glycerinester der *P.säure,* einer in den meisten festen tier. Fetten vorkommenden Fettsäure, bes. aber im Palmöl.
Palmlilie → Yucca.
Palmnicken, russ. *Jantarnyi,* Seebad in Ostpreußen, 5000 Ew.; einziges Bernsteinbergwerk der Erde.
Palmsonntag, *Palmarum,* erster Tag der Karwoche, Sonntag vor Ostern; nach dem Einzug Jesu in Jerusalem (Matth. 21,8) benannt.
Palmwein, der vergorene Saft hpts. der *Weinpalme.*
Palmyra [-'myra], antike Handelsstadt in Zentralsyrien; seit *Hadrian* Ausbau zur Weltstadt; machte sich um 260 n. Chr. unter der Königin *Zenobia* von der röm. Herrschaft frei; 273 von *Aurelian* zurückerobert; 634 von Arabern erobert; heute Ruinen.
Palo Alto ['pælou 'æltou], Stadt im W von California (USA), 55 000 Ew.; Stanford-Univ. (1885); Flugplatz.
Palolowurm, Gatt. meeresbewohnender *Ringelwürmer.* Der hintere Körperabschnitt löst sich vom Vorderkörper, gibt an der Wasseroberfläche die Geschlechtsprodukte ab u. stirbt.
Palomar, Mount P. [maunt 'pæləma:], Berg in California, USA (1871 m); Sternwarte mit einem der größten u. lichtstärksten Spiegelteleskope der Welt.
Palpation, Untersuchung des Körpers durch Abtasten u. Befühlen.
PAL-System → PAL.
Palü, *Piz P.,* vergletscherter Gipfel der Bernina-Alpen, 3905 m.
Palucca, Gret, * 1902, † 1993, dt. Tänzerin u. Tanzpädagogin; wandte sich vom abstrakten Tanz dem Ausdruckstanz zu.
Paludan, Jacob, * 1896, † 1975, dän. Schriftst.; Kultur- u. Zeitkritiker.
Paludan-Müller, Frederik, * 1809, † 1876, dän. Schriftst.; klassizist. Realist; Versroman »Adam Homo«.
Pamir, »Dach der Welt«, zentralasiat. Faltengebirge, von dem *Tian Shan, Kunlun, Karakorum, Hindukusch* u. *Himalaya* ausstrahlen; im *Qungur Tagh* 7719 m hoch.
Pampa, weitgehend ebene Großldsch. in O-Argentinien u. S-Uruguay; fr. Grasland, heute zum landw. Kernraum umgewandelt; Anbau von Getreide, Rinder- u. Schafzucht.
Pampasgras, *Silbergras,* ein 2–3 m hohes, südamerik. *Süßgras* feuchter Standorte; mit 40–80 cm langer, silberweißer Blütenrispe; Ziergras.
Pampashase → Mara.
Pampasindianer, nomad. Jäger- u. Sammlerstämme in der argent. Pampa, in O-Patagonien u. in Uruguay, die vor 1700 durch Übernahme des Pferdes von den Spaniern zu Reitervölkern wurden; fast gänzl. ausgerottet.
Pampelmuse, Hauptkulturform der *Breitflügeligen Orange,* eines in S-Asien beheimateten, 5–10 m hohen Baums mit bitter-aromat. Früchten. – Nicht zu verwechseln mit der *Grapefruit.*
Pampero, kalter, plötzl. einsetzender Südsturm im La-Plata-Gebiet von Argentinien u. Uruguay.
Pamphlet, Kampfschrift, polit. Schmähschrift.
Pamphylien, antike Küstenldsch. an der türk. Antalya-Bucht.
Pamplona, span. Prov.-Hptst. u. alte Festung im Baskenland, 184 000 Ew.; got. Kathedrale; Textil-, Metall- u. a. Ind. Hptst. des ehem. Königreichs *Navarra.* Im Juli findet in P. die berühmte *Fiesta* (»Feria«) statt.
Pan, grch. Wald- u. Weidegott, Sohn des *Hermes;* dargestellt halb als Bock, halb als Mensch; versetzt durch sein plötzl. Erscheinen Tiere u. Menschen in »panischen« Schrecken.
Panade, Suppeneinlage oder Füllsel aus Weißbrot, Butter u. Eiern, oder aus Mehl, Milch u. Butter.
Panafrikanismus, das Bestreben der Völker u. Staaten Afrikas, sich wirtsch. u. kulturell zusammenzuschließen. Die Bewegung begann um 1900 unter den Schwarzen Nordamerikas u. Westindiens. Vor allem auf wirtsch. Gebiet werden panafrik. Ideen im Rahmen der 1963 gegr. *Organisation für afrik. Einheit* (OAU) verfolgt.
Panagia, *Panhagia,* in den orth. Kirchen Maria, die Mutter Christi.
Panainos grch. Maler aus Athen, tätig in der 2. Hälfte des 5. Jh. v. Chr.; Bruder des *Phidias.*
Panaitios *von Rhodos,* * um 180 v. Chr., † 110 v. Chr., grch. Philosoph; milderte den Rigorismus der alten *Stoa* u. begr. damit die *mittlere Stoa.*
Panajotopulos, Ioannis M., * 1901, † 1982, grch. Schriftst. u. Literaturkritiker; Mitgestalter des heutigen grch. literar. Lebens als Lyriker u. Erzähler.
Panama, Gewebe in *P.bindung,* bei der ein Würfelmuster dadurch entsteht, daß Kettfäden mit der gleichen Anzahl Schußfäden verbunden werden.
Panama [auch -'ma], Staat in Zentralamerika, 77 082 km², 2,5 Mio. Ew., Hptst. *(Ciudad de) Panamá.*
L a n d e s n a t u r . Das Land wird von der Zentralamerik. Kordillere (im *Chiriquí* 3477 m) durchzogen, der im S u. N Küstenebenen vorgelagert sind.

Panama

Trop. Regenwald überzieht die feuchtheiße atlant. Abdachung, während die Pazifikseite Trockenwald u. Savanne trägt.
Die zu rd. 95% röm.-kath. B e v ö l k e r u n g besteht zu 60% aus Mestizen; 10% sind Indianer, 20% Schwarze u. Mulatten, 10% Weiße. Die Gebiete an der pazif. Küste u. um die Kanalzone sind am dichtesten besiedelt.
Die W i r t s c h a f t des Landes wird entscheidend durch den *P.kanal* bestimmt. Die Landwirtschaft liefert für den Export Zuckerrohr, Bananen, Kaffee u. Kakao. Die Fischerei hat große Bedeutung. Wichtig für den Export ist die Weiterverarbeitung von eingeführtem Rohöl. – Das Straßennetz ist hpts. auf die Carretera Panamericana ausgerichtet. Haupthäfen sind Colón u. Panamá.
G e s c h i c h t e . Seit der Entdeckung durch R.G. *de Bastidas* 1501 war P. span. (bis 1821), dann Teil der Rep. Großkolumbien; von dieser fiel es 1903 ab u. wurde selbständige Rep. unter Einfluß der USA. 1977 einigten sich die USA u. P. auf die Überführung des Kanals unter die Hoheit P. bis zum Jahre 2000. 1989 ließ sich der militär. Machthaber in P.,

Palmen: Die Blattspreite der Zwergpalme ist ein breiter Fächer; die Früchte sind runde, glänzende Steinfrüchte (links). Aus dem Schaft der Sagopalme (rechts) wird Stärke gewonnen, die zu Sago verarbeitet wird (rechts männliche Blüten, links Frucht)

General M. *Noriega,* zum Staatschef mit außerordentl. Vollmachten ernennen. P. erklärte den Kriegszustand mit den USA. Die USA entsandten Kampftruppen u. verhafteten Noriega, dem sie Verwicklung in Mord u. Drogenhandel vorwarfen. 1994 wurde E. *Pérez Balladares* Präsident.

Panamá, *Ciudad de P.,* Hptst. des zentralamerik. Staats Panama, 388 000 Ew.; wichtigster Handels- u. Ind.-Standort des Landes, Univ.

Panamahut, breitrandiger Herrensommerhut aus den Blättern der Panamapalme.

Panamakanal, Kanal zw. dem Pazifik u. dem Atlantik in Zentralamerika, durch die 55 km breite Landenge des Isthmus von Panama. Die Fahrrinne ist 81,3 km lang u. hat eine Tiefe bis 14,3 m u. eine Mindestbreite von 152,4 m, 6 Schleusen mit 2 Staubecken (*Gatunbecken,* 426 km²).
G e s c h .: Unter F. de *Lesseps* begannen 1879 die Arbeiten am Kanal, scheiterten aber an finanziellen Schwierigkeiten. 1901 erwarben die USA das Recht zur Fertigstellung des Kanals. 1914 wurde der Kanal eröffnet. Ein 1977 zwischen Panama u. den USA geschlossener Vertrag sieht eine schrittweise Übereignung des P. bis 2000 an Panama vor.

Panamakanalzone, seit 1903 zum Hoheitsgebiet der USA gehörender, 16 km breiter Landstreifen beiderseits des Panamakanals, 1432 km²,

Panamakanalzone

50 000 Ew., Verwaltungssitz *Balboa.* – 1979 übernahm Panama vertragl. die Hoheitsrechte.

Panamarenko, eigtl. *Henri van Herwegen,* *5.2.1940, belg. Objektkünstler; Konstruktion phantast., funktionsunfähiger Flugobjekte.

Panamerikanische Spiele, seit 1951 für alle Staaten Nord-, Mittel- u. Südamerikas veranstaltete Sportwettkämpfe in ungefähr 20 Sportarten.

Panamerikanismus, das Streben nach einer allamerik. Solidarität, bes. zur Abwehr der europ. Mächte. 1910 wurde die *Panamerik. Union* (PAU) gegr., 1948 als Nachfolgerin die *Organisation Amerikanischer Staaten* (OAS).

panarabische Bewegung, das Bestreben der arab. Staaten, sich zum gemeinsamen polit. Handeln zusammenzuschließen. Die p. B. entstand um die Mitte des 19. Jh. 1945 wurde die *Arabische Liga* gegründet.

Panaritium, *Umlauf,* eitrige Entzündung an den Fingern u. der Hand durch Infektion mit Eitererregern.

panaschieren, Bez. für eine bes. Art der Stimmgebung bei der Wahl nach *Listen,* die es dem Wähler gestattet, auf seinem Stimmzettel Kandidaten versch. Listen zu wählen; in der BR Dtld. nur bei *Gemeindewahlen* in Ba.-Wü. u. Bayern möglich.

Panathenäen, das 7tägige, der *Athena* geweihte, alle 4 Jahre stattfindende Staatsfest der Athener.

Panay, Insel der Philippinen, zw. Mindoro u. Negros, 11 514 km², 2,2 Mio. Ew., Hptst. *Iloilo.*

Panazee, ein utopisches Universalmittel, das alle Krankheiten heilen soll.

Panchen rinpoche [pantʃən rinpotʃe] →Pantschen-Lama.

panchromatisch, Bez. für photograph. Aufnahmematerial, das für alle Farben des sichtbaren Spektrums empfindl. ist.

Panda, 1. *Großer P.* →Bambusbär. – **2.** *Kleiner P.* →Katzenbär.

Pandämonium, in der spätgrch. Vorstellung die Gesamtheit der Dämonen (bösen Geister).

Pandekten →Digesten.

Pandemie, über weite Gebiete (Länder u. Erdteile) ziehende Seuche.

Pandit, ind. Gelehrtentitel, urspr. für den Brahmanen.

Pandora, in der grch. Sage die von *Hephaistos* geschaffene erste Frau. Einem Gefäß (»Büchse der P.«), das P. öffnete, entwichen alle Übel u. überkamen die Menschen, zurück blieb die Hoffnung.

Pandschab, Ldsch. in Vorderindien, Schwemmlandebene, die von den 5 linken Indus-Zuflüssen gebildet wird. – G e s c h .: Im P. entfaltete sich um 2500 v. Chr. die *Induskultur.* Für Eindringlinge aus dem NW war das Vorderindien war das P. die erste Station, so für Alexander d. Gr., Skythen, Afghanen u. Mongolen. Im 16. Jh. gründeten die *Sikh* im P. einen Orden, 1792 ein Großreich. Dieses eroberte 1849 die Engländer u. machten es zur Prov. Brit.-Indiens. 1947 wurde das P. zw. Indien u. Pakistan geteilt; →Punjab.

Pandschabi, engl. *Punjabi,* eine neuind. Sprache; im *Pandschab* gesprochen u. als Sprache der *Sikh* über ganz Indien u. bis nach China verbreitet.

Panduren, im 17./18. Jh. Bez. für östr. Soldaten in S-Ungarn.

Paneel, vertieftes Feld einer Holzvertäfelung; auch die Wandtäfelung insgesamt.

Panegyrikos, die bei einer Festversammlung des grch. Volks gehaltene Festrede; dann eine (überschwengl.) Lobrede auf eine Persönlichkeit.

Panel-Methode ['pænəl-], in der Markt- u. empir. Sozialforschung die wiederholte Befragung eines bestimmten Personenkreises im Lauf eines längeren Zeitraums.

Panentheismus, Bez. für die Theismus u. Pantheismus verbindende Lehre, nach der alles, d. h. die Welt »in Gott« sei. Diese Anschauung findet sich bei vielen Denkern der mystisch-neuplatonisch-augustin. Richtung.

Paneuropa →europäische Unionsbewegungen.

Panfjorow [-rɔf], Fjodor Iwanowitsch, *1896, †1960, russ. Schriftst. (Romane über die Kollektivierung der Landwirtschaft).

Panflöte, *Syrinx,* altes Blasinstrument aus einer Reihe grifflochloser Eintonpfeifen verschiedener Länge; meist aus Rohr gefertigt.

Pangani, *Rufu,* Fluß im nordöstl. Tansania, 525 km; mündet in den Ind. Ozean; an den *P.-Fällen* im Unterlauf zwei große Wasserkraftwerke.

Pangermanismus, die Bestrebungen zur Vereinigung der germ. Völker in einem »Großgerm. Reich« unter dt. Führung, in den Plänen der nat.-soz. Führung.

Pangwe, *Fang,* einst krieger. afrik. Bauernvolk, mit Bantusprache, in S-Kamerun u. Gabun, Hackbauern mit Ahnenkult, heute christianisiert.

Panhellenismus, im antiken Griechenland die Vorstellung einer über den einzelnen grch. Staaten stehenden Gemeinschaft aller Griechen; spielte bes. im 4. Jh. v. Chr. aufgrund des polit. Gegensatzes zum Perserreich eine Rolle.

Panier, Banner, Fahne; Wahlspruch.

panieren, Fleisch oder Fisch vor dem Braten mit Ei u. Mehl oder **Paniermehl** (geriebene Semmel) überziehen.

Panik, ein bes. in großen Menschengruppen bei Gefahr auftretendes Erschrecken u. »Kopflos«-Werden; oft verbunden mit ungerichteten Fluchtreaktionen.

panislamische Bewegung, *Panislamismus,* europ. Bez. für die Bestrebungen, die religiöse u. polit. Kraft des Islams zu erneuern. Das Ideal der p. B. ist ein einheitl. islam. Reich auf der Grundlage der islam. Rechtsordnung *(Scharia).*

Panizza, 1. Hector, *1875, †1967, argent. Komponist u. Dirigent ital. Herkunft; schrieb Opern-, Orchester- u. Chormusik. – **2.** Oskar, *1853, †1921, dt. Schriftst.; wegen Religionsfrevels u. Majestätsbeleidigung mehrmals im Gefängnis; schrieb phantast. Erzählungen u. Satiren.

Panjab [-dʒəb] →Punjab.

Panje [russ. u. poln. »Bauer«.], – **P.pferd,** kleines russ. Pferd.

Pankhurst ['pæŋkhə:st], Emmeline, geb. *Goulden,* *1858, †1928, brit. Frauenrechtlerin; setzte sich für das Frauenwahlrecht ein.

Pankok, 1. Bernhard, *1872, †1943, dt. Maler, Graphiker u. Architekt des Jugendstils. – **2.** Otto, *1893, †1966, dt. Maler u. Graphiker; Expressionist, von van Gogh beeinflußt; neben Landschaftsdarst. Szenen aus dem Leben der Arbeiter u. Zigeuner.

Pankow [-ko], nördl. Bezirk in Berlin; bis 1960 Amtssitz des Präs. der DDR, deshalb als abwertende Bez. für die Reg. der ehem. DDR.

Pankration, im antiken Griechenland eine Kombination von Faust- u. Ringkampf.

Pankratius, *Pankraz,* röm. Märtyrer, einer der *14 Nothelfer* u. der *Eisheiligen* (Fest: 12.5.).

Pankreas, die Bauchspeicheldrüse.

Pankreatitis, Bauchspeicheldrüsenentzündung.

Panlogismus, die Lehre von der Vernünftigkeit der Welt; bes. die Auffassung G.W.F. *Hegels,* wonach die Wirklichkeit der verwirklichte Begriff ist.

Panmunjon [-dʒʌm], korean. Ort (38° n. Br.). Der Waffenstillstand von P. 1953 beendete den *Koreakrieg.*

Panne, Schaden, Betriebsstörung.

Pannenberg, Wolfhart, *2.10.1928, dt. ev. Theologe; untersuchte bes. das Verhältnis von Offenbarung u. Geschichte.

Pannini, Giovanni Paolo, *um 1691/92, †1765, ital. Maler; einer der Schöpfer des Ruinenbilds.

Pannonien, altröm. Prov. zw. Donau, Save u. Alpen; Hauptstützpunkte: *Vindobona* (Wien), *Carnuntum* u. a.

Pannwitz, Rudolf, *1881, †1969, dt. Kulturphilosoph u. Schriftst.; strebte nach einer neuen Einheit von Philosophie, Kunst u. Wissenschaft.

Panofsky, Erwin, *1892, †1968, US-amerik. Kunsthistoriker dt. Herkunft; Hauptvertreter der ikonolog. Schule, die eine Synthese aus Formanalyse u. ikonograph. Beschreibung anstrebt.

Panoptikum, Sammlung von Sehenswürdigkeiten; bes. das *Wachsfigurenkabinett.*

Panorama, Rundblick, photograph. oder zeichner. Wiedergabe eines Rundblicks.

Panowa, Wera Fjodorowna, *1905, †1973, russ. Schriftst. (unpathet. Kriegserzählungen u. gesellschaftskrit. Romane).

Panpsychismus, die Lehre von der Allbeseelung, derzufolge es in der Natur keine »tote« Materie, kein Physisches ohne Psychisches gibt.

panschen, Wein oder Milch mit Wasser verfälschen.

Pansen, größte Vormagenabteilung der Wiederkäuer.

Pansexualismus, von Kritikern S. *Freuds* gebrauchte Kennzeichnung seiner fr. Trieblehre als Versuch, alles menschl. Verhalten auf sexuelle Motive zurückzuführen.

Panslawismus, eine Bewegung mit dem Ziel eines kulturellen u. polit. Zusammenwirkens aller slaw. Völker. Der 1. Slawenkongreß 1848 in Prag war geprägt vom *Austroslawismus,* d. h. der Föderierung der slaw. Völker in Östr. anstrebte. Der poln. *Messianismus* sah in den Polen die einzig wahren Vertreter einer slaw. Sendungsidee. Bei den Russen entstand der eigtl., machtpolit. P., eher ein *Panrussismus* mit Stoßrichtung zum Balkan u. nach Konstantinopel.

Pansophie, eine religiös-philosoph. Bewegung, die alles menschl. Wissen von der Welt u. von Gott zusammenfassen wollte; geht zurück auf *Paracelsus* u. wurde weitergetragen durch A. *Comenius,*

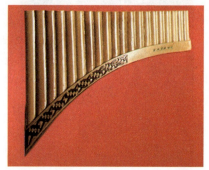

Panflöte

668 Pantaleon

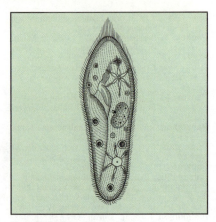

Pantoffeltierchen, Gattung Paramaecium

einige Mystiker sowie durch die *Rosenkreuzer* u. die *Freimaurer*.
Pantaleon, Heiliger, Märtyrer um 305; einer der *14 Nothelfer*, Patron der Ärzte.
Pantalone, komische Figur der *Commedia dell'arte;* ein ältl., geiziger, argwöhnischer u. immer verliebter Kaufmann aus Venedig.
Pantalons [pɑ̃taˈlɔ̃], lange venezian. Männerhosen, während der Frz. Revolution von den Jakobinern getragen.
Pantanal, Ldsch. in Mato Grosso (Brasilien), rd. 100 000 km²; Mastviehzucht.
panta rhei [grch. »alles fließt«], dem *Heraklit* fälschl. zugeschriebener Satz, nach dem das Sein ein ewiges Werden, ewige Bewegung u. einem steten Wandel unterworfen sei.
Pantellerja, das antike *Cossyra*, ital. Vulkaninsel zw. Sizilien u. Tunesien, 83 km², 8000 Ew., Hptst. P.; Weinanbau.
Pantheismus, *Allgottlehre*, eine Auffassung, die nicht die Existenz, wohl aber die Personhaftigkeit Gottes u. die Transzendenz Gottes bestreitet. Gott u. Natur fallen zusammen.
Pantheon, [grch. »Tempel aller Götter«], **1.** in Rom 27 v. Chr. erbauter Tempel, 80 n. Chr. abgebrannt u. nach 126 n. Chr. von *Hadrian* in seiner heutigen Form als größter Zentralkuppelraum der Antike erbaut. Das P. wurde 609 Marienkirche u. ist Begräbnisstätte berühmter Italiener (*Raffael, König Viktor Emanuel II.*). — **2.** in Paris 1757–90 errichtete Genoveva-Kirche, Hptw. des frz. Klassizismus; Ehrentempel u. Mausoleum berühmter Franzosen (u. a. für *Voltaire* u. J.-J. *Rousseau*).
Panther → Leopard.
Pantherkatze → Ozelot.
Pantherpilz, *Pantherschwamm*, giftiger Pilz mitteleurop. Laub- u. Nadelwälder.
Pantine, Holzschuh, Holzpantoffel mit Oberleder.
Pantoffel, bequemer (Haus-)Schuh ohne Fersenleder.
Pantoffelblume, *Tigerblume, Calceolaria*, Gatt. der *Rachenblütler* mit pantoffelförmigen Blüten; Hauptverbreitung in S- u. Zentralamerika.
Pantoffelheld, scherzhafte Bez. für einen verh. Mann, der sich von seiner Ehefrau beherrschen läßt.
Pantoffeltierchen, Wimpertierchen von pantoffelförmiger Gestalt, bis 0,3 mm groß; bes. in fauligem Wasser.
Pantograph → Storchschnabel (2).
Pantokrator, »Allherrscher«, orth. Bez. für Christus, häufig in Kirchenkuppeln dargestellt.
Pantomime, ein Bühnenspiel, das nur durch Mimik, stummes Gebärdenspiel u. Bewegung, bei vereinfachter Handlungsgestaltung, meist mit Musik u. Tanz verbunden, zu wirken sucht. P. heißt auch der Darsteller der P. – **Pantomimik,** die Kunst der P.
Pantry [ˈpæntri], Anrichteraum auf Schiffen u. in Flugzeugen.
Pantschatantra, ältestes ind. Fabelbuch in 5 Teilen; in mehr als 50 Sprachen in die Weltliteratur eingegangen.
Pantschen-Lama, *Panchen rinpoche*, Titel des Vorstehers des Klosters Taschilhunpo bei Xigaze (Tibet), der als Verkörperung des *Buddha Amitabha* angesehen wird. Obwohl der P. L. den höheren geistl. Rang hat, stand er meist dem *Dalai-Lama* an polit. Macht nach.
Panzer, 1. Schutzhülle gegen die Einwirkung feindl. Waffen; im Altertum u. im MA Bestandteil der Rüstung. – **2.** Sammelbez. für gepanzerte Fahrzeuge, meist Voll- oder Halbkettenfahrzeuge, Vorläufer waren die im 1. Weltkrieg entwickelten *Tanks*. P. sind mit Funk, Bordsprechanlage u. z. T. mit einem Infrarotnachtsichtgerät ausgerüstet. Die Panzerung hat eine Stärke bis zu 300 mm. Die Bewaffnung eines P. besteht aus Bordkanonen u. Maschinengewehren im Drehturm. Der P. entwickelt Geschwindigkeiten bis zu 70 km/h bei einem Aktionsradius von 100–400 km. – **3.** schützende Körperbedeckung von Tieren, z.B. bei Schildkröten u. Krokodilen; auch die →Kutikula von Krebsen u. Insekten.
Panzer, Friedrich, * 1870, † 1956, dt. Germanist; arbeitete über das germ. Altertum u. das dt. MA sowie über Sage u. Märchen.
Panzerechsen → Krokodile.
Panzerfaust, im 2. Weltkrieg auf dt. Seite eingeführte Infanterie-Handfeuerwaffe zur Bekämpfung von Panzern (Reichweite bis 200 m).
Panzerfische, früher Bez. für alle mit knöchernem Außenpanzer versehenen fischgestalten Wirbeltiere des Paläozoikums; heute nur noch benutzt für die kiefertragenden Formen.
Panzerglas, Sicherheitsglas, bestehend aus mehreren Schichten, mit großer Widerstandskraft gegen Beschuß.
Panzergrenadier, ein Soldat der Infanterie, der entweder vom Schützenpanzer aus oder zu Fuß (abgesessen) kämpft.
Panzerkreuzer, stark gepanzerter, schwerer Kreuzer.
Panzernashorn, bis 3,50 m langes u. 1,70 m hohes *Nashorn* aus Vorderindien, mit starkem Rumpf- u. Nackenpanzer aus Hautplatten. Eine etwas kleinere Art ist das *Javanashorn*.
Panzerschrank, Geldschrank, →Tresor.
Panzersperre, künstl. Hindernis aus Gräben, Betonhöckern u. eingegrabenen Minen gegen feindl. Panzerverbände.
Panzertruppe, die mit Panzerkampfwagen ausgerüsteten Heeresverbände. In der Bundeswehr gehört die P. zu den gepanzerten Kampftruppen.
Panzini, Alfredo, * 1863, † 1939, ital. Schriftst.; iron. Erzähler zw. Positivismus u. Idealismus; witziger Reiseschilderer.
Paoli, Pasquale, * 1725, † 1807, kors. Freiheitskämpfer; kämpfte an der Spitze einer kors. Unabhängigkeitsbewegung 1755–69 gegen Genua u. Frankreich.
Paolo Veronese →Veronese.
Paolozzi, Eduardo, * 7.3.1924, brit. Bildhauer u. Graphiker ital. Herkunft; schuf Phantasieformen aus verchromtem Stahl, die der Minimal Art nahestehen.
Päonie →Pfingstrose.
Paotou →Baotou.

Pantomime: Marcel Marceau

Panzer: Kampfpanzer »Leopard« der Bundeswehr

Papa, in der röm.-kath. Kirche seit dem 5. Jh. Titel des Papstes.
Papabile, aussichtsreicher Kandidat der Papstwahl.
Papadiamantis, Alexandros, * 1851, † 1911, grch. Schriftst.; schrieb psycholog. fein nuancierte Schilderungen des Lebens seiner Heimat.
Papadopoulos [-puləs], Georgios, * 5.5.1919, grch. Offizier u. Politiker; nach dem Putsch 1967 Min.-Präs. der »Revolutionsregierung«, 1973 Staats-Präs., im selben Jahr gestürzt.
Papagallo, in Mittelmeerländern einheim., zu Liebesabenteuern mit Touristinnen bereiter junger Mann.
Papageien, *Sittiche*, in den wärmeren Zonen der ganzen Erde mit über 300 Arten verbreitete Ordnung der *Vögel;* durch Kletterfüße u. einen gelenkig an den Schädel angesetzten Oberschnabel gekennzeichnet. P. leben gesellig, die Eier werden in Baumhöhlen gelegt. Aufgrund ihrer Farbenpracht u. Gelehrigkeit sind sie beliebte Käfigvögel. Hierzu: *Nestor-P., Kakadus, Specht-P., Loris, Unzertrennliche, Fledermaus-P.* u. *Stumpfschwanz-P., Sittiche.*
Papageienkrankheit, *Psittakose*, eine anzeigepflichtige, schwere Viruskrankheit, übertragen durch Papageien u. Wellensittiche. Nach einer Inkubationszeit von 1–2 Wochen tritt schwere Lungenentzündung auf.
Papageifische, bunte *Barschfische* wärmerer Meere; mit papageienartigem Schnabel; beliebte Aquarienfische.

Eduardo Paolozzi: Kyklop; 1967. London, Tate Gallery

Papageitaucher, schwarzweißer Vogel aus der Fam. der *Alken,* mit rot u. gelb quergestreiftem Schnabel; brütet an den Küsten des N-Atlantik.
Papaioannou [papɛɔ'anu], Yannis, *6.1.1911, grch. Komponist; schuf Werke in frei atonaler, zwölftöniger u. serieller Technik.
Papalismus, *Papalsystem,* die päpstl. Kirchenhoheit, im Ggs. zum *Episkopalismus.*
Papandreou [-'drɛːu], **1.** Andreas, Sohn von 2), *5.2.1919, grch. Politiker; 1964 Min. im Kabinett seines Vaters, nach dem Militärputsch 1967 in Haft, bis 1974 im Exil; gründete 1974 die »Panhellen. Sozialist. Bewegung« (PASOK); 1981–89 u. seit 1993 Min.-Präs. – **2.** Georgios, *1888, †1968, grch. Politiker (Liberaler); 1944 Min.-Präs. der grch. Exilreg., dann Führer der »Demokrat. Sozialisten«, 1963–65 Min.-Präs. Der Militärputsch 1967 richtete sich bes. gegen die von P. u. seinem Sohn (1) vertretene Politik.

Papageien: Gelbbrustara aus dem mittleren Südamerika und Soldatenara aus Zentralamerika (links). – Hellroter Ara aus Brasilien (Mitte). – Gelbwangen-Kakadu aus Bali (rechts)

Papaver →Mohn.
Papaverin, im *Opium* vorkommendes, hpts. aber synthet. gewonnenes Alkaloid; mit krampflösender Wirkung.
Papaya →Melonenbaum.
Papeete, Hptst. von Frz.-Polynesien, Hafenstadt auf der frz. Südseeinsel Tahiti, eine der größten Südseestädte, 79 000 Ew.; Flottenstützpunkt, Flugplatz, Fremdenverkehr.
Papel, *Knötchen,* entzündl., etwa reiskorngroße Hauterhebung.
Papen, Franz von, *1879, †1969, dt. Politiker (Zentrum); im Juni 1932 als Nachfolger H. *Brünings* zum Reichskanzler ernannt, wurde aber bereits im Dez. durch K. von *Schleicher* abgelöst. Durch seine Besprechungen mit *Hitler* am 4.1.1933 ebnete P. diesem den Weg an die Macht u. trat am 30.1. als Vizekanzler in das Kabinett Hitler ein. Nach dem Röhm-Putsch schied er aus der Regierung aus.
Papenburg, Stadt in Nds., nahe der Ems, 29 000 Ew.; Torf-, Holz- u. Textilind.; 1638 als älteste dt. Fehnkolonie angelegt.
Paperback ['pɛipəbæk], Bez. für kartonierte Bücher (unter Ausschluß der Taschenbücher).
Paphos, zwei antike Städte in SW-Zypern; *Alt-P.* (beim heutigen Dorf *Kouklia*). Nach der Sage stieg Aphrodite (»die Schaumgeborene«) dort aus dem Meer. Im 4. Jh. v. Chr. wurde es abgelöst von *Neu-P.* (nahe der heutigen Stadt *Ktima*); Haus des Dionysos, 3. Jh. n. Chr., Felsgräber.
Papier, ein Werkstoff, der vor allem zum Beschreiben, Bedrucken u. Verpacken dient. Er besteht hpts. aus Fasern, die unter Einwirkung von Wasser verfilzt worden sind. Früher wurde P. ausschl. aus Leinen- u. Baumwoll-Lumpen (*Hadern*) hergestellt. Heute dienen meist Holz (Kiefer, Fichte, Birke) sowie Stroh, Halfagras, Esparto bzw. aus diesen gewonnener Zellstoff als Rohmaterial. Synthet. P. kann aus Chemiefasern hergestellt werden. Die Herstellung ist fast gänzl. mechanisiert. Man unterscheidet drei Hauptgruppen: 1. *Hadern-P.* u. *hadernhaltiges P.* (letzteres aus einer Mischung von Hadern u. Zellstoffen), bes. hochwertig; 2. *holzfreies P.,* das aus Zellstoff, d. h. chem.

aufbereiteten Fasern, hergestellt wird; 3. *holzhaltiges P.,* für das auch mechan. aufbereitete Fasern eingesetzt werden. Seinen Namen hat das P. vom ägypt. *Papyrus.* Das erste aus fasrigen Streifen bestehende P. wurde um 100 v. Chr. in China hergestellt.
Papierformate, seit 1922 nach DIN festgelegte Formate. Das Ausgangsformat ist ein Rechteck von 1 m² Flächeninhalt mit den Seitenlängen 841 u. 1189 mm. Sämtl. weiteren Formate entstehen durch Halbieren oder Verdoppeln. Die *Vorzugsreihe A* gilt für alle *unabhängigen Papiergrößen* (Geschäftsbriefe, Zeitschriften). Die *Zusatzreihen B* u. *C* sind für *abhängige Papiergrößen* (Briefhüllen, Mappen, Aktendeckel) maßgebend.
Papiergarn, Garn aus geleimtem Zellstoffpapier, verwendet als Bindegarne, Sackgewebe u. Bespannungen.
Papiergeld, Zahlungsmittel in Form von bedrucktem Papier, dessen Wert vom Staat (*Staatspapier*), von einer Bank (*Banknote*) oder einer anderen Institution garantiert wird. – Das älteste P. war in China in Umlauf (nachweisbar seit dem 14. Jh.); in Europa brachte Schweden 1660 das erste P. heraus, in Preußen seit 1806.
Papiergewicht, Leichtfliegengewicht; →Gewichtsklassen.
Papiermaché [-ma'ʃe], plast. Masse aus aufgelöstem Altpapier, Kreide, Gips oder Ton; mit Leimwasser angerührt, in Formen gepreßt u. getrocknet; für Bildhauerarbeiten u. Spielzeug.
Papillarlinien, *Hautleisten,* charakterist. Linien in der Haut der Innenhand u. der Fußsohle; wegen der Erblichkeit ihrer Formen zur Vaterschaftsbestimmung, wegen ihrer individuellen Einmaligkeit zur Personenidentifizierung (*Fingerabdrücke*) verwendet.
Papille, *Papilla,* warzenförmige Hauterhebung, z.B. *Zungen-P., Brustwarze.*
Papillom, *Zottengeschwulst, Warzengeschwulst,* Geschwulst mit warzenartig zerklüfteter Oberfläche. Hierzu gehören z.B. die Warzen (*hartes P.*), die *Kondylome* (kleine Wucherungen an Eichel, Vorhaut, Vulva) u. die *weichen P.,* z.B. das Harnblasen-P.
Papin [pa'pɛ̃], Denis, *1647, †1714, frz. Physiker; erfand den *P.schen Topf* u. das dazugehörige Sicherheitsventil für Überdruck; entdeckte als erster die Möglichkeit, großen Druck zur Arbeitsleistung zu verwenden.
Papini, Giovanni, Pseud.: *Gian Falco,* *1881, †1956, ital. Schriftst.; gründete u. a. das futurist. Blatt »Lacerba« 1913; schrieb Romane u. Biographien.
Papinianus, Aemilius, *um 140, †212, röm. Jurist; Mitschöpfer des röm. Rechts; von Kaiser *Caracalla* hingerichtet, weil er den Mord an dessen Bruder u. Mitregenten *Geta* nicht rechtfertigen wollte.
Papismus, abwertende Bez. für Papsttum. – **Papist,** abwertende Bez. für Katholik.
Pappataci-Fieber [-tʃi-], *Dreitagefieber,* in trop. u. subtrop. Ländern heim. Viruskrankheit mit hohem Fieber; übertragen durch eine Sandmücke.

Pappband, Bucheinband aus Pappe. Durch Kaschieren mit Klarsichtfolie (Laminieren) erhält man einen *laminierten* oder *glanzfoliekaschierten* P.
Pappe, feste Bogen aus Papierrohstoff. *Grau-P.,* für Versandkisten, wird aus geringwertigem Altpapier gearbeitet; *Holz-P.* vorw. aus Holzschliff; *Stroh-P.* aus gelbem Strohstoff.
Pappel, *Populus,* Gatt. der *Weidengewächse.* In Dtld. verbreitet: die *Zitter-P. (Espe),* mit fast runden, langgestielten u. beim geringsten Luftzug zitternden Blättern; die *Schwarz-P.,* mit dreieckig-eiförmigen, unterseits grünen Blättern; P. sind beliebte, schnellwüchsige Alleebäume; P.holz ist weich u. nicht sehr dauerhaft.
Pappenheim, Gottfried Heinrich Graf zu, *1594, †1632, kaiserl. Feldherr im Dreißigjährigen Krieg. Chef eines Kürassierregiments (die »P.er«); wurde bei Lützen tödl. verwundet.
Paprika, *Spanischer Pfeffer,* Gatt. der *Nachtschattengewächse.* Zahlr. Kulturformen, die in allen wärmeren Ländern gezüchtet werden, liefern in ihren Früchten (*P.schoten*) das P.-Gewürz. Milde Sorten werden als Gemüse gegessen.
Papst, alter Bischofstitel, heute nur noch für den Bischof von Rom als Oberhaupt der kath. Kirche. Diese versteht den P. als Nachfolger des Apostels *Petrus* u. dieses Petrusamt als von *Christus* eingesetzte Dauereinrichtung (Matth. 16,18). Rechtl. ist die Stellung des P. in der Kirche durch das 1. Vatikan. Konzil (1870) definiert als oberster Jurisdiktionsprimat (Gesetzgebungsgewalt, Aufsichtsrecht, Gerichtsbarkeit) u. oberstes Lehramt (Unfehlbarkeit bei der Verkündigung von Lehrsätzen in Glaubens- u. Sittenfragen). Der P. wird von allen in Rom anwesenden (nicht mehr als 120) Kardinälen gewählt, die sich am 16., spätestens am 19. Tag nach dem Tod des P. im →Konklave versammeln. Seit 1971 nehmen Kardinäle, die das 80. Lebensjahr überschritten haben, nicht mehr an der P.wahl teil. Gewählt werden kann durch einstimmige Akklamation oder durch Übertragung an einen Ausschuß von Kardinälen; tatsächl. wird aber stets durch *Skrutinium* gewählt, d. h. durch geheime Abstimmung mit Wahlzettel, bei der der Gewählte eine Stimme mehr als zwei Drittel der Stimmen erhalten muß. Wählbar ist jeder rechtgläubige männl. Katholik, theoret. auch ein Laie, der freilich die Bedingungen für den Erhalt der Priester- u. Bischofsweihe erfüllen müßte. Seit 1389 sind nur Kardinäle u. 1523–1978 stets Italiener gewählt worden. Die Wahl erfolgt auf Lebenszeit; eine Absetzung ist nicht mögl., jedoch ein freiwilliger Rücktritt.
G e s c h i c h t e . Der Primat (Vorrang) des Bischofs von Rom in der Kirche bildete sich allmähl. seit

Papier: Durch den Kalander wird das Papier beidseitig geglättet

dem 2. Jh. heraus. *Stephan I.* (254–257) gründete ihn erstmals auf die Bibelstelle Matth. 16,18. *Leo d. Gr.* (440–46) konnte seine Autorität auf das ganze Abendland ausdehnen. Im Machtbereich des Patriarchen von Konstantinopel war der Primat jedoch nicht durchzusetzen. *Gregor d. Gr.* (590 bis 604) legte den Grund zum Kirchenstaat. Nach längerer Abhängigkeit von Byzanz verbündete sich das P.tum im 8. Jh. mit den Franken; durch die Schenkung *Pippins d. J.* wurde der Kirchenstaat definitiv geschaffen. Nach dem Untergang des karoling. Reichs hatten röm. Adelsparteien, sodann die dt. Kaiser bestimmenden Einfluß auf das P.tum. Eine grundlegende Erneuerung brachte die Cluniazens. Kirchenreform. *Gregor VII.* (1073 bis 1085) beanspruchte den Vorrang des P. vor jeder weltl. Gewalt. Der Investiturstreit (1075–1122) beendete das Miteinander von P. u. Kaiser an der Spitze der Christenheit. Unter *Innozenz III.* (1198–1216) erreichte das P.tum den Höhepunkt seiner weltl. Macht, wurde aber dann von den frz. Königen entmachtet (»babylon. Gefangenschaft« in Avignon 1309–76). Das Große Schisma (1378–1417) erschütterte die päpstl. Autorität vollständig. *Martin V.* (1417–31) konnte die Primat-Idee erneut durchsetzen. Die Renaissance bedeutete für das P.tum eine Zeit höchsten weltl. Glanzes. Die geistl. Aufgaben traten ganz hinter machtpolit. Interessen zurück; Nepotismus u. Sittenlosigkeit breiteten sich aus. Mit *Paul III.* (1534–49) wandte sich die Kurie wieder mehr ihren geistl. Aufgaben zu. Seit dem 17. Jh. wurde die weltl. Machtstellung des P. immer schwächer. Die Frz. Revolution schien den Niedergang zu besiegeln. Der Kirchenstaat wurde von *Napoleon I.* 1809 beseitigt. Seine Wiederherstellung auf dem Wiener Kongreß (1815) führte zu heftigen Konflikten mit der ital. Nationalbewegung; 1870 wurde er endgültig aufgehoben. Die polit. Umwälzungen seit Ende des 18. Jh. beraubten die Kirche weitgehend ihres materiellen Rückhalts, lösten sie aber zugleich aus vielen polit. Verstrickungen. Die Folge war ein vollständiger Sieg des päpstl. Zentralismus, der seinen Ausdruck im 1870 verkündeten Unfehlbarkeitsdogma fand. Die Päpste des 20. Jh. nahmen häufig Stellung zu sozialen u. polit. Fragen u. wandten sich verstärkt der Leitung der Weltkirche zu. *Paul VI.* (1963–78) u. *Johannes Paul II.* (seit 1978, erster nicht-ital. P. seit 1523) unternahmen deshalb zahlr. Auslandsreisen.

Papua, die Bewohner von Neuguinea (bis auf die Küstengebiete im NO u. SO) u. den benachbarten Inseln; stehen rassisch den *Melanesiern* nahe (Kraushaar, dunkle Haut), von denen sie sich jedoch sprachl. als eine Vorbevölkerung deutl. abheben. Trotz Missionierung haben sich Ahnenverehrung u. Geisterglaube erhalten.

Papua-Neuguinea, Staat am westl. Rand des Pazifik, 462 840 km², 4,0 Mio. Ew. (Papuas), Hptst. *Port Moresby;* umfaßt den O-Teil von →Neuguinea, die *Admiralitäts-, D'Entrecasteaux-, Trobriandinseln,* den *Bismarck-* u. *Louisiadearchipel* sowie die Inseln *Bougainville* u. *Buka.* Abbau von Kupfer (Hauptexportgut), Gold, Silber u. Mangan; Ausfuhr von Kakao, Kautschuk, Kopra u. Edelhölzern.

Papua-Neuguinea

Geschichte. Den größten Teil P. bildet die östl. Hälfte der Insel →Neuguinea. 1975 wurde P. unabh. Es blieb im Commonwealth. Auf der Insel *Bougainville* wirken starke separatist. Kräfte gegen die Zentralregierung.

Papyrus, *P.staude,* zu den *Ried-* oder *Sauergräsern* gehörende 1–3 m hohe Wasserpflanze; Blü-

Päpste-Zeittafel

Die Fragezeichen nach den Regierungszahlen der ersten Päpste zeigen an, daß die Regierungszeit nicht eindeutig feststeht. Die Namen der Gegenpäpste sind in Klammern gesetzt

Petrus, Hl.	bis 67?	Johannes II.	533–535	Bonifatius VI.	896	Gelasius II.	1118–1119	Kalixt III.	1455–145
Linus, Hl.	67–76?	Agapetus I., Hl.	535–536	Stephan VI.	896–897	(Gregor VIII. 1118–1121)		Pius II.	1458–146
Anaklet, Hl.	76–88?	Silverius, Hl.	536–537	Romanus	897	Kalixt II.	1119–1124	Paul II.	1464–147
Klemens, Hl.	88–97?	Vigilius	537–555	Theodor II.	897	Honorius II.	1124–1130	Sixtus IV.	1471–148
Evaristus, Hl.	97–105?	Pelagius I.	556–561	Johannes IX.	898–900	(Cölestin II. 1124)		Innozenz VIII.	1484–149
Alexander I., Hl.	105–115?	Johannes III.	561–574	Benedikt IV.	900–903	Innozenz II.	1130–1143	Alexander VI.	1492–150
Sixtus I., Hl.	115–125?	Benedikt I.	575–579	Leo V.	903	(Anaklet II. 1130–1138)		Pius III.	150
Telesphorus, Hl.	125–138?	Pelagius II.	579–590	(Christophorus 903–904)		(Viktor IV. 1138)		Julius II.	1503–151
Hyginus, Hl.	136/138–140/142	Gregor I., Hl.	590–604	Sergius III.	904–911	Cölestin II.	1143–1144	Leo X.	1513–152
Pius I., Hl.	um 142–155?	Sabinianus	604–606	Anastasius III.	911–913	Lucius II.	1144–1145	Hadrian VI.	1522–152
Aniketos, Hl.	155–166?	Bonifatius III.	607	Lando	913–914	Eugen III., Sel.	1145–1153	Klemens VII.	1523–153
Soter, Hl.	166–174?	Bonifatius IV., Hl.	608–615	Johannes X.	914–928	Anastasius IV.	1153–1154	Paul III.	1534–154
Eleutherus, Hl.	175–189?	Deusdedit, Hl.	615–618	Leo VI.	928	Hadrian IV.	1154–1159	Julius III.	1550–155
Viktor I., Hl.	189–198?	Bonifatius V.	619–625	Stephan VII.	928–931	Alexander III.	1159–1181	Marcellus II.	155
Zephyrinus, Hl.	198/199–217	Honorius I.	625–638	Johannes XI.	931–935	(Viktor IV. 1159–1164)		Paul IV.	1555–155
Kalixt I., Hl.	217–222	Severinus	640	Leo VII.	936–939	(Paschalis III. 1164–1168)		Pius IV.	1559–156
(Hippolytos, Hl. 217–235)		Johannes IV.	640–642	Stephan VIII.	939–942	(Kalixt III. 1168–1178)		Pius V., Hl.	1566–157
Urban I., Hl.	222–230	Theodor I.	642–649	Marinus II.	942–946	(Innozenz III. 1179–1180)		Gregor XIII.	1572–158
Pontianus, Hl.	230–235	Martin I., Hl.	649–653	Agapetus II.	946–955	Lucius III.	1181–1185	Sixtus V.	1585–159
Anteros, Hl.	235–236	Eugen I., Hl.	654–657	Johannes XII.	955–964	Urban III.	1185–1187	Urban VII.	159
Fabianus, Hl.	236–250	Vitalian, Hl.	657–672	Leo VIII.	963–965	Gregor VIII.	1187	Gregor XIV.	1590–159
Cornelius, Hl.	251–253	Adeodatus II.	672–676	Benedikt V.	964	Klemens III.	1187–1191	Innozenz IX.	159
(Novatian 251)		Donus	676–678	Johannes XIII.	965–972	Cölestin III.	1191–1198	Klemens VIII.	1592–160
Lucius I., Hl.	253–254	Agatho, Hl.	678–681	Benedikt VI.	973–974	Innozenz III.	1198–1216	Leo XI.	160
Stephan I., Hl.	254–257	Leo II., Hl.	682–683	(Bonifatius VII. 974, 984–985)		Honorius III.	1216–1227	Paul V.	1605–162
Sixtus II., Hl.	257–258	Benedikt II., Hl.	684–685	Benedikt VII.	974–983	Gregor IX.	1227–1241	Gregor XV.	1621–162
Dionysius, Hl.	259–268	Johannes V.	685–686	Johannes XIV.	983–984	Cölestin IV.	1241	Urban VIII.	1623–164
Felix I., Hl.	269–274	Konon	686–687	Johannes XV.	985–996	Innozenz IV.	1243–1254	Innozenz X.	1644–165
Eutychianus, Hl.	275–283	(Theodor 687)		Gregor V.	996–999	Alexander IV.	1254–1261	Alexander VII.	1655–166
Cajus, Hl.	283–296	(Paschalis 687)		(Johannes XVI. 997–998)		Urban IV.	1261–1264	Klemens IX.	1667–166
Marcellinus, Hl.	296–304	Sergius I., Hl.	687–701	Silvester II.	999–1003	Klemens IV.	1265–1268	Klemens X.	1670–167
Marcellus I., Hl.	308–309	Johannes VI.	701–705	Johannes XVII.	1003	Gregor X., Sel.	1271–1276	Innozenz XI., Sel.	1676–168
Eusebius, Hl.	309	Johannes VII.	705–707	Johannes XVIII.	1004–1009	Innozenz V., Sel.	1276	Alexander VIII.	1689–169
Miltiades, Hl.	311–314	Sisinnius	708	Sergius IV.	1009–1012	Hadrian V.	1276	Innozenz XII.	1691–170
Silvester I., Hl.	314–335	Konstantin I.	708–715	Benedikt VIII.	1012–1024	Johannes XXI.	1276–1277	Klemens XI.	1700–172
Markus, Hl.	336	Gregor II., Hl.	715–731	(Gregor 1012)		Nikolaus III.	1277–1280	Innozenz XIII.	1721–172
Julius I., Hl.	337–352	Gregor III., Hl.	731–741	Johannes XIX.	1024–1032	Martin IV.	1281–1285	Benedikt XIII.	1724–173
Liberius	352–366	Zacharias, Hl.	741–752	Benedikt IX.	1032–1044	Honorius IV.	1285–1287	Klemens XII.	1730–174
(Felix II. 355–358)		Stephan II.	752–757	Silvester III.	1045	Nikolaus IV.	1288–1292	Benedikt XIV.	1740–175
Damasus I., Hl.	366–384	Paul I., Hl.	752–767	Benedikt IX.	1045	Cölestin V., Hl.	1294	Klemens XIII.	1758–176
(Ursinus 366–367)		(Konstantin II. 767–768)		(zum zweitenmal)		Bonifatius VIII.	1294–1303	Klemens XIV.	1769–177
Siricius, Hl.	384–399	(Philippus 768)		Gregor VI.	1045–1046	Benedikt XI., Sel.	1303–1304	Pius VI.	1774–179
Anastasius I., Hl.	399–402	Stephan III.	768–772	Klemens II.	1046–1047	Klemens V.	1305–1314	Pius VII.	1800–182
Innozenz I., Hl.	402–417	Hadrian I.	772–795	Benedikt IX.	1047–1048	Johannes XXII.	1316–1334	Leo XII.	1823–182
Zosimus	417–418	Leo III., Hl.	795–816	(zum drittenmal)		(Nikolaus V. 1328–1330)		Pius VIII.	1829–183
Bonifatius I., Hl.	418–422	Stephan IV.	816–817	Damasus II.	1048	Benedikt XII.	1334–1342	Gregor XVI.	1831–184
(Eulalius 418–419)		Paschalis I., Hl.	817–824	Leo IX., Hl.	1049–1054	Klemens VI.	1342–1352	Pius IX.	1846–187
Cölestin I., Hl.	422–432	Eugen II.	824–827	Viktor II.	1055–1057	Innozenz VI.	1352–1362	Leo XIII.	1878–190
Sixtus III., Hl.	432–440	Valentin	827	Stephan IX.	1057–1058	Urban V., Sel.	1362–1370	Pius X., Hl.	1903–191
Leo I., Hl.	440–461	Gregor IV.	827–844	(Benedikt X. 1058–1059)		Gregor XI.	1370–1378	Benedikt XV.	1914–192
Hilarus, Hl.	461–468	(Johannes 844)		Nikolaus II.	1058–1061	Urban VI.	1378–1389	Pius XI.	1922–193
Simplicius, Hl.	468–483	Sergius II.	844–847	Alexander II.	1061–1073	(Klemens VII. 1378–1394)		Pius XII.	1939–195
Felix III. (II.), Hl.	483–492	Leo IV., Hl.	847–855	(Honorius II. 1061–1064)		Bonifatius IX.	1389–1404	Johannes XXIII.	1958–196
Gelasius I., Hl.	492–496	Benedikt III.	855–858	Gregor VII., Hl.	1073–1085	(Benedikt XIII. 1394–1417)		Paul VI.	1963–197
Anastasius II.	496–498	(Anastasius II. 855)		(Klemens III. 1080, 1084–1098)		Innozenz VII.	1404–1406	Johannes Paul I.	197
Symmachus, Hl.	498–514	Nikolaus I., Hl.	858–867	Viktor III., Sel.	1086–1087	Gregor XII.	1406–1415	Johannes Paul II.	seit 197
(Laurentius 498, 501–506)		Hadrian II.	867–872	Urban II., Sel.	1088–1099	(Alexander V. 1409–1410)			
Homisdas, Hl.	514–523	Johannes VIII.	872–882	Paschalis II.	1099–1118	(Johannes XXIII. 1410–1415)			
Johannes I., Hl.	523–526	Marinus I.	882–884	(Theoderich 1100)		Martin V.	1417–1431		
Felix IV. (III.), Hl.	526–530	Hadrian III., Hl.	884–885	(Albert 1102)		Eugen IV.	1431–1447		
Bonifatius II.	530–532	Stephan V.	885–891	(Silvester IV. 1105–1111)		(Felix V. 1440–1449)			
(Dioscurus 530)		Formosus	891–896			Nikolaus V.	1447–1455		

tenstand doldig; vom trop. Afrika bis Kalabrien verbreitet. – Im alten Ägypten seit etwa 2500 v. Chr. papierähnl. Schreibmaterial aus dem Mark der P.staude, das in Streifen geschnitten u. kreuzweise übereinandergeklebt wurde; im 2. Jh. n. Chr. vom Pergament verdrängt.

Papyrussäule, in der altägypt. Baukunst eine der Papyrusstaude nachgebildete Säulenform.

Pará, 1. Bundesstaat →Brasiliens, im östl. Amazonasbecken. – **2.** *Rio do Pará,* im nördl. Brasilien Mündungsarme des *Amazonas* u. des *Tocantins.*

Parabel, 1. eine axialsymmetr., nicht geschlossene Kurve; einer der Kegelschnitte. Die P. ist die Menge der Punkte, deren Abstände von einer festen Geraden (Leitlinie) u. einem festen Punkt (Brennpunkt) gleich sind. Gleichungen: $y = a \cdot x^2$ (Ursprungs-P.); $y = x^2$ (Normal-P.). – **2.** eine einfache *metaphor.* Erzählung, die dazu benutzt wird, einen erzieher. Gedanken, eine sittl. Idee oder eine Lebensweisheit sinnfällig zu verdeutlichen; im NT meist *Gleichnis* genannt. Bekanntes Beispiel: Lessings »Ring-P.« in »Nathan der Weise«.

Parabiose, operative Vereinigung zweier Tiere (künstl. *Siamesische Zwillinge*).

parabolisch, in der Art einer Parabel.

Paraboloid, eine Fläche 2. Ordnung. Ein *Dreh-* oder *Rotations-P.* entsteht durch Drehung einer Parabel um die Achse.

Parabolspiegel, Spiegel in Form eines Rotationsparaboloids; als Scheinwerferspiegel verwendet, da alle vom Brennpunkt ausgehenden Strahlen als parallele Strahlen reflektiert werden.

Paracelsus, eigtl. Philippus Aureolus Theophrastus *Bombastus von Hohenheim,* * 1493/94, † 1541, dt. Arzt, Naturforscher u. Philosoph; wirkte in Straßburg u. Basel; kämpfte gegen die scholast. Einstellung der Medizin seiner Zeit, indem er das naturwiss. Experiment über die Buchüberlieferung stellte, u. forderte die Unterstützung der Heilkraft der Natur durch ein naturgemäßes Leben.

Parade, 1. Truppenschau aus bes. Anlaß (z.B. Gedenktag). – **2.** beim Fechten Abwehr eines Hiebs

PÄPSTE

Papst Alexander VI.; Ausschnitt aus einem Fresko von Pinturicchio. Città del Vaticano (links). – Papst Paul III.: Ignatius von Loyola überreicht dem Papst die Ordensregel seiner »Societas Jesu«. Gemälde; 17. Jh. Rom; Kirche Il Gesù (Mitte). – Paul VI. und Athenagoras I. in Jerusalem 1964 (rechts)

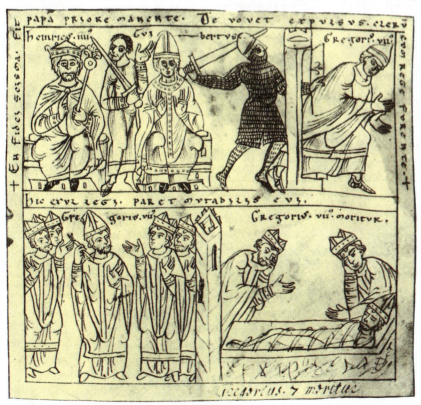

Bismarck und Papst Pius IX.; Karikatur aus dem »Kladderadatsch«, 1875

Heinrich IV. und Papst Klemens III. (oben links); Vertreibung und Tod Gregors VII.; 1084/85, Miniatur aus der Handschrift Ottos von Freising. Jena, Universitätsbibliothek (links). – Engelsbrücke und Peterskirche (rechts)

672 Paradies

Großer Paradiesvogel

oder Stichs. – **3.** im Reitsport Anhalten des Pferdes aus dem Lauf zum Stillstand.
Paradies, 1. in Natur- u. Weltreligionen weit verbreitete Vorstellung von einem urzeitl. oder künftigen Ort der Seligkeit; im AT Aufenthaltsort des Menschen vor dem Sündenfall, der »Garten Eden«. – **2.** Vorhof oder Vorhalle der altchristl. Basiliken, zuweilen auch bei roman. Kirchen.
Paradiesapfel, 1. →Tomate. – **2.** Granatapfel.
Paradiesfische →Makropoden.
Paradiesflüsse, nach Gen. 2,10–14 vier Flüsse, die dem Paradiesstrom entspringen: *Pison, Gihon, Euphrat* u. *Tigris*.
Paradiesvögel, Fam. der *Singvögel,* durch Schmuckfedern u. prachtvolle Färbung der Männchen gekennzeichnet; rd. 45 Arten auf Neuguinea u. in Australien.
Paradigma, Musterbeispiel, in der Sprachwiss. Flexionsmuster, nach dem alle Wörter der gleichen Klasse flektiert werden.
paradox, widersinnig, einen inneren Widerspruch enthaltend. – **Paradoxie,** Widersinnigkeit.
Paradoxon, eine scheinbar widerspruchsvolle Aussage, die aber doch einen Sinn ergibt.
Paraffin, farbloses Gemisch von gesättigten, höheren aliphat. Kohlenwasserstoffen; wasserunlösl., aber in Benzin, Benzol, Alkohol, Ether u. Chloroform lösl.; aus den Rückständen der Destillation des Erdöls oder aus Braunkohlenteer gewonnen; zur Herstellung von Kerzen, Bohner- u. Schuhwachsen, Imprägnier- u. Poliermitteln, als Salbengrundlage u. für techn. Schmiermittel verwendet; *P.öl* für Uhrenöle u. als Abführmittel.
Paragraph, Zeichen §, (kleiner) Abschnitt, bes. eines Gesetzes.
Paraguay, Staat in S-Amerika, 406752 km², 4,3 Mio. Ew. (zu 95% Mestizen), Hptst. *Asunción.*

Paraguay

Landesnatur. Das Zentrum nehmen die sumpfigen Savannenniederungen am Fluß P. ein; östl. davon erstreckt sich ein von trop.-subtrop. Regenwald überzogenes Hügelland; im W erstreckt sich die mit Trockenwald bestandene Ebene des *Gran Chaco.*
Wirtschaft. Die Landwirtschaft liefert für den Export Baumwolle, Tabak, Kaffee u. Ölpflanzen. Die Viehzucht erwirtschaftet Exportüberschüsse. Aus den Wäldern, die 50% der Landesfläche bedecken, werden Quebracho-Extrakte, Edelhölzer u. äther. Öle gewonnen u. ausgeführt. Der Bergbau ist noch bedeutungslos.
Geschichte. P. wurde im 16. Jh. von Spaniern besiedelt. Seit 1542 gehörte es zum span. *Vizekönigreich Peru.* Dann wurde das Gebiet Teil des *Vizekönigreichs Buenos Aires* (bzw. *La Plata*). 1811 wurde es unter J. G. R. *Francia* unabh. u. nahm einen raschen wirtschaftl. u. polit. Aufschwung. 1864–70 kämpfte P. gegen Argentinien, Brasilien u. Uruguay, unterlag u. verlor große Teile seines Staatsgebiets. Den *Chaco-Krieg* gegen Bolivien (1932–35) gewann P. In der Folge löste eine Diktatur die andere ab, bis General Alfredo *Stroessner* 1954 die Reg. übernahm. Er regierte bis zu seinem Sturz 1989 diktatorisch. 1992 verabschiedete das Parlament eine demokrat. Verfassung. Staats-Präs. ist seit 1993 J. *Wasmosy.*
Paraguay, r. Nbfl. des Paraná in Südamerika, 2200 km; entspringt im Bergland von Mato Grosso, mündet bei Corrientes.
Paraíba, Küstenstaat in →Brasilien.
Parakinese, Störung des Bewegungsablaufs infolge mangelhafter Koordination.
Paraklet, in den johanneischen Schriften des NT der von Jesus verheißene Hl. Geist.
Parakou [-'ku], Stadt im Innern der W-afrikan. Rep. Benin, 92000 Ew.
Paralbiose, das Nebeneinanderleben von Organismen ohne wechselseitigen Vorteil; Ggs.: *Symbiose.*
Paraldehyd, Polymerisationsprodukt des Acetaldehyds; Lösungsmittel für Gummi, Harze u. Fette.
Paralipomena, Nachträge, Zusätze, Randbemerkungen; im AT die Chronikbücher.
Parallaxe, 1. die scheinbare Verschiebung der Richtung eines Gestirns infolge Bewegung des Beobachtungsstandpunkts, also der Winkel zw. den Blickrichtungen nach dem Gestirn von den beiden Endpunkten einer Standlinie aus. Die P. ist um so kleiner, je weiter das Gestirn entfernt ist, u. daher ein Maß für die Entfernung (bis etwa 300 Lichtjahre). Die tägl. P. ist die Schwankung des Sternorts infolge der Drehung der Erde; Standlinie ist der Äquatorhalbmesser der Erde (tägl. P. des Mondes im Mittel 57'; tägl. P. der Sonne 8,8"). – **2.** der Winkel zw. der opt. Achse eines Objektivs, dem zu photographierenden Gegenstand u. dem Sucher bei einer Kamera.
Parallaxensekunde →Parsek.
parallel, Bez. für Geraden in einer Ebene oder im Raum oder für Ebenen im Raum, die sich nicht schneiden. – **Parallele,** parallele Gerade.
Parallelenaxiom, eine Grundannahme *Euklids* für den Aufbau seiner Geometrie: Parallel zu einer gegebenen Geraden kann durch einen gegebenen Punkt nur eine einzige Gerade gezogen werden.
Parallelflach, *Parallelepiped,* von drei Paaren kongruenter, in parallelen Ebenen liegender Paral-

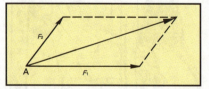

Parallelogramm der Kräfte: Die beiden am Punkt A angreifenden Kräfte F_1 und F_2 ergeben als resultierende Kraft nach Größe und Richtung die Diagonale

lelogramme begrenzter Körper; Sonderfälle: *Quader,* begrenzt von 6 Rechtecken, *Rhomboeder,* begrenzt von 6 Rauten; *Würfel,* begrenzt von 6 Quadraten.
Parallelismus, 1. Übereinstimmung versch. Dinge oder Vorgänge. – **2.** formale u. inhaltl. Übereinstimmung zw. aufeinanderfolgenden Satz- oder Redeteilen. – **3.** Ausbildung übereinstimmender Verbreitungstypen in der Tierwelt.
Parallelkreis, Schnittkurve paralleler Ebenen mit einer Kugel; auf der Erdoberfläche: *Breitenkreis.*
Parallelogramm, Viereck mit 2 Paar parallelen Seiten. Im P. sind die gegenüberliegenden Seiten u. Winkel gleich. Sonderfälle: *Rechteck,* mit 4 rechten Winkeln; *Rhombus,* mit 4 gleichen Seiten; *Quadrat,* mit 4 rechten Winkeln u. gleichen Seiten.
Parallelogramm der Kräfte, zeichner. Konstruktion zur Bestimmung der resultierenden Kraft bei Zusammensetzung zweier an einem Punkt angreifender Kräfte. In einem Parallelogramm, dessen Seiten der Länge u. der Richtung nach den Einzelkräften entsprechen, gibt die Diagonale die resultierende Kraft an.
Parallelschaltung, *Nebeneinanderschaltung,* die Zusammenschaltung von mindestens zwei elektr. Schaltelementen, deren Anschlußklemmen gemeinsam an den Zuleitungen liegen u. die daher nur von einem Teil des Betriebsstroms durchflossen werden.
Paralleltonart, die zu einer Dur-Tonart gehörende Moll-Tonart mit denselben Vorzeichen, z.B. D-Dur u. h-Moll.
Paralogismus, auf Denkfehlern beruhender Fehlschluß.
Paralympics, olymp. Spiele der Behinderten, seit 1960 veranstaltet.
Paralyse, vollkommene Bewegungslähmung als Folge von Schädigungen in den motor. Nervenbahnen. *Progressive P.* (sog. *Gehirnerweichung*) ist eine syphilit. Gehirnerkrankung, die erst 10 oder mehr Jahre nach der Ersteansteckung auftritt, wenn die Erkrankung seinerzeit nicht restlos ausgeheilt war. Der Schwund von Hirnrinde u. Markfasern führt über Vergeßlichkeit, Gemütsabstumpfung zur völligen Verblödung, schließl. zum Tod. – **Paralysis agitans,** die Parkinsonsche Krankheit, oder Schüttellähmung.
Paramaribo, Hptst. u. wichtigster Hafen von Suriname, 67000 Ew.; Univ.; landw. Handelszentrum, Werften; Flughafen.
Paramente, liturg. Gewänder, Kanzel- u. Altarbehänge.
Parameter, 1. *Math.*: in Gleichungen u. Funktionen eine Hilfsvariable, die in der Regel für einen konstanten, jedoch nicht näher bestimmten Zahlenwert steht, z. B. stellt die Gleichung y = x + m, mit m als P., eine Parallelenschar mit der Steigung 1 dar. – **2.** In der Physik (Chemie) Größen (z.B. Druck, Temperatur), die bei einem bestimmten Experiment (Prozeß) konstant gehalten werden, von Fall zu Fall aber variiert werden können. – **3.** In der Datenverarbeitung kann ein für eine bestimmte Aufgaben erstelltes Programm durch die Änderung von Programm-P. in seinem Ablauf gesteuert werden.
Paraná, 1. Bundesstaat im S von →Brasilien. – **2.** argent. Prov.-Hptst., am Fluß P., 224000 Ew.; Sitz eines kath. Erzbischofs, Univ.; Fluß- u. Flughafen. – 1853–62 Hptst. von Argentinien. – **3.** Hauptstrom des südamerik. La-Plata-Systems, 3560 km lang, entsteht aus Paranaíba u. *Rio Grande de Minas,* nimmt bei Corrientes den *Paraguay* auf u. mündet in 3 Hauptarmen (Delta) in den Río de la Plata.
Paranaguá, brasil. Hafenstadt in Paraná, am *Golf von P.,* 57000 Ew.; Kaffee-Export; Verarbeitung landwirtschaftl. Produkte.
Paränese, Mahnrede; die christl. Predigt.
Paranoia, Geisteskrankheit mit Ausbildung eines in sich geordneten Wahnsystems; als *Paraphrenie* eine bes. Verlaufsform der →Schizophrenie.
Paranußbaum, bis 40 m hoher Urwaldbaum, aus NO-Brasilien u. Venezuela. Die Kapselfrüchte enthalten **Paranüsse,** 15–40 ölhaltige Samen.
Paraphe, abgekürzter Namenszug. – **paraphieren,** den ausgehandelten Text eines völkerrechtl. Vertrages vorläufig abzeichnen, d. h. mit den Namenszeichen der Unterhändler versehen.
Paraphrase, 1. die mit phantasiereicher Ausschmückung versehene, variierende Übertragung von Liedern, Arien oder Opernmelodien auf ein Instrument, meist Klavier. – **2.** Umschreibung bzw. Wiedergabe eines Wortes, Satzes oder Textes mit anderen sprachl. Mitteln.
Parapluie [para'ply], veraltete Bez. für Regenschirm.
Parapsychologie, ein Seitenzweig der Psychologie, der sich mit außerhalb unserer Sinneswahrnehmung auftretenden Phänomenen wie Telepathie, Hellsehen, Gedankenlesen, Materialisationen befaßt.
Parasit, *Schmarotzer,* ein Lebewesen (Tier oder Pflanze), das in oder an einem anderen Partner *(Wirt)* lebt u. sich auf dessen Kosten ernährt.
Parästhesie, das Auftreten von abnormen Sinnesempfindungen als Folge von Nerven- oder Durchblutungsstörungen; z.B. das Gefühl des Pelzigwerdens der Haut oder des Kribbelns.
Parasympathikus →Nervensystem.
parat, bereit, gerüstet.
Parathormon, Hormon der Nebenschilddrüse mit Wirkung auf den Calcium- u. Phosphatstoffwechsel.